DICIONÁRIO BÍBLICO ILUSTRADO VIDA

O guia completo para tudo que você precisa saber sobre a Bíblia

DICIONÁRIO BÍBLICO ILUSTRADO VIDA

- Atualizado e Amplo, Exaustivo, Teológico, Bíblico.
- Mais de 700 Fotos, Ilustrações, Gráficos e Mapas Coloridos.
- O único dicionário que inclui as principais traduções/versões bíblicas.

EDITORA VIDA
Rua Conde de Sarzedas, 246 — Liberdade
CEP 01512-070 — São Paulo, SP
Tel.: 0 xx 11 2618 7000
atendimento@editoravida.com.br
www.editoravida.com.br
@editora_vida /editoravida

Editor responsável: Marcelo Smargiasse
Editor-assistente: Gisele Romão da Cruz
Tradução: Valdemar Kroker,
Carlos Caldas e Werner Fucks
Organização de arquivos: Amanda Santos
Revisão de tradução: Rogério Portella
e Josemar de Souza Pinto
Revisão de provas: Gisele Romão da Cruz
e Josemar de Souza Pinto
Diagramação: Claudia Fatel Lino
Capa: Arte Peniel

DICIONÁRIO BÍBLICO ILUSTRADO VIDA
©2003, Holman Bible Publishers
Título do original
Holman Illustrated Bible Dictionary
Edição brasileira ©2018, Editora Vida
Publicação com permissão contratual
da B&H PUBLISHING GROUP (Nashville, Tenessee, EUA)

Todos os direitos desta edição em língua
portuguesa são reservados e protegidos por
Editora Vida pela Lei 9.610, de 19/02/1998.

É proibida a reprodução desta obra por quaisquer
meios (físicos, eletrônicos ou digitais), salvo em
breves citações, com indicação da fonte.

∎

Exceto em caso de indicação em contrário,
todas as citações bíblicas foram extraídas da
Nova Versão Internacional (NVI)
©1993, 2000, 2011 by International Bible Society,
edição publicada por Editora Vida.
Todos os direitos reservados.

Todas as citações bíblicas e de terceiros foram adaptadas
segundo o Acordo Ortográfico da Língua Portuguesa,
assinado em 1990, em vigor desde janeiro de 2009.

∎

As opiniões expressas nesta obra refletem o ponto
de vista de seus autores e não são necessariamente
equivalentes às da Editora Vida ou de sua equipe editorial.

Os nomes das pessoas citadas na obra foram alterados nos
casos em que poderia surgir alguma situação embaraçosa.

Todos os grifos são do autor, exceto os indicados.

1. edição: fev. 2018
1ª reimp.: jan. 2021
2ª reimp.: mar. 2024

Dados Internacionais de Catalogação na Publicação (CIP)
(Câmara Brasileira do Livro, SP, Brasil)

Dicionário bíblico ilustrado Vida / editores gerais Chad Brand, Charles Draper, Archie England ; editores associados Steve Bond, E. Ray Clendenen ; editor geral, dicionário bíblico Holman Trent C. Butler ; reconstrução bíblica por Bill Latta ; [tradução Carlos Caldas, Valdemar Kroker e Werner Fucks]. -- São Paulo : Editora Vida, 2018.

Título original: *Holman Illustred Bible Dictionary*
ISBN 978-85-383-0368-8

1. Bíblia - Dicionários I. Brand, Chad. II. Draper, Charles. III. England, Archie. IV. Bond, Steve. V. Clendenen, E.Ray. VI. Butler, Trent C. VII. Latta, Bill.

17-10072   CDD-220.3

Índice para catálogo sistemático:

1. Bíblia : Dicionários 220.3
2. Dicionários bíblicos 220.3

Prefácio à Edição Brasileira

Ao estudar a Bíblia, Teologia e doutrinas bíblicas, muitas vezes temos necessidade de compreender melhor termos e temas e o caminho mais aconselhável é a consulta a um dicionário, que se torna indispensável para todo estudante sério da Bíblia. Um dicionário bíblico, então, é uma ferramenta preciosa que todo estudante da Bíblia e da Teologia necessita sempre ter à sua mão para poder encontrar as respostas necessárias e trazer luz aos questionamentos e dúvidas que naturalmente surgem durante uma pesquisa e mesmo durante um momento de meditação e leitura diária de textos bíblicos.

Com isso em mente a Editora Vida traz ao público brasileiro o *Dicionário Bíblico Ilustrado Vida*, que é a tradução do *Holamn Illustrated Bible Dictionary*. É um dicionário enriquecido ao acompanhar diversas traduções bíblicas e traz aos leitores mais de 5 mil verbetes esclarecedores sobre temas e fatos bíblicos. Além disso, tem mais de 600 fotos, ilustrações, quadros e mapas coloridos que ajudarão o leitor a compreender melhor a Bíblia e até localizar com mais facilidade as regiões das terras bíblicas.

O dicionário também é recheado de artigos sobre temas teológicos, profissões, plantas, animais e outros assuntos importantes para a compreensão da Bíblia. Muitos artigos trazem esclarecimentos e desenhos baseados em descobertas arqueológicas atualizadas que se baseiam em escavações feitas nos locais bíblicos.

Para compreender a posição e o relacionamento da história bíblica no correr da história humana, o leitor também encontrará uma linha do tempo que compara a histórica bíblica e a história mundial.

Para facilitar a consulta, os verbetes foram escritos em linguagem acessível e recheados de referências bíblicas cruzadas de modo a ajudar o leitor a buscar em diversas partes da Bíblia um tema consultado.

Você não pode deixar de ter uma ferramenta tão importante assim em sua biblioteca para conseguir compreender melhor a Bíblia e a Teologia.

Dr. Lourenço Stelio Rega
Teólogo, eticista e escritor
Diretor da Faculdade Teológica Batista de São Paulo

Abril de 2015.

Prefácio dos Editores

Desde o começo da Igreja cristã, os cristãos têm encontrado o centro e a circunferência da revelação divina nas Escrituras sagradas. Quando a Igreja nasceu, dispunha de uma Bíblia plenamente autoritativa, o Antigo Testamento. A necessidade de Escrituras adicionais foi reconhecida no devido tempo e a autoridade dos livros que constituem o Novo Testamento foi afirmada no decorrer de um longo processo de canonização, que demorou séculos. A fé histórica da Igreja é que a revelação inscrita (isto é, escrita) começa e termina com a Bíblia. Estas são as afirmações teológicas fundamentais que são centrais a este projeto. Declaramos inequivocamente nosso compromisso, e o compromisso dos demais editores, com a total confiabilidade, veracidade, suficiência, inerrância e infalibilidade da Bíblia.

Além disso, nada é mais básico para o progresso da vida e todo tipo de ministério cristão que um conhecimento operacional das Escrituras. Nossa sincera esperança é que este livro possa servir a múltiplos propósitos, como facilitar a aquisição de conhecimento sobre a Bíblia, compreensão do sentido da Bíblia e sua mensagem, e providenciar uma entrada no amplo mundo da erudição bíblica.

O projeto deste dicionário levou seis anos, com sua revisão e expansão. Mas a edição não teria sido possível sem o esforço hercúleo do editor geral Trent Butler e dos editores colaboradores. Trent também encorajou a editora a preparar uma nova edição, incorporando o melhor da recente erudição bíblica.

Estamos profundamente agradecidos pela oportunidade de colaborar com tantas pessoas capacitadas na realização deste dicionário. Sem a liderança ativa e dinâmica, a participação, paciência e apoio de Ray Clendenen, Steve Bond, Vicki Lee, Dean Richardson e outros da B&H este projeto não teria se realizado. Acrescente-se a assistência inestimável dos assistentes secretariais, especialmente Lisa Taylor, Lindi Fowler e Tina Brand. As instituições nas quais temos lecionado durante estes anos têm sido muito graciosas e apoiadoras deste projeto. Apresentamos nossa gratidão aos coordenadores, diretores e colegas do North Greenville College, Boyce College, Southern Baptist Theological Seminary e o New Orleans Baptist Theological Seminary, pelo apoio, conselhos e encorajamento ao longo do processo. Somos também devedores a centenas de escritores talentosos.

Conquanto nosso projeto editorial seja servir a uma audiência ampla, de leigos, a estudantes e pastores, cremos que esta obra também é útil a professores e acadêmicos. Por doze anos antes que este prefácio fosse escrito, esta obra foi um dos dicionários bíblicos mais vendidos. Recomendamos este dicionário, e esperamos e oramos que ele seja durável e útil e seja lido como foi seu predecessor.

Editores Gerais
Chad Owen Brand, Ph.D.
Charles W. Draper, Ph.D.
Archie W. England, Ph.D

Índice

Prefácio à Edição Brasileira v
Prefácio dos Editores vii
Colaboradores xi
Linha do tempo xxiii
Informações bíblicas de A a Z 1
Créditos de arte 1747

TABELAS

1. Linha do tempo xxiii-xxxi
2. Perspectivas milenaristas no Apocalipse 103-107
3. A dinastia asmoneia 164
4. Calendário agrícola 274
5. Datas significativas na história do Antigo Testamento 417-418
6. O Calendário judaico 642-643
7. Parábolas de Jesus 908-909
8. Milagres de Jesus 910
9. Discursos de Jesus 911
10. Profecias messiânicas do Antigo Testamento 1086-1087
11. Partidos judaicos no Novo Testamento 1266-1267
12. Tabela de pesos e medidas 1318-1319

RECONSTRUÇÕES EM ESCALA

1. Farol de Alexandria 50
2. Arca da aliança 127
3. Torre de assalto romana 132
4. Aríete romano 132
5. Máquina de arqueiro do séc. I d. C. 138
6. Atenas 174-175
7. Babilônia antiga 196
8. Tanque de Betesda 232
9. Casa israelita do séc. I 300
10. Casa israelita do séc. VIII 301
11. Corinto no séc. I 384-385
12. A Jerusalém de Davi 444-445
13. Éfeso: 48-400 d. C. 510-511
14. Reconstrução do Artemesion em Éfeso 512
15. Palácio de inverno de Herodes o Grande em Jericó 894
16. Jerusalém no tempo de Jesus 898-899
17. Mileto 1103
18. Navio mercante fenício 1164
19. A Jerusalém de Neemias 1173
20. Cesareia Marítima 1280

21. Templo de Salomão (corte lateral) 1499
22. Templo de Salomão (corte de cima) 1500
23. Roma no séc. I 1565
24. Sinagoga do séc. I 1565
25. Tabernáculo 1598
26. Templo de Herodes 1611
27. Templo de Herodes (planta baixa) 1614-1615
28. Entrada triunfal de Jesus em Jerusalém 1678-1679
29. Zigurate do período babilônico (605-550 a.C.) 1739

MAPAS

1. A migração de Abraão 12
2. Abraão em Canaã 13
3. Jefté e os amonitas 69
4. Davi derrota os filisteus 126
5. Expansão da igreja primitiva na Palestina 176
6. Ascensão do Império Neo-Babilônico 194
7. A revolta de Bar Kokhba 204
8. Jesus na Judeia e em Jerusalém 226
9. Jornada dos espiões 272
10. Canaã no séc. IV: as Tábuas de El-Amarna 286
11. Cidades de refúgio 331
12. As conquistas de Ciro, o Grande 337
13. Campanhas de Josué no norte 366
14. Campanhas de Josué no centro e no sul 366
15. A vitória de Débora sobre os cananeus 407
16. Ascensão de Davi ao poder 443
17. Egito: terra da escravidão 518
18. Elias e Eliseu 529
19. O retorno dos judeus exilados a Judá 563
20. Eúde e a opressão dos moabitas 590
21. A rota do Êxodo 602
22. O ministério de Jesus ao redor do Mar da Galileia 680
23. Galileia no tempo de Jesus 681
24. Planície da Filístia 688
25. Batalhas de Gideão com os amalequitas 708
26. Império de Alexandre, o Grande 728
27. Programa de construção de Herodes 782
28. A revolta dos Macabeus 800
29. Palestina no tempo de Jesus 857
30. Reino de Davi e Salomão 859
31. Os Reinos de Israel e Judá 862
32. Viagens de Jacó 873
33. Jerusalém no tempo de Davi e Salomão 896
34. Jerusalém no período do Novo Testamento 902
35. Nascimento e infância de Jesus 907
36. Ministério de Jesus além da Galileia 914
37. Viagens de Jesus da Galileia para a Judeia 915
38. João Batista 928
39. As viagens de José 953
40. Divisão de Israel entre as tribos 959
41. Limites da ocupação israelita 957
42. O reino de Josias 955
43. Os juízes de Israel 969
44. Cades-Barneia 269
45. Campanhas de Tito 1065
46. Expansão do cristianismo no segundo e no terceiro séculos 1118-1119
47. Jornada desde Cades-Barneia até as Planícies de Moabe 1133
48. A dinastia onrida 1218
49. Padrões de clima na Palestina antiga 1251
50. Conversão e início do ministério de Paulo 1276
51. Viagens missionárias de Paulo 1277
52. Prisão de Paulo 1279
53. Qumran e os Rolos do Mar Morto 1459
54. Cerco de Jerusalém por Tito 1467
55. Sansão e os filisteus 1516
56. O ministério de Samuel e a consagração de Saul 1508
57. Davi foge de Saul 1525
58. Igrejas do Apocalipse 1551

Colaboradores

☦ Falecido   * Informações atuais indisponíveis

Akin, Daniel L. Diretor da Escola de Teologia; Vice-Presidente Administrativo; Professor de Homilética Cristã, Seminário Teológico Batista do Sul, Louisville, Kentucky.

Albright, Jimmy. Pastor, Igreja Batista Wyatt Park, St. Joseph, Missouri.

Allen, Leslie C. Professor de Antigo Testamento, Seminário Teológico Fuller, Pasadena, Califórnia.

Anderson, Douglas Diretor-executivo, St. Luke's Community House, Nashville, Tennessee.

Andrews, Stephen J. Professor de Hebraico e Antigo Testamento; Diretor do Instituto Morton-Seats de Arqueologia & Antropologia, Seminário Teológico Batista do Meio Oeste, Kansas City, Missouri.

Arnold, Steve*

Baldwin, Gary D. Pastor, Primeira Igreja Batista, Pineville, Louisiana.

Baskin, Joe Professor-adjunto do Davis Center para Ministério de Educação Religiosa, Faculdade Shorter, Rome, Geórgia.

Batson, Jerry W. Diretor-adjunto para assuntos acadêmicos; Professor Adjunto de Teologia na Escola de Teologia Beeson da Universidade Samford, Birmingham, Alabama.

Bean Albert F. Professor-adjunto de Antigo Testamento e Hebraico do Seminário Teológico Batista do Meio Oeste, Kansas City, Missouri.

Beck, David R. Professor-adjunto de Novo Testamento e Grego no Seminário Teológico Batista do Sudeste, Wake Forest, Carolina do Norte.

Beitzel, Barry J. Vice-presidente Executivo da Universidade Internacional Trinity, Deerfield, Illinois.

Bellinger, W. H., Jr. Diretor de Estudos de Pós-Graduação em Ciências da Religião na Universidade Baylor, Waco, Texas.

Berry, Donald K. Professor de Religião na Universidade de Mobile, Mobile, Alabama.

Berry, Everett Pastor, Igreja Batista de Utica, Utica, Kentucky.

Betts, Terry J. Professor de Interpretação do Antigo Testamento, Faculdade Boyce e no Seminário Teológico Batista do Sul, Louisville, Kentucky.

Bishop, Ronald E. Professor na Faculdade Jones County Junior, Ellisville, Mississippi.

Blaising, Craig, Vice-presidente; Pró-Reitor Administrativo, Diretor da Escola de Teologia do no Seminário Teológico Batista do Sul, Forth Worth, Texas.

Blevins, James L. Professor aposentado de Interpretação do Novo Testamento no Seminário Teológico Batista do Sul, Louisville, Kentucky.

Block, Daniel I. Diretor-adjunto, Bíblia e Interpretação. Professor de Antigo Testamento. Southern Baptist Theological Seminary, Louisville, Kentucky.

Blount, Douglas Diretor-adjunto de Ética e Estudos Filosóficos; Professor Auxiliar de Filosofia e Religião no Seminário Teológico Batista do Sudoeste, Forth Worth, Texas.

Bond, Steve Editor de Bíblias e livros de referência. Broadman & Holman Publishers, Nashville, Tennesse.

Bonner, Gary*

Borchert, Gerald L. Professor de Novo Testamento no Seminário Teológico Batista do Norte, Lombard, Illinois.

Brand, Chad Owen Professor-adjunto de Teologia Cristã no Seminário Teológico Batista do Sul. Professor-adjunto de Teologia Cristã e Coordenador do Departamento de Bíblia e Teologia, Faculdade Boyce, Louisville, Kentucky.

Brangenberg, John H., III Vice-presidente e Coordenador Acadêmico, Professor Adjunto de Bíblia e Línguas Bíblicas na Faculdade Bíblica Pacific Rim, Honolulu, Havaí.

Bridges, Linda McKinnish Diretora-associada da Faculdade de Wake Forest. Wake Forest University, Winston-Salem, Carolina do Norte.

Brisco, Thomas V. Professor de Antigo Testamento na Universidade Baylor, Waco, Texas.

Brooks, James A. Professor emérito de Novo Testamento no Seminário Bethel, St. Paul, Minnesota.

Brooks, Oscar S. Professor de Estudos do Novo Testamento no Seminário Teológico Batista Golden Gate, Mill Valley, Califórnia.

Browning, Daniel C. Jr.,Professor de Religião. William Carrey College, Hattiesburg, Mississippi.

Bruce, Barbara J. Escritora *freelancer*, Ridgecrest, North Carolina.

Bruce, Larry Escritor *freelancer*, Forth Worth, Texas.

Burris, Kevin*

Butler, Bradley S. Pastor, Igreja Batista Warren Woods, Warren, Michigan.

Butler, Trent C. Editor de Bíblias e livros de referência. Broadman & Holman Publishers, Nashville, Tennessee.

Cabal, Theodore J. Professor de Filosofia Cristã no Seminário Teológico Batista do Sul, Louisville, Kentucky.

Carlson, Stephen W. Editor nas áreas de liderança e publicações para adultos, LifeWay Christian Resources, Nashville, Tennessee.

Cate, Robert L. Titular da Cadeira Phoebe Young de Estudos de Religião na Oklahoma State University, Stillwater, Oklahoma.

Cathey, Joe Professor adjunto de Religião, Dallas Baptist University, Dallas, Texas.

Chance, Bradley Professor de Religião; Diretor de Orientação Acadêmica, William Jewell College, Liberty, Missouri.

Chandler, William T., III Ministro de Educação Religiosa, Valley Station Baptist Church, Louisville, Kentucky.

Choi, Kyoungwon Doutorando no Southern Baptist Theological Seminary, Louisville, Kentucky.

Church, Christopher Professor de Filosofia e Religião, Faculdade Batista de Ciências da Saúde, Memphis, Tennessee.

Clendenen, E. Ray Editor-executivo de Bíblias e livros de referência de Broadman & Holman Publishers, Nashville, Tennessee.

Coats, George W. Professor emérito, Seminário Teológico Lexington, Lexington, Kentucky.

Cole, R. Dennis Diretor da Divisão de Estudos Bíblicos e professor de Antigo Testamento e Arqueologia do Seminário Teológio Batista de New Orleans, New Orleans, Louisiana.

Coleson, Joseph*

Collins, Alvin O. ✝ Foi Diretor do Departamento de Religião da Universidade Batista de Houston, Houston, Texas.

Compton, A. J., III Professor de Teologia do Seminário Teológico Truett, Universidade Baylor, Waco, Texas.

Cook, Donald E. *

Cook, William F. Professor-adjunto de Interpretação do Novo Testamento do Seminário Teológico Batista do Su, Louisville, Kentucky.

Cooper, C. Kenny Presidente-tesoureiro, Lares para Adultos dos Batistas do Tenessee S.A., Brentwood, Tennessee.

Cornett, Daryl C. Professor-assistente de História da Igreja, Seminário Teológico Batista do Centro da América, Germantown, Tenessee.

Cowan, Steven B. Diretor-adjunto do Centro de Recursos de Apologética, Birmingham, Alabama.

Cowen, Gerald P. Diretor da Faculdade do Sudeste em Wake Forest; Professor de Novo Testamento e Grego no Seminário Teológico Batista do Sudeste, Wake Forest, Carolina do Norte.

Cox, Steven L. Professor-adjunto de Novo Testamento e Grego, Seminário Teológico Batista do Centro da América, Germantown, Tennessee.

Craig, Kenneth M., Jr. Professor-adjunto da Faculdade Lees-McRae, Banner Elk, Carolina do Norte.

Cranford, Jeff *

Cranford, Lorin L. Professor de Religião na Universidade Gardner-Webb, Boiling Spring, Carolina do Norte.

Creech, R. Robert Pastor da Igreja Batista da Universidade, Houston, Texas.

Creed, Brad Pró-reitor administrativo da Universidade Samford, Birmingham, Alabama.

Cresson, Bruce C. Diretor do Instituto de Línguas Bíblicas, Universidade Baylor, Waco, Texas.

Crook, Roger Professor aposentado de Religião, Faculdade Meredith, Raleigh, Carolina do Norte.

Cross, Diane Jeff *

Culpeper, R. Alan, Diretor, Escola de Teologia McAfee, Universidade Mercer, Macon, Geórgia.

Davis, Earl C. *

Dean, Robert J. Especialista editorial sênior aposentado e especialista em currículos, Lifeway Christian Resources, Nashville, Tenessee.

Dehoney, Wayne Pastor jubilado, Igreja Batista da Rua Walnut, Louisville, Kentucky.

Depp, David Escritor *freelancer*, Taylors, Carolina do Sul.

DeVries, LaMoine Professor de Arqueologia Bíblica, Antigo e Novo Testamentos na Universidade Estadual do Sudoeste do Missouri, Springfield, Missouri.

DeVries, Simon J. Professor aposentado de Antigo Testamento, Escola Teológica Metodista, Delaware, Ohio.

Dockery, David S. Reitor e Professor de Estudos Cristãos, Universidade Union, Jackson, Tennessee.

Dollar, Stephen E. Vidor, Texas.

Dominy, Bert B. Professor de Teologia Cristã, Seminário Teológico Truett, Universidade Baylor, Waco, Texas.

Drakeford, John W. Professor emérito de Psicologia e Aconselhamento, Seminário Teológico Batista do Sudoeste, Fort Worth, Texas.

Draper, Charles W. Professor-adjunto de Estudos Bíblicos, Faculdade Boyce, Seminário Teológico Batista do Sul, Louisville, Kentucy.

Draughon, Walter D., III Pastor da Primeira Igreja Batista de St. Petersburg, St. Petersburg, Flórida.

Drayer, John R. *

Drinkard, Joel F., Jr. Professor de Interpretação do Antigo Testamento no Seminário Teológico Batista do Sul; Diretor do Museu Joseph A. Callaway, Louisville, Kentucky.

Drumm, C. Scott, Professor-assistente de Estudos Teológicos e Históricos, Faculdade Leavell no Seminário Teológico Batista de New Orleans, New Orleans, Louisiana.

Duke, Barrett, Jr. Comissão de Ética e Liberdade Religiosa, Vice-Presidente para Políticas Públicas, Convenção Batista do Sul, Washington, D.C.

Duke, David Nelson ✝ Foi professor de Religião, Faculdade William Jewell, Liberty, Missouri.

Duvall, J. Scott Diretor e Titular da Cadeira Fuller de Estudos Bíblicos da Universidade Batista Ouachita, Arkadelphia, Arkansas.

Eakin, Frank E., Jr., Professor de Estudos Judaicos e Cristãos, Universidade de Richmond, Richmond, Virgínia.

Eakins, J. Kenneth Diretor da Coleção Arqueológica Marian Eakins do Seminário Teológico Batista Golden Gate, Mill Valley, Califórnia.

Easley, Kendell Chefe do Departamento de Novo Testamento e Professor de Novo Testamento e Grego do Seminário Teológico Batista do Centro da América, Germantown, Tennessee.

Echols, Steve Diretor-associado de Estudos Doutorais Profissionais e Professor-auxiliar de Liderança no Seminário Teológico Batista de New Orleans, New Orleans, Louisiana.

Edwards, W. T., Jr., Professor emérito de Religião na Universidade Samford, Birmingham, Alabama.

Ellenburg, Dale Pastor da Igreja Batista de Ellendale, Bartlett, Tennessee.

Ellis, Bob R. Professor de Antigo Testamento e Hebraico na Escola de Teologia Logsdon da Universidade Hardin-Simmons, Abilene, Texas.

Ellis, Terence B. Pastor da Igreja Batista Spring Hill, Mobile, Alabama.

England, Archie W. Professor-auxiliar de Antigo Testamento e Hebraico no Seminário Teológico Batista de New Orleans, New Orleans, Louisiana.

Enns, Paul P. Professor-auxiliar de Teologia no Seminário Teológico Batista do Sudeste, Tampa, Flórida.

Fallis, William J. Editor-chefe aposentado de Broadman Press, Nashville, Tennessee.

Feinburg, Charles Lee ✝ Foi Diretor-fundador e emérito da Escola de Teologia Talbot da Universidade Biola, LaMirada, Califórnia.

Field, Taylor Diretor do Sétimo Ministério Batista do Leste, Nova York, Nova York.

Fink, Michael Coordenador editorial (aposentado) da LifeWay Christian Resouces, Nashville, Tennessee.

Fisher, Fred L. ✝ Foi Professor de Novo Testamento no Seminário Teológico Batista Golden Gate, Mill Valley, Califórnia.

Fleming, David M.*

Fountain, Mark Escritor *freelance*, Louisville, Kentucky.

Fredericks, Daniel C. Vice-presidente sênior e Pró-reitor, Faculdade Belhaven, Jackson, Mississippi.

Freeman, C. Hal, Jr. Professor-auxiliar de Estudos Cristãos e Diretor da Ênfase Cristã para a Academia, Faculdade North Greenville, Tigerville, Carolina do Sul.

Fricke, Robert Diretor aposentado do Seminário Batista, Costa Rica.

Fuller, Russell T. Professor-auxiliar de Interpretação do Antigo Testamento no Seminário Teológico Batista do Sul, Louisville, Kentucky.

Galeotti, Gary A. Professor titular de Antigo Testamento, Seminário Teológico Batista do Sudeste, Wake Forest, Carolina do Norte.

Gautsch, Darlene R. Professora-auxiliar de Antigo Testamento e Hebraico no Seminário Teológico Batista Golden Gate, Mill Valey, Califórnia.

Gentry, Peter J. Professor-auxiliar de Interpretação do Antigo Testamento no Seminário Teológico Batista do Sul, Louisville, Kentucky.

George, Timothy Diretor-fundador da Escola de Teologia Beeson; Professor de História da Igreja e Teologia Histórica na Universidade Samford, Birmingham, Alabama. Editor de *Christianity Today*.

Glaze, Joseph E. Primeira Igreja Batista, Hamilton, Nova York.

Glaze, R. E., Jr. Professor emérito de Novo Testamento no Seminário Teológico Batista de New Orleans, New Orleans, Louisiana.

Gloer, William Hulitt Professor de Homilética e Escritura Cristã no Seminário Teológico Truett da Universidade Baylor, Waco, Texas.

Gower, Ralph*

Graham, Charles E. Professor emérito de Antigo Testamento, Seminário Teológico Batista de New Orleans, New Orleans, Louisiana.

Gray, Elmer L. ✝ Foi editor do *California Southern Baptist*, Fresno, Califórnia.

Grissom, Fred A. Professor de Estudos Religiosos, Faculdade Wesleyana da Carolina do Norte, Rocky Mount, Carolina do Norte.

Haag, Joe Diretor do Programa de Planejamento e Preocupações Morais Especiais, Comissão de Vida Cristã, Convenção Geral Batista do Texas, Dallas, Texas.

Halbrook, Gary K. Diretor do Centro de Cuidado & Aconselhamento, Lufkin, Texas.

Hancock, Omer J., Jr. Professor de Antigo Testamento, Ministério Eclesiástico e Educação de Campo, Faculdade de Teologia Logsdon. Universidade Hardin-Simmons, Abilene, Texas.

Hardin, Gary Pastor, Igreja Batista Packard Road, Ann Arbor, Michigan.

Harris, R. Laird ✝ foi Professor emérito de Antigo Testamento, Seminário Teológico Covenant, St. Louis, Missouri.

Harrison, R. K. ✝ Foi Professor emérito de Antigo Testamento, Wycliffe College, Universidade de Toronto, Toronto, Canadá.

Harrop, Clayton ✝ Foi Vice-presidente Acadêmico e Diretor do Corpo Docente do Seminário Teológico Batista Golden Gate, Mill Valley, Califórnia.

Hatchett, Randy L. Professor-adjunto de Cristianismo e Filosofia, Universidade Batista de Houston, Houston, Texas.

Hatfield, Lawson G. *

Haygood, B. Spencer Pastor titular, Igreja Batista Orange Hill, Atlanta, Geórgia.

Hemer, Colin J. ✝ Foi pesquisador visitante na Tyndale House, Cambridge, Inglaterra.

Henderson, Gene ✝ Foi editor de design da *Bíblia do Professor de Adultos*, LifeWay Christian Resources, Nashville, Tennessee.

Henry, Jerry M. Pastor, Primeira Igreja Batista de Fairhope, Alabama.

Hepper, F. Nigel Integrou a equipe dos Jardins Botânicos Reais, Kew, Inglaterra.

Hill, C. Dale Pastor titular, Igreja Batista Grand Parkway, Richmond, Texas.

Hockenhull, Brenda R.*

Honeycutt, Roy L. Foi Reitor do Seminário Teológico Batista do Sul, Louisville, Kentucky.

Horton, Fred L., Jr. Professor da Cadeira John Thomas Albritton, Universidade Wake Forest, Winston-Salem, Carolina do Norte.

House, Paul R. Diretor de Estudos Cristãos; Professor de Antigo Testamento, Faculdade Wheaton, Wheaton, Illinois.

Howe, Claude L., Jr. Professor emérito de História da Igreja. Seminário Teológico Batista de New Orleans, New Orleans, Louisiana.

Hubbard, Kenneth Pastor emérito, Primeira Igreja Batista, Smyrna, Tennessee.

Huckabay Gary C. Pastor titular, Igreja Batista do Calvário, Las Cruces, New Mexico.

Humphries-Brooks, Stephenson Professor-adjunto de Estudos de Religião, Faculdade Hamilton, Clinton, Nova York.

Hunt, Harry B., Jr. Professor aposentado de Antigo Testamento, Seminário Teológico Batista do Sudoeste, Fort Worth, Texas.

Ireland, William J., Jr. Pastor, Igreja Batista Ardmore, Winston-Salem, Carolina do Norte.

Jackson, Paul Professor-adjunto de Estudos Cristãos, Universidade Union, Jackson, Tennessee.

Jackson, Thomas A. Pastor, Igreja Batista Wake Forest, Wake Forest, Carolina do Norte.

Johnson, Jerry A. Diretor, Faculdade Boyce. Seminário Teológico Batista do Sul, Louisville, Kentucky.

Johnson, Ricky L. Foi Professor de Antigo Testamento do Seminário Teológico Batista do Sudoeste, Fort Worth, Texas.

Johnson, Walter Professor-adjunto de Filosofia e Estudos Cristãos, Faculdade North Greenville, Tigerville, Carolina do Sul.

Joines, Karen R. Professor de Religião. Universidade Samford, Birmingham, Alabama.

Jones, Lynn Pastor, Primeira Igreja Batista, Booneville, Mississippi.

Jones, Peter Rhea Professor de Homilética e Teologia, Escola de Teologia McAfee, Universidade Mercer, Macon, Geórgia.

Kaiser, Walter C., Jr. Reitor e Professor de Estudos Cristãos do Seminário Teológico Gordon-Conwell, South Hamilton, Massachusetts.

Keathley, Naymond Coordenador da Graduação em Estudos de Religião da Universidade Baylor, Waco, Texas.

Kelly, Brent R. Professor-adjunto, Universidade Wesleyana Indiana, Louisville, Kentucky.

Kelm, George L. Professor aposentado de Pano de Fundo Bíblico e Arqueologia do Seminário Teológico Batista do Sudoeste, Fort Worth, Texas.

Kent, Dan Gentry Professor aposentado de Antigo Testamento do Seminário Teológico Batista do Sudoeste, Fort Worth, Texas.

Kilpatrick, R. Kirk Professor-assistente de Antigo Testamento e Hebraico do Seminário Teológico Batista do Centro da América, Germantown, Tennessee.

Kimmitt, Francis X. Diretor-adjunto da Faculdade Leavell; Professor-adjunto de Antigo Testamento e Hebraico do Seminário Teológico Batista de New Orleans, New Orleans, Louisiana.

Knight, George W. Professor de Novo Testamento, Grego e Teologia Bíblica da Escola de Teologia Hogsdon, Universidade Hardin-Simmons, Abilene, Texas.

Koester, Helmut Professor pesquisador em Estudos do Novo Testamento na Escola de Teologia de Harvard, Cambridge, Massachusetts.

Laing, John Professor-assistente de Filosofia e Teologia. Seminário Teológico Batista do Sudoeste, Fort Worth, Texas.

Laing, Stefana Dan Professor-adjunto de Teologia na Escola de Teologia da Universidade Samford, Birmingham, Alabama.

Langston, Scott Professor-adjunto de Estudos Bíblicos na Universidade Batista do Sudoeste, Bolivar, Missouri.

Lanier, David E. Professor de Novo Testamento; Editor de *Faith & Mission*. Seminário Teológico Batista do Sudeste, Wake Forest, Carolina do Norte.

Laughlin, John C. H. Chefe do Departamento de Religião e Professor de Antigo Testamento, Hebraico e Filosofia da Universidade Averett, Danville, Virgínia.

Lea, Thomas D. ✝ Foi Diretor Acadêmico do Seminário Teológico Batista do Sudoeste, Fort Worth, Texas.

Lee, H. Page*

Lee, Philip New Orleans, Louisiana.

Lemke, Steve W. Pró-reitor e Professor de Filosofia do Seminário Teológico Batista de New Orleans, New Orleans, Louisiana.

Leonard, Bill J. Diretor da Escola de Teologia e Professor de História da Igreja da

Universidade Wake Forest, Winston-Salem, Carolina do Norte.

Lewis, Floyd ✞ Foi pastor da Primeira Igreja Batista de Eldorado, Arizona.

Lewis, Jack P. Professor de Bíblia do Centro de Pós-Graduação em Estudos de Religião da Universidade Harding, Memphis, Tennessee.

Lewis, Joe O. Pró-reitor aposentado da Universidade Samford, Birmingham, Alabama.

Livingston, George Herbert ✞ Foi Professor emérito de Antigo Testamento, Seminário Teológico Asbury, Wilmore, Kentucky.

Logan, Phil*

Lorenzen, Thorwald Professor sênior do Centro Teológico Nacional de St. Mark, Canberra, Austrália.

Lunceford, Joe E. Professor de Religião na Faculdade Georgetown, Georgetown, Kentucky.

MacRae, Allan A. ✞ foi Chanceler e Professor emérito de Antigo Testamento do Seminário Bíblico, Hatfield, Pennsylvania.

Mallau, Hans-Harold*

Maltsberger, David C. Pastor titular da Igreja Batista Westlynn, North Vancouver, Colúmbia Britânica, Canadá.

Mapes, David Professor-assistente de Teologia, Seminário e Instituto Bíblico Luther Rice, Lithonia, Geórgia.

Mariiottini, Claude F. Professor de Antigo Testamento, Seminário Teológico Batista do Norte, Lombard, Illinois.

Marsh, C. Robert*

Martin, D. C. ✞ Foi Professor e Chefe do Departamento de Estudos Cristãos, Faculdade Grand Canyon, Phoenix, Arizona.

Martin, D. Michael Diretor de Educação à Distância e Professor de Novo Testamento, Seminário Teológico Batista Golden Gate, Mill Valley, Califórnia.

Martin, Ralph P. Catedrático destacado do Seminário Teológico Fuller, Pasadena, Califórnia.

Martin, Tony M. Professor de Religião, Universidade de Marty Hardin Baylor, Belton, Texas.

Massey, Ken Pastor titular, Primeira Igreja Batista, Greensboro, Carolina do Norte.

Matheney, M. Pierce, Jr., Professor aposentado de Antigo Testamento e Hebraico, Seminário Teológico Batista do Meio Oeste, Kansas City, Missouri.

Matheson, Mark E. Pastor, Primeira Igreja Batista, Windermere, Flórida.

Mathis, Donny R., II Professor-adjunto de Novo Testamento, Faculdade Boyce e do Seminário Teológico Batista do Sul, Louisville, Kentucky.

Matthews, E. LeBron Pastor da Igreja Batista Eastern Heights, Columbus, Geórgia.

Matthews, Victor H. Diretor-adjunto da Faculdade de Humanidades e Políticas Públicas; Professor de Estudos de Religião; Coordenador do Programa de Antiguidades da Universidade Estadual do Sudoeste do Missouri, Springfield, Missouri.

McCoy, Glenn Diretor aposentado da Cadeira de Bíblia, Universidade do Novo México, Portales, Novo México.

McGee, Daniel B. Professor de Religião, Universidade Baylor, Waco, Texas.

McGraw, Larry R. Professor de Antigo Testamento, Novo Testamento e Pano de Fundo Bíblico, Coordenador-adjunto de Pós-Graduação, Escola de Teologia Hogsdon, Universidade Hardin-Simmons, Abilene, Texas.

McKinney, Larry Diretor de Comunicações, Fundação Batista de Kansas City, Overland Park, Kansas.

McNeal, T. R. Diretor, Equipe de Desenvolvimento de Liderança, Convenção Batista da Carolina do Sul, Columbia, Carolina do Sul.

McRay, John Professor emérito de Novo Testamento e Arqueologia. Faculdade Wheaton, Wheaton, Illinois.

McWilliams, Warren, Professor da Cadeira Auguie Henry de Bíblia, Universidade Batista do Oklahoma, Shawnee, Oklahoma.

Meier, Janice Publicadora nas áreas de Liderança e Adultos de Lifeway Christian Resources, Nashville, Tennessee.

Merkle, Ben L. Gelugor, Penang, Malásia.

Michaels, J. Ramsey Professor emérito de Estudos de Religião, Universidade Estadual do Sudoeste do Missouri e Professor-adjunto de Novo Testamento, Universidade Teológica Bangor, Springfield, Missouri e Madbury, New Hampshire.

Mickelsen, A. Berkeley ✝ Foi Professor emérito de Novo Testamento, Seminário Teológico Bethel, St. Paul, Minnesota.

Miller, J. Maxwell Professor emérito, Escola de Teologia Candler da Universidade Emory, Atlanta, Geórgia.

Miller, Stephen R. Coordenador do Comitê de Doutorado; Chefe do Departamento de Antigo Testamento e Hebraico; Professor de Antigo Testamento e Hebraico, Seminário Teológico Batista do Centro da América, Germantown, Tennessee.

Millikin, Jimmy A. Diretor do Programa de Mestrado; Chefe do Departamento de Teologia; Chefe de Departamento em Exercício do Departamento de História da Igreja; Professor de Teologia do Seminário Teológico Batista do Centro da América, Germantown, Tennessee.

Mitchell, Eric Alan Professor-assistente de Pano de Fundo Bíblico e Arqueologia do Seminário Teológico Batista do Sudoeste, Fort Worth, Texas.

Mohler, R. Albert, Jr., Diretor e Professor de Teologia Cristã do Seminário Teológico Batista do Sul, Louisville, Kentucky.

Mooney, D. Jeffrey Doutorando no Seminário Teológico Batista do Sul, Louisville, Kentucky.

Moore, Russell D. Professor-assistente de Teologia Cristã; Diretor-executivo do Instituto Carl R. H. Henry de Envolvimento Evangélico, Seminário Teológico Batista do Sul, Louisville, Kentucky.

Morgan, Barry Professor de Novo Testamento e Grego, Faculdade Hannibal-LaGrange, Hannibal, Missouri.

Morris, Leon ✝ Foi Diretor da Faculdade Ridley, Melbourne, Austrália.

Morris, Wilda W. Integrante do Corpo Docente do Seminário Teológico Evangélico Garrett, Evanston, Illinois.

Mosley, Harold R. Professor-adjunto de Antigo Testamento e Hebraico, Seminário Teológico Batista de New Orleans, New Orleans, Louisiana.

Mott, Stephen Charles Pastor, Igreja Metodista Unida Cochesett, West Bridgewater, Massachusetts.

Moyer, James C. Chefe do Departamento de Estudos de Religião, Universidade Estadual do Sudoeste do Missouri, Springfield, Missouri.

Murrell, Rich Especialista em Network, Divisão de Recursos Eclesiásticos, LifeWay Christian Resources, Nashville, Tennessee.

Music, David W. Professor de Música Eclesiástica, Escolha de Música do Seminário Teológico Batista do Sudoeste, Fort Worth, Texas.

Nelson, David P. Professor-auxiliar de Teologia Sistemática, Seminário Teológico Batista do Sudeste, Wake Forest, Carolina do Norte.

Newell, James Pastor, Primeira Igreja Batista, Jasper, Alabama.

Newman, Carey C. Editor de livros acadêmicos, Westminter John Knox Press, Louisville, Kentucky.

Ngan, Lai Ling Elizabeth Professora-adjunta de Escrituras Cristãs, Antigo Testamento e Hebraico, Seminário Teológico Truett, Universidade Baylor, Waco, Texas.

Norman, Robert Stanton Professor-adjunto de Teologia, Titular da Cadeira McFarland de Teologia do Seminário Teológico Batista de New Orleans, New Orleans, Louisiana.

O'Brien, J. Randall Chefe e Professor do Departamento de Religião da Universidade Baylor, Waco, Texas.

Omanson, Roger L. Sociedade Bíblica Americana, Nova York, Nova York.

Orrick, Jim Scott Professor de Literatura e Cultura, Faculdade Boyce e Seminário Teológico Batista do Sul, Louisville, Kentucky.

Ortiz, Steven Professor-auxiliar de Arqueologia do Seminário Teológico Batista de New Orleans, New Orleans, Louisiana.

Osborne, Grant R. Professor de Novo Testamento, Escola de Teologia Evangélica Trinity, Deerfield, Illinois.

Overstreet, Mark M. Professor-auxiliar de Homilética , Faculdade Boyce e Seminário Teológico Batista do Sul, Louisville, Kentucky.

Owens, J. J. ☥ Foi Professor-titular de Antigo Testamento e Hebraico do Seminário Teológico Batista do Sul, Louisville, Kentucky.

Palmer, Clark Pastor interino, escritor *freelance*, Pineville, Louisiana.

Parker, W. Dan Diretor do Centro de Sistema de Extensão de Pós-Graduação; Professor-auxiliar de Ministério Pastoral do Campus do Norte da Geórgia da Faculdade Leavell e do Seminário Teológico Batista de New Orleans, New Orleans, Louisiana.

Parkman, Joel*

Parks, D. Mark Professor-auxiliar de Religião da Universidade Batista de Dallas, Dallas, Texas.

Parsons, Mikeal C. Professor-auxiliar de Religião da Universidade Baylor, Waco, Texas.

Patterson, Dorothy Professora de Estudos Feministas do Seminário Teológico Batista do Sudeste, Wake Forest, Carolina do Norte.

Patterson, L. Paige Diretor e Professor titular de Teologia do Seminário Teológico Batista do Sudeste, Wake Forest, Carolina do Norte.

Pearce, T. Preston Consultor Teológico, Junta de Missões Internacionais, Richmond, Virgínia.

Plummer, Robert L. Professor-auxiliar de Interpretação do Novo Testamento do Seminário Teológico Batista do Sul, Louisville, Kentucky.

Pohill, John B. Professor da Cadeira James Buchanan Harrison de Interpretação do Novo Testamento do Seminário Teológico Batista do Sul, Louisville, Kentucky.

Potts, Donald R. Diretor aposentado do Departamento de Religião da Universidade Teológica Batista do Leste do Texas, Marshall, Texas.

Poulton, Gary Presidente emérito e Professor de História da Faculdade Virgínia Intermont, Bristol, Virgínia.

Powell, Paul Diretor do Seminário Teológico Truett na Universidade Baylor, Waco, Texas.

Price, Nelson Pastor emérito, Igreja Batista Rowell Street, Marietta, Geórgia.

Prince, Robert William, III Vernon, Texas.

Quarles, Charles L. Professor-auxiliar de Novo Testamento e Grego do Seminário Teológico Batista de New Orleans, New Orleans, Louisiana.

Queen-Sutherland, Kandy Professora de Estudos de Religião na Universidade Stetson, Deland, Flórida.

Rainey, Joel Estrategista de Implantação de Igrejas, Junta Norte-Americana de Missões, Convenção Batista do Sul, Richmond, Virgínia.

Ray, Charles A., Jr. Diretor-assistente de Programas de Pesquisa Doutoral, Professor de Novo Testamento e Grego do Seminário Teológico Batista de New Orleans, New Orleans, Louisiana.

Reddish, Mitchell G. Professor de Estudos de Religião, Universidade Stetson, DeLand, Flórida.

Redditt, Paul L. Chefe do Departamento de Religião; Professor de Antigo Testamento, Novo Testamento e Tradições Não Ocidentais da Faculdade Georgetown, Georgetown, Kentucky.

Reeves, Rodney Professor de Novo Testamento, Universidade Batista do Sudoeste, Bolivar, Missouri.

Register, R. Dean Pastor da Igreja Batista Temple, Hattiesburg, Mississippi.

Ridge, Donna Escritora *freelance*, Kimberly, Winsconsin.

Robbins, Ray Frank Professor emérito de Novo Testamento e Grego do Seminário Teológico Batista de New Orleans, St. Joseph, Louisiana.

Robertson, Paul E. New Orleans, Louisiana.

Robinson, Darrell W. Presidente do Total Church Life Ministries, Inc. e Ministro de Evangelismo da Igreja Batista Roswell Street, Marietta, Geórgia.

Roger, Max ✝ Foi Professor de Antigo Testamento no Seminário Teológico Batista do Sudeste, Wake Forest, Carolina do Norte.

Rooker, Mark Professor de Antigo Testamento e Hebraico, Seminário Teológico Batista do Sudeste, Wake Forest, Carolina do Norte.

Ruffle, John Universidade de Durham, Durham, Inglaterra.

Russell, Jeremiah H. Doutorando na Universidade Baylor, Waco, Texas.

Sandlin, Bryce Leveland, Texas.

Saul, D. Glenn Vice-presidente para Assuntos Acadêmicos e Estudos de Pós-Graduação, Universidade Batista Wayland, Plainview, Texas.

Sawyer, W. Thomas Professor emérito de Novo Testamento e Grego na Faculdade Mars Hill, Mars Hill, Carolina do Norte.

Scalise, Pamela J. Professora-auxiliar de Antigo Testamento, Seminário Teológico Fuller, Pasadena, Califórnia.

Schemm, Peter R. Jr., Professor-auxiliar de Teologia no Seminário Teológico Batista do Sudeste, Wake Forest, Carolina do Norte.

Schreiner, Thomas R. Professor de Interpretação do Novo Testamento; Editor do The Southern Baptist Journal of Theology. Seminário Teológico Batista do Sul, Louisville, Kentucky.

Schweer, G. Wiiliam Professor de Evangelização no Seminário Teológico Batista Golden Gate, Mill Valley, Califórnia.

Sexton, James Cordele, Geórgia.

Shackleford, David G. Professor de Novo Testamento e Grego, Seminário Teológico Batista do Centro da América, Germantown, Tennessee.

Sheffield, Bob Ministérios Pastorais, LifeWay Christian Resources, Nashville, Tennessee.

Simmons, Billy E. Professor emérito de Novo Testamento e Grego no Seminário Teológico Batista de New Orleans, Gulfport, Mississippi.

Skinner, Craig Foi Professor de Homilética no Seminário Teológico Batista Golden Gate, Mill Valley, Califórnia.

Sloan, Robert B., Jr. Reitor, Presidente do Conselho Administrativo e Professor de Religião da Universidade Baylor, Waco, Texas.

Smith, A. J. Doutorando no Seminário Teológico Batista do Sul, Louisville, Kentucky.

Smith, Billy K. ✝ Foi Coordenador Acadêmico e Professor emérito de Antigo Testamento e Grego no Seminário Teológico Batista de New Orleans, New Orleans, Louisiana.

Smith, Fred Assessor de Estudantes de Teologia e Professor-auxiliar de Filosofia da Religião no Seminário Teológico Batista do Sudoeste/ Professor-auxiliar de Filosofia da Religião, Faculdade Criswell, Dallas, Texas.

Smith, Gary V. Professor de Antigo Testamento e Hebraico no Seminário Teológico Batista do Meio Oeste, Kansas City, Missouri.

Smith, Marsha A. Ellis Vice-presidente associada para Pesquisa Institucional no Seminário Teológico Batista do Sul, Louisville, Kentucky.

Smith, Ralph L. Professor aposentado de Antigo Testamento e Hebraico no Seminário Teológico Batista do Sudoeste, Fort Worth, Texas.

Smothers, Thomas Professor aposentado de Antigo Testamento e Hebraico no Seminário Teológico Batista do Sul, Louisville, Kentucky.

Snider, P. Joel Pastor da Primeira Igreja Batista de Rome, Geórgia.

Songer, Harold S. Professor aposentado de Novo Testamento no Seminário Teológico Batista do Sul, Louisville, Kentucky.

Spradlin, Michael R. Diretor; Chefe do Departamento de Evangelização; Professor de Antigo Testamento e Hebraico, Evangelização, Teologia Prática e História da Igreja no Seminário Teológico Batista do Centro da América, Germantown, Tennessee.

Stabnow, David K. Editor de tradução de Bíblias de Broadman & Holman Publishers, Nashville, Tennessee.

Stagg, Robert Professor emérito de Bíblia na Universidade Batista Ouachita, Arkadelphia, Arkansas.

Stein, Robert H. Titular da Cadeira Mildred e Ernest Hogan de Interpretação do Novo Testamento no Seminário Teológico Batista do Sul, Louisville, Kentucky.

Stephens, Shirley Escritora *freelance*, editora, Nashville, Tennessee.

Stevens, Gerald L. Professor de Novo Testamento e Grego no Seminário Teológico Batista de New Orleans, New Orleans, Louisiana.

Stewart, Don H. Professor de Novo Testamento e Grego no Seminário Teológico Batista de New Orleans, New Orleans, Louisiana.

Stewart, Robert B. Professor-auxiliar de Filosofia e Teologia no Seminário Teológico Batista de New Orleans, New Orleans, Louisiana.

Stinson, Randy Diretor-executivo do Concílio sobre Masculinidade e Feminilidade Bíblica, Louisville, Kentucky.

Strange, James Professor de Estudos de Religião e Coordenador de Pós-Graduação na Universidade do Sul da Flórida, Tampa, Flórida.

Street, Robert Anderson, Jr., Professor de Antigo Testamento, Universidade Campbellsville, Campbellsvilee, Kentucky.

Strong, L. Thomas III Diretor da Faculdade Leavell; Professor-auxiliar de Novo Testamento e Grego, Faculdade Leavell e do Seminário Teológico Batista de New Orleans, New Orleans, Louisiana.

Summers, Ray ✞ Foi Professor de Novo Testamento e Grego no Seminário Teológico Batista do Sudoeste, Fort Worth, Texas.

Sutherland, Dixon*

Swanson, Phillip J. Pastor da Igreja Batista Colts Neck, Colts Neck, New Jersey.

Talbert, Charles H. Livre-docente em Estudos de Religião na Universidade Baylor, Waco, Texas.

Tan, Tandall K. J. Doutorando no Seminário Teológico Batista do Sul, Louisville, Kentucky.

Tang, Samuel Yau-Chi Professor de Antigo Testamento e Hebraico no Seminário Teológico Batista Golden Gate, Mill Valley, Califórnia.

Tankersley, Bruce Professor de Religião na Universidade Batista do Leste do Texas, Marshall, Texas.

Taulman, James Assistente do Diretor-executivo da Sociedade de História e Herança Batista, Brentwood, Tennessee.

Thompson, J. William Editor sênior aposentado de LifeWay Christian Resources, Nashville, Tennessee.

Tobias, Hugh*

Trammell, Timothy Diretor-assistente da Faculdade de Fé Cristã Mart Crowley da Universidade Batista de Dallas, Dallas, Texas.

Travis, James L. Professor emérito da Faculdade Blue Mountain, Blue Montain, Mississippi.

Traylor, John H., Jr. Pastor jubilado em Monroe, Louisiana.

Tullock, John H. Professor emérito de Antigo Testamento e Hebraico, Universidade Belmont, Nashville, Tennessee.

Turham, Tim Pastor da Igreja Batista Memorial Luther Rice, Silver Spring, Maryland.

Van Leewen, Raymond C. Professor de Estudos Bíblicos do Seminário Teológico Calvin, Grand Rapids, Michigan,.

Vermiliion, William H.*

Vickers, Bryan J. Editor-associado do The Southern Baptist Journal of Theology; Doutorando no Seminário Teológico Batista do Sul, Louisville, Kentucky.

Wade, Charles R. Diretor-executivo, Convenção Geral Batista do Texas, Dalas, Texas.

Walker, Douglas C. Vice-presidente sênior de Relações Institucionais do Seminário Teológico Batista do Sul, Louisville, Kentucky.

Warren, William F., Jr. Diretor do Centro de Estudos Textuais do Novo Testamento; Coordenador do Programa de Parcerias da Faculdade Batista; Professor de Novo Testamento e Grego no Seminário Teológico Batista de New Orleans, New Orleans, Louisiana.

Wellum, Stephen J. Professor-auxiliar de Teologia Cristã no Seminário Teológico Batista do Sul, Louisville, Kentucky.

White, James Diretor dos Ministérios Alfa & Ômega, Phoenix, Arizona.

Wilbanks, Pete, Professor-auxiliar de Estudos Cristãos da Faculdade North Greenville, Tigerville, Carolina do Sul.

Wilder, Terry Professor de Novo Testamento e Grego no Seminário Teológico Batista do Meio Oeste, Kansas City, Missouri.

Wilson, Douglas K., Jr., Pastor da Primeira Igreja Batista de Orchard Park, Nova York.

Wilson, Kimberly P. Orchard Park, Nova York.

Wolf, Christian*

Wooldridge, Judith Especialista em Desenvolvimento de Produtos LifeWay Christian Resources. Lifeway Christian Resources, Nashville, Tennessee.

Wright, G. Al, Jr., Pastor da Primeira Igreja Batista de Waynesboro, Geórgia.

Wright, Paul H. Diretor do Centro Universitário Jerusalém, Coordenador de Programas Acadêmicos em História e Geografia Bíblica no Centro Universitário Jerusalém, Jerusalém, Israel.

Wyrick, Stephen Von Professor de Religião na Universidade de Mary Hardin Baylor, Belton, Texas.

Yamauchi, Edwin Professor de História na Universidade Miami, Oxford, Ohio.

Yarnell, Malcolm B., III Coordenador-assistente para Estudos Teológicos e Professor auxiliar de Teologia no Seminário Teológico Batista do Sudoeste, Fort Worth, Texas.

York, Hershael W. Titular da Cadeira Lester de Pregação Cristã e Diretor Associado de Ministério e Proclamação no Seminário Teológico Batista do Sul, Louisville, Kentucky.

Youngblood, Kevin J. Doutorando no Seminário Teológico Batista do Sul, Louisville, Kentucky.

Zachariades, Doros Doutorando no Seminário Teológico Batista do Sul e Pastor da Igreja Batista Woodstock, Somerset, Kentucky

Linha do Tempo

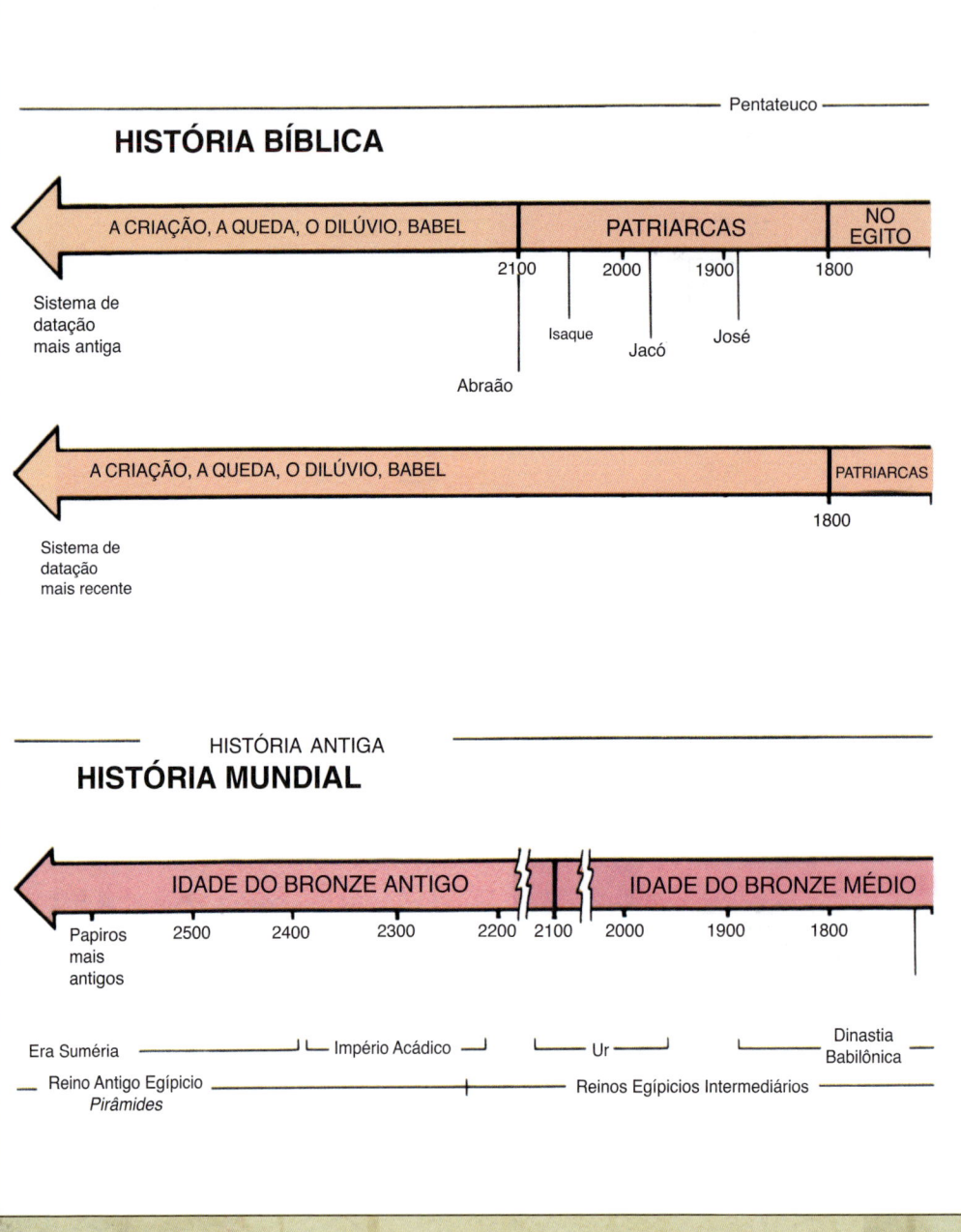

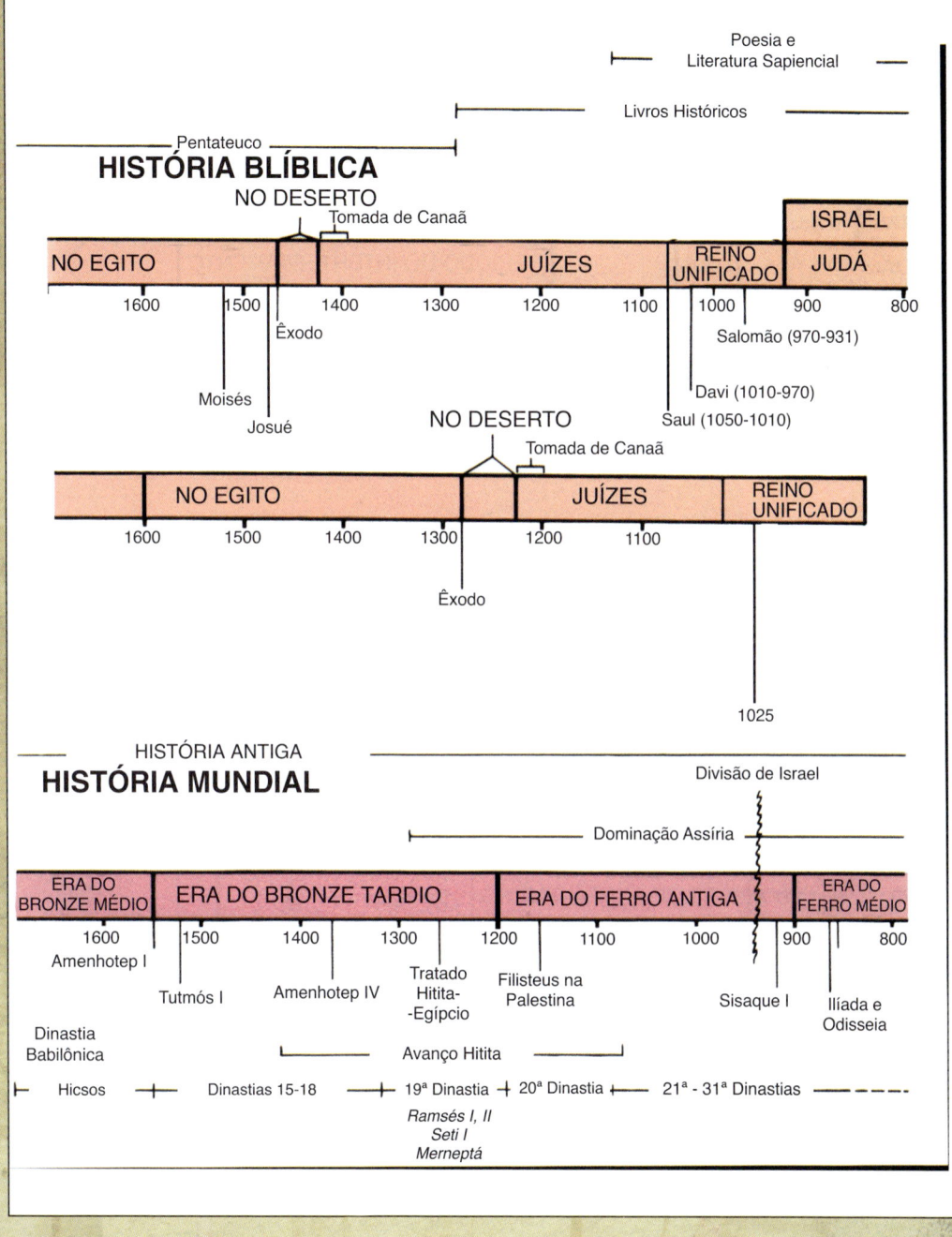

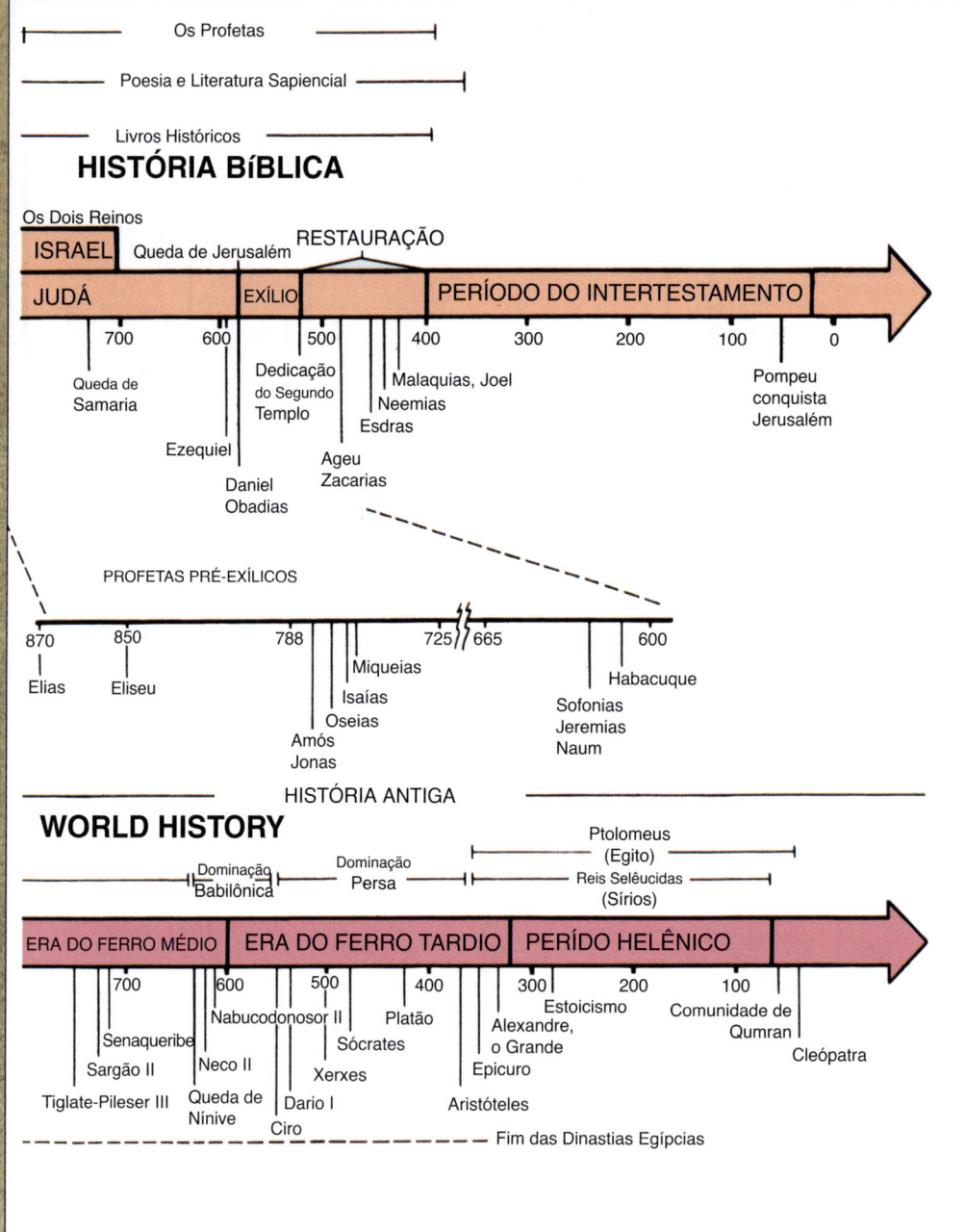

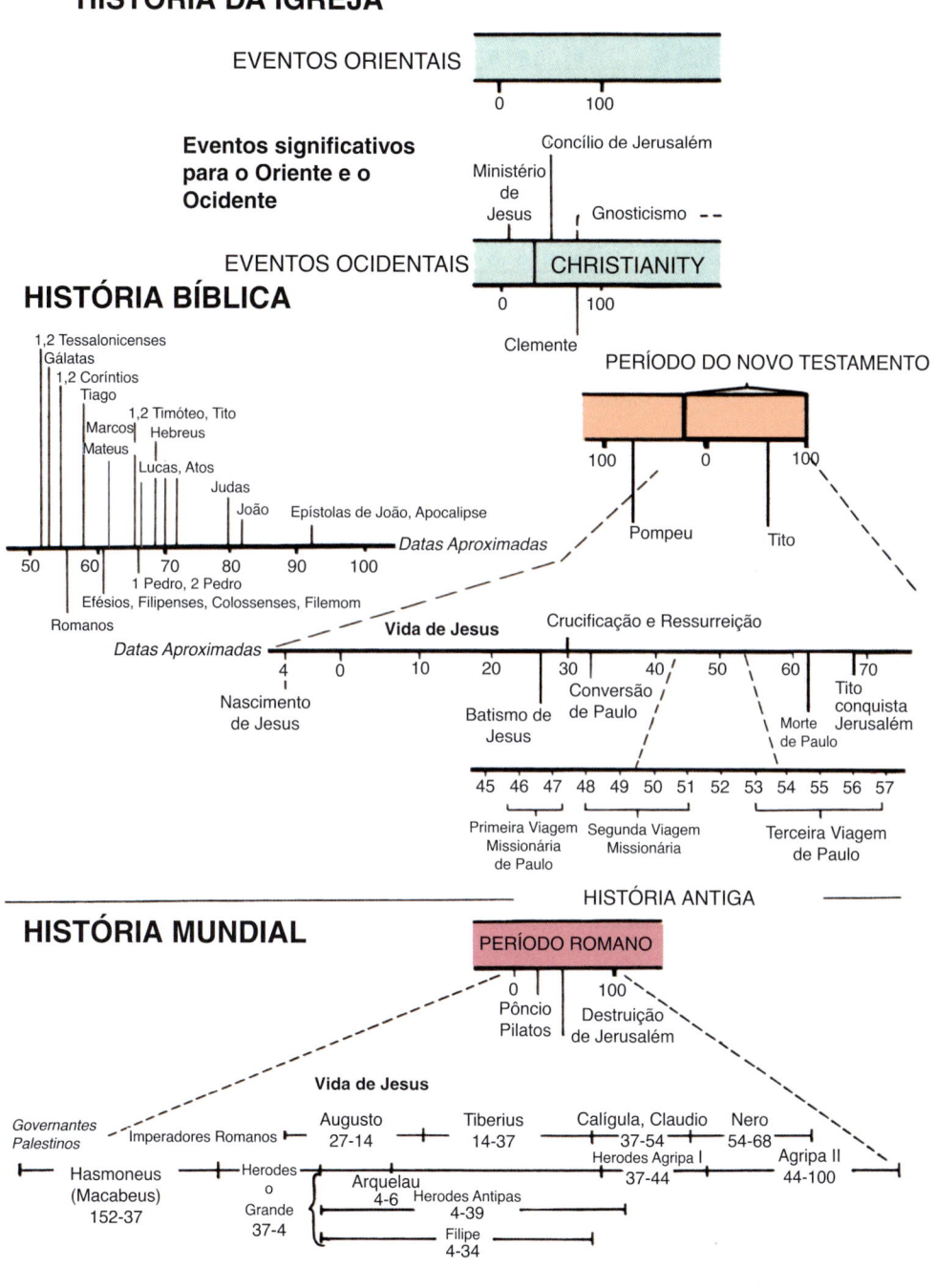

HISTÓRIA DA IGREJA

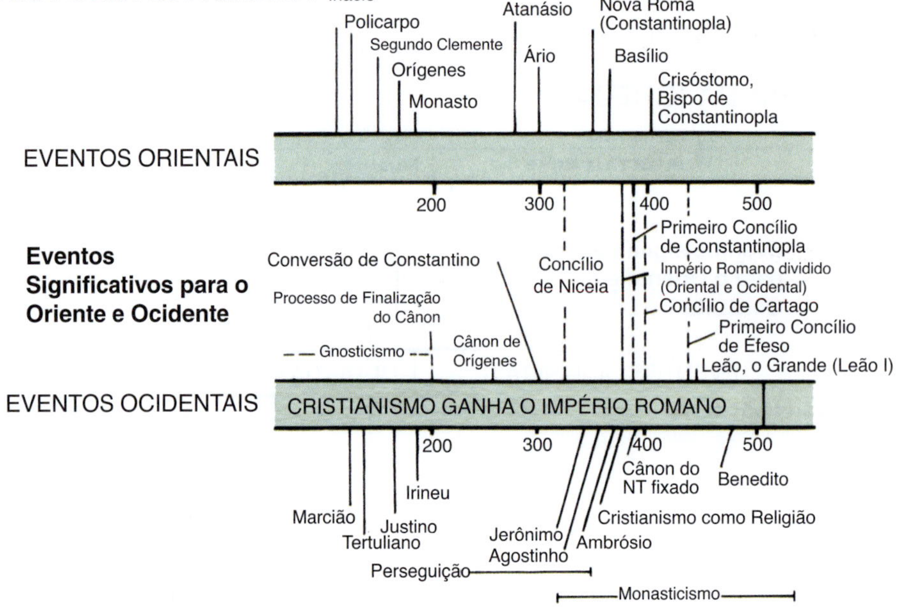

EVENTOS ORIENTAIS
- Inácio
- Policarpo
- Segundo Clemente
- Orígenes
- Monasto
- Atanásio
- Ário
- Nova Roma (Constantinopla)
- Basílio
- Crisóstomo, Bispo de Constantinopla

(200 — 300 — 400 — 500)

Eventos Significativos para o Oriente e Ocidente
- Conversão de Constantino
- Processo de Finalização do Cânon
- Gnosticismo
- Cânon de Orígenes
- Concílio de Niceia
- Primeiro Concílio de Constantinopla
- Império Romano dividido (Oriental e Ocidental)
- Concílio de Cartago
- Primeiro Concílio de Éfeso
- Leão, o Grande (Leão I)

EVENTOS OCIDENTAIS
CRISTIANISMO GANHA O IMPÉRIO ROMANO

(200 — 300 — 400 — 500)

- Marcião
- Tertuliano
- Justino
- Irineu
- Jerônimo
- Agostinho
- Ambrósio
- Cânon do NT fixado
- Cristianismo como Religião
- Benedito
- Perseguição
- Monasticismo

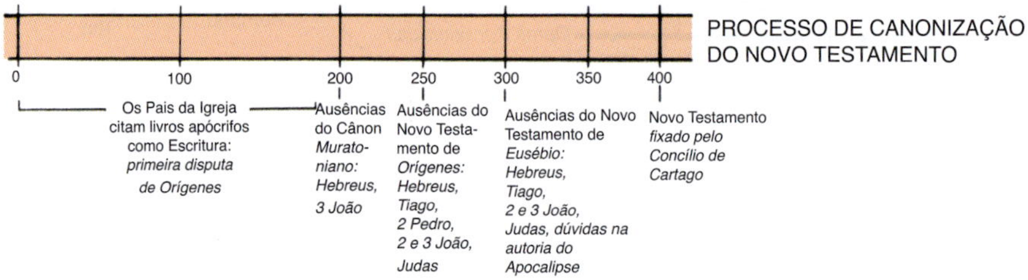

PROCESSO DE CANONIZAÇÃO DO NOVO TESTAMENTO

(0 — 100 — 200 — 250 — 300 — 350 — 400)

- Os Pais da Igreja citam livros apócrifos como Escritura: *primeira disputa de Orígenes*
- Ausências do Cânon Muratoniano: Hebreus, 3 João
- Ausências do Novo Testamento de Orígenes: Hebreus, Tiago, 2 Pedro, 2 e 3 João, Judas
- Ausências do Novo Testamento de Eusébio: Hebreus, Tiago, 2 e 3 João, Judas, dúvidas na autoria do Apocalipse
- Novo Testamento fixado pelo Concílio de Cartago

HISTÓRIA MUNDIAL

HISTÓRIA ANTIGA —— HISTÓRIA MEDIEVAL

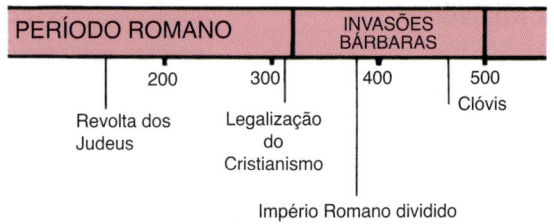

PERÍODO ROMANO | INVASÕES BÁRBARAS

(200 — 300 — 400 — 500)

- Revolta dos Judeus
- Legalização do Cristianismo
- Império Romano dividido — Oriental (Constantinopla) / Ocidental (Roma)
- Clóvis

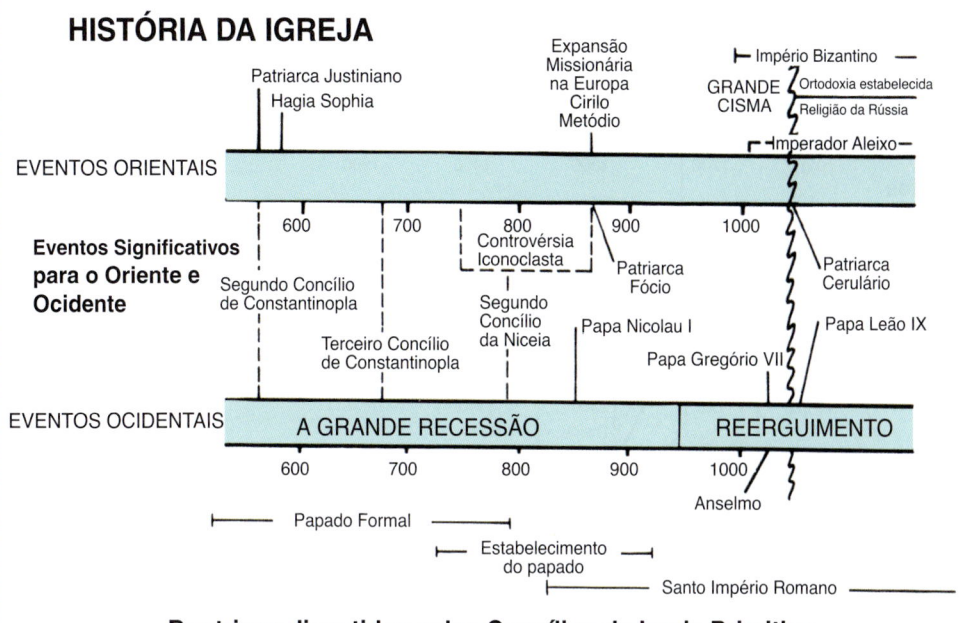

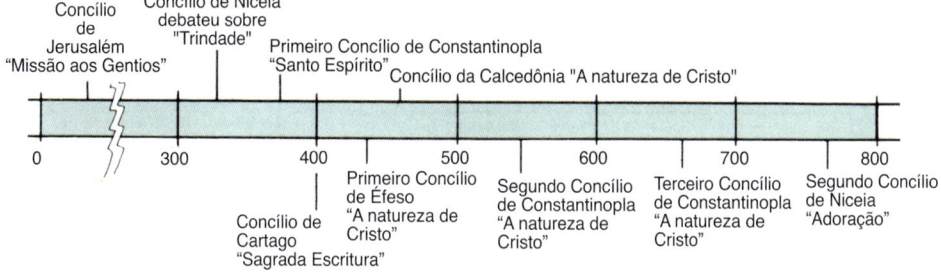

— HISTÓRIA MEDIEVAL —

HISTÓRIA MUNDIAL

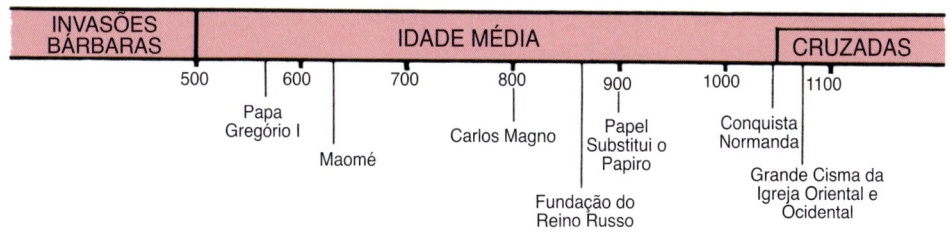

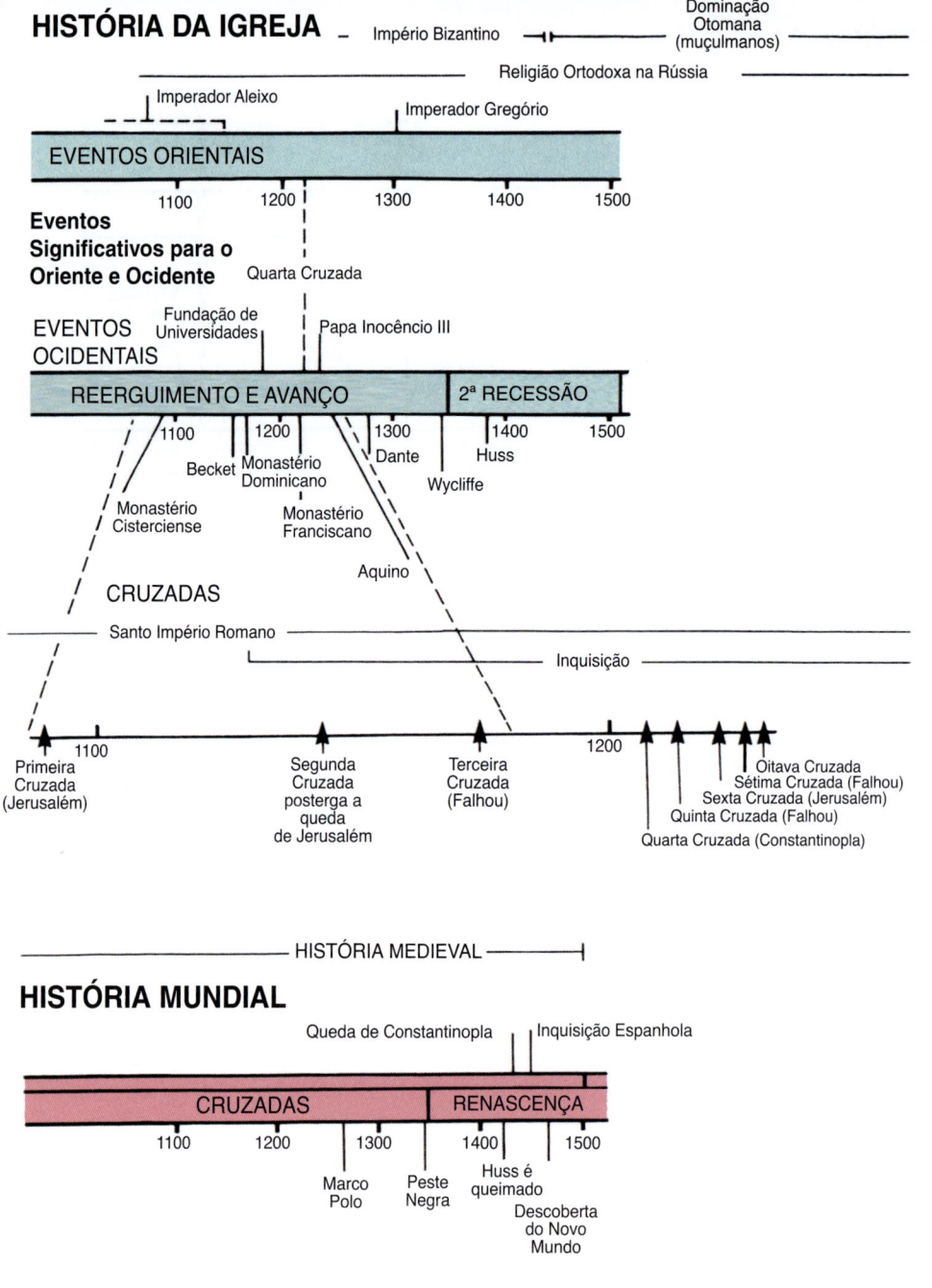

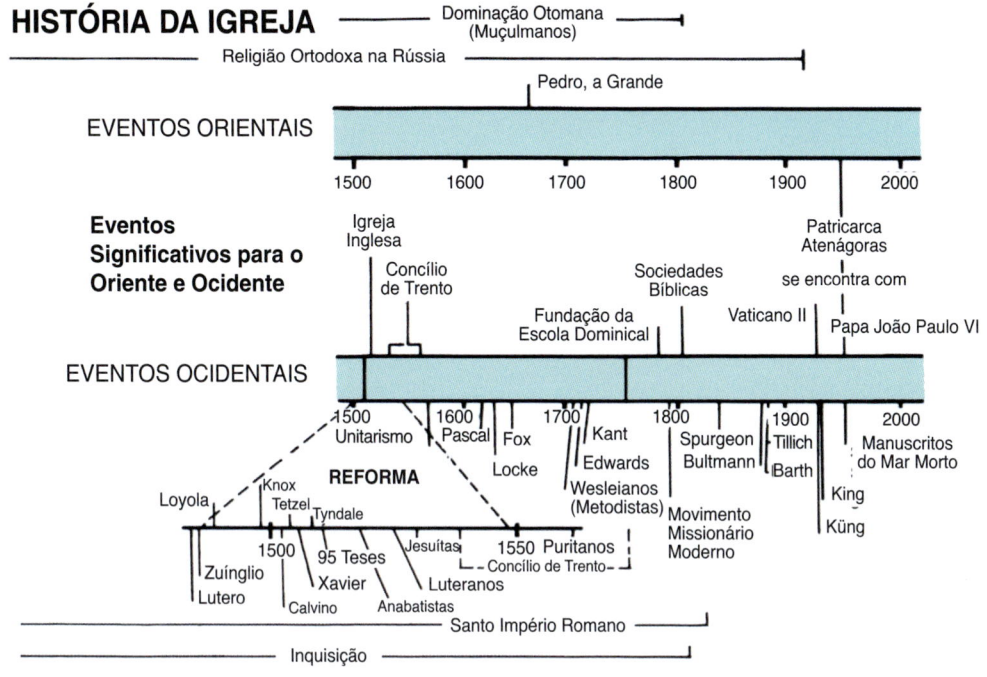
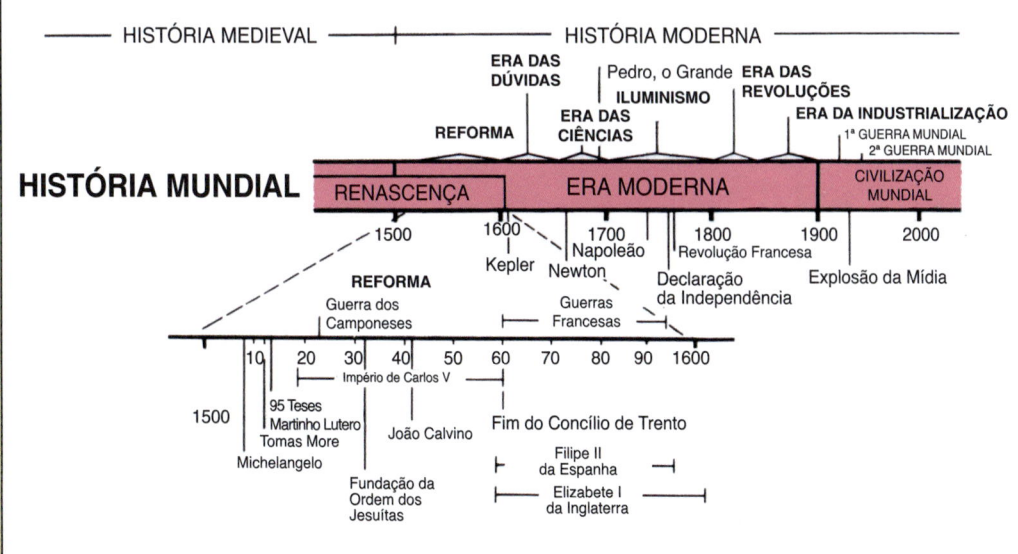

A antiga acrópole de Atenas (Grécia).

A

AARÁ

AARÁ Grafia em 1Cr 8.1 do nome Airã (Nm 26.38). V. *Airã*.

AAREL Nome pessoal de significado desconhecido. Descendente de Judá (1Cr 4.8).

AASBAI Pai de um líder do exército de Davi (2Sm 23.34; 1Cr 11.35). Ele aparentemente era de Maaca.

AAVÁ Rio da Babilônia e cidade localizada à margem do rio onde Esdras reuniu os judeus que voltariam do exílio para Jerusalém (Ed 8.15,21,31). Aavá provavelmente estava situada perto da Babilônia, mas o local exato é desconhecido.

ABA Palavra usada para se referir à parte das vestes que pende destas, completando-as em seu conjunto (Is 6.1).

ABÃ Nome pessoal que significa "o irmão é sábio" ou "o irmão é criador". Membro do clã de Jerameel (1Cr 2.29).

ABADOM Nome que significa "perecer". Na *NVI* Abadom aparece apenas em Ap 9.11 como o nome hebraico do anjo do abismo (chamado em grego de Apoliom). Abadom ocorre seis vezes na Bíblia Hebraica (Jó 26.6; 28.22; 31.12; Pv 15.11; 27.20; Sl 88.11). A *ARA* traduz Abadom por "abismo", a *ARC* por "abismo" e a *NVI* por "destruição", enquanto a *TB* mantém a palavra "Abadom". V. *inferno*.

ABAGTA Um dos sete eunucos da equipe de assistentes de Xerxes ("Assuero", na *ARA* e *ARC*) (486-465 a.C.), rei da Pérsia (Et 1.10). V. *eunuco*.

O rio Abana (atual Barada) atravessa a Síria.

ABANA Rio em Damasco (Síria). Na sua ira Naamã queria se lavar aí, não nas águas sujas do Jordão (2Rs 5.12). Muitos manuscritos hebraicos, a *LXX* e os targuns chamam o rio de Amana (Ct 4.8). Seu nome atual é Barada, e ele flui suavemente da capa de neve do monte Hermom através de Damasco para terminar num pântano.

ABARIM Região montanhosa que inclui o monte Nebo, do qual Moisés viu a terra prometida (Nm 27.12; 33.47,48; Dt 32.49). Ela está localizada em Moabe, a leste do mar Morto, a oeste de Hesbom e levemente a sudeste de Jericó. Jeremias conclamou Jerusalém a cruzar Abarim e lamentar pela derrota de seus aliados (Jr 22.20). Ijé-Abarim (Nm 21.11; 33.44) era uma localidade distinta, talvez ao sul do mar Morto. V. *Ijé-Abarim*.

ABBA Palavra aramaica para "pai" usada por Jesus para mencionar seu relacionamento íntimo com Deus, relacionamento que outros podem desenvolver pela fé. Também pode se referir a um antepassado, avô, fundador (de algo), protetor ou ser usada como título honorário de um ancião.

Antigo Testamento Embora *Abba* não ocorra no AT, a forma hebraica *av* ocorre com frequência. *Av* geralmente é referência ao pai humano. Ocasionalmente o AT fala de Deus no papel de Pai de Israel (Êx 4.22; Dt 32.6; Is 45.9-11; Ml 2.10) ou do rei de Israel (2Sm 7.14; Sl 2.7; 89.26,27).

Novo Testamento A ideia do relacionamento íntimo de Deus com a humanidade é característica do ensino de Jesus. Deus se relaciona com os cristãos como o pai se relaciona com o filho. Alguns vertem *Abba* por "papai" ou "paizinho" para ressaltar o significado próximo e pessoal da palavra. Mesmo quando "Pai" no NT traduz a palavra grega mais formal *pater*, a ideia de *Abba* certamente está aí como pano de fundo. Jesus se dirige a Deus como *Abba* em oração (Mc 14.36) e ensinou seus discípulos a orar nos mesmos termos (Lc 11.1,2, *pater*). A afirmação de Jesus de manter um relacionamento íntimo com Deus ofendeu muitos dos seus oponentes, pois eles consideravam *Abba* um termo exageradamente familiar para se dirigir a Deus. Mesmo assim, o uso de Jesus estabeleceu o padrão para a perspectiva da Igreja sobre Deus e o relacionamento de cada cristão com ele. Paulo usou *Abba* para descrever a adoção que Deus faz dos cristãos como filhos (Rm 8.15) e a mudança da condição dos crentes com Deus resultante dela (Gl 4.6,7). — *Michael Fink*

ABDA Nome que significa "servo" usado por dois homens. **1.** Pai de Adonirão, a quem Salomão confiou o trabalho forçado (1Rs 4.6). **2.** Um levita que vivia em Jerusalém, não numa das cidades dos levitas (Ne 11.17). Ele é também chamado de Obadias, filho de Semaías (1Cr 9.16).

ABDEEL Nome que significa "servo de Deus". O filho de Abdeel, Selemias, foi um dos três assistentes a quem o rei Jeoaquim (609-597 a.C.) ordenou que prendessem Baruque, escriba de Jeremias, e Jeremias (Jr 36.26). Deus escondeu seus servos dos servos do rei.

ABDI Nome que significa "meu servo", uma provável abreviação de "servo do Senhor". **1.** Levita cujo neto Etã era um dos músicos do templo designados por Davi (1Cr 6.44). **2.** Levita cujo filho Quis seguiu o desejo do rei Ezequias e ajudou a purificar o templo (2Cr 29.12). **3.** Israelita com uma mulher estrangeira na época de Esdras (Ed 10.26).

ABDIEL Nome que significa "servo de Deus". Seu filho Aí foi líder da tribo de Gade (1Cr 5.15).

ABDOM Nome de lugar e pessoal: "serviço" ou "servil". **1.** Cidade da tribo de Aser dada aos levitas (Js 21.30; 1Cr 6.74). Seu nome moderno é Khirbet Abdeh. Está situada a cerca de cinco quilômetros da costa do Mediterrâneo entre Tiro e Acre. **2.** Juiz de Israel da cidade de Piratom na tribo de Efraim. Tinha uma família numerosa (40 filhos, 30 netos) e riqueza pessoal (70 jumentos) (Jz 12.13-15). **3.** Dois homens da tribo de Benjamim (1Cr 8.23,30; 9.36). O segundo deles foi antepassado do rei Saul. **4.** Membro da equipe nomeada pelo rei Josias para buscar a orientação de Deus acerca do significado do livro que Hilquias, o sacerdote, encontrou no templo (2Cr 34.20). Conhecido em 2Rs 22.12 como Acbor (*NVI*, tb. *ARA*).

ABE Nome do quinto mês no calendário religioso judaico, correspondente ao décimo primeiro mês do calendário civil judaico. De forma geral, ele cobre os meados de julho e agosto. O nome não aparece na Bíblia.

ABEDE-NEGO Em Dn 1.7 o nome babilônico dado a Azarias, um dos três jovens hebreus recrutados para servir com Daniel na corte do rei. Deus os libertou da fornalha ardente (Dn 2.48—3.30). O significado exato do nome babilônico é disputado. Abede significa "servo". Nego pode ser a adulteração intencional do conhecido deus babilônico Nebo (ou Nabu). V. *Azarias; Daniel; Daniel, livro de; Mesaque; Sadraque*.

ABEL 1. Embora seja mais conhecido como o segundo filho de Adão e Eva, a palavra hebraica *hebel* ocorre frequentemente com o significado "futilidade, sopro ou vapor". V. *Eclesiastes, livro de*.

Talvez, como nome pessoal, Abel seja uma alusão à brevidade da vida. Esse foi o caso de Abel (Gn 4.8). Tendo oferecido "pela fé [...] a Deus um sacrifício superior ao de Caim" (Hb 11.4), ele foi assassinado por Caim. Por que o sacrifício de Abel como pastor de rebanhos foi melhor que o de Caim, cujo sacrifício veio dos frutos da colheita, não se afirma explicitamente em Gn 4.4. Não há evidências daquele período de que havia superioridade do sacrifício animal ao de cereais, frutas, pedras ou metais preciosos. Duas condições em 4.7, felizmente, fornecem a resposta parcial: Caim não fez o que era correto; Abel fez. No entanto, como Abel fez o que era certo, continua inexplicado pelos historiadores, profetas e sábios de Israel. Em Hb 11.4 há mais uma razão: fé. Seu relacionamento de fé com o Senhor o levou a apresentar o sacrifício melhor (a gordura de animais); a viver como uma pessoa melhor, alguém justo diante de Deus; e a testemunhar eternamente, mesmo na morte. Identificado como o primeiro mártir entre os profetas e os enviados a Israel (Mt 23.35; Lc 11.51), o sangue de Abel clamou pela vingança de Deus contra os ímpios (Gn 4.10; Ap 6.9,10). Em contraste, o sangue de Cristo satisfez esse clamor por vingança divina contra a injustiça, alcançando o perdão de pecados e possibilitando a reconciliação de pecadores com Deus. Assim, a morte de Abel é um protótipo da morte de Cristo (Hb 12.24). — *Archie W. England*

2. Nome de lugar usado isoladamente e como primeira parte de outros topônimos compostos. A forma hebraica *'abel* é uma palavra distinta do nome pessoal Abel (heb. *hevel*). O significado preciso do topônimo é incerto. Pode significar "ribeiro" ou "campina próxima de um ribeiro". Isolado, Abel aparece em 2Sm 20.14-18, provavelmente o mesmo lugar que Abel-Bete-Maaca.

ABEL-BETE-MAACA Cidade com forte tradição israelita, conhecida em virtude da sabedoria do seu povo. Joabe cercou a cidade quando Seba fugiu para lá depois de tentar liderar uma rebelião contra Davi. Uma mulher sábia libertou a cidade ao convencer os cidadãos a executar Seba (2Sm 20.1-22). Ben-Hadade, rei da Síria, atendeu ao pedido de ajuda de Asa, rei de Judá (913-873 a.C.) e tomou Abel-Bete-Maaca de Baasa, rei de Israel (1Rs 15.20). Tiglate-Pileser, rei da Assíria, tomou a cidade de Peca, rei de Israel (2Rs 15.29). Abel-Bete-Maaca é identificada com a atual Abil el-Oamh, aproximadamente 20 quilômetros ao norte do lago Hula, perto de Dã. Seu nome indica que anteriormente tinha pertencido à cidade-estado de Maaca controlada pelos arameus (2Sm 10.6). V. *Abel*.

ABELHA V. *insetos*.

ABEL-MAIM Nome de lugar que significa "ribeiro das águas". Usado em 2Cr 16.4 para designar o lugar chamado Abel-Bete-Maaca em 1Rs 15.20. Se Abel-Maim for uma cidade diferente, sua localização precisa a leste do Jordão é desconhecida.

ABEL-MEOLÁ Nome de lugar que significa "ribeiro da dança em roda". Cidade ou cidades de fronteira de localização incerta. Gideão combateu os midianitas no território de Issacar a oeste do Jordão (Jz 7.22). Salomão situa Abel-Meolá num distrito que incluía Taanaque, Megido e Bete-Seã (1Rs 4.12). Lá morava Eliseu (1Rs 19.16).

ABEL-MIZRAIM Nome de lugar que significa "ribeiro do Egito", ou, se derivado de outra palavra hebraica com grafia semelhante, "lamento dos egípcios". Os filhos de Jacó o lamentaram ali a leste do Jordão (Gn 50.11). Ao dar esse nome, os cananeus identificaram os filhos de Jacó como egípcios.

ABEL-QUERAMIM Nome de lugar que significa "ribeiro das vinhas". Jefté, o juiz, estendeu a vitória sobre os amonitas até Abel-Queramim (Jz 11.33), cuja localização a leste do Jordão não é conhecida com precisão.

ABEL-SITIM Nome de lugar que significa "ribeiro das acácias". Última parada de Israel antes de cruzar o Jordão (Nm 33.49). V. *Sitim*.

ABI Nome pessoal que significa "meu pai", usado em formas compostas, p. ex., Albi-Albom (2Sm 23.31) ou Hurão-Abi (2Cr 2.13; 4.11,16). "Abi" era a forma abreviada de "Abias".

ABIA Nome pessoal que significa "meu pai". Mãe do rei Ezequias (2Rs 18.2; 2Cr 29.1). Também se chamava assim a mulher de Hezrom (1Cr 2.24). "Abi" era a forma abreviada de "Abias".

ABIAIL Nome pessoal que significa "meu pai é um terror". **1.** Mulher de uma lista da família de Judá (1Cr 2.29), mulher de Abisur. **2.** Mulher do rei Roboão (2Cr 11.18). Nome pessoal com grafia hebraica diferente que significa "meu pai é poderoso". **3.** Pai de Zuriel, um dos principais levitas sob Moisés (Nm 3.35). **4.** Pai de Ester e tio de Mardoqueu (Et 2.15). **5.** Membro da tribo de Gade (1Cr 5.14).

ABI-ALBOM Nome pessoal que significa "meu pai é dominador". Um dos 30 heróis de Davi (2Sm 23.31). Chamado Abiel em 1Cr 11.32. O nome originário de 2Sm pode ter sido Abi-Baal, cujas letras foram então trocadas para evitar o nome idólatra e criar um novo nome. V. *Abiel*.

ABIAS Nome pessoal que significa "Javé é meu Pai". **1.** Segundo filho de Samuel cujos atos desonestos como juiz levaram Israel a exigir um rei (1Sm 8.2-5). **2.** Filho de Jeroboão, primeiro rei do Reino do Norte, Israel. Abias morreu de acordo com a profecia de Aías (1Rs 14.1-18). **3.** Filho de Roboão e segundo rei do Reino dividido do Sul, Judá (915-913 a.C.), em 1Rs 15 chamado "Abião" em algumas versões (*TB*) refletindo a grafia hebraica que significa "meu pai é

Yam" (ou mar), possível referência a um deus cananeu. Abias era o filho predileto de seu pai (2Cr 11.22). Ele seguiu os pecados de Roboão (1Rs 15.3), mas ainda assim manteve a adoração apropriada em Jerusalém (2Cr 13.10), e Deus lhe deu vitória sobre Jeroboão, de Israel (2Cr 13.15-20). Abias foi lembrado por sua família numerosa (2Cr 13.21). Ele é alistado entre os antepassados de Jesus (Mt 1.7). **4.** Neto de Benjamim (1Cr 7.8). **5.** Descendente sacerdotal de Arão (1Cr 24.10), líder da oitava divisão (de 24) dos sacerdotes que serviam no templo. **6.** Sacerdote sob Neemias que assinou um acordo para obedecer à lei de Deus (Ne 10.7). **7.** Um dos principais sacerdotes nos dias da volta do exílio (Ne 12.4), e depois de uma linhagem sacerdotal (Ne 12.17), à qual pertencia Zacarias, pai de João Batista (Lc 1.5).

ABIASAFE Nome pessoal que significa "meu pai juntou" ou "colheu". Sacerdote levita da linhagem de Corá (Êx 6.24) rebelado contra a liderança de Moisés (Nm 16). V. *Ebiasafe*.

ABIATAR Nome pessoal que significa "pai de fartura". Filho de Aimeleque e décimo primeiro sumo sacerdote na sucessão de Arão por meio da linhagem de Eli. Sobreviveu à matança dos sacerdotes em Nobe e fugiu para Davi, escondendo-se do rei Saul na caverna de Adulão (1Sm 22). Tendo escapado com o colete sacerdotal, Abiatar se tornou sumo sacerdote e principal conselheiro de Davi (1Sm 23.6-12; 30.7). Ele partilhou com Zadoque a responsabilidade de levar a arca a Jerusalém (1Cr 15.11,12; 2Sm 15.24). Embora Abiatar tenha permanecido fiel a Davi na rebelião de Absalão (2Sm 15), mais tarde apoiou Adonias, não Salomão, para a sucessão do rei Davi (1Rs 1.7). Salomão o depôs do sacerdócio e o baniu para Anatote, sua cidade natal, cumprindo a profecia dada a Eli. Ele foi poupado da pena de morte somente por causa do serviço fiel ao pai de Salomão, o rei Davi (1Rs 2.26-35).

Em Mc 2.26 registra-se a afirmação de Jesus de que Davi tomou os pães consagrados do lugar santo quando Abiatar era sumo sacerdote em Nobe. Em 1Sm 21.1 lê-se que isso aconteceu quando Aimeleque, pai de Abiatar, ainda era sumo sacerdote. Abiatar de fato se tornou sumo sacerdote (1Sm 22.19,20). Alguns manuscritos gregos do NT omitem "nos dias do sumo sacerdote Abiatar". Pode ter sido que Abiatar era co-sacerdote com seu pai, ou um copista do Evangelho de Mc pode ter se equivocado na cópia do texto. V. *levitas; sacerdotes*. — Donald R. Potts

ABIBE 1. Mês da libertação do êxodo do Egito (Êx 13.4) e, portanto, da festa da Páscoa (Êx 23.15; 34.18; Dt 16.1). O mês de colheita que cobre meados de março e abril. *Abibe* significa "espigas de cereal". Mais tarde o mês foi chamado nisã (Et 3.7). V. *calendário*. **2.** (*Vanellus vanellus*) Ave semelhante à saracura, de bico curto e crista de plumas. O abibe é conhecido pelo voo irregular e grito estridente. A palavra aparece em Lv 11.19 e Dt 14.18, para designar aves impuras. Algumas traduções a identificam com uma espécie de cisne.

ABIDA Nome pessoal que significa "meu pai sabe". Como quarto filho de Midiã, neto de Abraão por parte da mulher Quetura (Gn 25.4; 1Cr 1.33).

ABIDÃ Nome pessoal que significa "meu pai julga". Líder dos primórdios da tribo de Benjamim que ajudou Moisés e Arão a contar o povo no deserto (Nm 1.11). Chefe da tribo na marcha pelo deserto (Nm 2.22; 7.60-65; 10.24). Ele e sua família foram afastados da liderança na época dos 12 espiões (Nm 13.9), muito tempo antes da reorganização para a entrada em Canaã (Nm 26).

ABIEL Nome pessoal que significa "meu Pai é Deus". **1.** Avô do rei Saul (1Sm 9.1) ou ao menos parente próximo dele (1Sm 14.50,51), não sendo absolutamente claro o significado do texto. V. *Jeiel*. **2.** Um dos principais guerreiros de Davi (1Cr 11.32), conhecido como Abi-Albom (2Sm 23.31), de Arbate. V. *Abi-Albom*.

ABIEZER Nome pessoal e de lugar que significa "meu pai é auxílio". **1.** Descendente de Manassés (seu pai era Gileade, filho de Maquir) e neto de José (Js 17.2; 1Cr 7.18). **2.** Território pertencente ao clã de Abiezer da tribo de Manassés localizado na parte sudoeste do território de Manassés, inclui as cidades de Elmatã,

Ofra e Tetel. O território tornou-se famoso pela produção de uvas (Jz 8.2) e foi a moradia do juiz Gideão (Jz 6.11,24,34; 8.32). **3.** Um dos 30 heróis de Davi (2Sm 23.27; 1Cr 11.28) e administrador das divisões de Davi no nono mês (1Cr 27.12). V. *Jezer.*

ABIEZRITAS Descendentes de Abiezer (Jz 6.11,24; 8.32). V. *Abiezer.*

ABIGAIL Nome pessoal que significa "meu pai se alegrou". **1.** Mulher de Davi depois de ter sido mulher de Nabal. Ela foi elogiada por sua sabedoria em contraste com Nabal, seu arrogante e altivo marido, proprietário bem-sucedido de extensas terras e rebanhos. Nabal estava fazendo uma festa para os tosquiadores das suas ovelhas enquanto Davi se escondia de Saul no deserto de Parã. Davi e seus 600 homens estavam acampados perto da cidade de Maom. Ele ouviu sobre a festa de Nabal e pediu suprimentos. Nabal, bêbado, recusou o pedido e insultou os dez mensageiros de Davi. Na sua ira, Davi decidiu matar a casa inteira de Nabal. Abigail se antecipou à reação de Davi e carregou um comboio de jumentos com suprimentos para alimentar todos os homens de Davi. Assim que encontrou Davi, ela o impressionou com sua beleza, humildade, elogios e conselhos (1Sm 25.32-35). Depois de Nabal voltar à sobriedade e ouvir os planos de Davi para matá-lo, sofreu um ataque cardíaco. Depois da morte de Nabal, Davi casou-se com Abigail, a segunda das suas oito esposas. Eles se estabeleceram inicialmente em Gate e depois em Hebrom, onde Abigail deu à luz Quileabe, também chamado Daniel. Mais tarde Abigail foi tomada como prisioneira pelos amalequitas quando eles dominaram Ziclague, mas Davi a salvou (1Sm 30.1-18). **2.** Irmã de Davi e mãe de Amasa (1Cr 2.16,17), casada com Jéter, ismaelita (tb. chamado Itra). Amasa, seu filho, em certa época foi comandante do exército de Davi (2Sm 17.25). Abigail era filha de Naás que, por causa de incertezas textuais, tem sido descrito como mais um nome de Jessé. V. *Davi.* — *Donald R. Potts*

ABILENE Pequena região montanhosa governada pelo tetrarca Lisânias na época em que João Batista começou seu ministério público (Lc 3.1-3). Abilene estava localizada aproximadamente 30 quilômetros a noroeste de Damasco na região montanhosa do Antilíbano. Sua capital era Abila. Em 37 d.C., Abilene passou ao controle administrativo de Herodes Agripa I. Mais tarde fez parte do reinado de seu filho, Agripa II.

ABIMAEL Nome pessoal que significa "El [Deus] é meu pai". Antepassado dos israelitas como descendente de Sem e Héber (Gn 10.28).

ABIMELEQUE Nome pessoal que significa "meu pai é rei". **1.** Rei de Gerar, que levou Sara para si, pensando tratar-se da irmã de Abraão, não de sua mulher (Gn 20). Ele a devolveu a Abraão depois de um sonho dado por Deus. **2.** Provavelmente o mesmo que 1., o rei que disputou a propriedade de um poço em Berseba com Abraão e a seguir fez uma aliança de paz com ele (Gn 21.22-34). **3.** Rei dos filisteus, de Gerar, relacionado a ou idêntico a 1. Isaque viveu sob sua proteção e, temeroso, fez Rebeca, sua mulher, passar por sua irmã. Abimeleque repreendeu Isaque e advertiu seu povo a não tocar em Rebeca. Uma disputa sobre os poços de água levou à saída de Isaque e, por fim, a um tratado de paz (Gn 26) em Berseba. **4.** Filho de Gideão, juiz de Israel (Jz 8.31). Abimeleque tomou o poder depois da morte de seu pai ao assassinar seus irmãos e exigir ser proclamado rei pelos parentes em Siquém. Isso ocasionou a famosa fábula de Jotão (Jz 9.7-21). Deus provocou Siquém contra Abimeleque, que derrotou um exército sob a liderança de Gaal e então recapturou Siquém. Quando ele tentou repetir a tática contra Tebas, uma mulher jogou uma pedra sobre sua cabeça e o matou (Jz 9.23-57). O destino de Abimeleque serviu como ilustração que Joabe usou para se proteger de Davi (2Sm 11.21). **5.** Sacerdote sob Davi junto com Zadoque (1Cr 18.16), mas a leitura correta do texto aqui provavelmente é Aimeleque como em 2Sm 8.17. **6.** Pessoa mencionada no título do salmo 34, aparentemente uma referência a 1Sm 21.10-15, em que Aquis é o oponente de Davi. Abimeleque pode ter sido um título oficial adotado pelos reis filisteus.

ABINADABE Nome pessoal que significa "meu pai é generoso". **1.** Residente de Quiriate-Jearim cuja casa foi o abrigo da arca da aliança durante 20 anos após sua devolução pelos filisteus. Eleazar, seu filho, serviu como sacerdote (1Sm 7.1,2). Os outros filhos de Abinadabe, Uzá e Aiô, conduziram o carroção sobre o qual a arca foi levada de Quiriate-Jearim à cidade de Davi (2Sm 6.3,4). **2.** Filho preferido de Jessé quando Davi foi escolhido rei (1Sm 16.8; 17.13). **3.** Filho do rei Saul morto pelos filisteus na batalha do monte Gilboa (1Sm 31.2) **4.** Genro de Salomão e oficial encarregado de Dor, porto junto ao Mediterrâneo ao pé do monte Carmelo, filho de Abinadabe ou Ben-Abinadabe (1Rs 4.11).

ABINOÃO Nome pessoal que significa "meu pai é gracioso". Pai de Baraque, comandante do exército com Débora (Jz 4—5).

ABIRÃO Nome pessoal que significa "meu pai é exaltado". **1.** Líder da rebelião contra Moisés e Arão, em busca de autoridade sacerdotal. Morreu quando Deus fez a terra se abrir e engolir os rebeldes (Nm 16; 26.9-11). **2.** Filho de Hiel morto à custa da reconstrução de Jericó, em cumprimento da advertência de Josué (1Rs 16.34).

ABISAGUE Nome pessoal que significa "meu pai se desviou" ou "meu pai perambula". Uma jovem virgem ou "donzela" (*TB*) levada à cama de Davi nos seus últimos dias para aquecê-lo (1Rs 1.1-4). Eles não tiveram relações sexuais, mas Salomão a considerou mulher de Davi quando seu irmão Adonias a pediu para ser sua mulher depois da morte do pai (1Rs 2.17). Salomão interpretou o pedido como um passo para o reinado e ordenou a execução de Adonias (1Rs 2.23-25). Abisague era de Suném, cidade guardiã do vale de Jezreel.

ABISAI Nome pessoal que significa "meu pai existe". Filho de Zeruia, irmã de Davi, e irmão de Joabe, general de Davi (1Sm 26.6; 1Cr 2.15,16). Ele estava com Davi quando este poupou Abner (1Sm 26.7) e com Joabe quando o perseguiu (2Sm 2.24) e o matou (2Sm 3.30). Comandou as tropas contra os amonitas (2Sm 10). Tentou matar Simei por maldizer Davi, mas o rei o impediu (2Sm 16; 19.21). Ele liderou um terço das tropas de Davi contra Absalão, filho de Davi (2Sm 18). Comandou as forças contra Seba, líder de uma rebelião contra Davi no norte (2Sm 20). Matou Isbi-Benobe, o gigante filisteu que ameaçou Davi (2Sm 21.15-17). Mesmo sendo um comandante poderoso, não estava entre os três principais guerreiros de Davi (2Sm 23.18,19). Ficou famoso por matar 18 mil edomitas (1Cr 18.12).

ABISALOM Nome pessoal que significa "meu pai é paz". Outra grafia de Absalão (1Rs 15.2,10, *ARC*). V. *Absalão*.

ABISMO 1. Transliteração do termo grego *abussos*, que significa literalmente "sem fundo". A *NTLH* se refere ao "mundo lá de baixo" (Rm 10.7). Abadom reina sobre o abismo (Ap 9.11), do qual virá a besta do final dos tempos (Ap 11.7). A besta do abismo será por fim destruída (Ap 17.8), e Satanás acorrentado durante o milênio (Ap 20.1-3). V. *hades; inferno; sheol*. **2.** Palavra usada em Lc 16.26 para se referir ao abismo que separava o lugar de tormento do rico do lugar de conforto de Lázaro na presença de Abraão (Lc 16.26). **3.** Tradução em português do termo hebraico *tehom*. O abismo constitui as águas primevas da Criação em Gn 1.2. Esse conceito é repetido dramaticamente em Sl 104.5-7, em que Deus é retratado como o que repreende as águas do abismo, separa as águas dos montes e vales, e estabelece os limites para cada um. A Criação inclui o conceito de ordenar por meio da separação ou divisão do que se faz, e por meio da manutenção de cada coisa no devido lugar (Pv 8.22-31). Esse pensamento é expresso por meio de uma interessante metáfora em Sl 33.7; nela Deus reuniu as águas em uma garrafa (*NRSV*) e colocou as profundezas em reservatórios.

No relato do êxodo de Israel do Egito, a ação divina de separar as águas para a passagem dos israelitas é expressa poeticamente como a divisão das águas profundas (Êx 15.8). Deus manteve as águas no lugar enquanto os israelitas cruzaram o mar e liberou as águas quando eles chegaram à outra margem, assim formando um escudo de proteção diante dos egípcios (Sl 77.16-20). Isso foi, teologicamente falando, um ato de criação — criar um povo para o Senhor, ao libertá-lo da escravidão no Egito.

As águas profundas podem ser destrutivas ou construtivas, maldição ou bênção. Quando as águas das profundezas transbordam seus limites, o resultado é o Dilúvio (Gn 7.11). No extremo descrito em Gn 7, há uma inversão da Criação que só pode ser novamente contida quando Deus reenvia o vento ou o espírito (*ruach*) que começou a Criação (Gn 1.2) e fecha as fontes das profundezas (Gn 8.1-3). As tempestades no mar também estão associadas ao abismo (Sl 107.23-26; cp. Jn 2.5,6). Na poesia de Sl, o abismo é uma metáfora para as provações da vida aparentemente intransponíveis (Sl 69.14,15). Poderia até mesmo representar a habitação dos mortos (Sl 71.20).

As águas profundas também podem ser vistas como bênção, sem as quais a vida não continuaria. O texto de Dt 8.7 descreve a terra prometida como uma terra de ribeiros, fontes e "mananciais profundos" (*ARA*), que irrigam a terra para a plantação de cereais e árvores frutíferas (Ez 31.4). Quando Jacó abençoou seu filho José com "bênçãos das profundezas", ele tentava conceder fertilidade a José, a seus descendentes e a sua terra (Gn 49.25; cp. Dt 33.13-17). Como bênção e como maldição, o abismo reflete o poder que somente o Deus Criador pode controlar (Sl 95.4).

A partir da versão grega da Bíblia, ou *LXX*, em que *tehom* também foi traduzido por "abismo", fez-se a associação do abismo como referência à habitação dos mortos (Rm 10.7) e o lugar de espíritos malignos (Lc 8.31), incluindo a besta (Ap 17.8). — *Wilda W. Morris*

ABISMO, POÇO DO Expressão assim traduzida na maioria das versões da expressão grega de Ap 9.1,2,11; 11.7; 17.8; 20.1,3. Representava a casa do mal, da morte e da destruição armazenados até que o Deus soberano lhes concedeu poder temporário na terra. V. *abismo; hades; inferno; sheol*.

ABISUA Nome pessoal que significa "meu pai é salvação". **1.** Levita, neto de Arão (1Cr 6.4). **2.** Benjamita (1Cr 8.4; cp. 1Cr 7.7).

ABISUR Nome pessoal que significa "meu pai é uma parede". Descendente de Jerameel (1Cr 2.28,29).

ABITAL Nome pessoal que significa "meu pai é orvalho". Mulher de Davi (2Sm 3.4).

ABITUBE Nome pessoal que significa "meu pai é bom". Benjamita de Moabe (1Cr 8.11).

ABIÚ Nome pessoal que significa "meu pai é ele". Segundo filho de Arão; um dos primeiros sacerdotes de Israel (Êx 6.23; 28.1). Viu Deus junto com Moisés, Arão, seu irmão e 70 autoridades de Israel (Êx 24.9,10). Ele e seu irmão Nadabe ofereceram "fogo profano" diante de Deus (Lv 10.1-22). A natureza exata do pecado não é conhecida. Eles simplesmente fizeram o que Deus não ordenou. Talvez eles tenham oferecido o sacrifício na hora errada ou com brasas ou materiais não santificados de modo apropriado (cp. Lv 16.12). O resultado é claro: O fogo de Deus os consumiu. V. *sacerdotes*.

ABIÚDE (*ARA*, *ARC*; "pai de Eúde", *NVI*). Nome pessoal que significa "meu pai é glorioso". Neto de Benjamim (1Cr 8.3). Antepassado alistado na genealogia de Jesus (Mt 1.7).

ABLUÇÕES Lavagens cerimoniais com água para a purificação antes da adoração. A prática das abluções é um dos elementos de pano de fundo do batismo no NT. O termo hebraico *rachats* é a palavra usada cotidianamente para a lavagem, enxágue ou banho com água (Gn 18.4; Êx 2.5; Rt 3.3). A palavra grega *louein* é semelhante (At 9.37; 16.33; 2Pe 2.22).

Antigo Testamento As abluções eram realizadas para limpar as impurezas de uma condição inferior ou indesejável e preparar a pessoa para a iniciação a uma condição superior e mais desejável. Arão e seus filhos foram lavados antes de serem vestidos com as roupas sacerdotais e ungidos com óleo (Êx 29.4; 30.19-21; Lv 8.6). Essas lavagens preparavam as pessoas para a participação em atos especiais de serviço religioso.

Quando a pessoa se tornava impura (Lv 11—15), purificar-se incluía a prática de ablução. Lavar-se podia simbolizar a reivindicação de pureza e inocência de pecado de uma pessoa numa situação específica (Dt 21.1-9).

Em certas épocas, as abluções incluíam a lavagem ou o banho completo como na ocasião em que os hebreus banhavam o corpo e lavavam as roupas (Lv 14.8; 15.5; Nm 19.7,8).

Essas lavagens ocorriam em locais diversos — água corrente (Lv 15.13), tanque (Jo 9.7), rio (2Rs 5.10) ou no quintal de uma casa (2Sm 11.2).

Em alguns momentos da tradição judaica, a importância ritual tornou-se parte central da prática religiosa com descrições minuciosas de como uma pessoa devia se lavar antes de diversas atividades. Alguns membros de grupos mais rigorosos não entravam numa casa sem as abluções. Eles diziam que uma das mãos tinha de ser lavada primeiro para ser purificada e poder lavar a outra mão. Os ensinamentos do AT não dão tal importância e atenção aos detalhes das abluções. Antes, a pureza interior e espiritual é o alvo. A purificação exterior é apenas um símbolo (Sl 24.4; 51.7; 73.13).

Novo Testamento Em Hb 6.2 o autor convida os cristãos ao progresso além da discussão de questões elementares, entre as quais alista a "instrução a respeito de batismos". Ele talvez se referisse às discussões sobre as diferenças entre o batismo cristão e as outras abluções. Em Hb 9.10 há uma referência às "cerimônias de purificação com água" praticadas pelos hebreus sob a lei, mas desnecessárias porque "Cristo foi oferecido em sacrifício uma única vez, para tirar os pecados de muitos" (9.28).

Em Mc 7.4 há menção de que entre as tradições observadas pelos fariseus estava "o lavar de copos, jarros e vasilhas de metal". Eles lavavam "as mãos cerimonialmente" (v. 3) antes das refeições. Faziam isso para guardar a "tradição dos líderes religiosos". Jesus chamou isso de "tradições dos homens" o que significava "[negligenciar] os mandamentos de Deus" (v. 8). Ele cita Isaías para chamá-los à pureza de coração, não à obediência rigorosa às regras (v. 6).

Exemplos da prática judaica nos dias de Jesus têm sido ilustrados por arqueólogos nas escavações de Qumran, a comunidade dos rolos do mar Morto dos essênios, uma austera seita judaica. As escavações revelaram uma grande quantidade de bacias e tanques rituais usados nas abluções.

Para o NT, a única lavagem ordenada é a do batismo (At 22.16; 1Co 6.11). O texto de Ef 5.26 mostra que a lavagem do batismo não é eficaz como um ritual em si, mas somente na medida em que mostra a operação da Palavra de Deus na vida da pessoa batizada. A purificação interior precisa acompanhar a lavagem exterior (Hb 10.22). —*Jimmy Albright*

ABNER Nome pessoal que significa "o pai é uma lâmpada". Chefe militar do rei Saul e seu tio (1Sm 14.50). Depois da morte de Saul, ele apoiou Is-Bosete, filho de Saul (2Sm 2.8), até que este o acusou de traição por tomar uma das concubinas de Saul (2Sm 3.7,8). Abner transferiu sua lealdade a Davi. Joabe, general de Davi, ficou irado e com ciúme quando Davi recebeu Abner. Em seguida, Joabe matou Abner, que foi enterrado em Hebrom (2Sm 3). V. 1Sm 17.55-58; 20.25; 26.5,14,15.

ABOMINAÇÃO, ABOMINAÇÃO DESOLADORA ("sacrilégio", "sacrilégio terrível") As versões em português diferem no número de palavras hebraicas do AT traduzidas por "abominação" (versões tradicionais, como *ARA*, *ARC*), ou "sacrilégio", "coisas detestáveis" (*NVI*), mas dessas *to'evah* é de longe a mais comum. A *NVI* traduz *to'evah* por "detestável" em muitos casos. *To'evah* expressa o que é repulsivo, repugnante, detestável ou ofensivo. Exemplos incluem perversão sexual (Lv 18.22-26), orgulho (Pv 16.5), adoração hipócrita (Is 1.13) e especialmente idolatria (e.g., Dt 7.25,26; 1Rs 14.24; Ez 7.20).

Shiqquts, "coisa detestada", é o segundo termo hebraico mais comum para "abominação" (*ARA*, *ARC*). Na *NVI*, p. ex., Ez 20.7,8 traz "imagens repugnantes" e a *ARA* "abominações dos seus olhos". Todas as 28 ocorrências de *shiqquts* e termos derivados no AT são associados à idolatria, e geralmente o termo descreve os próprios ídolos como algo repugnante e nojento para Deus. Outras palavras hebraicas traduzidas por "abominação" ou "abominável" ("repugnante") em algumas versões são *piggul* (alimentos cerimonialmente inaceitáveis; Lv 7.18; 19.7; Is 65.4; Ez 4.14) e *ba'ash* (lit. "fedor", mas figurativo para o que é ofensivo, detestável ou odioso, como em 1Sm 13.4: "[...] se fez abominável aos filisteus [...]" [*ARA*] ou: "[...] atraindo o ódio dos filisteus" [*NVI*]).

Bdelugma, "coisa detestável" ocorre seis vezes no NT e é o termo grego comumente traduzido por "abominação", "abominações" (*ARA*) ou "sacrilégio terrível", "coisas repugnantes" (*NVI*). A palavra é uma referência inquestionável

ABORTO

à idolatria em Mt 24.15, Mc 13.14; e Ap 17.4,5 — possivelmente também em Ap 21.27.

"Abominação desoladora" (ou "abominação da desolação", "abominações") (ARA) ou "sacrilégio terrível" (NVI) é expressão mencionada cinco vezes (Dn 9.27; Dn 11.31; 12.11; Mt 24.15; Mc 13.14). O hebraico apresenta ligeiras variações, mas as três referências de Daniel incluem uma forma de *shiqquts* ("abominação") e *shamem* ("ficar desolado, aterrorizado"). A abominação da desolação (sacrilégio terrível) é um ato, objeto ou pessoa idólatra que torna o templo desolado de adoradores.

A "abominação" de Dn 11.31 se cumpriu no altar ou imagem pagã de Zeus (Júpiter) erigido por Antíoco IV no templo de Jerusalém em dezembro de 167 a.C. (1Mc 1.47,54,59; 2Mc 6.4,5; *Antiguidades*, de Josefo, 12.5.4; cf. Dn 8.13). Intérpretes que datam a composição de Daniel no reinado de Antíoco IV sugerem que o hebraico de "abominação da desolação" / "sacrilégio terrível" (*shiqquts shomem*) é uma alteração desdenhosa de Ba'al Shamem ("senhor do céu"), o equivalente sírio a Zeus. Os críticos também consideram Dn 9.27 e 12.11 como referências à blasfêmia de Antíoco, enquanto estudiosos evangélicos geralmente associam esses textos à destruição perpetrada pelos romanos em 70 d.C. ou ao sacrilégio do anticristo escatológico.

"Abominação da desolação" / "sacrilégio terrível" ocorre duas vezes no NT (Mt 24.15, Mc 13.14). No discurso do monte das Oliveiras, Jesus atribuiu o dito ao profeta Daniel e indicou seu cumprimento no futuro. Aceitando a autenticidade do testemunho de Jesus, as referências à "abominação da desolação" / "sacrilégio terrível" em Daniel não se cumpriram todas no tempo de Antíoco IV. Observando Dn 11.31 como referência à blasfêmia de Antíoco, as palavras de Cristo precisam apontar para a "abominação da desolação" / "sacrilégio terrível" de Dn 9.27 e/ou 12.11. Jesus, então, identifica a "abominação" desses trechos com o sacrilégio futuro no templo de Jerusalém.

A maioria dos estudiosos associa essa "abominação da desolação" / "sacrilégio terrível" do NT com 1) a destruição do templo, 2) o anticristo escatológico, ou 3) ambos. Poderia ser uma referência a qualquer de diversos aspectos da revolta judaica e da destruição de Jerusalém e do templo perpetrada por Roma em 70 d.C., incluindo a entrada de Tito no Lugar Santíssimo (Josefo, *Guerras* 6.4.7; 7.5.5), o próprio exército romano (cp. Lc 21.20), especificamente os distintivos militares com imagens idólatras (Josefo, *Guerras* 6.6.1) ou a profanação do templo em 67-68 d.C. perpetrada pelos zelotes (Josefo, *Guerras* 4.3.7-10). O sacrilégio do anticristo escatológico é mencionado em 2Ts 2.3-12. Os que apelam aos dois eventos argumentam sua aplicação dupla. Pelo fato de os elementos da profecia de Jesus irem além da destruição romana de 70 d.C. até sua volta (Mt 24.29,30,36-44), os pontos de vista 2 e 3 parecem ser as melhores opções.

V. *Antíoco; Daniel, livro de; história e literatura intertestamentárias; Josefo, Flávio.* — Stephen R. Miller

ABORTO A Bíblia atribui valor elevado a toda forma de vida, incluindo a dos não nascidos. O ensino bíblico declara a sacralidade da vida, um dom divino (Gn 1.26,27; 2.7; Dt 30.15-19; Jó 1.21; Sl 8.5; 1Co 15.26), especialmente a vida das crianças (Sl 127.3-5; Lc 18.15,16), e condena quem a tira (Êx 20.13; 2Rs 1.13; Am 1.13,14). O desenvolvimento da vida do não nascido é controlado por Deus (Jó 31.15; Sl 139.13-16; Ec 11.5; Is 44.2; 46.3; 49.5; Jr 1.5; Lc 1.15; Gl 1.15). A personalidade do feto é claramente ensinada em Êx 21.22: o não nascido é chamado de "criança" (*yeled*), não de "feto" (*nefel* ou *golem*). Em Os 9.11 pode-se entender que a vida começa na concepção, enquanto Lc 1.41,44 reconhece a consciência da criança não nascida.

O elevado valor dado à vida não nascida na Bíblia concorda com a lei mosaica concernente ao aborto negligente (Êx 21.22-25). Essa lei pode ser comparada a regulamentos semelhantes no *Código de Hamurábi* (nºs 209-214), no qual o castigo exigido para atos de negligência resultantes no aborto dependia da posição legal ou social da mãe, não da personalidade (ou da alegada falta dela) da criança não nascida. A lei nº 53 da lei da Assíria Média (séc. XII a.C.) tornava o aborto autoinduzido ofensa capital (séc. XII a.C.). — Paul H. Wright

ABRAÃO Nome pessoal que significa "pai de uma multidão". Primeiro patriarca hebraico,

Estrutura herodiana construída sobre a caverna de Macpela, lugar em que Abraão sepultou Sara.

ABRAÃO

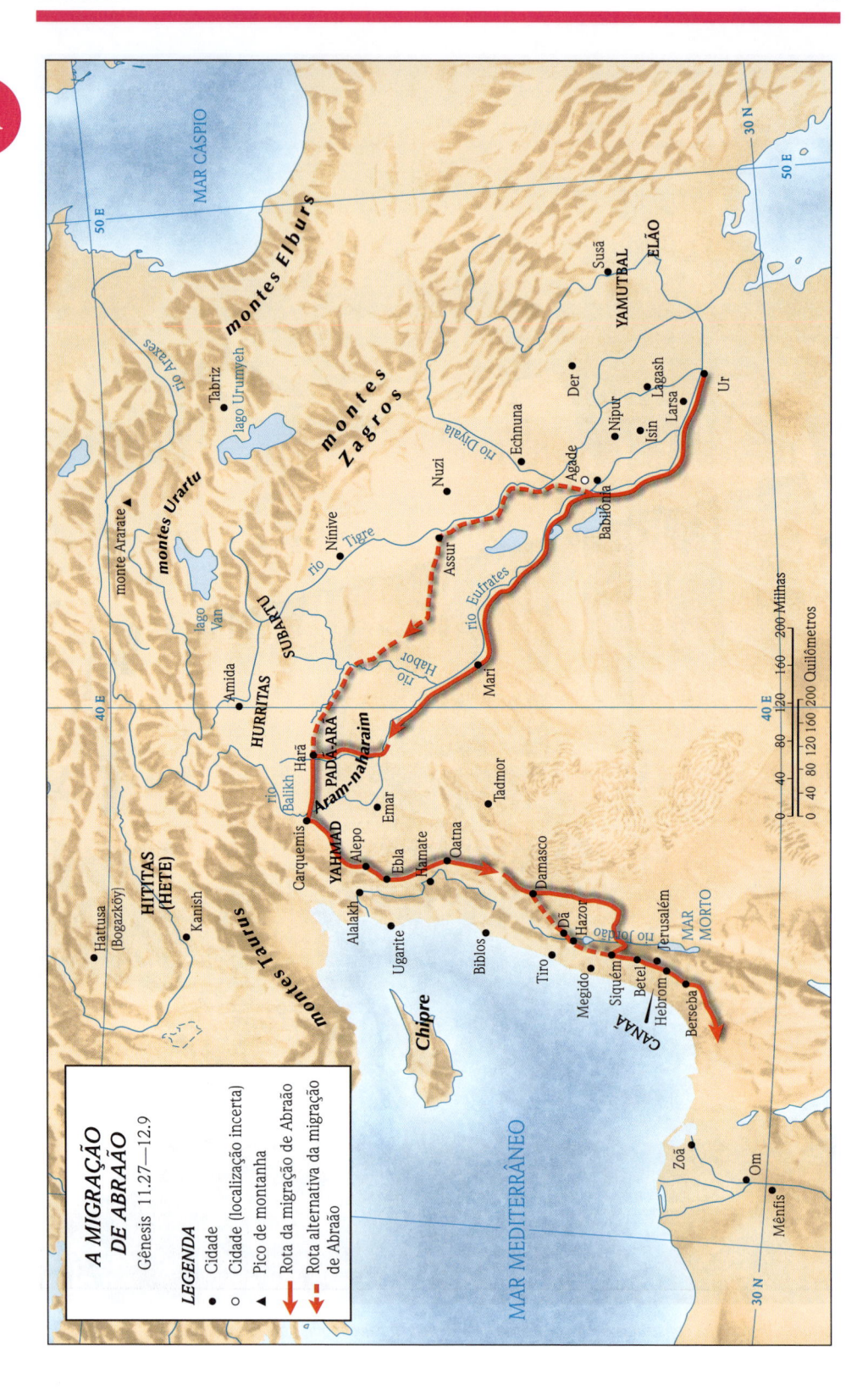

A

A MIGRAÇÃO DE ABRAÃO
Gênesis 11.27—12.9

LEGENDA
- • Cidade
- ○ Cidade (localização incerta)
- ▲ Pico de montanha
- ⬇ Rota da migração de Abraão
- ⇣ Rota alternativa da migração de Abraão

Locais indicados no mapa:

MAR CÁSPIO, rio Araxes, Tabriz, lago Urumyeh, montes Elburs, montes Urartu, monte Ararate, lago Van, Amida, HURRITAS, SUBARTU, rio Nínive, Tigre, Nuzi, montes Zagros, rio Diyala, Echnuna, Der, Agade, Babilônia, Nipur, Isin, Larsa, Lagash, Ur, Susã, YAMUTBAL, ELÃO, Assur, rio Habor, rio Eufrates, Mari, rio Balikh, Harã, PADÃ-ARÃ, Aram-naharaim, Carquemis, Alepo, YAHMAD, Ebla, Emar, Hamate, Catna, Tadmor, Damasco, HITITAS (HETE), Hattusa (Bogazköy), Kanish, montes Taurus, Alalakh, Ugarite, Chipre, Biblos, Tiro, Dã, Hazor, rio Jordão, Megido, Siquém, Betel, Jerusalém, Hebrom, MAR MORTO, Berseba, CANAÃ, MAR MEDITERRÂNEO, Zoã, Om, Mênfis

Escala: 0 40 80 120 160 200 Quilômetros / 0 200 Milhas

ABRAÃO

conhecido como o maior exemplo de fé. Filho de Terá, descendente de Sem, filho de Noé (Gn 11.27). Passou a infância em Ur da Caldeia, uma cidade proeminente suméria. No início era conhecido por Abrão ("o pai é exaltado"), mas esse nome foi mudado posteriormente para Abraão ("pai de uma multidão", Gn 17.5).

Terá, seu pai, mudou-se para Harã com a família (Gn 11.31) e depois de alguns anos morreu ali. Deus chamou Abraão a migrar para Canaã, assegurando-lhe que seria pai de uma grande nação. Em épocas diferentes, viveu em Siquém, Betel, Hebrom e Berseba. Quando eles migraram para o Egito durante uma época de fome e escassez, a beleza de sua mulher Sarai atraiu o faraó (Gn 12.10), mas Deus interveio para salvá-la. O problema surgiu em parte porque Abraão tinha afirmado ser ela sua irmã, não sua mulher (e de fato ela era sua meia-irmã, Gn 20.12). Depois de voltar à Palestina, Abraão recebeu mais confirmações e garantias da aliança da parte de Deus (Gn 15). Ele decidiu que poderia produzir um descendente ao tomar Hagar, serva de Sarai, como concubina. Embora a união tivesse produzido um filho, Ismael, ele não estava destinado a se tornar o herdeiro prometido de Abraão. Mesmo depois de mais uma garantia da aliança (Gn 17.1-21) — o ritual da circuncisão foi estabelecido como sinal da aliança —, Abrão e Sarai ainda questionaram a promessa divina do herdeiro.

Então Sarai, cujo nome tinha sido mudado para Sara ("princesa"), teve seu filho chamado Isaque ("riso") prometido havia tanto tempo, quando Abraão contava 100 anos de idade. A presença de Ismael causou problemas à família, e ele foi expulso junto com sua mãe Hagar para o deserto de Parã. A fé e obediência de Abraão foram testadas por Deus em Moriá quando ele recebeu a ordem de sacrificar Isaque. Contudo, Deus proveu o sacrifício alternativo, salvando a vida do menino. Como recompensa pela fidelidade de Abraão, Deus renovou as promessas da aliança de grande bênção e crescimento de uma nação poderosa para pai e filho.

Mais tarde, Sara morreu e foi sepultada numa caverna em Macpela (Gn 23.19), e depois disso Abraão procurou uma noiva para Isaque. Trouxeram-lhe uma mulher chamada Rebeca dentre os parentes de Abraão na Mesopotâmia, e Isaque casou-se com ela com muita alegria (Gn 24.67). Já em idade avançada, Abraão se casou de novo e teve mais filhos, morreu aos 175 anos de idade. Abraão reconheceu Deus como o Senhor todo-poderoso sobre todas as coisas e o autor da aliança pela qual os hebreus se tornariam uma nação poderosa. O próprio Deus se tornou conhecido mais tarde como o Deus de Abraão (Êx 3.6). Por meio dele, Deus revelou seu plano para a salvação humana (Êx 2.24). As promessas a Abraão se tornaram garantias para as gerações seguintes (Êx 32.13; 33.1). Ele passou a ser conhecido como "amigo [de Deus] Abraão" (2Cr 20.7).

João e Paulo mostraram que o fato de alguém ser descendente de Abraão não era garantia de salvação (Mt 3.9; Rm 9). De fato, estrangeiros se uniriam a ele no Reino (Mt 8.11; cp. Lc 16.23-30). E quanto aos filhos perdidos de Abraão, Jesus os convidou à salvação (Lc 19.9). Os verdadeiros filhos de Abraão realizam as obras de Abraão (Jo 8.39).

Para Paulo, Abraão era o grande exemplo de fé (Rm 4; Gl 3). Em Hb, Abraão provê o modelo para os dízimos (Hb 7) e está numa posição proeminente na lista dos heróis da fé (Hb 11). Tiago usou Abraão para mostrar que a justificação pela fé é provada pelas obras (Tg 2.21-24).
— *R. K. Harrison*

Poço na atual Berseba que se imagina ser o poço de Abraão.

ABRAÃO, SEIO DE (*ARA*) Lugar para o qual os anjos levaram o pobre Lázaro quando ele morreu. (*NVI:* "e os anjos o levaram para junto de Abraão"). O costume romano de reclinar-se à mesa nas refeições era comum entre os judeus. Essa posição colocava a pessoa junto ao peito de quem estava do seu lado. Estar perto do anfitrião, isto é, reclinar-se ao peito dele, era considerado a honra maior. Lázaro foi confortado depois da morte ao receber o lugar de maior intimidade e comunhão com o pai de toda a nação hebreia (Lc 16.22,23. V. *céu*.

ABRÃO Nome pessoal que significa "o pai é exaltado". O nome de Abraão ("pai de uma multidão") em Gn 11.26—17.4. V. *Abraão*.

ABRONA Nome de lugar que significa "passar" ou "passagem". Local de acampamento no deserto (Nm 33.34). Sua localização é desconhecida, mas aparentemente fica perto de Eziom-Geber na extremidade norte do golfo de Ácaba.

ABSALÃO Nome pessoal que significa "pai da paz". Terceiro filho de Davi, que se rebelou contra seu pai e foi assassinado por Joabe, comandante do exército de Davi (2Sm 3.3; 13—19). Absalão aparentemente se ressentia por ser ignorado por seu pai e por seu irmão Amom ter ficado impune após violentar Tamar, irmã de Absalão (por parte de pai e mãe). Alvo de tolerância excessiva, além de ambicioso, Absalão se tornou porta-voz do povo (2Sm 15.1-6). Este, por sua vez, com prazer o proclamou rei em Hebrom (15.10), local da coroação de Davi (2.4). Iniciou-se uma batalha. Davi deixou Jerusalém e enviou seu exército para encontrar Absalão com ordens para que este não fosse ferido (15.5), mas Joabe o assassinou (18.14). O lamento de Davi sobre Absalão mostra a profundidade do amor do pai pela perda do filho, bem como o pesar sobre falhas pessoais conducentes a tragédias familiares e nacionais. V. *Abisalom*. — *Robert Fricke*

ABSINTO [*Artemisia absinthium*] Planta amarga, não venenosa, comum no Oriente Médio. O absinto é frequentemente usado como analogia para falar de amargura e tristeza. Os profetas do AT pintaram o absinto como o oposto de justiça e retidão (Am 5.7; Jr 23.15). O livro de Ap descreve como absinto uma das estrelas candentes que trazem destruição (Ap 8.10s).

ABSTINÊNCIA Privação voluntária de alguma ação, como comer certos tipos de alimentos ou beber bebidas alcoólicas.

Antigo Testamento Os exemplos mais proeminentes de abstinência no AT estão associados ao sábado (Êx 31.14,15), às leis alimentares (Lv 11; 19.23-25; Dt 14), ao voto nazireu (Nm 6) e ao jejum. Embora não fosse prática exclusiva dos israelitas, a observância do sábado e das leis alimentares se tornaram características dos israelitas nas culturas estrangeiras.

O voto nazireu incluía a abstinência de produtos fermentados e de todos os derivados da videira. Em algumas ocasiões, o voto se tornava um compromisso vitalício (Jz 13.5-7). O jejum era praticado como ato de humilhação diante do Senhor. Incluía a privação de alimentos e bebidas ou às vezes somente de alimentos ou bebidas. O Dia da Expiação era o jejum mais destacado em Israel. V. *nazireu*.

Novo Testamento As formas veterotestamentárias de abstinência continuaram no período do NT, mas as formas eram muitas vezes motivo de controvérsia entre Jesus e os líderes religiosos (Mc 2.18—3.6). Jesus corrigiu o foco dos aspectos proibitórios das práticas ao atribuir importância maior à motivação interior que à observância exterior (Mt 6.16-18). Paulo estabeleceu o princípio de abster-se de qualquer atividade ofensiva ou que levasse outra pessoa a tropeçar (Rm 14; 1Co 8). Esse princípio com frequência baliza a prática contemporânea. — *Michael Fink*

ABUSO CONJUGAL Maus-tratos físicos, emocionais ou sexuais de um cônjuge a outro. O abuso conjugal é uma questão particularmente séria diante de Deus, porque quebra o relacionamento conjugal estabelecido como base da sociedade (Gn 2.24). Narrativas bíblicas como a de Abraão, que fez sua esposa se passar por irmã no Egito (Gn 12.10-20; cp. 20.2-14; 26.6-11), apresentam as consequências do abuso conjugal.

A Bíblia descreve peculiaridades que caracteristicamente aparecem em quem abusa do cônjuge. Homens ciumentos agem de forma descontrolada (Pv 6.34). Algumas vezes uma palavra gentil e dócil, "uma fala macia como manteiga" (Sl 55.20,21), mascara a violência. Os efeitos dos pecados cometidos por uma pessoa são percebidos em gerações sucessivas (Êx 34.7), um padrão bem conhecido em famílias abusadas.

Ainda que o marido seja o cabeça da esposa, suas ações para com ela devem ser como as de Cristo para com a Igreja (1Co 11.3; Ef 5.23,24).

Cada marido deve amar sua esposa como ama a si mesmo (Ef 5.25-33), tratando-a com grande consideração (1Pe 3.7), honra (1Ts 4.4) e gentileza (Cl 3.19). O marido deve ser o provedor da família, pois não fazer isso o torna pior que o não cristão (1Tm 5.8).

Deus escolheu o casamento como ilustração do seu relacionamento com Israel e com a Igreja. Qualquer ação que manche o relacionamento conjugal, como o abuso conjugal, deprecia o relacionamento do cristão com Deus. V. *casamento*.

ABUSO INFANTIL Incidentes de abuso infantil na Bíblia envolvem a morte de bebês ou crianças. Ocorrências registradas de abuso infantil incluem a morte dos meninos israelitas no Egito (Êx 1.16,17,22), dos meninos abaixo de dois anos de Belém (Mt 2.16), os filhos de Messa (2Rs 3.4,27), Acabe (2Rs 16.3; cp. 2Rs 23.10) e Manassés (2Cr 33.6), e as filhas de Ló (Gn 19.8) e Jefté (Jz 11.30-40). A Bíblia reconhece que algumas atividades pecaminosas são passadas de geração para geração (Êx 34.7).

Ezequiel comparou a origem do povo de Israel a um bebê abandonado que foi encontrado e cuidado por Deus (Ez 16.4-14). O salmista comparou Deus ao pai que "tem compaixão de seus filhos" (Sl 103.13), um ensinamento expandido por Jesus quando declarou que Deus é mais cuidadoso que um pai humano (Lc 11.1-13).

As ações de Jesus ao receber as crianças (Mc 10.13-16) exemplificam o cuidado que pais e professores devem ter pelas crianças sob sua responsabilidade. Os pais recebem a ordem de não provocar os filhos (Ef 6.4; Cl 3.21), ordem que proíbe todas as formas de abuso e negligência. Além disso, os cristãos têm a responsabilidade de denunciar e se empenhar em corrigir atos prejudiciais a outros, especialmente pessoas ingênuas e impotentes (Sl 82.3,4; Jr 22.3; Ef 5.11). — *Paul H. Wright*

ABUTRE Palavra usada pela *TEB* para designar uma ave de rapina impura (Dt 14.13). A identificação da ave (*ra'ah* em hebraico) é impossível de determinar. Dentre outras, as seguintes sugestões têm sido dadas: milhafre (*NVI*), açor (*ARA*), falcão (*BV*), milhafre negro (*BJ*). A raiz hebraica sugere uma ave com visão aguda, talvez da família do falcão. Uma palavra hebraica facilmente confundível, *da'ah*, ocorre em Lv 11.14 e em alguns manuscritos e traduções antigas de Dt 14.13. Nesse caso, a ave em questão pode ser o milhafre vermelho (*Milvus milvus*). V. *milhafre*.

ACÃ Nome pessoal de significado incerto. Um oficial de Edom de antepassados horeus (Gn 36.27). Grafado "Jaacã" em algumas versões de 1Cr 1.42.

ACÃ ou **ACAR** (1Cr 2.7). Em Js 7.1, este é o nome de um homem da tribo de Judá cujo roubo da parte do despojo de Jericó trouxe desagrado divino e derrota militar ao exército de Israel. Depois da batalha de Ai, o Senhor revelou a Josué que a razão da derrota de Israel foi a violação da aliança concernente às coisas consagradas dentre os despojos de Jericó (Js 7.11). Descobriu-se que Acã era o culpado, e ele e sua família foram mortos por apedrejamento (Js 7.25). V. *Ai; Josué*.

ÁCABA, GOLFO DE Termo usado na *NTLH* para mostrar a parte do mar Vermelho referente ao braço leste abaixo do mar Morto. Seu porto setentrional é Elate. V. *Elate; Eziom-Geber*.

ACABE Nome pessoal que significa "irmão do pai". **1.** O sétimo rei do Reino do Norte, Israel, que casou com uma estrangeira, Jezabel, e acendeu a ira de Deus mais que qualquer dos reis anteriores de Israel. Acabe foi o filho e sucessor de Onri. Seu reinado de 22 anos (874-853 a.C.), embora desfrutando de algum êxito político e militar, foi manchado de concessões e fracassos espirituais (1Rs 16.30).

O casamento de Acabe com Jezabel, uma princesa fenícia, trouxe benefícios comerciais e políticos. Comercialmente, trouxe bens desejados a Samaria e abriu o caminho para a expansão do comércio marítimo. Politicamente, acabou com qualquer ameaça militar por parte da Fenícia.

Nos dias de Acabe, Israel desfrutou de paz com Judá, principalmente como resultado do casamento que ele arranjou entre a princesa Atalia e Jorão, príncipe de Judá. A aliança resultante produziu esforços cooperativos no comércio marítimo (1Rs 22.48; 2Cr 20.35-37) e uma campanha militar conjunta para recuperar Ramote-Gileade, caída e passada ao controle arameu (1Rs 22.2-40).

Durante todo o seu reinado foi exercido o controle efetivo sobre Moabe, produzindo receita proveniente de um tributo, taxa paga pelo rei moabita para manter sua posição (2Rs 3.4). A opressão de Moabe sob Acabe e seu pai Onri foi expressa na famosa Pedra Moabita.

Acabe teve êxito em duas grandes campanhas contra Ben-Hadade, o rei sírio, mas foi mortalmente ferido na terceira. Sua participação na grande batalha de Qarqar (853 a.C.), embora não mencionada na Bíblia, é registrada numa inscrição de Salmaneser III da Assíria. De acordo com Salmaneser, Acabe empenhou dois mil carros e dez mil homens na batalha.

Os dias de Acabe em Samaria foram dias de riqueza e apostasia espiritual crescentes. De acordo com 1Rs 22.39, ele construiu um palácio "com revestimento de marfim" para Jezabel, cujos restos foram descobertos nas escavações que Harvard fez no local. Salas e móveis foram elaborados com decorações e incrustações de marfim que em muitos casos retratavam divindades egípcias. Sua capitulação às influências da idolatria é ilustrada pela construção de um templo para Baal (1Rs 16.32), pelo massacre dos profetas do Senhor (1Rs 18.4,19) e pelo confisco da propriedade de um israelita (1Rs 21).

Acabe parece ter sido adorador de Javé, Deus de Israel, mas provavelmente ao mesmo tempo adorava outros deuses. Ele consultou muitas vezes os profetas de Javé (1Rs 20.13,14,22,28; 22.8,16), usou o nome divino ao dar nomes a seus filhos (Acazias, Jeorão e Atalia) e não interferiu na execução dos sacerdotes de Baal depois da disputa no monte Carmelo (1Rs 18.40). A influência de Jezabel na sua vida, no entanto, obscureceu qualquer influência significativa dos profetas do Senhor. Ele se tornou o exemplo supremo do mal (Mq 6.16).

2. Falso profeta que viveu na Babilônia, profetizou mentiras e recebeu a condenação por parte de Jeremias (Jr 29.20-23).

ACÁCIA Madeira dura com veias belas e finas ou bem densas e próximas que escurece com o passar do tempo. Os insetos não apreciam o gosto da madeira de acácia, e sua densidade a torna quase impenetrável para a água ou outros agentes de decomposição. Os israelitas acamparam junto ao Jordão, desde Bete-Jesimote até "Abel-Sitim", que traduzido quer dizer "campina das acácias" (Nm 33.49).

Moisés recebeu instruções para a construção do tabernáculo no monte Sinai (Êx 25—35), no deserto da Arábia (Gl 4.25), no qual a acácia está entre as maiores das poucas espécies de árvores disponíveis para o fornecimento de madeira. Entre os itens construídos de madeira de acácia ("sitim") para o tabernáculo estão: a arca da aliança e suas varas; a mesa dos pães da presença (ou consagrados) e suas varas; o altar de bronze e suas varas; o altar de incenso e suas varas; e todas as varas para pendurar cortinas e suportes (Êx 36.20,31,36; 37; 38).

A madeira de acácia era tão preciosa que Êx 25.5 diz que, além de oferecer prata e bronze, cada homem possuidor de madeira de acácia a levava como oferta ao Senhor. Em Jl 3.18 lê-se que Judá será abençoado "naquele dia" com uma fonte que irrigará o "vale das Acácias". V. *altar; arca da aliança; plantas; Sitim.*

Acácia crescendo no deserto do Sinai.

ACADE Nome de lugar de uma cidade famosa na Mesopotâmia governada por Sargão I em torno de 2350 a.C. (Gn 10.10). Sua localização exata não é conhecida. Deu seu nome à língua acádia usada pela Babilônia e Assíria.

ACÁDIOS Primeiros conhecidos invasores semíticos da Mesopotâmia que falavam acádio. Os acádios, sob Sargão, o Grande, conquistaram

AÇAFRÃO

a Mesopotâmia e estabeleceram o primeiro Império da história mundial (2360-2180 a.C.). Sua antiga capital Acade é mencionada em Gn 10.10 como uma das cidades da terra de Sinear (Mesopotâmia).

Acádio é também o nome antigo da língua semítica usada nas inscrições e nos documentos cuneiformes descobertos pelos arqueólogos modernos. As inscrições mais antigas do acádio antigo datam de aproximadamente 2400-2000 a.C. Dois dialetos principais se desenvolveram a partir do acádio, o babilônio e o assírio. Eles são apropriadamente esboçados em três fases: babilônio antigo e assírio antigo (c. 2000-1500 a.C.), babilônio médio e assírio médio ((c. 1500-1000 a.C.), e neobabilônio (c. 1000-100 a.C) e neoassírio (c. 1000-600 a.C). Depois de aproximadamente 600 a.C. o acádio foi sendo substituído pelo aramaico.

O acádio é comumente classificado de semítico oriental para distingui-lo do semítico do noroeste (amorreu, ugarítico, hebraico etc.) e do semítico do sudoeste (árabe, etíope). O acádio era a língua internacional da diplomacia e do comércio no Oriente Médio antes do ano 1000 a.C. Consequentemente, coleções de documentos escritos em acádio surgiram entre diversos grupos nacionais e étnicos que não eram dessa língua. Exemplos incluem as tábuas de Amarna dos governantes palestinos endereçadas ao Egito, documentos acádios de Ugarite na Síria e as tábuas de Nuzi de um povo hurrita.

Estudos acádios tiveram um impacto profundo sobre os estudos do AT pelo menos em quatro áreas. Em primeiro lugar, o significado de muitas palavras hebraicas foi determinado ou esclarecido por cognatos acádios. Em segundo lugar, os textos literários (poéticos) e legais forneceram rica fonte de estudo comparativo da poesia e dos textos legais do AT. Em terceiro lugar, anais históricos e tratados internacionais forneceram o arcabouço mais amplo para a compreensão de acontecimentos bíblicos e às vezes mencionam fatos e pessoas conhecidos também da Bíblia. Em quarto lugar, os textos religiosos acádios incluíam relatos da Criação e do Dilúvio, bem como oráculos proféticos, maldições, bênçãos e orações que fornecem uma base para a compreensão do legado semítico e da singularidade da fé em Israel. V. *cuneiforme*, *escrita*. — Thomas Smothers

O Tratado de Cades, entre os hititas e o Egito, está inscrito nessa tábua em acádio.

AÇAFRÃO V. *especiarias*.

ACAIA Província romana em que Gálio foi governador ou procônsul na época do apóstolo Paulo (At 18.12). Ela consistia aproximadamente na metade meridional da antiga Grécia, incluindo o Peloponeso. As principais cidades da Acaia incluíam Esparta, Atenas e Corinto, o centro administrativo. Paulo pregou com êxito nessa província (At 18.27,28).

ACAICO Nome pessoal do mensageiro que veio de Corinto a Paulo antes que este escrevesse 1Co (16.17). Sua presença com Estéfanas e Fortunato encorajou Paulo. Os três trouxeram notícias e talvez uma carta (1Co 7.1) a Paulo da igreja de Corinto. Talvez tenham levado 1Co na volta.

ACAMPAMENTO Assentamento temporário para nômades e contingentes militares. No AT, as versões em geral usam "acampamento" para traduzir a palavra hebraica *machaneh*. (Algumas versões antigas empregam o termo "arraial"). *Machaneh* é o assentamento temporário de viajantes ou guerreiros. Antes do estabelecimento na terra prometida, Israel foi um grupo de tribos sempre em movimento. Daí as referências frequentes ao "acampamento" (Êx 14.2,9; 16.13). Os textos de Lv e Dt contêm leis reguladoras da vida no "acampamento".

Cada tribo também tinha um acampamento próprio: Nm 2.3 fala da tribo de Judá acampada junto à sua bandeira e Nm 2.25 do "acampamento de Dã". Depois de cada tribo garantir lugar permanente de residência na terra prometida, o termo "acampamento" passou a designar o assentamento militar de Israel (1Sm 4.3; 14.2) e do inimigo (2Rs 7.10). A palavra hebraica *machaneh* é traduzida muitas vezes por "grupo" (*NVI*), "bando" (*ARA*) (Gn 32.8,21) ou "exército" (1Sm 17.1). O contexto dessas situações exige uma palavra que designa as pessoas do acampamento, não o assentamento.

Na tradução grega do AT, *machaneh* é vertido por *parembole*, literalmente "colocar ao lado de". Essa palavra aparece em Hb 13.11,13 e Ap 20.9. Neste último texto ela é usada de forma figurada a respeito da Igreja, "o acampamento dos santos", sob o ataque das forças de Satanás. Seu emprego nas duas citações em Hb é também figurado, associando-a ao tempo em que o povo de Israel vivia em um acampamento e usa essa experiência como uma metáfora do povo de Deus no tempo em que o autor estava escrevendo. Durante os anos de Israel no deserto, os holocaustos eram queimados fora do acampamento. Quando Jesus foi morto pelos pecados da humanidade, ele foi levado para fora da cidade santa e a certa distância do templo. O autor de Hb encoraja assim os companheiros cristãos a seguir seu Senhor para "fora do acampamento" do sistema sacrificial de Israel e de sua herança religiosa judaica, mesmo que isso signifique desonra. V. *castelo*. — Thomas A. Jackson

AÇÃO DE GRAÇAS 1. Gratidão dirigida a Deus (exceto Lc 17.9; At 24.3; Rm 16.4), de modo geral em resposta a atos concretos de Deus na História. A ação de graças era central no culto do AT. Sacrifícios e ofertas deveriam ser feitos e apresentados não com reclamação, mas com gratidão (Sl 54.6; Jn 2.9). Os salmistas valorizavam mais o cântico de ação de graças que sacrifícios (Sl 69.30,31). Davi "nomeou levitas para ministrarem diante da arca do Senhor, fazendo petições, dando graças e louvando o Senhor, o Deus de Israel" (1Cr 16.4; 23.30; Ne 12.46). A peregrinação ao templo, e o culto eram caracterizados por ações de graças (Sl 42.4; 95.2; 100.4; 122.4). Ações de graças eram expressas a favor de pessoas (Sl 35.18) pela libertação nacional (Sl 44.7,8), pela fidelidade de Deus à aliança (Sl 100.5) e por perdão (Sl 30.4,5; Is 12.1). Toda a criação se une para oferecer ações de graças a Deus (Sl 145.10). V. *Salmos, livro de*.

A ação de graças é um elemento natural do culto cristão (1Co 14.16,17) e deve caracterizar toda a vida cristã (Cl 2.7; 4.2). Os primeiros cristãos expressavam gratidão pelo ministério de cura de Cristo (Lc 17.16), pela libertação do pecado experimentada pelos cristãos, e operada por Cristo (Rm 6.17,18; 7.25), pelo indescritível dom da graça de Deus em Cristo (2Co 9.14,15; 1Co 15.57; cp. Rm 1.21) e pela fé dos companheiros na caminhada da fé cristã (Rm 1.8).

2. Ação de graças epistolar: elemento na abertura de uma carta grega típica. Todas as epístolas paulinas, com exceção de Gl, iniciam-se com ações de graças. V. *cartas, forma e função*.

ACAZ 1. Rei mau de Judá (735-715 a.C.). Seu nome significa "ele agarrou". Filho e sucessor de Jotão como rei de Judá e pai de Ezequias. Acaz é retratado como um homem mau que participou das práticas idólatras mais monstruosas (2Rs 16.3). Seu reinado de 16 anos foi contemporâneo ao período dos profetas Isaías e Miqueias. Isaías aconselhou a Acaz na crise siro-efraimita, quando Rezim, rei da Síria, e Peca, rei de Israel, juntaram forças para atacar Jerusalém. O profeta Odede salvou alguns cativos das mãos de Israel (2Cr 28). Acaz recusou o conselho do profeta e pediu ajuda a Tiglate-Pileser III da Assíria (Is 7). Esse apelo e a confusão resultante tiveram resultados religiosos e políticos desastrosos, pois Acaz se rendeu ao domínio assírio. Ele até colocou no templo um altar feito segundo um modelo sírio (2Rs 16.11). Acaz sofreu a humilhação final de não ser sepultado nos túmulos dos reis (2Cr 28.27). V. *Israel; cronologia do período bíblico*. **2.** Benjamita descendente de Saul (1Cr 8.35,36; 9.42).

ACAZIAS Nome de dois reis no AT, o rei de Israel (850-840 a.C.) e o rei de Judá (c. 842). O nome significa "Javé agarrou". **1.** Filho e sucessor de Acabe como rei de Israel (1Rs 22.40). Ele reinou dois anos e morreu depois de sofrer uma queda no palácio de Samaria (2Rs 1.2-17). O profeta Elias anunciou que Acazias morreria por ter mandado pedir a ajuda de Baal-Zebube, deus de Ecrom, em vez de pedir a ajuda de Javé. **2.** Filho e sucessor de Jeorão como rei de Judá (2Rs 8.25). Ele reinou durante um ano e morreu depois de ser ferido ao fugir de Jeú enquanto visitava o rei Jorão de Israel (2Rs 9.27).

Esses dois reis eram parentes. Atalia, mãe de Acazias de Judá, era irmã de Acazias de Israel.

ACBOR Nome pessoal que significa "camundongo". **1.** Pai de um rei de Edom (Gn 36.38). **2.** Homem que o rei Josias incumbiu de perguntar a Deus sobre o significado do livro da Lei encontrado no templo. Ele e outros indicados para a tarefa obtiveram a Palavra de Deus da profetisa Hulda (2Rs 22.12-14). **3.** Pai de Elnatã, a quem Jeoaquim incumbiu com a tarefa de buscar o profeta Urias do Egito a fim de executá-lo (Jr 26.22; cp. 36.12).

ACEITAÇÃO Ser recebido com aprovação ou prazer. A Bíblia fala frequentemente de coisas ou pessoas aceitáveis aos homens ou a Deus. A aceitação humana (ou a rejeição) de outros seres humanos é afetada por muitas coisas como raça, classe social, clã, sexo, ações individuais, preconceito etc. No nível humano Jesus nos mostra que todos os seres humanos devem ser aceitos e amados simplesmente por serem pessoas criadas à imagem do Pai amoroso (Gn 1.26,27; Mt 5.43-48).

Acima de tudo, o pecado impede a pessoa de ser aceitável a Deus (Gn 4.7; Is 59.2). Desde os primórdios ofereciam-se sacrifícios a Deus na tentativa de tornar o adorador aceitável a ele. Posteriormente a lei revelou com mais clareza o que a pessoa precisava fazer para ser aceitável a Deus. Isso incluía ações éticas (Dez Mandamentos), bem como sacrifícios (Levítico). Israel sucumbiu à tentação de separar o sacrifício das ações éticas, assim os grandes profetas proclamaram de forma reiterada a verdade de que nenhum sacrifício está separado do tratamento justo dispensado aos outros (Is 1.10-17; Am 5.21-24). Miqueias resumiu os termos da aceitação em Mq 6.6-8: "Ele mostrou a você, ó homem, o que é bom e o que o Senhor exige: pratique a justiça, ame a fidelidade e ande humildemente com o seu Deus". A atitude adequada de humildade é tão importante quanto a ação correta (Sl 51.16,17; 1Pe 5.5,6).

Jesus resumiu a lei e os profetas em dois grandes mandamentos (Mt 22.37-40) e os estabeleceu como exigências para a vida eterna (Lc 10.25-28). Paulo percebeu a utilidade da lei para dois propósitos. Primeiro, ela torna conhecidas as exigências de Deus, revelando assim a pecaminosidade humana (Rm 3.20). Em segundo lugar, a lei moral como verdadeira expressão da vontade de Deus permanece o alvo ou guia, mesmo que a pessoa já não considere a aceitação por parte de Deus um feito da Lei. O NT anuncia que Jesus fez o necessário para tornar as pessoas aceitáveis a Deus. No início do ministério Jesus anunciou que sua missão incluía proclamar o "ano aceitável do Senhor" (*ARA*), o tempo da salvação (Lc 4.19). Jesus revelou a vontade de Deus de forma mais clara do que jamais fora revelada (Hb 1.1,2); ele destruiu as obras do Diabo (1Jo 3.8); mas acima de tudo aniquilou o pecado "mediante o sacrifício de si mesmo" (Hb 9.26). Paulo descreveu a aceitação diante de Deus principalmente como justificação. As pessoas tornam-se aceitáveis diante de Deus pelo cumprimento das exigências da Lei mediante o sacrifício de Jesus (Rm 3.21-26; 8.3-5). O livro de Hb apresenta Jesus como o verdadeiro sumo sacerdote que oferece o sacrifício perfeito que purifica ou cobre de forma eficaz o pecado. Assim que ele já não é uma barreira para ser aceito por Deus (Hb 9.11-14,26). Tanto Paulo quanto Hb ensinam que para a aceitação eficaz da parte de Deus, a pessoa precisa crer — aceitar a oferta da aceitação divina em Cristo e comprometer-se em seguir o caminho de Jesus, confessando-o como Senhor. V. *expiação, propiciação; justificação; amor.* — *Joe Baskin*

Um mosteiro no monte Sião marca o local tradicional do suicídio de Judas de frente para o campo de Sangue.

ACELDAMA Judas Iscariotes comprou esse campo no qual ele se suicidou (At 1.19). O nome em aramaico significa "Campo de Sangue". *(v. figura na página anterior)*. Ele foi evidentemente comprado com o dinheiro pago a Judas para trair Jesus. De acordo com Mt 27.7 o campo comprado com esse dinheiro foi usado como cemitério de forasteiros. V. *Judas*.

ACESSO Permissão ou capacidade de entrar numa área segura ou na presença de alguém importante (como Deus). No âmbito humano o acesso geralmente se aplicava a pessoas com permissão para ver o rei face a face (Et 1.14). Havia um lugar para ficarem em pé na presença do rei (Zc 3.7). Cada corte real estabelecia regras próprias. A corte persa que Ester enfrentou estabelecia a pena de morte para quem tentasse o acesso ao rei sem a permissão dele (Et 4.11). O NT ensina que cada pessoa pode agora ter acesso a Deus porque a morte de Jesus na cruz abriu o caminho. Esse acesso é experimentado na realidade por quem expressa confiança pessoal em Jesus e depende da graça divina. Isso traz paz e esperança eterna (Rm 5.1,2), mas sempre depende do favor do rei celestial, não de exigências para a entrada estabelecidas ou satisfeitas pelos seres humanos. Gentios e judeus têm a porta aberta ao Pai por meio da morte de Cristo na cruz e por meio da obra do Espírito Santo presente na vida do cristão (Ef 2.10-18). O acesso a Deus por meio da fé em Cristo era o propósito eterno de Deus e dá ao cristão confiança e ousadia para se aproximar de Deus (Ef 3.12). As práticas religiosas do AT permitiam apenas o sumo sacerdote entrar no Lugar Santíssimo e apenas uma vez por ano (Lv 16.2,34). Por meio de Cristo os crentes têm acesso constante ao Lugar Santíssimo, onde Deus está (Hb 10.19-22).

ACMETÁ (*ARA, ARC*) ou **ECBATANA** (*NVI, NTLH*) Capital do antigo Império Medo, localizada nos montes Zagros no oeste do Irã, em duas estradas principais que levavam do sul e do oeste para a cidade de Teerã. Há somente uma referência à cidade nos livros canônicos (Ed 6.2), mas ela é conhecida como Ecbatana nos livros apócrifos, em especial nos livros de Jt, Tb e 2Mc (nos quais é mencionada muitas vezes).

Não foram feitas escavações arqueológicas em Acmetá pela simples razão de ela estar atualmente sob a cidade moderna de Hamadan. Foram feitas duas descobertas de superfície, um punhal de ouro e uma tábua de ouro em escrita cuneiforme. — Bryce Sandlin

AÇOITAMENTO V. *açoite*.

AÇOITAR Castigo por meio de açoites ou golpes de vara. O AT reconhecia os açoites como forma de castigo (Dt 25.1-3), embora o limitasse a 40 golpes para que o israelita castigado não fosse humilhado em público. As crianças eram disciplinadas com varas (Pv 23,13,14). Os açoites eram às vezes aplicados de modo injusto (Pv 17.26; Is 53.5).

Jesus advertiu seus discípulos de que seriam açoitados (Mt 10.17; Mc 13.9) nas sinagogas. Paulo fez que os do Caminho fossem açoitados no seu tempo de perseguidor da Igreja (At 22.19,20). Os apóstolos foram açoitados por ordem do Sinédrio (At 5.40). Paulo recebeu os "trinta e nove açoites" às mãos dos judeus cinco vezes (2Co 11.24). Paulo também foi golpeado com varas três vezes (11.25), talvez às mãos dos oficiais não judeus como em Filipos (At 16.22,23).

AÇOITE Forma severa de punição corporal, que envolve chicotear e espancar, geralmente com a vítima amarrada a um poste ou banco, e aplicado por um servo da sinagoga (se a motivação fosse religiosa) ou por um escravo ou soldado. Em Jo 19.1 Jesus foi açoitado antes da crucificação. Em Lc 23.16 Pilatos ofereceu aos líderes religiosos de Israel a oportunidade para "castigar" (uma palavra menos forte) Jesus. O limite de golpes estabelecido em Dt 25.3 é 40, por isso, eram aplicados, de modo geral, 39 golpes, sendo 13 no peito e 26 nas costas. Não raro a vítima morria durante o açoitamento. V. *castigo físico*.

ACOR Nome de lugar que significa "problema, aflição", ou "tabu". O vale em que Acã e sua família foram mortos por apedrejamento (Js 7.24-26). Mais tarde fez parte da fronteira de Judá. É objeto das promessas proféticas de Is 65.10 e Os 2.15. V. *Josué*.

ACRABIM Nome de lugar que significa "escorpiões". A "subida de Acrabim" está a sudoeste do mar Morto formando a fronteira sul de Canaã (Nm 34.4; Js 15.3; Jz 1.36). É um desfiladeiro nas montanhas na estrada a sudeste de Berseba, atualmente chamado Neqb es-Safa. Um estudo recente descobriu uma menção ao desfiladeiro do Escorpião em outro texto da literatura do Oriente Médio.

ACRE ou **ACO** Nome de lugar, porto famoso no Mediterrâneo a norte do monte Carmelo. O território foi designado à tribo de Aser, mas seus membros não conseguiram conquistá-lo (Jz 1.31). Os gregos deram o nome de Ptolemaida a Aco. Na terceira viagem missionária, Paulo passou um dia em Ptolemaida (At 21.7). A cidade conta com uma longa história documentada pelos registros do Oriente Médio remontando a aproximadamente 2000 a.C., com um papel menor na narrativa bíblica.

ACRISOLADOR, EXAMINADOR Pessoa que testa o minério para descobrir seu teor de prata ou ouro. De acordo com versões recentes de Jr 6.27, o chamado de Jeremias foi para que fosse "examinador" (*NVI*) ou "acrisolador" do povo (*BJ*: "observador"). A *ARC* toma a palavra da raiz hebraica como sendo de "torre", cuja grafia é igual à raiz de examinador. Versões recentes, no entanto, parecem fazer melhor sentido do texto hebraico (Jr 6.27-30). V. *fole*.

ACRÓSTICO Recurso literário no qual cada seção de uma obra literária começa com a letra sequencial do alfabeto. Assim os primeiros oito versículos de Sl 119 começam com *alef*, a primeira letra do alfabeto hebraico; os oito versículos seguintes começam com *bet*, a segunda letra do alfabeto hebraico, e segue-se o padrão até os versículos 169-176, que começam cada um com *taw*, a última letra do alfabeto hebraico. Outros exemplos bíblicos incluem Sl 9—10; 25; 34; 37; 111—112; 145; Pv 31.10-31; Lm 1—4. O estilo acróstico ajudava as pessoas a memorizar o poema e expressava a completude do assunto em questão de forma total.

ACSA Nome pessoal que significa "bracelete" ou "enfeite do tornozelo". Filha de Calebe oferecida ao homem que conquistasse Quiriate-Sefer (Js 15.16). Otoniel tomou a cidade e recebeu a mulher (Jz 1.12,13).

ACSAFE Nome de lugar que significa "lugar de magia". Cidade-estado unida a Jabim, rei de Hazor, no combate a Josué quando este invadiu o norte de Israel (Js 11.1). Acsafe era uma cidade fronteiriça de Aser (Js 19.25). Provavelmente estava situada perto de Acre.

ACUBE Nome pessoal que significa possivelmente "protetor" ou "protegido". **1.** Descendente de Salomão em Judá depois do exílio em torno de 420 a.C. (1Cr 3.24). **2.** Guarda levita (Ne 12.25) da porta do templo depois do retorno do exílio (1Cr 9.17; Ed 2.42; Ne 7.45; 11.19). Visto que os "descendentes de [...] Acube" são mencionados (Ne 7.45), a família aparentemente serviu durante várias gerações, com mais de uma pessoa chamada de Acube na linhagem familiar. **3.** Levita que ajudou Esdras a ensinar a Lei ao povo de Deus que voltou do exílio (Ne 8.7). Ele talvez tenha sido parente de 2. **4.** Líder de outra família de responsáveis pelo templo (Ed 2.45).

AÇUDE Palavra encontrada em Êx 7.19; 8.5 que traduz a palavra hebraica *agam*, que significa "pântano" ou "brejo". Em Is 19.10 a palavra "deprimidos" traduz a expressão hebraica "viveiro de peixes", com base em uma expressão homônima naquela língua que aparentemente ocorre somente nessa passagem.

ACUSADOR Termo jurídico para descrever quem culpa outra pessoa pela culpa de crime ou de ofensa moral. A palavra hebraica para acusador ou adversário é *satan* (cp. Sl 109.6 em diversas traduções). A acusação falsa exigia punição severa (Dt 19.15-21). O salmista orou pedindo juízo contra seus "acusadores" ou "adversários" (*ARA*, *ARC*) (Sl 109.4,20,29). Falsos acusadores levaram à condenação e morte de Cristo (Mt 27.12). Acusadores judeus (At 22.30) finalmente levaram Paulo a apelar a Roma (At 25.11). V. *Satã*.

ACZIBE Nome de lugar que significa "enganoso". **1.** Cidade no sul de Judá, talvez a atual Tel el-Beida perto de Láquis (Js 15.44). Em Mq 1.4 há um jogo de palavras usando Aczibe: "A cidade de Aczibe se revelará enganosa". **2.** Cidade fronteiriça de Aser (Js 19.29) não conquistada pela tribo israelita (Jz 1.31). Talvez seja a atual Tel Akhziv perto de Acre.

ADA Nome pessoal que significa "adorno, ornamento". **1.** Mulher de Lameque e mãe de Jabal e Jubal (Gn 4.19-23). **2.** Mulher de Esaú e mãe dos oficiais edomitas (Gn 36.2-16).

ADÃ Nome de uma cidade próxima do rio Jordão no qual as águas do Jordão se acumularam para Israel poder cruzar e conquistar a terra (Js 3.16). Sua localização provável é Tel ed-Damieh perto do rio Jaboque.

ADADA Nome de uma cidade no sudeste de Judá (Js 15.22).

ADAÍAS Nome pessoal que significa "Javé adornou". **1.** Avô do rei Josias (2Rs 22.1). **2.** Levita, da família dos cantores do templo (1Cr 6.41). **3.** Benjamita (1Cr 8.21). **4.** Sacerdote que voltou da Babilônia a Jerusalém depois do exílio (1Cr 9.12). **5.** Pai de Maaseias, que ajudou a tornar rei o menino Joás no lugar de Atalia, a rainha-mãe (2Cr 23.1). **6.** Dois homens com mulheres estrangeiras na época de Esdras (Ed 10.29,39). **7.** Membro da tribo de Judá em Jerusalém depois do exílio (Ne 11.5). **8.** Sacerdote no templo depois do exílio (Ne 11.12), provavelmente o mesmo que 4.

ADALIA Nome pessoal de origem persa. Um dos dez filhos de Hamã, vilão do livro de Et, morto pelos judeus (Et 9.8).

ADAMÁ Nome de lugar que significa "solo, terra arável". **1.** A terra ou o solo cultivável de cujo pó Deus criou a humanidade, formando o jogo de palavras de Adão vindo de *'adamah* (Gn 2.7; cp. 2.19). A cerâmica também era feita da argila do solo (Is 45.9), bem como os altares (Êx 20.24). Os mortos retornam à terra (Sl 146.4), mas o solo também produz a colheita (Dt 7.13; 11.7). **2.** Cidade no território de Naftali (Js 19.36) perto de onde o rio Jordão desemboca no mar de Tiberíades, talvez a atual Hagar ed-Damm.

ADAMATA Nome pessoal em língua persa que significa "invicto". Um dos principais conselheiros do rei Xerxes [Assuero] da Pérsia (Et 1.14).

ADAMI-NEGUEBE Nome de lugar que significa "terra vermelha" ou "desfiladeiro da terra vermelha". Cidade no território de Naftali (Js 19.33), talvez a atual Khirbet Damyieh a norte do monte Tabor.

ADÃO E EVA Primeiro homem e primeira mulher criados por Deus de quem todas as outras pessoas descenderam.

Antigo Testamento O nome *Eva* está associado à palavra hebraica "vida, vivente", mas ocorre apenas como nome da primeira mulher. *Adão* significa "homem", e em muitos lugares a palavra hebraica se refere à humanidade em geral. Em Gn 1.27, p. ex.: "Criou Deus o homem [*adam*] à sua imagem, à imagem de Deus o criou; homem e mulher os criou" (v. tb. Gn 5.2; 6.1). *Adão* também é usado com referência ao primeiro homem, seja com o artigo como "o homem" (Gn 2.15,16), seja como o nome "Adão" (Gn 4.1,25; 5.3,4). Por fim, o termo pode se referir a um membro da raça humana, "um homem" (e.g., Gn 2.5: "não havia homem para cultivar o solo").

Novo Testamento O nome Adão ocorre no NT como referência ao primeiro homem. Lucas refaz a genealogia até Adão (Lc 3.38), e Paulo se refere a Jesus tipologicamente como o último Adão (1Co 15.45). Assim como Adão foi o primeiro e o representante da humanidade, Cristo foi o primeiro e o representante da nova humanidade.

Eva é mencionada duas vezes no NT. Em 2Co 11.3 ela é usada como exemplo da pessoa seduzida e desviada da verdade por Satanás. Em 1Tm 2.11-15 as mulheres são encorajadas a se dedicarem ao aprendizado em submissão silenciosa, não por meio da reivindicação de posições de autoridade e ensino na igreja. A razão apresentada é a criação de Adão antes de Eva e que ela foi enganada e caiu em pecado. O engano ocorrido no jardim abriu o caminho para o pecado, a morte e a corrupção foram causadas em parte pelo fato de Adão permitir passivamente que Eva enfrentasse a Satanás sozinha em vez de ele assumir seu papel de acordo com a ordem da Criação e enfrentar a Satanás em nome dos dois. Não sabemos se Adão teria tido mais êxito. Sabemos que ele falhou na sua responsabilidade como cabeça da família e cabeça da raça humana, levando-nos à queda com ele.

ADAR

Assim Paulo orienta as igrejas a não seguirem o exemplo fatal de Adão de colocar as mulheres na linha de frente nos papéis do ensino e do exercício da autoridade.

Ênfases teológicas O apóstolo Paulo no discurso em Atenas baseou sua convicção sobre a unidade da raça humana na nossa relação com Adão: "De um só fez ele todos os povos, para que povoassem toda a terra" (At 17.26).

Embora muitas coisas fossem peculiares ao primeiro homem e à primeira mulher, a natureza do pecado não mudou desse momento em diante (v. Is 53.6), e os alvos e estratégias do maligno são essencialmente iguais (v. 2Co 11.3). A tentação de Eva pode ser vista como paradigma da nossa tentação, e a corrupção pecaminosa que permeia nosso mundo e nossa vida resulta de forma direta da decisão adâmica de desobedecer a Deus. Mas Adão e Eva também foram os primeiros a saber que Deus dispunha de um plano de redenção pelo qual um dos seus descendentes removeria o mal do mundo (Gn 3.15).

Como a serpente afirmou, o pecado de fato abriu os olhos deles (Gn 3.5,7), mas tudo que viram foi a própria nudez e separação um do outro. Vergonha e medo substituíram sua inocência, e seu primeiro impulso foi cobrir-se e esconder-se (v. 10). O segundo resultado imediato do pecado foi a incapacidade do homem e de sua mulher de caminhar com Deus (cp. Lv 26.12; Sl 89.15; Mq 6.8). A pergunta que Deus fez ao homem, a quem ele considerava primeiramente responsável, reforçou esse ponto. Na verdade, Deus lhe perguntou (Gn 3.9): "Por que você não está caminhando comigo?".

O castigo sofrido pela mulher seria duplo (3.16). Em primeiro lugar, haveria dor, ansiedade e sofrimento associados à geração de filhos. Em segundo lugar, haveria conflitos matrimoniais.

O pecado de Adão não foi ter dado ouvidos à mulher, mas ouvir a ela, não a Deus (3.17). Como no caso da mulher, o castigo do homem também seria duplo. Em primeiro lugar, como a serpente estaria em conflito com a mulher, assim o homem estaria em conflito com o solo, que produziria alimento para ele somente com muita dor, ansiedade e sofrimento. Em segundo lugar, no final ele morreria e voltaria ao pó (3.19), já não tendo acesso à árvore da vida (3.22). Embora a mulher também morresse, o castigo foi anunciado ao homem por ser o representante da raça e o responsável (Gn 2.16,17; Sl 90.3). Paulo explicou em Rm 5.12: "o pecado entrou no mundo por um homem, e pelo pecado a morte". Além disso, "uma só transgressão resultou na condenação de todos os homens" (5.18). Assim em Gn 5 o alarme da morte "e morreu" é tocado oito vezes. Eva seria a fonte da vida como a produtora do libertador (3.15). Como Paulo declarou em Rm 5.15: "Pois se muitos morreram por causa da transgressão de um só, muito mais a graça de Deus, i.e., a dádiva pela graça de um só homem, Jesus Cristo, transbordou para muitos!" (tb. 1Co 15.22).

As consequências do pecado de Adão não recaíram só sobre a primeira família, mas sobre toda a humanidade, e mesmo sobre a morte (Gn 3.17; Rm 8.19-21). Descender de Adão não resultou apenas em morte física, mas também em corrupção moral e espiritual — "mortos em suas transgressões e pecados" — e "por natureza merecedores da ira" (Ef 2.1,3). Sem Cristo todos "estão obscurecidos no entendimento e separados da vida de Deus por causa da ignorância em que estão, devido ao endurecimento do seu coração" (Ef 4.18). Isso remonta finalmente a Adão, de quem todas as pessoas herdaram a natureza inclinada ao pecado. V. *Jesus Cristo; dia do juízo; misericórdia; pecado; ira*. — E. Ray Clendenen

ADAR Nome pessoal e de lugar que significa "eira". **1.** Cidade na fronteira sudoeste de Judá (Js 15.3). também chamada Hazar-Adar (Nm 34.4). **2.** Neto de Benjamim (1Cr 8.3). Também chamado Arde (Gn 46.21; Nm 26.40). **3.** Décimo segundo mês do calendário judaico depois do exílio, incluindo meados de fevereiro e de março. Época da festa de Purim estabelecida em Et (9.21).

ADBEEL Nome pessoal que significa "Deus convida". Filho de Ismael e neto de Abraão (Gn 25.13).

ADI Nome pessoal que significa "adorno". O equivalente hebraico é *Iddo*. Antepassado de Jesus (Lc 3.28).

ADIEL Nome pessoal que significa "um adorno é deus". **1.** Líder importante da tribo de Simeão (1Cr 4.36), um povo de pastores de rebanhos.

2. Pai de uma família sacerdotal de Jerusalém depois do exílio (1Cr 9.12). **3.** Pai do tesoureiro de Davi (1Cr 27.25).

ADIM Nome pessoal que significa "prazeroso, bem-aventurado, exuberante". **1.** Antepassado dos judeus que voltaram do exílio com Zorobabel e Josué (Ed 2.15; Ne 7.20). **2.** Antepassado dos exilados que retornaram com Esdras (Ed 8.6). **3.** Signatário do acordo de Neemias para obedecer à Lei de Deus (Ne 10.16).

ADINA Nome pessoal que significa "prazeroso, exuberante". Capitão de trinta homens no exército de Davi da tribo de Rúben (1Cr 11.42).

ADINO Nome pessoal que significa "o que ama o luxo". Chefe dos capitães de Davi que matou 800 homens em uma ocasião (2Sm 23.8, *ARC*, *ACF*). O nome não aparece na *LXX*, a tradução grega mais antiga desse trecho, nem no texto hebraico do trecho paralelo em 1Cr 11.11. Algumas versões modernas omitem o nome em 2Sm 23.8 (*NVI*, *ARA*).

ADITAIM Nome de lugar que significa "lugar elevado". Cidade que Josué designou a Judá (Js 15.36). Sua localização é desconhecida.

ADIVINHAÇÃO E MÁGICA Prática de tomada de decisões e previsão do futuro por meio da interpretação de sinais e presságios. Diversos tipos de adivinhação são mencionados na Bíblia. O texto de Ez 21.21 menciona a consulta aos ídolos, o uso de flechas e a análise do fígado de um animal. As flechas eram sacudidas em uma aljava e, em seguida, ou eram espalhadas pelo chão ou uma era sacada para mostrar onde atacar. A posição, tamanho, cor etc. do fígado de um animal eram vistos como indicação da melhor escolha para o destino de alguém. A adivinhação por meio da observação do interior de um copo cheio de líquido também era praticada (Gn 44.5).

A adivinhação e a mágica, ou feitiçaria, eram comuns entre os povos que viviam em volta do antigo Israel. Os mágicos da corte egípcia conseguiram imitar alguns dos milagres de Moisés (Êx 7.11,22; 8.7), mesmo que não todos eles (Êx 8.18; 9.11). A adivinhação foi uma das razões pelas quais os povos foram expulsos de Canaã (Dt 18.12). A adivinhação era praticada pelos filisteus (1Sm 6.2). Os mágicos da corte babilônia eram conselheiros do rei (astrólogos, encantadores, adivinhadores e caldeus; Dn 1.20; 2.2,10; 4.7; 5.7).

Deus condenou a adivinhação e a mágica de todos os tipos. A lei de Moisés condena repetidamente essa prática. Em Êx 22.18 e Lv 20.27 há pena de morte. Em Lv 19.26 proíbe-se a prática. Em Lv 20.6 ordena-se que o povo evite os que se envolvem em tais práticas, associando-as à prostituição. Envolver-se em adivinhação é ser infiel ao Senhor e cometer abominação (Dt 18.9-22). O povo é exortado a, em vez disso, dar ouvidos aos profetas de Deus.

A condenação da adivinhação e mágica está nos escritos históricos. Em 2Rs 9.22 as feitiçarias de Jezabel são condenadas. Manassés, rei Judá, foi considerado um rei mau por causa da adivinhação e da idolatria (2Rs 21.1-7; 2Cr 33.6). A adivinhação e a feitiçaria são alistadas entre os pecados que causaram a queda de Israel diante da Assíria (2Rs 17.17,18).

Os escritos proféticos também contêm muitas referências à condenação da adivinhação. Isaías a menciona repetidamente (Is 2.6; 3.1-3; 44.25; 47.9,12-15). O texto de Zc 10.1,2 adverte o povo para que olhe para o Senhor em busca de chuva, não para os adivinhadores. Jeremias também disse que não se deveria dar ouvidos aos adivinhadores (Jr 27.9; 29.8).

Consultar médiuns, que entram em contato com os mortos, também é proibido, sob pena de morte (Lv 20.6,27; Is 8.19). Saul foi culpado de consultar uma médium para entrar em contato com Samuel (1Sm 28), apesar do fato de ele mesmo, Saul, ter banido todos os médiuns da terra.

No NT, a mágica e a adivinhação recebem menos atenção. Simão, um mágico em Samaria, foi censurado por Pedro por tentar comprar o poder do Espírito Santo (At 8.9-24). Paulo e Silas encontraram uma moça escrava em Filipos que tinha um poder demoníaco de predizer o futuro (At 16.16-26). Paulo ordenou ao demônio que a deixasse, o que levou ao aprisionamento deles. A feitiçaria está entre as coisas condenadas como obra da carne em Gl 5.20.

A Bíblia condena de forma coerente a prática da adivinhação. Só raramente ela considera tais práticas fraudulentas. Elas são condenadas não porque não sejam sobrenaturais, mas

porque a fonte é com frequência demoníaca e os praticantes estão tentando lograr a Deus para encontrar orientação para o futuro. Os cristãos devem dar ouvidos às advertências bíblicas contra a astrologia, as adivinhações e os médiuns.
— Fred Smith

ADIVINHADOR V. *adivinhação e mágica*.

ADLAI Nome pessoal do pai de um dos principais pastores de Davi (1Cr 27.29).

ADMÁ Nome de lugar que significa "solo vermelho". Cidade associada a Sodoma e Gomorra como fronteira de território cananeu (Gn 10.19). Seu rei foi derrotado junto com os reis de Sodoma e Gomorra pela coligação de quatro reis orientais (Gn 14). Deus destruiu Admá, uma das "cidades da planície" (Gn 19.29) com Sodoma e Gomorra (Dt 29.23). Deus não conseguiu tratar Israel, o povo que ele amava, da mesma maneira que tratou Admá, mesmo que o comportamento de Israel fosse semelhante ao dela (Os 11.8). Admá talvez tenha se situado abaixo do que hoje é a parte sul do mar Morto.

ADMIM Nome pessoal nos melhores manuscritos gregos de Lc 3.33 entre os antepassados de Jesus, mas não nos disponíveis aos tradutores da *KJV*. Assim Admim aparece nas versões *ARA*, *ARC*, *NTLH*, não na *KJV* (v. tb. *ACF*). V. nota textual de Lc 3.33 na *NVI*.

ADMINISTRAÇÃO Dom espiritual que Deus concede a alguns membros para edificar a igreja (1Co 12.28; *ARA* e *ARC* trazem "governos" e *NTLH*, "liderar"). A palavra grega *kybernesis* ocorre somente aqui no NT grego. Ela descreve a habilidade de liderar ou ocupar uma posição de liderança. A *TB* traduz a expressão "fazer justiça" como "administrar justiça" em 2Sm 8.15 (cp. 1Rs 3.28, 1Cr 18.14 e Jr 21.12). A *NVI* traduz ainda outras expressões idiomáticas pelo conceito "administrar". O homem que em hebraico é descrito como "alguém que está sobre a casa de" é chamado na *NVI* de "administrador do palácio" (2Rs 10.5). O AT tenta conduzir as pessoas que ocupam posições de autoridade a estabelecer uma sociedade na qual a lei de Deus leva equidade e justiça a todas as pessoas sem favoritismo ou preconceito.

A *KJV* fala de diferenças de administrações (1Co 12.5), quando traduz o termo grego *diakonia*, "serviços" (*ARA*), "ministérios" (*ARC*, *NVI*, *BJ*). Liderar uma igreja significa ministrar ou servir às necessidades dos seus membros.

ADNA Nome pessoal aramaico que significa "alegria de viver". **1.** Líder militar da tribo de Manassés que se uniu a Davi em Ziclague (1Cr 12.20). **2.** Líder militar de Judá estabelecido em Jerusalém sob Josafá (2Cr 17.14). **3.** Israelita pós-exílico casado com uma mulher estrangeira (Ed 10.30). **4.** Sacerdote pós-exílico (Ne 12.15).

ADOÇÃO Processo legal pelo qual uma pessoa recebe outra na sua família e confere a ela privilégios e vantagens familiares. O "adotante" assume a responsabilidade parental pelo "adotado". O "adotado" é assim considerado filho verdadeiro, tornando-se beneficiário de todos os direitos, privilégios e responsabilidades concedidos a todos os filhos da família.

As referências à adoção são raras no AT. A lei do AT não continha legislação específica concernente à adoção de filhos. Ademais, a língua hebraica não conta com um termo técnico para essa prática. Sua ausência explícita entre os israelitas pode ser explicada em parte pelas alternativas a casamentos inférteis. Os casamentos de levirato diminuíam a necessidade de adoção, e o princípio da manutenção da propriedade dentro da tribo (Lv 25.23-34; Nm 27.8-11; Jr 32.6-15) aliviava um pouco os temores de casais sem filhos.

Embora a adoção não seja abertamente mencionada no AT, alusões ao conceito de fato existem. Jacó declara a José: "Agora, pois, os seus dois filhos que lhe nasceram no Egito, antes da minha vinda para cá, serão reconhecidos como meus; Efraim e Manassés serão meus, como são meus Rúben e Simeão" (Gn 48.5). A noção de filiação de Javé tinha papel crucial na identidade aliancista da nação de Israel. "Depois diga ao faraó que assim diz o Senhor: Israel é o meu primeiro filho, e eu já lhe disse que deixe o meu filho ir para prestar-me culto" (Êx 4.22,23). A ideia pode ser encontrada também entre os profetas: "Quando Israel era menino, eu o amei, e do Egito chamei o meu filho" (Os 11.1). A adoção como conceito da aliança era aplicável a todos os israelitas de modo corporativo;

não era percebida como a adoção de israelitas individuais.

A adoção encontra sua expressão mais ampla no NT. No pensamento de Paulo ela traz diversas implicações. Em Rm 9.4 a adoção é referência ao relacionamento singular de Israel com Javé; em Rm 8.23 a adoção recebe conotações relativas à futura ressurreição corpórea; e em Rm 8.15 a adoção alude ao tornar-se filho de Deus. Assim, como filhos de Deus, o Espírito Santo 1) dá testemunho ao coração dos cristãos de que são "filhos de Deus" (Rm 8.16); 2) opera no coração dos cristãos, tornando possível a intimidade com Deus como Pai (Gl 4.6); e 3) provê orientação pessoal à medida que os cristãos vivem "segundo o Espírito" (Rm 8.4). Paulo contrasta o relacionamento singular conferido ao cristão por meio da obra adotiva de Deus ao do escravo que vive, trabalha e se relaciona com os outros com medo (Rm 8.15). Os adotados por Deus na sua família são "herdeiros de Deus" e "coerdeiros" com Cristo, recebendo todas as bênçãos, todos os benefícios e privilégios obtidos pelo sacrifício do Filho de Deus (Rm 8.17).

Embora primordialmente desenvolvida por Paulo, certos aspectos da adoção aparecem também em outros lugares do NT. A adoção está implícita no ensino de Jesus concernente a Deus como Pai (Mt 5.16; 6.9; Lc 12.32). A concessão de benefícios familiares ao adotado é expressão da autoridade da Palavra Viva (Jo 1.12) e se harmoniza com sua missão de levar "muitos filhos à glória" (Hb 2.10). Assim, "Jesus não se envergonha de chamá-los irmãos" (Hb 2.11).

A adoção se torna o principal meio em que os cristãos vivem e se relacionam com Deus e outros cristãos. A adoção é ação do Pai (Gl 4.6; Rm 8.15) e está fundamentada no amor dele (Ef 1.5; 1Jo 3.1). A base dessa atividade divina é a obra expiatória de Jesus Cristo (Gl 3.26). A adoção envolve a pacificação (Mt 5.9) e constrange o crente a se assemelhar a Cristo (1Jo 3.2). Como expressão de relacionamentos familiares, Deus como Pai disciplina seus filhos (Hb 12.5-11). Os cristãos devem considerar todos os que vieram a Cristo pela graça por meio da fé como membros da família divina (1Tm 5.1,2). V. *regeneração; salvação*. — Stan Norman

ADOM V. *Adã*.

ADONIAS Nome pessoal que significa "Yah é Senhor". **1.** Quarto filho de Davi. O nome de sua mãe era Hagite (2Sm 3.4). Nos últimos dias da vida de Davi, Adonias tentou uma manobra para suceder seu pai no trono de Israel, mas falhou (1Rs 1.5-50). Depois da ascensão de Salomão ao trono, Adonias fez novas demonstrações da aspiração ao trono ao pedir Abisague, a acompanhante de Davi, como sua mulher. A resposta de Salomão a esse pedido foi a execução de Adonias (1Rs 2.13-28). Adonias tentou estabelecer a monarquia hereditária em Israel na qual o filho mais velho automaticamente se tornava rei. Natã, o profeta, trabalhou com Davi e Bate-Seba para elaborar uma monarquia na qual os desejos do monarca moribundo e a eleição de Deus determinassem o novo rei. V. *Davi*. **2.** Levita que Josafá enviou para ensinar ao povo de Judá o livro da Lei (2Cr 17.8). **3.** Líder dos judeus depois do exílio que assinou o acordo de Neemias para obedecer à Lei de Deus (Ne 10.16).

ADONI-BEZEQUE Nome pessoal que significa "senhor de Bezeque", e nome de lugar que significa "relâmpago" ou "fragmentos". Rei cananeu de Bezeque. A tribo de Judá o derrotou e cortou seus polegares e dedões, como sinal de humilhação, antes de levá-lo para Jerusalém. Ele morreu ali (Jz 1.5-7). V. *Bezeque*.

ADONICÃO Nome pessoal que significa "o Senhor se levantou". Líder de família de 666 pessoas que voltaram da Babilônia a Jerusalém com Zorobabel em torno de 537 a.C. (Ed 2.13). Alguns membros da família retornaram com Esdras sob Xerxes (Ed 8.13; cp. 7.18). Alguns estudantes da Bíblia pensam que Adonicão é o mesmo que Adonias de Ne 10.16.

ADONIRÃO Nome pessoal que significa "o Senhor é exaltado". Oficial responsável pelas equipes de trabalho forçado que Salomão recrutou em Israel (1Rs 4.6; 5.14). O rei forçou os cidadãos de Israel a trabalhar para o Estado a fim de obter materiais para construir o templo e outros projetos de Salomão. Aparentemente a mesma pessoa continuou administrando a força-tarefa para Roboão (assim na *NVI*), embora seu nome seja abreviado para "Adorão" no texto massorético de 1Rs 12.18 (assim *ARA, ARC*).

Naquela época Israel se rebelou contra o trabalho forçado de cidadãos livres. Adonirão foi apedrejado e morto. Na *ACF* seu nome é grafado *Hadorão* em 2Cr 10.18.

ADÔNIS Deus da vegetação e fertilidade com nome sírio que significa "senhor". Adorado na Grécia e Síria. Os rituais parecem ter incluído a semeadura de sementes que produziam plantas rapidamente e que, expostas ao sol, murchavam com a mesma rapidez. Essas sementes eram usadas para simbolizar a morte e ressurreição desse deus e para levar bênçãos às colheitas. Rituais semelhantes eram celebrados para Osíris no Egito e possivelmente Tamuz na Babilônia. A *NTLH* traduz Is 17.10 assim: "Vocês plantam jardins sagrados em honra dos deuses pagãos". O termo hebraico aparece somente aqui, sendo relacionado ao nome pessoal Naamã e à palavra hebraica que significa "amável, prazeroso, agradável". Outras versões trazem: "as melhores plantas" (*NVI*), "plantas formosas" (*ARC*), "plantações formosas" (*ARA*), "plantações de deleite" (*BJ*). V. especialmente a nota de Is 17.10 na *BJ*.

ADONI-ZEDEQUE Nome pessoal que significa "o Senhor é justo" ou "o deus Zedeque é senhor". Rei de Jerusalém que fez uma coligação de reis cananeus para lutar contra Gibeom depois que Josué estabeleceu um tratado de paz com Gibeom (Js 10). Josué marchou para auxiliar Gibeom e derrotou a coligação. Josué fez um espetáculo público dos reis antes de executá-los (10.22-26). Ele expôs seus corpos em árvores, mais um sinal de humilhação, visto que isso postergava o sepultamento.

ADORAÇÃO AO IMPERADOR Prática de atribuir a condição de divindade a governantes vivos ou falecidos.

Antigo Testamento Embora a expressão "adoração ao imperador" seja aplicada geralmente ao culto romano, havia crenças e práticas semelhantes na época do AT. No Egito, p. ex., o governante vivo era considerado a encarnação do deus Hórus, filho de Rá, e na morte se transformava em Osíris. O exemplo mais óbvio de adoração ao imperador no AT é a história bem conhecida de Sadraque, Mesaque e Abede-Nego (Dn 3). O rei Nabucodonosor fez uma imagem de ouro, supostamente de si mesmo, e ordenou que todos se prostrassem diante dela e a adorassem, senão seriam mortos (3.5,6). Sadraque, Mesaque e Abede-Nego se negaram a cometer idolatria adorando a imagem (3.16-18). Eles foram lançados no forno, mas não se queimaram (3.27). Depois disso, Nabucodonosor lhes permitiu adorar seu Deus sem impedimentos (3.29). V. *pagãos*, *deuses*.

Novo Testamento Embora os gregos cressem na possibilidade de os deuses aparecerem em forma humana (cp. At 14.12,13), eles geralmente rejeitavam a deificação de governantes. Mesmo assim, Alexandre, o Grande, começou a se referir a si mesmo como "filho de Zeus" depois de se encontrar com o sacerdote de Amon no Egito. Depois de seu sepultamento em Alexandria, um templo e culto foram dedicados a ele ali, e o culto se espalhou pela Ásia Menor e mesmo em Atenas. Os Ptolomeus e Selêucidas, que se consideravam herdeiros de seu Império, também se consideravam herdeiros da sua divindade e construíram templos em seus nomes. Esse culto ao governante também foi herdado pelo Império Romano. Em Éfeso, 48 a.C., Júlio César foi decretado "deus na terra, descendente de Ares e Afrodite, e salvador universal da vida humana". Depois da sua morte, o povo de Roma fez eco à sua declaração, e o senado a tornou oficial em 42 a.C., construindo-lhe um altar. Já nas províncias do leste, o filho adotivo de Júlio César e herdeiro do Império, Otávio, que se tornou conhecido por Augusto, também foi cultuado. Seu aniversário era celebrado como "o começo das boas-novas [*euangelia*]" para o mundo, e templos foram dedicados a "Roma e Augusto". Assim, como no caso do seu predecessor, na morte de Augusto em 14 a.C., ele assumiu seu lugar em Roma entre os deuses.

Os imperadores Tibério e Cláudio da mesma forma esperaram até a morte pela deificação, mas Calígula, sucessor de Tibério, e Nero, sucessor de Cláudio, não foram tão pacientes. Calígula falava de si mesmo como Hélio, o deus-Sol, e Nero alegou ser Apolo. Domiciano (81-96 d.C.) até mesmo emitia ordens como se vindas de um deus. Ele construiu um templo com uma enorme estátua de si mesmo em Éfeso.

Determinado a levar o Império de volta à religião tradicional romana, Domiciano foi especialmente cruel para com os cristãos. Mas eles foram vítimas do culto real nos reinados de Nero e outros imperadores romanos. A perseguição aos cristãos era cruel em boa parte por causa de concepções grosseiramente equivocadas acerca da prática da fé cristã. Os cristãos eram considerados indesejados e eliminados vigorosamente. Quando sob julgamento, se adorassem os deuses pagãos, i.e., o imperador e o culto imperial, eram soltos. Se não, sofriam todos os tipos de castigo e morte. Tudo que o cristão sob suspeita tinha de fazer era jogar alguns grãos de sacrifícios de incenso na chama eterna que queimava diante da estátua do imperador. Como os castigos eram tão terríveis e o meio de escape tão fácil, muitos cristãos cediam. Quem não o fizesse era queimado vivo, morto por leões na arena ou crucificado.

Um exemplo específico do culto ao imperador no NT é a adoração da besta em Apocalipse. O texto de Ap 13 menciona a besta que recebe autoridade para governar. Faz-se uma imagem dela, e todos recebem ordem para adorá-la (13.4,12,14,15; v. tb. Dn 8.4,8-12). V. *Roma e Império Romano*. — *Donna R. Ridge e E. Ray Clendenen*

ADORAÇÃO DE ANCESTRAIS A adoração de ancestrais é o culto ou prestação de tributo a parentes ou antepassados que já morreram. Essa adoração geralmente era reservada a divindades. Há diversas ocorrências de deificação de ancestrais (mitologia mesopotâmica e reis egípcios) entre os vizinhos de Israel na antiguidade. Talvez haja uma ocorrência da adoração de ancestrais registrada na Bíblia. O texto de Ez 43.7-9 pode dar a entender que os corpos dos reis mortos de Israel estavam sendo adorados. Essa prática de adoração de ancestrais era condenada e proibida.

Culto aos mortos Muito parecido com a adoração de ancestrais, o culto aos mortos vai um passo além da adoração, no entanto, buscando manter ou cultivar um relacionamento com eles. Esse culto envolve a crença de que alguns espíritos que já partiram precisam ser alimentados ou honrados e que podem ser canais de informação com o mundo espiritual.

Embora a adoração de ancestrais não fosse comum em Israel ou entre seus vizinhos, o culto aos mortos era amplamente difundido e praticado. A crença na vida após a morte era evidentemente universal no antigo Oriente Médio. A provisão de comida, bebida e outros objetos encontrados em túmulos é uma indicação da crença de que os espíritos dos finados teriam necessidade de tais coisas.

Embora Israel fosse proibido de praticar o culto aos mortos, esse povo se afastou muitas vezes das ordens de Deus e se envolveu na adoração de divindades pagãs. Israelitas desviados eram culpados também da prática do culto aos mortos (1Sm 28). Israel recebeu uma advertência especial para não fazer ofertas aos mortos (Dt 26.14). Deus os advertiu por meio dos profetas a não consultar os mortos no esforço de conhecer o futuro (Is 8.19; 65.4). Esses atos eram considerados pelos profetas perigosamente contrários à vontade de Deus. V. *sepultamento; adivinhação e mágica; genealogias; pagãos, deuses; médium*. — *Larry Bruce e E. Ray Clendenen*

ADORAIM Nome de lugar que significa "força dobrada". Cidade localizada na atual Durah, cerca de dez quilômetros a sudoeste de Hebrom. Roboão fortificou a cidade e posicionou tropas e suprimentos ali como parte de um grande programa de desenvolvimento de sua defesa (2Cr 11.9). V. *Roboão*.

ADORÃO Nome pessoal e de uma tribo, que talvez signifique "Hadade (o deus) é exaltado". **1.** Tribo árabe descendente de Sem por meio de Héber, logo parente distante dos hebreus de acordo com a Tábua das Nações (Gn 10.27). Essa tribo habitava o sul da Arábia. **2.** Filho de Toú, líder de uma cidade-estado em Hamate, na Síria. Adorão pagou tributos a Davi depois que este derrotou Hadadezer de Zobá (1Cr 148.10). V. *Hadadezer*. **3.** "Chefe do trabalho forçado" (2Cr 10.18, *ARA*, *ARC*; v. nota explicativa da *NVI*, que, seguindo a *LXX*, traz Adonirão) no reinado de Roboão, filho de Salomão e seu sucessor como rei de Judá. Roboão enviou Adorão para recolher impostos dos que se recusaram a reconhecê-lo como rei. Os filhos de Israel assassinaram Adorão. Dessa maneira demonstraram seu descontentamento com a política de trabalho forçado de Roboão e tornaram decisiva a divisão entre Israel e Judá, iniciando assim o período da monarquia dividida. V. *Adonirão*.

ADRAMELEQUE Nome divino e pessoal que significa "Adra é rei". Provavelmente baseado numa forma anterior, Hadade-Meleque, "Hadade é rei", usando o nome de um deus cananeu. **1.** Um deus da cidade de Sefarvaim. O rei Sargom da Assíria espalhou o povo de Israel por todo o seu Império e os reassentava com colonizadores de outras cidades conquistadas (2Rs 17.24). Esses novos colonizadores tentaram adorar a Javé, o Deus de Israel, como o deus da terra com os deuses que trouxeram consigo. Um desses deuses era da cidade de Sefarvaim, possivelmente na Assíria. Seus adoradores sacrificaram os próprios filhos a esse deus semítico (17.31-33). **2.** Assassino de Senaqueribe, rei da Assíria, no período de adoração do rei no templo de Nisroque (2Rs 19.37). Uma variante dos manuscritos hebraicos descreve Adrameleque como filho de Senaqueribe (*NVI*, *ARA*, *ARC*). Outros manuscritos não trazem "seus filhos" (*TB*).

ADRAMÍTIO Nome de um porto marítimo na costa noroeste da atual Turquia na província romana da Ásia. Paulo usou um navio cujo porto de origem era Adramítio para fazer o primeiro trecho da viagem de Cesareia à Itália para fazer sua defesa diante de César (At 27.2). O sítio antigo está localizado próximo da atual Edremit.

ADRIÁTICO, MAR Nos dias de Paulo, a massa de águas entre Creta e a Sicília em que o navio de Paulo foi fustigado por ventos fortíssimos e ondas resultantes durante 14 dias enquanto navegavam até Roma para ele defender sua causa diante de César (At 27.27). Mais tarde a designação foi ampliada para cobrir as água entre Grécia e Itália.

ADRIEL Nome pessoal que significa "Deus é o meu auxílio". A filha de Saul, Merabe, foi prometida como mulher a Davi, mas depois dada a Adriel de Meolá, na parte norte do rio Jordão (1Sm 18.19). Davi deu os cinco filhos de Adriel aos gibeonitas que os enforcaram em vingança por ações inexplicadas que Saul tinha tomado contra Gibeom (2Sm 21.1-9).

ADULÃO Nome de lugar que significa "lugar cercado". Cidade a oito quilômetros ao sul de Bete-Semes em Judá, provavelmente a atual Tel esh-Sheikh Madkur. Josué a conquistou (Js 12.15), embora não apareça nenhum relato na Bíblia. Hira, um amigo de Judá, filho de Jacó, era de Adulão (Gn 38.1,12). Ele tomou as ovelhas que Judá prometeu a Tamar e descobriu que Tamar não morava onde a tinha encontrado pela primeira vez (38.20-22). Davi fugiu para Adulão por medo de Aquis, rei de Gate (1Sm 22.1). Ali Davi juntou um exército da classe inferior e dos marginalizados pela sociedade. Foi ali também que ele juntou um exército contra os filisteus (2Sm 23.13). Miqueias, o profeta, usou essa experiência de Davi quase trezentos anos depois para advertir seu povo de que seu glorioso rei teria de fugir outra vez para as cavernas de Adulão a fim de escapar de um inimigo que se apoderaria do país por causa do pecado de Judá (Mq 1.15). Na edificação das defesas de Judá, o rei Roboão, filho de Salomão, reconstruiu as defesas de Adulão, posicionou soldados e armazenou suprimentos ali (2Cr 11.7). Depois de retornar do exílio, alguns membros da tribo de Judá viveram em Adulão (Ne 11.30).

ADULTÉRIO Ato de infidelidade no casamento que ocorre quando um dos cônjuges se envolve voluntariamente numa relação sexual com outra pessoa.

Antigo Testamento As leis da aliança de Israel proibiam o adultério (Êx 20.14) e com isso tornavam a fidelidade ao relacionamento matrimonial um aspecto central na vontade divina para as relações humanas. Muitas regulamentações do AT tratam do adultério como a ofensa do homem adúltero contra o marido da mulher adúltera. Contudo, ambos, o homem e a mulher adúlteros, eram considerados culpados, e o castigo de morte era prescrito para ambos (Lv 20.10). A severidade do castigo indica as consequências sérias que o adultério tem para os relacionamentos divino-humanos (Sl 51.4), bem como para o casamento, a família e as relações na comunidade.

Diversos profetas do AT usavam o adultério como metáfora para descrever a infidelidade a Deus. A idolatria (Ez 23.27) e outras práticas religiosas pagãs (Jr 3.6-10) eram vistas como infidelidade adúltera à aliança exclusiva estabelecida por Deus com seu povo. Envolver-se com isso era fazer o papel de prostituta (Os 4.11-14).

Novo Testamento Os ensinos de Jesus ampliaram a lei do AT para tratar de leis do coração. O adultério se origina no interior (Mt 15.19), e a lascívia é a violação da intenção da lei e a ilícita relação sexual (Mt 5.27,28). O adultério é uma das "obras da carne" (Gl 5.19). Ele cria inimizade contra Deus (Tg 4.4), e os adúlteros não herdarão o Reino de Deus (1Co 6.9).

Os adúlteros podem ser perdoados (Jo 8.3-11); e uma vez santificados pelo arrependimento, fé e graça de Deus, são incluídos no povo de Deus (1Co 6.9-11). V. *casamento*. — Michael Fink

ADUMIM Nome de lugar que significa "os vermelhos". Um desfiladeiro rochoso na estrada que desce de Jerusalém para Jericó localizado na atual Tal'at ed-Damm. Ele formava a fronteira entre Judá e Benjamim na distribuição de terras entre as tribos feita por Josué (Js 15.7; 18.17). Hoje está lá o albergue do Bom Samaritano porque tradições posteriores localizam ali a narrativa do Bom Samaritano (Lc 10.30-37).

ADVENTO Palavra de raiz latina, que significa "vinda". Os cristãos de gerações anteriores falavam do "advento do nosso Senhor" e de "seu segundo advento". A primeira expressão se refere ao fato de Deus se encarnar em Jesus de Nazaré. A segunda fala da segunda vinda de Jesus. Num sentido secundário "advento" designa o período antes do Natal quando os cristãos se preparam para a celebração do nascimento de Jesus. Essa prática pode ter começado em algumas igrejas já no séc. IV. O advento teve início como um período de jejum. Os sermões focalizavam na maravilha da Encarnação. Na Idade Média quatro domingos tinham se tornado o período padrão da época do advento. Daí em diante, o advento tem sido considerado o início do ano eclesiástico. V. *ano eclesiástico; parúsia; segunda vinda*. — Fred A. Grissom e Steve Bond

ADVERSÁRIO Inimigo, seja humano, seja satânico. Os salmistas muitas vezes oravam por libertação dos adversários (Sl 38.20; 69.19; 71.13; 81.14; 109.29). O Diabo é o maior adversário e precisa ser resistido (1Pe 5.8,9).

ADVOGADO, DEFENSOR Alguém que intervém a favor de outro. Usado como referência a Cristo intercedendo junto ao Pai a favor dos pecadores.

Antigo Testamento Mesmo que o termo "advogado" não seja encontrado no AT, o conceito de defesa está presente. Abraão intercedeu junto a Deus a favor de Sodoma (Gn 18.23-33); Moisés (Êx 32.11-14) e Samuel (1Sm 7.8,9) intercederam junto a Deus a favor dos filhos de Israel. Outros exemplos podem ser encontrados em Jr 14.7,9,13,19-22 e Am 7.2,5,6. Traduções modernas muitas vezes usam "advogado" para se referir ao desejo de Jó por um representante celestial para defender sua causa mesmo que ele morra (Jó 16.19).

Novo Testamento "Advogado" é a tradução mais comum dada ao termo grego *parakletos* de 1Jo 2.1; além dessa ocorrência, a palavra existe somente no evangelho de Jo como título referente ao Espírito Santo, e ali traduzido por "Auxiliador" (*NTLH*), "Conselheiro", "Consolador" (*ARA*), "Paráclito" (*TB*) (Jo 14.16,26; 15.26; 16.7). Os gregos antigos usavam o termo para designar alguém chamado para auxiliar ou falar por alguém, muitas vezes no tribunal. Os rabinos transliteraram a palavra para o hebraico, usando-a para denotar um advogado diante de Deus. Em 1Jo retrata uma cena de tribunal na qual Jesus Cristo, o Justo, intercede junto ao Pai a favor dos pecadores. Tal retrato está em harmonia com as ideias sobre a defesa legal no AT, mas as suplantam. Em contraste com os advogados do AT, Jesus é o único Advogado e a "propiciação" pelos pecados do mundo (1Jo 2.2). O texto de 1Jo 2.1 é paralelo a outras descrições neotestamentárias do papel intercessor de Jesus (Rm 8.34; Hb 7.25). V. *sumo sacerdote; intercessão; Jesus Cristo; Paracleto*. — R. Robert Creech

AER Nome pessoal que significa "outro". Membro da tribo de Benjamim (1Cr 7.12); pode ser a grafia alternativa de Airã (Nm 26.38).

AFARSAQUITAS Transliteração de termos aramaicos em Ed 4.9; 5.6; 6.6 (*ARA, ARC*). As versões modernas traduzem os termos para indicar servidores governamentais: "juízes". O termo em 4.9 pode dizer respeito a oficiais que representavam o rei persa nas províncias do reino.

Em 5.6 e 6.6 pode ser referência a investigadores ou inspetores do governo.

AFARSITAS Transliteração de termo aramaico em Ed 4.9 traduzido e interpretado de diversas maneiras nas traduções modernas e por estudiosos da Bíblia; "persas" (*RSV*); "oficiais" (*NVI*); "funcionários persas" (*BJ*); "outros funcionários" (*NTLH*). É difícil ler e compreender o versículo no original; nenhuma interpretação satisfatória foi oferecida até agora.

AFECA Cidade que Josué designou à tribo de Judá (Js 15.53). Sua localização é desconhecida.

AFEQUE Nome de lugar que significa "leito do ribeiro ou rio" ou "fortaleza". **1.** Cidade cujo rei Josué derrotou (Js 12.18), na qual os exércitos filisteus se formaram para enfrentar Israel nos dias de Samuel (1Sm 4.1), resultando na vitória dos filisteus e captura da arca da aliança de Israel. Os exércitos filisteus, incluindo Davi, se reuniram em Afeque para combater Saul. Os comandantes filisteus forçaram Aquis a excluir Davi da batalha (1Sm 29). A certa altura, os filisteus derrotaram a Israel, causando a morte de Saul e Jônatas. Afeque estava localizada onde atualmente está Tel Ras el-Ain, perto da nascente do rio Yarqon na planície de Sarom a nordeste de Jope. Textos egípcios de execração de aproximadamente 1900 a.C. aparentemente se referem a Afeque. Afeque se tornou conhecida como Antipátride no período do NT. V. *Antipátride*. **2.** Cidade fronteiriça ao norte que Josué não conquistou (Js 13.4). Essa pode ser a atual Afqa, a 24 quilômetros a leste da antiga Biblos e a 37 quilômetros ao norte de Beirute, Líbano. **3.** Cidade designada a Aser (Js 19.30) mas não conquistada (Jz 1.31). Essa pode ser a atual Tel Kerdanah, a cinco quilômetros de Haifa e a dez quilômetros a sudeste de Acre. **4.** Cidade a leste do Jordão próxima do mar da Galileia onde Ben-Hadade liderou a Síria contra Israel em torno de 860 a.C. mas foi derrotado pelos israelitas como o profeta anunciou (1Rs 20.26-30). Um muro de Afeque caiu sobre 27 mil sírios (1Rs 20.30). Também foi em Afeque que Eliseu prometeu a vitória de Joás contra os sírios (2Rs 13.17).

Palácio do período do Bronze Tardio escavado em Afeque-Antipátride.

AFIA Nome pessoal que significa "testa". Antepassado do rei Saul da tribo de Benjamim (1Sm 9.1).

ÁFIA Mulher cristã que Paulo saudou como "irmã" (*NVI*, *ARA*) ou "amada" (*ACF*) em Fm 2. A tradição cristã inicial a identificou como mulher de Filemom, afirmação que não pode ser nem provada nem refutada.

AFIQUE Variante hebraica de Afeque (Jz 1.31, *ARC*). V. *Afeque*.

AFLIÇÃO Condição de angústia física ou mental. Enquanto a origem e o propósito da aflição podem variar, a Bíblia descreve o estado da aflição com muitos termos distintos. No AT a língua hebraica usa ao menos 13 palavras que podem ser traduzidas por "aflição".

Antigo Testamento O AT identifica muitas formas de aflição, incluindo: aflição nacional, resultante da opressão por parte de uma entidade política (Êx 1.11; Ne 9.9); aflição social, resultante da deturpação da Lei (Jó 5.4; 22.9; Sl 10.18; 74.21; 94.25; Is 3.15); aflição moral, como retribuição de Deus pelo pecado (Jó 4.7-9; Sl 25.16-20; Lm 3.32,33; Is 30.20; Jr 30.15); aflição natural (Gn 16.11; 29.32; Sl 25.18); e aflição espiritual (1Sm 16.14; Jó 1.6-12).

Novo Testamento Três palavras gregas podem ser usadas para "aflição". "Sofrimento" é às vezes usada de forma intercambiável com a palavra "aflição". As razões da aflição citadas pelo NT podem incluir: o uso por parte de Deus para produzir humildade (2Co 12.7); para promover santidade (1Pe 1.6,7; 4.1,2); perseverança escatológica (Rm 5.3,4; Tg 1.3,4);

experiência para a instrução de outros (2Co 1.3,4); causas naturais (Tg 1.27); perseguição por causa da fidelidade a Cristo (2Co 6.4; 1Ts 1.6); disciplina com vistas à maturidade cristã (Hb 12.6); e sofrimento resultante de pecado pessoal (Gl 6.7).

Em toda a Bíblia a aflição serve como lembrete da soberania de Deus (Jó 42.2-4). A aflição pode ser uma questão individual (Fp 4.14) ou uma condição corporativa (Êx 3.7; 2Co 8.1,2). A pessoa pode experimentar a aflição diretamente (Dt 16.3) ou indiretamente (Tg 1.27). A aflição é às vezes descrita como transbordando para todas as áreas da vida (Sl 42.7; 69.1; 88.7; 124.4; Is 30.20; Jn 2.5).

Embora a aflição seja aparentemente um fato inevitável da experiência humana, o cristão pode encontrar conforto na aflição ao lembrar que Deus vê e conhece a aflição do seu povo (Gn 29.32; 31.42; Êx 3.7; 2Rs 14.26; At 7.34), que a aflição terá um fim (2Co 4.17) e que Deus pode libertar da aflição (Êx 3.17).

Como reação à aflição, o cristão deve orar ao Senhor (Sl 25.18; Lm 1.9; Tg 5.13); confortar outros (Tg 1.27; Fp 4.14); permanecer fiel por meio de perseverança e paciência (2Co 6.4; 1Tm 4.5; Tg 1.2,12; 1Pe 4.13); cultivar uma atitude de alegria (Tg 1.2); e seguir o exemplo de Jesus Cristo (1Pe 2.19-23).

O propósito da aflição é mostrar o poder de Cristo (2Co 12.8,9). A disciplina da aflição produz a fé sólida. O alvo da aflição é a salvação do povo de Deus. A aflição de Cristo no seu sacrifício expiatório e a continuada aflição do seu povo levarão à exaltação de Deus e à consumação do seu Reino (Cl 1.24; 2Tm 2.10). — Mark M. Overstreet

AFRA Interpretação na *ARC* do nome de lugar em Mq 1.10, também chamado de "Bete-Ofra" (*NVI*) ou "Bete-Leafra" (*ARA, ARC*) ou ainda "Bete-Le-Afra" (*TB*). O nome mais longo significa "casa de poeira" e é usado por Miqueias num trocadilho, sendo o nome do lugar mais importante do que a cidade de fato. A cidade ainda não foi localizada. Pode ser a atual Tel et--Taijibe perto de Hebrom.

ÁGABO Nome pessoal que significa "gafanhoto". Profeta da igreja de Jerusalém que foi visitar a igreja em Antioquia e predisse uma fome mundial. Sua profecia foi cumprida aproximadamente dez anos depois no reinado de Cláudio César (At 11.27-29). A predição levou a igreja de Antioquia a iniciar um ministério de alívio da fome para a igreja de Jerusalém. Mais tarde Ágabo foi a Cesareia e predisse que os judeus de Jerusalém prenderiam Paulo (At 21.10,11). Mesmo assim os amigos de Paulo não conseguiram persuadi-lo a não ir a Jerusalém.

AGAGITA Aparentemente o termo significa descendente de Agague. Somente Hamã, o arquivilão no livro de Et, é chamado de agagita (Et 3.1). Agagita provavelmente é sinônimo de amalequita. V. *Agague*.

AGAGUE Nome pessoal que significa "flamejante, violento". Ele era rei dos amalequitas, um povo tribal que vivia no Neguebe e na península do Sinai. Os amalequitas tinham atacado os israelitas no deserto e por isso foram amaldiçoados (Êx 17.14). Em 1Sm 15.8 Saul destruiu os amalequitas, exceto o rei Agague. Visto que o Senhor tinha ordenado a destruição completa dos amalequitas, Samuel, o sacerdote de Saul, repreendeu Saul por sua desobediência e lhe informou o fato de que Deus o rejeitara como rei. Então o próprio Samuel executou Agague.

Em Nm 24.7 Agague é usado como referência ao povo amalequita. Agague era um nome comum entre os reis amalequitas como faraó entre os governantes egípcios.

ÁGAPE V. *amor; ceia do Senhor*.

AGAR (*ARA, ARC, NTLH*) V. *Hagar*.

ÁGATA Quartzo translúcido com anéis concêntricos, geralmente brancos e marrons. "Ágata" traduz duas palavras nas versões bíblicas em português: uma pedra no "peitoral de decisões" (Êx 28.19; 39.12) ("peitoral do juízo", *ARA*), o material dado em troca pelas mercadorias de Israel (Ez 27.16). V. *joias, joalheria; minerais e metais*.

AGÉ Nome pessoal, talvez com o significado de "espinho de camelo". Pai de um dos três principais comandantes de Davi (2Sm 23.11).

AGEU Nome de um dos profetas pós-exílicos (séc. VI a.C.) e do livro que preserva sua pregação.

AGEU, LIVRO DE

O nome significa que ele provavelmente nasceu em um dia de festa judaica. Ele e o profeta Zacarias levaram o povo de Judá a concluir a restauração do templo sob a liderança de Zorobabel.

AGEU, LIVRO DE Um dos assim chamados profetas menores (conhecidos coletivamente na tradição judaica como "Os Doze"). O livro consiste em quatro mensagens da parte do profeta para a comunidade pós-exílica de Judá e seus líderes, o governador Zorobabel e Josué, o sumo sacerdote. As mensagens são datadas precisamente de acordo com o ano do governante persa e o mês e dia do calendário judaico.

Cronologia de Ageu e Zacarias

29 de agosto de 520 a.C.	Primeira mensagem de Ageu (Ag 1.1-11)
21 de setembro de 520 a.C.	Resumo da construção do templo (Ag 1.12-15)
17 de outubro de 520 a.C.	Segunda mensagem de Ageu (Ag 2.1-9)
Outubro-novembro de 520 a.C.	Início do ministério de Zacarias (Zc 1.1-6)
18 de dezembro de 520 a.C.	Terceira e quarta mensagens de Ageu (Ag 2.10-23)
15 de fevereiro de 519 a.C.	Visões de noite de Zacarias (Zc 1.7—6:8)
12 de março de 515 a.C.	Templo concluído (Ed 6.15-18)

Pano de fundo histórico O líder persa Ciro libertou os judeus para que voltassem do exílio babilônico pouco após ter conquistado a Babilônia em outubro de 539 a.C. Ele também prometera ajudá-los a reconstruir seu templo em Jerusalém, que os babilônios destruíram em 586 a.C. O primeiro grupo, de cerca de 50 mil exilados, retornou liderado por Sesbazar, nomeado governador da nova província de Judá. Sambalate, governador de Samaria, não se agradou da nova posição de Judá e aproveitou todas as oportunidades que teve para fazer oposição. Os judeus que retornaram também entraram em conflito com os judeus que foram deixados em Israel, que se julgavam o remanescente de Deus e se ressentiram com os recém-chegados. A oposição continuou e aumentou durante os reinados de Ciro (539-530 a.C.), Cambises (530-522 a.C.) e Dario (522-486 a.C.; Ed 4.4,5).

A fundação do templo foi lançada rapidamente sob a liderança de Zorobabel, que substituiu Sesbazar como governador. Esse sucesso inicial foi celebrado, mas houve também tristeza quando esse templo foi comparado ao de Salomão (Ed 1—3; Ag 2.3; Zc 4.10). Essa é a primeira indicação de que talvez essa restauração não satisfez inteiramente os anúncios proféticos da restauração gloriosa de Israel. Esse desencorajamento, junto com a oposição contínua e a preocupação com questões pessoais, fez que a obra do templo cessasse até que a pregação de Ageu e Zacarias levasse o povo uma vez mais a trabalhar com fé (Ed 4.24—5.2).

Mensagem e propósito Os líderes e o povo de Judá enfrentaram oposição eterna, desencorajamento e autointeresse para impedi-los de concluir a tarefa de reconstruir o templo do Senhor (1.2-4; 2.3). Por isso, eles mesmos e suas ofertas ao Senhor se tornaram corrompidos e lhe desagradaram (2.14). O mandamento do Senhor por intermédio de Ageu foi para construir o templo para a alegria e glória de Deus (1.8). Com essa finalidade o Senhor os exortou a não temer; antes, trabalhar (2.4,5). Finalmente, com uma parábola, Ageu os instruiu a respeito da necessidade de dedicarem ao Senhor suas obras e a própria vida (2.11-16). O Senhor os convocou a reconhecer sua punição na privação que eles estavam experimentando (1.5,6,9-11; 2.16,17). Ele também informou o povo de que a conclusão do templo traria ao Senhor alegria e glória (1.8). O Senhor lhes garantiu sucesso por causa de sua presença (1.13,14; 2.4,5). Prometeu-lhes recompensa por seu trabalho e dedicação, ao glorificar o templo e conceder-lhes paz (2.6-9) e bênção (2.18,19). Finalmente, ele prometeu restaurar o trono davídico na terra por intermédio de um descendente de Zorobabel (2.20-23).

Estrutura Os quatro sermões de Ageu (1.1-15; 2.1-9; 2.10-19; 2.20-23) são marcados por fórmulas de dados introdutórios. Mas a repetição entre a primeira e segunda mensagens e entre a terceira e quarta revelam que o livro tem uma estrutura dupla. A primeira e a terceira mensagens se referem a "este povo" (1.2; 2.14) e incluem dois mandamentos para "prestar atenção" (1.5,7; 2.15,18). A segunda e quarta mensagens contêm a promessa divina "farei tremer o céu" (2.6,21) e apresentam uma repetição tripla: "declara o Senhor dos Exércitos" (2.4,23). Além disso, a primeira e a terceira mensagens são introduzidas por dados de fórmulas completas, incluindo ano, mês e dia, com a ordem inversa na terceira mensagem. Os dados de fórmulas que introduzem a segunda e quarta mensagens têm apenas mês e dia, mais uma vez com a quarta na ordem invertida. Finalmente, no fim da primeira e da terceira mensagens, a data é repetida (1.15; 2.18).

As duas primeiras mensagens são a respeito da construção do templo. As duas últimas não mencionam o templo explicitamente, mas vão além, e tratam de questões como impureza e restauração.

Conteúdo *Primeira mensagem: instrução para reconstruir o templo (1.1-15)* O oráculo do Senhor é dado nos versículos 3-11, e a resposta ao oráculo, nos versículos 12-15.

No contexto da aliança mosaica e da restauração de Israel de acordo com a profecia divina, eles deveriam ser capazes de discernir que Deus não estava satisfeito com eles pelas circunstâncias de provas que eles estavam experimentando.

A primeira mensagem termina tal como começara, com uma data que mostra que vinte e três dias depois da mensagem de Ageu a reconstrução foi interrompida novamente (a ordem no texto hebraico de 1.15 — dia, mês e ano — é uma imagem espelhada de 1.1, mostrando que as duas datas são parte da mesma seção e enfatizando a comparação entre os dias). Se os profetas de Deus de épocas anteriores tivessem recebido uma resposta assim tão positiva, o templo não teria sido destruído.

Segunda mensagem: promessas da presença, da glória e da paz de Deus (2.1-9) O tempo da segunda mensagem foi durante a festa dos tabernáculos (cf. Lv 23.33-43), três semanas depois que a obra se iniciara. O dia seguinte seria o sábado da conclusão, no qual Salomão tinha dedicado o templo, então recentemente construído, em 959 a.C. (2Cr 7.8-10).

Tendo motivado o povo a trabalhar ao indicar os eventos passados e as realidades presentes, o Senhor também encorajou o remanescente nos versículos 6-9 com promessas para o futuro. Esses versículos descrevem o dia do Senhor, quando os ímpios serão removidos e as nações se tornarão sujeitas a ele e trarão tributos ao seu templo (cp. Is 60.4-14). Por isso, sua glória excederá a do templo de Salomão, especialmente porque o Senhor mesmo estará lá. É difícil não ver um cumprimento preliminar desses versículos na manifestação de Jesus no templo de Herodes (cp. Mt 2.11; 21.12-15; 27.51).

Terceira mensagem: purificação e bênção (2.10-19) O Senhor anuncia sua determinação de mudar a privação de Judá em bênção, porque eles se dedicaram a ele. A data é três meses depois do início das obras no templo, logo após a plantação do outono, o que explica por que não houve sementes deixadas no celeiro (v. 19). Depois da introdução há um diálogo com os sacerdotes que funciona como uma parábola (v. 11-13). A essência da parábola é que, diferentemente da santidade, a impureza pode ser transmitida por um toque. A parábola é aplicada nos versículos 14-19. Israel foi posto à parte pelo Senhor. Porque ele se tornou impuro pelo pecado e descrença, tudo o que fez tinha sido inaceitável para Deus, incluindo as ofertas e a construção do templo. Somente a graça de Deus em resposta à dedicação humilde do povo poderia purificá-lo mais uma vez, algo que Deus já havia feito. Por isso, o povo recebeu uma garantia de que Deus transformaria a maldição da privação em bênção, e ele teria uma colheita abundante.

Quarta mensagem: derrota gentílica e restauração davídica (2.20-23) O Senhor promete que destruirá os reinos deste mundo e estabelecerá um novo reino governado por um descendente de Davi, o Messias (cp. Ez 39.19-23; Dn 2.44). O Servo messiânico é chamado de Davi em Ez 34.23,24 e 37.24 porque é a semente de Davi, o cumprimento da aliança davídica. Aqui ele é chamado de Zorobabel, como uma promessa divina de que o Messias também será um descendente dele (cp. Mt 1.12,13). O "anel de selar" é apropriado como uma metáfora messiânica, porque era cuidadosamente guardado como um símbolo de autoridade, usado para assinar documentos oficiais (cp. Et 8.8). Assim como Deus havia tirado o rei Jeoaquim, de igual modo ele colocou seu neto Zorobabel em seu dedo (Jr 22.24).

Significado teológico Várias razões podem ser dadas para o significado da reconstrução do

ÁGRAFA

templo. Primeiro, era um sinal das prioridades do povo. Segundo, demonstrava que Deus estava com o remanescente e que suas promessas de restauração tinham começado a se cumprir. Terceiro, declarava a glória de Deus e assim dava satisfação a ele. Quarto, servia para vindicar o Senhor, pois a destruição do templo havia envergonhado seu nome (Ez 11.23; 37.26-28). Quinto, servia como garantia da nova aliança e da era messiânica (Ez 37.26; Is 21.2-4; 44.28; 52.1-7; Mq 4.1-4; Ml 3.1). A restauração do templo era um sinal de que Deus não revogara sua aliança com Levi ou com Davi (cp. Jr 33.17-22; Nm 25.11-13; Ml 2.4). Ele providenciará purificação e restauração por meio de um templo glorioso e um líder messiânico.

Esboço

I. Reconstruindo o templo (1.1—2.9).
   A. Primeira mensagem: instrução para edificar o templo (1.1-15).
   B. Segunda mensagem: promessas da presença, da glória e da paz de Deus (2.1-9).
II. Purificação do povo e restauração do reino (2.10-23).
   A. Terceira mensagem: purificação e bênção (2.10-19).
   B. Quarta mensagem: derrota dos gentios e restauração davídica (2.20-23).

— *E. Ray Clendenen*

ÁGRAFA Coisas não escritas. Termo usado desde o séc. XVIII para denotar as palavras de Jesus não escritas nos quatro evangelhos canônicos. Alguns exemplos são At 20.35 e 1Co 11.24,25. Há mais nos escritos apócrifos, nos evangelhos gnósticos, no *Talmude* e em fontes islâmicas, nos papiros de Oxirrinco e nos pais da Igreja. Alguns estudiosos sugerem que os evangelhos canônicos estejam fundamentados em parte nesses ditos. Os estudiosos consideram a maioria desses ditos ampliações da tradição dos evangelhos ou criações de seguidores posteriores de Jesus, embora alguns deles possam ser autênticos. — *Joe Baskin*

AGRICULTOR V. *agricultura; ocupações e profissões*.

AGRICULTURA Cultivo da terra para a produção de alimentos. O povo tanto do período do AT quanto do NT era essencialmente agrário. Mesmo quem vivia em cidades estava próximo do campo e geralmente era proprietário de hortas ou terras cultivadas. Com as estações como pano de fundo da vida diária, o calendário religioso era fundamentado parcialmente no ano agrícola com diversas festas coincidindo com acontecimentos significativos como a festa das semanas ou dos primeiros frutos (de trigo, Êx 34.22) e a festa das cabanas ou da colheita (de uvas, Lv 23.34; cp. Lv 26.5). As culturas

Mulher colhendo cereais.

principais incluíam cereais, uvas e azeitonas (Gn 27.28; Dt 7.13; Jl 1.10).

Como eram cultivados os cereais? Os grãos eram o alimento padrão tanto dos ricos quanto dos pobres, embora os pobres tivessem de consumir pão de cevada, não o de trigo, mais palatável. Ambos eram semeados pelo lançamento dos grãos no solo preparado que geralmente era arado por animais de tração. A parábola do semeador (Mt 13.3-23; Lc 8.5-15) fornece um relato interessante da semeadura de grãos e do destino subsequente das sementes. A agricultura dos camponeses, diferentemente de práticas agrícolas modernas, não era sofisticada, usavam-se implementos primitivos em condições severas nas quais o solo rochoso e ervas daninhas muito resistentes militavam contra a boa colheita. Daí seria normal que parte das sementes lançadas caísse no caminho de solo compactado no qual não seria coberta e ficaria vulnerável aos pássaros. Semelhantemente, algumas sementes cairiam à margem dos campos em que arbustos espinhentos e cardos que crescem com rapidez sufocariam com facilidade o trigo em germinação. Solo raso e a falta de umidade no verão seco e quente estimulariam o murchamento das sementes que germinavam em plantas novas nas margens exteriores do campo. As sementes caídas em solo úmido e profundo germinariam e produziriam espigas maduras para a colheita.

O livro de Rt fornece um retrato vívido do cenário de colheitas realizadas por famílias inteiras e homens contratados para isso, seguidos de mulheres pobres que faziam a respiga das sobras. A cevada era colhida em primeiro lugar durante abril e maio, seguida da colheita do trigo um mês depois. A foice era usada para cortar as espigas que eram seguras com uma mão, e então juntadas em feixes pequenos e transportadas à eira (1Cr 21.22) — clareira de terra batida ou pedra. Animais, geralmente do gado, eram conduzidos para passar por cima dos feixes e assim pisá-los para separar os grãos. Às vezes uma roda grande ou uma marreta pesada com pedras menores inseridas na base eram arrastadas para lá e para cá para apressar a debulha. Os grãos eram varridos e recolhidos, e depois separados da palha inútil por meio do joeiramento — processo que consiste em lançar o grão para o alto na brisa para que a palha descascada seja levada pelo vento, deixando um monte de grãos limpos prontos para serem moídos e transformados em farinha (Mt 3.12). Parte da colheita era sempre separada e armazenada com cuidado em condições secas para servirem de semente do ano seguinte (Gn 47.24).

Como a agricultura do Egito diferia da de Canaã? A diferença essencial entre a agricultura egípcia e a canaanita era que Canaã dependia das precipitações de chuva (Dt 11.11), enquanto o Egito dependia do rio Nilo e das suas inundações anuais (Am 8.8). Em outras palavras, Canaã era uma agricultura alimentada pelas chuvas, enquanto o Egito usava a agricultura de irrigação. Em julho o Nilo subia depois das chuvas na Etiópia, e inundava as duas margens do rio. (Atualmente a barragem de Assuã represa a água e a libera de maneira uniforme durante todo o ano). A inundação trazia consigo o limo que enriquecia o solo agriculturável; e o nível de água caía mais tarde durante o ano, deixando poças e reservatórios de água usados para a irrigação por meio de canais tão pequenos que podiam ser abertos e fechados por um pé do agricultor (Dt 11.10). O Egito era famoso por suas ricas colheitas de trigo e verduras e legumes que fizeram falta aos israelitas quando fugiram do país através do deserto do Sinai. Ali os israelitas tiveram saudade das suculentas melancias, dos pepinos, do alho, alho-poró e cebolas deixados para trás (Nm 11.5).

As vinhas eram para produzir uvas? A Bíblia apresenta dois relatos de vinhas que as descrevem com algum detalhe. Em Is 5.1-7 e Mc 12.1-9 lê-se como a encosta da colina era cercada e separada em terraços para prover solo profundo e livre de pedras no qual a chuva pudesse irrigar as raízes das videiras no inverno. Esterco e adubo nutriam as plantas que precisavam ser enfileiradas passando por rochas e cercas. Atenção meticulosa precisava ser dada à poda dos ramos de variedades cuidadosamente escolhidas a fim de produzirem uvas doces, brancas ou escuras. À medida que se aproximava o tempo da colheita, os proprietários das vinhas e suas famílias acampavam perto das vinhas em abrigos (cabanas) ou em torres construídas de pedras (Is 1.8) para proteger as uvas dos animais, como chacais (raposas), porcos (porcos-do-mato) (Sl 80.13) e ladrões humanos. Quando maduras, as uvas eram apanhadas para ser comidas frescas (Is 65.21), ser secadas ao sol como passas (1Sm 30.12) ou espremidas para vinho. A maioria das vinhas tinha um lagar no qual as uvas eram pisadas por pés humanos (Ne 13.5; Ap 19.15), o suco era coletado em frascos ou vasilhas de couro e fermentado (Mt 9.17). A fermentação era causada por uma levedura natural (*saccharomyses*) quebrando os açúcares em álcool e dióxido de carbono. No inverno os brotos longos do ano anterior precisavam ser podados das videiras para deixar alguns brotos para a estação seguinte (Jo 15.2).

Quanto tempo vivem as oliveiras? As enormes árvores no jardim do Getsêmani (Mt 26.36), no monte das Oliveiras em Jerusalém, têm séculos de idade e potencialmente remontam ao tempo do NT. No cerco de Jerusalém em 70 d.C., as forças romanas sob Tito derrubaram todas as árvores, supostamente incluindo também as oliveiras que poderiam ter brotado de novo (Sl 123.3) para produzir as antigas árvores que ainda crescem em volta de Jerusalém.

As oliveiras não são produzidas a partir de sementes porque as mudas invariavelmente produzem exemplares muito inferiores, semelhantes à espécie silvestre. Cortes selecionados são arraigados ou mais frequentemente enxertados na planta silvestre que tem um melhor sistema de raízes. Raízes de oliveiras se espalham longe para obter nutrientes em encostas rochosas; portanto as árvores com frequência são bem espaçadas. Embora o florescimento comece antes de as árvores terem dez anos de idade, a produção completa de frutos só é atingida quando elas têm 40 ou 50 anos, e depois disso os galhos são podados para estimular o crescimento de novos frutos. Oliveiras exigem clima semelhante ao do Mediterrâneo de invernos frescos e úmidos e verões quentes para serem economicamente rentáveis.

Geralmente havia uma prensa de azeite nas proximidades dos olivais em que a pesada roda de pedra esmagava a fruta e o caroço duro. A polpa era colocada na prensa que extraía o precioso azeite amarelado. Este era usado na culinária como parte essencial da dieta (Dt 7.13; 2Rs 4.5; 2Cr 2.10). O azeite de oliva era esfregado na pele e cabelo (Sl 23.5; 133.2; 141.5) e usado para ungir hóspedes (Lc 7.46; 1Rs 1.34). Cristo era o "ungido de Deus" (Sl 2.2; Jo 1.41; At 4.27), a unção sendo o símbolo do Espírito Santo (Is 61.1; At 10.38). No campo medicinal, o azeite de oliva era misturado com vinho antisséptico para sarar feridas (Lc 10.34; Tg 5.14). Ingerido, o azeite de oliva aliviava desarranjos gástricos e agia como laxante. O azeite de oliva era usado como combustível para lâmpadas com pavio feito de linho, produzindo uma chama muito clara quando acesa (Êx 25.6; Mt 25.34).

Que animais eram usados na agricultura? Principalmente vacas (bois) eram usados para puxar carros (1Sm 6.7) e arados simples de madeira (Jó 1.14; 1Sm 14.14), com pontas de ferro se o agricultor tinha os recursos (Is 2.4). Bois e jumentos eram levados para pisar o grão colhido e assim debulhá-lo. O uso de cavalos e camelos na agricultura parece ter sido limitado, supostamente porque eram animais mais valiosos, bem adaptados para levar cargas pesadas e para o uso na guerra. Quando parelhas de animais eram usadas, eram ligadas com uma canga de madeira sobre os quartos dianteiros (Jr 28.13; Lc 14.19). — *F. Nigel Hepper*

AGRIPA V. *Herodes*.

ÁGUA A Bíblia fala de água de três modos diferentes: como recurso material, símbolo e metáfora.

Uma necessidade material providenciada por Deus A água como recurso material é necessária para a vida. Deus tornou a água uma parte de sua boa criação e exerce soberania sobre ela (Gn 1,2; Is 40.12). Controla os processos naturais de precipitação e evaporação, bem como os cursos dos corpos de água (Jó 5.10; 36.27; 37.10; Sl 33.7; 107.33; Pv 8.29). Normalmente Deus assegura a provisão de água para as necessidades humanas (Dt 11.14). Entretanto, às vezes a água é usada como castigo pelo pecado, como no caso do Dilúvio nos dias de Noé (Gn 6.17) ou da seca anunciada por Elias (1Rs 17.1). O controle divino sobre a água ensina às pessoas a obedecer e depender de Deus.

Muitos dos grandes feitos de Deus na História envolveram a água, como a separação do mar (Êx 14.21), a provisão de água para os israelitas no deserto (Êx 15.25; 17.6) e a travessia do rio Jordão (Js 3.14-17). A água também estava presente em vários milagres de Jesus (Mt 14.25; Lc 8.24,25; Jo 2.1-11).

Um árabe bebe da bica de uma moringa como teria feito em tempos bíblicos.

A água constituía um elemento crucial na dádiva de Deus da terra prometida a Israel (Dt 8.7). A Palestina possui várias fontes naturais de água: chuva, fontes, poços e alguns córregos curtos perenes. A precipitação média anual na Palestina é de aproximadamente 650 milímetros, embora normalmente tudo isso caia entre novembro e abril. Os meses secos de maio a outubro tornaram necessário o uso de cisternas e açudes para armazenamento de água. Várias cidades bíblicas famosas tinham açudes, como Gibeom (2Sm 2.13), Hebrom (2Sm 4.12), Samaria (1Rs 22.38) e Jerusalém (2Rs 20.20).

Símbolo teológico e metáfora O AT traz leis sobre o uso da água em rituais como símbolo de purificação. Lavavam-se os sacerdotes, a carne para sacrifícios e os utensílios rituais antes de serem utilizados em rituais (Lv 1.9; 6.28; 8.6). Pessoas e coisas impuras também eram lavadas como símbolo de purificação ritual (Lv 11.32-38; 14.1-9; 15.1-30; Nm 31.23). O livro de Gn a cita como símbolo de instabilidade antes da conclusão da criação (Gn 1.2), e Ezequiel falou da água como símbolo de renovação na era futura (Ez 47.1-12).

A Bíblia contém dezenas de usos metafóricos da água. Por exemplo, no AT, água é uma metáfora ou analogia para o medo (Js 7.5), a morte (2Sm 14.14), o pecado (Jó 15.16), a presença de Deus (Sl 72.6), a fidelidade matrimonial (Pv 5.15,16), o conhecimento de Deus (Is 11.9), a salvação (Is 12.3), o Espírito (Is 44.3,4), as bênçãos de Deus (Is 58.11), a voz de Deus (Ez 43.2), a ira de Deus (Os 5.10) e a justiça (Am 5.24). Entre os usos metafóricos da água no NT, existem referências ao nascimento (Jo 3.5), ao Espírito (Jo 4.10), ao treinamento espiritual (1Co 3.6) e à vida (Ap 7.17). V. *criação*; *Dilúvio*; *chuva*. — Bob R. Ellis

ÁGUA AMARGA Mulheres suspeitas de adultério precisavam tomar uma água amarga (Nm 5.11-31). Se um homem suspeitasse que sua mulher tivesse sido infiel a ele, mas não era testemunha do ato nem conseguia encontrar uma testemunha, a mulher era levada ao sacerdote que arranjava um tipo de teste para determinar se a mulher era inocente ou culpada. Quando o homem levava a mulher ao sacerdote, ele apresentava uma oferta de ciúmes ou memorial (uma oferta de farinha de cevada). O sacerdote fazia a mulher se sentar diante do santuário de frente para o altar. O cabelo da mulher era solto como sinal de vergonha. A mulher segurava a oferta, e o sacerdote segurava o jarro com a água amarga. A água amarga era uma mistura de água sagrada com o pó do chão do santuário. Nesse momento a mulher fazia um juramento: se fosse inocente, a água não lhe faria mal; se ela fosse culpada, o Senhor faria "descair a coxa" e "inchar o ventre" (*ARA*). A mulher confirmava o juramento com um duplo "amém". O sacerdote escrevia a maldição (Nm 5.21-23) e lavava a tinta da página na água. Em seguida o sacerdote pegava a oferta e a queimava no altar, e depois disso a mulher tomava a água amarga. Se fosse inocente, não lhe aconteceria nenhum mal e conceberia filhos como sinal de bênção. Se fosse culpada, a maldição teria efeito. O homem não teria culpa alguma se sua suspeita fosse falsa — i.e., ele não tinha intencionalmente violado o nono mandamento que adverte contra a falsa testemunha. A mulher, por outro lado, sofreria as consequências da culpa (Nm 5.31).

ÁGUA-MARINHA Grande ave que se alimenta de peixes, incluída na lista de aves impuras (Lv 11.13, Dt 14.12; *NVI*, *BV*, *TEB*, *CNBB*). A identificação desta ave é incerta. Outra possibilidade de tradução é xofrango (= "águia pescadora", *ARC*, *BJ*).

ÁGUIA O termo águia se refere a diversas grandes aves de rapina de hábitos diurnos. O termo hebraico traduzido por "águia" (*nesher*) às vezes também é traduzido por "abutre". A águia, a maior ave da Palestina, pode atingir quase 2,5 metros de envergadura de asas. A águia

ÁGUIA-MARINHA

palestina constrói ninhos grandes de gravetos em fendas rochosas nas montanhas (Jó 39.27,28; Jr 49.16). Como uma das aves mais imponentes, ela tem um papel proeminente na Bíblia. A águia aparece nas listas de aves impuras (Lv 11.13; Dt 14.12). Os autores do AT observaram os movimentos rápidos da águia (Dt 28.49; 2Sm 1.23; Jr 4.13), o impulso e potência do seu voo (Pv 23.5; Is 40.31) e o interesse da águia por seus filhotes (Êx 19.4; Dt 32.11).

No mundo antigo a águia ou o abutre às vezes foram associados com a divindade. Os profetas e autores apocalípticos escolheram essa ave para ocupar um papel figurado ou simbólico nos seus escritos (Ez 1.10; 10.14; Dn 7.4; Ap 4.7; 8.13).

Em Êx 19.4 e Dt 32.11 a águia é usada figuradamente para retratar a proteção e o cuidado divinos. Nesses trechos Deus é retratado como o pai amoroso que redime e protege seu povo como a águia mãe cuida dos filhotes. — *Janice Méier*

ÁGUIA-MARINHA Ave impura, não comestível, alistada em Lv 11.13 e Dt 14.12 entre as aves que são "abominação" (*ARA*). Ap 18.2 traz "aves imundas" que se aninham na Babilônia caída. (A *ARC* traz "xofrango").

AGUILHADA Vara, geralmente de cerca de 2,5 metros de cumprimento, com uma ponta afiada, usada para controlar bois. Durante o tempo dos juízes, os israelitas tinham de contratar ferreiros filisteus para "afiar as aguilhadas" (1Sm 13.21), seja para confeccionar ponteiras de metal para colocar na extremidade das aguilhadas, seja para fazer uma cobertura de metal para a ponta cega, que poderia ser usada para fazer furos no solo a fim de semeá-lo. Aguilhadas podiam servir como arma (Jz 3.31). As palavras dos sábios são como "aguilhões" (Ec 12.11). Deus advertiu Paulo de não "resistir ao aguilhão" (At 26.14) ao se recusar a se submeter à visão celestial.

AGUILHÃO V. *boi*.

AGULHA Instrumento delgado usado na costura com um orifício em uma extremidade pelo qual passa a linha. As agulhas do tempo do NT eram similares em tamanho às agulhas modernas com a exceção de que nossas agulhas são muito pequenas. Não raro elas eram feitas de bronze, ainda que osso e marfim também fossem utilizados. O ensinamento de Jesus: "É mais fácil passar um camelo pelo fundo de uma agulha do que um rico entrar no Reino de Deus" (Mt 19.24; cp. Mc 10.25; Lc 18.25) ilustra a impossibilidade de a pessoa rica ser salva sem a intervenção de Deus que faz o impossível (Mt 19.26). Alguns manuscritos gregos posteriores trazem a palavra "corda" (*kamilos*) no lugar de camelo (*kamelos*). Esta tentativa de suavizar a dureza do ensino de Jesus vai em direção contrária ao contexto. O uso da expressão "fundo da agulha" para uma porta em Jerusalém é uma interpretação fictícia, mais uma vez com a intenção de deixar o dito de Jesus mais palatável. Tal porta não existe.

AGUR Nome pessoal que significa "mão [de obra] contratada". Autor de ao menos parte de Pv 30.

AI O nome significa "ruína" em hebraico. A cidade bíblica de Ai pode ser uma narrativa de duas cidades, não somente uma. Em 1924 W. F. Albright foi o primeiro a identificar Ai com Et Tel, três quilômetros a sudeste de Beitin (o local originariamente identificado por Albright como sendo Betel) e cerca de 20 quilômetros a norte de Jerusalém. Esse sítio arqueológico foi escavado por John Garstang (década de 1920), Judith Marquet-Krause e Samuel Yeivin (década de 1930) e por Joseph Callaway do Seminário do Sul (décadas de 1960 e 1970). Essa cidade murada de 27,5 acres de Ai (em Et Tl) floresceu de 3000 a 2000 a.C. Et Tel foi a Ai de Abraão, que armou sua tenda entre Betel e Ai na jornada ao Egito (Gn 12.8) e mais tarde construiu o primeiro altar no mesmo lugar quando voltou (Gn 13.3). No entanto, Callaway não encontrou nenhuma evidência de que o lugar tenha existido como cidade no Bronze Tardio (c. 1400 a.C.). Mais tarde, 1220-1050 a.C., Et Tel (Ai) foi reconstruída como uma pequena vila de 2,75 acres sem muros. Esse vácuo na existência de Ai tem sido um problema para qualquer pessoa que defenda a historicidade do relato bíblico da conquista. Esse debate sobre Ai tem levado os estudiosos a minimizar o relato bíblico como uma lenda, a localizar Ai em Beitin (Betel) ou a relocalizar Ai (e Betel) em outros lugares. Diversos lugares perto de Et Tel têm sido propostos para Ai ao longo do tempo: Deir Dbwan, Haiyan e Khudriya.

O nome da cidade "Ai" da conquista poderia ter mudado para um lugar diferente no séc. XV a.C. Albright observou o fenômeno da relocalização de nomes de lugares "por uma área local considerável" (*BASOR*, 74, abril de 1939, 14). Depois da temporada de escavações de 1997, Bryant Wood e Gary Byers relataram ter descoberto um lugar fortificado perto da Ai (Et Tel) de Callaway. Na época em que este artigo estava sendo escrito, Wood e Byers escavavam Khirbet el-Maqatir, assentada numa serra a 1,4 quilômetros a sudeste de Beitin e a quase um quilômetro a oeste de Et Tel. Enquanto Et Tel estava em ruínas no século de 1400 a.C., a Fortaleza I em Khirbet el-Maqatir, construída no séc. de 1400 a.C., cobria 1,9 acres com muros de quatro metros de espessura. Byers propôs que esse sítio é a Ai de Josué. Conformemente, Byers seguiu David Livingstone em identificar Betel com el-Bireh em vez de com Beitin. Livingstone propôs el-Bireh, uma cidade na estrada norte-sul de Jerusalém para Siquém (Nablus), como a melhor candidata a Betel. El-Bireh está a 2,9 quilômetros a oeste de Khirbet el-Maqatir localizada na divisa geográfica entre Efraim e Benjamim. El-Bireh também está na distância certa de Jerusalém em coordenação com os marcadores de distância romanos e na distância certa de Gibeom como fica evidente a partir do *Onomasticon* de Eusébio e Jerônimo. Livingstone identificou Ai com Khirbet Nisya e Beitin com Bete-Áven, que nunca foi localizada convincentemente. O texto de Js 7.2 descreve Ai como adjacente a Bete-Áven. De acordo com os relatos de Gn e Js, considera-se que Ai está a leste de Betel (Gn 12.8; Js 7.2), Betel está muito perto de Ai (Js 12.9), que há uma montanha que separa Betel e Ai (Gn 12.8) e se sugere que Ai é uma cidade pequena (Js 7.3). Khirbet el-Maqatir (Ai) era um alvo militar importante para Josué e os israelitas visto que controlava o acesso a uma encruzilhada central estratégica à região montanhosa central — Betel. A topografia do relato em Josué harmoniza com esse sítio assim como o faz a datação da conquista no Bronze Tardio (c. 1400 a.C.). Israel aprendeu em Ai que eles não podiam prevalecer sem Deus. O pecado de um homem, Acã, afetou a missão de conquista de toda uma nação. Ai originariamente pertencia ao território de Efraim (1Cr 7.28) e foi posteriormente ocupada pelos benjamitas (Ne 11.31). Isaías menciona os assírios se aproximando através de Ai (Is 10.28). Os residentes das cidades gêmeas de Betel e Ai que retornaram do exílio são mencionados juntos em Ed 2.28 e Ne 7.32. Jeremias também menciona a destruição de uma cidade moabita de mesmo nome na sua profecia acerca dos amonitas (Jr 49.3). — *Eric Alan Mitchell*

Ruínas da antiga cidade de Ai.

AÍ Nome pessoal que significa "meu irmão". **1.** Membro da tribo de Gade (1Cr 5.15), que viveu em Gileade. **2.** Membro da tribo de Aser (1Cr 7.34).

AIA Grafia alternativa de Ai (Ne 11.31). V. *Ai*.

AIÁ Nome pessoal que imita o grito do falcão, por isso significa "falcão". **1.** Filho de Zibeão entre os clãs de Edom descendentes de Esaú (Gn 36.24). **2.** Pai de Rispa, concubina de Saul (2Sm 3.7) e avô de Mefibosete (2Sm 21.8).

AIÃ Nome pessoal que significa "pequeno irmão". Membro da tribo de Manassés (1Cr 7.19).

AIÃO

AIÃO Nome pessoal de significado incerto. Um dos trinta guerreiros de Davi (2Sm 23.33).

AÍAS Nome pessoal grafado de diversas formas no hebraico e nas versões em português, significa "meu irmão é Javé". **1.** Sacerdote da família de Eli em Siló (1Sm 14.3,4) que levou a arca de Deus a Saul (1Sm 4.18). **2.** Escriba de Salomão (1Rs 4.3). **3.** Profeta de Siló que rasgou as roupas em 12 partes e deu dez a Jeroboão para sinalizar a decisão divina de dividir o reino depois da morte de Salomão (1Rs 11.29-39). Mais tarde, quando o filho de Jeroboão ficou doente, o profeta cego reconheceu a mulher de Jeroboão por revelação de Deus. Ele anunciou o fim do reinado e da dinastia de Jeroboão (1Rs 14.1-18; 15.29). Em 2Cr 9.29 há uma referência à profecia de Aías em forma escrita. **4.** Pai do rei Baasa de Israel da tribo de Issacar (1Rs 15.27). **5.** Filho de Jerameel (1Cr 2.25). **6.** Filho de Eúde da tribo de Benjamim, oficial em Geba (1Cr 8.7). **7.** Um dos 30 heróis militares de Davi cuja casa ficava em Pelom (1Cr 11.36). A lista correspondente em 2Sm 23.34 traz Eliã, filho de Aitofel, de Gilo. **8.** Signatário do acordo de Neemias para obedecer à Lei de Deus (Ne 10.26). **9.** O texto hebraico de 1Cr 26.20 diz que Aías, um levita (v. nota *NVI*), era encarregado do tesouro do templo na época de Davi. A *LXX* ou a tradução grega mais antiga sugere a formulação: '*achehem*, "seus irmãos levitas" (texto da *NVI*).

AIATE Grafia alternativa de Ai (Is 10.28). V. *Ai*.

AICÃO Nome pessoal que significa "meu irmão se levantou". Filho de Safã, escriba de Josias. Ele levou o livro da Lei encontrado no templo à profetisa Hulda para que se descobrisse a vontade de Deus (2Rs 22.8-20). Seu filho Gedalias liderou os judeus deixados em Judá depois que Nabucodonosor destruiu Jerusalém (586 a.C.) pouco tempo antes de rebeldes o matarem (2Rs 25.22-25). Aicão protegeu Jeremias quando o rei Jeoaquim quis matar o profeta (Jr 26.24). Mais tarde seu filho também protegeu Jeremias (Jr 39.14).

AIDS (Síndrome da Imunodeficiência Adquirida) Embora a Bíblia não trate especificamente da aids, ela fornece princípios pelos quais a aids pode ser compreendida e os por ela afetados podem encontrar conforto e esperança.

Como toda doença, sofrimento e a morte, a aids é consequência da queda (Gn 2.17; 3.19b; Rm 1.27). Diferentemente de outras doenças, no entanto, o vírus HIV infecta as pessoas principalmente (embora não exclusivamente) por meio de atos ou de comportamentos irresponsáveis (Os 8.7a; Gl 6.7,8). A Bíblia ordena que todos os seguidores de Cristo cultivem um estilo de vida puro (Fp 4.8; Cl 3.1-7; 2Pe 1.5-11), assim minimizando o risco de infecção pelo vírus HIV e de contrair aids.

Jesus demonstrou compaixão pelos leprosos (Mc 1.40-42), marginalizados (Mc 5.1-8; Jo 4.1-38) e outros doentes, necessitados e desesperados (Mt 9.36; 14.14; Mc 1.32-34) por meio do toque (Mt 20.34; Mc 1.41) e da cura de todos os que vinham a ele. Paulo conjura os cristãos a expressar empatia prática e ativa pelos necessitados (Rm 12.15; Gl 6.2), declarando que os sofredores são confortados por Deus por meio da obra de Jesus (2Co 1.3,4). Da mesma forma os afetados pela aids podem encontrar conforto e esperança por meio do amor de Deus.

AIEZER Nome pessoal que significa "meu irmão é auxílio". **1.** Auxiliar de Moisés no deserto, da tribo de Dã (Nm 1.12; 2.25). Ele levou as ofertas da tribo (7.66-71) e a liderou na marcha (10.25). **2.** Um dos principais guerreiros que se juntaram a Davi em Ziclague. Ele era hábil com ambas as mãos e representou Benjamim, a tribo do rei Saul, que ameaçou Davi (1Cr 12.1-3).

AIJALOM Também grafado "Ajalom" (*ACF*). Nome de lugar que significa "lugar dos veados". **1.** Cidade e vale próximo sobre o qual a lua parou à ordem de Josué (Js 10.12). Próxima da fronteira com a Filístia, ao sul de Bete-Horom, Aijalom pertencia a Dã, segundo as distribuições do território entre as tribos (Js 19.42); mas Dã não conquistou o território e se mudou para o norte (Jz 18.1). Foi uma cidade em Dã dada aos levitas (Js 21.24). Os amorreus a dominaram por um período, mas as tribos de José os sujeitaram a pagar tributos (Jz 1.34,35). Saul e Jônatas ganharam a batalha entre Micmás e Aijalom (1Sm 14.31). No período pós-exílico o cronista conhecia Aijalom como a cidade da tribo de Benjamim que derrotou Gate (1Cr 8.13). Roboão, filho de Salomão, tinha fortificado Aijalom (2Cr 11.10). O rei

Acaz (735-715 a.C.) pediu a ajuda dos assírios porque os filisteus tinham tomado Aijalom e outras cidades. Assim era um local militar importante na fronteira ocidental de Judá. Aijalom estava situada onde hoje fica Yalo, a aproximadamente 20 quilômetros de Jerusalém. **2.** Elom, juiz da tribo de Zebulom, foi sepultado numa localidade ao norte com o nome Aijalom (Jz 12.12), cuja localização pode ser Tel et-Butmeh.

AIJELETE-HÁS-SAAR Orientação musical no título de Sl 22 (*ARC*), literalmente "a corça da manhã" (cp. *ARA*, *NVI*). Pode ser o nome de uma melodia.

AILUDE Nome pessoal que significa "nasceu um irmão". Pai de Josafá, arquivista real de Davi (2Sm 8.16), que manteve a posição no reinado de Salomão (1Rs 4.3). Provavelmente o mesmo Ailude era pai de Baaná, oficial de Salomão encarregado de obter as provisões do rei das províncias em torno de Taanaque, Megido e Bete-Seã (1Rs 4.12).

AIM Lugar que significa "olho" ou "fonte de água". Com frequência usado como primeira parte do nome de um lugar indicando a presença de uma fonte de água. Nas versões em português frequentemente se tem usado "En" como primeira parte de tais nomes. V., p. ex., *En-Dor*. **1.** Lugar na fronteira oriental de Canaã (Nm 34.11), de localização incerta. **2.** Cidade no sul de Judá (Js 15.32) pertencente a Simeão (Js 19.7), mas designada domicílio dos levitas, que não tiveram terras designadas a eles (Js 21.16), ou lemos aqui "Asã" como em alguns manuscritos de Josué (cp. *BJ*) e em 1Cr 6.59.

AIMÃ Nome pessoal de significado incerto. **1.** Um dos gigantes descendentes de Enaque (Nm 13.22). Calebe expulsou-o e seus dois irmãos de Hebrom (cp. Jz 1.10, quando a tribo de Judá matou os três irmãos). V. *Enaque, enaquins*. **2.** Levita e guarda do templo (1Cr 9.17).

AIMAÁS Nome pessoal de significado incerto, sendo "irmão da ira" e "meu irmão é conselheiro" apenas sugestões. **1.** Sogro de Saul (1Sm 14.50). **2.** Filho de Zadoque, um dos sacerdotes de Davi (2Sm 15.27). Ele serviu como mensageiro secreto de Davi na corte quando Absalão se rebelou e expulsou o pai de Jerusalém (2Sm 15.36; 17.17). Certa vez precisou esconder-se num poço para não ser descoberto (17.18-21). Era um corredor veloz, suplantando um etíope para levar notícias a Davi (18.19-29), mas não reportou a morte de Absalão. Manteve a reputação de "bom homem" (18.27). **3.** Um dos 12 oficiais de Salomão para as províncias, responsável por Naftali. Casou-se com Basemate, filha de Salomão. Ele pode ser o mesmo que 2., filho de Zadoque (1Rs 4.15).

AIMELEQUE Nome pessoal que significa "meu irmão é rei". V. *sumo sacerdote*.

AIMOTE Nome pessoal que significa literalmente "meu irmão é morte" ou "meu irmão é Mot [deus da morte]". Era levita (1Cr 6.25).

AINADABE Nome pessoal que significa "meu irmão se consagrou" ou "meu irmão é nobre". Um dos 12 oficiais de Salomão para as províncias que obtinha provisões para a corte provindas de Maanaim (1Rs 4.14).

AINOÃ Nome pessoal que significa "meu irmão é gracioso". **1.** Mulher do rei Saul (1Sm 14.50). **2.** Mulher de Davi oriunda de Jezreel (1Sm 25.43) que viveu com ele sob os filisteus em Gate (27.3). Quando ela e Abigail, a outra mulher de Davi, foram capturadas pelos amalequitas, o povo ameaçou apedrejar Davi. Davi seguiu a orientação divina, derrotou os amalequitas e salvou e retomou suas esposas e os outros cativos (30.1-20). Em seguida Ainoã se mudou para Hebrom com Davi, em que o povo o coroou rei (2Sm 2.2-4). Ela deu a Davi o primeiro filho deste, Amnom (3.2).

AIÔ Nome pessoal que significa "meu irmão é Javé". **1.** Filho de Abinadabe em cuja casa a arca da aliança ficou guardada (2Sm 6.3). Ele e seu irmão Uzá conduziram o carro puxado por bois carregando a arca. **2.** Membro da tribo de Benjamim (1Cr 8.14), mas a *LXX* ou a mais antiga tradução grega traz "seus irmãos" ou parentela. **3.** Membro de Benjamim com conexões em Gibeom (1Cr 8.31; 9.37). V. *Aías*.

AIRA Nome pessoal que significa "meu irmão é amigo". Líder da tribo de Naftali sob Moisés

(Nm 1.15) que apresentou as ofertas da tribo na consagração do altar (7.78-83) e as conduziu na marcha pelo deserto.

AIRÃ Nome pessoal que significa "meu irmão é exaltado". Filho de Benjamim que foi o nome de um clã dessa tribo (Nm 26.38).

AIRAMITA Clã estabelecido por Airã. V. *Airã*.

AISAAR Nome pessoal que significa "irmão do alvorecer". Membro da tribo de Benjamim (1Cr 7.10), mas não alistado na genealogia de 1Cr 8.

AISAMAQUE Nome pessoal que significa "meu irmão apoiou". Pai de Aoliabe, o artesão que ajudou Bezalel a fazer todas as obras de arte do tabernáculo no deserto (Êx 31.6; 35.34; 38.23).

AISAR Nome pessoal que significa "meu irmão cantou". Responsável pelo palácio de Salomão (1Rs 4.6).

AITOFEL Nome pessoal que significa "irmão de tolice", ou uma tentativa dos escribas de esconder um nome originário incluindo um deus cananeu como Aibaal. O nome do conselheiro de Davi que se associou à revolta de Absalão contra o rei Davi (2Sm 15.12). Davi orou para que seus conselhos fossem transformados em loucura (15.31) e ordenou ao fiel Usai ajudar Zadoque e Abiatar, os sacerdotes, a neutralizar os conselhos de Aitofel. Aitofel levou Absalão a demonstrar que sua rebelião era para valer tomando as concubinas de seu pai (16.15-23). O conselho de Aitofel era tão famoso como se fosse a palavra do próprio Deus (16.23). Usai, contudo, persuadiu Absalão a não seguir o conselho militar de Aitofel (cap. 17), sendo isso obra de Deus (17.14). Quando caiu em desgraça, Aitofel voltou para casa em Gilo, pôs os negócios em ordem e se enforcou (17.23). Ele talvez tenha sido o avô de Bate-Seba, parceira de pecado de Davi e posteriormente sua mulher (2Sm 11.3; 23.34).

AITUBE Nome pessoal que significa "meu irmão é bom". **1.** Sacerdote, filho de Fineias e neto de Eli, ministrante em Siló (1Sm 14.3). Foi pai de Aimeleque (22.9). **2.** Pai de Zadoque, o sumo sacerdote sob Davi e Salomão (2Sm 8.17). O nome ocorre duas vezes na lista de sacerdotes do cronista (1Cr 6.7,8,11,12,52; cp. 9.11). Esdras descendia da linhagem de Aitube (Ed 7.2).

AIÚDE 1. Nome pessoal que significa "meu irmão é esplêndido ou majestoso" (heb. *'achihud*). Líder da tribo de Aser que ajudou a distribuir a terra prometida entre as tribos (Nm 34.27). **2.** Nome que significa "meu irmão é um enigma" (heb. *'achichud*). Membro da tribo de Benjamim (1Cr 8.7).

AJALOM Grafia alternativa de Aijalom. V. *Aijalom*.

AJOELHAR-SE Postura comum no culto (1Rs 19.18; Sl 95.6; Is 45.23) e na oração (1Rs 8.54; 2Cr 6.13; Ed 9.5; Dn 6.10; At 7.60; 9.40; 20.36; Ef 3.14), ainda que outras posições também sejam encontradas na Bíblia. No AT as orações eram geralmente feitas com a pessoa em pé (p. ex., 1Sm 1.26; 2Cr 20.9; Ne 9.4; Mc 11.25; At 6.6). Ajoelhar-se também é considerado gesto de reverência, obediência ou respeito (2Rs 1.13; Mt 17.14; 27.29; Mc 1.40; 10.17; Lc 5.8). Pensava-se que "joelho" e "bênção" eram provenientes da mesma raiz hebraica, mas essa etimologia não é mais aceita. Abençoar um filho geralmente envolve colocar esse filho nos joelhos de quem vai abençoar (Gn 30.3; 48.9-12; 50.23,24). Referências a Deus como "bendito" (p. ex., Gn 9.26; 14.20) provavelmente se referem a ajoelhar-se diante dele, i.e., adorá-lo ou louvá-lo. — *E. Ray Clendenen*

ALABASTRO V. *minerais e metais*.

ALABE Nome de lugar que significa "floresta dos montes" ou "fértil". Provavelmente situado em Khirbet el-Macalib na costa do Mediterrâneo seis quilômetros acima de Tiro. A tribo de Aser não conseguiu conquistar esse lugar (Jz 1.31).

ALAI Nome pessoal que significa "um irmão para mim", talvez uma forma abreviada de Aliia, "meu irmão é meu deus". Outros o interpretam como exclamação que significa "Ó que seja...". **1.** Membro do clã de Jerameel (1Cr 2.31). O pai de Alai foi Sesã. Em 1Cr 2.34 lê-se que Sesã não tinha filhos, somente filhas. Isso faz de Alai ou uma filha de Sesã ou parte de um texto hebraico incompleto por equívocos de copistas. Alguns identificam Alai com Atai, neto de Sesã (1Cr 2.35). Alguns acham que Sesã mudou o nome do seu servo Jará para Alai quando fez de Jará seu genro (v. 35). Ainda não foi apresentada uma solução para a identidade de Alai. **2.** Pai de um dos principais guerreiros de Davi (1Cr 11.41).

ALAMELEQUE Nome de lugar que significa "carvalho do rei" ou "árvore sagrada real". Cidade fronteiriça em Aser (Js 19.26) de localização específica desconhecida.

ÁLAMO V. *plantas*.

ALAMOTE Notação musical que significa "sobre ou de acordo com uma jovem mulher". Isso aparentemente significa melodia para voz aguda, cântico para voz de soprano (1Cr 15.20 [*ACF*]; título de Sl 46: "para vozes agudas"]).

ALCATRÃO V. *betume*.

ALDEIA O AT distingue entre cidade e aldeia. Em geral a cidade tinha muros e era bem maior, enquanto a aldeia se caracterizava por não ter muros e normalmente tinha casas formadas de um único cômodo (Lv 25.29,31). Na aldeia não havia nenhum — ou pouco — governo organizado. A arqueologia mostra aldeias israelitas construídas em torno de um círculo com as paredes das casas unidas para formar o único sistema de defesa e com um espaço aberto para a comunidade no centro. Muitas aldeias tinham de 20 a 30 casas. O gado era mantido na praça interna, na qual se armazenavam os cereais. A atividade principal nas aldeias era a agricultura. Produzia-se um pouco de artesanato. Normalmente se dispunha de um terreno comum para trilhar cereais. Muitas vezes pastores se agrupavam em torno de uma aldeia. As terras de pastagem eram consideradas propriedade da aldeia (1Cr 6.54-60). V. *agricultura*; *cidades e vida urbana*; *casa*.

ALEGORIA Método literário em que uma história ou narrativa é usada para transmitir verdades a respeito da realidade. A palavra "alegoria" é tomada de dois vocábulos gregos: *alla* (outro) e *agoreuo* (proclamar). A alegoria transmite algo que não seu significado literal. Às vezes a "alegoria" é definida como metáfora ampliada.

Cícero considerava a alegoria uma cadeia contínua de metáforas.

A interpretação alegórica é a leitura de um texto com vistas a encontrar significados diferentes do literal. Essas interpretações são legítimas quando está claro que o texto é uma alegoria. Por exemplo, John Bunyan escreveu *O peregrino* como alegoria. Por isso, a interpretação alegórica não é somente legítima como necessária para entender a obra de Bunyan. Dar interpretações alegóricas a textos que não são alegorias é fazer uma leitura equivocada desses textos.

Pano de fundo A interpretação alegórica pode ser encontrada entre os antigos gregos que liam Homero e outras epopeias como alegorias. No Livro IV de *A república*, Platão tenta transmitir importantes verdades acerca do conhecimento humano por meio da alegoria da caverna.

Fílon de Alexandria (50 a.C.) era um judeu adepto das ideias platônicas que exerceu grande influência sobre o curso da interpretação bíblica. No seu comentário do Pentateuco, Fílon empregou a exegese alegórica. Além do significado literal, ele encontrou níveis mais elevados de significado, evitando afirmações desagradáveis. Outros empregaram a interpretação alegórica para tornar o cristianismo compatível com alguma outra forma religiosa — como a filosofia grega do movimento Nova Era. Ainda outros empregam o método para desvendar significados "mais profundos e espirituais". A abordagem de Fílon foi desenvolvida em torno de 200 d.C. por Clemente de Alexandria e por Orígenes, seu discípulo.

Alegoria no Antigo Testamento Nenhum livro do AT foi escrito inteiramente como alegoria, mas porções têm sido interpretadas de forma alegórica. O rabino Akiba (c. 50-132 d.C.), p. ex., interpretou o Ct de forma alegórica para significar o amor de Deus a Israel e não o entendia como cânticos românticos de amor. Muitos estudiosos cristãos seguiram essa orientação e ao longo da História têm interpretado esse livro do AT como um retrato do amor de Cristo pela Igreja. Ao menos um intérprete fez a mesma coisa com o livro de Et, interpretando cada uma das personagens principais do livro como facetas da vida espiritual e compreendendo o livro como uma alegoria bem-elaborada da vida cristã vitoriosa.

Fílon aplicou o método alegórico de interpretação a muitas partes do AT a fim de defender os ensinos bíblicos que pareciam conflitar com as compreensões filosóficas dos seus dias. No entanto, os proponentes judaicos da interpretação alegórica, incluindo Fílon, nunca abandonaram completamente o significado histórico das Escrituras. Eles empregaram a interpretação alegórica lado a lado com as interpretações lexical, histórica e gramatical do texto. Se eles conseguiam reter a intenção histórica do texto depois que se desviavam pela hermenêutica alegórica é questionável.

Alegoria no Novo Testamento Mesmo que Jesus nunca tenha interpretado o AT de forma alegórica, ele de fato deu interpretações alegóricas a algumas de suas parábolas. A interpretação de Jesus da parábola dos solos (Mc 4.1-20) atribui significado simbólico a seus diversos elementos: p. ex., a semente representa a palavra e os quatro tipos de solo representam as diferentes maneiras em que a palavra é recebida. Tanto a parábola dos solos quanto a do joio (Mt 13.24-30,36-43) foram contadas e interpretadas pelo autor como alegorias. A maioria das parábolas, no entanto, não é alegórica.

Debate-se a possibilidade de Paulo ter usado alguma vez a hermenêutica alegórica no tratamento do AT. Ele de fato usou o termo em uma ocasião (Gl 4.22-31), e há dois outros trechos nos seus escritos em que seu método interpretativo não é estritamente lexical e histórico (1Co 9.8-10; 10.1-11). Embora Paulo use a palavra "alegoria" (Gl 4.24, *ARC*; *NVI*: "ilustração"), ele não empregou o que se tornou conhecido por método alegórico, mas antes usou a tipologia, vendo as históricas Sara e Hagar como tipos que apontavam para os posteriores "protótipos". A interpretação tipológica é uma abordagem muito válida que não remove o elemento histórico do texto, como geralmente o faz a interpretação alegórica. Os textos de 1Co 9—10 também ilustram a abordagem tipológica. Paulo usa a tipologia na comparação entre Adão e Cristo em Rm 5.12-21. A abordagem de Paulo aqui foi semelhante à de Mateus, citando testemunhas do AT a respeito de Jesus para demonstrar que ele era o cumprimento das expectativas do AT, não para defender alguma interpretação alegórica alienada da história. Na grande maioria das interpretações específicas que Paulo faz do AT, ele usa a conhecida hermenêutica lexical e histórica.

Os autores têm liberdade de usar qualquer método de comunicação que quiserem para estabelecer seu ponto. Os leitores, no entanto, precisam tomar cuidado para não usar métodos interpretativos inapropriados. As interpretações alegóricas de trechos não alegóricos podem parecer úteis, "espirituais" e teologicamente significativas. Tais abordagens, contudo, às vezes distorcem o significado do texto em questão e tornam seu "significado" sujeito aos interesses e preconceitos do intérprete. Como Lutero disse certa vez, na hermenêutica alegórica o texto se torna um "nariz de cera" que pode ser formado e manipulado da maneira que o intérprete quiser. Nessa abordagem o intérprete já não tenta encontrar o significado dado ao texto pelo autor, na verdade ele cria outro significado para substituir o do autor. — *Chad Brand e Steve Bond*

ALEGRIA Estado de prazer e bem-estar resultante do conhecimento de Deus e de lhe servir. Várias palavras gregas e hebraicas são usadas para veicular as ideias de alegria e regozijo. Temos a mesma situação em português com palavras sinônimas como alegria, felicidade, prazer, deleite, contentamento, regozijo, satisfação. As palavras "alegria" e "regozijo" são as palavras usadas com mais frequência para verter as palavras hebraicas e gregas. O vocábulo alegria é encontrado cerca de 150 vezes na Bíblia. Se palavras ou expressões como "alegre" e "cheio de alegria" forem acrescentadas, o número crescerá para cerca de 200. O verbo "regozijar-se" aparece cerca de 200 vezes.

Alegria é o resultado da relação correta com Deus. Não é algo que se possa criar pelo esforço próprio. A Bíblia distingue a alegria do prazer. A palavra grega para prazer é derivada de "hedonismo", a filosofia de busca do prazer autocentrado. Paulo se refere aos falsos mestres como "mais amantes dos prazeres do que amigos de Deus" (2Tm 3.4).

A Bíblia adverte quanto à busca autoindulgente do prazer que não leva à felicidade e à realização. Em Ec 2.1-11 há o triste testemunho de quem buscou construir a vida tendo por base a busca do prazer. A busca deixa a pessoa vazia e desiludida. Em Pv 14.13 esse estilo de vida é: "mesmo no riso o coração pode sofrer". Cuidados, riquezas e prazer roubam da pessoa a possibilidade de viver de modo frutífero (Lc 8.14). A busca do prazer geralmente escraviza as pessoas e as mantém em um círculo vicioso de dependência (Tt 3.3). A pessoa autoindulgente, conforme 1Tm 5.6, está morta mesmo quando aparenta vida.

Muitas pessoas pensam que Deus é o grande estraga-prazeres. Nenhuma mentira poderia ser maior. O próprio Deus conhece a alegria e deseja que seu povo a conheça. O texto de Sl 104.31 fala do próprio Deus se regozijando em suas obras criativas. Já Is 65.18 menciona Deus se alegrando com seu povo redimido que lhe será uma "alegria".

A referência bíblica mais famosa à alegria de Deus é Lc 15. Os fariseus e escribas criticaram Jesus por receber pecadores e comer com eles. Então Jesus lhes contou três parábolas — da ovelha perdida, da moeda perdida e a do filho perdido. O tema explícito de cada parábola é a alegria por causa do pecador arrependido.

A alegria de Deus veio ao foco na História humana em Jesus Cristo. A nota de alegria e exultação percorre todo o relato bíblico da vinda de Cristo (Lc 1.14,44; Mt 2.10). A passagem mais conhecida é o anúncio de "boas-novas de grande alegria, que são para todo o povo" (Lc 2.10). Jesus falou de sua grande alegria e da grande alegria que ele veio trazer (Jo 15.11; 17.13). Ele ilustrou o Reino dos céus ao contar sobre a alegria do homem que encontrou um tesouro (Mt 13.44). Zaqueu estava em uma árvore quando Jesus o chamou, mas ele rapidamente desceu e recebeu Jesus com alegria (Lc 19.6). Ele encontrou o tesouro definitivo da vida em Cristo.

Enquanto a morte de Jesus se aproximava, ele contou aos seguidores que em pouco tempo eles seriam como a mulher em trabalho de parto, cuja dor seria transformada em alegria (Jo 16.20-22). Mais tarde eles entenderam, quando a tristeza sombria da cruz deu lugar à alegria da ressurreição (Lc 24.41). Visto sob essa perspectiva, mais tarde eles entenderam a necessidade da cruz para tornal real a alegria (Hb 12.2). Por sua vitória e pela promessa de sua presença permanente eles puderam se regozijar mesmo após a ascensão do Senhor (Lc 24.52).

O livro de At conta como a alegria continuou a caracterizar os seguidores de Jesus. Depois de Felipe ter pregado em Samaria, o povo creu e "houve grande alegria naquela cidade" (At 8.8). Depois da obra de Paulo e Barnabé em Antioquia da Psídia, "os discípulos continuavam cheios de alegria e do Espírito Santo" (At 13.52). Depois da conversão do carcereiro de Filipos, ele "com todos os de sua casa alegrou-se muito por haver crido em Deus" (At 16.34).

A alegria na vida cristã é proporcional à caminhada dos crentes com o Senhor. Eles podem se alegrar porque estão no Senhor (Fp 4.4). A alegria é um fruto da vida guiada pelo Espírito (Gl 5.22). O pecado rouba a alegria na vida do cristão (Sl 51.7,8,12).

Quando alguém caminha com o Senhor, pode continuar a se alegrar mesmo quando surgem problemas. Jesus falou dos que se alegrariam mesmo quando perseguidos e mortos (Mt 5.12). Paulo escreveu sobre a alegria em meio ao sofrimento por causa do fruto resultante dele e final (Rm 5.3-5). Pedro e Tiago repetiram os ensinos do Senhor a respeito de alegria em meio aos problemas (1Pe 1.6-8; Tg 1.2).

A alegria no Senhor capacita as pessoas a ter prazer em tudo o que Deus lhes dá. Alegram-se com a família (PV 5.18), com o alimento (1Tm 4.3-5), com as festas (Dt 16.13-15), com a comunhão (Fp 4.1). Partilham com outros cristãos as alegrias e tristezas da vida: "alegrem-se com os que se alegram; chorem com os que choram" (Rm 12.15). — *Robert J. Dean*

ALELUIA Exclamação de louvor que ocorre com frequência no livro de Sl, que significa "louvai a Javé". Particularmente Sl 146—150 são designados como "salmos de aleluia". Nos Sl, Deus é louvado por seu poder, sua sabedoria, suas bênçãos e pela libertação do seu povo. V. *Salmos, livro de*.

ALÉM DO JORDÃO (*ARA*) Expressão usada muitas vezes para descrever o território a leste do rio Jordão (também chamado Transjordânia). Cinco vezes a expressão descreve o território a oeste do Jordão (Gn 50.10,11; Dt 3.20,25; 11.30).

ALÉM DO RIO Expressão que se refere ao rio Eufrates na Mesopotâmia. Da perspectiva dos que viviam na Palestina, "além do rio" significava a leste do rio Eufrates. A expressão é usada muitas vezes quando se fala da pátria ancestral dos patriarcas (Js 24.3,14,15, *ARA*; *NVI*: "além do Eufrates"). Da perspectiva dos que viviam na Pérsia, "além do rio" significava a oeste do rio Eufrates. Dario I, o grande organizador do

Império Persa, nomeou sua quinta satrapia de "Além do Rio" (Ebir-nari). Essa satrapia incluía a Síria e a Palestina. O uso oficial persa está refletido em Ed 4.10-20; 5.3,6; 6.6,8,13; 7.21,25; 8.36 e Ne 2.7,9; 3.7.

ALEMETE Nome pessoal e lugar que significa "escondido" ou "escuro". **1.** Cidade separada para os levitas no território designado a Benjamim (1Cr 6.60). Conhecida como "Almom" em Js 21.18. **2.** Neto de Benjamim (1Cr 7.8). **3.** Descendente de Saul e Jônatas da tribo de Benjamim (1Cr 8.36).

ALERTA Sinal dado por grito ou toque de um instrumento. O termo hebraico (*teru'ah*) literalmente significa grito, mas eram usados instrumentos musicais como as cornetas de Nm 10.1-10. O toque de alerta chamava a comunidade no deserto a marchar (Nm 10.5,6). O toque de alerta era um toque especial das cornetas, pois os instrumentos podiam ser tocados também sem dar o sinal de alerta para marchar (10.7). Mais tarde em Israel o toque de alerta chamava o povo para a batalha (10.9) e lembrava-o da presença de Deus com seu exército (cp. 31.6). O toque de alerta era dado contra o inimigo do povo de Deus (2Cr 13.12). O texto de Js 6 descreve um sistema de alerta diferente. Os sacerdotes marchavam com trombetas de chifres, e o povo gritava um grande sinal de alerta (*teru'ah*) diante do grande ato milagroso de Deus. As cornetas também podiam ser usadas para tocar o alerta num grande dia religioso (Lv 25.9), e Israel dava um grito de alegria (1Sm 4.5). O sinal de alerta nem sempre trazia alegria. O alerta anunciando o inimigo vindo para guerrear trazia assombro, tristeza e medo (Jr 4.19; Os 5.8). O maior medo viria, no entanto, quando Deus mandasse tocar o alerta da trombeta para o "dia do Senhor" (Jl 2.1).

ALEXANDRE Nome de cinco homens no NT: o filho de Simão de Cirene (Mc 15.21), um parente de Anás (At 4.6), um judeu de Éfeso (At 19.33), um falso mestre (1Tm 1.19,20) e um ferreiro (2Tm 4.4).

ALEXANDRE, O GRANDE Sucessor de seu pai como rei da Macedônia e conquistador do Império Persa. Alexandre, o Grande (356-323 a.C.), foi um dos maiores líderes militares da História. Seu pai foi Filipe, rei de uma região da Grécia conhecida por Macedônia.

Quando Alexandre estava com 20 anos de idade (336 a.C.), seu pai foi morto, e ele se tornou rei. Esse ambicioso e jovem rei imediatamente começou a fazer planos para conquistar a Pérsia. A Pérsia estendia seu Império até a Ásia Menor (atual Turquia). Em 334 a.C. Alexandre levou suas tropas para a Ásia Menor onde obteve uma série de vitórias sobre os persas.

Alexandre continuou sua marcha vitoriosa para a Síria e o Egito. Depois das vitórias ali, levou suas tropas para a Pérsia, a Média e foi até o norte da Índia. Ele voltou à Babilônia, onde morreu em 323 a.C. aos 33 anos.

O legado mais duradouro de Alexandre foi a propagação da cultura grega. Em todos os lugares a que ia tentava instilá-la. Mesmo sem ter o nome mencionado na Bíblia, a cultura que ele levou à Palestina afetou grandemente o mundo bíblico, especialmente no período entre a composição do AT e do NT. Seu Império é um dos elementos do pano de fundo de Daniel. V. *Alexandria; Grécia*. — Lynn Jones

Alexandre, o Grande

Alexandre, o Grande, lutando contra Dario III na Batalha de Isso, em 333 a.C. A cena é de um mosaico do séc. I encontrado em Pompeia.

ALEXANDRIA

Farol no porto de Alexandria.

ALEXANDRIA Capital do Egito a partir de 330 a.C., fundada por Alexandre, o Grande, como centro de excelência cultural e acadêmica grega.

Cidade projetada para servir como principal porto do Egito localizada no lado ocidental do delta do Nilo. Construída sobre uma península, separava o mar Mediterrâneo e o lago Mareotis. Um passadiço (*heptastadion*, ou "sete estádios") conectava a península à ilha de Faros e dividia o porto. O farol de Faros era visto de muitos quilômetros de distância a uma altura de mais de mais de 115 metros e é lembrado hoje como uma das "Sete Maravilhas do Mundo".

A cidade era dividida em seções com um expressivo bairro judeu, a área real, a Neápolis e a necrópole no extremo ocidental. A cidade era conhecida por sua excelência cultural e acadêmica. A melhor biblioteca do mundo antigo com mais de 500 mil volumes atraía muitos estudiosos. O *Mouseion* (Museu) complementava a biblioteca como o centro de adoração das musas, as deusas da "música", da dança e das letras. Tornou-se o mais importante centro do judaísmo depois de Jerusalém. Alguns rabinos se reuniram em Alexandria para produzir a *LXX*, a tradução grega do AT. Filósofos e matemáticos gregos como Euclides, Aristarco e Eratóstenes trabalharam ali. Otávio a incorporou ao Império Romano por volta de 30 a.C. Ela se tornou

Anfiteatro romano bem preservado com lugar para 800 espectadores. Era usado para apresentações musicais, bem como para lutas.

rapidamente a segunda cidade mais importante do Império. Sua importância declinou em torno de 100 d.C.

Os judeus cultos de Alexandria disputaram com Estêvão (At 6.9). Apolo, o grande orador cristão, era de Alexandria (At 18.24), e Paulo viajava em navios daquele porto (At 27.6; 28.11). Embora os cristãos tenham sofrido perseguições ali, produziram uma escola com líderes notáveis como Clemente e Orígenes. A escola se tornou famosa pela abordagem alegórica das Escrituras. — Gary C. Huckabay

ALFA E ÔMEGA Primeira e última letras do alfabeto grego, usado em Ap para descrever Deus ou Cristo (Ap 1.8,17; 21.6; 22.13). "Alfa e Ômega" são uma referência à soberania e natureza eterna de Deus. Deus e Cristo são "o Primeiro e o Último, o Princípio e o Fim" (Ap 22.13).

ALFEU Nome pessoal. **1.** Pai do apóstolo chamado Tiago, o mais jovem, para distingui-lo de Tiago, filho de Zebedeu e irmão de João (Mt 10.3; Mc 3.18; Lc 6.15; At 1.13). Em Mc 15.40 a mãe de Tiago, Maria, estava com a mãe de Jesus diante da cruz. E Jo 19.25 diz que Maria, mulher de Clopas, estava diante da cruz. Isso parece indicar que Clopas e Alfeu são dois nomes da mesma pessoa. Alguns querem igualar Alfeu, Clopas e o Cleopas de Lc 24.18. **2.** Pai do apóstolo Levi (Mc 2.14). A comparação entre Mt 9.9 e Lc 5.27 indica que Levi era também chamado Mateus.

ALFINETE Tradução da *ARC* em Is 3.22. Um alfinete era usado para enrolar o cabelo. Versões mais recentes traduzem a palavra por "bolsa" (*ARA*, *NVI*).

ALFORJE Tradução usada pela *NVI* para uma palavra grega que pode significar bolsa ou cinto (Mt 10.9; Mc 6.8). Os viajantes amarravam as pontas soltas de suas vestes para formar uma espécie de cinto, o que lhes permitia se movimentar com mais facilidade. O interior destes cintos com frequência era usado para guardar dinheiro. Jesus encorajou seus discípulos a confiar em Deus e depender da generosidade dos outros enquanto compartilhassem o evangelho. V. *cinto*.

ALGEMA V. *cadeias, prisões*; *grilhões, correntes, vínculos*.

ALHO (Nm 11.5). V. *plantas*.

ALHO-PORÓ Pode ser o *Allium porrum*, um vegetal bulboso, ou o *Tragonella foenumgraecum*, erva semelhante à grama. Alimento egípcio comido pelos hebreus no cativeiro. Depois de uma dieta de maná no deserto, eles estavam prontos para voltar à escravidão e aos alimentos servidos lá (Nm 11.5). V. *plantas*.

ALIANÇA Promessa fundamentada em juramento em que uma parte se compromete solenemente a abençoar ou servir a outra de alguma forma específica. Às vezes o cumprimento da promessa depende da satisfação de certas condições pela parte a quem é feita a promessa. Em outras ocasiões a promessa é feita de forma unilateral e incondicional. O conceito de aliança é um tema central e unificador nas Escrituras, estabelecendo e definindo o relacionamento de Deus com os homens em todas as épocas.

No AT, a palavra hebraica traduzida por "aliança" é *berit*. O termo provavelmente é derivado do verbo *bara*, "ligar". O substantivo *berit* originariamente denotava um relacionamento de compromisso entre duas partes em que cada uma prometia realizar algum serviço pela outra. O NT, seguindo a *LXX*, usa uniformemente a palavra grega *diatheke* para dar a ideia de aliança, evitando o termo semelhante *suntheke*, que daria equivocadamente a ideia de uma aliança como um contrato mútuo em vez de uma promessa fundamentada em juramento. Isso não significa que uma aliança não possa, em alguns casos, assumir características comuns a um acordo ou contrato mútuo, mas a essência do conceito de aliança é claramente o de promessa e compromisso.

Rituais e sinais de aliança A linguagem técnica usada quando alianças eram feitas era "cortar uma aliança" (*karat berit*). Essa terminologia se referia aos sacrifícios rituais que acompanhavam o estabelecimento de alianças. Às vezes os animais sacrificados eram cortados ao meio. Em alguns rituais de aliança uma parte do animal era comida pelas partes da aliança e outra parte era queimada em honra ao seu deus. Às vezes as partes andavam simbolicamente entre as metades do animal. De todo modo, o derramamento de sangue em tais rituais significava a solenidade da aliança, cada parte jurando que não violaria a aliança sob pena de morte.

O estabelecimento de alianças muitas vezes incluía também sinais. Um sinal servia como um memorial, lembrando as partes das suas promessas. Abraão deu a Abimeleque dez ovelhas como testemunhas da sua aliança (Gn 21.30); Jacó e Labão usaram um monte de pedras (Gn 31.46-48); o sinal da aliança de Deus com Noé foi o arco-íris (Gn 9.12-15); a circuncisão era o sinal da aliança com Abraão e Moisés (Gn 17.10-14; Êx 12.47,48); e o batismo é o sinal da nova aliança (Cl 2.9-12; Rm 6.3,4).

Alianças entre pessoas A Bíblia registra muitas alianças entre seres humanos. Abraão e Abimeleque fizeram uma aliança em Berseba (Gn 21.22-34), em que Abraão prometeu ser bondoso para com a família de Abimeleque, e Abimeleque prometeu reconhecer o domínio de Abraão sobre um poço da região. Jacó e Labão fizeram uma aliança (Gn 31.44-54), jurando não fazer mal um ao outro. Jônatas e Davi fizeram uma aliança na qual Jônatas reconheceu o direito de Davi ao trono de Israel (1Sm 18.3; 23.18).

Os gibeonitas, que estavam sob a maldição de Deus para serem eliminados, enganaram Josué para que ele fizesse uma aliança para viver em paz com ele e sob sua proteção (Js 9.15). Abner fez uma aliança com Davi para liderar as tribos do Norte de Israel a romper com Is-Bosete e a se unir a Davi (2Sm 3.12,13). Salomão fez uma aliança de paz com Hirão, rei de Tiro, comprometendo seus países ao comércio bilateral (1Rs 5.12). O rei Asa conduziu Judá a fazer uma aliança para buscar ao Senhor depois de muitos anos de rebelião (2Cr 15.9-15).

Há muitas outras alianças humanas na Bíblia, algumas delas sendo mal conduzidas. Por exemplo, Oseias advertiu Israel acerca do juízo de Deus pela aliança com a Assíria (Os 12.1), e Deus castigou Asa por uma aliança com Ben-Hadade, rei da Síria (2Cr 16.2-13). As tristes consequências dessas alianças se cumpriram porque Israel confiou no poder militar estrangeiro em vez de confiar em Deus (cf. 2Cr 16.7).

De importância especial entre as alianças humanas é o casamento. Em Ml 2.14 claramente o casamento era entendido como aliança. No casamento um homem e uma mulher prometem viver juntos em um compromisso para a vida toda (Gn 2.24; Mt 19.4-6), incluindo a união sexual, o amor sacrificial e o apoio mútuo.

As alianças divinas Mais significativos nas Escrituras são as diversas alianças que Deus faz com o ser humano. Essas alianças fornecem um princípio unificador para a compreensão de toda a Bíblia e definem o relacionamento entre Deus e o ser humano. O cerne desse relacionamento pode ser encontrado na frase: "Eu serei seu Deus, e eles serão o meu povo" (cp. Gn 17.7,8; Êx 6.6,7; Lv 26.12; Dt 4.20; Jr 11.4; Ez 11.20).

A primeira aliança que Deus fez é a aliança da redenção. Uma aliança que Deus o Pai estabeleceu com Deus o Filho para redimir a humanidade caída. Em 2Tm 1.9,10 lê-se que Deus nos salvou não por obras, mas por graça que "nos foi dada em Cristo Jesus desde os tempos eternos" (*NVI*). E em Tt 1.2 Paulo declara que Deus prometeu a vida eterna da eleição "antes dos tempos eternos" (*NVI*). O termo "aliança" não está aqui, mas o conceito de uma promessa fundamentada em juramento é evidente. Essa promessa foi feita a Cristo que veio cumprir um plano eterno para salvar os que o Pai lhe deu (Jo 6.37-40; 17.1-5). Deus o Pai designou (lit. "aliançou") a ele um reino que ele por sua vez designa aos seus discípulos (Lc 22.28-30).

A aliança bíblica que aparece primeiramente é a aliança do Éden ou a aliança das obras que Deus fez com Adão no jardim do Éden (Gn 2.15-17). Em Os 6.6,7 claramente esse acordo foi uma aliança. Deus prometeu ao homem no seu estado de inocência que lhe daria vida eterna com a condição da sua perfeita obediência. A obediência seria medida pelo fato de ele se abster de comer da árvore do conhecimento do bem e do mal. No entanto, Adão e Eva comeram o fruto proibido, violando assim a aliança e caindo sob sua terrível maldição: "no dia em que dela comer, certamente você morrerá".

É importante observar que a aliança de obras não provia nenhum método de restauração. Visto que exigia perfeição, essa aliança, uma vez violada, deixou Adão e sua posteridade sem esperança. É nesse contexto que encontramos a apresentação de uma nova aliança, a aliança da graça. Depois da Queda, Deus amaldiçoou a serpente e prometeu que o descendente da mulher iria esmagar a cabeça da serpente, embora seu calcanhar fosse ferido

(Gn 3.15). Essa promessa foi uma garantia incondicional de que Deus resgataria, pela sua graça, o homem caído da maldição da aliança de obras. O NT deixa claro que o "descendente da mulher" que cumpre a promessa é Cristo (Gl 3.19; Cl 2.13-15; 1Jo 3.8). A aliança da graça, então, é a promessa de Deus de salvar a humanidade pecaminosa da maldição da Queda pela graça somente e mediante a obra redentora de Cristo. Essa obra redentora é prefigurada já em Gn 3 em que Deus aparentemente sacrifica um animal para prover a cobertura para a nudez de Adão e Eva (v. 21).

Gn 4—6 descreve o rápido declínio moral da raça humana depois da Queda que levou Deus a destruir a maioria dos seres humanos com o Dilúvio. No entanto, "a Noé [...] o Senhor mostrou benevolência" (Gn 6.8), e Deus preservou a raça humana ao instruí-lo a edificar uma arca na qual ele e sua família e as espécies animais pudessem sobreviver às águas do Dilúvio. Depois do Dilúvio, Deus estabeleceu a aliança de Noé (Gn 9.9-17), prometendo nunca mais inundar a terra. Essa aliança não exigia resposta humana. Deus de forma simples e na sua graça se comprometeu com a preservação da raça humana e das outras criaturas viventes.

A aliança bíblica seguinte é a aliança abraâmica (cp. Gn 12.1-3; 15.1-19; 17.1-14; 22.15-18). Deus chamou Abraão para ir de Ur a Canaã, prometendo fazer dele uma grande nação que por sua vez abençoaria todas as nações (Gn 12.1-3). A graça completa dessa aliança é vista claramente na cerimônia de ratificação em Gn 15. Deus proveu ao idoso Abraão que ele teria um filho e herdeiro do seu próprio corpo e que ele herdaria a terra de Canaã. Abraão creu em Deus, o que resultou em Deus declará-lo justo (v. 6). No entanto, Abraão queria uma confirmação, e perguntou: "Como posso saber que tomarei posse dela?". Em resposta, Deus pediu que Abraão cortasse diversos animais ao meio de acordo com o costume usado quando se "cortava" uma aliança. No entanto, diferentemente do costume, somente Deus passou entre as partes dos animais, significando que sua promessa era incondicional e garantida pelo seu próprio juramento de sofrer morte violenta se não cumprisse a promessa a Abraão. Deus repete seu juramento em Gn 22.18, acrescentando ainda que seria pelos descendentes de Abraão que todas as nações seriam um dia abençoadas. Paulo aplica esse substantivo singular "semente" (descendente) como referência a Cristo (Gl 3.16). É por meio de Cristo, o descendente profetizado de Abraão, que as bênçãos da aliança abraâmica se estendem a todas as nações. Paulo entende que a bênção que as nações recebem é, como no caso de Abraão, ser justificado pela fé somente, não por obras, e receber a dádiva do Espírito Santo (Gl 3.8-14).

No decorrer do tempo, os descendentes de Abraão foram escravizados no Egito. Clamaram a Deus por libertação, e porque Deus "lembrou-se da aliança que fizera com Abraão, Isaque e Jacó" (Êx 2.24), ele enviou Moisés para confrontar o faraó e libertar o povo da escravidão. Uma vez libertos, os israelitas se reuniram no monte Sinai. Ali Deus estabeleceu com eles a aliança do Sinai ou a aliança mosaica (Êx 19.5). Essa aliança tem grande semelhança com os tratados de suserania encontrados em outras nações do antigo Oriente Médio. Nesses tratados, o suserano (i.e., senhor ou rei) prometia prover governo benevolente e proteção aos povos conquistados em troca de sua lealdade. Os tratados de suserania tinham certas marcas características que encontram paralelos na aliança mosaica (Êx 19—23). Essas características incluem:

1. um prólogo histórico recapitulando o relacionamento passado entre as duas partes;
2. uma afirmação sobre as obrigações que as partes têm uma para com a outra;
3. provisões para que o tratado seja lido em público ocasionalmente; e
4. listas de bênçãos e maldições que seguem o cumprimento ou a violação do tratado.

Embora a aliança mosaica seguisse esse padrão familiar, seu propósito e conteúdo eram significativamente diferentes. Por um lado, a aliança mosaica foi estabelecida não por um ato de conquista, mas pela libertação graciosa de Deus quando tirou Israel da escravidão. Além disso, a aliança de Deus com Israel estabeleceu não simplesmente um acordo entre um suserano e seus vassalos, mas um relacionamento íntimo baseado no amor leal (heb. *chesed*).

ALIANÇA

A característica singular da aliança mosaica era a Lei, resumida nos Dez Mandamentos (Êx 20.10-17). Na promulgação da Lei, Deus estabeleceu Israel como povo e nação distintos, existindo sob seu governo teocrático. Deus prometeu a Israel que eles seriam seu tesouro pessoal, sua "nação santa", e o Senhor prometeu ser seu Deus (cf. Êx 19.5,6; 20.2). Essa promessa foi condicionada à obediência de Israel à Lei. A graça de Deus escolheu Israel para ser o receptor dessa aliança (Dt 7.7), mas esse povo foi advertido de que as bênçãos temporais seriam suas somente se obedecessem aos mandamentos dele (Dt 7.12-26; 28.1-14). A desobediência aos mandamentos de Deus resultaria em maldições desastrosas, incluindo serem "divorciados" de Deus e não serem mais seu povo especial (Dt 8.19,20; 28.15-68; cp. Jr 3.6-8; Os 1.1-8). Debaixo da lei mosaica, Israel se rebelou repetidamente contra Deus, atraindo sobre si a ira de Deus em diversas ocasiões, mas Deus na sua misericórdia limitou a severidade do seu juízo por causa da sua promessa a Abraão (cf. 2Rs 13.22,23). No entanto, a paciência de Deus por fim acabou, e ele impôs as maldições primeiramente a Israel (722 a.C.) e então a Judá (586 a.C.) pelos exílios assírio e babilônico. Mas novamente, por causa das promessas incondicionais a Abraão e Davi, Deus preservou um remanescente de Judá e o trouxe de volta à Palestina (cf. 1Rs 11.11-13; Ne 9.7,8,32).

O NT aumenta a nossa percepção do significado da aliança mosaica. O texto de Hb indica que as estipulações da aliança para os sacrifícios animais eram "sombra dos benefícios que hão de vir" e que não eram eficazes na propiciação de pecados (Hb 10.1-4). Antes, eram sinalizadores para o sacrifício substitutivo de Cristo que é o único que pode lavar os pecados (Hb 10.11-14). Paulo explica que a aliança mosaica foi acrescentada à aliança abraâmica "até que viesse o Descendente a quem se referia a promessa" (Gl 3.18,19). Isto é, Deus estabeleceu a aliança mosaica com o povo de Israel como um arranjo temporário cujo propósito seria atingido na primeira vinda de Cristo. Além disso, o propósito dessa aliança era que a Lei servisse como "o nosso tutor até Cristo" (Gl 3.24). Ela o faz ao estipular as exigências justas de Deus, que os pecadores são incapazes de satisfazer (cf. Rm 5.13,20; 8.7,8), e cuja violação traz sobre eles a ira de Deus. Percebendo sua impotência diante da Lei, os pecadores penitentes podem perceber a necessidade do Salvador e ser levados a Cristo.

Deus fez mais uma aliança incondicional, esta com Davi (2Sm 7.1-17; 23.1-5). Na aliança davídica, Deus fez a promessa de que estabeleceria para Davi um reinado perpétuo, um reinado em que seus descendentes estariam no trono de Israel para sempre. Além disso, Deus prometeu aos descendentes de Davi: "Eu serei seu pai e ele será meu filho" (2Sm 7.14). A promessa é incondicional, estando Deus determinado a cumpri-la apesar da maldade dos reis subsequentes que descendessem de Davi (1Rs 11.11-13; 2Rs 20.4-6). Sem dúvida, a destruição final da dinastia de Davi parece pôr em dúvida a perpetuidade dessa aliança, mas os profetas apontavam adiante para a restauração final do reinado de Davi (Am 9.11).

O NT também fornece uma percepção melhor da aliança davídica. Por exemplo, diversas vezes os autores do NT usaram o tema do rei como filho de Deus para conectar o rei davídico a Jesus Cristo (cf. Sl 2.6,7; Hb 1.5,6; At 13.32-34; Rm 1.3,4). Como o real Filho de Deus, ele é o cumprimento definitivo da aliança com Davi. Além disso, a ressurreição e ascensão de Cristo marcam sua coroação como rei davídico sentado no trono de Davi (At 2.29-36). E o estabelecimento da Igreja com o influxo dos convertidos dentre os gentios é entendido por Tiago como a caracterização da restauração do reinado de Deus profetizada por Amós (Am 9.11,12; At 15.13-18).

Por fim, Deus estabeleceu o que ambos os testamentos chamam de nova aliança. Jeremias foi o primeiro a expressar essa ideia (Jr 31.27-34). Na sequência da desobediência que resultou na violação da aliança por parte de Israel, Deus prometeu que ele algum dia estabeleceria uma nova aliança com Israel diferente da antiga que eles violaram. Acerca dessa nova aliança Deus diz: "Porei a minha lei no íntimo deles e a escreverei nos seus corações. Serei o Deus deles, e eles serão o meu povo [...] porque todos eles me conhecerão [...] Porque eu lhes perdoarei a maldade e não me lembrarei mais dos seus pecados" (v. 33,34). Ezequiel faz eco a esse tema, dizendo que na nova aliança Deus dará "a vocês um coração novo e porá um espírito novo em vocês [...] e os levar[á] a agirem segundo os [seus] decretos" (Ez 36.26,27). Essa nova aliança é contrastada com a antiga aliança mosaica e promete diversas bênçãos que a antiga aliança não podia prover: regeneração ou novo nascimento, o completo perdão dos pecados, o conhecimento íntimo de Deus e a certeza de que essa nova aliança é inviolável. As promessas da nova aliança significam o cumprimento de todos os propósitos redentores que Deus estabeleceu na aliança da graça, dando fim à maldição da Queda e provendo salvação plena a toda a raça humana.

Jesus anunciou o cumprimento quando instituiu a ceia do Senhor (Lc 22.20; 1Co 11.23-25). A morte substitutiva de Jesus na cruz, simbolizada pela ceia do Senhor, trouxe à vida a nova aliança e tornou a antiga obsoleta (cf. Hb 8.6-13; 9.11-15). Na nova aliança, Cristo leva ao cumprimento as promessas e os propósitos das alianças anteriores. Como indicado acima, Cristo é o "Descendente da mulher" que Deus prometeu que esmagaria a cabeça da serpente; ele é o descendente de Abraão que abençoaria todas as nações; é o alvo da lei mosaica; é o Rei que está assentado para sempre no trono de Davi. Além disso, como Cristo é "Emanuel" ou "Deus conosco" (Mt 1.23; Jo 1.14), leva à sua consumação o tema comum a todas as alianças de que Deus "será o seu Deus, e eles serão o seu povo". A nova aliança também cumpre todas as promessas veterotestamentárias acerca de Israel e da vida e do ministério do novo Israel, a Igreja (cp. Gl 6.16; 1Pe 2.9,10; At 15.14-17; Hb 11.8-16; Ap 21.12-14). É evidente que nem todas as bênçãos da nova aliança já foram completamente cumpridas. A consumação final da nova aliança aguarda o retorno de Cristo.

A unidade das alianças divinas Apesar das diferenças, as alianças divinas exigem uma unidade estrutural e temática que unifica toda a Bíblia. Sua unidade estrutural é vista no fato de que cada aliança divina sucessiva é derivada e depende das anteriores. Cada aliança forma uma nova fase em um plano divino geral. Tanto a aliança de obras quanto a aliança da graça são expressões históricas da aliança mais fundamental da redenção. A aliança da graça, em que Deus promete unilateralmente redimir de forma misericordiosa a humanidade caída, pressupõe o fracasso da aliança de obras. Mas ambas essas alianças dependem da aliança eterna feita entre Deus o Pai e Deus o Filho para redimir os pecadores do pecado e miséria. Antes do início dos tempos, Deus prometeu dar a salvação à raça humana caída. Essa promessa precisava do estabelecimento das alianças de obras e graça na história.

Todas as alianças divinas subsequentes são estágios da aliança da graça nos quais Deus desenvolve progressivamente a promessa feita em Gn 3.15. A aliança com Noé preserva a raça humana da destruição para que o descendente da mulher possa nascer. Demonstra a graça de Deus no fato de que Deus promete tolerar pacientemente a raça humana até a vinda de Cristo (cp. At 17.30). A aliança abraâmica é derivada da aliança da graça também, criando uma linhagem histórica pela qual viria o descendente prometido. Em todas as alianças subsequentes, Deus com sua graça preserva essa linhagem apesar da maldade dos descendentes de Abraão. A aliança mosaica também é parte da aliança da graça e uma extensão da aliança abraâmica. De fato, as Escrituras afirmam explicitamente que a aliança mosaica é estabelecida porque Deus "lembrou-se da aliança que fizera com Abraão, Isaque e Jacó" (Êx 2.24). Ao libertar Israel do Egito e fazer deles um povo por meio da promulgação da Lei, Deus estabeleceu um acordo no qual toda a humanidade pudesse ver sua incapacidade de viver de acordo com a aliança de obras e assim percebesse a necessidade de um Salvador. No contexto do povo de Israel, Deus também fundou a aliança davídica que proveu a monarquia divina pela qual Deus vai governar seu povo redimido por toda a eternidade. Deus também cumpriu incondicionalmente essa aliança, preservando a nação rebelde de Israel e trazendo-os de volta do exílio "por causa de mim mesmo e do meu servo Davi" (2Rs 20.4-6). Por último, a nova aliança leva a aliança da graças à sua consumação com a vida, morte, ressurreição e ascensão de Jesus Cristo que é o descendente prometido da aliança da graça. Assim, na revelação progressiva dessas alianças, podemos ver o desenrolar de um plano eterno.

A unidade da aliança é vista ainda no tema singular presente em todas elas: "Eu serei o seu Deus e vocês serão o meu povo" (cf. Gn 17.7,8). As alianças divinas foram designadas a levar seres humanos caídos a um relacionamento pessoal com Deus. Esse tema é desenvolvido nas Escrituras em conexão íntima com o "Princípio de Emanuel" que trata de Deus de fato habitando no meio do seu povo. O tabernáculo do AT era o lugar no qual Deus se encontrava pessoalmente com Israel. Quando o tabernáculo foi consagrado, o próprio Deus associou o Princípio de Emanuel ao tema da aliança: "E habitarei no meio dos israelitas e serei o seu Deus" (Êx 29.45). Cristo personifica a forma consumada desse princípio na nova aliança. Ele é chamado "Emanuel, que significa 'Deus conosco' " (Mt 1.23), e João afirma explicitamente que em Cristo Deus "tornou-se carne e viveu entre nós" (Jo 1.14). A menção final desse tema da aliança está em Ap 21.3. Depois da segunda vinda de Cristo, encontramos a promessa da aliança de Deus plena e definitivamente cumprida: "Agora o tabernáculo de Deus está com os homens, com os quais ele viverá. Eles serão os seus povos; o próprio Deus estará com eles e será o seu Deus" (NVI). — Steven B. Cowan

ALIANÇA DE SAL Muitas vezes usada no estabelecimento de alianças, provavelmente como símbolo do que preserva e previne a decomposição. A esperança era que a aliança implementada dessa forma durasse de fato (Nm 18.19; 2Cr 13.5). O sal era um elemento essencial das ofertas de cereal feitas a Deus (Lv 2.13).

ALICERCE Base da construção de um edifício; a primeira camada da estrutura que provê base sólida para a superestrutura. A rocha era o alicerce preferido (Mt 7.24). A melhor escolha era a plataforma sólida de pedras lavradas bem encaixadas (1Rs 5.17). Casas mais simples tinham alicerces de pedra bruta. Geralmente, os locais de construção eram nivelados ao se preencher as valetas do alicerce com pedregulho ou pedras pequenas. Muitas vezes, apenas o alicerce sobrava de edificações antigas. A proibição de colocar um alicerce para Jericó (Js 6.26) significava a proibição de reconstruir a cidade como lugar fortificado em vez de um lugar de habitação. O esplendor da nova Jerusalém é retratado pelo alicerce de pedras preciosas (Is 54.11; Ap 21.19).

O AT retrata a terra (terra seca) fundamentada sobre alicerces (2Sm 22.16; Sl 18.15; 82.5). Deus é retratado como o edificador que demarcou os alicerces (Pv 8.29) e colocou a pedra (Sl 104.5). Os montes (Dt 32.22; Sl 18.7) e a abóboda dos céus (2Sm 22.8; Jó 26.11) também são retratados como fundamentados sobre alicerces. O grande poder de Deus é expresso nas imagens dos alicerces da terra tremendo (Is 24.18) ou sendo expostos (2Sm 22.16) diante do Todo-Poderoso. "Desde a criação do mundo" (ARC) significa desde o tempo da Criação (Is 40.21; Mt 13.35; Jo 17.24).

O ensino de Cristo é comparado ao alicerce sólido, à rocha (Mt 7.24; Lc 6.48). O alicerce serve como metáfora da pregação inicial do evangelho (Rm 15.20; Hb 6.1,2 que esboça os temas fundamentais), dos apóstolos e profetas como a primeira geração de pregadores (Ef 2.20; cp. Ap 21.14,19) e de Cristo como o conteúdo da pregação (1Co 3.10,11).

Os alicerces de Sl 11.3 são os alicerces da vida, segurança, comunidade, justiça e religião. Pôr um bom fundamento para o futuro (1Tm 6.19) significa ser generoso e disposto a compartilhar. O fundamento de 2Tm 2.19 é um enigma. O contexto sugere que o fundamento de Deus é o núcleo de verdadeiros discípulos conhecido somente por Deus. Outras sugestões incluem Cristo, a obra de Deus, a Igreja, o ensino de Cristo e a lei eterna de Deus. — Chris Church

ALIMENTOS SACRIFICADOS AOS ÍDOLOS Causa de controvérsia na igreja primitiva centrada no que os cristãos tinham permissão para comer.

"Alimentos sacrificados aos ídolos" é a tradução de uma única palavra grega que também tem sido traduzida por "coisas sacrificadas a ídolos" (ARA). A identificação do objeto da oferta pelo termo "ídolo" sugere um nome surgido fora do paganismo do séc. I. Reflete a perspectiva de alguém que falava como judeu ou cristão.

Os sacrifícios pagãos consistiam tipicamente em três porções. Uma pequena parte era usada no ritual sacrificial. Reservava-se uma porção maior para uso dos sacerdotes ou outras pessoas que trabalhavam no templo. A porção maior seria retida pelo adorador e usada em uma de duas maneiras. A pessoa que fazia o sacrifício às vezes usava a parte retida como prato principal de uma refeição que podia ser servida no templo pagão ou próximo dele. É esse tipo de fato religioso-social que está por trás da questão levantada pela carta (1Co 8.1) da igreja de Corinto a Paulo e consequentemente é o pano de fundo da resposta de Paulo em 1Co 8. A segunda maneira de encaminhar a porção do adorador era colocá-la à venda no mercado local. A carne vendida dessa maneira seria comprada e então servida como parte da refeição familiar regular. Essa situação está refletida nos comentários de Paulo em 1Co 10.23—11.1. — *Robert Byrd*

ALJAVA Espécie de estojo de couro, levado junto ao ombro, em que eram colocadas flechas (Gn 27.3; Jó 39.23; Sl 127.5; Is 22.6; 49.2; Jr 5.16; Lm 3.13; Hc 3,9). V. *armas e armadura*.

ALMA Nas Escrituras e na história da teologia e da filosofia, a palavra "alma" tem significados variados e complexos. Ainda que muitas vezes usada na teologia popular para se referir somente à parte interior da pessoa, i.e., ao aspecto não físico de cada ser humano, nas Escrituras a palavra é usada também com outros sentidos.

Antigo Testamento Na Bíblia Hebraica a palavra geralmente traduzida como alma é *nefesh*, que ocorre cerca de 750 vezes e significa primariamente "vida" ou "possuir a vida". É usada com referência aos animais (Gn 9.12; Ez 47.9) e aos seres humanos (Gn 2.7). A palavra algumas vezes indica toda a pessoa, p. ex., em Gn 2.7, em que Deus sopra o fôlego (*neshamah*) no pó e assim faz uma "alma" (*nefesh*). Uso semelhante é encontrado em Gn 12.5, em que Abraão toma as "almas" (pessoas) que estavam com ele em Harã e segue em direção a Canaã. De igual modo, em Nm 6.6 a palavra é usada como sinônimo de corpo — o nazireu não pode se aproximar de uma *nefesh* morta (Lv 7.21; Ag 2.13).

A palavra é também usada no AT para se referir à vida interior, i.e., aos estados psicológicos ou espirituais da pessoa humana. Em Sl 42, p. ex., a alma deseja conhecer a Deus. "Como a corça anseia por águas correntes, a minha alma anseia por ti, ó Deus" (Sl 42.1). O restante deste salmo repete este desejo íntimo por Deus (v. 2,4-6,11). Em 2Rs 4.27, a alma da mulher de Suném "está em amargura" (*ARA*; *NVI*, "[a mulher] está muito angustiada"). Em 2Sm 17.8 Husai diz a Absalão: "Sabes que o teu pai e os homens que estão com ele são guerreiros e estão furiosos (lit., "com a alma — *nefesh* — arranhada) como uma ursa selvagem da qual roubaram os filhotes". Em Jó 30.25 a palavra se refere à fonte das emoções: "Não é certo que chorei por causa dos que passavam dificuldade? E que a minha alma se entristeceu por causa dos pobres?" Em Sl 107.26 a palavra é usada como sinônimo de coragem: "Subiam aos céus e desciam aos abismos. Diante de tal perigo, perderam a coragem (*nefesh*; cp 1Sm 1;10; Sl 86.4; Ct 1.7)". Pode se referir ainda às atitudes de Deus: "As vossas festas da lua nova e as vossas solenidades, a minha alma as aborrece; já me são pesadas; estou cansado de as sofrer" (Is 1.14, *ARA*; *NVI*, "Suas festas da lua nova e suas festas fixas, eu [i.e., "minha alma"] as odeio").

"Alma" no AT pode indicar apetite físico: "No entanto, vocês poderão abater os seus animais em qualquer das suas cidades e comer quanta carne desejarem [i.e., a *nefesh* de vocês]..." (Dt 12.15; cp. v. 20,23; Mq 7.1). Algumas vezes a palavra é simplesmente outra maneira de indicar a si mesmo. Desta maneira, em Jz 16.16 é dito a respeito de Sansão que Dalila o importunou tanto que "apoderou-se da alma dele uma impaciência de matar" (*ARA*; *NVI*, "[...] ela o cansava dia após dia, ficando ele a ponto de morrer"). De igual maneira, em 1Sm 18.1 é dito que "a alma (*nefesh*) de Jônatas se ligou com a de Davi, e Jônatas o amou como à sua própria alma" (*ARA*; *NVI*, "[...] surgiu uma amizade tão grande entre Jônatas e Davi que Jônatas tornou-se o seu melhor amigo"). Passagens de sentido semelhante são Sl 120.6 e Ez 18.4.

Novo Testamento A palavra *psyche* equivale em sentido, em grande medida, à hebraica *nefesh*. De modo geral, "alma" se refere à totalidade de uma pessoa. Em Rm 13.1 é dito: "Toda alma esteja sujeita às autoridades superiores" (*ARC*; *NVI*, "Todos devem sujeitar-se às autoridades governamentais"; *ARA*, "Todo homem [lit., *psyche*, "alma"] esteja sujeito às autoridades superiores"]), equivalendo desta maneira "alma" à "pessoa" (cp. At 2.41; 3.23). "Haverá tribulação e angústia para todo ser humano (*psyche*) que pratica o mal: primeiro para o judeu, depois para o grego" (Rm 2.9). No NT, "alma" também indica emoções e paixões:

"Mas os judeus que se tinham recusado a crer incitaram os gentios e irritaram-lhes os ânimos (*psyche*)" (At 14.2). Em Jo 10.24 os judeus perguntaram a Jesus: "Até quando nos deixará (nossas almas) em suspense?" Jesus também disse aos discípulos que eles deveriam amar a Deus de toda a alma (Mc 12.30), indicando algo da energia e da paixão que devem ser direcionadas ao amor a Deus.

O NT menciona a alma como algo distinguível da existência física de uma pessoa. Jesus destacou esse ponto quando disse: "Não tenham medo dos que matam o corpo, mas não podem matar a alma" (Mt 10.28). Tiago parece ter o mesmo em mente na conclusão de sua epístola: "Lembre-se disso: Quem converte um pecador do erro do seu caminho salvará a vida (= alma) dessa pessoa e fará que muitíssimos pecados sejam perdoados" (5.20; cp. Ap 6.9; 20.4). Essa pode ser a ideia encontrada em Mc 8.36: "Pois que adianta ao homem ganhar o mundo inteiro e perder a sua alma?" As Escrituras ensinam com clareza que as pessoas continuam a existir conscientemente após a morte física. Jesus indicou esse fato ao falar de Deus como sendo o Deus de Abraão, de Isaque e de Jacó, o Deus dos vivos. Eles ainda vivem, pois suas almas retornaram para Deus (Ec 12.7). Além disso, Paulo igualou estar ausente do corpo com estar presente com Cristo. Se é o aspecto "imaterial" da alma que está vivo conscientemente com Deus após a morte, aguardando a ressurreição, ou se os cristãos existem em algum tipo de forma física, uma existência ininterrupta é certa (Fp 1.23; 2Co 5.1-10; Lc 23.43).

O NT com frequência usa "alma" (*psyche*) de forma intercambiável com "espírito" (*pneuma*). Em Jo 10.17 fala de (Jesus) dar a vida (= alma, *psyche*), e em Jo 19.30 Jesus "entregou o espírito" (*pneuma*) ao morrer. Em At 27.10, 22 há o relato da perda da vida de alguém no sentido de a alma sair do corpo. Já Mt 11.29 fala do descanso da alma enquanto 2Co 7.13 do espírito de Tito encontrar descanso (*NVI*, "refrigério"). O texto de Tg 5.20 fala da salvação da alma, enquanto 1Co 5.5 fala da salvação do espírito. No estilo do paralelismo da poesia hebraica, Maria canta: "Minha alma engrandece ao Senhor, e o meu espírito se alegra em Deus, meu Salvador" (Lc 1.46,47).

Nesta passagem, espírito e alma não são partes diferentes do ser humano, mas a mesma coisa. Ainda que alguns intérpretes apelem para Hb 4.12 e 1Ts 5.23 na tentativa de distinguir os dois componentes, as vasta maioria dos textos bíblicos demonstra não haver distinção. O NT não separa totalmente a alma do espírito na pessoa, mas os vê de maneira intercambiável.

Considerações teológicas Os cristãos têm em geral assumido uma dessas duas abordagens relativas ao entendimento do relacionamento entre corpo e alma. Muitos adotam o dualismo holístico — a existência da diferença entre corpo e alma, mas os dois são mantidos unidos por Deus de modo tal que os seres humanos não são completos quando os dois elementos estão separados. Outros adotam o conceito monista de que a alma não é separada do corpo de nenhuma forma. Quase todos os defensores da segunda opinião também creem que após a morte os cristãos "dormem" e aguardam a ressurreição. À luz dos textos apresentados, isso não parece sustentável. No entanto, um erro ainda mais sério é o conceito gnóstico da inferioridade do corpo em relação à alma, por ser o corpo constituído de matéria. Quem pensa assim defende a ideia da obtenção da salvação quando a alma é liberta do corpo. Essa ideia não está em nenhum lugar das Escrituras. V. *antropologia*; *salvação*; *espírito*. — Fred Smith e Chad Brand

ALMODÁ Nome pessoal que significa "Deus é amigo". Neto de Héber e antepassado de tribos árabes (Gn 10.25,26).

ALMOFADA Tradução da *NVI* e da *NTLH* de uma palavra hebraica usada em 1Sm 19.13, 16. Outras traduções possíveis são: tecido de pelos de cabra (*ARA*) e pele de cabra (*ARC*, *BJ*).

ALMOM Nome de lugar que significa "escuridão" ou "escondido" ou "pequeno sinal de estrada". Cidade dada pela tribo de Benjamim aos levitas (Js 21.18), chamada Alemete em 1Cr 6.60. O local provavelmente é a atual Khirbet Almit.

ALMOM-DIBLATAIM Nome de lugar que significa "sinal de estrada de dois figos". Lugar de parada quase no final da peregrinação no deserto perto do monte Nebo (Nm 33.46,47). Talvez seja o mesmo que Bete-Diblataim em Jr 48.22. A localização pode ser a atual Deleilat el-Gharbiyeh que dá para três estradas.

ALMOTOLIA Tradução na *ARC* para jarro ou frasco (*NVI*), um recipiente de azeite usado para ungir (2Rs 9.1; Mc 14.3).

ALOÉ Árvore grande plantada na Índia e China, que produz resina e óleo usados na fabricação de perfumes. Balaão usou a beleza da árvore de aloés para descrever a beleza do acampamento de Israel ao abençoar os israelitas (Nm 24.6). O perfume de aloés dava o aroma às vestes do rei no seu casamento (Sl 45.8). O aloés também perfumava a cama da prostituta (Pv 7.17). O jardim da amada também inclui aloés (Ct 4.14). Nicodemos levou aloés com mirra para perfumar o corpo de Jesus para o sepultamento (Jo 19.39). V. *plantas*.

ALOM Nome pessoal que significa "carvalho". Líder da tribo de Simeão (1Cr 4.37).

ALOM-BACUTE Nome de lugar que significa "carvalho do choro". Lugar de sepultamento da ama de Rebeca perto de Betel (Gn 35.8).

ALOTE (*ACF*) Nome de lugar que significa "a altura", se não for grafado Bealote (*NVI*, *ARA*, *ARC*) "baalins" na forma feminina. Centro de atividades de Baaná, um dos 12 supervisores de distrito de Salomão (1Rs 4.16).

ALQUEIRE (*NVI*) ou **JEIRA** (*ARA*) Tradução do hebraico *tsemed*, literalmente uma "parelha" de bois. Como medida de terra, refere-se à extensão de terra que uma parelha pode arar em um dia (1Sm 14.14; Is 5.10). V. *pesos e medidas*.

AL-TACHETE (*ARC*) Palavra no título de alguns salmos (Sl 57; 58; 59; 75), transliterada letra por letra do hebraico na *ARC*, mas traduzido por "Não destruas" na *NVI* e *ARA*. Essa expressão pode indicar a melodia para o cântico do salmo.

ALTAR Estrutura usada na adoração como lugar para apresentar sacrifícios a Deus ou aos deuses.

Antigo Testamento A palavra hebraica para altar usada com mais frequência no AT é formada do verbo usado para denotar "matar, abater" e significa literalmente "lugar de matança, de abate". Altares eram usados principalmente como lugares de sacrifício, especialmente sacrifício de animais.

Ainda que os animais fossem um sacrifício comum no AT, usavam-se altares também para oferecer grãos, frutas, vinho e incenso. Os sacrifícios de grãos e frutas eram oferecidos como dízimos das colheitas ou como primeiros frutos representando a colheita. Eram apresentados em cestos ao sacerdote que colocava o cesto diante do altar (Dt 26.2-4). O vinho era oferecido com os sacrifícios de animais e pães. O incenso era queimado sobre os altares para purificá-los depois de sacrifícios de animais e para agradar a Deus com um aroma suave.

"Altar" é distinto de "templo". Enquanto o templo sugere uma construção coberta, o altar sugere uma estrutura aberta. Altar e templo frequentemente eram adjacentes, embora nem todos os altares tivessem um templo ao lado. A referência ao sacrifício de Isaque por parte de Abraão (Gn 22) pode indicar que o animal a ser sacrificado era colocado vivo sobre o altar, mas amarrado e morto no altar. Essa pode ter sido a prática no início. Na época das leis levíticas, o animal era morto diante do altar, despedaçado, e somente as partes gordurosas a ser queimadas eram colocadas no altar (Lv 1.2-9).

No AT os altares distinguiam-se pelo material usado na construção. Os altares mais simples, e talvez os mais antigos, eram altares de terra (Êx 20.24). Esse tipo de altar era feito de tijolos de barro ou constituído de um monte de terra elevado em forma de altar. Tijolos de barro eram um material de construção comum na Mesopotâmia, assim altares de tijolos de barro devem ter sido comuns na Mesopotâmia. Um altar de terra não teria sido muito prático para um povo de moradia fixa, pois a estação chuvosa todos os anos danificaria o altar ou o destruiria. Esse tipo de altar pode ter sido mais indicado para povos nômades que se mudavam com regularidade e estavam menos preocupados com um altar permanente. Isso também pode refletir a origem mesopotâmica dos hebreus, visto que os tijolos de barro eram o material de construção típico ali.

ALTAR

O altar de pedra é o mais mencionado nos registros bíblicos e o mais encontrado nas escavações na Palestina. Uma simples pedra grande podia servir de altar (Jz 6.19-23; 13.19,20; 1Sm 14.31-35). De forma semelhante, pedras não talhadas podiam ser cuidadosamente arranjadas para formar um altar (Êx 20.25; 1Rs 18.30-35). Os altares de pedra provavelmente eram a forma mais comum antes da construção do templo de Salomão. Um bom número de exemplares de altares de pedra foi escavado na Palestina. O santuário em Arade, do período da monarquia dividida (900–600 a.C.), tinha um altar de pedra assim. Os altares de pedra hebreus não podiam ter degraus (Êx 20.25,26), provavelmente em parte para distingui-los dos altares cananeus que de fato tinham degraus. Um impressionante altar circular cananeu datado entre 2500 a.C. e 1800 a.C. foi escavado em Megido. Tinha 7,6 metros de diâmetro por 1,5 metro de altura. Quatro degraus levavam ao topo do altar. Aparentemente em tempos posteriores, a proibição de degraus não foi respeitada nos altares hebreus, pois na visão de Ezequiel sobre o templo restaurado o altar tem três níveis de muitos degraus.

Altar cananeu em Hazor (norte de Israel).

Outros altares de pedra foram escavados na Palestina. Um em Berseba, também do período da monarquia dividida, era de grandes pedras talhadas e tinha, quando reconstruído, "chifres" nos quatro cantos (Êx 27.2; 1Rs 1.50). Aparentemente as restrições de Êxodo concernentes a pedras não talhadas, como as relativas aos degraus, não foram seguidas consistentemente em todo o período do AT.

O terceiro tipo de altar mencionado no AT é o altar de bronze. O altar central no pátio do templo de Salomão era um altar de bronze. Suas dimensões são apresentadas em metros como 9 de comprimento por 9 de largura e 4,5 de altura (2Cr 4.1). Contudo, não está claro se o altar era inteiramente feito de bronze ou se contava com um revestimento de bronze sobre a estrutura de pedra. Também é possível que a parte de bronze tenha sido uma grelha colocada sobre o altar que no mais era de pedra (Êx 27.4). Esse altar é mais conhecido como altar de holocaustos, ou sacrifícios totalmente queimados. O tabernáculo tinha um altar semelhante feito de madeira de acácia revestida de bronze (Êx 27.1,2). O altar do tabernáculo era menor, com 2,25 metros nos dois lados e 1,35 metro de altura. A localização do altar de holocaustos no tabernáculo e no templo de Salomão não é fornecida de forma específica. Estava situado "na" ou "diante da" porta da Tenda do Encontro — assim como o lugar em que os animais de sacrifício eram mortos. Geralmente as reconstruções do tabernáculo e do templo situam o altar no centro do pátio, mas o texto parece favorecer a localização mais próxima da entrada da estrutura do tabernáculo/templo. A razão provavelmente era situar o altar o mais próximo possível do ponto focal da presença divina, perto da própria arca da aliança.

A visão de Ezequiel do templo restaurado tinha o altar dos holocaustos localizado no centro do pátio. Embora as dimensões não sejam apresentadas completamente no texto, parece que esse altar era de cerca de 9 metros dos dois lados e 6 metros de altura (Ez 43.13-17). O altar de Ezequiel tinha três níveis sobrepostos, cada um ligeiramente menor que o anterior, e tinha degraus do leste conduzindo para o topo.

Tanto o altar do tabernáculo quanto o de Ezequiel são descritos como tendo pontas em forma de chifre. É provável que o altar de holocaustos no templo de Salomão também tivesse chifres. O altar de pedra encontrado em Berseba tem essas pontas preservadas. Evidentemente agarrar-se a essas pontas do altar era uma maneira de buscar refúgio ou proteção quando alguém era acusado de um crime sério (1Rs 1.50,51; 2.28-34; cp. Êx 21.12-14). Mais importante, as pontas do altar eram o lugar em que o sangue de um animal sacrificado era esfregado para a expiação do pecado (Êx 29.12; Lv 4.7). Jeremias descreveu de forma vívida o pecado do povo como tão severo que estava "gravado com ponta de diamante [...] nas pontas do altar" (Jr 17.1). Durante certas festas a procissão sagrada conduzia para dentro do templo e subia às pontas do altar (Sl 118.27). Possivelmente essa procissão carregava o sacrifício do animal escolhido para fazer expiação pelo pecado do povo e terminava no lugar do sacrifício.

No reinado de Acaz, o altar de bronze ou altar de holocaustos no templo de Salomão foi substituído por um altar que Acaz tinha mandado construir segundo um modelo sírio (2Rs 16.10-16). Esse altar era evidentemente maior que o altar de bronze de Salomão e foi colocado na posição central do pátio para ser o altar principal de sacrifícios.

Não há descrição bíblica do altar de holocaustos do segundo templo. No entanto, esse altar foi erigido mesmo antes de o templo ser reconstruído (Ed 3.2). Josefo descreveu o altar do templo reconstruído de Herodes. Escreveu que o altar media 50 côvados dos dois lados e 15 côvados de altura com uma rampa conducente ao topo. Com essas medidas, esse altar teria sido muito maior que os anteriores.

O quarto tipo de altar é o altar de ouro ou de incenso. Ficava localizado no Lugar Santo do santuário, próximo do Lugar Santíssimo (1Rs 7.48-50). O altar de incenso é descrito em Êx: madeira de acácia, revestido de ouro, com dimensões de 45 centímetros de cada lado e 90 centímetros de altura (Êx 30.1-6). Como o altar de holocaustos, o altar de incenso tinha pontas nos quatro cantos. Como sugere seu nome, queimava-se incenso nesse altar. O incenso servia como meio de purificação depois do abate dos animais, um sacrifício dispendioso, e também como oferta de aroma suave agradável a Deus.

Outra palavra hebraica para "altar" usada com frequência no AT significa literalmente "lugar alto" (heb. *bamah*). Esses "lugares altos" provavelmente eram plataformas elevadas nas quais se faziam sacrifícios ou outros rituais. O "lugar alto" pode ter sido um tipo de altar, embora não seja seguro afirmá-lo. O altar circular cananeu mencionado anteriormente pode ser um exemplo de "lugar alto", um lugar elevado de sacrifício e adoração.

Novo Testamento A palavra grega usada para altar traduz literalmente a expressão "lugar de sacrifício". As referências neotestamentárias

O Domo da Rocha islâmico, construído sobre a rocha que supostamente foi o altar em que Abraão quase sacrificou Isaque, bem como o local do templo de Salomão.

ALTAR DE INCENSO

aos altares dizem respeito à adoração adequada (Mt 5.23,24) e à hipocrisia na adoração (Mt 23.18-20). O altar de incenso descrito no AT (Êx 30.1-6) é mencionado por Lucas (Lc 1.11).

Diversas referências neotestamentárias a altares estão associadas a acontecimentos registrados no AT (Rm 11.3; Tg 2.21). Em Ap, João descreve um altar de ouro (Ap 9.13) que, como o altar de bronze do AT, tinha pontas.

Embora as referências ao altar e ao sacrifício de Jesus Cristo sejam poucas no NT (Hb 13.10), o tema do NT é a mensagem de que Jesus Cristo constitui o sacrifício definitivo e efetivador da reconciliação com Deus.

Significado teológico Os altares eram locais de sacrifício. Além de exercerem essa função, também eram o lugar da presença divina. As narrativas patriarcais regularmente registram a construção de um altar no lugar da teofania, o lugar em que Deus apareceu a uma pessoa (Gn 12.7; 26.24,25). Era bem natural construir um altar e comemorar a aparição de Deus com um sacrifício. Se Deus tinha aparecido uma vez num local, esse seria um bom local para ele aparecer outra vez. Assim eram apresentados sacrifícios ali com a sensação de que Deus estava presente e de que aceitaria a oferta. Com a construção do templo de Salomão, a presença divina foi associada especialmente à arca da aliança. O altar de holocaustos então passou a ter mais significado que a ideia de reconciliação ou mediação. O adorador levava o sacrifício ao altar no qual era queimado e assim oferecido a Deus. A aceitação das ofertas pelo sacerdote simbolizava a aceitação por parte de Deus, manifesta em bênçãos (Êx 20.24) e renovação da aliança. — *Joel F. Drinkard, Jr.*

Fragmentos do que provavelmente era uma base de altar escavada em um lugar alto em Láquis (Israel).

O cume do monte Carmelo no qual foram construídos o altar de Elias para Deus e altar dos sacerdotes de Baal.

ALTAR DE INCENSO V. *tabernáculo, tenda do encontro.*

ALTÍSSIMO 1. Uma designação para Deus (Lc 1.32,35,76; 6:35). No AT, "Altíssimo" geralmente ocorre como designação para o Deus de Israel quando gentios estão presentes (Gn 14.18-22; Nm 204.16, e frequentemente em Dn). No período intertestamentário, o Altíssimo se tornou uma designação muito comum para o Deus dos judeus, ocorrendo cerca de 120 vezes nos apócrifos. **2.** Tradução mais comum da palavra hebraica *Elyon*. É usada com outros nomes divinos como El (Gn 14.18) e Javé (Sl 7.17) para falar de Deus como o Ser Supremo. V. *nomes de Deus.*

ALUS Local de acampamento do povo de Israel no deserto não longe do mar Vermelho (Nm 33.13,14).

ALVA Nome pessoal de um chefe de Edom (Gn 36.40; 1Cr 1.51).

ALVÃ Nome pessoal que significa "o elevado". Descendente de Esaú, ou Seir, e portanto edomita (1Cr 1.40; Gn 36.23).

ALVORADA Primeira aparição da luz quando surge o sol. Jó 3.9 indica que as estrelas ainda são visíveis na alvorada. A alvorada é usada no sentido literal para se referir ao início do dia (Js 6.15; Jz 19.26; Mt 28.1; At 27.33). O texto de Mt 4.16 usa a figura da alvorada em Is 9.2,3 como retrato da nova era de esperança e promessa trazida por Jesus.

AMA 1. Mulher que amamenta um bebê (Gn 21.7; 1Sm 1.23). Nos tempos do AT, as crianças eram geralmente amamentadas até os três anos (1Sm 1.22-24). O desmame era um tempo de celebração (Gn 21.8). Era comum a própria mãe amamentar seu filho; no entanto, algumas vezes uma ama de leite poderia ser empregada (Êx 2.7). A ama poderia continuar a ser um membro honrado da família mesmo depois do crescimento da criança (Gn 24.59; 35.8). Paulo comparou a gentileza de sua abordagem missionária à mãe que amamenta os filhos (1Ts 2.7). **2.** Mulher que cuida de uma criança como governanta ou babá (Rt 4.16; 2Sm 4.4). **3.** Quem toma conta de doentes (1Rs 1.2,4).

AMÁ 1. Colina perto de Gia, no território de Gibeom, entre Jerusalém e Betel. Ali Joabe e Abisai perseguiram Abner depois que ele matou Asael, irmão deles (2Sm 2.24). **2.** Seu nome significa "meu povo", e foi dado a Israel por Oseias em contraste com o nome Lo-Ami (Os 1.9) que significa "não meu povo". O nome Lo-Ami foi dado ao terceiro filho de Gômer, mulher do profeta Oseias, para anunciar o fato de Deus ter rejeitado Israel. O nome "Ami" era o novo nome a ser dado ao Israel restaurado no dia da redenção.

AMÃ Nome de lugar no sul de Judá (Js 15.26).

AMADE Nome de lugar de significado desconhecido. Cidade atribuída à tribo de Aser (Js 19.26).

AMAL Nome pessoal que significa "trabalhador" ou "transtorno". Líder da tribo de Aser (1Cr 7.35).

AMALEQUITA Tribo nômade de pessoas temíveis, os primeiros a atacar Israel depois do êxodo em Refidim. Descendentes de Amaleque, o neto de Esaú (Gn 36.12), habitantes da região desértica do nordeste da península do Sinai e do Neguebe. Foram os primeiros a atacar Israel depois do Êxodo (Nm 24.20). Israel ganhou a primeira batalha (Êx 17.8-16), mas depois foi empurrado de volta ao deserto do Sinai por uma coligação de amalequitas e cananeus (Nm 14.39-45). Depois disso os amalequitas travaram uma guerra selvagem de guerrilha contra Israel (Dt 25.17-19). O combate continuou depois de Israel ter se estabelecido em Canaã. Por suas atrocidades, Deus ordenou a Saul o extermínio dos amalequitas (1Sm 15.2,3). Saul desobedeceu, e os amalequitas não foram derrotados completamente até o final do séc. VIII a.C. (1Cr 4.43). Nenhum dado arqueológico acerca dos amalequitas foi encontrado até hoje. V. *Êxodo; Neguebe.*

AMANA Nome de lugar que significa "confiável". Pico de montanha na cadeia do Antilíbano no qual os amantes se encontravam e depois desciam.

AMANTE Parceiro sexual ilícito (Ez 23.20, *NVI, ARA, ARC*). A *NTLH* traduz o termo por "homens sensuais", a *TEB* como "concubino" e a *BJ* como "libertinos".

AMANUENSE Pessoa contratada para copiar manuscritos ou escrever por ditado. O texto de Rm 16.22 identifica Tércio como o redator da carta (cf. Cl 4.18; 1Pe 5.12). V. *escriba.*

AMARELO Duas palavras hebraicas são vertidas para "amarelo". *Charuts* (Sl 68.13) se refere a ouro fortemente ligado com prata ou à cor pálida da pele doente (Lv 13.49). *Tsahob* (Lv 13.30,32,36) designa a cor de cabelo em um pedaço de pele que permite ao sacerdote saber que se trata de lepra. O significado básico de *tsahob* é "luzindo" e representa o vermelho vivamente brilhante ou o ouro. V. *cores.*

AMARGO, AMARGOR, AMARGURA 1. Erva amarga e venenosa (talvez a *Citrulus colocynthis*, cujo suco acredita-se tenha sido o veneno da "cicuta" que Sócrates tomou. Ervas amargas na Bíblia com frequência estão ligadas a uma realidade muito desagradável (Dt 29.18; Jr 9.15; 23.15; Lm 3.19; Am 6.12), para denotar angústia e tragédia. A ideia de amargor ou amargura com frequência está associada à infidelidade em relação a Deus, ou como uma ilustração de quem é infiel (Dt 29.18) ou como sua punição. As traduções modernas em geral traduzem a palavra hebraica não literalmente, mas à luz do contexto no qual a palavra é usada ("veneno amargo", Dt 29.18; "água envenenada", Jr 8.14; 9.15; 23.15; "veneno", Am 6.12). Em Lm 3.19 a palavra é traduzida por "amargura". Na cruz, ofereceram a Jesus vinho misturado com fel, provavelmente ópio, mas ele recusou (Mt 27.34; cp. Sl 69.21, "vinagre"). Simão, o Mago, foi descrito como "cheio de amargura" (At 8.23) porque desejava prostituir o dom do Espírito Santo. V. *fel*. **2.** Expressão de duas palavras hebraicas diferentes, usada em três sentidos em conexão como fígado: 1) um órgão, ou o fígado ou a vesícula biliar, que podia ser atravessado por uma espada (Jó 20.25); 2) a bílis, um fluido alcalino amarelo-esverdeado excretado pelo fígado, que era derramado no chão quando alguém era destripado (Jó 126.13); 3) em sentido figurado (Jó 13.26), para designar "coisas amargas".

AMARIAS Nome pessoal que significa "Javé falou". Nome popular, especialmente entre os sacerdotes, depois do exílio. Comentários bíblicos breves tornam difícil distinguir com certeza o número de indivíduos com esse nome. **1.** Sacerdote na linhagem de Arão (1Cr 6.7,52; Ed 7.3). **2.** Sacerdote na linhagem sumo sacerdotal depois do tempo de Salomão (1Cr 6.11). **3.** Filho de um sacerdote de Hebrom da linhagem de Moisés (1Cr 23.19; 24.23). **4.** Chefe dos sacerdotes e juiz superior das questões da lei religiosa da época do rei Josafá (2Cr 19.11). **5.** Sacerdote da época de Ezequias responsável por distribuir os recursos do templo de Jerusalém para os sacerdotes nas cidades levíticas fora de Jerusalém (2Cr 31.15). **6.** Homem com mulher estrangeira da época de Esdras (Ed 10.42). **7.** Sacerdote que assinou o acordo de Neemias para obedecer à Lei (Ne 10.3). **8.** Antepassado de um membro da tribo de Judá que viveu em Jerusalém no tempo de Neemias (Ne 11.4). **9.** Sacerdote que voltou com Zorobabel do exílio na Babilônia para Jerusalém (Ne 12.2). **10.** Líder de uma família de sacerdotes de Judá depois do exílio (Ne 12.13). **11.** Antepassado de Sofonias, o profeta (Sf 1.1).

AMARNA, TEL EL Sítio arqueológico localizado a cerca de 300 quilômetros ao sul do Cairo, Egito, no qual, em 1888, foram encontradas 300 tábuas de argila que descreviam o período da História em que os israelitas estavam na escravidão do Egito. Amarna não é citada pelo nome na Bíblia. Tel el-Amarna está situada na margem esquerda do rio Nilo. O nome para a região de Tel el-Amarna foi aparentemente cunhado em torno de 1830 por John Gardner Wilkinson quando ele combinou o nome da vila, Et-Till, com o nome do distrito em volta, El-Amarna. O uso da palavra "tel" no nome é enganoso. Em árabe significa "monte", "colina", geralmente associado a alguma escavação arqueológica, e se esperaria por isso que o sítio fosse constituído de diversos níveis, indicando períodos sucessivos de ocupação. No entanto, esses níveis inexistem em Tel el-Amarna.

Trata-se também da localização atual da antiga cidade egípcia de Aquenáton. Essa cidade foi construída como a nova capital de um jovem faraó, Amen-hotep (ou Amenófis) IV, que estava no poder em meados do séc. XIV a.C.

As chamadas cartas de Amarna foram escritas em acádio, a língua internacional da época. Essas cartas eram principalmente comunicações diplomáticas entre o Egito e os territórios controlados por ele, incluindo Síria e Palestina. Governantes de pequenas cidades-estado palestinas incluindo Siquém, Jerusalém e Megido queixavam-se de maus tratos por outros governantes e pediam ajuda egípcia. Essas cartas evidenciam a inquietação, desunião e instabilidade política na área por volta da conquista hebreia. A referência aos *habiru* tem intrigado os estudiosos, mas ainda não foram feitas conexões definitivas com os hebreus.

Em anos recentes os arqueólogos fizeram uma análise petrográfica dessas tábuas para determinar sua composição química e procedência. As cartas enviadas pelos reis cananeus de Hazor, Siquém e Láquis foram consideradas procedentes de fato dessas cidades. Outras tábuas de Amarna parecem ter sido feitas no Egito. Uma explanação é o fato de que os egípcios faziam cópias de correspondência estrangeira. — *Hugh Tobias e Steve Bond*.

AMASA Nome pessoal que significa "fardo" ou "carregar um fardo". **1.** Capitão do exército de Judá, substituto de Joabe na rebelião de Absalão contra seu pai Davi (2Sm 17.25). Parente de Davi, mas os textos não determinam com exatidão o grau de parentesco. Abigail era mãe de Amasa. Seu pai era ou Itra/Jéter (2Sm 17.25) um israelita segundo algumas versões (*ARC*, *NVI*), ou Itra/Jéter um ismaelita segundo outras (*ARA*. cp. nota *NVI*) (em 1Cr 2.17 as versões são unânimes em afirmar que ele era ismaelita). Ela foi irmã de Zeruia, mãe de Joabe (2Sm 17.25) ou irmã de Davi e de Zeruia, mãe de Joabe (1Cr 2.16). Quando ele derrotou as forças rebeldes e Joabe assassinou Absalão (2Sm 18.14), Davi fez insinuações a favor de Judá ao convidar Amasa como seu parente para assumir o comando do seu exército (2Sm 19.13). Quando chamado à batalha, Amasa apareceu tarde demais (2Sm 20.4,5). Joabe marchou entre o exército de Davi de forma astuta e matou Amasa (2Sm 20.10). Isso serviu como razão para Davi orientar Salomão a eliminar Joabe (1Rs 2.5) e, portanto, razão para Salomão matar Joabe (1Rs 2.28-34). **2.** Líder da tribo de Efraim que impediu os soldados de Israel de manterem cativos os homens do exército do rei Acaz de Judá, sabendo que isso era pecado (2Cr 28.12-14).

AMASAI Nome pessoal que significa "carregador de fardo". **1.** Levita na linhagem de Coate (1Cr 6.25). **2.** Levita na linhagem de Coate e do músico Hemã (1Cr 6.35), identificado muitas vezes com 1. **3.** Chefe dos capitães de Davi, que recebeu inspiração profética do Espírito (1Cr 12.18). Observe que ele não aparece em 2Sm 23. **4.** Sacerdote e músico que tocou as cornetas diante da arca da aliança de Deus no tempo de Davi (1Cr 15.24). **5.** Levita, pai de Maate, que ajudou a purificar o templo nos dias de Ezequias (2Cr 29.12).

AMASIAS Nome pessoal que significa "Javé tem apoiado". Um dos capitães de Josafá (2Cr 17.16).

AMASSAI Nome pessoal que significa "Javé carregou". Um dos capitães de Josafá (2Cr 17.16).

AMASSAR, AMASSADEIRA Processo de preparar a massa do pão, misturando com as mãos farinha, água e óleo, com um pouco da massa do dia anterior, em uma amassadeira (tipo de vasilha ou recipiente). A mistura era deixada na amassadeira para crescer e fermentar (Êx 12.34). Amassar era geralmente trabalho de mulheres (Gn 18.6; 1Sm 28.24), mas em algumas ocasiões era algo feito pelos homens (Os 7.4). A amassadeira poderia ser feita de madeira, cerâmica ou bronze e era o objeto da bênção ou da maldição de Deus (Dt 28.5,17; Êx 8.3).

AMAÚ (*BJ*) Nome de lugar que significa "povo dele". A expressão hebraica *erets bnei amo* é traduzida por "terra dos filhos do seu povo" (*ARA*, *ARC*), ou "sua terra natal" (*NVI*), ou "terra dos filhos de Emaú" (*BJ*) em Nm 22.5. Esse nome de lugar também aparece na "Inscrição de Idrim" de cerca de 1450 a.C. e numa inscrição de um túmulo egípcio. Estava localizada a oeste do rio Eufrates ao sul de Carquemis e incluía Petor, a cidade natal do profeta Balaão.

AMAZIAS Nome pessoal que significa "Javé é poderoso". **1.** Simeonita (1Cr 4.34). **2.** Levita e descendente de Merari (1Cr 6.45). **3.** Sacerdote de Betel que enviou o profeta Amós para casa, dizendo que este não tinha o direito de profetizar contra o rei Jeroboão II de Israel (789-746 a.C.) no lugar de adoração do rei (Am 9.10-17). **4.** Nono rei de Judá, filho de Joás e pai de Uzias (797-767 a.C.). Tinha 25 anos quando subiu ao trono. E vingou de imediato o assassinato do pai, morto por oficiais da corte. Amazias foi incomumente misericordioso na vingança, pois matou apenas os oficiais culpados, não os filhos deles (2Rs 14.5,6).

Entre as realizações de Amazias, recrutou um exército para Judá, composto de homens de 20 anos ou mais. Também contratou mercenários de Israel, mas desistiu de empregá-los por orientação de "um homem de Deus" (2Cr 25.7). Amazias levou seu exército a Seir, onde derrotou com facilidade os edomitas, tornando-os novamente sujeitos a Judá. Mas na volta levou ídolos edomitas a Jerusalém e os adorou.

Animado com a vitória em Edom, Amazias desafiou Joás, rei de Israel, à batalha. Embora Joás tentasse evitar um conflito, Amazias insistiu e foi derrotado por Israel. O templo e o palácio real foram saqueados, os muros de Jerusalém rompidos e Amazias levado prisioneiro. Amazias sobreviveu a Joás por 15 anos. Por causa de uma conspiração contra ele, fugiu a Láquis, mas foi assassinado ali. V. *cronologia do período bíblico; Jeoadã; Uzias*. — Ronald E. Bishop

ÂMBAR

ÂMBAR Resina translúcida de tom marrom ou amarelo que aceita polimento. O termo aparece assim na *ARC* e *ACF* e é também traduzido por "metal reluzente" (*NVI*) ou "metal brilhante" (*ARA*) (Ez 1.4,27; 8.2). Alguns pensam que as traduções grega (*LXX*) e latina (*Vulgata*) sugerem uma substância conhecida como "eletro" — uma liga metálica de ouro e prata, refletida na *TB*, "brilho de electro", nas ocorrências de Ez. V. *joias, joalheria*.

AMÉM Transliteração de palavra hebraica que indica algo como certo, seguro e válido, verdadeiro e fidedigno. Às vezes é traduzido por "assim seja". No AT é usado para mostrar a aceitação da validade de uma maldição ou juramento (Nm 5.22; Dt 27.15-26; Jr 11.5), para indicar a aceitação de uma notícia boa (Jr 28.6) e para se unir e participar da doxologia no contexto de adoração para confirmar o que foi dito (1Cr 16.36; Ne 8.6; Sl 106.48). "Amém" pode confirmar o que já é, ou pode indicar a esperança de algo desejado. Na oração judaica o "amém" vem no fim como resposta afirmativa à declaração ou desejo expressos por outros, e é usado dessa forma nas epístolas do NT (Rm 1.25; 11.36; 15.33; 1Co 16.24; Gl 1.5; Ef 3.21; Fp 4.20). Paulo termina algumas de suas cartas com "amém" (Rm 16.27; Gl 6.18). Autoridades antigas acrescentaram o "amém" a outras cartas, mas as versões o mantêm somente nas notas.

Nos evangelhos Jesus usou o "amém" para confirmar a veracidade das próprias afirmações. As traduções em português muitas vezes usam "em verdade, em verdade", "em verdade vos digo" ou "eu lhes asseguro" para traduzir o "amém" de Jesus. Ele nunca o disse no fim de uma afirmação, mas sempre no começo: "Digo-lhes a verdade" (Mt 5.18; 16.28; Mc 8.12; 11.23; Lc 4.24; 21.32; Jo 1.51; 5.19). No evangelho de Jo, Jesus usou a expressão repetida "amém, amém". O fato de Jesus prefaciar as próprias palavras com "amém" é especialmente importante, pois ele afirmou que o Reino de Deus estava ligado a si e enfatizava a autoridade do que dizia.

Jesus é chamado "o Amém" em Ap 3.14, demonstrando que ele mesmo é a testemunha de Deus verdadeira e confiável. Talvez o autor tivesse em mente Is 65.16, em que o hebraico traz "o Deus do Amém" ("Deus da verdade", *NVI*, *ARA*, *ARC* etc.). — *Roger L. Omanson*

AMENDOEIRA Árvore grande que produz amêndoas. Destacada como a primeira árvore que floresce (janeiro) e pela bela florescência branca ou rosa. Jacó usou galhos de amendoeira como artifício de reprodução para aumentar seus rebanhos (Gn 30.37). Enviou amêndoas como um dos melhores frutos da terra para satisfazer o governante egípcio (Gn 43.11). As taças do tabernáculo tinham decorações em forma de flor de amêndoa (Êx 25.33,34). A vara de Arão milagrosamente produziu amêndoas maduras, mostrando que ele e sua tribo eram os únicos sacerdotes escolhidos (Nm 17.8). A aparição precoce da florescência branca da amendoeira aparentemente serve de ilustração do branqueamento do cabelo da pessoa que envelhece, ressaltando ao autor de Ec a certeza da morte (Ec 12.5). A primeira florescência significava para Jeremias que a amendoeira esperava a primavera e deu ao profeta o jogo de palavras entre a amendoeira (heb. *shaqed*) e sua tarefa de esperar e vigiar (heb. *shoqed*) (Jr 1.11).

AMETISTA Variedade de pedra lilás escura da família dos óxidos de alumínio. Era usada no peitoral do sumo sacerdote (Êx 28.19; 39.12) e surge como a décima segunda pedra nos muros do fundamento da cidade da nova Jerusalém (Ap 21.20). V. *joias, joalheria; minerais e metais*.

AMI Nome pessoal de significado incerto. Servo no templo depois do exílio pertencente ao grupo chamado "descendentes dos servos de Salomão" (Ed 2.55-57). Ami é aparentemente chamado Amom em Ne 7.59.

AMIEL Nome pessoal que significa "povo de Deus" ou "Deus é do meu povo", i.e., Deus é meu parente. **1.** Espião, representante da tribo de Dã, enviado por Moisés para observar a terra prometida. Ele foi um dos dez que trouxeram más notícias e lideraram o povo na recusa a entrar na terra (Nm 13.12). **2.** Pai de Maquir, em cuja casa Mefibosete, filho de Jônatas e neto de Saul, viveu depois da morte de seu pai e avô. A família vivia em Lo-Debar (2Sm 9.4; 17.27). **3.** Pai de Bate-Sua, mulher de Davi (1Cr 3.5, *ARC*). O texto de 2Sm 11.3 fala de Bate-Seba, filha de Eliã. Muitos estudiosos da Bíblia pensam que esses versículos falam da mesma pessoa, apenas os nomes foram ligeiramente alterados no processo de cópia dos manuscritos. **4.** Guarda da porta do templo apontado por Davi (1Cr 26.5).

AMIGO DO REI Título de um oficial da corte (1Rs 4.5). O amigo do rei era conselheiro e companheiro do monarca. Ele agia parcialmente como secretário de Estado. Husai evidentemente tinha essa posição na corte de Davi; Zabude exercia a função na corte de Salomão.

AMIGO, AMIZADE Relacionamento próximo de confiança entre duas pessoas. Em nenhum lugar a Bíblia apresenta uma definição concisa de "amigo" ou "amizade". Em vez disso, tanto o AT quanto o NT apresentam a amizade em suas diferentes facetas.

Duas raízes hebraicas, *r'h* e *'hb*, são usadas para descrever amizade. *R'h* denota o associado ou companheiro, enquanto *'hb* denota o objeto da afeição ou devoção — o amigo. Consequentemente, a amizade pode ser uma simples associação (Gn 38.12; 2Sm 15.37) ou companheirismo afetuoso, sendo o exemplo mais destacado aquele entre Davi e Jônatas, filho de Saul (1Sm 18.1,3; 20.17; 2Sm 1.26).

A amizade, no entanto, não era limitada a associados terrenos. O AT também ressalta a amizade entre Deus e as pessoas. O relacionamento entre Deus e Moisés (Êx 33.11) é associado à amizade porque eles conversavam face a face. Tanto 2Cr 20.7 quanto Is 41.8 caracterizam Abraão como amigo de Deus. A amizade entre Deus e seu povo é mencionada em Is 5.1-7, o Cântico da vinha. O texto de Pv traz a maioria das referências à amizade, quase todas advertindo contra amizades duvidosas ou exaltando as virtudes da verdadeira amizade (14.20; 17.17,18; 18.24; 19.4,6; 22.11,24; 27.6,10,14).

No NT, a palavra predominante para amigo é *philos*. A palavra derivada, *philia*, é usada muitas vezes para amizade. Jesus é descrito como o "amigo de [...] 'pecadores' " (Mt 11.19). Ele chamou seus discípulos de "amigos" (Lc 12.4; Jo 15.13-15). O NT ressalta a conotação entre amigos e alegria (Lc 15.6,9,29), bem como adverte da possibilidade de amigos se mostrarem falsos (Lc 21.16). Fazendo eco ao AT, Tiago apontou para Abraão, amigo de Deus, como alguém cuja fé ativa deve ser imitada (Tg 2.23).

Tiago também advertiu contra a amizade com o mundo (Tg 4.4).

Somente em 3Jo 14 "amigo" é autodenominação para cristãos. Como meio de descrever as relações entre membros de igreja, a amizade era ofuscada pelo modelo das relações familiares, entre irmãos e irmãs (1Tm 5.1-3; 1Pe 1.22; 2.17). V. *Davi; Jônatas; amor; próximo.* — *William J. Ireland Jr.*

AMINADABE Nome pessoal que significa "meu povo dá generosamente". **1.** Genro de Arão (Êx 6.23). Pai de Naassom, que liderou a tribo de Judá no deserto (Nm 1.7). Antepassado de Davi (Rt 4.19) e de Jesus (Mt 1.4; Lc 3.33). **2.** Filho de Coate na genealogia dos levitas (1Cr 6.22), mas essa pode ser uma alteração do nome Isar, feita por um copista (Êx 6.18,21). **3.** Chefe de uma família de levitas (1Cr 15.10) que ajudou a carregar a arca da aliança para Jerusalém (1Cr 15.11-29).

AMINADIB A *BJ* toma essas palavras como nome pessoal em Ct 6.12 (assim também na *KJV*). A maioria das versões modernas expressa incerteza acerca da tradução desse versículo. Algumas traduções modernas traduzem *ammi-nadiv* por "meu nobre povo" (*ARA*) ou "meu povo excelente" (*ARC*), enquanto outros traduzem por "um príncipe ao meu lado" (*NVI*). Algumas versões entendem que o versículo é falado pelo amado. A *NRSV* interpreta as palavras do v. 12 como vindas da amada que falou da sua fantasia (talvez sua imaginação) colocando-a num carro ao lado do seu príncipe. Por causa da confusão, James Moffatt nem tentou traduzi-la.

AMISADAI Pai de Aieser, líder da tribo de Dã no deserto (Nm 1.12). Este nome significa "povo do Todo-poderoso".

AMITAI Nome pessoal que significa "leal", "verdadeiro". Pai do profeta Jonas que vivia em Gate-Héfer (2Rs 14.25).

AMIÚDE Nome pessoal que significa "meu povo é esplêndido". **1.** Pai de Elisama, representante da tribo de Efraim para ajudar Moisés na peregrinação no deserto (Nm 1.10). Ele apresentou as ofertas da tribo na consagração do altar (7.48) e a liderou na marcha (10.22).

AMIZABADE

Era avô de Josué (1Cr 7.26). **2.** Pai de Samuel da tribo de Simeão, que ajudou Moisés, Eleazar e Josué na distribuição da terra entre as tribos (Nm 34.20). **3.** Pai de Pedael, da tribo de Naftali, que ajudou na distribuição da terra (Nm 34.28). **4.** Pai do rei de Gesur a quem Absalão fugiu depois de matar seu irmão Amnom (2Sm 13.37). **5.** Membro da tribo de Judá que retornou do exílio (1Cr 9.4).

AMIZABADE Nome pessoal que significa "meu povo dá". Filho de Benaia, um dos capitães do exército de Davi (1Cr 27.6).

AMNOM Nome pessoal que significa "confiável, fiel". **1.** Primogênito do rei Davi (2Sm 3.2) que violentou sua meia-irmã Tamar. Absalão, irmão de Tamar, vingou esse ultraje matando Amnom (2Sm 13.1-20). O incidente marcou o início do declínio da família de Davi depois do seu relacionamento adúltero com Bate-Seba e o assassinato de Urias. V. *Davi*. **2.** Membro da tribo de Judá (1Cr 4.20).

AMOM Nome pessoal que significa "fiel". **1.** Governador de Samaria quando Josafá era rei de Judá, que seguiu ordens do rei de Israel e colocou o profeta Micaías na prisão (1Rs 22.26). **2.** Rei de Judá (642 a.C.) sucessor de Manassés. Seguiu a infame idolatria de seu pai e foi morto numa revolta no palácio (2Rs 21.19-23). O povo de Judá, por sua vez, matou os rebeldes. O bom rei Josias, filho de Amom, sucedeu-o no trono. V. Mt 1.10. **3.** Antepassado de membros dos servidores do templo depois do exílio (Ne 7.59), chamado Ami em Ed 2.57. **4.** Deus egípcio adorado em Tebas; Jeremias ameaçou esse lugar com a destruição divina (Jr 46.25).

AMOM, AMONITAS Território a leste do Jordão aproximadamente equivalente ao atual país da Jordânia. Os amonitas eram um povo semita residente no nordeste do mar Morto na região em volta de Rabá que batalhou muitas vezes contra os israelitas pela posse da fértil região de Gileade. Amom, o reino dos amonitas, pouco passava de uma cidade-estado, consistindo na própria capital, Rabá, ou Rabá dos amonitas ("cidade principal" ou "cidade principal dos amonitas") e no território vizinho imediato. Rabá estava localizada na nascente do rio Jaboque, onde o extremo sudeste de Gileade dá passagem para o deserto. A produtividade agrícola de Gileade, as águas do próprio rio Jaboque e das fontes relacionadas, bem como a posição naturalmente defensável de Rabá destinaram-na a ser uma cidade de importância mediana em tempos antigos. A proximidade dos amonitas em relação a Gileade posivionava-os como inimigos permanentes dos israelitas, pois reivindicavam a posse de Gileade e na verdade controlaram essa região durante o reinado de alguns reis fortes como Davi, Onri, Acabe e Jeroboão II.

A maior parte da informação sobre os amonitas vem do AT, embora sejam mencionados ocasionalmente nos registros assírios. Sabemos destes, p. ex., que um rei amonita chamado Ba'sha defendeu a Síria-Palestina contra Salmaneser III em 853 a.C. com Acabe, de Israel, e outros reis da região. Uma inscrição amonita chamada *Inscrição da Garrafa de Siran*, e diversos selos e impressões de selos forneceram informações adicionais acerca dos amonitas.

Os arqueólogos até agora escavaram apenas parte do sítio da antiga Rabá (chamada "cidadela" no centro da moderna cidade de Amã). A região em volta é em grande parte inexplorada. Além da inscrição e dos selos mencionados, o busto de um guerreiro (ou deus) amonita e os restos de uma torre redonda de pedras supostamente amonitas são descobertas arqueológicas significativas que lançam luz sobre os amonitas.

Houve conflitos entre amonitas e israelitas já no período dos juízes. Os amonitas fizeram guerra contra os israelitas de Gileade, e os israelitas recorreram a Jefté, líder de um bando local de renegados, para sua reorganização e liderança na resistência. Jefté aceitou o desafio, mas somente depois de exigir a promessa dos anciãos de Gileade de que, se ele de fato tivesse êxito em derrotar os amonitas, eles o proclamariam chefe de todos os moradores de Gileade. Ao mesmo tempo ele prometeu a Javé: "Se entregares os amonitas nas minhas mãos, aquele que estiver saindo da porta da minha casa ao meu encontro, quando eu retornar da vitória sobre os amonitas, será do Senhor, e eu o oferecerei em holocausto" (Jz 11.30b,31). Jefté venceu, e os gileaditas se submeteram ao seu governo, mas então sua pequena filha veio ao encontro dele (Jz 10.6—11.40).

Em outra ocasião os amonitas atacavam a cidade de Jabes-Gileade e os homens de Jabes tentaram negociar os termos de uma rendição; no entanto, os amonitas exigiram arrancar o olho direito de cada homem da cidade. Em desespero, os homens de Jabes enviaram mensageiros para pedir socorro a Saul em Gibeá. Saul organizou um exército, apressou-se a socorrer Jabes e furou o cerco. Consequentemente, os habitantes de Jabes foram fortes apoiadores de Saul nos anos posteriores (1Sm 11; 31.11-13). O rei amonita derrotado por Saul em Jabes foi Naás. Supostamente esse foi o mesmo Naás com quem Davi teve boas relações, mas cujo filho Hanum retomou as hostilidades (2Sm 10.1—11.1; 12.26-31). As guerras entre Israel e Amom incluíram batalhas entre as tropas de Davi e as de Hadadezer de Zobá (2Sm 10.6-19) e deram ocasião para o relacionamento de Davi com Bate-Seba. Urias, marido de Bate-Seba, foi morto num ataque aos muros de Rabá (2Sm 11—12).

Não há relatos de guerra contra os amonitas no reinado de Salomão. Ao contrário, Salomão tomou uma ou mais mulheres amonitas e permitiu a adoração a Moloque, o deus amonita, em Jerusalém (1Rs 11.1-8). Supostamente a adoração a Moloque continuou em Jerusalém até ser eliminada por Josias (2Rs 23.13). Sabemos pouco acerca das relações entre os amonitas e Israel, ou Judá, nos primeiros cinquenta anos dos reinos divididos, provavelmente porque nenhum dos reinos hebreus tentou exercer influência na Transjordânia. A coligação de reis siro-palestinos, que incluiu Ba'sha de Amom e Acabe de Israel, barrou a marcha de Salmaneser, rei da Assíria, em 853 a.C. No entanto, o êxito foi somente temporário. Mais tarde Salmaneser entrou no centro da Siro-Palestina, arrecadando tributos dos israelitas e, embora não esteja registrado, provavelmente também dos amonitas. A certa altura, todos os pequenos reinos da região se renderam aos assírios e foram ou incorporados no sistema de províncias dos assírios ou controlados como satélites. Os reis amonitas pagaram tributos a Tiglate-Pileser III, Senaqueribe e Esar-Hadom.

Os israelitas reconheceram os amonitas como parentes, embora mais distantes que os edomitas. Essa relação se expressou de forma genealógica. Especificamente, os amonitas descendiam do antepassado chamado Ben-Ami, um dos filhos de Ló com suas filhas. Os moabitas eram descendentes do outro filho (Gn 19.30-38). Os amonitas também são mencionados de tempos em tempos na literatura poética de Israel. V., p. ex., o oráculo de Amós contra os amonitas em Am 1.13-15.

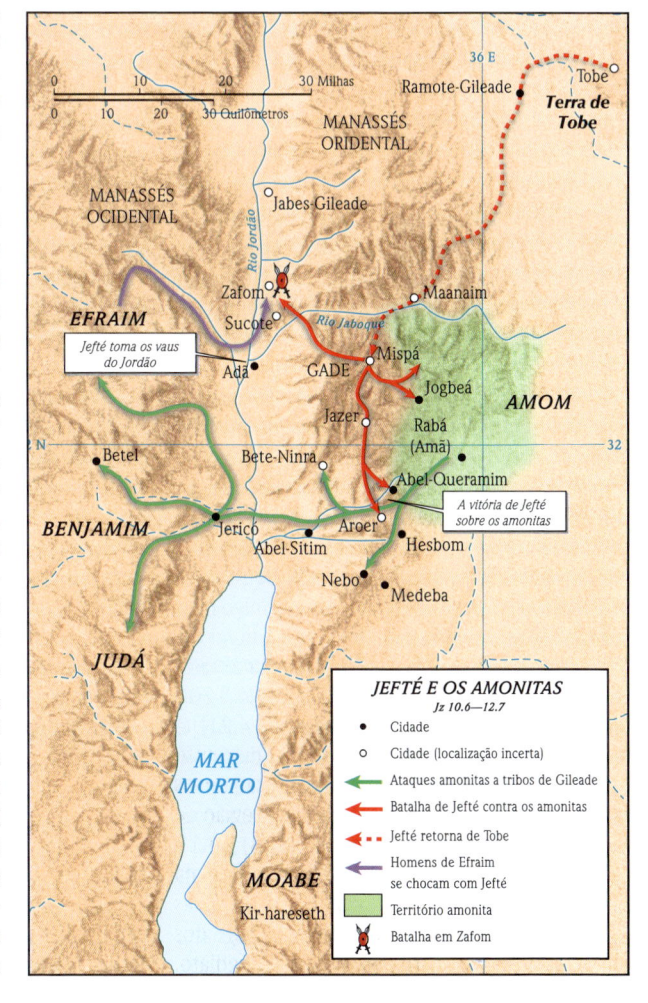

Rabá aparentemente foi reduzida a um assentamento insignificante no séc. III a.C. quando Ptolomeu II Filadelfo (285-246) reconstruiu a cidade e a renomeou "Filadélfia", de acordo com seu nome. Filadélfia passou a ser considerada uma das cidades da Decápolis, uma federação de dez cidades gregas na Palestina (Mt 4.25), e foi anexada com toda a região da Decápolis ao Império Romano no ano 90 d.C.
— *J. Maxwell Miller*

AMOQUE Nome pessoal que significa "profundo". Uma família sacerdotal posterior ao exílio (Ne 12.7,20).

AMOR Intenção e compromisso altruísta, leal e benevolente em relação ao outro. O conceito de amor está profundamente enraizado na Bíblia. A palavra hebraica *chesed* se refere ao amor da aliança. Javé é o Deus que se lembra e guarda suas alianças a despeito da traição do povo. Sua fidelidade em guardar as promessas prova seu amor para Israel e para a humanidade.

Outra palavra, *ahavah*, pode ser usada para o amor humano em relação a si mesmo, a outra pessoa ou ao sexo oposto. É usada para se referir ao amor de Deus para com Jeremias em Jr 31.3: "De longe se me deixou ver o Senhor, dizendo: Com amor eterno (*ahavah*) eu te amei; por isso, com benignidade (*chesed*) te atraí" (ARA).

Nos tempos do NT utilizavam-se três palavras para amor no mundo de língua grega. A primeira é *eros*, que se refere ao amor erótico ou sexual. Essa palavra não é usada no NT nem na LXX. Era com frequência usada na literatura grega naquele tempo.

A palavra *phileo* (e suas cognatas) se refere a um afeto terno, do tipo dirigido a um amigo ou a um membro da família. É bastante comum no NT e na literatura extrabíblica. Foi usada para expressar o amor de Deus o Pai para com Jesus (Jo 5.20), o amor de Deus para com o cristão (Jo 14.21), e do amor de Cristo para com o discípulo (Jo 13.23). A palavra *phileo* nunca é usada para se referir ao amor de uma pessoa para com Deus. De fato, o contexto de Jo 21.15-17 parece sugerir que Jesus desejava um amor mais forte de Pedro.

A palavra *agapao* (e seu termo cognato, *agape*) raramente é usada no grego extrabíblico. Era usada por cristãos para denotar o amor especial e incondicional de Deus. É usada intercambiadamente com *phileo* para designar o amor de Deus o Pai para com Jesus (Jo 3.35), para com um cristão (Jo 14.21) e de Cristo para um discípulo (Jo 13.23).

O amor bíblico tem Deus como objeto, verdadeiro motivador e fonte. O amor é fruto do Espírito Santo (Gl 5.22), não é direcionado nem ao mundo nem às coisas do mundo (a cobiça dos olhos, a cobiça da carne ou o orgulho da vida — 1Jo 2.15,16). O exemplo definitivo do amor de Deus é o Senhor Jesus Cristo, que disse: "Um novo mandamento lhes dou: Amem-se uns aos outros. Como eu os amei, vocês devem amar-se uns aos outros" (Jo 13.34; cp. 15.12).

A declaração definitiva sobre o amor em Paulo ocorre em 1Co 13. Habilidade retórica, pregação, conhecimento, fé que move montanhas, caridade para com os pobres ou até mesmo o martírio nada são sem o amor.

Em 1Co 13.4-8a há uma lista de várias características desse amor. Primeiro, é um amor paciente (*makrothymia*, v. 4). É fruto do Espírito (Gl 5.22). Refere-se a uma qualidade que não busca vingança, mas que sofre o dano para agir de modo redentor.

Segundo, o amor é bondoso (traduzido como gracioso, virtuoso, prestativo, dócil, moderado, agradável, benevolente — o oposto de cruel, rígido, duro, amargo).

Terceiro, o amor não é invejoso (cobiçoso), não deseja com inveja o que não possui.

Quarto, o amor não promove a si mesmo; não é cheio de si (1Co 8.1). Paulo diz em Fp 2.3, "[...] humildemente considerem os outros superiores a si mesmos".

Quinto, o amor não procede de modo inconveniente. Os cristãos devem evitar até a aparência do mal (1Ts 5.22).

Sexto, o amor não busca os próprios interesses. Paulo uma vez enviou Timóteo porque "não tenho ninguém que, como ele (= Timóteo), tenha interesse sincero pelo bem-estar de vocês, pois todos buscam os seus próprios interesses e não os de Jesus Cristo" (Fp 2.20,21).

Sétimo, o amor não se deixa provocar com facilidade (oposto de irritado, exasperado, furioso). Quando Jesus foi atacado, não retaliou, mas disse, "Se eu disse algo de mal, denuncie o mal. Mas e falei a verdade, por que me bateu?" (Jo 18.23).

Oitavo, o amor crê no melhor a respeito das pessoas: "não guarda rancor", "não suspeita mal" (*ARC*). Em outras palavras, o amor supera insultos ou ofensas (Pv 17.9; 19.11; cp. Ef 5.11).

Além disso, o amor não se alegra com a injustiça (erro), mas se alegra com a verdade (1Co 13.6). Paulo conclui que o amor tudo suporta, tudo crê, tudo espera e persevera. O amor nunca falha. Salomão disse: "Nem muitas águas conseguem apagar o amor; os rios não conseguem levá-lo na correnteza" (Ct 8.7).

Paulo usa a expressão "vínculo da unidade" em Cl 3.12-16. Ele admoesta os colossenses a se concentrarem na compaixão, bondade, humildade, gentileza, paciência, domínio próprio e perdão. Acima de tudo, devem se concentrar no amor, o vínculo da maturidade. A imagem é a de raios de uma roda que se unem, resultado em maior força.

Em Jo, o amor é o teste do discipulado autêntico. Os judeus centralizavam a fé na confissão do *Shemá*: "Ouça, ó Israel: o Senhor, nosso Deus, é o único Senhor. Ame o Senhor, o seu Deus, de todo o seu coração, de toda a sua alma e de todas as suas forças" (Dt 6.4,5) e "ame cada um o seu próximo como a si mesmo" (Lv 19.18b; cp. Mt 19.19; 22.39; Rm 13.9; Tg 2.8). Conforme João, esse é "um mandamento antigo, que vocês têm desde o princípio" (1Jo 2.7). Por outro lado, João estava apresentando um novo mandamento aos destinatários (1Jo 2.8,9). Para João, o amor não é apenas um mandamento para a comunhão, mas o teste da salvação. "Desta forma sabemos quem são os filhos de Deus e quem são os filhos do Diabo: quem não pratica a justiça não procede de Deus, tampouco quem não ama seu irmão" (1Jo 3.10).

Se temos um relacionamento genuíno com Deus, esse relacionamento deve se manifestar pelo andar na verdade. "Sabemos que já passamos da morte para a vida porque amamos nossos irmãos. Quem não ama permanece na morte. Quem odeia seu irmão é assassino, e vocês sabem que nenhum assassino tem a vida eterna em si mesmo. Nisto conhecemos o que é o amor: Jesus Cristo deu a sua vida por nós, e devemos dar a nossa vida por nossos irmãos. Se alguém tiver recursos materiais e, vendo seu irmão em necessidade, não se compadecer dele, como pode permanecer nele o amor de Deus? Filhinhos, não amemos de palavra nem de boca, mas em ação e em verdade. Assim saberemos que somos da verdade; e tranquilizaremos o nosso coração diante dele" (1Jo 3.14-19).

No lado negativo, João admoesta aos cristãos que "não amem o mundo nem o nele há. Se alguém ama o mundo, o amor do Pai não está nele" (1Jo 2.15).

Jesus ensinou que os cristãos devem amar até seus inimigos (Mt 5.44; Lc 6.27,35). Ainda que os cristãos tenham permissão, e até mesmo uma ordem, para odiar o mal (Sl 97.10; Pv 8.13), não devemos odiar o pecador. Insistir, que para aceitar uma pessoa, o cristão deve aceitar o pecado não é bíblico. Antes, devemos reprovar o pecado. — *David Lanier*

AMOR FRATERNAL Conceito que aparece em toda a Bíblia, mas a palavra específica para esse tipo de amor aparece somente no NT. A palavra que geralmente é traduzida por "amor fraternal" no NT é o termo grego *philadelphia* e é usado somente cinco vezes (Rm 12.10; 1Ts 4.9; Hb 13.1; 1Pe 1.22; 2Pe 1.7). Outra palavra semelhante, *philadelphus*, aparece em 1Pe 3.8, e significa "amando seu irmão". No entanto, a ideia do amor fraternal é muito mais ampla que essas poucas ocorrências.

Antigo Testamento Duas palavras no AT cobrem toda a extensão das ideias associadas ao "amor", os termos hebraicos *ahav* e *chesed*, embora o último seja muitas vezes associado ao amor de aliança. Os israelitas foram chamados a amar outras pessoas (em diversos tipos de relacionamentos): entre amigos (Sl 38.11; Pv 10.12); entre escravo e senhor (Êx 21.5; Dt 15.16); o próximo (Lv 19.18); os pobres e desafortunados (Pv 14.21,31); e especialmente significativo é o mandamento para amar o estranho e estrangeiro (Lv 19.34; Dt 10.19). Muitas vezes o relacionamento de amor entre pessoas está no contexto da aliança, como no caso de Davi e Jônatas (1Sm 18.1-3).

Novo Testamento O amor fraternal na antiga literatura cristã equivale a tratar os outros como se fossem parte da própria família. Esse tipo de amor significa "gostar" da outra pessoa e querer o melhor para esse indivíduo. A palavra básica usada para o amor do tipo fraternal, *phileo*, às vezes significa "beijar", e servia para demonstrar o relacionamento próximo (Mc 14.44). Esse tipo de amor nunca é usado para se referir ao amor de Deus, nem ao amor erótico.

Jesus ensinou constantemente os discípulos o princípio do "amor fraternal". Declarou que o segundo grande mandamento era: "'Ame o seu próximo como a si mesmo' (Mc 12.31), e na parábola do bom samaritano explicou quem é esse próximo (Lc 10.25-37). Também encorajou o perdão ao irmão (Mt 18.23.35) e apresentou a regra de ouro como guia no relacionamento com o irmão (Mt 7.12; Lc 6.31).

Paulo falou do "amor fraternal" no contexto da comunidade dos cristãos, a igreja. Por duas vezes usou o termo *philadelphia*: primeiramente em 1Ts 4.9, e depois em Rm 12.10. Em ambos os casos encorajou os cristãos a viver em paz com os irmãos na igreja. Realçou a ideia do amor aos irmãos em Gl 5.14: "Toda a Lei se resume em um só mandamento: 'Ame o seu próximo como a si mesmo' ". Ele também declarou em Rm 13.8-10: "Não devam nada a ninguém, a não ser o amor de uns pelos outros". Em 1Co 8.13, acerca de alguém levar o irmão mais fraco a tropeçar, escreveu: "Portanto, se aquilo que eu como leva o meu irmão a pecar, nunca mais comerei carne, para não fazer meu irmão tropeçar" (*NVI*).

Nos escritos de João, o amor fraternal é um tema predominante. Jesus deu um novo mandamento: "Amem-se uns aos outros" (Jo 13.34). A ideia é repetida em Jo 17.26: "que o amor que tens por mim esteja neles, e eu neles esteja". Uma série de afirmações enfáticas acerca do amor fraternal em 1 e 2Jo têm o propósito de mostrar que este é de fato o mandamento central de Jesus (1Jo 2.9; 3.10,18,23; 4.8,20; 2Jo 6). Nas epístolas a palavra especifica *philadelphia* (amor fraternal) aparece em Hb e em 1 e 2Pe. O texto de Hb 12.1,2 o associa à "hospitalidade", 1Pe 1.22 ao ser puro e 2Pe 1.7 o cita em uma lista de virtudes que os cristãos devem possuir. V. *ética; hospitalidade; amor*. — W. Thomas Sawyer

AMOREIRA, ESPECIARIA Tradução de duas palavras hebraicas. *Baka'* é traduzida por "amoreiras" na maioria das versões em português (2Sm 4.23,24; 1Cr 14.14,15; *ARA, ARC, NVI, BJ*). Não se tem conhecimento de que a amoreira tenha crescido em torno de Jerusalém, o que torna a identificação dessa árvore incerta.

O álamo e o lentisco têm sido sugeridos como traduções do termo. *Basam* é traduzido por "especiarias" na *NVI* em Ct 5.1,13; 6.2.

AMORREUS Povo que ocupou parte da terra prometida e lutou contra Israel com frequência. Sua história remonta a antes de 2000 a.C. Tomaram o controle da administração da Babilônia durante quase 400 anos (2000-1595), sendo Hamurábi o rei mais influente (1792-1750). Sua descida para Canaã talvez remonte à época entre 2100 e 1800 a.C. quando o estabelecimento na região montanhosa ajudou a preparar o palco para a revelação de Deus por meio de Israel.

Abraão auxiliou Manre, o amorreu, na recuperação da terra do domínio de reis poderosos (Gn 14), mas posteriormente os amorreus se tornaram um obstáculo enorme para a conquista e o estabelecimento dos israelitas em Canaã. Eles prefeririam viver nas montanhas e vales que margeiam os dois lados do Jordão. Seom e Ogue, dois reis amorreus, resistiram à marcha dos israelitas rumo a Canaã quando estes se aproximavam do Jordão pelo leste (Nm 21.21-35); mas depois da vitória israelita ali, Gade, Rúben e a metade da tribo de Manassés se estabeleceram na região conquistada. Essas duas vitórias iniciais sobre os amorreus prefiguraram êxitos constantes contra outros amorreus a oeste e foram lembradas muitas vezes tanto na história (Dt 3.8; Js 12.2; Jz 11.19) quanto na poesia (Nm 21.27-30; Sl 135.10-12; 136.17-22). A oeste do Jordão os amorreus viviam na região montanhosa com heveus, hititas e jebuseus (Nm 13.29; Js 11.3); no entanto, a identificação específica das cidades dos amorreus não é certa pois o termo "amorreu" é usado com frequência como designação geral a todos os habitantes de Canaã, como o é "cananeu" (Gn 15.16; Js 24.15; Jz 6.10; 1Rs 21.26). Cinco cidades-estado no sul de Canaã formavam uma aliança instigada pelo rei de Jerusalém (Jebus, jebuseus) e que intimaram um aliado de Josué, Gibeom. Esses "amorreus", assim desdignados no sentido geral, foram derrotados pelo exército de Josué e pelas "grandes pedras de granizo" que o "Senhor lançou sobre eles" (Js 10.1-27). Os amorreus também estavam entre os habitantes do norte que se uniram sem êxito para repelir os israelitas (Js 11.1-15). Mais tarde, duas cidades dos amorreus, Aijalom e Saalbim, impediram o estabelecimento de Dã perto da fronteira com os filisteus (Jz 1.34-36).

A cultura dos amorreus estava na raiz da decadência de Jerusalém, de acordo com Ezequiel (Ez 16.3,45); e a idolatria dos amorreus manchou a religião dos Reinos do Norte e do Sul (1Rs 21.26; 2Rs 21.11). Apesar da resistência dos amorreus e de sua influência desfavorável, foram subjugados como escravos (Jz 1.35; 1Rs 9.20,21; 2Cr 8.7,8). O impedimento causado por eles no passado é um assunto de escárnio para o profeta Amós (Am 2.9,10). V. *Babilônia; jebuseus; Seom; Síria.* — Daniel c. Fredericks

AMÓS Nome pessoal que significa "carregador de fardo" ou, mais provavelmente, "sustentado [por Deus]". Profeta de Judá que ministrou em Israel em torno de 750 a.C.

Amós era um leigo que repudiou a condição profissional de profeta: "Eu não sou profeta nem pertenço a nenhum grupo de profetas, apenas cuido do gado e faço colheita de figos silvestres. Mas o Senhor me tirou do serviço junto ao rebanho e me disse: 'Vá, profetize a Israel, o meu povo' " (7.14,15). Por causa do chamado de Deus, Amós assumiu suas responsabilidades proféticas como voz solitária profetizando no deserto e nas vilas. Acusou Judá e Israel, questionando a qualidade superficial das suas instituições religiosas. Para Amós, seu chamado e ministério contínuo estavam fundamentados na iniciativa divina e no poder de que o sustentava: "O leão rugiu, quem não temerá? O Senhor, o Soberano, falou, quem não profetizará?" (3.8).

Amós viveu numa época de paz relativa no cenário político internacional. O Egito e a Assíria estavam em declínio, embora a Assíria começasse a expandir seu poder. A Síria tornara-se ineficaz, mas a redução desse estado-tampão entre Israel e Assíria repercutia com seriedade na geração posterior a Amós.

Internamente, as estruturas políticas de Israel e de Judá eram estáveis. No começo da atividade profética no reinado de Jeroboão II no Reino do Norte de Israel, Amós viveu na época concorrente da geração de Salomão quanto à estabilidade e prosperidade econômica (2Rs 14.23-27). Mas precisamente os problemas sociais, morais e religiosos resultantes dessa

Ruínas de uma construção pequena, provavelmente datando de tempos pós-bíblicos em Tecoa, cidade natal de Amós.

prosperidade se tornaram o foco da voz de juízo de Amós. No Reino do Sul, de Judá, reinava o nobre rei Uzias (Am 1.1). Amós provavelmente começou seu ministério com o chamado de Deus "dois anos antes do terremoto" (1.1). Vestígios de um terremoto significativo foram encontrados na antiga Hazor, datados em 765-760 a.C., época que se encaixaria em Amós.

Moralmente, Israel e Judá sofriam sob a corrupção gerada como subproduto do baalismo cananeu e de Tiro, bem como da infidelidade à aliança do Senhor. A sociedade israelita experimentou a decadência, característica inevitável da prosperidade mal orientada. Pode parecer estranho que a corrupção da sociedade israelita pudesse remontar às estruturas religiosas da época e à prosperidade material, interpretada com tanta frequência pelos israelitas como sinal do favor divino. Apesar da natureza contraditória dessas circunstâncias, a condição moral devassa da terra foi o produto da religião corrompida e da prosperidade material. O luxo desmedido e a autoindulgência eram claramente manifestos (4.1-3; 5.10-13; 6.1,4-8; 8.4-6).

A exploração dos pobres ocorria em todo o país (2.6; 3.10; 4.1; 5.11; 8.4-6). A justiça era distorcida. O dinamismo da experiência religiosa pessoal deu lugar à superficialidade da religião institucional, algo claro no conflito entre Amós e Amazias, o sacerdote de Betel (7.10-15). A oposição de Amós a esses males morais e religiosos o levou a enfatizar o tema principal do livro: "Corra a retidão como um rio, a justiça como um ribeiro perene!" (5.24).

Amós está alistado como antepassado de Jesus (Lc 3.25), mas não se sabe especificamente se a referência é a este profeta. — *Roy L. Honeycutt*

AMÓS, LIVRO DE Um dos 12 Profetas Menores do AT. O livro de Amós pode ser dividido em três seções. Os cap. 1 e 2 formam a seção básica, divididos em subseções inciadas por uma introdução literária comum (1.3,6,9,11,13; 2.1,4.6). A segunda seção consiste em oráculos de juízo dirigidos a israelitas (3.1—6.14). A terceira seção contém as visões de Amós (cap. 7—9), que podem ter sido as primeiras revelações dadas ao profeta. As visões eram centrais para sua experiência de chamado. Consciente da realidade terrível do pecado humano e do juízo divino, essas visões formaram suas mensagens proféticas (7.1-3,4,6,7-9; 8.1-3; 9.1-4).

As palavras de Amós tratam de diversos assuntos, mas o tema central acentua o pecado e o juízo. Não importa se ele se dirige a outras nações, Israel ou Judá, o profeta condena quem peca contra a consciência universal (1.1—2.3), a lei revelada (2.4,5) ou o amor redentor de Deus (2.6-16). Amós desafia as pessoas a viver segundo os padrões da aliança e as condenou por não refletirem a aliança na vida diária. Está inquieto com pessoas que "não sabem fazer o que é reto" (3.10, *ARC*). Sua palavra de juízo é severa contra as "primeiras-damas" de Samaria que "maltratam os necessitados, exploram os pobres e ficam sempre pedindo aos maridos que lhes tragam mais vinho para beber" (4.1, *NTLH*). Por causa dessa injustiça e de não se associar a experiência religiosa autêntica à consciência social, Amós afirmou que a nação já estava morta. Já se pode cantar o lamento fúnebre de Israel: "Caída para nunca mais se levantar, está a virgem Israel" (5.2). Para indivíduos superficiais que estão "tranquilos em Sião, e que se sentem seguros no monte de Samaria" (6.1), a única esperança está na renovação da experiência religiosa autêntica conducente à vida de justiça e equidade que inunda a terra (5.24). Para quem rejeitar esse caminho, só resta o juízo: "Prepare-se para encontrar-se com o seu Deus, ó Israel" (4.12).

Esboço

I. Os sermões: Deus confronta o pecado do seu povo (1.1—6.14).
   A. A Palavra de Deus é revelada em palavras humanas (1.1,2).
   B. Deus identifica e condena todo o pecado humano (1.3—2.16).
      1. Atos contra a decência humana comum são pecaminosos (1.3—2.3).
      2. A rejeição da Lei de Deus substituindo-a pela sabedoria própria é pecado (2.4,5).
      3. A rejeição do amor de Deus é pecado (2.6-16).
   C. Deus condena a religião vazia (3.1-15).
      1. O privilégio de ser amado por Deus traz responsabilidade (3.1,2).
      2. Deus revela seus propósitos ao seu povo (3.3-8).

3. Deus usa agentes históricos no seu juízo (3.9-12).
4. Os centros de religião vazia cairão e a prosperidade ilicitamente obtida desaparecerá (3.13-15).
D. O amor de Deus confronta seu povo desobediente no juízo (4.1-13).
1. Desejos insaciáveis levam ao pecado (4.1-3).
2. A adoração vazia e sem sentido é pecado (4.4,5).
3. O juízo temporal tem o propósito de levar o povo de Deus ao arrependimento (4.6-11).
4. O povo rebelde encara o último confronto com Deus (4.12,13).
E. Deus chama seu povo a praticar a justiça e a equidade (5.1-27).
1. Deus vê o final do seu povo pecador (5.1-3).
2. O povo rebelde é convidado a buscar a Deus (5.4-9,14,15).
3. O juízo inescapável de Deus está sobre seu povo (5.10-13,16-20).
4. A justiça prática é a exigência suprema que Deus faz do seu povo (5.21-27).
F. A falsa segurança na força nacional leva à queda definitiva (6.1-14).
II. As visões: Ver Deus adequadamente revela seu juízo e sua misericórdia (7.1—9.15).
A. Deus estende misericórdia como resposta à séria intercessão (7.1-6).
B. O confronto final com Deus não pode ser evitado (7.7-9).
C. A visão adequada de Deus coloca tudo em perspectiva (7.10-17).
1. A visão falsa da natureza da mensagem de Deus conduz a decisões erradas (7.10-13).
2. A pessoa transformada pela visão de Deus enxerga as coisas e as pessoas como elas realmente são (7.14-17).
D. A consequência final do pecado apresenta o juízo sem esperança (8.1—9.4).
1. A religião passada e apodrecida é inútil (8.1-3).
2. A observância vazia do ritual sem sentido nos deixa moralmente intocados (8.4-6).
3. O juízo final de Deus é uma cena horrível (8.7—9.4).
E. A misericórdia de Deus pode ser vista além do seu juízo (9.5-15).
1. Deus é Soberano sobre todo o universo (9.5,6).
2. A misericórdia de Deus ainda oferece esperança além do juízo temporal (9.7-10).
3. O propósito final do bem de Deus para seu povo será cumprido (9.11-15).

— *Roy L. Honeycutt*

AMOZ Nome que significa "forte". Pai do profeta Isaías (2Rs 19.2).

AMPLÍATO Cristão convertido em Roma a quem Paulo mandou saudações (Rm 16.8). Amplíato era um nome comum entre escravos. Paulo se refere a esse indivíduo como "meu amado irmão no Senhor", o que pode sugerir um relacionamento particularmente carinhoso entre Amplíato e o apóstolo. Versões antigas grafavam "Amplias" (*ARC*).

AMULETOS Tradução na *NVI*, *ARA* de uma palavra hebraica rara para feitiços inscritos com encantos, que mulheres usavam para manter longe o mal (Is 3.20). A *NTLH* traduz por "talismãs".

ANA 1. Profetisa idosa que reconheceu o Messias quando ele foi levado ao templo para ser consagrado (Lc 2.36). Ana, cujo nome significa "graça", era a filha de Fanuel da tribo de Aser. Depois de sete anos casada, ficou viúva e se tornou servidora do templo. Estava com 84 anos quando reconheceu o Messias, agradeceu a Deus por ele e proclamou a todos a esperança para a redenção de Jerusalém. **2.** Nome pessoal que significa "graça". Uma das esposas de Elcana e mãe de Samuel (1Sm 1.2). Porque fora estéril durante muitos anos, ela fez um voto ao Senhor: se tivesse um filho, o dedicaria a Deus (1Sm 1.11). Depois disso, ela deu à luz Samuel. Ana cumpriu seu voto ao levar seu filho ao santuário em Siló, no qual ele serviu ao Senhor sob a orientação de Eli. Mais tarde, Ana teve outros filhos e filhas. V. *Samuel*.

ANÁ Nome pessoal que significa "resposta". **1.** Mãe de Oolibama, uma das esposas de Esaú (Gn 36.2), e avó de Jeús, Jalão e Corá (36.14). Algumas versões trazem "filho [de Zibeão]" (*ARA, ARC*) no lugar de "filha" (*TB, ARC*). Isso permitiria que Aná fosse parente ou identificado com Aná 2. adiante. Em Gn 36.24 Aná é citado como o que encontrou as "fontes das águas quentes no deserto". Aqui Zibeão ainda assim é pai de Aná como em 36.2, mas esse Aná é masculino. Em 36.29 é um chefe horeu vivendo em Seir. **2.** Filho de Seir e irmão de Zibeão (Gn 36.20).

ANÃ Nome pessoal que significa "nuvem". Signatário do acordo de Neemias para obedecer a Deus (Ne 10.26).

ANAARATE Nome pessoal que significa "desfiladeiro". Cidade fronteiriça de Issacar (Js 19.19) localizada provavelmente na região da atual Tel el-Mukharkhash entre o monte Tabor e o Jordão.

ANABE Nome de lugar que significa "uva". Josué eliminou os enaquins do sul de Judá, incluindo Hebrom, Debir e Anabe (Js 11.21). Josué designou a cidade montanhosa a Judá (Js 15.50). Localizada na atual Khirbet Anabe aproximadamente 24 quilômetros a sudoeste de Hebrom.

ANAÍAS Nome pessoal que significa "Javé respondeu". Era o assistente de Esdras quando este leu a Lei diante da comunidade pós-exílica (Ne 8.4). Ele ou outro homem com o mesmo nome assinou o acordo de Neemias para obedecer à lei de Deus (Ne 10.22).

ANAMELEQUE Nome pessoal que significa "Anu é rei". Um dos deuses dos sefarvitas que ocuparam parte de Israel depois que o Reino do Norte foi ao exílio em 721 a.C. Os adoradores sacrificavam crianças a esse deus (2Rs 17.31).

ANAMEUS, ANAMITAS Tribo ou nação considerada descendente do Egito ("Mizraim [Egito] gerou...") em Gn 10.13. Não há mais informações disponíveis acerca desse povo. V. *anamim*.

ANAMIM Grafia na *ARA* em 1Cr 1.11, interpretando a palavra hebraica como nome de um indivíduo, não de uma tribo ou nação. (*ARA*; "anameus", *ARC*; "anamitas", *NVI*). V. *anameus, anamitas*.

ANANI Nome pessoal que significa "nublado" ou "ele me ouviu". Descendente da linhagem real depois do retorno do exílio (1Cr 3.24).

ANANIAS Antigo Testamento Nome pessoal que significa "Javé me ouviu". **1.** Avô de Azarias que ajudou Neemias a reconstruir Jerusalém (Ne 3.23). **2.** Vila na qual a tribo de Benjamim vivia na época de Neemias (Ne 11.32). Talvez esteja localizada em Betânia, a leste de Jerusalém.

Novo Testamento Forma grega do nome hebraico Hananyah, que significa "Javé foi gracioso". **1.** Marido de Safira (At 5.1-6). Ananias e Safira venderam uma propriedade particular e supostamente deram o valor dessa venda ao fundo comum da igreja primitiva em Jerusalém (At 4.32-34). Eles não deram toda a renda que alegaram ter dado, e ambos foram atingidos e morreram por terem mentido ao Espírito Santo (At 5.5,10). **2.** Discípulo que vivia na cidade de Damasco (At 9.10-19). Em resposta à visão recebida do Senhor, Ananias visitou Saulo (Paulo) três dias depois de ele ter passado pela experiência na estrada de Damasco. Ananias impôs as mãos sobre Saulo, depois disso este recebeu o Espírito Santo e a visão. O texto de At 9.18 pode sugerir que Ananias foi quem batizou Saulo. **3.** Sumo sacerdote judeu entre 47 e 58 d.C. (At 23.2; 24.1). Como sumo sacerdote presidiu a corte judaica conhecida por Sinédrio que julgou Paulo em Jerusalém (At 23). Como era típico de sumos sacerdotes pertentes à classe aristocrática dos saduceus, empenhou-se em acalmar as autoridades e os representantes romanos. Esse desejo pode ter causado o interesse tão pessoal de Ananias pela causa de Paulo (At 24.1,2), visto que as autoridades suspeitavam que Paulo estivesse incitando o povo contra Roma (At 21.38). Por causa dos sentimentos de Ananias a favor de Roma, ele foi assassinado por revolucionários judeus contrários a Roma quando irrompeu a primeira grande revolta judaica no ano 66 d.C. V. *saduceus; sinédrio*.

ANÃO Pessoa de tamanho muito pequeno, especialmente alguém com proporções corporais anormais. A palavra hebraica traduzida por anão pela maioria das versões em português em Lv 21.10 é usada em Gn 41.3,23 para descrever as vacas magras e os grãos de cereal murchos. Assim alguns entendem que a palavra significa magro ou murcho. As antigas versões grega e latina entendiam a palavra como se significasse um tipo de desordem dos olhos. Embora não pudessem participar do privilégio de apresentar as ofertas a Deus, os sacerdotes com esse defeito tinham permissão para comer a comida sagrada com os outros sacerdotes e levitas.

ANÁS Filho de Sete; sacerdote no tempo em que João Batista começou o ministério público de pregação (Lc 3.2). Evidentemente, Anás, cujo nome significa "misericordioso", foi apontado sumo sacerdócio em torno de 6 d.C. por Quirino, governador da Síria. Embora tenha sido deposto em 15 d.C. por Valério Grato, ele continuou exercendo influência considerável. Ao ser preso, Jesus foi levado a Anás (Jo 18.13). Depois do Pentecoste, Anás conduziu outros sacerdotes no questionamento de Pedro e de outros líderes da igreja (At 4.6).

ANATE Nome pessoal que significa "resposta", ou o nome de um deus cananeu. Pai de Sangar, juiz de Israel (Jz 3.31).

ANÁTEMA Tradução grega da palavra hebraica *cherem*; despojo tomado numa guerra santa que precisa ser totalmente destruído (Lv 27.28; Dt 20.10-18). A destruição total desse despojo demonstrava sua entrega completa a Deus. No NT, "anátema" tem dois significados aparentemente opostos. Significa "dádivas dedicadas a Deus" (Lc 21.5) bem como algo amaldiçoado. Paulo rogou essa maldição sobre quem não amava o Senhor (1Co 16.22) e sobre quem pregasse outro evangelho que não o da graça (Gl 1.8,9). É com base nesses usos que anátema passou a significar banido ou excomungado por um corpo religioso. Paulo disse estar disposto a se tornar *anátema*, amaldiçoado e separado do Messias, para o benefício de seus irmãos judeus (Rm 9.3).

ANATOTE Nome pessoal e de lugar. **1.** Cidade designada à tribo de Benjamim, localizada a cerca de 5 quilômetros a nordeste de Jerusalém (Js 21.18). O rei Salomão enviou o sumo sacerdote Abiatar para lá depois de destituí-lo do cargo (1Rs 2.26,27). Era também a cidade natal do profeta Jeremias, que pode ter sido um profeta da linhagem rejeitada de Abiatar (Jr 1.1). Embora Jeremias sofresse resistência e ameaças por parte dos cidadãos de Anatote (Jr 11.21-23), comprou uma propriedade de seu primo Hanameel em obediência à palavra do Senhor para simbolizar que haveria esperança depois do exílio (Jr 32.6-15). Anatote foi assolada pelos babilônios, mas reocupada depois do exílio (Ne 7.27; 11.32). **2.** O oitavo de nove filhos de Bequer, filho de Benjamim (1Cr 7.8). **3.** Um nobre, líder de família ou clã que com outros 84 sacerdotes, levitas e líderes assinaram o acordo de que os israelitas obedeceriam à Lei de Deus dada por meio de Moisés (Ne 10.19).

ANATOTITA Aparece na *ARA* e *ARC* para denotar pessoas de Anatote. V. *Anatote*.

ANCIÃO (presbítero, autoridade) Membro proeminente da comunidade judaica e das primeiras comunidades cristãs. No AT, "ancião" (*NVI* emprega "autoridades" em muitos textos em que as outras versões traduzem por "anciãos") geralmente traduz o termo hebraico *zaqen* de uma raiz que significa "barba" ou "queixo". No NT, a palavra grega é *presbyteros*, que é transliterado para o português como "presbítero".

Antigo Testamento Desde o início da História israelita, os anciãos eram líderes de diversos clãs e tribos. Quando as tribos se reuniram para formar a nação de Israel, os anciãos (autoridades) das tribos naturalmente assumiram funções importantes na administração das questões da nação. Moisés recebeu a ordem de informar os "anciãos [autoridades] de Israel" da intenção do Senhor de libertar Israel do Egito e de levar os anciãos com ele para confrontar o faraó (Êx 3.16,18). De forma semelhante, 70 anciãos participaram com Moisés da refeição da aliança no Sinai (Êx 24.9-11). À medida que a tarefa de governar Israel se tornou mais complexa, parte do peso foi transferida de Moisés para um conselho de 70 anciãos ("autoridades") (Nm 11.16,17).

No período dos juízes e da monarquia, os anciãos foram proeminentes na vida política e judicial de Israel. Exigiram que Samuel designasse um rei (1Sm 8.4,5); desempenharam funções cruciais na campanha de Davi para subir ao trono e retomá-lo mais tarde (2Sm 3.17; 5.4; 17.15; 19.11,12); e representaram o povo na consagração do templo de Salomão (1Rs 8.1,3). Nos códigos legais de Dt, os anciãos são responsáveis pela administração da justiça, assentando-se como juízes na porta da cidade (Dt 22.15), julgando causas que afetavam a vida familiar (Dt 21.18-21; 22.13-21) e executando decisões (Dt 19.11-13; 21.1-9).

Embora os anciãos fossem menos proeminentes no período pós-exílico e o termo aparentemente não tenha sido muito usado nas comunidades judaicas fora da Palestina, o "conselho de anciãos" era parte importante do Sinédrio em Jerusalém.

Novo Testamento No NT, há referências frequentes aos anciãos dos judeus ("líderes religiosos do povo", *NVI*), geralmente com os principais sacerdotes e escribas (Mt 21.23; Mc 14.43). Nesse contexto os anciãos, aparentemente membros das principais famílias, tinham alguma autoridade, mas não eram os líderes principais tanto nas questões religiosas quanto nas políticas. Nas primeiras igrejas judaico-cristãs, ao menos na igreja em Jerusalém, a posição de "ancião" ("presbítero") era quase certamente modelada segundo o padrão da sinagoga. Embora haja poucos pormenores específicos sobre a função dos anciãos ("presbíteros") na igreja de Jerusalém, eles serviam aparentemente como conselho decisório. São mencionados muitas vezes em conjunto com os apóstolos, e alguns trechos dão a impressão de que os apóstolos e presbíteros de Jerusalém se consideravam o conselho que tomava as decisões em nome da igreja toda (At 15; 21.17-26).

Outras igrejas também tinham presbíteros. Em At 14.23 Paulo e Barnabé designaram presbíteros nas igrejas na viagem missionária. No entanto, esses presbíteros não parecem caber no padrão judaico. Na palavra aos presbíteros de Éfeso, Paulo se referiu a eles como homens que tinham o cuidado geral (supervisores, "bispos") sobre a igreja e serviam como pastores da igreja (At 20.28). Paulo não usou com muita frequência o termo "anciãos" ou "presbíteros", e geralmente se referia às funções dos ministérios, não aos títulos ou posições. Em Rm 12.6-9, p. ex., Paulo se referiu aos que tinham o dom de profecia, serviço, ensino e diversos outros aspectos do ministério (cf. 1Co 12). Embora os que exercem tais dons nas igrejas não sejam chamados expressamente de anciãos ou presbíteros, é provável que ao menos alguns deles fossem presbíteros. Assim, os presbíteros nas igrejas paulinas eram provavelmente líderes e ministros espirituais, não simplesmente um corpo governante da igreja.

Uma das questões mais debatidas com respeito ao padrão de ministério da igreja primitiva é a relação entre bispos e presbíteros. Alguns estudiosos acreditam que os dois termos são intercambiáveis; outros acham que se referem a funções distintas. Em nenhum lugar das cartas de Paulo há qualquer referência explícita às tarefas de cada um, nem há lista alguma de qualificações dos presbíteros. O texto de Tt 1.5-9 é o único que menciona ambos. O trecho começa com a orientação de que os presbíteros fossem constituídos em cada cidade e continua com a descrição das qualificações dos bispos. (N. T.: Algumas versões, no entanto, associam a lista do v. 6 ao "presbítero" do v. 5). O contexto conduz à conclusão de que as orientações e qualificações são referentes à mesma pessoa, assim sugerindo que os termos são intercambiáveis.

As qualificações de Tt 1.6-9 e em 1Tm 3.1-7 aparentemente se aplicam aos presbíteros. Torna-se evidente que os presbíteros eram os líderes espirituais das igrejas. Tomadas como um todo, as qualificações descrevem o cristão maduro com boa reputação, dons para o ensino, administração e ministério pastoral. A única referência específica ao ministério dos presbíteros é a descrição (Tg 5.14,15) de presbíteros orando por um doente e ungindo-o. Embora o termo "bispo" geralmente ocorra no singular, nenhum desses textos demonstra haver somente um presbítero em cada congregação. A natureza da relação entre os diversos presbíteros não é descrita em nenhum lugar. — *Fred A. Grissom*

ANCIÃO DE DIAS Expressão usada em algumas versões em Dn 7.9,13,22 (*ARA, ARC*; a *NVI* traz simplesmente "ancião") para descrever o Deus eterno. "Ancião de Dias" ("antigo de dias", *TB*) significa literalmente "alguém avançado [em dias]" e pode significar "quem apressa o tempo ou domina sobre ele".

Diversos trechos bíblicos estão relacionados em seus termos e ideias a Dn 7 (Gn 24.1;

Jó 36.26; Sl 50.1-6; 55.19; 1Rs 22.19,20; Is 26.1—27.1; 44.6; Ez 1; Jl 3.2). É impossível determinar a origem ou o significado originário desse termo. No entanto, na literatura ugarítica antiga o deus *El* é designado "o pai de anos".

Associado às figuras de linguagem no contexto de Dn 7, "Ancião de Dias" sugere idade, antiguidade, dignidade, perseverança, juízo e sabedoria. Claramente descreve Javé, o Deus de Israel. — *J. J. Owens*

ÂNCORA Peso preso a um cabo submerso na água para manter um navio no lugar. Nos tempos bíblicos, as âncoras eram feitas de pedra, ferro e chumbo. O navio no qual Paulo navegava para Roma lançou quatro âncoras quando se aproximava de Malta (At 27.29,39,40). O termo "âncora" é usado em sentido figurado em Hb 6.19; nele a esperança do evangelho é comparada à "âncora da alma, firme e segura" — i.e., apoio espiritual em tempos de tribulação.

ANDANÇAS [PEREGRINAÇÕES] NO DESERTO Deslocamentos de Israel sob Moisés, do Egito até a terra prometida, incluindo os topônimos ao longo das rotas. A reconstrução das andanças dos israelitas no deserto é mais complexa que uma leitura casual do relato bíblico poderia inicialmente indicar. As "andanças" se referem ao período difícil na história de Israel entre sua saída da área da escravização egípcia na terra de Gósen e a chegada ao vale do Jordão para reivindicar sua herança da terra prometida, há muito existente (Êx 12.31—Nm 33.49). A sequência daquele extenso evento é complexa em virtude da natureza dos dados bíblicos.

O itinerário da fronteira do Egito ao oásis de Cades-Barneia está relativamente claro. Somente três rotas de comércio estabelecidas pelo norte do Sinai representavam opções viáveis para o deslocamento de um contingente tão grande de pessoas e animais. Decisões no Egito durante as fases iniciais de sua migração reduziram essas opções a uma única. A rota mais curta, mais setentrional, ao longo da costa do litoral mediterrâneo, não foi escolhida por causa de um possível encontro com o exército egípcio que vigiava fortes em oásis ou voltava de incursões regulares e invasões punitivas em Canaã (Êx 13.17). Uma segunda rota relativamente direta para Cades-Barneia parece ter sido evitada por plano divino quando chegaram à fronteira de Etã, sendo ali instruídos a retroceder até a situação aparentemente impossível "à beira do mar", onde Deus os livrou milagrosamente das forças do faraó (Êx 13.20—14.2). Essa rota é identificada com Mara (Êx 15.23), Elim (Êx 15.27), o deserto de Sim (Êx 16.1), Refidim (Êx 17.1), o deserdo do Sinai (Êx 18.5; 19.1), o Sinai (Êx 19.2), o deserto de Parã (Nm 10.12), Taberá (Nm 11.3) ou Quibrote-Hataavá ("cemitério dos esplendores", Nm 11.34), Hazerote ("currais", Nm 11.35; 12.16), onde a menção de abrigos para o gado e uma série de eventos no relato bíblico sugerem uma permanência estendida e, por fim, Cades (Nm 20.1). Uma referência posterior à distância entre o monte Sinai (Horebe) e Cades-Barneia (Dt 1.2) parece indicar que o itinerário inicial os levou basicamente ao longo da rota principal de comércio usada pelos amalequitas entre a atual Suez, na extremidade norte do golfo de Suez, e a extremidade norte do golfo de Ácaba (Elate e Eziom-Geber [Dt 2.8]), e em seguida na direção norte, para dentro do extenso agrupamento de oásis em Cades, que se tornaria seu centro tribal e o local do tabernáculo para os próximos trinta e oito anos.

A resposta negativa para uma conquista imediata após o relatório dos espiões resultou nos trinta e oito anos adicionais no deserto do Sinai. Quando aquela geração de líderes morreu, o acampamento de Israel foi novamente mobilizado para atacar Canaã. Seu propósito de atravessar o território dos edomitas e prosseguir ao longo da Rota do Rei por Moabe e o vale do rio Jordão em frente a Jericó foi bloqueado por uma demonstração de poderio militar por parte do rei de Edom. Sua tentativa de entrar em Canaã pelo sul foi impedida pelo rei de Arade, e por isso um desvio muito difícil para o sul, para a ponta do golfo de Ácaba, e rumo ao nordeste, ao redor das terras edomitas e moabitas (Nm 20.14; Dt 2), os trouxe finalmente ao monte Nebo, que desponta sobre o vale do Jordão, ao norte do mar Morto.

Esse itinerário é confuso em razão de uma extensa lista de topônimos em Nm 33, relacionados ao êxodo e às andanças e que trazem muitos outros locais que aparentemente fizeram parte desse longo episódio. É claro que muitos desses lugares podem ser relacionados naturalmente com os trinta e oito anos das andanças. Mais importante é o fato de que Nm 33 indica que o itinerário israelita do Egito ao vale do Jordão realmente inclui a passagem por território edomita e moabita ao longo da Rota do Rei. Esse roteiro não pode ser associado ao êxodo liderado por Moisés/Josué por causa das declarações específicas de Nm 20—21. Por isso muitos estudiosos concluem que Nm 33 é uma compilação combinada de topônimos relacionados com a infiltração pré-mosaica do Egito em Canaã através da Rota do Rei, o lugar ao longo do segundo roteiro que contorna o território edomita e moabita e que foi seguido pelo contingente liderado por Moisés/Josué. Nessa compilação entraram todos os lugares visitados pelos israelitas durante esses trinta e oito anos de andanças por castigo no deserto, à semelhança dos nômades de qualquer geração buscavam água e pastagens para os rebanhos naquele ambiente árido e inóspito do Sinai. V. *êxodo*; *Cades*, *Cades-Barneia*; *Moisés*; *Sinai, Monte*. — George L. Kelm

ANDORINHA Ave que migra para o território de Israel do mês de março até o inverno. Andorinhas faziam ninhos no templo (Sl 84.3) e eram vistas com os pardais. Algumas vezes são confundidas com os andorinhões. V. *aves*.

ANDRÉ Discípulo de João Batista, que se tornou um dos primeiros seguidores de Jesus, e levou seu irmão Simão ao Mestre. Em virtude do testemunho de João Batista sobre Jesus, André seguiu Jesus ao lugar no qual este estava hospedado e se tornou um dos primeiros discípulos. Mais tarde André levou seu irmão Simão a Jesus (Jo 1.40,41). Era pescador de ofício (Mt 4.18). Questionou a profecia de Jesus concernente ao templo (Mc 13.3). André levou o rapaz com seu lanche a Jesus, resultando na multiplicação de pães para os cinco mil (Jo 6.8). Ele e Filipe levaram alguns gregos para fazer contato com Jesus (Jo 12.22). É mencionado pela última vez em At 1.13. Aparece com destaque nos primeiros anos da tradição cristã extrabíblica. Acredita-se que tenha sido morto numa cruz em forma de X. V. *discípulo*.

ANDRÔNICO Parente de Paulo, honrado pela igreja. Sofreu na prisão por sua fé e se tornou cristão ainda antes de Paulo (Rm 16.7). Estava vivendo em Roma quando Paulo escreveu Rm. É mencionado como "apóstolo" no sentido mais amplo, "mensageiro".

ANEL V. *joias*, *joalheria*.

ANÉM Nome de lugar que significa "fontes". Cidade do território de Issacar dada aos levitas (1Cr 6.73). O texto de Js 21.29 menciona a cidade como En-Ganim.

ANER Nome pessoal e de lugar. **1.** Aliado de Abraão na batalha contra a coligação dos reis em Gn 14. **2.** Cidade da tribo de Manassés dada aos levitas (1Cr 6.70). Em Js 21.25 a cidade dos levitas é chamada Taanaque. V. *Taanaque*.

ANFÍPOLIS Cidade perto do golfo Egeu entre Tessalônica e Filipos. Paulo e Silas passaram por ela rumo a Tessalônica na segunda viagem missionária de Paulo (At 17.1) quando viajaram pela famosa via Egnácia.

ANIÃO Nome pessoal que significa "eu sou um povo", "eu sou um tio" ou "lamento do povo". Membro da tribo de Manassés (1Cr 7.19).

ANIM Nome de lugar que significa "fontes". Cidade dada à tribo de Judá (Js 15.50). Localizada na atual Khirbet Ghuwien AT-Tahta, a 18 quilômetros ao sul de Hebrom.

ANIMAIS Em Gn 1.20-26, no quinto e no sexto dias da história da Criação, Deus criou os animais. Em seguida ele criou o homem para dominar sobre os animais. O texto de Gn 2.19,20 indica que Deus levou os animais a Adão, o primeiro homem, e lhe deu a tarefa de nomear-lhes. Muitos episódios bíblicos incluem os animais como parte da história. À medida que as traduções evoluíram, os nomes de alguns animais específicos criaram confusão porque a compreensão posterior trouxe maior conhecimento à natureza geral da terra e das espécies de animais que lá existiam. Pouco se sabe em alguns casos acerca de qual animal específico estava de fato presente ou sendo mencionado.

Mamíferos, aves, répteis, anfíbios, peixes e a classificação dos invertebrados incluem tal espectro amplo de animais que nem sempre são encontrados especificamente na Bíblia, mas têm sido feitas tentativas de identificar os animais ali mencionados e oferecer alguma explicação. (A maioria dos animais citados especificamente na Bíblia poderá ser encontrada no verbete respectivo segundo a ordem alfabética).

Domésticos Em geral, as pessoas da Bíblia domesticaram muitos animais para o uso na produção de alimentos, esforços militares e transporte. Entre os encontrados no texto bíblico estão jumentos, camelos, cachorros, bodes, cavalos, mulas, bois, ovelhas e porcos.

Selvagens Em contraste, os animais selvagens proviam comida e diversão. Frequentemente as pessoas na Bíblia os temiam. Alguns identificados no texto bíblico são antílopes, macacos, texugos (*ARC*), morcegos, ursos, beemote (possivelmente hipopótamo), javalis, coelhos, veados, cães, elefantes (somente mencionados em conexão com o rei Salomão e o marfim que ele importou, 1Rs 10.22), gazelas, lebres, hienas, bodes monteses, chacais, camaleões (toupeiras), ratos, bois, porcos-espinhos, doninhas, baleias e lobos.

Puros e impuros Deus estabeleceu um conjunto de leis específicas para os israelitas com respeito a animais puros e impuros. Fez uma distinção mais rigorosa para seu povo escolhido do que para todas as outras nações. É debatido se essa distinção se devia à idolatria, higiene ou à natureza ética e religiosa dos israelitas. Um estudo de Lv 11.1-47; 22.4,5 e Dt 14.1-21 apresenta os aspectos específicos dessas regulamentações. O apóstolo Pedro teve uma visão em At 10.9-16 indicando que a prática de distinguir entre animais puros e impuros ainda era ensinada mesmo nos tempos do NT. Essa distinção foi descartada e já não é relevante para os cristãos. V. *Puro, Pureza*.

Anfíbios As rãs são os únicos anfíbios incluídos na Bíblia. São mencionadas principalmente em conexão com as dez pragas no Egito, onde as rãs eram muito comuns (Êx 8.2-13). O salmista lembrou os israelitas dessa praga devastadora em Sl 78.45 e 105.30. Já Ap 16.13 se refere a espíritos que são "semelhantes a rãs". V. *rã*.

Aves Mencionadas tanto de forma geral quanto específica em todo o AT e também no NT. Algumas eram usadas como alimento, enquanto outras para sacrifícios. Em Lc 9.58 Jesus falou sobre as aves terem um ninho enquanto ele "não tem onde repousar a cabeça". V. *aves*.

Peixes Diversos vertebrados aquáticos de sangue-frio com guelras (para respiração), barbatanas e geralmente escamas. Principalmente uma fonte de alimentos. V. *peixe, pesca*.

Invertebrados Classificação de qualquer animal que não tenha coluna vertebral ou espinal. Alguns têm pernas articuladas, outros não têm pernas; alguns têm asas, outros têm antenas; alguns até vivem como parasitas. V. *insetos; aranha; verme*.

Mamíferos Qualquer classe de vertebrados superiores que alimentam seus filhotes com leite produzido por glândulas mamárias e têm sua pele mais ou menos coberta de pelos. Numerosos tipos de mamíferos podem ser identificados na Bíblia com elevado grau de certeza mesmo que alguns no AT não sejam tão facilmente distinguíveis. (v. nomes individuais de mamíferos na lista alfabética deste dicionário).

Répteis Membros da classe dos vertebrados de sangue frio com pulmões, esqueletos ósseos e corpos de escamas e placas calosas, incluindo serpentes e dinossauros. V. *répteis*.

ANIMAIS QUE RASTEJAM PELA TERRA

Tradução de termo bíblico que designa pequenos animais que parecem rastejar junto à terra. Outras versões usam a expressão "animais que se movem pela terra". O termo era aplicado a todos os animais da terra em geral (Gn 1.24.-26,28; 7.23; 9.3), aos peixes (Sl 69.34; 104.25; Hc 1.14), aos animais da floresta (Sl 104.20) e aos animais "entre o enxame das criaturas" (*ARA*; *NVI*: "dos animais que se movem rente ao chão") (Lv 11.29,30,44,46, *ARA*, i.e., a doninha, o rato, o lagarto, a lesma, a toupeira e talvez até o crocodilo). V. *répteis*.

ANIMAIS, DIREITOS DOS

ANIMAIS, DIREITOS DOS A Bíblia fornece uma distinção clara entre animais e seres humanos. Embora ambos tenham sido criados por Deus (Gn 1.20-30), somente os homens foram feitos à sua imagem (Gn 1.27) e têm alma imortal (Gn 2.7; 1Pe 1.9). O fato de Adão ter dado nomes aos animais (Gn 2.19,20) significa seu domínio sobre eles (Gn 1.26-28; Sl 8.5-8). Esse domínio foi ampliado depois do Dilúvio quando Deus deu os animais como alimento aos seres humanos (Gn 9.3).

Mesmo que Jesus dissesse que as pessoas têm mais valor do que os animais (Mt 6.26), isso de forma nenhuma dá permissão para que eles sejam maltratados. Visto que todos os animais pertencem a Deus (Sl 50.10), eles têm grande valor intrínseco. As pessoas devem cuidar dos animais e, quando os usam, devem tratá-los com a maior dignidade.

Como os animais selvagens recebem o cuidado de Deus (Jó 38.39-41; Sl 104.10-30; 147.7-9; Mt 6.26), assim os animais domesticados precisam ser tratados bem pelos seus proprietários humanos (Pv 12.10; 27.23). A lei mosaica estipulava que os animais fossem alimentados adequadamente (Êx 23.11; Dt 25.4; cp. 1Co 9.9; 1Tm 5.18), ajudados com suas cargas (Êx 23.5), não sobrecarregados de trabalho (Êx 20.10; Dt 5.14) e tratados com justiça (Dt 22.6,7,10). Ezequiel comparou os líderes injustos de Israel a pastores que maltratavam suas ovelhas (Ez 34.1-6), uma situação invertida por Jesus, o Bom Pastor (Jo 10.11; cp. Lc 15.3-6). — Paul H. Wright

ANIMAL, BESTA, FERA Diversas palavras e expressões hebraicas e gregas são traduzidas por "animal", "besta". "Animal" pode se referir a qualquer animal para distingui-lo de pessoas (Ec 3.18-21), répteis (Gn 1.24) e às vezes gado (Gn 1.30). Os animais eram divididos nas categorias de puros e impuros (Lv 11.1-8) e selvagens e domésticos (Gn 1.24; 2.20; Êx 19.13; 22.10; Nm 3.13 etc.).

A literatura apocalíptica como Dn e Ap utilizam animais e bestas de diversos tipos no seu simbolismo. O AT usa "animais" como símbolos de inimigos, e os autores de Dn e Ap podem ter se baseado nisso (Sl 74.19; Jr 12.9). Daniel viu quatro grandes animais saindo do mar (Dn 7.2-4). Esses quatro animais ameaçaram o Reino de Deus, mas o povo de Deus prevaleceu sobre eles (Dn 7.18). V. *apocalíptico, apocalíptica*.

O livro de Ap fala de duas bestas. A primeira sai do mar (Ap 13.1), tem sete cabeças e obtém sua autoridade do dragão (Ap 12.3; 13.4). Essa besta tem diversas das características dos animais de Dn 7. A segunda besta sai da terra (Ap 13.11), serve a primeira besta ao buscar devotos para ela e é citada como o "falso profeta" (Ap 16.13; 19.20; 20.10). A besta e o falso profeta perseguem a Igreja, mas são julgados no fim por Cristo (Ap 10.20; 2Ts 2.6-12). V. *Beemote; Leviatã*.

ANIMAL CEVADO Geralmente um animal novo confinado para ser alimentado para o abate. Às vezes a referência é ao mais forte ou melhor animal do rebanho. No sonho do faraó as vacas gordas (Gn 41.2,18) simbolizavam anos de prosperidade. Saul foi tentado a poupar os melhores animais dos amalequitas (1Sm 15.9). Em Ez 34.3,16,20 as ovelhas gordas simbolizam os líderes prósperos de Israel. Como exemplares escolhidos, os animais cevados eram ótimas ofertas para Deus (2Sm 6.13; Sl 66.15; Am 5.22). Animais cevados são muitas vezes associados a banquetes.

Os "novilhos gordos" faziam parte do menu do banquete do casamento do filho do rei na parábola de Mt 22.4. Na parábola do pai amoroso, o filho é recebido em casa com um banquete do bezerro gordo (Lc 15.23,27,30). Animais gordos eram usados como símbolos para o abate. No NT, Tiago retrata os ricos opressores como engordando o coração para o dia do abate, talvez uma referência ao juízo de Deus sobre eles (5.5).

ÂNIMO DOBRE Expressão usada somente por Tiago (em algumas versões) no NT para expressar a falta de pureza de coração ou a falta de confiança absoluta em Deus. O termo significa literalmente "de duas mentes ou almas" (gr., *dipsychos*). Descreve alguém que confia em Deus e ao mesmo tempo confia em outra coisa, como em si mesmo ou no mundo. Tiago encorajou os que tinham falta de sabedoria para pedi-la a Deus. Quem pede a Deus e duvida é descrito em Tg 1.8 como alguém com a "mente dividida". É alguém que hesita entre pedir a Deus com fé e não crer que Deus pode ou vai responder. Também pode quem pede a Deus, mas ao mesmo tempo recorre à própria sabedoria em vez de depender do que Deus provê. Essa pessoa é descrita como alguém "instável em tudo o que faz" mostrando que toda a sua vida foi vivida sem a confiança completa em Deus.

Mais tarde, na sua carta, Tiago encorajou os leitores a purificar o coração (Tg 4.8), porque tinham a "mente dividida" ("ânimo dobre", *ARA*).

Tiago estava desafiando esses cristãos a assumir o compromisso de confiar em Deus e nos caminhos dele ao mesmo tempo em que negavam os próprios caminhos e a confiança em si mesmos.
— Thomas Strong

ANJOS Seres criados cuja função principal é servir e adorar a Deus. Embora alguns estudiosos interpretem o "nós" em Gn 1.26 como incluindo Deus e sua corte angelical, a Bíblia não comenta acerca de quando foram criados. Diferentemente de Deus, não são eternos nem oniscientes. A palavra hebraica no AT é *mal'ak* e a palavra grega no NT é *angelos*. Ambas significam "mensageiro" e ocasionalmente se referem a mensageiros humanos.

Classificação dos anjos Os anjos não somente levam mensagens a pessoas (Gn 18.9-16; Jz 13.2-24; Lc 1.13,30; 2.8-15), mas também executam a vontade de Deus segundo a orientação dele (Sl 148.2-5; Cl 1.16). A Bíblia oferece descrições escassas de mensageiros angelicais porque o foco está na mensagem, não no mensageiro. Os anjos também realizavam tarefas como mediadores (At 7.53; Gl 3.19; Ap 1.1; 10.1).

Os anjos também servem a Deus na sua corte celestial. Títulos como "filhos de Deus" (Gn 6.2-4; Jó 1.6; 2.1; v. nota de rodapé da *NVI*), "santos" (Sl 89.5; Dn 4.13) e "multidão do exército celestial" (Lc 2.13) identificam os anjos como seres celestiais que adoram a Deus (Lc 2.13-15; Ap 19.1-3), servem diante do seu trono (Ap 5.11; 7.11) e constituem o exército de Deus (1Sm 1.11; 1Cr 12.22).

Os anjos são às vezes caracterizados como criaturas aladas — os querubins e os serafins. Esses anjos aparecem nas visões de Ez (1.4-28; 10.1-22) e em Is 6.2-6. Os querubins são principalmente guardas servidores do trono de Deus, enquanto os serafins servem diante do trono de Deus e apresentam louvores a ele.

Aparição angelical A aparição física de anjos varia, conforme sua categorização. Diferentemente da imaginação popular, somente os querubins e os serafins têm asas. Nos textos bíblicos os anjos sempre aparecem como homens, nunca como mulheres ou crianças. Os anjos se identificam com os seres humanos com base na forma, língua e ação. A singularidade angelical é às vezes evidenciada nas Escrituras pela sua atividade ou aparição de formas não características dos seres humanos (Gn 16.1-11; Êx 3.2; Nm 22.23; Jz 6.21; 13.20; Jo 20.12). A marca de uma aparição brilhante e branca de anjos está presente somente no NT (Mc 16.5).

Anjos da guarda Embora o termo "anjo da guarda" não ocorra na Bíblia, muitas pessoas creem que anjos são designados aos cristãos para esse propósito de maneira permanente. Outros acreditam que os anjos intervêm na história humana, mas em situações singulares para auxiliar os seres humanos (Sl 34.7; 91.11,12; At 12.6-11,15). O texto de Hb 1.14 confirma que os anjos de fato ministram aos cristãos, mas pela vontade de Deus e sob sua orientação.

Os anjos são descritos como seres celestiais que estão na presença de Deus (Mt 18.10). Não podem estar no céu e na terra simultaneamente. Uma interpretação possível de "os anjos deles" na presença de Deus é que eles estão prontos para a ação sob a ordem de Deus. A guarda angelical que é designada aos fiéis aparece como um fenômeno universal, não como individual.

Os anjos no retorno de Cristo Os anjos anunciaram que Jesus voltaria à terra de maneira pessoal, corpórea e visível (Mt 25.31; At 1.11). No seu segundo advento, Cristo descerá do céu (1Ts 1.10) com a voz do arcanjo e a trombeta de Deus (1Ts 4.16; 2Ts 1.7). De acordo com 2Ts 1.7, anjos o acompanharão como os executores dos seus decretos.

O texto de Mc 13.26,27 trata da segunda vinda do "Filho do homem". Esses versículos descrevem a vinda de Jesus com grande poder e glória em que ele envia seus anjos para ajuntar seus eleitos. Muitos estudiosos atribuem o cumprimento da profecia em Mc 13 ao ano 70 d.C. em conexão com a destruição do templo em Jerusalém por parte dos romanos. Está claro, no entanto, que muito nesse texto diz respeito ao retorno triunfal final de Jesus. O v. 27 confirma que o Filho do homem enviará os anjos para reunir os eleitos. A aparição angelical frequentemente marcou um momento decisivo na história bíblica (Gn 18.9-15; Lc 1.13,26-38; 2.8-15). O trecho paralelo de Mt (24.31) acrescenta que os anjos reunirão os eleitos "com grande som de trombeta". Os anjos reunirão os cristãos no céu, onde eles serão como os anjos no sentido de que não morrerão nem casarão (Lc 20.35).

Ao realizar esse ato os anjos ajudarão a vingar os cristãos na presença dos seus inimigos (Ap 11.12). Os anjos adorarão a Cristo na sua volta (Hb 1.6). Da mesma forma, os cristãos se ajuntarão aos crentes no louvor a Deus no céu (Ap 5.13; 19.6).

Os anjos e o juízo final O tema do envolvimento dos anjos no juízo divino ocorre tanto no AT quanto no NT. De acordo com 2Rs 19.35, o anjo do Senhor matou 185 mil assírios, enquanto 2Sm 24.16 relata que o anjo do Senhor trouxe morte aos filhos de Israel até que o Senhor lhe ordenasse a reter a mão em Jerusalém (2Sm 24.16). Já Êx 14.19,20 registra que o anjo do Senhor se colocou entre os hebreus e os egípcios, o que resultou na libertação dos hebreus e na subsequente destruição dos egípcios no mar Vermelho.

Algumas dessas referências estão ligadas ao juízo imediato e outras ao juízo final (Gn 19.12,13; 2Sm 24.16,17; 2Rs 19.35; Ez 9.1,5,7). O NT também apresenta alguns exemplos de participação angelical no juízo do mal, incluindo o juízo imediato (At 12.23) e o juízo futuro e final (Ap 8.6—9.21; 16.1-17; 18.1,21; 19.11-14,17-21; 20.1-3). Na crucificação Jesus podia ter chamado 12 legiões de anjos a fim de executar juízo imediato sobre os que o estavam crucificando e zombando dele (Mt 26.53).

De acordo com Ap 14.14-16, o "filho de homem" fará a colheita da safra (os cristãos), enquanto Ap 14.17-20 descreve anjos colhendo os incrédulos para o juízo. Os anjos colherão tanto o "trigo" quanto o "joio" no nome do "Filho do homem" e com sua autoridade (cf. Mt 13.36-43). Os anjos também colherão pessoas impenitentes para o juízo de Cristo a fim de que sejam lançadas no fogo (Mt 13.39-43; 2Ts 1.7-10). V. *arcanjo; querubim; serafim*. — Steven L. Cox

ANO V. *calendário*.

ANO DO JUBILEU O 50º ano depois de sete ciclos de sete anos (Lv 25.10) em que a terra de Israel e as pessoas ganhavam a liberdade. Iniciava-se com o sonido do chifre de um carneiro no Dia da Expiação (Lv 25.9). Durante esse ano de alegria e libertação a Lei determinou três aspectos em que a terra e o povo deveriam ser santificados: 1) Devia ser um tempo de descanso para a terra, bem como para o povo (Lv 25.11). O que crescia sem supervisão nos campos era para os pobres respigarem e para os animais silvestres (Êx 23.11). 2) Toda a terra devia retornar ao proprietário original (Lv 25.10-34; 27.16-24). A distribuição original das terras devia permanecer intacta. Toda a propriedade que o dono original tinha sido obrigado a vender (e que ainda não havia sido resgatada) tinha de ser devolvida (sem pagamento) ao dono original ou a seus herdeiros legais. Algumas exceções a essa regra geral estão registradas em Lv 25.29,30; 27.17-21. 3) Todo israelita que se tinha vendido — ou a um conterrâneo ou a um estrangeiro instalado no país — por motivos de empobrecimento e que permanecia não remido devia ser alforriado junto com os filhos (Lv 25.39-46).

O ano do Jubileu previnia os israelitas de se oprimirem mutuamente (Lv 25.17). Produzia um efeito nivelador sobre a cultura de Israel ao conceder a todo mundo uma chance para recomeçar. Desencorajava acumulações excessivas, permanentes, de riqueza e evitava que um israelita fosse privado de sua herança na terra. Famílias e tribos eram preservados pelo retorno de servos alforriados a sua própria família. Ficava impossível em Israel a escravidão perpétua.

Esse ano representava um lembrete constante do interesse de Deus pela liberdade econômica (Ez 46.17). Comprar uma propriedade era de fato o mesmo que assumir um arrendamento por no máximo quarenta e nove anos, e o vendedor sempre detinha o direito de cancelar a compra ao fazer um acordo com o comprador sobre a quantia de dinheiro que ainda cabia pagar, levando em conta o número de anos em que o comprador fizera uso da propriedade. Se o vendedor não tinha condições ou não desejava fazer uso desse direito de remissão, a propriedade, apesar disso, retornava à posse dele automaticamente no próximo ano do Jubileu. Assim, p. ex., vender uma casa era equivalente a alugá-la por determinado período de tempo (Lv 25.29-34). Isso dificultava o acúmulo permanente de vastas propriedades (cf. Is 5.8; Mq 2.2). O arranjo previsto por Deus se opunha tanto a grandes propriedades quanto ao pauperismo. Os israelitas recebiam repetidas vezes a oportunidade de começar de novo, e os empobrecidos tinham possibilidades de se manter na sociedade.

Esse ano também refletia a provisão de Deus para a conservação do solo (Lv 25.11,12,18-21). Durante o ano do Jubileu os israelitas eram ensinados uma vez mais que deviam viver por fé, de que o Senhor satisfaria suas necessidades (cf. Êx 16.17,18).

ANO ECLESIÁSTICO Embora as datas de observância e prática específicas das festas cristãs tinham se desenvolvido ao longo de séculos, as festas principais estão todas voltadas para a vida de Cristo. À medida que a igreja crescia e a necessidade de cultos ordenados aumentava, a necessidade de concentrar a atenção nas declarações centrais da essência da mensagem cristã também aumentava. No séc. V os elementos básicos do calendário eclesiástico estavam firmemente estabelecidos, embora modificações tenham continuado a ser feitas durante toda a Idade Média e a época da Reforma. Mesmo hoje, os símbolos e rituais das festas variam de acordo com a denominação, cultura e preferência pessoal.

A festa cristã inicial e o bloco de construção fundamental de todo o calendário eclesiástico é o dia do Senhor, o domingo. Os primeiros cristãos separavam o domingo, o dia da ressurreição, como um tempo de lembrança especial de Cristo. Durante o séc. II a maioria dos cristãos observava uma celebração especial da ressurreição na Páscoa. Na maioria das regiões, a época antes da Páscoa, mais tarde chamada de quaresma, era um tempo de penitência e instrução dos novos cristãos. De modo semelhante, o período de 50 dias depois da Páscoa era de triunfo durante o qual jejuar e ajoelhar-se para orar eram proibidos. Esse período culminava no Pentecoste, que significa "50º dia", a celebração da descida do Espírito Santo. No século seguinte, ao menos no Oriente, muitas igrejas faziam uma observância especial do nascimento e batismo de Cristo durante a Epifania. No séc. IV a maioria dos cristãos começou a celebrar o nascimento de Cristo durante o Natal e a observar o advento como um período de preparo.

À medida que as datas e práticas para essas celebrações foram se padronizando em todo o mundo cristão, as dimensões do calendário eclesiástico foram estabelecidas. O advento passou a ser considerado o início do calendário eclesiástico, e o meio-ano entre o advento e Pentecoste, o período no qual ocorriam todas as principais festas, passou a ser considerado um tempo em que os cristãos deveriam se concentrar na vida e obra de Cristo. O restante do ano, do Pentecoste ao advento, passou a ser um tempo de concentração nos ensinamentos de Jesus e na aplicação desses ensinamentos à vida dos cristãos. O desenvolvimento do calendário eclesiástico ajudou a garantir que a adoração cristã abarcasse toda a amplitude e profundidade do evangelho cristão. V. *advento; Natal; Páscoa; Epifania; semana santa; quaresma; dia do Senhor*. — Fred A. Grissom

ANRAFEL Nome pessoal, provavelmente de origem acádia, que significa "o deus Amurru retribuiu" ou "a boca de Deus falou". Rei de Sinear, ou Babilônia, que se ajuntou a uma coligação para derrotar Sodoma e Gomorra, e depois outros reis em Canaã e na região do mar Morto. Os reis capturaram Ló. Ao ouvir a notícia, Abraão reuniu um exército, derrotou a coligação e salvou Ló (Gn 14.1-16). Anrafel não pode ser identificado com nenhum outro rei de quem temos registros disponíveis do Oriente Médio.

ANRÃO Nome pessoal que significa "povo exaltado". **1.** Pai de Moisés, Arão e Miriã e neto de Levi (Êx 6.18-20). Pai de Moisés, Anrão era o pai do clã levítico dos anramitas (Nm 3.27; 1Cr 26.23), que serviam no santuário no deserto e podem ter servido no tesouro do templo em anos posteriores. **2.** Um dos 12 filhos de Bani, culpado de se casar com uma mulher estrangeira (Ed 10.34). **3.** Um dos quatro filhos de Disom em 1Cr 1.41, no caso grafado "Hanrão" (*ARA, ARC*; v. nota textual *NVI*). Em Gn 36.26 os quatro filhos de Disom também são alistados, porém Anrão aparece como Hendã.

ANSIEDADE Estado mental em que a pessoa está preocupada com algo ou alguém. Esse estado mental pode ir desde a preocupação genuína (Fp 2.20,28; 2Co 11.28) até obsessões originadas da perspectiva distorcida da vida (Mt 6.25-34; Mc 4.19; Lc 12.22-31). Jesus não proibiu o interesse genuíno por comida ou abrigo, mas ensinou que devemos enxergar as coisas da perspectiva correta. Devemos fazer do Reino de Deus a prioridade; o restante terá lugar quando tivermos feito isso (Mt 6.33).

ANTEDILUVIANOS

ANTEDILUVIANOS Significa "antes do Dilúvio"; referência às pessoas que viveram antes do Dilúvio descrito em Gn 6—8. Os primeiros capítulos de Gn afirmam que o Deus de Israel é o Deus que criou o mundo e conduz toda a história humana. Esses capítulos ligam a história de toda a humanidade à do povo da aliança de Deus, e assim à história da salvação.

A genealogia de Gn 4 é ladeada por dois relatos de violência: 1) o assassínio de Abel por Caim e a promessa de Deus da vingança séptupla sobre qualquer um que ferir Caim (Gn 4.8-16), e 2) o cântico de guerra de Lameque, ameaçando vingança multiplicada por 70 por qualquer dano (Gn 4.23,24). Entre esses relatos somos informados das realizações culturais dos antediluvianos. Caim recebe o crédito de construir a primeira cidade. Aos três filhos de Lameque atribui-se a origem da criação de gado (Jabal), da música (Jubal) e da metalurgia (Tubalcaim). Visto que as realizações culturais eram frequentemente atribuídas aos deuses no antigo Oriente Médio, as Escrituras fazem questão de ressaltar que elas são realizações de seres humanos criados pelo único Deus. O texto mostra uma consciência de que o desenvolvimento da tecnologia era uma bênção mista tanto outrora quanto agora. A tecnologia melhora a vida e é também usada para propósitos malignos.

A longevidade atribuída aos antediluvianos em Gn 5 é objeto de estudos e debates. As idades dos antediluvianos são relatadas de forma um tanto diferente na Bíblia Hebraica (Texto Massorético), no Pentateuco Samaritano e no AT Grego (*LXX*). Um ponto de vista tradicional é que essas pessoas viviam mais tempo porque estavam mais próximas do estado em que Deus criou os seres humanos. Outros dizem que o estilo de vida mais simples e vegetariano deles (Gn 2.16,17; 3.18b; Gn 9.3) permitia períodos de vida mais longos. Alguns consideram os números como sendo simbólicos.

A descoberta de reis sumérios que viveram antes do Dilúvio lançou luz sobre o significado do texto. Dos reis sumérios, que eram considerados deuses, dizia-se que tinham vivido dezenas de milhares de anos. Em contraste, os antediluvianos bíblicos eram claramente humanos. O livro de Gn enfatiza a unicidade de Deus e a distinção entre o Criador e os seres humanos que foram criados. V. *Dilúvio*. — *Wilda W. Morris*

ANTEPASSADOS Aqueles de quem uma pessoa descende literal e figuradamente. Algumas versões portuguesas usam muitas vezes o termo para traduzir *'avot* no AT e *pater* no NT — a palavra comum para "pai", "avô" etc. Quando essas palavras estão no plural e o contexto trata do passado, o termo se refere no geral a antepassados masculinos. Da mesma forma, as genealogias normalmente alistam antepassados masculinos.

ANTICRISTO Descreve um indivíduo particular ou um grupo de pessoas que se opõem a Deus e ao seu propósito.

Antigo Testamento O AT descreve o anticristo de diversas formas. Especialmente em Dn surgiu a expectativa de alguém que se opunha ao Senhor e a Israel, seu povo. Esse líder maligno foi denominado "rei do norte" (11.40) que viria com um exército poderoso para esmagar os povos, perseguir os santos (7.25), trazer a morte (8.10) e estabelecer seu trono no templo (8.13). Este último evento os judeus denominam "sacrilégio terrível" ("abominação desoladora", *ARA*). Muitos judeus consideraram a chegada de Antíoco Epifânio IV a incorporação desses versículos. Mas, na mente de muitos judeus, o governo de Antíoco não cumpriu as expectativas completas desses textos. Desenvolveu-se uma expectativa permanente de uma figura de anticristo no judaísmo. Na história judaica posterior, personagens romanas como Pompeu e Calígula foram identificadas com o anticristo.

Em Dn também está um anticristo coletivo. Em 7.7-28 o quarto Império era visto como um anticristo coletivo. No judaísmo posterior, o quarto Império, ou o anticristo coletivo, foi associado ao Império Romano (2Br 26-40; 4Ed 5.3,4).

Novo Testamento No NT o único uso do termo "anticristo" está nas epístolas joaninas. Em 1Jo 2.18 lemos do anticristo que é o grande inimigo de Deus e, em particular, dos muitos anticristos que precedem aquele grande inimigo. Esses anticristos eram mestres humanos que tinham deixado a igreja. Tais anticristos negam a encarnação (1Jo 4.3) e a divindade de Cristo (1Jo 2.2). Em 2Jo 7 os anticristos são identificados como enganadores que ensinam que Jesus Cristo não veio em carne.

O conceito do anticristo aparece na expressão "falsos cristos" (*pseudo christos*) (Mt 24.24; Mc 13.22). Em Mc e Mt aparentemente esperavam-se que um governante romano entrasse novamente no templo como o fizeram Antíoco e Pompeu. Em Ap 13.3 a besta do mar é frequentemente vista como uma figura do anticristo. Ali, João pode ter pensado num retorno do imperador Nero.

Em 2Ts 2.1-12 a figura do anticristo é armada com poder satânico e é fundida com Belial, um ser satânico (2Co 6.15). Nesse texto o governo romano é visto como refreando seu poder. Em Ap o César romano é a força maligna.

Interesses contemporâneos Os cristãos hoje têm pontos de vista divergentes acerca da figura do anticristo. Os dispensacionalistas preveem um futuro governante romano que aparecerá durante a tribulação e governará sobre a terra. Os que estão no campo amilenista interpretam o termo de forma simbólica.
— James L. Blevins

ANTIGO TESTAMENTO Primeira parte da Bíblia Cristã, que trata de Israel. Conta a história da nação de Israel e de como Deus lidou com eles, até a volta do exílio na Babilônia. Para os judeus é a Bíblia completa, algumas vezes chamada *Tanakh*, por conta de suas três partes (*Torá*, Lei; Nevi'im, Profetas; Ketuvim, Escritos). Os cristãos veem seu complemento no NT, que revela Jesus Cristo cumprindo as profecias do AT. O AT tem três divisões principais: Lei, Profetas (Anteriores e Posteriores) e Escritos. A Lei (Gn—Dt) começa com a criação do mundo e conclui com Israel prestes a entrar na terra prometida. Os Profetas — Js, Jz, 1 e 2Sm, 1 e 2Rs, Is, Jr, Ez e os 12 Profetas Menores — continua com a nação na terra da Palestina até o exílio e inclui as mensagens proféticas endereçadas à nação. Os Escritos (todos os outros livros) contêm o relato do retorno do exílio, literatura de sabedoria colecionada de todos os períodos da história da nação, e narrativas selecionadas a respeito de como Deus lidou com a vida de alguns indivíduos. V. *Bíblia, formação e cânon*.

Citações do Antigo Testamento no Novo Testamento A influência do AT é vista em todo o NT. Os autores do NT incluíram cerca de 250 citações diretas do AT, e se forem incluídas as citações indiretas ou parciais, o número pula para mais de mil. É evidente que os escritores do NT estavam preocupados com a demonstração da continuidade entre as Escrituras do AT e a fé proclamada por eles, pois estavam convencidos de que as promessas do AT foram cumpridas em Jesus.

Tipos de citação

Fórmulas de citação são introduzidas por fórmulas de citações introdutórias típicas que geralmente empregam os verbos de "dizer" ou "escrever". As fórmulas introdutórias mais comuns são: "como diz a Escritura" (Jo 7.38); "o que diz a Escritura?" (Gl 4.30); "está escrito", enfatizando a validade permanente da revelação do AT (Mc 1.2; Rm 1.17; 3.10); "para cumprir o que fora dito", enfatizando o cumprimento de profecias do AT (Mt 4.14; 12.17; 21.4); "como Deus diz", "como disse Deus", "como disse o Espírito Santo", são fórmulas que personificam as Escrituras e refletem sua dimensão divina (Rm 9.25; 2Co 6.16; Hb 3.7); "Moisés", "Davi" ou "Isaías" diz, o que enfatiza o elemento humano nas Escrituras (Rm 10.16,19,20; Hb 4.7).

Citações compostas combinam dois ou mais textos do AT, extraídos de uma ou mais das seções do cânon da Bíblia Hebraica (Lei, Profetas e Escritos). O texto de Rm 11.8-10, p. ex., cita a Lei (Dt 29.4), os Profetas (Is 29.10) e os Escritos (Sl 69.22,23). Em alguns casos uma série de textos do AT podem ser usados como uma espécie de comentário, como em Jo 12.38-40 e Rm 9—11. Citações compostas são geralmente organizadas ao redor de ênfases temáticas ou palavras-chave, prática comum no judaísmo, baseada na noção encontrada em Dt 19.15: duas ou três testemunhas resolvem uma questão. O motivo da "pedra de tropeço" refletido em Rm 9.33 (Is 8.14; 28.16) e 1Pe 2.6-9 (Is 8.14; 28.16; Sl 118.22) é um bom exemplo deste método.

Citações não reconhecidas são geralmente mescladas ao tecido do texto do NT sem identificação ou introdução. Por exemplo, Paulo citou Gn 15.6 na discussão a respeito de Abraão (Gl 3.6) e Gn 12.3 (Gl 3.8) sem qualquer identificação ou fórmula introdutória.

Citações indiretas ou alusões formam o tipo de citação do AT mais difícil de identificar. A gradação de citação para alusão pode ser quase imperceptível. A alusão pode ser pouco mais que uma cláusula, frase ou até mesmo uma palavra extraída de um texto do AT que pode facilmente escapar à observação do leitor. O leitor pode, p. ex., com facilidade perder de vista o fato de as palavras ditas na nuvem da transfiguração, registradas em Mt 17.5, combinarem três textos separados do AT: "Tu és meu filho" (Sl 2.7), "em quem tenho prazer" (Is 42.1) e "ouçam-no" (Dt 18.15).

Fontes das citações do Antigo Testamento Pelo fato de o NT ter sido escrito em grego, para a maioria dos leitores da língua grega, não é surpreendente que a maior parte das citações do AT no NT seja extraída da tradução grega do AT, conhecida por *LXX*. Das 93 citações de Paulo, 51 estão em concordância absoluta ou quase total com a *LXX*, e apenas 4 concordam com o texto hebraico. Isto significa que 38 divergem de todos os textos conhecidos, hebraicos e gregos. Das 43 citações de Mt, 11 concordam com a *LXX*, e as outras 32 diferem de todas as fontes conhecidas. Assim, como isso pode ser explicado? Os escritores do NT podem ter usado uma versão do AT que nos seja desconhecida, ou podem ter citado de memória. É também possível que os escritores do NT estejam mais preocupados com o significado e a interpretação. Também foi sugerido que as citações podem ter sido extraídas de "livros de testemunho", coleções de textos do AT selecionados, combinados e interpretados, reunidos pela comunidade cristã antiga para proclamação e apologética. O uso frequente de certos textos do AT, como Sl 110, Is 43 e outros, na pregação e na literatura da igreja primitiva e a descoberta de coleções como a de Qumran parecem apoiar tal possibilidade.

Usos das citações do Antigo Testamento Os escritores do NT usaram as citações do AT por pelo menos quatro motivos: 1) para demonstrar que Jesus é o cumprimento dos propósitos de Deus e do testemunho profético das Escrituras do AT (Rm 1.2; Mt 4.14; 12.17-21; 21.4,5); 2) como fonte de instrução ética e edificação da igreja (Rm 13.8-10; 2Co 13.1); 3) para interpretar acontecimentos ocorridos em seus dias (Rm 9—11; 15.8-12); 4) para provar um argumento tomando por base a Escritura como Palavra de Deus (1Co 10.26; 14.21; 15.55). As abordagens empregadas no uso do AT refletem o judaísmo do séc. I visto nos manuscritos do mar Morto, em Fílon de Alexandria e no judaísmo rabínico posterior. Algumas citações refletem uma abordagem típica da interpretação do AT no séc. I, conhecida por *Midraxe*. O *Midraxe* é uma exposição do texto que tem o propósito de extrair sua relevância para a o momento presente. O texto do AT é citado e tem explicado e aplicação de forma significativa para a situação atual. O uso de Gn 15.6 em Rm 4.3-25 e o uso de Sl 78.24 em Jo 6.31-58 exemplificam a abordagem.

Alguns textos do AT são interpretados de maneira tipológica. Por meio dessa abordagem, o escritor do NT vê a correspondência entre pessoas, acontecimentos ou objetos do AT e pessoas, acontecimentos ou objetos de sua ambientação. A correspondência com o passado não é encontrada no texto escrito, mas no interior do acontecimento histórico. Subjacente à tipologia é a convicção de que certos fatos da história passada de Israel, registrados nas Escrituras antigas, revelaram os caminhos e propósitos de Deus para com as pessoas de uma maneira típica. O uso que Mt 2.15 faz de Os 11.1 sugere que o escritor do Evangelho percebeu certa correspondência entre a jornada de Jesus até o Egito e a permanência temporária do povo de Israel no Egito. Jesus recapitulou ou reencenou a história sagrada de Israel. Os propósitos redentores de Deus demonstrados no êxodo (refletidos pelo profeta Oseias) foram bem demonstrados na vida de Jesus. Em alguns casos o entendimento e a aplicação da citação são dependentes da compreensão do contexto mais amplo da citação no AT. O uso da citação pretende chamar a atenção do leitor para o tema ou contexto mais amplo do AT, o que pode ser chamado de "citação indicativa". No judaísmo do séc. I, em que grandes porções das Escrituras eram conhecidas de memória, era costumeiro citar somente o início de uma passagem mesmo que a continuação não fosse citada. Um bom exemplo desse uso pode ser visto em Rm 1—3. Paulo discute a fidelidade de Deus e a pecaminosidade do homem. Em Rm 3.4 Paulo citou Sl 51.4 para apoiar o primeiro ponto.

Ele continuou a argumentação com uma referência posterior à impiedade humana, o assunto de Sl 51.5; mas ele não sentiu a necessidade de citar o versículo por ter sido sugerido por pessoas acostumadas com o texto bíblico. Por fim, há um uso alegórico do texto do AT no qual o texto é visto como uma espécie de código contendo dois significados — o nível literal de significado, na superfície do texto, e o significado mais profundo, subjacente, como em Gl 4.22-31.

A despeito de similaridades com o(s) uso(s) judaico(s) contemporâneo(s) do AT, os escritores do NT interpretaram o AT de forma radicalmente nova. Os escritores do NT não usaram deliberadamente um método exegético diferente, escreveram a partir de uma perspectiva teológica diferente. Os escritores do NT estavam convencidos de que o significado verdadeiro do AT é Jesus Cristo e que só ele provê os meios para o entendimento das Escrituras. A verdadeira interpretação do AT é alcançada pela leitura de passagens ou incidentes das Escrituras à luz do acontecimento Cristo. Enquanto muitos dos textos do AT citados no NT foram aceitos como messiânicos (ex., Sl 110.1), ou poderiam ser messiânicos à luz da alegação de messianismo da vida de Jesus (Sl 22; Is 53), para os primeiros cristãos, todas as Escrituras deveriam ser interpretadas pelo fator Cristo, porque as Escrituras do AT apontam para ele (Jo 5.39). Em suma, os escritores do NT citaram o AT ou aludiram a ele para demonstrar como os propósitos de Deus foram cumpridos e estão sendo cumpridos em Jesus. — *Hulitt Gloer*

ANTÍLOPE Mamífero de passo apressado com chifres, de tamanho aproximado ao do jumento. É um animal semelhante ao veado que come gramíneas e que aparece na maioria das versões em português como tradução do termo hebraico *te'o*, palavra traduzida de diversas maneiras nas primeiras versões ("antílope adax", *TB*; "texugo", *ARC*). As referências podem ser a um grande antílope branco ou órix (*oryx leucoryx*) com longos e perigosos chifres, marcas pretas e um chumaço de pelo preto debaixo do pescoço. Tinha casco fendido e ruminava e, portanto, era classificado como animal puro e podia ser comido (Dt 14.5). Eram caçados e pegos com redes (Is 51.20).

A gazela Rhorr é uma das espécies de antílopes encontradas na Palestina.

ANTIMÔNIO Elemento químico de cor prata esbranquiçada, quebradiço e metálico de estrutura cristalina, encontrado somente em combinações. É usado em ligas com outros metais para endurecê-los e aumentar sua resistência a ações químicas. Compostos de antimônio são usados em remédios, pigmentos, estopins e para tornar objetos à prova de fogo. Algumas versões em inglês trazem "antimony" (*NRSV* e *NASB*) e a *TB* em português traz "antimônio" como tradução dos termos *'avne-puk* para descrever os materiais usados na construção do templo (1Cr 29.2; Is 54.11; *NVI*: "turquesas"; *ARA*: "[pedras de] mosaicos"; *ARC*: "pedras com todo o ornamento"). É possível que *'avne-puk* se refira a algum tipo de cimento ou argamassa usados na criação de mosaicos; sugere-se que isso faria as pedras preciosas parecerem maiores e mais coloridas. Em dois outros textos (2Rs 9.30; Jr 4.30) *puk* é traduzido consistentemente por pintura em volta dos olhos. Uma das filhas de Jó foi chamada Quéren-Hapuque — i.e., "chifre [vaso] de tinta para os olhos" (Jó 42.14).

ANTINOMIANISMO ou **ANTINOMISMO**
Falso ensino segundo o qual, visto que somente a fé é necessária para a salvação, a pessoa está livre das obrigações morais da Lei. A palavra "antinomismo" não é usada na Bíblia, mas há alusões à ideia. Paulo aparentemente foi acusado como antinomista (Rm 3.8; 6.1,15). Embora seja verdade que a obediência à Lei nunca leva ninguém a obter a salvação (Ef 2.8,9), é igualmente verdade que se espera dos salvos a vida repleta de boas obras (Mt 7.16-20; Ef 2.10; Cl 1.10; Tg 2.14-26). Visto que fomos libertos do domínio do pecado por

meio da fé em Jesus, também fomos libertos para praticar a justiça exigida por Deus (Rm 6.21,22).

ANTÍOCO Nome de 13 governantes da Síria entre 281 a.C. e 64 a.C. Pertenciam à dinastia selêucida que herdou parte do Império de Alexandre, o Grande. Nenhum Antíoco é especificamente mencionado na Bíblia. Muitos estudiosos da Bíblia acham que o livro de Dn originariamente concentrou sua atenção nos reis selêucidas, particularmente Antíoco IV (175 a.C. a 163 a.C.). A revolta dos macabeus e a história judaica entre os Testamentos ocorreram nos reinados dos reis chamados Antíoco. V. *Daniel; história e literatura intertestamentárias; macabeus*.

ANTIOQUIA Nome de duas cidades do NT, uma das quais era a moradia de muitos judeus da diáspora (judeus vivendo fora da Palestina e preservando sua fé religiosa entre os gentios), e o lugar no qual os cristãos, muitos dos quais eram gentios, foram chamados cristãos pela primeira vez.

Uma das cidades chamadas Antioquia era a terceira maior cidade do Império Romano, menor somente do que Roma na Itália e Alexandria no Egito. Visto que tantas cidades antigas eram chamadas por esse nome, ela é muitas vezes chamada Antioquia junto ao rio Orontes, ou Antioquia da Síria. Antioquia foi fundada em torno de 300 d.C. por Seleuco Nicator. Já de início foi uma agitada cidade marítima com porto próprio. Estava a cerca de 30 quilômetros do mar Mediterrâneo na antiga Síria às margens do rio Orontes e em torno de 480 quilômetros ao norte de Jerusalém. Muitos judeus da diáspora viviam em Antioquia e estavam ativamente engajados no comércio, desfrutando dos direitos de uma cidade livre. Muitos dos gentios de Antioquia foram atraídos ao judaísmo. Como era o caso de muitas cidades romanas do Oriente, a divindade padroeira de Antioquia era a deusa pagã Tyche ou "Fortuna".

No NT somente Jerusalém está mais proximamente associada à propagação do cristianismo primitivo. Lucas mencionou Nicolau de Antioquia em At 6.5 entre os líderes de fala grega na igreja em Jerusalém. A perseguição que surgiu contra Estêvão resultou na dispersão dos cristãos para Chipre, Cirene e Antioquia (At 11.19). Em Antioquia os seguidores de Jesus

Templo de Augusto em Antioquia da Pisídia.

foram chamados cristãos pela primeira vez (11.26), e foi para Antioquia que Barnabé mandou Saulo (Paulo) vir de Tarso para que eles pudessem ensinar a congregação mista de seguidores judeus e gentios. Em Antioquia o profeta cristão Ágabo predisse a fome que logo tomaria conta do mundo romano (11.28). Os discípulos reagiram com a obra de alívio da fome para a igreja em Jerusalém, coordenada e realizada a partir de Antioquia. A igreja em Antioquia sentiu a direção do Espírito Santo para separar Barnabé e Saulo para a primeira obra missionária organizada (13.1-3). Barnabé e Saulo partiram para Selêucia, o porto de Antioquia junto ao Mediterrâneo, para começar a pregar. A igreja em Antioquia ouviu os relatos de Paulo e Barnabé na sua volta da primeira viagem missionária (14.27) e provavelmente também da segunda viagem missionária (18.22). Esse foi um esforço missionário para judeus e gentios, sobre o qual Paulo diz em Gl 2.11 que teve de enfrentar a Pedro "face a face" em Antioquia.

As portas da Cilícia através dos montes Taurus a norte de Antioquia da Síria pela qual Paulo deve ter passado na segunda viagem missionária.

De Antioquia da Síria, uma pequena estátua de mármore de um viajante dormindo, o que nos remete a Paulo.

sua segunda viagem missionária (At 13.14) e foi recebido calorosamente (13.42-44). A inveja dos judeus resultou num ministério separado aos gentios (13.46). Finalmente, os judeus expulsaram Paulo e Barnabé da cidade. Esses judeus de Antioquia seguiram Paulo para Listra e causaram distúrbios ali (14.19). Apesar disso, Paulo voltou a Antioquia para fortalecer a igreja (14.21). Paulo usou a experiência para ensinar a Timóteo (2Tm 3.11). — *James F. Strange*

Escavações arqueológicas em Antioquia têm sido muito proveitosas, revelando uma magnífica cidade romana murada com teatros, fóruns, um circo e outros prédios públicos. A língua falada na cidade era o grego, como mostram as inscrições e os registros públicos, mas a língua dos camponeses nos arredores da cidade era o siríaco, dialeto do aramaico.

Outra cidade chamada Antioquia estava localizada na Pisídia, Ásia Menor, a oeste de Icônio. Assim como a Antioquia da Síria, essa Antioquia também foi fundada por Seleuco Nicator. Sob o governo romano essa cidade foi chamada Cesareia. Paulo pregou na sinagoga dessa cidade na

Antioquia da Pisídia nas montanhas da Ásia Menor (atual Turquia) ao norte do mar Mediterrâneo.

ANTIPAS Nome de um mártir em Ap e filho de Herodes, o Grande. **1.** Tetrarca da Galileia na época em que João Batista e Jesus começaram cada um seu ministério público (Lc 3.1). Antipas, cujo nome é uma abreviação de Antipater, ordenou que João Batista fosse decapitado (Mt 14.3). Pilatos enviou Jesus a Antipas antes da crucificação. Nessa ocasião ele tratou Jesus com desprezo e desdém (Lc 23.11). Com isso conquistou a amizade de Pilatos. V. *Herodes*. **2.** De acordo com a tradição, o mártir da igreja de Pérgamo em Ap 2.13 foi assado numa grande bacia de bronze por ordem de Domiciano.

ANTIPÁTRIDE Nome de lugar que significa "no lugar do pai". Cidade que Herodes, o Grande, construiu para a honra de seu pai Antipater em 9 a.C. Ficava a 64 quilômetros de Jerusalém e 40 quilômetros de Cesareia na famosa "*Via Maris*", a "via do mar", uma estrada internacional. Soldados romanos que levaram Paulo de Jerusalém para Cesareia passaram a noite em Antipátride (At 23.31). Ficava no lugar da Afeque do AT. V. *Afeque*.

ANTÔNIA, FORTALEZA DE Fortaleza próxima do templo construída em torno de 6 d.C. que servia como residência palaciana do rei Herodes, como quartel das tropas romanas, como depósito seguro para o manto do sumo sacerdote e como pátio central para falas públicas. A fortaleza de Antônia não é diretamente mencionada na Bíblia. Serviu a diversas funções entre 6 d.C. e 66 d.C., época em que foi destruída por Tito. Herodes, o Grande, construiu a fortaleza no canto noroeste do pátio do templo para substituir o forte dos macabeus. A fortaleza tinha 23 metros de altura e foi denominada segundo Marco Antônio, amigo de Herodes. Embora o nome "Antônia" não seja usado na Bíblia, diversas referências de Josefo, historiador judeu do séc. I, descrevem a aparência e função da fortaleza de Antônia.

Josefo descreve o esplendor da fortaleza com apartamentos espaçosos, banhos requintados e belos pátios. A fortaleza servia como residência oficial de procuradores romanos. Capaz de acomodar ao menos uma coorte romana (500 a 600 homens), a fortaleza abrigava parte do exército romano usado para vigiar os judeus

Fortaleza de Antônia (Torre de Antônia) na maquete da Jerusalém do séc. I (Holyland Hotel, Jerusalém).

no pátio do templo. Herodes exigia que as vestes do sumo sacerdote fossem guardadas na fortaleza para manter o controle sobre as festas de adoração dos judeus.

O piso do atual convento de Notre Dame de Sião tem sido considerado o lugar do pátio da fortaleza, tradicionalmente tido como o lugar do julgamento de Jesus diante de Pilatos (Jo 19.13). Evidências arqueológicas recentes, no entanto, têm mostrado que o piso data do séc. II, não do tempo de Jesus. — *Linda McKinnish Bridges*

ANTOTIAS Descendente de Benjamim (1Cr 8.24). O nome talvez represente a conexão com a cidade de Anatote.

ANTROPOLOGIA A antropologia bíblica está relacionada à origem, natureza essencial e destino dos seres humanos. Os homens não possuem o conhecimento da sua natureza depravada nem o conhecimento salvífico de Deus à parte da operação da Palavra, tanto da encarnada quanto da inscrita no nosso coração e mente.

O AT usa cinco termos para "homem". *Adam* pode ser ou individual ou coletivo, e pode incluir tanto homens quanto mulheres (Gn 5.1,2). Josefo afirmava que "adam" significava "vermelho" porque o primeiro homem foi formado da "terra vermelha". É mais provável que isso esteja relacionado à mesma palavra em árabe que significa "criaturas" ou "humanidade". *Ish* no AT é a palavra mais usada para o gênero masculino e é usada para se referir ao homem em contraste com Deus (Nm 23.19), ao homem em contraste com a mulher (Gn 2.23), ao homem em contraste com os animais (Êx 11.7), ao homem como marido (Gn 3.6), ao homem como pai (Ec 6.3) e ao homem como um bravo (1Sm 4.9). *Enosh* geralmente é uma referência poética ao homem individualmente (Jó 5.17), aos homens coletivamente (Is 33.8) ou à humanidade em geral (Jó 14.19). *Gever* deriva de um verbo que significa "ser forte" ou "ser poderoso" e é usado poeticamente para distinguir os homens dos protegidos, i.e., mulheres e crianças. *Metim* pode ser uma referência a homens no gênero masculino (Dt 2.34), a uma quantidade de homens (Gn 34.30) ou à pessoas (Jó 11.11).

O NT, da mesma maneira, usa em torno de cinco palavras principais para se referir ao "homem". *Anthropos*, como *adam*, é um termo usado para se referir aos homens como classe (Jo 16.21), em contraste com outras formas de vida (plantas, animais; Mt 4.19), como o equivalente de pessoas (Mt 5.13) e como um ser físico (Tg 5.17) sujeito ao pecado (Rm 5.18) e à morte (Hb 9.27). *Anthropos* é usado com referência a Cristo como representante de toda a humanidade (1Co 15.21). *Aner*, assim como *ish*, é usado para se referir ao homem em contraste com a mulher (Mt 14.21), ao homem em contraste com o menino (1Co 13.11) e ao homem como marido (Mt 1.16). Também é usado com referência a Jesus como o Homem a quem Deus apontou para ser juiz de todos os homens (At 17.31). *Thnetos* diz respeito ao homem como mortal em referência à carne (*sarx*, 2Co 4.11), ao corpo (*soma*, Rm 6.12) e ao homem mortal em geral (1Co 15.34). *Psyche* é a alma, o ser, ou a vida (Jo 10.11; cp. *nefesh*, Gn 2.7). *Arsen* é usado para distinguir o masculino do feminino (Mt 19.4, cp. *LXX*; Gn 1.27; Rm 1.27).

Criação A Bíblia não dá indicação de que Deus criou os seres humanos por necessidade ou por estar solitário. Visto que Deus é independente, não havia necessidade alguma para a criação da humanidade (Jó 41.11; At 17.24,25); ele não carece de realização fora de si mesmo. Por isso Deus deve ter criado os seres humanos para a própria glória (Is 43.6,7; Rm 11.36; Ef 1.11,12). Os seres humanos, portanto, devem ter prazer em buscar e conhecer seu Criador (Sl 37.4; 42.1,2; Mt 6.33).

Visto que os seres humanos foram criados por Deus para a própria glória, então é evidente que a humanidade reflete sua "semelhança" ou "imagem" (Gn 1.26-31; 5.1-3). A criação dos seres humanos por parte de Deus foi boa (Gn 1.31), e eles foram os seres mais elevados na ordem criada (Gn 1.26; Sl 8). Como a criação mais elevada, os seres humanos receberam a responsabilidade sobre a terra como representantes de Deus e cuidadores da ordem criada (Gn 1.26-31). Todos os seres humanos foram criados igualmente à sua imagem. Enquanto a "semelhança" não indica similaridade física, mesmo o corpo reflete a glória de Deus e é um meio pelo qual os seres humanos realizam os propósitos de Deus. A imagem é encontrada particularmente na mente e no coração. O fato de ser criado à imagem de Deus distingue a humanidade do restante da criação. Especificamente, envolve as seguintes capacidades: moral (a justiça originária, Ec 7.29), mental (capacidade de raciocínio e conhecimento, Is 1.18; Rm 12.2; Cl 1.10; 1Jo 5.20) e espiritual (Gn 2.7; Jó 20.3; 1Co 2.12-14; 15.35-50). Contudo, o propósito por ter sido criado com essas capacidades é que os seres humanos sejam capazes de conhecer e ser conhecidos pelo seu Criador. Daí, a capacidade relacional, com a qual glorificamos a Deus, anelamos por ele e temos prazer nele, engloba as outras. Esse relacionamento tem o propósito de glorificar a Deus e usufruir dele para sempre (Sl 16.11).

Redenção Por causa da queda, a imagem de Deus foi prejudicada. A imagem de Deus não foi destruída, somente deturpada (Tg 3.9). Essa deturpação é universal, afetando a todos, não importam raça, gênero, educação ou posição social (Rm 3.10-26). Pressupõe-se que os seres humanos têm algum vestígio da imagem de Deus porque a Bíblia fala da necessidade da sua restauração (Rm 8.29; 1Co 3.18; Ef 4.23,24; Cl 3.10). Por causa do pecado, os seres humanos precisam de redenção, ou regeneração, para que essa imagem possa ser renovada e a capacidade do relacionamento com Deus restaurada. O pecado nos separa do propósito planejado para nós de glorificar a Deus (Rm 3.23). Daí, os seres humanos precisam depender totalmente de Deus para que ele revele sua glória bem como a nossa própria depravação. Quando ele nos revela sua glória, há dois resultados: conhecimento de Deus e conhecimento da nossa iniquidade (Ez 39.21-23; Rm 3.21-26). Na natureza corrompida, a humanidade rejeita a revelação da glória de Deus. Isso resulta na falta de conhecimento tanto de Deus quanto da nossa própria condição (Rm 1.18-32). Ele entregou a humanidade a uma mentalidade depravada (Rm 1.28). Tendo caído da glória dele em virtude do pecado, os que não têm o conhecimento de Deus estão separados da sua glória para a destruição eterna (2Ts 3.1-3).

Por causa da deturpação da imagem, a única esperança de conhecimento de Deus e da nossa depravação é a revelação especial da Palavra de Deus, escrita e encarnada. O meio pelo qual os seres humanos são redimidos é a dádiva graciosa de Cristo (Jo 3.16). É pela propiciação substitutiva dele na cruz que nós podemos ser recriados (Gl 6.14,15; 2Co 5.14-19). Como o segundo Adão (1Co 15.45-47), Cristo representa a verdadeira imagem de Deus (Jo 12.45; Cl 1.15). Essa semelhança pode ocorrer em seres humanos caídos somente à medida que formos levados à união com Cristo (Rm 12.1,2). O conhecimento que Deus dá de si mesmo pela sua glória é todo o necessário para fugirmos da nossa depravação e participarmos da natureza divina (1Pe 1.2-4). Por meio da recriação, o propósito da criação é restaurado, i.e., glorificarmos a Deus e termos prazer nele. A nossa redenção serve a esse propósito de Deus (Ef 1.3-5) que nos purifica do nosso pecado para sua glória (Sl 79.9). Essa obra de Deus é uma obra em processo que será completa na volta de Cristo (Fp 1.6; 1Jo 3.2).

Constituição A Bíblia fala do ser humano como unidade de corpo e alma/espírito (Gn 2.7). Embora haja referências negativas à carne como pecaminosa, outras falam dela em relação à unidade de quem nós somos (Sl 63.1). Embora haja uma parte imaterial que pode existir sem o corpo (1Co 14.14; Rm 8.16; 2Co 5.8), o corpo não é a única parte infectada pelo pecado. O pecado envolve o entendimento e o coração (Ef 4.18). O corpo pode referir-se à totalidade da pessoa (Rm 7.18), da carne (Rm 8.7,8), da mente e consciência (Tt 1.15), e do pensamento e inclinação (Gn 6.5). Daí, corpo, carne, alma, espírito, mente, entendimento, coração, vontade e emoções não são partes distintas de um ser humano que existem independentemente, mas constituem a totalidade dessa pessoa. O espírito, tanto quanto a carne, precisa ser restaurado da corrupção e conformado à imagem de Cristo (2Co 7.1).

Implicações teológicas Os seres humanos têm valor em virtude da nossa criação à imagem de Deus (Gn 9.6). Esse valor não está baseado em mérito algum, mas é dado por Deus (Sl 8.4-6). Os seres humanos são valorizados por Deus mais do que aves e flores (Mt 6.26-29) porque fomos criados com capacidade moral, mental e espiritual para desfrutar dele e glorificá-lo. Nem a criação nem a recriação estão baseadas no mérito mas no próprio nome dele (Is 48.9-11). Cristo deu-se a si mesmo "para o louvor da sua gloriosa graça" (Ef 1.6). Os seres humanos merecem morrer (Rm 1.32). Somente Cristo é digno (Ap 5.1-14), e somente porque ele nos criou (Ap 4.11) e nos redimiu é que nós temos valor. A redenção reflete e manifesta a glória de Deus no fato de que, embora pessoas pecaminosas fossem indignas (Mt 25.30; Tt 1.16), Cristo, o Digno, morreu por nós.

Os seres humanos são frágeis e totalmente depravados. Nós estamos sujeitos a enfermidades, dificuldades e morte (Jó 5.6; Sl 103.14-16; 144.3,4). Fomos concebidos em iniquidade (Sl 51.5) e não podemos fazer nada para mudar a nossa natureza (Jr 13.23). O pecado é universalmente difundido entre toda a raça humana (Rm 3) e é inerente à constituição de cada ser humano (Gn 6.5).

Os seres humanos foram criados e redimidos para a glória de Deus e para desfrutar dele eternamente. A natureza humana não estava deturpada quando foi criada por Deus, mas se deturpou somente quando foi manchada por Adão. Embora os seres humanos estejam totalmente depravados em virtude da queda, Deus pode nos recriar e restaurar a nossa imagem corrompida por meio do segundo Adão. Somente à medida que Deus se revela a nós por meio de Cristo e da sua Palavra nós somos unidos com Cristo e, como resultado, passamos a nos conhecer como depravados e Cristo como o nosso redentor. Uma vez que começa o processo de restauração, ele é levado ao término. Homens e mulheres redimidos irão, pelo sangue de Cristo, dar glória ao seu nome e desfrutar dele para sempre, assim realizando seu propósito inicial (Fp 2.5-11).

Os seres humanos são responsáveis tanto individual quanto comunalmente. Cada pessoa responde pelos próprios atos, contudo, somos chamados não somente a amar o Senhor Deus com todo o nosso ser, mas a amar o nosso próximo como a nós mesmos. De acordo com Gn 5.1,2, parte da imagem de Deus é refletida na criação do masculino e do feminino. Diferentemente de Deus, os seres humanos são interdependentes; i.e., precisamos uns dos outros. Isso tem implicações significativas quanto à responsabilidade dos seres humanos uns pelos outros na vida conjunta neste globo para a glória de Deus e de acordo com seus propósitos. V. *criação; morte; vida eterna; ética; humanidade; salvação; pecado*. — David Depp

ANTROPOMORFISMO Palavras que descrevem Deus como se ele tivesse características humanas. Elas ocorrem sempre que a Bíblia menciona o braço de Deus, seu ouvido ou outras partes do corpo. Essas descrições não devem ser tomadas literalmente porque Deus é Espírito (Jo 4.24). A Bíblia usa antropomorfismos com frequência na literatura poética e profética, mas também podem ocorrer em outras partes. Um antropomorfismo comum é o que fala do braço de Deus. Isso é associado muitas vezes ao seu poder de julgar ou salvar. Em Êx 6.6 Deus diz que resgatará seu povo dos egípcios "com braço forte e com poderosos atos de juízo". Esse quadro retrata Deus esticando seu braço para lançar as pragas sobre o Egito. Moisés, depois da libertação dos israelitas no mar Vermelho, louvou a Deus dizendo que o temor do Senhor cairia sobre as pessoas "pelo poder do teu braço" (Êx 15.16, cp. Sl 77.15). Outros trechos prometem que o braço do Senhor será forte ou vitorioso (Is 40.10; 48.14) e executará juízo (Is 51.5).

Às vezes também se diz que a mão do Senhor salvará Israel (Êx 15.16; Dt 5.15; 11.2-4; 26.8). Já Sl 44.1-3 descreve como a mão do Senhor e seu braço expulsaram as nações de diante de Israel quando os israelitas vieram à terra. Novamente as palavras se referem às ações de Deus (fazendo cair os muros de Jericó, ou o sol parar etc.) resultando na conquista de Canaã. A mão ou o braço do Senhor são descritos em outros trechos como tendo resgatado seu povo ou tendo perseguido os inimigos (Sl 89.10; 98.1; 136.11,12).

O ouvido de Deus também é mencionado bastante nas Escrituras. Em Sl implora-se a Deus que incline seu ouvido à oração do salmista (Sl 17.1,6; 31.2; 39.12; 55.1; 71.2; 86.1,6; 88.2 etc.), significando que se pede a ele que ouça atentamente. Um texto importante em Is combina ouvido, braço e rosto: "O braço do Senhor não está tão encolhido que não possa salvar, e o seu ouvido tão surdo que não possa ouvir. Mas as suas maldades separaram vocês do seu Deus; os seus pecados esconderam de vocês o rosto dele" (Is 59.1,2).

Embora mais raros, os antropomorfismos também podem ser encontrados no NT. Há referências à sua "mão" ou sua "[mão] direita" (Mt 26.64; Lc 1.66; 23.46; Jo 10.29; At 2.33 etc.). São referências ao poder de Deus ou a um lugar de honra no Reino de Deus. Em 1Pe 3.12

lemos acerca dos olhos, ouvidos e do rosto do Senhor, citando Sl 34.15,16.

A Bíblia também descreve Deus como tendo emoções humanas como alegria, ira ou tristeza, bem como tendo pensamentos, vontade e planos. Não se trata de antropomorfismos nesse caso porque Deus, sendo uma pessoa, tem os atributos da personalidade. As descrições das suas emoções nas Escrituras às vezes são chamadas de antropopatismos, ou seja, a atribuição de emoções humanas a Deus. Deus, sendo eterno e imutável, não experimenta emoções da mesma forma que as pessoas, embora certamente as tenha. As descrições das suas emoções na Bíblia estão análogas para as emoções como nós as experimentamos.

Os antropomorfismos tornam a linguagem da Bíblia mais vívida. Ajudam o leitor a retratar o que Deus faz. Podemos dizer que o pecado nos separa de Deus, mas dizer que Deus esconde seu rosto do pecador (Dt 31.17) evoca uma reação emotiva bem mais intensa. Os antropomorfismos também fazem que as verdades da Bíblia sejam lembradas mais facilmente. É verdade que Deus julgou o Egito por oprimir Israel, mas é mais memorável retratar a Deus esticando seu braço e tocando o Egito com as pragas. Os antropomorfismos, então, ajudam a nossa compreensão de quem Deus é e de como ele age para sua glória no mundo. — *Fred Smith*

ANUBE Nome pessoal que significa "uva" ou "com um bigode". Membro da tribo de Judá (1Cr 4.8).

ANUNCIAÇÃO Na tradição histórica cristã, a anunciação é a referência específica ao anúncio com que o anjo Gabriel informou Maria da concepção milagrosa de Cristo no ventre dela (Lc 1.26-38; José recebeu anúncio semelhante em Mt 1.20-25). Os nascimentos de Isaque (Gn 17.16-21; 18.9-14), Sansão (Jz 13.3-7) e João Batista (Lc 1.13-20) também foram anunciados por mensageiros divinos, mas, apesar de um formato semelhante, a nova de que uma "virgem" conceberia pelo Espírito Santo era inédita; todas as outras mulheres eram casadas. O relato de Lucas retrata duas personagens principais, Maria e Gabriel, contudo não omite a obra do "Altíssimo" e do Espírito Santo na encarnação do Filho, mostrando o envolvimento trinitário. O anúncio de Gabriel aponta para a natureza humana (Lc 1.32) e divina (Lc 1.34,35) do Messias e para a eternidade do seu reino (Lc 1.33). No calendário cristão, 25 de março foi estabelecido como o dia festivo da comemoração da anunciação, tendo começado aproximadamente no séc. VII.

ANZI Nome pessoal que significa "o meu poderoso", ou uma abreviação de Amazias. **1.** Membro de uma família de cantores (1Cr 6.46). **2.** Antepassado de Adaías, que ajudou a construir o segundo templo (Ne 11.12).

ANZOL Artefato curvo de osso ou ferro usado nos tempos bíblicos para pegar ou segurar peixes (Jó 41.1,2; Is 19.8; Mt 17.27). Habacuque descreveu o povo de Deus como peixes impotentes que seriam capturados por anzóis (Hc 1.15) e redes. O texto de Am 4.2 se refere à prática de antigos conquistadores de levar os cativos presos por ganchos engatados nos seus lábios. Tal foi o destino de Manassés de acordo com uma interpretação (2Cr 33.11, "gancho no nariz"). V. *ferramentas*.

AOÁ Nome pessoal de significado incerto. Neto de Benjamim (1Cr 8.4), mas as listas em 2.25, 8.7 e a evidência de traduções antigas podem apontar para Aías como o nome originário.

AOÍTA Nome de clã. Na época de Davi e Salomão personagens militares desse clã ou lugar se tornaram líderes militares (2Sm 23.9,28; 1Cr 11.12,29; 27.4).

AOLÁ (*ACF*) V. *Oolá*.

AOLIABE Nome pessoal que significa "pai da tenda". Artesão, *designer* e bordador danita que auxiliou Bezalel na supervisão da construção do tabernáculo e de seus equipamentos (Êx 31.6; 35.34; 36.1,2; esp. 38.23).

AOLIBÁ (*ACF*) V. *Oolibá*.

APAGADOR Dois instrumentos diferentes usados para apagar as lâmpadas no tabernáculo e no templo. Um desses parece ter sido uma ferramenta cortante usada para cortar o pavio das lâmpadas. O outro é a palavra geralmente traduzida como "tenaz" (Is 6.6), uma espécie de alicate.

O texto de Êx 25.38 fala de "cortadores de pavio" e de "apagadores", instrumentos usados para cortar os pavios das lâmpadas e jogar fora o material que não seria mais utilizado.

APAIM Nome pessoal que significa "narinas". Membro do clã de Jerameel da tribo de Judá (1Cr 2.30,31).

APELES Cristão em Roma a quem Paulo saudou como "aprovado em Cristo" (Rm 16.10), o que pode significar que ele tinha sido testado por perseguição e aprovado como fiel.

APELO A CÉSAR Quando Paulo foi levado diante de Festo para ser julgado por acusações feitas contra ele pelos judeus de Jerusalém, Festo lhe perguntou se ele queria voltar para ser julgado em Jerusalém. Paulo, temendo ser morto pelos judeus, apelou para que sua causa fosse apresentada ao imperador, pois ele não tinha feito nada que merecesse a morte (At 25.1,2). Pelo que parece, a cidadania romana de Paulo lhe dava o direito de ter sua causa ouvida pelo imperador. Houve casos, no entanto, em que cidadãos romanos na África tiveram recusado o direito de apelar e foram crucificados por Galba, governador da província. O apelo de Paulo foi deferido, embora fosse determinado mais tarde que não precisava ter apelado a César visto que não tinha feito nada de errado (At 26.32). Não sabemos o resultado do apelo de Paulo visto que At termina com Paulo ainda na prisão aguardando o julgamento. É provável que a causa de Paulo tenha sido arquivada depois de dois anos e ele tenha sido liberto da prisão.

APIRU Também *habiru*. Essa palavra, que aparece em textos de 2300 a 1200 a.C. em todo o Oriente Médio, era usada para se referir a uma classe de mercenários sem raiz. Alguns estudiosos sugerem que os habiru eram os hebreus — o Israel étnico — citando a similaridade linguística das palavras. Entretanto, os apiru já eram mencionados antes do tempo de Abraão e, portanto, antes do nascimento dos hebreus como nação. Além disso, as referências aos apiru indicam que seriam mercenários nômades, enquanto os hebreus antes de sua ida para o Egito eram pastores pacíficos e, durante o período da conquista, não eram mercenários que lutavam a favor de qualquer nação, mas um exército que lutava em seu próprio benefício. Finalmente, a despeito da aparente similaridade, apiru e hebreu não têm de fato uma etimologia comum. A etimologia de *apiru/habiru/hapiru* é desconhecida, mas hebreu vem de *ibri*, que remonta a Héber, ancestral de Abraão; i.e., Abraão e seus descendentes são heberitas (Gn 10.21; 11.10-26).

Ainda que os termos sejam tecnicamente distintos, pode ter havido alguma confusão em alguns períodos. As cartas de Amarna, escritas em Canaã pouco depois da conquista, provavelmente confundem os hebreus de Israel com os apiru, porque esses dois povos provocavam distúrbios na região. Os apiru podem ter se envolvido direta ou indiretamente na conquista, ainda que muitas das atividades mencionadas nas cartas de Amarna aconteceram fora dos lugares das campanhas militares de Josué. Das cidades em Canaã, as cartas se referem especialmente a Siquém e Jerusalém. Isso concorda com o relato bíblico, que não as cita entre as que foram conquistadas no primeiro período das citadas campanhas de Josué.

Depois da conquista, alguns apiru podem ter se tornado prosélitos de Israel, enquanto outros se mudaram para se engajar em atividades mercenárias em outras regiões. Uma interpretação sugere que Saul empregou mercenários apiru e se referia a eles como "hebreus", em distinção aos "homens de Israel" (1Sm 13.3). Quando pressionados, os mercenários desertaram, deixando apenas os israelitas étnicos com Saul (13.6,7; 14:21).

Pode ser em razão da reputação não muito boa dos apiru, junto com as confusões ocasionais de termos, que os filhos de Abraão raramente se referiam a si mesmos como hebreus, ainda que estrangeiros algumas vezes usassem a palavra em sentido pejorativo (Gn 39.14,17; 1Sm 4.6,9). — *David K. Stabnow*

ÁPIS Boi sagrado adorado em Mênfis, Egito. A *BJ* divide as palavras em Jr 46.15 de forma diferente do que o faz o texto hebraico impresso. Assim ela traduz: "Por que Ápis fugiu?". Semelhante são a *TEV*: "Por que caiu o teu poderoso deus Ápis?" (*TEV*) e a *NVI*:

"Por que o deus Ápis fugiu?". A *ARA* traz: "Por que foi derribado o teu Touro?". Outras traduções mantêm o texto hebraico presente e trazem: "Por que foram derribados os teus valentes?" (*ARC*).

APOCALIPSE, LIVRO DE Último livro da Bíblia. Seu título vem da primeira palavra, *apokalypsis*, que significa "descortinar", "descobrir" ou "revelar". O texto de Ap 1.1 apresenta o tema do livro: uma revelação "de", "originada em" e "a respeito de" Jesus Cristo. O livro de Ap pertence ao gênero da literatura apocalíptica, ainda que de fato seja uma combinação de três gêneros literários: 1) *apocaliptismo* — forma exagerada ou intensificada de profecia que usa uma linguagem ricamente simbólica e críptica para retratar a vindicação dramática e a vitória de Deus e do seu povo no fim dos tempos (1.1); 2) *profecia* — palavra de proclamação direta da parte de Deus ao povo por meio de seus servos, predizendo, i.e., anunciando de antemão (1.3); (3) *epístola* — carta que se dirige às necessidades de igrejas específicas (1.4-7; 2; 3; 22.21). O Ap aponta para a esperança futura e urge fidelidade e esperança no presente.

Para encorajar à fidelidade, o Ap aponta para o mundo glorioso porvir em que "não haverá mais morte, nem tristeza, nem choro, nem dor" (21.4; cp. 7.16) com a manifestação do Jesus crucificado e ressurreto. O Senhor entronizado voltará para encerrar a História mundial, com a destruição dos inimigos de Deus, a salvação final do seu povo, e a criação de um novo céu e uma nova terra (caps. 21 e 22). A intensidade da experiência de João é comparada apenas com a riqueza do simbolismo apocalíptico empregado para advertir seus leitores dos desastres e das tentações iminentes, que exigiriam a fidelidade absoluta ao Senhor ressurrecto. De fato, o Senhor virá em poder e glória, mas não antes que seus inimigos tenham executado um ataque terrível, mas limitado (pela divina misericórdia) aos que sustentam o "testemunho de Jesus" (cf. 1.9; 6.9; 12.11).

Autor Quatro vezes o autor se identifica como João (1.1, 4, 9; 22.8). Tradições cristãs primitivas atribuem o Evangelho, as três epístolas e o livro de Ap ao apóstolo João. O livro de Ap é o único que alega ter sido escrito por alguém chamado João. Ainda que o autor não alegue ser o apóstolo João, parece improvável que qualquer outro líder cristão do séc. I tivesse autoridade ou alguma ligação com as igrejas da Ásia Menor para fazer referência a si próprio simplesmente como João. Há algumas diferenças de estilo e linguagem entre o Evangelho, as epístolas joaninas e o Ap, mas há também similaridades significativas. Por exemplo, apenas o Evangelho e o Ap se referem a Jesus como a Palavra de Deus (Jo 1.1; Ap 19.13) e como Cordeiro. O tema do testemunho é também particularmente destacado nos 5 escritos. A melhor opinião é a de que o João do Ap seja de fato João, o apóstolo, irmão de Tiago, filho de Zebedeu. V. *João*.

Contexto a situação do autor era de sofrimento. Ele era "irmão e companheiro [...] no sofrimento", e isto "em Jesus". Por causa do seu testemunho, foi exilado na ilha de Patmos (1.9). A situação dos destinatários era variada, ainda que todos experimentassem dificuldades. Um cristão fiel em Pérgamo sofreu a morte (2.12,13) e a igreja em Esmirna foi advertida quanto a uma perseguição iminente (2.10). Éfeso havia abandonado o primeiro amor (2.4), Pérgamo e Tiatira eram tolerantes quanto a falsos ensinamentos (2.14,15; 20), Sardes era espiritualmente morta (3.1), Filadélfia enfrentou oposição judaica (3.9), e Laodiceia era morna (3.16). As sete igrejas são os destinatários imediatos do livro. O caráter representativo das sete igrejas e a mensagem profética do livro indicam, no entanto, que havia uma audiência muito mais ampla, a saber, a totalidade da igreja.

Data O livro de Ap foi escrito no final do séc. I. A tradição antiga situava o livro no período do reinado do imperador romano Domiciano (81-96). Uma opinião alternativa afirma que o livro teria sido de pouco depois do reinado de Nero (54-68). Os estudiosos defensores do ponto de vista de que o livro é do tempo de Nero argumentam que as repetidas referências à perseguição no livro (1.9; 2.2,3, 10, 13; 3.9,10; 6.10,11; 7.14-17; 11.7; 12.13—13.17; 14.12-20; 19.2; 21.4) se encaixam melhor durante aquele reinado, quando a perseguição realmente aconteceu. A alusão ao templo em 11.1 parece implicar que ele ainda existia, o que exigiria uma data anterior ao ano 70. Os que argumentam a favor do tempo de Domiciano observam que esta era a opinião de Ireneu, Vitorino, Eusébio e Jerônimo. As cartas às sete igrejas pressupõem certo desenvolvimento e declínio, enquanto as igrejas (que não haviam sido organizadas até meados da década de 50) pareciam estar bem quando Paulo foi preso no final da década de 60. Na época de Domiciano, a segunda geração talvez não tivesse as convicções fortes da primeira, em especial quando se enfrentava a oposição intensificada e os desafios para não ceder (cf. o pano de fundo das cartas de João). Muitos estudiosos afirmam que o tempo de Domiciano é melhor e apresentam uma data entre os anos 90 e 96. Qualquer que seja a data correta, aquele era um tempo de perseguição crescente, desafios doutrinários e comprometimento moral.

Estrutura literária do livro Várias abordagens têm sido oferecidas, das quais duas têm um apelo especial. Primeiro, o livro pode ser esboçado ao redor da expressão "no Espírito" usada em quatro passagens estratégicas, quando João se move para um lugar diferente (1.10; 4.2; 17.3; 21.10). A segunda abordagem considera 1.19 a chave interpretativa do livro. É dito a João que escreva "o que ele viu" (cap. 1), "o que é" (caps. 2 e 3) e "o que virá" (caps. 4—22).

Abordagens interpretativas ao Apocalipse Os intérpretes do livro em geral podem ser divididos em quatro categorias:

Preterista O livro é a respeito séc. I e foi escrito para ele. Muitos dos acontecimentos descritos no livro, se não todos, foram cumpridos no tempo de João.

Historicista O livro é um panorama da História da Igreja com a atenção voltada para desenvolvimento no Ocidente.

Idealista O livro é uma verdade simbólica atemporal sobre o conflito entre o bem e o mal. Não diz respeito a pessoas ou acontecimentos específicos. A mensagem a ser proclamada e recebida é a que diz que no fim Deus será vitorioso.

Futurista Começando com o cap. 4 (ou 6) o livro descreve o que acontecerá no fim da História logo antes da segunda vinda de Jesus Cristo e o estabelecimento de seu reino.

Introdução (1.1-8) O livro foi escrito para as "sete igrejas" da província romana da Ásia Menor. A obra de João é uma "revelação" a respeito do "que em breve há de acontecer" e da parte de Jesus Cristo. O tema é claro: o próprio Senhor Deus garantiu a vindicação final do Jesus crucificado (1.7,8). Uma bênção (a primeira de sete) é prometida aos que ouvem e guardam a mensagem (1.3).

A visão de João na Ilha de Patmos (1.9-20) Exilado em Patmos, João viu o Senhor ressurreto (1.9-20). Revestido de glória e majestade (1.9-20), Aquele que Vive se revela como Senhor das igrejas e instruiu João a enviar não só as sete cartas, mas também o relato das coisas que ele viu e iria ver, a revelação sobre as coisas "que acontecerão" (1.19).

Cartas às sete igrejas (2.1—3.22) As cartas às igrejas de Éfeso, Esmirna, Pérgamo, Tiatira, Sardes, Filadélfia e Laodiceia apresentam uma estrutura coerente e equilibrada. Em primeiro lugar, depois de designar os destinatários, o Senhor ressurreto descreve a si mesmo usando uma parte da descrição de 1.9-20. Depois se segue a seção "Conheço", de elogio e/ou crítica. Depois, de modo típico, vem alguma forma de exortação: aos que recebem crítica, uma exortação ao arrependimento; entretanto, às igrejas de Esmirna e Filaldélfia, a quem o Senhor tem apenas elogios, a exortação é de garantia e segurança (2.10; 3.10-13). Cada carta é concluída com uma exortação: "Aquele tem quem ouvidos ouça o que o Espírito diz às igrejas" e uma promessa de recompensa ou galardão ao "vencedor", que vence pela perseverança na causa de Cristo. Cada promessa encontra sua fonte na consumação gloriosa (Ap 19—22). Diz-se à igreja de Éfeso (2.1-7) que ela deveria voltar ao primeiro amor. À igreja de Esmirna (2.8-11), ordena-se a fidelidade até a morte; às igrejas de Pérgamo (2.12-17) e Tiatira (2.18-29), que se acautelem quanto ao ensinamento falso e aos atos imorais que acompanham a teologia errônea. À igreja de Sardes (3.1-6) é dito que despertasse e completasse suas obras de obediência. À igreja em Filadélfia (3.7-13) é prometido, diante da perseguição, que a fé em Jesus garante acesso ao Reino eterno. E à igreja de Laodiceia (3.14-22) diz-se para abandonar o autoengano e se arrepender de sua indiferença.

A soberania do Deus Criador comprometida com o Cordeiro crucificado mas agora entronizado (4.1—5.14) Os caps. 4 e 5 são centrais, pois unem as exortações do Senhor ressurreto às igrejas (caps. 2 e 3) aos

APOCALIPSE, LIVRO DE

juízos e ao triunfo final do Cordeiro (caps. 6—22). Esses capítulos apresentam a base teológica e histórica da autoridade do Senhor ressurreto sobre a igreja e sobre o mundo ao descrever sua entronização e seu poder para levar adiante os juízos e os propósitos salvadores de Deus. O cap. 4 afirma a autoridade soberana de Deus. O cap. 5 descreve a autoridade de Deus, o Filho, como Redentor. Por causa da criação e da redenção, Deus é justo ao exercer autoridade sobre todas as coisas. Em Ap 5 menciona-se um livro de retribuição, redenção e restauração. Esse livro, contendo a lembrança da revelação (caps. 6—22), está relacionado ao livro dos "ais" de Ez (2.9,10) e ao livro selado de Dn (12.4,9,10). O Senhor Jesus crucificado é o Leão e Cordeiro de Deus ressurreto e exaltado, o todo-poderoso, onisciente e presente em toda parte (5.6). Ele, e apenas ele, é digno de tomar o livro e abrir seus sete selos. Quando o Cordeiro começa a romper os selos, os acontecimentos principais da história começam a se revelar.

Os julgamentos do Cordeiro entronizado, por intermédio dos sete selos (6.1—8.5) O rompimento dos primeiro quatro selos traz os quatro cavaleiros (6.1-8). Estes, comparados ao caos predito em Mt 24 (cp. Mc 13 e Lc 21), representam os juízos de Deus por meio da guerra e suas consequências devastadoras (violência, fome, pestilência e morte). O quinto selo (Ap 6.9-11) é o pedido dos santos martirizados por justiça contra seus opressores. Por enquanto, eles devem esperar.

O sexto selo é importante para a compreensão da estrutura literária e da sequência episódica do Ap. Quando rompido, traz os típicos sinais do fim: um grande terremoto, o escurecimento do sol, a transformação da lua em sangue, e a queda das estrelas do céu (cf. Mt 24.29). Aí estamos no fim da História do mundo. Os poderosos e os pequenos da terra compreendem ter chegado o grande dia da ira de Deus (e do Cordeiro), nada pode salvá-los (6.14-17). A descrição dos juízos iniciada pelos primeiros seis selos impressionaria o público de João, e por isso ele interrompeu a sequência, levando ao sétimo selo para lembrá-los que o povo de Deus não precisa se desesperar, porque eles são "servos do nosso Deus" (7.3) e têm a promessa do céu.

A leitura cuidadosa de Ap mostra que o sétimo selo e a sétima trombeta são desprovidos de conteúdo. Alguns sugerem que as três séries de juízos (selos, trombetas e taças) têm um relacionamento telescópico, de modo que o sétimo selo contém as sete trombetas, e a sétima trombeta contém as sete taças, responsáveis pela intensidade e rapidez dos juízos rumo ao fim. Isso também explica o desfecho da história ao fim de cada série de juízos, pelo menos em certa medida.

O cap. 7 tem duas visões (7.1-8, 9-17) e de alguma maneira é como um parêntese. A selagem dos 144 mil (7.1-8) é entendida por muitos como uma referência a judeus que virão a Cristo e realizarão um culto único e especial no período da tribulação (cf. Rm 11.25-29). Outros creem que João emprega um simbolismo judaico para representar todos os crentes que depositaram sua confiança em Cristo. Esse último ponto de vista é improvável por que na segunda visão (7.9-17) João vê uma grande multidão e não faz distinção entre ambas. Usando descrições do céu (21.3,4,23; 22.1-5), João diz que eles "vieram da grande tribulação", e agora experimentam as alegrias do céu e o alívio das tribulações (cf. 7.14-17 com 21.1-6; 22.1-5). Na "vinda da grande tribulação" (7.14) indica que estes são provavelmente os santos martirizados que morreram como testemunhas de Jesus (cp. 6.9-11; 12.10-12; 20.4-6). No céu agora eles desfrutam da presença de Deus (7.15; 21.3). Os cristãos ("servos do nosso Deus", 7.3) têm o selo de Deus. Recusando a marca da besta (13.16,17; 14.11), eles levam o testemunho de Jesus (14.12), por isso têm a promessa de libertação final da grande tribulação (7.14).

Em Ap 8.1-5 há o sétimo selo e o sinal do fim propriamente da História humana e da vinda do Senhor, mas o profeta ainda não está pronto para descrever o retorno. Ainda há muito para se cumprir, juízos adicionais de Deus a missão do povo de Deus e a perseguição da parte da besta. O sétimo selo contém as sete trombetas. Usando esse veículo simbólico, João revela a segunda grande série de julgamentos que se movem cada vez mais para o fim.

Os julgamentos do Cordeiro entronizado através das sete trombetas (8.6—11.19) As primeiras quatro trombetas descrevem julgamentos parciais ("um terço") da vegetação da terra, dos oceanos, das fontes de águas e das estrelas (8.6-13). As últimas três trombetas estão agrupadas e são descritas como sendo três "ais" sobre a terra, enfatizando o juízo de Deus. Esses julgamentos não têm efeito redentor, pois o "restante da humanidade" que não morreu nas pragas não se arrependeu de suas imoralidades (9.20,21).

O interlúdio entre o sexto e o sétimo selos nos lembra que o povo de Deus é salvo dos efeitos da destruição eterna da ira de Deus. Também entre a sexta e a sétima trombetas somos lembrados da mão de Deus que protege seu povo (10.1—11.14). No interlúdio das trombetas também aprendemos que a proteção de Deus nos dias da tribulação não significa isolamento, pois o povo de Deus deve levar um testemunho profético ao mundo.

Em 10.1-8 o chamado de João é reafirmado (cf. Ez 2.1—3.11). A nota a respeito da providência, proteção e testemunho de Deus é novamente enfatizada em 11.1-13, com a medida do templo do período da tribulação (11.1,2). A perseguição irá durar "quarenta e dois meses", mas seu povo não será destruído, pois as "duas testemunhas" (11.3-13) devem anunciar a misericórdia e o juízo de Deus. As "duas testemunhas" (o número dois sugere e simboliza um testemunho legal, confirmado) são também chamadas de "dois candelabros" (11.4). Alguns creem que eles simbolizam os cristãos que dão testemunho (cf. 1.20). Outros pensam que são duas personagens reais que darão testemunho e serão martirizadas. Como Moisés e Elias, mantêm o testemunho profético fiel junto ao mundo, mesmo diante da morte. Ainda que a terra se regozije quando o testemunho deles aparentemente é levado ao fim, o triunfo temporário do mal ("três dias e meio", 11.9,11) mudará para uma vindicação celestial quando as duas testemunhas forem ressuscitadas dos mortos (11.11,12).

Com a sétima trombeta (e o terceiro "ai") apresenta-se mais uma vez o fim da história, o tempo de os mortos serem julgados e de os santos serem recompensados (11.18). Mesmo assim João ainda não está pronto para descrever a vinda real do Senhor. Infelizmente ele ainda tem mais a relatar concernente à "besta quem vem do Abismo" e que "atacará" o povo de Deus (11.7). João agora descortina os "quarenta e dois meses", o período de perseguição, proteção e testemunho.

A perseguição do dragão aos justos (12.1—13.18) O cap. 12 é crucial para a compreensão da visão que João tem da sequência da história. Cristãos e judeus associam o número "três e meio" com tempos de sofrimento e juízo. João se refere a esse período de maneiras variadas: "três anos e meio", "quarenta e dois meses", "1260 dias" ou "um tempo, tempos e metade de um tempo". No momento, o período em que as forças do mal realizarão suas obras, Deus protegerá seu povo (12.6,14) enquanto este dá testemunho de sua fé (11.3), mas ao mesmo tempo sofre nas mãos dos poderes malignos (11.2,7; 12.13-17; 13.5-7). Esse período terrível de tribulação terminará com a vinda do Senhor. Entretanto, a questão crítica é quando começa o período terrível de três anos e meio de perseguição e testemunho. Alguns estudiosos localizam os "três anos e meio" em algum momento no futuro. Outros apontam seu início na ascensão e entronização de Cristo (12.5). Quando o descendente da mulher (Israel) é "arrebatado para junto de Deus e de seu trono" (12.5), acontece uma guerra no céu, e o dragão é lançado à terra.

Os céus se regozijam por o descendente ter sido resgatado de Satanás, mas o mundo deve lamentar, porque o Diabo foi lançado à terra, e sua ira é grande. Sabe que foi derrotado pelo Cristo ressurreto e exaltado e que tem pouco tempo (12.12). A mulher, que (como Israel) deu à luz a Cristo (12.1,2) e também a outros "descendentes", os que se "mantém fiéis ao testemunho de Jesus", agora recebem o ímpeto do ataque da ira da frustração do dragão (12-17). Enquanto o dragão enraivecido tenta despejar sua ira contra a mulher, ela é, não obstante, alimentada e protegida por "mil, duzentos e sessenta dias" (12.6), por "um tempo, tempos e meio tempo" (12.14).

O dragão então traz dois aliados (cap. 13) para ajudar na perseguição dos que creem em Jesus. Satanás é incorporado como um governante político, a besta que vem do mar (13.1) que irá blasfemar durante "quarenta e dois meses" (13.5). É o "homem da iniquidade" citado por Paulo (2Ts 2.3-12) e o anticristo citado por João (1Jo 2.18,22; 4.3; 2Jo 7). É tanto uma pessoa como o líder de um poder político. Irá "guerrear contra os santos" (13.7), enquanto a segunda besta (ou falso profeta, 19.20), que vem da terra (13.11) tenta enganar a terra de modo que seus habitantes adorem a primeira besta.

O cap. 12 pode ser considerado uma espécie de panorama da história da redenção. O cap. 13 deve ser entendido em conexão com Dn 7, quanto à vinda do anticristo escatológico. No dragão (Satanás), a besta e o falso profeta há nada menos que uma trindade corrompida, e também uma corruptela da ressurreição (13.3). O Ap é claro ao ensinar que Satanás é o mestre do engano e da corrupção.

Resumo do triunfo, advertência e julgamento (14.1-20) Depois das notícias deprimentes da perseguição por parte da trindade iníqua, os leitores de João precisam de outra palavra de encorajamento e advertência. O cap. 14 emprega sete "vozes" para relatar mais uma vez as esperanças e advertências do céu. Primeiro há outra visão dos 144 mil, o remanescente judeu, fiel na adoração ao único Deus verdadeiro por intermédio de Jesus Cristo, não seduzido pelos enganos satânicos da primeira besta e de seu aliado, o falso profeta: eles serão resgatados e levados ao trono dos céus (14.15).

Um anjo anuncia o Evangelho eterno e adverte a terra do juízo vindouro (14.6,7). As "vozes" remanescentes (ou oráculos) se seguem com grande velocidade. A queda de "Babilônia, a Grande", um símbolo do AT para a nação que se opõe ao povo de Deus, é anunciada (14.8). O povo de Deus é advertido a não seguir a besta, e os que a seguirem sofrerão a separação de Deus (14.9-12). Por fim, duas vozes invocam a colheita (14.14-20).

Os julgamentos do Cordeiro entronizado por meio das sete taças (15.1—16.21) Outra dimensão do seu juízo está nas sete taças da ira, similares às sete trombetas e aos sete selos, mas ao mesmo tempo diferentes. A ira de Deus não é mais parcial ou temporária, mas completa e permanente, definitiva e irrevogável. Os julgamentos parciais ("um terço") das trombetas sugerem que Deus usa os sofrimentos e o mal para levar a humanidade ao arrependimento e à fé; mas essas tribulações também antecipam a hora final do juízo quando a ira de Deus será completa.

As sete taças não apresentam um intervalo entre o sexto e o sétimo derramamentos do juízo. Somente a ira é deixada sem qualquer procrastinação. Babilônia, a Grande, o símbolo dos que se colocaram contra o Deus Altíssimo, cairá. O fim chegou (16.17).

A queda e ruína da Babilônia (17.1—18.24) O cap. 17 reconta a sexta taça, a queda de Babilônia, a Grande, e o cap. 18 apresenta um lamento tocante quanto àquela grande cidade.

A festa do casamento do Cordeiro (19.1-10) Ainda que João tenha evitado uma descrição da vinda do Senhor em pelo menos três ocasiões anteriores (8.5; 11.15-19; 16.17-21; cf. 14.14-16), ele agora está preparado para descrever as glórias da manifestação do Senhor. Todos os céus se rejubilam por causa do juízo justo de Deus sobre o mal (19.16). A noiva do Cordeiro, o povo de Deus, preparou-se por sua fidelidade a seu Senhor no tempo do sofrimento (19.7,8).

A segunda vinda do Senhor Jesus (19.11-21) Os céus se abrem e Aquele cuja vinda fora fielmente anunciada por eras aparece para combater os inimigos de Deus, um conflito de cujo desfecho se tem certeza (19.11-16). A primeira besta (o anticristo) e a segunda besta (o falso profeta) são jogadas no lago de fogo, do qual não há saída (19.20), um lugar de punição e tormento eternos, não de aniquilação.

O reino milenar (20.1-6) O dragão (Satanás) é jogado no abismo, a prisão para seres demoníacos, selada e fechada durante mil anos (20.1-3). Cristo irá reinar durante mil anos na terra como Rei dos reis e Senhor dos senhores. Os mortos em Cristo são ressuscitados para governar com ele (20.4-6), e o governo justo de Deus sobre a terra é vindicado.

A rebelião final de Satanás e o julgamento do grande trono branco (20.7-15) No fim do período de mil anos, vai acontecer o ataque final de Satanás (20.7-10). Ainda que Satanás consiga enganar pela último vez, sua insurreição final será curta. Na batalha final, Satanás e seus seguidores são derrotados, e o Diabo, junto com a besta e o falso profeta serão lançados no lago de fogo em que "serão atormentados dia e noite, para todo o sempre" (20.10). Então acontecerá o juízo final, no qual todos os indivíduos não incluídos no "livro da vida" serão lançados no lago de fogo (20.11-15).

O júbilo no céu, a revelação do Cordeiro e o advento da noiva, a cidade santa (21.1—22.5) O cap. 21 se refere ao estado eterno declarado pelo juízo do grande trono branco e descreve o novo céu, a nova terra e em

Perspectivas milenaristas no Apocalipse

Perspectiva de interpretação	Amilenarista	Pré-milenarismo histórico (pós-tribulacionista)	Pré-milenarismo pré-tribulacionista*	Pós-milenarismo preterista
Descrição da perspectiva	Crê que o atual governo de Cristo no céu ou o atual governo de Cristo na Igreja é o milênio; sustenta que uma única ressurreição e um único juízo marcam o fim da História como a conhecemos, e o início do estado eterno.	Crê que Cristo irá reinar na terra durante mil anos após sua segunda vinda; os santos ressuscitarão no início do milênio, e os não cristãos no final, após o qual virá o juízo.	Crê que Cristo irá reinar na terra durante mil anos após sua segunda vinda; os santos ressuscitarão no arrebatamento, antes da tribulação, e os que morrerem durante a tribulação, no início do milênio.	O reino "milenar" de Cristo foi estabelecido no séc. I e continuará a se disseminar e a crescer até o tempo da ressurreição e do juízo final.
Livro do Apocalipse	Corrente histórica escrita em código para confundir os inimigos e encorajar os cristãos da Ásia; sua mensagem se aplica a todos os cristãos.	Aplicação imediata aos cristãos da Ásia; aplica-se a todos os cristãos em todos os tempos, mas as visões também se aplicam a um grande acontecimento futuro	Aplicação imediata aos cristãos da Ásia; aplica-se a todos os cristãos em todos os tempos, mas as visões também se aplicam a um grande acontecimento futuro	Uma história de acontecimentos agora passados, com consequências que se estendem ao tempo presente.
Sete candelabros (1.13)	As sete igrejas do tempo de João.	As sete igrejas do tempo de João.	As sete igrejas do tempo de João.	As sete igrejas do tempo de João.
Sete estrelas (1.16,20)	Pastores.	Simboliza personagens celestiais ou sobrenaturais da Igreja (alguns creem que se referem a pastores).	Pastores ou anjos.	Pastores.
Igrejas destinatárias (caps. 2 e 3)	Situações históricas específicas, verdade aplicada à igrejas através dos tempos; não representam períodos da História da Igreja.	Situações históricas específicas, verdade aplicada à igrejas através dos tempos; não representam períodos da História da Igreja.	Situações históricas específicas, verdade aplicada à igrejas através dos tempos; não representam períodos da História da Igreja.	Situações históricas específicas, verdade aplicada à igrejas através dos tempos; não representam períodos da História da Igreja.
Vinte e quatro anciãos (4.4,10; 5.8,14)	Os doze patriarcas e os doze apóstolos; juntos, simbolizam todos os redimidos.	Grupo de anjos que ajudam a executar o governo de Deus (ou anciãos que representam as vinte e quatro ordens sacerdotais levíticas, ou simbolizam todos os redimidos).	A igreja recompensada; ou a representação dos doze patriarcas e os doze apóstolos (os redimidos de todos os tempos).	?
Livro selado (5.1-9)	O rolo da História; mostra Deus levando adiante seu propósito redentor na História	Contém profecias dos acontecimentos do fim nos caps. 6-22; relacionado ao livro dos ais de Ez (2.9,10) e ao livro selado de Dn (12.4, 9,10)	Contém profecias dos acontecimentos do fim nos caps. 6-22; relacionado ao livro dos ais de Ez (2.9,10) e ao livro selado de Dn (12.4, 9,10)	Decreto do divórcio e do juízo de Deus para com Israel
144.000 (7.4-8)	Redimidos na terra	Igreja no limiar da grande tribulação (alguns pensam se tratar de judeus convertidos)	Convertidos judeus do período da tribulação que dão testemunho de Jesus (os mesmos de 14.1)	Judeus cristãos

* O dispensacionalismo é uma forma popular de pré-milenarismo pré-tribulacionista

APOCALIPSE, LIVRO DE

Perspectivas milenaristas no Apocalipse

Perspectiva de interpretação	Amilenarista	Pré-milenarismo histórico (pós-tribulacionista)	Pré-milenarismo pré-tribulacionista*	Pós-milenarismo preterista
Grande multidão (7.9,10)	Uma multidão incontável no céu, louvando a Deus por sua salvação	A Igreja, tendo passado pela grande tribulação, vista no céu	Os redimidos no período da tribulação (possivelmente mártires)	A Igreja como um todo?
Grande tribulação (primeira referência em 7.14)	Perseguição enfrentada pelos cristãos da Ásia no tempo de João; símbolo da tribulação que ocorre através da História	Período de crise inexplicada no fim dos tempos, antes da volta de Cristo; a Igreja a enfrentará; começa com o sétimo selo (8.1), que contém da primeira à sexta trombetas (8.2-14.20)	Período de crise inexplicada no fim dos tempos, referida em 7.14 e descrita nos cap. 11-18; a última metade do período de sete anos entre o arrebatamento e o milênio	Perseguição aos cristãos da Ásia no tempo de João
"Estrela" (9.1)	O mal personificado	Representa uma figura angélica divinamente comissionada para levar adiante os propósitos de Deus		Satanás
Quarenta e dois meses (11.2). 1.260 dias (11.3)	Duração indefinida da desolação pagã	Número simbólico que representa o período de maldade com referência aos últimos dias desta era	Metade do período de sete anos de tribulação	Tempo que vai do ínicio da revolta judaica na primavera do ano 66 da era cristã até a invasão da muralha interior de Jerusalém em agosto de 70
Duas testemunhas (11.3-10)	Disseminação do Evangelho no primeiro século	Símbolo da Igreja e seu testemunho	Duas pessoas históricas reais que testemunham a respeito de Jesus	?
Sodoma e Egito (11.8)	Roma, como centro do Império	Jerusalém terrestre	Jerusalém terrestre	Jerusalém terrestre
Mulher (12.1-6)	O verdadeiro povo de Deus na antiga e na nova alianças (o verdadeiro Israel)	O verdadeiro povo de Deus na antiga e na nova alianças (o verdadeiro Israel)	Indica Israel, não a Igreja; a chave é uma comparação com Gn 37.9	?
Grande dragão vermelho (12.3)	Todas as interpretações identificam-no com Satanás	Todas as interpretações identificam-no com Satanás	Todas as interpretações identificam-no com Satanás	Todas as interpretações identificam-no com Satanás
Filho, homem (12.4,5)	Cristo em seu nascimento, vida, acontecimentos e crucificação, a quem Satanás tenta matar	Cristo, cuja obra Satanás tenta destruir	Cristo, cuja obra Satanás tenta destruir	(provavelmente Cristo)?
1.260 dias (12.6)	Tempo indefinido	Número simbólico que representa um período de maldade com referência especial aos últimos dias desta era	Metade da grande tribulação, depois de a Igreja ser arrebatada	Os mesmos 42 meses?
Besta do mar (13.1)	Imperador Domiciano, personificação do Império Romano (o mesmo no cap. 17)	O anticristo e seu reinado, mostrados como incorporação das quatro bestas em Dn 7	O anticristo e seu reinado, mostrados como incorporação das quatro bestas em Dn 7	Império Romano genericamente, e Nero especificamente

* O dispensacionalismo é uma forma popular de pré-milenarismo pré-tribulacionista

Perspectivas milenaristas no Apocalipse

Perspectiva de interpretação	Amilenarista	Pré-milenarismo histórico (pós-tribulacionista)	Pré-milenarismo pré-tribulacionista*	Pós-milenarismo preterista
Sete cabeças (13.1)	Os imperadores romanos	Um grande poder, que mostra ter ligação com o dragão	Sete impérios seculares, e o Império Romano revivido	A cidade de Roma em geral, e os imperadores romanos especificamente, de Julio César até Galba
Dez chifres (13.1)	Símbolo de poder	Reis que representam coroas limitadas (10) contra as muitas de Cristo	Dez nações que servirão a besta	?
Besta da terra (13.11)	*Concilia*, o órgão romano nas cidades, responsável pelo culto ao imperador	Religião organizada como serva da primeira besta no período da grande tribulação; liderada por um falso profeta	Religião organizada como serva da primeira besta no período da grande tribulação; liderada por um falso profeta	?
666 (13.18)	Imperfeição; mal; personificado como Domiciano	Símbolo do mal, menos que 777; se significa uma pessoa, a identidade desta é desconhecida, mas será revelada no tempo certo	Símbolo do mal, menos que 777; se significa uma pessoa, a identidade desta é desconhecida, mas será revelada no tempo certo	Valor numérico de "Nero César"
144.000 no Monte Sião (14.1)	Número total dos redimidos no céu	Número total dos redimidos no céu	Redimidos judeus reunidos na Jerusalém terrestre durante o reino milenar	Judeus cristãos?
Rio de sangue (14.20)	Símbolo de punição infinita para os ímpios	Significa o juízo radical de Deus que esmaga completamente o mal	Descrição da ira e carnificina que ocorrerão na Palestina	Símbolo do derramamento de sangue em Israel durante a guerra judaica contra Roma
Babilônia (mulher, 17.5)	A Roma histórica	Símbolo do mal que se opõe a Deus	?	Jerusalém
Besta	Domiciano	Anticristo	?	Império Romano
Sete colinas (17.9)	Roma pagã, edificada sobre sete colinas	Simboliza poder, mas nesse texto significa uma sucessão de impérios, o último dos quais é a Babilônia do fim dos tempos	Roma, revivida no fim dos tempos	?
Sete cabeças (17.7) e sete reis (17.10)	Imperadores romanos, de Augusto a Tito, excluindo três breves governos	Cinco reinos ímpios do passado, o sexto é Roma, e o sétimo se levantará no tempo do fim	?	?
Dez chifres (17.7) e dez reis (17.12)	Reinos vassalos que governavam com permissão de Roma	Símbolo de poderes terrenos que serão subservientes ao anticristo	Dez reinos que se levantarão no futuro, e que servirão ao anticristo	?
Noiva, esposa (19.7)	A Igreja			
Banquete do casamento (19.9)	Ápice desse tempo; simboliza a união completa de Cristo com seu povo	União de Cristo com seu povo em sua vinda	União de Cristo com seu povo em sua vinda	Simboliza o novo relacionamento de Deus com a Igreja, oposto ao seu divórcio com Israel
Cavaleiro em um cavalo branco (19.11-16)	Visão da vitória de Cristo sobre a Roma pagã; a volta de Cristo ocorre em conexão com os acontecimentos de 20.7-10	Segunda vinda de Cristo	Segunda vinda de Cristo	Cristo vem para destruir Jerusalém e julgar Israel enquanto assume uma nova noiva, a Igreja

* O dispensacionalismo é uma forma popular de pré-milenarismo pré-tribulacionista

APOCALIPSE, LIVRO DE

Perspectivas milenaristas no Apocalipse

Perspectiva de interpretação	Amilenarista	Pré-milenarismo histórico (pós-tribulacionista)	Pré-milenarismo pré-tribulacionista*	Pós-milenarismo preterista
Batalha do Armagedom (19.19-21; ver 16.16)	Não literalmente no fim dos tempos, mas um símbolo do poder da palavra de Deus vencendo o mal; o princípio se aplica a todas as épocas.	Evento literal de algum tipo no fim dos tempos, mas não uma batalha literal com armas militares; ocorre na volta de Cristo no início do milênio	Batalha sangrenta e literal em Armagedom (vale de Megido), no fim da grande tribulação, entre Cristo e os exércitos da besta; estes são derrotados por Cristo e então tem início o milênio	?
Grande ceia (19.7)	Está em contraste com o casamento do Cordeiro	Está em contraste com o casamento do Cordeiro	Está em contraste com o casamento do Cordeiro	?
Prisão de Satanás (20.2)	Símbolo da vitória da ressurreição de Cristo sobre Satanás	Retirada do poder de Satanás durante o milênio	?	Limitação do poder de Satanás que começou no primeiro século e continua no presente
Milênio (20.2-6)	Referência simbólica ao período entre a primeira e a segunda vindas de Cristo	Evento histórico, ainda que a duração de mil anos possa ser simbólica, depois do Armagedon, durante o qual Cristo governa seu povo	Período de mil anos durante o qual Cristo governa seu povo	Período simbólico do tempo do reinado de Cristo desde o juízo de Israel no séc. I até o juízo final
Aqueles que estão em tronos (20.4)	Mártires no céu; sua presença com Deus é um juízo sobre os que os mataram	Santos e mártires que governam com Cristo no milênio	Santos e mártires que governam com Cristo no milênio	A igreja, governando com Cristo em seu reinado atual
Primeira ressurreição (20.5,6)	A presença espiritual com Cristo dos redimidos que ocorre após a morte física	Ressurreição dos santos que começa no milênio quando Cristo volta	Inclui dois grupos: 1) os arrebatados; 2) santos martirizados durante a tribulação	Salvação
Segunda morte (20.6)	Morte espiritual, separação eterna de Deus	Morte espiritual, separação eterna de Deus	Morte espiritual, separação eterna de Deus	Morte espiritual, separação eterna de Deus
Segunda ressurreição (subentendida)	Todas as pessoas, perdidas e redimidas, ressuscitadas quando Cristo volta, em uma única ressurreição	Não cristãos, ressuscitados no fim do milênio para o juízo do grande trono branco	?	Morte espiritual, separação eterna de Deus. Ressurreição física de todos de seus túmulos
Novos céus e nova terra (21.1)	Uma nova ordem; terra e céu redimidos	Uma nova ordem; terra e céu redimidos	Uma nova ordem; terra e céu redimidos	
Nova Jerusalém (21.2-5)	Deus habitando com seus santos (a Igreja) na nova era depois de todos os demais acontecimentos do fim dos tempos	Deus habitando com seus santos (a Igreja) na nova era depois de todos os demais acontecimentos do fim dos tempos	Deus habitando com seus santos (a Igreja) na nova era depois de todos os demais acontecimentos do fim dos tempos	A Igreja na glória da salvação que já está presente no mundo
Nova Jerusalém (21.10-22.5)	O mesmo que em 21.2-5	O mesmo que em 21.2-5	O mesmo que em 21.2-5	O mesmo que em 21.2-5

* O dispensacionalismo é uma forma popular de pré-milenarismo pré-tribulacionista

APOCALIPSE, LIVRO DE

Séries em Apocalipse

Perspectiva de interpretação	Amilenarista	Pré-milenarismo histórico (pós-tribulacionista)	Pré-milenarismo pré-tribulacionista*	Pós-milenarismo preterista
Primeiro selo (6.1,2)	Conquistador terreno ou Cristo	Proclamação do Evangelho; outros creem que seja um conquistador terreno	Espírito de conquista; possivelmente um Cristo falsificado	A marcha romana contra Jerusalém no ano 67 da era cristã
Segundo ao quarto selos (6.3-8)	Junto com o primeiro selo, o sofrimento que deve ser suportado durante a História	Problemas constantes de guerra, escassez e morte	Sequência de desastres provocados pela humanidade pecadora	A Guerra Judaica (contra Roma) e suas consequências de fome e morte
Quinto selo (6.9-11)	Garantia para os fiéis (de todas as épocas) que Deus julgará o mal	Mártires no decorrer da História	Mártires no período da tribulação	Vindicação dos mártires
Sexto selo (6.12-17)	Fim dos tempos; juízo final de Deus	Catástrofe cósmica no fim dos tempos	Catástrofe cósmica no fim dos tempos	Ápice do juízo sobre Israel
Sétimo selo (8.1)	As sete trombetas	As sete trombetas	As sete trombetas	As sete trombetas
Primeira a quarta trombetas (cap. 8)	Queda do Império Romano como consequência de calamidades naturais	Ira de Deus que recai sobre a civilização que se submete ao anticristo quando a escolha é muito clara; as primeiras quatro trombetas envolvem catástrofes naturais	Ira de Deus que recai sobre a civilização que se submete ao anticristo quando a escolha é muito clara; as primeiras quatro trombetas envolvem catástrofes naturais	Outros simbolismos dos efeitos da guerra judaica
Gafanhotos, quinta trombeta (9.3,4)	Decadência interna que leva à queda do Império Romano	Símbolo de poderes demoníacos reais libertos durante a grande tribulação, que infligem torturas	Símbolo de poderes demoníacos reais libertos durante a grande tribulação, que infligem torturas	Cerco de Jerusalém
Exército do oriente, sexta trombeta (9.13-19)	Ataques externos que conduzem à queda do Império Romano	Símbolo do juízo divino verdadeiro sobre a civilização corrupta, que produz a morte	Invasão de um exército proveniente do oriente	Outras legiões romanas se integram à guerra
Sétima trombeta (11.15)	Deus um dia irá proclamar sua vitória	Anúncio de um resultado vitorioso	As sete taças	Vitória sobre Jerusalém
Primeira taça (16.2)	Julgamento dos praticantes de religiões falsas, incluindo os adoradores de Domiciano	Sofrimentos infligidos especificamente aos seguidores do anticristo	Praga de sofrimento físico	Descrição posterior do juízo de Jerusalém
Segunda taça (16.3)	Destruição das fontes de sustento físico	Morte de toda vida marinha	Morte de toda vida marinha	?
Terceira taça (16.4-7)	Os que derramaram o sangue dos santos receberão uma maldição de sangue	Afeta a água doce	Afeta a água doce	?
Quarta taça (16.8-9)	Mesmo quando as pessoas reconhecem que a fonte de toda vida luta contra eles por causa de Deus, eles blasfemam e se recusam a se arrepender	Deus governa os processos da natureza para produzir juízo, mas as pessoas mesmo assim se recusam a se arrepender	Deus governa os processos da natureza para produzir juízo, mas as pessoas mesmo assim se recusam a se arrepender	?
Quinta taça (16.10,11)	Juízo de Deus sobre o centro da autoridade da besta; as trevas sugerem confusão e uma conspiração do mal	Dirigida contra a civilização demoníaca do fim dos tempos	Dirigida contra a civilização demoníaca do fim dos tempos	?
Sexta taça (16.12-16)	Forças contra a vontade de Deus serão por fim destruídas; neste texto, se refere especificamente aos partos	Serve como preparação para a grande batalha do fim dos tempos; uma coligação de governantes demoniacamente inspirados	Refere-se ao grande conflito mundial de muitas nações em Armagedom, na Palestina	?
Sétima taça (16.17-21)	Por ser derramada no ar, todos vão respirar; nota contundente de juízo final sobre o Império Romano	Descreve a queda da Babilônia do fim dos tempos (tratada com mais detalhes posteriormente)	Destruição total de tudo construído sem Deus; queda da civilização humana pecaminosa	?

* O dispensacionalismo é uma forma popular de pré-milenarismo pré-tribulacionista

Tabelas confeccionadas por: Daniel L. Akin, Robert B. Sloan e Craig Blaising

APOCALÍPTICO, APOCALÍPTICA

particular, a nova Jerusalém. Descreve a glorificação da noiva do Cordeiro (21.1-5). Ser a noiva é ser a cidade santa, a nova Jerusalém, para viver na presença de Deus e do Cordeiro, para experimentar proteção, alegria e a luz eterna doadora de vida da parte de Deus (21.9-27). O trono de Deus e do Cordeiro está lá, e lá seus servos o adorarão e reinarão com ele para sempre (22.1-5). A nova Jerusalém é ao mesmo tempo um povo e um lugar.

Conclusão (22.6-21) João concluiu sua profecia afirmando a fidedignidade total de suas palavras. Os que guardam sua profecia receberão as bênçãos de Deus. Os que ignoram as advertências serão deixados fora das portas da presença de Deus (22.6-15). Solene e esperançosamente orando para que o Senhor venha, João conclui seu livro (22.17,20). As igrejas devem ter ouvidos para ouvir o que o Espírito disse (22.16). O povo de Deus deve, por sua graça (22.21), perseverar na da tribulação, sabendo que seu Senhor entronizado voltará em triunfo.

Esboço

I. Introdução (1.1-8)
II. Visão de João na ilha de Patmos (1.9-20)
III. Cartas às sete igrejas (2.1—3.22)
IV. A soberania do Deus criador comprometida com o Cordeiro crucificado, mas agora entronizado (4.1—5.14)
V. Os juízos do Cordeiro entronizado por meio dos sete selos (6.1—8.5)
VI. Os juízos do Cordeiro entronizado por meio das sete trombetas (8.6—11.19)
VII. A perseguição movida pelo dragão aos justos (12.1—13.18)
VIII. Um resumo de triunfo, advertência e juízo (14.1-20)
IX. Os julgamentos do Cordeiro entronizado por meio das sete taças (15.1—16.21)
X. Queda e ruína da Babilônia (17.1—18.24)
XI. A festa das bodas do Cordeiro (19.1-10)
XII. A segunda vinda de Jesus Cristo (19.11-21)
XIII. O reino milenar (20.1-6)
XIV. A rebelião final de Satanás e o julgamento do grande trono branco (20.7-15)
XV. Júbilo nos céus, a manifestação do Cordeiro, e o advento da noiva, a cidade santa (21.1—22.5)
XVI. Conclusão (22.6-21)

— *Daniel L. Akin e Robert B. Sloan*

APOCALÍPTICO, APOCALÍPTICA Termo que ocorre 18 vezes no NT na forma do substantivo grego *apokalupsis* e 26 vezes na forma do verbo *apokalupto*. Esses termos gregos derivam da combinação da preposição *apo* com o verbo *kalypto*, resultando na definição "descobrir, desvelar ou revelar". Tal "descoberta" ou "revelação" vem por meio de visões ou sonhos e se refere à revelação escatológica de segredos concernentes aos últimos dias. O uso do termo "apocalíptico, apocalíptica" é devido à palavra de abertura do livro de Ap, *apocalypsis*, que significa revelação. Quando os comentaristas falam de literatura apocalíptica, estão se referindo a obras de estilo semelhante ao de Ap. Apocalíptico ou apocalíptica, portanto, concerne a escritos que empregam linguagem simbólica ou figurada usada para descrever uma intervenção divina futura, o sistema doutrinário explícito nesse gênero literário e os movimentos que produziram tais escritos e doutrinas.

Há algumas semelhanças entre o zoroastrismo e o material apocalíptico bíblico, pois o elemento escatológico no pensamento apocalíptico é combinado com o dualismo cósmico. Nesse dualismo o futuro não é uma continuação do presente, pois se fosse, a humanidade faria grandes progressos, e a era presente não chegaria ao fim. Há diferenças entre as ideias religiosas persas e hebreias. O apocalipticismo zoroastrista é um dualismo de duas forças personificadas opostas no universo, um deus bom e um mau. No conceito judaico-cristão, Satanás não é igual, mas claramente inferior a Deus e se opõe a ele. Satanás é o tentador e opressor da humanidade, mas mesmo assim Deus está no controle; Satanás opera sob a supervisão divina. As fontes zoroástricas das quais a apocalíptica judaica supostamente se originou apareceram mais tarde na composição que os materiais bíblicos. O zoroastrismo deve muito à Bíblia, não vice-versa.

A natureza da apocalíptica Os estudiosos críticos que aceitam datas tardias para a literatura apocalíptica (incluindo o livro de Dn no AT) consideram a apocalíptica apenas um método empregado pelos escritores antigos para transmitir a esperança futura do mundo melhor. O valor permanente da apocalíptica é a promessa de um mundo melhor para os sobrecarregados pelas circunstâncias presentes, como pobreza, enfermidades e perseguição. Esse é o significado dos livros canônicos apocalípticos de Dn e de Ap. Alguns argumentam que a melhor forma de determinar o caráter apocalíptico de uma obra é comparar suas características com as de Ap. Esse aparentemente é o melhor método. Algumas características típicas da apocalíptica são ilustradas com base em Ap: a revelação é concedida por Deus (Ap 1.1); a revelação é dada por um mediador ou anjo (Ap 1.1; 22.16); o mediador entrega a revelação a um vidente/profeta (Ap 1.1); a revelação concerne a eventos futuros, de modo geral o triunfo do bem sobre o mal (Ap 1.1); textos apocalípticos foram escritos no período de perseguição ou crise histórica (Ap 1.9); a mensagem é apresentada em forma de visões (Ap 1.10); há muito simbolismo, gematria/numerologia (Ap 1.20; 7.4-8); e o tema ou mensagem principal é o triunfo escatológico do Reino de Deus sobre os reinos maus da terra (Ap 19.17-21). Alguns estudiosos, no entanto, tendem a classificar como apocalípticas obras que não pertencem a esse gênero.

Antigo Testamento Os estudiosos críticos defendem que o gênero literário da apocalíptica é um desenvolvimento tardio que surgiu no período pós-exílico, embora houvesse influências anteriores nessa direção. O povo judeu tinha esperado que Israel recuperasse a glória anterior e que um rei davídico reinasse sobre eles, resultando na derrota dos inimigos de Israel. À medida que o tempo foi passando, os judeus perceberam que isso não ocorreria sem a intervenção divina. Gradualmente, Israel começou a depositar sua confiança quanto ao futuro num Messias que traria uma nova era de paz, prosperidade e vitória sobre as nações.

Partes de Jl, Am, Zc e Is têm características apocalípticas, assim como Dn, que muitos consideram o mais semelhante à literatura apocalíptica. Embora Zc 1—6 tenha muitas características desse gênero, como visões, gematria e anjos, esse material não parece enfatizar os temas escatológicos que são proeminentes em Dn e Ap (e.g., o triunfo escatológico do Reino de Deus sobre os reinos da terra, a ressurreição), e é melhor não classificá-lo como literatura apocalíptica. Em Zc 9—14 há profecia mas não certas características da literatura apocalíptica (i.e., anjos ou visões). Alguns estudiosos incluem Is 24—27, Ez 38—39 e Jl 3 na literatura apocalíptica, mas faltam a esses trechos, embora escatológicos, muitas características do gênero para serem classificados como apocalípticos.

Obras Apócrifas Diversas obras apocalípticas foram escritas entre 200 a.C. e 100 d.C., mesmo que não tenham sido incluídas no cânon bíblico: 1Enoque (163-80 a.C.), Livro dos Jubileus (100 a.C.), os Oráculos Sibilinos (aproximadamente 150 a.C.), os Testamentos dos Doze Patriarcas (140-110 a.C.), os Salmos de Salomão (50 a.C.), a Assunção de Moisés (4 a.C.-30 d.C.), o Martírio de Isaías (séc. I d.C.), 4Esdras (90-100 d.C.) e 2Br (50-100 d.C.). As diferenças entre a literatura apocalíptica canônica e a não canônica são muitas: 1) os apocalipses não canônicos apareceram como imitações dos livros bíblicos; 2) essas obras eram pseudônimas — escritas com nome de autor falso. As pessoas associadas a essas obras tinham morrido havia muito tempo, mas foram usadas para conferir autoridade aos livros; 3) os escritos apocalípticos não canônicos afirmavam predizer eventos futuros, mas na verdade eram profecias escritas depois que os fatos tinham ocorrido; 4) apocalipses não canônicos foram escritos depois que tinha cessado a mensagem profética do AT (aproximadamente 400 a.C.); e 5) as obras apocalípticas não canônicas nunca foram consideradas inspiradas da mesma forma que os livros bíblicos, em virtude de diversas questões doutrinárias e éticas.

Novo Testamento O livro de Ap é o único documento no NT que é totalmente apocalíptico. Outras seções do NT podem ser classificadas como verdadeiramente apocalípticas incluindo Mt 24—25 e Mc 13. Partes de 1 e 2Ts, da mesma forma, garantem essa classificação: a culminação do mal (2Ts 2.1-4); Cristo descerá do céu (1Ts 1.10) com a voz do arcanjo e a trombeta de Deus (1Ts 4.16; 2Ts 1.7); anjos o acompanharão como executores dos seus decretos (2Ts 1.7); haverá vingança entre os ímpios tanto gentios quanto judeus (1Ts 4.6; 2Ts 1.8); e a condenação dos ímpios é a destruição eterna (2Ts 1.9). No clímax do mal, Cristo descerá do céu e matará o iníquo com o sopro da sua boca e então o consumirá com a manifestação da sua vinda (2Ts 2.8). V. *Daniel,*

APÓCRIFOS, LIVROS

livro de; escatologia; Apocalipse, livro de. — Steven L. Cox

APÓCRIFOS, LIVROS — Antigo Testamento Os judeus não pararam de escrever nos séculos entre o Antigo e Novo Testamentos. O período intertestamental foi um período de grande produção literária. Designamos esses escritos como apócrifos e pseudepigráficos. Não obtiveram condição canônica, mas alguns deles foram citados pelos primeiros cristãos quase em pé de igualdade com os escritos do AT, e alguns foram copiados em manuscritos bíblicos. Alguns autores do NT estavam familiarizados com diversas obras não canônicas, e Jd fez uma referência específica a pelo menos um desses livros. Finalmente foram preservados pelos cristãos, não pelos judeus.

Significando "coisas ocultas", o termo "apócrifos" é aplicado a uma coleção de 15 livros escritos entre 200 a.C. e 100 d.C. Esses não fazem parte do AT, mas são estimados por algumas pessoas para estudo pessoal. A palavra "apócrifos" não está na Bíblia. Embora nunca tenham feito parte das Escrituras Hebraicas, todos os 15 livros apócrifos exceto 2Ed aparecem na tradução grega do AT, a *LXX*. Foram incorporados na Bíblia Latina oficial, a *Vulgata*. Todos exceto 1 e 2Ed e a Oração de Manassés são considerados canônicos (incluídos na Bíblia) e portadores de autoridade pela Igreja Católica Romana. A partir do tempo da Reforma os livros apócrifos foram omitidos do cânon das igrejas protestantes. Os apócrifos representam diversos tipos de literatura: história, romance histórico, sabedoria, devocional e apocalíptica.

O livro de 1Ed é um livro histórico do início do séc. I d.C. Contém material paralelo ao dos últimos capítulos de 2Cr, Ed e Ne, e cobre o período de Josias à leitura da lei por Esdras. Em uma série de ocasiões, difere do relato do AT. Acredita-se que esse escrito extraiu seu material de algumas das mesmas fontes usadas pelos autores dos livros canônicos do AT. "A História dos Três Guardas", 3.1—5.3, é um trecho significativo em 1Ed que não está presente no AT. Conta como Zorobabel teve permissão para conduzir os exilados no retorno à Palestina.

O livro de 1Mc é o escrito histórico mais importante dos apócrifos. É à fonte principal para se escrever a história do período que ele cobre, 180 a 134 a.C. A ênfase está em que Deus agiu por meio de Matatias e seus filhos para trazer a libertação. Ele não interveio de forma divina, sobrenatural. Agiu por meio de pessoas para atingir seus propósitos. O autor era um patriota leal. Para ele nacionalismo e zelo religioso eram a mesma coisa. Depois dos versículos iniciais que tratam de Alexandre, o Grande, o livro apresenta as causas da revolta contra os selêucidas. Minuciosos detalhes são dados acerca das carreiras de Judas e Jônatas. Menos atenção é dada a Simão, embora a ênfase seja colocada sobre o fato de ele ser o líder reconhecido e o sumo sacerdote para sempre. A breve referência a João Hircano no final sugere que o livro foi escrito ou no último período da sua vida ou depois da sua morte, provavelmente logo depois de 100 a.C.

Em 2Mc também apresenta a história do período inicial da revolta contra os selêucidas, cobrindo o período de 180 a 161 a.C. Está baseado em cinco volumes escritos por Jasom de Cirene, dos quais nada se sabe. O livro de 2Mc, escrito logo depois de 100 a.C., não é considerado historicamente tão acurado quanto 1Mc. Em alguns pontos, os dois livros discordam entre si. Esse livro começa com duas cartas escritas aos judeus no Egito estimulando-os a celebrar a purificação do templo feita por Judas. No restante do escrito, o autor insiste em que os problemas dos judeus ocorreram em virtude da sua pecaminosidade. Enfatiza a intervenção milagrosa de Deus para proteger o templo e seu povo. Grande honra é concedida àqueles que foram mortos como mártires da fé. O livro inclui a história de sete irmãos e sua mãe que foram mortos. O livro ensina claramente a ressurreição do corpo, ao menos para os justos.

Já Tb é um romance histórico escrito em torno de 200 a.C. Está mais interessado em ensinar lições do que em registrar História. O episódio é o de uma família levada ao exílio na Assíria quando Israel foi destruído. O casal, Tobit e Ana, tinha um filho chamado Tobias. Tobit, o pai, tinha deixado uma grande soma de dinheiro com um homem na Média. Quando Tobit ficou cego, enviou seu filho Tobias para buscar o dinheiro. Encontrou-se um homem para acompanhar Tobias. Na verdade ele era o anjo Rafael. Paralelo a isso está o relato de uma parenta chamada Sara. Ela tinha se casado com sete maridos, mas um demônio tinha morto cada um deles na noite nupcial. Rafael disse a Tobias que ele estava qualificado para se casar com Sara. Eles tinham pescado um peixe e tinham guardado o coração, o fígado e a bílis. Quando queimados, o coração e o fígado expulsariam um demônio. A bílis curaria a cegueira. Assim Tobias estava em condições de se casar com Sara sem danos. Rafael buscou o dinheiro que tinha sido deixado na Média, e a cegueira de Tobit foi curada por meio da bílis do peixe. O livro ressalta a frequência ao templo, o pagamento dos dízimos, o dar esmolas, o casamento somente dentro do povo de Israel e a importância da oração. A obediência à Lei é central junto com a separação dos judeus dos gentios. Ele introduz o conceito do anjo da guarda.

O livro de *Jt*, de 250 a 150 a.C., mostra a importância da obediência à Lei. Nesse livro Nabucodonosor, o rei dos assírios, reinava no tempo em que os judeus retornaram do exílio. Isso mostra que o livro não é historicamente acurado, pois Ciro da Pérsia era o rei quando os judeus voltaram do exílio (538 a.C.). A história pode estar fundamentada em algum evento histórico em que uma mulher teve um papel heroico na vida do seu povo. Na história, Nabucodonosor enviou um dos seus generais, Holofernes, a subjugar as nações na parte ocidental do seu Império. Os judeus resistiram, assim Holofernes sitiou a cidade de Bethulia (desconhecida fora dessa referência). Em virtude da escassez de água, a cidade decidiu se entregar em cinco dias se Deus não interviesse. Judite era viúva já havia três anos e tinha sido muito cuidadosa em obedecer a toda a Lei. Ela afirmou que Deus agiria por meio dela para salvar seu povo. Foi com sua serva ao acampamento de Holofernes, afirmando que Deus destruiria o povo por causa do seu pecado. Prometeu mostrar ao general como ele poderia capturar a cidade sem perder uma única vida. Num banquete alguns dias depois, quando Holofernes tinha bebido até ficar em coma, ela cortou a cabeça dele e a levou de volta para a cidade. O resultado foi uma grande vitória para os judeus sobre seus inimigos. Esse livro dá ênfase à oração e ao jejum. A idolatria é denunciada, e o Deus de Israel é glorificado. O livro mostra um ódio intenso pelos pagãos. Seu conteúdo moral é baixo, pois ensina que os fins justificam os meios.

Os apócrifos contêm adições ao livro de Et do AT. O texto hebraico de Et contém 163 versículos, mas o grego contém 270. Essas adições estão sem seis lugares diferentes no texto grego. No entanto, na *Vulgata* latina elas estão no final. Essas seções contêm assuntos como o sonho de Mardoqueu, a interpretação desse sonho, os textos das cartas mencionadas no livro canônico (Et 1.22; 3.13; 8.5; 9.20.25-30), e as orações de Ester e Mardoqueu. As adições dão uma base obviamente mais religiosa ao livro. No livro de Et do AT, o nome de Deus não é mencionado. Essa omissão é remediada pelas adições que provavelmente foram feitas entre 125 e 75 a.C.

O Cântico dos Três Hebreus é uma das três adições ao livro de Dn. Segue Dn 3.23 no texto grego. Satisfaz a curiosidade acerca do que aconteceu na fornalha na qual os três homens foram jogados. A seção final é um hino de louvor a Deus. Ressalta que Deus age para libertar seu povo em resposta às orações. Esse escrito, junto com as outras duas adições a Dn, são de aproximadamente 100 a.C.

A história de *Susana* é adicionada no fim do livro de Dn na *LXX*. Conta sobre dois juízes que ficaram extasiados pela beleza de Susana e tentaram se tornar íntimos dela. Quando ela recusou, afirmaram tê-la visto em intimidade com um jovem. As autoridades acreditaram na acusação deles e ela foi condenada à morte. Daniel então afirmou que os juízes estavam mentindo e que ele o provaria. Separadamente perguntou-lhes sob que árvore viram Susana e o jovem. Quando eles identificaram dois tipos diferentes de árvores, seu perjúrio se tornou manifesto. Foram condenados à morte, e Susana foi vindicada.

A terceira adição a Dn é *Bel e o Dragão*, situada antes de Susana na *LXX*. Bel era um ídolo adorado na Babilônia. Grandes quantidades de comida eram colocadas no templo de Bel todas as noites e consumidas antes da manhã seguinte. O rei Ciro perguntou a Daniel por que ele não adorava a Bel, e Daniel respondeu que Bel era somente uma imagem feita por homens. Ele provaria ao rei que Bel não era um deus vivo. Daniel pediu que se espalhassem cinzas no piso do templo e se colocasse comida no altar de Bel antes de lacrar a porta do templo. Na manhã seguinte, os lacres nas portas estavam intactos, mas quando as portas foram abertas a comida tinha sumido. No entanto, as cinzas espalhadas no piso revelaram as pegadas dos sacerdotes e suas famílias. Eles tinham uma entrada secreta e à noite vinham comer a comida trazida para o ídolo. A segunda parte da história de Bel e o Dragão diz respeito ao dragão adorado na Babilônia. Daniel matou o dragão ao alimentá-lo com bolos de piche, gordura e cabelo. O povo ficou indignado, e Daniel foi jogado na cova dos leões por sete dias. No entanto, os leões não lhe causaram dano. Essas histórias ridicularizam o paganismo e a adoração de ídolos.

Os quatro livros apócrifos seguintes são exemplos da literatura sapiencial. A *Sabedoria de Salomão*, que não foi escrita por Salomão, provavelmente foi escrita em torno de 100 a.C. no Egito. A primeira seção do livro oferece conforto aos judeus oprimidos e condena os que se afastaram da sua fé em Deus. Mostra as vantagens da sabedoria sobre a maldade. A segunda seção é um hino de louvor à sabedoria. A sabedoria é identificada como uma pessoa presente com Deus, embora não lhe seja dada tanta proeminência como em outros escritos. A seção final mostra a sabedoria como útil para Israel em toda a sua história. Esse escrito apresenta o conceito grego da imortalidade, não o ensino bíblico da ressurreição.

O livro *Sabedoria de Jesus Ben-Siraque* também é conhecido como Eclesiástico (Eclo). Ele sublinha a importância da Lei e a obediência a ela. Escrito em hebraico em torno de 180 a.C., foi traduzido para o grego pelo neto do autor pouco depois de 132 a.C. O livro tem duas divisões principais, cap. 1—23 e 24—51, cada um começando com uma descrição da sabedoria. O autor era um judeu devoto, muito culto, que teve oportunidade de viajar fora da Palestina. Assim ele incluiu no seu escrito não somente a sabedoria tradicional judaica, mas também o material em que encontrou valor no mundo grego. Retratou o escriba ideal como alguém que tinha tempo para se dedicar ao estudo da Lei. Os cap. 44—50 são um louvor aos grandes pais de Israel, um tanto semelhante a Hb 11. A sabedoria é altamente exaltada. Ela é uma pessoa feita por Deus. Entra na terra para buscar um lugar de moradia. Depois que é rejeitada por outros povos, é estabelecida em Sião. A sabedoria é identificada com a Lei.

O livro de *Br* também pertence à categoria da sabedoria. É uma combinação de dois ou três escritos diferentes. A primeira seção está em prosa e alega apresentar uma história do período de Jeremias e Baruque. No entanto, difere do relato do AT. A segunda seção é poesia e um louvor à sabedoria. A seção final também é poética e apresenta uma palavra de esperança para as pessoas. Como em Siraque, a sabedoria e a Lei são equiparadas. Foi escrito pouco depois de 100 a.C.

A *Carta de Jeremias* é frequentemente adicionada a Baruque como o cap. 6. Como base para sua obra, o autor evidentemente usou Jr 29.1-23, em que Jeremias de fato escreveu uma carta aos exilados. No entanto, essa carta vem de antes de 100 a.C. É uma forte e bem formulada condenação da idolatria.

A *Oração de Manassés* é um escrito devocional. Ele afirma ser a oração do penitente rei de Israel a quem o AT retrata como terrivelmente ímpio (2Rs 21.10-17). O livro de 2Rs não dá pista alguma de que Manassés tenha se arrependido. No entanto, 2Cr 33.11-13,18,19 afirma que ele de fato se arrependeu e que Deus o aceitou. Esse escrito de antes de 100 a.C. é o que essa oração de arrependimento pode ter sido.

O último livro dos apócrifos é *2Ed*, escrito tarde demais para ser incluído na *LXX*. Os cap. 1—2 e 15—16 são escritos cristãos. Os cap. 3—14, a parte expressiva da obra, são de aproximadamente 20 a.C. Esse escrito é um apocalipse, um tipo de escrito popular entre os judeus do período intertestamental e que se tornou popular entre os cristãos. O livro de 2Ed contém sete seções ou visões. Nas primeiras três, Esdras busca respostas de um anjo acerca do pecado humano e da situação de Israel. A resposta que recebe é que a situação mudará somente na era nova que Deus está para inaugurar. A terceira seção retrata o Messias. Ele permanecerá 400 anos e então morrerá. As três divisões seguintes realçam a intervenção futura de Deus e a salvação do seu povo por meio do Messias preexistente. A seção final afirma que o fim virá logo e relata que Esdras foi inspirado para escrever 94 livros. Vinte e quatro deles são uma revisão do AT canônico enquanto os outros 70 devem ser dados aos sábios. Os últimos dois capítulos de

2Ed contêm material comum ao NT. V. *apocalíptico, apocalíptica; pseudeígrafos*. — Clayton Harrop

APÓCRIFOS, LIVROS — Novo Testamento Termo coletivo referente a um grande corpo de escritos religiosos que datam dos primeiros séculos cristãos e são semelhantes em forma ao NT (evangelhos, atos, epístolas e apocalipses), mas nunca foram incluídos como parte do cânon das Escrituras.

Significado do termo "apócrifo" Quando o termo *apokryphos* ocorre no NT, ele simplesmente significa "coisas ocultas". Esse sentido originário não inclui os significados posteriores associados a ele. Na formação do cânon cristão da Bíblia, "apócrifos" passou a significar obras que não foram inspiradas por Deus nem eram portadoras da sua autoridade. O termo também foi usado por certos grupos (p. ex., gnósticos) para descrever seus escritos como secretos. Eles criam que seus textos tinham sido escritos havia muito tempo e mantidos escondidos até os últimos dias. Tais escritos então estavam disponíveis somente para os iniciados. Visto que a igreja reconhecia obras que eram lidas abertamente em cultos de adoração pública, o termo "apócrifos" passou a significar "falsos" e começou a ser usado para descrever material herético. Em contraste com porções dos apócrifos do AT, que foram aceitos por alguns ramos da igreja cristã, nenhum dos apócrifos do NT (com a possível exceção de *Apocalipse de Pedro* e de *Atos de Paulo*) jamais foi aceito como Escritura. Embora alguns estudiosos entendam que o termo descreva escritos que não fazem parte do NT nem são estritamente apócrifos (e.g. pais apostólicos), parece melhor restringir o termo ao material que não foi recebido no cânon das Escrituras, contudo, em forma e conteúdo, reivindicavam para si posição e autoridade igual a da Escritura.

Propósito dos apócrifos Três razões gerais explicam a existência dos apócrifos do NT. Em primeiro lugar, alguns grupos aceitaram os escritos porque eles se fundamentavam no desejo universal de preservar a memória da vida e da morte de importantes personagens do NT. Não importando se as tradições transmitidas eram verdadeiras ou falsas, o desejo de gerações posteriores de saber mais detalhes tornou os escritos apócrifos atraentes. O segundo propósito está proximamente ligado ao primeiro. As obras apócrifas tinham a intenção de complementar a informação dada no NT acerca de Jesus ou dos apóstolos. Isso pode ter sido a motivação por trás da *Terceira Epístola aos Coríntios* (fornecer parte da correspondência faltante entre Paulo e a igreja de Corinto) e da *Epístola aos Laodicenses* (fornecer a carta mencionada em Cl 4.16). Pela mesma razão, os atos apócrifos faziam questão de registrar os eventos associados à morte dos apóstolos, questão sobre a qual o NT geralmente silencia. Em terceiro lugar, grupos heréticos produziram escritos apócrifos na tentativa de obter autoridade para seus pontos de vista particulares.

Classificação dos apócrifos do Novo Testamento Esses escritos são paralelos, de forma superficial, a formas literárias encontradas no NT: evangelhos, atos, epístolas ou cartas e apocalipses. Embora exista essa semelhança formal, o título de uma obra apócrifa não fornece necessariamente uma descrição confiável da sua natureza e conteúdo.

Os evangelhos apócrifos Esse grande grupo de escritos pode ser classificado ainda em evangelhos da infância, evangelhos da paixão, evangelhos judaico-cristãos e evangelhos originários de grupos heréticos.

"Evangelhos da infância" é o nome dado às obras apócrifas que de alguma forma tratam do nascimento ou infância de Jesus ou de ambos. Embora Mt e Lc ressaltassem a mesma linha geral da história, enfatizaram aspectos diferentes dos eventos que cercaram o nascimento de Jesus, principalmente em virtude do seu público-alvo e do seu propósito particular em escrever seu evangelho. Os autores desses evangelhos apócrifos da infância de Jesus tentaram corrigir o que consideravam deficiências nos relatos canônicos e preencher as lacunas que achavam existir. A maior parte do material está relacionado aos anos silenciosos da infância de Jesus. Os dois primeiros evangelhos da infância, dos quais derivou a maioria da literatura posterior, são o *Protoevangelho de Tiago* e o *Evangelho da Infância escrito por Tomé*. O *Protoevangelho de Tiago* parece ter sido escrito para glorificar Maria. Inclui o nascimento milagroso de Maria, sua apresentação no templo, seu casamento com José (um homem idoso com

APÓCRIFOS, LIVROS

filhos) e o nascimento milagroso de Jesus. Essa obra do séc. II se tornou extremamente popular e indubitavelmente teve grande influência sobre pontos de vista posteriores sobre Maria, a mãe de Jesus. O *Evangelho da Infância Escrito por Tomé* retrata Jesus de maneira rude como um menino milagreiro, usando seus poderes milagrosos como uma ferramenta para o próprio benefício. Essa obra tenta preencher as lacunas dos anos silenciosos da infância de Jesus, mas o faz de maneira repulsiva e exagerada.

À medida que a lenda continuava a crescer, muitos evangelhos da infância posteriores se desenvolveram incluindo o *Evangelho Árabe da Infância*, o *Evangelho Armênio da Infância*, o *Evangelho do Pseudo-Mateus*, o *Evangelho Latino da Infância*, a *Vida de João de acordo com Serapião*, o *Evangelho do Nascimento de Maria*, a *Assunção da Virgem* e a *História de José, o Carpinteiro*.

Os "evangelhos da paixão", outra classe de evangelhos apócrifos, ocupam-se com a suplementação dos relatos canônicos ao descrever os eventos que cercam a crucificação e ressurreição de Jesus. As duas obras mais importantes nessa categoria são o *Evangelho de Pedro* e o *Evangelho de Nicodemos* (às vezes chamado de *Atos de Pilatos*). O *Evangelho de Pedro* é uma obra do séc. II que minimiza a humanidade de Jesus, eleva o elemento milagroso e reduz a culpa de Pilatos, entre outras coisas. O *Evangelho de Nicodemos* (*Atos de Pilatos*) é mais um exemplo de um evangelho da paixão apócrifo. O julgamento e a morte de Jesus são ampliados à medida que Nicodemos, o narrador principal, conta repetidas testemunhas que vêm à frente para depor a favor de Jesus. Pilatos cede à pressão popular e entrega Jesus para ser crucificado. O *Evangelho de Nicodemos* também inclui um relato vívido da "descida [de Jesus] ao inferno", muito semelhante a um herói grego invadindo o submundo para desafiar suas autoridades ou resgatar seus prisioneiros. Outra obra apócrifa que poderia ser classificada como um evangelho da paixão é o *Livro da Ressurreição de Cristo pelo Apóstolo Bartolomeu*.

Evangelhos judaico-cristãos são obras que se originaram entre grupos judaico-cristãos. Eles incluem o *Evangelho dos Ebionitas*, o *Evangelho dos Hebreus* e o *Evangelho dos Nazarenos*. Embora alguns estudiosos identifiquem o *Evangelho dos Hebreus* com o *Evangelho dos Nazarenos*, a evidência não é conclusiva. O *Evangelho dos Hebreus*, talvez o mais proeminente, parece ter sido em alguns aspectos uma paráfrase do evangelho canônico de Mt e dá ênfase especial a Tiago, irmão do Senhor.

Os evangelhos heréticos cobrem uma ampla diversidade de evangelhos apócrifos, sendo considerados, em sua maioria, evangelhos gnósticos. O gnosticismo se desenvolveu no séc. II como um movimento religioso amplamente difundido e diversificado com raízes na filosofia grega e na religião popular. O *Evangelho da Verdade* não contém referência alguma às palavras ou atos de Jesus. Alguns evangelhos heréticos são atribuídos a todos os 12 apóstolos ou a um deles. Esses incluem o *Evangelho dos Doze Apóstolos* e os evangelhos de Filipe, Tomé, Matias, Judas e Bartolomeu. Escrito em aproximadamente 100 d.C., o *Evangelho de Tomé* (sem relação alguma com o *Evangelho da Infância Escrito por Tomé*) é uma coleção de 114 ditos secretos "que Jesus, aquele que vive, disse e Dídimo Judas Tomé escreveu". Esse documento é um dos quase cinquenta descobertos em 1945 perto de Nag Hammadi no Alto Egito como parte do que os estudiosos acham ter sido a biblioteca de uma comunidade gnóstica. As ênfases heréticas do *Evangelho de Tomé* são combatidas de antemão por 1Jo, que enfatiza o evangelho de Jesus Cristo como a mensagem da vida, disponível a todas as pessoas. Outros evangelhos nessa classe incluem os que vêm escritos por Santas Mulheres (p. ex., o *Perguntas de Maria* e o *Evangelho de acordo com Maria*), e os que são atribuídos a hereges proeminentes, como Cerinto, Basilides e Marcião.

Os atos apócrifos Um grande número de relatos lendários das jornadas e atos heroicos dos apóstolos do NT tentou dar relatos paralelos ao livro de At e complementá-lo. Os cinco atos apócrifos principais são histórias dos séc. II e II denominados segundo "Leucius Charinus" e portanto conhecidos como *Atos de Leucius*. Mesmo que demonstrem uma alta consideração pelos apóstolos e incluam alguns fatos históricos, muito do que oferecem é produto da imaginação desenfreada, muito semelhantes a um romance (com animais falantes e insetos obedientes).

Atos de João é o mais antigo da série (150-160 d.C.). Contém milagres e sermões realizados e pregados por João na Ásia Menor e tem uma orientação gnóstica distinta. Conta a história da jornada de João de Jerusalém a Roma e a de seu aprisionamento na ilha de Patmos. Depois de muitas outras viagens, João finalmente morre em Éfeso.

Atos de Paulo foi escrito antes de 200 d.C. por um presbítero da Ásia "por amor a Paulo". Mais tarde foi destituído da sua posição por publicar o escrito. O texto está dividido em três seções: os Atos de Paulo e Thecla, uma moça de Icônio que ajudava Paulo nas suas viagens missionárias; a correspondência com a igreja de Corinto; e o martírio de Paulo.

Atos de Pedro é um escrito do fim do séc. II que conta como Pedro defendeu a igreja de um herege chamado Simão Magus por meio da pregação pública. Pedro, que é forçado a fugir, mais tarde volta para ser crucificado de ponta-cabeça. Como os outros *atos*, esse é asceta, i.e., promove um estilo de vida de autonegação e isolamento da sociedade como um meio de combater a depravação e desenvolver a virtude.

Atos de Tomé é uma obra do séc. III, tendo se originado supostamente no cristianismo siríaco, segundo a maioria dos estudiosos. Conta como Judas Tomé, "gêmeo do Messias", recebeu a Índia quando os apóstolos dividiram o mundo por meio de sorteio. Tomé, embora tivesse ido como escravo, foi responsável pela conversão de muitos hindus conhecidos. O elemento asceta está novamente presente na ênfase que Tomé dá à virgindade. No final ele foi preso e morto como mártir.

Outros atos apócrifos posteriores incluem: a *História Apostólica de Abdias*, a *História Fragmentada de André*, as *Ascensões de Tiago*, o *Martírio de Mateus*, a *Pregação de Pedro*, os *Atos Eslavônicos de Pedro*, a *Paixão de Paulo*, a *Paixão de Pedro*, a *Paixão de Pedro e Paulo*, os *Atos de André e Matias*, *André e Paulo*, *Paulo e Thecla*, *Barnabé*, *Tiago, o Grande*, *Pedro e André*, *Pedro e Paulo*, *Filipe* e *Tadeu*.

As epístolas apócrifas Temos conhecimento de um pequeno grupo de epístolas ou cartas apócrifas, muitas das quais são atribuídas ao apóstolo Paulo. A *Epístola dos Apóstolos* é uma coletânea de visões dos ensinos pós-ressurreição de Cristo do séc. II. A *Terceira Epístola aos Coríntios* foi a suposta resposta de Paulo a uma carta de Corinto. Embora circulasse de forma independente, também faz parte de *Atos de Paulo*. A *Epístola Latina aos Laodicenses* é uma coletânea dos ditos de Paulo provavelmente motivada por Cl 4.16.

Outras importantes epístolas apócrifas incluem a *Correspondência de Cristo e Agbar*, a *Epístola aos Alexandrinos*, a *Epístola de Tito*, de *Pedro a Tiago*, de *Pedro a Filipe* e de *Maria a Inácio*.

Apocalipses apócrifos O Ap é o único livro apocalíptico no NT, embora haja elementos apocalípticos em outros livros (como em Mc 13 e paralelos; 2Ts 2.1-12). O termo "apocalipse" ou "apocalíptico" vem da palavra que significa "desvelar" e é usado para descrever a categoria de escritos que buscam desvelar o plano de Deus para o mundo mediante o uso de símbolos e visões. Enquanto o material apocalíptico do NT destaca a volta de Cristo, os apocalipses apócrifos posteriores concentram sua atenção mais no céu e no inferno. O mais conhecido entre eles, o *Apocalipse de Pedro*, parece ter desfrutado de posição canônica durante um tempo. Apresenta visões do Senhor ressurreto e imagens do terror sofrido por aqueles que estão no inferno. O *Apocalipse de Paulo* provavelmente foi motivado pela referência de Paulo em 2Co 12.2 a um homem em Cristo que foi elevado ao terceiro céu. O autor está completamente convicto de que essa fora a experiência pessoal de Paulo e se demora em dar todos os detalhes. Outros apocalipses incluem o *Apocalipse de Tiago*, de *Estêvão*, de *Tomé*, da *Virgem Maria* e diversas obras descobertas em Nag Hammadi.

Outras obras apócrifas Estão incluídas aí as *Ágrafa* (coletânea de ditos atribuídos a Jesus), as *Pregações de Pedro*, as *Homilias e Reconhecimentos de Clemente*, o *Apócrifo de João*, o *Apócrifo de Tiago* e alguns escritos gnósticos como a *Pistis Sophia*, a *Sabedoria de Jesus* e os *Livros de Jeú*.

A relevância dos livros apócrifos do Novo Testamento Os livros apócrifos do NT são significativos para quem estuda a História da Igreja. Mesmo não tendo sido incluídos no cânon, esses escritos têm seu valor. Eles nos dão amostras das ideias, convicções e conceitos de uma parte da História cristã. Os apócrifos do

NT também servem como ponto de comparação com os escritos contidos no cânon do NT. Por contraste, os escritos apócrifos demonstram como o NT dá prioridade ao fato histórico em detrimento da fantasia humana. Embora os apócrifos do NT sejam com frequência interessantes e informativos, geralmente são historicamente inconfiáveis e nunca detêm a autoridade em questões de fé e prática. V. *apocalíptico, apocalíptica*. — J. Scott Duvall

APOLIOM Nome grego que significa "destruidor" (Ap 9.11). V. *Abadom*.

APOLO Judeu de Alexandria que veio a Éfeso após a primeira visita de Paulo e recebeu o ensino da doutrina cristã de Priscila e Áquila. Um homem culto, Apolo manejava com destreza as Escrituras do AT. No entanto, faltava-lhe a compreensão completa dos caminhos de Deus, assim Priscila e Áquila o chamaram de lado e o instruíram (At 18.26). Apolo se tornou ainda mais bem-sucedido no seu ministério. Foi de Éfeso à Grécia com o encorajamento dos cristãos asiáticos e uma carta de apresentação (At 18.27). Fortaleceu grandemente os cristãos pelo uso das Escrituras para demonstrar que Jesus era o Cristo (At 18.28).

Apolo é mencionado pela última vez no livro de At como estando em Corinto (19.1). Paulo se refere a Apolo frequentemente, particularmente em 1Co. Aqui a maioria das referências (1Co 1.12; 3.4-6,22) estão associadas às divisões na igreja centralizadas nas personalidades. Paulo observou que alguns cristãos defendiam a Paulo; outros, a Apolo; outros, a Cefas. O que importa é que os crentes pertencem a Cristo, não a líderes individuais. Essas referências mostram que Apolo deve ter sido um indivíduo muito dinâmico para ser comparado a Paulo ou Pedro. Em 1Co 4.6 Paulo coloca Apolo no mesmo nível que ele mesmo. Ambos tentavam derrotar a arrogância e superioridade que vem de alguém ser autocentrado em vez centrado em Cristo.

Paulo se refere a Apolo em 1Co 16.12 como a um "irmão", mostrando quanto Paulo o considerava integrante da sua equipe. Isso também é demonstrado em Tt 3.13 em que Paulo pede a Tito que ajude Apolo na sua viagem. Mesmo sendo um pregador bem formado e dotado, Apolo estava disposto a receber mais instrução e fazer parte da equipe.

Por causa do conhecimento que Apolo tinha do AT, Lutero sugeriu que Apolo pode bem ter sido o autor da carta aos Hb. V. *Corinto; Coríntios, Primeira Carta aos; Éfeso; Áquila e Priscila*. — William H. Vermillion

APOLÔNIA Nome de lugar que significa "pertencente a Apolo". Paulo visitou Apolônia na sua segunda viagem missionária, embora a Bíblia não registre nenhuma atividade ali (At 17.1). A cidade estava situada no norte da Grécia ou na Macedônia na estrada internacional chamada Via Egnácia, a 48 quilômetros de Anfípolis e a 61 quilômetros de Tessalônica.

APOSTASIA Ato de rebelar-se contra o que alguém aprendeu, ou abandonar esse ensino, ou desviar-se dele.

Antigo Testamento O AT fala de "desertar" para um rei estrangeiro (2Rs 25.11; Jr 37.13,14; 39.9; 52.15). Ideias associadas, no entanto, incluem o conceito de infidelidade religiosa: "rebelião" (Js 22.22); "infidelidade" (2Cr 29.19); "transgressão" (2Cr 33.19, *ARA*); e "apostasias" (Jr 2.19, *ARC*). O texto de Jr 8.5 fala em um povo que está "apostatando" (cf. Os 14.4; Jr 2.19; 5.6; 14.7).

Os profetas retratam a história de Israel como a história de um povo que se afasta de Deus e se volta a outros deuses, da sua lei para a injustiça e ilegalidade, do seu rei ungido para reis estrangeiros e da sua palavra para a palavra de reis estrangeiros. Isso é descrito simplesmente como abandonar a Deus, o não temer (Jr 2.19). Tal ato era pecado, pelo qual o povo tinha de pedir perdão (Jr 14.7-9) e do qual precisava se arrepender (Jr 8.4-7). O relato básico de Jz, 1 e 2Sm e 1 e 2Rs é que Israel se afastou de Deus, escolhendo caminhos egoístas em vez dos caminhos dele. Isso deu no exílio. Ainda assim o povo caído de Deus tinha esperança. Com liberdade Deus podia escolher afastar sua ira e curar a "infidelidade" do povo (Os 14.4).

Novo Testamento A palavra portuguesa "apostasia" é derivada de uma palavra grega (*apostasia*) que significa "estar afastado de". O substantivo grego ocorre duas vezes no NT (At 21.21; 2Ts 2.3), não sendo traduzido por "apostasia" na primeira ocorrência na *NVI*.

Um substantivo correlato é usado para o termo "divórcio" (Mt 5.31; 19.7; Mc 10.4). O verbo grego correspondente ocorre nove vezes.

Em At 21.21 há uma acusação feita contra Paulo segundo a qual ele estava induzindo os judeus que viviam fora da Palestina a abandonar a Lei de Moisés. Tal apostasia foi definida como deixar de circuncidar filhos judeus e observar os costumes distintos dos judeus.

Em 2Ts 2.3 Paulo se dirige aos que foram seduzidos a crer que o dia do Senhor já veio. Ele ensinou que uma apostasia precederia o dia do Senhor. O Espírito tinha revelado explicitamente essa apostasia da fé (1Tm 4.1). Tal apostasia no final dos tempos incluirá o engano doutrinário, a insensibilidade moral e o desvio ético da verdade de Deus.

Conceitos neotestamentários associados incluem a parábola dos solos, na qual Jesus fala dos que creem por um período mas depois "desistem" no momento da tentação (Lc 8.13). No juízo os que "praticam o mal" ouvirão a ordem de afastar-se dele (Lc 13.27). Paulo "afastou-se" da sinagoga em Éfeso (At 19.9) por causa da oposição que encontrou ali e aconselhou Timóteo a afastar-se dos que defendem uma doutrina diferente (1Tm 6.3-5; cp. 2Tm 2.3-5). Em Hb há o afastar-se do Deus vivo por causa de um "coração perverso e incrédulo" (3.12). Os que se afastam não podem ser renovados para o arrependimento (Hb 6.6). Contudo, Deus é capaz de "impedi--los de cair" (Jd 24).

Implicações A apostasia certamente é um conceito bíblico, mas as implicações desse ensino têm sido intensamente debatidas. O debate se concentra na questão da apostasia e salvação. Com base no conceito da graça soberana de Deus, alguns defendem que, embora cristãos verdadeiros possam se desviar, nunca cairão da fé de forma total. Outros afirmam que os que caem da fé na verdade nunca foram realmente salvos. Embora tenham "crido" por um tempo, nunca experimentaram a regeneração. Ainda outros argumentam que as advertências bíblicas contra a apostasia são reais e que os cristãos mantêm a liberdade, ao menos potencialmente, para rejeitar a salvação dada por Deus.

Pessoas preocupadas com a apostasia deveriam reconhecer que a convicção de pecado em si já é evidência de não caíam da fé. O desejo de salvação mostra que a pessoa não tem um "coração perverso e incrédulo". — *Michael Fink*

APÓSTOLO Derivação da palavra grega *apostolos*, alguém que é enviado. *Apostolos* era usado para se referir a um navio ou conjunto de navios. Mais tarde passou a designar uma nota, conta ou salvo conduto.

No NT, "apóstolo" tem três usos gerais. Em primeiro lugar, referia-se aos Doze a quem Jesus escolheu para treinar para a tarefa de levar sua mensagem ao mundo. Depois da ressurreição, Jesus os comissionou para essa tarefa. Esses homens tinham estado com Jesus desde o início do seu ministério e eram testemunhas da sua ressurreição. Paulo era um apóstolo nesse sentido porque tinha visto o Cristo ressurreto.

A segunda designação de apóstolo é uma pessoa autorizada por uma congregação local para a entrega segura de dádivas específicas para outra igreja cristã (2Co 8.23; Fp 2.25).

O terceiro sentido de apóstolo refere-se àqueles que Jesus Cristo enviou. Paulo faz menção a várias pessoas que são apóstolos nesse sentido (Rm 16.7; 1Co 9.1,5; 12.28; Gl 1.17-19). V. *discípulo*. — *Steve Bond*

APRISCO Tradução em português de várias palavras hebraicas e uma palavra grega usadas para se referir ao lugar no qual as ovelhas eram guardadas. O significado básico varia de "muro de pedra" a "lugar de confinamento" e "casa". Palavras relacionadas aparecem em Gn 49.14; Jz 5.16; Ez 40.43 e Sl 68.13, e são interpretadas de variadas maneiras, dependendo do contexto, e são traduzidas como "currais" ou "redis".

AQUEDUTOS Valas cortadas na rocha ou no solo, ou canos feitos de pedra, couro ou bronze usados desde tempos muito antigos no Oriente Médio para transportar água de lugares distantes para vilas e cidades.

Antigo Testamento Os aquedutos mais simples eram valas cortadas na rocha ou no solo às vezes revestidas de argamassa. Essas valas levavam água das encostas das montanhas para os vales abaixo. Jerusalém foi servida de um sistema de aquedutos que trazia a água de fontes nas montanhas primeiramente a reservatórios fora da cidade, e em seguida para dentro da

AQUENÁTON

própria cidade. O túnel de Ezequias, ou o túnel de Siloé, foi um aqueduto subterrâneo que desviava a água da fonte de Giom para o tanque de Siloé (2Rs 20.20).

Aqueduto romano na Cesareia marítima que transportava água do monte Carmelo para a cidade.

Aquedutos Romanos Os romanos eram excelentes na construção de aquedutos, e os restos e ruínas desses sistemas são surpreendentes. Os aquedutos antigos, o tipo que funcionava sem pressão, levavam a água encosta abaixo pela força da gravidade. Embora a maioria dos dutos estivesse debaixo da terra, vales eram cruzados em estruturas arquitetônicas altas, cada um contendo um declive embutido para que o fluxo da água não fosse interrompido. As vezes essas partes elevadas, enquanto suportavam vários canais de água, também serviam de pontes para pedestres. Os romanos construíram muitos aquedutos, sendo o maior deles de 91 quilômetros. — *Diane Cross*

AQUENÁTON Faraó egípcio (1370-1535 a.C.). Originariamente chamado Amenhotep (Amenófis) IV, fez uma mudança religiosa radical de adorar Amom para servir Aton, o disco solar. Frequentemente mencionado como o primeiro monoteísta, provavelmente não chegou a negar a existência de todos os outros deuses. Autores egípcios posteriores o chamaram de blasfemo e criminoso. Casou-se com a famosa Nefertiti, conhecida por sua beleza, e foi sucedido pelo genro Tutancâmon, conhecido hoje como rei Tut. Ele mudou a capital de Tebas para Tel el-Amarna ao norte. Durante seu reinado recebeu relatos e pedidos de governantes de cidades-Estado que arqueólogos chamam as cartas de Amarna.

Essas mostram a falta de unidade e harmonia na Palestina que Josué encontrou quando entrou lá para conquistar a terra.

ÁQUILA E PRISCILA Casal que veio da Itália para Corinto depois que o imperador Cláudio ordenou a expulsão dos judeus de Roma. Tornaram-se cristãos e ajudaram Paulo no seu ministério. Eram fabricantes de tendas por ofício (2Tm 4.19). Entraram em contato com Paulo, que também era fabricante de tendas, em Corinto (At 18.1-3). Não está claro se eles se tornaram cristãos antes ou depois de encontrar Paulo, mas se tornaram obreiros do Evangelho e acompanharam Paulo a Éfeso (At 18.19). Foram instruídos na fé cristã por Apolo (18.25). Uma igreja se reunia na casa deles, e eles se uniram a Paulo para escrever à igreja em Corinto (1Co 16.19).

Áquila e Priscila evidentemente foram influentes entre as "igrejas dos gentios" (Rm 16.4). Essa referência provavelmente indica que Priscila e Áquila se mudaram de volta para Roma. Alguns estudiosos acham que a igreja em Éfeso recebeu uma cópia do último capítulo de Rm. A referência ao casal em 2Tm 4.19 pode indicar que o casal estava em Éfeso.

Paulo agradeceu Áquila e Priscila por arriscarem a própria vida (Rm 16.4). As circunstâncias desse incidente são desconhecidas, embora isso possa ter acontecido na dificuldade de Paulo com o ourives Demétrio (At 19.23-41).

AQUIM Nome pessoal de um antepassado de Jesus de quem nada se sabe exceto o nome (Mt 1.14).

AQUIS Nome pessoal filisteu. **1.** Rei de Gate, cidade filisteia, para a qual Davi fugiu com medo de Saul (1Sm 21.10). Davi se fez de louco para escapar de Aquis (21.13). Mais tarde Davi se tornou soldado de Aquis, mas astutamente ampliou a própria influência em volta de Ziclague (1Sm 27). Davi se uniu a Aquis para lutar contra Saul (28.1,2), mas os líderes filisteus o forçaram a deixá-los sem ter combatido (29.1-11). Saul e seus filhos, incluindo Jônatas, morreram em batalha (31.1-6). **2.** Rei de Gate a quem Simei se dirigiu para recuperar seus servos, mas ao fazê-lo violou o acordo com Salomão e perdeu a vida (1Rs 2.36-46).

AR 1. Espaço debaixo do céu, de acordo com a descrição humana do universo. As versões em português traduzem o termo hebraico *ruah*, "vento, sopro, espírito" por "ar" em Jó 41.16 (*ARA, NVI*; *ARC* traz "assopro") para descrever o espaço vazio entre os objetos na terra (cp. Jr 14.6: "ar", *ARA*; "vento", *ARC*). Pranteadores lançam pó no ar (At 22.23). Lutadores ineptos desferem golpes no ar (1Co 9.26). Falar em línguas sem um intérprete é falar ao ar em vão, pois ninguém entende (1Co 14.9). Mais teológica e simbolicamente Ef 2.2 menciona o "príncipe do poder do ar", mostrando o poder de Satanás para tentar e governar as pessoas aqui em baixo, mas sua falta de poder no céu. Na segunda vinda os que ainda estiverem vivos serão levados com os que serão ressuscitados para encontrar "com o Senhor nos ares" (1Ts 4.17). O quinto anjo de Ap abre o poço do abismo, dominado de tal forma pelo fogo que sua fumaça escurece "o sol e o ar" (Ap 9.2, *ARA*). O sétimo anjo derramou destruição da sua taça no ar, e por consequência sobre a terra (Ap 16.17). **2.** Nome de lugar que significa "cidade". Cidade na fronteira setentrional de Moabe na margem meridional do rio Arnom (Nm 21.15,28). Israel celebrou sua derrota com um cântico proverbial de zombaria (Nm 21.28). Deus negou a Israel a ocupação de Ar, tendo designado essa cidade aos descendentes de Ló, os moabitas (Dt 2.9). Israel pôde somente passar por Ar (Dt 2.18), evidentemente a região controlada pela cidade-Estado. Ar forneceu provisões para os israelitas quando passaram por lá nos últimos trechos da peregrinação pelo deserto (Dt 2.29). Isaías usou uma situação ameaçadora em Ar para anunciar o tempo em que Moabe buscaria a proteção de Judá (Is 15.1). A localização exata da cidade não é conhecida.

ARA Nome de lugar que significa "boi" ou "viajante". **1.** Clã de 775 pessoas que retornaram do exílio na Babilônia para Jerusalém com Zorobabel aproximadamente em 537 a.C. (Ed 2.5). Em Ne 7.10 o número de membros do clã é 652. **2.** Pai de Secanias, sogro de Tobias, que liderou a oposição a Neemias (Ne 6.18). Pode ser idêntico ao cabeça do clã de 1. acima. **3.** Membro da tribo de Aser (1Cr 7.39).

ARÃ Nome pessoal, étnico e de lugar. **1.** Arameus. V. *Arameus*. **2.** Antepassado originário dos arameus, o filho de Sem e neto de Noé (Gn 10.22,23). **3.** Neto de Naor, irmão de Abraão (Gn 22.21). **4.** Membro da tribo de Aser (1Cr 7.34). **5.** Nome pessoal, que talvez signifique "ibex". Um horeu descendente de Seir (Gn 36.28). V. diversos nomes compostos com "Arã"; *Bete-Reobe; Padã-Arã; Gesur; Maaca; Tobe; Zobá*.

ARÃ MAACA Território na Síria (1Cr 19.6), também chamado "Síria de Maaca" (*ARC*) ou "Maaca" (*ARA*). V. *Maaca*.

ARÃ NAARAIM Nome de país que significa "Arã dos dois rios". Aparece no título de Sl 60 (*NVI*). Transliterado do hebraico e colocado como alternativa ao texto também nas notas textuais em Gn 24.10; Dt 23.4; Jz 3.8 e 1Cr 19.6 da *NVI*, e traduzido nessa versão por "Mesopotâmia". Refere-se à região entre os rios Tigre e Eufrates. Naor, irmão de Abraão, vivia ali; e Rebeca, mulher de Isaque, veio de lá. Balaão, o profeta que Balaque contratou para amaldiçoar a Israel quando os israelitas entraram em Moabe vindos do deserto, veio de Arã Naaraim. O mesmo aconteceu com Cuchã-Risataim, que oprimiu Israel antes que Otoniel libertou o povo. Os amonitas contrataram a ajuda militar de Arã Naaraim para combater Davi.

ARÃ-ZOBÁ Grafia alternativa para o nome da cidade arameia e reino de Zobá citada no sobrescrito de Sl 60 (*ARA* e *ARC*, "Zobá", *NTLH*, "Zoba"; *BJ*, "Soba". *NVI* não traz o sobrescrito).

ARABÁ Nome de lugar que significa "área seca, infértil" e substantivo hebraico comum que significa deserto com clima quente e chuvas escassas. **1.** O uso moderno se refere especificamente à região da fenda geológica abaixo do mar Morto que se estende até o golfo de Elate ou Ácaba, por uma distância de 175 quilômetros. Essa era uma região de minas de cobre e guardada por fortalezas militares. O domínio sobre a Arabá combinado com o domínio sobre o porto do mar Vermelho no extremo sul significava o controle sobre rotas comerciais e marítimas valiosas que faziam a conexão com o sul da Arábia e o leste da África (Dt 2.8; 1Rs 9.26,27). **2.** O deserto de Judá abarcando as encostas orientais e a região montanhosa de Judá com pouca chuva, desfiladeiros profundos e penhascos íngremes nos quais Davi se escondeu de Saul (1Sm 23.24,25). **3.** Todo o vale do Jordão que estende por 110 quilômetros do mar da Galileia até o mar Morto, ou as regiões desérticas acima da atual Zor ou das áreas férteis na margem imediata do Jordão (Dt 3.17, *NVI*, *ARA*; Js 8.14, *NVI*; 11.2,16; 12.8, *NVI*, *ARA*; 2Sm 2.29, *NVI*; Jr 39.4, *NVI*, *TB*; Ez 47.8, *NVI*, *TB*; Zc 14.10, *NVI*, *TB*;). **4.** O mar de Arabá é o mar Morto (*NVI*, *ARA*, *TB* de Dt 3.17; 4.49; Js 3.16; 2Rs 14.25 ["mar de Arabade", *TB*]). **5.** "Campinas" (*NVI*) ou "estepes" (*BJ*) ou "planície" (*NVI*) de Moabe refere-se à região que inclui a margem oriental do mar Morto ao sul do uádi Nimrim (Nm 22.1; 31.12; 36.13; Dt 34.1; Js 13.32). **6.** Área desértica ou margem oriental do rio Jordão a partir do mar da Galileia até o mar Morto (Js 12.1, *NVI*; *BJ*; *TB*). **7.** Planície de Jericó que representa a região próxima do Jordão antigamente dominada pela cidade-Estado de Jericó (Js 4.15; 5.10; 2Rs 25.5; Jr 39.5). **8.** Vale da Arabá que representa a fronteira meridional de Israel (Am 6.14), possivelmente o rio Zerede, o uádi el-Qelt, ou o uádi Hefren.

ARABE Nome de lugar que significa "emboscada". **1.** Cidade na região montanhosa de Judá perto de Hebrom (Js 15.52). Geralmente identificada com a atual er-Rabiyeh. V. *arbita*. **2.** Membro do povo semítico da península arábica. V. *Arábia*.

ARÁBIA Península asiática localizada entre o mar Vermelho a oeste e o golfo Pérsico a leste englobando mais de 3 milhões de quilômetros quadrados de território.
Antigo Testamento A península Arábica, junto com as terras adjacentes que eram a pátria dos árabes nos tempos bíblicos, inclui toda a atual Arábia Saudita, o Iêmen, Omã, os Emirados Árabes, o Qatar e o Kuwait, bem como partes do Iraque, Síria, Jordânia e a península do Sinai. A vasta península Arábica era dividida em duas regiões econômicas e sociais distintas. A maioria das referências bíblicas aos povos ou territórios árabes diz respeito às partes setentrional e ocidental desse todo, mas às vezes inclui tanto as porções setentrionais quanto as meridionais.

Na parte setentrional da Arábia, as montanhas do Anti-Líbano, o planalto da Transjordânia e a região montanhosa de Edom flanqueiam o deserto pelo oeste. As montanhas continuam até a beira ocidental da península Arábica, acompanhando o mar Vermelho e são na verdade muito mais altas e escarpadas no sul. As porções central e setentrional da península, que se estendem para o norte na Síria e no Iraque, são vastas extensões de deserto arenoso e rochoso, incluindo o clima mais árido do mundo.

O nome "árabe" vem de uma raiz semítica, que em hebraico é *arav*, provavelmente significando "nômade" ou "beduíno". Essa é uma referência ao povo das partes setentrionais do território árabe, que o AT conhecia como nômades pastores de ovelhas e cabras e, mais tarde, proprietários de camelos. Às vezes *arav* simplesmente se refere à posição econômica dos nômades sem conotações geográficas ou étnicas. A compreensão apropriada das Escrituras inclui determinar o significado específico de "árabe" em cada contexto.

Os árabes também são chamados na Bíblia de "filhos do Oriente". Além disso, muitos dos nomes do AT se referem a povos ou tribos que eram étnica ou linguisticamente árabes. Entres esses estão os midianitas, ismaelitas, o povo de Quedar, os amalequitas, dedanitas, temanitas e outros. Os israelitas reconheceram seu relacionamento de sangue com os árabes. A maioria desses grupos está associada com Abraão por meio de seu filho Ismael ou de sua segunda mulher Quetura (Gn 25).

Os habitantes do sul da Arábia, nas montanhas que beiram o mar Vermelho e o oceano Índico, eram moradores urbanos com um sistema sofisticado de irrigação. Possuíam recursos e posses consideráveis de incensos e especiarias — que cultivavam — de ouro, prata e pedras preciosas — que minavam no seu próprio território — e desses e outros produtos que eles transportavam e negociavam com o mundo do Mediterrâneo, Mesopotâmia e até o leste da África, Índia e China.

Novo Testamento As referências do NT à Arábia são em menor número e menos complexas.

A intenção provável em cada menção é o território dos árabes nabateus. Os nabateus controlavam o que hoje é o sul da Jordânia e o Neguebe em Israel; por um tempo controlavam uma área setentrional tão distante quanto Damasco. Os árabes ouviram o evangelho no Pentecoste (At 2.11). Paulo foi à Arábia depois de sua conversão (Gl 1.17). — *Joseph Coleson*

ARABIM Transliteração na *NASB* de um curso de água mencionado em Is 15.7. Não ocorre essa transliteração nas versões em português, que trazem: "torrentes dos salgueiros" (*ARA*), "ribeiro dos salgueiros" (*ARC*), "riacho dos Salgueiros" (*NVI*, *NTLH*). A fonte de água indicada pode ser o uádi el-Chesa no extremo sul do mar Morto em Moabe.

ARADE Duas cidade de importância no AT e um homem do AT. Uma cidade é mencionada na Bíblia no tempo de Moisés e outra foi habitada no período da monarquia. Ambas estão localizadas na região árida e semidesértica conhecida como Neguebe no extremo sul do território de Judá.

A Arade de Nm 21.1-3 (provavelmente Tel Malhata) foi uma cidade cananeia a cerca de 18 quilômetros a sudeste de Berseba. Seu rei atacou os israelitas enquanto estavam prosseguindo para Canaã na sua peregrinação pelo deserto. Ele teve êxito temporário, levando prisioneiros; mas após se comprometer com Deus que destruiria a cidade, Israel reagiu de forma eficiente e renomeou a cidade devastada como Hormá. A vitória sobre esse rei é registrada em Js 12.14. Depois os queneus se estabeleceram em Arade perto da tribo de Judá (Jz 1.16,17).

Reconstrução do altar de pedras em Arade.

A outra Arade estava localizada a cerca de 30 quilômetros a nordeste de Berseba e não é mencionada na Bíblia, mas foi uma importante fortaleza de Judá desde o tempo de Salomão até Josias, durante mais de 300 anos. Um templo foi encontrado ali com arquitetura muito semelhante ao tabernáculo e templo bíblicos, com câmaras semelhantes e incluindo um Lugar Santíssimo. Mesmo os nomes de famílias de sacerdotes de Israel foram encontrados aí: Pasur (Ed 2.38; 10.22) e Meremote (Ed 8.33; Ne 10.5). O templo pode bem ter sido destruído durante as reformas de Josias, que tolerava somente um templo em Jerusalém.

O homem com o nome "Arade" foi um dos seis filhos de Berias, o benjamita (1Cr 8.15,16), um dos principais habitantes de Aijalom. — *Daniel C. Fredericks*

A fortaleza construída por Salomão no lugar mais elevado de Arade, um monte com aproximadamente 40 metros de altura. Essa Arade está a cerca de 30 quilômetros a nordeste de Berseba.

ARAMAICO Língua semítica do norte semelhante ao fenício e hebraico. Era a língua dos arameus cuja presença no noroeste da Mesopotâmia é conhecida desde 2000 a.C.

Antigo Testamento Embora os arameus nunca tenham fundado um grande Estado ou Império nacional, no final do séc. XI eles tinham fundado uma série de pequenos Estados na Síria, e sua língua era conhecida desde o Egito até a Pérsia.

As inscrições mais antigas no aramaico antigo vêm da Síria de aproximadamente 800 a.C. No séc. IX apareceu o aramaico oficial ou real. Esse era um dialeto conhecido da Assíria e mais conhecido de documentos do Império Persa, para o qual o aramaico tinha se tornado a língua oficial da corte. Antes de 700 a.C. o aramaico tinha começado a substituir o acádio como a língua comercial e diplomática (2Rs 18.26). Importantes para a história bíblica são os papiros de Elefantina do séc. V, local de uma colônia de judeus no Egito. O aramaico oficial continuou a ser usado amplamente em todo o período helenístico.

Partes do AT foram escritas em aramaico: Ed 4.8—6.18; 7.12-26; Dn 2.4b-7.28; Jr 10.11. Duas palavras em Gn 31.47, *Jegar-Saaduta* ("monte do testemunho") são aramaicas. Uma série de palavras aramaicas passou ao uso comum no hebraico, e diversos trechos na Bíblia Hebraica mostram influência aramaica.

Novo Testamento A ampla difusão do aramaico, junto com sua flexibilidade e adaptabilidade, resultou no surgimento de diversos dialetos. Na Síria-Palestina o grupo ocidental inclui o aramaico judaico-palestino, o samaritano, o palmireno e o nabateu. Palavras e expressões em aramaico judaico-palestino ocorrem no NT, como *abba* ("Pai") (Mc 14.36), *talita, qumi* ("menina, eu lhe ordeno, levante-se!") (Mc 5.41), *lamá sabactâni* (transliteração para o português na *NVI*, traduzido por "por que me abandonaste?") (Mc 15.34, *NVI*). O *Talmude* palestino e os targuns (traduções de livros do AT para o aramaico) também foram escritos no aramaico judaico-palestino. O grupo oriental (mesopotâmico) inclui o aramaico judaico-babilônico, o mandeu e o siríaco.
— *Thomas Smothers*

Inscrição funerária em aramaico do segundo sepultamento do rei Uzias no tempo de Herodes.

ARAMEUS Confederação não muito sólida entre cidades e assentamentos espalhados sobre o que agora é chamado Síria bem como em algumas partes da Babilônia das quais vieram Jacó e Abraão (Dt 26.5). Os arameus raramente se uniram num grupo politicamente coeso; viviam como cidades e tribos independentes assentadas por nômades antes de 1000 a.C. Embora os arameus fossem rápidos para formar alianças entre si ou com outros povos quando ameaçados, uma vez terminada a crise eles debandavam e frequentemente até lutavam entre si e contra antigos aliados.

O AT registra interações entre Israel e os arameus em diversas ocasiões. O texto de Dt 26.5 contém o que se tornou uma importante confissão para os judeus: "O meu pai era um arameu errante" — o que reivindica o elemento arameu da linhagem de Jacó e por extensão de Abraão. A primeira menção aos arameus fora da Bíblia data do reinado de Tiglate-Pileser I da Assíria (1116-1076 a.C.). Assim, aproximadamente na época do início da monarquia de Israel, os arameus se tornaram uma força política de importância reconhecida. Conseguiram dominar grandes partes do território assírio, derrotando Tiglate-Pileser I e II e Assurbanípal II. Na mesma época sofreram perdas para Davi na frente ocidental (2Sm 8.9,10). Ele exigiu tributos de Hadadezer, rei de Zobá, e se casou com Maaca, filha de Talmai, rei de Gesur. Foi Maaca que gerou Absalão (2Sm 3.3). Tanto Zobá quanto Gesur eram Estados arameus.

A cidade mais importante dos arameus era Damasco. Embora a influência política dos arameus fosse relativamente insignificante, deram uma contribuição duradoura com sua língua. V. *aramaico; Assíria; Damasco.* — *Tim Turnham*

ARAMITA Termo usado em 1Cr 7.14 referente a uma concubina anônima de Arã, portanto uma arameia (*NVI*) ou síria (*ARA*). Ela era mãe de Maquir, filho de Manassés.

ARANHA Animal conhecido no Oriente Médio pela fabricação de teias (Jó 8.14; Is 59.5). A teia de aranha é um símbolo de fragilidade.

ARÃO Irmão de Moisés; o primeiro sumo sacerdote de Israel. Seus pais, Anrão e Joquebede, eram da tribo de Levi, a tribo de sacerdotes em Israel (Êx 6.16-26). Miriã era sua irmã. Com sua mulher Eliseba, Arão teve quatro filhos: Nadabe, Abiú, Eleazar e Itamar. Os dois primeiros morreram quando ofereceram sacrifícios com fogo que Deus não lhes tinha ordenado ofertar (Lv 10.1,2; 16.1,2). Duas linhas sacerdotais se desenvolveram a partir dos dois filhos restantes: de Itamar, por meio de Eli até Abiatar, e de Eleazar até Zadoque (1Sm 14.3; 22.20; 1Rs 2.26,27; 1Cr 6.50-53).

Arão experimentou a alegria de iniciar o sacerdócio formal em Israel, sendo consagrado a essa função (Êx 28—29; Lv 8—9), usando as primeiras vestimentas sacerdotais e dando início ao sistema sacrificial (Lv 1—7). Também carregou o fardo da função quando seus filhos foram mortos por sua desobediência (Lv 10.1,2) e não recebeu permissão para lamentar-lhes a morte (Lv 10.6,7). Além disso, elaborou regras especiais de conduta, vestimentas e pureza ritual (Lv 21—22).

Não conseguiu viver perfeitamente à altura desses padrões. Por isso teve de oferecer sacrifícios pelos próprios pecados (Lv 16.11). Então no seu ofício purificado e sagrado ele ofereceu sacrifícios pelos outros. Na sua imperfeição, Arão ainda serve de símbolo ou tipo do sacerdote perfeito de Sl 110.4, em que o futuro rei foi descrito como um sacerdote eterno. Também Zc 6.11-15 menciona um sacerdote — Josué — por meio de tipos. Assim o Arão imperfeito estabeleceu um ofício repleto de significado simbólico para Israel.

Apesar de todos os seus defeitos, Arão foi um homem escolhido por Deus. Não sabemos o que Arão fez nos 40 anos do exílio de Moisés no Egito, mas guardou a fé, manteve contato com os líderes de Israel e não se esqueceu de seu irmão (Êx 4.27-31). Tendo facilidade para falar, serviu nobremente como porta-voz de Moisés diante do faraó. Estendeu a vara de Moisés para lançar as pragas de Deus sobre a terra mais uma vez (Êx 7.9,19). No deserto, Arão e Hur ajudaram Moisés a manter erguida a vara, símbolo do poder de Deus, a fim de Israel prevalecer sobre Amaleque (Êx 17.12).

No Sinai, Arão e seus dois filhos mais velhos, Nadabe e Abiú, foram chamados para subir o monte com Moisés e 70 anciãos (Êx 24.9). Ali eles adoraram e comeram e beberam em companhia celestial. Quando Moisés e Josué continuaram a subida, Moisés deixou Arão e Hur responsáveis (Êx 24.14). Moisés demorou-se no monte e o povo pediu a Arão que agisse. Eles clamaram: "Venha, faça para nós deuses que nos conduzam" (Êx 32.1). Seu pecado consistiu em politeísmo (adorar muitos deuses) e idolatria. Arão cedeu com facilidade ao pedido deles, fez um bezerro e conduziu o povo aparentemente na adoração desse bezerro.

Arão foi retratado de forma desfavorável em outra ocasião. Em Nm 12 ele e Miriã falaram contra o casamento de Moisés com uma mulher cuxita (etíope). (Cuxe era um nome antigo dado ao Alto Egito — equivalente hoje ao Sudão). A relação entre a mulher cuxita e Zípora não está clara. Muitas explicações têm sido oferecidas. Alguns acreditam que Zípora tinha morrido. Outros alegam que o relacionamento de Moisés com ela foi rompido quando ele a mandou embora (Êx 18.2). É possível que as duas, Zípora e a mulher cuxita, tenha sido mulheres de Moisés ao mesmo tempo. Alguns sugerem que Zípora era a mulher cuxita. Mesmo que Zípora fosse midianita, ao menos parte de sua família poderia provir de Cuxe. De qualquer forma, Arão e Miriã invejaram o irmão mais novo. Na verdade, sua murmuração foi contra Deus (Nm 12).

Apesar de Miriã ser julgada com severidade, o mesmo não aconteceu com Arão, talvez porque ele não fosse o instigador mas o cúmplice. Ele confessou seu pecado e pediu por misericórdia a favor de Miriã. Quando Corá, Datã e Abirão se opuseram a Moisés e Arão, a intercessão dele interrompeu a praga (Nm 16). Deus vindicou a liderança de Arão por meio do florescimento de sua vara (Nm 17). Quando o povo clamou por água em Cades, no deserto de Zim, Arão se uniu ao pecado de Moisés quando eles tomaram o poder do Senhor nas próprias mãos (Nm 20.7-13). Por consequência, Arão, bem como Moisés, seria proibido de entrar na terra prometida. Perto da fronteira com Edom, depois de 40 anos de sacerdócio, Moisés levou Arão ao monte Hor e lá transferiu suas vestimentas a seu filho Eleazar. Arão morreu ali com a idade de 123 anos (Nm 20.23-28). Israel lamentou 30 dias pelo primeiro sumo sacerdote (Nm 20.39), como o faria em breve por Moisés (Dt 34.8). — *R. Laird Harris*

ARAR 1. Sulcar e afofar o solo com um arado, uma ferramenta agrícola com pontas, dentes ou discos. O arado moderno era desconhecido no antigo Egito. A Bíblia se refere a esse

ARARATE

processo (Jó 39.10; Is 28.24; Os 10.11). O solo era arado para depois ser semeado. A "serra" citada em 2Sm 12.31 e 1Cr 20.3 talvez seja um arado. V. *agricultura*; *ferramentas*. **2.** Cavar o solo, preparando-o para receber sementes. Os escritores bíblicos muitas vezes apelam para a imagem do lavrador arando a terra. Arar é uma imagem do pecado (Pv 21.4; Os 10.13) e do arrependimento (Jr 4.3; Os 10.11), de opressão (Sl 129.3) e de destruição (Jr 26.18; Mq 3.12), mas também de expectativa de recompensa (1Co 9.10). Arar com a novilha de outro homem simboliza adulterar com ela (Jz 14.18). Colocar as mãos no arado e olhar para trás é ter reservas e impor condições quanto ao discipulado (Lc 9.62). Para usos literais do arado, v. *agricultura*.

ARARATE Região montanhosa na Ásia ocidental. **1.** Área em que a arca parou depois do Dilúvio (Gn 8.4). **2.** Região para onde os filhos de Senaqueribe fugiram depois de assassinarem seu pai (2Rs 19.37). **3.** Reino incluído por Jeremias num chamado profético para uma liga de guerra de juízo contra a Babilônia (Jr 51.27). As referências em 1 e 2Rs e Is são traduzidas por "Armênia" na *KJV*, seguindo a tradição da *LXX*.

Geografia O Ararate do AT é conhecido como a terra de Urartu nas fontes fora da Bíblia, especialmente nas fontes assírias. O povo da região se identificava como "filhos de Haldi" (o deus nacional) e suas terras como *Biainae*. O país estava situado a sudeste sul do mar Negro e a sudoeste do mar Cáspio, onde foram encontradas as nascentes dos rios Tigre e Eufrates. Na região central estava o lago Van; o lago Sevan ficava na sua fronteira setentrional; e o lago Urumiyeh foi encontrado no seu canto sudeste. Os atuais Turquia, Irã e Armênia ocupam partes da antiga região das terras de Urartu. O monte Ararate está localizado a nordeste do lago Van.

Ararate se ergue das planícies do rio Aras a uma altura de mais de cinco mil metros. Considerando a altitude elevada, a região é extraordinariamente fértil e apropriada para pastagens. Os arqueólogos acreditam que o Ararate recebeu mais chuvas nos tempos bíblicos do que recebe hoje, uma observação que sugere que a região deve ter sido ainda mais produtiva como terra agriculturável nos tempos bíblicos.

História do Ararate O auge da proeminência política de Urartu foi entre 900 e 700 a.C. Culturalmente o povo de Urartu era aparentado dos hurritas e dos assírios cujo Império se estendeu ao sul. A partir de 1100 a.C. até

Montanha na Turquia moderna, que pode ser parte das montahas de Ararate, nas quais a arca de Noé parou após o Dilúvio.

depois de 800 a.C., Urartu se manteve independente da Assíria e de muitas formas era seu rival político. O surgimento de Tiglate-Pileser III (745-727 a.C.) na Assíria, seguido de Sargom II (721-705 a.C.), eliminou quaisquer ambições políticas que Urartu pudesse ter tido na região. V. *arca; dilúvio; Noé.* — *A. J. Conyers*

ARAUTO Mensageiro oficial. O arauto de Dn 3.4 era responsável por publicar a lei do rei e a penalidade para desobediência. Noé é descrito como arauto da justiça (2Pe 2.5; *NVI*, "pregador"), i.e., alguém que anunciou as exigências de Deus. Paulo foi apontado como arauto ou pregador do evangelho. O texto de 1Tm 2.5-7 esboça a mensagem de Paulo como a unicidade de Deus, o papel único de Cristo como mediador entre Deus e a humanidade, e a morte de Cristo como resgate. Já 2Tm 1.9-11 esboça o evangelho de Paulo como as boas-novas que Deus deu graça ao enviar Cristo que aboliu a morte e trouxe a vida.

ARAÚNA Nome pessoal de significado desconhecido. Jebuseu cuja eira Davi comprou como lugar de sacrifício, segundo a ordem profética divina, interrompendo uma praga mandada por Deus depois que Davi desobedeceu ao fazer o recenseamento (2Sm 24.15-25). Em 2Cr 3.1 e 1Cr 21.5-30 é feita referência a Araúna como Ornã (*ARA*, *ARC*; v. notas dessas referências na *NVI*).

ARBA Nome pessoal que significa "quatro". Pai de Enaque segundo o qual foi nomeada a cidade de Quiriate-Arba (Js 14.15; 15.13). A cidade se tornou conhecida como Hebrom. Arba foi um guerreiro extraordinário entre os enaquins. V. *Enaque, enaquins.*

ARBATITA (*ARA*, *ARC*) Morador de Bete-Arabá (2Sm 23.31). V. *Bete-Arabá*.

ARBITA (*ARA*, *ARC*) Nativo de Arabe, vila em Judá perto de Hebrom (Js 15.52), identificada com a atual er-Rabiyeh. Um dos guerreiros de Davi entre os Trinta era Paraai, um arbita (2Sm 23.35).

ÁRBITRO Termo usado com referência a mediador ou juiz (Jó 9.33). No Oriente Médio os mediadores colocavam as mãos sobre a cabeça das partes em uma disputa. O mediador poderia tentar ajuntar as duas partes e levá-las à reconciliação ou pode ter tido autoridade para impor uma decisão às partes. O ponto de Jó é que nenhum ser humano é capaz de se colocar na posição de juiz de Deus. O NT aponta para o "homem Cristo Jesus" como "um só mediador entre Deus e os homens" (1Tm 2.5). V. *mediador*.

ARBUSTO Palavra genérica para designar uma planta polpuda e perene (Jr 17.6; "cardo", *BJ*; 48.6). A tradução grega de Áquila traz "jumento selvagem" (cf. nota explicativa da *BJ* para Jr 48.6) como o nome dessa planta. Uma comparação com o árabe sugere que essa planta seja o juníperо (*Juniperus oxycedrus* e *Junyperus phoenicea*).

ARCA Embarcação, e em particular uma construída por Noé sob a orientação de Deus para salvar do Dilúvio Noé, sua família e representantes de todo o mundo animal.

Antigo Testamento Deus advertiu Noé das suas intenções de destruir a terra em virtude da maldade humana. Noé recebeu a ordem de construir uma arca segundo as especificações dadas por Deus para salvar do Dilúvio sua família e representantes de todos os animais (Gn 6.18,19). Como tal, a arca se tornou tanto um símbolo de fé por parte de Noé quanto um símbolo de graça por parte de Deus (Gn 6.8,22).

A forma da arca era incomum. Embora a Bíblia não dê detalhes suficientes para possibilitar a reconstrução de um modelo completo, a arca aparentemente não era formada como um navio, seja antigo ou moderno. A forma mais se aproximava de um bloco gigante. O comprimento era de 300 côvados (135 metros), a largura de 50 côvados (22,5 metros) e a altura de 30 côvados (13,5 metros), dimensões gerais que se assemelham às dimensões de uma casa gigantesca (Gn 6.15). A arca tinha três pisos cheios de compartimentos (Gn 6.14,16) e uma janela e uma porta (Gn 6.16).

A arca foi construída de madeira de cipreste (Gn 6.14). A *ARC* traz "madeira de gofer", que talvez seja uma referência a um tipo ou forma particular de pranchão ou viga, não um tipo de

ARCA DA ALIANÇA

madeira. O nosso conhecimento limitado não nos permite uma conclusão definitiva.

A arca era um testemunho da fé que Noé tinha, pois não havia quantidade de água grande próxima o suficiente na qual Noé pudesse lançar esse enorme barco. Então as pessoas não podiam entender necessidade óbvia para tal embarcação.

A arca também foi um símbolo da graça de Deus. Obviamente, Deus tinha a intenção de usar a arca como um instrumento de libertação para preservar tanto a vida humana quanto a animal sobre a terra (Gn 6.17,18). Como tal, passou a ser entendida como um símbolo da sua graça e misericórdia (Hb 11.7a).

Novo Testamento As referências à arca nos evangelhos estão em conexão com o ensino de Jesus sobre a segunda vinda. A expectativa de alguns na segunda vinda é comparada à daqueles que foram destruídos pelo Dilúvio. No livro de Hb, o pregador alista Noé como um homem de fé que preparou uma arca mesmo que naquele momento o perigo não fosse evidente. A última referência do NT à arca aponta para o mal da humanidade e a salvação paciente de Deus (1Pe 3.20).

Fontes extrabíblicas A história babilônica do Dilúvio, conhecida como Epopeia de Gilgamesh, também conta de uma grande embarcação pela qual seu herói sobreviveu ao Dilúvio. Ali, no entanto, a arca não era um símbolo da graça dos deuses, mas da sua tolice e planejamento falho. Nas tradições suméria e babilônica, recebemos mais detalhes com relação ao tamanho e à forma da arca. Esses detalhes podem até ser interessantes, mas têm importância muito menor do que a mensagem da arca bíblica em si como testemunho da graça imerecida de Deus. V. *dilúvio; Noé.* — Robert Cate

ARCA DA ALIANÇA Recipiente originário dos Dez Mandamentos e símbolo central da presença de Deus com o povo de Israel.

Antigo Testamento A arca do antigo Israel é misteriosa nas suas origens, seu significado e seu destino final. Seus muitos nomes transmitem o sentido sagrado da presença de Deus. A palavra hebraica para arca (*tebah*) significa simplesmente "caixa, baú, caixão", como é indicado pelo seu uso referente ao caixão de José (Gn 50.26) e à caixa de coleta da prata no templo da época do rei Joás (2Rs 12.9,10).

Os nomes usados para a arca definem seu significado pelas palavras que a modificam. A expressão "da aliança" no nome define a arca a partir do seu propósito inicial como um recipiente para as tábuas de pedra sobre as quais estavam inscritos os Dez Mandamentos (às vezes chamados de "o testemunho"). Às vezes é identificada com o nome da divindade, "a arca de Deus" ou "a arca do Senhor [Javé]", ou de forma mais elaborada, "a arca da aliança do Senhor dos exércitos, que tem o seu trono entre os querubins" (1Sm 4.4).

A origem da arca remonta a Moisés no Sinai. A origem misteriosa da arca é vista quando se contrastam os dois relatos de como ela foi feita no Pentateuco. O relato mais elaborado da confecção e da ornamentação da arca pelo artesão Bezalel aparece em Êx 25.10-22; 31.2,7; 35.30-35; 37.1-9. Foi planejada na primeira permanência de Moisés no Sinai e construída depois que todas as especificações para o tabernáculo foram transmitidas e concluídas. O outro relato está em Dt 10.1-5. Depois do pecado do bezerro de ouro e da quebra das primeiras tábuas do decálogo, Moisés fez uma caixa simples de madeira de acácia como recipiente das novas tábuas da lei.

Um poema muito antigo, o "Cântico da Arca" em Nm 10.35,36, lança alguma luz sobre a função da arca na peregrinação pelo deserto.

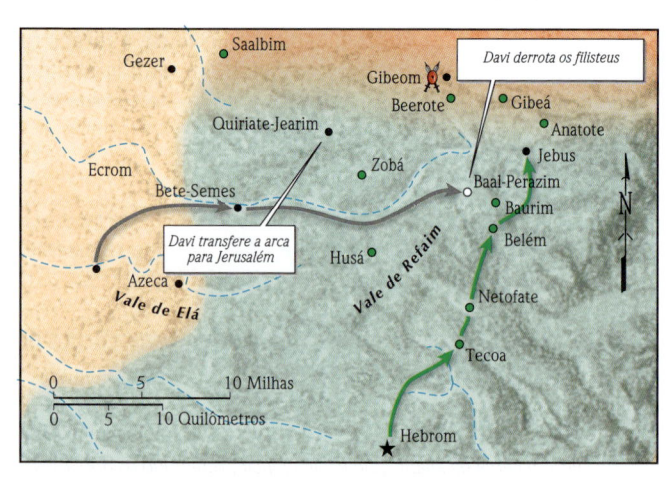

ARCA DA ALIANÇA

A arca era o símbolo da presença de Deus para orientar os peregrinos e conduzi-los na batalha (Nm 10.33,35,36). Se eles fossem infiéis, deixando de seguir essas orientação, as consequências podiam ser drásticas (Nm 14.39-45). Alguns trechos sugerem que a arca também foi considerada o trono da divindade invisível, ou o escabelo dos seus pés (Jr 3.16,17; Sl 132.7,8). Esses significados diversos da arca devem ser interpretados como complementares, não contraditórios.

A arca foi projetada para ser móvel. seu tamanho (um metro e dez centímetros de comprimento por sessenta centímetros de largura e setenta centímetros de altura) e sua forma retangular eram apropriadas para essa característica. Varas permanentes eram usadas para carregar a arca, visto que ninguém podia tocá-la, e somente algumas pessoas entre os sacerdotes (levitas) tinham permissão para carregá-la. A arca era o objeto mais importante dentro do tabernáculo no período do deserto, embora sua relação com o tabernáculo tenha sido interrompida algum tempo depois da conquista de Canaã.

A arca teve um papel proeminente nas narrativas da "guerra santa" da travessia do Jordão e da conquista de Jericó (Js 3—6). Depois da conquista, esteve estacionada em diversos lugares como Gilgal, Siquém (Js 8.30-35; Dt 11.26-32; 27.1-26) ou Betel (Jz 20.26), sempre onde o povo de Israel estivesse reunido para adoração. Finalmente, ficou localizada permanentemente em Siló, onde foi construído um templo para abrigá-la (1Sm 1.9; 3.3).

Por causa da superstição incrédula dos filhos de Eli, as tribos hebreias foram derrotadas na batalha de Ebenézer, e a arca foi capturada pelos filisteus (1Sm 4). As aventuras da arca nas cidades de Asdode, Gate e Ecrom são contadas para exaltar a força e a glória do Senhor da arca. O Senhor superou Dagom e espalhou a peste bubônica entre os inimigos até que eles aplacassem a ira do Deus de Israel por meio de ofertas de culpa simbólicas e o envio ritualmente correto do objeto de pavor (1Sm 5.1—6.12). Os homens de Bete-Semes saudaram o retorno da arca, até que imprudentemente violaram sua santidade olhando para dentro dela (1Sm 6.13-15,19,20). Então ela foi levada para Quiriate-Jearim, onde permaneceu relativamente negligenciada até que Davi a levasse para sua nova capital e para o santuário em Jerusalém (1Sm 6.21—7.2; 2Sm 6). Abinadabe e seus filhos (2Sm 6.3) parecem ter servido ao Senhor

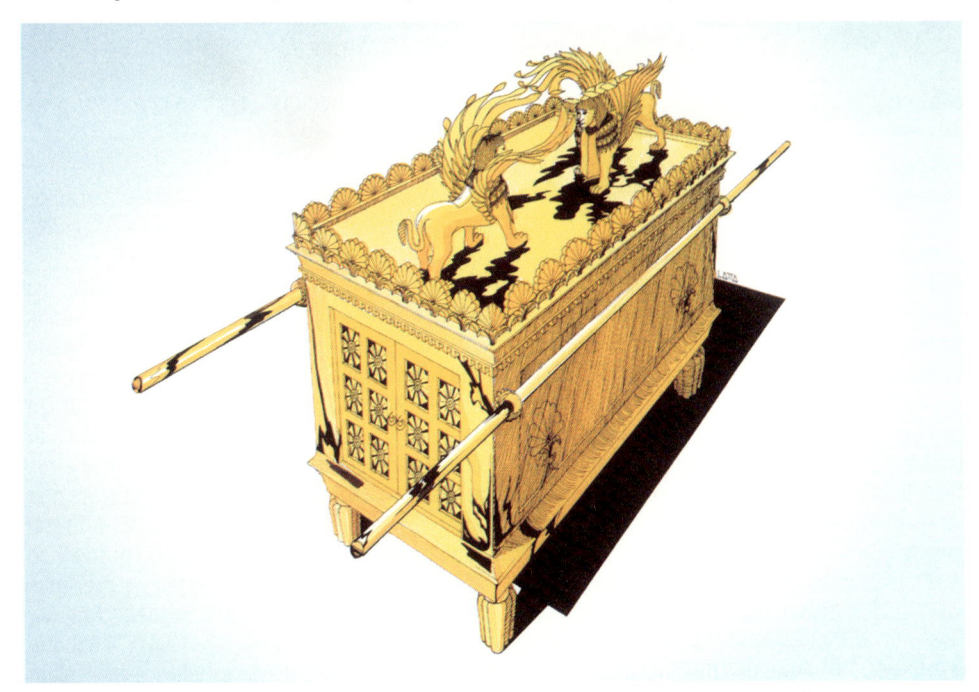

Reconstrução da arca da aliança, no estilo egípcio, refletindo os 400 anos de escravidão no Egito.

da arca fielmente até que um dos filhos, Uzá, foi morto por seu toque impulsivo no objeto sagrado na primeira tentativa de Davi de transportar a arca da "colina" em Quiriate-Jearim para sua própria cidade. Com temor, Davi deixou a arca com Obede-Edom, de Gate, cuja casa foi abençoada por sua presença. De maneira mais cuidadosa e com grande fervor religioso, Davi teve êxito na segunda tentativa de levar a arca para a capital (2Sm 6.12-19).

Estudos recentes sugerem que em ocasiões de coroação ou anualmente na festa de entronização, cerimônia da arca era reencenada. Tal ocasião ressaltava novamente a promessa à dinastia davídica, bem como a glória do Senhor dos Exércitos ((Sl 24.7,10; 103.21,22). Finalmente Salomão construiu o templo planejado por Davi, a casa da arca, que ele então transportou para o Lugar Santíssimo com cerimônias festivas muito elaboradas (1Rs 8; 2Cr 5).

Escultura em pedra do que se imagina ter sido a arca da aliança nas ruínas da sinagoga em Cafarnaum.

A época exata do roubo ou destruição da arca é desconhecida. Alguns têm sugerido que Sisaque do Egito saqueou o templo e levou esse mais sagrado objeto (1Rs 14.25-28), mas parece mais plausível, com base em Jr 3.16,17, que os babilônios capturaram ou destruíram a arca em 586 a.C. com a queda de Jerusalém e a destruição do templo pelo fogo. Como Jeremias predisse, a arca nunca foi reconstruída para o segundo templo, ficando vazio o Lugar Santíssimo.

Outros mistérios da arca são sua relação com os querubins, sua elaborada tampa chamada de "propiciatório" em algumas versões (*ARA, ARC, BJ*) e seu uso ritual exato no tempo da monarquia. Visto que a arca da aliança era o símbolo central da presença de Deus com seu povo Israel, seus mistérios permanecem adequadamente velados dentro do santuário interior do Deus vivo.

Siló, a cerca de 50 quilômetros a norte de Jerusalém, foi o centro religioso de Israel durante mais de um século depois da conquista de Canaã e o lugar de abrigo da arca da aliança.

Novo Testamento Em Hb 9.1-10 a arca era parte da antiga ordem com regulamentações exteriores esperando que viesse o novo dia de Cristo com o sacrifício perfeito capaz de purificar a consciência humana. Em Ap 11.19 mostra que a arca da aliança fará parte do templo celestial quando este for revelado. — M. Pierce Matheney, Jr.

ARCA DE JUNCOS (*ARC*, Êx 2.3-5). V. *arca de juncos; junco*.

ARCANJO Anjo principal. O termo "arcanjo" em português é derivado do grego *archangelos*, que ocorre somente duas vezes no NT.

Somente um arcanjo é mencionado na Bíblia, embora seja possível que haja ainda outros. Em Jd o arcanjo Miguel é retratado como disputando o corpo de Moisés com Satanás (Jd 9, v. tb. *Assunção de Moisés*). Em Dn 10, esse mesmo Miguel é descrito como um dos "príncipes supremos" (*NVI*; "primeiros príncipes", *ARA*). Isso pode significar que existem outros "príncipes supremos". A literatura apocalíptica judaica do período pós-exílico descreve sete arcanjos que estão na presença de Deus: Suruel, Rafael, Raguel, Miguel, Gabriel, Remiel e Uriel (Tb 12.15; 1Enoque 20.1-7; 9.1; 40.9). Alguns estudiosos especulam que esses são os mesmos anjos que estão diante de Deus e tocam as trombetas do juízo de Deus (Ap 8.2—9.15). Embora João não se refira a eles como *arcanjos*, é interessante observar a associação da trombeta de Deus e do arrebatamento da Igreja com a voz do arcanjo (1Ts 4.16). No entanto, Paulo usa a forma singular do substantivo, e isso provavelmente é uma referência ao trabalho de Miguel no final dos tempos (Dn 12.1).

Os arcanjos parecem comandar outros anjos, assim como num exército. Miguel e seus anjos combatem o dragão e seus anjos. Parece que Miguel lança Satanás na terra (Ap 12.7-9), e pode ser que Miguel é o que amarra Satanás por mil anos (Ap 20.1-3), embora o texto não o diga. Também pode ser um arcanjo quem segura o rolo que João deve comer (Ap 10.1). Miguel também é descrito como o protetor do povo de Deus (Dn 12.1).

Dois seres angelicais citados na Bíblia que frequentemente são considerados arcanjos são Gabriel e Satanás. O anjo Gabriel é chamado de arcanjo em parte da literatura apocalíptica, mas o texto bíblico o descreve basicamente como um mensageiro (Dn 8.16; 9.21; Lc 1.19,26). Mas ele também parece possuir alguns poderes extraordinários. Daniel é fortalecido por Gabriel em ao menos uma ocasião (Dn 8.18; possivelmente 10.16,18,19), e Zacarias perde sua capacidade de falar porque não acreditou na mensagem de Gabriel (Lc 1.20). Gabriel também parece ter um relacionamento com Israel semelhante ao de Miguel. Gabriel é descrito por Daniel como tendo aparência de homem (Dn 8.15,16), e é provável que o *homem* a quem Miguel ajudou nessa batalha contra o rei da Pérsia é Gabriel (Dn 10.13,21). Assim Gabriel pode ser também um protetor do povo de Deus. No entanto, passar dessa evidência bastante escassa para a conclusão de que Gabriel é um arcanjo é confiar demais em especulações. V. *Gabriel*.

A evidência a favor da alegação de que Satanás era arcanjo é ainda mais escassa. Embora Satanás seja descrito como liderando outros anjos na batalha contra Miguel e seus anjos (Ap 12.7) e seja mencionado como o grande dragão (Ap 12.9), os fatos de ele ser jogado para fora do céu (Ap 12.8) e vencido por outro anjo (Ap 20.1,2) parecem se opor a essa alegação. V. *anjo*. — John Laing

ARCO Tradução na *KJV* de uma palavra hebraica em Ez 40.16-36. Em outros trechos a *KJV* traduz a palavra por "pórtico" (e.g., 1Rs 6.3; 7.21,19,21). Nas versões em português tradicionais a palavra é traduzida "vestíbulo" (*ARA, ARC, TB*) e por "pórtico" nas versões modernas (*NVI, BJ, A21*). Afora 1Rs 7.6 (em que a palavra descreve um pórtico coberto cujo telhado é sustentado por colunas), a palavra se refere à sala de entrada do edifício principal do templo imediatamente adjacente ao Lugar Santo. A entrada media em torno de nove metros por quatro metros e meio e treze metros e meio de altura (1Rs 6.2,3; cp. 2Cr 3.4). Na visão que Ezequiel teve do templo, cada porta que levava ao pátio dos gentios também tinha um pórtico (40.7-26) assim como o tinham as portas para o pátio dos israelitas (40.29-37). V. *átrio, santuário*.

Arcos greco-romanos nas ruínas de Gerasa (atual Jerash, Jordânia), uma cidade da Decápolis.

ARCO E FLECHA V. *armas e armadura*.

ARCO-ÍRIS Fenômeno causado pelo reflexo e refração da luz solar em gotas de chuva, o arco-íris geralmente acontece depois de tempestades. O colorido deve-se à divisão da luz solar nas cores primárias. O arco-íris servia para lembrar Israel da aliança estabelecida por Deus com Noé, e da promessa de nunca mais destruir a terra por meio de uma inundação (Gn 9.8-17). O épico mesopotâmico de Gilgamesh, outra narrativa antiga do dilúvio, não inclui o sinal do arco-íris. O arco-íris e sua beleza se tornaram um símbolo da majestade e beleza de Deus. Em uma visão, Ezequiel comparou o brilho da glória de Deus com as cores do arco-íris (1.28). Habacuque também usou o arco-íris para descrever a cena da libertação final da parte de Deus para com seu povo (3.9). O livro de Ap lembra a visão de João sobre o trono de Cristo cercado por um "arco-íris, parecendo uma esmeralda" (4.3). Mais tarde Ap 10.1 apresenta um anjo que desce do céu com um arco-íris brilhando sobre a cabeça e tendo o rosto como o sol.

ARDE Nome pessoal que significa "corcunda". **1.** Filho de Benjamim e neto de Jacó (Gn 46.21). **2.** Neto e pai de clã de Benjamim (Nm 26.40). Aparentemente alistado como Adar em 1Cr 8.3.

ARDOM Filho de Calebe (1Cr 2.18).

ARELI Filho de Gade (Gn 46.16) e antepassado original do clã arelita (Nm 26.17).

AREOPAGITA Membro do altamente respeitado concílio grego encontrado no areópago em Atenas. V. *Areópago; Atenas; Dionísio*.

AREÓPAGO Lugar do discurso de Paulo aos filósofos epicureus e estoicos de Atenas (At 17.19). Colina rochosa com aproximadamente 110 metros de altura, não muito distante da acrópole e que dominava a ágora, o mercado, em Atenas, Grécia. A palavra também era usada para se referir ao concílio que originariamente se reunia nessa colina. O nome provavelmente era derivado de Ares, o nome grego do deus da guerra conhecido aos romanos como Marte. V. *colina de Marte*.

ARETAS Nome pessoal que significa "excelência moral, poder". Era o rei de Damasco no período do NT. Tentou prender Paulo depois da sua conversão (2Co 11.32). O nome Aretas foi usado por diversos reis árabes sediados em Petra e Damasco. Aretas IV governou com base em Petra (9 a.C. 40 d.C.) como súdito de Roma. Herodes Antipas casou-se com a filha dele, e depois se divorciou dela para se casar com Herodias (Mc 6.17,18). Aretas se uniu a um oficial romano para derrotar o exército de Herodes em 36 d.C.

ARFAXADE Terceiro filho de Sem, filho de Noé, e antepassado do povo hebreu (Gn 10.22). Nasceu dois anos depois do Dilúvio e foi o avô de Héber. No NT o nome "Arfaxade" aparece na genealogia de Jesus (Lc 3.36). Lucas parece identificar Arfaxade com o bisavô, não com o avô de Héber. Isso sugere a possibilidade de que a genealogia de Gn 10 não tinha o propósito de ser exaustivamente completa.

ARGANAZ Talvez o hirax (ou hírace), um mamífero semelhante ao mussaranho (Lv 11.5. Sl 104.18; Pv 30.26 — *NVI*, "coelho"). V. *texugo; coelho*.

ARGOBE Nome pessoal e de lugar que significa "monte de terra". **1.** Homem que pode ter se associado a Peca (2Rs 15.25) para assassinar Pecaías, rei de Israel (742-740 a.C.), ou possivelmente foi morto por Peca. O texto hebraico é de difícil interpretação nesse ponto. Alguns estudiosos omitem Argobe como erro de copista que teria duplicado parte do versículo 29 aqui (*TEV*). A *NVI* dá a entender que Peca também matou Argobe. **2.** Território em Basã na região montanhosa a leste do rio Jordão. Argobe provavelmente estava no centro do planalto fértil e era famosa por suas cidades fortificadas (Dt 3.4). Moisés deu essa terra de gigantes a Manassés (3.13). Jair, filho de Manassés, conquistou Argobe (3.14) e mudou seu nome para Havote-Jair de Basã.

ARGOLAS DE NARIZ V. *joias, joalheria*.

ARIDAI Nome pessoal persa, que talvez signifique "deleite de Hari" (um deus). Filho de Hamã, arqui-inimigo de Ester e dos judeus. Morreu quando os judeus inverteram a conspiração de Hamã e se vingaram (Et 9.9).

ARIDATA Nome pessoal persa, que talvez signifique "dado por Hari" (um deus). Irmão de Aridai que compartilhou seu destino. V. *Aridai*.

ARIÉ Nome pessoal que significa "leão". Paralelo com Argobe em 2Rs 15.25 envolvendo os mesmos problemas textuais. (cf. *BJ* e nota textual em 2Rs 15.25). V. *Argobe*.

ARIEL Nome pessoal que significa "leão de Deus". **1.** Líder judeu no cativeiro que serviu de mensageiro de Esdras para os levitas para enviar pessoas com Esdras a Jerusalém em torno de 458 a.C. (Ed 8.16). **2.** Nome em código de

Jerusalém em Is 29. Ariel aparentemente se referia ao topo do altar no qual os sacerdotes queimavam sacrifícios. Jerusalém sob ataque assírio era como um altar. Não queimava, mas fazia tudo à sua volta queimar. Os pecados de Jerusalém tinham levado à devastação do resto de Judá em 701 a.C.

ARÍETE V. *armas e armadura*.

ARIMATEIA Cidade de José, o discípulo que pediu o corpo de Jesus depois da crucificação e em cujo túmulo novo o corpo foi colocado (Mt 27.57). A localização de Arimateia não é conhecida com certeza. Em Lc 23.51 Arimateia é descrita como uma cidade judaica. V. *José*.

ARIOQUE Nome pessoal, provavelmente hurrita, que significa "servo do deus-Lua". **1.** Rei de Elasar, que se uniu à aliança contra Sodoma e Gomorra (Gn 14), mas foi finalmente derrotado por Abraão. Nomes paralelos foram encontrados em documentos acádios antigos e em Mari e Nuzi, mas nenhuma outra referência ao Arioque bíblico pode ser comprovada. V. *Anrafel; Elasar*. **2.** Chefe da guarda pessoal do rei Nabucodonosor (Dn 2.14-25). Ele se confiou a Daniel, capaz de interpretar o sonho esquecido do rei e impedir a morte dos sábios conselheiros da Babilônia.

ARISAI Nome pessoal persa. Filho de Hamã (Et 9.9) que sofreu o destino de seus irmãos. V. *Aridai*.

ARISTARCO Nome pessoal, que talvez signifique "melhor governante". O companheiro de Paulo pego pelos seguidores de Ártemis em Éfeso (At 19.29). Aparentemente a mesma pessoa foi o tessalonicense que acompanhou Paulo da Grécia para Jerusalém quando ele voltava de sua terceira viagem missionária (At 20.4). Aristarco também acompanhou Paulo quando este navegou para Roma (At 27.2). Paulo enviou saudações de Aristarco, um coprisioneiro e colaborador, nas suas cartas: Cl (4.10) e Fm (24). A tradição eclesiástica posterior diz que Nero executou Aristarco em Roma.

ARISTÓBULO Pai de uma família cristã de Roma a quem Paulo enviou saudações (Rm 16.10).

ARMADILHA 1. Com exceção de Am 3.5, todos os usos da palavra "armadilha" (ou "laço") nas Escrituras são em sentido figurado, quer para se referir ao destino dos ímpios (Jó 18.9; Is 8.14), quer aos esquemas dos ímpios (Sl 140:5; 141:9). V. *caçador, passarinheiro*. **2.** Laço ou cilada, especialmente camuflado (Jó 18.8; Sl 119.85; Lm 3.47; Rm 11.9). Todas estas referências são de uso figurado. "Armadilha" no AT sugere perigos ocultos ou não reconhecidos.

ARMADURA Tradução da *NVI* para uma palavra hebraica que tem o sentido de peitoral (1Rs 22.34; 2Cr 18.33). V. *armas e armaduras*.

ARMADURA DE DEUS V. *armas e armadura*.

ARMAGEDOM Local no Oriente Médio da batalha final entre as forças do bem e do mal (Ap 16.16). A palavra "Armagedom" aparece uma vez nas Escrituras e não é encontrada na literatura hebraica. Os tradutores transliteram a palavra do grego para o português de diversas formas: "Armagedom" (*ARA, ARC, NVI*) ou "Harmagedôn" (*BJ*). O termo grego é uma transliteração aproximada do hebraico *har megiddo*, "monte de Megido". O texto de Ap promete que ante a derrota dos santos de Deus por forças militares do leste, sul e norte, o Senhor Jesus Cristo voltará para derrotar seus inimigos e libertar seu povo. V. *Megido*.
— *Kenneth Hubbard*

ARMAS Desde os primórdios do gênero humano, seu desejo de impor a vontade a outra pessoa ou outro ser vivo gerou conflitos ativos que recorreram a muitos tipos de armas. A História humana evidencia meios marcantes pelos quais os instrumentos foram tecnologicamente aperfeiçoados ao longo dos últimos seis milênios.

Os instrumentos de guerra e defesa são conhecidos de três fontes: escavações; figuras pintadas em murais, alto-relevos e modelos; e documentos escritos. As tumbas do Egito continham armas reais e modelos. Alto-relevos assírios descreveram grandes batalhas em detalhes. Escavações descobriram numerosos exemplos de armas de pedra e metal; e fontes bíblicas e inscrições fornecem nomes de objetos, estratégia e táticas, bem como métodos de construção.

ARMAS E ARMADURA

Reconstrução de uma torre de assalto romana com aríete (séc. I d.C.).

A ação militar foi definida em termos de capacidade de conquistar supremacia sobre o inimigo em três campos: mobilidade, potência de fogo e segurança. A mobilidade é exemplificada por carros e cavalaria; a potência de fogo, por arco, funda, lança, machado e espada; e a segurança, por escudo, armadura e capacete. V. *armas e armadura*; *carros*; cavalo. — R. Dennis Cole

Reconstrução de aríete romano (séc. I d.C.).

ARMAS E ARMADURA Instrumentos e peças de cobertura do corpo para defesa e proteção.

Antigo Testamento As armas de ataque no AT incluíam armas de longo, médio e curto alcances, e os itens de defesa incluíam escudos e armaduras.

Armas de longo alcance O arco e a flecha eram armas eficientes para longo alcance (300 a 400 metros) e eram amplamente usados pelos povos da Bíblia. Israel tinha arqueiros muito hábeis entre os homens de Benjamim (1Cr 8.40; 2Cr 17.17) e das tribos do leste, de Rúben, Gade e Manassés (1Cr 5.18). Jônatas e Jeú eram atiradores peritos. Ao menos quatro reis israelitas foram severa ou fatalmente feridos por arqueiros inimigos: Saul (1Sm 31.3), Acabe (1Rs 22.34), Jorão (2Rs 9.24) e Josias (2Cr 35.23). Os arcos eram construídos com peças únicas de madeira, ou de forma mais eficaz com camadas coladas de madeira, chifre e tendões, e possivelmente até com bronze (2Sm 22.35; Jó 20.24). O tamanho variava de um a dois metros de comprimento. As flechas eram feitas de hastes de madeira ou juncos, com a ponta coberta de cabeças de metal forjadas de diferentes formas para atingir as diversas defesas do inimigo. A flecha era dirigida por penas, especialmente as de águias, abutres ou milhafres. Uma aljava de couro amarrada às costas ou pendurada sobre o ombro carregava de 20 a 30 dessas flechas, ou, se estivesse presa a um carro de guerra, talvez até 50. Frequentemente uma proteção de couro para o braço era também usada no braço que segurava o arco para protegê-lo do fio que propulsionava a flecha.

A atiradeira, ou funda, talvez seja muito conhecida da leitura do encontro de Davi com Golias (1Sm 17.40-50), sem nos darmos conta de que era uma arma convencional de artilharia para uso mortal de longo alcance empregada por exércitos em todo o Oriente Médio. Em virtude das possibilidades de arremesso de longo alcance, atiradores bem treinados eram colocados às centenas perto dos arqueiros. Eram especialmente valiosos os que sabiam arremessar tanto com o braço esquerdo quanto com o direito (Jz 20.16; 1Cr 12.2). Um pedaço de pano ou de couro com duas cordas trançadas em cada ponta continha uma pedra lisa. O atirador então girava o míssil na sua bolsa por sobre sua cabeça. Ao soltar uma das cordas a pedra era lançada em direção à sua vítima. O golpe desarmava, desestabilizava, tirava de combate ou mesmo matava o inimigo. O rei Uzias de Judá desenvolveu grandes catapultas que lançavam flechas e pedras de longo alcance para defender Jerusalém (2Cr 26.15).

Armas de médio alcance O dardo era arremessado obviamente de uma distância menor do que os arqueiros conseguiam lançar suas flechas ou suas pedras. No entanto, como uma arma de arremesso de alcance médio, o dardo precisa ser diferenciado da lança de curto alcance arremessada pelo soldado de infantaria (numa falange). Davi encarou o dardo quando com êxito desafiou Golias (1Sm 17.6) e enquanto tentava serenamente acalmar o espírito de Saul. Duas vezes o perturbado Saul arremessou sua lança contra Davi (1Sm 18.10,11; 19.9,10) e uma vez até contra seu filho Jônatas (1Sm 20.33). Geralmente feitos de madeira ou junco, alguns dardos tinham uma ou duas das seguintes características que ajudavam no seu voo: algumas tinham um barbante de couro afixado à haste que fazia a arma arremessada girar quando o barbante era seguro na mão do soldado, e um contrapeso era às vezes afixado à extremidade mais grossa da haste. Essa ponta às vezes era tão afiada que podia ser fincada no solo mantendo a lança em pé (1Sm 26.7) ou mesmo podia ser usada para matar (2Sm 2.23). Uma aljava era usada frequentemente para ajudar o soldado a carregar mais do que um dardo ou lança de cada vez.

Armas de curto alcance Combates corpo a corpo exigiam armas diferentes; algumas afiadas, outras sem corte, algumas longas, outras curtas. O dardo era mais longo e pesado do que a lança e podia ser lançado se necessário. Os soldados das tribos de Judá e Naftali carregavam lanças como uma arma tribal (1Cr 12.24,34). Guardas protegiam o templo com essas armas (2Cr 23.9). Linhas de frente da batalha geralmente eram caracterizadas por soldados de infantaria equipados com escudos retangulares que carregavam dardos salientes entre o muro de escudos, avançando por sobre a linha de frente do inimigo.

Dois tipos de espada eram usados nos tempos bíblicos, a espada de um gume e a de dois gumes (Sl 149.6; Pv 5.4). A espada de um gume era usada de forma mais eficiente balançando e girando-a, assim atingindo o inimigo para lacerar sua carne. A lâmina podia ser reta ou curva em boa parte. Neste caso, o fio cortante da espada estava do lado externo da curva. A espada de dois gumes era usada preferencialmente para perfurar, não para lacerar, embora obviamente pudesse ser usada de ambas as maneiras se necessário. A espada era carregada numa bainha afixada ao cinto. A diversidade de largura e comprimento das espadas em proporção aos seus cabos era enorme. A diferença entre a espada reta e a adaga é simplesmente o comprimento. As primeiras lâminas eram mais adagas do que espadas. Foram sendo encompridadas ao longo do tempo. Eúde provavelmente usou uma adaga longa quando assassinou o rei Eglom de Moabe, visto media um côvado (45 centímetros) (Jz 3.16-26).

A clava em Pv 25.18 ("maça", *ARA*; "martelo", *ARC*) e o martelo em Jr 51.20 ("machado de batalha", *ACF*) (cf. Ez 9.2) são raramente mencionados na Bíblia, mas tinham um papel decisivo no combate corpo a corpo nas terras bíblicas. A clava era uma maça de guerra usada para esmagar a cabeça do inimigo. A pesada ponta de metal ou pedra da arma tinha diversas formas: redonda, oval e de pera. Seu cabo de madeira se firmava mais à medida que passava pela ponta assim como um martelo ou machado moderno. O cabo era formado por meio de um achatamento da base para evitar que a arma escapasse da mão. Com a difusão da armadura, especialmente do capacete, a clava deu lugar à ponta perfurante do machado. Esses machados com cabeças estreitas penetravam mais facilmente num capacete ou outra armadura com sua forma alongada. Outras lâminas eram projetadas com fios mais amplos para cortar e abrir a carne em lugares menos protegidos pela armadura.

Escudeiros acompanhavam comandantes militares para levar suprimento extra de armas e equipamento defensivo que seria usado durante uma batalha (flechas, lanças, escudos). Às vezes ajudavam o soldado, bem como ajeitavam seu escudo, como no caso de Golias, e às vezes matavam aqueles soldados inimigos deixados gravemente feridos por combatentes anteriores.

ARMAS E ARMADURA 134

A

Trajano, imperador romano, em sua armadura (couraça, saiote e botas).

ARMAS E ARMADURA

Aríetes usados em cerco, como o modelado por Ezequiel na sua lição ilustrada para os israelitas (Ez 4.2), eram transportados sobre rodas e tinham pontas de metal afixadas às vigas de madeira para suportar a colisão com portões de cidades ou muros de pedra.

Armas defensivas A defesa contra todas essas armas consistia no escudo que era carregado ou na armadura que era vestida. Os escudos eram feitos de vime ou de couro esticado sobre estruturas de madeira com alças do lado interno. Estes eram muito mais manuseáveis do que os pesados escudos de metal, mas obviamente menos protetores. Um híbrido se atingia entre o metal e o couro ao afixar discos de metal ao couro sobre uma parte da superfície. Dois tamanhos diferentes são mencionados na Bíblia e em muitas ilustrações antigas (2Cr 23.9). Um era um escudo redondo usado com armas mais leves e que cobria metade do corpo no máximo. A tribo de Benjamim preferia tê-los junto com o arco e a flecha (2Cr 14.8). Assim o fez Neemias quando equipou seus homens como proteção enquanto reconstruíam os muros da cidade de Jerusalém (Ne 4.16). Os escudos de ouro de bronze feitos por Salomão e Roboão respectivamente tinham função cerimonial e decorativa (1Rs 14.25-28) e eram desse tamanho. Havia um escudo maior mais retangular e cobria quase todo, se não todo, o corpo. Alguns eram tão grandes que um escudeiro especial era empregado para carregá-lo em frente do soldado que levava a arma. Tanto Golias quanto um desses assistentes enfrentaram Davi (1Sm 17.41). As tribos de Judá (2Cr 14.8), Gade (1Cr 12.8) e Naftali (1Cr 12.34) usavam esse tipo de escudo com o dardo de longo alcance ou a lança como arma ofensiva na outra mão. Arqueiros também ficavam postados atrás de escudos em pé enquanto atiravam suas flechas.

A armadura é basicamente um escudo vestido diretamente sobre o corpo. Visto que o corpo é mais fatalmente vulnerável nas regiões da cabeça e do peito, era especialmente ali que se usava a armadura. Saul e Golias usavam capacetes (1Sm 17.5,38), como o fazia todo o exército de Judá, ao menos no tempo de Uzias (2Cr 26.14). O capacete geralmente era feito de couro ou metal e era projetado de diversas formas, dependendo do exército ou até mesmo da unidade dentro de um exército para que assim o comandante pudesse distinguir uma unidade da outra de um ponto de observação mais elevado. Os capacetes diferentemente decorados e construídos ajudavam o soldado a reconhecer se ele estava perto de um inimigo ou companheiro na confusão do combate corpo a corpo cerrado.

Com a popularização da flecha e sua velocidade de voo e aproximação imperceptível por parte da sua vítima, a armadura precisou cobrir mais e mais o tronco. Uma estrutura em forma de escamas de peixe de pequenas placas de metal costuradas a pano ou couro era o peitoral do soldado antigo. Essas escamas podiam chegar a 700 ou 1000 por "capa". Cada capa obviamente podia ser bem pesada e cara para ser produzida em grande quantidade. As unidades distantes de inimigos que talvez atirassem umas contra as outras usavam especialmente essa armadura, bem como os arqueiros que iam nos carros de guerra. Enquanto estava num carro de guerra, Acabe foi atingido e morto por uma flecha exatamente onde a armadura protegia menos — "entre os encaixes da armadura" (1Rs 22.34). A armadura de pernas, como as "caneleiras de bronze" de Golias (1Sm 17.6), não era usada regularmente nos tempos do AT.

Novo Testamento Armas e armaduras aparecem só ocasionalmente no NT. Sem dúvida, nos tempos do NT os soldados do Império Romano estavam equipados de capacetes de metal, vestes de proteção de couro e de metal, proteção para as pernas, escudos, espadas e lanças. Cristo aceitou o uso legal e defensivo da espada (Lc 22.36-38), mas censurou o golpe ilegal e mais ofensivo de Pedro contra Malco no momento da sua captura (Jo 18.10,11). Frequentemente o NT usa "armas e armadura" de forma simbólica como nos poetas e livros proféticos do AT. A Palavra do Senhor e seu efeito penetrante são associados à espada (Ef 6.17; Hb 4.12; Ap 1.16; 2.16; 19.15,21). Paulo usou tanto as armas quanto a armadura para expressar virtudes necessárias para defender o cristão contra Satanás (Ef 6.10-17; cp. Is 59.16,17).

Uso metafórico No AT o efeito devastador de uma língua maldosa é comparado ao propósito destruidor da espada e da flecha (Sl 57.4; 64.3; Pv 12.18). No entanto, quando as armas são usadas metaforicamente no AT, geralmente é para ajudar a transmitir a ideia da soberania suprema de Deus. A dependência essencial de uma pessoa das armas militares, p. ex., é considerada insensata visto que elas não são a fonte definitiva da libertação, seja pelo arco ou pela flecha (Js 24.12; Sl 44.6; Os 1.7). Isso é assim porque Deus domina e despedaça o arco e a flecha, a lança, a espada e o escudo (Sl 46.9; 76.3). Em outros textos o juízo de Deus é comparado ao arco ou à espada (Sl 7.12,13; Is 66.16; Jr 12.12). Ele também usa as armas literais de conquistar nações para julgar Israel (Is 3.25). Finalmente, o fato de que Deus é o protetor de Israel é com frequência expresso pela referência a ele como "escudo para quem nele se refugia" (Pv 30.5), assim como ele mesmo encorajou Abraão: "Não tenha medo, Abrão! Eu sou o seu escudo" (Gn 15.1). — *Daniel C. Fredericks*

ARMAS NUCLEARES A descrição do fim do mundo predita em 2Pe 3.10,12 é interpretada por alguns como a descrição dos efeitos de uma explosão atômica. Nos arsenais militares modernos, somente armas nucleares seriam capazes de causar que "os elementos sejam desfeitos pelo calor" (2Pe 3.10).

As armas nucleares representam o melhor e o pior da humanidade. Os seres humanos foram criados com grande inteligência e criatividade. Nada do que as pessoas se propõem a fazer, disse Deus em resposta à Torre de Babel, ser-lhes-á impossível (Gn 11.6). Mas, por meio das armas nucleares, os humanos têm a capacidade de literalmente destruir a criação.

Como todos os avanços tecnológicos, as armas nucleares tentam quem as têm a pensar que podem controlar a própria existência. Daí a adequação da advertência de Isaías a Ezequias que dependia das "armas do palácio da Floresta" (Is 22.8b) para sua segurança: sem que primeiro se ordene a vida de acordo com os princípios de Deus, mesmo o melhor dos esforços humanos é inútil (Is 22.1; cp. Is 7.5) e muito possivelmente, autodestrutivo. — *Paul H. Wright*

ARMAZÉM Espaço para trilhar e limpar grãos. Evidências arqueológicas indicam que os celeiros variavam de tamanho e de forma. Poderiam ser simples jarros ou sacos para grãos (Gn 42.25), poços, rebocados ou não, ou silos (talvez Lc 12.18) ou talvez estruturas maiores com muitos espaços (o armazém de Ezequias, 2Cr 32.28, ou os usados por José para armazenar grandes quantidades de grãos, Gn 41.49). Celeiros vazios são um sinal de descontentamento divino (Jr 50.26; Jl 1.17). Guardar os grãos em celeiros é um símbolo de Deus reunir o seu povo (Mt 3.12; Lc 3.17). V. *celeiro*.

ARMENIA V. *Ararate*.

ARMONI Nome pessoal que significa "nascido em Armom". Filho de Rispa e Saul, que Davi deu aos gibeonitas em vingança por Saul ter antes matado os gibeonitas (2Sm 21.7-9). V. *Rispa*.

ARNÃ Nome pessoal que significa "veloz". Pessoa na linhagem messiânica do rei Davi depois do retorno do exílio (1Cr 3.21).

ARNI Antepassado de Jesus no difícil texto de Lc 3.33. A *NVI* aqui traz "Ram", o que poderia associá-lo à lista em 1Cr 2.10 ("Rão", na *NVI*).

ARNOM Nome de lugar que significa "rio impetuoso" ou "rio inundado de amoras". Rio que forma a fronteira entre Moabe e os amorreus (Nm 21.13). Seom, rei dos amorreus, reinava desde o Arnom até o Jaboque (Nm 21.24), terra que Israel tomou sob a liderança de Moisés. O Arnom então servia de fronteira sul do território que Israel tomou a leste do rio Jordão (Dt 3.8). Tornou-se a fronteira sul da tribo de Rúben (Js 13.16). O rei dos amonitas tentou retomar o Arnom na época de Jefté, mas o Espírito de Deus levou Jefté à vitória (Jz 11.12-33). Hazael, rei de Damasco, retomou esse território de Jeú de Israel (841-814 a.C.). O livro de Is retratou Moabe como filhotes de aves espalhados tentando atravessar o Arnom (16.2). Já Jr clamou por um mensageiro que anunciasse a derrota de Moabe junto ao Arnom (48.20). Perto do mar Morto, o Arnom é largo e fundo, uma das vistas mais impressionantes da Palestina. O amplo vale do rio se eleva a 500 metros até os cumes dos montes acima. O nome atual é Uádi-el-Mojib.

O vale do rio Arnom no sul da Jordânia que os israelitas atravessaram, como uma de suas últimas barreiras, antes de cruzar o Jordão e entrar na terra prometida.

ARODI Nome pessoal que significa "corcunda". Arodi (Gn 46.16; Nm 26.17) era filho de Gade e neto de Jacó. Era o antepassado originário do clã arodita.

AROER Nome de lugar que significa "junípero". **1.** Cidade na borda norte da garganta do Arnom a leste do mar Morto na fronteira sul do território que Israel reivindicou a leste do Jordão (Js 13.9). Figurava na lista de reivindicações territoriais de Rúben (Js 13.16), embora tivesse sido construída originariamente pela tribo de Gade (Nm 32.34; cp. Dt 3.12). Seom, rei dos amorreus, governou-a antes da conquista israelita (Dt 4.48; Js 12.2). Israel reivindicou uma história de 300 anos nessa área (Jz 11.26). Os pecados de Jeú levaram o castigo de Deus sobre Israel, incluindo a perda de Aroer para Hazael de Damasco (em torno de 840 a.C.) (2Rs 10.33; cp. Is 17.2). Jeremias pediu a Aroer que fosse testemunha do juízo vindouro de Deus sobre Moabe (Jr 48.19). Os moabitas tinham conquistado o controle de Aroer sob o rei Messa, como sua inscrição na pedra Moabita testemunha (em torno de 850 a.C.). Escavações espanholas mostram que Aroer foi mais uma fortaleza de fronteira do que uma cidade importante. Está localizada em Khirbet Arair a quatro quilômetros a leste da estrada ao longo do rio Arnom. **2.** Cidade da tribo de Gade (Js 13.25) perto de Rabá, capital dos amonitas. Essa pode ser a Aroer na qual Jefté derrotou os amonitas (Jz 11.33). **3.** Cidade no sul de Judá aproximadamente a 20 quilômetros a sudeste de Berseba com cujos líderes Davi dividiu os despojos de guerra (1Sm 30.28). Está localizada na atual Khirbet Arara. O texto de Js 15.22 originariamente pode ter trazido "Aroer". Dois dos capitães de Davi eram oriundos de Aroer (1Cr 11.44).

ARONITAS Termo usado em algumas versões (*ARA* e *ARC*) para se referir aos descendentes de Arão (1Cr 27.17). Equivalente à expressão "filhos de Arão", "descendentes de Arão", "casa de Arão" usadas com frequência no AT.

ARPADE Cidade-Estado no norte da Síria proximamente identificada com Hamate. O Rabsaqué (*ARA* e *ARC*; a *NVI* traz "comandante de campo"), representando Senaqueribe, zombou do povo de Judá em 701 a.C. (2Rs 18.17-25; 19.13). Lembrou o povo cercado em Jerusalém de que os deuses de Arpade não a protegeram de

ARPÃO

Senaqueribe. Isaías imitou de maneira irônica essas afirmações, dizendo que a Assíria era somente um bastão da ira de Javé e logo os assírios teriam de encarar o castigo por causa do seu orgulho (Is 10.5-19). Jeremias observou a confusão de Arpade quando pronunciou o castigo sobre Damasco (Jr 49.23). Arpade é a atual Tel Erfad, a cerca de 40 quilômetros ao norte de Alepo. Os reis assírios Adade-Nirari (806 a.C.), Ashurnirari (754 a.C.), Tiglate-Pileser (740 a.C.) e Sargom (720 a.C.) todos mencionam vitórias sobre Arpade.

ARPÃO Lança ou dardo dentado usado para caçar peixes grandes ou baleias, mencionado como inadequado para capturar o monstro marinho Leviatã (Jó 41.7), mostrando, portanto, a soberania de Deus sobre a falta de condição humana.

ARQUEIRO Alguém que atira uma flecha com um arco. Arco e flecha eram usados na antiguidade tanto para a caça de animais grandes e pequenos quanto para a guerra. O arqueiro era treinado desde a infância para poder manejar um arco de 45 quilos que atirava uma flecha a uma distância de mais de 300 metros. Diversos trechos do AT mencionam o uso do arco e flecha na guerra (Gn 49.23,24; 2Sm 11.24). V. *armas e armadura*.

Reconstrução de uma máquina de arqueiro do séc. I d.C.

ARQUELAU Filho e principal sucessor de Herodes, o Grande (Mt 2.22). Quando Herodes morreu em 4 a.C., seus filhos Herodes Antipas e Filipe foram denominados tetrarcas; mas seu filho Arquelau foi o sucessor principal. Ciente da hostilidade dos judeus para com sua família, Arquelau não tentou ascender ao trono imediatamente. Primeiro, tentou conquistar a simpatia dos judeus. Seus esforços não tiveram êxito; quando os judeus se revoltaram, Arquelau ordenou ao seu exército que retaliasse.

Arquelau encontrou oposição ao seu reino por parte de seus irmãos, em particular de Herodes Antipas, que achava ter direito ao trono. Os irmãos apresentaram sua causa ao imperador Augusto, que deu a Arquelau a metade das terras governadas por seu pai Herodes e dividiu o resto entre Antipas e Filipe. Arquelau recebeu o título de tetrarca, mas recebeu a promessa do título de rei se reinasse com êxito.

Arquelau interferiu no sumo sacerdócio, casou em violação da lei dos judeus e oprimiu os samaritanos e judeus por meio do de tratamento brutal. Revoltado, o povo enviou representantes a César para denunciar Arquelau. Seu governo foi encerrado em 6 d.C. quando o governo romano o baniu para a Gália e anexou seu território à Síria.

José foi advertido num sonho a evitar a Judeia por causa do governo de Arquelau. Ele decidiu levar Maria e o menino Jesus para a Galileia quando retornaram do Egito em vez de ir à Judeia (Mt 2.22).

ARQUEOLOGIA E ESTUDO BÍBLICO A arqueologia é o estudo do passado baseado na recuperação, exame e explicação dos restos materiais da vida, pensamento e atividade humanos, coordenado com informações disponíveis acerca do contexto antigo. A arqueologia bíblica, uma disciplina que se desenvolveu principalmente a partir de 1800, busca o que pode ser aprendido acerca dos eventos, personagens e ensinos bíblicos a partir de fontes fora da Bíblia. Ao lidar com o que as civilizações antigas deixaram para trás, seu alvo é dar uma compreensão melhor da própria Bíblia.

O propósito da escavação é reconstruir, no que for possível, a história e a cultura do sítio antigo. Os estudiosos da Bíblia estão particularmente interessados na arqueologia da antiga

Canaã e de suas regiões adjacentes. Hoje essa é a região formada por Israel, Líbano, Síria e Jordânia. Ademais, o mundo bíblico incluía outras regiões como Egito, Grécia, Itália, Chipre e península Arábica, e grandes áreas ocupadas hoje por Turquia, Iraque e Irã.

Limitações da arqueologia O estudioso da arqueologia precisa compreender suas limitações. Em primeiro lugar, pouco do que existia na antiguidade ainda existe hoje. Ademais, as terras bíblicas foram apenas parcialmente investigadas até agora. Poucos sítios arqueológicos (os *tel*) foram completamente escavados, e muitos permanecem intocados. A publicação minuciosa e séria das investigações arqueológicas é um processo muito lento, e o significado das peças encontradas frequentemente é objeto de interpretações diversas. Conclusões defendidas numa época são muitas vezes abandonadas a favor de novas hipóteses. Ao usar os dados arqueológicos, os estudiosos bíblicos precisam tomar precauções para verificar se estão atualizados. Também precisam se dar conta de o que a arqueologia pode fazer e o que não. As afirmações básicas da Bíblia — que Deus é, que ele está ativo na História e que Jesus é seu Filho — não estão sujeitas à verificação arqueológica. Pode-se demonstrar com base nos materiais arqueológicos que Senaqueribe invadiu Judá na época de Ezequias, mas que ele foi uma ferramenta nas mãos do Senhor só se pode saber com base na declaração bíblica.

Breve história da arqueologia A obra dos arqueólogos no mundo bíblico em geral, e na antiga Canaã em particular, pode ser dividida em três períodos que se sobrepõem.

Primeiro estágio No período mais antigo, antes de aproximadamente 1900 d.C., a prática da arqueologia era primariamente uma "caça ao tesouro" sem forma organizada e sistemática de fazer o trabalho. Indivíduos como Heinrich Schliemann, Giovanni Belzoni e A. H. Layard se lançaram a descobrir itens espetaculares do passado. Poços e valas cavados em cidades antigas frequentemente destruíam mais do que revelavam. Visto que a área ocupada pelo antigo israelitas era relativamente pobre em "tesouros", grande parte desse trabalho era realizado no Egito e na Mesopotâmia, a pátria antiga dos assírios e babilônios (localização atual do Iraque).

O início da arqueologia bíblica no Egito em 1798, sob o patrocínio de Napoleão Bonaparte, teve o propósito expresso de desacreditar e refutar a Bíblia. A pressuposição era de que o relato bíblico não era histórico. Os segredos do Egito começaram a vir à tona depois da descoberta, em 1799, da pedra de Roseta e sua decifração por Champollion. Os segredos da Mesopotâmia começaram a ser revelados depois da cópia e decifração da inscrição de Behistun feita por Rawlinson iniciada em 1835 e pela descoberta posterior em 1852 da biblioteca de Assurbanípal feita por Rassam. Arquitetura, arte e fontes escritas recuperadas de uma série de sítios antigos começaram a lançar luz sobre a Bíblia, particularmente sobre o AT. Aproximadamente em meados do séc. XIX, arqueólogos ingleses escavaram porções da cidade de Nínive, capital do Império Assírio no auge do seu poder.

Entre as descobertas de Nínive estavam dois grandes palácios. O palácio gigantesco do rei assírio Senaqueribe (704-681 a.C.) continha centenas de metros de parede revestida de esculturas em relevo retratando as façanhas do rei. Inclui uma cena impressionante do cerco da importante cidade-fortaleza bíblica de Láquis, capturada pelos assírios em 701 a.C. Também entre as descobertas estava o prisma de Taylor, que contém versões assírias escritas da sua invasão do reino de Judá em 701 a.C. O relato bíblico do cerco de Jerusalém dessa época está em 2Rs 18.13—19.37. É interessante comparar os dois relatos. Embora Senaqueribe não afirme ter capturado Jerusalém, não faz menção alguma às calamidades sofridas pelas suas tropas como conta o registro bíblico.

O palácio do rei Assurbanípal (668-633 a.C.) também foi escavado. A descoberta mais importante aí foi uma grande biblioteca de documentos escritos que o rei tinha coletado de muitas partes do seu império. Esses forneceram ao estudioso da Bíblia muitas fontes de primeira mão dessa parte do mundo antigo. Especialmente interessantes são as histórias mitológicas relacionadas à criação e à grande inundação.

Numerosos outros sítios como Ur, Babilônia e Jerusalém foram investigados durante esse primeiro estágio da arqueologia. Os arqueólogos gradualmente aprenderam, no entanto, que precisavam empreender sua tarefa de forma mais sistemática e disciplinada a fim de extrair mais informações das civilizações antigas.

ARQUEOLOGIA E ESTUDO BÍBLICO

Segundo estágio Perto do início do séc. XX começaram a ocorrer desdobramentos significativos na disciplina da arqueologia. Em 1890, Sir Flinders Petrie, arqueólogo inglês, começou escavações em Tel el-Hesi no sudoeste da Palestina.

A palavra "tel" se refere a uma elevação construída ao longo de um período no tempo por entulhos e ruínas ocupacionais de pessoas vivendo nesse sítio. Esse sítio era frequentemente abandonado, ou brevemente ou por um longo período, talvez depois de ser destruído por um inimigo ou por alguma catástrofe natural, como um terremoto. Uma cidade podia ser abandonada por conta de uma epidemia de alguma doença. Outra razão importante e provavelmente comum para pessoas deixarem um local era a mudança no clima, como uma seca. Independentemente da razão de as pessoas deixarem o local, as razões por terem se estabelecido anteriormente as levavam de volta ao local. O entulho da ocupação anterior era nivelado e preenchido, e uma nova vila era construída sobre as ruínas. Esse processo, em combinação com o acúmulo extraordinário de entulho e materiais usados na reconstrução que ocorre numa área de ocupação humana, gradualmente faziam que ao longo dos séculos e milênios o local se tornasse cada vez mais elevado, formando-se um "tel", que continha muitas camadas. Grande número desses montes artificialmente formados ponteia a paisagem bíblica.

Vista panorâmica das escavações em Tel Arad (Israel), mostrando a fortaleza construída por Davi (nos fundos à direita).

O trabalho de Petrie e do seu sucessor F. J. Bliss foi tremendamente significativo de duas maneiras inter-relacionadas. Em primeiro lugar, tentaram escavar muito cuidadosamente Tel el-Hesi camada por camada. Em segundo lugar, tomaram notas detalhadas do estilo de cerâmica encontrada em cada camada. Visto que a maneira de fabricação da cerâmica mudava ao longo dos anos, o tipo encontrado em qualquer camada permitia ao arqueólogo atribuir uma data aproximada àquela camada. Quase um século de estudos de cerâmica agora permite aos arqueólogos darem uma data quase absoluta a cada camada escavada. O trabalho de Petrie e Bliss marca o início de uma abordagem cientifica e disciplinada da arqueologia na Palestina. O princípio da escavação estratificada (isolando cada camada) e o da análise da cerâmica ainda são básicos para a metodologia sólida, embora tenha havido muitos progressos desde o início do séc. XX. V. *cerâmica*.

Os arqueólogos tentam determinar quando estão deixando uma camada e entrando em outra com base em tais itens como mudanças de cor, consistência e conteúdo do solo, ou, em alguns casos, a presença de cinzas entre as camadas. Uma camada pode ser bem fina ou muito grossa dependendo da natureza da ocupação e de quanto durou.

Na primeira metade do séc. XX muitas expedições arqueológicas de numerosos países foram enviadas ao mundo bíblico. Norte-americanos, p. ex., escavaram Megido, Bete-Seã e Tel Beit Mirsim, e os britânicos escavaram Jericó e Samaria. A escavação estratificada e a análise de cerâmica se tornaram mais precisas e exatas. Registros minuciosos (relatos escritos, desenhos, fotografias) foram mantidos.

Samaria era a capital do Reino do Norte no Israel antigo. A cidade foi construída pelos reis hebreus Onri e seu filho Acabe na primeira metade de séc. IX a.C. No primeiro terço do vigésimo ano, as escavações recuperaram em parte essa velha capital do Reino do Norte.

Entre as muitas descobertas interessantes em Samaria há um conjunto de mais de 60 óstracos, provavelmente do tempo do rei Jeroboão II (782-743 a.C.). Um óstraco é um pedaço de cerâmica quebrada, usado para se escrever algo nele. Povos antigos frequentemente usavam pedaços de cerâmica como superfície para escrever e os empregavam como registros, listas e cartas. Os óstracos de Samaria contêm registros de suprimentos, incluindo grãos, óleo e vinho, que tinham sido enviados como apoio ao palácio real por pessoas vivendo em diversas cidades. Desses se podem deduzir algumas informações sobre a economia e a organização política da terra. Ademais, a presença dos nomes de diversas pessoas contendo Baal como componente (e.g., Abibaal, Meribaal) revela a influência contínua do baalismo na terra.

Uma comparação entre esses óstracos e Am 6.1-7 também sugere que o "imposto" cobrado do povo comum estava sendo usado para sustentar um estilo de vida de luxúria e devassidão por parte dos oficiais mais graduados do governo. O trecho de Am também menciona "camas de marfim" (v. 4; 3.15; 1Rs 22.39). Centenas de pedaços de marfim foram encontrados em escavações de Samaria. Muitos desses pedaços foram usados como decorações embutidas em móveis.

Terceiro estágio Mesmo que descobertas extraordinárias tenham sido feitas na primeira metade do séc. XX (e.g., o *Código de Hamurábi*, os papiros de Elefantina, os monumentos hititas em Boghazkoy, o túmulo do rei Tut, os textos de Ras Shamra, as cartas de Mari, os óstracos de Láquis e os rolos do mar Morto), aproximadamente em 1960 começou a surgir um novo estágio na história da arqueologia no antigo Oriente Médio. Os arqueólogos e outros estudiosos começaram a perceber que não era suficiente fazer descobertas e descrevê-las. Elas precisavam de análise de suas informações e explicação de seus dados trazidos à tona.

Esse estágio da arqueologia, às vezes chamado de "nova arqueologia", é caracterizado por uma abordagem de equipe multidisciplinar no enfrentamento da tarefa arqueológica, incluindo botânicos, geólogos, zoólogos e antropólogos. A abordagem também ressalta o emprego de ajuda voluntária e um intenso programa educacional. No estágio anterior, grande parte do trabalho de escavação tinha sido feito por pessoas que viviam na região e eram pagas por esse serviço. O terceiro estágio da arqueologia é caracterizado por uma tendência crescente de se pensar em termos de uma abordagem regional em vez de se concentrar exclusivamente em um sítio. Cresce o interesse por pequenas vilas em contraste com uma concentração quase absoluta em cidades grandes e "importantes" no passado.

Em Israel a abordagem moderna foi introduzida em Tel Gezer na década de 1960 e início da década de 1970, e foi continuada em numerosos sítios, como Tel el-Hasi e Tel Halif nas décadas de 1970 e 1980. O alvo da abordagem é obter um retrato completo da vida em uma região particular, na antiguidade, e também uma compreensão do comércio e de outros contatos culturais entre as regiões.

Contribuições da arqueologia para o estudo bíblico O propósito principal da arqueologia não é provar a veracidade da Bíblia, embora ela sirva de fato para confirmar a acurácia do quadro que a Bíblia faz do mundo antigo. A arqueologia serve especialmente para aumentar e melhorar a nossa compreensão da Bíblia, abrindo muitas "janelas" para o mundo bíblico.

A arqueologia e o texto bíblico A arqueologia, por meio da recuperação de cópias hebraicas e gregas antigas das Escrituras, somada à descoberta de outros textos literários antigos escritos em línguas correlatas, tem ajudado os estudiosos a determinar um texto bíblico mais exato do que o que estava disponível anteriormente. Também demonstrou que os escribas foram muito cuidadosos no seu trabalho.

No final do séc. XIX em uma sala de restos e refugos (agora conhecida como a Guenizá do Cairo) de uma antiga sinagoga no Cairo, Egito, foi feita uma descoberta inestimável de materiais em hebraico. Em 1947 a descoberta dos rolos do mar Morto em 11 cavernas levou o conhecimento dos manuscritos hebraicos do período da Idade Média ao período entre 250 a.C. e 70 d.C. V. *textos bíblicos e versões da Bíblia*.

O conhecimento da escrita tem avançado grandemente. Os documentos mais antigos agora conhecidos da Síria-Palestina seriam os textos de Ebla (os primeiros foram encontrados em 1975) datando de aproximadamente 2400 a.C., seguidos dos textos ugaríticos (encontrados em 1929-1937) em Ras Shamra na costa da Síria e datando de aproximadamente 1400 a.C. Exemplos de oito tipos de escrita diferentes que antecedem o período de Moisés responderam à pergunta tão debatida no séc. XIX se Moisés poderia ter conhecido a escrita. Exemplares de hebraico decifrável encontrados pelos arqueólogos começam em torno do período de Salomão com o calendário de Gezer.

ARQUEOLOGIA E ESTUDO BÍBLICO

Escavação arqueológica contínua junto à parte sul do monte do templo em Jerusalém.

Em 1929 os arqueólogos franceses começaram a escavar a antiga Ugarite perto da costa da Síria. Muitas tábuas de argila contendo escrita antiga foram encontradas. A maioria delas foi escrita numa língua antes desconhecida, logo chamada de ugarítico. O ugarítico é uma língua semítica noroeste proximamente relacionada ao hebraico. É o exemplo mais antigo de uma língua que emprega uma escrita alfabética. O estudo do ugarítico tem ajudado os estudiosos a entender melhor a natureza e o desenvolvimento da língua hebraica, e tem sido particularmente valiosa no esclarecimento de parte da poesia hebraica contida na Bíblia.

Estudiosos antigos definiam as palavras do AT por comparação com o árabe e por significados derivados da tradição rabínica. A descoberta e a decifração de línguas antigas do Oriente Médio antes desconhecidas como o sumério, acádio, hitita, ugarítico, aramaico e eblaíta fornecem uma base mais ampla de definição de palavras, causando (pelo estudo chamado semítica comparada) uma reorientação substancial do vocabulário do AT.

Em 1Sm 13.21 há uma palavra hebraica, *pim*, que não ocorre em outro lugar da Bíblia. O significado dessa palavra não era conhecido aos leitores e tradutores antigos da Bíblia. Embora os tradutores de versões antigas tenham escolhido "lima" (*ARC*; "file", *KJV*) para traduzir *pim*, não havia fundamento sólido para essa escolha. Desde aquele tempo os arqueólogos descobriram diversos pequenos pesos do antigo Israel que trazem inscrita a palavra *pim*. Um *pim* parece que pesava um pouco mais do que um *shekel*. Agora está claro que a palavra *pim* é uma referência ao preço que os filisteus cobravam por afiar as ferramentas de ferro dos hebreus. Traduções recentes da Bíblia refletem essa nova compreensão.

Sem referência alguma ao NT, no último século ou dois numerosos antigos manuscritos em papiro têm sido encontrados, principalmente no Egito, que contêm porções do texto bíblico. Ao menos uma pequena porção de cada livro no NT, exceto 1 e 2Tm, foi encontrada nesses antigos papiros gregos. O mais antigo deles é conhecido como papiro Rylands (P52), datado de 100-125 d.C. Contém Jo 18.31-33,37,38. Esses papiros são úteis aos estudiosos empenhados na tarefa de determinar a melhor base textual do NT. O número de manuscritos e fragmentos gregos conhecidos cresceu de aproximadamente 1.500 em 1885 a mais de 5.700 em 2002. Incluídos estão 116 itens de papiro que refletem conhecimento do texto por trás dos códices do séc. IV ao séc. II para partes do texto tratado. Novos textos gregos críticos estão sendo preparados para tornar esse material disponível aos estudiosos, e as versões modernas já estão refletindo essas novas descobertas.

A descoberta de papiros não bíblicos feita no Egito ao final do séc. XIX forneceu novas percepções do uso e vocabulário grego cotidiano que agora se tornou o material de análise do estudo linguístico do NT.

A arqueologia e a geografia bíblica Ainda em 1800 d.C. a localização de muitos lugares mencionados na Bíblia era desconhecida. Em 1838 um explorador norte-americano chamado Edward Robinson, e seu assistente, Eli Smith, fizeram uma viagem através da Palestina no lombo de cavalos. Com base no seu estudo da geografia e da análise de nomes de lugares, eles conseguiram identificar mais de 100 locais bíblicos. Robinson voltou à Palestina para mais explorações em 1852.

Desde o tempo de Robinson, os arqueólogos conseguiram identificar muitos dos locais mencionados na Bíblia, incluindo os lugares visitados pelo apóstolo Paulo nas suas viagens. Não somente foram identificadas vilas e cidades, mas reinos inteiros foram localizados. Por exemplo, escavações que começaram em 1906 feitas por arqueólogos alemães na região que hoje é a Turquia recuperaram o império perdido dos hititas.

A localização de lugares como Jerusalém e Belém nunca foi esquecida. Outros lugares foram destruídos e sua localização perdida. Edward Robinson desenvolveu uma técnica pela qual informação literária e relatos de viajantes, combinados com a memória histórica local, podiam fornecer identidades prováveis. A escavação das ruínas na área tem ajudado. Vinte e oito alças de jarro encontradas na cisterna em El Jib tornaram certa a localização da antiga Gibeom; seis esculturas em pedra com o nome "Gezer" identificam esse lugar; e a palavra "Arade" rabiscada sete vezes num caco de cerâmica confirma o local.

A arqueologia e a história bíblica Registros egípcios como "A História de Sinuhe" mostram como a Palestina parecia aos egípcios em torno da época de Abraão. As tábuas de Tel Amarna encontradas por uma camponesa no Egito são cartas de governantes palestinos a faraós regentes, mas mostram as condições de instabilidade na Palestina antes da conquista israelita que possibilitou que Israel derrotasse os inimigos um a um.

O faraó egípcio Merneptá (1213-1204 a.C.) invadiu a Síria-Palestina durante seu breve reinado. Um monumento encontrado na sua câmara mortuária em Tebas contém um registro dessa aventura e inclui a referência mais antiga a Israel fora da Bíblia. Merneptá alegava ter destruído completamente os israelitas. Aqui há evidência segura de que os israelitas estavam na terra no mínimo já no séc. XIII a.C.

A descoberta do código de leis de Hamurábi em 1901 em Susã com seu preâmbulo e as 282 leis abriu o caminho para comparações interessantes com as leis de Israel. Os arqueólogos têm agora cinco códigos de leis que foram escritos em cuneiforme antes do tempo de Moisés: os de Ur-Nammu, Eshnunna, Lipit-Ishtar, Hamurábi e dos hititas. De uma época ligeiramente posterior vêm as leis do período médio-assírio. Comparações interessantes podem ser feitas entre essas leis e as de Moisés. Os contrastes incluem os atos pelos quais o acusado estava sujeito à provação (Nm 5) e os castigos de mutilação (Dt 25.12). Conquanto esses códigos tenham tanto semelhanças quanto diferenças na comparação com as leis de Moisés, a alegação empréstimo ou cópia não pode ser estabelecida. A variedade de mutilações corporais prescritas por Hamurábi está ausente das leis de Israel, bem como os açoites ilimitados.

Elucidações complementares interessantes do período de Jz e Rs incluem o costume egípcio de contar as vítimas de uma batalha com base nas pilhas de mãos cortadas (cf. Jz 8.6, versões tradicionais), o arrancar de um olho (1Sm 11.11), ou ambos (2Rs 25.7) e a representação de homens circuncisos num marfim de Megido (bem como num papiro egípcio) no qual o súdito descreveu sua provação.

Depois da morte de Salomão (c. 922 a.C.), o reino hebreu se dividiu em duas partes, o Reino do Norte (Israel) e o Reino do Sul (Judá). Uma nação poderosa se tornou assim duas nações fracas, e o governante egípcio Sisaque tirou vantagem da situação ao invadir a terra em torno de 918 a.C. (1Rs 14.25-28). O relato bíblico é bem breve e somente fala de um ataque a Jerusalém. Sisaque, no entanto, registra suas façanhas numa parede do templo do deus Amon em Karnak, Egito. Alega ter vencido 150 cidades na Palestina, incluindo lugares do Reino do Norte. A probabilidade é que essa invasão tenha sido um golpe maior para os dois reinos hebreus do que transparece no breve relato de 1Rs. Isso fica implícito não somente pelo registro egípcio, que pode ter sido exagerado em certa medida, mas também pela evidência arqueológica segundo a qual várias das cidades citadas nominalmente foram de fato destruídas aproximadamente nessa época. Temos aqui um exemplo da arqueologia ajudando a fornecer um contexto histórico mais amplo que enriquece o estudo das Escrituras.

Messa, rei de Moabe, deu seu relato na pedra Moabita acerca da sua servidão aos reis israelitas e dos seus esforços de se libertar que parecem paralelos ao registro de 2Rs 3. Os nomes Onri, de Messa, do Senhor, de Camos e de numerosas cidades palestinas estão alistados nessa pedra. É ilustrada aqui a política do *cherem* segundo a qual um lugar era totalmente dedicado à divindade como tinha acontecido com Jericó anteriormente (Js 6.21). Outros registros ampliam o nosso conhecimento das personagens bíblicas. Assim são os registros da participação de Acabe na batalha de Qarqar em 853 a.C. num monumento levantado por Salmaneser III e no tributo de Jeú a Salmaneser III no obelisco preto que está agora no Museu Britânico. Nenhum desses episódios é mencionado na Bíblia.

Onri reinou no Reino do Norte em aproximadamente 876-869 a.C. Durante esse breve reinado ele mudou a capital de Tirza para a recém-construída Samaria. Ele era um rei mau, e a Bíblia dedica pouco espaço a ele (1Rs 16.15-28). As nações em volta, no entanto, tiveram a impressão de Onri como sendo um governante forte e capaz. Causou tal impacto nos assírios que durante mais de cem anos seus registros se referem a Israel como à "casa de Onri", mesmo depois de sua dinastia não estar mais no poder. Isso nos lembra do fato de que, da perspectiva bíblica, a fidelidade a Deus é considerada muito mais importante do que a habilidade de guerrear e governar.

Os registros assírios fornecem informações acerca de Tiglate-Pileser, Sargom, Senaqueribe e Assurbanípal que são significativos no AT. Também mencionam os reis de Israel e Judá, narrando a troca dos últimos reis de Israel e o exílio de Samaria. Até a escavação do palácio de Sargom por Emil Botta, Sargom era conhecido somente com base na Bíblia. A invasão de Asdode realizada por Sargom (Is 20) foi registrada por ele, e um fragmento de uma estela levantada em Asdode foi encontrada ali. Senaqueribe retratou o cerco a Láquis no seu palácio e narrou num cilindro o fato de ter subjugado Ezequias. Um túnel de água em Jerusalém é presumido como o que Ezequias construiu nessa época. Sua inscrição fala da escavação necessária para construir o túnel. Um registro conta do assassinato de Senaqueribe perpetrado por seu filho. Os babilônios relataram a queda de Nínive, a batalha de Carquemis e a captura de Jerusalém num registro que estabelece 15/16 de março de 597 a.C. como sua data.

O movimento profético é uma das características mais distintivas da vida do AT. A busca por antecedentes se voltou para Ebla, onde uma ocorrência da palavra hebraica equivalente é registrada. Mais de 20 textos de Mari à margem do Eufrates descrevem figuras semelhantes à dos profetas com visões e mensagens faladas entregues aos chefes de Estado. A história proveniente do séc. XI da missão de Wen-Amon a Biblos continua sendo o exemplo clássico do comportamento estático. A inscrição de Zakir proveniente de Afis, Síria, faz a divindade Bacal-Sheman falar por meio de seus videntes (*chozim*). A escavação de Tel Deir Alla trouxe à luz textos de Balaão em aramaico do séc. VI, o primeiro texto profético de qualquer âmbito fora do AT (cf. Nm 22—24). Mesmo nessa época esse "vidente de Deus" ainda era reverenciado em alguns lugares. Nenhuma dessas regiões tem uma literatura profética comparável à dos profetas escritores do AT.

A descrição que Naum faz da queda de Nínive pode ser mais bem compreendida pelo estudo da retratação da antiga arte de guerra nos monumentos assírios. Esses fazem retratos de cidades, de ataques de carros de guerra e de pessoas sendo levadas ao exílio. O texto de Na 3.8 compara a data de Nínive à de Tebas. Os registros assírios também retratam o cerco de uma cidade egípcia e ainda uma descrição da captura de Tebas.

A afirmação pungente em Jr 34.6,7, segundo a qual o exército babilônico tinha capturado todas as cidades fortificadas de Judá exceto Jerusalém, Láquis e Azeca, é ressaltada por um conjunto de 21 óstracos encontrados pelos arqueólogos em Láquis. Esses óstracos são cópias em formato de rascunho e esboço de uma carta que o comandante da cidade condenada de Láquis estava preparando para enviar a um alto oficial em Jerusalém. Entre outras coisas, escreveu que já não recebia sinais de Azeca. Aparentemente escreveu logo depois de Jr 34. Agora somente duas cidades grandes estavam resistindo ao ataque dos babilônios — Azeca tinha caído.

O destino do povo de Israel no exílio é ilustrado numa lista de rações encontrada nas escavações no portão Ishtar na Babilônia destinadas a Yaukin (Joaquim) e seus filhos. Registros de negócios bancários encontrados em Nipur mostram que pessoas com nomes judaicos estavam fazendo negócios ali enquanto estavam no exílio. Embora ainda não exista nenhum texto que chama Belsazar especificamente de rei, essa figura anteriormente conhecida somente da Bíblia é abundantemente conhecida nesses textos.

Vista do complexo palaciano de Banias.

ARQUEOLOGIA E ESTUDO BÍBLICO

O retorno do exílio foi efetivado por meio de um decreto de Ciro. O cilindro de Ciro, agora no Museu Britânico, embora não mencionando os judeus nem seu templo, deixa claro que tal projeto estava em harmonia com a política geral de Ciro. Os papiros encontrados na ilha de Elefantina no Egito datando do período aproximado de Ne mostram as condições dos judeus naquela área, mas também permitem a datação do livro de Ne. São mencionados os filhos de Sambalate; e esses documentos junto com os papiros samaritanos encontrados numa caverna a noroeste de Jericó deixam claro que uma série de pessoas levava esse nome.

A arqueologia e a cultura antiga Um vasto abismo separa as culturas de hoje, especialmente as do hemisfério ocidental, das do período bíblico. Uma das maiores contribuições da arqueologia está na sua capacidade de quebrar barreiras de tempo e cultura e transportar o leitor da Bíblia ao seu ambiente antigo, provendo novas percepções e uma compreensão crescente das Escrituras.

É grande a lista de objetos bíblicos encontrados em escavações, permitindo-nos conhecer exatamente o que a palavra significa. Exemplos de pesos e medidas, pontas de arados, armas, ferramentas, joias, jarros de barro, selos e moedas estão incluídos. A arte antiga retrata o estilo de roupa, armas, modos de transporte, métodos de guerra e estilos de vida. Túmulos escavados mostram costumes de sepultamento que refletem crenças sobre a vida e a morte. O túmulo de Beni Hasan, no Egito, de aproximadamente 1900 a.C. mostra como os semitas que vinham ao Egito teriam se trajado. É o nosso quadro mais próximo da aparência que deve ter tido um patriarca, e afasta os estudantes da analogia com os beduínos anteriormente usada.

A arqueologia fornece muito conhecimento acerca da cultura dos vizinhos de Israel — os cananeus, egípcios, hititas, filisteus, moabitas, assírios, arameus, babilônios e persas. As descobertas revelam os deuses que eles adoravam, seu comércio, guerras e tratados.

As tábuas encontradas em Ugarite fornecem muita informação de fontes primárias acerca da fé e prática dos cananeus. Revelam um quadro relativamente claro de como era a vida na terra em que os israelitas se estabeleceram. V. *Canaã*.

Corte em degraus escavado no tel da cidade de Jericó do AT por arqueólogos para evidenciar níveis de destruição.

Os textos ugaríticos revelam o panteão cananeu com suas práticas de adoração contra as quais os profetas hebreus como Elias, Eliseu e Oseias lutaram. A inscrição de Kuntillet Ajrud, que fala de "Javé e sua Aserá" (consorte feminina), revela o sincretismo ao qual Israel tinha sido seduzido, confirmando a denúncia de tais práticas pelos profetas de Judá e Israel.

O texto de Gn 15.1-6 indica que Abraão e Sara tinham tornado Eliézer, um dos assistentes da família, seu herdeiro oficial. Talvez o tenham adotado para que pudesse ser herdeiro, aparentemente como reação à demora do nascimento do filho prometido. Um pouco depois, como registrado em Gn 16.1-16, Sara deu mais um passo para ter um filho por uma substituta. Por insistência dela, Abraão gerou um filho, Ismael, por meio da serva egípcia Hagar. Qual era a motivação dessas ações? Tábuas de argila foram encontradas na cidade de Nuzi no nordeste da Mesopotâmia que lançam alguma luz sobre essa questão. As tábuas vêm de uma época situada alguns séculos depois de Abraão, mas contêm um registro dos costumes praticados durante um período longo. Essas tábuas revelam que tanto a adoção de um filho quanto o nascimento de um filho por uma substituta eram práticas comuns de casais estéreis. Leis minuciosas foram elaboradas para garantir os direitos de todas as partes envolvidas. As raízes de Abraão estavam na Mesopotâmia (Gn 11.27-32), e ele deve ter conhecido esses costumes. Abraão e Sara parecem ter seguido as normas culturais geralmente aceitas nos seus dias.

O texto de Gn 15.7-21 deixa o leitor moderno profundamente perplexo. O trecho é de difícil compreensão. Ao menos luz parcial foi lançada sobre esse trecho pela recuperação de numerosas tábuas de argila da cidade de Mari no norte da Mesopotâmia. As tábuas vêm do séc. XVIII a.C. Indicam que a cerimônia usada na época para selar um acordo ou aliança incluía cortar ao meio um jumento. As pessoas envolvidas nessa transação passavam então entre as partes cortadas do animal. Vê-se que Deus deu instruções a Abraão acerca da cerimônia que devem ter sido conhecidas ao patriarca. Deus foi ao encontro de Abraão no seu próprio contexto cultural. É interessante que, quando as pessoas de tempos posteriores do AT fizeram uma aliança, diz-se delas, na língua hebraica, que elas "cortaram uma aliança".

Novo Testamento A arqueologia confirma em muitos pontos o relato neotestamentário dos eventos e da cultura do mundo greco-romano do séc. I na Palestina e além dela. Isso inclui evidências acerca de costumes de sepultamento, crucificação, culto na sinagoga e identidade de diversos governantes.

O NT apresenta acertadamente Herodes, o Grande, como um rei cruel e mau (Mt 2.1-23). São dados pouquíssimos detalhes da sua vida. Um retrato mais abrangente desse homem complexo está disponível agora por meio dos escritos de Josefo, o historiador judeu do séc. I d.C, e por meio da obra dos arqueólogos. Herodes foi um dos maiores construtores do mundo antigo. Alguém que visita hoje a Terra Santa pode ver numerosas ruínas do grande programa de construções de Herodes, incluindo a plataforma do templo em Jerusalém, a cidade portuária de Cesareia, a fortaleza de Massada, as ruínas estonteantes de Samaria e o Heródio, o palácio-fortaleza em que Herodes foi enterrado. Estes e numerosos outros sítios escavados pelos arqueólogos lembram-nos de que o mundo em que Jesus viveu continuava a ser dominado em grande parte por Herodes — não somente por meio do governo de seus filhos, mas também pelos monumentos de pedra que ele deixou. Em Jerusalém a plataforma de 140 mil metros quadrados sobre a qual Herodes construiu seu templo ainda está lá, e partes da fortaleza de Davi e da Cidadela são de Herodes. Foram encontradas pedras com inscrições advertindo os gentios a não entrarem no pátio de Israel.

Relíquias que alegadamente são de personagens do NT não podem ser comprovadas como genuínas. Alegações de que a casa de Pedro foi identificada com um local em Cafarnaum e que seu túmulo foi localizado em Roma estão fundamentadas em pressuposições. Peregrinos têm visitado a Palestina desde o séc. II d.C. quando Melito de Sardes foi "para ver os lugares". Muitos deixaram registros do que viram; mas os sítios como o dos locais do nascimento, batismo e sepultamento de Jesus têm somente a veneração duradoura para fundamentar sua reivindicação.

A maioria das cidades paulinas e as de Ap foi identificada, e muitas foram escavadas. Corinto forneceu sua inscrição "sinagoga dos hebreus" e a de Erasto que colocou o piso à sua própria custa (cf. Rm 16.23). Os documentos em papiros do Egito contêm convites para jantares pagãos que são boas ilustrações do problema dos coríntios em que se convidavam as pessoas para jantares nos quais a comida tinha sido oferecida a ídolos.

Descobertas arqueológicas recentes
Importantes descobertas arqueológicas que reforçam a nossa compreensão da Bíblia ocorreram no final do séc. XX. A descoberta e escavação da cidade de Seforis, uma cidade cosmopolita romana que pode ser vista de Nazaré, mudou a percepção de que a Galileia era uma região estritamente rural, não sofisticada. Um barco de pesca, datando do séc. I d.C., semelhante aos usados pelos discípulos de Jesus, foi encontrado no fundo do mar da Galileia. O ossuário de pedra contendo o nome do sumo sacerdote Caifás e seus ossos foi encontrado em Jerusalém. Dois pequenos amuletos de prata, contendo uma citação do livro de Nm, foram recuperados; são anteriores em alguns séculos a qualquer outra porção existente das Escrituras. Pequenos lacres de argila contendo a impressão dos selos pessoais de Baruque, escrivão de Jeremias, e dos reis de Judá, Acaz e Ezequias, foram encontrados. Uma romã de

marfim esculpida, que estava na ponta de um cajado ou bordão e cuja inscrição indica que pertencia ao templo de Salomão, foi autenticada. Avaliações recentes de escavações em Jericó demonstram que o relato bíblico da queda da cidade é acurado em muitos dos seus detalhes. Duas inscrições trazem a expressão "Casa de Davi", uma descoberta em 1993 em Tel Dã e a outra, a estela de Messa, descoberta em 1868, mas traduzida e publicada somente em 1994. Essas são as únicas menções extrabíblicas ao grande rei conhecidas.

Conclusão Podemos esperar mais descobertas significativas à medida que os arqueólogos continuam trabalhando em todas as terras nas quais ocorreram os eventos bíblicos. Embora muitos arqueólogos franzam a testa diante da ideia de que a arqueologia pode comprovar a Bíblia, ela tem confirmado, não obstante, os relatos bíblicos em muitos casos. A função principal da arqueologia é o esclarecimento de culturas do passado. O grande abismo na cultura, língua e cultura entre os nossos dias e a época da Bíblia torna o conhecimento das descobertas arqueológicas algo essencial para a compreensão profunda da Bíblia.
— *J. Kenneth Eakins, Jack P. Lewis, Charles W. Draper e E. Ray Clendenen*

ARQUEVITAS Grupo que se juntou ao comandante Reum na composição de uma carta ao rei Artaxerxes da Pérsia protestando contra a reconstrução de Jerusalém sob a liderança de Zorobabel aproximadamente em 537 a.C. A *NVI* e a *NTLH* se referem aos "de Ereque". V. *Ereque*.

ARQUIPO Nome pessoal que significa "primeiro entre os cavaleiros". Cristão a quem Paulo saudou em Cl 4.17 e Fm 2, pedindo-lhe que cumprisse o ministério outorgado por Deus. Alguns sugerem que ele era filho de Filemom e Ápia, mas isso não pode ser provado nem refutado. A natureza do seu ministério também tem sido amplamente debatida, mas sem conclusões definitivas. A expressão que Paulo usa para descrevê-lo — "companheiro de lutas" — parece indicar uma participação intensa na liderança da igreja. Evidentemente, ele pregou na igreja em Colossos.

ARQUITA Clã cananeu alistado na tabela das nações (Gn 10.17). Eles aparentemente se concentravam em torno de Arqa, a atual Tel Arqa na Síria, a 130 quilômetros a norte de Sidom. Tutmósis III do Egito a conquistou. Ela aparece nas cartas de Amarna. Tiglate-Pileser III da Assíria a derrotou em 738 a.C. Os romanos a chamaram de Cesareia Libani e observaram sua adoração de Astarote.

ARQUITAS Grupo desconhecido de pessoas que deram seu nome a um local fronteiriço entre as tribos de Efraim e Benjamim (Js 16.2). Podem ter sido um clã de Benjamim ou mais provavelmente remanescentes dos antigos habitantes "cananeus". Seu único representante na Bíblia foi Husai, conselheiro de Davi. V. *Husai*.

ARQUITETURA Construção, técnicas e materiais usados na edificação de estruturas no antigo Oriente Médio.

Antigo Testamento O povo do antigo Oriente Médio usava muitos tipos de materiais de construção. Ao utilizar recursos naturais, na maioria dos casos exploravam a pedra, madeira, junco e barro. Usado no seu estado natural, o barro servia de argamassa. Também era formado em tijolos e então secado ao sol. Edificações religiosas ou públicas maiores usavam a madeira de lei mais dispendiosa proveniente do cedro, cipreste, sândalo e oliveiras. O sicômoro servia como madeira menos dispendiosa. A pedra calcária e o basalto eram pedras comuns usadas na construção.

Edificações públicas Como elemento básico da arquitetura de uma cidade, os muros e paredes serviam a três propósitos gerais. Muros de proteção rodeavam a cidade para manter fora as forças inimigas. Esses muros da cidade geralmente não davam sustentação a peso algum. Muros de contenção tinham o propósito de manter no lugar qualquer peso que estivesse por trás deles. Nos terraços agrícolas, eles preveniam a erosão e criavam um lugar plano para a lavoura na encosta de colinas e montes. Esse tipo de muro também era colocado abaixo dos muros de uma cidade para frear a erosão do solo, que no final das contas enfraqueceria os muros da cidade. Por último, construções ou casas usavam paredes para sustentar peso ou manter fora as intempéries.

Os muros eram feitos de diversas camadas ou fileiras de pedras colocadas umas sobre as outras com tijolos de barro frequentemente colocados na fileira das pedras. Compostas de grandes pedras maciças, as primeiras poucas camadas serviam como fundamento do muro. Firmar as grandes pedras em valetas dava ao muro um fundamento mais sólido. Em casas e construções públicas, as fileiras de pedra acima do chão podem ter sido polidas para dar uma apresentação uniforme, mas nem sempre isso era feito. Grandes projetos de construções públicas comumente faziam uso do sistema de se alternar a colocação das pedras de comprido e de atravessado para a formação do muro.

No tempo de Salomão, um tipo comum de muro de uma cidade era o muro de casamata. Era constituído de dois muros paralelos com muros em perpendicular colocados entre os muros paralelos. Os espaços vazios deixados entre os muros, chamados casamatas, eram comumente preenchidos com pedras, terra ou entulho. Às vezes as pessoas usavam esses espaços como cômodos, lugar da guarda ou depósitos. O muro externo tinham em média 1,5 metro de espessura, enquanto o muro interno tinha em média 1,2 metro de espessura. Esse tipo de muro tinha a vantagem sobre o muro maciço de ser mais resistente e por poupar material e mão de obra. Escavações em Gezer, Megido e Hazor revelaram os restos de muros de casamata.

Depois do tempo de Salomão um outro tipo de muro passou a ser usado em que uma parte era avançada em aproximadamente meio metro em relação à parte anterior e o trecho seguinte era recuado novamente. Cada trecho do muro era colocado alternadamente, ou pouco à frente, ou pouco atrás, do trecho anterior. Esse avanço e recuo dos muros permitiam aos defensores da cidade atirar em quaisquer agressores de três ângulos: de frente, da direita e da esquerda. Como edificação sólida constituída de pedra ou de tijolos de barro colocados sobre um fundamento de pedra, esse tipo de muro contrasta com o muro de casamata. Restos desse tipo de muro, medindo 3,3 metros de espessura, foram escavados em Megido.

O portão da cidade era uma parte importante da arquitetura pública porque era a parte mais fraca da defesa da cidade. Também servia de lugar de encontro para diversas atividades da cidade. Ruínas dos portões salomônicos em

O panteão em Roma, construído no séc. I d.C., foi o primeiro grande domo construído na História.

ARQUITETURA

Megido, Gezer e Hazor mostram que duas torres quadradas ladeavam a entrada do portão. O complexo de entrada era constituído de três câmaras ou cômodos sucessivos de cada lado (seis câmaras no total). Um portão separava cada par de câmaras, e as seis câmaras provavelmente serviam de casa da guarda. Em Dã, um portão posterior tinha duas torres mas somente quatro câmaras em vez de seis. Esse complexo de entrada media 18 metros por 30 metros. A aproximação ao portão para quem vinha de fora da cidade geralmente era feita em ângulo. Isso forçava os eventuais agressores a expor seus flancos aos defensores sobre os muros da cidade. Se os agressores conseguissem entrar na área do portão, o ângulo os forçava a se mover em ritmo mais lento.

Átrio da mansão romana do poeta Menander em Pompeia (destruída em 79 d.C.).

Como estrutura pública proeminente, o templo funcionava como a casa do deus. Dois tipos de edificações de templo eram comuns na Palestina no tempo bíblico. O templo de salão largo era uma estrutura retangular com sua entrada no meio de um dos lados maiores. A planta do templo, portanto, estava orientada em torno de um salão mais largo que comprido. O templo de salão comprido, também era uma estrutura retangular, mas sua entrada ficava em um dos lados curtos. Isso fazia que a edificação fosse mais comprida do que larga.

Como um templo de salão comprido o santuário de Salomão em Jerusalém consistia em três seções principais. Um pátio com um altar ficava diante da edificação. O templo propriamente dito na realidade era uma construção dividida em duas partes, o Lugar Santo e o Lugar Santíssimo. Entrava-se na sala principal ou Lugar Santo a partir do pátio. Uma divisão separava o Lugar Santo do Lugar Santíssimo.

Outro templo israelita datando de depois de 1000 a.C. foi escavado em Arade. Era um templo de salão largo em que se entrava a partir do leste. O Lugar Santíssimo era um nicho que se projetava da parede ocidental oposta à entrada.

Edificações privadas As casas no período do AT geralmente eram construídas em torno de um pátio central com acesso à rua. Frequentemente tinham dois pisos em que o acesso ao piso superior era feito por uma escadaria ou escada. As paredes da casa consistiam em fundamentos de pedra e tijolos de barro colocados sobre as camadas de pedra. Depois eram rebocadas. O piso era pavimentado com reboco ou pedras pequenas, ou eram de terra batida. Vigas grandes de madeira colocadas de atravessado sobre as paredes constituíam a estrutura de sustentação do telhado. Pedaços menores de madeira ou de junco eram colocados entre as vigas e então cobertos com uma camada de barro. Fileiras de colunas colocadas na casa serviam de apoio para o telhado. Visto que o telhado era plano, as pessoas dormiam nele nas estações quentes e também o usavam para depósito. Às vezes canos de argila ou pedra que ligavam o telhado a cisternas eram usados para captar a água da chuva.

O tipo mais comum de casa era a casa de "quatro cômodos". Essa casa consistia em um cômodo grande no fundo da casa com três cômodos paralelos saindo de um dos lados do cômodo maior. O cômodo dos fundos ocupava toda a largura da edificação. Fileiras de colunas separavam o cômodo paralelo central dos outros dois cômodos. Esse cômodo central na realidade era um pátio descoberto que servia de entrada para a casa. O pátio geralmente continha itens da casa como silos, cisternas, fornos e pedras de moer grãos, e era o lugar em que se cozinhava. Os animais podiam ser guardados debaixo de uma parte coberta do pátio. Os outros cômodos eram usados para se viver e como depósitos.

Fornos eram construídos com tijolos de barro e então rebocados por fora. Um lado do forno tinha uma abertura para a entrada de ar. Fazia-se um forno novo sempre que o antigo se enchesse de cinzas. Ao se quebrar o topo do forno antigo e então se levantar os lados se fazia um forno novo.

Edificações de depósito eram comuns no período bíblico. Silos privados e públicos de grãos eram redondos e cavados alguns metros dentro do solo. Os construtores geralmente levantavam paredes circulares de tijolos de barro ou pedra em volta do silo, mas às vezes não faziam nada com o buraco ou simplesmente o rebocavam com barro. Cômodos com vasilhas de argila também serviam de espaço de depósito.

Enquanto a casa de "quatro cômodos" era a planta mais comum na Palestina, havia também outras disposições. Algumas casas tinham uma disposição simples de um pátio com um cômodo do lado. Outras casas tinham somente dois ou três cômodos; ainda outras talvez tenham tido mais de quatro. A ordenação dos cômodos em volta do pátio descoberto também variava. O cômodo largo no fundo da casa parece ter sido comum a todas as plantas.

Novo Testamento Nesse período a arquitetura em Israel foi grandemente influenciada por ideias gregas e romanas. Algumas das cidades principais em Israel mostram essa influência nas suas edificações públicas.

Edificações públicas Mais de vinte anfiteatros romanos foram construídos na Palestina e Jordânia. Em Cesareia o anfiteatro continha duas partes principais, o auditório e o palco, e o prédio do palco. Essas duas partes constituíam um complexo. Seis passagens arqueadas serviam como entradas. O auditório era semicircular com uma parte superior e outra inferior usadas para acomodar as pessoas sentadas. A parte inferior tinha seis seções de assentos, e a parte superior tinha sete, numa capacidade total para 4.500 pessoas. Um camarote central era reservado para dignitários e visitantes ilustres. A parede do palco era tão alta quando o auditório. Outros anfiteatros semelhantes estavam localizados em Citópolis (Bete-Seã), Péla, Gerasa, Petra, Dor, Hipos e Gadara.

Arenas para corrida de carros, chamadas hipódromos, eram longas, estreitas e retas com finais em curva. Gerasa, Cesareia, Citópolis, Gadara e Jerusalém tinham hipódromos. Construído no séc. II d.C., o de Cesareia tinha 400 metros de comprimento e 100 metros de largura com capacidade para 30 mil pessoas.

O templo em Jerusalém foi destruído em 586 a.C. e reconstruído em 515 a.C. Herodes, o Grande, o reformou no séc. I a.C. Como resultado, o templo se tornou amplamente conhecido por sua beleza. Manteve a mesma planta do seu antecessor, mas a área em volta dele foi duplicada. Muros de contenção que marcavam as divisas do complexo do templo foram construídos, e pórticos de mármore foram acrescentados em toda a volta do monte do templo. As pedras dos muros de contenção tinham aproximadamente entre um metro um metro e meio de altura e pesavam entre três e cinco toneladas.

Edificações privadas As casas geralmente eram feitas segundo uma planta que ordenava os cômodos em torno de um pátio. Uma escada do lado de fora da casa dava acesso aos pisos superiores. Uma pedra ou madeira se projetava da parede em intervalos para dar sustentação aos degraus. É uma técnica arquitetônica semelhante ao modilhão. As paredes e o teto eram rebocados, e arcos às vezes davam sustentação ao telhado. Casas em Avdat e Shivta usavam arcos que se projetavam das paredes para formar o telhado. Depois de colocar placas finas de pedra calcária sobre os arcos, os construtores rebocavam o telhado todo. Na cidade baixa de Jerusalém, as casas construídas com pedras pequenas ficavam bem adensadas. Mesmo assim elas mantinham pequenos pátios.

As casas dos ricos frequentemente tinham colunas colocadas em volta de um pátio central com cômodos que se projetavam desse centro em forma de raios. Cozinhas, porões, cisternas e tanques de banho podem ter sido localizados debaixo do nível do chão. Em Jerusalém foi escavada uma casa que tinha em torno de sessenta metros quadrados, uma casa grande segundo os padrões do séc. I. No pátio, havia quatro fornos embutidos no chão, e uma cisterna armazenava o suprimento de água da casa. No interior da casa, em uma das paredes, quatro nichos em torno de 1,5 metro acima do chão serviam como prateleiras para guardar os utensílios de casa. — *Scott Langston*

ARQUIVISTA Oficial do governo com responsabilidades que não foram ainda identificadas (2Sm 8.16; 20.24; *ARA* e *ARC*, "cronista"; *NTLH*, "conselheiro"; *BJ*, "arauto"). A palavra possivelmente se refere a um arauto ou a um historiador da corte.

ARQUIVOS Lugar mencionado em Ed 6.1, no qual os registros dos decretos e das ações reais eram guardados. Os arquivos eram guardados em algum lugar do tesouro real (Ed 5.17) ou talvez no templo. O rolo de Jeremias (Jr 36.20-26) e o rolo da Lei (2Rs 22.8,9) estavam provavelmente guardados em um arquivo desses. Os registros relativos aos reinados dos reis de Judá e de Israel também estavam provavelmente guardados em arquivos dessa natureza. Registros genealógicos podem ter sido guardados nesses arquivos (Ed 4.15).

ARREBATAMENTO Ação divina de retirar a Igreja do mundo instantaneamente. Mesmo existindo diferentes pontos de vista quanto ao milênio (Ap 20.2-7), à segunda vinda de Cristo (pré-milenarismo, pós-milenarismo e amilenarismo), todos os evangélicos afirmam o retorno literal de Cristo à terra antes do estado eterno. Entretanto, no pré-milenarismo o evento distinto do arrebatamento é particularmente enfatizado.

A principal passagem bíblica para o arrebatamento (*harpazo* em grego) da Igreja é 1Ts 4.15-17. Outros textos usados para apoiar a doutrina do arrebatamento são Jo 14.1-3 e 1Co 15.51,52. Há três abordagens principais para a compreensão do arrebatamento no pré-milenarismo: 1) na perspectiva *pré-tribulacionista*, Cristo arrebata a Igreja antes do início da tribulação de sete anos (Dn 9.24-27; Mt 24.3-28; Ap 11.2; 12.14). No momento da vinda de Cristo nos ares, distinta da sua vinda à terra e precedente a ela, os cristãos serão "arrebatados [...] para o encontro com o Senhor nos ares" (1Ts 4.17). Nessa perspectiva, os cristãos são libertos da "ira que há de vir" (1Ts 1.10) ao serem retirados do mundo. 2) Na perspectiva *mesotribulacionista*, o arrebatamento também é considerado um acontecimento distinto que antecede a segunda vinda de Cristo, e livra os cristãos da última metade do período de sete anos, a "grande tribulação" (Mt 24.15-28; Ap 16-18). Na perspectiva *pós-tribulacionista* sustenta-se que o arrebatamento e a segunda vinda ocorrem ao mesmo tempo. Por conseguinte, a Igreja permanece na terra no "tempo de angústia para Jacó" (Jr 30.7). Entretanto, diferentemente do mundo, os cristãos que vão passar pela tribulação serão protegidos do derramamento devastador da ira e do juízo de Deus (1Ts 5.9). V. *escatologia*; *esperança futura*; *milênio*; *segunda vinda*; *tribulação*. — Pete Schemm

ARREPENDIMENTO Mudança de mente; também pode se referir ao remorso que se segue à prática de algo errado ou à mudança de ideia. No sentido bíblico, o arrependimento se refere à volta profunda e completa de si mesmo para Deus. Ocorre quando tem lugar uma virada radical em direção a Deus, uma experiência na qual Deus é reconhecido como o fato mais importante da existência.

Antigo Testamento O conceito da volta integral a Deus é comum na pregação dos profetas do AT. Palavras como "voltar-se" ou "buscar" são usadas para expressar a ideia de arrependimento.

Em Am 4 e 5 o Senhor envia juízo para que a nação se volte para ele. Um arrependimento coletivo da nação é o tema em Os (6.1; 14.2) e o resultado da pregação de Jonas em Nínive (Jn 3.10). Exortações clássicas ao arrependimento são encontradas em Ez 18 e 33 e também em Is 55. A mudança para a ênfase no arrependimento individual pode ser vista em Ez 18.

Novo Testamento O arrependimento era o tema principal da pregação de João Batista, visto como a volta total de si mesmo para Deus. Há uma nota de urgência na mensagem "Arrependam-se, pois o Reino dos céus está próximo" (Mt 3.2). Os que estavam preparados para reorientar de modo tão radical a própria vida acabaram por demonstrá-lo mediante o batismo (Mc 1.4). Esse redirecionamento completo da vida deveria ser demonstrado por mudanças profundas no estilo de vida e relacionamentos (Lc 3.8-14).

A ênfase na mudança total de vida continua no ministério de Jesus. A mensagem de arrependimento estava no coração de sua pregação (Mc 1.15). Ao descrever o foco de sua missão, Jesus disse: "Eu não vim chamar justos, mas pecadores ao arrependimento" (Lc 5.32).

O chamado ao arrependimento é o chamado à rendição absoluta aos propósitos de Deus e para viver com essa consciência. O voltar-se radical para Deus é exigido de todas as pessoas: "Mas se não se arrependerem, todos vocês também perecerão" (Lc 13.3). As testemunhas do ministério de Jesus, da realidade de Deus e suas alegações sobre a vida de todos encaram um risco muito sério caso não se arrependam. Jesus advertiu das consequências sérias para quem rejeitara seu ministério: "Então Jesus começou a denunciar as cidades em que havia sido realizada a maioria dos seus milagres, porque não se arrependeram" (Mt 11.20). Já por causa do pecador que se arrepende há "alegria no céu" (Lc 15.7). Nas palavras finais dirigidas aos discípulos, Jesus exigiu que a mesma mensagem de arrependimento pregada por ele fosse anunciada a todas as nações (Lc 24.47).

A palavra permaneceu em uso quando a igreja primitiva começou a tomar forma. As pregações do livro de At contêm o chamado ao arrependimento (At 2.38; 3.19; 8.22). Ao mesmo tempo, o discurso de Paulo em Atenas revela Deus ordenando que "todos, em todo lugar, se arrependam" (At 17.30). Ainda assm, o arrependimento é mostrado como resultado da iniciativa divina: "Então Deus concedeu arrependimento para a vida até mesmo aos gentios!" (At 11.18; 2Tm 2.24-26). A prodigalidade de referências do NT deixa claro que o arrependimento é o elemento essencial na experiência da salvação. Em resposta ao chamado de Deus na vida de alguém, deve haver arrependimento — a determinação firme de abandonar a vida de pecado e vontade pessoal para a vida orientada por Deus e vivida conforme a justiça divina. É possível afirmar que o arrependimento ocorre quando alguém se convence da realidade da própria pecaminosidade e, portanto, rejeita a vida de pecado e a renuncia, e se volta para Deus por intermédio da fé em Jesus Cristo. O arrependimento é tão central que quando Paulo sumarizou seu ministério, disse: "Testifiquei, tanto a judeus como a gregos, que eles precisam converter-se a Deus com arrependimento e fé em nosso Senhor Jesus" (At 20.21). A experiência do arrependimento precede a salvação (2Pe 3.9).

Enquanto a maioria dos chamados ao arrependimento estão direcionados aos não cristãos, algumas vezes se dirige aos cristãos. Paulo escreveu uma carta aos coríntios que lhe causou dor, mas que por fim os levou ao arrependimento (2Co 7.8-13). Várias vezes as cartas às igrejas em Ap falam sobre arrependimento (Ap 2.5,16,21,22; 3.3,19), para que aqueles cristãos e suas igrejas pudessem ter a vida conformada à vontade de Deus.

Os cristãos e as igrejas devem constantemente realizar o autoexame, permitindo ao Espírito de Deus lhes indicar áreas nas quais a mudança é necessária. O arrependimento é mais que o simples remorso. V. *confissão*; *conversão*; *fé, fidelidade*; *Reino de Deus*; *saco, pano de*. — Clark Palmer

ARREPENDIMENTO DE DEUS Descrição feita pelo AT da reação de Deus a situações humanas. O verbo hebraico (*nacham*) expressa um forte conteúdo emocional, talvez com uma referência a um suspiro profundo de angústia ou alívio. É preciso observar que nem sempre "arrependimento" é a melhor tradução para *nacham*, mas foi uma tradução utilizada por diversas versões da Bíblia. Dentre as possibilidades de tradução estão "arrepender-se" (Jr 18.8, 10, *NVI*, *ARA*; "mudar de ideia", *NTLH*; Gn 6.7; Sl 110.4; 106.45) e "ter misericórdia" (Jz 2.18). Portanto, o conceito do arrependimento de Deus inclui as ideias de misericórdia, mudar de ideia e de abrandamento.

O conceito de arrependimento de Deus não está limitado a uma seção do AT, mas pode ser encontrado na Lei, nos Profetas e nos Escritos. O arrependimento de Deus se tornou o credo de Israel junto com outros atributos divinos como "gracioso", "misericordioso", "tardio em irar-se" e "cheio de amor" (cf. Jl 2.13; Jn 4.2).

O arrependimento de Deus acontecia geralmente em consequência de atos humanos como desobediência (Gn 6.6.6,7), oração intercessória (Am 7.1-6) ou arrependimento (Jn 3.6-10). Em muitas passagens é dito que Deus mudou de ideia quanto alguma ameaça que havia planejado fazer (Êx 32.12,14; Jn 3.10). Há uma passagem em que se diz que Deus mudou de ideia quanto às suas boas intenções (Jr 18.10).

O arrependimento de Deus desempenha um papel importante em nosso entendimento do lugar da oração e de certos atributos de Deus, como imutabilidade, eternidade e impassibilidade. O Deus que se arrepende é livre para responder orações e interagir com as pessoas. Esta liberdade é parte do seu ser eterno. — *M. Stephen Davis*

ARRUDA (*Ruta graveolens*) Hortaliça de aroma forte, usada como tempero e também para fins medicinais (Lc 11.42). No mundo antigo, era usada em encantamentos. O texto paralelo em Mt 23.23 traz a palavra endro.

ARSA Nome pessoal que significa "caruncho, carcoma" ou "pertencente à terra". Encarregado do palácio do rei Elá (886-885 a.C.) em Tirza. O rei estava bêbado na casa de Arsa quando Zinri matou Elá (1Rs 16.8-10).

ARTAXERXES Nome da realeza persa que significa "reino da justiça", associado a quatro governantes persas e formando uma grande e importante parte das evidências na datação de Ed e Ne. **1.** Filho de Xerxes I, Artaxerxes I reinou na Pérsia entre 465 e 424 a.C. Foi alcunhado de Longimanus, ou "que tem mão comprida". A maioria dos estudiosos localizam a viagem de Esdras a Jerusalém no sétimo ano do seu reinado, ou 458 a.C. (Ed 7.7). Ele já tinha recebido queixas dos habitantes da Palestina que queriam interromper o trabalho de reconstrução dos exilados e já tinham interrompido os construtores judeus (Ed 4.7-24). O templo tinha sido concluído sob Dario II (522-486), e portanto antes de Artaxerxes (Ed 6.15). Artaxerxes apoiou o trabalho de Esdras (Ed 7.6-26). Neemias serviu como copeiro de Artaxerxes (Ne 2.1), e o rei se mostrou sensível ao humor de Neemias (Ne 2.2). Ele atendeu ao pedido de Neemias de ir a Judá (Ne 5.14). **2.** Artaxerxes II governou a Pérsia entre 404 e 359 a.C. Alguns estudiosos da Bíblia o identificam como o governante sob o qual Esdras trabalhou. **3.** Artaxerxes III governou entre 358 e 337 a.C. **4.** Nome adotado por Arses, que governou a Pérsia entre 337 e 336 a.C. V. *Esdras; Neemias; Pérsia*.

ÁRTEMAS Nome pessoal provavelmente abreviado de Artemidoros, que significa "presente de Ártemis". Se esse foi o caso, então os pais eram adoradores da deusa grega Ártemis. Paulo prometeu enviar Ártemas e Tíquico a Tito, assim Tito poderia se unir a Paulo em Nicópolis (Tt 3.12). Ártemas aparentemente assumiria as responsabilidades pastorais de Tito em Creta. A tradição diz que Ártemas se tornou bispo de Listra.

ÁRTEMIS Nome da deusa grega da lua, filha de Zeus e Leto, cuja adoração foi ameaçada em virtude da pregação do evangelho por parte de Paulo. Ártemis era a deusa que cuidava da natureza tanto para os seres humanos quanto para os animais. Era a deusa padroeira dos animais selvagens, protegendo-os do tratamento desapiedado e ao mesmo tempo regulamentando as regras de atividades de caça por parte dos seres humanos. Era considerada a grande imagem materna e dava fertilidade à humanidade. Na terra natal grega era geralmente retratada nas estátuas como uma virgem jovem e atraente, usando uma túnica curta e tendo o cabelo preso atrás da cabeça. Em Éfeso e no oeste da Ásia Menor, era retratada como uma mulher mais madura. Seu manto era drapejado de tal forma que expunha seu peito coberto de muitos seios, retratando assim seu dom de fertilidade e criação. Muitas vezes em pé ao seu lado aparece um corço ou um veado representando sua relação com o mundo animal. A estátua local oficial era cuidadosamente abrigada num templo honrando Ártemis.

Ártemis (Diana), deusa padroeira de Éfeso, coberta de ovos (ou seios) como símbolos de fertilidade.

A estátua mais famosa estava localizada na cidade de Éfeso, "protetora" oficial do templo de Ártemis. Ártemis era a divindade principal de Éfeso, e seu templo era uma das sete maravilhas do mundo antigo. As cerimônias do templo eram realizadas por sacerdotes eunucos e sacerdotisas virgens. Eles conduziam as cerimônias diárias cuidando da deusa e das dádivas que eram trazidas pelos adoradores, bem como de uma festa anual celebrada no dia 25 de maio, quando numerosas estátuas eram carregadas em procissão ao anfiteatro em Éfeso para uma celebração de música, dança e apresentações teatrais. Isso poderia ser o pano de fundo da exclamação em At 19.29: "Grande é a Ártemis dos efésios!".

As estátuas da deusa, frequentemente miniaturas do templo contendo uma imagem da deusa, eram vendidas amplamente. Em At, um ourives chamado Demétrio reuniu apoio contra a pregação do evangelho por parte de Paulo por temor de que ela prejudicasse a venda de estatuetas.

Diana era uma deusa romana em parte semelhante à mais popular Ártemis. Quando as divindades romanas e gregas se encontraram, ela foi rapidamente identificada com Ártemis. V. *Éfeso*.

ARTICULAÇÃO DA COXA Parte do corpo na qual a coxa e o torso se encontram. A articulação da coxa de Jacó se deslocou quando ele lutou com Deus no Jaboque (Gn 32.25). Por isso, os israelitas não comem o "músculo ligado à articulação do quadril, porque nesse músculo Jacó foi ferido" (Gn 32.32).

ARUBOTE Nome de cidade que significa "buraco de fumaça" ou "chaminé". Um dos oficiais provinciais de Salomão fez dela seu quartel general e dali administrou Socó e a terra de Héfer (1Rs 4.10). Esse seria o território pertencente ao clã de Héfer da tribo de Manassés na parte setentrional da planície de Sarom, a sudoeste de Megido e sudeste de Dor. Arubote é a atual Araba, a quinze quilômetros ao norte de Samaria.

ARUMÁ Nome de lugar que significa "exaltado" ou "altura". Abimeleque, o juiz, viveu ali enquanto lutava para obter o controle de Siquém (Jz 9.41). Talvez seja a atual Khirbet el--Ormah ao sul de Siquém.

ARVADE, ARVADEUS Nome de lugar de significado desconhecido e pessoas desse lugar. Forneceu marinheiros e soldados a Tiro (Ez 27.8,11). Provavelmente era a ilha rochosa chamada Rouad hoje, ao largo da costa da Síria. Está associado a Canaã na família das nações (Gn 10.18).

ÁRVORE DA VIDA Árvore no jardim do Éden que simbolizava o acesso à vida eterna. É também uma metáfora usada no livro de Pv. Para o escritor bíblico a árvore da vida era uma consideração importante apenas depois da desobediência de Adão e Eva. O pecado interrompeu a qualidade de vida que Deus intencionou para eles. Eles deveriam obedecer a Deus (Gn 2.17) em um contexto familiar (Gn 2.18-15) e cumprir as tarefas que lhes foram designadas (Gn 2.15). A implicação é que eles tinham acesso a todas as árvores no jardim, incluindo-se a árvore da vida, mas Deus deu um mandamento explícito para que não comessem do fruto da árvore do conhecimento. O relacionamento deles com Deus mudou de modo radical quando desobedeceram a este mandamento. A principal mudança, e a mais radical, foi a perda do acesso à árvore da vida (Gn 3.22-24).

A "árvore da vida" é citada quatro vezes em Pv (Pv 3.18; 11.30; 13.12; 15.4) e em Ap 2.7; 22.2,14. Abraçar a sabedoria é abraçar a "árvore da vida" (Pv 3.18). "O fruto da retidão é árvore de vida" (11.30). Em outro provérbio se encontra a seguinte comparação: "o anseio satisfeito é árvore de vida" (13.12). O autor de outro provérbio disse: "o falar amável é árvore de vida" (15.4). Nenhum desses provérbios parece se referir à "árvore da vida" mencionada em Gn, mas as referências em Ap, sim. V. *Adão e Eva*; *Éden*; *árvore do conhecimento*. — Billy K. Smith

ÁRVORE DO CONHECIMENTO Planta no meio do jardim do Éden, cujo fruto era proibido para Adão e Eva (Gn 2.17). A referência à "árvore do conhecimento do bem e do mal" aparece no contexto da queda. Em Gn 3.3 a árvore é descrita como "a árvore que está no meio do jardim". O ato de ingerir o fruto da árvore trouxe o conhecimento do bem e do mal (Gn 3.5, 22).

A árvore do conhecimento foi a oportunidade de Adão e Eva demonstrarem obediência e lealdade a Deus, mas a serpente a usou para tentar a mulher do fruto e assim se tornarem como Deus "conhecedores do bem e do mal" (Gn 3.5). Quando Adão comeu do fruto proibido, o resultado foi vergonha, culpa, expulsão do jardim e separação da árvore da vida e de Deus. O interesse primário da Bíblia a respeito da árvore do conhecimento não está no tipo de conhecimento representado — moral, secular, sexual, universal ou de qualquer outro tipo — mas sim como a árvore serviu para o teste divino e a tentação satânica. O resultado para a humanidade foi desastroso, quando o primeiro casal falhou no teste e sucumbiu à tentação. V. *Adão e Eva*; *Éden*; *árvore da vida*. — Billy K. Smith

ASA Nome pessoal que significa "médico" ou "cura". **1.** Filho e sucessor de Abias como rei de Judá (1Rs 15.8). Reinou durante 41 anos (913-873 a.C.). Homem piedoso, realizou diversas reformas para eliminar deuses estrangeiros e práticas religiosas estrangeiras da terra, mesmo tirando sua mãe de uma posição política (1Rs 15.13). Depois da sua morte, aparentemente de causas naturais, foi sucedido pelo seu filho Josafá. O profeta Hanani repreendeu Asa (2Cr 16.7) por confiar no rei da Síria em vez de no Senhor (1Rs 15.17-20). O cronista relata ainda que, quando Asa teve uma doença nos seus pés, ele confiou em médicos e não no Senhor (2Cr 16.12). O texto de Mt 1.7,8 alista Asa entre os antepassados de Jesus. V. *cronologia do período bíblico*; *Israel*. **2.** Levita que retornou do exílio a Jerusalém. Era o chefe de uma família nos povoados dos netofatitas perto de Jerusalém (1Cr 9.16). **3.** Parte do pássaro que lhe permite voar (Gn 1.21). A palavra é usada muitas vezes em sentido figurado: para a ajuda de Deus (Rt 2.12), o juízo de Deus (Jr 48.40), a força para retornar do exílio (Is 40.31).

ASÃ Nome de lugar que significa "fumaça". Cidade nas colinas ocidentais da tribo de Judá (Js 15.42) dada à tribo de Simeão (Js 19.7). Os sacerdotes arônicos reivindicaram Asã como uma de suas cidades (1Cr 6.59; chamada Aim em Js 21.16). Asã estava localizada na atual Khirbet Asan a noroeste de Berseba. V. *Corasã ou Borasã*.

ASAEL Nome pessoal que significa "Deus agiu" ou "Deus fez". **1.** Irmão de Joabe e Abisai, sobrinho de Davi (2Sm 2.18). Era comandante do exército de Davi (2Sm 23.24). Um indivíduo de passo ligeiro que perseguiu Abner quando este fugiu depois da sua derrota em Gibeom. Não conseguindo dissuadir Asael de persegui-lo, Abner o matou. Esse ato levou finalmente ao assassino de Abner por Joabe, irmão de Asael (2Sm 3.27-30). **2.** Levita no reino de Josafá, filho de Asa. Asael foi enviado junto com diversos príncipes, outros levitas e sacerdotes para ensinar ao povo de Judá o livro da lei de Deus (2Cr 17.8). **3.** Levita sob Ezequias, o rei de Judá que sucedeu a Acaz. Asael, junto com outros dez homens, auxiliavam os oficiais principais responsáveis por contribuições, dízimos e objetos consagrados. O título de Asael era o de "supervisor". **4.** Pai de Jônatas que junto com Jaseías se opôs à orientação de Esdras aos homens de Judá para que se separassem de mulheres estrangeiras com quem tinham se casado. Esdras mostrou que tinham pecado ao se casarem com mulheres estrangeiras (Ed 10.15).

ASAFE Nome pessoal que significa "ele colecionou". **1.** Pai de um oficial da corte do rei Ezequias (715-686 a.C.), que com tristeza relatou as ameaças da Assíria ao rei (2Rs 18). **2.** Músico levita que Davi designou para servir no tabernáculo até que o templo fosse concluído (1Cr 6.39). Asafe foi o pai do clã dos músicos do templo que serviram ao longo de toda a história do templo. Um membro desse clã estava entre os primeiros que voltaram do exílio em 537 a.C. (1Cr 9.15). Parte das responsabilidades musicais era tocar o címbalo (1Cr 15.19). Davi estabeleceu a tradição de compor salmos para Asafe para que os cantores do templo os cantassem (1Cr 16.7). Asafe e os cantores ministravam diariamente (1Cr 16.37). Seu serviço musical podia ser chamado de "ministério de profetizar" (1Cr 25.1-7). Descendentes de Asafe anunciaram mensagens proféticas sob o Espírito de Deus (2Cr 20.14-19). Gerações posteriores cantaram os cânticos de Asafe, o "vidente" (2Cr 29.30). Os Sl 50 e 73—83 são intitulados "Salmos de Asafe" ou recebem títulos semelhantes. Isso pode ser uma referência à autoria, aos cantores que usavam os salmos na adoração ou a uma coleção especial de salmos. V. *Salmos, Livro de*.

ASAÍAS Nome pessoal que significa "Javé fez". **1.** Servo do rei Josias enviado com outros a Hulda, a profetisa, para descobrir o significado da Lei encontrada no templo aproximadamente em 624 a.C. **2.** Líder da tribo de Simeão que ajudou a expulsar os camitas das pastagens de Gedor quando Ezequias era rei de Judá (715-686 a.C.). V. *Gedor*. **3.** Músico levita da linhagem de Merari (1Cr 6.30). Aparentemente é o mesmo que o chefe dos filhos de Merari, que levou 220 homens do seu clã para ajudar a levar a arca da aliança da casa de Obede-Edom para Jerusalém (1Cr 15). **4.** Líder de clãs de Siló que retornou do exílio babilônico em torno de 537 a.C. (1Cr 9.5).

ASAREEL Nome pessoal que significa "Deus jurou" ou "Deus se alegrou". Membro da tribo de Judá (1Cr 4.16).

ASARELA A ocorrência do nome em 1Cr 25.2 parece ser uma variante de Jesarela em 1Cr 25.14. A pessoa é descendente ou filho de Asafe entre os cantores do templo.

ASARIA Algumas versões fazem distinção em 1Cr 21.2 entre Azarias e Asaria para diferenciar dois homens distintos (v. *ACF*; cp. *BJ*).

ASBEL, ASBELITA Nome pessoal que significa "o que tem um lábio superior mais comprido". Filho de Benjamim, neto de Jacó e antepassado originário do clã asbelita (Gn 46.21).

ASCALOM Uma das cinco cidades principais dos filisteus (Pentápole), localizada no litoral do Mediterrâneo na rota comercial *Via Maris*, e designada a Judá na conquista. Ascalom era uma cidade litorânea do Mediterrâneo a 20 quilômetros ao norte de Gaza e a 16 quilômetros ao sul de Asdode. É a única cidade filisteia localizada diretamente junto ao mar. Sua história remonta à Idade do Neolítico. A importância econômica se devia à sua localização junto à rota comercial, a *Via Maris*.

Sua localização no sul da Palestina colocou Ascalom debaixo de considerável influência egípcia em grande parte da sua história. A primeira menção à cidade foi em textos de execração do séc. XIX a.C. em que uma maldição sobre um governante e seus apoiadores era escrita em cerâmica, e em seguida despedaçada, simbolizando a quebra do seu poder. Um papiro do séc. XV a.C. fala da lealdade de Ascalom ao Egito, e as cartas de Amarna do séc. XIV a.C. confirmam essa relação com o governante de Widia afirmando submissão ao faraó, embora o regente de Jerusalém alegasse que Ascalom tinha dado suprimentos aos *'Apiru*. Nesse período a deusa Asterote era cultuada aí pelos cananeus. A cidade se rebelou contra o Egito e foi depois saqueada por Ramessés II (1282 a.C.). Mais tarde naquele mesmo século o faraó Merneptá capturou a cidade.

Os registros do AT são relativos à cidade depois que ela foi subjugada pelos filisteus. Foi governada por um regente apoiado por uma aristocracia militar. Josué não tinha tomado Ascalom na conquista da terra (Js 13.3), mas ela estava incluída no território designado a Judá. Parece que Judá de fato tomou a cidade (Jz 1.18), mas ela pertencia aos filisteus no relato sobre Sansão (Jz 14.19) e sob os reinados de Saul e Davi (1Sm 6.17; 2Sm 1.20). Posteriormente Ascalom foi independente ou esteve sob o controle de Assíria, Egito, Babilônia e Tiro. Os textos de Am 1.8 e Jr 47.5,7 se referem a Ascalom e seus males. Com o surgimento dos gregos, Ascalom se tornou um centro helenista de cultura e aprendizado. No período macabeu a cidade prosperou e aparentemente não nutria hostilidades com os judeus (1Mc 10.36; 11.60). De fato, muitos judeus viviam ali. Roma lhe concedeu o status de "cidade livre aliada" em 104 a.C. Circulava uma tradição entre os cristãos de que Herodes, o Grande, filho de um escravo do templo de Apolo, tinha nascido em Ascalom. Herodes de fato tinha parentes e amigos aí e deu à cidade algumas belas edificações, construiu um palácio ali e deixou a cidade para sua irmã, Salomé, na sua morte. A cidade foi atacada pelos judeus na primeira revolta romana (66 d.C.), mas sobreviveu e continuou leal a Roma. — *George W. Knight*

ASCALONITA Cidadão de Ascalom. V. *Ascalom*.

ASCENSÃO Movimento ou partida do mais baixo para o mais alto com referência a localização espacial. Tanto o AT quanto o NT registram os fatos da ascensão humana na vida de Enoque (Gn 5.24), Elias (2Rs 2.1,2) e, mais importante, de Jesus Cristo (At 1.9). A ascensão concluiu o ministério terreno de Jesus, permitindo que testemunhas oculares vissem tanto o Cristo ressurreto na terra quanto o Cristo vitorioso e eterno voltando ao céu para ministrar à direita do Pai.

O conceito da ascensão é afirmado na volta do Filho do homem para Deus (At 2.34; Rm 10.6; Ef 4.8-10). Cristo, o Logos preexistente (Jo 1.1-5), faz a ponte sobre o abismo entre o humano e o divino na sua encarnação. Na ascensão Jesus revela a paternidade comum dos cristãos sob Deus e a irmandade do Filho (Jo 20.17).

Na sua ascensão Jesus volta para se tornar o advogado dos cristãos à direita do Pai (Rm 8.34; 1Jo 2.1; Hb 7.25). Além disso, a ascensão lembra os cristãos da obra concluída do sacrifício de Cristo (Hb 10.9-18). Como o Rei-Sacerdote do seu povo, Jesus volta ao trono de Deus plenamente Deus e plenamente homem, tendo concluído a obra da sua expiação substitutiva e capaz de exercer seu ofício sacerdotal como Mediador entre Deus e o homem.

O retorno do Filho do homem ao céu 1) garante a ressurreição de todo cristão para Deus (Jo 14.2); 2) envia o Espírito Santo à Igreja (Jo 16.7); 3) conforta os que são perseguidos até a morte (At 7.54-60); e 4) concede forças para a perseverança para a glória dele (Cl 3.1-4).

O mais importante, a ascensão exaltou Cristo acima de toda a criação (Fp 2.9), o que contrasta com sua humilhante encarnação e morte na cruz (descida). A ascensão é o ato manifesto de Deus de exaltar Jesus à posição mais elevada do universo, declarando-o Senhor sobre tudo que existe e tudo que acontece (Fp 2.9-11). Na ascensão Jesus derrotou a morte para sempre e tornou a vida eterna possível (Hb 6.19,20). Tendo concluído sua obra, a ascensão demonstra a natureza da sua autoridade, assim desafiando todo ser humano a se curvar em adoração e obediência ao soberano elevado (Fp 2.10). — Mark M. Overstreet

ASDODE Uma das cinco cidades principais dos filisteus, na qual os filisteus derrotaram Israel e capturaram a arca da aliança.

Asdode ficava a 16 quilômetros ao norte de Ascalom e a quatro quilômetros a leste do mar Mediterrâneo na planície dos filisteus. Era a cidade mais setentrional da Pentápole filisteia registrada em Js 13.3. A primeira ocorrência de Asdode na história escrita está na Idade do Bronze Tardio em que é mencionada nos documentos de comércio das tábuas de Ras Shamra descobertas em Ugarite (antigo centro comercial perto da costa do Mediterrâneo no norte da Síria). Asdode é descrita como produtora e exportadora de têxteis, especificamente a lã púrpura. O nome da cidade também ocorre na lista egípcia de nomes, *Onomasticom de Amanope* (263).

Antigo Testamento No AT Asdode foi um lugar em que permaneceram alguns dos enaquins no tempo de Josué (Js 11.22). Como uma das cinco cidades principais dos filisteus, ainda estava por ser conquistada por Josué (Js 13.3), que a designou à tribo de Judá (Js 15.46,47). Davi subjugou os filisteus, implicitamente incluindo Asdode (2Sm 5.25; 8.1), mas não foi descrita como debaixo do controle de Israel até que Uzias (783-742 a.C.) a capturasse (2Cr 26.8). Talvez o contato mais infame entre Asdode e Israel seja o que está registrado em 1Sm 4—6 quando os filisteus derrotaram o exército de Israel na batalha, mataram os dois filhos de Eli, Hofni e Fineias, e capturaram a arca da aliança. V. *Enaque, enaquins, Anaque, anaquins.*

Embora a cidade fosse capturada por Uzias, não permaneceu por muito tempo debaixo do controle de Judá e recuperou força suficiente para se revoltar contra Sargom II em 711 a.C. Os assírios conseguiram subjugar rapidamente os filisteus, e estes permaneceram sob o controle assírio até serem capturados pelo faraó Psamético do Egito (664-610 a.C.) depois de um cerco de 29 anos registrado por Heródoto. Debaixo de Nabucodonosor (604-562 a.C.), a Babilônia logo capturou esse território e levou prisioneiro o rei de Asdode.

Os profetas de Israel falaram da cidade de Asdode em diversos contextos militares, políticos e morais (Ne 13.23,24; Is 20.1-6; Jr 25.20; Am 1.8; Zc 9.6). Durante todo o período persa a cidade continuou sendo uma ameaça para Israel.

Fontes extrabíblicas No período grego, Asdode era conhecida como Azoto, sendo uma cidade próspera até a captura por Israel no período macabeu. Judas Macabeu destruiu os altares e imagens em Asdode (1Mc 5.68), e mais tarde Jônatas queimou o templo de Dagom, os que se refugiaram nele e finalmente a própria cidade (1Mc 10.84-87).

Josefo relata que Pompeu separou Asdode de Israel depois da sua vitória (63 a.C.), Gabínio reconstruiu a cidade, e ela foi anexada à província da Síria. Augusto a transferiu a Herodes, o Grande. Herodes a deixou para sua irmã Salomé, que por sua vez a legou a Júlia, mulher de Augusto. Sua grandeza como cidade terminou com a destruição perpetrada por Roma em 67 a.C., embora ela tenha sido ocupada ao menos até o séc. VI.

Evidência arqueológica O trabalho arqueológico principal em Asdode foi feito entre 1962 e 1972 sob a direção de D. N. Freedman e outros. Sobraram algumas evidências da Idade Calcolítica e da Idade do Bronze Inicial, mas os restos principais datam da Idade do Bronze Médio e de épocas posteriores, incluindo uma cidade murada datando de aproximadamente 1625 a.C. Uma grande destruição da cidade está indicada por uma camada de cinzas e entulho de quase um metro datando de aproximadamente 1250 a.C. Dois níveis extensos de ocupação filisteia datam dos séc. XII e XI a.C. A camada relativa à Idade do Ferro mostra uma comunidade próspera, e um templo da Idade do Ferro II trouxe à tona muitos artefatos cúlticos.

ASDOTE-PISGA Termo na *ARC* que em outras versões é traduzido por "faldas de Pisga" (*ARA*) ou "encostas de Pisga" (*NVI*) (Dt 3.17; Js 12.3; 13.20). V. *Pisga*.

ASER Nome pessoal de lugar e de tribo que significa "sorte", "felicidade". **1.** Oitavo filho de Jacó, nascido da concubina Zilpa (Gn 30.13). Seus quatro filhos e uma filha começaram a tribo de Aser (Gn 46.17). Na bênção de Jacó para Aser este teria "mesa farta" servindo "manjares de rei" (Gn 49.20), talvez sugerindo um período quando a tribo serviria um rei estrangeiro. **2.** A tribo de Aser contava 53.400 no deserto (Nm 26.47), tendo crescido de 41.500 (Nm 1.41). Faziam parte da retaguarda na marcha pelo deserto (Nm 10.25-28). O território designado a Aser estava na Fenícia no extremo noroeste estendendo-se até Tiro e Sidom na costa do Mediterrâneo (Js 19.24-31). Eles não conseguiram expulsar os cananeus e tiveram de viver entre eles (Jz 1.31,32). Quando Débora conclamou as tribos à ação, Aser não respondeu, mas "permaneceu no litoral" (Jz 5.17). Aparentemente Aser estava trabalhando para os cananeus nos portos do Mediterrâneo. A bênção de Moisés dá uma outra perspectiva de Aser, quando diz: "Bendito é Aser entre os filhos; seja ele favorecido por seus irmãos" (Dt 33.24,25). Aser não forneceu nenhum juiz no livro de Jz; nem teve um líder tribal na lista do cronista (1Cr 27.16-22). Mas Aser forneceu combatentes a Gideão (Jz 6.35; 7.23) e 40 mil a Davi em Hebrom (1Cr 12.36). Algumas pessoas de Aser fizeram a peregrinação até Jerusalém para celebrar a Páscoa de Ezequias (2Cr 30.11). Talvez a maior heroína de Aser tenha sido Ana, a profetisa que deu testemunho do menino Jesus (Lc 2.36-38). Doze mil de Aser estão entre os 144 mil separados e selados para serem poupados da grande tribulação e cuidados pelo Cordeiro (Ap 7). **3.** Aparentemente uma cidade fronteiriça em Manassés (Js 17.7), mas possivelmente uma referência à fronteira que unia os territórios tribais de Manassés e Aser. V. *tribos de Israel*.

ASERÁ ou **ASEROTE** (plural de Aserá no heb.) ou **POSTES SAGRADOS** (*NVI*; **POSTES-ÍDOLOS,** *ARA*) Aserá era a deusa da fertilidade, mãe de Baal, cuja adoração estava concentrada na Síria e em Canaã e no objeto de madeira que a representava. A *ARC* traduz o termo referente a Aserá no hebraico por "bosques", e temos também algumas ocorrências do nome próprio "Astarote" (cf. nas diversas versões).

Os autores do AT se referiam à imagem de Aserá bem como aos "profetas" associados a ela e aos utensílios empregados na sua adoração (1Rs 15.13; 18.19; 2Rs 21.7; 23.4; 2Cr 15.16). Mais da metade das referências do AT a Aserá está nos livros de Rs e Cr. Dt 7.5; 12.3 instruía os israelitas a cortar os postes sagrados e queimar os altares ("Astarote"). Em Dt 16.21 proíbe a plantação de árvores que sirvam de Aserá (*ARC*).

Os autores do AT não fornecem nenhuma descrição real de uma "Aserá" ou da origem da adoração a Aserá. Outros escritos religiosos do antigo Oriente Médio indicam que "Aserá" era o nome hebraico de uma deusa cananeia ou dos amorreus adorada em diversas partes do antigo Oriente Médio. Os autores bíblicos nem sempre faziam uma distinção clara entre as referências a Aserá como deusa e como objeto de adoração. De acordo com a mitologia antiga, Aserá, a deusa mãe, era a mulher de El e mãe de 70 deuses, dos quais Baal era o mais famoso.

ÁSIA

Aserá era a deusa da fertilidade dos fenícios e cananeus. Era chamada "Senhora Aserá dos Mares". V. *Canaã; pagãos, deuses*.

Eruditos que estudaram a arte do antigo Oriente Médio têm sugerido que algumas figuras nos desenhos podem ser representações da deusa da fertilidade Aserá. Desenhos de postes naturais ou esculpidos, varas, cruz, machado duplo, árvore, tronco de árvore, enfeite de cabeça para um sacerdote e diversas outras imagens poderiam ser ilustrações de uma Aserá. Textos como 2Rs 13.6; 17.16; 18.4; 21.3 e 23.6,15 têm sido interpretados definição de uma Aserá como um objeto de madeira construído ou destruído pelo ser humano. O objeto ficava ereto e era usado na adoração de uma deusa do mesmo nome.

A Aserá existia em ambos os reinos de Israel, tanto no do Norte quanto no do Sul. Jezabel de Tiro aparentemente instituiu a adoração a Aserá no Norte quando casou com o rei Acabe (1Rs 18.18,19). As principais cidades em que os objetos estavam localizados eram Samaria, Betel e Jerusalém. De acordo com 1Rs 14.23 (*NVI*) o povo construiu para si "altares idólatras, colunas sagradas e postes sagrados ['imagens de Aserá', *ACF*] sobre todos os montes e debaixo de todas as árvores frondosas". V. *Baal; ídolo*. — James Newell

ÁSIA O NT se refere a uma província romana na parte ocidental da Ásia Menor cuja capital era Éfeso. A província romana da Ásia abarcava a parte sudoeste da Anatólia em geral. Sua primeira capital foi Pérgamo, mas foi mudada depois para Éfeso. Os residentes da Ásia estavam em Jerusalém no Pentecoste (At 2.9). O apóstolo Paulo viajou e pregou extensivamente na Ásia (At 19.10,22), especialmente nos arredores de Éfeso, mas Deus o proibiu de pregar ali antes do seu chamado à Macedônia (At 16.6). Homens da Ásia conduziram ao aprisionamento de Paulo em Jerusalém (At 21.27). A primeira carta de Pedro foi endereçada a cristãos na Ásia. A Ásia era o local das sete igrejas às quais o livro de Ap foi endereçado. A Ásia era conhecida por seu culto a Ártemis (At 19.27). V. *Roma e o Império Romano*.

ÁSIA MENOR, CIDADES DA Cidades localizadas na península da Anatólia (atual Turquia). As cidades da Ásia Menor importantes para os relatos do NT incluem Alexandria, Trôade, Assôs, Éfeso, Mileto, Pátara, Esmirna, Pérgamo, Sardes, Tiatira, Filadélfia, Laodiceia, Colossos, Atália, Antioquia, Icônio, Listra, Derbe e Tarso. As cidades aparecem principalmente nas viagens missionárias de Paulo, e diversas dessas cidades recebem epístolas. Entre os nomes da lista estão as "Sete Cidades" de Ap.

Geografia e história A geografia da Ásia Menor influenciou grandemente o desenvolvimento dos assentamentos na área. A região pode ser descrita como o ponto em que o "Ocidente se encontra com o Oriente", ligando o continente europeu com o Oriente Médio. A península é um planalto elevado cercado de íngremes cadeias de montanhas. As montanhas isolam a Ásia Menor de grande parte do mundo exterior. Desfiladeiros estreitos pelas montanhas ligam o interior com o Oriente Médio. Gargantas profundas cortadas por muitos rios, frequentemente navegáveis, ligavam as cidades do planalto com a linha costeira ocidental. As cidades se desenvolveram em locais vitais para o comércio, como nas desembocaduras dos rios e nos desfiladeiros das montanhas.

A história da Ásia Menor reflete a posição instável da região entre o leste e o oeste. O Império Hitita prosperou na região oriental da península no segundo milênio a.C. (antes do ano 1000). Exposta no oeste ao mar Egeu, a região costeira se tornou a pátria de muitas colônias gregas, a começar em 1200 a.C. Com sede em Sardes, o Império Lídio começou a se expandir em aproximadamente 600 a.C., mas foi logo dominado pelos persas. O controle passou a Alexandre, o Grande, em torno de 333 a.C. Depois da sua morte, a Ásia Menor caiu debaixo do governo dos selêucidas. A começar por aproximadamente 200 a.C., o controle romano da península cresceu até que a Anatólia toda fosse absorvida pelo sistema provincial romano. Nessa época "Ásia" era a designação somente das províncias do oeste da Anatólia. Galácia, Capadócia e Cilícia constituíam as províncias orientais, enquanto Bitínia e Ponto faziam fronteira com o mar Negro ao norte. A península da Anatólia provavelmente só foi chamada de "Ásia Menor" pela primeira vez depois de 400 d.C.

Cidades costeiras O nome *Trôade* descrevia tanto a região noroeste da Ásia Menor quanto a cidade portuária. Localizada a 16 quilômetros ao sul do lugar da antiga Troia, Alexandria Trôade foi fundada como uma colônia romana no período de Augusto e serviu como importante porto para o comércio feito entre a Ásia Menor e a Macedônia. Restos do muro da cidade em ruínas e de uma casa de banho do séc. II d.C. ainda são visíveis. Assim como aconteceu com muitos portos antigos, o porto antes muito agitado se encheu de lodo e se tornou inútil. Certa vez Paulo partiu de Trôade para a Grécia em resposta ao chamado do "homem da Macedônia" (At 16.11). Na sua terceira viagem os companheiros de Paulo embarcaram em um navio navegando para o porto de Assôs, a 32 quilômetros ao sul (At 20.13). Numa agitada cidade portuária cercada de um muro datando do séc. IV a.C., o templo de Atena em Assôs estava elevado na acrópole dominando o porto. Em Assôs, Paulo se uniu ao navio que levava Lucas e diversos outros depois de viajar até lá a pé vindo de Trôade.

Éfeso era o centro principal de comércio de toda a Ásia Menor. A grande área portuária da cidade provia ampla ancoragem para navios levando bens da Grécia e Itália para o leste, bem como para os que levavam para Roma os produtos trazidos por terra da Ásia e do Extremo Oriente. Uma estrada bem pavimentada ligava o posto de correspondência em Éfeso com *Tarsos* no leste. A estrada chegava à cidade do sudeste, entrando por um monumental portal perto dos banhos públicos. Ruínas do imenso teatro da cidade com capacidade para 24 mil espectadores sentados estão lá ainda hoje como um lembrete da grande multidão que em protesto a Paulo encheu o lugar e durante algumas horas gritou: "Grande é a Ártemis dos efésios" (At 19.34). O templo da cidade em honra de Diana (Ártemis) era uma das Sete Maravilhas do mundo antigo. Conhecida como Artemision para os gregos, o templo tinha 127 colunas de 18 metros de altura que sustentava o telhado da maior estrutura totalmente de mármore do mundo helenístico. O porto da cidade, na desembocadura do rio Cayster, gradualmente se encheu de lodo; e o local atualmente está a cerca de dez

Templo de Trajano em Pérgamo. Trajano foi imperador de Roma entre 98 e 117 d.C. O templo foi construído por seu sucessor, Adriano.

ÁSIA MENOR, CIDADES DA

quilômetros do mar. Como porto e cidade principal da Ásia, a escolha de Paulo por Éfeso como um centro de ministério proveu a base perfeita da qual o evangelho pôde ser difundido em todo o mundo romano.

No período inicial da colonização grega, *Mileto* exerceu controle extensivo sobre o sudoeste da Anatólia. Como grande potência marítima, a cidade permaneceu independente durante todo o período do controle lídio da região. A cidade conseguiu resistir às tentativas de incursões dos persas até 494 a.C. Antes porto próspero e importante para a indústria da lã, Mileto era uma cidade de pouco significado na era do NT (At 20.15).

O texto de At 21 relata como Paulo viajou de Pátara para *Tiro*. A cidade servia de porto popular para navios que navegavam para o leste nos primeiros meses do outono quando ventos favoráveis tornavam a navegação para o Egito e a costa fenícia mais fácil. O porto ficava perto da foz do rio Xanthus e era a instalação portuária principal da província da Lídia.

Esmirna cercava um bem protegido porto na costa do mar Egeu na foz do rio Hermus (atual Gediz). Comércio extensivo com a Ásia era feito por intermédio dessa cidade. No séc. I d.C., Esmirna reinou como uma das maiores cidades de toda a Ásia. Um grande templo dedicado ao imperador Tibério esnobava a aliança próxima da cidade com o Império. Numerosos outros templos dedicados à uma grande amplitude de divindades romanas bem como muitas edificações públicas belamente enfeitadas decoravam a cidade.

Cidade do interior Localizada a 24 quilômetros da costa dominando o rio Caicus, *Pérgamo* tinha o primeiro templo da Ásia dedicado ao imperador romano Augusto, em 29 d.C. A cidade ficava numa posição dominadora num monte muito acima do vale. Localizados na parte superior da acrópole estavam um grande anfiteatro, uma biblioteca, a ágora, o palácio, tendas e um altar para Zeus. A grande área do altar pode ser a mencionada por João como "o trono de Satanás" (Ap 2.13). A cidade era bem conhecida como um centro de adoração dos deuses Asclépio, Zeus, Demétrio e Perséfone, Serapis, Isis, bem como do culto ao imperador.

Sardes, a maior cidade na Lídia, é lembrada como a primeira municipalidade a cunhar moedas de prata e ouro. Localizada no fértil vale do rio Hermus (atual Gediz), Sardes era a capital do rei lídio Croesus, nome que significava riqueza. A cidade caiu diante do exército persa de Ciro em 549 a.C. e diante dos romanos em 188 a.C. Um terrível terremoto sacudiu Sardes em 17 d.C., um golpe do qual a cidade nunca conseguiu se recuperar totalmente.

Seguindo o rio Hermus interior adentro a partir de Sardes, chegava-se a *Filadélfia*, cujo nome comemorava o amor fraternal entre Attalus Philadelphus e Eumenes. Fundada no séc. II a.C., a cidade foi estabelecida entre grandes vinhas e liderava o culto a Dionísio. O terrível terremoto de 17 d.C. foi seguido de tremores perigosos nos 20 anos seguintes, cada um debilitando ainda mais a cidade. A referência do apóstolo João a dar ao vencedor um "novo nome" (Ap 3.12) pode ser um jogo de palavras com a dedicação proposta da cidade como "Neo-Cesareia" em honra a Tibério pela ajuda que enviou.

Prosseguindo interior adentro a partir de Mileto, o viajante seguia o curso do rio Meander até chegar ao rio Lico. No centro do vale estava *Laodiceia*. Situada à beira da grande rota comercial leste-oeste, a cidade era muito próspera. Como cidade principal da rica província da Frígia, Laodiceia se orgulhava de um grande número de bancos. Em 51 a.C. Cícero conta como parou para pegar dinheiro em um dos bancos da cidade. A grande riqueza de Laodiceia permitiu que ela financiasse sua própria reconstrução depois de um terremoto destruidor em 60 d.C., recusando a ajuda do senado de Roma. A cidade também era famosa pelas roupas e tapetes tecidos com a bela e brilhante lã negra produzida no vale. Laodiceia também servia de base de uma escola médica renomada em virtude da produção de um colírio. O livro de Ap menciona as riquezas da cidade, admoestando os cristãos a buscar, no lugar delas, o ouro espiritual de valor eterno, e a ungir seus olhos com bálsamo espiritual. A menção de João às "roupas brancas" para que eles cobrissem sua nudez contrasta com a preferência dos de Laodiceia pela lã negra produzida por eles mesmos, um símbolo de prosperidade mundana (Ap 3.14-18).

A 18 quilômetros ao sul de Laodiceia estava *Colossos*, cidade bem conhecida já desde aproximadamente 450 a.C. como um centro comercial, famosa por sua lã vermelha.

O estabelecimento de Laodiceia, no entanto, levou ao declínio da prosperidade de Colossos. Muitas ruínas ainda são visíveis, incluindo um pequeno teatro no lado sudeste da cidade. O apóstolo Paulo nunca evangelizou pessoalmente a cidade. Em vez disso, a igreja foi estabelecida por Epafras na terceira viagem missionária de Paulo (Cl 1.7; 4.12,13). Paulo escreveu à igreja durante seu aprisionamento em Roma, completando a obra de Onésimo, servo de Filemom (Cl 4.9).

Cidades da Ásia Menor Oriental
Grande parte do ministério de Paulo na Ásia se concentrou em torno das províncias da Galácia e da Licaônia. Na sua primeira viagem missionária, Paulo e Barnabé muito provavelmente chegaram por mar a *Atália*, um porto relativamente pequeno e insignificante. Seguindo do porto para o norte e cruzando a Panfília, o grupo chegou a *Antioquia* na província da Galácia (At 13.14). A "Antioquia da Pisídia" de Lucas levava o título de *Colonia Caesarea Antiocheia*, uma colônia estabelecida em 25 a.C. sobre uma antiga cidade helênica. Antioquia tinha sido reformada por Roma para garantir a defesa da Galácia. Um templo a Augusto dominava a praça central, e uma inscrição oficial relatando suas vitórias e realizações foi exposta na cidade. Carros carregando mármore da Anatólia passavam por Antioquia no seu caminho para os navios em Éfeso para ser usado na decoração do Império.

Prosseguindo de Antioquia para o sudeste, Paulo e seus companheiros viajaram para *Icônio* (At 13.51). Localizada numa planície fértil e bem irrigada, Icônio supria grandes quantidades de frutas e cereais para as províncias circunvizinhas. Muitos anos depois da visita de Paulo, o imperador Cláudio permitiu que a cidade fosse renomeada para Claudiconium em sua honra, um lembrete dos fortes vínculos que mantinha com Roma.

Listra estava a 32 quilômetros ao sul de Icônio à margem da *Via Sebaste*. Aproximadamente em 6 a.C. Augusto conferiu o título de *Julia Felix Gemina Lustra* a essa colônia romana. Conectada por uma bela estrada a Antioquia no oeste, a cidade honrava Zeus e Hermes como deuses padroeiros. Uma estátua dedicada aos dois foi descoberta no séc. XIX, lembrando a identificação que a cidade fez de Paulo e Barnabé com esses deuses (At 14). Timóteo era natural de Listra. As ruínas da cidade estão próximas da atual cidade turca de Katyn Serai.

Derbe estava situada a 96 quilômetros de Listra no local que hoje é Kerti Huyuk. Embora fosse uma grande cidade da Licaônia, Derbe era relativamente insignificante. A decisão de Paulo de visitar a cidade pressupõe uma grande população judaica na região. É possível que alguns cristãos já tivessem levado adiante o evangelho até Derbe, tendo sido anteriormente expulsos de Icônio.

Lugar de infância do apóstolo Paulo, *Tarso* da Cilícia estava situada no extremo leste da rota comercial leste-oeste que começava em Éfeso. Em Tarso os mercadores tinham a opção de ir ao sul, para a Síria e Palestina, ou continuar e cruzar as montanhas em direção a Zeugma e o Oriente. O rio Cydnus dava a Tarso uma saída para o mar Mediterrâneo, a 16 quilômetros dali. Madeira e linho eram os principais produtos da indústria de Tarso, mas a manufatura associada de tecidos de pelos de cabra era praticada por muitos, inclusive Paulo. Essa habilidade serviu como sua principal fonte de renda sempre que ele viajava. Tarso também abrigava uma universidade e uma escola de filosofia, atmosfera acadêmica que formou a base para a posterior carreira rabínica de Paulo. — *David C. Maltsberger*

ASIARCAS (*ARA*) Um termo um tanto geral para benfeitores públicos e líderes nomeados pelas cidades na província romana da Ásia. Usavam seu dinheiro para o bem público, especialmente para apoiar o culto ao imperador e a Roma. Pagavam despesas de jogos patrocinados em conexão com festivais religiosos. Tendo servido na posição, aparentemente a pessoa podia continuar usando o título. Paulo fez amigos entre essa classe da elite (At 19.31), e eles ajudaram a protegê-lo num motim religioso em Éfeso. Observe-se que algumas versões transliteram "asiarcas" do grego (tb. a *BJ*), enquanto outras traduzem o termo por "autoridades da província" (*NVI*) ou "principais" (*ARC*).

ASIEL Nome pessoal que significa "Deus fez". Descendente de Simeão e líder do clã que se estabeleceu em Gedor em ótimas pastagens (1Cr 4.35-40).

ASILO V. *vingador*.

ASIMA Deus sírio produzido e adorado em Hamate (2Rs 17.30). A palavra hebraica *'asham* significa "culpa". Os autores hebreus podem ter usado intencionalmente a palavra associada à culpa no lugar do nome do deus ou deusa. A deusa de Hamate pode ter sido Aserá. Am 8.14 diz que Israel jurou "pelo delito" (*ARC*) ou "pela culpa" (*ACF*) ou "pelo ídolo" ou "pela vergonha" (*NVI*) de Samaria (mrg. *NVI*: "por Asima"). Samaria adorava de forma incorreta. Talvez eles tenham incorporado o deus de Hamate na sua adoração. Os papiros de Elefantina de uma comunidade judaica no Egito mencionam um "betel-asim" que pode ter sido cultuado por judeus no Egito como uma contraparte de Javé. V. *Aserá, Aserote; Hamate*.

ASÍNCRITO Nome pessoal que significa "incomparável". Cristão romano saudado por Paulo (Rm 16.14).

ASMONEU Nome dado à dinastia que governou a antiga Judeia por quase um século, desde o tempo da guerra dos macabeus (que terminou por volta de 145 a.C.) até a ocupação romana de Israel em 63 a.C. V. *história e literatura intertestamentárias*.

ASNÁ Nome pessoal e de lugar. **1.** Cidade no vale da tribo de Judá (Js 15.33), possivelmente a atual Aslin. **2.** Cidade no vale ou na sefelá de Judá (Js 15.43), possivelmente a atual Idna, a cerca de treze quilômetros a noroeste de Hebrom. **3.** Nome pessoal provavelmente de origem egípcia associado ao deus Nah. Um dos servidores do templo que voltaram do exílio a Jerusalém com Zorobabel em torno de 537 a.C. (Ed 2.50).

ASNAPAR Formulação da *ACF* em Esdras 4.10. Outras traduções trazem "Osnapar" (*ARA, ARC*) ou Assurbanípal (*NVI*). V. *Assurbanípal; Osnapar*.

ASPATA Nome pessoal persa. Filho de Hamã morto pelos judeus (Et 9.7).

ASPENAZ Eunuco-chefe responsável pela família de Nabucodonosor, rei da Babilônia (605-562 a.C.) (Dn 1.3). Ele administrava a alimentação e o estilo de vida de Daniel e seus

A DINASTIA ASMONEIA

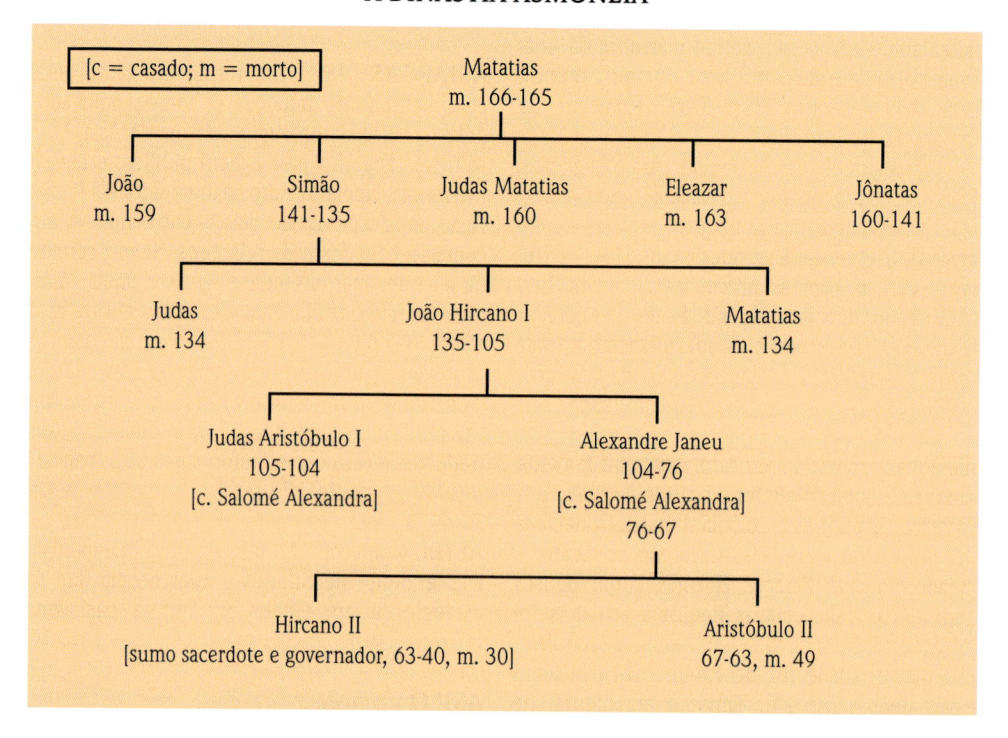

[c = casado; m = morto]

Matatias
m. 166-165

- João — m. 159
- Simão — 141-135
- Judas Matatias — m. 160
- Eleazar — m. 163
- Jônatas — 160-141

Filhos de Simão:
- Judas — m. 134
- João Hircano I — 135-105
- Matatias — m. 134

Filhos de João Hircano I:
- Judas Aristóbulo I — 105-104 [c. Salomé Alexandra]
- Alexandre Janeu — 104-76 [c. Salomé Alexandra] 76-67

- Hircano II [sumo sacerdote e governador, 63-40, m. 30]
- Aristóbulo II — 67-63, m. 49

três amigos, dando-lhes novos nomes babilônicos (Dn 1.7). Daniel desenvolveu um relacionamento próximo e cordial com ele.

ASQUENAZ Nome pessoal e nacional. Filho de Gômer (Gn 10.3) e antepassado originário de um povo chamado reino de Asquenaz (Jr 51.27). Geralmente identificado com os citas. V. *cita*.

ASRIEL, ASRIELITA Nome pessoal que significa "Deus tornou feliz". Filho de Gileade e clã na tribo de Manassés (Nm 26.31). Eles receberam uma parte na distribuição da terra (Js 17.2).

ASSADEIRA Superfície achatada na qual se cozinham alimentos (Lv 2.5; 6.21; 7.9). É provável que na Antiguidade as assadeiras fossem feitas de pedra. Em tempos posteriores eram feitas de ferro (Ez 4.3; "panela", *NVI)*.

ASSALARIADO Trabalhador contratado para realizar algum serviço. A lida de trabalhadores assim em geral é difícil (Jó 7.1-2). A Lei mosaica exigia que se pagasse aos assalariados no fim do dia, de modo que eles assim pudessem comprar o necessário para sua família (Dt 24.14,15). Os trabalhadores eram frequentemente explorados (Ml 3.5; Tg 5.4). O texto de Jo 10.12,13 contrasta a covardia do pastor assalariado com a preocupação pelo rebanho do dono, que o leva ao autossacrifício.

ASSAR O AT fala menciona com frequência o assar pães e bolos, parte principal das refeições dos hebreus e cananeus (Gn 19.3; Êx 12.39; Lv 26.26; 1Rs 17.12,13; Is 44.15). Os pães da presença (Lv 24.5) e outras ofertas (Lv 2.4-6) eram também assados. V. *pão; pães da presença; cozimento e aquecimento; comida; amassar, amassadeira*.

ASSASSINATO Tirar intencionalmente a vida humana. Dá-se grande valor à vida na Bíblia. As pessoas são criadas à imagem de Deus e chamadas para serem obedientes a ele, servi-lo e glorificá-lo. A vida humana é considerada dom divino. Por isso tirar a vida é visto como crime sério na Bíblia.

A proibição contra o assassinato é encontrada nos Dez Mandamentos, o coração da Lei (Êx 20.3; Dt 5.17). Assassinar é matar ilegalmente um ser humano. Tirar a vida de um ser humano deliberadamente usurpa a autoridade pertencente a Deus. A proibição contra o assassinato é a salvaguarda para proteção da dignidade humana. O AT (Gn 9.6) prescreveu que um assassino deveria estar preparado para pagar pelo crime com a própria vida. Em Nm 35.16-31 dá-se atenção especial para a determinação de a morte ter ocorrido por assassinato ou não.

Jesus ampliou o conceito de assassinato apenas como ato físico para englobar a intenção do coração de alguém (Mt 5.21,22). De acordo com Jesus, o assassinato de fato começa quando a pessoa perde o respeito por outro ser humano. Cuspir na face do outro, olhar com desprezo ou demonstrar raiva são sinais da presença de um espírito assassino. Jesus nos obriga a observar o espírito por trás da proibição do assassinato. Somos compelidos a fazer o que pudermos para proteger a vida do próximo e ajudá-la a florescer. O autor de 1Jo levou o ensino de Jesus às últimas consequências: "Quem odeia seu irmão é assassino, e vocês sabem que nenhum assassino tem a vida eterna em si mesmo" (1Jo 3.15). V. *imagem de Deus; lei, Dez Mandamentos, Torá*. — Glenn Saul

ASSEMBLEIA Reunião oficial do povo de Israel e da igreja. V. *congregação*.

ASSENTO DE NASCIMENTO Objeto sobre o qual uma mulher ficava sentada durante o trabalho de parto (Êx 1.16, *ARC*; *BJ* traz: "duas pedras"). O assento de nascimento pode ter sido de origem egípcia. A mesma palavra hebraica (*'ovnayim*) também é traduzida por "roda [de oleiro]" (Jr 18.3). V. *nascimento*.

ASSIR Nome pessoal que significa "prisioneiro". **1.** Filho de Corá (Êx 6.24), líder da rebelião contra Moisés (Nm 16.1-35). **2.** Bisneto do 1. acima (1Cr 6.23) ou neto do 1. acima com Elcana e Ebiasafe sendo irmãos (cf. 1Cr 6.37). **3.** Filho do rei Jeconias (ou Jeoaquim) em 1Cr 3.17 na *ARC* e *ACF*, mas esse termo provavelmente deve ser interpretado como um substantivo comum, "cativo", referindo-se a Jeconias (Jeoquim) (como está na *ARA*; cp. *NVI* que traz: "levado para o cativeiro").

ASSÍRIA

ASSÍRIA Nação no norte da Mesopotâmia nos tempos do AT que se tornou um grande Império na época dos reis israelitas. A expansão da Assíria para a região da Palestina (aproximadamente 855-625 a.C.) teve impacto significativo sobre os reinos hebreus de Judá e Israel.

História A Assíria estava situada ao norte da região da Babilônia às margens do rio Tigre (Gn 2.14) no norte da Mesopotâmia. O nome Assíria (heb., *Ashshur*) vem de Asshur (Assur), sua primeira capital, fundada em torno de 2000 a.C. A fundação de outras cidade, notavelmente Calá e Nínive, aparece em Gn 10.11,12.

A história da Assíria está bem documentada nos seus anais reais, inscrições de edificações, listas de reis, correspondência e outras evidências arqueológicas. Por 1900 a.C. essas cidades estavam fazendo comércio intenso com lugares tão distantes quanto a Capadócia no leste da Ásia Menor. Uma Assíria expandida entrou em guerra contra o famoso rei Hamurábi da Babilônia pouco antes de se diluir em pequenas cidades-Estado em torno de 1700 a.C.

A começar em 1300 a.C., uma Assíria reunificada fez rápidos avanços territoriais e logo se tornou uma potência mundial. Expandindo-se para o oeste, Tiglate-Pileser (1115-1077 a.C.) se tornou o primeiro monarca assírio a fazer seu exército marchar até o Mediterrâneo. Depois do seu assassinato, no entanto, a Assíria entrou num período de 166 anos de declínio.

A Assíria despertou dos seus sombrios anos sob Adade-Nirari II (911-891 a.C.), que restabeleceu a nação como potência a ser levada em consideração na Mesopotâmia. Seu neto, Assurnasirpal II (883-859 a.C.) conduziu a Assíria à condição de Império. Assurnasirpal II usou uma bem merecida reputação de crueldade para extorquir impostos e taxas de Estados ao alcance dos seus exércitos em campanhas predatórias. Também reconstruiu a cidade de Calá como a nova capital administrativa e militar. Painéis de pedra esculpida no palácio de Assurnasirpal mostram cenas violentas das campanhas odiosas do rei contra inimigos insubmissos.

Salmaneser III (858-824 A.C.), filho de Assurnasirpal, continuou a política de expansão assíria por meio das suas campanhas anuais em todas as direções. Essas já não eram meras campanhas predatórias. Antes, demonstravam a exploração econômica sistemática dos Estados vítimas. Como sempre, o fato de algum povo não se sujeitar conduzia à cruel ação militar. O resultado, no entanto, nem sempre era uma vitória completa da Assíria. Em tal contexto a Assíria enfrentou primeiramente os reinos hebreus da Bíblia. Em 853 a.C., em Qarqar no norte da Síria, Salmaneser combateu uma coligação de 12 reis incluindo Hadadezer (Ben-Hadade, 1Rs 20.26,34) de Arã-Damasco e Acabe de Israel. Esse confronto não é mencionado na Bíblia, mas pode ter acontecido durante um período de três anos de paz entre Israel e Arã-Damasco (1Rs 22.10). Nas suas inscrições oficiais Salmaneser alega vitória, mas a batalha foi inconclusiva. Em 841 a.C. ele finalmente derrotou Hazael de Damasco e no monte Carmelo recebeu tributo de Tiro, Sidom e do rei Jeú de Israel. Uma cena esculpida em relevo no obelisco negro de Salmaneser, escavado em Calá, mostra Jeú rastejando diante de Salmaneser, a única representação conhecida de um rei israelita.

Com a morte de Salmaneser, a Assíria entrou em outro período de declínio no qual ela foi ocupada pelo reino próximo de Urartu. No século que se seguiu somente um rei afetou seriamente a situação na Palestina. Adade-Nirari III (810-783 a.C.) entrou em Damasco, levando grande tributo de Ben-Hadade III. Ele provavelmente é o "libertador" de 2Rs 13.5, permitindo que Israel escapasse do domínio de Arã-Damasco. Não obstante, Adade-Nirari também coletou tributo de Jeoás de Israel.

Esses touros de monumento com face humana da Assíria datam do tempo de Assurnasirpal II (séc. IX a.C.).

A preocupação da Assíria com Urartu terminou com o reinado de Tiglate-Pileser III (744-727 a.C.). Como o verdadeiro fundador do Império Assírio, fez mudanças na administração dos territórios conquistados. Nações próximas da Assíria foram incorporadas como províncias. Outras foram deixadas com um governo nativo, mas sujeitas a um supervisor assírio. Tiglate-Pileser também instituiu uma política de deportações em massa para reduzir os sentimentos nacionalistas. Levou povos conquistados ao exílio para viver em terras desocupadas por outros exilados conquistados (cf. 2Rs 17.24).

Quando Tiglate-Pileser, também chamado Pul, chegou à costa da Fenícia, Menaém de Israel (2Rs 15.19) e Rezim de Arã-Damasco lhe levaram tributo e se tornaram vassalos da Assíria. Uma aliança anti-Assíria se formou rapidamente. Israel e Arã-Damasco atacaram Jerusalém em torno de 735 a.C. na tentativa de substituir o rei Acaz de Judá por um homem leal à aliança anti-Assíria (2Rs 16.2-6; Is 7.1-6) e assim forçar a participação de Judá. Contra os protestos de Isaías (Is 7.4,16,17; 8.4-8), Acaz clamou por socorro de Tiglate-Pileser (2Rs 16.7-9). Em reação a isso, Tiglate-Pileser fez campanha contra a Filístia (734 a.C.), reduziu Israel à área imediatamente circunvizinha de Samaria (2Rs 15.29; 733 a.C.) e anexou Arã-Damasco (732 a.C.), deportando a população. Acaz, por sua vez, tornou-se vassalo da Assíria (2Rs 16.10; 2Cr 28.16,20-22).

Pouco se sabe sobre o reinado do sucessor de Tiglate-Pileser, Salmaneser IV (726-722 a.C.), exceto que sitiou Samaria durante três anos como reação ao fato de Oseias não pagar tributos (2Rs 17.3-5). A cidade caiu finalmente diante de Salmaneser (2Rs 17.6; 18.9-12), que aparentemente morreu naquele mesmo ano. Seu sucessor, Sargom II (722-705 a.C.), levou o crédito nas inscrições reais assírias pela deportação de 27.290 habitantes de Samaria.

Sargom lutou na região para enfrentar rebeliões em Gaza em 720 a.C. e Asdode em 712 (Is 20.1). Ezequias de Judá se sentiu tentado a se unir à rebelião de Asdode, mas Isaías o advertiu contra tal ato (Is 18). Agitações causavam distúrbios em outras partes do Império. Um rei rebelde da Babilônia, Merodaque-Baladã, encontrou apoio em Elão, inimigo da Assíria a leste. Mesmo forçado a fugir da Babilônia em 710 a.C., Merodaque-Baladã voltou alguns anos mais tarde e reivindicou seu direito ao trono. Enviou emissários a Ezequias em Jerusalém (2Rs 20.12-19; Is 39) aparentemente como parte dos preparativos para uma revolta concertada contra a Assíria.

A notícia da morte de Sargom na batalha serviu como sinal para as forças anti-Assíria. Senaqueribe (704-681 a.C.) ascendeu ao trono em meio a uma revolta generalizada. Merodaque-Baladã, apoiado pelos elamitas, tinha inspirado a rebelião de todo o sul da Mesopotâmia. Uma série de Estados na Fenícia e Palestina também estavam em rebelião, conduzidos por Ezequias de Judá. Depois de subjugar a Babilônia, Senaqueribe voltou sua atenção para o oeste. Em 701 a.C. confirmou seu controle sobre as cidades-Estado da Fenícia, saqueou Jope e Ascalom e invadiu Judá onde Ezequias tinha feito consideráveis preparativos militares (2Rs 20.20; 2Cr 32.1-8,30; Is 22.8b-11). O próprio relato que Senaqueribe fez da invasão complementa de forma extraordinária a versão bíblica (2Rs 18.13—19.36). Afirma ter destruído 46 cidades muradas (2Rs 18.13) e ter levado 200.150 cativos. A conquista de Láquis por Senaqueribe é mostrada em detalhes vívidos nos painéis esculpidos no seu palácio em Nínive. No cerco de Láquis, um exército assírio foi enviado contra Jerusalém onde Ezequias foi "feito prisioneiro [...] como um pássaro numa gaiola". Três dos dignitários de Senaqueribe tentaram negociar a rendição de Jerusalém (2Rs 18.17-37), mas Ezequias continuou a suportar o cerco com o encorajamento de Isaías (2Rs 19.1-7,20-35). No final o exército assírio recuou, e Ezequias pagou um tributo enorme (2Rs 18.14-16). O relato assírio alega vitória sobre o exército egípcio e menciona o tributo de Ezequias, mas é muito vago acerca do final da campanha. A Bíblia menciona a aproximação do exército egípcio (2Rs 19.9) e relata a derrota milagrosa dos assírios pelo anjo do Senhor (2Rs 19.35,36). Heródoto, o historiador grego do séc. V a.C., conta que os assírios sofreram uma derrota porque uma praga de camundongos destruiu o equipamento deles. Não está certo se esses relatos podem ser combinados para se deduzir a eclosão de uma praga. Certamente, Senaqueribe sofreu um revés significativo, pois Ezequias foi o único regente da revolta a manter seu trono.

ASSÍRIA

Numa frente mais pacífica, Senaqueribe conduziu uma série de grandes projetos de construção na Assíria. A antiga cidade de Nínive foi reconstruída como a residência real e capital da Assíria. A guerra contra Elão, contudo, continuou, o que também influenciou a Babilônia a se rebelar novamente. Senaqueribe, enfurecido, arrasou a cidade sagrada em 689 a.C. Seu assassinato, às mãos de seus próprios filhos (2Rs 19.37) em 681 a.C., foi interpretado pelos babilônios como juízo divino por ele ter destruído sua cidade.

começaram imediatamente; mas os oficiais assírios descobriram a trama, capturaram os rebeldes e os enviaram a Nínive. O Egito se rebelou novamente em 665 a.C. Dessa vez Assurbanípal destruiu Tebas, também chamada de Nô-Amom (Na 3.8, *ARA*). Tentativas fenícias de revolta também foram suprimidas.

Um enorme touro estilizado com face humana do tempo de Sargom II da Assíria.

Esaradom (681-669 a.C.) surgiu como o novo rei e imediatamente começou a reconstrução da cidade de Babilônia, um ato que lhe rendeu a lealdade da população local. Guerreou contra tribos nômades ao norte e suprimiu uma rebelião na Fenícia, enquanto Manassés de Judá continuou um vassalo leal. Sua maior aventura militar, no entanto, foi a invasão do Egito realizada em 671 a.C. O faraó Taharqa fugiu para o sul quando Mênfis caiu diante dos assírios, mas voltou e fomentou uma rebelião dois anos depois. Esaradom morreu em 669 a.C. no seu caminho de volta para subjugar o Egito.

Depois de conduzir uma breve expedição contra as tribos do leste, Assurbanípal (668-627 a.C.), filho de Esaradom, se pôs a reconquistar o Egito. Auxiliado por 22 reis vassalos, incluindo Manassés de Judá, invadiu o Egito em 667 a.C. Derrotou o faraó Taharqa e tomou a antiga capital, Tebas. A mais de dois mil quilômetros de casa, Assurbanípal não teve alternativa a não ser reempossar os regentes locais que seu pai tinha nomeado no Egito e torcer pelo melhor. Planos de revolta

Estátua em basalto do rei assírio Salmaneser III.

Assurbanípal reinou no zênite da Assíria, mas também viu o início do seu rápido colapso. Dez anos depois da destruição de Tebas, o Egito se rebelou novamente. A Assíria não pôde fazer nada em virtude de uma guerra contra o Elão. Em 651 a.C. o irmão de Assurbanípal, o rei da Babilônia, organizou uma revolta bem difundida. Depois de três anos de batalhas contínuas a Babilônia foi subjugada, mas continuou cheia de sementes de ódio contra a Assíria. Seguiram-se ações contra tribos árabes, e a guerra contra Elão continuou até a vitória final assíria em 639 a.C. Naquele mesmo ano, os anais de Assurbanípal chegam a um fim abrupto. Com a morte de Assurbanípal em 627 a.C., a agitação aumentou. Em 626 a.C., a Babilônia tinha caído nas mãos do caldeu Nabopolassar.

Estados distantes, como Judá sob Josias, estavam livres para se rebelar sem temor. A guerra entre a Assíria e a Babilônia continuou até que, em 614 a.C., Asshur, a velha capital da Assíria, foi saqueada pelos medos. Então em 612 a.C. Calá foi destruída. Os exércitos conjugados dos babilônios e dos medos cercaram Nínive. Depois de dois meses a cidade caiu.

Um general assírio reivindicou o trono e reuniu o que tinha sobrado do exército assírio em Harã. Uma aliança com o Egito trouxe algumas tropas para auxiliar a Assíria, mas em 610 a.C. os babilônios se aproximaram, e Harã foi abandonada. Em 605 a.C., os últimos remanescentes do exaurido Império Assírio, com seus recentes aliados egípcios, foram subjugados na batalha de Carquemis. A Assíria já não existia mais.

Religião A religião assíria, como a da maioria dos povos do Oriente Médio, era politeísta. Essencialmente igual à religião dos babilônios, a religião oficial assíria reconhecia milhares de deuses; mas somente em torno de vinte eram realmente importantes.

Deuses novos eram geralmente associados com uma cidade mais nova ou com nenhum lugar. Adade, o cananeu Hadade, era o deus da tempestade e assim tanto benéfico quanto destrutivo. Ninurta, o deus da guerra e da caça, tornou-se um padroeiro adequado para a capital assíria Calá. Mais importante, no entanto, é a figura singular de Asshur. Como deus padroeiro e homônimo da capital originária Asshur e do próprio Estado, Asshur cresceu em importância para senhor do universo e deus supremo. Visto que o deus Asshur estava acima de todos os outros, o rei assírio estava obrigado a mostrar seu domínio correspondente sobre a terra. A maioria das campanhas militares assírias era iniciada "às ordens de Asshur". V. *Babilônia*. — *Daniel C. Browning, Jr.*

ASSÔS

Cidade portuária no golfo de Adramítio, um braço da costa leste do mar Egeu. Paulo visitou esse lugar brevemente e encontrou Lucas e outros ali quando navegava para Jerusalém na sua terceira viagem missionária (At 20.13,14).

ASSUERO Grafia hebraica de Xerxes, o rei no livro de Et (*ARA*, *ARC*). Na *NVI*, Xerxes. V. *Pérsia; Xerxes*.

Ruínas da antiga cidade portuária de Assôs no golfo de Adramítio

ASSUR, ASSURITAS, ASSURIM

ASSUR, ASSURITAS, ASSURIM (*ARA*, *ARC*) Nome pessoal e nacional. **1.** Filho de Sem (semita), como o povo hebreu (Gn 10.22). **2.** Tribo árabe desconhecida (Gn 25.3). Talvez haja uma alusão a essa tribo no oráculo de Balaão (Nm 24.22-24), mas uma referência à Assíria é mais provável. **3.** A nação da Assíria geralmente está em mente quando se usa o termo hebraico *Ashshur*. Esse é o sentido provável em Gn 10.11; Ez 27.23; 32.22; Os 14.3. V. *Assíria*.

ASSURBANÍPAL Último grande rei da Assíria que é identificado em Ed 4.10 como o rei da Assíria que capturou Susã, Elão e outras nações e estabeleceu seus cidadãos em Samaria.

Filho de rei, Esar-Hadom, parece ter sido o herdeiro a partir de aproximadamente 673 a.C. Reinou de fato entre 668 e 629 a.C. O legado de Assurbanípal é sua famosa biblioteca que continha mais de 20 mil tábuas de argila. A biblioteca estava localizada na capital assíria de Nínive e foi descoberta em 1853. Os copistas de Assurbanípal não somente transcreveram livros assírios, mas também preservaram literatura suméria e acádia. A maior parte do que sabemos do Império Assírio deriva dessa biblioteca.

Assurbanípal também se tornou conhecido pelo nome de "Osnapar" (*ARA*, *ARC*) e aparece na *ACF* como "Asnapar".

O seu nome aparece somente uma vez na Bíblia (Ed 4.10), o único relato de tal assentamento de povos em Samaria. Os gregos o chamavam Sardanapalus. seu reinado foi contemporâneo aos de Manassés, Amom e Josias, reis de Judá. V. *Assíria; Osnapar.* — M. Stephen Davis

Assurbanípal (668-629 a.C.) foi rei da Assíria durante seus anos de declínio. Esse relevo é de um período anterior da história assíria — o reino de Assurnasirpal II (883-859 a.C.).

ASSURI Aparentemente uma tribo ou clã sobre o qual governava Is-Bosete, filho de Saul (2Sm 2.9). A tradição textual entre as traduções mais antigas não está clara aqui, com alguma evidência de que seja uma menção à tribo de Aser ou à cidade-Estado de Gesur. As versões tradicionais fizeram desse termo hebraico em Ez 27.6 "bancos de marfim" para Tiro. A maioria dos tradutores modernos faz uma divisão diferente das palavras no texto hebraico e enxerga aqui um tipo de madeira usada: "pinho" (*A21*), "cipreste" (*NVI*). Se o texto original está se referindo em qualquer dos textos ao povo de Assur, não sabemos nada deles.

ASTAROTE é a forma plural do nome dessa deusa no hebraico. (A maioria das versões em português não faz a distinção; mas v. *BJ*: "astarte" e "astartes"). Deusa cananeia de fertilidade, amor e guerra, e filha do deus El e da deusa Aserá. **1.** O AT usa a forma plural, Astarote, com maior frequência do que o singular. As únicas referências no singular ocorrem em 1Rs 11.5,33 e 2Rs 23.13. Os escribas hebreus trocaram as vogais do nome 'Ashtart ou 'Ashteret pelas vogais da palavra hebraica para vergonha, *boshet*, para desonrar a memória da deusa. Essa troca de vogais formou a palavra 'Ashtoret. A forma grega do nome é *Astarte*.

Na mitologia cananeia aparentemente é irmã da deusa Anate e consorte do deus Baal. Anate também era consorte de Baal, assim como a deusa do amor e da guerra. Existe alguma confusão, portanto, acerca da relação entre Astarote e Anate. Anate e Astarote podem ter sido referências à mesma deusa, ou podem ter sido duas divindades distintas. Entre o povo da Palestina Astarote pode ter assumido a função de Anate. Os egípcios deram o título de "Senhora dos Céus" a Astarte, Anate e outra deusa, Qudshu. Em Moabe, Astarte era consorte do deus principal, Camos. Os babilônios e assírios a chamavam Ashtar e a cultuavam como deusa da fertilidade e do amor. O povo do antigo Oriente Médio durante os períodos helenista e romano se referiam a ela como Afrodite-Vênus.

Aparentemente a palavra "ashtaroth" ao menos em uma ocorrência significa "útero" ou "aquilo que vem do útero". Essa palavra, "ashtaroth", aparece em Dt 7.13 e 28.4,18,51 para descrever os cordeirinhos de um rebanho. Esse uso pode comprovar o elo entre a deusa Astarote e a fertilidade.

Os autores bíblicos frequentemente associavam Baal a Astarote como uma designação da adoração pagã (Jz 2.13; 10.6; 1Sm 7.3,4; 12.10). Além de ser adorada pelos cananeus, o AT menciona os sidônios (1Rs 11.5) e os filisteus (1Sm 31.10) como os que a cultuavam. Em Bete-Seã os filisteus erigiram um templo para Asterote (1Sm 31.10). A referência à "Rainha dos Céus" (Jr 7.18) pode ter em mente Astarote, mas isso é incerto. Os israelitas a cultuavam, e os autores bíblicos se referem especificamente à liderança de Salomão na promoção da adoração a Astarote (1Rs 11.5). Ela era apenas uma entre muitas divindades estrangeiras reverenciadas pelos israelitas. Josias destruiu os altares construídos para ela (2Rs 23.13).

2. Documentos egípcios datando a partir do séc. XVIII a.C. se referem a uma cidade chamada Ashtartu ou Astarote na região de Basã. Em Js 21.27 há uma cidade com o nome de Beesterá em Basã, enquanto se diz que um homem chamado Uzia é de Asterote (1Cr 11.44). Ogue, rei de Basã, reinou na cidade de Astarote (Dt 1.4; Js 9.10; 12.4; 13.12,31). Os filhos de Maquir a receberam como parte da sua herança na terra (Js 13.31; 1Cr 6.71).

Uma vez a cidade é chamada "Asterote-Carnaim" (Gn 14.5) ou "Asterote dos dois chifres". Um molde de pedra do séc. XVII a.C. para a confecção de figuras de bronze de Astarte foi escavado em Nahariyah. Era representada com dois chifres na cabeça. Muitas outras figuras de argila de Astarte foram encontradas em sítios em toda a Palestina. O nome da cidade, Astarote, pode refletir o fato de que a deusa com esse nome era cultuada pelos cidadãos desse povoado.

A cidade estava localizada onde fica a atual Tel Ashtarah a cerca de 32 quilômetros a leste do mar da Galileia. Estava localizada junto a uma via de acesso importante da *Via Maris*, ou Caminho do Mar e próxima do Caminho do Rei, a via principal de trânsito a leste do Jordão. — *Scott Langston*

ASTARTE V. *Astarote*.

ASTEROTE-CARNAIM V. *Astarote*.

ASTRÓLOGO Pessoa que "dividia os céus" (tradução literal da expressão hebraica, Is 47.13) para determinar o futuro. Particularmente os babilônios desenvolveram métodos sofisticados para ler as estrelas e assim determinar as épocas adequadas para alguma ação. O profeta zombou dos esforços incansáveis e cansativos da Babilônia na astrologia. Daniel mostra repetidamente que os mágicos profissionais e bem treinados da Babilônia não chegavam aos pés de Daniel e seus amigos. Daniel aparentemente trata de mágicos e mestres dos encantamentos e feitiços, não de astrólogos. Os "caldeus" de Dn 2.2; 4.7; 5.7,11 (*ARA*, *BJ*) talvez sejam a referência mais próxima a "astrólogos" no livro (algumas versões trazem de fato "astrólogos", *NVI*, *ARC*). A Bíblia não tenta descrever as habilidades, táticas ou métodos de pessoas estrangeiras engajadas em diversas práticas para determinar o tempo oportuno. Antes a Bíblia zomba de tais práticas e mostra que a Palavra de Deus aos profetas e sábios de Israel ultrapassa em muito as habilidades estrangeiras.

ASUR (A *ARA* diferencia entre "Azur" [1Cr 2.24] e "Asur" [1Cr 4.5]). Nome pessoal que significa "ser negro" ou "pertencente a Isara". Filho de Hezrom, nascido depois da morte de seu pai (1Cr 2.24). Ele tinha duas esposas, e cada uma lhe deu filhos (1Cr 4.5-7). Seu título, "pai de Tecoa" (*ARA*), pode indicar que ele fundou a cidade que mais tarde se tornou famosa pelo profeta Amós nascido ali (*NVI*: "fundador de Tecoa"). Alguns estudiosos entendem que Calebe foi pai de Asur segundo 1Cr 2.24. V. *Tecoa*.

ASVATE Nome pessoal que significa "aquilo que foi forjado" (como o ferro). Descendente de Aser (1Cr 7.33).

ATACE Nome de lugar que significa "atacar". Cidade no sul de Judá à qual Davi enviou despojos de guerra enquanto fugia de Saul entre os filisteus (1Sm 30.30). Talvez o mesmo que Eter (Js 15.42), uma pequena mudança de cópia causando a diferença. V. *Eter*.

ATADE Nome pessoal que significa "espinho". Proprietário de uma eira, a leste do rio Jordão na qual José parou para lamentar a morte de seu pai antes de levar o corpo embalsamado de Jacó e cruzar o Jordão para Macpela para o sepultamento. O lugar era chamado Abel-Mizraim (Gn 50.10,11). V. *Abel-Mizraim*.

ATAI Nome pessoal que significa "em tempo", "oportuno". **1.** Membro do clã de Jerameel da tribo de Judá (1Cr 2.35,36). **2.** Guerreiro da tribo de Gade que serviu a Davi no deserto enquanto este fugia de Saul (1Cr 12.11). **3.** Filho de Maaca (2Cr 11.20), mulher preferida e amada do rei Roboão de Judá (931-913 a.C.).

ATAÍAS Líder da tribo de Judá que vivia em Jerusalém no tempo de Neemias (Ne 11.4).

ATALIA Nome pessoal que significa "Javé anunciou sua natureza exaltada" ou "Javé é justo". Mulher de Jeorão, rei de Judá, e mãe de Acazias, rei de Judá. Ela era ou filha de Acabe e Jezabel de Israel (2Rs 8.18) ou de Onri, rei de Israel (2Rs 8.26; de acordo com uma leitura literal do texto na *KJV* [assim também a *ARA* e *ARC*]; uma interpretação do texto amplia a palavra hebraica para "filha" para significar descendente feminina e assim "neta" [*NVI*]). Alguns têm sugerido que Onri foi seu pai, mas seu irmão Acabe a criou no palácio e assim assumiu o papel de seu pai. Levou a devoção do Reino do Norte a Baal à corte de Judá. Exerceu grande influência política no reinado de um ano de seu filho (2Rs 8.27,28). Com a morte de seu filho decorrente de ferimentos em batalha, tentou obter poder para si ao ordenar a morte de todos os herdeiros homens (2Rs 11.1-3), sendo a única mulher a fazê-lo. Finalmente, o sacerdote Joiada liderou uma revolta, coroando rei o menino Joás e causando a morte de Atalia (2Rs 11.5-20).

ATÁLIA Cidade portuária na costa norte do Mediterrâneo na Ásia Menor na qual Paulo parou brevemente na sua primeira viagem missionária (At 14.25). A atual Atalya continua como um pequeno porto com algumas ruínas antigas.

ATALIAS Nome pessoal que significa "Javé anunciou sua natureza exaltada" ou "Javé é justo". **1.** Filho de Jeorão na tribo de Benjamim (1Cr 8.26). **2.** Pai de Jesaías, que trouxe 70 homens do exílio de volta a Jerusalém com Esdras (Ed 8.7).

ATARA Nome pessoal que significa "coroa" ou "grinalda". Segunda mulher de Jerameel e mãe de Onã (1Cr 2.26).

ATARIM Palavra hebraica de significado incerto. Denomina uma estrada que o rei de Arade tomou para atacar Israel sob Moisés. Depois de um revés inicial, Israel orou e chegou à vitória sob a condução de Deus (Nm 21.1-3). A *ARC* traduz o termo por "[caminho dos] espias" seguindo a *LXX*, a mais antiga tradução grega. Traduções recentes simplesmente transliteram o hebraico. O local talvez seja Tamar a alguns quilômetros ao sul do mar Morto.

ATAROTE Nome de lugar que significa "coroas". **1.** Cidade pleiteada e construída pela tribo de Gade (Nm 32.3,34). Messa, rei de Moabe, aproximadamente em 830 a.C. afirma ter capturado Atarote, mas admite que ela pertencia a Gade "desde outrora" e tinha sido construída por um rei israelita. Estava localizada onde fica a atual Khirbet Attarus, a 13 quilômetros a noroeste de Dibom e 13 quilômetros a leste do mar Morto. **2.** Povoado na divisa entre Benjamim e Efraim (Js 16.2,7). Talvez seja a atual Khirbet el-Oga no vale do Jordão.

ATAROTE, ATAROTE-BETE-JOABE Nome de lugar que significa "coroas da casa de Joabe". "Descendente" de Calebe e Hur (1Cr 2.54), o nome evidentemente se refere a um povoado perto de Belém.

ATAROTE-ADAR Nome de lugar que significa "coroas de glória". Cidade fronteiriça em Efraim (Js 16.5), na divisa com Benjamim (Js 18.13), provavelmente a atual Khirbet Attara no sopé de Tel en-Nasbeh ou possivelmente idêntica com Tel en-Nasbeh e assim com a bíblica Mispá.

ATENAS Capital da Ática, antigo distrito no centro-leste da Grécia, onde Paulo pregou aos filósofos gregos (At 17.15-34). Paulo viu que os atenienses eram muito religiosos e até tinham um altar dedicado ao deus desconhecido. Baseou o sermão nesse fato. Embora alguns convertidos tenham sido ganhos para a fé em Cristo, não há registros bíblicos de uma igreja viável sendo estabelecida ali. A cidade, que provavelmente foi nomeada segundo a deusa da

O Partenão na acrópole em Atenas.

sabedoria Atena, já era um lugar antigo na época em que Paulo a visitou. De fato, a ocupação humana da área parece datar de antes de 3000 a.C. No séc. VI a.C. Atenas se tornou o palco do primeiro grande experimento mundial de um governo democrático. Foi destruída pelos persas no início do séc. V a.C., mas na administração de Péricles a cidade foi reconstruída e transformada numa maravilha arquitetônica. A parte alta da cidade, conhecida como a acrópole, é o lugar em que foram construídos o Partenão e outros templos.

ATER Nome pessoal que significa ou "aleijado" ou "canhoto". Clã do qual retornaram 98 do exílio na Babilônia com Zorobabel em aproximadamente 537 a.C. (Ed 2.16). Eles eram porteiros do templo (Ed 2.42). O chefe do clã assinou o acordo de Neemias para obedecer à Lei de Deus (Ne 10.17).

ATLAI Nome pessoal que significa "Javé é exaltado". Homem que concordou (Ed 10.28) sob a liderança de Esdras em se divorciar de sua mulher estrangeira e voltar à fidelidade a Javé.

ATOS, LIVRO DE Situado imediatamente após os quatro Evangelhos no NT, o livro de At é a segunda parte de uma obra (a primeira parte é o evangelho de Lc) que começa com a declaração de Lucas sobre seu propósito ao escrever e termina com Paulo preso em sua casa em Roma (62 d.C.). O livro de At é uma fonte importante da História da Igreja nos primórdios, documentando a realização da tarefa dada aos apóstolos pelo Cristo ressurreto em At 1.8: "[vocês] serão minhas testemunhas em Jerusalém, em toda a Judeia e Samaria, e até os confins da terra". Os papéis de Pedro e Paulo são destacados especialmente na difusão do evangelho até Roma. Os discursos em At, que constituem aproximadamente um terço do livro, são ricos em sólida teologia.

Embora ecos de At apareçam tão precocemente quanto em *1 Clemente* (c. 95-100 d.C.) e no *Didaquê* (início do séc. II), as referências de identidade mais antigas aparecem na *Primeira* e *Segunda Apologias* de Justino, o Mártir (c. 130-150 d.C.),. O título atual do livro foi determinado perto do fim do séc. II.

No final do séc. II, a autoria do evangelho de Lc e do livro de At era comumente atribuída a

ATOS, LIVRO DE

A

Atenas, Grécia, no séc. I, como era na época de Paulo. A vista é do noroeste da Agora da cidade baixa, que está no primeiro plano. A Acrópole (cidade alta) com o famoso Partenão dedicado a deusa Atena estão ao fundo. O Aeropago (monte Marte) do qual Paulo falou aos cidadãos de Atenas está à direita.

ATOS, LIVRO DE

A

ATOS, LIVRO DE

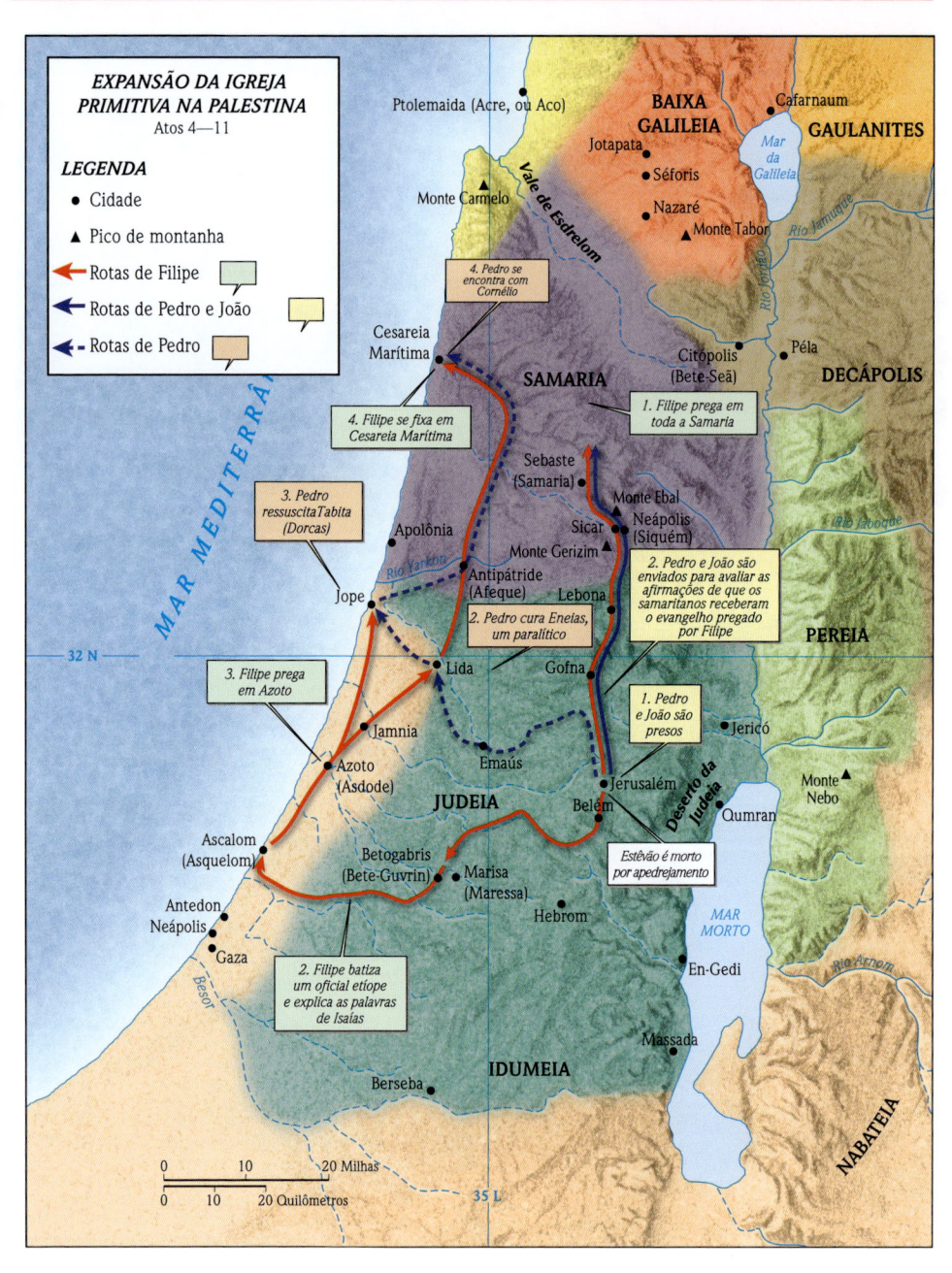

EXPANSÃO DA IGREJA PRIMITIVA NA PALESTINA
Atos 4—11

LEGENDA
- ● Cidade
- ▲ Pico de montanha
- → Rotas de Filipe
- → Rotas de Pedro e João
- ⇢ Rotas de Pedro

Locais indicados no mapa:

- Ptolemaida (Acre, ou Aco)
- Cafarnaum
- BAIXA GALILEIA
- GAULANITES
- Jotapata
- Séforis
- Mar da Galileia
- Monte Carmelo
- Nazaré
- Monte Tabor
- Vale de Esdrelom
- Rio Jarmuque
- Rio Jordão
- 4. Pedro se encontra com Cornélio
- Cesareia Marítima
- SAMARIA
- Citópolis (Bete-Seã)
- Péla
- DECÁPOLIS
- 4. Filipe se fixa em Cesareia Marítima
- 1. Filipe prega em toda a Samaria
- Sebaste (Samaria)
- Monte Ebal
- Neápolis (Siquém)
- Sicar
- 3. Pedro ressuscita Tabita (Dorcas)
- Apolônia
- Monte Gerizim
- Rio Jaboque
- Rio Yarkon
- Antipátride (Afeque)
- Lebona
- 2. Pedro e João são enviados para avaliar as afirmações de que os samaritanos receberam o evangelho pregado por Filipe
- PEREIA
- Jope
- 2. Pedro cura Enéias, um paralítico
- Lida
- Gofna
- 3. Filipe prega em Azoto
- 1. Pedro e João são presos
- Jericó
- Jamnia
- Emaús
- Jerusalém
- Monte Nebo
- Azoto (Asdode)
- Belém
- Deserto da Judeia
- Qumran
- JUDEIA
- Estêvão é morto por apedrejamento
- Ascalom (Asquelom)
- Betogabris (Bete-Guvrin)
- Marisa (Maressa)
- Hebrom
- MAR MORTO
- Antedon
- Neápolis
- Gaza
- 2. Filipe batiza um oficial etíope e explica as palavras de Isaías
- En-Gedi
- Rio Arnon
- Besor
- Berseba
- IDUMEIA
- Massada
- NABATEIA
- MAR MEDITERRÂNEO

Lucas, a quem Ireneu descreveu como médico e companheiro de viagens de Paulo. Ele observou e considerou que as ocorrências da segunda pessoa do plural nos últimos capítulos (os trechos com o sujeito "nós") apontavam para o fato de o autor ser companheiro de viagens de Paulo. Desde Ireneu, a opinião patrística está unida no apoio à autoria de Lucas e a evidência interna aponta também para a autoria comum. Estilo e vocabulário comuns estão presentes nos dois livros, bem como temas idênticos. Os prefácios de ambos os livros afirmam a autoria comum: os dois foram dedicados à mesma pessoa (Teófilo), e as narrativas da ascensão no fim de Lucas e no começo de Atos unem os livros.

Muitos estudiosos situam Lc numa data anterior a 64 d.C. porque At termina abruptamente depois de Paulo estar em Roma por dois anos. A ausência do relato do restante da vida e ministério de Paulo seria explicada se o livro tivesse sido escrito por volta desse tempo (c. 62-64 d.C.). A teologia primitiva dos discursos de Pedro e a ausência de qualquer referência às perseguições que Nero infligiu aos cristãos (64-67 d.C.) também dão apoio a essa data. Esses argumentos não são determinantes, no entanto, e talvez At termine assim porque Lucas atingiu o propósito de descrever a expansão do evangelho até Roma. Três predições sobre a queda de Jerusalém em Lc (19.41-44; 21.20-24; 23.28-31) possivelmente reflitam o conhecimento do autor a respeito da queda dessa cidade diante do exército romano em 70 d.C. Contudo, também poderiam refletir predições autênticas feitas por Jesus antes dos fatos. O uso aparente do evangelho de Mc como fonte de Lc também sugere uma data posterior a 62 d.C., e as tradições mais antigas também indicam que Marcos escreveu seu evangelho com base nas memórias de Pedro, depois da morte deste (c. 67-68 d.C.). Obviamente At foi escrito depois de Lc, mas não muito tempo após. Muitos estudiosos também defendem datas entre 70 e 90 d.C. para At (a maioria delas na metade desse período ou em torno de 80 d.C.). Embora datas entre 95 e 100 d.C. ou mesmo entre 125 e 150 d.C. tenham sido sugeridas, são indefensáveis.

As opiniões sobre o lugar da composição e o destino originário de At variam muito. Lc e At são endereçados a Teófilo, possivelmente um cidadão romano de alguma proeminência, mas todas as tentativas de ser mais específico são especulativas. O conteúdo de At parece dirigido ao público que incluía cristãos gentios e judeus. Antioquia da Síria e Roma são as sugestões mais comuns para a procedência de At. Mesmo assim, talvez Lucas tivesse em mente escrever suas obras para um público sem fronteiras, pois foram, de fato, distribuídas e apreciadas amplamente desde o início.

Lucas afirmou ter usado todas as fontes disponíveis na preparação para compor seu registro (Lc 1.1-4). Muitas sugestões têm sido feitas quanto às fontes documentais usadas por Lucas para escrever At, mas todas essas propostas são altamente subjetivas e especulativas. A. Harnack, que defendia a autoria de Lc, postulou fontes para At 1—15 de certos locais como Antioquia, Cesareia e Jerusalém. Ele cria que Lucas teria recorrido à própria memória para escrever At 16—28. C. C. Torrey sugeriu o aramaico como língua original por trás de At 1—15 pela existência de muitos "semitismos" no texto. Outros têm observado que os dados podem são explicáveis pela comparação com a *LXX*, a tradução grega do AT, a Bíblia usada pela maioria na igreja primitiva.

Diversas soluções têm sido sugeridas para os trechos com o sujeito "nós" de At 16—28. A posição tradicional, e a mais factível, é o reflexo da presença de Lucas quando esses eventos ocorreram. Outras sugestões incluem o uso do diário de um companheiro de Paulo como fonte para um autor posterior. Alguns sugerem que o uso de "nós" seja simplesmente um artifício editorial que não significa a presença de uma testemunha ocular.

Mesmo que fontes escritas de At não possam ser verificadas, Lucas tinha acesso a tradições locais de comunidades de cristãos, relatos de testemunhas oculares e memórias passadas adiante nas igrejas. Esses tipos de fontes podem explicar, p. ex., detalhes como o trabalho do evangelista Filipe e as conversões na casa de Cornélio. Embora haja sobreposição de conteúdo entre as cartas de Paulo e At, não há indicação clara de que Lucas tivesse acesso às epístolas. Talvez as cartas de Paulo não tivessem sido coletadas ainda, mas estivessem ainda nas igrejas às quais foram enviadas. Lucas evidentemente não teve acesso a elas ou não as considerou pertinentes ao propósito de escrever At: descrever a expansão do evangelho até Roma.

A identidade do texto original de At apresenta um problema especial. As testemunhas mais antigas do texto divergem mais que as de qualquer outro livro do NT. O texto "ocidental" de At difere significativamente do "alexandrino", sendo quase 10% mais extenso. O texto alexandrino é considerado anterior e mais confiável, e os tradutores modernos da Bíblia o seguem no caso de At. V. *crítica textual do Novo Testamento.*

Como escritor, Lucas está entre os melhores do NT. Escreveu com evidente intencionalidade como historiador e teólogo. Seu evangelho seguiu o novo gênero de que Marcos foi o pioneiro.

O livro de At também tem muito em comum com o gênero da monografia histórica helenista. As narrativas de At também demonstram grande semelhança com relatos das narrativas do AT de temas como o chamado dos profetas e os comissionamentos. Seu tratamento das carreiras de Pedro e Paulo também é paralelo às narrativas da vida de Jesus nos evangelhos.

Lucas tem sido descrito como o mais "grego" dos autores do NT. Ironicamente, esse gentio escreveu 27% do texto do NT. Escreveu em bom grego coiné e frequentemente imitou autores gregos clássicos. As obras de Lucas também estão embebidas do AT. Encontramos 90% do seu vocabulário na *LXX*. V. *grega, língua*.

Uma das características mais marcantes de At é a presença de muitos discursos. Perfazem aproximadamente um terço do livro, em torno de trezentos dos aproximadamente mil versículos de At. No total há 24 discursos, oito de Pedro, nove de Paulo e sete de outras pessoas. Dez podem ser descritos como discursos importantes: três sermões missionários de Pedro (At 2; 3; 10), três discursos missionários de Paulo (At 13; 17; 20), três defesas de Paulo (At 22; 24; 26) e o discurso de Estêvão diante do Sinédrio (At 7). Os discursos de At provavelmente são resumos, exemplos do que foi dito, mas não relatos completos. Se cada discurso tivesse sido relatado plenamente, o livro seria muito mais extenso. O estilo de Lucas está presente de modo quase uniforme em todos os discursos pronunciados pelas diferentes personagens, indicando sua mão em ação na escolha do material resumido a ser relatado no livro. A diversidade completa de conteúdo e argumentação dos discursos sugere relatos confiáveis do que foi dito por aqueles que os pronunciaram. Comportam um toque inequívoco de autenticidade. O livro de At nos dá acesso às declarações da igreja mais antiga.

Lucas utilizou outras formas de material. Em comum com os evangelhos, empregou histórias de milagres. A diferença é que nos evangelhos Jesus agia com base na própria autoridade, e em At os apóstolos agem somente com base na autoridade de Jesus, nunca na própria. As narrativas de viagem são usadas de forma eficaz em At e diferem das descrições das viagens de Jesus em Lc. Com notável intencionalidade retratam a difusão do evangelho de uma região para outra em cada viagem missionária de Paulo. Grande parte do texto consiste em episódios breves às vezes descritos como histórias edificantes. Um bom exemplo é At 19, dedicado a uma série de breves encontros com diversas pessoas e grupos. Lucas usou essas vinhetas breves para ilustrar o sucesso dos esforços missionários de Paulo. Também usou de forma eficiente resumos breves para uma diversidade de propósitos. Diferentemente dos episódios, os resumos generalizam, dando uma impressão ampla das características principais das primeiras comunidades de cristãos.

A personalidade de Lucas reflete-se nos escritos. Era um hábil contador de histórias, usava o suspense, a ironia e a percepção dos detalhes. Descreveu cuidadosamente procedimentos náuticos e detalhou vários lugares de alojamento e refeições compartilhadas. Lucas tinha grande interesse pelos pobres, necessitados, oprimidos e marginalizados. Mostrou a proeminência das mulheres no ministério de Jesus e na vida da igreja primitiva.

Embora muitos opinem de maneira diferente, a obra de Lucas tem muito em comum com outras obras da historiografia helenista. Situou com cuidado os acontecimentos descritos no contexto histórico mais amplo do Império Romano. Por meio de seleção, ênfase e análise transmitiu o significado dos eventos descritos. Lucas destacou de forma especial o reconhecimento da legitimidade da primeira igreja por observadores e autoridades romanos em diversas ocasiões.

Seria justo chamar Lucas de teólogo. Ele enxergava a história da igreja primitiva por meio dos olhos da fé e percebia marcas constantes da providência divina. Manteve a confiabilidade do historiador, mas escreveu do ponto de vista interno da igreja primitiva, não de um ponto de vista de imparcialidade total. Os temas teológicos de Lucas têm sido sugeridos por diversos estudiosos. Hans Conzelmann via a história da salvação como o tema principal de Lc. Ernst Käsemann via a forte influência da igreja institucional dos primórdios em At.

Duas observações acerca da teologia de At precisam ser ressaltadas. Primeira, embora o evangelho de Lc e At estejam interligados, sua teologia deve ser considerada em separado. São autônomas. Segunda, a teologia de At é transmitida primordialmente no movimento narrativo de repetição e ênfase dos temas recorrentes. É uma teologia narrativa. A cristologia de At é uma cristologia messiânica altamente desenvolvida, encontrada principalmente nos discursos para os judeus, fundamentada no testemunho do AT. Essa cristologia messiânica inclui a expiação propiciada pela morte de Cristo e a confirmação do messiado provida pela ressurreição. O livro de At está em harmonia com a soteriologia de Paulo, embora não seja apresentada de forma sistemática.

O propósito de At é o declarado no volume um (evangelho de Lc), Lc 1.4: "para que tenhas a certeza das coisas que te foram ensinadas". Ele atingiu esse alvo por meio de pesquisa detalhada e da apresentação cronológica dos acontecimentos. Sua plateia imediata era Teófilo, mas Lucas certamente esperava que suas obras fossem copiadas e difundidas. Alguns têm sugerido que Lucas escreveu para se opor a algum falso ensino, como o gnosticismo, mas isso é muito questionável.

O livro de At é caracterizado pela multiplicidade de temas. E At 1.8 formula o tema geral da propagação do evangelho de Jerusalém até os confins da terra. A ideia de que a missão da igreja está sob o controle direto da providência divina talvez seja o tema isolado mais forte da teologia de At. O papel do Espírito Santo é parte da ênfase na providência de Deus. Grande parte do livro de At se ocupa com o testemunho aos judeus e a possibilidade da restauração de Israel quando esse povo aceitar seu Messias. Se, por um lado, At apresenta um quadro de rejeição maciça do evangelho por parte dos judeus e sua consequente exclusão do povo de Deus, também apresenta o outro lado — a inclusão dos gentios no povo de Deus. Não é uma questão de exclusão de um e inclusão do outro. Antes, é a história de como os primeiros cristãos judeus foram levados por Deus à visão de um povo de Deus mais inclusivo, uma igreja que transcendia todas as barreiras da discriminação e preconceito humanos.

O conceito do testemunho fidedigno une as duas partes de At. A segunda parte do livro destaca o relacionamento dos cristãos com as autoridades políticas romanas por meio de dois padrões repetidos: primeiro, a nota constante de que Paulo era inocente de violar qualquer lei romana, e de que isso era reconhecido e confirmado pelos oficiais romanos; segundo, os oficiais romanos intervieram para salvar Paulo das ameaças à sua vida por parte dos judeus. Paulo era um modelo de como os cristãos deveriam se relacionar com a autoridade e usou seus direitos de cidadão romano para a promoção do evangelho, chegando até a corte de César em Roma. Por meio do exemplo de Paulo, Lucas estabelece uma agenda política realista para seus leitores: não deem nenhuma razão para acusações contra eles; usem todos os direitos legais que tiverem; estejam dispostos a sofrer pela fé; e deem testemunho sempre e em todos os lugares em que puderem. Até Roma poderia ser ganha para Cristo.

A história de At talvez possa ser resumida em uma expressão: "O triunfo do evangelho". Trata-se da história triunfante de como a comunidade cristã primitiva saturou seu mundo com a mensagem da salvação de Deus em Jesus Cristo no poder do Espírito. Não foi um caminho fácil. Houve obstáculos internos, e velhas pressuposições foram questionadas. Opiniões tiveram de ser reavaliadas, e preconceitos foram vencidos à medida que o Espírito conduzia a comunidade a ser um povo de Deus cada vez mais inclusivo.

Um perigo é a arrogância de uma "teologia da glória" tendenciosa. Visto de forma correta, não há lugar para a arrogância aqui — apenas humildade e abertura para a orientação divina. O triunfo não é das testemunhas — é da Palavra — e só quando as testemunhas são servos fiéis do Senhor Jesus. O livro de At é no sentido real um livro de renovação ao chamar a Igreja de volta às origens, estabelecendo o padrão para o discipulado fiel, para o testemunho nos passos do Mestre e a disposição total para o sacrifício e sofrimento. Fala conosco mesmo em épocas de desânimo profundo, lembrando-nos da realidade da mão soberana de Deus que faz valer sua vontade e propósitos na nossa vida, assegurando-nos da realidade da presença do seu Espírito na nossa existência. Desafia-nos ao testemunho fiel, não importa o que cruzar nosso caminho.

O livro de At pode ser naturalmente dividido em duas partes: a missão da igreja de Jerusalém (At 1—12) e a missão de Paulo (At 13—28). Cada parte pode ser dividida em

ATOS, LIVRO DE

outras duas partes principais. Na parte referente a Jerusalém, At 1—5 trata da primeira igreja de Jerusalém, At 6—12 trata dos esforços evangelísticos para além de Jerusalém. Na parte paulina, At 13.1—21.16 narra as três principais viagens missionárias de Paulo, At 21.17—28.31 trata da defesa que Paulo faz do seu ministério.

Esboço

I. O Espírito capacita a igreja para o testemunho (1.1—2.47)
   A. Prólogo literário (1.1,2)
   B. Instruções preparatórias para o Pentecoste (1.3-5)
   C. O legado de Cristo: o chamado ao testemunho (1.6-8)
   D. A ascensão de Cristo (1.9-11)
   E. Preparativos na sala superior (1.12-14)
   F. Restauração do círculo apostólico (1.15-26)
   G. Milagre no Pentecoste (2.1-13)
   H. Sermão de Pedro no Pentecoste (2.14-41)
   I. A vida comunitária (2.42-47)

II. O testemunho dos apóstolos aos judeus em Jerusalém (3.1—5.42)
   A. Pedro cura um pedinte coxo (3.1-11)
   B. O Sermão de Pedro no Pórtico de Salomão (3.12-26)
   C. Pedro e João diante do Sinédrio (4.1-22)
   D. A oração da comunidade (4.23-31)
   E. A vida comunitária (4.32-37)
   F. Uma ameaça séria à vida comum (5.1-11)
   G. Os milagres operados pelos apóstolos (5.12-16)
   H. Todos os apóstolos diante do Conselho (5.17-42)

III. Os helenistas rompem a barreira para o testemunho mais amplo (6.1—8.40)
   A. Apresentação dos sete (6.1-7)
   B. Estêvão é preso e julgado (6.8—7.1)
   C. O discurso de Estêvão diante do Sinédrio (7.2-53)
   D. O martírio de Estêvão (7.54—8.1a)
   E. Perseguição e dispersão dos helenistas (8.1b-3)
   F. O testemunho de Filipe (8.4-40)

IV. Pedro se une ao testemunho mais amplo (9.1—12.25)
   A. O novo testemunho que Paulo dá de Cristo (9.1-31)
   B. O testemunho de Pedro nas cidades da costa marítima (9.32-43)
   C. O testemunho de Pedro para um gentio temente a Deus (10.1—11.18)
   D. O testemunho de Antioquia para os gentios (11.19-30)
   E. Nova perseguição em Jerusalém (12.1-25)

V. Paulo vai para os gentios (13.1—15.35)
   A. Paulo e Barnabé são comissionados (13.1-3)
   B. A conversão de Sérgio Paulo em Chipre (13.4-12)
   C. O discurso de Paulo à Sinagoga em Antioquia da Pisídia (13.13-52)
   D. Aceitação e rejeição em Icônio (14.1-7)
   E. Pregando a pagãos em Listra (14.8-21a)
   F. A volta dos missionários a Antioquia (14.21b-28)
   G. Debate em Jerusalém acerca da aceitação dos gentios (15.1-35)

VI. Paulo testemunha ao mundo grego (15.36—18.22)
   A. Paulo se separa de Barnabé (15.36-41)
   B. Segunda visita a Derbe, Listra e Icônio (16.1-5)
   C. Chamado à Macedônia (16.6-10)
   D. Testemunho em Filipos (16.11-40)
   E. Igrejas estabelecidas em Tessalônica e Bereia (17.1-15)
   F. Testemunho aos intelectuais de Atenas (17.16-34)
   G. Uma igreja estabelecida em Corinto (18.1-17)
   H. Retorno a Antioquia (18.18-22)

VII. Paulo enfrenta a oposição de gentios e judeus (18.23—21.16)
   A. Apolo em Éfeso (18.23-28)
   B. Paulo testemunha aos discípulos de João (19.1-7)
   C. A pregação de Paulo em Éfeso (19.8-12)
   D. O encontro de Paulo com a falsa religião em Éfeso (19.13-20)

E. A determinação de Paulo de ir a Jerusalém (19.21,22)
F. Oposição exercida pelos artesãos de Éfeso (19.23-41)
G. A viagem de Paulo a Jerusalém (20.1—21.16)

VIII. Paulo testemunha aos gentios, reis e o povo de Israel (21.17—26.32)
A. Paulo testemunha aos Judeus (21.17—23.35)
B. Paulo testemunha aos gentios e ao Rei dos Judeus (24.1—26.32)

IX. Paulo testemunha aos judeus e gentios sem impedimentos (27.1—28.31)
A. A viagem de Paulo a Roma (27.1—28.16)
B. O testemunho de Paulo em Roma (28.17-31)

— *John B. Polhill e Charles W. Draper*

ÁTRIO Área principal de um edifício grande, imponente, geralmente usada para funções governamentais (1Rs 6.3,5,17,33). A *ARA* traduz por "santuário". Traduções modernas usam a palavra átrio para vários dos projetos de construção de Salomão. O "pórtico de colunas" (1Rs 7.6); "Salão das Colunas", *ARA*) era parte do complexo do palácio. Não está claro se esse átrio era uma construção separada ou a entrada do "Palácio da Floresta do Líbano" (1Rs 7.2; "Casa do Bosque do Líbano", *ARA, BJ*) ou todo o complexo palaciano. A "Sala do Trono" ou "Sala da Justiça" (1Rs 7.7) era o lugar em que estava o trono e no qual decisões eram tomadas. O "pátio interno do palácio" de Et 5.1 também era um recinto de audiências do rei persa. A pesquisa arqueológica indica que o Átrio das Colunas de Assuero era de 58 metros quadrados. O nome do átrio vinha das 36 grandes colunas que sustentavam o teto.

Átrios ou salões para banquetes são mencionados com frequência. A "sala" de 1Sm 9.22 era um aposento ligado ao santuário no qual a refeição sacrificial era comida. A "sala do banquete" de Belsazar foi o cenário do famoso episódio da escritura na parede (Dn 5.10). Esse átrio provavelmente era a grande sala do trono (15 metros por 260 metros), que foi descoberta por arqueólogos. A *NVI* usa a palavra "pátio" para traduzir a palavra grega *aule* em Lc 22.55. A mesma palavra "pátio" é usada em Mt 26.58; Mc 14.54; Jo 18.15. V. *arquitetura*.

ATROTE-SOFÃ Cidade construída pela tribo de Gade de localização desconhecida (Nm 32.35).

AUGUSTO Título que significa "reverendo" que o senado romano deu ao imperador Otávio (31 a.C.-14 d.C.) em 27 a.C. Reinou no Império Romano, inclusive na Palestina, quando Jesus nasceu, e ordenou o censo que levou José e Maria a Belém (Lc 2.1). Era filho adotivo de Julio César. Nascido em 63 a.C., obteve poder primeiramente com Antônio e Lépido após a morte da Julio César em 44 a.C. Obteve o controle completo na batalha de Actium em 31 a.C., na qual derrotou Antônio e Cleópatra, e ambos cometeram suicídio. Isso levou o Egito para debaixo do sistema provincial de Roma. Fundou, assim, o Império Romano e governou com aclamação popular. Na sua morte o senado o declarou deus. Herodes, o Grande, governou como indicado por Augusto, embora Herodes originariamente tivesse apoiado Antônio. Herodes construiu templos a Augusto como deus em Cesareia e Samaria. O título Augusto passou aos sucessores de Otávio como imperadores de Roma. Assim é aplicado a Nero em At 21.21,25, quando Paulo apelou a César. Observe as diversas traduções: "César" (*ARA*), "Augusto" (*ARC*), "Imperador" (*NVI*).

Camafeu de César Augusto.

AUMAI Nome pessoal que significa "isso é um irmão" ou "irmão da água". Membro do clã dos zoratitas da tribo de Judá (1Cr 4.2).

AUTOESTIMA Respeito por e aceitação confiante que se tem de si mesmo como pessoa criada por Deus e útil a ele. A autoestima deve estar baseada na compreensão de que as pessoas são criadas por Deus para serem altamente exaltadas (Sl 8.3-8; cp. Gn 1.26,27) mesmo sendo pecadores miseravelmente caídos (Rm 3.23; 7.24). Cada pessoa, não importa quão pecadora seja, é de valor inestimável para Deus (Lc 15.11-32; 1Co 6.20) e é tremendamente amada por ele (1Jo 4.10; cp. Rm 8.35-39). Os cristãos possuem uma nova natureza que lhes permite ser autoconfiantes, mas somente por intermédio de Cristo (1Co 9.24; 2Co 3.5; 10.7; Fp 3.4-7; 4.13). Tanto a opinião inflada a respeito de si mesmo como um complexo de inferioridade ignoram a obra de Cristo no crente (2Co 12.7-10; Cl 2.18,23). Paulo ensinou que os cristãos devem ter uma autoestima equilibrada, para assim poderem ministrar às necessidades dos outros (Rm 12.3; 2Co 10.7-13; Gl 6.1-3, Fp 2.3).

AUTOR, AUTOR DA VIDA V. *Príncipe da Vida*.

AUTORIDADE, AUTORIDADE DIVINA O termo grego para autoridade, tanto no NT quanto na *LXX*, é *exousia*. Embora às vezes seja traduzido por "poder", *exousia* se referia principalmente não a força ou poder físico (como em *dunamis*), mas ao exercício legal e legítimo do poder. Uma pessoa tem autoridade primariamente em virtude da posição que ocupa, não por coerção ou força física.

Toda a autoridade pode ser caracterizada como ou intrínseca ou delegada. A autoridade intrínseca é o domínio que alguém exerce porque é inato a essa pessoa ou inerente à posição que ela ocupa. Porque ele é Deus e Criador do universo, Deus é soberano e tem domínio sobre todas as coisas. Somente o Deus trino tem autoridade puramente intrínseca. A autoridade delegada é dada por alguém que tem autoridade intrínseca a alguém servindo em uma posição ou desempenhando uma função. A autoridade delegada não está inata ou inerentemente imbuída de autoridade; é autoridade derivada de alguém cuja autoridade é intrínseca. Toda a autoridade é na verdade de Deus. Toda autoridade além da autoridade dele é derivada dele (Mt 9.8; Jo 19.11; Rm 13.1-3; Jd 25).

Jesus possui a mesma autoridade intrínseca de Deus o Pai porque ele é coigual ao Pai (Jo 1.1; 10.30; 16.15; Fp 2.6; Cl 1.16; 2.9,10; Ap 12.10). Em virtude do padrão singular de relacionamento dentro da Trindade, no entanto, especialmente na encarnação de Jesus, há também um sentido em que sua autoridade lhe é dada pelo Pai (Mt 9.8; 28.18; Jo 5.22,27; 17.2; Ef 1.20-22; Fp 2.9,10; Ap 2.27). Deus deu autoridade a Jesus sobre todas as coisas no céu e na terra (Mt 28.18). A autoridade de Jesus se manifestou na sua encarnação por meio da sua autoridade de perdoar pecados, prover a salvação, curar doenças, expulsar demônios e julgar a humanidade (Mt 9.6-8; Mc 2.10-12; Lc 4.36; 5.24,25; Jo 5.22-27). À medida que Jesus realizava seu ministério de ensino, falou com uma autoridade imediatamente reconhecida pelos seus ouvintes como uma autoridade que faltava ao ensino dos escribas e fariseus (Mt 7.28.29; Mc 1.22; Lc .4.32). Tal autoridade reconhecida pelos outros com base nas ações ou realizações pode ser chamada de autoridade conquistada.

Autoridade humana Visto que toda a autoridade é derivada de Deus, os cristãos devem se submeter à estrutura de autoridade estabelecida por ele. A submissão às autoridades ordenadas por Deus é derivada da submissão ao próprio Deus. Padrões de autoridade são necessários em qualquer conjunto de relacionamentos humanos. Parte dessa autoridade é posicional, no sentido de que a autoridade deriva da posição ocupada por um indivíduo, não por alguma autoridade inata do indivíduo em si. Deus ordenou que o governo civil tivesse autoridade sobre os cidadãos (Lc 19.17; Rm 13.1-7; 1Tm 2.2; Tt 3.1; 1Pe 2.13,14). Estabeleceu padrões de autoridade dentro dos relacionamentos familiares (1Co 7.4; Ef 5.21-25; 6.1-4). A Bíblia também sanciona um padrão de autoridade nas relações de trabalho e sociais (Mt 8.9; Lc 7.8; Ef 6.5-9; 1Tm 2.12).

Deus também estabeleceu uma ordem de autoridade em questões espirituais. Visto que a Bíblia é a Palavra de Deus, as Escrituras falam com autoridade divina (2Tm 3.16; 2Pe 1.21,22; 1Ts 4.1,2). A Bíblia confirma a autoridade apostólica dos primeiros discípulos (Mt 10.1; Mc 3.15; 6.7; Lc 9.1; 2Co 10.8; 13.10; 1Ts 2.6) e a autoridade de outros líderes da igreja (Hb 13.7,17). Deus também estabeleceu a autoridade de certos seres espirituais incluindo anjos e Satanás e alguns seres no fim dos tempos (Lc 4.6; Ef 2.2; 3.10; 6.11,12; Cl 1.16; 2.15; Ap 6.8; 9.3,10,19; 14.18; 16.9; 18.1).

Os cristãos têm a obrigação de se submeter à autoridade dos que Deus ordenou para servir como líderes. Rebelar-se contra as autoridades instituídas por Deus é rebelar-se contra Deus. As pessoas que exercem autoridade devem fazê-lo com humildade, sabedoras de que toda a autoridade humana deriva de Deus e será devolvida a Deus (1Co 15.24-28). Os líderes cristãos não devem ostentar sua autoridade sobre os outros, mas devem praticar a liderança de servo modelada por Jesus Cristo (Mt 20.25-28; Mc 10.42-45; Lc 22.25,26; 1Pe 5.1-3). — *Steve W. Lemke*

AUXILIADORA Expressão usada na *ARA* para designar a mulher, criada como equivalente do homem para ajudá-lo (Gn 2:18). As traduções modernas traduzem de diferentes maneiras: *NVI* traduz por "alguém que o auxilie e lhe corresponda" e *NTLH* tem "alguém que o auxilie como se fosse a sua outra metade". O substantivo traduzido como "auxiliadora" enfatiza que a mulher, diferentemente dos animais (Gn 2:20) pode verdadeiramente ser uma com o homem (2:24), i.e., desfrutar de plena comunhão e parceria na tarefa dada à humanidade por Deus (Gn 1:27-28) de domínio e governo.

AUXÍLIO EXTERNO Ajuda financeira provida pelo governo ou cidadãos de um país a cidadãos de outro país em épocas de privações econômicas. O exemplo mais conhecido envolvia a venda de cereais pelo governo do Egito a "toda a terra" na fome prolongada nos dias de José (Gn 41.57). Talvez como resposta a esse acontecimento, Moisés observou que a bênção de Deus a Israel incluía a promessa condicional de que Israel um dia seria suficientemente próspero para emprestar a outras nações e não precisaria tomar emprestado delas (Dt 15.6; 28.12).

O NT registra que os cristãos de Antioquia, Macedônia e Acaia proveram auxílio financeiro aos cristãos na Judeia e Jerusalém (At 11.27-30; Rm 15.26; 2Co 8.1-7; 9.1-5).

Esses exemplos sugerem que os cristãos deveriam estar dispostos a ajudar pessoas que vivem em outros países em épocas de necessidade, seja por meio da igreja ou do governo.

AUZÃ Nome pessoal que significa "o alcance deles" ou "propriedade deles". Integrante da tribo de Judá (1Cr 4.6).

AUZATE (*NVI*) ou **AUSATE** (*ARA, ARC*) Nome pessoal que significa "o apego deles" ou "propriedade". Oficial que acompanhou Abimeleque, rei dos filisteus, para fazer uma aliança de paz com Isaque (Gn 26.26). Chamado literalmente "amigo do rei", provavelmente ocupava a função de conselheiro mais próximo do rei (cp. outras versões).

AVA Povo que os assírios dominaram e estabeleceram em Israel para substituir o povo que levaram ao exílio (2Rs 17.24). Seus deuses não os ajudaram contra os assírios e assim se prestaram a ser usados como exemplo para chamar Jerusalém à rendição (2Rs 18.34, em que "Iva" é uma referência ao mesmo povo; cp. 2Rs 19.13). O povo de Ava aparentemente estava localizado na Síria, mas sua terra natal é desconhecida. Alguns sugerem Tel Kafr Ayah às margens do rio Orontes. Os aveus que fizeram o deus Nibaz (2Rs 17.31) podem ser uma referência ao mesmo povo.

ÁVEN Substantivo hebraico que significa "maldade", usado em nomes de lugar para indicar a compreensão que Israel tinha do referido lugar como um local de adoração a ídolos. **1.** Usado como referência a On ou Heliópolis no Egito (Ez 30.17). **2.** Usado como referência a grandes centros de adoração em Israel como Betel e Dã (Os 10.8). **3.** Referência a um vale, talvez um vale em lugar de nomes popularmente conhecidos como Bete-Áven no lugar de Betel (Js 7.2; 18.12). V. *Bete-Áven.*

AVENTAL Tradução de uma palavra hebraica no AT que é também traduzida nas diversas versões por "cinto" ou "cinta" (1Sm 18.4;

2Sm 20.8; 1Rs 2.5; Is 3.24). Em Gn 3.7, as folhas de figo juntadas por Adão e Eva são chamadas de "aventais" (ARC) para cobrir a nudez. No AT o cinto era uma vestimenta interna envolto na cintura. No AT o cinto era envolto na cintura sobre a vestimenta externa. Em At 19.12 os aventais e lenços de Paulo tiveram poder de cura.

AVES A Bíblia contém aproximadamente 300 referências a aves, distribuídas de Gn a Ap. A percepção aguçada do povo hebreu da vida das aves está refletida nos diferentes nomes hebraicos e gregos usados para aves em geral ou para aves específicas. Embora nomes de ves sejam difíceis de traduzir, muitas aves na Bíblia podem ser identificadas por sua descrição na Bíblia.

Há diversos termos gerais para aves. No AT o termo hebraico 'of, o mais geral para aves, é usado como coletivo para se referir a criaturas que voam, tanto pássaros quanto insetos alados. O termo 'of ocorre repetidamente na narrativa da criação de Gn 1 e 2 (Gn 1.20-22,26, 28,30; 2.19,20). Em Gn 6.20 comenta a divisão das aves em espécies. O texto de Lv 20.25 as categoriza entre puras e impuras. Já Lv 11.13-19 e Dt 14.12-18 alistam as aves específicas que os hebreus consideravam impuras, e portanto não podiam ser comidas. Todas as aves de rapina, incluindo águias, abutres e falcões eram classificados como impuras.

Um segundo termo geral para aves no AT é *tsippor*. Assim como 'of, *tsippor* pode se referir a aves de todos os tipos (Gn 7.14; Dt 4.17), mas comumente denota aves de caça (Sl 124.7; Pv 6.5) e aves que empoleiram (passeriformes, Sl 102.7; Dn 4.12). Do termo *tsippor* é derivado o nome da esposa de Moisés, Zípora.

No NT o termo grego *peteinon* é usado para aves em geral. (Mt 6.26; 8.20; 13.4; Lc 9.58; 12.24; At 10.12; 11.6; Rm 1.23). O termo *orneon* é usado em Ap para descrever a completude da destruição da Babilônia (18.2) e para se referir às aves que comem carne (10.17,21).

Algumas das aves específicas mencionadas são: galo, pomba (rola), águia, avestruz, pombo, codorniz, corvo, pardal e abutre. V. outros nomes individuais de aves na lista alfabética do dicionário.

AVESTRUZ O avestruz, a maior ave, é incapaz de voar. Uma passagem do livro de Jó (39.13-18) descreve alguns de seus hábitos característicos. A fêmea põe ovos na areia. O macho os choca a maior parte do tempo, principalmente à noite. Ovos não chocados servem como alimento para os filhotes. Ainda que os pais deixem o ninho — quando percebem perigo —, a tática de distração é na verdade uma medida protetora. Entretanto, esses hábitos podem ter criado a impressão de que o avestruz era indiferente em relação aos filhotes (Lm 4.3). O avestruz é listado como impuro (Lv 11.16; Dt 14.15), provavelmente devido pelos hábitos alimentares.
— *Janice Meier*

AVEUS Povo que vivia na costa da Filístia antes que os filisteus a invadiram por volta de 1200 a.C. (Dt 2.23).

AVIM Cidade do território da tribo de Benjamim (Js 18.23).

AVITE Nome de cidade que significa "ruína". Capital de Hadade, rei de Edom, antes de Israel ter rei (Gn 36.35). Sua localização é desconhecida.

AZÃ Nome pessoal que significa "ele se mostrou forte". Pai do representante da tribo de Issacar na distribuição de partes do território às tribos depois que Deus deu a terra prometida a Israel (Nm 34.26).

AZAI Nome pessoal que significa "propriedade" ou forma abreviada de Azaías, "Javé se apropriou". Sacerdote depois do retorno do exílio (Ne 11.13). Às vezes considerado o mesmo que Jazera (1Cr 9.12).

AZALIAS Nome pessoal que significa "Javé reservou". Pai de Safã, secretário de Josias (2Rs 22.3). V. *Safã*.

AZANIAS Nome pessoal que significa "Javé ouviu". Pai de um levita que assinou o acordo de Neemias para obedecer à lei de Deus (Ne 10.9).

AZAREEL Nome pessoal que significa "Deus ajudou". **1.** Soldado de Davi em Ziclague, habilidoso no arco e flecha e capaz de lançar pedras com a atiradeira com ambas as mãos (1Cr 12.6). **2.** Líder de um grupo de sacerdotes escolhidos por sorteio no tempo de Davi (1Cr 25.18). **3.** Líder da tribo de Dã sob Davi (1Cr 27.22). **4.** Sacerdote que tinha se casado com uma mulher estrangeira sob Esdras (Ed 10.41). **5.** Pai de Amasai, chefe de uma família sacerdotal que vivia em Jerusalém sob Neemias (Ne 11.13). **6.** Sacerdote que tocava um instrumento musical no tempo de Neemias (Ne 12.36), provavelmente o mesmo que 5. acima.

AZARIAS Nome pessoal que significa "Javé ajudou". **1.** Filho e sucessor de Amazias como rei de Judá (792-740 a.C.). V. *Uzias*. **2.** Sumo sacerdote sob Salomão (1Rs 4.2) alistado como filho de Zadoque (1Rs 4.2) ou de Aimaás (1Cr 6.9), o filho de Zadoque (2Sm 15.27). Se esta última referência está correta, "filho" em 1Rs 4.2 significa descendente. **3.** Filho de Natã responsável pelo sistema de obtenção de provisões dos doze governos provinciais para a corte (1Rs 4.5). Teria supervisionado as pessoas alistadas em 1Rs 4.7-19. **4.** Bisneto de Judá (1Cr 2.8). **5.** Membro do clã de Jerameel na tribo de Judá (1Cr 2.38,39). **6.** Sumo sacerdote, filho de Joanã (1Cr 6.10). **7.** Sumo sacerdote, filho de Hilquias (1Cr 6.13,14) e pai de Seraías, alistado como pai de Esdras (Ed 7.1). A lista em Ed não está completa. Aparentemente algumas gerações foram omitidas. **8.** Membro da família de Coate, de cantores do templo (1Cr 6.36). Aparentemente chamado de Uzias em 6.24. **9.** Sacerdote, filho de Hilquias (1Cr 9.11), que pode ser o mesmo de 7. **10.** Profeta, filho de Odede, cuja mensagem encorajou o rei Asa (910-869 a.C.) a restaurar a adoração adequada em Judá (2Cr 15.1-8). **11.** Dois filhos de Josafá, rei de Judá (873-848 a.C.) de acordo com 2Cr 21.2. Talvez os meninos tiveram mães distintas, sendo que cada uma deu ao filho o nome comum Azarias. **12.** Filho de Jorão, rei de Judá (852-841 a.C.) de acordo com 2Cr 22.6, mas o nome correto talvez seja Acazias como em 2Rs 8.29. Azarias representa um erro de copista em 2Rs 8.29. **13.** Dois comandantes militares de cem homens que ajudaram Joiada, o sumo sacerdote, a depor e assassinar Atalia como rainha de Judá e empossar Joás como rei (835-796 a.C.). **14.** Sumo sacerdote que levou 80 sacerdotes a se opor ao rei Uzias de Judá (792-740 a.C.) quando ele tentou queimar incenso no templo em vez de deixar essa tarefa para os sacerdotes. Deus fez cair sobre Uzias uma terrível doença de pele (2Cr 26.16-21). **15.** Líder da tribo de Efraim sob Peca, rei de Israel (752-732 a.C.), que libertou os cativos que Peca tinha tomado de Judá, cuidou das suas necessidades físicas e os enviou de volta a Jericó (2Cr 28.5-15). **16.** Levita cujo filho Joel ajudou a purificar o templo sob Ezequias, rei de Judá (715-686 a.C.) (2Cr 29.12-19). **17.** Um levita que ajudou a purificar o templo (2Cr 29.12-19). V. 16. acima. **18.** Sacerdote principal sob o rei Ezequias que se alegrou com o rei pelos dízimos e ofertas generosos do povo (2Cr 31.10-13). **19.** Filho de Meraiote na lista dos sumos sacerdotes e pai de Amarias (Ed 7.3). Visto que a lista em Ed está incompleta, esse Azarias pode ter sido o mesmo de 6. acima. **20.** Ajudante de Neemias na reconstrução dos muros de Jerusalém (Ne 3.23). **21.** Homem que voltou do exílio com Zorobabel (Ne 7.7) em torno de 537 a.C. É chamado de Seraías em Ed 2.2. **22.** Homem que ajudou Esdras a interpretar a lei ao povo em Jerusalém (Ne 8.7). **23.** Homem que assinou o acordo de Neemias para obedecer à lei de Deus (Ne 10.2). **24.** Líder de Judá, possivelmente sacerdote, que marchou com Neemias e outros sobre os muros de Jerusalém para celebrar a conclusão da reconstrução dos muros de defesa da cidade (Ne 12.33). Talvez seja o mesmo que qualquer um ou todos os dos itens 20-23 (acima). **25.** Amigo de Daniel renomeado Abede-Nego pelos oficiais persas. Deus o libertou da fornalha ardente (Dn 1.7; 4.1-30). V. *Abede-Nego; Daniel*. **26.** Filho de Hosaías e líder do povo judeu que tentou forçar Jeremias a lhes dar uma palavra de Deus que os orientasse a ir ao Egito depois que os babilônios destruíssem Jerusalém. Quando Jeremias lhes disse que não fossem, eles o acusaram de mentira (Jr 42.1—43.7). O texto hebraico traz Jezanias em Jr 42.1.

AZAZ Nome pessoal que significa "ele é forte". Descendente da tribo de Rúben (1Cr 5.8).

AZAZEL V. *expiação, propiciação; reparação; bode expiatório*.

AZAZIAS

AZAZIAS Nome pessoal que significa "Javé é forte". **1.** Levita nomeado por Davi para tocar a harpa na adoração no templo (1Cr 15.21). **2.** Pai de líder de uma tribo de Efraim sob Davi (1Cr 27.20). **3.** Supervisor entre os sacerdotes sob Ezequias (715-686 a.C.) (2Cr 31.13).

AZBUQUE Pai de um Neemias que reconstruiu Jerusalém sob a liderança de Neemias, filho de Hacalias (Ne 3.16).

AZECA Nome de lugar que significa "solo cultivado". Cidade em que Josué derrotou a coligação de reis do sul liderada por Adoni-Zedeque de Jerusalém (Js 10.10,11), quando Deus lançou granizo do céu sobre o exército em fuga. Nessa batalha Josué ordenou ao sol e à lua que parassem (Js 10.12). Josué designou Azeca a Judá (Js 15.35). Perto dela os filisteus prepararam suas tropas para a batalha contra Saul (1Sm 17.1), resultando no confronto entre Davi e Golias. Roboão, rei de Judá (931-913 a.C.), edificou suas fortalezas (2Cr 11.9). A tribo de Judá a ocupou no tempo de Neemias (Ne 11.30), depois que ela tinha sido uma das últimas cidades a cair diante de Nabucodonosor da Babilônia em 588 a.C. (Jr 34.7). Uma das cartas encontradas em Láquis fala de alguém buscando sinais de luz de Azeca sem conseguir vê-los. Isso pode ser datado em 588 a.C. Uma inscrição assíria anterior, talvez de 712 a.C., fala da localização de Azeca numa cadeia de montanhas, sendo inacessível como o ninho de uma águia, forte demais para rampas de cerco e aríetes.

A tradição posterior associa Azeca ao túmulo do profeta Zacarias e então a Zacarias, pai de João Batista, a quem uma grande igreja foi dedicada. Assim o mapa de Medeba de aproximadamente 550 d.C. chama Azeca de "Bete-Zacarias" ou "Casa de Zacarias" e retrata uma grande igreja ali.

Azeca está localizada em Tel Zakariya a nove quilômetros a nordeste de Beth Govrin acima do vale de Elá. Escavações mostram que o local estava ocupado já antes de 3000 a.C. e tinha uma grande fortaleza no período dos juízes.

AZEITE BATIDO (*ARA*), **AZEITE DE OLIVA PURO** (*NVI*) Qualidade mais elevada de azeite produzido ao esmagar olivas maduras no pilão. A segunda qualidade de azeite era produzida pela prensa das olivas. A terceira qualidade era produzida pelo esmagamento e prensa da polpa. O azeite batido era usado nas lâmpadas do santuário (Êx 27.20; Lv 24.2) e nos sacrifícios diários (Êx 29.40; Nm 28.5). Salomão também usou azeite batido no comércio com Hirão (1Rs 5.11).

AZEITONA V. *agricultura*; *unguento*; *plantas*.

AZEL Nome pessoal e de lugar que significa "nobre". **1.** Descendentes de Saul na tribo de Benjamim e pai de seis filhos (1Cr 8.37,38). **2.** Palavra obscura no texto hebraico de Zc 14.5 que pode ser nome de lugar, talvez perto de Jerusalém, ou uma preposição que significa "perto de", "ao lado de" ou um substantivo que significa "o lado".

AZÉM Nome de lugar que significa "poderoso" ou "osso". Cidade no território da tribo de Judá, mas tomado pela tribo de Simeão (Js 15.19; 19.3; 1Cr 4.29). Outras versões trazem a grafia "Ezém" (*ARA*, *ARC*). Azém é à atual Umm el-Azam a cerca de 24 quilômetros ao sul de Berseba e a sudoeste de Aroer. Em Tel esh-Sharia, a cerca de 21 quilômetros a noroeste de Berseba, os arqueólogos encontraram um pedaço de cerâmica com a inscrição do nome Azém.

AZENATE Nome egípcio que significa "pertencente a Neith" (uma deusa). Mulher de José e filha de um sacerdote no templo egípcio de On ou Heliópolis. Azenate foi o presente do faraó a José (Gn 41.45). Ela foi mãe de Efraim e Manassés (Gn 41.50,51). V. *Potífera*.

AZGADE Nome pessoal que significa "Gade é forte". **1.** Clã do qual 1.222 (Ne 7.17 diz 2.322) retornaram do exílio na Babilônia com Zorobabel para Jerusalém em 537 a.C. (Ed 2.12). Outros 110 retornaram com Esdras em aproximadamente 458 a.C. (Ed 8.12). **2.** Levita que assinou o acordo com Neemias para obedecer à lei de Deus (Ne 10.5).

AZIEL Forma abreviada de Jaaziel em 1Cr 15.20. V. *Jaaziel*.

AZIZA Nome pessoal que significa "o que é forte". Israelita que concordou sob a liderança de Esdras em se divorciar da sua mulher estrangeira para ajudar Israel a se manter fiel a Deus (Ed 10.27).

AZMAVETE Nome pessoal e de lugar que significa "forte como a morte" ou "a morte é forte". **1.** Membro dos 30 guerreiros valentes de Davi (2Sm 23.31). Vivia em Baurim. V. *Baurim*. **2.** Descendente de Saul na tribo de Benjamim (1Cr 8.36). **3.** Pai de dois dos líderes militares de Davi (1Cr 12.3), provavelmente idêntico ao 1. acima. **4.** Tesoureiro do reino de Davi (1Cr 27.25). Também pode ser idêntico ao 1. **5.** Cidade, provavelmente a mesma que Bete-Azmavete. Quarenta e dois homens dessa cidade retornaram a Jerusalém do exílio na Babilônia com Zorobabel em 537 a.C. (Ed 2.24). Alguns levitas que participavam da escala de adoração como cantores no templo viviam ali. Aparentemente fica perto de Jerusalém, e talvez seja a atual Hizmeh, a oito quilômetros a nordeste de Jerusalém (Ne 12.29). V. *Bete-Azmavete*.

AZMOM Nome de lugar que significa "ossos". Lugar na fronteira sul da terra prometida (Nm 34.4). Josué a designou a Judá (Js 15.4). Está localizada perto de Ain el-Quseimeh, a cerca de 95 quilômetros ao sul de Gaza. Alguns estudiosos a identificam com Ezém.

AZNOTE-TABOR Nome de lugar que significa "orelhas de Tabor". Uma cidade fronteiriça da tribo de Naftali (Js 19.34). Talvez seja a atual Umm Jebeil perto do monte Tabor.

AZOR Nome pessoal de um antepassado de Jesus (Mt 1.13,14).

AZOTO V. *Asdode; filisteus*.

AZRICÃO Nome pessoal e de lugar que significa "minha ajuda se levantou". **1.** Descendente de Davi depois do exílio (1Cr 3.23). **2.** Descendente de Saul da tribo de Benjamim (1Cr 8.38). **3.** Pai de um levita que foi líder no reassentamento em Jerusalém depois do exílio (1Cr 9.14). **4.** Oficial responsável por Acaz, rei de Judá. Zicri, soldado do exército de Israel, matou-o quando Israel atacou Judá em aproximadamente 741 a.C. (2Cr 28.7).

AZRIEL Nome pessoal que significa "Deus é a minha ajuda". **1.** Chefe de uma família da parte oriental da tribo de Manassés (1Cr 5.24). **2.** Chefe de tribo em Naftali sob Davi (1Cr 27.19). **3.** Pai de um oficial real enviado para prender Baruque, secretário de Jeremias (Jr 36.26).

AZUBA Nome pessoal que significa "abandonada". **1.** Rainha-mãe de Josafá (1Rs 22.42), rei de Judá (873-848 a.C.). **2.** Primeira mulher de Calebe, filho de Hezrom (1Cr 2.18,19).

AZUL Palavra hebraica traduzida por "azul" (*tekelet*) é também traduzida por "vermelho" (Ez 23.6, *NVI*) e "roxo" (Jr 10.9, *NTLH*). A cor era obtida de moluscos do Mediterrâneo (classe dos gasterópodes) e usada para tintura. Azul era considerado inferior à púrpura real, mas ainda assim era uma cor muito popular. Azul foi usado no tabernáculo (Êx 25.4; 26.1,4; Nm 4.6,7,9; 15.38), no templo (2Cr 2.7,14; 3.14) e nas vestes dos sacerdotes (Êx 28.5,6,8,15; 39.1). V. *Cores*.

AZUR Nome pessoal que significa "o que foi ajudado". **1.** Líder judeu que assinou o acordo de Neemias para obedecer à lei de Deus (Ne 10.17). **2.** Pai do profeta Hananias nos dias de Jeremias (Jr 28.1). **3.** Pai de Jazanias, líder judeu de Jerusalém que fez maquinações ímpias nos dias de Ezequiel (Ez 11.1).

Mar da Galileia visto da Igreja das Bem-Aventuranças

B

BAAL

BAAL Senhor da religião cananeia e visto nos temporais, Baal era adorado como o deus que provia a fertilidade. Tornou-se uma grande tentação para Israel. "Baal" ocorre no AT como substantivo que significa "senhor, dominador, proprietário ou marido", como nome próprio em referência ao deus supremo dos cananeus e muitas vezes como nome de homem. De acordo com 1Cr 5.5, Baal era um dos descendentes de Rúben, primeiro filho de Jacó, e pai de Beera. Foi enviado ao exílio por Tiglate-Pileser, rei da Assíria. Os relatos genealógicos da família de Saul alistados em 1Cr 9.35,36 indicam que o quarto filho de Jeiel era chamado Baal.

O substantivo vem de um verbo que significa casar ou dominar. A forma verbal ocorre 29 vezes no texto hebraico, enquanto o substantivo ocorre 166 vezes. O substantivo ocorre em uma série de formas compostas que são nomes de lugares onde as divindades cananeias eram adoradas, tais como Baal-Peor (Nm 25.5; Dt 4.3; Sl 106.28; Os 9.10), Baal-Hermom (Jz 3.3; 1Cr 5.23) e Baal-Gade (Js 11.17; 12.7; 13.5). V. *Canaã*. — *James Newell*

BAALÁ Nome de lugar que significa "esposa, senhora" ou "residência de Baal". **1.** Cidade na fronteira norte da tribo de Judá identificada com Quiriate-Jearim (Js 15.9-11). Davi manteve a arca da aliança ali antes de levá-la para Jerusalém (1Cr 13.6). Estava localizada na atual Deir el-Azar, a 13 quilômetros a oeste de Jerusalém. É chamada Baalá de Judá (2Sm 6.2) e pode ser a mesma que Quiriate-Baal (Js 15.60). V. *Quiriate-Jearim*. **2.** Cidade na fronteira sul de Judá (Js 15.29) que pode ser a mesma que Balá (Js 19.3) e que Bila (1Cr 4.29). A tribo de Simeão a ocupou. Sua localização é desconhecida. **3.** Monte na fronteira norte de Judá entre Jabneel e Ecrom. Pode ser o mesmo que o monte Jearim.

BAALÁ EM JUDÁ (*NVI*), **BAALÁ DE JUDÁ** (*ARA, ARC*), **BAALIM DE JUDÁ** (*ACF*) Nome de lugar que significa "baalins de Judá" ou "senhores de Judá". A expressão em 2Sm 6.2 pode ser entendida como "dos senhores de Judá" ou como "foram de Baalá de Judá". Se este último sentido estiver correto, então Baalá de Judá é o nome do lugar onde a arca da aliança

Estatua de Baal, o deus cananeu do tempo, de Minet-el-Beida (séc. XV—XIV a.C.).

estava antes de Davi levá-la a Jerusalém. O texto de 1Cr 13.6 chama o lugar de Baalá de Judá (*NIV*, em inglês) e o identifica com Quiriate-Jearim. V. *Quiriate-Jearim*.

BAALATE Nome de lugar que significa "Baal feminino". Cidade da herança originária de Dã (Js 19.44). Mesma cidade ou diferente da que Salomão reconstruiu (1Rs 9.18). Pode ter se localizado perto de Gezer na estrada para Bete-Horom e Jerusalém. Alguns identificam a cidade de Salomão com a Balá de Simeão, com Quiriate-Jearim ou com Baalate-Beer.

BAALATE-BEER Nome de lugar que significa "o Baal da fonte" ou "a senhora da fonte". Uma cidade na herança tribal de Simeão (Js 19.8), identificada com Ramá do sul (*ARC*) ou Ramá do Neguebe (*NVI, ARA*). Pode ser a mesma que Baal e/ou que Bealote (Js 15.24).

BAAL-BERITE Em Jz 8.33 uma divindade cananeia que os israelitas começaram a cultuar depois da morte de Gideão. O nome significa "senhor da aliança", e o templo desse deus estava localizado em Siquém. A natureza exata dessa divindade não pode ser determinada. A designação "senhor da aliança" pode significar que uma aliança foi feita entre os israelitas e os habitantes de Siquém e renovada anualmente nesse santuário. V. *Siquém*.

BAAL-GADE Nome de lugar que significa "Baal de Gade" ou "senhor de Gade". Cidade representante da fronteira norte das conquistas de Josué (Js 11.17) no vale do Líbano, no sopé do monte Hermom. Tem sido diversamente localizada na atual Hasbeya e em Baalbek, a mais de 80 quilômetros a leste de Beirute onde há ainda hoje ruínas imponentes de adoração grega e romana.

BAAL-HAMOM Nome de lugar que significa "senhor de abundância". Local da vinha de Salomão de acordo com Ct 8.11.

BAAL-HANÃ Nome pessoal que significa "Baal foi gracioso". **1.** Rei de Edom antes de haver qualquer rei em Israel (Gn 36.38). **2.** Oficial sob Davi responsável pelo azeite e pela plantação de sicômoros na Sefelá, a planície da Judeia (1Cr 27.28).

BAAL-HAZOR Nome de lugar que significa "Baal de Hazor". Povoado em que Absalão, filho de Davi, fez uma festa da tosquia das ovelhas (2Sm 13.23). Durantes as festividades Absalão ordenou a seus homens que matassem seu irmão Amnom, que tinha violentado sua irmã Tamar. O povoado é a atual Jebel Asur, a 8 quilômetros ao nordeste de Betel.

BAAL-HERMOM Nome de lugar que significa "Baal de Hermom" ou "senhor de Hermom". Um monte e uma vila que Israel não conseguiu tomar dos heveus, que Deus deixou para testar Israel (Jz 3.3). Demarcava a fronteira sul dos heveus e a fronteira norte de Manassés (1Cr 5.23). Sua localização é desconhecida.

BAALI Forma de tratamento que significa "meu senhor" ou "meu Baal". Oseias usou um jogo de palavras para apontar para o dia em que Israel já não adoraria a Baal (Os 2.16). Disse que Israel, a noiva, se referiria a Javé, seu Deus e marido, como literalmente "meu marido" (heb. *'ishi*), mas não como "meu senhor" (heb. *ba'ali*). Mesmo que "baal" fosse uma palavra comum para senhor e marido, Israel não poderia usá-la, pois ela os lembraria muito prontamente de Baal, o deus cananeu. V. *Baal; Canaã*.

BAALINS Plural de Baal no hebraico. V. *Baal; Canaã*.

BAALIS Nome pessoal de um rei de Amom que enviou Ismael para matar Gedalias, governador de Judá, imediatamente após Babilônia capturar Jerusalém e enviar a maioria dos cidadãos de Judá ao exílio (Jr 40.14).

BAAL-MEOM Nome de lugar que significa "senhor da residência" ou "Baal da residência". Cidade que a tribo de Rúben construiu a leste do Jordão (Nm 32.38), provavelmente na fronteira norte da tribo. Messa, rei de Moabe (c. 830 a.C.), alega ter reconstruído Baal-Meom, querendo dizer que a tinha tomado de Israel nessa data. O texto de Ez 25.9 pronuncia o juízo sobre Baal-Meom como cidade moabita por volta do exílio em 587. Baal-Meom estava localizada na região da atual Main, a 16 quilômetros a sudoeste de Hesbom e a 16 quilômetros a leste do mar Morto.

BAAL-PEOR

BAAL-PEOR Em Nm 25.3 é uma divindade moabita cultuada pelos israelitas que tiveram relações sexuais ilícitas com mulheres moabitas. Os israelitas culpados foram castigados severamente por essa transgressão, e o incidente se tornou um paradigma de pecado e juízo divino para gerações posteriores de israelitas (Dt 4.3; Sl 106.28; Os 9.10). V. *Moabe e a pedra moabita; Peor*.

BAAL-PERAZIM Nome de lugar que significa "senhor das rupturas" ou "Baal das rupturas". Lugar da vitória inicial de Davi sobre os filisteus depois de se tornar rei de todo o Israel em Hebrom; tomou Jerusalém e se mudou para lá (2Sm 5.20). A localização é desconhecida. Provavelmente é idêntica ao monte Perazim (Is 28.21).

BAAL-SALISA Nome de lugar que significa "Baal de Salisa" ou "senhor de Salisa". Terra natal de um homem anônimo que levou os primeiros grãos a Eliseu, e os usou para dar de comer a cem homens (2Rs 4.42-44). A "região de Salisa" ficava evidentemente no território tribal de Efraim (1Sm 9.4). Baal-Salisa talvez seja a atual Kefr Thilth, a 32 quilômetros a sudoeste de Siquém. V. *Salisa*.

BAAL-TAMAR Nome de lugar que significa "Baal da palmeira" ou "senhor da palmeira". Ali os israelitas atacaram e derrotaram a tribo de Benjamim por terem matado a concubina do levita que passara pelo lugar (Jz 20.33). Deve ter se localizado perto de Gibeá, e talvez seja Ras Et-Twail ao norte de Jerusalém.

BAAL-ZEBUBE Nome de uma divindade que significa "senhor das moscas". Em 2Rs 1.2 uma divindade filisteia de quem o rei israelita Acazias buscou ajuda depois de se machucar em uma queda. Embora os próprios filisteus possam ter usado esse nome, é mais provável que tenha sido usado para distorcer o nome real desse deus. O problema da identificação se torna ainda mais complicado pelas referências do NT. Relata-se que Jesus usou o nome Belzebu com referência ao príncipe dos demônios (Mt 10.25). Belzebu é claramente uma variante de Baal-Zebube. No entanto, o texto grego do NT traz Belzebul. O significado de Belzebul é disputado. Uma sugestão é "senhor da morada". A segunda possibilidade — e mais provável — é "senhor do esterco". Independentemente do significado exato do nome, Jesus o usou claramente com referência a Satanás. V. *Baal; filisteus; Satanás*.

BAAL-ZEFOM Nome de lugar que significa "senhor do norte" ou "Baal do norte". Lugar no Egito perto do qual Israel acampou antes do milagre da travessia do mar (Êx 14.2,9). A localização exata é desconhecida. Alguns sugerem Tel Defenneh (conhecida no Egito como Tahpanhes) no delta oriental do Nilo. V. *Êxodo*.

BAANÁ Nome pessoal de significado incerto. Alguns sugerem "filho da aflição" ou "filho de Anate". Há ao menos uma ocorrência de pronúncia diferente em português, "Baana", refletindo grafias distintas no original hebraico (Ne 3.4, *ACF*). **1.** Um dos supervisores de distrito de Salomão, responsável pela provisão de alimentos para a corte durante um mês por ano. Seu território abarcava o grande planalto central com as famosas cidades de Bete-Seã, Taanaque e Megido (1Rs 4.12). **2.** Outro supervisor de distrito responsável por Aser, as encostas ocidentais no norte da Galileia. Seu pai, Husai, pode ter sido o "amigo de Davi" (2Sm 15.37). **3.** Pai de Zadoque, que reparou os muros de Jerusalém sob Neemias (Ne 3.4). **4.** Capitão do exército de Is-Bosete depois que Saul morreu e Abner desertou para Davi e foi morto por Joabe. Baaná e seu irmão mataram Is-Bosete e o reportaram a Davi, que mandou matá-los (2Sm 4). **5.** Pai de Helebe (*ARA*; *NVI* traz "Helede"), um dos 30 guerreiros valentes de Davi (2Sm 23.29). **6.** Homem que voltou com Zorobabel do cativeiro babilônico em aproximadamente 537 a.C. (Ed 2.2). **7.** Homem que assinou o acordo de Neemias para obedecer à lei de Deus (Ne 10.27).

BAARA Nome pessoal que significa "queimando" ou um nome intencionalmente modificado de alguém que honrava a Baal. Mulher de Saaraim da tribo de Benjamim (1Cr 8.8).

BAARUMITA (*ARA, ARC* em 1Cr 11.33) V. *Baurim*.

BAASA Rei de Israel que guerreou contra Asa, rei de Judá (1Rs 15.16). Baasa chegou ao trono de Israel ao empregar violência. Conspirou contra seu predecessor imediato, Nadabe, filho de Jeroboão I, e o matou (1Rs 15.27). Além disso, eliminou toda a linhagem de Jeroboão (15.29). Baasa reinou 24 anos sobre Israel (908-886 a.C.). Sua capital era Tirza. Morreu, aparentemente, de causas naturais, e foi sucedido por seu filho Elá. V. *cronologia do período bíblico; Israel; Tirza.*

BAASEIAS Nome pessoal de significado incerto. Levita antepassado de Asafe (1Cr 6.40).

BABEL Palavra grega que significa "confusão", derivada da raiz que significa "misturar". Foi o nome dado à cidade construída pelos desobedientes descendentes de Noé para não serem espalhados por toda a terra (Gn 11.4,9). Babel é também a palavra hebraica para Babilônia.

A torre e a cidade construídas foram planejadas como monumento ao orgulho humano, pois os homens queriam que seu nome fosse "famoso" (Gn 11.4). Também era um monumento à contínua desobediência humana. Eles tinham recebido a ordem de encher a terra, mas tentavam evitar serem espalhados pela terra (Gn 9.1; 11.4). Além disso, era um monumento às habilidades da engenharia humana, pois as técnicas de sua edificação descrevem o uso de tijolos queimados como substitutos da pedra. O betume, encontrado com relativa abundância no vale da Mesopotâmia, foi usado para ligar os tijolos.

Ruínas de numerosas torres de templos, chamadas zigurates, foram encontradas na região da Babilônia. É possível que as ruínas do grande zigurate de Marduque encontrado no centro da antiga Babilônia sejam o centro das atenções dessa narrativa.

Para interromper o monumental projeto do povo, Deus lhes confundiu a língua. O autor inspirado aparentemente considerou esse fato a base da origem das diferentes línguas humanas. Quando os construtores já não conseguiam mais se comunicar uns com os outros, então fugiram com medo. A Babilônia tornou-se para os autores do AT o símbolo da rebelião completa contra Deus e continuou com esse significado mesmo no NT (Ap 17.1-5). V. *Babilônia.*
— Robert L. Cate

BABILÔNIA Cidade-Estado no sul da Mesopotâmia no período do AT, que a certa altura se tornou um grande Império, absorveu a nação de Judá e destruiu Jerusalém.

História A cidade de Babilônia foi fundada em época desconhecida da Antiguidade à margem do rio Eufrates (c. 80 quilômetros ao sul da atual Bagdá). As palavras em português "Babilônia" e "Babel" (Gn 10.10; 11.9) são traduzidas da mesma palavra hebraica (*babel*). Babilônia pode ter sido um importante centro cultural no período das antigas cidades-Estado dos sumérios (antes de 2000 a.C.), mas os níveis arqueológicos correspondentes do sítio estão abaixo do presente nível do lençol de água e continuam inexplorados.

Babilônia emergiu do anonimato pouco depois de 2000 a.C., um período aproximadamente contemporâneo ao dos patriarcas hebreus. Naquele tempo um reino independente foi estabelecido na cidade sob uma dinastia de ocidentais semíticos, ou amorreus. Hamurábi (1792-1750 a.C.), o sexto rei da primeira dinastia babilônica, edificou um Império relativamente grande por meio de tratados, vassalagem e conquistas. A partir dessa época,

Relevo de Nabonido, rei da Babilônia (556-539 a.C.) relata quando a Babilônia caiu diante de Ciro. Aqui Nabonido está em pé diante dos emblemas do deus da lua, do deus do sol e do deus da guerra e do amor.

BABILÔNIA

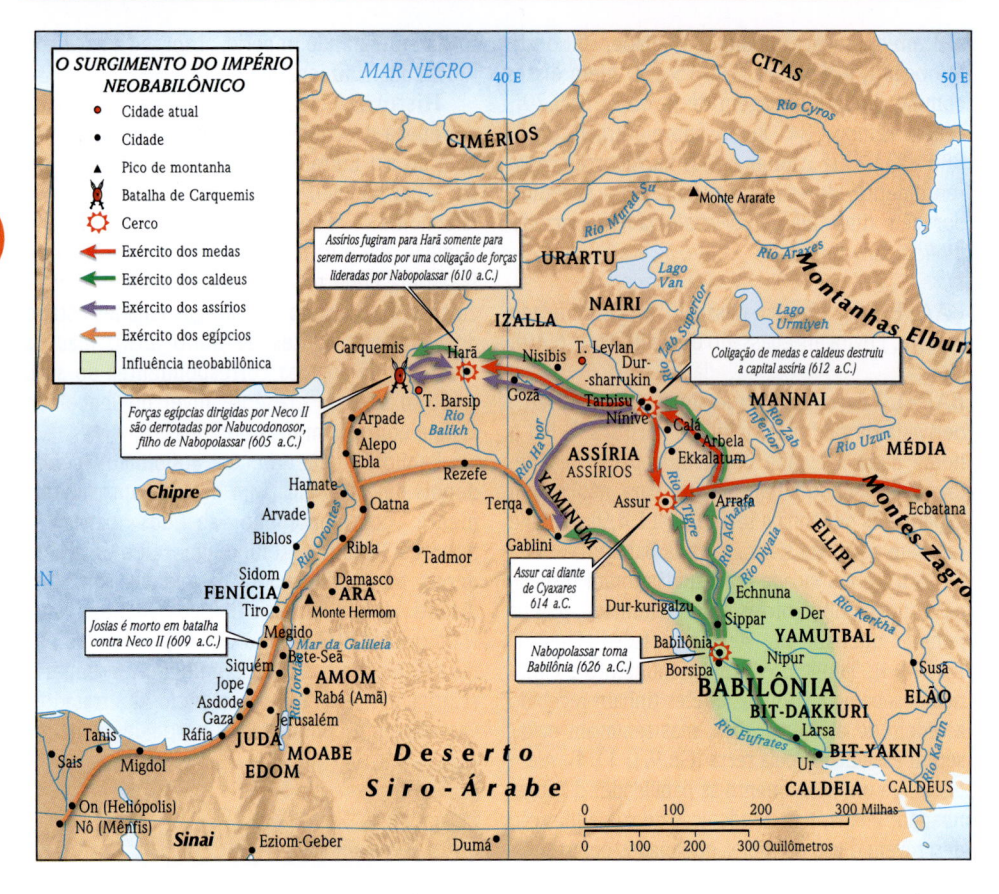

O SURGIMENTO DO IMPÉRIO NEOBABILÔNICO

Legenda:
- Cidade atual
- Cidade
- Pico de montanha
- Batalha de Carquemis
- Cerco
- Exército dos medas
- Exército dos caldeus
- Exército dos assírios
- Exército dos egípcios
- Influência neobabilônica

Notas no mapa:
- Assírios fugiram para Harã somente para serem derrotados por uma coligação de forças lideradas por Nabopolassar (610 a.C.)
- Forças egípcias dirigidas por Neco II são derrotadas por Nabucodonosor, filho de Nabopolassar (605 a.C.)
- Coligação de medas e caldeus destruiu a capital assíria (612 a.C.)
- Assur cai diante de Cyaxares 614 a.C.
- Josias é morto em batalha contra Neco II (609 a.C.)
- Nabopolassar toma Babilônia (626 a.C.)

a Babilônia foi considerada o centro político da região sul da Mesopotâmia. A dinastia dos amorreus na Babilônia atingiu o ápice sob Hamurábi. Governantes subsequentes, no entanto, viram seu reinado se encolher e, em 1595 a.C., os hititas saquearam a Babilônia. Depois da sua retirada, membros da tribo cassita tomaram o trono. A dinastia cassita governou durante mais de quatro séculos, período de relativa paz, mas também de estagnação. Pouco se sabe até aproximadamente 1350 a.C. quando os reis babilônios se correspondiam com o Egito e lutavam com o poder crescente da Assíria ao norte. Após um breve ressurgimento, a dinastia cassita foi encerrada pela invasão elamita em 1160 a.C.

Quando os elamitas se retiraram para sua terra natal iraniana, príncipes nativos da cidade babilônica de Isin fundaram a quarta dinastia. Depois de um breve período de glória no qual Nabucodonosor I (1124-1103 a.C.) invadiu Elão, a Babilônia entrou em uma era tenebrosa que duraria a maior parte dos dois séculos seguintes. Enchentes, fome e escassez, o assentamento amplo de tribos nômades arameias e a chegada dos caldeus ao sul incomodaram a Babilônia nesse tempo de confusão.

No período do Império Assírio, a Babilônia foi dominada por esse vizinho do norte sempre propenso à guerra. A disputa dinástica na Babilônia em 851 a.C. trouxe a intervenção do rei assírio Salmaneser III. Os reis babilônicos permaneceram independentes, mas nominalmente sujeitos à "proteção assíria".

Uma série de golpes de estado na Babilônia provocou o assírio Tiglate-Pileser III a entrar em Babilônia em 728 a.C. e autoproclamar-se rei sob o nome real de Pulu (o Pul de 2Rs 15.19; 1Cr 5.26). Ele morreu no ano seguinte. Em 721 a.C. o caldeu Marduque-apal-iddina, o Merodaque-Baladã do AT, reinou na Babilônia. Com apoio elamita, resistiu aos avanços do assírio Sargom II em 720 a.C. A Babilônia obteve independência momentânea, mas em 710 a.C.

Sargom atacou novamente. Merodaque-Baladã foi forçado a fugir para o Elão. Sargom, assim como Tiglate-Pileser antes dele, tomou o trono da Babilônia. Assim que Sargom morreu em 705 a.C., a Babilônia e outras nações, incluindo Judá sob o rei Ezequias, rebelaram-se contra o domínio assírio. Merodaque-Baladã tinha voltado de Elão para Babilônia. Provavelmente é nesse contexto que ele enviou emissários a Ezequias (2Rs 20.12-19; Is 39). Em 703 a.C. o novo rei assírio, Senaqueribe, atacou a Babilônia. Derrotou Merodaque-Baladã, que fugiu de novo e por fim morreu no exílio. Depois de uma intriga considerável na Babilônia, outra revolta patrocinada pelo Elão eclodiu contra a Assíria. Em 689 a.C. Senaqueribe destruiu a cidade sagrada de Babilônia como retaliação. Seu assassinato, por seus dois filhos (2Rs 19.37) em 681 a.C., foi interpretado pelos babilônios como o juízo divino por esse ato inimaginável.

Esaradom, filho de Senaqueribe, imediatamente começou a reconstruir Babilônia para ganhar a lealdade da população. Após sua morte, o príncipe real Assurbanípal reinou na Assíria, enquanto outro filho ascendeu ao trono da Babilônia. Tudo correu bem até que em 651 a.C. o rei babilônio se rebelou contra seu irmão. Assurbanípal finalmente venceu e foi coroado rei de uma Babilônia ressentida.

O domínio assírio acabou com a morte de Assurbanípal em 627 a.C. Em 626 a.C. a Babilônia caiu nas mãos de um líder caldeu, Nabopolassar, primeiro rei do Império Neobabilônico. Em 612, com a ajuda dos medos, os babilônios saquearam a capital assíria Nínive. Os sobreviventes do exército assírio se ajuntaram em Hamã, no norte da Síria, abandonada com a aproximação dos babilônios em 610 a.C. O Egito, no entanto, desafiou a Babilônia pelo direito de herdar o Império Assírio. O faraó Neco II, com os remanescentes dos assírios (2Rs 23.29,30) não obteve êxito em retomar Harã. Em 605 a.C., as forças dos babilônios sob a condução do príncipe real Nabucodonosor derrotaram os egípcios na batalha decisiva de Carquemis (Jr 46.2-12). O avanço babilônio, no entanto, foi postergado pela morte de Nabopolassar que obrigou Nabucodonosor a voltar à Babilônia para assumir o poder.

Em 604 e 603 a.C., Nabucodonosor II (605-562 a.C.), rei da Babilônia, fez campanhas militares ao longo da costa da Palestina. Nessa época,

Relevo pintado de um touro do famoso portão de Ishtar da Babilônia.

BABILÔNIA

Reconstituição da antiga cidade da Babilônia.

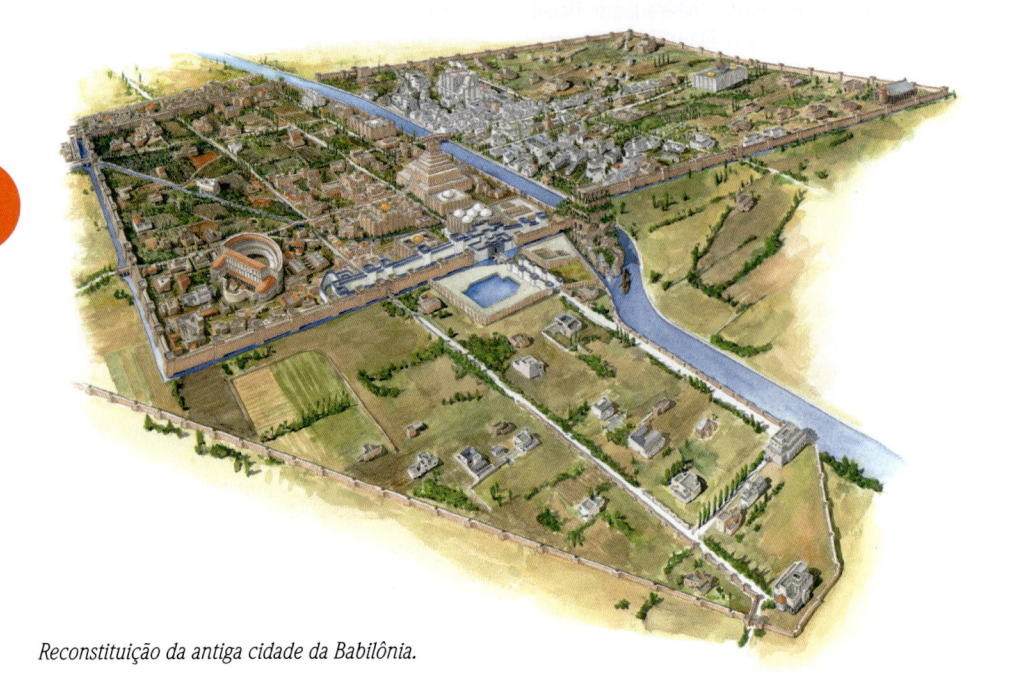

Jeoaquim, rei de Judá, tornou-se vassalo relutante da Babilônia. A derrota babilônica na fronteira com o Egito em 601 a.C. provavelmente estimulou Jeoaquim a se rebelar. Durante dois anos Judá foi atormentado por vassalos da Babilônia (2Rs 24.1,2). Então, em dezembro de 598 a.C., Nabucodonosor marchou contra Jerusalém. Jeoaquim morreu naquele mesmo mês, e seu filho Joaquim entregou a cidade aos babilônios em 16 de março de 597 a.C. Muitos judeus, incluindo a família real, foram deportados para a Babilônia (2Rs 24.6-12). Por fim, solto da prisão, Joaquim foi tratado como rei, mesmo no exílio (2Rs 25.27-30; Jr 52.31-34). Textos escavados na Babilônia mostram que lhe eram designadas rações de comida, bem como a seus cinco filhos.

Nabucodonosor designou Zedequias regente de Judá. Contra os protestos de Jeremias, mas com promessas de auxílio egípcio, Zedequias se revoltou contra a Babilônia em 589 a.C. Na campanha militar babilônica resultante, Judá foi devastada e Jerusalém cercada. Uma campanha militar abandonada pelo faraó Hofra deu a Jerusalém uma breve folga, mas o ataque foi renovado (Jr 37.4-10). A cidade caiu em agosto de 587 a.C. Zedequias foi capturado, Jerusalém queimada e o templo destruído (Jr 52.12-14). Mais uma grande quantidade de judeus foi levada ao exílio na Babilônia (2Rs 25.1-21; Jr 52.1-30).

À parte de suas conquistas militares, Nabucodonosor tornou-se conhecido pelo maciço programa de reconstrução na própria capital, Babilônia. A cidade abarcava um trecho do rio Eufrates e era cercada por um muro de 18 quilômetros de comprimento que incluía os bairros e o palácio de verão de Nabucodonosor. O muro interno era largo o suficiente para acomodar dois carros lado a lado. Entrava-se na cidade por oito portões, sendo o de Ishtar, no lado norte, o mais importante, usado no Festival Anual de Ano Novo

As ruínas dos jardins suspensos da Babilônia (atual Iraque), uma das Sete Maravilhas do Mundo.

e decorado com relevos de dragões e touros em tijolos esmaltados. A estrada desse portão era margeada por muros altos decorados com leões em tijolos brilhantes, e atrás deles havia fortalezas de defesa. Após entrar pelo portão, avistava-se o palácio principal, construído por Nabucodonosor, com sua imensa sala do trono. Um porão com poços em parte do palácio podem ter servido de subestrutura para os famosos "Jardins Suspensos da Babilônia", descritos pelos autores clássicos como uma das maravilhas do mundo antigo. A Babilônia continha muitos templos, e o mais importante deles era Esagila, o templo do deus padroeiro da cidade, Marduque. Reconstruído por Nabucodonosor, o templo era prodigamente coberto de ouro. Pouco ao norte de Esagila estava a torre gigante de degraus da Babilônia, o zigurate chamado Etemenanki, com seus arredores sagrados. Seus sete pavimentos talvez se elevassem a cem metros acima da cidade. Sem dúvida, Babilônia impressionou grandemente os judeus levados ao cativeiro ali e lhes proveu ótimas oportunidades econômicas.

Nabucodonosor foi o maior rei do período neobabilônico e o último governante realmente significativo da Babilônia. Em comparação a ele, seus sucessores foram insignificantes. Foi sucedido por seu filho Avel-Marduque (561-560 a.C.), o Evil-Merodaque do AT (2Rs 25.27-30), Neriglissar (560-558 a.C.) e Labashi-Marduque (557 a.C.), assassinado na infância. O último rei da Babilônia, Nabonido (556-539 a.C.), foi uma figura enigmática que parece ter preferido o deus-Lua, Sin, ao deus nacional, Marduque. Mudou sua residência para Tema, no deserto siro-árabe durante dez anos, deixando seu filho Belsazar (Dn 5.1) como regente em Babilônia. Nabonido voltou a uma capital dividida em meio à ameaça por parte de uma coligação de medos e persas. Em 539 a.C. o persa Ciro II (o Grande) entrou na Babilônia sem batalha. Assim terminou o papel de domínio da Babilônia na política do Oriente Médio.

A Babilônia permaneceu como um importante centro econômico e capital provincial no período do domínio persa. O historiador grego Heródoto, que visitou a cidade em 460 a.C., comentou: "Ultrapassa em esplendor qualquer cidade do mundo conhecido". Alexandre, o Grande, iniciou um programa de reconstrução da Babilônia que foi interrompido por sua morte em 323 a.C. Depois de Alexandre, a cidade declinou economicamente, mas continuou um

O sítio da antiga cidade da Babilônia no atual Iraque.

importante centro religioso até a época do NT. O local estava abandonado por volta de 200 d.C.

No pensamento judaico-cristão a metrópole Babilônia, bem como a torre de Babel, tornaram-se símbolos da decadência do homem e do juízo divino. "Babilônia" em Ap 14.8; 16.19; 17.5; 18.2 e provavelmente em 1Pe 5.13 se referem a Roma, a cidade que personificava essa ideia para os primeiros cristãos.

Religião A religião babilônica é a mais conhecida variante de um sistema de crenças complexo e altamente politeísta comum em toda a Mesopotâmia. Dentre os milhares de deuses reconhecidos apenas vinte eram importantes na prática. Os mais importantes são analisados aqui.

Anu, Enlil e Ea eram deuses padroeiros das cidades sumérias mais antigas, e cada um recebeu uma parte do universo como domínio. Anu, deus dos céus e padroeiro de Uruk (a "Ereque" na Bíblia em Gn 10.10) não tinha um papel muito influente. Enlil de Nipur era o deus da terra. O deus de Eridu, Ea, era senhor das águas subterrâneas e o deus dos artesãos.

Depois da ascensão política da Babilônia, Marduque também foi considerado um dos regentes do cosmo. Filho de Ea e deus padroeiro da Babilônia, Marduque começou a conquistar a posição de proeminência na religião babilônica na época de Hamurábi. Em períodos subsequentes, Marduque (Jr 50.2) foi considerado o deus principal e recebeu o epíteto Bel (equivalente ao termo cananeu Baal), que significa "senhor" (Is 46.1; Jr 50.2; 51.44). O filho de Marduque, Nabu (Nebo em Is 46.1), deus da antiga cidade próxima de Borsipa, foi considerado o deus da escrita e dos escribas e se tornou especialmente exaltado no período neobabilônico.

Divindades astrais — deuses associados aos corpos celestiais — incluíam o deus-Sol Shamash, o deus-Lua Sin e Ishtar, deusa da estrela da manhã e da noite (a grega Afrodite e a romana Vênus). Sin era o deus padroeiro de Ur e Harã, ambos associados à origem de Abraão (Gn 11.31). Ishtar, a cananeia Astarte/ Astarote (Jz 10.6; 1Sm 7.3,4; 1Rs 11.5), tinha um templo importante na Babilônia e era muito popular como "Rainha dos Céus" (Jr 7.18; 44.17-19).

Outros deuses eram associados a cidades mais novas ou a nenhuma cidade. Adade, o cananeu Hadade, era o deus da tempestade e assim tanto benéfico quanto destrutivo. Ninurta, deus da guerra e da caça, era padroeiro da capital assíria Calá.

Eram conhecidos muitos mitos concernentes aos deuses babilônicos, sendo o mais importante deles a *Enuma Elish*, ou Epopeia da Criação. Esse mito se originou na Babilônia, com um dos propósitos sendo mostrar como Marduque se tornou o deus principal. Relata uma batalha cósmica na qual, diante da impotência de outros deuses, Marduque matou Tiamate (a deusa do mar, representante do caos). Do sangue de outro deus morto, Ea criou a humanidade. Por fim, Marduque foi exaltado e estabelecido no seu templo, Esagila, em Babilônia.

A *Enuma Elish* era recitada e reencenada como parte dos 12 dias do Festival do Ano Novo na Babilônia. Durante o festival, estátuas de outras cidades chegavam para "visitar" Marduque em Esagila. Também, o rei fazia penitência diante de Marduque e "segurava a mão de Bel" em uma procissão que saía da cidade através do portão de Ishtar.

Imaginava-se que os deuses residiam em locais cósmicos, mas também estavam presentes na imagem, ou ídolo, e viviam no templo como um rei no palácio. As imagens de madeira dourada eram em forma humana, vestidas de uma série de trajes rituais, e recebiam três refeições por dia. Ocasionalmente as imagens eram carregadas em procissões cerimoniais ou para visitar umas às outras nos diferentes santuários. É muito difícil saber o significado das imagens e dos templos dos diversos deuses para a pessoa comum e mesmo que conforto ou ajuda essa pessoa poderia esperar por adorá-los. Parece claro, no entanto, que além das expectativas de saúde e sucesso na vida terrena, não tinha esperança eterna. V. *Babel; Hamurábi*.
— Daniel C. Browning, Jr.

BABUÍNO Tradução da *NIV* ("baboon" em inglês) da palavra *tukkiyim* (1Rs 10.22; 2Cr 9.21). *TEV* e *REB* (versões inglesas) traduzem a mesma palavra por "macacos". A maioria das versões em português trazem "pavões". Há uma semelhança entre *tukkiyim* e a palavra egípcia para "macaco", o que levou muitos a aceitar babuíno ou macaco como tradução correta.

BACA Nome de lugar que significa "árvore do bálsamo" ou "choro". Um vale em Sl 84.6 que reflete um jogo de palavras poético para descrever a pessoa forçada a passar por um tempo de choro e que descobre que Deus transformou as lágrimas em fontes, assim dando provisão de água.

BACIA 1. Termo usado de forma intercambiável com "tigela" ou "vaso" para se referir a diversos tamanhos de tigelas, copos e peças de louça usados com propósitos domésticos ou mesmo mais formais (Jo 13.5). O material mais comum usado na confecção desses instrumentos era a cerâmica. No entanto, as bacias eram feitas também de bronze (Êx 27.3), prata (Nm 7.13) e ouro (2Cr 4.8). As bacias maiores geralmente eram tigelas de banquete ou recipientes para misturar vinho, embora uma das maiores tenha sido usada no ritual de sacrifício no grande altar do templo (Zc 9.15). Geralmente as bacias maiores também eram usadas como tampa de outros recipientes. A bacia usada por Jesus para lavar os pés dos discípulos (Jo 13.5) era de um tipo especial. A palavra grega não ocorre em nenhum outro lugar da Bíblia, mas com base no contexto se entende que era um recipiente especificamente adequado para lavar partes específicas do corpo, como as mãos ou os pés, e por isso é usada com artigo definido no grego: "a bacia". V. *sacrifício e oferta*. — *C. Dale Hill*. **2.** Recipiente usado em rituais de purificação. O AT descreve as bacias usadas no tabernáculo e no templo de Salomão. A bacia de bronze do tabernáculo foi construída com espelhos de metal providos pelas mulheres que ministravam na entrada do tabernáculo (Êx 38.8). Os sacerdotes usavam a bacia para lavar as mãos e os pés antes de iniciarem a atividade sacerdotal (Êx 30.18; 40.30,31). Os levitas também usavam água dessa bacia para se purificar (Nm 8.7). O templo de Salomão continha uma bacia grande, o mar de metal fundido (1Rs 7.23-26; 2Cr 4.2-5) e dez bacias menores (1Rs 7.38,39; 2Cr 4.6). Os sacerdotes lavavam-se na bacia conhecida por mar de metal fundido. As dez bacias eram usadas para purificar os sacrifícios (2Cr 4.6). V. *mar de fundição*.

BAGAGEM Palavra usada em diversas versões (*ARA*, *ARC*) como tradução de diversos termos hebraicos e gregos para se referir a utensílios, bens e provisões, ou a qualquer coisa que pode ser carregada. Comparem-se diversas versões de Jz 18.21; 1Sm 17.22; Is 10.28; 46.1; At 21.15.

BAIA Lugar onde os animais são guardados e alimentados. V. *estábulo*.

BAINHA Recipiente para a espada, presa ao cinto. V. *armas e armadura*; *espada*.

BAIOS Tradução na *ARA* de um termo associado a cavalos em Zc 6.3,7. A *ARA* toma o termo como referência à cor dos cavalos. Os primeiros tradutores tiveram dificuldade com a palavra, o que ainda acontece nas versões modernas. Alguns intérpretes entendem a palavra como referência à força dos cavalos: "Os vigorosos cavalos [...]" (Zc 3.7). A *ARA* traz "baios" no versículo 3 e "fortes" no versículo 7.

BAJITE (*ARC*, Is 15.2). Versões recentes trazem "templo" (*ARA*, *NVI*). A *ARC* interpreta o termo como um nome de local de adoração moabita.

BALÁ Nome de lugar que significa "usado, gasto". Cidade no território da tribo de Simeão (Js 19.3), aparentemente a mesma que Baalá (Js 15.29) e Bila (1Cr 4.29). A localização no sudoeste de Judá é desconhecida.

BALAÃO Profeta não israelita a quem Balaque, rei de Moabe, prometeu pagamento se amaldiçoasse os israelitas que invadiam seu território.

Antigo Testamento Balaão foi um dos muitos profetas das religiões orientais que cultuava todos os deuses da terra. Muitos desses falsos mestres tinham grande poder e influência. Quando pronunciavam uma bênção ou maldição, essas palavras eram consideradas profecia verdadeira. Quando Moisés conduziu seu povo pelo deserto, Deus ordenou que não atacassem nem Edom nem Moabe (Dt 2.4-9), e eles não os atacaram. Quando Edom não deixou os israelitas atravessarem seu território, "Israel desviou-se dele" (Nm 20.21). Quando o numeroso povo viajou para o norte na margem oriental do rio Jordão, o rei Balaque de Moabe precisou encarar a invasão de Israel. Balaque buscou uma estratégia alternativa à guerra para impedir a passagem de Moisés e do povo. Decidiu usar um profeta para amaldiçoar Israel. Balaão foi o escolhido; Balaque enviou seus mensageiros com pagamento para garantir os serviços de Balaão. Balaão pediu a permissão de Deus para amaldiçoar Israel. A permissão foi negada, mas Balaão viajou para deliberar mais com Balaque. Nessa viagem a jumenta de Balaão conversou com ele enquanto estavam passando por um lugar estreito do caminho (Nm 22.21-30; 2Pe 2.16). Aqui Balaão entendeu claramente que a espada desembainhada do anjo obrigava sua obediência para falar somente a mensagem de Deus a Balaque. Mais adiante, por meio de quatro mensagens vívidas Balaão insistiu que Deus abençoasse a Israel (Nm 23—24). Deus usou Balaão para pregar a verdade. Até falou da futura estrela de Jacó e do futuro cetro de Israel (Nm 24.17), profecia cumprida definitivamente na vinda de Jesus como Messias. As ações de Balaque causaram a ira de Deus sobre Moabe (Dt 23.3-6). Balaão morreu em uma batalha contra os midianitas (Nm 31.8; Js 13.22). Balaão não conseguiu amaldiçoar Israel, mas ensinou os moabitas a atrair os homens de Israel para a adoração a Baal por meio da imoralidade. Deus castigaria Israel por isso. O que Balaão não conseguiu realizar por meio da maldição, fez por meio da sedução.

Novo Testamento Pedro adverte contra os falsos mestres e descreve seu potencial destrutivo. Refere-se a anjos caídos, à destruição pela água no tempo de Noé e ao juízo de fogo sobre as imorais Sodoma e Gomorra nos dias de Ló. Pedro descreve sua geração de falsos líderes como os que têm os olhos cheios de adultério, que nunca param de pecar por meio da sedução dos instáveis. Diz também que eles carregam uma maldição por serem peritos na ganância. Pedro escreve que eles deixaram o caminho reto e seguiram o caminho de Balaão (2Pe 2.15). Em Ap 2.14 a igreja de Pérgamo é elogiada pela fidelidade sob perseguição, mas também é advertida porque alguns seguiram Balaão ao oferecerem carne a ídolos e praticarem a imoralidade. — Lawson G. Hatfield

BALADÃ Nome pessoal acádio que significa "Deus deu um filho". Pai de Merodaque-Baladã rei da Babilônia (722-711; 705-703 a.C.). V. *Merodaque-Baladã*.

BALAQUE Em Nm 22.2, o rei de Moabe que mandou buscar o profeta Balaão para pronunciar uma maldição sobre os israelitas. Balaão, no entanto, não proferiu a maldição; e foi negada a Balaque a vitória militar sobre Israel. V. *Balaão; Moabe e a pedra moabita*.

BALDES (*ARA*) Referência ao reservatório de água aberto no topo e suspenso por uma vara em forma de cruz (Nm 24.7; Is 40.15). O propósito era tirar água de um poço e ainda é usado na Palestina hoje. (*NVI*: "reservatórios de água").

BALEIA Grande mamífero aquático que se parece com um peixe enorme (Ez 32.2; Jn 1.17; Mt 12.40). A palavra grega traduzida por "baleia" em Mt 12.40 também significa "peixe grande" (Jn 1.17), "grande criatura" (Gn 1.21; Sl 148.7), "monstro" (Jó 7; 12; Ez 32.2). O conhecimento atual não permite identificar o animal com exatidão.

A *ARC* usa "baleia" para o termo hebraico *tannin* (Gn 1.21; Jó 7.12; e em Mt 12.40 com referência a Jonas). O termo hebraico pode designar um monstro marinho primitivo ou um dragão (Is 27.1; 51.9), uma serpente (Êx 7.9; Sl 91.13) ou possivelmente um crocodilo (Ez 29.3; 32.2). O evangelho de Mt usou o termo grego *ketos*, indicando um grande monstro marinho em vez de uma espécie em particular.

BÁLSAMO Resina ou goma aromática muito usada no antigo Oriente Médio para fins cosméticos e medicinais. Os egípcios o usavam para embalsamamento. Apesar do uso muito difundido, é difícil identificar o bálsamo. Os autores antigos se referem ao bálsamo por meio de uma diversidade de nomes, o que aumenta a dificuldade da identificação. A maioria das referências antigas parece ser à resina de *Balsamodendron opobalsamum* ou bálsamo de Gileade. Às vezes a referência parece ser à *Balanites aegyptiaca* — pequeno arbusto que ainda cresce no norte da África e produz uma resina grudenta usada para fins medicinais (Gn 37.25; Jr 8.22; 46.11; 51.8). Em outras ocorrências parece haver referência ao lentisco (*Pistacia lentiscus*) (Gn 43.11). Uma resina aromática amarela era extraída do lentisco quando seus galhos eram cortados.

BÁLSAMO DE GILEADE Substância conhecida no mundo antigo por suas propriedades medicinais. Exportada de Gileade ao Egito e Fenícia (Gn 37.25 Ez 27.17). V. *bálsamo*.

BALUARTE ou **FORTALEZA** Estrutura sólida em forma de muro levantada para defesa, possivelmente um sistema de duas paredes com espaço entre elas. A salvação provida por Deus é uma fortaleza para seu povo (Is 26.1; Sl 8.2; 1Tm 3.15).

BAMÁ Substantivo hebraico que significa "alto, lugar elevado, altar no monte". A palavra é usada no hebraico muitas vezes para descrever lugares de adoração, geralmente a adoração falsa a Javé contendo elementos cananeus. Em Ez 20.29, um lugar particular é chamado de Bamá em um jogo de palavras ridicularizando os lugares elevados. Caso se tenha em mente um lugar específico para Bamá, ele já não pode ser identificado.

BAMOTE Nome de lugar e substantivo comum que significa "altos, lugares elevados, altares nos montes". Um lugar em Moabe onde Israel acampou durante a peregrinação pelo deserto (Nm 21.19,20). Alguns a identificam com Bamote-Baal.

BAMOTE-BAAL Nome de lugar que significa "altos de Baal". Messa, rei de Moabe (c. 830 a.C.), mencionou esse lugar na Pedra Moabita. Já Nm 22.41 fala de "Bamote" (*NVI, ARA*) ou "altos de Baal" (*ARC*) perto do rio Arnom. Ali Balaque e Balaão podiam ver todo o povo de Israel. O texto de Js 13.17 a alista como cidade dada por Moisés à tribo de Rúben. Talvez seja a atual Gebel Atarus.

BANCO DE AREIA 1. Tradução da *NVI* para a palavra grega *syrtis*, que significa exatamente "banco de areia" (At 27.17). Algumas traduções modernas, como a *NVI*, entendem *syrtis* como nome pessoal para os grandes bancos de areia na costa oeste de Cirene (Líbia). V. *Sirte*.

BANCOS Tradução na *ARA* e *ARC* do convés de um navio (Ez 27.6). As traduções mais recentes trazem diversos tipos de madeira para o convés: "cipreste" (*NVI, BJ*) ou "pinho" (*NTLH*). Essas traduções entendem que o convés estava incrustado de marfim, não que era feito de marfim, como sugere a *ARC*.

BANDEJA A bandeja (prato grande) na qual foi colocada a cabeça de João Batista era provavelmente de ouro ou de prata (Mt 14.8,11 e paralelos). Bandejas ou pratos grandes de cerâmica eram de uso comum no tempo do NT (Lc 11.39).

BANHOS As línguas bíblicas não fazem distinção entre lavar e banhar-se principalmente porque o clima seco do Oriente Médio tornava proibitivos os banhos a não ser em ocasiões especiais ou onde havia água em abundância (Jo 9.7). Por isso, sempre que ocorre a expressão "banhar-se" no texto bíblico, a alusão geralmente é ao banho parcial. No entanto, duas exceções notáveis são o banho da filha do faraó no rio Nilo (Êx 2.5) e o de Bate-Seba avistada por Davi do seu terraço (2Sm 11.2). Os banhos públicos da cultura grega eram desconhecidos na Palestina antes do séc. II. O uso principal da palavra está relacionado aos atos rituais de purificação (Êx 30.19-21). Provavelmente é seguro dizer que a população em geral, tanto no AT quanto no NT, não tinha a privacidade nem o desejo de se banhar, como é a nossa experiência hoje. Os sacerdotes lavavam a roupa, as mãos, os pés ou o corpo inteiro antes de se aproximar do altar para os sacrifícios. A profanação cerimonial era removida pelo lavar do corpo e da roupa (Lv 14.8). Durante o tempo de lamento ou jejum o rosto e as roupas não eram lavados (2Sm 12.20), uma prática proibida por Jesus (Mt 6.17). Os cordeiros eram lavados durante o tempo da tosquia

Sala de banho nos banhos do Herculaneum romano (atual Itália) mostrando mosaicos e prateleiras.

(Ct 4.2), os bebês depois do nascimento (Ez 16.4) e o corpo no preparo para o sepultamento (At 9.37). Às vezes outros elementos como leite e vinho eram usados para simbolizar a lavagem no sentido metafórico. De acordo com Josefo, a comunidade dos essênios tinha a prática de banhar-se diariamente por razões cerimoniais, prática ritual que as escavações em Qumran parecem confirmar. V. *puro, pureza*. — C. Dale Hill

BANI Nome pessoal que significa "construído". **1.** Homem da tribo de Gade e um dos 30 guerreiros especiais de Davi (2Sm 23.36). **2.** Levita descendente de Merari (1Cr 6.46). **3.** Antepassado de Utai da tribo de Judá que esteve entre os primeiros israelitas a retornar da Babilônia à Palestina aproximadamente em 537 a.C. (1Cr 9.4). **4.** Antepassado originário do clã do qual retornaram 642 indivíduos do exílio babilônico com Zorobabel aproximadamente em 537 a.C. (Ed 2.10). O texto de Ne 7.15 traz a grafia "Binui" e relata que retornaram 648. O mesmo clã aparentemente tinha membros casados com mulheres estrangeiras e concordaram em se divorciar delas para evitar a tentação religiosa e a ameaça à comunidade da aliança (Ed 10.29,34,38). **5.** Pai de Reum, levita que ajudou Neemias a reconstruir o muro de Jerusalém (Ne 3.17). Talvez seja o mesmo homem que ajudou Esdras a interpretar a lei para o povo (Ne 8.7), liderou o culto de arrependimento que conduziu ao acordo de Neemias para obedecer à Lei de Deus (Ne 9.4,5; houve mais um Bani envolvido aqui) e selou o acordo junto com o segundo Bani (Ne 10.13,14). Seu filho Uzi foi o líder (oficial superior) dos levitas (Ne 11.22).

BANIMENTO V. *maldito, consagrado para a destruição; anátema*.

BANQUETE Refeição bem elaborada, às vezes chamada de "festa". No AT e NT os banquetes e festas são importantes para selar amizades, celebrar vitórias ou comemorar outras ocasiões alegres (Dn 5.1; Lc 15.22-24). A ideia da hospitalidade era muito valorizada entre os habitantes do Oriente Médio (Gn 18.1-8; Lc 11.5-8). A maioria dos banquetes era celebrada à noite depois do trabalho do dia. Geralmente apenas os homens eram convidados. As mulheres serviam a comida quando não havia servos presentes. Os anfitriões enviavam convites (Mt 22.3,4) e às vezes faziam preparativos elaborados para os hóspedes. Os que jantavam se reclinavam em assentos semelhantes a camas e ficavam deitados em ângulo reto em relação à mesa. Mesmo que as versões antigas nos levassem a pensar que as pessoas se assentavam à mesa para as refeições, o grego na verdade quer dizer "reclinar" (Mc 6.39; cp. Lc 12.37 na *ARC* e *NVI*).

Comidas típicas servidas nos banquetes eram peixe, pão, azeitonas, diversos tipos de legumes, queijos, mel, tâmaras e figos. Carne de boi ou de carneiro era servida somente pelos ricos ou em ocasiões especiais (Mc 14.12; Lc 15.23). O vinho também era parte importante das festas, assim eram chamadas às vezes literalmente de "casa da bebida" no hebraico (*ACF*: "casa do banquete", Ct 2.4) ou "bebedeiras" no grego (1Pe 4.3).

Alguns "lugares" à mesa do banquete eram preferidos a outros (Mc 10.37; Lc 14.7-11; Jo 13.23). Em Lc 14.8-10 Jesus se referiu a diferentes lugares de importância ("primeiro", "último", *ARA*). Ele usou muitas vezes banquetes e festas para transmitir sua mensagem a diversas pessoas (Mt 9.9,10; Mc 14.1-9; Lc 7.36-50; 19.1-6; Jo 2.1-11; 12.1-8). A imagem da festa como ocasião para celebração da vitória pode ser vista na referência de Jesus ao banquete messiânico (Mt 8.11; Lc 13.29). Também, em Ap, o dia da vitória final é descrito como o "banquete do casamento do Cordeiro" de Deus (Ap 19.9). — W. Thomas Sawyer

BAQUEBACAR Levita que viveu em Judá depois do exílio (1Cr 9.15).

BAQUEBUQUE Nome pessoal que significa "garrafa". Levita, servo do templo, depois da volta do exílio na Babilônia com Zorobabel em aproximadamente 537 a.C. (Ed 2.51; Ne 7.53).

BAQUEBUQUIAS Nome pessoal que significa "garrafa de Deus". Líder dos levitas em Jerusalém depois do exílio (Ne 11.17; 12.9,25).

BAR Tradução aramaica da palavra hebraica *ben*. Ambas as palavras significam "filho de". "Bar" é usado muitas vezes no NT como prefixo de nomes de homens revelando assim de quem eram filhos: Barrabás (Mt 27.16-26), Barjesus

(At 13.6), Barjonas (Mt 16.17, *ARA*), Barnabé (At 4.36; 9.27 etc.), Barsabás (At 1.23; 15.22), Bartolomeu (Mt 10.3; At 1.13) e Bartimeu (Mc 10.46).

BARAQUE Filho de Abinoão a quem a profetisa Débora desafiou a assumir a liderança militar dos israelitas em uma campanha contra os cananeus sob o comando de Sísera (Jz 4.6). Baraque passou em revista as tropas de Zebulom e Naftali e se preparou para enfrentar em batalha os cananeus perto do monte Tabor. Embora os cananeus fossem derrotados, Sísera conseguiu escapar. Foi morto depois por Jael, mulher do queneu Héber. É chamado Bedã no Texto Massorético de 1Sm 12.11). Baraque é mencionado como o libertador dos israelitas dos seus inimigos. V. *Juízes, livro de*.

BARAQUEL Nome pessoal que significa "Deus abençoou". Pai de Eliú, amigo de Jó (Jó 32.2).

BARAQUIAS Nome pessoal que significa "Javé abençoou". Pai do profeta Zacarias (Zc 1.1; Mt 23.35). V. *Berequias*.

BARBA Referência ao cabelo que cresce no rosto do homem muitas vezes excluindo o bigode. Os antigos hebreus são muitas vezes retratados na arte do antigo Oriente Médio como tendo barba cheia e arredondada. Isso contrasta com os romanos e egípcios que preferiam o rosto rapado e com outros nômades do deserto e outras populações vivendo na Palestina que com frequência aparavam e cortavam os cantos da sua barba (acerca destes v. Jr 9.26; 25.33; 49.32). Os israelitas estavam proibidos de desfigurar as bordas da barba ao cortá-las (Lv 19.27), e os sacerdotes estavam proibidos de cortar as extremidades da sua barba (Lv 21.5). Rapar a barba era um insulto (2Sm 10.4,5; Is 50.6) ou era um sinal dos profetas para anunciar a destruição iminente (Is 7.20; 15.2; Jr 41.5; 48.37; Ez 5.1). A palavra hebraica comum para barba (*zaqan*) também significa "velho" e era aplicada a homens (Jz 19.16), escravos (Gn 24.2), mulheres (Zc 8.4) e anciãos (Êx 19.7). A palavra traduzida por "barba" em 2Sm 19.24 (*safam*) provavelmente significa "bigode". A mesma palavra também é traduzida por "lábio" (Lv 13.45; Mq 3.7, *ARC*), "parte inferior do rosto" ou "rosto" (respectivamente nessas duas ocorrências na *NVI*), "bigode" (Mq 3.7, *ARA*) e "lábio superior" (Lv 13.45, *ARC*).

BÁRBARO Referência originária ao balbucio ou à gagueira ou a qualquer forma de som ininteligível. Mesmo a sílaba repetida "bar-bar" imita esse aspecto. O termo "bárbaro" tornou-se sinônimo de "estrangeiro", alguém que não falava grego, ou que não era grego. A *LXX*, versão grega mais antiga do AT, traduziu Sl 114.1 usando, no lugar de "bárbaro", a expressão "um povo de língua estrangeira". No NT "bárbaro" ocorre seis vezes. Paulo usa o termo duas vezes em 1Co 14.11 (*ARC*) quando trata do problema da fala ininteligível na igreja. O uso mais comum de "bárbaro" parece estar associado aos falantes de uma língua estrangeira, especialmente a que não seja o grego. A descrição que Paulo faz dos habitantes da ilha de Malta (At 28.2,4) como bárbaros (*ARA*, *ARC*) significava apenas que não falavam grego. Com o surgimento do Império Grego, havia a tendência de incluir todos os que não estavam familiarizados com essa língua e cultura como bárbaros. Assim, Paulo faz a distinção entre gregos e não gregos em Rm 1.14. Da mesma forma, em Cl 3.11 distingue-se o "bárbaro" do grego. Quando os romanos tomaram o poder e absorveram a cultura grega, excluíram-se da classificação bárbara. O termo veio a ser associado à vergonha nas guerras persas e em certa época estava relacionado aos cruéis e desprezíveis. V. *gentios; grego; helenistas*.

BARBEAR-SE V. *navalha*.

BARCO V. *navios, marinheiros e navegação*.

BARCOS Nome aramaico com o possível significado de "filho de Kos" (um deus). O antepassado originário de um clã de "netineus" (*ARC*) ou servidores do templo (*NVI*, *ARA*) que retornaram do exílio da Babilônia a Jerusalém com Zorobabel em cerca de 537 a.C. (Ed 2.53).

BARJESUS Mágico e falso profeta judeu de Pafos (At 13.6). O apóstolo Paulo o denunciou, e ele ficou cego. Em At 13.8 é chamado Elimas.

BARJONAS

BARJONAS Sobrenome de Simão Pedro (Mt 16.17, *ARA*, *ARC*). O significado é "filho de João" (*NVI*: "filho de Jonas").

BAR-KOKHBA Significa "filho da estrela" e foi o título dado pelos judeus a Simeão bar Kosevah, o líder da revolta em 132-135 d.C. O título o reconhecia por Messias (Nm 24.17). A revolta irrompeu porque o imperador romano Adriano começou a reconstruir Jerusalém como cidade pagã com o plano de substituir o templo arruinado dos judeus por outro dedicado a Júpiter. A circuncisão também foi proibida. No início os judeus se prepararam para a guerra em segredo. Quando Adriano deixou a Síria, eles se revoltaram abertamente. Por meio da tática de guerrilha conseguiram vencer as forças romanas e libertar Jerusalém em 132 d.C. Bar-Kokhba era o líder civil do povo, e Eleazar o sumo sacerdote. Seu êxito inicial levou à rebelião tão difundida que até mesmo alguns gentios e samaritanos se uniram a eles. Adriano precisou chamar Severo da Bretanha para suprimi-los. Foi uma guerra longa e custosa para os romanos. Severo evitou o confronto direto; em lugar disso enfraqueceu os rebeldes ao capturá-los em grupos pequenos, cortando linhas de provisão, cercando fortalezas e levando-os a morrer de fome. Bar-Kokhba defendeu sua última posição em Betar, onde a maioria dos insurgentes morreu em 135. Alguns fugiram para cavernas no deserto da Judeia e foram isolados até morrerem de fome. (V. *mapa abaixo*). — *Ricky L Johnson*

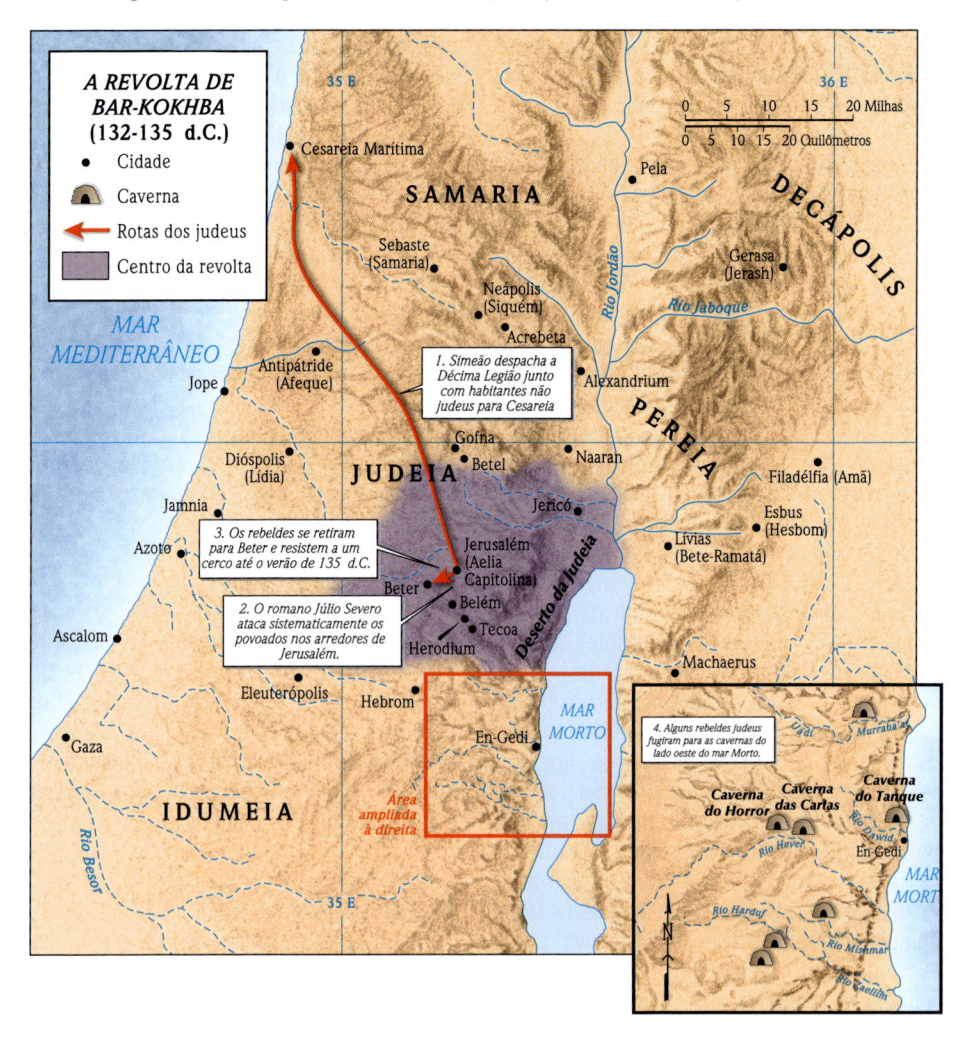

BARNABÉ O nome aparece 23 vezes em At e cinco vezes nas cartas de Paulo e provavelmente significa "filho da profecia" ou alguém que profetiza ou prega ("filho da exortação", At 4.36). Barnabé era levita e nativo da ilha de Chipre, chamado José antes de os discípulos o designarem Barnabé. Vendeu sua propriedade e deu a renda à igreja de Jerusalém (At 4.36,37). Apresentou Saulo de Tarso à igreja de Jerusalém (9.26,27). A igreja escolheu Barnabé para ir a Antioquia da Síria e analisar a pregação irrestrita aos gentios ali. Tornou-se o líder do trabalho e chamou Saulo para ser seu assistente. Eles levaram ajuda para aliviar a fome da igreja de Jerusalém (11.19-30). Na "primeira viagem missionária de Paulo", Barnabé parece ter sido o líder no início (cf. 13—14). Paulo e Barnabé foram enviados a Jerusalém para tentar resolver as questões relativas à salvação dos gentios e a respeito da comunhão dos cristãos judeus com eles (15.1-21). Concordaram em empreender mais uma viagem missionária, mas divergiram se deviam levar João Marcos com eles novamente (15.36-41). Barnabé (Gl 2.1-10) foi com Paulo a Jerusalém, e os apóstolos aprovaram sua missão aos gentios (provavelmente é o mesmo acontecimento relatado em At 15). Em Gl 2.13, no entanto, Paulo indica que em uma ocasião Barnabé titubeou acerca da aceitação completa dos cristãos gentios. Em 1Co 9.6 Paulo elogia Barnabé por seguir a prática (paulina) de prover o próprio sustento em vez de depender das igrejas. O texto de Cl 4.10 afirma que Marcos era primo de Barnabé. No séc. III Barnabé foi identificado por Clemente de Alexandria como um dos 70 de Lc 10.1; Tertuliano se referiu a ele como o autor de Hb; e *Recognitiones Clementinæ* [Reconhecimentos clementinos] afirma que ele era o Matias de At 1.23,26. Tudo isso é bem provável. No séc. II apareceu uma epístola que levava o nome de Barnabé; ela se tornou muito popular e até recebeu alguma consideração para obter um lugar no NT. Mais tarde circularam um livro apócrifo de *Atos de Barnabé* e talvez até um *Evangelho de Barnabé*. — *James A. Brooks*

BARRABÁS O nome significa "filho do pai". Assassino e revolucionário sob custódia romana na época do julgamento de Jesus (Mc 15.15). Os quatro evangelhos relatam que, quando Pilatos ofereceu soltar Jesus ou Barrabás, a multidão exigiu a soltura de Barrabás. Pilatos cedeu à exigência, ordenou a crucificação de Jesus e soltou Barrabás. Nada se sabe de sua história subsequente.

O texto crítico corrente do NT grego, seguindo Orígenes, diversas versões antigas do NT e uma série de manuscritos gregos informam que Pilatos o chamou de Jesus Barrabás (Mt 27.16,17). Essa formulação não é certa, mas possível. Se estiver correta, Pilatos ofereceu à multidão a escolha entre "Jesus, o Messias" (Jesus Cristo) e "Jesus, filho do pai" (Jesus Barrabás). V. *Cristo, cristologia; cruz, crucificação*. — *Charles W. Draper*

BARRO Material básico de construção ou confecção de objetos de arte de diversos tipos de terra combinada com água para formar um material modelável em blocos para construção, esculturas, cerâmica, brinquedos ou tábuas para escrita. Um pedaço de argila marcado com um sinete dava prova de propriedade ou aprovação. O tipo de solo — areia, quartzo, pederneira, pedra calcária, em combinação com padrões corantes — dá aos arqueólogos uma pista para datar depósitos descobertos de sítios antigos. V. *arqueologia e estudo bíblico; cerâmica*.

BARSABÁS Nome pessoal que significa "filho do sábado". **1.** Nome dado a José, o Justo, candidato não eleito quando a igreja escolheu o substituto para Judas, o traidor (At 1.23). **2.** Sobrenome do Judas que a igreja de Jerusalém escolheu para ir com Paulo e Silas a Antioquia depois do concílio de Jerusalém (At 15.22). V. *apóstolo; discípulo; Judas; José; Justo*.

BARTIMEU Mendigo cego das proximidades de Jericó que gritou pedindo pela misericórdia de Jesus apesar dos esforços dos outros para silenciá-lo. Jesus lhe disse que sua fé persistente o tinha curado. Quando conseguiu enxergar, seguiu Jesus (Mc 10.46-52). O nome significa "filho de Timeu". A cegueira o tinha reduzido ao anonimato, e as testemunhas nem mesmo sabiam seu nome. A história demonstra o valor dado por Jesus a todas as pessoas, mesmo as mais pobres e aparentemente mais insignificantes. — *Charles W. Draper*

BARTOLOMEU Um dos 12 apóstolos (Mc 3.18). O nome Bartolomeu significa "filho de Talmai" e pode ter sido um patronímico, derivado do nome de seu pai ou de um antepassado por parte do pai. Ocorre em todas as quatro listas de apóstolos no NT (Mt 10.2-4; Mc 3.16-19; Lc 6.14-16; At 1.13); nos três Evangelhos sinópticos, segue imediatamente o nome de Filipe. O nome não ocorre uma única vez no evangelho de João. Em Jo 1, no entanto, o relato do chamado de Filipe ao discipulado está proximamente associado ao chamado de um homem chamado Natanael (v. 43-51). Essa circunstância tem levado à identificação tradicional de Bartolomeu com Natanael. V. *apóstolo; discípulo; Natanael*.

BARUMITA Variante de baarumita. V. *Baurim*.

BARUQUE 1. Filho de Nerias, escriba e amigo de Jeremias. Ajudou Jeremias a comprar uma propriedade de Hanameel, primo do profeta, e usou a compra como símbolo de esperança (Jr 32.12). Baruque, cujo nome significa "abençoado", serviu a Jeremias como amanuense ou escriba. Além disso, parece que teve um relacionamento próximo e pessoal com o profeta e que exerceu grande influência sobre o ministério de Jeremias. Colocou por escrito a pregação de Jeremias e a leu aos conselheiros do rei que a levaram ao monarca. Jeoaquim a queimou, mas Jeremias a ditou outra vez (Jr 36). Jeremias foi até acusado de ser mero instrumento da inimizade de Baruque (Jr 43.3). O profeta aconselhou Baruque a depositar sua confiança totalmente no Senhor e não buscar grandes coisas para si mesmo (Jr 45). Um bom conjunto de obras escritas foi atribuído a Baruque pela tradição judaica. V. *Jeremias*. **2.** Sacerdote, filho de Zabai, no tempo de Neemias. Reparou "com zelo" parte do muro oriental de Jerusalém (Ne 3.20). Geralmente se supõe que tenha sido o mesmo Baruque que também assinou (Ne 10.6) o acordo em Ne 8—10, no qual a comunidade pós-exílica renovou oficialmente o compromisso de obedecer à Lei de Deus na sua vida (v. esp. 10.28,29). **3.** O Baruque mencionado em Ne 11.5 é da tribo de Judá. Nada mais se sabe sobre ele a não ser que seu filho Maaseias foi um dos voluntários para se expor ao perigo de morar na Jerusalém pós-exílica.

BARZILAI Nome pessoal que significa "feito de ferro". **1.** Homem de Gileade a leste do Jordão que encontrou Davi em Maanaim fugindo de Absalão. Barzilai e outros deram a Davi e sua comitiva as provisões necessárias (2Sm 17.27-29). Quando Davi voltou a Jerusalém, o velho Barzilai de 80 anos o acompanhou na travessia do Jordão, mas se negou a ir a Jerusalém (2Sm 19.31-39). Barzilai talvez tenha sido anfitrião de Davi enquanto este permaneceu a leste do Jordão. Seus filhos foram a Jerusalém, e o moribundo Davi garantiu-lhes o bem-estar (1Rs 2.7). **2.** Pai de Adriel. Teve os filhos entregues por Davi para serem executados pelos gibeonitas como retribuição pela morte desumana dos gibeonitas (2Sm 21.8). Esse Barzilai pode ter sido o mesmo de 1. **3.** Clã de sacerdotes descendentes de um homem casado com a filha do o número 1. e que receberam seu nome. Alguns desses sacerdotes voltaram do exílio na Babilônia com Zorobabel em cerca de 537 a.C. (Ed 2.61).

BASÃ Região mais setentrional da Palestina a leste do rio Jordão. Embora sua extensão exata não possa ser determinada com certeza, geralmente refere-se a uma região a leste do mar da Galileia. No tempo de Moisés, era governada pelo rei chamado Ogue, derrotado pelo exército israelita (Nm 21.33-35). Foi designada área da tribo de Manassés (Dt 3.13; Js 13.29-31). Provavelmente por conta da localização fronteiriça, trocou de mãos diversas vezes no decorrer da história de Israel. Era conhecida como região particularmente fértil (Dt 32.14; Ez 39.18). V. *Palestina*.

BASÃ-HAVOTE-JAIR V. *Havote-Jair*.

BASEMATE Nome pessoal que significa "bálsamo". **1.** Mulher hitita com quem Esaú se casou, entristecendo seus pais, Isaque e Rebeca (Gn 26.34,35; 27.46). Aparecem algumas diferenças no seu nome e seus antepassados. Em Gn 28.9 Esaú se casou com Maalate, filha de Ismael e irmã de Nebaiote. Aparentemente os três textos se referem à mesma mulher. Não está claro como se explica a complexidade de nomes, relacionamentos e panos de fundo. Alguns estudiosos a atribuem às fontes literárias; outros falam de novos nomes sendo dados às mulheres quando se casavam; e outros se referem a mudanças no texto feitas pelos copistas. Reuel, filho de Basemate, tornou-se pai de quatro clãs em Edom (Gn 36.10,13,17). **2.** Filha de Salomão que se casou com Aimaás, supervisor de distrito responsável pela provisão da corte proveniente de Naftali (1Rs 4.15).

BASILISCO Termo usado na *ARC* para se referir a serpentes lendárias e cobras venenosas (Is 11.8; 14.29; 59.5; Jr 8.17). Provavelmente é a *Vipera xanthina*. V. *répteis*.

BASLITE, BASLUTE Nome pessoal que significa "na sombra" ou "cebolas". Antepassado originário do clã dos servidores do templo que voltaram do exílio na Babilônia com Zorobabel em 537 a.C. (Ne 7.54). Nome grafado "Baslute" em Ed 2.52.

BASTÃO DE MADEIRA Expressão usada pela *NVI* em Ez 39.9 para se referir a uma arma usada por soldados de infantaria. Não se sabe ao certo como era essa arma, a não ser que era feita de madeira (39.10). A *ARA* e *ARC* traduzem por "bastão de mão", e a *NTLH,* por "porrete". A *BJ* traduz por "bastão". V. *armas e armadura*.

BASTARDO Termo usado na *ARA* e *ARC* para se referir a alguém nascido de união ilegítima. O termo podia ser referência à união incestuosa ou ao casamento proibido (Lv 18.6-20; 20.11-20). Filhos ilegítimos não tinham permissão para entrar na assembleia do Senhor (Dt 23.2). De acordo com os hebreus, alguém não disciplinado pelo Senhor não é filho legítimo (12.8).

BATALHA V. *armas e armadura; exército*.

BATE-RABIM Nome de lugar que significa "filha de muitos". Um portão de Hesbom, que ficava próximo de tanques de peixe. O texto de Ct 7.4 usa sua beleza como comparação com a beleza dos olhos da amada. V. *Hesbom*.

BATE-SEBA Filha de Eliã e mulher do hitita Urias (2Sm 11.3). Era uma mulher bonita com quem o rei Davi teve um caso de adultério (2Sm 11.4). Quando Davi descobriu a gravidez dela por causa desse amor secreto, enveredou por um caminho enganoso que conduziu por fim à morte violenta de Urias. Davi então tomou Bate-Seba por esposa. Foi a mãe de Salomão e teve papel importante em garantir a ele a coroação (1Rs 1.11—2.19). V. *Davi*.

BATE-SUA Nome pessoal que significa "filha da nobreza". **1.** Mulher cananeia de Judá e mãe de Er, Onã e Selá (1Cr 2.3, *ARA*). *NVI* e *ARC* trazem "filha de Suá/Sua". O texto de Gn 38.2 (*NVI*) diz que seu nome era Suá, enquanto Gn 38.12 a chama de filha de Suá. V. *Suá*. **2.** Nome de Bate-Seba em 1Cr 3.5 (mrg. *NVI*). V. *Bate-Seba*.

BATISMO Ritual cristão de iniciação praticado por quase todos os professantes da fé cristã. Na época do NT, as pessoas que professavam Cristo eram imergidas em água como confissão pública da fé em Jesus, o Salvador. Isso era feito em obediência direta à ordem explícita do Senhor (Mt 28.16-20).

Pano de fundo judaico Entre os judeus da Palestina do séc. I, praticava-se uma forma de purificação ritual, que indubitavelmente constituiu a prefiguração do batismo cristão. A escavação de centenas de *mikvaot* (tanques de purificação ritual) em diversos locais, desde o monte do templo até a fortaleza de Massada e a comunidade de Qumran, testifica a ampla difusão da prática do batismo dos prosélitos e das purificações rituais. A existência de tanques fundos em que se entrava por degraus fornece evidência suficiente do fato de que a prática judaica empregava uma forma de autobatismo ou autoimersão. O uso típico da *mikveh* seria o de um gentio que tivesse abraçado o judaísmo e aceitado a circuncisão entrando na *mikveh* e recitando o *Shemá*: "Ouça, ó Israel: O Senhor, o nosso Deus, é o único Senhor" (Dt 6.4), e então se imergia no tanque.

O batismo de João Consequentemente, quando João Batista começou a batizar no rio Jordão, a prática do batismo em si dificilmente deve ter chocado os judeus. A introdução do ministrante que imergia os outros foi a novidade adicional de João. A Igreja manteve esse desdobramento na adoração pós-ressurreição e o elevou à proeminência como primeiro ato público de identificação com Cristo. João insistiu em que os que buscavam o batismo dele dessem testemunho da vida radicalmente mudada, evidenciada pelo arrependimento. Os que a isso se sujeitavam formavam uma comunidade purificada esperando o advento do Messias. O fato de Jesus de Nazaré estar entre os que buscaram o batismo de João deixou perplexa a Igreja ao longo dos séculos e parece ter enganado João na época (Mt 3.14). O protesto de João sugere que ele não percebeu necessidade de arrependimento em Jesus. Ele cedeu e imergiu Jesus como resposta à garantia do Senhor de ao fazê-lo estar cumprindo "toda a justiça" (Mt 3.15). Além de se identificar com o ministério de João, o ato declarava a natureza da missão do Messias. Seria o Messias crucificado, sepultado e ressurreto. Ademais o evento proporcionou uma das declarações mais importantes da natureza trinitária de Deus com o batismo do Filho, a voz do Pai e a descida do Espírito como pomba (Mt 3.16,17).

O batismo no Novo Testamento A palavra "batismo" tem diversos usos no NT. Além do sentido usual de iniciação e testemunho da fé, a Bíblia fala do batismo de fogo (Mt 3.11,12), do batismo pelo/no Espírito Santo (1Co 12.13), do batismo pelos mortos (1Co 15.29) e até do batismo do povo hebreu em Moisés e no mar (1Co 10.2). Mas a maioria esmagadora de referências está associada à primeira resposta de obediência do novo seguidor de Jesus. A palavra "batizar" é tomada do termo grego *baptizo*. Poucos estudiosos discordam de que o significado do termo é "imergir", não "derramar" ou "aspergir". No grego clássico a palavra era usada, p. ex., para descrever o naufrágio de um navio que está, portanto, "imerso" na água ou totalmente envolvido por ela. Cinco questões importantes relacionadas ao batismo são: 1) o significado da ordenança, 2) o candidato apropriado ao batismo, 3) o tempo certo para o batismo, 4) o modo apropriado do batismo e 5) a autoridade correta para o batismo.

Significado Na forma mais simples, o batismo é a identificação pública com Jesus Cristo. Como tal, retrata a morte de Jesus pelos pecados do mundo, seu posterior sepultamento e sua triunfante ressurreição. Há também a reencenação da morte do cristão para o pecado, do sepultamento do velho homem e da ressurreição para andar em novidade de vida com Cristo (Rm 6.4). Também existe um toque escatológico, o apontamento profético do futuro no batismo. Embora morramos e sejamos enterrados no solo, ressuscitaremos na vinda do Senhor. Há os que consideram o batismo um sacramento, conferindo graça ou mesmo concedendo salvação. Desse ponto de vista, o batismo efetua a remoção do pecado original na criança e/ou garante a salvação do batizado. Os defensores dessa posição citam At 2.38 e alguns outros textos como fundamento. A tradição eclesiástica dos que professam a fé para ser batizados entende o batismo como símbolo da salvação, a profissão pública de fé e o testemunho da obra de salvação. A Bíblia ensina claramente que a pessoa se apropria da salvação somente pela fé baseada na graça de Deus. O batismo, sendo um ato humano, nunca pode purificar do pecado ou produzir o perdão divino (Rm 4.3).

Candidato adequado ao batismo Em concordância com isso, o único candidato adequado ao testemunho do batismo é o que tem algo do que possa testemunhar (At 2.38; 8.12,13,36-38; Ef 4.5). Não há precedente de batismo infantil no NT; além disso, só quem experimentou a regeneração pode dar testemunho genuíno dessa experiência. Somente a pessoa suficientemente madura para reconhecer, confessar e se arrepender dos pecados e assumir o compromisso consciente da fé em Cristo deve ser batizada (At 2.41).

O tempo certo para o batismo Em algumas regiões do mundo, o batismo é adiado, às vezes até dois anos depois da conversão, em que os candidatos devem demonstrar sua fé e/ou são cuidadosamente ensinados, mas o NT não conhece tal prática. O batismo é uma confissão pública de fé, uma ordenança iniciatória de um novo crente desejoso de obedecer a Cristo (At 8.35-38). A salvaguarda que acompanha é um programa bíblico de disciplina da igreja. Por isso, assim que alguém é salvo, deve ser batizado.

O modo apropriado do batismo A forma correta do batismo é determinada pelo significado do ato. Enquanto é verdade que *baptizo* significa "imergir" e enquanto também é o caso que os batismos judaico e cristão do séc. I eram todos por imersão, é o significado da morte, sepultamento e ressurreição que determina a forma. O novo cristão é sepultado em um túmulo de água e ressuscitado como símbolo da confiança na morte, no sepultamento e na ressurreição de Cristo para a propiciação dos seus pecados. Somente a imersão retrata de modo adequado o sepultamento e a ressurreição (Rm 6.4-6). Batistérios para imersão que datam das primeiras igrejas cristãs são comuns na Europa e no Oriente Médio. Não poucas paróquias católicas romanas contemporâneas reconhecem a antiguidade da prática da imersão e começam a construir tanques para imersão. A Igreja Ortodoxa Oriental sempre praticou a imersão.

A correta autoridade para o batismo
Quem tem a autoridade para ministrar ou realizar o batismo? Nesse ponto as Escrituras não são claras. No entanto, no NT, sempre que pessoas professavam a Cristo e eram batizadas, eram assimiladas e recebidas em assembleias locais de cristãos. A exceção possível disso é o eunuco etíope (At 8.35-38). Na ausência de instruções mais precisas, parece seguro dizer que se identificar com Cristo como cabeça da Igreja sem também se identificar com a Igreja, que é o corpo de Cristo, parece inconcebível. A igreja local detém a autoridade apropriada para ministrar o batismo.

Por fim, devemos observar que as duas ordenanças dadas à Igreja — o batismo e a ceia do Senhor — juntas contam a história da obra propiciatória de Cristo. Na ceia, a morte de Cristo é reconhecida e anunciada; ao passo que no batismo seu sepultamento e ressurreição são retratados. Esses encerram os únicos rituais ordenados à Igreja por Jesus. V. *batismo com o/ no Espírito Santo; batismo infantil; ordenanças*. — Paige Patterson

BATISMO COM O/NO ESPÍRITO SANTO

Expressão usada de uma forma ou de outra por João Batista, Jesus, Simão Pedro e Paulo. João Batista proclamou: "Eu os batizo com [gr. *en*] água para arrependimento. Mas depois de mim vem alguém mais poderoso do que eu, tanto que não sou digno nem de levar as suas sandálias. Ele os batizará com [gr. *en*] o Espírito Santo e com fogo" (Mt 3.11). Os quatro evangelhos contêm

Batistério bizantino antigo em Avdat, Israel, mostrando a importância dada ao batismo pela igreja primitiva.

essa predição, embora Jo e Mc omitam a expressão "e com fogo" (Mc 1.8; Lc 3.16; Jo 1.33). Jesus se referiu às palavras de João imediatamente antes da ascensão, afirmando aos discípulos que eles logo ("dentro de poucos dias") receberiam esse batismo (At 1.5). A promessa foi cumprida no dia de Pentecoste, quando o Espírito Santo veio sobre os 120 discípulos na sala no andar superior (At 2.4) e línguas de fogo pousaram sobre cada um deles (At 2.3). Para demonstrar publicamente que ele tinha lhes dado o Espírito, Deus capacitou os 120 de forma milagrosa a falar nas línguas estrangeiras dos peregrinos presentes em Jerusalém naquele dia (At 2.4-12).

Em At 10 Deus enviou Simão Pedro à casa do gentio Cornélio. Ali o Senhor derramou o Espírito sobre os gentios, capacitando-os a falar em línguas, assim mostrando a Pedro que os gentios tinham recebido o mesmo dom que os judeus. Quando apresentou seu relatório sobre essa questão à igreja de Jerusalém, Pedro citou as palavras de Jesus sobre o batismo com o/ no Espírito em At 1.5, levando os discípulos presentes a afirmar: "Então, Deus concedeu arrependimento para a vida até mesmo aos gentios!" (At 11.18, NVI). Essas seis primeiras referências ao batismo com o/ no Espírito apontam todas para a promessa do dom do Espírito (Jo 14.25-27; 15.26,27; 16.7-11), primeiramente para os judeus em Jerusalém, depois para os gentios. Os cristãos judeus e gentios agora são um não somente porque têm um Salvador comum, mas porque têm o mesmo dom do Espírito (Ef 2.11—3.6; Gl 3.28; Rm 2.9-29; Cl 1.26,27).

Paulo também fala em ser batizado no/ com o Espírito (1Co 12.13): "Pois em um só corpo todos nós fomos batizados em [com] um único Espírito: quer judeus, quer gregos, quer escravos, quer livres. E a todos nós foi dado beber de um único Espírito". Semelhantemente às referências anteriores, esse texto observa a unidade de judeus e gentios como tendo um Espírito, destacando esse aspecto pela referência ao Espírito como "um único Espírito". Há, no entanto, algumas características singulares no tratamento que Paulo dá ao tema. Em primeiro lugar, refere-se aqui a uma experiência passada compartilhada por Paulo e os coríntios, enquanto as outras referências têm orientação futura. Em segundo lugar, é significativo que nenhuma dessas pessoas tenha estado presente nos eventos encontrados nos dois textos de At, contudo Paulo afirma que elas também foram batizadas em um Espírito. Em terceiro lugar, Paulo diz que esse batismo com/ no Espírito resulta na incorporação de todos os crentes no corpo de Cristo (cf. 1Co 12.14-27; Ef 1.23; 4.12; Cl 1.24).

No último século, os intérpretes da Bíblia divergiram acerca da interpretação desses textos de três maneiras específicas. Primeiro, pergunta-se o batismo do Espírito é uma experiência subsequente à conversão, ou acontece no mesmo momento da conversão. Segundo, deve a pessoa batizada no/ com o Espírito falar em línguas como "evidência" da experiência? Terceiro, será que Paulo fala da mesma experiência essencial em 1Co 12.13 de que João, Jesus e Pedro falam em outros textos? As perguntas resultam em uma resposta relativamente segura.

Tratando a última pergunta em primeiro lugar, está claro que Paulo fala essencialmente do mesmo tipo de experiência de que João falou, visto que usa a mesma construção no grego, com a única diferença do acréscimo da palavra "um" [Espírito] e do tempo verbal passado. Também usa a voz passiva, mas isso é esperado com a mudança do sujeito de "ele" [Jesus] para "nós" [cristãos]. Se concluirmos que Paulo fala da mesma experiência mencionada em outros textos, então deve ficar claro que o batismo do Espírito não pode ser subsequente à conversão, visto que Paulo diz que ele é o meio pelo qual os crentes são incorporados no corpo de Cristo. Precisa acontecer na conversão, como ocorreu em At, como uma das constelações de bênçãos do Espírito conferidas aos cristãos naquele momento — eles são nascidos do Espírito (Jo 3.5), selados com o Espírito (Ef 1.13) e recebem o dom da habitação do Espírito (Rm 8.9-11). E o que dizer acerca do dom de línguas como evidência do batismo do Espírito? No Pentecoste e na casa de Cornélio, os cristãos batizados no/ com o Espírito falaram em línguas, mas isso aconteceu para mostrar que tanto judeus quanto gentios receberam o dom prometido do Espírito. Em nenhum outro texto das Escrituras os cristãos leem que falar em línguas é evidência do batismo do Espírito a não ser nesses momentos iniciais da História da salvação, e em nenhum lugar da Bíblia há a ordem para que os cristãos sejam batizados no Espírito ou falem em línguas.

A promessa inicial de João Batista acerca do batismo no Espírito foi cumprida nos dois "Pentecostes", no dos judeus e no dos gentios (At 2; 10). Visto que Paulo conta aos coríntios que eles foram batizados no/ com o Espírito, a bênção do dom pentecostal é aplicado a todos os discípulos no momento da conversão. Os sete textos combinados deixam claro que Jesus é quem batiza todos os cristãos, o Espírito é o elemento no qual/ com o qual eles são batizados e a incorporação no corpo de Cristo é o resultado. V. *Espírito Santo; línguas, dom de*. — Chad Brand

BATISMO DE CRIANÇAS Rito de iniciação executado em crianças nascidas em famílias cristãs, também chamado "pedobatismo". Embora não haja nenhum registro explícito de batismo de crianças no NT, ele se tornou uma prática estabelecida na igreja antes do séc. III d.C.

O significado do batismo de crianças varia entre as diversas tradições cristãs em que se observa o rito. Em algumas tradições, como no catolicismo romano e na ortodoxia oriental, sustenta-se que o batismo propicia a purificação do pecado. Muitos reformadores protestantes mantiveram a prática de batismo de crianças, mas desenvolveram uma teologia batismal centrada mais no significado do rito como expressão da aliança.

Há poucos argumentos oferecidos por pedobatistas em defesa da prática. Primeiro, batismos domésticos (At 16.15,33; 18.8; 1Co 1.16) podem ter incluído os filhos pequenos de pais cristãos. Segundo, no seu ministério Jesus acolheu as crianças (Mt 19.13-15; 21.16; Mc 10.14; Lc 10.21). Terceiro, do mesmo modo como a circuncisão era o sinal da promessa da aliança divina no AT, assim o batismo é visto como sinal da aliança no âmbito do NT (Cl 2.11,12). Visto que no judaísmo crianças (meninos) eram submetidas à circuncisão, as crianças deveriam receber o batismo no cristianismo. A declaração de Pedro no sermão de Pentecostes de que "a promessa é para vocês e seus filhos" (At 2.39) também é considerada por alguns base para o batismo de crianças. Além disso, a ideia de que Deus estende a salvação a famílias ou a comunidades maiores é comprovada por exemplos do AT, quando a família de Noé é liberta do dilúvio (cf. 1Pe 3.20,21) e a nação inteira de Israel é liberta por meio das águas do mar Vermelho (cf. 1Co 10.1,2).

Partidários do batismo de convertidos argumentam contra o pedobatismo com base em que: 1) o padrão claro no NT é de que o batismo seja precedido por arrependimento e fé (p. ex., At 2.38; 8.12; 18.8); 2) não está claro que batismos domésticos incluíam crianças; e 3) o paralelo do NT para a circuncisão não é o batismo, mas a circuncisão do coração (Rm 2.29; Cl 2.11), que aponta para a realidade espiritual interior fundada sobre uma confissão de fé que é impossível para crianças. — Davi P. Nelson

BATISMO DE FOGO Essencial na mensagem de João Batista era o ensino de que o Messias — cuja vinda anunciava — também batizaria, mas de uma forma que suplantasse o batismo de João. O Messias batizaria "com o [ou 'no'; o grego pode ser traduzido de uma forma ou de outra] Espírito Santo (Mc 1.8; Jo 1.33; At 1.5; 11.16) e com fogo" (Mt 3.11; Lc 3.16). O fato de haver apenas um artigo grego regendo os dois substantivos, "Espírito" e "fogo", indica que se tem em mente só um batismo, e o acréscimo de "e com fogo" define melhor a natureza do batismo do Messias. Enquanto a água purifica temporariamente o exterior, o fogo purifica permanentemente o interior. — *E. Ray Clendenen*

BATISMO PELOS MORTOS A única menção bíblica ao tema encontra-se em 1Co 15.29. Paulo se refere a uma prática sem comentar o assunto. Não o recomenda, nem aprova ou condena. O batismo pelos mortos não é o ponto de Paulo, mas é usado para apoiar seu argumento a favor da realidade da ressurreição negada por alguns (1Co 15.12). Ele argumenta com base na ressurreição de Cristo (v. 13-16) e na salvação dos coríntios (v. 17-19). A ordem da ressurreição é que primeiro Cristo foi ressuscitado (v. 20), então ressuscitarão os que lhe pertencem na sua vinda (v. 23) e por fim a própria morte será destruída (v. 26). Paulo reforça sua lógica ao apontar para a prática deles: "Se não há ressurreição, que farão aqueles que se batizam pelos mortos?" (v. 29).

Não se dá explicação alguma dessa prática. Uma interpretação simples e direta da expressão "aqueles que se batizam pelos mortos" é que pessoas estavam sendo batizadas vicariamente no lugar de alguém que já havia morrido. Alguns sugerem um significado simbólico. Se o "batismo" for simbólico, então poderia ser paralelo ao uso de Jesus em Mc 10.38 ("Podem vocês [...] ser batizados com o batismo com que estou sendo batizado?"), referência metafórica à sua crucificação e morte. As palavras de Paulo poderiam referir-se então ao martírio. Se "morte" for simbólico, poderia referir-se à morte do cristão para sua velha natureza, o ego e o pecado (Rm 6.4).

Outros interpretam a preposição como sendo "sobre" os túmulos dos cristãos, ou o batismo "com respeito à" morte futura do próprio cristãos ou "com vistas a" ser reunido com cristãos companheiros já mortos. Outra possibilidade é "Por que ser batizado se não há ressurreição dos mortos?".

Essas sugestões simbólicas ou sintáticas têm pouco apoio. A leitura natural é preferível, de que aqui se trata de um batismo vicário no lugar dos mortos. Não há informação alguma de como esse batismo era realizado ou o que se cria alcançar com ele. Simplesmente não podemos saber. Não obstante, qualquer ideia de que uma pessoa viva pudesse ser batizada e influenciar a salvação de alguém morto contradiz o ensino claro das Escrituras tanto acerca da salvação quanto do batismo. Não poderia ser uma prática aprovada por Paulo. — David R. Beck

BATISTA, JOÃO V. *João*.

BAURIM Nome de lugar que significa "homens jovens". Povoado na estrada de Jerusalém a Jericó no território da tribo de Benjamim. Davi exigiu de Is-Bosete, filho de Saul, que enviasse de volta Mical, filha de Saul e esposa de Davi. Is-Bosete a tomou de seu marido Paltiel, que a seguiu chorando a Baurim até que Abner, o general, a forçou a voltar para casa (2Sm 3.16). Quando Davi fugia de seu filho Absalão, um parente de Saul chamado Simei o encontrou em Baurim, amaldiçoou-o e atirou pedras em todo o grupo de Davi. Davi impediu o castigo imediato (2Sm 16.5; 19.16). Dois mensageiros (da parte dos sacerdotes) levando recados secretos sobre Absalão se esconderam dos homens de Absalão em Baurim (2Sm 17.18). Salomão seguiu as ordens de Davi e cumpriu a execução de Simei de Baurim (1Rs 2.8,9,36-46). Azmavete, um dos guerreiros valentes de Davi, era de Baurim (1Cr 11.33). Em 2Sm 23.31, Azmavete é alistado como o "barumita" (*ARA*), ou seja, "de Barum", devido a um erro de copista. Baurim provavelmente estava localizada onde fica a atual Ras et-Tmim, a leste do monte Scopus perto de Jerusalém.

BAVAI (*ARA, ARC*), **BINUI** (*NVI*) Oficial governamental de Queila que ajudou Neemias a reconstruir o muro de Jerusalém (Ne 3.18). A *NVI* traz "Binui" com base em Ne 3.24 e outras evidências textuais. V. *Binui; Queila*.

BDÉLIO Tradução de *bedolach*, palavra de significado duvidoso. Tem sido identificada como goma ou resina, pérola ou pedra. Em Gn 2.12 (*NVI, ARA*) o bdélio, o ouro e a pedra de ônix são produtos de Havilá. Já Nm 11.7 compara a aparência do maná ao bdélio (*ARA, ARC*). Termos em outras línguas que usam palavras muito semelhantes a *bedolach* favorecem a identificação com a goma resinosa (cf. Nm 11.7 na *NVI*). Em forma de gotículas, a goma pode ter a aparência de uma pérola ou pedra.

BEALIAS Nome pessoal que significa "Javé é Senhor". Literalmente, "Javé é baal". Soldado que se uniu a Davi em Ziclague enquanto este fugia de Saul e servia os filisteus (1Cr 12.5).

BEALOTE Nome de lugar que significa "baalins femininos" ou "senhoras". **1.** Cidade na fronteira sul do território da tribo de Judá (Js 15.24). Pode ser a mesma que Baalate-Beer (19.8). **2.** Região com Aser constituindo um distrito para prover alimentos para a corte de Salomão (1Rs 4.16). A *ACF* traz "em Alote". Esse pode ter sido um substantivo comum que significa "nos altos". Se a palavra significa uma cidade, sua localização é desconhecida.

BEBAI Nome pessoal babilônico que significa "criança". **1.** Antepassado originário de um clã do qual 623 pessoas (628 em Ne 7.16) voltaram com Zorobabel do exílio na Babilônia em cerca de 537 a.C. (Ed 2.1). Seu filho, ou ao menos um membro do seu clã, conduziu 28 homens da Babilônia a Jerusalém com Esdras (Ed 8.11). Alguns membros desse clã tinham se casado com mulheres estrangeiras (Ed 10.28). **2.** Signatário do acordo de Neemias para obedecer à Lei de Deus (Ne 10.15).

BEBEDOURO Tradução da palavra hebraica usada em Gn 30.38,41. Em 2Sm 5.8 a mesma palavra é traduzida por "passagem de água".

Ruínas de Eziom-Geber, mostrando um bebedouro ou rego d'água.

BEBIDA A água era a bebida principal. Era extraída de cisternas (2Sm 17.18; Jr 38.6) ou de poços (Gn 29.2; Jo 4.11). Em tempos de seca era necessário comprar água (Dt 2.28; Lm 5.4). O leite também era uma bebida comum embora fosse considerado alimento, não bebida. Diversos tipos de vinho eram consumidos. O vinho "novo" ou "doce" provavelmente era o vinho do primeiro gotejamento de suco antes que as uvas fossem pisadas. Alguns intérpretes argumentam que o vinho novo não era fermentado. Alguns textos em que ele é mencionado, no entanto, aludem ao efeito inebriante (Os 4.11; At 2.13). Em um clima quente, antes da invenção da refrigeração, não era possível guardar o vinho muitos meses depois da colheita até que começasse a fermentação. O vinho azedo, talvez vinagre misturado com azeite, era uma bebida comum dos trabalhadores braçais (Rt 2.14; Lc 23.36). O vinho era considerado um item de luxo que podia tanto alegrar o coração (Sl 104.15) quanto anuviar a mente (Is 28.7; Os 4.11). V. *leite; água; vinho*.

BEBIDA FORTE Bebida intoxicante feita de grãos. Originariamente o termo pode ter designado cerveja feita de cevada. O vinho é em geral incluído na lista das bebidas fortes, mas ao mesmo tempo é distinto destas (1Sm 1.15; Jz 13.4, 7, 14; Lc 1.15). Em geral, as bebidas fortes eram proibidas aos sacerdotes (Lv 10.8,9) e aos que faziam o voto do nazireado (Nm 6.3). A Bíblia posiciona-se de forma contrária à embriaguez. O NT diz que os alcoólatras não herdarão o Reino de Deus (1Co 6.9,10; *ARA*, *ARC*, *NTLH*, *BJ*, "bêbados"). V. *embriaguez; vinho*.

BECA Meio siclo. Quantia com que cada homem israelita contribuía para o uso do templo (Êx 38.26). V. *pesos e medidas*.

BECO Passagem pequena e estreita. Em português a palavra "beco" evoca a imagem de uma rua estreita e curta. A palavra grega é usada para designar uma rua estreita em cidades (Lc 14.21). A mesma palavra grega é usada em At 9.11 e 12.10.

BECORATE Nome pessoal que significa "primogênito". Antepassado do rei Saul (1Sm 9.1).

BEDÃ Nome pessoal de significado incerto. **1.** Alistado como juiz em 1Sm 12.11 (*ARC*). Geralmente visto como trabalho de copista, mas a leitura originária é incerta. O nome mais próximo de um juiz seria Baraque (Jz 4—5). Bedã é um dos filhos de Gileade em 1Cr 7.17 e poderia ser outro nome de Jefté, também filho de Gileade (Jz 11.1). Os antigos rabinos liam *ben-Dan*, "filho de Dã", e pensavam que o autor tivesse tido em mente Sansão (Jz 13.2,24). Outros liam "Abdom" (Jz 12.13-15). *NVI* e *ARA* trazem "Baraque" em 1Sm 12.11. **2.** Descendente de Maquir e Manassés (1Cr 7.17).

BEDADE Nome pessoal que significa "espalhar" ou "estar sozinho". Pai de Hadade, rei de Edom (Gn 36.35).

BEDIAS Nome pessoal que significa "somente Javé" ou "ramo de Javé". Homem com mulher estrangeira que se divorciou dela sob a liderança de Esdras para impedir que Israel fosse tentado a servir deuses estrangeiros (Ed 10.35).

BEELIADA Nome pessoal que significa "Baal sabe" ou "o Senhor sabe". Filho de Davi nascido em Jerusalém (1Cr 14.7). Em 2Sm 5.16, a parte do nome com Baal é substituída por "El", palavra hebraica para Deus, tornando-se "Eliada".

BEEMOTE Grande animal conhecido pela enorme força e resistência. Descrito em detalhes em Jó 40.15-24, esse animal tem sido identificado com o elefante, o hipopótamo e o búfalo, sendo o mais provável o hipopótamo. A identificação com o hipopótamo baseia-se na descrição de Jó 40 de seu tamanho e força, onde vivia e sua maneira de comer. A palavra hebraica moderna para o animal significa "animal" ou "gado". V. *hipopótamo; Leviatã*.

BEER Nome de lugar que significa "poço, fonte". Ocorre muitas vezes em construções compostas para nomes de lugar. Por exemplo, Berseba significa "poço dos sete". O clima em geral árido de grande parte da Palestina tornava os poços locais especialmente significativos. **1.** Um dos locais de acampamento dos israelitas na peregrinação no deserto (Nm 21.16). **2.** Jotão fugiu para Beer quando temeu que seu irmão Abimeleque o matasse (Jz 9.21). Talvez seja a atual Bireh.

BEERA Nome pessoal que significa "poço, fonte". **1.** Descendente da tribo de Aser (1Cr 7.37). **2.** Líder da tribo de Rúben tomado cativo por Tiglate-Pileser, rei da Assíria, em cerca de 732 a.C. (1Cr 5.6).

BEER-ELIM Nome de lugar que significa "poço dos carneiros, dos heróis, dos terebintos, ou das árvores poderosas". Lugar envolvido em lamentação de acordo com o lamento de Isaías sobre Moabe (Is 15.8). Provavelmente é o mesmo lugar que Beer (Nm 21.16), em que Israel cantou o cântico do poço. A localização pode ser no uádi Et-Temed, a nordeste de Dibom.

BEERI Nome pessoal que significa "poço, fonte". **1.** Pai hitita da moça com quem Esaú se casou, entristecendo seus pais Isaque e Rebeca (Gn 26.34,35; 27.46). **2.** Pai do profeta Oseias (Os 1.1).

BEER-LAAI-ROI Nome de lugar que significa "poço do que vive e me vê". A interpretação do nome e a identificação do lugar são difíceis. Depois de Sara ter feito Abraão expulsar Hagar de casa, um anjo apareceu a Hagar anunciando o nascimento de um filho. Hagar interpretou isso como uma visão do Deus vivo e chamou o poço em que estava de Beer-Laai-Roi (Gn 16.14). Isaque passou por ali quando foi se encontrar e casar com Rebeca (Gn 24.62) e viveu ali depois que seu pai Abraão morreu (Gn 25.11).

BEEROTE Nome de lugar que significa "poços, fontes". **1.** Poços dos filhos de Jaacã, perto do qual Israel acampou no deserto (Nm 33.31; Dt 10.6). **2.** Cidade dos gibeonitas à qual foram Josué e seu exército para defender os gibeonitas depois de fazerem uma aliança com eles (Js 9.17). A cidade foi distribuída à tribo de Benjamim (Js 18.25). Os capitães do exército de Is-Bosete eram de Beerote (2Sm 4.2), cujos cidadãos tinham fugido para Gitaim quando Israel, possivelmente sob Saul, conquistou Beerote (2Sm 4.3). V. em 2Sm 21.1-9 o tratamento dado por Saul aos gibeonitas. O escudeiro de Joabe, um dos 30 guerreiros valentes de Davi, era de Beemote (2Sm 23.37). A cidade deve ter ficado perto de Gibeom, mas sua localização exata é debatida. Entre as sugestões estão: el-Bireh, Tel en-Nasbeh, Nebi Samwill, Khirbet el-Burj, Biddu, Khirbet Raddana, Ras et-Tahune.

BEEROTE-BENÊ-JAACÃ (*ARA*, *ARC*, Dt 10.6) (*NVI* traz: "poços dos jaacanitas"). V. *Beerote*.

BEEROTITA Pessoa de Beerote (1Cr 11.39, *ARA*). V. *Beerote*.

BEESTERÁ Nome de lugar que significa "em Astarote" ou representando uma contração de "Bete-Astarote", que significa "casa de Astarote". Lugar a leste do Jordão do território da tribo de Manassés separado para os levitas (Js 21.27). Em 1Cr 6.71 o nome é grafado "Asterote". V. *Astarote*.

BEIJO Geralmente praticado como o toque dos lábios de uma pessoa nos lábios, na face, no ombro, nas mãos ou nos pés de outra pessoa, como gesto de amizade, aceitação, respeito e reverência. O lugar que se beijava tinha diferentes significados, como Jesus deixa bem claro no episódio da mulher que beijou seus pés (Lc 7.36-50). Com exceção de três ocorrências (Pv 7.13; Ct 1.2; 8.1) o termo é usado sem conotação erótica. "Beijo" traduz duas palavras hebraicas e três palavras gregas; o termo básico hebraico é encontrado 32 vezes, e o termo básico grego é encontrado 7 vezes.

No AT parentes próximos beijavam-se em encontros e despedidas com a conotação de aceitação, geralmente à vista de todos (Gn 27.26,27;

29.11; 50.1; Êx 18.7; 1Sm 10.1; Rt 1.9). O termo foi posteriormente usado tanto como gesto de reverência para com os ídolos (1Rs 19.18; Os 13.2), como para o Senhor (Sl 2.12). Um beijo de traição é também encontrado (2Sm 20.9). A palavra "beijo" no NT é usada com referência a Judas (14.44,45), para o pai do filho pródigo, como sinal de aceitação e reconciliação (Lc 15.20), para os presbíteros de Éfeso para com Paulo, como sinal de gratidão (At 20.37), da mulher que beijou os pés de Jesus (Lc 7.38) e ainda o "beijo santo" (1Ts 5.26; 1Co 16.20; 2Co 13.12; Rm 16.16).

O beijo santo era amplamente praticado entre os primeiros cristãos como forma de saudação, sinal de aceitação e compartilhamento de bênção. Esse costume pode ter sido usado para expressar a unidade da fraternidade cristã. Uma forma alternativa do beijo envolvia beijar a mão e apontá-la na direção do objeto que seria beijado (Jó 31.27). O beijo de traição de Judas pertence à categoria do beijo de Joabe a Amasa (2Sm 20.9), mas era um sinal de respeito do discípulo para com o mestre. De qualquer modo, a ação de Judas não estava de acordo com seu sentimento íntimo, ou sua ação teve outra motivação além da traição.

O beijo ainda sobrevive na cultura do Oriente Médio como sinal de amor, respeito e reverência. — *G. Al Wright Jr.*

BEIRAS DO TETO Tradução tradicional de um termo arquitetônico hebraico em 1Rs 7.9 ("beiral", *NVI*; "beira do telhado", *NTLH*). O significado da palavra hebraica é desconhecido. Estudiosos recentes o consideram o vigamento, que significa uma fileira de tijolos sobre os diversos níveis de fundações sobre as quais se colocavam os tijolos.

BEL Nome de um deus babilônico, originariamente o padroeiro da cidade de Nipur, mas depois usado como segundo nome do grande deus Marduque da Babilônia. Isaías zombou da Babilônia ao descrever seus deuses como um peso para as jumentas saindo da cidade em procissão para o cativeiro. As pessoas não se curvaram diante deles. Os ídolos tiveram de se curvar para poderem sair pelos portões da cidade (Is 46.1). Semelhantemente, Jeremias profetizou a vergonha que cairia sobre Bel (Jr 50.2). Bel teria de cuspir as nações engolidas (Jr 51.44). Um livro apócrifo é chamado "Bel e o Dragão". V. *apócrifos, livros – Antigo Testamento; Babilônia*.

BELÁ (*NVI*) ou **BELA** (*ARA*) Nome pessoal e de lugar que significa "ele engoliu". **1.** Outro nome de Zoar. Seu rei se uniu à coligação para rechaçar os ataques dos reis do leste (Gn 14.2). V. *Zoar*. **2.** Rei de Edom que governou a cidade de Dinabá de Israel ter um rei (Gn 36,23). **3.** Filho de Benjamim e neto de Jacó (Gn 46.21). Tornou-se o antepassado originário do clã belaíta (Nm 26.38; 1Cr 7.7). **4.** Descendente de Rúben (1Cr 5.8).

BELAÍTA Descendente de Belá (Nm 26.38). V. *Belá, Bela*.

BELÉM Nome de lugar que significa "casa de pão", "casa de luta" ou "casa do [deus] Lahamu"). **1.** A cerca de oito quilômetros a sudeste de Jerusalém à margem da estrada principal de Jerusalém para o Neguebe está a atual cidade árabe de Belém. A compreensão popular é que o nome, *beth-lechem*, significa "casa de pão". Talvez a primeira menção ao povoado tenha ocorrido antes de 1300 a.C. nas cartas de Amarna (n. 290); o governante de Jerusalém se queixa ao faraó do Egito de que o povo de *Bit-Lahmi* passou para o lado dos "Apiru", aparentemente um povo sem cidadania local que causou perturbações à sociedade cananeia.

No AT, a referência parentética a Belém em Gn 35.19 talvez seja derivada do local tradicional do sepultamento de Raquel perto do povoado. Belém aparece em Jz 17.7-13 como casa de um levita que se tornou sacerdote de Mica. A concubina do levita de Efraim era do povoado de Belém (Jz 19). O livro de Rt se desenrola na

Local tradicional da manjedoura do menino Jesus, no interior da igreja da Natividade em Belém.

BELÉM

Entrada baixa para a Igreja da Natividade de Belém. A entrada em arcada foi preenchida para manter fora os cavaleiros com seu animal de montaria.

Vitral retratando a cena da natividade na igreja da Natividade em Belém.

região de Belém (Rt 1.1,2,19,22; 2.4; 4.11). Essa história conduz aos acontecimentos que deram importância maior ao povoado como terra natal e lugar de unção de Davi (1Sm 16.1-13; 17.12,15).

Outras referências ao povoado incluem a menção a um destacamento filisteu estacionado ali no período inicial do reinado de Davi (2Sm 23.14), a casa de Elcana (2Sm 23.24), o local de sepultamento de Asael (2Sm 2.32) e um forte de Roboão (2Cr 11.6). Belém também é mencionada com referência ao exílio babilônico (Jr 41.17; Ed 2.21).

É a relação entre Belém e Cristo que lhe garantiu um lugar na história cristã. O texto de Mq 5.2 foi interpretado como indicação de que o Messias, como Davi, nasceria em Belém, não em Jerusalém. Já Mt (2.1-12), Lc (2.4-20) e Jo (7.42) relatam que Jesus nasceu nesse simples povoado. Parece que alguns entre os primeiros cristãos pensavam que algumas cavernas a leste do povoado eram o santo lugar do nascimento. Um campo a sudeste do povoado é identificado como o lugar no qual os pastores tiveram a visão dos anjos.

Vista de Belém com Herodium nos fundos.

2. Cidade no território de Zebulom, a cerca de 11 quilômetros a noroeste de Nazaré (Js 19.15), o local de sepultamento de Ibsã (Jz 12.10), na atual Beit Lahm. **3.** Nome pessoal como em 1Cr 2.51,54. — *George W. Knight*

BELÉM-EFRATA Nome de lugar usado por Mq 5.2 para designar o lugar de nascimento do novo Davi que viria de Belém, lugar de nascimento de Davi, e do clã de Efrata, o de Jessé, pai de Davi (1Sm 17.12). V. *Belém*.

BELEMITA (*ARA*, *ARC*) Cidadão de Belém. V. *Belém*.

BELIAL Transliteração de um substantivo comum hebraico que significa "inútil" ou "insignificante". A *ARC* interpreta o termo como nome próprio 23 vezes, mas as versões recentes o traduzem por um substantivo comum, "vadios" (Jz 19.22, *NVI*). É um termo de escárnio (Dt 13.13). Em Na 1.15, traduzido na *ARA* por "homem vil", Belial parece o nome de uma potência ímpia específica.

No NT há uma ocorrência da palavra (2Co 6.15), quando o apóstolo Paulo declara a irreconciliabilidade entre Cristo e Belial, que assim parece ser equiparado a Satanás. V. *anticristo; Diabo, Satanás, Maligno, demoníaco*.

BELSAZAR Nome que significa "príncipe de Bel". Rei babilônio cuja festa de bebedeira foi interrompida pela aparição misteriosa dos dedos de uma mão humana que escreveram uma mensagem em código na parede do palácio (Dn 5.1). Quando os videntes babilônios não conseguiram interpretar a mensagem para o rei, chamaram Daniel, o hebreu. Ele interpretou a mensagem para o rei, explicando seu significado: o reino seria tirado de Belsazar e dado aos medos e persas (Dn 5.28). De acordo com Dn 5.30, Belsazar foi morto na mesma noite desse incidente. V. *Babilônia*.

BELTESSAZAR Nome babilônico que significa "protejam a vida do rei". Nome que o príncipe dos eunucos sob Nabucodonosor, rei da Babilônia, deu a Daniel (Dn 1.7). V. *Daniel*.

BEM Em contraste com o ideal grego de "bem", o conceito bíblico põe foco nas experiências concretas do que Deus tem feito e faz na vida do seu povo. As Escrituras afirmam que Deus é bom e faz o bem (1Cr 16.34; Sl 119.68). A bondade de Deus é experimentada na bondade de sua obra criativa (Gn 1.31), em seus atos salvadores (a libertação de Israel do Egito, Êx 18.9; o retorno do remanescente do cativeiro, Ed 7.9; libertação pessoal, Sl 34.8; salvação, Fp 1.6). A bondade de Deus se manifesta no seu nome (Sl 52.9), nas suas promessas (Js 21.45), nos seus mandamentos (Sl 119.39; Rm 7.12), nas suas dádivas (Tg 1.17) e na sua ordenação providencial dos acontecimentos (Gn 50.20; Rm 8.28). Ainda que Deus seja o único verdadeiramente bom (Sl 14.1,3; Mc 10.18), as Escrituras repetidamente falam de pessoas boas que se esforçam por viver de acordo com a vontade de Deus. Os cristãos foram salvos para fazer o bem (Ef 2.10; Cl 1.10) com a ajuda do Espírito Santo.

BEM-AVENTURANÇAS Bem-aventuranças ou "palavras benditas" são assim denominadas porque começam com a expressão "Bem-aventurados são" ou "Benditos são" ou "Felizes são" (Hb. *ashre*; gr. *makarios*; lat. *beatus*). "Feliz", no entanto, talvez não seja a melhor tradução, pois seu significado tem sido desvalorizado no uso moderno. A ideia é de um estado venturoso e auspicioso baseado não em circunstâncias mundanas, mas em condições divinas. Essas bênçãos condicionais são frequentes na literatura sapiencial do AT, especialmente nos salmos (Jó 5.17; Sl 1.1; 32.1,2; 33.12; 41.1; 106.3; Pv 8.34; 28.14).

A coleção mais extensa e mais conhecida dessas bênçãos introduz o sermão do Monte de Jesus (Mt 5.3-12; cp. Lc 6.20-26). As bem-aventuranças dão o tom para o sermão ao ressaltar a humildade humana (5.3-5,7,9) e a justiça

Igreja das bem-aventuranças no lugar tradicional do Sermão do Monte, próximo ao mar da Galileia.

Monte das Bem-Aventuranças, visto do mar da Galileia. Igreja das Bem-aventuranças no centro da foto.

divina (5.6,8,10). Cada uma das oito bem-aventuranças (5.11,12 é uma ampliação de 5.10) retrata a condição ideal do coração do cidadão do Reino — condição resultante em bênçãos espirituais sobejantes. "Pobre em espírito" é referência à percepção da bancarrota espiritual à parte de Cristo (5.3). "Chorar" é estar aflito e quebrantado pelo pecado (5.4; Is 61.1-3; 2Co 7.10). Os "humildes" (ou "mansos"), como Cristo, exemplificam a mansidão e o autocontrole (5.5; 11.29). "Fome e sede" é uma descrição vívida dos que anseiam pela justiça divina (5.6; Sl 42.1,2). Os "misericordiosos" são conhecidos pelo perdão e pela compaixão (5.7; 6.12-15). Ser "puro de coração" se refere à purificação interior necessária para entrar na presença de Deus (5.8; Sl 24.3,4). Os "pacificadores" são os que convidam os homens a se reconciliar com Deus e uns com os outros (5.9; Rm 10.15; 12.18; 2Co 5.20). Por fim, há uma bênção para os "perseguidos pela justiça". É normal a oposição do mundo aos cidadãos do Reino (5.10-12; 1Pe 3.14; 4.14). V. *sermão do Monte*. — Pete Schemm

BEN-ABINADABE Nome pessoal que significa "filho de Abinadabe". Supervisor do distrito de Dor, responsável pelas provisões para a corte de Salomão durante um mês por ano. Casou-se com a filha de Salomão, Tafate (1Rs 4.11).

BENAIA Nome pessoal que significa "Javé construiu". **1.** Capitão dos soldados profissionais de Davi (2Sm 8.18; 20.23), conhecido pelos feitos heroicos como desarmar e matar um egípcio com a própria espada, bem como matar um leão em época de neve (2Sm 23.20-23). Mesmo assim não estava entre os três principais conselheiros militares de Davi (2Sm 20.23). Sua lealdade inquestionável a Davi fez que Adonias não o incluísse ao tentar substituir Davi como rei no lugar de Salomão (1Rs 1.8-26). Seguiu as ordens de Davi e ajudou a ungir Salomão como rei (1Rs 1.32-47). Tornou-se o executor (1Rs 2.25-46) e comandante do exército de Salomão (1Rs 4.4). **2.** Um piratonita incluído na lista dos 30 guerreiros de elite de Davi (2Sm 23.30). **3.** Em 1Cr 4.36 é um príncipe simeonita envolvido na derrota dos amalequitas. **4.** Em 1Cr 15.18 é um músico levita envolvido no processo de transferência da arca da aliança a Jerusalém. **5.** Em 1Cr 15.24 é um sacerdote que tocou a trombeta quando a arca foi levada a Jerusalém. **6.** Em 1Cr 20.14 é um descendente de Asafe, avô de Jaaziel. **7.** Em 2Cr 31.13 é um dos supervisores que ajudaram na coleta das contribuições para a casa do Senhor no reinado de Ezequias. **8.** Em Ez 11.1 é o pai de Pelatias. **9.** Em Ed 10 é o nome de quatro israelitas que mandaram embora as esposas estrangeiras.

BEN-AMI Nome pessoal que significa "filho do meu povo". Filho de Ló e de sua filha mais nova depois que suas duas filhas perderam a esperança de se casar e enganaram seu pai embebedando-o (Gn 19.38). Ben-Ami foi o antepassado originário dos amonitas. V. *Amom*.

BÊNÇÃO E MALDIÇÃO Ênfases bíblicas essenciais, refletidas em 544 empregos de diversas formas da palavra "abençoar" e 282 ocorrências de diversas formas do verbo "amaldiçoar" na *ESV*. Nas versões em português as ocorrências de cada um desses conceitos também está na casa das centenas. Na *ARA* somente as palavras "bênção", "abençoar", "bendizer" e "bendito", com suas flexões, ocorrem 389 vezes.

No AT a palavra mais muitas vezes traduzida por "abençoar" é *barak*. A relação entre os conceitos de "abençoar" e "ajoelhar" que antigamente se entendia existir nessa palavra já não é considerada válida. As palavras só tinham sonoridade semelhante. "Abençoar" significa encher de benefícios, ou como um fim em si mesmo ou fazendo do objeto abençoado uma fonte de bênção maior para outros. Deus é muitas vezes mais entendido como o agente de bênção nesse sentido, e abençoar uma pessoa com frequência era equivalente a invocar a Deus para abençoar tal pessoa. Em outro sentido, a palavra poderia significar "louvar", como que enchendo o objeto de bênção com honra e palavras boas. Assim indivíduos podiam abençoar a Deus (Êx 18.10; Rt 4.14; Sl 68.19; 103.1), enquanto Deus também podia abençoar homens e mulheres (Gn 12.23; Nm 23.20; 1Cr 4.10; Sl 109.28; Is 61.9). As pessoas também podiam abençoar umas as outras (Gn 27.33; Dt 7.14; 1Sm 25.33), ou podiam abençoar coisas (Dt 28.4; 1Sm 25.33; Pv 5.18).

Palavras de bênção também podiam ser usadas como saudação, algo semelhante à invocação de "paz" (*shalom*, Gn 48.20). Como tal pode ser usada na chegada (Gn 47.7), na partida (Gn 24.60), por mensageiros (1Sm 25.14), em gratidão (Jó 31.20), como saudação matinal (Pv 27.14), como congratulações por prosperidade (Gn 12.3), em homenagens (2Sm 14.22) e como expressão de cordialidade (2Sm 21.3). Ser abençoado por Deus era considerado o principal ingrediente de uma vida bem-sucedida e satisfatória. Um conceito relacionado, *'asher*, muitas vezes traduzido por "abençoado" (Sl 1.1), está especialmente associado ao estado de felicidade resultante de ser abençoado (cf. Sl 1.1).

No NT, a palavra "abençoado" com frequência traduz *makarios*, que significa "abençoado, afortunado, feliz". Ocorre 50 vezes no NT, sendo mais conhecida das "bem-aventuranças" de Jesus no Sermão do Monte (Mt 5.3-11). Assim o conceito neotestamentário realça a alegria que as pessoas experimentam como filhos de Deus e cidadãos do Reino de Deus (Rm 4.7,8; Ap 1.3; 14.13).

Para o ato de "abençoar" o NT geralmente usa o verbo *eulogeo*, cuja etimologia reflete o significado "falar bem de" ou "elogiar" (Lc 1.64). O adjetivo relacionado *eulogetos* foi usado especificamente com esse sentido (Lc 1.68; Ef 1.3). Mais muitas vezes o verbo se refere a conferir benefícios (Gl 3.9) ou pedir a Deus que o faça (Hb 7.1). O substantivo *eulogia*, "bênção", tem um campo semântico parecido com o do verbo (p. ex., Ap 5.12; Tg 3.10; Hb 6.7).

Dos 282 empregos bíblicos das diversas formas da palavra "maldição" na *ESV*, somente 34 não estão no AT. O conceito era claramente mais prevalente no AT. Dependendo de quem está falando, alguém que "amaldiçoa" está ou predizendo, desejando ou orando por isso, ou causando grandes dificuldades a alguém, ou ainda está invocando um objeto que seja fonte de tais dificuldades. Visto que pertencer a Deus e seu povo significava bênção, ser amaldiçoado muitas vezes significava separação de Deus e da comunidade da fé. Envolvia, assim, a experiência de insegurança e desastre.

As duas palavras mais comuns para "amaldiçoar" no AT são *'arar* e *qalal*. Aquela especifica os resultados da queda e da entrada do pecado na criação de Deus (Gn 3.14,17; 4.11; 5.29; 9.25). Ocorre 39 vezes no AT como particípio passivo ("maldito é o que [...]") em pronunciamentos de juízo ou advertências quanto a pecados futuros (esp. Dt 27—28). A outra, *qalal*, invoca particularmente a experiência de ser insignificante ou desprezível (Gn 27.12,13; Êx 21.17; Lv 19.14).

Em certa época os estudiosos acreditavam que o AT refletia a ideia do antigo Oriente Médio de que a palavra formalmente falada tinha tanto uma existência independente quanto o poder em si de seu próprio cumprimento. Esse conceito era às vezes derivado de Is 55.10,11: "a palavra que sai da minha boca [...] não voltará para mim vazia, mas fará o que desejo e atingirá o propósito para o qual a enviei" (*NVI*). Pensava-se que bênçãos e maldições tinham igualmente tal poder independente. Mas outros textos, como Pv 26.2 ("Como o pardal que voa em fuga, e a andorinha que esvoaça veloz, assim a maldição sem motivo justo não pega"), demonstram que para que uma palavra de bênção ou maldição fosse eficaz tinha de ser apropriada e divinamente sancionada (cf. Sl 109.17-20). Embora o rei pagão Balaque tenha acreditado no poder de autocumprimento de palavras formalmente proferidas (Nm 22.6), mesmo o vidente pagão Balaão tinha conhecimento melhor (Nm 22.18,19). A bênção de Isaque sobre Jacó não foi irrevogável porque já tinha sido pronunciada (Gn 27.30-40), mas porque tinha sido claramente ordenada por Deus (Gn 24.22,23), e a preferência de Isaque por seu filho Esaú não poderia mudar esse fato.

No NT, o ato de "amaldiçoar" às vezes significa desejar infortúnio a alguém (Lc 6.28; Rm 12.14; Tg 3.9,10). O conceito de "amaldiçoar" também é aplicado àqueles que estão fora das bênçãos de Deus que vêm pela sua graça (Mt 25.41). E estão, portanto, sob condenação divina, a "maldição da Lei", por causa do pecado (Jo 7.49; Gl 3.10,13; 1Co 16.22). Especialmente séria é a situação daqueles que rejeitam ou se opõem ativamente à obra de Deus (Gl 1.8,9; 2Pe 2.14; Ap 16.9,11,21). — *E. Ray Clendenen*

BEN-DEQUER Nome pessoal que significa "filho de Dequer" ou "filho do que foi traspassado". Supervisor distrital de Salomão responsável pelas provisões da corte do rei durante um mês. Seu distrito fazia fronteira com o território filisteu a oeste, estendendo-se a Afeque no norte e a Bete-Semes no sul (1Rs 4.9).

BENDIÇÃO, BÊNÇÃO Oração pela bênção divina ou afirmação de que a bênção de Deus está à mão. A mais famosa é a bênção sacerdotal (ou bênção aarônica) em Nm 6.24,25. A maioria das epístolas do NT também encerra com bênçãos (Rm 15.13; 16.25-27; 1Co 16.23; 2Co 13.14; Gl 6.18; Ef 3.20,21; 6.23,24; Fp 4.23; 1Ts 5.28; 2Ts 3.18; 1Tm 6.21b; 2Tm 4.22; Tt 3.15b; Fm 25; Hb 13.20,21,25; 1Pe 5.14b; 2Pe 3.18; 3Jo 15a; Jd 24.25). V. *bênção e maldição*.

BENE Nome hebraico que significa "filho de". Levita que se tornou chefe de um clã de porteiros do templo nos dias de Davi (1Cr 15.18, *ARA, ARC*). Outras versões seguem a *LXX*, a tradução grega mais antiga, e alguns manuscritos hebraicos que omitem Bene (cp. *NVI*). V. *Bar*.

BENE-BERAQUE Nome de lugar que significa "filhos de Baraque" ou "filhos do relâmpago". Cidade da tribo de Dã (Js 19.45). Está localizada na atual Ibn Ibraq, a seis quilômetros a sudeste de Jope. Senaqueribe, rei da Assíria, afirmou que em 701 havia conquistado Bene-Beraque.

BENEDICTUS Palavra latina que significa "bendito, abençoado". A primeira palavra em latim do salmo de louvor de Zacarias em Lc 1.68-79 e assim o título do salmo. V. *Magnificat; Nunc dimittis*.

BENÊ-HAIL (*NVI*) ou **BEN-HAIL** (*ARA, ARC*) Nome pessoal que significa "filho da força". Oficial sob o rei Josafá de Judá (873-848 a.C.) que o enviou para ajudar a ensinar a Lei de Deus nas cidades de Judá (2Cr 17.7).

BENE-HANÃ Nome pessoal que significa "filho da misericórdia". Supervisor distrital de Salomão sobre a região costeira do mar Mediterrâneo entre Afeque no sul e Héfer. Era responsável por suprir a corte com as provisões necessárias durante um mês do ano (1Rs 4.10).

BENE-JAACÃ (*NVI*) ou **BENÊ-JAACÃ** (*ARA*) Nome de lugar que significa "filhos de Jaacã". Mesmo que Beerote-Benê-Jaacã (*ARA, ARC; NVI* traz: "poços dos jaacanitas"). V. *Beerote-Benê-Jaacã*

BENFEITOR Título honorário conferido a reis ou outras pessoas proeminentes por alguma realização meritória ou serviço público. O título grego é *euergetes* e era ostentado por alguns dos reis helenistas do Egito. Não se pode obter o título "benfeitor" por serviços prestados no Reino de Deus. Em contraste com a obra conspícua necessária para obter o título "benfeitor", os membros do Reino precisam dedicar-se ao serviço humilde, desconhecido e talvez servil (Lc 22.24-27).

BEN-GEDER (*NVI*) ou **BEN-GEBER** (*ARA*) Nome pessoal que significa "filho de Geder/

Geber" ou "filho de um herói". Supervisor de distrito de Salomão nas cidades a nordeste do rio Jordão nos arredores de Ramote-Gileade (1Rs 4.13). Fornecia provisões para a corte real durante um mês do ano (a *ARC* traz: "o filho de Geber").

BEN-HADADE Nome pessoal ou título real que significa "filho do [deus] Hadade". Referências às interações de Israel com Damasco e outras cidades-Estado na Síria mostram o poder dos reis de Damasco. Os reis ou levavam um título — "ben-hadade", filho do deus, de forma muito parecida aos reis de Israel que parecem ter sido chamados "filho de Deus" na sua coroação (Sl 2.7) e aos imperadores de Roma que eram chamados de césar — ou Ben-Hadade foi o nome pessoal de diversos reis. V. *Damasco; Síria*.

BEN-HESEDE 1. Nome pessoal que significa "filho da graça" ou "filho do amor da aliança". Pai de um governador distrital de Salomão (1Rs 4.10). Trazia provisões para a corte real um mês por ano de seu distrito em Arubote. V. *Arubote*. **2.** Nome pessoal que significa "filho da misericórdia". Supervisor de um distrito de Salomão na região da costa do Mediterrâneo entre Afeque ao sul e Hefete. Ele abastecia a corte real um mês por ano (1Rs 4.10).

BEN-HINOM Nome de lugar que significa "filho de Hinom". Vale ao sul de Jerusalém servindo de fronteira setentrional da tribo de Judá (Js 15.8) e fronteira meridional da tribo de Benjamim (Js 18.16). Sacrifícios pagãos de crianças ocorriam ali, incluindo alguns reis de Judá (Acaz, 2Cr 28.3; Manassés, 2Cr 33.6). Jeremias anunciou o juízo divino sobre o vale por causa dessas práticas (Jr 19.1-15). O vale seria renomeado "vale da Matança" (Jr 19.6). O pecado do vale deu motivo a Deus para trazer os babilônios para destruir Jerusalém (Jr 32.35). O rei Josias profanou e eliminou os altares dali (2Rs 23.10). O vale serviu como fronteira setentrional dos povoados em Judá nos quais se estabeleceram os que retornaram do exílio (Ne 11.30).

BEN-HUR Nome pessoal que significa "filho de um camelo" ou "filho de Hórus". Supervisor de distrito de Salomão sobre o monte Efraim responsável pela provisão da corte durante um ano do mês (1Rs 4.8).

BENINU Nome pessoal que significa "nosso filho". Levita que assinou o acordo que Neemias fez para obedecer à Lei de Deus (Ne 10.13).

BENJAMIM Nome pessoal que significa "filho da direita" ou "filho do sul". Segundo filho que Raquel deu a Jacó (Gn 35.17,18). Tornou-se o antepassado originário da tribo de Benjamim. Seu nascimento foi difícil, e sua mãe lhe deu o nome de "Benoni", que significa "filho da minha tristeza". Morreu ao dar à luz a ele. Seu pai Jacó, no entanto, não deixou que ele ficasse com esse nome, preferindo chamá-lo de Benjamim.

A tribo de Benjamim ocupava o menor território de todas as tribos. No entanto teve papel significativo na história de Israel. Saul, o primeiro rei de Israel, era benjamita. Além disso, a cidade de Jerusalém estava próxima da fronteira entre os territórios de Benjamim e Judá e pode ter se localizado originariamente em Benjamim (Js 18.16; Jz 1.21). O apetite de Benjamim por território pode ser visto na bênção de Jacó (Gn 49.27). A bênção de Moisés ressalta o lugar especial de Benjamim no cuidado de Deus (Dt 33.12). Mais tarde no período dos juízes Benjamim quase desapareceu da história pelos maltratos a um levita e sua concubina (Jz 19—21).

No NT, o apóstolo Paulo anuncia com orgulho descender da tribo de Benjamim (Rm 11.1; Fp 3.5). V. *patriarcas; tribos de Israel*.

BENO Nome pessoal que significa "seu filho". Levita sob Davi (1Cr 24.26,27).

BENONI Nome pessoal que significa "filho da minha tristeza". V. *Benjamim*.

BENS V. *riqueza e materialismo*.

BEN-ZOETE Nome pessoal que significa "filho de Zoete". Filho de Isi da tribo de Judá (1Cr 4.20).

BEOM Nome de lugar de significado incerto. Provavelmente uma mudança do copista do original Meom (Nm 32.3), forma abreviada de Bete-Meom ou Bete-Baal-Meom. V. *Bete-Baal-Meom*.

BEOR Nome pessoal que significa "o que queima". **1.** Pai de Belá, rei de Edom sediado em Dinabá, antes de Israel ter rei (Gn 36.32). **2.** Pai do profeta Balaão (Nm 22.5). V. *Balaão*.

BEQUER 1. Nome pessoal que significa "primogênito" ou "camelo novo macho". Filho de Benjamim e neto de Jacó (Gn 46.21). Tinha nove filhos (1Cr 7.8). **2.** Antepassado originário de um clã na tribo de Efraim (Nm 26.35). Em 1Cr 7.20 o nome é grafado "Berede".

BEQUERITA Membro do clã de Bequer. V. *Bequer*.

BEQUERITAS V. *Bequer*.

BERA Nome pessoal, que talvez signifique "com mal" ou "vitória". Rei de Sodoma nos dias de Abraão e Ló (Gn 14.2). Fez parte da coligação de reis locais contra um grupo de reis invasores do leste.

BERACA Nome pessoal que significa "bênção". **1.** Soldado habilidoso no uso da atiradeira com a mão direita e/ou com a esquerda e no uso do arco e flecha. Uniu-se ao grupo de Davi em Ziclague, quando Davi estava fugindo de Saul e estava unido aos filisteus (1Cr 12.3). **2.** Vale no qual o rei Josafá de Judá (873-848 a.C.) e seus homens bendisseram a Deus depois de ele ter lhes dado uma vitória milagrosa contra Amom, Moabe e Edom (2Cr 20.26). (A *ARA* traduz o significado e chama o local de "vale de Bênção"). Um vale perto de Tecoa e um povoado atual mantêm o nome: uádi Berekut e Khirbet Berekut.

BERAÍAS Nome pessoal que significa "Javé criou". Descendente da tribo de Benjamim (1Cr 8.21).

BEREDE Nome pessoal que significa "fresco". **1.** Lugar usado para localizar Beer-Laai-Roi (Gn 16.14), mas não pode ser identificado hoje. **2.** Filho de Efraim (1Cr 7.20). Em Nm 36.25 o nome é "Bequer".

BEREIA Nome de lugar que significa "lugar de muitas águas". Cidade na Macedônia para a qual Paulo fugiu depois do motim dos judeus em Tessalônica (At 17.10). V. *Macedônia*.

BERENICE Nome que significa "presente'". Companheira de Herodes Agripa II (At 25.13). Era filha de Herodes Agripa I, nascida provavelmente em torno de 28 d.C. Antes de aparecer no livro de At, tinha sido casada com um homem chamado Marcos, depois com o próprio tio, Herodes. Dois filhos nasceram da última união antes de Berenice ficar viúva em 48 d.C. Nos anos seguintes sugere-se ter havido um relacionamento incestuoso entre ela e Agripa II. Mais tarde casou-se novamente, com Polemo, o rei da Cilícia. De acordo com o historiador romano Tácito, ela também foi amante do imperador romano Tito. V. *Herodes*.

BEREQUIAS Nome pessoal que significa "Javé abençoou". **1.** Descendente de Davi do período depois do retorno dos judeus do exílio na Babilônia (1Cr 3.20). **2.** Pai de Asafe (1Cr 6.39). V. *Asafe*. **3.** Líder dos levitas depois do retorno do exílio que viviam perto nos povoados dos netofatitas (1Cr 9.16). **4.** Levita responsável pela arca quando Davi a mudou para Jerusalém (1Cr 15.23). Talvez seja o mesmo que 2. acima. **5.** Líder da tribo de Efraim que resgatou prisioneiros de guerra que Peca, rei de Israel (752-732 a.C.), tinha tomado de Acaz, rei de Judá (735-715 a.C.), (2Cr 28.12). **6.** Pai de Mesulão, que consertou o muro com Neemias (Ne 3.4). Sua família estava ligada por casamento a Tobias, o inimigo de Neemias (Ne 6.17-19).

BERI Nome pessoal de significado incerto. Descendente de Aser (1Cr 7.36). Muitos estudiosos da Bíblia acham que um copista pode ter mudado o texto originário que pode ter sido *bene* (filhos de).

BERIAÍTA Membro do clã descendente de Berias. V. *Berias*.

BERIAS Nome pessoal que significa "Javé criou". **1.** Filho de Aser e neto de Jacó (Gn 46.17). Assim tornou-se o antepassado originário do clã beriaíta (Nm 26.44). **2.** Filho de Efraim nascido depois que seus filhos Ézer e Eleade morreram na batalha contra Gate. O nome Berias é explicado aqui não como um composto de *bara'* + *Yah* (Javé criou), mas como um composto de *b* + *ra'ah* (com mal). Suas filhas construíram duas cidades chamadas Bete-Horom (1Cr 7.20-25). **3.** Líder de clã da tribo de Benjamim na área de Aijalom. Ajudou a expulsar os habitantes de Gate (1Cr 8.13). **4.** Levita sob o rei Davi (1Cr 23.10).

BERILO Pedra preciosa verde-mar proximamente relacionada às esmeraldas ou águas-marinhas. V. *joias, joalheria; minerais e metais*.

BERITAS (*ARA*) **BICRITAS** (*NVI*) Palavra de significado desconhecido (2Sm 20.14). Alguns estudiosos da Bíblia acham que o texto trazia originariamente "bicritas", referindo-se ao clã ao qual pertencia Seba, filho de Bicri (2Sm 20.13). Alguns querem identificar os beritas com os residentes de uma cidade chamada Biria no norte da Palestina.

BERITE Palavra hebraica que significa "aliança". V. *Baal-Berite; aliança*.

BERLOQUES DE FEITIÇO Atadura ou pingente colocado no pulso para práticas mágicas (Ez 13.18,20). A *NTLH* traduz o termo por "benzeduras em pulseiras". A natureza precisa desses objetos é desconhecida. Aparentemente representavam parte do paramentos do adivinho, usados para descobrir o destino determinado pelos deuses. V. *lenço*.

BERODAQUE-BALADÃ Rei da Babilônia que escreveu a Ezequias, rei de Judá (2Rs 20.12). Um texto paralelo em Is 39.1 traz Merodaque-Baladã. Assim a maioria dos estudiosos da Bíblia acha que Berodaque resultou de uma mudança que algum copista fez do texto. V. *Merodaque-Baladã*.

BEROTA Nome de lugar que significa "poços, fontes". Cidade fronteiriça ao norte na visão que Ezequiel teve da terra prometida restaurada (Ez 47.16). Pode ser localizada a leste do rio Jordão a cerca de 11 quilômetros ao sul de Baalbeck em Bereiten. V. *Berotai*.

BEROTAI Nome de lugar que significa "poços, fontes". Cidade na Síria da qual Davi tomou bronze como tributo depois de derrotar o rei Hadadezer (2Sm 8.8). O texto paralelo (1Cr 18.8) traz Cum e diz que Salomão usou o bronze para os utensílios do templo. A relação exata entre Berota, Berotai e Cum não pode ser determinada. As três são geralmente identificadas como o mesmo lugar, mas alguns estudiosos da Bíblia divergem dessa opinião. Na época em que os livros de Cr foram escritos, Cum pode ter sido mais bem conhecida do que a próxima Berotai. V. *Cum*.

BERSEBA Berseba e seus arredores têm papel significativo no AT desde as primeiras passagens dos patriarcas por ali (Gn 21; 22; 26) até o retorno dos hebreus exilados com Neemias (Ne 11.27,30). Por estar em uma estrada importante para o Egito, no centro geográfico da região árida e semidesértica conhecida como Neguebe, Berseba também servia de centro administrativo da região. A povoação da área de Berseba começou antes de 3000 a.C.

Abraão e um rei da região, Abimeleque, fizeram um acordo em que Abimeleque jurou manter o direito de Abraão à água da região (Gn 21.22-33). Abraão então chamou o lugar de "Berseba", que significa "poço do juramento" ou preferivelmente "poço dos sete", uma referência aos sete cordeiros envolvidos no acordo. Ali ele clamou pelo Senhor (Gn 21.33) e viveu por um período (Gn 22.19). O Senhor confirmou suas promessas a Isaque em Berseba (Gn 26.23-25), Isaque mudou o nome do poço de seu pai para "Seba". Hoje se vê um poço fora das ruínas da Berseba dos tempos bíblicos (Tel es-Saba'); no entanto, esse não pode ser o poço dos patriarcas, pois data de época posterior, em torno do séc. XII. Isaque também viveu na área de Berseba, e seu filho Jacó partiu dali para buscar uma esposa em Harã (Gn 28.10). Uma encruzilhada na estrada para o Egito, Berseba foi lugar de parada para Jacó muitos anos depois ao ser

Diversas pedras de moinho e pilões de pedra da região em torno de Berseba.

BERSEBA

Poço em Tel Berseba.

encorajado pelo Senhor a prosseguir ao Egito, onde seu filho José o esperava (Gn 46.1-5). Por causa desses acontecimentos envolvendo os patriarcas em Berseba, pensa-se que a certa altura a cidade infelizmente se tornou um destino de peregrinação idólatra na monarquia (Am 5.5; 8.14).

Josué deu Berseba à tribo de Judá (Js 15.28) e depois à tribo de Simeão cujo território ficava nos limites de Judá (Js 19.1,2,9). Os filhos de Samuel, Joel e Abias, foram juízes injustos em Berseba pouco antes do início da monarquia sob Saul (1Sm 8.1-3).

Berseba é citada como figura de linguagem 12 vezes para indicar os extremos do norte e do sul de Israel, "de Dã a Berseba" (2Sm 24.2; 1Rs 4.25). Esse tipo de expressão servia para mencionar Israel na sua inteireza e unidade, p. ex., na determinação de castigar a tribo de Benjamim (Jz 20.1) e no reconhecimento de Samuel como verdadeiro profeta (1Sm 3.20). Essa expressão idiomática também servia para mostrar a extensão das reformas dos três reis do sul: Josafá (2Cr 19.4: "desde Berseba até os montes de Efraim"), Ezequias (2Cr 30.4: "desde Berseba até Dã") e Josias (2Rs 23.8: "desde Geba até Berseba").

A arqueologia mostrou que Berseba foi o centro administrativo do Neguebe ao escavar grandes depósitos comerciais e fortalezas superiores às cidades menos importantes da região. As fortalezas, no entanto, foram inadequadas contra os assírios que saquearam a cidade e a deixaram em ruínas até o período persa. Depois do exílio punitivo de Judá, o povo voltou a Berseba e suas cidades-satélite com Neemias no séc. V (Ne 11.27,30).

Como "porta para o deserto", Berseba estava em um local climaticamente precário, o pano de fundo das orações de duas pessoas com relação à morte. Hagar pediu à distância para que seu filho

Poço encontrado em Berseba, que pode datar do séc. XIV ou XIII a.C.

Armazéns escavados em um sítio na antiga Berseba no Negev.

não morresse (Gn 21.14-16), e Elias orou pedindo a morte no deserto e não por ordem da rainha Jezabel (1Rs 19.3,4). — *Daniel C. Fredericks*

BESAI 1. Nome pessoal de significado desconhecido. Um clã de servidores do templo que retornou do exílio na Babilônia com Zorobabel em cerca de 537 a.C. (Ed 2.49). **2.** Contração de Bezalel. *a)* Clã de 323 (Ed 2.17) que retornou do exílio babilônico com Zorobabel por volta de 537 a.C. *b)* Homem que assinou o acordo de Neemias para obedecer à Lei de Deus (Ne 10.18).

BESODIAS Nome pessoal que significa "no conselho de Javé". Pai de Mesulão, que ajudou Neemias a reparar a porta de Jerusalém (Ne 3.6).

BESOR Nome de lugar, que talvez signifique "uádi das boas-novas". Ribeiro em que Davi deixou 200 soldados cansados enquanto ele e os outros 400 perseguiram os amalequitas depois que estes tinham queimado Ziclague e capturado as mulheres de Davi (1Sm 30.9,10). Davi recompensou os que batalharam tanto quanto os que ficaram (1Sm 30.21-24). Besor provavelmente é o uádi Ghazzeh a cerca de 25 quilômetros ao sul de Ziclague.

BESTA SELVAGEM Designação de qualquer animal selvagem em contraposição aos animais domesticados, por tradução de palavras hebraicas diferentes. Frequentemente o hebraico é *chayyah*, que indica criaturas vivas (Gn 1.24), incluindo animais selvagens (Gn 1.25). A mesma forma hebraica indica os humanos como seres "viventes" (Gn 2.7). O contexto mostra qual é exatamente a criatura que se tem em mente.

BESTAS SELVAGENS DA ILHA Expressão da versão inglesa *KJV* para uma besta identificada nas traduções modernas como a hiena ou o chacal [Is 13.22; Jr 50,39]. V. *hiena*.

BESTIALISMO Relação sexual entre um ser humano e um animal, punível com a morte no código legal do AT (Êx 22.19; Lv 18.23; 20.15,16; Dt 27.21). Os vizinhos de Israel praticavam o bestialismo no culto da fertilidade e na adoração a deuses animais.

BETÁ (ARA) Nome de lugar que significa "segurança". Cidade da qual o rei Davi tomou bronze depois de derrotar o rei Hadadezer (2Sm 8.8). Em 1Cr 18.8 Betá é alistada como "Tibate" (ARA). A NVI traz "Tebá" em 2Sm 8.8 e 1Cr 18.8. V. *Berotai*.

BETÂNIA Conhecida principalmente nos Evangelhos como o lar de Maria, Marta e Lázaro. A antiga Betânia ocupou um lugar importante na vida de Jesus. Ele se hospedou muitas vezes em Betânia na casa dos seus melhores amigos enquanto ministrava em Jerusalém.

Localizada na encosta leste do monte das Oliveiras, Betânia ficava a "cerca de três quilômetros" (Jo 11.18) a sudeste de Jerusalém. Betânia se tornou a parada final antes de Jerusalém à margem da principal estrada leste-oeste procedente de Jericó. Estando no sopé do monte, as pessoas não conseguiam ver Jerusalém dali, o que dava a Betânia um ar de reclusão e sossego. A estrada entre Betânia e Jerusalém proporcionava uma via fácil de travessia pelo jardim das Oliveiras cuja jornada levava em torno de 55 minutos de caminhada.

O acontecimento principal do NT ocorrido em Betânia envolveu a ressurreição de Lázaro (Jo 11—12). Esse milagre extraordinário realizado por Jesus demonstrou sua autoridade, preparou para sua ressurreição e foi ainda exaltado por meio do nome do seu amigo, Lázaro (abreviação de Eleazar, "Deus ajudou").

Outro acontecimento significativo na vida de Jesus ocorreu em Betânia na casa de Simão, o leproso (Mt 26.6; Mc 14.3). Tarde da noite de terça-feira da última semana de Jesus, uma mulher (identificada como Maria em Jo 12.3) deu a Jesus sua "unção do sepultamento". Indo a Jesus à vista de todos, levou um frasco de um perfume caríssimo e os esvaziou sobre a cabeça de Jesus ("pés" em Jo 12.3).

Além de uma série de referências menos significativas a Betânia, um evento final ocorreu ali. Betânia proporcionou o local da bênção final de Jesus sobre os discípulos e sua subsequente partida. Esse encontro constitui a última cena, a ascensão, no evangelho de Lc (24.50-53). — *Larry McGraw*

BETE-ANATE Nome de lugar que significa "casa de Anate". Uma cidade fortificada no território da tribo de Naftali (Js 19.38). A tribo não conseguiu expulsar os cananeus dessa cidade (Jz 1.33). Bete-Anate era aparentemente um centro de culto da deusa cananeia Anate. Pode ter sido localizada na atual Safed el-Battik, a 25 quilômetros a leste de Tiro.

BETE-ANOTE Nome de lugar que significa "casa de Anate" ou "casa de ser ouvido". Cidade de Judá (Js 15.59), pode ter sido local de um templo da deusa cananeia Anate. A localização atual pode ser Khirbet Beit Ainur, a 2,5 quilômetros a sudeste de Halhul.

Vista da antiga cidade de Betânia, a cidade natal de Maria, Marta e Lázaro.

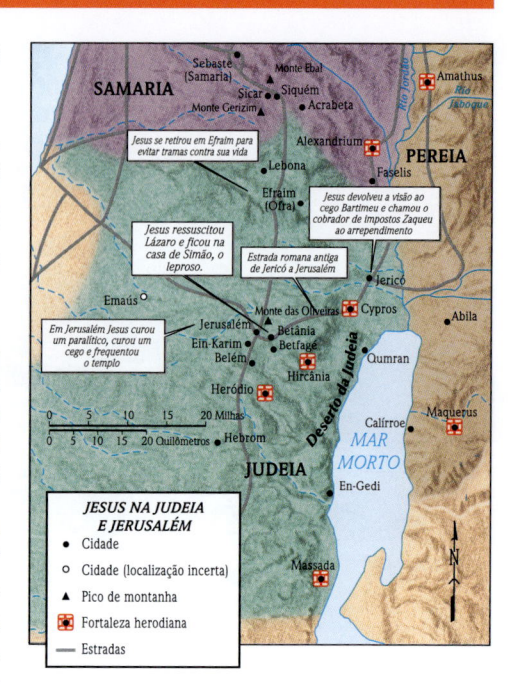

BETE-ARÃ Nome de lugar que significa "casa do que foi exaltado" ou "casa da altura". Cidade destinada por Moisés à tribo de Gade (Js 13.27). Provavelmente é Tel er-Rameh embora outros sugiram Tel Iktanu. Provavelmente é a mesma que Bete-Harã. V. *Bete-Harã*.

BETE-ARABÁ 1. Nome de lugar que significa "casa de encruzilhada". A *KJV* traz "Bete-Arabá" no lugar de Betânia em Jo 1.28 seguindo alguns manuscritos gregos. V. *Betânia*. **2.** Nome de lugar que significa "casa do deserto". Cidade fronteiriça da tribo de Judá (Js 15.6,61) também reivindicada como cidade de Benjamim (Js 18.22). Talvez seja a atual Ain el-Gharbah a sudeste de Jericó.

BETE-ARBEL Nome de lugar que significa "casa de Arbel". Local da infame batalha usada por Oseias como exemplo do que aconteceria aos israelitas (Os 10.14). A batalha nos é desconhecida. O local talvez seja Irbid em Gileade, a seis quilômetros ao noroeste de Tiberíades. V. *Salmã*.

BETE-ASBEIA Nome de uma localidade desconhecida de Judá, mas renomada pelos clãs de trabalhadores com linho, dando evidência assim de "associações" de artesãos em Israel (1Cr 4.21).

BETE-ÁVEN Nome de lugar que significa "casa do engano" ou "casa de idolatria". **1.** Cidade perto de Ai (Js 7.2). Formava fronteira com Benjamim (Js 18.12) e ficava a oeste de Micmás (1Sm 13.5). Saul derrotou os filisteus ali depois de Deus ter usado seu filho Jônatas para iniciar a vitória (1Sm 14.23). A localização exata não é conhecida. Sugestões incluem Burqa, ao sul de Betel, Tel Maryam e Ai. **2.** Oseias usou o termo para se referir a Betel. Em vez de casa de Deus, Betel tinha se tornado casa de engano e idolatria. Assim ele ordenou aos adoradores que se negassem a ir lá (Os 4.15), que se preparassem para a batalha contra um inimigo marchando desde o sul contra Benjamim (5.8) e que tivessem medo dos bezerros de ouro no lugar de adoração de Betel, não por representarem a temível presença de Deus, mas por traziam desgraça sobre o povo (10.5). Todos os lugares de adoração eram Áven, engano e idolatria (10.8).

BETE-AZMAVETE Nome de lugar que significa "casa da força da morte". Cidade natal de 42 pessoas que voltaram do exílio na Babilônia para a Palestina com Zorobabel em cerca de 537 a.C. (Ne 7.28). Em Ed 2.24 cidade é chamada Azmavete. Talvez seja a atual Hizmeh a aproximadamente três quilômetros ao norte de Anatote.

BETE-BAAL-MEOM Nome de lugar que significa "casa da residência de Baal". Cidade destinada à tribo de Rúben (Js 13.17). A mesma que Baal-Meom. V. *Baal-Meom*.

BETE-BARA Nome de lugar que significa "casa de Deus". Um vau para atravessar o rio Jordão e/ou o povoado ali se o texto de Jz 7.24 estiver correto. Muitos estudiosos da Bíblia acreditam que os copistas mudaram o texto originário, introduzindo um nome de lugar que não integrava o texto.

BETE-BIRI Nome de lugar que significa "casa da minha criação". Cidade destinada à tribo de Simeão (1Cr 4.31). Aparentemente é a mesma que Lebaote (Js 15.32) e Bete-Lebaote (Js 19.6). Sua localização é incerta.

BETE-CAR Nome de lugar que significa "casa das ovelhas". Localidade final da batalha em que Deus trovejou do céu para derrotar os filisteus por Samuel (1Sm 7.11). A localização não é conhecida a não ser que os copistas tenham mudado a originária Bete-Horom, como pensam alguns estudiosos da Bíblia.

BETE-DAGOM Nome de lugar que significa "casa de Dagom". Aparentemente o nome indica um local de adoração do deus filisteu Dagom. **1.** Cidade do território tribal de Judá (Js 15.41). Provavelmente é a atual Khirbet Dajun na estrada que liga Ramala a Jope. **2.** Cidade de Aser (Js 19.27) sem localização atual precisa.

BETE-DIBLATAIM Nome de lugar que significa "casa dos dois bolos de figo". Cidade em Moabe sobre a qual Jeremias profetizou o juízo (Jr 48.22). Por volta de 830 a.C., Messa, rei de Moabe, se vangloriou de ter construído a cidade, como está registrado na Pedra Moabita. Talvez seja a atual Khirbet Et-Tem. V. *Almom-Diblataim*.

BETE-ÉDEN Nome de lugar que significa "casa da felicidade". Amós anunciou a ameaça divina de tirar a casa real de Bete-Éden ou da "casa de Éden" (*KJV*, Am 1.5). Ele estava evidentemente se referindo a um lugar na Síria. Registros da Assíria se referem a Bit-Adini, uma cidade-Estado entre os rios Eufrates e Balik, pouco ao norte da Síria. Assurbanípal II conquistou o local em 856 a.C. Um representante assírio se vangloriou de ter conquistado Bete-Éden, advertindo Ezequias a se render em 701 a.C. (2Rs 19.12). Ezequiel inclui Éden como um dos Estados que fizeram comércio com Tiro (Ez 27.23).

BETE-EMEQUE Nome de lugar que significa "casa do vale". Cidade fronteiriça no território tribal de Aser (Js 19.2). Localizada na atual Tel Mimas, a dez quilômetros ao norte de Aco.

BETE-EQUEDE Nome de lugar que significa "casa de tosquia". Lugar em que Jeú, depois de matar todos os membros da casa do rei Acabe em Jezreel, encontrou representantes do rei Acazias de Judá e os matou (2Rs 10.12-14). Tradicionalmente localizada em Beit Qad, a seis quilômetros a nordeste de Jenin; no entanto, estudos recentes questionam essa localização. Sem levar isso em consideração, deve ter sido um lugar de encontro e talvez o mercado de pastores.

BETE-EQUEDE DOS PASTORES (2Rs 10.12, 14). V. *Bete-Equede*.

BETE-EZEL Nome pessoal que significa "casa do líder" ou "casa ao lado". Cidade usada por Miqueias em um jogo de palavras para anunciar o juízo sobre Judá por volta de 701 a.C. Todo o apoio seria tirado da casa do líder ou da casa ao lado (Mq 1.11). O local pode ser Deir el-Asal a três quilômetros a leste de Tel Beit Mirsim.

BETE-GADER Cidade fundada pelos descendentes de Harefe, descendente de Calebe, ou controlada por eles (1Cr 2.51). Provavelmente a cidade de Geder (Js 12.13), caso essa seja a leitura adequada. Alguns estudiosos sugerem que o texto originário continha Gezer ou Gerar.

BETE-GAMUL Nome de lugar que significa "casa da retaliação". Cidade de Moabe sobre a qual Jeremias anunciou o juízo (Jr 48.23). Sua localização atual é Khirbet el-Jemeil a cerca de 11 quilômetros a leste de Dibom.

BETE-GILGAL Nome de lugar que significa "casa da roda ou círculo". Povoado de cantores levitas perto de Jerusalém. Seus moradores participaram da dedicação do recém-construído muro da cidade sob Neemias (Ne 12.29). Provavelmente é a mesma cidade que Gilgal. V. *Gilgal*.

BETE-HAGÃ Nome de lugar (*NVI*, *ARA*) ou substantivo comum (*ARC*) que significa "casa do jardim". O rei Acazias de Judá (841 a.C.) fugiu para lá diante de Jeú, mas Jeú por fim o alcançou e matou (2Rs 9.27). Provavelmente é a atual Jenim, a sudeste de Tanaaque.

BETE-HANÃ (*ARA*) Nome de lugar que significa "casa da graça". Uma cidade no segundo distrito de Salomão (1Rs 4.9). (*NVI*: "Elom-Bete-Hanã"). V. *Elom*.

BETE-HAQUERÉM Nome de lugar que significa "casa da vinha". Cidade usada para sinalizar quando os inimigos se aproximavam do norte (Jr 6.1). Seu governador ajudou Neemias a reparar a porta do Esterco (Ne 3.14). Provavelmente é a atual Ramat Rahel a meio caminho entre Jerusalém e Belém. Escavações arqueológicas mostram que foi fundada por volta de 800 a.C. Está no topo de uma colina dominando a região campestre em volta. Um dos últimos reis de Judá construiu um grandioso palácio ali. Aparentemente Jeoaquim (609-597 a.C.) construiu o palácio, o que se encaixa na descrição de Jeremias 22.13-19. Depois do retorno do exílio, serviu como centro administrativo.

BETE-HARÃ Nome de lugar que significa "casa da altura". Cidade a leste do Jordão que a tribo de Gade fortificou depois de a receberem de Moisés (Nm 32.36). Provavelmente é a mesma que Bete-Arã. V. *Bete-Arã*.

BETE-HOGLA Nome de lugar que significa "casa da perdiz". Cidade fronteiriça entre as tribos de Judá e Benjamim (Js 15.6; 18.19,21).

Provavelmente é a atual Ain Hajlah, a seis quilômetros a sudeste de Jericó.

BETE-HOROM Nome de lugar de significado incerto. Sugestões incluem "casa das cavernas", "casa da ira", "casa do buraco", "casa do [deus] Hauron". Cidades gêmeas, uma mais elevada que a outra, eram chamadas de Bete-Horom Alta e Bete-Horom Baixa. Uma estrada importante aqui domina o caminho para a Sefelá, a planície entre a região montanhosa da Judeia e a costa do Mediterrâneo. Josué usou a estrada para perseguir a coligação de reis do sul liderados pelo rei de Jerusalém (Js 10.10). Nela Deus lançou granizo sobre os inimigos. A fronteira entre Efraim Benjamim ficava em Bete-Horom (Js 16.3,5; 18.13,14). A cidade pertencia a Efraim, mas foi separada para os levitas (Js 21.22). Os filisteus enviaram uma unidade do seu exército pelo caminho de Bete-Horom para atacar Saul e Jônatas (1Sm 13.18). Salomão reconstruiu a cidade baixa como uma cidade de pedra e como um posto avançado de defesa (1Rs 9.17). O cronista preservou uma tradição ainda mais antiga de uma descendente de Efraim, uma mulher chamada Seerá, construindo as duas cidades (1Cr 7.22-24). Quando o rei Amazias de Judá (796-767 a.C.) seguiu o conselho de um profeta e mandou embora soldados mercenários que contratara de Israel, esses soldados combateram as cidades de Judá, incluindo Bete-Horom (2Cr 25.13). Bete-Horom Alta é a atual Beit Ur el-Foqa, a oito quilômetros a noroeste de Gibeom e a 16 quilômetros a noroeste de Jerusalém. Está 532 metros acima do nível do mar. Bete-Horom Baixa está a três quilômetros mais ao leste e somente 320 metros acima do nível do mar. É a atual Beit Ur et-Tahta.

BETE-JESIMOTE Nome de lugar que significa "casa de desertos". Uma cidade em Moabe onde Israel acampou um pouco antes da morte de Moisés e de Josué os ter conduzido na travessia do Jordão (Nm 33.49). O texto de Js 12.3 alista-a como terra que Israel tomou de Seom, rei dos amorreus. Moisés a deu à tribo de Rúben (Js 13.20). Ezequiel a descreveu como uma das três cidades fronteiriças de Moabe, "a glória dessa terra" (Ez 25.9), mas que enfrentaria o juízo divino. Geralmente os estudiosos a localizam na atual Tel el-Azeme, a 19 quilômetros a sudeste de Jericó.

BETEL Nome de lugar que significa "casa de Deus". **1.** Betel foi importante no AT por razões geográficas e religiosas. Por suas nascentes em grande número, a área era fértil e atraente para colonizadores já em 3200 a.C., e foi local de uma cidade pela primeira vez na época de Abraão. Hoje o povoado de Beitin está sobre grande parte das ruínas de Betel. Situada na interseção da principal estrada norte-sul que atravessa a região montanhosa com a estrada principal de Jericó para a planície costeira, Betel testemunhou muito tráfego doméstico e internacional. Betel se tornou uma cidade fronteiriça proeminente entre tribos e entre os dois reinos, do Norte e do Sul, mais tarde. Em termos religiosos, Betel serviu como santuário durante o período dos patriarcas, dos juízes e do reino dividido, perdendo em importância como centro religioso somente para Jerusalém.

Chegando a Canaã, Abraão construiu um altar em Betel, ali invocou "o nome do Senhor" (Gn 12.8), e voltou para lá depois do seu período no Egito (Gn 13.3). Seu neto Jacó passou a noite aí a caminho da Síria para encontrar uma esposa. Em um sonho o Senhor confirmou a aliança abraâmica, e Jacó respondeu renomeando o lugar, que antes era chamado Luz, para "Betel" ("casa de Deus"; Gn 28.10-22). Provavelmente há alusões ao nome "Betel", mas não na sequência cronológica nos textos anteriores que tratam de Abraão. Quando voltou com sua grande família, Jacó veio a Betel novamente para ouvir a confirmação da aliança pelo Senhor, e seu nome foi mudado para "Israel". Aqui novamente Jacó erigiu um monumento de pedra (Gn 35.1-16; Os 12.4,5). A fortificação extensiva de Betel ocorreu depois do período patriarcal.

Na época da conquista, Betel e Ai foram tomadas juntas (Js 7.2; 8.3-17; 12.9,16), mas a derrota definitiva de Betel é contada mais tarde em Jz 1.22-26. Inicialmente era uma cidade fronteiriça em Benjamim (Js 16.1,2; 18.13,22). Mais tarde fez parte do Reino do Norte (1Cr 7.28), sendo brevemente anexada a Judá por Abias (1Cr 13.19).

A arca da aliança foi mantida em Betel no período dos juízes (Jz 20.27), assim as tribos se reuniram ali contra Benjamim para vingar a atrocidade moral em Gibeá (Jz 20.18-28), oferecendo sacrifícios e buscando a orientação do Senhor (Jz 21.1-4). Betel também foi um lugar no qual Débora (Jz 4.5) e Samuel (1Sm 7.16) julgaram e decidiram as questões civis e religiosas dos israelitas na região. Betel era evidentemente vulnerável na época dos juízes, pois a arqueologia mostra que ela foi destruída diversas vezes nesse período.

Davi considerou a cidade suficientemente significativa para lhe enviar presentes durante sua fuga diante de Saul, esperando estabelecer uma amizade de valor diplomático no futuro (1Sm 30.27). Quando ele mais adiante estabeleceu Jerusalém como sua capital, Betel cresceu e prosperou.

Apesar de Betel ter sido um lugar de adoração ortodoxa desde Abraão até o tempo dos juízes, Jeroboão II fez dela um centro religioso da sua religião inovadora e apóstata do Reino do Norte. Erigiu um bezerro de ouro ali e em Dã, com sacerdotes que não eram levitas, e instituiu uma festa ilegítima para competir com as celebrações e a religião de Jerusalém, a 18 quilômetros ao sul em Judá (1Rs 12.29-33). Betel era um centro de expressão maior que Dã. Ali um profeta anônimo de Judá encontrou e censurou Jeroboão I, e causou destruição ao altar do rei (1Rs 13.1-10). Outro profeta anônimo de Betel enganou o primeiro profeta e o conduziu à desobediência. Por causa da desobediência, o Senhor fez que um leão matasse o primeiro profeta (1Rs 13.11-25).

Outros profetas verdadeiros parecem ter tido ligação com Betel no período da apostasia do norte, visto que Elias encontrou um grupo deles ali durante uma de suas viagens (2Rs 2.2,3). Amós foi enviado a Betel para censurar o reinado de Jeroboão II no séc. VIII (Am 7.10-13), pois era o centro da idolatria do norte e a residência real. Encontrou a resistência do sacerdote Amazias, que em vão ordenou sua saída da cidade. Além dos anúncios proféticos de Amós contra os que sacrificavam ali (Am 4.4), predisse a destruição de Betel e de seus falsos altares (Am 3.14; 5.5,6), como o fez Oseias (Os 10.14,15). Oseias parece ter feito um jogo de palavras com o nome Betel ("cidade de Deus"), ao referir-se a ela como "Bete-Áven" ("cidade do [deus] falso", Os 5.8,9; 10.5).

O significado religioso de Betel é confirmado também pelo fato de a Assíria ter designado um sacerdote para essa cidade para ensinar aos novos residentes do norte, substitutos dos israelitas (2Rs 17.28). Mais tarde, Josias profanou mais um altar falso de Betel durante suas reformas (2Rs 23.4-19) e talvez tenha anexado a cidade ao Reino do Sul. Betel foi destruída no séc. VI, no período do exílio; no entanto, alguns voltaram para lá quando soltos pelos persas (Ed 2.28; Ne 7.32; 11.31). Por ser a cidade em que ficava estacionada uma guarnição romana no final do séc. I, provavelmente foi uma cidade importante no tempo de Cristo.

2. Outra cidade grafada de formas diversas: Betul (Js 19.4), Betuel (1Cr 4.30) e Betel (1Sm 30.27). Pode ser a atual Khirbet el Qaryatein ao norte de Arade. **3.** Betel era aparentemente o nome de um deus semítico ocidental. Muitos estudiosos encontram alusão a essa deidade em Jr 48.13. Outros encontram menção à deidade em outros trechos (esp. Gn 31.13; Am 5.5). — *Daniel C. Fredericks*

BETE-LEAFRA (*ARA*, *ARC*) Nome de lugar que significa "casa de poeira". Cidade que Miqueias usou em um jogo de palavras para anunciar o juízo sobre Judá. A casa de poeira rolaria na poeira, um ritual que expressava aflição e lamento (Mq 1.10). A localização é incerta, talvez et-Taijibe entre Beit Gibrin e Hebrom. A *ARC* traz: "casa de Afra"; a *NVI*: Bete-Ofra.

BETE-LEBAOTE Nome de lugar que significa "casa das leoas". Cidade no território da tribo de Simeão (Js 19.6). Aparentemente a mesma que Lebaote na herança de Judá (Js 15.32), chamada Bete-Biri no texto paralelo (1Cr 4.31). Sua localização é incerta.

BETELITA (*ARA*, *ARC*) Residente de Betel (1Rs 16.34). V. *Betel*.

BETEL-SARASAR (*BJ*) ou **BETEL-SARÉSER** (*TEB*) V. *Sarezer*.

BETE-MAACA Nome de lugar que significa "casa de Maaca" ou "casa de pressão". Geralmente aparece como Abel-Bete-Maaca (sempre assim na *NVI*). Bete-Maaca aparentemente é a última parada da viagem de Seba através de Israel para obter o apoio contra Davi (2Sm 20.14). V. *Abel-Bete-Maaca*.

BETE-MARCABOTE Nome de lugar que significa "casa dos carros". Cidade destinada à tribo de Simeão (Js 19.5). Sua localização é incerta.

BETE-MEOM Nome de lugar que significa "casa de residência". Cidade em Moabe sobre a qual Jeremias pronunciou o juízo (Jr 48.23). Aparentemente a mesma que Bete-Baal--Meom e Baal-Meom. V. *Bete-Baal-Meom; Baal-Meom*

BETE-MILO Nome de lugar que significa "casa da plenitude". **1.** Parte de Siquém ou fortaleza protetora de Siquém na qual os cidadãos de Siquém proclamaram Abimeleque rei. Jotão, filho de Jerubaal (ou Gideão), pediu aos cidadãos de Abimeleque que derrubassem Abimeleque de Bete-Milo (Jz 9.6,20). **2.** Fortaleza em Jerusalém na qual dois dos seus servos mataram o rei Joás (835-796 a.C.; 2Rs 12.19,20). Também é chamada "Milo". V. *Jerusalém; Milo; Siquém*.

BÉTEN Nome de lugar que significa "útero". Cidade fronteiriça da tribo de Aser (Js 19.25). Pode ter sido localizada em Khirbet Abtun, a 18 quilômetros ao sul de Acre.

BETE-NINRA Nome de lugar que significa "casa da pantera". Cidade a leste do Jordão que a tribo de Gade reconstruiu depois que Moisés a designou a eles (Nm 32.36). Fornecia campos de pastagem (Nm 32.3). Estava localizada ou na atual Tel Ninri ou perto de Tel el-Bleibil, a cerca de 16 quilômetros a nordeste da desembocadura do Jordão.

BETE-OFRA V. *Bete-Leafra*.

BETE-PALETE (*ARA*, *ARC*, Js 15.27). V. *Bete-Pelete*.

BETE-PAZES (*NVI*) ou **BETE-PASÊS** (*ARA*, *ARC*) Nome de lugar que significa "casa da dispersão". Povoado no território designado a Issacar (Js 19.22). Talvez seja a atual Kerm el-Hadetheh.

BETE-PELETE Nome de lugar que significa "casa da libertação". Cidade no sul do território designado a Judá (Js 15.27). Depois do retorno do exílio na Babilônia, os judeus viveram ali (Ne 11.26). Na *ARA* e *ARC* aparece como "Bete-Palete" A localização é desconhecida.

BETE-PEOR Nome de lugar que significa "casa de Peor". Provavelmente houve ali um templo para o deus Peor ou Baal-Peor. Povoado em cujo vale Israel acampou quando Moisés pregou seus sermões do livro de Deuteronômio (Dt 3.29). Tinha pertencido a Seom, rei dos amorreus (Dt 4.46). Moisés morreu e foi sepultado perto dali (Dt 34.6). O lugar pertencia à tribo de Rúben (Js 13.20). Estava localizado na atual Khirbet Uyun Musa, a 32 quilômetros a leste do extremo norte do mar Morto. O livro de Nm não usa o nome do lugar, mas evidentemente ao menos parte da vergonhosa adoração a Baal Peor (Nm 25.1-5) ocorreu em Bete-Peor. Oseias descreveu as ações em Peor como um ponto de virada na lua-de-mel tão feliz de Israel com Deus (Os 9.10). V. *Baal-Peor; Peor*.

BETER (*ARA*) Nome de lugar que significa "divisão". Uma cadeia de montanhas usada como imagem emocional em Ct 2.17. A *NVI* traz: "colinas escarpadas".

BETE-RAFA (*NVI*, *ARA*, *ARC*; a *ARC* traz: "Betrafa") Nome de lugar que significa "casa de um gigante". O texto de 1Cr 4.12 diz que Estom, não mencionado em outros textos, "gerou Bete--Rafa" (*NVI*). Isso aparentemente descreve o início de um clã que vivia na cidade cujo nome não é conhecido. O nome poderia ter uma relação distante com os refains (Dt 3.11), embora a Bíblia em nenhum outro texto faça essa conexão.

BETE-REOBE Nome de lugar que significa "casa do mercado". Povoado próximo de onde a tribo de Dã reconstruiu Laís e mudou seu nome para Dã (Jz 18.28). Reobe foi o pai de Hadadezer, rei sírio de Zobá (2Sm 8.3). Bete-Reobe talvez tenha sido sua terra natal. Quando os amorreus deixaram Davi irado ao humilhar seus oficiais, Amom mandou buscar solados sírios de Bete-Reobe, indicando evidentemente que a Síria controlava a cidade. Estava situada no sopé do lado sul do monte Hermom. V. *Reobe*.

BETESDA

BETESDA Nome de um tanque de Jerusalém no qual Jesus curou um homem que estivera doente durante 38 anos (Jo 5.2). O nome, apropriadamente, significa "casa de misericórdia". A maioria dos manuscritos antigos identifica Betesda como o lugar do tanque. Alguns manuscritos antigos chamam-na Betzata ou Betsaida. A terceira edição do *United Biblical Societies Greek New Testament* (Novo Testamento Grego das Sociedades Bíblicas Unidas) coloca Betzata no texto e as outras grafias na nota de rodapé. Acreditava-se que a água do tanque tinha poder terapêutico. E, de fato, o homem curado depois de 38 anos experimentou o derramamento da misericórdia de Deus no sábado. As referências à água do tanque sendo movimentada por um anjo (Jo 5.3,4) não estão nem nos mais antigos manuscritos nem na maioria deles. No entanto, independentemente da discordância entre os manuscritos acerca do nome do tanque ou da passagem do anjo, o tanque de fato existia. Hoje esse tanque é identificado com a série de tanques encontrada perto da igreja de Santa Ana. V. *cura divina*.

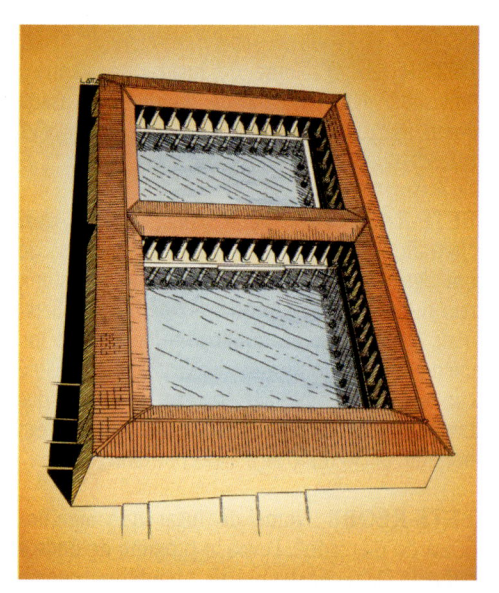

Tanque de Betesda em Jerusalém, uma piscina alimentada por uma nascente perto do Portão da Ovelha, no qual os doentes costumavam receber cura. Ali Jesus curou um homem que estivera por 38 anos acometido de uma enfermidade não identificada.

BETE-SEÃ (*NVI, ARA, ARC*) ou **BETSEÃ** ou **BETE-SÃ** (*ARC*) Nome de lugar que significa "casa de sossego". Bete-Seã ficava à margem da encruzilhada dos vales de Jezreel e do Jordão, dominando as rotas norte-sul ao longo do Jordão e leste-oeste de Gileade para o mar Mediterrâneo. Tel el-Husn, sítio da antiga Bete-Seã, está acima do rio permanente de Harode, a fonte principal de água da cidade, dando à cidade uma vista geral dos dois vales.

A Universidade da Pensilvânia em diversas campanhas entre 1921 e 1933 fez escavações de Tel el-Husn e arredores. Descobriu-se que assentamentos em Bete-Seã remontam aos períodos Neolítico e Calcolítico. A cidade se tornou um local cananeu de importância nos períodos Bronze Inicial e Bronze Médio (3300-1500 a.C.), mas passou para o domínio da 18ª Dinastia Egípcia no Bronze Tardio. O nome Bete-Seã é mencionado em textos egípcios de Tutmósis III (1468 a.C.), nas cartas de Amarna (1350 a.C.), Seti I (1300 a.C.), Ramessés II (1280 a.C.) e Sisaque (925 a.C.). As escavações confirmaram o papel egípcio na vida de Bete-Seã nesses períodos (p. ex., na descoberta de camafeus e ornatos de capitéis que levam o nome de Tumósis III).

O teatro greco-romano em Bete-Seã (Tel el-Husn) em Israel.

As referências bíblicas a Bete-Seã estão relacionadas ao período de Josué até a monarquia unida. A cidade está alistada entre as terras designadas à tribo de Manassés, embora estivesse no território de Issacar (Js 17.11). Todavia, Manassés não conseguiu controlar Bete-Seã até os cananeus serem subjugados no reinado de Davi (Js 17.16; Jz 1.27). Depois da derrota de Saul e do exército israelita diante dos filisteus (c. 1006 a.C.), os corpos de Saul e seus filhos foram pendurados nos muros de Bete-Seã, no qual estava localizado um templo devotado a Astarote. Alguns homens valentes de Jabes-Gileade resgataram os corpos desse sacrilégio e os deixaram em Jabes (1Sm 31). Mais tarde os homens de Davi levaram os restos para serem enterrados na terra de Benjamim (2Sm 21.12-14). A cidade era uma das que estavam debaixo da supervisão de Baaná (quinto distrito) no reinado de Salomão (1Rs 4.12). Embora a cidade não seja mencionada especificamente no relato da invasão de Sisaque do Egito em 1Rs 14.25-28, Bete-Seã está na lista das cidades saqueadas. Depois disso a cidade teve um papel irrelevante na história israelita, embora tenha sido ocupada pelo Reino do Norte entre 815 e 721 a.C.

A cidade continuou abandonada na maior parte do período helenista (séc. III a.C.), quando foi reconstruída e renomeada "Citópolis" ("cidade dos citas"). Essa cidade foi a base de uma ocupação helenista e romana significativa que incluía templos, teatro, anfiteatro, colunata, hipódromo, túmulos e muitos prédios públicos, espalhados pelos quadrantes norte, leste e sul em volta do "tel" inicial. Citópolis era a maior cidade da Decápolis (Mt 4.25; Mc 5.20) e a única cidade da liga situada a oeste do rio Jordão. A cidade continuou a prosperar no período bizantino até sua destruição pelos árabes em 636 d.C. A atual vila de Beisan preserva o antigo nome da cidade. — *R. Dennis Cole*

Bete-Seã.

BETE-SEMES Nome de lugar que significa "casa do sol". Bete-Semes é o nome aplicado a quatro diferentes cidades do AT. O nome provavelmente se deriva do lugar de culto do deus semítico Shemesh (Shamash). **1.** Bete-Semes de Issacar estava situada na fronteira com o território de Naftali entre o monte Tabor e o rio Jordão (Js 19.22). Os estudiosos atuais identificam a cidade ou com el-Abeidiyeh, a três quilômetros ao sul da Galileia, ou com Khirbet Shemsin, a leste do Tabor. **2.** Bete-Semes de Naftali provavelmente estava localizada na região central da Galileia superior por sua associação com Bete-Anate (Js 19.38; Jz 1.33). Essa cidade cananeia continuou independente e inconquistada até o tempo de Davi. Khirbet er-Ruweisi tem sido sugerida como uma localização possível. **3.** Bete-Semes do Egito deve ser identificada com Heliópolis (a oito quilômetros a nordeste do Cairo) de acordo com a *LXX*, a mais antiga tradução grega (Jr 43.13). Jeremias relata o juízo do Senhor sobre os deuses do Egito ao retratar a destruição dos centros de culto. **4.** Bete-Semes de Dã está situada na fronteira meridional com a tribo de Judá (Js 15.10; 19.41) dominando o vale de Soreque a cerca de 38 quilômetros a oeste de Jerusalém. O nome antigo foi preservado no povoado árabe de Ain Shems, e o "tel" é identificado com Tel er-Rumeilah. Bete-Semes era guardiã da viçosa região agrícola do vale de Soreque no lugar em que a Sefelá (colinas) faz divisa com a região montanhosa da Judeia. Também estava situada na estratégica "região-tampão" entre os filisteus e os israelitas no período dos juízes.

A tribo de Dã não foi capaz de dominar as terras da sua herança por causa dos amorreus (Jz 1.34,35) e/ou dos filisteus. Alguns foram forçados a ir para as colinas próximas de Zoar e Estaol (como foi o caso da família de Sansão, Jz 13.1,2). Bete-Semes era aparentemente controlada por israelitas (c. 1050 a.C.) quando a arca da aliança passou pela cidade depois de voltar dos filisteus (1Sm 6.13). Por volta de 795 a.C. a cidade foi palco da batalha em que Jeoás de Israel venceu Amazias de Judá, resultando na pilhagem do templo (2Rs 14.11-14; 2Cr 25.21-24). Bete-Semes é mencionada pela última vez nas Escrituras no reinado decadente de Acaz. Os filisteus capturaram Bete-Semes de

Escavações de Bete-Semes mostrando o que parece ser uma parte dos maciços muros da cidade.

Judá (c. 734), o que foi considerado juízo divino (2Cr 28.18,19).

Bete-Semes foi escavada por D. Mackenzie em 1911-1912 e pela Faculdade Haverford em 1928-1931, 1933. A cidade foi povoada pela primeira vez por volta em 2200 a.C. por um grupo relativamente pequeno. Atingiu importância depois de ser conquistada e reconstruída pelos hicsos por volta de 1720 a.C. Um enorme muro, três torres de defesa e diversos túmulos foram escavados. A cidade dos hicsos foi capturada pelos egípcios da 18ª Dinastia em aproximadamente 1550 a.C. Bete-Semes prosperou no período do Bronze Tardio sob os governos egípcio e cananeu, o que se evidencia pelas mercadorias importadas de Micena e do Egito, bem como valorosas descobertas cananeias, incluindo inscrições. As descobertas do período do Ferro I (tempo dos juízes) mostram que Bete-Semes foi fortemente influenciada pelos filisteus, mas a cidade estava em declínio generalizado. Depois que Davi derrotou os filisteus a cidade foi reconstruída. As escavações indicam que a cidade israelita produzia azeite, vinho, cobre, tinta para tecidos e indústria de processamento de trigo. Depois que Bete-Semes foi destruída pelos babilônios (588-587 a.C.) sob Nabucodonosor, a cidade ficou em geral desocupada, com a exceção de restos da cidade romana/ bizantina em Ain Shems (mosteiro em um canto do tel).

BETE-SEMITA Residente de Bete-Semes (*ARA*). V. *Bete-Semes*.

BETE-SITA Nome de lugar que significa "casa de Acácia". Palco de batalha quando Gideão e seus 300 homens derrotaram os midianitas (Jz 7.22). Talvez seja a atual Tel es-Saidiya ou Tel Umm Hamad. Pode estar a leste do rio Jordão.

BETE-TAPUA Nome de lugar que significa "casa de maçãs". Cidade designada à tribo de Judá na região montanhosa da Judeia (Js 15.53). É a atual Taffah, a cerca de sete quilômetros a oeste de Hebrom.

BETE-TOGARMA (*NVI*; *ARA* e *ARC* trazem "casa de Togarma") Nome de lugar que significa "casa de Togarma". O nome Togarma consta na lista das nações (Gn 10.3) como filho de Gômer e neto de Noé, e é também o nome de uma cidade mencionada em textos assírios e hititas. Ficava ao norte de Carquemis na rota comercial assíria. Talvez possa ser associada à atual Gurun entre os rios Halys e Eufrates. Ezequiel observa as relações comerciais de Togarma por meio de cavalos e jumentas com Tiro (Ez 27.14) e adverte-a contra o juízo junto com Gogue (Ez 38.6).

BETE-ZUR Nome pessoal e de lugar que significa "casa da rocha". **1.** Cidade designada à tribo de Judá (Js 15.58). Roboão, filho e sucessor de Salomão como rei de Judá (931-913 a.C.), construiu-a como cidade de defesa (2Cr 11.7) à vista da ameaça de Sisaque do Egito (2Cr 12.2). Um governador de Bete-Zur ajudou Neemias a reparar Jerusalém e seus muros (Ne 3.16). Teve papel significativo nas guerras dos macabeus no período entre os Testamentos. Está localizada em Khirbet Et-Tubeiqeh, a 29 quilômetros a sudoeste de Jerusalém e a sete quilômetros ao norte de Hebrom em uma importante encruzilhada. Esse é um dos locais de maior altitude acima do nível do mar na Palestina **2.** Filho de Maom na linhagem de Calebe (1Cr 2.45), indicação aparente de que o clã se estabeleceu na cidade.

BETFAGÉ Nome de lugar que significa "casa de figos verdes". Pequeno povoado situado no monte das Oliveiras, perto de Betânia, à margem ou perto da estrada entre Jerusalém e Jericó. Há referências ao povoado em nos evangelhos Sinópticos (Mt 21.1; Mc 11.1; Lc 19.29). Em cada relato foi em Betfagé que Jesus deu instruções a dois discípulos para que encontrassem o jumentinho no qual Jesus pudesse montar na sua entrada triunfal em Jerusalém. Esse pode ser também o lugar em que a figueira foi amaldiçoada (Mt 21.18-22; Mc 11.12-14,20-26). Ainda hoje se podem achar em Betfagé pedras rolantes para fechar túmulos, como foi a do túmulo do nosso Senhor. V. *Oliveiras, monte das; Triunfal, entrada*. — *William H. Vermillion*

BETONIM Nome de lugar que significa "pistaches". Cidade fronteiriça no território designado à tribo de Gade (Js 13.26). Está localizada em Khirbet el-Batne, a quatro quilômetros a sudeste de es Salt no monte Gileade.

BETSAIDA Nome de lugar que significa "casa de peixe". Cidade natal de André, Pedro e Filipe (Jo 1.44; 12.21), localizada a nordeste do mar da Galileia. Essa cidade foi reconstruída sob o tetrarca Filipe, um dos filhos de Herodes, o Grande, que lhe deu o nome de Júlias em honra à filha do imperador Augusto. Perto dali Jesus alimentou os cinco mil (Lc 9.10) e curou um cego (Mc 8.22). Jesus pronunciou o juízo sobre Betsaida pela falta de aceitação da sua mensagem e de seus milagres (Mt 11.21; Lc 10.13). O sítio de Betsaida ainda precisa ser identificado arqueologicamente. Alguns estudiosos propõem dois locais chamados Betsaida: localizado a nordeste do mar da Galileia, como já vimos, e outro, a oeste do mar da Galileia, próximo de Cafarnaum. Essa proposta está baseada em Mc 6.45, em que, depois de alimentar os cinco mil fora de Betsaida, Jesus disse aos discípulos para remarem para Betsaida. No entanto, não há menção contemporânea alguma às duas Betsaidas, e o texto de Mc 6 pode se referir perfeitamente e uma viagem curta à cidade conhecida tanto como Betsaida-Júlias como a uma cidade desconhecida. — *William H. Vermillion*

BETUEL ou **BETUL** Nome pessoal e de lugar que significa "casa de Deus". **1.** Sobrinho de Abraão e filho de Naor (Gn 22.22). Sua filha Rebeca se casou com Isaque (Gn 24.15,67). Era arameu ou sírio de Padã-Arã (Gn 25.20). Sua relação com Labão, irmão de Rebeca (Gn 24.29), não está clara, visto que Labão assume o papel principal em proteger Rebeca (Gn 29.5). Em Gn 28.5 Labão era filho de Betuel. Naor era na verdade o pai de Betuel (Gn 22.22,23). **2.** Cidade em que viviam os filhos de Simei (1Cr 4.30). O texto de Js 19.4 aparentemente chama a mesma cidade de Betul. Talvez seja a atual Khirbet el-Qarjeten, a seis quilômetros ao norte de Tel Arade.

BETUME Resina mineral ou piche (*NTLH*) encontrado em pelotas sólidas na pedra calcária cretácea na margem ocidental do mar Morto (Gn 14.10). Outras formas são encontradas na Ásia Menor. O betume era usado como argamassa no assentamento de tijolos nas construções e zigurates na Mesopotâmia (Gn 11.3) e como calafetagem de balsas e barcos de vime no Eufrates (Êx 2.3; cp. Gn 6.14). V. *Babel; piche*.

BETZATA Grafia que algumas versões trazem de um nome de lugar citado em Jo 5.2 com base em manuscritos diferentes dos seguidos pela maioria dos tradutores. V. *Betesda*.

BEULÁ Nome simbólico que significa "casado", usado com referência a Jerusalém (Is 62.4). O outro nome, Hefzibá, significa "o meu prazer está nela". Ambos os nomes têm a conotação de afortunado. O nome simboliza a proximidade de Sião e de seus filhos e que Sião está reconciliada com seu Deus. O nome sugere fertilidade na era messiânica baseada em justiça, tendo o Senhor por marido (Is 62.1,2).

BEZALEL ou **BEZALEEL** (*ARC*) Nome pessoal que significa "à sombra de Deus". **1.** Filho de Uri, membro da tribo de Judá (Êx 31.2) e bisneto de Calebe (1Cr 2.20). Ele e outro homem, o danita Aoliabe, eram artesãos habilidosos responsáveis pela confecção do tabernáculo, sua mobília e ornamentos. Sua habilidade derivava da capacitação pelo Espírito de Deus. **2.** Homem que seguiu a orientação de Esdras e se divorciou de sua mulher estrangeira (Ed 10.30).

BEZEQUE Nome de lugar que significa "relâmpago". Lugar em que Judá e Simeão derrotaram os cananeus liderados por Adoni-Bezeque (liter., "senhor de Bezeque") (Jz 1.4). Em Bezeque, Saul contou os israelitas para reunir um exército contra Naás, o amonita, e libertar Jabes-Gileade (1Sm 11.8). Bezeque estava localizada na atual Khirbet Ibziq, a 19 quilômetros a nordeste de Siquém e a 21 quilômetros de Jabes-Gileade, a nove quilômetros ao norte de Tirza, embora o lugar em Jz possa ser uma cidade distinta. Nesse caso, estaria situada em Tel Bezqah perto de Gezer.

BEZER Nome de lugar que significa "inacessível". Cidade de refúgio no território da tribo de Rúben (Dt 4.43; Js 20.8), separada como cidade dos levitas (Js 21.36). Pode ser a atual Umm el-Amad, a 13 quilômetros a nordeste de Medeba. Messa, rei de Moabe em cerca de 830 a.C., alegou ter reconstruído Bezer como cidade moabita.

BEZERRO Filhote de vaca ou outros animais da mesma espécie. Os bezerros eram engordados em estábulos para fornecer carne de vitela para ocasiões especiais (Gn 18.7,8; 1Sm 28.24; Lc 15.23,27,30). Bezerros também eram usados em contextos sacrificiais (Lv 9.2,3; Jr 34.18; cp. Gn 15.9,10, novilha). Os bezerros gordos simbolizavam os exércitos gentios (Sl 68.30) e os soldados mercenários egípcios (Jr 46.21). Os pés de um dos querubins descritos por Ezequiel pareciam os de um bezerro (Ez 1.7). Uma das quatro criaturas em volta do trono era parecida com um bezerro (*ARC*; outras versões trazem "touro"). V. *bezerro de ouro*.

BEZERRO DE OURO Estátua de um bezerro, provavelmente feita de madeira e revestida de ouro que os hebreus adoraram no deserto e, mais tarde, no Reino do Norte, ou seja, Israel. Touros eram importantes na religião de algumas regiões do antigo Egito, e imagens destes animais aparecem na arte e em textos religiosos da Mesopotâmia, Ásia Menor, Fenícia e Síria. As referências primárias ao "bezerro de ouro" são Êx 32.1-8 e 1Rs 12.25-33. A primeira passagem recorda que o povo pediu a Arão para fazer uma imagem que fosse adiante deles. A imagem tinha intenção de representar Javé, o Senhor de Israel. a última referência declara que Jeroboão I erigiu dois bezerros de ouro, um em Betel outro em Dã, que provavelmente significavam os pedestais do trono de Deus. É interessante observar que as passagens estão claramente relacionadas uma à outra, porque usam a mesma terminologia: "Eis aí os seus deuses, ó Israel, que tiraram vocês do Egito" (Êx 32:4) e "Aqui estão os seus deuses, ó Israel, que tiraram vocês do Egito" (1Rs 12:28), e ambas exploram o pecado de idolatria em momentos cruciais na história de Israel.

Significado teológico Esses relatos demonstram a forte convicção de Israel que Deus não pode ser diminuído ao nível de representação pictórica. Deus, como Senhor soberano, não permite que se faça uma imagem física Dele, e qualquer esforço humano para criar imagens desse tipo atrai o julgamento divino. V. *Arão*; *Betel*; *Touro*; *Bezerro de ouro*; *Dã*; *Êxodo*; *Jeroboão*; *Moisés*. — Robert William Prince III

BEZERROS Da expressão "daremos como bezerros os sacrifícios dos nossos lábios" em Os 14.2 na *ARC*. Frase muito difícil de traduzir, e caso seja essa a tradução correta, seu significado é bastante obscuro, possivelmente uma referência ao sacrifício de gado. As versões mais recentes atribuem vogais diferentes às consoantes do texto hebraico e trazem: "fruto dos nossos lábios" (*NVI*), que significa dar louvor a Deus.

BEZERROS DE OURO Representação de bezerros usados para simbolizar a presença da divindade no lugar de culto. O touro era usado para representar muitos deuses no antigo Oriente Médio, particularmente Amon-Rá no Egito e El e Baal em Canaã. Quando Moisés estava no monte Sinai, Arão modelou um bezerro de ouro para usá-lo em uma "festa dedicada ao Senhor" (Êx 32.4,5). Semelhantemente, Jeroboão colocou bezerros em Dã e Betel para que o Reino do Norte os usasse na sua adoração a Javé (1Rs 12.28) e assim as pessoas não precisassem ir a Jerusalém, a capital do sul, para prestar culto. Em ambos os casos, os bezerros representam os deuses que tiraram Israel do Egito. Assim o pecado dos bezerros não é adorar o deus errado, mas adorar o Deus verdadeiro de maneira errada, por meio de imagens (Sl 106.19,20). Israel tentou fazer pedestais em que pudesse colocar o Deus invisível. O único pedestal desse tipo que o ensino do AT permite foi a arca da aliança (1Sm 4.4). V. *touro, novilho; bezerro de ouro*.

BÍBLIA, FORMAÇÃO E CÂNON A palavra "Bíblia" é derivada do termo grego para "livros" e se refere ao AT e ao NT. Os 39 livros do AT e os 27 livros do NT formam o "cânon" das Sagradas Escrituras. "Cânon" originariamente significava "vara" e veio a significar régua ou vara de medir. Nesse sentido a Bíblia é a régua ou autoridade padrão para os cristãos. Os conceitos de "cânon" e processo de "canonização" se referem a quando os livros obtiveram posição de "Sagradas Escrituras", padrões determinantes para a fé e prática.

Organização da Bíblia O AT foi escrito principalmente em hebraico, com algumas porções de Ed, Ne e Dn em aramaico. O AT hebraico divide-se em três seções: a Lei ou *Torá* (Gn, Êx, Lv, Nm e Dt); os Profetas, subdivididos em Profetas Anteriores (Js, Jz, 1 e 2Sm e 1 e 2Rs) e Profetas Posteriores (Is, Jr, Ez e o livro dos Doze — Os até Ml); e os Escritos. Os Escritos se subdividem em três grupos: Livros Poéticos (Jó, Sl, Pv), os rolos dos festivais ou *megilot* (Rt, Et, Ec, Ct e Lm) e os Livros Históricos (1 e 2Cr, Ed, Ne e Dn). Nossa ordem atual dos livros do AT está baseada na *LXX*, a tradução grega do AT.

O NT, escrito em grego, começa pelos livros narrativos (os quatro Evangelhos e At) seguidos das epístolas (Epístolas Paulinas e Epístolas Gerais) e conclui com o Ap. Em muitos manuscritos do NT, as Epístolas Gerais (Tg, 1 e 2Pe, 1, 2 e 3Jo e Jd) precedem as Epístolas Paulinas (Rm até Fm, e ainda Hb), possivelmente devido à associação mais direta entre Jesus e Tiago, Pedro, João e Judas.

O desenvolvimento do cânon do Antigo Testamento A posição crítica comum, que remonta a Herbert E. Ryle (1892, rev. 1895), é que a designação em três partes dos livros do AT — Lei (*Torah*), Profetas (*Nevi'im*) e Escritos (*Kethubim*) — baseia-se na aceitação gradual dessas três "coleções" como livros canônicos. Esse ponto de vista se apoia em grande parte nas premissas de que Moisés não poderia ter sido o autor do Pentateuco e de que os livros históricos do AT teriam sido compilados depois do reinado do rei Josias (Judá, 640-609 a.C.). O reconhecimento da *Torá* (Lei) no séc. V a.C. toma por base o fato de que os samaritanos, cujo cânon continha somente a *Torá*, se separaram dos judeus imediatamente antes do exílio. Imagina-se que os Profetas foram encerrados em torno de 200 a.C., explicando assim a não inclusão do profeta Dn (seu livro está na parte dos Escritos no cânon hebraico) — estudiosos críticos datam seu livro no séc. II a.C. Geralmente se diz que os Escritos foram aceitos em um encontro de Jâmnia (Jabneh) em algum tempo entre 70 d.C. e 135 d.C.

Saltério copta completo mais antigo

Roger Beckwith (1985), baseando-se na obra de Jack P. Lewis (1964), S. Z. Leiman (1976) e outros, tratou e refutou muitas das questões levantadas pela Escola liberal-crítica e concluiu que a coleção do AT poderia ter sido concluída já no séc. IV a.C., embora mais provavelmente tenha sido concluída no séc. II a.C. O reconhecimento somente da *Torá* por parte dos samaritanos, p. ex., talvez não seja um indício da história do cânon, mas signifique a rejeição dos profetas reconhecidos anteriormente. Em segundo lugar, os rabinos em Jâmnia estavam ocupados não com a canonização, mas com a interpretação. Por fim, embora a designação Lei, Profetas e Escritos fosse conhecida e importante (como se observa no prólogo de Eclo; Lc 24.44; Josefo, *Contra Ápion* 1:8; Manuscritos do mar Morto; e nos escritos de Fílon), Beckwith provou que esse não é um guia crível sobre o processo de canonização.

Quando Deus decidiu se revelar a seu povo e estabelecer um relacionamento permanente com eles, usou o princípio da aliança, um conceito conhecido na cultura do antigo Oriente Médio. A formação da aliança comumente incluía a elaboração de um documento referente a ela. Ademais, a história da aliança estaria naturalmente refletida na atualização desse documento. Por isso, com a aliança mosaica veio o documento mosaico, e à medida que cada livro do AT ia sendo escrito, sua autoridade como palavra revelada de Deus evocou sua imediata adoção como sagrada e determinante para a comunidade israelita emergente. Moisés, o mediador da aliança, escreveu a *Torá* sob condução divina. O restante das Escrituras, os profetas anteriores e posteriores, a poesia e a literatura sapiencial e os livros pós-exílicos foram da mesma forma aceitos logo após a produção e o recebimento de cada um na comunidade de Israel. A conclusão desse processo teria ocorrido quando o último livro foi aceito como livro determinante e imbuído de autoridade (definido como "profanando as mãos"). Esse pode ter sido Ml (geralmente reconhecido como o último profeta) ou Cr (o último livro na ordem canônica hebraica). De qualquer modo, o que os protestantes atestam como os 39 livros do cânon do AT (o mesmo que os 22 ou 24 livros na comunidade judaica [p. ex., os profetas menores eram contados como um livro; Jr e Lm como um; Ed e Ne como um etc.]) foi estabelecido e concluído na época bem próxima do tempo da composição do último livro. V. *aliança*.

Desenvolvimento do cânon do Novo Testamento O processo de canonização do NT é mais fácil de seguir, mesmo que algumas perguntas não possam ser satisfatoriamente respondidas. As Epístolas Paulinas foram coletadas e consideradas imbuídas de autoridade ao menos durante a primeira metade do séc. II, como se evidencia pelo cânon de Marcião (c. 140 d.C.) acerca de dez Epístolas Paulinas e Lc. Os quatro Evangelhos se tornaram uma unidade canônica durante a segundo metade do séc. II, com Ireneu (180 d.C.) defendendo o cânon de quatro Evangelhos. No final do séc. II, o cerne do cânon do NT estava estabelecido, com os quatro Evangelhos, At, 1Pe, 1Jo e 13 Epístolas Paulinas todos aceitos pelas principais igrejas como textos imbuídos de autoridade. O livro de Ap também desfrutou de aceitação logo no início, mas, posteriormente, perto da metade do séc. III, começou a ser questionado em relação tanto ao conteúdo quanto à autoridade. Já Hb foi debatido igualmente por dúvidas sobre sua autoria. As cartas de Tg, 2Pe, 2 e 3Jo e Jd passaram a ser aceitas por muitas igrejas durante o fim do séc. III, mas não foram consideradas plenamente canônicas até o séc. IV. A primeira menção ao cânon neotestamentário de 27 livros foi feita por Atanásio, bispo de Alexandria, que na carta da Páscoa de 367 instruiu as igrejas acerca do NT, alistando exatamente os 27 livros que temos hoje. Mesmo nessa época, no entanto, alguns grupos como as igrejas sírias usavam o cânon do NT de 22 livros (em que faltavam 2Pe, 2 e 3Jo, Jd e Ap) ou um cânon de 26 livros (em que faltava Ap). No entanto, com o passar do tempo, o cânon do NT de 27 livros prevaleceu em quase todas as igrejas.

A tarefa da igreja primitiva de determinar a vontade de Deus acerca do cânon do NT não foi fácil. Marcião promoveu um cânon muito limitado em Roma (v. acima) que representava a reação extrema ao judaísmo. Rejeitou o AT bem como os escritos do NT "judaicos em demasia", mantendo somente Paulo e Lc (o único autor gentio do NT). Em reação a isso, a igreja defendeu o AT e começou a definir o próprio cânon do NT, muito mais amplo que o de Marcião.

No final do séc. II, o montanismo promoveu uma voz "profética" contínua na igreja. Essa afirmação de nova revelação fez que a igreja fosse mais restritiva na definição do cânon, limitando o NT a livros associáveis à autoria ou influência apostólicas.

À medida que a tarefa prosseguia, o processo conduzido pelo Espírito foi balizado por alguns padrões. Para que um livro fosse considerado Escritura Sagrada (canônica), precisava desfrutar de aceitação bem difundida entre as igrejas. A aceitação regional não era suficiente. Também eram necessários critérios para separar obras posteriores daquelas do séc. I. Os livros precisavam ser datados da era apostólica e estar associados a algum apóstolo, fosse por autoria ou por associação direta (p. ex., Mc e Lc estavam associados a Pedro e Paulo, respectivamente). Os livros também precisavam mostrar-se proveitosos para as igrejas que tinham ouvido sua leitura. Essa dimensão espiritual provavelmente era de suma importância. Os livros do nosso NT foram incluídos no cânon porque tocaram de forma tão intensa as pessoas que não puderam ser deixados fora do cânon. Por último, os livros precisavam ser considerados adequados para a leitura pública na igreja. Visto que o analfabetismo era comum, a leitura do texto no culto era o contato principal que a maioria das pessoas tinha com o texto. Esses textos lidos no culto eram ouvidos como a Palavra de Deus imbuída de autoridade. Tais textos estavam a caminho da plena canonização.

Outro estágio de canonização ocorreu no período da Reforma. Os reformadores, fazendo eco a Jerônimo, defendiam o seguimento do cânon judaico do AT, e assim aceitaram somente os 39 livros do AT hebraico, em vez do AT expandido encontrado na *LXX*. Esses livros adicionais (os apócrifos) também eram encontrados na *Vulgata*, a Bíblia principal da Igreja Ocidental (em latim) durante mais de mil anos antes da Reforma. As Bíblias da Igreja Católica Romana e das Igrejas Ortodoxas em geral ainda incluem os apócrifos, mas desde o concílio Vaticano II têm um nível menor de canonicidade, sendo chamados deuterocanônicos. Os protestantes, embora não neguem a utilidade desses livros, não os aceitam como Escrituras Sagradas canônicas. V. *apócrifos, livros — Antigo Testamento; apócrifos, livros — Novo Testamento.* — Bill Warren e Archie W. England

BÍBLIA, TRADUÇÕES DA O AT foi escrito em hebraico e aramaico e o NT em grego, as línguas tanto dos autores quanto do púlico-alvo dos livros em um primeiro momento. O todo ou parte da Bíblia já foi traduzido para mais de dois mil dialetos e línguas. O processo de tradução é contínuo no esforço de tornar a Palavra de Deus disponível a todos em línguas que todos puderem entender.

Primeiras Traduções O *Pentateuco samaritano* usado pela comunidade samaritana é uma forma de hebraico escrito em uma escrita diferente (caracteres samaritanos) da usada pela comunidade judaica posterior. As traduções aramaicas chamadas Targuns têm origem no período cristão e estão representadas nas descobertas de Qumran; mas os Targuns principais vieram mais tarde.

O AT foi traduzido para o grego por volta de 250 a.C. para a biblioteca real de Alexandria. Nomeada segundo os 70 tradutores que supostamente a fizeram, a *LXX*, embora judaica, veio a nós por canais cristãos. Traduções gregas posteriores foram feitas no período antigo por Áquila, Símaco e Teodócio.

A ênfase evangelística da igreja primitiva deu o impulso para que muitas traduções transmitissem o evangelho a povos em diversas áreas linguísticas do Império Romano. Antes de 400 d.C. a Bíblia já estava disponível em latim, siríaco, copta, etíope, armênio e geórgio. Os séculos seguintes testemunharam ainda outras traduções.

No Ocidente a igreja usou principalmente o latim depois do fim do séc. II, e traduções não oficiais foram feitas. No séc. IV, o papa Damaso I convidou Jerônimo para revisar as versões latinas correntes com base em manuscritos hebraicos e gregos. Jerônimo concluiu a nova tradução depois de 18 anos de trabalho em Belém. A tradução de Jerônimo passou a ser a Bíblia aceita, e por volta de 1200 d.C. foi chamada de *Vulgata*, a versão oficial da Igreja Católica Romana.

Traduções da Reforma A invenção da imprensa em 1443 e o começo da Reforma Protestante em 1517 estimularam grande interesse na tradução da Bíblia. A maioria das línguas modernas da Europa teve suas traduções impressas feitas nessa época: alemão, 1466; italiano, 1471; espanhol, 1478; e francês, 1487. Cada uma dessas áreas tem uma longa história de tradução de manuscritos antes da imprensa.

BÍBLIA, TRADUÇÕES DA

Traduções em Inglês Os esforços para verter as Escrituras para o inglês começaram com as paráfrases de Caedmon para o anglo-saxão (670 d.C.). Bede (735 d.C.) supostamente traduziu o evangelho de Jo, completando-o no último dia da sua vida. No entanto, John Wycliffe e seus associados são os que recebem o crédito por terem primeiramente dado aos ingleses a Bíblia completa na sua própria língua.

Erasmo foi o primeiro a imprimir o NT em 1516. Lutero fez sua tradução alemã em 1522-1524; e William Tyndale em 1525 publicou seu NT inglês — o primeiro NT impresso a circular na Inglaterra. Fazendo uso do material de Tyndale sempre que disponível, Miles Coverdale publicou a Bíblia completa em 1535.

A partir desse ponto a história da Reforma inglesa e a história da Bíblia inglesa andam lado a lado. A Bíblia de Coverdale foi seguida da Bíblia de Matthew em 1537. Aí em 1539 Coverdale, com a aprovação do rei, publicou a Grande Bíblia, nomeada assim em virtude de seu tamanho.

Com a ascensão de Maria Tudor ao trono em 1553, a imprensa de Bíblias foi temporariamente interrompida; mas os exilados em Genebra, liderados por William Whittingham, produziram a Bíblia de Genebra em 1560. Isso se mostrou particularmente popular, especialmente mais tarde com os puritanos. Matthew Parker, arcebispo de Cantuária, então mandou preparar a Bíblia dos Bispos, principalmente para os bispos da Igreja da Inglaterra, que passou por 20 edições. Os católicos romanos publicaram o NT de Rheims em 1582 e depois o AT em 1610. O período da rainha Isabel foi o tempo das maiores figuras literárias da Inglaterra.

Com a morte de Isabel e a ascensão ao trono do rei Tiago I, na Conferência da Corte em Hampton em janeiro de 1604, o rei aceitou a proposta de que fosse feita uma nova tradução. O resultado foi a *KJV*, de 1611. É o número nove na sequência de Bíblias inglesas impressas e é uma revisão da Bíblia dos Bispos. A *KJV* foi intensamente criticada nos seus primeiros dias; mas com o passar do tempo, e com pressão oficial, ganhou terreno e se tornou "a Bíblia" para o povo de fala inglesa — uma posição que ocupou por quase 400 anos. A *KJV* passou por muitas modificações, assim o livro que circula hoje difere da edição de 1611 em mais de 75 mil pontos.

Em 1850 muitas pessoas achavam que estava na hora de uma revisão. Uma moção feita pelo bispo Wilberforce na Convocação de Cantuária foi aprovada, colocando em movimento o preparo de uma Versão Revisada cujo NT apareceu em 1881 e a Bíblia completa em 1885. Os melhores estudiosos britânicos participaram da revisão, e estudiosos norte-americanos foram convidados para um papel limitado. Embora lançada com grande publicidade, a revisão acabou provocando severas críticas. Com o passar do tempo ficou óbvio que as pessoas ainda preferiam a *KJV*. A edição revisada era mais acurada; no entanto, o estilo era truncado.

Os norte-americanos esperaram pelos 15 anos que tinham prometido até publicar uma revisão concorrente. A *ASRV* foi publicada em 1901 com as preferências norte-americanas no texto e as britânicas em um apêndice. Era mais acurada que a *KJV*, mas os revisores cometeram o erro de usar um estilo inglês que não é o inglês nativo de nenhuma época. Na busca de uma tradução literal, produziram uma versão inglesa, mas com a gramática e a ordem de palavras grega e hebraica.

Traduções inglesas da Bíblia no séc. XX Na virada do século, Adolf Deissmann, usando o estudo dos papiros do Egito, convenceu os estudiosos de que o NT Grego era escrito na linguagem comum (coiné) do séc. I, dando impulso aos esforços de apresentar a Bíblia na linguagem do séc. XX. Acompanhando esse desdobramento veio o surgimento das descobertas arqueológicas que forneceram novos manuscritos tanto do AT quanto do NT. A coleção da Genizá do Cairo de manuscritos hebraicos foi encontrada no fim do séc. XIX, e os rolos do mar Morto em 1947. Talvez 25 manuscritos gregos do NT tenham sido usados em 1611. Agora mais de 5.400 são conhecidos. Mais dos manuscritos unciais (309) estavam disponíveis aos tradutores do séc. XX. Os manuscritos dos papiros (115), em sua maioria encontrados no séc. XX, são as mais antigas fontes que restaram do texto do NT. Obteve-se um conhecimento mais amplo da natureza das línguas bíblicas e outras línguas relacionadas, resultando em definições mais precisas. Novos dicionários, gramáticas e antologias eruditas de textos resultaram desses desdobramentos.

Além dessas questões está o fato de que as línguas modernas mudam constantemente, assim que o que é compreensível em um período se torna menos compreensível em outro.

A teoria da tradução se tornou um fator importante na tradução da Bíblia na segunda metade do séc. XX. Os extremos são a paráfrase e o literalismo engessado, palavra por palavra. Entre os extremos, uma escolha é a "equivalência formal", na qual o objetivo é encontrar um equivalente formal para as palavras do texto traduzido. Defensores desse método sugerem que é necessário a fim de que o leitor saiba o que as Escrituras dizem, e alguns enxergam dizendo que há implicações teológicas segundo as quais, se as palavras das Escrituras são as palavras de Deus, elas não devem ser modificadas mais do que é inevitável. Todas as traduções podem envolver alguma interpretação, mas a interpretação não é o trabalho do tradutor. Outra escolha é a "equivalência dinâmica", em que a prioridade é transmitir de forma eficaz as ideias do texto sendo traduzido. Os apoiadores desse ponto de vista sugerem que a tradução deva se comunicar com o leitor da forma mais eficaz possível assim como o texto original fazia com seus leitores, e que traduzir "significado por significado" é necessário para atingir esse alvo. A maioria das traduções anteriores era do grupo da equivalência formal, incluindo a *KJV*, a *ASV* e a *RSV*. Diversas traduções recentes se encaixam na segunda categoria. Notavelmente a *NEB* (1961) e sua revisão, a *REB* (1989), a *NIV* (1978), a *GNB* (1976), a *JB* (1966) e sua revisão profunda, a *NJB* (1985) e a *NLT* (1996) são traduções de equivalência dinâmica. A *NASB* (1971) e sua importante revisão, a *NASU* (1995), a *KJ II* (1971), a *NKJV* 1982) e a *NRSV* (1989) pertencem ao grupo da equivalência formal.

A primeira metade do séc. XX testemunhou uma leva de traduções que abandonaram os esforços de revisão da *KJV* e tentaram refletir as novas tendências, cada uma do seu próprio ponto de vista. Tiveram aceitação limitada em alguns círculos, enquanto eram criticadas em outros. Algumas eram obras de grupos, enquanto outras foram preparadas por uma pessoa; nenhuma ameaçou seriamente o domínio da *KJV*.

A *RSV*, com seu NT pronto em 1946 e a Bíblia completa em 1952, suportou o ataque da crítica das traduções modernas porque foi o primeiro desafio sério, depois de 1901, ao longo domínio da *KJV*. Manteve as formas do inglês antigo nos textos litúrgicos e poéticos, bem como usou pronomes do inglês antigo no discurso direto com a Divindade. A certa altura foi preparada uma edição com modificações para torná-la aceitável para o uso dos ortodoxos gregos e dos católicos romanos que é chamada de "Common Bible", a "Bíblia Comum".

A *NRSV* apareceu em 1989. Liderada por Bruce Metzger, a tradução buscou manter tudo que há de melhor na Bíblia inglesa e tornar a linguagem o mais acurada e clara possível. Significativamente diferente da *RSV*, a *NRSV* eliminou pronomes arcaicos e é tanto digna quanto de fácil compreensão. Foi sancionada para a leitura pública e particular pelo National Council of Churches [Concílio Nacional de Igrejas].

Os britânicos prepararam a *NEB* (1970) que representa certas tendências da erudição bíblica britânica. O leitor norte-americano verá diferenças entre o inglês britânico e o inglês norte-americano. Uma revisão, a *REB* (1989), foi fortemente orientada pela equivalência dinâmica na tradução e mantém muitos coloquialismos britânicos, como era o caso de sua predecessora.

Os católicos romanos publicaram a *JB*, que com suas notas é usada tanto em círculos católicos quanto fora deles. Em 1985, foi publicada uma revisão profunda, a *NJB*. Ainda mais fluente e compreensível que sua predecessora, é usada amplamente. De influência mais difundida é a *NAB* (1970), usada no preparo da versão inglesa da liturgia da igreja romana. Embora faça algumas concessões, suas notas dão sustentação à doutrina católica.

A comunidade judaica publicou a tradução da New Jewish Publication Society, o *Tanakh* (1962-1982). Essa tradução segue o Texto Massorético na maior parte, é de fácil leitura e está entre as melhores traduções da Bíblia Hebraica.

A *LB* (1971, *LB*), por Kenneth N. Taylor, é uma paráfrase da Bíblia, baseada na *ASV* (1901). Extremamente popular nos seus primeiros anos, mas de qualidade irregular, tem sido muito criticada. O dr. Taylor admite francamente que ela não é um substituto para as traduções bíblicas. Sua sucessora é uma tradução de equivalência dinâmica das línguas originais, a *NLT* (1996), com o alvo duplo de confiabilidade e leitura agradável. A *NLT* é o produto de um grupo grande de estudiosos transdenominacionais e tende à linguagem inclusiva.

Os que preferem a tradução literal encontraram seu representante na *NASB* preparada pela Lockman Foundation (1971). Uma tentativa de dar vida nova à *ASV*, esse esforço remove muitos arcaísmos da *ASV*; reflete juízos diferentes de questões textuais da *ASV*, e representa em itálico as palavras que não estão no texto original, mas foram acrescentadas pelos tradutores para maior clareza, como o fazia a *KJV*. A *NASB* foi revisada de forma significativa na *NASU* (1995). Pronomes arcaicos foram removidos e a facilidade de leitura foi grandemente melhorada sem sacrificar a acurácia. A *NASU* eliminou muitas das objeções comuns à *NASB* e não tem concorrentes como a tradução inglesa mais acurada da Bíblia. Uma tentativa de preservar o máximo possível o tom antigo é a *NKJB* (1982). Esse é um "meio termo" para os que sabem que algo precisa substituir a *KJV*, mas não estão dispostos a ter uma tradução que represente o estado atual do conhecimento e use a linguagem corrente.

Um esforço de suprir as necessidades dos que usam o inglês como segunda língua ou dos que têm conhecimento limitado da língua inglesa é a *TEV*, também conhecida como a *Good News Bible* (1976). Reformulação da linguagem, consolidação de afirmações e paráfrase foram empregadas na tentativa de tornar a mensagem suficientemente simples para ser compreendida pelo leitor.

A *NIV* foi publicada em 1978 pela International Bible Society com base em um projeto cooperativo do qual participaram mais de 110 estudiosos representando 34 grupos religiosos distintos. Abandonando qualquer esforço de revisar a linhagem *KJV* de Bíblias, a *NIV* é uma nova tradução tendo como alvo a acurácia, a clareza e a dignidade. Tenta encontrar um meio termo entre a literalidade e a paráfrase enquanto atinge um estilo contemporâneo para o leitor inglês, mas nem sempre tem êxito, tendendo claramente à equivalência dinâmica e contendo muitos coloquialismos.

O NT de uma nova tradução, a *HCSB*, foi publicado em 2000. O AT ficou pronto em 2004. Essa tradução tem como critério a "equivalência ideal", usando a equivalência formal exceto quando um equivalente formal não pode ser facilmente compreendido, tendendo nesses casos à equivalência dinâmica. Traduzida dos textos críticos do AT e NT, é facilmente compreensível, digna, fiel à Palavra de Deus e acurada. Sua ampla distribuição indica que se tornou muito popular. A *HCSB* responde a muitas das objeções comuns às traduções da equivalência formal.

A *ESV* é essencialmente uma tradução literal publicada em 2001. Enfatiza a "correspondência palavra-por-palavra", mas também a leitura agradável. Foi preparada para a leitura e o estudo profundo pessoal bem como para a memorização dos textos bíblicos e o culto público.

Eugene Peterson completou sua tradução de *TM* (2002). É uma paráfrase da linguagem contemporânea preparada para expressar uma mensagem pessoal ao leitor. É fruto do seu trabalho como pastor. Não tem a intenção de substituir as traduções mais literais, mas é para o cristão novo e para aqueles que precisam de um toque mais moderno, ajudando a melhorar sua compreensão. — *Jack P. Lewis e Charles W. Draper**

---

* A título de informação complementar, listamos a seguir as principais traduções da Bíblia em língua portuguesa no Brasil até a data de publicação desta obra de acordo com e adaptado do histórico disponível em <http://www.sbb.org.br/interna.asp?areaID=50>, acesso em 15 de junho de 2015:

JFA (*João Ferreira de Almeida*) em 1819, primeira impressão da Bíblia completa em português, em um único volume. Em 1898, foi feita uma revisão da versão de João Ferreira de Almeida, que recebeu o nome de *Revista e Corrigida*, 1ª edição (*ARC*). Em 1917 surge a *VB* (*Versão Brasileira*), elaborada a partir dos originais durante 15 anos por uma comissão de especialistas e sob a consultoria de alguns ilustres brasileiros, entre eles Rui Barbosa, José Veríssimo e Heráclito Graça.

ARA (*Almeida Revista e Atualizada*), a partir da versão de João Ferreira de Almeida e elaborada pela SBB (Sociedade Bíblica do Brasil) em 1956. Em 1990, surge a *AEC* (*Almeida Edição Contemporânea*), uma combinação entre *ARC* e *ARA*, com o propósito de tornar a leitura mais acessível para o leitor, editada

BÍBLICA, TEOLOGIA Discussão a respeito do que a Bíblia ensina sobre Deus e seu relacionamento com os seres humanos e o restante da criação. A teologia bíblica existe desde que a Bíblia foi escrita. Em Dt 1—11, p. ex., Moisés descreve e interpreta os atos passados de Deus a favor de Israel, registrados em Êx—Nm, mesmo apresentando mais elementos da revelação divina. Samuel interpreta teologicamente o passado de Israel em 1Sm 8—12, e Estêvão faz o mesmo em At 7. A lista de exemplos poderia ser aumentada.

---

por Editora Vida. E em 2008 é feita mais uma revisão da tradução de João Ferreira de Almeida, em conferência com os textos gregos e hebraicos e de linguagem tradicional, mas mais acessível, chamada *Almeida Século 21* (*A21*) pela Editora Vida Nova.

No lado católico romano, em 1959, a Editora Ave Maria publica a *BSAV* (*Bíblia Sagrada Ave-Maria*) e em 1981 a Paulus publica a *Bíblia de Jerusalém* (*BJ*).

No mesmo ano, a editora evangélica Mundo Cristão lança no mercado brasileiro a *Bíblia Viva* (*BV*) que foi a primeira edição brasileira da Bíblia Sagrada a contar com linguagem simplificada e de fácil compreensão, concebida de acordo com os princípios de tradução que serviram de base para a pioneira *Living Bible* (*LB*, EUA, 1971).

Buscando uma proximidade entre o texto e o leitor, a Sociedade Bíblica do Brasil publica em 1988 a *Bíblia na Linguagem de Hoje* (*BLH*), elaborada no Brasil a partir dos originais. Em 2000 é publicada a *Nova Tradução na Linguagem de Hoje* (*NTLH*).

Em 2001, Editora Vida e Sociedade Bíblica Internacional publicam a *Nova Versão Internacional* (*NVI*) que, seguindo os parâmetros de tradução da *NIV* (*New International Version*), é feita por uma comissão de tradutores composta de estudiosos brasileiros que visam a acuidade da tradução a partir dos melhores textos nas línguas originais.

No ano seguinte, a CNBB publica a sua tradução oficial do texto sagrado (*BCNBB*) e em 2002, a Paulus lança a *Bíblia do Peregrino* (*BP*), tradução de Luís Alonso Schökel.

Em 2010 a Editora Vida publica a *Bíblia Judaica Completa* (*BJC*), uma versão do texto bíblico que segue o padrão de tradução e organização mais literal dos textos nas línguas originais e voltada para um público que busca e estuda as raízes judaicas tanto do Antigo quanto no Novo Testamentos.

Mais uma vez inovando na forma de apresentar o texto bíblico, a Editora Vida lança em 2011 *A Mensagem* (*AM*), bíblia em linguagem contemporânea traduzida por Eugene Peterson, uma mistura entre tradução e paráfrase do texto bíblico. [N. do E.]

Ainda que a teologia bíblica tenha se originado nos tempos bíblicos, suas origens acadêmicas formais são geralmente traçadas em 1787, quando Johann Philipp Gabler afirmou a necessidade da teologia bíblica para formar o contraponto à teologia sistemática, de modo que a doutrina adotada pela igreja não predeterminasse o significado dos textos bíblicos. Essa declaração iniciou a prática de definir a teologia bíblica ao contrastá-la com a teologia sistemática, a teologia histórica e a teologia pastoral. Esse método de definição da teologia bíblica, de modo geral, segue linhas similares. Considerando que a teologia sistemática usa tanto categorias extraídas da filosofia como da Bíblia, a teologia bíblica usa categorias extraídas apenas das Escrituras. A teologia histórica traça o desenvolvimento histórico das doutrinas, mas a teologia bíblica descreve os elementos reais dessas doutrinas. A teologia pastoral aplica o conteúdo da Bíblia, ao passo que a teologia bíblica os descreve, e assim por diante.

Entretanto, essas distinções nem sempre são úteis, pois a teologia bíblica precisa organizar seu material. Os cristãos lutam com a teologia da Bíblia no decorrer da História da Igreja, e a pesquisa teológica deve ajudar o ministério da igreja. De igual maneira, a teologia bíblica tem o potencial de auxiliar a teologia sistemática ao prover dados bíblicos acurados e ajudar a teologia pastoral ao fornecer dados bíblica e pastoralmente saudáveis. Quando praticada de modo apropriado, a teologia bíblica trabalha em conjunto com outras disciplinas teológicas, não em contraste com elas.

Princípios fundamentais Por extrair seu material principal da Bíblia, a teologia bíblica assegura alguns princípios fundamentais.

Primeiro, Sl 19.7-11 declara que "a lei do Senhor é perfeita", suas ordenanças são "verdadeiras" e "todas elas (= as ordenanças) são justas". Paulo resume sua opinião a respeito das Escrituras (escritos sagrados) ao declarar: "Toda a Escritura é inspirada por Deus e útil para o ensino, para a repreensão, para a correção e para a instrução na justiça" (2Tm 3.16). Portanto, a Bíblia declara-se inspirada por Deus — uma palavra escrita para ser preservada em caráter permanente e, como resultado, é detentora de autoridade e útil para a vida piedosa geração após geração.

Segundo, a Bíblia reflete o caráter daquele cuja palavra reporta. O texto de Dt 6.4-9 declara que "o Senhor, o nosso Deus, é o único Senhor", ou seja, uma pessoa ímpar, íntegra. Como Jesus declarou: "a Escritura não pode ser anulada" (Jo 10.35). Além disso, considerando que Deus não mente (Hb 6.18), sua palavra unificada é confiável.

Terceiro, a Bíblia revela uma ordem particular refletida em Lc 24.44, quando Jesus ensinou a dois dos seus discípulos as coisas escritas a respeito dele na Lei, nos Profetas e nos Salmos. Esta ordem segue a sequência geralmente aceita pelo judaísmo de Israel no séc. I, e é refletida no próprio AT (Js 1.1-9; Sl 1). O NT também apresenta claramente três segmentos, os Evangelhos e At, as epístolas paulinas e gerais, e o Ap. Logo, a teologia bíblica tem uma ordem clara a partir da qual se pode trabalhar, evidente no texto das Escrituras.

Quarto, Deus trabalha na História para redimir os seres humanos, logo, a História humana tem significado. Esse fato é evidente em passagens como Sl 78, 89 e 104 a 106, que apresentam os atos passados de Deus. É também evidente em vários livros bíblicos que dão destaque à história de Israel e da Igreja.

Quinto, a vida, morte, ressurreição e segunda vinda de Jesus Cristo são o coração literário e temático da Bíblia. A obra salvadora de Deus na história culmina nestes atos.

Sexto, o povo de Deus é redimido pelo Senhor e existe para glorificá-lo no mundo por ser um povo santo (Êx 19.5,6; 1Pe 2.5-9).

Sétimo, na unidade da Bíblia, há uma diversidade óbvia. Mas essa diversidade opera em caráter complementar, não em contradição.

Metodologia Mesmo que alguém aceite esses princípios fundamentais, a Bíblia não declara exatamente como se relatar o que ela própria diz a respeito de Deus e seu relacionamento com a raça humana. Por conseguinte, os estudiosos sustentam abordagens diferentes a respeito da teologia bíblica. Alguns buscam um tema central e unificador da mensagem das Escrituras, como a Criação, a aliança, o Reino, a salvação ou a história da redenção, a promessa messiânica, o Evangelho, a nova criação, a presença de Deus ou algum outro conceito bíblico importante. A partir daí, o tema escolhido é usado para integrar ideias relacionadas. Outros ordenam o estudo ao examinar as principais eras na Bíblia e os temas que a partir daí surgem. Outros ainda se concentram na pregação evangélica do NT, e como essa mensagem unifica os grandes temas bíblicos. Cada um desses métodos é válido de alguma maneira, e todos contribuem para a compreensão da teologia bíblica.

A descrição da teologia bíblica que será apresentada a seguir utiliza a ordem da Bíblia, os temas principais e as eras históricas para apresentar seus pontos. Também realça o caráter de Deus. Essa abordagem, talvez eclética em alguns pontos, tenta usar os melhores elementos que já provaram sua validade nas últimas décadas.

Teologia bíblica: A Lei (Gn-Dt) O livro de Gn tem início com a declaração de que Deus, não deuses, criou os céus e a terra. Essa alegação do Deus criador de tudo separa a Bíblia de todos os outros relatos antigos da criação, arautos de teologias politeístas. O Deus soberano governa a tudo e a todos, inclusive os seres humanos, feitos à sua imagem — estes devem governar a terra como seus representantes (Gn 1.26-31). Deus coloca o homem e a mulher em um jardim, estabelece um relacionamento com eles, ordena-lhes que não comam do fruto de duas árvores em particular e os coloca em um relacionamento de compromisso um com o outro (Gn 2.4-25). Infelizmente, a mulher e o homem creram na palavra da serpente, não na de Deus. Devido à essa falta de fé no Criador e em sua palavra, pecaram ao comer do fruto proibido (Gn 3.7-13). Isso produziu também consequências específicas, como a sensação de dor no parto e mudanças no relacionamento entre o homem e a mulher, além de dor no trabalho do homem (3.14-19). No entanto, nem tudo está perdido, pois Deus revelou que uma criança nasceria no futuro e derrotaria a serpente, além de prometer proteção para o homem e a mulher (3.15, 20-24). De muitas formas o restante da Bíblia trabalha a partir desses temas básicos. O Criador trabalha para redimir a humanidade pecaminosa que não confia nele. Somente por meio da obra redentora de Deus os seres humanos podem recuperar o relacionamento que perderam com o próprio Deus e com o próximo.

Como o pecado se disseminou sobre a terra, desde os primeiros seres humanos aos seus filhos, e assim sucessivamente, geração após geração, o Criador resolveu destruir a criação por meio da água, preservando apenas Noé e sua família (4.1-8.19). Logo, o Criador e Libertador é também o Juiz da criação. Mas esse Juiz também está determinado a redimir. Por isso, estabelece com Noé e com o restante da raça humana, uma aliança, um acordo que une duas partes, uma grande e uma pequena, o que inclui responsabilidades, benefícios e consequências, para não destruir a terra por meio da água outra vez. Essa aliança é importante em si mesma, mas ainda mais importante é que pela primeira vez se estabelece um relacionamento dessa natureza entre Deus e a humanidade.

Em Gn 12.1-9 há outra aliança essencial feita por Deus, quando prometeu a Abrão uma grande descendência, e que seus descendentes receberiam Canaã como possessão, e que o mundo inteiro seria abençoado por seu intermédio. O Criador determinou ajudar toda a humanidade pecadora por intermédio da família de Abrão, que se tornou o povo judeu. Abrão, que mais tarde teve o nome mudado para Abraão, foi contado como justificado por causa de sua fé (15.6) e viveu de maneira fiel, ainda que imperfeita, devido ao relacionamento com Deus.

Após séculos, a família cresceu e se tornou uma nação de refugiados no Egito. Ali foram escravizados (Êx 1-4). Deus determinou libertá-los da escravidão mediante grandes milagres realizados por Moisés. Esse "êxodo" (Êx 5-18) demonstrou o poder de Deus sobre a criação, um testemunho de Deus ao Egito, a fidelidade divina às promessas feitas a Abraão e o desejo divino de libertar seu povo. Um grupo racial misto (Êx 12.38), o povo escolhido, rumou para o monte Sinai, no qual Deus revelou outra aliança, por intermédio de Moisés. O propósito dessa aliança era fazer de Israel "um reino de sacerdotes e uma nação santa" (Êx 19.5,6).

Essa aliança estava claramente baseada em um relacionamento já existente; a aliança não criou um relacionamento entre Deus e Israel. Somente a fé pode criar o relacionamento com Deus (Gn 15.6). A aliança tinha a intenção de refletir o relacionamento entre Deus e Israel de modo que um Reino de sacerdotes pudesse ministrar ao mundo criado por Deus e, assim, abençoar todas as nações por intermédio de Abraão (Gn 12.1-9). Toda Lei da aliança mosaica tinha o propósito de fazer de Israel uma nação diferenciada, para glorificar a Deus por meio da própria criação. Lamentavelmente, a nação que não muito antes havia sido libertada, não foi fiel nem no começo de sua história (Êx 32-324), então a graça e a misericórdia de Deus (Êx 34.6,7) o compeliram a julgar com o propósito de redimir.

Essa aliança expressava altos padrões, mas mesmo assim entendia que o povo pecava. Por isso, a aliança incluía o perdão para o pecado, com base em sacrifícios e orações (Lv 1-7; 16). Esses sacrifícios eram anuais, ocasionais ou diários. Não eram permanentes. Mesmo assim, eram eficientes (4.26,31; 16.21,22). Deus incluiu na aliança leis que regulamentavam uma sociedade justa, bondosa e protetora (Lv 11—15; 17—27).

A despeito de tudo que Deus fez por Israel, a nação não creu nele o suficiente para entrar na terra prometida quando recebeu ordens para fazê-lo (Nm 14.11,12). A descrença permaneceu como raiz do pecado. Por isso, Deus julgou a geração incipiente e deu a terra aos filhos deles (Nm 15-36). Renovou e expandiu a aliança com a nova geração, estabelecendo padrões para o povo, para os reis e para os profetas (Dt 1—12; 17.14-20; 18.15-22). Como ponto principal da aliança, Deus ofereceu ao povo a escolha entre benefícios ou punições, vida ou morte (Dt 27; 28). A punição suprema era a perda da terra prometida. Se Deus enviasse essa punição, o povo ainda encontraria renovação mediante o arrependimento do pecado e retorno ao Senhor (Dt 30.1-10). A graça continuou a caracterizar a obra de Deus, e o amor foi o motivo dessa obra divina para com Israel, e sua resposta para ele (Dt 6-7).

Teologia bíblica: Os Profetas A Bíblia Hebraica divide os Profetas em Anteriores e Posteriores. Os livros de Js—Rs formam os Profetas Anteriores, e os livros Is—Ml formam os Posteriores. O texto de Js reconta a dádiva da terra prometida aos descendentes de Abraão, como prometido por Deus séculos antes, enquanto o livro de Jz demonstra como Israel se afastou dos princípios da aliança, e o que Deus fez para restaurar o povo. Os livros de 1 e 2Sm enfatizam o surgimento da monarquia israelita. O foco particular é a lenta ascensão de Davi ao poder e os subsequentes sucessos e fracassos. Nesse momento a Bíblia inicia um longo processo de mostrar se o Reino de Deus está ou não visível no mundo.

Mais importante ainda, 2Sm 7.1-17 relata a aliança de Deus com Davi. Deus prometeu que o filho de Davi, Salomão, seria seu sucessor, e que esse filho construiria um templo, e que o Reino de Davi seria permanente. Essa promessa final aponta para passagens proféticas futuras a respeito do Salvador vindouro, o messias, o Ungido de Deus. Desse modo, o filho mencionado em Gn 3.15 surgiria da linhagem de Abraão e de Davi, abençoando a todas as nações e provendo a Davi o reino sem fim. Essa promessa a Davi se tornou difícil de entender quando a nação se dividiu em 930 a.C., e foi separada nos anos 722 e 587 a.C.

O texto de Is 1—12 enfatiza o padrão de Israel de quebra da aliança e a resposta dupla de Deus a esse pecado. Deus enviará o herdeiro davídico para ser o salvador de Israel e líder justo, e punirá todo pecado no dia do juízo, chamado "o Dia do Senhor", nesta passagem, e em várias outras. Em Is 40—55 há o servo do Senhor que ministra a Israel, servo de Deus, e às nações (42.1-9; 49.1-7). Ele morrerá pelos pecados do povo, justificará a muitos, e repartirá os despojos após sua morte (52.13—53.12). Dessa maneira, tratará dos pecados de Israel e das nações. No fim dos tempos, o Senhor derrotará a morte (25.6-12), criará um novo céu e uma nova terra (65.17-25) e julgará os ímpios (66.18-24).

Os livros de Jr e Ez concordam com as declarações de Isaías a respeito do Messias, de Israel e dos pecados da nação. Também realçam os atos futuros de Deus. Jeremias fala sobre a "nova aliança", quando todos conhecerão o Senhor e terão a lei escrita diretamente no coração. O problema da antiga aliança foi a desobediência por parte do povo, e não que Deus tenha falhado de alguma maneira (31.31-34). Na nova aliança Deus finalmente terá um parceiro fiel. O texto de Ez declara que Deus mudará o coração do povo de Israel ao derramar seu Espírito (36.22-32). Mais uma vez, não haverá parceiros infiéis na aliança. Ezequiel vislumbra uma grande nova Jerusalém, na qual o Senhor vive com seu povo, na qual o pecado está ausente (40-48).

Conquanto também concordem com o conceito do Messias e do futuro glorioso, os Profetas Menores enfatizam a ameaça do juízo, a necessidade de arrependimento e os muitos meios pelos quais o julgamento vindicará os justos e punirá os ímpios. O Dia do Senhor é um tema constante; mesmo depois da destruição de Israel, os livros enfatizam a renovação de Jerusalém e a vinda do Salvador. Esses livros terminam com Ml prometendo a vinda de um novo Elias para preparar o povo para o Dia do Senhor.

Teologia Bíblica: Os Escritos Essa seção do AT apresenta a vida vivida à luz da história e da teologia da aliança, que fora introduzida nas duas seções anteriores. O livro de Sl, p. ex., oferece modos teologicamente orientados para a adoração em meio à história de Israel. Jó e Pv explicam sobre como viver com sabedoria em circunstâncias extremas e normais, e assim o fazem Rt, Ec, Et e Dn. Os livros de Ed, Ne e 1 e 2Cr demonstram a determinação divina de restaurar Israel à terra antes da vinda do Messias. Cada livro contribui com exemplos sobre como servir (ou não) a Deus em meio ao sofrimento, julgamento ou renovação.

Esses livros também contribuem para a promessa messiânica. O livro dos Sl, em particular, declara que o herdeiro davídico governará as nações (2; 110), vencerá a morte (16) e será rejeitado por muitos (118.22). O texto de Dn 7.13,14 descreve "alguém semelhante a um filho de homem" a quem Deus entrega os reinos do mundo, e essa figura compartilha seu Reino com os santos.

Nos dias do NT, o AT era considerado palavra de Deus. Os que criam em Deus e o serviam não duvidavam de sua autoridade ao viverem mesmo que o interpretassem de modo equivocado. Qualquer texto que se candidatasse à posição de texto das Escrituras deveria provar estar em igualdade com o AT, não o contrário.

Teologia Bíblica: Evangelhos e Atos Os Evangelhos e At proclamam a vinda do Messias prometido. Jesus de Nazaré, descendente de Davi (Mt 1.1-17) e de Adão (Lc 3.23-38; Gn 3.15), é o Messias prometido do AT. Sua manifestação indica que "o Reino de Deus está próximo" (Mc 1.15), o que significa que o Dia do Senhor, o dia em que Deus vai julgar, chegou. Os crentes nele estão protegidos da ira vindoura (Mt 3.1-12; Mc 1.14,15) e os que não esperam nele devem temer o julgamento (Mt 24: Mc 13). Ele é o novo Moisés (Mt 5—7), o Filho do homem a quem Deus dá o Reino (Mc 14.62) e o Servo que morre pelo povo (Mt 25.57; Lc 22.37). Ele é o Criador e a Palavra de Deus (Jo 1.1-18) e, portanto, é Deus. Sua vida e seus ensinamentos afirmam e complementam a Lei (Mt 5.17-20), ainda que deixem de lado os seus sacrifícios (Mt 27.51) e as regulamentações da Lei (Mc 7.19).

Sua morte é o coração da mensagem da Bíblia e seu significado é a instituição da nova aliança com o novo povo de Deus (Lc 22.14-23). Sua ressurreição dos mortos significa que ele é o Senhor (Jo 20.18). Em resumo, ele cumpre as predições específicas das Escrituras e os padrões amplos do Messias. Também ensina como se pode cumprir a vontade de Deus e glorificá-lo na terra. Seu último mandamento aos discípulos foi ir a toda a terra com a mensagem que aprenderam (Mt 28.16-20). Dessa maneira toda a terra será abençoada por intermédio de Abraão.

Quando João Batista, Jesus e a igreja primitiva pregaram e ensinaram esses temas, deram ao conjunto do ensinamento o nome de "Evangelho". Os detalhes da expansão ou contração do Evangelho dependem da intensidade do conhecimento das promessas e mandamentos da Bíblia por parte do público (cf. At 2.14-41; 7.2-53; 13.13-48; 17.22-34), ainda que a ressurreição seja o elemento de unificação dos sermões. Para os primeiros cristãos a pregação do Evangelho significou que os grandes temas do AT estavam relacionados com a vida, os ensinos, a morte, a ressurreição e o serviço de Jesus Cristo.

O livro de At apresenta Paulo aos leitores, o apóstolo-missionário que domina a próxima seção do NT. Um convertido do judaísmo farisaico, Paulo se torna a força seminal no cristianismo primitivo, em especialmente para as igrejas gentias. Sua pregação e seu ensino do Evangelho foram os textos mais influentes na igreja até o tempo presente.

Teologia Bíblica: As Epístolas Paulinas
O ministério de Paulo durou bastante tempo e foi diversificado o suficiente para que suas epístolas sejam de difícil sistematização. No entanto, de acordo com a finalidade deste verbete, seus escritos serão divididos em cartas que lidam com problemas específicos da igreja, cartas de natureza mais introdutória ou geral, e cartas que lidam com a organização e a ordem da igreja.

As epístolas gerais e introdutórias apresentam seu entendimento do Evangelho. Em Rm ele enfatiza que as pessoas se tornam retas diante de Deus (são justificadas) do mesmo modo como Abraão o foi — pela fé (Rm 1—4; Gn 15.6). Como pessoas de fé, vivem para glorificar a Deus (Rm 5-8). Esse estilo de vida reflete os dons de Deus aos seres humanos e resulta no testemunho piedoso ao mundo (Rm 12—16). De modo semelhante, em Ef Paulo destaca que Deus, o Criador, planejou a salvação dos crentes em Cristo desde a fundação do mundo, e selou essa salvação com o Espírito Santo (1.3-14; Ez 36.22-32). Deus colocou toda a criação sob a autoridade de Jesus (1.15-22). A salvação é pela graça por meio da fé, um presente da parte de Deus, de modo que ninguém se vanglorie. Deus salvou os cristãos para que pratiquem boas obras. Ele as preparou para que eles as realizassem, e ao mesmo tempo, planejou a salvação deles — no princípio dos tempos (2.1-10). Judeus e gentios compartilham essa salvação, para que dessa maneira Deus, o Criador, seja adorado e servido em todo o mundo (2.11-22). A igreja, o povo de Deus, demonstra a sabedoria divina no mundo (3.1-13), pois seus membros têm os dons de Cristo (4.1-16), a nova vida (4.17-32) e uma nova ordem para viver neste mundo pecaminoso (5.1—6.24). Para Paulo o Evangelho significa que Cristo é o Criador (Cl 1.15-20; Jo 1.1-18) e que a salvação realizada por Cristo transforma as pessoas em testemunhas do Reino de Deus.

As cartas de Paulo às igrejas com problemas também proporcionam conexões com a teologia bíblica. Ao se dirigir aos gálatas, p. ex., ele ensina que ninguém pode ser salvo pela prática das "obras da Lei", porque a Bíblia ensina que a salvação é pela fé (Gl 3-4; Gn 15.6). Dizer o contrário colocaria a Lei e os Profetas contra os ensinos deles. Quando corrige os coríntios, enfatiza a ceia do Senhor como o culto da nova aliança (1Co 11.17-34) e a realidade da ressurreição como o coração do Evangelho (1Co 15). Quando corrige as compreensões erradas dos tessalonicenses a respeito do juízo final, assegura a vinda de Cristo e o Dia do Senhor (1Ts 5.1-11). Paulo defende de modo contundente a validade do AT para os cristãos (Rm 7.1-12; 1Co 10.1-13), mesmo quando corrige concepções errôneas a respeito do que a lei ensina ou não, e examina a fidelidade cristã que flui da fé em Cristo (Rm 1.16,17).

As cartas de Paulo aos companheiros de ministério sobre a organização das igrejas, realça a necessidade da doutrina saudável. Falsos mestres se levantarão e perverterão o significado verdadeiro da Lei (1Tm 1.3-11), e nos últimos dias falsos mestres encontrarão quem os ouça (2Tm 3.1-10). Por isso, os mestres devem guardar o depósito da verdadeira doutrina até o Dia do Senhor (2Tm 1.3-18). Esse depósito é encontrado na palavra inspirada de Deus, que Paulo chama de "toda a Escritura" (2Tm 3.14-17). É esse verdadeiro depósito que os líderes da igreja devem transmitir às gerações posteriores.

Teologia Bíblica: As Epístolas Gerais e o Apocalipse Todos esses textos foram dirigidos a igrejas sob perseguição, ou pelo menos, sob grande pressão. Por isso, os grandes temas da teologia bíblica são aplicados a circunstâncias difíceis.

O livro de Hb, p. ex., proclama a superioridade de Cristo aos grandes símbolos e às grandes verdades da antiga aliança. Cristo instituiu a nova aliança. Ele é maior que Moisés, maior que os anjos, maior que Arão, e maior que os sacrifícios do AT. De fato, sua morte foi o sacrifício final, aquele no qual todos os demais encontram cumprimento (Hb 1—10). Portanto, a igreja perseguida deve ter fé nele e viver a fé enquanto busca o Reino de Deus (Hb 11-13). Já Tg ensina que se deve considerar a perseguição como prova de fé (1.2-4) e insta os leitores a viverem a fé ativa porque "a fé, por si só, se não for acompanhada de obras, está morta" (2.14-26).

De modo semelhante, Pedro afirma aos leitores que eles são, como o antigo Israel, um reino de sacerdotes e uma nação santa (1Pe 2.5, 9; Êx 19.5,6). A igreja perseguida deve glorificar o Senhor até que venha o seu Dia (2Pe 3.1-13). Os leitores de Jo devem suportar as deserções de suas fileiras, e o apóstolo os ajuda a entender a necessidade de confissão de pecados, do amor de uma para com o outro, e a capacidade de perdoar um ao outro. O texto de Jd enfatiza a luta pela fé nos últimos dias.

O Ap conclui a Bíblia com uma nota triunfante. A igreja é perseguida (Ap 1-3), mas irá perseverar e triunfar. O julgamento está reservado para os ímpios (Ap 20), mas os que amam a Cristo, o Rei dos reis (19.16) irão habitar na nova Jerusalém prometida em Is, onde a morte e a tristeza já não mais existirão (Ap 21.1-27; Is 65.17-25; Ez 40—48).

Ao término do Ap, a Bíblia completou a jornada da criação à nova criação, a carreira possibilitada pela morte e ressurreição de Jesus Cristo, enviado para redimir homens e mulheres do juízo no Dia do Senhor. O Ap é uma apresentação pitoresca do Evangelho na teologia bíblica, mas é, de qualquer maneira, uma apresentação do Evangelho.

Conclusão A teologia bíblica prepara a unidade da Bíblia ao expor e juntar seus principais temas. Demonstra as muitas maneiras pelas quais os diversos livros e materiais são unidos pelo caráter de Deus — Pai, Filho e Espírito Santo. Sem negligência de meios, a Bíblia declara as obras divinas e aplica antigas verdades a novas situações; realça-se a completitude da revelação divina. — *Paul House*

BIBLIOTECA Coleção sistematicamente organizada de escritos. Uma biblioteca especial de registros oficiais chama-se arquivo. Muitas das bibliotecas antigas eram arquivos localizados em palácios ou templos.

Ainda que a Bíblia não utilize a palavra "biblioteca", há alusões indiretas à coleções de livros. A Bíblia em si é uma "biblioteca" e foi chamada assim em latim: *bibliotheca*. Só por volta do ano 300 d.C. todos os 66 livros foram publicados em um único volume

Material e forma dos livros antigos Os registros mais antigos, da Mesopotâmia, foram escritos usando-se a escrita cuneiforme em tabuinhas de argila, de tamanho variado, de 15 por 15 centímetros até 18 por 33 centímetros. Textos históricos maiores eram colocados em barris ou prismas de argila. Uma série de presságios exigia 71 tabuinhas para 8 mil linhas. Cada tabuinha, ao ser traduzida, equivaleria a poucas páginas em português, não a um livro completo.

O Egito deu ao mundo antigo o famoso papiro, feito da haste de um junco. Como esse material era importado para a Grécia através do porto fenício de Biblos, os gregos chamavam o livro de *biblos*. A palavra "Bíblia" é derivada do plural de *biblos*, *ta biblia*, "os livros". A palavra portuguesa biblioteca vem do grego *bibliotheke*, e significa um lugar para guardar livros. As folhas de papiro eram normalmente escritas apenas de um lado. Poderiam ser coladas uma à outra para formar um grande rolo (um papiro real egípcio poderia ter 30 metros de comprimento). Os rolos de papiros gregos eram em geral menores. Os livros maiores do NT, como Mt ou At, tomariam um rolo de 9 metros.

Os rolos do mar Morto da Palestina foram escritos em couro. O famoso rolo de Is tem mais de 7 metros de comprimento; o recentemente publicado rolo do Templo originariamente contava com mais de 8,5 metros de comprimento. No séc. II a.C., na cidade de Pérgamo, devido à falta de papiro, foi inventado o "pergaminho" (também chamado *vellum*) — uma pele de animal especialmente tratada, esticada até ficar translúcida.

Judeus e pagãos gregos e romanos utilizavam papiros e pergaminhos em forma de rolo. Os cristãos, talvez já no séc. I, começaram a usar o formato de códice, i.e., a encadernação de várias folhas de papiro ou pergaminho com o formato de "livro". Esse formato tinha muitas vantagens. Os dois lados das páginas poderiam ser usados; era mais compacto; e, acima de tudo, era mais fácil para encontrar as referências nas Escrituras. Quase todos os manuscritos antigos das Escrituras cristãs preservados no clima seco do Egito eram códices de papiro.

Quando Paulo esteve na prisão em Roma, solicitou "os livros, especialmente os pergaminhos" (Rm 4.13). Os livros eram provavelmente rolos do AT. Por outro lado, os pergaminhos eram provavelmente códices de pergaminhos, possivelmente suas anotações e cartas.

Arquivos e livrarias no tempo do Antigo Testamento Abraão veio da Mesopotâmia, que tinha uma tradição bem desenvolvida de livrarias e arquivos em palácios e templos. Desde 1974 cerca de 20 mil tabuinhas foram encontradas nos arquivos de Ebla, no norte da Síria, de tempos pré-abraâmicos. Muitas das 25 mil tabuinhas de Mari (1700 a.C.) e as 4 mil tabuinhas de Nuzi (1400 a.C.) ajudaram a iluminar o contexto dos patriarcas hebreus. Textos sumérios dentre as 20 mil tabuinhas de Nipur (antes de 1500 a.C.) e textos acádios dentre as 20 mil tabuinhas da famosa biblioteca de Assurbanípal, (entre 668-629 a.C.) em Nínive, providenciaram paralelos literários para as narrativas bíblicas. Um destes textos é o *Épico de Gilgamés*. Textos escritos em cinco manuscritos e sete línguas das bibliotecas de Ugarite lançaram muita luz sobre o pano de fundo religioso e literário dos cananeus. V. *arqueologia, e estudo bíblico*; *Assurbanípal*; *Ebla*; *Mari*; *Nuzi*; *Suméria*; *Ugarite*.

José e Moisés (At 7.22) tiveram acesso às bibliotecas reais do Egito. As escavações de Amarna descobriram um edifício com estantes para guardar rolos, com a inscrição "Lugar dos Registros do Palácio do Rei". Ramessés II (1292-1224 a.C.) tinha mais de 20 mil rolos, que sem dúvida incluíam obras médicas como os *Papiros Ebers*, textos literários como *O marinheiro naufragado* e textos mágicos como *O livro dos mortos*.

Salomão, com a fama de autor prolífico (1Rs 4.32), deve ter tido uma grande biblioteca. Era provavelmente nos arquivos do palácio que documentos como os "registros históricos dos reis de Israel" (1Rs 14.19) e os "registros históricos dos reis de Judá" (1Rs 14.29) estavam guardados. Textos sagrados eram guardados no templo (2Rs 23.2).

Sabe-se a partir da Bíblia que os reis persas mantinham arquivos cuidadosos (Ed 4.15; 5.17; 6.1). Assuero (Xerxes) teve um servo que lia as crônicas à noite para combater sua insônia (Et 6.1).

Em 1947 os rolos do mar Morto foram descobertos em jarros em cavernas perto de Qumran. Pertenciam originariamente à biblioteca do mosteiro essênio. Havia entre os rolos manuscritos de todos os livros do AT com exceção de Et, obras dos apócrifos e pseudepígrafos do AT, e composições sectárias como o *Manual de disciplina*, o *Rolo da Guerra* e o *Rolo do Templo*. Os arqueólogos recuperaram também uma mesa, uma cadeira e tinteiros do escritório com os quais os manuscritos eram copiados. V. *rolos do mar Morto*.

Bibliotecas gregas e romanas Os ditadores Pisístrato de Atenas e Polícrates de Samos, do ano 500 a.C., foram os primeiros gregos a formar bibliotecas. Indivíduos como Eurípedes, Platão e Aristóteles também tinham bibliotecas próprias. Alexandre, o Grande, tomou para si cópias de Homero, dos escritores trágicos gregos e de vários poetas.

A primeira biblioteca helenística pública foi concebida por Ptolomeu I em Alexandria (Egito), e depois estabelecida por Demétrio de Falerum (Atenas) no reinado de Ptolomeu II (285-247 a.C.). Esta se tornou a maior biblioteca do mundo antigo, com cerca de 700 mil rolos. O prédio principal estava na área do palácio com uma coleção secundária próxima do Serapeum. Muitos dos primeiros bibliotecários eram acadêmicos de destaque e críticos literários como Zenódoto de Éfeso, Apolônio de Rodes, Calímaco, o poeta, e Eratóstenes o geógrafo. Calímaco compilou um catálogo anotado, o *Pinakes*, em 120 rolos. É possível que

Apolo, um homem culto (At 18.24), possa ter feito uso dessa biblioteca famosa.

A segunda maior biblioteca helenística foi estabelecida em Pérgamo (Ap 1.11) por Eumenes II (197-158 a.C.). Arqueólogos identificaram um prédio próximo do templo de Atena como a biblioteca. Sequências de orifícios evidentemente abrigavam estantes para os rolos; inscrições em pedra identificaram bustos de autores. Antônio deu a Cleópatra seus 200 mil rolos no ano 41 a.C.

No séc. I a.C., romanos ricos como Cícero e Lúculo possuíam bibliotecas grandes em suas casas de campo. Escritores satíricos zombavam de homens como Trimálquio, que adquiriu livros, mas nunca os leu. Cerca de 1.800 papiros queimados foram recuperados da biblioteca de um homem rico em Herculano, sepultada por lava vulcânica da erupção do Vesúvio no ano 79 d.C.

César foi assassinado em 44 a.C. antes de poder construir a primeira biblioteca pública de Roma. Esta foi construída algum tempo depois do ano 39 a.C. por Asínio Pólio. Augusto construiu três bibliotecas públicas; Tibério construiu outra no templo de Augusto. Muitas bibliotecas romanas, como a famosa Biblioteca Ulpia de Trajano tinham coleções gregas e latinas.

O uso de bibliotecas O uso de arquivos e bibliotecas seria restrito a alfabetizados e, no caso de arquivos em palácios ou templos, a sacerdotes e escribas. Em Alalakh (1700 a.C.) há o registro de apenas sete escribas para a população de 3 mil habitantes.

Ainda que indivíduos poderosos como imperadores pudessem pegar livros emprestados, muitas bibliotecas não permitiam a circulação de livros. Uma inscrição em Atenas dizia: "Nenhum livro será retirado, pois juramos que será assim. [A biblioteca estará] aberta da primeira hora (do dia) até a sexta". V. *educação nos tempos bíblicos*; *papel*, *papiro*; *escrita*. — Edwin Yamauchi

A fachada de mármore reconstruída da Biblioteca de Celso em Éfeso, do séc. II da era cristã.

BIBLOS V. *Gebal*.

BICRI Nome pessoal que significa "primogênito". Pai de Seba, que liderou a revolta contra Davi depois da revolta de Absalão (2Sm 20.1).

BICRITAS V. *beritas, bicritas*.

BIDCAR Oficial de Jeú que pegou o corpo de Jorão, rei de Israel (852-841 a.C.) e o jogou na terra de Nabote depois de Jeú ter assassinado o rei (2Rs 9.25). Bidcar e Jeú inicialmente serviram como oficiais dos carros de guerra de Acabe, pai de Jorão.

BIGTÁ Nome pessoal que significa "dádiva de Deus". Eunuco que serviu ao rei Xerxes (*NVI*; *ARA*: Assuero) e levou à rainha Vasti a ordem para comparecer à festa (Et 1.10). Bigtã (Et 2.21) talvez seja a mesma pessoa. V. *Bigtã*.

BIGTÃ Talvez seja idêntico a Bigtá. Conspirou com Teres, outro oficial do rei, para assassinar o rei Xerxes (*NVI*; *ARA*: Assuero) (Et 2.21). Mardoqueu (*NVI*; *ARA*: Mordecai) frustrou a conspiração, originando a necessidade sentida pelo rei de honrar Mardoqueu à custa de Hamã (Et 6.1-12). V. *Bigtá*.

BIGVAI Nome persa que significa "deus" ou "sorte". **1.** Líder com Zorobabel dos exilados que voltaram da Babilônia por volta de 537 a.C. (Ed 2.2). Ou ele ou outra pessoa com o mesmo nome foi o antepassado originário de 2.056 pessoas que voltaram do exílio (Ed 2.14). Quando Esdras voltou aproximadamente em 458 a.C., 72 membros do clã também voltaram (Ed 8.14). **2.** Homem que assinou o acordo de Neemias para obedecer à Lei de Deus (Ne 10.16).

BILA Nome pessoal que significa "despreocupada". Serva de Raquel (Gn 29.29). Quando Raquel não conseguiu dar filhos a seu marido Jacó, Bila se tornou concubina dele por estímulo de Raquel. Bila se tornou a mãe de Dã e Naftali (Gn 29.29; 30.4-8). V. *patriarcas*; *tribos de Israel*.

BILÃ Nome pessoal, que talvez signifique "temerosa" ou "tola". **1.** Descendente de Seir de Edom (Gn 36.27). **2.** Descendente de Benjamim (1Cr 7.10).

BILDADE Nome pessoal que significa "o Senhor amou". Um dos três amigos de Jó (Jó 2.11).

É identificado como um "suíta" (*ARA*; *NVI*: "de Suá"), talvez membro de um grupo de arameus nômades. Seus discursos revelam que é defensor de posições teológicas tradicionais. Argumenta que um Deus justo não castiga os inocentes (cap. 8). Jó deveria admitir que estava sofrendo o justo destino dos ímpios (cap. 18), e nenhuma pessoa pode ser justa diante de um Deus temível (cap. 25). V. *Jó*.

BILEÃ Cidade dada aos levitas do território da tribo de Manassés do oeste. É identificada muitas vezes com Ibleã (*NVI*; *ARA*: "Ibleão"). Um texto paralelo, Js 21.25, traz: "Gate-Rimom". V. *Ibleã*.

BILGA Nome pessoal que significa "brilho". **1.** Antepassado originário de uma das divisões do sacerdócio (1Cr 24.14). **2.** Sacerdote que voltou do exílio com Zorobabel aproximadamente em 537 a.C. (Ne 12.5).

BILGAI Sacerdote que assinou o acordo de Neemias para obedecer à Lei de Deus (Ne 10.8).

BILHA Recipiente para carregar água, geralmente feito de barro, embora alguns fossem de pedra (Jo 2.6). Potes grandes que armazenavam água (1Rs 18.33; Jo 2.6); uma mulher podia carregar bilhas menores no ombro (Jo 4.28). Jarras pequenas usadas para derramar água (Lc 22.10; Jr 19). A água também era transportada em peles de animais. V. *cerâmica*; *pele*; *vasilhas e utensílios*.

BILSÃ Nome pessoal acádio que significa "senhor deles". Líder dos exilados que voltaram da Babilônia com Zorobabel em aproximadamente 537 a.C. (Ed 2.2).

BIMAL Descendente da tribo de Aser (1Cr 7.33).

BINEÁ Descendente da tribo de Benjamim (1Cr 8.37) e do rei Saul (1Cr 9.43).

BINUI Nome pessoal que significa "construído". **1.** Pai de Noadias, levita que conferiu os tesouros do templo trazidos do exílio por Esdras (Ed 8.33). **2.** Dois homens que se divorciaram de mulheres estrangeiras quando Esdras se empenhou em remover a tentação à idolatria e purificar a comunidade (Ed 10.30,38). **3.** Homem que ajudou Neemias a reparar o muro de Jerusalém (Ne 3.24). **4.** Líder de clã de 648 membros que voltaram da Babilônia com Zorobabel em aproximadamente 537 a.C. (Ne 7.15; Ed 2.10 traz "Bani" com 642 pessoas). **5.** Levita que assinou o acordo de Neemias para obedecer à Lei de Deus (Ne 10.9). Poderia ser o mesmo que qualquer um dos anteriores. Voltou com Zorobabel do exílio na Babilônia (Ne 12.8).

BIRSA Nome pessoal com significado incerto, tradicionalmente "feio". Rei de Gomorra que se uniu à coligação dos reis da região do mar Morto contra um grupo oriental de reis invasores (Gn 14.2).

BIRZAVITE Descendente de Aser (1Cr 7.31).

BISLÃO Nome pessoal ou substantivo comum que significa "em paz". Parece ter sido representante persa na Palestina que se queixou a Xerxes, rei da Pérsia (464-423 a.C.), acerca das atividades de construção (Ed 4.7) dos judeus que retornaram do exílio.

BISPO Termo que vem do substantivo grego *episkopos*, que ocorre cinco vezes no NT (At 20.28; Fp 1.1; 1Tm 3.2; Tt 1.7; 1Pe 2.25). "Supervisor" identifica mais precisamente a função do ocupante dessa função do que "bispo".

Na antiga literatura grega *episkopos* é usado com respeito aos deuses que tomam conta das pessoas ou objetos que são entregues aos seus cuidados. Quando se refere a pessoas, esse termo pode igualmente aludir ao cuidado protetor sobre alguém ou algo, mas também pode ser usado como um título oficial. Mais comumente o termo é aplicado a oficiais locais de sociedades ou clubes, mas também é encontrado como título de líderes religiosos.

Dos cinco usos de *episkopos* no NT, um é usado com respeito a Jesus quando ele é chamado de "Pastor e Bispo" das nossas almas (1Pe 2.25). Os outros quatro empregos refletem os ocupantes de uma função em congregações predominantemente gentílicas. Em At 20.28 Paulo exorta os presbíteros da igreja de Éfeso a que cuidem do rebanho visto que o Espírito Santo os constituiu "bispos" para pastorearem a igreja de Deus. Em Fp 1.1 Paulo se dirige aos "bispos e diáconos". As qualificações para a função de bispo são dadas em 1Tm 3.1-7 e Tt 1.5-9. Embora pouco seja dito sobre a responsabilidade de um bispo, uma das exigências que distinguiam o bispo do diácono era a responsabilidade que o bispo tinha de ensinar (cp. 1Tm 3.2; Tt 1.9 com 1Tm 5.8-13).

Visto que *episkopos* é usado de forma intercambiável com "presbítero" (gr. *presbuteros*; às vezes traduzido por "ancião" na *ARC*), é possível que esses dois termos tenham denotado a mesma função no NT (muitos também equiparam *episkopos* ao "pastor e mestre" de Ef 4.11). Em At 20, p. ex., Paulo convocou os presbíteros da igreja de Éfeso (v. 17), e então declarou que Deus os tinha constituído "bispos" (v. 28) para pastorearem o rebanho de Deus. Da mesma forma, Tito é instruído a instituir "presbíteros em cada cidade" (Tt 1.5), mas quando Paulo apresentou as qualificações necessárias, disse: "é necessário que o bispo seja" (Tt 1.7, *NVI*; cp. 1Pe 5.1,2). Contudo, o fato de que *episkopos* e *presbuteros* sejam usados de forma intercambiável não é a única evidência de que os dois termos denotam a mesma função. Se *episkopos* e *presbuteros* são duas funções distintas, então Paulo nunca descreve as qualificações para os presbíteros, uma omissão espantosa, dada a importância dessa função. Também, tanto o *episkopos* quanto o *presbuteros* têm as mesmas funções, liderar e ensinar (cp. 1Tm 3.2,4,5; Tt 1.7,9 com At 20.28; 1Tm 5.17). Ademais, em nenhum lugar as três funções são mencionadas juntas (bispo, presbítero e diácono), o que sugere que um sistema eclesiástico em três níveis é estranho ao NT. Também é provável que mais de um bispo (ou presbítero) liderem cada congregação local (At 20.28; Fp 1.1; cp. At 14.23; 20.17; 1Tm 5.17; Tt 1.5; Tg 5.14; 1Pe 5.1).

Somente no séc. II d.C. (nas epístolas de Inácio) é que se faz distinção entre o bispo e os presbíteros. No início o bispo era simplesmente o líder dos presbíteros, mas logo ganhou mais poder e se tornou o chefe único da igreja, distinto dos presbíteros. Mais tarde, o bispo passou a governar não somente uma congregação, mas todas as igrejas de uma cidade ou região particular. Hoje a Igreja Católica Romana, as igrejas orientais ortodoxas, anglicanas, metodistas e luteranas usam a função do bispo que supervisiona múltiplas igrejas. — Ben L. Merkle

BITIA Nome pessoal que significa "filha de Javé" ou substantivo comum egípcio que significa "rainha". Filha de um faraó egípcio que se casou com Merede, descendente da tribo de Judá (1Cr 4.17). O versículo está como versículo 18 no hebraico, mas está relacionado ao conteúdo do versículo 17. Bitia era a mãe de Miriã, Samai e Isbá. Ao longo de toda a sua história, Israel incorporou estrangeiros nas suas tribos.

BITÍNIA Distrito no norte da Ásia Menor que Paulo e sua equipe missionária queriam visitar para pregar o evangelho (At 16.7). O Espírito Santo impediu-os de fazê-lo e, em vez disso, os dirigiu à Macedônia. Embora não haja registro de como a fé cristã criou raízes na Bitínia, havia cristãos ali no séc. I. Os receptores de 1Pe incluíam pessoas da Bitínia (1Pe 1.1).

BITROM (*ARC*) Nome de lugar que significa "desfiladeiro" ou substantivo comum que significa "manhã". Enquanto Davi reinava sobre Judá em Hebrom e Is-Bosete reinava sobre Israel em Maanaim, seus exércitos se enfrentaram sob o comando dos generais Joabe e Abner. Abner bateu em retirada. Joabe e seu irmão o perseguiram. Abner matou Asael. Por fim quando Joabe parou a perseguição, Abner atravessou o Jordão e marchou até Bitrom (2Sm 2.29), ou por uma ravina ou um desfiladeiro na montanha (*TEV*) ou "durante a manhã inteira" (*NVI*; cp. tb. *NTLH*, *BJ*).

BIZIOTIÁ Nome de lugar que significa "escárnios de Javé". Cidade meridional no território designado à tribo de Judá (Js 15.28). A lista paralela em Ne 11.27 traz *benoteyha* ("seus povoados"), que o texto de Js da *LXX* também trazia. Se essa não for a leitura correta de Js 15.27, então a localização de Biziotiá não é conhecida.

BIZTA Nome pessoal persa de significado incerto. Um dos sete eunucos que serviram o rei Xerxes (*NVI*; *ARA* traz "Assuero") em questões relacionadas às suas mulheres (Et 1.10).

BLASFÊMIA Transliteração de uma palavra grega que significa literalmente "falar mal". No contexto bíblico, a blasfêmia é uma atitude de desrespeito contra o caráter de Deus.

Antigo Testamento A blasfêmia deduz sua definição cristã do pano de fundo do AT. É significativo que a blasfêmia reflete a ação imprópria com respeito ao uso do nome de Deus. Deus revelou seu caráter e convidou ao relacionamento pessoal por meio da revelação do seu nome. Por isso, o uso do nome de Deus deu aos israelitas a oportunidade de participação pessoal com a própria natureza divina.

O texto de Lv 24.14-16 fornece a base da definição hebraica da blasfêmia. A transgressão é considerada merecedora de pena capital, e o transgressor deve ser apedrejado pela comunidade. A blasfêmia envolve a pronúncia concreta do nome de Deus junto com uma atitude de desrespeito. Sob a influência dessa interpretação, o nome pessoal de Deus (Javé) foi eliminado da fala comum, e o título Adonai (Senhor) foi usado em seu lugar.

Israel, em diversas ocasiões, foi culpada de blasfêmia. Menções específicas são o bezerro de ouro (Ne 9.18) e o tratamento cruel dado aos profetas (Ne 9.26). Davi foi acusado por Natã de ter zombado das ordens de Deus e dado ocasião aos inimigos de Israel para que blasfemassem — a interpretar mal a natureza de Deus (2Sm 12.14).

Os inimigos de Israel blasfemaram de a Deus por meio de atos contra o povo de Deus. Os assírios afirmaram que Deus era impotente quando comparado ao poderoso exército deles (2Rs 19.6,22; Is 37.6,23). Grande desprezo por Deus foi demonstrado pelos babilônios durante o exílio, visto que continuamente ridicularizavam Deus (Is 52.5). Edom foi culpado de blasfêmia quando se alegrou pela queda de Jerusalém (Ez 35.12, *ARA*). Deus respondeu com juízo (2Rs 19.35-37) ou prometeu juízo (Is 52.6; Ez 35.12-15) para defender a dignidade do seu nome.

Novo Testamento O NT amplia o conceito de blasfêmia para incluir ações contra Cristo e a Igreja como o Corpo de Cristo. O próprio Jesus foi considerado blasfemador pelos líderes judeus (Mc 2.7). Quando julgado pelo Sinédrio, Jesus não somente reivindicou a dignidade messiânica, mas afirmou ainda mais sua posição exaltada (Lc 22.69). Tal afirmação, de acordo com o Sinédrio, se encaixava na acusação de blasfêmia, e, portanto o fazia merecer a morte (Mt 26.65; Mc 14.64). No entanto, de acordo com as perspectivas do NT, os verdadeiros blasfemadores eram os que negavam as alegações messiânicas de Jesus e rejeitavam a sua unidade com o Pai (Mc 16.29; Lc 22.65; 23.39).

A unidade de Cristo e a Igreja é reconhecida no fato de que perseguições contra os cristãos são rotuladas de atos blasfemos (1Tm 1.13; 1Pe 4.4, *ARA*; Ap 2.9). Também é importante que os cristãos evitem a conduta que possa dar ocasião para blasfêmia, especialmente na área da atitude e da fala (Ef 4.31, *ARA*; Cl 3.8; 1Tm 6.4, *ARA*; Tt 3.2).

O pecado da blasfêmia pode ser perdoado. No entanto, há o pecado da blasfêmia contra o Espírito Santo que não pode ser perdoado (Mt 12.32; Mc 3.29; Lc 12.10). Esse é um estado de dureza no qual alguém resiste consciente e intencionalmente ao poder e à graça salvadora de Deus. É uma condição desesperadora que está além da condição de perdão porque a pessoa não é capaz de reconhecer o pecado e de se arrepender dele. Assim alguém que quer se arrepender de blasfêmia contra o Espírito Santo não pode ter cometido esse pecado. — *Jerry M. Henry*

BLASTO Nome pessoal que significa "broto". Oficial de Herodes Agripa I (37-44 d.C.). Convencido por cidadãos de Tiro e Sidom, tentou ajudá-los a restabelecer a paz com Herodes. A fala de Herodes depois desse evento o fez assumir o papel de Deus sobre as pessoas, assim um anjo de Deus o feriu e ele morreu (At 12.20-23).

BOÃ Nome pessoal e de lugar que significa "polegar" ou "dedão do pé". Um lugar na fronteira setentrional do território da tribo de Judá chamado "Pedra de Boã", "filho de Rúben" (Js 15.6). Essa era a fronteira meridional da tribo de Benjamim (Js 18.17). Alguns estudiosos consideram esse fato uma evidência de que em alguma época parte da tribo de Ruben viveu a oeste do Jordão. Outros veem nisso um ato heroico de Boã no mais desconhecido sendo honrado com uma pedra memorial marcando a fronteira.

BOANERGES Nome que significa "filhos do trovão", dado por Jesus a Tiago e João, os filhos de Zebedeu (Mc 3.17). O autor do evangelho forneceu o significado do nome, mas não explicou por que era adequado. O nome pode ser um indicador do temperamento intenso que esses irmãos aparentemente possuíam. V. *apóstolo; discípulo*.

BOAZ Nome pessoal que talvez signifique "vivaz". **1.** Herói do livro de Rt; um parente abastado do marido de Noemi. Rute respigou cereais no seu campo, e ele generosamente a convidou para ficar ali e desfrutar da hospitalidade dos seus servos, pronunciando uma bênção sobre ela por sua bondade para com Noemi. Quando Boaz passava a noite na sua eira para proteger a colheita dos ladrões, Rute se deitou aos seus pés. Boaz concordou em casar-se com ela, de acordo com o costume do casamento por levirato segundo o qual o parente masculino mais próximo se casava com a viúva do parente falecido. Boaz negociou com o parente mais próximo, que abriu mão do seu direito de se casar com Rute. Boaz se casou com ela e se tornou pai de Obede, avô de Davi e antepassado de

Cristo (Mt 1.5; Lc 3.32). V. *Rute, livro de*. **2.** A coluna da esquerda ou localizada ao norte da frente do pórtico que Salomão erigiu no templo (1Rs 7.21). A função dessas colunas não é conhecida. V. *Jaquim*.

BOCA Orifício externo do corpo usado para se alimentar e se comunicar. **1.** Sinônimo de lábios (1Rs 19.18; 2Rs 4.34; Jó 31.27; Pv 30.20; Ct 1.2). **2.** Órgão para comer e beber (Jz 7.6; 1Sm 14.26,27), algumas vezes usado em expressões figuradas como nos casos em que a iniquidade (Jó 20.12) ou a Palavra de Deus (Sl 119.13) são descritas como doces à boca. Descrições antropomórficas da terra ou do *sheol* falam deles abrindo a boca para beber sangue ou para engolir pessoas (Gn 4.11; Nm 16.31,32; Is 5.14). **3.** Cavidade dos órgãos relacionados à fala (Gn 45.12; Dt 32.1) ou do riso (Jó 8.21; Sl 126.2). A frase "a boca do Senhor falou" serve como lembrança frequente da confiabilidade da mensagem profética (Is 1.20; 40.5; Jr 9.12; cp. Dt 8.3; Mt 4.4). O fogo (2Sm 22.9) ou a espada (Ap 1.16) procedentes da boca do Senhor são figuras da efetividade da Palavra ou do juízo de Deus. **4.** A palavra hebraica "boca" é usada também para designar abertura de poços, cavernas, buracos, e também para a lâmina de uma espada.

BOCADO Tradução encontrada na *ARC* e na *ACF*, com o significado de um pequeno pedaço de pão que pode ser mergulhado em um prato ou em vinho. O termo aparece unicamente em Jo 13.26-30 (cp. Rt 2.14). A maior parte dos tradutores de versões bíblicas em português usa a expressão "pedaço de pão" (*ARA, NVI, A21, NTLH*). Na atualidade, nas terras bíblicas, o anfitrião honra o convidado ao molhar um pedaço de pão no molho do prato principal e, em seguida, o entregar a ele. A maior parte dos intérpretes imagina que Jesus fazia por meio desse gesto o último apelo a Judas para que este mudasse de ideia. Então Jesus o aceitaria. Apesar de Judas ter aceitado o pedaço de pão, dando a entender a existência de amizade entre eles, Jo declarou: "Satanás entrou nele" (v. 27). Nesse exato momento Judas se entregou à vontade de Satanás e saiu para trair Jesus. V. *Judas*.

BOCRU Nome pessoal que significa "primogênito". Descendente do rei Saul na tribo de Benjamim (1Cr 8.48).

BODAS [CASAMENTO] Nos tempos bíblicos o pai escolhia a noiva para os filhos. Abraão enviou seu criado a Harã para encontrar uma esposa para o filho Isaque (Gn 24). Ao acertar um casamento, a família do noivo pagava um preço (heb. *mohar*) pela noiva (cf. Gn 34.12; Êx 22.16; 1Sm 28.25). Depois que o casamento estava combinado, o casal entrava no período de noivado, que durava normalmente um ano e era bem mais compromissivo que hoje. Durante esse ano o homem preparava a casa para a noiva. O noivado era estabelecido de uma dentre duas formas: um voto solene na presença de testemunhas junto com uma soma de dinheiro ou uma declaração escrita e uma cerimônia com uma bênção final. Antes do exílio de Israel o noivado era ratificado por uma promessa verbal (Ez 16.8); depois do exílio a noiva e os pais do noivo assinavam um pacto unindo o casal. Na época do NT os pais da noiva e do noivo se encontravam, acompanhados de testemunhas, enquanto o noivo dava à noiva um anel de ouro ou outro objeto valioso. Fazia a seguinte promessa à noiva: "Veja, por meio deste anel você é separada para mim, de acordo com a Lei de Moisés e de Israel". Fica explícita a característica de seriedade do noivado. Se um homem tivesse relações sexuais com a noiva de outro, ambos estavam sujeitos à pena de morte (Dt 22.23,23). Se ela não fosse noiva, o homem tinha de pagar 50 *shekels* ao pai da mulher como dote, e ela se tornava esposa dele (Dt 22.28,29).

As bodas eram predominantemente um acontecimento social, durante o qual era pronunciada uma bênção sobre a noiva: "Que você se multiplique, nossa irmã, até ser milhares de milhares, e que sua descendência conquiste as cidades de seus inimigos" (Gn 24.60). A bênção refletia o conceito da bênção de Deus, i.e., família grande e vitória sobre os inimigos. O casamento como tal era afiançado pela formalização de um contrato matrimonial.

A parábola das dez virgens é rica em elucidações do casamento judeu (Mt 25.1-13). A cerimônia das bodas começava com o noivo trazendo a noiva da casa dos pais dela para a casa paterna dele. O noivo, acompanhado de amigos e em meio a cânticos e músicas, liderava uma procissão pelas ruas da cidade até a casa da noiva (cf. Jr 16.9). No caminho amigos que estavam prontos esperando com suas lamparinas acesas se juntavam à procissão (Mt 25.7-10). Usando véu e vestida com roupas lindamente bordadas e adornada de joias, a noiva, cercada de seu séquito, juntava-se ao noivo para a procissão até a casa do pai dele (Sl 45.13-15). O texto de Is 61.10 descreve o noivo enfeitado com uma guirlanda, e a noiva adornada de joias. A beleza da noiva seria lembrada para sempre (Jr 2.32). Noiva e noivo eram considerados rei e rainha durante a semana. Às vezes o noivo até mesmo usava uma coroa de ouro.

Chegando à casa, o casal nupcial se sentava debaixo de um dossel em meio às festividades de jogos e danças que duravam uma semana inteira — às vezes mais (Ct 2.4). Os convidados enalteciam os recém-casados; canções de amor para o casal abrilhantavam os festejos. Refeições suntuosas e vinho enchiam a casa ou o salão do banquete (Jo 2.1-11). Era primordial fazer uma provisão ampla para um banquete bem planejado — uma falha poderia ocasionar um processo (Jo 2.3). Os nubentes usavam as vestes nupciais durante a semana toda; os convidados também usavam roupa elegante, às vezes fornecida por famílias ricas (Mt 22.12).

Na primeira noite, quando o matrimônio estava para ser consumado, o pai escoltava a filha até o aposento nupcial (Gn 29.21-23; cf. Jz 15.1). Os pais da noiva guardavam o lençol manchado de sangue para provar a virgindade da filha ao se casar para a eventualidade de o marido tentar qualquer recurso acusando a noiva de não ser mais virgem (Dt 22.13-21; cf. v. 15).

Em alguns casos a noiva não removia o véu do rosto até a manhã seguinte. Quando Jacó pensou que se estava casando com Raquel, descobriu pela manhã que sua esposa era Leia (Gn 29.25). Em outras épocas o véu era retirado durante o banquete e deitado sobre o ombro do noivo, sendo proferido o seguinte pronunciamento: "O governo estará sobre os seus ombros" (cf. Is 9.6). V. *família*. — Paul P. Enns

BODE Mamífero peludo, de pelos pretos ou algumas vezes salpicados, de chifres ocos, ruminante e orelhas caídas. Um tipo de bode mencionado na Bíblia foi identificado como o bode sírio ou da raça mambrina. Domesticado muito antes do período bíblico, o bode citado nos textos bíblicos provavelmente tinha orelhas grandes e chifres curvos. Tanto o macho quanto a fêmea tinham chifres. O tipo mais comum era o preto. Era uma fonte importante para a alimentação; o macho também era usado para sacrifícios (Lv 22.27). Um bode (o bode expiatório) era selecionado aleatoriamente uma vez por ano no Dia da Expiação para carregar simbolicamente os pecados da nação de Israel (Lv 16.10-22). A pele do bode era usada para fazer capas, instrumentos musicais e botijas para água; também era usada para confeccionar tendas (Êx 26.7). Bodes são extremamente destrutivos para a vegetação e por isso contribuem para a erosão, pois arrancam as plantas do solo. Algumas das mais antigas ilustrações apresentam bodes comendo árvores. Ovelhas e bodes pastavam no mesmo pasto, mas era necessário separar os rebanhos, porque os bodes em geral eram hostis às ovelhas (Mt 25.32). Atualmente há bodes pretos, cinzas, marrons, brancos e de uma variedade de padrões e misturas de cores. V. *íbex*.

BODE EXPIATÓRIO Animal que levava os pecados do povo ao deserto no dia da Expiação (Lv 16.8 10,26). Neste dia, uma vez por ano, quando o sumo sacerdote adentrava o Santo dos Santos para oferecer sacrifícios pelos pecados da própria família, e por todo o povo, dois bodes eram trazidos à sua presença. Por sorteio, um era escolhido para ser "para o Senhor". Este bode era sacrificado como uma oferta pelo pecado, e seu sangue era aspergido sobre os objetos cúlticos para purificar o altar, o santuário, e a tenda do encontro das impurezas do ano anterior.

Já o segundo bode, dizia-se ser "para Azazel". A palavra "Azazel" geralmente é interpretada como significando "bode da remoção" ou "bode expiatório". Entretanto, a palavra também pode se referir a um lugar rochoso no deserto, ou a um demônio do deserto. Ao impor as mãos sobre a cabeça do bode, o sacerdote transferia os pecados do povo para o animal, que era depois levado para o deserto, representando a remoção dos pecados.

No livro de *Enoque*, Azazel é identificado como o líder dos anjos caídos que está debaixo das pedras do deserto aguardando julgamento. O bode é levado para aquela região e jogado do alto de um penhasco. V. *história e literatura intertestamentárias*; *pseudepígrafos*; *sacrifício e oferta*.

Ainda que o bode expiatório não seja mencionado por nome no NT, Hb 10.3-17 contrasta a santificação mediante o sacrifício de Cristo com o sangue de touros e bodes que não podem remover o pecado. V. *santificação*.

BODE SELVAGEM 1. Tradução da *NVI* para um animal mamífero que habita em penhascos rochosos (Sl 104.18; Pv 30.26). V. *coelho; texugo.* **2.** Tradução da *NVI* para palavra encontrada em Dt 14.5 que designa uma espécie de antílope que tem o traseiro branco. Não se sabe exatamente a que tipo de animal se refere à palavra usada no texto hebraico. V. *antílope; corça; íbex.*

BOI Animal grande, com frequência domesticado. O boi era muito valioso no tempo do AT como animal de trabalho. Importante na economia de Israel, os bois eram essenciais para o trabalho rural. Eram em geral colocados em juntas, aos pares, para lavrar a terra e transportar cargas. Permitia-se comer sua carne, e eram oferecidos como sacrifícios (Dt 14.4-6; Lv 17.3,4).

O boi selvagem era um animal maior, e acredita-se que seja o ancestral do gado domesticado. É símbolo de força e de ferocidade. A palavra hebraica traduzida como "unicórnio" (Nm 23.22, *ARC*) tem sido identificada como a palavra para "boi selvagem" (*NVI* e *ARA*; cp. Sl 22.21; 92.10). V. *gado, rebanhos.*

BOIEIRO Palavra de uso raro no português contemporâneo usada para diferenciar aquele que cuida do gado bovino (a palavra mais usada é "boiadeiro") do pastor, que cuida de ovelhas e cabras. Amós trabalhava como boieiro antes de receber sua vocação profética (Am 7.14, *ARA, ARC; NV*I, "cuido do gado"). Homens responsáveis por cuidar do gado bovino algumas vezes eram incluídos entre oficiais de posições elevadas nas cortes dos reis antigos (1Cr 27.29; 28.1; cp. Gn 46.34). Algumas vezes eram pagos com produtos do rebanho (1Co 9.7).

BOI SELVAGEM V. *boi.*

BOLO Termo referente mais à forma de filão de pão (baixo e redondo) que ao tipo de massa usada para fazer o filão (Êx 29.23; 1Rs 17.13). V. *pão.*

BOLO DE UVAS PASSAS Alimento preparado esmagando-se uvas secas. Davi deu bolos de uvas passas aos acompanhantes da arca até Jerusalém (2Sm 6.19; 1Cr 16.3). O texto de Os 3.1 estabelece a ligação entre bolos de uvas passas e o culto a deuses pagãos (cf. Jr 7.18).

BOLSA DE PASTOR V. *bolsas, sacolas.*

BOLSAS, SACOLAS Recipiente flexível que podia ser fechado para conter, armazenar ou carregar algo. **1.** Bolsas grandes em que grandes quantias de dinheiro podiam ser carregadas (2Rs 5.23; Is 3.22; neste último texto, na *ARC*: "alfinetes"). **2.** Bolsa pequena usada para carregar os pesos dos comerciantes (Dt 25.13; Pv 16.11; Mq 6.11) ou pequenas quantias de dinheiro (Pv 1.14; Is 46.6). Essa talvez seja a mesma que a bolsa mencionada no NT (Lc 10.4; 12.33; 22.35,36). **3.** Pano amarrado como uma trouxa, traduzido por "saco" (Jó 14.17), "bolsa" (Pv 7.20; Ag 1.6), "trouxinha" (Gn 42.35, *ARA*), "feixe" (1Sm 25.29, *ARA*), "saquitel" (Ct 1.13, *ARA*). O tamanho da trouxa dependia do uso. Esse tipo de bolsa era usado para conter dinheiro (Gn 42.35; Pv 7.20; Ag 1.6; v. 2Rs 12.10 em que é usada a forma verbal: "colocavam em sacolas") ou algo solto como mirra (Ct 1.13). Esse termo para bolsa é usado figuradamente para falar das "faltas" de alguém sendo "encerradas em um saco", talvez seladas (Jó 14.17), e da vida de alguém sendo "atada no feixe" e protegida por Deus (1Sm 25.29). **4.** A bolsa do pastor. Usada por pastores e viajantes para carregar a provisão de um dia ou mais, era feita de pele de animais e amarrada sobre o ombro. Os irmãos de José carregavam trigo em tais "sacos" (Gn 42.25). Os "sacos de viagem" de Saul e seus homens estavam vazios de pão quando foram se encontrar com Samuel (1Sm 9.7), e Davi carregava pedras na sua bolsa ("alforje de pastor") quando enfrentou Golias (1Sm 17.40,49). Um viajante israelita cuja bolsa de provisões estivesse vazia podia comer da vinha de outro israelita, mas não tinha permissão para encher a bolsa para o restante da viagem (Dt 23.24). Jesus ordenou aos discípulos que não carregassem bolsa quando os enviou a pregar (Mt 10.10; Mc 6.8; Lc 9.3; 10.4). Deveriam depender totalmente de Deus e da hospitalidade e do apoio do povo de Deus (cf. Nm 18.31; 1Co 9.3-14). Os discípulos aprenderam dessa experiência que eles estariam seguros e bem cuidados, mas em virtude da natureza crítica do que eles teriam de enfrentar, Jesus mais tarde instruiu os discípulos a começar a levar bolsa, saco de viagem e — muito curiosamente — uma espada (Lc 22.35,36). A palavra hebraica para bolsa de pastor é também traduzida por "bagagem". V. *bagagem.* **5.** Saco grande usado para carregar grãos (Gn 42.25,27,35; Js 9.4; Lv 11.32). O mesmo termo é traduzido por "pano de saco", usado nos tempos de pranto e humilhação. V. *saco, pano de*. **6.** *ARA* e *ARC* traduzem *glossokomon* por "bolsa" em Jo 12.6; 13.29. O *glossokomon* era na verdade uma caixinha para dinheiro; a *NVI* traz: "bolsa de dinheiro". — *Phil Logan*

BONDADE Tradução do AT da palavra hebraica *chesed*. Por todo o AT a ideia de *chesed* é de compaixão e fidelidade como obrigação de alguém para com parentes, amigos e até mesmo escravos (Gn 21.23; 39.21; 1Sm 15.6). Vê-se bondade no relacionamento entre Abraão e Sara (Gn 20.13). É também vista na história do casamento de Rute e Boaz (RT 2.20). A bondade é demonstrada a parentes e vizinhos e mesmo a estranhos que vêm à casa de alguém (Gn 19.1-3). O rei e o homem comum estavam sujeitos à bondade em Israel. O texto de 2Cr 24.22 mostra que Joás não se lembrou da bondade que seu pai Joiada lhe tinha demonstrado. A bondade pode existir sob a forma de atos amáveis praticados para com o próximo. Em Gn 40.14 José pediu ao mordomo do rei para se lembrar da bondade que ele lhe demonstrou. Nos profetas, o povo de Israel é incumbido do comportamento ético. Esse comportamento consiste em observar a bondade e a justiça. Já Mq 6.8 declara o que o Senhor exige do homem: praticar a justiça, amar de forma bondosa e andar com humildade diante de Deus. Em Zc 7.9 diz-se que se deve administrar a justiça verdadeira, praticar a bondade e a compaixão de um irmão para com o outro. A mulher virtuosa e o homem gentil demonstram bondade (Pv 31.26; Sl 141.5, a *NVI* verte por "amor leal").

No NT bondade é a tradução da palavra grega *chrestotes*. A palavra pode descrever gentileza, bondade propriamente, retidão, generosidade e graciosidade. O NT descreve a bondade como atributo divino (Tt 3.4). É uma característica do amor verdadeiro (1Co 13.4). O povo do Senhor deve ser bondoso e não se recusar a usar de bondade para com os outros (Mt 5.7; At 20.35; Rm 15.2-5; Ef 4.32; 1Pe 3.8; 4.8; 1Jo 3.17). No tempo do juízo, Cristo recompensará os que demonstraram bondade para com os outros (Mt 25.34-46). A bondade pode ser vista nos atos de pessoas como José (Mt 1.19), o centurião (Lc 7.2-6), João (Jo 19.27), Júlio (At 27.3,43) e Onesíforo (2Tm 1.16-18). — *Joe Cathey*

BONS PORTOS Baía aberta na costa sul de Creta perto da cidade de Laseia. Protegida por pequenas ilhas, não tinha aparência de um porto seguro no inverno, por isso os marinheiros do navio que levava Paulo para Roma decidiram tentar chegar até Fenice. Eles se negaram a ouvir as advertências de Paulo e foram pegos por uma grande tempestade (At 27.8-20).

BOQUIM Nome de lugar que significa "os que choram". Lugar em que o anjo de Deus anunciou o juízo sobre Israel no começo do período dos juízes porque eles não tinham destruído os altares pagãos, mas tinham feito tratados de aliança com habitantes nativos. Assim o povo chorou e chamou o lugar "Boquim" (Jz 2.1-5). Pode ter ficado entre Betel e Gilgal. Um carvalho do pranto perto de Betel foi o lugar de sepultamento de Débora, ama de Rebeca (Gn 35.8). V. *Alom-Bacute*.

BORDA 1. Tradução para uma palavra hebraica que transmite a ideia de fim, extremidade, ou esquina (Êx 26.4; 36.11), aparentemente referindo-se à cortina externa do tabernáculo. **2.** A palavra borda se refere à extremidade da roupa que era dobrada para impedir que a veste se desfiasse. As referências bíblicas à "borda" de uma veste se referem geralmente à sua extremidade. A borda da túnica sacerdotal de Arão era decorada com romãs azuis, púrpura e escarlate e sinos de ouro (Êx 28.31-35; 39.22-26). Algumas vezes o costurado do interior da túnica era deixado de cumprido para impedir que a roupa desfiasse. O resultado destes fios longos era uma borda de borlas. A borla nas extremidades das roupas era para lembrar aos israelitas da lei de Deus (Nm 15.38-39). A "borda" da roupa de Jesus transmitiu poder de cura para os que a tocavam com fé (Mt 9.20; 14.36; Mc 6.56; Lc 8.44).

BORDADO Trabalho decorativo feito em tecido. Obras de bordado foram usadas na decoração das cortinas da porta do tabernáculo (Êx 26.36; 36.37) e da porta do átrio (Êx 27.16; 38.18) e ainda para o cinturão de Arão (Êx 28.39; 39.29). Bordados podiam ser espólios de guerra (Jz 5.30) e faziam parte das listas de itens de comércio de luxo (Ez 27.16,24). A realeza trajava roupas decoradas (Ez 16.10,13,18; 26.16). A menção de material de várias cores sugere que alguns bordados podem ter tido apliques (tecidos decorados com outros tecidos).

BORLA Tradução de *NVI* e *ARA* para a palavra hebraica usada em Nm 15.38. A *NTLH* traduz como "pingente".

BORLAS Franjas de fios torcidos presas às quatro extremidades do manto exterior, usadas pelos israelitas religiosos como lembrete das obrigações da antiga aliança (Nm 1538,39; Dt 22.12; cp. Zc 8.23). A mulher que sofria de hemorragia crônica tocou a borla do manto de Jesus (Mt 9.20; Lc 8.44). As versões em português obscurecem esse ponto por usarem termos diferentes para traduzir o grego *kraspedon* quando se referem ao manto de Jesus e ao manto dos fariseus. Embora Jesus observasse as exigências do AT, criticou os que usavam franjas (borlas) excessivamente longas para chamar atenção para a própria piedade (Mt 23.5).

BORRA DE VINHO Matéria sólida produzida no processo de fermentação do vinho. Na Palestina antiga, o vinho permanecia na borra para incrementar sua força e sabor. Esse vinho "em resíduo" era preferido ao recém-fermentado. Em Is 25.6 um banquete de vinho em resíduo bem purificado simboliza o povo de Deus desfrutando o melhor que Deus pode oferecer. Já Sf 1.12 apresenta os habitantes de Jerusalém que creram que Deus atuaria como o vinho descansando em sua borra (cf. Jr 48.11). Como o vinho era em geral filtrado antes de ser bebido, a imagem profética aponta para uma folga temporária. Beber a borra do vinho é suportar o amargo do julgamento ou da punição (Sl 75.8).

BOSOR (*ARC*) (2Pe 2.15). V. *Beor*.

BOTA Figura mencionada em Is 9.5 com respeito ao guerreiro assírio de botas (a *ARC* traduz a rara palavra hebraica por "armadura"). Relevos assírios do período de Senaqueribe retratam soldados calçando botas de couro atadas com cordões até os joelhos, que estão em contraste com as sandálias calçadas pelo soldado israelita daquele período. O Messias de Deus prometeu vitória completa, mesmo contra um exército vestido de maneira mais impressionante.

BOTÃO Detalhe ornamental no candelabro de sete braços do tabernáculo (Êx 25.31-36; "maçaneta", *ARA*; "cálice", *BJ*). Alguns sugerem que o botão era a imitação de uma amêndoa. A palavra também pode se referir ao topo de uma coluna (Sf 2.14).

BOTICÁRIO Tradução na *ARC* de uma palavra traduzida por "perfumista" nas versões modernas (Êx 30.25,35; 37.29; 2Cr 16.14; Ne 3.8; Ec 10.1). V. *perfume, perfumista*.

BOTIJA Vaso de cerâmica alongado com aproximadamente 15 centímetros de altura para guardar líquidos como óleo (1Rs 17.12,14,16) ou água (1Rs 19.6). Leitores modernos entenderiam que esses jarros serviam como os atuais cantis (1Sm 26.11-16). A "tigela" (2Rs 2.20) reflete um termo hebraico diferente, mas um tipo semelhante de vaso. V. *frasco*.

BOZCATE Nome de lugar que significa "inchaço". Povoado próximo de Láquis e Eglom no território da tribo de Judá (Js 15.39). Era a cidade natal de Adaías, avó materna do rei Josias (2Rs 22.1). Sua localização exata não é conhecida.

BOZEZ Nome de lugar que talvez signifique "branco". Uma rocha pontiaguda marcando a passagem no uádi Suwenit perto de Micmás através da qual Jônatas e seu escudeiro passaram para combater os filisteus (1Sm 14.4).

BOZRA Nome de lugar que significa "inacessível". **1.** Cidade natal de Jobabe, rei de Edom antes que Israel tivesse rei (Gn 36.33). Isaías anunciou grande juízo sobre Bozra. Ali Deus sacrificaria seus inimigos (Is 34.6). Centro de pastores, conhecido por suas roupas de lã. Deus é retratado como aquele que vem de Bozra com roupas tingidas de vermelho como seu despojo pela vitória (Is 63.1). Assim ele demonstrou sua justiça e poder para salvar dos inimigos. Jeremias proclamou condenação a Bozra (Jr 49.13,22), como o fez Amós (Am 1.12). Cidade importante, que às vezes serviu de capital de Edom, Bozra ficava a 40 quilômetros a sudeste da extremidade meridional do mar Morto na atual Buseirah. V. *Edom*. **2.** Cidade de Moabe que Jeremias condenou (Jr 48.24). Talvez seja a mesma que Bezer. V. *Bezer*.

BRAÇA (Versões tradicionais) Medida de profundidade equivalente a quase dois metros (At 27.28). V. *pesos e medidas*.

BRACELETE Tradução em algumas versões de termo referente a uma fita ou anel em volta do braço que deveria ser distinguido dos braceletes como são comumente conhecidos em volta do pulso. A palavra hebraica em Nm 31.40 é traduzida por "ornamentos para o braço" (*ARA*), "manilhas" (*ARC*) e em 2Sm 1.10 por "bracelete" (*ARA*) e "manilha" (*ARC*). Uma palavra correlata em Is 3.20 é traduzida por "correntinhas de tornozelo" (*NVI*), "cadeiazinhas para os passos" (*ARA*), "enfeites dos braços" (*ARC*) e "ornamentos das pernas" (*ACF*).

BRAÇO Membro superior do corpo humano usado para simbolizar força e poder. Tal poder pode oprimir o povo (Jó 35.9), mas esses braços serão quebrados (Jó 38.15). Nenhum braço ou poder humano é comparável ao de Deus (Jó 40.9). Em oração o fiel pode pedir a Deus que quebre o braço dos maus (Sl 10.15). Os braços humanos não podem salvar (Sl 44.3). O braço estendido de Deus salva (Êx 6.6; 15.16; Dt 5.15), e as pessoas podem confiar no braço de Deus (Is 51.5). Ao ver o que Deus estava fazendo, Maria declarou que ao dar Jesus ao mundo Deus estava realizando "poderosos feitos com seu braço" (Lc 1.51, *NVI*).

BRANCO V. *cores*.

BRASAS Lenha parcialmente queimada, usada como combustível. O altar do sacrifício era alimentado com brasas (Lv 16.12), como o era o fogo do ferreiro (Is 44.12) e do padeiro (Is 44.19). As brasas forneciam calor para refinar o metal (Ez 24.11). Brasas vivas se tornavam símbolo do juízo divino, aparentemente representando a vinda de Deus à terra, causando a erupção de vulcões e lançando brasas vivas contra seus inimigos (Sl 18.13). V. *cozimento e aquecimento*.

BRASEIRO 1. Depressão no piso, algumas vezes cercada de tijolos para reter o calor (Jr 36.23; Zc 12.6. A *NVI* traduz por "lareira" em Is 30.14 e por "brasas vivas" em Sl 102.3. Em Ez 43.15,16 a *NVI* traduz por "fornalha do altar", em referência à parte superior do altar sobre a qual o sacrifício era queimado (cf. Lv 6.9). V. Cozimento e aquecimento. **2.** Panela de fogo portátil usada para esquentar um cômodo durante tempo frio (Jr 36.22,23). **3.** Utensílio feito de bronze (Êx 27.3) ou ouro (1Rs 7.50) usado para levar brasas vivas do altar do holocausto (Êx 27.3; 38.3), como incensários para incenso queimado (Nm 16.6,17) e como bandejas ("cinzeiros", *NTLH*) para coletar os pavios queimados das lamparinas do tabernáculo (Êx 25.38; 37.23; "apagadores" em diversas versões).

BRINCOS V. *joias, joalheria*.

BROCHES Tipo de joias trazidas tanto por homens quanto por mulheres como ofertas (Êx 35.22). O termo hebraico denota um alfinete de ouro (algumas versões trazem "fivelas", *ARA*, *ARC*). Em época posterior os broches eram feitos de bronze ou ferro, em forma de arco. Alguns intérpretes recentes pensam que a palavra queria dizer "anéis de nariz".

BRONZE (2Sm 22.35). V. *minerais e metais*.

BRONZE, SERPENTE DE Moisés fez uma serpente de bronze e a afixou a uma haste no meio do acampamento israelita (Nm 21). Deus tinha ordenado a Moisés que o fizesse para que os israelitas mordidos por uma serpente pudessem expressar sua fé olhando para ela, e assim serem curados. A necessidade da serpente apareceu em uma das vezes que Israel murmurou contra Deus e Moisés. O povo estava no deserto depois de se negar a obedecer à ordem de Deus de entrar em Canaã. Embora Deus tivesse provido comida e água para eles depois da desobediência, queixaram-se por causa da monotonia do maná providenciado. Como castigo para o povo, Deus mandou serpentes entre o povo. As mordidas das serpentes eram mortais, mas Deus teve compaixão e decidiu prover uma forma de redenção se os mordidos pelas serpentes a aceitassem. Qualquer pessoa que olhasse para a serpente de bronze colocada no meio do acampamento seria curada.

Nada mais se sabe da serpente de bronze até ela ser citada novamente em 2Rs 18.4. Ali, no relato da purificação do templo realizada pelo rei Ezequias, a Bíblia relata a destruição desse símbolo. Ezequias queria purificar a adoração no templo. Aparentemente, a serpente de bronze tinha se tornado um objeto de adoração visto que os israelitas queimavam incenso para ela.

Evidências arqueológicas de sítios mesopotâmicos e, mais importante, de sítios cananeus revelam que a serpente rastejante era um símbolo da fertilidade do solo. A serpente era muitas vezes representada em associação com as deusas da fertilidade, o touro, a pomba (vida dos céus) e a água.

Jesus fez a menção final a esse símbolo em Jo 3.14. Ali, na sua conversa com Nicodemos, Jesus comparou o próprio propósito com o da serpente de bronze. A serpente, levantada no deserto, tinha sido a forma escolhida por Deus para prover cura física. Jesus, elevado na cruz, é o meio escolhido por Deus para prover cura espiritual a todos os afligidos pelo pecado. Todo aquele que vive em Jesus não perecerá, mas terá a vida eterna (Jo 3.16). V. *bronze, serpente de*; *reparação*; *Moisés*; *deserto*. — Albert F. Bean e Karen Joines

BROQUEL (*ARA*) Escudo pequeno (na *NVI*) arredondado carregado na mão ou usado no braço. Escudos maiores que cobriam o corpo todo eram também usados. V. *armas e armadura*.

BRUXA Mulher cujo trabalho era adivinhação e magia. V. *adivinhação e mágica*.

BUBASTIS (*NVI*) **BUBASTE** (*NTLH*) V. *Pi-Besete*.

BUL Nome do oitavo mês ou partes de outubro e de novembro que significa "mês da colheita". Salomão terminou a construção do templo nesse mês (1Rs 6.38).

BUNA Nome pessoal que significa "entendimento". Membro do clã de Jerameel na tribo de Judá (1Cr 2.25).

BUNI Nome pessoal que significa "edificou". Líder levita do culto de adoração que confessou os pecados de Israel nos dias de Esdras (Ne 9.4). Um homem do mesmo nome, provavelmente o mesmo homem, assinou o acordo de Neemias para obedecer à Lei de Deus (Ne 10.15). Seu filho Hasabias era um dos levitas que vivam em Jerusalém na época de Neemias (Ne 11.15).

BUQUI Nome pessoal abreviado de Buquias, que significa "Javé testou" ou "Javé esvaziou". **1.** Representante da tribo de Dã na comissão de distribuição da terra prometida entre as tribos (Nm 34.22). **2.** Descendente do sumo sacerdote Arão (1Cr 6.5,51) e antepassado de Esdras (Ed 7.4).

BUQUIAS Filho de Hemã entre os músicos do templo que Davi designou (1Cr 25.4). Ele ou alguém com o mesmo nome encabeçava o sexto grupo de músicos do templo (1Cr 25.13). V. *Buqui*.

BURIL Ferramenta pontiaguda usada para finalizar o molde de uma forma bruta de uma estátua lançada em um molde (Êx 32.4, *ARA*, *ARC*; "ferramenta própria", *NVI*), ou usada para escrever em tábuas (Jr 17.1).

BURRO V. *jumento, jumenta*.

BURRO SELVAGEM V. *asno, selvagem*.

BUXO (*ARA*) Tradução adotada para um termo em Is 41.19; 60.13. Essa árvore cresce na Ásia Menor e Pérsia, mas não na Palestina. A árvore tem sido identificada como "álamo" (*ARC*) ou "pinheiro" (*NVI*). O termo "buxo" está baseado em antigas traduções gregas e latinas. A palavra hebraica significa "ser reto, ereto" e aparentemente se refere aos altos e majestosos ciprestes (*NTLH*). Tais maravilhas da natureza refletem a grandeza do Criador (Is 41.20).

BUZ Nome pessoal e de lugar que significa "escárnio". **1.** Filho de Naor, irmão de Abraão (Gn 22.21). **2.** Membro da tribo de Gade (1Cr 5.14). **3.** Uma terra no leste da Arábia condenada por Jeremias (Jr 25.23).

BUZI Nome pessoal que significa "escárnio". Sacerdote e pai do profeta e sacerdote Ezequiel (Ez 1.3).

BUZITA Cidadão de Buz. V. *Buz*.

O bema (tribunal) onde Paulo esteve diante de Gálio em Corinto.

C

CABAÇO SILVESTRE Planta venenosa, provavelmente *Citrillus colocynths* (2Rs 4.39 ["coloquíntida", *ARC*]).

CABANA, TENDA Abrigo temporário construído para o gado (Gn 33.17) e as pessoas (Jn 4.5), especialmente para soldados no campo de batalha (2Sm 11.11; 1Rs 20.12,16). Israel depois de uma invasão é comparado a uma tenda abandonada em uma vinha (Is 1.8). A cabana é usada também como símbolo do que é frágil e passageiro (Jó 27.18). As cabanas usadas na festa das cabanas eram feitas de ramos entrelaçados (Lv 23.40-43; Ne 8.15).

CABANAS, FESTA DAS V. *festas*.

CABEÇA Literalmente, a parte superior do corpo, considerada a sede da vida, mas não do intelecto; no sentido figurado, significa primeiro, principal, líder. A noção judaica era que o coração era o centro ou sede do intelecto. "Cabeça" significava a parte física de uma pessoa (Gn 48.18; Mc 6.24) ou de animais, tal como a cabeça do animal que seria sacrificado (Lv 1.4). A palavra com frequência é usada para se referir à pessoa como um todo (At 18.6). Aquis, o rei da cidade filisteia de Gate, fez de Davi guarda da sua "cabeça" para sempre, i.e., seu guarda-costas (1Sm 28.3, *ARC*; "guarda pessoal permanente", *NVI*).

A palavra "cabeça" também era usada para se referir a objetos inanimados, como o cume de uma montanha (Êx 17.9 no original em hebraico; a *NVI* traduz por "alto da colina"), ou o topo de uma torre (Gn 11.4, heb.). A palavra também tem o sentido de "fonte" ou "começo", como de rios (Gn 2.10, heb.), ou de ruas (Ez 16.25; na *NVI*, "começo de cada rua") ou, ainda, para períodos de tempo (Jz 7.19, heb.; a nota explicativa da *NVI* traz "início da vigília da meia-noite").

A palavra "cabeça" é usada no texto hebraico em Sl 118.22, traduzida por "pedra angular" pela *NVI*, e se refere metaforicamente ao rei liberto por Deus quando outros haviam desistido dele (cf. Mt 21.42; At 4.11; 1Pe 2.7, que se referem à rejeição sofrida por Cristo). "Cabeça" designa uma autoridade no sentido de pessoa em posição de destaque. Pode significar líder, chefe ou príncipe (Is 9.15; "autoridade", *NVI*), pode também transmitir a ideia de primeiro de uma série (1Cr 12.9; "primeiro", *NVI*). Israel era a "cabeça" das nações, o primogênito de Deus (Jr 31.7; "principal", *NVI*). Damasco era a "cabeça" (capital) da Síria (Is 7.8). O marido é o "cabeça da mulher" (Ef 5.23).

Um uso distintivamente teológico da palavra "cabeça" é visto no NT para se referir à autoridade de Cristo: Ele é o "cabeça" (*kephale* em grego) do seu corpo, que é a Igreja, que por sua vez é sua "noiva" (Ef 5.22,33, esposa). Em seu papel como "cabeça", Cristo capacita a Igreja a crescer, faz dela uma unidade, a nutre cuidando de cada um dos seus membros e lhe dá força para que se edifique em amor (Ef 4.15,16). Cristo é não apenas "cabeça" da Igreja, mas também do Universo como um todo (Ef 1.22) e de todo poder e autoridade (Cl 2.10). A influência divina no mundo se dá em série: Deus é o "cabeça" de Cristo, o qual é o "cabeça" do homem, que é o "cabeça" da mulher, e como tal deve amá-la e dela cuidar assim como Cristo faz com sua Igreja (Ef 5.25-30). Esse uso teológico da palavra pode ser uma extensão do uso veterotestamentário da palavra para se referir ao líder da tribo ou comunidade, ou pode ser uma reação contrária a tendências gnósticas primitivas. V. *gnosticismo*.

A cabeça era tida como importante, pois era considerada a sede da vida. Uma forma radical de derrotar um inimigo é atingir sua cabeça (Sl 68.21). Como parte dos insultos injuriosos que Jesus recebeu, os soldados bateram na cabeça dele com uma vara e lhe puseram uma coroa de espinhos (Mc 15.16-19). A decapitação era um insulto posterior à derrota. Herodias, por traição e maldade, conseguiu fazer que João Batista fosse decapitado (Mt 14.1-11). Davi cortou a cabeça de Golias e a levou até Saul (1Sm 17.51). Os filisteus cortaram a cabeça de Saul e de seu filho Is-Bosete (2Sm 4.7). Muitas inscrições e monumentos atestam que era comum para babilônios, assírios e egípcios cortar a cabeça dos inimigos abatidos em combate.

Por outro lado, a bênção era dada sobre a cabeça (Gn 49.26); por isso, quando uma pessoa era abençoada, colocava-se a mão sobre sua cabeça (Gn 48.17). Ungir a cabeça com óleo era símbolo de prosperidade e alegria (Sl 23.5. Hb 1.9). No ritual de ordenação e dedicação ao serviço sacerdotal, a cabeça do sumo sacerdote era ungida com azeite (Êx 29.7; Lv 16.32). Os pecados das pessoas eram simbolicamente transferidos para o animal da cabeça da pessoa sobre a qual se colocava a mão (Êx 29.10,15,19).

Escultura não identificada de uma cabeça do período romano em Israel.

Várias expressões coloquiais usavam a palavra cabeça. Os judeus juravam por sua cabeça (Mt 5.36). Demonstrava-se tristeza ou luto ao se colocar as mãos na cabeça e jogar cinzas sobre ela (2Sm 13.19). Em outros casos, o luto era demonstrado ao se rapar a cabeça (Jó 1.20). "Amontoar brasas vivas sobre a cabeça" é fazer um inimigo se sentir envergonhado ao lhe pagar o mal com o bem (Pv 25.21,22; Rm 12.20). Balançar a cabeça expressava desprezo (Mc 15.29), mas abaixá-la era um sinal de humildade (Is 58.5). Finalmente, "o cabelo ["cabeça", heb.] grisalho é uma coroa de esplendor, e se obtém mediante uma vida justa" (Pv 16.31). — *Darlene R. Gautsch*

CABEÇA DA IGREJA Título de Cristo (Ef 4.15; Cl 1.18). Em Ef desenvolve-se cuidadosamente a metáfora de Cristo como o cabeça de seu Corpo, que é a Igreja. Ser o cabeça inclui a ideia da autoridade de Cristo (1.22; 5.23) e da submissão que se exige da Igreja (5.24). Há nesses textos mais que simplesmente afirmar a autoridade de Cristo.

O foco está no caráter do relacionamento de Cristo com a Igreja. Diferente dos poderosos do mundo que buscam seu próprio interesse (Lc 22.25), Cristo exerce sua autoridade sobre a Igreja (Ef 1.22) nutrindo-a e cuidando dela tal como alguém cuida do seu próprio corpo (5.29). O mistério do marido e da esposa se tornarem "uma só carne" é aplicado a Cristo e à Igreja (5.31), que "é o seu corpo, a plenitude daquele que enche todas as coisas, em toda e qualquer circunstância" (1.23). Em Cl 1.18 a ideia de Cristo como "cabeça" é mais uma vez complexa, incluindo não apenas a ideia de autoridade, mas de origem (1.15-20). A Igreja é chamada a seguir seu cabeça e a descansar segura em seu relacionamento com ele.

CABECEIRA Palavra usada na *NVI* e *ARC* que significa "lugar em que a cabeça repousa durante o sono" (1Sm 19.13,15; 26.7,11,12, 16). *ARA* traz "à cabeça".

CABELO Cobertura da cabeça de seres humanos e animais. Geralmente muitas referências bíblicas mencionam o cabelo humano (Nm 6.5), ainda que o pelo (lã) de animais também seja citado (Mt 3.4). Um cabelo bonito é sempre desejável, por mulheres e por homens (Ct 5.11). No tempo do AT homens e mulheres usavam cabelos longos. Sansão e Absalão foram admirados por sua longa cabeleira (Jz 16.13; 2Sm 14.25,26). No tempo do NT os homens usavam cabelo mais curto que as mulheres (1Co 11.14,15).

Judeus ortodoxos são proibidos de cortar o cabelo acima das orelhas.

Balde de prata decorado com cena de uma serva penteando o cabelo de sua senhora.

cortar o cabelo durante o período do voto, mas depois disso rapavam a cabeça (Nm 6.1-21; At 18.18; 21.24).

Porque os fios de cabelo são muitos, simbolizam o conceito de algo inumerável (Sl 40.12). Porque parecem tão sem importância, podem ser símbolo de coisas insignificantes (Lc 21.18). — *Kendell Easley*

CABO 1. Punho de uma adaga (Jz 3.22). **2.** Medida de capacidade mencionada apenas em 2 Rs 6.25 (cf. nota de rodapé). Descrições de fontes antigas indicam que o cabo seria ligeiramente menor que 1 litro. **3.** V. *pesos e medidas*.

CABOM Nome de lugar de significado incerto. Povoado do território designado a Judá (Js 15.40). Sua localização também é incerta.

CABRA SELVAGEM V. *ibex*.

CABUL Nome de lugar que significa "acorrentado" ou "trançado". **1.** Povoado na fronteira nordeste de Aser (Js 19.27). Talvez tenha sido localizada na atual Kabul, a 14 quilômetros a sudeste de Acre. **2.** Região das cidades na Galileia dadas por Salomão a Hirão, rei de Tiro, como pagamento por materiais e serviços relativos à construção do templo e do palácio. Hirão não gostou delas e as chamou "Cabul", um jogo de palavras em hebraico que significam "nada". Aparentemente, o "presente" esperava um presente em troca, de acordo com a etiqueta do Oriente Médio, pois Hirão tinha enviado a Salomão 4.200 quilos de outro (1Rs 9.10-14).

CABZEEL Nome de lugar que significa "que Deus possa ajuntar"; é o mesmo "Jecabzeel" de Ne 11.25. Localizado na parte sudeste de Judá, perto da fronteira de Edom (Js 15.21). O lar de Benaia, oficial de Davi e de Salomão (2Sm 23.20; 1Cr 11.22). Uma das cidades reocupadas pelos judeus depois do retorno do exílio (Ne 11.25).

CAÇA, CAÇADOR Perseguir animais por necessidade de alimentação ou por diversão. A caça sempre foi uma atividade importante para providenciar um suplemento alimentar, especialmente no estágio seminômade da civilização. O livro de Gn menciona vários caçadores por nome, e nenhum deles é ancestral dos israelitas

Cabelos grisalhos e brancos eram sinais respeitados de envelhecimento (Pv 20.29). Já a calvície era considerada vergonhosa ou humilhante (2Rs 2.23; Ez 7.18). Em Lv 13, que apresenta instruções detalhadas sobre o diagnóstico da lepra (o que provavelmente incluía outras doenças de pele), a cor do cabelo em uma área infectada indicava se a doença estava presente ou se tinha sido curada. Do leproso curado exigia-se que depilasse todo o corpo (Lv 14.8,9).

O cabelo entre os israelitas exigia certos cuidados. As mulheres geralmente usavam-no solto, mas algumas vezes faziam penteados (2Rs 9.30; "arrumou o cabelo", *NVI*). Os escritores do NT advertem da ostentação no estilo de cabelo das mulheres (1Tm 2.9; 1Pe 3.3). Cabelo ungido com óleo simbolizava bênção e alegria (Sl 23.5; Hb 1.9). Alguns anfitriões providenciavam óleo para ungir convidados honoráveis (Lc 7.46). O luto era indicado por cabelos mal cuidados e desgrenhados (Js 7.6; 2Sm 14.2). Jesus disse aos seus seguidores que não seguissem o costume dos fariseus, que se recusavam a cuidar dos cabelos enquanto jejuavam (Mt 6.17).

Os homens israelitas cortavam o cabelo, mas a Lei proibia que o cortassem acima das orelhas (Lv 19.27). Essa restrição provavelmente era uma resposta a algum costume pagão (Dt 14.1,2), mas judeus ortodoxos até hoje usam cabelo com tranças longas. Aqueles que faziam o voto do nazireado eram proibidos de

(Ninrode, 10.9; Ismael, 21.20; Esaú, 25.27), o que talvez sugira que a caça era uma atividade própria não de Israel, mas dos seus vizinhos. Não obstante, a caça era regulamentada pela Lei mosaica. O sangue de um animal abatido em uma caçada deveria ser derramado no solo (Lv 17.13). Em Dt 14.3-5 fala que animais de caça eram considerados como ritualmente puros e, portanto, próprios para o consumo.

Dentre os apetrechos do caçador, estavam o arco e a flecha (Gn 21.20; 27.3), redes (Jó 18.8; Ez 12.13), armadilhas e laços (Jó 18.9,10). "Pavor, laço e cova" citados em Is 24.17,18 (cf. Jr 48.43,44) talvez seja uma alusão ao método Battue de caça, no qual um grupo forma um arrastão e faz barulho batendo no chão, empurrando a caça para uma área cercada, um poço ou uma rede. Antigas pinturas egípcias apresentam esse método de caça.

A caça por diversão era um passatempo popular entre os reis da Antiguidade. A caça é um motivo comum na arte dos assírios, egípcios e fenícios. São bastante conhecidos os alto--relevos assírios que apresentam Assurbanípal caçando leões. O AT não menciona a caça como passatempo dos reis de Israel ou de Judá. Josefo observou o amor de Herodes pela caça.

Com bastante frequência a caça é usada nas Escrituras em sentido figurado. Uma das poucas imagens positivas é o quadro descrito por Jeremias de Deus caçando os exilados dispersos para trazê-los de volta para Israel (Jr 16.16). Saul caçou Davi (1Sm 24.11). O livro de Mt descreve o plano dos fariseus de "enredar" Jesus (22.15), e Lc fala que eles esperavam "apanhá-lo em algo que dissesse". As Epístolas Pastorais falam da cilada (1Tm 3.7) e da armadilha do Diabo (2Tm 2.26). Em Ez 13.17-23 fala de mulheres que praticavam artes mágicas para enganar o povo, e são comparadas a passarinheiros. Em Mq 7.2 os infiéis são apresentados como caçando uns aos outros com redes. A advertência de Pv 6.5 é para salvar-se do mal como a gazela ou a ave foge do caçador. — *Chris Church*

CAÇADOR, PASSARINHEIRO Alguém que pega passarinhos. Todas as referências bíblicas são figuradas. Uma série de meios é mencionada nas Escrituras: laço (Sl 91.3; 124.7); armadilha (Sl 141.9; Jr 5.26,27); cordas (Jó 18.10); e redes (Os 7.12). Deus é louvado como o libertador do passarinheiro (Sl 91.3; 124.7), imagem do poder dos ímpios. A oposição ao profeta Oseias é retratada como laços de caçador colocados no templo (Os 9.8). Em Os 7.12 Israel é como um pássaro estúpido que Deus pegará com uma rede a fim de disciplinar a nação. Em Pv 6.1,2,5 retrata a dívida como uma armadilha a ser evitada. Jesus advertiu de que o dia do juízo vindouro de Deus seria tão inesperado como o fechar de uma armadilha (Lc 21.35).

CACO 1. Fragmento ou pedaço de um vaso de cerâmica. No AT, a palavra é usada em sentido literal e simbólico ou figurado. Jó usou um caco (2.8) para coçar as feridas que cobriam seu corpo; o ventre do monstro mitológico Leviatã é descrito como um "caco denteado" (41.30). A imagem é particularmente sugestiva para qualquer pessoa que conheça os fragmentos de cerâmica encontrados muitas vezes em escavações arqueológicas em que utensílios desse tipo eram utilizados, como no Oriente Médio.

Em Is (30.14) há a imagem de um caco como sinal da inutilidade do antigo reino de Judá. O salmista (22.15) usou a imagem de um caco seco como comparação de uma doença física que enfrentava.

A palavra hebraica traduzida por "caco" nas passagens acima pode também significar "vasilha de barro" em outros contextos (cf. Lv 14.5,50; Nm 5.17), e nem sempre é claro o significado preferível. É o caso em Pv 26.23, em que a comparação de traduções ilustra o problema: A *NVI* e a *ARA* trazem "vaso de barro", enquanto a *ARC* traz "caco". Em outras passagens, o problema é complicado por conta de confusão textual. Em Is 45.9 o texto hebraico traz literalmente "um caco (ou "vaso de barro") com cacos (ou "vasos de barro") da terra (ou "do chão")"; *NVI* traz "um caco entre os cacos no chão". Em nenhum dos casos o texto está claro, ainda que o simbolismo da inutilidade da pessoa que luta com Deus é claramente intencionado. — *John C. H. Laughlin.* **2.** Fragmento de cerâmica encontrado em escavações arqueológicas e usado para datação. V. *arqueologia e estudo bíblico*; *cronologia do período bíblico*; *cerâmica*; *escrita*.

CADEIAS, PRISÕES, GRILHÕES, CORRENTES, VÍNCULOS

Pilha de cacos de cerâmica em Banias.

CADEIAS, PRISÕES, GRILHÕES, CORRENTES, VÍNCULOS Traduções de diversos termos hebraicos e gregos com os significados de "obrigação", "dependência" ou "restrição". Usados literalmente para falar das correntes de prisioneiros ou escravos (Jz 15.14, "amarraduras" [*ARA*], "laços" [*NVI*]; 1Rs 14.10; Sl 107.14; 116.16; Lc 8.29; Fm 13). Usados figuradamente para falar dos laços da impiedade ou pecado (Is 58.6; Lc 13.16; At 8.23), de aflição e juízo (Is 28.22; 52.2; Jr 30.8; Na 1.13), da autoridade dos reis (Jó 12.18; Sl 2.3), da obrigação de guardar a aliança (Jr 2.20; 5.5; Cl 2.14), dos laços de paz e amor (Ef 4.3; Cl 3.14) e dos laços da mulher má (Ec 7.26).

CADEIRA, ASSENTO Objeto simples feito para que uma pessoa se assente (2Rs 4.10). Há uma menção também em Êx 1.16: "[...] e as virdes sobre os assentos [...]" (*ACF*). Ao que parece, Deus conta com um "escabelo" (banquinho, estrado) no qual os fiéis o adoram (Sl 99.5). Tiago falou de um "estrado onde se põem os pés" nas reuniões da igreja primitiva (2.3).

CADEIRA DE JULGAMENTO Em Mt 27.19 é a plataforma elevada ou assento ocupado por Pôncio Pilatos enquanto deliberava quanto às acusações feitas contra Jesus e de onde ele se pronunciará sobre o caso de Jesus. Conforme At 18.12, o apóstolo Paulo foi trazido perante a cadeira de julgamento em Corinto. Nos dois casos a cadeira de julgamento deve ser entendida em sentido literal simples. Em Rm 14.10 e em 2Co 5.10 a cadeira de juízo de Cristo é um conceito teológico. Os versículos enfatizam que as pessoas são responsáveis junto ao Senhor pela própria vida e um dia deverão encará-lo no julgamento. V. *cruz, crucificação*; *Jerusalém*; *Jesus Cristo*; *Dia do juízo*.

CADES ou **CADES-BARNEIA** Nome de lugar que significa "consagrado". O local onde os hebreus permaneceram por mais de 38 anos após deixarem o monte Sinai e antes de entrarem na terra prometida. O AT localiza o local entre o Deserto de Paran e o Deserto de Zin (Nm 13.3-21,26). Moisés enviou dois espiões para Canaã a partir de Cades-Barneia (Nm 13.3-21,26). Os hebreus também fizeram uma tentativa fracassada de penetrar em Canaã pelo sul, a partir dessa localidade (Nm 13.26; 14.40-45). Cades-Barneia é mencionado como o local no qual Abraão lutou contra os amalequitas (Gn 14.7) e como a fronteira sul da tribo de Judá (Js 15.3).

O sítio verdadeiro de Cades-Barneia tem sido muito debatido, mas os lugares mencionados com mais frequência são Ein-Qedeis e Ein el-Qudeirat. Ambos estão na parte norte da península do Sinai, e os dois contam com uma fonte. Muitos estudiosos aceitam Ein el-Qudeirat pela grande quantidade de águas (as maiores fontes e o maior oásis no norte do Sinai). Ein el-Qudeirat está localizado na encruzilhada de duas grandes estradas da Antiguidade — a estrada de Edom para o Egito e a estrada do mar Vermelho para o Neguebe e para o sul de Canaã, posteriormente, o sul de Judá. A localização na estrada do Egito para Edom se encaixaria bem no contexto bíblico do Egito para Cades-Barneia como o lugar do oásis dos hebreus no período de peregrinação no deserto. De igual maneira, a localização de Cades-Barneia ao longo da estrada norte-sul

CADES ou CADES-BARNEIA

pode explicar a lógica da tentativa de invasão de Canaã em Arade, pois Arade está ao norte de Cades-Barneia naquela estrada.

Escavações em Ein el-Qudeirat revelaram grandes fortalezas que datam do período de Salomão até a queda da monarquia (séc. X ao VI a.C.), mas até o momento não se descobriu nenhum resquício do período da peregrinação pelo deserto. Isso levanta a questão acerca da identidade do sítio de Cades-Barneia. No entanto, o sítio não foi totalmente escavado e por enquanto não surgiu alternativa de um sítio melhor. — *Joel F. Drinkard Jr.*

Fortaleza da Idade do Ferro na área da antiga Cades-Barneia.

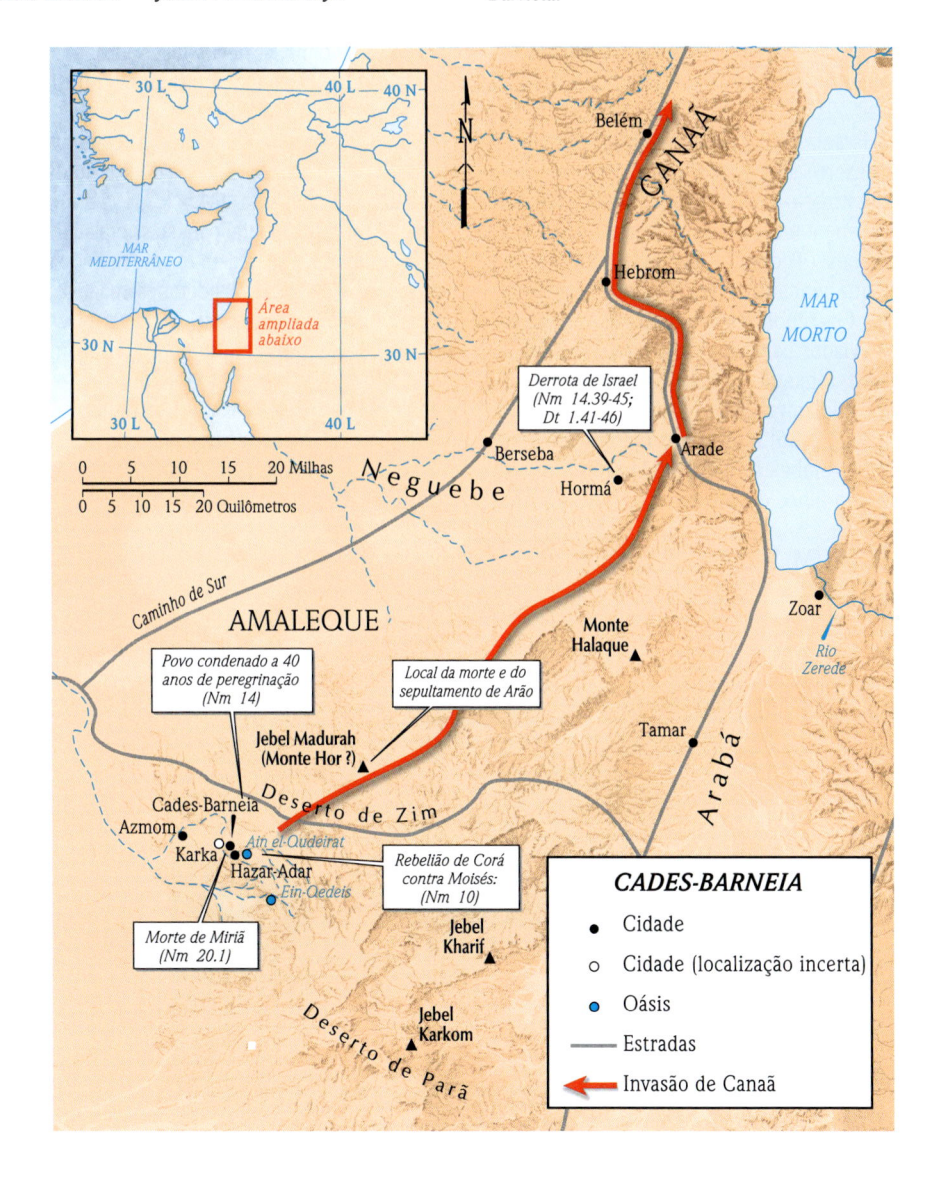

CADINHO V. *crisol*.

CADMIEL Nome pessoal que significa "Deus é antigo" ou "Deus vem antes". **1**. Levita que retornou do exílio na Babilônia com Zorobabel. Representante da linhagem de Hodavias (Ed 2.40; Ne 7.43, Hodeva), também conhecida como linhagem de Judá (Ed 3.9). Ajudou a reconstruir o templo. **2**. Levita que ajudou Esdras na renovação da aliança depois da volta do exílio (Ne 9.4,5). **3**. Levita que assinou a aliança depois do exílio (Ne 10.9). A relação entre essas pessoas não é clara. Podem ser a mesma pessoa ou podem ser pai e filho.

CADMONEU Nome de um povo que significa "oriental". Tribo cuja posse foi prometida por Deus a Israel. Esse grupo provavelmente habitava o deserto sírio-árabe entre o Eufrates e a Síria-Palestina — o que significa áreas a leste de Canaã. Seu nome tem associações frequentes com árabes. Podem estar relacionados aos "povos que vinham do leste" mencionados em Jz 6.33. Os filhos das concubinas de Abraão foram enviados para viver "na terra do oriente" (Quedem), longe de Isaque (Gn 25.6). Jó (1.3), os reis midianitas que cavalgavam camelos (Jz 8.10-12,21,26) e os sábios cujos nomes têm associações árabes (1Rs 4.30,31) são todos descritos como filhos do oriente.

CAFARNAUM Nome que significa "vila de Naum". Na margem noroeste do mar da Galileia a aproximadamente quatro quilômetros a oeste da entrada do Jordão está localizada a cidade de Cafarnaum no NT.

Cafarnaum aparece no registro bíblico apenas nos Evangelhos (mencionada 16 vezes). Como centro econômico na Galileia, era mais importante do que a tradição muitas vezes tem dado a entender. A designação "cidade" a distingue da categoria de "vila de pescadores". Talvez a proximidade de uma rota comercial importante ligando o oeste ao leste explique a necessidade de um posto de alfândega ali. A importância da cidade é demonstrada ainda pela localização de uma unidade militar sob o comando de um centurião. A pesca e a agricultura eram importantes para a economia, e evidências arqueológicas sugerem que outras indústrias leves contribuíam para a prosperidade local.

No NT, Cafarnaum foi escolhida como base de operações por Jesus no começo do seu ministério. O ensino na sinagoga (Mc 1.21) e em casas (Mc 2.1) foi fundamental para sua obra ali, mas os milagres realizados parecem ter precipitado a controvérsia e a oposição. A liderança religiosa desafiou a direção do ministério de Jesus (Mc 2.24; 7.5), e os seguidores dentre o povo tentaram assumir o controle e forçá-lo a assumir uma posição política (Jo 6.15). Marcos (2.1) se referiu a Cafarnaum como a casa de Jesus, e Mateus (9.1) a descreveu como "sua cidade". Parece que diversos discípulos também moravam nela, incluindo Pedro, André, Mateus e talvez João e Tiago. O povo aparentemente não aceitou seu papel messiânico porque se colocou sob a mesma condenação que Corazim e Betsaida — não se arrependeu (Mt 11.20-24). — *George W. Knight*

Vista geral da sinagoga em Cafarnaum que data do séc. I.

Alguns pedaços dos exemplares de colunas intricadamente esculpidas descobertas nas escavações em Cafarnaum.

O material do fundamento dessa sinagoga do séc. III em Cafarnaum talvez date do séc. I

Uma casa em Cafarnaum venerada por antigos cristãos locais como a casa do apóstolo Pedro.

CAFTOR Terra natal dos filisteus (Am 9.7). Em Jr 47.4 e em Dt 2.23 seus habitantes são chamados "caftoritas" (cf. Gn 10.14). Embora diversos lugares tenham em várias épocas sido propostos para sua localização, os estudiosos atualmente concordam em identificá-la como a ilha de Creta. V. *Creta; filisteus*.

CAFTORITAS Cidadãos de Caftor ou Creta. V. *Caftor*.

CAIFÁS Nome pessoal que significa "rocha" ou "depressão". Sumo sacerdote no tempo do julgamento e crucificação de Jesus (Mt 26.3). Era genro de Anás e líder na conspiração para prender e executar Jesus. Sabe-se relativamente pouco sobre sua vida. Foi aparentemente nomeado sumo sacerdote aproximadamente em 18 d.C. e serviu até 36 ou 37 d.C. Seus restos mortais foram encontrados em um ossuário em uma gruta de sepultamento em Jerusalém, que também contém os restos de muitos dos membros de sua família. V. *cruz, crucificação; levitas; sacerdotes*. — Charles W. Draper

CAIM Nome pessoal que significa "aquisição". O primeiro filho de Adão e Eva (Gn 4.1). Embora o significado do nome seja disputado, a razão de Eva lhe dar esse nome sugere a relação com a raiz hebraica que significa "adquirir". Caim era agricultor, e seu irmão Abel, pastor de ovelhas. Quando cada um deles levou uma oferta ao Senhor, a de Abel foi aceita, mas a de Caim não. Em decorrência disso, Caim assassinou seu irmão Abel. Como castigo Deus tirou dele a capacidade de lavrar o solo de modo produtivo e o transformou em andarilho. Deus o marcou para protegê-lo de qualquer pessoa que quisesse vingar a morte de Abel.

CAINÃ Nome pessoal de significado desconhecido. **1.** Antepassado de Noé (Gn 5.10-14), às vezes visto como grafia variante de Caim (Gn 4.17). Está incluído entre os antepassados de Cristo (Lc 3.37). **2.** Descendente de Noé na versão da *LXX* de Gn 11.12, mas não no hebraico. Lucas usou essa antiga tradução grega do AT e incluiu Cainã entre os antepassados de Cristo (Lc 3.36). **3.** Nome pessoal de significado incerto. Neto de Adão, filho de Enos, e pai de Maalalel (Gn 5.9-14; 1Cr 1.2). Listado entre os ancestrais de Jesus (Lc 3.37). V. *Enos*.

CAJADO Arma de guerra usada em combate corpo-a-corpo para abater o inimigo. V. *armas e armadura; ramo, bastão*.

CAL Material sólido, branco e cáustico, consistindo primariamente em óxido de cálcio obtido do aquecimento a altas temperaturas da pedra ou concha de cálcio. Misturado com água, a cal era usada como material de pintura (Dt 27.2,4). Queimar ossos de alguém até virar cal (Is 33.12) significava a aniquilação completa, e era considerado um crime particularmente hediondo (Am 2.1).

CALÁ Nome de lugar assírio. Cidade construída por Ninrode com Nínive e Reobote (Gn 10.8-12). É a atual Tel Ninrud à margem leste do rio Tigre, onde ele conflui com o rio Zab Superior a 32 quilômetros ao sul de Nínive. Assurbanípal II (883-859 a.C.) fez dela a capital da Assíria. Grandes descobertas arqueológicas assírias têm sido feitas aí incluindo o palácio de 24 mil metros quadrados de Assurbanípal. V. *Assíria*.

CALABOUÇO V. *prisão, prisioneiros*.

CALAFATES, CALAFETAÇÃO Os que aplicam substâncias como betume nas fendas dos navios para torná-los à prova d'água (Ez 27.9,27). V. *betume*.

CALAI Nome pessoal que significa "mudança" ou "leve". Líder sacerdotal que voltou do exílio no tempo do sumo sacerdote Joiaquim (Ne 12.20).

CÁLAMO Ingrediente de um óleo sagrado de unção (Ez 27.19). Especiaria de aroma agradável feita de um junco importado. Também é traduzida por "cana aromática" (*ARC*). V. *plantas*.

CALCANHAR, LEVANTOU O Levantar o calcanhar contra alguém é virar as contas a uma pessoa e associar-se aos seus inimigos. Jesus aplicou esta expressão a Judas, que aceitou a hospitalidade do Senhor, mas depois planejou sua prisão (Jo 13.18, *ARA, ARC, BJ, AM; NVI*, "voltou-se contra mim").

CALCEDÔNIA Transliteração do nome grego de uma pedra preciosa em Ap 21.19. V. *joias, joalheria; minerais e metais*.

CALÇÕES 1. Peças do vestuário sacerdotal feitos de linho que cobriam as coxas por razões de recato. Eram usados pelo sumo sacerdote no Dia da Expiação e por outros sacerdotes em outras ocasiões cerimoniais (Êx 28.42; 39.28; Lv 6.10; 16.4; Ez 44.18). Essa vestimenta garantia que os sacerdotes cumprissem o mandamento de Êx 20.26. **2.** Tradução da *NVI* e *BJ* para uma palavra aramaica usada em Dn 3.21 para se referir à roupa que cobre as pernas. O sentido exato dessa palavra não é claro. A *ARA* traduz por "outras roupas".

CALCOL Nome pessoal de significado incerto. Homem sábio que serviu como elemento de comparação à sabedoria sem igual de Salomão (1Rs 4.31). Em 1Cr 2.6 é apresentado como neto de Judá, filho de Jacó.

CALDEIA Refere-se a uma área geopolítica (Caldeia) ou ao povo que vivia aí (caldeus). A Caldeia ocupava a região sul e sudeste da Mesopotâmia, i.e., o território entre as partes inferiores dos rios Tigre e Eufrates. Hoje a Caldeia está localizada no Iraque, perto da fronteira com o Irã, alcançando o extremo superior do golfo Pérsico.

Os caldeus Nos tempos do AT diversos povos ocuparam o sudeste da Mesopotâmia em diferentes épocas. Os caldeus foram um desses grupos, cujo nome deriva do termo antigo *kaldai*, referente a diversas tribos arameias estabelecidas na baixa Mesopotâmia entre 1000 e 900 a.C. Sua nova pátria era uma planície aluvial com poucos recursos naturais, muitos pântanos, enchentes de primavera e verões muito quentes.

Relação com a Babilônia No início os caldeus viviam em assentamentos tribais, rejeitando a sociedade urbana dos babilônios a noroeste — assim denominados segundo a cidade-Estado principal da região, Babilônia, à qual o AT se refere mais de 300 vezes. Babilônia tinha sido a capital do grande rei Hamurábi (c. 1763-1750 a.C.), lembrado pelo império que levantou e pelo famoso código de leis que leva seu nome.

À medida da passagem do tempo, os caldeus gradualmente passaram a obter o domínio da Babilônia. No processo também assumiram o título "babilônios" ou, mais precisamente, "neobabilônios". Como resultado, os termos caldeu e (neo)babilônio podem ser usados de maneira intercambiável (Ez 1.3; *NVI* e *NTLH*; 12.13, *NVI*). V. *Babilônia*.

No séc. VIII a.C. os caldeus emergiram como os heróis da resistência contra a Assíria, força imperial perigosa e agressiva na Mesopotâmia superior. Nessa época começam a aparecer os caldeus no AT, no início possivelmente aliados de Judá contra a Assíria, mas mais tarde como ameaça direta a Judá e Jerusalém. — *Tony M. Martin*

CALDEIRÃO 1. Panela feita de diversos materiais usada por tradutores modernos para diversas palavras hebraicas. Usado tanto na casa quanto no templo (1Sm 2.14; 2Cr 35.13; Jó 41.20; Ez 11.3,7,11; Jr 52.18,19; Mq 3.3). V. *cerâmica*. (*ARA* traz "tacho"). **2.** Tradução de uma palavra hebraica para a panela em que carnes eram preparadas pelos adoradores antes de ser oferecida a Deus (1Sm 2.14). Hofni e Fineias não estavam satisfeitos com a porção dos sacerdotes (1Sm 2.12-17; Lv 7.14). Além da porção que lhes pertencia por direito, pegavam também o que estava no caldeirão dos adoradores. V. *Hofni e Fineias*; *sacrifício e oferta*.

CALEBE Nome pessoal e de clã significando "cão". Calebe, filho de Jefoné, foi um dos 12 espiões enviados por Moisés para fazer o reconhecimento do território de Canaã (Nm 13.6). Foi um de somente dois que trouxeram de volta um relato positivo (Nm 13.30). Por causa de sua lealdade imperturbável ao Senhor, Deus o recompensou permitindo que sobrevivesse aos anos da peregrinação no deserto e dando-lhe a região de Hebrom como sua porção na terra prometida. Com a idade de 85 anos Calebe conquistou Hebrom (Js 14).

A identidade etimológica do clã de Calebe é incerta. Em Nm 13.6 Calebe é identificado com a tribo de Judá. No entanto, de acordo com Nm 32.12, seu pai Jefoné era quenezeu. Os quenezeus aparentemente foram de origem edomita (Gn 36.9-11). Talvez Calebe representasse um clã quenezeu que tinha se unido aos israelitas e sido incorporado na tribo de Judá.

CALEBE-EFRATA Lugar em que Hezrom, pai de Calebe, morreu (1Cr 2.24). A *NTLH* segue

CALENDÁRIO

JORNADA DOS ESPIÕES
- ● Cidade
- ○ Cidade (localização incerta)
- ● Oásis
- ▲ Pico de montanha
- ← Jornada dos 12 espiões
- A terra prometida

uma pequena modificação do texto hebraico e faz de Efrata a mulher de Hezrom que Calebe tomou depois da morte de seu pai. Efrata era outro nome de Belém. Calebe-Efrata não é conhecida de outras fontes. V. *Belém; Efrata, Efrate*.

CALENDÁRIO O AT menciona dias, meses e anos, os elementos básicos de um calendário, mas não contém prescrições para a sua regulamentação. Foi no período rabínico que o tratado escrito sobre as tradições judaicas Rosh Hashaná, uma parte da Mishná, organizou os dados bíblicos num sistema de calendário detalhado que os judeus seguem hoje. Podemos presumir que aquilo que os rabinos codificaram era, em geral, a prática entre os judeus do séc. I, no tempo de Cristo e dos apóstolos, mas o NT oferece poucos dados de calendário diretos. Períodos em que certos eventos importantes são datados não mencionam o dia e mês, mas o nome de uma ou outra festa judaica antiga: a Páscoa (geralmente na perícope da Paixão, Mt 26, Mc 14, Lc 22, Jo 18—19; também em Lc 2.41 e nos sete textos de João que precedem a Paixão); o dia de Pentecoste (a festa das semanas dos judeus, At 2.1; 20.16; 1Co 16.8); e a festa da dedicação (a festa de Hanucá dos judeus, Jo 10.22). O NT não fornece evidência de que os judeus na Palestina ou fora dela tenham observado o calendário romano começando no dia 1º de janeiro, mas o livro apócrifo de 1Mc e o historiador judeu Josefo de fato substituem nomes de meses judaicos por nomes de meses gregos (macedônios). Podemos pressupor que nos negócios os judeus que falavam grego faziam livre uso deles. Isso era pouco mais do que uma convenção linguística, no entanto, visto que os meses gregos correspondiam aos meses judaicos, fazendo pouca diferença a base em que era feito o cálculo de calendário.

O ano As evidências antropológicas de muitas regiões mostram que era possível nos tempos mais antigos mapear o curso do Sol em sua órbita anual de 365 dias. Os equinócios da primavera e do outono (o dia na primavera e no outono, respectivamente, em que o dia e a noite são de duração igual) eram comumente designados como o início de um novo ano. Com base nos dados bíblicos e dos escritos do Oriente Médio sabemos que todos os povos da região mesopotâmica, bem como os árabes, gregos e romanos escolheram o primeiro inquestionavelmente porque a primavera é quando brota a nova vida. Na Fenícia, Canaã e Israel, no entanto, o outono foi escolhido, provavelmente porque a colheita marcava o fim de um ciclo agrícola e preparava para o seguinte. Nos períodos exílico e pós-exílico, os judeus fizeram a mudança para marcar o ano novo na primavera, mas desde os tempos rabínicos, o ano novo do outono tem sido observado.

Em primeiro lugar, uma sociedade basicamente agrícola é refletida no "calendário de Gezer", descoberto por R. A. S. Macalister. Esse é na realidade um exercício de um aluno no qual letras primitivas hebraicas são rabiscadas numa tábua de argila. Ela diz:

"Seus dois meses são colheita (de olivas),
   Seus dois meses são semeadura (de grãos),
      Seus dois meses são plantação tardia;
Seu mês é cortar linho,
   Seu mês é colher cevada,
      Seu mês é colheita e celebração;
Seus dois meses são cuidar da vinha;
   Seu mês são frutos de verão".
(trad. por W. F. Albright, *Ancient Near Eastern Texts*)

Duas coisas importantes precisam ser observadas aqui: (1) a lista começa no outono e termina com o verão seguinte; (2) visto que alterna entre períodos de dois meses e um mês e não denomina ou conta os meses, podemos ver que a sucessão de atividades agrícolas determina a ordem dos itens e que o ano é concebido com base na sucessão de eventos agrícolas, não na observação astronômica.

Em segundo lugar, todo o AT prossegue para um calendário lunar baseado na observação dos corpos celestes e que regula uma ordem mais sofisticada de atividades econômicas e religiosas. Esse tipo de calendário tinha ampla circulação entre as sociedades mais avançadas. É o calendário "lunar-solar" porque permitia que a órbita do sol marcasse o início do ano, mas baseava o início dos meses na observação das fases da lua. A primeira aparição da lua nova marcaria o início de um novo mês. De acordo com o Talmude, "os sacerdotes esperariam essa aparição e a anunciariam enviando mensageiros e tocando trombetas. O primeiro problema é que o circuito da lua leva aproximadamente 29,5 dias, forçando uma alternância entre meses de 30 dias e 29 dias; e o segundo, é que 12 desses meses-lua somam 354,25 dias (354 dias e um quarto de dia), faltando aproximadamente 11 dias para completar um ano solar. Dos babilônios os hebreus aprenderam a acrescentar um mês a cada dois ou três anos. No período rabínico o mês "intercalado" era inserido sete vezes em 19 anos.

Em terceiro lugar, uma seita conhecida como os essênios criou um calendário puramente solar que combinava o cálculo matemático com uma ideologia especial. Descartando a observância da lua nova, os essênios deram 30 dias a cada mês e acrescentaram um dia especial ao final de cada período de três meses, resultando num ano de 364 dias. Temos razões para crer que quando esse partido tentou colocar esse calendário em vigor, as autoridades do templo expulsaram os essênios forçando-os ao exílio. Ele teria confundido o ciclo oficial de festas religiosas baseado no calendário solar-lunar. Temos notícia desse calendário somente com base em livros sectários como os rolos de Qumran.

O mês Além de sabermos que a extensão dos meses variava e que a data do ano novo na primavera ou no outono marcava qual deles vinha primeiro, conseguimos observar ao longo da história de Israel um desdobramento interessante nos nomes dados aos meses. Esses nomes refletiam a presença de uma ou outra influência cultural predominante: primeiramente a dos cananeus, e depois a da Mesopotâmia.

A primeira prática foi o emprego dos nomes de meses cananeus, dos quais quatro sobreviveram na Bíblia: *abibe* (março-abril), *zive* (abril-maio); *etanim* (setembro-outubro); e *bul* (outubro-novembro) (Êx 13.4; 23.15; 34.18; 1Rs 6.1,37,38; 8.2). Os outros meses cananeus são conhecidos de inscrições fenícias. São todos nomes agrícolas e refletem o padrão de cálculo sazonal, como no calendário de Gezer.

A prática comum do AT é simplesmente enumerar os meses do 1º ao 12º. Alguns desses meses enumerados podem ser encontrados nos textos mencionados acima, daí a prática precisa ser ao menos tão antiga quanto a monarquia israelita. Visto que o primeiro mês está sempre na primavera, essa prática precisa remontar ao tempo dos patriarcas, que a devem ter aprendido na Mesopotâmia.

Quando os judeus retornaram do exílio babilônico, trouxeram consigo os nomes do calendário babilônico, ao mesmo tempo em que contavam o início do ano na primavera. Embora os rabinos

CALÍGULA

LEGENDA
- Meses solares
- Nomes hebraicos de meses lunares
- Festas e precipitação de chuvas
- Atividades agrícolas
- Atividades pastoris

[Diagrama circular do calendário hebraico mostrando meses solares, nomes hebraicos de meses lunares, estações de chuvas (Chuvas de Outono, Chuvas de Inverno, Chuvas da Primavera, Seca), atividades agrícolas (Preparo do solo e semeadura; Semeadura tardia de legumes e vegetais; Páscoa e Pães sem fermento; Colheita de cevada; Colheita de trigo; Figos precoces; Colheita e processamento de uvas; Colheita e processamento de olivas / Figos tardios) e atividades pastoris (Pasto de inverno, Parturição, Tosquia, Pasto de verão). Meses hebraicos: Tisri (Etanim), Marcheshvā (Bul), Quisleu, Tebete, Sebate, Adar, Nisā (Abibe), Iyar (Zive), Sivā, Tamuz, Abe, Elul.]

retomassem a prática de datar o início do ano no outono, o judaísmo mantém esses nomes babilônicos como se fossem os seus próprios: *nisā* (março-abril); *iyar* (abril-maio); *sivā* (maio-junho); *tamuz* (junho-julho); *abe* (julho-agosto); *elul* (agosto-setembro); *tisri* (setembro-outubro); *marcheshvā* (outubro-novembro); *quisleu* (novembro-dezembro); *tebete* (dezembro-janeiro); *sebate* (janeiro-fevereiro); *adar* (fevereiro-março). O mês inserido é chamado de *"we-adar"*, *"e-adar"*. — Simon J. DeVries

CALÍGULA Imperador romano, 37-41 d.C. V. *Roma e o Império Romano*.

CALNÉ, CALNO (Is 10.9) Nome de lugar de significado incerto. **1.** Parte do reino de Ninrode na Babilônia (Gn 10.10). Localização ou identificação com qualquer outra cidade registrada é desconhecida. **2.** Cidade na Síria sob controle de Israel nos dias de Amós e Isaías (c. 740 a.C.). Amós convidou Israel a considerar o destino de Calné como cidade conquistada e ver se Israel

CALVÁRIO, CAVEIRA

Busto de Calígula, o César romano de 37 a 41 d.C.

subjugada por Tiglate-Pileser da Assíria em 738 a.C. Essa Calné pode ser a atual Kullan Koy no norte da Síria, a 15 quilômetros de Arpade.

CALÚNIA Falar de forma crítica de alguém com a intenção de prejudicar (Lv 19.16). Em um tribunal, caluniar significa levantar acusações falsas contra uma pessoa (Êx 20.16; Dt 5.20). Jesus disse: "Mas eu lhes digo que no dia do juízo os homens haverão de dar conta de toda palavra inútil que tiverem falado" (Mt 12.36). Isso deve levar cada um a tomar bastante cuidado com o que fala a respeito dos outros (Ef 4.31; 1Pe 2.1). A Bíblia apresenta a calúnia como marca do mundo não regenerado (Tg 4.11,12; 1Pe 2.12; 3.16). Jesus falou a respeito de Satanás como quem "não se apegou à verdade, pois não há verdade nele. Quando mente, fala a sua própria língua, pois é mentiroso e pai da mentira" (Jo 8.44). A palavra grega *diabolos* pode significar "caluniador".

era melhor de alguma maneira (Am 6.2). De forma semelhante, Isaías advertiu Jerusalém de que Calno (outra grafia de Calné) era tão boa quanto Jerusalém e mesmo assim tinha sido

CALVÁRIO *(ARA)*, **CAVEIRA** *(NVI)* Nome em português do lugar onde Jesus foi crucificado (Lc 23.33). "Calvário" vem do latim *calvaria*, que é a tradução da *Vulgata* do termo grego

O calvário de Gordon é um dos possíveis locais da crucificação de Jesus.

kranion, "caveira". Os outros três Evangelhos (Mt 27.33; Mc 15.22; Jo 19.17) se referem ao nome semítico "Gólgota", do aramaico *gulgulta'*, "caveira" ou "cabeça". Esse significado particular — "lugar de uma caveira" (*kraniou topos*) — tem causado especulações diversas à sua origem. As sugestões comuns são que o lugar era um lugar convencional e comum de execução, ou que fisicamente fazia lembrar uma caveira humana, ou mesmo que ali tinham sido encontradas caveiras (ou podiam ser vistas ali). O texto bíblico não lança luz sobre a questão. O NT de fato revela que o lugar ficava perto de Jerusalém (Jo 19.20), fora dos muros da cidade (Hb 13.12), aparentemente perto de uma estrada bastante frequentada (Mt 27.39), e era bem visível dos arredores (Mc 15.40; Lc 23.49). Perto dali ficava um jardim (Jo 19.41; 20.15) no qual estava o túmulo de José de Arimateia, cavado na rocha (Mt 27.59,60; Lc 23.53), no qual ainda ninguém tinha sido sepultado (Lc 23.53; Jo 19.41) e que, depois do sepultamento de Jesus, foi selado com uma grande pedra (Mt 27.60; Mc 15.46).

Hoje há dois lugares em Jerusalém reivindicados como o lugar antigo de crucificação de Jesus: 1) a Igreja do Santo Sepulcro, no lado interno dos muros da atual "cidade antiga" de Jerusalém e tem o peso da tradição a seu favor (a partir do séc. IV) e 2) o jardim do Túmulo, notado bem mais tarde (séc. IX), que fica ao norte e a leste da porta de Damasco e se encaixa proximamente nos detalhes bíblicos (também chamado calvário de Gordon, pois o general britânico Charles Gordon defendeu essa possibilidade). — B. Spencer Haygood

CALVÍCIE A calvície natural parece ter sido rara em Israel. É mencionada somente nas leis levíticas acerca da lepra (Lv 13.40-43): um homem calvo era declarado "puro" a não ser que a região calva mostrasse sinais de inchaço ou de uma ferida avermelhada. A arqueologia não escavou retratação alguma de homens calvos em Israel. Eliseu foi ridicularizado por ser "careca", mas pode ter rapado a cabeça em sinal de luto pela partida de Elias (2Rs 2.23). Rapar a cabeça por aparência ou lamento pelos mortos era proibido por lei (Lv 21.5; Dt 14.1) e especialmente para os sacerdotes (Ez 44.20). No entanto, Isaías fala do chamado de Deus a seu povo para que reconhecesse o próprio pecado arrancando os cabelos e vestindo pano de saco (Is 22.12). A cabeça rapada é mencionada muitas vezes em associação com rapar a barba e vestir pano de saco para sinalizar perda de entes queridos ou de esperança (Is 3.24; 15.2,3; Jr 48.37). O texto de Dt 21.11-13 pode ser referência a rapar a cabeça de prisioneiros, possivelmente à calvície no lamento, ou a um símbolo da mudança do modo de vida. Ezequiel descreve homens forçados a trabalhar tão duramente que "toda cabeça foi esfregada até não ficar cabelo algum e todo ombro ficou esfolado" (Ez 29.18), mas não há evidência de que escravos tenham sido obrigados a rapar a cabeça. V. *aflição; cabelo; lepra*. — Tim Turnham

CAM Nome pessoal que significa "quente". Segundo dos três filhos de Noé (Gn 5.32). Depois do Dilúvio, flagrou seu pai nu e embriagado e contou o fato aos seus irmãos Sem e Jafé (Gn 9.20-29). Quando Noé soube do incidente, proferiu uma maldição contra o filho de Cam, chamado Canaã. Cam se tornou o ancestral original dos cuxitas, dos egípcios e dos cananeus (Gn 10.6). V. *Noé*.

CAMA, QUARTO DE DORMIR Lugar de dormir ou descansar. A cama pode ser um simples colchão de palha ou uma estrutura bem trabalhada de madeira, metal, pedra ou marfim. O quarto de dormir é o cômodo designado para dormir ou descansar.

A cama dos pobres era um simples colchão fino de palha ou uma maca de pano desenrolada no chão com nada mais do que uma pedra como travesseiro (Gn 28.10,11; Jo 5.9) e um manto para se cobrir. Para os pobres mais afortunados, uma casa de barro batido de um cômodo era usada para muitos propósitos e servia como proteção do tempo, como cozinha, área de trabalho e lugar para dormir. Para os poucos abastados, as casas e palácios continham muitos cômodos, incluindo cozinha, salas de estar, bibliotecas e quartos de dormir com camas bem trabalhadas e decoradas (Et 1.6; Pv 7.16,17; Am 6.4). A cama de ferro era chamativa (Dt 3.11). Às vezes a cama era o símbolo tanto dos padrões morais mais elevados quanto dos mais degradados da humanidade. A cama é o símbolo de que não há lugar secreto seguro do engano (2Rs 6.12). Em Is 28.20 a cama curta demais e o cobertor estreito demais são símbolos de não existir escape do juízo. A Bíblia ensina que o casamento é honroso entre todas as pessoas, o leito matrimonial deve ser mantido puro e Deus julgará o adúltero e a imoralidade sexual (Hb 13.4; Ap 2.22). — *Lawson G. Hatfield*

Quarto de dormir em Herculaneum mostrando a cama no estilo romano e paredes decoradas originariamente com afrescos.

CAMALEÃO Animal impuro que se move junto ao chão (Lv 11.30), geralmente identificado como o *Chamaeleo calyptratus*. Uma palavra hebraica com a mesma grafia, mas talvez com derivação histórica diferente, ocorre em Lv 11.18 e Dt 14.16, para designar aparentemente a coruja de estábulo, *Tyto alba*. V. *répteis*.

CÂMARA Tradução de ao menos sete palavras hebraicas referentes à uma parte de uma casa ou outra construção. Incluídos estão quartos de dormir (2Rs 6.12); banheiro (Jz 3.24); quarto interior reservado para a noiva (Jz 15.1; Jl 2.16); sala privativa no templo que continha bancos (1Sm 9.22; 2Rs 23.11); salas de depósito (Ne 12.44); uma sala superior fresca construída sobre o telhado (Jz 3.20) ou sobre a porta da cidade (2Sm 18.33); e as vigas que formavam salas laterais no templo (1Rs 7.3). O NT fala dos quartos íntimos de uma casa (Mt 6.6; 24.26; Lc 12.3) ou de uma despensa (Lc 12.24). V. *arquitetura*.

CÂMARA SUPERIOR ou **RECINTO SUPERIOR** Sala no andar superior escolhida por Jesus para celebrar uma refeição final com os discípulos antes de sua detenção (Mc 14.14,15). Jesus ordenou a dois de seus seguidores que preparassem o recinto e a refeição. A tradição sustenta que os discípulos se reuniram nesse recinto após a ascensão de Jesus (At 1.13). Mais que um século depois do ministério terreno de Cristo, o recinto em que se acredita ter sido realizada a ceia foi transformado em santuário e continua sendo celebrado até hoje. V. *câmara*.

O local tradicional do recinto superior, ou salão do cenáculo, em Jerusalém.

CÂMARAS DE IMAGENS Expressão de significado incerto (Ez 8.12). Poderia ser uma referência a câmaras secretas contendo ídolos ou pinturas nas paredes (Ez 8.10; 23.14) provavelmente relacionadas a religiões pagãs. Não importa o objeto a que se refere a expressão "câmaras pintadas de imagens" (*ARA*; a *NVI* traz: "santuário de sua própria imagem esculpida"), o que acontecia no templo nos dias de Ezequiel não agradava a Deus.

CAMBAS (*ARA, ARC*). Aro de uma roda (1Rs 7.33).

CAMBISTA Pessoa cuja profissão era vender ou trocar dinheiro romano ou outras unidades monetárias por dinheiro aceitável no culto do templo. Nos tempos do NT as cidades e regiões emitiam unidades monetárias próprias. Isso fazia que os judeus da Dispersão, os que viviam fora da Judeia, trouxessem diferentes tipos de dinheiro a Jerusalém. Para ajudar os visitantes a fazer câmbio do dinheiro pelo aceitável em Jerusalém, os cambistas colocavam mesas no átrio dos gentios. Moedas sírias de prata eram o dinheiro corrente em Jerusalém, e os adoradores as usavam para pagar o imposto do templo,

CAMBISTA

278

Torre do sino da Igreja da Assunção, adjacente à tradicional câmara superior em Jerusalém.

meio shekel (siclo), e para comprar sacrifícios para o altar.

Três palavras são traduzidas como "cambistas": *kollybistes* (Mt 21.12; Mc 11.15; Jo 2.15), palavra de origem semita que se refere à taxa ou comissão de câmbio; *kermatiskes* (Jo 2.14), que se refere ao negociador em pequena escala, e *trapetzites* (Mt 25.27), que Lucas usou de maneira ligeiramente modificada (*trapezan,* 19.23, ou *shulhanim* em hebraico), referente ao agente financeiro que se assentava à uma mesa.

Os cambistas ficavam na mesma área dos vendedores de animais, pássaros e outros itens usados no culto e nos sacrifícios no templo. As transações eram numerosas e exigiam o serviço de corretores que sabiam o valor do dinheiro estrangeiro. Alguns negociantes lucravam muito e emprestavam o próprio dinheiro junto com o que outros investiam. As taxas de juros variavam de 20 a 300 por cento ao ano.

Furioso por causa desta corrupção e do objetivo do templo, Jesus virou as mesas dos cambistas e os expulsou, bem como aos vendedores de animais, do átrio do templo (Mt 21.12). — *Elmer L. Gray*

CAMELO Mamífero grande com corcovas, natural da Ásia e da África, usado em viagens no deserto e no transporte de cargas e de viajantes. Descobertas recentes demonstram sua domesticação já antes de 2000 a.C.

Antigo Testamento O camelo, chamado "o navio do deserto", está adaptado às viagens através do deserto com patas almofadadas, corpo musculoso e corcova de gordura para manter a vida em viagens longas. Um camelo novo consegue caminhar mais de 150 quilômetros por dia. A riqueza nos tempos antigos era medida com muitos bens, incluindo camelos (Gn 24.35; Jó 1.3). Aos judeus era proibido alimentar-se dos camelos, impuros porque ruminam o alimento, mas não têm o casco fendido (Lv 11.4). Um camelo descontrolado em um rompante de fúria poderia pisar e destruir rapidamente as tendas de uma família ou clã. Assim Jeremias descreveu os pecados de Israel dizendo que eram como uma camela jovem, correndo para todos os lados (Jr 2.23). Os magos que foram adorar Jesus (Mt 2.1) são em geral retratados montando camelos. Pode ser uma profecia de Is 60.6 que descreve homens montados em camelos de Sebá trazendo ouro e incenso para proclamar o louvor do Senhor.

Novo Testamento João Batista, o pregador do deserto, vestia-se de trajes ásperos e simples de pelo de camelo (Mc 1.6). Sua vestimenta e dieta eram revolucionárias, e estavam em harmonia com o papel de precursor de Jesus. Um provérbio retratando coisas impossíveis de acontecer foi citado por Jesus (Mc 10.25) quando disse que era mais fácil um camelo passar pelo fundo de uma agulha (Mt 19.24) que um homem rico entrar no céu. Uma ilustração tradicional, mas não bíblica, mostra um camelo sem fardo no lombo se ajoelhando para entrar de rasteio por uma porta baixa do muro de Jerusalém. Isso significa que se um rico se livrar do seu orgulho e se humilhar (se ajoelhar), poderá entrar no céu. Jesus descreve os hipócritas como pessoas muito cuidadosas em coar o mosquito, mas nem percebem quando engolem o camelo (Mt 23.24). Dão o dízimo de minúsculas ervas que servem como condimentos, mas negligenciam a justiça, a misericórdia e a fidelidade. — *Lawson G. Hatfield*

Camelos ainda são usados por beduínos e outros como meio de transporte no Oriente Médio.

CAMINHAR Passo mais lento contrastando com a corrida. É usado em sentido literal (Êx 2.5; Mt 4.18) e figurado para designar a conduta ou modo de vida de uma pessoa (Gn 5.24; Rm 8.4; 1Jo 1.6,7).

CAMINHAR PARA LÁ E PARA CÁ [CAMINHAR PELA TERRA, *ARC*] Tradução de um termo militar (Zc 1.10,11) que significa "patrulhar" ou "ir e inspecionar".

CAMOM Cidade de Gileade na qual Jair, juiz de Israel, foi sepultado (Jz 10.5). Sua localização precisa é desconhecida.

CAMOS (*NVI*) ou **QUEMOS** (*ARA*, *ARC*) Nome de divindade que significa "subjugar". Deus adorado pelos moabitas (Nm 21.29). Esperava-se dele que provesse terra para Moabe (Jz 11.24), embora o significado aqui tenha se turvado pelo fato de a palavra ser dirigida aos amonitas. Salomão erigiu um santuário para Camos (Quemos) em um monte a leste de Jerusalém (1Rs 11.7). Mais tarde Josias profanou esse santuário (2Rs 23.13). Jeremias pronunciou uma sentença sobre Camos e seu povo (Jr 48.7,13,46).

CAMPINA Território aberto e plano (Dt 11.30, *ARC*). O hebraico traz uma preposição que significa "em frente de", "defronte de", Gilgal e a Arabá. V. *Arabá*.

CAMPO Espaço de terra não cercado ou fechado. Na definição hebraica de campo, o uso da terra (pasto, Gn 29.2; 31.4; terra de plantio e colheita, Gn 37.7; 47.24; território de caça, Gn 27.3,5) e o terreno ("vale", Nm 21.20, lit. "campo de Moabe"; Jz 9.32,36) eram insignificantes. A distinção crucial é entre o cercado ou fechado e o aberto. Um campo pode ser contrastado com uma tenda (Nm 19.14,16), um acampamento (Lv 14.3,7), vinhas geralmente cercadas (Êx 22.5; Lv 25.3,4) ou com uma cidade murada (Lv 14.53; Dt 28.3,16). Aldeias sem muros eram consideradas campos (Lv 25.31). Campos eram da mesma forma distinguidos de solo improdutivo estéril (Ez 33.27). Campos eram definidos por marcos de divisa (Dt 19.14).

A *NRSV* traduziu o termo hebraico *shedemah*, uma das palavras geralmente traduzidas por "campo", por "vinha" em Dt 32.32. A *REB* traduziu o termo de forma diferente em cada ocorrência ("terraços", Dt 32.32; "encosta", 2Rs 23.4; "vinha", Is 16.8; "campo", Jr 31.40; "pomar", Hc 3.17).

CAMPO DE SANGUE V. *Aceldama*.

CAMPO DO OLEIRO Porção de terra no vale de Hinom, fora de Jerusalém, utilizada como cemitério de peregrinos na Cidade Santa desde o período interbíblico. O terreno foi comprado com o dinheiro pago a Judas Iscariotes pela traição de Jesus (At 1.18). Em Mt 27.3-10 os sacerdotes compraram o campo com o dinheiro devolvido por Judas. O raciocínio deles era que o dinheiro resultou em derramamento de sangue e, por isso, não poderia ser devolvido ao caixa do templo.

CAMPO NÃO ARADO Solo virgem ou que não foi arado recentemente (Jr 4.3; Os 10.12). A ideia central da mensagem profética era clara: a nação de Israel, "Jacó", deve retornar a Javé ao "cultivar" os valores da aliança: justiça e amor leal. O significado preciso de "campo não arado" não está claro. Talvez o solo não arado represente o fato de Israel não fazer o necessário para cumprir a aliança. Ou talvez o solo virgem represente um novo relacionamento com Deus. Aqui o chamado a Israel é para abandonar os campos já cansados de injustiça (simbolizada pelos espinhos) e avançar para o solo novo e fértil (Pv 13.23) da vida na aliança. (A *ARA* traz: "campo novo"; *ARC*: "campo de lavoura").

CAMPONESES Tradução da *NVI* de uma obscura palavra hebraica usada apenas no cântico de vitória de Débora (Jz 5.7,11). A *ARA* e *ARC* seguem o *Targum* (paráfrase aramaica do AT) e a versão siríaca e traduzem por "aldeias". Na mesma linha, a *NTLH* traduz por "cidades" e a *BJ*, "campos". Vários comentaristas sugeriram "classe dominante", "guerreiros" e "força" como significados possíveis.

CAMPOS ABERTOS V. *pastagens*.

CAMUNDONGOS V. *rato*.

CANA V. *cálamo*

CANÁ 1. Nome de lugar que significa "o ninho". Em Jo 2.1 a cidade que foi o palco do casamento no qual Jesus transformou água em vinho. Sua localização exata é desconhecida, embora se saiba que ficava na Galileia. Em Caná um oficial de um rei cujo nome não sabemos veio a Jesus para lhe pedir que curasse seu filho em Cafarnaum (Jo 4.46). Caná era também a cidade natal de Natanael, um dos apóstolos (Jo 21.2). **2.** Nome de lugar que significa "lugar de juncos". Nome de um ribeiro, parte da fronteira entre Efraim e Manassés (Js 16.8; 17.9). Não obstante, algumas das cidades de Manassés estavam a sul do ribeiro Caná (Js 16.9). Identificado por alguns como o moderno uádi Wanah. **3**. Cidade na fronteira norte de Aser (Js 19:28). Identificada com a moderna Qana, a cerca de 9 quilômetros a sudoeste de Tiro. Não deve ser confundida com a Caná do NT.

CANA AROMÁTICA V. *cálamo*.

CANA, NA Expressão ("na cana", Êx 9.31) traduzida de um termo que significa "tendo casulos, cápsulas" — i.e., tendo vagens. Alguns veem o linho aqui como estando em botão ou já florescendo. (*NVI* e *ARA*: "em flor").

CANAÃ Território entre o mar Mediterrâneo e o rio Jordão que se estendia do ribeiro do Egito até a região em volta de Ugarite, na Síria, ou até o Eufrates. Isso resulta de descrições de documentos do Oriente Médio e do AT. Aparentemente Canaã significou coisas diferentes em épocas diferentes. Em Nm 13.29 delimita o termo cananeus aos que "vivem perto do mar e junto ao Jordão" (cf. Js 11.3). Israel tinha consciência da "terra prometida" mais ampla de Canaã (Gn 15.18; Êx 23.20; Nm 13.17-21; Dt 1.7; 1Rs 4.21), mas a terra básica de Israel se estendia somente "de Dã a Berseba" (2Sm 24.2-8,15; 2Rs 4.25). Em certas épocas Israel incluía terras a leste do Jordão (2Sm 24.5,6). Em outras, a terra de Gileade foi contrastada à terra de Canaã (Js 22.9). Depois da posse Israel sabia que "ainda há muita terra para ser conquistada" (Js 13.1). Assim Canaã se estendia além das fronteiras normais de Israel, mas não incluía terras a leste do Jordão. Em certas épocas a terra dos cananeus e a terra dos amorreus são idênticas. Não importa o nome dado à terra, ela exercia influência extraordinária como território-ponte entre a Mesopotâmia e o Egito e entre os mares Mediterrâneo e Vermelho.

História A palavra "Canaã" não é um nome semítico, embora sua ocorrência aproximadamente em 2300 a.C. nos textos de Ebla ateste sua antiguidade. Pelo som nasalado final ("ã"), tem-se conjecturado que seja uma forma hurrita. Muito provavelmente o nome se derivou de uma designação comercial; é certo que o termo "cananeu" foi fundamentalmente equiparado no texto bíblico a "comerciante" ou "mercador" (Zc 14.21). Em Is 23.8 "cananeus" é substantivo comum que significa "mercadores" ou "comerciantes" — à semelhança da aristocracia de Tiro nos dias desse profeta. Associação semelhante pode ser encontrada em Os 12.7,8; Ez 17.4; Sf 1.11. A identidade de Canaã como mercadores provavelmente remonta à época que Canaã estava limitada à área da Fenícia, país pequeno e estreito ao longo da costa de Canaã. A Fenícia era particularmente conhecida por uma tintura púrpura especial produzida a partir de moluscos triturados. Esse produto foi exportado a todo o mundo do Mediterrâneo. A palavra "Canaã" talvez esteja associada a essa tintura colorida especial.

As referências genealógicas na Bíblia não ajudam muito no esclarecimento sobre Canaã. De acordo com Gn 9.18 e 10.6 Canaã era filho de Cam, um dos três filhos de Noé. Já Gn 10.15-20 esclarece as implicações da descendência de Cam nos filhos de Canaã: Sidom, Hete, jebuseus, amorreus, girgaseus, heveus, arqueus, sineus, arvadeus, zemareus e hamateus. Todos esses povos são caracterizados por estarem, de modo geral, na esfera de influência do Egito.

O povoamento da terra de Canaã é atestado já no período Paleolítico. Ademais, a presença semítica na área é evidenciada, no mínimo, a partir de 3000 a.C.. Alguns dos melhores exemplos de cidades indicadoras de influências semíticas são Jericó, Megido, Biblos e Ugarite.

O período mais bem atestado da história cananeia é o do Bronze (c. 3200-1200 a.C.). No Reino Antigo (c. 2600-2200 a.C.) o poder do Egito se estendia longe, ao norte, até Ugarite. Com base em descobertas e diversos sítios incluindo Biblos e Ugarite, está claro que o Egito controlava a região no período da 12ª Dinastia (1990-1790 a.C.). Desse período geral vêm os *Textos de execração* egípcios que alistam os povos e príncipes da região que deviam lealdade ao Egito. O controle egípcio sobre Canaã diminuiu, deixando de existir aproximadamente em 1800 a.C.

Canaã precisou lutar contra outros agressores além do Egito. Por volta de 2000 a.C., os amorreus invadiram a região, tendo migrado através do Crescente Fértil da região do sul do vale da Mesopotâmia. Além disso, os cananeus foram

CANAÃ

acossados pelos hicsos, que controlaram o Egito de 1720 a 1570. Hurritas e hititas também tentaram controlar Canaã. A combinação e mistura de tantas influências culturais ainda assim resultou em uma cultura relativamente unificada.

Quando os egípcios conseguiram expulsar os hicsos no séc. XVI a.C., os egípcios expandiram seu poder sobre Canaã. Outra vez, no entanto, o poder egípcio foi enfraquecido. Por volta de 1400 a.C., uma série de pequenas nações estabelecidas na região lutavam umas contras as outras. Do séc. XIV a.C. vêm as cartas de Amarna, 350 textos escritos em acádio cuneiforme. Representam a correspondência entre a corte egípcia de Tel el-Amarna e diversas cidades cananeias, incluindo Jerusalém, Megido e Siquém. Essas cartas indicam a instabilidade social e política característica desses territórios.

Antes da entrada de Israel em Canaã, a região parece ter sido organizada em torno de cidades maiores produzindo pequenos principados. Aparentemente não houve tentativa de se organizarem para a defesa, impossibilitando o êxito desfrutado pelos israelitas no séc. XIV e o êxito paralelo dos filisteus no séc. XII. A evidência bíblica a favor de qualquer tipo de agressão coordenada cananeia contra os israelitas é escassa. As histórias no livro de Js (9.1,2; 10.1-5) indicam que em situações de emergência os reis das cidades-Estado independentes formavam coligações de defesa, mas nenhuma teve poder para unir todo o território de Canaã contra Israel. No livro de Jz somente uma juíza, Débora (Jz 4—5), é descrita em luta contra os cananeus. Em vez de lutarem entre si, cananeus e israelitas se amalgamaram, fenômeno concluído de forma especial no final do governo de Davi.

As descobertas mais significativas foram as tábuas cuneiformes da biblioteca real e/ou templo de Ugarite. Essas tábuas datam de c. 1400 a.C. até a queda final de Ugarite em c. 1200 a.C. Representam a cultura cananeia no segundo milênio a.C.

O panteão Adorava-se um panteão em Ugarite. Cada deidade tinha uma tarefa claramente atribuída, mas havia uma fluidez considerável na percepção dos deuses. O papel deles podia ser assumido por outro.

El era reconhecido como o titular do panteão. Rei dos deuses, era o deus criador e o deus da fertilidade. Anteriormente associado com mais força à fertilidade que no séc. XIV, ainda era retratado como touro. El vivia a certa distância de Ugarite no topo da montanha (Safom) localizado no norte.

El recebeu a companhia de *Athirat*, aparentemente sua consorte, representada no AT por *Aserá*, com plural tanto feminino (*Asterote*) quanto masculino (*Aserim*). Athirat era reconhecida como mãe das deidades, tendo gerado cerca de 70 deuses e deusas. Assim, era primordialmente a deusa da fertilidade e chamada "criadora dos deuses".

Baal era o deus principal na adoração popular. Baal significa "senhor" e podia se referir a qualquer dos numerosos baalins dos mais diversos lugares. O Baal ugarítico, no entanto, se referia ao Baal supremo.

Enquanto El vivia a certa distância do povo, Baal era acessível. Estátuas de Baal têm sido recuperadas. Retratam Baal usando um chapéu cônico com chifres — que transmitem a ideia de força e fertilidade associada à imagem do touro. Na mão direita Baal segura uma clava que representa o poder militar e o trovão. Na mão esquerda tem um relâmpago estilizado símbolo do papel divino da tempestade. Às vezes é retratado sentado em um trono, indicando sua autoridade de rei dos deuses.

Baal recebeu a companhia de *Anat*, representada na Bíblia pelos nomes compostos com Anate. Era retratada como irmã e consorte de Baal. Seu papel era de deusa do amor, a virgem perpétua e a deusa da guerra, cujos feitos a favor de Baal às vezes eram extraordinariamente cruéis.

À medida que Baal suplantou El, muitas prerrogativas antes associadas a El foram naturalmente transferidas a Baal. O texto bíblico surge no período em que a luta simbólica dessas deidades tinha sido concluída. Assim, na Bíblia, Baal é retratado muitas vezes tendo Aserá (i.e., Athirat) como companheira em vez de Anate (i.e. Anat), como em Jz 3.7.

Dois outros deuses tiveram papel importante na mitologia popular. *Mot* era o deus da morte e da esterilidade. (Em heb. a palavra para morte também é *mot*). Mot era associado à morte, talvez uma referência ao ciclo sazonal da vegetação, à compreensão sabática do sétimo ano para o descanso agrícola ou da morte individual. Mot era claramente entendido como o poder capaz de tornar inoperantes as habilidades regeneradoras de Baal.

Yam era chamado "Príncipe Rio" e "Juiz Rio". (A palavra hebraica para mar é *yam*). Nos textos ugaríticos, Yam era o deus caótico do mar, capaz de transformar o cosmo em caos. O povo de Ugarite, como seus pares da Mesopotâmia (de forma diferente dos egípcios), aparentemente reconhecia sua dependência da água e os perigos associados a ela. Em termos de culto, o medo de o caos subjugar o cosmo era representado na luta de Baal contra Yam.

Essa amostra dos integrantes mais importantes do panteão indica que o esquema de deuses ugaríticos, e, portanto, dos cananeus em geral, proporcionava muitas opções de adoração. O modo de adorar estava associado em especial à magia para facilitar a procriação. A união sexual do deus com a deusa garantia a fertilidade de seres humanos, animais e do mundo maior da natureza. Crucial para essa forma de adoração era a possibilidade de o adorador ajudar o processo por meio da magia. No templo, o sacerdote ou o devoto fazia o papel da deusa. Esses indivíduos se tornavam por um momento deus e deusa. Na magia simpática os seres humanos ordenavam quando e como o deus ou deusa devia agir. Essa característica da arrogância humana está na base da história da torre de Babel de Gn 11. Quase todas as estruturas de adoração operavam com base nessa orientação de magia simpática da fertilidade. Os israelitas encontraram esse padrão de pensamento quando entraram em Canaã. Demorou muitos séculos para Israel conseguir resistir às práticas cananeias da religião popular. Observe-se como o rei Josias removeu do templo de Jerusalém (c. 621 a.C.) os utensílios feitos para Baal e Aserá, além de derrubar as acomodações dos prostitutos cultuais (2Rs 23). Os ensinamentos de líderes inspirados e a prática da religião pelos reis estavam muitas vezes em forte contraste.

Mitologia cananeia As sete tábuas em que o material mitológico de Ugarite está registrado estão em grande parte mutiladas, com frequência tornando difícil sua interpretação segura.

Ao que parece, a mitologia estava fundamentada em três façanhas de Baal. Por meio desses acontecimentos ele se estabeleceu como deus de poder supremo no panteão, construiu o palácio ou templo merecido pela vitória sobre Yam e, no terceiro cenário, lutou contra Mot, sucumbiu diante dele, mas no final escapou-lhe às garras.

El é retratado como quem tinha medo descomunal de Yam, o deus caótico do mar. Aliás, El sentiu tanto medo que se escondeu debaixo do seu trono, temeroso de enfrentar Yam, mas encorajando qualquer um que pudesse a confrontar o agente do caos. Por fim, após algumas negociações relacionadas a seu papel em caso de êxito contra Yam, Baal resolveu lutar contra ele. Baal foi vitorioso, subjugando Yam ao dividi-lo e tornando útil a força que de outra forma era destrutiva e caótica. Por esse ato Baal se mostrou digno de exaltação.

A segunda sequência mitológica ressaltou que Baal era agora digno do seu palácio ou templo. Dada a visão cíclica da realidade e o perigo recorrente de Yam, é compreensível que Baal não desejasse nenhuma janela no seu palácio. Afinal, a ameaça das enchentes caóticas ressurgiria, pois essa repetição é característica do pensamento mitológico. A certa altura, Baal se convenceu do contrário. Anat obteve permissão de El para construir o palácio, e os melhores artesãos e construtores erigiram a estrutura. Baal abriu o palácio todo ao panteão para um tipo de refeição sagrada. Durante a refeição Baal abriu uma das janelas e berrou para fora dela, o que foi entendido como a indicação da origem do trovão, dada a associação de Baal como deus da tempestade.

Tudo deveria estar bem, mas Baal tinha mais um inimigo a enfrentar, Mot. De acordo com a mitologia, os dois se enfrentaram em uma batalha. Baal foi derrotado, sendo por isso despachado para o mundo inferior. Quando Baal foi separado de Anat, a esterilidade reinou na terra. Os uádis secaram, e Anat procurou ansiosamente por Baal. Enquanto não o conseguia encontrar, um dia, por acaso, deu com Mot. Anat levava consigo uma lâmina com a qual cortou Mot em muitos pedaços, que peneirou, espalhando os restos pelo chão, provavelmente uma alusão a algum tipo de festa dos cereais. De todo modo, essa ação de Anat possibilitou a fuga de Baal do seu confinamento. Logo depois disso, a fertilidade voltou. Assim foi percorrido todo o ciclo, sem importar se a intenção era o ciclo anual experimentado no mundo da natureza, o ciclo de sete anos do ano sabático ou talvez o ciclo humano do nascimento até a morte. Evidencia-se a natureza cíclica da adoração altamente sensualizada da magia simpática. Os israelitas foram forçados a lutar com essa mitologia após a entrada em Canaã. Enfrentaram uma estrutura cultural que se mostrou bem-sucedida do ponto de vista cananeu. Ao que parece, os israelitas tinham a oferecer em troca um deus não agrícola do deserto que não tinha histórico de êxito na agricultura.

Relacionamentos do Antigo Testamento
Os israelitas estabelecidos em Canaã não eram impermeáveis aos vizinhos. No antigo Oriente Médio, as pessoas pressupunham que à medida que um povo migrava de uma região a outra assumiria os deuses e a religião da nova área do estabelecimento. No mínimo incorporaria a nova religião à antiga estrutura religiosa. Afinal, esses deuses tinham demonstrado a capacidade de satisfazer as necessidades dos habitantes. Para os israelitas a coisa mais natural teria sido abraçar o baalismo, mesmo que talvez não à custa do javismo.

Pode-se argumentar de forma convincente que um tipo de síntese de javismo-baalismo se estabeleceu gradualmente, em particular no Reino do Norte. No período de Js e de Jz uma luta cultural foi travada que tinha mais relação com o conflito entre os temas culturais do deserto (israelitas) e agrários (cananeus) do que entre Javé e Baal. Como foi indicado antes, no livro de Jz somente Débora, dentre os juízes, é descrita lutando de modo direto contra os cananeus. O pai de outro juiz, chamado Jerubaal, (Jz 6.32), erigiu um altar a Baal (Jz 6.25). Desprovido de liderança, Israel cultuou Baal-Berite (Baal da aliança) misturando o baalismo com a aliança de Javé (Jz 8.33).

O período monárquico antigo mostra o mesmo tipo de comportamento sincretista. Sem dúvida Saul não se empenhou em eliminar o baalismo, e até mesmo deu o nome de Esbaal ("homem de Baal") a um dos filhos (1Cr 8.33). Jônatas tinha um filho chamado Meribe-Baal (1Cr 8.34). Da mesma forma Davi deu o nome de Beeliada ("Baal sabe", 1Cr 14.7) a um dos filhos. Salomão foi ainda mais sincretista. O templo, obra máxima de Salomão, foi projetado por arquitetos cananeus. Nessa atmosfera, as linhas de demarcação foram vagamente traçadas. Os casamentos de motivação política de Salomão abriram as portas para a adoração de muitos deuses em Jerusalém (2Rs 11.1-8).

Após a morte de Salomão e a dissolução da monarquia unida, a crise de identidade continuou no norte e no sul, mas não foi tão grave no sul quanto no norte. Judá foi a base da adoração de Javé e o local do templo de Jerusalém. Além disso, Judá estava geograficamente isolado da região cananeia ao norte, onde o baalismo era praticado com mais regularidade.

Em Israel, no entanto, o primeiro rei, Jeroboão I (922-901 a.C.), erigiu santuários rivais ao templo de Jerusalém em Dã e Betel. Esses santuários, com a forma de touros (v. os bezerros), são vistos pela maioria dos estudiosos como associações a alguma forma ao baalismo (lembre-se de que El e Baal podiam ser representados sob a forma de touros). De qualquer modo, a adesão aos santuários de Jeroboão era para os autores bíblicos a marca da apostasia dos reis de Israel.

Na dinastia de Onri, Acabe (869-850 a.C.) casou-se com Jezabel, princesa de Tiro — sinal das relações diplomáticas entre Israel e Tiro. Jezabel foi a principal responsável pela difusão do baalismo em Israel. Em meio à construção do templo a Baal, na capital Samaria, e da perseguição aos profetas de Javé, o profeta Elias apareceu no cenário. Em uma história clássica de confronto cultural, Elias encorajou uma disputa no monte Carmelo (1Rs 18—19). A disputa foi a tentativa de determinar a divindade provedora da chuva vivificante. Além disso, havia um significado muito maior. Serviria para esclarecer as pessoas da necessidade de adorar Javé ou Baal. Não era possível adorar a ambos, pois Javé exigia lealdade exclusiva.

A luta começada por Elias com esse imperativo "Javé ou Baal" foi levada adiante politicamente pelo rei Jeú (842-815 a.C.). Sob o caráter religioso, no Reino do Norte, Oseias emprestou sua voz à mensagem contra o baalismo.

No sul, dois reis protagonizaram a luta contra o baalismo. Ezequias (715-687 a.C.) é lembrado como o rei reformador (2Cr 29—31). Josias (640-609 a.C.) foi o reformador por excelência.

Judá também teve seu porta-voz profético contra o baalismo. Isaías tratou do assunto por volta de 740 a 700 a.C. A partir de 615 a.C. Jeremias vocalizou a denúncia mais forte contra o baalismo.

Os cananeus adeptos de Baal exerceram influências diversas sobre os israelitas: na construção do templo, nos rituais de sacrifícios, nos lugares altos, na rejeição da conotação sexual como instrumento de adoração (Dt 23.17,18) e na redução da importância do aspecto puramente mítico com a ênfase concomitante no acontecimento histórico como na ocasião em que Javé dividiu o mar (Yam Suf) em vez de lutar contra o Yam mitológico (Êx 14—15).

É fácil demais para o intérprete bíblico concentrar a atenção na série de aspectos da religião cananeia considerada ofensiva por Israel. Em alguns casos, como no uso de símbolos sexuais na adoração, o nível de antipatia testemunhada no AT talvez nem sempre tenha caracterizado a prática real de Israel, como mostram denúncias proféticas como a de Oseias. A hostilidade marcante (Dt 20.16-18) que exigia a destruição total dos cananeus veio de líderes religiosos inspirados que não representavam a maioria do povo de Israel. O sacerdote podia exigir do profeta a saída do lugar de adoração do rei (Am 7.12,13). O profeta podia ordenar às pessoas não irem a lugares tradicionais de adoração (Am 5.5).

Em resumo, os israelitas não se estabeleceram em um vácuo cultural ao entrar em Canaã. Encontraram um povo com uma história de orgulho e uma religião florescente. Em termos históricos, esse confronto poderia ter levado à eliminação do javismo. Não foi o que aconteceu. Antes, um longo processo histórico conduziu à eliminação do baalismo e de outros elementos da religião cananeia. A batalha de Israel contra a religião cananeia deu novas dimensões e profundidade à fé do povo de Israel. O registro bíblico afirma que Javé, o Senhor da História, usou a realidade do encontro histórico como meio de levar a religião bíblica ao amadurecimento, revelado em todo o cânon das Escrituras. V. *amorreus; Anate; Aserá, Aserote; Baal; El; Elias; pagãos, deuses; Israel; Fenícia; Ugarite.* — Frank E. Eakin Jr.

Altar cananeu localizado em Megido, Israel.

Essas colunas gêmeas de basalto são parte de um dos quatro altares cananeus escavados em Bete-Seã.

CANAIS

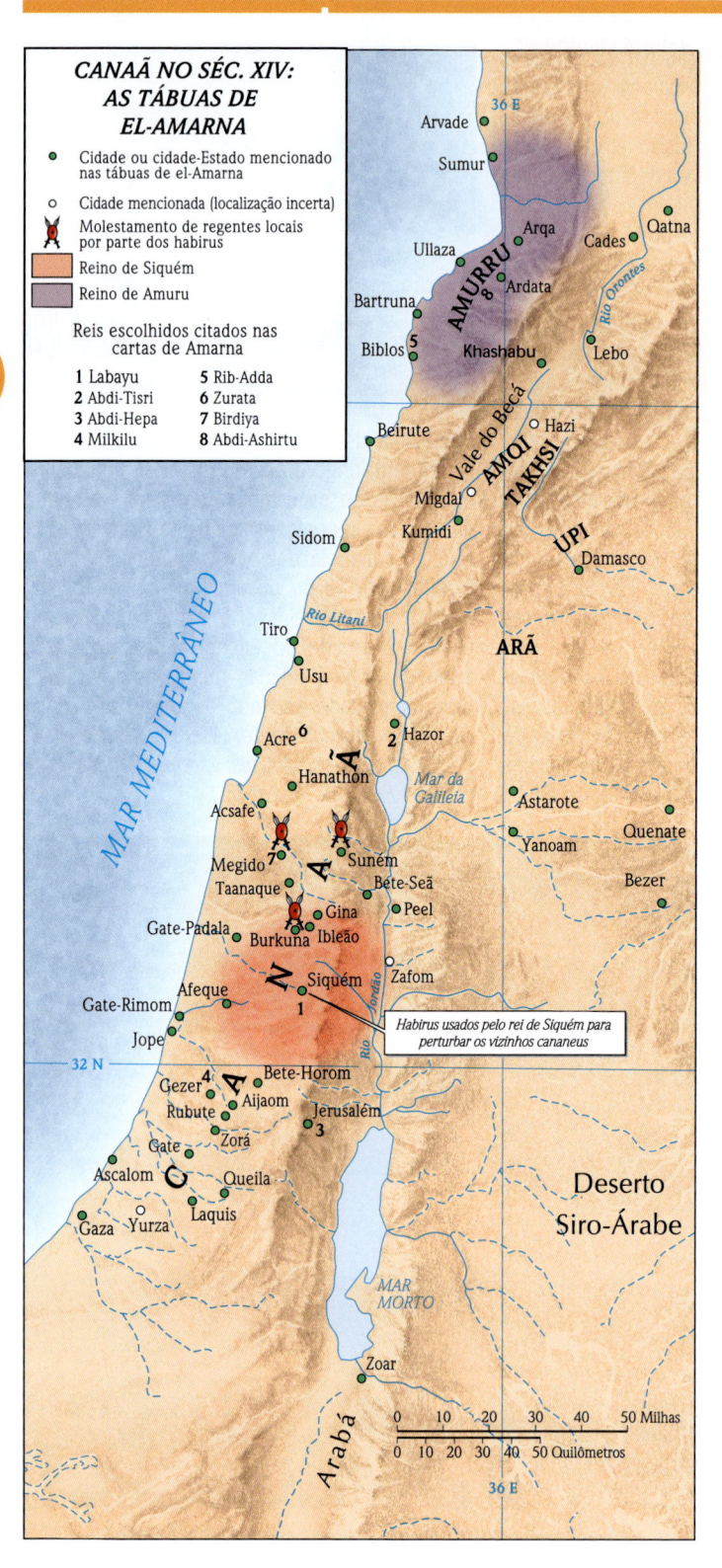

CANAÃ NO SÉC. XIV: AS TÁBUAS DE EL-AMARNA

- ● Cidade ou cidade-Estado mencionado nas tábuas de el-Amarna
- ○ Cidade mencionada (localização incerta)
- ⚔ Molestamento de regentes locais por parte dos habirus
- ▨ Reino de Siquém
- ▨ Reino de Amuru

Reis escolhidos citados nas cartas de Amarna

1. Labayu
2. Abdi-Tisri
3. Abdi-Hepa
4. Milkilu
5. Rib-Adda
6. Zurata
7. Birdiya
8. Abdi-Ashirtu

Habirus usados pelo rei de Siquém para perturbar os vizinhos cananeus

CANAIS Tradução de uma palavra hebraica que se refere aos afluentes do rio Nilo (Êx 7.19; 8.5; Is 19.6). A *ARC* usa "rios".

CANAL Sulco de condução de água ou aqueduto, de Jerusalém ou dos arredores, para conduzir água à cidade (2Rs 18.17; 20.20; Is 7.3). A mesma palavra hebraica se refere à vala cavada para conduzir água (1Rs 18.32-38; Jó 38.25; Ez 31.4). A localização do canal de Jerusalém é uma questão debatida, e diversos estudiosos favorecem o tanque de Siloé, outros a fonte de Giom ou ainda um canal fora do muro para o lado noroeste da cidade ao lado da estrada principal que conduzia à Samaria. Esta talvez seja a opção mais provável. Aquedutos haviam sido construídos para Jerusalém antes de Davi tê-la conquistado por meio de um túnel que levava água para a cidade (2Sm 5.8). Os reis de Israel evidentemente complementaram esse túnel. Em um feito de engenharia memorável, Ezequias fez trabalhadores começarem um túnel nas duas pontas para se encontrarem no meio, na construção de um túnel de água que conectava a fonte de Giom e o tanque de Siloé (2Rs 20.20; 2Cr 32.2-4,30). O túnel foi descoberto em 1880.

CANANEU Um dos 12 apóstolos é identificado (Mc 3.18, *ARC*) como "Simão, o cananeu". Em outras referências do NT (e mesmo em Mc 3.18 em outras versões), esse indivíduo é chamado "Simão, o Zelote". "Cananeu" provavelmente é o equivalente aramaico do grego "zelote". V. *discípulo; apóstolo; zelote*.

CANÇÃO V. *música, instrumentos, dança*.

CANDACE Trata-se, em At 8.27, da rainha da Etiópia, cujo servo se tornou crente em Cristo e foi batizado por Felipe. Em geral se concorda que Candace era um título, não nome próprio; embora seu significado seja incerto. O título foi usado por diversas rainhas etíopes.

CANE Cidade no norte da Síria que mantinha relações comerciais com Tiro e obteve a menção de Ezequiel na condenação de Tiro (Ez 27.23). Pode ser grafia variante de Calné ou a cidade chamada Kannu em documentos assírios.

CANELA Condimento usado na produção de óleos aromáticos. Tal óleo era usado para ungir a tenda do encontro no deserto (Êx 30.23). Era parte de um comércio internacional de especiarias muito lucrativo (Ap 18.13; cp. Pv 7.17; Ct 4.14). A canela vem da casca de uma árvore enorme que pertence à família do loureiro. A palavra associada "cinamomo" (*ARA* em Êx 30.23) em português e o termo grego são ambos derivados do hebraico *qinnamon*. V. *plantas; especiarias*.

CANIÇO Palavra usada para se referir a diversas plantas parecidas com o junco. V. *plantas*.

CÂNON V. *Bíblia, formação e cânon*.

CANTAR DO GALO A terceira vigília da noite no sistema romano (Mc 13.35) — o período entre meia-noite e 3 horas da manhã. O sistema judaico tinha somente três vigílias; o romano, quatro.

CÂNTARO Vaso com uma alça ou um bico modelado. Cântaros de cerâmica eram símbolos de mortalidade (Ec 12.6) e de algo comum (Lm 4.2; *NVI*, "vasos de barro"). Para o uso literal, v. *cerâmica*.

CÂNTICO DOS CÂNTICOS, CÂNTICO DE SALOMÃO Coleção de poesias românticas que constituem o vigésimo segundo livro da Bíblia em português. O título hebraico, "Cântico dos cânticos de Salomão", significa que este é o melhor dos cânticos e que, de alguma maneira, se relaciona com Salomão.

Autoria e data Ainda que o título aparentemente indique Salomão como autor, a frase em hebraico também pode significar que é para ou a respeito de Salomão. Salomão, ou "o rei", é mencionado várias vezes (1.1,4,5,12; 3.7,9,11; 7.5; 8.11,12), mas os estudiosos não chegaram ao consenso a respeito da autoria. Uma tradição rabínica antiga (*Baba Bathra* 15a) atribui a autoria do cântico a Ezequias e a seus escribas (cf. Pv 25.1).

Pela mesma forma, é difícil estabelecer a data do livro a partir de evidências internas. Alguns estudiosos argumentam com base em elementos linguísticos que o livro foi escrito muito tempo depois de Salomão. Esses argumentos incluem o uso de expressões aramaicas e de palavras tomadas como empréstimo de outras línguas (a palavra persa *pardes*, "pomar", em 4.13; *appiron*, do grego *phoreion*, "liteira", em 3.9). Outros estudiosos argumentam que os empréstimos linguísticos podem ser da época de Salomão, ou simplesmente refletir a data da edição final do livro.

Cânon e interpretação Devido à linguagem erótica e a dificuldade de interpretação, alguns rabinos questionaram o lugar do Ct no cânon. A solução positiva do debate reflete-se na famosa declaração do rabino Akiva: "O mundo inteiro não é digno do dia em que o Ct foi dado a Israel; todos os Escritos são santos, mas o Ct é o santo dos santos".

O problema do lugar do livro no cânon e sua interpretação estão intimamente relacionados. Sob a influência de conceitos gregos, que diminuem a importância do corpo, e com a perda da visão bíblica da bondade da criação do corpo e do amor humano, muitos intérpretes se sentiram impelidos a encontrar em Ct uma alegoria do amor sagrado entre Deus e Israel, Cristo e a Igreja ou Cristo e a alma. Com poucas exceções, leituras alegóricas do Ct têm prevalecido na maior parte da História da Igreja.

CÂNTICOS

No período moderno, muitos estudiosos retornaram à interpretação literal de Ct. O conflito permanece a respeito do sentido literal do texto. Alguns comparam poemas egípcios e mesopotâmicos e veem Ct como mera coleção de canções. Outros tentam encontrar em Ct uma adaptação de rituais pagãos de fertilidade (essa leitura é de fato, uma alegoria moderna). Outros entendem que se trata de um drama em que o amor puro da Sulamita por seu noivo, um pastor de ovelhas, prevalece sobre a tentativa insensível de Salomão de levar a moça para seu harém. Esta interpretação tenta fazer justiça à alteração dos interlocutores de Ct em seus vários diálogos (essas alternâncias são indicadas em hebraico por mudanças gramaticais nas pessoas verbais).

Uma abordagem recente, bastante promissora, é a que reconhece haver um paralelo com um poema egípcio de amor, mas que mostra que Ct expressa de forma própria uma perspectiva distintamente bíblica a respeito do amor sexual. Ainda que contenha vários poemas de amor menores, Ct é unificado por padrões de diálogo, repetição, o uso de jogos de palavras e, acima de tudo, uma visão coerente do amor. Como Gn 2.23-25, Ct celebra o dom de Deus do amor corporal entre homem e mulher. Assim, são apresentadas a sabedoria e a generosidade de Deus. Logo, a melhor abordagem é tomar Ct como uma poesia da sabedoria de Israel (cf. Pv 5.15-20; 6.24-29; 7.6-27; 30.18-20). Como muitos salmos louvam a Deus e também ensinam, o principal propósito de Ct é celebrar e, em menor escala, instruir. Não obstante, é possível ouvir em Ct a sabedoria bíblica a respeito do amor. "Pois o amor é tão forte quanto a morte [...]. Se alguém oferecesse todas as riquezas da sua casa para adquirir o amor, seria totalmente desprezado" (8.6,7). Além disso, há tempo e lugar certo para o amor: "Mulheres de Jerusalém, eu as faço jurar pelas gazelas e pelas corças do campo: Não despertem nem incomodem o amor enquanto ele não o quiser" (3.5). Nesses poemas o amor é apresentado em seu poder e esplendor, seu frescor e devoção à pessoa amada. O poema apresenta o amor em todas as suas variedades: momentos de união e de separação, êxtase e angústia, desejo e realização do desejo.

Por fim, há certa validade na longa história da interpretação do texto, que viu o amor puro de Ct um reflexo do amor divino-humano (cf. Ef 5.21-32; Ct 3.6-11; e a tipologia messiânica de Sl 45). Não obstante, esse paralelo não deve ser forçado a ponto de alegorizar os detalhes do poema.

V. tb.: *alegoria*; *sabedoria e pessoas sábias*.

Esboço

I. Desejo como elemento do amor (1.1-8).
II. O amor não será silenciado (1.9—2.7).
III. A primavera e o amor andam juntos (2.8-17).
IV. O amor é exclusivo (3.1-5).
V. O amor é fortalecido pela amizade (3.6-11).
VI. O amor vê somente a beleza (4.1-7).
VII. O amor envolve dar e receber (4.8—5.1).
VIII. O amor significa arriscar-se a sofrer (5.2—6.3).
IX. Palavras não são capazes de expressar o amor (6.47.9).
X. O amor deve ser dado de forma livre (7.10-13).
XI. O amor não tem preço (8.1-14).

— *Raymond C. Van Leewen*

CÂNTICOS V. *Cântico dos Cânticos, Cântico de Salomão*.

CANTO, CANTORES V. *hino*; *levitas*; *música, instrumentos, dança*.

CÃO Considerado animal impuro; às vezes designava o animal selvagem errante pelas ruas em alcateias (Sl 22.16-21; 59.6), mas às vezes era mantido como animal doméstico. Os cães serviam como animais de guarda para os rebanhos (Is 56.10; Jó 30.1) e casas (Êx 11.7). Alguns eram treinados para a caça (Sl 22.16), mas outros corriam soltos pelas ruas (Êx 22.30; 1Rs 14.11).

Metaforicamente, "cão" era um termo de desprezo (1Sm 17.43) e auto-humilhação (1Sm 24.14). Pode ser uma referência a um prostituto cultual (Dt 23.18), embora a expressão "ganhos de prostituto" seja debatida. O termo "cão" era uma designação dos ímpios (Is 56.10,11). O profeta insultou os sacerdotes ao dizer que seus sacrifícios não eram melhores que quebrar o pescoço de um cão e sacrificá-lo

(Is 66.3). Isso significa que os sacrifícios não eram necessários na nova época e que os sacerdotes tinham negligenciado sua principal tarefa, a de discernir a vontade de Deus.

Jesus usou a referência aos cães para ensinar as pessoas a terem cuidado acerca de quem escolhiam para ensinar a (Mt 7.6). Em Mc 7.27, Jesus estava se referindo provavelmente a cães pequenos que as pessoas mantinham como animais domésticos. Os judeus chamavam os gentios depreciativamente de "cães". Paulo insultou seus oponentes judaizantes, chamando-os de cães (Fp 3.2; cp. 2Pe 2.22; Ap 22.15).

CAOS Transliteração de uma palavra grega. No AT, diversas palavras hebraicas transmitem essa ideia com o significado de vazio, deserto, desolação e vácuo. Os verbos hebraicos referem-se a afundar na obscuridade, tornar-se nada ou tornar-se vítima de fraqueza. Em Is 24.10 Deus anunciou o juízo sobre toda a terra. Isso incluía quebrar a "cidade caótica" (*ARA*) a fim de ninguém entrar nela. Pelo poder de Deus o caos será estendido "como linha de medir, e a desolação como fio de prumo" sobre Edom (Is 34.11). Em Jr 4.23-26 a terra é descrita como desolada, sem forma, vazia e sem luz, um deserto inadequado para se morar. A caminho de Canaã, Deus cuidou de Israel em um "ermo solitário povoado de uivos" (Dt 32.10, *ARA*). O poder de Deus fez muitos líderes e príncipes vaguearem "pelo deserto sem caminho" (Jó 12.24, *ARA*; cp. Sl 107.40). Jó compara seus amigos a leitos de rios sem água que se perderam no nada (Jó 6.17). Mais tarde Jó ansiou por um lugar "de sombras e densas trevas", uma "terra tenebrosa como a noite" (Jó 10.21,22).

No hebraico, contudo, o conceito mais distinto de caos é o da desordem primeva que precedeu a atividade criadora de Deus. Quando "trevas cobriam a face do abismo" (Gn 1.2), Deus destruiu as forças da confusão pela sua palavra.

Em toda a Bíblia, o caos é personificado como o principal oponente de Deus. Nas lendas semíticas antigas, um terrível monstro marinho era chamado Raabe (o orgulhoso), Leviatã (o terrível dragão) ou Yam (o mar bramindo). Mesmo que denunciassem veementemente a idolatria e proclamassem de forma inconfundível o poder incomparável do Único Deus Todo-poderoso, os autores bíblicos não hesitavam em recorrer a imagens predominantemente pagãs para acrescentar vivacidade e colorido às suas mensagens, confiando que os ouvintes israelitas entenderiam as verdades apresentadas.

Deus demonstrou de forma ilustrada seu poder na criação na derrota avassaladora sobre o caos. Ele acalmou o mar, derrotando Raabe, tornando os céus agradáveis e feriu a serpente fugitiva (Jó 26.12,13). Sua vitória sobre Leviatã é bem conhecida (Jó 41.1-8; Is 27.1); Leviatã e o mar estão às suas ordens (Sl 104.26). Na criação ele dominou o mar agitado e o trancou nos seus limites (Jó 38.1-11). Ele estendeu os céus e pisou nas costas de Yam, o mar (Jó 9.8).

O segundo emprego da figura do monstro do caos envolvia as vitórias de Deus na época do êxodo, usando o termo Raabe como apelido para o Egito. Deus dividiu o mar e esmagou Leviatã (Sl 74.13,14) por meio do seu poder. Acalmou o mar que se levantava e pisou Raabe como se pisa em um esqueleto (Sl 89.9,10). Ao ferir o monstro Raabe, Deus permitiu ao povo passar pela barreira do mar (Is 51.9,10). De forma zombeteira, Isaías chamou a edificação de "monstro [Raabe] inofensivo", exterminada por Deus (Is 30.7). O salmista previu o dia em que Raabe e Babilônia seriam forçadas a reconhecer o governo divino (Sl 87.4). Em Ez 29.3; 32.2, o faraó do Egito é chamado "monstro deitado em meio a seus riachos" (*NVI*) que será derrotado por Deus.

Em terceiro lugar, o tema do caos é sugerido, se não usado, no NT pela representação da vitória de Deus em Cristo. Nos Evangelhos, Cristo demonstrou com segurança seu domínio sobre o mar (Mc 4.35-41; 6.45-52; Jo 6.16-21). Em Ap, quando a antiga serpente, personificada como o dragão satânico, se levanta do mar para desafiar seu Reino, Cristo derrota o adversário de forma completa e para sempre.

Assim, começando por Gn 1.2, quando Deus venceu a vastidão sem forma, e continuando por toda a Bíblia, o poder incomparável de Deus sobre o caos é mostrado repetidamente. Por fim, a nota triunfal localiza-se em Ap 21.1: "e o mar já não existia". Os novos céus e uma nova terra são provas mais uma vez de que o caos foi vencido!
— *Alvin O. Collins*

CAPA Vestimenta exterior. V. *pano, roupa.*

CAPACETE V. *armas e armadura.*

CAPADÓCIA Província romana na Ásia Menor mencionada duas vezes no NT: At 2.9 e 1Pe 1.1. Embora a extensão da Capadócia tenha variado ao longo dos séculos dependendo do império dominador do momento, ela estava situada ao sul do Ponto e se estendia por aproximadamente 500 quilômetros da Galácia em direção ao leste para a Armênia, com a Cilícia e os montes Taurus ao sul. Mesmo sendo uma região montanhosa, sua população principalmente rural produzia boas colheitas e criava gado em geral, além de cavalos. Embora na época do NT as minas ainda estivessem produzindo algum mineral, um grande número de tábuas escritas em escrita cuneiforme descobertas em 1907 em Tanish, hoje conhecida como Kultepe, revelou que os assírios estavam extraindo e exportando minério de prata da Capadócia em aproximadamente 1900 a.C.

Com base em At 2.9 sabemos que judeus da Capadócia estavam em Jerusalém quando Pedro pregou no Pentecoste. Os que se converteram ao cristianismo naquele dia devem ter dado um bom testemunho quando voltaram para casa pois 1Pe 1.1 são mencionados os crentes dali junto com outros do Ponto.

Hoje a região da Capadócia está na área central da Turquia, que é 98% muçulmana.

Convento de freiras na Capadócia.

CAPITÃO 1. Tradução em português de diversos termos no original geralmente se referindo a um oficial ou líder. **2.** Oficial responsável por um navio (Jn 1.6; Ap 18.17).

CAPITÃO DO TEMPLO (*ARA*) **CAPITÃO DA GUARDA DO TEMPLO** (*NVI*) Oficial no templo somente inferior ao sumo sacerdote. Pasur ("o mais alto oficial do templo do Senhor", Jr 20.1) e Seraías ("supervisor da casa de Deus", Ne 11.11) ocupavam esse ofício na época do AT. Em At parece que uma das principais funções desse oficial era manter a ordem no templo (At 4.1; 5.24,26). O plural (Lc 22.4,52), "os oficiais da guarda do templo", pode ser uma referência a oficiais sob o comando do capitão do templo.

CAPITEL 1. Termo arquitetônico hebraico referente à parte colocada no topo da coluna (1Rs 7.16) ou a base sobre a qual o capitel propriamente ficava. Em Êx 36.38; 38.17,19,28 a palavra hebraica é traduzida por "cabeças" (*ARA*) ou "parte superior" (*NVI*), enquanto uma palavra diferente é assim traduzida em 2Cr 3.15 (*ARA*; a *NTLH* traz: "remate"). V. *arquitetura*. **2.** Obra decorativa na cobertura das duas colunas que flanqueavam a entrada do templo de Salomão (1Rs 7.19,22). As colunas provavelmente foram inspiradas por colunas egípcias decoradas com o motivo da flor de lótus. A borda do mar de bronze foi provavelmente também inspirada pela forma da flor de lótus. **3.** Parte superior em forma de taça das colunas do templo de Salomão (2Cr 4.12-13). V. *templo de Jerusalém*.

CARAVANA Companhia de viajantes (geralmente mercadores) em uma jornada através do deserto ou de regiões inóspitas com uma fileira de animais de carga (Gn 37.25; Jz 5.6; 1Rs 10.2; Jó 6.18,19; Is 21.13). A Palestina estava situada à margem da principal rota comercial entre Egito, Arábia e Mesopotâmia, e muitas caravanas passavam por ela.

CARBÚNCULO Pedra preciosa usada no peitoral de decisões do sacerdote (Êx 28.17, *ARA*, *ARC*) e parte do traje do rei de Tiro no jardim do Éden de acordo com a descrição irônica de Ezequiel (Ez 28.13). Equiparação com uma pedra usada hoje é difícil se não impossível. A *NVI* traz "berilo", a *NTLH*, "granada" e a *BJ*, "esmeralda". A *ARA* e a *NVI* traduzem um termo diferente em Is 54.12, "carbúnculos". Ali a *NTLH* traz "berilo" e a *ARC*, "rubins". No português atual, "carbúnculo" é "antigo nome da granada almandina com lapidação cabuchão" (Dic. Aulete Digital). V. *joias, joalheria; minerais e metais*.

CARCA Nome de lugar que significa "chão" ou "piso". Cidade na fronteira sul de Judá (Js 15.3). A localização precisa é desconhecida.

CARCAS Nome persa que significa "falcão". Um dos sete eunucos sob o rei Xerxes ("Assuero", na *ARA* e *ARC*) da Pérsia que receberam a ordem de trazer a rainha Vasti para a festa do rei (Et 1.10). V. *Abagta; Ester*.

CARCEREIRO Guarda de prisão (At 16.23). V. *prisão, prisioneiros*.

CARCOR Nome de lugar que significa "terra leve, suave". Cidade montanhosa na região leste de Gileade no período dos juízes. O lugar exato não foi identificado. Gideão e os trezentos israelitas executaram o ataque surpresa aos midianitas em Carcor. Conforme Jz 8.10,11, Zeba e Zalmuna, dois líderes midianitas, estavam acampados em Carcor com 15 mil homens quando Gideão os atacou e derrotou.

CAREÁ Nome pessoal que significa "calvo". Pai de Joanã e Jônatas durante o tempo de Jeremias (Jr 40.8,13,15,16; 41.11,13,14,16; 42.1,8; 43.2,4,5; 2Rs 25.23).

CARIDADE Tradução na *ARC* do termo grego *agape*. Diversas versões usam "caridade" para traduzir *eleemosune*, "esmolas" (Lc 11.41; At 9.36; 10.4,31). V. *esmolas; amor*.

CÁRIOS Termo de significado incerto em 2Rs 11.4,19 e no texto hebraico de 2Sm 20.23, em que em geral se lê "queretitas" (*NVI*; ou "quereteus", *ARC*). Os cários eram ou soldados mercenários (assim mrg. *NVI*) recrutados da Cilícia por Judá e outras nações como o Egito, ou o significado do termo já não pode ser determinado. Eram militares que ajudaram Joiada, o sacerdote, a estabelecer Joás como rei e a assassinar a rainha mãe Atalia.

CARMELITA Cidadão de Carmelo. V. *Carmelo*.

CARMELO Nome de lugar que significa "parque, campo de frutos". **1.** Povoado no território designado à tribo de Judá (Js 15.55). O rei Saul erigiu um monumento ali depois de derrotar os amalequitas (1Sm 15.12). Esse foi o lugar em que Nabal tratou Davi e seus homens com desdém e desrespeito, ação que mais tarde resultou na morte de Nabal e em Davi tomar Abigail por esposa (1Sm 25.2-40). O povoado é a atual Khirbet el-Kirmil, a 11 quilômetros ao sul de Hebrom. **2.** O monte alto (1Rs 18.19) em que Elias confrontou os profetas de Baal. O monte está situado perto da costa do mar Mediterrâneo entre a planície de Acre ao norte e a planície de Sarom ao sul. Atinge a altitude máxima de 532 metros.

O cume ocidental do monte Carmelo com vista para a atual cidade portuária israelense de Haifa.

CARMELO, MONTE Em 1Rs 18.19 é a cena do confronto entre o profeta Elias e os profetas de Baal. O monte está situado perto da costa do mar Mediterrâneo entre a planície de Acre ao norte e a planície de Sarom ao sul. É mencionado muitas vezes na Bíblia como lugar de grande beleza e fertilidade.

CARMESIM Cor vermelha tomada de cadáveres de quermes (*Coccus ilicis*, que se prendiam ao carvalho de quermes — *Quercus coccifera*) ou dos insetos cochonilha (*Coccus cacti*). As mesmas palavras hebraicas traduzidas por carmesim também são traduzidas por "escarlata" ("vermelho" vem de uma raiz hebraica que dá origem à palavra "sangue" e designa uma cor diferente). Fios de carmesim ou escarlata (Gn 38.28,30), cordão do mesmo material (Js 2.18,21) ou também tecido (Lv 14.4; Nm 4.8; 2Sm 1.24; 2Cr 2.7,14; 3.14; Pv 31.21; Jr 4.30; Na 2.3) são mencionados na Bíblia. O carmesim e a escarlata junto com a púrpura eram considerados cores reais (Mt 27.28; Ap 17.3,4; 18.11,12,16). Isaías usou a escarlata como a figura de linguagem para descrever os pecados (Is 1.18). V. *cores*.

CARMI Nome pessoal que significa "minha vinha". **1.** Filho de Ruben (Gn 46.9) e, portanto, antepassado originário de um clã na tribo de Ruben (Nm 26.6). **2.** Pai de Acã (Js 7.1). **3.** Filho de Judá (1Cr 4.1).

CARMITA Membro do clã de Carmi (Nm 26.6). V. *Carmi*.

CARNAIM Nome de lugar que significa "chifres". Cidade no norte da Transjordânia. É a mesma Asterote-Carnaim ou Astarote. Amós usou o nome desta cidade e o de Lo-Debar para fazer um jogo de palavras (Am 6.13). V. *Astarote*; *Lo-Debar* (para detalhes do jogo de palavras).

CARNAL Qualquer coisa associada aos apetites e desejos mundanos em posição aos desejos piedosos e espirituais. A natureza humana básica é carnal, entregue ao pecado e, portanto, vive no âmbito da morte, incapaz de observar a lei espiritual de Deus (Rm 7.14). As pessoas andam na carne ou no Espírito, o que conduz à morte ou à vida. A pessoa carnal é hostil a Deus, incapaz de agradá-lo (Rm 8.1-11). Jesus Cristo em carne humana venceu a condenação dos caminhos da carne a fim de oferecer a vida livre nos caminhos do Espírito. Paulo disse que os gentios tinham recebido o evangelho espiritual por meio dos judeus e, portanto, deviam ministrar às necessidades carnais ou materiais dos judeus (Rm 15.27; cp. 1Co 9.11).

Mesmo membros de igreja podem ser carnais, sendo somente bebês em Cristo, como Paulo indicou ao escrever aos coríntios (1Co 3.1-4). Tais cristãos têm inveja uns dos outros e brigam entre si. Os cristãos deveriam resolver seus problemas com "armas" diferentes (2Co 10.4). Essas armas servem aos propósitos de Deus, destroem argumentos humanos e divisões humanas e dão glória a Cristo.

O livro de Hb ensina que Cristo tinha um tipo de sacerdócio distinto do dos sacerdotes judeus. Os sacerdotes serviam sempre com base em mandamentos escritos para satisfazer necessidades carnais. Cristo serviu com base na sua vida indestrutível e eterna (Hb 7.16). Em 9.10 o autor de Hb explicitou a natureza carnal da Lei. Consistia em mandamentos orientados à ordem antiga que tratava de questões exteriores até que Cristo viesse para tratar de questões espirituais de redenção, santificação, purificação e vida eterna.

Usando a mesma palavra grega (*sarkikos*), Pedro pronunciou um grito de guerra contra os "desejos carnais" para que Deus fosse glorificado e as pessoas atraídas a seu modo de vida (1Pe 2.11).

CARNE 1. O termo "carne", mesmo predominante em versões antigas da Bíblia em português como a *ARC* e a *ARA*, tem sido substituído por diversos termos nas versões mais recentes. Indubitavelmente essa mudança se deve à grande diversidade de nuanças que a palavra "carne" pode ter no contexto bíblico que são mais bem traduzidas por outras palavras no contexto moderno. Não obstante, os termos aparentemente não relacionados como "pele", "alimento", "parentes", "humanidade" e "natureza pecaminosa" em traduções modernas com mais frequência traduzem a mesma única palavra da língua original: *basar* em hebraico e *sarx* em grego. Por causa da evidente flexibilidade da palavra, cada um dos seus significados primários está alistado abaixo seguido de uma explicação e de exemplos bíblicos.

"Carne" como designação do corpo ou partes do corpo "Carne" muitas vezes se refere à pele ou ao corpo — todo o material que cobre o esqueleto dos seres humanos ou animais. "Carne" claramente se refere ao corpo como um todo, p. ex., em Lv 14.9 em que os leprosos curados recebem a ordem de banhar "a sua carne" em água. O salmista também usa "carne" em referência ao corpo inteiro quando diz, literalmente: "a minha carne estremece diante de ti" (Sl 110.120).

Conquanto o termo se refira predominantemente ao corpo humano, pode indicar também o corpo de animais. Quando José explica o sonho do faraó com respeito às sete vacas gordas e às sete vacas magras, p. ex., ele se refere coerentemente às vacas magras como "finas de carne", uma expressão idiomática hebraica que significa "muito magras" (Gn 41.1-3). Paulo distingue entre diversos tipos de "carne" animal ou tipos de corpo quando explica a ressurreição corpórea aos cristãos coríntios (1Co 15.39). Como "carne" pode ser usado com respeito ao corpo de animais, também pode, por extensão, referir-se à carne como alimento (Êx 21.28; Is 22.13).

O termo também pode, no entanto, referir-se à parte do corpo. A Bíblia muitas vezes usa "carne", p. ex., como eufemismo de órgãos genitais masculinos. Esse uso do termo é mais comum em contextos relacionados ao sinal da aliança que é a circuncisão (Gn 17.11,14; Rm 2.28; Gl 6.13).

Às vezes a palavra "carne" é usada em contraste com o termo "alma" (*nefesh* no heb.) assim distinguindo a existência física de uma pessoa da sua existência espiritual (Is 10.18; Sl 63.1; 84.3). De forma semelhante, "carne" é usado em contraste com a palavra para coração/mente (*lev* em heb.) para distinguir o corpo da mente, vontade e emoções (Sl 16.9; Pv 14.30).

Carne como designação de humanidade ou parentes de sangue As Escrituras às vezes usam o termo "carne" como designação geral de todas as coisas vivas. Em Gn 6.17, Deus advertiu sobre o Dilúvio que estava prestes a lançar sobre a terra, que destruiria "toda a carne". Isso incluía animais e seres humanos igualmente. De forma mais restrita, "carne" pode ser usado como designação de toda a humanidade. A famosa profecia de Jl 2.28-32 citada e cumprida em At 2.17-21 diz que o Espírito de Deus seria derramado sobre "toda a carne".

Claramente, nesse caso, o texto só tem em mente a humanidade.

Em sentido mais restrito, "carne" pode se referir aos parentes de uma pessoa. Em Lv 18.6, p. ex., os termos são proibições contra a intimidade sexual com parentes próximos.

O uso do termo "carne" como designação da humanidade sugere um importante contraste entre o homem e Deus. O homem é "carne", mas Deus é "espírito"; o homem é finito e mortal, mas Deus é infinito e imortal. Diversos trechos reforçam esse contraste ao combinar a palavra "carne" com a palavra "espírito" (Gn 6.3; Is 31.3; Mt 26.41). A palavra "carne" por si só, no entanto, pode também ressaltar a fraqueza e pecaminosidade da humanidade em contraste com o poder e santidade de Deus (Sl 56.5; 78.39; 2Cr 32.8).

Carne como designação da natureza pecaminosa No NT, especialmente nas cartas paulinas, o termo "carne" assume um significado teológico especializado. Paulo usa de forma constante e coerente o termo "carne" em referência à natureza humana caída incapaz de se conformar às expectativas santas de Deus (Rm 7.5,18; 8.3-9; Gl 3.3). Nesse sentido, "carne" é o esforço humano desamparado — mera força humana sem o poder do Espírito Santo. É essa "carne" que fornece ao pecado uma base de operações na vida do cristão (Rm 8.3,4,9; Gl 3.3; 5.16,17). Paulo explica que a carne e o Espírito estão em conflito entre si dentro dos cristãos necessitando da negação por parte do cristão dos desejos pecaminosos e da cooperação com o Espírito Santo (Rm 8.13; Gl 2.19-21; Cl 3.5).

Infelizmente, muitos têm entendido equivocadamente o uso especializado que Paulo faz do termo "carne" e interpretam os trechos citados acima com o significado de que nosso corpo é inerentemente mau. Nada, no entanto, poderia estar mais distante das convicções de Paulo. Paulo ensinava que o próprio Cristo veio em carne, contudo viveu uma vida sem pecados (Rm 1.3; 1Tm 3.16). Além disso, o corpo é a criação de Deus em serviço sagrado (1Tm 4.4). De fato, Paulo se referiu ao corpo dos cristãos como o templo do Espírito Santo mostrando sua natureza e propósito sagrados (1Co 6.19,20). A noção de que o corpo físico é inerentemente mau e por isso um obstáculo à espiritualidade não veio de Paulo, mas de Platão. V. *antropologia; corpo*. — Kevin J. Youngblood

2. No português moderno, carne se refere a tecido animal usado como alimentação, com frequência em contraste com produtos de origem vegetal. Muitas traduções modernas da Bíblia usam a palavra nesse sentido (p. ex., Nm 11.4-33; Jz 6.19-21; 1Sm 2.13,15). Algumas vezes a palavra "carne" é usada em dois sentidos: para designar comida, especialmente alimento sólido em contraste com alimento líquido (p. ex., 1Co 3.2; Hb 5.12,14), e para designar uma refeição, em especial a refeição vespertina (ex., 1Sm 20.5; Mt 26.7). Um caso especial relativo ao uso da palavra "carne" para significar comida é a expressão comum "oferta de alimento" (cerca de 130 vezes no AT). Nesses casos "oferta de alimento" significa oferta de comida em contraste com libação (oferta líquida). Traduções modernas vertem a expressão como oferta de cereais ou oferta de grãos.

CARNE DE CAÇA Carne de animal selvagem obtida pela caça (Gn 25.28: "caças"). O termo ocorre somente na narrativa em que Jacó defrauda Esaú de seu direito de nascença. Isaque preferia Esaú por causa de sua predileção pela carne de caça.

CARNE E ESPÍRITO Termos usados em paralelo no NT para contrastar estilos de vida diametralmente opostos. O termo "carne" é atribuído com mais frequência à conotação de um estilo de vida ímpio de egoísmo e autogratificação sensual. O termo "espírito" significa as características opostas. Alguém que anda pelo Espírito vive com percepção notável de que Deus dirige suas disposições, atitudes e ações.

Esse uso é evidente especialmente nos escritos de Paulo. Em Rm 7, Paulo falou com franqueza sobre essa luta constante entre o poder contínuo da carne e as intenções sinceras da vontade de viver de forma obediente a Deus. "Pois o que faço não é o bem que desejo, mas o mal que não quero fazer, esse eu continuo fazendo" (Rm 7.19). Essa batalha existe por causa da "carne" que o cristão combate mesmo depois da salvação. Paulo então propõe a pergunta: "Quem me libertará do corpo sujeito a esta morte?" (Rm 7.24). Ele responde com segurança: "Graças a Deus por Jesus Cristo, nosso Senhor! De modo que, com a mente, eu próprio sou escravo da Lei de Deus; mas, com a carne, da lei do pecado" (Rm 7.25). Mesmo que os cristãos lutem contra a carne, os que estão em Jesus Cristo já não estão debaixo da compulsão de viver de maneira carnal. Em Gl 5, Paulo provê o tratamento mais extenso desse tema. Encoraja os cristãos que "vivem pelo Espírito" a também "andarem pelo Espírito" para que evitem praticar os "desejos da carne". A admoestação aqui bem como em outros escritos de Paulo é que os cristãos não vivam de maneira carnal. Um cristão carnal é um crente que, embora regenerado, persiste em viver governado pelos desejos carnais (Rm 8.7; 1Co 3.1).

Outros textos no NT usam os termos "carne" e "espírito" para sublinhar essa mesma batalha. João instruiu os cristãos a não se comportar de tal maneira que satisfizessem a "cobiça da carne" (1Jo 2.16).

Esse contraste não deve ser forçado a significar que a existência humana e física é má. A carne humana literal foi criada "boa". Alguns antigos grupos cristãos gnósticos perverteram esse conceito e ensinaram que qualquer coisa relacionada à existência física deveria ser considerada má em si mesma. Essa falsa dicotomia levou algumas seitas a se tornar ascetas, privando o corpo físico de adequada alimentação, sono e cuidado na tentativa de purificá-lo. Outros grupos chegaram à conclusão de que o que se fazia com o corpo não tinha consequências espirituais, mesmo os atos de licenciosidade moral.

Por meio do poder e liberdade de Cristo, a pessoa precisa decidir viver uma vida piedosa e não transformar essa liberdade em "ocasião à vontade da carne" (Gl 5.13). O alvo é demonstrar uma vida governada pela presença constante do Espírito Santo caracterizada pelas marcas do "amor, alegria, paz, paciência, amabilidade, bondade, fidelidade, mansidão e domínio próprio" (Gl 5.22,23). — *D. Cornett*

CARNE OFERECIDA AOS ÍDOLOS Ofertas de carne animal sacrificadas a um deus. Muitas religiões do antigo Oriente Médio tinham leis concernentes a ofertas de sacrifícios ao(s) deus(es). As leis de Israel estão em Lv 1 — 8,16,17. Parte do ritual servia para o povo se alimentar de parte do sacrifício. Eles criam que Deus e o povo se tornavam mais íntimos ao participarem do mesmo animal. Como muitos dos primeiros cristãos tinham relação com a cultura judaica, um problema surgiu na igreja quando gentios convertidos comiam carnes oferecidas a ídolos. O concílio de Jerusalém decidiu que os cristãos deveriam se abster de comer carne oferecida a ídolos para não causar escândalo aos crentes mais fracos. Paulo repetiu esses sentimentos em 1Co 8.13.

CARNE, IMPURA V. *puro, pureza*.

CARPINTEIRO 1. Ofício ou habilidade elevada a uma alta posição de honra por Jesus (Mc 6.3). V. *ocupações e profissões*. **2.** Pessoa que de algum modo trabalha com madeira — cortando árvores em uma floresta (1Rs 5.6), transportando os troncos para onde havia necessidade (v. 9), construindo a casa e a mobília necessária para ela (2Rs 22.6) e fazendo belos objetos artísticos de madeira. V. *ocupações e profissões*.

CARPO Nome pessoal que significa "fruto". Amigo cristão com quem Paulo deixou a capa em Trôade. Ele pediu que Timóteo a trouxesse para ele (2Tm 4.13).

CARQUEMIS Forte de Camos; a atual Jerablus. Cidade importante na grande curva do rio Eufrates. Ficava situada na margem oeste do rio, em uma encruzilhada importante de rotas internacionais. Carquemis está situada, em grande parte, no lado turco da fronteira atual entre a Turquia e a Síria.

Carquemis é citada já em c. 1800 a.C. como a capital de um reino em aliança com o rei assírio Shamshi-Adade I contra Yahdun-Lim, rei de Mari.

Depois do período de Mari, há uma breve interrupção da história conhecida da cidade. Quando as fontes se tornaram disponíveis novamente, Carquemis esteve inicialmente sob a influência dos hurritas, depois foi incluída na esfera dos hititas. Carquemis foi vassalo e aliado de Muwatallis, rei dos hititas, contra o faraó egípcio Ramessés II na importante batalha de Cades em 1286 a.C.

Após a destruição do novo reino hitita nas mãos dos povos do mar logo depois de 1200 a.C., Carquemis se tornou a herdeira mais importante da cultura hitita. A terra de Hati e os hititas mencionados provavelmente são os sucessores desses hititas da Anatólia concentrados em Carquemis. Carquemis encabeçou um reino independente novamente e teve êxito na resistência aos ataques do Império Assírio durante todo o primeiro período de expansão. Somente sob Sargom II os assírios conseguiram capturar e destruir Carquemis em 717 a.C. Sargom ajudou a reconstruir a cidade, que se tornou a capital de uma província ocidental da Assíria. A captura definitiva de Carquemis por parte dos assírios foi tão marcante que Isaías a usou como exemplo retórico em um dos seus oráculos (Is 10.9).

A batalha mais importante em Carquemis, no entanto, não foi travada pela posse da cidade. No final do período assírio, quando Nabucodonosor estava incorporando todo o território anteriormente pertencente ao Império Assírio ao seu novo Império Babilônico, o faraó Neco II do Egito subiu a Carquemis para tentar salvar os remanescentes do exército assírio. Esperava manter a fraca Assíria como um território-tampão entre ele e uma Babilônia forte e agressiva. Ele chegou tarde demais para salvar os assírios, talvez interrompido pelo desafio mal-sucedido de Josias em Megido (2Cr 35.20-24). Nabucodonosor derrotou Neco em Carquemis. Essa vitória deu à Babilônia autoridade sobre toda a parte ocidental da Ásia nos anos seguintes; por essa razão, está entre as batalhas mais importantes de todos os tempos. Jeremias e o cronista tomaram nota dela; Jeremias escreveu um lamento fúnebre poético comemorando a derrota dos egípcios (Jr 46.2-12). A cidade de Carquemis parece ter entrado em declínio depois do período babilônico visto que cessaram as referências a ela.

Carquemis e suas ruínas foram visitadas repetidamente por viajantes ocidentais durante os séc. XVIII e XIX. As escavações foram feitas no sítio entre 1878 e 1881 e novamente entre 1911 e 1914 e em 1920. Uma inscrição cuneiforme encontrada nas escavações confirma o local como Carquemis.
— *Joseph Coleson*

CARREGADORES DE ÁGUA (Js 9.21,23, 27). V. *ocupações e profissões*.

CARROÇA Veículo de transporte com duas ou quatro rodas de madeira. A de duas rodas era geralmente chamada de carreta. Usavam-se carroças para transportar pessoas e bens (Gn 45.17-21, *TEB*). Às vezes carroças eram usadas como instrumentos de guerra (Ez 23.24). Em geral as carroças eram puxadas por bois. O uso da carroça era bastante diferente do da carruagem. V. *transporte e viagens*.

CARROS Veículos de duas rodas que se locomovem sobre a terra feitos de madeira e tiras de couro e geralmente puxados por cavalos. Eram usados amplamente na Mesopotâmia antes de 3000 a.C. e foram introduzidos em Canaã e no Egito pelos hicsos em cerca de 1800-1600 a.C. Sua função principal era servir de plataforma móvel de lançamento de flechas e uso de outras armas, de meio de transporte para os dignitários e em cerimônias religiosas e de Estado.

Antigo Testamento Os primeiros a ser mencionados foram os carros egípcios (Gn 41.43; 46.29; 50.9). Os carros de ferro dos filisteus eram reforçados com placas de metal que os tornavam militarmente mais fortes do que os israelitas (Jz 1.19; 4.3,13-17; 1Sm 13.5-7).

Os carros se tornaram parte importante do exército de Salomão e suas relações comerciais (1Rs 4.26; 9.15-19; 10.28,29). A força militar de Israel sob Acabe era notória pelo do grande número de carros disponíveis. De acordo com os registros assírios, Acabe levou 2.200 carros para a batalha de Qarqar em 853 a.C. Os carros aparecem também nas visões proféticas (Zc 6.1-8) e foram aplicados figuradamente ao poder de Elias e Eliseu (2Rs 2.12; 13.14).

Novo Testamento Carros eram usados nas figuras de linguagem proféticas (Ap 9.9; 18.13) e para o transporte do eunuco etíope (At 8.26-38). V. *armas e armadura*. — *Lai Ling Elizabeth Ngan*

CARROS DO SOL Tradução na *ARA* e *ARC* em 2Rs 23.11 do termo que denota uma escultura removida do templo de Jerusalém por Josias. O texto fala também de cavalos que os reis de Judá tinham dedicado ao Sol. Os assírios chamavam o Sol de "cavaleiro do carro", assim isso poderia representar a estatuária introduzida quando Judá começou a pagar tributos aos reis assírios. O texto de Dt 17.3 registra a ordem de Deus a Israel de não adorar o sol, mas Ezequiel teve provas de pessoas no templo que adoravam o sol (Ez 8.16).

CARSENA Conselheiro sábio do rei Xerxes da Pérsia de quem o rei pediu conselho a respeito de como lidar com sua desobediente esposa Vasti (Et 1.14).

CARTÁ Nome de lugar que significa "cidade". Cidade dos levitas no território de Zebulom (Js 21.34). Sua localização é desconhecida. V. *cidades dos levitas*.

CARTÃ Nome de lugar que significa "cidade". Cidade dos levitas no território tribal de Naftali (Js 21.32). Também chamada Quiriataim (1Cr 6.76). Localizava-se perto do mar da Galileia. É geralmente identificada com a moderna Khirbert el-Qureiyeh. V. *cidades dos levitas*.

CARTAS, FORMA E FUNÇÃO

História e forma As cartas no mundo antigo eram um importante meio de comunicação entre pessoas que viviam em localidades diferentes. De fato, as cartas eram o único meio disponível, além de mensagens verbais. A escrita de cartas é quase tão antiga quanto a própria escrita, começando no segundo milênio antes de Cristo. Foram publicados auxílios à composição de cartas, e dois deles sobreviveram aos nossos dias. *Typoi epsistolikoi* [*Tipos de epístolas*], também conhecido por *Pseudodemétrio* (escritas antes do ano 100 d.C.) identificou e explicou 21 tipos de cartas. O outro é *Epistolimaioi characteres* [Estilos de epístolas], também conhecido por *Pseudolibânio*, escrita depois do ano 300 d.C., que apresentava 41 tipos de cartas. Demétrio define cada tipo de carta, sua lógica é apresentada e depois ilustrada com uma carta. Libânio não apresenta exemplos concretos de cartas, mas instruções e sugestões que representam a essência de cada tipo. Na prática, os tipos de cartas eram misturados, de modo que qualquer descrição do conteúdo de uma carta antiga "típica" é artificial e enganoso. Milhares de cartas sobreviveram da antiguidade, demonstrando a influência de manuais como os de Demétrio e Libânio.

O método de classificação das cartas estava relacionado à teoria retórica. Retórica é a arte da persuasão, e era a ponto fundamental da educação clássica. Os vários tipos de cartas empregam os três princípios da retórica: judicial, deliberativa e epideítica. O contexto da retórica jurídica é a persuasão do juiz e do júri. A retórica deliberativa argumentava a favor ou contra o curso de uma ação na arena pública, um conselho. A retórica epideítica era o discurso de louvor ou de acusação em ocasiões de celebração ou comemoração, entre as quais, casamentos e funerais. A teoria epistolar se desenvolveu a partir destas categorias, e muitos tipos de cartas estavam relacionados ao modelo epideítico, expressando elogio ou acusação. O treinamento retórico ajudava escritores de cartas a tomar esboços simples e exemplos de manuais e adaptá-los, combinando tipos para uma situação particular.

À medida que a escrita de cartas se desenvolveu ao longo da História, muitas cartas não se encaixavam em nenhuma das categorias estabelecidas. Antes, caiam em outra categoria mais ampla, a de exortação, apenas marginalmente relacionada à teoria retórica. A palavra grega é *paraenesis*, que chegou ao português, assim como *preaeceptio*, preceito, a palavra latina correspondente. Tais epístolas são citadas algumas vezes como hortatórias ou parenéticas.

De modo geral os escritores de cartas empregavam os serviços de um amanuense. O equivalente moderno mais próximo é a secretária. O amanuense podia ser treinado em retórica e em redação de epístolas e podia participar da escrita em vários níveis. Podia simplesmente escrever a carta que lhe era ditada e preparar a carta para a assinatura do escritor. No entanto, com frequência, era possível editar o que estava escrito. Algumas vezes o amanuense era um participante pleno, ou colaborador com o escritor nomeado no conteúdo da carta. Ele poderia até mesmo compor a carta de acordo com as orientações dadas pelo remetente da epístola.

O ditado poderia ser dolorosamente lento, e interferir com a linha de raciocínio do falante. Cícero, o famoso romano (106-143 a.C.) uma vez reclamou de ter de ditar vagarosamente, sílaba por sílaba. O historiador Plutarco atribui a Cícero o desenvolvimento da taquigrafia e a introdução do seu uso em Roma. A taquigrafia estava em amplo uso no tempo em que as cartas do NT foram escritas. Sêneca, escrevendo por volta de 63-64 d.C., descreveu a taquigrafia daqueles dias como o emprego de símbolos no lugar de palavras inteiras, permitindo a quem escrevia equiparar-se à velocidade de quem falava.

Cartas na Bíblia *Antigo Testamento* A primeira menção a uma carta está em 2Sm 11.14,15, quando a traição de Davi levou à morte do próprio portador da carta, Urias, marido de Bate-Seba. Jezabel, a rainha perversa, escreveu cartas (1Rs 21.8,9) que tramaram o assassinato de Nabote. O rei da Síria enviou uma carta ao rei de Israel referente a Naamã, seu general, em 2Rs 5.5-7. Jeú, rei de Israel, escreveu cartas que asseguraram a morte dos filhos remanescentes de Acabe (2Rs 10.1-7). Ezequias, um rei justo de Judá, recebeu cartas dos reis da Assíria e da Babilônia (2Rs 19.14; 20.12; Is 37.14; 39.1; 2Cr 32.17). Ezequias também enviou cartas às doze tribos de Judá e Israel, convidando todo o povo a vir e celebrar a páscoa (2Cr 30.1-12). Salomão trocou cartas com Hirão, rei de Tiro (2Cr 2.1-12). Em 2Cr 21.12 o profeta Elias enviou uma carta pronunciando o juízo e a morte dolorosa a Jeorão, rei de Judá. Quando Esdras estava reconstruindo o templo, cartas foram trocadas entre inimigos dos judeus e a corte real da Pérsia (Ed 4; 5). Neemias recebeu cartas do rei da Pérsia, Artaxerxes, autorizando-o a voltar para Jerusalém e completar o templo (Ne 2.1-9). Numerosas cartas hostis foram trocadas entre os anciãos de Judá e Tobias, seu inimigo (Ne 6.17-19). O rei da Pérsia, Assuero, enviou várias cartas no livro de Et (1.22, 3.13; 8.5,10). Mardoqueu, tio de Ester, enviou cartas aos judeus em muitos lugares (Et 9.20-30). Jeremias enviou uma carta aos exilados na Babilônia (Jr 29.1). Semaías escreveu uma carta aos exilados exigindo o sumo sacerdócio (Jr 29.24-32).

Novo Testamento As cartas são ainda mais comuns no NT, e 21 dos seus 27 livros se encontram sob a forma de epístolas. O Ap contém sete cartas breves. Trezes livros são cartas escritas pelo apóstolo Paulo, e oito, chamadas epístolas gerais, foram escritas para outras pessoas. Desconhece-se o autor de Hb. Tiago e Judas, irmãos de Jesus, escreveram cartas.

O apóstolo Pedro escreveu duas cartas, e o apóstolo João escreveu três.

A primeira menção específica a cartas aparece quando Saulo de Tarso requisitou cartas do sumo sacerdote para autorizar a prisão de cristãos em Damasco, Síria (At 9.2; 22.5). A igreja de Jerusalém enviou uma carta aos cristãos gentios de Antioquia, Síria, isentando-os da Lei de Moisés (At 15.23-30). O comandante romano, Cláudio Lísias, escreveu ao governador romano Félix a respeito de Paulo (At 23.25-33).

As cartas do NT, na maior parte, estão na categoria de exortação. Muitas são uma mistura de outros tipos de cartas. Em várias, elementos significativos de retórica deliberativa estão também misturados. Posidônio, o antigo teórico de retórica, sugeriu três tipos principais de parênese: conselhos relacionados a ações, exortações relacionadas a hábitos e caráter, e consolação relacionada a emoções ou paixões. Todos estão presentes nas cartas do NT.

Alguns eruditos questionam a autenticidade de várias das cartas atribuídas a Paulo, mas falta uma evidência convincente o bastante para desprezar o testemunho antigo da autoria paulina. Podemos confiar que Paulo de fato escreveu as 13 epístolas que levam seu nome.

Como toda correspondência, as cartas de Paulo são documentos "ocasionais", escritos em um momento particular com um propósito. Muitas cartas do NT foram escritas para serem lidas em voz alta nas congregações que as receberam, funcionando como substituto do escritor falando à igreja pessoalmente. A correspondência de Paulo que chegou aos nossos dias era para as igrejas que ele plantou, e pelo menos uma Igreja ele não havia visitado (Colossos), e também para indivíduos (Timóteo e Tito) que trabalhavam sob sua autoridade. Só Deus sabe quantas cartas Paulo escreveu durante 30 anos de atividade missionária, mas somos abençoados pela presença das cartas constantes no cânon do NT.

Como o maior conjunto de cartas na Bíblia, as cartas paulinas são mais estudadas que outros conjuntos de cartas (epístolas gerais). As cartas de Paulo indicam o uso de um amanuense em sete cartas (Rm; 1Co; Gl; Cl; 1 e 2Ts e Fm). O uso de um amanuense pode ser inferido em 2Co a partir de características gramaticais. É uma suposição razoável Paulo ter usado amanuenses em todas as suas cartas. Um amanuense fornece o próprio nome, Tércio (Rm 16.23). Em cinco cartas, Paulo escreveu uma porção com a própria mão (1Co; Gl; Cl; 2Ts; Fm). O uso de amanuenses diferentes apresenta uma explicação razoável para algumas diferenças de estilo, vocabulário e gramática entre as cartas de Paulo. Em oito cartas, Paulo menciona associados como colaboradores (1 e 2Co; Gl; Fm; Cl; 1 e 2Ts). Os esforços colaborativos provavelmente influenciaram o estilo e o vocabulário em alguma extensão. As cartas de Paulo demonstram que ele e seus amanuenses conheciam e empregavam as formas convencionais de redação de epístolas do séc. I da era cristã.

As cartas do NT, de modo geral, podem ser divididas em três partes: o destinatário, o corpo e a conclusão. Nessa estrutura as seguintes características podem ser encontradas, ainda que poucas das cartas contenham todas:

1) O destinatário, consistindo na identificação do escritor e dos destinatários, a saudação de abertura, a ação de graças e uma oração.

2) O corpo da epístola, consistindo em diferentes elementos bastante variados de epístola para epístola. Os elementos mais próximos de uma característica comum são a abertura formal, a parênese a respeito das áreas de preocupação primária e a aplicação.

3) A conclusão, incluindo as bênçãos finais, saudações (algumas vezes para pessoas específicas), o desejo de "paz" e um (ou mais) pós-escrito.

O Império Romano contava com um sistema postal eficiente, mas restrito ao uso governamental. A palavra latina *positus*, associada a esse sistema, é a origem da palavra portuguesa postal, e termos relacionados. A correspondência era transportada a cavalo, e havia estações mantidas em intervalos regulares nas rotas postais. Nessas estações trocavam-se os cavalos, havia comida e outros suprimentos, para manter a velocidade dos estafetas. No uso particular, cartas e outros documentos eram entregues por uma variedade de meios. Usavam-se emissários profissionais, mas para muita gente isto não era uma opção. Amigos, conhecidos ou outros cavaleiros levavam cartas para os outros. No caso de Paulo os emissários parecem ter sido do círculo de seus colaboradores e membros das igrejas com as quais estava associado. V. *saudação*. — Charles W. Draper

CARVALHO V. *plantas*.

CARVALHO DOS ADIVINHADORES Lugar visível da porta de Siquém (Jz 9.35,37). Algumas traduções entendem que a palavra hebraica subjacente se refere a uma planície. Mas a maioria das versões em português traduz o termo por "carvalho dos adivinhadores". Nesse caso provavelmente a árvore fazia parte de um santuário. Era chamada assim, pois as pessoas iam ao santuário buscando por um oráculo. A árvore talvez esteja associada com Abraão (Gn 12.6), Jacó (Gn 35.4) e Josué (Js 24.26) (cf. Dt 11.30; Jz 9.6). Pode muito bem ter tido um papel importante na adoração cananeia em Siquém antes de Israel tomar posse do antigo lugar de adoração. Aparentemente estava localizada perto da porta leste da cidade.

CASA Lugar em que pessoas vivem, geralmente em unidades familiares estendidas chamadas de casa. Abraão deixou a Mesopotâmia, onde vivia em casas feitas de tijolos, (cf. Gn 11.3) e passou a habitar em tendas (Hb 11.9). As tendas eram feitas de pelo de cabra e adaptadas para a vida nômade. Tudo indica que os descendentes de Abraão viveram em tendas até o tempo de Josué, quando conquistaram Canaã e começaram a edificar casas como os cananeus. Nas terras baixas do vale do Jordão, as casas eram construídas de argila, porque pedras não eram fáceis de encontrar. Esse tipo de construção pode ainda hoje ser visto em campos de refugiados na atual Jericó. Na região montanhosa a pedra era utilizada. Ainda que pequenas diferenças existam na construção de casas com o passar dos séculos, as que foram escavadas manifestam um estilo similar. As casas dos pobres eram pequenas e modestas, geralmente tendo de um a quatro quartos, e quase sempre incluíam um pátio em sua parte leste para que os ventos vindos do oeste levassem a fumaça produzida pela casa. Nesse pátio a família executava a maior parte de suas atividades. A comida era preparada em um forno de argila. Vasos de armazenagem e animais eram guardados nessa parte da casa. Entretanto, a casa atendia apenas às necessidades essenciais da vida familiar, tais como abrigo, lugar para preparação de comida, fabrico de roupas e de objetos de cerâmica e cuidado dos animais.

CASA DE CÉSAR ou PALÁCIO DE CÉSAR

Corte de uma casa do séc. I da era cristã em Israel.

A vida social em geral acontecia no poço ou na fonte da comunidade, no portão da cidade, nos mercados ou nos campos de trabalho. Em virtude do calor do verão e do frio no inverno, as casas eram construídas com poucas janelas, ou talvez sem nenhuma. Isso também providenciava proteção contra invasores, mas fazia que suas dependências fossem escuras e tivessem um aspecto pouco acolhedor. A única maneira de vencer a penumbra no interior das casas era o pátio, e especialmente o terraço, onde as mulheres podiam realizar muitas das suas tarefas domésticas — lavar roupas, costurar, secar figos e tâmaras e cozinhar. Era um lugar apropriado para desfrutar a brisa fresca durante o calor do dia e para dormir no verão (At 10.9; cp. 2Rs 4.10). O teto era sustentado por vigas colocadas ao longo do topo dos quartos estreitos, cobertas por folhas de mato e barro para formar uma superfície sólida e lisa. O paralítico de Cafarnaum foi baixado até onde Jesus estava através de uma abertura no teto da casa (Mc 2.4; Lc 5.19). No tempo de Moisés os israelitas tinham de construir um parapeito ao redor do terraço para impedir que alguém caísse de lá (Dt 22.8).

Diferentemente dos pobres, as famílias abastadas construíam casas grandes, algumas vezes feitas de pedra. Essas casas eram adornadas com cadeiras, mesas e sofás que podiam servir de camas. Os pobres não tinham espaço nem dinheiro para ter móveis. Comiam e dormiam em colchões no chão, que podiam ser enrolados e desenrolados conforme a necessidade. O chão era de terra batida, ainda que alguns fossem de lama e um revestimento de calcário. Os ricos no tempo do NT revestiam suas casas com paredes pintadas com mosaicos e com afrescos nos muros. Nessa época, as casas melhores, seguindo a influência romana, tinham átrios. Há evidência de casas de dois andares construídas no período bíblico, nas quais se subia ao andar superior por meio de escadas. V. *arquitetura*. — *John McRay*

CASA DE CÉSAR (*ARA*) ou **PALÁCIO DE CÉSAR** (*NVI*) Em Fp 4.22 tanto escravos quanto livres a serviço do imperador. Em Fp 1.13 Paulo tinha indicado que o fato de que ele estava preso pela causa de Cristo tinha se tornado bem conhecido a "guarda pretoriana" (*ARA*; *NVI*: "guarda do palácio"). É bem

Reconstrução de uma casa israelita do séc. VIII a.C., mostrando os quartos de dormir com colchões de palha e lugares de armazenamento de alimentos. O pátio externo era usado para cozinhar e abrigar animais pequenos. A construção de casas não mudou muito no decorrer dos séculos até o período do NT. Por isso, esse é um padrão típico das casas do período do AT.

possível que alguns integrantes da guarda do palácio estivessem incluídos entre os cristãos do palácio de César. V. *César; Roma e o Império Romano*.

CASA DE INVERNO Parte de um palácio ou moradia exclusiva dos ricos aquecida e por isso mais quente que o restante da casa (Jr 36.22) ou construída em uma região mais quente do país. Amós falou da destruição da casa de inverno por causa do pecado de Israel contra Deus (Am 3.15).

CASA DO PAI Nome dado a unidades familiares ampliadas no antigo Oriente Médio, reflexo de uma organização social na qual o homem mais importante liderava a família. Essas unidades podiam ser grandes (a casa de Jacó incluía 66 descendentes quando ele foi para o Egito, Gn 46.26). A "casa do pai" podia designar os clãs de uma tribo (Êx 6.14-25) ou mesmo uma tribo inteira (Js 22.14). As designações comuns "casa de Jacó" (Êx 19.3; Am 3.13), "casa de Israel" (Êx 40.38) e a designação incomum "casa de Isaque" (Am 7.16) se referem todas à nação de Israel em termos de uma casa do pai.

No período dos patriarcas se esperava que o casamento fosse feito entre parentes de uma "casa do pai" (Gn 11.29; 10.12; 24.4,15,38,40; 29.10; Êx 6.20; Nm 36.8-10). Alguns desses casamentos dentro do clã foram proibidos posteriormente (Lv 18.9,12; 20.17,19). No tempo dos patriarcas, mulheres casadas continuavam sendo consideradas pertencentes à casa de seu pai (Gn 31.14; cp. 46.26 em que a enumeração da casa de Jacó não inclui as esposas de seus filhos). Em períodos posteriores as mulheres eram consideradas como quem tinha deixado a casa do pai (Nm 30.3,16). Esperava-se das viúvas que voltassem à casa do pai (Gn 38.11). O texto de Gn 31.14 sugere que no tempo dos patriarcas se esperava que as mulheres casadas compartilhassem da herança de seu pai. Mais tarde a lei limitou o direito a casos em que não havia filhos para participar da herança (Nm 27.8).

Em Jo 2.16 a "casa de meu Pai" é a designação do templo que então foi equiparado ao corpo de Cristo (2.21). As referências à "casa de meu Pai" com suas muitas moradas (14.2) pode ser explicada de duas maneiras. O termo "casa" pode ser entendido como um lugar ou um conjunto de relacionamentos, uma família. Já em Sl o templo é a casa de Deus onde os justos esperam morar (23.6; 27.4). É apenas um passo para a ideia do céu como morada de Deus em que há muito espaço para os discípulos. Ao se entender a casa como família, o foco está na comunhão com Deus. Em contraste com os servos, um filho mora na casa do pai (Jo 8.35). Como Filho de Deus, Jesus desfruta de um relacionamento singular com ele. Ao crer em Cristo, somos capacitados a nos tornar filhos de Deus (1.12), membros da casa de Deus, e termos comunhão com o Pai. Os dois significados não se excluem mutuamente. Ambos estão incluídos na promessa de Jesus em Jo14.2 — *Chis Church*

CASA DOS ARQUIVOS V. *arquivos*.

CASA DOS HERÓIS Mencionada em Ne 3.16 (*ARA*, *BJ*; "casa dos soldados", *NVI*; "casa dos valentes", *TEB*). Possivelmente era uma espécie de museu para honrar heróis ou guerreiros do passado.

CASAMENTO A união sagrada, pactual, de um homem e uma mulher formada quando os dois prestam diante de Deus um juramento vitalício de lealdade e amor um ao outro; o sinal e o selo deste juramento é o intercurso sexual.
Natureza do casamento Deus instituiu o primeiro casamento no jardim do Éden quando deu Eva por esposa a Adão (Gn 2.18-25). Mais tarde os casamentos deveriam seguir o padrão do primeiro — algo indicado pela instrução divina conclusiva (v. Mt 19.4-6): "Por essa razão, o homem deixará pai e mãe e se unirá à sua mulher, e eles se tornarão uma só carne" (Gn 2.24). A unicidade entre Adão e Eva foi percebida pelo fato de os dois se tornarem "uma só carne". Esse caráter único do casamento distingue o casal dos demais como unidade familiar separada.
Por ser instituição divina, o casamento é mais que apenas uma cerimônia. Várias passagens bíblicas demonstram que o relacionamento do casal é baseado em uma aliança ou juramento diante de Deus: Pv 2.17; Ez 16.8,59-62; Os 2.16-20; Ml 2.14; Mt 19.6. Qualquer violação desta aliança é um convite ao juízo da parte de Deus.

Propósitos do casamento
A glória de Deus Se o propósito principal do homem como imagem de Deus é glorificá-lo e desfrutar de um relacionamento com ele para sempre (Sl 73.28; 1Co 10.31), este é claramente o propósito principal do casamento. Paulo explica em Ef 5.21-33 que o relacionamento do casal deve ter como padrão o relacionamento de Cristo com a Igreja. Uma inferência a ser extraída é o fato de marido e mulher deverem demonstrar por meio do relacionamento matrimonial a mesma natureza do nosso relacionamento com Cristo, nosso marido divino, como sua noiva, a Igreja. Esse mesmo princípio pode também ser inferido do AT, no qual o relacionamento matrimonial era uma das principais analogias usadas para descrever o relacionamento de Javé com Israel (ex., Jr 2.1; 3.6; 31.32; Os 1—3).

O casamento é também um dom único de Deus a fim de prover a estrutura para o companheirismo íntimo, meio de procriação da raça humana e canal de expressão sexual em conformidade com os padrões bíblicos.

Companheirismo Apesar da criação do homem e da mulher ter sido designada algo "muito bom" (Gn 1.31), a criação do homem apenas ainda não cumprira o propósito divino para o homem como imagem de Deus (Gn 2.18). Isso não expressa qualquer falha da parte de Deus; antes, nos instrui que apenas a criatura do sexo masculino não é a criação perfeita que Deus tinha em mente. Adão precisava de uma esposa para ser tudo o que Deus desejou que ele fosse, como é naturalmente o caso de todos os homens a não ser que Deus lhes conceda o dom do celibato (v. Mt 19.10-12; 1Co 7.6,7). O mesmo evidentemente é verdade com referência à mulher, que Deus fez para o homem (v. 1Co 11.9).

Adão precisava de "alguém que o auxiliasse e lhe correspondesse", i.e., alguém que o complementasse ou completasse, cuja natureza correspondesse à sua (Gn 2.21-23). Precisava de mais que um meio para produção de filhos. Precisava de uma "auxiliadora" — o que não é uma palavra depreciativa —, pois é utilizada também em relação a Deus (Gn 49.25; Êx 18.4; Dt 33.7,26; 1Sm 7.12; Is 41.10; Sl 10.14; 33.20). Juntos, sob a direção de Deus e a liderança do marido, eles poderiam encontrar satisfação no cumprimento do propósito para o qual Deus os criou. O companheirismo partilhado por marido e mulher concede saúde física, psicológica, mental, emocional e espiritual.

O companheirismo no casamento é expresso por meio de atos de amor. O padrão de amor que deve definir um casamento é encontrado em 1Co 13.1-7. Logo, o casamento deve ser um lugar de paciência, humildade, alegria, verdade, paz, afirmação e esperança. Ou seja, o casamento não deve ser um espaço para abuso. Em nenhuma passagem das Escrituras um marido ou uma esposa tem autoridade para ferir ou depreciar seu cônjuge.

Procriação O casamento também tem o propósito de gerar e educar filhos piedosos (Gn 1.28; Sl 127). Desde o momento de sua concepção os filhos são bênção e herança do Senhor, fonte de alegria em um casamento (Pv 27.6). Os pais são responsáveis pela educação moral e espiritual dos filhos (Ef 6.4). Devem guiar os filhos por um estilo de vida coerente e piedoso e disciplina-los com amor, a fim de que aprendam a fazer escolhas com base em verdades bíblicas. Os filhos também têm a responsabilidade de cuidar dos pais na velhice. Ainda que o AT dê grande valor ao filho primogênito, todos os filhos são considerados valiosos para Deus, desde a concepção até à maturidade (Sl 139.14-16; Pv 17.6).

Intimidade sexual O casamento também é para intimidade sexual. O propósito de Deus quanto aos atos sexuais é que ocorram de modo exclusivo no relacionamento matrimonial monogâmico como lembrete de que os cônjuges são "uma só carne", unidos por uma aliança. A intimidade sexual é parte da boa criação de Deus (Gn 1.27,28; 2.24,25). A relação sexual é parte da expressão natural de amor no casamento e proporciona intimidade emocional, aprofunda a amizade do casal e os ajuda a desenvolver uma atitude de serviço mútuo na unidade do casamento (Gn 2.24; Pv 5.15-19; 1Co 7.2-5). A intimidade sexual deve ser um tempo de alegria e satisfação mútua para o marido e a mulher (Ct 6;7). Deus deu direitos conjugais aos dois cônjuges (1Co 7.2-5).

Problemas no casamento

Pecados sexuais O adultério é a violação do juramento constituinte do matrimônio, feito diante de Deus. A condenação da Bíblia ao adultério inclui casamentos com múltiplos cônjuges, troca de casais, "casamentos abertos", homossexualidade, incesto, voyeurismo e pornografia (Êx 20.14; Lv 18.22; Rm 1.26,27; 1Ts 4.3; Hb 13.4).

Os pecados sexuais são sérios porque minam a base da vida familiar, a unidade do relacionamento matrimonial e o compromisso feito diante de Deus. A pureza moral foi enfatizada para marido e esposa em Israel com penalidades severas para qualquer parte que incorresse em pecado (Lv 18; Pv 5). Deus equipara a idolatria ao adultério devido à similaridade dos relacionamentos divino-humano e marido-mulher.

Jugo desigual O casamento bíblico é entre cristãos. A expectativa de cristãos se casarem com cristãos é encontrada na instrução de Paulo para se casar "somente no Senhor" (1Co 7.39). Essa expectativa também é vista nos comentários concernentes a não estar "em jugo desigual com descrentes" (2Co 6.14). Quem escolhe se casar com o não cristão viola os mandamentos das Escrituras.

O cristão que já está casado com o cônjuge não crente não tem permissão para deixar seu cônjuge, mas deve manter seu relacionamento em ordem para criar os filhos como cristãos e ganhar o cônjuge não cristão (1Co 7.12-16; 1Pe 3.1). Um exemplo do impacto que um cônjuge cristão pode ter nos filhos é visto na vida de Timóteo. Há evidências que o pai de Timóteo não era cristão (At 16.1), mas sua mãe transmitiu a fé ao filho (2Tm 1.5; 3.14,15).

Divórcio Há desacordo entre os cristãos quanto ao ensino da Bíblia sobre o divórcio. Quase todos concordam, no entanto, que o divórcio é contrário ao ensino bíblico sobre o casamento vitalício — baseado na aliança pela qual um homem e uma mulher se tornam "uma só carne". Em Mt 19.6 Jesus declarou "eles já não são dois, mas sim uma só carne. Portanto, o que Deus uniu, ninguém separe". Em resposta ao questionamento dos fariseus a respeito de Dt 24.1-4, em que o divórcio foi permitido, Jesus posteriormente declarou: "Moisés permitiu que vocês se divorciassem de suas mulheres por causa da dureza de coração de vocês. Mas não foi assim desde o princípio" (Mt 19.8). Não obstante, sob algumas circunstâncias parece que Deus permite o divórcio, e assim, consequentemente, outro casamento. Na mesma passagem Jesus depois declara: "Todo aquele que se divorciar de sua mulher, exceto por imoralidade sexual, e se casar com outra mulher, estará cometendo adultério" (Mt 19.9; v. tb. 5.32). Uma inferência é que o divórcio decorrente da imoralidade sexual do cônjuge (i.e., adultério) seguido do casamento com outra pessoa não constitui adultério, é aceitável diante de Deus (alguns questionam essa inferência em parte porque nas passagens paralelas de Mc 10.11,12 e Lc 16.18 não há a exceção). Alguns argumentam a partir de 1Co 7.10,11 que a legitimidade do divórcio não implica a legitimidade do outro casamento. Mas parece que Paulo na passagem de 1Co lida com uma situação (talvez abuso) que não envolve adultério. Parece também que o cristão tem permissão para se divorciar do cônjuge não cristãos depois de ser abandonado (1Co 7.15,16), ainda que essa interpretação seja menos clara.

O divórcio, seja justificado ou não, é uma tragédia que atinge a vida de homens, mulheres, crianças e o testemunho cristão a favor de Cristo diante do mundo perdido. Não obstante, os evangelhos estão cheios de exemplos de como Jesus lidou com pessoas que lutavam contra a culpa e o fracasso, incluindo uma mulher casada cinco vezes e que vivia com um homem não era seu marido (Jo 4.1-42). Jesus não minimizou a culpa e o pecado, mas em todos os casos agiu com redenção. Seu alvo era ajudá-los a recomeçar pela atuação da graça e da força de Deus.

Submissão bíblica O casamento cristão deve ser o lugar de refúgio para marido e mulher para serem encorajados e reanimados em um ambiente saudável e seguro. Nas Escrituras há obrigações relativas ao marido e à mulher. Elas de modo algum diminuem o valor de qualquer parte. Marido e mulher foram criados de igual modo e com o mesmo valor aos olhos de Deus (Gn 1.27). O relacionamento matrimonial tem como exemplo o modo como Deus se relaciona com seu povo.

A Bíblia descreve o casamento agradável a Deus em termos de submissão mútua fortalecida pelo Espírito Santo (Ef 5.18-21; v. tb. Fp 2.1-4). Provê também o companheirismo e a plenitude marital intencionados por Deus. Entretanto, a submissão mútua deve ser expressa diferentemente pelo marido e pela mulher. O marido deve praticar a autonegação e alimentar o amor com o padrão de Cristo (Ef 5.25-33). Ele é o iniciador e é responsável por liderar a mulher com sabedoria e entendimento. Também deve protegê-la, honrá-la e cuidar dela (1Pe 3.7; Cl 3.19). A esposa, por sua vez, deve expressar sua submissão ao seguir com respeito a liderança do marido (Ef 5.22-24,33; Cl 3.18), mantendo a vida reverente e pura com "espírito dócil e tranquilo" (1Pe 3.1-6). V. *adultério*; *família*. — Brent R. Kelly e E. Ray Clendenen

CASCA Cobertura externa de uma semente ou fruta, podendo ser seca (como a alfarroba) ou membranosa (como a uva) — v. Nm 6.4; 2Rs 4.42; Lc 15.61. A palavra que é traduzida por "palha" na *ARC* em 2Rs 4.42 é uma *hapax legomena*, expressão usada uma única vez nas Escrituras. A *ARA* traz "alforje" e a *CNBB*, "bornal", seguindo assim a *Vulgata*. Outras traduções modernas seguem versões antigas e omitem a palavra. Um exemplo é a tradução da *NVI* de Lc 15.16: "vagens [das alfarrobeiras]". Pode ser que o texto se refira de fato às vagens da alfarrobeira (*Ceratonia siliqua*). Alfarrobas maduras produzem um suco de coloração escura, uma espécie de xarope semelhante ao mel. Essas frutas são usadas para alimentação de animais de criação.

CASCO Cobertura encurvada do mesmo material do chifre, que recobre os dedos de alguns mamíferos. De acordo com a Lei mosaica (Dt 14.6,7), animais ritualmente puros são os que ruminam e tem o casco fendido (dividido).

CASIFIA Nome de lugar que significa "artesão que trabalha com prata". Lugar na Babilônia onde os levitas se estabeleceram (Ed 8.17) e do qual Esdras os chamou para voltarem com ele a Jerusalém. Lugar não conhecido de outras fontes.

CASLUIM, CASLUÍTAS Nome de clã dos "filhos de Mizraim" (ou Egito) e "pai" dos filisteus na tábua das nações (Gn 10.15). Sua origem não é conhecida.

CÁSSIA Casca de uma árvore oriental (*Cinnamomum cassia Blume*) relacionada à canela. Um dos ingredientes usados no fabrico do óleo de ungir (Êx 30.24), adquirido pelo comércio com Tiro (Ez 27.19) e desejado por suas qualidades aromáticas (Sl 45.8). Uma das filhas de Jó foi chamada Quézia (Jó 42.14), nome que significa "cássia".

CASTANHEIRO Termo usado na *ARC* para se referir a uma árvore da família das ulmáceas em Gn 30.37. Aparentemente é uma referência ao plátano (*NVI*, *NTLH*) de casca macia, *Platanus orientalis*.

CASTELO Tradução de diversas palavras hebraicas e gregas na *ARA*. A *ARC* traz somente algumas poucas ocorrências da palavra e a *NVI* não usa o termo "castelo". V. *cidades fortificadas*.

Armon é o termo referente à casa grande e fortificada do rei, muitas vezes traduzido por "palácio" ou "cidadela" (1Rs 16.18). O termo parece se referir às estruturas maciças de alvenaria associadas à defesa do palácio e possivelmente às casas de outros cidadãos da elite (Am 6.8; cp. 1.4). Aparentemente serviam como casas de depósito do tesouro real e dos bens tomados em batalha (Am 3.10). Israel orou por paz na cidade fortificada, mas nenhuma cidadela dava proteção da ira de Deus (Is 25.2; 34.13; Os 8.14). Deus prometeu reconstruir os palácios fortificados do seu povo (Jr 30.18). Os palácios dariam testemunho da força de Deus (Sl 48.3,13,14). O mestre da sabedoria conhecia um sistema de defesa mais resistente que as cidadelas — o dos seres humanos (Pv 18.19).

Birah é o termo tomado tardiamente do acádio e se refere à acrópole fortificada, em geral construída no lugar mais alto e mais facilmente defendido de uma cidade (Ne 1.1; Et 1.2). Referia-se à fortaleza perto do templo na Jerusalém reconstruída (Ne 2.8). Um comandante militar governava a fortaleza (Ne 7.2). O cronista usava o termo para se referir ao templo de Salomão (1Cr 29.1,19) e usou o termo no plural para descrever as construções de Josafá e Jotão (2Cr 17.12; 27.4).

Tirah se refere ao muro de pedras usado para proteger a volta do acampamento de tendas (Gn 25.16; Nm 31.10; Sl 69.25; Ez 25.4; cp. 1Cr 6.54; Ez 46.23b). Termo usado em Sl 69.25 como sinônimo de "acampamentos" (*NTLH*), "morada" (*ARA*), "palácio" (*ARC*) e "lugar" (*NVI*).

Migdal é uma torre de defesa que pode estar isolada no meio do campo como torre de vigia (1Cr 27.25). Essas torres eram usadas também para proteger vinhas e outras plantações (Is 5.2). Um *migdal* famoso era proeminente na região de Siquém ou servia de posto militar avançado (Jz 9.46-49). Uzias fortificou as portas de Jerusalém com torres em cujo topo ele estabeleceu armamentos modernos (2Cr 26.9,10,15). Machados (*ARA*; *NVI* usa "armas de ferro") foram usados para derrubar essas torres (Ez 26.9). V. *Siquém*.

Matsad e *metsudah* estão proximamente associadas a Jerusalém, cidade dos cananeus ou jebuseus que Davi conquistou (2Sm 5.7,9; 1Cr 11.5,7). A *metsudah* de Sião provavelmente era uma cidadela militar que protegia a colina sudeste de Jerusalém, a parte de Israel chamada "cidade de Davi". Em geral, a palavra descrevia qualquer lugar de esconderijo ou refúgio (Jz 6.2; 1Sm 23.14). A lição bíblica básica é que Javé é a fortaleza, o refúgio e o lugar seguro (Sl 18.2; 31.3). V. *cidade de Davi*.

Parembole é o termo grego referente ao acampamento fortificado que designava as barracas militares romanas ou o quartel general romano em Jerusalém (At 21.34; 22.24; 23.10). O texto de Hb se refere aos sacrifícios do AT queimados fora do acampamento, comparando-os ao lugar do sofrimento de Cristo e convidando os cristãos a se disporem a sofrer fora do acampamento, aceitando a desgraça como Jesus o fez (Hb 13.11-13; cp. Ap 20.9). — *Trent C. Butler*

CASTIGO ETERNO O castigo divino interminável para os pecadores além desta vida é conhecido por castigo eterno. A Bíblia ensina que os pecadores impenitentes e não perdoados serão punidos (Dn 12.2; Mt 10.15; Jo 5.28,29; Rm 5.12-21). A natureza interminável desse castigo é sublinhada nas Escrituras de diversas maneiras. Em Is 66.24 os ímpios serão consumidos por um fogo inextinguível: "Sairão e verão os cadáveres dos que se rebelaram contra mim; o verme destes não morrerá, e o seu fogo não se apagará, e causarão repugnância a toda a humanidade". O próprio Jesus alude à eternidade do castigo dos maus em

Mc 9.47,48: "E se o seu olho o fizer tropeçar, arranque-o. É melhor entrar no Reino de Deus com um só olho do que, tendo os dois olhos, ser lançado no inferno, onde 'o seu verme não morre, e o fogo não se apaga' ". A ênfase desse e de outros textos é que o fogo no qual os maus são lançados inflige um tormento a eles, mas o fogo não os consome.

Outras evidências da duração interminável do castigo eterno são encontradas em expressões que descrevem a habitação futura dos maus impenitentes. Conceitos como fogo ou queimar (Is 33.14; Jr 17.4 Mt 18.8; 25.41; Jd 7), desprezo (Dn 12.2), destruição (2Ts 1.9), correntes (Jd 6), tormento (Ap 14.11; 20.10) e castigo (Mt 25.46) são associados a adjetivos como "eterno", "perpétuo", para sublinhar o caráter infindável desses estados. Os maus terão de experimentar e suportar essa existência horrenda sem suspensão nem alívio. O castigo nunca termina.

Desenvolveram-se diversos conceitos teológicos na História do pensamento cristão tentando eliminar ou limitar a noção do castigo eterno. Um dos mais notáveis é o aniquilamento. Essa é a ideia de que os seres humanos não são imortais por natureza. A imortalidade, ou mais propriamente a vida eterna, é presente divino concedido aos cristãos. Algumas formas dessa crença (imortalidade condicional) asseveram que os maus simplesmente deixam de existir depois da morte. Outras formas afirmam que os maus podem até experimentar um tempo de castigo depois da morte, mas, por fim, a pessoa vai se extinguir ou deixar de existir. É aniquilada. Em todas as diversas formas, essa escola de pensamento nega a duração interminável do castigo.

Alegam-se comumente duas razões como fundamento para a negação do castigo eterno. Uma delas é que o castigo eterno nega o amor eterno de Deus. Permitir que suas criaturas existam em tormento eterno é uma contradição da natureza divina amorosa. Outro argumento contra o castigo eterno é que o tormento interminável contradiz a soberania de Deus por permitir que incrédulos vivam para sempre. Por significativos que esses pontos sejam, parece lhes faltar fundamento bíblico.

Um dos trechos mais significativos nas Escrituras que apoiam a doutrina do castigo eterno e refutam sua negação é Mt 25.46. Nesse versículo, o estado dos justos e injustos é justaposto, com a palavra "eterno" aplicada ao estado final de ambos. Jesus disse que os justos entrarão na "vida eterna", mas os injustos entrarão para o "castigo eterno". Mesmo que a palavra "eterno" possa significar "qualidade de vida", o conceito muito provavelmente inclui a noção de duração ilimitada. Além disso, regras coerentes de interpretação bíblica exigem que a duração da vida dos justos, descrita como eterna, seja igualmente aplicada à duração do castigo dos maus, também chamado eterno.

Deus é o Criador de todas as coisas. Pode ser que parte do seu plano foi fazer a humanidade de tal maneira que as pessoas decididas de forma voluntária a viver separadas de Deus experimentem a aflição eterna como consequência da sua escolha. A intenção de Deus para a humanidade é que ela viva eternamente em felicidade e comunhão com ele. Os desvirtuadores dessa intenção experimentarão as consequências eternas desse ato. V. *geena; inferno; ira de Deus*. — *Stan Norman*

CASTIGO FÍSICO Castigo que afeta o corpo. A Bíblia ensina que o castigo físico pode ter papel importante na correção do mau comportamento (Pv 20.30). O livro de Pv encoraja especialmente os pais a "usar a vara" da disciplina de forma criteriosa na criação de filhos (Pv 13.24; 22.15; 23.13,14).

Outros exemplos de castigo físico são observados na Bíblia. Gideão castigou os homens de Sucote com arbustos espinhosos por terem se negado a ajudar na perseguição dos reis midianitas Zeba e Zalmuna (Jz 8.16). Deus declarou que os filhos de Davi estariam sujeitos ao castigo "com açoites aplicados por homens" se ele cometesse algum erro (2Sm 7.14), um emprego figurado do castigo físico indicando sujeição aos seus inimigos. A Lei mosaica regulamentava a severidade dos açoites como castigo por um crime (Dt 25.1-3).

A Bíblia reconhece que o castigo físico, como outras formas de disciplina, é mais eficiente se recebido com um espírito disposto e submisso. O tolo, no entanto, não é sensível nem mesmo a um grande número de açoites (Pv 17.10). — *Paul H. Wright*

CÁSTOR E PÓLUX Deuses gregos, filhos gêmeos de Zeus, representados pelo signo astral de gêmeos. Sua atribuição era principalmente guardar marinheiros e viajantes ingênuos. Eram considerados guardiões da verdade e punidores dos perjuros. Em At 28.11, Cástor e Pólux eram as figuras na proa do navio que levou Paulo de Malta a Roma. V. *figura de proa*.

CATATE Nome de lugar que significa "pequeno". Cidade no território tribal de Zebulom. Provavelmente a mesma Quitrom (Jz 1.30). V. *Quitrom*.

CATIVEIRO Termo usado para designar o exílio de Israel na Babilônia entre 597 e 538 a.C. V. *exílio*.

CAUDA ou **CLAUDA** Pequena ilha cujo nome tem diversas grafias nos manuscritos gregos. Paulo passou pela ilha na viagem a Malta e por fim a Roma (At 27.16). A ilha é a atual Gavdos, a sudoeste de Creta.

CAVALARIA Soldados montados de um exército. Israel enfrentou a cavalaria e os carros de guerra no êxodo (Êx 14.9,18,28) e no período dos juízes (Jz 4). Deus não permitiria que Israel confiasse na riqueza e segurança representada pelos cavalos de guerra (Dt 17.16). Davi capturou cavalos e carros da Síria (2Sm 8.4). Salomão então desenvolveu uma força militar colocando em evidência os cavalos (1Rs 4.26; 9.19; 10.26). Essas referências a cavaleiros podem todas estar associadas a homens que ocupavam carros de guerra, não a cavaleiros individuais ou unidades de cavalaria. O termo hebraico *parash* se refere a ambos, sendo que o contexto é o único guia para a interpretação. As evidências fora de Israel apontam para a Assíria como o exército que usava tropas em unidades de cavalaria pouco depois de 900 a.C. A cavalaria fornecia uma linha de defesa, servia de escolta e perseguia o exército derrotado. Deus advertiu Israel a que não dependesse de cavalos para sua segurança (Is 31.1).

CAVALEIRO Quem conduz um cavalo. A forma plural com frequência se refere à cavalaria (Êx 14.9-28; Js 24.6; 1Sm 8.11). A associação de cavaleiros com forças armadas talvez tenha sido a base para o uso dos quatro cavaleiros de Ap 6.2-8 como símbolos de conquista militar, guerra, injustiça econômica, morte e *hades*.

CAVALO Animal quadrúpede usado para transporte e em guerras. O cavalo foi provavelmente domesticado pela primeira vez por nômades da Ásia Central há 4 mil anos. Os babilônios usavam cavalos em batalhas, e vitórias militares como as obtidas por Gêngis Khan e Alexandre, o Grande, teriam sido impossíveis sem cavalos. Os guerreiros hicsos que invadiram o Egito trouxeram esses animais da Pérsia. Quando o êxodo aconteceu, o exército do faraó estava aparelhado com cavalos e carros de guerra (Êx 14—15; v. 15.4). O historiador grego Heródoto reportou o uso de cavalos pelos persas em seu sistema de correio três mil anos atrás.

Alto-relevo do séc. I da era cristã mostrando cavalos arreados girando uma roda de moinho.

O cavalo é mencionado mais de 150 vezes na Bíblia, sendo a primeira referência encontrada em Gn 47.17. Entretanto, não há indicação de que o cavalo fosse comum em Israel até a época de Davi e Salomão. Davi capturou carros de guerra dos sírios, destruiu quase todos, mas conservou cem (2Sm 8.3,4). Ao fazer assim, desobedeceu a Deus (cf. Dt 17.16) e introduziu o uso dos cavalos em Israel. Salomão, filho de Davi, multiplicou o número de cavalos para fortalecer a defesa do país e construiu "cidades onde ficavam os seus carros de guerra e os seus cavalos" (1 Rs 9.19). Salomão deve ter possuído cerca de 12 mil cavalos. Eram usados para puxar carruagens (1Rs 4.26; 10.26). Como a Lei mosaica proibia a criação de cavalos (Dt 17.16), Salomão os importou do Egito (2Cr 1.16). Essa lei mais tarde foi ignorada, provavelmente por causa da importância dos cavalos para a guerra. As ruínas dos bem conhecidos estábulos de Salomão na antiga Megido são atualmente reconhecidas como um sítio arqueológico e histórico.

Foram descobertos estábulos e cocheiras em Megido do tempo do rei Acabe, com capacidade para abrigar cerca de 450 cavalos.

Sírios (1Rs 20.20), filisteus (2Sm 1.6), medos e persas (Jr 50.42) e romanos (At 23.23,32) usavam cavalos na guerra. Em contraste, e como sinal da plenitude de paz do reino do Messias, Jesus entrou em Jerusalém montando um jumentinho, não num cavalo (Jo 12.12-15).

Levantou-se oposição ao uso dos cavalos em Israel porque isso era visto como símbolo de ostentação pagã e confiança em poderes físicos para defesa. Os profetas condenaram a confiança em cavalos para a vitória em vez de no Senhor (Is 31.1; Ez 17.35). Mesmo assim, cavalos se tornaram tão comuns em Jerusalém que um palácio real nas proximidades da cidade tinha uma porta especialmente feita para esses animais (2Cr 23.15), e uma das portas da cidade também era chamada de porta dos Cavalos (Jr 31.40; Ne 3.28).

Nas Escrituras o cavalo é com frequência símbolo de velocidade (Jr 4.13), força (Jó 39.19) e firmeza no caminhar (Is 63.13). A descrição mais detalhada de um cavalo é encontrada em Jó 39.19-25. Na profecia, os cavalos também desempenham papel importante, tal como em Jl 2.4,5 e Ap 6.1-8, em que quatro cavalos de cores diferentes estão associados a tragédias diferentes.V. *Megido.*

CAVEIRA V. *Calvário, Caveira.*

CAVERNAS, GRUTAS Numerosas cavernas marcam os despenhadeiros e montanhas na Palestina. Tais cavernas proviam abrigo e lugares de sepultamento para povos pré-históricos. Embora a ocupação não fosse contínua, há evidências de habitação humana de cavernas até o período romano. Nessa época se tornaram lugares de refúgio para os judeus que fugiam da perseguição romana.

Na Bíblia, as cavernas foram com frequência usadas como lugar de sepultamento. Abraão comprou a caverna de Macpela como túmulo para Sara (Gn 23.11-16,19). Lázaro foi enterrado em uma gruta (Jo 11.38). Davi usou a caverna de Adulão como lugar de refúgio (1Sm 22.1), e assim o fizeram cinco reis em Maquedá (Js 10.16). — *Diane Cross*

A face oriental do monte da Transfiguração mostrando as cavernas usadas para abrigo pelas pessoas da região.

CEBOLA V. *plantas*.

CEDRO Árvore cultivada especialmente no Líbano e valorizada como material de construção (provavelmente *Cedrus libani*). O cedro tinha um papel até hoje desconhecido nos rituais de purificação de Israel (Lv 14.4; Nm 19.6). Os reis usavam o cedro para edificações reais (2Sm 5.11; 1Rs 5.6; 6.9—7.12). O cedro significava poder e riqueza reais (1Rs 10.27), crescimento e força (Sl 92.12; cp. Ez 17). Mesmo assim, os majestosos cedros não subsistiam diante da presença poderosa de Deus (Sl 29.5). Eles deviam a existência a Deus, que os plantou (Sl 104.16). V. *plantas*.

Um dos cedros do Líbano.

CEDROM, VALE DO Nome de lugar que significa "turvo, escuro, sombrio". Ravina profunda ao lado de Jerusalém que separa o monte do templo da cidade de Davi (no oeste) do monte das Oliveiras (no leste). A fonte de Giom nasce no declive ocidental. O jardim do Getsêmani estaria localizado acima do vale no lado oriental. Há cemitérios nesta área desde meados da Idade do Bronze (antes de 1500 a.C.) Davi cruzou o ribeirão ao sair de Jerusalém para fugir de Absalão (2Sm 15.23). Salomão advertiu a Simei para não cruzar esse ribeirão, senão morreria (1Rs 2.37). Nesse lugar alguns reis de Judá destruíram ídolos, e outros objetos pagãos foram removidos da área do templo (1Rs 15.13; 2Rs 23.4,6,12; 2Cr 29.16; 30.14). Depois da última ceia Jesus percorreu o vale do Cedrom até o monte das Oliveiras (Jo 18.1). V. *cidade de Davi*; *Giom*; *Jerusalém*; *Oliveiras, monte das*; *vale de Hinom*. — Ricky L. Johnson

CEFAS V. *Pedro*.

CEGONHA Espécie de ave grande, de pernas longas, que se alimenta em regiões aquáticas, como brejos. Sua alimentação é composta por peixes e todos os tipos de pequenos animais que vivem ao redor da água. É conhecida por cuidar do filhote e por voltar a cada ano para a mesma região onde está seu ninho. A cegonha migra da África no inverno, e na primavera para a Europa. Ela, no trajeto de migração, para no território de Israel. Era uma ave tida como cerimonialmente impura (Lv 11.19). É aparentada com a garça. V. *aves*.

CEGUEIRA A cegueira física no período bíblico era muito comum. O sofrimento do cego era intensificado pela crença comum de que a aflição era devida a pecado (Jo 9.1-3). Em virtude de sua limitação acentuada, os cegos tinham poucas oportunidades de ganhar o próprio sustento. Um homem cego era até inelegível para o sacerdócio (Lv 21.18). Frequentemente, os cegos se tornavam pedintes (Mc 10.46). A possibilidade de maus tratos aos cegos era reconhecida e proibida por Deus. A lei proibia dar orientações enganosas aos cegos (Dt 27.8) ou fazer qualquer coisa que fizesse um cego tropeçar (Lv 19.14).

Causas físicas Muitas coisas causavam cegueira nos tempos antigos. A pessoa podia nascer cega (Jo 9.1) em virtude de algum defeito no desenvolvimento ou de uma infecção antes do nascimento. Geralmente, no entanto, a cegueira iniciava mais tarde. A causa mais comum era a infecção. O tracoma, uma infecção dolorida dos olhos, é uma causa comum de cegueira hoje e provavelmente prevalecia também em tempos antigos. A lepra também pode causar cegueira. Na idade avançada a vista pode ser seriamente prejudicada em algumas pessoas (Gn 27.1). Alguns desenvolvem catarata. Alguns têm uma atrofia gradual de partes do olho.

Pessoas em tempos antigos usavam unguentos de diversos tipos para tratar disfunções dos olhos. Procedimentos cirúrgicos elementares como lancetar abscessos perto do olho e extrair cílios que cresciam para dentro também eram empregados.

Na verdade, não havia praticamente nenhum tratamento eficaz para aqueles que sofriam de doenças dos olhos e de cegueira. Não havia antibióticos, nem procedimentos cirúrgicos para a maioria dos problemas, tampouco óculos. A cura milagrosa era buscada com frequência (Jo 5.2,3).

Jesus muitas vezes curou cegos (Mt 9.27-31; 12.22; 20.30-34; Mc 10.46-52; Jo 9.1-7). Talvez não haja evidência maior da sua compaixão e poder do que a vista na sua disposição e capacidade de curar os que viviam na escuridão e falta de esperança.

Cegueira espiritual A Bíblia fala da cegueira espiritual como o grande problema da humanidade. Israel devia ser servo de Deus (Is 42.19), mas estava cego para o papel que Deus queria que cumprisse. Chamados para serem vigias para proteger o povo, os líderes cegamente pilhavam o povo (Is 56.10). À medida que os fariseus se firmaram na liderança, tornaram-se líderes cegos guiando cegos (Mt 15.14; 23.16-26). Jesus veio para inverter a situação, deixando claro quem tinha visão espiritual e quem era espiritualmente cego (Jo 9.39-41). Pedro alistou as qualidades que uma pessoa deve ter para ter visão espiritual. Sem essas qualidades uma pessoa é cega (2Pe 1.5-9). O problema é que os espiritualmente cegos não sabem que são cegos (Ap 3.17). Eles foram cegados pelo "deus desta era" (2Co 4.4). Eles caminham na escuridão, e a certa altura são cegados pela escuridão moral do ódio (1Jo 2.11).

CEIA DO SENHOR Ordenança da igreja na qual pão sem fermento e o fruto da vinha memorializam a morte do Senhor Jesus e antecipam sua segunda vinda. Jesus estabeleceu a Ceia do Senhor antes de sua crucificação enquanto observava a páscoa com seus discípulos (Mt 26.26-29). Ainda que outros nomes ocorram, Paulo usou a expressão "Ceia do Senhor" em 1Co 11.20.

Em observância da ceia do Senhor os membros da igreja comem pão sem fermento e bebem o "fruto da vinha" para simbolizar o corpo e o sangue de Cristo. Esta refeição memorial deverá ser observada até a volta de Cristo. A frequência da celebração da ceia do Senhor é muito variada, mas as Escrituras requerem sua celebração com regularidade (At 2.42). V. *ordenanças*.

CEITIL V. *moedas*.

CELEIRO 1. Lugar de depósito de sementes (Ag 2.19) ou de grãos (Mt 13.30). O celeiro cheio é sinal de prosperidade (Dt 28.8; Pv 3.10; Lc 12.18), enquanto o celeiro vazio é sinal de calamidade de algum tipo (seca, guerra etc; Jl 1.17). Equivalente aos armazéns ou silos modernos. **2.** Armazém, silo, local para armazenagem de grãos (Sl 144.13; Jl 1.17; Mt 3.12; Lc 3.17).

CELIBATO A abstenção por voto do casamento. Talvez haja duas alusões à prática de se abster do casamento no NT. Jesus disse que alguns se fizeram eunucos por causa do Reino e que os que fossem capazes de tal atitude deveriam fazê-lo (Mt 19.12). Essa afirmação tem sido tradicionalmente entendida como referência ao celibato. Paulo aconselhou os solteiros a permanecerem nesse estado (1Co 7.8). Tanto Jesus (Mc 10.2-12) quanto Paulo (1Co 7.9,28,36-39; 9.5), no entanto, confirmaram a excelência da condição de casado. Um texto do NT vai ao ponto de caracterizar a proibição do casamento como demoníaca (1Tm 4.1-3). V. *eunuco*.

CEM, TORRE DOS Torre localizada no muro norte de Jerusalém. Foi restaurada por Neemias (Ne 3.1; 12.39). O nome talvez se refira à altura da torre (cem côvados, cerca de 50 metros), ou ao número dos seus degraus ou ao de soldados em sua guarnição. Pode ter sido parte da fortaleza do templo (Ne 2.8).

CENÁCULO V. *arquitetura*; *câmara*.

CENCREIA Cidade portuária do lado oriental de Corinto. Febe servia na igreja ali (Rm 16.1), e Paulo teve a cabeça rapada ali quando fez um voto (At 18.18).

CENSO, RECENSEAMENTO Contagem de um povo com o propósito de taxação de impostos ou de determinação do seu efetivo de guerra.

As ruínas de Cencreia com as águas da sua bacia aparecendo no fundo.

Moisés fez uma contagem de Israel no monte Sinai e calculou em ½ siclo (seis gramas, *NVI*) a taxa com que cada homem acima de 20 anos deveria contribuir para o tabernáculo (Êx 30.13-16). Outro censo contou o efetivo militar de Israel disponível para a guerra. Esse censo excluiu os levitas, separando-os para o serviço no tabernáculo (Nm 1). Ainda outro censo foi feito em Moabe no final da peregrinação pelo deserto, novamente excluindo os levitas. O hebraico pode indicar que as unidades usadas na contagem refletem unidades tribais, não milhares, assim explicando os números muito elevados. Davi também contou os guerreiros de Israel. Em 2Sm 24 lê-se que o Senhor incitou Davi a realizar uma contagem, e 1Cr 21 diz que Satanás moveu Davi a fazê-la. Em ambos os relatos lê-se que uma peste foi enviada sobre Israel por causa do recenseamento. Já Ed 2 apresenta a lista dos que saíram do exílio com Zorobabel e Neemias.

O primeiro censo mencionado no NT está relacionado ao decreto de César Augusto para que fosse recenseado "todo o império romano". Esse primeiro recenseamento foi feito por Quirino, governador da Síria (Lc 2.1-5). Lucas usou essa marca no tempo tanto como referência geral quanto, o que é mais importante, para situar o nascimento de Jesus em Belém, a cidade do antepassado Davi. Esse texto apresenta um problema, pois não há registro específico desse recenseamento fora do relato de Lc, e a data do governo de Quirino (6-9 d.C.) parece ser inconsistente com a afirmação anterior de que o nascimento de Jesus ocorreu no reinado de Herodes, o Grande (Lc 1.5), que morreu em 4 d.C. No entanto, o relato de Lc está em concordância com práticas romanas, e tal censo poderia ter sido ordenado por Quirino na função de governador militar paralelamente ao governador político Sentius Saturnis em torno de 6 a.C., quando a maioria dos estudiosos data o nascimento de Jesus. A outra referência é a do comentário de Gamaliel acerca de Judas da Galileia, que apareceu "nos dias do recenseamento" apenas para ser morto mais tarde (At 5.37). — *Joel Parkman*

CENTEIO (*Secale cereale*) Grão duro que cresce como cereal (Êx 9.32) cultivado (Is 28.25, *ARC*; *NVI*, *ARA*, *NTLH*, "cevada"). V. *agricultura*; *grão*; *plantas*.

CENTURIÃO Oficial do exército romano, comandante de cem soldados. Em Mt 8.5 um centurião que vivia em Cafarnaum se aproximou de Jesus a favor do servo enfermo. Em Mc 15.39 um centurião que testemunhou a crucificação identificou Jesus como Filho de Deus. Em At 10 a conversão do centurião Cornélio marcou o início da expansão da igreja para o mundo gentílico. Em At 27.3 o centurião Júlio tratou o apóstolo Paulo com bondade. Esses trechos ilustram a impressão em geral favorável causada pelos centuriões que aparecem no NT. Geralmente eram soldados de carreira, e formavam a verdadeira espinha dorsal da força militar romana.

CERÂMICA Fragmentos de utensílios domésticos utilizados no dia a dia dão a base para a datação moderna de descobertas arqueológicas antigas. Poucos textos bíblicos se referem aos métodos e produtos de cerâmica, ainda que essa indústria tivesse participação vital na estrutura econômica do mundo antigo. As poucas declarações a respeito da preparação da argila "como o oleiro amassa o barro" (Is 41.25), e os fracassos e sucessos do oleiro trabalhando na roda (Jr 18.3,4) não indicam devidamente a importância e prodigalidade dos "jarros de barro" (Lv 6.21; Nm 5.17; Jr 32.14), o termo coletivo comum para cerâmica na Bíblia. Entretanto, a obra do oleiro em dar forma ao barro ou argila sem valor forneceu base para o imaginário usado por escritores e profetas bíblicos para descrever o relacionamento criativo de Deus com os seres humanos (Jó 10.8,9; Is 45.9).

Cacos de cerâmica (Jó 2.8), resquícios indestrutíveis que comprovam a habilidade do oleiro, são descobertos em grande número em todos os sítios arqueológicos. As descobertas não apenas esclarecem o conhecimento atual sobre a indústria da cerâmica antiga como também lançam luz sobre o comércio e os movimentos de migração dos povos antigos. As descobertas se tornaram a chave para o estabelecimento da estrutura cronológica segura para outros dados culturais, principalmente em relação aos períodos com poucos ou nenhum texto escrito. O início de tudo é o período neolítico, antes de 5000 a.C., quando surge a cerâmica.

A Bíblia identifica especificamente o vaso de barro como de cerâmica (Lm 4.2; Jr 19.1). Outras palavras encontradas nos textos bíblicos provavelmente são derivadas do trabalho do ceramista: "cântaro" para água (Gn 24.14), "panela" (Êx 16.3), "bacia" (Nm 7.85), "tigela" (Jz 6.38), "jarro" (1Sm 10.1; Is 22.24), "botija" para azeite e para farinha (1Rs 17.14), "taça" (Ct 7.2), "vasilha" (Jr 35.5). Palavras similares em português representam diferentes palavras hebraicas.

Produção de cerâmica Dois fatores parecem ter contribuído para o surgimento da cerâmica levada ao forno: os nômades primitivos descobriram que a cerâmica era muito difícil de transportar e teve início então um longo processo de tentativa e erro para se descobrir um modo de deixá-la mais resistente.

A argila para a produção da cerâmica pode ser dividida em dois tipos: silicato de alumínio puro (argila "pura"), não encontrado em Israel, e silicato de alumínio misturado com óxidos de ferro, componentes de carbono e outros ingredientes (o tipo de argila algumas vezes chamado "argila rica"). O oleiro preparava a argila seca ao peneirá-la para remover sujeiras e a deixava na água para adquirir grânulos uniformes. Tendo alcançado a textura desejada, o oleiro amassava a cerâmica. Depois disto a cerâmica estava pronta para ter a forma do recipiente.

A cerâmica antiga do período neolítico era feita à mão. A argila era modelada da forma desejada. Estas tentativas antigas não eram muito bem feitas e não eram muito bem "assadas" ao forno. Outros utensílios eram modelados à mão a partir de uma bola de argila. Logo inovações permitiram haver um refinamento da técnica e do método. Durante os Períodos Calcolítico e o Período do Bronze Antigo (5000-2000 a.C.) mesas giratórias ("tornos") ou pedras eram o protótipo da roda do oleiro. O aperfeiçoamento da roda veio com a produção de dois discos horizontais de pedra com os respectivos cones e soquetes de fixação lubrificados com água ou óleo. Enquanto a pedra mais baixa com o soquete funcionava como base estacionária, a pedra superior permitia a rotação mais fácil e mais suave para garantir a qualidade e produtividade do serviço do oleiro. O uso extensivo da roda aconteceu durante a Idade do Bronze Médio (c. de 1900-1550 a.C.), ainda que poucos exemplos identificados pertençam à Idade do Bronze Antigo.

O oleiro girava a roda e usava as duas mãos para "esticar" a argila úmida desde a base até a borda para lhe dar curvatura, diâmetro e altura desejados. O recipiente era colocado para secar até atingir a consistência dura do couro. Nesse ponto o recipiente recebia modificações distintas como a base, o cabo (ou "asa", no caso de uma caneca), ornamentos decorativos e o bico. A cor e os ornamentos seguiam uma variedade de opções, como pinturas, incisões, impressões e relevos. Depois o recipiente era colocado mais uma vez para secar, o que reduzia o volume de água a cerca de três por cento. Então o recipiente era levado ao forno, que poderia ser ao ar livre ou fechado, onde era submetido a temperaturas entre 450 e 950 graus centígrados.

As melhores peças eram obtidas com as temperaturas mais altas e mais consistentes, resultado determinado pela natureza do forno. Pode ser que o processo de levar a cerâmica ao forno tenha começado acidentalmente, quando se percebeu a qualidade dos vasos de argila deixados próximos do fogo ou recuperados depois de algum incêndio em uma casa ou construção. No princípio, materiais combustíveis eram queimados sobre a cerâmica em buracos abertos. Mais tarde, aparentemente, a cerâmica foi colocada sobre uma fornalha. Por fim, a necessidade de equalizar a distribuição do calor levou à construção de fornos fechados. A introdução de foles permitiu o alcance de temperaturas mais elevadas.

Importância de análise da cerâmica para estudos históricos Cada cultura produziu a própria cerâmica. Esse caráter distintivo permitiu aos arqueólogos traçar as "impressões digitais" de cada cultura através do tempo. Um arqueólogo pode descrever os movimentos de um povo de um lugar a outro, a influência de novos povos em uma área ou região particular, e as atividades comerciais de cada povo. Os arqueólogos têm usado as mudanças de um período para outro nos formatos, ornamentações e materiais utilizados nos objetos de cerâmica para estabelecer a estrutura cronológica para propósitos de datação. O tipo de cerâmica descoberto em um estrato ou camada providencia a chave para a datação, e pelo menos de maneira relativa, dos demais artefatos culturais e resíduos arquitetônicos encontrados no interior do estrato.

Desenvolvimentos na produção de cerâmica na Palestina O significado da análise da cerâmica pode ser realçado de modo geral pelo reconhecimento dos principais desenvolvimentos da produção de cerâmica na Palestina em toda a história bíblica, período por período.

Período neolítico (7000-5000 a.C.) A cerâmica do Neolítico, a mais antiga tentativa dessa atividade importante, era feita à mão de modo simples e não era muito bem queimada, ainda que alguns tipos incluam bacias e jarros decorados de modo elaborado com listas vermelhas (linhas triangulares e em forma de zigueza-gue, como a espinha de um peixe). Jericó, Sha'ar Ha-Golan e outros lugares no vale do Jordão apresentam os melhores exemplos dos desenvolvimentos culturais mais antigos.

Período calcolítico (5000-3000 a.C.) As culturas de Gassul (no vale do Jordão) e de Berseba (na região do Neguebe) representam os melhores exemplares do desenvolvimento da cerâmica desse período. Ornamentos de cordas feitos à mão sugerem claramente haver o costume de fortalecer os vasos de argila ao lhes amarrar uma corda várias vezes. A ampla variedade de formas e tamanhos sugere a proliferação de usos domésticos e comerciais para armazenagem e transporte de produtos líquidos e secos.

Idade do Bronze Antiga (3000-2000 a.C.) Com base em cerâmicas distintas, esse período foi dividido em três, e possivelmente quatro períodos culturais. O primeiro período (IB I) é caracterizado por peças de cerâmica de cor acinzentada e avermelhada. O segundo período (IB II) é identificado com a cerâmica "Abidos" (jarros e vasilhas com faixas avermelhadas na metade inferior e triângulos e manchas marrons e pretos na metade superior), encontradas primeiramente nas tumbas reais da 1ª Dinastia em Abidos, no Alto Egito, um tipo de cerâmica muito importante na correlação cronológica da história palestinense e egípcia. O terceiro período (IB III) inclui jarras redondas, bacias e outros tipos de vasilhas, identificadas primeiro em Khirbet Kerak (Beth Yerak) na parte sul do mar da Galileia, com uma combinação distinta de faixas vermelhas e pretas. Essa cultura parece ter se originado no leste da Anatólia (parte da atual Turquia). O quarto período (IB IV) apresenta inovações que podem ser uma continuação cultural do período anterior.

Idade do Bronze Média (c. 2000-1500 a.C.) Fase de transição (identificada como IBM I)

CERÂMICA

resultante de tribos nômades ou seminômades que destruíram a fase final da cultura da Idade do Bronze Antiga. Produziram uma cerâmica bem distinta, com formas circulares e cilíndricas. As partes mais grossas dos vasos eram moldadas à mão, e os jarros de bocas largas eram moldados em torno giratório. Neste período surge a técnica de estreitar a borda de uma pequena bacia para a produção de uma lâmpada de quatro braços. O período patriarcal geralmente é identificado com o período seguinte (IBM II a). A cerâmica da época reflete a chegada de uma cultura altamente desenvolvida — produto de uma população próspera, urbanizada e sedentária com ricos laços culturais com a região do alto Eufrates, de onde Abraão saiu (conforme o texto bíblico). Essa cerâmica exibe um trabalho de qualidade excelente e, em muitos casos, sugere protótipos de metal. Possivelmente os primeiros recipientes semitas feitos em rodas de oleiro tenham sido as belas bacias e os vasos em forma de crista daquele período. Oleiros habilidosos, a partir da invenção da roda mais rápida, foram capazes de produzir novas formas elegantes, com recipientes de corpo largo, base estreita e bordas alargadas, com detalhes refinados. Na IBM II b um grupo incomum de vasilhas sugere uma espécie de intercâmbio de cerâmicas com o Egito, que naquele período estava politicamente unido à Síria-Palestina.

Idade do Bronze Tardia (c. 1550-1200 a.C.) Esse período geralmente coincide com o período vibrante do Novo Reino no Egito, quando a Palestina estava sob controle egípcio. Esse governo se tornou mais concentrado e exigente no fim daquele período. Canaã também mantinha extensas conexões comerciais com as potências do mar Egeu e do nordeste do Mediterrâneo. Jarros cipriotas chamados "bilbils", em forma de sementes de papoula (de cabeça para baixo), estavam entre as importações mais populares da Palestina. Podem ter sido usados para transportar ópio no vinho ou na água de Chipre para outros lugares na região do Mediterrâneo.

Distinções bem nítidas na cerâmica mais uma vez sugerem uma divisão em três períodos. A Idade do Bronze Tardia I (c. 1550-1400) reflete a continuação da vitalidade da cultura da Idade do Bronze Média mais antiga. A cerâmica da Idade do Bronze Tardia II (c. 1400-1300) mostra a deterioração das formas e da qualidade no período de instabilidade política associada ao Período El-Amarna. A deterioração se torna mais

Oleiro atual no Oriente Médio, fabricando cerâmica da mesma maneira como nos tempos bíblicos.

evidente na Idade do Bronze Tardia II b (c. 1300-1200) quando a 14ª Dinastia Egípcia estabeleceu o controle mais firme sobre os assuntos dos centros econômicos e urbanos de Canaã. Uma grande quantidade de cerâmica micena e cipriota encontrada em todo o território de Canaã parece sugerir um interesse comercial crescente no Levante.

Idade do Ferro (1200-587/6 a.C.) A Idade do Ferro estende-se basicamente da conquista de Canaã por Israel até a queda do reino de Judá e é geralmente dividida em dois períodos distintos. Os elementos característicos na cerâmica e outros elementos culturais para estabelecer as divisões arqueológicas desse período não são totalmente claros. A cerâmica da Idade do Ferro I (1200-925), a partir do estabelecimento de Israel na terra até a divisão dos reinos (Israel e Judá) começa com uma continuação das tradições da Idade do Bronze Tardia, à medida que Israel tomou emprestadas técnicas industriais da população cananita local.

A chegada dos filisteus, depois de 1200 a.C., trouxe a cerâmica decorada de modo característico, com motivos e formatos micenos. A deterioração da qualidade e no desenho dessa cerâmica parece refletir a natureza eclética dos "povos do mar". Por volta de 1000 a.C. a natureza característica da cerâmica na planície filisteia havia desaparecido.

Louças filisteias apareceram nesse período. Alguns dos recipientes para líquidos tinham um filtro ou coador no bico para impedir que sujeiras (geralmente depositadas no fundo dos recipientes) viessem com o líquido. A cerâmica filisteia é um amálgama de modelos micenos com clara influência egípcia e cananeia. Era comum na cerâmica desse período que as peças fossem decoradas com motivos vermelhos, especialmente pessoas e animais.

No segundo período da Idade do Ferro (925-587-6), da divisão da Monarquia Unida até a queda do Reino de Judá diante dos babilônios, a separação política produziu distinções claras nos tipos de cerâmica regional, conhecidos geralmente como cerâmica de "Samaria" e cerâmica "de Judá". Na maior parte do período, a cerâmica do norte apresenta um nível de qualidade mais elevado. A cerâmica mais importante no período, até o ano 700 a.C., é a importada de Chipre e da Fenícia. De 700 a 500 a.C.

Vasos de armazenagem do complexo palaciano de Knossos, na ilha de Creta.

importações da Assíria resultaram em ceramistas locais imitando os modelos assírios.

Período persa (586-330 a.C.) A deterioração da cerâmica feita com argila, processo de queimação e trabalho artesanal propriamente de qualidade inferior, parece refletir a crise econômica geral na região, situação prevalente em todo o Oriente Médio. Na Palestina surge um número crescente de produtos importados da Grécia, especialmente no final do período.

Período helenístico (330-63 a.C.) Enquanto a cerâmica local era basicamente grosseira e sem inspiração, peças de cerâmica importadas incluíam ampla variedade de itens de luxo como bacias moldadas de estilo megariano grego a peças picotadas de coloração preta e avermelhada. Eram evidentes as conexões de comércio marítimo, p. ex., com o surgimento da ânfora de Rodes, que se tornou conhecida em toda a região.

Alexandre, o Grande, levou a cultura helenística até o Oriente Médio, e sua grande variedade de peças de cerâmica. Vasos grandes e pesados caracterizam o período. Demonstram a uniformidade de estilo, devido à dominação grega dos principais centros de produção.

Cerâmica do séc. XIV a.C. encontrada em Azor, Israel.

Período romano (63 a.C.-325 d.C.) Apenas a cerâmica herodiana é de interesse particular para a compreensão do período bíblico. A cerâmica local basicamente seguiu tradições antigas com a inovação dominante do reforço da superfície dos vasos. A cerâmica importada mais comum é a chamada *terra sigillata*, de coloração avermelhada, comum no oriente e no ocidente, famosa pelo acabamento refinado e obra de artesanato de qualidade. Os nabateus, controladores das rotas de comércio da região do Neguebe, Sinai e Transjordânia, produziam as melhores variedades locais de cerâmica, imitando as habilidades e os modelos dos ceramistas romanos do período.

Na época em que Roma conquistou a Palestina — 63 a.C. — surgiu um novo tipo de jarro cilíndrico com alças angulares e circulares. Tinha uma base circular e uma borda feita para receber a tampa. Esse tipo de vaso era um depósito excelente para guardar material não líquido, como pergaminhos. Os famosos manuscritos do mar Morto foram guardados em recipientes deste tipo por quase 2000 anos.

V. *arqueologia e estudo bíblico*; *garrafa*; *frasco*; *cântaro*; *lâmpada, iluminação, candelabro*; *vasilhas e utensílios*. — George L Kelm e Mike Mitchell

CERASTA Víbora venenosa (*Cerastes cornutus*) do Oriente Médio, que tem uma protuberância óssea em forma de chifre acima de cada olho. Dã é comparado a uma cobra de chifres (Gn 49.17, *BJ*; v. nota explicativa). Na *NVI*, "víbora".

CERCO Tática de batalha em que um exército rende uma cidade e corta todos os suprimentos, de modo que o exército inimigo é forçado a se render por falta de comida e água. O texto de Dt 28.53-57 descreve as ações horríveis às quais um cerco pode levar (cf. Jr 19.9). Já Ez 4 descreve o ato simbólico do profeta ao construir uma miniatura da cidade de Jerusalém sob cerco. Em preparação para o cerco, a cidade estocava água e consertava seus muros (Na 3.14). Uma possibilidade era ajuntar "os pertences, para deixar a terra" (Jr 10.17). Permanecer cercado significava "morrer de fome e de sede" (2Cr 32.11). Essa era a principal tática militar usada nas guerras do antigo Oriente Médio. Judá sofreu cerco da parte de Senaqueribe (2Rs 18; 19) e de Nabucodonosor (2Rs 24; 25).

CEREAL ASSADO V. *cereal tostado*

CEREAL TOSTADO Comida preparada assando-se grãos em uma panela ou sobre uma fogueira (Lv 23.14; Js 5.11; Rt 2.14; 1Sm 17.17; 25.18; 2Sm 17.28). Grãos tostados eram servidos como alimentos para lavradores, soldados e refugiados. A Lei mosaica proibia o consumo de cereais tostados antes do oferecimento a Deus das primícias dos cereais. O tipo exato de cereal não é indicado pela palavra hebraica; é provável que fosse cevada ou trigo.

CERTEZA V. *segurança do cristão*.

CERTIDÃO DE DIVÓRCIO V. *divórcio*; *família*.

CERVA (*Capreolus capreolus*) Uma das menores espécies de corça, medindo cerca de 66 centímetros (2Sm 2.18; Dt 12.15). V. *corça*; *gazela*.

CERVO Macho adulto da corça (Is 35,1). V. *corça*.

CERVOS Animais com cornos (todos os machos e algumas fêmeas os possuem) com dois cascos grandes e dois pequenos. Acredita-se que três espécies viviam na Palestina nos tempos bíblicos: o cervo vermelho, a gazela e o pequeno cervo. O cervo vermelho parece o mais facilmente identificável e provavelmente era a espécie na lista das provisões diárias para a mesa de Salomão (1Rs 4.23). O corço é o cervo vermelho macho

(Sl 42.1, *ARC*) e a corça a fêmea (Jó 39.1). A gazela, uma espécie pequena com cornos especialmente grandes, é natural do Oriente Médio e ainda vive nas regiões setentrionais daquela área. A tribo de Naftali é descrita como uma "gazela solta" (Gn 49.21). Certas características do cervo são observadas na Bíblia em forma de símiles (Pv 5.19; Is 35.6; Hc 3.19).

CÉSAR Nome de família de Júlio César, assumido pelos imperadores seguintes como título. Alguns fariseus e herodianos perguntaram a Jesus se era apropriado pagar impostos a César. Como resposta o Senhor disse que as coisas pertencentes a César deviam ser dadas a César e as coisas pertencentes a Deus deviam ser dadas a ele (Mt 22.15-21). Nesse texto a palavra César é quase o símbolo da autoridade civil. Originariamente, César era o nome de família do fundador do Império Romano. Júlio César foi assassinado em 5 de março de 44 a.C. Seus sucessores mantiveram viva a memória de César, e a certa altura seu nome passou a ser usado como título. Os Césares mencionados, ou a que se faz alusão, no NT incluem Augusto, Tibério, Cláudio e provavelmente Nero. V. *Roma e o Império Romano*.

CESAREIA A cidade de Cesareia está localizada à margem do mar Mediterrâneo, a 37 quilômetros ao sul do monte Carmelo; também é conhecida como Cesareia-junto-ao-mar (Marítima), Cesareia Sebaste, Cesareia da Palestina e Cesareia da Judeia.

Novamente são realizadas apresentações no teatro de Herodes restaurado na Cesareia Marítima.

Pela falta de um porto natural entre Sidom e o Egito, um rei sidônio, Abdashtart, estabeleceu ali um ancoradouro no séc. IV a.C. Tornou-se conhecido como Torre de Strato (o nome do rei grego). Uma cidade fortificada se desenvolveu nesse local. O primeiro registro literário vem dos arquivos do egípcio Zenom, que aportou ali à busca de suprimentos em 259 a.C. O governante hasmoneu Alexandre Janeus a sujeitou ao controle judaico em 96 a.C., mas Pompeu a devolveu ao controle gentílico em 63 a.C. A comunidade judaica aparentemente continuou prosperando. Marco Antônio a deu a Cleópatra, mas Otávio ou Augusto derrotou Antônio em Actuim e sujeitou Cesareia a Herodes em 30 a.C.

As águas turbulentas do mar Mediterrâneo (vista da Cesareia Marítima).

Herodes decidiu construir ali um belo porto e como base de apoio uma nova cidade. O porto, que ele denominou Sebastos (Augusto, em latim), era um magnífico projeto de engenharia. O quebra-mar ao sul foi construído com gigantescas pedras colocadas em um semicírculo de aproximadamente 600 metros de comprimento, e o do norte é de construção semelhante com aproximadamente 280 metros de comprimento. Grandes estátuas de Augusto e de Roma foram colocadas na entrada. Um porto interno parece ter sido cavado terra adentro onde foram construídos atracadouros e depósitos arqueados. Josefo descreveu a construção do porto e da cidade associada em detalhes grandiosos. A cidade era helenista em projeto e estilo e foi nomeada Cesareia (em honra a César). Além das muitas construções, foi levantada uma plataforma perto do porto sobre a qual foi construído um templo para César com uma estátua colossal dele.

Depois da deposição de Arquelau em 6 d.C., Cesareia se tornou a capital da província da Judeia e serviu de sede oficial dos procuradores.

CESAREIA DE FILIPE

As hostilidades entre judeus e gentios aparentemente eram comuns nessa cidade. Uma das eclosões públicas resultou na profanação da sinagoga Knestha d'Meredtha, em 66 d.C., que precipitou a guerra judaico-romana. Vespasiano lhe deu a condição de colônia.

Rua bizantina na Cesareia Marítima com duas estatuas colossais, sendo uma possivelmente do imperador Adriano.

A cidade aparece no livro de At como lugar de testemunho, passagem em viagens e sede de governo. Filipe, tendo testemunhado ao eunuco etíope, é mencionado chegando a Cesareia depois da missão de pregação. Pedro conduziu Cornélio, um centurião aquartelado ali, ao cristianismo (At 10). Paulo teve vários contatos registrados com a cidade como porto (At 9.30; 18.22 e talvez 21.8) e como lugar de encarceramento e julgamento (At 23.23; 25.1-7). Herodes Agripa I tinha uma residência ali, onde também morreu (At 12.19-23). — George W. Knight

O mar Mediterrâneo visto através dos arcos do aqueduto de Herodes na Cesareia Marítima.

CESAREIA DE FILIPE Cerca de 350 metros acima do nível do mar, Cesareia de Filipe está localizada em uma planície triangular na parte superior do vale do Jordão junto às encostas do lado sudoeste do monte Hermom. Atrás dela elevam-se encostas íngremes e picos escarpados. A área é uma das mais viçosas e belas da Palestina, com bosques e campinas verdes em toda a região. Há água abundante, pois a cidade está perto do lugar em que o riacho Nahr Banias, uma das nascentes do Jordão, jorra de uma caverna para as encostas. A cidade também está em uma localização estratégica, guardando as planícies da região. A extensão das suas ruínas demonstra que era uma cidade de tamanho considerável. A cidade moderna, que encolheu drasticamente, é conhecida como Banias.

Cesareia Marítima recebia a provisão de água por um extenso sistema baseado nesse aqueduto de Herodes.

História Cesareia de Filipe parece ter sido um centro religioso desde os primórdios. O deus cananeu Baal-Gade, o deus da boa fortuna, era adorado ali nos tempos do AT. Mais tarde, no período grego, um santuário na caverna foi dedicado ao deus Pan. Ademais, muitos nichos nas cavernas continham estátuas das ninfas. Quando Herodes, o Grande, era rei dos judeus, construiu um templo de mármore branco perto do mesmo lugar e o dedicou ao imperador Augusto.

A cidade ocupa também um lugar importante na história da região. Paneas, como era chamada antes da mudança do seu nome, foi o lugar de uma batalha famosa (198 a.C.) na qual Antíoco, o Grande, derrotou os egípcios e com isso assumiu o controle da Palestina a favor dos selêucidas. Em 20 a.C. os romanos liderados por Augusto, que então controlavam a região, deram o território a Herodes, o Grande. Depois da morte de Herodes, passou a seu filho Filipe,

As quedas de água perto de Cesareia de Filipe.

CESTA, CESTO

que governou ali a partir de 4 a.C. até sua morte em 34 d.C. Filipe reconstruiu a cidade e a transformou em um belo lugar que renomeou Cesareia de Filipe em honra a Tibério César e a si mesmo.

Nicho de pedra em Cesareia de Filipe (Banias) em que estava a estátua de um deus pagão.

Quando Herodes Agripa II (neto de Herodes, o Grande) herdou a cidade, renomeou-a Neronias em honra ao imperador Nero. Mas depois da morte de Nero o nome caiu em desuso. Durante a guerra judaico-romana de 66-70 d.C., o general romano Vespasiano fez seu exército descansar ali. Depois da guerra, Tito, que sucedeu seu pai como general do exército romano, fez ali apresentações de gladiadores nas quais muitos prisioneiros judeus perderam a vida. Depois de subjugar os judeus, os romanos renomearam a cidade novamente para Paneas.

Novo Testamento Perto dali Jesus fez aos discípulos a famosa pergunta sobre sua identidade. Quando lhes perguntou quem os homens diziam que ele era, eles responderam que o povo o estava identificando com Elias, João Batista ou um dos profetas (Mc 8.27-33; Mt 16.13-23). Jesus então lhes perguntou: "Quem vocês dizem que eu sou?" (Mt 16.15). Pedro, falando como porta-voz do grupo, respondeu com sua famosa afirmação de que Jesus é o Cristo.

A transfiguração, ocorrida cerca de uma semana após a confissão em Cesareia de Filipe, provavelmente também aconteceu na mesma região. Cesareia de Filipe, o centro da adoração pagã, assim se tornou um lugar importante para os cristãos pela associação de Jesus com ele. V. *Augusto; Baal; Herodes; Nero.*

Ruínas de uma capela cristã no monte Hermom perto de Cesareia de Filipe, o lugar da confissão de Pedro.

CESTA, CESTO Cinco tipos de cestos são mencionados no AT. As distinções exatas de tamanho e forma não estão claras. Alguns tinham alças, outros tampas, alguns ambos, outros nem alça nem tampa. O termo mais comum sempre se refere a um recipiente que servia para carregar alimentos (Gn 40.16-18). Outro termo é usado com o significado de gaiola ou "rede de pássaros" (Jr 5.27). O terceiro termo para cesto é o utensílio comum doméstico usado para colher cereal (Dt 26.2; 28.5). O quarto termo se refere a um cesto grande usado para fardos pesados como o barro para tijolos ou mesmo as cabeças dos 70 filhos de Acabe enviadas a Jeú (2Rs 10.7). O último termo foi usado para descrever tanto o cesto (arca) em que Moisés foi colocado quando criança (Êx 2.3,5) quanto a arca construída por Noé (Gn 6.14-16). O NT usa duas palavras para cesto. O cesto menor é mencionado na história da multiplicação dos pães para os cinco mil (Mt 14.20). O cesto maior é mencionado na multiplicação dos pães para os quatro mil (Mt 15.37). O apóstolo Paulo também usou o cesto maior como meio de escape por sobre o muro de Damasco (At 9.25). — *C. Dale Hill*

CETRO Bastão ou cajado de um rei, símbolo de sua autoridade. Provavelmente teve origem nas clavas usadas pelos líderes pré-históricos. Cetros do antigo Oriente Médio são descritos nas Escrituras como símbolo do poder (Nm 24.17). Como insígnias da dignidade real, o cetro está estendido a um visitante ou dignitário (Et 5.2) para sinalizar aprovação da visita e permitir que o visitante se aproximasse do trono. Os cetros eram elaboradamente decorados com ouro e pedras preciosas. As formas variavam, desde maças curtas até peças longas e delgadas, geralmente com decorações na forma de cabeça em sua extremidade. O tipo de cetro em geral diferenciava de um rei para outro.

CÉU Parte da criação de Deus, acima da terra e das águas, incluindo o "ar" e o "espaço", que serve como lar de Deus e das criaturas celestiais.

Antigo Testamento A palavra hebraica *shamayim* é plural na forma e com frequência era relacionada pelas pessoas simples à palavra *mayim*, que significa "águas". Os escritores bíblicos se uniram aos seus contemporâneos na descrição do Universo tal como ele se apresenta aos olhos humanos: os céus acima, a terra embaixo, e águas ao redor e abaixo da terra. Os céus podem ser descritos como a parte que Deus fez para separar os céus que produzem a chuva dos rios, dos mares e dos oceanos abaixo (Gn 1.6-8). Os luminares celestes — o Sol, a Lua e as estrelas — foram colocados nesse céu (Gn 1.14-18). Esse céu tem janelas ou comportas pelas quais Deus manda chuva para irrigar ou regar a terra (Gn 7.11). Deus "estendeu" esse céu (Is 42.5; 44.24; Sl 136.6; cp. Ez 1.22-26; 10.1). A palavra hebraica para "nuvens" algumas vezes é traduzida por "céus" (Dt 33.26; Sl 57.10; Is 45.8; Jr 51.9; cp. Sl 36.6; 108.4).

Somente Deus tem a sabedoria para "estender os céus" (Jr 51.15). "Céus" tem a ver com cortina da habitação de Deus, que separa o lugar onde habita da humanidade na terra (Sl 104.2; Is 40.22). Como uma habitação humana, os céus podem ser descritos como firmados por colunas (Jó 26.11) ou os "alicerces do céu" (2Sm 22.8), embora o paralelo em Sl 18.7 se aplica aos "fundamentos dos montes"). Assim como os fez, Deus pode "romper" os céus (Is 64.1). Logo, os céus não são capazes de separar Deus da criação e do seu povo. As traduções em português usam diferentes palavras para descrever o que Deus criou e chamou de "céu" em Gn 1.8: "firmamento" (*NVI*, *ARA*, *BJ*, *EP*, *TEB*), "expansão" (*ARC*, *BV*), "abóbada" (*BP*).

A língua hebraica tem uma palavra específica para "ar" ou "espaço" entre os céus e a terra. Por isso, a Bíblia fala das aves que voam no céu (Dt 4.17; Jr 8.7; Lm 4.19). Até a respeito de Absalão, que ficou preso pelos cabelos em uma árvore, é dito que ficou "pendurado entre o céu e a terra" (2Sm 18.9; cp. 1Cr 21.16; Ez 8.3). O céu é de onde vem a chuva (Dt 11.11; Sl 148.4), o orvalho (Gn 27.28), a geada (Jó 28.29), a neve (Is 55.10), fogo e enxofre (Gn 19.24), poeira ou pó (Dt 28.24) e granizo (Js 10.11). Essa é a linguagem da observação e descrição humanas, mas é mais que isso. É a linguagem da fé que descreve Deus em ação em e para seu mundo (Jr 14.22). O céu é como a arca do tesouro de Deus, que armazena riquezas com a chuva (Dt 28.12), vento e trovão (Jr 10.13), neve e saraiva (Jó 38.22). O maná miraculoso veio dos depósitos celestiais de Deus para Israel no deserto (Êx 16.11-15).

Os céus e a terra, portanto, compreendem o Universo inteiro e tudo que neles se contém (Jr 23.24), mas Deus preenche tudo isso e mais, de modo que ninguém se pode esconder dele (cf. 1Rs 8.27-30; Is 66.1). Não obstante, ele também habita com o humilde, de coração contrito (Is 57.15).

Como o lugar da habitação de Deus, o céu não é um refúgio divino que Deus pode se isolar da terra. Antes, é o lugar do trabalho divino, de onde ele envia bênçãos ao seu povo (Dt 26.15; Is 63.15) e castigo aos seus inimigos (Sl 2.4; 11.4-7). O céu é um canal de comunicação entre Deus e os homens (Gn 28.12; 2Sm 22.10; Ne 9.13; Sl 144.5).

Como criação de Deus, o céu o louva e manifesta sua glória e criatividade (Sl 19.1; 69.34) e justiça (Sl 50.6). Mesmo assim, o céu ainda é parte da ordem criada. Diferente das nações vizinhas, Israel sabia que o céu e os corpos celestes não eram deuses nem deviam ser adorados (Êx 20.4). O céu pertence a Deus (Dt 10.14). O céu permanece como um símbolo de poder e existência imutável e permanente (Sl 89.29), mas não é eterno. Chegará o dia em que o céu não existirá (Jó 14.12; Is 51.6). Assim como uma vez Deus estendeu o céu, da mesma maneira ele o enrolará como um pergaminho

(Is 34.4). Um novo céu e uma nova terra aparecerão (Is 65.17; 66.22).

O AT fala do céu para mostrar a soberania do Deus criador e ainda do desejo divino de comunicar-se com as criaturas humanas e prover a elas. Os céus contêm os exemplos atraentes dos homens que deixaram a terra e para lá foram levados (Gn 5.24; 2Rs 2.11).

Novo Testamento No NT a palavra grega traduzida por "céu" o descreve como situado acima da terra, ainda que nenhuma passagem traga informações completas a respeito da sua localização ou geografia. Com exceção da referência de Paulo a três céus (2Co 12.2-4), os escritores do NT falam apenas de um.

O NT afirma que Deus criou o céu (At 4.24), que o céu e a terra se sustentam sob o senhorio divino (Mt 11.25) e que o céu é o lugar da habitação de Deus (Mt 6.9).

Jesus pregou que o Reino dos céus (ou de Deus) se aproximou por intermédio da sua presença e de seu ministério (Mc 1.15). Ao usar a imagem do banquete messiânico, Jesus falou da vida celestial como um tempo de alegria, celebração e comunhão com Deus (Mt 26.29). Jesus ensinou que não há casamento no céu (Lc 20.34-36).

Os cristãos devem se alegrar porque seus nomes estão escritos no céu (Lc 10.20). Jesus prometeu um lar celestial aos seus seguidores (Jo 14.2,3).

De acordo com Paulo, Cristo está assentado no céu à mão direita de Deus (Ef 1.20). Paulo cria que o céu é o futuro lar dos que creem (2Co 5.1,2). Paulo se referiu à esperança do céu como esperança da glória (Cl 1.27). O Espírito Santo é a garantia da participação do cristão no céu (2Co 5.5). Pedro afirmou que o céu é o lugar no qual a herança dos cristãos está cuidadosamente guardada até a revelação do Messias (1Pe 1.4).

A palavra "céu" ocorre com mais frequência em Ap do que em qualquer outro livro do NT. Refere-se ao céu da perspectiva da luta entre o bem e o mal e da soberania divina a partir daquele lugar. A passagem mais conhecida a respeito é Ap 21.1—22.5. Nessa passagem o céu é apresentado em três imagens diferentes: 1) o tabernáculo (21.1-8), 2) a cidade (21.9-27) e 3) o jardim (22.1-5). A imagem do tabernáculo apresenta a vida celestial como comunhão perfeita com Deus. O simbolismo da cidade é de proteção perfeita. A imagem do jardim apresenta a vida celestial como provisão perfeita. — *Trent C. Butler e Gary Hardin*

CÉU DOS CÉUS Tradução literal de expressão encontrada em 1Rs 8.27 e 2Cr 2.6 e 6.18 (*ARA, ARC, TEB*), traduzida pela *NVI* como "altos céus". De acordo com a compreensão antiga do Universo, acima da abóbada celeste havia outra abóbada na qual Deus habitava.

CÉUS, NOVOS Termo técnico escatológico que se refere ao estado final aperfeiçoado do Universo criado. Esse termo aparece com frequência em ligação com o conceito de nova terra.

A promessa de uma recriação dos céus e a da terra foi feita em virtude do pecado humano e da subsequente maldição da parte de Deus (Gn 3.17). A esperança bíblica para a humanidade está ligada à convicção de que as pessoas não podem ser completamente livres do poder do pecado, a não ser pela redenção da ordem criada — a terra e os céus. A ideia de um Universo renovado é encontrada em muitas passagens da Bíblia (Is 51.16; Mt 19.28; 24.29-31; 26.29; Mc 13.24-27,31; At 3.20,21; 2Pe 3.10-13). Entretanto, a expressão "novos céus" só é encontrada em quatro passagens (Is 65.17; 66.22; 2Pe 3.13; Ap 21.1).

A natureza dos "novos céus e nova terra" é descrita na Bíblia de variadas maneiras. Primeiro, Deus é a causa da nova criação (Is 65.17; 66:22; Ap 21.22). Em Hb 12.28 os novos céus e a nova terra são descritos como "Reino inabalável". Esses novos céus e nova terra permanecerão para sempre (Is 66.22). Em 2Pe 3.13 o novo mundo é descrito como o lugar no qual "habita a justiça".

A natureza dos novos céus e nova terra em Ap estabelece um forte contraste com o velho céu e a velha terra. A palavra grega traduzida por "novo" designa algo que já existe, mas que agora aparece de uma maneira nova: o novo mundo é o velho mundo gloriosamente transformado. Pureza (Ap 21.27) e libertação da ira de Deus (Ap 22.3) são as marcas dos novos céus e da nova terra. Além disso, o novo mundo é caracterizado pela perfeita comunhão dos santos uns com os outros e com Deus. Deus e seu povo habitarão juntos na era vindoura (21.1,3).

Deus fará irromper a nova ordem no fim da História. Mas os estudiosos discordam a respeito de quando isso vai ocorrer, dentro dos eventos associados com o fim dos tempos. Há duas opiniões principais. A primeira, de que os novos céus e nova terra serão criados imediatamente após a segunda vinda de Cristo. Mas mesmo entre os que pensam dessa maneira não há unanimidade. Alguns creem que a criação dos novos céus e da nova terra ocorrerá imediatamente após o julgamento do "grande trono branco". Os amilenaristass em geral sustentam essa teoria. Alguns pré-milenaristas associam a criação dos novos céus e da nova terra com o início do reino milenar de Cristo. Uma segunda opinião geralmente adotada por muitos pré-milenaristas é que os novos céus e a nova terra serão criados no fim do reino milenar de Cristo. V. *anjo*; *criação*; *escatologia*; *céu*; *inferno*; *Jerusalém*; *rei, reino*. — Paul E. Robertson

CEVA Sumo sacerdote judeu em Éfeso, pai de sete filhos que tentaram sem sucesso expulsar demônios em nome de Jesus, como Paulo fizera (At 19.14, *ARA*; *NVI*, "chefe dos sacerdotes"). Em vez disso, o homem com o espírito maligno os atacou. Nenhum sumo sacerdote judeu com esse nome é conhecido em outras fontes, especialmente ninguém que tivesse vivido em Éfeso. O título pode ser o resultado do trabalho de um copista ou o título que Ceva deu a si mesmo para impressionar os líderes de outras religiões em Éfeso.

CEVADA Cereal pelo qual a Palestina era conhecida (Dt 8.8). O fracasso da colheita de cevada era um desastre (Jl 1.11). A cevada era o alimento dos pobres (Lv 23.22; Rt 3.15,17; 2Sm 17.28; 2Rs 4.42; 7.1,16,18; 2Cr 2.10,15; 27.5; Jr 41.8). A farinha de cevada era usada para fazer pão (Jz 7.13; Ez 4.12) e era o tipo de pão que Jesus usou para alimentar a multidão (Jo 6.9,13). A cevada também era usada como ração para cavalos e jumentos (1Rs 4.28). Havia uma variedade de primavera (*Hordeum vulgare*) e uma de inverno (*Hordeum hexastichon*).

CHACAL Chacal dourado (*Canis aureus*), mamífero carnívoro de pelo amarelado, parecido com o lobo mas bem menor (c. 80 centímetros, incluindo a cauda de c. 30 centímetros), com cauda e orelhas menores. A mesma palavra hebraica é traduzida por "chacal" e "raposa" (Jz 15.4, *ARA*), ou ainda "dragão" (Ne 2.13). Os chacais são noturnos. Caçam sozinhos, em pares ou em bandos. Atacando em bandos, os chacais conseguem abater antílopes grandes. Ser abandonado aos chacais era um horror (Sl 44.19). Os chacais se alimentam de pequenos mamíferos, aves, frutas, vegetais e carniça (Sl 63.10). São carniceiros, infames por seus uivos noturnos (Jó 30.28-31; Mq 1.8). Muitas referências bíblicas associam os chacais a ruínas. Para uma cidade ou nação tornar-se abrigo ou esconderijo de chacais é preciso estar completamente destruída (Is 13.22. 34.13. Jr 9.11. 10.22. 49.33. 50.39. 51.37. Lm 5.18. Ml 1.3). V. *dragão*.

CHAMA Pequena centelha de fogo (Jó 18.5), usada em sentido figurado para se referir à pessoa que está morrendo. Também usada em sentido figurado para demonstrar que a humanidade vive de forma atribulada (Jó 5.7). O Leviatã é descrito como tendo uma chama na boca (Jó 41.19-21). O texto de Is 50.11 menciona fogo em tochas.

CHAMADO, CHAMAMENTO Termo usado muitas vezes para designar alguém chamado por Deus para a salvação e o serviço.

Antigo Testamento No AT, "chamar" tem várias conotações. Entre elas estão dar nome, chamar, anunciar, clamar a Deus por ajuda e escolher.

No AT, a palavra hebraica *qara'* é traduzida por "chamar" no sentido de dar nomes a itens, animais, lugares e pessoas (Gn 1.5; 2.19; 16.14; 25.30). Em outras partes do AT, o conceito de "chamar, intimar" é mais notório. Exemplos incluem as parteiras hebreias (Êx 1.18), Moisés e Arão (Êx 8.8) e a recusa desastrosa de Datã e Abirão de responder ao chamado divino (Nm 16.12,31-33). Em Jl 2.15 é usada a palavra "proclamar" na *ARA* e "convocar" na *NVI*; tem a ideia de anunciar um acontecimento futuro do qual se espera que o povo participe. O povo de Deus também é instruído a clamar por ele para obter salvação e libertação em tempos de necessidade (Is 55.6), e os falsos profetas de Baal clamaram pelo nome de seu deus na disputa com Elias no monte Carmelo (1Rs 18.26), enquanto Elias clamou pelo nome do Senhor. Em Is 45.3 diz que o Senhor convocou Ciro pelo nome, indicando sua escolha para cumprir um papel específico na história da salvação do povo de Deus. V. *eleição; predestinação.*

Novo Testamento O NT usa o conceito de "chamar" em relação à posição da pessoa na vida e seu chamado ao serviço cristão. Jesus e os apóstolos parecem distinguir dois tipos de chamado — o chamado exterior (ao evangelho) e o chamado interior.

Em At 4.18 Pedro e João são "chamados" novamente à presença do Sinédrio depois que esse conselho tinha terminado suas deliberações. Na parábola do administrador astuto (Lc 16.2) o administrador é chamado ou intimado a prestar contas dos negócios. A parábola dos talentos (Mt 25.14-30) indica outra vez que a intimação baseada na autoridade divina é uma questão muito séria.

No NT, o conceito de clamar pelo nome do Senhor por libertação é tomado diretamente de textos do AT (Jl 2.32; cp. At 2.21; Rm 10.13) e ampliado para o significado mais amplo de salvação espiritual completa do pecado e juízo. Em At 7.59 Estêvão clamou ao Senhor em oração quando estava prestes a morrer a morte de um mártir.

Há também o chamado ao serviço cristão. Paulo se refere a isso diretamente quando diz ter sido chamado por Deus para ser apóstolo (Gl 1.1; cp. Rm 1.1).

Com relação à salvação individual, a palavra "chamar" é usada de duas maneiras distintas. Em Mt 22.14 Jesus disse: "Pois muitos são chamados, mas poucos são escolhidos" (*NVI*). Aqui o Senhor indica que o chamado do evangelho tem a intenção de ser anunciado o mais amplamente possível convidando homens e mulheres em todos os lugares a se arrepender dos pecados e a confiar em Cristo para a salvação.

Nem todos dão atenção a esse chamado "exterior" ou chamado "do evangelho". A Bíblia atribui a conversão do pecador ao chamado interior efetuado por Deus. O apóstolo Paulo ensinou que esse tipo de chamado será anunciado a todos os predestinados por Deus à salvação (Rm 8.28-30) e falou disso no texto com tal certeza que dá a impressão de que o chamado interior não pode deixar de atingir seu propósito (cf. Jl 2.32; At 2.39). Jesus falou da mesma coisa quando tratou do conceito do poder de atração de Deus (Jo 6.44). Esse chamado é sempre atribuído ao propósito amoroso e eterno do Pai com o alvo de resultar no louvor da sua glória (Ef 1.4-6).

O chamado gracioso de Deus não leva à preguiça. O apóstolo Paulo estimula os leitores a que se empenhem com todas as forças que lhes são dadas por Deus a viver de forma digna do chamado recebido (Ef 4.1) e a prosseguir "para o alvo, a fim de ganhar o prêmio do chamado celestial de Deus em Cristo Jesus" (Fp 3.14). Nesse texto o equilíbrio de Paulo entre responsabilidade e soberania está em foco. Em Rm 10.9-15 Paulo estabelece a relação entre o chamado interior e o mandato evangelístico da Igreja: sem a pregação do evangelho a pessoa não pode ouvir acerca de Cristo, nem sua voz diretamente, e assim não pode chamar pelo nome do Senhor e ser salva. V. *eleição; justificação; predestinação; salvação.* — A. J. Smith

CHANCELER (*ARC*) Título de um oficial real do governo persa que vivia em Samaria e ajudava na administração da província persa (depois que a Pérsia obteve o controle sobre a Palestina). As versões em português variam na tradução do título (*ARA* e *NVI* trazem: "comandante"), mas aparentemente está associado à administração política, não ao comando militar, e representa um oficial de alta patente, mas não a posição mais importante da província, a de governador (Ed 4.8,9,17).

CHAPÉU Peça de vestuário para a cabeça (Dn 3.21, *ARA, ARC, NTLH*; "turbante", *NVI*). A raiz da palavra é similar à palavra acadiana para elmo ou capacete.

CHAVES Ferramenta para obter acesso (Jz 3.25).

Antigo Testamento O portador das chaves detinha o poder de admitir ou negar a entrada na casa de Deus (1Cr 9.22-27; Is 22.22). No judaísmo posterior o imaginário das chaves foi entendido a seres angélicos e a Deus como portadores das chaves do paraíso e do inferno.

Novo Testamento No NT as chaves são usadas somente de modo figurado como um símbolo de acesso (Lc 11.52) ou de autoridade, particularmente a autoridade de Cristo sobre o destino final das pessoas. O Cristo ressurreto é portador da chave de Davi e controla o acesso à Nova Jerusalém (Ap 3.7). Por vencer a morte, tem as chaves do mundo dos mortos (Ap 1.18). V. *chaves do Reino*. — *Barbara J Bruce*

CHAVES DO REINO Garantia dada por Jesus a Pedro em Mt 16.19, cuja interpretação é objeto de muito debate entre católicos e não católicos. Toda solução deve considerar: 1) o papel de Pedro como apóstolo-líder, 2) a confissão de Pedro sobre Jesus como Cristo, 3) o jogo de palavras feito por Jesus, concernente à "pedra" (*petra*) sobre a qual ele edificaria sua igreja, 4) o significado de "ligar" e "desligar" e 5) as referências paralelas a "chaves" e aos termos acima mencionados na literatura bíblica (cf. Mt 18.18; Jo 20.23; Rm 9.32,33; Ef 2.19-22; 1Pe 2.4-10; Ap 1.18; 3.7-13).

A expressão "chaves do Reino" se relaciona com a autoridade dada a Pedro para "ligar" e "desligar". Ela foi delegada a Simão Pedro, mas não deve ser entendida como autoridade arbitrária ou mesmo individual de Pedro para salvar ou condenar. Pedro representa os apóstolos, fato devido a seu papel frequente como líder e porta-voz. Em Ef 2.20 a referência não é Pedro, mas aos "apóstolos e profetas" como fundamento, tendo Cristo Jesus por pedra angular. Além disso, em 1Pe 2.4, 5 (possivelmente um reflexo da interpretação do próprio Pedro acerca das palavras de Cristo dirigidas a ele), os próprios cristãos são "pedras" construídas sobre Cristo, a "pedra viva".

Mais ainda, a autoridade dada a Pedro e aos apóstolos não pode ser separada da percepção celestial e confissão de que Jesus é o Cristo, o Filho de Deus. É a revelação dada a (e confessada por) Pedro que deu motivo para a bênção de nosso Senhor. Portanto, não podemos minimizar o componente confessional/teológico da autoridade apostólica de Pedro. A autoridade dele, como apóstolo, baseou-se na confissão que ele fez, que lhe foi divinamente concedida. Paulo (assim como Jesus, Mt 16.23) certamente se sentiu livre para criticar Pedro quando a teologia e o comportamento de Simão se tornaram passíveis de repreensão (Gl 2.6-14). Além disso, a autoridade de "ligar" e "desligar", resultado da recepção das "chaves do Reino", é uma comissão, uma autoridade delegada por Cristo (cf. Mt 16.19; Jo 20.21-23; Ap 1.18; 3.7,8).

Por fim, as passagens relacionadas à "chave" nas Escrituras sugerem que esta seja a pregação do Evangelho confiada/delegada aos apóstolos. Ainda que o Evangelho certamente deva ser pregado (1Tm 6.20; 2Tm 2.2; 2Pe 1.12-16), as Escrituras em nenhum lugar sugerem que o "poder das chaves" seja um privilégio pessoal ou um ofício eclesiástico concedido por Pedro ou por quem quer que seja. Antes, refere-se à comissão do Evangelho (1Co 3.10—4.1), confiado às únicas testemunhas oculares históricas que, como apóstolos de Cristo, poderiam dar testemunho com autoridade da salvação encontrada somente nele, esperança que poderia ser confiantemente oferecida e prometida ("na terra") como dom já presente ("nos céus") a quem o confessa. V. *ligar e desligar*; *discípulo*; *chaves*. — *Robert B. Sloan*

CHEFE Termo usado nas versões em português como tradução de mais de dez palavras hebraicas para designar o líder em questões políticas, militares, religiosas ou econômicas. *'Avir* significa "o poderoso" e é usado com referência ao chefe dos pastores de Saul (1Sm 21.7). *'Ayil* é alguém que tem poder oficial (Êx 15.15; 2Rs 24.15; Ez 17.13; 32.21). *'Aluf* é o líder de um clã ou tribo (Gn 36.15-43; Zc 12.5,6). *Gibbor* é o varonil ou herói (1Cr 12.4). *Gadol* é o grande (Lv 21.10). *Ba'al* é o senhor (Lv 21.4). *Kohen* é literalmente um sacerdote e também líder (2Sm 8.18). *Nagid* é o líder (1Cr 29.22 ["príncipe", *ARA*; "soberano", *NVI*]; 2Cr 11.11; Is 55.4; Jr 20.1; Ez 28.2). *Nitsav* é alguém encarregado, o supervisor (1Rs 9.23, "oficiais encarregados"). *Menatseh* é o eminente ou supervisor e é usado nos títulos de muitos salmos (Sl 4.1, "mestre [de música]), aparentemente se referindo ao regente do coro. *Nasi'* é um xeque ou chefe tribal (Nm 25.18; Js 22.14). *Pinnah* é o canto ou pedra fundamental (Jz 20.2; 1Sm 14.38; Zc 10.4). *'Atud* é um carneiro ou bode e é empregado metaforicamente para um chefe ou líder (Is 14.9; Zc 10.3). *Qatsin* é o último, o que tem a responsabilidade de decidir, e, portanto, o líder (Js 10.24; Jz 11.6; Pv 6.7; Is 1.10; Mq 3.1). *Ro'sh* é o cabeça (Nm 25.4; 2Sm 23.8,18; Jó 29.25 e diversas vezes em 1Cr, 2Cr, Ed e Ne). *Ri'shon* é o primeiro, o número um (Dn 10.13). *Re'shith* é o primeiro ou o que inicia (Dn 11.41). *Sar* é o que tem domínio ou governo, e assim um oficial ou governante (Gn 40.2; 1Sm 17.18; 1Rs 4.2; 5.16; 1Cr 24.5;

Dn 10.20). *Rab* significa numeroso ou grande e é usado em diversas palavras compostas para representar o chefe ou o maior (2Rs 18.17; Jr 39.13; Dn 5.11).

No NT, a palavra grega *arche* significa "início" ou "principal" e é empregada em diversas palavras compostas para representar o principal sacerdote ou governante (Mt 2.4; 16.21; Lc 11.15; 19.2; Jo 12.42; At 18.8; 19.31; 1Pe 5.4). *Hegeomai* significa liderar ou comandar com autoridade oficial (Lc 22.26; At 14.12). *Protos* significa primeiro ou principal (Mt 20.27; Lc 19.47; At 13.50; 16.12; 25.2; 28.7). *Chiliarchos* é o comandante de uma unidade militar que deveria ter mil homens (At 21.31; 25.23; Ap 6.15).

CHEFE DOS SACERDOTES V. *Arão; levitas; sacerdotes.*

CHIFRE Estrutura óssea encurvada que cresce na cabeça de animais como cervos e cabras, usada para vasilhames ou instrumentos feitos de ou na forma de chifre. Nas Escrituras, "chifre" se refere a trombetas, recipientes, lugares e usos em sentido figurado.

Antigo Testamento O sentido básico de "chifre" é o literal, encontrado em alguns animais (Gn 22.13; Dt 33.17; Dn 8.5). O marfim do elefante é chamado de "chifre" no texto hebraico de Ez 27.15 (*TEB*; "presas de marfim", *NVI*; "dentes de marfim", *ARA, ARC, BJ*; "marfim", *NTLH*). Chifres eram usados como trombetas (Js 6.5). Esses instrumentos eram chifres de carneiro ou de boi selvagem perfurados e usados para emitir sons cerimoniais ou na área militar. Os sacerdotes sopravam essas trombetas como convocação para o culto. Mais tarde as trombetas passaram a ser feitas de prata. Chifres também eram usados como utensílios. Sendo oco e fácil de polir, o chifre era usado para transportar líquidos para bebida, inclusive o azeite de unção cerimonial (1Sm 16.1). Saliências em forma de chifre foram feitas nas extremidades do altar das ofertas queimadas no templo e no tabernáculo (Êx 27.2). Os chifres eram aspergidos com o sangue do sacrifício, e pessoas em busca de proteção contra punição agarravam neles (1Rs 2.28; "pontas do altar", *NVI*). V. *música, instrumentos, dança.*

Como acidente geográfico, os picos ou cumes das colinas da terra de Canaã são chamados de chifres (Is 51.1). Metaforicamente, o chifre é símbolo de força e honra do povo, e de brilho e raios (de luz ou calor). As Escrituras usam essas imagens como representações do poder de Deus (Hb 3.4) e de outras entidades físicas ou espirituais. Há um uso apocalíptico da palavra em Dn 7.7. Chifres florescendo ou brotando, em linguagem figurada, indicam um sinal do renascimento do poder de uma nação.

Novo Testamento Cristo é chamado de "chifre da salvação" (Lc 1.69; v. nota explicativa da *NVI*), que é um uso metafórico da palavra para significar poder. Outros usos em sentido figurado são o Cordeiro com sete chifres, mencionado em Ap 5.6, a besta com dez chifres que emerge do mar em Ap 13.1, a besta escarlate da grande prostituta que tem dez chifres em Ap 17.3,7. Essas referências representam poderes anticristãos. — *J. William Thompson*

CHIFRE DE CARNEIRO V. *shofar.*

CHIPRE Grande ilha no leste do mar Mediterrâneo mencionada de forma proeminente em At. No AT, menções esporádicas se referem à ilha como Quitim (Is 23.1; Jr 2.10), embora em alguns trechos o termo tenha um escopo mais amplo e inclua terras além de Chipre situadas a oeste da Palestina (Dn 11.30). A ilha tem 220 quilômetros de extensão leste-oeste e 144 quilômetros no sentido norte-sul; é menor em tamanho somente do que a Sicília e a Sardenha. Grande parte de Chipre é região montanhosa; os montes Troodos (1.790 metros) dominam as regiões oeste e central, enquanto os montes Kyrenia (940 metros) se estendem ao longo da costa setentrional.

Historicamente Chipre foi importante como fonte de madeira usada na construção de navios e cobre, ambas matérias-primas essenciais no mundo antigo. A posição estratégica de Chipre próxima das costas da Ásia Menor e da Síria combinada com a presença de correntes favoráveis e ventos de verão confiáveis encorajavam contatos comerciais muito abrangentes. Evidências do comércio com Chipre entre 2000 e 1000 a.C. foram encontradas na Ásia Menor, Egito, Palestina e Síria; também houve contato com Creta, as ilhas do mar Egeu e a Grécia. Depois de 1500 a.C., Chipre foi influenciado

Limassol, cidade moderna na costa meridional de Chipre.

intensamente pela cultura micênica da Grécia continental que deixou uma marca indelével.

Depois de 1000 a.C. diversas cidades-Estado, cada uma governada por um rei, formaram a base da estrutura política de Chipre. Entre as cidades mais importantes estavam Salamina e Kition. Os fenícios, um povo semítico que estabeleceu um império comercial em todo o Mediterrâneo, colonizou Kition em aproximadamente 850 a.C. Tiro e Sidom formavam o centro do comércio fenício, e o AT ressalta a conexão entre essas cidades e Chipre em diversos textos (Is 23.1,2,12; Ez 27.4-9).

A partir da época em que os reis de Chipre se submeteram a Sargom II da Assíria em 707 a.C., os destinos políticos da ilha foram determinados por sucessivos impérios que dominaram o Oriente Médio. Os reis egípcios e persas controlaram Chipre antes da vinda de Alexandre, o Grande, em 333 a.C. Depois da sua morte, Chipre se tornou parte do Império Ptolemaico (294-258 a.C.). Durante esse período muitos judeus se estabeleceram na ilha, formando parte importante da população. Em 58 a.C., Roma anexou Chipre; com o estabelecimento do Império Romano sob Augusto, a ilha se tornou uma província senatorial em 22 a.C. governada por um procônsul de Pafos.

Chipre é mencionada pela primeira vez no NT como o lugar de nascimento de José, também chamado de Barnabé, um judeu helenista convertido que mais tarde acompanhou Paulo (At 4.36,37). Como resultado da perseguição associada ao martírio de Estêvão em Jerusalém, os judeus cristãos viajaram a Chipre e pregaram o evangelho à comunidade judaica da

Parte da área da ágora no local da antiga Salamina na ilha de Chipre.

As escavações em Pafos em Chipre mostrando o local tradicional onde Paulo foi espancado.

ilha (At 11.19,20). Em 46 ou 47 d.C., Paulo empreendeu a primeira viagem missionária acompanhado de Barnabé e João Marcos (At 13). Depois de aportar em Salamina no lado oriental de Chipre, o grupo cruzou a ilha até Pafos, pregando a nova fé. A referência a Pafos é a Neapafos, "Nova Pafos", fundada no séc. IV a.C., e centro do governo romano em Chipre. A conversão do procônsul Sérgio Paulo ocorreu em parte pelo fato de o mágico Barjesus ter ficado cego. Não está claro se Paulo visitou Paleapafos, "Antiga Pafos"; Paleapafos era uma antiga cidade associada à adoração da deusa grega Afrodite, que supostamente emergiu da espuma do mar ali perto.

João Marcos e Barnabé retornaram a Chipre uma segunda vez depois de se separar de Paulo (At 15.39). Mais tarde, Paulo passou duas vezes pela ilha nas suas viagens, uma na volta para Jerusalém (At 21.3) e por fim enquanto estava a caminho de Roma (At 27.4). V. *Eliseu; Quitim*.
— Thomas V. Brisco

CHOINIX Medida seca usada para medir grãos e equivalente a aproximadamente um litro, ou a porção diária de uma pessoa (Ap 6.6). V. *pesos e medidas*.

CHORO V. *pranto e luto*.

CHUMBO V. *minerais e metais*.

CHUVA Umidade que cai do céu e prové nutrição para a vida vegetal e animal. A Palestina era uma terra dependente de chuvas anuais para garantir colheitas abundantes e amplo suprimento de alimentos para o período seguinte. Logo, a presença ou ausência de chuva se tornava símbolo da continuidade da bênção ou do descontentamento de Deus com a terra e seus habitantes. A chuva caía em duas estações: as primeiras chuvas em outubro e novembro, e as últimas chuvas em fevereiro e março (Tg 5.7). Raramente caía uma chuva importante fora desse período. Ventos ocidentais do mar Mediterrâneo traziam tempestades úmidas no verão, e a maior parte da chuva caía ao longo da planície costeira, ao norte, e nas colinas centrais. Pontos mais baixos, o vale do Jordão e o sul, recebiam menos chuva durante o ano. Períodos longos de seca eram geralmente seguidos por inundações rápidas que em pouco tempo enchiam os ribeiros temporários e os leitos dos rios. A água da chuva era armazenada em cisternas para ser usada como água potável. No Neguebe fazendeiros aravam a terra no tempo da chuva para permitir que a fina areia do deserto absorvesse a pouca chuva disponível. A vinda da chuva era vista como a satisfação de Deus em relação ao povo. A falta de chuva na primavera anunciava o juízo divino devido ao pecado e à desobediência. Os cananeus cultuavam Baal como o deus da chuva e do trovão, e orgias eram realizadas para invocar as chuvas.

CHUVA TEMPORÃ Termo usado na *ARA* em Jl 2.23 com referência às primeiras chuvas.

CHUVA TEMPORÃ, SERÔDIA (primeiras e últimas chuvas) V. *chuva*.

CIDADÃO, CIDADANIA Condição oficialmente reconhecida em um Estado político resultando em certos direitos e responsabilidades definidos pelo Estado. Paulo suscitou a questão da cidadania ao apelar ao seu direito de cidadão romano (At 16.37; 22.26-28). Os direitos de cidadania romana foram formulados pela primeira vez na Lei Valeriana na fundação da República Romana em 509 a.C, mas esses direitos mudaram à medida que os governos romanos mudaram. No NT, a definição se baseia na Lei Júlia aprovada perto de 23 a.C.

Tornar-se cidadão A cidadania romana podia ser obtida de diversas maneiras: nascimento de pais romanos, incluindo nascimento de mãe romana não importando a identidade do pai; aposentadoria e exoneração do exército; ser liberto da escravidão por um senhor romano; receber a cidadania de um general ou imperador romano como indivíduo ou parte de uma unidade política; comprar a cidadania. Paulo nasceu cidadão romano, mas não sabemos como sua família obteve a cidadania.

Direitos e responsabilidades do cidadão O cidadão se tornava responsável por pagar impostos romanos de propriedade e impostos municipais. Tinha o direito de votar em Roma, embora diferentes classes sociais tivessem direitos distintos nesse aspecto. O cidadão se tornava membro de uma tribo romana. Recebia a promessa de um julgamento justo sem algumas formas cruéis de castigo duro. O cidadão não podia ser executado sem julgamento e não era crucificado exceto por ordem do imperador. Podia apelar a César e nesse caso tinha de ser levado para Roma e ser julgado ali. Paulo fez uso desses direitos quando enfrentou a oposição e a perseguição (At 16.37; 25.11).

CIDADE V. *cidades* e *vida urbana*.

CIDADE CAÓTICA (*ARA*) Nome aplicado a Jerusalém em Is 24.10. (A *NVI* traz "cidade vã").

CIDADE CELESTIAL O cumprimento da esperança do povo de Deus quanto à salvação definitiva. Para o mundo antigo, as cidades representavam uma vida em ordem, segurança em relação aos inimigos e prosperidade material. Em Hb a cidade "tem alicerces, cujo arquiteto e edificador é Deus" (11.10); Deus a preparou (11.16), e ela é "a Jerusalém celestial, a cidade do Deus vivo" (12.22). Essa cidade é o lar de "milhares de milhares de anjos" (12.22), a "igreja dos primogênitos" (12.23; uma imagem dos crentes redimidos pela morte de Cristo; cf. Êx 13.13-15) e dos justos aperfeiçoados por Deus (12.23; talvez os santos do AT). Alguns intérpretes entendem essas descrições literalmente. No entanto, o alvo cristão não é algo que possa ser tocado e sentido como a experiência de Israel no Sinai (12.18). De fato, os cristãos já chegaram à Jerusalém celestial, pelo menos em parte (12.22). Por isso alguns intérpretes acham que a cidade celestial é uma imagem do povo redimido de Deus cujo "fundamento" está nos apóstolos e profetas (Ef 2.20). A experiência dos patriarcas cuja esperança estava além de sua vida terrena (Hb 11.13-16) aponta para um cumprimento final da salvação no céu.

A cidade celestial de Ap 21.9—22.7 também tem sido interpretada tanto em sentido literal como em sentido figurado. Uma interpretação vê a cidade celestial suspensa acima da terra como uma plataforma espacial. Outros a veem como uma cidade terrena. Outros ainda a veem suspensa no ar e depois descendo à terra. Outros, apontando para o fato de a cidade ser identificada com a noiva de Cristo (21.2,9) e têm na cidade um símbolo da Igreja. Quer entendida como uma cidade literal, quer representando o povo redimido de Deus experimentando sua salvação definitiva, a cidade é um lugar de comunhão com Deus (21.3,22), de segurança da parte de Deus (21.4,25) e de provisão por meio dele (22.1-2,5). V. *cidades e vida urbana*. — Chris Church

CIDADE DA DESTRUIÇÃO V. *Heliópolis*.

CIDADE DAS ÁGUAS Cidade em Amom, que provavelmente deve ser identificada com parte ou todo o território de Rabá, a capital. Joabe a conquistou para Davi (2Sm 12.27). (*NVI*: "reservatórios de água").

CIDADE DAS PALMEIRAS Provavelmente deve ser identificada com um sítio perto de Jericó onde viviam os queneus (Jz 1.16; v. Dt 34.3; Jz 3.13; 2Cr 28.15). A própria Jericó ficou em ruínas desde o tempo da conquista até o tempo de Acabe. Alguns identificam a região com Zoar no lado sul do mar Morto ou com Tamar aproximadamente a 35 quilômetros ao sul do mar Morto. V. *Jericó*.

CIDADE DE DAVI No AT, a expressão "a cidade de Davi" se refere a Jerusalém. O nome foi dado à cidade fortificada dos jebuseus depois que Davi a conquistou (2Sm 5.6-10). Sua referência originária pode ter sido somente à colina localizada na parte sudeste e à cidadela militar dos jebuseus ali. Em Lc 2.4,11 a referência é a Belém, o lugar de nascimento de Davi (Jo 7.42). V. *Jerusalém; Sião*.

CIDADE DE MOABE (*ARA*) Cidade a que Balaque foi para se encontrar com Balaão (Nm 22.36; a *NVI* traz: "cidade moabita"). Alguns a identificam com Ar. V. *Ar*.

CIDADE DO SAL Cidade atribuída à tribo de Judá "no deserto" (Js 15.62). Sua localização precisa não é conhecida. As descobertas arqueológicas não apoiam a identificação com Qumran que alguns tentaram fazer.

CIDADE DO SOL De modo geral, interpretada como Heliópolis (Is 19.18). Expressão também traduzida por "cidade da destruição". V. *Heliópolis*.

CIDADE SANTA Designação para Jerusalém (Ne 11.1,18; Is 48.2; 52.1; Dn 9.24; Mt 4.5; 27.53; Ap 11.2) e para a nova Jerusalém celestial (Ap 21.2,10; 22.19), porque o Deus santo nela habita. V. *santo*.

CIDADELA Algumas versões usam esse termo para traduzir o termo hebraico 'armon. V. *castelo*.

CIDADES DE REFÚGIO Lugar seguro ao qual uma pessoa que matou alguém acidentalmente poderia fugir. A cidade fornecia asilo ao fugitivo dando-lhe abrigo e proteção até acontecer o julgamento para determinar a culpa ou inocência. Se, segundo o juízo dos anciãos da cidade, a morte tinha ocorrido acidentalmente e sem intenção, o homem tinha permissão para ficar ali sem temor de danos ou vingança por parte dos parentes do morto (Js 20.2-6).

Quatro trechos principais no AT descrevem o direito a asilo e refúgio garantido por essas cidades (Êx 21.12-14; Nm 35.6-34; Dt 19.1-13; Js 20.1-9). Uma tradução literal da expressão hebraica poderia ser: "cidade de influxo". O direito de asilo foi oferecido já antes da entrada e conquista da terra prometida, mas estava disponível somente para alguém acusado de homicídio acidental. Já Êx 21.12 registra que "quem ferir um homem e o matar terá que ser executado" (*NVI*). O trecho promete na sequência, contudo, que "se não o fez intencionalmente", um lugar seria designado ao qual ele pudesse fugir (v. 13). Antes do estabelecimento dessas cidades, o refúgio temporário podia ser obtido ao se fugir para um santuário e agarrar as pontas do altar ali. Em 1Rs 1.50 e 2.28 temos o registro de dois exemplos de homens buscando refúgio ao se agarrar ao altar em Jerusalém. Nem Adonias nem Joabe, no entanto, eram inocentes e mais tarde foram executados.

Moisés recebeu a orientação de estabelecer seis cidades de refúgio de um total de 48 cidades dadas aos levitas (Nm 35.6,7). Havia três em cada lado do rio Jordão. No lado oriental estavam Bezer no território de Rúben, Ramote em Gileade e Golã na região de Basã (Dt 4.43). No lado ocidental do Jordão estavam Quedes na Galileia, Siquém em Efraim e Quiriate-Arba, ou Hebrom, na região montanhosa de Judá (Js 20.7,8). O refúgio não era

CIDADES DE REFÚGIO

limitado ao povo de Israel, mas estendido aos estrangeiros residentes e quaisquer outros estrangeiros (Nm 35.15).

O AT revela a importância e sacralidade da vida humana por meio de suas leis concernentes a tomar a vida de alguém. A razão de distribuir as cidades de refúgio por todo o Israel em ambos os lados do Jordão era que a cidade fosse facilmente acessível à pessoa responsável por um homicídio acidental. Ela precisava encontrar refúgio imediatamente porque um membro da família do morto iria persegui-la. O vingador de sangue tentava matar o assassino de seu parente pelo dano causado à família ou clã. No período inicial da história de Israel, antes do desenvolvimento das cidades de refúgio, essa ação poderia resultar em inimizade e derramamento de sangue que terminava somente com a extinção de toda uma família. O estabelecimento de cidades de refúgio tinha o propósito humanitário de

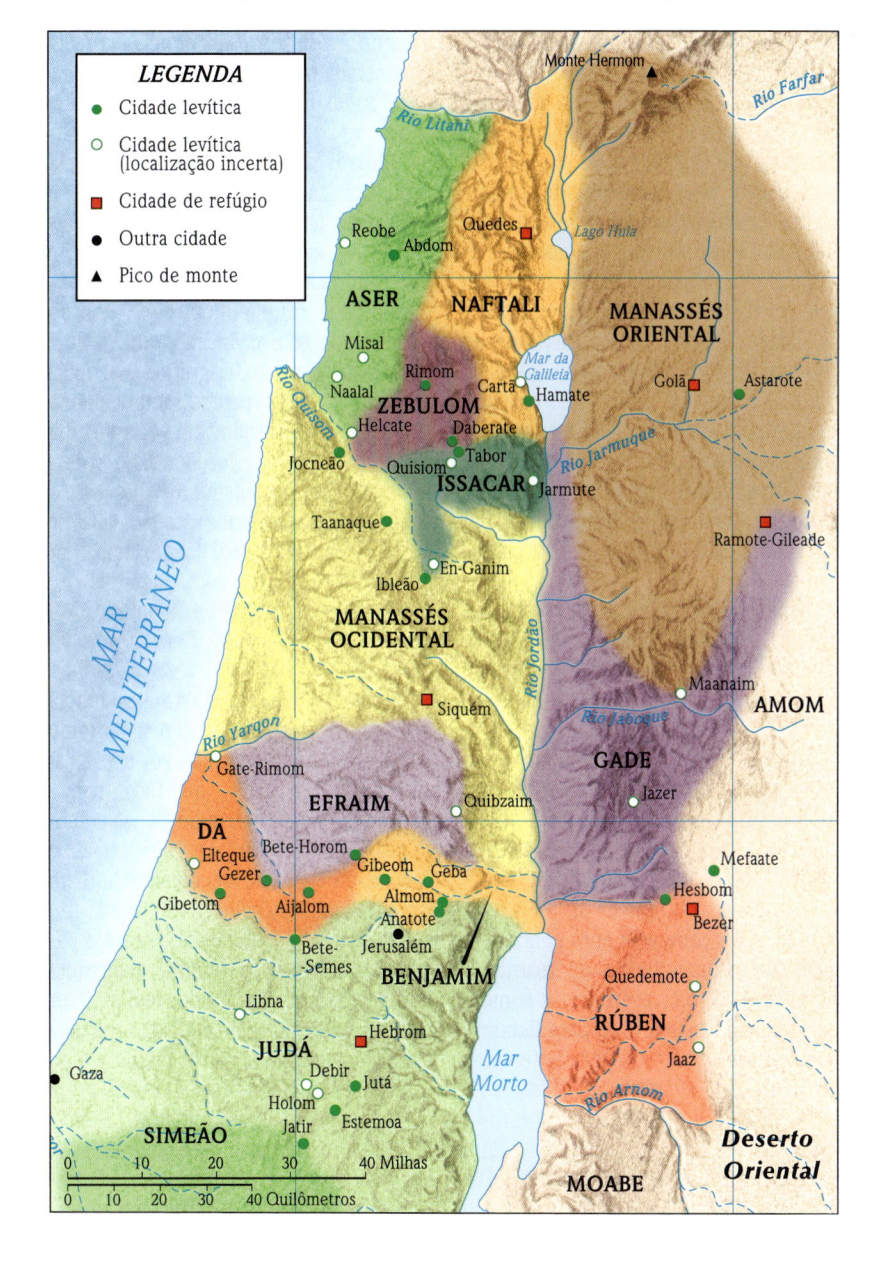

CIDADES DO VALE ou CIDADES DA CAMPINA

transformar um caso de homicídio de contenda privada entre duas famílias em uma causa judicial julgada por um grupo de anciãos.

Em Nm 35 há diversas exigências a serem satisfeitas antes de se buscar refúgio em uma dessas cidades. O requisito principal era que a morte tivesse ocorrido por acidente, sem intenção ou premeditação. Casos de estudo são apresentados em Nm 35.16-18,20-23 para fornecer exemplos dos incidentes que impediam ou permitiam a um matador buscar refúgio em tal lugar.

A segunda exigência importante para o asilo em uma cidade de refúgio era que o matador, uma vez admitido na cidade, não a deixasse antes da morte do sumo sacerdote da época (Nm 35.25; Js 20.6). Se decidisse sair da cidade antes disso, poderia ser morto pelo vingador de sangue (Nm 35.26-28). Em contraste com o refúgio temporário oferecido a alguém que se agarrava às pontas de um altar, a cidade de refúgio provia um lugar de asilo permanente ao matador. No aspecto punitivo, a cidade também servia de lugar de detenção. O matador não estava livre de culpa. Não podia sair, sob pena de morte pelo vingador de sangue, nem podia comprar sua libertação ao oferecer um resgate aos parentes do morto. Um exemplo semelhante de castigo pode ser visto no confinamento de Simei em Jerusalém por Salomão sob pena de morte se ele deixasse a cidade (1Rs 2.36-46).

Tomar a vida de alguém implicava uma culpa que não podia ser resgatada por quaisquer meios que não fossem a morte. A morte do sumo sacerdote, mesmo resultante de causas naturais, servia para pagar o preço da pena exigida. Um homem morria no lugar de outro. Durante sua vida, uma das funções de um sumo sacerdote era carregar os pecados do povo (Êx 28.38). De acordo com essa regulamentação, todas as cidades de refúgio eram cidades levíticas, dadas a essa tribo durante a distribuição da terra entre os israelitas. Esses locais provavelmente continham santuários locais nos quais servia um sacerdote. Depois da morte do sumo sacerdote, o homem culpado de homicídio estava livre para deixar a cidade e voltar à sua casa sem precisar temer o vingador de sangue. V. *vingador*. — Brenda R. Hockenhull

CIDADES DO VALE (*NVI*) ou **CIDADES DA CAMPINA** (*ARA*) As "cidades do vale" são cinco cidades — Sodoma, Gomorra, Admá, Zeboim e Zoar — localizadas, assim se imagina, no extremo sul do mar Morto. A narrativa de Gn 14 associa essas cinco cidades e as situa no vale de Sidim, o mar Morto. Todas essas cidades exceto Zoar foram destruídas pela maldade de Sodoma e Gomorra (Gn 19.24-29).

Os estudos mais recentes localizam essas cinco cidades na água rasa da parte meridional do mar Morto, ao sul da península de Lisan, na margem meridional que se projeta ao mar. No entanto, nenhuma evidência conclusiva foi encontrada para fundamentar essa proposta. As escavações ao longo da costa oriental do mar Morto em anos recentes convenceram alguns estudiosos de que as cidades do vale estiveram localizadas nessa região, especialmente em Bab-ed-Dhra e Numeira perto de Lisan.

A expressão particular "cidades do vale" ocorre em Gn 13.12 como o lugar que Ló escolheu para morar, e em Gn 19.29 com respeito à destruição. A palavra hebraica traduzida por "vale" ou "campina" significa mais exatamente "redondo". Assim parece melhor pensar nessas cidades como estando "em volta do" mar Morto ou "em volta do" Jordão. Essa interpretação pode indicar simplesmente que essas cidades aliadas estavam localizadas no vale do Jordão perto do mar Morto. Como tais, podem ter ficado junto a uma rota comercial e ter elas mesmas se envolvido no comércio de betume, sal e enxofre. — *Joel F. Drinkard Jr.*

CIDADES DOS LEVITAS Residências e pastagens providas para a tribo sacerdotal de Levi no lugar da herança tribal. Por causa das tarefas sacerdotais, a tribo de Levi não recebeu nenhuma parte da terra de Canaã como herança (Nm 18.20-24; 26.62; Dt 10.9; 18.1,2; Js 18.7). Para compensá-los, recebiam os dízimos dos israelitas pelo trabalho (Nm 18.21), e 48 cidades lhes foram destinadas, extraídas da herança das outras tribos. Na média, quatro cidades de cada tribo eram cidades dos levitas. A prática de manter algumas cidades à parte era uma prática comum no antigo Oriente Médio.

Os levitas não eram os únicos proprietários ou habitantes dessas cidades. Simplesmente recebiam autorização para viver nelas e ter pastos para criar seus rebanhos. As cidades não deixaram de pertencer às tribos nas quais estavam localizadas. Ainda que 6 das cidades fossem refúgios para os culpados de assassinato (Quedes, Siquém, Hebrom de Canaã, Bezer, Ramote-Gileade e Golã), as cidades dos levitas e as cidades de refúgio não eram termos sinônimos. O privilégio de asilo não era estendido às 48 cidades dos levitas. O propósito das cidades de refúgio era controlar a vingança de sangue possibilitando a interferência da justiça pública entre o assassino e o vingador do sangue da vítima. As cidades de refúgio provavelmente eram cidades sacerdotais com santuários importantes. As cidades de refúgio também serviam como centros de detenção punitiva. O assassino não tinha permissão de sair da cidade até a morte do sumo sacerdote. Isso era possivelmente interpretado como uma expiação vicária de uma vida por uma vida.

As cidades dos levitas eram muradas, separadas das terras circundantes. Bairros que não fossem murados e pastagens fora das cidades permaneciam propriedade tribal. Os levitas não podiam vender nenhum terreno. A situação legal das casas dos levitas nessas cidades divergia da situação da propriedade comum. Para impedir a desapropriação dos levitas foi ordenado que eles pudessem a qualquer momento resgatar casas nas próprias cidades que foram obrigados a vender. Além disso, uma casa dessas, se não fosse redimida, voltaria ao proprietário levita no ano do jubileu. Pastagens pertencentes aos levitas não poderiam ser vendidas (Lv 25.32-34).

Razões teológicas, políticas e econômicas levaram ao estabelecimento dessas cidades. Formavam bases de operação para que os levitas pudessem se infiltrar com mais facilidade em cada uma das tribos para instruí-las acerca da aliança com Deus. Essas bases seriam mais necessárias exatamente onde alguém as encontrasse: nas áreas menos acessíveis ao santuário central. Evidentemente havia também uma dimensão política. Com certeza o desejo dos levitas de assegurar a lealdade de Israel ao Senhor da aliança também implicaria no compromisso para assegurar a lealdade ao ungido do Senhor, o rei. Havia uma mescla de ensino da aliança e envolvimento político. O fator econômico pode ter sido o mais importante. A lista de cidades descreve a dispersão dos levitas que não estavam empregados nos santuários maiores, não tinham renda fixa e pertenciam, portanto, à categoria de viúvas e órfãos. As cidades foram estabelecidas para homens necessitados de auxílio econômico. V. *cidades de refúgio*; *ano do jubileu*. — Gary D. Baldwin

CIDADES E VIDA URBANA As cidades formam um dos principais indicadores de civilização. De fato, o surgimento de cidades muitas vezes marca a transição para a civilização. A cidade mais velha escavada até hoje está na Palestina; é Tel es-Sulam, a Jericó do AT. Esse sítio já era uma cidade próspera entre 8000 e 7000 a.C. Mesmo antes de seus cidadãos usarem a cerâmica a cidade já tinha um maciço muro de defesa e uma alta torre de vigia circular dentro do muro.

Os termos "cidade" e "vida urbana" tinham significado bem diferente no período bíblico, especialmente nos tempos mais antigos. O emprego moderno nos deu ao menos cinco termos para descrever o tamanho da população. Em ordem crescente de tamanho de população nós falamos de campo aberto, povoado, vila, cidade e metrópole. O AT usa duas palavras para "cidade" (*'eer* e *qir*) e uma para "povoado" (*chaster*). A diferenciação do AT parece estar baseada não no tamanho principalmente, mas na presença ou ausência de um muro de defesa. As cidades tinham muros, enquanto os povoados não tinham.

Tamanho das cidades As cidades antigas tendiam a ser bem menores tanto em tamanho quanto em população do que a nossa compreensão típica de uma cidade. A mais antiga cidade murada em Jericó cobria menos de dez acres (40 mil metros quadrados). Mesmo no período do AT, Jericó não tinha mais de dez acres. Algumas das grandes cidades da Mesopotâmia eram muito mais parecidas em tamanho ao que nós consideramos uma cidade. No auge do Império Assírio no séc. VIII a.C., Nínive cobria aproximadamente 1720 acres ou uma área de mais de dezesseis quilômetros quadrados (quatro quilômetros de comprimento por quatro quilômetros de largura). A colina de Calá (a antiga Ninrode) cobria mais de 875 acres. Nenhuma das cidades da Palestina do período do AT chega perto do tamanho das grandes cidades da Mesopotâmia. Jerusalém no tempo de Salomão cobria somente 33 acres; mesmo no tempo de Jesus cobria menos de 200 acres. Isso não quer dizer que a Palestina não tinha cidades maiores. Hazor, no norte de Israel, ocupava mais de 175 acres. No entanto, os sítios bíblicos na sua maioria eram menores.

Proximamente relacionada à área de uma cidade está sua população. Projeções recentes de população baseadas na densidade de cidades de culturas semelhantes às dos tempos bíblicos em combinação com a contagem de unidades de casas encontradas nas escavações sugerem que a maioria das cidades comportava entre 160 e 200 pessoas por acre. Assim Siquém pode ter tido uma população de 2 mil a 2,5 mil habitantes no período veterotestamentário; Jerusalém no tempo de Salomão pode ter tido entre 5 mil e 6 mil. Mesmo quando Jerusalém se expandiu no tempo de Josias, não deve ter tido mais de 25 mil habitantes. Uma inscrição encontrada em Ebla no norte da Síria e datada em torno de 2400-2250 a.C. afirma que Ebla tinha uma população de 250 mil pessoas. No entanto, não está claro se esse número se referia à cidade ou a todo o império controlado por Ebla, ou se era um exagero para impressionar outros sobre o tamanho de Ebla. Aproximadamente em 300 d.C., a cidade de Roma pode ter tido perto de um milhão de habitantes.

CIDADES FORTES V. *cidades e vida urbana; cidades fortificadas.*

CIDADES FORTIFICADAS A expressão "cidade fortificada" se refere à cidade com forte defesa, geralmente uma estrutura maciça de muros e cidadelas ou fortalezas internas. Em geral a cidade fortalecida era o centro majoritariamente militar ou administrativo da região. A questão não era tanto o tamanho, embora muitas entre as cidades fortificadas fossem grandes. A localização era bem mais importante.

A Bíblia contém duas listas de cidades fortificadas, uma para Naftali (Js 19.35-38) e uma lista das cidades fortificadas por Roboão para Judá (2Cr 11.5-12). Essas duas listas parecem incluir a maioria das cidades muradas na área da tribo.

As cidades fortificadas serviam a uma função estratégica. Podiam vigiar uma estrada importante (como o faziam Láquis e Hazor). Podiam também vigiar desfiladeiros de montanhas (Megido e Taanaque) ou servir de fortaleza de fronteira (Arade e Hazor). Certamente havia tropas estacionadas na cidade fortificada. Em épocas de perigo iminente, grande parte da população da região vizinha encontrava proteção nela (Jr 4.5; 8.14).

Outros termos proximamente associados na Bíblia incluem cidades de carros de guerra e armazéns (1Rs 9.19). Cidades de carros de guerra eram grandes centros militares em que ficavam estacionadas as tropas dos carros de guerra. Cidades-armazéns provavelmente serviam como centros de suprimento para o exército. — *Joel F. Drinkard Jr.*

CIÊNCIA Palavra usada pelas versões *ARA* e *ARC* para designar o conhecimento (Dn 1.4; *NVI*, "campos do conhecimento") e por *ARC* em 1Tm 6.20 (*NVI*, "conhecimento"). As Escrituras descrevem o conhecimento de Daniel com admiração e aprovação, mas advertem contra debates inúteis de questões motivadas pelo orgulho humano que não produzem um conhecimento útil.

CILÍCIA Região geográfica e/ou província romana no sudeste da Ásia Menor. A região era a terra natal de algumas pessoas que se opuseram a Estêvão (At 6.9). Estava localizada na costa do mar Mediterrâneo na parte sudeste da Ásia Menor. Uma de suas cidades importantes era Tarso, lugar de nascimento do apóstolo Paulo (At 21.39; 22.3). Na época do concílio de Jerusalém (At 15), o cristianismo já tinha penetrado a Cilícia. Paulo atravessou a região durante uma de suas viagens missionárias (At 15.41; 27.5; Gl 1.21).

A porção ocidental dessa região geográfica, com aproximadamente 210 quilômetros de extensão no sentido leste-oeste e entre 80 e 100 quilômetros de largura, consistia quase que totalmente na extensão mais ocidental dos montes Taurus. Era chamada de Cilícia "montanhosa" e era escassamente povoada, importante principalmente pela madeira que produzia. A parte oriental, medindo em torno de 160 quilômetros de extensão no sentido leste-oeste e tendo entre 70 e 100 quilômetros de largura, consistia na fértil planície costeira e era chamada de Cilícia "plana". Atravessando as portas (desfiladeiro) da Cilícia nos montes Taurus no norte, a própria Cilícia "plana" e as portas da Síria nos montes Amanus ao leste, estava a grande estrada internacional entre a Ásia Menor central e a Síria, Mesopotâmia e Egito.

A região foi conquistada pelos romanos entre 102 e 67 a.C. Até 72 d.C. a parte ocidental teve a posição de reino vassalo ou fez parte de outro tal reino. Em 38 a.C. a porção oriental foi anexada à Província da Síria, que depois se tornou Síria e Cilícia. No ano 72 d.C., as partes foram unidas em uma província distinta.

No AT, a mesma região é chamada de Cuve (1Rs 10.28, mrg. *NVI*; 2Cr 1.16). V. *Heleque; Cuve; Paulo; Tarso.* — James A. Brooks

As famosas portas da Cilícia, um desfiladeiro nos montes Taurus, a 50 quilômetros ao norte de Tarso.

CÍMBALO V. *música, instrumentos, dança.*

CINTO 1. Parte do vestuário dos sacerdotes (Êx 28.4,40; v. tb. Êx 28.8,27,28) e das pessoas ricas de Jerusalém (Is 3.24). **2.** A *NVI* traduz por "cinturão" em 1Sm 18.4; 2Sm 20.8 e talvez Is 5.27 para designar uma peça de vestuário no qual se podia carregar uma espada ou um arco; como "cinto de couro", em 2Rs 1.8 e Mt 3.4, designa a tradicional roupa dos profetas. **3.** Faixa (Jó 12.18; Jr 13.1-11) amarrada ao redor da cintura.

Cingir os lombos significa literalmente amarrar as extremidades da roupa ou da capa de alguém ao seu cinto. Procedia-se assim em preparação para correr (1Rs 18.46), para a batalha (Is 5.27) ou para prestar serviço a um senhor (Lc 12.35). "Cingir o entendimento" (1Pe 1.13, *ARA*; "cingir os lombos do entendimento", *ARC*") significa estar espiritualmente alerta e preparado ("mente preparada", *NVI*). **4.** Mt 10.9; Mc 6.8. V. *pano, roupa.*

CINZAS Frequentemente associadas com sacrifícios, lamento e jejum. A tristeza, a humilhação e o arrependimento eram expressos colocando-se cinzas sobre a cabeça ou sentando-se em cinzas. Terra, pano de saco, jejum, rasgar roupas e as cinzas demonstravam visivelmente as emoções de uma pessoa. Às vezes as cinzas que sobravam de um sacrifício eram guardadas para rituais de purificação. Também simbolizavam os resultados da destruição divina. O uso de cinzas para expressar tristeza e arrependimento continuou no período do NT. Seu uso em rituais de purificação é contrastado com a purificação operada pelo sangue de Cristo. Também representam os efeitos devastadores da ira de Deus sobre Sodoma e Gomorra (2Pe 2.6). — Scott Langston

CIPRESTE 1. Termo usado na *ARA* para uma árvore identificada muitas vezes com pinho (*NVI*, *NTLH*). Outros identificaram a árvore com o junípero ou zimbro (*NASB* em Is 41.19 e 60.13 somente). **2.** Árvore pequena e sempre verde, citada em Is 44.14, da família *Quercus ilex.* V. *plantas.*

CIPRIOTA Cidadão ou residente de Chipre. V. *Chipre.*

CIRCUITO, CURSO (*NVI*) Rota circular que uma pessoa ou característica geográfica ou objeto natural seguem. Por trás da palavra usada em português há pelo menos quatro palavras hebraicas indicando "redondo", "rodear", "em volta de" ou "dar a volta". Samuel fez um circuito de cidades para julgar Israel (1Sm 7.16). O olho humano enxerga o céu como uma abóbada ou um domo circular, em que Deus faz seu passeio diário (Jó 22.14). De modo semelhante, o sol faz um longo trajeto (*NVI*) pelos céus (Sl 19.6). O vento parece percorrer um curso circular sem sentido que não vai a lugar nenhum (Ec 1.6). Jerusalém dentro do seu muro representava um círculo, que Davi reconstruiu (1Cr 11.8). Na época de Neemias o autor se refere aos povoados nos arredores de Jerusalém (Ne 12.28; cp. 2Rs 3.9).

CIRCUNCISÃO Ato de remover o prepúcio do órgão genital masculino. No antigo Israel esse ato era realizado de maneira ritual no oitavo dia depois do nascimento nos filhos dos nativos, dos servos e dos estrangeiros (Gn 17.12-14; Lv 12.3). A circuncisão era realizada inicialmente pelo pai, que usava uma faca de pederneira (cp. Js 5.3). Mais tarde foram empregados especialistas entre o povo judeu.

Origem Diversas teorias tentam explicar e descrever a natureza e origem da circuncisão: 1) ritual de iniciação — antes do casamento (como os siquemitas em Gn 34.14-24) ou na puberdade; 2) higiene física — para prevenir a atração ou transmissão de doenças; 3) uma marca tribal de distinção; 4) o ritual de entrada na comunidade da fé. No AT, a origem da prática israelita foi fundamentada na circuncisão de Abraão como sinal da aliança entre Deus e o patriarca (Gn 17.10).

Pano de fundo no antigo Oriente Médio Diversos povos semíticos e não semíticos praticavam a circuncisão de acordo com fontes bíblicas e não bíblicas. Jeremias descreve os egípcios, edomitas, amonitas, moabitas e os árabes que habitavam o deserto como povos circuncidados (Jr 9.25,26; cp. Ez 32.17-32). Por outro lado os filisteus, assírios e babilônios são contados entre os incircuncisos. Que os cananeus não são mencionados em nenhum desses grupos é notável. Faltam-nos evidências da perspectiva deles acerca da circuncisão.

As implicações éticas da circuncisão podem ser observadas no emprego metafórico do termo. Os incircuncisos são os que são insensíveis à liderança de Deus. A circuncisão do coração significa total devoção a Deus (Dt 10.16; Jr 4.4); no entanto, o ouvido incircunciso não pode ouvir para responder ao Senhor (Jr 6.10); e os que são incircuncisos de lábios não podem falar (Êx 6.12). A circuncisão era, portanto, um sinal exterior de uma singularidade de devoção interior a Javé.

A circuncisão e o cristianismo Surgiu uma controvérsia na igreja primitiva (At 15.1,2) acerca de se os gentios convertidos precisavam ser circuncidados. Os judeus do séc. I desprezavam os incircuncisos. A liderança do apóstolo Paulo no concílio de Jerusalém foi crucial para a resolução da disputa; a circuncisão não era essencial à fé e comunhão cristãs. A circuncisão do coração via arrependimento e fé era a única exigência (Rm 4.9-12; Gl 2.15-21). — *R. Dennis Cole*

CIRENE Cidade natal de certo Simão que foi compelido a carregar a cruz de Jesus até o lugar da crucificação (Mt 27.32). Localizada no norte da África, era a capital do distrito de Cirenaica na época do NT. Cirenaica e Creta formavam uma província. Simão de Cirene pode ter pertencido à grande população de judeus de fala grega que residia na cidade durante a primeira parte do séc. I d.C.

CIRENEU Cidadão ou residente de Cirene. V. *Cirene*.

CIRÊNIO *(ARC)*, **QUIRINO** *(ARA, NVI)* Oficial romano mencionado em Lc 2.2 como governador da Síria quando ocorreu o nascimento de Jesus. Alguns tradutores do NT usam o nome Cirênio, forma anglicizada do seu nome grego, enquanto outros usam a forma latina Quirino. Seu nome completo era Publius Sulpicius Quirinius. Em toda a sua variada carreira Quirino serviu como cônsul de Roma, líder militar, tutor de Gaio César e legado (governador). Morreu em 21 d.C.

A referência de Lucas a Quirino como governador durante o nascimento de Jesus levou alguns estudiosos a questionar a exatidão histórica de Lc. Está confirmado que Quirino foi legado na Síria de 6 a 9 d.C., mas essa data é tardia demais para o nascimento de Jesus, que aconteceu antes da morte de Herodes, o Grande, em 4 a.C. A referência histórica de Lucas parece estar em contradição direta com fontes não bíblicas que estabelecem que ou Saturninus (9-7 a.C.) ou Varus (6-4 a.C.) foi legado da Síria na época do nascimento de Cristo.

A descoberta de uma inscrição antiga mostra que um legado que se encaixa na descrição de Quirino serviu em dois mandatos diferentes na Síria. Evidentemente o nascimento de Cristo ocorreu durante o primeiro período de Quirino na Síria como legado com responsabilidades principalmente pelos assuntos militares, enquanto Varus era o legado que tratava das questões civis. Quirino serviu um segundo período em 6-9 d.C.

Essa solução confirma a exatidão histórica de Lc sem desprezar outras fontes históricas conhecidas. — *Stephen Dollar*

CIRO Terceiro rei de Anzã, Ciro (o Grande) subiu ao trono em 559 a.C. De acordo com as

CIRO

melhores histórias, Ciro foi criado por um pastor depois que seu avô, Astiages, rei da Média, ordenou que ele fosse morto. Aparentemente, Astiages tinha sonhado que Ciro um dia o sucederia como rei antes da morte do monarca reinante. Em vez de executá-lo, o oficial incumbido dessa tarefa o levou aos pastores nas montanhas.

Adulto, Ciro organizou os persas em um exército e se revoltou contra seu avô e pai (Cambises I). Ele os derrotou e reivindicou o trono deles.

Um dos seus primeiros atos como rei da Média e da Pérsia foi lançar um ataque contra Lídia, capital de Sardes e depósito das riquezas do seu rei, Croesus. Avançando para o leste, Ciro continuou sua campanha até que formou um vasto império, que se estendia do mar Egeu até a Índia.

O Império Babilônico era o seguinte no seu caminho, um obstáculo que parecia intransponível. Ao enfrentar o exército babilônico em Opis, as tropas de Ciro o derrotaram e avançaram até a Babilônia. O povo na capital saudou Ciro de braços abertos, recebendo-o como libertador, não conquistador. Tudo que faltava era o Egito, que ele deixou para seu filho, Cambises II. Ciro era de fato o rei do mundo.

As proezas militares de Ciro se tornaram lendárias. No entanto, é mais lembrado por suas políticas de paz. Seu famoso decreto de 539 a.C. (2Cr 36.22,23; Ed 1.1-4) libertou os cativos que a Babilônia tinha aprisionado no seu duro regime. Entre os prisioneiros estavam os judeus levados de Jerusalém em 586 a.C. Tiveram permissão para voltar para reconstruir o templo e a cidade. Junto com essa liberdade Ciro também devolveu os valiosos tesouros do templo tomados durante o exílio. Visto que os judeus tinham prosperado financeiramente na Babilônia, muitos deles não quiseram voltar às ruínas em Judá. Dessas pessoas Ciro cobrou uma taxa para ajudar a pagar as despesas dos que queriam reconstruir Jerusalém.

Político astuto, Ciro tinha por costume adorar publicamente os deuses de cada reino que conquistava. Ao fazê-lo ganhava o coração dos seus súditos e mantinha baixo o índice de revoltas. É mencionado como pastor e ungido de Javé (Is 44.28—45.6) por sua bondade para com os judeus e a adoração a Javé.

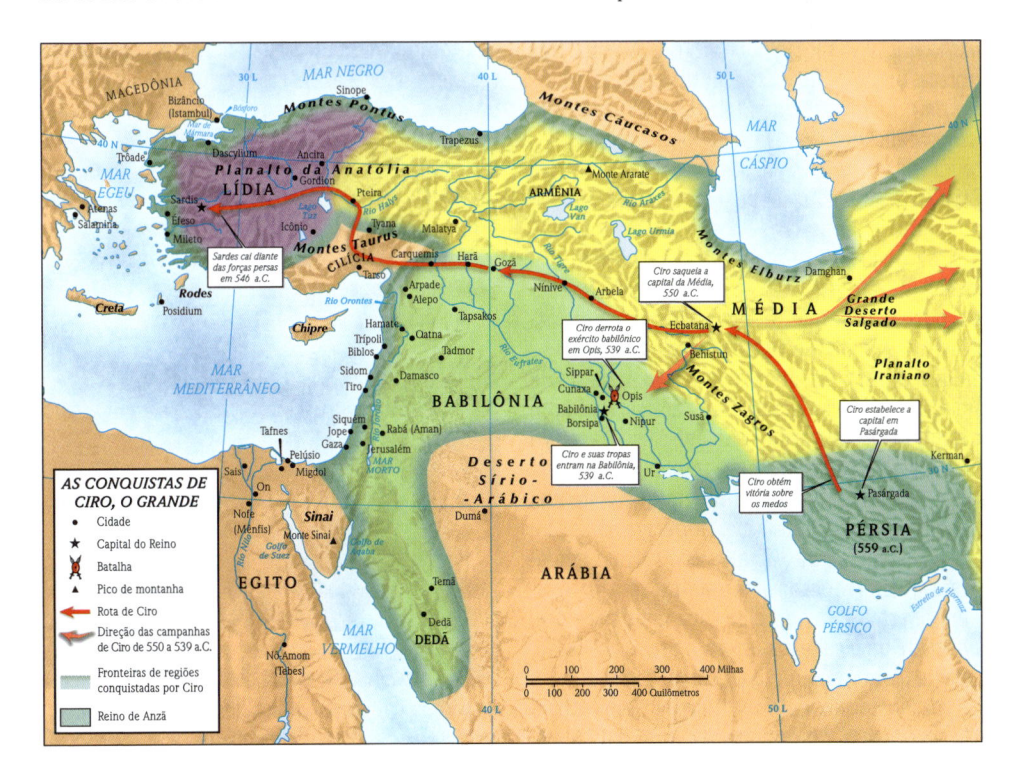

Seus últimos anos são obscuros. Ciro foi morto enquanto travava uma luta de fronteira com o povo nômade dos massagetas. Seu túmulo está em Pasárgada (atual Murghab). — *Mike Mitchell*

O cilindro de Ciro, com a inscrição do famoso Édito de Ciro, o Grande, em 538 a.C. (2Cr 36.23; Ed 1.2,3).

CISCO Tradução da palavra grega *karphos*, que aparece em Mt 7.3 (*NVI*, *NTLH*, *BJ*), que se refere a um fragmento mínimo de palha, sujeira ou madeira. A *ARA* e *ARC* traduzem por "argueiro". Jesus usou a palavra no Sermão do Monte para contrastar uma pequena falta moral que alguém pode apontar nos outros, enquanto se negligencia de uma falta própria mais hedionda, representada pela "viga" ou "trave" no próprio olho.

CISNE Tradução da *ACF* para a palavra hebraica *tinshemet* (Lv 11.18; Dt 14.16). A *NVI* traz "coruja branca" (mas sua nota explicativa diz que pode ser "gaivota"). *ARA* e *BJ* traduzem como "pelicano". V. *coruja*.

CISTERNA Tradução de um termo hebraico que significa "buraco", "cova" ou mais comumente "poço". A diferença entre "cisterna" e "poço" muitas vezes não é aparente. Os inúmeros poços, cisternas e tanques existentes na Palestina são evidência dos esforços dos povos antigos de suplementar a provisão natural de água. As cisternas geralmente eram reservatórios em forma de garrafa ou pera para os quais a água podia escoar de um telhado, túnel ou pátio. A pedra calcária porosa, em que cisternas eram cavadas, induzia a perda de grande parte da água. Depois de 1300 a.C. as cisternas começaram a ser rebocadas, resultando em um sistema de armazenamento de água mais eficiente. A boca de uma cisterna às vezes era terminada e coberta com uma pedra. Foram encontradas algumas cisternas com um filtro grosseiro para não deixar passar o entulho.

Uma cisterna com um pilão de pedra no primeiro plano provavelmente usado para moer grãos em Berseba.

Os autores bíblicos revelaram que as cisternas foram também usadas para outros propósitos além de armazenar água. José foi jogado em um poço, e abandonado pelos irmãos (Gn 37.20-29). O profeta Jeremias foi aprisionado na cisterna de Malquias, filho do rei Zedequias (Jr 48.6, *NVI*). Em Jr 14, os deuses pagãos foram simbolizados como cisternas quebradas que não podem conter água. As cisternas também serviam como lugar de lançar cadáveres (Jr 41.7,9). V. *poço*. — *James Newell*

A abertura circular de uma cisterna no sítio de Láquis em Israel.

CITAÇÕES DO ANTIGO TESTAMENTO NO NOVO TESTAMENTO

Uma cisterna de água enorme em Massada, fortaleza de Herodes na montanha.

O sistema de água em Gibeom era baseado nesse tanque enorme cavado na rocha conectado por um túnel a outra cisterna.

fronteiras da Assíria. Uma aliança entre citas e assírios foi realizada entre 680 e 670 a.C.

De acordo com o historiador grego Heródoto, um ataque cita forçou o povo da Média a se retirar de um assalto contra Nínive (talvez por volta de 626-620 a.C.). Mais tarde, os citas avançaram rumo ao sul ao longo da costa da Palestina até a fronteira egípcia (611 a.C.), onde foram derrotados. Por fim foram empurrados ao norte pelos medos, até o sul da Rússia.

O poder cita foi dominante na região a noroeste do mar Negro até por volta de 350 a.C. Posteriormente outros invasores, como os sármatas, confinaram-nos na região da Crimeia, destruindo os remanescentes dos citas depois do ano 100 da era cristã.

O AT se refere aos citas como Asquenaz (Gn 10.3; Jr 51.27). Estudiosos antigos identificaram os citas como o inimigo do norte citado por Jeremias, e a ameaça invasora de Judá citada por Sofonias, mas essas teorias se baseiam em evidências fracas. Já Cl 3.11 usa os citas para representar o mais repugnante tipo de bárbaros e escravos, ao dizer que eles também são aceitos em Cristo e que todas as barreiras sociais e culturais devem ser abolidas em sua Igreja. V. *Asquenaz*. — Charles Graham

CITAÇÕES DO ANTIGO TESTAMENTO NO NOVO TESTAMENTO A influência do AT é vista em todo o NT. Os escritores do NT incluíram cerca de 250 citações diretas do AT, e se forem contadas as citações indiretas ou parciais, o número pula para mais de mil. É evidente que os escritores do NT estavam preocupados com a demonstração da continuidade entre as Escrituras do AT e a fé proclamada por eles, pois estavam convencidos de que as promessas do AT foram cumpridas em Jesus.

Tipos de citação

Fórmulas de citação são citações introduzidas por fórmulas de citações introdutórias típicas que geralmente empregam os verbos de "dizer" ou "escrever". As fórmulas introdutórias mais comuns são: "como diz a Escritura" (Jo 7.38); "o que diz a Escritura?" (Gl 4.30); "está escrito", enfatizando a validade permanente da revelação do AT (Mc 1.2; Rm 1.17; 3.10); "para cumprir o que fora dito", enfatizando o cumprimento de profecias do AT

CITA Povo nômade de origem indo-europeia, falante de um dialeto iraniano, que migrou das regiões centrais da Ásia até o sul da Rússia entre 800 e 600 a.C. Eram habilidosos como cavaleiros e realizavam ataques e saques. Arqueólogos descobriram várias evidências quanto à arte cita na metalurgia. Exércitos citas, em perseguição aos cimérios, se encaminharam ao sul, através ou ao redor das montanhas do Cáucaso, até as

(Mt 4.14; 12.17; 21.4); "como Deus diz", "como disse Deus", "como disse o Espírito Santo", são fórmulas que personificam as Escrituras e refletem sua dimensão divina (Rm 9.25; 2Co 6.16; Hb 3.7); "Moisés", "Davi" ou "Isaías" diz, o que enfatiza o elemento humano nas Escrituras (Rm 10.16,19,20; Hb 4.7).

Citações compostas combinam dois ou mais textos do AT, extraídos de uma ou mais das seções do cânon da Bíblia Hebraica (Lei, Profetas e Escritos). Veja, p. ex., Rm 11.8-10, que cita a Lei (Dt 29.4), os Profetas (Is 29.10) e os Escritos (Sl 69.22,23). Em alguns casos uma série de textos do AT podem ser usados como uma espécie de comentário, como em Jo 12.38-40 e Rm 9—11. Citações compostas são geralmente organizadas ao redor de ênfases temáticas ou palavras-chave, prática comum no judaísmo, baseada na noção encontrada em Dt 19.15: duas ou três testemunhas resolvem uma questão. O motivo da "pedra de tropeço" refletido em Rm 9.33 (Is 8.14; 28.16) e 1Pe 2.6-9 (Is 8.14; 28.16; Sl 118.22) é um bom exemplo deste método.

Citações não reconhecidas são geralmente mescladas ao tecido do texto do NT sem identificação ou introdução. Paulo, p. ex., citou Gn 15.6 na discussão a respeito de Abraão (Gl 3.6) e Gn 12.3 (Gl 3.8) sem qualquer identificação ou fórmula introdutória.

Citações indiretas ou alusões formam o tipo de citação do AT mais difícil de identificar. A gradação de citação para alusão pode ser quase imperceptível. A alusão pode ser pouco mais que uma cláusula, frase ou até mesmo uma palavra extraída de um texto do AT que pode facilmente escapar à observação do leitor. O leitor, p. ex., pode com facilidade perder de vista o fato de as palavras ditas na nuvem da transfiguração, registradas em Mt 17.5, combinarem três textos separados do AT: "Tu és meu filho" (Sl 2.7), "em quem tenho prazer" (Is 42.1) e "ouçam-no" (Dt 18.15).

Fontes das citações do Antigo Testamento Pelo fato de o NT ter sido escrito em grego, para a maioria dos leitores da língua grega, não é surpreendente que a maior parte das citações do AT no NT seja extraída da tradução grega do AT, a *LXX*. Das 93 citações de Paulo, 51 estão em concordância absoluta ou quase total com a *LXX*, e apenas 4 concordam com o texto hebraico. Isso significa que 38 divergem de todos os textos conhecidos, hebraicos e gregos. Das 43 citações de Mt, 11 concordam com a *LXX*, e as outras 32 diferem de todas as fontes conhecidas. Assim, como isso pode ser explicado? Os escritores do NT podem ter usado uma versão do AT que nos seja desconhecida, ou podem ter citado de memória. É também possível que os escritores do NT estejam mais preocupados com o significado e a interpretação. Também foi sugerido que as citações podem ter sido extraídas de "livros de testemunho", coleções de textos do AT selecionados, combinados e interpretados, reunidos pela comunidade cristã antiga para proclamação e apologética. O uso frequente de certos textos do AT, como Sl 110, Is 43 e outros, na pregação e na literatura da igreja primitiva e a descoberta de coleções como a de Qumran parecem apoiar tal possibilidade.

Usos das citações do Antigo Testamento Os escritores do NT usaram as citações do AT por pelo menos quatro motivos: 1) para demonstrar que Jesus é o cumprimento dos propósitos de Deus e do testemunho profético das Escrituras do AT (Rm 1.2; Mt 4.14; 12.17-21; 21.4,5); 2) como fonte de instrução ética e edificação da Igreja (Rm 13.8-10; 2Co 13.1); 3) para interpretar acontecimentos ocorridos em seus dias (Rm 9—11; 15.8-12); 4) para provar um argumento tomando por base a Escritura como Palavra de Deus (1Co 10.26; 14.21; 15.55). As abordagens empregadas no uso do AT refletem o judaísmo do séc. I visto nos manuscritos do mar Morto, em Fílon de Alexandria e no judaísmo rabínico posterior. Algumas citações refletem uma abordagem típica da interpretação do AT no séc. I, conhecida por *Midraxe*. O *Midraxe* é uma exposição do texto que tem o propósito de extrair sua relevância para a o momento presente. O texto do AT é citado e explicado e tem aplicação significativa para a situação atual. O uso de Gn 15.6 em Rm 4.3-25 e o uso de Sl 78.24 em Jo 6.31-58 exemplificam a abordagem.

Alguns textos do AT são interpretados de maneira tipológica. Por meio dessa abordagem, o escritor do NT vê a correspondência entre pessoas, acontecimentos ou objetos do AT e pessoas, acontecimentos ou objetos de sua ambientação. A correspondência com o passado não é encontrada no texto escrito, mas no interior do acontecimento histórico. Subjacente à tipologia é a convicção de que certos fatos da história passada de Israel, registrados nas Escrituras antigas, revelaram os caminhos e propósitos de Deus para com as pessoas de uma maneira típica. O uso que Mt 2.15 faz de Os 11.1 sugere que o escritor do Evangelho percebeu certa correspondência entre a jornada de Jesus até o Egito e a permanência temporária do povo de Israel no Egito. Jesus recapitulou ou reencenou a história sagrada de Israel. Os propósitos redentivos de Deus demonstrados no êxodo (refletidos pelo profeta Oseias) foram bem demonstrados na vida de Jesus. Em alguns casos o entendimento e a aplicação da citação são dependentes da compreensão do contexto mais amplo da citação no AT. O uso da citação pretende chamar a atenção do leitor para o tema ou contexto mais amplo do AT, o que pode ser chamado de "citação indicativa". No judaísmo do séc. I, em que grandes porções das Escrituras eram conhecidas de memória, era costumeiro citar somente o início de uma passagem mesmo que a continuação não fosse citada. Um bom exemplo desse uso pode ser visto em Rm 1—3. Paulo discute a fidelidade de Deus e a pecaminosidade do homem. Em Rm 3.4 Paulo citou Sl 51.4 para apoiar o primeiro ponto.

Ele continuou a argumentação com uma referência posterior à impiedade humana, o assunto de Sl 51.5; mas não sentiu a necessidade de citar o versículo por ter sido sugerido por pessoas acostumadas com o texto bíblico. Por fim, há um uso alegórico do texto do AT no qual o texto é visto como uma espécie de código contendo dois significados — o nível literal de significado, na superfície do texto, e o significado mais profundo, subjacente, como em Gl 4.22-31.

A despeito de similaridades com o(s) uso(s) judaico(s) contemporâneo(s) do AT, os escritores do NT interpretaram o AT de forma radicalmente nova. Os escritores do NT não usaram deliberadamente um método exegético diferente. Escreveram a partir de uma perspectiva teológica diferente. Os escritores do NT estavam convencidos de que o significado verdadeiro do AT é Jesus Cristo e que só ele provê os meios para o entendimento das Escrituras. A verdadeira interpretação do AT é alcançada pela leitura de passagens ou incidentes das Escrituras à luz do acontecimento Cristo. Enquanto muitos dos textos do AT citados no NT foram aceitos como messiânicos (ex., Sl 110.1), ou poderiam ser messiânicos à luz da alegação de messianismo da vida de Jesus (Sl 22; Is 53), para os primeiros cristãos, todas as Escrituras deveriam ser interpretadas pelo fator Cristo, porque as Escrituras do AT apontam para ele (Jo 5.39). Em suma, os escritores do NT citaram o AT ou aludiram a ele para demonstrar como os propósitos de Deus foram cumpridos e estão sendo cumpridos em Jesus.
— Hulitt Gloer

CITAÇÕES NO NOVO TESTAMENTO V. *citações do Antigo Testamento no Novo Testamento.*

CÍTARA Instrumento de cordas formado por 30 a 40 cordas afixadas sobre uma caixa de som rasa e tocadas com um plectro e os dedos (Dn 3.5,7,10,15). V. *música, instrumentos, danças.*

CIÚME Usado com três sentidos nas Escrituras: 1) Intolerância à rivalidade ou infidelidade; 2) Disposição de suspeita de rivalidade ou infidelidade; e 3) Hostilidade em relação a um rival ou a alguém que crê desfrutar de uma vantagem, um sentido de inveja. Deus tem ciúme de seu povo Israel no sentido de ser intolerante em relação a deuses rivais (Êx 20.5; 34.14; Dt 4.24; 5.9). Uma expressão do ciúme de Deus por Israel é a proteção dada a seu povo contra os inimigos. Assim, o ciúme divino inclui vingar Israel (Ez 36.6; 39.25; Na 1.2; Zc 1.14; 8.2). Fineias é descrito como zeloso por Deus (Nm 25.11,13). Elias é de igual modo caracterizado como zeloso por Deus (1Rs 19.10,14). No NT Paulo fala do ciúme divino pelos cristãos em Corinto (2Co 11.2).

O texto de Nm 5.11-30 apresenta o processo pelo qual o marido suspeito da infidelidade da esposa poderia testá-la. Com muita frequência o ciúme humano envolve hostilidade em relação ao rival. Os irmãos de José eram ciumentos (Gn 37.11) e então o venderam como escravo (At 7.9). Em At 17.5 um grupo invejoso entre os judeus incitou a multidão contra Paulo. Ciúme, como a inveja, é comum em listas de vícios (Rm 13.13; 2Co 12.20; Gl 5.20,21). Já Tg considera o ciúme (ou a inveja amarga) característica da sabedoria terrena, demoníaca (3.14) e fonte de toda desordem e impiedade (3.16). V. *inveja*.

CIÚME, ÁGUA DO. V. *água amarga*.

CIÚME, ÍDOLO QUE PROVOCA O Termo para um ídolo em Ez 8.3-5. O sentido pode ser que o ídolo provoca ciúme em Deus, ou o ídolo pode ser identificado com Aserá, a deusa da paixão. (2Rs 21.7; 2Cr 33.7). V. *ciúme*.

CIÚME, OFERTA DE CEREAL PELO V. *ciúme, teste do*.

CIÚME, TESTE DO Teste para determinar a culpa ou inocência da esposa suspeita de adultério, mas não surpreendida no ato (Nm 5.11-31). O teste consistia em duas partes: "uma oferta de um jarro de farinha de cereal em favor dela" e "a água amarga que traz maldição" (5.18). V. *água amarga*.

CLÃ Termo usado para distinguir um grupo de parentes mais amplo que a família. Os limites desse grupo não estão delineados com clareza. Cada clã era governado pelos líderes familiares ("anciãos", nas versões antigas). Diversos clãs formavam uma tribo, e as 12 tribos formavam Israel. Às vezes se alude ao clã como "divisão", "parentes", "família", "mil" ou mesmo "tribo".

CLAUDA Grafia na *ARC* em At 27.16 do nome ilha de Cauda, onde Paulo aportou no seu caminho a Roma. V. *Cauda, Clauda*.

CLÁUDIA Mulher que enviou saudações a Timóteo (2Tm 4.21).

CLÁUDIO 1. Imperador romano de 41 d.C. a 54 d.C. Fez da Judeia uma província romana em 44 d.C. Expulsou os judeus de Roma em cerca de 49 d.C. (At 18.2), provavelmente pelo conflito entre judeus e cristãos em Roma. Ao que parece, sua quarta mulher o envenenou em 54 d.C. e assumiu o controle do império para seu filho Nero. O profeta Ágabo anunciou uma fome que viria durante o reinado de Cláudio (At 11.28). **2.** Capitão do exército romano que protegeu Paulo dos judeus que queriam assassiná-lo (At 23.26,27). Chamado de Cláudio Lísias.

Busto de mármore de Cláudio encontrado na ilha de Malta, datando do séc. I d.C.

CLEMENTE Companheiro de trabalho de Paulo no evangelho (Fp 4.3). Aparentemente era membro da igreja de Filipos. Além disso, não há mais informações disponíveis a respeito dele.

CLEOPAS Seguidor de Jesus que estava caminhando com um companheiro na direção da vila de Emaús no dia da ressurreição de Cristo (Lc 24.13-25). Uma pessoa que eles não reconheceram se juntou a eles. Mais tarde, descobriram que o estranho era o próprio Jesus.

CLOE Nome pessoal que significa "verdejante". Mulher cujos parentes informaram Paulo da dissensão na igreja em Corinto (1Co 1.11). Não sabemos onde morava e como as pessoas ouviram falar da situação em Corinto.

CLOPAS Parente de uma das Marias que estavam perto da cruz durante a crucificação (Jo 19.25). "Maria, que [era] de Clopas" é o texto grego literal e tem sido interpretado com Clopas sendo o marido de Maria. V. *Maria*.

CNIDO Nome de lugar no sudeste da Turquia. O navio de Paulo passou por ali no caminho a Roma (At 27.7).

COA Nome de um país de significado incerto. O texto de Ez 23.23 apresenta os nomes de várias nações que Deus trará contra Israel. Coa, como Soa, não foram satisfatoriamente identificadas. Alguns a identificam com o povo guti da Babilônia, mas essa opinião é objeto de debates.

COATE Nome pessoal de significado desconhecido. Segundo filho de Levi (Gn 46.11) e pai de Anrão, Isar, Hebrom e Uziel (Êx 6.18) que se tornou o líder do tronco merarita do sacerdócio levítico. Em Gn 46.11 diz que Coate foi ao Egito com Levi (seu pai) e Jacó (seu avô). Tinha uma irmã chamada Joquebede (Êx 6.20) e morreu com 133 anos (Êx 6.18). V. *coatitas*.

COATITAS Descendentes de Coate, filho de Levi (Êx 6.16). Como Coate era avô de Arão, Moisés e Miriã (Êx 6.20; Nm 26.59), os coatitas eram considerados os mais importantes das três principais famílias levíticas (i. e., coatitas, gersonitas e meraritas). Os coatitas foram mais tarde divididos em quatro troncos, de acordo com os quatro filhos de Coate: Anrão, Izar, Hebrom e Uziel (Êx 6.18; Nm 3.19; 1Cr 6.1-3,16,18,33, 38; 23.6,12,13,18-20; 26.23).

Os coatitas estiveram ativos em toda a história de Israel. Junto com os gersonitas e meraritas, foram colocados ao redor do tabernáculo e incumbidos de cuidar dele e transportá-lo. Deveriam acampar no lado sul do tabernáculo e eram responsáveis por cuidar e transportar a arca, a mesa, o candelabro, os altares, os utensílios do santuário e a cortina (Nm 3.29-31). Os coatitas não deveriam tocar nos objetos e poderiam removê-los somente após terem sido devidamente preparados por Arão e seus filhos. O resultado de tentar remover esses objetos sem a instalação prévia de varas para carregá-los significava a morte (Nm 4.15,17-20; 7.9; cp. 1Sm 5; 6; 2Sm 6.6-11).

Depois da conquista da terra prometida, os coatitas descendentes de Arão receberam 13 cidades das tribos de Judá, Simeão e Benjamim (Js 21.4,9-19; 1Cr 6.54-60). Os coatitas remanescentes receberam 10 cidades das tribos de Dã, Efraim e Manassés (Js 21.5,20-26; 1Cr 6.61,66-70). Uma das 10 cidades era Siquém, cidade de refúgio.

Davi indicou 120 coatitas sob a liderança de Uriel para trazer a arca a Jerusalém (1Cr 15.5). Quando Josafá buscou libertação dos moabitas e amonitas, os coatitas lideraram o povo em oração e louvor (2Cr 20.19). Maate e Joel dos coatitas auxiliaram na purificação do culto em Israel no tempo de Ezequias (2Cr 29.12). Nas reformas religiosas de Josias, dois sacerdotes coatitas (Zacarias e Mesulão) ajudaram a supervisionar os trabalhos (2Cr 34.12).

Quando os israelitas retornaram do exílio, alguns dos coatitas foram incumbidos da responsabilidade de preparar os pães da proposição todo sábado (1Cr 9.32, *ARA*). V. *Anrão*; *cidades de refúgio*; *gersonita*; *Coate*; *levitas*; *cidades dos levitas*; *meraritas*. — Phil Logan

COBERTURA DA CABEÇA, VÉU Em 1Co 11.1-16 Paulo tratou da questão da cobertura da cabeça nos cultos públicos. Esse tratamento extenso mostra que esse deve ter sido um assunto de interesse considerável em Corinto.

O costume judaico era que todas as mulheres cobriam a cabeça com um véu quando saíam de casa. Aparecer em público sem um véu era sinal de indecência e falta de pureza. Aparecer em um culto de adoração sem o véu era algo impensável.

Algumas das mulheres cristãs de Corinto evidentemente tinham vindo ao culto sem o véu sobre a cabeça. Talvez tivessem entendido que a ênfase de Paulo na liberdade cristã significava que elas já não precisavam observar nenhum dos antigos costumes judaicos — incluindo o de usar o véu.

Os efeitos de tal mudança no estilo de vestimenta tinham sido perturbadores para os cultos públicos e o testemunho cristão em Corinto. Isso levou Paulo a afirmar que a mulher deveria cobrir a cabeça durante o culto. Ao mesmo tempo, encorajou os homens a seguir o costume judaico de participar da adoração com a cabeça descoberta.

Paulo citou diversas razões em 1Co 11.1-16 para essa posição. Ele se referiu: 1) à ordem na criação; 2) aos costumes sociais da época (v. 4.6); 3) à presença dos anjos (v. 10); 4) à própria natureza (v. 13-15); e 5) à prática comum nas igrejas (v. 16).

O princípio aqui é que os cristãos precisam ser sensíveis à cultura em que vivem. Não devem insultar gratuitamente os costumes locais a menos que haja uma razão moral para fazê-lo. Ser insensível à cultura na qual se vive causa a pessoa a ofender muitas das pessoas que a igreja está tentando ganhar para Jesus Cristo. Isso desvia a atenção da coisa mais importante e a concentra em questões marginais. V. *Corinto; mulher.* — Lynn Jones

COBERTURA DO FÍGADO V. *redenho, lóbulo.*

COBIÇAR, COBIÇOSO Desejar de forma desordenada possuir o que pertence a outra pessoa, em geral coisas palpáveis.

Embora a palavra hebraica para "cobiçar" também possa ser traduzida por "desejar", no décimo mandamento ela significa um desejo incontrolado e egoísta que ameaça os direitos básicos dos outros. Cobiçar era pecado porque concentrava a atenção de forma avarenta na propriedade de outra pessoa, propriedade que era sua parte na terra que Deus prometera ao seu povo. Depois da derrota de Israel em Ai, Acã confessou que seu desejo egoísta por riquezas era tão grande que ele desobedecera ao mandamento específico de Deus (Js 7.21). Em defesa dos pobres de Judá, Miqueias declarou o juízo de Deus sobre os ávidos por terras por cobiçarem pequenas propriedades e de fato as tomarem dos impotentes proprietários (Mq 2.2). Embora o mandamento contra a cobiça pareça interessado somente na motivação, algumas passagens indicam que se esperava que a cobiça no coração terminasse quando se obtinha o que era desejado.

No NT, a mesma palavra grega usada para traduzir "cobiçar" é também usada para traduzir "procurar com zelo" (1Co 12.39, *ARA*). Assim cobiçar pode ser usado também no sentido positivo. Outra palavra grega descreve a afirmação dos desejos sem escrúpulos de uma pessoa que os Dez Mandamentos proíbem (Lc 12.15; Ef 5.5). Em Lc, Jesus disse que o homem ganancioso não será "rico para com Deus". No texto de Ef, Paulo colocou o homem cobiçoso na mesma categoria dos idólatras. Assim o ganancioso — alguém que cobiça — nega a fé em Deus e zomba dos valores dele. — William J. Fallis

COBRE Metal avermelhado que pode ser modelado facilmente por martelagem e pode ser polido até um acabamento brilhante.

Embora o ouro provavelmente tenha sido o primeiro metal que os seres humanos usaram, as ferramentas e utensílios mais antigos recuperados pelos arqueólogos nas terras bíblicas são feitos de cobre, em geral combinados com alguma liga metálica. A palavra "cobre" aparece na *KJV* somente em Ed 8.27 e na palavra "coppersmith" (2Tm 4.14; "latoeiro", *ARA*; "ferreiro", *NVI*). Por outro lado, a palavra "brass" ("bronze") aparece aproximadamente cem vezes na *KJV*. Na maioria dessas ocorrências a palavra hebraica é traduzida por "bronze" na *RSV*. (Algo semelhante ocorre nas versões em português). O cobre por si tinha pouco uso nos tempos bíblicos. Combinando-se o cobre com 16% de estanho, resultava o bronze suficientemente duro para ser usado na produção de armas, armaduras, utensílios e esculturas.

Chipre era a fonte principal de cobre no mundo do mar Mediterrâneo, mas o Egito provavelmente obtinha parte dele da península do Sinai. Além da usual abundância prometida em Canaã, o texto de Dt diz que nessa terra "as rochas têm ferro" e nela eles poderiam "extrair cobre das colinas" (8.9). Os hebreus extraíam uma provisão limitada na Arabá, a região ao sul do mar Morto. Vestígios palestinos de minas de cobre têm sido encontrados somente nessa região, e os arqueólogos descobriram no extremo norte do golfo de Ácaba os restos de minas de cobre. O escavador original achava que essas minas tinham sido abertas por Salomão para o processamento tanto de cobre quanto de ferro, mas a pesquisa subsequente mostrou que são anteriores a Salomão.

No AT, a palavra hebraica para cobre pode ser uma referência a esse metal básico ou ao bronze. Se um objeto descrito como cobre podia ser moldado por martelagem, provavelmente se tratava de cobre puro. No entanto, se o metal para um objeto precisava ser fundido e moldado em uma forma, a palavra significava bronze. Assim, os acessórios e utensílios do tabernáculo eram de bronze (Êx 26.11— 39.39). Assim também o eram as duas colunas enormes e o tanque de metal fundido, e outros elementos importantes do templo projetados por Hirão de Tiro para Salomão (1Rs 7.14-47).

Também antes da Idade do Ferro, o bronze era o melhor metal para armas e armaduras, como se mostra no equipamento de Golias (1Sm 17.5,6). Embora não fosse considerado um metal precioso, o bronze era um valioso prêmio de conquista em batalhas (2Rs 25.13-15). V. *minerais e metais*. — *William J. Fallis*

Ferramentas de cobre em miniatura para os shawabtis (pequenos símbolos de ídolos) do Egito, Novo Reino.

COCEIRA Distúrbio da pele caracterizada pela sensação irritante na superfície superior da pele. A coceira listada entre as maldições contra os infiéis à aliança (Dt 28.27) era possivelmente eczema ou prurigem. Algumas traduções usam "coceira" para distinguir uma desordem cutânea secundária e a lepra (Lv 13.30-37). Outras usam "sarna", um mal caracterizado por escamas secas ou crostas. Outras ainda usam "infecção" ou "chaga". Foi proposto que a *areata alopecia* que causa manchas de calvície (cf. Lv 13.40,41) ou cobreiro seja a causa dessa patologia. Animais que sofrem de um distúrbio de pele eram impróprios para o sacrifício (Lv 22.22). As traduções inglesas divergem sobre a natureza dessa patologia: eczema (*NASB*), coceira (*NRSV*), crosta (*REB*), escorbuto (*KJV*), erupção de pele (*TEV*). V. *doenças*.

CÓDICE Coleção de páginas de manuscrito, especialmente da Bíblia ou seções dela, encadernados em forma de livro.

A palavra vem diretamente do latim que significa "tronco de árvore", possivelmente descrevendo uma pilha de tabuinhas de madeira, cada uma com uma camada de cera em uma face para que se pudesse escrever nela e todas unidas por fios de couro inseridos em furos feitos ao longo de uma borda. Por séculos o papiro e o pergaminho feito de peles de animais foram materiais de escrita muito comuns porque podiam ser formados em tiras longas e enroladas. Usar o rolo, no entanto, exigia o uso das duas mãos, e a certa altura alguém decidiu cortar o rolo em pedaços iguais, empilhá-los em sequência e afixá-los uns aos outros com uma costura em uma das bordas. Assim, o rolo se tornou um códice.

Os manuscritos bíblicos produzidos em forma de códice foram todos copiados a mão em letras gregas maiúsculas em pergaminho a partir de manuscritos mais antigos. Perto de 250 desses manuscritos em forma de códice estão preservados hoje em diversas bibliotecas e museus. Eles datam da época entre o séc. IV e o XI. O mais antigo e mais completo é o Sinaítico atualmente no Museu Britânico. Contém em torno de 350 folhas que medem 38 centímetros por 34 centímetros com quatro colunas de escrita por página. Foi descoberto acidentalmente em 1844 por um estudioso russo em um mosteiro ao pé do monte Sinai. Contém todo o NT e a maior parte do AT. Outro códice importante do séc. IV está na biblioteca do Vaticano em Roma. Um manuscrito do séc. V que contém os quatro Evangelhos conhecido como o códice Washingtoniano está guardado na Galeria de Arte Freer em Washington, D.C. — *William J. Fallis*

CODORNIZ A palavra hebraica traduzida por "codorniz" no AT é encontrada apenas em conexão com a provisão divina de alimentação para Israel no deserto (Êx 16.13; Nm 11.31,32; Sl 105.40).

As codornizes mencionadas no AT são diferentes das codornizes encontradas no Brasil. Além de serem aves de migração, as codornizes da Bíblia têm coloração matizada de marrom e são menores que as codornizes brasileiras. As codornizes mencionadas no AT têm asas pequenas e fracas demais para voar. — *Janice Meier*

COÉLET Transliteração do título hebraico de Ec (*BJ*, *BP*, *TEB*). *Coélet* é a palavra hebraica usada em Ec 1.1 traduzida por mestre (*NVI*), pregador (*ARA*) ou professor (*BV*).

COELHO (*Oractolagus cuniculus*) Pequeno mamífero coberto de pelos e com orelhas grandes, parecido com a lebre, mas desta tem filhotes sem pelo. A *NTLH* usa a palavra "coelho" para designar um animal impuro em Lv 11.6 e Dt 14.7, mas outras versões (*NVI, ARA, ARC*) trazem a palavra "lebre". V. *lebre*.

COELHO, ARGANAZ Lebre selvagem — *Procavia syriaca*, também chamada de *Hyrax syriacus*. Animal semelhante em tamanho ou cor ao coelho. O "texugo" de Êx 25.5; 26.41 (*ARC*) tem sido identificado por alguns estudiosos como a lebre síria. Era impuro, pois não tinha o casco fendido (Lv 11.5; Dt 14.7). Estabelecia sua habitação em despenhadeiros rochosos (Sl. 104.18; Pv 30.26) desde o vale do mar Morto até o monte Hermom. O formato dos seus pés ajudava a lebre a manter o equilíbrio nas rochas escorregadias.

COENTRO, SEMENTE DE Erva (*Coriandrum sativum*) da família da cenoura com frutas aromáticas muito usadas assim como as sementes de papoula, cominho e gergelim o são hoje. O maná do período no deserto era como a semente de coentro ou em aparência (Êx 16.31) ou em gosto (Nm 11.7).

COF Décima nona letra do alfabeto hebraico. Usada como subtítulo em Sl 119.145-152). No texto hebraico, cada versículo dessa seção começa pela letra *cof* (*qof* na *BJ*).

COFRE Palavra usada em 1Sm 6.8,11,15 e outras passagens para dar o sentido de caixa.

COL HOZÉ Nome pessoal que significa "ele vê tudo" ou "todos são videntes". Pai de Salum, governador de uma parte de Mispá e que ajudou Neemias a reconstruir os muros de Jerusalém (Ne 3.15). Aparentemente tinha um neto vivendo em Jerusalém nos dias de Neemias (Ne 11.5). O nome Col Hozé pode indicar uma família de profetas.

COLAÍAS Nome pessoal que significa "voz de Yah (= Javé)". **1**. Filho de Maaseias, cujos descendentes viveram em Jerusalém depois do exílio (Ne 11.7). **2**. Pai do falso profeta Acabe (Jr 29.21-23).

COLAR 1. Ornamento usado ao redor do pescoço (Ct 1.10; Ez 16.11). Presentear com um colar de ouro é algumas vezes sinal de instalação em algum ofício elevado (Gn 41.42; Dn 5.29). **2**. Tradução da *NVI* e *NTLH* de uma palavra hebraica encontrada em Jz 8.26 e Is 3.18 (*ARA*, "ornamentos em forma de meia-lua"; *ARC*, "luetas"; *BJ*, "lunetas"). *NVI* traduz a mesma palavra por "enfeites de pescoço" (Jz 8.21).

COLCHETE Espécie de gancho usado para prender as cortinas do tabernáculo de modo a formar uma única tenda (Êx 26.6,11, 33; *NTLH*, "prendedores").

COLETA PARA OS POBRES Perto do final do ministério de Paulo, ele fez uma coleta para os pobres da igreja de Jerusalém. Não está claro por que a igreja de Jerusalém era tão pobre. Os judeus de Jerusalém talvez tenham isolado os judeus cristãos do sistema econômico. Paulo e Barnabé prometeram ajudar (Gl 2.1-10), assim Paulo fez a coleta desse dinheiro das igrejas dos gentios que administrou. Essas igrejas incluíam as de Filipos, Tessalônica, Corinto e Galácia. Ele mencionou essa oferta em três ocasiões nas suas cartas. Em 1Co 16.1-4 Paulo indicou que a igreja reservasse uma quantia no primeiro dia de cada semana. Em 2Co 8—9 Paulo escreveu que as igrejas da Macedônia tinham contribuído com generosidade e Tito supervisionaria a conclusão da oferta em Corinto. Por fim, em Rm 15.25 Paulo afirmou que naquele momento estava indo a Jerusalém para entregar a oferta. Um sentimento de dívida para com a igreja fundadora em Jerusalém motivou a oferta. Lucas não menciona a oferta de forma especial em At. Há uma lista de homens em At 20.4 que acompanharam Paulo a Jerusalém. (Essa viagem corresponde aos planos de Rm 15.25). A importância dessa oferta para Paulo era dupla. Em primeiro lugar, a oferta resolveu a necessidade econômica em Jerusalém. A instabilidade política e a depressão econômica geral assolavam a Palestina. Havia viúvas dependentes (At 6.1), e o compartilhamento das propriedades trouxe alívio apenas temporário (At 4.32-37). Por essa razão Paulo estava ansioso para se lembrar dos pobres (Gl 2.10). Em segundo lugar, a oferta tinha importância teológica para Paulo. O fato de os gentios estarem dispostos a ajudar os judeus validava assim a missão gentílica de Paulo. A oferta era a evidência de que na família cristã não havia "judeu nem grego" (Gl 3.28). — *Terence B. Ellis e Lynn Jones*

COLETOR DE IMPOSTOS V. *publicano*.

COLHEITA Ocasião festiva de colher as lavouras, geralmente marcada por importantes festas religiosas. Entre as produções mais importantes estavam o trigo, as uvas e as azeitonas. Também havia produção de cevada, linho e vários legumes e frutas. As lavouras eram colhidas em diferentes épocas. As azeitonas, entre meados de setembro e meados de novembro, quando as oliveiras eram batidas com bastões compridos para que as frutas caíssem (Dt 24.20; Is 17.6). O linho na primavera, sendo cortado rente ao chão, e depois seus talos eram deixados ao sol para secar (Js 2.6). A cevada, de abril a maio; o trigo, de maio a junho; e as frutas de verão, de agosto a setembro. O período médio de colheita era estabelecido como sendo de sete semanas (Lv 23.15; Dt 16.9). Esperava-se que todos os membros da família participassem da colheita (Pv 10.5; 20.4). Eventos importantes tiveram ligação com épocas de colheita (Êx 34.18-20; Dt 16.13-16; Js 3.15; 1Sm 16.13). O tempo de colheita era um tempo de festas alegres (Êx 34.22; Is 9.3).

Diversas leis orientavam a colheita. Parte da produção não era colhida (Lv 19.9) para o bem dos pobres. As primícias das colheitas eram apresentadas como oferta a Deus (Lv 23.10).

O AT apresenta vários usos de colheita em sentido figurado. Uma colheita destruída representava aflição (Jó 5.5; Is 16.9). A "época da colheita" representava algumas vezes um dia de destruição (Jr 51.33; Jl 3.13). A expressão "passou a época da colheita" (Jr 8.20) significa que o tempo indicado já passou.

Jesus falou com frequência da colheita de almas (Mt 9.37; Mc 4.29; Jo 4.35). Na parábola do joio, Jesus relacionou a colheita com o fim do mundo (Mt 13.30-39). O ritmo da colheita (semear e ceifar) apresenta uma ilustração de uma verdade espiritual (Gl 6.7-8). V. *agricultura*; *festas*. — *Gary Hardin*

COLHEITA DE CEVADA Começava no final de abril ou início de maio e precedia a colheita de trigo em aproximadamente duas semanas (Êx 9.31,32). No início da colheita de cevada (Rt 2.23), os primeiros frutos eram oferecidos como consagração da colheita toda (Lv 23.10).

COLHEITA, FESTA DA Nome alternativo da Festa dos Tabernáculos (das Barracas) (Êx 23.16; 34.22). Nome alternativo à festa de Pentecoste ou festa das semanas (Êx 23.16; 34.22). V. *festas*; *Pentecoste*.

COLINA DE MARTE Elevação importante que tem uma visão da cidade de Atenas. Ali os filósofos da cidade se reuniam para discutir suas ideias, dentre elas algumas que revolucionaram o pensamento moderno. Paulo discutiu ideias religiosas com as mentes mais importantes de Atenas na colina de Marte. Ele usou o altar do "deus desconhecido" para lhes apresentar Jesus (At 17.22). V. *Areópago*; *Grécia*.

COLINA, REGIÃO MONTANHOSA Terra elevada, mas geralmente mais baixa que uma montanha. Colinas separam a planície costeira do Mediterrâneo do vale do Jordão ao longo de toda a extensão da terra de Israel. A região a leste do Jordão e do mar Morto é também montanhosa. As palavras hebraicas mais comuns para colina e região montanhosa (*gibe'ah* e *har*) não têm um correspondente exato e direto em português. Por isso, para uma tradução adequada é preciso ter um conhecimento detalhado da geografia da terra de Israel.

COLOCÍNTIDA Fruto não comestível de casca grossa, do gênero *Lagenaria* ou *Cucurbita*. Motivos de colocíntidas foram usados na ornamentação do interior do templo (1Rs 6.18, ARA; "frutos", NVI) e na beirada do mar de bronze (1Rs 7.24). A planta citada em Jn 4.6-10 não pode ser identificada com precisão. A *Vulgata* traduziu por "hera". A NVI, a ARA, a ARC e a NTHL traduzem simplesmente como "planta"; a BJ traduz por "mamoneira". Muitos biblistas pensam que se tratava de fato de uma mamoneira (*Ricinus communis*).

COLÔNIA Somente Filipos é descrita como colônia de Roma (At 16.12), embora muitas cidades mencionadas no NT eram consideradas como tais. A colonização romana praticada sob Julio César fornecia terras a soldados veteranos e indivíduos saudáveis na lista de reserva em Roma. As cidades de Corinto e Filipos foram colônias romanas no período de César. Augusto fundou colônias em Antioquia (Pisídia), Listra, Trôade e Siracusa (todas mencionadas em At). Outras colônias romanas incluíam Ptolemaida (Aco) e Icônio. As colônias tinham governo local autônomo e, em alguns casos, eram isentas de taxas e impostos sobre as terras. O funcionamento do governo local de colônias romanas pode ser observado em At 16.12-40.

COLOSSENSES, CARTA AOS

Carta de Paulo à igreja em Colossos. É uma das cartas da prisão (além de Ef, Fm e Fp). Data e local tradicionais de composição são 61 ou 62 d.C. em Roma. A própria carta não menciona o lugar em que Paulo estava preso, e Cesareia e Éfeso têm sido sugeridas como alternativas a Roma. Se foi escrita em Éfeso, a época da composição teria sido na metade da década de 50; se em Cesareia, teria sido no final dessa mesma década. O propósito principal dessa carta foi corrigir os falsos ensinamentos que estavam atribulando a igreja.

Autoria de Colossenses A autenticidade de Cl tem sido debatida, como também a natureza exata da relação entre Ef e Cl. A favor da autoria paulina se pode observar que a igreja primitiva aceitou a carta como genuinamente paulina. Embora seja verdade que o estilo e vocabulário diferem um pouco dos encontrados nas outras cartas de Paulo, isso ocorre principalmente na seção que ataca a heresia colossense (1.3—2.23). A terminologia incomum nessa seção resultou em parte do fato de se estar tratando de um problema incomum.

Alguns autores querem descartar a autoria paulina ao identificarem a heresia confrontada em Colossenses como o gnosticismo do séc. II. Tais argumentos não são convincentes, no entanto, porque a heresia não pode ser identificada com certeza, e o pensamento gnóstico já estava se infiltrando na igreja na metade do séc. I.

Deve-se observar também a relação entre Fm e Cl. Essas cartas mencionam muitas das mesmas pessoas e foram aparentemente levadas pelo mesmo mensageiro (Cl 4.17,18; Fm 1,2,10,23,24). A autenticidade inquestionada de Fm também argumenta a favor da autoria paulina de Cl.

A cidade de Colossos Colossos estava localizada na região sudoeste da Ásia Menor no que era então a província romana da Ásia. Hierápolis e Laodiceia estavam situadas a poucos quilômetros dali. As três ficavam no vale do rio Lico. A estrada principal de Éfeso para o leste atravessava a região. V. *Ásia Menor, cidades da*.

Colossos era proeminente no período grego. Nos dias de Paulo tinha perdido muito de sua importância, talvez pelo crescimento das cidades vizinhas. Os terremotos que ocasionalmente causaram danos severos foram extremamente prejudiciais a todas as cidades da região. Pouco depois de Paulo escrever Cl, toda a região do vale do Lico foi devastada por um terremoto (c. 61 d.C.), isso provavelmente encerrou a ocupação da cidade. A região incluía uma mescla de povos nativos da região, de gregos, romanos e judeus que tinham se mudado para lá. A igreja provavelmente refletia a mesma diversidade. Segundo o que se sabe, Paulo nunca visitou Colossos. Sua influência foi sentida, no entanto, durante seu ministério em Éfeso (At 19.10 registra que toda a Ásia tinha ouvido o evangelho). Os livros Fm e Cl indicam que muitos dos companheiros de trabalho de Paulo (se não o próprio Paulo) tinham trabalhado nas igrejas do vale do Lico. Como resultado, o relacionamento entre o apóstolo aos gentios e a igreja de Colossos era tão íntimo que quando surgiu o problema alguns da igreja se voltaram a Paulo em busca de orientação.

Conteúdo O livro de Cl pode ser dividido em duas partes principais. A primeira (1.3—2.23) é uma polêmica contra os falsos ensinamentos. A segunda (3.1—4.17) é constituída de exortações para o comportamento cristão adequado. A introdução (1.1,2) está em forma de uma carta pessoal helenista. Os emissários (Paulo e Timóteo) e os receptores (a igreja em Colossos) são identificados, e é expressa uma saudação (o conhecido "graça e paz" de Paulo substitui a saudação secular comum).

Típicos de Paulo, as longas ações de graças (1.3-8) e oração (1.9-14) levam ao corpo da carta. Paulo agradece a Deus a fé, a esperança e o amor (1.4,5) que os colossenses têm pela reação positiva ao evangelho. Ele ora para que eles tenham conhecimento e entendimento plenos da vontade de Deus e levem uma vida digna de santos redimidos, cidadãos do Reino de Cristo (1.9-14).

A seção doutrinária que segue começa com uma descrição da grandeza do Cristo preeminente (1.15-20). Embora o significado preciso de algumas palavras e expressões seja incerto, não há dúvidas quanto à intenção de Paulo: apresentar Jesus como Deus plenamente encarnado (1.15,19), como Senhor supremo da Criação (1.15-17), como Senhor supremo da Igreja (1.18) e como a única fonte de reconciliação (1.20).

A origem dessa grandiosa declaração sobre a natureza e obra de Cristo é debatida. Estrutura, tom e vocabulário da passagem já levaram muitos a especular que 1.15-20 é uma declaração de fé (um hino) usada nos dias de Paulo. Essa passagem e Fp 2.6-11 são considerados pela maioria dos estudiosos os exemplos mais óbvios da tradição pré-paulina nas cartas de Paulo. No entanto, a dificuldade em recriar uma estrutura musical-poética equilibrada convenceu a maioria dos comentaristas que Paulo reescreveu partes do hino, se não foi de fato o autor de toda a confissão. Autor ou não, o carimbo apostólico de aprovação está sobre as palavras de Paulo usadas para afirmar sem ambiguidade que Cristo é Senhor e Salvador de todos.

O propósito dos dois primeiros capítulos era corrigir o falso ensinamento que tinha se infiltrado na igreja. A heresia não é identificada, mas diversas características da heresia são discerníveis: 1) Uma visão diminuída de Cristo é confrontada em 1.15-20. Essa passagem cristológica leva a crer que os hereges não consideravam Jesus plenamente divino ou talvez não o aceitavam como a única fonte de redenção. 2) Os colossenses foram advertidos de se precaver das filosofias que pareciam plausíveis mas eram anticristãs (2.8). 3) A heresia aparentemente envolvia a observância legalista de "tradições", circuncisão e diversas leis referentes à alimentação e às festas (2.8,11,16,21; 3.11). 4) A adoração de anjos e espíritos menores era encorajada pelos falsos mestres (2.8,18). 5) O ascetismo, a privação ou o tratamento severo do corpo carnal "mau", era fomentado (2.20-23). Por fim (6), os falsos mestres alegavam possuir percepções especiais (talvez uma revelação especial) que fazia deles (não dos apóstolos ou das Escrituras) a fonte definitiva da verdade (2.18,19).

Os estudiosos não conseguem chegar a um consenso sobre quem eram esses falsos mestres. Algumas das características citadas acima parecem ser judaicas; outras lembram ensinamentos gnósticos. Alguns estudiosos enxergam aqui os ensinamentos de uma religião de mistérios. Dezenas de alternativas têm sido propostas por autores muito capacitados. Até se tem argumentado que Paulo não estava atacando uma heresia específica (ou, se estava, ele mesmo não tinha uma compreensão clara dela), mas estava antes advertindo os colossenses acerca de diversos falsos ensinamentos que tinham atribulado a igreja ou que poderiam atribulá-la no futuro. Conquanto a passagem não identifique claramente os hereges, afirma claramente que Cristo (não os anjos, filosofias, rituais, tradições, ascetismo ou qualquer outra coisa) é a fonte da redenção.

Em Cl 3.1-4 há o elo que conecta a teologia dos caps. 1 e 2 com as exortações para se viver a vida cristã nos caps. 3 e 4. A ordem de "fazer morrer" (3.5) e de "abandonar todas essas coisas" que colherão a ira de Deus (3.5-11) é equilibrada com a ordem de "revestir-se" (3.12) das coisas que caracteristicamente pertencem ao povo escolhido de Deus (3.12-17). As mudanças são muito mais do que superficiais, no entanto. Derivam da nova natureza e da submissão ao governo de Cristo em todas as áreas da vida pessoal (3.9,10,15-17).

Regras para o convívio em casa aparecem em 3.18—4.1. Toma-se por base aqui a casa típica do séc. I, assim o texto se dirige a esposas e maridos, pais e filhos, senhores e escravos. Paulo não fez comentário algum sobre se as estruturas sociais eram certas ou erradas; ele as aceitou como dados. O interesse de Paulo era que as estruturas como existiam fossem governadas por princípios cristãos. A submissão ao Senhor (3.18,20,22; 4.1), o amor cristão (3.19) e a perspectiva de juízo divino (3.24—4.1) precisam determinar a forma em que as pessoas se tratam mutuamente independentemente da sua posição social. É esta motivação cristã que distingue essas regras do convívio na casa das encontradas em fontes judaicas ou pagãs.

Um conjunto final de exortações (4.2-6) e uma troca de saudações (4.7-17) levam a carta ao final. Notáveis nessa seção final são a menção a Onésimo (4.9), que conecta essa carta com Fm; a menção a uma carta à igreja em Laodiceia (4.16), que pode ter sido Ef; e a assinatura final de Paulo que indica que a carta foi preparada por um amanuense (secretário) (4.18).

Vista do Tel de Colossos.

Esboço

I. Exortações contra a heresia (1.1—2.23).
   A. Saudação, ações de graças e oração (1.1-14).
   B. Cristo e nenhum outro é supremo no universo (1.15-17).
   C. Cristo, tendo reconciliado toda a Criação com Deus e personificando toda a plenitude de Deus, é supremo na Igreja (1.18-20).
   D. Os cristãos experimentam a supremacia de Cristo no poder salvífico do evangelho (1.21-23).
   E. O Cristo supremo cumpre o propósito salvífico eterno de Deus (1.24-29).
   F. Os cristãos devem ter completa confiança na supremacia de Cristo e esquecer os ensinamentos heréticos (2.1-5).
   G. As tradições humanas elementares não devem desviar da fé em Cristo (2.6-10).
   H. As práticas legais não podem complementar a obra de salvação de Cristo na cruz (2.11-23).
II. O governo supremo de Cristo conduz às regras da vida com Cristo (3.1—4.18).
   A. Os cristãos buscam a plenitude da nova vida em Cristo (3.1-4).
   B. A vida em Cristo purifica os cristãos de antigas práticas (3.5-11).
   C. A vida em Cristo dá poder para a unidade, o amor mútuo e perdão (3.12-14).
   D. A vida em igreja inclui encorajamento mútuo e adoração (3.15-17).
   E. A vida em Cristo gera fidelidade e compaixão nos relacionamentos familiares (3.18—4.1).
   F. Saudações e bênçãos finais para os que estão em Cristo (4.2-18).

— Michael Martin

COLOSSOS V. *Ásia Menor, cidades da; Colossenses, Carta aos*

O vale do rio Lico, visto de Colossos.

COLUNAS DE NUVEM E DE FOGO Evidências visíveis da presença de Deus com Israel no êxodo e nas peregrinações pelo deserto (Êx 14.24; 33.9 ,10; Nm 12.5; Dt 31.15). Como sinal da presença de Deus, a coluna de fogo e a nuvem estavam associadas às ações divinas: salvação (Êx 14.19,20); revelação (Êx 33.9,10; Sl 99.7); julgamento (Nm 12.5); comissionamento (Dt 31.15). Neemias recordou que a coluna foi sinal da fidelidade divina (Ne 9.12,19). O texto de Sl 99.7 é o único que reflete a tradição de que a coluna permaneceu com Israel até o tempo de Samuel. A autoapresentação de Jesus como encarnação da "luz do mundo" (Jo 8.12) recorda a luz que guiava o povo nas peregrinações pelo deserto. No tempo de Jesus, a celebração da festa dos Tabernáculos (Jo 7.2) incluía o acendimento de grandes lâmpadas douradas no pátio do templo como lembrete das colunas de nuvem e de fogo. Jesus, a luz viva, desafiou pessoas a segui-lo como Israel seguira a luz divina no deserto.

COMANDANTE 1. Palavra tomada como empréstimo do acádio com o significado de "comandante" (de tropas: Jr 51.27; "chefe", *ARA*; "capitão", *ARC*; "oficial", *NTLH*; "oficial de alistamento", *BJ*; "general", *BP*; "oficiais para recrutamento", *TEB*). **2.** V. *chanceler*.

COMBUSTÍVEL Materiais usados para acender e manter o fogo. Diversos tipos de combustível são mencionados na Bíblia: lenha (Is 44.14-16); brasas (Jr 36.22; Jo 18.18); brasas de zimbro ou sândalo (Sl 120.4); palha (Na 1.10); erva do campo (Mt 6.30); joio (Mt 13.40); madeira da videira (Ez 15.4,6); ramos cortados (Jo 15.6); esterco de animais ou até humano (Ez 4.12); e as roupas manchadas de sangue de guerreiros caídos (Is 9.5). O azeite era usado como combustível para candeias (Mt 25.3). Os hebreus não conheciam o carvão.

O combustível é usado com mais frequência de forma figurada como símbolo de destruição total. O povo de Israel desobediente é retratado como "lenha no fogo" (Is 9.19; Ez 15.6; 21.32). Para Jesus, o amor extravagante de Deus evidenciado em vestir a erva destinada a ser queimada como combustível com belas flores ilustrou um cuidado ainda maior pelos seres humanos (Mt 6.30).

COMEÇO E FIM V. *alfa e ômega*.

COMÉRCIO A atividade comercial no antigo Oriente Médio era realizada de muitas formas. A economia girava em torno da agricultura, mas alguns bens manufaturados eram produzidos e recursos naturais extraídos do solo. Os bens, produtos e recursos da lavoura e do campo tinham de ser transportados aos centros dos mercados e a outros países. A troca de mercadorias e a compra e venda de bens e serviços ocupavam um lugar importante na vida das vilas e cidades. Isso está demonstrado na grande quantidade de textos associados à economia descobertos em escavações e na importância dada ao diálogo referente a transações e ao uso de cenários comerciais para destacar eventos relevantes no texto bíblico.

Produtos Os campos irrigados da Mesopotâmia e do Egito e as encostas das colinas na Palestina com seus platôs produziam grande diversidade de produtos agrícolas. Cevada e trigo eram debulhados, joeirados, peneirados e distribuídos na eira (*goren*) para o consumo local (Dt 15.14; Rt 3.15). O excedente era transportado para os mercados regionais e cidades maiores. Grãos, farinha, linho, nozes, tâmaras, azeite de oliva, o peixe na região da Galileia e uma diversidade de produtos derivados de animais faziam seu caminho a todas as casas e pagavam os impostos decretados pelo governo. Reis como Uzias (2Cr 26.10) também possuíam grandes quantidades de terras e enormes rebanhos que contribuíam para o giro geral da economia.

Os artesãos das aldeias produziam cerâmica, ferramentas e utensílios de madeira, armas e tecidos e panos em geral. A evidência da sua autossuficiência comercial pode ser vista na descoberta de pesos de tear nas escavações de casas particulares em todo o território de Israel. Essas bolas de barro dão evidência de como eram difundidas nos tempos antigos a tecelagem e a indústria de confecção de roupas locais. Os produtos manufaturados eram distribuídos entre os habitantes das aldeias. Os itens mais refinados eram comercializados com mercadores itinerantes ou transportados para Jerusalém ou algum outro centro comercial.

Os bens manufaturados com mais frequência, levados ao comércio nacional ou internacional, incluíam a cerâmica refinada, armas, utensílios de vidro, joias, cosméticos e panos e tecidos tingidos. Os estilos distintivos ou o artesanato refinado criavam mercados para esses produtos e assim tornavam vantajosos os esforços e custos do transporte por terra e mar. A evidência do quanto era difundido o comércio no mundo antigo vem dos diferentes estilos e decoração da cerâmica. Selos que identificam lugar de origem também são encontrados em muitos jarros e vasos de armazenagem usados para transportar vinho, óleo, cereal e especiarias.

Outra indicação da diversidade de produtos comercializados em todo o antigo Oriente Médio está em Ez no seu "lamento por Tiro", um dos principais portos marítimos dos fenícios (Ez 27.12-14). Seus navios e os de Társis carregavam ferro, estanho e chumbo, trocando-os por escravos, cavalos, jumentos, marfim e ébano em diferentes portos de demanda. Arã ou Edom (*NVI* e mrg.) comercializavam "turquesa, tecido vermelho, trabalhos bordados, linho fino, coral e rubis" (27.16), e Judá enviou mel, azeite e bálsamo junto com o trigo como bens de troca para Tiro (Ez 27.17). Os fenícios também supriam seus parceiros de negócios com lã e tecidos tingidos de púrpura com uma secreção de uma glândula do molusco murex.

Áreas comerciais foram estabelecidas em muitos centros comerciais como em Ugarite, um porto marítimo no norte da Síria (1600-1200 a.C.). Os portos fenícios de Tiro e Sidom também tinham as suas comunidades de estrangeiros residentes, ressaltando assim a natureza cosmopolita dessas cidades e facilitando a transmissão de cultura e ideias. A importância econômica e política dessas comunidades comerciais é vista na construção por parte de Salomão das cidades-armazéns de Hamate (2Cr 8.4) e nas negociações de Acabe com Ben-Hadade da Síria para o estabelecimento de "mercados em Damasco" (1Rs 20.34).

Lugares de comércio Centros metropolitanos, como Babilônia e Tebes, tinham áreas abertas ou praças de mercado no qual ocorria o comércio. Era o caso também de cidades helenistas do Oriente Médio que tinham seu mercado na praça, a *agora*, ou mais de uma. A área muito limitada de aldeias ou pequenas cidades na Palestina, no entanto, restringia a atividade comercial a oficinas ou tendas anexadas ou embutidas ao lado das casas privativas ou estabelecidas na área ao ar livre em volta da porta da cidade.

No caso da maioria das aldeias e cidades da Palestina, a porta da cidade era um lugar vital no qual ocorriam as atividades comerciais, judiciais e sociais de todos os tipos. Ló ficava sentado à porta da cidade, demonstrando sua posição elevada como um estrangeiro residente privilegiado (Gn 19.1). A porta de Samaria servia de centro comercial na qual as pessoas compravam porções de cevada e farinha (2Rs 7.18). Em Pv 31.23 o fato de um homem se assentar com os anciãos na porta da cidade era sinal de sua prosperidade e de uma casa bem estabelecida.

Centros urbanos maiores, como Jerusalém, tinham diversos distritos comerciais e portas, assim permitindo a diversificação da atividade comercial por toda a cidade. Em Jr 19.2 há "porta dos Cacos" (conhecida em Ne como "porta do Esterco") na qual Jeremias encenou a profecia da condenação ao quebrar um vaso de barro. Ele também menciona a rua dos padeiros como a área principal da produção e provisão de pão em Jerusalém (Jr 37.21). No período romano, Josefo alista diversas atividades comerciais na cidade: oficinas de lã, ferrarias e o mercado de roupas.

Pesos e medidas Pesos de pedra, argila ou metal marcados com inscrições eram usados em todo o Oriente Médio e foram encontrados em grandes quantidades pelos arqueólogos. Vão desde o talento (2Sm 12.30, *NVI*, mrg.; 2Rs 18.14) à mina (Ed 2.69, *NVI*, mrg.), ao siclo (2Sm 14.26, *NVI*, mrg; Ez 4.10) e até diversos pesos menores. Até o estabelecimento da monarquia, as transações comerciais eram regidas em cada cidade israelita por um padrão local de troca. Foram encontradas evidências (marcas nos pesos) do uso tanto de padrões de peso egípcios quanto de medidas babilônicas. No entanto, mesmo esses padrões eram aparentemente negociáveis, e às vezes sujeitos a abusos. Assim, Abraão foi forçado diante de testemunhas na porta de Hebrom a pagar uma soma exorbitante (400 siclos ["peças", *NVI*] de prata) pela caverna de Macpela (Gn 23.16), e Amós condenou os mercadores que planejavam "[diminuir] a medida" e "[aumentar] o preço, enganando com balanças desonestas" (Am 8.5).

Até que a cunhagem fosse introduzida depois de 600 a.C., gêneros alimentícios e outros bens eram obtidos por meio de escambo no mercado ou comprados com pesos de materiais preciosos (Gn 33.19; Jó 42.11). Quando as moedas cunhadas entraram em circulação no período helenístico (depois de 200 a.C.), houve uma revolução no comércio. As transações feitas em moeda aceita, conhecida por ter um peso definido, aumentaram a confiança do público e eliminaram alguns dos abusos do mercado. As moedas também facilitavam o pagamento de impostos (Mc 12.15-17) e salários (Mt 20.2). V. *moedas*.

Lei comercial O código legal de Hamurábi (de aproximadamente 1750 a.C.) contém um modelo de lei comercial no antigo Oriente Médio. Muitos aspectos do comércio eram regulados por esse código. Ele encontra eco esporadicamente também nos códigos bíblicos. Por exemplo, a lei de Hamurábi protegia o homem que confiava uma porção do seu cereal à armazenagem se houvesse perdas decorrentes de acontecimentos naturais e das práticas corruptas do proprietário do local de armazenagem (cf. Êx 22.7-9). Emprestar com juro a um compatriota israelita era proibido (Êx 22.25 e Dt 23.19). Essa ordem, no entanto, não parece se aplicar à prática do investimento do capital excedente que vemos em Mt 25.14-30 e Lc 19.12-25.

As parábolas das minas e dos talentos sugerem a existência de uma comunidade bancária e de investimento sofisticada, que dava empréstimos para empreendimentos comerciais e acumulava lucros para quem deixava seu dinheiro lá. Uma porção das grandes somas que entravam para o tesouro do templo em Jerusalém como taxas todos os anos (Mt 17.24) provavelmente eram de dinheiro emprestado como capital investido. Diversas das leis de Hamurábi falam de práticas semelhantes requerendo que os que se envolviam em transações comerciais obtivessem recibos para dar provas de seus investimentos e vendas.

Comércio e rotas comerciais Desde os tempos mais antigos as caravanas de comerciantes transportavam bens através do Oriente Médio. A obsidiana, trazida por mercadores do período neolítico da Anatólia, foi descoberta em sítios a centenas de quilômetros de seu lugar de origem. A Palestina, situada no território que faz a ponte entre a Mesopotâmia e a África, naturalmente se tornou um centro de viagens comerciais. Grupos de mercadores semitas, como os ismaelitas e os midianitas (Gn 37.27,28), estão registrados nos textos egípcios e nas paredes de túmulos, bem como nas pinturas de Benihasen (aproximadamente 1900 a.C.), que retratam famílias inteiras com seus jumentos transportando lingotes de metal em forma de couro de boi. Usavam vias no topo dos montes, bem como a estrada costeira via Maris e a estrada do Rei na Transjordânia para fazer o trajeto entre a Mesopotâmia e o Egito. A certa altura, a introdução do camelo e o estabelecimento de hospedarias para caravanas como centros de armazenagem e descanso tornaram possível que os mercadores tomassem rotas mais diretas através dos desertos do norte da Síria e da Arábia. Essas rotas comerciais lucrativas eram controladas no período romano pela cidade de Tadmor, a capital do reino de Palmira, e pelos nabateus.

No período da monarquia, expandiu-se o horizonte comercial de Israel. Salomão importou grandes quantidades de bens exóticos e de luxo (marfim, macacos, pavões — 1Rs 10.22b) de todo o Oriente Médio. Também comprou cavalos e carros para as tropas nas suas fortalezas como as de Gezer, Hazor e Megido (1Rs 10.26). A nação não tinha porto de águas profundas na sua costa, assim o golfo de Ácaba se tornou o principal ponto de entrada para os bens que vinham da África (especiarias, pedras preciosas, ouro de Ofir, alguma madeira). O porto de Ácaba em Elate (Eziom-Geber) serviu às necessidades da corte de Salomão, bem como dos reis subsequentes. O comércio marítimo de Israel, bem como o de muitas outras nações, era feito em combinação com mercadores fenícios ou realizado exclusivamente por eles (1Rs 10.22). Esses marinheiros mais experientes conseguiam evitar as tempestades e outros perigos e riscos que afundavam muitos navios no Mediterrâneo (2Cr 20.37).

Mesmo nos tempos do NT, a navegação marítima era limitada a algumas rotas e estações específicas (At 27.12). As viagens parecem ter sido mais comuns nesse período como se percebe pela movimentação de Paulo, dos outros apóstolos e dos que estavam associados ao estabelecimento da igreja primitiva, como Áquila e Priscila (Rm 16.3). Passageiros e cargas eram transportados em uma parte da viagem em um navio e depois transferidos para diversos outros para concluir sua viagem (At 27.1-8). Escavações subaquáticas de Chipre e do porto de Herodes em Cesareia Marítima demonstram, no entanto, que muitos desses navios não conseguiram chegar até o porto (At 27.39-44).

Para os que escolhiam as rotas por terra, os romanos construíram estradas pavimentadas que facilitavam a movimentação dos seus exércitos, bem como de pessoas e carros carregados com os bens para a venda. Marcadores de distância estabelecidos ao longo dessas estradas mostram a frequência com que foram reparadas e quais imperadores demonstraram interesse especial por distritos nas extremidades do seu domínio. V. *agricultura; sistema bancário; vida econômica; mercado; transporte e viagens; pesos e medidas.* — Victor H. Matthews

COMIDA 1. Quando Jesus foi convidado para uma refeição, ele se referiu às duas refeições principais do dia na época: "Quando você der um banquete ['almoço', *NTLH*] ou jantar, não convide seus amigos, irmãos ou parentes, nem seus vizinhos ricos; se o fizer, eles poderão também, por sua vez, convidá-lo, e assim você será recompensado. Mas, quando der um banquete, convide os pobres, os aleijados, os mancos, e os cegos" (Lc 14.12,13). Havia só duas refeições principais para a família judaica. O desjejum era tomado informalmente logo depois de a pessoa levantar e consistia de forma geral em um pão chato e um pedaço de queijo, fruta seca ou azeitonas. Às vezes o pão era envolvido no complemento, e às vezes cortado ao meio e aberto para nele se colocar o bocado. Comer pão dessa forma era algo tão natural e normal que "comer pão" passou a ter o mesmo significado de "comer uma refeição". "Dá-nos hoje o pão nosso de cada dia" é um pedido para que Deus supra nossa necessidade diária de alimento (Mt 6.11). Era comum que os homens e meninos saíssem de casa de manhã para o trabalho comendo o desjejum a caminho, enquanto mãe, filhas e as crianças menores ficavam em casa.

Não havia refeição ao meio-dia, embora se possa ter feito um intervalo para descanso e beber um refresco ou comer uma fruta. Quando Rute fez um intervalo com os ceifeiros, comeu grãos tostados umedecidos com vinagre (Rt 2.1).

Enquanto os homens da família estavam no trabalho fora de casa, as mulheres e crianças, além de outras atividades diárias, preparavam a refeição da noite. A água para o cozimento era buscada pelas meninas mais velhas que a extraíam de poços ou fontes no início do dia antes que o tempo esquentasse, e as cabras eram também ordenhadas. A obtenção de água era uma tarefa difícil e séria, pois a água de poços podia estar poluída pelo uso dos animais, e a água coletada dos telhados de barro nem sempre era segura. Depois de buscar a água, as moças então iam ao mercado comprar alimentos para a refeição. Verduras frescas eram trazidas de mercadores que ficavam sentados com os produtos a seu redor no chão do mercado, e se necessário também se comprava azeite de oliva e temperos. Algumas famílias buscavam o pão no padeiro da aldeia, que tinha um forno comunitário, devolvendo o pão que cada família tinha deixado como massa na noite anterior (Os 7.4-6). Outras famílias assavam o próprio pão depois de voltarem para casa. Nesse ínterim a casa tinha sido limpa (Lc 11.25) e varrida. Os grãos haviam sido moídos no moinho manual, e o fogo soprado para estar quente o suficiente para assar o pão. Depois do descanso do meio-dia, a refeição da noite era preparada no fogo; preparava-se um cozido de vegetais ou lentilhas na panela grande, usando-se ervas e sal para ressaltar o sabor. Somente em ocasiões especiais, como um sacrifício ou dias festivos, acrescentava-se carne ao cozido, e apenas em ocasiões muito raras a carne era assada ou se comia carne de caça ou de pesca. Quando chegava a hora da refeição, a panela era colocada em um tapete no chão e toda a família se sentava à sua volta. Era feita uma oração de ações de graças, e cada membro da família usava um pedaço de pão como concha para pegar um pouco do conteúdo da panela porque não se usavam talheres. (O mergulho comunitário das mãos na panela tornava essencial a lavagem das mãos antes da refeição). Mais tarde na história uma mesa e bancos às vezes substituíram o tapete no chão (1Rs 13.20), mas a panela comum ainda estava no centro.

No final da refeição, comiam-se frutas e bebia-se vinho.

Refeições formais eram sempre precedidas de um convite. O anfitrião insistia para que as pessoas viessem até que o convite fosse aceito (Lc 14.16-24). Quando os hóspedes chegavam, seus pés eram lavados pelos escravos inferiores e suas sandálias removidas (Jo 13.3-11). Isso servia para proteger da sujeira o piso coberto de tapetes, bem como para tornar o sentar sobre os calcanhares mais confortável. Sua cabeça era ungida com óleo de oliva aromatizado com especiarias. O óleo era esfregado no cabelo (Lc 7.36-50). Trazia-se então água potável. Em casas grandes, o hóspede especial sentava-se na ponta da mesa em uma sala com um piso elevado e ficava à direita do anfitrião. O segundo hóspede ficava à esquerda do anfitrião (Lc 14.7-11; 20.46).

Na verdade, não se sentava, mas se reclinava, à mesa. Sofás eram dispostos diante da mesa, a cabeça voltada para a mesa, e forneciam-se almofadas para que os hóspedes pudessem descansar sobre o braço esquerdo enquanto usavam o direito para se servir à mesa. Com esse esquema era possível para os servos continuar a lavar os pés dos hóspedes (Lc 7.46), mas para conversar as pessoas precisavam quase que deitar de costas e literalmente reclinar "no seio" da pessoa à sua esquerda (Jo 13.23-25). No tempo de Jesus, o triclínio ou sofá ordenado em volta de três lados de uma mesa era a última moda. Os servos usavam o lado aberto para ter acesso à mesa para levar ou trazer pratos de comida.

A refeição começava com um cálice de vinho diluído com mel. O jantar a seguir consistia em três entradas belamente ordenadas sobre bandejas. Não havia garfos, assim os convivas comiam usando os dedos, exceto quando se servia sopa, ovos ou moluscos. Aí se usavam colheres. Por fim havia uma sobremesa de bolo e fruta. Na refeição o anfitrião oferecia entretenimento sob a forma de música, dança (danças individuais muito expressivas) e leitura de poesia e de outros gêneros. Essa ocasião era um acontecimento local importante, e as pessoas de recursos mais escassos podiam olhar para o ambiente a partir do exterior escuro (Lc 7.37). Encerrada a refeição, seguia-se um longo período de conversa. Histórias eram relatadas e as fofocas colocadas em dia. Tais festas eram sempre objeto de inveja dos mais pobres que tentavam imitá-las à sua maneira.

Não importava se tais refeições fossem formais ou informais, sobejantes ou parcas, sempre havia leis alimentares que precisavam ser observadas. Somente podiam servir como alimento animais ruminantes, peixes com escamas e barbatanas e aves que não comessem carne em decomposição (Lv 11.1-22). — *Ralph Gower.*
2. V. *cozimento e aquecimento.*

COMINHO Erva da família da cenoura (*Cuminum cyminum L.*) mencionada com o endro. Usado na Bíblia para temperar alimentos. Isaías retratou a plantação e debulha do cominho (Is 28.25,27). Jesus censurou os fariseus por darem atenção a pequenas coisas, como dar o dízimo da hortelã, do endro e do cominho, enquanto ignoravam questões mais importantes da Lei (Mt 23.23; Lc 11.42). V. *plantas.*

COMPAIXÃO Significa "sentir paixão com alguém" ou "entrar empaticamente no sofrimento e dor de alguém". Nas diversas versões bíblicas modernas, essa palavra é usada para traduzir ao menos cinco palavras hebraicas no AT e oito palavras gregas no NT. As variações sutis dos significados dos termos originais são destacadas abaixo, ficando evidente a sobreposição de significados.

Antigo Testamento *Chamal* significa "ter remorso", "sentir pena", "sentir tristeza" ou "poupar alguém". V. 2Sm 12.4, em que há um exemplo do homem rico que "deixou [...] de tomar" uma de suas ovelhas e tomou a de um homem pobre para dar de comer ao seu hóspede. Ele evidentemente tinha mais compaixão pelas suas ovelhas do que pelo vizinho pobre. A filha do faraó "ficou com pena" do bebê Moisés (Êx 2.6); Davi "poupou" Mefibosete (2Sm 21.7); irado, Deus muitas vezes não mostrou compaixão alguma pelo povo rebelde (Zc 11.6); mas, na demonstração de sua graça, Deus com mais frequência "teve piedade" ou "compaixão" do seu povo (Jl 2.18; Ml 3.17; Gn 19.16; 2Cr 36.15; Is 63.9).

Chen representa "graça" e "encanto". O termo identifica o que é "gracioso". Deus planejou p. ex., derramar sobre seu povo o "espírito

COMPAIXÃO

da graça" (Zc 12.10, *ARA*). Ele os capacitaria a chorar por aquele a quem traspassaram (possivelmente uma referência messiânica). O termo é usado novamente em Jó 8.5 em que Bildade instruiu Jó a "implorar junto ao Todo-poderoso" (*NVI*).

Chus parece ter significado próximo da nossa palavra "empatia", que sugere uma identificação com a pessoa pela qual nos condoemos ou por quem temos "compaixão". O conteúdo emocional é acompanhado da intenção intelectual de ajudar. Deus proibiu o povo de Israel de ter esse tipo de "piedade" dos povos tribais que seriam expulsos da terra prometida (Dt 7.16). O próprio Deus se negou a ter tal "piedade" de um povo desobediente ou de seus vizinhos (Ez 5.11). Aparece um contraste interessante no incidente em que Jonas teve "pena" de uma planta (Jn 4.10) ao passo que não queria que Deus tivesse "pena" da população de uma cidade inteira (Jn 4.11).

Nichum ou *nocham* são duas formas de outra palavra hebraica para "compaixão" que contêm mais do que emoção. Parece "estar sentido por", "ter remorso", "confortar" ou "consolar". Essa palavra inclui a vontade de mudar uma situação. Deus "arrependeu-se" por ter feito as pessoas (Gn 6.6), mas mesmo assim agiu para preservar a vida humana (Gn 8.21). Embora em sua natureza básica Deus não "mud[e] de ideia" (uma tradução do heb. *nicham* em 1Sm 15.29, *NTLH*), há um sentido em que Deus de fato "se arrepende" (o que em geral significa mudar de ideia e de ação). Exemplos disso são encontrados em uma série de textos do AT (Êx 32.14; 2Sm 24.16; Jn 3.10). Basicamente, o que aconteceu em cada caso foi que o povo ou as circunstâncias mudaram a ponto de Deus agir de forma diferente com elas. Assim, Os 11.8 é traduzido por: "todos os meus pesares juntamente estão acesos" (*ARC*) e: "tenho muita compaixão de você" (*NTLH*), sugerindo uma mudança compassiva em Deus que favoreceu seu povo.

Racham é um termo associado à palavra hebraica para "útero" e expressa a compaixão de uma mãe (Is 49.15) ou um pai (Sl 103.13) por uma criança indefesa. Essa emoção profunda busca expressão em atos determinados de serviço altruísta (Gn 43.14; Dt 13.17). Nas Escrituras, essa compaixão é protetora, refletindo os sentimentos dos poderosos pelos inferiores. A maioria das ocorrências de *racham* na Bíblia tem Deus como o sujeito (o doador) e alguém ou algo no mundo temporal como objeto (ou recipiente). Cp. Os 2.4,23; Zc 1.16; 10.6 e Sl 145.9.

Novo Testamento *Eleos* é uma das duas principais palavras usadas para compaixão no NT. A outra é *splanchnizomai*. A primeira, *eleos*, é usada no AT grego, a *LXX*, para traduzir a maioria das palavras hebraicas alistadas acima. No NT, *eleos* é a palavra que Jesus escolheu para desafiar os fariseus a aprender sobre o desejo de Deus para que tivessem compaixão (Mt 9.13; 12.7). Jesus usou o termo novamente quando desafiou Pedro a entender que mesmo servos deveriam aprender compaixão e perdão (Mt 18.33). Paulo lembra seus leitores que a exigência por compaixão está enraizada na própria natureza de Deus, que é cheio de compaixão (Ef 2.4; 1Pe 1.3).

O termo *splanchnizomai* está associado ao substantivo grego usado para "entranhas" ou "entranhas de misericórdias" (*ARC*). A expressão "boca do estômago" sugere que as "entranhas" são o centro das emoções humanas. Essa e outras expressões mostram que esse conceito de compaixão ainda é válido. A prática comum do séc. I era usar a palavra para se referir a coragem em vez de misericórdia ou compaixão, mesmo que alguns escritos judaicos não bíblicos antes de Cristo tenham usado o termo com o significado misericórdia.

Jesus ampliou o significado do termo e o usou para definir a atitude que deve marcar a vida de todo cristão. Na parábola do servo implacável, o mestre teve compaixão e perdoou a dívida do servo (Mt 18.27). O pai do filho pródigo teve compaixão dele (Lc 15.20). O bom samaritano teve compaixão do viajante ferido (Lc 10.33). Jesus teve compaixão da multidão (Mc 6.34). As pessoas que precisavam de ajuda pediram pela compaixão de Jesus (Mc 9.22; cp. Mt 9.36; 20.34).

Oiktirmos é mais um dos oito termos gregos traduzidos por "compaixão" nas diversas versões no NT. Normalmente está associado ao luto e lamento pelos mortos, expressando participação empática na tristeza. Na *LXX*, o AT grego, traduzida em torno de 250 a.C., esse termo grego é usado para traduzir as palavras gregas *chen* e *racham*. Tal compaixão está disposta a ajudar a pessoa que está sofrendo. Paulo ensinou que Deus é a fonte da capacidade que o cristão tem de mostrar compaixão genuína (2Co 1.3; cp. Tg 5.11).

Sumpathes é o quarto termo traduzido por palavra associada a "compaixão", que significa "compassivo", "misericordioso". *Sun*, a preposição grega que significa "com", é mudada para *sum* quando prefixada à forma verbal *patheis*, de *pascho*, o verbo básico para "sofrer". A palavra significa "sofrer com" ou "sofrer lado a lado com". "Simpatizar", no português, vem desse termo grego. Pedro alistou *sumpathes* ("misericordioso") entre as virtudes cristãs fundamentais (1Pe 3.8). — Don H. Stewart

COMPANHIA V. *coorte, regimento*.

COMPRIMENTO, MEDIDA DE. V. *pesos e medidas*.

COMUM No AT, o comum (ou profano) era contrastado com o sagrado. Assim o pão comum era contrastado com o pão da Presença (1Sm 21.4); a jornada comum era contrastada com a campanha militar para a qual Davi e seus homens precisavam ser consagrados (1Sm 21.5). O povo comum (*'am ha'arets*, "povo da terra") era contrastado com governantes ou pessoas de elevada posição na comunidade (Lv 4.22,27) e eram sepultadas em cemitérios destinados às pessoas comuns (2Rs 23.6; Jr 26.23). Na época do NT, o conceito de "comum" também trazia em si a conotação de "impuro". Assim Pedro declara que nunca comeu "coisa alguma comum e imunda". A resposta a Pedro foi: "Ao que Deus purificou não consideres comum" (At 10.14,15, *ARA*).

COMUNHÃO 1. Termo de Paulo que descreve a natureza da ceia do Senhor e, portanto, o termo usado (especialmente a palavra equivalente na língua inglesa) para se referir à celebração da última e memorial ceia de Jesus com os discípulos. Paulo usou o termo grego *koinonia* para expressar o significado básico da fé cristã, uma "participação" (1Co 10.16) na vida e morte de Cristo que radicalmente cria um relacionamento entre Cristo e os cristãos, bem como entre os cristãos uns com os outros em uma parceria ou unidade. V. *comunhão*. **2.** Elos de objetivos e devoção comuns que ligam cristãos uns aos outros e a Cristo. "Comunhão" é a tradução em português de palavras da raiz hebraica *chavar* e da raiz grega *koin-*. O termo hebraico *chavar* era usado para expressar ideias como casa comum ou compartilhada (Pv 21.9), "prender" (Êx 26.6), "amigo" (Ec 4.10; "companheiro", *ARA*) e mesmo uma esposa como "companheira" (Ml 2.14). *Chaver* era usado como referência a um membro da sociedade dos fariseus. Os fariseus tendiam a formar associações em que ficavam muito próximos uns dos outros em questões sociais, religiosas e mesmo de negócios. Uma dimensão muito importante na vida desses *chaverim* era compartilhar o estudo das Escrituras e da Lei, e da mesa da comunhão.

Os Evangelhos não registram ditos de Jesus em que ele usou a raiz *koin-* para descrever a "comunhão" com os discípulos, embora certamente a associação próxima entre Jesus e seus discípulos tenha posto o fundamento para a compreensão pós-Páscoa da comunhão.

Koinonia era a palavra predileta de Paulo para descrever o relacionamento dos fiéis com o Senhor ressurreto e os benefícios da salvação que vêm por meio dele. Com base na fé, os cristãos têm comunhão com o Filho (1Co 1.9). Partilhamos a comunhão no evangelho (1Co 9.23; Fp 1.5). Paulo provavelmente quis dizer que todos os fiéis participam juntos do poder e da mensagem salvadores das boas-novas. Os cristãos também compartilham da comunhão com o Espírito Santo (2Co 13.14), que o apóstolo entendia como o elo mais importante para a unidade da vida da igreja (Fp 2.1-4).

A tendência de muitos cristãos se referirem à ceia do Senhor como à "comunhão" (especialmente no contexto da língua inglesa, "communion") está enraizada no uso que Paulo faz do termo *koinonia* no contexto das suas descrições da ceia do Senhor. Ele descreveu o cálice como "uma participação no sangue de Cristo" e o pão como "uma participação no corpo de Cristo" (1Co 10.16). Paulo não explicou com precisão como essa "participação" acontece durante a ceia. Ele cria enfaticamente que a ceia vincula os participantes e os torna mais próximos uns dos outros e de Cristo. Essa "participação" não podia ser compartilhada com outros deuses ou seres sobrenaturais. Assim Paulo proibiu seus leitores de participar de refeições religiosas pagãs, que resultariam em compartilhar da "participação" com forças sobrenaturais do mal ou demônios (1Co 10.19-21).

Imediatamente depois de falar da "participação" com Cristo por meio da participação na ceia do Senhor (1Co 10.16), Paulo diz: "Como há somente um pão, nós, que somos muitos, somos um só corpo" (1Co 10.17). Isso ilustra claramente a convicção de Paulo de que a comunhão com Cristo deveria resultar na comunhão entre os fiéis. Uma vez que entendemos isso, é fácil entender por que Paulo ficou tão indignado sobre o escárnio que os coríntios estavam fazendo da ceia do Senhor. Ao mesmo tempo em que participavam dessa refeição sagrada, muitos cristãos em Corinto ignoravam as necessidades de seus irmãos e irmãs e até criavam divisões e facções (1Co 11.17,18), "porque cada um come sua própria ceia sem esperar pelos outros. Assim, enquanto um fica com fome, outro se embriaga" (1Co 11.21). Como a comunhão entre os próprios coríntios estava tão pervertida, Paulo pôde até dizer: "Quando vocês se reúnem, não é para comer a ceia do Senhor" (1Co 11.20).

Koinonia com o Senhor resulta não somente em compartilhar seus benefícios (o evangelho e o Espírito Santo), mas também em compartilhar seus sofrimentos (Fp 3.10; Cl 1.24). Esses textos expressam claramente como era íntima a percepção que Paulo tinha do relacionamento próximo entre o cristão e seu Senhor. O padrão do autossacrifício e da humildade, demonstrado de forma mais impactante no sofrimento de Jesus na cruz (Fp 2.5-8), deve marcar a vida atual do discípulo. Assim como Jesus deu sua vida tão completamente pela causa do seu povo, assim também os cristãos devem dar-se completamente à causa do povo de Deus (2Co 4.7-12; Cl 1.24). O padrão de seguir a Cristo no sofrimento continua para o cristão, no sentido de que assim como Cristo entrou para a glória depois do seu sofrimento (Fp 2.9-11), assim também o cristão vai compartilhar no futuro da glória de Cristo "se de fato participamos dos seus sofrimentos" (Rm 8.17; cp. Fp 3.10,11).

Paulo cria que os cristãos deveriam compartilhar uns com os outros o que tinham a oferecer para ajudar os irmãos de fé. Paulo usou a raiz *koin-* para se referir a tal compartilhamento.

O que recebeu a palavra "partilhe"-a com os outros (Gl 6.6). Embora não seja traduzido por "comunhão" / "comungar" nas versões em português, Paulo usou o termo *koinonia* para denotar a contribuição financeira que ele estava coletando dos cristãos gentios para levar a Jerusalém para alívio dos cristãos que viviam lá (Rm 15.26; 2Co 8.4; 9.13). A razão pela qual ele podia se referir a um presente financeiro como *koinonia* é explicada em Rm 15.27: "Pois, se os gentios participaram das bênçãos espirituais dos judeus, devem também servir aos judeus com seus bens materiais". Nesse caso, cada um ofereceu o que tinha condições de oferecer para beneficiar os outros: os cristãos judeus ofereceram suas bênçãos espirituais, os cristãos gentios, suas bênçãos materiais. Tal compartilhamento mútuo de suas bênçãos é uma expressão clara e profunda da comunhão cristã.

Por fim, para Paulo, *koinonia* era o termo mais adequado para descrever a unidade e o vínculo existentes entre os cristãos pelo fato de compartilharem da graça do evangelho. Quando Paulo desejou expressar a unidade essencial da liderança apostólica da igreja disse com respeito a Tiago, irmão do Senhor, Pedro e João, que eles "estenderam a mão direita a mim [...] em sinal de comunhão" (Gl 2.9). Quando percebemos que essa expressão de *koinonia* veio logo após as mais acaloradas discussões na igreja primitiva, i.e., a posição dos gentios no povo de Deus (Gl 2.1-10; At 15), podemos ver como era profunda e abrangente a noção que Paulo tinha da comunhão cristã.

Como Paulo, João também afirmou que *koinonia* era um aspecto importante da peregrinação cristã. Declarou enfaticamente que a comunhão com Deus e o Filho deveria resultar na comunhão uns com os outros (1Jo 1.3,6,7). V. *ceia do Senhor; Espírito Santo*. — Bradley Chance

COMUNIDADE Grupo de pessoas unidas por interesses comuns. Antes da vinda de Cristo, os gentios estavam separados da comunidade de Israel (Ef 2.12). Paulo lembrou os filipenses de que mais importante que a cidadania em uma colônia romana era a cidadania no céu (Fp 3.20). V. *cidadão, cidadania*.

COMUNIDADE DE BENS A prática da igreja de Jerusalém de todos terem "tudo em comum"

(At 2.41-17; 4.32-37) com paralelos contemporâneos: o ideal utópico grego da propriedade comum entre os amigos, o comunalismo compulsório da seita judaica em Qumran e mesmo o precedente de Jesus e os Doze (Lc 8.3; Jo 13.29). O contexto imediato das duas referências em At (2.1-40; 4.31) indica que a comunidade de bens não era um ideal ao qual a igreja aspirava, mas era em si mesma a evidência da natureza da comunidade: que toda a amplitude de sua vida juntos era modelada e dirigida pelo Espírito Santo.

"Comum" (*koina*) em 2.44 e 4.32 tem a mesma raiz de *koinonia* ("comunhão" em 2.42); assim a questão não era teoria econômica, mas a vida em comum juntos ("Todos os dias" em 2.46), sem distinção entre necessidades físicas e espirituais. (V. 6.1-6, que retrata o investimento no cuidado pelos necessitados). O paralelo entre At 4.34 e Dt 15.4 indica que a igreja primitiva cumpriu a intenção de Deus para que Israel fosse generoso.

A igreja de Jerusalém escolheu praticar a generosidade altruísta em uma forma que se parecesse nitidamente com o estilo de vida de Jesus e dos Doze. Outras entre as primeiras igrejas praticaram a generosidade sacrificial de diferentes formas (At 11.27-30; 1Co 16.1-4; Rm 12.13; 1Jo 3.17), pois o desafio de Jesus para que se desfizessem de posses assumiu mais do que uma forma (cp. Mt 19.16-22 com Lc 19.1-10). O que esses incidentes têm em comum é a ênfase na contribuição sacrificial (Lc 21.1-4), exigindo uma completa mudança de coração para que se sirva a Deus, não as posses (Mt 6.24) com o claro reconhecimento do perigo das riquezas (Mc 10.23-31; Lc 6.24; 12.13-31).

Esse perigo das riquezas se manifestou no contexto da comunidade de bens (At 4.36—5.11). Em contraste com Barnabé que vendeu parte das suas propriedades e deu a renda aos apóstolos, Ananias e Safira retiveram parte da renda da sua venda. Sua morte subsequente testificou da severidade de se abandonar a vida em comum por interesses egoístas. A ganância pelas posses levou à mentira ao Espírito (5.3,9), e, portanto, à rejeição do vínculo ("uma era a mente e um o coração" em 4.32) criado pelo Espírito. A natureza voluntária dessa comunidade de bens era, portanto, não uma questão de indivíduos escolhendo independentemente se e quando dariam os bens, mas a generosidade contínua e espontânea de uma comunidade unida e dirigida pelo Espírito. V. o tempo verbal em 4.34, "vendiam [...] traziam", indicando a natureza contínua da sua generosidade. V. *Ananias; empréstimo, tomar por; essênios; comunhão; Espírito Santo; Mamom; Qumran.* — David Nelson Duke

CONANIAS Nome pessoal que significa "Javé estabeleceu". **1.** Levita encarregado da coleta de ofertas para o templo sob o rei Ezequias (2Cr 31.12). **2.** Talvez neto de 1. Ele e outros levitas contribuíram com 5 mil ovelhas e cabritos e 500 bois para a Páscoa de Josias (2Cr 35.9).

CONCÍLIO APOSTÓLICO Encontro em Jerusalém no qual os apóstolos e anciãos de Jerusalém defenderam o direito de Paulo e Barnabé de pregar o evangelho aos gentios sem forçar os convertidos a obedecer às leis judaicas (At 15). Um "decreto" do concílio de fato pediu aos convertidos dentre os gentios que não comessem comida sacrificada aos ídolos, carne com sangue, animais estrangulados e não cometessem imoralidade (At 15.28,29). Essas exigências podem todas ser tomadas de Lv 17—18, que estabeleceu exigências não somente para a casa de Israel, mas também para todos os "estrangeiros residentes" entre os israelitas (Lv 17.8).

Em Gl 2, Paulo descreve o trabalho do concílio da sua perspectiva, embora alguns estudiosos da Bíblia tenham tentado já há muito tempo fazer distinção entre os eventos de At 15 e Gl 2. Paulo não só relatou a decisão do concílio, mas também enfatizou o fato de o concílio não exigir que Tito, um gentio, fosse circuncidado.

CONCÍLIO DE JERUSALÉM 1. Nome dado ao encontro descrito em At 15.6-22. O propósito do concílio foi determinar os termos em que os convertidos gentios ao cristianismo seriam recebidos na igreja. O motivo que ocasionou o encontro foi uma conversão significativa dos gentios a Cristo como resultado de atividades missionárias por Barnabé e Paulo. Alguns defendiam que todos os convertidos gentios precisavam se submeter à circuncisão e observar toda a Lei mosaica. Paulo e Barnabé, no entanto, argumentaram que impor tais exigências aos gentios não era razoável. A solução proposta pelo concílio de Jerusalém foi que não se exigiria dos cristãos gentios que primeiramente se tornassem judeus prosélitos, mas que se pediria a eles que se abstivessem da idolatria, da imoralidade sexual e de comer sangue. V. *Atos, livro de; Paulo.* **2.** V. *Concílio apostólico.*

CONCUBINA Esposa de posição e condição inferiores (geralmente escrava) da esposa principal. Tomar mulheres por concubinas remonta no mínimo ao período patriarcal. Abraão e Naor tinham concubinas (Gn 22.24; 25.6; 1Cr 1.32). Chefes tribais, reis e outros homens abastados em geral tinham concubinas. Gideão tinha uma concubina (Jz 8.31). Saul teve ao menos uma concubina chamada Rispa (2Sm 3.7; 21.11). Davi teve muitas (2Sm 5.13), mas Salomão levou a prática ao extremo, tendo 300 concubinas, além de 700 esposas reais (1Rs 11.3). O texto de Dt 17.17 proíbe os reis de ter tantas esposas.

As concubinas (e esposas) de chefes e reis eram símbolos de sua virilidade e poder. Ter relações com a concubina de um governante era um ato de rebelião. Quando Absalão se revoltou contra seu pai Davi, "teve relações com as concubinas de seu pai à vista de todo o Israel" (2Sm 16.22) no telhado do palácio. Quando Davi retornou ao palácio, as dez concubinas envolvidas foram mandadas embora para viver o resto de sua vida em isolamento (2Sm 20.3).

A concubina comprada (Êx 21.7-11; Lv 25.44-46) e a conquistada em batalha (Nm 31.18) tinham direito a alguma proteção legal (Êx 21.7-12; Dt 21.10-14), mas eram propriedade de seu marido. A mulher estéril podia oferecer sua serva a seu marido na esperança de que ela concebesse (Gn 16.1-3; 30.1-4).

Embora não se proibisse explicitamente tomar concubinas, o casamento monogâmico era o padrão bíblico (Gn 2.24; Mc 19.6-9). V. *família; bodas [casamento].* — Wilda W. Morris

CONCUPISCÊNCIA Termo usado nas versões tradicionais do termo grego *epithumia*, "desejo, lascívia". Os gregos usavam o termo com o significado de estímulo e excitação acerca de alguma coisa no sentido neutro e também no sentido ímpio de valorizar de forma equivocada as coisas terrenas. O NT sabe que o desejo pode ser bom (Mt 13.17; Lc 22.15; Fp 1.23; 1Ts 2.17). Na verdade, o NT usa a forma verbal com mais frequência no sentido positivo que negativo.

O sentido negativo de *epithumia* é o desejo controlado pelo pecado e instintos mundanos, não pelo Espírito (Gl 5.16). Todos foram controlados por tais desejos antes do seu comprometimento com Cristo (Ef 2.3; Tt 3.3). Tal desejo faz parte da velha vida sem Cristo e é enganoso (Ef 4.22). Pode ser o desejo pelo sexo (Mt 5.28), bens materiais (Mc 4.19), riquezas (1Tm 6.9) e bebedeira (1Pe 4.3). A vida cristã é então uma guerra entre os desejos da velha vida e o desejo de seguir o Espírito (Gl 5.15-24; 1Pe 2.11), a vida guiada pelo Espírito em que se crucificam os desejos mundanos (Gl 5.24). (Observar a lista de desejos carnais em Gl 5.19-21.) Assim como a nova vida vem pelo Espírito, os antigos desejos vêm por Satanás (Jo 8.44) e pelo mundo do qual ele é o príncipe (1Jo 2.16). Tais desejos podem escravizar as pessoas (2Pe 2.18-20). O desejo produz a tentação, que conduz ao pecado e resulta em morte (Tg 1.14,15). As pessoas não podem culpar a Deus, pois ele lhes dá a liberdade de escolha e as entrega ao que elas escolhem (Rm 1.24). Deus de fato deu a Lei que define os desejos negativos como concupiscência ou pecado. O poder do pecado então transformou o mandamento bom em ferramenta para suscitar os desejos humanos para que se experimentem novos âmbitos de vida. Assim os seres humanos pecam e morrem em vez de confiar na orientação de Deus por meio da Lei segundo a qual esses âmbitos estão fora dos planos de Deus para a vida e não deveriam ser experimentados (Rm 7.7,8). Ou o pecado produz a morte, ou os crentes em Cristo mortificam os desejos maus (Cl 3.5).

Em uma esfera de vida muito limitada, Paulo desafiou os cristãos a viver um padrão acima das atividades normais causadas pela lascívia na sociedade. Ele foi fiel ao casamento em contraste com as práticas imorais dos mundos grego e romano dos seus dias (1Ts 4.4,5).

CONDENAR Ato de pronunciar alguém culpado depois de pesar as evidências.

Antigo Testamento A palavra aparece primeiramente no contexto de um tribunal (Êx 22.9), no qual um juiz ouve a acusação contra um ladrão e condena o ofensor. Outro exemplo jurídico aparece em Dt 25.1 em que juízes são instruídos a ouvir uma causa e decidir sobre a questão, "condenando o culpado". Em Sl 94.20,21 o autor acusa juízes corruptos que "condenam os inocentes", e em Sl 109.31 agradece a Deus por salvar o pobre "daqueles que o condenam" (*NVI*).

"Condenar" também é usado em juízos que as pessoas fazem diariamente como no livro de Jó. Sentindo-se impotente diante do poder e justiça de Deus, Jó sabia que por mais que tentasse defender-se a si mesmo, sua própria boca o condenaria (9.20). Suplicou a Deus que não o condenasse, mas que explicasse por que estava fazendo-o sofrer (10.2). Depois que os conselheiros de Jó tinham tido sua oportunidade de falar, Eliú viu que todos os três "tinham condenado" Jó (32.3). Outros exemplos da palavra sendo usada nos juízos cotidianos aparecem em Is 50.9; 54.17.

O emprego mais significativo de "condenar" aparece em conexão com o juízo de Deus. Na consagração do novo templo, Salomão orou pedindo que Deus julgasse seu povo: "condena o culpado [...] e declara sem culpa o inocente" (1Rs 8.32). O autor de Pv esperava que o Senhor condenasse "o que planeja maldades" (12.2). O salmista tinha certeza de que Deus não abandonaria um homem bom nem permitiria que fosse condenado "quando julgado" (37.33). Por outro lado, o Senhor perguntou a Jó se queria condená-lo simplesmente para provar a própria justiça (40.8).

Novo Testamento Diversas palavras gregas são traduzidas por "condenar" e "condenação" com uma progressão de significados desde o simples fazer uma distinção até o fazer um juízo desfavorável. O emprego de três maneiras do AT continuou no NT. O contexto do tribunal é visto na predição que Jesus faz do seu juízo vindouro em Jerusalém (Mt 20.18), em uma observação de um dos homens crucificados com Jesus (Lc 23.40) e no voto final do Sinédrio (Mc 14.64).

"Condenar" também era usado nos dias de Jesus em juízos pessoais de outros. Jesus disse, p. ex., que os homens de Nínive iriam condenar sua própria geração impenitente (Mt 12.41); Tiago advertiu os irmãos de que os mestres estavam sujeitos a um juízo mais rigoroso (Tg 3.1); e Paulo instou Tito a empregar um linguajar sadio no seu ensino para evitar as críticas (Tt 2.8). Assim como no AT, Deus também é a fonte da condenação no NT. Foi responsável pela destruição de Sodoma e Gomorra (2Pe 2.6), e condenou o pecado na natureza humana ao enviar seu Filho (Rm 8.3).

O emprego neotestamentário de "condenar" é singular na sua referência ao juízo final, especialmente em Jo 3.17-19. Um ensino semelhante aparece em Jo 5.24. Paulo sentia que evitar aquela condenação final era uma razão para aceitar a disciplina do Senhor nesta vida (1Co 11.32). — *William J. Fallis*

CONFEITO Palavra usada pela *NVI*, *ARA* e *ARC* para traduzir o termo hebraico *panag* que aparece em Ez 27.17. Essa tradução é apoiada por um termo cognato acádio e pelo *Targum*. A *TEB* traduz como "painço", e a *BJ* traz a forma transliterada, "panag". A palavra grega *chartes*, traduzida como "papel" em 2Jo 12 designa um tipo de papiro.

CONFIANÇA V. *fé*, *fidelidade*.

CONFIRMAR Estabelecer um acordo e mostrar que uma palavra é verdadeira e confiável. As traduções em português usam "confirmar" para diversos termos hebraicos que significam "provar confiável", "ser forte", "cumprir", "estar em pé", "levantar". Os termos gregos significam "ser confiável" e "estabelecer". Os termos são regularmente usados para falar de seres humanos estabelecendo as palavras de Deus, sua aliança ou Lei ao aplicar e praticá-las (Dt 27.26) e com maior frequência de Deus confirmando sua mensagem e cumprindo as promessas que ele fez (Lv 26.9; 2Sm 7.25; 1Cr 16.17; Is 44.16; Rm 15.8). Às vezes acordos ou promessas humanos são confirmados (Rt 4.7; 1Rs 1.14; Et 9.29; Jr 44.25; Hb 6.16). Alguém pode também se estabelecer em uma posição ou instituição (2Rs 15.19; 1Cr 17.14). Os cristãos buscam confirmar a mensagem do evangelho por meio da vida cristã (1Co 1.6; Fp 1.7). Ao fazê-lo a pessoa também confirma seu chamado e eleição individuais (2Pe 1.10).

CONFISCO Apropriação de propriedade privada para uso público ou governamental. O confisco não foi praticado em Israel até o surgimento da monarquia, não era permitido por Deus. Essa prática foi prenunciada por Samuel antes de Israel eleger o primeiro rei (1Sm 8.14) como perigo inerente aos reis segundo os padrões do Oriente Médio. Acabe exerceu esse direito real quando confiscou a propriedade de uma pessoa (Nabote) por meio da execução do Estado (1Rs 21.15,16), mas teve de sofrer o castigo de Deus por seu ato (1Rs 21.18,19). Ezequiel reagiu com intensidade aos abusos dessa prerrogativa real (Ez 45.7,8; 16.16-18).

CONFISSÃO Admissão, declaração ou reconhecimento — elemento significativo no culto e adoração no AT e no NT. A maioria das ocorrências do termo pode ser dividida em duas respostas principais a Deus: a confissão de pecado e a confissão de fé.

Confissão de pecado Numerosas passagens do AT destacam a importância da confissão de pecado na experiência da adoração. O livro de Lv fala de atos rituais envolvendo tal admissão de pecado: a oferta pelo pecado (ou pela culpa) (5.5—6.7) e o bode expiatório que representa a remoção do pecado (16.20-22). Além disso, a confissão pode ser o ato de um indivíduo a favor do povo como um todo (Ne 1.6; Dn 9.20) ou a reação coletiva da congregação que está adorando (Ed 10.1; Ne 9.2,3). Muitas vezes é representada como o reconhecimento do pecado pelo pecador penitente (Sl 32.5; Pv 28.13; Sl 40 e 51, que são confissões individuais, embora não seja usada a palavra "confissão").

Da mesma forma, a confissão de pecado no NT é um aspecto tanto da adoração individual quanto da coletiva. No Jordão, os seguidores de João foram batizados, confessando seus pecados (Mt 3.6; Mc 1.6). Confissões semelhantes foram feitas pelos convertidos de Paulo em Éfeso (At 19.18). Os cristãos são lembrados de que Deus perdoa fielmente os pecados dos que os confessam (1Jo 1.9). O livro de Tg exorta seus leitores não somente a orar uns pelos outros, mas a confessar os pecados uns aos outros (5.16), provavelmente no contexto da adoração congregacional. No final do séc. I, a adoração incluía rotineiramente a confissão como prelúdio à observância da ceia do Senhor como vemos em *Didaquê* 14.1. V. *pais apostólicos*.

Confissão de fé Proximamente associada à confissão de pecado no AT está a confissão de fé, i.é., o reconhecimento de Deus e do compromisso com ele. Em 1Rs 8.33,35 (bem como em 2Cr 6.24,26), o reconhecimento do nome de Deus resulta no perdão de pecados. Tal reconhecimento passou a ser padronizado na fórmula confessional conhecida como o *Shemá* (Dt 6.4,5).

Essa declaração do compromisso com Deus, ou particularmente com Cristo, também pode ser encontrada no NT. O reconhecimento público que alguém faz de Jesus é a base para o reconhecimento que Jesus fará desse cristão diante de Deus (Mt 10.32; Lc 12.8; cp. Ap 3.5). Além disso, segundo a descrição que Paulo fez do processo pelo qual alguém é salvo, há um paralelo explícito entre o que a pessoa crê no coração e o que confessa com os lábios (Rm 10.9,10) — fé e confissão são os dois lados de uma mesma moeda. Provavelmente a confissão de fé mais antiga era o reconhecimento simples do senhorio de Cristo (Rm 10.9; 1Co 12.3; Fp 2.11), mas o surgimento de heresias parece ter causado o acréscimo de dados específicos acerca de Cristo à confissão — por exemplo, de que ele é o Filho de Deus (1Jo 4.3,15) ou de que ele veio em carne (1Jo 4.2). Um conjunto firmemente estabelecido de convicções cristãs parece o que se quer dizer com confissão de fé em escritos posteriores do NT (Hb 4.14). V. *fé, fidelidade; bode expiatório; pecado; arrependimento*. — *Naymond Keathley*

CONFISSÕES E CREDOS Declarações teológicas de fé. Embora cristãos individuais não possam produzir tais tratados, denominações ou grupos cristãos normalmente produzem confissões e credos. Essas proclamações têm o propósito de declarar a perspectiva doutrinária do grupo acerca de questões tratadas no documento.

O AT retrata o povo de Deus confessando verdades sobre ele e então lhe oferecendo sua lealdade. O texto de Dt 6.4-25 desafia Israel a confessar a verdade acerca de Deus (sua unicidade) e salvação (a libertação do exército do faraó) e então a oferecer sua aliança a ele em termos de devoção pessoal ("Ame o Senhor [...]

de todo o seu coração", v. 5), passando adiante a herança da mensagem de Deus ("Ensine-as com persistência a seus filhos", v. 7), sempre se lembrando da Palavra de Deus (v. 8-10), contando a história da sua libertação à geração seguinte (v. 10-15). Esse trecho tem servido durante séculos como uma confissão usada regularmente nos lares. Já Sl 78 demonstra como Israel regularmente chamava à memória a obra de Deus na sua história. Fala de forma narrativa da soberania de Deus (v. 12,22-26), da sua ira (v. 21,27-29), da sua salvação (v. 12,16,70-72), da sua misericórdia (v. 38,39), do seu juízo (v. 41-67) e da sua graça eletiva (v. 67-72). Outros textos de confissões podem ser encontrados em Êx 19—20; Js 24 e Dt 26.

O NT dá evidências do uso que a igreja primitiva fazia de confissões e credos. A expressão "Jesus é Senhor" é uma confissão antiga que tinha o propósito de se referir aos que eram genuinamente nascidos de novo e em quem habitava o Espírito Santo (Rm 10.9; 1Co 12.3; Fp 2.11). Os candidatos a batismo podem ter usado essa confissão para professar a fé em Cristo imediatamente antes do batismo. Tais confissões públicas com frequência resultavam em perseguição e morte. Os credos podem ter sido ferramentas para instruir os novos convertidos ou para combater heresias. A expressão "Jesus Cristo veio em carne", p. ex., parece ter sido um credo destinado a refutar o falso ensinamento de que Jesus Cristo somente tinha a aparência de ser humano (1Jo 4.2; 2Jo 7). Outros exemplos de afirmações sucintas que encapsulam a fé da igreja primitiva em um formato de confissão ou credo são: Cl 1.15-20; 1Tm 3.16; 1Pe 3.18-22; Hb 1.1-3; Fp 2.5-11.

Na igreja primitiva confissões e credos eram usados para professar a fé dos mártires ou dos que sofriam perseguições. A certa altura o conceito passou a significar uma afirmação resoluta de convicções religiosas. Essas declarações podem ou não estar em combinação com perseguição.

Seguindo o precedente bíblico, os credos e confissões por fim se desenvolveram em afirmações doutrinárias formais. Esse conceito tem diversas formas. Uma forma de confessionalismo é a produção de confissões de fé. As confissões de fé são documentos teológicos destinados a prover a identidade doutrinária e promover a unidade denominacional. As confissões de fé com frequência identificam e articulam áreas comuns de crenças entre diferentes denominações cristãs. A maioria das denominações tem usado confissões de fé ao longo de toda a sua história. Exceções incluem os seguidores de Alexander Campbell (agora representados por estas denominações: Igreja de Cristo, Igreja Cristã e os Discípulos de Cristo) e os quacres. Aqueles têm argumentado que o NT é suficiente, e, portanto, não há necessidade para uma confissão de fé, enquanto estes têm se apegado a um individualismo radical em que cada pessoa sob a orientação da "luz interior" do Espírito é árbitro da verdade. Batistas e outros protestantes em geral têm rejeitado tais argumentos.

Outra concepção de confessionalismo é a apresentação formal de convicções produzidas por protestantes. Essas apresentações fornecem orientações interpretativas às Escrituras, em geral expondo o credo de fé reconhecido de uma denominação específica. O confessionalismo nesse sentido se ocupa com tratados teológicos formais que são classificados como "teologias confessionais". Essas teologias confessionais normalmente professam uma compreensão de fé protestante, muitas vezes em contraste com o catolicismo romano, ou mesmo com outras tradições protestantes.

O confessionalismo pode ser também o esforço de deduzir percepções doutrinárias e centrais em uma comunidade de fé cristã particular. Essa forma de confessionalismo tem ponto de partida teológico na perspectiva da singularidade de cada comunidade religiosa cristã. Essa interpretação doutrinária pode ser ou não uma interpretação das afirmações de fé do credo de uma denominação particular.

O debate hoje gira em torno da distinção entre confissões de fé e credos. Tais distinções com frequência são difíceis de esclarecer e definir. Tanto as confissões de fé quanto os credos proveem identidade denominacional e doutrinária a denominações cristãs particulares. Além disso, ambas articulam afirmações doutrinárias explícitas que exigem adesão voluntária e consciente. Uma distinção, no entanto, pode estar no uso de tais documentos. Os credos podem ser usados para se exigir conformidade de todos os membros de uma tradição particular.

Em outras palavras, os credos exigem um completo consentimento de um indivíduo para que este seja aceito como membro de uma denominação. As confissões de fé, embora forneçam uma opinião de consenso da maioria dos adeptos, em geral não exigem tal consentimento a fim de que alguém pertença a um corpo específico. — *Stan Norman e Chad Brand*

CONFLITOS INTERPESSOAIS A Bíblia ilustra, exemplifica e oferece soluções para conflitos interpessoais. Entre os exemplos mais notáveis de conflitos interpessoais registrados na Bíblia estão as hostilidades entre Caim e Abel (Gn 4.1-16), Abraão e Ló (Gn 13.8-18), Jacó e Esaú (Gn 25—27; 32—33), Jacó e Labão (Gn 29—31), Saul e Davi (1Sm 18—31), Maria e Marta (Lc 10.38-42), os discípulos de Jesus (Mc 9.33-37; Lc 22.24-27), Paulo e Barnabé (At 15.36-41) e os cristãos em Corinto (1Co 1.10-12; 3.2-4; 11.18).

A causa na raiz dos conflitos interpessoais é o pecado (Gl 5.19-21). Tiago explica que as brigas são o resultado de desejos não controlados (Tg 4.1-3). O livro de Pv caracteriza os que suscitam conflitos como pessoas dadas a raiva (Pv 15.18; 29.22), avareza (Pv 28.25), ódio (Pv 10.12), fofoca (Pv 16.28) e perversões inúteis (Pv 6.12-15). Tais conflitos inevitavelmente resultam em destruição pessoal (Pv 6.15), discórdias (Pv 6.14) e brigas (Pv 10.12; 16.28). Não é de admirar que "o Senhor odeia [...] aquele que provoca discórdia entre irmãos" (Pv 6.16,19).

A Bíblia dá grande valor à habilidade de se viver com as outras pessoas em paz (Sl 34.14; Mc 9.50; Rm 14.19; 1Ts 5.13; Hb 12.14; 1Pe 3.11), unidade (Sl 133.1) e harmonia (Rm 15.5,6). Ao mesmo tempo, a Bíblia declara inequivocamente que tal paz é dada somente por Deus (Nm 6.26; Jo 14.27; 16.33; 2Co 13.11; 2Ts 3.16) e vivida somente à medida que os cristãos amoldam seu estilo de vida ao de Jesus (Fp 2.3-80).

CONGREGAÇÃO Povo de Deus reunido. "Congregação" traduz principalmente os termos hebraicos *'edah* e *qahal*. Esses termos podem se aplicar a um indivíduo ou a uma classe coletivamente como "ímpios", "hipócritas" e outros. Mesmo que *'edah* seja usado uma vez para se referir a uma manada de bois (Sl 68.30) e uma vez a um enxame de abelhas (Jz 14.8), ambas descrevem o povo israelita como um povo sagrado, unido pela devoção religiosa a Javé, não por vínculos políticos. Não há distinção evidente entre os dois termos. Todo israelita circunciso era membro da congregação. A congregação era subdividida em tribos e depois nas unidades mais básicas, as famílias. A congregação de Israel funcionava em questões militares, legais e de disciplina.

No AT grego, *'edah* é em geral traduzido por *sunagoge*, e *qahal* por *ekklesia*. No judaísmo tardio *sunagoge* retratava o real povo israelita e *ekklesia* o povo ideal eleito de Deus chamado para a salvação. Daí que *ekklesia* se tornou o termo usado para a congregação cristã, a igreja. *Sunagoge* no NT é quase totalmente restrito ao lugar judaico de adoração. (A exceção é Tg 2.2, que pode ser uma referência a uma assembleia cristã). A palavra em português, sinagoga, é meramente uma transliteração de *sunagoge*. *Ekklesia* significa "chamados para fora", e no grego clássico se referia ao corpo de cidadãos livres chamados para fora por um arauto. No NT, os "chamados para fora" são a igreja, a assembleia do povo de Deus. Há uma continuidade espiritual direta entre a congregação do AT e a igreja do NT. É significativo que a comunidade cristã tenha escolhido o termo do AT usado para o povo de Deus ideal chamado para a salvação (*ekklesia*), não o termo que descrevia todos os israelitas coletivamente (*synagoge*). — *Joe E. Lunceford*

CONGREGAÇÃO, MONTE DA (ARA) Monte que os vizinhos de Israel consideravam estar no extremo norte e servir para o lugar de encontro dos deuses (Is 14.13; "monte da assembleia").

CONHECIMENTO Tradução de várias palavras hebraicas e gregas, que cobrem uma variada gama de significados: entendimento intelectual, experiência pessoal, emoção, relacionamento pessoal (incluindo relacionamento sexual, Gn 4.1 etc.). O conhecimento é atribuído a Deus e aos seres humanos.

O conhecimento de Deus é apresentado como onisciente. Ele sabe todas as coisas (Jó 21.22; Sl 139.1-18); seu entendimento é sem medida (Sl 147.5). Ele conhece nossos pensamentos e os segredos do nosso coração

(Sl 44.21; 94.11). Ele conhece o passado (Gn 30.22), presente (Jó 31.4) e os acontecimentos futuros (Zc 13.1; Lc 1.33).

O conhecimento de Deus acerca das nações e dos seres humanos indica seu interesse pessoal — não apenas a consciência — em relação às pessoas (Sl 144.3). Ser conhecido por Deus pode significar a escolha de uma nação ou um indivíduo por ele para tomar parte nos seus propósitos no mundo (Jr 1.5; Am 3.2; Gl 4.9). A Bíblia fala com frequência do conhecimento humano. O conhecimento de Deus é o maior conhecimento (Pv 9.10) e é o principal dever da humanidade (Os 6.6). No AT os israelitas conheciam a Deus pelos atos a favor do povo (Êx 9.29; Lv 23.43; Dt 4.32-39; Sl 9.10; 59.13; 78.16; Os 2.19,20). O conhecimento de Deus não é simplesmente teórico ou factual; inclui experimentar a realidade de Deus na vida (cf. Fp 3.10) e viver de maneira reverente pelo poder e majestade de Deus (cf. Jr 22.15,16).

No NT Deus é conhecido por meio de Jesus Cristo (Jo 8.19; Cl 2.2,3). O apóstolo Paulo conectou intimamente o conhecimento à fé. O conhecimento dá direção, convicção e segurança à fé (2Co 4.14). O conhecimento é um dom espiritual (1Co 12.8) que pode crescer, aumentar, ser completo e sobejante (Fp 1.9; Cl 1.9,10; 2Co 8.7). Consiste no entendimento melhor da vontade de Deus em sentido ético (Cl 1.9,10; Fp 1.9), de saber o que Deus deseja para salvar as pessoas (Ef 1.8,9) e de ter uma percepção mais profunda da vontade de Deus revelada em Cristo (Ef 1.17; 3.18,19).

Ainda que Paulo reconhecesse a importância do conhecimento, também sabia que isto poderia ser um fator de divisão em igrejas como as de Roma e Corinto, nas quais alguns cristãos alegavam ser mais espirituais por conta do conhecimento de assuntos espirituais (Rm 14.1—15.6; 1Co 8.1-13). Paulo argumentou que o conhecimento infla, mas o amor edifica, e que o conhecimento exercido por alguém "forte" na fé poderia levar o "fraco" a caminhar contra sua consciência, e logo, à ruína espiritual. O conhecimento pode ser mal usado (1Co 8). O amor é mais importante que o conhecimento (1Co 13), ainda que o conhecimento seja um dom necessário ao ensino cristão (1Co 14.6) e ao crescimento rumo à fé madura (1Co 8.7; 2Pe 1.5,6; 3.18).

No evangelho de Jo o conhecimento é um conceito chave, ainda que o substantivo "conhecimento" não apareça. No lugar da palavra, João com frequência usa o verbo "conhecer". Jesus e o Pai têm um conhecimento mútuo (Jo 10.14,15) e o conhecimento que Jesus tem de Deus é perfeito (p. ex., Jo 3.11; 4.22; 7.28,29).

O conhecimento de Deus está intimamente relacionado à fé, expressando sua percepção e seu entendimento. O conhecimento pleno é possível apenas após a glorificação de Jesus, pois alguns discípulos algumas vezes não conseguiram entendê-lo (Jo 4.32; 10.6; 12.16). Em Jo o conhecimento é expresso no testemunho cristão, o que pode evocar a crença em Jesus (Jo 1.7; 4.39; 12.17,18) e no amor (Jo 17.26). Ao passo que o conhecimento de Jesus sobre o Pai é direto, o conhecimento dos discípulos a respeito de Jesus é indireto e qualificado pela crença. O conhecimento dos cristãos sobre Jesus é a percepção dele como revelação divina conducente à obediência à sua palavra de amor. Assim o cristão se envolve na missão do amor divino no mundo, para que o mundo possa conhecer Jesus e crer nele como revelação do amor do Pai para o mundo.
— *Roger L. Omanson*

CONQUISTA DE CANAÃ O livro de Js e o de Jz descrevem a conquista de Canaã, que resultou no estabelecimento de Israel na terra prometida.

Contexto histórico A conquista israelita ocorreu em uma época em que o controle egípcio sobre a Palestina estava enfraquecido. Os historiadores discordam sobre quando ocorreu a conquista de Canaã porque discordam sobre a data do êxodo. A evidência arqueológica é em grande parte ambígua por causa das semelhanças entre as culturas israelita e cananeia e porque os israelitas em geral não destruíam nem queimavam as cidades. A data tradicional do êxodo baseada em uma interpretação literal de 1Rs 6.1 é aproximadamente 1445 a.C., situando a conquista em aproximadamente 1400-1350 a.C. Os que depositam mais fé na arqueologia do que nos dados bíblicos e os que entendem que 1Rs 6.1 e outros textos semelhantes são figurados em geral datam o êxodo em aproximadamente

CONQUISTA DE CANAÃ

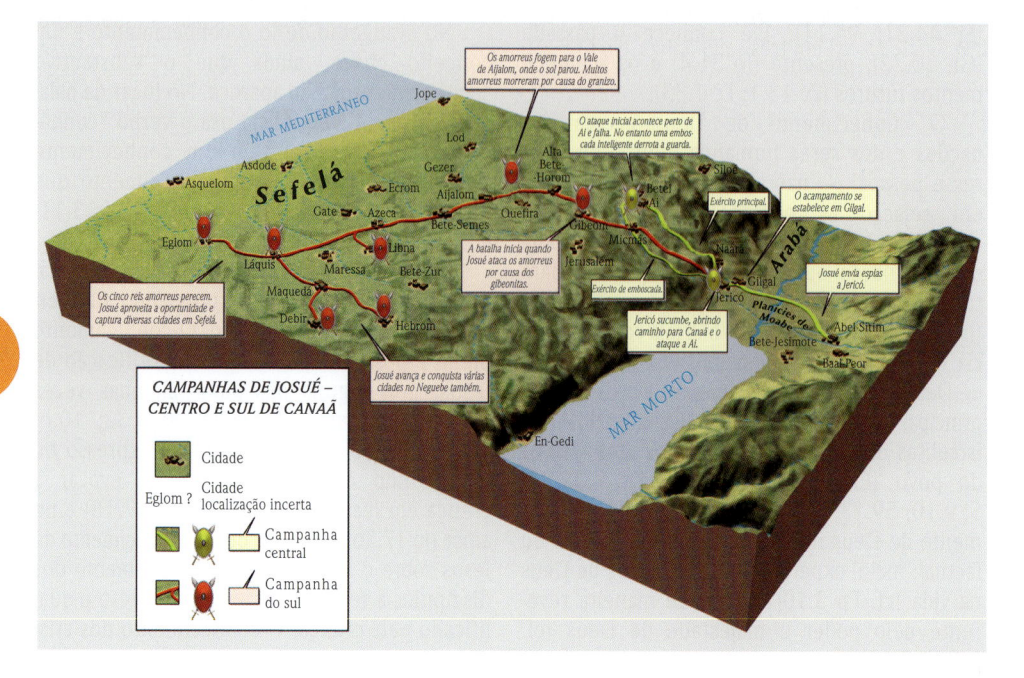

1280 a.C. Tal data colocaria a conquista em aproximadamente 1240-1190 a.C.

Embora não seja possível ser definitivo acerca da data da conquista, podemos tirar algumas conclusões gerais acerca da situação de Canaã no período aproximado da conquista. Pouco depois de 1500 a.C. o Egito subjugou Canaã. A sociedade cananeia operava segundo um sistema feudal no qual os reis de cidades-Estado pagavam tributos ao seu senhor egípcio. As cidades-Estado eram numerosas na densamente povoada planície costeira da Palestina; as regiões montanhosas eram pouco povoadas. A partir de aproximadamente 1400 a.C., o controle egípcio sobre Canaã se enfraqueceu, abrindo a terra para possíveis invasões de forças externas.

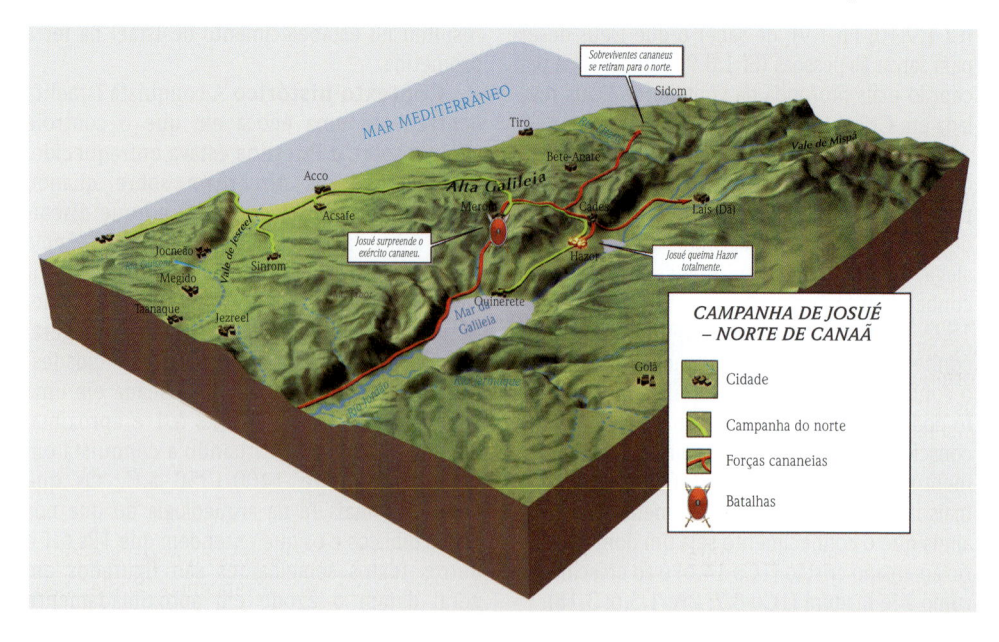

A estratégia de Josué Josué liderou uma invasão de Canaã em três campanhas. No final da peregrinação no deserto os israelitas chegaram às planícies de Moabe na Transjordânia ("além do Jordão"). Ali subjugaram dois reis locais, Seom e Ogue (Nm 21.21-35). Algumas das tribos israelitas — Rúben, Gade e metade da tribo de Manassés — escolheram estabelecer-se nesse território recém-conquistado (Nm 32).

Depois da morte de Moisés, Josué se tornou o novo líder dos israelitas. Segundo a orientação de Deus, ele conduziu o povo através do rio Jordão para dentro de Canaã. A travessia se tornou possível pela separação sobrenatural das águas do Jordão (Js 3—4). Depois de cruzar o rio os israelitas acamparam em Gilgal. A partir dali Josué conduziu a primeira campanha militar contra os cananeus na esparsamente povoada região montanhosa central, a noroeste do mar Morto. O alvo inicial do ataque foi a antiga fortaleza de Jericó. A tropa israelita marchou em volta da cidade uma vez por dia durante seis dias. No sétimo dia eles marcharam em volta dela sete vezes, então tocaram as trombetas e gritaram. Como resultado, os muros de Jericó ruíram, permitindo que os invasores destruíssem a cidade (Js 6).

Os israelitas então tentaram conquistar a cidade próxima, Ai, onde conheceram sua primeira derrota. A razão do seu fracasso foi que Acã, um dos soldados israelitas, tinha tomado para si parte dos despojos da invasão de Jericó — uma ação que violou as ordens de Deus para que destruíssem tudo na cidade. Depois que Acã foi executado, os israelitas conseguiram derrotar Ai (Js 7—8).

Nem todos os cananeus tentaram resistir à invasão israelita. Um grupo, os gibeonitas, evitou a destruição ao enganar os israelitas e levá-los a fazer uma aliança de paz com eles (Js 9). Apavorados com a deserção dos gibeonitas para o lado de Israel, um grupo de reis cananeus do sul, liderado por Adoni-Zedeque de Jerusalém, formou uma coligação contra a força invasora. Os reis ameaçaram atacar os gibeonitas, fazendo que Josué corresse em defesa dos seus novos aliados. Por causa de uma intervenção sobrenatural, os israelitas foram capazes de derrotar a coligação. Josué então deslanchou a campanha do sul que resultou na captura de diversas cidades cananeias (Js 10).

A terceira e última campanha militar de Josué foi realizada no norte de Canaã. Nessa região o rei Jabim de Hazor formou uma coligação de reis vizinhos para lutar contra os israelitas. Josué fez um ataque surpresa a eles nas águas de Merom, derrotando de forma acachapante seus inimigos (Js 11.1-15).

A invasão de Canaã teve um sucesso fenomenal; grandes partes do território foram dominadas pelos israelitas (Js 11.16—12.24). No entanto, algumas áreas ainda permaneceram fora do controle deles, como a densamente povoada região costeira e algumas cidades cananeias de grande importância como Jerusalém (Js 13.1-5; 15.63; Jz 1). Os israelitas lutaram durante séculos para obter o controle dessas áreas.

O estabelecimento israelita na terra As tribos israelitas se estabeleceram lentamente em Canaã sem conseguir remover completamente a população nativa. Mesmo que algumas seções do território ficassem por ser conquistadas, Deus instruiu Josué a distribuir Canaã entre as tribos que ainda não tinham recebido as suas terras (Js 13.7). Depois da distribuição das terras, Israel começou a ocupar seu território. O texto de Jz 1 descreve o estabelecimento na terra como um processo lento no qual cada uma das tribos enfrentou grandes lutas para expulsar os cananeus. No final das contas, as tribos tiveram sucesso limitado na expulsão da população nativa (Jz 1). Como resultado, Israel foi atormentado durante séculos pela infiltração de elementos cananeus na sua religião (Jz 2.1-5).

Ruínas de um templo em Hazor destruído por Josué na conquista de Canaã.

CONSAGRAÇÃO Pessoas ou objetos separados para Deus ou pertencentes a ele. São santos ou sagrados, separados para o serviço de Deus. O termo hebraico *qadesh* e o grego *hagiazo* são traduzidos por diversas palavras portuguesas: consagrar, reverenciar como sagrado, santificar, dedicar.

Antigo Testamento Diz-se que Deus é *qadesh* ou "santo". Quando as pessoas ou coisas eram "consagradas", eram separadas para Deus ou pertenciam a ele. "Sejam santos porque eu, o Senhor, o Deus de vocês, sou santo" (Lv 19.2). "Vocês serão para mim um reino de sacerdotes e uma nação santa" (Êx 19.6). Quando as pessoas eram "consagradas", eram separadas para viver de acordo com as exigências de Deus e em seu serviço.

No AT, a ordenação de pessoas para o serviço de Deus é indicada pela expressão "encher a mão". Essa expressão é em geral traduzida por "consagrar" ou "ordenar".

O texto de Nm 6.1-21 estabelece o voto do nazireu. *Nazir*, do qual é derivado o termo "nazireu", significa "separar" e é traduzido por termos associados a "consagrar" em Nm 6.7-12.

Novo Testamento Essa compreensão ética da santidade de Deus é encontrada em todo o NT. Em Mt 23.16-24 Jesus criticou os escribas e fariseus com base na sua negligência da justiça, misericórdia e fé. Ele disse que é "o altar que santifica a oferta" (Mt 23.19). A causa à qual as pessoas se doam determina a natureza do sacrifício. Quando a causa é de Deus, a dádiva é consagrada. A missão de Jesus foi santificar pessoas. Paulo disse que os cristãos são chamados a serem "santos", e sua santificação vem por meio de Cristo. — H. Page Lee

CONSAGRADO, CONSAGRADO À DESTRUIÇÃO V. *anátema*.

CONSCIÊNCIA A capacidade humana de refletir sobre a medida que o comportamento de uma pessoa se conforma a normas morais. Para o cristão essas normas devem ser as estabelecidas por Deus. A palavra não ocorre no AT, embora haja situações em que o conceito está claramente presente (1Sm 25.31). O pano de fundo principal para a consciência, no entanto, é o grego. Enquanto originariamente se referia simplesmente à autopercepção de uma pessoa, a consciência gradualmente passou a ser associada à percepção moral. O escritor judaico Fílon (c. 40 d.C.) provavelmente é o primeiro a afirmar explicitamente que a consciência é dada por Deus para reprovar o comportamento inaceitável.

No NT, dois terços das ocorrências estão nos escritos de Paulo. A maioria está nas cartas aos coríntios, o que sinaliza a alguns comentaristas que foram os coríntios que primeiramente usaram o termo em uma carta a Paulo. Paulo afirma que seu "orgulho" do ministério é o testemunho da sua consciência (2Co 1.12; 5.11). Continua dizendo que esse testemunho está fundamentado no fato de que se portou com sinceridade e pureza na graça de Deus, não com sabedoria "do mundo" (*NVI*; "carnal", *ARC*), tanto diante dos receptores incrédulos ("no mundo") quanto dos receptores cristãos da sua carta (At 23.1; 24.16). Assim, a consciência examina tanto o comportamento da pessoa quanto suas motivações. Se alguém pensa e age em concordância com o que sua consciência determina, então o cristão tem razões para acreditar que os outros vão, no fim das contas, reagir de forma positiva à sua mensagem (1Pe 3.16).

Consciência fraca Em 1Co 8.7 a expressão "consciência fraca" não se refere a uma consciência que é menos sensível do que deveria ser. No contexto, Paulo se refere a pessoas que talvez intelectualmente até saibam que há somente um Deus, mas quando comem carne em um templo de ídolos ainda se sentem como se estivessem adorando um ídolo. Assim, a "consciência fraca" se refere ou à consciência que talvez esteja excessivamente sensível ou a uma que não aja em concordância com o que essa pessoa sabe ser verdadeiro. Não obstante, outros cristãos, então, não devem influenciar os "fracos" a se engajar em práticas que vão contra sua consciência ou que a "contaminem" (1Co 8.7-10).

No entanto, a consciência não deve limitar a liberdade do crente em Cristo. Em 1Co 10.25 Paulo trata da prática de comer carne comprada no mercado de animais que provavelmente tinham sido abatidos em um templo de ídolos. Paulo afirma que os cristãos podem comer essa carne e não devem fazer perguntas "por causa da consciência". Quer dizer que o consumo dessa carne é permitido, e a consciência não deve proibi-lo. Em casos de indiferença (*diaphoros*) a consciência não deve limitar a liberdade cristã.

Os que têm a consciência "cauterizada" são os que enganam os outros ao proibir ações inteiramente permitidas (1Tm 4.2,3). A consciência, então, não é o juiz supremo de uma pessoa. Paulo usa a forma verbal da palavra quando afirma em 1Co 4.4 (*HCSB*): "Eu não estou consciente (*sunoida*) de nada contra mim, mas não sou justificado por isso. Quem me avalia é o Senhor". Como ressaltou Martinho Lutero, precisamos obedecer à consciência, mas a consciência precisa ser cativa da Palavra de Deus.

A consciência dos incrédulos Em Rm 2.15 Paulo afirma que a consciência e os pensamentos dos gentios, que não conhecem a Lei de Deus, agem como testemunhas de maneira tanto acusatória quanto apologética. Embora o foco esteja no comportamento passado, parece que a consciência aqui pode dirigir também a conduta futura. Não obstante, o v. 16 deixa claro que o veredito final será dado no juízo final. Embora a consciência possa ser um componente importante na avaliação dos pensamentos e comportamento, tanto cristãos quanto não cristãos no final das contas estão sob o julgamento de Deus. — *C. Hal Freeman Jr.*

CONSELHEIRO 1. Quem analisa uma situação e dá conselho a alguém com a responsabilidade de tomar uma decisão. Os reis israelitas parecem ter empregado conselheiros de maneira regular (2Sm 16.23; 1Rs 12.6-14; Is 1.26; 3.3; Mq 4.9). Deus é muitas vezes considerado conselheiro (Sl 16.7; 73.24), como o é também seu Messias (Is 9.6; 11.2) e o Espírito Santo (Jo 14.16,26; 15.26; 16.7). V. *advogado, defensor; consolador*. **2.** Tradução da *NVI* da a palavra *parakletos*, um título distintivo para o Espírito Santo no Evangelho de Jo (14.26; 15.26; 16.7). Essa palavra é traduzida como "Consolador" por *ARA* e *ARC* e por "Auxiliador" na *NTHL*. Considerando que *parakletos* é difícil de traduzir utilizando uma única palavra, algumas versões, como *BJ*, preferem transliterar e usam a forma "Paráclito".

O Conselheiro, que não viria enquanto Jesus não partisse (Jo 16.7) funciona como a presença de Jesus entre seus discípulos (Jo 14.16-18). Praticamente tudo que é dito a respeito do Conselheiro também é dito a respeito de Jesus no Evangelho, e o Conselheiro na verdade vem como "outro Conselheiro (*parakletos*)" (Jo 14.16), o que indica que Jesus fora o primeiro (v. 1Jo 2.1, a mesma palavra é usada, sendo traduzida na *NVI* como "intercessor").

Jesus descreveu o papel do Conselheiro primariamente com verbos de fala. O Conselheiro seria enviado pelo Pai para "ensinar" aos discípulos e para fazê-los lembrar de tudo que Jesus lhes "falou" (Jo 14.26; 16.14-15). Tal como Jesus, o Conselheiro foi "enviado" para "testemunhar" (Jo 15.26-27). A função do Conselheiro em relação ao mundo é "convencê-lo" do pecado, da justiça e do juízo (Jo 16.8). O Conselheiro também "guiaria" os discípulos de Jesus a toda a verdade por "falar" o que ouve e "mostrar" o que está por vir (Jo 16.13). Ao assim fazer, "glorificaria" Jesus (Jo 16.14). V. *advogado; confortador, defensor; consolador; Espírito Santo.*

CONSELHO CELESTIAL Encontro de Deus e das hostes celestiais que aponta para o papel de Deus como Rei do universo. Alguns estudiosos propõem uma analogia com mitos da Mesopotâmia e de Canaã sobre encontros do panteão de deuses para decidir o destino do cosmo. Anjos, p. ex., são retratados como seres que se apresentam diante de Deus, talvez para relatar as contribuições para o plano dele (Jó 1.6; 2.1) ou para discutir como esse plano será realizado (1Rs 22.20b; possivelmente Gn 1.26, embora isso seja questionável). No entanto, há importantes diferenças. O monoteísmo do povo hebreu é *proclamado*, não *questionado*, pelos textos do concílio. Javé (o Senhor) está entronizado em meio à sua adoração e culto oferecidos pelos seres angelicais (Sl 29.1), e na assembleia ele é grandemente temido e louvado (Sl 89.5-8). Sua presidência da assembleia está diretamente ligada à reivindicação exclusiva como Governante e Juiz (Sl 82.1,8).

Seres humanos às vezes estão a par dos acontecimentos do conselho de Deus. O verdadeiro profeta de Javé é alguém que conhece o conselho de Deus. Na provação com os falsos profetas, Micaías relata sua observação das deliberações do conselho (1Rs 22.19-23). Da mesma forma, Elifaz pergunta a Jó se ele conhece o conselho de Deus, dizendo que com isso as suas alegações estariam fundamentadas (Jó 15.8). Jeremias condena aqueles profetas que não estiveram no conselho de Deus, pois se tivessem estado, conheceriam os planos de Deus e não desviariam seu povo do caminho (Jr 23.18,22). A participação no conselho por parte do profeta, então, leva ao sucesso preditivo.

Demônios às vezes aparecem no conselho. Na história da queda de Acabe, um espírito mau é alistado como o que engana os falsos profetas. Deus questiona os espíritos com relação ao engano de Acabe, mas isso não quer dizer que Deus está consultando os anjos sobre seu plano. Sua resposta ao espírito mentiroso indica que seu sucesso foi ordenado (1Rs 22.23). Satanás aparece diante do trono de Deus para acusar os santos (Jó 1.9-11; 2.4,5; Zc 2.1,2), mas não parece ser um participante regular. O texto afirma que Satanás *veio* com os anjos (Jó 1.6; 2.1) depois de "perambular pela terra" (Jó 1.7;2.2). Isso deve ser contrastado com os seres angelicais que estão perpetuamente ao redor do trono de Deus (Ap 4.6b-8). Pode-se concluir com segurança que os espíritos maus participam do conselho quando têm uma função para exercer nos planos de Deus. V. *filhos de Deus*. — John Laing

CONSERVANTISMO Disposição para apreciar, conservar e promover no presente ensinamentos e valores enraizados no passado. Na Bíblia, o conservantismo é mais claramente visto na atitude de Paulo com relação à fé e às Escrituras. Paulo se reconheceu herdeiro de um corpo de escritos e tradições sagrados que precisavam ser aprendidos, cridos e cuidadosamente ensinados a outros (1Co 11.2; 2Ts 2.15; 2Tm 1.13,14; 3.14,15; Tt 1.9).

Os fariseus, que davam grande importância à observância das tradições dos anciãos (Mc 7.3,4; cp. Dt 6.6,7; Pv 1.8; 4.1-4), criticaram Jesus por sua aparente falta de conservantismo (Mc 7.5). A resposta de Jesus foi distinguir as tradições humanas das palavras de Deus (Mc 7.6-13), sendo que estas últimas, por implicação, tinham o propósito de vivificar o coração dos homens de maneira que a mera tradição não conseguiria.

CONSOLAÇÃO O conforto que alivia a tristeza e a dor. Os termos hebraicos estão proximamente associados às palavras para compaixão — *nichum, nocham*. A integridade de Jó para com as instruções de Deus lhe dava "consolo" apesar da tristeza e dor (Jó 6.10). Davi enviou servos para consolar Hanum, rei de Amom, depois da morte do pai deste (2Sm 10.1,2). As pessoas trouxeram comida e bebida para consolar os pranteadores (Jr 16.7; cp. Jo 11.19). A resposta de Deus à oração traz consolação à alma aflita (Sl 94.19). Mesmo quando Deus destruiu Jerusalém, proveu a consolação no remanescente fiel (Ez 14.22,23).

A esperança derradeira de Israel era a consolação que somente o Messias podia trazer. Os fiéis esperavam ansiosamente por ela (Lc 2.25; cp. Is 40.1,2). Os que confiam em riquezas, não na vinda do Filho do homem, têm toda a consolação que vão receber (Lc 6.24). Os cristãos recebem a consolação por meio do ministério da proclamação (1Co 14.3). V. *compaixão*.

CONSOLADOR Palavra geralmente usada nas versões tradicionais para traduzir o termo grego *paracletos* ("Conselheiro", *NVI*). A palavra composta se refere a "alguém chamado de lado". O texto de Jo traz cinco trechos em que essa palavra detalha a obra e ministério do Consolador/Conselheiro para os cristãos. Jesus disse aos seus discípulos que estava indo e que isso era para benefício deles porque ele enviaria outro Consolador/Conselheiro, o Espírito Santo, que nunca mais seria tirado deles. Há uma série de ministérios que o Consolador/Conselheiro realizaria na vida dos cristãos. Ele ensinaria todas as coisas aos cristãos (Jo 14.26), testemunharia a respeito de Cristo (15.26), exporia os erros do mundo e geraria convicção de pecado (16.8), guiaria os cristãos no caminho da verdade (16.13) e glorificaria a Jesus (16.14).

A mesma palavra é traduzida em 1Jo 2.1 por "advogado" (*ARA*) ou "intercessor" (*NVI*), é e uma referência à obra intercessora de Jesus pelos cristãos. Os "dois Consoladores" podem ser vistos como operando conjuntamente: o Espírito Paracleto operando em nós e por meio de nós na terra, e Jesus o Paracleto trabalhando por nós no céu, como aquele que "vive sempre para interceder por eles" (Hb 7.25, *NVI*). V. *advogado, defensor; Espírito Santo*. — W. Dan Parker

CONSTELAÇÕES V. *céu; estrelas*.

CONSTRUTOR DE NAVIOS V. *navios, marinheiros e navegação*.

CONSULTA A DEUS Busca de orientação divina, muitas vezes antes de uma batalha (1Sm 23.2,4; 2Sm 5.19,23; 2Rs 3.11;

2Cr 18.4,6,7), mas também em outras situações. Usava-se uma variedade de métodos para buscar o desígnio de Deus: sonhos (1Sm 28.6); sacerdotes com o *efod* [estola] (1Sm 22.10; 23.9-13); profetas (2Rs 3.11); e a consulta direta. Na história antiga de Israel consultavam-se os sacerdotes para aconselhamento divino (Jz 18.14,17; 1Sm 22.10). Os sacerdotes discerniam a vontade de Deus através da sorte sagrada, os Urim e Tumim (Nm 27.21; 1Sm 14.36-42).

Visto que aparentemente esses objetos de sorte eram guardados em uma bolsa no colete do sacerdote (Êx 28.30), é provável que as menções de consulta ao *efod* se refiram a eles (1Sm 23.9-13; 30.8). Os profetas às vezes faziam uso da música como auxílio para alcançar o estado de êxtase em que a vontade de Deus podia ser discernida (2Rs 3.15; 1Sm 10.5,6). Muitas vezes os profetas tomaram a iniciativa de anunciar a vontade de Deus quando nenhuma consulta havia sido feita. Com o surgimento da sinagoga, a consulta direta por meio da oração se tornou o meio primordial para averiguar a vontade divina.

Nem todos os métodos de consultar a Deus foram vistos favoravelmente. Os danitas consultaram um levita encarregado do santuário de Mica (Jz 18.5,6,14). O método usado pelo levita para averiguar a vontade de Deus não fica claro. O santuário tinha um *efod*, um ídolo esculpido, e *terafim* (deuses domésticos), qualquer um deles poderia ter sido consultado. Esses santuários foram considerados exemplos do mal resultante de não haver rei e "cada um fazia o que lhe parecia certo" (Jz 17.6). Entre os demais métodos de discernir a vontade de Deus rejeitados pelos autores bíblicos estão: consultas a médiuns (Dt 18.10,11; 1Sm 28.3,7; Is 8.19), consulta a *terafim* (Jz 17.5; 18.13-20; Os 3.4; Zc 10.2), e consulta a divindades gentílicas (Baal-Zebu, 2Rs 1.2,3,16; Moloque ou Milcom [ARA], Sf 1.5). V. *necromancia; profecia, profetas; Terafim; Urim e Tumim.* — Chris Church

CONSUMAÇÃO O fim da história e o cumprimento das promessas do Reino de Deus. O termo vem de Dn 9.27 que fala da completa destruição que Deus decretou sobre o príncipe que ameaçava seu santuário. V. *escatologia*.

CONTENTAMENTO Satisfação interior que não exige mudanças das circunstâncias exteriores. O NT expressa essa ideia com a palavra grega *arkeo* e seus derivados. O texto de Hb 13.5 resume o ensino ao instruir os leitores a serem livres do amor ao dinheiro e a dependerem da promessa de Deus de não abandonar os seus. Comida e abrigo devem ser suficientes para os que temem a Deus (1Tm 6.6-10; cp. Mt 6.34; contrastar com Lc 12.19). O cristão pode estar contente sem depender das circunstâncias exteriores (Fp 4.11-13). Os cristãos estão contentes em conhecer o Pai (Jo 14.8,9) e depender da sua graça (2Co 12.9,10; cp. 2Co 9.8-11).

CONTRITO Ser humilde, ter atitude de arrependimento diante de Deus, esmagado pelo sentimento de culpa e pecaminosidade. Esse conceito veterotestamentário é expresso pela palavra hebraica *daqaq* e seus derivados. O significado básico é ser esmagado ou despedaçado. Aparece na trituração do bezerro de ouro (Êx 32.20) ou na trituração do grão durante a debulha (Is 28.28). Esmagar o inimigo é um tema muito comum na Bíblia (Sl 89.10). Deus ensinou Israel a não esmagar e oprimir o pobre (Pv 22.22). Aliás, o rei deve esmagar quem oprime o pobre (Sl 72.4). Em Sl 9.9 os pobres são mencionados como os esmagados (lit.) e recebem a certeza do refúgio de Deus (cp. Sl 143.3). Eles precisam, portanto, vir a Deus em oração, sabendo que o que Deus quer é um espírito quebrantado e um coração contrito (Sl 51.17). Deus vivificará o espírito de tal pessoa (Is 57.15; cp. 66.2; Sl 34.18).

O plano divino de salvação se baseia no fato de que aprouve a Deus esmagar seu Servo Sofredor (Is 53.10). Esse será por fim exaltado (Is 52.13).

CONTROLE DE ARMAS Uma analogia bíblica ao controle de armas é registrada em 1Sm 13.19-22. Os filisteus, que tinham o monopólio da manufatura de instrumentos de ferro, recusavam-se a permitir que os israelitas tivessem acesso a espadas ou lanças. A despeito da tentativa filisteia de controlar os armamentos, os israelitas conseguiram derrotar tanto os filisteus (1Sm 14) como os amalequitas (1Sm 15).

De modo mais direto, Davi "venceu o filisteu com uma atiradeira e uma pedra, sem espada na mão" (1Sm 17.50; cp. v. 31-40). A lição teológica da vitória de Davi é que a confiança em Deus é mais poderosa que tentativas humanas como armamentos, uma lição que Isaías achou necessário repetir para Ezequias, diante da invasão assíria de 701 a.C. (Is 22.8b-11).

CONTROLE DE NATALIDADE Em resposta à ordem de Deus no jardim do Éden — "Sejam férteis e multipliquem-se" (Gn 1.28; cp. Gn 9.1,7) — homens e mulheres no antigo Israel davam grande valor à reprodutividade humana (1Sm 1.8; Sl 127.3-5). Segurança emocional e econômica no antigo Israel era expressa por meio de famílias grandes (Sl 113.9), e elas eram protegidas por estruturas legais e costumes que garantiam a continuidade genealógica (Dt 25.5-10; Rt 4.5; Mc 12.18-23). A identidade pessoal do indivíduo era em grande parte baseada em parentesco e linhagem assim que uma mulher estéril era considerada incompleta (Gn 30.22,23; 1Sm 1.5,6). Por essa razão a tentativa de controle de natalidade de Onã desagradou tanto a Deus quanto sua família (Gn 38.8-10).

Eunucos eram relativamente comuns no mundo antigo (e.g., Mt 19.12; At 8.27). A castração tinha o objetivo não do controle de natalidade, mas era realizado por uma série de razões como castigo, para demonstrar devoção religiosa ou para qualificar um homem para certos trabalhos que exigiam lealdade não dividida, como supervisionar as mulheres de uma corte (Et 1.10-12; 2.3). No entanto, a lei mosaica reconhecia que a castração era contrária à ordem natural criada e baniu pessoas castradas do serviço religioso (Dt 23.1). Esse banimento foi evidentemente afrouxado na época de Isaías (Is 56.3-5). — *Paul H. Wright*

CONVERSÃO A volta ou o retorno de uma pessoa a Deus, um conceito bíblico e teológico fundamental. A palavra em si é relativamente rara nas Escrituras. No AT, a palavra é *shuv*, traduzida geralmente por "voltar-se" ou "retornar". No NT, o verbo básico é *epistrepho*, e o substantivo é *epistrephe*. Esse grupo de palavras é mais semelhante à nossa concepção de conversão. *Metanoeo* (e o substantivo relacionado) é comumente traduzido por "arrepender-se/arrependimento". Teologicamente, a "conversão" é em geral compreendida como o aspecto experiencial da salvação, fundamentada na obra divina logicamente anterior da regeneração (o "novo nascimento"; Jo 3.3,5-8; Tt 3.5). Refere-se a uma virada decisiva do pecado à fé em Jesus Cristo como o único meio de salvação (Jo 14.6; At 4.12; 1Tm 2.5). É um ato realizado de uma vez por todas, irrepetível e decisivo. A pessoa ou é convertida ou não é. Não há meio termo. Em termos humanos, a conversão é a iniciação do processo geral da salvação. Em apenas um caso *epistrepho* é usado no NT para se referir a um cristão "retornando" à obediência e fé — quando Pedro "retornou" depois de negar a Cristo (Lc 22.32).

No AT, o conceito de conversão ocorre de diversas formas. 1) Pode-se falar de uma conversão de grupo tal como a de uma cidade pagã como Nínive no passado (Jn 3.7-10) ou da nação do Egito (Is 19.22) ou de todas as nações no futuro (Sl 22.27). O conceito se aplica mais comumente ao retorno de Israel a Deus. A conversão de Israel é marcada pelo estabelecimento de uma aliança e um compromisso renovado à lealdade e fidelidade para com Deus, a quem abandonaram no passado (Js 24.25; 2Rs 11.4; 2Cr 15.12; 29.10; 34.31). 2) Há relatos de indivíduos que se voltam para Deus (Sl 51.13; 2Rs 5.15; 23.25; 2Cr 33.12,13). 3) Há mesmo ocasiões em que se diz que é Deus quem se volta ou retorna para seu povo (Is 63.17; Am 9.14).

O salmista afirma que a palavra de Deus é essencial na conversão (19.7). Isaías associa a conversão à justiça (1.27), cura (6.10), misericórdia e perdão (55.7). Jeremias identifica a conversão com a eliminação dos ídolos (4.1,2). A conversão é uma volta genuína a Deus, que envolve arrependimento, humildade e mudança de coração, e uma busca sincera de Deus (Dt 4.29,30; 30.2.10; Is 6.9,10; Jr 24.7). Resulta em um conhecimento renovado de Deus e de seus propósitos (2Cr 33.13; Jr 24.7).

No NT, um texto-chave é Mt 18.3: "a não ser que vocês se convertam e se tornem como crianças, jamais entrarão no Reino dos céus" (*NVI*). A conversão é possível para qualquer um que vem a Deus com confiança simples como a de uma criança que vem aos seus pais.

Em At descobrimos chamados à conversão, bem como o relato de uma série de experiências de conversão. Pedro associou a conversão ao arrependimento e a ter os pecados apagados (3.19). Em At 11.20,21 crer em Jesus está incluído na conversão. Paulo afirma em Listra que a conversão envolve voltar-se das coisas vãs para o Deus vivo (14.15; cp. 1Ts 1.9; 1Pe 2.25). A única ocorrência da forma substantiva da palavra "conversão" no NT descreve os gentios vindo à salvação e a grande alegria que isso causou (15.3; cp. Lc 15.7,10).

Ao contar a própria conversão, Paulo disse que o Senhor o tinha comissionado a pregar aos gentios "para abrir-lhes os olhos e convertê-los das trevas para a luz, e do poder de Satanás para Deus, a fim de que recebam o perdão dos pecados e herança entre os que são santificados pela fé em mim" (At 26.18). Há conversões de diversos grupos registradas em At: os judeus no Pentecoste (2.22-41), samaritanos (8.5-25), gentios (10.44-48) e discípulos de João (19.1-7). Há também as experiências de conversão individuais. Algumas são bem dramáticas com manifestações físicas resultantes (p. ex., Paulo, 9.5-18; Cornélio, 10.44-48; também 15.7-35; observar 15.19; o carcereiro de Filipos, 16.29-34). Outras são calmas e silenciosas (o homem da Etiópia, 8.26-40; Lídia, 16.14). Também é interessante observar que Lc traz três relatos da conversão de Paulo (9.5-18; 22.6-21; 26.12-23), bem como da conversão do gentio Cornélio (10.44-48; 11.15-18; 15.7-35). Deus não faz distinção racial alguma com respeito aos que queiram se voltar a ele. Tiago acrescenta uma palavra de encorajamento ao evangelista fiel, informando-nos o seguinte: "Quem converte um pecador do erro do seu caminho, salvará a vida dessa pessoa e fará que muitíssimos pecados sejam perdoados" (Tg 5.20).

Na teologia bíblica, a conversão tem dois lados, o divino e o humano. Representa a infusão da graça divina na vida humana e a ressurreição de alguém da morte espiritual para a vida eterna. Só podemos nos voltar a Deus pelo poder da sua graça e do chamado do seu Espírito Santo. A conversão é um evento que inicia um processo. Significa o momento no tempo em que somos estimulados a responder a Jesus Cristo com arrependimento e fé. Ela começa na obra santificadora do Espírito Santo em nós, purificando e conformando-nos à imagem de Cristo. A conversão é o início da nossa jornada para a maturidade cristã. Podemos e devemos fazer progressos rumo à perfeição, mas nunca a obteremos nesta vida. Mesmo os convertidos precisam conduzir uma vida de arrependimento contínuo, e mesmo os santificados precisam se voltar novamente a Cristo e ser renovados (cf. Sl 51.10-12; Lc 17.3,4; 22.32; Rm 13.14; Ef 4.22-24; 1Jo 1.6—2.2; Ap 2.4,5,16; 3.19). V. *regeneração; arrependimento*. — Daniel L. Akin

CONVICÇÃO DE CULPA Sentimento de culpa e vergonha que leva ao arrependimento.

A palavra hebraica *yakah* expressa a ideia de convencer de culpa. Significa "argumentar com", "provar", "corrigir". Deus pode ser o sujeito e as pessoas o objeto (Jó 22.4), ou uma pessoa pode ser o sujeito que convence outra pessoa (Ez 3.26).

O termo grego que significa "convencer" é *elencho*. Significa "convencer", "refutar", "rebater", em geral com a sugestão de sentimento de vergonha da pessoa convencida da culpa. Ministros jovens como Timóteo e Tito tinham a responsabilidade de "convencer" (exortar, refutar) os que estavam sob sua liderança (1Tm 5.20; 2Tm 4.2; Tt 1.13; 2.15). João Batista "repreendeu" Herodes Antipas por causa de seu casamento ilícito com Herodias, esposa de seu irmão (Lc 3.19). Ninguém podia convencer Jesus de pecado (Jo 8.46).

O trecho de Jo 16.8-11 é a passagem clássica sobre convicção de culpa. O Espírito Santo é o que convence, e o mundo (habitado) é o objeto de seu convencimento. O estudo desse trecho fornece os seguintes resultados. Primeiro, a convicção de pecado resulta do ato do Espírito Santo em despertar a humanidade para o sentimento de culpa e condenação por causa do pecado e da incredulidade. Segundo, o que se tem em mente aqui é mais que convicção mental. A pessoa como um todo está envolvida. Isso pode levar à ação baseada no sentimento de convicção. Terceiro, a convicção resulta em esperança, não desespero. Uma vez que o indivíduo está consciente do relacionamento interrompido com Deus, ele é desafiado e encorajado a reparar esse relacionamento. A convicção não significa só a exposição do pecado (desespero), mas também o chamado ao arrependimento (esperança). V. *perdão; arrependimento; pecado*. — Glenn McCoy

CONVIDADO Alguém que recebeu convite para ir a uma festa (1Sm 9.24; 2Sm 15.11). Jesus enfureceu a população de Jericó ao ser um convidado na casa de Zaqueu, um pecador bastante conhecido (Lc 19.7). Pedro ultrapassou as barreiras raciais ao receber como convidados em sua casa os mensageiros gentios enviados por Cornélio (At 10.23).

Um uso no sentido figurado da palavra "convidado" aparece em Sf 1.7, em que convidados consagrados são uma imagem dos exércitos invasores que o Senhor convidou para punir Judá. Jesus descreveu seus discípulos como convidados em uma festa de casamento que não podem prantear enquanto ele, o noivo, estiver com eles (Mt 9.15). A salvação de Deus é apresentada como um salão de festas cheio de convidados que devem estar adequadamente vestidos (Mt 22.10-13).

COORTE ITALIANA Nome da unidade de arqueiros do exército romano à qual pertencia o centurião gentílico Cornélio (At 10.1). Provavelmente a unidade era composta de mil homens arregimentados na Itália. Pouco se sabe sobre essa coorte italiana. Existe evidência extrabíblica da presença em Cesareia de uma unidade chamada *Cohors II Italica* depois de 69 d.C. Contudo, essa data é muito tardia para os acontecimentos registrados em At 10. Talvez a *Cohors II* de fato estivesse em Cesareia antes de 69 d.C., ou talvez a coorte italiana à qual Cornélio pertencia fosse uma unidade diferente. V. *Cornélio*.

COORTE, REGIMENTO Unidade militar romana com capacidade de mil homens; dez coortes formavam uma legião. Cornélio (At 10.1) aparentemente pertencia à coorte de arqueiros chamada *Coorte II Miliaria Italica Civium Romanorum Voluntariorum* que tinha mil integrantes, e Cornélio comandava cem deles. Originariamente, a unidade tinha sido formada em Roma de escravos libertos que receberam a cidadania. Foi transferida à Síria no mais tardar em 69 d.C. A narrativa bíblica situa a coorte em Cesareia antes de 41 d.C. Uma coorte de infantaria estava aquartelada em Jerusalém e protegeu Paulo dos judeus radicais (At 21.31). Eles estavam aquartelados na fortaleza de Antônia no canto noroeste do templo. Um centurião ligado à coorte Augusta estava encarregado de Paulo e outros prisioneiros, levando-os de Cesareia para Roma (At 27.1; "Batalhão do Imperador", *ARA*; "Regimento Imperial", *NVI*).

COPEIRO 1. Tradução de uma palavra hebraica que significa literalmente "alguém que dá de beber". O copeiro era o oficial da corte real responsável pelos vinhos e outras bebidas. Membro de confiança da corte visto que ajudava a evitar o envenenamento do rei (Gn 40.1-23; 41.9). O termo é usado também em 1Rs 10.5; 2Cr 9.4; Ne 1.11. **2.** Oficial de alta patente nas cortes dos reis do antigo Oriente Médio. O copeiro era responsável por servir vinho na mesa do rei e por proteger o rei contra o envenenamento. O copeiro muitas vezes pertencia ao círculo de confiança máxima do rei e tinha grande influência sobre as decisões do rei. O copeiro-chefe da história de José (Gn 40.2) era o supervisor de uma equipe própria. Neemias era o estimado copeiro de Artaxerxes (Ne 1.11; 1Rs 10.5; 2Cr 9.4). O Rabsaqué pode ter sido o título dado aos copeiros na corte assíria (2Rs 18.17-37; Is 36.2). V. *ocupações e profissões*.

COPO, CÁLICE, TAÇA Utensílio para beber feito de cerâmica ou diversos materiais como ouro, prata ou bronze. Durante os tempos bíblicos, esses utensílios vinham em duas formas diferentes. Alguns eram parecidos aos seus correspondentes modernos. No entanto, a maioria das taças antigas eram tigelas rasas que eram produzidas em uma infinidade de tamanhos. Também podiam ser usadas para adivinhação (Gn 44.5). Além disso, o termo "taça" (*NVI*) ou "cálice" (*ARA*) era usado para designar os recipientes das lâmpadas do candelabro do tabernáculo (Êx 25.31-35).

Na Bíblia as palavras "copo", "taça" ou "cálice" são muitas vezes usadas em sentido figurado. O conteúdo é destacado, visto que simbolicamente Deus serve a bebida. Assim copo, cálice ou taça podem representar bênçãos ou prosperidade para uma pessoa justa (Sl 16.5; 23.5; 116.13). Da mesma forma, retratavam a totalidade do juízo divino sobre os ímpios (Sl 11.6; 75.8; Is 51.17,22; Jr 25.15; 49.12; 51.7; Ez 23.31-34; Ap 14.10; 16.19; 17.4; 18.6). Jesus bebeu voluntariamente o cálice do seu sofrimento (Mt 20.22; 26.39,42; Mc 10.38; 14.36; Lc 22.42; Jo 18.11). Para Jesus esse cálice foi sua morte e tudo que ela incluía.

O cálice tinha um lugar proeminente na liturgia da refeição da Páscoa judaica e assim, por conseguinte, na ceia do Senhor. Na ordenança cristã o cálice é um lembrete simbólico da morte propiciatória de Jesus (Mt 26.27,28; Mc 14.23,24; Lc 22.20; 1Co 11.25,26). V. *adivinhação e mágica; lâmpada, iluminação, candelabro; Ceia do Senhor; Páscoa; cerâmica; recipientes e vasos*. — *LeBron Matthews*

COR Medida seca equivalente a um ômer, ainda que as estimativas variem muito. Os que usam o sistema métrico decimal calculam que um cor tivesse capacidade entre 200 e 400 litros. Aparentemente representavam a carga que um burro podia carregar. A medida em Lc 16.7 (cf. nota explicativa da *NVI*) possivelmente representa uma transliteração grega do hebraico *kor*. V. *pesos e medidas*.

CORÁ Nome pessoal que significa "calvo". **1.** Filho de Esaú (Gn 36.5,14; 1Cr 1.35) que se tornou chefe de um clã edomita (Gn 36.18). **2.** Neto de Esaú, filho de Elifaz, chefe de um clã edomita (Gn 36.16). **3.** Líder da rebelião contra Moisés e Arão enquanto Israel estava acampado no deserto de Parã (Nm 16). Corá, Datã e Abirão lideram uma confederação de 250 líderes do povo contra a alegação de Arão quanto ao sacerdócio e contra a autoridade de Moisés. Os rebeldes alegaram que toda a congregação era santificada e, portanto, qualificada para realizar funções sacerdotais. Como punição pela insubordinação, Deus fez a terra se abrir e engolir os líderes e seus bens. Um fogo da parte do Senhor consumiu os 250 seguidores deles. **4.** Levita descendente de Isar, da família de Coate (Êx 6.21; 1Cr 6.22,37), provavelmente o mesmo que 3. acima. Os filhos de Corá e Asafe formaram os mais importantes grupos de cantores do templo (cf. 2Cr 20.19). Muitos dos salmos com o título "Salmo dos filhos de Corá" podem ter sido extraídos do hinário deles (Sl 42; 44-49; 84; 85; 87; 88). Em uma lista posterior dos cantores do templo o grupo de Hemã substitui Corá e se reuniu a Asafe e a Etã como os três grupos de cantores (1Cr 6.33-48). Os membros do grupo de Corá também foram porteiros (1Cr 9.19; 26.1,19) e padeiros dos pães para as ofertas (1Cr 9.31). **5.** Filho de Hebrom na linhagem de Calebe (1Cr 2.43). **6.** Possivelmente uma cidade de Judá perto de Hebrom. Os cinco coraítas que se uniram a Davi em Ziclague podem ter sido pessoas dessa cidade (1Cr 12.6). Entretanto, desde que esses cinco homens são também identificados como benjamitas (1Cr 12.2), eles podem ter sido de uma cidade do mesmo nome cuja localização ainda não foi determinada. — *Mike Mitchell e Phil Logan*

CORAÇÃO Centro da vida física, mental e espiritual dos humanos. A palavra "coração" se refere a esse órgão propriamente, que é considerado o centro da vida física. Comer e beber são descritos como fortalecer o coração (Gn 18.5, *ARC*, *BJ*; "recuperem as forças", *NVI*; Jz 19.5; At 14.17). Como o centro da vida física, o coração passou a significar a vida como um todo. Nos tempos bíblicos era considerado o centro de todas as funções vitais do corpo, incluindo a vida intelectual e espiritual. O coração e a mente estão intimamente ligados, e o coração é tido como a sede da inteligência: "Pois o coração deste povo se tronou insensível [...] se assim não fosse, poderiam ver com os olhos, ouvir com os ouvidos, entender com o coração e converter-se" (Mt 13.15). O coração está ligado ao pensamento (Pv 23.7). Refletir algo no coração significa considerar cuidadosamente (Lc 1.66, *ARA*, *ARC*; 2.19). "Não se preocupe o teu coração" é a tradução literal da expressão hebraica que significa dar atenção e preocupar-se (1Sm 9.20, *ARA*; "não se preocupe", *NVI*). Trazer (ou pôr) algo no coração significa lembrar-se (Is 46.8 no original hebraico; as versões em português trazem uma tradução interpretativa que exclui a palavra "coração"). Todas essas são funções da mente que são tidas como do coração na linguagem bíblica.

Ligados à mente de modo muito próximo estão os atos da vontade, resultantes de uma consciência ou mesmo de uma decisão deliberada. Por isso, "cada um dê conforme determinar em seu coração" (2Co 9.7). Ananias mentiu ao Espírito Santo em seu coração (At 5.4, *ARA*; "pensar", *NVI*). A decisão consciente é tomada no coração (Rm 6.17). Ligados à vontade estão os desejos e decisões humanos. Em Rm 1.24 "Deus os entregou à impureza sexual, segundo os desejos pecaminosos do seu coração, para a degradação do seu corpo entre si".

O coração não está apenas ligado às atividades da mente e da vontade, mas também intimamente ligado a sentimentos e afeições de alguém. Emoções como a alegria se originam no coração (Sl 4.7; Is 65.14). Especialmente o AT atribui outras emoções ao coração. A respeito de Nabal é dito que "se amorteceu nele o coração" (1Sm 25.37, *ARA*; "ficou paralisado como uma pedra", *NVI*; cp. Sl 143.4). O desencorajamento ou desespero é descrito como "coração ansioso" que "deprime o homem" (Pv 12.25). Em Ec 2.20: "Então me empenhei porque o coração se desesperou de todo trabalho em que me afadigara debaixo do sol"

(*ARA*; "cheguei a ponto de me desesperar por todo o trabalho no qual tanto me esforcei debaixo do sol", *NVI*"). Outra emoção ligada ao coração é a tristeza. Já Jó 16.6 diz: "Porque falei estas coisas, o coração de vocês encheu-se de tristeza". Em Pv 25.20 a tristeza é "coração entristecido". O coração é a sede dos sentimentos de amor, e do seu oposto, o ódio. No AT, p. ex., Israel recebe a ordem: "Não guardem ódio contra o seu irmão no coração; antes, repreendam com franqueza o seu próximo para que, por causa dele, não sofram as consequências de um pecado" (Lv 19.17). Uma atitude semelhante, "inveja amarga", é descrita em Tg 3.14 como vinda do coração. Por outro lado, o amor é baseado no coração. O cristão recebe a ordem de amar a Deus de todo o coração" (Mc 12.30; cp. Dt 6.5). Paulo ensinou que o propósito do mandamento de Deus é um amor "que procede de um coração puro" (1Tm 1.5).

As Escrituras falam do coração como o centro da vida moral e espiritual. A consciência, p. ex., está associada ao coração. De fato, a língua hebraica não tem uma palavra específica para consciência, por isso usa a palavra "coração" para expressar esse conceito, embora as versões modernas da Bíblia tenham optado por traduzir "coração" por "consciência" em textos como Jó 27.6, *NVI*, *ARA*, *NTLH*, *BJ*). A palavra "coração" em 1Sm 25.31 tem o sentido de "consciência". No NT fala-se do coração como sendo também o que nos condena (1Jo 3.19-21). Todas as condições morais, das mais altas às mais baixas, são descritas como tendo centro no coração. Algumas vezes usa-se a palavra para representar a verdadeira natureza ou o caráter de uma pessoa. A respeito de Dalila, o texto de Jz diz que Sansão "descobriu-lhe o coração" (16.17, *ARA*; "lhe contou o segredo", *NVI*). A natureza verdadeira é contrastada com o que está no interior: "o homem vê a aparência, mas o Senhor vê o coração" (1Sm 16.7).

Do lado negativo, a despeito da depravação, é dito que ela encontra guarida no coração: "o coração é mais enganoso que qualquer outra coisa, e sua doença é incurável. Quem é capaz de compreendê-lo?" (Jr 17.9). Jesus disse que é do coração que procedem maus pensamentos, homicídios, adultérios, imoralidades sexuais, roubos, falsos testemunhos e calúnias (Mt 15.19). Em outras palavras, a contaminação vem de dentro, não de fora.

Porque o coração é a raiz de todos os problemas, é o lugar em que Deus realiza sua obra nas pessoas. A obra, p. ex., ("exigência", *NVI*) da Lei está gravada no coração, e a consciência é testemunho disso (Rm 2.15). O coração é o campo no qual a semente (a palavra de Deus) é semeada (Mt 13.19; Lc 8.15). Além de ser aí que as leis naturais de Deus estão escritas, o coração é lugar de renovação. Antes de Saul se tornar rei, Deus mudou-lhe o coração (1Sm 10.9). Deus prometeu a Israel "um coração não dividido e um novo espírito" e um "coração de carne" (Ez 11.19). Paulo disse que é preciso crer com o coração par a justiça (Rm 10.10; cp. Mc 11.23; Hb 3.12).

O coração é o local da habitação de Deus. A respeito de duas das pessoas da Trindade é dito que habitam no coração do cristão. Deus "pôs o seu Espírito em nossos corações como garantia do que está por vir" (2Co 1.22). Em Ef 3.17 há o desejo que de "Cristo habite no coração de vocês mediante a fé". O amor de Deus foi derramado "em nossos corações por meio do Espírito Santo que ele nos concedeu" (Rm 5.5). — *Gerald P. Cowen*

CORAÍTAS Descendentes de Corá que pertenciam à divisão dos levitas coatitas. A palavra é transliterada "coreíta" em Nm 26.58. V. *coatitas*; *Corá*.

CORAL Depósito de esqueleto calcário ou caloso produzido por pólipos antozoários. O coral vermelho ou precioso encontrado exclusivamente nos mares Mediterrâneo e Adriático (*Corallium rubrum*) é o tipo conhecido aos autores bíblicos. O valor da sabedoria ultrapassa o valor do ouro, prata, diversas pedras preciosas, cristal ou coral (Jó 28.12-18). O coral estava entre os bens comercializados entre Israel e Edom (Ez 27.16).

CORASÃ (*NVI*) ou **BORASÃ** (*ARA, ARC*) Nome de lugar que significa "poço de fumaça" ou "buraco de fumaça". Lugar na maioria dos manuscritos em 1Sm 30.30. Um povoado no território da tribo de Judá à qual Davi deu parte dos seus despojos da vitória. Geralmente é identificada com Asã, povoado de Judá em que Simeão viveu (Js 15.42; 19.7). V. *Corasã*, *Borasã*.

CORAZIM Uma das cidades censuradas por Jesus pela incredulidade dos habitantes

(Mt 11.21). Ficava na Galileia. Tem sido identificada com a atual Khirbet Kerazeh, com ruínas situadas a aproximadamente três quilômetros ao norte de Cafarnaum. Corazim é mencionada no *Talmude* como um lugar famoso pelo trigo. No tempo de Jesus deve ter sido um lugar importante, mas em meados do séc. III d.C. já não era habitada.

CORBÃ Oferta particularmente destinada ao Senhor e, portanto, era proibido qualquer outro uso (Mc 7.11). Jesus se referiu a algumas pessoas que equivocada e propositadamente evitavam dar o cuidado necessário aos pais ao declararem como "corbã" qualquer quantia de dinheiro ou bens que de outra forma poderiam ser usados para esse cuidado. Assim, o que começou como um ato religioso de oferta por fim operava como maldição, negando o benefício aos próprios pais. V. *sacrifício e oferta*. — Gene Henderson

CORÇA O hebraico usa duas palavras. *Ya'alah* se refere à fêmea do ibex ou cabra montês (Pv 5.19), *Capra nubiana* ou *Capra sinaitica* (Sl 104.18). *Ayalah* é a gazela fêmea (Gn 49.21; 2Sm 22.34; Jó 39.1; Sl 18.33; 29.9; Jr 14.5; Hc 3.19; Ct 2.7; 3.5). O macho, *Cervus captrolus*, é o veado de Dt 12.14,22; 14.5; 15.22; 1Rs 4.23; Is 35.6; Sl 42.2; Ct 2.9,1; Lm 1.6. (As interpretações dos termos hebraicos variam conforme a versão). V. *cervos*.

CORÇO (1Rs 4.23, *ARA*) V. *cervo; corça*.

CORCOVA Formação nas costas do camelo na qual alimento é estocado em forma de gordura. Is 30.6 se refere a cargas carregadas na corcova dos camelos. V. *Camelo*.

CORCUNDA Quem tem as costas encurvadas. De acordo com o Código de Santidade, os corcundas eram excluídos do ministério sacerdotal, ainda que pudessem alimentar-se das refeições sagradas dos sacerdotes (Lv 21.20).

CORDA V. *cordão*.

CORDÃO Laço ornamental usado como adorno. Cordões azuis ou roxos eram usados para prender a túnica de linho ou o cinturão ao peitoral do sumo sacerdote (Êx 28.28; 39.21) e o diadema dourado ao turbante (Êx 28.37; 39.31). O termo hebraico subjacente é usado em outras passagens como um cinto ou cordão com um selo (Gn 38.18), como um cordão azul colocado em borlas feitas nas extremidades das roupas (Nm 15.38) ou como um fio de estopa (Jz 16.9).

CORDEIRO DE DEUS Título aplicado por João Batista especificamente ao Senhor Jesus (Jo 1.29): "Vejam! É o Cordeiro de Deus, que tira o pecado do mundo!". O título é encontrado em textos anteriores ao NT, mas não com o sentido específico que nele se encontra. A frase é usada, p. ex., em um livro apócrifo do séc. II para se referir ao Messias ("honrem Judá e Levi, pois deles sairá para vocês o Cordeiro de Deus, que salva as nações pela graça"). De igual modo, Jr 11.19 e Is 53.7 apontam para o significado profético do Cordeiro. Mas é no NT que a expressão encontra o significado distintamente cristão ao se referir a Cristo como o Cordeiro que expiou nossos pecados.

A origem da expressão devia-se ao lugar importante ocupado pelo "cordeiro" nos sacrifícios do povo judeu. O cordeiro era usado para sacrifício na páscoa anual (Êx 12.1-36), bem como nos sacrifícios diários de Israel (Lv 14.12-21; Hb 10.5-7). No sábado o número de ofertas era duplicado, e em algumas das grandes festas uma quantidade maior ainda era colocada sobre o altar (Êx 29.38; Nm 28.3,9,13). João Batista estaria familiarizado com tudo isto, sendo membro de uma família sacerdotal.

O cordeiro da páscoa ocupa lugar destacado na mente dos israelitas devotos, e quando João pronunciou as palavras encontradas em 1.29, a páscoa não estava distante. O significado sacrificial da expressão é muito mais importante que a mera comparação do caráter de nosso Senhor com a mansidão e humildade, como alguns têm sugerido. O uso sacrificial está claramente em vista nas palavras dos apóstolos Paulo (1Co 5.7) e Pedro (1Pe 1.18).

Mesmo que referências da palavra "cordeiro" sejam relativamente escassas no restante do NT, no livro do Ap as referências ao Cordeiro ocupam o lugar central. A expressão ocorre 27 vezes, mas a palavra usada pelo apóstolo João é diferente da usada por João Batista. O *amnos* de Jo 1.29 se torna o *arnion* em Ap, uma forma diminutiva, que sugere afeto. *Arnion* é também a palavra usada pelo Senhor na repreensão a Pedro e no perdão dado a ele (Jo 21.15). Enquanto o *arnion* em Ap é o Cordeiro do sacrifício (5.6-10; 12.11), é também aquele que virá em ira e juízo (6.16,17).

A relação entre Jo 1.29 e Is 53 tem sido objeto de discussões importantes. No versículo 10 de Is o Senhor fez da vida do Sofredor "uma oferta pela culpa" e no versículo 4 ele "sobre si levou as nossas doenças". A palavra usada pelo profeta para "levar" (*pherein*, na *LXX*) envolve o conceito da oferta pelo pecado com poder de justificação, tendo a ideia de "levar para longe". No entanto, João não usou a palavra *pherein* da *LXX*, mas *airein*, quando disse que Cristo "tiraria" os pecados do mundo. Alguns eruditos defendem que a palavra de João significa simplesmente "deixar de lado" ou "suportar" ou "resistir". Mas isso certamente perde o significado do termo associado "cordeiro" que João não poderia ter utilizado sem referência ao aspecto sacrificial e por seguinte, substitucionário.

Entre as duas referências, encontramos em Cristo o cumprimento da promessa de que Deus providenciaria um sacrifício para retirar a maldição do pecado e trazer salvação ao mundo. Conquanto Isaías possa não ter tido uma concepção dogmática completa da relação entre a plena da morte de Cristo e a salvação do mundo, pelo menos a ideia da retirada da maldição do pecado estava na mente do profeta. V. *expiação*, *propiciação*; *Cristo, cristologia*; *páscoa*: *redimir, redenção, redentor*; *sacrifício e oferta*; *Servo do Senhor*. — Dale Ellenburg

CORÉ Nome pessoal, que significa "aquele que proclama". **1.** Filho de Ebiasafe, levita da família de Corá e pai de Salum e Meselemias, porteiros do tabernáculo (1Cr 9.19; 26.1). **2.** Filho de Imná, o levita, porteiro da porta leste, e indicado por Ezequias para receber as ofertas voluntárias e distribui-las entre os sacerdotes (2Cr 31.14).

CORES Autores da literatura bíblica refletem pouco ou nada do senso abstrato da cor. Não obstante, fazem referências frequentes a um seleto conjunto de cores quando seu propósito na escrita o exigiu.

Referências a cores Indo além da cor no sentido abstrato, acham-se referências frequentes a alguns objetos que têm designações de cores. Quando se faz referência a uma cor em particular ou a diversas cores, provavelmente assim ocorre por uma de duas razões. Primeiro, um autor talvez queira usar a cor em um sentido descritivo para ajudar a identificar um objeto ou esclarecer algum aspecto sobre tal objeto. Empregos de cor no sentido descritivo podem se aplicar a tais categorias como o mundo natural, objetos animados e inanimados e aspectos de aparência pessoal. A vegetação terrestre, p. ex., é descrita como verde; as roupas muitas vezes são de diferentes tons de vermelho ou azul; cavalos são identificados por cores como vermelho, preto ou branco; e as características humanas como os olhos, cabelo, pele e dentes também são descritos com diversas cores.

A segunda razão para designações de cores na Bíblia envolve um emprego mais especializado. Às vezes um autor usa uma cor no sentido simbólico para transmitir uma verdade teológica sobre o tópico do seu texto. As designações de cores têm significado simbólico geral. O branco, p. ex., pode simbolizar a pureza ou alegria; o preto pode simbolizar juízo ou decadência; o vermelho, o pecado ou o sangue da vida; e a púrpura, o luxo e a elegância. O simbolismo das cores se tornou para os autores da literatura apocalíptica (Dn, Ap) uma ferramenta apropriada para expressar diversas verdades em linguagem oculta. Nos seus textos se podem encontrar representantes brancos da conquista ou vitória, representantes pretos da fome e peste, o vermelho representando o derramamento de sangue em época de guerra, a palidez (lit. "cinza-esverdeado") como representante da morte e a púrpura representando a realeza.

Designações de cores de uso frequente As designações de cores que aparecem na Bíblia fornecem relativamente pouco em termos de variedade. A questão se torna ainda mais complicada pelo fato da dificuldade de traduzir com precisão os termos hebraicos e gregos das cores.

As cores mencionadas com maior frequência são as referentes aos produtos coloridos manufaturados pelos povos de Israel e as terras vizinhas. Particularmente comuns são os diversos tons do espectro de vermelho e púrpura. A cor púrpura (na *NVI* o termo é traduzido muitas vezes por "azul") estava entre as cores e corantes mais valorizados na antiguidade e era usada na coloração de materiais tecidos e tramados. Os povos de

Creta, Fenícia e Canaã produziam o corante dos moluscos tirados do mar Mediterrâneo. A púrpura é destacada como uma das cores de alguns itens do tabernáculo e das roupas dos sacerdotes no AT (Êx 26.1; 28.4-6; azul na *NVI*). No NT, o manto colocado em Cristo e a ocupação de Lídia são associados à cor púrpura também (Mc 15.17; At 16.14). Na diversificação do processo de produção do corante, outros tons de azul se tornaram possíveis e são citados na Bíblia (Êx 28.5,6; Ez 23.6; Ap 9.17).

Tons de vermelho eram produzidos a partir de insetos, vegetais e minerais de coloração avermelhada. Eram usadas também para colorir roupas. Além disso, objetos naturais são às vezes designados como tendo a cor vermelha, escarlate ou carmesim, incluindo itens como um cozido, o vinho, o céu e cavalos (Gn 25.30; Pv 23.31; Mt 16.2,3; Ap 6.4). Isaías usou a cor vermelha como símbolo da natureza do pecado (Is 1.18).

As cores neutras, como o branco e o preto, são mencionadas ocasionalmente na Bíblia. Objetos naturais como o leite, a pele leprosa e a neve são designados como brancos (Gn 49.12; Lv 13.3,4; Is 1.18). O branco é usado no NT acerca das roupas de Jesus e dos anjos para indicar a glória de quem as vestia (Mt 17.2; 28.3; At 1.10). Objetos naturais designados como pretos incluem itens como o cabelo, a pele e o céu, e mesmo o sol (Lv 13.31; Jó 30.30; 1Rs 18.45; Ap 6.12).

Outras designações de cores usadas com menos frequência, mas não menos importantes são verde, amarelo, rubro e cinza. —*James Sexton*

CORÍNTIOS, PRIMEIRA CARTA AOS O livro de 1Co é uma carta prática em que Paulo lida com problemas associados à igreja como um todo e também com problemas pessoais.

O primeiro ministério de Paulo em Corinto Um breve resumo dos contatos de Paulo com Corinto vai nos ajudar na compreensão da sua correspondência com Corinto. Em uma visão em Trôade na sua segunda viagem missionária, Paulo ouviu o chamado: "Passa à Macedônia e ajuda-nos" (At 16.9). Paulo e seu grupo foram a Filipos e estabeleceram o trabalho ali. Depois de serem soltos da prisão, Paulo e Silas foram a Tessalônica. Embora um trabalho fosse estabelecido ali, levantou-se uma perseguição contra eles por causa da inveja dos judeus. Paulo e Silas prosseguiram para Bereia, onde foram bem recebidos. No entanto, os judeus de Tessalônica vieram e agitaram as multidões.

Decidiu-se que Paulo fosse sozinho ministrar em Atenas. Uma comparação entre At 17.13-15 com 1Ts 3.6 indica que Timóteo retornou a Tessalônica. Silas provavelmente ficou em Bereia. O ministério de Paulo em Atenas foi breve. Converteram-se algumas pessoas, mas não foi estabelecida uma igreja. Paulo deixou Atenas sozinho e provavelmente desanimado.

Paulo foi de Atenas a Corinto, onde mais tarde Silas e Timóteo se juntaram a ele (At 18.5). Paulo ministrou em Corinto por ao menos 18 meses (At 18.1-18). Começou a trabalhar com Áquila e Priscila na confecção de tendas. Eles provavelmente já eram cristãos.

Paulo saiu de Corinto acompanhado de Áquila e Priscila (At 18.18). Ele os deixou em Éfeso e prometeu aos efésios que voltaria. Entrementes, Áquila e Priscila instruíram a Apolo; e ele partiu para Corinto, onde pregou durante algum tempo (At 18.24-28). Depois de visitar Jerusalém e Antioquia da Síria, Paulo voltou a Éfeso para um ministério de mais de dois anos (At 19.8-10).

Os contatos de Paulo com Corinto no ministério em Éfeso Durante o ministério de Paulo em Éfeso ocorreu uma série de eventos perturbadores em relação a Corinto: 1) Um espírito partidarista surgiu em Corinto (1Co 1.12,13; 3.3,4). 2) Veio uma série de relatos a Paulo, alguns da parte dos de Cloe (1Co 1.11), que incluíam ataques a Paulo (1Co 2.1-10) e menção a problemas de imoralidade (1Co 5.1). 3) Paulo escreveu uma carta advertindo contra a comunhão com pessoas sexualmente imorais (1Co 5.9). Essa carta se perdeu a não ser que parte dela tenha sido preservada em 2Co 6.14—7.1. 4) Os coríntios escreveram a Paulo perguntando acerca de alguns problemas concernentes ao casamento, fornicação e desordem no culto público. 5) Uma delegação veio de Corinto (Estéfanas, Fortunato e Acaico) com notícias de Corinto (1Co 16.17). 6) Apolo encerrou o trabalho em Corinto e voltou a Éfeso. Mesmo sob orientação de Paulo ele se recusou a voltar a Corinto (1Co 16.12). 7) Paulo enviou Timóteo a Corinto (1Co 4.17) no esforço de resolver os problemas. Timóteo provavelmente foi via Macedônia (At 19.22; 1Co 16). 8) Paulo escreveu 1Co em Éfeso (1Co 16.8), esperando que recebessem a carta antes da chegada de Timóteo (1Co 16.10).

O propósito de 1Coríntios Paulo escreveu 1Co para dar instruções e admoestações que conduzissem à solução dos muitos problemas na congregação. Alguns desses problemas podem ter surgido de um grupo "superespiritual" que tinha sido influenciado por ensinamentos gnósticos incipientes. Todos os problemas dos cap. 1—14 estavam arraigados em atitudes egocêntricas em contraste com atitudes de autonegação centradas em Cristo. O cap. 15 que trata da ressurreição talvez reflita concepções equivocadas sinceras por parte dos coríntios.

Tema de 1Coríntios A vida egocêntrica é contrastada com a vida cristocêntrica, ou, o cristão maduro é caracterizado por "dar", não "receber".

Esboço

I. Introdução (1.1-9)
II. Divisões que revelam carnalidade e imaturidade em vez de crescimento sob o senhorio de Cristo (1.10—4.21)
   A. Fragmentados por um espírito partidarista (1.10-17)
   B. Cristo crucificado: uma pedra de tropeço para o mundo na sua sabedoria, mesmo assim o poder e sabedoria de Deus (1.18-31).
   C. A pregação de Paulo pelo poder de Deus, não pela sabedoria do mundo (2.1-5)
   D. A sabedoria de Deus revelada aos que têm a mente de Cristo (2.6-16)
   E. A incapacidade dos coríntios de receber a plena mensagem do evangelho (3.1-9)
   F. Responsabilidade e juízo (3.10-23)
   G. O papel dos apóstolos "servos de Cristo e encarregados dos mistérios de Deus" (4.1-13)
   H. A intenção da censura de Paulo — não envergonhar, mas admoestar (4.14-21)
III. Problemas de imoralidade sexual (5.1—6.20)
   A. Um caso de incesto (5.1-8)
   B. Atitude e relacionamento corretos da igreja com os fornicadores (5.9-13; 6.9-11)
   C. O erro do antinomismo em relação ao sexo (6.12-20)
   D. Litígio nas cortes pagãs (6.1-8)
IV. Casamento e celibato (7.1-40)
   A. A relação sexual no casamento (7.1-7)
   B. Conselho aos não casados com relação ao impulso sexual (7.8,9)
   C. Admoestação a cristãos casados que permaneçam casados (7.10,11)
   D. A responsabilidade do cristão quando o cônjuge não é cristão (7.12-24).

Uma rua em Corinto do séc. I d.C. com o Acrocorinto no fundo.

O bema, ou tribunal em Corinto.

　E. Circunstâncias sob as quais Paulo advertiu os não casados a permanecerem assim (7.25-35)
　F. A responsabilidade de um pai por sua filha virgem (7.36-38)
　G. Conselho às viúvas (7.39,40)
V. Carne oferecida a ídolos e a Liberdade cristã (8.1—11.1)
　A. Liberdade e responsabilidade em relação à carne oferecida aos ídolos (8.1-13)
　B. Paulo abdica de seus próprios privilégios apostólicos (9.1-23)
　C. A necessidade de autodisciplina (9.24-27)
　D. Admoestação da história de Israel no deserto (10.1-13)
　E. A impossibilidade de participar ao mesmo tempo da mesa do Senhor e da mesa de demônios (10.14-22)
　F. Um resumo dos princípios orientadores (10.23—11.1)
VI. Problemas no culto público (11.2—14.20)
　A. O uso do véu pelas mulheres (11.2-16)
　B. Desordens associadas à ceia do Senhor (11.17-34)
　C. Os dons espirituais e a supremacia do amor (12.1—14.40)
VII. A ressurreição (15.1-58)
　A. A ressurreição de Jesus (15.1-29)
　B. A relevância da esperança da ressurreição para as lutas desta vida (15.30-34)
　C. A ressurreição do corpo (15.35-58)
VIII. Questões práticas e pessoais (16.1-24)

— R. E. Glaze

CORÍNTIOS, SEGUNDA CARTA AOS

Depois de escrever 1Co, Paulo continuou seu ministério em Éfeso. Esse ministério foi tão bem-sucedido "que todos os judeus e os gregos que viviam na província da Ásia ouviram a palavra do Senhor" (At 19.10). Não tão bem-sucedida, no entanto, foi sua tentativa de resolver os problemas em Corinto. Mesmo depois de escrever 1Co, os problemas pioraram, especialmente os duros ataques dos coríntios a Paulo negando a própria essência do evangelho de que "Deus em Cristo estava reconciliando consigo o mundo, não levando em conta os pecados dos homens, e nos confiou a mensagem da reconciliação" (2Co 5.19).

Os contatos entre Paulo e os coríntios continuaram. Relatos de Corinto indicavam crescente hostilidade para com Paulo. Timóteo, a quem Paulo tinha enviado na esperança de que conseguisse resolver os problemas, voltou a Éfeso e estava com Paulo quando este escreveu 2Co (2Co 1.1).

Paulo fez uma visita dolorida a Corinto que não está registrada em At. Em 2Co temos três referências a essa visita. Depois de fazer essa visita, Paulo escreveu: "Por isso resolvi não lhes fazer outra visita que causasse tristeza" (2Co 2.1). A primeira visita de At 18.1-18 não foi uma que causou tristeza; por isso, a visita triste foi uma segunda visita. Além disso, 2Co 12.14 e 13.1 indicam que a visita seguinte de Paulo seria a terceira.

Paulo também escreveu uma carta de censura severa da qual a princípio se arrependeu tê-la escrito (2Co 7.8). Mais tarde ele se alegrou porque a carta os tinha levado ao arrependimento. Tito provavelmente foi o portador dessa carta (2Co 8.7,16,17). Essa carta não foi preservada a não ser que seja a parte que compreende os cap. 10—13 de 2Co.

Depois que Tito partiu para Corinto, Paulo deixou Éfeso. Seu coração estava pesado por causa de Corinto. Ele esperava que Tito fosse ao seu encontro em Trôade com notícias de reconciliação. Tito não o encontrou lá. Mesmo que Paulo encontrasse uma porta aberta em Trôade, seu coração estava tão pesado que não conseguiu ministrar (2Co 2.12,13). Ele prosseguiu para a Macedônia onde por fim se encontrou com Tito (2Co 7.6,7), e este lhe relatou condições melhores em Corinto. Como resposta, Paulo escreveu 2Co, prometendo-lhes uma visita em breve.

Têm surgido questionamentos acerca da unidade de 2Co. Esses questionamentos dizem respeito a 6.14—7.1 e os cap. 10—13. Alguns consideram 6.14—7.1 como parte da carta anterior mencionada em 1Co 5.9. Dois argumentos são favoráveis a essa alegação: 1) Os versículos interrompem a conexão temática entre 6.13 e 7.2. 2) Seu conteúdo harmoniza com a descrição da carta em 1Co 5.9. Dois argumentos são contrários a essa posição: 1) Não há evidências de manuscritos da existência desses versículos fora de 2Co. 2) Era característica de Paulo inserir outras questões na sua argumentação principal.

Alguns estudiosos têm feito a sugestão de que os cap. 10—13 se referem à carta escrita "com grande aflição e angústia de coração" (2Co 2.4). Dois argumentos são favoráveis a essa posição: 1) O tom muda entre os caps. 9 e 10. Os cap. 1—9 refletem relações restauradas e a ausência de hostilidade. Os cap. 10—13 estão repletos de censura e da defesa que Paulo faz do seu apostolado e conduta. 2) Os cap. 1—9 refletem a alegria e otimismo de Paulo. Isso dificilmente se explica mesmo que uma minoria ainda permanecesse inflexível. Dois argumentos são apresentados contra a alegação de que os cap. 10—13 teriam sido a carta severa: 1) Não há evidência de manuscritos a favor de tal divisão. 2) Os cap. 1—9 poderiam ser dirigidos à maioria arrependida e os cap. 10—13 à minoria não arrependida.

Podemos ter certeza de que tudo foi escrito por Paulo e é a mensagem de Deus dada a Paulo por meio de inspiração divina. Paulo escreveu 2Co para tratar de problemas internos da igreja e para defender o ministério apostólico em geral e seu apostolado em particular. Ao fazê-lo Paulo revelou muito acerca de si mesmo, seu apostolado e seu ministério apostólico. A epístola é essencial para qualquer pessoa que conhecesse o máximo possível acerca de Paulo.

Esta carta, 2Co, é relevante hoje para os ensinamentos acerca dos ministros e seus ministérios. Entre esses ensinamentos estão os seguintes: 1) Deus estava em Cristo reconciliando o mundo consigo mesmo e nos deu o ministério da reconciliação. 2) O verdadeiro ministério em nome de Cristo envolve tanto o sofrimento quanto a vitória. 3) Servir a Cristo significa ministrar em seu nome a todas as necessidades das pessoas. 4) Líderes em ação no seu ministério precisam do apoio e confiança das pessoas a quem estão ministrando.

As escavações em Corinto que mostram o comércio na ágora.

Esboço

I. Saudação (1.1-3)
II. A natureza do ministério apostólico (1.3—7.16)
   A. Definido em termos das relações de Paulo com os coríntios (1.3—2.17)
   B. Definido em termos de sua glória e vergonha (3.1—7.16)
III. A expressão do ministério apostólico por meio da coleta para Jerusalém (8.1—9.15)
   A. Exemplos de contribuição sacrificial (8.1-15)
   B. Cuidado no manuseio da coleta (8.16-24)
   C. Um apelo à reação generosa (9.1-15)
IV. A defesa que Paulo faz do seu ministério apostólico (10.1—12.13)
   A. Por meio de respostas às alegações (10.1-18)
   B. Por meio do recurso à insensatez da jactância (11.1—12.13)
V. Os planos futuros de Paulo (12.14—13.10)
   A. Expectativa de uma terceira visita a Corinto (12.14-21)
   B. Advertência de Paulo de que vai agir com franqueza quando for visitá-los (13.1-10)
VI. Saudações finais (13.11-14)

— *R. E. Glaze*

CORINTO Um dos quatro centros importantes no relato neotestamentário da igreja primitiva, sendo os outros três Jerusalém, Antioquia da Síria e Éfeso. O primeiro ministério mais extenso de Paulo em uma cidade foi em Corinto. Na sua primeira visita a Corinto, permaneceu ali ao menos 18 meses (At 18.1-18). As três cartas mais extensas de Paulo estão associadas a Corinto. As cartas 1 e 2Co foram escritas à igreja em Corinto, e Rm foi escrita em Corinto. Líderes cristãos proeminentes associados a Corinto incluem Áquila, Priscila, Silas, Timóteo, Apolo e Tito.

História de Corinto Localizada no extremo sudeste do istmo que estava ligada ao sul da península grega, a cidade estava em um plano elevado ao pé do Acrocorinto, um monte que alcançava 570 metros acima do nível do mar. Corinto era uma cidade marítima situada entre dois portos importantes: o porto de Lecaião no golfo de Corinto aproximadamente a três quilômetros ao norte e o porto de Cencreia no golfo Sarônico aproximadamente a dez quilômetros a leste de Corinto.

Corinto já era uma cidade importante muito antes de se tornar colônia romana em 44 a.C. Além das muitas obras de autores antigos que resistiram ao tempo, a arqueologia moderna contribuiu significativamente para o conhecimento da antiga Corinto.

A descoberta de utensílios de pedra e de cerâmica indica que a região já era povoada no fim da Idade da Pedra. Ferramentas de metal encontradas revelam a ocupação durante a Idade do Bronze (entre 3000 a.C. e 2000 a.C.). A importância crescente de Corinto no período clássico começou com a invasão dória em aproximadamente 1000 a.C.

Localizada ao pé do Acrocorinto e no lado sudoeste do istmo, Corinto podia ser defendida de maneira relativamente fácil. Os coríntios controlavam o comércio leste-oeste que passava pelo istmo, bem como o comércio entre o Peloponeso e a região da Grécia ao norte. A cidade experimentou crescimento rápido e prosperidade, até mesmo colonizando Siracusa e a Sicília e a ilha de Córcira na margem oriental do Adriático. A cerâmica e o bronze eram exportados para todo o mundo Mediterrâneo.

Durante um século (aproximadamente entre 350 e 250 a.C.) Corinto foi a maior e mais próspera cidade da Grécia. Mais tarde, como membro da Liga Aqueana, Corinto colidiu com Roma. Por fim, a cidade foi destruída em 146 a.C. L. Mummius, o cônsul romano, queimou a cidade, matou os homens e vendeu as mulheres e crianças à escravidão. Durante cem anos a cidade ficou desolada.

Júlio César reconstruiu a cidade em 44 a.C., e ela se tornou rapidamente uma cidade importante no Império Romano. Uma via terrestre para navios que cortava o istmo ligava os portos de Lecaião e Cencreia. A carga de navios grandes era descarregada, transportada através do istmo e recarregada em navios. Navios pequenos eram movidos sobre um sistema de rolos. Assim os navios evitavam mais de 300 quilômetros de viagens sujeitas a temporais na volta ao sul da península grega.

Descrição de Corinto nos dias de Paulo Quando Paulo visitou Corinto, a cidade

CORINTO

CORINTO
SÉCULO I

LEGENDA
1. Estrada de Lecaião
2. Propilaia (porta de entrada)
3. Fonte de Peirene
4. Períbolo de Apolo
5. Basílica Juliana
6. Bema (tribunal)
7. Comércio central
8. Stoa ao sul (mercado)
9. Bouleuterion (senado)
10. Estátua de Poseidon e Fonte
11. Comércio no lado noroeste
12. Tempo arcaico (de Apolo)
13. Mercado no lado norte
14. Santuário de Atena Chalinitis
15. Comércio no lado oeste
16. Odeão
17. Teatro

reconstruída tinha pouco mais de um século de idade. Tinha se tornado, no entanto, um importante centro metropolitano. Com exceção da área em que a cidade era protegida pelo Acrocorinto, um muro de aproximadamente dez quilômetros em circunferência rodeava a cidade. A estrada que vinha de Lecaião entrava na cidade pelo lado norte, conectando-a com o porto no golfo de Corinto. À medida que a estrada avançava na cidade, ficava mais larga até atingir sete metros com calçadas em ambos os lados. Pelo lado sul da cidade saía a estrada para Cencreia.

Chegando à cidade pelo norte, a estrada de Lecaião passava pela Propilaia, a bela porta que marcava a entrada para o mercado (*ágora*). A *ágora* era retangular e continha muitos comércios. Uma linha de comércios dividia a *ágora* em uma seção norte e outra seção sul. Perto do centro dessa linha divisória estava o *bema*. O *bema* consistia em uma grande plataforma para um orador e bancos atrás e dos lados. Esse foi provavelmente o lugar em que Paulo foi levado a Gálio (At 18.12-17).

As religiões de Corinto Embora a cidade restaurada dos dias de Paulo fosse uma cidade romana, os habitantes continuavam a adorar deuses gregos. A oeste da estrada de Lecaião e a norte da *ágora* estava o antigo templo de Apolo. Provavelmente parcialmente destruído por Mummius em 146 a.C., sete das 38 colunas originárias ainda estão de pé. A leste da estrada estava o santuário de Apolo. Na cidade também havia santuários de Hermes, Hércules, Atena e Poseidon.

Em Corinto havia um templo famoso dedicado a Asclépio, o deus da cura, e sua filha Higieia. Diversas edificações foram construídas em volta do templo para os doentes que vinham em busca de cura. Os pacientes deixavam no templo réplicas de terracota das partes do corpo que tinham sido curadas. Algumas dessas réplicas foram encontradas nas escavações.

O culto pagão mais importante em Corinto era o culto a Afrodite. A adoração de Afrodite tinha prosperado na antiga Corinto antes da sua destruição em 146 a.C. e foi renovada na Corinto romana. Um templo de adoração a Afrodite estava localizado no topo da acrópole.

Sumário A Corinto como Paulo a encontrou era uma cidade cosmopolita composta de pessoas de diversos panos de fundo culturais. Por estar perto do lugar dos jogos ístmicos realizados a cada dois anos, os coríntios gostavam tanto do prazer desses jogos quanto da riqueza que os visitantes traziam à cidade. Enquanto seus navios eram transportados através do istmo, os marinheiros vinham à cidade para gastar seu dinheiro com os prazeres de Corinto. Mesmo em uma época de conhecida imoralidade sexual, Corinto era famosa por seu estilo de vida devasso. — *R. E. Glaze*

CORNÉLIO Centurião do exército romano que vivia em Cesareia (At 10.1). Embora fosse gentio, era adorador do único Deus verdadeiro. Também tratava o povo judeu com bondade e generosidade. Depois que um anjo apareceu a esse piedoso soldado, mandou buscar Simão Pedro em Jope, que veio a ele com a mensagem do perdão dos pecados por meio da fé no Cristo crucificado e ressurreto. Cornélio se tornou cristão a partir de então. Sua conversão marcou o início da atividade missionária da igreja entre os gentios. Também ajudou a preparar o palco para uma importante controvérsia logo no início da história da igreja, pois levantou a questão da possibilidade de salvação para os que não eram judeus. V. *Atos, livro de; Pedro*.

CORNETA Tradução na *NTLH* de uma palavra grega em 1Co 14.8 que em outras versões é traduzida por "trombeta". V. *música, instrumentos, dança*.

CORO Grande medida de líquidos e secos de quantidade desconhecida (usada em versões antigas). V. *pesos e medidas*.

COROA Adereço especial de cabeça usado pela realeza e outras pessoas de elevada posição e honra. A coroa provavelmente evoluiu de um turbante ou faixa de cabeça usado por líderes tribais; a faixa de cabeça a certa altura se transformou em um diadema de metal, com ou sem ornamentação. Há alguns anos arqueólogos descobriram em um túmulo de Jericó uma faixa de cabeça de cobre datando de aproximadamente 2000 a.C.

Tanto o rei quanto o sumo sacerdote de Israel usavam coroas, mas ouvimos falar mais da coroa destes do que daqueles (Êx 28.36,37; 29.6; Lv 8.9). A coroa dourada de Davi foi um prêmio de batalha (2Sm 12.30). Como símbolo de sua autoridade, a coroa era usada quando o rei estava no seu trono e quando liderava as forças em combate (2Sm 1.10). A palavra "coroa" também era usada figuradamente para se referir ao cabelo grisalho de um homem (Pv 16.31), à vida virtuosa de um homem (Pv 12.4) e às bênçãos de Deus sobre a humanidade (Sl 8.5). Ocasionalmente a palavra se referia a uma grinalda de festa (Ct 3.11).

Enquanto a maioria das referências a "coroa" no AT se refere ao adereço de cabeça de fato, no NT o termo em geral tem sentido figurado. Paulo imaginava uma "coroa de justiça" para si mesmo e outros (2Tm 4.8), e Tiago esperava a "coroa da vida" (Tg 1.12). Enquanto o corredor ganhador naqueles dias recebia uma coroa de folhas de murta, Paulo olhava para o futuro na esperança de uma coroa que não murchasse (1Co 9.25). Nem mesmo o atleta vitorioso ganharia a recompensa se não obedecesse às regras (2Tm 2.5). Por outro lado, a palavra evoca repugnância quando se lê que os soldados romanos entreteceram espinhos na coroa que colocaram sobre a cabeça de Jesus (Mt 27.29).

Em Ap, as coroas são tanto reais quanto figuradas. Os 24 anciãos sentados em volta do trono de Deus estavam usando "coroas de ouro" (4.4), e enquanto adoravam "[lançavam] as suas coroas diante do trono" (4.10). Mais tarde, um dragão de sete cabeças apareceu usando uma coroa em cada cabeça (12.3), mas em oposição a todas as forças do mal estava alguém "semelhante a um filho de homem" usando "uma coroa de ouro" (14.14). Em cada caso a coroa simbolizava poder, ou bom ou mal. — *William J. Fallis*

COROA DE ESPINHOS Coroa feita pelos soldados romanos para zombar de Jesus, o "Rei dos judeus" (Mt 27.29; Mc 15.18; Jo 19.3; não mencionada em Lc). A identificação da planta usada para entrançar essa coroa não é conhecida. Jesus usou a imagem dos "espinhos" no seu ensino no sentido negativo (Mt 7.16; Mc 4.7,18; Hb 6.8). V. *plantas*.

CORPO Em contraste com a maioria das religiões e sistemas de pensamento, tanto o AT quanto o NT dão grande valor ao corpo humano. No AT não há um termo que se refira ao corpo como tal. A palavra mais próxima e mais usada é *basar*, traduzida por "carne". Os termos *basar* e *nefesh*, este traduzida por "alma", são usados de forma intercambiável.

O corpo como criação de Deus. O corpo foi criado por Deus — mortal, com necessidades físicas, fraco e sujeito à tentação. O corpo não é, no entanto, desprovido de significado. No corpo a pessoa vive o "eu" da existência humana, relacionando-se com Deus e os outros seres humanos. O corpo é o lugar da adoração adequada (Rm 12.1), o templo do Espírito Santo (1Co 6.19,20), e por isso deve ser disciplinado (1Co 9.27). Em Corinto as pessoas não entendiam de forma adequada o propósito de Deus para o corpo. Paulo seguiu a Jesus no ensino de que a vida espiritual interior não deve ser lançada em uma competição contra a vida física exterior (Mt 6.22; 1Co 6.12-20; 2Co 4.7,10). Isso significa que a guerra em nome do espírito não é contra o corpo, mas contra o pecado. O alvo não é a liberação de uma alma "divina" do corpo, mas a disponibilização do corpo para o serviço de Deus. Prestaremos contas de toda ação diante de Deus um dia (2Co 5.10).

O corpo e a sexualidade O amor físico é uma dádiva do Criador (Gn 2.23,24). Um livro inteiro da Bíblia celebra essa realidade — Ct. Os humanos expressam amor com todo o seu ser, não somente com os órgãos sexuais. Isso significa que a sexualidade é diferente de comer e beber, que satisfazem somente as exigências do estômago. O pecado sexual governa o corpo, i.e., a pessoa por inteiro. Visto que o corpo do cristão pertence ao Criador, Redentor e Espírito Santo, o pecado sexual é proibido para o cristão (1Co 6.12-20).

A redenção e ressurreição do corpo O ser humano terreno está debaixo do poder do pecado e da morte. Ninguém pode se distanciar desse poder, mas todos anseiam pela redenção (Rm 7.24; 8.23). A redenção não é garantida por uma alma sem corpo que continua a existir depois da morte. Tal redenção é garantida somente por Deus, que continua a se importar com o corpo e a alma dos seres humanos mesmo depois da morte (Mt 10.28). A morte não é o redentor; o redentor é Deus. É ele quem dá o presente da vida eterna (Rm 6.23) em que Jesus Cristo se tornou um ser humano terreno e se ofereceu a si mesmo por nós

(Jo 1.15; Rm 7.4). Os que o seguem com fé e no batismo experimentam a realidade de que o corpo não é obrigado a permanecer escravo do pecado (Rm 6.6,12). A pessoa nunca será redimida do corpo; antes, o corpo será redimido por meio da ressurreição dos mortos (Rm 6.5; 8.11). A existência dos ressurretos é uma existência com um corpo. O corpo terreno humilhado será renovado como o corpo glorioso de Jesus ressurreto, tornando-se um corpo ou edificação ou casa não terrena (1Co 15.35-49; 2Co 5.1-10; Fp 3.21).

A ressurreição do corpo não significa que a personalidade se dissolve em uma ideia, ou na posteridade ou na sociedade. Significa, em vez disso, a transformação total da "carne e sangue" em um "corpo espiritual", uma personalidade criada e formada de maneira nova pelo Espírito de Deus. O corpo da ressurreição é comunhão com o Senhor e com as pessoas que começa antes da morte e encontra uma realização inimaginável por meio da ressurreição.

O Corpo de Cristo Jesus Cristo tinha um corpo físico e terreno que foi crucificado fora dos portões de Jerusalém (Mc 15.20-47; Cl 1.22; Hb 13.11,12). O Corpo de Cristo também designa o corpo do Crucificado "dado em favor de vocês", com o qual a Igreja está unida na celebração da ceia do Senhor (Mc 14.24; 1Co 10.16; 11.24). O poder persistente do sacrifício do Gólgota conduz os seres humanos a se unir em uma comunidade de igreja, que em um sentido real está unida com o Senhor exaltado. Corpóreo não é, contudo, físico. O unir-se com o Corpo de Cristo não acontece magicamente por meio do pão, mas historicamente por meio da compreensão e apropriação da presença e do sofrimento e morte de Jesus.

A Igreja como o Corpo de Cristo A imagem do corpo chama os diferentes indivíduos à unidade (1Co 12.12-27); no entanto, a Igreja não tem meramente a mesma forma; ela é um Corpo, e, de fato, um Corpo em Cristo (Rm 12.5; 1Co 10.17). Em Cristo o Corpo da comunidade de Igreja é incorporado. A comunidade de cristãos não produz o Corpo; o Corpo é um fato previamente concedido (1Co 12.13). No Corpo de Cristo, o Corpo da comunidade de igreja vive porque Cristo é maior do que a Igreja. Ele é o cabeça de toda a Criação (Ef 1.22,23; Cl 2.10), e como cabeça não somente pertence à comunidade de igreja, mas antes está relacionado com a Igreja. Enquanto o mundo está em uma relação de sujeição a Cristo (Ef 1.20-23; Fp 2.9-11), somente a Igreja é o Corpo dele (Cl 1.18,24; Ef 4.4,12; 5.23,30), que ele ama (Ef 5.25). A Igreja se une a ele por meio do crescimento orgânico (Cl 2.19; Ef 4.15,16). A Igreja cresce ao servir a um futuro, que por meio de Cristo já começou a ser encarnado (Cl 2.9). O crescimento do Corpo ocorre à medida que a Igreja sai marchando para servir o mundo (Ef 4.12), mesmo ao mundo demoníaco (Ef 3.10). O cristão individual é unido a Cristo somente como membro do Corpo. A Bíblia não fala de uma união mística e direta do indivíduo com o Senhor. A Bíblia fala da união com Cristo somente como fé incorporada no âmbito da comunidade de igreja e com a igreja no âmbito do mundo. — *Christian Wolf*

CORPOS CELESTES Paulo contrastou os corpos celestes (Sol, Lua e estrelas) com os corpos terrenos ao explicar a diferença entre o corpo humano presente (físico) e o corpo da ressurreição (corpo espiritual, 1Co 15.35-50). Os dois tipos de corpo são de natureza totalmente diferente; um é fraco e perecível, o outro é glorioso e eterno.

CORREÇÃO, DISCIPLINA ou **DISCIPLINAR** Termos referentes ao ato de castigo com a intenção de instruir e mudar o comportamento. Duas palavras hebraicas básicas expressam essa ideia — *yakach*, "resolver uma disputa", "repreender"; *yasar*, "instruir, disciplinar". As pessoas temem a experiência da disciplina da ira de Deus (Sl 6.1; 38.1). Ademais, o pai precisa disciplinar seus filhos (2Sm 7.14; cp. Dt 8.5; 21.18; Pv 13.24; 19.18). O povo de Deus não deve desprezar a correção divina, pois conduz à cura (Jó 5.17,18; cp. Pv 3.11; Hb 12.5). Essa correção é escolha de Deus, não dos seres humanos (Os 10.10; cp. 7.12). O propósito da disciplina é conduzir ao arrependimento (Jr 31.18,19) e trazer bênçãos (Sl 94.12), não matar (Sl 118.18). Mostra a grandeza e o poder de Deus (Dt 11.2). A palavra culminante do AT acerca do castigo é que o Servo Sofredor levou sobre si nosso castigo, para que não tenhamos de sofrer (Is 53.5). Por fim, a repreensão e a disciplina mostram o amor de Deus pelo disciplinado (Ap 3.19). Ele está tentando nos proteger do castigo eterno (1Co 11.32; cp. Hb 12.10).

CÓRREGO DOS SALGUEIROS V. *Arabim*.

CORREIA Palavra usada para designar uma tira ou faixa de couro para amarrar sandálias (Gn 14.23; Is 5.27; Mc 1.7; Lc 3.16; Jo 1.27). De acordo com os rabinos, desamarrar as correias das sandálias era tarefa de um escravo, que não deveria ser exigida de um discípulo. Assim, João Batista, na presença de Jesus, confessou sua posição inferior a de um escravo.

CORREIOS Integrantes da guarda real que levavam mensagens por todo o reino (2Cr 30.6,10; Et 3.13,15; 8.10,14). Mensageiros romanos eram autorizados a se apropriar de transporte ou da ajuda de cidadãos do império para o cumprimento de suas tarefas (Mt 5.41; Mc 15.21).

CORRENTES Tradução de ao menos oito termos hebraicos diferentes para materiais entrelaçados em ornamentos ou objetos restritivos. **1.** Ornamento usado em volta do pescoço para significar a investidura em um posto como recompensa política (Gn 41.42; Dn 5.7), ou como joia pessoal (Nm 31.50). Animais (p. ex., camelos) também podiam usar correntes ornamentais (Jz 8.26). **2.** Decorações de ouro usadas no peitoral do sumo sacerdote (Êx 28.14,22). **3.** Uma série de correntes formava uma separação no templo de Salomão (1Rs 6.21). **4.** Ornamentos arquitetônicos nas paredes do templo (2Cr 3.4,16). **5.** Correntes restritivas para impedir a fuga de presos (Jr 39.7; At 28.20). Deus era capaz de libertar seu ministro das correntes (At 12.7).

CORRENTINHAS DE TORNOZELO (Is 3.20). V. *tornozeleira*.

CORRER, CORRIDA Metáfora comum para as lutas da vida cristã (1Co 9.24-26; Gl 5.7; Hb 12.1). Em Gl 2.2 "correr" se aplica especificamente à luta de Paulo para evangelizar.

CORRUPÇÃO Termo usado nas versões tradicionais (*ARA*, *ARC*) para denotar a natureza passageira do mundo material — i.e., a propensão do mundo para a mudança e a decadência (Rm 8.21; 1Co 15.42-57; 1Pe 1.4). A corrupção ("decadência", *NVI*) do mundo está em contraste com a natureza permanente e terna da esperança da ressurreição.

CORTAR (UNHAS) O ato de cortar as unhas era uma manifestação de luto pelos pais (Dt 21.12). O israelita desejoso de se casar com uma prisioneira de guerra devia permitir primeiro que ela cortasse os cabelos e as unhas. Essas ações talvez simbolizassem a purificação ou a entrada na comunidade da aliança.

CORTINA Pedaço de pano ou outro material, às vezes ordenado de tal forma que pode ser puxado para cima ou para os lados, pendurado para servir de decoração ou para cobrir, esconder ou encerrar algo. A palavra "cortina" é usada às vezes como sinônimo de "tenda" (Ct 1.5; Is 54.2; Jr 4.20; 10.20; 49.29; Hc 3.7). O tabernáculo que foi construído para abrigar a arca da aliança foi feito de dez cortinas (Êx 26.2). Em uma época posterior da história israelita, duas cortinas foram usadas para separar o Lugar Santo do Lugar Santíssimo no templo. A cortina separando o Lugar Santo do Lugar Santíssimo foi rasgada de cima abaixo no momento da morte de Jesus significando o acesso que todas as pessoas têm a Deus a partir de então (Mt 27.51). O autor de Hb fala da cortina no santuário celestial (Hb 6.19; 9.3). Jesus também abriu essa cortina aos seus seguidores por sua morte (Hb 10.20).

CORRUPÇÃO, MONTE DA V. *Destruição, monte da*.

CORUJA 1. Tradução em algumas versões (*NVI*, *ARC*) referente a um animal de destruição mencionado três vezes (Is 14.23; 34.11; Sf 2.14). O nome "coruja" é aplicado a muitos tipos de garças de tamanho mediano (*botaurus* e gêneros relacionados) com um característico grito estrondoso. Corujas e garças são aves de regiões úmidas e pantanosas, não parecem os animais mencionados pelos autores bíblicos. Sugerem-se algumas alternativas: "ouriço" (*ARA*), "coruja estridente" (*NVI*), "bichos selvagens" (*A21*). Entre essas sugestões, o ouriço e o porco-espinho têm melhor apoio. O animal representa o mundo selvagem e misterioso que os seres humanos não controlam. **2.** Ave de rapina pertencente à ordem *Strigiforme*, geralmente de hábitos noturnos. As palavras hebraicas para várias espécies de aves não podem ser identificadas com precisão em português. O texto de Dt 14.16 identifica duas espécies de coruja, uma grande e uma pequena. Já Sl 102.6 menciona a coruja do deserto. Mencionam-se ainda a coruja de chifre, a coruja de orelha pequena, a coruja orelhuda (Lv 11.16; Dt 14.15) e o mocho (Lv 11.17; Dt 14.16). As corujas, como outras aves de rapina, eram consideradas impuras. Imagem comum de desolação era a coruja fazendo ninho em ruínas (Sl 102.6; Is 34.11,15; Sf 2.14).

CORUJA ou **CORUJÃO** Tradução da *NVI* para a palavra hebraica *qippod*, de significado incerto (Is 14.23; 34.11; Sf 2.14). A palavra pode se referir tanto ao ouriço (ou porco-espinho) como também a um tipo de ave. A decisão dos tradutores da *NVI* foi baseada na suposta raiz hebraica *qaphad* (que significa "rolar", que os ouriços fazem quando estão com medo) e em palavras cognatas árabes e sírias. A *ARA* e a *BJ* traduzem "ouriço". O contexto favorece a opção de traduzir *qippod* como se referindo a uma ave. V. *coruja*; *porco-espinho*.

CORUJA-DE-CHIFRE Espécie de coruja que tem um tufo de penas na cabeça que faz lembrar um chifre. A *NVI* alista essa ave no rol dos animais impuros (Lv 11.16; Dt 14.15). A identificação precisa dessa ave não é clara. A *ARA*, *BV*, *BP*, *CNBB*, *BJ* e *TEB* traduzem por "avestruz". V. *coruja*.

CORUJA-PESCADORA Tradução da *NVI* de palavra que aparece em Lv 11.17, para se referir a uma ave impura (*ARA*, *ARC* e *NTLH*, "corvo marinho"). Qualquer espécie de coruja que não seja a coruja grande. V. *coruja*.

CORVO O corvo, famoso pela cor preta (Ct 5.11), é um integrante da família da gralha. O corvo é um carniceiro e está alistado entre as aves impuras (Lv 11.15; Dt 14.14). Os escritores bíblicos citam-no como exemplo do cuidado divino para com a criação (Jó 38.41; Sl 147.9; Lc 12.24).

O corvo foi a primeira ave que Noé enviou da arca após o Dilúvio (Gn 8.7). Ele pode ter escolhido o corvo por vários motivos. Um deles é a capacidade de o corvo voar sem descanso por muito tempo. Ele também constrói seu ninho em buracos na rocha, e por isso poderia descobrir picos montanhosos emergindo da terra inundada. Por fim, o corvo é uma ave que tem uma memória impressionante.

Deus enviou corvos para sustentar Elias no ribeiro do Querite (1Rs 17.4-6). Os corvos geralmente armazenam comida debaixo de folhas em ou em fendas rochosas. Ainda que os corvos sejam vistos com frequência como aves de mau agouro, na narrativa de Elias simbolizam o amor de Deus para com seu servo e sua soberania poderosa sobre a natureza. — *Janice Meier*

CORVO-MARINHO (*ARA*, *ARC*) Grande ave marinha (*Phalacrocorax carbo*) alistada entre as aves impuras (Lv 11.17; Dt 14.17). Outras versões a denominam coruja-pescadora (*NVI*).

CÓS Ilha e cidade principal entre Mileto e Rodes onde Paulo aportou brevemente na viagem de volta após a terceira viagem missionária (At 21.1). Era um centro educacional, comercial, vinícola, de tintura púrpura e unguentos. Hipócrates fundou uma escola de medicina ali. É a atual Kos.

COSÃ Nome pessoal que significa "adivinhador". Antepassado de Jesus (Lc 3.28).

COSBI Nome pessoal que significa "minha falsidade". Mulher midianita morta por Fineias depois de ser levada à tenda de um israelita chamado Zinri (Nm 25.15). Quando ambos, ela e Zinri, foram mortos, uma praga que estava varrendo o acampamento israelita foi interrompida.

COSMÉTICOS Materiais usados para cuidado e embelezamento pessoal. No antigo Oriente Médio, tanto homens quanto mulheres usavam cosméticos. Os homens usavam principalmente óleos, esfregando-os no cabelo e na barba (Sl 133.2; Ec 9.8). As mulheres usavam preparados cosméticos que incluíam tintura para os olhos, talcos, ruges, óleos para o corpo e perfumes. Há somente referências limitadas a cosméticos na Bíblia.

Utensílios, cores e a confecção de cosméticos Utensílios para cosméticos feitos de vidro, madeira e ossos têm sido encontrados em escavações arqueológicas na Palestina, Egito e Mesopotâmia. Em Ur, foram encontrados utensílios datados em época tão antiga quanto 2500 a.C. No Egito uma cena em um sarcófago datado de aproximadamente 2000 a.C. retrata uma mulher segurando um espelho. Na Palestina o que se tem descoberto com mais frequência são vasos ou paletas de pedra calcária. Estas estão geralmente em forma de pequenos vasos, com aproximadamente dez centímetros de diâmetro, com base chata e uma depressão ou buraco raso no centro. Eram usadas para preparar cores para maquiar o rosto. A mistura era feita com espátulas de ossos ou pequenos pilões. Possivelmente importadas da Síria, as paletas eram comuns no norte da Palestina a partir de 1000 a.C.

Outros apetrechos descobertos incluem pequenos frascos de vidro e pequenos jarros de cerâmica usados como recipientes de perfumes, jarros de alabastro usados para unguentos, frascos de marfim, pequenas fornalhas de cosméticos e caixinhas de perfumes tais como as mencionadas em Is 3.20. Pentes de marfim, espelhos de bronze, grampos de cabelo, hastes para pintar as pálpebras, colheres de unguento e pinças também eram usados pelas mulheres dos tempos bíblicos. Nas escavações de Láquis foi descoberto um objeto que se parece com um ferro de enrolar cabelo e é datado em aproximadamente 1400 a.C. Na Caverna das Cartas, um dos lugares de esconderijo de alguns rebeldes da Guerra de Bar Kochba (132-135 d.C.), as descobertas incluem o espelho de uma mulher e utensílios para cosméticos feitos de vidro, madeira e ossos.

As tintas para o preparo dos cosméticos vinham de diversos minerais. Ocre vermelho era usado para os lábios. O branco era obtido do carbonato de chumbo. O verde para as pálpebras era derivado da turquesa ou malaquita, e o preto muitas vezes era feito de sulfato de chumbo. O manganês era usado para delinear os olhos. As cores eram também produzidas de marfim, betume e madeira queimada.

Artesãos qualificados e experientes produziam os cosméticos. Importavam grande parte das matérias-primas da Arábia e da Índia. Óleos para cremes para a pele eram extraídos de azeitonas, amêndoas, cabaço, outras árvores e plantas e gorduras de peixes e outros animais. As fragrâncias vinham de sementes, folhas de plantas, frutas e flores, especialmente de rosas, jasmins, árvores e plantas e gorduras de peixes e outros animais. As fragrâncias vinham de sementes, folhas de plantas, frutas e flores, especialmente de rosas, jasmins, hortelã, bálsamos e canela.

Tintura para os olhos As mulheres pintavam as pálpebras para dar aparência maior aos seus olhos (Jr 4.30). Também pode ter havido algum valor medicinal ao se prevenir a secura das pálpebras ou espantar moscas que levavam doenças. No entanto, as referências bíblicas com frequência parecem associar a prática de pintar os olhos com mulheres de reputação questionável (2Rs 9.30; Ez 23.40).

Talcos secos para a pintura dos olhos eram guardados em bolsas, juncos, tubos de pedra em forma de junco ou jarros pequenos. A referência à filha de Jó, "Quéren-Hapuque" (chifre de antimônio ou tintura para olhos, Jó 42.14), indica que os talcos eram também transportados em chifres. Os talcos eram misturados com água ou goma e aplicados às pálpebras com pequenas varetas feitas de marfim, madeira ou metal. As mulheres egípcias preferiam as cores preta e verde, pintando a pálpebra superior de preto e a inferior de verde. As mulheres da Mesopotâmia preferiam tons de amarelo e vermelho. Linhas pretas carregadas eram desenhadas em volta dos olhos para lhes dar mais a forma de amêndoas.

Unguentos e perfumes Cremes, unguentos e perfumes eram especialmente importantes no clima quente do Oriente Médio. Os cremes protegiam a pele contra o calor do Sol e neutralizavam os odores do corpo. Unguentos eram aplicados à cabeça (Mt 6.17) ou ao corpo todo (Rt 3.3) como parte da higiene e da limpeza. Eram considerados parte do processo de embelezamento (Et 2.12). Ungir a cabeça de alguém com óleo era um sinal de alegria (Sl 45.7). Nos cultos de adoração a unção era uma parte especial da consagração (Êx 30.30-32). A fórmula foi dada por Deus e era um segredo sacerdotal (Êx 30.22-38). Os unguentos eram usados pelos profetas para ungir novos reis. Elias ungiu Jeú (2Rs 9.3), e Joiada ungiu Joás (2Rs 11.12). Na época do NT um bom anfitrião demonstrava sua hospitalidade ao ungir seus hóspedes com óleo (Lc 7.37-50). O óleo da unção era às vezes usado para ungir os doentes (Tg 5.14). Unguentos perfumados faziam parte da preparação para o sepultamento (Mc 14.8; Lc 23.56).

O uso do perfume é uma prática antiga. A primeira menção registrada vem do séc. XV a.C. do túmulo da rainha Hatshepsut que tinha enviado uma expedição para a terra do Ponto para trazer incenso. Heródoto (450 a.C.) mencionou os aromas da Arábia. Para os magos que levaram presentes ao menino Jesus, a oferta de incenso representava a divindade.

Os perfumes mencionados na Bíblia incluem aloés (Nm 24.6); bálsamo (Ez 27.17); canela (Pv 7.17); incenso (Is 43.23; Mt 2.11); mirra (Ct 5.5; Mt 2.11) e nardo (Jo 12.3). Os perfumes eram derivados da seiva ou goma da árvore (incenso, mirra), da raiz (nardo), ou da casca da árvore (canela). Em muitos casos eram muito caros e importados da Arábia (incenso, mirra), Índia (aloés, nardo) e Ceilão (canela).

Os perfumes podiam ser produzidos como pós secos e mantidos em caixas de perfumes (Is 3.20), ou como unguento e mantidos em jarros de alabastro, como o nardo com que Maria ungiu Jesus (Jo 12.3). Também podiam ser obtidos na forma natural de goma ou grânulos de resina. Nessa forma eram colocados em queimadores cosméticos e a resina era queimada. Em quartos confinados, o incenso resultante agia como fumigação tanto do corpo quanto das roupas, como a que parece estar sendo descrita no processo de embelezamento registrado em Et 2.12. V. *ungir, unção; perfume, perfumista*. — Darlene R. Gautsch

COSTA Terra margeando um corpo maior de água.

COURAÇA 1. Peça de armadura defensiva. Paulo usou a couraça militar como uma ilustração de virtudes cristãs. O texto de Ef 6.14 reflete Is 59.17, em que a couraça simboliza a justiça. A fé e o amor estão simbolizados em 1Ts 5.8. A couraça também era um símbolo intenso do mal (Ap 9.9,17). — *Lawson G. Hatfield*. **2.** Peça de proteção usada do pescoço até o cinto. De modo geral, feita de couro, embora às vezes era coberta de placas de metal de algum tipo. Parte do equipamento comum do soldado (1Sm 17.5; 2Cr 26.14. Ne 4.16; 51.3). Davi se negou a vestir a couraça de Saul (1Sm 17.38). A couraça do Leviatã é descrita como constituída de uma camada dupla (Jó 41.13). **3.** Pequena cota de malha que cobria o pescoço e os ombros em uma armadura. A palavra é usada em 2Cr 26.14 e Ne 4.16. V. *armas e armadura*.

COURO Pele de animal curtida e preparada para uso humano. Elias, o profeta, era reconhecido pelo traje de pelos e um cinto de couro (2Rs 1.8). A roupa parecida com a de João Batista, que o marcou como profeta (Mt 3.4; Mc 1.6). Sandálias de couro são um dos dons que simbolizam o cuidado abundante de Deus para com sua amada noiva Jerusalém (Ez 16.10). V. *pele de ovelhas e de cabra*; *pele*.

COVA Palavra usada para traduzir 12 palavras hebraicas e duas gregas, que significam reservatório de água, fosso ou destruição. O uso mais comum é para se referir a um poço ou cisterna (Gn 37.20-29; Êx 21.33,34; Sl 7.15; 55.23; Pv 26.27; 28.10). V. *cisterna*; *poço*.

A palavra algumas vezes se refere a um fosso ou talvez a um pântano (Jr 14.3; Is 30.14). Muitas vezes foi usada como sinônimo de lugar de destruição (Sl 55.23), corrupção (Sl 16.10; 49.9 ; Is 38.17) ou morte (Is 14.15; Jn 2.6). Uma palavra grega é traduzida como "poço do Abismo" em Ap 9.1, 2 (cf. Sl 88.6). V. *inferno*; *sheol*. — Ralph L. Smith

COVA DE LEÕES Lugar em que viviam os leões, às vezes um mato trançado (Jr 50.44) ou cavernas ou covas (Na 2.12). V. *leão*.

CÔVADO Unidade de medida calculada como a distância entre o cotovelo e a ponta do dedo médio da pessoa, aproximadamente 45 centímetros. V. *pesos e medidas*.

CÔVADO LONGO Medida antiga igual à largura de uma mão na base dos dedos (cerca de 7,5 centímetros). A vara de medir de Ezequiel equivalia a seis côvados longos, um a mais que o côvado comum (Ez 40.5). Em Sl 39.5 o "cumprimento de um palmo" ilustra a brevidade da vida.

COXA Lado interno do torso e parte superior da perna. Em algumas passagens bíblicas a referência é simplesmente física (Jz 3.16; Sl 45.3, *ARC, NVI*, "cintura"; Ct 7.1). Mais frequentemente as Escrituras consideram a coxa o centro de funções vitais, em especial a procriação. As traduções em português muitas vezes obscurecem esta conexão.

O texto hebraico de Gn 46.26, Êx 1.5 e Jz 8.30 têm a coxa como a fonte da descendência. A infidelidade conjugal era punida com o "descair da coxa" (Nm 5.21, *ARA*; v. nota explicativa da *NVI*). No período patriarcal, os juramentos eram feitos ao se colocar a mão "sobre a coxa", uma referência velada aos órgãos reprodutivos. A ação talvez represente convocar os descendentes de uma pessoa como testemunhas de um juramento. Quando o "homem" em Peniel não prevaleceu sobre Jacó, ele "tocou na articulação da coxa de Jacó", deixando-o manco (Gn 32.25-32). Bater na coxa indicava tristeza, vergonha ou remorso (Jr 31.19, *ARC*; Ez 21.12, *ARA*, *ARC*; *NVI*, "peito"). A coxa estava entre as porções do sacrifício destinadas aos sacerdotes (Lv 7.32-34; 10.14; cp. 1Sm 9.24, Samuel honrou a Saul com essa porção).

COXO, COXEAR Condição física na qual andar é difícil ou impossível. No AT, animais coxos não eram sacrifícios aceitáveis (Dt 15.21; Ml 1.8,13). Os coxos eram proibidos de servir como sacerdotes, ainda que tivessem permissão para comer das provisões dos sacerdotes (Lv 21.18). Os jebuseus se vangloriavam do caráter inexpugnável de sua fortaleza em Jerusalém que até cegos e aleijados poderiam expulsar as tropas de Davi (2Sm 5.6). Um provérbio que excluía os cegos e aleijados "da casa" (i.e., o templo) tem origem na conquista de Jerusalém (2Sm 5.8, *BJ*). No NT a cura de coxos é parte importante da obra messiânica de Jesus (Mt 11.2-6; 15.29-31). Ao curar o coxo no templo, Jesus restaurou os excluídos à participação plena na comunidade de adoradores (Mt 21.14). O livro de At relata de como a igreja primitiva continuou o ministério de cura de Jesus quanto aos coxos: Pedro e João (At 3.2); Filipe (8.7); Paulo (14.8-10).

COZ Nome pessoal e de clã que significa "(o) espinho". **1.** Líder de um clã da tribo de Judá (1Cr 4.8). **2.** Clã de sacerdotes (1Cr 24.10; cp. Ne 3.4,21). No tempo de Esdras e Neemias, integrantes desse clã não conseguiram comprovar suas raízes familiares, por isso não tiveram permissão para atuarem como sacerdotes (Ed 2.61). **3.** A *NVI* translitera o nome Acoz em Ed 2.61, Ne 3.4,21 e 7.63 como "coz" aparentemente tomando "ac" como o artigo "o" em hebraico. A pessoa dessas passagens é provavelmente a mesma de 1Cr 24.10.

COZEBA Nome de lugar que significa "enganoso". Lar de descendentes de Judá (1Cr 4.22). Sua localização é incerta. — *David Mapes*

COZIMENTO E AQUECIMENTO Somente em épocas recentes o cozimento e o aquecimento foram separados, do mesmo modo que o aquecimento central funciona independentemente do micro-ondas. Nos tempos bíblicos os meios usados para o aquecimento eram também os usados para o cozimento. O aquecimento era realizado por um fogo em espaço aberto, e o cozimento era feito ao mesmo tempo. Isso não significa dizer que o fogo era sempre produzido da mesma maneira ou que os métodos de cozimento eram idênticos; são as diferenças que geram o interesse.

O lugar central do cozimento e aquecimento era o fogo em espaço aberto. O acampamento beduíno podia ser reconhecido pelo fogo à noite fora e em frente às tendas. O fogo era feito em um buraco aberto no chão ou sobre pedras chatas. O fogo era feito por fricção ou acendendo-se iscas para fogo com faíscas (Is 50.11). Muitas das histórias da Bíblia foram preservadas, originariamente como memória popular e folclórica, lembradas palavra por palavra em volta dos fogos do acampamento acesos para aquecimento em noites frias no clima árido ou em terrenos altos. O povo da Bíblia era privilegiado porque a giesta, planta da região, era muito útil para fazer fogo. Suas brasas permaneciam quentes por muito tempo e podiam ser sopradas e transformadas em chamas mesmo quando pareciam apagadas. Menos úteis, mas igualmente combustíveis, eram espinhos (Is 10.17), capim seco (Mt 6.30), carvão (Jo 18.18), gravetos e esterco seco de animais (Ez 4.15).

Quando as pessoas da Bíblia se mudaram de tendas para casas, o fogo para o cozimento era feito ainda em grande parte fora da casa. Se a casa tinha um pátio, o fogo era feito em algum canto distante da casa por causa da fumaça. Poucas casas tinham uma chaminé; e mesmo que o fogo fosse posto em uma caixa de barro ou em um braseiro de metal, ainda assim não havia saída para a fumaça. A vida deve ter sido bem complicada durante invernos úmidos e frios da Terra Santa. O fogo era necessário para manter todos aquecidos, mas a única janela precisava ser fechada com uma cortina de uma manta grossa. A fumaça tinha pouco espaço para sair, assim escurecia o teto e fazia que os moradores ficassem sufocados. Mais tarde, as casas melhores eram guarnecidas com uma chaminé, e as casas da realeza tinham uma forma de aquecimento central em que o calor do fogo sob o piso era conduzido por dutos sob o pavimento dos cômodos.

No período dos patriarcas a comida consistia basicamente em pão, laticínios, carne e mel. O vinho era a bebida mais comum. A culinária, por isso, consistia no preparo dessas comidas. Os grãos (a espelta, a cevada ou o trigo — preferidos nessa ordem) precisavam ser limpos e selecionados de antemão. Era necessário remover quaisquer sementes tóxicas, como o joio (Mt 13.5). Então eram moídos ou em um pilão ou em um moinho manual. O moinho manual era feito de dois discos de pedra com aproximadamente 30 centímetros de diâmetro. A pedra inferior tinha um pino de madeira vertical no seu centro, e a pedra superior tinha um furo no centro em que se encaixava o pino. Um cabo afixado à pedra superior permitia que fosse girada em torno do pino.

Mulher no Oriente Médio peneirando grãos com um tipo de peneira.

O grão era introduzido pelo furo no centro. À medida que a pedra superior era girada o grão era triturado, saindo em forma de farinha entre as duas pedras e caindo em um pano colocado abaixo das pedras. Qualquer mulher conseguia manejar um moinho manual, mas era bem mais fácil se duas mulheres participassem da tarefa, sentadas com o moinho entre elas, alternando o trabalho de girar a pedra superior (Mt 24.41). Era um trabalho servical e sempre que possível deixado para os escravos (Lm 5.13), mas era uma tarefa que produzia um som sempre associado ao lar (Jr 25.10). A farinha era misturada com água e formada em filões de massa em uma gamela chamada gamela de amassar. Acrescentava-se sal e, na maioria dos dias do ano, também se acrescentava fermento. O fermento era parte da massa levedada do pão feito no dia anterior. Levava mais tempo para esse fermento penetrar toda a massa do que quando se usava fermento fresco, mas este era reservado para o tempo após a festa dos pães sem fermento, e o método normal era tão seguro quanto. Parte do grão era transformada em farinha particularmente fina e recebia um nome especial. Era a "melhor farinha" usada nas ofertas de cereais (Êx 29.40).

Cozinhar consistia na aplicação do calor (relativamente) puro. Em alguns casos grandes pedras chatas eram colocadas no fogo. Quando as chamas tinham diminuído, a massa era colocada nas pedras quentes. Em outros casos, quando o fogo era feito em um buraco cavado no chão, a massa era colocada nas paredes aquecidas do buraco. Outro método comum era inverter uma tigela rasa sobre um fogo e colocar os filões de massa sobre a superfície convexa da tigela. Foram necessários muitos anos para que se inventasse o "forno" de barro. Consistia em um cone truncado que se colocava sobre o fogo. Os filões de massa de pão eram colocados então no interior do cone no topo, distantes das chamas. Somente no período romano apareceram os fornos de barro em que a fornalha ficava separada da área de cozimento por uma divisão de barro. Esse método foi mantido durante séculos. O cozimento resultava em diferentes formas de pão. Alguns filões eram muito finos e serviam como conchas para se pegar comida de uma panela comum (Mt 26.23). Outros (Jo 6.9) eram mais pesados, como pãezinhos, e um filão ainda mais pesado é descrito em Jz 7.13, esse derrubou uma tenda.

À medida que as comunidades se tornaram maiores, o padeiro desenvolveu o ofício e passou a fornecer essa facilidade a todos os moradores da aldeia. Seu forno tinha a forma de túnel. Prateleiras serviam para sustentar os filões e diversos fogos eram acesos no chão. A dona de casa podia levar a própria massa para ser assada no forno comunitário, e as crianças podiam pegar brasas no final do dia para fazer fogo nas suas casas (Os 7.4-7). Jeremias recebeu uma ração de pão de uma padaria local enquanto estava na prisão (Jr 37.21).

Pão sendo assado em um "forno de barro" truncado em forma de cone.

Nem todo o grão era moído. Uma lâmina de metal para assar era às vezes colocada sobre o fogo e o grão colocado sobre a superfície de metal. O grão "estourava" e provia o que a Bíblia chama de "grãos torrados" (1Sm 25.18), usados como lanches ocasionais.

O alimento básico para acompanhar o pão era a sopa de legumes preparada de feijão, folhas verdes e ervas. Uma grande panela era colocada diretamente sobre o fogo e usada para esse propósito. O cozido que Jacó deu a Esaú era um "ensopado de lentilhas" (Gn 25.30). Pegava-se um pedaço de pão que servia de concha, com a qual se levava o ensopado à boca. Quando se fazia uma sopa, o cozinheiro precisava lembrar que a lei ritual proibia a mistura de algumas sementes para esse propósito (com base em Lv 19.19). Quando havia uma ocasião especial, como a chegada de um hóspede, acrescentava-se carne ao caldo. A maior parte da carne era cozida dessa maneira e tomada ou do gado ou da caça. O cozimento era a forma mais fácil de se lidar com a carne, pois a lei ritual exigia que o sangue do animal fosse drenado (Lv 19.10,11). Por isso o mais fácil era cortar ao meio a carcaça do animal antes de colocá-lo em um cozido. A carne era assada somente em festas e dias muito especiais como a Páscoa (Êx 12.8,9).

Às vezes era assado em um espeto com o qual se atravessava o animal e que servia de suporte sobre o fogo. Visto que o altar principal no templo e tabernáculo era um tipo de churrasqueira na qual o animal era colocado sobre a grelha acima do fogo, seria estanho se essa forma não fosse usada domesticamente. A carne disponível era sempre das ovelhas e cabras dos rebanhos, mas a caça de animais selvagens que subiam da mata do vale do Jordão era muito comum. Carne de vitela foi servida aos hóspedes de Abraão em Gn 18.7, enquanto os hóspedes de Gideão comeram carne de cabrito (Jz 6.19). O leite também era usado como elemento básico de cozimento; mas era proibido cozinhar um cabrito no leite de sua mãe (Êx 23.19). A razão disso não está clara. Alguns estudiosos sugerem que o mandamento foi dado por razões humanitárias, outros que a prática era de alguma forma associada à mágica na vida religiosa de então.

Na época em que o povo judeu se estabeleceu na terra prometida, alguns acréscimos já tinham sido feitos à sua dieta. Enquanto estavam no Egito, tinham se acostumado a alguns dos alimentos comuns naquele país — pepinos, alho, alho-poró, cebolas e melancias (Nm 11.5). Algumas dessas plantas não eram cozidas e eram comidas

COZIMENTO E AQUECIMENTO

normalmente com pão ou como salada. Outras eram cozidas para dar sabor adicional ao prato. O alho era um alho de salada, e o pepino era um pepino longo comum no Egito. Com a expansão do comércio na monarquia israelita, esses itens se tornaram bastante comuns na sua alimentação. Além das cebolas e do alho, ervas eram usadas no cozimento para acrescentar sabor. O sal era coletado durante a estação quente nas margens do mar Morto depois da evaporação da água. O sal era usado tanto como tempero quanto para a preservação dos alimentos. O endro e o cominho (Is 28.25-27) eram usados generosamente, bem como o coentro e o açúcar. Molhos picantes eram também preparados para aumentar o sabor dos alimentos. O "charoseth" usado na Páscoa era uma pasta de tâmaras, figos, passas e vinagre.

Mulher árabe usando um antigo moinho manual para moer grãos.

A grande diferença quando o povo se estabeleceu na terra foi que os judeus começaram a usar as frutas diretamente das árvores. Eles cultivaram plantações e pomares. Mais significativo nesse sentido foi a azeitona. Depois que as azeitonas tinham sido tiradas das árvores e esmagadas na prensa de azeitonas, o azeite de oliva passou a ser usado no lugar da água para dar liga à massa e na fritura. Assim teve início uma nova era na culinária. A mulher de Sarepta que cuidou de Elias precisava somente de um pouco de farinha e um pouco de azeite de oliva para poder sobreviver durante a época da fome (1Rs 17.12). Outras árvores forneciam os alimentos básicos que eram comidos crus ou cozidos — figos, figos de sicômoros, romãs e nozes.

O leite já foi mencionado como líquido usado no cozimento de carnes e legumes. Também era bebido puro e usado no preparo de outros alimentos. Parte do leite era fermentado para produzir coalhada. Na verdade ainda é chamada de "leite" em algumas versões da Bíblia (Jz 4.19). O leite era usado na produção de queijo (1Sm 17.18) e, quando era colocado em uma vasilha de couro para ser agitado e torcido, resultava a manteiga. Leitelho, ou leite desnatado, supostamente também era usado, mas não há menção a isso na Bíblia.

Na época do NT o peixe foi um acréscimo comum à dieta. Grande parte do peixe era importada dos fenícios, que pescavam no mar Mediterrâneo. A indústria da pesca também era próspera no mar da Galileia. Os peixes eram em geral grelhados sobre o fogo (Jo 21.9) ou salgados e comidos mais tarde. Magdala (*ARC*; *ARA* e *NVI* trazem "Magadã", Mt 15.39), região natal de Maria Madalena, era um centro conhecido de salgamento de peixes.

O vinho estava sempre disponível, mesmo entre os povos nômades. Quando ocorreu a entrada na terra prometida, tornou-se possível para o povo da Bíblia desenvolver a viticultura em grande escala, e a preservação de uvas foi um aspecto importante da culinária. Algumas uvas eram secadas ao sol quente e viravam passas — um lanche substancial quando necessário. A maior parte das uvas, no entanto, era espremida para a produção de suco. Esse era um processo longo. Colhidas entre julho e setembro, as uvas eram colocadas em uma prensa de uvas — um "tanque" de pedra cavado no chão com uma saída no fundo pela qual o suco escorria e podia ser coletado. O suco esperava nos recipientes de coleta durante aproximadamente seis semanas para permitir a fermentação natural. Era então derramado cuidadosamente para deixar a borra não diluída no fundo, depois passado a outra vasilha e fechado exceto por uma pequena abertura para permitir que saíssem os gases até o término do processo de fermentação. O vinho era a bebida mais natural e segura, visto que os suprimentos de água às vezes eram suspeitos. Nem todo o vinho era usado como bebida. A dona de casa às vezes fervia o suco para fazer um doce ou geleia de uva para ser passado no pão. Isso era tão comum e abundante que pode bem ser um dos sentidos de "mel" na expressão "terra boa e vasta, de onde manam leite e mel" (Êx 3.8,17).
— *Ralph Gower*

Pão sendo assado em uma frigideira rasa invertida sobre um fogo aberto.

COZINHA Lugar de preparação dos alimentos. A visão de Ezequiel acerca do templo incluiu quatro pequenos cômodos nas esquinas do pátio dos Gentios nos quais eram cozidos os sacrifícios que o povo simples tinha permissão para comer (Ez 46.24). As ofertas pelo pecado, pela culpa e de cereais eram preparadas nas cozinhas nas câmaras dos sacerdotes, para protegê-las do contato com pessoas não consagradas (Ez 46.19,20). Não há menção na Bíblia de cômodos separados em casas nos quais as refeições fossem preparadas. V. *cozimento e aquecimento*.

CRÉDITO, CREDOR A atitude bíblica para com o empréstimo é resumida em Pv 22.7, que diz que ficar devendo é equivalente a ser escravo do credor. Paulo ensinou que o melhor é não ficar devendo nada a ninguém (Rm 13.8). Não obstante, a Bíblia reconhece alguns empréstimos necessários e assim aconselha a que não se cobrem juros abusivos (Sl 15.5; Pv 28.8; Ez 18.8,13). Os que tomam emprestado e não devolvem são chamados de "ímpios" (Sl 37.21) e terão de enfrentar o dia da prestação de contas (Hc 2.6,7).

As dificuldades sociais e econômicas que pesam sobre grandes empréstimos foram previstas pela lei mosaica, que ordenava que compatriotas israelitas não deveriam ser obrigados a pagar juros por empréstimos (Êx 22.25; Dt 23.19,20; cp. Ne 5.7-12). Essa prática é contrária às atuais indústrias bancárias e de cartões de crédito, como também é o caso da máxima de Jesus de emprestar sem esperar devolução (Lc 6.34). V. *empréstimo, emprestar*. — Paul H. Wright

CREMAÇÃO Mencionada no AT na expressão "e ossos humanos serão queimados" (1Rs 13.2; 2Rs 23.16,20; Am 2.1). No antigo Israel, a morte por fogo era reservada aos piores criminosos (Gn 38.24; Js 7.15,25; Lv 20.14; 21.9). Tanto essa morte quanto a cremação, o queimar do corpo depois da morte, eram estigmatizados como repugnantes pelos israelitas. Visto que queimar os ossos humanos era considerado a profanação máxima dos mortos (1Rs 13.2; 2Rs 23.16,20), estava sujeito a castigo por parte de Deus (Am 2.1).

Os antigos gregos cremavam os corpos depois de uma praga ou guerra por razões sanitárias ou para evitar que os inimigos mutilassem os mortos. Atitude semelhante foi encontrada entre os israelitas e talvez explique porquê de os cadáveres de Saul e seus filhos terem sido queimados (1Sm 31.12; cp. 2Sm 21.11-14). A cremação de Saul também reflete o fato de que Deus rejeitara seu reinado ignominioso. Quando Amós (6.9,10) descreveu corpos queimados depois de uma batalha, evidentemente por razões sanitárias, tinha em mente retratar os horrores encarados pelas vítimas de guerra.

Os primeiros cristãos tiveram dificuldade em praticar a cremação pela compreensão de que o corpo era templo do Espírito Santo (1Co 6.19), contudo reconheceram que a cremação não tem efeito sobre a integridade do estado eterno da pessoa (Ap 20.13). — *Paul H. Wright*

CRENÇA, CRER V. *fé, fidelidade*.

CRESCENTE Nome pessoal que significa "que cresce", como sugere a palavra. Obreiro cristão com Paulo que tinha ido à Galácia quando 2Tm foi escrita (2Tm 4.10).

CRESCENTE FÉRTIL Arco em forma de crescente da terra aluvial no Oriente Médio que se estende da ponta do golfo Pérsico ao canto sudeste do mar Mediterrâneo. O termo foi cunhado por James Henry Breasted em 1916 e não ocorre na Bíblia.

As condições no Crescente Fértil na antiguidade eram favoráveis à vida estabelecida, e o surgimento da civilização ocorreu ao longo dos seus rios e vales. Essa parte de terra entre o deserto e as montanhas era adequada para a agricultura e estava um tanto isolada por barreiras geográficas de todos os lados. O nordeste faz limite com as montanhas Zagros, o norte com as cadeias Taurus e Amanus. No ocidente está o mar Mediterrâneo, e o limite meridional côncavo é determinado pelo vasto deserto sírio-árabe. O Crescente Fértil é composto da Mesopotâmia no leste e do Levante, ou Palestina e Síria, no oeste.

O Egito estava separado da Palestina pelo Sinai, assim não faz parte do Crescente Fértil. O rio Nilo, no entanto, proveu as condições ideais para o surgimento da antiga civilização paralela à da Mesopotâmia. V. *Mesopotâmia; Palestina*. — *Daniel C. Browning Jr.*

CRESTAMENTO Referência aos ventos quentes do leste que sopram na Palestina às vezes por dias seguidos (Dt 28.22, *ARA*, *ACF*; *NTLH*: "ventos muito quentes"; outras versões trazem "ferrugem", *NVI*). Esse vento impetuoso seca a vegetação e arruína as colheitas (Is 37.27; Sl 90.5,6. 102.3,4; Is 40.6-8). Representa uma das grandes calamidades naturais (1Rs 8.37; 2Cr 6.28) e um dos juízos divinos sobre os desobedientes (Dt 28.22; Am 4.9; Ag 2.17).

CRETA Ilha longa, estreita e montanhosa ao sul da Grécia continental, com aproximadamente 350 quilômetros na extensão leste-oeste, mas nunca mais do que 80 quilômetros de largura. Creta era o centro do império marítimo Minoano nomeado segundo o lendário rei Minos e associado especialmente aos palácios de Cnossos e Phaestos, que prosperou de 2000 a.C. a 1500 a.C. Essa civilização artisticamente brilhante caiu de forma repentina, talvez por um terremoto seguido de uma conquista, aproximadamente em 1400 a.C., deixando tábuas escritas nas mais antigas escritas europeias, incluindo o ainda não decifrado "Linear A" e o aparentemente proto-grego posterior "Linear B", também encontrado na parte continental. Os minoanos de Creta eram conhecidos aos egípcios como "Keftiu", que pode ser o mesmo que o bíblico "Caftor", embora o termo bíblico possa incluir uma referência mais ampla às ilhas e às terras que margeiam o mar Egeu. Os filisteus vieram à Palestina de Caftor (Jr 47.4; Am 9.7) e podem ter sido parte dos muito espalhados "povos marítimos" migrantes, não propriamente cretenses.

Nos tempos gregos clássicos Creta tinha muitas cidades-Estado, mas que tiveram um papel relativamente insignificante na história grega principal. Tinha se tornado um centro de pirataria antes da ocupação romana em 67 a.C. Sob os romanos, tornou-se parte de uma província dupla, Creta com Cirene, sob um governador com o título "procônsul", que governava a ilha e a costa da África do Norte em frente da ilha com base na capital romana Gortyna. Já figurava entre as cidades a quem os romanos apelaram um século antes por tratamento justo das suas minorias judaicas (1Mc 15.23). Os cretenses estavam na lista dos presentes em Jerusalém no dia de Pentecoste (At 2.11), e o evangelho pode ter alcançado a ilha primeiramente por meio deles.

Paulo fez a viagem a Roma como prisioneiro em um navio graneleiro romano. A viagem seguiu a rota ao sul de Creta, que oferecia abrigo parcial

Porto em Creta pelo qual Paulo possivelmente passou na sua viagem de Cesareia Marítima para Roma.

dos ventos de noroeste e evitava o perigo do sotavento na costa norte, mesmo tendo de enfrentar fortes ventos contrários. A viagem já tinha sido muito lenta e estava se tornando perigosamente tardia na época de viagens do verão. O navio dobrou Salmona, o cabo oriental de Creta, e com dificuldade alcançou Bons Portos, um pequeno ancoradouro perto da cidade de Laseia (At 27.8). Ali o conselho de emergência reunido pelo centurião e capitão do navio descartou o conselho de Paulo, e foi feita uma tentativa arriscada de ir a Fênix, um porto regular para os navios graneleiros, a aproximadamente 65 quilômetros mais ao oeste indo pela costa. O vento suave sul deu lugar a um violento vento nordeste ("Euroaquilão", At 27.14, *ARA*) quando eles saíram do abrigo do cabo Matala (Loukinos) para a baía aberta, e o navio ficou à deriva, conseguindo apenas realizar algumas ações de emergência na costa de sotavento da ilha de Cauda e dali para o naufrágio em Malta.

As únicas outras referências a Creta no NT estão em Tt. Paulo tinha deixado Tt em Creta para fazer a supervisão pastoral sobre as igrejas ali (Tt 1.5). O caráter do povo é descrito em uma citação de um dos seus próprios profetas: "Cretenses, sempre mentirosos, feras malignas, glutões preguiçosos" (Tt 1.12), palavras atribuídas ao vidente cretense Epimênides, que também recebeu o crédito por ter aconselhado aos atenienses que levantassem altares aos deuses desconhecidos (cf. At 17.23).

É problemático saber quando Paulo (ou Tito) visitou Creta, à parte da viagem de Paulo como prisioneiro. É difícil encaixar os ensejos das Epístolas Pastorais (a Tm e Tt) na vida de Paulo como registrada em At. A resposta mais satisfatória a essa dificuldade ainda parece ser a que argumenta que Paulo foi liberto do seu encarceramento de dois anos em Roma (At 28.30) e empreendeu mais viagens no leste que podem ser traçadas somente nessas epístolas. Nesse último período da sua vida ele talvez tenha concentrado seu trabalho em estabelecer e fortalecer as igrejas em todo o leste grego. — *Colin J. Hemer*

CRETENSES Cidadãos de Creta. V. *Creta*.

CRIAÇÃO A natureza do ensinamento bíblico sobre a Criação é tanto teológica quanto doxológica e factual. Teologicamente a Bíblia contesta as teorias cosmológicas pagãs tanto antigas quanto modernas: este mundo não é a realidade final e definitiva. Doxologicamente não somente a própria Criação declara a glória de Deus, mas mesmo o ensino da Criação nas Escrituras é apresentado como louvor a Deus. Os estudiosos reconhecem, p. ex., a bela simetria literária na estrutura dos dias da Criação em Gn. Factualmente os textos bíblicos revelam algo sobre as ações criativas e formativas de Deus neste mundo. Por isso, embora a doutrina da Criação seja mais do que ciência, não deixa de ser científica — de outra forma a teologia bíblica e a doxologia seriam infundadas. De fato essas ênfases estão ligadas na doutrina da Criação como um tema central da Bíblia.

A mensagem da Criação Deus é eterno e transcendente; a Criação não é (Gn 1.1; cp. as alusões de Jesus ao "princípio do mundo, que Deus criou", Mc 13.19 [*ARA*]; cp. Mt 19.4; Mc 10.6). Tudo deve sua existência criadora (Is 44.24; 45.12; Sl 33.6; Ap 4.11) à obra do Pai, Filho e Espírito Santo (cp. Gn 1.1; Jo 1.1; Gn 1.2), com Cristo como o agente preeminente da Criação (Jo 1.10; Cl 1.16). O ensino bíblico dá a entender que Deus criou o mundo do nada (Hb 11.3). Diferentemente de Deus, qualquer criatura criada pode ser abalada; somente o que ele quer continuará existindo (Hb 1.3; 12.27; Cl 1.17).

Apesar da sua presente sujeição à corrupção ética e material, a Criação de Deus ainda leva a marca originária da sua completa bondade (Gn 1.31; 1Tm 4.4). Somente a raça humana desfruta do privilégio de levar sua imagem (Gn 1.27 — todas as pessoas que vieram depois, mesmo que não diretamente criadas como o foram Adão e Eva, são consideradas obra especial de Deus; Sl 89.47; cp. Sl 102.18). O propósito (Gl 1.16) e desígnio divinos (e.g., a marcação do tempo pela movimentação dos corpos celestes em Gn 1.14) permeiam a Criação. A Criação fala da glória de Deus em contraste acentuado com o homem (Sl 8; 19.1-4).

A desfiguração da Criação, então, não é original. Por causa do pecado de Adão, a Criação carrega agora a evidência da sua sujeição à futilidade, sua escravidão à corrupção, gemidos e sofrimento (Rm 8.20-22). Não obstante, a obra de Deus continua a atestar fielmente seu eterno poder e sua natureza divina, apesar da rebelião e idolatria da raça que escolhe se afastar desse conhecimento revelado (Rm 1.18-23). A boa notícia é que embora a imagem de Deus na raça humana esteja embaçada pela Queda, a imagem está sendo renovada (Cl 3.10; Ef 4.24) naqueles que são novas criaturas em Cristo (2Co 5.17; Gl 6.15). Um dia toda a Criação será liberta para a liberdade da glória vindoura dos filhos de Deus (Rm 8.20-22). Por isso, como prefigurado por Adão, Cristo é o verdadeiro protótipo para a companhia dos redimidos (Rm 5.14; 1Co 15.45).

Cuidado na interpretação das Escrituras e da ciência Especialmente desde o Iluminismo, o ensino escriturístico da Criação tem se tornado objeto de dissecação e dúvida. Os textos bíblicos relevantes são comumente tratados hoje como equívocos pré-científicos ou mitologia. Nesse ambiente, mestres e pregadores da doutrina da Criação podem esperar questionamentos quanto à veracidade da Bíblia em relação às "ciências" físicas e literárias.

Os críticos históricos tipicamente enxergam a narrativa da Criação em Gn como dependente de relatos paralelos da Mesopotâmia e do Egito. No entanto, nenhuma das reconstituições dos estudiosos da dependência de Gn atingiu um consenso escolástico. Certamente existem histórias de criação semelhantes em alguns aspectos a Gn, mas as diferenças, mesmo radicais, são muitas vezes ignoradas nessas comparações. O monoteísmo sereno de Gn, p. ex., está em alto relevo na comparação com o politeísmo turbulento tipicamente encontrado nos relatos babilônicos. Alguns pontos de contato entre Gn e outros relatos de criação são, de fato, provavelmente devidos ao repúdio bíblico das ideias pagãs nessas cosmogonias.

O que tem se tornado uma acusação padrão dos críticos bíblicos modernistas é que Gn não somente contém mitologia, mas é até composto de dois relatos mitológicos conflitantes da criação em seus capítulos iniciais. Tentando explicar os primeiros dois capítulos como uma compilação de fontes e tradições, a conjectura comum é que a fonte sacerdotal (P) subjacente a Gn 1.1—2.4a está em conflito com o relato javista (J) no restante do cap. 2. Uma tendência crescente, no entanto, é rejeitar o ponto de vista de que esses capítulos representam dois relatos de criação concorrentes. A harmonia na estrutura literária dos dois capítulos indica uma mão, não tradições. Estudos de retórica também sugerem que os dois capítulos apresentam uma narrativa unificada; e estudos comparados indicam que as histórias da origem na Suméria e Babilônia eram contadas em duas partes, com o relato geral seguido do mais detalhado. Tudo isso dá apoio à posição tradicional: o cap. 2 apresenta um relato mais detalhado dos temas do cap. 1.

Com o surgimento da ciência moderna, outro desafio à doutrina bíblica da Criação foi elaborado. Uma percepção muito comum é que os ensinos da Bíblia e da ciência estão diametralmente opostos ou então são completamente irrelevantes entre si. Um ponto de vista mais saudável, mas que exige mais cuidado e trabalho, é que as Escrituras e a ciência se complementam quando cada uma é corretamente interpretada. Antigos equívocos de interpretação e compreensões incompletas da ciência e da Bíblia são bem conhecidos. Isaac Newton, p. ex., estava equivocado na sua teoria da luz corpuscular. O fenômeno quântico continua intrigando a nossa compreensão. Os intérpretes da Bíblia antigamente criam que a Bíblia ensinava um universo geocêntrico (que também era a compreensão científica da época). Muitos enigmas de interpretação bíblica também permanecem, como a criação da luz antes do Sol e das estrelas em Gn 1, ou quando e como datar a Criação. O que está claro é que a igreja não pode se render às dúvidas ou ceticismo interpretativos acerca da veracidade bíblica e ao mesmo tempo precisa resistir à tentação das modas interpretativas.

A igreja precisa também se posicionar firmemente diante das cosmovisões especulativas travestidas de verdades científicas. A Bíblia parece de fato reconhecer a variabilidade genética dentro das diversas ordens de criaturas (p. ex., visto que todos os seres humanos descendem de Adão e Eva, há somente uma raça humana — cp. At 17.26). Mas a quase infinita plasticidade das espécies como postulada no darwinismo é rejeitada na doutrina escriturística da Criação (observe que a reprodução é "de acordo com as suas espécies"; ver Gn 1.11,12). É vital reconhecer que a rejeição de qualquer possibilidade de projeto (*design*) na teoria macroevolutiva está em oposição total ao relato bíblico da Criação e não pode ser harmonizada com ele.

Os cristãos são gratos quando a ciência, intencionalmente ou não, provê alguma confirmação da verdade bíblica (p. ex., a cosmologia recente começou a debater de novo sobre se há evidências científicas de uma Criação *ex nihilo*). No fim das contas, no entanto, a fé na palavra revelada de Deus nas Escrituras é de extrema importância para entender a origem de todas as coisas (Hb 11.3). Não dependendo da compreensão humana incompleta ou falha, a verdade revelada da obra criativa soberana de Deus é uma questão resolvida (Sl 119.89-91).
— *Ted Cabal*

CRIAÇÃO E CIÊNCIA O progresso da ciência tem sido possível pelo método científico, o que inclui observar fenômenos, formular uma hipótese para explicar a observação e realizar um experimento projetado para colher dados para analisar a validade da hipótese. Esses passos ilustram dois importantes fundamentos da ciência. Primeiro, a ciência está limitada ao presente. Não importa quão sofisticado seja o equipamento científico, ele nunca possibilitará que uma pessoa analise dados que não sejam os do tempo presente. O cientista pode examinar artefatos, catalogá-los e fazer conjecturas usando técnicas da historiografia, mas nunca pode fazer um experimento controlado para discernir o que aconteceu no passado.

Segundo, o método científico provê dados que não dependem da cosmovisão do cientista. Um cientista cristão (e há muitos) vai chegar exatamente aos mesmos dados usando o método científico mesmo que o ateu. A ciência não depende de um sistema doutrinário específico e não é, portanto, o domínio exclusivo dos evolucionistas. Assim, a tentativa de rotular o debate entre evolucionistas e criacionistas como um debate entre ciência *versus* religião ou fato versus fé é equivocada.

Hoje a evolução é uma teoria em crise. Todos os experimentos tentando demonstrar como a vida poderia surgir da não vida a partir de uma sopa primordial pré-biótica falharam deixando os evolucionistas sem explicação para a presença da vida hoje. O experimento de Stanley Miller em 1953 em que ele produziu alguns aminoácidos já não é considerado válido, mesmo que ainda esteja em todos os livros-textos universitários como prova da evolução. Miller pressupunha que a atmosfera primitiva da terra era uma atmosfera redutora que continha amônia e gases metano mas nenhum oxigênio. Sendo químico, ele sabia que uma atmosfera redutora era absolutamente necessária caso se esperasse que moléculas se formassem espontaneamente. A nova compreensão a partir dos dados (de uma perspectiva evolucionista) sugere que uma atmosfera neutra produzida por gases vulcânicos estava presente no início da terra. Esses gases não formam nenhum bloco de construção de vida no aparato de Miller. Para complicar as coisas para os evolucionistas, certos artefatos (rochas e água) sugerem que o oxigênio estava de fato presente já muito remotamente. A. G. Cairns-Smith, evolucionista, demonstrou que a produção de elementos químicos naturalmente presentes, puros e usáveis para a construção de moléculas seria impossível nas águas da terra remota (*Seven Clues to the Origin of Life*, Cambridge University Press, 1985, p. 43).

Precisamos perguntar-nos: "Se a formação de blocos de construção da vida tivesse sido possível, eles poderiam se ajuntar espontaneamente em uma célula?". Sir Fred Hoyle calculou essa probabilidade (que é um número bem conservador) e determinou que há somente uma possibilidade em 1.040.000 para que uma célula fosse reunida a partir de moléculas orgânicas (*The Universe:* Past and Present Reflections, University College, 1981). A maioria dos cientistas considera que probabilidades maiores do que 1.050 são impossíveis. Francis Crick, o biólogo que ganhou o prêmio Nobel por descobrir a estrutura do DNA, determinou que os quatro bilhões de anos que os evolucionistas estabeleceram como disponíveis para a evolução não foi tempo suficiente para a vida surgir de uma sopa primordial (*Life Itself:* Its Origin and Nature, Simon and Schuster, 1981).

Os defeitos da teoria de Darwin continuam a se manifestar. Darwin escreveu: "Se for possível demonstrar que existe qualquer órgão complexo que não poderia ter sido formado por numerosas, sucessivas e pequenas modificações, então a minha teoria estaria completamente arruinada" (*The Origin of Species*, New York University Press, 1988, p. 154). O que acontece com Darwin hoje? Duas linhas de pesquisa científica fornecem evidências contra Darwin.

A primeira linha de evidências mostra que as mutações não produzem genes novos. Pierre-Paul Grassé, ex-presidente da Académie des Sciences, afirmou que mutações são somente modificações triviais da alteração de genes já presentes, ao passo que a evolução criativa exige a síntese de novos genes (*Evolution of Living Organismus*, Academic Press, 1977, p. 217). Seus estudos forneceram evidências de que mutações não levam gerações sucessivas para mais longe de um ponto de partida, mas em vez disso gerações sucessivas permanecem dentro de limites firmemente estabelecidos. As bactérias, apesar das suas inúmeras mutações, não ultrapassaram a estrutura dentro da qual sempre flutuaram e ainda o fazem. Lee Spetner não somente confirmou essas descobertas, mas mostrou que as mutações resultam em uma perda de informação genética — exatamente o oposto do que o darwinismo predisse. Spetner concluiu: "O fato de não se observar nem mesmo uma mutação que acrescente informação é mais do que simplesmente uma falta de apoio para uma teoria. É a evidência contra a teoria" (*Not by Chance:* Shattering the Modern Theory of Evolution, Judaica Press, 1998, p. 160). Pior ainda, uma peça-chave mantida durante muito tempo como "prova" da evolução por meio da mutação foi o desenvolvimento da resistência antibiótica nas bactérias. A resistência antibiótica é causada ao se acionar um gene já presente na bactéria. Com se mostrou, não houve mutação alguma.

A outra linha de prova científica que desacredita a evolução é a complexidade irredutível. O esquema do simples para o complexo, de Darwin, não se manteve diante do escrutínio científico. O bioquímico Michael Behe declarou que a complexidade irredutível se estende não somente à célula, mas às partes que compõem uma célula (*Darwin's Black Box:* The Biochemical Challenge to Evolution, Free Press, 1996). Isso significa que a célula não pode ter sido produzida por um processo de passos simples. Para que a célula funcionasse, precisava ter toda a sua complexidade desde o início. Qualquer coisa menos do que isso teria sido lixo orgânico disfuncional. O famoso exemplo da ratoeira de Behe ilustra a falácia de que parte de um olho (membro, órgão etc.) é melhor do que nenhum olho. Parte de um olho não funciona melhor do que metade das partes de uma ratoeira. Simplesmente não se espera pegar menos ratos com uma ratoeira na qual falta metade das partes. A complexidade irredutível até as menores partes requer um Criador inteligente que pela sua sabedoria criou uma célula extraordinariamente complexa para confundir a sabedoria do mundo.

A impossibilidade de a vida ter aparecido espontaneamente é um problema insolúvel para os evolucionistas, mas se encaixa claramente nas afirmações de verdade das Escrituras de que Deus, no início, criou a vida. A razão pela qual a vida tem a aparência de que um "princípio" organizador se desenvolveu em um plano definido é que Deus, o Grande Projetista, formou a vida em seus mínimos detalhes. Deus não criou a célula e depois colocou as coisas em movimento (evolução teísta), mas Deus criou cada coisa vivente como ele disse nos dois primeiros capítulos de Gn.

À medida que as colunas da evolução desmoronam, a Criação permanece como a única explanação realista da vida. Explica melhor a evidência dos artefatos vistos hoje, tais como a ausência de formas transicionais de vida testemunhadas pelos registros fósseis. Os elos que faltam entre os peixes e os anfíbios, entre anfíbios e répteis etc. no registro dos fósseis estão faltando porque nunca existiram. Deus criou as espécies para que se multiplicassem, cada uma segundo sua espécie. Mas Deus projetou a diversidade genética dentro da célula que permite a variação observada dentro de cada espécie.

Se a evolução está em tal estado, por que então tantos se apegam a ela? Como se vê, a argumentação não é na verdade entre a Criação e a ciência. A argumentação está em um nível filosófico. O pensamento racionalista descarta o sobrenatural e procura outras explicações que não sejam a obra de um Criador totalmente sábio, que deixou as suas marcas em uma Criação bem projetada. Deveria a teoria de o homem racionalista e falível moldar o nosso pensamento, ou devemos reconhecer o Deus que é o nosso Soberano Criador e crer na sua Palavra?

CRIAR Tradução da *NVI* de Ef 6.4 da palavra grega *paideia* (discípulo, instrução). O substantivo só aparece uma vez no *corpus* paulino (2Tm 3.16) e afirma que toda a Escritura é proveitosa para "instrução (*paideia*) na justiça". Educar os filhos "na instrução e no conselho do Senhor" (Ef 6.4) é discipliná-los e corrigi-los como o Senhor faria.

CRIATURA NOTURNA Tradução usada pela *NVI* para a palavra hebraica *lilit* (Is 34.14). A palavra só ocorre nesse lugar das Escrituras, a não ser que emendas textuais sejam aceitas (Jó 18.15; Is 2.18). Não há acordo entre os intérpretes quanto ao aspecto natural (*ARC*, "animais noturnos") ou sobrenatural (*ARA*, "fantasmas"; *NTLH*, "bruxa do deserto") de Lílite (grafia em português). Qualquer que seja sua natureza, o texto enfatiza a grande desolação que cai sobre os inimigos de Deus.

CRIATURA, SER VIVENTE Algo que tem vida, seja animal ou humano. A expressão usada na Bíblia Hebraica *nefesh chayah* é traduzida por "criatura", "ser/alma vivente" e "animal". Em Gn 2.7 é usada com referência à humanidade e traduzida por "ser vivente". Em todas as outras referências a expressão se aplica somente aos animais. Visto que a mesma expressão é usada com respeito à humanidade e às outras criaturas, alguns intérpretes creem que se aplica à mesma constituição física (mesma matéria), não ao relacionamento mais elevado com Deus que é especial aos seres humanos. — *Mike Mitchell*

CRIATURAS DO DESERTO A identidade das "criaturas do deserto" de Is 13.21 é motivo de discussão. A *NVI* traz "chacais", a *ARA* e *NTLH*, "corujas", e a *ARC*, "horríveis animais". A identificação precisa dessas criaturas não é tão importante quanto a destruição completa que essa presença indica, a certeza da desolação que a Babilônia vai sofrer como resultado do seu pecado.

CRIATURAS NOTURNAS Tradução usada pela *NVI* para traduzir a palavra hebraica *Lilit* (Is 34.14, *BJ*; *ARA*, "fantasmas"; *ARC*, "animais noturnos"; *NTLH*, "bruxa do deserto"). Em Is 34.11 e Sf 2.14, a *NVI* traduz o hebraico *qippod* por "coruja do deserto". E também usa "coruja orelhuda" para traduzir o hebraico *tachmas* (Lv 11;16; Dt 14.15), e "corujão" para traduzir o hebraico *yanshuf* (Lv 11.17; Dt 14.16; Is 34.11). A *qippod* pode ser a coruja *Syrnium aluco* ou a *Scops giu*. Alguns estudiosos sugerem que seja a *Ammoperdrix heul,* uma ave do deserto árabe. A *tachmas* não pode ser identificada com certeza. A *yanshuf* pode ser a coruja orelhuda

(*Asiootus*) ou a coruja do tipo *Merops apiaster*. V. *coruja; sátiro*.

CRIMES DE GUERRA Atos ilegais praticados por nações, exércitos e indivíduos em tempo de batalhas e lutas. Claramente algumas práticas de guerra — antigas e modernas — excedem todas as sensibilidades (e.g., 2Sm 8.2; Sl 137.9). Pode ser útil rotular esses atos com terminologia moderna como "crimes de guerra" ou "limpeza étnica". Amós declarou que empreender guerra para deportar populações inteiras como escravos ou massacrar mulheres e crianças israelitas na guerra merece o juízo de Deus (Am 1.6,9). De forma análoga, Moisés reconheceu que a emboscada dos amalequitas aos israelitas pelas costas quando estavam cansados e indefesos não deveria ficar impune (Dt 25.17-19). Mais problemática é a resposta de Deus de que Israel extinguisse de forma semelhante os amalequitas, incluindo suas mulheres e crianças indefesas (1Sm 15.1-3; cf. Sl 137.9) ou sua ordem de aniquilar os cananeus (Dt 7.2). De certo modo, a eleição de Israel como nação por Deus (Gn 12.1-3; Êx 19.5,6) se sobrepõe ao direito de outras nações de prejudicar Israel. A Lei mosaica incluía regras de guerra que visavam a dar oportunidade aos inimigos de Israel para se render (Dt 20.1-20) e a salvaguardar os direitos de mulheres cativas (Dt 21.10-14). — *Paul H. Wright*

CRIMES E CASTIGOS Israel, como a maioria dos povos do antigo Oriente Médio, considerava sua lei a revelação direta de Deus. Visto que a lei vinha de Deus, qualquer transgressão era a transgressão da vontade revelada de Deus.

A responsabilidade pelo cumprimento e implementação da lei estava com toda a comunidade. A transgressão da lei por uma pessoa ou grupo dentro de Israel envolvia toda a comunidade na culpa pelo ato. Isso é especialmente verdadeiro em casos de homicídio, idolatria e violações sexuais (Dt 19.10; 21.1-9; 2Rs 24.1-7). Quando Israel deixou de eliminar o ofensor e a rebelião contra a Lei de Deus do seu meio, Deus castigou Israel (Lv 18.26-28; 26.3-45; Dt 28).

A lei israelita com respeito ao crime e castigo era distinta das leis de outras culturas de diversas maneiras. Primeiro, Israel, em contraste com muitos dos seus vizinhos, não considerava os crimes contra a propriedade crimes capitais. Israel observava um sistema de castigo corporal e/ou multas por crimes menores. Segundo, Israel restringiu a lei da retaliação (olho por olho; *lex talionis*) à pessoa do ofensor. Outras culturas permitiam que a família fosse punida pelos crimes do ofensor. Terceiro, Israel não levava em conta diferenças de classe na execução da Lei na mesma medida em que seus vizinhos o faziam. Tanto os nobres quanto o povo, tanto os sacerdotes quanto os leigos, eram tratados igualmente em teoria. No entanto, os escravos e estrangeiros não tinham posição igual à dos israelitas livres — embora seu tratamento em Israel muitas vezes fosse melhor do que nas nações vizinhas; as mulheres não tinham posição equivalente à dos homens na cultura israelita — especialmente com relação às leis de casamento e divórcio e leis concernentes às ofensas sexuais. Por fim, os israelitas (em contraste com os povos de nações vizinhas) não podiam substituir sacrifícios por brechas intencionais na lei; as ofertas pelo pecado e pela culpa eram permitidas somente em casos de pecados involuntários (Lv 4—5).

Crimes e a pena capital no Antigo Testamento A lei israelita considerava alguns crimes suficientemente graves para autorizar a pena capital. V. *pena capital*.

Ser "eliminado" de Israel Muitas vezes no AT o castigo por um crime particular é denominado de ser "eliminado" de Israel. O significado da expressão é um tanto ambíguo. Alguns interpretam a expressão como significando excomunhão ou exílio de Israel ou da comunidade da fé, enquanto outros a interpretam como a pronúncia da pena de morte. Esta última é aceita neste artigo. Muitas vezes a expressão "ser eliminado" é usada em paralelo com palavras ou expressões ou em contextos que claramente indicam a morte (Êx 31.14; 2Sm 7.9; 1Rs 11.6; Jr 7.28; 11.19; Zc 13.8). V. *excomunhão, exclusão, desligamento*.

As violações que tornam alguém sujeito a ser "eliminado" são: os homens de Israel que não são circuncidados (Gn 17.14; cp. Êx 4.24; Js 5.2-9), comer pão levedado durante a festa dos pães sem fermento (Êx 12.15,19), tentar reproduzir o óleo sagrado da unção ou usá-lo em alguém que não seja sacerdote (30.33), profanar o sábado (Êx 31.14), participar dos sacrifícios em um estado impuro (Lv 7.20,21,25; 19.8; cp. 1Sm 2.33), comer sangue (Lv 7.27; 17.10,14), oferecer sacrifícios em um lugar que não seja o tabernáculo (Lv 17.3,4,8,9), algumas violações sexuais (18.29; 20.17,18), sacrifícios de crianças a Moloque (Lv 20.3,5), consultar encantadores ou médiuns (Lv 20.6; Mq 5.12), aproximar-se das coisas sagradas em condição impura (Lv 22.3; Nm 19.13,20), observar impropriamente o Dia da Expiação (Lv 23.19), não observar a Páscoa (Nm 9.13), pecar intencionalmente ou com atitude desafiadora (Nm 15.30,31), idolatria (1Rs 9.6,7; 14.9,10,14; 21.21; Ez 14.7,8; Mq 5.13; Sf 1.4; Zc 13.2) e os que amaldiçoam a Deus (Sl 37.22). A ideia de ser "eliminado" também é mencionada no NT (Rm 9.3; 11.22; cp. 1Co 16.22; Gl 1.6; 5.12).

Crimes e castigo corporal no Antigo Testamento Os crimes menores (em geral os que envolviam prejuízo físico premeditado) eram punidos com algum tipo de castigo corporal. A lei da retaliação (olho por olho; *lex talionis*) era o princípio operante na maioria dos casos que envolviam castigo físico (Êx 21.23-25; Lv 24.19-22; Dt 19.21).

A lei da retaliação pode parecer rude ou mesmo cruel para alguns. No nosso próprio mundo moderno, nós processaríamos uma pessoa responsável por furar o olho de alguém em vez de furar o olho dessa pessoa. No mundo antigo, no entanto, a lei da retaliação servia para restringir a vingança exercida contra alguém que tinha causado prejuízo físico. Isso impedia, p. ex., a morte de quem tinha furado o olho de outra pessoa. A lei da retaliação ajudou a tornar o castigo proporcional ao crime.

Além da lei de retaliação, os castigos corporais também incluíam açoites (Dt 25.1-3), cegar o culpado (Gn 19.11; 2Rs 6.18; cp. Jz 16.21; 2Rs 25.7), arrancar o cabelo (Ne 13.25; Is 50.6) e a venda de um ladrão à escravidão se ele não pudesse pagar as penas monetárias (Êx 22.1-3; cp. Lv 25.39; 2Rs 4.1; Ne 5.5). Em uma situação, prescreve-se a mutilação (Dt 25.11,12).

Crimes e penalidades no Antigo Testamento As penalidades eram sempre pagas à parte prejudicada. As penalidades eram prescritas por causar um aborto (Êx 21.22), deflorar uma virgem (Êx 22.16,17; cp. Dt 22.29), violentar uma escrava prometida em casamento a outro homem (Lv 19.20) e em alguns casos em que um boi chifrava uma pessoa causando a morte (Êx 21.28-32). Um ladrão (o que furta de forma escondida) podia ser penalizado em duas, quatro ou cinco vezes o valor dos bens roubados, dependendo do que fora roubado (Êx 22.1-4,9). Um assaltante (o que rouba empregando força ou intimidação) precisava devolver a propriedade roubada mais um quinto do seu valor e ainda fazer uma oferta pela culpa (Lv 6.1-7). A diferença entre penalidades por furto ou roubo é difícil de explicar. Se um homem acusasse falsamente sua noiva por não ser virgem, o homem devia ser penalizado em duas vezes o valor do presente de casamento (cem peças de prata; Dt 22.19). Alguém que de forma não premeditada causava prejuízo físico a outra pessoa precisava compensar a vítima pela perda de renda e ainda pagar os custos da recuperação (Êx 21.18,19). Se uma pessoa causava a perda de um olho ou dente de seu escravo, o escravo estava livre (Êx 21.26,27).

Os judeus do período do NT podiam impor castigo corporal. Isso consistia basicamente em açoites (Mt 10.17; At 5.40; 22.19; 2Co 11.24) e excomunhão (Lc 6.22; Jo 9.22; 12.42; 16.2).

O procônsul era o representante romano legal nas províncias do Império Romano. Ele intervinha em questões locais nas quais a paz e ordem públicas estavam ameaçadas — especialmente por incitação a motim ou banditismo (cf. At 5.36,37). A acusação contra Jesus foi uma reivindicação de ele ser "o rei dos judeus" (Mt 27.37). Os castigos romanos incluíam a crucificação (em geral reservada somente para escravos e classes mais baixas), decapitação (Mt 14.10; Ap 20.4), sentenças perpétuas de trabalho forçado em minas (i.e., em confinamento; At 23.29; 26.31), açoites (At 16.22; 22.24) e encarceramento (At 16.23,24). V. *apelo a César*. — Phil Logan

CRISOL Vaso de fundição provavelmente feito de cerâmica, usado na refinação da prata. O crisol é usado na Bíblia como uma figura de linguagem referente à provação de pessoas (Pv 17.3; 27.21).

CRISÓLITO Mineral do qual é feita a sétima pedra da fundação da Nova Jerusalém (Ap 21.20). O grego *chrusolithos* significa "pedra de ouro", indicando uma pedra de cor amarelada. Era, portanto, um topázio amarelo, berilo ou zircão. O crisólito moderno é verde e não é idêntico com o crisólito bíblico (cf. Ez 1.16). V. *joias, joalheria; minerais e metais*.

CRISÓPRASO Mineral formando a décima pedra da fundação da Nova Jerusalém (Ap 21.10). A palavra grega significa literalmente "alho-poró verde". A pedra tem cor verde de maçã, é de granulação fina de calcedônia ou quartzo colorido com óxido de níquel, é altamente translúcida. É mais parecida com a atual calcedônia do que com qualquer outro mineral. V. *joias, joalheria; minerais e metais*.

CRISPO Nome pessoal que significa "crespo". Líder da sinagoga em Corinto (At 18.8) e um dos poucos a quem Paulo batizou pessoalmente (1Co 1.14). A tradição da igreja diz que ele se tornou bispo de Égina.

CRISTAL Quartzo quase transparente que pode ser incolor ou levemente tingido. "Cristal" é a tradução moderna de diversas palavras hebraicas e gregas usadas para descrever algo valioso (Jó 28.17), um céu claro (Ez 1.22), um mar ou rio calmo (Ap 4.6; 22.1), ou o brilho da nova Jerusalém (Ap 21.11). Os tradutores divergem no seu uso nos diversos textos.

CRISTÃO O sufixo grego *–ianos* era originariamente aplicado a escravos. Passou a denotar os adeptos de um indivíduo ou partido. O cristão é escravo ou adepto de Cristo; alguém comprometido com Cristo; um seguidor de Cristo. A palavra é usada três vezes no NT. "Em Antioquia, os discípulos foram pela primeira vez chamados cristãos" porque seu comportamento, atividade e fala eram parecidos aos de Cristo (At 11.26). Agripa reagiu assim ao testemunho de Paulo: "Você acha que em tão pouco tempo pode convencer-me a tornar-me cristão?" (At 26.28). Ele falou de tornar-se adepto de Cristo. Pedro afirmou que crentes que sofrem como cristãos devem fazê-lo para a glória de Deus (1Pe 4.16). Cristão é alguém que se torna adepto de Cristo, cuja vida e comportamento diários ante as adversidades são como os de Cristo. — *Darrell W. Robinson*

CRISTO, CRISTOLOGIA "Cristo" é a versão em português do grego *christos*, "o ungido". A palavra hebraica é *mashiach*, Messias. Cristologia é uma palavra composta das palavras gregas *christos* e *logos* (palavra, fala). Cristologia é o estudo da pessoa (quem é) e da obra (o que ele fez/faz) de Jesus Cristo, o Filho de Deus.

O Antigo Testamento e o pano de fundo judaico V. *Messias*.

Jesus como o Cristo nos Evangelhos Os Evangelhos apresentam retratos distintos porém complementares de Jesus. As apresentações dos sinópticos (Mt, Mc e Lc) são semelhantes, enquanto o de Jo é diferente. Os sinópticos dão menos proeminência ao título "Cristo" do que poderíamos esperar. Jesus não ostenta sua missão de Messias nem afirma abertamente ser o Messias ao se apresentar como o rei guerreiro de Israel que iria livrar a Palestina dos romanos. De fato alegou ser aquele em quem o Reino de Deus estava presente (Mc 1.14,15; Lc 11.20). As suas parábolas anunciaram tanto a chegada quanto a natureza do Reino, mostrando como tornar-se filho de Deus (Mt 13; Mc 4). Curar doentes, ressuscitar mortos e expulsar demônios eram demonstrações do seu poder divino e da presença de Deus no seu ministério (Lc 5.17). Seu ensino sobre a oração demonstrou sua percepção de que Deus era seu Pai de forma singular e íntima. Chamou Deus de "Abba" ("meu querido Pai"), palavra afetuosamente usada por crianças judaicas quando se dirigiam a seu pai (Mc 14.36; Lc 10.21,22; 11.2). Sua missão foi anunciar a vinda do Reino, que estava ligado à sua morte sacrificial e substitutiva na cruz (Mc 8.31,32; 9.31; 10.32-34; Lc 9.51; 13.32-35). Somente por meio da cruz poderia vir o Reino de Deus e ser feita sua vontade pelo seu Servo e Filho ungido (Lc 4.16-19).

Visto que a redenção planejada por Deus incluía um Messias sofredor, Jesus teve atitude reservada quanto ao título "Cristo". Quando Pedro confessou: "Tu és o Cristo" (Mc 8.29), a resposta de Jesus foi cuidadosa. Não o negou, mas se distanciou de expectativas nacionalistas judaicas comuns por um Messias libertador (Mc 10.35-45; Lc 24.19-21). Mesmo os discípulos nutriam tal esperança (At 1.6). No seu julgamento diante do Sinédrio, Jesus afirmou ser "o Cristo, o Filho do Deus Bendito", e depois acrescentou o título "Filho do homem" (Mc 14.61,62). Diante de Pilatos, no entanto, ele foi mais cuidadoso (Mt 26.63,64; Mc 15.2; Lc 22.67,68), não se identificando com a ideia de um Messias político. Jesus foi sentenciado à morte com base na acusação falsa de ser um demandante messiânico político e rival de Roma

(Mc 15.26,32). Jesus, por sua vez (Mc 10.45), via sua missão como "Filho do homem", o representante de Deus que sofre, é leal à verdade, dedicado a repartir o trono de Deus (Dn 7.13,14) e é o Servo Sofredor de Deus (Is 42.14; 49.5-7; 52.13—53.12). No seu batismo (Mt 3.13-17; Mc 1.9-13; Lc 3.21,22), a voz de Deus revelou o tipo de Messias que ele era. "Este é o meu Filho amado" (cf. Sl 2.7) é uma declaração messiânica. "[...] em quem me agrado" (Mt 3.17, NVI; cf. Is 42.1) vem do primeiro dos cânticos do Servo Sofredor. Sua missão de Messias foi cumprida por meio do sofrimento e da morte como aquele que leva os pecados dos outros. Compreendendo sua identidade e missão messiânicas, Jesus olhou com confiança para além da rejeição pelos seus (Jo 1.11) e da morte na cruz para a vindicação por Deus na sua ressurreição corpórea.

O evangelho de Jo faz contribuições singulares à cristologia. Os evangelhos de Mt e Lc narram eventos relacionados à concepção e ao nascimento virginais (Mt 1—2; Lc 1—2) de Jesus. João, em contraste, concentra a atenção na encarnação do Filho divino, a Palavra (*logos*) de Deus (Jo 1.1-8). A cristologia dos sinópticos é "de debaixo", começando com o nascimento de Jesus; a cristologia de Jo é "de cima", começando com a Palavra (*logos*) preexistente que estava com Deus na Criação e era Deus (1.1,2). Os textos de Jo 1 e Cl 1 apresentam a cristologia mais sublime do NT. O pano de fundo do emprego que João faz de Logos são os conceitos veterotestamentários da "Palavra" e da "Sabedoria" (Pv 8) de Deus. A Palavra é: o agente da Criação (Jo 1.1-3; cp. Gn 1.1; Sl 33.6-9); o agente da revelação (Jo 1.4; cp. Gn 12.1; 15.1; Is 9.8; Jr 1.4; Ez 33.7; Am 3.1); eterna (Jo 1.1,2; cp. Sl 119.89) e o agente da redenção (Jo 1.12,29; cp. Sl 107.20). Em Pv 8 muito disso é atribuído à Sabedoria. A Sabedoria estava com Deus no início e estava presente na Criação (Pv 8.22-31). Já Gn 1—2 e Pv 8 fornecem o contexto veterotestamentário para o prólogo de Jo (1.1-18). Jesus falou e ensinou como um sábio. Muito da sua fala é discurso de sabedoria, e ele usou muitas formas tradicionais (incluindo parábolas e provérbios). Jesus é apresentado por si mesmo e por outros como um sábio (Mt 12.42; 13.54; Mc 6.2; Lc 2.40,52; 11.31; 21.15; Jo 1.1-4; Rm 11.33-36; Cl 2.2,3; Ap 5.12; 7.10-12) e como a própria sabedoria de Deus (1Co 1.22-24,30; 2.6-8). Essa cristologia da Sabedoria é uma característica importante do retrato neotestamentário de Jesus. João também encontrou no *Logos* uma valiosa palavra-ponte, que conectava com múltiplas culturas ao mesmo tempo, tais como a judaica e a grega. Para os gregos o Logos era o princípio ordenador do universo. A Palavra (Jesus) no prólogo de Jo se tornou carne (1.14) e explicou o Deus invisível ao homem (1.18).

O livro de Jo também desenvolve sua cristologia em torno de sete sinais e sete ditos "Eu Sou", todos apontando para a natureza divina do Filho. Os sinais foram milagrosos, mas seu significado joanino está no fato de provarem quem Jesus era.

OS SETE SINAIS DE JOÃO
2.1-11   Jesus transforma água em vinho.
4.46-54 Jesus cura o filho de um oficial.
5.1-16   Jesus cura um paralítico.
6.1-15   Jesus alimenta 5.000.
6.16-21 Jesus anda sobre a água.
9.1-41   Jesus cura um cego.
11.1-57 Jesus ressuscita Lázaro.

AS SETE DECLARAÇÕES "EU SOU"
"Eu sou o pão da vida" (6.35,41,48,51).
"Eu sou a luz do mundo" (8.12).
"Eu sou a porta das ovelhas" (10.7,9).
"Eu sou o bom pastor" (10.11,14).
"Eu sou a ressurreição e a vida" (11.25).
"Eu sou o caminho, a verdade e a vida" (14.6).
"Eu sou a videira verdadeira" (15.1,5).

Em Jo 8.58 Jesus declara ser ele mesmo o "Eu Sou" do AT. Não se pode encontrar reivindicação mais direta de divindade. O livro de Jo também desenvolve uma teologia da glória por meio do sofrimento para o Messias de Deus (12.27,28; 17.1-5). A autopercepção de Jesus como o Filho do Pai é ressaltada em Jo, embora não esteja ausente nos sinópticos. A divindade de Jesus recebe uma confissão-clímax no final de João com a exclamação de Tomé: "Senhor meu e Deus meu!" (20.28).

Esse entendimento foi proclamado na igreja apostólica (At 2.22-36; 8.26-40); nas mãos de teólogos do NT como Paulo (Rm 3.24-26) e do autor de Hb (Hb 8—10) ele encontra expressão ampliada.

CRISTO, CRISTOLOGIA

Cristologia: Métodos Qualquer estudo de cristologia precisa levar em conta a metodologia. Alguns teólogos começam com formulações dos credos confessando Jesus Cristo como "verdadeiro Deus" e "verdadeiro homem" (e.g., Niceia e Calcedônia), e então a partir dali trilham o caminho de volta até a cristologia da igreja primitiva e do NT. Esse método é a cristologia "de cima". A abordagem alternativa, a cristologia "de debaixo", começa com os registros históricos e os dados teológicos factuais do NT e traça e acompanha o desenvolvimento do entendimento que a igreja tinha do seu Senhor antes dos credos. Em outras palavras, é a cristologia do NT ontológica (ocupa-se do papel transcendente de Cristo em relação a Deus, mundo e a Igreja) ou principalmente funcional (ocupa-se principalmente de relacionar a pessoa de Jesus Cristo às suas realizações como Salvador e Senhor ambientadas no contexto do ministério terreno)?

Os dois métodos têm dois pontos de partida distintos. O primeiro pergunta: "Quem é Cristo e como ele se relaciona com Deus?". O segundo sugere a pergunta: "O que o Jesus humano fez e como a Igreja passou a vê-lo como Deus, atribuindo-lhe títulos de divindade?". Ou: "É Jesus acertadamente chamado Filho de Deus porque me salva?" (cristologia funcional) ou "Ele me salva porque é Deus?" (cristologia ontológica). As duas abordagens atingem o mesmo alvo e estão ambas presentes no NT.

O evangelho de Jo, especialmente o prólogo (1.1-18), dá maior atenção à cristologia ontológica do que fazem outros textos cristológicos clássicos. Em Fp 2.6-11 há a união hipostática e da doutrina da *kenosis*; Cl 1.15-23 e 2.9,10 apresentam o Filho como a imagem exata (*eikon*) de Deus e do Criador em quem habita toda a plenitude (*pleroma*); e Hb 1.1-3 confirma Cristo como o esplendor da glória de Deus e a exata representação da natureza de Deus. O argumento de que a igreja primitiva tinha pouco ou nenhum interesse na natureza ontológica e na posição de Jesus como o Filho de Deus é impossível. A cristologia "de cima" estava lá desde o início da igreja mais primitiva.

Tratar a cristologia pela abordagem "de debaixo", no entanto, também é válido, sendo uma forma em que os apóstolos e a igreja primitiva conheciam a Jesus e compreendiam quem ele era e o que ele fez. Que um povo comprometido com o monoteísmo passou a confirmar a impecabilidade dele (2Co 5.21; Hb 4.15), sua divindade e sua morte na cruz como propiciação pelos pecados da humanidade é algo surpreendente.

O curso da cristologia do Novo Testamento Os primeiros cristãos foram judeus que por fé aceitaram Jesus como Messias e Senhor ressurreto (At 2.32-36). Sua apreciação de Jesus surgiu da convicção de que com a ressurreição e exaltação dele a era nova do triunfo de Deus, prometida no AT, tinha de fato surgido, e as Escrituras (Sl 110.1; Is 53.10-13) tinham se cumprido. A cruz exigia explicação, visto que a morte de Jesus estava em contradição direta com as expectativas messiânicas dos judeus da época. O texto de Dt 21.23 afirma que qualquer um que é pendurado no madeiro morre debaixo da maldição de Deus (cf. Gl 3.13). A igreja primitiva respondeu de duas maneiras: afirmando que a rejeição de Jesus tinha sido predita no AT (Sl 118.32; Is 53) e que a ressurreição vindicava o Filho de Deus e o elevava ao mais alto lugar de honra e poder (Fp 2.5-11). A primeira cristologia tinha duas ênfases: ele era o Filho de Davi na sua encarnação humana, e na ressurreição ele é o Filho de Deus com poder (Rm 1.3,4). As alegações messiânicas implícitas da sua vida terrena ficaram evidentes na sua ressurreição e exaltação, e seu verdadeiro ser foi revelado em glória. Ademais, a era nova que ele estava iniciando foi autenticada com a vinda do Espírito Santo no Pentecoste (At 2.16-21; cp. Jl 2.28).

Em um nível prático essa perspectiva da vida e ressurreição de Jesus deu aos cristãos um relacionamento pessoal com Jesus como uma realidade presente. A primeira oração cristã que foi registrada é *"Marana tha"* ("Vem, Senhor", 1Co 16.22). Dirigida ao Senhor ressurreto, identifica-o com Javé, o Deus da aliança de Israel (Rm 10.9-13; cp. At 7.55-56,59), e como digno de adoração.

As Escrituras do AT também esclarecem a verdadeira identidade de Jesus e explicam o uso que ele faz do título "Filho do homem". Extraído de Dn 7.13-18, "Filho do homem" é um título de autoridade e dignidade, duas ideias que a ressurreição confirmou (At 7.56). Embora raramente usado por outra pessoa além de Jesus, a igreja preservou esse ensino por diversas razões: 1) mostrar como Jesus foi mal-interpretado e rejeitado como um Messias falso, mas como o "Filho do homem" Jesus inicia o Reino de Deus e compartilha o trono divino; 2) indicar como Jesus introduziu uma era nova de revelação não ligada à Lei de Moisés, mas universalizada para todas as pessoas. O "Filho do homem" é o chefe de um Reino mundial (Dn 7.22,27); e 3) encontrar um impulso missionário que levasse os cristãos a evangelizar os não judeus (At 7.59—8.1; 11.19-21; 13.1-3).

Tal era a missão da Igreja no mundo da cultura e religião greco-romanas. O título mais relevante era "Senhor", usado com respeito a deuses e deusas. E o que é mais importante, "Senhor" designava a honra e a divindade da adoração ao imperador. Ambas as áreas se mostraram férteis para a aplicação do título cristológico mais comum de Jesus, Senhor. Já usado com referência a Javé no AT grego, agora era aplicado ao Cristo exaltado e se tornou um ponto de contato útil entre os cristãos e os pagãos familiarizados com seus próprios deuses (1Co 8.5,6). Mais tarde "Senhor" se tornou o critério para a lealdade cristã a Jesus quando as autoridades romanas exigiram reverência ao imperador como divino, como aparece em Ap, quando o imperador Domiciano (81-96 d.C.) se autoproclamou "senhor e deus" (Ap 17.14).

Temos outro aspecto da cristologia do NT em Hb. O autor de Hb prova a finalidade da revelação de Cristo como o Filho de Deus e grande "sumo sacerdote" (5.5; 7.1—9.28), um tema singular neste livro. Junto com Paulo (Rm 3.25) e João (1Jo 2.2; 4.10), Hb vê a obra de Cristo como a propiciação pelo pecado (Hb 2.17). O texto de Hb também afirma que na sua morte na cruz Jesus nos purificou dos pecados (1.3), eliminou o pecado (8.12; 10.17), carregou o nosso pecado (9.28), ofereceu de uma vez o sacrifício pelos pecados (10.12), fez uma oferta pelo pecado (10.18) e anulou o pecado pelo seu sacrifício (9.26). De todas as perspectivas o Filho tratou do pecado.

Mesmo nessas confissões maravilhosas (Rm 9.5; Tt 2.13; 1Jo 5.20), a Igreja nunca fez concessões na sua convicção e fé na unidade e unicidade de Deus (Dt 6.4-6), uma herança cristã recebida dos judeus e um elemento essencial do monoteísmo do AT. Jesus e o Pai são um (Jo 10.30). Jesus, o Logos, está com Deus e é Deus. Há uma unidade em essência, mas uma distinção em pessoas. Jesus não é nenhum deus novo ou rival competindo com o Pai (Jo 14.28; 1Co 11.3; Fp 2.9-11). A adoração da Igreja é corretamente dirigida a ambos, junto com o Espírito Santo. A Igreja do NT ensinava e praticava essa verdade sem entrar em reflexões teológicas profundas acerca das relações na Divindade. Como as duas partes da pessoa de Jesus (humana e divina) se relacionam não é explicado. Os autores passaram um rico legado à Igreja que forneceu o material para os debates sobre a Trindade e a cristologia que levaram aos concílios de Niceia (325 d.C.) e Calcedônia (451 d.C.), nos quais foi determinado e expresso que Jesus Cristo é "Deus de Deus, Luz da Luz, verdadeiro Deus de verdadeiro Deus", e que as duas naturezas de Cristo estão unidas em uma Pessoa. Essa convicção tem permanecido como a posição central da Igreja desde então, uma real confissão de uma cristologia cujas raízes estão no solo das Sagradas Escrituras. V. *Messias; Filho de Deus; Senhor.* — Daniel L Akin, Ralph P. Martin e Charles W. Draper

CRÍTICA TEXTUAL DO ANTIGO TESTAMENTO A crítica textual (algumas vezes chamada de Baixa Crítica) é o estudo de cópias de qualquer obra cujos originais já não mais existem. Deve-se observar que, neste contexto, a palavra "crítica" não é um termo negativo. Antes, refere-se ao estudo e à análise cuidadosos. Quando aplicada ao AT, a expressão se refere ao esforço contínuo de estudar o antigo texto hebraico do AT tão pormenorizadamente quanto possível. Milhares de cópias de todas as partes do AT sobreviveram, mas até poucas décadas representavam um texto uniforme e estabilizado. Desde meados do séc. XX diversas descobertas expandiram o conhecimento existente quanto ao desenvolvimento do texto hebraico original da história de sua transmissão.

Os manuscritos do mar Morto são as descobertas mais famosas, contendo cerca de 40 mil fragmentos representando cerca de 600 documentos, 200 dos quais são textos bíblicos. Esses documentos são mil anos mais velhos que os mais antigos manuscritos do AT nessa época, e sua importância dificilmente pode ser exagerada. No entanto, manuscritos foram também encontrados em Massada, em Muraba'at perto do mar Morto, na *genizah* (depósito de uma sinagoga, usado para guardar textos usados, que ali ficavam até serem descartados de maneira apropriada) do Cairo e dois pequenos amuletos de prata cuja superfície contém uma citação do livro de Nm. Isso demonstra que ocorreu de fato um processo de desenvolvimento, mas também demonstra que o texto posterior (chamado Texto Massorético) é altamente acurado. Mais de 90 por cento do texto está firmemente estabelecido, e atualmente há questões sérias apenas quanto a um pequeno percentual de variantes. Portanto, os estudiosos que trabalham com a crítica textual do AT estão mais preparados na atualidade para lidar com questões difíceis que em qualquer época do passado. V. *textos e versões da Bíblia*.

Como acontece com a crítica textual do NT, os manuscritos podem ser estudados e avaliados a partir de dados derivados da colação dos manuscritos. A colação consiste em comparar o texto de um manuscrito com um texto-base ou texto-padrão, e observar as diferenças com o texto-base. Trechos nos quais os manuscritos diferem são chamados leituras variantes, ou simplesmente variantes. O propósito último é estabelecer a leitura original em cada trecho em que há alguma variação. De modo diferente do que acontece com o estudo do NT, a crítica textual do AT não trabalha apenas com as palavras do texto. Isso porque os manuscritos hebraicos contêm leituras marginais, pertinentes ao texto, que são o produto de uma antiga prática da crítica textual. Essas leituras lançam luz sobre a transmissão do texto e auxiliam o crítico textual a tomar decisões quanto à provável leitura original.

Os estudiosos que trabalham com crítica textual da Bíblia Hebraica são orientados por "cânones", como acontece com quem trabalha com o NT. Mas no caso do AT, os cânones são diferentes. A tarefa é ao mesmo tempo uma ciência e uma arte, e certo grau de subjetividade não pode ser evitado. Pelo fato de o texto ser completamente padronizado, a crítica textual do AT afeta quase sempre incoerências e detalhes relativamente insignificantes. Os manuscritos podem ser avaliados ("pesados") quanto ao significado, não apenas contados. Estuda-se a evidência interna (literária) do manuscrito (aspectos como tendências dos escribas, estruturas literárias, gramática, sintaxe, estruturas quiásticas, padrões acrósticos e

estrutura das sentenças). Também é considerada a evidência externa (histórica), que estuda aspectos como data e local, autoria e relacionamento com outros manuscritos). Busca-se a identidade da leitura mais apropriada para o contexto imediato. A leitura que mais provavelmente se encaixa com as outras variantes em geral é a preferida, como o são a leitura menor e a leitura mais distinta (i.e., a mais difícil). As traduções antigas da Bíblia Hebraica (a tradução grega antiga e a *LXX*, os Targuns aramaicos, a *Peshita* siríaca e a latina) também são importantes, porque podem algumas vezes representar uma versão hebraica mais antiga. V. *crítica textual do Novo Testamento*.

A crítica textual do AT está mais ativa em nossos dias que antigamente. O texto acadêmico atualmente em uso, a *Bíblia Hebraica Stuttgartensia*, é baseado no Códice de Leningrado (1009 d.C.) e está em revisão. A nova edição, que terá o nome de *Biblia Hebraica Quinta*, estará completa no futuro próximo. O livro de Rt já foi publicado, como amostra do trabalho. Uma outra edição, também baseada no Códice de Leningrado, a *Biblia Hebraica Leningradensia*, foi preparada pela Universidade de Tel Aviv. Uma edição há muito esperada, a *Hebrew University Bible* [*Bíblia da Universidade Hebraica*], baseada no Códice de Alepo (930 d.C.) está em preparação desde 1955. Os livros de Is e Jr já foram publicados. Todas estas edições são "diplomáticas", i.e., baseadas em um único manuscrito. Ainda que essas versões contenham aparatos críticos para o registro de leituras variantes, não são verdadeiramente ecléticas, ou textos críticos (baseados no estudo de manuscritos). As escolhas feitas pelos editores das leituras mais antigas permanecem nos aparatos críticos.

Várias traduções textuais sobrevivem nos muitos manuscritos da Bíblia Hebraica, e estes estão sendo estudados, ainda que todos os textos atuais retenham a prioridade de um ramo do Texto Massorético, a saber, a família ben Asher dos massoretas de Tiberíades. Este se tornou o padrão e o mais bem preservado, mas é um texto produzido há muito tempo e sem os recursos atualmente disponíveis para os estudiosos. Um texto hebraico poderia ser produzido de maneira verdadeiramente eclética, uma verdadeira *editio critica maior*, utilizando todas as fontes manuscritas disponíveis. A proposta de uma *Oxfrd Hebrew Bible* [*Bíblia Hebraica de Oxford*], pela Oxford University Press parece ter como alvo a produção de um texto eclético. Independentemente disso, a próxima geração de estudiosos verá impresso um acervo muito mais rico de recursos que qualquer geração anterior teve oportunidade de presenciar.

Alguns argumentam a favor da prioridade do texto ben Chayim sobre o texto tradicional da Bíblia Hebraica, considerando-o o *textus receptus* do AT. Os argumentos que pretendem defender esta opinião não são convincentes, como o objetivo declarado de Jacob ben Chayim era recuperar o texto massorético de Aaron ben Moses ben Asher, exatamente o que se tem nos códices de Leningrado e Alepo. V. *Textus Receptus*. — Charles W. Draper

CRÍTICA TEXTUAL DO NOVO TESTAMENTO A crítica textual (algumas vezes chamada Baixa Crítica) é a arte e a ciência de reconstruir a forma original do texto de uma obra não mais existente. Deve-se observar que a palavra "crítica" não é um termo negativo. A palavra se refere a métodos cuidadosos de estudo e análise. Aplicados ao NT, o propósito último da crítica textual é determinar o texto original de cada livro com a maior possibilidade de detalhamento e precisão por meio do estudo cuidadoso e da comparação entre todos os manuscritos existentes. Isso é realizado de modo primário pela comparação entre os manuscritos e a avaliação dos dados derivados dela. Cada texto estudado é comparado com um texto-base, letra por letra, para o registro das diferenças com o texto-base. Pela comparação entre os muitos manuscritos é possível, em pontos nos quais os manuscritos divergem (chamados leituras variantes, ou simplesmente variantes), busca-se encontrar o texto original. Esse processo de comparação e avaliação é o elemento primário de reconstrução do texto original.

Outros objetivos incluem seguir a transmissão histórica do texto (determinar qual o texto usado em épocas e lugares específicos) e determinar as relações entre os manuscritos (permitindo que sejam reunidos em grupos, famílias e tipos de texto). Isso gera muitas percepções sobre a situação teológica dos primeiros séculos da história da igreja e quanto ao desenvolvimento histórico da doutrina cristã.

É importante lembrar que antes da imprensa cada cópia das Escrituras era feita à mão, e todos os manuscritos de tamanho substancial do mesmo documento diferiam um do outro. Não há dois manuscritos absolutamente iguais de qualquer livro do NT. Mas há motivos para crer que a leitura original sobreviveu em alguns manuscritos. Por essa razão os críticos textuais estudam todos os textos possíveis.

Os manuscritos do NT grego em geral contêm grupos de livros: Evangelhos, epístolas paulinas, At e epístolas gerais ou o Ap (que não raro circulava sozinho). Menos de 60 manuscritos contêm o texto inteiro do NT grego. Manuscritos úteis para o estabelecimento do texto original do NT grego são de seis tipos. Os mais antigos e melhores foram escritos em papiro. Cerca de 115 papiros foram identificados, e muitos deles datam do séc. II. Muitos papiros contêm textos pequenos, mas alguns são grandes.

Os manuscritos chamados unciais foram escritos com letras grandes, semelhantes a letras maiúsculas. Os códices antigos principais, o Sinaítico, o Vaticano e o Alexandrino são do tipo uncial. Já foram identificados cerca de 300 unciais, que vão do séc. IV ao X. Os papiros e os unciais são as principais fontes de estudo da crítica textual e da manuscritologia. Há ainda manuscritos minúsculos, escritos em um estilo cursivo, desenvolvido após o séc. VIII. São conhecidos cerca de 2.800 manuscritos do tipo minúsculo, datando dos séc. IX ao XVI. Já os lecionários são textos do NT agrupados de acordo com um esquema de leitura anual, para serem utilizados no culto público. Datam dos séc. VIII ao XVI, mas alguns são muito importantes, por serem cópias de exemplares bem mais antigos. Cerca de 2.400 lecionários já foram classificados. Os textos usados pelos pais da igreja primitiva podem ser determinados pelas citações que fazem da Bíblia.

Como alguns lecionários são muito antigos, são um recurso muito importante para os estudiosos. Outro recurso que também pode ser muito útil está nas antigas traduções do NT grego para outras línguas (versões), pois essas foram traduzidas de manuscritos antigos não mais existentes. Entre as versões antigas importantes estão a latina, a siríaca, a cóptica, a armênia, a georgiana, a etíope e a eslavônica. V. *textos bíblicos e versões da Bíblia*.

Uma família ou grupo de manuscritos é uma unidade relativamente unida, que exibe semelhanças destacadas, análogas ao parentesco em uma família. Um texto-padrão é definido de modo mais amplo, com padrões definidos de leituras comuns. Alguns textos-padrão foram desenvolvidos em regiões particulares nas quais exemplares similares eram usados vez após vez para copiar o NT. Quatro textos-padrão foram identificados.

O Texto Alexandrino (egípcio), tido por muitos estudiosos como o melhor e mais antigo, originou-se a partir do trabalho de escribas eruditos da região de Alexandria, Egito, no séc. II da era cristã. Os manuscritos e pergaminhos mais antigos e melhores pertencem a essa categoria. O Texto Ocidental também teve origem no séc. II e foi amplamente distribuído. É caracterizado por paráfrases e adições ao texto, o que aponta para o processo de cópia mais livre e menos disciplinado. O Texto Ocidental de At é cerca de 10 porcento maior que o Texto Alexandrino. Acredita-se que o Texto de Cesareia surgiu quando Orígenes, expoente da igreja primitiva do séc. III, reuniu antigos textos egípcios de Alexandria até Cesareia na Palestina, e mais tarde em Jerusalém, que foram usados como modelo para um processo de cópias do NT grego. A tendência do Texto de Cesareia é misturar leituras distintivamente alexandrinas ou ocidentais. O Texto de Cesareia é o menos homogêneo de todos, e alguns estudiosos questionam até sua existência.

O último tipo de texto é o Bizantino (também conhecido por Coinê, Sírio ou Antioqueno), que surge no final do séc. IV. Os manuscritos bizantinos mais antigos que sobreviveram são do séc. V. Tendo por base uma edição tardia do NT grego, do séc. III, feita por Luciano de Antioquia, o Texto Bizantino deliberadamente combinou elementos dos textos-padrão mais antigos (procedimento chamado conflação de leituras). Luciano e os editores posteriores desejavam produzir um texto completo, agradável e de fácil leitura. O Texto Bizantino se originou quando os demais textos já estavam estabelecidos, como se pode demonstrar pela ausência de leituras distintivamente bizantinas em manuscritos mais antigos. Portanto, o Texto Bizantino é de importância secundária.

Apenas duas vezes a leitura distintivamente bizantina preserva a leitura originária, preferível às leituras de outros textos-padrão. O Bizantino é representado na grande maioria dos manuscritos sobreviventes do NT e tornou-se o texto-padrão das igrejas ortodoxas gregas. Essa padronização e preponderância dos manuscritos bizantinos aconteceu basicamente porque a igreja ocidental abandonou o grego e privilegiou o latim, enquanto o grego continuou a ser usado apenas nas igrejas orientais. O grande número desses manuscritos não significa que sejam os melhores ou que representem o original, pois de fato não o são. Os manuscritos devem ser julgados pelo valor, não pela quantidade. Uma grande quantidade de manuscritos inferiores de modo algum os torna melhores. V. *Textus Receptus*.

Várias leituras ocorrem somente em cerca de 5 porcento do texto do NT grego, e por isso os manuscritos concordam em cerca de 95 porcento das vezes. Somente cerca de 2.100 leituras variantes podem ser consideradas "importantes", e em nenhuma das vezes a doutrina cristã é desafiada ou questionada por qualquer dessas leituras. Somente cerca de 1,67 porcento de todo o texto do NT grego é questionado de alguma maneira. Pode-se ter confiança que o atual texto do NT grego (um texto crítico e eclético baseado no estudo da maior quantidade possível de manuscritos) é mais de 99 porcento preciso. De fato, há mais variação entre algumas versões da Bíblia em português (ou em inglês) que entre os manuscritos do NT grego. A Palavra de Deus é infalível e inerrante em suas cópias originais (chamadas "autógrafos"), mas nenhum deles sobreviveu aos nossos dias. Críticos textuais do NT grego continuarão sua obra até descobrir, se possível, o original das leituras motivadoras de debates e questionamentos.

Os críticos textuais trabalham com certos critérios, chamados "cânones da crítica textual". Leituras variantes são categorizadas como intencionais ou não intencionais, e importantes ou não importantes. A grande maioria das leituras variantes são não intencionais e não importantes e envolvem apenas questões referentes à grafia. Leituras variantes significativas em manuscritos são avaliadas pelo estudo de evidências internas (literárias), relacionadas como o manuscrito em si (como práticas dos escribas e questões estilísticas), e externas (históricas, como data, distribuição geográfica e relacionamento com outros manuscritos). Variantes não intencionais podem ser o resultado de erros de vista, audição, falta de concentração ou algum juízo equivocado da parte do escriba. De modo geral, variantes intencionais podem ter ocorrido quando o escriba desejava melhorar o texto ao fazer mudanças de grafia ou gramática, mudanças para uso litúrgico (uso no culto), corrigindo dados históricos e geográficos, ou harmonizando passagens paralelas (principalmente nos Evangelhos Sinópticos). Citações do AT eram algumas vezes expandidas e complementos naturais eram adicionados (como mudar Jesus para Senhor Jesus ou Senhor Jesus Cristo). De forma mais esparsa, algumas mudanças foram feitas por razões doutrinárias. Muitas delas com a intenção de deixar o texto mais ortodoxo (pelo menos, conforme o escriba entendia o conceito de ortodoxia). Essa afirmação pode soar como o contrário, mas no todo os escribas eram bastante escrupulosos e cuidadosos para serem fiéis aos textos que copiavam.

Ao avaliar a evidência interna, talvez a consideração principal seja verificar que leitura se adapta melhor às outras leituras. Prefere-se de forma geral a leitura mais difícil, pois os escribas muito provavelmente prefeririam deixar a leitura mais fácil de ser entendida que o contrário. De igual modo, a leitura menor é geralmente a preferida, pois adições ao texto eram mais comuns que exclusões. Ao se considerar a evidência externa, os manuscritos mais antigos em geral eram preferidos, por resultarem de um processo de cópia menor e, portanto, mais próximo do original. O lugar de origem, se conhecido, era importante, como as afinidades textuais com as várias famílias de manuscritos, ou textos-padrão. Quanto mais uma leitura fosse distribuída geograficamente em uma data mais antiga, tanto mais provável constituir a leitura original. Todas as evidências são consideradas, as leituras dos manuscritos de todos os tipos são avaliadas e a decisão é tomada quanto à leitura com mais probabilidade de ser a original. A crítica textual é uma ciência, mas é também uma arte, e o elemento subjetivo nunca pode ser completamente eliminado. Isto porque os críticos textuais trabalham juntos em um esforço de cooperação, assim todas as perspectivas são consideradas e tendências óbvias não são permitidas na determinação do resultado.

Usam-se na atualidade duas edições críticas do NT grego: a edição de Nestle/Aland (atualmente na 27a edição, ou NA 27) e a edição das United Bible Societies [Sociedades Bíblicas Unidas] (atualmente na 4a edição revisada, conhecida entre os especialistas como UBS4). A edição Nestle/Aland teve início com a obra de Erwin Nestle no fim do séc. XIX, continuada mais tarde por seu filho Eberhard. Mais tarde, um estudioso chamado Kurt Aland e um comitê assumiram a responsabilidade pela obra. Em 1966 as Sociedades Bíblicas Unidas produziram uma edição do NT grego para ser usado basicamente por estudantes e tradutores. Desde 1979 o texto destas duas edições críticas do NT grego tem sido o mesmo, sob a supervisão de um mesmo comitê. A diferença está no aparato crítico que acompanha as versões. Em um aparato crítico, as leituras variantes importantes e as evidências que lhes servem de base são colocadas ao pé de cada página, de modo que o estudante possa avaliá-las por si mesmo. O aparato crítico de NA 27 contém mais variantes, e por isso é mais útil para os estudiosos. O aparato de UBS4 contém menos variantes, porém apresenta mais evidências para cada um, tornando-o mais útil para estudantes e tradutores. Leituras em textos onde há variantes na UBS4 são marcadas quanto ao grau de certeza (A, B, C, D), por voto da comissão editorial.

À medida que mais e mais manuscritos são coletados e comparados, os dados provenientes são armazenados em bancos para serem considerados sobre sua inclusão ou não em edições futuras do NT grego. Um grande esforço internacional, chamado International Greek New Testament Project [Projeto Internacional do Novo Testamento Grego], está trabalhando em uma nova edição crítica do NT grego. Quando da edição deste dicionário (a edição em inglês é de 2003) o Evangelho de Lc estava pronto, o Evangelho de Jo estava em processo de conclusão e trabalhava-se no livro de At. Este trabalho é coordenado por muitos eruditos destacados, como o dr. Bill Warren, diretor do Center for New Testament Textual Studies [Centro de Estudos Textuais do Novo Testamento] do New Orleans Baptist Seminary [Seminário Teológico Batista de Nova Orleans]. Este centro de estudo de Nova Orleans tem tido posição de destaque nesta iniciativa, pois a cada ano adiciona mais manuscritos que todas as outras instituições estadunidenses juntas.

Há hoje aproximadamente 5.700 cópias do todo ou de partes do NT grego — o que é mais que qualquer outro texto da antiguidade. Estudiosos de outras literaturas antigas desejam estabelecer os textos com os quais trabalham de modo tão completo como acontece com o texto do NT, mas não podem fazê-lo porque sobreviveram poucos documentos do mundo antigo — em alguns casos, há poucas centenas. Logo, o texto grego do NT é o mais bem atestado e o mais acurado de todos os documentos antigos. Pode-se ter confiança que as Bíblias em uso, baseadas em textos críticos do NT grego e da Bíblia Hebraica são a pura Palavra de Deus. V. *textos e versões da Bíblia*; *crítica textual do Antigo Testamento*. — Charles W. Draper

CRÔNICAS, LIVROS DE Os livros de 1Cr e 2Cr são os primeiros dois livros de uma série de livros que incluía Ed e Ne. Esses quatro livros apresentam uma história de Israel elaborada pelos escribas (sacerdotes) a começar por Adão (1Cr 1.1) e terminar com a reconstrução da casa de Deus e do muro de Jerusalém e a restauração do povo na adoração a Deus de acordo com a Lei de Moisés (Ne 13.31). Atenção especial é devotada ao destino da casa de Deus em Jerusalém sobre a qual Deus colocou seu nome para sempre (2Cr 7.16). Davi percebeu que Israel era como um rebanho de ovelhas espalhadas. Como pastor escolhido por Deus e membro da linhagem pela qual Deus reconstruiria sua casa, Davi buscou ordenar a vida de Israel em torno da adoração a Deus. Sob a orientação de Deus ele tornou a cidade de Jerusalém sua capital (1Cr 11.4-9), transferiu a arca de Deus para a cidade (1Cr 16.1) e começou os preparativos para a construção do templo (1Cr 22.1,2). Salomão, seu filho, construiu o templo (2Cr 2.1), e Zorobabel, seu filho de gerações que se sucederam, reconstruiu o templo (Ed 3.8). Os filhos de Davi interpostos entre esses períodos, que serviram como reis de Judá, foram julgados segundo sua fidelidade a Deus e à sua casa. Comparem-se, p. ex., os reinados do ímpio rei Acabe e do bom rei Ezequias (2Cr 28.1-4; 29.1-11).

O significado do título Os dois livros agora chamados 1 e 2Cr originariamente constituíam um livro. A divisão em dois livros foi feita pela primeira vez depois de 300 a.C. pelos anciãos judeus que traduziram o AT hebraico para o grego, produzindo a *LXX*. A razão de dividir Cr em dois livros é bem simples. O manuscrito hebraico, que geralmente não continha vogais, cabia em um rolo grande. A tradução grega com as vogais, no entanto, exigia quase duas vezes o espaço. A divisão parece bem adequada com 1Cr concluindo com o fim do reinado de Davi e 2Cr começando com o reinado de Salomão.

O título em português "Crônicas" vem do latim *Chronicon*, que foi aplicado a esses escritos por Jerônimo. Ele descreveu esse material como "uma crônica de toda a história sagrada". O título na *LXX* (grega) é *Paraleipomena*, que significa "coisas omitidas". Esse título reflete que sua compreensão de 1 e 2Cr era um complemento do material encontrado em 1 e 2Sm e 1 e 2Rs embora esse não seja o caso.

O título com o significado mais próximo a essência do livro está no hebraico. Sua tradução seria: "Os atos e feitos dos dias ou tempos". No entanto, os livros fazem mais do que relatar os diversos atos do povo daqueles dias. O livro de Cr concentra sua atenção nos atos mais importantes daquela época e, aliás, de qualquer época — a edificação da casa de Deus. A casa de Deus era, sem dúvida, o templo em Jerusalém. Mas a casa de Deus transcende aquela edificação. A declaração de Davi: "habitarei na casa do Senhor por longos dias" (Sl 23.6, *ARC*) refere-se a morar para sempre com Deus e seu povo na habitação de Deus. No sentido mais importante iríamos equiparar a casa de Deus com seu Reino. Em concordância com isso o(s) autor(es) de Cr nos lembra(m) que os atos mais importantes de todos são aqueles pelos quais o Reino de Deus é edificado no coração das pessoas.

O significado do lugar de Crônicas no cânon O livros de Cr, Ed e Ne estão entre os *Hagiógrafos*, que significa "escritos sagrados", que é a terceira divisão do AT. A ordem nas versões da Bíblia em português em que Cr, Ed e Ne aparecem depois de Sm e Rs remonta à *LXX*.

A Bíblia Hebraica coloca 1 e 2Cr como os últimos livros do AT depois até de Ed e Ne. O livro de Cr certamente ocupava essa posição na época de Cristo, visto que ele citou Zacarias como o último profeta nomeado que sofreu uma morte violenta (2Cr 24.20-22; Mt 23.35; Lc 11.51).

Três explicações são dadas para dar a razão de os hebreus concluírem o AT com Cr. Uma é que os livros de Cr foram os últimos livros a serem aceitos no cânon do AT. A segunda é que o(s) autor(es) primeiro escreveu(ram) Ed-Ne e depois Cr. A terceira e mais provável é fazer que o AT terminasse com o controle providencial de Deus sobre a história para construir (reconstruir) sua casa em Jerusalém. A admoestação final do AT hebraico é então que o povo de Deus suba para Jerusalém para construir a casa de Deus (2Cr 36.23). Além disso, a promessa final de Deus é abençoar com sua presença os que de fato subirem para construir (2Cr 36.23).

Autoria, data e fontes Não sabemos com certeza quem escreveu os livros de Cr. Como já foi observado, a tradição cita Ed, um "escriba que conhecia muito a Lei de Moisés", sacerdote descendente de Zadoque e Fineias (Ed 7.1-6), como autor de Cr, Ed e Ne. Essa tradição não pode ser comprovada, mas não há objeção válida a ela. Se não foi ele, então não sabemos quem os escreveu. A posição desses livros entre os *Hagiógrafos* indica que o autor não era profeta. Ademais, a ênfase nos sacerdotes e levitas sugere que o autor era alguém como Esdras, que era um deles. Também, no sétimo ano do seu reinado, Artaxerxes Longanimus, o rei persa entre 465 e 425 a.C., enviou Esdras a Jerusalém para ordenar a vida civil e religiosa dos judeus de acordo com a Lei de Moisés (Ed 7.8,14). Em concordância com isso está o fato de que Esdras foi o líder dos esforços de restauração espiritual que esses livros tinham a intenção de atingir. Um editor poderia ser a explicação de qualquer material que cobrisse um período além do de Esdras.

O uso de fontes pelo(s) autor(es) é óbvia. Muito do material veio dos livros bíblicos de Sm e Rs. No entanto, outras fontes são evidentes tais como registros oficiais (1Cr 27.24), os escritos dos profetas (1Cr 29.29) e comentários sobre os eventos da época (2Cr 24.27). As genealogias refletem os registros cuidadosamente preservados dos levitas. Fontes dos materiais do templo incluem "as palavras de Davi e do vidente Asafe" (2Cr 29.30) e os "projetos" dados "pela mão do Senhor" (1Cr 28.19).

Propósitos e valor duradouro O propósito principal de 1 e 2Cr é mostrar o controle de Deus sobre a História para cumprir seu desejo de habitar entre o povo em um relacionamento perfeito de santidade no qual Deus é Deus e os redimidos são seu povo. Deus primeiro compartilhou seu desejo com Moisés (Êx 25.8). O tabernáculo e o templo simbolizavam esse desejo. Deus está cumprindo seu desejo por meio do Senhor Jesus Cristo — o Filho de Davi. Quando Cristo tiver terminado sua obra redentora "o tabernáculo de Deus [estará] com os homens, com os quais ele viverá. Eles serão os seus povos; o próprio Deus estará com eles e será o seu Deus" (Ap 21.3). Os livros de Cr mostram como Deus trabalhou já desde o tempo de Adão, mas particularmente na época de Davi até o de Esdras e Neemias para realizar seu desejo de habitar em santidade com seu povo.

O segundo propósito é mostrar a escolha que Deus fez de uma pessoa e um povo para construir sua casa. A pessoa é o Filho de Davi — o Messias. Salomão construiu o templo em Jerusalém, mas o Filho que está edificando e deve edificar até a conclusão a verdadeira casa de Deus e o Filho cujo Reino Deus estabelecerá para sempre é o Senhor Jesus Cristo (1Cr 17.12; Lc 1.31-33; At 15.14-16). O povo é o daquelas pessoas de fé cuja linhagem remonta a Adão por meio de Sete até Sem e até Abraão (1Cr 1.1,17,28) ao qual Deus fez a promessa da semente (em Cristo) pela qual ele abençoaria as nações (Gn 12.1-4; 15.4-6; 17.7; 22.16-18; Gl 3.16). Seu povo é constituído dos de Israel e de fato de pessoas de todas as nações que depositarem sua fé nele.

O terceiro propósito é mostrar que devemos nos aproximar do Deus que habita em santidade de forma adequada à Lei que Deus deu a Moisés. Davi, ao tentar unir seu povo em torno da presença de Deus, aprendeu que Deus deve ser buscado de maneira adequada (1Cr 15.13). Fundamental é a necessidade de ir a Deus passando pelo altar do sacrifício segundo a ministração do sacerdócio levítico. Deus no seu perdão misericordioso a Davi revelou que o lugar do altar de sacrifício deveria estar em Jerusalém na eira de Ornã (Araúna) (1Cr 21.18—22.1). Ali Davi erigiu o altar e construiu o templo de acordo com as orientações de Deus. Mas mais importante, ali o Filho de Deus, o nosso grande Sumo Sacerdote, sacrificou a si mesmo na cruz em nosso lugar para levar o povo dele à presença gloriosa de Deus (Hb 2.17; 5.1-10).

CRÔNICAS, LIVROS DE

O quarto propósito de Cr é encorajar o povo de Deus a trabalhar junto com Deus e uns com os outros para construir a casa de Deus. O autor(es) compartilhou(aram) com o povo o desafio de decreto de Deus dado por meio do rei Ciro a subir a Jerusalém e construir a casa de Deus. Os livros de Cr lembram o povo da história da fidelidade de Deus ao seu povo e sua casa. Deus prometeu que abençoaria a obediência deles ao seu desafio (2Cr 36.23) e advertiu com juízo os que negligenciassem a casa de Deus, ou que impedissem sua construção ou a profanassem.

Esboço de 1 e 2Crônicas: Bênçãos por Construir a Casa de Deus

I. Israel, o Povo da Fé (1Cr 1.1—9.44)
   A. A linhagem divina de Adão (1.1-4)
   B. Os filhos de Noé com atenção especial para Sem (1.5-27)
   C. Os filhos de Abraão com atenção especial para Isaque (1.28-34a)
   D. Os filhos de Isaque com atenção especial para Israel (1.34b-54)
   E. Os filhos de Israel com atenção especial para Judá e Levi (2.1—9.44)

II. Davi aprende obediência (10.1—22.1)
   A. Deus substitui o rebelde Saul por Davi (10.1-14)
   B. Deus leva Davi ao poder (11.1—12.40)
   C. Davi leva a arca a Jerusalém e pede permissão para construir o templo (13.1—17.27)
   D. Davi mancha as suas vitórias pelo seu pecado (18.1—21.17)
   E. Deus revela, pela sua misericórdia, o lugar do templo e do altar do sacrifício (21.18—22.1)

III. Os preparativos de Davi para construir a casa de Deus (22.2—29.30)
   A. O preparo dos trabalhadores e dos materiais (22.2-5)
   B. Salomão é preparado para construir (22.6-16)
   C. Ordens aos líderes para ajudarem a Salomão (22.17-19)
   D. Salomão é feito rei (23.1)
   E. Os sacerdotes, levitas e líderes são organizados para o serviço (23.2—27.34)
   F. Ordem a Salomão e ao povo (28.1-21)
   G. Doações inspiradoras para a construção (29.1-9)
   H. Deus é adorado e Salomão é entronizado (29.10-25)
   I. Resumo do reinado de Davi (29.26-30)

IV. Salomão constrói a casa de Deus (2Cr 1.1—9.31)
   A. A bênção de Deus sobre Salomão para construir (1.1-17)
   B. Construção e consagração (2.1—7.22)
   C. As outras realizações de Salomão (8.1-18)
   D. A sabedoria, riqueza e fama de Salomão (9.1-28)
   E. Conclusão do reinado de Salomão (9.29-31)

V. Deus julga os reis de Judá segundo sua fidelidade à casa Dele (10.1—36.21)
   A. O reinado ímpio de Roboão (10.1—12.16)
   B. O reinado ímpio de Abias (13.1-22)
   C. O reinado manchado pelo pecado do rei asa (14.1—16.14)
   D. O reinado agradável a Deus de Josafá (17.1—21.1)
   E. O reinado ímpio de Jeorão (21.2-20)
   F. O reinado ímpio de Acazias (22.1-9)
   G. O reinado ímpio de Atalia (22.10—23.21)
   H. O reinado bom de Joás (24.1-27)
   I. A devoção imperfeita de Amazias (25.1-28)
   J. Uzias viola o ofício sacerdotal (26.1-23)
   K. O bom mas imperfeito reinado de Jotão (27.1-9)
   L. O reinado ímpio de Acaz (28.1-27)
   M. O reinado completamente bom de Ezequias (29.1—32.33)
   N. A conversão do ímpio rei Manassés (33.1-20)
   O. O reinado ímpio de Amom (33.21-25)
   P. O reinado completamente bom de Josias (34.1—35.27)
   Q. Os reinados ímpios de Jeoacaz e Jeoaquim: começo do exílio (36.1-8)
   R. Os reinados ímpios de Joaquim e Zedequias: estágio final do exílio (36.9-21)

VI. O decreto providencial para a reconstrução da casa de Deus (36.22,23)

A. Data e origem do decreto (v. 22a)
B. Propósito do decreto (22b)
C. Força motivadora do decreto (v. 23)
D. Conteúdo do decreto (v. 23)

— *John H. Traylor Jr.*

CRONOLOGIA DO PERÍODO BÍBLICO

Quando falamos de cronologia, precisamos diferenciar entre a cronologia relativa e a absoluta. A cronologia absoluta está associada a datas fixas — eventos que sabidamente aconteceram em datas específicas (p. ex., John Kennedy foi assassinado no dia 22 de novembro de 1963). A cronologia relativa coloca os eventos na sua ordem cronológica, mas sem data fixa (p. ex., Jesus foi batizado, em seguida tentado e depois começou seu ministério público). A maioria dos eventos bíblicos é datada de forma relativa, não absoluta. Por essa razão muitos quadros cronológicos têm diferenças em datas específicas, a.C. ou d.C., mas geralmente concordam na ordem relativa da maioria dos eventos.

O período do Antigo Testamento A ferramenta principal pela qual as datas absolutas são fornecidas para o antigo Israel é a cronologia assíria, estabelecida por listas de nomes de anos (epônimos) que podem ser associados à cronologia absoluta por referências a um eclipse solar que sabidamente aconteceu em 763 a.C. Dois reis israelitas, Jeú e Acabe, são mencionados em tábuas assírias. Assim sabemos que o rei Acabe (1Rs 16—22) combateu Salmaneser III na batalha de Qarqar e morreu em 853 a.C. De forma semelhante, sabemos que o rei Jeú (2Rs 9—10) no primeiro ano do seu reinado pagou tributo ao mesmo rei assírio em 841 a.C. Visto que os livros de Rs fornecem os nomes e a duração do reinado de todos os reis de Judá e Israel, os anos do reinado de Salomão são conhecidos com razoável precisão como tendo se estendido de 970 a 930 a.C., o reinado de Davi de 1010 a 970 a.C. e o de Saul de 1050 a 1010 a.C.

Inconsistências numéricas aparentes entre datas de Rs e Cr podem ser resolvidas ao se reconhecer 1) tais práticas comuns como corregências (reinados sobrepostos de um rei e do de seu sucessor) e reis concorrentes e 2) diferenças entre Israel e Judá na maneira de contar os anos do reinado de um rei. Os reis de Judá calculavam seu reinado a partir do primeiro ano cheio como rei. Uma parte de ano era considerada como último ano de reinado do rei anterior. Em Israel uma parte de ano era considerada o último ano de reinado do rei anterior e o primeiro ano do novo rei. Por isso a duração do reino de um rei em Israel era calculada como um ano a mais do que um reinado semelhante de um rei de Judá. Incertezas ainda permanecem em muitos pontos. Diferenças entre calendários antigos e modernos, p. ex., com frequência fazem necessária a apresentação de datas na forma 931/0 a.C. Ademais, diferentes métodos de harmonização das datas dos reis bíblicos dão resultados ligeiramente diferentes. As datas apresentadas para o reino dividido no quadro "Datas Significativas na História do AT" estão em concordância com o sistema amplamente usado de Edwin A. Thiele.

DATAS SIGNIFICATIVAS NA HISTÓRIA DO ANTIGO TESTAMENTO

	Tradicional	Crítica
Patriarcas (Abraão, Isaque, Jacó)	2100-1800	1800-1600
Êxodo	1446	1290
Conquista de Canaã	1400	1250
Juízes	1350-1050	1200-1025
Reis do Reino Unido de Israel		
Saul	1050-1010	1025-1005
Davi	1010-970	1005-965
Salomão	970-931/0	965-925

CRONOLOGIA DO PERÍODO BÍBLICO

Reis do Reino Dividido

Judá		Israel	
Roboão	930-913	Jeroboão	930-909
Abias	913-910		
Asa	910-869		
		Nadabe	909-908
		Baasa	908-886
		Elá	886-885
		(Zinri	885)
		(Tibni	885-880)
		Onri	885-874
Josafá	872-848		
		Acabe	874-853
		Acazias	853-852
Jeorão	853-841		
		Jorão	852-841
Acazias	841		
Atalia	841-835	Jeú	841-814
Joás	835-796		
		Jeoacaz	814-798
Amazias	796-767	Jeoás	798-782
		Jeroboão II	793-753
Uzias (Azarias)	792-740		
		Zacarias	753
		Salum	752
		Menaém	752-742
Jotão	750-732		
		Peca	752-732
		Pecaías	742-740
Acaz	735-715		
		Oseias	732-722
Ezequias	729-686		
		Queda de Samaria	722
Manassés	697-642		
Amom	642-640		
Josias	640-609		
Jeoacaz II	609		
Jeoaquim	608-598		
Joaquim	598-597		
Zedequias	597-586		

Queda de Judá
Exílio e Retorno

A Babilônia conquista Judá, Daniel e outros nobres são exilados	605
Joaquim e milhares são exilados na Babilônia, incluindo Ezequiel	597

Jerusalém e o templo são destruídos, Zedequias e outros são exilados	587/6
Governador Gedalias é assassinado, muitos fogem para o Egito, levando Jeremias	582(?)
Joaquim é liberto da prisão	562
Ciro, rei persa (559-530) é capturado na Babilônia	539
Retorno dos judeus liderados por Sesbazar e Zorobabel	538
Cambises, rei persa	530-522
Dario, rei persa	522-486
Ministério profético de Ageu e Zacarias, recomeça a reconstrução do templo	520
O templo é concluído	516/5
Xerxes/Assuero, rei persa	486-465
Artaxerxes, rei persa	465-424
Esdras chega a Judá; começa reconstrução do muro?	458
Neemias chega a Judá; muro é concluído	445
Ausência temporária de Neemias de Judá	433-431?

Pressupondo uma tradução literal de 1Rs 6.1, o êxodo ocorreu em 1446 a.C., e a conquista durou aproximadamente sete anos em torno do ano 1400 a.C. Continuando a contagem para trás, com base em Êx 12.40, a migração de Jacó para o Egito teria ocorrido em 1876 a.C. Os dados relativos às idades dos patriarcas datariam seus nascimentos em 2006 a.C. para Jacó (Gn 47.9), 2066 a.C. para Isaque (Gn 25.26) e 2166 a.C. para Abraão (Gn 21.5). Visto que a maioria dos estudiosos crê que as listas genealógicas em Gn são intencionalmente incompletas ou "abertas", geralmente não se fazem tentativas para estabelecer as datas históricas anteriores a Abraão.

Muitos estudiosos bíblicos fazem pouco caso dos dados cronológicos bíblicos. Mesmo alguns que aceitam a autoridade bíblica não obstante argumentam que muitos números na Bíblia são figurados, especialmente "40" e seus múltiplos. Esses estudiosos preferem dar prioridade às pistas arqueológicas na fixação da cronologia bíblica. Assim o período patriarcal é muitas vezes datado no período do Bronze Médio entre aproximadamente 1800 e 1600 a.C. Também se supõe que os hebreus migraram para o Egito no período dos hicsos (c. 1700 a 1500 a.C.), quando povos semíticos governavam o Egito. O êxodo é associado então ao reinado de Ramessés II pouco tempo depois de 1290 a.C. Seguindo a peregrinação no deserto, a conquista de Canaã teria começado em aproximadamente 1250 a.C. O faraó Merneptá (1224-1214 a.C.) realizou uma campanha contra Canaã no quinto ano do seu reinado (c. 1220). No seu relato dessa campanha, registra, entre outras coisas, que Israel foi totalmente destruído. Assim, por essa data, o povo de Israel era um grupo reconhecido em Canaã.

Os últimos dias do Reino de Judá envolvem os reis da Babilônia, assim fornecendo uma fonte externa para datar a história de Judá. Esses sincronismos externos podem ser usados para fixar a data da queda de Jerusalém c. 586 a.C.

O período do exílio começou com a captura de Jerusalém, a destruição do templo e a segunda deportação de cidadãos da elite em 586 a.C. (Uma deportação anterior em 597 a.C. tinha levado o rei Joaquim e sua família e muitos dos principais oficiais para a Babilônia). Ezequiel é um dos principais profetas entre os exilados nesse período. O exílio terminou em 538 a.C. depois de a Babilônia ter sido derrotada pelos persas sob Ciro em 539 a.C. e depois que o édito de Ciro permitiu que pessoas deslocadas voltassem à sua terra natal. A reconstrução do templo pode ser estabelecido entre 520 e 515 a.C. de acordo com datas de Ag 1.1; Zc 1.1 e Ed 4.24; 6.15.

O período intertestamental No período intertestamental a Palestina esteve inicialmente

CRONOLOGIA DO PERÍODO BÍBLICO

sob o controle dos persas. O governo persa terminou quando a Palestina foi conquistada por Alexandre, o Grande, em 333-332 a.C. Depois da morte de Alexandre, a Palestina caiu sob o domínio dos ptolomeus (323-198 a.C.) e depois dos selêucidas (198-164 a.C.). No período do domínio ptolemaico a *LXX* (tradução grega do AT) foi feita no Egito. O domínio selêucida exerceu pressão para que a cultura helenística fosse introduzida na Palestina, culminando com a profanação do templo em Jerusalém e a perseguição dos judeus por Antíoco IV (Epifânio) em 167 a.C. A revolta judaica que se seguiu conduzida por Judas Macabeu resultou na derrota dos selêucidas e no segundo estado judaico (164-63 a.C.). O templo foi reconsagrado em 164 a.C. Esses eventos são registrados nos livros apócrifos em 1Mc 1—4. Os sucessores dos macabeus são geralmente chamados de governantes hasmoneanos. O governo hasmoneano terminou em 63 a.C. quando Pompeu ocupou Jerusalém e a Judeia estava novamente sob domínio estrangeiro.

O período do Novo Testamento Poderíamos esperar que a cronologia do NT fosse muito mais exata do que a do AT. Em alguns aspectos isso é fato, mas não na sua totalidade. É verdade que temos histórias e anais gregos e romanos, mas a maioria dos eventos bíblicos mesmo assim não pode ser fixada precisamente em uma cronologia absoluta. Os fatores complicadores são ao menos dois. Em primeiro lugar, os eventos do NT não foram relatados pelos historiadores gregos e romanos, tampouco foram incluídos no NT muitos eventos da história grega e romana. Em segundo lugar, os romanos e judeus usaram diferentes calendários. Os romanos tinham um calendário solar em que o ano começava em janeiro, mas datavam a maioria dos eventos a partir do dia da ascensão do imperador. Assim tinham diferenças internas em seu próprio calendário. O calendário judaico só confundia as coisas ainda mais. Basicamente os judeus usavam um calendário lunar de 354 dias. Periodicamente acrescentavam um mês para manter seu calendário em sincronia com as estações. Por causa de diversas mudanças de calendário, os judeus tinham dois dias de ano-novo no seu calendário, um no outono, outro na primavera. O ano-novo da primavera marcava o início do calendário religioso e o início do ano seguinte do reinado do rei judeu. O ano-novo do outono marcava o início do ano civil. O reinado de regentes estrangeiros era marcado segundo esse ano-novo de outono. Com tais diferenças não é de admirar que é muito difícil estabelecer a cronologia absoluta para os eventos do NT.

A vida e o ministério de Jesus As datas de nascimento tanto de Jesus (Mt 2.1) quanto de João Batista (Lc 1.5) são fixadas no reinado de Herodes, o Grande. Com base em Josefo sabemos que Herodes morreu no 37º ano depois que o senado romano o nomeou rei (40 a.C.). Isso fixa sua morte em 4 a.C. A ordem de Herodes de matar todos os meninos em Belém de dois anos ou menos (Mt 2.16) é mais uma pista. A outra evidência que Lc dá acerca de um censo na época em que Quirino era governador da Síria apresenta algumas dificuldades (Lc 2.2). Quirino realizou o recenseamento enquanto era governador em 6-7 d.C., mas não há referências históricas corroborando um censo durante o reinado de Herodes nem o fato de que Quirino serviu como governador nessa época. Isso simplesmente significa que não podemos comprovar a afirmação de Lc com base em evidências presentemente disponíveis. Talvez ele tenha se referido ao recenseamento de 6-7 d.C. em At 5.37. Com a morte de Herodes fixada em 4 a.C., o nascimento de Jesus é geralmente datada entre 7 e 5 a.C.

O início do ministério de João Batista é colocado no 15º ano de Tibério (Lc 3.1,2), que foi o ano 28 ou 29 d.C. O ministério de Jesus teria começado então em 29 ou 30 d.C. se o ministério de João começou um ou dois anos antes do de Jesus. Por outro lado, se o reinado de Tibério supostamente começou em corregência com Augusto, seu 15º ano seria 26 ou 27 d.C. Esta última data se encaixaria melhor com a declaração de Lucas segundo a qual Jesus tinha em torno de 30 anos quando começou o ministério (Lc 3.23). O ministério de Jesus assim teria começado aproximadamente em 27 ou 28 d.C. A duração do ministério de Jesus também é bastante debatida. Nenhum dos quatro Evangelhos apresenta detalhes suficientes para determinar a duração precisa do seu ministério. Durações de um, dois ou três anos são as mais sugeridas. O evangelho de Jo menciona três festas da Páscoa (2.13; 6.4; 11.55). Se essas são três Páscoas distintas, isso indicaria um ministério de ao menos um pouco mais do que dois anos.

O historiador romano Tácito datou a crucificação de Jesus durante o reinado do imperador Tibério (14-37 d.C.) quando Pilatos era governador da Judeia (26-37 d.C.). Todos os relatos nos evangelhos concordam em que Jesus morreu em uma sexta-feira, o dia antes do sábado, no início da semana da Páscoa. Os termos cronológicos usados por João e os Evangelhos sinópticos não são idênticos, resultando em discordâncias sobre interpretar e conciliar as duas formas. Não obstante, parece que depois que Jesus e os discípulos celebraram a última ceia na quinta-feira, Jesus foi preso e julgado naquela noite como também durante a manhã seguinte. Foi então crucificado no dia seguinte, 14 de nisã, que caiu em uma sexta-feira entre 30 d.C. e 33 d.C. Se o ministério de Jesus começou em 29 ou 30 d.C., sua crucificação precisa ter acontecido em 33 d.C. Por outro lado, se seu ministério começou em 27 ou 28 d.C., sua crucificação aconteceu em 30 d.C.

Os apóstolos Datar eventos e atividades dos apóstolos é tão aflitivo quanto datar eventos da vida de Jesus. Há pouquíssimas datas fixas. A morte de Herodes Agripa I, mencionada em At 12.23, ocorreu em 44 d.C., de acordo com Josefo. Do mesmo modo, o édito de Cláudio expulsando os judeus de Roma (At 18.2) é geralmente datado em 49 d.C., e o mandato de Gálio como procônsul (At 18.12) pertence a 51-52 d.C.

Outros eventos em At precisam ser datados relativamente, e ainda persistem dificuldades. Em particular, há grande dificuldade em sincronizar a cronologia de At com informações nas epístolas paulinas. No entanto, em geral, podemos esboçar em datas aproximadas o ministério de Paulo como segue:

Conversão, 33/34 d.C.
Primeira visita a Jerusalém, 36 d.C.
Segunda visita a Jerusalém, durante a fome, 46/47 d.C.
Primeira viagem missionária, 49 d.C.
Segunda viagem missionária, 49/50-52
Terceira viagem missionária, 57 d.C.
Paulo chega a Roma, 60 d.C.
Ministério ampliado na Ásia, 62-63 d.C.
Volta a Roma (execução sob Nero), 64/65 d.C.

Os eventos datáveis no NT ocorreram todos antes da queda de Jerusalém e da destruição do templo em 70 d.C.

— *Joel F. Drinkard Jr. e E. Ray Clendenen*

CRUZ, CRUCIFICAÇÃO Método que os romanos usaram para executar Jesus Cristo. A forma mais sofrida e degradante de pena capital no mundo antigo, a cruz se tornou também o meio pelo qual Jesus se tornou o sacrifício propiciatório pelos pecados de toda a humanidade. Também se tornou um símbolo do sacrifício do eu no discipulado (Rm 12.1) e da morte do eu para o mundo (Mc 8.34).

Desenvolvimento histórico Originariamente a cruz era uma estaca de madeira pontuda usada para construir uma cerca ou muro ou para erigir fortalezas em volta de uma aldeia. A começar pelos assírios e persas, passou a ser usada para expor as cabeças de inimigos ou criminosos particularmente abomináveis na paliçada acima da porta das cidades. Mais tarde a crucificação se desenvolveu em uma forma de pena capital, quando os inimigos do Estado eram empalados na própria estaca. Os gregos e romanos inicialmente reservavam o castigo somente para escravos, dizendo que era bárbaro demais para cidadãos ou nascidos livres. Na época do séc. I, no entanto, era usada para qualquer inimigo do Estado, embora os cidadãos pudessem ser crucificados somente por édito de César. Com o passar do tempo, os romanos passaram a usar a crucificação mais e mais como meio restringente da atividade criminal, tanto é que na época de Jesus ela era um cenário comum.

A forma oriental de crucificação era praticada no AT. Saulo foi decapitado e seu corpo exposto em um muro pelos filisteus (1Sm 31.9,10), e o enforcamento encontrado em Et 2.23 e 5.14 pode significar empalamento (cp. Ed 6.11). De acordo com a lei judaica (Dt 21.22,23) os transgressores eram "pendurados em um madeiro", o que significava que eram "amaldiçoados por Deus" e estavam fora do povo da aliança. Tais criminosos deveriam ser removidos da cruz antes do anoitecer para que "não profanassem a terra". No período intertestamentário a forma ocidental foi adotada quando Alexandre Janeu crucificou 800 fariseus (76 a.C.), mas em geral os judeus condenavam e raramente usavam esse método. Mesmo Herodes, o Grande, se recusou a

CRUZ, CRUCIFICAÇÃO

crucificar seus inimigos. A prática foi abolida após a "conversão" do imperador Constantino ao cristianismo.

A pessoa crucificada nos dias de Jesus era antes de tudo açoitada (golpeada com um chicote que consistia em correias com peças de metal ou ossos afixadas a suas extremidades) ou ao menos chicoteada até escorrer sangue. Isso não era feito só por crueldade, mas para apressar a morte e diminuir o terrível sofrimento. Depois dos açoites, a vítima era forçada a carregar a viga transversal ao lugar da execução, a fim de dar a entender que a vida já tinha passado e de quebrar a vontade de viver. Uma tabuinha descrevendo o(s) crime(s) era muitas vezes colocada no pescoço do criminoso e então afixada à cruz. No local da execução o prisioneiro era muitas vezes amarrado (o método normal) ou pregado (caso se desejavasse uma morte mais rápida) à viga transversal da cruz. O prego atravessava o pulso, não a palma da mão, visto que os ossos menores da mão não suportariam o peso do corpo. A viga com o corpo era então erguida e amarrada à viga vertical já firmada. Pinos ou um pequeno bloco de madeira eram colocados na metade da viga vertical para prover um assento para o corpo, se não os pregos rasgariam as feridas ou as cordas arrancariam os braços do seu lugar. Por fim os pés eram amarrados ou pregados à viga vertical. A morte era causada pela perda de circulação sanguínea e falência coronária. Especialmente se a vítima estava amarrada, poderia levar dias de sofrimento horrendo enquanto as extremidades gangrenavam; muitas vezes os soldados quebravam as pernas da vítima com uma clava, causando um choque violento e uma morte súbita. Essas execuções eram em geral realizadas em lugares públicos, e o corpo era deixado durante dias ao tempo para apodrecer, deixava-se que os abutres degradassem o cadáver ainda mais.

Quatro tipos de cruz eram usados: 1) A cruz latina tem a viga transversal colocada a dois terços da altura da viga vertical; 2) a cruz de Santo Antonio (provavelmente pela semelhança com a famosa muleta dele) tinha a viga transversal no topo da viga vertical como em um T; 3) a cruz de Santo André (supostamente a forma usada na crucificação de André) tinha a forma da letra X; 4) a cruz grega tem as duas vigas cruzadas ao meio em forma do sinal de mais.

A crucificação de Jesus Jesus predisse sua crucificação que estava por vir muitas vezes. Os Evangelhos sinópticos mencionam ao menos três (Mc 8.31; 9.31; 10.33,34 e paralelos), enquanto João registra outras três (3.13; 8.28; 12.32,33). Diversos aspectos da paixão de Jesus são preditos: 1) ocorreu por necessidade divina ("era necessário" em Mc 8.31); 2) tantos os judeus ("ser entregue") quanto os romanos ("matarão") foram culpados (Mc 9.31); 3) Jesus seria vindicado ao ser ressuscitado; 4) a morte em si incluía glória (vista nos ditos do "ser levantado" que fazem concluir exaltação em Jo 3.14; 8.28; 12.32,33).

A narrativa da crucificação de Jesus nos Evangelhos sublinha a culpa dos judeus, mas todos os três cautelosamente distinguem os líderes do povo comum, que apoiou Jesus o tempo todo e foi enganado pelos líderes no final. Mas a culpa romana também é evidente. O Sinédrio já não podia decidir a pena capital; somente os romanos o podiam. Além disso, somente soldados romanos podiam executá-la. Os costumes romanos foram seguidos nos açoites, na entronização simulada, no fato de o acusado carregar a viga transversal da cruz e na crucificação em si. O local em um monte e o tamanho da cruz (o uso de um caniço com o hissopo mostra que tinha quase três metros de altura) mostram o desejo deles de uma exposição pública do "criminoso". Os elementos judaicos na crucificação de Jesus foram o vinho misturado com mirra (Mc 15.23), a esponja com vinagre (Mc 15.36) e a remoção do corpo de Jesus da cruz antes do pôr do sol (Jo 19.31).

Os quatro Evangelhos descrevem a crucificação de Jesus de quatro pontos de observação distintos e ressaltam diversos aspectos do significado da sua morte. Os textos de Mc e Mt concentraram a atenção no horror do assassinato do Filho do próprio Deus. O evangelho de Mc ressaltou o significado messiânico, usando a zombaria da multidão para que ele salvasse a si mesmo (15.30,31) como uma profecia involuntária apontando para a ressurreição. O texto de Mt levou o de Mc ainda adiante, apontando para Jesus como o Messias real que encarou seu destino com o pleno controle da situação. A vindicação de Jesus foi encontrada não somente no rasgar do véu e no testemunho do centurião (Mt 27.51,54, paralelo de Mc), mas também na extraordinária ressurreição dos santos do AT (v. 52,53) que liga a cruz ao túmulo aberto. Para Mt a cruz era o início dos últimos dias quando o poder da morte é quebrado e a salvação é derramada a todas as pessoas.

O texto de Lc talvez tenha o retrato mais singular, com duas ênfases: Jesus como o arquétipo do mártir justo que perdoou seus inimigos, e a crucificação como uma cena tremenda de reverência e adoração. O evangelho de Lc omitiu os aspectos negativos da crucificação (terremotos, vinho com mirra, o grito por causa do abandono) e subverteu os escárnios quando a multidão "voltava [para casa] batendo no peito" (23.48, *ARC*). O evangelho de Lc incluiu três ditos de Jesus que estão associados à oração (encontrados somente em Lc): "Pai, perdoa-lhes" (v. 34, *NVI*, em contraste com o escárnio); "Hoje você estará comigo no paraíso" (v. 43, *NVI*, como resposta à oração do criminoso); e "Pai, nas tuas mãos entrego o meu espírito" (v. 46). Um magnífico sentimento de calma e adoração colorem o retrato de Lc.

A narrativa de Jo talvez seja a mais dramática. Ainda mais do que em Lc, todos os aspectos negativos desaparecem (tanto a escuridão e os escárnios, como os que faltam em Lc), e uma atmosfera de calma caracteriza a cena. No cerne está o controle soberano de Jesus de toda a situação. A cruz se torna seu trono. João observou que a inscrição na cruz ("JESUS NAZARENO, O REI DOS JUDEUS") estava em aramaico, latim e grego (19.19,20), assim transformando-a em uma proclamação universal da posição de Jesus como rei. Em todo o relato até o grito final ("Está consumado!", v. 30) Jesus estava no controle total da situação.

Não se pode compreender a crucificação de Jesus sem levar em consideração todos os Evangelhos. Todas as ênfases — a ênfase messiânica, Jesus como Filho de Deus e como o mártir justo, a natureza sacrificial da sua morte, a cruz como seu trono — são necessárias para dar o quadro total do significado da sua crucificação.

Significado teológico Embora a teologia da cruz apareça principalmente em Paulo, ela claramente o antedata, como pode ser demonstrado pelos "credos" (afirmações de fé/ensino) que Paulo citou. O texto de 1Co 15.3-5, p. ex., diz que Paulo tinha "recebido" e então "transmitido" aos coríntios a verdade de que Jesus "morreu pelos nossos pecados, segundo as Escrituras".

Três temas principais estão entrelaçados nesse credo e em outros (Rm 4.25; 6.1-8; 8.32; Cl 2.11,12; 1Tm 3.16; Hb 1.3,4; 1Pe 1.21; 3.18-22): a morte substitutiva de Jesus (de Is 53.5; cp. Mc 10.45; 14.24); a morte e ressurreição de Jesus como cumprimento das Escrituras; e a vindicação e exaltação de Jesus por Deus.

Para Paulo a "palavra da cruz" (1Co 1.18, *ARA*) é o coração do evangelho, e a pregação da cruz é a alma da missão da Igreja. "Cristo crucificado" (1Co 1.23; cp. 2.2; Gl 3.1) é mais do que a base da nossa salvação; a cruz foi o evento central da História, aquele um momento que demonstrou o controle de Deus sobre a História humana e seu envolvimento com ela. Em 1Co 1.17—2.16, Paulo contrasta a "loucura" da "mensagem da cruz" com a sabedoria humana (1.17,18), pois somente na cruz se pode achar a salvação e somente na louca "mensagem da cruz" se pode ver o "poder de Deus" (1.21,25). Jesus como o humilde atingiu a glória pelo sofrimento — somente o crucificado poderia se tornar o ressuscitado (1.26-30). Tal mensagem certamente era vista como loucura no séc. I; historiadores romanos como Tácito e Suetônio olhavam com desprezo para a ideia de um "Deus crucificado".

A cruz é a base da nossa salvação nas epístolas de Paulo (Rm 3.24,25; Ef 2.16; Cl 1.20; 2.14), enquanto a ressurreição é ressaltada como o cerne no livro de At (2.33-36; 3.19-21; 5.31). Já Rm 4.25 realça essas duas ênfases. A razão das ênfases distintas muito provavelmente pode ser vista no fato de que At registra a pregação da igreja primitiva (com a ressurreição como a base apologética da nossa salvação) e as epístolas, o ensino da igreja primitiva (com a crucificação como a base teológica da nossa salvação). Os três termos principais são: "redenção", destacando o "resgate" pago pelo sangue de Jesus ao nos libertar do pecado (Tt 2.14; 1Pe 1.18); "propiciação", que é uma referência ao fato de a morte de Jesus ter aplacado a justa ira de Deus (Rm 3.25; Hb 2.17); e "justificação", retratando o resultado da cruz, a "absolvição" ("declarando justo") da nossa culpa (Rm 3.24; 4.25; Gl 2.16-21; 3.24).

A cruz atingiu até mais do que a obtenção da nossa salvação, forjou uma nova unidade entre judeus e gentios ao destruir "a barreira, o muro de inimizade" e "de ambos fez um" (Ef 2.14,15), assim produzindo "paz" ao criar um novo "acesso ao Pai" (v. 18). Além disso, a cruz desarmou os "poderes" demoníacos e produziu o triunfo final sobre Satanás e suas hostes, forçando esses poderes espirituais a seguir sua comitiva em uma procissão vitoriosa (Cl 2.15). A cruz foi o grande erro de Satanás. Quando Satanás entrou em Judas para trair a Jesus, certamente não percebeu que a cruz seria sua maior derrota. Ele só pôde reagir com fúria e frustração, sabendo que "lhe resta pouco tempo" (Ap 12.12). Satanás participou da sua própria destruição.

O significado simbólico O próprio Jesus estabeleceu a interpretação figurada básica da cruz como um chamado à entrega total a Deus. Ele a usou cinco vezes como um símbolo do verdadeiro discipulado em termos de autonegação, tomar sobre si sua cruz e seguir a Jesus (Mc 8.34; 10.38; Mt 16.24; Lc 9.23; 14.27). Baseando-se no costume romano de o condenado carregar a viga transversal da cruz para o lugar da execução, Jesus tinha dois propósitos com isso: a morte do eu, envolvendo o sacrifício da individualidade da pessoa a favor do propósito de seguir a Jesus completamente; e a disposição de imitar a Jesus completamente, mesmo até o martírio.

Proximamente associado a isso está o símbolo de Paulo da vida crucificada. A conversão significa que o indivíduo "já não vive", mas é substituído por Cristo e a fé nele (Gl 2.20). Os desejos autocentrados foram pregados na cruz (Gl 5.24), e os interesses mundanos estão mortos (Gl 6.14). Em Rm 6.1-8 somos "sepultados com ele" (usando a imagem do batismo) com o resultado de que fomos ressuscitados para "uma nova vida" (v. 4). Isso é desenvolvido ainda mais em 2Co 5.14-17. O cristão experimenta essa morte e ressurreição ao fazer morrer o velho eu e se revestir do novo. Em um sentido, isso é um ato passado, experimentado na conversão. Mas de acordo com Ef 4.22,24 também é um ato presente, experimentado na vida corporativa da igreja. Em outras palavras, tanto na conversão quanto no crescimento espiritual, o cristão precisa experimentar a cruz antes de experimentar a vida ressurreta. O paradoxo cristão é que a morte é o caminho para a vida. V. *reparação; Cristo, cristologia; justificação; paixão; redimir, redenção, redentor.* — Grant Osborne

CUBE Tradução seguindo a transliteração do nome hebraico de um povo em Ez 30.5. Outras traduções entendem que o que se tem em mente é a Líbia (*NVI*). Se "Líbia" não é a leitura originária, "Cube" permanece um povo sobre o qual nada se sabe a não ser que Ezequiel anunciou juízo sobre eles como parceiros do Egito. V. *Líbia*.

CUCHÃ Povo habitante de tendas que Habacuque viu sofrendo a ira de Deus (Hc 3.7). O paralelo com Midiã faz que alguns pensem aqui em uma tribo árabe, possivelmente de nômades. Alguns identificam Cuchã com Cuxe, ou como um território controlado por Cuxe ou como um reino de Cuxe não conhecido em outras fontes na margem nordeste do golfo de Ácaba perto de Midiã. Isso explicaria a presença de cuxitas perto de árabes (2Cr 21.6).

CUCHÃ-RISATAIM Nome pessoal que significa "escuro de mal duplo". Rei de Arã Naaraim a quem Javé entregou Israel no início do período dos juízes (Jz 3.8). Otoniel por fim o derrotou. Não temos outras informações acerca dele. Alguns tentaram ver Arã como um erro de cópia não intencional do original Edom, mas não há evidências para essa conjectura. V. *Arã Naaraim*.

CUCHI Nome pessoal que significa "cuxita". **1.** Pai do profeta Sofonias (Sf 1.1). **2.** Antepassado de um oficial real sob o rei Jeoaquim (Jr 36.14).

CUCO (*ARC*) para uma ave impura (Lv 11.16; Dt 14.15). Visto que a ave em questão está classificada com as aves que se alimentam de carniça ou são predatórias, o cuco parece estar descartado visto que só se alimenta de insetos. As versões recentes trazem "gaivota" (*ARA, NVI, AM*).

CULPA Responsabilidade de um indivíduo ou grupo por uma ofensa ou ato errado. No AT a palavra hebraica mais comum para "culpa, ser culpado" é *asham* e seus derivados (Gn 26.10; Ed 9.6,7,13,15; Sl 69.5; é usada ainda para se referir à oferta pela culpa, também chamada de reparação, compensação ou oferta pela transgressão). Ainda que o ensino do NT sobre o pecado e suas consequências seja claro, referências explícitas à "culpa" são menos frequentes. As palavras gregas para "culpa" no NT são *enochos* (Mt 13.41; Mc 3.29; 1Co 11.27; Tg 2.10), que transmite a ideia de ser responsável, *opheilo* (Mt 6.12; 18.24,28,30; Lc 7.41; Rm 4.4), que transmite a ideia de dívida, obrigação, e *aitia* (Lc 23.4,14,22; At 28.18), que transmite a ideia de bases para castigo.

A Bíblia ensina que a violação da lei moral de Deus (i.e., o pecado, 1Jo 3.4), em ação ou intenção, resulta em um estado imediato de culpabilidade diante de Deus, o que exige punição ou expiação. O pecado resulta em culpa, quer o pecador seja membro da comunidade redentora de Deus, quer não (cp. Ez 25.12; Am 1.3—2.16; Hc 1.11).

Considerando que essa comunidade é responsável por obedecer à Lei escrita de Deus, todos os homens são responsáveis diante da lei moral de Deus (Rm 2.14,15). A base dessa culpabilidade universal é a aliança que Deus fez com a raça humana em Adão, na qual a obediência traria bênçãos, e a desobediência, castigo (Gn 2.16,17; 3.17-19,22-24; Os 6.7; Rm 7.7-12; 10.5). A escolha de Adão pela desobediência fez a raça humana culpada diante de Deus e, por conseguinte, debaixo de sua ira, merecendo a morte (Rm 5.12-21; Ef 2.1-3). O princípio que o pecado de alguns indivíduos pode trazer culpa a um grupo é visto também em passagens como Lv 4.3: "Se for o sacerdote ungido que pecar, trazendo culpa sobre o povo, trará ao Senhor um novilho sem defeito como oferta pelo pecado que cometeu" (v. tb. Gn 26.10; Js 7.1; 1Cr 21.3).

Além disso, todos cometem pecados pelos quais são culpados (1Rs 8.46; Sl 51.5; 58.3; 143.2; Rm 3.9-23; 1 Jo 1.8). Mesmo uma violação da Lei de Deus traz condenação (Gl 3.10; Tg 2.10,11), e a Bíblia ensina que nenhum pecado passa despercebido a Deus (Ec 12.14; Mt 12.36; Lc 12.2,3; Rm 2.16).

A justiça de Deus exige que a culpa resultante do pecado não permaneça sem ser observada (Pv 11.21; Hc 1.13). O "salário" do pecado é a morte (Rm 6.23), e Deus não pode deixar o pecado sem castigo e ainda ser justo (Êx 34.7; Nm 14.18; Dt 7.10; Na 1.3). A única maneira que Deus tem para perdoar o pecado está nele: "mas no presente, demonstrou a sua justiça, a fim de ser justo e justificador daquele que tem fé em Jesus" (Rm 3.26; v. tb. Is 53.6,12; Jo 1.29; 2Co 5.21; Gl 3.13; Hb 9.26-28; 1Pe 2.24). O resultado é que quem está "em Cristo" pela fé está livre de sua culpa para que não haja condenação (Rm 8.1).

A presença ou ausência do sentimento ou de compreensão da culpa de alguém não é um indicador confiável de culpa verdadeira porque o coração é enganoso (Jr 17.9). Alguns que se consideram "justos", i.e., que não têm sentimento de culpa, podem mesmo assim ser culpados (Mt 5.20; 9.10-13), e os atormentados pela dúvida podem não obstante ser justos diante de Deus (cf. 1Co 8.7). Por outro lado, a Bíblia dá vários exemplos de angústia emocional provocada pelo pecado (Sl 32.1-5; 38; 51; Mt 27.3-5; Lc 22.62). V. *expiação, propiciação*; *Cristo, cristologia*; *perdão; reconciliação*; *pecado*. — E. Ray Clendenen

CULTIVADOR DE SICÔMOROS Uma das ocupações do profeta Amós (Am 7.14). Esse cultivo envolvia a abertura de uma fenda no topo de cada fruta para apressar o amadurecimento e produzir um fruto mais doce e comestível. Frutas infestadas de insetos podiam ser descartadas nesse ponto também. O significado da profissão de Amós é duplo: 1) ele era profeta pelo chamado divino, não pelo treinamento em uma escola profética; e 2) ao contrário da acusação do sacerdote Amazias (7.12), Amós não obtinha sustento por meio da profecia.

CULTO Termo que se refere ao ato ou à ação relativa a tributar honras, reverência ou valor ao que é considerado divino por adeptos religiosos. O culto cristão é muitas vezes definido como a atribuição de valor ou honra ao Deus trino. Culto é entendido mais plenamente como inter-relação entre ação divina e resposta humana. O culto é a resposta humana à autorrevelação do Deus trino. Isso inclui: 1) iniciação divina em que Deus revela a si mesmo, seus propósitos e sua vontade; 2) uma relação espiritual e pessoal com Deus por Jesus Cristo por parte de quem cultua; e 3) uma resposta por parte do adorador, de devoção, humildade, submissão e obediência a Deus.

O culto pode ser entendido em um contexto amplo ou restrito. Em sentido amplo, o culto é visto como um modo de vida (Rm 12.1). Nesse contexto a vida toda é considerada um ato de adoração ou culto perante Deus (1Co 10.31; Cl 3.17). Culto também é retratado como ato do povo de Deus reunido, conforme consta no culto prescrito por Deus no tabernáculo (Êx 25—40; Lv 1—7) e no templo (1Cr 22—29; 2Cr 3—7; 29—31), assim como no culto da igreja do NT (At 13.2; 1Co 11—14). Além das várias descrições por parte das congregações, o culto às vezes inclui encontros individuais com Deus (Gn 29.35; 35.11-15; Êx 3.1-22; Js 5.13-15; Is 6), culto em família (Gn 4.2-5; 8.16—9.17; 35.2-7) e algumas descrições de adoração no céu (Is 6; Ap 4; 5; 7; 15; 19).

O conceito da iniciação divina do culto pode ser constatado em vários textos bíblicos. É flagrante que Deus apreciou a comunhão com Adão (Gn 3.8-24), sua criatura recém-formada. A Bíblia afirma que Deus criou o ser humano para tributar glória a Deus (Is 43.7), e a recusa humana em praticar essa capacidade é vista pelo apóstolo Paulo como uma ofensa fundamental ao Criador (Rm 1.21-23). Deus demonstrou iniciativa em sua relação cultual com Israel quando ordenou a Moisés: "Farão um santuário para mim, e eu habitarei no meio deles" (Êx 25.8). Nas instruções para o tabernáculo, Deus prescreve: 1) espaço sagrado (*qadosh*, "Lugar Santo"); 2) um tempo sagrado, o sábado (Êx 31.12-17; 35.1-3); e 3) seu desejo de residir entre seu povo. Deus prometeu estar presente com seu povo (Êx 25.8; 29.45,46; 33.14,15) e lhe revelar sua glória (Êx 29.43; 40.34-37). O Senhor deu prosseguimento a essa relação com Israel no culto do templo.

Conceitos similares emergem no NT. Iniciativa divina acontece quando Jesus se encontra com a mulher samaritana em Jo 4. Ali Jesus afirma que Deus está buscando verdadeiros adoradores, que o adorem em espírito e em verdade (Jo 4.21-24). Nessa passagem Jesus ensina que o culto genuíno já não é limitado a um lugar específico (Jo 4.21), mas se baseia em uma relação espiritual entre o adorador e Deus mediante a fé em Jesus Cristo (cf. Fp 3.3). O tempo regular para o culto cristão passou para o "primeiro dia da semana" (At 20.7; 1Co 16.2), conhecido como "o dia do Senhor" (Ap 1.10), sem dúvida associado com a ressurreição de Jesus ocorrida nesse dia. A presença de Deus entre seu povo é revelada em Jesus que é Emanuel — "Deus conosco" (Mt 1.23) —, e a glória do Senhor é revelada no Cristo encarnado que "habitou entre nós" (Jo 1.14, *ARA*). Jesus prometeu que sua presença permaneceria com seu povo (Mt 28.20), especificamente por meio do ministério do Espírito Santo (Jo 14.15-26; 16.5-16; 1Co 3.16; 6.19).

Uma das características marcantes do culto na Bíblia é que, depois das instruções dadas para a liturgia no tabernáculo e no templo, há um relativo silêncio no que tange à estrutura formal do culto. Em vez disso, emergem vários modelos de culto. Os modelos individuais e familiares já foram mencionados. São várias as descrições do culto na congregação. O culto no tabernáculo engloba várias oferendas (Lv 1—7) que permitem aos adoradores expressar gratidão, reverência e confissão ao Senhor no contexto de ofertas rituais dramatizadas. O culto no templo mantém esses elementos e utiliza a música em escala bastante predominante (1Cr 25). Há um padrão genérico no culto do tabernáculo e do templo, começando pelos pátios externos, passando pelo pátio interno e chegando ao Santo dos Santos, no qual o sumo sacerdote entra uma vez por ano, no Dia da Expiação. Parâmetros semelhantes de entrada e movimento progressivo também se evidenciam em certos salmos (Sl 95; 100).

No NT há certa ênfase na oração, no louvor e na instrução (At 2.42-47), o que pode ser indício da influência da sinagoga judaica. Os padrões de culto do tabernáculo/templo são empregados em Hb, em que Jesus é identificado com o sumo sacerdote perfeito (Hb 8.1–9.10) e como perfeito sacrifício de uma vez por todas (Hb 9.11—10.18), em razão do qual todos os cristãos agora "têm a ousadia para entrar no santuário [Lugar Santo] pelo sangue de Jesus" (Hb 10.19, *ARC*). Embora haja instruções para um culto ordeiro (1Co 14.26-40), não há nenhuma prescrição formal para determinada ordem de culto no NT.

Uma pesquisa de elementos bíblicos de culto abarca: oração, louvor, ação de graças, caridade/ofertas (At 2.45; 1Co 8—9), confissão (Ne 9; Sl 51; Tg 5.16), pregação e ensino (Ne 8.7-9; At 2; 5.42; 8.4; 14.7; 1Co 14.26), leitura da Bíblia (Ne 8.1-6; 1Tm 4.13) e disciplina (Mt 18.15-20; 1Co 5.1-5). Duas características centrais do culto cristão são as ordenanças do batismo (Mt 28.19; At 2.38,41) e da ceia do Senhor (Lc 22.19; 1Co 11.17-34). Como não há nenhuma ordem de culto prescrita no NT, parece melhor concluir que o culto cristão deve se inspirar nos diversos modelos de culto na Bíblia, empregando os diferentes elementos de culto mais claramente definidos na Bíblia.

Há questões complexas inerentes ao culto cristão. É crucial a relação entre o aspecto vertical (doxológico) e horizontal (doutrinário/

exortativo) do culto (Sl 136; 1Co 14.1-25; Ef 5.18-21; Cl 3.16). Essa relação se nota na natureza nitidamente trinitária do culto cristão, p. ex., em que nossa doutrina tem implicações profundas em nossa adoração. A interação entre vertical e horizontal também é constatada na relação entre culto e evangelismo (Sl 96; Rm 15.16). Da mesma forma reveste-se de importância fundamental a relação entre culto e ética (Sl 15; 24; Am 5.21-24; Mt 15.8), uma vez que a resposta obediente à vontade de Deus é vital para a adoração genuína (1Sm 15.22). — *David P. Nelson*

CULTO A IMAGENS V. *ídolo.*

CUM Nome de lugar de uma cidade na Síria pertencente a Hadadezer, rei de Zobá. O trecho paralelo em 2Sm 8.8 traz "Berotai". As duas cidades são aparentemente lugares distintos, Cum ficando a nordeste de Biblos e Berotai a sudeste de Biblos. Evidentemente Cum era mais conhecida aos leitores de 1 e 2Cr do que Berotai. V. *Berotai.*

CUMI Transliteração utilizada em algumas versões (*NVI, ARA — BJ* traz *kum*) da palavra aramaica que significa "levantar" em Mc 5.41.

CUMPRIR Verbo usado com três significados que merecem atenção especial: o significado ético de observar ou satisfazer exigências; o significado profético de corresponder à promessa, predição ou prenúncio; e o significado temporal relacionado à chegada de tempos ordenados por Deus. O significado ético de "cumprir" aparece no AT só em conexão com satisfazer as exigências de um voto (Lv 22.21; Nm 15.3), nunca em conexão com a Lei. No NT, Jesus se sujeitou ao batismo de João, identificando-se com pessoas pecadoras, "para cumprir toda a justiça" (Mt 3.15), i.e., satisfazer as expectativas de Deus para sua vida. Jesus descreveu sua missão não como vindo "abolir a Lei ou os Profetas [...] mas cumprir" (Mt 5.17). O NT fala repetidamente do amor como o cumprimento da Lei (Rm 13.8-10; Gl 5.14; Tg 2.8).

"Cumprir" é mais comumente usado nas Escrituras com o significado profético de corresponder à promessa, predição ou prefiguração. O tema principal de Mt é o cumprimento de profecias na vida de Jesus. A profecia de Is (7.14) foi cumprida não somente no nascimento virginal de Jesus, mas também em sua natureza como "Deus conosco" (Mt 1.22,23; cp. 28.20). O ministério de Jesus em palavras (Mt 4.14-17) e atos (8.16,17) cumpriu as Escrituras (Is 9.1,2; 53.4). A ordem de Jesus de sigilo (Mt 12.35) e seu hábito de ensinar por meio de parábolas (13.35) também cumpriram as Escrituras (Is 42.1-3; Sl 78.2), como também sua entrada humilde em Jerusalém (Mt 21.4,5; Zc 9.9). Em diversos pontos a história da vida de Jesus deu novo significado à história de Israel. Como Israel, Jesus foi o Filho de Deus chamado do Egito (Mt 2.15; Os 11.1). O sofrimento das mães de Israel (Jr 31.15) foi repetido pelas mães de Belém (Mt 2.17,18). Ambos prefiguravam o destino do menino Jesus poupado somente para morrer mais tarde.

Os livros de Lc e At estão especialmente interessados no sofrimento de Cristo e sua glorificação posterior para cumprir as expectativas de todo o AT: Lei, Profetas e Escritos (Lc 24.25,26,44,47; At 3.18; 13.27-41). Jesus interpretou sua jornada para Jerusalém como o segundo "êxodo" (Lc 9.31), um acontecimento que resultaria na liberdade do povo de Deus.

Em Jo o fato de as pessoas não reconhecerem Deus em ação nos sinais de Jesus ou de não aceitarem o testemunho dele foi explicado como cumprimento das Escrituras (12.37-41; cp. Mc 4.11,12). João também viu os pormenores da história da Paixão como o cumprimento das Escrituras (Jo 19.24,28; Sl 22.18; 69.21). O cumprimento tipológico em que Jesus correspondia a instituições do AT é mais comum que a correspondência à profecia preditiva. Jesus era "o Cordeiro de Deus que tira o pecado do mundo" (Jo 1.29). Como Betel (Gn 28.12), Jesus ofereceu acesso entre o céu e a terra (Jo 1.51). Em Caná o presente de Jesus no vinho correspondeu às bênçãos do futuro prometido por Deus (Jo 2.1-11; Is 25.6; Jl 3.18; Am 9.13; Zc 9.17,21). O corpo de Jesus a ser destruído e ressuscitado foi identificado com o templo (Jo 2.19,21). No fato de ser levantado na cruz (Jo 3.14), Cristo correspondeu à serpente que Moisés levantou no deserto (Nm 21.9). Da mesma maneira, ao entregar a vida Cristo correspondeu ao maná doador de vida procedente do céu (Jo 6.31,32; Êx 16.15). Não raro, referências temporais no evangelho de

Jo sugerem que Jesus deu um novo significado às celebrações de Israel (Páscoa, 2.13; 6.4; 11.55; Cabanas, 7.10; Dedicação, 10.22).

Paulo falou de Cristo como aquele em quem "quantas forem as promessas feitas por Deus, tantas têm em Cristo o 'sim' " (2Co 1.20). Assim como João, Paulo fez uso frequente da tipologia. Cristo foi prefigurado por Adão (Rm 5.12-21; 1Co 15.22,45-49), pela rocha no deserto (1Co 10.4) e pelo cordeiro da Páscoa (1Co 5.7).

Expressões temporais como "o tempo é chegado" apontam para tempos ordenados por Deus, p. ex., o tempo do ministério de Cristo (Mc 1.15; Gl 4.4; Ef 1.10), o tempo do domínio dos gentios sobre Israel (Lv 21.24) ou o tempo da aparição do "homem do pecado" (2Ts 2.6). — *Chris Church*

CUNEIFORME, ESCRITA Sistema de escrita usado amplamente no antigo Oriente Médio até que foi suplantado pelas escritas alfabéticas como o aramaico. A palavra "cuneiforme" se deriva do latim *cuneus*, cunha, e é usado para se referir a caracteres compostos de cunhas. O sistema de escrita se originou aparentemente com os sumérios antes de 3000 a.C. Os documentos mais antigos são tábuas comerciais consistindo em pictografias (de ovelhas, cereais etc.) e números. Visto que os documentos eram escritos em tábuas de barro úmido, os escribas logo descobriram que era mas conveniente indicar objetos com figuras estilizadas compostas de cunhas feitas com um estilete. Os sinais cuneiformes mais antigos eram ideogramas (sinais representando palavras); mas à medida que aumentaram as necessidades literárias, os sinais receberam valores fonéticos.

O sistema cuneiforme de escrita foi adaptado e desenvolvido para se adequar às exigências de diversas outras línguas, incluindo o acádio, hurriano, hitita, elamita e eblaíta. O povo em Ugarite e os persas usavam cunhas para formar suas escritas alfabéticas.

A decifração das escritas cuneiformes da Mesopotâmia foi auxiliada pela existência de inscrições trilíngues, tais como as inscrições da pedra de Behistun, escritas em cuneiforme persa, babilônio e elamita. Decifrar o persa escrito em cuneiforme alfabético abriu caminho para a decifração das escritas silábicas mais difíceis, a babilônica e a elamita. Graças aos esforços pioneiros de H. Rawlinson, E. Hincks e J. Oppert e outros, no final do séc. XIX foi possível ler com segurança as inscrições cuneiformes conhecidas até então.

De maneira simultânea, mas independente, o alfabeto cuneiforme ugarítico foi decifrado por H. Bauer, E. Dhorme e Ch. Virolleaud em 1930-1931. Diferente de qualquer outra escrita cuneiforme, o ugarítico consiste em 31 sinais ou caracteres usados para registrar documentos em uma língua semelhante ao fenício e hebraico. As inscrições e documentos ugaríticos datam do séc. XIV e são de importância crucial para o estudo da Bíblia. V. *acádios; Assíria; Babilônia; Suméria; escrita*. — *Thomas Smothers*

Tábua cuneiforme e seu invólucro tratando da venda de terras.

CURA DIVINA Obra de Deus por intermédio de instrumentos e meios que ele escolhe para trazer saúde a pessoas doentes física, emocional e espiritualmente. A Bíblia não apenas fala da condição espiritual das pessoas, mas também está preocupada com sua condição física. Essa preocupação se manifesta na ênfase na cura, particularmente no ministério de Jesus e no da igreja primitiva. Quase um quinto dos Evangelhos apresenta milagres de Jesus e as discussões que ocasionaram. Os Evangelhos registram 14 casos distintos de cura física e mental. Jesus comissionou seus discípulos a dar continuidade ao seu ministério básico, inclusive a cura (Mt 10.5-10; Mc 6.7-13; Lc 9.1-6). Em At o ministério de cura continua.

A palavra "psicossomático", que literalmente significa "alma e corpo", refere-se a uma relação muito próxima entre corpo e espírito.

A alma afeta o corpo, e a saúde da alma pode ser uma indicação da saúde do corpo. Na Bíblia, João desejou a seu amigo Gaio: "que você tenha boa saúde e tudo lhe corra bem, assim como vai bem a sua alma" (3Jo 2). Isso é uma antecipação da ênfase da medicina psicossomática: uma pessoa é uma unidade; corpo e alma não podem ser separados. O cristianismo e a saúde estão inextricavelmente interligados.

Muitos cristãos creem na cura pela fé, mas tentar decidir quais técnicas são escriturísticas, decorosas e psicologicamente úteis confunde o cristãos. Jesus usou diferentes métodos em seu ministério de cura, que incluíam desafiar a fé da pessoa ou de quem estava perto, tocar o doente, orar, declarar o perdão dos pecados, dar ordens e usar meios físicos. Em várias ocasiões a fé da pessoa foi um fator importante na cura. Falando à mulher hemorrágica, Jesus disse: "Filha, a sua fé a curou" (Mc 5.34; cp. Mt 9.29).

A fé de outras pessoas também era importante. Jesus declarou ao pai do menino doente que a cura era possível a quem tem fé, e o homem respondeu: "Creio, ajuda-me a vencer a minha incredulidade!" (Mc 9.23,24). Quando o centurião buscou Jesus a fim de curasse o seu servo, o Salvador respondeu: "Digo-lhes a verdade: Não encontrei em Israel ninguém com tamanha fé [...]. Naquela mesma hora o seu servo foi curado" (Mt 8.10,13).

Os cristãos em geral fazem confusão quanto ao ministério de cura, mas alguns ensinos bíblicos são claros:

– A Bíblia declara claramente que Jesus cria na cura do corpo.

– Jesus falou a respeito de médicos de maneira positiva, quando comparou os que estão em boa saúde que não precisam de um médico com aqueles que precisam (Mt 9.12; Mc 2.17; Lc 5.31).

– Os métodos de cura que Jesus usou incluíam a oração, a imposição de mãos, unção com óleo e a declaração de perdão de pecados. A igreja continuou a usar tais métodos (Tg 5.14-16).

– Jesus não usou a cura como um meio de ganhar a atenção, mas tentou manter a experiência em segredo. "Bendiga ao Senhor [...] que cura todas as suas doenças" (Sl 103.2,3). — *John W. Drakeford*

CURA, DOM DE V. *espirituais, dons*; *cura divina*.

CUSÃ-RISATAIM Grafia na *ARA* e *ARC* de Cuchã-Risataim (*NVI*), rei da Mesopotâmia que oprimiu Israel até ser derrotado por Otoniel, filho de Quenaz (Jz 3.8). O nome desse governante mesopotâmico significa Cuchã de iniquidade dupla. Provavelmente era um epíteto depreciativo, não seu verdadeiro nome. V. *Juízes, livro de*.

CUSPIR, CUSPE Cuspir em algo ou em alguém é a mais forte demonstração de desprezo. O irmão que se recusasse a cumprir o casamento do levirato (ter um filho da esposa do seu irmão, que levaria o nome do irmão falecido, Dt 25.5,6) deveria ter o rosto cuspido pela esposa rejeitada de seu irmão. Os solados que zombaram de Jesus antes da crucificação cuspiram nele (Mt 27.30). Os líderes religiosos que julgaram Jesus antes que ele fosse levado até Pilatos cuspiram em seu rosto (Mt 26.27). Uma cusparada poderia ser usada para curar (Mc 8.23; Jo 9.6). Cuspe misturado ao barro (Jo 9.6) pode ter sido um ato de quebrar deliberadamente as leis do sábado dos líderes religiosos judeus.

CUTA Nome de lugar com duas grafias em hebraico. Cuta era o centro de adoração de Nergal, deus da morte na Mesopotâmia. Residentes dessa cidade foram exilados pelos assírios para viver em Israel (2Rs 17.24). Uma vez estabelecidos, fizeram um ídolo para adorar Nergal (2Rs 17.30), assim agravando a tendência de Israel de adorar a Javé juntamente com outros deuses. Cuta estava localizada em Tel Ibrahim, aproximadamente 30 quilômetros a nordeste da Babilônia. V. *Nergal*.

CUVE Muitos acreditam ser um antigo nome para Cilícia. O nome aparece em 1Rs 10.28 e 2Cr 1.16 (cf. notas da *NVI*). Os massoretas (eruditos judeus que adicionaram as vogais ao texto hebraico, escrito originariamente apenas com consoantes) parecem não ter entendido a referência e acrescentaram vogais às consoantes resultando na leitura encontrada em algumas versões: "tecido de linho". Ao acrescentar vogais diferentes às consoantes do texto hebraico, os estudiosos modernos da Bíblia leem "de Cuve". Se os massoretas estão corretos, então Salomão

CUXAÍAS

importou cavalos e tecidos de linho do Egito. Se as versões (*ARA*, *BP*, *BJ*, *BV* ["sul da Turquia"], *TEB* ["Quevê"]) que leem de modo diferente estão corretas (e com toda probabilidade estão), então Salomão importou cavalos do Egito e de Cuve — i.e., da Cilícia, no sudeste da Ásia Menor. Posteriormente alguns pensaram que a palavra hebraica traduzida por "Egito" (*Mitsrayim*) deveria ser traduzida como "Musri", um país na Ásia Menor perto da Cilícia. Salomão adquiriu carruagens do Egito (1Rs 10.29). Então Salomão atuou como intermediário, exportando cavalos e carruagens para outros reinos. Isso se mostrou uma atividade muito lucrativa para Salomão. V. *Cilícia*; *Salomão*. — Phil Logan

CUXAÍAS Nome pessoal com significado desconhecido. Levita da família de Merari, alistado como um dos cantores do santuário no reinado de Davi. Seu filho Etã foi apontado como assistente principal de Hemã (1Cr 15.17). Essa mesma pessoa é também alistada com o nome de Quisi (1Cr 6.44).

CUXE 1. Membro da tribo de Benjamim de quem o salmista cantou (Sl 7.1). **2.** Filho de Cam e neto de Noé (Gn 10.8). Assim na lista das nações é considerado o antepassado originário dos habitantes da terra de Cuxe. **3.** Nação situada ao sul do Egito com diferentes fronteiras e talvez incluindo tribos de pele escura (Jr 13.23) em diferentes períodos da História. A palavra hebraica *Cush* tem sido traduzida tradicionalmente por "Etiópia", seguindo a *LXX*, a mais antiga versão grega, mas Cuxe não era idêntico com a Etiópia que hoje conhecemos. A mulher de Moisés vinha de Cuxe (Nm 12.1), provavelmente uma mulher diferente de Zípora (Êx 2.21). Cuxe foi inimigo do Egito durante séculos, sendo controlado por poderosos faraós, mas ganhando a independência sob o regime de faraós mais fracos. Zerá, um general de Cuxe, lutou contra Asa, rei de Judá (910-869 a.C.) (2Cr 14.9). Por fim, Pi-ankhi de Cuxe subjugou o Egito e estabeleceu a 25ª Dinastia de governantes egípcios (716-656 a.C.) com sua capital em Napata acima da quarta catarata. O texto de Is 18 talvez esteja descrevendo parte da atividade política envolvida no estabelecimento do poder de Cuxe no Egito. Tiraca (2Rs 19.9) foi um dos últimos faraós de Cuxe. Isaías prometeu que pessoas que fugissem de Judá e se exilassem em Cuxe veriam a libertação de Deus (Is 11.11; cp. Sf 3.10). Isaías expressou com ações o juízo contra Cuxe, provavelmente como os governantes do Egito (Is 20.3-5; cp. 43.3; 45.14; Sl 68.31; Jr 46.9; Ez 30.4,5,9). Nos dias de Ezequiel, Cuxe representava a fronteira meridional do território egípcio (Ez 29.10). A força de Cuxe não conseguiu ajudar Tebes a escapar de Assurbanípal, rei da Assíria, em 663 a.C. Naum aproveitou esse exemplo histórico para pronunciar a desgraça sobre Nínive, capital da Assíria (Na 3.9). Ezequiel alistou Cuxe como um dos aliados de Gogue e Magogue na grande batalha (Ez 38.5). O salmista proclamou que a reputação de Deus tinha chegado até mesmo a Cuxe (Sl 87.4). Jó viu Cuxe como rica fonte de minérios, especialmente topázio (Jó 28.19). Na época de Ester, Cuxe representava os limites da região sudoeste da Pérsia (Et 1.1). Cambises (530-522) subjugou Cuxe para a Pérsia.

Cuxe é mencionado em Gn 2.13 como cercado do rio Giom. O Giom é em geral associado a Jerusalém como uma nascente (1Rs 1.33). Alguns estudiosos da Bíblia identificam Cuxe aqui com os cassitas, sucessores do antigo Império Babilônico, que controlaram a Babilônia entre 1530 e 1151 a.C. Tais estudiosos associam isso com Gn 10.8 em que Cuxe é ligado a Ninrode, cujo reinado teve sede na Babilônia (Gn 10.10). Outros estudiosos da Bíblia consideram Giom aqui como outro nome para o rio Nilo e Cuxe como uma referência à terra ao sul do Egito. Ainda não se encontrou uma solução satisfatória para esse problema.

CUXITA Cidadão ou habitante de Cuxe. A palavra hebraica é a mesma que o nome próprio "Cuchi". Deus se preocupa por eles e tem controle sobre eles assim como o faz pelo seu próprio povo (Am 9.7). **1.** Um cuxita anônimo serviu como mensageiro de Joabe para levar a notícia da morte de Absalão a Davi (2Sm 18.21-32). **2.** Eunuco sob o rei Zedequias que ajudou Jeremias a fugir de uma cisterna na qual o rei o tinha jogado (Jr 38.6-12; 39.16). V. *Cuxe*; *Ebede-Meleque*.

CUZA Nome pessoal que significa "vidente". Administrador de Herodes Antipas (Lc 8.3). Era marido de Joana, uma das mulheres que forneciam apoio material a Jesus. V. *Joana*.

O mar Morto

D

DÃ

DÃ Nome pessoal que significa "juiz". Primeiro filho de Jacó nascido de Bila, serva de Raquel (Gn 30.6). Foi o patriarca da tribo de Dã. Quando os israelitas entraram em Canaã, a tribo de Dã recebeu terras na costa ocidental, sem conseguir obter o controle completo sobre o território, especialmente depois do estabelecimento dos filisteus na área. Os últimos capítulos de Jz mostram Sansão, da tribo de Dã, lutando contra os filisteus. Mais tarde Dã migrou para o norte e conseguiu tomar o controle de uma cidade chamada Laís.

A tribo mudou o nome da cidade para Dã e se estabeleceu na região em volta dela. Dã sempre foi uma tribo pequena e nunca exerceu grande influência em Israel. Os danitas mais proeminentes mencionados na Bíblia foram Aoliabe e Sansão.

A cidade bíblica de Dã é mencionada muitas vezes na descrição da terra de Israel, i.e., "de Dã até Berseba" (Jz 20.1). Tem sido identificada com a atual Tel el-Qadi (ou Tel Dã). O tel, que cobre aproximadamente 20 hectares, está situado no extremo norte da planície muito fértil de Hula na base do monte Hermom. As fontes sobejantes do lugar formam uma das três nascentes do rio Jordão.

Escavações em Dã mostram os degraus de pedra que conduzem à porta de tijolos de barro no fundo.

As escavações em Tel Dã têm sido conduzidas por A. Biran, da Universidade Hebraica de Jerusalém, desde 1966. Laís foi fundada no final na Idade do Bronze II (c. 2700 a.C.) perto das nascentes e prosperou até aproximadamente 2300 a.C. Restos significativos de cerâmica desse período era foram escavados com restos de pisos e paredes. A cidade provavelmente permaneceu desocupada até o meio da Idade do Bronze II (c. 2000 a.C.), quando uma cidade grande e fortificada foi ali construída. Uma plataforma sólida semelhante à de Hazor foi construída para defesa, e embutida na plataforma estava (c. 1750 a.C.) uma "porta de três arcos" bem preservada de tijolos de barro. O sistema dessa entrada de 15 metros quadrados estava a 12 metros acima da planície em volta e continha a entrada em arco mais antiga de que se tem notícia.

Base para um dossel em Dã, possivelmente do tempo de Acabe.

A Idade do Bronze Tardio é representada por um túmulo ricamente elaborado contendo utensílios importados de Micenas e de Chipre; também caixas cosméticas de marfim; objetos de ouro, prata e bronze; e 45 esqueletos de homens, mulheres e crianças.

A Laís da Idade do Ferro foi reconstruída por habitantes locais no final do séc. XIII a.C., mas destruída em cerca de 1100 a.C. pela tribo migratória de Dã. As Escrituras descrevem a conquista da cidade como se o povo local não suspeitasse da invasão iminente. Os danitas usaram a plataforma anterior para a defesa e construíram suas casas nas ruínas da cidade anterior. A primeira cidade danita, que continha alguns restos de cerâmica filisteia, foi destruída um século depois da fundação. A cidade foi logo reconstruída e se tornou uma cidade israelita proeminente na Idade do Ferro.

Depois do estabelecimento do reino de Israel sob Davi e Salomão, Jeroboão liderou as tribos do norte em uma revolta contra Roboão (c. 925 a.C.). Como alternativa à adoração em Jerusalém, Dã e Betel foram fortificadas como cidadelas/santuários de fronteira (1Rs 12.29) com templos contendo imagens de ouro de bezerros representando Javé. Isso pode ter representado uma combinação de adoração a Baal e adoração a Javé. A intensidade da influência do culto a Baal sobre o Israel do norte pode ser vista no reinado de Jeú, que não destruiu os altares de Dã e Betel, apesar de erradicar os sacerdotes de Baal da terra (2Rs 10.23-29). As escavações em Dã revelaram o "alto" de Jeroboão com um pequeno altar com pontas ("chifres", nas versões antigas), a porta da cidade (com um trono real) e muros (4 metros de largura), centenas de utensílios de cerâmica, construções e objetos com inscrições. Essa cidade foi logo tomada por Ben-Hadade de Arã e então recapturada por Jeroboão II no séc. VIII a.C. (2Rs 14.25). A cidade israelita de Dã caiu diante dos assírios sob Tiglate-Pileser III (denominado Pul no AT) por volta de 743 a.C. (2Rs 15.29). Ele anexou a cidade a um distrito assírio. Muitos danitas foram deportados para a Assíria, Babilônia e Média depois da queda de Samaria em 722 ou 721 a.C. (2Rs 17.6) diante de Sargom II. Estrangeiros foram trazidos da Babilônia, Arã e outras terras para ocupar o território de Israel. O autor dos livros de Rs atribuiu a queda do reino à adoração de deuses que não Javé (2Rs 17.7-20), e Dã foi um dos centros dessa idolatria.

Vista da porta de tijolos de barro em forma de arco logo depois da sua descoberta, antes de ser completamente escavada.

Quando Josias chegou ao trono de Judá em 639 a.C., a Assíria estava em declínio. Josias incorporou os antigos territórios do Reino do Norte em uma unidade nacional, restaurando as fronteiras clássicas de Israel ao "de Dã até Berseba". Uma porta superior da cidade foi construída nesse período, e a inscrição encontrada nesse nível, "pertencente a Ba'alPelet", demonstra que a adoração a Baal continuava influenciando essa área depois da destruição da Assíria. A cidade parcialmente reconstruída sobreviveu até o ataque do exército babilônico de Nabucodonosor (c. 589 a.C.; cp. Jr 4.14-18).

Base para um dossel (tenda) em Dã, provavelmente do tempo de Acabe.

O território de Dã foi ocupado outra vez nos períodos helenístico, romano e bizantino. Foram escavadas estátuas e figuras dos deuses greco-romano e egípcios, como Osíris, Bes e Afrodite no ponto em que ficava antigamente o lugar alto. A inscrição grega e a aramaica: "Ao deus que está em Dã, Zoilos fez um voto", evidencia ainda mais o significado religioso da cidade. V. *patriarcas; tribos de Israel*. — R. Dennis Cole

DABERATE Nome de lugar que significa "pasto". Cidade limítrofe de Zebulom próxima do monte Tabor (Js 19.12). Em Js 21.28 é uma cidade do território de Issacar dada aos levitas. É a atual Daburiyeh na base noroeste do monte Tabor.

DABESETE Nome de lugar que significa "montículo". Cidade limítrofe da tribo de Zebulom (Js 19.11). É a atual Tel esh-Shammam a noroeste de Jocneão.

DAGOM Nome de um deus que significa "pequeno peixe" ou "querido". Dagom é o deus associado aos filisteus. No entanto, sua origem está na Mesopotâmia no terceiro milênio a.C. Em torno de 2000 a.C., foi construído um grande templo para ele na cidade marítima de Ugarite. O comércio de Ugarite levou seu culto a Canaã quando Canaã ainda fazia parte do

Império Egípcio. Quando os filisteus conquistaram a região costeira de Canaã, adotaram Dagom como divindade principal.

De acordo com uma etimologia popular de Dagom, seu nome se derivou da palavra hebraica para peixe, e assim determinou tratar-se de uma divindade do mar. No entanto, evidências arqueológicas não corroboram essa posição. O nome provavelmente se derivou de uma palavra que significa grãos, ou possivelmente de uma palavra para se referir às nuvens. Assim, Dagom era o deus dos grãos ou deus da tempestade, bem parecido a Baal. De acordo com documentos de Ugarite do séc. XIV a.C., Dagom era o pai de Baal. Além disso, pouco se sabe sobre sua mitologia ou culto.

Depois de terem subjugado Sansão, os filisteus creditaram essa vitória a Dagom (Jz 16.23). No entanto, quando Sansão derrubou o templo de Dagom sobre si mesmo e sobre os filisteus, provou a superioridade do Deus de Israel. Da mesma forma, a queda do ídolo de Dagom diante da arca da aliança demonstrou a predominância de Deus (1Sm 5.1-7). Não obstante, os filisteus mais tarde expuseram a cabeça de Saul como troféu no templo de Dagom (1Cr 10.10). V. *filisteus*.

DÃ-JAÃ Nome de lugar de significado incerto em 2Sm 24.6. Muitos estudantes da Bíblia acham que os escribas não preservaram o correto texto hebraico nesse ponto e leem somente "Dã" (*NRSV, NTLH*) ou "Dã Ijan" (*NEB*). Se o texto hebraico atual está correto, a localização da cidade não é conhecida; sabe-se que aparentemente ficava no território da tribo de Dã.

DALFOM Nome pessoal derivado aparentemente de uma palavra persa, talvez com o significado de "sem sono". Um dos dez filhos de Hamã, o maior inimigo de Mardoqueu e Ester. Os filhos dele foram mortos quando os judeus se protegeram dos ataques persas (Et 9.7).

DALILA Nome pessoal que significa "com longo cabelo suspenso". Mulher do vale de Soreque por quem Sansão se apaixonou (Jz 16.4). Era provavelmente filisteia e seduziu Sansão a lhe revelar que sua grande força estava no cabelo, jamais cortado. Então ela o entregou aos filisteus. Enquanto ele dormia, ela cortou as sete tranças de sua cabeça, e ele foi capturado, cegado e amarrado pelos filisteus. V. *Juízes, livro de; Sansão*.

DALMÁCIA Nome de lugar que se refere à parte meridional do Ilírico, ao norte da Grécia e em frente ao mar Adriático para quem está na Itália. Na escrita de 2Tm, Tito tinha deixado Paulo para ir à Dalmácia (2Tm 4.10). Paulo pregou no Ilírico (Rm 15.19). O Ilírico incluía a maior parte da antiga Iugoslávia e da Albânia.

DALMANUTA Lugar ao qual Jesus e seus discípulos se dirigiram depois de alimentar os 4 mil (Mc 8.10). Sua localização não é conhecida. A referência paralela em Mt 15.39 sugere que ficava na região de Magadã ("Magdala", em algumas versões antigas). V. *Magadã*.

DAMARIS Nome pessoal que significa "novilha". Mulher ateniense que se tornou cristã depois do sermão de Paulo no Areópago, o tribunal superior de Atenas (At 17.34).

DAMASCENO Residente ou cidadão de Damasco. V. *Damasco*.

DAMASCO Capital de uma importante cidade-estado da Síria com vínculos históricos próximos com Israel. Aparentemente Damasco foi ocupada de forma contínua por um período mais longo que qualquer cidade do mundo e pode se arrogar a pretensão de ser a cidade mais velha do mundo.

Muro do período neotestamentário de Damasco pelo qual Paulo escapou para começar seu ministério.

Contexto A localização geográfica permitiu que Damasco se tornasse um dos principais centros de comércio e transporte. A 700 metros acima do mar, ficava a nordeste do monte Hermom e a aproximadamente 100 quilômetros a leste de Sidom, a cidade portuária do Mediterrâneo. As duas principais estradas internacionais passavam por Damasco: a via Marítima (Via Maris) da Mesopotâmia no leste que atravessava Damasco e depois o vale de Jezreel, e em seguida ia para o Egito no sul; e a estrada do Rei de Damasco que ia para o sul através de Astarote, Rabá dos amonitas, de Bozra para Elate no mar Vermelho e depois para a Arábia. Por isso, Damasco via exércitos marchando pelas estradas e era usada com frequência como área de concentração de tropas.

História A arqueologia não pode contribuir muito para o estudo de Damasco pela existência contínua da cidade que torna as escavações muito difíceis, se não impossíveis. As explorações, aliás, indicam assentamentos lá antes de 3000 a.C. Tabuinhas do centro sírio de Ebla mencionam Damasco em aproximadamente 2300 a.C. Tutmósis III do Egito alegou ter conquistado Damasco em cerca de 1475 a.C. Os hititas enfrentaram o Egito pelo controle de Damasco até serem derrotados pelos povos do mar por volta de 1200 a.C. Nessa época os arameus do deserto próximo vieram e assumiram o controle da cidade independente de Damasco, estabelecendo de forma gradual ali a base de poder político.

Na Bíblia Abraão perseguiu reis invasores vindos do norte de Damasco para libertar Ló, que tinha sido levado cativo (Gn 14.15). Eliézer, servo de Abraão, aparentemente era de Damasco (Gn 15.2).

Soldados de Damasco tentaram ajudar Hadadezer, rei de Zobá, outra cidade-Estado da Síria contra Davi. Davi obteve a vitória e ocupou Damasco (2Sm 8.5,6). A fraqueza de Zobá encorajou Rezom a organizar um bando de desertores, em parte parecido com o de Davi na oposição a Saul (1Sm 22.2). Rezom se tornou o líder da Síria com quartel general em Damasco (1Rs 11.23-25). Deus o usou para perturbar Salomão.

A nova cidade-Estado síria enfrentou um forte oponente do leste quando a Assíria surgiu no cenário. Ben-Hadade fortaleceu Damasco a ponto de Asa, rei de Judá (910-869 a.C.), lhe pagar tributo para atacar Baasa, rei de Israel, e aliviar a pressão sobre Judá (1Rs 15.16-23). Isso deu razão a Damasco para interferir repetidamente na política da Palestina.

O muro da cidade da Damasco bíblica.

Em 1Rs 20, Ben-Hadade de Damasco também é destacado, fazendo crer que Ben-Hadade (lit. "filho de Hadade") era um título real para a Síria para identificar o rei de Damasco como adorador do deus Hadade, outro nome de Baal. O rei sírio atacou Samaria sob o rei Acabe (874-853 a.C.). Um profeta revelou o caminho da vitória para Acabe sobre um Ben-Hadade embriagado. O rei sírio determinou que o Deus de Israel controlava as montanhas, mas não as planícies, e assim atacou Afeque (1Rs 20.26). Mais uma vez um profeta mostrou o caminho para a vitória de Israel. Acabe concordou em fazer um tratado com o rei sírio derrotado, o que lhe rendeu um severo juízo por parte de um profeta (1Rs 20.35-43).

A janela no muro da cidade de Damasco, talvez o lugar pelo qual Paulo escapou da cidade em um cesto.

Naamã, oficial sírio, buscou a ajuda de Eliseu para a cura de sua doença de pele, mas achava que Abana e Farfar, os grandes rios de Damasco, ofereciam ajuda mais significativa que o rio Jordão (2Rs 5.12). Esses rios faziam de Damasco um oásis no meio do deserto. Eliseu ajudou a libertar Samaria quando Ben-Hadade a cercou (2Rs 6.7). Eliseu também profetizou a mudança de dinastia em Damasco, nomeando Hazael seu rei (2Rs 8.7-15). Salmaneser III da Assíria (858-824 a.C.) alegou ter derrotado Ben-Hadade e Hazael. A primeira batalha importante ocorreu em Qarqar em 853 a.C. Acazias, rei de Judá (841 a.C.), aliou-se a Jorão, rei de Israel (852-841 a.C.), em uma batalha contra Hazael em que Jorão foi ferido. Jeú tirou vantagem do rei ferido e o matou (2Rs 8.25—9.24).

Tendo lutado contra Damasco em campanhas em 853, 849, 848 e 845 a.C., Salmaneser III da Assíria enfraqueceu severamente a Damasco, sitiando-a em 841 a.C. e em seguida recebendo tributo outra vez em 838 a.C. Depois disso, Hazael de Damasco exerceu influência significativa sobre Israel, Judá e a Filístia (2Rs 10.32,33). Seu filho Ben-Hadade manteve a força de Damasco (2Rs 13.3-25). Por fim, Jeoás, rei de Israel (798-782 a.C.), recuperou algumas cidades do controle de Damasco (2Rs 13.25). Jeroboão II, rei de Israel (793-753 a.C.), expandiu a influência israelita e retomou o controle sobre Damasco (2Rs 14.28). Isso foi possível porque a Assíria ameaçou a Síria novamente, quando Adade-Nirari III, rei da Assíria (810-783 a.C.), invadiu a Síria de 805 a 802 e também em 796 a.C. Em cerca de 760 a.C., o profeta Amós condenou Damasco e seus reis Hazael e Ben-Hadade (Am 1.3-5).

Tiglate-Pileser III, rei da Assíria (744-727 a.C.), ameaçou Damasco outra vez. O rei Rezim de Damasco se aliou a Peca, rei de Israel, por volta de 734 a.C., no esforço de rechaçar os assírios. Eles marcharam sobre Jerusalém, tentando forçar Acaz de Judá a se aliar a eles na luta contra a Assíria (2Rs 16.5). O profeta Isaías advertiu Acaz de não participar da aliança com a Síria e Israel (Is 7). Também disse que a Assíria destruiria Damasco (Is 8.4; cap. 17). Rezim de Damasco teve algum êxito militar (2Rs 16.6), mas não conseguiu a cooperação de Acaz de Judá. Tampouco o conseguiu Isaías. Em vez disso, Acaz enviou dinheiro a Tiglate-Pileser, pedindo-lhe que libertasse Judá de Israel e de Damasco. Os assírios reagiram prontamente e capturaram Damasco em 732 a.C., levando a elite da sua população ao exílio (2Rs 16.7-9). Damasco teve ainda mais uma influência sobre Judá, pois quando Acaz foi a Damasco pagar tributo a Tiglate-Pileser, gostou do altar que viu ali e ordenou que fosse feita uma cópia para o templo em Jerusalém (2Rs 16.10-16). Damasco tentou obter a independência da Assíria em 727 e 720 a.C., mas sem êxito. Assim Damasco se tornou um estado cativo primeiramente dos assírios e depois dos babilônios, persas, gregos, ptolomeus e selêucidas. Por fim, Roma obteve o controle sob Pompeu em 64 a.C. Os judeus começaram a migrar para Damasco e estabeleceram sinagogas ali. Saulo foi a Damasco para verificar se lá havia cristãos associados às sinagogas para que pudesse persegui-los (At 9). Assim a estrada de Damasco se tornou o local da experiência de conversão de Saulo e Damasco o lugar da sua introdução na igreja. Ele foi obrigado a fugir de Damasco em um cesto para começar seu ministério (2Co 11.32,33). Damasco ganhou importância, tornando-se mais tarde colônia romana. V. *Baal; Ben-Hadade; Hadade; Síria*. — Trent C. Butler

DANÁ Nome de lugar que significa "fortaleza". Cidade designada à tribo de Judá na região montanhosa (Js 15.49). Sua localização é incerta.

DANÇA Parte essencial da vida judaica nos tempos bíblicos. De acordo com Ec 3.4, há "tempo de prantear e tempo de dançar". As danças eram praticadas em ocasiões sagradas e em seculares, embora a mente hebraica provavelmente não operasse segundo esses termos.

A tradicional rua chamada Direita em Damasco, Síria.

O AT emprega 11 termos para descrever o ato da dança. Isso quer dizer algo sobre o interesse dos hebreus pelo assunto. O termo hebraico básico traduzido por "dançar" significa girar ou dar voltas em movimentos circulares. Outros termos para dançar significam "saltitar", "pular", "saltar". Um termo parece ter sido usado para se referir a marchas processionais ou a danças em festas e dias sagrados.

Os termos gregos para dançar significam "fileira" ou "anel". Os dois termos são usados cinco vezes no NT (Mt 11.17; 14.6; Mc 6.22; Lc 7.32; 15.25). As danças eram realizadas com propósitos diferentes. A atitude por trás da dança era de celebração e louvor.

Judeus dançando em uma cerimônia particular no pátio dos homens em frente ao muro das Lamentações em Jerusalém.

Vitórias militares eram celebradas com danças. As mulheres cantavam e dançavam, acompanhadas de instrumentos musicais. Miriã e outras mulheres israelitas cantaram e dançaram para celebrar a vitória no mar Vermelho (Êx 15.20,21). A filha de Jefté dançou diante do pai vitorioso (Jz 11.34), bem como o fizeram as mulheres israelitas quando Davi voltou da vitória sobre os filisteus (1Sm 18.6). Homens também dançavam para celebrar a vitória militar (1Sm 30.16).

As danças eram comumente praticadas em casamentos. Em algumas ocasiões as jovens, vestidas com as melhores roupas, dançaram em uma cerimônia de escolha de noivas (Jz 21). As danças eram realizadas em honra à noiva (Ct 6.13b).

Algumas danças eram praticadas como simples entretenimento para os convidados. Salomé dançou diante de príncipes e políticos reunidos para celebrar o aniversário de seu padrasto (Mt 14.6; Mc 6.22). Crianças faziam jogos de "dança" (Jó 21.11), muitas vezes com o acompanhamento de um instrumento musical (Mt 11.17; Lc 7.32). O retorno do filho perdido por muito tempo era causa para celebração e dança (Lc 15.25).

A celebração religiosa era muitas vezes ocasião para a dança. Davi dançou diante da arca enquanto ela era levada a Jerusalém (2Sm 6.14,16; 1Cr 15.29). O salmista exortou as pessoas a louvar a Deus com músicas e danças (Sl 149.3; 150.4). Também os pagãos usavam a dança como meio de honrar seus deuses (1Rs 18.26).

Em resumo, a dança do povo judeu era semelhante ao que hoje chamamos dança folclórica. Era praticada por homens e mulheres, embora aparentemente não em grupos mistos. Eram realizadas danças em grupo e individuais. V. *música, instrumentos, dança.* — Glenn McCoy

DANIEL Nome pessoal que significa "Deus é juiz" ou "Deus julga". **1.** Filho de Davi e Abigail, a carmelita (1Cr 3.1), também chamado Quileabe em 2Sm 3.3. **2.** Sacerdote da linhagem de Itamar (Ed 8.2; Ne 10.6) que retornou com Esdras do cativeiro babilônico. **3.** O Daniel de Ez 14.4,20; 28.3 é soletrado de maneira diferente no hebraico de todas as outras formas no AT. Esse Daniel era uma figura histórica da antiguidade mencionado com Noé e Jó. Era famoso pela sabedoria e justiça. Pela semelhança na grafia do nome e dos atributos comuns de sabedoria e justiça, alguns intérpretes identificam esse Daniel com o Daniel do livro canônico de Dn. A maioria dos intérpretes, no entanto, observa as diferenças na grafia e também na relação de tempo. Alguns identificam o "Daniel" de Ez com "Danel" da antiga literatura ugarítica.

4. O uso mais comum de "Daniel" se refere ao herói do livro de Dn. Esse jovem da nobreza foi levado cativo por Nabucodonosor, rei da Babilônia, e elevado à elite dos Impérios Babilônico e Persa. Os babilônios tentaram eliminar todos os vestígios da nacionalidade e religião de Daniel. Por essa razão tentaram mudar o nome de Daniel para Beltessazar (Dn 1.7; 2.26; 4.8,9,18,19; 5.12; 10.1).

Daniel foi levado de Judá à Babilônia ainda bem jovem na batalha de Carquemis, 605 a.C. O texto não indica a idade exata. Daniel recebeu o nome de Beltessazar e seus três companheiros hebreus, Hananias, Misael e Azarias, passaram a ser chamados Sadraque, Mesaque e Abede-Nego (Dn 1.6,7). Ele foi educado nas artes, letras e sabedoria da capital babilônica. A certa altura, foi promovido à elite dos sábios locais, ativo em todo o longo reinado de Nabucodonosor (604-562 a.C.). Não se faz menção a Daniel aos tempos de Evil-Merodaque (561-560 a.C.), Neriglissar (559-555 a.C.) ou Labashi-Marduque (555 a.C.). No entanto, há muitas informações sobre o envolvimento de Daniel no reinado de Nabonido (555-539 a.C.). Enquanto Nabonido esteve ausente do país por longos períodos, colocou seu filho Belsazar como responsável pelos negócios do governo.

Daniel estava na Babilônia quando as forças de Ciro, o persa, capturaram a Babilônia. Com muito êxito, Daniel foi um oficial governamental de alto posto nos reinados de Ciro (539-529 a.C.) e Cambises (529-522 a.C.). Também serviu, já velho, no reinado de Dario I, filho de Histaspes (522-486 a.C.). Ele provavelmente deve ter celebrado seu centésimo aniversário no reinado de Dario. Daniel possuía aparência física atraente. Já bem jovem demonstrou habilidades de conhecimento, sabedoria e liderança. Além da sabedoria, era hábil na interpretação de sonhos. Em toda a sua vida demonstrou fé inabalável em Deus. Era preciso coragem para resistir às tentações e ameaças que o confrontaram repetidamente. Ele reconheceu que Deus o estava julgando de forma contínua e permaneceu fiel. — *J. J. Owens*

DANIEL, LIVRO DE O livro de Dn é uma das obras mais intrigantes da Bíblia. Suas histórias são contadas de forma belíssima e suas visões inspiram temor e admiração. Verdades eternas enchem suas páginas. Contudo, é também um dos livros mais controversos das Escrituras com diferenças principais concentradas na interpretação, autoria e data de composição.

Daniel e o cânon Nas versões em português, Dn aparece como o último de quatro grandes livros proféticos, ao passo que na Bíblia Hebraica ele está na sessão das Escrituras conhecida por *Hagiógrafos* ou *Escritos*. Daniel é mencionado na Bíblia como um profeta no sentido geral, como Abraão (Gn 20.7) ou Moisés (Dt 18.15), pois recebia mensagens divinas e as partilhava com o povo, mas Daniel era principalmente um homem de estado e administrador. Nunca pregou sermões ao povo de Israel da maneira como o fizeram Isaías ou Jeremias e, por essa razão, os responsáveis por concluir o cânon da Bíblia Hebraica não incluíram o livro entre os profetas. A posição de Dn na seção profética nas versões em português segue o padrão da maioria das traduções gregas.

Autoria e data A posição tradicional é que Daniel escreveu o livro no séc. VI a.C., a profecia é confiável ao longo da história e as predições são sobrenaturais e acuradas. Em tempos modernos alguns estudiosos defenderam o ponto de vista (proposto primeiramente pelo neoplatônico Porfírio no séc. III a.C.) de que a profecia na presente forma foi produzida por um judeu anônimo no séc. II a.C. escrevendo com o pseudônimo de Daniel. O livro consiste em relatos não históricos e pseudo-profecias (*vaticina ex eventu*). Seu propósito era encorajar crentes judeus na luta contra o tirano sírio-grego, Antíoco Epifânio IV (175-163 a.C.) no período dos macabeus. De acordo com a tese dos macabeus, o livro de Dn seria a última composição do AT. Em geral os defensores do ponto de vista macabeu consideram os cap. 7—12 a criação de um autor do séc. II, que introduziu seu material às histórias dos cap. 1—6, uma coleção tomada do corpo de escritos relativos a Daniel datados do século anterior. Com frequência o autor do séc. II é identificado como membro da seita religiosa conhecida por hassidim.

Os propagandistas da teoria dos macabeus argumentam que a linguagem, teologia e posição do livro no cânon hebraico entre os Escritos, não entre os Profetas, e as imprecisões concernentes a acontecimentos históricos antes do séc. II sugerem uma data de composição tardia. No entanto, a confiabilidade histórica do livro tem sido confirmada em muitas ocasiões por descobertas arqueológicas (e.g., a historicidade de Belsazar e a invasão de Jerusalém pelo exército babilônico em 605 a.C.), e observou-se que as alegadas imprecisões históricas têm soluções razoáveis quando examinadas mais de perto. Tampouco a linguagem exige a data tardia. Daniel concluiu seu livro depois da conquista persa da Babilônia e até mesmo serviu na nova administração; assim a presença de palavras persas não causa admiração. Na verdade, as expressões persas parecem antes ser evidências convincentes a favor da data de composição antiga, pois são palavras persas antigas que deixaram de ser usadas por volta de 300 a.C. Tampouco as palavras gregas usadas no livro (3.5,7,10,15) exigem a data tardia visto que as evidências arqueológicas demonstraram contato intenso entre a Grécia e as nações em torno do mar Mediterrâneo já bem antes do séc. VI a.C. Porém, se o livro foi escrito entre 170-164 a.C. no controle grego da Palestina, esperaríamos encontrar um grande número de palavras gregas no texto. O aramaico de Daniel (e Esdras) exibe paralelos extraordinários com exemplos antigos de linguagem encontrados em documentos (e.g., os papiros de Elefantina) também escritos no aramaico imperial e datados no séc. V a.C. e antes. Além disso, o aramaico do livro não se harmoniza com exemplares posteriores da língua encontrados em Qumran (e.g., *Gênesis apócrifo*). Por fim, os argumentos para a datação de documentos baseados na teologia são precários. Se Dn é datado no séc. VI por outros critérios objetivos, a teologia do livro é teologia do séc. VI.

Os argumentos a favor do ponto de vista tradicional são: 1) Os autores do NT e o próprio Jesus parecem ter aceitado a compreensão tradicional da profecia (cp. Mt 24.15 com Mc 13.14; Mt 26.64 com Mc 14.62 com Lc 22.69; Hb 11.32-34). 2) O livro professa ter sido escrito por Daniel (cf. 7.1; 12.4), ser um relato de um indivíduo histórico que passou pelo exílio e viveu na Babilônia, e ser uma predição de acontecimentos futuros (e.g., Dn 7.2,4,6-28; 8; 9.2-27; 10.2-21; 12.4-8). 3) Um dos oito manuscritos de Dn descobertos em Qumran (4QDanC) foi datado em aproximadamente 125 a.C. e pode ter sido escrito antes disso. Alguns estudiosos têm argumentado que teria havido pouco tempo para o livro de Dn ter recebido aceitação universal se tivesse sido escrito somente 40 anos antes. 4) A *LXX* é o nome comumente atribuído a uma tradução grega do AT feita por eruditos judeus no Egito (Alexandria) usada amplamente pelos judeus na diáspora. Os estudiosos geralmente concordam que ao menos o Pentateuco foi traduzido em meados do séc. III a.C. É provável que todos os livros da Bíblia tenham sido traduzidos para o grego aproximadamente na mesma época. Certamente em torno de 130 a.C. (quando o neto de Ben Siraque escreveu o prólogo de Eclo) Dn já tinha sido traduzido para o grego. De acordo com a hipótese dos macabeus, somente 30 anos depois de Dn ter sido escrito, o livro já tinha sido recebido no cânon e levado para Alexandria, no Egito, a aproximadamente 500 quilômetros dali, e lá havia sido traduzido para o grego. Essa proposta parece improvável. 5) Ezequiel, o profeta do séc. VI, aludiu a Dn três vezes no seu livro (14.14,20; 28.3), e essas referências parecem ser evidência decisiva a favor do ponto de vista tradicional. Desde as descobertas de Ras Shamra, no entanto, os estudiosos que aceitam a data tardia têm tentado explicar esses trechos ao declarar que Ez estava se referindo a uma figura mitológica, chamada Danel, que aparece no épico ugarítico, "A História de Aghat". O argumento definitivo contra a teoria de que o Daniel mencionado em Ez é um herói ugarítico reside no fato de que Danel era um idólatra! Ezequiel deve ter se referido ao autor do livro de Dn. Se foi assim, a historicidade de Dn e de seu livro parecem estar determinadas.

Tipo de literatura A primeira divisão do livro (cap. 1—6) consiste em material histórico e algumas profecias (cap. 2); a segunda divisão (cap. 7—12) contém histórias e mensagens apocalípticas. O livro de Dn é o exemplo clássico do gênero apocalíptico. O termo "literatura apocalíptica" é derivado da palavra grega, *apokalypsis*, "revelação, desvelamento". Nesse gênero a revelação divina é concedida ao profeta por meio de um mediador divino no tocante a acontecimentos futuros. Com frequência se

DANIEL, LIVRO DE

empregam o simbolismo e a numerologia. O tema principal da literatura apocalíptica é o triunfo escatológico do Reino de Deus sobre os reinos da terra. A literatura apocalíptica concede ao mundo um vislumbre de Deus e do futuro.

Linguagem Uma característica incomum do livro é seu registro em duas línguas. Dn 1.1—24a e 8.1—12.13 (157,5 versículos) foram escritos em hebraico, ao passo que 2.4b—7.28 (199,5 versículos) estão em aramaico. Diversas teorias foram elaboradas para explicar esse fenômeno, mas a proposta mais satisfatória é que o emprego das duas línguas foi um artifício intencional de Daniel. O aramaico (a língua franca desse período) foi reservado para partes do livro com apelo universal ou relevância especial para as nações gentílicas, e o hebraico foi empregado para as partes que mais diziam respeito ao povo judeu.

Textos e versões O texto hebraico-aramaico de Dn foi bem preservado, e há poucas variantes textuais significativas. Entre as versões, as traduções gregas designadas como de Teodócio e a *LXX* sem dúvida são as mais importantes. A tradução de Teodócio corresponde mais exatamente ao texto hebraico e por essa razão substituiu em grande parte a *LXX* no uso cristão. Três longos acréscimos inseridos na *LXX* não são encontrados no texto hebraico-aramaico de Dn: a Oração de Azarias e o Cântico dos Três Jovens, Suzana, e Bel e o Dragão. Embora essas expansões tornem a leitura interessante, não foram aceitas pelos judeus da Palestina como Escritura e não foram incluídas no cânon palestino. Como nenhum dos acréscimos da *LXX* foi encontrado nos textos de Qumran, é razoável supor que eles se originaram fora da Palestina, possivelmente no Egito. Atualmente protestantes e judeus incluem essas obras nos livros apócrifos, ao passo que nas edições católicas o primeiro acréscimo é inserido no próprio livro logo depois de 3.23, e os outros dois acréscimos aparecem no final como cap. 13 e 14.

Oito manuscritos do texto de Dn sobreviveram dois milênios nas cavernas de Qumran. Esses documentos foram produzidos em alguma época entre os séc. II a.C. e I d.C. Os fragmentos de Qumran demonstram a fidelidade com que o texto bíblico foi preservado ao longo dos séculos.

Ênfases teológicas Sem dúvida o principal tema teológico do livro é a soberania divina. Cada página reflete a convicção do autor de que seu Deus é o Senhor dos indivíduos, das nações e de toda a história. Daniel também enfatiza a pessoa e obra do Messias (e.g., 7.13,14; 9.24-27). A escatologia é outro tema proeminente nas profecias de Daniel. Os cristãos passarão por tribulação nos últimos dias (7.21,15; 9.27; 12.1), mas o Messias vai aparecer e estabelecer um reino glorioso e eterno (2.44,45; 7.13,14,26,27; 9.24). Nesse maravilhoso novo mundo, os santos serão recompensados e honrados (12.2,3).

Estrutura Que o livro de Dn deva ser dividido de acordo com o tipo de literatura — as histórias de Dn (1.1—6.28) e as profecias dele (7.1—12.13) — é indicado pelo esquema cronológico elaborado pelo autor do livro e pelo fato de que o próprio autor agrupou relatos literários homogêneos.

Interpretação Os defensores da tese dos macabeus interpretam quase todos os aspectos do livro de Dn como perseguições aos judeus por Antíoco IV no séc. II a.C. O autor acreditava que o Reino de Deus seria estabelecido logo depois da morte do tirano sírio-grego. Entre os seguidores do ponto de vista tradicional, as principais diferenças de interpretação são: o Reino de Deus descrito no cap. 2 se refere à primeira ou à segunda vida de Cristo, a natureza das 70 semanas no cap. 9 (períodos simbólicos de semanas ou anos) e sua culminação (séc. I d.C. ou a segunda vinda de Cristo), e se alguns trechos proféticos se referem à nação de Israel ou à Igreja, como o Israel espiritual (e.g., 9.24).

Esboço

I. O ministério de Daniel na Babilônia (1.1—6.28)
   A. A identidade e o caráter piedoso de Daniel são descritos (1.1-21).
   B. Daniel interpreta o sonho de Nabucodonosor dos quatro impérios gentílicos e da vinda do Reino de deus (2.1-49).
   C. Os três amigos de Daniel se negam a se curvar diante da estátua idólatra do rei, são lançados no fogo e milagrosamente salvos (3.1-30).

D. Nabucodonosor é humilhado pelo Senhor dos céus por causa do seu orgulho (4. 1-37).
E. A escrita da mão na parede adverte Belsazar da sua condenação por blasfêmia contra o Deus de Israel em uma festa imoral (5.1-31).
F. Daniel é jogado em uma cova de leões por sua fidelidade a Deus, mas é salvo (6.1-28).

II. A as visões de Daniel na Babilônia (7.1—12.13)

Em visões mostram-se a Daniel quatro impérios mundiais (simbolizados por animais), dos quais o último será vencido pelo "filho do homem" que estabelece um reino eterno habitado pelos santos do Altíssimo (7.1-18).

A visão do carneiro, do bode e do chifre pequeno simboliza as vitórias de Alexandre, o Grande, sobre a Pérsia e o surgimento de Antíoco de uma divisão do Império Grego (8.1-27).

Em resposta à oração de Daniel, Deus assegura ao profeta por meio da visão das 70 semanas de que Israel será restabelecido e preservado como nação (9.1-27).

A última visão de Daniel nos dá uma previsão dos grandes impérios mundiais, uma descrição da libertação dos santos nos tempos do fim e instruções finais ao profeta (10.1—12.13).
— *Sthephen R. Miller*

DANITA Residente e/ou cidadão da cidade de Dã ou membro da tribo de Dã. V. *Dã*.

DARA Leitura hebraica de algumas versões em 1Cr 2.6 para Darda em 1Rs 4.31. V. *Darda*.

DARCOM Nome pessoal com significado provável de "difícil" ou "duro". Servo de Salomão cujos descendentes retornaram do exílio com Zorobabel por volta de 537 a. C. (Ed 2.56).

DARDA Nome pessoal que possivelmente significa "pérola de conhecimento". Mulher famosa e sábia cujo pai foi alistado como Maol em 1Rs 4.31, e como Zerá no que parece uma lista paralela em 1Cr 2.6. Maol pode significar "dançarino", "músico" ou "corista", representando uma ocupação ou classe em vez do nome do pai.

DARDO Arma usada para furar ou arremessar, empregada em combates de médio alcance, talvez semelhante a uma lança leve (2Sm 18.14) ou a uma flecha (Pv 7.23; Ef 6.16). O uso de flechas flamejantes (Sl 7.13; 120.4) se torna em Ef 6.16 um retrato do ataque do maligno contra os cristãos. V. *armas e armadura*.

DÁRICO Moeda persa de ouro equivalente ao salário de quatro dias, provavelmente introduzida por Dario I (522-486 a.C.) e possivelmente o dinheiro mais antigo usado pelos judeus que o conheceram no exílio. As ofertas para a reconstrução do templo foram feitas em dáricos (Ed 2.69; Ne 7.70,72, *ARA*). Alguns intérpretes entenderam que as 20 bacias de ouro de Ed 8.27 valiam 1.000 dáricos cada. Outros entendem que se refere ao peso aproximado de 8,5 quilos. V. *moedas*.

DARIO Nome de vários reis medopersas, dos quais três são mencionados no AT. **1.** Dario, o Medo (Dn 5.31), regente que tomou a Babilônia de Belsazar. Contra a própria vontade, jogou Daniel aos leões e mais tarde decretou que "em todos os domínios do império os homens temam e reverenciem o Deus de Daniel" (Dn 6.26). Ele foi um enigma para os eruditos, pois as fontes antigas indicam que o persa Ciro foi o conquistador da Babilônia. Além disso, faltam evidências arqueológicas a favor dele. Alguns negam a existência de Dario I, o medo, e dizem que o texto bíblico é uma tentativa ficcional de dar cumprimento às profecias da vitória dos medos sobre a Babilônia (Is 13.17,18; 21.2; Jr 51.1,27,28). Outros sugerem diversas possibilidades, mas as evidências apontam para apenas um candidato

Alto-relevo de Dario I despachando.

provável. Essa pessoa era Gubaru (ou Gobirus), governador de Gutium, que capturou Babilônia para Ciro e depois foi vice-rei sobre a Mesopotâmia, exercendo poderes reais. Sua idade e seus ancestrais são desconhecidos, mas Gutium estava localizado em território dos medos, e um exército que ele conduzisse teria sido da Média. O texto de Dn 6.28 parece indicar que Ciro e Dario governaram simultaneamente.

2. Dario I (521-486 a.C.), também conhecido por Dario Hystaspes, o Grande, foi extremamente cruel e generoso. Dario tomou o poder depois da morte de Cambises II, filho de Ciro. Sendo somente primo de Cambises, Dario ressaltou seus antecedentes reais, mas seu governo não foi reconhecido em todas as províncias, e ele sofreu diversas revoltas. Uma vez estabelecido o controle, Dario demonstrou grande habilidade militar. Ele estendeu o império desde o norte da Índia, no oriente, até o mar Negro e partes da Grécia, no ocidente, fazendo do seu território o maior império conhecido até a época. Ele tentou invadir a Grécia duas vezes. A primeira foi interrompida por uma tempestade no mar Egeu, e a segunda chegou a 30 km de Atenas. Os atenienses o derrotaram em Maratona (490 a.C.), interrompendo assim a expansão ao ocidente. Dario unificou o Império Persa, estabelecendo 20 satrapias ou províncias e tornando o aramaico a língua oficial. Ele instituiu um sistema de pesos e medidas, estendeu rotas comerciais, e provavelmente introduziu as moedas de ouro (dáricos) como o dinheiro do império. Também empreendeu diversos projetos de construção extraordinários. Esse é o Dario de Ed (Ed 4—6; Ag; Zc 1—8), sob o qual o templo em Jerusalém foi reconstruído e concluído no sexto ano. Dario continuou a política de Ciro de restaurar os povos alienados vítimas das conquistas assíria e babilônica. Dario confirmou a autorização de Ciro e também deu provisão para a manutenção do templo. **3.** Dario, o persa (Ne 12.22), embora os estudiosos divirjam acerca da sua identidade, é tido por muitos como o Dario III Copdomannus (336-331 a.C.). Ele foi derrotado por Alexandre, o Grande, o que pôs fim ao governo persa. Mas isso é altamente improvável, pois seu governo ultrapassa o período de Neemias. Esse Dario coincide com os sacerdócios de Jadua e Joanã (Ne 12.11,22,23), que o identificam como Dario II (423-404 a.C.),

que recebeu o nome Ochus. Ele foi filho de Artaxerxes I com uma concubina babilônica e o governador de Hicania no mar Cáspio. Seu meio-irmão, Sogdianus, matou Xerxes II e lhe tomou o trono em 423 a.C. Ochus logo executou Sogdianus e tomou o trono para si. Revoltas e corrupção atribularam seu reinado, mas ele ganhou a guerra do Peloponeso, conquistando as cidades gregas costeiras do mar Egeu. — *T. J. Betts*

Restos do trono de Dario, o Grande.

DATÃ Nome pessoal que significa "fonte" ou "guerrear". Filho de Eliabe da tribo de Rúben, Datã e seu irmão Abirão foram líderes de uma revolta que desafiou a autoridade de Moisés sobre os israelitas. A tentativa de golpe fracassou, e Datã e Abirão, com suas famílias, foram engolidos pela terra (Nm 16). V. *Abirão; Números, livro de*.

DAVI Nome pessoal que provavelmente significa "predileto" ou "amado". O primeiro rei a unificar Israel e Judá, e o primeiro a receber a promessa do Messias real na sua linhagem. Davi foi retratado como o rei ideal do povo de Deus. Ele reinou de aproximadamente 1005 até 965 a.C.

Escolha de um rei Quando Saul não atingiu os padrões de Deus para o reinado (1Sm 15.23,35; 16.1), Deus enviou Samuel para ungir um substituto dentre os filhos de Jessé que viviam em Belém (1Sm 16.1). Deus mostrou a Samuel que ele tinha escolhido o mais novo, o que ainda cuidava das ovelhas para seu pai (16.11,12). A bela aparência de Davi era notória.

Na corte de Saul O talento musical de Davi, combinado com sua reputação de lutador, levou um dos servos de Saul a recomendar Davi como a pessoa adequada para tocar a harpa quando o espírito mau enviado da parte de Deus o perturbava (1Sm 16.18).

DAVI

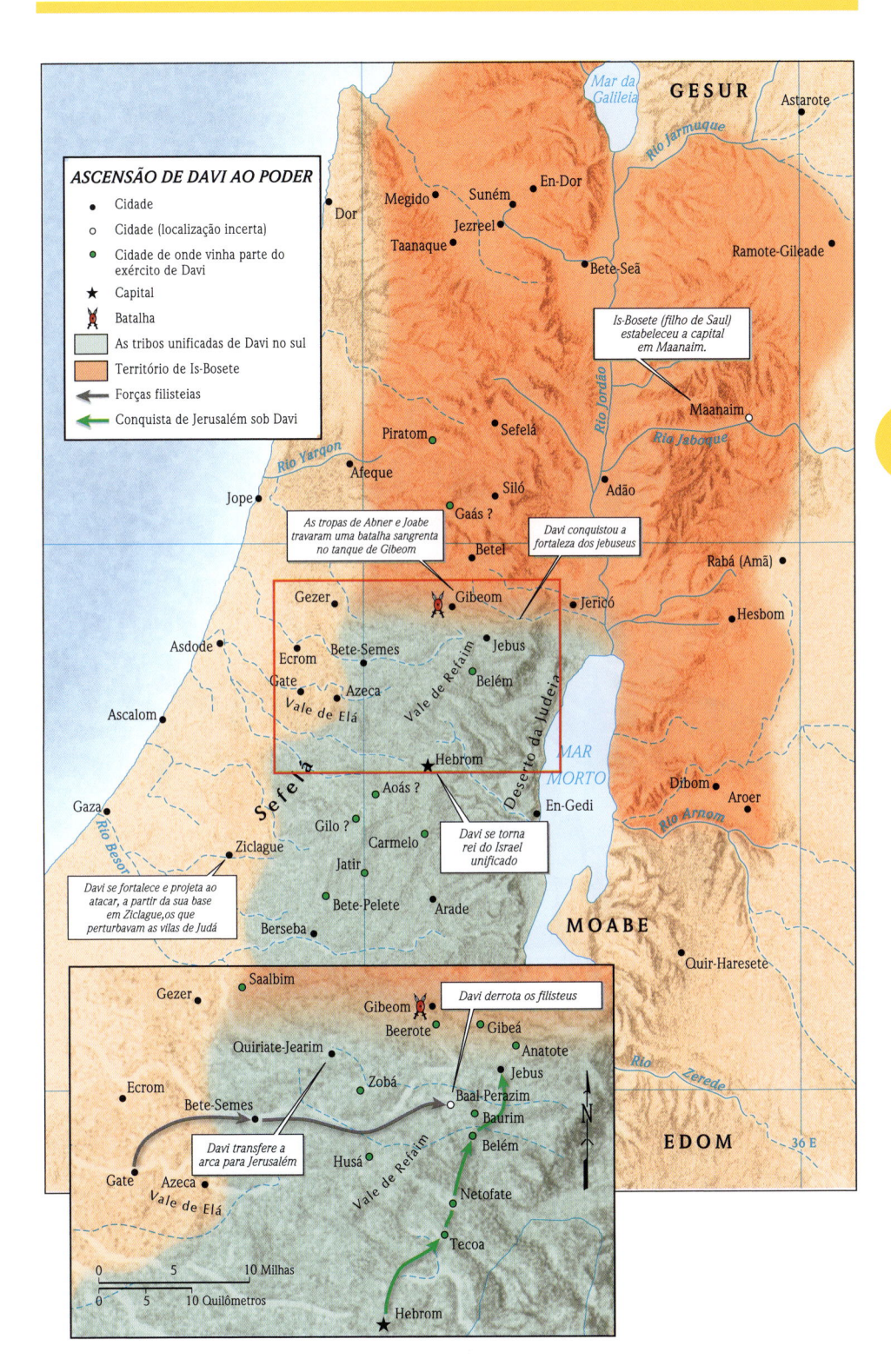

ASCENSÃO DE DAVI AO PODER

- • Cidade
- ○ Cidade (localização incerta)
- ● Cidade de onde vinha parte do exército de Davi
- ★ Capital
- ⚔ Batalha
- As tribos unificadas de Davi no sul
- Território de Is-Bosete
- ← Forças filisteias
- ← Conquista de Jerusalém sob Davi

Is-Bosete (filho de Saul) estabeleceu a capital em Maanaim.

As tropas de Abner e Joabe travaram uma batalha sangrenta no tanque de Gibeom

Davi conquistou a fortaleza dos jebuseus

Davi se torna rei do Israel unificado

Davi se fortalece e projeta ao atacar, a partir da sua base em Ziclague, os que perturbavam as vilas de Judá

Davi derrota os filisteus

Davi transfere a arca para Jerusalém

DAVI

444

Vista de Jerusalém a partir do sudeste no tempo de Davi (1000-962 a.C.), mostrando o tabernáculo montado no topo da eira de Araúna (ou Ornã), o jebuseu (canto superior direito). O palácio de Davi (no centro, à direita) dava de frente para o tabernáculo. A fortaleza da cidadela (no centro) e a cidade de Davi (no centro, à esquerda) também podem ser vistos. O vale do Tiropeão (no topo, no centro) e o vale do Cedrom (canto inferior direito) flanqueavam cada lado da cidade localizada no alto da escarpa de Sião.

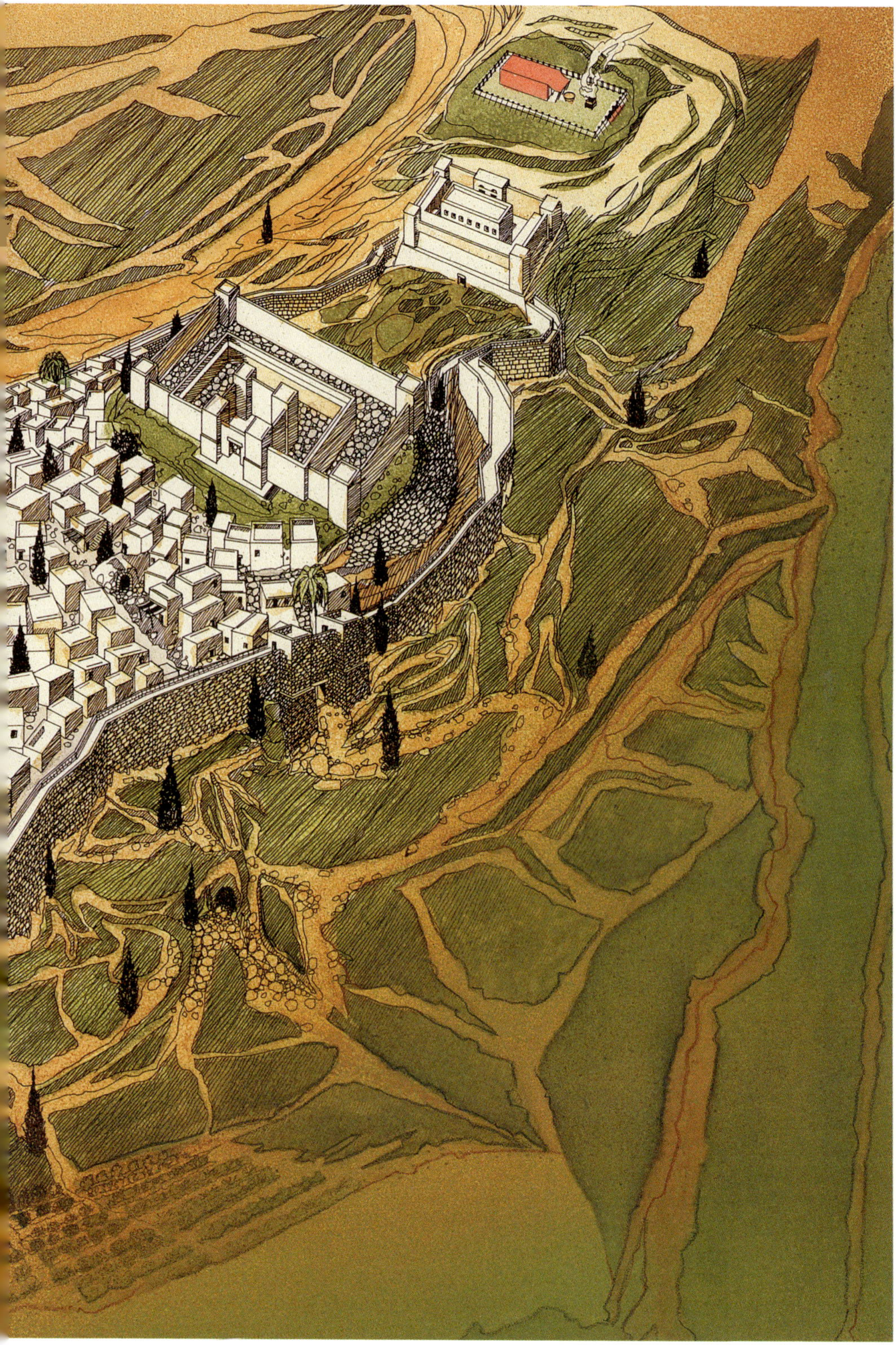

DAVI

Saul passou a gostar de Davi e fez dele escudeiro do rei (16.21,22).

Em uma data posterior os filisteus, com seu gigante Golias, ameaçaram a Israel (1Sm 17). Davi voltou para casa depois de pastorear as ovelhas de seu pai (17.15). Jessé enviou Davi ao campo de batalha com alimentos para seus irmãos soldados. Ao menos um dos irmãos não demonstrou alta estima por ele (17.28). Saul tentou dissuadir Davi, tão jovem, de enfrentar Golias; mas Davi insistiu em que Deus lhe daria a vitória, o que ele fez.

Jônatas, filho de Saul, tornou-se o melhor amigo de Davi (1Sm 18.1). Davi foi integrado à corte de Saul e não voltou para casa (18.2). Saul deu a Davi uma missão militar, cumprida por este além das expectativas, derrotando os filisteus e conquistando o coração do povo. Isso provocou ciúme em Saul (18.8). Movido pelo espírito mau, enviado da parte de Deus, Saul tentou matar Davi com uma lança, mas a presença de Deus protegeu Davi (18.10-12). A certa altura Davi obteve o direito de se casar com Mical, filha de Saul, sem ter sido morto pelos filisteus como Saul esperava (18.17-27). Com a ajuda de Mical e Jônatas, Davi escapou de Saul e fez contato com Samuel, o profeta (19.18). Jônatas e Davi fizeram um voto de amizade eterna, e Jônatas arriscou a própria vida para proteger Davi (1Sm 20).

Guerreiro independente Davi reuniu um bando de pessoas empobrecidas e descontentes. Estabeleceu relações com Moabe e outros grupos e obteve a simpatia do povo ao derrotar os filisteus (1Sm 22—33); todos os esforços de Saul para capturá-lo fracassaram. Deus protegeu Davi, que se negou a ferir Saul, prometendo em vez disso não eliminar a família de Saul (24.21,22).

Abigail de Maom interveio diante de Davi para impedir que ele castigasse seu marido tolo e insensato, Nabal. Deus provocou a morte de Nabal, e Davi se casou com Abigail. Ele também se casou com Ainoã, de Jezreel, mas Saul deu Mical, a primeira mulher de Davi, a outro homem (1Sm 25).

Depois da nova recusa de matar Saul, o ungido do Senhor, Davi estabeleceu relações com Aquis, rei filisteu de Gate. Por fim Saul parou de persegui-lo. Aquis deu a cidade de Ziclague a Davi, que estabeleceu ali seu quartel-general e começou a destruir os inimigos de Israel ao sul (1Sm 27). Apesar do desejo de Aquis, os outros líderes filisteus não permitiram que Davi se unisse a eles em uma batalha contra Saul (1Sm 29). Ao voltar para casa Davi descobriu que os amalequitas tinham destruído Ziclague e capturado suas esposas. Davi seguiu a orientação de Deus e derrotou os amalequitas que festejavam, recuperando todos os despojos de guerra. Ele distribuiu os despojos entre seus seguidores e as autoridades de Judá (1Sm 30).

Rei de Judá Quando ouviu da morte de Saul e Jônatas, Davi vingou a morte de Saul matando o assassino. Cantou um lamento pelos caídos (2Sm 1) e se mudou para Hebrom, onde os cidadãos de Judá o coroaram rei (2Sm 2). Isso levou à guerra com Israel, a essa altura sob a liderança do filho de Saul, Is-Bosete. Depois de muita intriga os comandantes de Is-Bosete o assassinaram. Davi fez o mesmo com eles (2Sm 4).

Rei de Israel Então as tribos do norte coroaram Davi em Hebrom, unificando todo o Israel sob seu governo. Ele liderou a conquista de Jerusalém e fez dela sua capital. Depois de derrotar os filisteus, Davi tentou levar a arca da aliança para Jerusalém, tendo êxito na segunda tentativa (2Sm 6). Começou então a planejar a construção de um templo, mas recebeu a notícia do profeta Natã que em vez disso ele construiria uma dinastia com dimensões eternas (2Sm 7). Seu filho construiria o templo.

Davi se voltou então a organizar a administração e subjugou outras nações que se opuseram a ele, obtendo por fim o controle da terra prometida anteriormente por Deus a seus antepassados. Ele também se lembrou da promessa feita a Jônatas e cuidou do seu filho manco, Mefibosete (2Sm 9).

Pecador Davi foi um gigante entre os líderes piedosos, mas permanecia humano como demonstra seu pecado com Bate-Seba e Urias. Ele observou Bate-Seba tomando banho, desejou-a e engendrou a morte do fiel guerreiro, o marido dela, depois de haver cometido adultério com a mulher (2Sm 11). O profeta Natã confrontou Davi com seu pecado, e Davi confessou a transgressão. O recém-nascido de Davi e Bate-Seba morreu. Davi confessou sua impotência na situação, afirmando crer que estaria com a criança algum dia. Bate-Seba concebeu novamente, gerando Salomão (2Sm 12.1-25).

Intriga de família Capaz de governar o povo, mas não sua família, Davi viu como intrigas, pecados sexuais e o assassinatos lhe abalaram a casa, resultando no seu isolamento de Absalão e posterior fuga de diante dele. Ainda assim, Davi ficou profunda e longamente abatido quando seu exército matou Absalão (2Sm 18.19-33). O reinado de Davi foi recuperado, mas os sinais de divisão entre Judá e Israel permaneceram (2Sm 19.40-43). Davi precisou abafar uma revolta no norte (2Sm 20). O último ato relatado pelos livros de Sm a respeito de Davi é o recenseamento do povo, provocando a ira de Deus, mas também conta dos preparativos do lugar em que seria construído o templo (2Sm 24). O último capítulo de 1Cr descreve com pormenores os preparativos feitos por Davi para a construção e os cultos de adoração no templo. Os últimos dias de Davi lhe trouxeram mais intrigas familiares, quando Adonias tentou obter o trono de seu pai, mas Natã e Bate-Seba se empenharam para garantir que Salomão se tornasse o rei seguinte (1Rs 1.1—2.12).

Vista das escavações lideradas por Kathleen Kenyon na Cidade de Davi.

Esperança profética Assim Davi desapareceu do cenário da história, mas deixou um legado que nunca será esquecido. Foi o modelo a ser seguido pelos reis israelitas (1Rs 3.14; 9.4; 11.4,6,33,38; 14.8; 15.3,11; 2Rs 14.3; 16.2; 22.2). Ele era o "homem de Deus" (2Cr 8.14), e Deus era o "Deus de Davi, teu pai" (2Rs 20.4, *ARA*). A aliança divina com Davi foi o fator decisivo no tratamento dado por Deus aos sucessores desobedientes (2Cr 21.7). Mesmo quando Israel reconstruiu o templo, os israelitas agiram "conforme [tinha sido] prescrito por Davi, rei de Israel" (Ed 3.10).

Os profetas de Deus apontaram para o futuro Davi que restabeleceria a prosperidade de Israel.
"Ele estenderá o seu domínio, e haverá paz sem fim sobre o trono de Davi e sobre o seu reino, estabelecido e mantido com justiça e retidão, desde agora e para sempre. O zelo do Senhor dos Exércitos fará isso" (Is 9.7). Jeremias resumiu a certeza da esperança em Davi: "Se vocês puderem romper a minha aliança com o dia e a minha aliança com a noite, de modo que nem o dia nem a noite aconteçam no tempo que lhes está determinado, então poderá ser quebrada a minha aliança com o meu servo Davi, e neste caso ele não mais terá um descendente que reine no seu trono; [...] Farei os descendentes do meu servo Davi e os levitas, que me servem, tão numerosos como as estrelas do céu e incontáveis como a areia das praias do mar" (Jr 33.20-22; cp. 33.15,17,25,26; Ez 34.23,24; 37.24,25; Os 3.5; Am 9.11; Zc 12.6-10).

Novo Testamento O NT conta a história de Jesus como a história do Filho de Deus, mas também como a história do Filho de Davi desde o nascimento (Mt 1.1) até sua vinda final (Ap 22.16). Ao menos 12 vezes os Evangelhos se referem a ele como o "Filho de Davi". Davi foi citado como exemplo de comportamento semelhante por Jesus (Mt 12.3), e Davi o chamou "Senhor" (Lc 20.42-44). Assim Davi assumiu seu lugar na chamada dos nomes da fé dados em Hb 11.32. Esse era "Davi, filho de Jessé, homem segundo o meu coração; ele fará tudo o que for da minha vontade" (At 13.22).

DAVI, CIDADE DE Parte mais antiga de Jerusalém, no canto sudeste, representando a cidade ocupada pelos jebuseus e conquistada por Davi (2Sm 5.7). O vale do Cedrom fazia divisa com ela no lado leste, e o vale do Tiropeão no lado oeste. Toda a área não ocupava mais de 4 hectares. Também é chamada Sião. Essa parte de Jerusalém data de pelo menos 2500 a.C., quando é mencionada nos documentos de Ebla. Seu sólido muro de defesa, do qual os jebuseus se orgulhavam, originou-se por volta de 1750 a.C.

DEBILIDADE Enfermidade, sofrimento ou tristeza. A *KJV* usou esse termo, e as traduções modernas trazem outra palavra (e. g., fraqueza, doenças, enfermidade, menstruação, tristeza). Mateus viu nas curas de Jesus o cumprimento do servo do Senhor que levou sobre si nossas enfermidades (Mt 8.17; Is 53.4). O texto de

DEBIR

Rm 15.1 exorta os fortes (em consciência) a serem pacientes com as "debilidades" (ARA) dos fracos. V. *doenças*.

DEBIR Nome pessoal e de lugar que significa "de volta, atrás". Como substantivo comum, o termo hebraico se refere à sala do fundo do templo, o Lugar Santíssimo. **1.** Rei de Eglom aliado à coligação liderada por Jerusalém contra Josué e derrotado (Js 10.3). Nada mais se sabe acerca dele. V. *Eglom*. **2.** Importante cidade na região montanhosa da tribo de Judá cuja localização exata é debatida por arqueólogos e geógrafos. Josué aniquilou seus residentes (Js 10.38; cp. 11.21; 12.13). Em Js 15.15 o desafio de Calebe é proposto a Otoniel para capturar Debir, anteriormente chamada Quiriate-Sefer (cp. Jz 1.11). Em Js 15.49 cita ainda outro nome, Quiriate-Sana, com referência a Debir. Tornou-se cidade levítica para os sacerdotes (Js 21.15). Diferentes estudiosos localizam Debir em Tel Beit Mirsim, a 21 quilômetros a sudoeste de Hebrom; Khirbet Tarrameh, a 8 quilômetros a sudoeste de Hebrom; e Khirbet Rabud, a 12 quilômetros a oeste de Hebrom. Pode ter sido a cidade mais importante ao sul de Hebrom. **3.** Cidade na divisa setentrional de Judá (Js 15.7). Essa pode ser localizada em Thoghret ed Debr, o "desfiladeiro de Debir", a 16 quilômetros a leste de Jerusalém. **4.** Cidade em Gade, a leste do Jordão, que recebeu diversas grafias na Bíblia Hebraica: *Lidebor* (Js 13.26), *Lwo Debar* (2Sm 9.4,5); *Lo' Debar* (2Sm 17.27); *Lo 'Dabar* (Am 6.13). A cidade pode ser a atual Umm el-Dabar, a 19 quilômetros ao norte de Péla. Aparentemente ficava perto de Maanaim, onde primeiramente Is-Bosete, e depois Davi, enquanto fugia de Absalão, estabeleceram seu quartel general. Alguns estudiosos da Bíblia sugeriram sua localização em Tel el-Chamme ou Khirbet Chamid.

DÉBORA Nome pessoal que significa "abelha". Débora é o nome de duas mulheres na Bíblia, a ama de Rebeca (Gn 35.8) e a líder no Israel pré-monárquico (Jz 4—5).

Débora, ama de Rebeca, morreu e foi sepultada perto de Betel. Ela fazia parte da casa de Jacó, filho de Rebeca.

Débora, a líder em Israel, é identificada como profetisa, juíza e esposa de Lapidote (Jz 4.4). Ela provavelmente viveu em torno de 1200 a.C. ou um pouco mais tarde em um período de opressão cananeia. Débora é descrita em Jz 5.7 com uma "mãe em Israel" por seu papel na libertação do povo de Deus. Depois de Moisés, somente Samuel exerceu a mesma combinação de funções: profeta, juiz e líder militar.

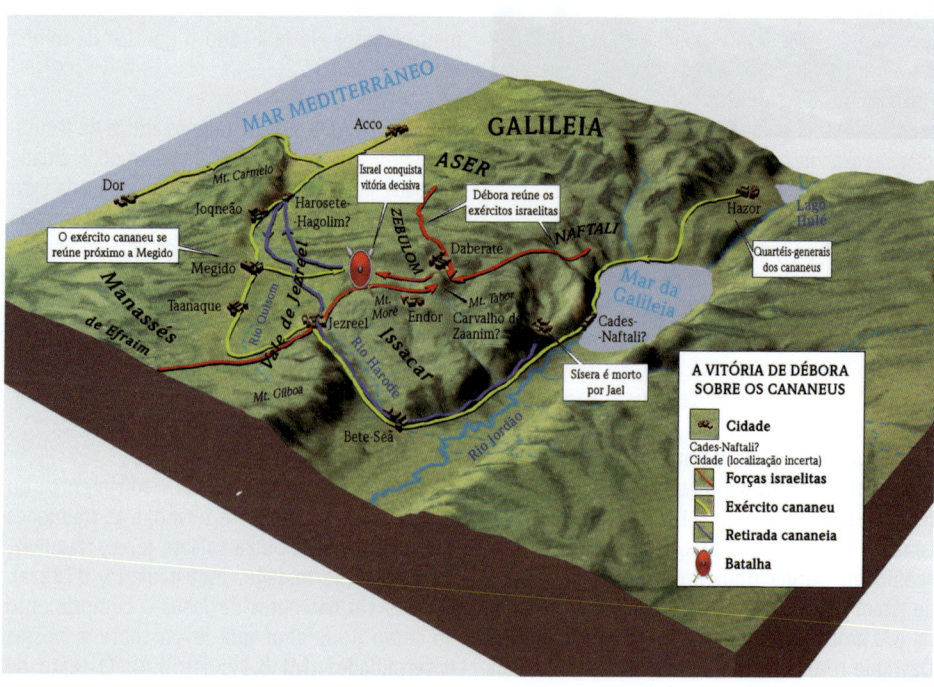

A VITÓRIA DE DÉBORA SOBRE OS CANANEUS

Débora serviu regularmente como juíza, ouvindo e decidindo causas levadas a ela pelo povo de Israel. Ela julgava "debaixo da tamareira de Débora", no sul do território de Efraim, entre Ramá e Betel (Jz 4.4,5). Nada se diz sobre os procedimentos na corte ou sobre a extensão da sua jurisdição.

Como profetisa Débora exortou Baraque e anunciou um oráculo dando-lhe instruções de Deus para a batalha no vale de Jezreel contra o exército cananeu comandado por Sísera (Jz 4.6-9; cp. Samuel, 1Sm 15.2,3, e o profeta anônimo, 1Rs 20.13-15). Baraque obedeceu, e os israelitas ganharam a batalha. Alguns estudiosos acreditam que Débora como profetisa também compôs o poema de vitória que ela e Baraque cantaram em Jz 5. A autoridade de Débora sob a condução de Deus ficou evidenciada pelo desejo de Baraque de tê-la ao lado no acampamento do exército (Jz 4.8,14) e pelo testemunho da liderança dela no cântico (Jz 5.7,12,15). — *Pamela J. Scalise*

DECÁLOGO V. *Lei, Dez Mandamentos, Torá.*

DECAPITAÇÃO V. *crimes e castigos.*

DECÁPOLIS Nome de lugar que significa "dez cidades". Conjunto de cidades gregas citado em Mt 4.25; Mc 5.20; 7.31, originariamente em número de dez, e que passou a compreender, em época posterior, mais cidades. Plínio, autor do séc. II d.C., citou-as como Damasco, Filadélfia (atual Amã), Canata, Citópolis, Péla, Hipos, Gadara, Diom, Rafana e Gerasa (atual Jerash). Ptolomeu, outro autor do séc. II, cita 18 cidades da Decápolis, omitindo Rafana, mas acrescentando nove. Uma fonte posterior mencionou 14 cidades no grupo. Assim o número variava de época para época. Elas foram estabelecidas depois do tempo de Alexandre, o Grande, e eram predominantemente gregas em cultura e influência. Essas cidades estavam espalhadas ao sul e a leste do mar da Galileia. Somente Citópolis ficava a oeste do rio Jordão. Josefo a citou como a maior do grupo.

"Decápolis" é citada somente em Mt e Mc. Em Mc 5.20 Jesus curou um endemoninhado que mais tarde "começou a anunciar em Decápolis o quanto Jesus tinha feito por ele". Mc 7.31 afirma: depois de Jesus ter ido à região de Tiro e Sidom ele "atravessou [...] a região de Decápolis". O texto de Mt 4.25 não acrescenta nada ao conhecimento dessas cidades.

Colunata ao longo da estrada principal através das ruínas da antiga Decápolis, na cidade de Gerasa (atual Jerash).

Tradicionalmente se supõe que Decápolis era uma liga de cidades que defendia a fortaleza do pensamento e da vida dos gregos na Palestina, resistindo às influências semíticas. De acordo com Plínio, no entanto, não era uma aliança política muito sólida. Um ponto de vista recente é que nem se tratava de uma liga, mas de uma região geográfica. Essas cidades parecem ter tido muito em comum; eram centros de difusão da cultura greco-romana sem grande amor pelos judeus. Estavam suficientemente associadas entre si para de alguma forma fossem consideradas um grupo, se não uma liga. V. *Palestina.* — *W. Thomas Sawyer*

Teatro greco-romano em Amã, Jordânia (antiga Filadélfia, uma das cidades da Decápolis).

DECISÃO, VALE DA (Jl 3.14) V. *Josafá, vale de.*

DECISÕES DE CARREIRA Como regra no período bíblico, os filhos entravam no mesmo ofício dos pais. Às vezes, no entanto, Deus escolhia a carreira das pessoas, levando-as a deixar a ocupação de sua família a fim de servir a ele diretamente (e.g., Êx 3.10; 1Sm 16.1-13; 1Rs 19.19-21; Am 7.14,15; Mc 1.16-20).

A Bíblia apoia qualquer tipo de trabalho honesto e bom (Tt 3.1; cp. Gn 2.15; Ne 2.18) e não contradiz o evangelho (At 16.16-18; 19.23-27). Todo trabalho deve ser feito em nome de Jesus (Cl 3.17) e para a glória de Deus (1Co 10.31) como se o próprio Deus fosse o empregador (Cl 3.23). Isso é verdadeiro para quem trabalha como bispo, função considerada "nobre" por Paulo (1Tm 3.1), e para o trabalho não tão valorizado pelo mundo (cp. a atitude egípcia para com o trabalho pastoril, Gn 46.34). Por essa razão, Deus está mais interessado na atitude da pessoa em relação ao trabalho que na tarefa em particular realizada (Ec 9.10; Cl 3.23).

O interesse de Deus é a realização do pleno potencial de cada pessoa. Assim, ele conduz as pessoas à escolha das carreiras (Sl 73.24) harmonizadoras de suas aptidões e áreas de dons (cp. Êx 39.43).

DECLÍNIO MORAL A Bíblia ensina que nos últimos dias o mundo será tomado por um declínio moral sem precedentes. O falsos ensinos darão curso ao crescimento da impiedade, resultando em apatia (Mt 24.12) e franca hostilidade (Mt 24.9-11,24; 2Tm 3.1-5) em relação ao que se refere a Cristo. A religião se tornará uma forma de obter de lucro pessoal, não uma expressão de devoção verdadeira a Deus (cf. 2Tm 3.5). Como resultado, os padrões de comportamento moral enraizados na Bíblia serão considerados irrelevantes.

O NT enumera as características das pessoas que rejeitam a Cristo (Gl 5.19-21; Ef 5.3-5; Cl 3.5,6; 1Tm 1.9,10; Ap 21.8). Isso inclui todos os pensamentos e ações inferiores ao padrão do próprio Cristo. Na atualidade, muitos indivíduos que falam sobre moral limitam a discussão a questões de natureza sexual. Entretanto, o NT deixa claro que a sexualidade é apenas um dos muitos elementos do comportamento humano a ser julgado pelo código moral de Deus.

Ainda que em sua origem os tipos de atividade que se tornarão desenfreados no fim dos tempos sejam as mesmas atividades que sempre foram feitas em oposição a Deus, sua intensidade será muito maior e seu efeito, mundial em escopo. — *Paul H. Wright*

DECRETO Ordem ou decisão real. Os decretos eram anunciados por clamadores (Jn 3.14), designados "arautos" (Dn 3.4), muitas vezes em todo o território do rei (1Sm 11.7; Ed 1.1). Os decretos eram escritos e guardados nos arquivos para referência posterior (Ed 6.1,2). As Escrituras atribuem decretos justos à sabedoria divina (Pv 8.15). Também reconhecem decretos injustos (Is 10.1). Alguns decretos importantes são os de: Ciro para a reconstrução do templo (Ed 6.3-5); Ester acerca da celebração de Purim (Et 9.32); e César Augusto que preparou o cenário para o nascimento de Cristo (Lc 2.1).

Como rei da Terra, Deus promulgou decretos regulando o mundo da natureza (o mar, Pv 9.29; a chuva, Jó 28.26) e a humanidade (Dn 4.24). Deus também decretou o reinado do Rei Messias (Sl 2.7).

A *ARC* usa "decretos" para descrever a decisão do concílio apostólico (At 16.4). A *NVI* fala do "justo decreto de Deus" acerca da morte dos pecadores (Rm 1.32). A *NASB* usa "decreto" para se referir à lei divina que levou à desobediência e morte (Cl 2.14,20). A *NRSV* usa "decreto" para falar da eterna sabedoria e plano de Deus para a Criação. Qualquer tradutor que usa o termo "decreto" interpreta o termo hebraico ou grego mais geral, resultando no uso das diversas traduções que empregam "decreto" para várias palavras distintas da língua original.

DEDÃ Nome pessoal e de lugar com significado desconhecido. **1.** O primeiro antepassado de uma tribo árabe que aparece na lista das nações como neto de Cuxe (Gn 10.7). V. *Cuxe*. **2.** Neto de Abraão (Gn 25.3). Aqui, como em 10.7, o irmão de Dedã é Sebá. Três tribos de outra forma desconhecidas descendiam de Dedã, de acordo com Gn 25.3. **3.** Tribo árabe centralizada em al-Alula, a 112 quilômetros a sudoeste de Temá e a 640 quilômetros de Jerusalém. Era um posto de parada na rota das caravanas entre Temá e Medina. Jeremias pronunciou juízo contra as tribos árabes (Jr 25.23), talvez considerando os ataques de

Nabucodonosor à Arábia em 599-598 a.C. Nabonido, rei da Babilônia (556-539 a.C.), deixou o controle do reino para seu filho Belsazar e trabalhou na Arábia em um período, controlando Dedã, entre outras cidades. Dedã era um centro de caravanas para o comércio de incenso (Is 21.13). Isaías advertiu os mercadores de Dedã a evitarem os postos regulares de caravanas e passarem a noite no deserto. Os vizinhos de Temã teriam de suprir suas necessidades de alimentos. Jeremias advertiu os mercadores de Dedã que trabalhavam ou residiam em Edom a fugirem do país porque Deus levava juízo ali (Jr 49.8). Ezequiel advertiu Edom que até seus soldados que fugissem para Dedã seriam abatidos (Ez 25.13). Ao julgar Tiro, Ezequiel observou que seus habitantes também negociavam com Dedã (Ez 27.15,20; cp. 38.13).

DEDANITAS Residentes ou cidadãos de Dedã. V. *Dedã*.

DEDICAÇÃO, FESTA DA Termo para designar Hanucá em Jo 10.22. V. *festas; Hanucá*.

DEDICAR, DEDICAÇÃO Termo geral usado para descrever o ato de separar ou consagrar pessoas ou coisas a Deus (ou deuses), uma obra sagrada ou algum propósito. O ato é geralmente acompanhado do anúncio do que se faz ou propõe e por uma oração pedindo aprovação e bênção divinas. No AT, as pessoas separadas incluem todo o Israel (Êx 19.5,6; Dt 7.6; 14.2) e os sacerdotes (Êx 29.1-37). As coisas separadas incluíam o altar no tabernáculo (Nm 7.10-88), imagens de divindades pagãs (Dn 3.2,3), prata e ouro (2Sm 8.11), o templo (1Rs 8.63; Ed 6.16-18), os muros de Jerusalém (Ne 12.27) e habitações particulares (Dt 20.5). No NT a ideia de dedicação está incluída na palavra "santos". Toda a igreja é separada para Deus (Ef 5.26). O cristão individual é alguém que pertence ao povo dedicado, santo, consagrado e sacerdotal, separado para oferecer "sacrifícios espirituais aceitáveis a Deus, por meio de Jesus Cristo" (1Pe 2.5). — *Ray F. Robbins*

DEDO DE DEUS Expressão pitoresca de Deus em ação. O dedo de Deus escrevendo os Dez Mandamentos ilustra o fato de Deus entregar sua Lei sem mediação de ninguém (Êx 31.18; Dt 9.10). Em outras ocasiões o dedo de Deus sugere o poder de Deus para desencadear as pragas sobre o Egito (Êx 8.19) e criar os céus (Sl 8.3). A afirmação de Jesus: "Mas se é pelo dedo de Deus que eu expulso demônios, então chegou a vocês o Reino de Deus" (Lc 11.20) significa que se Jesus expulsa demônios pelo poder de Deus, então o governo de Deus se tornou realidade entre seus ouvintes.

DEFEITO Condição que desqualifica o animal como sacrifício (Lv 22.17-25) ou o homem para o serviço sacerdotal (Lv 21.17-24). No NT, Cristo é o sacrifício perfeito (sem defeito, Hb 9.14; 1Pe 1.19) enviado com o propósito de santificar a Igreja e remover todas as manchas (Ef 5.27). Os filhos de Deus devem viver a vida sem manchas, "irrepreensíveis" (Fp 2.15; 2Pe 3.14).

DEGRADAR Vocábulo referente ao rebaixamento da posição, hierarquia ou estima de alguém. V. *humildade; mansidão*

DEGRAUS, CÂNTICO DOS (*ARC*) Expressão usada nos títulos de 15 salmos (Sl 120—134). Algumas versões os chamam "Cânticos da Subida" ou também "Cânticos de Romagem" (*ARA*), e ainda "Cânticos de Peregrinação" (*NVI*). Embora a origem da expressão seja obscura, o ponto de vista geralmente aceito é que o termo hebraico *ma'alot* (subindo) é uma referência aos peregrinos subindo a Jerusalém para as três festas anuais obrigatórias (Sl 42.4; 122.4). Jerusalém era cercada de montanhas (Sl 121.1; 125.2; 133.3), assim as viagens incluíam uma subida literal. Conjectura-se que esses salmos eram cantados nessas ocasiões (Is 30.29; Sl 132.7). Outros sugerem que "subida" é uma referência à melodia ascendente dos salmos, a forma poética semelhante a degraus dos salmos ou aos degraus sobre os quais os levitas tocavam a música no templo. A tradição judaica associa o título dos 15 degraus conduzindo do pátio das mulheres ao pátio de Israel no templo.

DELAÍAS Nome pessoal que significa "o Senhor resgatou". **1.** Líder de uma das 24 divisões da ordem sacerdotal organizada por Davi (1Cr 24.18). **2.** Filho de Semaías e cortesão que aconselhou Jeoaquim a não queimar o rolo de Jeremias (Jr 36.12,25). **3.** Um dos exilados que retornou a Jerusalém sob Zorobabel (Ed 2.60;

Ne 7.62). **4.** Descendente de Davi e filho de Elioenai (1Cr 3.24). **5.** Contemporâneo de Neemias (Ne 6.10).

DELINQUÊNCIA JUVENIL A delinquência juvenil foi levada muito a sério pelos escritores bíblicos, pois a rebelião entre crianças, o rompimento da estrutura da autoridade familiar, destrói a própria estrutura da sociedade. A família bem estruturada impedirá problemas fora de casa, o que por sua vez garante a sociedade estável (cf. Ef 6.2,3).

Deus espera que os pais controlem seus filhos, e que os filhos obedeçam aos pais (Êx 20.12; Ef 6.1-4; 1Tm 3.4), mas ao mesmo tempo considera que nem sempre é assim (Is 3.5; Ez 22.7). Os filhos de Eli (1Sm 2.22-25; cp. 8.3), os rapazes que zombaram de Eliseu (2Rs 2.23,24) e o filho pródigo (Lc 15.12,13) são exemplos de delinquência juvenil. A lei mosaica categorizava a agressão (Êx 21.15), a maledicência (Êx 21.17) e a desonra (Dt 27.16) aos pais como atos de rebelião familiar e ordenava que o filho que se recusasse a ser corrigido deveria ser apedrejado em público (Dt 21.18-21).

A despeito da responsabilidade colocada sob os pais quanto à criação dos filhos (Dt 6.7; Pv 13.24; 19.18; 22.6; Ef 6.1-4), a Bíblia reconhece que, em última instância, os filhos são responsáveis pelas próprias ações (Ez 18.10-13). Jesus usou o exemplo do filho pródigo para ensinar que todos são delinquentes diante de Deus e devem ir a ele em busca de perdão (Lc 15.11-32). — Paul H. Wright

DEMAS Companheiro e colaborador do apóstolo Paulo (Cl 4.14). Embora em Fm 24 Paulo identifique Demas como um "cooperador", 2Tm 4.10 indica que esse homem, tendo "[amado] este mundo", mais tarde abandonou Paulo.

DEMÉTRIO Nome pessoal que significa "pertencente a Deméter, a deusa grega das colheitas". **1.** Ourives de Éfeso que incitou uma revolta contra Paulo por temer que a pregação do apóstolo ameaçasse as vendas de santuários de prata de Diana, a deusa padroeira de Éfeso (At 19.24-41). Demétrio talvez fosse o mestre da classe de ourives responsável pela produção da produção de miniaturas do templo de Diana com a figura da deusa. **2.** Aparentemente um convertido da adoração de Deméter, a deusa adorada na religião de mistérios em Elêusis, perto de Atenas. João o elogiou, dizendo que "todos falam bem dele, e a própria verdade testemunha a seu favor" (3Jo 12). Ele pode ter sido o portador de 3Jo aos primeiros leitores.

DENÁRIO Moeda que representa o salário de um dia de trabalho de um trabalhador braçal comum (Mt 20.2). Essa unidade de moeda romana é a mencionada com maior frequência no NT. V. *moedas; vida econômica*.

Denário romano.

DENTES Estruturas ósseas resistentes na mandíbula de homens e animais, usadas para cortar e retalhar a comida. No pensamento do AT, a perda de dentes era um assunto sério, sujeito à lei de retribuição (Êx 21.23-25; Lv 24.19,20; Dt 19.21 cp. Mt 5.38-42). Os dentes, como estão bem visíveis, se tornados duros ou insensíveis, ilustram o conceito de culpa herdada ou corporativa, conceito desafiado pelos profetas (Jr 31.29,30; Ez 18.2,3). O ranger de dentes ilustra o desespero dos excluídos do Reino de Cristo (Mt 8.12; 13.42).

DEPÓSITO 1. Algo dado como entrada de pagamento; dinheiro investido junto a um banqueiro com o propósito de obter juros (Mt 25.27); algo dado a alguém para ser guardado com segurança (Êx 22.7). Em Êx 22.7-13 há orientações para casos em que a propriedade entregue a alguém para ser guardada com segurança é roubada ou um animal dado em

depósito é ferido ou morre. Já Lv 6.2-7 dá orientações para quem quer confessar o cuidado indevido de um depósito. V. *penhor*.
2. Tradução da *NVI* para uma palavra que aparece em 1Cr 28.12. Outras traduções são: átrio (*ARA*, *ARC*, *BJ*, *TEB*), pátio (*NTLH*). Em 1Sm 9.22 a palavra se refere ao espaço no qual Saul compartilhou uma refeição sagrada com Samuel — nesta passagem, *NVI* e *BJ* traduzem como "sala", *ARA*, "sala de jantar", *ARC*, "câmara", *NTLH*, "salão de festas". Em Jz 3.20, 23-25, a *NVI* traduz como "sala superior", *ARA* e *NTLH*, "sala de verão", *ARC*, "cenáculo fresco", *BJ*, "sala de cima", *TEB*, "quarto de cima", *BV*, "sala agradável para os dias de calor", *CNBB*, "quarto privativo de verão", *BP*, "varanda privativa de verão".

DEPÓSITO, CIDADE-ARMAZÉM Depósitos foram construídos bem cedo na História humana para proteger as colheitas de animais e de extremos de temperatura. O depósito típico no Período Israelita era um prédio retangular com corredor duplo de colunas que dividia o prédio em três corredores menores. Paredes grandes e grossas sustentavam o telhado, e pequenos quartos laterais ficavam do lado de fora do aposento principal. Depósitos da fortaleza de Herodes em Massada tinham paredes de mais de três metros de altura construídas sobre pedras que pesavam cerca de 150 quilos. Armazéns comunitários podiam também ser usados como mercados públicos. Em cidades grandes, certas seções eram designadas como locais de armazenamento, com diversos armazéns como se fossem ruas. No Período do Reino Dividido, os depósitos reais foram estabelecidos nas capitais regionais para receber o pagamento de taxas feitos em forma de farinha, azeite, grãos ou vinho. Jarros especialmente marcados continham estes suprimentos reais que mais tarde poderiam ser distribuídos ao exército ou aos palácios reais. O complexo do templo incluía áreas para armazenagem, tanto de utensílios de culto como para servir de um tipo de banco em que os valores podiam ser colocados. A figura de um depósito cheio servia como símbolo da bênção de Deus e era usada muitas vezes pelos profetas (Ml 3.10; cp. Jó 38.22; Jr 10.13). — *David Maltsberger*

DERBE Importante cidade na região da Licaônia, na província da Galácia na Ásia Menor. Aparentemente ficava perto da atual Kerti Huyuk. Os residentes de Derbe e Listra falavam uma língua diferente do povo ao norte em Icônio. Paulo visitou Derbe na primeira viagem missionária (At 14.6), quando fugia de Icônio. A perseguição em Listra levou à missão bem-sucedida de pregação em Derbe (14.20,21). Na segunda viagem missionária Paulo voltou a Derbe (At 16.1). Ele aparentemente a visitou outra vez na terceira viagem (18.23). Gaio, ministro companheiro de Paulo, era de Derbe (20.4). V. *Ásia Menor, cidades de*.

DESAPONTAMENTO A Bíblia reconhece a tensão emocional e física que pode acompanhar o desapontamento e anuncia que a esperança sempre está em Deus. Exemplos de desapontamento registrados na Bíblia incluem Samuel (1Sm 16.1), os homens na estrada de Emaús (Lc 24.17-21) e Paulo (1Ts 2.17-20). Muitos dos gritos e choros do salmista refletem a profundidade do seu desapontamento com a vida e, às vezes, com o próprio Deus (e.g., Sl 39.12,13; 42.5a,9-11a).

O desapontamento e desânimo abatem o espírito (Pv 15.13), secam os ossos (Pv 17.22) e podem levar à morte (Pv 18.14).

Apesar das circunstâncias, o salmista aprendeu a confiar em um Deus que, no final, venceu seu desapontamento (Sl 22.5; 40.1; 42.5b). Isaías enxergou o dia em que todos os que estavam fracos e temerosos seriam fortalecidos (Is 35.3,4). Entrementes, Jesus ordena que os que estão desapontados continuem a esperar em Deus, a orar e a não desanimar (Lc 18.1; cp. Mt 5.4). — *Paul H. Wright*

DESCANSO, TEMPO DE A Bíblia fala de "descanso" em termos de cessação de trabalho, problema e pecado (p. ex., Êx 33.14; Is 32.18; Hb 4.1-11). Sobre o descanso, as pessoas devem se ocupar em desfrutar de Deus e da companhia uns dos outros, um antegozo da atividade do céu.

A Bíblia reconhece a necessidade de intervalos regulares do trabalho. O sábado semanal (Êx 20.8-11) e várias festas anuais (Lv 23.1-44; Dt 16.1-17) tinham a intenção de focalizar nas necessidades espirituais de Israel, mas também providenciar descanso do trabalho físico. A lei mosaica ordenava um período de lua de mel de

DESCENDÊNCIA

um ano para os recém-casados (Dt 24.5; cp. Lc 14.20). Jesus tentou encontrar tempo para estar sozinho, poder descansar e orar, mas a pressão das multidões com frequência o impedia de fazê-lo (Mt 14.13; Mc 3.20; 6.31; Jo 11.54).

A Bíblia acautela contra o mau uso do tempo de descanso, que pode levar à preguiça (Pv 19.15; 24.33,34; Ec 10.18; Am 6.4-6; 1Tm 5.13), farras em excesso (Is 5.11,12) ou criação de problemas (2Cr 13.7; Pv 6.10-15). V. *sábado*. — Paul H. Wright

DESCENDÊNCIA Genealogia, linhagem de antepassados (Hb 7.3,6).

DESCIDA Caminho no declive de um monte (Lc 19.37).

DESCIDA AO HADES/INFERNO Expressão usada no *Credo apostólico* para descrever a obra de Cristo. Em At 2.27 diz: "Tu não me abandonarás no sepulcro [hades], nem permitirás que o teu Santo sofra decomposição". Em Ef 4.9 diz que Cristo "havia descido às profundezas da terra". Em 1Pe 3.19 lemos que Cristo "foi e pregou aos espíritos em prisão". Muitas explicações têm sido oferecidas para essa questão. O tempo pode ser considerado os dias de Noé (1Pe 3.20) e assim talvez descreva a atividade do Cristo preexistente ou a obra do espírito de Cristo por meio de Noé. O tempo também pode ter sido o momento imediatamente após a morte de Cristo na cruz, ou depois da ressurreição corpórea de Cristo. O conteúdo da pregação pode ter sido juízo; a afirmação da vitória sobre "anjos, autoridades e poderes" (1Pe 3.22); a libertação do *sheol* ou *hades* dos santos que o precederam. Os espíritos podem ter sido os "filhos de Deus" de Gn 6.2, o povo dos dias de Noé, os pecadores do AT, os fiéis a Deus do AT, os anjos caídos (2Pe 2.4) ou os espíritos malignos (poderes demoníacos) a quem Jesus contestou no ministério terreno. A prisão pode ter sido o *sheol* ou *hades*, um lugar especial de cativeiro de pecadores, um local de castigo dos anjos caídos, um lugar de refúgio desses anjos no qual eles pensavam escapar do poder de Cristo ou um lugar a caminho do céu no qual os fiéis de outrora esperavam ouvir a mensagem da vitória final da morte substitutiva de Cristo. Não importam as explicações detalhadas, o efeito e propósito finais são glorificar a Cristo pela obra de salvação concluída por meio da sua morte, sepultamento, ressurreição e ascensão, demonstrando seu controle soberano sobre todos os lugares e poderes. — Charles W. Draper

DESEJADO DE TODAS AS NAÇÕES Expressão que Ageu usou (*ARC*) na profecia acerca do templo renovado (Ag 2.7). Algumas versões interpretam a expressão hebraica como uma profecia acerca do Messias vindouro. Outras versões traduzem a expressão por "tesouros" (*NVI*), "riquezas" (*NTLH*) ou "coisas preciosas" (*ARA*) de todas as nações em paralelo com o ouro e prata de 2.8. A interpretação messiânica apareceu primeiramente na *Vulgata*, enquanto os tesouros mostrariam o poder de Javé de restaurar a glória da sua casa apesar da pobreza das nações.

DESEJO V. *concupiscência; lascívia*.

DESENHO Palavra usada em traduções modernas com respeito a um padrão artístico (Êx 31.4; 39.3; 2Cr 21.4; "invenções", *ARC*).

DESERTO 1. Região com pouca precipitação ao leste e no sul da Palestina e habitada por nômades com seus rebanhos e manadas. São três os desertos principais mencionados em conexão com os acontecimentos bíblicos: o planalto oriental das montanhas a leste do rio Jordão; a área ao sul de Edom; e o triângulo que fazia limite com Gaza, o mar Morto e o mar Vermelho. A Bíblia retrata os invasores do deserto — amalequitas, midianitas e ismaelitas — que ameaçavam os lavradores na Palestina. Saul aliviou parte dessa pressão (1Sm 14.48).

As regiões desérticas da Palestina recebem chuvas breves e intensas em março e abril. Às vezes florescem brevemente, mas longos períodos de seca lhe devolvem as características desérticas normais. A língua hebraica distingue com diversas palavras o que o português descreve como deserto.

Midbar é o termo mais importante e abrangente, mas é usado em diversos contextos com significados diferentes. Pode descrever a divisa sul da terra prometida (Êx 23.31; Dt 11.24). Esse deserto ao sul pode ser dividido em diversas partes: Sur (Êx 15.22), Sim (Êx 16.1), Parã (Nm 12.16) e Zim (Nm 13.21). Toda essa região desértica do sul pode ser chamada deserto do Sinai (Êx 19.1) acima do qual se eleva o monte Sinai. Ao norte dessa região está o deserto de Judá (Jz 1.16), que fica à esquerda da estrada que liga Jerusalém a Hebrom. Ali desfiladeiros estreitos e profundos levam dos montes da Judeia ao mar Morto. *Midbar* também descreve a área que cerca um local onde rebanhos são apascentados (1Sm 23.24; 24.1; 2Cr 20.20; cp. Js 8.24). Povoamentos no deserto surgiram particularmente nos períodos de estabilidade política e serviam como postos militares contra invasões de beduínos e proteção do comércio nas rotas comerciais no deserto.

Solo improdutivo do norte do Negev ao sul de Israel.

Aravah aparece muitas vezes como sinônimo de *midbar*. Esse é o termo básico para a longa fenda que vai do mar da Galileia ao mar Morto e segue até o mar Vermelho. Descreve o solo dominado por sal com pouca água ou plantas. O termo *aravah* nunca é usado para descrever pastos. Serve como fronteira oriental da terra prometida e é muitas vezes traduzido por "planície", quando não é transliterado *Arabá* (Dt 3.17; Js 12.1).

Yeshimon designa a terra árida, improdutiva. A palavra ocorre ou como paralela de *midbar* ou parte de uma designação territorial como em 1Sm 23.24. Deus oferece esperança para a restauração das terras desertas (Is 43.19,10). V. *Jesimom*.

Chorbah descreve a terra quente e seca ou a terra com povoados destruídos. Pode designar terra seca em contraste com terra coberta de água (Gn 7.22; Êx 14.21). Descreve o deserto em Sl 102.7; 106.9; Is 25.5; 50.2; 51.3; 64.10; Jr 25.9.

Tsiyyah indica a região seca (Jó 30.3; Sl 78.17; 105.41; Is 35.1; Jr 50.12; Sf 2.13).

Shamamah é terra seca e apavorante, que muitas vezes indica a destruição de um lugar operada por Deus (Êx 23.29; Lv 26.33; Jr 4.27; Ez 6.14; 23.33).

Negev (Neguebe) se refere à terra seca e é o termo técnico para o deserto do sul cuja fronteira meridional está a norte de Berseba. A precipitação anual atinge de 100 a 300 milímetros. As chuvas variam drasticamente de ano para ano. *Negev* veio a significar "sul" em hebraico e pode ser traduzido por "terra do sul" (Gn 24.62).

Para Israel, o deserto seco e em grande parte desabitado causava pavor e respeito. Podia ser descrito como o caos original anterior à Criação (Dt 32.10; Jr 4.23-26). Israel foi capaz de atravessar o deserto porque Deus os conduziu (Dt 1.19). Seus habitantes animais causavam ainda mais pavor — serpentes e escorpiões (Dt 8.15); jumentos selvagens (Jr 2.24). O deserto ficava devastado sem vida humana ou chuvas (Jó 38.26; Jr 2.6). O deserto era uma "terra pavorosa" (Is 21.1). A única coisa que alguém podia esperar no deserto era morrer de fome (Êx 16.3).

O juízo divino poderia transformar a cidade em deserto (Jr 4.26), mas sua graça poderia transformar o deserto em jardim (Is 41.17-20).

No NT o deserto era o lugar do ministério de João Batista (Lc 1.80; 3.4) e ali a possessão demoníaca levou um homem (Lc 8.29). As multidões forçaram Jesus ao deserto inabitado para pregar (Mc 1.45). Jesus levou seus discípulos para lá para descansar (Mc 6.31). V. *ermo*.

2. Área da terra santa, particularmente ao sul, com pouca chuva e poucos habitantes. No AT os termos para "deserto" se aproximam de

DESERTO

nosso conceito de "deserto", porque geralmente se referem a um terreno improdutivo, rochoso e seco. Nas terras bíblicas os desertos normalmente são de pedras, não de dunas de areia. Foram chamados desertos "moderados" porque apresentam chuvas não muito frequentes, bem como suficientes poços ou oásis para suportar uma população humana nômade ou seminômade. Era a terra vizinha de áreas habitadas para a qual pastores podiam conduzir as ovelhas e cabras para pastar. Eliabe, irmão mais velho de Davi, o criticou: "Com quem deixou aquelas poucas ovelhas no deserto?" (1Sm 17.28). O deserto também podia ter o sentido proibitivo de terra inóspita, como Jeremias a descreveu: "uma terra árida e cheia de covas, terra seca e de trevas, terra pela qual ninguém passa e onde ninguém vive" (Jr 2.6). Era um lugar assustador em que a gente podia se perder (Sl 107.4-9).

Geograficamente o deserto ficava ao sul, a leste e a sudoeste da terra habitada de Israel, a saber, no Neguebe, na Transjordânia e no Sinai. Um deserto específico, mais próximo de casa, situava-se nos declives orientais das montanhas da Judeia, nas encostas sem chuva, descendo até o mar Morto. Esse deserto particular, às vezes chamado *Jeshimon*, tornou-se um refúgio para Davi quando fugia de Saul e foi o lugar em que Jesus foi tentado.

O deserto da Judeia.

Historicamente o deserto estava relacionado especificamente com as andanças dos hebreus depois de sua fuga milagrosa do Egito e exatamente antes da conquista da Transjordânia. Era lembrado, ao recontarem a história, como "o imenso e terrível deserto" (Dt 1.19; 8.15). Havia notícias boas e más acerca desse tempo da existência da nação. A notícia boa era que Deus providenciou maná, codornizes e água da pedra. Ele os havia conduzido pelo deserto e lhes revelado suas leis da aliança no Sinai/Horebe, o monte da revelação. A má notícia era que eles tinham se rebelado contra Deus e murmurado reiteradas vezes contra Moisés no deserto. Na Bíblia Hebraica o livro de Nm é chamado *bemidbar*, "no deserto". Ele narra a história trágica de Cades-Barneia no deserto de Parã e do comitê de espionagem que persuadiu o povo a não atacar a terra prometida pelo sul, de maneira que uma geração inteira morreu no deserto (Nm 13—14). No livro de Sl os israelitas em culto confessavam esses pecados antigos (Sl 78.40; 106.26), e os pregadores do NT os usaram como advertência para que "cristãos do deserto" não cometam os mesmos erros (1Co 10.1-13; Hb 3.16-19). Há menção de várias áreas desérticas específicas, como as de Sim, Sur, Sinai, Parã e Zim na trajetória das andanças pelo deserto. Alguns locais específicos estavam relacionados com os anos do Davi foragido, como os desertos de En-Gedi, Judá, Maom e Zife. Jeremias certa vez desejou ter um alojamento no deserto como lugar para o qual fugir de seus ouvintes rebeldes (Jr 9.2). As pessoas em tempos bíblicos temiam o deserto principalmente como lugar habitado por animais predatórios, cobras e escorpiões (até mesmo demônios), para o qual se podia tanger o bode expiatório (Lv 16.10,22,26; Is 13.21s; 34.13,14). Por isso era apropriado como lugar para a tentação de Jesus (Mt 4.1-11; Mc 1.12,13; Lc 4.1-13).

Os profetas perceberam que a maioria das dificuldades religiosas de Israel começou com a colonização de Canaã e a apostasia rumo à idolatria cananeia, mas também esperavam por uma peregrinação renovada no deserto (Os 2.14,15; 9.10, cf. Dt 32.10; Jr 2.2,3; 31.2,3). Haveria um novo êxodo após o exílio babilônico pelo norte do deserto sírio para fazer de Deus o seu rei e "preparar o caminho dele" (Ez 20.30-38; Is 40.3-5). João Batista apareceu no deserto da Judeia como o precursor profético prometido (Mt 3.1-3; Mc 1.2-4; Lc 3.2-6; Jo 1.23). Jesus não apenas derrotou o tentador no deserto, mas também alimentou os 4 mil em um lugar desolado a leste do mar da Galileia (Mc 8.1-9). V. *deserto*; *monte Sinai*; *Parã*; *Sur, deserto de*; *andanças [peregrinações] no deserto*. — M. Pierce Matheney

DESJEJUM V. *comida*.

DESONRAR V. *vergonha e honra*.

DESPOSÓRIOS (*ARC*) V. *noivado, contrato de casamento*.

DESTACAMENTO, TROPA Grupo de 1/10 de uma legião romana, cerca de 600 homens. As versões divergem na tradução desse termo. Quando Pilatos entregou Jesus para ser crucificado, toda a tropa (*NVI*) se reuniu ao redor de Jesus (Mt 27.27; Mc 15.16). Esse destacamento deve ter sido a Segunda Coorte Italiana. V. *coorte, regimento*.

DESTINO O que precisa acontecer necessariamente. O AT fala da morte como destino comum à humanidade (Sl 49.12; 81.15; Ec 2.14; 3.19; 9.2,3). Fala-se, do mesmo modo, da morte violenta como destino dos maus (Jó 15.22; Is 65.123; Os 9.13). Palavra usada em algumas versões para se referir ao ato de Deus na eleição ou predestinação de pessoas e nações. V. *eleição; predestinação*.

DESTRUIÇÃO, MONTE DA (*ARA, NVI*) Monte a leste de Jerusalém perto do monte das Oliveiras onde Salomão construiu altares aos deuses de suas esposas estrangeiras (1Rs 11.7). Esses lugares de adoração foram destruídos por Josias (2Rs 23.13). O nome é provavelmente um jogo de palavras feito pelo autor bíblico de monte de Azeite, nome antigo do monte das Oliveiras e uma palavra grafada de forma muito semelhante a monte da Destruição.

DESTRUIDOR Exército invasor (Is 49.17; Jr 22.7) ou agente sobrenatural do juízo divino (Êx 12.33; Hb 11.28), muitas vezes denominado anjo (2Sm 24.15,16; 2Rs 19.35; Sl 89.49). Todos estão sob o controle soberano de Deus enquanto ele dirige todos os atos humanos.

DETIDO PERANTE O SENHOR Expressão usada na *ARA* em 1Sm 21.7 para se referir à permanência de alguém na presença do Senhor no tabernáculo ou no templo (1Sm 21.7). A razão para Doegue permanecer no tabernáculo não é apresentada. Talvez ele estivesse lá para cumprir um voto, receber um oráculo, realizar um ato de penitência ou celebrar uma festa. Em 1Sm 21.6 a sugestão é o sábado (Mc 2.25,26).

DEUEL Nome pessoal que significa "Deus sabe". Em Nm 1.14 é o pai de Eliasafe, o líder das tribos de Gade no deserto. O texto de Nm 2.14 identifica o pai de Eliasafe como Reuel. Deuel e Reuel podem ser formas alternativas do mesmo nome, provavelmente em consequência da leitura equivocada de um copista entre a letra "d" e "r", muito semelhantes no hebraico.

DEUS Criador e Senhor pessoal do Universo, o Redentor do seu povo, autor último e assunto principal das Escrituras, e o objeto da confissão, serviço e adoração da Igreja.

Conhecimento de Deus Os versículos de abertura das Escrituras não apenas iniciam-se com a afirmação da existência de Deus, mas também da ação única de Deus ao falar do Universo sendo criado do nada (Gn 1.1; cp. Sl 33.6; 148.5; Jo 1.1,2; Hb 11.3). No centro da apresentação bíblica de Deus está que ele é o Criador e Senhor pessoal, que deve ser conhecido verdadeiramente por suas criaturas, tomando ele mesmo a iniciativa de se revelar (1Co 2.10,11). Não há dúvida de que sua existência e poder são apresentados na ordem da Criação, ainda que essa ordem tenha sido profundamente ferida pela rebelião humana e suas consequências (Sl 19.1,2; Rm 1.19-20; Gn 3.18; Rm 8.19-22). É também verdade que uma imagem ofuscada da natureza moral de Deus é refletida na consciência humana, mesmo depois da Queda (Rm 2.14-16). Mas as Escrituras são também muito claras ao afirmar que à parte da autorrevelação graciosa de Deus, tanto na Palavra como em ações, não se pode conhecê-lo em sentido verdadeiro.

Na verdade, Deus é incognoscível, alguém a quem não se pode sondar completamente (Sl 139.6; 145.3; Rm 11.33-36). Mas isso de modo algum leva à conclusão de que não se pode conhecer Deus verdadeiramente. Pois, ao criar o homem à sua imagem e semelhança e nos dar a Palavra, revelação dele mesmo, ainda que não se possa conhecê-lo plenamente, pode-se conhecê-lo verdadeiramente (Dt 29.29). É por isso que qualquer discussão da doutrina cristã de Deus

DEUS

deve estar firmemente enraizada e baseada nas Escrituras como Palavra escrita de Deus (Sl 19.7-14; 119; Pv 1.7; 2Tm 3.14-17). A especulação humana a respeito de Deus nunca é suficiente para levar ao conhecimento de Deus.

Natureza de Deus As Escrituras identificam e descrevem Deus de muitas maneiras por todo o cânon, e nosso entendimento a respeito dele deve estar baseado nessa apresentação. Entretanto, para os propósitos deste verbete, tentaremos resumir o todo do elemento bíblico com as palavras "Deus", "aliança" e "Senhor". Primeiro, Deus é o "Senhor" (Javé; *kurios*). Ainda que Javé não seja o único nome de Deus nas Escrituras, é o único nome pelo qual ele se autoidentifica (Êx 3.13-15; 34.6,7). Ele o faz no início de sua aliança com Israel e também como nome que foi primeiramente dado a Jesus Cristo como o Cabeça da nova aliança (Êx 6.1-8; 20; Jo 8.58; Fp 2.11). Em segundo lugar, Deus é o Senhor "pactual". Ele é não apenas o Deus que traz o Universo à existência pela Palavra, mas também é ativo nesse mesmo Universo. Sua ação no mundo é vista especialmente nas relações pactuais que têm cumprimento pleno em Jesus Cristo, o Senhor. Daí a expressão "Senhor da aliança", que de modo admirável incorpora muito dos dados bíblicos concernentes à identidade do Deus que cria, sustenta, governa e, pela sua graça, redime um povo para ele mesmo. V. *nomes de Deus*.

Três importantes declarações podem ser destacadas dessa apresentação geral do Deus das Escrituras. Primeiro, como Senhor da aliança, Deus é ao mesmo tempo transcendente e imanente em seu mundo. Deus é apresentado como o Senhor exaltado acima e sobre seu mundo, i.e., transcendente (Sl 7.17; 9.2; 21.7; 97.9; 1Rs 8.27; Is 6.1; Ap 4.3). Transcendência não é primariamente um conceito espacial; antes, tem a ver com a distintividade de Deus, que é separado de sua criação, exercendo, portanto, seu senhorio total sobre ela. No pensamento bíblico, apenas Deus é o Criador e Senhor todo-poderoso; tudo o mais é criação dele. Somente ele é autoexistente, autossuficiente, eterno e não precisa de nada fora dele mesmo (Sl 50.12-14; 93.2; At 17.24,25). O Deus das Escrituras é totalmente único e não compartilha sua glória com nenhuma outra criatura (Is 42.8). Por essa razão Deus é o único que merece receber confiança, o único que deve ser adorado e obedecido. Essa apresentação de Deus distingue o teísmo cristão de todas as formas de dualismo, panteísmo e politeísmo.

É preciso, no entanto, ter cuidado para não entender errado a compreensão bíblica da transcendência de Deus. Ao se afirmar a transcendência de Deus, não se deve ter em mente uma visão deísta ou em termos do "totalmente outro" como tem sido comum em algumas expressões do pensamento teológico contemporâneo. Porque, como o Senhor "pactual", as Escrituras enfatizam claramente que Deus é também imanente, i.e., envolvido com seu mundo e presente nele (Sl 139.1-10; At 17.28; Ef 4.6). Isso é verdade não apenas pelo fato de Deus sustentar o mundo, mas também em efetivamente dar-lhe forma e governá-lo em direção ao fim que planejou desde a eternidade (Ef 1.11). É nesse ponto que essa visão está em oposição direta à teologia do processo ou teísmo panteísta, que não apenas elimina a transcendência de Deus, como também compreende a imanência de Deus de modo errado, como se consistisse em algo que evoluísse e fosse também mutuamente dependente do seu envolvimento com o mundo. Ainda que Deus esteja profundamente envolvido em seu mundo, também Senhor sobre o mundo.

Segundo, como Senhor da aliança, Deus é infinito, soberano e pessoal. Por infinito, as Escrituras apresentam Deus como possuindo todo atributo ou qualidade no nível mais perfeito, ao mesmo tempo que não é preso por nenhuma limitação de tempo ou espaço aplicável a suas criaturas. Deus é um espírito eterno (Jo 4.24; cp. Êx 3.14; Dt 33.27; Sl 90.2-4; 1Tm 1.17). Como espírito, não está limitado a nenhum lugar ou tempo em particular, nem pode ser controlado por nenhuma de suas criaturas. Ele é o Deus invisível, transcendente, vivo, de quem todos derivam a existência. Por isso, afirmar que Deus é infinito é dizer que ele está sempre presente em toda parte (onipresença — Sl 139.7-10; At 17.28), ainda que invisível e imperceptível. Em todo momento ele está consciente de tudo que foi, é e será (onisciência). As Escrituras em nenhum lugar afirmam, tal como faz o teísmo aberto, que Deus não conhece as futuras ações livres dos seres humanos, de modo que o futuro seja incerto para ele. Antes, o conhecimento de Deus é apresentado como abrangente, preciso, incluindo as coisas passadas, presentes e futuras, as coisas possíveis e as reais (Sl 139.1-4,16; Is 40.13,14; 41.22,23; 42.8,9; 46.9-11; At 2.22-24; 4.27,28; Rm 11.33-36).

Quando as Escrituras afirmam que Deus é soberano, a ênfase está no fato de que o poder e o domínio de Deus são tão abrangentes que nada acontece fora dos seus planos, até mesmo as ações livres dos seres humanos (Ef 1.11; Pv 21.1; At 2.22-24). Em todas as coisas, sem violar a natureza do livre-arbítrio humano, Deus age em, com e por intermédio de suas criaturas para realizar seus intentos, da maneira que deseja (Is 10.5-11; Dn 4.34,35). Deus é verdadeiramente o Senhor soberano e pessoal. Por pessoal, as Escrituras identificam Deus como aquele que interage com os seres humanos como uma pessoa. Deus nunca é apresentado como um conceito meramente abstrato ou uma força ou poder impessoal. Antes, ele é o Deus todo-glorioso que sabe, deseja, planeja, fala, ama, sente ira, pergunta, dá ordens, ouve orações e interage com suas criaturas.

Terceiro, Deus é trino. Um aspecto distinto do teísmo bíblico é a convicção de que o Senhor da aliança é verdadeiramente tanto três como um. Ainda que a palavra "trindade" não seja encontrada nas Escrituras, os teólogos a empregam para fazer justiça ao ensino bíblico de que Deus não é apenas um em natureza, mas também três em pessoa. Na medida em que se segue a autorrevelação de Deus na história da redenção, descobre-se não apenas a unicidade de Deus (Dt 6.4,5; Is 44.6), mas também a afirmação de que o Pai é Deus (Jo 20.17), o Filho é Deus (Jo 1.1,14; Rm 9.5; Cl 2.9) e o Espírito Santo é Deus (Gn 1.2; At 5.3,4; 1Co 3.16). Isso é visto com maior clareza no NT, no relacionamento entre o Pai, o Filho e o Espírito, e nas referências triádicas constantes com as quais o NT apresenta consistentemente a salvação como a obra conjunta das três pessoas da Divindade (1Co 12.3-6; 2Co 13.14. Ef 1.3-14; 2Ts 2.13,14; Mt 28.19). Logo, no interior da complexa unidade do ser de Deus, três centros de consciência eterna coexistem, interpenetram-se, relacionam-se mutuamente e cooperam em todas as ações divinas. Cada pessoa é coigual e coeterna em poder e glória, ainda que o papel e a função de cada uma sejam distintos — o Pai envia o Filho, o Filho obedece ao Pai, e o Espírito Santo glorifica ambos (Jo 5.16-30; 16.12-16; At 2.14-36). Não há dúvida de que a Trindade é um mistério, algo incompreensível. Mas a importância da doutrina não pode ser exagerada. O que está em discussão na doutrina é a apresentação bíblica de Deus como transcendente e autossuficiente, ao mesmo tempo que é pessoal e ativo na redenção e na História humanas como o plenamente divino Pai, Filho e Espírito Santo.

O caráter de Deus O caráter de Deus é plenamente revelado e apresentado nas Escrituras, quando apresentam seus relacionamentos com os seres humanos. De fato, o caráter de Deus é visto em ação unicamente em Jesus Cristo, o Senhor da Glória, a Palavra que se tornou carne (Jo 1.1,14). Há pelo menos duas afirmações que devem ser feitas a respeito do caráter de Deus.

A primeira afirmação: O caráter de Deus é de amor santo. É importante nunca separar a santidade de Deus do seu amor. Deus é santo (Lv 11.44; Is 6; Ap 4.8). No primeiro caso, a palavra "santo" veicula o significado de separação e transcendência. Deus é sumamente santo porque "é exaltado acima de todas as nações [...] porque [ele] é santo" (Sl 99.2,3). Entretanto, é o significado secundário da palavra que fala a respeito da pureza moral de Deus no sentido da separação de Deus do pecado. Nesse sentido, como santo, Deus é puro, reto e justo. É por isso que as Escrituras repetidamente enfatizam a incompatibilidade entre o pecado humano e a santidade divina. Seus olhos são puros demais para ver o mal, e ele não pode tolerar o erro (Êx 34.7; Rm 1.32; 2.8-16). Portanto, o pecado separa a humanidade de Deus, o que o leva a esconder seu rosto (Is 59.1,2). Intimamente associada à santidade de Deus é sua ira, i.e., sua reação santa ao pecado (Rm 1.18-32; Jo 3.36). A ira de Deus, diferentemente de sua santidade, não é uma das suas perfeições intrínsecas. Antes, é uma função de sua santidade contra o pecado. Quando não há pecado, não há ira, mas sempre haverá santidade. Mas a ira de Deus se manifesta quando Deus, em sua santidade, confronta os portadores da sua imagem na rebelião que eles fazem; se não fosse assim, Deus não seria o Deus zeloso que alega ser, e sua santidade seria contestada. Em última instância, o preço de diluir a ira de Deus é diminuir sua santidade e seu caráter moral.

Não obstante, Deus é também amor. Com frequência a santidade e o amor de Deus são contrapostos, mas isso não está nas Escrituras. Isso é mais bem entendido no contexto da afirmação "Deus é amor" (1Jo 4.8). João, nesse contexto, não vê o amor de Deus como mero sentimentalismo ou como um olhar cego para o pecado humano; antes, vê o amor divino como aquele que ama quem não é amável e não merece ser amado. De fato, a apresentação suprema do amor de Deus é encontrada no Pai que dá seu próprio Filho amado como sacrifício propiciatório que desvia a ira santa de Deus e satisfaz as demandas da justiça a favor dos que creem (1Jo 4.8-10). Portanto, na cruz de Cristo pode se ver a maior demonstração da santidade e do amor de Deus, expressos em plenitude, em que a justiça e a graça vêm juntas, e Deus permanece ao mesmo tempo como justo e justificador daqueles que têm fé em Cristo Jesus (Rm 3.21-26).

A segunda afirmação: O caráter de Deus é de perfeição moral. Em todos os seus relacionamentos com a criação e com seu povo, Deus apresenta a maravilha, a beleza e a perfeição do seu próprio caráter. Em sua relação com seu povo, ele se apresenta como o Deus da graça e da verdade, tardio em irar-se e abundante em amor e fidelidade, sabedoria e bondade (Êx 34.6,7; Jo 1.14-16; Dt 7.7,8; Sl 34.8; 100.5; 103.8; Ml 1.2,3; 2Co 1.3; Ef 1.3-14; Hb 4.16). Mesmo em seu relacionamento com o mundo rebelde, Deus apresenta sua generosidade, bondade e paciência, assim como sua justiça e julgamento santo (Sl 65.9-13; 104.10-30; 136.25; Mt 5.44,45; At 14.16,17; Rm 2.4). Em todos os seus caminhos, ele é majestosamente perfeito, imutável (Êx 3.14; Ml 3.6; Tg 1.17) e bom. O propósito último da existência humana, especialmente do povo redimido de Deus, que é a Igreja, é viver diante desse Deus grande e glorioso em adoração, amor e louvor e encontrar nele apenas a realização (Sl 73.23-28; Rm 11.33-36). V. *Cristo, cristologia*; *Espírito Santo*; *Trindade*. — Steve Wellum

DEUS DOS PAIS Expressão técnica usada como designação geral do Deus dos patriarcas. Algumas referências a uma fórmula encontrada nas narrativas bíblicas falam do "Deus de meu [de vocês, de seu, do teu] pai" (Gn 31.5,29; 43.23; 49.25; 50.17), sem mencionar o nome de um pai em particular. Outras referências incluem o nome de um patriarca, como "o Deus de Abraão" (Gn 31.53; 26.24; 28.13; 32.9), "o Deus de Isaque" (Gn 28.13; 32.9; 46.1) ou "o Deus de Naor" (Gn 31.53). Considerando o ambiente politeísta daquela época, a fórmula originariamente podia se referir a deuses de uma tribo ou de um clã (Js 24.2,14,15). Parece que cada um dos patriarcas atribuía um nome especial a Deus: "o Temor de Isaque" (Gn 31.42), o "Poderoso de Jacó" (Gn 49.24).

A narrativa da "sarça em chamas" (Êx 3) identificou o "Deus dos pais" como Javé. Confrontado com a possibilidade de dizer ao povo que "o Deus dos seus [i.e, antepassados do povo] antepassados me enviou a vocês", Moisés ficou preocupado, porque o povo perguntaria: "Qual é o nome dele?" (3.13). Deus lhe ordenou que respondesse: "O Senhor [Javé], o Deus dos seus antepassados, o Deus de Abraão, o Deus de Isaque, o Deus de Jacó, enviou-me a vocês" (3.15). O texto de Êx 6.2,3 revela que o "Deus dos pais" não foi conhecido pelo nome de Javé, mas de *El Shaddai* (Deus Todo-poderoso).

O testemunho bíblico usa a fórmula de modo coerente para enfatizar continuidade entre o Deus que se revelou a Moisés e o Deus que guiou os patriarcas, mesmo com nomes diferentes. De igual maneira, no AT, "Deus dos seus pais" ou "Deus dos nossos pais" tem a função de ligar a geração de um autor ao Deus de gerações passadas, especialmente com referência às promessas feitas aos patriarcas (Dt 1.11,21; 4.1; 6.3; 12.1; 26.7; 27.3). Em contraste, o abandono dessa conexão também é enfatizado (1Cr 12.17; 2Cr 20.33; 24.24; 29.5; 30.7; 36.15; Ed 7.27). No NT a fórmula é transformada para marcar a continuidade entre o Israel histórico e o cristianismo. O Deus revelado em Jesus Cristo é o mesmo Deus revelado aos patriarcas (Mt 22.32; Mc 12.26; At 3.13; 5.30; 7.32; 22.14). V. *nomes de Deus*; *patriarcas*. — Jimmy Albright

DEUTERONÔMIO, LIVRO DE Nome em português do quinto livro do AT, extraído da tradução grega que significa "segunda lei". O livro de Dt é o último dos da Lei e não deve ser lido isoladamente dos outros quatro (Gn, Êx, Lv, Nm). O Pentateuco (cinco livros) é o conhecido título associado com esses cinco livros da Lei, a primeira e mais importante divisão da Bíblia Hebraica. Segundo uma tradição já de muitos séculos, e por boas razões, esses livros têm sido associados a Moisés, o agente humano do livramento que Deus operou para tirar Israel da escravidão do Egito e negociador da aliança entre Deus e Israel. É citado ou mencionado no NT mais do que qualquer outro livro do AT, exceto Sl e Is.

A origem provável do título "Deuteronômio" é a tradução na *LXX* (tradução grega do AT) de Dt 17.18,19. Esses dois versículos contêm instruções ao rei acerca de fazer "uma cópia desta lei" para ser lida com regularidade e obedecida fielmente. Os tradutores da *LXX* traduziram a expressão acima por "esta segunda lei" em vez de "uma cópia desta lei". A tradução da *LXX* dá a entender um corpo de legislação diferente do contido nos livros anteriores da Lei. Essa não parece a ideia da instrução em Dt 17.18,19. Essa tradução aparentemente equivocada do grego provavelmente é a fonte do título "Deuteronômio".

O título usado na Bíblia Hebraica, "estas [são] as palavras" (duas palavras em hebraico), segue um antigo costume de usar palavras da primeira linha do texto para designar um livro. Às vezes o título na Bíblia Hebraica era abreviado para "palavras". Esse título define mais precisamente o conteúdo do livro que o título conhecido em português, Dt. Em geral, o livro consiste em palavras com as quais Moisés se dirigiu a Israel antes da entrada na terra prometida. O estilo é de sermão, o de um pregador se dirigindo à congregação com palavras designadas a estimular os ouvintes à obediência e ao compromisso.

Pano de fundo O livro de Dt não é principalmente de leis nem de história. Ele afirma constituir as instruções de Moisés a Israel na véspera da entrada em Canaã. A peregrinação no deserto estava chegando ao fim. Seus esforços anteriores de conquistar a terra prometida a leste do Jordão não obtiveram êxito.

O êxodo de Israel do Egito e a aliança no Sinai foram estágios do nascimento de Israel como nação. Até então eles eram uma nação sem pátria. A aliança de Deus com Israel no Sinai foi em parte a renovação de alianças anteriores feitas com os patriarcas. Incluídas nessas alianças estavam as seguintes promessas: 1) Israel seria a nação especial de Deus; 2) Deus Javé seria seu Deus; 3) eles seriam obedientes a Deus, e 4) Deus lhes daria uma pátria e inúmeros descendentes.

Agora Israel estava na fronteira de Canaã pronto para entrar e tomar posse da terra prometida. Moisés, sabendo que o futuro de Israel dependia da obediência e do compromisso com Deus, conduziu o povo na cerimônia de renovação de aliança. A iminente morte de Moisés e decorrente transferência de liderança humana para Josué, além das batalhas de Israel que se aproximavam pela conquista da terra, formaram a base da renovação da aliança.

Conteúdo O livro de Dt contém não apenas um, mas três (ou mais) discursos de Moisés a Israel. A maioria dos intérpretes concorda em que a estrutura do livro segue o padrão dos tratados de vassalagem do antigo Oriente Médio.

O texto de Dt 1.1-5 é a introdução e apresenta a época e o lugar dos discursos. A época é o "quadragésimo ano" (Dt 1.3) da peregrinação no deserto, o "primeiro dia do décimo primeiro mês". O lugar é "a leste do Jordão" (Dt 1.1) e, mais precisamente, "na terra de Moabe" (Dt 1.5).

Já Dt 1.6—4.40 é o primeiro sermão de Moisés no qual ele conta a jornada de Israel do Horebe até Moabe e insta à fidelidade a Javé. Moisés usa o passado histórico imediato de Israel para ensinar à presente geração de israelitas a importância da confiança em Deus. A obediência a Deus é imperativa se eles esperam tomar posse da terra de Canaã. Moisés estabelece cidades de refúgio no lado oriental do Jordão (Dt 4.41-43).

A mão de um judeu com as longas correias de seu filactério entrelaçadas com seus dedos enquanto ora.

DEUTERONÔMIO, LIVRO DE

Em Dt 4.44—28.68 há o segundo sermão de Moisés a Israel. O discurso é introduzido em Dt 4.44-49. Então Moisés passa a ensinar a Israel as lições da Lei. Não são leis a serem usadas em um tribunal para decidir causas judiciais, mas instruções para a vida na terra de Canaã. Os cap. 5—11 contêm leis gerais, incluindo os Dez Mandamentos (5.6-21) e o mandamento "Ame o Senhor, o seu Deus, de todo o seu coração, de toda a sua alma e de todas as suas forças" (6.5). As leis específicas são dadas nos cap. 12—26, seguidas de uma série de promessas de bênçãos ou maldições dependendo da lealdade de Israel à aliança divina e da obediência à Lei.

O terceiro discurso de Moisés está em Dt 29.1—30.20. O foco está na renovação da aliança. O arrependimento e o compromisso garantirão vida e bênçãos divinas. A rebelião resultará na morte dos israelitas como nação. A escolha é deles.

O texto de Dt 31.1-29 é o discurso de despedida de Moisés. O cântico de Moisés está em Dt 31.30—32.52. A bênção de Moisés está registrada no cap. 33, e sua morte é narrada no cap. 34.

Data e autoria O testemunho do texto é: "Estas são as palavras ditas por Moisés a todo o Israel no deserto, a leste do Jordão" (Dt 1.1); "A leste do Jordão, na terra de Moabe, Moisés tomou sobre si a responsabilidade de expor esta lei" (1.5), e "Moisés escreveu esta lei e a deu aos sacerdotes" (31.9). Jesus também identifica Dt 24.1-4 procedente de Moisés (Mt 19.8), Paulo identifica a lei do boi em Dt 24.5 como vinda da "Lei de Moisés" (1Co 9.9), e o autor de Hb considera a exigência legal de duas ou três testemunhas em Dt 17.2-6 oriunda da "Lei de Moisés" (Hb 10.28). Não obstante, os estudiosos discutem intensamente a extensão da conexão de Moisés com o livro de Dt. Teria ele escrito todo o livro, ou parte dele, ou não teria escrito nada? Poucos defendem que o livro veio exatamente como está das mãos de Moisés. O relato da sua morte no cap. 34 sugere que algumas mudanças foram feitas depois da sua época. As evidências usadas para contestar a autoria mosaica de grande parte do livro, no entanto, é inconclusiva. As referências a Moisés na terceira pessoa, p. ex., argumentam contra a autoria mosaica de grande parte do Pentateuco, ao qual a Bíblia repetidamente alude como "livro de Moisés" (e.g., 2Cr 25.4, que cita Dt 24.16). Tais referências são aparentemente uma questão de estilo. As referências a Moabe "a leste do Jordão" (Dt 1.1) não indicam necessariamente a localização do autor a oeste do Jordão visto que as tribos na "Transjordânia" usaram a mesma expressão em Gileade quando descreveram a própria herança em Nm. 32.19.

Judeu em oração diante do muro das Lamentações usando o filactério que contém textos de Deuteronômio.

As semelhanças estruturais entre Dt e os textos de tratados do Oriente Médio do segundo milênio a.C. têm fornecido sólidas evidências para a unidade e antiguidade do livro. A comparação com tratados hititas sugere uma data não posterior a 1300 a.C. Os estudiosos que tentam defender uma data de composição no séc. VIII ou VII (ou posterior) para Dt apontam para semelhanças com tratados neoassírios do séc. VII a.C. Nessa forma de tratado posterior, no entanto, faltam elementos importantes encontrados em Dt e em textos hititas, como o prólogo histórico (Dt 1.6— 4.43) e a lista de bênçãos (Dt 28.1-14). A conclusão é que a autoria mosaica de Dt essencialmente como temos o livro é o ponto de vista mais razoável para quem aceita o testemunho das Escrituras.

O "livro da lei" encontrado na reforma do templo no 18º ano do reinado de Josias (621 a.C.) tem sido identificado com Dt desde os primeiros pais da igreja logo depois do ano 300 d.C. Essa identidade não pode ser provada, mas a natureza das reformas de Josias e o conteúdo de Dt mostram interessante semelhança. O chamado para a centralização da adoração (Dt 12), p. ex., corresponde à destruição de todos os altares exceto um no templo de Jerusalém (2Rs 23.4-20).

Propósito O tema da terra como dádiva prometida por Deus é o grande tema do livro. As referências à terra como presente ocorrem ao menos 66 vezes. Israel ouve 69 vezes que "tomará posse" e "herdará" a terra. As mensagens de Moisés em Dt são necessárias para preparar Israel para tomar posse da terra em vista da morte da primeira geração e da morte iminente de Moisés. É tempo de olhar para trás e lembrar Israel de quem é e o que Deus espera que façam. Eles precisam levar em consideração que a terra é um presente imerecido e que eles não podem obtê-la por si mesmos. A terra prometida por Deus não foi meramente um local, mas representava a provisão sobejante do Senhor, sua proteção e, mais importante, sua presença. Moisés também advertiu Israel de ameaças ao presente: medo dos cananeus, influência corruptora dos cananeus e tendência pecaminosa do povo de esquecer o Senhor. Acima de tudo, Moisés tentou inculcar em Israel a importância da completa e amorosa lealdade ao Senhor, expressa em obediência reverente e em adoração alegre e grata.

Ensino As verdades em Dt têm relevância perene. Jesus conhecia bem o livro de Dt. Quando Satanás o tentou no início do seu ministério, ele respondeu a cada uma das três tentações com citações de Dt. Esse livro é citado ou se faz alusão a ele quase 200 vezes no NT.

O texto de Dt chama à completa e integral devoção a Deus. Delineia as consequências da obediência e reconhece a inclinação do povo de esquecer sua identidade e dos feitos de Deus por eles. Por essa razão, Moisés insta o povo a estar continuamente alerta para não se esquecer de Deus e não permitir que seus filhos o desconheçam e ignorem as expectativas dele. — *Billy K. Smith e E. Ray Clendenen*

Um rabino abre um estojo da Torá (Gn—Dt) para a cerimônia no muro Ocidental, ou das Lamentações, em Jerusalém. O povo judeu considera o muro sagrado, mas foram proibidos de adorar diante dele no domínio turco, britânico e jordaniano.

Esboço
I. O Primeiro Discurso de Moisés (1.1—4.43)
   A. Preâmbulo da narrativa (1.1-5)
   B. O discurso: O prólogo histórico (1.6—4.40)
      1. A revista da história recente de Israel (1.6—3.29)
      2. Chamado à resposta à *Torá* do Senhor (4.1-40)
         a. A graça da *Torá* (4.1-8)
         b. A graça da aliança (4.9-31)
         c. A graça da salvação (4.32-40)
   C. Pós-escrito da narrativa (4.41-43)

II. O Segundo Discurso de Moisés (4.44—29.1)
  A. Preâmbulo da narrativa (4.44-49)
  B. As estipulações da aliança (5.1—26.19)
    1. As estipulações gerais da aliança (5.1—11.32)
      a. As origens da aliança de Deus com Israel (5.1-33)
      b. O desafio ao relacionamento de aliança com o Senhor (6.1—8.20)
      c. A graça do relacionamento de aliança com o Senhor (9.1—11.25)
      d. O chamado à decisão (11.26-32)
    2. As estipulações específicas da aliança (12.1—26.15)
      a. A vida religiosa do povo santo (12.1—16.17)
      b. O governo do povo santo (16.18—21.9)
        1) As estruturas de governo (16.18—18.22)
        2) A conduta do governo (19.1—21.9)
      c. Questões familiares (21.10—22.30)
      d. A santidade da assembleia sagrada (23.1-8)
      e. Regulamentações variadas da vida israelita (23.9—25.15)
      f. Duas ofertas especiais (26.1-15)
    3. O juramento final da aliança (26.16-19)
  C. Interlúdio: A provisão para a renovação futura da aliança (27.1-26)
  D. As bênçãos e maldições da aliança (28.1—29.1)
    1. Preâmbulo sumarizador (28.1)
    2. As bênçãos da aliança (28.2-14)
    3. As maldições da aliança (28.15-68)
    4. Pós-escrito da narrativa (29.1)
III. O Terceiro Discurso de Moisés: Um paradigma para a renovação da aliança (29.2—30.20)
  A. Recapitulação dos princípios básicos da aliança (29.1—30.10)
    1. Prólogo histórico sumarizador do relacionamento de aliança (29.2-9)
    2. O privilégio do relacionamento de aliança (29.10-13)
    3. As responsabilidades do relacionamento de aliança (29.14—30.10)
      a. O escopo da aliança (29.14-17)
      b. O caminho do juízo (29.18-29)
      c. A suficiência da *Torá* para Israel (29.29)
      d. O caminho da esperança (30.1-10)
  B. O apelo final (30.11-20)
    1. A acessibilidade da aliança (30.11-14)
    2. A promessa da aliança (30.15-20)
IV. Os Preparativos de Moisés para o Futuro (31.1—32.47)
  A. A designação de um sucessor (31.1-8)
  B. A provisão de uma *Torá* escrita (31.9-13)
  C. A provisão de um hino (31.14—32.47)
    1. O contexto (31.14-29)
    2. O cântico (31.30—32.47)
V. A morte de Moisés (32.48—34.12)
  A. Uma exortação do Senhor a Moisés (32.4-52)
  B. A bênção de Moisés sobre as tribos (33.1-29)
  C. A partida de Moisés (34.1-12)

— Daniel I. Block

DEVASSIDÃO Desejos enganosos conduzindo a um estilo de vida sem disciplina resultando nas ressacas atordoantes da bebedeira. A palavra grega *apate* significa "engano" causado por riquezas (Mt 13.22) e pecado (Hb 3.13). Isso está nos desejos enganosos do coração humano não regenerado (Ef 4.22). As pessoas que seguem tal caminho de vida "receberão retribuição pela injustiça que causaram" (2Pe 2.13). *Asotia* significa estar desesperadamente doente e se refere a um estilo de vida pelo qual a pessoa se destrói a si mesma. É a vida dissoluta, irresponsável, do filho pródigo (Lc 15.13). É a vida de "dissolução" resultante de beber vinho (Ef 5.18, ARA; cp. Tt 1.6; 1Pe 4.3,4). A Bíblia fala contra uma vida desordenada, enquanto os gregos usavam o termo para dar o significado de uma vida esbanjadora e luxuriosa. A Bíblia ensina os fiéis a evitar ambos os estilos de vida.

DEZ V. *números, sistema de, e simbolismo numérico.*

DEZ MANDAMENTOS Ainda que muitos se refiram ao "Decálogo" como os "Dez

Mandamentos", essa expressão é infeliz por diversas razões. Primeiro, obscurece o fato de que não é essa a maneira como o AT se refere ao texto. A expressão usada pelo AT para se referir ao texto é *'aseret hadevarim*, as "dez palavras" (Êx 34.28; *NVI*, "palavras da aliança"; Dt 4.13). Esse sentido é capturado com precisão pela palavra grega *dekalogos* (lit., "dez palavras"). Segundo, no contexto original da outorga do Decálogo (Êx 20.1) e na recordação feita por Moisés do acontecimento em Dt 4.12 e 5.22, o Decálogo é apresentado como um conjunto de palavras faladas, não um código de leis escritas. Terceiro, a expressão "Dez Mandamentos" obscurece o fato que o Decálogo é um documento da aliança cuja forma segue a tradição de antigos tratados do Oriente Médio. Quarto, como um código de leis o Decálogo é quase algo que não pode ser forçado. Por todas essas razões, ainda que as dez declarações estejam apresentadas em forma de mandamentos, deve-se seguir a orientação dos textos bíblicos e se referir a eles como "Dez Palavras/Declarações", os dez princípios fundamentais do relacionamento da aliança.

As exigências reveladas no "Livro da Aliança", o "Código de Santidade" e outras porções do Pentateuco representam clarificações e aplicações desses princípios. Pode-se presumir que as estipulações da aliança tenham sido reduzidas a dez princípios para poderem ser memorizados com facilidade.

Tirante a citação de Moisés do Decálogo em Dt 5, o AT dá pouca — se e que dá alguma — evidência de que o Decálogo tenha autoridade maior que qualquer outra lei revelada no Sinai. Isso não quer dizer que as tábuas não fossem tratadas como especiais. Pelo contrário, Moisés observa que o Decálogo contém a única revelação comunicada de forma direta por Deus ao povo (Dt 4.12,13; 5.22) e escrita em tábuas de pedra pela própria mão de Deus (Êx 24.12; 31.18; 34.1; Dt 4.13; 5.22; 10.1-4). Toda a revelação subsequente no Sinai foi comunicada de modo indireto por meio de Moisés, o mediador da aliança. O *status* especial das tábuas reflete-se no fato de as tábuas (e elas apenas) terem sido depositadas na arca da aliança (Dt 10.5; 1Rs 8.9).

Duas formas dominam a lei da aliança israelita. As *leis casuísticas* são formuladas na

Mosteiro de santa Catarina, visto do topo do monte Sinai, no qual Moisés recebeu os Dez Mandamentos.

terceira pessoa, e de maneira geral lidam com situações específicas, citando, não raro, as consequências que poderão advir se a lei for cumprida ou não, de modo semelhante a: "Se alguém fizer X, então Y será a consequência". As *leis apodíticas*, por contraste, são formuladas na segunda pessoa, e de modo geral lidam com princípios amplos, raramente apresentando condições ou citando consequências, e são apresentadas em termos do tipo: "Faça X" ou "não faça X". O Decálogo pertence a essa segunda categoria.

O Decálogo pode ser interpretado de forma legítima como uma Declaração de Direitos. Ainda que seja diferente das declarações modernas de direitos, esse documento não busca proteger os direitos das pessoas. Pelo contrário, o indivíduo é visto como um violador potencial dos direitos das outras pessoas. Entendido dessa maneira, o significado das dez declarações pode ser assim resumido:

1) O direito divino de receber fidelidade exclusiva (Êx 20.3; Dt 5.7).
2) O direito divino de se autodefinir (Êx 20.4-6; Dt 5.8-10).
3) O direito divino de ser representado de modo adequado por seu povo (Êx 20.7; Dt 5.11).
4) O direito divino de dar um período de descanso a seu povo (Êx 20.8-11); o direito dos empregados de uma casa de serem tratados com humanidade por seu senhor (Dt 5.12-15).
5) O direito dos genitores de serem respeitados (Êx 20.12; Dt 5.16).
6) O direito do próximo à vida (Êx 20.13; Dt 5.17).
7) O direito do próximo de ter seu casamento protegido (Êx 20.14; Dt 5.18).
8) O direito do próximo à propriedade (Êx 20.15; Dt 5.19).
9) O direito do próximo ao julgamento justo em um tribunal (Êx 20: 16; Dt 5.20).
10) O direito do próximo à existência segura na comunidade (Êx 20.17; Dt 5.21).

As primeiras quatro declarações protegem os direitos do Senhor da aliança; as outras seis protegem os direitos da comunidade da aliança. O Decálogo convoca os redimidos a responder pela graça experimentada na salvação com um compromisso pactual, em primeiro lugar para com Deus, e depois para com o próximo. Essa é a essência do "amor" (*ahav*) depreeendido de ambos os Testamentos. V. *Lei, Dez Mandamentos, Torá*. — Daniel I. Block

DIA DA EXPIAÇÃO Décimo dia do sétimo mês do calendário judaico (setembro-outubro) no qual o sumo sacerdote entrava no santuário interior do templo para fazer os sacrifícios de reconciliação pelos pecados de todo o povo (Lv 16.16-28). O sumo sacerdote foi proibido de entrar nesse Lugar Santíssimo em qualquer outro período sob pena de morte (Lv 16.2). Tampouco qualquer outro sacerdote tinha permissão para executar as tarefas dentro do templo no ritual do Dia da Expiação (Lv 16.17). O ritual do dia exigia que o sumo sacerdote se banhasse e se vestisse com roupas de linho puro como símbolo de pureza (Lv 16.4). A cerimônia começava com o sacrifício de um novilho como oferta pelo pecado do sacerdote e de sua família (Lv 16.3,6). Depois de queimar incenso diante da tampa da arca no santuário interior, o sumo sacerdote aspergia sangue do novilho na tampa e diante dela (16.14). Ele lançava sortes sobre dois bodes. Um era oferecido como oferta pelo pecado. O outro era apresentado vivo como o bode expiatório (16.5,7-10,20-22). O sangue do bode usado para a oferta pelo pecado era aspergido com o do novilho para fazer expiação pelo santuário (16.15). O sangue misturado do bode e do novilho era aplicado às pontas do altar para fazer expiação por ele (16.18). O sumo sacerdote confessava os pecados de todo o povo sobre a cabeça do bode vivo que era levado embora e solto no deserto (16.21,22). Depois da cerimônia, o sacerdote se banhava novamente e colocava roupas comuns (16.23,24). Então ele oferecia um holocausto pelo sacerdote e pelo povo (16.24). Os corpos do novilho e do bode usados no ritual do dia eram queimados fora do acampamento (16.27,28). O Dia da Expiação era um dia solene, exigindo o único jejum prescrito pela Lei mosaica. Todo trabalho era também proibido (16.29; 23.27,28).

O autor de Hb desenvolve as figuras do Dia da Expiação para ressaltar a superioridade do sacerdócio de Cristo (8.6; 9.7,11-26). O texto de Hb 13.11,12 usa a imagem do novilho e do bode queimados fora do acampamento como ilustração do sofrimento de Cristo fora dos muros da cidade de Jerusalém. De acordo com uma interpretação, Paulo aludiu ao ritual do dia ao falar de Cristo como oferta pelo pecado (2Co 5.21). V. *reparação*. — Chris Church

DIA DE CRISTO V. *Dia do Senhor; Dia do Juízo*.

DIA DO JUÍZO Tempo futuro em que Deus interferirá na História com os propósitos de julgar os ímpios e vindicar os justos. Nos textos do AT as nações são retratadas sendo julgadas nesse tempo. Já no NT o julgamento parece ser mais individual. Em ambos os testamentos "dia", "aquele dia" ou "grande dia" são usadas em conjunção com ou no lugar do dia do juízo. No AT Javé é apresentado como o Juiz, sendo que no NT o juiz é Cristo.

Ensino do Antigo Testamento "O Dia do Senhor" (Dia de Javé) é a expressão mais indicativa do juízo no AT. A frase "Dia do Senhor" é usada 16 vezes nos profetas. Entretanto, outras frases conotam o Dia do Senhor. É chamado de: "grande" (Sf 1.14. Jl 2.11, 31. Ml 4.5); "dia de angústia" (Sf 1.15); "dia de destruição" (Is 13.6). Jl 1.15); "dia de sofrimento e ruína" (Sf 1.15); "dia de trevas, não de luz" (Am 5.18); "dia de fogo" (Jl 2.30); "terremoto" (Is 2.12); "dia da ira de Javé" (Sf 1.15,18; Ez 7.19; Is 13.9); "dia de batalha" (Zc 14.3); "dia da vingança" (Jr 46.10; Is 63.4).

No dia do juízo Deus julgará nações e povos. Julgará Judá e Israel (Am 2.15,16; 3.1-15; Os 13.9-11; 1Cr 27.24; 2Cr 24.18). Outras nações também serão julgadas, como Babilônia (Is 13; Jr 51.9,52); Egito (Is 7.18; 11.11,16; Ez 30.9-19; Mq 7.12); Amom (Ez 21.28-30); Edom (Is 34.5; Ez 35.11) e Moabe (Jr 48.21-47). O texto de Jl 3 se refere ao juízo de Javé contra todas as nações. O dia do juízo será também um dia pessoal de recompensa. Jeremias, Ezequiel e Isaías estão entre os primeiros a desenvolver a ideia de responsabilidade pessoal no dia do juízo (Jr 17.5-11; 31.29,30; Ez 18.1-32; 33.17-20; Is 1.28; 3.10,11; 10.1-4).

Sua ira naquele dia será como um fogo consumidor (Is 10.16; Ez 15.6; 22.31; 36.5-7) e ainda um fogo refinador (Ml 3.2,3). O dia do juízo será levado adiante por Javé (Sl 58.11; 96.10), pelo Filho do homem (Ez 20.4; 22.2) ou pelo novo messias davídico (Is 11.1-4). O dia do juízo é temporal em natureza como visto pelo uso de frases, p. ex.: "naquele dia", "no dia vindouro", "eis que dias virão" e "o fim dos dias". O dia do juízo tem implicações futuras e passadas. Profetas como Amós e Isaías apontam para um tempo futuro de juízo sobre todos que desprezam a lei de Deus. Mesmo escritores como Jeremias e Ezequiel apontam um tempo passado quando Javé executou um dia de juízo. A queda de Jerusalém foi entendida como um dia de juízo sobre todos que foram levados cativos (Lm 1.12; 2.1,20-22; Ez 20.36; 23.11; 36.19).

Ensino do Novo Testamento O ensino do NT é construído a partir de textos do AT e do período intertestamentário. Geralmente o NT entende o dia do juízo intimamente associado à *parúsia*, a ressurreição dos mortos e a vinda do Reino de Deus. O dia do juízo é geralmente citado como o "dia de Cristo" (Fp 1.10; 2.16) ou "Dia do Senhor" (1Co 5.5; 1Ts 5.2; 2Ts 2.2; 2Pe 3.10). Os evangelhos apontam para Cristo como o agente que julgará a humanidade (Mt 16.27; 19.28; 25.31; Lc 9.26; 17.24; 22.69). Entretanto, nos ditos de julgamento nos evangelhos, geralmente Jesus se dirigiu aos judeus como alvos do juízo vindouro. Naquele tempo Cristo advertiu indivíduos (Mt 5.22) e cidades (Mt 10.15; Lc 10.14) quanto ao julgamento vindouro. Quando o cristianismo rompeu com o judaísmo, os cristãos foram advertidos quanto ao julgamento vindouro (2Tm 4.8; Hb 4.1-13; Tg 5.7-11; 1Pe 1.13-17). Certos textos apocalípticos advertem que todas as pessoas serão julgadas no último dia (Rm 2.1-16; Hb 4.13; Jd 14,15; Ap 20.10-15). O dia do juízo será um tempo para que até mesmo seres angélicos sejam também julgados (1Co 6.3; Jd 6).

O dia do juízo será um tempo no qual toda humanidade será julgada por toda a eternidade. Então os vivos e os mortos de toda a humanidade se levantarão e prestarão contas a Deus (At 10.42; 2Tm 4.1; 1Pe 4.5). Conquanto a base para a salvação seja somente Cristo (Jo 3.36), quem é comprometido com Cristo terá atos de serviço (Mt 25.31-46; Tg 2.14-26; 1Jo 2.3-6). Os atos de serviço serão demonstrados pelo que são de fato no dia do juízo (1Co 3.11-15).

DIA DO SENHOR

V. *Dia do Senhor*; *escatologia*; *esperança futura*; *céu*; *inferno*; *segunda vinda*. — Joe Cathey

DIA DO SENHOR 1. Tempo em que Deus revelará sua soberania sobre os poderes do homem e a existência humana. O Dia do Senhor se baseia na palavra hebraica para "dia", *yom*, o quinto substantivo mais usado no AT, e com grande diversidade de significados: tempo da luz do dia desde a aurora até o crepúsculo (Gn 1.14; 3.8; 8.22; Am 5.8); o período de 24 horas (Gn 1.5); expressão geral de "tempo" sem limites específicos (Gn 2.4; Sl 102.3; Is 7.17); o período de um acontecimento específico (Jr 32.31; Ez 1.28). O "Dia do Senhor" não indica um período preciso. Pode significar horas da luz do dia, o dia de 24 horas ou um período geral, talvez caracterizado por um acontecimento especial. O texto de Zc 14.7 até mesmo aponta para o tempo em que todo o tempo é iluminado pela luz do dia, tendo desvanecido a noite com a escuridão.

O "Dia do Senhor" não designa a perspectiva de tempo que se tem do acontecimento, se é passado, presente ou futuro. O texto de Lm 2.1 pode falar da "ira do dia do Senhor" no tempo passado, descrevendo a queda de Jerusalém. Já Jl 1.15 poderia descrever um desastre presente como o "Dia do Senhor".

Os profetas do AT usaram um termo comum para seus ouvintes, que os fazia esperar por luz e salvação (Am 5.18), mas os profetas o retrataram como um dia de escuridão e juízo (Is 2.10-22; 13.6,9; Jl 1.15; 2.1-11,31; 3.14,15; Am 5.20; Sf 1.7,8,14-18; Ml 4.5). A linguagem do AT sobre o Dia do Senhor adverte os pecadores dentre o povo de Deus acerca do perigo de confiar na religião tradicional sem se comprometer com Deus e seu estilo de vida. É uma linguagem que poderia designar o julgamento de Israel ou poderia ser usada para prometer libertação dos ímpios inimigos (Is 13.6,9; Ez 30.3; Ob 15). O Dia do Senhor é então um ponto no tempo no qual Deus manifesta a iniciativa soberana para revelar seu controle sobre a História, o tempo, seu povo e todos os povos.

Os autores do NT retomaram a expressão veterotestamentária para apontar para a vitória final de Cristo e o juízo final dos pecadores. Ao fazê-lo, usaram várias expressões diferentes: "dia de Cristo Jesus" (Fp 1.6); "dia de nosso Senhor Jesus Cristo" (1Co 1.8); "dia do Senhor" (1Co 5.5; 1Ts 5.2); "dia de Cristo" (Fp 1.10; 2.16); "dia do juízo" (1Jo 4.17); "esse dia" (1Ts 5.4); "aquele dia" (2Tm 1.12); "dia da ira" (Rm 2.5).

Os adeptos da interpretação dispensacionalista das Escrituras com frequência tentam interpretar cada um dos termos de maneira diferente; assim, o "dia de Cristo" é um dia de bênção associado ao arrebatamento, e o dia de Deus é um termo inclusivo para todos os acontecimentos do fim (2Pe 3.12). Segundo essa perspectiva, o Dia do Senhor inclui a grande tribulação, o juízo sobre todas as nações e o período de bênção mundial sob o governo do Messias.

Muitos estudantes da Bíblia que não defendem a posição dispensacionalista interpretam as diversas expressões do NT como referências a um grande acontecimento: o fim dos tempos quando Cristo voltar para realizar o juízo final e estabelecer seu reino eterno. Independentemente de como se interpretam os pormenores, o Dia do Senhor aponta para a promessa de que a soberania eterna de Deus sobre toda a Criação e todas as nações um dia será absolutamente clara para todas as criaturas. V. *dispensação*.

2. Designação do domingo, o primeiro dia da semana, usado apenas uma vez no NT (Ap 1.10). No entanto, a palavra grega para "do Senhor" é precisamente a mesma usada na expressão "Ceia do Senhor" (1Co 11.20). De fato, o *Didaquê*, um antigo manual cristão para culto e instrução, liga os dois termos, indicando que a ceia do Senhor era observada no dia do Senhor (14.1). Aí pode estar a origem do termo. Pelo fato de o primeiro dia da semana ser o dia em que os primeiros cristãos celebravam a ceia do Senhor, esse dia tornou-se conhecido por dia do Senhor, o dia distintivamente cristão de culto.

O relato mais antigo de uma experiência de culto no primeiro dia da semana é encontrado em At 20.7-12. Paulo reuniu os cristãos de Trôade na tarde do primeiro dia da semana para o partir do pão (provavelmente referência à ceia do Senhor). O dia em si é incerto. A tarde do primeiro dia poderia se referir à noite de sábado (pela contagem judaica) ou à noite de domingo (pela contagem romana). Considerando que o acontecimento envolveu gentios em território gentio, a referência provável é à noite de domingo.

A importância do domingo para os cristãos do séc. I é indicada em 1Co 16.1,2. Ao dar instruções a respeito de uma oferta de auxílio especial que queria levar aos cristãos em Jerusalém, Paulo sugeriu que os cristãos deveriam reservar suas contribuições semanais no primeiro dia da semana. Paulo provavelmente mencionou esse dia por saber que seus leitores rotineiramente se reuniram no dia do culto e que ele seria o tempo lógico para eles separarem suas ofertas.

Dois outros documentos do séc. II também lançam luz sobre o significado do dia do Senhor para a igreja primitiva. O primeiro é a *Epístola aos Magnésios*, de Inácio (entre 100 e 117 d.C.), que enfatizou a importância do dia do Senhor ao contrastar o culto feito nesse dia com o que era anteriormente observado no sábado (9.1). O segundo é o texto que Justino Mártir (c. 150 d.C.) que fez a primeira descrição ainda existente sobre o culto cristão primitivo. Ele observou que o culto das manhãs de domingo iniciava-se com o batismo e incluía leituras das Escrituras, pregação expositiva e orações e, por fim, era concluído com a celebração da ceia do Senhor (*Apologia* 65-67).

Documentos cristãos dos séc. I e II indicam que o domingo rapidamente se tornou o dia padrão do culto cristão, mas não explicam como ou o motivo para mudança do sábado para o domingo. A razão mais óbvia logicamente foi porque a ressurreição de Jesus aconteceu no primeiro dia do Senhor. Desde que as primeiras experiências coletivas dos discípulos com o Senhor ressurreto tiveram lugar na tarde do domingo de páscoa (Lc 24.36-49; Jo 20.19-23), e naturalmente seria possível esperar que os discípulos se reunissem na mesma hora nos domingos subsequentes para relembrá-lo na celebração da Ceia. Esse padrão talvez seja refletido no culto em Trôade em At 20.

Mas a mudança na hora do culto, da noite para a manhã provavelmente aconteceu por necessidades práticas. Escrevendo ao imperador Trajano no início do séc. II, Plínio o Jovem, governador da Bitínia, reportou que, em obediência ao edito de Trajano contra assembleias sediciosas, ele ordenou que nenhum grupo, incluindo os cristãos, poderiam se reunir à noite. Plínio depois descreveu um culto matinal dos cristãos. Proibidos de se reunir à noite, eles descobriram para a celebração da Ceia a única outra hora disponível para eles no primeiro dia da semana: cedo de manhã, antes de ir para o trabalho. É provável que a prática então tenha se espalhado por todo o império no qual entraram em vigor leis semelhantes contra os cultos vespertinos.

Ainda que alguns judeus cristãos provavelmente observassem também o sábado, os primeiros cristãos viram o domingo como o dia de alegria e celebração, não o substituto do sábado. O uso do termo "sábado" como referência ao domingo só se tornou comum (no mundo de língua inglesa) com os puritanos ingleses (no séc. XVI). Evidências dos primeiros séculos claramente demonstram que os cristãos consideraram o domingo um dia de regozijo pela nova vida trazida por intermédio da ressurreição. Em outros dias os cristãos poderiam jejuar e se ajoelhar em oração, mas o caráter alegre do dia do Senhor fez dessas ações inadequadas para os domingos. Logo após o cristianismo tornar-se a religião do Império Romano, o domingo foi oficialmente declarado dia de descanso. V. *ceia do Senhor*; *sábado*; *culto*. — Fred A. Garrison e Naymond Keathley

DIABO, SATANÁS, MALIGNO, DEMONÍACO

O mal aparece já cedo em Gn com a figura da serpente (Gn 3.1-5). Embora Gn não identifique essa figura como "Satanás", Ap alude a ele como tal (Ap 12.9). As Escrituras retratam Satanás como um ser pessoal em oposição declarada a Deus e seus propósitos. Satanás não é páreo para Deus, nem ameaça o poder divino (Is 45.5-7).

Antigo Testamento A palavra *satan* é usada como verbo ou substantivo no AT e é traduzida por "adversário". Quando usada como verbo, significa agir como adversário, acusador ou de maneira hostil (Gn 27.41; 49.23; 50.15; Zc 3.1). Uma pessoa pode agir de tal maneira para com as outras ou Deus (1Sm 29.4; 1Rs 5.4; 11.14,23,25; Sl 71.13; 109.4,6,20).

Satanás é o maioral dos anjos caídos. Desde a criação da humanidade Satanás e os anjos caídos têm sido rebeldes ativos contra Deus. Parece que o orgulho foi a origem de sua queda (1Tm 3.6). A discussão mais extensa sobre Satanás está em Jó. Em Jó 1—2 Satanás aparece como agente de Deus, cujo propósito parece o de testar os seres humanos (Jó 1.8). Quando ele aparece diante de Deus, vem na companhia dos "filhos de Deus", membros do conselho celestial (Jó 1.6, *ARA*). Satã pergunta a Deus: "Será que Jó não tem razões para temer a Deus?" (Jó 1.9). Assim ele contesta a fé do justo Jó. A fim de refutar as afirmações de Satanás, Deus lhe concede alguns poderes. Ele ataca a Jó, mas apenas com a permissão divina. Em Zc 3.1 Satanás está à direita do sumo sacerdote a fim de acusá-lo. Em 1Cr 21.1 Satanás tenta o rei Davi para que este faça um censo de Israel.

Apócrifos e pseudepigráficos No período intertestamentário a ideia de Satanás recebe uma definição mais exata. Nos livros deuterocanônicos (Jubileus, Assunção de Moisés e Tobias), Satanás é retratado como uma força muito mais maligna. Essas obras identificam Satanás como o maioral dos espíritos malignos. Muitos desses textos atribuem parte do comportamento questionável de Deus (sacrifício de Isaque, o ataque a Moisés no caminho ao Egito) a Satanás. Nesse período muitos dos demônios receberam nomes e personalidades.

Novo Testamento Na época do NT, a doutrina de Satanás estava bem desenvolvida. A origem do mal foi atribuída a Satanás, reconhecendo-se a realidade do mal além do escopo da vontade humana. O NT menciona Satanás mais de 35 vezes e atribui muitos nomes distintivos para Satanás. Os Evangelhos se referem a Satanás como o "tentador" (Mt 4.3), "príncipe dos demônios" (Mt 9.34; 12.24; Mc 3.22; Lc 11.5), o "Maligno" (Mt 13.38), "inimigo" (Mt 13.39), "o pai da mentira" (Jo 8.44), "homicida" (Jo 8.44) e "príncipe deste mundo" (Jo 12.31; 14.30; 16.11). Paulo se referiu a ele como o "deus desta era" (2Co 4.4), "o príncipe do poder do ar" (Ef 2.2), "dominadores deste mundo de trevas" (Ef 6.12); e "tentador" (1Ts 3.5). Paulo advertiu os coríntios de que Satanás pode agir como "anjo de luz" (2Co 11.4). Nas epístolas gerais há referências a ele como "adversário" (1Pe 5.8, *ARA*) e "Maligno" (1Jo 5.19). O livro de Ap se refere a ele como o "que engana" (Ap 12.9), o "acusador" (Ap 12.10), a "serpente" (Ap 12.9) e o "dragão" (Ap 12.3-17; 13.2,11).

Nos Evangelhos sinópticos Satanás é responsável pela tentação de Cristo no deserto (Mt 4.1). Ele é o líder das forças demoníacas capazes de infligir doenças (Mt 17.14-18; Lc 13.16) e possuir as pessoas (Lc 22.3). Paulo retratou Satanás como o deus desta era (2Co 4.4). Ele é o príncipe das forças demoníacas às quais se faz referência frequente como "poderes do ar" (Ef 2.2; 6.12). Nas Epístolas Gerais Satanás é retratado graficamente como o leão que ruge e que busca devorar (1Pe 5.8). Em 2Pe 2.4 e Jd 6 há referências a anjos que não mantiveram sua posição e assim pecaram.

Embora o NT ensine que este mundo jaz sob o poder de Satanás, precisamos lembrar que nem ele nem os demônios são coiguais a Deus. Satanás e os seres demoníacos são criaturas sujeitas à vontade soberana de Deus. As hostes malignas podem tentar, mas não coagir, uma pessoa a pecar. O NT é claro quanto ao fato de Satanás e seus seguidores demoníacos já terem sido julgados e definitivamente derrotados pela morte e ressurreição de Jesus Cristo (Cl 1.13; 2.15). Os cristãos têm a armadura de Cristo como segurança espiritual (Ef 6.11-19).
— *Joe Cathey*

DIÁCONO O termo "diácono" vem do substantivo grego *diakonos*, que ocorre 29 vezes no NT e é mais comumente traduzido por "servo" ou "ministro". Esse substantivo deriva do verbo "servir" e é usado para designar diversos tipos de serviço. Paulo se refere a si mesmo como *diakonos* (1Co 3.5; 2Co 3.6; 6.4; Ef 3.7; Cl 1.23,25), e também aplica esse termo a seus colaboradores Febe (Rm 16.1), Apolo (1Co 3.5), Tíquico (Ef 6.21; Cl 4.7). Epafras (Cl 1.7) e Timóteo (1Tm 4.6). Esse termo também é usado com respeito a governos (Rm 13.4) e a Cristo (Rm 15.8; Gl 2.17). Com menos frequência é encontrado como designação do obreiro da igreja local (Fp 1.1; 1Tm 3.8,12; possivelmente Rm 16.1).

Embora seja difícil provar que a origem do diaconato esteja na escolha dos sete em At 6.1-6, pois não se usa o substantivo *diakonos*, é razoável crer que esses sete líderes eram ao menos protótipos dos primeiros diáconos. Os apóstolos precisavam de ajuda para cuidar da logística a fim de serem liberados para se dedicar às orações e ao ensino — o que distingue diáconos de presbíteros (ou bispos) é a capacidade dos presbíteros de ensinar (1Tm 3.2; 5.17; Tt 1.9). A imposição de mãos por parte dos apóstolos em

At 6.6 é vista muitas vezes como a origem da ordenação de diáconos.

A primeira menção a diáconos como obreiros em posições definidas na congregação local aparece em Fp 1.1: Paulo se dirige à igreja de Filipos incluindo na saudação "bispos e diáconos". Embora as qualificações para os diáconos sejam encontradas em 1Tm 3.8-13, não há texto explícito que declare suas responsabilidades. Como os diáconos são citados depois dos bispos em Fp 1.1 e 1Tm 3, e em virtude das conotações do termo *diakonos*, a maioria concorda que eles cumpriam um papel de apoio aos bispos. Em séculos posteriores os diáconos se envolveram na administração da ajuda aos pobres, auxiliando nas ordenanças do batismo e da ceia do Senhor e realizando outras tarefas ministeriais e administrativas. Alguns dizem que a qualificação de não serem "de língua dobre [hipócritas]" (1Tm 3.8, *ARC*) talvez indique contato próximo com os membros da igreja em visitas nas casas. Outros defendem que a exigência de não serem avarentos (1Tm 3.8) indica que os diáconos eram responsáveis por coletar e distribuir fundos.

Em Rm 16.1 não é certo se *diakonos* deve ser traduzido por "servo" ou pelo termo mais oficial "diácono". Visto que *diakonos* não é comumente usado com o significado técnico de diácono, muitos concluem que Febe não ocupava uma posição oficial na igreja. Contudo, há diversos fatores que podem indicar outra direção. Em primeiro lugar, Paulo usa o termo masculino *diakonos* para se referir a uma mulher, em vez de usar a forma feminina. Em segundo lugar, Paulo afirma especificamente que Febe é *diakonos* da igreja de Cencreia, a única ocorrência em que Paulo fala de alguém ser *diakonos* de uma igreja local (cf. Ef 6.21; Cl 1.7; 1Tm 4.6). Em terceiro lugar, Paulo insta a igreja a apoiar Febe, pois ela é enviada em missão oficial em nome do apóstolo Paulo e da igreja dela. Argumenta-se que essa missão oficial exige posição oficial.

Outro texto relacionado à questão de mulheres "diáconos" (diaconisas) é 1Tm 3.11. O problema é a ambiguidade do texto, pois Paulo usa o termo grego *gynaikes* ("mulheres" ou "esposas"), que poderia ser referência às diaconisas ou às esposas dos diáconos. Os argumentos a favor da segunda posição são os seguintes: 1) 1Tm 3.11 começa com "igualmente" como o faz o v. 8 e, portanto, também introduz uma nova posição oficial. 2) Por não haver qualificações exigidas para as esposas dos bispos, por que haveria para as esposas dos diáconos? 3) O possessivo "suas", embora acrescentado em algumas versões (ou mais declaradamente "A esposa do diácono", *NTLH*), não está no grego. O texto simplesmente traz "mulheres" ou "esposas", não "suas [i.e., dos diáconos] esposas". 4) O ministério de serviço não exigiria que mulheres ocupassem posição de autoridade sobre homens e assim não violaria 1Tm 2.1. É por isso que o diácono não precisa ser "apto para ensinar" como é o caso dos bispos (presbíteros), pois esse é um ato de exercício de autoridade.

Ainda assim, há bons argumentos contrários aos quatro mencionados anteriormente: 1) 1Tm 2.9 também começa com "igualmente" (no caso, "Da mesma forma"), mas não é uma ideia paralela (os homens devem orar [...] da mesma forma as mulheres devem se vestir modestamente). Além disso, seria estranho Paulo dirigir-se aos diáconos nos v. 8-10, aí interromper a própria linha de pensamento, introduzindo a posição oficial de diaconisa, e então voltar a falar sobre os diáconos nos v. 12, 13. 2) É possível que as esposas dos diáconos sejam mencionadas mesmo que as esposas dos bispos não o sejam se aquelas participavam do ministério dos seus maridos (como na ministração às viúvas). Além disso, há outras exigências feitas aos diáconos que não são feitas aos bispos. 3) O pronome possessivo "suas" não é necessário para fazer o texto se referir às esposas dos diáconos no presente contexto. Se Paulo tivesse em mente a posição oficial de diaconisa, poderia ter usado a palavra "diaconisa" em vez de usar a palavra traduzida muitas vezes por "esposas". 4) Mesmo que os diáconos não ensinem, ainda assim exercem autoridade, o que seria algo inadequado para as mulheres. V. *bispo; ancião (presbítero, autoridade).* — Ben L. Merkle

DIADEMA Tradução portuguesa de três termos hebraicos que designam a cobertura de cabeça simbolizando autoridade e honra. *Mitsnefet* é o turbante do sumo sacerdote (Êx 28.4,39) ou rei (Ez 21.26). O do sacerdote era feito de linho fino (Êx 28.49) com uma lâmina de ouro (*ARA*) ou um florão de ouro puro (*NRSV*) na frente. A lâmina ou florão é aparentemente chamado de *nezer* (lit. "sinal de consagração") em Êx 29.6 ("coroa", *NVI*, *ARA*; "diadema", *NRSV*; cp. Êx 39.30).

O turbante era usado tanto por pessoas religiosas quanto da realeza. Arão, o sumo sacerdote, o usava (Êx 28.37; 29.6; Lv 16.4; Zc 3.5), bem como as rainhas Vasti (Et 1.11) e Ester (Et 2.17).

Tsanif ou *tsenifah* é o turbante usado por um homem (Jó 29.14) ou mulher (Is 3.23) ou pelo rei (Is 62.3) ou sumo sacerdote (Zc 3.5). *Tsefirah* é uma coroa ou grinalda trançada que significa o poder glorioso de Deus e sua autoridade por vir (Is 28.5).

A palavra "diadema" era usada no sentido metafórico como referência à pessoa prudente (Pv 14.18), à justiça (Jó 29.14), a Deus (Is 28.5), à presença de Deus (Ez 21.26) e a Jerusalém (Is 62.3).

Imediatamente antes do período do NT, "diadema" era aplicado pelos gregos ao símbolo da realeza usado pelos persas. Como pessoas de todos os níveis usavam turbantes, o diadema do rei distinguia-se pela cor e talvez pelas joias usadas nele. Para os gregos e romanos o diadema era o emblema distintivo da realeza e geralmente era branco. Mais tarde os reis gregos usaram uma grinalda como coroa.

O diadema devia ser distinguido da coroa dada pela vitória em jogos atléticos (1Co 9.25), para realizações civis, por proezas militares e para casamentos.

Em Ap 12.3; 13.1; 19.12 o diadema transmite a ideia de poder e autoridade. — *Glenn McCoy*

DIAMANTE Pedra preciosa usada em joias e gravações. É o mineral mais duro conhecido, formado de cristais puros de carbono. Duas palavras hebraicas estão por trás do termo "diamante" em português. *Yahalom* é uma pedra no peitoral do sumo sacerdote (Êx 28.18) e entre as joias do rei de Tiro (Ez 28.13). *Shamir* é a pedra usada na ponta de uma ferramenta de gravação para penetrar na superfície de uma pedra (Jr 17.1). O termo também aparece em Ez 3.9 e Zc 7.12 como a mais dura pedra conhecida.

Provavelmente Alexandre, o Grande, por volta de 300 a.C. foi o primeiro a revelar os diamantes para o mundo ocidental na Índia. Isso poderia indicar que "diamantes" não são o que as referências no AT tinham em mente. Outros minerais eram amplamente usados para gravação, como um tipo de coríndon composto de um óxido de alumínio. V. *joias, joalheria; minerais e metais*.

DIANA Deusa romana com características semelhantes à Ártemis dos gregos. As versões tradicionais trazem "Diana" em At, mas o grego e a maioria das traduções modernas trazem "Ártemis". V. *Ártemis*.

DIÁSPORA A dispersão dos judeus da terra da Palestina a outras partes do mundo.

A diáspora aconteceu ao longo de alguns séculos. Embora seja difícil datar seu início exato, dois acontecimentos principais contribuíram para sua ocorrência. Em 722 a.C. os assírios capturaram o Reino do Norte (Israel). Após essa vitória, os assírios reassentaram grande quantidade de israelitas na Assíria (2Rs 17.6). Em 586 a.C., os babilônios capturaram o Reino do Sul (Judá) e seguiram a mesma política de reassentamento. Muitos dos residentes de Judá foram transportados para a Babilônia (2Rs 25.8-12). Enquanto algumas dessas pessoas mais tarde voltaram a Judá, muitas delas ficaram definitivamente na Babilônia. Mais tarde outras guerras travadas pelos gregos e romanos na Palestina ajudaram a espalhar ainda mais pessoas do povo judeu.

O resultado da diáspora foi que na época do NT viviam fora da Palestina tantos quantos viviam na terra. Em quase todas as cidades visitadas por Paulo nas suas viagens missionárias ele encontrou uma sinagoga (At 14.1; 17.1,10; 18.4). A diáspora assim ajudou a pavimentar o caminho para a difusão do evangelho. V. *Assíria; Babilônia; exílio; sinagoga*. — *Lynn Jones*

DIBLA Nome de lugar com diversas grafias nos manuscritos e nas versões em português que ocorre em Ez 6.14. O termo hebraico pode significar "bolo de figos". Ezequiel usou o termo para descrever a fronteira setentrional de Israel unida ao deserto no sul para descrever todo o território de Israel que enfrentaria o juízo — "desde o deserto até Dibla". Com parco apoio dos manuscritos da *Vulgata*, muitos estudiosos da Bíblia optam por "Ribla" supondo que na história antiga da tradição textual um copista cometeu o simples erro de mudar o "r" hebraico para o "d", pois as duas letras são facilmente confundidas. V. *Ribla*.

DIBLAIM Nome pessoal ou de lugar que significa "dois bolos de figos". O texto de Os 1.3 alista Diblaim como pai ou mãe de Gômer, esposa prostituta de Oseias. Alguns estudiosos da Bíblia acham que esse era o nome do sogro de Oseias; outros, de sua sogra. No segundo caso, estaria combinado com uma compreensão de que ela também era uma prostituta cujo preço era dois bolos de figos. Outros equipararam Diblaim com o topônimo Bete-Diblataim. A explicação mais direta aparentemente é que Diblaim foi o sogro de Oseias, do qual nada mais se sabe. V. *Bete-Diblataim*.

DIBOM, DIBOM-GADE Nome de lugar que possivelmente significa "consumir-se" ou "cerca de tubos". **1.** Capital de Moabe capturada por Moisés (Nm 21.21-31). Gade e Rúben pediram por ela como seu território tribal (Nm 32.3). Gade tomou posse de Dibom e a fortificou (Nm 32.34). Assim se tornou conhecida por Dibom-Gade e foi um dos locais de acampamento de Israel a leste do Jordão (Nm 33.45,46). Josué relatou que Moisés deu Dibom à tribo de Rúben (Js 13.9,17). Ao pronunciar o juízo sobre Moabe, Isaías descreveu o lamento religioso diante do lugar de adoração em Dibom (Is 15.2), mostrando que Moabe tinha obtido o controle sobre Dibom aproximadamente em 730 a.C. A pedra moabita do rei Messa, descoberta em Dibom, mostra que Moabe controlava Dibom em torno de 850 a.C. Aproximadamente em 600 a.C. Jeremias anunciou novamente a destruição para Moabe e Dibom (Jr 48.18-22). Dibom estava situada no monte do outro lado do vale ao norte da atual Dhiban. Fica a aproximadamente 65 quilômetros ao sul de Amã, Jordânia, e 5 quilômetros ao norte do rio Arnom. A ocupação do sítio aparentemente remonta a 2500 a.C., mas o período principal de ocupação começou depois de 1200 a.C., culminando com Messa em 850 a.C. Nabucodonosor destruiu a cidade em 582 a.C. Os nabateus construíram um templo aí na infância de Jesus. Ele foi aparentemente abandonado em torno de 100 d.C. **2.** Na época de Neemias (c. 445 a.C.) havia judeus vivendo em um local chamado Dibom em Judá. Essa cidade pode ser a mesma que Dimona. V. *Dimona*.

DIBRI Nome pessoal que significa "falante" ou "fofoca". Pai de uma mulher israelita que teve um filho com um pai egípcio. O filho amaldiçoou o nome de Deus e foi morto por apedrejamento (Lv 24.10-23).

DICLA Nome pessoal que aparentemente significa "tamareira". Neto de Héber (Gn 10.27). Parece ter sido o antepassado original de uma tribo na Arábia que se estabeleceu em um oásis no qual cresciam tamareiras, mas nada mais se sabe dele.

DIDAQUÊ V. *pais apostólicos*.

DÍDIMO Nome pessoal que significa "gêmeo". Nome alternativo para o apóstolo Tomé (Jo 11.16). Aparece somente no evangelho de João. V. *Tomé*.

DIDRACMA Moeda grega que valia duas dracmas ou meio siclo judaico, o valor do imposto do templo pago por todo homem judeu com mais de 19 anos (Mt 17.24). Depois da destruição do templo no ano 70 d.C., o governo romano continuou coletando o imposto do templo, possivelmente para sustentar um templo romano. Os primeiros leitores do evangelho de Mt devem ter entendido o imposto do templo no contexto romano.

DIETA Para a maioria das pessoas de origem comum do mundo antigo morrer de fome era uma ameaça constante e muito real. Por essa razão, quando os autores bíblicos queriam descrever alguém abençoado, com frequência diziam que tal pessoa comia alimentos em grande quantidade, gordurosos e doces, ou que comia em abundância (e.g., 2Sm 6.19; Ne 8.10; 9.25; Pv 24.13; Ct 5.1; Is 7.22; 25.6; Ez 16.13; Jl 2.26). Perder peso era algo evitável.

Deus criou a humanidade com grande diversidade de formas e tamanhos corporais. Deus também criou uma grande variedade de alimentos para a nutrição e prazer das pessoas (Gn 1.29; 9.3). Mas o ensino bíblico dá a entender que nem todos os alimentos são igualmente benéficos para o consumo humano e que para algumas pessoas o desejo por certos tipos de comida pode levar à escravidão (1Co 6.12).

O livro de Pv adverte que a comida e bebida excessivas são a marca do tolo (Pv 23.20,21; cp. Ec 5.18; 9.7; 1Co 15.32) e estimula o controle sobre o corpo (Pv 23.2; 25.16). O autor de Ec observa que abençoados são os que "comem no devido tempo para recuperar as forças, e não para embriagar-se" (Ec 10.17). Daniel e seus amigos se negaram a comer os alimentos suntuosos da Babilônia, preferindo vegetais e água (Dn 1.5-16) e por conta disso se tornaram mais saudáveis do que os outros.

O ensino do NT mostra que o corpo da pessoa é o templo do Espírito Santo (1Co 6.19) e que por isso precisa ser controlado (1Co 9.27) e cuidado de forma tal que honre a Deus (1Co 6.20). Assim, comer em excesso é contrário à disciplina cristã (Fp 3.19). — *Paul H. Wright*

DIGNIDADES Expressão da *ARC* que traduz o grego *doxas* (lit. "os gloriosos") em 2Pe 2.10. As pessoas que Pedro condenou na segunda carta blasfemavam intencionalmente das "dignidades" ("autoridade", *NVI*), que são ou anjos bons ou anjos maus (cf. Jd 8).

DILEÃ Nome de lugar que significa "protrusão" ou "saliência". Aldeia no território tribal de Judá (Js 15.38). Tel en-Najileh a sudoeste de Tel el-Hesi tem sido sugerido como um possível local atual.

DILÚVIO Em Gn 6—9 conta a história do Dilúvio que cobriu toda a terra, e de Noé, o homem usado por Deus para salvar o mundo de homens e animais.

Os acontecimentos Essa inundação foi provocada pelo pecado. Os primeiros seis versículos de Gn 6 falam dos "filhos de Deus" tendo relações com as "filhas dos homens". Alguns interpretam esses filhos de Deus como seres angélicos (ou demoníacos), e assim o mal como os demônios coabitando com os humanos. Mais provavelmente, os filhos de Deus eram filhos da linhagem piedosa de Sete, e as filhas dos homens eram mulheres da linhagem profana de Caim. O mal então foi o envolvimento dos justos em jugo desigual com incrédulos, eliminando assim o remanescente da terra, de forma que "a terra estava corrompida aos olhos de Deus e cheia de violência" (Gn 6.11). Noé foi evidentemente o único remanescente. "A Noé, porém, o Senhor mostrou benevolência" (Gn 6.8). Ele era um homem de fé, cuja confiança em Deus "condenou o mundo" (Hb 11.7).

O Senhor ordenou que Noé construísse uma arca de "madeira de cipreste". Nessa arca entraram 14 ("sete casais") exemplares de todos os animais puros e dois de cada espécie de animais impuros (Gn 7.1-5). Havia mais animais puros visto que eles seriam necessários para alimento e sacrifício depois que o Dilúvio passasse (8.20-22; 9.2-4). Deus então enviou o juízo na forma de chuva, que caiu sobre a terra durante 40 dias (7.17) e prevaleceu durante 150 dias (7.24). Por fim a arca parou nas montanhas Ararate. Noé enviou pombas três vezes até que a última não voltou. Ele então abriu a arca, louvou a Deus, ofereceu um sacrifício e recebeu a promessa da aliança divina de não julgar a terra novamente por meio de água (8.21,22).

As questões envolvidas Poucos textos têm gerado mais interesse do que esse. Ele tem se tornado a fonte de discussão sobre ética (pena capital), teologia (a aliança de Noé) e apologética (evidências a favor do Dilúvio). Em relação a este último assunto, três tópicos são proeminentes. O primeiro está associado aos restos da arca. Nos últimos 30 anos muito interesse tem se voltado às fotografias que parecem retratar uma grande estrutura de madeira enterrada no topo do monte Ararate na Turquia. Ainda não se sabe se um dia esse enigma será resolvido e se, aliás, trata-se da arca. Em segundo lugar, há muitas discussões sobre as evidências a favor do Dilúvio. Novos dados surgem aparentemente a cada semana. Não faz muito tempo que os cientistas descobriram as ruínas de uma cidade a mais de 30 metros sob a superfície do mar Negro. Parece que esse mar não esteve lá sempre, ou que nem sempre foi tão grande. Isso seria uma evidência clara de uma inundação em épocas antigas. A terceira questão é se o Dilúvio foi local ou mundial. Os proponentes de uma inundação somente local, alguns dos quais evangélicos, às vezes se opõem verbalmente aos que creem que o Dilúvio foi universal. Tanto textos do AT quanto do NT parecem indicar claramente que o Dilúvio foi universal (Gn 7.19-24; 2Pe 3.6). Mas isso não significa que qualquer forma de argumento a favor do Dilúvio universal, como a abordagem catastrófica, p. ex., seja a última palavra sobre a questão. Muito trabalho ainda precisa ser feito. O que se pode dizer é que as evidências científicas a favor do Dilúvio, mesmo de um Dilúvio universal, são fortes e crescem diariamente. — Chad Brand

DIMNA Nome de lugar que significa "esterco". Cidade no território tribal de Zebulom dado aos levitas (Js 21.35). Em 1Cr 6.77 o termo parece referir-se à mesma cidade que Rimom (cf. Js 19.13). Um escriba copiando o texto poderia facilmente confundir os dois nomes. V. *Rimom*.

DIMOM Nome de lugar que talvez signifique "sangue". Cidade em Moabe sobre a qual Isaías anunciou juízo (Is 15.9). Um texto dos rolos do mar Morto e a *Vulgata* trazem "Dibom" aqui. Este pode ser o texto original, mas contrariaria os tipos normais de erros de copistas no sentido de que substituiria um lugar conhecido por um desconhecido. Pode ter acontecido que a transcrição de um nome moabita para a língua hebraica ou o desenvolvimento da língua resultaram em uma mudança de pronúncia assim que os dois nomes representavam um mesmo lugar. Se Dimom é uma cidade distinta, provavelmente estava localizada na atual Khirbet Dimme, a cerca de 11 quilômetros ao norte de Kerak. O texto de Jr 48.2 chama uma cidade moabita de "Madmém". A palavra hebraica *madmen* pode envolver um jogo de palavras que se referem a Dimom. V. *Dibom, Dibom-Gade*.

DIMONA Nome de lugar associado à palavra hebraica para sangue. Cidade na fronteira sudeste do território da tribo de Judá (Js 15.22). Alguns têm sugerido sua localização em Tel ed-Dheib perto de Aroer. Pode ser a mesma que Dibom mencionada em Ne 11.25.

DINÁ Nome pessoal que significa "justiça" ou "formada artisticamente". Filha de Jacó e Lia (Gn 30.21). De acordo com Gn 34 ela foi violentada por um homem chamado Siquém, que queria se casar com ela. Simeão e Levi, seus irmãos, vingaram-se por ela matando os homens residentes da cidade de Siquém. V. *Jacó; Lia; patriarcas; Siquém*.

DINABÁ Nome de cidade de significado desconhecido. Residência de um dos primeiros reis de Edom no período anterior a Saul em Israel (Gn 36.32). Nada mais se sabe sobre a cidade.

DINAÍTAS Transliteração em versões como *ARA* e *ARC* de uma palavra aramaica em Ed 4.9. As versões recentes trazem "juízes" (*NVI, NTLH*).

DINHEIRO V. *moedas*.

DINOSSAUROS Alguns intérpretes defendem que muitas das referências bíblicas ao Leviatã (Jó 41.1-34; Sl 74.14; 104.26; Is 27.1), aos dragões (Sl 74.13; Is 27.1; 51.9) e ao beemote (Jó 40.15-24) preservam antigas memórias de dinossauros. A maioria, no entanto, prefere explicar esses grandes monstros em termos de animais grandes e apavorantes conhecidos ao homem hoje.

A palavra "Leviatã" (talvez derivada de um verbo que significa "torcer") é o nome próprio de uma grande criatura marinha que desafia a classificação zoológica simples. As sugestões quanto à identidade de Leviatã incluem o crocodilo, o golfinho, a baleia ou a serpente marinha.

A palavra hebraica para dragão (*tannin*), que com frequência se refere a serpentes (e.g., Êx 7.9; Dt 32.33; Sl 91.13), é usada genericamente em Gn 1.21 para grandes criaturas marinhas. Outras passagens mencionando *tannin* indicam um tipo específico de grande criatura marinha (Jó 7.12; Sl 74.13; Is 27.1; 51.9) que não pode ser identificada com certeza.

O beemote (a forma plural do substantivo hebraico normal para gado) ocorre como um grande monstro somente em Jó 40.15-24. A descrição em Jó sugere um hipopótamo ou elefante.

Deus criou toda a vida para seu prazer e glória, incluindo os dinossauros (cf. Sl 148.7). No entanto, as dificuldades na interpretação nos impedem de saber a abrangência do conhecimento dos autores bíblicos sobre os dinossauros. — Paul H. Wright

DIONÍSIO Aristocrata ateniense que se converteu ao cristianismo por meio da pregação do apóstolo Paulo (At 17.34). Era membro do Areópago, um grupo influente da elite de oficiais. V. *Areópago*.

DIÓTREFES Nome pessoal que significa "nutrido por Jove". Indivíduo cuja ambição egoísta é citada de maneira negativa (3Jo 9). João declarou que Diótrefes rejeitou sua autoridade. V. *João, cartas de*.

DIREÇÃO No mundo ocidental tomamos como referenciais de direção os pontos cardeais da bússola, Norte, Sul, Leste e Oeste. Também tomamos o Norte como ponto de referência principal. Ao menos desde os tempos romanos, esse tem sido o padrão. Mas no mundo do antigo Oriente Médio de povos de línguas semíticas, o principal ponto de referência era o Leste, a direção do sol nascente. Sabemos disso com base no vocabulário usado para as direções. Muitas vezes a expressão "nascimento do sol" ou simplesmente "nascimento" é usado para expressar a direção Leste (Dt 4.41,47; 4.49). A palavra hebraica *qedem* e suas formas associadas significam tanto "à frente de" quanto "a leste de". O exemplo mais claro de que *qedem* significa "a leste de" é Js 19.12, em que a fronteira de Zebulom está sendo descrita. Relata-se que parte dessa fronteira vai de Saride a leste (*qedmah*) para o nascer do sol. Assim a direção "à frente de alguém" era Leste. De Ai se diz que ficava *miqedem*, "a leste de", Betel (Js 7.2). Outras palavras descrevendo o que estava adiante ou à frente de alguém também podiam significar "a leste de". A caverna de Macpela na qual Abraão sepultou Sara está localizada *al pene*, "a leste de", Manre (Gn 23.19; 25.9,18). Outra referência localiza a caverna *lifne*, "a leste de" Manre (Gn 23.17). Ambas essas palavras usam as palavras literais "para a face de" ou "à frente de" para indicar a direção Leste. Além disso, a referência bíblica ao rio Tigre como estando "à frente da" Assíria significa que o Tigre está a leste da Assíria (Gn 2.14).

O AT expressa "Oeste" em termos de sol poente. A expressão "desde o nascente do sol até ao poente" (*ARA*) expressa o conceito "do oriente ao ocidente" (*NVI*) (Is 45.6; Ml 1.11; Sl 50.1; 113.3). O Oeste também era indicado muitas vezes pela característica geográfica principal a oeste de Israel-Canaã, o mar Mediterrâneo. Em hebraico era chamado com mais frequência simplesmente de "o mar" ou "o grande mar". O texto de Js 1.4 o descreve como o "mar Grande para o poente do sol" (*ARA*) como a fronteira ocidental de Israel. Em outras ocasiões a direção Oeste podia ser indicada por "mar" ou "em direção ao mar" (Gn 12.8; 13.14; Js 1.2,3).

Os hebreus usavam tanto palavras específicas para os pontos cardeais quanto termos relacionados ao corpo para essas direções. Assim como *qedem*, "à frente de", podia indicar "a leste de", a palavra hebraica *achor* e formas relacionadas podem significar tanto "atrás de" quanto "Oeste". Assim o mar Mediterrâneo é descrito em hebraico como o "mar detrás" ou "mar ocidental" (Dt 11.24; 34.2; Js 2.20).

A palavra hebraica específica para Norte era *tsafon*. A fronteira setentrional de Israel é descrita como indo do mar Mediterrâneo até o monte Hor até Lebo-Hamate até Zedade até Zifrom e até Hazar-Enã (Nm 34.7-9). "A norte" também era o que ficava à mão esquerda quando se usava a posição do corpo para as direções. Samaria e suas cidades filhas estavam localizadas a norte (lit. "esquerda") de Judá e Jerusalém (Ez 16.46). O Norte é muitas vezes a direção específica da qual Deus disse que traria juízo sobre IsraelJudá (Jr 1.13-15), mas era também a direção da qual viria a restauração (Jr 31.8).

A direção "Sul" no hebraico é *negev*. A palavra *negev* pode ser usada para ser referir à região árida no Sul de Judá, habitualmente o Sul de Hebrom e Berseba (Gn 20.1). Também é usada para a direção "Sul" em geral: a fronteira meridional da tribo de Manassés terminava no uádi Kenah; cidades a sul desse uádi pertenciam a Efraim (Js 17.9). O Sul era também o que ficava à mão direita. Assim a fronteira meridional de Manassés também era descrita como a que ficava à direita (Js 17.7). O nome "Benjamim" significa literalmente "filho da mão direita" ou "filho do sul". Benjamim era a tribo que ficava mais ao Sul das dez tribos do Reino do Norte, Israel.

O AT usa todos os pontos cardeais em diversos trechos. Deus diz a Abraão que olhe para o Norte e para o Sul, para o Leste e para o Oeste (i.e., em todas as direções), e toda essa terra será sua e de seus descendentes (Gn 13.14). No NT, pessoas de todas as direções, Leste e

Oeste, Norte e Sul, sentarão à mesa do Reino de Deus (Lc 13.29). — *Joel F. Drinkard Jr.*

DIREITO DE PRIMOGENITURA Privilégios especiais pertencentes ao primeiro filho do sexo masculino nascido em uma família. Notável entre esses privilégios era a porção dupla das propriedades como herança em comparação à parte dos outros filhos. Se um homem tivesse dois filhos, suas propriedades eram divididas em três partes, e o filho mais velho recebia duas. Se o homem tivesse três filhos, a herança era dividida em quatro partes, e o filho mais velho ganhava duas. O filho mais velho também recebia normalmente a bênção principal do pai. Esaú abriu mão do seu direito de primogênito para seu irmão Jacó em troca de um ensopado de lentilhas com pão (Gn 25.29-34). De fato, a palavra hebraica para bênção (*berakah*) é praticamente um anagrama da palavra que significa tanto direito de primogênito quanto primogênito (*bekorah*). A continuação da linhagem da família também pode ter sido um dos privilégios do filho mais velho. O texto de Dt 21.15-17 proibia um pai de fazer o jogo de favorecer algum de seus filhos ao tentar dar o direito de primogênito a outro que não fosse o filho mais velho.

DIREITOS CIVIS A base dos direitos civis está na imparcialidade divina (Dt 10.17,18; At 10.34; cp. Lc 20.21), na ordem criada pela qual todas as pessoas foram feitas à imagem de Deus (Gn 1.27,28; 9.6) e na obra redentora de Cristo (Gl 3.28).

A Lei mosaica distinguia residentes temporários ou peregrinos (residentes não israelitas na terra de Israel) de estrangeiros (pessoas não residentes em Israel). Os peregrinos estavam sujeitos às mesmas leis que os israelitas (Êx 12.49; Nm 15.15,16; cp. Dt 10.18,19), mas os direitos dos estrangeiros eram restritos (Êx 12.43; Dt 15.3; 17.15).

O AT e o NT reconheciam a prática da escravidão no mundo antigo e defendiam os direitos de os escravos serem protegidos de forma mais ampla que o comum entre as culturas vizinhas (Êx 12.44; Lv 25.39-55).

O NT reconhece a igualdade fundamental de todos os que estão em Cristo (Gl 3.28) e advoga a subordinação voluntária dos direitos individuais para o benefício alheio (Lc 22.26; 1Co 8.9-13; Fp 2.4-8).

DISÃ Nome pessoal que significa "bisão" ou "antílope". Pode ser uma grafia/pronúncia variante de Disom. Chefe horeu e filho de Seir (Gn 36.21,28,30). Aparentemente esses horeus controlavam a terra de Edom antes de os edomitas entrarem na terra. V. *Disom; Edom; horeus.*

DISCERNIMENTO DE ESPÍRITOS Um dos dons do Espírito (1Co 2.12.10). Aparentemente se refere à capacidade dada por Deus de perceber se uma fala profética vinha do Espírito de Deus ou de outra fonte oposta a ele.

DISCIPLINA Geralmente é uma referência na Bíblia ao treinamento moral, que inclui o aspecto positivo da instrução e o aspecto negativo da correção, às vezes punitiva. O resultado de receber a disciplina com humildade é sabedoria e vida satisfatória e bem-sucedida (Pv 4.13; 5.23; 10.17; 13.18). Esses diversos aspectos da disciplina estão entrelaçados na vida espiritual do cristão e da Igreja.

No AT a palavra traduz no geral uma forma do termo hebraico *yasar*, "instruir, censurar, advertir". "Disciplina" no NT geralmente traduz uma forma de *paideuo*, "instruir, corrigir".

A disciplina em Provérbios O livro de Pv fala do treinamento moral mais que qualquer outro livro da Bíblia. Seu propósito é desenvolver a sabedoria por meio da instrução no "que é justo, direito e correto" (1.3). Somente o tolo ímpio se negaria a tal treinamento (1.7), que inclui a instrução na *Torá* ou Lei de Deus (1.8; 6.23; Dt 6.6,7; Sl 94.12; Ef 6.4). O filho deve prestar muita atenção na disciplina do pai e da mãe (4.1; 6.20; 13.1; 15.5), e o pai ou a mãe fiel e amável precisa estar disposto a punir as más ações como parte do treinamento do filho (13.24; 15.10; 19.18; 22.15; 29.15).

Um dos efeitos desse treinamento deve ser o desenvolvimento da autodisciplina ou autocontrole, característica essencial do sábio (1Co 9.27; 1Pe 4.7). A Bíblia ensina que as pessoas precisam de treinamento moral e da autodisciplina para derrotar as tendências naturais ao desregramento e ao egoísmo pecaminoso resultantes da depravação moral decorrentes da Queda (Gn 4.7).

Disciplina divina A disciplina divina é distinta do juízo ou castigo de Deus. Enquanto o juízo e o castigo de Deus são executados com os ímpios, a disciplina de Deus é reservada somente para seus filhos. O autor de Hb exortou seus leitores a serem encorajados pela disciplina de Deus porque ela serve como prova definitiva de que Deus é aliás seu Pai (Hb 12.5-11). Representando a intenção graciosa de Deus para com seus filhos, explicou que Deus a usa para nosso benefício; assim podemos compartilhar sua santidade (v. 10) e para que ela produza os frutos de paz e justiça aos treinados por ela (v. 11).

Disciplina na igreja Talvez a área mais negligenciada pelos cristãos do séc. XXI seja a disciplina na igreja. Se os membros da igreja recebem o mandamento de se preocupar uns com os outros a fim de promover o amor e as boas obras (Hb 10.24), então também recebem a ordem de confrontar uns aos outros em amor sempre que um membro cai em pecado. No seu ministério terreno Jesus ordenou à igreja que praticasse a disciplina e esboçou o procedimento pelo qual deveria ser executada (Mt 18.15-20). Se um membro peca contra outro, a parte prejudicada deve confrontar em particular o membro pecador com a esperança de restaurar o relacionamento. Se o membro que está em pecado se recusa a se arrepender e ser restaurado depois desse primeiro encontro em particular, então a parte prejudicada deve levar mais uma ou duas pessoas para o segundo confronto. Se ele ou ela mesmo assim ainda não se arrepende, então a igreja precisa ser informada e é necessário que se tome uma ação contra o membro impenitente.

Apesar de o evangelho de Mt não formular com precisão quais pecados são suficientemente sérios para a disciplina de igreja, as cartas de Paulo o fazem. Em três trechos distintos, as cartas explicam que um membro precisa ser disciplinado por imoralidade grosseira de conhecimento público (1Co 5.1-3), heresia doutrinária (Rm 16.17,18) e por propositadamente criar divisão na igreja (Tt 3.10,11). Embora o propósito da disciplina na igreja seja sempre a restauração (Gl 6.1), quando as pessoas em questão não admitem estar em pecado, precisam ser desligadas da comunhão da igreja e privadas de quaisquer privilégios de serem membros de igreja, e isso vale para a participação na ceia do Senhor — mas não se limita a ela (1Co 5.11). Essa ação remove desses membros a proteção espiritual da igreja e permite o ataque de Satanás para revelar sua verdadeira condição espiritual "para que o corpo seja destruído, e seu espírito seja salvo no dia do Senhor" (1Co 5.5). Paulo expressa a esperança de que o ataque de Satanás traga essa pessoa arrependida de volta a igreja.

Associada à disciplina na igreja está a disciplina de líderes de igreja, uma questão especial sobre a qual Paulo ensina em 1Tm 5.19,20: "Não aceite acusação contra um presbítero, se não for apoiada por duas ou três testemunhas. Os que pecarem deverão ser repreendidos em público, para que os demais também temam".
— *Hershael W. York e E. Ray Clendenen*

DISCIPLINADOR V. *tutor*; *aio*.

DISCÍPULO Seguidor de Jesus Cristo, especialmente os Doze comissionados que seguiram Jesus no ministério terreno. O termo "discípulo" vem a nós no português de uma raiz latina. Seu significado básico é "aprendiz" ou "pupilo". O termo praticamente não ocorre no AT, embora haja duas referências associadas (1Cr 25.8; Is 8.16).

No mundo grego a palavra "discípulo" normalmente se referia ao adepto de um mestre ou escola religiosa/filosófica em particular. Era a tarefa do discípulo aprender, estudar e passar adiante os ditos e ensinamentos do mestre. No judaísmo rabínico o termo "discípulo" se referia a alguém comprometido com as interpretações das Escrituras e tradições religiosas passadas pelo mestre ou rabino. Por meio de um processo de aprendizado que incluía encontros marcados e métodos pedagógicos como perguntas e respostas, instrução, repetição e memorização, o discípulo se tornava cada vez mais comprometido com os ensinamentos do mestre. Com o tempo, o discípulo da mesma forma passaria adiante a outros as tradições aprendidas.

Os discípulos de Jesus No NT, 233 de 261 ocorrências da palavra "discípulo" estão nos Evangelhos, e as outras 28 em At. Geralmente a palavra é uma referência aos discípulos de Jesus, mas há também referências aos discípulos dos fariseus (Mt 22.16; Mc 2.18), aos discípulos de João Batista (Mc 2.18; Lc 11.1; Jo 1.35), e até mesmo aos discípulos de Moisés (Jo 9.28).

DISCÍPULO

Os Evangelhos muitas vezes fazem menção a Jesus como "rabino" (Mt 26.25,49; Mc 9.5; 10.51; 11.21; Jo 1.38,49; 3.2,26; 6.25; 20.16; em português mais comumente usado na *ARC*). Pode-se pressupor que Jesus usou técnicas tradicionais de ensino rabínico (perguntas e respostas, discussão, memorização) para instruir os discípulos. Em muitos aspectos Jesus se diferenciava dos rabinos. Ele chamou cada um dos seus discípulos dizendo: "Siga-me" (Lc 5.27). Os discípulos dos rabinos podiam escolher seus mestres. Jesus às vezes exigiu níveis extremos de renúncia pessoal (perda da família, propriedade etc.; Mt 4.18-22; 10.24-42; Lc 5.27,28; 14.25-27; 18.28-30). Ele exigia lealdade vitalícia (Lc 9.57-62) como meio essencial de fazer a vontade de Deus (Mt 12.49,50; Jo 7.16-18). Ensinava mais como um portador da revelação divina que como um elo na corrente da tradição judaica (Mt 5.21-48; 7.28,29; Mc 4.10,11). Ao fazê-lo, Jesus anunciou o fim dos tempos e o tão esperado Reino de Deus (Mt 4.17; Lc 4.14-21,42-44).

Os Doze Como o proclamador messiânico do Reino de Deus, Jesus reuniu em torno de si um círculo especial de 12 discípulos, uma clara representação simbólica das 12 tribos (Mt 19.28). Ele estava restabelecendo a identidade social judaica com base no discipulado associado a ele. Os Doze representavam um grupo singular, fazendo da palavra "discípulo" (referência aos Doze) o equivalente exato ao "apóstolo" nos contextos em que esta última palavra também era restrita aos Doze. As quatro listas dos Doze no NT (Mt 10.1-4; Mc 3.16-19; Lc 6.12-16; At 1.13,26) também sugerem com base no contexto o uso sinônimo desses termos "discípulos"/"apóstolos" quando usados em referência aos Doze.

Um grupo mais amplo de seguidores Os Evangelhos mostram claramente que a palavra "discípulo" pode se referir a outros além dos Doze. O verbo "seguir" se tornou quase um termo técnico usado por Jesus para chamar seus discípulos, chamados então de "seguidores" (Mc 4.10). Esses "seguidores" incluíam um grande grupo de pessoas dentre as quais ele escolheu os Doze (Mc 3.7-19; Lc 6.13-17). Esse grupo maior de discípulos/seguidores incluía homens e mulheres (Lc 8.1-3; 23.49) de todos os segmentos da sociedade. (Mesmo os Doze incluíam grande diversidade: pescadores, um cobrador de impostos, um zelote). Jesus sem dúvida era especialmente popular entre os marginalizados pela sociedade e desprezados pela religião, mas pessoas de posse e teologicamente preparadas também o seguiam (Lc 8.1-3; 19.1-10; Jo 3.1-3; 12.42; 19.38,39).

Os Doze foram enviados como representantes de Jesus, comissionados a anunciar a vinda do Reino, a expulsar demônios e a curar enfermos (Mt 10.1,5-15; Mc 6.7-13; Lc 9.1-6). Tais tarefas não eram limitadas aos Doze (Lc 10.1-24). Aparentemente no início estava entre os seguidores uma "grande multidão" de discípulos (Lc 6.17). Ele formou alguns grupos menores e mais definidos entre aquela "grande multidão". Esses grupos menores incluíam um grupo de "setenta" (Lc 10.1,17), os "Doze" (Mt 11.1; Mc 6.7; Lc 9.1) e talvez até um grupo menor e mais íntimo entre os Doze, constituído especialmente de Pedro, Tiago e João — cujos nomes (com o de André) sempre encabeçam as listas dos Doze (Mt 10.2; Mc 3.16,17; Lc 6.14; At 1.13), cujas histórias de chamado são especialmente destacadas (Mt 4.18-22; Jo 1.35-42 e a tradição de que João é o "outro"/"discípulo amado" do evangelho de Jo — 13.23; 10.26; 20.2; 21.20). Eles foram os únicos a acompanhar Jesus em algumas ocasiões significativas de cura e revelação (Mt 17.1; Mc 13.3; Lc 8.51).

Todos os seguidores de Jesus O livro de At usa muitas vezes o termo "discípulo" para se referir geralmente aos que creem no Senhor ressurreto (6.1,2,7; 9.1,10,19,26,38; 11.26,29). Além disso, a forma verbal "discipular" como aparece no cenário da grande comissão no evangelho de Mt (28.19,20) também sugere o uso na igreja primitiva do termo "discípulo" como um nome mais generalizado para todos os que vêm em fé a Jesus, tendo ouvido e crido no evangelho.

Conclusão Temos visto que, como referências aos Doze, as palavras "apóstolo" e "discípulo" poderiam ser sinônimos. No entanto, como o termo "discípulo" poderia significar outros seguidores de Jesus além dos Doze no tempo do seu ministério, também depois da sua ressurreição o termo "discípulo" tinha um significado mais amplo, claramente aplicado a seus seguidores. Enquanto o termo "apóstolo" manteve o significado mais específico, associado a certas testemunhas oculares históricas do Senhor ressurreto, a palavra "discípulo" tendeu a afrouxar suas associações mais estreitas com os Doze, e/ou seguidores do Jesus histórico, ou que viram o Senhor ressurreto, e se tornou um equivalente virtual de "cristão" (At 11.26). Todavia, o elo comum entre o significado das diversas aplicações da palavra "discípulo" é a lealdade para com Jesus. V. *apóstolo*. — Robert B. Sloan Jr.

DISCÍPULO AMADO Expressão abreviada usada por Jesus para se referir a um discípulo por quem nutria sentimentos profundos. Esse tem sido identificado como Lázaro, a fonte ou o autor anônimo do evangelho, um discípulo idealizado, ou a referência de João a si mesmo sem usar o próprio nome. A tradição e interpretação da igreja da evidência bíblica apontam para João. Por modéstia, ele abriu mão de colocar seu nome nas obras literárias. Por essa razão o outrora "filho do trovão" referiu-se como o outro discípulo a quem Jesus amava (Jo 20.2; 21.7). — Lawson G. Hatfield

DISENTERIA Doença caracterizada por diarreia, espasmos doloridos de intestinos e úlcera e infecção dos intestinos resultando em sangue e pus na evacuação. A maioria das versões de At 28.8 traduz a expressão "fluxo de sangue" *da KJV* por disenteria. Muitos intérpretes entendem que a doença crônica dos intestinos que afligia o rei Jeorão (2Cr 21.15,18,19) era disenteria. A linguagem não técnica do relato não permite o diagnóstico preciso para excluir outras doenças intestinais como diarreia crônica ou colite. Há certa discordância sobre a natureza dos sintomas apresentados em 2Cr 21.15. Muitos comentaristas entendem a expressão geralmente traduzida por "os seus intestinos saíram" como referência ao intestino deslocado, i.e., seu intestino escorregava da oposição normal. Outros entendem o texto como referência à excreção do próprio intestino.

DISOM Nome de chefe horeu de Edom (Gn 26.21,25,26,30). O nome talvez seja o mesmo que Disã com a grafia variante usada para identificar indivíduos distintos. V. *Disã*.

DISPENSAÇÃO Termo em português derivado do latim *dispensatio* usado comumente para traduzir o grego *oikonomia*. Etimologicamente a palavra grega se refere à lei ou administração de uma casa. A forma verbal *oikonomeo* significa administrar, regular ou planejar. Tinha conotações de responsabilidade financeira como se vê em Rm 16.23, que menciona Erasto, o tesoureiro da cidade de Corinto. O termo é empregado para descrever a administração do ministério apostólico de Paulo em 1Co 9.17. Assim além da responsabilidade e prestação de contas financeiras o significado é ampliado para incluir todos os tipos de mordomia.

No ensino de Jesus, o termo aparece na famosa parábola do administrador astuto (Lc 16.1-13). Aqui particularmente a tarefa e o responsável estão proximamente associados. Jesus usou oito vezes a palavra *oikonomeo* com seus cognatos. Os outros empregos no NT vêm da pena de Paulo (exceto um de Pedro, em 1Pe 4.10), elevando o total a mais de 20 ocorrências.

O uso bíblico de *oikonomia* revela emprego e significado teológicos. Em Ef 3.2 e 3.9 a dispensação está associada ao mistério de Cristo, que Paulo diz ser uma revelação de Deus. A dispensação é, portanto, um arranjo ou administração na qual a responsabilidade é colocada por Deus sobre a humanidade. Assim como está associada a Jesus Cristo, que não tinha sido revelado por um longo tempo (3.5), é nova com relação ao tempo. Paulo mostrou anteriormente na epístola que está vindo a "dispensação da plenitude dos tempos" (1.10), que aparece como um fenômeno futuro. Em Cl 1.25-29 mostra que havia um arranjo dispensacional prévio diferente do presente. Isso sugere que no pensamento de Paulo ao menos três dispensações do tratamento de Deus com a humanidade estão evidentes: passado, presente e futuro.

Quando vistas à luz do progresso da revelação (e.g., Jo 1.17; Gl 3—4), as dispensações podem ser interpretadas como assumindo um significado adicional. Há progressão da revelação à medida que a história da salvação se desenrola. As diferentes épocas incorporam diferentes maneiras ou dispensações (soberanamente determinadas) de nos relacionarmos com Deus. Essas não devem ser vistas como múltiplos meios de salvação. A salvação é sempre pela graça por meio da fé somente (Rm 4). A igreja da presente era tem a característica singular de incluir tanto judeus quanto gentios em uma posição de igualdade que não tinha sido atingida antes (Ef 2.11-22). A economia mosaica como um todo é suplantada (particularmente importante aqui é Gl) como foi predito pelo próprio AT. Em 2Co 3.6, Paulo menciona a si mesmo e seus colaboradores como ministros da Nova Aliança (cp. Lc 22.20). Um cumprimento inicial e parcial das promessas feitas a Israel em Jr 31.31-34 e Ez 36.22-32 ocorreu no ministério e vida, morte e ressurreição de Jesus Cristo. No ministério futuro de Cristo, na sua volta, outros aspectos restantes da história da salvação ainda vão ocorrer. Esses arranjos dispensacionais devem ser considerados, portanto, tanto uma teologia de revelação progressiva em relação ao tempo quanto uma ferramenta hermenêutica para a interpretação correta das relações de Deus com a humanidade.

O dispensacionalismo é um sistema de interpretação bíblica que tem sido proeminente na Igreja desde o ressurgimento do estudo bíblico em meados do séc. XVIII, embora suas raízes remontem a muito antes disso. John Nelson Darby, Cyrus I. Scofield e Lewis Spencer Chafer estiveram entre os mais famosos defensores de um sistema de teologia e interpretação enfatizando os elementos distintos nas dispensações. O tópico hermenêutico mais característico do dispensacionalismo é a distinção coerente entre o Israel nacional e a Igreja. Alguns dispensacionalistas clássicos até mesmo defendiam que Israel e a Igreja tinham destinos finais divergentes, um na terra renovada e outro no céu. Nas últimas sete ou oito décadas, essa teologia testemunhou um crescimento numérico extraordinário, mas também um desenvolvimento significativo. Nas décadas de 1950 e 1960 a forma extrema da natureza dupla do plano eterno de Deus foi aliviada um tanto, especialmente nos escritos de Charles Ryrie e John Walvoord. Em vez do ensino anterior da terra permanente ou do cumprimento terreno das promessas de Deus a Israel em contraste com as promessas espirituais celestiais oferecidas à Igreja, esses teólogos ensinaram que um futuro unido espera por judeus e gentios em unidade soteriológica. Mais recentemente ainda, teve início uma reconciliação entre adeptos do dispensacionalismo e os defensores da teologia não dispensacionalista. Particularmente significativa é a compreensão escatológica do NT com sua abordagem já/ainda não das promessas feitas no AT. O dispensacionalismo progressivo como defendido por evangelicais como Craig Blaising, Darrell Bock e Robert Saucy emergiu como esforço recente em busca da sintonia fina do sistema hermenêutico. Essa abordagem tem sido criticada por apoiadores da escola mais antiga, mas obteve muitos seguidores. A abordagem mais nova está próxima do pensamento não dispensacionalista e pode dessa forma servir de ponte para unir evangelicais acerca de questões bíblicas e teológicas. O dispensacionalismo continua uma força vibrante dento da interpretação evangelical da Bíblia. V. *milênio; Apocalipse, livro de*. — *Doros Zachariades*

DISPERSÃO V. *diáspora*.

DISTRIBUIÇÃO Conceito do AT de partilha de terras por Deus ou por sorteio. A distribuição das terras de Canaã entre as tribos de Israel está registrada em Nm 32 e Js 13—19. Deus dirigiu o processo por meio do sorteio realizado pelo sacerdote (Js 14.1,2). As tribos de Rúben e Gade, junto com meia tribo de Manassés, pediram terras a leste do Jordão (Nm 32.33). Em Ez 48 também há uma versão da distribuição de terras para os judeus depois do exílio, reavaliada para que cada tribo recebesse uma parte igual. V. *sortes*. — *Ronald E. Bishop*

DISTRITO Traduz diversas palavras hebraicas e gregas referentes a uma região, território ou terra. No AT o distrito com frequência denota a parte de um todo maior, ou de províncias ou de um Império (1Rs 20.14-19), regiões dentro de um país (2Cr 11.23) ou seções de uma cidade (Ne 3.9-18). No NT essas palavras podem ser traduzidas também por "região", que se refere a uma área em volta de uma cidade (Mt 15.21; 16.13; Mc 8.10). Em At 16.12 a referência é a uma área administrativa (talvez Mt 2.22 também). Em Mt 9.26,31 a palavra usada no original é traduzida por "região".

DIVERSIDADE Característica das populações humanas e animais (Gn 10; At 17.26,27). Do tesouro das suas riquezas Deus criou um número incomensurável de criaturas para encher a Terra (Gn 1.11,12,20-22,24,25) e responder a ele com louvor (Sl 148).

Embora Deus escolhesse a família de Abraão dentre as nações para ser sua possessão especial, um elemento de diversidade étnica sempre esteve presente no seu povo (Êx 12.38; cp. Lc 4.25-27). Em certas épocas, Israel respondeu negativamente a diversas populações que vivem em seu meio, tal como quando Neemias criticou os judeus de Jerusalém por se casar com mulheres estrangeiras (Ne 13.23-30). A questão da diversidade se tornou crítica na expansão inicial da igreja para o mundo gentílico (At 10.1-48; 15.1-21) e foi resolvida com base na unidade em Cristo (Gl 3.28). João viu que a população do céu terá pessoas "de todas as nações, tribos, povos e línguas" (Ap 7.9).

Deus provê uma diversidade de dons espirituais para equipar e capacitar sua igreja para o serviço em um mundo tão diverso (1Co 12.4-31; Ef 4.11-13).

DÍVIDA, DEVEDOR V. *empréstimo, emprestar*.

DIVINDADE Palavra usada para se referir a Deus quando se fala da sua natureza ou essência, ou das pessoas da Trindade. V. *Trindade*.

DIVINDADE DE CRISTO V. *Cristo, cristologia; encarnação; Jesus Cristo*.

DIVÓRCIO Ruptura de uma aliança de casamento. Ação contrária ao padrão de "um homem, uma mulher, a vida toda" revelado por Deus em Gn 1.27; 2.21-25. A ideia básica inclui o cortar do vínculo de casamento. Embora as culturas antigas se diferenciassem nos pormenores, a maioria delas tinha um conceito de casamento e um conceito correspondente de divórcio.

O AT tem diversas referências ao divórcio. O conceito de que o divórcio constituía pecado aparece em Ml 2.14-16. Em primeiro lugar, Malaquias afirma que o casamento representava uma aliança entre um homem e uma mulher. Além disso, o casamento promovia companheirismo, gerava unidade e estimulava a descendência piedosa. A dissolução do casamento representava um comportamento traiçoeiro diante do Senhor. Deus odiava o divórcio e tinha pronunciado uma advertência aos não divorciados.

Em certas condições, o divórcio era permitido sob a lei do AT (Dt 24.1-4). Embora a mulher pudesse abandonar o marido, somente o marido podia buscar o divórcio. Se o homem encontrasse nela "algo que ele reprova", tinha permissão para, mas não se exigia dele, escrever uma "certidão de divórcio" contra sua esposa. A mulher rejeitada podia casar de novo, mas não poderia casar novamente com o primeiro marido. O texto de Dt 24 tem sido interpretado para significar ou que qualquer coisa desagradável daria permissão para o divórcio ou que somente a imoralidade sexual permitiria o divórcio. A interpretação biblicamente mais coerente parece que, se logo depois do casamento o marido descobrisse que a mulher já tinha sido sexualmente ativa no período de noivado (ou mesmo antes), então ele poderia se divorciar dela. Essa era uma importante salvaguarda visto que, sob o a lei do AT, o adultério (a imoralidade sexual no casamento) era punível de morte (Lv 20.10). Depois do cativeiro babilônico de Israel, Esdras (Ed 10) levou os israelitas a expulsar todas as mulheres estrangeiras e seus filhos, para eliminar de Israel os estrangeiros idólatras. O casamento com povos idólatras que viviam em volta de Israel tinha sido proibido em Dt 7.3. Como outros estrangeiros tinham sido aceitos em Israel (i.e., Rute), essa decisão pode ter indicado a negação de adorar ao Senhor como Deus por parte das mulheres estrangeiras.

A regulamentação do divórcio aparece em outras partes do AT. Os sacerdotes não tinham permissão para se casar com mulheres divorciadas (Lv 21.14), mostrando um padrão mais elevado para suas ações. Além disso, o voto da mulher divorciada era considerado legalmente válido, pois não havia marido para confirmar ou contrariar suas ações (Nm 30.9). Por fim, o Senhor usou o divórcio como símbolo do seu desgosto para com Israel (Jr 3.8), embora em outros lugares apresentasse planos futuros para Israel.

O NT também lança luz sobre o tema do divórcio. O Senhor Jesus afirmou que o divórcio, exceto no caso de imoralidade sexual, causaria complicações para o novo casamento. O divórcio inadequado faria da mulher divorciada e do seu futuro marido adúlteros no seu relacionamento (Mt 5.31,32). Em Mt 19.3-12, Jesus afirmou que a intenção de Deus nunca foi o divórcio. Além disso, ele afirmou que a Lei mosaica permitiu o divórcio somente por causa da dureza de coração dos israelitas. Os discípulos de

Jesus consideraram isso uma palavra muito dura e o manifestaram; mesmo assim, ele confirmou sua posição sobre o divórcio (Mt 19.7-12; Mc 10.4-12).

O apóstolo Paulo tratou da questão do divórcio duas vezes. Na discussão da lei em Rm 7.1-3, Paulo usou a ilustração do casamento para mostrar a autoridade da lei. Reafirmou os princípios da santidade do casamento, o quanto era errado o divórcio e as consequências potenciais do novo casamento. Em 1Co 7.10-16 Paulo reafirmou a necessidade de preservar o compromisso do casamento.

Com base em Rm 7.1-3 e 1Co 7.39, Paulo acreditava na não aplicação do divórcio nos casos em que um dos cônjuges tinha morrido. O cônjuge viúvo estava livre para casar contanto que o novo casamento fosse "no Senhor" (1Co 7.39). Por isso, o casamento nas Escrituras representava o vínculo sagrado entre um homem e uma mulher até que a morte os separasse. O conceito de casamento foi ordenado por Deus e aplicado igualmente a cristãos e a incrédulos. Isso tinha consequências para as qualificações da liderança para a outra instituição de Deus, a Igreja (1Tm 3.1-13; Tt 1.5-9). O rompimento da aliança do casamento era contrário ao plano de Deus e dividia a instituição da família coordenada por Deus. V. *bodas [casamento]*. — *Michael R. Spradlin*

DI-ZAABE Nome de lugar que significa "lugar de ouro". Lugar a leste do rio Jordão usado em Dt 1.1 como o local em que Moisés falou a Israel. Nada mais se sabe sobre o lugar. Pode estar localizado em Moabe na atual ed-Dhebe.

DÍZIMO Décima parte, especialmente do que é oferecido a Deus. Abraão ofereceu a Melquisedeque, rei-sacerdote de Jerusalém, o dízimo do butim que havia conquistado em batalha (Gn 14.18-20). Jacó prometeu oferecer a Deus o dízimo de tudo que tivesse depois de regressar em segurança para seu lar (Gn 28.22). O dízimo era o assunto de muitas leis. O texto de Nm 18.20-32 providencia o sustento dos levitas e dos sacerdotes por meio do dízimo. O Código Deuteronomista estipula que o dízimo da produção agrícola seria usado em uma festa familiar no santuário, celebrando as provisões dadas por Deus (Dt 14.22-27). Esse mesmo código estipulou o dízimo do terceiro ano para o cuidado dos levitas, órfãos, viúvas e estrangeiros (Dt 14.28,29). Alguns estudiosos acreditam que a diferença na legislação reflita diferentes usos dos dízimos em diferentes estágios da história de Israel. Entretanto, os rabinos do período do NT entenderam as leis como se referindo a três dízimos distintos: o dízimo levítico, o dízimo para ser gasto celebrando em Jerusalém e o dízimo de caridade. Em Ml 3.8 há a negligência para com os dízimos como algo equivalente a roubar a Deus. Não obstante, Jesus advertiu que o ato estrito de dizimar deve estar acompanhado da preocupação pelas exigências mais importantes da lei, a saber, o estilo de vida que preza pela justiça e misericórdia (Mt 23.213; Lc 11.42). V. *mordomia*.

DOBRADIÇA Eixo flexível sobre o qual uma porta se vira para abrir e fechar. O texto de Pv 26.14 compara uma pessoa preguiçosa se revirando na cama a uma porta que gira nas dobradiças. Discute-se o sentido da palavra traduzida por "dobradiça" em 1Rs 7.50. A *NVI* e *ARA* traduzem por "dobradiça" propriamente, mas a *ARC* traduz por "coiceira", o que dá ideia de uma porta que girava para abrir e fechar por meio de um eixo fixo no chão, não no meio da parede.

DODAI Nome pessoal relacionado à palavra hebraica que significa "favorito" ou "amado". Em 1Cr 27.1-15 temos a descrição do exército de Davi subdividido em 12 grupos mensais tendo um oficial sobre cada uma delas. Dodai era responsável pelo segundo mês. Em 1Sm 23.9 e 1Cr 11.12 está a referência a Dodô, de Aoí, que provavelmente é uma grafia variante referente de Dodai. V. *Dodô*.

DODANIM Bisneto de Noé e filho de Javã na lista das nações (Gn 10.4). Em 1Cr 1.7 o nome é Rodanim. Copistas antigos facilmente faziam confusão entre as letras hebraicas "r" e "d". Se Rodanim estiver certo, a referência pode ser aos habitantes de Rodes. Se Dodanim for o original, a identificação do povo não é simples. Poderia ser uma referência à terra de Danuna conhecida das cartas de Amarna, que aparentemente ficava ao norte de Tiro. Um povo com nome semelhante estava entre os povos do mar que lutaram contra Ramsés III. Homero diz que os daneus venceram Troia. Sargom II descreve Yadana que vivia em Chipre. Apesar dessas informações específicas, eram aparentemente da região grega e podem ter falado grego.

DODAVA Nome pessoal que significa "amado de Javé". Pai do profeta Eliézer (2Cr 20.37).

DODÔ Nome pessoal que significa "amado dele". **1.** Avô de Tolá, o juiz (Jz 10.1). **2.** Pai de Eleazar, um dos três principais guerreiros de Davi (2Sm 23.9). Em 1Cr 27.4 é chamado Dodai. **3.** Cidadão de Belém e pai de Elcana, um dos guerreiros de Davi (2Sm 23.24).

DOEGUE Nome pessoal que significa "cheio de temor". Um edomita a serviço do rei Saul (1Sm 21.7). Estava presente em Nobe quando Davi chegou lá na fuga diante de Saul. Doegue relatou depois a Saul que o sacerdote Aimeleque tinha dado ajuda a Davi. Depois de confrontar Aimeleque, Saul ordenou aos guardas que matassem os sacerdotes de Nobe. Quando os guardas se recusaram a obedecer, Saul ordenou a Doegue que matasse os sacerdotes. Em uma demonstração cruel de obediência, Doegue tirou a vida de 85 pessoas. O título de Sl 52 é uma referência a esse incidente. V. *Saul*.

DOENÇAS Disfunções físicas e/ou mentais que limitam as funções físicas e diminuem a qualidade de vida. O tratamento bem-sucedido de uma doença depende principalmente do diagnóstico rápido e correto e do uso de agentes terapêuticos eficazes. Infelizmente, as pessoas que viviam nos tempos bíblicos tinham meios escassos para diagnosticar e tratar as doenças. As pessoas mais bem formadas tinham um conhecimento limitado da anatomia e fisiologia humanas e um conhecimento menor ainda sobre a natureza das doenças e seus efeitos sobre o corpo. Ninguém sabia nada sobre bactérias e vírus. Esse fato dificultava o diagnóstico. As doenças eram muitas vezes atribuídas ao pecado ou à maldição proferida por um inimigo. As principais ferramentas de diagnóstico eram a observação e o exame físico superficial. O médico possuía pouco auxílio para usar no trabalho.

Provedores de cuidado médico A literatura do antigo Oriente Médio contém numerosas referências a médicos e à prática médica. Um médico sumério, Lulu, viveu na Mesopotâmia aproximadamente em 2700 a.C. Algumas décadas depois, um egípcio famoso chamado Imhotep estabeleceu grande reputação de médico e sacerdote. Também se tornou famoso como grande arquiteto. Projetou a pirâmide de escadarias em Saqqara.

O *Código de Hamurábi*, de aproximadamente 1750 a.C., contém diversas leis regulamentando a prática da medicina e da cirurgia por médicos na Antiga Babilônia. Embora a profissão da medicina estivesse ainda na infância, os muitos profissionais desenvolveram lentamente suas habilidades.

Os egípcios fizeram progressos mais rápidos no conhecimento médico e na sua aplicação a pacientes do que os babilônios. Seus médicos tendiam a se especializar. Cada um limitava a prática a uma parte do corpo, como os olhos, os dentes ou o estômago. Os médicos egípcios, como outros, com frequência usavam ervas nos seus medicamentos. Essas eram colhidas de muitas áreas do mundo e cultivadas em jardins. Os médicos egípcios se tornaram respeitados em todo o mundo antigo. Sua habilidade foi admirada mesmo em um período posterior pelos gregos, que mais tarde se tornaram os melhores médicos.

O AT tem somente algumas referências a médicos. Essas pessoas muito provavelmente tinham sido treinadas no Egito. Médicos foram chamados para embalsamar o corpo de Jacó (Gn 50.2). O rei Asa buscou cuidado dos médicos para os pés enfermos (2Cr 16.12). Algumas referências não médicas são feitas a médicos (Jr 8.22; Jó 13.4). É improvável que entre os antigos hebreus houvesse muitos médicos treinados.

O grande médico grego, Hipócrates, nasceu em aproximadamente em 460 a.C., e com frequência se fala dele como o pai da medicina. Hipócrates acreditava que as doenças tinham causas naturais. Ele se baseava principalmente em dietas e em diversas ervas para tratar os pacientes. Por volta de 300 a.C. os gregos estabeleceram uma importante escola médica em Alexandria, Egito, que prosperou por diversos séculos e formou muitos médicos. A escola era famosa por sua grande biblioteca e seus laboratórios. A dissecação de corpos humanos era permitida, e alguns avanços limitados foram feitos no conhecimento da anatomia.

No tempo de Jesus, a cidade de Roma tinha se tornado um importante centro médico. Muitos médicos clinicavam ali. No início eram da classe dos escravos, mas gradualmente sua profissão se tornou valorizada. Júlio César concedeu cidadania romana aos médicos gregos que trabalhavam em Roma. Os romanos fizeram contribuições significativas na área da saúde pública, incluindo a provisão de um sistema de distribuição de água relativamente pura, um sistema de esgoto eficiente e o estabelecimento de um programa de inspeção de alimentos. Os romanos também estabeleceram uma rede de hospitais, inicialmente fundada para cuidar das necessidades do exército.

As regiões mais distantes do Império, como a Palestina, tinham aparentemente poucos médicos bem treinados, embora pouca informação esteja disponível com respeito ao cuidado médico profissional fora das grandes cidades. A maioria das pessoas provavelmente nascia e morria sem nunca ter sido tratada por um médico profissional.

O NT menciona médicos apenas algumas vezes. Jesus observou que o propósito de um médico era tratar dos doentes (Mt 9.12; Mc 2.17; Lc 5.31) e referiu-se a um provérbio comum: "Médico, cura-te a ti mesmo" (Lc 4.23). Os evangelhos de Mc e Lc contaram a história de uma mulher que tinha buscado a ajuda de médicos, mas não tinha sido curada (Mc 5.25-34; Lc 8.43-48). Paulo, em Cl 4.14, observa que seu colega, Lucas, era médico. Lucas era gentio, sua cidade natal é desconhecida. O local do seu treinamento médico também é desconhecido, mas é possível que tenha frequentado a escola médica em Tarso, a cidade natal de Paulo.

Em muitos países os sacerdotes eram incumbidos de responsabilidades médicas. Isso era assim entre os antigos hebreus, nesse grupo os sacerdotes eram os principais provedores de serviços médicos. Eram especialmente responsáveis pelo diagnóstico de doenças que pudessem representar uma ameaça à comunidade (Lv 13). Os sacerdotes em Israel aparentemente tinham pouca importância no tratamento dos doentes.

No tempo do NT, o deus romano da cura, Esculápio (conhecido entre os gregos em uma época anterior pelo nome de Asclépio), era muito popular. Muitos dos seus templos, servidos por sacerdotes, estavam espalhados por todo o mundo mediterrâneo. Pessoas buscando cura enchiam esses templos. Elas com frequência levavam miniaturas de partes do corpo afetadas pela doença a esses templos e as deixavam com os sacerdotes. Outros sítios, por uma razão ou outra, também se tornaram conhecidos como lugares de cura. Um bom exemplo bíblico disso é o tanque de Betesda (Jo 5.1-5). O tanque de Siloé também é associado ao ministério de cura de Jesus (Jo 9.7).

A maior parte da medicina praticada na antiga Palestina e em outras partes distantes do Império Romano provavelmente não era profissional. Esse certamente foi o caso nos tempos do AT. Mulheres, treinadas como aprendizes e pela experiência, faziam o papel de parteiras. Algumas pessoas se tornaram peritas em recolocar no lugar ossos quebrados. As famílias dependiam da aplicação de remédios populares na maioria dos casos de doenças, talvez em consulta com alguém da comunidade conhecido pelo êxito no tratamento de diversas enfermidades. Felizmente, o corpo humano tem a habilidade considerável de curar a si mesmo. Apesar das evidentes limitações médicas, muitos pacientes se recuperavam; e muitos remédios usados eram "eficazes".

Métodos de tratamento de doenças A Bíblia contém pouca informação sobre o tratamento de doenças, a não ser por meios milagrosos. Grande parte dos dados concernentes a esse tópico precisa ser obtida de outras literaturas antigas. A maioria desses registros vem dos antigos babilônios, egípcios, gregos e romanos. Alguns são ainda mais antigos. Foi achada, p. ex., uma tábua de argila contendo 15 prescrições de uma fonte suméria. Essa tábua data de aproximadamente 2200 a.C.

O exame desses registros antigos, muitas vezes fragmentados e indefinidos, revela que a maioria dos medicamentos era derivada de três fontes. A maioria vinha de diversas partes de muitas plantas diferentes. Médicos antigos também usavam substâncias obtidas de animais, como sangue, urina, leite, cabelo e conchas e ossos moídos. Além disso, certos produtos minerais eram comumente usados, incluindo-se o sal e o betume. O uso desses medicamentos era acompanhado com frequência de rituais mágicos, encantamentos e orações. Nos períodos mais antigos, em particular, não havia distinção clara entre religião, superstição e ciência.

Médicos da atualidade e estudantes da Bíblia enfrentam uma tarefa quase impossível ao tentarem diagnosticar com precisão as enfermidades mencionadas na Bíblia. Diversas doenças infecciosas sem dúvida explicavam grande parte dos casos de doenças sérias e mortes. Deficiências nutritivas, defeitos congênitos e ferimentos eram comuns. Os sintomas produzidos por esses e outros tipos de aflições físicas eram tratados por uma diversidade de meios.

A prevenção é sempre o melhor meio de tratamento. Como a causa da maior parte das doenças era desconhecida no período bíblico, relativamente pouco podia ser feito, não obstante, para prevenir doenças. Os povos antigos perceberam por sinal a natureza contagiosa de algumas doenças. Nesses casos, eram feitas tentativas para isolar a pessoa afetada e evitar o contato próximo com indivíduos saudáveis (Lv 13).

A palavra hebraica traduzida por "lepra" em Lv 13 é um termo geral usado para descrever uma série de diferentes erupções cutâneas. Embora a verdadeira lepra também ocorresse nos tempos antigos e com frequência causasse mudanças na pele, muitas das pessoas levadas aos sacerdotes certamente sofriam de infecções da pele mais comuns causadas por bactérias ou fungos. Os sacerdotes tinham a responsabilidade de determinar, com base em exames repetidos, qual ou quais dessas erupções representavam uma ameaça aos outros. Tinham a autoridade para isolar da comunidade pessoas suspeitas de doenças perigosas.

Em Is 38 conta a história de uma doença muito séria do rei Ezequias. A causa da sua doença era um "furúnculo" (v. 21; "úlcera", *ARA*). A palavra hebraica traduzida por "furúnculo" é traduzida por "feridas terríveis" em Jó 2.7. É também a palavra usada para descrever a erupção ocorrida em homens e animais mencionada em Êx 9.8-11 (cf. Lv 13.18-20; Dt 28.2).

A doença do rei Ezequias foi tratada com a aplicação de um emplastro de figos (Is 38.21). Ezequias quase certamente tinha um tipo de infecção bacteriana aguda da pele. Antes da descoberta dos antibióticos, essas infecções perigosas causavam a morte. Embora seja improvável que os figos tivessem alguma propriedade medicinal, provavelmente foram aplicados em forma de compressa quente. O calor é um tratamento eficaz de infecções na pele.

O uso de compressas frias e quentes era amplamente difundido no mundo antigo para tratar doenças, embora a própria Bíblia tenha pouco a dizer sobre o assunto.

O cuidado médico nos tempos bíblicos com frequência empregava diferentes tipos de pomadas e unguentos. O azeite de oliva era usado amplamente, ou isolado ou como um ingrediente de unguentos. O uso do óleo no tratamento de feridas é mencionado em Is 1.6 e Lc 10.34. O óleo também se tornou um símbolo da medicina, e seu uso foi associado com a oração pelos doentes (Mc 6.13; Tg 5.14).

Plantas medicinais e diversos produtos obtidos de diversas plantas estavam entre os medicamentos antigos mais populares. Esses eram aplicados ao corpo como um emplastro, ou, em muitos casos, tomados por via oral. O olíbano e a mirra — resinas obtidas de árvores — eram usados comumente para tratar de diversas doenças, embora o uso principal fosse em perfumes de incenso.

Em geral se atribuíam propriedades medicinais ao vinho. Um dos seus empregos era aliviar a dor e o desconforto. O vinho, misturado com fel e mirra, foi oferecido a Jesus antes da sua crucificação, mas ele se negou a tomá-lo (Mt 27.34; Mc 15.23). O vinho também era usado para acalmar desarranjos intestinais ou estomacais (1Tm 5.23) e para tratar uma série de outros problemas físicos. Outro tipo de bebida fermentada também era amplamente usado como ingrediente em diversos medicamentos, especialmente pelos babilônios.

Doenças mentais e a epilepsia não eram incomuns no mundo antigo, e suas vítimas sofriam muito. A doença era geralmente associada com poderes demoníacos. A pessoa afetada com frequência era isolada e mesmo abusada em alguns casos. O rei Saul se tornou mentalmente instável, e é interessante observar que ele recebeu alguma ajuda da música (1Sm 16.23), uma forma de terapia que se mostrou benéfica em alguns casos de doenças mentais. Talvez o exemplo mais dramático de doença mental relatado na Bíblia seja o de

Nabucodonosor, rei da Babilônia (Dn 4). Não há descrição de tratamento, mas a sanidade do rei foi restaurada quando ele reconheceu o Deus verdadeiro.

A esterilidade era um grande problema nos tempos bíblicos. Um casal sem filhos era desprezado por todos. Quando Lia sofreu um período temporário de esterilidade, mandou seu filho, Rúben, ao campo para buscar mandrágoras. Raquel, sua irmã estéril, também pediu algumas mandrágoras (Gn 30.924). A raiz da mandrágora era amplamente usada no mundo antigo para promover a concepção, embora não haja razão alguma para se acreditar que ela fosse realmente eficaz. Também era usada como um narcótico.

A maioria dos bebês nascia sem o auxílio de um médico. Com frequência se buscava a ajuda das parteiras, especialmente no caso de partos difíceis (Gn 35.16-21; 1Sm 4.19-22). Com frequência os bebês nasciam com as mães sentadas em um assento especial (Êx 1.16, *ARC*). Muitas mães e bebês morriam no parto ou nos primeiros dias ou semanas depois do nascimento. A elevada taxa de mortes era devida à infecção, perda de sangue, baixa nutrição e ausência de bons cuidados médicos antes, depois e durante o parto. O hábito da amamentação felizmente ajudava a prevenir algumas doenças.

Alguns exemplos de doenças são mencionados na Bíblia em que não há descrição do tratamento dado. O rei Asa tinha uma doença nos pés (2Cr 16.12). A natureza do tratamento dado pelos médicos não é dada, mas não teve êxito, e ele morreu depois de dois anos. Talvez ele tenha sido afligido pela gota, mas isso é incerto.

O rei Jeorão morreu com um dolorido desarranjo intestinal (2Cr 21.18-20). O rei Uzias morreu de lepra (2Cr 26.19-23). O rei Herodes Agripa I morreu de um tipo de doença parasítica (At 12.21-23). Diversos reis morreram de ferimentos em batalha. Acazias morreu depois de cair da parte superior da sua casa em Samaria (2Rs 1.2-17). Quando ocorria uma doença ou acidente no mundo antigo, pouco importava se a pessoa era da corte do rei ou alguém comum — de qualquer forma, a ajuda médica disponível era limitada.

Diversas doenças acompanhadas de febre são mencionadas em Mt 8.14,15; Jo 4.46-52; At 28.8. Nesta última, um homem doente também tinha disenteria. A disenteria tem diversas causas, mais um tipo muito comum e sério era causado por uma ameba, um parasita intestinal. A maior parte das ocorrências de febre era devida a doenças infecciosas, incluindo a malária. Não havia tratamento eficaz para qualquer uma dessas infecções, e com frequência a morte era o resultado. As infecções nos olhos com frequência resultavam em cegueira.

As crianças eram particularmente vulneráveis às doenças, e a mortalidade era alta. A Bíblia conta de muitas crianças que sofreram de doenças e às vezes chegaram à morte (2Sm 12.15-18; 1Rs 17.17-24; 2Rs 4.18-37; Lc 7.11-15; 8.40-56; Jo 4.46-52).

Como havia pouco cuidado médico bom disponível e as doenças com tanta frequência levavam a resultados desastrosos, não é de admirar que pessoas doentes nos tempos bíblicos com frequência pedissem a ajuda divina. O povo hebreu não foi exceção nessa prática. Eles buscaram muitas vezes a ajuda de Deus diretamente por meio da oração ou por meio de alguma pessoa a quem atribuíam poder de cura especial dado por Deus. Muitos milagres descritos na Bíblia são milagres de cura.

Cirurgia O único procedimento cirúrgico mencionado na Bíblia é circuncisão. Era realizada por razões religiosas, não médicas, e geralmente não era realizada por um médico. De muitas formas, no entanto, avanços na cirurgia ocorreram mais rapidamente do que o progresso em outros ramos da medicina em muitos países. Descrições de operações têm sido encontradas na literatura antiga, e algumas antigas ferramentas cirúrgicas foram descobertas nas ruínas de cidades antigas. Esqueletos e múmias às vezes têm marcas de antigos procedimentos cirúrgicos.

Feridas eram cortadas; ossos quebrados eram recolocados; braços e pernas eram amputados. Furos eram feitos no crânio para aliviar a pressão, e pedras eram removidas da bexiga. Dentes também eram extraídos. Foram encontradas antigas múmias com obturações de ouro nos seus dentes. Além disso, próteses dentárias, usando dentes humanos e de animais, eram preparadas já em 500 a.C. Outros tipos de procedimentos também eram empregados. A cirurgia exigia ousadia por parte tanto do médico quanto do paciente.

Jesus e o tratamento de doenças Um dos grandes ministérios de Jesus foi a cura de doentes. Eles afluíam a ele em multidões, com frequência depois de terem tentado todos os remédios disponíveis naqueles dias. Estavam desesperados por ajuda.

Jesus não acreditava que todas as doenças eram resultantes diretamente do pecado (Jo 9.1-3). Ele tinha o poder, no entanto, tanto de perdoar pecado quanto de curar (Mt 9.1-8; cp. Mc 2.1-12; Lc 5.17-26). Ordinariamente, ele não usava nenhum meio secundário para tratar os aflitos, embora em algumas ocasiões tenha usado saliva (Mc 7.32-35; 8.22-25; Jo 9.6,7). Algumas das doenças tratadas por Jesus provavelmente tinham origem psicossomática; mas muitas outras certamente tinham causas orgânicas, incluindo defeitos congênitos, ferimentos acidentais e infecções.

Independentemente da causa de sua aflição, as pessoas achavam que Jesus podia realmente ajudá-las. Não há dúvidas de que a capacidade de Jesus para fazer milagres é vista mais vividamente no seu ministério de cura. Os cegos, os surdos, os aleijados e sofredores de todos os tipos encontraram nele a ajuda que com frequência não estava disponível por outros meios médicos. — *Kenneth Eakins*

DOENTE V. *Doenças*.

DOFCA Nome de lugar que talvez signifique "estrada (de animais)". Estação no deserto entre o deserto de Sim e Refidim na qual Israel acampou (Nm 33.12). Tem sido localizada na atual Serabit el-Chadim, mas isso é incerto.

DOM, DÁDIVA Favor ou algo concedido a alguém. Dons ou presentes eram concedidos em numerosas ocasiões, por uma variedade de propósitos: como um dote para a esposa (Gn 34.12), um tributo a um conquistador militar (2Sm 8.2), suborno (Êx 23.8; Pv 17.8; Is 1.23), recompensa por um serviço fiel e para garantir lealdade futura (Dn 2.48), ajuda para os pobres (Et 9.22). Como essas dádivas podem ser exigidas pela tradição cultural, pela lei ou pela força, alguns adjetivos são empregados algumas vezes para especificar os dons concedidos voluntariamente: ofertas voluntárias (Êx 35.29), dom gratuito (Rm 5.15-17; 6.23), oferta generosa não motivada por avareza (2Co 9.5).

Ambos os Testamentos testificam a respeito de Deus como o doador de todas as coisas boas (1Cr 29.14; Tg 1.17). A vida humana é dom de Deus (Jó 1.21), assim como são todas as coisas necessárias para a vida física: o Sol para a luz (Jr 31.35), as plantas (Gn 1.29) e os animais para alimentação (Gn 9.3), a água (Nm 21.16), o vestuário (Gn 28.20), o pasto para os rebanhos (Dt 11.15), chuvas sazonais para as lavouras (Lv 26.4), o companheirismo entre homem e mulher (Gn 2.18-24; cp. 3.12), a capacidade de gerar filhos (Gn 17.16) e o sono (Sl 127.2). As habilidades humanas são, pela mesma forma, concedidas por Deus: capacidade para trabalhar (Dt 8.18); habilidades artísticas (Êx 31.6); a capacidade de adquirir aprendizado e dominar habilidades de comunicação (Dn 1.17). Tais dádivas ou dons demonstram a providência geral de Deus.

As Escrituras também dão testemunho a respeito dos dons de Deus como evidência da providência especial. No AT tais dons incluíam a terra prometida (Gn 12.7), sua conquista bem-sucedida (Dt 2.36), a posse de suas cidades (Dt 6.10) e seu espólio (Dt 20.14). Também eram considerados como dádivas de Deus o sábado (Êx 16.29), as promessas (1Rs 8.56), as alianças (2Rs 17.15), a Lei (Êx 24.12), a paz (Lv 26.6). No NT a providência especial de Deus é evidenciada no dom do Filho de Deus (Jo 3.16) e na dádiva do Espírito Santo de Deus (Lc 11.13).

Deus tornou possível o relacionamento com ele ao conceder sabedoria ao seu povo (1Rs 4.29), entendimento (1Rs 3.9), um novo coração (Ez 36.26) e um bom Espírito para ensiná-lo (Ne 9.20). O NT expressa esses dons como o poder de se tornar filho de Deus (Jo 1.12), a justificação do pecado (Rm 3.24; 5.15-17) e a vida eterna (Jo 10.28; Rm 6.23).

Ambos os Testamentos testificam a respeito do dom de liderança que Deus concede ao seu povo, em diversas funções: sacerdotes (Nm 8.19; Zc 3.7), os reis davídicos (2Cr 13.5), libertadores (2Rs 13.5), governantes com sabedoria e entendimento (Jr 3.15) e também apóstolos, profetas, evangelistas, pastores e mestres (Ef 4.11-12). Paulo falou do ministério da reconciliação como uma dádiva da parte de Deus (2Co 5.18), sobre autoridade para edificar a igreja (2Co 10.8) e graça para compartilhar o evangelho aos gentios (Ef 3.8). O NT também enfatiza os dons de Deus como habilidades espirituais para todos os cristãos (Rm 12.6; 1Co 12.4; 1Pe 4.10).

Os dons de Deus devem produzir uma resposta adequada da parte dos que os recebem. Essa resposta inclui não se vangloriar (2Co 4.7; Ef 2.8); maravilhar-se diante da bondade inexprimível de Deus (2Co 9.5), o uso desses dons para o avanço do reino de Cristo (1Tm 4.14; 2Tm 1.6-11) e uma vida de boas obras (Ef 2.10). — Chris Church

DOMICIANO V. *Roma e o Império Romano*.

DOMINGO V. *Dia do Senhor*.

DOMÍNIO Autoridade política (Nm 24.19; Dn 7.6,12,14) ou o âmbito em que essa autoridade é exercida (1Rs 4.24; 9.19). O domínio pode ter conotações positivas como na situação em que a humanidade recebe o domínio sobre a criação (Gn 1.26,28; Sl 8.6) ou conotação negativa, próxima à ideia de dominação autoritária (Gn 37.8; Jz 14.4; Ne 9.28). Embora os seres humanos exerçam domínio na esfera política e sobre a criação, o domínio supremo pertence a Deus (Sl 72.8; Dn 4.3,34). O domínio é usado figuradamente para representar a autoridade da Lei (Rm 7.1, *ARA*), o domínio do pecado (Sl 19.13; Rm 6.14) e a morte (Rm 6.9). As "soberanias" de Cl 1.16 são poderes angelicais subordinados a Cristo.

DOMÍNIO PRÓPRIO Tradução de várias palavras gregas que indicam uma abordagem à vida marcada pela sobriedade, temperança, calma e ausência de paixão, tendo controle sobre desejos e paixões pessoais. As admoestações bíblicas apresentam a perspectiva de que o povo de Deus mantenha domínio próprio (Pv 25.28; 1Co 7.5; 1Ts 5.6; 1Tm 3.2; 2Tm 3.3; Gl 5.23; 2Tm 1.7; Tt 1.8; 2Pe 1.6). A liberdade em Cristo não dá aos cristãos base para lançarem fora restrições morais, como pareciam acreditar alguns membros das igrejas da Galácia e de outras regiões. Nem é uma fuga da vida e das tentações. O ensino bíblico é o chamado à autodisciplinada que segue o exemplo de Cristo de estar no mundo, mas não ser do mundo. V. *ética*.

DONINHA Animal impuro (Lv 11.29); mamífero pequeno, parente do visom. Algumas traduções consideram esse animal como a "toupeira" (*TEB*). Pode ser um membro da família *Spalacidae* (*Spalax ehrenbergi*) encontrado em muitos países, incluindo a Palestina. A doninha era comum na terra santa, embora seja mencionada apenas uma vez na Bíblia.

DOR Nome de lugar que significa "habitação". Cidade cananeia localizada na atual Khirbet el-Burj, a 19 quilômetros ao sul do monte Carmelo. Sua história primitiva mostra conexões com o Egito sob Ramsés II e com os povos do mar, parentes próximos dos filisteus. Aparentemente os tjekers, um dos povos do mar, destruíram a cidade pouco depois de 1300 a.C. Seu rei se aliou à coligação do norte contra Josué (Js 11.2; 12.23), mas foi derrotado. A expressão hebraica aqui, *nafot dor*, ou "altos de Dor" é inesperada, pois Dor está localizada na costa do mar. Essa referência precisa ser aplicada ao monte Carmelo. Dor ficava no território designado a Aser, mas a tribo de Manassés a reivindicava (Js 17.11). Os cananeus mantiveram o controle político sobre ela (Js 17.12; Jz 1.27). Dor serviu como sede de distrito sob Salomão, governado por Ben-Abinadabe, genro de Salomão (1Rs 4.11).

Vista do antigo porto de Dor em Israel.

DORCAS Nome pessoal que significa "gazela". Mulher cristã de Jope conhecida pelas obras de caridade (At 9.36). Também era chamada Tabita, nome aramaico. Quando ficou doente e morreu, seus amigos mandaram buscar o apóstolo Pedro. Ele veio de Jope. Por meio dele Dorcas foi ressuscitada. Esse foi o primeiro milagre desse tipo realizado pelos apóstolos e resultou em muitos novos convertidos.

DOTÃ Nome de lugar de significado incerto, também conhecido por Dotaim. Cidade da tribo de Manassés, a oeste do Jordão, a nordeste de Samaria, a sudeste de Megido, e agora identificada como Tel Dotha. Estava localizada em uma área menos produtiva para a agricultura e cruzada por estradas usadas para o comércio. Dotã é a região para a qual José viajou para encontrar seus irmãos (Gn 37.17). Dali, José foi vendido a uma caravana de ismaelitas e levado para o Egito, seguindo uma antiga rota comercial que passava pela planície de Dotã para o Egito. Dotã era o lugar em que Eliseu ficou (2Rs 6.13). O rei da Síria tentou capturar Eliseu sitiando a cidade. Eliseu então conduziu o exército sírio para longe de Dotã para a Samaria e a derrota. Dotã está a 8 quilômetros a sudoeste de Genin, a 18 quilômetros a nordeste de Samaria e a 21 quilômetros a norte de Siquém. — *David M. Fleming*

Escavações das ruínas de Dotã em Israel.

DOTE Presente de casamento que garantia a segurança financeira da jovem esposa diante da possibilidade do abandono ou da morte do marido. O futuro marido, ou seu pai, pagavam o dote, ou o preço da noiva, ao pai da noiva para que fosse guardado para a noiva. A noiva poderia protestar se seu pai usasse o dote para outros propósitos (Gn 31.15). Além disso, a noiva recebia presentes de casamento de seu pai e marido (Gn 24.53; 34.12; Jz 1.15). O valor do dote dependia dos costumes das tribos e clãs específicos e das condições econômicas e sociais das partes envolvidas (1Sm 18.23-27, um texto que também mostra que o dinheiro poderia ser substituído por serviço; cp. Gn 29.15-30; Js 16,17). Além de garantir a segurança financeira futura, o dote também compensava a noiva e sua família pela perda econômica representada à família dela pela sua saída e por estar se unindo à família do marido. Em Dt 22.29 aparentemente estabeleceu-se o preço em 50 ciclos de prata, preço muito mais alto que o pago por um escravo — 30 ciclos (Êx 21.32; cp. Lv 27.1-8). O pagamento do dote tornava o casamento um fato legal até mesmo antes das cerimônias oficiais de casamento ou da consumação do casamento. Os textos do antigo Oriente Médio de diferentes culturas mostram práticas semelhantes. Com frequência a noiva recebe o dote direta ou indiretamente por meio de seu pai. V. *família; bodas [casamento]*.

DOUTRINA Verdade e ensino cristãos passados de geração em geração como a "fé de uma vez por todas confiada aos santos" (Jd 3).

Especificamente, a doutrina se refere ao ensino cristão e em especial ao ensino cristão sobre Deus, o evangelho e o padrão abrangente da verdade cristã. A palavra em si significa "ensino" e de modo geral se refere ao corpo de crenças aceitas e defendidas universalmente pela igreja cristã e às crenças específicas de denominações e congregações individuais em particular.

A igreja cristã não pode evitar o ensino e assim precisa formular um arcabouço para a compreensão e o ensino dos elementos e princípios da fé e desenvolver essas doutrinas básicas em compreensões mais abrangentes e profundas. Sem essa estrutura, a igreja não conta com um sistema de crenças coerente nem meios para discernir crenças verdadeiras de falsas.

Assim a doutrina presta serviço vital e necessário para a vida da Igreja e a vida do cristão. O foco bíblico na doutrina não está baseado na noção de crenças estáticas e mortas, mas em verdades vivas apreciadas e defendidas por todos os verdadeiros cristãos.

O fundamento, livro de origem e a autoridade para o desenvolvimento da doutrina é a Bíblia. A Bíblia é "útil para o ensino" (2Tm 3.16) e ela forma a estrutura, o conteúdo e a autoridade para o desenvolvimento da doutrina.

A estrutura da doutrina cristã está enraizada no caráter da Bíblia como palavra de Deus inerrante e infalível. Como revelação divina, a Bíblia estabelece a estrutura de pensamento e transmite a verdade em forma doutrinária. A doutrina está mais claramente enraizada na natureza proposicional da revelação bíblica. A Bíblia estabelece uma estrutura unificada e abrangente da verdade cristã, e a Igreja assume a responsabilidade de correlacionar essas verdades em um sistema unificado de verdades.

O conteúdo da doutrina cristã é derivado de uma consideração cuidadosa de todo o ensino bíblico. As doutrinas são desenvolvidas à medida que os cristãos buscam entender o conteúdo da Bíblia e expressar esses ensinamentos de forma compreensível e adequada para a instrução dos fiéis.

A autoridade para as doutrinas cristãs é a própria Bíblia. Ao formular a doutrina, a Igreja leva em consideração outras autoridades. A experiência com frequência revela a necessidade de atenção doutrinária, e a verdadeira doutrina cristã deve ser vivida na experiência cristã fiel, não somente recebida como questão de interesse intelectual. A razão também é importante na formulação da doutrina, pois as ferramentas da razão são indispensáveis à tarefa de expressar as verdades bíblicas de forma doutrinária. A tradição também tem seu papel, pois toda a geração de cristãos herda padrões de crença e prática de gerações anteriores. Não começamos com uma tábua rasa que não tenha recebido tradições anteriores.

Mesmo assim, a Bíblia não pode funcionar apenas como uma autoridade entre outras. A Bíblia é a autoridade dominadora e suprema em todas as questões de doutrina e prática cristãs. A experiência, a razão e a tradição devem ser julgadas a partir das Escrituras, e as Escrituras não podem ser julgadas por outras autoridades. Esse princípio tem caracterizado a Igreja em todos os períodos de saúde e pureza doutrinárias. Quando se fazem concessões, inevitavelmente seguem heresias e ensinamentos falsos.

Esse princípio foi expresso na Reforma como *sola Scriptura*, pois somente as Escrituras são a autoridade final e dominadora para todo o ensino cristão e formulação doutrinária.

Uma vez formuladas, as doutrinas com frequência são expressas e ensinadas por meio de catecismos e adotadas como credos e confissões. Cada denominação cristã expressa suas crenças sob alguma forma doutrinária, não importa se muito elaborada ou rudimentar. Da mesma forma, todo cristão precisa ter uma compreensão básica da doutrina cristã a fim de estar preparado para explicar sua fé, como aconselha o apóstolo Pedro: "Estejam sempre preparados para responder a qualquer pessoa que lhes pedir a razão da esperança que há em vocês" (1Pe 3.15).

A igreja precisa dar atenção constante à doutrina, pois ensinos e heresias aberrantes são ameaças constantes à integridade bíblica do povo de Deus. Como os cristãos de Bereia, a igreja precisa examinar continuamente suas crenças com base nas Escrituras (At 17.11). As heresias precisam ser confrontadas e corrigidas com autoridade bíblica. Os falsos mestres devem ser identificados e removidos da comunhão (1Tm 6.3-5; Tt 3.10). A igreja não pode estar despreocupada sobre ensinamentos falsos, precisa proteger a pureza da verdadeira fé cristã em mútua submissão à Bíblia como palavra de Deus.

As doutrinas precisam ser formuladas, ensinadas e passadas de geração em geração em uma sucessão estabelecida pelos apóstolos (At 2.42; 2Tm 2.2). A fé "de uma vez por todas confiada aos santos" (Jd 3) deve ser valorizada, crida, defendida e protegida por todos os verdadeiros cristãos. Os pais são responsáveis por ensinar seus filhos, e os líderes da igreja devem instruir o rebanho de Deus com fidelidade.

Nenhuma formulação humana consegue expressar a verdade cristã em toda a sua abrangência. Nossas formulações doutrinárias nunca são equivalentes à plenitude da verdade bíblica. Mesmo assim, a igreja é chamada a expressar a estrutura e o conteúdo da verdade bíblica e a estar sempre ocupada com a tarefa de corrigir as doutrinas com base nas Escrituras, buscando ensinar o evangelho e o padrão da verdade bíblica como foi primeiramente recebida pelos apóstolos. — *R. Albert Mohler Jr.*

DOXOLOGIA Fórmula breve para expressar louvor ou glória a Deus. As doxologias geralmente contêm dois elementos, uma atribuição de louvor a Deus (geralmente mencionada na terceira pessoa) e uma expressão da sua natureza infinita. O termo "doxologia" ("palavra de glória") propriamente não é encontrada na Bíblia, mas tanto o AT como o NT contêm muitos trechos doxológicos usando essa fórmula.

As doxologias bíblicas são encontradas em muitos contextos, mas uma de suas funções principais parece ter sido a conclusão de cânticos (Êx 1.18), salmos (Sl 146.10) e orações (Mt 6.13), em que possivelmente serviam como respostas em grupo ao cântico ou à recitação individual. As doxologias concluem quatro das cinco divisões do saltério (Sl 41.13; 72.19; 89.52; 106.48). O texto de Sl 150 serve como um tipo de doxologia de toda a coleção. As doxologias também ocorrem no final ou perto do final de alguns livros do NT (Rm 16.27; Fp 4.20; 1Tm 6.16; 2Tm 4.18; Hb 13.21; 1Pe 5.11; 2Pe 3.18; Jd 25) e figuram de forma proeminente em Ap (1.6; 4.8; 5.13; 7.12). — *David W. Music*

DOZE, OS V. *apóstolo*; *discípulo*.

DRACMA Termo grego usado para se referir a moedas de prata (Lc 15.8,9). Unidade grega de moeda de prata que, no tempo do NT, era considerada equivalente ao denário romano. Em 300 a.C. uma ovelha custava 1 dracma, mas aparentemente na época do NT o dracma valia muito menos. V. *moedas; vida econômica*.

DRAGÃO Termo usado pela *ARC* para traduzir duas palavras hebraicas proximamente relacionadas (*tannim* e *tannin*). Às vezes os termos parecem permutáveis. O contexto mostra que o primeiro termo se refere a um mamífero que habitava o deserto (Is 13.22; 35.7; 43.20; Lm 4.3). A maioria das versões modernas identifica o animal com o chacal, embora talvez se refira ao lobo. O segundo termo tem quatro usos possíveis: 1) "grande monstro marinho" no sentido de uma grande criatura do mar (Gn 1.21; Sl 148.7), possivelmente uma baleia; esse sentido de *tannin* como ser criado pode servir como uma correção do sentido 4; 2) uma cobra (Êx 7.9,10,12; Dt 32.33; Sl 91.13); 3) um crocodilo (Jr 51.34; Ez 29.3; 32.3); aqui o animal é usado como símbolo de Nabucodonosor da Babilônia ou do faraó egípcio; 4) um monstro marinho mitológico, símbolo das forças do caos e do mal em oposição à obra criativa e redentora de Deus (Sl 74.12-14; Jó 7.12; 26.12,13; Is 27.1; 51.9,10). Leviatã e Raabe são usados como termos paralelos.

No NT o livro de Ap desenvolve o sentido 4, descrevendo o dragão como um grande monstro vermelho com sete cabeças e dez chifres. Esse dragão é claramente identificado com Satanás (o Diabo) e é denominado o enganador e acusador dos santos. Como nos textos do AT, o dragão é colocado sob guarda (Ap 20.1-3; Jó 7.12) e mais tarde solto para a destruição final (Ap 20.7-10; Is 27.1).

DROGAS (Narcóticos ilegais) Diversos princípios bíblicos tratam do flagelo resultante do uso de narcóticos ilegais. O conselho firme da Bíblia contra a embriaguez (Pv 20.1; 23.20,21,29-35; Is 28.1,7,8; Hc 2.15,16; Gl 5.16,21; Ef 5.28) é uma clara indicação de que os narcóticos ilegais afetam a mente e o corpo desfavoravelmente em um grau ainda maior que o álcool, e devem ser estritamente evitados. Como o abuso de álcool, o abuso da drogas destrói a capacidade de a pessoa viver uma vida razoável (Is 5.11,12).

A Bíblia reconhece a realidade atraente da tentação de ceder à pressão do grupo, abusar de si mesmo e desligar-se do mundo à volta (Pv 31.4-7; Is 56.12; 1Co 10.13; 15.33). Pedro fala da importância de manter a mente alerta em face de circunstâncias difíceis (1Pe 1.13; 5.8; cp. 1Ts 5.6). Mesmo na cruz Jesus recusou os efeitos inebriantes do vinho misturado com fel (Mt 27.34).

Os cristãos recebem a ordem de honrar a Deus com o corpo, que o apóstolo Paulo adequadamente chama de templo do Espírito Santo (1Co 6.19,20). A Bíblia ensina o valor do autocontrole (Pv 25.28; Gl 5.23) como meio de resistir à tentação (1Co 10.13). No fim das contas, é a obra de Cristo que rompe o ciclo de pecado e morte (Rm 7.18 8.2). — *Paul H. Wright*

DRUSILA Mulher de Félix, governador romano da Judeia que ouviu a causa de Paulo. Drusila era judia e ouviu os argumentos de Paulo com seu marido (At 24.34). Era a filha mais nova de Herodes Agripa I, prometida em casamento a Antíoco Epifânio de Comagene, mas tinha se negado a se tornar judeu. O rei Aziz de Emesa concordou em ser circuncidado, e eles se casaram. Átomos, um mágico de Chipre, ajudou Félix a conquistar Drusila, e ela se separou de seu primeiro marido. Aparentemente, seu filho Agripa morreu quando o monte Vesúvio entrou em erupção em 79 d.C. Ela também pode ter morrido nesse desastre. V. *Herodes*.

DUGONGO Mamífero herbívoro aquático relacionado ao peixe-boi. As notas explicativas da *NVI* para Êx 25.5, 26.14; 35.7, 23; Nm 4.1-14 dizem que o couro usado como cobertura do tabernáculo possivelmente seja de animais marinhos (também em 36.23; 36.19 e 39.34). A *ARA* verte o termo como "animais marinhos".

DUMÁ Nome de lugar que significa "silêncio" ou "povoado permanente". **1.** Filho de Ismael e antepassado original da tribo árabe (Gn 25.14) concentrado nos oásis de Dumá, provavelmente a atual el-Golf, também chamada Dumat el-Gandel (que significa Dumá das Rochas). Governantes de Dumá provavelmente liberaram coligações apoiadas por Damasco e mais tarde pela Babilônia contra a Assíria entre 740 e 700 a.C. Assim a Assíria castigou Dumá em 689 a.C. quando também derrotou Babilônia. Senaqueribe subjugou Dumá. O restante da história assíria está repleta de relações conturbadas com vassalos árabes, particularmente os da região de Dumá. Isaías proclamou um oráculo contra Dumá (Is 21.11). **2.** Cidade da tribo de Judá (Js 15.52). Provavelmente é a atual Khirbet ed-Dome a aproximadamente 14 quilômetros a sudoeste de Hebrom. Provavelmente é mencionada nas cartas de Amarna.

DURA Nome de lugar acádio que significa "muro em circuito". Planície na Babilônia onde o rei Nabucodonosor ergueu uma enorme imagem de ouro de um deus ou de si mesmo (Dn 3.1). É um nome de lugar comum de difícil localização exata.

DURAÇÃO DA VIDA A expectativa de vida nos países industrializados ocidentais se aproxima da expectativa natural da vida humana de acordo com Sl 90.10: "Os dias de nossa vida chegam a setenta, ou a oitenta para os que têm mais vigor" (cf. 2Sm 19.32-35; Lc 2.36-37). Conquanto a medicina moderna tenha melhorado o cuidado para com a saúde, e uma dieta saudável possa ampliar em alguma medida esse limite natural, não é razoável concluir que as pessoas possam ou devam viver tanto quanto os patriarcas da antiguidade.

Com a exceção de Enoque, que "andou com Deus, e já não foi encontrado, pois Deus o havia arrebatado" (Gn 5.24), cada um dos pais antediluvianos viveu mais 595 anos (Gn 5.3-31). O registro da duração da vida dos descendentes de Noé decresceu gradualmente após o dilúvio, de modo que os patriarcas viveram apenas o dobro da duração da vida normal de hoje em dia (Gn 25.7,8; 35.28,29; 47.28; 50.26). Conquanto haja eruditos que aceitem essas cifras de anos como anos exatos, outros as calculam como baseadas em fórmulas matemáticas ou genealógicas.

A Bíblia registra muitos casos trágicos de vidas humanas que findaram de forma prematura (Gn 4.8; 1Sm 31.2; 2Cr 35.23-25; Jó 21.21; Sl 39.5,11; Lc 12.20). Ninguém sabe o dia da morte (cf. Gn 27.2). Pelo fato de a vida passar tão rapidamente, o salmista pediu: "Ensinanos a contar os nossos dias para que o nosso coração alcance sabedoria" (Sl 90.12). — *Paul H. Wright*

DUREZA DE CORAÇÃO Ação ou estado de resistência e rejeição à Palavra e vontade de Deus. A dureza de coração pode ser uma recusa de ouvir a Palavra de Deus, ou pode ser uma recusa a se submeter e obedecer à vontade de Deus. Essa rejeição pode incluir tanto a mensagem entregue quanto o mensageiro que a entrega.

"Endurecer" é um processo pelo qual a pessoa deixa de ter consciência sobre uma má ação cometida ou uma atitude pecaminosa, p. ex., orgulho, impiedade, ódio, luxúria etc. (Hb 3.13; 1Tm 4.2). Hábitos pecaminosos podem produzir essa condição de coração endurecido. A dureza de coração pode eventualmente destruir a noção que se tem de pecado, eliminando a possibilidade de arrependimento.

Uma das questões principais quanto a esse assunto tem a ver com o agente do endurecimento. A Bíblia apresenta tanto Deus quanto os seres humanos como agentes desse endurecimento. Uma passagem no livro de Êx, p. ex., declara que o faraó endureceu seu coração (Êx 8.15). Em outros textos é dito que Deus endureceu o coração do faraó (Êx 4.21; 10.1). Paulo declara que "Deus tem misericórdia de quem ele quer, e endurece quem ele quer" (Rm 9.18). A Bíblia também faz fortes advertências contra endurecer o coração, entendendo que as pessoas são responsáveis pela condição do seu coração (Sl 95.8; Hb 3.8,15; 4.7). Logo, o endurecimento do coração pode ser tanto obra de Deus como obra da própria pessoa.

O significado das passagens que falam sobre a dureza de coração é que Deus usa essas condições decaídas como um meio de realizar seus propósitos. Por causa da dureza do coração do faraó, Deus libertou os israelitas da escravidão egípcia e depois disso os levou à terra prometida (Js 11.20). Deus usou a dureza do coração de Israel para trazer salvação aos gentios (Rm 11.7-25). Nessas passagens é manifestada a soberania dos propósitos de Deus. O endurecimento entrincheirado no coração de muitas pessoas pode ser ocasião por meio da qual Deus manifesta sua misericórdia e graça. O brilho da redenção de Deus é realçado contra a escuridão do pecado da humanidade. — *Stan Norman*

O templo de Luxor, Egito, à noite.

E

EBAL Nome pessoal e de lugar que significa possivelmente "descoberto". **1.** Neto de Seir e filho de um líder de clã, Sobal, entre os descendentes dos horeus que viviam em Edom (Gn 36.23). **2.** Filho de Joctã na linhagem de Sem (1Cr 1.22). É chamado Obal em Gn 10.28 por causa da alteração de um copista. **3.** Monte perto de Siquém no qual Moisés estabeleceu a maldição para a cerimônia da aliança (Dt 11.29; 27.13). Um altar também foi colocado em Ebal (Dt 27.4,5). O topo do Ebal está a 940 metros acima do nível do mar com sua rocha dura e sem vegetação, dando a aparência de maldição. A norte de Siquém, Ebal está diante do frutífero monte Gerizim, o monte da bênção ao sul. Josué realizou a cerimônia da aliança em Ebal e Gerizim (Js 8.30-35), construindo um altar em Ebal. Mais tarde os samaritanos construíram seu templo no monte Ebal (cf. Jo 4.20). V. *Gerizim e Ebal*.

ÉBANO V. *plantas*.

EBEDE Nome pessoal que significa "servo". **1.** Pai de Gaal, que liderou uma revolta em Siquém contra Abimeleque (Jz 9.26-40). V. *Abimeleque; Gaal*. **2.** Líder de clã que voltou do exílio sob Esdras (Ed 8.6).

EBEDE-MELEQUE Nome pessoal que significa "servo do rei". Eunuco etíope a serviço do rei Zedequias de Judá (Jr 38.7). Quando Jeremias foi preso em uma cisterna usada como calabouço, Ebede-Meleque foi responsável pelo livramento do profeta. Em consequência da fé no Senhor, ele recebeu a promessa registrada em Jr 39.15-18.

EBENÉZER Nome pessoal que significa "pedra de ajuda". O nome de um lugar perto de Afeque onde os israelitas acamparam antes de travarem uma batalha contra os filisteus (1Sm 4.1). Na segunda de duas batalhas na área, os filisteus capturaram a arca da aliança. Mais tarde, depois da recuperação da arca e de uma vitória decisiva sobre os filisteus, Samuel levantou um monumento ao que deu o nome de Ebenézer.

EBES Nome de lugar de significado desconhecido. Cidade designada a Issacar (Js 19.20).

EBIASAFE Nome pessoal que significa "meu pai coletou ou tomou". Levita descendente de Coate (1Cr 6.23). A mesma pessoa talvez seja mencionada no v. 37, mas a relação precisa entre essas listas de famílias é incerta, pois uma delas ou ambas possivelmente estão incompletas. Ele e sua família guardavam a porta do tabernáculo (1Cr 9.19). O Abiasafe de Êx 6.24 aparentemente é a mesma pessoa. V. *Abiasafe*.

EBLA Sítio antigo importante localizado na Síria a aproximadamente 60 quilômetros ao sul de Alepo. Cobrindo aproximadamente 56 hectares, o sítio é conhecido hoje por Tel Mardikh. As escavações têm sido conduzidas ali desde 1964 por uma equipe italiana liderada por P. Matthiae. A descoberta de mais de 17 mil tabuinhas de argila em meados da década de 1970 revelou uma grande civilização síria que existiu ali na metade do séc. III a.C. e deu ao lugar proeminência mundial no final dessa década.

Embora apenas poucas dessas tabuinhas estejam publicadas por enquanto, parecem datar de aproximadamente 2500 a.C. A maioria foi descoberta em duas salas do palácio G entre entulho e ruínas, mas de maneira tal que permitiu a reconstrução das prateleiras originais. Estão grafadas em escrita cuneiforme, semelhante à usada na Mesopotâmia. O sumério foi usado em escala limitada, bem como outra língua que passou a ser chamada eblaíta. Presumiu-se corretamente sua origem semítica; assim, sua decifração foi quase imediata. No entanto, a complexidade dos sinais cuneiformes criou leituras significativamente distintas, com controvérsias correspondentes. Ao menos quatro categorias de texto são conhecidas: 1) textos administrativos associados ao palácio constituem a maior parte do material (aproximadamente 80%), 2) textos lexicais para os escribas, 3) textos literários e religiosos, incluindo relatos da Criação e do Dilúvio, e 4) cartas e decretos.

Muitas tentativas iniciais de estabelecer conexões entre Ebla e a Bíblia não se mostraram convincentes. O termo *Ebla* não ocorre na Bíblia, e nenhum fato nem personagem bíblicos foram identificados nas tabuinhas de Ebla. Alguns nomes bíblicos pessoais como Ismael foram confirmados em Ebla; todavia, sua verificação também ocorre em outros lugares do antigo Oriente Médio, não tendo, portanto, significado especial. Alegações de que as tabuinhas de Ebla mencionam cidades bíblicas como Sodoma, Gomorra, Jerusalém e Hazor não foram confirmadas. Os esforços para identificar o Deus israelita Javé com os elementos *–ya* de nomes pessoais eblaítas não são convincentes porque esses elementos nos nomes ocorrem muitas vezes tanto em línguas semíticas quanto em não semíticas.

Já informações geralmente valiosas podem ser colhidas de Ebla para o estudo da Bíblia. Ebla era um grande centro religioso, e mais de 500 deuses são mencionados nos seus textos. O deus principal era Dagom, uma divindade da vegetação associada na Bíblia aos filisteus (1Sm 5.2). Outros deuses incluem Baal, o deus cananeu da fertilidade, e Kamish (o Camos na Bíblia), deus dos moabitas (Jz 11.24). Além disso, há referências ao "deus de meu pai" (cf. Gn 43.23). Algumas semelhanças entre profetas em Ebla e Mari podem ser estabelecidas com profetas israelitas, especialmente seu chamado pela divindade e o papel de mensageiros da divindade ao povo.

Na verdade, contatos entre Ebla e a Bíblia são necessariamente limitados por três razões: 1) A elucidação da Bíblia quando usa outras civilizações do antigo Oriente Médio é comumente pano de fundo cultural geral, não uma conexão específica e direta. 2) Uma limitação mais específica nesse caso é que as tabuinhas de Ebla são geralmente antigas demais para ter relação específica com o AT. 3) Por fim, o estudo de Ebla está na infância, com pouquíssimos textos já publicados. À medida que mais textos forem publicados, podemos esperar informações adicionais para elucidar não somente a Bíblia, mas também o restante do antigo Oriente Médio.
— *James C. Moyer*

EBROM Cidade no território de Aser (Js 19.28). Diversos manuscritos de Js 19.28 e também as listas em Js 21.30; 1Cr 6.74 trazem Abdom. V. *Abdom*.

ECLESIASTES, LIVRO DE O título em português foi derivado da *LXX*, tradução grega do hebraico, *Qohelet* (1.1,2,12; 7.27; 12.8-10). Ambos *Qohelet* quanto Ec denotam alguém que preside uma assembleia, i.e., um pregador ou mestre.

Autoria e data Tradicionalmente se identifica Salomão como autor de Ec, mas em épocas recentes, muitas pessoas, incluindo-se um grande número de estudiosos conservadores, seguem o exemplo de Martinho Lutero ao atribuir o livro ao período pós-exílico (no geral entre 300 e 200 a.C.). Os estudiosos que defendem essa posição geralmente consideram o livro uma composição unificada de um autor enquanto, ao mesmo tempo, reconhecem algum trabalho editorial, particularmente no prólogo e no epílogo.

Os que aceitam a data tardia ressaltam que em nenhum lugar o nome de Salomão é citado como autor. Mais séria é a alegação de que os aramaísmos, duas palavras aparentemente persas, os paralelos ao hebraico mishnaico e outros sinais do hebraico tardio exigem uma data pós-exílica. Às vezes também se alega que o autor mostra evidências de dependência do pensamento grego e que o livro reflete teologia tardia.

Em defesa da posição tradicional, as seguintes evidências têm sido citadas. 1) Tanto a tradição cristã quanto a judaica (e.g., o *Talmude*) citam Salomão como o autor. 2) Embora o texto não afirme explicitamente que Salomão escreveu o livro, em 1.1 o autor se identifica como "filho de Davi, rei em Jerusalém", e em 1.12 acrescenta que foi "rei de Israel em Jerusalém". Somente um filho de Davi, Salomão, reinou sobre o Reino Unido de Israel (com exceção de Roboão, cujo reinado breve sobre as 12 tribos e caráter fraco dificilmente satisfariam as exigências do texto). As referências no livro à sabedoria incomparável do autor (1.16), às oportunidades de prazer (2.3), aos extensos programas de construção (2.4-6) e à riqueza inigualada (2.7,8) apontam todas para Salomão. Assim como Salomão, o autor também escreveu muitos provérbios (12.9). Os que negam a autoria salomônica do livro geralmente respondem que Salomão é meramente a figura central do livro ou que o autor está colocando suas palavras na boca de Salomão. 3) Muitas investigações recentes da linguagem de Ec também têm dado apoio à data de composição pré-exílica. A influência aramaica no livro tem sido exagerada. Um estudo recente conclui, p. ex., que há apenas sete palavras de origem aramaica no livro, quatro das quais são atestadas em outros trechos no hebraico bíblico antigo. Com respeito às palavras persas, uma é questionável (*pardes*) e a outra (*pitgam*) pode ter entrado precocemente na língua hebraica. Diversos outros estudos mostraram que não há fundamento para afirmar a influência do hebraico mishnaico e têm sugerido que supostas formas linguísticas tardias na verdade são formas cananeias e fenícias precoces em natureza. 4) Faltam evidências da dependência do pensamento grego, como reconhece a grande maioria dos estudiosos. Ademais, se Ec foi escrito no séc. III a.C. — no centro do período do Império Grego — esperaríamos influência grega significativa sobre a linguagem do livro. 5) Teologia tardia não é demonstrável. 6) Há numerosas afinidades entre Pv e Ec.

Se o autor foi Salomão ou outra pessoa, com base nas muitas admoestações no livro que refletem as experiências dos mais velhos, podemos pressupor que o autor foi um homem idoso que sentiu a iminência da morte.

Cânon O livro de Ec foi incluído na *LXX* (séc. III a.C.), e Ben Sira (Eclo) conhecia e usou o livro (c. 190 a 180 a.C.). Fragmentos de Ec de Qumran confirmam sua condição canônica na metade do séc. II a.C. Embora não existam citações, trechos no NT parecem referir-se a Ec (e.g., Rm 8.20; Tg 4.14). Josefo e outros dos primeiros autores cristãos como Melito de Sardes, Epifânio, Orígenes e Jerônimo aludem ao livro.

Nas Bíblias em português, Ec está situado junto aos livros poéticos seguindo a ordem da *LXX* grega. Mas na Bíblia Hebraica ele está entre os *Hagiógrafos* ou *Escritos*, especialmente a seção dos *Hagiógrafos* conhecida como *Megillot*. Cinco rolos são incluídos — Rt, Ct, Ec, Lm e Et. Esses livros são diversos no seu conteúdo, mas têm uma coisa em comum. Eram lidos, cada um deles, em público em uma das grandes festas anuais judaicas: o livro de Rt na festa das semanas (Pentecoste), o Ct na festa da Páscoa, Ec na festa das Cabanas, Lm na comemoração da destruição de Jerusalém em 586 a.C. (em 9 de abe) e o livro de Et na festa de Purim. O livro de Ec sem dúvida era lido na festa das cabanas, provavelmente a festa mais alegre de Israel, por causa das muitas exortações do livro a que se desfrute a vida que Deus deu (2.24,25; 3.13; 5.18-20; 8.15; 9.9).

Texto O texto de Ec está bem preservado, trechos contestados são raros. Três manuscritos de Ec (datando do séc. II a.C.) foram recuperados em Qumran. Esses contêm parte de 5.13-17, porções substanciais de 6.3-8 e cinco palavras de 7.7-9. Além de diferenças ortográficas, as variações em relação ao *Texto Massorético* são poucas e insignificantes.

Tipo de literatura Os livros de Ec, Jó e Pv são geralmente classificados como sapienciais do AT. Em Pv trata-se da sabedoria prática (didática), mas Ec e Jó são de natureza mais filosófica. Jó encara o problema da razão do sofrimento dos justos, enquanto Ec examina a questão do significado da vida. Grande parte de Ec foi escrita em forma poética, como pode ser prontamente observado em uma tradução moderna da Bíblia. A poesia hebraica é caracterizada pelo paralelismo — principalmente sinônimo ou de repetição (1.9a,18; 3.1), sintético ou de desenvolvimento de uma ideia (1.3; 2.13) e antitético ou de contraste (1.4; 7.26b; 10.12).

Tema Provavelmente nenhum outro livro bíblico é tão saturado por um tema predominante como Ec. Em 1.2 o autor declara que "nada faz sentido" ou ele diz: "Que grande inutilidade", ou "vaidade" (*ARA*, *ARC*) ou "ilusão" (*NTLH*). A palavra hebraica traduzida por "inutilidade" é *hevel* (lit. "sopro"), a palavra-chave no livro, ocorrendo 38 vezes, praticamente a metade das suas ocorrências no AT. Em Ec *hevel* parece denotar principalmente itens (aproximadamente duas dezenas) que são passageiros como o sopro (6.12; 7.15; 9.9; 11.10), sem sentido (4.7,8; 5.7,10; 7.6) ou que como o sopro não têm substância ou valor duradouro (2.1,11). À primeira vista, a declaração de que "nada faz sentido" (1.2) parece negativa, mas a expressão no versículo seguinte "debaixo do sol" (ocorre na Bíblia somente em Ec, 29 vezes), elucida a perspectiva do autor. O significado é que a existência terrena é breve e que realizações meramente terrenas não têm valor eterno. O autor desenvolveu esse tema usando o que pode ser chamado "tema da busca". Sua busca englobou todas as principais áreas da existência humana:

a cidade, os campos, jardins, templo, casa, quarto de dormir, cortes de justiça, assentos do governo e até a guerra. Ele examinou a riqueza, o poder, a religião, os relacionamentos, o trabalho e o lazer.

Interpretação De todos os livros da Bíblia, Ec geralmente é considerado o mais problemático. A obra tem sido denominada pessimista, chocante, não ortodoxa e mesmo herética. Algumas afirmações do livro são interpretadas, p. ex., como negação da vida após a morte (3.18-21; 9.5,6,10). Contudo, quando esses trechos são considerados à luz do tema geral do livro, fica claro que o autor não nega a existência do espírito humano após a morte, mas afirma um fato óbvio: na morte a vida terrena (vida "debaixo do sol") com suas alegrias, tristezas e oportunidades está encerrada. Em 12.7 o autor declara explicitamente que o corpo "[volta] à terra, de onde veio, e o espírito [volta] a Deus, que o deu".

Considera-se o autor de Ec um pessimista, ou mesmo existencialista. Outros argumentam que era um apologeta, defensor da fé em Deus, que indicou quão terrível é a vida sem Deus. No entanto, talvez seja melhor considerar o autor um realista. Ele observou que todas as pessoas (boas e más) experimentam a injustiça, envelhecem, morrem e são esquecidas. A vida de todos os seres humanos é breve. Os bens e esforços terrenos são temporários e não têm valor eterno para crentes ou não crentes. Só o que é feito para Deus permanecerá. Por isso, os seres humanos devem viver à luz da eternidade percebendo que um dia prestarão contas a Deus (12.13,14).

Esboço

I. O autor se identifica e anuncia o tema do livro (1.1-3)
II. O mestre propõe observações com respeito à vida debaixo do sol sobre diversos tópicos (1.4—12.7)
   A. A inutilidade da vida terrena, da sabedoria terrena, prazer, sucesso terreno e trabalho terreno, bem como a primeira exortação ao desfrute da vida (1.4—2.26)
   B. O tempo adequado para todas as atividades da vida, observações concernentes ao trabalhador, tempo e eternidade, a segunda exortação ao desfrute da vida, as obras e ações de Deus e a terceira exortação para desfrutar da vida (3.1-22)
   C. Diversos males da vida (4.1—6.6)
   D. Observação diversas acerca de diversos tópicos com quinta e sexta exortações para o desfrute da vida (6.7—11.6)
   E. Viver à luz da realidade da vida (11.7—12.7)
III. O autor reafirma o tema, enfatiza a verdade e o propósito da sua instrução e apresenta a grande conclusão do livro: "Tema a Deus e obedeça aos seus mandamentos" (12.8-14)

— *Stephen R. Miller*

ECROM Dentre as cinco cidades dos filisteus, conhecidas como Pentápolis, Ecrom era a mais setentrional. A localização da antiga Ecrom tem sido muito debatida, mas hoje há o consenso de que se trata da atual Tel Miqne, aproximadamente 22 quilômetros terra a dentro a partir do mar Mediterrâneo a 16 quilômetros ao norte de Asdode. O sítio é um dos maiores na Palestina, cobrindo aproximadamente 20 hectares. Ecrom fica à beira da estrada que leva de Asdode ao interior, na região montanhosa da Judeia, e sobe para Jerusalém pelo vale de Soreque.

Ecrom foi designada tanto a Judá (Js 15.11,45,46) quanto a Dã (Js 19.43) na distribuição do território entre as tribos. Provavelmente estava situada na divisa entre elas. Em Jz 1.18 relata que Judá capturou Ecrom com outras partes da costa filisteia, mas Ecrom certamente estava em mãos filisteias na época em que a arca foi capturada (1Sm 5.10). Também era o lugar ao qual os filisteus fugiram quando Davi matou Golias (1Sm 17.52). Acazias, filho do rei Acabe de Israel, recorreu ao deus de Ecrom, BaalZebube, quando adoeceu (2Rs 1.2-16).

As escavações em Tel Miqne revelaram que grande parte da cerâmica é tipicamente filisteia. Do último período antes de Tel Miqne ter sido destruído pelos babilônios, os escavadores encontraram um importante complexo industrial perto da porta da cidade. Uma coleção de ferramentas agrícolas foi encontrada. Havia também centenas de utensílios de cerâmica. Talvez o mais importante dos objetos encontrados seja uma bem preservada prensa de azeite de oliva. É a maior e mais bem conservada prensa de que se tem notícia em Israel. Encontrou-se também um altar com cantos nas escavações. — *Joel F. Drinkard Jr.*

ECZEMA V. *doenças*.

EDE Nome de lugar que significa "testemunho". Altar que as tribos que receberam território a leste do Jordão construíram como testemunho de que Javé é Deus tanto das tribos a leste quanto das tribos a oeste do Jordão. A edificação desse altar resultou em uma disputa entre os dois grupos de tribos, mas Fineias, o sacerdote, ajudou a resolver a disputa, garantindo que o altar era um símbolo e não seria usado para holocaustos (Js 22.34), na *ARC*. A *ARA* e a *NVI* trazem "testemunho".

ÉDEN Jardim do Éden. "Éden" se deriva provavelmente do sumério-acádio *edinu*, que significa "terra plana" ou "deserto, ermo". A semelhança com o verbo hebraico *eden*, "ter prazer", resultou na tradução na *LXX* da expressão "jardim do Éden" por "jardim de prazer", e daí, "paraíso".

"Éden" ocorre 20 vezes no AT, mas nunca no NT. Duas ocorrências se referem a homens (2Cr 29.12; 31.15). Duas vezes o nome é usado para designar uma cidade ou região na província assíria de Telassar (Is 37.12; 2Rs 19.12). O texto de Ez 27.23 menciona uma região chamada Éden localizada junto ao Eufrates. Em Am 1.5 se refere ao governante de Damasco como tendo o cetro da casa de Éden.

As restantes 14 ocorrências estão relacionadas ao lugar idílico da Criação. Em Gn (2.8,10,15; 3.23,24; 4.16) a referência é à região na qual o jardim foi colocado. Embora os pormenores pareçam precisos, a identificação dos rios que fluem do rio que sai do Éden não pode ser obtida com certeza. O Eufrates e o Tigre podem ser identificados, mas não há concordância quanto à localização do Pisom e do Giom.

Em Jl 2.3 compara a condição de Judá antes da sua destruição ao Éden. Em Is 51.3 e Ez 36.35 o Éden é usado como ilustração da grande prosperidade que Deus derramaria sobre Judá. Esses profetas do período do exílio prometeram que o povo que Deus restaurou depois do exílio seria como o jardim do Éden. Ezequiel também se referiu às árvores do Éden (31.9,16,18) e chama o Éden de jardim de Deus (28.13). V. *paraíso*. — *Robert Anderson Street*

ÉDER Nome pessoal e de lugar que significa "poça de água" ou "rebanho". **1.** Torre perto de Belém (Gn 35.21; cp. v. 19). A localização exata não é conhecida. Miqueias se referiu a Jerusalém como a "torre do rebanho", a mesma expressão hebraica que aparece em Gn (Mq 4.8). **2.** Uma cidade perto da fronteira meridional do território tribal de Judá perto de Edom (Js 15.21). Sua localização não é conhecida. **3.** Levita do clã de Merari (1Cr 23.23; 24.30). **4.** Líder da tribo de Benjamim (1Cr 8.15).

EDIFICAÇÃO Literalmente "construção", o termo aproxima encorajamento e consolo (1Co 14.3; 1Ts 5.11), embora no caso da edificação o foco esteja no alvo, definido como ser estabelecido na fé (Cl 2.7) ou como o alcance da unidade da fé e do conhecimento, da maturidade e da plena medida de Cristo (Ef 4.13). A edificação é responsabilidade especial dos diversos líderes da igreja (Ef 4.11,12) e o contexto legítimo para o exercício da autoridade (2Co 10.8; 13.10). A obra da edificação é, no entanto, trabalho de todos os cristãos (1Ts 5.11). Os dons espirituais são dados para a edificação da Igreja. Entre esses dons, os que envolvem a fala são especialmente importantes (1Co 14; Ef 4.29). Todos os elementos da adoração cristã devem contribuir para a edificação (1Co 14.26). A profecia e a instrução são especialmente importantes (1Co 14.3,18,19). A edificação não consiste somente na fala, mas envolve a demonstração de amor (1Co 8.1) e a consideração pelos fracos na fé (Rm 15.1,2).

EDITO V. *decreto*.

EDOM Área a sudeste e sudoeste do mar Morto, em lados opostos da Arabá, conhecida como Edom nos tempos bíblicos e a pátria dos edomitas. O nome "Edom" é derivado de uma raiz semítica que significa "vermelho" ou "rubro" e caracteriza o arenito avermelhado de grande parte da região em questão. Além disso, a área edomita era na maior parte "erma" — semidesértica, não muito adequada para a agricultura — e muitos habitantes eram semi-nômades. Assim, as fronteiras de Edom eram mal definidas. Mas nem tudo de Edom era deserto; as redondezas da atual Tafineh e Buseireh, a leste da Arabá, é terra relativamente bem irrigada e cultivável, e deve ter sido motivo de orgulho de numerosos povoados no período do AT. Esse deve ter sido o centro da população edomita. Buseireh está situada nas ruínas da antiga Bozra, capital de Edom. Observe que o nome moderno, "Buseireh", guarda lembrança do nome antigo, "Bozra".

As montanhas de Edom entre Petra e Bozra de frente para o uádi Arabá.

A maior parte dos textos bíblicos que mencionam Edom se refere a esse centro edomita a leste da Arabá. Em Is 63.1, p. ex., fala de alguém que "vem de Edom, que vem de Bozra, com as roupas tingidas de vermelho [...] Quem é aquele que, num manto de esplendor, avança a passos largos na grandeza da sua força?". (V. tb. Jr 49.22; Am 1.11,12). Mas há também outros trechos que pressupõem que o território a oeste da Arabá, ao sul da região montanhosa de Judá e que separa Judá do golfo de Ácaba, também fazia parte de Edom. Veja especialmente a descrição das fronteiras de Judá em Nm 34.3,4 e Js 15.1-3, em que a região sul de Judá é descrita como se estendendo "para o sul até a fronteira com Edom, até o deserto de Zim". Algumas das tribos que vagueavam por essa região desértica ao sul de Judá são alistadas na genealogia de Edom em Gn 36. No período do NT mesmo o extremo sul da região montanhosa da Judeia (ao sul de Hebrom) era conhecido oficialmente como Idumeia (Edom).

A "terra de Seir" parece sinônima de Edom em alguns textos (Gn 32.3; 36.8; Jz 5.4). Textos egípcios de aproximadamente 1300 a 1100 a.C.

Paisagem montanhosa da terra de Edom.

conhecem Shasu (tribos aparentemente semi-nômades) de Seir e Edom. "Temã" também é usado como aposto de Edom em ao menos um trecho bíblico (Am 1.12), mas normalmente se refere a um distrito específico de Edom e possivelmente a uma cidade com esse nome. Um dos visitantes de Jó era Elifaz "de Temã" (Jó 2.11; cp. Ez 25.13).

Os israelitas consideravam os edomitas parentes mais próximos até que os amonitas ou moabitas. Especificamente, eles identificavam os amonitas e moabitas como descendentes de Ló, sobrinho de Abraão, mas os edomitas como descendentes de Esaú, irmão de Jacó (Gn 19.30-36; 36). Assim, às vezes, Edom é mencionado como "irmão" de Israel (Am 1.11,12). Aparentemente os edomitas não foram barrados da adoração no templo em Jerusalém com o mesmo rigor que os amonitas e moabitas (Dt 23.3-8). Porém, como com frequência acontece com relacionamentos pessoais, o parente mais próximo pode ser um inimigo mordaz. De acordo com os autores bíblicos, a inimizade entre Israel e Edom começou com Jacó e Esaú (quando aquele roubou a primogenitura deste) e foi exacerbada na época do êxodo israelita do Egito (quando os edomitas negaram aos israelitas a passagem por sua terra). Seja como for, grande parte do conflito também estava associada com o fato de que Edom era uma ameaça constante para a fronteira de Judá; além disso, bloqueava o acesso de Judá ao golfo de Ácaba.

Tanto Saul quanto Davi fizeram guerras contra os edomitas — provavelmente guerras de fronteira travadas na região "desértica" a sudoeste do mar Morto (1Sm 14.47,48; 2Sm 8.13,14). Davi obteve uma vitória decisiva no vale do Sal, provavelmente imediatamente a sudoeste de Berseba onde o antigo nome ainda é preservado no atual nome árabe do uádi el-Milk. Aparentemente isso garantiu o controle davídico sobre a região edomita a oeste da Arabá, bem como do acesso ao golfo de Ácaba. Assim lemos que Salomão construiu uma frota de navios em Eziom-Geber e os enviou a lugares distantes na busca de bens exóticos. Mais tarde Hadade da linhagem real de Edom voltou do Egito e se tornou adversário renhido de Salomão. Isso pode ter incluído ataques edomitas às caravanas de Salomão que passavam por território tradicionalmente edomita entre Eziom-Geber e Jerusalém (1Rs 11.14-22).

Aparentemente Judá obteve a supremacia sobre Edom novamente no reinado de Josafá. Lemos mais uma vez de uma tentativa de Judá (mal-sucedida dessa vez) de empreender uma aventura marítima com base em Eziom-Geber (1Rs 22.47-50). Edom reconquistou a independência de Judá sob Jorão, que sucedeu Josafá no trono (2Rs 8.20-22). Relata-se que um rei judaico posterior, Amazias, derrotou os edomitas novamente no vale do Sal e então perseguiu dez mil sobreviventes até "o alto de um penhasco" do qual eles foram lançados e "se espatifaram" (2Cr 25.11,12).

Os conflitos entre Judá e Edom e os esforços por parte dos reis de Judá para explorar as possibilidades comerciais do golfo de Ácaba continuaram (2Rs 14.22; 16.6; 2Cr 26.1,2; 28.17) até que a certa altura os edomitas, bem como outros povos e pequenos reinos da Siro-Palestina, caíram sob a sombra dos grandes impérios do leste — os assírios, depois os babilônios e por fim os persas e gregos. Alguns estudiosos defendem que os edomitas auxiliaram os babilônios nos seus ataques a Jerusalém em 597 e 586 a.C., e então tiraram vantagem dos habitantes de Judá na sua situação desesperadora. Isso explicaria, p. ex., os ataques verbais ásperos a Edom em trechos como Jr 49.7-22 e o livro de Ob. Mas não há evidências irrefutáveis para provar esse ponto de vista.

Na época do NT um povo de origem árabe conhecido como nabateus tinha estabelecido um império comercial com centro no antigo território dos edomitas a leste da Arabá. Sua cidade principal era Petra, e toda a região a sudeste do mar Morto tinha se tornado conhecida como Nabateia. Somente o antigo território edomita a oeste da Arabá ainda era conhecida como Idumeia (Edom). Herodes, o Grande, era de ascendência idumeia. V. *Bozra; Esaú; nabateus; Petra; Selá; Transjordânia.*

EDOMITAS V. *Edom.*

EDREI Nome de lugar de significado desconhecido. **1.** Cidade real de Ogue, rei de Basã (Js 12.4). Israel antes de invadir a terra prometida derrotou Ogue ali (Nm 21.33-35). Também é conhecido nos registros egípcios.

Sua localização é a atual Dera, a meio caminho entre Damasco e Amã. O clã de Maquir, da tribo de Manassés, reivindicou a cidade (Js 13.31). **2.** Cidade fortificada no território da tribo de Naftali (Js 19.37).

EDUCAÇÃO NOS TEMPOS BÍBLICOS A maior parte do ensino e aprendizagem nos tempos bíblicos consistia em treinamento informal e se concentrava em passar adiante a concepção de vida centrada na orientação para um estilo de vida moral e religioso. A educação formal esteve restrita às elites da sociedade (os governantes e seus auxiliares imediatos) na maior parte do período bíblico. A capacidade de ler e escrever normalmente estava associada às classes dominantes e seus auxiliares em virtude das exigências de um contexto mais formal para tal treinamento. Já a aceitação gradual do AT como cânon produziu maior necessidade e razão do ensino, ao menos a capacidade de ler, para um segmento maior da população, com as sinagogas servindo como ambiente para tal treinamento (provavelmente no período do exílio). Em geral, no entanto, as classes mais baixas não precisavam ser alfabetizadas para cumprir com suas obrigações cotidianas ou não tinham tempo livre para receber a instrução exigida no que teria sido um luxo desnecessário entre as exigências primárias da vida. Por isso, o aprendizado informal é a forma principal de educação mencionada no texto bíblico, em que a casa e a comunidade serviam de meios para tal treinamento.

Aprendizado informal e semiformal Três tipos principais de aprendizado são mencionados na Bíblia com diferentes ênfases em cada contexto. O primeiro contexto — e mais comum — era a casa em que a instrução moral, os padrões culturais, os acontecimentos históricos e a orientação espiritual eram ensinados pelos pais aos filhos em um nível de informação em que muitas vezes a família ampliada também era envolvida. Um exemplo sublime desse contexto está em Dt 6 (que inclui o *Shemá*) em que pais recebem a ordem de recitar os mandamentos de Deus a seus filhos e discuti-los durante o dia. O discipulado normal dos filhos pelos pais é empregado como meio predileto para passar adiante a herança religiosa do grupo. Sem dúvida, quase todos os aspectos da vida cotidiana eram ensinados em casa, mas até esses precisavam ter uma conotação religiosa na instrução visto que a vida como um todo era de natureza religiosa. Exige-se, de modo específico, um esforço consciente nesse empreendimento, pois o conteúdo é delineado nos contornos mais amplos sob o ponto de vista religioso. Outros exemplos de educação no lar incluem instruções nos códigos de santidade (leis sobre o que era puro e impuro, leis da dieta alimentícia e regras sobre o sábado), ensinamentos sobre a importância de acontecimentos históricos como a Páscoa e a transmissão de habilidades para o trabalho por meio do aprendizado no ofício do pai.

O segundo tipo de aprendizado estava relacionado especialmente às necessidades das elites políticas de auxiliares, como os escribas no cuidado dos registros governamentais e na promoção da sua imagem no domínio público. Essas necessidades são refletidas nas listas de impostos e nos registros de conquistas em diversas descobertas arqueológicas da região do período do AT. Restos sumérios em tábuas de argila atestam esse tipo de registros entre eles, bem como entre os babilônios e assírios, com uso crescente de registros de materiais feitos pelos escribas no último milênio antes de Cristo, como se vê pelos avanços literários desse período tanto na cultura hebraica quanto nas culturas vizinhas. As exigências de treinamento para tal trabalho de escriba eram complexas, e somente um pequeno segmento da sociedade fora das elites (classe alta) atingia esse nível elevado de letramento. Esse treinamento educacional estruturado semiformal estava diretamente associado à capacidade de ler e escrever, não envolvia necessariamente o aprendizado em outras áreas de estudo (de fato, tal instrução possivelmente não fazia parte do treinamento dos escribas) a não ser que os atendentes (ajudantes da elite) fossem treinados a ensinar os filhos das elites em um contexto de educação formal.

No contexto do AT Ed é o exemplo sublime da ênfase religiosa no treinamento e na atividade da escrita. O texto de Ed é o marco do ponto decisivo em que emerge uma classe de escribas religiosos com o propósito de copiar os textos sagrados e lê-los diante do povo. Os membros desse grupo de escribas com frequência se tornaram intérpretes do texto nos períodos intertestamentário e do NT.

O surgimento dos encontros da sinagoga forneceu mais contextos de oferta de treinamento ao menos nos níveis mínimos da capacidade de ler e escrever como exigência para a leitura do texto sagrado nos cultos da sinagoga. Além disso, a instrução espiritual e a orientação moral eram ensinadas aos filhos por meio da organização da sinagoga durante a semana. No período do NT essa é a provável fonte de todo o treinamento educacional fora do lar que Jesus e seus discípulos podem ter tido.

Aprendizado formal O terceiro contexto de aprendizagem no período bíblico envolvia a educação das próprias elites, a camada superior da sociedade. Nesses ambientes existia um sistema de educação mais formal que incluía o treinamento realizado por não membros da unidade familiar, contratados para esse fim (ou usavam-se escravos). Mesmo que sejam limitados os registros desse tipo de treinamento no período do AT, um quadro geral inclui cortes reais e elites urbanas abastadas com ao menos algumas coleções de obras importantes. No Egito e nos Impérios Babilônico, Assírio e Persa, os níveis de formalidade, amplitude e sofisticação desse aprendizado eram bem elevados. Por volta do séc. V Atenas tinha atingido um nível formidável de alfabetização, treinamento e educação, com amplo envolvimento que ia além das elites da cidade. Os gigantes da filosofia, Sócrates, Platão e Aristóteles, são exemplos das alturas de aprendizagem que foram introduzidas ao público urbano nesse período. Mas na época das conquistas gregas sob Alexandre, o Grande, os padrões mais tradicionais de educação formal como privilégio das elites prevaleceu novamente, com as responsabilidades do ensino muitas vezes colocadas nas mãos dos atendentes (escravos e empregados) dessas elites.

O padrão da educação formal na cultura greco-romana do período do NT incluía começar com instrução na gramática nos primeiros anos da infância, seguida de orientação na arte da retórica e da fala. Às vezes o aluno recebia instruções de um tutor em casa e outras ao frequentar uma escola, com diversas combinações possíveis entre essas duas opções. Quintiliano, um dos maiores mestres de Roma do séc. I, descreveu em pormenores o sistema educacional e seus diversos elementos. O jovem pupilo começava sob os cuidados do *grammaticus* (professor de gramática) para aprender gramática e então passava para as mãos do *rhetor* para a instrução na retórica e na fala. O ensino de gramática incluía a leitura e a escrita, com um processo inicial de cópia dos escritos de outros, depois reproduzindo esses escritos com suas próprias palavras, e por fim compondo obras originais. Esse último passo de composição era então elaborado com mais profundidade no estágio seguinte de treinamento na retórica. A instrução moral normalmente fazia parte de todo o processo por meio de leituras, imitação de modelos e discussões. Quintiliano também observou a importância do pai e da família no processo e nos alvos de educação, as necessidades do bom domínio da gramática e o desafio de continuar aprendendo por toda a vida.

Mesmo que provavelmente nenhum dos líderes da igreja primitiva ou dos autores do NT tenha vindo da elite dominante, Paulo e Lucas podem ter tido algum tipo de treinamento educacional formal. Diz o registro bíblico que Paulo estudou sob Gamaliel em Jerusalém e pode ter tido algum treinamento formal em Tarso antes de ir a Jerusalém, mas mesmo que seu treinamento tenha ocorrido assim, isso aconteceu em um nível inferior ao oferecido à classe dominante. Ele não deve ter pertencido à elite de Tarso, pois seu ofício era fazer tendas, o que significava uma posição no máximo correspondente aos atendentes das elites ou possivelmente afiliada à camada de mercadores em um nível inferior. Tomando pelo valor de face o fato de Lucas ter sido médico, concluímos que Lucas também pertencia a uma camada não superior à dos atendentes. Assim Lucas possivelmente também não passou por todo o treinamento formal oferecido às elites. No entanto, a referência de Lucas ao "excelentíssimo Teófilo" talvez reflita um relacionamento com alguém da elite dominante adequado a um membro da camada dos atendentes. De todo modo, a introdução de Lucas ao evangelho mostra um nível de treinamento adequado para analisar e investigar tanto fontes orais quanto escritas, sugerindo assim ao menos algum letramento para Lucas.

Bibliotecas Em conjunto com o treinamento das elites e o prestígio das oportunidades de aprendizagem, as bibliotecas surgiram em algumas das cidades mais importantes do Império Romano. A biblioteca mais famosa da Antiguidade foi a de Alexandria, que no auge do seu prestígio teve mais de 500 mil rolos de escritos incluindo os da biblioteca principal e os da "biblioteca filha" ao lado. O alvo da biblioteca era possuir todas as obras conhecidas e existentes de qualquer tipo da época. A excelência da biblioteca de Alexandria é vista na prática em outras bibliotecas da comparação (e correção) de cópias com as de Alexandria por causa do "texto antigo" preservado ali. Como efeito colateral desse alvo, a *Torá* do AT foi traduzida para o grego e acrescentada à biblioteca na metade do séc. III a.C., e então mais tarde ao longo de um período os Profetas e os Escritos, bem como outros livros, também foram acrescentados a essa tradução. Esse AT grego se tornou a versão usada predominantemente na igreja primitiva.

Enquanto a biblioteca de Alexandria era a mais conhecida no mundo antigo e considerada a maior em número de títulos, havia bibliotecas também em outras cidades como Antioquia, Pérgamo, Atenas, Rodes, Cartago e Roma. Na época do cristianismo muitas cidades maiores possuíam bibliotecas, com ao menos algum acesso público nos centros maiores. Nesse período do Império Romano, Alexandria permaneceu o melhor centro de aprendizado de palavras gregas, enquanto Roma possuía a melhor coleção das obras de autores latinos (como coleção substancial de obras gregas).

A função das bibliotecas era prover acesso às obras dos autores gregos clássicos da antiguidade, como Homero, Platão e Aristóteles, bem como às obras de outros autores menos conhecidos ou contemporâneos. Os exemplares das obras eram guardados na biblioteca com cópias feitas para os que quisessem usá-las fora do ambiente da biblioteca. Às vezes o autor pagava para fazer cópias para seus amigos; em outras situações, o comprador pagava pela cópia do livro. O empréstimo de livros era restrito, no melhor dos casos e na melhor hipótese pode ter sido limitado a cidadãos de elevada posição social. V. *biblioteca*. — Bill Warren

EFÁ Nome pessoal que significa "escuridão". **1.** Filho de Midiã e neto de Abraão (Gn 25.4). A linhagem era por meio de Quetura, esposa de Abraão, não de Sara, não era herdeiro como Isaque. Efá foi assim o antepassado original do clã dos midianitas, e o nome do clã era usado na poesia de maneira paralela a Midiã para falar sobre os midianitas (Is 60.6). **2.** Concubina de Calebe e mãe de seus filhos (1Cr 2.46). **3.** Filho de Jadai e aparentemente descendente de Calebe (1Cr 2.47). **4.** Uma palavra hebraica diferente, em que a primeira letra é diferente, está por trás da palavra "efa" em português usada como medida de grãos. Equivale ao décimo de um ômer e a um bato de líquido (Ez 45.11). É também igual a dez ômeres (Êx 16.36). Assim equivale a cerca de 40 litros, embora não tenhamos informações suficientes para fazer estimativas precisas. A visão de Zc 5.7 de uma mulher sentada em um cesto de efa contém a imaginação das visões, pois qualquer efa seria pequeno demais para uma mulher poder sentar nele. Israel foi avisado constantemente a não ter duas medidas de efas, uma para compra e outra para venda (Dt 25.14; Pv 20.10; cp. Lv 19.36; Ez 45.10; Am 8.5).

EFAI Nome pessoal que significa "pássaro". Pai de homens que se uniram a Ismael na revolta contra Gedelias e subsequente assassinato deste. Gedalias era governador de Judá depois de os babilônios capturarem e destruírem Jerusalém em 586 a.C. (Jr 40.8). Efai era de Netofate perto de Belém.

EFATÁ Expressão aramaica pronunciada por Jesus pronunciou ao curar uma pessoa surda e com dificuldades na fala. É traduzida por "seja aberto". Quando Jesus terminou de dizer isso, a pessoa foi curada (Mc 7.34).

ÉFER Nome pessoal que significa "cervo novo". **1.** Filho de Midiã, neto de Abraão por meio de Quetura, e pai de clã entre os midianitas (Gn 25.4). **2.** Descendente de Calebe na tribo de Judá (1Cr 4.17). **3.** Antepassado original de um clã na tribo de Manassés (1Cr 5.24).

EFES-DAMIM Nome de lugar que significa "fim do derramamento de sangue". Cidade entre Socó e Azeca onde os filisteus se reuniram para lutar contra Saul (1Sm 17.1) antes de Davi matar Golias (1Cr 11.13). É a atual Damun, a sete quilômetros a nordeste de Socó.

EFÉSIOS, CARTA AOS

EFÉSIOS, CARTA AOS Mesmo não sendo a mais longa das epístolas de Paulo, Ef é a que melhor esboça os conceitos básicos da fé cristã.

Paulo e os efésios Não há nela informações precisas sobre a chegada do cristianismo a Éfeso. Com base em At 13.1—14.28 sabemos que o cristianismo foi levado já cedo para a península da Ásia. Paulo e Barnabé, na primeira viagem missionária (c. 45-48 d.C.), estabeleceram o cristianismo na Cilícia, Panfília e Frígia. A religião recém-estabelecida inevitavelmente se moveu para oeste até a costa e a próspera Éfeso, cidade de múltiplas religiões, deuses e deusas.

Ao término da segunda viagem missionária (c. 49-52 d.C.), Paulo deixou a Acaia (Grécia) levando consigo Áquila e Priscila. Eles pararam em Éfeso e analisaram a situação daquela cidade em que a religião prosperava. Os efésios instaram Paulo a ficar ali, mas ele não aceitou. Deixando Áquila e Priscila e talvez Timóteo para cuidar do testemunho cristão (At 18.18-21), Paulo navegou para Antioquia. Ele voltou a Éfeso na terceira viagem missionária e experimentou a vitória sobre o desafio dos líderes religiosos judeus, bem como das religiões greco-romanas representadas na adoração da deusa grega Ártemis (o nome romano era Diana; At 19.24).

Seu ministério em Éfeso durou três anos (At 20.31). Dali ele viajou a Jerusalém onde foi preso pelos judeus e entregue aos romanos. Ele ficou dois anos preso em Cesareia (At 21.15—26.32) e depois foi enviado a Roma onde ficou preso por mais dois anos (At 27.1—28.31).

Os intérpretes estão divididos sobre o tempo e o lugar da composição de Ef. Esses dois períodos de encarceramento de Paulo são os únicos que podem influenciar a questão de onde e quando as Cartas da Prisão foram escritas. Paulo menciona seu encarceramento em quatro cartas.

Uma questão associada e muito debatida é quanto ao ano e lugar em que Paulo escreveu essas epístolas. Com base no conhecimento atual, só dois lugares são opções viáveis: Cesareia e Roma. A opinião da maioria na história do cristianismo pende para Roma. A minoria defende Cesareia.

A terceira opinião surgiu de Cl 4.16 em que Paulo incentiva a igreja em Colossos a trocar cartas com a igreja da vizinha Laodiceia para ambas se beneficiarem da leitura das duas cartas. Essa opinião, nunca amplamente defendida, assumiu a posição de que Paulo escreveu de uma prisão em Éfeso e que a carta a "Laodiceia" era o que hoje temos por "Efésios".

A análise atenta e detalhada dessa questão complexa e extensa deixa a opinião subjetiva de que todas as quatro Cartas da Prisão foram escritas em Roma em cerca de 61-62 d.C. Também subjetiva é a opinião de terem sido escritas nesta ordem: Ef em 61 d.C.; Cl em 61 d.C.; Fm em 61 d.C.; Fp em 62 d.C.

Introdução da epístola O motivo de Paulo escrever a carta foi o desafio enfrentado pelo cristianismo no confronto com outras religiões e filosofias daqueles dias. Paulo estava convencido de que a religião proclamada por ele era o único caminho de redenção do pecado para alguém se tornar filho de Deus.

O desafio era a batalha pela mente das pessoas à medida que elas buscavam a "vida agradável". Mesmo no judaísmo, no berço em que nasceu, o cristianismo enfrentou esse confronto agressivo.

Paulo se opôs ao judaísmo que ele considerava ter se tornado uma religião de realizações humanas, realizando as obras da lei como meio de estar bem com Deus. Ele, em vez disso, ofereceu o cristianismo como a religião da provisão divina, de salvação pela fé na atuação de Deus para o que os seres humanos nunca poderiam obter.

Essa distinção também levou o cristianismo ao conflito com a filosofia grega e as religiões naturais greco-romanas. O ponto de vista cristão é que a "vida agradável" vem pela fé, não por processos intelectuais, especulações e regras de conduta na integração da personalidade.

Análise da epístola: Teologia e ética Seguindo o padrão de todas as suas epístolas, Paulo se apresenta como apóstolo de Cristo Jesus pela vontade de Deus — não por vontade humana, nem mesmo pela vontade dele, mas pela vontade de Deus. Essa era a força motriz de sua vida.

A expressão "em Éfeso" não está nos manuscritos mais antigos, mas está em muitos dos melhores. A ausência levou à especulação de que ao escrever a epístola Paulo teria deixado um espaço em branco e que sua intenção era fazer dessa epístola uma carta circular para chegar a diversas igrejas. Como a epístola era lida nas igrejas, o leitor público inseriria o nome da igreja; p. ex., em Laodiceia, em Hierápolis, em Colossos e assim por diante. E, por sinal, um manuscrito procedente de cerca da metade do séc. II tinha "em Laodiceia" nesse ponto da carta.

"A vocês, graça e paz da parte de Deus nosso Pai e do Senhor Jesus Cristo" (Ef 1.2) está em todas as cartas de Paulo. Sempre está nesta ordem: graça e paz. Graça é a obra do Pai pela qual vem a salvação do pecado. Paz é a condição do coração do cristão depois de a graça fazer sua obra. Estão nessa ordem porque não pode haver paz no coração até a graça ter realizado sua ação.

Seguindo o padrão muito usado nas epístolas de Paulo, dois temas básicos são desenvolvidos. Em primeiro lugar, há uma seção considerável sobre um tema teológico. Em segundo lugar, segue-se a seção maciça sobre a ética resultante do tema teológico. No NT, teologia e ética estão interligados; eles não devem ser separados nunca.

Na parte teológica (1.3—3.21), Paulo concentra a atenção no plano e propagação da redenção. Ele começa com o padrão literário de um poema ou cântico para louvar a Deus pelo que fez na provisão da salvação pela humanidade pecaminosa. A provisão da redenção é apresentada como obra da Trindade: Pai, Filho e Espírito Santo. Um refrão do tipo "para o louvor da sua glória" é repetido ao final de cada seção com leves variações.

Paulo trata das ações de graças para mostrar as bênçãos da redenção (1.15—2.10). Quer que seus leitores conheçam melhor a Cristo, que capacita os cristãos a ter o poder incomparável que o ressuscitou e agora governa nesta era e na que há de vir. Esse poder pode vir a pessoas mortas em pecado, sendo salvas pela graça, ressuscitadas com Cristo para participar do seu governo, mas também para viver da graça nas boas obras que Deus planejou para que seu povo fizesse.

Paulo usa o imperativo para explicar a propagação da redenção (2.11—3.21). Um povo sem esperança, separado do povo da aliança foi levado à salvação por meio do sangue de Cristo. Assim a unidade de todas as raças é atingida por meio dele. Na cruz ele trouxe paz e proveu o acesso a Deus por meio do Espírito Santo. Todos são unidos na igreja de Cristo edificada sobre o fundamento dos apóstolos e servem de residência de Deus que é Espírito. Essas boas-novas são um mistério, um mistério que Deus quer que as pessoas compartilhem com os outros por meio da sua graça e do mistério que permite que todas as pessoas se aproximem de Deus com confiança e liberdade.

Paulo trata da oração para concluir essa seção e revelar o alvo da redenção (3.14-21). Sua oração é que Cristo possa habitar nos crentes que estão arraigados em amor e podem compreender a maravilhosa grandeza desse amor.

Na parte ética (4.1—6.24) Paulo trata da aplicação da redenção à igreja, vida pessoal e doméstica. Os imperativos éticos predominam nessa seção. Ele busca a unidade no Espírito — um Corpo, um Espírito, uma esperança, um Senhor, uma fé, um batismo, um Deus e Pai. Nessa unidade ele celebra a diversidade dos indivíduos na igreja, diversidade resultante dos diferentes dons dados por Cristo. O uso dos dons na igreja leva à sua maturidade e a de seus membros. A maturidade inclui o crescimento em Cristo, no seu amor, cada um fazendo a obra que Cristo dá e não tentando fazer o trabalho designado a outra pessoa.

Isso tem consequências para a vida pessoal, exigindo a transformação completa do estilo de vida dos incrédulos. Sem fé o indivíduo é entregue à lascívia egoísta e à devassidão terrena. O cristão se torna como Deus em santidade, pureza e justiça. O elemento central disso é a fala humana, em que se diz a verdade e que edifica outras pessoas. Ira e maldade precisam dar lugar ao amor, à compaixão e ao perdão. Andar na luz significa agradar a Deus e mostrar a pecaminosidade dos atos malignos. É sábio evitar a bebida que deixa a pessoa embriagada e voltar-se ao Espírito conducente ao louvor e adoração. Isso muda o papel da pessoa em casa. A submissão mútua se torna a chave, a submissão motivada pela lealdade a Cristo e pelo amor ao cônjuge. Esse amor segue o exemplo do amor de Cristo pela Igreja. Os pais esperam honra por parte dos filhos enquanto os educam no caminho do amor do Senhor. Da mesma forma, senhores e escravos respeitam e ajudam uns aos outros.

Para completar a carta, Paulo chama os leitores a colocar a armadura de Deus para evitar as tentações de Satanás. Isso levará a pessoa à vida de oração por si mesma e pelos outros servos de Deus. Levará também à preocupação pelos outros cristãos e a buscar o encorajamento deles.

ÉFESO

Como é comum, Paulo conclui a carta com uma bênção, orando por paz, amor, fé e graça pelos amados leitores.

Esboço

I. Saudação: O apóstolo saúda a igreja (1.1,2)
II. Teologia: O plano de redenção leva à propagação da redenção (1.3—3.21)
   A. O plano da redenção (1.3-14)
      1. A obra do Pai: Ele nos abençoou e escolheu em Cristo, predestinando-nos à filiação nele (1.3-6)
      2. A obra do Filho: Ele nos traz a redenção e o perdão dos pecados por meio do seu sangue (1.7-12)
      3. A obra do Espírito: Ele nos sela como posse valiosa de Deus (1.13,14)
   B. As bênçãos da redenção (1.15—2.10)
      1. A percepção clara da natureza da redenção (1.15-19)
      2. A percepção plena da natureza de Cristo (1.20-23)
      3. A transição da morte espiritual para a vida espiritual (2.1-9)
      4. A vida de boas obras praticadas em Cristo (2.10)
   C. A propagação da redenção (2.11—3.21)
      1. A redenção é para todos sem acepção de raças (2.11-13)
      2. A redenção torna todos um em Cristo (2.14-22)
      3. A redenção deve ser revelada às pessoas por meio de outras pessoas (3.1-13)
      4. A redenção tem um alvo: a revelação da natureza do amor de Deus por meio de Cristo (3.14-21)
III. Ética: A redenção é aplicada à vida na igreja, à vida pessoal e doméstica (4.1—6.24).
   A. A aplicação da redenção à vida na igreja (4.1-16)
      1. O Espírito Santo produz unidade (4.1-6)
      2. Cristo provê a diversidade de dons (4.7-11)
      3. A unidade do Espírito e os dons de Cristo resultam em maturidade (4.12-16)
   B. A aplicação da redenção à vida pessoal (4.17—5.21)
      1. Acabam os desejos e práticas da velha vida (4.17-32)
      2. No novo modo de vida os redimidos aprendem a caminhar em amor (5.1-5)
      3. No novo modo de vida os redimidos aprendem a caminhar na luz (5.6-14)
      4. No novo modo de vida os redimidos aprendem a caminhar em sabedoria (5.15-21)
   C. A aplicação da redenção à vida doméstica (5.22—6.9)
      1. Responsabilidades mútuas entre marido e mulher (5.22-33)
      2. Responsabilidades mútuas entre pais e filhos (6.1-4)
      3. Responsabilidades mútuas entre senhores e servos (6.5-9)
IV. Conclusão: Preparo para a batalha espiritual da vida (6.10-24)
   A. Saibam que Deus é seu aliado e Satanás seu inimigo (6.10-12)
   B. Vistam a armadura provida por Deus (6.13-17)
   C. Orem por ousadia para os líderes cristãos (6.18-20)
   D. Comuniquem-se e encorajem-se uns aos outros (6.21,22)
   E. Vivam sob a bênção divina da paz, amor, fé e graça (6.23,24)

— *Ray Summers*

ÉFESO Uma das maiores e mais impressionantes cidades do mundo antigo, centro político, religioso e comercial da Ásia Menor. Associada ao ministério de Paulo, Timóteo e do apóstolo João, a cidade teve papel significativo na propagação do cristianismo primitivo. Éfeso e seus habitantes são mencionados mais de 20 vezes no NT.

Localização A antiga cidade de Éfeso, localizada no oeste da Ásia Menor na desembocadura do rio Caístro, era um porto importante. Situada entre o rio Meandro ao sul e o rio Hermo ao norte, Éfeso tinha acesso fácil aos vales dos dois rios o que lhe permitia prosperar como centro comercial. Pelo acúmulo de depósitos aluviais deixados pelo rio, o sítio atual da cidade está localizado entre oito e nove quilômetros terra adentro.

ÉFESO

Pedra de pavimento gravada na antiga Éfeso que provavelmente é o anúncio de um bordel.

Parte dos banhos do porto romano e do complexo do ginásio escavado na antiga Éfeso.

O grande teatro da antiga Éfeso visto da Estrada de Arcádia no caminho para o porto.

ÉFESO

ÉFESO

48 d.C. — 400 d.C.

ÉFESO

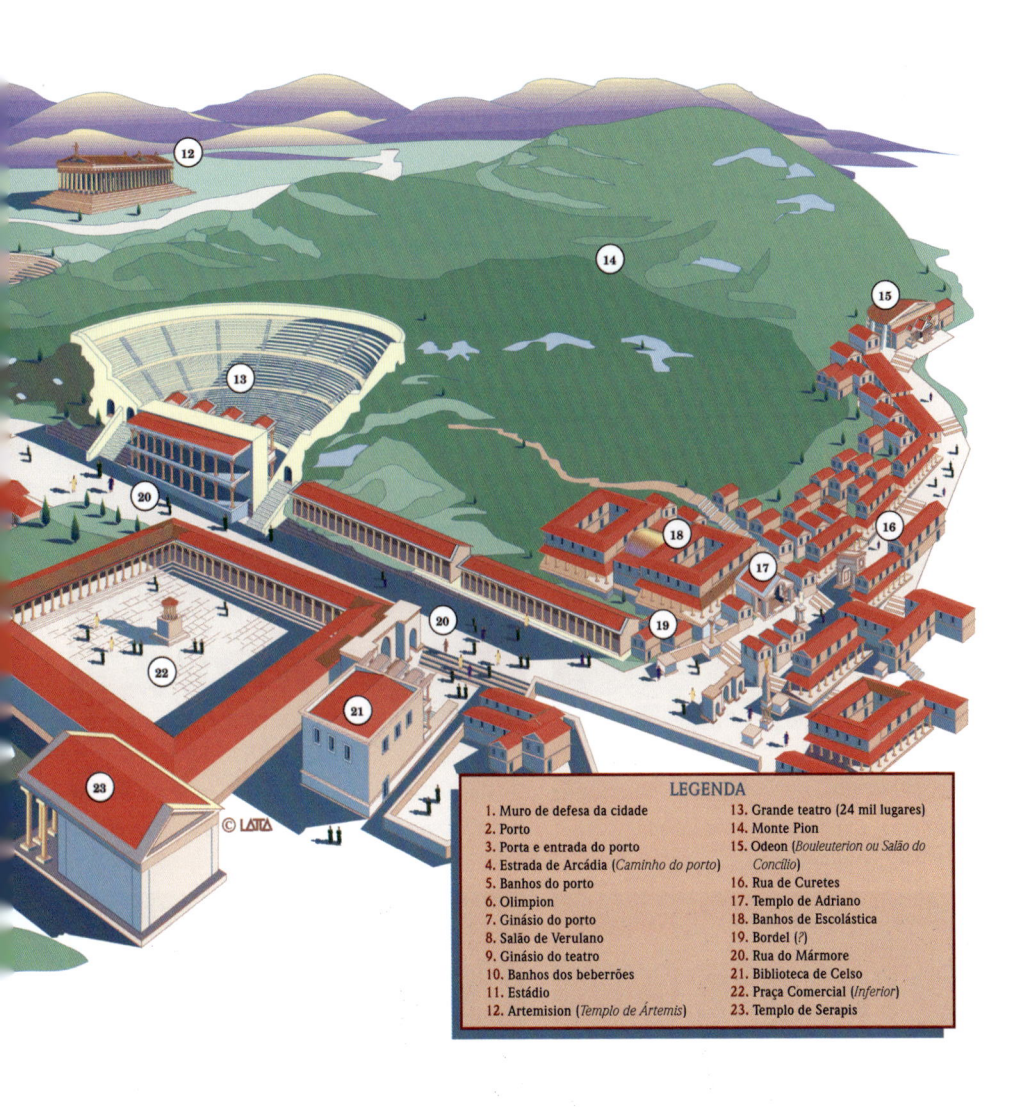

LEGENDA

1. Muro de defesa da cidade
2. Porto
3. Porta e entrada do porto
4. Estrada de Arcádia (*Caminho do porto*)
5. Banhos do porto
6. Olimpion
7. Ginásio do porto
8. Salão de Verulano
9. Ginásio do teatro
10. Banhos dos beberrões
11. Estádio
12. Artemision (*Templo de Ártemis*)
13. Grande teatro (24 mil lugares)
14. Monte Pion
15. Odeon (*Bouleuterion ou Salão do Concílio*)
16. Rua de Curetes
17. Templo de Adriano
18. Banhos de Escolástica
19. Bordel (?)
20. Rua do Mármore
21. Biblioteca de Celso
22. Praça Comercial (*Inferior*)
23. Templo de Serapis

ÉFESO

E Reconstrução do Artemision, o grande templo de Ártemis (Diana romana) em Éfeso na antiga Ásia Menor (atual Turquia) que foi iniciado em 360 a.C. em honra à antiga deusa-mãe de muitos seios da região da Anatólia. O culto foi adotado pelo conquistador Alexandre, o Grande, da Grécia e renomeado para Ártemis (Diana romana). O templo foi concluído pelos gregos e foi considerado uma das Sete Maravilhas do Mundo Antigo — quatro vezes o tamanho do Partenon de Atenas.

Tanque batismal do período romano situado na Dupla Igreja de Maria na antiga Éfeso.

Rua de Curetes na antiga Éfeso com a biblioteca de Celso ao fundo.

A fachada reconstituída da biblioteca de Celso na antiga Éfeso.

O Grande Teatro de Éfeso, e ao fundo a estrada de Arcádia que leva ao porto.

Pano de fundo histórico Os primeiros habitantes de Éfeso eram um grupo de povos chamados leleges e carianos, expulsos em cerca de 1000 a.C. por colonizadores gregos jônios liderados por Andróclo de Atenas. Os novos habitantes de Éfeso assimilaram a religião nativa da região, a adoração à deusa da fertilidade que identificaram com a deusa grega Ártemis, a caçadora virgem. (Mais tarde os romanos identificaram Ártemis com sua deusa Diana).

Em cerca de 560 a.C. Creso de Lídia conquistou Éfeso e a maior parte da região ocidental da Ásia Menor. Sob o governo de Creso a cidade foi mudada mais para o sul, e um magnífico templo, o Artemision, foi construído para o culto a Ártemis. Em 547 a.C., depois de Creso ser derrotado por Ciro da Pérsia, Éfeso passou a ser dominada pela Pérsia. Um desastre assolou a cidade em 356 a.C. quando o Artemision foi destruído pelo fogo.

Alexandre, o Grande, que supostamente nasceu no mesmo dia do incêndio do Artemision, assumiu o controle sobre a região em 334 a.C. Sua oferta para financiar a reconstrução em progresso do templo foi diplomaticamente rejeitada. O templo reconstruído, em cerca de 250 a.C., tornou-se famoso como uma das Sete Maravilhas do Mundo.

Lisímaco, um dos generais de Alexandre, governou Éfeso de cerca de 301 a 281 a.C., quando foi morto por Seleuco I. Sob Lisímaco a cidade foi mudada de lugar novamente, dessa vez para um local mais elevado para fugir do perigo de inundação.

Foi construído um muro da cidade, bem como um porto novo, e foram projetadas novas ruas. Depois da morte de Lisímaco, Éfeso caiu sob domínio dos seleucidas até a derrota para os romanos em 189 a.C. Roma entregou a cidade ao rei de Pérgamo como recompensa pela ajuda militar. Em 133 a.C., com a morte do último governante de Pérgamo, a cidade foi sujeita ao controle romano.

Sob os romanos, Éfeso prosperou, atingindo o ápice da grandeza nos primeiros dois séculos da era cristã. Na época de Paulo, Éfeso provavelmente era a quarta maior cidade do mundo, com a população estimada em 250 mil habitantes. Na regência do imperador Adriano, Éfeso foi nomeada capital da província romana da Ásia. A grandeza da antiga cidade é evidente a partir dos restos escavados pelos arqueólogos, incluindo as ruínas do Artemision, a praça cívica, o templo de Domiciano, o ginásio, os banhos públicos, um teatro com capacidade para 24 mil pessoas sentadas, uma biblioteca e a praça comercial, além de diversas ruas e residências particulares. Foram descobertos também o braço e a testa da estátua colossal do imperador Domiciano. Hoje a cidade turca de Seljuk ocupa o sítio da antiga Éfeso. V. *Ásia Menor, cidades de; Efésios, carta aos; Timóteo, Primeira epístola a*. — Mitchell G. Reddish

EFLAL Nome pessoal que significa "entalhado" ou "rachado". Descendente de Jerameel da tribo de Judá (1Cr 2.37).

ÉFODE (*ARC*) **ESTOLA SACERDOTAL** (*ARA*) **COLETE SACERDOTAL** (*NVI*) Vestimenta sacerdotal associada à busca de uma palavra de Deus e usada de forma incorreta como ídolo. O significado e a derivação exatos do termo "éfode" ("colete sacerdotal") não estão claros.

No princípio da história do AT há referências ao colete sacerdotal como vestimenta bem simples, de linho, possivelmente um colete curto, um avental ou um pano em volta dos quadris. É identificado como vestimenta sacerdotal (1Sm 14.3; 22.18). Foi usado por Samuel (1Sm 2.18) e por Davi quando ele dançou diante de Deus na ocasião do transporte da arca da aliança para Jerusalém, a capital de Davi (2Sm 6.14). Desde suas formas e seus usos mais antigos, parece que o colete sacerdotal era associado à presença divina ou a quem mantinha um relacionamento especial com Deus. É retratado como fonte de orientação divina, como no momento em que Davi queria saber se podia confiar no povo de Queila (1Sm 23.9-11) ou quando queria saber se devia perseguir os amalequitas (1Sm 30.7,8).

Há referências a um colete sacerdotal especial associado ao sumo sacerdote. Parece ter sido semelhante a um avental usado sobre o manto do sacerdote e debaixo do peitoral. É descrito em pormenores em Êx 28—35. Feito de tecidos dourados, azuis, púrpuras e vermelhos, era bem elaborado e ornado. Sobre cada um dos ombros o colete sacerdotal era preso por dois colchetes de ônix nos quais estavam gravados os nomes de seis das 12 tribos. Doze pedras preciosas sobre o peitoral continham os nomes das 12 tribos. Alguns estudiosos acreditam que esse peitoral também continha uma bolsa em que eram guardados o Urim e o Tumim usados para lançar sortes (Êx 28.30). O colete sacerdotal era afixado em volta da cintura por um belo e bem elaborado cinto. O manto usado com o colete sacerdotal era igualmente esmerado. Era de cor azul, com uma barra na parte de baixo constituída de sinos dourados e romãs azuis, púrpuras e vermelhas (Êx 28.31-34). Aparentemente o colete do sumo sacerdote não era usado somente pelo sumo sacerdote, mas também exposto de forma proeminente no tabernáculo. Pode ter sido colocado sobre uma imagem divina e usado como objeto de adoração em algumas ocasiões da história de Israel. Esse emprego, acrescido da importância do colete sacerdotal, pode ter levado ao uso idólatra na adoração na época dos juízes (Jz 8.27; 17.5,6).

A importância do colete sacerdotal na adoração dos hebreus é vista no fato de que, mesmo depois da divisão da nação em Reino do Norte e Reino do Sul, há menção ao colete sacerdotal na adoração no Reino do Norte (Os 3.4). V. *arca da aliança; sacerdotes; tabernáculo, tenda do encontro; terafim*. — Daniel B. McGee

EFRAIM Nome pessoal e de tribo que significa "terra de dois frutos" ou "terra de dois pastos". O filho mais novo de José com a egípcia Azenate, filha do sacerdote de Om (Gn 41.52). Ele foi adotado por seu avô Jacó e recebeu preferência a seu irmão Manassés (Gn 48.14). Progenitor da tribo de Efraim, que ocupou a região situada a noroeste do mar Morto (Js 16) e líder das tribos do Reino do Norte, sempre disposto a defender seu direito (Js 17.15; Jz 3.27; 4.5; 7.24—8.3; 12.1).

Efraim teve papel importante na história israelita. Josué era efraimita (Js 19.50). Samuel era efraimita (1Sm 1.1). Jeroboão I era efraimita (1Rs 12.25). O importante santuário de Siló estava situado no território de Efraim. A partir do séc. VIII a.C., Efraim foi usado muitas vezes como designação para Israel (Is 11.13; Jr 7.15; Os 5.13). V. *patriarcas; tribos de Israel*.

EFRAIM, CIDADE DE (Algumas versões) Outro nome para Efrom. V. *Efrom*.

EFRAIM, FLORESTA DE Lugar de matas densas na batalha entre as forças do rei Davi e o exército rebelde de Absalão (2Sm 8.6,8). A localização da floresta apresenta dificuldades. O relato de 2Sm sugere a localização a leste do Jordão suficientemente próxima da cidade de Maanaim no vale do Jaboque para permitir que Davi enviasse reforços. A dificuldade surge porque o território da tribo de Efraim ficava a oeste do Jordão. O texto de Js 17.14-18 prediz a expansão de Efraim para o norte para o vale florestal de Jezreel e as cercanias de Bete-Seã, ambos dentro do território de Issacar. É possível que essa tribo dominante também tenha se assentado nas colinas florestais a leste do Jordão.

EFRAIM, MONTE V. *montes de Efraim*.

EFRAIMITA Membro da tribo de Efraim. V. *Efraim*.

EFRATA, EFRATE Nome pessoal e de lugar que significa "frutífero". **1.** Cidade perto da qual Jacó sepultou sua esposa Raquel (Gn 35.16-19). Em Gn 35.16 parece indicar que Efrata deve ter sido próxima de Betel. Isso é apoiado por 1Sm 10.2 e Jr 31.15, que localizam o túmulo de Raquel perto de Ramá na divisa entre os territórios das tribos de Efraim e Benjamim. Em Gn 35.19, no entanto, identifica Efrata com Belém (cf. Gn 48.7). Faz parte do território da tribo de Judá de acordo com a tradução grega mais antiga do AT, palavras que são omitidas nos atuais manuscritos hebraicos (Js 15.59, *REB*). Já Mq 5.2 também parece identificar Belém com Efrata como a terra natal do Messias vindouro. Isso, por sua vez, estava baseado em Belém (1Sm 16.1) e Efrata (1Sm 17.12) como a terra natal de Jessé, pai de Davi e, por conseguinte, do próprio Davi. Ao enviar o Messias, Deus escolheu começar de novo no lugar de nascimento de Davi. Elimeleque, marido de Noemi, era efraimita de Belém (Rt 1.2). Em Rt 4.11, Belém e Efrata são aparentemente identificadas em um paralelismo poético. Pode ser que Efrata fosse o nome do clã de uma família de Belém cuja importância tornou o nome sinônimo da cidade. O paralelismo em Sl 132.6 parece identificar Efrata com os "campos de Jaar" (maioria das versões mais recentes). Isso seria Quiriate-Jearim, embora possam estar em vista aqui dois lugares distintos de descanso da arca — Belém e Quiriate-Jearim. A identificação com Quiriate-Jearim poderia ser apoiada pela genealogia de 1Cr 2 que alista os dois nomes pessoais e de lugar. Sobal, fundador de Quiriate-Jearim, era filho de Efrate, esposa de Calebe (1Cr 2.19,50). Em 1Cr 4.4, Hur, filho de Efrate, foi pai de Belém. Efrata pode ter sido um nome de clã associado a diversos locais geográficos, sendo Belém o mais famoso deles. As conexões textuais e geográficas não são sempre de fácil compreensão. **2.** Esposa (Efrate) de Calebe (1Cr 2.50; 2.19; 4.4).

Entrada da Igreja da Natividade em Belém (Efrata).

EFRATITA Cidadão ou membro de clã de Efrata. V. *Efrata, Efrate.*

EFROM Nome pessoal e de lugar que significa "poeirento". **1.** Hitita que vendeu a caverna de Macpela a Abraão (Gn 23.8-20). A narrativa segue a maneira normal de estabelecer um acordo de compra entre pessoas do Oriente Médio. Abraão também foi sepultado na caverna com Sara (Gn 25.9,10). Tornou-se o túmulo do patriarca (Gn 49.30-33; 50.13). **2.** Monte marcando a divisa entre as tribos de Judá e Benjamim (Js 15.9). Está localizado a noroeste de Jerusalém perto de Mozah at el-Qastel. **3.** Cidade que o rei Abias de Judá (913-910 a.C.) tomou do rei Jeroboão de Israel (926-909 a.C.), de acordo com a grafia do texto hebraico (2Cr 13.19). Os escribas hebreus mais antigos sugerem que "Efraim" era a grafia correta (*KJV*). Aparentemente é idêntico com Ofra em Benjamim (Js 18.23; 1Sm 13.17), localizada em et-Tayibeh a cerca de sete quilômetros a norte de Betel. A cidade de Efraim (2Sm 13.23 [*NTLH*]; Jo 11.54) provavelmente é a mesma cidade. Se et-Tayibeh é o local correto, é uma cidade elevada, 150 metros acima de Jerusalém, e poderia ser muito fria. Alguns localizam a cidade de Efraim no vale abaixo em ain Samieh, na beira do deserto.

EGÍPCIO, O Líder de uma tentativa mal-sucedida de capturar Jerusalém em torno de 54 d.C. Em At 21.38 o comandante da fortaleza Antônia confundiu Paulo com esse revolucionário que "levou quatro mil assassinos para o deserto". Josefo menciona dois incidentes envolvendo a mesma personagem, ou alguém semelhante a ele. No primeiro, um falso profeta egípcio levou um grupo ao deserto. O procurador Félix dispersou esse bando revolucionário com a cavalaria e infantaria. Mais tarde o egípcio reuniu trinta mil no deserto, liderando a multidão para o monte das Oliveiras do qual, assim prometeu, eles veriam os muros de Jerusalém cair à sua ordem. Félix novamente respondeu com força, matando 400 e levando presos outros 200. O egípcio, líder do grupo, conseguiu fugir.

Tal número de seguidores sugere que ou um judeu egípcio ou um prosélito do judaísmo era o líder da revolta, não um egípcio pagão. O comandante pressupôs que o egípcio era bárbaro (não falava o grego). Essa suposição com a resposta de Paulo de que ele era judeu de Tarso, cidade importante da Cilícia, sugere a origem rural desse rebelde egípcio.

EGITO País no nordeste da África, pátria de uma das primeiras civilizações, e uma influência cultural e política importante sobre o antigo Israel.

Geografia O Egito está no canto superior direito do quadrante nordeste da África, separado da Palestina pelo deserto do Sinai. Em contraste com o país atual, o antigo Egito era confinado ao vale do rio Nilo, uma faixa longa e estreita de terras férteis (a "terra preta") cercada por um deserto inabitável (a "terra vermelha"). O Egito propriamente falando, da primeira catarata do Nilo até o Mediterrâneo, tem por volta de 1.200 quilômetros de comprimento.

EGITO

O templo de Lúxor

Historiadores clássicos diziam que o Egito era um presente do Nilo. Os três tributários do rio confluem no Sudão. O Nilo Branco, com a nascente no lago Vitória, fornece um fluxo de água razoavelmente constante. O fluxo sazonal do Nilo Azul e do rio Atbara causavam uma inundação anual que começava em junho e atingia o pico em setembro. A inundação não somente provia a irrigação, mas também reabastecia o solo com uma nova camada de limo escuro e fértil todos os anos. O Nilo também fornecia um elo vital de comunicação para a nação toda. Enquanto o fluxo natural do rio levava barcos em direção ao norte, ventos na região que sopravam predominantemente no sentido norte–sul facilitavam a navegação rio acima.

Apesar da natureza unificadora do Nilo, as "Duas Terras" do Egito eram bem distintas. O Alto Egito é o vale arável do Nilo a partir da primeira catarata até imediatamente ao sul de Mênfis no norte. O Baixo Egito é a referência ao amplo delta do Nilo no norte, formado de depósitos aluviais. O Egito ficava relativamente isolado por uma série de seis cataratas do Nilo ao sul e protegido a leste e oeste pelo deserto. O delta era a entrada para o Egito para viajantes que vinham do Crescente Fértil através do Sinai.

História Os numerosos faraós egípcios foram divididos pelo historiador antigo Manetho em 30 dinastias. Apesar de algumas dificuldades, o esquema de Manetho ainda é usado e provê um arcabouço útil para o retrospecto da história egípcia.

A unificação dos reinos originariamente separados do Alto e do Baixo Egito em torno de 3100 a.C. deu início ao período Arcaico (1ª e 2ª Dinastias). O primeiro período de glória do Egito, da 3ª à 6ª Dinastias do Reino Antigo (2700-2200 a.C.), produziu as famosas pirâmides.

As inundações no Baixo Nilo, as más colheitas resultantes e as incursões de asiáticos na região do delta conduziram ao caos político do período da 7ª à 10ª Dinastias, chamado Primeiro Período Intermediário (2200-2040 a.C.). Depois de uma guerra civil, a 11ª Dinastia reunificou o Egito e deu início ao Reino Médio (2040-1786 a.C.). Sob os hábeis faraós da 12ª Dinastia, o Egito prosperou e realizou comércio intenso. A partir do Reino Médio, a história egípcia é contemporânea dos acontecimentos bíblicos. A breve passagem de Abraão pelo Egito (Gn 12.10-20) nesse período pode ser entendida à luz de uma pintura de túmulo em Beni Hasan mostrando visitantes asiáticos no Egito em torno de 1900 a.C.

Estatuetas funerárias do túmulo do rei Tut (faraó Tutancâmon)

Sob a fraca 13ª Dinastia, o Egito entrou em mais um período de divisão. Os asiáticos, semitas na maioria como os hebreus, imigraram para a região do delta do Egito e começaram a estabelecer enclaves independentes, a certa altura consolidando o domínio sobre o Baixo Egito. Esses faraós, sendo asiáticos, não egípcios nativos, foram lembrados como hicsos, ou "governantes de terras estrangeiras". O período, em que o Egito foi dividido entre os hicsos (15ª e 16ª Dinastias) e egípcios nativos (13ª e 17ª Dinastias), é conhecido por Segundo Período Intermediário ou Período dos Hicsos (1786-1550 a.C.). Alguns acham que a ascensão de José ao poder (Gn 41.39-45) pode ter ocorrido sob um faraó hicso. V. *Hicsos*.

Os hicsos foram expulsos e o Egito reunificado em torno de 1550 a.C. por Ahmosis I, que estabeleceu a 18ª Dinastia inaugurando assim o Novo Reino Egípcio. Sucessivos faraós da 18ª Dinastia fizeram campanhas militares a Canaã e contra o reino de Mitani na Mesopotâmia, criando um Império que chegou ao rio Eufrates. O faraó mais notável foi Tutmósis III (1479-1425 a.C.), que obteve uma grande vitória em Megido na Palestina. Amenhotepe III (1391-1353 a.C.) governou um magnífico Império em paz — graças ao tratado com Mitani — e dedicou suas energias a projetos de construção no próprio Egito. Os grandes êxitos do Império levaram a brigas internas pelo poder, especialmente entre o poderoso sacerdócio de Amon-Rá e o trono.

Amenhotepe IV (1353-1335 a.C.), filho de Amenhotepe III, mudou seu nome para Aquenáton e iniciou uma reforma revolucionária que promoveu a adoração ao disco solar Aton sobre todos os outros deuses. Como Tebas era dominada pelo poderoso sacerdócio de Amon-Rá, Aquenáton mudou a capital mais de 300 quilômetros ao norte para Aquenáton, atual Tel el-Amarna. A Época de Amarna, como é conhecido esse período, trouxe inovações na arte e na literatura; mas Aquenáton deu pouca atenção a questões exteriores, e o Império sofreu com isso. Documentos de Aquenáton, as cartas de Amarna, representam a correspondência diplomática entre governantes locais na esfera de influência do Egito e a corte do faraó. Eles elucidam especialmente a situação turbulenta de Canaã que, dependendo da preferência do leitor pela data do êxodo (séc. XV ou XIII a.C.), pode ser um século depois ou um século antes da invasão israelita.

Busto da rainha egípcia Nefertiti, esposa do faraó Aquenáton.

EGITO

As reformas de Aquenáton fracassaram. O segundo sucessor deixou clara sua lealdade a Amon-Rá ao mudar o nome de Tutancáton para Tutancâmon e abandonar a nova capital, voltando a Tebas. Ele morreu jovem, e seu túmulo relativamente insignificante ficou esquecido até a redescoberta em 1921. A 18ª Dinastia não se recuperaria. O general Horemheb tomou o trono e trabalhou intensamente para restabelecer a ordem e apagar todos os vestígios da heresia de Amarna. Horemheb não teve herdeiro e deixou o trono a seu vizir, Ramessés I, primeiro rei da 19ª Dinastia.

Seti I (1302-1290 a.C.) restabeleceu o controle egípcio sobre Canaã e fez campanhas contra os hititas, que tinham tomado território egípcio no norte da Síria na Época de Amarna. Foi iniciada a construção de uma nova capital por Seti I no delta oriental perto da terra bíblica de Gósen. Tebas permaneceria a capital religiosa nacional tradicional. V. *hititas*.

Ramessés II (1290-1224 a.C.) foi o faraó mais vigoroso e bem-sucedido da 19ª Dinastia. No seu quinto ano ele combateu os hititas em Cades-no-Orontes no norte da Síria. Mesmo tendo sido emboscado e quase derrotado, o faraó fugiu e alegou uma grande vitória. Não obstante, a batalha foi inconclusiva. Em 1270, Ramessés II concluiu um tratado de paz com os hititas reconhecendo sua condição. Em casa ele iniciou o mais fantástico projeto de construções de qualquer regente egípcio. Aumentos impressionantes foram feitos aos santuários em Tebas e Mênfis, um templo gigantesco de Ramessés II foi construído em Abu Simbel na Núbia, e seu templo e câmara mortuários foram preparados em Tebas ocidental. No delta oriental, a nova capital foi concluída e chamada Pi-Ramessés ("domínio de Ramessés"; cp. Gn 47.11). Muitos estudiosos consideram essa a Ramessés da Bíblia (Êx 1.11), uma cidade-celeiro construída para o faraó sem nome do êxodo.

Depois de um longo reinado, Ramessés II foi sucedido por Merneptá, seu filho (1224-1214 a.C.). Uma estela de 1220 a.C. celebra a vitória de Merneptá sobre a invasão líbia e conclui com o relato poético da campanha em Canaã. Ela inclui a primeira menção extrabíblica a Israel e a única na literatura egípcia conhecida. Depois de Merneptá a 19ª Dinastia foi um período de confusão.

O Egito teve um breve período de glória renovada sob Ramessés III (1195-1164 a.C.) da 20ª Dinastia. Ele derrotou uma invasão dos povos do mar, entre os quais estavam os filisteus. O restante dos regentes da 20ª Dinastia, todos chamados Ramessés, testemunharam crescentes dificuldades econômicas e civis. O Novo Reino e o Império chegaram ao fim com o último desses regentes em 1170 a.C. A Idade do Ferro tinha assumido o controle sobre o Oriente Médio em outros lugares.

O último período (1070-332 a.C.) testemunhou o Egito dividido e invadido, mas com momentos ocasionais de grandeza. Enquanto o sumo sacerdócio de Amon-Rá controlava Tebas, a 21ª Dinastia governou com sede na cidade de Tânis no delta oriental, citada na Bíblia como Zoã (Nm 13.22; Sl 78.12; Ez 30.14; Is 19.11; 30.4). Provavelmente foi um faraó dessa dinastia, talvez Siamum, que tomou Gezer na Palestina e a deu a Salomão como dote da sua filha (1Rs 3.1; 9.16). A 22ª Dinastia foi fundada por Shoshenk I (945-924 a.C.), o Sisaque da Bíblia, que uniu o Egito por um breve período e fez uma campanha bem-sucedida contra as nações recém-divididas de Judá e Israel (1Rs 14.25; 2Cr 12). Depois disso, o Egito ficou dividido entre a 22ª e a 25ª Dinastias. "Sô, rei do Egito" (2Rs 17.4), que encorajou a traição de Oseias, certamente pertence a esse período confuso, mas ele não pode ser identificado com certeza. O Egito foi reunificado em 715 a.C., quando a 25ª Dinastia Etíope teve êxito em obter o controle sobre todo o Egito. O mais importante desses faraós foi Taharqa, denominado Tiraca na Bíblia que prestou ajuda a Ezequias (2Rs 19.9; Is 37.9).

Barco a vela no rio Nilo perto de Lúxor.

A Assíria invadiu o Egito em 671 a.C., forçando os etíopes a se retirarem para o sul e a certa altura saqueando Tebas (No-Amon na Bíblia, Na 3.8) em 664 a.C. Sob patrocínio assírio não muito definido, a 26ª Dinastia controlou todo o Egito com base em Sais no delta ocidental. Com o declínio assírio, Neco II (610-595 a.C.) resistiu ao avanço da Babilônia e exerceu breve controle sobre Judá (2Rs 23.29-35). Depois de uma severa derrota na batalha de Carquemis (605 a.C.), Neco II perdeu Judá como vassalo (2Rs 24.1) e foi forçado a defender suas fronteiras contra a Babilônia. O faraó Hofra (grego Apries; 589-570 a.C.) apoiou a rebelião de Judá contra a Babilônia, mas não foi capaz de fornecer o apoio prometido (Jr 37.5-10; 44.30). Apesar desses reveses, a 26ª Dinastia foi um período de renascimento egípcio até a conquista persa em 525 a.C. O governo persa (27ª Dinastia) foi interrompido por um período de independência egípcia sob as Dinastias 28ª até 30ª (404-343 a.C.). Com a reconquista persa em 343 a.C., o Egito dos faraós chegou ao fim.

Alexandre, o Grande, tomou o Egito dos persas em 322 a.C. e fundou a grande cidade de Alexandria na costa do Mediterrâneo. Depois da sua morte em 323 a.C., o Egito foi sede do Império Helenista Ptolemaico até o tempo de Cleópatra, quando caiu diante dos romanos (30 a.C.). No período do NT, o Egito, sob o governo direto dos imperadores romanos, foi o celeiro de Roma.

Religião A religião egípcia é extremamente complexa e ainda não totalmente compreendida. Muitos dos inúmeros deuses eram personificações das forças naturais no Egito, como o sol, o Nilo, o ar, a terra e assim por diante. Outros deuses, como Maat ("verdade", "justiça"), personificavam conceitos abstratos. Ainda outros dominavam sobre estados da humanidade, como Osíris, deus do mundo inferior. Alguns dos deuses eram adorados em forma animal, como o touro Ápis que representava o deus Ptah de Mênfis.

Muitas das principais divindades eram associadas a cidades ou regiões em particular, e sua posição era com frequência um fator da situação política. Isso é refletido nos nomes dos deuses predominantes nos nomes dos faraós de várias dinastias. Assim o deus Amon, mais tarde chamado Amon-Rá, tornou-se o principal deus do Império pela posição de Tebas. A confusão de crenças locais e circunstâncias políticas levou à assimilação de diferentes deuses por certas figuras predominantes. Sistemas teológicos se desenvolveram em torno dos deuses locais em Hermópolis, Mênfis e Heliópolis. Em Mênfis, Ptah era visto como a divindade suprema que criou os outros deuses com sua palavra, mas essa noção era intelectual demais para tornar-se popular. O domínio foi obtido pelo sistema de Heliópolis, casa do deus Áton, mais tarde identificado com Rá. Semelhante ao ciclo de Hermópolis, ele envolvia um caos primordial do qual apareceu Áton que gerou os outros deuses.

Muito popular junto ao povo comum era o mito de Osíris. Osíris, o rei bom, foi morto e esquartejado por seu irmão Sete. A esposa de

Vista de Gizé, Egito, mostrando duas das três pirâmides localizadas aí e a famosa Esfinge.

Osíris, Ísis, reuniu seu corpo para ser mumificado por Anúbis, o deus embalsamador com cabeça de chacal. Restaurado de forma mágica, Osíris foi sepultado pelo filho, Hórus, e passou a reinar no mundo inferior. Hórus, entrementes, subjugou o ímpio Sete para governar sobre a terra. Esse ciclo se tornou o princípio do reinado divino. Na morte, o faraó era adorado como Osíris. Como o legítimo herdeiro Hórus sepultava o Osíris morto, o novo faraó se tornava o Hórus vivo ao sepultar o predecessor morto.

A provisão constante do Nilo dava aos egípcios, em contraste com os habitantes da Mesopotâmia, uma percepção geralmente otimista da vida. Isso se refletia na preocupação com a vida após a morte, vista como continuação ideal da vida na terra. No Reino Antigo era prerrogativa exclusiva do rei, como deus, desfrutar da imortalidade. O apelo comum do culto a Osíris foi grande; no entanto, em anos posteriores qualquer pessoa era mencionada como "o Osíris tal e tal".

Para auxiliar os mortos na vida após a morte, incluíam-se textos de magia no túmulo. No Reino Antigo isso só ocorria com a realeza, mas no Reino Intermediário variações deles eram escritas nas tampas dos esquifes de qualquer pessoa que tivesse condições de pagar por elas. No Reino Novo e depois, textos de magia conhecidos por *Os livros dos mortos* eram escritos em papiros e colocados nos esquifes. Fragmentos com figuras mostram, entre outras coisas, os mortos em um tipo de julgamento no qual o coração era pesado segundo a verdade. Isso indica algum conceito de pecado, mas a vida após a morte para o egípcio não era a oferta de um deus gracioso, mas uma esperança otimista baseada na observação de quem o circundava.

A Bíblia não menciona os deuses egípcios, e a religião egípcia não influenciou significativamente os hebreus. Há alguns paralelos interessantes entre os textos bíblicos e a literatura egípcia. Um hino da Época de Amarna, dedicado a Áton, tem semelhanças com o Sl 104, mas a cópia direta parece improvável. Paralelos mais notáveis podem ser vistos na literatura sapiencial, como entre Pv 22 e o texto egípcio *Instrução de Amenemope*. — *Daniel C. Browning Jr. e Kirk Kilpatrick*

EGLÁ Nome pessoal que significa "novilha". Esposa de Davi e mãe de seu filho Itreão (2Sm 3.5).

EGLAIM Nome pessoal que significa "duas cisternas". Lugar em Moabe usado por Isaías para descrever os limites distantes da aflição de Moabe. É a atual Rugm elGilimeh, a sudeste de el-Kerak. É distinta em localização e grafia hebraica de EnEglaim (Ez 47.10).

EGLATE-SELISIA Nome de lugar que significa "a terceira novilha". Lugar aparentemente em Moabe onde ser refugiaram os fugitivos de Moabe na descrição que Isaías faz do desastre (Is 15.5). O nome tem causado muitas dificuldades a tradutores e intérpretes. A localização não é conhecida. As palavras aparentemente não se encaixam na estrutura poética e são inesperadas na sintaxe e contexto, não havendo advérbio ou preposição entre Zoar e Eglate-Selisia no hebraico. A *ARA* transforma a expressão em uma afirmação identificadora correlato de Jr 48.34. — *J. Maxwell Miller*

EGLOM 1. Rei moabita que oprimiu os israelitas (Jz 3.12). Auxiliado pelos amalequitas e amonitas, Eglom subjugou Israel durante 18 anos. Por fim, foi morto por Eúde, o juiz benjamita, que atravessou o obeso monarca com uma espada curta. **2.** Cidade cananeia cujo rei fez aliança com quatro outros governantes cananeus contra Gibeom (Js 10.3). Os gibeonitas haviam feito um pacto com Israel (Js 9). Subsequentemente Eglom foi capturado pelo exército de Israel sob a liderança de Josué. Tornou-se parte do território da tribo de Judá. A maioria dos estudiosos defendeu por muito tempo a posição de que o atual sítio de Tel el-Hesi fosse a localização da antiga Eglom. Mais recentemente, no entanto, alguns argumentam a favor de Tel 'Eton. Ambos os locais estão situados a sudoeste de Láquis. V. *Eúde*; *Josué*.

ÉGUA Fêmea do cavalo. V. *cavalo*.

EÍ Nome pessoal que significa "meu irmão". Filho de Benjamim (Gn 46.21), mas ele não aparece na lista dos filhos de Benjamim em Nm 26.38-41; 1Cr 8.1,2.

EIXO Parte central de uma roda à qual os aros ou raios estão ligados (1Rs 7.33).

EL Uma das diversas palavras para Deus encontradas no hebraico bíblico e nome do deus mais

EL ELOHE ISRAEL

elevado entre os cananeus. A palavra é comum no hebraico, aramaico e árabe; contudo a origem e raiz das quais a palavra é derivada são obscuras. "El" é um termo geral que expressa majestade ou poder. Ocorre 238 vezes no AT, mais muitas vezes em Sl e Jó. O emprego bíblico normal é como substantivo simples para se referir à divindade. "El" é um sinônimo para o substantivo mais frequente de Deus: Elohim. "El" se refere ao Deus de Israel e em outros trechos a um dos deuses pagãos. Em algumas ocasiões, qualificativos são associados a "El" a fim de fazer distinção entre os deuses a que se faz referência. Em Êx 34.14 há um exemplo da expressão "outro deus"; em Sl 44.20 e 81.9 a expressão é traduzida por "deus estrangeiro" e "deus estranho".

"El" foi combinado muitas vezes com substantivos ou adjetivos para expressar o nome para Deus com referência a atributos ou características particulares do seu ser. El Shaddai, "Deus Todo-Poderoso", aparece em Gn 17.1. El Eelohe Israel, em Gn 33.20, era usado para distinguir o Deus de Israel de todos os outros. El 'Elyon, em Gn 14.18 e Sl 78.35, era usado para sugerir a natureza exaltada de Deus. El Gibor (Is 9.6; Jr 32.18) tem sido interpretado como o retrato de Deus como um guerreiro poderoso. El Roi, o Deus que vê, ocorre somente em Gn 16.13. V. *Canaã*. — James Newell

EL ELOHE ISRAEL Nome divino com o significado de "Deus, o Deus de Israel". Nome que Jacó deu ao altar que ele erigiu na terra que comprou perto de Siquém (Gn 33.20). V. *patriarcas*.

ELÁ Nome pessoal e de lugar que significa "carvalho", "árvore frondosa" ou "terebinto". V. *terebinto*. **1.** Chefe de clã descendente de Esaú (Gn 36.41) e, portanto, um edomita. V. *Edom; Esaú*. **2.** Vale onde Saul e seu exército perfilaram seus homens para a batalha contra os filisteus (1Sm 17.2). Ali Davi derrotou Golias (1Sm 21.9). **3.** Rei de Israel (732-723 a.C.), morto enquanto estava bêbado na rebelião que Zinri, seu general, conduziu com êxito (1Rs 16.6-14). **4.** Pai de Oseias, que liderou uma revolta e se tornou rei de Israel (732-723 a.C.) (2Rs 15.30). **5.** Filho de Calebe e pai de Quenaz entre os clãs de Judá (1Cr 4.15).

6. Cabeça de clã de Benjamim que se estabeleceu em Jerusalém depois do exílio (1Cr 9.8).

ELANÃ Nome pessoal que significa "Deus é gracioso". O belemita que matou o irmão de Golias (2Sm 21.19). O texto hebraico, no entanto, não contém as palavras "irmão de". Afirma que Elanã matou Golias. Em 1Cr 20.5 temos indicação, por sinal, de que Elanã matou Lami, irmão de Golias. Outra variante dos textos de 2Sm e 1Cr está no nome do pai de Elanã: em 2Sm 21.19 é Jaaré-Oregim; em 1Cr 20.5 é Jair. A harmonização adequada entre esses dois trechos, junto com sua relação com 1Sm 17 (de acordo com o qual Golias foi morto por Davi), constitui um dos enigmas mais desconcertantes do AT. V. *Davi*.

ELÃO Nome pessoal e de lugar. **1.** Elão era filho de Sem, um dos filhos de Noé (Gn 10.22; 1Cr 1.17). Pode ter dado nome à região conhecida por Elão. **2.** A região de Elão ficava na borda ocidental da antiga Pérsia, o atual Irã. As montanhas Zagros ficam a leste e norte, enquanto o golfo Pérsico está situado ao sul e o rio Tigres a oeste. A antiga capital da região é Susã. A região já foi habitada desde antes de 3000 a.C., mas somente alguns períodos são importantes para a história bíblica.

Elão apareceu na história quando Sargão da Acádia subjugou a região em aproximadamente 2300 a.C. Logo, no entanto, os elamitas inverteram os papéis, saquearam Ur e estabeleceram um rei elamita em Eshnunna. A presença elamita continuou na Babilônia até o tempo de Hamurábi aproximadamente em 1700 a.C.

Depois de Hamurábi, os cassitas invadiram Elão. Seu domínio durou até aproximadamente 1200 a.C. O século seguinte foi o pico do poder elamita. Toda a região oeste do Irã lhe pertencia. Outra vez o poder babilônico levou ao fim o poder elamita. O assírio Assurbanípal pôs fim aos períodos de glória e depressão. Ele varreu a região em uma série de campanhas e capturou Susã em 641 a.C. Pode ter mudado alguns elamitas para a Samaria nessa época (Ed 4.9). Antes disso, Elão tinha incorporado Anshan, mais tarde sede de Ciro, o Grande, ao reino. À medida que a Assíria se enfraquecia, Elão e Anshan se tornaram parte do reino dos medos. Assim, participaram com os babilônios da derrota do Império Assírio. Elão teve pouca história independente depois disso, mas continuou integrando os Impérios dos Medos e dos Persas. Na Bíblia a importância de Elão talvez se deva ao papel como vassalo dos grandes Impérios, suprindo-lhes tropas.

Elão é mencionado nas narrativas e oráculos das Escrituras. Abraão lutou contra Quedorlaomer, rei de Elão, para garantir a volta de Ló e outros (Gn 14). Embora esse rei não possa ser identificado a partir de outros registros, os acontecimentos podem ter ocorrido no tempo de glória de Elão antes de Hamurábi. Os profetas mencionam Elão nos seus oráculos.

Outras referências bíblicas mencionam Elão como nome pessoal ou de uma terra natal. O mais interessante talvez seja a presença de elamitas no dia de Pentecoste. Talvez tenham sido judeus da região de Elão ou convertidos ao judaísmo (At 2.9). Deus ainda estava reunindo seu povo dali. V. *Pérsia; Ciro; Assíria*.

3. Líder de clã da tribo de Benjamim que vivia em Jerusalém (1Cr 8.24). **4.** Guarda sacerdotal sob Davi (1Cr 26.3). **5.** Dois líderes de clã entre os exilados que retornaram a Jerusalém com Zorobabel em 537 a.C. (Ed 2.7,31; cp. 8.7; 10.2,26). **6.** Líder pós-exílico que assinou o acordo de Neemias para obedecer a Deus (Ne 10.14). **7.** Sacerdote que ajudou Neemias a liderar o povo na celebração da conclusão do muro de Jerusalém (Ne 12.42). — *Albert F. Bean*

ELASAR Nome de lugar babilônico de significado desconhecido. A capital do rei Arioque, que se aliou à coligação oriental contra Sodoma e Gomorra, resultando no envolvimento de Abraão na guerra (Gn 14.1). A identificação com Larsa na Babilônia baseou-se no reconhecimento equivocado de Arioque. Os textos de Mari mencionam Ilanzura entre Carquemis e Harã. Outros estudiosos sugerem Elasar como uma abreviação de Til-Asurri às margens do rio Eufrates. Outros sugerem sua localização na costa meridional do mar Negro perto de Ponto na Ásia Menor. Assim a questão da identificação exata permanece aberta.

ELATE Nome de lugar que significa "carneiro", "árvores frondosas" ou "terebinto". V. *terebinto*. Cidade portuária no extremo norte do mar Vermelho. Israel passou por ali ao atravessar Edom no deserto (Dt 2.8). Foi significativo o suficiente para servir de ponto de referência para identificar Eziom-Geber, onde o rei Salomão fez seus navios (1Rs 9.26; cp. 2Cr 8.17,18). Mais tarde o rei Uzias (792-740 a.C.) reconstruiu o porto e o controlou para Judá (2Rs 14.22). Os arqueólogos em geral identificam Elate como outro nome para Eziom-Geber e o localizam em Tel el-Kheleifeh. Trabalhos arqueológicos mais recentes tentam mostrar que Eziom-Geber era o porto na ilha de Jezirate Faraun. Ellate seria então a base no continente à qual os bens eram transferidos e postos sobre animais de carga para as longas jornadas de caravanas ao norte para Judá, Israel, Síria ou Fenícia, ou para viagens para o leste para a Assíria ou Babilônia ou para o oeste para o Egito. V. *Eziom-Geber*.

Ácaba, Jordânia, na boca do golfo de Ácaba com Elate no fundo.

EL-BERITE Nome de um deus com o significado de "deus da aliança". Um deus adorado em um templo em Siquém. Contava com uma fortaleza que o guardava. Ali os cidadãos de Siquém buscaram proteção quando Abimeleque os atacou, mas Abimeleque pôs fogo na cidadela (Jz 9.46-49). V. *Baal-Berite; Siquém*.

EL-BETEL Nome de lugar que significa "deus da casa de El (deus)". Ou Betel ou um lugar perto de Betel, no qual Jacó erigiu um altar a Deus como memorial à sua visita prévia a Betel quando recebeu uma visão de Deus (Gn 35.7; cp. 28.10-19). Aparentemente o nome empregado para Deus foi usado como nome de lugar. V. *Deus dos pais*.

ELCANA Nome pessoal que significa "Deus criou". **1.** Um dos filhos de Corá, o sacerdote (Êx 6.24). **2.** Filho de Jeroão. Pai de Samuel (1Sm 1.1). **3.** Pessoa citada em uma lista de levitas (1Cr 6.23-26). **4.** Pai de Asa, e mencionado em uma lista de levitas (1Cr 9.16). **5.** Guerreiro benjamita que desertou Saul e se uniu a Davi (1Cr 12.6). **6.** Um dos dois guardas da arca da aliança (1Cr 15.23). **7.** Oficial, a serviço do rei Acaz em Judá, assassinado pelo efraimita Zicri (2Cr 28.7). V. *Samuel*.

ELCÓS Nome de lugar de significado desconhecido. Terra natal do profeta Naum (Na 1.1). Embora existam diversas tradições que identificam vários lugares como Elcós, sua localização continua desconhecida. É bastante provável que sua localização seja em Judá.

ELDA Nome pessoal que significa "Deus chamou", "Deus buscou" ou "Deus da sabedoria". Filho de Midiã e neto de Abraão, sendo assim ancestral original dos midianitas (Gn 25.4).

ELDADE Nome pessoal que significa "Deus amou". Junto com Medade, era um dos 70 anciãos ("autoridades", *NVI*) de Israel que Deus escolheu para ajudar Moisés, mas os dois não se encontraram com as demais autoridades no tabernáculo. Mesmo assim o Espírito veio sobre Eldade e Medade no acampamento, e eles profetizaram. Josué tentou interrompê-los, mas Moisés orou para que todo o povo de Deus pudesse ter o Espírito (Nm 11.16-29). V. *profecia, profetas; espírito*.

ELEADA Nome pessoal que significa "Deus se adornou". Descendente de Efraim (1Cr 7.20).

ELEADE Nome pessoal que significa "Deus é testemunha". Membro da tribo de Efraim morto por homens de Gate por lhes ter roubado o gado (1Cr 7.21).

ELEALE Nome de lugar moabita com o significado de "Deus subiu" ou "solo elevado". Cidade que a tribo de Rúben exigiu de Moisés e fortificou (Nm 32.3,37). Isaías anunciou juízo sobre essa cidade (Is 15.4; 16.9; cp. Jr 48.34). É a atual el'Al, 1,5 quilômetro a norte de Hesbom em uma planície muito fértil.

ELEASA Nome pessoal que significa "Deus fez". **1.** Filho de Safã, o secretário da corte. Ele levou a mensagem de Jeremias à comunidade exilada na Babilônia enquanto estava em uma missão a mando do rei Zedequias (Jr 29.3). **2.** Descendente de Jerameel na tribo de Judá (1Cr 2.39,40). **3.** Descendente de Saul e Jônatas na tribo de Benjamim (1Cr 8.37; cp. 9.43). **4.** Sacerdote com esposa estrangeira que concordou em se divorciar dela para evitar a tentação da adoração aos deuses estrangeiros na época de Esdras (Ed 10.22). Em algumas ocorrências de algumas versões o nome é grafado "Elasa".

ELEAZAR Nome pessoal que significa "Deus ajuda". **1.** Terceiro filho de Arão (Êx 6.23) e sumo sacerdote de Israel (Nm 20.28). Depois da morte de Arão, Eleazar tomou seu lugar como auxiliar de Moisés. Foi na presença de Eleazar que Moisés comissionou Josué (Nm 27.22). De acordo com Js 14.1, Eleazar e Josué foram as personagens principais na distribuição do território de Canaã entre as tribos israelitas. Quando morreu, Eleazar foi sepultado em um monte pertencente aos filhos de Fineias (Js 24.33). Ele foi ancestral do escriba Esdras (Ed 7.5). V. *Arão; sacerdotes*. **2.** Filho de Abinadabe consagrado pelos homens de Quiriate-Jearim para assumir a responsabilidade pelo cuidado da arca do Senhor (1Sm 7.1). **3.** Um dos guerreiros famosos de Davi, filho de Dodô (2Sm 23.9). **4.** Filho de Mali que morreu sem ter tido filhos, somente filhas (1Cr 23.21,22). **5.** Filho de Fineias que auxiliou na pesagem dos utensílios de prata e outro na casa de Deus (Ed 8.33). **6.** Um dos filhos de Parós em uma lista de pessoas casadas com mulheres estrangeiras. Mais tarde ele expulsou a esposa por causa da reforma de Esdras que baniu o casamento com estrangeiros (Ed 10.25). **7.** Músico envolvido na consagração do muro de Jerusalém (Ne 12.42). **8.** Filho de Eliúde e pai de Matã. Foi ancestral de José, o marido de Maria (Mt 1.15).

ELEFANTES Embora não haja referência específica a elefantes na Bíblia, o marfim é mencionado em associação com o rei Salomão, pois estava entre as riquezas que ele importava (1Rs 10.22). Presas de marfim foram usadas no comércio entre os povos a que alude Ez 27.1-5, e em Ap 18.12 o marfim é mencionado novamente entre os produtos trocados ou comprados. V. *marfim*.

ELEFE Nome de lugar que significa "(o) boi". Cidade no território da tribo de Benjamim (Js 18.28). Sua localização não é conhecida.

ELEIÇÃO O plano de Deus para levar salvação a seu povo e ao mundo. A doutrina da eleição é ao mesmo tempo um dos ensinos mais centrais e dos mais mal interpretados da Bíblia. No nível mais básico, a eleição se refere ao propósito ou plano de Deus pelo qual ele determinou efetuar sua vontade. Assim, a eleição engloba toda a amplitude da atividade divina desde a Criação, a decisão divina de criar o mundo do nada, até o fim dos tempos, a criação do novo céu e nova terra. A palavra "eleição" propriamente é derivada do termo grego, *eklegomai*, que significa, literalmente, "escolher algo para si mesmo". Esse termo, por sua vez, corresponde à palavra hebraica *bachar*. O objeto da seleção divina são os eleitos, um conceito encontrado com frequência crescente nos últimos escritos do AT e em muitos lugares do NT (Mt 22.14; Lc 18.7; Cl 3.12; Ap 17.14). A Bíblia também usa outras palavras como "escolher", "predestinar", "preordenar", "determinar" e "chamar" para mostrar que Deus estabeleceu um relacionamento especial com certos indivíduos e grupos por meio dos quais ele decidiu cumprir seu propósito na história da salvação.

Israel como objeto da eleição divina A doutrina da eleição está fundamentada na particularidade da tradição judaico-cristã, i.e., a convicção de que dentre todos os povos da terra Deus escolheu revelar-se de forma especial e singular a um povo em particular. Essa convicção encontra ressonância em todas as camadas da literatura do AT desde a antiga percepção de Israel como o "povo de Javé" nos salmos (147.19,20a: "Ele revela a sua palavra a Jacó, os seus decretos e ordenanças a Israel. Ele não fez isso a nenhuma outra nação"; cp. Is 14.1; Ez 20.5). Podemos identificar cinco motivos principais no retrato que o AT faz da eleição divina de Israel.

1) A eleição é resultado da iniciativa soberana de Deus. Logo no início do envolvimento de Israel na história da salvação está o chamado de Abraão para deixar sua terra natal e ir para outra terra que lhe seria mostrada (Gn 12.1-7). Essa orientação veio a Abraão do Deus que também prometeu abençoar seus descendentes e todos os povos da terra por meio deles. Mesmo que Abraão tenha respondido a esse chamado com obediência e fé, sua eleição não foi o resultado dos próprios esforços, mas da decisão de Deus. 2) A palavra central no vocabulário de Israel para descrever sua relação especial com Deus era "aliança". Essa aliança não era um contrato entre parceiros semelhantes, mas um vínculo estabelecido pelo amor e favor imerecidos de Deus. A natureza graciosa da aliança é um dos principais temas de Dt. "Pois vocês são um povo santo para o Senhor, o seu Deus. O Senhor, o seu Deus, os escolheu dentre todos os povos da face da terra para ser o seu povo, o seu tesouro pessoal. O Senhor não se afeiçoou a vocês nem os escolheu por serem mais numerosos do que os outros povos, pois vocês eram o menor de todos os povos" (Dt 7.6,7). 3) Na comunidade da aliança Deus selecionou alguns indivíduos para cumprir funções específicas. As seguintes pessoas são chamadas escolhidas ou eleitas nesse sentido: Abraão (Ne 9.7), Moisés (Sl 106.23), Arão (Nm 16.1—17.13), Davi (Sl 78.70), Salomão (1Cr 28.10) e Zorobabel (Ag 2.23). Reis, sacerdotes e profetas são todos escolhidos por Deus, embora de diferentes maneiras e para diferentes propósitos. Jeremias cria ter sido escolhido e separado como profeta antes de nascer (Jr 1.4,5). 4) A eleição de Israel nunca teve a intenção de ser um pretexto para o orgulho, mas uma oportunidade para o serviço. "Eu, o Senhor, o chamei para justiça [...] uma luz para os gentios" (Is 42.6). De tempos em tempos os filhos de Israel eram tentados a se tornar atrevidos com base no favor de Deus, a pressupor, p. ex., que pelo fato de o Senhor ter colocado o templo em Jerusalém eles estariam isentos de juízo. Repetidas vezes os profetas tentaram dissuadi-los dessa falsa noção de segurança, apontando para o verdadeiro significado da aliança e de sua missão entre as nações (Jr 7.1-14; Am 3.2; Jn). 5) Nos últimos escritos do AT, e especialmente no período intertestamentário, há a tendência de identificar os "eleitos" com o "remanescente" verdadeiro e fiel entre o povo de Deus. O nascimento do Messias é considerado marca da aurora da era da salvação para o remanescente (Ez 34.12,13,23-31; Mq 5.1,2). A comunidade

dos essênios de Qumran se considerava o remanescente fiel cuja pureza e fidelidade prenunciavam a Era Messiânica.

Eleição e a Nova Aliança Os primeiros cristãos se consideravam os herdeiros da eleição de Israel, "geração eleita, sacerdócio real, nação santa, povo exclusivo de Deus" (1Pe 2.9). Paulo trata com mais pormenores esse tema, mas não devemos omitir sua importância central para todo o NT. E aqui novamente, alguns indivíduos são distinguidos como escolhidos por Deus: os 12 apóstolos (Lc 6.13), Pedro (At 15.7), Paulo (At 9.15) e o próprio Jesus (Lc 9.35; 23.35). Nos evangelhos Sinópticos o termo "eleitos" é sempre colocado em um contexto escatológico, i.e., os dias da tribulação serão abreviados "por causa dos eleitos por ele escolhidos" (Mc 13.20). Muitas parábolas de Jesus, como a da festa do casamento (Mt 22.1-14) e a dos trabalhadores na vinha (Mt 20.1-16), ilustram a soberania de Deus na salvação. Em Jo, Jesus é o inconfundível mediador da eleição: "Vocês não me escolheram, mas eu os escolhi" (Jo 15.16a). Novamente, seus seguidores são os que lhe foram dados pelo Pai "antes que o mundo existisse" e "nenhum deles se perdeu" (Jo 17.5,12). Também em Jo o lado sombrio da eleição é proposto na pessoa de Judas, o "filho da destruição". Embora sua posição de eleito seja questionada pela traição de Cristo, nem mesmo esse ato foi capaz de pôr em perigo o cumprimento do plano divino de salvação.

Há três trechos em que Paulo trata em pormenores dos diferentes aspectos da doutrina da eleição. No primeiro (Rm 8.28,29) a eleição divina é apresentada como fundamento e garantia da esperança do cristão. Como os que Deus predestinou dessa maneira são também chamados, justificados e glorificados, nada pode separá-los do amor de Deus em Cristo Jesus. O segundo texto (Rm 9—11) se ocupa com o fato de Israel ter rejeitado Cristo que, no propósito de Deus, tornou-se a ocasião para a entrada dos crentes gentios na aliança. No terceiro trecho (Ef 1.1-12), Paulo aponta para a natureza cristocêntrica da eleição: Deus nos escolheu "em Cristo" antes da fundação do mundo. Podemos nos referir a essa afirmação como o centro evangélico da doutrina da eleição. Nossa eleição depende estrita e unicamente de Cristo. Como o Filho eterno, ele é, com o Pai e o Espírito Santo, o Deus que elege; como o Mediador encarnado entre Deus e a humanidade, ele é o Eleito. Nunca deveríamos falar da predestinação à parte dessa verdade central.

A eleição e a vida cristã Paulo admoestou os tessalonicenses a dar graças pela eleição (2Ts 2.13), enquanto Pedro disse que devemos confirmar nosso "chamado" e "eleição" (2Pe 2.13). No entanto, na história do pensamento cristão poucos ensinos têm sido mais distorcidos e abusados. As perguntas a seguir revelam percepções equivocadas. 1) Eleição não seria o mesmo que fatalismo? A predestinação não nega a necessidade do arrependimento e da fé humanos; antes, estabelece a possibilidade de ambos. Deus não se relaciona com os seres humanos como com paus e pedras, mas com criaturas livres feitas à sua imagem. 2) Se a salvação está baseada na eleição, então por que devemos pregar o evangelho? Porque Deus escolheu a pregação como meio de despertar a fé nos eleitos (1Co 1.21). Devemos pregar o evangelho a todos sem exceção, sabendo que somente o Espírito Santo pode convencer, regenerar e justificar. 3) A Bíblia ensina a "dupla predestinação", segundo a qual Deus escolheu alguns para a condenação e alguns para a salvação? Há dois trechos (Rm 9.11-22; 2Co 2.15,16) que retratam Deus como o oleiro que moldou tanto os vasos de misericórdia quanto os vasos para destruição. Contudo a Bíblia também ensina que Deus não quer que ninguém se perca, mas que todos sejam salvos (Jo 3.16; 2Pe 3.9). Não somos capazes de entender como tudo que a Bíblia diz sobre a eleição se encaixa perfeitamente em um sistema lógico bem ordenado. Nossa tarefa não é espiar o conselho secreto de Deus, mas compartilhar a mensagem de salvação com todos e agradecer porque fomos libertos das trevas para a luz. 4) A fé na eleição não resulta em relaxo moral e orgulho? Paulo diz que Deus nos escolheu para sermos salvos "mediante a obra santificadora do Espírito" (2Ts 2.13). Devemos desenvolver nossa salvação "com temor e tremor", embora, sem dúvida, seja Deus que está em ação em nós para efetuar em nós "tanto o querer quanto o realizar" para fazermos sua boa vontade (Fp 2.12,13, *ARA*). A reação adequada à eleição não é o orgulho, mas a gratidão pela graça maravilhosa de Deus que salva eternamente. A eleição, portanto, não é um pedestal do qual olhamos com atitude julgadora para os outros, nem um travesseiro em que dormimos com tranquilidade. É antes uma fortaleza em épocas de provação e uma confissão de louvor à graça de Deus e para sua glória. — *Timothy George*

EL-'ELYON V. *El; Deus*.

ELEMENTOS, PRINCÍPIOS ELEMENTARES, RUDIMENTOS Termo grego (*ta stoicheia*) usado de diferentes maneiras nas fontes antigas e no NT.

Em primeiro lugar, "elementos" pode ser uma referência aos pontos primários ou elementares de ensino, especialmente de uma religião ou filosofia. Esse parece ter sido o significado mais antigo da expressão e parece a maneira em que o autor de Hb a usa (cf. Hb 5.12). Em segundo lugar, o termo pode ser uma referência aos quatro elementos básicos dos quais se pensava terem surgido todos os outros materiais: fogo, ar, água e terra. Pedro se refere à destruição dos elementos em 2Pe 3.10. O termo também é associado às estrelas ou outros corpos celestes, supostamente constituídos de fogo, o mais puro dos elementos. Por fim, o termo passou a ser usado em associação com os "seres espirituais elementares", que alguns supunham exercer certo controle sobre os corpos celestes — para o bem e para o mal.

Há uma série de interpretações diferentes concernentes a como Paulo usa o termo (Gl 4.3,9; Cl 2.8,20). O contexto imediato em Gl favorece "espíritos elementares", pois Gl 4.8,9 conecta os *stoicheia* com "[seres] que, por natureza, não são deuses". Um problema, no entanto, é que não se pode encontrar nenhuma outra evidência para esse significado antes do séc. II. Além disso, o contexto mais amplo equipara voltar à *Torá* a voltar aos *stoicheia*, o que talvez favorecesse equiparar os elementos aos princípios filosóficos ou a uma visão nacionalista da *Torá*. Paulo provavelmente está usando o termo para se referir aos "espíritos elementares", mas certamente nos desconcerta. — *C. Hal Freeman Jr.*

ELI Nome pessoal que significa "elevado". **1.** O sacerdote de Siló que se tornou responsável pela custódia do menino Samuel (1Sm 1.3). Pai de Hofni e Fineias. Depois do nascimento de Samuel, sua mãe Ana o levou ao santuário em Siló para cumprir um voto feito ao Senhor. Eli assim se tornou o agente humano responsável em grande parte pelo treinamento religioso e espiritual do menino. Quando Samuel confundiu a voz de Deus com a voz de Eli, este o instruiu a pedir que o Senhor falasse na vez seguinte que ele ouvisse aquela voz (1Sm 3). A morte de Eli foi provocada pela notícia da morte de seus filhos e da captura da arca de Deus por parte dos filisteus (1Sm 4.18). **2.** Filho de Matate e pai de José, o pai terreno de Jesus. Seu relacionamento com Jesus é explicado pelos biblistas de diferentes maneiras, pois conforme Mt 1.16 o pai de José era Jacó. Ele tem sido entendido como pai de José, um ancestral mais remoto de José ou um ancestral de Maria. Jacó e Eli são nomes variantes da mesma pessoa ("filho de" significa "descendente de" como em outras genealogias), ou então Lc preservou a genealogia de Maria, não a de José. Ainda não foi encontrada uma resposta totalmente satisfatória para essa questão. O nome provavelmente é a forma grega do hebraico Eli.

ELIÃ Nome pessoal que significa "Deus é tio ou parente" ou "Deus do povo". **1.** Pai de Bate-Seba (2Sm 11.3). As duas partes do seu nome são invertidas em 1Cr 3.5, tornando-se Amiel. **2.** Um dos principais guerreiros sob Davi (2Sm 23.34). A lista associada em 1Cr 11 não contém o nome de Eliã, mas em uma posição semelhante contém Aías ("meu irmão é Javé").

ELIABA Nome pessoal que significa "Deus esconde em segurança" ou "meu deus é Chiba". Um dos principais soldados do exército de Davi (2Sm 23.32).

ELIABE Nome pessoal que significa "Deus é pai". **1.** Líder de tribo de Zebulom no tempo de Moisés (Nm 1.9). Levou a oferta da tribo na consagração do altar (Nm 7.24). **2.** Membro da tribo de Rúben e pai de Datã e Abirão. V. *Abirão; Datã*. **3.** Primeiro filho de Jessé a passar e ser rejeitado quando Samuel procurava um rei para substituir Saul (1Sm 16.6). Ele combateu no exército de Saul (1Sm 17.13) e ficou irado diante do interesse de Davi em lutar contra Golias (1Sm 17.28). Sua filha se casou com o rei Roboão (2Cr 11.18). Aparentemente ele é chamado Eliú em 1Cr 27.18. **4.** Levita na linhagem de Corá e ancestral de Samuel (1Cr 6.27). A mesma pessoa é aparentemente chamada Eliú em 1Sm 1.1 e Eliel em 1Cr 6.34. **5.** Levita apontado como músico do templo sob Davi (1Cr 15.18,20 16.5). **6.** Líder militar da tribo de Gade sob Davi (1Cr 12.9).

ELIADA Nome pessoal que significa "Deus conheceu". **1.** Filho nascido a Davi depois de estabelecer o governo em Jerusalém (2Sm 5.16). Em 1Cr 14.7 ele é alistado como Beeliada "Baal conheceu" ou "o senhor conheceu". **2.** Pai de Rezom, que se firmou como rei de Damasco depois que Davi conquistou Zobá (1Rs 11.23). **3.** Comandante militar da tribo de Benjamim (2Cr 17.17) sob o rei Josafá (873-848 a.C.).

ELIAQUIM Nome pessoal que significa "Deus levantará". **1.** Filho de Hilquias, responsável pela casa do rei Ezequias de Judá (2Rs 18.18). Essa responsabilidade pertencera antes a Sebna; Is 22.15-25 trata da deposição de Sebna por Eliaquim. **2.** Filho de Josias posto no trono de Judá pelo faraó Neco do Egito (2Rs 23.34). O faraó mudou o nome de Eliaquim para Jeoaquim. Este é o nome mais conhecido desse indivíduo. V. *Jeoaquim*. **3.** Sacerdote que se envolveu na consagração do muro de Jerusalém (Ne 12.41). **4.** Antepassado de José, marido de Maria (Mt 1.13). **5.** Filho de Meleá, mencionado na genealogia de Jesus em Lc 3.30.

ELIAS Nome pessoal que significa "meu Deus é Yah (Javé)". O profeta do séc. IX a.C. de Tisbe de Gileade no Reino do Norte chamado a maior e mais romântica figura já produzida por Israel (1Rs 17.1—2Rs 2.18). Ele foi um homem complexo do deserto que aconselhou reis. Sua vida é mais bem compreendida quando considerada sob quatro perspectivas históricas às vezes interrelacionadas: seus milagres, a luta contra o baalismo, o papel profético e a relação escatológica com o Messias.

Milagres Seu primeiro milagre foi associado à profecia diante do rei Acabe (1Rs 17.1) na qual ele disse não haver chuva ou orvalho a não ser por sua palavra. Logo após a profecia, ele se retirou para o riacho de Querite onde foi alimentado por corvos. O refúgio seguinte foi Sarepta onde realizou o milagre de ressuscitar o filho da viúva (1Rs 17.17-24). Ali foi chamado "homem de Deus" pela primeira vez.

Entrada da caverna de Elias perto de Tiro.

No monte Carmelo seu maior milagre público envolveu o encontro com 450 profetas de Baal e 400 profetas de Aserá (1Rs 18.19-40). A disputa foi realizada para determinar o Deus verdadeiro. Os falsos profetas clamaram a seus deuses, e Elias clamou a Deus para ver quem mandaria fogo do céu. Depois de os falsos profetas não conseguirem resposta dos deuses, Elias molhou a lenha no altar ao verdadeiro Deus ao derramar três vezes quatro jarras de água. Como resposta à oração de Elias, Javé fez cair fogo do céu para consumir a lenha molhada. Em consequência do engano promovido por eles, Elias ordenou a morte dos falsos profetas.

A capela de Elias no monte Sinai, marcando o local tradicional ao qual Elias fugiu.

Em seguida Elias profetizou que a seca terminaria logo (1Rs 18.41) depois de três anos sem chuva. Do monte Carmelo, Elias orou. Ele enviou seu servo sete vezes para ver se chovia. Na sétima vez uma nuvem do tamanho de uma mão apareceu no horizonte. Acabe recebeu notícia para fugir diante da tempestade. Elias correu mais que o carro de Acabe e chegou a Jezreel antes da chuva.

Baalismo Entretecida à vida de Elias está a luta contra o baalismo. Jezabel, filha de Etbaal, rei de Sidom e Tiro (1Rs 16.31), era esposa de Acabe e rainha de Israel. Ela introduziu o culto a Baal no reinado de Acabe. Mesmo "Acabe [...] cultuou o deus Baal" (2Rs 10.18). A disputa no Carmelo mostrou o contraste entre as divindades confrontantes. O poder de Javé e a impotência de Baal foram realçados pela seca. Jezabel planejou a vingança contra Elias por ordenar a morte dos falsos profetas. Assim Elias fugiu para Judá e por fim para o monte Horebe. Ali observou o poder do vento, terremoto e fogo; mas o Senhor não foi visto nessas forças da natureza. Com voz suave o Senhor lhe ordenou ungir Hazael rei da Síria, Jeú rei de Israel e Eliseu seu sucessor (1Rs 19.1-17).

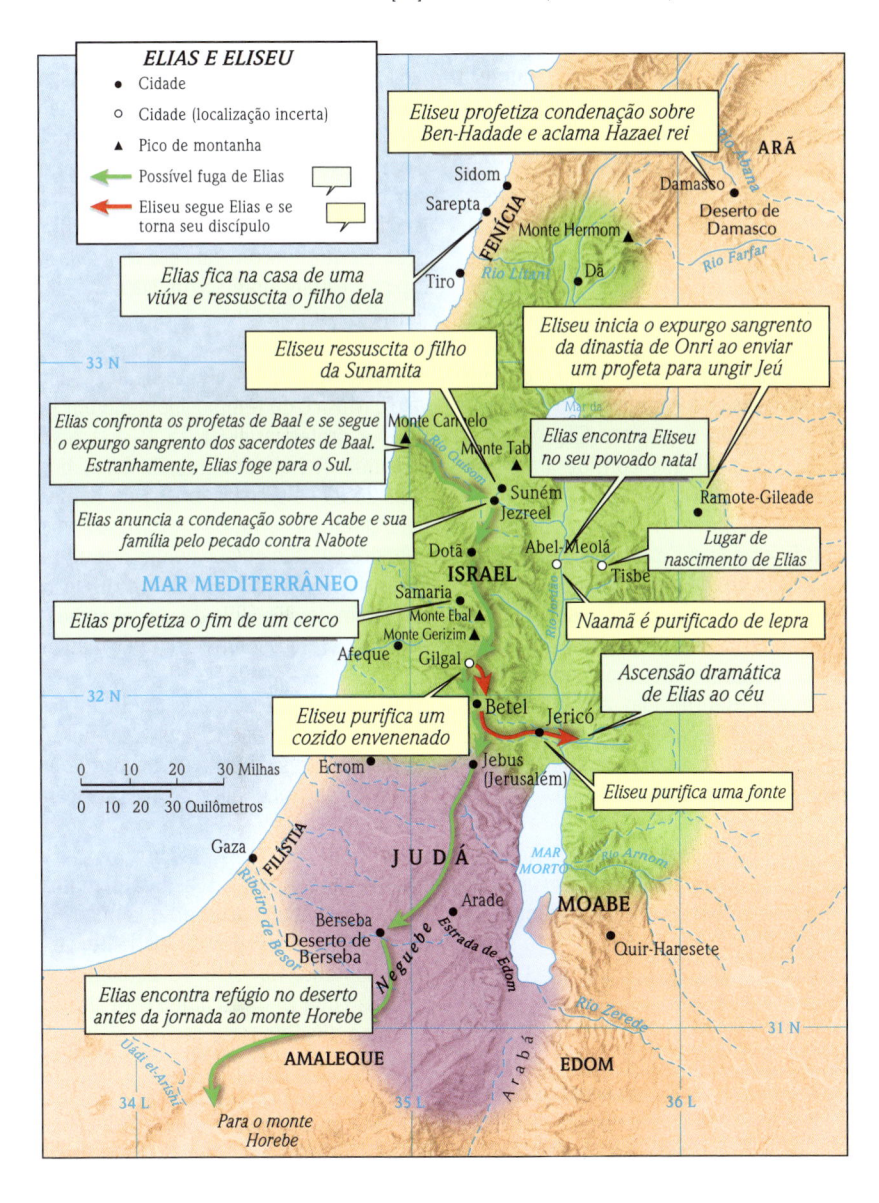

ELIAS E ELISEU

- Cidade
- ○ Cidade (localização incerta)
- ▲ Pico de montanha
- → Possível fuga de Elias
- → Eliseu segue Elias e se torna seu discípulo

- Eliseu profetiza condenação sobre Ben-Hadade e aclama Hazael rei
- Elias fica na casa de uma viúva e ressuscita o filho dela
- Eliseu ressuscita o filho da Sunamita
- Elias confronta os profetas de Baal e se segue o expurgo sangrento dos sacerdotes de Baal. Estranhamente, Elias foge para o Sul.
- Eliseu inicia o expurgo sangrento da dinastia de Onri ao enviar um profeta para ungir Jeú
- Elias encontra Eliseu no seu povoado natal
- Elias anuncia a condenação sobre Acabe e sua família pelo pecado contra Nabote
- Lugar de nascimento de Elias
- Elias profetiza o fim de um cerco
- Naamã é purificado de lepra
- Eliseu purifica um cozido envenenado
- Ascensão dramática de Elias ao céu
- Eliseu purifica uma fonte
- Elias encontra refúgio no deserto antes da jornada ao monte Horebe

Profeta A função profética colocou Elias em constante oposição à maioria das pessoas do povo. Seus confrontos proféticos envolveram o rei Acabe e mais tarde seu filho Acazias. Sua tolerância do politeísmo foi a razão constante das denúncia proféticas de Elias.

Quando Acazias caiu e se feriu, enviou mensageiros para perguntar a Baal-Zebube (senhor das moscas) sobre seu destino. Elias os interceptou e enviou palavra a Acazias de que morreria logo (2Rs 1). Acazias enviou três destacamentos diferentes de 50 homens para prender Elias. As duas primeiras unidades foram destruídas por fogo do céu. O capitão do terceiro grupo suplicou por sua vida. Escoltou Elias em segurança até o rei onde o profeta lhe anunciou pessoalmente a palavra de morte iminente.

A relação com o Messias Elias e Eliseu estavam envolvidos nas escolas de profetas quando Elias bateu nas águas do Jordão e elas se dividiram para permitir sua passagem (2Rs 1.1-12).

Malaquias prometeu que Deus enviaria o profeta Elias antes de vir o "dia do Senhor" (Ml 4.5). João Batista foi citado como o que iria adiante do Messias "no espírito e no poder de Elias" (Lc 1.17). João negou ser Elias reencarnado (Jo 1.21,25). Alguns consideraram que Jesus era Elias (Mt 16.14; Mc 6.15).

Elias apareceu com Moisés no monte da Transfiguração com Jesus para falarem sobre a "partida" dele. Pedro sugeriu que aí fossem feitas três tendas para Jesus, Moisés e Elias (Mt 17.4; Mc 9.5; Lc 9.33).

As duas testemunhas mencionadas em Ap 11.6 não são identificadas por nome, mas sua capacidade "para fechar o céu, de modo que não chova" leva muitos a concluir que são Moisés e Elias. — *Nelson Price*

ELIASAFE Nome pessoal que significa "Deus acrescentou". **1.** Líder da tribo de Gade no tempo de Moisés (Nm 1.14). Apresentou as ofertas da tribo na consagração do altar (Nm 7.42). **2.** Levita da família de Gerson (Nm 3.24).

ELIASIBE Nome pessoal que significa "Deus retribui ou leva de volta". **1.** Descendente de Davi em Judá depois da volta do exílio na Babilônia (1Cr 3.24). **2.** Um dos principais sacerdotes sob Davi (1Cr 24.12). **3.** Sumo sacerdote no tempo de Neemias que liderou a reconstrução da porta das Ovelhas no muro de Jerusalém, uma porta pela qual as ovelhas eram levadas para o sacrifício no templo que ficava próximo dali (Ne 3.1). Sua casa foi embutida no muro da cidade (Ne 3.20). Era filho de Joiaquim e pai de Joiada (Ne 12.10). Seu neto se casou com a filha de Sambalate, que se opôs fortemente aos esforços de Neemias (Ne 13.28), possivelmente mostrando alguma tensão entre Neemias e os líderes dos sacerdotes. Talvez tenha sido o Eliasibe cujo filho tinha uma sala no templo (Ed 10.6). **4.** Sacerdote no tempo de Neemias que administrou os depósitos do templo e proveu um lugar para Tobias, oponente ferrenho de Neemias (Ne 13.4-9). Pode ter sido o Eliasibe de Esdras 10.6. **5.** Levita e cantor do templo nos dias de Esdras que concordou em se divorciar de sua esposa estrangeira para evitar tentar Israel a adorar outros deuses (Ed 10.24). **6.** Dois israelitas que concordaram em se divorciar de suas esposas estrangeiras sob a liderança de Esdras (Ed 10.27,36).

ELIATA Nome pessoal que significa "meu Deus veio". Músico do templo apontado por Davi para tocar e profetizar (1Cr 25.4). Era responsável por uma divisão dos trabalhadores do templo (1Cr 25.27, a grafia hebraica do nome diverge ligeiramente). Muitos estudiosos da língua hebraica pensam que os nomes dos últimos nove filhos de Hemã no versículo 4b originariamente formavam um versículo de um salmo hebraico no qual Eliata teria significado "Tu és meu Deus".

ELICA Nome pessoal que significa "meu Deus se levantou" ou "meu Deus vomitou". Um dos heróis militares de Davi do povoado de Harode (2Sm 23.25). Não aparece na lista paralela de 1Cr 11.

ELIDADE Nome pessoal que significa "Deus amou" ou "meu Deus é tio ou amigo". O nome no hebraico é uma grafia variante de Eldade. Representante da tribo de Benjamim em uma comissão que Deus escolheu para ajudar Josué e Eleazar a dividir a terra de Canaã entre as tribos (Nm 34.21). V. *Eldade*.

ELIEL Nome pessoal que significa "meu Deus é Deus" ou "meu Deus é El". **1.** Líder de clã da tribo de Manassés a leste do rio Jordão (1Cr 5.23,24). **2.** Levita e antepassado do cantor Hemã (1Cr 6.34). **3.** Membro da tribo de Benjamim (1Cr 8.20). **4.** Outro benjamita (1Cr 8.22). **5.** Líder militar sob Davi (1Cr 11.46), não alistado em 1Sm 23. **6.** Outro líder militar sob Davi não alistado em 1Sm 23 (1Cr 11.47). **7.** Guerreiro da tribo de Gade que serviu sob Davi no deserto (1Cr 12.11). **8.** Líder levita no tempo de Davi (1Cr 15.9,11). **9.** Encarregado das ofertas do templo entre os levitas (2Cr 31.13) sob o rei Ezequias (715-686 a.C.).

ELIENAI Forma abreviada do nome pessoal hebreu Elioenai. O significado literal da forma abreviada é "meu Deus, meus olhos". Membro da tribo de Benjamim (1Cr 8.20). V. *Elioenai*.

ELIÉZER Nome pessoal que significa "Deus ajuda". **1.** Servo de Abraão e provável herdeiro do patriarca se ele tivesse ficado sem filhos (Gn 15.2). **2.** Segundo filho de Moisés e Zípora (Êx 18.4). **3.** Um dos filhos do benjamita Bequer (1Cr 7.8). **4.** Um dos sacerdotes que tocou a trombeta quando a arca da aliança foi levada a Jerusalém (1Cr 15.24). **5.** Líder dos rubenitas (1Cr 27.16). **6.** Filho de Dodava, que profetizou contra Josafá (2Cr 20.37). **7.** Um dos líderes convocados por Esdras (Ed 8.16). **8.** Sacerdote que mandou embora a esposa estrangeira (Ed 10.18). **9.** Levita que mandou embora a esposa estrangeira (Ed 10.23). **10.** Membro do clã de Harim que mandou embora a esposa estrangeira (Ed 10.31). **11.** Filho de Jorim mencionado na genealogia de Jesus em Lc (Lc 3.29).

ELIFAL Nome pessoal que significa "Deus julgou". Herói militar sob Davi (1Cr 11.35). Em 2Sm 23.34 e outros textos o nome aparece como Elifelete (2Sm 5.16; 1Cr 14.7). V. *Elifelete*.

ELIFAZ Nome pessoal que significa "meu deus é deus". **1.** Filho de Esaú e de sua esposa Ada, filha do hitita Elom (Gn 36.4). Elifaz foi antepassado dos chefes de diversos clãs edomitas (Gn 36.15,16). **2.** Um dos três homens que visitaram Jó e se engajaram em discussões com o sofredor (Jó 2.11). É identificado como vindo de Temã, em Edom. Suas falas a Jó são marcadas pelo tradicionalismo teológico simplista e pelo tom de superioridade moral. Pode ter sido descendente de Elifaz, filho de Esaú. V. *Jó*.

ELIFELETE Nome pessoal que significa "Deus é libertação". **1.** Filho de Davi nascido em Jerusalém (2Sm 5.16). Aparentemente alistado duas vezes em 1Cr 3.6,8 e 14.5,7, com uma grafia hebraica abreviada em 14.5. **2.** Descendente de Saul e Jônatas da tribo de Benjamim (1Cr 8.39). **3.** Líder de clã que acompanhou Esdras no retorno do exílio na Babilônia (Ed 8.13). **4.** Homem que se divorciou de sua esposa sob a liderança de Esdras para evitar a falsa adoração entre o povo de Deus (Ed 10.33). **5.** Guerreiro famoso sob Davi (2Sm 23.34).

ELIFELEU Nome pessoal que significa "Deus o tratou com distinção". Levita e músico no templo sob Davi (1Cr 15.18,21).

ELIM Nome de lugar que significa "árvores". Um dos acampamentos dos israelitas depois do êxodo do Egito (Êx 15.27). Foi o primeiro lugar em que eles acharam água. Contava com 12 fontes e 70 palmeiras (Nm 33.9). Sua localização exata não é conhecida.

ELIMAS Nome pessoal que significa possivelmente "sábio". Mago e falso profeta também conhecido por Bar-Jesus (At 13.6-11). Em Pafos, na ilha de Chipre, Elimas tentou dissuadir o procônsul Sérgio Paulo de dar ouvidos às palavras de Barnabé e Paulo. Ele foi denunciado por Paulo e cegado temporariamente. V. *Sérgio Paulo*.

ELIMELEQUE Nome pessoal que significa "meu Deus é rei". Marido de Noemi, que levou sua família de Belém para Moabe para fugir da fome; posteriormente, morreu em Moabe. Isso preparou o cenário para o livro de Rt (Rt 1.2,3; cp. 4.3).

ELIOENAI Nome pessoal que significa "Meus olhos são para Deus" (cf. Sl 123.2). **1.** Um dos porteiros ou guardas do templo sob Davi (1Cr 26.3). **2.** Um dos 12 líderes de clã que voltaram da Babilônia para Jerusalém com Esdras (Ed 8.4). **3.** Descendente pós-exílico de Davi, mantendo assim a linhagem real de Israel (1Cr 3.23,24). **4.** Líder de clã da tribo de

Simeão (1Cr 4.36). **5.** Neto de Benjamim e, portanto, bisneto de Jacó (1Cr 7.8). **6.** Sacerdote que sob a liderança de Esdras concordou em se divorciar de sua esposa para proteger a comunidade de falsa adoração (Ed 10.22). **7.** Israelita que concordou em se divorciar de sua esposa estrangeira (Ed 10.27). **8.** Sacerdote liderou o culto de consagração e ações de graças pela conclusão da reparação do muro em volta de Jerusalém (Ne 12.41).

ELIOREFE Nome pessoal que significa "meu Deus retribui" ou "meu Deus é o doador da colheita de outono", ou tomado do egípcio "Apis é meu Deus". Um dos dois secretários reais de Salomão com seu irmão Aías (1Rs 4.3). O pai deles pode ter sido egípcio. O nome poderia mostrar que o sogro de Salomão (1Rs 3.1) o tivesse ajudado a organizar e prover assistentes para a administração. Sisa, nome do pai de Eliorefe, é a palavra egípcia para secretário, escriba. Há versões que tomam Eliorefe por título (*REB*, "ajudante-general").

ELISÁ Nome de lugar de significado desconhecido. Elisá, ou Alashiya, como aparece em textos hititas, acádicos e ugaríticos, é o nome de toda ou parte da ilha de Chipre, que exportava cobre e tecido de púrpura. Outros a localizam na atual Haghio Kyrko em Creta. Entre as cartas de Amarna do Egito há cartas do rei de Elisá ao faraó mencionando exportações de cobre. Os gregos estabeleceram uma colônia em Chipre em cerca de 1500 a.C. Isso explicaria a relação de Elisá como filho de Javã ou dos gregos na tabela das nações (Gn 10.4; cp. 1Cr 1.7). Ezequiel observou no lamento sobre Tiro que Tiro tinha importado de Elisá o tecido de púrpura pelo qual Tiro era famosa (Ez 27.7).

ELISAFÃ Nome pessoal que significa "Deus escondeu ou guardou". **1.** Líder de clã entre os filhos de Coate entre os levitas no deserto com Moisés (Nm 3.30; cp. 1Cr 15.8; 2Cr 29.13). **2.** Representante da tribo de Zebulom no conselho para ajudar Josué e Eleazar a dividir a terra entre as tribos (Nm 34.25).

ELISAFATE Nome pessoal que significa "Deus julgou". Capitão militar que ajudou o sacerdote Joiada a derrubar a rainha Atalia e estabelecer Joás (835-796 a.C.) como rei de Judá (2Cr 23.1).

ELISAMA Nome pessoal que significa "Deus ouviu". **1.** Líder da tribo de Efraim no tempo de Moisés no deserto (Nm 1.10). Ele apresentou a oferta da tribo na consagração do altar (Nm 7.48-53; cp. 1Cr 7.26). **2.** Filho de Davi nascido depois de ele capturar Jerusalém e se mudar para lá (2Sm 5.16). Aparentemente é alistado duas vezes em 1Cr 3.6,8, embora 1Cr 14.5 traga o primeiro Elisama como Elisua, como em 2Sm 5.15. **3.** Secretário real sob o rei Jeoaquim (609-597 a.C.). O rolo de Baruque da pregação de Jeremias foi arquivado na sala de Elisama antes de ser levado e lido ao rei (Jr 36.12-21). **4.** Antepassado com sangue real de Ismael, o assassino de Gedalias, que tomou o controle político de Judá imediatamente após Babilônia destruir Jerusalém (2Rs 25.25). **5.** Descendente do clã de Jerameel da tribo de Judá (1Cr 2.41). **6.** Sacerdote no tempo do rei Josafá (873-848 a.C.). Ensinou o livro da lei ao povo de Judá a pedido do rei (2Cr 17.7-9).

ELISEBA Nome pessoal que significa "Deus é boa ventura". Esposa de Arão, o sumo sacerdote (Êx 6.23).

ELISEU Nome pessoal que significa "meu Deus é salvação". Profeta israelita do séc. IX, filho de Safate de Abel-Meolá (1Rs 19.16).

Nome e experiência de chamado Eliseu arava certo dia quando "Elias o alcançou e lançou sua capa sobre ele" (1Rs 19.19). Esse ato manifestou simbolicamente o plano de Deus de conceder o poder profético de Elias a Eliseu. O homem escolhido entendeu o chamado de Deus, pois ele "deixou os bois e correu atrás de Elias" (1Rs 19.20). Que Eliseu entendeu o chamado para a sucessão profética fica claro novamente depois da dramática ascensão de Elias ao céu. Ali Eliseu "pegou o manto de Elias, que tinha caído" (2Rs 2.13).

O início do ministério de Eliseu deve ser datado nos últimos anos do governo do rei Acabe (1Rs 19) ou aproximadamente 850 a.C. Depois o profeta serviu fielmente nos reinados de Acazias (c. 853 a.C.), Jorão (852 a.C.), Jeú (c. 841 a.C.), Jeoacaz (c. 814 a.C.) e Jeoás (798 a.C.).

Seus milagres Depois que Elias insistiu com Eliseu dizendo: "O que posso fazer em seu favor antes que eu seja levado para longe de você?", Eliseu respondeu: "Faze de mim o principal herdeiro de teu espírito profético" (2Rs 2.9). Tomando sobre si o manto do profeta que partira, ele dividiu o rio Jordão. Depois desse milagre, a ordem profética ou seja "os discípulos dos profetas" declararam: "O espírito profético de Elias repousa sobre Eliseu" (2Rs 2.15).

Logo depois disso, Eliseu transformou água de má qualidade em água doce (2Rs 2.19-22). Sua reputação logo assumiu uma aura tão sagrada que o incômodo ao profeta resultou em castigo severo. Por zombar do profeta calvo, 42 meninos foram atacados por duas ursas (2Rs 2.23,24).

O profeta usou seu poder para suprir as necessidades de uma viúva com abundância de azeite valioso para salvar seus filhos da escravidão (2Rs 4.1-7). Ele tornou comestível um cozido envenenado (2Rs 4.38-41), alimentou cem homens multiplicando recursos limitados (2Rs 4.42-44) e proveu de forma milagrosa um exército sedento (2Rs 3.13-22). Certa vez fez flutuar um machado de ferro (2Rs 6.5-7).

Alguns dos milagres de Eliseu são muito conhecidos e apreciados. Essa mulher estéril e seu marido que receberam o profeta em sua casa foram agraciados com um filho do Senhor. Certo dia, quando o moço trabalhava no campo com o pai, sofreu o que aparentemente foi um enfarte e morreu. A compaixão e esperança persistente da mãe foram recompensadas quando ela buscou e encontrou o homem de Deus e lhe suplicou ajuda. O poder de Deus por meio de Eliseu ressuscitou o moço (2Rs 4.8-37).

Outra história também muito conhecida é a cura de Naamã, o leproso, e a subsequente aflição de Geazi, o servo desonesto de Eliseu (2Rs 5.1-27). O poder de fazer milagres do profeta foi demonstrado de forma marcante ainda na guerra entre a Síria e Israel. Os soldados sírios foram cegados e depois puderam ver novamente. Então, por fim, a intervenção divina frustrou totalmente o cerco sírio a Samaria (2Rs 6.8—7.20).

O poder de Eliseu não terminou com a morte, pois quando um morto foi lançado no túmulo de Eliseu e tocou os ossos, "o homem voltou à vida e se levantou" (2Rs 13.21).

Fonte de Eliseu em Jericó, a fonte de suprimento do poço de Eliseu (localizado na área coberta).

Ao cumprir a segunda e terceira ordens do "murmúrio de uma brisa suave" a Elias (1Rs 19.11-16), Eliseu fez seu legado ultrapassar o âmbito de operador de milagres. Ele teve um papel fundamental na coroação de Hazael como rei da Síria (2Rs 8.7-15) e também na unção de Jeú como rei de Israel (2Rs 9.1-13).

Poderoso o suficiente para realizar milagres e apontar reis, e ao mesmo tempo sensível para chorar pelo destino de Israel (2Rs 8.11,12), Eliseu, discípulo e sucessor de Elias, mostrou-se profeta e estadista. —*J. Randall O'Brien*

ELISUA Nome pessoal que significa "Deus é salvação". Filho de Davi nascido depois que ele capturou Jerusalém e se mudou para lá (2Sm 5.16). V. *Elisama*.

ELIÚ Nome pessoal que significa "ele é Deus". **1.** Filho de Baraquel, de Buz, que falou a Jó depois de os três primeiros amigos terminarem suas falas (Jó 32.2). As palavras de Eliú ocupam Jó 32—37. Os intérpretes discordam quanto ao significado das falas de Eliú. Suas palavras parecem um pouco mais perceptivas que as dos outros três amigos, contudo ainda assim se mostram insatisfatórias como explicação do sofrimento de Jó. V. *Jó*. **2.** Bisavô de Samuel (1Sm 1.1). **3.** Membro da tribo de Manassés que desertou para Davi (1Cr 12.20). **4.** Herói militar poderoso sob Davi (1Cr 26.7). **5.** Irmão de Davi responsável pela tribo de Judá (1Cr 27.18).

ELIÚDE Nome pessoal que significa "Deus é sublime e poderoso". Trisavô de José, pai terreno de Jesus (Mt 1.14,15).

ELIZUR Nome pessoal que significa "Deus é uma rocha". Líder da tribo de Rúben no tempo de Moisés no deserto (Nm 1.5). Ele apresentou a oferta da tribo na consagração do altar (Nm 7.30-35).

ELMADÃ Nome pessoal de significado desconhecido. Antepassado de Jesus Cristo (Lc 3.28).

ELNAÃO Nome pessoal que significa "Deus é um deleite". Pai de líderes militares no tempo de Davi (1Cr 11.46). Não consta na lista em 2Sm 23.

ELNATÃ Nome pessoal que significa "Deus deu". **1.** Pai da mãe do rei Joaquim (2Rs 24.8). **2.** Possivelmente deva ser identificado com 1. Foi membro da equipe de conselheiros do rei Jeoaquim que mandou buscar o profeta Urias no Egito para ser castigado (Jr 26.22,23). Tentou impedir o rei de queimar o rolo de Baruque que continha a profecia de Jeremias (Jr 36.12-26). **3.** Três homens com o mesmo nome com o acréscimo de "Natã" são alistados em Ed 8.16 como parte da delegação enviada por Esdras para procurar levitas a fim de voltarem da Babilônia a Jerusalém com ele. Muitos estudantes da Bíblia acham que a reprodução contínua dos manuscritos introduziu nomes adicionais na lista.

ELOÍ, ELOÍ LAMÁ SABACTÂNI Esse brado de Jesus na cruz, tradicionalmente conhecido como "a quarta palavra da cruz", significa: "Deus meu! Deus meu! por que me abandonaste?" (Mt 27.46; Mc 15.34). É uma citação de Sl 22.1.

Essa forma, *Eloí*, é mais próxima ao aramaico do que a que Mt usa no original grego, *Eli*, mais próxima do hebraico.

Esse brado de Jesus na cruz tem um tom dissonante para alguns cristãos, porque parece mostrar que Jesus se sentiu abandonado pelo Pai. Há diversas maneiras de considerar o significado desse trecho em reverência e fé. É possível interpretar essa palavra como um belo testemunho do amor de Jesus pela sua Bíblia, o AT, e sua citação do AT na hora de crise mais profunda. Nesse caso, esses versículos de Sl 22 (v. 5,7,8,12,14,18) mostram que Jesus vê a si mesmo e seu destino nesse salmo. No entanto, como os Evangelhos registram apenas o primeiro versículo, não sabemos se Jesus citou o salmo inteiro, esse ponto de vista pode correr o risco de não tomar a expressão pelo seu valor de face.

Outra interpretação vê esse brado a indicação do genuíno abandono de Jesus por parte do Pai, o abandono necessário para nossa redenção. Esse ponto de vista leva algumas pessoas a questionar a natureza da trindade e teorias da propiciação que não podemos tratar nesta discussão breve. Talvez a dificuldade mais séria desse ponto de vista seja que ele levanta a questão de da coerência de Deus, o Pai, virar as costas ao Filho obediente com o ensino bíblico geral da constância e da fidelidade de Deus. Seria ele capaz de abandonar o filho que nele confiava em uma hora dessas?

O ponto de vista que leva em consideração a plena humanidade — bem como a plena divindade — de Jesus parece o mais útil. Evidentemente Jesus se sentiu abandonado quando levou o peso do pecado humano e sofreu a agonia da crucificação. Esse sentimento de sua morte como um "resgate por muitos" pode, de fato, ter obscurecido por um tempo seu sentimento de intimidade com o Pai, assim, mesmo na morte, ele foi tentado como nós o somos. Em vez de abandonar o Pai nesse momento, clamou a ele em oração. — *Earl Davi*

ELOM Nome pessoal e de lugar com o significado de "árvore grande" ou "árvore de Deus" (cf. Gn 12.6; Jz 9.6,37). V. *terebinto*. **1.** O pai hitita da esposa de Esaú, Basemate (Gn 26.34). **2.** Lugar onde Débora, ama de Rebeca, foi sepultada, chamado "Alom-Bacute" ou "carvalho do pranto" (Gn 35.8). V. *Alom-Bacute*. O mesmo ponto pode ser denominado "carvalho de Tabor" (1Sm 10.3) ou "tamareira de Débora" (Jz 4.5). V. *Boquim*. **3.** O pai hitita de Ada, esposa de Esaú (Gn 36.2), Basemate alistada como filha de Ismael (36.3). V. *Basemate*. **4.** Filho de Zebulom e neto de Jacó (Gn 46.14). Clã de Zebulom denominado assim por causa dele (Nm 26.26). **5.** Cidade no território tribal de Naftali (Js 19.33). V. *Alom*. A referência pode ser simplesmente a uma grande árvore que servia de marco de divisa. **6.** Cidade no território da tribo de Dã (Js 19.43). Pode ter se localizado em Khirbet Wadi Alin. Provavelmente é o mesmo lugar que Elom-Bete-Hanã (1Rs 4.9), embora alguns estudiosos entendam que deva ser Ajalom e Betanã ou "Elom, e Bete-Hanã" (*REB*). **7.** Juiz da tribo de Zebulom (Jz 12.11,12). **8.** Um líder da tribo de Simeão (1Cr 4.37).

ELOM-BETE-HANÃ V. *Elom*.

ELOM-MEONENIM, CARVALHO DE MEONENIM V. *carvalho dos Adivinhadores*.

ELONITA Cidadão de Elom. V. *Elom*.

ELOTE (*ARC*) Variante de Elate. V. *Elate*.

ELPAAL Nome pessoal que significa "Deus fez". Nome de clã da tribo de Benjamim, mencionado duas vezes em 1Cr 8 (v. 11,12,18). Estudantes da Bíblia debatem se as referências são ao mesmo antepassado do clã ou a dois indivíduos. Também é incerto se ele ou os filhos receberam crédito por construir Ono e Lode (v. 12).

ELPALETE Filho de Davi nascido após a captura de Jerusalém e a mudança para lá (1Cr 14.5). Aparentemente é uma grafia abreviada de Elifelete. V. *Elifelete*.

EL-PARÃ Nome de lugar que significa "árvore de Parã". Lugar onde a coligação oriental de reis estendeu sua vitória sobre os horeus (Gn 14.6). Aparentemente é um lugar em ou perto de Elate. V. *Elate; Parã*.

ELPELETE (*ARA, ARC*) V. *Elpalete*.

EL-SHADAI V. *El; Deus*

ELTECOM Nome de lugar que significa "buscar conselho". Povoado no território da tribo de Judá no sul da região montanhosa (Js 15.59). Sua localização é desconhecida, embora alguns tenham sugerido Khirbet ed-Deir, a oeste de Belém.

ELTEQUE Nome de lugar que significa "lugar de encontro", "lugar de audiência" ou "súplica por chuva". Cidade em Dã (Js 19.44) designada aos levitas (Js 21.23). Os faraós egípcios alegam conquistar o lugar chamado Altaku, que pode ser o mesmo. Senaqueribe da Assíria enfrentou o exército egípcio ali em cerca de 701 a.C. Sua localização recebe indicações diversas: em Khirbet el-Muqenna, na borda oriental da planície costeira, em Tel esh-Shalaf e em Tel el-Melat, a noroeste de Gezer.

ELTOLADE Nome de lugar que significa "súplica por um filho". Povoado no território da tribo de Judá (Js 15.30), designado à tribo de Simeão (Js 19.4). O texto de 1Cr 4.29 aparentemente abrevia seu nome para Tolade. Sua localização é desconhecida.

ELUL Sexto mês do ano hebraico, cujo nome foi tomado do acádio. Ele inclui partes de agosto e de setembro. V. Ne 6.15.

ELUZAI Nome pessoal que significa "Deus é a minha força". Membro da tribo de Benjamim, da qual pertencia o rei Saul, que se tornou líder militar de Davi enquanto vivia como fugitivo em Ziclague (1Cr 12.5).

ELYON V. *El; Deus*.

ELZABADE Nome pessoal que significa "Deus presenteou". **1.** Soldado que lutou por Davi enquanto era fugitivo em Ziclague (1Cr 12.12). **2.** Levita e neto de Obede-Edom, identificado como um dos "homens capazes" (1Cr 26.7). Ele foi porteiro ou guardião do templo.

ELZAFÃ Nome pessoal que significa "Deus escondeu ou guardou". Forma abreviada de Elisafã. Filho de Uziel, tio de Arão (Êx 6.22). Ajudou a carregar os corpos de Nadabe e Abiú para fora do acampamento no deserto depois que Deus os castigou (Lv 10.4,5).

EMANUEL Nome pessoal que significa "Deus conosco". Nome do filho por nascer, na profecia de Isaías ao rei Acaz (Is 7.14) e cumprida no nascimento de Jesus (Mt 1.22,23).

Quando o rei Acaz se recusou a mostrar sua fé pedindo a Deus um sinal (Is 7.10-12), Isaías lhe deu o sinal do nascimento de Emanuel, usando a forma tradicional de um anúncio de nascimento (Is 7.14; cf. Gn 16.11; Jz 13.3,5). O idioma hebraico parece indicar que o profeta e o rei esperavam o cumprimento imediato. Um estudo recente apontou a esposa de Acaz como a mulher da qual se esperava trazer a criança, mostrando que Deus ainda estava com a dinastia real davídica mesmo em meio às severas ameaças da Assíria. Um sinal daria esperança ao rei que confiava em Deus, mas seria uma ameaça constante ao rei que seguisse a própria estratégia. O duplo sentido do sinal do Emanuel se mostra novamente em Is 8.8. O exército assírio inundaria a terra até Judá estar atribulada até o pescoço e pudesse clamar apenas: "ó, Emanuel"; um grito que confessa que Deus está conosco em sua fúria destrutiva, mas ao mesmo tempo uma oração pela intervenção divina. Isaías acrescentou um chamado às nações para que percam a batalha por causa de Emanuel, Deus conosco (Is 8.10).

A Bíblia não diz mais nada sobre os efeitos da profecia de Emanuel nos dias de Isaías e Acaz. O que faz é anunciar seu grande cumprimento em Jesus Cristo (Mt 1.22,23). O nascimento de Jesus mostrou à humanidade toda que Deus é fiel para cumprir suas promessas muito além de expectativas humanas, porque Jesus não foi apenas um sinal de Deus conosco. Jesus foi Deus feito carne, Deus encarnado, Deus conosco em pessoa.

EMAÚS Nome de lugar que significa "águas quentes". Destino de dois dos discípulos de Jesus no dia da sua ressurreição (Lc 24.13). Enquanto viajavam, receberam a companhia de uma pessoa que mais tarde reconheceram como o Cristo ressurreto. Emaús ficava a aproximadamente 11 quilômetros de Jerusalém. Essa afirmação é a única pista para sua localização.

Quatro locais são propostos como localização de Emaús, mas é impossível precisar o lugar.

EMBAIXADOR, MENSAGEIRO Representante de uma corte real enviado a outra. De acordo com Js 9.4 (na *ARA* e *ARC*), os gibeonitas se apresentaram como "embaixadores" ("delegação", *NVI*) oficiais de um governo estrangeiro ao fazerem contato com Josué. O rei da Babilônia enviou embaixadores oficiais (*ARA*, *ARC*; "delegação", *NVI*) para se informar acerca do poder de Ezequias (2Cr 32.31). O faraó Neco enviou mensageiros para prevenir o rei Josias de Judá (640-609 a.C.) a não se engajar na batalha de Megido, mas Josias insistiu e morreu (2Cr 35.21-24). O embaixador (*ARA, ARC*; "enviado", *NVI*) fiel leva saúde para o povo (Pv 13.17). Isaías condenou Israel por ter mandado "embaixadores" (*ARA, ARC*; "enviados", *NVI*) ao Egito na busca de ajuda militar em vez de buscar o auxílio de Deus (Is 30.4). Enquanto sofria antes da salvação anunciada por Deus, o povo se lamentava diante de Deus. Isso incluía "embaixadores" que tinham se empenhado, sem êxito, pela paz (*NVI*; "mensageiros de paz", *ARA, ARC*) (Is 33.7). Israel confiou constantemente nos embaixadores enviados a terras estrangeiras em vez de confiar em Javé e no seu plano (Is 57.9). Jeremias anunciou que Deus tinha despertado um mensageiro (*ARA, NVI*) para chamar as nações para castigar Edom (Jr 49.14; cp. Ob 1). Ezequiel condenou o rei Zedequias (597-586 a.C.) por enviar "mensageiros" (*ARA*) ao Egito buscando ajuda na rebelião contra a Babilônia (Ez 17.15).

Paulo, mesmo na prisão, considerava-se embaixador enviado pelo rei divino para anunciar a salvação por meio de Cristo ao mundo (Ef 6.20; cp. 2Co 5.20).

EMBALSAMAMENTO Processo de preservação de corpos da decomposição. O embalsamamento surgiu no Egito e foi usado apenas raramente pelos hebreus. Essa prática é mencionada poucas vezes na Bíblia, e os restos mortais escavados em túmulos na Palestina geralmente não mostram sinais desse processo. Em Gn 50.2,3 registrou-se a ordem de José para embalsamar o corpo de Jacó; os "médicos" levaram 40 dias para concluir o processo. O v. 26 diz que José foi embalsamado e sepultado no Egito. O embalsamamento desses dois patriarcas testifica sua importância na comunidade e os planos de lhes transportar os corpos para serem sepultados em Canaã (Gn 50.13; Êx 13.19).

Textos correlatos incluem 2Cr 16.14, que descreve o sepultamento de Asa, e o relato de Jo 19.39,40, que conta o sepultamento de Jesus. O uso de especiarias, mencionado em ambos os textos, não constituía o embalsamamento, mas era a purificação cerimonial.

A arte egípcia da mumificação era a versão sofisticada do embalsamamento que exigia 70 dias de trabalho. — *Joe Haag*

EMBOSCADA Tática militar de esconder uma unidade de soldados para o ataque surpresa enquanto se continua a batalha normal com o restante das tropas. Josué usou essa tática contra Ai (Js 8). O povo de Siquém esperou escondido para atacar e roubar pessoas que cruzavam a região montanhosa (Jz 9.25; cp. Os 6.9). Abimeleque fez uso da emboscada para derrotar Siquém (Jz 9.43-45). Israel usou a emboscada para atacar Gibeá e a tribo rebelde de Benjamim (Jz 20.29-43). Saul evidentemente usou táticas semelhantes contra os amalequitas (1Sm 15.5). Jeroboão, rei de Israel (926-909 a.C.), tentou sem êxito emboscar Judá (2Cr 13.13). Deus colocou emboscadas para Moabe, Amom e Edom para derrotá-los a favor do rei Josafá (873-848 a.C.). Deus libertou Esdras de tentativas de emboscada (Ed 8.31).

Os salmistas pediram a ajuda de Deus para protegê-los de pessoas más que tentavam preparar emboscadas para eles (Sl 10.8; 59.3; 64.4; cp. Pv 1.11,18). Jeremias acusou os membros do seu povo de fazerem "armadilhas" (*NVI*; "ciladas", *ARA*) uns contra os outros (Jr 9.8). Ele também desafiou o povo de Deus a preparar emboscadas para derrotar a Babilônia (Jr 51.12). O povo de Jerusalém lamentou o uso de emboscadas por parte do inimigo para derrotar e destruir a cidade e a nação (Lm 4.19). O sobrinho de Paulo o salvou dos planos dos judeus de emboscá-lo quando as autoridades romanas o transferissem de Jerusalém para Cesareia (At 23.12-33; cp. 25.3).

EMBRIAGUEZ Resultado do consumo uma quantidade exagerada de álcool, culminando na diminuição da capacidade do uso das faculdades. Essa diminuição pode ser de branda (sono profundo) a severa (tontura, vômito, alucinação e morte). Os sintomas físicos mencionados na Bíblia são: cambaleios (Jó 12.25; Sl 107.27), brigas e feridas (Pv 20.1; 23.29-35; Lm 2.12), vômito (Is 19.14; Jr 25.27; 38.26) e alucinações (Is 28.1-8; Pv 23.33). Os efeitos mentais do álcool mencionados na Bíblia são a sensação falsa das habilidades e forças (Is 28.11; Os 4.11). Os efeitos espirituais do álcool são o amortecimento do interior da pessoa em relação a Deus e a todo o pensamento religioso (Is 5.11,12).

Há muitos casos de embriaguez no AT. Entre os mais conhecidos estão: Noé (Gn 9.21), Ló (Gn 19.33), Nabal (1Sm 25.36), o hitita Urias (2Sm 11.13), Elá de Israel (1Rs 16.9) e Ben-Hadade (1Rs 20.16). É interessante que a desgraça cai sobre cada uma dessas pessoas ou no estupor da embriaguez ou logo depois de despertarem. Assim a Bíblia pronuncia advertências severas contra a embriaguez (Lv 10.9; Dt 21.20; Pv 24.29-35; 1Co 5.11; Gl 5.21; Ef 5.18). As Escrituras com frequência se referem a ela como um grande problema social. Consequentemente, em Pv, o bêbado é retratado como quem gasta dinheiro para alimentar seu hábito, somente para sofrer de doenças e desgraça nas mãos de outras pessoas. Nos Profetas, o rico embriagado muitas vezes tira vantagem dos pobres na sociedade (Am 4.1; 6.6; Is 5.11,12; 28.1-8; 56.11,12). Os Profetas também ressaltam a insensatez da embriaguez (Jr 25.27; 48.26; 51.39,57; Hc 2.15). Jeremias usa a metáfora da embriaguez espiritual para mostrar que não se trata de um estado de felicidade ou entusiasmo espiritual, mas de insensatez e idolatria (Jr 25.27-33). No NT, o Senhor advertiu explicitamente contra o uso do álcool (Lc 21.34). Nas cartas de Paulo há muitas advertências contra a indulgência no álcool (1Co 5.11; 6.10; Gl 5.21; Ef 5.18). Da mesma forma a pessoa que almeja a posição de bispo não pode ser dependente do vinho (1Tm 3.2,3; Tt 1.7,8; 2.2,3).

EMEQUE-QUEZIZ Nome de lugar que significa "o vale do atalho" ou "vale do cascalho".

Alistado como uma das cidades designadas à tribo de Benjamim (Js 18.21), sua localização é desconhecida.

EMINS Termo gentílico que significa "os que metem medo". Eles perderam uma guerra para a coligação oriental de reis (Gn 14.6) e são identificados com um lugar no norte de Moabe, Shaveh Kiriatayim. Eram os antigos gigantes ou refains (Dt 2.10,11). V. *refains*.

EMISSÃO, EJACULAÇÃO Termo usado em algumas versões bíblicas mais antigas (em especial na *KJV*) para se referir à descendência (Gn 48.6; Is 22.24; Mt 22.25; cf. 2Rs 20.18; Is 39.7) ou a uma secreção corporal. A *KJV* usou "emissão" para designar secreções patológicas masculinas como a associada à gonorreia (Lv 15.2-15), para a menstruação normal (Lv 15.19-24) e para secreções patológicas femininas (Lv 15.25-30; Mt 9.20). Fluxos normais resultavam em impureza ritual por um dia, afastada pela simples lavagem. Secreções patológicas causavam impureza de até sete dias depois do retorno à saúde plena e exigiam o sacrifício de propiciação. Em Ez 23.20 a ejaculação seminal de garanhões é um dos elementos de uma descrição figurada da idolatria de Judá.

EMPRÉSTIMO, EMPRESTAR Uso temporário de um recurso. Devido à experiência de Israel de libertação da escravidão, seu código moral dava atenção especial a pessoas marginalizadas (Êx 22.21-24; Dt 10.19; Sl 82.3,4; Pv 31.8,9). Por isso, empréstimos deveriam ser atos de generosidade, não atos de lucro à custa dos pobres (Lv 25.35-37). Além disso, devido ao fato de a terra pertencer a Deus (Lv 25.23; Dt 10.14) e as posses humanas também serem dons divinos (Dt 8.1-10), emprestar significava compartilhar os dons de Deus.

Por isso, o AT proibia cobrar juros dos israelitas (Êx 22.25; Lv 25.35-38; Dt 23.19), pois tomar emprestado indica dificuldade econômica. Era possível cobrar juros de forasteiros (Dt 23.20), ainda que essa situação não fosse de exploração (Êx 22.21; Lv 19.33,34; Dt 10.19; Ez 22.7). As leis apresentavam garantias de proteção do devedor. Os empréstimos não podem ameaçar a dignidade do devedor (Dt 24.10,11), sua profissão (Dt 24.6), família (Jó 24.1-3,9) ou necessidades físicas (Êx 22.26,27; Dt 24.12,13). O empréstimo compassivo era a atitude da pessoa justa (Sl 15; Ez 18.5-9).

Os anos de perdão e o ano do Jubileu (Êx 23.10,11; Dt 15.1-15; Lv 25) previam a forma sistemática de tratar de dificuldades financeiras de longa duração, ao devolver propriedades familiares, alforriar escravos e perdoar dívidas. Em Dt 15.7-11 adverte os credores ardilosos que se recusam a emprestar pela proximidade do perdão: os empréstimos deveriam ser atos de generosidade (v. 10). Como em muitas comunidades humanas, a ganância prevaleceu, e os profetas bradaram contra a exploração do pobre (Am 2.6-8; 8.4), incluindo-se a violação de cobrar juros e empréstimos abusivos (Ez 18.12,13; 22.12; Hc 2.6-9; Ne 5.6-11). V. *empréstimo, tomar por*; *moedas*; *ética*; *justiça*; *levitas*; *pobre, órfão, viúva*; *sabático, ano*; *estrangeiro*; *ano do jubileu*. — David Nelson Duke

EMPRÉSTIMO, TOMAR POR Na cultura hebraica tomar emprestado indicava dificuldade financeira, não uma estratégia de expansão dos negócios ou da casa. (V. Lv 25.35-37, que pressupõe que quem toma emprestado é pobre). Em Dt as bênçãos da prosperidade dada por Deus excluíam a necessidade de tomar emprestado (15.6; 26.12). Assim a pobreza não era considerada uma situação desejável para ninguém na comunidade da aliança. Os apuros que exigiam empréstimo são ilustrados em Ne 5.1-5. Com típicas mudanças nas condições econômicas, o pedido de empréstimo era prática comum na sociedade hebraica, e eram necessárias regras para que os pobres não fossem ludibriados pelos credores. Leis de restituição também foram estabelecidas para propriedades tomadas por empréstimo que eram danificadas (Êx 22.14,15).

Em Mt 5.42, Jesus cita a generosidade para com aquele "que deseja pedir-lhe algo emprestado" como um exemplo de uma reação inesperada e amável (em vez da reação típica de autoproteção) às exigências e abusos de outros. Em cada exemplo (5.38-42) a preocupação principal do discípulo é a outra pessoa, não a proteção dos seus próprios interesses. A segunda pessoa do singular no versículo 42 torna clara a natureza pessoal da sua reação ao tomador de empréstimo em potencial. Esse trecho faz parte da ênfase consistente de Jesus na lealdade absoluta à maneira de ser no Reino de Deus, que exige uma consideração despreocupada pelas próprias posses (Mt 6.24-34) e segurança pessoal (Mt 5.43-48) enquanto se ama altruisticamente o próximo. — *David Nelson Duke*

ENÃ Nome pessoal que significa "olhos ou fontes". Pai de Aira, líder da tribo de Naftali no tempo de Moisés (Nm 1.15). V. *Aira*.

ENAIM ou **ENÃ** (nome de lugar) Nome de lugar que significa "dois olhos ou fontes". Povoado perto de Timna, onde Tamar seduziu Judá (Gn 38.14). Provavelmente é o mesmo que Enã no território da tribo de Judá (Js 15.34). Sua localização é desconhecida. V. *Timna*.

ENAQUE, ENAQUINS (*NVI*) ou **ANAQUE, ANAQUINS** (*ARA, ARC*) Nome pessoal e de um clã que significa "de pescoço longo" ou "de pescoço forte". O antepassado chamado Enaque (ou Anaque) teve três filhos: Aimã, Sesai e Talmai (Nm 13.22). Viveram em Hebrom e na região montanhosa (Js 11.21) antes de serem destruídos por Josué. Seus remanescentes então viveram entre os filisteus (Js 11.22). Esses enormes gigantes pertenciam aos nefilins (Gn 6.4; Nm 13.33). Arba foi um herói dos enaquins (Js 14.15).

ENCAIXE Palavra usada na *NVI* para traduzir uma expressão hebraica que significa "mãos", aplicada para designar o local no qual se encaixaria um soquete para formar uma junta (Êx 26.17,19; 36.22, 24). *ARC* traduz "coiceira".

ENCANTAMENTO V. *adivinhação e mágica*.

ENCANTAMENTOS Cânticos usados por mágicos para controlar espíritos maus e assim curar doentes ou atingir inimigos. Nenhum encantamento da Palestina sobreviveu ao período bíblico. Os encantamentos babilônicos tinham três partes: 1) invocação dos nomes dos grandes deuses, 2) identificação do espírito causador da enfermidade, e 3) exortação para a expulsão do demônio. É comparável a At 19.13, no qual exorcistas judeus invocaram o nome superior de Jesus. A lei de Moisés proibia lançar feitiços (Dt 18.10,11). A queixa de que os maus são como serpentes, imunes ao hábil encantador, talvez diga respeito à futilidade dos encantamentos (Sl 58.3-5). Os babilônicos esperavam ter sucesso e apavorar os inimigos por meio de encantamentos (Is 47.12). Isaías alertou que os encantamentos deles não seriam de nenhum proveito (Is 47.9). A língua que murmura maldades talvez se refira a encantamentos (Is 59.3). Os livros de magia de At 19.19 provavelmente eram coleções de encantamentos. V. *bênção e maldição*; *adivinhação e mágica*.

ENCANTO Graciosidade e atratividade humanas; objetos mágicos destinados a afastar o mal; método usado para impedir cobras venenosas de morder. **1.** O encanto humano pode ser enganoso (Pv 31.30), mas o termo hebraico usado — *chen* — é uma característica da dádiva do Espírito que vem de Deus (Zc 12.10). Deus deu a José a habilidade de ser encantador ou obter o favor do carcereiro egípcio (Gn 39.21). Deus também dá essa graça aos aflitos (Pv 3.34). De modo geral, o termo significa encontrar o favor ou a aceitação de outra pessoa (Gn 6.8; 33.8), mas as traduções comumente usam "graça" ou "favor" em vez de "encanto" como tradução nessas ocorrências. O adjetivo é usado em casos como o da "encantadora meretriz" em Na 3.4 (*ARA*). **2.** Encantos mágicos costurados como faixas para o pulso (Ez 13.18: "berloque de feitiço em seus pulsos") para afastar os maus espíritos e enfermidades recebem a condenação profética (cf. Is 3.20). **3.** Encantadores de serpentes exerciam influência na comunidade porque sabiam "palavras mágicas" ou "atos mágicos" para impedir cobras venenosas de fazerem mal às pessoas. O salmista compara os ímpios a cobras surdas, são imunes aos encantadores (Sl 58.4,5). Os "encantadores" estão alistados como líderes da comunidade condenados pelo profeta (Is 3.3). Outras versões trazem: "perito em maldições" (*NVI*) e "feiticeiros" (*NTLH*). Jeremias adverte o povo de que Deus envia "serpentes venenosas, que ninguém consegue encantar" para punir seu povo (Jr 8.17). O autor de Ec lembrou seu

ENCARNAÇÃO

público-alvo de que o preço de encantadores mal-sucedidos era enorme (Ec 10.11).

ENCARNAÇÃO Fato de Deus se tornar humano; união de divindade e humanidade em Jesus de Nazaré.

Definição da doutrina. Encarnação de (lat., *incarnatio*, ser ou tornar-se carne), embora seja um pensamento bíblico, não é um termo bíblico. Seu uso cristão deriva da versão latina de Jo 1.14 e ocorre repetidamente em autores cristãos latinos a partir de 300 d.C.

Como ensino bíblico, encarnação diz respeito à afirmação de que Deus, em um dos modos de sua existência como Trindade e sem deixar de ser de modo algum o Deus único, se revelou à humanidade para salvá-la tornando-se humano. Jesus, o homem do Nazaré, é a Palavra encarnada, ou o Filho de Deus, foco do encontro entre Deus e o ser humano. Como Deus-Homem, realiza a mediação de Deus aos humanos; como Homem-Deus, representa os humanos perante Deus. Unidos com ele pela fé, homens e mulheres, como filhos adotivos de Deus, participam da relação filial dele com Deus como Pai.

A humanidade de Jesus. O anjo do Senhor, em uma profecia acerca do nascimento de Jesus, declarou explicitamente o propósito da encarnação: "[Maria] dará à luz um filho, e você deverá dar-lhe o nome de Jesus, porque ele salvará o seu povo dos seus pecados" (Mt 1.21; cf. Lc 19.10; Jo 3.17; 1Tm 1.15). A libertação da humanidade de tudo que impede a relação com Deus como Pai exige a encarnação. Os materiais bíblicos relacionados à encarnação, embora não organizados sistematicamente, retratam Jesus como o realizador da missão da salvação, porque foi nele que estiveram presentes a divindade e a humanidade plenas.

Jesus fazia referência a si mesmo como homem (Jo 8.40), e o testemunho do NT o reconheceu completamente humano (e. g., no sermão de Pentecostes Pedro declarou: "Deus mostrou a vocês que Jesus de Nazaré era um homem aprovado por ele", At 2.22, *NTLH*). A afirmação de que a Palavra se fez carne é o eixo da passagem sobre a encarnação no NT (Jo 1.14). As respectivas genealogias de Jesus servem de testemunhos da ascendência humana natural (Mt 1.1-17; Lc 3.23-37). Além disso, Jesus atribuiu a si elementos humanos normais como corpo e alma (Mt 26.26,28,38). Cresceu e se desenvolveu nos moldes do desenvolvimento humano normal (Lc 2.40). Em seu ministério terrestre, Jesus exibiu necessidades fisiológicas comuns: Experimentou fadiga (Jo 4.6); seu corpo precisava de sono (Mt 8.24), comida (Mt 4.2; 21.18) e água (Jo 19.28). Características emocionais humanas acompanharam as físicas: Jesus expressou alegria (Jo 15.11) e tristeza (Mt 26.37); demonstrou compaixão (Mt 9.36) e amor (Jo 11.5); e foi movido por justa indignação (Mc 3.5).

A compreensão adequada dos acontecimentos anteriores à sua morte, e que a incluíam, exige a afirmação de sua humanidade plena. No jardim, ele suplicou por força emocional e física para enfrentar as horas críticas que estavam diante dele. Suou como alguém sob grande tensão física (Lc 22.43,44). E morreu de forma real (Mc 15.37; Jo 19.30). Quando uma lança foi enfiada em seu lado, sangue e água verteram de seu corpo (Jo 19.34). Jesus considerava a si mesmo um ser humano, e as testemunhas do seu nascimento, crescimento, ministério e morte experimentaram-no como completamente humano.

Embora Jesus fosse inteiramente humano em todos os sentidos da palavra, sua humanidade era perfeita — distinta e sem igual. Sua concepção milagrosa ressalta o caráter especial e original de sua humanidade. Jesus foi concebido de forma sobrenatural, nascendo de uma virgem (Lc 1.26-35). Seguramente a Bíblia registra outros nascimentos milagrosos como os de Isaque (Gn 21.1,2) e João Batista (Lc 1.57), porém ninguém alcançou a sublimidade milagrosa de ser concebido de forma sobrenatural e nascer de uma virgem.

O NT também atesta ao caráter não pecaminoso de Jesus. Ele próprio fez a pergunta: "Qual de vocês pode me acusar de algum pecado?" (Jo 8.46). Paulo declarou: "Deus tornou pecado por nós aquele que não tinha pecado" (2Co 5.21). O autor de Hb asseverou que Cristo era "sem pecado" (Hb 4.15). O NT apresenta Jesus como homem, cabalmente humano, e como homem incomparável, o ser humano ideal.

A divindade de Jesus. Em uma declaração acerca da supremacia de Cristo, Paulo afirmou: "Pois foi do agrado de Deus que nele habitasse toda a plenitude" (Cl 1.19; cf. Jo 20.28; Tt 2.13).

Jesus tinha consciência da condição divina (Jo 10.30; 12.44,45; 14.9). Com declarações "eu sou", ele se igualou a Deus, que apareceu a Moisés no arbusto em chamas (Êx 3.14). A afirmação do NT é que Jesus era Deus (Jo 6.51; 8.58; 10.7,11; 11.25; 14.6; 15.1).

A Bíblia afirma a preexistência de Jesus: "No início era o Verbo; e o Verbo estava voltado para Deus, e o Verbo era Deus. Ele estava no início, voltado para Deus" (Jo 1.1,2, *TEB*; 1.15; 8.58; 17.5; Fp 2.5-11). Jesus realizou feitos e alegou possuir uma autoridade atribuída unicamente à divindade. Perdoou pecados (Mt 9.6) e enviou outros a cumprir sua incumbência, dizendo ter toda a autoridade "nos céus e na terra" (Mt 28.18-20). O anúncio central do evangelho é que ele constitui o único caminho para a vida eterna, condição afiançada unicamente por sua divindade (Jo 3.36; 14.6; cf. At 4.12; Rm 10.9). O NT o descreve como merecedor de honra e adoração por sua divindade (Jo 5.23; Hb 1.6; Fp 2.10,11; Ap 5.12). Ele é o agente da Criação (Jo 1.3) e o mediador da Providência (Cl 1.17; Hb 1.3). Ressuscitou mortos (Jo 11.43,44), curou enfermos (Jo 9.6,7) e derrotou demônios (Mc 5.13). Realizará a ressurreição final da humanidade para o juízo ou para a vida (Mt 25.31,32; Jo 5.27-29).

Os títulos atribuídos a Jesus fornecem evidências conclusivas de que o NT o considerou Deus. Jesus é "Deus" (Fp 2.11), "Senhor dos senhores" (1Tm 6.15), "o Senhor da glória" (1Co 2.8), "o Mediador" (Hb 12.24) e "Deus acima de todos, bendito para sempre" (Rm 9.5). Além disso, o NT repetidamente combina o nome "Deus" com Jesus (Jo 1.18; 20.28; At 20.28; Rm 9.5; 2Ts 1.12; Tt 2.13; Hb 1.8; 2Pe 1.1; 1Jo 5.20).

Formulação da doutrina. O problema da encarnação começa com a afirmação de João "o Verbo se fez carne" (Jo 1.14, *TEB*). A formulação clara da relação entre Verbo e carne, divindade e humanidade na pessoa de Jesus veio a ser tema de preocupação primordial durante os primeiros cinco séculos da era cristã. As afirmações não sistematizadas do NT foram refinadas pela controvérsia, processo que culminou nos Concílios ecumênicos de Niceia (325 d.C.), Constantinopla (381 d.C.), Éfeso (431 d.C.) e Calcedônia (451 d.C.).

O Concílio de Niceia teve como destaque a reunião de representantes da igreja de todo o mundo cristão. Seu propósito foi resolver a disputa acerca dos ensinamentos de Ário, um presbítero da igreja de Alexandria. Ele ensinava uma cristologia de criatura, ou seja, negava a divindade eterna do Filho. Contra Ário, o Concílio afirmou que o Filho era da mesma substância do Pai. Jesus era completamente divino.

O Concílio de Constantinopla se reuniu para clarificar e refutar a cristologia de Apolinário, bispo de Laodiceia. Apolinário insistia que Jesus era um homem divino, sem semelhança com seres humanos terrenos. Se um humano é corpo, alma e espírito, o bispo afirmava que Jesus era corpo, alma e Logos [lit., "Palavra"], um homem sem espírito ou mente humanos. Contra essa doutrina, o Concílio afirmou a humanidade plena de Cristo.

O Concílio de Éfeso avaliou a cristologia do matrimônio de Nestório, bispo de Constantinopla. Sustentava que a união do humano e divino em Jesus era como o casamento entre marido e esposa. Como resultado, o Concílio o acusou de ensinar a existência de duas pessoas separadas em Cristo.

O Concílio de Calcedônia talvez tenha sido o concílio eclesiástico mais significativo para o cristianismo. Reuniu-se para debater o ensino de Eutíquio, monge de Constantinopla. Negava as duas naturezas de Jesus. Essa reação contra a cristologia de Nestório incitou o Concílio a expressar a encarnação de Jesus em termos de uma pessoa com duas naturezas, humana e divina.

O mistério da encarnação continua, e as declarações dos primeiros quatro concílios da igreja cristã o preservam. Jesus, Deus encarnado, era uma só pessoa com duas naturezas — totalmente divino e completamente humano. V. *Cristo, cristologia*. — Walter D. Draughon III

EN-DOR Nome de lugar que significa "fonte de Dor", i.e., "fonte do assentamento". **1.** Local de residência da médium que fez subir Samuel do túmulo (1Sm 28.7). Em Sl 83.10 diz que Jabim morreu ali (cf. Jz 4—5). É a atual Khirbet Safsafe, a cinco quilômetros ao sul do monte Tabor. **2.** Cidade reivindicada pela tribo de Manassés sem conseguir conquistá-la (Js 17.11; cp. Jz 1.27).

ENDRO O endro é uma planta com folhas semelhante à salsinha. Provavelmente era o cominho preto, *Nigella satina*. Jesus acusou os escribas e fariseus de dizimarem sobre o endro, ao mesmo tempo em que negligenciavam a justiça, a misericórdia e a fidelidade (Mt 23.23). Era cultivada por causa das sementes aromáticas, usadas como tempero na culinária. V. *plantas*.

EN-EGLAIM Nome de lugar que significa "fonte dos dois bezerros". Fonte perto do mar Morto onde Ezequiel predisse um milagre: as águas salgadas se tornariam doces e seriam um paraíso para os peixes (Ez 47.10). Aparentemente é Ain Feshcha na margem ocidental do mar Morto.

ENEIAS Nome pessoal de um paralítico curado por Pedro em Lida (At 9.33,34), resultando em grandes vitórias evangelísticas na área.

ENFEITES Tradução de termo hebraico que se refere à suntuosidade de joias e roupas usadas pelas mulheres da alta sociedade de Jerusalém (Is 3.18). A palavra hebraica descreve a beleza e honra das roupas sacerdotais de Arão (Êx 28.2), a glória da casa de Deus (Is 60.7), a honra do campo de batalha (Jz 4.9) e o orgulho pomposo do rei da Assíria (Is 10.12). Assim os enfeites em si não são maus, mas a atitude orgulhosa do coração humano com relação a eles logo se torna pecaminosa. V. *moda, roupa*.

ENFEITES DOS CALCANHARES As tornozeleiras faziam um barulho característico quando alguém caminhava. Parte dos ornamentos usados pelas mulheres ricas de Jerusalém (Is 3.16,18). V. *tornozeleira*.

ENFEITIÇAR Tradução de duas palavras gregas. Em Gl 3.1, Paulo critica os gálatas por terem sido cativados pelo engano (*baskaino*) dos judaizantes a ponto de se desviar do evangelho. A palavra grega usada aqui tem uma história no mal da magia e em lançar feitiços. (*NVI, NTLH*: "enfeitiçou"; *ARA* e *ARC*: "fascinou"). "Enfeitiçar" também é usado com o sentido de outra palavra (*existemi*) em At 8.9,11 que as versões modernas traduzem por "iludindo [o povo]" (*ARA*, cp. *NVI*) ou os deixava "assombrados" (*NTLH*).

EN-GANIM Nome de lugar que significa "fonte dos jardins". **1.** Cidade no território da tribo de Judá localizada na Sefelá (Js 15.34). Identificada com a atual Beit Jemal, a cerca de três quilômetros ao sul de Bete-Semes ou com 'umm Giina a 1,5 quilômetro a sudoeste de Bete-Semes. **2.** Cidade no território da tribo de Issacar designada cidade dos levitas (Js 19.21; 21.29). Aparentemente Aném é a grafia alternativa. O mesmo lugar pode estar proposto em 2Rs 9.27 por Bete-Hagã ou "casa do jardim". Está localizado na atual Jenim a oeste de Bete-Seã e a cerca de 105 quilômetros ao norte de Jerusalém.

EN-GEDI Nome de lugar que significa "fonte do cabrito". Grande oásis ao longo da margem ocidental do mar Morto, a cerca de 55 quilômetros a sudeste de Jerusalém. As nascentes de En-Gedi estão sempre cheias, e a vegetação é semitropical. Fontes bíblicas e não bíblicas descrevem En-Gedi como fonte de belas tâmaras, plantas aromáticas usadas em perfumes e plantas medicinais (Ct 1.14). Era uma fonte importante de bálsamo, planta valiosa usada em perfumes, e grande fonte de renda da região. En-Gedi localizava-se aparentemente à beira da rota de caravanas que saía da margem leste do mar Morto, dava a volta no extremo sul e subia o lado oeste para En-Gedi. Dali a estrada subia para Tecoa e depois para Jerusalém.

En-Gedi, também chamada Hazazom-Tamar (2Cr 20.2), era habitada pelos amorreus no tempo de Abraão e foi subjugada por Quedorlaomer (Gn 14.7). Na distribuição do território entre as tribos, En-Gedi foi dada a Judá e estava na região de Judá chamada distrito do deserto (Js 15.62). Quando Davi fugia de Saul, ele se escondeu na região de En-Gedi (1Sm 23.29). Saul estava na caverna perto de En-Gedi quando Davi cortou um pedaço de tecido do seu manto, mas lhe poupou a vida (1Sm 24). No reinado de Josafá, moabitas, amonitas e outros se reuniram em En-Gedi para atacar Judá (2Cr 20.1,2).

Escavações recentes em En-Gedi revelaram uma fortaleza pertencente ao período da monarquia, um local usado para produzir perfumes e um santuário pertencente à Era Calcolítica ou do Bronze. — *Joel F. Drinkard Jr.*

EN-HACORÉ Nome de lugar que significa "fonte da perdiz" ou "fonte do visitante". Lugar onde

Uma das poucas quedas de água naturais em Israel está localizada em En-Gedi no lado ocidental do mar Morto.

Deus deu água a Sansão depois de ele jogar fora a queixada usada para matar mil filisteus (Jz 15.18,19). Fica perto de Leí, ou literalmente "queixada", que provavelmente fica perto de Bete-Semes.

EN-HADÁ Cidade no território da tribo de Issacar (Js 19.21). Aparentemente é el-Hadetheh a cerca de nove quilômetros a leste do monte Tabor.

EN-HAZOR Nome de lugar que significa "fonte da vila cercada". Cidade fortificada no território da tribo de Naftali (Js 19.37). Pode ser identificada com Khirbet Hazireh, a oeste de Cades. Outros a localizam a sudoeste de Quedes na divisa entre Naftali e Aser.

ENIGMA Declaração difícil geralmente baseada no uso astuto de ambiguidades da linguagem. O exemplo bíblico clássico de um enigma é aquele apresentado por Sansão aos filisteus. É apresentado em forma poética (Jz 14.12-14), e envolve a pergunta "o que é isto?". Os filisteus responderam com outro enigma (v. 18a), cuja resposta original provavelmente era "amor". A réplica de Sansão pode refletir ainda outro enigma comumente conhecido e indelicado (v. 18b).

A palavra hebraica para "enigma" também aparece em outras partes do AT. O senhor falou com Moisés diretamente, não por "enigmas" (Nm 12.8). A rainha de Sabá testou Salomão com "perguntas difíceis" ou enigmas (1Rs 10.1-13); uma característica da sabedoria é a habilidade para decifrar enigmas (Pv 1.6). Daniel possuía uma sabedoria desta natureza (Dn 5.12). — *Daniel C. Browning Junior*

EN-MISPÁ Nome de lugar que significa "fonte de juízo". Outro nome para Cades, onde a coligação oriental de reis derrotou os amalequitas e amorreus. O lugar é em geral chamado Cades--Barneia e identificado com o oásis atualmente chamado Ain Hudeirat. V. *Cades, Cades-Barneia*.

ENOM Nome de lugar que significa "fonte dupla". Local no qual João Batista batizava no tempo em que Jesus estava batizando na Judeia (Jo 3.23). O texto bíblico indica que Enom era um lugar com rica provisão de água perto de Salim, cuja localização exata é desconhecida. A localização mais provável de Enom é num vale amplo e aberto chamado uádi Fará, a oeste do Jordão e a nordeste de Nablus.

ENOM, CIDADE DE Tradução na *NTLH* de Hazar-Enom (Ez 47.17). V. *Hazar-Enom*.

ENOQUE Nome pessoal que significa "dedicado". **1.** Filho de Jarede que foi levado para Deus sem morrer (Gn 5.18). Foi pai de Matusalém. Enoque viveu em comunhão tão íntima com Deus que foi trasladado para a presença de Deus sem morrer. Em Hb 11.5 atribui esse traslado à fé. De acordo com Jd 14, ele era profeta. O nome Enoque é associado a um grande conjunto de literatura antiga extrabíblica. V. *Gênesis, livro de; apocalíptico, apocalíptica; apócrifos, livros – Antigo Testamento; apócrifos, livros – Novo Testamento; pseudepígrafos*. **2.** Filho de Caim para o qual Caim construiu uma cidade e deu a ela o nome dele (Gn 4.17,18).

ENOS Nome pessoal que significa "humanidade" ou "um homem". Filho de Sete e neto de Adão (Gn 4.26). O período seguinte a seu nascimento é identificado como o começo da adoração a Javé pelo povo. V. Gn 5.6-11.

EN-RIMOM Nome de lugar que significa "fonte da romã". Cidade em Judá (Ne 11.29) habitada no período de Neemias (c. 445 a.C.). Aim e Rimom aparecem como cidades distintas no território da tribo de Judá (Js 15.32), estabelecidas pela tribo de Simeão (Js 19.7). Essas duas às vezes são contadas uma só cidade (19.7, *RSV*, mas não *NRSV*), mas isso torna o número das cidades da lista impreciso. Está localizada em Khirbet er-Ramamim, três quilômetros ao sul de Lahav.

EN-ROGEL Nome de lugar que significa "fonte do pisoeiro" ou "fonte do pé". Cidade fronteiriça entre o território da tribo de Judá (Js 15.7) e o de Benjamim (Js 18.16). Jônatas e Aimaás, filhos do sacerdote, ficaram em En--Rogel como mensageiros para passar a Davi o que os sacerdotes pudessem ouvir de Absalão quando este tomou dele Jerusalém (2Sm 17.17). Adonias organizou uma festa ali para se auto-proclamar sucessor de Davi e rei de Judá

(1Rs 1.9). En-Rogel ficava perto de Jerusalém onde estão os vales de Cedrom e de Hinom na atual Bir Ayyub.

En-Rogel com o sítio tradicional do poço de Jacó localizado sob o domo no centro da fotografia.

ENSEADA Baía ou recuo na orla de um mar ou lago. Quando Débora e Baraque foram lutar contra Sísera, a tribo de Aser ficou em casa "em suas enseadas" ("na beira das praias" *NTLH*, Jz 5.17).

EN-SEMES Nome de lugar que significa "fonte do sol". Cidade na divisa entre os territórios das tribos de Judá (Js 15.7) e Benjamim (Js 18.17). Está localizada em Ainel-Hod, "a fonte dos apóstolos", a cerca de três quilômetros a leste de Jerusalém no lado oriental de Betânia.

ENSINO V. *educação nos tempos bíblicos*; *instrução*.

ENSOPADO Sopa grossa geralmente feita de lentilhas e legumes e temperada com várias ervas. Jacó serviu um ensopado e pão ao irmão Esaú quando este estava faminto, em troca do direito de primogenitura (Gn 25.29-34). Eliseu acrescentou farinha a um ensopado envenenado em Gilgal, eliminando desta maneira o efeito do veneno (2Rs 4.38-41).

ENTALHAR Gravar profundamente, esculpir. Muitos materiais eram gravados incluindo-se a escrita em tábuas de argila (Is 8.1), metal, pérolas, pedras preciosas (Zc 3.9) e madeira. O entalhamento era feito muitas vezes com um estilete de ferro, às vezes com ponta de diamante (Jó 19.24; Jr 17.1). Anéis de selar gravados com o sinal ou símbolo do proprietário eram muito comuns em todo o mundo antigo (Gn 38.18; Et 3.12; Jr 22.24). Aliás, "como se grava um selo" é a expressão usada para descrever diversas pedras gravadas na vestimenta do sumo sacerdote (Êx 28.11,21,36; 39.6,14). As palavras hebraicas traduzidas por "gravar" são usadas para entalhar madeira e trabalhar com pedras preciosas na construção do tabernáculo e do templo (Êx 31.5; 35.33; 1Rs 6.18,35; 2Cr 2.7). Uma imagem (Êx 20.4) é um ídolo esculpido (diferentemente de um que é fundido em um molde).

EN-TAPUA Nome de lugar que significa "fonte da maçã". Fonte perto da cidade de Tapua que marcava a divisa entre as tribos de Manassés e Efraim (Js 17.7). V. *Tapua*.

ENTRANHAS Termo usado em algumas traduções para se referir aos intestinos e outras vísceras (At 1.18). Na *ARC* "entranhas" é usado também para se referir ao sistema sexual reprodutivo (2Sm 16.11; Sl 71.6) e, figuradamente, a fortes emoções (Jó 30.27), especialmente amor (Ct 5.4) e compaixão (Cl 3.12). Tanto o hebraico quanto o grego retratam as entranhas como o centro das emoções e da felicidade humanas.

ENVELHECIMENTO Processo natural dos seres humanos ficando mais velhos e, de acordo com a Bíblia, ganhando respeito.

Antigo Testamento As referências a pessoas envelhecendo no AT ressaltam as mudanças fisiológicas do envelhecimento (1Rs 14.4; 2Sm 19.35; Ec 12.1-5; Zc 8.4), a sabedoria dos que estão envelhecendo (Dt 32.7; Jó 12.12), a honra devida a eles (Êx 20.12; Lv 19.32) e o serviço continuado deles (Gn 12—50, os patriarcas; Js 13.1; 14.10; Sl 92.14; Jl 2.28).

O envelhecimento é apresentado como parte normal da visão bíblica do ciclo da vida (Sl 90.10; Is 46.4). V. *ancião*.

Novo Testamento Referências a pessoas envelhecendo no NT concentram a atenção na responsabilidade dos filhos ou da família da fé para cuidar de idosos dependentes ou inválidos (Mc 7.1-13; Mt 15.1-6; 1Tm 5.4,8; Tg 1.27). Os jovens são instados a honrar os que estão envelhecendo (1Tm 5.1,2), e os que estão envelhecendo são encorajados a ser exemplos dignos (Tt 2.2,3). Espera-se dos cristãos que cuidem das viúvas (At 6.1-7), e dos que estão envelhecendo espera-se que sirvam a Deus como o fizeram Zacarias, Isabel, Simeão e Ana em Lc 1—2. O serviço dos que estão envelhecendo pode trazer bênçãos às famílias, como ocorreu no caso da avó e da mãe de Timóteo (2Tm 1.5).

Questões práticas A perspectiva bíblica do envelhecimento é inequivocamente positiva, embora admita a possibilidade de uma pessoa idosa ser tola (Ec 4.28). Em geral pessoas mais idosas têm um reservatório de sabedoria e compreensão baseado em experiências passadas (Dt 32.7). Elas conseguem experimentar novas alegrias em família, mesmo depois de muitas experiências prévias tristes (Rt 4.13-17). Ambos, jovens e idosos, têm dignidade singular sem competição (Pv 20.29). Mesmo que o envelhecimento resulte na diminuição da força (Ec 12.1-8), a graça e a ajuda de Deus estão disponíveis a pessoas em cada estágio da vida (Is 46.4). — *Douglas Anderson*

ENXADA Ferramenta agrícola usada para amaciar o solo e cavar para plantar sementes (Is 7.25). V. *ferramentas*.

ENXERTO Unir a muda (a parte viva de uma planta da qual saem as folhas) com o caule (a parte viva de uma planta da qual sai a raiz. As oliveiras frequentemente se multiplicavam pelo enxerto de árvores cultivadas (cf. Sl 128.3) em oliveiras bravas. A ilustração de Paulo (Rm 11.17-24) retrata a graça incompreensível de Deus que faz o que agricultor nenhum faria — tirar ramos cultivados (que representam os descendentes de Israel) para enxertar na oliveira brava (representando os cristãos gentios). A ilustração também serve de advertência para que os cristãos gentios não fiquem orgulhosos e não desprezem a contribuição dos israelitas, os quais permitiram que eles permanecessem firmes na fé.

ENXOFRE 1. Elemento combustível usado como meio da retribuição divina (Gn 19.24; Dt 29.23; Jó 18.15; Sl 11.6; Is 30.33; 34.9; Ez 38.22; Lc 17.29; Ap 14.10; 19.20; 20.10; 21.8). Existe à margem do mar Morto e pode eclodir em chamas quando terremotos liberam gases quentes do interior da terra. **2.** (Ap 9.17,18). O Oriente Médio tem grandes depósitos deste mineral. V. *minerais e metais*.

EPAFRAS Nome pessoal que significa "amável". Pregador cristão de quem Paulo ouviu a situação da igreja em Colossos (Cl 1.7). Era nativo de Colossos, cujo ministério envolvia de maneira especial Colossos, Laodiceia e Hierápolis. Mais tarde se tornou companheiro de Paulo no encarceramento deste. Embora Epafras seja mencionado no NT somente em Cl e Fm, Paulo evidentemente tinha esse homem em alta estima.

EPAFRODITO Nome pessoal que significa "favorecido por Afrodite ou Vênus". Amigo e colaborador do apóstolo Paulo (Fp 2.25). Levou a Paulo um presente da igreja em Filipos enquanto o apóstolo estava na prisão. Epafrodito ficou muito doente enquanto estava com Paulo. Depois de recuperado, Paulo o enviou de volta a Filipos, incentivando a igreja a recebê-lo "com grande alegria" (Fp 2.9). O nome Epafrodito era comum no mundo de fala grega do séc. I.

EPÊNETO Nome pessoal que significa "louvor". O primeiro cristão convertido na Acaia e um amigo de significado especial para Paulo (Rm 16.5). V. *Acaia*.

EPICURISMO Escola filosófica que emergiu em Atenas em cerca de 300 a.C. Essa escola de pensamento foi fundada por Epicuro, nascido em 341 a.C. na ilha grega de Samos. Epicuro fundou sua escola (O Jardim) em Atenas. Reuniu seus estudantes em torno de si e refinou sua filosofia. O pensamento epicureu teve grande impacto sobre o mundo helenista e posteriormente também sobre Roma. Paulo encontrou epicureus quando pregou sobre Jesus e a ressurreição em Atenas (At 17.18).

A filosofia epicurista centrava-se na busca da felicidade. O prazer é o início e a realização da vida feliz. Hoje com frequência as ideias de Epicuro são distorcidas. Muitos pensam que ele propôs a vida de prazer sensual e glutonaria. Esse conceito está longe de sua filosofia e estilo de vida. Para Epicuro, a felicidade só poderia ser atingida por meio da tranquilidade e de uma vida de contemplação. O alvo do epicurismo era atingir um estado mental livre de problemas, evitar as dores do corpo e especialmente a aflição mental. Os epicureus buscavam reclusão e distância das tentações do mundo. Epicuro ensinou que o homem não deve se envolver em política ou nas questões do Estado. Essas atividades serviam somente para distrair a pessoa da vida de contemplação. Ele cria em deuses, mas pensava que eles não se importavam com a vida ou os problemas dos mortais. — Gary Poulton

EPIFANIA O termo "epifania" vem de uma palavra grega que significa "aparência" ou "manifestação". No cristianismo ocidental a festa da Epifania, celebrada no dia 6 de janeiro, comemora a manifestação de Cristo aos gentios, a vinda dos magos para ver o menino Jesus (Mt 2.1-12). Os 12 dias entre o Natal e a Epifania são chamados comumente "Doze Dias de Natal".

Em grande parte do cristianismo oriental, a Epifania é a celebração do batismo de Jesus, o reconhecimento de sua manifestação à humanidade como Filho de Deus (Mc 1.9-11). Nos primeiros séculos antes da observância do Natal, a Epifania celebrava o nascimento de Jesus e seu batismo. V. *ano eclesiástico*. — Fred A. Grissom

EPILEPSIA Disfunção marcada por descargas elétricas descontroladas do sistema nervoso central resultando em convulsões. Em tempos antigos, pensava-se que a epilepsia era causada pela lua. O termo em Mt 4.24 traduzido por versões recentes por "epiléticos" é literalmente "feridos pela lua". O termo "lunático" (cf. *ARC*) do latim *lua* pressupõe a mesma causa para a disfunção. Muitos intérpretes entendem os sintomas do corpo em Mc 9.17-29 (incapacidade de falar, salivação, ranger os dentes, corpo rígido, convulsões) como expressões de epilepsia.

EPÍSTOLA V. *cartas, forma e função*.

EPÍSTOLAS CATÓLICAS Cartas do NT atribuídas a Paulo e escritas ao público mais geral ou não identificável: Tg; 1 e 2Pe, 1, 2 e 3Jo; Jd. Os títulos vêm da tradição, não podem ser definidos por padrões modernos.

EQUER Nome pessoal que significa "raiz" ou "descendente". Filho de Rã e neto de Jerameel da tribo de Judá (1Cr 2.27).

EQUIDADE Pré-requisito para a sabedoria (Pv 2.9,10) e por conseguinte importante valor para a vida (Sl 99.4; Pv 1.2,3). Os profetas associavam a equidade à justiça (Is 11.4; assim na *ARA*; a *NVI* traz "retidão"; cp. Sl 89.9) e percebiam que quando faltava a equidade, a vida se tornava tênue e incerta (Is 59.9-11; Mq 3.9-12). Entre as pessoas da Bíblia que demonstraram equidade nas suas palavras ou ações estiveram Jacó (Gn 31.38-41), Salomão (1Rs 3.16-27), Jesus (Jo 7.53—8.11) e o ladrão na cruz (Lc 23.40,41).

Muitas orientações na lei mosaica estão baseadas no princípio da *lex talionis* ("olho por olho"). Esse princípio reza que os malfeitos de uma pessoa sejam punidos por ações correspondentes ao crime (Êx 21.23-25; Lv 24.17-21; Dt 19.16-21). Mais tarde os autores bíblicos entenderam que a reciprocidade também valia para o comportamento meramente egoísta ou tolo, mas não criminoso (Sl 7.15,16; Pv 26.27; Mt 7.2; 2Co 11.15; Gl 6.7-10).

As determinações bíblicas defendem a equidade em questões de negócios (Lv 19.36; Dt 25.15; 1Tm 5.18), leis (Êx 23.3; Dt 16.19), palavra (Êx 23.1) e relacionamentos familiares (e.g., Dt 21.15-17; Ef 6.1-9).

A equidade de Deus no seu tratamento do pecado era compreendida pelos autores bíblicos de diferentes formas. Nos primeiros tempos do antigo Israel, a equidade de Deus era vista por meio do conceito da solidariedade comunitária, assim que a responsabilidade pelas ações de uma pessoa se estendia também para sua família (Êx 34.6,7). Na época do exílio e do NT, a responsabilidade pelo pecado era considerada questão individual (Ez 18.10-32) e o julgamento de Deus dos indivíduos como indivíduos era considerado algo justo.

ER Nome pessoal que significa "protetor" ou "vigilante". **1.** Filho mais velho de Judá e neto de Jacó (Gn 38.3). Casou-se com Tamar, mas foi tão mau que Deus o matou (Gn 38.6,7). **2.** Neto de Judá (1Cr 4.21). **3.** Antepassado de Jesus (Lc 3.28).

ERÃ Nome pessoal que significa "da cidade" ou "vigilante". Algumas das primeiras traduções e o *Pentateuco Samaritano* trazem "Éden" em vez de Erã. Erã era neto de Efraim e líder de clã na tribo de Efraim (Nm 26.36).

ERA QUE HÁ DE VIR ou **ERA POR VIR** A expressão "era que há de vir" é encontrada nos livros apócrifos (2Ed 7.113; 8.52) e diversas vezes no NT (Mt 12.32; Mc 10.30; Lc 18.30; Ef 1.21; 2.7; 1Tm 6.19; Hb 6.5). Geralmente é usada explícita ou implicitamente em oposição a "esta era" ou à "presente era" (Mt 12.32; Lc 16.8; 20.34,35; 1Co 2.6-8; 2Co 4.4; Gl 1.4; Ef 1.21; 2.2; 1Tm 6.17; 2Tm 4.10; Tt 2.12). A expressão "o fim desta era" (*NVI*) ("consumação do século", *ARA*) (Mt 13.39,40; 24.3; 28.20), ou "fim dos tempos" (*NVI*, Mt 28.20), é uma referência ao fim desta era e por isso está associada à era por vir.

Há evidências de que os autores bíblicos também consideravam esta era (desde a vinda de Cristo) um período de transição ao tempo em que a História humana em certo sentido terá fim. Assim o tempo presente também poderia ser descrito como "o fim dos tempos" (*NVI*) ("fins dos séculos", *ARA*) (1Co 10.11; Hb 9.26). Em certo sentido a era por vir já começou (1Co 10.11; 2Co 5.17); assim estar em Cristo nos impede de fazermos parte verdadeira da era presente (Lc 16.8; 1Co 1.20; 3.18; Fp 3.20; Hb 6.5), embora a era por vir ainda não esteja plenamente presente (1Co 15.20-28). A distinção, então, entre a era presente e a era por vir não é estritamente temporal.

Está implícito o conceito de uma era anterior na qual os profetas e tipos do AT anunciavam a presente era messiânica (Lc 1.70; At 3.21; 15.18; Hb 9.9,10). A expressão "antes do princípio das eras" (*NVI*) ("antes dos séculos", *ARC*) também é encontrada como referência à eternidade antes de Deus ter criado o mundo e de ter começado a História humana (1Co 2.7).

No AT alude-se à era vindoura de libertação e bênção divinas com a expressão "aquele dia" ou os "dias vindouros" como em Jr 30.3 ("'Certamente vêm os dias', diz o Senhor, 'em que mudarei a sorte do meu povo, Israel e Judá, e os farei retornar à terra que dei aos seus antepassados, e eles a possuirão', declara o Senhor"; cp. Is 11.1—12.6; Jr 23.3-8; 31.27-34; Ez 37.21-28; Am 9.11-15). V. tb *escatologia*. — *E. Ray Clendenen*

ERANITA Membro do clã de Erã (Nm 26.36).

ERASTO Nome pessoal que significa "amado". **1.** Discípulo de Paulo enviado com Timóteo de Éfeso para a Macedônia para fortalecer as igrejas na terceira viagem missionária (At 19.22). **2.** Administrador financeiro de Corinto que se uniu a Paulo na saudação à igreja em Roma (Rm 16.23). Pode ter sido escravo ou escravo liberto trabalhando para a administração da cidade; pode bem ter sido também um líder de alto escalão muito influente no governo — tesoureiro da cidade. Se foi assim, teve poder político, prestígio e provavelmente muitos bens. **3.** Discípulo que permaneceu em Corinto e não estava com Paulo quando ele escreveu 2Tm (2Tm 4.20). Pode ter sido o mesmo que qualquer um dos outros homens chamados Erasto ou pode ter sido um indivíduo distinto.

EREQUE Transliteração hebraica de Uruk, nome de lugar acádico, uma das cidades sumérias mais antigas fundada antes de 3100 a.C. A tabela das nações de Gn relata que Ninrode, o famoso caçador, incluiu Ereque em seu reino (Gn 10.10). Assurbanípal, rei da Assíria (668-629 a.C.), exilou "homens de Ereque" (*NASB*) para a Samaria em cerca de 640 a.C. (Ed 4.9). A literatura suméria alista Ereque como uma das primeiras cidades depois do Dilúvio. Gilgamés, o herói das histórias acádicas do dilúvio, aparece como rei de Ereque. As escavações ali fornecem evidências antigas de escrita pictográfica e de anotações numéricas sobre tábuas de argila e revelam um observatório astronômico e uma escola de escribas. É a atual Warka, a cerca de 190 quilômetros a sudeste da Babilônia e 65 quilômetros a noroeste de Ur.

ERI Nome pessoal que significa "da cidade de" ou "vigilante". Filho de Gade e neto de Jacó (Gn 46.16). Antepassado original do clã dos eritas (Nm 26.16).

ERITA Membro do clã de Eri. V. *Eri*.

ERVAS AMARGAS Comidas com a refeição da Páscoa (Êx 12.8; Nm 9.11), as ervas eram interpretadas como símbolo das experiências amargas da escravidão dos israelitas no Egito. Alguns sugerem que as ervas amargas eram uma salada que continha alface, endívia, chicória e o dente-de-leão. A palavra traduzida por "amarguras" em Lm 3.15 (*ARA*) é a mesma que a traduzida por "ervas amargas" (assim na *NVI* em Lm 3.15).

ESÃ Nome de lugar que significa "eu me encosto". Cidade na região montanhosa de Judá designada à tribo de Judá (Js 15.52). Uma tradição textual na tradução grega mais antiga traz "Soma" em vez de Esã, possivelmente apontando a uma localização na atual Khirbet Hallat Sama. No mais, sua localização é desconhecida.

ESAR-HADOM Nome real assírio que significa "Ashur [o deus] deu um irmão". Rei da Assíria (681-669 a.C.). Filho predileto de Senaqueribe, a quem sucedeu como rei (2Rs 19.36,37; Ed 4.2; Is 19.4; 37.37,38). Em Is 19.4, ele provavelmente é o "senhor cruel" e "rei feroz" que conquistou o Egito. Em Ed 4.2, ele é reconhecido como o rei que colonizou a Samaria. V. *Assíria*. — *M. Stephen Davis*

ESAÚ Nome pessoal de significado desconhecido. Filho de Isaque e Rebeca; irmão gêmeo mais velho de Jacó (Gn 25.24-26; 27.1,32,42; 1Cr 1.34); pai da nação edomita (Gn 26.34; 28.9; 32.3; Dt 2.4-29; Ml 1.2,3). Quando nasceu, seu corpo era peludo e ruivo "e lhe deram o nome de Esaú" (Gn 25.25,30; 27.11,21-23). O segundo dos gêmeos, Jacó, pai da nação de Israel, segurou Esaú pelo calcanhar quando nascia (Gn 25.22-26), assim retratando a luta entre os descendentes que acabou quando Davi levou Israel a conquistar Edom (2Sm 8.12-14; 1Cr 18.13; cp. Nm 24.18).

Desde o início Jacó tentou obter vantagem sobre Esaú (Os 12.3). Esaú, o extrovertido, era o predileto do pai e, como caçador, lhe trazia as carnes favoritas. Jacó era o predileto de sua mãe Rebeca.

Como caçador esfomeado que voltava da caça, Esaú, sem autocontrole, vendeu o direito de primogenitura a Jacó por comida (Gn 25.30-34). O direito de primogenitura incluía a posição de cabeça de família (Gn 27.29) e a dupla porção da herança (Dt 21.15-17). Isso privou Esaú da liderança do povo pelo qual viria o Messias. Assim, a linhagem passou a ser Abraão, Isaque e Jacó.

Tendo perdido o direito de primogenitura, ele ainda estava qualificado para receber de Isaque a bênção do filho mais velho. Rebeca engendrou um artifício enganoso pelo qual Jacó recebeu essa bênção (Gn 27.1-30).

Anos mais tarde os dois irmãos se reconciliaram quando Jacó voltou da Mesopotâmia. Esaú vivera na terra de Seir. Quando Jacó se aproximou da Palestina, fez planos para confrontar o irmão prejudicado e lhe aplacar a ira. Esaú, com uma tropa de 400 homens, surpreendeu Jacó, o irmão culpado, e o recebeu sem amargura (Gn 33.4-16).

Os dois irmãos reconciliados se encontraram pela última vez por ocasião da morte do pai (Gn 35.29). Embora a hostilidade estivesse resolvida a nível pessoal, seus descendentes continuam a lutar uns contra os outros até hoje. — *Nelson Price*

Poço que marca o sítio tradicional onde Jacó encontrou Esaú.

ESBÃ Nome pessoal de significado desconhecido. Edomita alistado como descendente do horeu Seir (Gn 36.26).

ESBAAL Nome pessoal que significa "homem de Baal". Filho de Saul, primeiro rei de Israel (1Cr 8.33; 9.39). Em 2Sm 2.8 o nome é Is-Bosete, "homem de vergonha", aparentemente uma corruptela intencional na tradição hebraica para evitar o nome do deus cananeu e para caracterizar a pessoa com tal nome. O texto de 1Sm 14.49 alista Isvi como filho de Saul, possivelmente mais uma grafia do nome para evitar Baal. Nos dias de Saul, "baal" pode ter sido um título atribuído a Javé mostrando "ele é Senhor ou Proprietário". Nesse caso, Esbaal significaria "o homem do Senhor". Alternativamente, o nome que Saul deu a seu filho pareceria indicar alguma devoção ao deus cananeu Baal em um período da sua vida em que ele deu esse nome ao filho. Jônatas, filho de Saul, deu a seu filho o nome Meribe-Baal. V. *Is-Bosete; Isvi; Jônatas*.

ESBOM Nome pessoal que talvez signifique "descoberto". Filho de Gade e neto de Jacó (Gn 46.16). Em Nm 26.16 tem um nome hebraico de som semelhante, "Ozni". O *Pentateuco Samaritano* tem um nome hebraico mais extenso de som semelhante, assim que a grafia e pronúncia precisas do nome não sejam conhecidas. Independentemente do nome, foi um dos hebreus que entrou no Egito com José.

ESCADA 1. Série de degraus usados para subir ou descer. A palavra hebraica pode se referir a degraus esculpidos na rocha ou a degraus construídos com madeira, metal, pedra ou até mesmo corda. Na visão de Jacó, os anjos subindo e descendo uma escada apontam para a presença de Deus com Jacó (Gn 28.12). A promessa de Jesus a Natanael aponta para o próprio Jesus como aquele que encarna a presença de Deus (Jo 1.49-51). **2.** Degraus pelos quais uma pessoa pode passar de um nível para outro. As casas no Israel antigo geralmente tinham escadas do lado de fora que levavam a um terraço. Muitas atividades aconteciam no terraço da maioria das casas. Em algumas cidades havia escadarias pelas quais os transeuntes podiam passar de um nível para outro. Em muitos poços e cisternas de muitas cidades havia escadas para que as pessoas descessem até onde estava a água. A escada aparece em duas visões no AT: no sonho de Jacó (Gn 28.12) e na visão do templo que Ezequiel teve (43.17, fala de "degraus"). V. *arquitetura; casa*.

ESCARLATE Cor usada especialmente em roupas, designando de modo geral honra real (Gn 5.7,16,29). V. *pano, roupa; cores; carmesim; tintura*.

ESCARNECEDOR Pessoa que demonstra desprezo pelos outros. Habacuque predisse que os babilônios seriam escarnecedores quando conquistassem o Oriente Médio (Hc 1.10). Em 2Pe 3.3 adverte que nos últimos dias haverá escarnecedores zombando da ideia da volta de Cristo (cf. Jd 18). Os escritores da literatura de sabedoria repetidamente advertiram seus discípulos a não se tornarem escarnecedores (Jó 11.3; Pv 9.7-12; 13.1; 14.6; 15.12; 21.24; 22.10; 24.9; cp. Sl 1.1; Is 28.14, 22). Mais que isso, o próprio Deus escarnecerá dos esforços inúteis dos que se opõem a ele (Sl 2.4; Pv 3.34). Jesus suportou escárnio (Lc 16.14; cp. At 13.41).

ESCÁRNIO Aversão que leva ao desprezo e à mofa. O escárnio geralmente se expressa por meio pelo riso (2Rs 19.21; 2Cr 30.10). Enfrentando crises profundas, os salmistas geralmente se sentiam vítimas de escárnio (Sl 22.6; 31.11; 39.8; 44.13; 80.6; 89.41; 119.22; 123.4). Deus escarnece dos ímpios (Pv 3.34), que por sua vez, escarnecem dele (2Sm 12.14). Quando seu povo se recusa a ser fiel, Deus pode escarnecer dele e do seu culto, o que se expressa pela destruição (Lm 2.7). V. *escarnecedor*.

ESCATOLOGIA Termo derivado da combinação de dois termos gregos, *eschatos*, que significa "último", e *logos*, com o significado de "palavra" ou "significado". Refere-se à doutrina bíblica das últimas coisas. A doutrina das últimas coisas normalmente se concentra na discussão da volta de Cristo no final dos tempos, do juízo vindouro, das diversas expressões do Reino dos céus e do Reino de Deus, da natureza do corpo glorificado e das expectativas pelo destino eterno. Em termos gerais, a escatologia se distingue como uma teologia do futuro e que está em justaposição tanto à História quanto à era presente.

Esse consenso geral quanto à natureza da escatologia foi desafiado por C. H. Dodd e outros na primeira parte do séc. XX. Em uma publicação de 1935 intitulada *Parables of the Kingdom* [*Parábolas do Reino*], Dodd observou trechos do NT em que Jesus e outros pareciam falar do Reino dos céus como se já estivesse presente. João Batista falou do Reino de Deus como estando "próximo" (Mt 3.2), e o próprio Jesus parece ter empregado a mesma terminologia (Mt 10.7). Jesus foi ainda mais específico quando declarou: "Mas se é pelo Espírito de Deus que eu expulso demônios, então chegou a vocês o Reino de Deus" (Mt 12.28). Em Lc 17.20 e na continuação, Jesus novamente parece insistir em que o Reino de Deus estava entre os discípulos. Dodd concluiu que Jesus cria trazer o Reino na sua pessoa. Dodd reinterpretou textos que sempre tinham recebido uma perspectiva futurista à luz dessa teoria, o que passou a ser conhecido como escatologia realizada, significando que o cumprimento de toda a expectativa pelo fim dos tempos estava contido em Cristo.

Os críticos de Dodd, no entanto, responderam apontando sua falha de não tratar adequadamente textos como Mt 6.10 em que o próprio Jesus ensinou seus discípulos a orar: "Venha o teu Reino; seja feita a tua vontade". Além disso, Jesus disse que o evangelho do Reino será pregado a toda a terra como testemunho a todas as nações "e então virá o fim" (Mt 24.14). Jesus também parecia aludir ao tempo futuro quando falou de pessoas vindo do oriente e do ocidente e do norte e do sul que "ocuparão os seus lugares à mesa no Reino de Deus" (Lc 13.28,29). Paulo parece estar falando de um ato futuro quando diz: "Então virá o fim, quando ele entregar o Reino a Deus, o Pai, depois de ter destruído todo domínio, autoridade e poder. Pois é necessário que ele reine até que todos os seus inimigos sejam postos debaixo de seus pés" (1Co 15.24,25).

Esse debate, que à primeira vista parece apenas uma discussão acadêmica, é importante por fazer surgir uma nova ênfase na escatologia do NT como a escatologia do "já — e ainda não". Em outras palavras, Jesus parece mostrar que em algum sentido significativo o Reino de Deus veio com o advento do Messias. Ainda assim, há outros aspectos em que o Reino não chega em sua expressão definitiva antes do fim dos tempos. Consequentemente, pode-se concluir que o estudo das últimas coisas começa pela encarnação de Cristo e não termina antes dos acontecimentos associados à sua volta.

Com respeito a isso, falar da volta ou da nova vinda de Cristo é tecnicamente mais correto que se referir à segunda vinda, por duas razões. Em primeiro lugar, em somente um texto a Bíblia se aproxima da linguagem da "segunda vinda". O autor de Hb diz que Cristo "aparecerá segunda vez, não para tirar o pecado, mas para trazer salvação aos que o aguardam" (Hb 9.28). As outras referências no NT falam simplesmente da sua vinda ou da sua presença entre nós. A segunda razão para sermos cautelosos quanto a esse aspecto é que parece haver teofanias ou mais precisamente "cristofanias" (aparições de Cristo) no AT. Se esse é o caso, então falar da sua encarnação seria a terminologia adequada para o início do *eschatos*, e falar da sua volta seria a melhor maneira de pensar no cumprimento final de toda profecia.

Material escatológico no Antigo Testamento O AT, não somente o NT, é de natureza intensamente escatológica. Se a escatologia começa com a vinda de Cristo, então todas as profecias messiânicas se enquadram na categoria de material escatológico. O texto de Is 9.6,7, p. ex., sobre o nascimento de Cristo, torna-se escatológico porque não somente fala de uma criança (um filho) sendo dado, mas também que "o governo está sobre os seus ombros" e que ele "estenderá o seu domínio". Outros livros do AT contêm grandes trechos de material claramente escatológicos, tendo relação com o fim dos tempos. Em Dn 9, p. ex., registra a famosa profecia da septuagésima semana de Daniel. Parte da profecia parece ter sido cumprida no tempo da morte daquele a quem o trecho se refere como "o Príncipe" (*ARA*; "líder", *NVI*). Claramente, o "Príncipe" é usado como sinônimo do Messias (Dn 9.25). Mas, além disso, a profecia fala também das 70 semanas separadas não somente para "expiar as culpas", mas também para "trazer justiça eterna" e para "cumprir a visão e a profecia" (Dn 9.24). Repetindo, os acontecimentos parecem indicar um *continuum* que começa na encarnação e propiciação de Cristo e culmina no cumprimento de toda profecia e em trazer justiça eterna.

O profeta Ezequiel apresenta muitos trechos escatológicos, mas dos cap. 36—48 pode haver pouca dúvida de que se tem em mente o fim dos tempos. Esses capítulos incluem a visão magnífica do templo escatológico, informação notável sobre o plano de Deus de restauração da nação judaica e no cap. 36 a explicação de como Deus trata novamente com o povo judeu depois da sua resistência obstinada (Ez 36.19-24). Entrementes Zacarias enxerga o dia em que haverá uma fonte que jorrará para a casa de Davi e para a casa de Jerusalém "para purificá-los do pecado e da impureza" (Zc 13.1). As profecias maravilhosas de Isaías contêm profecias significativas e de longo alcance sobre o fim dos tempos. Isaías previu, p. ex., que virão dias "os últimos dias", quando "farão de suas espadas arados, e de suas lanças, foices" e não se falará mais de guerras (Is 2.2,4). O mesmo profeta enxerga a volta à domesticidade por parte dos animais — um dia quando "o lobo viverá com o cordeiro, o leopardo se deitará com o bode" (Is 11.6). Também prevê o dia em que a fertilidade original da terra será restaurada e o deserto "exultará e florescerá" (Is 35.1).

Material escatológico no Novo Testamento O NT retoma o assunto do ponto em que o AT o deixou. O próprio Jesus falou muitas vezes sobre o *eschatos*. Suas observações estão embutidas no chamado Discurso do Jardim das Oliveiras em Mt 24—25, e apresentado de forma sucinta no Pequeno Apocalipse em Mc 13. Nesses trechos Jesus falou especificamente de distúrbios cataclísmicos pertencentes ao fim dos tempos e da devastação no período conhecido por Grande Tribulação em que "se aqueles dias não fossem abreviados, ninguém sobreviveria" (Mt 24.22). Jesus anunciou que os homens o veriam vir nas nuvens do céu com poder e grande glória (Mt 24.30), mas que ninguém saberia o dia nem a hora desses acontecimentos, somente seu Pai no céu (Mt 24.36). Ele falou de dois que estariam no campo — um deles seria levado e outro deixado (Mt 24.40). Ele ilustrou todo o tema da sua volta com a parábola das virgens sábias e tolas (Mt 24.1-13), concluída com uma advertência acerca da vigilância. Jesus terminou o discurso com a reunião de todas as nações e o juízo final de Deus para elas (Mt 24.31-46).

Paulo muitas vezes tratou de temas escatológicos como em 1Co 15, em que ele explicou detalhadamente a natureza do corpo glorificado que os santos receberão na vinda do Senhor. Em Rm 9—11, Paulo retomou a questão do plano de Deus para o povo judeu, em que ele os considera como continuação e em florescimento nos últimos dias. Ele fala de uma oliveira cujos ramos originais (os judeus) foram tirados e de ramos de uma oliveira brava (os gentios) que foram enxertados. No entanto, prevê o tempo em que os ramos originais serão enxertados novamente (Rm 11.17-26). Por fim, fala do "endurecimento em parte" que veio "até que chegue à plenitude dos gentios" e então prevê: "todo o Israel será salvo" (Rm 11.25,26).

Além de todos esses textos, o Ap é um livro escatológico quase do início. A visão do Cristo glorificado no cap. 1 é seguida de mensagens às sete igrejas históricas da Ásia Menor nos cap. 2, 3. Mas começando pela cena da sala do trono no céu no cap. 4, o restante do livro parece futurista, tratando principalmente do desenrolar dos acontecimentos catastróficos da Grande Tribulação e concluindo com a previsão do juízo final (Ap 20.11-15) e o desvelamento dos novos céus e da nova terra nos cap. 21 e 22.

Sistemas de pensamento sobre o *eschatos* Em nenhum aspecto da interpretação bíblica as pressuposições hermenêuticas são mais importantes que no estudo do fim dos tempos. Na abordagem de material escatológico que faz uso frequente de linguagem altamente simbólica, surgem as seguintes questões: "Em que medida os assuntos tratados no texto devem ser interpretados literalmente?" e: "Em que medida devem ser considerados figurados?". Como exemplo do problema, os textos de Isaías que preveem o lobo vivendo com o cordeiro poderiam ser interpretados como pertencentes a uma era real do Reino em que todos os animais viverão em paz com os outros animais e com seus vizinhos humanos. Já alguns intérpretes insistem em que isso seja interpretado figuradamente.

Nesse caso, o texto não prevê o cumprimento literal, mas retrata a paz de Deus existente no coração do cristão e, nesse aspecto, no cosmo quando Cristo é honrado como rei. Por fim, a discussão chega ao ápice em Ap 20.1-10, seção em que um período de "mil anos" é mencionado nada menos que seis vezes em sete versículos. Esses mil anos, dos quais se fala na literatura teológica como milênio (lat., *mil + annum*), é o período no qual Satanás não tem permissão para enganar as nações e no qual os santos de Deus vivem e reinam com Cristo por mil anos. Se o intérprete trata desses versículos com uma decisão hermenêutica de que eles devem ser entendidos de forma simples e direta, então ele prevê um reinado de mil anos de Cristo na terra no final dos tempos. Se o material deve ser tratado como meramente "gênero apocalíptico judaico" que deveria ser compreendido espiritualmente, não literalmente, então o texto se transforma simplesmente em outra maneira de falar da soberania definitiva de Deus e do seu reinado sobre todas as coisas. A decisão básica que se toma sobre isso determinará em qual das seguintes maneiras esse intérprete entende a escatologia bíblica.

Amilenismo Os amilenistas (o prefixo do alfa negativo tem o sentido de "não") defendem a posição de que a maior parte do material escatológico da Bíblia relativo ao fim dos tempos não deve ser interpretada de forma estritamente literal. Não esperam uma era do Reino nesta terra e entendem o Reino somente em termos de sua expressão eterna.

Pós-milenismo Já os pós-milenistas (= "depois do milênio") creem que haverá uma espécie de era do Reino na terra que será consumada pela vinda de Cristo. Daí, a vinda de Cristo acontece "pós" (depois do) milênio. Esse ponto de vista, mais popular na história da igreja antes da Segunda Guerra Mundial, enxerga a Igreja e seu movimento missionário maravilhosamente prolíficos e bem-sucedidos. Consequentemente, em algum ponto o reino de Cristo por meio da Igreja é experimentado na terra, cuja culminação é a vinda de Cristo no final do milênio.

Pré-milenismo Outro ponto de vista popular que tenta entender as Escrituras de forma geralmente mais literal considera a volta de Cristo para a terra antes do milênio (daí, o prefixo "pré"). De acordo com essa posição, a era do Reino na terra não pode começar sem o Rei residindo nela. Daí, Cristo volta à terra, subjuga todos os seus inimigos e estabelece um reino de justiça por mil anos.

A tribulação Como indicado anteriormente, Jesus falou de um tempo vindouro de distúrbios na terra como nunca houve igual em toda a História do mundo. Essa mensagem se assemelha também ao claro ensino da septuagésima semana de Dn, de Ap e de outros textos. Uma das questões debatidas pelos teólogos, especialmente nos últimos anos, é a relação entre a Igreja e a tribulação. Esse debate é interessante apenas para pré-milenistas. Entre os estudiosos pré-milenistas há três posições principais e uma série de posições secundárias. As três posições principais são denominadas pré-tribulacionismo, mesotribulacionismo e pós-tribulacionismo.

Os *pré-tribulacionistas* creem que Cristo será revelado já no início dos sete anos de tribulação. Os mortos em Cristo ressuscitarão, e todo verdadeiro cristão será levantado para se encontrar com o Senhor no ar. Em seguida, haverá um período de sete anos de derramamento da ira de Deus sobre a terra, que se encerrará com a volta de Cristo para estabelecer o Reino milenar. Daí segue que Cristo virá para a Igreja antes da tribulação e antes do milênio para estabelecer o Reino.

Já os *mesotribulacionistas*, observam que o Ap divide a tribulação em dois períodos de três anos e meio cada. Os mesotribulacionistas sugerem que Cristo voltará para a Igreja depois da primeira parte da tribulação. A Igreja, portanto, terá de passar por esses primeiros 42 meses de tribulação, mas será poupada da parte mais devastadora.

Os *pós-tribulacionistas* (denominado pelos defensores de pré-milenismo histórico), no entanto, argumentam que a Igreja passará pela Grande Tribulação, mas não será objeto da ira divina derramada sobre os ímpios. Enxergam apenas uma volta de Cristo nas Escrituras, em contraste com as propostas de pré-tribulacionistas e mesotribulacionistas. Assim, Cristo vem ao final da tribulação para se encontrar com a Igreja e então volta imediatamente à terra para estabelecer a era do Reino.

Outros pontos de vista são defendidos por alguns estudiosos, incluindo-se o arrebatamento parcial (a perspectiva de que somente a Igreja vigilante será levada) e o arrebatamento pré-ira (a perspectiva que simplesmente avança o tempo do arrebatamento para mais tarde na tribulação do que propõem os mesotribulacionistas). Essa posição é, no entanto, uma posição essencialmente mesotribulacionista.

Outras questões escatológicas Outras questões debatidas entre os estudantes de escatologia incluem (como indicado acima) a vinda de Cristo. A questão aqui é se podemos ou não descrever a volta de Cristo acontecendo em dois segmentos — um para a Igreja e outro para estabelecer o Reino — ou se há somente uma volta de Cristo para estabelecer a era do Reino.

Ainda outra questão gira em torno da natureza e número de juízos. Ao menos três textos das Escrituras tratam da questão dos juízos do fim dos tempos. Em 1Co 3.11-15 temos um trecho que descreve um juízo dos cristãos que também é mencionado em Rm 14.10 e 2Co 5.10, citado como "tribunal de Cristo" no último texto. Já Mt 25.31-46 repete as palavras de Jesus do "julgamento dos bodes e das ovelhas". O texto de Ap 20.11-15 tem sido chamado o "Tribunal do Grande Trono Branco" e parece concentrar o foco no juízo dos perdidos. Amilenistas e alguns pré-milenistas tendem a crer que todos esses juízos são simplesmente retratos diferentes do juízo final para todos os homens. Outros pré-milenistas defendem três juízos distintos — o tribunal de Cristo representando o juízo que acontecerá imediatamente após o arrebatamento da Igreja antes da tribulação. É o juízo só para os cristãos e está associado à distribuição de recompensas. O julgamento dos bodes e das ovelhas em Mt 25 é a determinação de quem entra na era do milênio feita pelo Senhor no final da tribulação. As ovelhas entram; os bodes ficam fora. O "Tribunal do Grande Trono Branco", no entanto, é um juízo ao final de tudo no qual são julgados somente os incrédulos.

Uma última questão está associada ao destino eterno. A Bíblia deixa razoavelmente claro que quem não tem o nome inscrito no Livro da Vida é lançado no lago de fogo, o inferno. Os justos são recebidos no céu. Poucos cristãos evangélicos questionam a existência do céu, nem sua eternidade. No entanto, a possibilidade de um lugar de castigo resultante em sofrimento eterno é considerada intolerável para muitos teólogos da atualidade. Teólogos tão conhecidos e famosos quanto John Stott e Clark Pinnock, portanto, têm argumentado que os perdidos são lançados no inferno no qual são aniquilados depois de um período de sofrimento por seus pecados. O aniquilamento é visto pela maioria dos estudiosos evangélicos como algo absolutamente incoerente com o testemunho da narrativa bíblica. Os que concordam ressaltam que se as palavras usadas para descrever o inferno não devem ser interpretadas literalmente, então é difícil imaginar que as mesmas palavras usadas para descrever o céu devam ser interpretadas de outra forma.

Conclusão A escatologia se torna muitas vezes um campo de batalha de muitas disputas em vez de um oásis de esperança no deserto da vida. Atitudes para com o estudo da escatologia vão desde a preocupação exclusiva com essas questões até o desejo de evitar completamente o assunto como algo causador de disputas demais e muito difícil. Ambas as abordagens parecem menos do que saudáveis. O objetivo da informação fornecida na Bíblia com respeito à escatologia aparentemente não é de oferecer todos os pormenores, mas antes gerar esperança e expectativa enquanto a Igreja olha para a "bendita esperança: a gloriosa manifestação de nosso grande Deus e Salvador, Jesus Cristo" (Tt 2.13). V. *apocalíptico, apocalíptica; Reino de Deus; milênio; arrebatamento; Apocalipse, livro de; tribulação*. — Paige Patterson

ESCOL Nome de lugar que significa "vale das uvas" ou "cacho". **1.** Vale em Canaã explorado pelos 12 israelitas enviados para espionar a terra (Nm 13.23). Do vale de Escol eles trouxeram um cacho de uvas extraordinariamente grande. Parece que o vale recebeu esse nome por causa dos cachos de uvas encontrados pelos espiões israelitas. **2.** Irmão de Manre e Aner (Gn 14.13). Ele e seus irmãos eram amorreus aliados de Abraão na vitória sobre Quedorlaomer.

ESCOLA Lugar e agência para educar especialmente crianças. A palavra "escola" não é mencionada no AT, e aparece uma única vez no NT, referindo-se a uma escola grega (At 19.9). Até o exílio na Babilônia (586 a.C.), a educação de crianças era como a de todos os povos antigos, tendo o lar como centro. A principal preocupação do povo judeu era com a educação religiosa no lar.

Um novo estágio na educação judaica surge devido à catástrofe da queda do Reino de Judá, quando as classes superiores foram levadas para a Babilônia. Os exilados se reuniam aos sábados para oração e culto. Com o passar do tempo, edifícios foram construídos nos quais o povo poderia se reunir. Esses pequenos ajuntamentos foram a origem da sinagoga, que por fim se tornou o centro da vida religiosa judaica depois do exílio. Na sinagoga, os escribas ensinavam a lei ao povo. As crianças só passaram a receber educação nas sinagogas algum tempo depois. O pai era responsável por transmitir aos filhos o que aprendera.

A tentativa de Antíoco Epifânio de erradicar o judaísmo à força produziu a revolta nacionalista violenta dos Macabeus (patriotas judeus) em 168 a.C. Os judeus que permaneceram fiéis aprenderam a lição. Compreenderam a necessidade de implementar escolas para os jovens e também para os pais deles. Simão ben-Shetá, o líder dos fariseus, fundou escolas para meninos de 16 e 17 anos, a fim de promover o estudo das Escrituras. Um século mais tarde, como consequência inevitável, surgiram escolas particulares para crianças menores. Depois da destruição do templo de Herodes por Tito, no ano 70 da era cristã, e do desaparecimento do Estado judeu depois da revolta de Bar Kochba em 135 da era cristã, a instrução pública foi instituída para todas as crianças. V. *história e literatura intertestamentárias*.

A escola primária, chamada de modo significativo de *Bet Hasefer*, "casa do livro", originariamente se reunia em qualquer cômodo disponível; por volta do ano 200 da era cristã, já estava firmemente estabelecida nas sinagogas. Os meninos entravam com a idade de 6 ou 7, e continuavam até os 13. O foco dos estudos era a lei escrita, o que exigia o estudo do hebraico, considerando que há muito o aramaico substituíra o hebraico como língua falada do povo. O conhecimento da palavra escrita, na escola e em casa, tinha o propósito religioso de colocar tudo da vida em obediência à Lei.

A escola era não apenas o lugar de aprender, mas também uma casa de oração; seus objetivos não eram culturais, mas religiosos. Um forte senso de responsabilidade comunitária, evidenciada pelo imposto educacional para todos os pais, abriu todas as escolas para os filhos dos pobres, por volta do ano 200 da era cristã. Entretanto, a escola judaica, como a grega, permaneceu uma instituição independente, isenta de pagamentos. V. *educação nos tempos bíblicos; escriba; sinagoga; Torá*. — Jeff Cranford

ESCÓRIA 1. Tudo o resultado da remoção por algum processo de limpeza: detritos, lixo, sujeira, refugos ou qualquer coisa semelhante (Lm 3.45; 1Co 4.13). **2.** Refugo de metal impuro separado por um processo de fusão (Pv 25.4; 26.23) ou o metal inferior (impuro) antes do processo de fusão. Talvez em Is 1.22,25 se tenha em mente aqui o litargírio (monóxido de chumbo) do qual se extrairia a prata. O mesmo sentido é necessário se a leitura escória for preferida a brilho em Pv 26.23. A escória é símbolo de impureza. Os maus são retratados como escória (Pv 25.4; Sl 119.119) que torna impura toda a sociedade. Tanto Is 1.22,25 quanto Ez 22.18,19 falam de prata que se tornou escória como uma figura da justiça perdida de Israel.

ESCORPIÃO Tipo de aracnídeo conhecido pelo veneno mortal e pelo ferrão na cauda serrilhada. No deserto, Deus protegeu Israel dos escorpiões (Dt 8.15) e poderia proteger seu profeta deles (Ez 2.6). O escorpião dá nome a um instrumento pérfido de tortura com uma ponta de açoite. Roboão usou esse instrumento como maneira de reforçar suas políticas duras (1Rs 12.11,14, *ARA, ARC; NVI,* "chicotes pontiagudos").

ESCORPIÃO, PASSO DO V. *Acrabim*.

ESCRIBA Pessoa treinada para escrever e que trabalhava com o registro de acontecimentos e decisões (Jr 36.26; 1Cr 24.6; Et 3.12). Durante o exílio na Babilônia, escribas bem treinados aparentemente se tornaram especialistas na palavra escrita de Deus, copiando-a, preservando-a e ensinando-a. Esdras era um escriba no sentido de ensinar a Palavra de Deus (Ed 7.6). Um grupo profissional desses escribas se desenvolveu nos tempos do NT, sendo muitos deles fariseus (Mc 2.16). Interpretavam a Lei, ensinavam a seus discípulos e eram especialistas em casos nos quais as pessoas eram acusadas de quebrar a Lei de Moisés. Eles se envolveram em planos para tirar a vida de Jesus (Lc 19.47) e foram repreendidos por ele (Mt 23); V. *governo*; *partidos judaicos no Novo Testamento*; *Sinédrio*; *secretário*.

ESCRITA Capacidade humana de registrar e comunicar informação por riscar sinais em pedra ou desenhá-los em peles ou papiro. O conhecimento atual mostra que a escrita começou no antigo Oriente Médio por volta de 3500 a.C. A crescente complexidade do comércio e da vida civil tornou necessário algum sistema de escrita. O desenvolvimento da escrita, em troca, viabilizou o desenvolvimento de civilizações cada vez mais sofisticadas.

Mesopotâmia Por volta de 3500 a.C. surgiram os primeiros documentos na Mesopotâmia. Eram documentos empresariais usados para fins de contabilidade. Antes disso as contas eram guardadas enrolando-se marcadores e ícones de vários formatos em barro ou bolas de argila, sobre as quais se rolava um selo cilíndrico que identificava o dono ou o remetente. As antigas tabuinhas foram inscritas tipicamente com uma figura ou figuras que identificavam o artigo, números e nomes pessoais. Não se conhece o idioma usado pelos escritores dessas tabuinhas antigas. Os sumérios foram os primeiros a escrever com a mesma figura palavras diferentes com o mesmo som. Em seguida, os sumérios começaram a usar figuras estilizadas compostas de marcas gravadas na tabuleta de barro com um estilo. Desse modo iniciou ali o desenvolvimento das centenas de sinais formatados por cunhas que compõem o manuscrito cuneiforme.

A escrita pictográfica antiga que desenhava um objeto evoluiu para a escrita logográfica, em que uma figura podia representar uma palavra associada à ideia do objeto. Diversas figuras podiam ser combinadas para expor um conceito ou uma frase. A escrita simbólica acontecia quando uma figura ou sinal era associado a outra palavra do mesmo som. Na escrita logossilábica, um sinal passou a representar um som em vez de uma palavra; em geral, isso é considerado como o surgimento da verdadeira escrita. A leitura correta de sinais podia ser indicada pelo acréscimo de complementos fonéticos ou antepondo determinantes que podiam assinalar "madeira", "cidade", "masculino", "montanha" e assim sucessivamente. O desenvolvimento rápido da escrita cuneiforme não apenas a tornou adequada à tarefa mundana da contabilidade empresarial, mas também para documentos legais, cartas e documentos literários e religiosos.

Os sumérios estabeleceram a escola da escrita em que o estudante passava vários anos aprendendo a escrever documentos de todos os tipos. O professor escrevia um texto em um lado da tabuleta, e o estudante copiava o texto no outro lado para a avaliação do professor. Foram compiladas gramáticas e listas de verbos. Havia forte demanda de escreventes treinados para o serviço no templo, no tribunal e nas empresas comerciais.

A escrita cuneiforme dos sumérios foi adotada pelos acádios, elamitas e hurritas, todos de fala semítica. Continuou sendo ampliada e adaptada para atender às demandas dos diversos idiomas. Escavações produziram milhares de documentos em sumério e acádio que mostram o progresso da civilização, das artes e ciências. O acádio veio a ser tão bem-sucedido que se tornou o idioma usado como língua internacional de comércio e diplomacia durante vários séculos. O historiador moderno está em débito principalmente com o rei Assurbanípal da Assíria (668-626 a.C.) que fundou uma biblioteca em Nínive. Assurbanípal enviou seus escreventes por toda a Mesopotâmia para fazer cópias de milhares de documentos importantes, especialmente de textos literários e religiosos. A descoberta dessa biblioteca nos propiciou um corpo de textos que vêm de todos os períodos da história da Mesopotâmia.

Egito Por volta de 3000 a.C. os egípcios tinham desenvolvido um sistema hieroglífico de escrita, denominado "escrita de figuras sagradas", usada principalmente para inscrições em monumentos públicos. De certa maneira semelhante ao sumério, era possível ler sinais hieroglíficos como sinais para palavras ou ideias, como sinais fonéticos e como determinantes. Vogais não eram usadas no manuscrito, mas o debate sobre se o manuscrito logográfico passou a ser aparentemente um manuscrito silábico continua. O trabalho de decifrar os hieróglifos foi concluído por Champollion em 1822 depois de vários anos de estudo rigoroso.

Os egípcios desenvolveram uma escrita cursiva, chamada hierática, para atender às necessidades da vida cotidiana, como manter registros, inventários de bens e assim por diante. Hieróglifos hieráticos, simplificados, eram escritos com pincel e tinta nas superfícies lisas da pedra e do papiro. Por volta de 700 a.C. o hierático foi simplificado ainda mais para formar outra escrita cursiva, o demótico. Em torno de 200 d.C. passaram a ser usadas letras gregas para escrever o idioma egípcio, então em uso, chamado cóptico.

Ásia Menor Os hititas da Anatólia que falavam um idioma indoeuropeu adotaram o sistema de escrita cuneiforme da Mesopotâmia. Os textos cuneiformes hititas são principalmente conhecidos com base nos arquivos de Bogazkoy descobertos em 1906. O trabalho pioneiro na interpretação dos textos foi concluído por F. Hrozny, que constatou que os textos foram escritos caracteristicamente com uma mescla de logogramas sumérios, palavras e frases acádias, e termos e frases hititas escritos foneticamente. Cópias divergentes dos mesmos textos ou de similares contêm muitas vezes os equivalentes escritos foneticamente aos elementos sumérios e acádios. Os hititas, como os elamitas e hurritas, também usaram o acádio para documentos que tratavam de relações internacionais.

Cerca de 1500 a.C. começou a surgir um sistema hieroglífico conhecido como hieróglifos hititas. Esse sistema de escrita não era influenciado pelos hieróglifos egípcios mais antigos. Os estudiosos dos textos determinaram que o idioma é relacionado, mas não idêntico, com a língua hitita conhecida dos textos cuneiformes. A inscrição bilíngue de Karatepe, composta de um texto em hieróglifo e um fenício, veio a lume em 1947 e não apenas confirmou os significados de algumas palavras, mas igualmente que a pesquisa anterior, feita sem a ajuda de textos bilíngues, estivera no caminho certo.

Siro-Palestina As primeiras tentativas conhecidas de produzir um alfabeto foram feitas na Siro-Palestina. Os textos de Ugarite (Ras Shamra) datam de 1500 a 1200 a.C. e foram escritos de maneira cuneiforme alfabética. O alfabeto consiste em 31 caracteres, 28 dos quais são consoantes e três indicam a vogal que acompanha a letra *alef*.

Em trabalhos desenvolvidos de 1904 a 1905 em Serabit el-Khadem no Sinai, Flinders Petrie descobriu inscrições feitas em um manuscrito hieroglífico que lembrava o egípcio, mas que consistia apenas em cerca de 30 sinais. Embora não todos os sinais tenham sido decifrados de modo conclusivo, é possível ver a relação de alguns caracteres com as letras do alfabeto fenício de aproximadamente 1000 a.C. A escrita das inscrições do Sinai é a fase mais antiga do desenvolvimento da escrita linear cananeia.

As fontes disponíveis para o estudo do desenvolvimento da escrita hebraica são de vários tipos: inscrições monumentais (talhadas em pedra), óstracos (fragmentos de cerâmica com inscrições), marcas em selos, pesos, alças de jarros, ossuários e documentos escritos com tinta em papiro e couro. Entre as inscrições em monumentos estão o calendário de Gezer (950 a.C.), a pedra moabita (850 a.C.), as inscrições no túnel e na tumba de Siloé (700 a.C.). Dos óstracos fazem parte os de Samaria (800 a.C.), Hazor (800 a.C.), Yavnehyam (550 a.C.) e Laquis (500 a.C.). Depois do exílio a escrita "quadrada" de origem arameia começou a substituir a escrita cursiva, como mostram os papiros de Elefantina. Os documentos das áreas de Qumran e uádi Murabba'at (200 a.C. a 150 d.C.) completam os dados. Esses materiais-fonte tornam possível traçar o desenvolvimento da escrita hebraico-aramaica por mais de mil anos e, por isso, datar com maior precisão os documentos que continuam vindo à tona no curso das escavações.

Referências bíblicas à escrita Vários sistemas de escrita estavam em uso na Siro-Palestina na época de Moisés e Josué. Muitos textos da Bíblia relatam que Moisés foi instruído a anotar relatos de eventos históricos (Êx 17.14), leis e estatutos (Êx 34.1-9) e as palavras do Senhor (Êx 24.4). Josué escreveu em pedras uma cópia da Lei de Moisés (Js 8.32) e depois anotou estatutos e mandamentos no Livro da Lei de Deus (Js 24.26). Gideão tinha um homem jovem de Sucote para anotar os nomes dos 77 funcionários e anciãos daquela cidade (Jz 8.14). Samuel registrou os direitos e deveres do parentesco (1Sm 10.25). Davi sabia escrever sua própria carta ao seu general (2Sm 11.14). Reis cuidavam de correspondência internacional (2Cr 2.11). Muitas referências às crônicas dos reis de Israel e Judá talvez sejam indício de diários ou anais da corte (1Rs 14.19). Os profetas escreveram ou ditaram seus oráculos (Is 8.1,16; 30.8; Jr 30.1s; 36.27,28). Pelo menos por volta de 800 a.C. escreventes da corte estavam marcando o pagamento de impostos (cf. os óstracos de Samaria). Eram usuais as inscrições festivas e memoriais (cf. a inscrição de Siloé e da tumba de Siloé). Como funcionário sob incumbência persa, Neemias assinou o pacto de cumprir a lei de Deus (Ne 9.38) ao qual vários homens apuseram seus selos como testemunhas (Ne 10.1-27).

De forma análoga, no período do NT a alfabetização era bem difundida. Jesus sabia ler (Lc 4.16-21) e escrever (Jo 8.6). Os autores dos Evangelhos e Paulo escreveram em grego excelente, e Paulo usava regularmente um amanuense ou escrevente. Os diversos tipos de documentos e escritos mencionados na Bíblia eram cartas (pessoais e oficiais), decretos (religiosos e civis), documentos legais, ações de venda, certificados de divórcio, registros familiares, descrições topográficas, e livros em forma de rolos contendo leis, registros da corte e trabalhos poéticos. V. *livro(s)*.

É difícil estabelecer quão difundida era a alfabetização nos tempos do AT. A maioria das pessoas listadas como autores é das que exerciam funções profissionais ou ocupavam posições de liderança que exigiam a escrita, como reis, líderes religiosos, profetas e governadores. Até então se recorria muitas vezes a escreventes ou secretários. Um dos funcionários de gabinete era o secretário (*sopher*) que cuidava da correspondência oficial, incluindo as comunicações internacionais (2Sm 8.17; 20.25). Jeremias ditou seus oráculos a seu escrevente Baruque (Jr 30.2; 36.27). Ademais, as inscrições hebraicas não proporcionam nenhuma evidência sólida de que a população em geral sabia ler ou escrever, nem mesmo que tinha muita necessidade de sabê-lo.

Materiais e equipamentos de escrita A pedra foi usada em todos os períodos do antigo Oriente Médio como superfície para escrever, especialmente para inscrições monumentais e memoriais. No Egito as paredes de templos estavam cobertas de inscrições históricas cinzeladas na pedra. Na Mesopotâmia e Anatólia inscrições foram esculpidas nas faces de montanhas (cf. a rocha de Behistun) ou em pedras de vários tamanhos para monumentos em exibição pública (cf. o *Código de Hamurábi* e marcos de fronteiras)

ou para inscrições pequenas a serem inseridas em depósitos de fundamentos. Na Siro-Palestina várias inscrições monumentais foram talhadas em pedra, inclusive a pedra moabita, a inscrição de Siloé e as inscrições de governantes arameus e fenícios a partir de 1000 a.C. No AT a Lei foi lavrada em pedra (Êx 24.12) e escrita em pedras cobertas de gesso (Dt 27.1-10).

A argila foi o principal meio de escrita para as culturas que usavam a escrita cuneiforme. Faziam-se impressões na argila macia pelo uso de um estilo. Muitas vezes documentos legais e cartas eram encaixados em um envelope de barro em cuja capa se escrevia um resumo do texto e sobre a qual se rolavam selos cilíndricos para identificar testemunhas. Embora documentos de argila escritos com grafia cuneiforme tenham sido achados na Palestina, não há nenhuma menção clara no AT de tabuinhas de argila usadas por israelitas.

Tabuinhas de madeira cobertas por argila ou cera foram usadas como superfícies para escrever tanto no Egito quanto na Mesopotâmia. Na Bíblia há menção de escrita em varas de madeira (Nm 17.2,3) e em aduelas de madeira (Ez 37.16). As passagens de Is 30.8 e Hc 2.2 podem conter referências à escrita em tabuinhas de madeira. Em Lc 1.63 Zacarias escreveu sobre uma tabuleta de madeira com superfície de cera.

Em diversos períodos era usado metal como meio de escrita, especialmente o bronze ou o cobre. Inscrições em um manuscrito silábico pouco entendido em Biblos foram feiras em folhas de bronze. Especialmente famosos são os dois rolos de cobre de Qumran que continham uma lista dos tesouros da comunidade.

Fragmentos de cerâmica proporcionaram superfícies baratas e sumamente úteis para cartas, registros econômicos e textos de cópia de escolas. Fragmentos de cerâmica com inscrições (óstracos) foram largamente usados no Egito em todos os períodos e na Palestina. Escrevia-se neles com pena (ou pincel) e tinta. Óstracos formam uma parte principal do corpo de inscrições hebraicas, tais como os óstracos de Samaria e Laquis.

O papiro foi usado muito cedo no Egito e continuou em uso durante os primeiros séculos de nossa era. A cana de papiro era rachada em tiras finas sobrepostas em duas camadas em ângulo reto e depois prensada e polida para formar uma superfície lisa. Era possível colar folhas de papiro para formar longos rolos de papel. Quando o aramaico começou a ser aceito como o idioma internacional, o papiro passou a ser mais amplamente utilizado na Mesopotâmia e Siro-Palestina. É provável que a primeira edição do livro de Jr tenha sido escrita em papiro (Jr 36). Os documentos da comunidade judaica em Elefantina foram escritos sobre papiro. Diversas obras em papiro estavam entre os remanescentes literários de Qumran. Grandes coleções de papiros do Egito escritas em grego coinê ajudaram a elucidar os escritos do NT.

O couro cuidadosamente preparado foi usado para a maioria dos rolos bíblicos em Qumran. Os rolos da *Torá* foram também escritos em couro. Peças de couro eram costuradas para formar rolos de comprimento apropriado para o livro ou a obra. Muitas vezes se pressionavam linhas horizontais no couro para servir como guias para o escrevente. O códice, ou livro, era feito exclusivamente de pergaminho.

No AT ocorrem duas palavras para equipamentos de escrita, *et* e *cheret*. O primeiro termo normalmente é vertido para "pena". Em Sl 45.1 fala da "pena de um hábil escritor" e, assim, constitui provavelmente uma referência a uma pena de junco cujas fibras foram separadas no fim para formar um pincel. Os textos de Jr 17.1 e Jó 19.24 fazem referência a uma pena de ferro formatada para fazer inscrições em pedra. O segundo termo, *cheret*, é mencionado como ferramenta de gravação (Êx 32.4) e como estilo (Is 8.1). Como Is 8.1 cita uma tabuleta (*NVI*: "placa") como superfície para escrever, é possível que o estilo tenha sido usado para esculpir ou arranhar a inscrição na madeira ou em sua cobertura de cera.

A tinta era feita com o pretume de carvão e goma de resina, podendo ser lavada de uma superfície escrita como o papiro. Desse modo o papiro podia ser usado mais de uma vez. Uma folha de papiro usada mais de uma vez, com o escrito original lavado, é chamada de palimpsesto. Os paleógrafos muitas vezes consideraram os palimpsestos valiosos porque o escrito original, extinto de modo incompleto, podia ser mais significativo que o escrito posterior.

Em Ez 9.2,3,11 menciona o equipamento do escrevente, o *qeset hasopher*. O homem vestido de linho que apareceu a Ezequiel tinha um "estojo de escrevente" ou "chifre de tinta" na cintura (a seu lado). Estojos de escrevente são conhecidos na literatura e nas artes plásticas tanto do Egito quanto da Mesopotâmia. Continham recipientes para penas, pincéis, estilos e tinta.

O último instrumento a ser mencionado é a faca do escrevente em Jr 36.23. À medida que o rolo de Jr era lido, o rei tomava a faca de um escrevente e cortava as colunas do rolo e as queimava. Provavelmente a faca era usada pelo escrevente para cortar e aparar o papiro, couro ou pergaminho. O fato de que o rolo de Jr era feito de papiro, não de couro, evidencia-se porque o rei estava em sua residência de inverno buscando calor de um braseiro de carvão. O cheiro de couro ardente em um espaço fechado teria sido nefasto.

V. *acádios*; *aramaico*; *arqueologia, e estudo bíblico*; *cuneiforme, escrita*; *papel, papiro*; *cerâmica*. — *Thomas Smothers*

ESCRITURAS Nome dado pela tradição histórica judaico-cristã à literatura específica que a igreja recebeu como instrução divina. A palavra vem do latim *scriptura* e do grego *graphe*, e significa "escrever". A palavra é usada cerca de 50 vezes no NT para se referir a alguma parte, ou ao todo, do AT.

Na história da igreja o caráter divino das Escrituras é a principal pressuposição de toda a pregação e teologia cristãs. Isso é evidente na maneira que o NT fala a respeito do AT. Os escritores do NT com frequência usam fórmulas como "Deus diz" ou "o Espírito Santo diz" para introduzir passagens do AT. Para os escritores neotestamentários as Escrituras são o registro da fala e da revelação de Deus a seu povo. Logo, as Escrituras e Deus estão intimamente ligados, de modo que esses escritores podem falar das ações das Escrituras como ações do próprio Deus (Gl 3.8; Rm 9.17).

Por conta de sua crença na origem e no conteúdo divinos das Escrituras, os autores neotestamentários descrevem-nas como "firmes" (2Pe 1.19), confiáveis, "fiéis e dignas de toda aceitação" (1Tm 1.15), e "confirmadas" (Hb 2.3). Sua palavra "permanece para sempre" (1Pe 1.24,25). Quem baseia a vida nas Escrituras "jamais será envergonhado" (Rm 9.33). A Bíblia foi escrita para "ensinar" e dar "bom ânimo" (Rm 15.4), para guiar à "salvação mediante a fé" (2Tm 3.15) para "instruir na justiça" (2Tm 3.16b), e para preparar os cristãos para realizar boas obras (2Tm 3.17).

O propósito das Escrituras é colocar homens e mulheres em uma situação correta diante de Deus e capacitar os cristãos a buscar a glória de Deus em todas as atividades e esforços da vida. As Escrituras são, acima de tudo, o livro da história da redenção.

As Escrituras são não somente um livro divino, mas também um livro humano. É importante reconhecer que os escritores bíblicos empregaram os recursos linguísticos disponíveis e escreveram para pessoas específicas com necessidades próprias em tempos designados. Os autores humanos não foram elevados acima de sua cultura ou removidos do próprio contexto. Trabalharam como membros da comunidade da fé, conscientes de que Deus os guiava.

As Escrituras, que compreendem 66 livros escritos por cerca de 40 autores no período de quase 1500 anos, revelam ao povo de Deus a história de suas palavras e atos redentores. O foco último das Escrituras é a encarnação e a obra redentora de Jesus Cristo. Ele é o centro ao redor do qual tudo nas Escrituras se une e se encaixa — início e fim, criação e redenção, humanidade, o mundo, a queda, a História e o futuro. V. *Bíblia, formação e cânon*; *inspiração da Escritura*. — David S. Dockery

ESCUDEIRO V. *armas e armadura*.

ESCUDO Peça defensiva usada em batalhas. V. *armas e armadura*.

ESCURIDÃO Ausência de luz. O termo é usado tanto em sentido físico quanto figurado no AT e no NT. A escuridão que cobria as profundezas antes de Deus ter criado a luz simboliza o caos em oposição à criação ordenada (Gn 1.2,3). Em outro texto, a escuridão e a luz são reconhecidas como criações de Deus (Is 45.7). A escuridão é o lugar em que "se escond[em] os que praticam a iniquidade" (Jó 34.22, *ARA*); no entanto, a escuridão não esconde a pessoa de Deus (Sl 139.11,12; Dn 2.22).

A escuridão era considerada uma maldição. Assim o AT fala da morte como de uma terra de escuridão (Jó 10.21,22; 17.13; Sl 88.6). A escuridão é muitas vezes associada a acontecimentos sobrenaturais envolvendo o juízo divino, como as pragas do Egito (Êx 10.21), a vinda do Senhor (Is 13.9,10; Jl 2.31; Mt 24.29) e a crucificação de Cristo (Mt 27.45). O dia do juízo de Deus é com frequência descrito como o dia de escuridão (Jl 2.2; Am 5.18-20). Em outros textos a escuridão faz parte do castigo divino sobre os desobedientes (Dt 28.29; 1Sm 2.9; Jó 5.14; 15.30; 20.26; Sl 107.10; Is 47.5; Jr 13.16; Ez 32.8).

No NT o lugar de castigo para os seres humanos e os anjos pecaminosos é designado como "fora, nas trevas" (Mt 8.12; 22.13; 25.30; cp. 2Pe 2.4; Jd 6,13). A escuridão com frequência tem sentido ético. As Escrituras falam de caminhos de escuridão (Pv 2.13; 4.19), caminhar na escuridão (Jo 8.12; 1Jo 1.6; cp. 2Co 6.14; Ef 5.8) e obras da escuridão (Rm 13.12;Ef 5.11). Nesse sentido ético Deus não tem parte com a escuridão (1Jo 1.5). Os poderes hostis a Deus podem ser chamados escuridão (trevas). Assim, as pessoas enfrentam a escolha de oferecer a lealdade a Deus ou à escuridão (Lc 22.53; Jo 1.5; 3.19; Cl 1.13; 1Ts 5.5). A escuridão também simboliza a ignorância, especialmente em relação a Deus e a seus caminhos (Is 8.22; 9.2; Jo 12.46; At 26.18; 1Ts 5.4; 1Jo 2.9). A libertação procedente de Deus (ou da ignorância ou de poderes hostis) é descrita como luz na escuridão (Is 9.2; 29.18; 42.7-16; Mq 7.8; 1Pe 2.9). V. *luz*. — Chris Church

ESDRAS Sacerdote e escriba (mestre da lei) do séc. V a.C. Descendente de Arão por meio de Fineias e mais tarde Zadoque (Ed 7.1-5; 1Cr 6.4-14). Esdras foi enviado com uma grande companhia de israelitas para Jerusalém pelo rei Artaxerxes da Pérsia em 458 a.C. (Ed 7.7). Sua missão era "dedicar-se a estudar a Lei do Senhor e a praticá-la, e a ensinar os seus decretos e mandamentos aos israelitas" (7.10).

Ele levou suprimentos de prata e ouro, bem como os utensílios do templo que estavam no tesouro do rei, e recebeu autoridade para nomear oficiais públicos para fazer valer a lei. Depois de distribuir os suprimentos entre as tribos de Israel, fez sacrifícios ao Senhor e deu início às reformas. Seu primeiro ato de reforma foi tratar da questão dos casamentos mistos. Os israelitas tinham realizado casamentos mistos com pessoas dos povos vizinhos. Por meio de oração, intercessão e pregação ele rapidamente atingiu certa medida de êxito (10.19). Neemias relata que leu a Lei diante de todo povo em

444 a.C. na reinstituição da festa das cabanas (Ne 8). Esdras foi de importância fundamental para Israel e o é para os estudiosos bíblicos hoje. Foi o maior incentivador de reformas logo depois da volta de Israel do exílio e um dos mais importantes incentivadores e mestres da Lei na história judaica. (Provavelmente foi o autor dos livros de Cr e Ed e o editor final do AT.) Além disso, é a fonte principal de informação sobre a primeira volta do exílio. V. tb. *apócrifos, livros – Antigo Testamento; Esdras — Kevin Burns*

ESDRAS, LIVRO DE O nome "Esdras" pode ser uma forma abreviada de um nome que significa "Deus/Javé é meu auxílio". Diversos homens tiveram esse nome: um líder de família em Judá (1Cr 4.17), um sacerdote do grupo que voltou com Zorobabel (Ne 12.1,13) e um príncipe na consagração do muro de Jerusalém construído por Neemias (Ne 12.32,33). O mais famoso é a figura principal do livro de Ed.

O livro de Ed está proximamente relacionado aos livros de Cr e Ne. A conexão é tão óbvia que possivelmente a mesma pessoa escreveu e compilou os três. Essa pessoa desconhecida é denominada cronista.

Os livros de Ed e Ne eram na verdade um só volume no AT hebraico e grego. Cada livro contém material encontrado nos outros (e.g., a lista de Ed 2 também está em Ne 7). Um livro complementa o outro; a história de Ed continua em Ne (cap. 8—10). Ambos são necessários à história de Israel. Todo um século ficaria desconhecido (538-432 a.C.) ao longo da História se não fosse por Ed e Ne. Eles são o capítulo seguinte da história registrada em Cr.

O livro relata dois acontecimentos principais, o de Zorobabel e do grupo de exilados que voltaram e reconstruíram o templo (cap. 1—6) e o de Esdras (cap. 7—10, concluído em Ne 8—10). Peculiaridades no livro incluem a nomeação de Sesbazar (cap. 1) como líder do primeiro grupo de retorno, não Zorobabel. Duas abordagens são possíveis. Uma é que Sesbazar foi uma pessoa histórica real que conduziu um pequeno grupo de ansiosos habitantes de Judá a Jerusalém. A outra é que Sesbazar possa ter sido outro nome para Zorobabel. Mas parece improvável que alguém de Judá tivesse dois nomes babilônicos.

Outra peculiaridade, encontrada em Ed e Ne, é o uso de listas. A lista em Ed 2 dos que voltaram com Zorobabel está em Ne 7. Outras listas incluem os que voltaram com Esdras (Ed 8.1-14) e os "descendentes dos sacerdotes [...] os que se casaram com mulheres estrangeiras" (Ed 10.18-43).

Mais uma peculiaridade em Ed é o aramaico. Essa era uma língua amplamente falada na época de Esdras, relacionada ao hebraico, usada tanto por judeus quanto por gentios. A maior parte do livro foi escrita em hebraico, mas há duas seções extensas em aramaico (Ed 4.7—6.18; 7.12-26). Os trechos em aramaico em geral contêm correspondência oficial entre a Palestina e a Pérsia.

As listas em aramaico mostram que o autor determinara-se a usar os documentos oficiais sempre que fosse possível. Estabelecer a legitimidade dos judeus era um objetivo importante, e esses documentos ajudavam nisso.

O livro de Ed começa com a história de Sesbazar e Zorobabel e os primeiros judeus que voltaram do cativeiro para Jerusalém em 538 a.C. Seu objetivo principal era reconstruir o templo. Seu fundamento foi posto em 536 a.C. Então houve um longo adiamento. Ageu e Zacarias (Ed 5.1) em 520 a.C. tinham encorajado o povo a concluir o projeto, o que, aliás, fizeram em 516 a.C. (6.14,15), e então "celebraram com alegria a dedicação do templo de Deus" (6.16).

Quase 60 anos passaram antes de Esdras ir a Jerusalém (458 a.C.), havendo assim seis décadas de silêncio. Ele deixou a Pérsia com a "cópia da carta que o rei Artaxerxes entregou ao sacerdote e escriba Esdras" (7.11), conferindo-lhe poder e autoridade incomuns (7.12-26). Quando passou "em revista o povo e os sacerdotes, não [encontrou] nenhum levita" (8.15). Esses eram essenciais ao programa de ensino para implementar a Lei divina em Jerusalém. No prazo de três dias mais de 200 ministros foram alistados "para o templo de nosso Deus" (8.17). Quatro meses depois, provavelmente menos de dois mil chegaram à cidade santa.

Logo Esdras foi informado do mais clamoroso pecado dos habitantes da Judeia, o casamento misto com não judeus — os que não tinham um relacionamento de aliança com Javé (9.2). Esdras ficou estarrecido (9.3,4). Orou (9.6-15). Em uma assembleia o povo chegou à decisão que deve ter quebrado corações: "Façamos agora um acordo diante do nosso Deus e

ESDRAS, LIVRO DE

mandemos de volta todas essas mulheres e seus filhos" (10.3). O livro conclui com a execução dessa decisão (cap. 10).

A história de Esdras atinge o ápice em Ne 8—10. Ali ele leu "o Livro da Lei de Moisés, que o Senhor dera a Israel" (Ne 8.1). Disso resultou um grande avivamento.

A maior contribuição de Esdras foi seu ensino, estabelecendo e implementando o "livro da Lei do Senhor" (Ne 9.3) entre os habitantes da Judeia. Esdras evidenciou uma forte teologia; cria na soberania de Deus, que podia usar Ciro, Artaxerxes e Dario para atingir seus propósitos. Cria na fidelidade divina, que trouxe para casa os exilados desejosos de voltar. Cria na sacralidade e possibilidade e importância da prática das Escrituras; ele as leu ao povo e insistiu que seus ensinos fossem praticados. Era uma pessoa de oração; observe suas longas orações confessionais (Ed 9.5-15; Ne 9.6-37). Era pregador: usou um púlpito (Ne 8.4); leu as Escrituras publicamente; e ajudou a interpretá-las para sua congregação (8.8).

Esboço

I. A adoração a Deus precisa ser restaurada (1.1—6.22).
   A. Deus pode usar um pagão a fim de cumprir a palavra do Senhor (1.1-4)
   B. O povo de Deus reage aos caminhos de Deus (1.5,6)
   C. Deus recuperará suas posses (1.7-11)
   D. O povo de Deus, por nome e individualmente, é importante (2.1-67)
   E. O povo de Deus é constituído de doadores generosos para uma boa causa (2.68-70)
   F. O povo de Deus adora independentemente das circunstâncias (3.1-6)
   G. O povo de Deus vai contribuir e se organizar para concluir um trabalho (3.7-9)
   H. O povo de Deus o adora no sucesso ou na frustração (3.10-13)
   I. O povo de Deus precisa rejeitar algumas ofertas de ajuda (4.1-3)
   J. A obra de Deus pode ser contrariada e interrompida (4.4-24)
   K. A obra e os trabalhadores de Deus precisam ser encorajados (5.1,2)
   L. A obra e os trabalhadores de Deus estão sob o cuidado e atenção dele (5.3-5)
   M. A obra de Deus talvez precise de autorização e apoio pagãos (5.6—6.12)
   N. A obra de Deus no final das contas precisa ser concluída (6.13-15)
   O. A obra de Deus precisa ser consagrada publicamente com celebração festiva (6.16-22)

II. A obra de Deus precisa ter continuidade (7.1—10.44)
   A. A obra de Deus necessita de mestres e ajudantes preparados (7.1-7)
   B. A obra de Deus exige compromisso (7.8-10)
   C. A obra de Deus aceita toda ajuda que conseguir obter de muitas e diferentes fontes (7.11-26)
   D. Deus abençoa seus trabalhadores e espera ser louvado (7.27,28)
   E. A obra de Deus garante boas crônicas (8.1-14)
   F. A obra de Deus precisa recrutar obreiros treinados (8.15-20)
   G. A obra de Deus exige fé, oração e humildade (8.21-23)
   H. A obra de Deus garante a boa divisão de responsabilidades (8.24-30)
   I. A obra de Deus exige boa mordomia e sacrifícios generosos (8.31-36)
   J. Violações grosseiras da palavra de Deus precisam ser reconhecidas (9.1-5)
   K. Pecado reconhecido leva à oração e confissão com percepções teológicas profundas (9.6-15)
   L. A graça de Deus e a confissão humana exigem comprometimento ativo (10.1-4)
   M. O povo de Deus precisa se unir (10.5-9)
   N. O chamado de Deus a uma vida consagrada precisa ser anunciado claramente pelos líderes da obra de Deus para o povo de Deus (10.10,11)
   O. A forma de Deus agir emprega soluções práticas para problemas difíceis (10.12-17)
   P. A forma de Deus agir espera "fruto que mostre o arrependimento" (Mt 3.8) de todos os que são culpados (10.18-44)

— *D. C. Martin*

Mapa: O Retorno dos Judeus Exilados a Judá

Legendas do mapa:

- Região conquistada por Cambises em 525 a.C.; o Egito muitas vezes se rebelou contra o domínio persa a partir de c. 500 a.C.
- Primeiro Sesbazar e depois Zorobabel lideraram grupos de judeus exilados entre c. 537 e 522 a.C.
- Esdras liderou um grupo de judeus de volta para Jerusalém. Ele foi nomeado ministro de questões religiosas por Artaxerxes em 458 a.C.
- Templo reconstruído e consagrado em 520 a.C.
- Neemias ouve das condições precárias em Judá e retorna para Jerusalém por nomeação real em 444 a.C.

Legenda:
- • Cidade
- ○ Cidade (localização incerta)
- ← Rota de Sesbazar e Zorobabel
- ← Rota de Esdras e Neemias
- ▨ Império Persa de Ciro

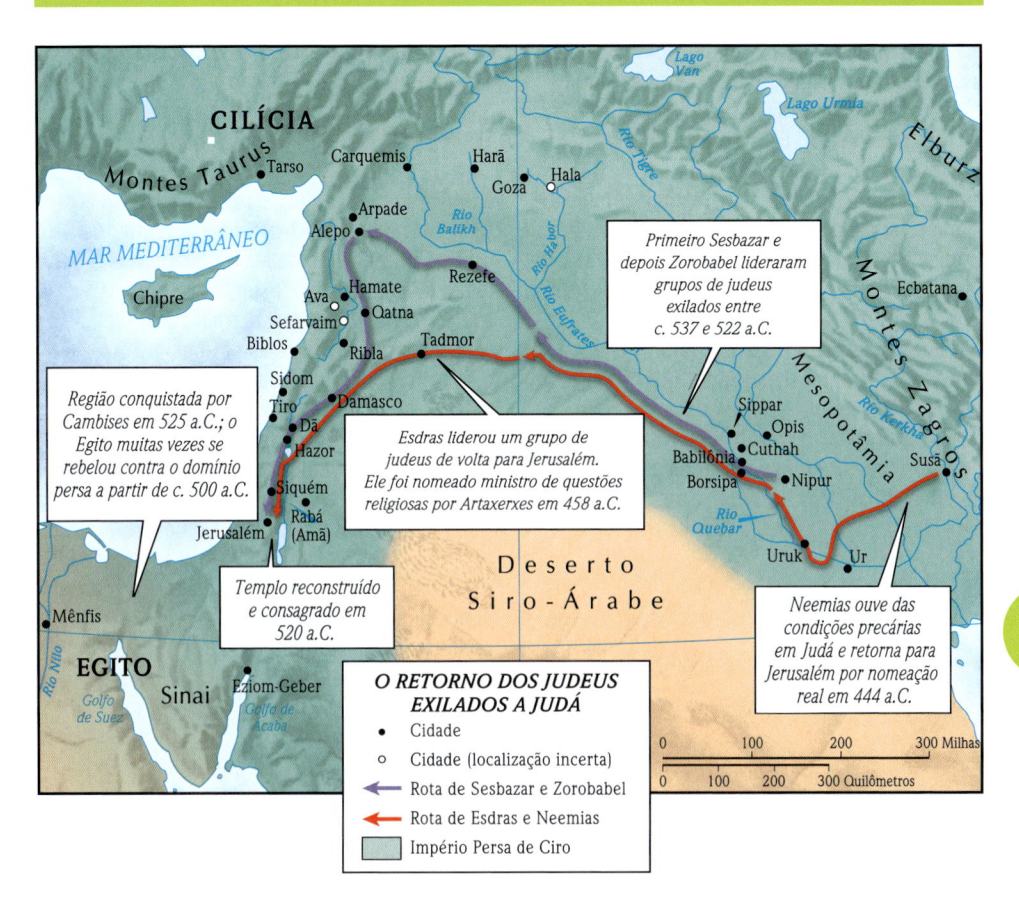

ESDRELOM Tradução grega da palavra "Jezreel", indicando a região baixa que separa as montanhas da Galileia das montanhas de Samaria.

Antigo Testamento Esdrelom, também chamada grande planície de Esdrelom ou planície de Jezreel, é a região designada a Zebulom e Issacar (Js 19.10-23). Estende-se do mar Mediterrâneo ao rio Jordão em Bete-Seã. Incluídos aí estão o vale ou planície de Megido no leste e o vale de Jezreel no oeste.

As fontes discordam sobre os nomes adequados para a região. Alguns estudiosos dizem que o nome de toda a região é vale de Jezreel, sendo Esdrelom a parte ocidental, constituída da planície de Acre e do vale de Megido. Independentemente do nome dado à região toda, pressupõe-se que as referências a Jezreel indiquem a cidade de Jezreel e o vale de sua localização; e as referências a Megido indicam a cidade e a planície em que está localizada.

O significado histórico e bíblico de Esdrelom no AT está associado a guerras e derramamento de sangue. Como campo de batalha, era uma região estrategicamente privilegiada. Estava ocupada por cananeus indispostos a se mudar dali quando as tribos de Israel tentaram se assentar lá (Jz 1.27). O Cântico de Débora em Jz 5 celebra a batalha "em Taanaque, junto às águas de Megido" (Jz 5.19) em que Baraque por fim derrotou os cananeus.

Outras batalhas importantes foram travadas em Esdrelom. Não raro, a questão da liderança de Israel foi definida ali. Josias morreu em batalha contra o faraó Neco em Megido (2Cr 35.20-24). Saul e Jônatas morreram nas mãos dos filisteus no vale de Jezreel (1Sm 29.1,11; 31.1-7). Jeú matou os rivais Jorão e Acazias em Jezreel (2Rs 9). Mais tarde matou todos os homens de Acabe e Acazias e todos os profetas de Baal ali (2Rs 10).

Assassinatos brutais por razões que não eram políticas aconteceram em Esdrelom. Nabote possuía uma vinha em Jezreel. Jezabel e Acabe queriam comprar a vinha, mas Nabote se negou a vendê-la por lhe ter sido passada pelos antepassados (1Rs 21.3). Jezabel tramou o assassinato de Nabote para que Acabe pudesse tomar posse da vinha (1Rs 21.5-16).

As tragédias em Esdrelom não passaram despercebidas por Deus. Quanto a Jezabel, foi assassinada mais tarde em Jezreel como havia sido profetizado por Elias (1Rs 21.23; 2Rs 9.36). Oseias profetizou a vingança contra a casa de Jeú por seu papel na matança de Jezreel (Os 1.4,5).

Novo Testamento Esdrelom é mencionado no NT como Armagedom (har-Megiddon), que significa monte ou cidade de Megido. Em Ap 16.16 repete o retrato veterotestamentário de Esdrelom como lugar de guerra e tragédia. A batalha final do Senhor será travada ali (Ap 16.14-16; 19.19). — *Donna R. Ridge*

O vale de Armagedom, ou planície de Esdrelom, vista do sítio da antiga Megido.

ESEQUE 1. Nome de lugar que significa "contenda". Um poço cavado pelos servos de Isaque no vale perto de Gerar para encontrar água para os rebanhos. Os pastores de Gerar contestaram a reivindicação feita por Isaque das águas. Isaque cedeu à reivindicação aparentemente sem lutar, recebendo a promessa de bênção divina (Gn 26.18-24). **2.** Nome pessoal que significa "opressão" ou "forte". Membro da tribo de Benjamim descendente do rei Saul (1Cr 8.39).

ESLI Nome pessoal de significado desconhecido. Antepassado de Jesus (Lc 3.25), grafado "Essi" na *ARC*. Alguns estudiosos o identificam com Elioenai (1Cr 3.23). V. *Elioenai*.

ESMALTE Mistura de óxido (geralmente sílica e alumínio) aplicado à superfície da cerâmica para torná-la impermeável e dar-lhe aparência brilhante (Pv 26.23). V. *cerâmica*.

ESMERALDA V. *minerais e metais*.

ESMIRNA Grande cidade na costa oeste da Ásia Menor, a atual cidade de Izmir, na Turquia. Tinha boas instalações portuárias, estava localizada no final de uma grande estrada e era cercada por ricas terras cultiváveis. É a segunda das sete igrejas citadas em Ap 2—3, e uma das duas que recebeu do Senhor uma palavra negativa (a outra é Filadélfia). Esmirna tornou-se fiel a Roma por volta de 195 a.C. e nunca se demoveu dessa posição. Os romanos muitas vezes recompensaram Esmirna por sua fidelidade. A cidade abrigava o centro do culto ao imperador naquela região. Os cristãos de Esmirna foram perseguidos pelos romanos e pelos judeus. Policarpo foi um famoso mártir cristão, que morreu queimado em Esmirna por volta do ano 156 da era cristã. V. *Ásia Menor, cidades de*.

ESMOLAS Doações aos pobres.

Antigo Testamento Embora a língua hebraica aparentemente não usasse um termo técnico para se referir a "esmolas" ou a "dar esmolas", a prática das doações caridosas, especialmente para os pobres, tornou-se convicção e prática muito importantes no judaísmo. O AT ensinava a prática do interesse benevolente pelos necessitados. O ideal de Israel era um tempo em que ninguém fosse pobre (Dt 15.4). A cada três anos, p. ex., o dízimo da produção do ano deveria ser levado às cidades e colocado à disposição dos levitas, dos estrangeiros e peregrinos na terra, dos órfãos e das viúvas (Dt 14.28,29). A cada sétimo ano todas as dívidas entre os israelitas deveriam ser canceladas (Êx 23.10,11). Ademais, a lei instruía Israel a dar generosamente aos vizinhos hebreus que passassem necessidade (Dt 15.7-11). Tais doações caridosas não deveriam ser feitas de má vontade ou como empréstimo a ser devolvido. Deixar de fazê-lo seria considerado pecado (Dt 15.9,10). Israel mostrou preocupação pelos necessitados ao não fazer a colheita nas beiradas dos campos e ao deixar as sobras para a respiga feita pelos necessitados e estrangeiros (Lv 19.9,10; 23.22; Dt 24.19-22).

Novo Testamento O NT considera a doação de esmolas uma expressão da vida justa. O termo técnico para "esmolas" (gr. *eleemosyne*) ocorre 13 vezes no NT. Isso não inclui Mt 6.1, em que a formulação preferida é "[praticar obras de] justiça" (*NVI*, *ARA*) a "[fazer] esmola" (*ARC*). No judaísmo do séc. I justiça e esmolas eram sinônimos. Embora Jesus tenha criticado atos de caridade feitos para ser notados pelos outros (Mt 6.2,3), esperava que seus discípulos praticassem (Mt 6.4) e chegou a ordená-los (Lc 11.41; 12.33). A esmola podia ser referência a um presente dado aos necessitados (At 3.2,3,10) ou a um ato de caridade em geral (At 9.36; 10.2,4,31; 24.17).

O princípio dos atos de misericórdia para com os necessitados recebe significado enfático no NT, pois esses atos no fim das contas são realizados para com o Senhor (Mt 25.34-45). Os primeiros cristãos voluntariamente vendiam suas posses e mantinham todas as coisas em comum para aliviar o sofrimento e as necessidades da igreja (At 2.44-46; 4.32-35). Grande parte do ministério posterior de Paulo incluiu a supervisão e coleta de uma contribuição para os cristãos necessitados em Jerusalém (Rm 15.25-28; 1Co 16.1-4; 2Co 8—9). De acordo com Tg 1.27 a religião pura e imaculada consiste, ao menos em parte, em "cuidar dos órfãos e das viúvas em suas dificuldades". João também apresentou as doações de caridade como evidência do relacionamento da pessoa doadora com Deus (1Jo 3.17,18). V. *estrangeiro; hospitalidade; misericórdia; mordomia*. — Barry Morgan

ESPAÇO EXTERIOR A Bíblia ensina que o espaço exterior foi criado por Deus (Gn 1.1,14-19; Jó 9.7-10; 26.7; Sl 8.3; 136.7-9; Am 5.8). Deus fez o Sol, a Lua e as estrelas para proverem luz à terra e para indicar a passagem do tempo por meio de estações, dias e anos (Gn 1.14,15).

Muito antes do início do registro da História, as pessoas começaram a cultuar os corpos celestes. O Sol, a Lua e as estrelas eram tidos como divindades com papel importante no panteão dos povos do antigo Oriente Médio. Os babilônios desenvolveram um sistema religioso sofisticado baseado em parte no movimento das estrelas. Essas ideias foram influentes no antigo Israel (p. ex., 2Rs 23.5; Jr 8.1,2), mas eram abertamente condenadas como idolátricas pelos escritores bíblicos (Dt 4.19; 17.3; Jó 31.26-28; Is 47.13; Jr 10.2).

Os poetas bíblicos ficaram impressionados com a vastidão e o mistério do espaço exterior. Sempre se referiam ao Sol, à Lua e às estrelas como testemunhas do poder de Deus e aspecto permanente da obra divina. Jó, p. ex., reconheceu que Deus "suspende a terra sobre o nada" (Jó 26.7) e que os movimentos das constelações eram conhecidos apenas por Deus (Jó 38.31-33). O salmista comparou a permanência da monarquia davídica ao sol e à lua (Sl 72.5; 89.37). Apenas no fim dos tempos, quando o processo de criação será revertido pelo dia do Senhor, que o Sol, a Lua e as estrelas serão escurecidos (Is 13.10; Jl 2.31; Mt 24.29; Ap 6.12,13; 8.12).

A Bíblia não indica a existência de vida em outros planetas e apoia fortemente o caráter exclusivo de vida no planeta Terra.

ESPADA Arma para combate de pequeno alcance. A palavra hebraica *cherev* e a grega *machaira* descrevem tanto a adaga quanto a espada. A palavra hebraica também designa uma ferramenta de ferro (Ez 26.9; Êx 20.25). Em Js 5.2 a palavra é usada para designar as facas de pedra usadas na circuncisão dos filhos de Israel.

Descobertas arqueológicas demonstraram o uso de diferentes tipos de espada no antigo Oriente Médio. A espada encurvada ou em forma de foice era usada na Mesopotâmia, no Egito e em Israel. As espadas mais antigas eram retas, relativamente curtas e feitas de bronze. A espada de Eúde era a adaga de dois gumes, com cerca de 45 centímetros de comprimento (Jz 3.16). A espada usada pelos israelitas na conquista de Canaã provavelmente era de tipo encurvado e longo (Js 6.21).

Os povos do mar introduziram em Canaã a espada longa de dois gumes, feita de ferro. Esse tipo de espada de ferro foi proibido aos israelitas pelos cananeus por razões militares e econômicas até o tempo de Davi (1Sm 13.19). O AT afirma a respeito das guerras entre israelitas e filisteus que os israelitas não possuíam esse tipo de arma (1Sm 13.22). A espada era guardada em uma bainha (1Sm 17.51; Mt 26.52) presa por um cinto (1Sm 25.13) e geralmente ficava do lado esquerdo (2Sm 20.8).

ESPANHA

Espadas datadas do Reino Médio do Egito.

Há muitos usos simbólicos da palavra "espada" na Bíblia. A palavra era usada como metáfora para guerra (Jr 14.15; Mt 10.34); era um instrumento da justiça divina (Ez 21.3; Ap 1.16). Palavras precipitadas são comparadas a uma espada que perfura (Pv 12.18); a língua é como uma espada afiada (Sl 57.4); palavras maliciosas são "afiadas como punhais" (Sl 55.21). A palavra de Deus é mais afiada que uma "espada de dois gumes" (Hb 4.12); a espada do Espírito, que é a palavra de Deus, é parte do armamento do cristão na luta contra o mal (Ef 6.17). V. *armas e armadura*. — Claude R. Mariottini

ESPANHA País localizado no sudoeste da Europa, até hoje conhecido com o mesmo nome. Os romanos o colonizaram antes de 200 a.C. Paulo desejava ir até a Espanha (Rm 15.24, 28). De acordo com Clemente (95-96 d. C.) e com o *Fragmento muratório* (195-196 d. C.), ele o fez. V. *Társis*.

ESPECIARIA Palavra usada para se referir a uma espécie de goma, uma substância amarelada extraída da resina de algumas plantas. Era um dos itens da caravana dos ismaelitas que faria comércio com o Egito (Gn 37.25), considerada um dos melhores produtos da terra (Gn 43.11).

ESPECIARIAS 1. Substâncias aromáticas ou picantes usadas na preparação de alimentos, óleos sagrados para unção, incenso, perfumes e óleos usados para higiene pessoal e preparação de cadáveres para sepultamento.

As especiarias eram caras e altamente valorizadas na antiguidade. Eram trazidas para Israel da Índia, Arábia, Pérsia, Mesopotâmia e Egito. Salomão tinha um extenso programa comercial com Hirão, rei de Tiro, que incluía especiarias e outras mercadorias. Sua frota incrementou bastante a economia israelita (1Rs 10.15). Salomão também taxou grupos de caravanas que passavam por suas terras. A terra de Sabá, o atual Iêmen, tinha um comércio amplo de especiarias. A rainha de Sabá fez uma longa viagem, de aproximadamente 2000 quilômetros, porque temia que seu comércio de especiarias fosse prejudicado pelo comércio marítimo concorrente de Salomão. Em sua visita, presenteou Salomão com "grande quantidade de especiarias" (2Cr 9.9).

As especiarias eram muito usadas nas atividades cultuais do templo e na vida diária das pessoas. Várias especiarias, que o *Talmude* chama de "melhoradores da comida", eram usados na preparação de alimentos. Entre eles: o cominho, o endro, a canela e a hortelã. Incenso, estoraque (Êx 30.34, *ARA, ARC*; *NVI*, "incenso puro"), gálbano e ônica eram usados no culto em Israel (Êx 30.34,35). Bálsamo, mirra, canela, cássia e cálamo eram usados na preparação do óleo sagrado da unção (Êx 30.23-25). Cássia, aloés e nardo eram algumas das especiarias usadas na preparação de cosméticos (Ct 4.14; Mc 14.3; Jo 12.3). A mirra e o aloés eram usados como unção para sepultamentos (Lc 23.56; Jo 19.39). V. *ungir, unção*.

Algumas das especiarias mais importantes:

Aloé (*Aloexyllon agallochum* e *Aquilaria agallocha*) Usada para perfumar roupas e camas (Pv 7.17; Sl 45.8). O aloé mencionado em Jo 19.39 era uma planta diferente. O extrato de suas folhas era misturado à água e outras especiarias para fabricar um óleo usado para ungir cadáveres em preparação para seu sepultamento.

Bálsamo (*Pistacia lentiscus*) Produto de Gileade exportado para o Egito e Tiro. A resina dessa planta do deserto era usada para propósitos medicinais e cosméticos (Jr 46.11).

Cássia (*Flores cassiae*) Duas palavras hebraicas são usadas para traduzir cássia (Êx 30.24; Sl 45.8). A casca seca ou os botões eram usados para preparação de óleo de unção; as vagens e folhas eram usadas como remédio.

Canela Planta altamente valorizada, usada como condimento, na preparação de perfumes (Pv 7.17) e no óleo sagrado para unção (Êx 30.23). O NT lista a canela como uma das mercadorias do comércio da Babilônia (Ap 18.13).

Coentro (*Coriandrum sativum*) Semente aromática usada como tempero; seu óleo era usado na fabricação de alguns perfumes. Os israelitas compararam o maná à semente do coentro (Êx 16.31; Nm 11.7).

Cominho (*Cuminum cyminum*) Semente usada na fabricação de pães. Sua semente seca era socada com um pilão, pois era fina demais para ser debulhada (Is 28.23-28).

Endro A semente e as folhas do endro eram usadas como tempero, além do uso medicinal, para limpar feridas na pele (Mt 23.23).

Incenso (*Boswellia carteri* e *frereana*) Resina de uma árvore que, quando queimada, produz um aroma de cheiro forte. O incenso era usado na preparação do óleo sagrado para a unção de reis e sacerdotes e para os sacrifícios no templo. Os homens do Oriente trouxeram incenso para Jesus (Mt 2.11).

Gálbano Resina perfumosa que exala aroma agradável quando queimada; um dos ingredientes do incenso usado pelos sacerdotes (Êx 30.34).

Hena Planta usada como cosmético; suas folhas produziam uma tintura usada pelas mulheres (Ct 1.14; 4.13).

Hortelã Suas folhas eram usadas como tempero (Mt 23.23; Lc 11.42).

Mirra (*Commiphora abessinica*) Goma resinosa de uma planta usada na preparação do óleo sagrado da unção (Êx 30.23). Também era usada por suas propriedades aromáticas (Sl 45.8) e como cosmético feminino (Et 2.12). Mirra foi dada a Jesus como presente por ocasião do seu nascimento (Mt 2: 11) e como bebida quando estava na cruz (Mc 15.23).

Ônica Tradicionalmente entendida como a concha de um molusco que era esmagada e usada como perfume, mas à luz de uma lista de plantas em um documento de Ugarite, provavelmente tratava-se de uma espécie de agrião (*Lepidium sativum*). Era usada na fabricação do incenso sagrado (Êx 30.34).

Arruda (*Ruta graveolens*) Erva usada como tempero. Era valorizada por suas propriedades medicinais. Suas folhas eram usadas para curar mordidas de insetos (Lc 11.42).

Açafrão (*Curcuma longa*, *Crocus sativus*) Substância de uma planta que produz uma tintura amarela, usada para colorir alimentos. Misturada com óleo, era usada como remédio e como perfume (Ct 4.14).

2. A palavra hebraica a ser traduzida como "bálsamo" (*Balsamodendrium opolbasamum*). Era uma espécie de suco feito de resina com aroma agradável. O bálsamo era usado como perfume e remédio, e era um dos ingredientes do óleo da unção (Êx 330.23).

Nardo (*Nardos tacs jatamansi*) Óleo perfumado muito caro uado na fabricação de perfumes e unguentos (Ct 1.12; 4.13; Mc 14.3; Jo 12.3). Também traduzido como "perfume". Os Evangelhos de Mc e de Jo registram que uma mulher ungiu Jesus com esse perfume valioso.

Estoraque (*Pistacia lentiscus*) Pequena árvore que produz uma resina usada na fabricação do incenso sagrado (Êx 30.34, ARA, ARC; NVI, "incenso puro"). — *Claude F. Mariottini*

ESPELHO 1. Termo que aparece em Êx 38.8. Nos tempos bíblicos os espelhos eram feitos de metal polido ("espelho de bronze", Jó 37.18), e apresentavam imagens distorcidas (1Co 13.12). As mulheres que ministravam à porta do tabernáculo doaram seus espelhos para serem derretidos e fundidos para fazer a pia de bronze (Êx 38.8). A palavra "espelho" aparece em Jó 37.18, Is 3.23; 1Co 13.12 e Tg 1.23. V. *vidro*. **2.** Superfície polida ou aplanada para produzir imagens por reflexo. No período bíblico os espelhos eram feitos de metal polido (bronze, Êx 38.8; metal derretido, Jó 37.18). Espelhos de vidro se tornaram disponíveis só no período romano posterior. Os leitores de Paulo deveriam apreciar a ilustração da imagem sem clareza do espelho de metal (1Co 13.12). V. *vidro*.

Espelho de bronze com cabo de osso da cultura etrusca (c. 350 a.C.).

ESPELTA Trigo de qualidade inferior (*Triticum spelta*). Os egípcios fizeram pão com esse tipo de trigo, que não havia nascido ainda quando as pragas atacaram o país (Êx 9.32; *NVI*, "trigo"). A espelta é uma ilustração do planejamento do lavrador, que a planta nas margens de sua lavoura para retardar o crescimento do joio (Is 28.25; *NVI*, "endro"; cp. Ez 4.9; *NVI*, "trigo").

ESPERANÇA Expectativa confiante, especialmente com referência ao cumprimento das promessas de Deus. A esperança bíblica é a antecipação de um resultado favorável sob a orientação de Deus. Mais especificamente, a esperança é a confiança que aquilo que Deus fez no passado pelos que creem garante a participação no que Deus fará no futuro. Há aí um contraste com a definição não cristã de esperança como "um sentimento de que o que se deseja vai acontecer".

A base e o objeto da esperança No AT, somente Deus é a base e o objeto da esperança. Tal esperança surgiu com base em seus atos poderosos na História. Ao cumprir a promessa feita a Abraão (Gn 12.1-3), ele redimiu os israelitas da escravidão no Egito. No deserto, providenciou o que eles precisavam, os transformou em uma comunidade da aliança no Sinai e os guiou na conquista bem-sucedida de Canaã. Esses atos forneceram uma base sólida para a confiança do povo de que Deus continuaria com seus propósitos. Mesmo quando Israel foi infiel, a esperança não se perdeu. Por causa da fidelidade e misericórdia de Deus, os que se voltaram para ele podiam contar com sua ajuda (Ml 3.6,7). Essa ajuda inclui o perdão (2Cr 7.14; Sl 86.5) e libertação de inimigos. Por isso, Jeremias se dirigiu a Deus como "Esperança de Israel" que salva "na hora da adversidade" (14.8; cp. 14.22; 17.13).

Corolário de depositar a esperança em Deus é a recusa de ter esperança na ordem criada. Tudo que é criado é fraco, temporário e destinado à queda. Por essa razão, é inútil depositar a esperança nas riquezas (Sl 49.6-12; 52.7; Pv 11.28), em propriedades (Is 32.17,18), príncipes (Sl 146.3), impérios e exércitos (Is 31.1-3; 2Rs 18.19-24) ou até mesmo no templo de Jerusalém (Jr 7.1-7). Deus, e apenas ele, é a rocha que não pode ser movida (Dt 32.4,15,18; Sl 18.2; 62.2; Is 26.4), refúgio e fortaleza que providencia segurança definitiva (Sl 14.6; 61.3; 73.28; 91.9). Um resumo bem elaborado da ênfase do AT é encontrado em Sl 119.49,50.

Um aspecto importante da esperança veterotestamentária era a expectativa de Israel quanto a um messias, i.e., um líder ungido vindo da linhagem de Davi. Essa expectativa surgiu da promessa que de Deus estabeleceria o trono de Davi para sempre (2Sm 7.14). O líder ungido (messias) seria o agente de Deus para restaurar a glória de Israel e governar as nações em justiça e paz. No entanto, na maior parte dos casos, os sucessores de Davi foram decepções.

A direção da nação estava longe do ideal. Por isso, o povo olhava para o futuro, esperando um descendente de Davi que cumpriria a promessa divina.

O NT continua a falar de Deus como a fonte e o objeto da esperança. Paulo afirmou a respeito do "Deus que ressuscita os mortos", que "nele temos colocado a nossa esperança" (2Co 1.9,10). Além disso, "temos colocado nossa esperança no Deus vivo, o Salvador de todos os homens" (1Tm 4.10). Pedro lembrou seus leitores de que "a fé e a esperança de vocês estão em Deus" (1Pe 1.21). Nas páginas do NT, bem como nas do AT, Deus é "o Deus da esperança" (Rm 15.13).

Para os primeiros cristãos, a esperança está também centralizada em Cristo. É chamado de "nossa esperança" (1Tm 1.1), e a esperança da glória está relacionada a "Cristo em vocês" (Cl 1.27). Imagens que no AT são aplicadas a Deus são transferidas para Cristo no NT. Ele é o Salvador (Lc 2.11; At 13.23; Tt 1.4; 3.6), a fonte da vida (Jo 6.35), a rocha na qual nossa esperança está posta (1Pe 2.4-7). Ele é o primeiro e o último (Ap 1.17), a luz da manhã que dissipa as trevas e guia seu povo ao dia eterno (Ap 22.5).

Os escritores do NT falam de Cristo como o objeto e a base da esperança por duas razões: 1) Ele é o Messias que trouxe a salvação por sua vida, morte e ressurreição (Lc 24.46). As promessas de Deus são cumpridas nele. "Pois quantas forem as promessas feitas por Deus, tantas têm em Cristo o 'sim' " (2Co 1.20). 2) Há consciência da unidade entre Pai e Filho. Essa é uma unidade de natureza (Jo 1.1; Cl 1.19), bem como uma unidade na obra da redenção. Porque "Deus em Cristo estava reconciliando consigo o mundo" (2Co 5.19), ter esperança no Filho é o mesmo que ter esperança no Pai.

O futuro da esperança Enquanto o NT afirma a suficiência da obra redentora de Cristo no passado, também olha para o futuro, para seu retorno no futuro, a fim de cumprir o propósito de Deus. De fato, a ênfase principal da esperança no NT tem como centro a segunda vinda de Cristo. A "bendita esperança" da Igreja não é nada menos que "a gloriosa manifestação de nosso grande Deus e Salvador, Jesus Cristo" (Tt 2.13). V. *esperança futura*.

A certeza da esperança Os cristãos vivem a esperança por duas razões básicas. A primeira razão é por causa do que Deus já fez em Cristo. Especialmente importante é a ênfase que o NT põe na ressurreição, pela qual Cristo derrotou o poder do pecado e da morte. "Bendito seja o Deus e Pai de nosso Senhor Jesus Cristo! Conforme a sua grande misericórdia, ele nos regenerou para uma esperança viva, por meio da ressurreição de Jesus Cristo dentre os mortos" (1Pe 1.3).

A segunda razão é a habitação do Espírito Santo. "O próprio Espírito testemunha ao nosso espírito que somos filhos de Deus" (Rm 8.16).

Por causa da certeza dessa esperança, os cristãos vivem no presente com confiança e enfrentam o futuro com coragem. Podem também enfrentar crises triunfantemente porque sabem que "sabemos que a tribulação produz perseverança; a perseverança, um caráter aprovado; o caráter aprovado, esperança" (Rm 5.3,4). Essa perseverança não é uma resignação passiva; é a persistência confiante diante da oposição. Há, por conseguinte, certeza na esperança cristã que produz uma diferença qualitativa desta em relação à esperança comum. A esperança cristã é um dom de Deus. "Temos esta esperança como âncora da alma, firme e segura" (Hb 6.19). V. *escatologia*. — Bert Dominy

ESPERANÇA FUTURA Expectativa de indivíduos para depois da morte e o mundo quando Deus o conduzir ao final.

A esperança futura se concentra na expectativa da consumação da salvação individual no final dos tempos. Com a vinda da ordem eterna no retorno de Cristo, a esperança cristã se torna realidade experimentada, não apenas expectativa de experiência futura (Rm 8.24,25). Essa orientação escatológica da esperança futura do NT resulta da expectativa profética do AT pela libertação futura realizada por Deus (Is 25.9; v. esp., o uso que Paulo faz de Is 11.10 em Rm 15.12).

Termos do Antigo Testamento No AT hebraico diversos termos são usados para transmitir a ideia de esperança; *qawah* (ser estendido em direção a, desejar por, esperar por [com Deus como objeto, 26 vezes]), *yachal* (esperar, desejar [por Deus, 27 vezes]), *chakah* (esperar [por Deus, 7 vezes]), *sabar* (esperar [por Deus, 4 vezes]). Os substantivos correspondentes não são usados comumente; apenas nove vezes com referência à esperança em Deus. Dos 146 empregos desses verbos ou substantivos, somente metade enfatiza a realidade espiritual em contraste com o significado não religioso. Nesses 73 empregos religiosos, o conceito de esperança está proximamente associado à confiança. Deus é a razão e muitas vezes o objeto da esperança; "esperar em Javé", "esperar por Javé" são expressões comuns. Implícito à espera em Deus está a submissão ao governo soberano. Consequentemente, a esperança e o temor de Deus não raro são expressos juntos (Sl 33.18-20; 147.11; Pv 23.17,18). Esperar em Deus é admirar-se por ele e seu poder com a confiança de que ele cumprirá fielmente sua palavra. Assim a esperança se torna confiança no caráter justo de Javé.

Entre os testamentos No período interbíblico a ênfase escatológica da esperança se tornou proeminente, mas também confusa com suas variadas expectativas. A esperança futura foi direcionada muitas vezes à expectativa pelo Messias e à restauração do reino de Israel. Com o surgimento de numerosos indivíduos fazendo reivindicações messiânicas, despertando expectativas nas pessoas, mas então desmoronando em derrota e destruição, a esperança futura de Israel assumiu um tom pessimista especialmente no pensamento rabínico. O Reino de Deus só poderia ser estabelecido depois de Israel atingir a obediência completa à Lei.

Essa incerteza nacional tendeu a gerar incerteza pessoal sobre a constituição da obediência exigida para agradar a Deus, resultando na ressurreição do corpo e inclusão no reino messiânico. Em contaste com a visão pessimista, encontramos em Qumran uma esperança escatológica confiante e segura. Contudo, essa esperança era possível apenas para os poucos eleitos de Deus. No judaísmo helenista, a esperança futura foi incorporada pelo conceito grego da imortalidade da alma, ilustrado pelos escritos de Fílon.

Novo Testamento Os autores do NT expressam a esperança futura principalmente por meio da palavra grega *elpis* e seus cognatos.

O uso de esperança com referência à volta de Cristo é visto em Mt 24.50 (tb. Lc 12.46) e em 2Pe 3.12-14. Nos ensinos de Jesus sobre a vigilância, deixar de prestar atenção e esperar pela volta do Filho do homem pode resultar em desastre. Em 2Pe, essa expectativa do dia do Senhor serve de incentivo para a vida consagrada. Em ambos os trechos o elemento da incerteza muitas vezes associado à palavra grega desapareceu e é substituído pelo sentido de confiança e segurança com base na promessa da volta do Senhor.

O conteúdo da esperança futura Os objetos das diversas palavras gregas associadas à esperança futura esclarecem o conteúdo dessa esperança. O aspecto essencial é a expectativa pela volta de Cristo, descrita como a revelação de nosso Senhor Jesus Cristo (1Co 1.7) e a vinda do dia de Deus (*parousia*; 2Pe 3.12), ou simplesmente como a esperança no nosso Senhor Jesus Cristo (1Ts 1.3; cp. Lc 12.36; Fp 3.20; Hb 9.28). Essa expectativa constitui a abençoada esperança e é definida como a manifestação da glória do nosso grande Deus e nosso Salvador Jesus Cristo (Tt 2.13; cp. Rm 5.2; Cl 1.27). Acompanhando essa manifestação de Cristo está a expectativa do novo céu e da nova terra (2Pe 3.13; Ap 21.1); a ressurreição dos justos e dos ímpios (At 24.15); a revelação dos filhos de Deus (Rm 8.19); nossa adoção de filhos — definida como a redenção dos nossos corpos (Rm 8.23); a misericórdia do nosso Senhor Jesus Cristo para a vida eterna (Jd 21); a graça de Deus (1Pe 1.13). Assim como Abraão esperava pela cidade santa, assim o cristão olha adiante para ela (Hb 11.10). A esperança de Israel pela promessa divina é realizada na esperança cristã da ressurreição (At 26.6-8). Essas coisas constituem a esperança de vida eterna há muito prometida (Tt 1.2; 3.7), de salvação (1Ts 5.8) e de justiça (Gl 5.5).

A base dessa esperança está em Deus. Nele, o Salvador de toda a humanidade, depositamos nossa esperança (1Tm 4.10; 5.5; Rm 15.12; 1Pe 1.21), não em riquezas incertas (1Tm 6.17). Depositamos a fé no nome dele (Mt 12.21), ou em Cristo (1Co 15.19). Essa esperança está associada intimamente ao evangelho (Cl 1.23), ao chamado à graça de Deus (Ef 1.18; 4.4) e à fé e presença do Espírito Santo (Gl 5.5). É uma esperança dinamicamente viva (1Pe 1.3) que nos motiva à vida santa e justa (2Pe 3.14). Como tal faz parte do trinômio cristão: fé, esperança e amor (1Co 13.13; 1Ts 1.3; Cl 1.4,5). V. *Dia do Senhor; escatologia; vida eterna; fé, fidelidade; esperança; segunda vinda; salvação*. — Lorin L. Cranford

ESPETÁCULO Teatro ou encenação. Paulo sentiu que estava sendo apresentado como espetáculo para o mundo, que não apreciou o compromisso de Paulo com Cristo, mas o viu como um espetáculo, para ser visto, e talvez, para servir como escárnio (1Co 4.9).

ESPIGAS DE GRÃOS Espiga frutífera dos cereais, como o trigo, que incluía a semente e a estrutura protetora. O milho ocidental não era conhecido no antigo Oriente Médio. A lei permitia aos passantes colherem com as mãos espigas de um campo vizinho (Dt 23.25).

ESPINHEIRO Arbusto (*Lycium europaeum*) com espinhos e ramos geralmente formando uma massa desordenada e densa de vegetação (Jz 9.8-15; Lc 6.44). Tinha flores belas e atraentes, mas os espinhos causavam dificuldades para os rebanhos. Hoje sabemos que eles previnem a erosão na encosta das montanhas.

ESPINHO NA CARNE A palavra *skolops* foi usada no grego clássico para se referir a uma estaca ou a um aguilhão de madeira usado para impalar. No grego helenístico são encontradas as variações "espinho" e "estilhaço". A maioria das referências na *LXX*, no NT e em vários papiros é traduzida como espinho, estilhaço ou lasca. Celso e Eustáquio, oponentes teológicos de Orígenes, usaram a palavra *skolops* como termo pejorativo para se referir à cruz.

Pelo fato de falsos mestres em Corinto alegarem ter recebido revelações divinas, Paulo partilhou a visão que teve do "terceiro céu", como evidência miraculosa de seu chamado apostólico. A revelação de Paulo foi equilibrada com um "espinho na carne" (2Co 12.7). Naquele tempo, doenças físicas eram um problema constante. Como resultado, muitos autores patrísticos entenderam a aflição de Paulo como um problema físico crônico e doloroso ou a perseguição contínua.

Na Idade Média, o "espinho" foi entendido como uma tentação carnal. A *Vulgata* encorajou a compreensão do espinho como uma tentação sexual. Durante a Reforma, Lutero e Calvino rejeitaram essa ideia. Calvino interpretou o "espinho na carne" como uma variedade de tentações físicas e espirituais. Lutero o interpretou como uma doença física.

Há quatro teorias modernas a respeito do espinho de Paulo. A teoria mais comum é a que entende a referência como um tipo de doença física, possivelmente a malária, com base na relação que se observa de Paulo com uma doença corporal em Gl 4.13. Alguns defendem que Paulo sofria de uma doença nos olhos (*ophtalmia*), com base em Gl 4.13-15, passagem em que Paulo afirmou: se lhes fosse possível, os gálatas lhe dariam os próprios olhos. Além disso, em Gl 6.11 Paulo indica que escreveu com letras grandes, algo natural para alguém com problemas de visão. A terceira teoria defende que o espinho foi a dor e a tristeza provocadas pela incredulidade dos judeus (Rm 9.1-3). A quarta teoria é a que o "mensageiro de Satanás", não é propriamente uma doença física, mas algo que foi dado como um juízo redentor da parte de Deus a Paulo para seu bem, mantendoo humildade.

Outras teorias alegam que esse espinho era histeria, hipocondria, cálculos biliares, gota, reumatismo, dor no nervo ciático, gastrite, lepra, piolhos, surdez, infecção dentária, neurastenia, problemas de fala e o remorso por ter perseguido a igreja. — *Steven L. Cox*

ESPÍRITA V. *médium*.

ESPÍRITO Perspectiva fortalecedora da vida humana e o Espírito Santo trazendo a presença e o poder de Deus para o mundo. Tradução palavra hebraica *ruach* e da palavra grega *pneuma*, que podem significar "vento", "fôlego" ou "espírito", dependendo do contexto.

Em ambos os Testamentos a palavra "espírito" é usada para se referir tanto a Deus como aos seres humanos. Seja qual for o caso, é difícil definir "espírito". O grupo semântico de espírito, fôlego e vento é útil para entender o conceito. Na conversa com Nicodemos (Jo 3), Jesus disse que o Espírito é como o vento, que não pode ser visto, mas seus efeitos podem ser percebidos. O mesmo pode ser dito a respeito do Espírito de Deus e também sobre o espírito do ser humano.

ESPÍRITO DE DEUS No princípio da criação, o Espírito de Deus se movia sobre a face das águas (Gn 1.3). Eliú disse a Jó que o Espírito de Deus — a fonte da vida (Jó 33.4) — o fez. Os animais foram criados quando Deus lhes soprou seu fôlego (Sl 104.30).

ESPÍRITO DE DEUS

O Espírito de Deus está presente em toda parte. O salmista percebeu que, não importava aonde pudesse ir, o Espírito de Deus estaria lá (139.7). O faraó percebeu a presença do Espírito de Deus em José (Gn 41.38). Moisés percebeu que o Espírito de Deus estava sobre ele e manifestou o desejo que o mesmo Espírito estivesse sobre todo o povo (Nm 11.29). No período dos juízes, o Espírito de Deus veio sobre indivíduos e os capacitou para realizar tarefas específicas (Jz 3.10; 6.34; 11.29; 13.25; 14.6; 14.19). Quando Samuel, o último dos juízes, ungiu Saul, o primeiro rei de Israel, ele lhe disse que o Espírito do Senhor estaria sobre ele. O resultado foi que Saul profetizou e se tornou uma pessoa diferente (1Sm 10.6). Mais tarde, o Espírito se retirou de Saul (1Sm 16.14). De igual maneira, o Espírito veio sobre Davi quando Samuel o ungiu (1Sm 16.13). Em suas últimas palavras, Davi disse que o Espírito do Senhor falava por seu intermédio (2Sm 23.2).

Isaías falou a respeito de alguém da linhagem de Jessé, sobre quem o Espírito do Senhor repousaria. A pessoa teria o Espírito de sabedoria, entendimento, conselho, poder, conhecimento e de temor do Senhor (Is 11.1-3). Ezequiel profetizou que Deus colocaria seu Espírito no interior do seu povo, removendo deles o coração de pedra e pondo no lugar o coração de carne, e que seu povo seria obediente a Deus (Ez 36.26,27).

Ensino do Novo Testamento Os quatro Evangelhos contêm numerosas referências ao Espírito de Deus ou ao Espírito Santo. O Espírito foi o agente da concepção miraculosa de Jesus (Mt 1.18,20), veio a Jesus por ocasião do batismo (Mt 3.16) e o levou ao deserto, onde ele foi tentado pelo Diabo (Mt 4.1), e o capacitou para curar doenças e expulsar demônios (Mt 12.28). Jesus, na véspera da morte, prometeu o Espírito a seus seguidores. O Espírito seria o Confortador e Consolador, continuando a ensinar aos seguidores de Jesus o que ele lhes havia dito (Jo 14.25,26). Não muitos dias depois da ascensão de Jesus, o Espírito prometido veio sobre eles durante a festa de Pentecoste. O advento do Espírito foi acompanhado por um som como de um vento impetuoso. As pessoas que testemunharam o acontecimento viram o que pareciam línguas de fogo vindo sobre os cristãos. Além disso, os discípulos foram capacitados a falar em línguas que não eram seus idiomas maternos (At 2.1-3). Em todo o relato que Lucas faz da igreja primitiva, o Espírito Santo capacitou e guiou os seguidores de Jesus em sua missão no mundo ao redor do Mediterrâneo (At 11.12; 13.2; 15.28; 16.6,7; 20.22; 21.11).

O Espírito é importante na compreensão de Paulo a respeito do relacionamento dos cristãos com Deus. O Espírito é uma presença pessoal graciosa que vive em quem confessou que Jesus Cristo é o Senhor. O relacionamento com Deus por meio de Cristo pelo Espírito é revolucionário. Em Gl, Paulo argumentou que o legalismo e o caminho da fé são incompatíveis. O Espírito de Deus vem aos cristãos como dom baseado na fé em Cristo e em sua graça (Gl 3.1-5). O Espírito de Deus vem aos cristãos como garantia de que são filhos e filhas de Deus (Rm 8.16). O Espírito é a confirmação da parte de Deus que os que creem serão plenamente transformados e conformados à imagem de Cristo (Rm 8.1-29; 2Co 1.22). Paulo identificou o Espírito com o próprio Senhor (o Cristo ressurreto) e garantiu que onde está o Espírito do Senhor aí há liberdade, a liberdade crescente da lei do pecado e da morte (2Co 3.18; cp. Rm 8.2).

O Espírito distribui dons à Igreja designados para equipar o povo de Deus a servir e edificar o corpo de Cristo (1Co 12; Ef 4.7-13). Evidências de que o Espírito de Deus está em ação em uma pessoa ou em um grupo são amor, alegria, paciência, bondade, benignidade, fidelidade, mansidão e autocontrole (Gl 5.22,23).

No início das Escrituras o Espírito é visto em ação na criação. No fim das Escrituras, o Espírito e a noiva, a Igreja, apresentam um convite para todos que estão sedentos a que venham e bebam da água da vida (Ap 22.17).

Espíritos humanos Em ambos os Testamentos, "espírito" é usado para se referir a humanos e a outros seres. Quando usado em referência a humanos, o espírito é associado com ampla gama de funções, incluindo pensamento e entendimento, emoções, atitudes e intenções. Eliú disse a Jó que é o espírito em uma pessoa, o fôlego de Deus, que dá entendimento (Jó 32.8). Quando Jesus curou o paralítico, percebeu em seu "espírito" que os líderes religiosos presentes estavam questionando o perdão concedido aos pecados daquele homem (Mc 2.8).

"Espírito" é usado extensivamente em referência a emoções humanas como tristeza (Pv 15.4,13), angústia (Êx 6.9; Jo 13.21), raiva (Pv 14.29; 16.32), vergonha (Ec 1.14), medo (2Tm 1.7) e alegria (Lc 1.47).

Uma variedade de atitudes e intenções estão associadas a "espírito". Calebe tinha um espírito diferente da maioria dos seus contemporâneos, pois seguiu o Senhor com inteireza de coração (Nm 14.24). Seom, rei de Hesbom, tinha um espírito teimoso (Dt 2.30). O texto de 1Rs 22 se refere a um espírito mentiroso. O salmista chamou as pessoas que não têm engano em seu espírito de "felizes" (Sl 32.2). O espírito de uma pessoa pode ser contrito (Sl 34.18), estável ou inabalável (Sl 51.10), pronto a obedecer (Sl 51.12), quebrantado (Sl 51.17) ou altivo (Pv 16.18). Os Evangelhos têm numerosas referências a Jesus curando pessoas com espíritos impuros ou maus.

A palavra espírito também é usada em referência a seres não físicos, bons ou maus. Satanás é chamado "príncipe do poder do ar, o espírito que agora está atuando nos que vivem na desobediência" (Ef 2.2).

Um dos pontos perenes do conflito entre saduceus e fariseus foi com referência à existência de anjos e espíritos. Os fariseus acreditavam na existência de tais seres, mas os saduceus não. Quando o Cristo ressurreto se manifestou aos discípulos, eles estavam assustados e atemorizados, pensando que estavam vendo um espírito. Jesus os convidou a tocar nele. Ele os lembrou de que um espírito não tem carne e ossos (Lc 24.37-39). V. *antropologia*; *Deus*; *Espírito Santo*; *humanidade*. — Steve Bond

ESPÍRITO FAMILIAR V. *médium*.

ESPÍRITO SANTO Terceira pessoa da Trindade por meio de quem Deus age, revela sua vontade, fortalece indivíduos e revela sua presença pessoal no AT e NT.

Antigo Testamento A expressão "Espírito Santo" é encontrada no AT apenas em Sl 51.11 e Is 63.10,11. Não obstante, são muitas as referências ao Espírito de Deus. Em um sentido o Espírito de Deus é apresentado como um vento poderoso, pois a língua hebraica usa a palavra *ruach*, que significa "vento", "sopro" e "espírito". Durante o tempo do êxodo, Deus fez que esse vento dividisse o mar permitindo aos israelitas que o atravessassem com segurança e escapassem do faraó e seu exército (Êx 14.21). Deus usou esse agente de duas maneiras: uma força destrutiva que secou as águas (Os 13.15) e o poder de Deus ao reunir as nuvens para trazer chuva refrescante (1Rs 18.45). O Espírito exerceu controle sobre as águas caóticas no início da criação (Gn 1.2; 8.1; cp. Sl 33.6; Jó 26.13). Das 87 vezes em que o Espírito é descrito como vento, 37 o descrevem como agente de Deus, muitas das vezes forte, intenso e até perigoso. Essa propriedade do Espírito reflete claramente o poder de Deus. Uma qualidade adicional do Espírito é a do mistério. Em Sl 104.3 demonstra que o Espírito como vento é capaz de levar Deus em suas asas até os confins do mundo. Ninguém pode dizer onde ele esteve ou para onde irá. Poder e mistério declaram a natureza de Deus.

O Espírito de Deus pode ser entendido como uma força ou pode se manifestar em indivíduos. O AT apresenta numerosos exemplos de quando Deus inspirou profetas pelo Espírito. A revelação primária do Espírito no AT, no sentido pessoal, é por meio da profecia. Os sonhos de José são percebidos como divinamente inspirados (Gn 41.38); o rei Davi, como um porta-voz de Deus, afirmou: "o Espírito do Senhor falou por meu intermédio" (2Sm 23.2); e Zacarias anunciou a palavra do Senhor a Zorobabel da seguinte maneira: "Não por força nem por violência, mas pelo meu Espírito, diz o Senhor dos Exércitos" (Zc 4.6). Tal como o poder do vento, o Espírito capacitou os heróis de Israel com força extraordinária (Jz 14.6). Os juízes são descritos como indivíduos possuídos pelo Espírito, como no caso de Otoniel (Jz 3.10). Algumas vezes o Espírito vinha sobre pessoas de maneira poderosa e alterava seu comportamento habitual (1Sm 10.16; 19.23-24).

O Espírito é também a origem última de todos os dons mentais e espirituais, tal como se percebe nos homens sábios (Êx 31.1-6; Is 11.2; Jó 4.15; 32.8). Não apenas os profetas se beneficiaram da influência do Espírito. Foi profetizado que ele será derramado sobre todo o povo de Deus (Is 44.3) e sobre todas as pessoas (Jl 2.28). Os textos de Ez e Is expressam a ideia do Espírito mais que qualquer outro texto veterotestamentário. Muitas das alusões de Ezequiel ao Espírito têm a ver com a restauração de Israel no futuro. A recepção do novo Espírito, profetizada em Ez e em Jr, depende do arrependimento (Ez 18.31) e está ligada à criação de um novo coração (Jr 31.31-34). Essa visão profética, à luz das manifestações individuais, esporádicas e temporárias do Espírito no AT, preveem um tempo no qual o Espírito de Deus revitalizaria seu povo escolhido, capacitaria o Messias e purificaria toda a humanidade.

Novo Testamento Quando João Batista surge no cenário de Israel proclamando o advento do Reino de Deus, a voz profética inspirada pelo Espírito se fez ouvir depois de uma lacuna de quatrocentos anos. Zacarias e Isabel, os pais de João, foram informados de que o filho deles seria "cheio do Espírito Santo desde antes do seu nascimento" (Lc 1.15). Da mesma maneira, o anjo Gabriel visitou Maria com a notícia de que "o Espírito Santo virá sobre você, e o poder do Altíssimo a cobrirá com a sua sombra. Assim, aquele que há de nascer será chamado Santo, Filho de Deus" (1.35).

Um divisor de águas na história bíblica ocorreu no evento do batismo de Jesus quando ele foi ungido pelo Espírito de Deus (3.22). O Espírito Santo foi responsável por levar Jesus ao deserto para que enfrentasse a tentação (4.1-13). O evangelho de Lc tem mais referências ao Espírito Santo que os outros Evangelhos sinópticos. Isso pode ser explicado pelos interesses teológicos de Lc ampliados em At, que pode muito bem ser chamado de "Atos do Espírito Santo", em razão do destaque dado ao Espírito.

Todos os escritores apostólicos testemunharam sobre a realidade do Espírito na igreja; entretanto, o Apóstolo Paulo, que escreveu mais que qualquer outro autor neotestamentário, oferece a melhor reflexão teológica a respeito desse tema. Os principais capítulos para consultar são Rm 8; 1Co 2; 12—14; 2Co 3; e Gl 5.

A teologia joanina é rica em sua doutrina do Espírito. Em Jo, o Espírito possui Cristo (1.32-33), indica o novo nascimento (3.1-16), vem depois da partida de Jesus (16.7-11) e capacita os cristãos após a ressurreição (20.22). A comunidade cristã é ungida com o Espírito (1Jo 2.20), e o Espírito assegura ao cristão a presença de Jesus (1Jo 3.24). No livro de Ap, João, ao estilo do AT, apresentou-se como um profeta inspirado pelo Espírito (Ap 1.10). V. *Deus*; *espírito*. — Paul Jackson

ESPÍRITO SANTO, PECADO CONTRA O Atribuir a obra do Espírito Santo ao Diabo (Mt 12.32; Mc 3.29; Lc 12.10). V. *pecado imperdoável*.

ESPÍRITOS EM PRISÃO Em 1Pe 3.19 está escrito que Cristo "foi e pregou aos espíritos em prisão". Pouco adiante é dito que estes "há muito desobedeceram, quando Deus esperava pacientemente nos dias de Noé" (v. 20). Várias interpretações têm sido sugeridas para essas expressões tão curiosas. Uma é a de que esses espíritos eram anjos caídos que testaram a paciência de Deus na era antediluviana. De acordo com essa interpretação, Cristo desceu ao *hades* depois da crucificação para pregar uma mensagem de salvação ou de triunfo. Todavia, essa interpretação é inaceitável. As Escrituras nunca sugerem que aos demônios foi dada a oportunidade de salvação.

A interpretação melhor é aquela que entende que os espíritos em prisão são as pessoas que Deus destruiu no Dilúvio e que agora estão no inferno ou no *hades*.

Também há diferentes interpretações sobre quando e o que Cristo pregou. Uma opinião sustenta que Cristo desceu ao mundo inferior depois de sua crucificação para pregar uma mensagem de salvação ou de triunfo. Mais uma vez, isso é improvável. A ideia de Cristo oferecer uma oportunidade pós-morte aos pecadores contradiz Hb 9.27 e Lc 16.19-31. Uma abordagem melhor é a que Cristo pregou a estas pessoas "em espírito" por intermédio de Noé, enquanto eles ainda estavam vivos. Essa interpretação é confirmada por 1Pe 1.11, na qual Pedro indica que Cristo falou por intermédio dos profetas do AT, e por 2Pe 2.5, em que Noé é chamado de "pregador da justiça". V. *descida ao hades/inferno*. — Steve B. Cowan

ESPIRITUAIS, DONS As Escrituras empregam de forma explícita os seguintes termos: "dons" (*domata*, Ef 4.8 e *charismata*, Rm 12.6; 1Co 12.4,9,28,30,31; 1Pe 4.10), "dons espirituais" (*pneumatika*, 1Co 12.1), "formas de atuação" (*energemata*, 1Co 12.6) e "manifestação"

(*phanerosis*, 1Co 12.7). Essas expressões apontam para o que Deus concede aos cristãos para que cumpram a obra do ministério da igreja. A expressão "dons espirituais", de uso comum, é apropriada, visto serem procedentes do Espírito Santo (ainda que possa ser dito que procedem do Pai por intermédio da obra redentiva do Filho — Ef 4.8-11; 1Co 12.5-7,11), e são concedidos de acordo com os propósitos da soberania divina.

Em duas discussões extensas a respeito dos *charismata*, Paulo enfatiza a diversidade que deve haver na Igreja, o Corpo de Cristo, reflexo dos vários dons espirituais (1Co 12.1-31; Rm 12.3-8). De fato, a variedade ou os tipos de dons é impressionante. Estudiosos têm feito diversas tentativas de classificar os tipos de dons, mas nenhum desses esquemas é suficiente ou completo. Uma dessas classificações (James D. G. Dunn) faz as seguintes distinções:

1) Atividades (milagres, cura, fé).
2) Manifestações (revelação de Cristo, visão e êxtase, conhecimento e sabedoria, orientação).
3) Palavra inspirada (proclamação, profecia, discernimento de espíritos, ensino, canto, oração, línguas e interpretação).
4) Serviço (dar e cuidar, ajudar e guiar).

Outra (Bridge e Phypers) segue o seguinte padrão:

1) Ofícios eclesiásticos reconhecidos (apóstolos, profetas, evangelistas, pastores e mestres, servidores, administradores e diáconos).
2) A igreja como um todo (sabedoria, conhecimento, fé, cura, milagres, profecia, discernimento, línguas, interpretação de línguas, pobreza voluntária, martírio, celibato, contribuição, obras de misericórdia).

Pode haver outras maneiras melhores de classificar os dons. O ponto é que os vários dons precisam ser vistos no contexto dos ministérios, mas esses ministérios podem ser entendidos em mais de uma maneira. Quais são esses dons no NT? Há uma considerável falta de acordo entre os estudiosos no que diz respeito à interpretação de alguns dons, mas será útil tecer comentários quanto à variedade de dons.

Alguns dons parecem ser espetaculares em suas manifestações. Dons de milagres (1Co 12.28,29) se referem a um dom de poder pelo qual é manifesto o senhorio de Cristo sobre toda a realidade. Nada está fora do seu senhorio. "Palavra de sabedoria" (1Co 12.8) tem a ver com a habilidade de dizer uma palavra de conselho sábio em qualquer situação difícil. Muitos têm experimentado na igreja situações nas quais alguém teve a habilidade de conhecer a mente do Espírito e assim saber o que dizer. A seguir vem o ministério de cura da Igreja. O NT apresenta muitos casos de impressionantes manifestações de cura, manifestações contadas entre as "marcas de um apóstolo" (2Co 12.12). Não obstante, houve alguns que não foram curados, como lembrado por Paulo: "deixei Trófimo doente em Mileto" (2Tm 4.20), e a recomendação que fez a Timóteo: "Não continue a beber somente água, mas também um pouco de vinho, por causa do seu estômago, e das suas frequentes enfermidades" (1Tm 5.23). Ainda que Paulo tivesse o dom de curar (At 14.6-10), está claro que ele só podia curar aqueles que Deus desejava que fossem curados daquela maneira. É também significativo que Paulo tenha chamado esse dom de "dons de curar" (1Co 12.28 — forma plural em grego). O plural pode indicar que tal dom pode ser manifesto de mais de uma maneira — a cura miraculosa pode ser talvez uma das formas desse dom. Outra forma pode ser encontrada nas orações dos presbíteros da igreja (Tg 5.13-16) ou até mesmo o uso de remédios e técnicas médicas (v. as instruções de Paulo a Timóteo citadas acima). Certamente este dom aponta para o fato de que Deus irá por fim efetuar a cura completa do corpo na glorificação. Entretanto, como acontece em outras áreas da experiência cristã, o que aqueles que creem já têm, mas não completamente, como a redenção final do corpo aguarda o retorno do Senhor (Rm 8.23; 1Co 15.42-44). "Discernimento de espíritos" (1Co 12.10) pode se referir à habilidade de detectar espíritos malignos (At 16.16-18) ou à habilidade de ter um coração que discerne ao lidar com necessidades espirituais humanas (Jr 17.9,10; 1Co 2.14). V. *profecia, profetas*; *línguas, dom de*.

Outros dons parecem ser mais "normais" e nem parece que sejam provenientes diretamente de Deus. Ensino, serviço, administração, misericórdia parecem antes ser mundanos, mas estão alistados entre os dons espirituais, não há qualquer indicação que sejam de importância inferior para a igreja. Antes, Paulo deixa claro em sua analogia do Corpo que os dons "menos honrosos" (1Co 12.23) são tão importantes como os mais visíveis e mais comumente honrados. Nenhuma igreja poderia funcionar se todos quisessem apenas o papel de pastor, mestre ou evangelista. Estes são dons carismáticos (graças) da mesma maneira que a profecia e os milagres o são.

Alguns intérpretes levantam a questão se os dons alistados no NT são os únicos que Deus pode conceder. Esta questão pode ser impossível de se responder com absoluta autoridade. Parece ser mais seguro afirmar que esses foram os dons representativos da Igreja do séc. I e, considerando que as necessidades das pessoas e da Igreja não mudam, esses dons provavelmente também são representativos para a igreja de hoje. Mas esses dons podem ser transferidos para uma variedade de contextos de ministérios específicos.

Outros levantam a questão se todos os dons alistados nesses textos ainda estão em operação na Igreja hoje. Essa não é uma questão de fácil resposta. É preciso em primeiro lugar reconhecer que os dons são dados de acordo com a soberania do Espírito (1Co 12.11). Em seguida, não há nada nos textos que diga que Deus seja obrigado a fazer em cada geração o que fez para a Igreja do passado. Pode ser o caso, mas também pode ser que não, que Deus queira conceder algum dom com um propósito temporário e, uma vez que o propósito tenha sido realizado, não haja mais necessidade que aquele dom seja concedido às gerações futuras. Em alguns períodos da história bíblica, milagres e maravilhas não eram destacados ou proeminentes, mesmo na vida de alguns dos heróis das Escrituras. Moisés, p. ex., testemunhou muitos sinais e maravilhas, mas Davi aparentemente não. Isso é particularmente importante quanto aos dons da profecia e do apostolado. Paulo lembrou aos cristãos de Éfeso que esses dons se constituem na base da Igreja, e Jesus ressurreto e glorificado mostrou a João que os nomes dos apóstolos estão na fundação da cidade celestial (Ap 21.14). Se é assim, não parece que haja alguma necessidade desses dons atualmente, como foram no tempo da primeira geração da igreja cristã. De outro modo, a cada geração de cristãos haveria necessidade de estabelecer outra fundação para a igreja, e isso não parece estar de acordo com Ap e outros textos. Isso não significa dizer que tais dons "cessaram", como se a igreja de épocas posteriores tivesse perdido seu poder e seu foco. Antes, pode ser que o propósito de Deus para com alguns dos dons é que sejam necessários com um propósito específico e, uma vez que o propósito tenha sido alcançado, os dons não sejam mais necessários. Se a profecia e o apostolado têm a ver com a formação das Escrituras e a revelação da mensagem do NT, não se deve esperar que esses dons sejam mais necessários — pelo menos, não da mesma maneira como o foram para a primeira geração de cristãos, durante os primeiros dias da Igreja.

Ainda que os dons sejam muitos, o Espírito que os concede é um. Considerando-se as necessidades amplas e complexas das comunidades cristãs, Deus concedeu uma variedade de dons à igreja. A igreja precisa de instrução, exortação, ministérios de misericórdia, administração, encorajamento e cura em tempos de doenças, conselhos sábios em tempos obscuros, e muito mais. Por isso, Deus deu ao seu povo ampla variedade de capacitações e cada pessoa pode encontrar sua própria área de atuação, para a qual foi dotada, e estar feliz com ela (1Co 12.15-25). Mas a diversidade não pode resultar em cismas ou conflitos, pois todos foram capacitados pelo mesmo Espírito, que habita nos que creem (Rm 8.9-11; 1Co 12.4-7).

Deus concede dons espirituais a seu povo de modo que este possa ser eficiente e capacitado para o ministério. Todos os cristãos têm dons espirituais (1Co 12.7; Ef 4.7). Esses dons nunca são dados aos cristãos para que obtenham algum tipo de lucro ou para usá-los de alguma maneira para eles mesmos. Eles são dados, como o apóstolo afirma, "visando ao bem comum" (1Co 12.7). Os dons moldam o ministério. Isso significa que todos os cristãos são ministros. Todos os cristãos têm tarefas a executar no serviço do Senhor na igreja. Ninguém deve pensar em ser uma pessoa que apenas recebe o ministério, i.e., alguém que só é servida; todos que são povo de Deus servem e são servidos, todos ajudam e são ajudados. As igrejas nunca irão alcançar o nível de maturidade que Cristo deseja que tenham até que todos os membros estejam ativamente demonstrando suas capacidades ao se engajar nos ministérios em que seus dons se encaixam (Ef 4.12-16). Quando as igrejas descobrem a importância de um ministério de todos os membros, estes verdadeiramente experimentarão o crescimento do Corpo, para a edificação de si mesmo em amor (Ef 4.16). V. *Espírito Santo*. — Chad Brand

ESPÓLIO Qualquer coisa tomada por um soldado vitorioso. Nas guerras antigas, o soldado podia levar qualquer coisa que conseguisse carregar, que tivesse pertencido ao inimigo derrotado. O espólio poderia incluir metais preciosos, roupas, gado ou o próprio povo vencido. As leis da guerra santa dedicavam todo este butim a Deus (Dt 20). As batalhas de Josué ilustram isso.

ESPONJA Esqueleto de um animal marinho cuja estrutura retém líquidos. A esponja é usada em especial para tomar banho. A única citação de uma esponja na Bíblia ocorre quando foi dado vinagre a Jesus, para ele beber enquanto estava na cruz (Mt 27.48; Mc 15.36; Jo 19.29). V. *cruz, crucificação*.

ESPORTES O verbo hebraico para "praticar esporte" é usado para indicar algo ridículo (p. ex., Gn 21.9), mas tem também o sentido de entretenimento ou diversão (Jz 16.25, 27) ou algum tipo de brincadeira (Êx 32.6, NVI, "entregar-se à farra"; Sl 104.26; Zc 8.5).

Há na Bíblia muitas alusões a jogos de habilidades. O combate singular de Jacó em Peniel se parece com uma disputa entre dois lutadores habilidosos (Gn 32.24-32). A luta no poço de Gibeom entre os soldados de Abner e os soldados de Joabe pode ter iniciado como uma demonstração de força por meio da luta (2Sm 2.12-17). Jó 16.12,13 menciona o tiro com arco, um esporte apresentado em relevos assírios. Em Is 22.18 sugere um jogo com bolas. Corridas a pé são sugeridas em Sl 19.5. Paulo menciona os combates de gladiadores, certamente os mais cruéis de todos os acontecimentos de entretenimento (1Co 4.9; 15.32).

O NT usa vários jogos como símbolos da vida cristã. Paulo com frequência falou de seu trabalho em prol do Evangelho como uma "corrida" Gl 2.2. 5.7; Fp 2.16; 3.13,14 cp. Hb 12.1) e comparou a disciplina espiritual exigida para uma vida bem-sucedida com a disciplina exigida para corridas e lutas (1 Cl 9.24-27; cp. 2Tm 2.5; 4.7).

Era natural que Paulo adotasse "correr" como metáfora, não apenas por causa da popularidade das corridas no mundo greco-romano, mas também porque no AT o relacionamento do fiel com Deus é descrito como "andar" ou "correr" com ele (Gn 3.8; 5.24; Sl 119.32; Is 40.31). — Paul H. Wright

ESPOSA Parceira no matrimônio. V. *família; mulher*.

ESQUECIMENTO, TERRA DO Nome do *sheol*, a habitação dos mortos, em Sl 88.12. V. *sheol*.

ESROM V. *Hezrom*.

ESSÊNIOS Membros de uma seita judaica existente na Palestina no tempo de Cristo. Eles não são mencionados no NT. Eram ascetas que praticavam a comunhão de bens, em geral evitavam o casamento, não iam à adoração no templo e davam grande importância ao estudo das Escrituras. Muitos estudiosos associam os rolos do mar Morto descobertos em 1947 com uma comunidade de essênios. V. *rolos do mar Morto; Qumran*.

As ruínas de Qumran provavelmente habitadas pelos essênios de 130 a.C. a 70 d.C.

ESTÁBULO Lugar em que animais são guardados ou amarrados. Os animais em geral eram mantidos em grupo, não isolados em um estábulo ou em uma baia, como é o costume atualmente. Nos tempos bíblicos, os estábulos podiam ser um cercado simples, uma caverna ou uma construção. Salomão manteve muitos cavalos em estábulos (1Rs 4.26). Muitas pessoas simplesmente mantinham seus animais juntos. Alguns os guardavam na parte baixa de suas casas.

Jesus nasceu em um estábulo, que possivelmente era parte da hospedaria, e lá foi posto em uma manjedoura (o cocho onde os animais comiam) depois de ser envolto em panos. V. *manjedoura*; *Salomão*.

Área em Megido considerada um complexo de estábulos (ou possivelmente armazéns) do tempo do rei Acabe.

ESTACA Peça de madeira pequena, cilíndrica e estreita, feita de madeira (ou de algum outro material). Estacas eram usadas para segurar tendas (Jz 4.21,22; 5.26), prender objetos (Is 22.23,25; Ez 15.3), costurar roupas (Jz 16.14) e até para cavar latrinas (Dt 23.13). O texto de Is 22.23-25 usa a imagem da estaca que dá lugar ao quadro da falsa segurança em um líder. Em Zc 10.4 estaca é uma de muitas imagens para se referir aos governantes. Em Is 33.22 estacas firmes simbolizam que Deus mantém Jerusalém segura. As estacas de uma tenda ampliada de Is 54.2 ilustram a restauração de Jerusalém por Deus.

ESTANDARTE De modo geral, bandeira usada em contextos militares, para identificar grupos de soldados, ou uma bandeira especial hasteada para reunir todos os soldados de uma única vez (Nm 1.52, *ARA*; *NVI*, *ARC*, *NTLH*, "bandeira"; *BJ*, "insígnia"; 2.2; 10.14,18). A palavra também é usada no sentido figurado para se referir a Deus (Is 59.19, *ARC*). V. *estandarte*, *bandeira*.

ESTANDARTE, BANDEIRA Sinal carregado para dar a um grupo um ponto de referência e encontro. Os termos hebraicos traduzidos por "estandarte, bandeira" em português são *degel* e *nes*. Um terceiro termo, *'ot* (sinal), parece associado a eles, visto que *degel* e *'ot* aparecem no mesmo versículo (Nm 2.2): "Os israelitas acamparão [...] cada homem junto à sua bandeira (*degel*) com os emblemas (*'ot*) da sua família". Os termos talvez descrevam duas coisas diferentes, ou talvez sejam paralelos, expressando a mesma coisa em palavras diferentes. O estandarte era geralmente uma bandeira ou uma figura esculpida de um animal, pássaro ou réptil. Podia ser moldado de bronze, como a serpente em Nm 21.8,9. Cada tribo de Israel pode ter tido tais figuras de animais como seu estandarte ou bandeira. A bandeira servia de ponto de encontro para grupos com interesses comuns, como o chamado para a reunião do exército, ou como sinal da batalha por começar. Quando os israelitas deixaram o Sinai em direção a Canaã, marcharam sob as bandeiras das quatro tribos principais: Judá, Rúben, Efraim e Dã (Nm 10). O profeta Isaías usou o termo como referência a um sinal que Deus levantaria contra a Babilônia como advertência da destruição iminente (Is 13.2). Em Is 49.22 o braço levantado de Deus é um sinal (*nes*) para as nações para que tragam os filhos do exílio de volta para casa para a terra de Canaã. A prática do uso de bandeiras ou estandartes era bem difundida nos tempos antigos em muitas culturas e terras. Israel provavelmente o tomou emprestado de seus vizinhos. — Bryce Sandlin

ESTANHO V. *minerais e metais*

ESTAOL Nome de lugar que significa "pedindo [um oráculo]". Cidade na região baixa da Sefelá de Judá designada à tribo de Judá (Js 15.33), mas também à tribo de Dã (Js 19.41). Perto dali, o Espírito do Senhor despertou Sansão da tribo de Dã (Jz 13.25). Sansão foi sepultado perto de Estaol (Jz 16.31). A tribo de Dã enviou homens de Estaol à busca de uma nova terra para um assentamento (Jz 18.2-11). Seus cidadãos eram parentes do clã de Calebe e residentes de Quiriate-Jearim (1Cr 2.53). Talvez estivesse localizada na região da atual Irtuf, a dois quilômetros ao sul de Ishwa.

ESTÁQUIS Nome pessoal que significa "cabeça de grão". Homem a quem Paulo chamou de "meu amado irmão" (Rm 16.9).

ESTATURA Palavra usada para designar a altura de uma pessoa, mas algumas vezes é utilizada em sentido figurado (Ez 17.6; 19.11). Jesus "ia crescendo em sabedoria [e] estatura" (Lc 2.52). A palavra é usada para demonstrar a fraqueza da humanidade e sua dependência de Deus (Mt 6.27; Lc 12.25. *ARC*). Também é empregada como medida da maturidade cristã (Ef 4.13, *ARA*).

ESTATUTO Lei ou mandamento; pode ser da parte de Deus ou de um governante humano. Diferentes estatutos divinos foram dados por Moisés ao povo de Deus (Êx 15.25,26). José ordenou leis como governador no Egito (Gn 47.26).

ESTÉFANAS Nome grego que significa "coroa". Um dos primeiros convertidos de Paulo ("primeiro fruto") na província romana da Acaia (Grécia). Paulo indica que batizou Estéfanas e sua casa, e que eles se dedicaram "ao serviço dos santos" (1Co 1.16; 16.15; cp. 1Clemente 42.4). Estéfanas trabalhou como membro da delegação proveniente de Corinto que visitou Paulo durante o ministério do apóstolo em Éfeso (1Co 16.17,18). — *Robert L. Plummer*

ESTEMO Variante hebraica de Estemoa (Js 15.50). V. *Estemoa*.

ESTEMOA Nome pessoal e de lugar que significa "ser ouvido". O nome talvez indique uma antiga tradição de jornadas a Estemoa em busca de um oráculo ou palavra de Deus de um profeta ou sacerdote. **1.** Cidade no território da tribo de Judá (Js 15.50, com variante hebraica; v. *Estemo*). Deus a separou para os levitas (Js 21.14). Enquanto estava no exílio em Ziclague, Davi enviou parte dos despojos de guerra para Estemoa (1Sm 30.28). **2.** Membro do clã de Calebe na tribo de Judá (1Cr 4.17), provavelmente alistado como pai do clã dos assentados em Estemoa. A relação entre as duas ocorrências do nome Estemoa em 1Cr 4.17,19 não está clara. A cidade é a atual es-Samu a cerca de 13,5 quilômetros ao sul-sudoeste de Hebrom e a 22 quilômetros a nordeste de Berseba.

ESTER Nome pessoal que significa "estrela". Como esse não é o nome bíblico dado a Ester no seu nascimento (Et 2.7), alguns estudiosos sugerem que o nome esteja associado ao planeta Vênus e à deusa Ishtar. Se o nome foi dado a ela pelo primo Mardoqueu para ocultar a identidade como judia ou se lhe foi dado quando apresentada ao rei, fato é que na cosmovisão dos persas um nome associado à deusa da fertilidade seria adequado para o papel de rainha.

ESTER, LIVRO DE Colocado pelos judeus na terceira seção da Bíblia Hebraica conhecida como os Escritos. Embora tenha havido algum debate sobre o livro pela ausência do nome de Deus, a atividade do Senhor é tão óbvia no livro que essa objeção foi vencida.

De acordo com o livro de Et, a mulher mais conhecida como Ester na Bíblia não recebeu esse nome (que significa "murta") ao nascer. Ficou órfã em algum momento da infância, e assim foi criada pelo primo Mardoqueu entre os judeus que viviam na Pérsia. Hadassa se tornou rainha quando Vasti, esposa do rei da Pérsia, recusou-se a aparecer diante dele em um banquete para os nobres do seu reino. Ela foi escolhida como a mais bela das moças elegíveis de todo o Império do monarca persa. A beleza extraordinária de Hadassa não foi acidental. De acordo com a ênfase na providência de Deus nesse livro, a beleza incrível dela precisa ser vista como vinda de Deus. Sua identidade judia era desconhecida do rei.

Aproximadamente na época da nomeação de Ester como nova rainha, Mardoqueu descobriu uma trama contra a vida do rei. Ele a revelou a Ester, que por sua vez passou adiante a informação, e a trama foi frustrada.

Hamã, o agagita (que parece identificado como descendente de Agague, rei dos amalequitas) foi empossado como primeiro-ministro da Pérsia. Enfurecido porque Mardoqueu se negava a se curvar diante dele, Hamã começou a conspirar contra a vida de Mardoqueu e a de todos os judeus. Depois de Hamã fazer o monarca persa assinar um decreto contra os judeus para a destruição deles em um dia determinado, Mardoqueu e todos os judeus lamentaram sua condenação em potencial iminente.

Mardoqueu então desafiou Ester a se aproximar do rei. Ele a lembrou que por ser judia ela não escaparia e poderia ser que "para um momento como este" Deus tivesse permitido que ela subisse à posição de rainha da Pérsia. Depois de jejuar e orar, Ester arriscou a vida ao entrar na sala do

ESTER, LIVRO DE

trono do rei sem ser requisitada. Depois que o rei estendeu o cetro real em direção a ela, ela o convidou para um banquete preparado em sua honra. Hamã também foi convidado.

Entrementes, Hamã estava ocupado tramando a morte de Mardoqueu e erigiu a forca na qual queria pendurá-lo. Foi providencial que o rei leu acerca da fidelidade de Mardoqueu em revelar a trama anterior contra a vida dele. O rei então teve a intenção de honrar Mardoqueu e perguntou a Hamã o que deveria ser feito ao homem que o rei gostaria de honrar. Achando sugerir o tratamento a si mesmo, Hamã descobriu para sua humilhação que as altas honras prescritas seriam executadas por ele a favor de Mardoqueu.

Depois do banquete no segundo dia, Ester revelou ao rei a trama de Hamã. Hamã foi então pendurado na forca preparada para Mardoqueu. Depois da promulgação de outro decreto permitindo que os judeus se defendessem, muitos nas províncias se tornaram judeus. No dia determinado, os judeus foram vitoriosos. A celebração continua todos os anos na festa de Purim (9.24-28).

O período histórico do livro O hebraico transliterado por "Assuero" em algumas versões (ARA, ARC) é geralmente identificado com Xerxes I (486-465 a.C.). O persa era *Khshayarsha*. Os papiros de Elefantina grafam o nome *Khsy'resh* que é próximo do grego Xerxes. É evidente em todo o livro o conhecimento do autor sobre os costumes persas, a topografia de Susã e o interior dos palácios reais persas. Nomes e outras palavras persas são usados em todo o livro.

Sugere-se que Mardoqueu tenha sido associado à casa de Otanes, uma das sete famílias de nobres da Pérsia. Quando os persas escolheram um rei dentre os sete nobres, Otanes pediu que seu nome não fosse colocado com os outros seis nobres com a condição de que sua casa permanecesse livre na Pérsia para obedecer somente às ordens do novo rei com o qual eles estivessem de acordo (Heródoto, III, 83). Isso poderia explicar por que Mardoqueu não era obrigado a se curvar diante de Hamã.

O uso tradicional do livro O livro de Et fornece o pano de fundo histórico para a festa de Purim. Ao conspirar contra os judeus, Hamã lançou sortes (*purim* do assírio *puru*) para determinar o destino deles (9.24-28). A história da preservação divina de seu povo é um lembrete da aliança com Abraão segundo a qual Deus não somente abençoaria quem abençoasse o povo, mas também amaldiçoaria quem o amaldiçoasse. Essa preservação dos judeus manteve vivas as expectativas messiânicas no período intertestamental.

Quando essa história é contada a grupos de crianças judias na festa de Purim, é costume as crianças sibilarem (como uma cobra) de forma intensa e baterem os pés toda vez que o nome de Hamã é citado a fim de fazer sumir até o som do seu nome. Ele é visto como uma figura satânica.

Sítio tradicional dos túmulos de Ester e Mardoqueu no atual Irã.

Esboço

I. Vasti é destituída (1.1-22)
   A. A festa e a ordem do rei (1.1-11)
   B. A recusa da rainha e sua destituição (1.12-22)
II. Ester é feita rainha (2.1-23)
   A. Busca-se uma substituta para Vasti (2.1-4)
   B. Ester é levada ao harém do rei (2.5-16)
   C. Ester é coroada a nova rainha (2.17-20)
   D. Mardoqueu descobre a conspiração contra a vida do rei (2.21-23)
III. Hamã e o decreto da morte (3.1-15)
   A. Hamã é feito primeiro-ministro (3.1)
   B. Mardoqueu se recusa a se curvar (3.2-4)
   C. A ira e trama de Hamã contra os judeus (3.5-9)
   D. O decreto é selado e enviado (3.10-15)
IV. O dilema de Ester (4.1-17)

A. Mardoqueu se lamenta (4.1,2)
  B. Os judeus se lamentam (4.3)
  C. Mardoqueu dá conselhos a Ester (4.4-14)
  D. Ester pede que os judeus jejuem (4.15-17)
V. O banquete de Ester: Dia um (5.1-14)
  A. Ester entra na corte do rei (5.1,2)
  B. O rei e Hamã são convidados para o banquete (5.3-5)
  C. O rei e Hamã são convidados a voltar no dia seguinte (5.6-8)
  D. A forca de Hamã (5.9-14)
VI. O banquete de Ester: Noite um (6.1-14)
  A. O rei insone (6.1-3)
  B. Mardoqueu é honrado (6.4-14)
VII. O banquete de Ester: Dia dois (7.1-10)
  A. O pedido da rainha (7.1-7)
  B. Hamã é enforcado (7.8-10)
VIII. Mardoqueu e o contra-decreto (8.1-17)
  A. Mardoqueu é promovido (8.1,2)
  B. O decreto escrito por Mardoqueu (8.3-17)
IX. A vitória dos judeus: A festa de Purim (9.1-32)
X. Mardoqueu prospera (10.1-3)

— *Kirk Kilpatrick*

ESTERCO Excremento de seres humanos ou animais. "Esterco" traduz diversas palavras hebraicas e gregas. Um monte de cinzas ou de lixo foi usado para transmitir a ideia de abrigo dos desamparados (1Sm 2.8; Lc 14.35).

A primeira menção a esterco na Bíblia é feita em conexão com os rituais de sacrifício. A lei sagrada exigia que o esterco e outras partes do animal não fossem queimados no altar, mas fora do acampamento (Êx 29.14; Lv 4.11,12).

Uma grande desgraça para o judeu era ter o cadáver tratado como esterco (2Rs 9.37). O esterco tem sido usado como fertilizante por séculos. O texto de Lc 13.8 e Is 25.10 registram que o povo da Palestina usava o esterco com esse propósito. O esterco seco era e é usado com frequência como combustível (Ez 4.12-15). O esterco de animais era usado como combustível quando misturado com palha e secado a uma condição adequada para aquecimento dos simples fornos de pão.

Paulo usou uma metáfora de grande impacto com a palavra "esterco" quando fez a comparação entre seu conhecimento pessoal de Cristo e os que não conheciam a Cristo (Fp 4.8). A palavra é usada também nas Escrituras para mostrar simbolicamente a degradação a que uma pessoa ou nação podem se submeter (2Rs 9.37; Jr 8.2). — *Gary Bonner*

ESTERCO DE POMBA Item vendido como alimento por um preço extraordinário (2Rs 6.25) no cerco de Samaria. Alguns interpretam o esterco de pomba como excremento de um pássaro visto que 2Rs 18.27 indica que em tempos de cerco as pessoas poderiam ser obrigadas a comer o próprio excremento e beber a própria urina. Outros sugerem que o esterco era usado como combustível ou como substituto do sal. Provavelmente o esterco de pomba é referência a uma planta comestível, depois de cozida ou assada, em forma de bulbo semelhante à cebola silvestre. Ainda outros emendam o texto para resultar em um tipo de vagem.

ESTÉRIL, ESTERILIDADE Termo usado para descrever a mulher incapacitada de gerar filhos: Sarai (Gn 11.30), Rebeca (Gn 25.21), Raquel (Gn 29.31), a esposa de Manoá (Jz 13.2), Ana (1Sm 1.5) e Isabel (Lc 1.7,36). Também descrita como "solitária" (Jó 3.7, *ARC*), "desolada" (2Sm 13.20, *ARC*; cp. Is 49.21; 54.1), ou "[corpo] amortecido" (Rm 4.19). A esterilidade era considerada maldição divina (Gn 16.2; 20.18; 1Sm 1.5), o que explica a afirmação de Isabel de que Deus estava tirando sua "humilhação perante o povo" — o fato de ser pecadora e amaldiçoada por Deus — evidenciado por sua esterilidade (Lc 1.25). A esterilidade de Sarai, Rebeca e Raquel (as mães do povo de Israel) é significativa, pois sua capacidade posterior de gerar filhos é um sinal da graça e do favor de Deus para com seu povo eleito.

ESTÊVÃO Nome pessoal que significa "coroa". O primeiro mártir cristão; o mais famoso do grupo escolhido para pacificar a igreja em Jerusalém que estava enfrentando conflitos (At 6.1-7), e tão poderoso nas Escrituras que seus oponentes judeus não foram capazes de derrotá-lo em um debate (At 6.10) quando ele argumentou que Jesus era o Messias. Saulo de Tarso ouviu o discurso de Estêvão no Sinédrio, acusando os líderes judeus de rejeitarem o caminho de Deus como seus antepassados o fizeram. Saulo recolheu as roupas dos que apedrejaram Estêvão até a morte; ele o viu morrer uma morte vitoriosa. Estêvão pode muito bem ter sido a agência humana que Deus usou para conquistá-lo e assim ele se tornou o principal missionário cristão.

Estêvão estava na dianteira do grupo que via o cristianismo como mais que uma seita judaica. Eles levaram a sério a ordem de Jesus de levar o Evangelho a todo o mundo e lideraram o movimento missionário mundial que levou o Evangelho a todo o Império Romano no séc. I. Os cristãos tiveram de fugir de Jerusalém depois da morte de Estêvão, e só os apóstolos permaneceram (At 8.1). — *Fred L. Fisher*

Porta de Santo Estêvão (Porta do Leão) em Jerusalém.

ESTOJO DE ESCREVENTE Recipiente em que se guardavam ingredientes para fazer tinta (Ez 9.2,3,11). Era costume o escrevente levar o estojo à cintura.

ESTOM Nome pessoal de significado incerto. Membro da tribo de Judá (1Cr 4.11,12).

ESTOPA Pequenas fibras de linho, conhecidas por serem facilmente quebradas e altamente inflamáveis, usadas como símbolo de fraqueza e transitoriedade (Jz 16.9; Is 1.31; 43.17, *NVI*, "pavio").

ESTORAQUE A goma da árvore de estoraque era combinada à ônica, ao gálbano e ao olíbano para fazer o incenso que seria queimado no tabernáculo (Êx 30.34 *ARA*; *NVI*, "bálsamo"). A árvore de estoraque é pequena, e existe em grande quantidade nas regiões rochosas da maior parte do território de Israel. V. *incenso*.

ESTRADA V. Is 62.10. Além do uso literal, a palavra "estrada" é usada na Bíblia também em sentido figurado, especialmente em Is. Em Pv 15.19 a palavra "caminho" é símbolo de um estilo de vida. Em Is 11.16 e 35.10 a estrada é uma garantia de que os exilados terão um retorno rápido e seguro. Em Is 40.3 fala sobre preparar o caminho para o Senhor. V. *Palestina*; *transporte e viagens*.

ESTRADA DO REI A maior rota de transporte a leste do rio Jordão. Literalmente "o caminho do rei" permanece em uso contínuo há cerca de 3 mil anos. Vai de Damasco ao golfo de Ácaba e é a principal rota de caravanas para a Transjordânia. É mencionada em Nm 20.17 e 21.22 como a rota tomada por Moisés e os israelitas através de Edom e da terra de Siom. Os romanos a ampliaram no reinado de Trajano e a renomearam como estrada de Trajano. O nome árabe é Tariq es-Sultani, que também significa caminho do sultão ou do rei. V. *transporte e viagens*.

ESTRADO Móvel que servia para descanso dos pés, especialmente para alguém sentado em um trono (2Cr 9.18; Tg 2.3). O estrado de Tutancâmon do Egito era entalhado com figuras dos seus inimigos. Outros faraós foram retratados com os pés sobre a cabeça dos inimigos. O estrado assim se tornou símbolo de domínio. Deus é retratado como o rei entronizado no céu com a Terra como estrado para seus pés (Is 66.1; Mt 5.35). Em Sl 99.5 e Lm 2.1 é difícil determinar com certeza se o estrado de Deus é a arca, o templo ou Sião (cf. Is 60.13; Ez 43.7). Somente 1Cr 28.2 é uma referência não ambígua à arca como lugar de descanso para os pés de Deus.

Em Sl 110.1 Deus faz o rei messiânico triunfar sobre seus inimigos, que então são transformados em estrado dos seus pés. Esse texto é citado seis vezes no NT. Ele serviu como base para o enigma de Jesus sobre o Filho de Davi que também é seu Senhor (Mt 22.44; Mc 12.36; Lc 20.43). Em outros trechos, o texto foi aplicado à ascensão (At 2.34,35), exaltação (Hb 1.13) e à vitória futura de Cristo (Hb 10.13).

ESTRANGEIRO Pessoa que vivia em outra sociedade que não a sua. Termos associados são "estranho", "peregrino", "hóspede" e "residente temporário". Elias era hóspede na casa da viúva de Sarepta (1Rs 17.20). Isaque era um estrangeiro para Abimeleque, o rei filisteu (Gn 26.3). Os patriarcas (Abraão, Isaque e Jacó) foram estrangeiros em Canaã, mas tinham grandes posses materiais (Gn 20.1; 26.3; 32.5). Israel dispunha de um lugar especial para os estrangeiros e peregrinos porque os próprios israelitas começaram sua história no Egito como estrangeiros (Êx 23.9). Leis especiais proviam alimentos e roupas para os estrangeiros (Dt 24.19,20; 26.12). Os estrangeiros tinham direitos no tribunal (Dt 24.17; 27.19).

As obrigações rituais dos estrangeiros nem sempre estão claras (Dt 14.21; Lv 17.15). Deus amava os estrangeiros (Dt 10.19), e eles podiam adorar a Deus e deviam guardar o sábado (Êx 23.12; Dt 31.12). Tinham permissão para celebrar a Páscoa como qualquer israelita (Nm 9.14) e oferecer sacrifícios (Lv 17.8). Eles precisavam obedecer às leis sexuais (Lv 18.26).

Inesperadamente os profetas têm pouco a dizer sobre os estrangeiros (Jr 7.6; 22.3; Ez 22.7,29). Jeremias lamenta que Deus é aparentemente um estrangeiro (Jr 14.8). O salmista via todas as pessoas como estrangeiros na terra (39.12; 119.19). Pedro lembrou seus leitores de que eles eram "estrangeiros e peregrinos no mundo" (1Pe 2.11).

ESTRANHA, MULHER A tradução de diversas versões da palavra hebraica *nokhriyah* (*BJ*, *ARC*, *ACF*) com referência a uma mulher adúltera. A *NVI* traz "mulher pervertida" e a *ARA*, "alheia". Algumas versões em inglês são sugestivas: "aventureira" (*RSV*), "mulher proibida" (*HCSB*) e "mulheres imorais" (*TEV*). Em Pv 2.16; 5.20; 6.24; 7.5; 23.27 as diversas versões em português ainda trazem termos como "estrangeira", "língua estranha", "mulher imoral". Alguns consideram essa mulher estranha ou aventureira alguém que sobrevive em parte pela esperteza, mas em grande parte pelo sexo. Outros a descrevem como a mulher que busca a ascensão social ou a riqueza valendo-se da sedução ou de outros meios imorais. As mulheres de Salomão foram chamadas *nokhriyot* — i.e., mulheres estrangeiras (1Rs 11.1,8), assim o termo pode ser referência a mulheres cortadas e banidas da sociedade israelita e dos relacionamentos sociais normais. São temidas como mulheres que rompem casamentos.

ESTRELA DA MANHÃ 1. Tradução de algumas versões do termo hebraico vertido como "Lúcifer" pela *KJV*. Outras usam "estrela da alva". O planeta Vênus se parece com uma "estrela" da manhã na alvorada. O texto de Is 14.12 compara o esplendor do rei da Babilônia à estrela da manhã. Em 2Pe 1.19 temos a descrição de Cristo como a "estrela da alva" que ofusca o brilho das testemunhas proféticas anteriores. O termo hebraico ocorre somente em Is 14.12. A tradução "Lúcifer" na *KJV* provém da tradução latina *Vulgata*. V. *Lúcifer*. **2.** V. *estrela da manhã*.

ESTRELAS Constelações, planetas, e todos os corpos celestes, exceto o Sol e a Lua. Deus é reconhecido como o Criador das estrelas (Gn 1.16) bem como o conhecedor de seus nomes e número (Sl 147.4). Os autores bíblicos conheciam muitas constelações. O Senhor perguntou a Jó: "Você pode amarrar as lindas Plêiades? Pode afrouxar as cordas do Órion?" (Jó 38.31).

Estrelas individuais também são mencionadas (Am 5.26; At 7.43). Provavelmente a mais famosa e intrigante de todas as estrelas mencionadas nas Escrituras é a estrela de Belém (Mt 2). Muitas teorias têm sido apresentadas com respeito à sua identidade. Mas é suficiente afirmar que as Escrituras não lhe dão nome. A estrela de Belém foi um dos muitos milagres que atestam o poder de Deus e é similar ao pilar de fogo usado para demonstrar a presença e o poder de Deus para com os filhos de Israel enquanto eles caminhavam rumo à terra de Canaã. No último livro da Bíblia o Senhor Jesus é chamado de "a resplandecente Estrela da Manhã" (Ap 22.16). — *C. Dale Hill*

ESTUPRO Crime de prática sexual sem consenso, por meio de violência e/ou engano. A lei mosaica exigia que o homem sedutor da virgem pagasse seu preço e se casasse com ela (Êx 22.16,17). O estupro da mulher comprometida era ofensa capital (Dt 22.25-27). Em outros casos, exigia-se que o ofensor se casasse com a vítima, sem a possibilidade de se divorciar dela

ETÃ

(Dt 22.28,29). As filhas de Ló embebedaram o pai e depois o usaram sexualmente (Gn 19.30-35). Siquém estuprou Diná pela força (Gn 34.1,2). Os homens de Gibeá violentaram a concubina de um levita e a brutalizaram de modo tal que ela morreu (Jz 19.25). O estupro de Tamar por seu meio-irmão Amnom foi um ato premeditado que envolveu simultaneamente engano e violência (2Sm 13.1-22). Esse relato revela a mente do agressor, cujo desejo incontrolado rapidamente se tornou ódio furioso contra a vítima (13.15). O estupro era um horror associado à queda de Jerusalém (Lm 5.11; Zc 14.2).

O código mosaico realçava os direitos da vítima em termos de compensação monetária e recuperação da dignidade. A busca da dignidade era a força motivadora por trás de atos violentos de retaliação registrados em textos narrativos. No entanto, os textos sugerem a facilidade com que a vítima era esquecida na espiral da vingança violenta. V. *sexo, ensino bíblico a respeito do*. — Chris Church

ETÃ 1. Nome de lugar que significa "lugar de aves de rapina". Fenda rochosa na qual Sansão acampou nas batalhas contra os filisteus (Jz 15.8-13); ali ele discutiu com os homens de Judá que queriam amarrá-lo e entregá-lo aos filisteus. Sua localização é desconhecida. Deve ter ficado perto de Leí. V. *Leí*. **2.** Cidade no território da tribo de Judá de acordo com a tradução grega mais antiga do AT, informação omitida nos atuais manuscritos hebraicos (Js 15.59, REB). Roboão, rei de Judá (931-913 a.C.), fortificou a cidade (2Cr 11.5,6), o que parece indicar que Etã ficava entre Belém e Tecoa. Roboão provavelmente teve medo de atacar o Egito, que tinha protegido Jeroboão, rei de Israel (2Cr 10.2). O faraó Sisaque, aliás, o atacou (2Cr 12.2-4). Alguns estudiosos pensam que o programa de fortificação realizado por Roboão veio depois do ataque de Sisaque. Havia uma estrada ao longo da cadeia de montanhas perto de Hebrom, Bete-Zur e Belém que levava até Jerusalém. Etã dava proteção à aproximação dessa estrada pelo leste. Etã está localizada em Khirbet el-Khohk, a sudoeste de Belém. **3.** Membro da tribo de Judá e aparentemente pai de clã da cidade do mesmo nome associado a Jezreel (1Cr 4.3). **4.** Povoado designado a Simeão (1Cr 4.32), embora não esteja alistado no território da tribo de Simeão em Js 19.7. Talvez seja a atual Aitun, a cerca de 18 quilômetros a sudoeste de Hebrom. **5.** Nome de lugar que significa "fortaleza". O segundo ponto de parada de Israel na peregrinação depois da saída do Egito (Êx 13.20; Nm 33.6-8). O deserto próximo foi chamado "deserto de Etã" (Nm 33.8). Sua localização é desconhecida. **6.** Nome pessoal que significa "longevo". **7.** Homem tão famoso pela sua sabedoria que a sabedoria extraordinária de Salomão pôde ser descrita como maior que a do "ezraíta Etã" (1Rs 4.31). "Ezraíta" pode indicar que Etã ocupava Canaã antes da entrada de Israel, embora isso seja incerto. Uma lista semelhante à de 1Rs 4.31 aparece entre os descendentes de Judá em 1Cr 2.6,8. V. *Ezraíta*. **8.** Levita e cantor do templo (1Cr 6.42,44; 15.17) e instrumentista (1Cr 15.19). Está associado aos títulos de Sl 88 e 89.

ETANIM Nome cananeu do sétimo mês adotado por Israel (1Rs 8.2), também chamado Tishri. Esse era o primeiro mês do calendário civil. Etanim significa "sempre abundante de água" e é uma referência aos ribeiros transbordantes supridos por grandes precipitações de chuva.

ETBAAL Nome pessoal que significa "com ele está Baal". Rei de Sidom e pai de Jezabel (1Rs 16.31), que se casou com Acabe, rei de Israel (793-753 a.C.). Por meio da influência dela, o culto a Baal permeou todo o Reino do Norte. V. *Jezabel*.

ETE-CAZIM Nome de lugar que talvez signifique "tempo do chefe". Cidade no território da tribo de Zebulom (Js 19.13). Sua localização é desconhecida.

ETER Nome de lugar que significa "fumaça de incenso". **1.** Cidade no território da tribo de Judá (Js 15.42). **2.** Cidade ocupada pela tribo de Simeão (Js 19.7). Alguns estudiosos da Bíblia a identificam a cidade de mesmo nome em Judá, visto que o território de Simeão ficava nas divisas de Judá. Outros estudiosos nos advertem a não considerarmos as duas como a mesma cidade. Eter em Judá é a atual Khirbet Attir, ao sul de Lahav e a 1,5 quilômetros e Beth Gibrin.

ÉTICA Estudo do bom comportamento, motivação e atitude à luz de Jesus Cristo e da revelação bíblica. A disciplina da ética trata de questões como: Que devo fazer? Como devo agir para fazer o que é bom e correto? O que significa bom? Quem é uma pessoa boa?

A ética bíblica trata igualmente algumas dessas mesmas questões. Embora o AT e o NT não contem com um termo abstrato e abrangente — nem mesmo uma definição paralela ao termo atual "ética" —, ambos os Testamentos se ocupam com o modo de vida prescrito e aprovado pelas Escrituras. O termo hebraico mais próximo no AT para "ética", "virtude" ou "ideais" é *musar*, "disciplina" ou "ensino" (Pv 1.8) ou também *derek*, "caminho ou trilho" do que é bom e certo. O paralelo grego mais próximo no NT é *anastrophe*, "caminho da vida, modo de vida" (há 9 ocorrências do termo com o sentido positivo, sendo 2Pe 3.11 o emprego mais significativo). É verdade que o termo grego *ethos* ocorre 12 vezes no NT (Lc 1.9; 2.42; 22.39; Jo 19.40; At 6.14; 15.1; 16.21; 21.21; 25.16; 28.17; Hb 10.25). A forma plural aparece uma vez em 1Co 15.33. Geralmente é traduzido por "conduta", "costumes", "modo de vida" ou "prática".

A definição bíblica de ética está associada à doutrina O problema em tentar falar sobre a ética da Bíblia é que os conteúdos éticos não são apresentados de forma isolada da doutrina e do ensino da Bíblia. Por isso, o que Deus é no caráter, o que ele determina na sua revelação, define o certo, bom e ético. Nesse sentido, então, a Bíblia teve influência decisiva na formação da ética na cultura ocidental.

Alguns questionam seriamente se há uma ética única e singular em toda a Bíblia. Seu sentimento é que há diversidade demasiada encontrada na grande variedade de livros e tipos de literatura da Bíblia para que se possa decidir que há harmonia e um padrão ético básico segundo o qual todas as decisões éticas e morais devem ser tomadas. Não obstante, quando seguem as alegações feitas pelos livros da Bíblia, algumas pessoas percebem que sua mensagem faz uma contribuição para a história contínua e ininterrupta do caráter e da vontade de Deus. Essa narrativa sobre o caráter e a vontade de Deus é a base para a resposta às perguntas: Que tipo de pessoa devo ser? Como então podemos viver para fazer o que é certo, justo e bom?

Como alguns têm mostrado, a busca por diversidade e pluralismo nos padrões éticos resulta de uma decisão metodológica prévia e da busca por unidade e harmonia de padrões. Não se pode dizer que a busca por diversidade seja mais científica e objetiva que a busca pela harmonia. Esse fato precisa ser determinado com base no exame interno do material bíblico, não como uma decisão externa impingida ao texto.

Três pressuposições básicas Podem as decisões éticas e morais se fundamentar na Bíblia, ou essa ideia é absurda e incoerente? Três pressuposições ilustram como o sujeito ético moderno ou o indivíduo que vive segundo um padrão moral pode fundamentar sua decisão sobre o conteúdo ético do texto bíblico de uma época passada. São elas: 1) As afirmações morais da Bíblia tiveram o propósito de ser aplicadas a uma classe universal de pessoas, épocas e condições; 2) O ensino das Escrituras possui uma consistência de forma tal que ele apresenta uma linha de frente comum para as mesmas questões em todas as suas partes e para todas as culturas do passado e do presente; 3) A Bíblia tem o propósito de dirigir nossa ação ou comportamento quando faz afirmações ou demandas. Em resumo, a Bíblia pode ser aplicada a todas as pessoas. É coerente e busca exigir certo comportamento moral.

Tratemos primeiro da universalidade das Escrituras. Qualquer ordem bíblica — não importa se apareceu em um código de leis, texto narrativo, sapiencial, profético, evangelho ou epístola — foi originariamente dirigida a alguém, em algum lugar, em alguma situação específica. Tais aspectos particulares não tinham a intenção de predispor seu emprego em outras épocas, lugares ou por outras pessoas. Por trás de cada uma dessas ordens pode-se encontrar um princípio universal. A partir do princípio geral, a pessoa em contexto diferente pode usar a Bíblia para obter orientação para uma decisão específica.

Será que nossos problemas, cultura e padrões sociais são tão diferentes, mesmo que consigamos universalizar as ordens específicas a partir das Escrituras, de modo que não tenham relevância para nossos dias? Podemos pressupor consistência entre culturas e épocas para essa ética? Tudo que se exige aqui é que o mesmo autor bíblico tenha nos suprido em outro lugar um padrão completo de pensamento ético que nos leva a essa contextualização e ordem particular. Se podemos pressupor que o autor não mudaria de ideia de um momento para outro, podemos pressupor que se mantivesse firme no princípio para todas as situações semelhantes, independentemente de época ou cultura.

Por fim, a Bíblia alega dar ordens a seres mortais feitos à imagem de Deus. Se o conteúdo ético está no modo imperativo ou indicativo faz pouca diferença. Os autores das Escrituras tiveram a intenção de fazer mais do que oferecer informações; sua intenção era direcionar o comportamento.

Cinco características básicas da ética bíblica Em contraste com a ética filosófica, que tende a ser mais abstrata e centrada no homem, a moralidade bíblica foi associada diretamente à fé religiosa. Assim homens e mulheres imorais eram ao mesmo tempo homens e mulheres não religiosos, e pessoas não religiosas eram também imorais (Sl 14.1).

A ética bíblica é, em primeiro lugar, pessoal. O fundamento da ética é a pessoa, o caráter e as declarações do Deus absolutamente santo. Por conseguinte, os indivíduos são encorajados: "Sejam santos porque eu, o Senhor, o Deus de vocês, sou santo" (Lv 19.2).

Em segundo lugar, a ética da Bíblia é enfaticamente teísta. Concentra o foco em Deus. Conhecer a Deus era saber como praticar a justiça e equidade.

O que é mais importante, a ética bíblica está profundamente interessada na resposta interior à moralidade, não em meros atos exteriores. "O Senhor vê o coração" (1Sm 16.7) foi o clamor anunciado repetidamente pelos profetas (Is 1.11-18; Jr 7.21-23; Os 6.6; Mq 6.6-8).

A motivação ética das Escrituras fundamentava-se na orientação para o futuro. A crença na futura ressurreição do corpo (Jó 19.26,27; Sl 49.13-15; Is 26.19; Dn 12.2,3) era razão suficiente para parar e pensar antes de concluir que cada ato estivesse limitado somente à situação em que ocorria e não tivesse consequências para o futuro.

A quinta característica da ética bíblica é a universalidade. Adota o mesmo padrão de justiça para todas as nações e pessoas na terra.

O princípio organizador: O caráter de Deus O que dá completude, harmonia e consistência à moralidade da Bíblia é o caráter divino. Assim as orientações éticas e a moralidade da Bíblia estavam fundamentadas, acima de tudo, no caráter e na natureza de Deus. Deus exigia o que ele mesmo era e é. O cerne de toda ordem moral é o tema de Lv 18.5,6,30; 10.2,4,10,12,14,18,25,31, 32,34,36,37: "Eu sou o Senhor" ou: "Sejam santos porque eu, o Senhor, o Deus de vocês, sou santo". Da mesma forma, Fp 2.5-8 concorda: "Seja a atitude de vocês a mesma de Cristo Jesus, que, embora sendo Deus [...] humilhou-se a si mesmo e foi obediente até a morte, e morte de cruz!".

O caráter e natureza do Deus santo encontraram expressão na vontade e palavras divinas. As palavras podem ser divididas em lei moral e lei oficial. A lei moral expressa o caráter dele. Os Dez Mandamentos são o maior exemplo (Êx 20.1-17; Dt 5.6-21). Outro exemplo é o código de santidade (Lv 18—20). A lei oficial vinculou homens e mulheres por um período limitado pela autoridade de quem a promulgou. A lei oficial reivindicou a lealdade das pessoas somente pelo tempo e nas situações que a autoridade divina determinou. Assim as palavras divinas no jardim do Éden "não coma da árvore do conhecimento do bem e do mal" (Gn 2.17) ou do nosso Senhor: "Desamarrem-no [o jumentinho]" (Lc 19.30) foram dirigidas somente ao casal no Éden ou aos discípulos. Elas não tinham o desígnio de serem ordens permanentes. Não se aplicam ao nosso tempo. O estudo da ética bíblica nos ajuda a distinguir a lei moral sempre válida da ordem temporária da lei oficial.

A lei moral é permanente, universal e igualmente vinculante para todos os homens e mulheres de todas as épocas. Essa lei está mais bem representada no Decálogo de Moisés. Sua profundidade pode ser facilmente compreendida na abrangência das questões e na simplicidade de expressão. Algumas observações podem nos ajudar a interpretar esses Dez Mandamentos. São elas:

1) A lei tem um prólogo. Estabelece a graça de Deus, vista no êxodo, como a base para toda exigência feita a indivíduos. A ética é a resposta em amor à graça, não a resposta com medo de exigências.

2) Toda lei moral tem dois lados, conduz ao ato positivo e afasta do ato negativo. Não faz

diferença alguma se a lei é formulada de maneira positiva ou negativa, todo ato moral é ao mesmo tempo a abstenção do ato contrário quando um ato real é adotado.

3) Meramente omitir ou abster-se de fazer uma coisa proibida não é um ato moral. Se não, a simples inatividade poderia ser contada como cumprimento de uma ordem, mas no âmbito moral isso é somente outro nome para morte. A ética bíblica exige participação positiva e ativa na vida.

4) Quando o mal é proibido em uma ordem moral, o bem oposto precisa ser praticado para a pessoa ser considerada obediente. Não devemos, portanto, simplesmente nos abster de matar, precisamos fazer o que está ao nosso alcance para promover a vida do próximo.

A essência do Decálogo pode ser encontrada em três áreas: 1) relação correta com Deus (primeiro mandamento: adoração interior a Deus; segundo mandamento: adoração exterior a Deus; terceiro mandamento: adoração oral de Deus); 2) relação correta com o tempo (quarto mandamento) e 3) relação correta com a sociedade (quinto mandamento: santidade da família; sexto mandamento: santidade da vida; sétimo mandamento: santidade do casamento e do sexo; oitavo mandamento: santidade da propriedade; nono mandamento: santidade da verdade; e décimo mandamento: santidade das motivações).

O conteúdo da ética bíblica A ética bíblica está fundamentada na revelação completa da Bíblia. O decálogo e suas ampliações nos outros três códigos legais básicos são acrescentados ao Sermão do Monte em Mt 5—7 e ao Sermão da Planície em Lc 6.17-49 como textos fundamentais do ensino bíblico no âmbito ético e moral. Todos os outros textos bíblicos — as narrativas de maus procedimentos, a coleção de Pv, os pedidos pessoais nas cartas — contribuem para o conhecimento da ética bíblica. A Bíblia não fornece uma lista da qual podemos escolher. Ela forja um modo de vida e nos chama a segui-lo.

Diversos exemplos do conteúdo da ética bíblica podem ajudar a entender melhor como o caráter de Deus, especialmente sua santidade, estabelece as normas para toda a tomada de decisões morais.

A honra ou o respeito aos pais era uma das primeiras aplicações do significado da santidade de acordo com Lv 19.1-3. Isso não deveria causar espanto, pois uma das primeiras ordens dadas por Deus em Gn 2.23,24 estabeleceu o relacionamento monogâmico como fundamento e pedra angular da família.

Marido e esposa deveriam estar em posição igual diante de Deus. A esposa não era uma possessão, um bem pessoal ou somente alguém para "dar à luz filhos". Ela não somente "[vinha] do Senhor" (Pv 19.14) e não era somente a "coroa" do marido (Pv 12.4), mas era também "um poder igual a" ele (a palavra para "auxiliadora" em Gn 2.18, *NASB*, é mais bem traduzida por "força, poder"). A admoestação a honrar pai e mãe não poderia ser desculpa para alguém evitar a responsabilidade de ajudar os pobres, órfãos e viúvas (Lv 25.35; Dt 15.7-11; Jó 29.12-16; 31.16-22; Is 58; Am 4.1,2; 5.12). Os oprimidos deveriam encontrar alívio no povo de Deus e com os detentores de autoridade.

Semelhantemente, a vida humana era considerada tão sagrada que o homicídio doloso (com intenção de matar) levava em si o castigo da pena capital a fim de mostrar respeito pelo fato de a vítima atingida ter sido feita à imagem de Deus (Gn 9.5,6). Assim a vida de todas as pessoas, não importa se ainda não nascidas no útero (Êx 21.22-25; Sl 139.13-16) ou os que eram cidadãos de um país derrotado (Is 10; Hc 3), tinha valor inestimável para Deus.

A sexualidade humana era um presente divino, não uma maldição ou invenção do Diabo. Foi dada para o relacionamento no casamento e designada para o prazer (Pv 5.15-21), não só para procriar. A fornicação era proibida (1Ts 4.1-8). As aberrações sexuais, como o homossexualismo (Lv 18.22; 20.13; Dt 23.17) ou o bestialismo (Êx 22.19; Lv 18.23-3; 20.15,16; Dt 27.21), eram repulsivas à santidade de Deus e, portanto, foram condenadas.

Por fim, mandamentos sobre propriedade, riquezas, posses e empenho a favor da verdade estabeleciam as normas. Contrariavam a propensão humana universal à ganância, valorização de bens no lugar de pessoas e preferência pela mentira como alternativa à verdade. Independentemente do número de novas questões tratadas no discurso ético, o aspecto fundamental continuava na essência do último mandamento: as motivações e intenções do coração humano. Por isso a santidade no âmbito ético começou pelo "temor do Senhor" (Pv 1.7; 9.10; 15.33).

O maior resumo da instrução ética foi dado pelo nosso Senhor em Mt 22.37-39: amar a Deus e o próximo. E também a "regra de ouro" de Mt 7.12. A melhor manifestação desse amor foi a disposição para perdoar os outros (Mt 6.12-15; 18.21-35; Lc 12.13-34).

O NT, bem como o AT, incluiu a ética social e as responsabilidades pessoais para com o Estado como parte do seu ensino. Como o Reino de Deus estava em ação no mundo, era necessário que sal e luz também estivessem presentes na vida santa.

Mesmo que em alguns pontos, como no caso de casamento e divórcio, AT e NT defendessem a mesma posição, o NT muitas vezes adotou sanções diferentes. Assim, a disciplina da igreja foi recomendada no caso do incesto de 1Co 5 em vez do apedrejamento.

A diferença principal entre os dois Testamentos é que o NT estabelece Jesus como o novo exemplo de obediência incondicional à vontade e lei divinas. Ele veio não para abolir o AT, mas para cumpri-lo. O NT está repleto de exortações para que se viva segundo as palavras de Jesus de Nazaré, o Messias, e para andar no caminho estabelecido por ele (1Co 11.1; 1Ts 1.6; 1Pe 2.21-25).

Alguns dos fatores motivacionais para a vida moral e ética passam do AT para o NT, mas alguns são acrescentados: a proximidade do Reino de Deus (Mc 1.15); a gratidão pela graça de Deus em Cristo (Rm 5.8); e a redenção, propiciação e ressurreição de Jesus Cristo consumadas (1Co 15.20,21). Como no AT, o amor é um forte fator motivacional; no entanto, o amor não toma o lugar da lei. O amor não é a lei; é resposta ao "como", mas nunca nos dirá o "que" devemos fazer. O amor é o cumprimento da lei (Rm 13.9) porque nos constrange a cumprir o que a lei ensina. Assim, o amor cria a afinidade com o objeto do amor e a afeição a ele. Ele produz obediência pronta e bem-disposta, em vez do cumprimento coagido e forçado.

Por fim, o conteúdo da ética bíblica não é apenas pessoal, consiste em algo muito abrangente. As cartas de Paulo e Pedro alistam uma ampla gama de responsabilidades éticas: para com o próximo, respeito ao governo civil e suas responsabilidades, o significado espiritual do trabalho, a mordomia e correta administração das posses e riquezas e muito mais.

A ética exigida e aprovada pelas Escrituras tem a santidade divina como padrão e fonte, o amor a Deus como motivação propulsora, a lei de Deus encontrada no decálogo e no Sermão do Monte como princípio orientador e a glória de Deus como alvo determinante. — *Walter C. Kaiser Jr.*

ETIÓPIA Região da Núbia exatamente ao sul do Egito, da primeira catarata do Nilo até o interior do Sudão. Surgiu uma confusao entre os nomes Etiópia e Cuxe. O nome hebraico do AT (e o egípcio) para a região era Cuxe. A *LXX*, a antiga tradução grega do AT, utilizou, Cuxe pela palavra grega *Aithiopia*, exceto nos casos em que podia ser interpretado como nome pessoal. As traduções em português geralmente seguem a *LXX* ao designar o país como Etiópia e seus habitantes como etíopes. Em alguns trechos como Gn 2.13 e Is 11.11, algumas versões alternam entre Cuxe e Etiópia. V. *Cuxe*.

A Etiópia bíblica não deve ser confundida com a atual nação de mesmo nome localizada mais a sudeste. Nos tempos bíblicos a Etiópia equivalia à Núbia, região além da primeira catarata do Nilo ao sul, rio acima, do Egito. Essa região, com abundância de recursos naturais, era conhecida aos egípcios como Cuxe e foi ocupada por eles nos períodos áureos do poder egípcio. No Reino Novo (1550-1070 a.C.), a Etiópia foi totalmente incorporada ao Império Egípcio que a governou por meio de um oficial chamado "Vice-rei de Cuxe".

Quando o poder egípcio refluiu, a Núbia se tornou independente sob uma linhagem de governantes que imitaram a cultura egípcia. Quando o Egito caiu em um período de caos em cerca de 725 a.C., reis núbios estenderam sua influência para o norte. Em 715 a.C., tiveram êxito em controlar todo o Egito e governaram como faraós da 25ª Dinastia. O mais influente desses faraós foi Taharqa (Tiraca na Bíblia), que prestou ajuda a Ezequias de Judá na invasão assíria de Senaqueribe em 701 a.C. (2Rs 19.9; Is 37.9).

O Império Assírio invadiu o Egito em 671 a.C., expulsando os faraós etíopes para o sul e por fim saqueando a capital egípcia Tebas (Nô-Amom na Bíblia, Na 3.8, *ARA*) em 664 a.C. Depois disso, o âmbito dos reis etíopes foi confinado à Núbia, que eles governaram com sede em Napata. A Etiópia permaneceu um importante centro comercial e força política (Is 45.14). Algum tempo depois de 300 a.C., Napata foi abandonada e a capital transferida mais ao sul para Meroe, onde o reino continuou existindo por mais 600 anos. Escavações na Núbia revelaram muitos túmulos em pirâmides em Napata e Meroe, bem como diversos templos ao deus egípcio Amun.

No período neotestamentário diversas rainhas do reino de Meroe usaram o título Candace. O eunuco etíope a quem Filipe explicou o evangelho era ministro de "Candace, rainha dos etíopes" (At 8.27). Candace deve ser entendido como título, não como nome pessoal. — *Daniel C. Browning Jr.*

ETNA Nome pessoal que significa "presente". Membro da tribo de Judá (1Cr 4.7).

ETNI Nome pessoal que significa "eu darei". Levita, antepassado de Asafe (1Cr 6.41).

EU SOU Forma abreviada da resposta de Deus à pergunta de Moisés pelo nome do Deus dos patriarcas (Êx 3.13,14). A forma mais plena do nome poderia ser vertida para "Eu sou o que sou", "Eu serei o que serei", ou até mesmo "Eu faço existir o que existe". A resposta de Deus não é um "nome" que o torna objeto de definição ou limitação. Ao contrário, trata-se de uma afirmação de que Deus sempre é sujeito, livre para ser e agir como quiser. A versão grega mais antiga "Eu sou aquele que é" ou "Eu sou o Ser" foi particularmente significativa para o desenvolvimento da teologia.

A resposta "Eu sou" de Jesus em várias passagens do NT sugere mais que a simples identificação "Eu sou ele". O "Eu sou" de Mc 6.50 significa "Eu sou Jesus e não um fantasma", mas indica que o divino "Eu sou" é o único que "calca aos pés as ondas do mar" (Jó 9.8; Mc 6.48,49) e acalma as ondas (Sl 107.28,29; cf. Mc 4.39). O texto de Jo 8.24 faz da constatação de que Jesus é o "Eu sou" uma questão de vida ou morte eternas: "Se vocês não crerem que Eu Sou, de fato morrerão em seus pecados". Os judeus o entenderam mal, pensando que se tratava de uma questão de identidade ("Quem é você?" Jo 8.25). O fato de os judeus compreenderem bem a declaração de Jesus "Antes de Abraão nascer, Eu Sou" (Jo 8.58) como reivindicação divina tornase evidente porque apanharam pedras para lançar contra ele. O "Eu Sou" de Jo 18.5 novamente sugere mais do que "Eu sou o homem pelo qual você está procurando". De fato, Jesus é o "Eu Sou", cuja presença impactante forçou os guardas a recuarem em postura de reverência. Aqui Jesus não era objeto de traição, mas o sujeito que conquistou a libertação de seus discípulos (Jo 18.8). Embora sejam formalmente diferentes das declarações "Eu Sou", as referências ao "que é, que era e que há de vir" (Ap 1.4,8; 4.8; cf. 11.17; 16.5) são similares na ideia. Em um contexto de intenso sofrimento que fazia questionar a soberania de Deus, o autor do Ap reafirmou a fé de Israel no "Eu Sou" que é o sujeito da História, não sua vítima. V. *YHWH*. — *Chris Church*

ÊUBULO Nome pessoal que significa "bom conselho". Companheiro de Paulo que enviou saudações a Timóteo (2Tm 4.21).

EÚDE Nome pessoal que significa "unidade, poderoso". **1.** Benjamita canhoto a quem o Senhor levantou para livrar os israelitas da opressão de Moabe (Jz 3.15). Por meio de um ardil, teve acesso a Eglom, rei moabita, e o matou. **2.** Bisneto de Benjamim e líder de clã dessa tribo (1Cr 7.10). **3.** Líder de clã da tribo de Benjamim que originariamente vivia em Geba, mas deportado por alguém desconhecido para Manaate (1Cr 8.6). O nome Eúde aparece de forma inesperada no texto, assim os estudiosos têm buscado, sem certeza, outros nomes nas listas de Nm 26 e 1Cr 8.1-5 de quem possa ser a mesma pessoa.

EUFRATES E TIGRE, RIOS Dois dentre os maiores rios da Ásia ocidental. Nascem nas montanhas da Armênia e confluem a cerca de 150 quilômetros do golfo Pérsico para formar o que agora é chamado o Shattal-Arab que desemboca no golfo. Em tempos antigos, o Tigre corria por desembocadura própria para o golfo. O Eufrates e o Tigre foram incluídos entre os quatro rios do paraíso (Gn 2.14).

O Eufrates era conhecido como "o grande rio" (Gn 15.18; Js 1.4) ou "o Rio" (Nm 22.5, *NVI* mrg.) para os hebreus. Formava a fronteira meridional da terra prometida por Javé a Israel

EUFRATES E TIGRE, RIOS

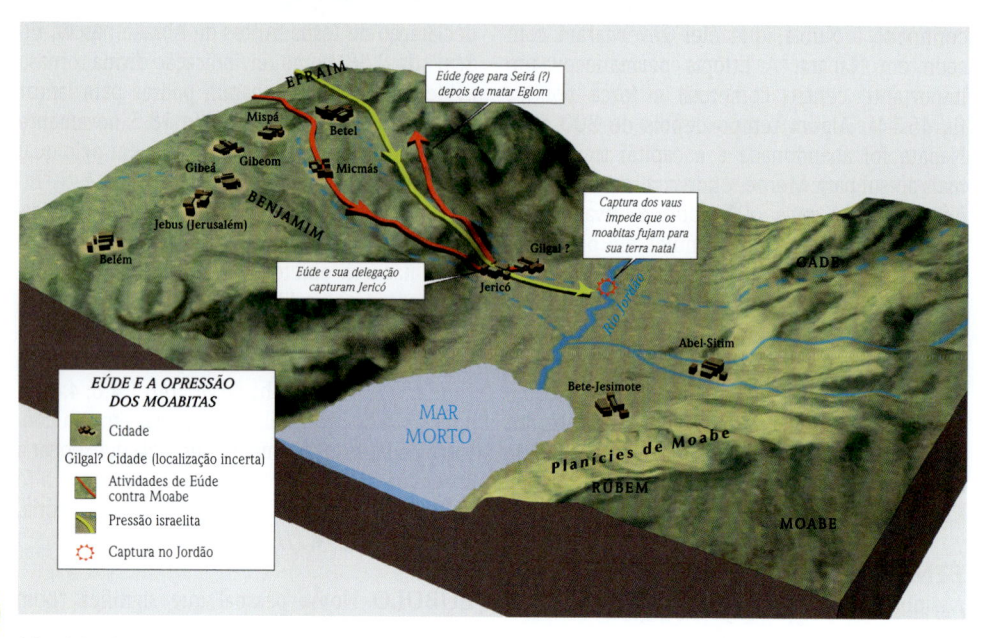

EÚDE E A OPRESSÃO DOS MOABITAS
- Cidade
- Gilgal? Cidade (localização incerta)
- Atividades de Eúde contra Moabe
- Pressão israelita
- Captura no Jordão

(Gn 15.18; Dt 1.7). O Eufrates é mencionado no livro de Ap como o lugar em que anjos foram amarrados (9.14) e a sexta taça foi derramada (16.12).

O Eufrates é o mais longo, maior e mais importante rio da Ásia ocidental. Muitas cidades significativas estavam localizadas às margens do Eufrates, sendo Babilônia a mais importante. Outras localizadas às suas margens foram Mari e Carquemis, sendo a última o local de uma famosa batalha entre a Babilônia e o Egito em 605 a.C. (Jr 46.2).

O Tigre não é tão proeminente na Bíblia quanto o Eufrates, mas é o local da visão mais

Barcos no rio Eufrates no atual Iraque (antiga Mesopotâmia).

importante do profeta Daniel (Dn 10.4). Como no caso do Eufrates, algumas cidades importantes estavam localizadas às suas margens. Nínive, a antiga capital do Império Assírio, localizava-se à margem oriental. Mais ao sul ficava Assur, centro religioso e primeira capital da Assíria. V. *Babilônia; Nínive*. — M. Stephen Davis

Um jovem iraquiano observa o rio Eufrates que corre pelo Iraque para o golfo Pérsico.

EUNICE Nome pessoal que significa "vitoriosa". Mãe de Timóteo (2Tm 1.5). Ela e sua mãe Loide foram elogiadas por Paulo pela sua fé. Mulher judia de marido gentio. Os pormenores de sua conversão não são conhecidos. V. *Timóteo*.

EUNUCO Homem destituído de testículos ou órgãos genitais exteriores. Eram excluídos da congregação de Israel (Dt 23.1). Eram considerados especialmente confiáveis no antigo Oriente Médio e por isso eram muitas vezes empregados no serviço real. Por consequência, a palavra hebraica podia ser usada para se referir a qualquer oficial da corte (Gn 37.26 e 39.1 se referem a um homem casado). O termo grego traduzido por eunuco significa literalmente "alguém encarregado de uma cama", referência à prática de empregar eunucos como guardas de haréns (Et 2.3,6,15). Parte da visão de Isaías da era messiânica é uma figura do eunuco já não se queixando de ser uma "árvore seca", alguém sem esperança de ter descendentes, pois Deus recompensaria o eunuco fiel com um monumento permanente e um nome no templo muito melhor que filhos ou filhas (Is 56.3). O eunuco etíope de At 8.27 lia o rolo de Isaías.

A expressão "eunucos por causa do Reino dos céus" (Mt 19.12) é provavelmente uma metáfora de alguém escolhendo permanecer solteiro a fim de ser mais útil para o trabalho no Reino (cf. 1Co 7.32-34).

EUNUCO ETÍOPE Pessoa anônima que voltava para sua terra depois de adorar em Jerusalém (At 8.27). Era oficial na corte da rainha da Etiópia. Na viagem, encontrou o evangelista Filipe, que vinha da região do deserto em resposta ao chamado divino. Filipe anunciou o evangelho ao eunuco, e ele recebeu o batismo cristão das mãos de Filipe (At 8.26-39). Sua conversão ilustra a fé cristã transcendendo fronteiras nacionais e recebendo alguém cuja deficiência física o teria excluído da participação plena no judaísmo.

EUROAQUILÃO Transliteração na *ARA* e *ARC* do nome grego do vento nordeste em At 27.14. Versões antigas em inglês traziam "Euroclydom", que significa "vento sudeste causador de grandes ondas". Independentemente da forma adequada, o vento criou uma forte tempestade que fez naufragar o navio em que Paulo viajava para Roma.

ÊUTICO Nome pessoal que significa "boa sorte". Jovem que ouviu o apóstolo Paulo pregar em Trôade (At 20.9,10). Muito cansado, Êutico adormeceu, caiu da janela do terceiro andar e morreu. Paulo, no entanto, abraçou o jovem, e Êutico foi ressuscitado.

EVA Nome pessoal que significa "vida". A primeira mulher criada e, portanto, ancestral original de todas as pessoas (Gn 3.20; cp. 4.1,2,25). Também enfrentou a tentação da serpente (3.1; 2Co 11.3; 1Tm 2.13,14). Sua queda ilustra a facilidade com que todas as pessoas caem em pecado (2Co 11.3). V. *Adão e Eva*.

EVANGELHO A palavra "evangelho" ocorre frequentemente no NT, tanto na forma de substantivo como na forma verbal, significando literalmente "boas notícias" ou "proclamar boas notícias". O substantivo, *euangelion*, ocorre 75 vezes, e o verbo, *euangelizomai*, 56 vezes.

Pano de fundo Há duas opiniões a respeito do pano de fundo do uso neotestamentário de

EVANGELISMO

euangelion e *euangelizomai*. Uma é que essas expressões são extraídas do contexto judaico no qual a Igreja foi estabelecida, particularmente como são usadas na *LXX*. A segunda é que as expressões foram extraídas de um contexto helenístico (pagão). Essas opiniões têm sido incorretamente contrapostas uma à outra, fazendo que intérpretes percam muito do que a Bíblia diz quando usa a palavra "evangelho".

O significado desses termos pode ter surgido na *LXX*, mas o uso singular de *euangelion* não ocorre. Por conta disso, alguns argumentam que talvez a única influência externa ao uso que o NT faz de *euangelion* vem do mundo pagão. No entanto, a importância de *euangelizomai* em passagens do AT (*LXX*) citadas pelo NT levanta um argumento contra o pano de fundo judaico que é difícil de sustentar. Em Is 40.9; 52.7-10; 60.6; 61.1, o arauto das boas notícias anuncia que Javé, Deus de Israel, derrotou os inimigos pagãos, fez o exílio do seu povo chegar ao fim e estabeleceu seu reino. Isso combina bem com o contexto do NT.

O substantivo *euangelion* originariamente significava o anúncio de vitória em uma batalha e, mais tarde, o conteúdo dessa mensagem. A palavra também passou a descrever o nascimento de um príncipe ou a ascensão ao poder de um novo rei. Uma inscrição de Priene na Ásia Menor, provavelmente datada de cerca de 9 a.C., descreve a entronização de Augusto como o novo imperador romano. Augusto é louvado como o salvador que trará paz, e seu nascimento é saudado como "o início de boas notícias [*euangelion*] que chegaram aos homens por seu intermédio". Isso ilustra o conteúdo religioso da palavra no culto ao imperador.

Quando se compara o uso pagão de *euangelion* e o uso empregado na *LXX* dessa mesma palavra, surge um paralelo surpreendente de um rei que é adorado por seu povo. O evangelho e sua confissão de que Jesus é Senhor confronta a alegação de que César é Senhor e declara que na cruz e ressurreição Jesus é entronizado como o Rei dos reis. César, ou qualquer outra criatura que alega senhorio, se dobrará diante de Jesus crucificado e ressuscitado.

O uso que Paulo faz da palavra evangelho O evangelho era o centro da pregação de Paulo e a regra pela qual ele se conduzia para a glória de Deus. Paulo emprega *euangelion* 60 das 75 vezes que a palavra aparece no NT. A julgar pelo fato de Paulo empregar a palavra 28 vezes sem nenhuma explicação adicional, conclui-se que as congregações às quais se dirigiu conheciam o conteúdo do evangelho. Também qualifica o termo: o "evangelho de Cristo" (nove vezes), "o evangelho de Deus" (seis vezes), "o evangelho da paz", "o evangelho da nossa salvação". Quando Paulo usa *euangelizomai*, ele dá ao verbo o mesmo sentido de *kerusso*, ambos descrevendo o ato de pregar o evangelho. Em 1Co 15 e Rm 1 Paulo explica o conteúdo do evangelho que pregava.

EVANGELISMO Chamada ativa de pessoas para a aceitação da mensagem da graça e o compromisso com Deus em Jesus Cristo. Enquanto muitas pessoas imaginam o evangelismo como um fenômeno do NT, a preocupação profunda por pessoas é óbvia também no AT (1Rs 8.41-45; Sl 22.27,28; Is 2.2-4). Refere-se ao cuidado de Deus pelo primeiro casal depois que eles pecaram, seu plano de "abençoar" todas as pessoas por meio de povo de Israel e suas tentativas constantes por meio dos profetas e da disciplina para moldar seu povo em uma nação útil para lhe anunciar a palavra.

Mesmo que a influência de Israel tenha sido principalmente nacional e de natureza particular, houve ocasiões de testemunho individual e externo (Dn 3—6; 2Rs 5.15-18; Jo 3.1-10). Embora Israel em geral fracassasse no cumprimento da sua missão, o grande número de tementes a Deus no início da era cristã mostra que sua atração e seus esforços proselitistas não foram totalmente infrutíferos.

No entanto, no NT se manifesta o impulso dinâmico do evangelismo. Mesmo que a palavra "evangelismo" não ocorra na Bíblia, está entretecida na essência das Escrituras.

Apesar da sua importância evidente, uma ampla gama de opiniões busca definir seu significado e conteúdo. As definições vão do extremamente limitado ao excessivamente amplo.

O termo evangelismo é derivado do termo grego *euangelion*, que significa "evangelho" ou "boas-novas". As formas verbais de *euangelizo*, "levar ou anunciar boas-novas" ocorrem cerca de 55 vezes (At 8.4,25,35; 11.20) e são normalmente traduzida s pela palavra "pregar".

O evangelismo diz respeito à proclamação da mensagem das boas-novas.

À luz da ampla gama de definições e do debate contínuo, é bom considerar dois tipos de definições. Em primeiro lugar, muitos insistem em definir o evangelismo somente no sentido mais estrito das palavras neotestamentárias acima. É pregar o evangelho, transmitindo a mensagem da misericórdia de Deus aos pecadores. Tal definição impõe limites rigorosos para chegar à definição precisa do evangelismo. Recusa-se a falar em termos de receptores, resultados ou métodos, colocando toda a sua influência na mensagem.

Esse tipo de definição certamente é correta no que se propõe a fazer. Representa a visão de evangelismo defendida por muitos evangelicais. Muitos outros, no entanto, acreditam que essas definições são inadequadas para o tempo presente e parcialmente responsáveis por um tipo truncado de evangelismo muitas vezes praticado no passado.

Por isso, muitos preferem o que pode ser descrito como definição "holística" ou que leva em consideração "as boas-novas do Reino". Ela pode ser formulada assim: Evangelismo é a transmissão do evangelho do Reino guiada pelo Espírito de tal forma ou formas que os receptores tenham a oportunidade válida de aceitar a Jesus Cristo como Senhor e Salvador e se tornem membros responsáveis da Igreja. Essa definição leva em consideração a obra essencial do Espírito Santo, as diversas maneiras de anunciar as boas-novas, o interesse holístico pelas pessoas envolvidas, a necessidade da real transmissão e compreensão da mensagem e a necessidade de participação como membro de uma igreja por parte do convertido.

O texto de Lc 8.2-56 mostra que Jesus trouxe as boas-novas. Ele não somente pregou; demonstrou seu poder sobre as forças da natureza ao salvar os medrosos discípulos. Expulsou um demônio, curou uma pobre mulher com hemorragia durante 12 anos e ressuscitou a filha de Jairo. Ele claramente trouxe as boas-novas em palavras e atos, não somente em palavras.

Paulo, de forma parecida, descreveu como foi usado "a fim de levar os gentios a obedecerem a Deus, pelo poder de sinais e maravilhas e por meio do poder do Espírito de Deus. Assim, desde Jerusalém e arredores, até o Ilírico, proclamei plenamente o evangelho de Cristo" (Rm 15.18,19).

Alguns nos advertem que essas definições são perigosas, abrindo a porta para a ênfase exagerada na dimensão social do evangelho em detrimento da linguagem falada. E isso é possível. O evangelismo completo precisa incluir o evangelho verbalizado. O equilíbrio é necessário, embora diferentes situações às vezes exijam mais ênfase em um ou outro aspecto. O mandato bíblico permanece "[tornar-se] tudo para com todos, para de alguma forma salvar alguns" (1Co 9.22). — *G. William Schweer*

EVI Nome pessoal de significado incerto, talvez "desejo". Rei de Midiã morto em batalha pelos israelitas durante a peregrinação no deserto (Nm 31.8). Aparentemente governou como vassalo de Seom (Js 13.21).

EVIL-MERODAQUE Nome real babilônico que significa "adorador de Marduque". Rei babilônico (562-560 a.C.) que tratou Joaquim, rei de Judá, com bondade (2Rs 25.27). A forma babilônica do nome é Amel-Marduk. Ele era filho de Nabucodonosor. V. *Babilônia*.

EVÓDIA Líder na igreja de Filipos cuja discórdia com Síntique preocupava Paulo (Fp 4.2,3). O nome Evódia significa "jornada próspera" ou "fragrância agradável". Evódia e Síntique talvez fossem diaconisas ou anfitriãs que se reuniam em suas respectivas casas. Paulo elogiou essas mulheres como pessoas que lutaram ao lado dele pela difusão do evangelho de forma comparável a Clemente e outros líderes de igreja. V. *Filipenses, epístola aos*.

EXATOR Termo usado nas versões antigas (*ARA*, *ARC*) para "feitor" (*NVI*) ou "capataz" (*NTLH*). Na maioria das vezes a *KJV* traduz a palavra hebraica por "opressor" (Jó 3.18; Is 3.12; 9.3; 14.2,4; Zc 9.8; 10.4). Em outras versões ou passagens o termo é vertido por "feitor" (Êx 3.7) ou "arrecadador" (Dn 11.20, *ARC*). A imagem é de alguém que tange ou toca as pessoas como o tangedor toca seu animal (Jó 39.7). O quadro de Is é impressionante. Para o futuro Deus está preparando o único "dominador" que será a paz e o único "governador" que será a justiça (60.17).

EXCOMUNHÃO, EXCLUSÃO, DESLIGAMENTO

EXCOMUNHÃO, EXCLUSÃO, DESLIGAMENTO Prática de excluir temporária ou permanentemente alguém da igreja como punição pelo pecado ou apostasia.

Antigo Testamento No AT a excomunhão surgiu como maldição divina e punição do pecado (Dt 27.26; 28.15; Sl 119.21; Ml 2.2-9; 4.6). A comunidade judaica assumiu a autoridade para amaldiçoar em nome de Deus (Nm 23.8; Is 66.5). Os termos do AT para a excomunhão incluem: *karat*, ser excluído ou cortado (Êx 12.15,19; Lv 17.4,9); *cherem*, banir, devotar ou separar para destruição (Êx 22.19; Lv 27.28,29; Js 6.17); e *qelalah*, desolação ou objeto de pavor (2Rs 22.19; Jr 25.18). A comunidade da aliança se protegeu da maldição e tentação ao afastar os violadores da aliança da comunidade até mesmo a ponto de executá-los.

Novo Testamento A expulsão da sinagoga era uma forma de excomunhão na época do NT. Os cristãos estavam sujeitos muitas vezes à expulsão, o castigo pela blasfêmia ou pelo desvio da tradição de Moisés (Lc 6.22; Jo 9.22; 12.42; 16.2). Assim muitos dos primeiros cristãos sofreram a excomunhão do lugar de adoração de seus pais por se tornarem cristãos. Os apóstolos praticaram a exclusão com base na autoridade de ligar e desligar que lhes foi dada por Jesus (Jo 20.23; Mt 18.18). Excluíam membros da igreja por heresia (Gl 1.8), pecado grosseiro e intencional (1Co 5. 2Jo 7) e talvez por se desviarem da doutrina e prática (Hb 6.4-8). O propósito era purificar a igreja e encorajar os ofensores ao arrependimento (1Co 5.5,6; 2Co 6-10; 2Ts 3.15). O castigo variava em escopo do banimento limitado à exclusão permanente e pode mesmo ter incluído algum tipo de castigo físico caso a igreja tenha seguido a prática sinagogal (Lc 4.28-30; Jo 8.21; At 5.1-5; 7.58). Termos neotestamentários para excomunhão incluem: ser entregue a Satanás (1Co 5.5; 1Tm 1.20); anátema ou amaldiçoado e cortado de Deus (Rm 9.3; 1Co 16.22; Gl 1.8). As igrejas no NT evidentemente usavam a exclusão como meio de disciplina redentora. V. *apostasia; ligar e desligar*.

Na história da Igreja Na Idade Média, quando Igreja e Estado se entrelaçaram, a excomunhão era usada muitas vezes como ferramenta política. Em 1054 a Igreja Católica foi dividida em oriental e ocidental. As duas alegavam deter a primazia como verdadeira igreja. "Resolveram" a questão ao se excomungarem mutuamente.

Atualmente No sentido mais amplo, a excomunhão agora significa negar os sacramentos, a participação na adoração congregacional ou contato social de qualquer tipo. A excomunhão (ou exclusão) é praticada dessa maneira por igrejas protestantes e pela Igreja Católica. No entanto, o termo "excomunhão" é usado principalmente na Igreja Católica e em geral indica o banimento permanente. Castigos menores são chamados censuras ou repreensões. — *Donna R. Ridge*

EXECRAÇÃO Ato de amaldiçoar; objeto de maldição. O termo aparece algumas vezes na *ARC* (Jr 42.18; 44.12; 49.13), em referência ao destino do remanescente que desobedeceu à palavra de Deus e buscou segurança no Egito. O texto pode ser entendido ao menos de duas maneiras. Em primeiro lugar, seu nome se tornaria "objeto de maldição" (*NVI*), i.e., outros amaldiçoariam o remanescente. Além disso, o nome poderia ser usado como maldição ("os outros [...] usarão o seu nome para rogar pragas", *NTLH*) sob a forma: "Que vocês sejam como o remanescente que Deus destruiu". V. *bênção e maldição*.

EXECUTOR A pessoa que tira a vida de outra em obediência à lei. A *ARC* usa o termo apenas uma vez (Mc 6.27, com referência ao decapitador de João Batista). Algumas versões recentes preferem um termo mais genérico como "soldado da guarda" (*NTLH*; "carrasco", *NVI*). A lei do AT não fornece orientações para o papel do executor que age em nome da sociedade. Sempre que executores "oficiais" são mencionados, a referência é a agentes de governantes déspotas (Dn 2.14,24; Mc 6.27). A execução de Jesus é um exemplo importante desse abuso de poder. V. *pena capital*.

EXERCÍCIO FÍSICO A Bíblia só fala de forma muito breve sobre o exercício físico. Em 1Tm 4.8 Paulo reconhece o valor do treinamento físico, mas o subordina ao valor maior da piedade. Como o corpo humano foi criado por Deus, é incumbência das pessoas cuidar dele. Isso é particularmente verdadeiro para os cristãos cujo corpo é o templo do Espírito Santo (1Co 6.19), e que deve ser apresentado a Deus como sacrifício vivo (Rm 12.1). Usando a imagem do corredor, o apóstolo Paulo fala da necessidade de esmurrar e dominar o corpo a fim de prepará-lo para a corrida da vida (1Co 9.24-26). — Paul H. Wright

EXÉRCITO Contingente militar nacional organizado para a guerra. Assim no Egito podia-se falar de Israel como tendo "exércitos", mesmo quando não tinham uma organização política (Êx 6.26; 7.4; 12.17). Golias aprendeu que desafiar o povo de Deus significava desafiar "os exércitos do Deus vivo" (1Sm 17.26,36), pois Deus era "o Deus dos exércitos de Israel" (1Sm 17.45). Face a face com Deus, os seres humanos só podem admitir: "Seria possível contar os seus exércitos?" (Jó 25.3). Israel reconheceu a ira de Deus quando não quis sair com seus exércitos (Sl 44.9). Para anunciar a salvação o profeta proclamou a fúria de Deus sobre todos os exércitos (Is 34.2).

No NT o autor de Hb faz uma retrospectiva dos heróis da fé e proclama que pela fé eles "puseram em fuga exércitos estrangeiros" (Hb 11.34). A visão de João dos tempos finais incluía os exércitos do céu seguindo o Rei dos reis à vitória sobre a besta e o falso profeta (Ap 19.11-21).

Os exércitos eram organizados de formas diferentes na história de Israel. Os patriarcas alistavam servos e outros membros da casa (Gn 14). No deserto Josué conduziu homens que tinha escolhido para defender o povo contra os amalequitas (Êx 17.9,10). Na conquista Josué conduziu as tribos de Israel à batalha depois de ser comissionado pelo "comandante do exército do Senhor" (Js 5.14). Às vezes algumas tribos se uniam para conquistar território (Jz 1.3; 4.6).

Débora conclamou muitas tribos à batalha, mas algumas não atenderam (Jz 5). Outros juízes conclamaram clãs (6.34) e tribos (6.35; 7.2-9). Saul foi o primeiro a estabelecer um exército fixo e profissional em Israel (1Sm 13.2), inicialmente conduzindo-o ele mesmo com seu filho, mas depois designando um comandante profissional (1Sm 17.55). Davi evidentemente contratou tropas estrangeiras leais a ele pessoalmente (2Sm 15.18). Salomão reforçou os soldados de infantaria com uma unidade de carros de guerra e outra de cavalaria (1Rs 10.26). O exército era organizado em diversas unidades com oficiais sobre cada uma, mas a cadeia precisa de comando não pode ser determinada (2Cr 25.5). Leis humanitárias determinaram quem era isentado do serviço militar e como era conduzida a guerra (Dt 20).

Relevo de sarcófago retratando uma cena de batalha entre gregos e gálatas.

EXÉRCITOS CELESTES Exércitos sob o comando de Deus, compostos pelos corpos celestes (tais como o Sol, a Lua e as estrelas) ou pelos anjos.

A palavra "exército" é um termo basicamente militar, ligado à luta e batalha. O uso mais frequente da palavra é para designar um grupo de homens organizados para a guerra. Nesse sentido, a palavra hebraica se refere com frequência a um exército humano (Gn 21.22,32; Jz 4.2,7; 9.29; 1Sm 12.9; 2Sm 3.23; Is 34.2; Jr 51.3). O termo pode se referir a um ato de guerra, tal como em Nm 1.3,20; Dt 24.5 e Js 22.12. Um sentido ampliado de "exércitos" é o que designa uma extensão de tempo de serviço árduo (Jó 7.1; Is 40.2; Dn 10.1). A palavra é usada em Nm para se referir ao serviço dos levitas no santuário.

A expressão "exércitos celestes" surgiu por causa da conexão entre os reinos da terra e do céu no pensamento antigo. Pensava-se que os corpos celestes estavam organizados da mesma maneira que os corpos militares terrestres. O Sol, a Lua e as estrelas eram considerados o "exército dos céus" (Gn 2.1, *ARA*). O autor de Sl 33.6 declarou que Deus criou esses exércitos "pelo sopro de sua boca". Deus preserva a existência do exército celestial (Is 40.26).

Os escritores do AT advertiram Israel do perigo de adorar os corpos celestes (Dt 4.19) e prescreveram pena de morte para o crime de prestar culto ao Sol, à Lua ou a qualquer componente dos exércitos celestes (Dt 17.2-7). Não obstante, Israel e Judá mais de uma vez cederam à tentação de adorar os corpos celestes, especialmente durante o período da influência dos assírios e dos babilônios (2Rs 17.16-23; 21.3,5).

Manassés, rei de Judá (697-642 a.C.) edificou altares em Jerusalém para os exércitos celestes (2Rs 21.5). Tentou sincretizar o culto a outros deuses com o culto a Javé. Os esforços de Manassés foram revertidos quando Josias subiu ao trono (2Rs 23.7).

Outro conceito de "exércitos celestes" é apresentado em 1Rs 22.19, em que o profeta Micaías declarou que viu o Senhor assentado em seu trono "com todo o exército dos céus ao seu redor". O povo de Israel comparou seu Deus aos deuses de Canaã e da Babilônia. Javé passou a ser entendido como o rei que preside sobre um conselho celestial, composto de servos angélicos, chamados algumas vezes de "filhos de Deus". Esse conceito é refletido nos dois primeiros capítulos de Jó. V. *anjo; conselho celestial; filhos de Deus.* — James Newell

EXÉRCITOS, SENHOR DOS V. *nomes de Deus.*

EXÍLIO Acontecimentos pelos quais as tribos do norte (Israel) foram levadas ao cativeiro pelos assírios e as tribos do sul (Judá) pelos babilônios. Às vezes os termos "cativeiro" e "levados ao cativeiro" se referem aos exílios de Israel e Judá.

No período do AT os assírios e babilônios introduziram a prática de deportação dos cativos para terras estrangeiras. Ela era geralmente considerada a medida mais severa, usada depois da falha de outros meios. Em vez de impor a deportação, a Assíria exigia o tributo das nações ameaçadas de captura. Já em 842 a.C., Jeú, rei de Israel, pagava tributo a Salmaneser, rei da Assíria. Foi somente no reinado de Tiglate-Pileser (745-727 a.C.) que os assírios começaram a deportar pessoas das várias tribos de Israel.

Em 734 a.C., Tiglate-Pileser capturou as cidade de Naftali (2Rs 15.29) e levou embora os habitantes das tribos de Naftali, Rúben, Gade e da meia-tribo de Manassés (1Cr 5.26). Em 732, Tiglate-Pileser assumiu o controle sobre Damasco, capital da Síria. Naquela época ele designou para Israel (o Reino do Norte) o último rei — Oseias (732-723 a.C.). Oseias se rebelou em cerca de 724 a.C. e foi levado cativo pelos assírios (2Rs 17.1-6).

Samaria, capital de Israel, suportou a pressão até e sítio de Salmaneser V (727-722) no início de 721 a.C. A queda de Samaria por fim ocorreu diante de Sargom II (722-705 a.C.). Esses acontecimentos marcaram o fim das dez tribos do norte (2Rs 17.18).

Os assírios exilaram os israelitas enviandoos a Hala, Gozã e às cidades dos medos (2Rs 17.6; 18.11; Ob 20). Os assírios levaram para a Samaria pessoas da Babilônia, Cuta, Ava, Hamate e Sefarvaim (2Rs 17.24; Ed 4.10). Sargom II registrou a deportação de 27.290 israelitas.

Os profetas Oseias e Amós tinham profetizado a queda de Israel. Esses dois profetas anunciaram que a queda se devia à degeneração moral e espiritual, não ao poderio militar superior dos assírios. A Assíria era somente "a vara do meu furor" (Is 10.5).

A história do exílio de Judá Mais de cem anos antes do exílio babilônico, o profeta Isaías predisse a queda de Judá (Is 6.11,12; 8.14; 10.11). Além disso, os profetas Miqueias, Sofonias, Jeremias, Habacuque e Ezequiel concordaram com a queda de Judá.

Houve três deportações de judeus para a Babilônia. A primeira ocorreu em 598 a.C. (2Rs 24.12-16). A segunda em 587 a.C. (2Rs 25.8-21; Jr 39.8-10; 40.7; 52.12-34). Depois da segunda deportação, Gedalias foi nomeado governador de Judá pelos babilônios, mas foi assassinado (2Rs 25.22-25). A terceira deportação, o castigo pelo assassinato de Gedalias, ocorreu em 582 a.C. (Jr 52.30).

A vida no exílio Essa expressão significava a vida em cinco regiões geográficas diferentes: Israel, Judá, Assíria, Babilônia e Egito. Temos poucas informações sobre acontecimentos que se deram nessas regiões entre 587 e 538 a.C.

Israel A Assíria levou os mais instruídos e os integrantes da elite do Reino do Norte e os substituiu por populações de outros países dominados (1Rs 17.24). Eles precisaram enviar de volta à região alguns sacerdotes para ensinar ao povo as tradições religiosas do Deus da terra (2Rs 17.27,28). Esses sacerdotes provavelmente serviram à população constituída por lavradores judeus pobres dominados por líderes estrangeiros. Quando a Babilônia subjugou a região, estabeleceu a capital provincial em Samaria. Os líderes locais se aliaram a outros líderes provinciais para barrar Zorobabel e seu povo na reconstrução do templo (Ed 4.1-24). Gradualmente, formou-se uma população mista (Ed 10). Ainda assim, o remanescente fiel tentou manter o culto a Javé perto de Siquém, resultando mais tarde na comunidade samaritana. V. *Samaria, samaritanos*.

Assíria Exilados do Reino do Norte foram espalhados por todos os cantos da Assíria (2Rs 17.6). Aparentemente, suas pequenas comunidades, isoladas dos judeus, não lhes permitiram manter muito da identidade nacional. Não sabemos o que aconteceu a esse povo, por isso o título: as tribos perdidas de Israel. Alguns podem a certa altura ter voltado à terra natal. Outros podem ter estabelecido as bases das comunidades judaicas surgidas em registros posteriores da História.

Judá Os babilônios não destruíram Judá completamente. Deixaram lavradores, em particular, para cuidar da terra (Jr 52.16). Alguns cidadãos que tinham fugido da terra antes da invasão babilônica voltaram à terra depois da destruição de Jerusalém (Jr 40.12). Os babilônios estabeleceram um governo que pode ou não ter sido dependente do governo provincial em Samaria. Os judeus leais à tradição davídica assassinaram Gedalias, o governador (2Rs 25.25). Então muitas pessoas fugiram para o Egito (2Rs 25.26; Jr 43). As pessoas que permaneceram na terra continuaram a adorar nas ruínas do templo e a buscar a palavra de esperança de Deus (Lm). Muitos provavelmente não se alegraram muito ao ver os judeus voltando da Babilônia e reivindicando terra e liderança.

Babilônia O centro da vida judaica mudou para a Babilônia por causa de líderes como Ezequiel. A Babilônia até reconheceu a família real de Judá como se vê em 2Rs 25.27 e em registros babilônicos recuperados. Os judeus exilados basearam seu calendário no exílio do rei Joaquim em 597 a.C. (Ez 1.2; 33.21; 40.1). O neto de Joaquim, Zorobabel, liderou o primeiro grupo de exilados na volta da Babilônia em 538 a.C. (Ed 2.2; Ag 1.1). A maioria dos exilados na Bíblia provavelmente seguiu a prática comum do Oriente Médio, e se tornaram lavradores em terras pertencentes ao governo. Documentos babilônicos mostram que a certa altura alguns judeus se tornaram mercadores bem-sucedidos. Aparentemente os líderes religiosos como Ezequiel conseguiram conduzir encontros religiosos (Ez 8.1; cp. Ed 8.15-23). Continuou o contato entre os que estavam em Judá e no exílio (Jr 29), e os anciãos judeus proviam liderança aos exilados (Jr 29.1; Ez 8.1; 14.1; 20.1). O livro de 1Cr 1—9, Ed e Ne mostram que as genealogias e registros familiares se tornaram aspectos muito importantes de identidade para os exilados. As pessoas eram economicamente autossuficientes, algumas até possuindo escravos (Ed 2.65) e tendo recursos para financiar o retorno a Jerusalém (Ed 1.6; 2.69). Mesmo assim, alguns ansiavam por Jerusalém e não cantavam o cântico do Senhor na Babilônia (Sl 137). Aliaram-se a profetas como Ezequiel na expectativa de ver o templo reconstruído e o povo judeu restaurado. Riam dos deuses babilônicos como gravetos que restaram do fogo (Is 44.9-17; 45.9,10; 46.1,2,7; Jr 1.16; Ez 20.29-32). Estabeleceu-se, portanto, uma comunidade babilônico-judaica, exercendo forte influência muito depois de Ciro da Pérsia permitir a volta dos judeus a Judá. Esses judeus estabeleceram sua adoração, colecionaram as Escrituras e começaram a interpretá-las por meio de paráfrases e explicações aramaicas que por fim se tornaram o *Talmude* babilônico, mas continuaram a apoiar os judeus em Jerusalém.

Egito Alguns judeus fugiram de Jerusalém para o Egito (2Rs 25.26) apesar das advertências divinas para não o fazerem (Jr 42.13—44.30). Muitos judeus aparentemente se tornaram parte do exército egípcio aquartelado nas fortalezas da fronteira setentrional para proteção contra a invasão babilônica. Assim eles podem ter se unido aos judeus encontrados no Egito antes disso. Os arqueólogos descobriram inscrições em Elefantina, no sul do Egito, mostrando um grande contingente militar de judeus ali também. Aparentemente construíram um templo e adoraram a Javé junto com outros deuses. As comunidades militares desapareceram a certa altura, mas a

ÊXODO

influência judaica no Egito permaneceu. Por fim, uma grande comunidade se firmou em Alexandria e produziu a *LXX*, a mais antiga tradução da Bíblia Hebraica para o grego.

O Edito de Ciro em 538 a.C. (2Cr 36.22,23; Ed 1.1-4) libertou os judeus na Babilônia para que voltassem à pátria. Embora a situação na terra natal fosse desanimadora, muitos judeus voltaram. A pregação de Ageu e Zacarias (520-519 a.C.) incentivou esses cativos que retornaram a reconstruir o templo em Jerusalém. O templo foi concluído em 515 a.C., data que tradicionalmente marca o fim do exílio babilônico.
— *Gary Hardin*

ÊXODO Fuga de Israel da escravidão no Egito e jornada em direção à terra prometida sob a liderança de Moisés. Histórica e teologicamente esse é o fato mais importante do AT. Mais de cem vezes em todas as partes do AT, exceto na literatura sapiencial, Javé é proclamado como aquele "que te tirou do Egito, da terra da escravidão". Israel relembrava o êxodo como ato poderoso e salvador de Deus. O povo o celebrava nos seus credos (Dt 26.5-9; 1Sm 12.6-8). Cantava-o na adoração (Sl 78; 105; 106; 114; 135; 136). Os profetas lembravam constantemente o povo de que a eleição e a aliança estavam intimamente relacionadas ao êxodo (Is 11.16; Jr 2.6; 7.22-25; Ez 20.6,10; Os 2.15; 11.1; Am 2.10; 3.1; Mq 6.4; Ag 2.5). O êxodo no AT foi para Israel o que a morte e ressurreição de Cristo representam para os cristãos no NT. Como Israel comemorou sua libertação da escravidão egípcia na festa da Páscoa, assim os cristãos celebram a redenção do pecado pela observância da ceia do Senhor (Lc 22.1-20; 1Co 11.23-26).

Historicidade O único registro explícito do êxodo que temos é o relato bíblico (Êx 1—15). Nenhuma testemunha extrabíblica fala diretamente da estada dos antepassados de Israel na terra do Nilo. No entanto, fontes egípcias confirmam a situação geral encontrada no fim de Gn e início do livro de Êx. Há muitos relatos de fontes egípcias sobre um povo nômade chamado Habiru vindo ao Egito do leste, fugindo da fome. A evidência extrabíblica do Egito indica que o Egito usava o trabalho escravo para seus projetos de construção (Êx 1.11). Em certa época, as terras do Egito eram de propriedade de muitos senhores; mas depois do reinado dos hicsos, os faraós eram proprietários da maior parte das terras, e o povo era escravo do rei (Gn 47.20). Estudiosos do AT aceitam a historicidade essencial do êxodo.

A natureza do acontecimento Alguns estudiosos veem o êxodo como um livramento milagroso do povo de Deus das garras do exército do faraó diante do mar Vermelho. Outros o consideram uma fuga através de um vasto e sufocante deserto de um bando misto de escravos. Alguns argumentam que a linguagem militar no relato mostra que o fato foi uma escaramuça militar. Tal linguagem pode ser a linguagem da guerra santa.

A Bíblia ressalta que o êxodo foi obra de Deus. Deus lançou as pragas sobre o Egito (Êx 7.1-5). O milagre do mar nunca foi tratado apenas como um fato natural ou vitória só de Israel. Na resposta ao acontecimento mais antigo registrado que temos Miriã cantou: "Cantem ao Senhor, pois triunfou gloriosamente. Lançou ao mar o cavalo e o seu cavaleiro" (Êx 15.21).

Elementos do maravilhoso e do ordinário contribuíram para os maiores e mais importantes acontecimentos do AT. O natural e o sobrenatural foram combinados para produzir o livramento operado por Deus. O êxodo foi milagroso e histórico. Um ar de mistério envolve esse fato como acontece com todos os acontecimentos milagrosos. Apesar da referência temporal em 1Rs 6.1 e Jz 11.26, a data exata da ocorrência do êxodo ainda é uma questão intensamente debatida. Em vez da data no séc. XV a.C., muitos estudiosos datam o êxodo no séc. XIII quando Ramessés II era faraó. Não sabemos precisamente onde aconteceu, pois o termo hebraico pode significar mar Vermelho como o conhecemos, um dos seus tributários ou um "mar de juncos" de localização desconhecida. Não sabemos a identidade das pessoas nem quantas estavam envolvidas. O registro deixa claro que Deus libertou Israel da escravidão por sua aliança com os patriarcas e por desejar redimir seu povo (Êx 6.2-8).

A data do êxodo A Bíblia não apresenta uma data indisputável ao êxodo. Em 1Rs 6.1 lê-se: "Quatrocentos e oitenta anos depois que os israelitas saíram do Egito, no quarto ano do reinado de Salomão em Israel, no mês de zive, o segundo mês, ele começou a construir o templo do Senhor". Embora esse versículo se refira principalmente ao início da construção do templo de Salomão e somente de forma geral ao período do êxodo, aponta para o êxodo no séc. XV a.C. O problema é que o cálculo indireto do quarto ano do reinado de Salomão. Em primeiro lugar, o rei Acabe é mencionado em uma inscrição extrabíblica que afirma ter ele lutado em uma coligação de exércitos contra os assírios na batalha de Qarqar (c. 853 a.C.). Em segundo lugar, os reinados dos reis de Israel são então somados, voltando-se no tempo para chegar ao reinado de Salomão. Dando espaço a cálculos de anos de ascensão em Israel e em Judá e a sobreposição das corregências, várias datas são possíveis para o início do reinado de Salomão. No entanto, os sistemas cronológicos concorrentes para o início do reinado de Salomão não divergem em mais que uma década (970; 967; 966; 961 a.C.). O quarto ano do reinado de Salomão seria datado então em algum momento entre 966 e 957 a.C. Assim, mesmo sem a data precisa para o início do seu reinado, a Bíblia parece afirmar uma data entre 1446 e 1437 a.C. para o êxodo. A data antiga mais comumente aceita (entre os conservadores) é 1446 a.C.

São propostas três objeções principais a essa conclusão: 1) *Pitom e Ramessés*. Em Êx. 1.1 diz que os israelitas no Egito construíram as cidades-celeiros de Pitom e Ramessés. Argumenta-se que o nome "Ramessés" não é usado antes do tempo do Reino Novo (c. 1300 a.C. e depois). No entanto, a resposta conservadora é que o editor posterior do Pentateuco provavelmente usou esses dois nomes posteriores para maior clareza do texto para seus leitores (algo semelhante a um historiador atual dizer que Guilherme, o Conquistador, cruzou o "Canal Inglês" — claramente um anacronismo). 2) *O intervalo de 480 anos*. Esse período tem sido interpretado como uma extensão simbólica de tempo (12 gerações de 40 anos cada; possivelmente associada à genealogia de Arão a Zadoque em 1Cr 6.3-8). No entanto, não há razão definitiva para interpretar esse número de forma simbólica. A formulação só aparece dessa maneira em 1Rs 6.1, e a continuação do versículo torna mais específica a cronologia exata da fundação do templo no quarto ano de Salomão. Outro problema aparece quando são somados todos os números de Êx a 1Sm. Juntos perfazem mais de 550 anos, mas isso pode ser explicado pela sobreposição de juízes e dados semelhantes.

Lago Timsa, possivelmente o lugar em que os hebreus cruzaram o mar Vermelho.

ÊXODO

De acordo com o juiz Jefté, Israel já ocupava a terra de Canaã havia 300 anos. Isso impediria um/a êxodo/conquista tardio/a que somente deixasse um período de 200 anos para o tempo dos juízes (Jz 11.26). 3) *A evidência arqueológica da conquista no séc. XIII*. Pela escassez de evidências e interpretações divergentes dos dados, não há consenso hoje sobre a entrada de Israel na terra de Canaã. Existem três pontos de vista principais hoje quanto ao surgimento de Israel como nação a partir do séc. XIII até o séc. IX a.C. Em primeiro lugar, houve a conquista no séc. XIII seguindo o modelo de Albright. Em segundo lugar, há pontos de vista diversos sobre assentamento/surgimento nomádico a partir da região montanhosa central de Canaã por volta do séc. XIII. Esses modelos tentam tratar seriamente da falta de dados da conquista e das evidências culturais confusas na região montanhosa central no final do período do Bronze (c. 1200 a.C.). Em terceiro lugar, há os que usam a escassez de dados para minimizar a historicidade do texto bíblico e assim defender uma data no séc. IX como início da nação de Israel com Onri/Acabe. Com relação aos dados, a estela de Merneptá (c. 1220 a.C.) mostra que Israel já estava em Canaã nessa época — mas não exclui uma data antiga. Os dados de Láquis, Betel, Hazor, Debir podem ser interpretados como apoio da conquista no séc. XIII, mas alguns desses níveis de destruição poderiam ser atribuídos ao período dos juízes. A análise de Bryant Woods das evidências de Jericó mostra que a interpretação original

Capela interior do salão de festas de Hatshepsut. Hatshepsut era a esposa de Tutmósis II e tia e madrasta de Tutmósis III, que alguns estudiosos consideram o faraó do êxodo.

de John Garstang a favor da destruição antiga (c. 1400 a.C.) de Jericó estava correta. A última análise de cerâmica de Wood de uma escavação italiana em Jericó indica que o muro de arrimo em volta da cidade foi construído e destruído no final do período do Bronze. Isso é mais uma evidência favorável à data antiga da destruição de Jericó (e conquista), bem como da data antiga do êxodo. No entanto, o sítio de Khirbet el-Maqatir, escavado por Bryant Woods e Garry Byers, já existia naquelas redondezas no final do período do Bronze e talvez também a cidade bíblica de Ai. A análise feita por Nelson Glueck da Transjordânia — em que ele concluiu não haver evidências de edomitas, moabitas ou tribos nômades cruzando o caminho dos israelitas na data antiga — foi contrariada. A inspeção feita por Maxwell Miller na Transjordânia (especificamente o planalto moabita) demonstrou existirem evidências de tribos nômades em todos os períodos em questão para ambas as datas possíveis do êxodo. V. *Pitom e Ramessés*.

O faraó do êxodo O faraó do êxodo está relacionado diretamente à interpretação dos dados da datação do êxodo e da conquista. Caso se adote a data tardia (c. 1270 a.C.), o faraó da opressão teria sido Seti I, e o faraó do êxodo Ramessés II (1304-1237 a.C.). No entanto, adotando-se a data antiga (c. 1446 a.C.), o faraó da opressão foi Amenhotep II (1450-1425 a.C.). Nenhuma dessas datas tem evidências cronológicas definitivas, o que leva muitos à conclusão de que o êxodo/conquista não aconteceu, ou aconteceu em etapas. Embora haja evidências conflituosas, não há razões concretas para contradizer 1446 a.C. como a data do êxodo mencionada na Bíblia. Amenhotep II é retratado em textos antigos como um guerreiro forte e faraó militar que fez diversas campanhas por Canaã e então repentinamente interrompeu as atividades militares. Tutmósis III, pai de Amenhotep II, foi um dos mais ricos e poderosos faraós da 18ª Dinastia. O Egito estava no zênite de poder e riqueza quando Amenhotep ascendeu ao governo e se tornou o faraó do êxodo. Embora não conclusiva, a estela do Sonho de Tutmósis IV, filho e sucessor de Amenhotep II, mostra que Tutmósis IV não era o primogênito de Amenhotep II — possível alusão à décima praga sobre os primogênitos do Egito.

Os números incluídos no êxodo Lê-se em português em Êx 12.37: "Os israelitas foram de Ramessés até Sucote. Havia cerca de seiscentos mil homens a pé, além de mulheres e crianças". Por diversas razões (provisão de água/comida no Sinai; evidências de túmulos etc.) os estudiosos atuais traduzem a palavra hebraica para "mil" por "clã ou unidade militar". Essa posição resulta na redução drástica dos números de israelitas no êxodo, bem como em todo o AT. No entanto, é preciso admitir que essa tradução não pode ser feita de forma coerente em todo o AT porque alguns números são mais específicos. Em Nm 1.46 declara mais especificamente que Deus ordenou a Moisés que fizesse um censo no segundo ano depois do êxodo do Egito, e os homens de guerra eram 603.550. Não é incomum que números arredondados sejam às vezes usados tanto na Bíblia quanto no antigo Oriente Médio, mas isso não significa que aos números arredondados falta historicidade ou veracidade. Justo antes da entrada na terra prometida, em Nm 26, Deus ordenou a Moisés que fizesse um censo depois da praga causada pela imoralidade com as mulheres moabitas. Os israelitas eram 601.730 homens de guerra (Nm 26.51) com idade acima de 20 anos (Nm 1.3). As diferenças entre os números encontrados em Êx 12 e Nm 26 podem ser atribuídas à morte da geração mais velha do êxodo por causa do juízo divino e de causas naturais como ao aumento por meio de novos nascimentos nos primeiros 20 dos 40 anos da peregrinação no deserto do Sinai. Alguns estudiosos tentam entender os números altos específicos ao dividi-los em duas partes — os milhares sendo unidades militares/clãs e as centenas representando o real número de homens, mas esse método falha quando vemos em Nm 1.46 [603.550] 603 unidades militares/clãs, mas um total de apenas 550 homens. Se as estatísticas estão corretas segundo as quais os homens acima de 20 anos perfazem 25% da população total, então os israelitas contavam bem mais de dois milhões de pessoas tanto no início quanto no fim da peregrinação pelo deserto.

O êxodo foi obra divina. Um fato histórico envolvendo uma nação poderosa e um povo oprimido. Deus agiu de forma redentora com

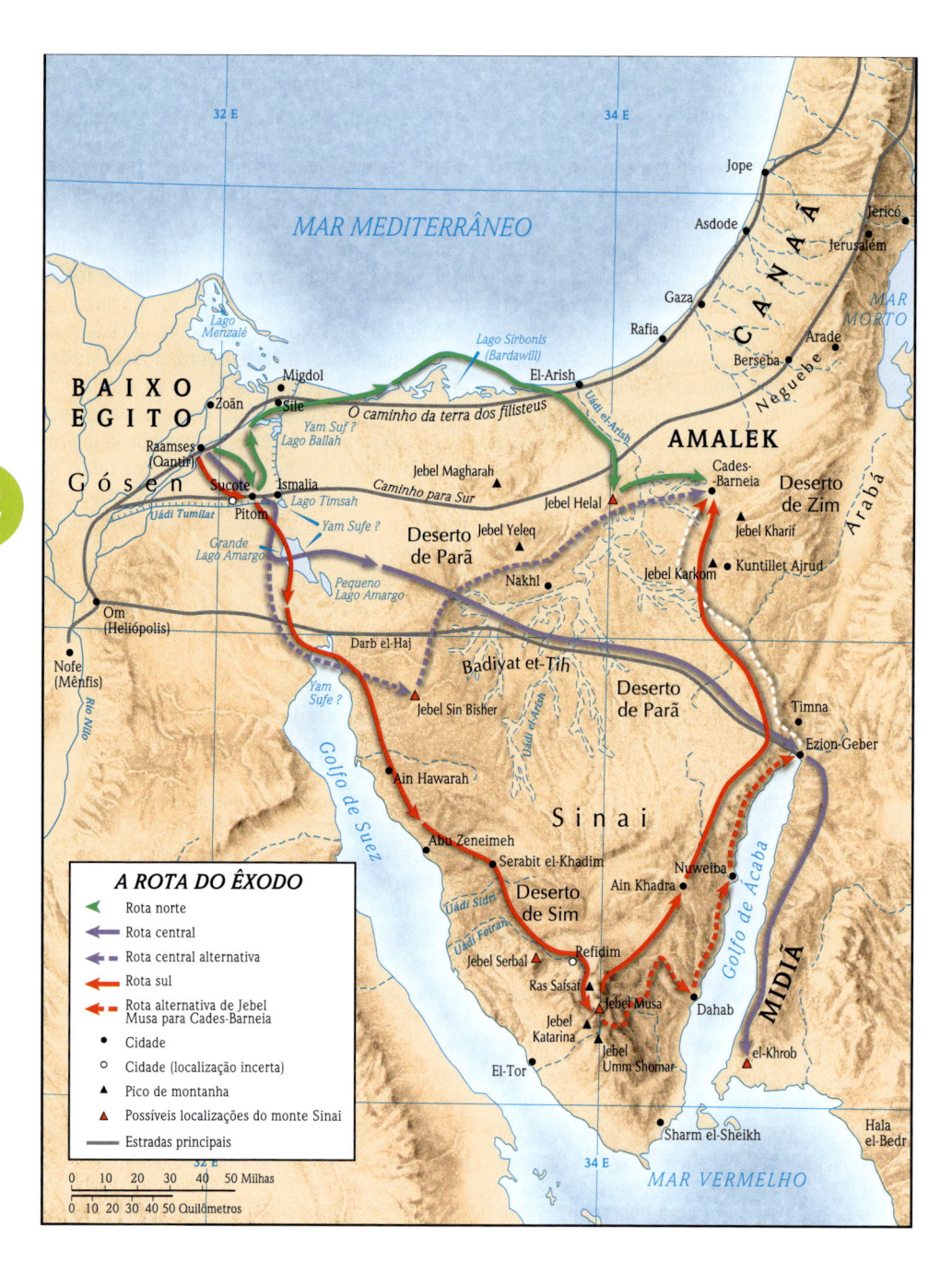

ÊXODO

A ROTA DO ÊXODO

- ◁ Rota norte
- ◁ Rota central
- ◁ Rota central alternativa
- ◁ Rota sul
- ◁ Rota alternativa de Jebel Musa para Cades-Barneia
- • Cidade
- ○ Cidade (localização incerta)
- ▲ Pico de montanha
- △ Possíveis localizações do monte Sinai
- ― Estradas principais

poder, liberdade e amor. Quando o Reino de Deus não vinha, os profetas posteriores começaram a esperar o segundo êxodo. Essa expectativa foi cumprida espiritualmente no ato redentor de Cristo. — *Ralph L. Smith e Eric Mitchell*

ÊXODO, LIVRO DE Livro de importância crucial no AT, que relata o ato salvífico divino fundamental por Israel no êxodo do Egito e sua aliança estabelecida com o povo destinado a ser seu reino de sacerdotes.

Contexto literário O livro de Êx é o segundo livro do AT e do Pentateuco. (V. discussão da data e autoridade em *Pentateuco*). O Êx constrói sua trama sobre o fundamento da narrativa em Gn da Criação, do pecado humano, do castigo divino e sua renovação, do chamado de Abraão para abençoar o mundo e das lutas entre Isaque e Jacó para cumprir o chamado divino. Isso resulta em José levar a família do pai ao Egito para evitar a severa escassez e fome. O Êx retoma a história dos filhos de Jacó no Egito, agora regidos por um novo faraó e considerados estrangeiros perigosos em vez de bem-vindos libertadores da escassez e fome. Assim os israelitas se tornaram fonte de trabalho escravo no Egito (cap. 1). Deus libertou o bebê Moisés do perigo, e ele cresceu na corte do faraó como filho da filha do faraó. Ainda assim, ele se importava com os israelitas. Tentando proteger alguém do próprio povo, matou um egípcio. Assim, Moisés precisou fugir para o deserto de Midiã, no qual ajudou sete pastoras em perigo. Ele se estabeleceu entre o povo local e se casou com uma delas. Ali, Deus o chamou diante da sarça em chamas no monte Horebe/Sinai e o enviou de volta para resgatar Israel do Egito (cap. 2—4). Com seu irmão Arão, enfrentou o faraó obstinado, que se recusou a soltar os israelitas. Quando o faraó tornou a vida mais difícil para Israel, os israelitas se queixaram a Moisés. Deus aproveitou isso como uma oportunidade para se revelar a Israel, ao faraó e aos egípcios. Deus lançou as pragas sobre o Egito. O faraó obstinadamente se recusou a deixar Israel partir até a morte de seu primeiro filho e todos os filhos mais velhos de todo o Egito na praga final. Essa décima praga se tornou a base da celebração religiosa central de Israel, a da Páscoa e dos pães sem fermento em que Israel reencenava o êxodo do Egito e se alegrava pelo ato supremo de Deus ao salvar seu povo (cap. 5—13). Enquanto Israel fugia do Egito, o faraó resistiu e conduziu o exército atrás deles. O milagre do mar Vermelho (ou talvez mais literalmente o mar de Juncos) tornou-se o maior momento da história de Israel, o momento em que Deus criou uma nação para si ao libertá-la do maior poderio militar da terra quando a conduziu através das águas divididas do mar e então fechou o mar enquanto os egípcios tentavam seguir os israelitas (cap. 14).

Depois de celebrar o livramento com cântico e dança (15.1-21), Israel seguiu a orientação divina para o deserto, mas logo a vida árdua do deserto se mostrou difícil demais. Os israelitas choraram pelos velhos tempos no Egito, mesmo depois de Deus lhes suprir as necessidades de comida e bebida e depois de derrotar os amalequitas (15.22—17.15). Jetro, sogro de Moisés, levou a esposa e os filhos de Moisés de volta a ele no deserto e louvou a Deus por tudo que ele tinha feito por Moisés e o povo. Jetro também aconselhou Moisés a organizar um sistema judicial mais eficiente, livrando Moisés de parte do peso (cap. 18). Então Israel foi ao Sinai, onde Deus os chamou para se tornarem seu povo da aliança, uma nação santa para cumprir a missão de Abraão de abençoar as nações. Deus deu os Dez Mandamentos e outras leis cruciais para a aliança (cap. 19—23), e então confirmou a aliança por meio de uma cerimônia misteriosa (cap. 24). Moisés foi ao topo da montanha para receber o restante das instruções de Deus, especialmente instruções para construir o lugar sagrado de adoração, o tabernáculo (cap. 24—31). O povo impaciente colocou Arão para construir um objeto de adoração que eles pudessem ver, assim ele fez o bezerro de ouro. O povo começou a adorá-lo. Isso irou a Deus, e ele enviou Moisés de volta ao povo. Moisés orou pelo povo apesar do seu pecado, mas então viu o ato pecaminoso do povo e jogou as tábuas da Lei no chão, quebrando-as. Moisés subiu novamente e orou pelo povo. Deus os castigou, mas não os destruiu como tinha ameaçado. Deus mostrou sua presença contínua na Tenda do Encontro e ao deixar sua glória passar por Moisés (cap. 32—33). Deus então deu a Moisés a Lei em duas novas tábuas de pedra e renovou a aliança com o povo, fornecendo-lhes mais leis fundamentais. Essa comunicação tão intensa com

ÊXODO, LIVRO DE

Deus fez o rosto de Moisés brilhar (cap. 34). Moisés então levou Israel a celebrar o sábado e a construir o tabernáculo (cap. 35—39). Moisés montou o tabernáculo e organizou a adoração nele. Deus abençoou a ação com sua gloriosa e santa presença (cap. 40). Isso proveu o sinal para as jornadas futuras de Israel, seguindo a nuvem e a coluna de fogo de Deus.

Ensino teológico Em Êx Israel conheceu a natureza básica de Deus e sua salvação. Os israelitas também conheceram a natureza do pecado, as características do líder segundo os padrões divinos, os elementos da adoração e o significado da salvação. Em Êx, Israel conheceu a identidade do povo de Deus.

Deus é o Regente do mundo, capaz de agir a favor do seu povo mesmo no território da força política e militar mais poderosa do mundo. Deus escolhe agir a favor do povo que ele elege. Deus conhecia sua situação mesmo quando outra nação o submeteu à escravidão. Deus salvou seu povo chamando um líder para transmitir sua vontade e lhes enfrentar o inimigo. Deus capacitou um líder em uma época de fraqueza espiritual do líder, não em um tempo de seu vigor espiritual. Ele agiu nas forças da natureza para mostrar seu poder incomparável e para demonstrar sua preocupação pelo próprio povo.

Salvação, poder e preocupação não foram tudo que Deus revelou de si mesmo. Também mostrou a natureza santa no fato de serem feitos preparativos especiais para entrar na sua presença. Revelou sua grande glória, tão majestosa que nem seu líder conseguiu olhar para ela. E o mais importante, revelou sua vontade para que estivesse presente entre o povo e o conduzisse por suas atividades diárias.

Ao fazê-lo, mostrou o caminho em que esperava que seu povo andasse, o caminho do sacerdócio entre as nações. A essência desse caminho era a vida orientada pelos Dez Mandamentos. Essa vida refletia a natureza do próprio Deus, que poderia ser identificado como "Senhor, Senhor, Deus compassivo e misericordioso, paciente, cheio de amor e de fidelidade, que mantém o seu amor a milhares e perdoa a maldade, a rebelião e o pecado. Contudo, não deixa de punir o culpado; castiga os filhos e os netos pelo pecado de seus pais, até a terceira e a quarta gerações" (Êx 34.6,7).

Deus esperava que seu povo andasse no caminho da santidade, o caminho dos Dez Mandamentos. Deixar de fazê-lo é pecado. O pecado está concentrado particularmente em dar a outro deus o crédito pelo que Deus fez e em reverenciar o que mãos humanas fizeram em vez de adorar o verdadeiro Deus que não tolera imagens dele. Para evitar o pecado, o povo de Deus deveria seguir o líder escolhido por Deus, mesmo que o caminho conduzisse ao deserto e exigisse um modo de vida privado de algumas comidas e luxos que tinham por certos. O líder seguia a vontade de Deus, não a do povo. Ao fazê-lo, intercedia a Deus pelo povo pecador, disposto a trocar seu lugar junto a Deus pela salvação do povo. Somente um líder com comunhão face a face com Deus poderia desenvolver essa atitude. Assim Moisés se tornou o líder sem igual para Israel.

O papel duradouro do líder incluía o estabelecimento do lugar de adoração e de práticas de culto. O povo de Deus obteve sua identidade na adoração. O líder lhes mostrou quando, onde e como adorar.

O povo ofereceu adoração por ter experimentado a salvação divina. Para eles a salvação significava libertação física em uma ação militar contra um poderoso inimigo mundial. Envolvia a obediência às instruções divinas e a espera pela ajuda milagrosa da parte dele. A salvação estabeleceu o relacionamento entre Deus e o povo, relacionamento baseado na iniciativa divina de libertar o povo e na iniciativa de convidar o povo para o relacionamento da aliança. Isso significava que o povo podia confiar que Deus o conduziria por sua história pessoal e nacional. Também significava que Deus esperava que os israelitas fossem um povo confiante e obediente de acordo com o estilo de vida que lhes estabeleceu. A salvação não significava apenas receber a salvação de Deus. Era seguir em fé o modo de vida que Deus descreveu para eles. V. *aliança*.

Esboço

I. Deus salva seu povo (1.1—4.17)
   A. O povo de Deus enfrenta opressão com medo (1.1-22)
   B. Deus levanta o libertador para seu povo oprimido (2.1—4.17)
II. Deus envia seu líder para uma missão difícil (4.18—7.2)

A. Deus usa todos os meios para cumprir sua vontade contra o regente ímpio (4.18-26)
B. Deus cumpre sua promessa de prover um auxiliar para seu líder (4.27-31)
C. O líder de Deus anuncia a mensagem divina a líderes pagãos (5.1-23)
D. Deus promete libertação ao povo surdo (6.1-9)
E. Deus encoraja os líderes inseguros (6.10—7.2)

III. Deus se revela ao castigar o inimigo (7.3—12.30)
A. Deus é soberano sobre poderes inimigos (7.3-13)
B. Os milagres não produzem fé (7.14-25)
C. Os poderes inimigos buscam concessões, não conversão (8.1-15)
D. O poder de Deus convence líderes religiosos inimigos (8.16-19)
E. O engano político não pode derrotar os propósitos de Deus (8.20-32)
F. O poder de Deus é superior aos símbolos religiosos pagãos (9.1-7)
G. O poder de Deus afeta tanto o povo quanto os animais (9.8-12)
H. O terror e a admissão de pecado não são reações adequadas às ações do único Deus (9.13-35)
I. Os atos salvíficos de Deus devem ser ensinados às gerações vindouras (10.1-20)
J. A vontade de Deus precisa ser seguida integralmente (10.21-29)
K. Deus distingue seu povo dos inimigos quando castiga (11.1-10)
L. Deus julga os outros deuses, mas poupa um povo obediente (12.1-13)
M. O povo de Deus deve lembrar e celebrar sua libertação (12.14-28)
N. Deus pune seus inimigos orgulhosos e obstinados (12.29,30)

IV. Deus se revela ao libertar seu povo da escravidão (12.31—15.21)
A. Deus liberta e abençoa seu povo e os que se aliam a ele (12.31-51)
B. Deus instrui seu povo a lembrar, celebrar e ensinar sua poderosa salvação (13.1-16)
C. Deus conduz e protege seu povo obediente (13.17-22)
D. Deus obtém glória e evoca fé ao salvar seu povo atribulado (14.1-31)
E. O povo de Deus o louva pela sua libertação (15.1-21)

V. Deus faz provisão para seu povo descrente e reclamão (15.22—18.27)
A. Deus promete cura a um povo obediente (15.22-27)
B. Deus revela sua glória e testa a fé do seu povo enquanto lhe supre as necessidades (16.1-36)
C. O povo descrente testa a presença de Deus (17.1-7)
D. Deus liberta seu povo e amaldiçoa permanentemente o inimigo deles (17.8-16)
E. Parentes estrangeiros testemunham a superioridade de Deus sobre todos os deuses (18.1-12)
F. O povo de Deus precisa receber ensino eficaz e liderança administrativa (18.13-27)

VI. Deus faz aliança com seu povo (19.1—20.21)
A. A aliança de Deus está baseada sobre seu ato de livramento e sobre a obediência do povo como um reino de sacerdotes (19.1-8)
B. Deus prepara seu povo para sua descida para fazer uma aliança (19.9-15)
C. A presença apavorante de Deus confirma sua aliança (19.16-25)
D. Os Dez Mandamentos são as regras básicas de Deus para a vida com ele (20.1-17)
E. Pessoas cheias de pavor precisam de um mediador humano diante do Deus santo (20.18-21)

VII. Deus dá leis civis, cerimoniais e criminais para ajudar seu povo (20.22—23.33)
A. Instruções para a adoração aceitável (20.22-26)
B. Tratamento de escravos hebreus (21.1-11)
C. Como tratar uma pessoa que fere ou mata outra pessoa (21.12-32)
D. Justiça pelo prejuízo causado à propriedade de outra pessoa (21.33—22.15)
E. Justiça quando uma virgem é seduzida (22.16,17)

F. Castigo por feitiçaria, bestialidade e idolatria (22.18-20)
G. Cuidado pelo estrangeiro, viúva, órfão e pobre (22.21-27)
H. Respeito por Deus e governantes humanos, consagração de filhos e santidade (22.28-31)
I. Prática da honestidade; não prejudicar o justo e o inocente (23.1-9)
J. Guardar o ano sabático, o dia de sábado, as ocasiões sagradas (23.10-19)
K. Deus proverá orientação espiritual (23.20-33)

VIII. Deus e seu povo precisam ratificar a aliança (24.1-18)
A. O povo se compromete com a vontade de Deus (24.1-11)
B. Deus ratifica a aliança com sua santa presença (24.12-18)

IX. Deus planeja estar presente com seu povo (25.1—31.17)
A. Segundo o coração os compelir, os israelitas devem contribuir para o lugar de adoração de Deus (25.1-7)
B. Deus habitará entre seu povo no seu lugar de santa adoração (25.8—27.21)
C. O ministro de Deus media a santa presença dele para um povo santo (28.1—29.37)
D. O povo responde à santa presença com contribuições sacrificiais (29.38—30.38)
E. Artesãos reagem à santa presença consagrando sua habilidade (31.1-11)
F. O povo reage à santa presença com adoração no sábado (31.12-17)

X. Deus restaura um povo pecador (31.18—34.35)
A. Deus provê orientações para a vida na sua presença (31.18)
B. Um povo impaciente viola a aliança ao fazer e adorar outros deuses (32.1-6)
C. Deus reage ao povo desobediente com ira (32.7-10)
D. Oração intercessora produz o arrependimento divino (32.11-14)
E. O juízo vem a um povo desobediente por meio dos líderes escolhidos por Deus (32.15-29)
F. A grandiosa intercessão de um mediador não é suficiente (32.30-35)
G. Deus retira sua presença imediata de um povo pecador (33.1-4)
H. Lamento e arrependimento, mesmo vindo de um povo desobediente, chamam a atenção de Deus (33.5,6)
I. A adoração no lugar escolhido por Deus é um elemento essencial na restauração da aliança (33.7-11)
J. A presença invisível de Deus reafirma o relacionamento de aliança (33.12-23)
K. Deus renova sua aliança com seu povo (34.1-35)

XI. Deus honra a obediência do seu povo com sua santa presença (35.1—40.38)
A. Deus dá ao povo exigências específicas (35.1-19)
B. O povo obediente fornece recursos e habilidades necessários para a obra de Deus (35.20—36.7)
C. O povo obediente usa seus recursos para construir o lugar da habitação de Deus (36.8—39.43)
D. O líder do povo de Deus se prepara para a adoração (40.1-33)
E. A presença de Deus enche o lugar de adoração continuamente para seu povo obediente (40.34-38)

— *Trent C. Butler*

EXORCISMO Prática de expulsão de demônios mediante atos rituais. Embora a Bíblia Hebraica faça menção a seres demoníacos (Lv 17.7; Dt 32.17; Is 13.21; 34.14; 2Cr 11.15; Sl 106.37), não há relato de expulsão de demônios de pessoas ou lugares. O ofício do exorcista, muito conhecido na prática religiosa da Mesopotâmia, está totalmente ausente na Bíblia Hebraica. Os demônios mencionados aí geralmente são seres terrenos pavorosos, às vezes parecendo bodes ou sátiros que vivem em regiões ermas. Duas vezes a palavra tomada por empréstimo, *shedin* (do acádico: *shedu*: "espírito protetor"), é usada para descrever deuses estrangeiros (Dt 32.17; Sl 10.6.37) e geralmente é traduzida por "demônios" nas versões em português.

No NT, os demônios eram poderes ou espíritos terrenos aliados a Satanás. O poder de expulsá-los, pertencente a Jesus, é a demonstração nos evangelhos Sinópticos do poder sobre Satanás (Mt 15.21-28; Mc 1.23-38; 5.1-20; 7.24-30; 9.14-29). A expulsão de demônios é listada entre as maravilhas realizadas por Jesus em Cafarnaum e na Galileia (Mc 1.34,39). Em Mc 3.11 relata que Jesus precisou silenciar os espíritos imundos porque eles o reconheceram e proclamaram Filho de Deus.

Jesus deu aos discípulos autoridade sobre espíritos imundos (Mc 3.14,15; 6.7) que eles em geral exerciam com êxito (Mc 6.31), mas nem sempre (Mc 9.18). Em Mc 9.38-41 faz referência a alguém que expulsou demônios em nome de Jesus mesmo não sendo seguidor dele. Jesus disse aos discípulos que não o proibissem. Em outro aspecto, At 19.13-16 conta de exorcistas judeus itinerantes em Éfeso que tentaram expulsar demônios no nome do Jesus pregado por Paulo, mas sem êxito.

João nada diz sobre Jesus expulsar demônios, mas a questão dos demônios não está ausente nesse evangelho, pois seus oponentes muitas vezes acusaram Jesus de ser possesso (Jo 7.20; 8.48,52; 10.20). De forma semelhante, nos Sinópticos, os escribas o acusam de expulsar demônios em nome do príncipe dos demônios (Mc 3.22).

A técnica comum de exorcismo, demonstrada por papiros de magia da época, consistia em conjurar o demônio (pelo nome, se possível) por meio do poder de um ou mais deuses para deixar a pessoa possuída. Isso não raro era acompanhado do preparo de ervas e da imposição de amuletos. Palavras mágicas com muitas sílabas repetidas também faziam parte de quase todas as fórmulas de exorcismo. Em contraste com isso, a maneira de Jesus expulsar demônios nos Sinópticos envolvia uma ordem sem referência a outros seres divinos (Mc 1.25; 9.25) e com somente uma única referência a algo parecido a uma técnica ao dizer sobre o jovem de quem os discípulos não conseguiram expulsar o demônio que o demônio em questão somente poderia ser expulso pela oração (Mc 9.29). Algo semelhante à técnica comum de exorcismo foi demonstrado no caso do endemoninhado geraseno que tentou sem êxito exorcizar Jesus, chamando-o pelo título e conjurando-o em nome do Deus Altíssimo a deixá-lo sozinho (Mc 5.7). Jesus confiou no seu poder singular para demonstrar que os demônios não tinham lugar ou poder no seu Reino. V. *possessão demoníaca; adivinhação e mágica; cura divina; milagres, sinais, maravilhas.* — Fred L. Horton Jr.

EXORTAÇÃO Argumento (At 2.40) ou conselho com a intenção de estimular o ouvinte à ação. A capacidade de exortar e encorajar à ação é dom espiritual (Rm 12.8) às vezes associado aos profetas/pregadores (At 15.32; 1Co 14.3). Em outras passagens a exortação mútua é a responsabilidade de todos os cristãos (Rm 1.12; 1Ts 5.11,14; Hb 3.13; 10.24,25). As Escrituras Hebraicas proviam uma fonte de exortação para os pregadores do NT (Rm 15.14; Hb 12.5,6). O sermão da sinagoga era descrito como "palavra de exortação" (At 13.15, *ARA*; "palavra de consolação", *ARC*; "mensagem de encorajamento", *NVI*). Como tal, exigia aplicação das verdades do texto das Escrituras à vida. Aliás, a exortação é o alvo da adoração adequada (1Co 14.31). As cartas de exortação eram comuns no mundo antigo. Os mensageiros não raro acrescentavam encorajamentos para complementar a mensagem escrita (2Sm 11.25; Ef 6.22; Cl 4.8). Os documentos do NT se consideram exortações (1Pe 5.12; Hb 13.22). O efeito da carta do concílio apostólico foi semelhantemente descrito como exortação (At 15.21). Embora não se autodenomine assim, a carta de Tg é uma exortação.

EXPIAÇÃO, PROPICIAÇÃO Termos usados na teologia cristã que correlacionam diretamente e definem a natureza e os efeitos da reparação ou redenção em relação a Deus e os cristãos. Os dois termos têm significados ligeiramente diferentes e são às vezes colocados em oposição pelos teólogos, embora seja também possível considerá-los complementares. A expiação trata do processo pelo qual os pecados são anulados ou cobertos. A propiciação, tomando um objeto pessoal, trata do aplacamento da parte ofendida — especificamente o Deus cristão — de sua ira ou raiva. A expiação encontra-se sob o conceito da propiciação. Nas Escrituras ela não pode existir sem a propiciação. Outros termos usados para propiciação são apaziguamento ou conciliação.

Terminologia bíblica No AT, a palavra hebraica *kafar*, normalmente traduzida para o português por "fazer expiação por" (*ARA*,

EXPIAÇÃO, PROPICIAÇÃO

ARC) ou "fazer propiciação por" (NVI), é usada quase sempre no contexto de aplacar a ira de Deus. Em Nm 25.11-13, p. ex., afirma que o Senhor disse a Moisés que Fineias "desviou a minha ira de sobre os israelitas" porque "[ele] fez propiciação pelos israelitas". Outros exemplos são Êx 32.30-33; Nm 16.41; Is 47.11 e Ml 1.9,10. Em relação ao homem objeto do apaziguamento, são usados Gn 32.20; 2Sm 21.3-14 e Pv 16.14. Outros textos falam de deuses ou ídolos como objeto de apaziguamento (Dt 32.17; Jr 32.35; e Sl 106.37,38). Embora a palavra *kafar* às vezes seja traduzida por "cobrir" ou "apagar" (cf. Sl 85.2,3), que tenderia à ideia de expiação, a palavra está quase sempre no contexto da propiciação. Por isso, a satisfação da ira de Deus é o tema tratado no contexto do sacrifício do AT.

Embora a controvérsia sobre a expiação e propiciação esteja presente no AT, o conceito se torna mais complexo com a palavra grega no NT *hilasmos* (*hilaskomai* é a forma verbal, *hilasterion* é o substantivo cognato) com quatro textos-chave: Rm 3.25; Hb 2.17; 1Jo 2.2 e 4.10. As diversas traduções dessa palavra nas versões modernas ilustram a grande controvérsia em torno do significado e efeito da redenção ou reparação. A palavra *hilasterion* em Rm 3.25, p. ex., é traduzida por "propiciação" (ARA, ARC), "instrumento de propiciação" (BJ), "sacrifício para propiciação" (NVI), "expiação" (RSV) e "meio de expiação" (NEB). A NVI, apoiando a ideia de aplacamento da ira, apresenta uma opção na nota marginal: "como sacrifício que desviava a sua ira, removendo o pecado". A NTLH traz quase uma explicação: "sacrifício para que, pela sua morte na cruz, Cristo se tornasse o meio de as pessoas receberem o perdão dos seus pecados". A nota marginal da NRSV em Rm 3.25 — "lugar de propiciação" — deixa o leitor em dúvida sobre a função da propiciação, mas apela ao local do sangue aspergido no Dia da Expiação, a tampa da arca da aliança, ou "propiciatório". A LXX usa a palavra *hilasterion* 28 vezes, todas se referindo ao propiciatório, exceto Am 9.1. Essa tradução de *hilasterion* por "propiciatório" ou "tampa da arca da aliança" no NT traz embutida certa ambiguidade. No entanto, fica Cristo foi a encarnação pessoal da Divindade e o meio de propiciação, não um lugar impessoal de propiciação, é melhor não traduzir a palavra por "propiciatório".

Paulo articulou a ideia de que a ira de Deus está sobre todos os seres humanos por seu pecado abominável (Rm 1—3; esp., 1.18-32). Em Rm 3.25, ele demonstra a iniciativa divina de aplicar sua ira em Cristo como o *hilasterion* ou propiciação. Se Paulo desejasse discutir apenas a expiação nesse versículo, teria deixado esse tema esperando até esse ponto na carta.

Em Hb 2.17 traz *tas hamartias* (os pecados) como objeto direto de *hilaskomai*, o que poderia levar alguém a pensar que a melhor tradução seja "expiação". No entanto, esse texto, mesmo falando que a redenção lava nossos pecados, não nega a noção de que a ira de Deus é considerada e até faz menção ao "sacerdote misericordioso", o que indica apaziguamento da justa ira. Outro texto está em 1Jo 2.2, que fala do "advogado" (ARA) ou "intercessor" (NVI) necessário para desviar a ira divina. Embora 2Co 5.18-20 não use a palavra *hilasmos*, o texto fala do Deus "que nos reconciliou consigo mesmo por meio de Cristo" denotando a inimizade anterior entre Deus e os cristãos. Essas imagens não poderiam ser explicadas somente pela expiação; precisam se fundamentar também na propiciação, e as traduções precisam refletir esse significado adequado.

Formulação teológica A necessidade da propiciação é encontrada no próprio Deus no aspecto de que o pecado provoca a ira. No entanto, alguns estudiosos, com C. H. Dodd e A. T. Hanson, acreditam que a ira de Deus não existe ou é uma ocorrência impessoal de causa e efeito. Dodd pensava que a palavra *hilasmos* no grego (clássico e coiné) significa "propiciar" e que a adoração pagã incluía um apaziguamento semelhante dos deuses por meio de sacrifícios. Não obstante, ele não achava que isso se aplicava ao judaísmo helenista ou ao NT. Ele então interpretou os textos do AT e do NT de forma unicamente expiatória, negando a propiciação. O interesse teológico de Dodd em redefinir a natureza de Deus sem referência à sua justa ira contra o pecado parece ter determinado suas conclusões. Outros estudiosos, como Leon Morris e Roger Nicole, defenderam e fundamentaram acertadamente a realidade da ira de Deus e a doutrina da redenção propiciatória.

A doutrina da propiciação nas Escrituras está em forte oposição à propiciação dos sacrifícios ritualísticos pagãos. Em primeiro lugar, o objeto dos sacrifícios pagãos eram deuses impessoais que não são absolutos em poder ou um deus absoluto impessoal — nenhum deles poderia produzir redenção. O objeto do sacrifício das Escrituras é o Deus trino pessoal e absoluto. Em segundo lugar, os deuses dos cultos pagãos expressam a ira de maneira irracional e excêntrica. O Deus das Escrituras demonstra sua ira em virtude da sua natureza interior, não de causas excêntricas e exteriores. Em terceiro lugar, os autores da propiciação pagã são os adoradores que oferecem o sacrifício. O sujeito do aplacamento da ira de Deus, o Pai, é Deus, o Filho, que voluntariamente traz redenção eficaz, pois a humanidade é indigna de fazer um sacrifício ao Deus contra o qual se rebelou. Essa maneira de sacrificar é mostrada no AT em Lv 17.11, em que Deus deu a Israel o sacrifício para lhe propiciar a ira.

O efeito do sacrifício propiciatório está diretamente ligado à ira divina. Se Deus não sentisse ira ou raiva dos pecadores, não haveria necessidade de propiciação. A mera expiação resolveria o caso. Se há expiação sem propiciação, Deus é indiferente para com o pecado e, portanto, injusto. A propiciação é a única maneira pela qual Deus pode oferecer misericórdia e perdão aos pecadores e, ao mesmo tempo, ser justo. Oferecendo Cristo, Deus "no presente, demonstrou a sua justiça, a fim de ser justo e justificador daquele que tem fé em Jesus" (Rm 3.26).

Outro atributo de Deus que alguns estudiosos consideram incompatível com a ira divina é o amor, mas os dois atributos mostram-se compatíveis por meio da propiciação: "Cristo morreu em nosso favor quando ainda éramos pecadores" (Rm 5.8; cp. Êx 34.7). A tensão precisa ser reconciliada porque essa falha teológica — i.e., não reconciliar o paradoxo aparente entre o amor e a ira de Deus — provavelmente é a razão de boa parte da controvérsia sobre se a expiação ou a propiciação é o conceito correto. Quem não consegue reconciliar o paradoxo aparente rejeita a ira e a propiciação a favor do amor, uma troca desnecessária. Em 1Jo 4.9,10, o autor afirma: "nisto [na propiciação] consiste o amor de Deus".

A crucificação é a encarnação do amor. Enquanto os pecadores odiavam o Criador, ele buscou um caminho para a reconciliação de seu povo. Em Is 53.10 afirma: "foi da vontade do Senhor esmagá-lo e fazê-lo sofrer". Jesus não foi vítima. Esse ato da sua parte foi amor incomparável, a completa doação de si mesmo por nós, "oferta e sacrifício de aroma agradável a Deus" (Ef 5.2). — *Jeremiah H. Russell*

EZBAI Nome pessoal de significado desconhecido. Pai de um dos comandantes militares de Davi (1Cr 11.37). A lista paralela (2Sm 23.35) contém uma palavra de aparência semelhante: "arbita". A formulação em Samuel pode ser a original e a de Cr o resultado de cópia antiga, mas não é possível tomar uma decisão segura acerca disso.

EZEL Nome de lugar de significado incerto, talvez "desaparecimento". Rocha onde Davi se escondeu de Saul e esperou pelo sinal de Jônatas (1Sm 20.19). Ele tinha se escondido ali anteriormente, referência aparente à fuga de Davi em 1Sm 19.2. Em 1Sm 20.41 o texto hebraico aparentemente se refere ao mesmo lugar como o "lado sul", usando para "lado" uma palavra muito parecida com Ezel. As primeiras traduções e os tradutores mais recentes buscaram outra formulação nesse ponto. Daí resultar "monte de pedras" (*NTLH*). O nome e localização do sítio são incertos. O ponto central da narrativa está claro: Davi usou um esconderijo natural para fugir de Saul e obter informações vitais de seu amigo, o filho do rei.

EZEQUIAS 1. Filho e sucessor de Acaz como rei de Judá (716-715-687-686 a.C.). Ezequias iniciou seu reinado com 25 anos de idade. A Assíria era a maior potência da época.

Ele iniciou seu reinado promovendo reformas religiosas em Judá. Ezequias não desejava cortejar o favor dos reis assírios. O templo em Jerusalém foi reaberto, e os ídolos foram removidos dele. Os vasilhames do templo que foram profanados no reinado de Acaz foram reconsagrados. Os sacrifícios foram iniciados com cânticos e com som de instrumentos musicais. As tribos do reino do norte (Israel) estavam sujeitas ao domínio assírio. Ezequias convidou

EZEQUIAS

Túnel do Rei Ezequias que trouxe água da fonte de Gim até o poço de Siloé.

os israelitas a se unirem ao povo do reino do sul na celebração da Páscoa em Jerusalém. Os lugares de adoração a ídolos foram destruídos. Ezequias mandou destruir até a serpente de bronze que Moisés mandara erigir no deserto (Nm 21.4-9) para que o povo não a visse como um objeto de culto. Ele organizou os sacerdotes e levitas para a condução dos cultos. Os dízimos foram reinstituídos. Planos foram feitos para a observância das festas religiosas prescritas na Lei.

Em 711 a.C., alguns poucos anos apenas depois de Ezequias se tornar rei, Sargão II da Assíria capturou Asdode. Ezequias se antecipou, pois teria de enfrentar os exércitos assírios. Para tanto, fortificou a cidade de Jerusalém e organizou um exército. Sabendo que uma fonte de água era algo crucial, Ezequias construiu um túnel na rocha sólida desde a fonte de Gim até o poço de Siloé. O muro da cidade foi ampliado para cercar essa importante fonte de água.

Isaías advertiu a Ezequias para não se envolver com a Assíria (Is 20.1-6). O período crítico de Ezequias foi em 705 a.C., quando Senaqueribe se tornou rei da Assíria, e Ezequias teve de lhe pagar um tributo pesado em ouro e prata.

Em 701 a.C. Ezequias ficou seriamente doente (Is 38.1-21). Isaías advertiu ao rei para que este se preparasse para morrer, o que deveria acontecer em breve, mas Ezequias orou para que Deus interferisse. Deus respondeu prometendo a Ezequias mais 15 anos de vida e a libertação de Jerusalém dos assírios (Is 38.4-6).

Enquanto isso, Senaqueribe sitiara Láquis. Sabedor de que Ezequias confiaram em Deus para libertação, Senaqueribe enviou mensageiros ao muro de Jerusalém para instar com o povo para que se rendesse. Senaqueribe se vangloriou de ter conquistado 46 cidades muradas e de ter tomado 200.000 cativos. Os mensageiros de Senaqueribe zombaram dizendo que Deus não viria em defesa de Judá. Ezequias, vestido de pano de saco e cinzas, foi até o templo para orar. Ele também chamou Isaías, o profeta. Isaías anunciou que Senaqueribe iria "ouvir certa notícia" e voltar para sua terra onde morreria à espada (2Rs 19.7).

A fé de Ezequias e sua recuperação física trouxeram-lhe reconhecimento das nações vizinhas (2Cr 32.33). O líder babilônico, Merodaque-Baladã, enviou congratulações a Ezequias por sua recuperação. Ezequias recebeu este líder babilônico, recepcionando-o, mas Isaías foi ao evento com a advertência que as gerações seguintes estariam sujeitas ao cativeiro babilônico (Is 39.1-8).

EZEQUIAS

Senaqueribe destruiu a cidade da Babilônia em 689 a.C. Depois disto ele rumou contra o Egito. Com esperança de impedir qualquer interferência da parte de Judá, Senaqueribe enviou cartas a Ezequias ordenando-lhe que se rendesse (Is 37.9-38). Ezequias levou as cartas até o templo e orou pedindo a ajuda de Deus. De Isaías chegou a mensagem que Senaqueribe não iria prevalecer. De fato, o exército de Senaqueribe foi destruído de modo miraculoso (2Rs 19.35-37). Em 681 a.C. Senaqueribe foi assassinado por dois dos seus filhos, tal como tinha sido previsto por Isaías em 701 a.C. Ezequias morreu em 687-686 a.C. Manassés, seu filho, o sucedeu, ainda que Manassés tenha se tornado corregente com Ezequias por volta de 690 a.C.

Ezequias é citado em Pv 25.1, e o Evangelho de Mateus alista Ezequias na genealogia de Jesus (Mt 1.9-10). **2.** Ancestral do profeta Sofonias (Sf 1.1). Ver *Sofonias*. **3.** Aparentemente é o nome hebraico de um clã que retornou do exílio na Babilônia com Zorobabel por volta de 537 a.C., sendo que a forma babilônica do nome é Ater (Ne 7.21; Ed 2.16). Os dois nomes, Ater e Ezequias, aparecem na lista dos que assinaram a aliança de Neemias de obedecer a lei de Deus (Ne 10.17). Isto representaria provavelmente homens da geração seguinte. **4.** Descendente de Davi que viveu após o retorno do exílio (1Cr 3.23). — *Gary Hardin*

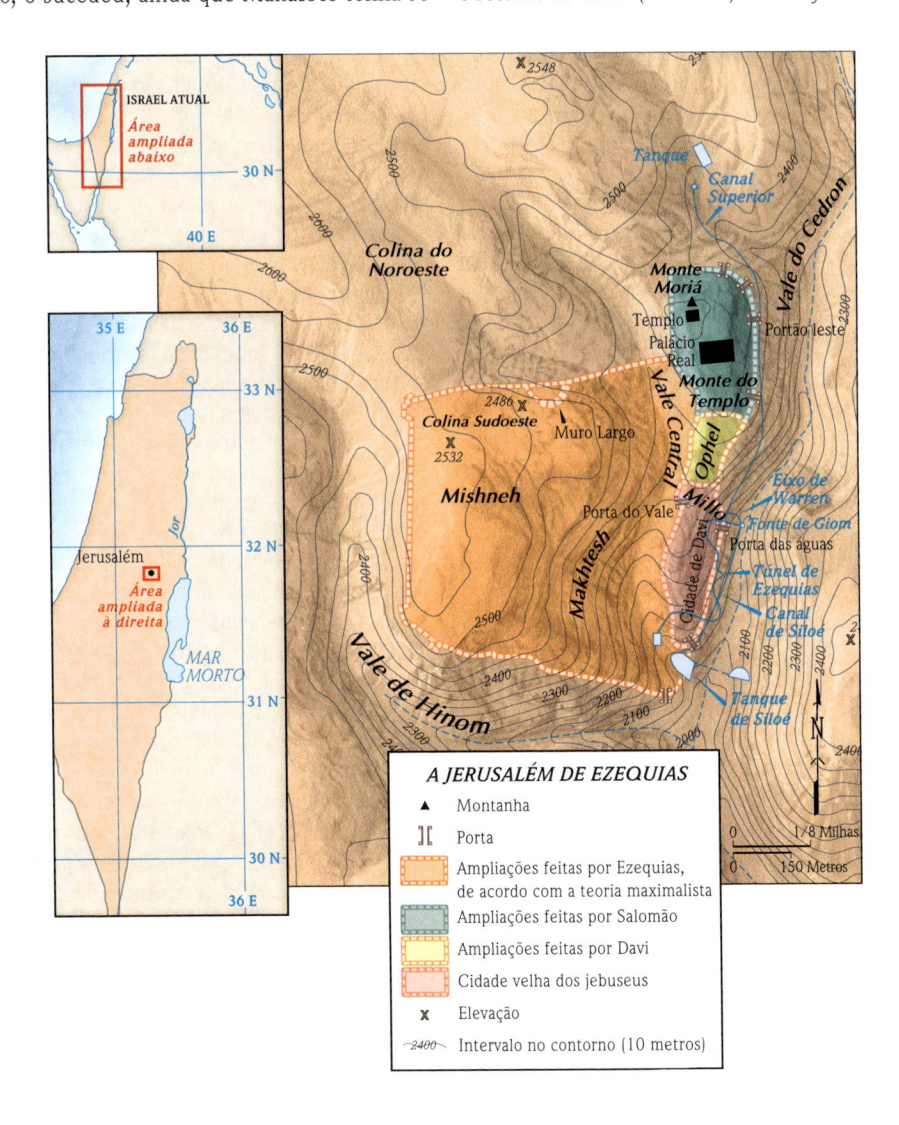

A JERUSALÉM DE EZEQUIAS

- ▲ Montanha
- Porta
- Ampliações feitas por Ezequias, de acordo com a teoria maximalista
- Ampliações feitas por Salomão
- Ampliações feitas por Davi
- Cidade velha dos jebuseus
- × Elevação
- ~2400~ Intervalo no contorno (10 metros)

EZEQUIEL Nome pessoal que significa "Deus fortalecerá". Ezequiel foi profeta do séc. VI que ministrou aos exilados de Judá na Babilônia. Tudo que se sabe sobre Ezequiel é extraído do seu livro. Era filho de Buzi (1.3), levado cativo para a Babilônia em 597 a.C., junto com o rei Joaquim e dez mil outros, incluindo líderes políticos e militares e artesãos habilidosos (2Rs 24.14-16). Ezequiel vivia em uma casa própria perto do rio Quebar, um canal de irrigação que canalizava a água do rio Eufrates para regiões áridas da proximidade. Era casado e usou como base do ministério a própria casa (3.24; 8.1; 33.30-33). Sua esposa morreu repentinamente (24.18), mas ele não teve permissão para lamentar a perda.

O papel de Ezequiel Conhecemos Ezequiel principalmente como profeta que recebeu os oráculos divinos e os passou ao povo (cf. 2.5; 33.33). No entanto, seus interesses sacerdotais bem pronunciados nos dão razão para o interpretarmos primeiramente como sacerdote que também era profeta. O chamado do Senhor a ele veio com 30 anos de vida (1.1), idade em que os sacerdotes normalmente eram empossados no ofício (Nm 4.30). Em Jerusalém, teria herdado a tarefa sacerdotal e sido preparado para ela por meios tradicionais. No entanto, no exílio o chamado veio de forma dramática e diretamente de Deus. Em uma visão, foi chamado para o serviço de Deus e introduzido na presença de Deus. Em notas autobiográficas, Ezequiel descreve suas reações a acontecimentos com sensibilidade sacerdotal, especialmente com relação a questões que envolvem pureza e impureza (4.14). Algumas das ações de que Deus o incumbiu eram adequadas somente para um sacerdote: "carregar a iniquidade" do povo (4.4-6) e não lamentar a morte de sua esposa (24.15-27; cp. Lv 21.4,5). Isso se aplica especialmente às visões do templo nas quais o próprio Senhor levou Ezequiel ao templo e o conduziu por todo o prédio (cap. 8—11; 40—43). Em ambas as visões a presença legítima de Ezequiel é contrastada com a presença ilegítima dos outros (8.7-18; 44.1-14). Nesse ensino e pregação Ezequiel cumpriu o papel de um sacerdote encarregado da responsabilidade de ensinar a *Torá* de Israel (Lv 10.11; Dt 33.10a). Ezequiel anunciou oráculos recebidos de Deus, permeados por teologia e formas mosaicas.

O ministério sacerdotal é associado a sacrifícios e outros rituais do tabernáculo/templo (cf. Dt 33.10b). Mas distante de Jerusalém, Ezequiel não podia realizar as tarefas do templo. A tarefa principal que lhe restava era o ensino. Ezequiel é o modelo do sacerdote como mestre da *Torá*. Mas nem por isso lhe era negada a tarefa profética. Normalmente os sacerdotes se envolviam no ministério profético por meio do Urim e do Tumim (Nm 27.21). No entanto, por não poder usar a vestimenta sacerdotal oficial, Ezequiel também não podia usar esses objetos. Em vez disso, recebia mensagens direta e verbalmente de Deus.

Como seu contemporâneo Jeremias, Ezequiel resistiu inicialmente ao chamado de Deus. Isso explica: a) a natureza da visão de abertura, com a intenção de dominá-lo e quebrar a sua resistência (1.1-28a); b) a advertência do Senhor a ele para que não se rebele (2.8); c) a profunda perturbação emocional de Ezequiel durante seu chamado (3.15); d) a dureza da advertência do Senhor para que ele não falhasse como sentinela (3.16-21); e) as severas restrições ao chamado (3.22-27).

Depois de aceitar o chamado, ele anunciou ousadamente a mensagem do Senhor. Como encenou muitos atos bizarros, alguns têm caracterizado Ezequiel como neurótico, paranoico, psicótico ou esquizofrênico. No entanto, seu comportamento incomum se deriva da total obediência a Deus. Ezequiel foi tomado pelo Espírito de Deus, teve uma perspectiva teológica profunda dos acontecimentos históricos da sua época e uma determinação inabalável de anunciar as mensagens recebidas de Deus.

Pano de fundo histórico do ministério de Ezequiel Ele foi o único profeta israelita que desenvolveu seu ministério totalmente fora da terra de Israel. Foi chamado cinco anos depois de ter sido deportado para a Babilônia por Nabucodonosor em 597 a.C. Essa tragédia, prevista pelo profeta Isaías mais de cem anos antes (2Rs 20.16-18), representou o ponto culminante de uma série de acontecimentos históricos. Depois da horrenda apostasia de Manassés, o piedoso rei Josias (640-609 a.C.) tentou reformas religiosas extensas (2Rs 23.1-25), mas foram insuficientes e era tarde demais. A condenação da nação já tinha sido determinada. Todos os sucessores de Josias foram ímpios. Seu filho Jeoacaz reinou somente três anos antes de os egípcios o deporem e substituírem por seu irmão Jeoaquim (609-598 a.C.).

A Babilônia substituiu o Egito como poderio militar dominante no antigo Oriente Médio depois da batalha de Carquemis em 605 a.C. Sob Nabucodonosor, o exército babilônico marchou tanto ao sul até chegar a Jerusalém, reivindicando Judá como seu vassalo. Nessa época, Daniel e seus três amigos foram levados à Babilônia como reféns para que pudessem preparar a chegada de grandes massas de habitantes de Judá em 597 a.C. Como Jeoaquim se rebelou contra a Babilônia naquele mesmo ano, Nabucodonosor o tirou do trono e o substituiu por seu filho Joaquim, mas ele também resistiu aos babilônios, e Nabucodonosor o deportou, junto com toda a elite (incluindo Ezequiel), para a Babilônia, e colocou seu tio Zedequias no trono. Notavelmente, Zedequias também resistiu à autoridade de Nabucodonosor. Por fim, em 587 a.C. os exércitos de Nabucodonosor cercaram Jerusalém, que caiu em 586. — *Daniel I. Block*

EZEQUIEL, LIVRO DE Classificado entre os principais profetas e colocado no cânon do AT depois de Lm. O livro de Ez é uma série de oráculos proclamados em diversas formas literárias identificáveis como oráculos de ais, oráculos de juízo, enigmas e outros. Diferentemente de Jr, a ordem em Ez é aproximadamente cronológica.

Por causa da natureza bizarra da visão de abertura de Ez, pessoas bem-intencionadas muitas vezes desistem de ler o livro até mesmo antes de chegarem às narrativas do seu chamado. Embora diferentes teorias concernentes ao significado dessa visão tenham sido propostas, a visão faz perfeito sentido se interpretada no contexto da iconografia do antigo Oriente Médio. Praticamente todos os elementos do carro do trono celestial têm sido atestados nas imagens e relevos do mundo antigo. Embora as imagens possam ser confusas para nós, nos dias de Ezequiel elas faziam perfeito sentido. Para uma comunidade que tinha perdido as noções espirituais e sua confiança no Senhor, Deus abriu o caminho, declarando que ele permanecia absoluta e gloriosamente soberano sobre todas as coisas. O fato de Nabucodonosor ter arrasado Jerusalém não era sinal da superioridade de Marduque sobre Javé; ele veio como agente de Javé. Deus se afastou do templo (cap. 8—11), mas apareceu a Ezequiel longe dali em uma terra pagã e profanada.

Como praticamente todos os oráculos de Ezequiel estão na primeira pessoa, os leitores têm a sensação de terem acesso às memórias pessoais do profeta. Somente uma vez, em uma nota editorial em 1.2,3, a forma da primeira pessoa é abandonada a favor da terceira pessoa. O profeta é apenas mencionado em 24.24, no contexto do discurso divino introduzido pela primeira pessoa. Isso contrasta com outros profetas, que raramente usam a forma autobiográfica da primeira pessoa. Ironicamente, embora os oráculos estejam no estilo narrativo autobiográfico, são raras as ocasiões em que o profeta, aliás, permite a entrada do leitor na sua mente. Somente seis vezes ele expressa sua reação às circunstâncias, dando vazão à revolta ou reconhecendo a incompreensibilidade das ações de Deus (4.14; 9.8; 11.13; 21.5 [20.49]; 24.20; 37.3). Em outros trechos suas respostas são formuladas como oráculos divinos. Embora deva ter ouvido as conversas informais do povo, o Senhor repetidamente o lembra do que eles estão dizendo (11.15; 12.22,27; 33.30-33; 37.11), mesmo das reações deles aos seus atos-símbolo (12.9; cp. 17.12; 24.19). Apesar da forma autobiográfica do texto, perguntamo-nos se o verdadeiro Ezequiel alguma vez se expõe. Vemos um homem totalmente sob o controle do Espírito do Senhor; somente o que Deus diz e faz importa.

A mensagem de Ezequiel Embora muitos dos oráculos de Ezequiel sejam dirigidos à população em Jerusalém ou a nações estrangeiras, sua plateia principal eram os companheiros de exílio na Babilônia. Antes de 586 a.C., os anciãos da comunidade vinham a ele na sua casa para ouvir uma palavra de Deus (8.1; 14.1; 20.1), esperando um anúncio da volta iminente deles para Jerusalém. No entanto, os exilados se recusaram a reconhecer que sua deportação se devia à própria rebelião contra o Senhor. A certa altura passaram a olhar para Ezequiel meramente como alguém fazendo teatro na sua casa. Ele podia até anunciar uma palavra de Deus, mas eles não ligavam para a mensagem; eles queriam entretenimento (33.30-33).

Economicamente a comunidade do exílio ia relativamente bem. No entanto, espiritualmente eles estavam chocados e amargurados contra a "traição" do Senhor. Enquanto estavam em Jerusalém, tinham apostado sua segurança nas quatro promessas imutáveis de Deus: 1) Ele tinha feito uma aliança eterna com Israel na qual não haveria divórcio; 2) Ele tinha lhes dado a terra de Canaã como possessão eterna; 3) Ele tinha estabelecido a dinastia davídica, prometendo-lhe direito eterno ao trono de Israel; 4) Ele tinha escolhido Sião como seu eterno local de habitação. Com base nessas promessas, mesmo quando o inimigo acampou ao redor de Jerusalém, os moradores de Judá se sentiram absolutamente seguros; o Deus da aliança tinha se comprometido com eles, a terra, o rei e o templo de forma irrevogável e incondicional. Eles se esqueceram de que as bênçãos associadas a essas promessas eram dependentes de demonstração ativa de fidelidade por meio de vidas caracterizadas pela obediência a Deus, como resposta ao privilégio de serem seu povo da aliança. Mas Deus os abandonara; eles pensaram que ele tinha se mostrado infiel; tinha deixado Nabucodonosor entrar na cidade, na realidade permitindo que Marduque, o deus dos babilônios, fosse mais forte. Desiludidos e deprimidos, continuaram suas práticas idólatras, exatamente as que tinham causado seu exílio.

A estratégia retórica de Ezequiel nos cap. 4—24 é desconstruir as ilusões de segurança ao expor os crimes do povo. Ele argumenta que longe de serem inocentes nesse "divórcio", eram culpados e tinham trazido a calamidade sobre si mesmos. Embora a ordem em que esses temas principais são tratados pareça ser um tanto aleatória, todos os seus oráculos foram direcionados intencionalmente para derrubar os quatro pilares em que tinham fundamentado sua segurança. Sistematicamente ele minou a validade da confiança deles nas promessas eternas de Deus de uma aliança imutável e incondicional (p. ex., 15.1-8; 16.1-60), do direito eterno e incondicional à terra (4.1-3; 6.1-14; 7.1-27; 11.1-23), dos reis davídicos como um símbolo irrevogável do seu comprometimento com eles (12.1-16; 17.1-24; 19.1-14) e de Jerusalém como habitação eterna de Deus (8.1—10.22; 24.16-27). Corajosamente ele declarou que eles não podiam pecar impunemente. Ao contrário, embutidas na aliança estavam advertências de juízo se eles persistissem na rebelião (Lv 26; Dt 28). Essa era a palavra eterna que Deus certamente cumpriria. Não somente as promessas eram eternas, mas também o juízo por ingratidão e desobediência.

Quando Jerusalém caiu em 586 a.C., a mensagem de Ezequiel mudou. O juízo tinha sido executado, e ele foi vindicado como verdadeiro profeta. Com poucas exceções, depois disso suas mensagens foram proclamações de esperança. Mas Ezequiel ressaltou sempre que a restauração futura de Israel seria uma obra da graça divina. Em primeiro lugar, declarou que Deus iria tratar Israel com graça ao destruir a ameaça de todos os seus inimigos (cap. 25—32), e por fim a conspiração mundial sob a liderança de Gogue e Magogue (cap. 38—39). Em segundo lugar, declarou que Deus restauraria Israel à posição e bem-estar completos como seu próprio povo da aliança. Ironicamente, ele baseou essa esperança exatamente nas mesmas promessas de Deus que tinha demonstrado sistematicamente serem bases falsas de segurança nos cap. 1—24. Seus oráculos de restauração mostram que essas antigas promessas são por sinal eternas. Essas deportações não eram a última palavra: Israel precisa retornar à terra prometida de seus pais, o reino davídico será restaurado e Deus vai novamente habitar em seu meio e jamais vai abandoná-los novamente (cap. 40—48). O texto de Ez 36.22-38 é o cerne teológico dos oráculos de restauração. Ezequiel resumiu o processo. Depois que o Senhor tivesse purificado a terra, novamente reuniria seu povo e os levaria à terra prometida. Então substituiria o coração de pedra deles por corações de carne e colocaria seu Espírito neles, para que pudessem andar nos seus caminhos e experimentar suas generosas bênçãos.

O método de Ezequiel No passado, Ezequiel foi descrito como alguém emocionalmente instável, vítima de distúrbios neuróticos e psicóticos. Hoje os estudiosos reconhecem que ele não era um homem à beira de um colapso nervoso, mas propositadamente usou táticas retóricas para transmitir sua mensagem a uma audiência endurecida e resistente. Nenhum profeta foi tão criativo quanto Ezequiel nas estratégias que empregou para transmitir sua mensagem. Inspirado por Deus, criou poderosos retratos de palavras (17.1-24; 19.1-14; 27.1-9), demoliu *slogans* populares com uma lógica impecável (11.1-21; 18.1-32), fez o papel de acusador (16.1-21; 23.1-49) e, como uma sentinela sobre o muro, advertiu o povo de certas desgraças (3.16-21; 7.1-27; 33.1-9). Depois que o juízo tinha sido executado, assumiu uma posição de compaixão, como um pastor (34.1-31), um porta-voz de boas-novas (6.8-10; 36.16-38; 37.1-14) e como o segundo Moisés, apregoando uma nova constituição (40—48). Mas também encenou atos simbólicos para expor a condição do povo e de seus reis (cap. 4—5; 12.1-20). Mais tarde, usou a mesma estratégia para anunciar sua mensagem de esperança (37.15-28), mas isso foi mais do que "teatro de rua". Ezequiel carregou no seu próprio corpo sua mensagem de condenação (2.8—3.3; 3.22-27; 24.15-27; 33.21,22).

O significado de Ezequiel na história e tradição Ezequiel oferece poucas evidências de resultados positivos do seu trabalho. Ao contrário, o Senhor lhe mostra outros resultados (3.4-11). O único encorajamento que recebeu foi que, por mais endurecida que fosse sua audiência, Deus tornaria sua testa ainda mais dura. No entanto, Deus prometeu vindicá-lo, declarando que quando o desastre tivesse se abatido sobre o povo, este reconheceria que um verdadeiro profeta tinha estado entre eles (2.5; 33.33).

Para avaliar a eficácia de Ez precisamos olhar para os acontecimentos que se seguiram ao livro. De acordo com a evidência interna, Ezequiel anunciou seu último oráculo em 571 a.C. (29.1), mais de duas décadas depois do seu chamado. Mesmo então, não havia sinal de reação positiva entre os exilados. No entanto, as três décadas seguintes testemunharam um desdobramento extraordinário: Quando Ciro promulgou o decreto em 538 a.C., permitindo que os de Judá voltassem para casa e reconstruíssem o templo, mais de 40 mil pessoas voltaram, totalmente desabituadas da idolatria e ansiosas para reconstruir (Ed 2.64). Muito provavelmente vieram em decorrência do ministério de Ezequiel, tendo experimentado um amplo avivamento espiritual. Não sabemos se ele viveu tempo suficiente para testemunhar esses desdobramentos. A sobrevivência das profecias é testemunha do seu impacto sobre os exilados.

A influência de Ezequiel se estendeu muito além do próprio século. Alusões ao livro são comuns no NT, a começar pela apropriação do título "Filho do homem" por parte de Jesus. Deus se dirigiu dessa forma constantemente a Ezequiel no livro (93 vezes), supostamente para lembrá-lo de que, embora tivesse sido chamado para o serviço divino, ele era do mesmo gênero da sua audiência. Fazendo eco de Ez 34, em Jo 10 Jesus se identificou explicitamente com o Bom Pastor, em contraste com os maus pastores. Os esforços de apedrejá-lo por reivindicar esse título refletem o reconhecimento de que esse era um título relativo à divindade (cf. Jo 10.31-33). A parábola de Jesus da vinha e do lavrador em Jo 15 tem sua raiz em Ez 15. O livro de Ap contémmuitasalusõesaEz,àsvezesadotandoeadaptando oráculos inteiros. Os seres viventes de Ez 1 e 10 reaparecem em Ap 4.6-9, e o retrato do trono de Deus em Ez 1.26-28 é retomado em Ap 4.2,3. Já Ap 20 faz uso intenso do oráculo de Ezequiel contra "Gogue, da terra de Magogue" (Ez 38.2). A visão de Jerusalém, a cidade santa, em Ap 21—22 decorre da visão do templo em Ez (40—48). Especialmente marcante é a referência ao rio que corre do trono de Deus.

As profecias de Ez são hoje geralmente ignoradas. No entanto, os cristãos afroamericanos escravos expressavam sua esperança por meio dos hinos chamados "negro spirituals", e alguns têm origem em Ez: "Swing Low Sweet Chariot" e "Ezekiel Saw Dem Dry Bones". Os estudiosos não conseguem concordar em torno do significado das profecias de Ezequiel referentes à restauração de Israel. Os adeptos da teologia do pacto tendem a ver essas profecias cumpridas no sentido espiritual na Igreja, enquanto os dispensacionalistas entendem que as profecias de Gogue e Magogue (cap. 38—39) e a visão do templo e da terra (cap. 40—48) devem ser interpretadas literalmente. A verdade provavelmente está entre esses dois extremos.

Dificuldade na interpretação do livro de Ezequiel Embora sua linguagem e temas estejam firmemente arraigados na revelação do Sinai e em Dt, muitos oráculos trazem outras influências, tanto na linguagem quanto nos temas. Seus oráculos contra Tiro e o Egito (cap. 27—32), p. ex., têm como centro temas mitológicos e ambientais egípcios. Em outras ocasiões, a linguagem é o simples hebraico, mas essa escolha de expressões é chocante, beirando o licencioso (cap. 16 e 23). Aparentemente, a única maneira de conseguir acesso à sua audiência e despertá-la da letargia era usar linguagem insultuosa e reconstruir a história de Israel como Deus a via em termos assustadores, se não repugnantes. Talvez mais que em outros livros proféticos, para entender Ez precisemos perguntar não somente: "O que diz o texto? (a pergunta da crítica textual) ou: "O que o texto quer dizer?" (a pergunta hermenêutica), mas também: "Por que ele diz isso desssa maneira?". Tendo explorado o mundo e a audiência do profeta, as respostas a essas três perguntas se tornam mais claras.

Esboço

I. Mensagem de condenação e trevas para Judá/Israel (1.1—24.27)
   A. O chamado e comissionamento de Ezequiel para o ministério profético (1.1—3.27)
   B. Sinais e visões de desgraça para Israel/Judá (4.1—11.25)
      1. Representando de forma dramática a queda de Jerusalém (4.1—5.17)
      2. Proclamando o juízo contra os montes de Israel (6.1-14)
      3. Tocando o alarme para a terra de Israel (7.1-27)
      4. Visionando a profanação do templo (8.1—11.25)
   C. Uma coletânea de oráculos de juízo contra Israel (12.1—24.27)
      1. Sinais dos tempos (12.1-20)
      2. Profecia — Verdadeira e falsa (12.21—14.11)
      3. O alto preço da traição (14.12—15.8)
      4. A mulher adúltera: pisando a graça de Deus (16.1-63)
      5. Mensagens de pecado e retribuição (17.1—22.31)
         a. A águia e a videira: Uma fábula (17.1-24)
         b. Disputa pela justiça de Deus (18.1-32)
         c. Lamento pela dinastia davídica (19.1-14)
         d. Reescrevendo a história sagrada (20.1-44)
         e. A espada vingadora do Senhor (20.45—21.32)
         f. Ai da cidade sanguinária! (22.1-31)
      6. Oh Oolá! Oh Oolibá! (23.1-49)
      7. O caldeirão fervente (24.1-14)
      8. O fim de uma era (24.15-27)
II. Mensagens de esperança e restauração para Judá/Israel (25.1—48.35)
   A. Uma mensagem negativa de esperança: Os oráculos contra nações estrangeiras (25.1—32.32)
      1. Oráculos de juízo referentes a seis nações (25.1—28.23)
         a. Oráculos breves contra os vizinhos de Israel (25.1-17)
         b. Os oráculos de Ezequiel contra Tiro (26.1—28.19)
      2. O plano de ação de Deus para as nações (28.20-26)
      3. Oráculos de juízo referentes ao Egito (29.1—32.32)
   B. O fim de uma era (33.1-33)
      1. A intimação final (33.1-20)
      2. A palavra final (33.21,22)
      3. A disputa final: Firmando as últimas reivindicações (33.23-29)
      4. A vindicação final (33.30-33)
   C. Mensagens positivas de Deus para Israel: O Evangelho segundo Ezequiel (34.1—48.35)
      1. Proclamando as boas-novas: "Vede o salvamento que o Senhor vos dará!" (34.1—39.29)
         a. A salvação do rebanho do Senhor (34.1-31)
         b. A restauração da terra do Senhor (35.1—36.15)
         c. A restauração da honra do Senhor (36.16-38)
         d. A restauração do povo do Senhor (37.1-14)
         e. A renovação da aliança do Senhor com Israel (37.15-28)
         f. A garantia da proteção do Senhor sobre Israel (38.1—39.29)
      2. Visionando as boas-novas: "Vede o retorno do Senhor!" (40.1—48.35)
         a. O novo templo (40.1—43.11)

b. A nova *Torá* (43.12—46.24)
   c. A nova terra (47.1—48.29)
   d. A nova cidade (48.30-35)
— Daniel I. Block

ÉZER Grafia em português de dois nomes hebraicos com grafias e significados diferentes. O primeiro significado hebraico é "reunião" ou "monte". Ézer era líder de Edom e descendente de Esaú (Gn 36.21,27,30). Era horeu e vivia em Seir ou Edom.

O segundo significado hebraico é "ajuda" ou "herói". **1.** Descendente de Judá (1Cr 4.4) do clã de Calebe. **2.** Filho de Efraim e neto de Jacó. Com seu irmão Eleade, ele foi morto quando tentou tomar o gado dos habitantes de Gate (1Cr 7.21). Efraim nasceu e viveu no Egito com sua família (Gn 46.20). É difícil saber quando qualquer membro da sua família imediata teve oportunidade de visitar Gate e roubar gado. Pode ser história dos clãs de Efraim e se referir a um momento de lamento na história das famílias descendentes de Efraim. O lugar no meio da lista de descendentes de Efraim e antepassados de Judá aponta para um tempo depois do próprio Efraim. De outra forma, outro Efraim que não o filho de Jacó está em consideração, ou Efraim, o filho de Jacó, entrou na Palestina, mas a Bíblia não preservou a história das suas viagens. **3.** Membro da tribo de Gade que se uniu ao exército do deserto de Davi antes de ele se tornar rei (1Cr 12.9). **4.** Pessoa que ajudou Neemias a reconstruir o muro de Jerusalém. Seu pai tinha autoridade política sobre Mispá (Ne 3.19). **5.** Músico do templo que ajudou Neemias na consagração da conclusão do muro em Jerusalém (Ne 12.42, com grafia hebraica ligeiramente diferente). V. *Ebenézer*.

EZIOM-GEBER Cidade portuária em Edom localizada na costa norte do golfo de Ácaba. É mencionada pela primeira vez na Bíblia entre as cidades da rota do êxodo (Nm 33.35,36; Dt 2.8). Salomão usou essa cidade para construir navios. Nesse tempo era um porto do qual navios tripulados por marinheiros fenícios navegavam para Ofir à busca de ouro e outras riquezas (1Rs 9.26-28; 10.11,22; 2Cr 8.17).

Nelson Glueck conduziu escavações do sítio da cidade antiga e descobriu restos de quatro cidades, a primeira datando do tempo de Salomão. É interessante que essa primeira cidade mostre evidências de ter sido um complexo cuidadosamente projetado, construído de uma vez segundo um plano, não gradualmente. Uma característica notável dessa primeira cidade foi uma série de estruturas de tubos e dutos de ar nos pisos e paredes. Glueck concluiu que essa cidade era a refinaria de cobre e ferro extraídos das minas da região. No entanto, em 1962, Rothenburg questionou essa posição e convenceu Glueck de que as ruínas mostram que a cidade era um grande celeiro e depósito de suprimentos.

Depois da divisão do reino, a cidade ficou com o Reino do Sul, Judá. Foi destruída provavelmente na invasão da Palestina realizada por Sisaque (925 a.C.). A cidade foi reconstruída por Josafá, rei de Judá, que tentou um empreendimento semelhante ao de Salomão, mas com resultados desastrosos (1Rs 22.48; 2Cr 20.35-37). A cidade foi novamente destruída no reinado de Jeorão quando os edomitas se insurgiram (2Rs 8.20-22). Azarias reconstruiu a cidade e, de acordo com muitos estudiosos, foi renomeada como Elate (2Rs 14.22; 2Cr 26.2), embora estudos recentes considerem Elate uma cidade distinta. No reinado de Uzias, os edomitas reconquistaram a posse da cidade. A partir desse tempo a cidade permaneceu sob o controle dos edomitas. Foi abandonada em algum momento entre os séc. VIII e IV a.C. e nunca mais reconstruída.

Estudos arqueológicos recentes questionam a identificação de Eziom-Geber com Tel el-Kheleifeh. A falta de um bom porto e de descobertas adequadas de cerâmica levou à exploração da ilha de Jezirat Faraun, na qual existe um porto natural. Também conhecida por ilha do Faraó ou ilha dos Corais, fica a 11 quilômetros ao sul da atual Eilate e a 270 metros da costa da península do Sinai. A ilha mede 300 metros de norte a sul e 60 metros de leste a oeste. Pode ter servido como ancoradouro e porto enquanto Tel el-Kheleifeh era Elate. V. *comércio*; *Elate*.
— Paul E. Robertson

EZNITA (*ARC*) Palavra de significado incerto para descrever a família ou a relação tribal de Adino (2Sm 23.8); no entanto, a maioria dos

EZRA

tradutores recentes pega uma pista do texto paralelo em 1Cr 11.11 e da tradução grega mais antiga, omitindo "Adino, o eznita" do texto. (Cp. traduções recentes). V. *Adino*.

EZRA Grafia do nome semelhante a Esdras em 1Cr 4.17 para refletir a letra final diferente na grafia hebraica. Esse Ezra é descendente de Judá sobre o qual nada mais se sabe. A grafia do seu nome pode ser a forma hebraica, enquanto a grafia mais comum é aramaica. V. *Esdras*.

EZRAÍTA Termo usado para descrever as relações familiares de Etã, famoso sábio (1Rs 4.31). O significado preciso da palavra hebraica é disputado. Pode significar alguém que nasceu na terra com plenos direitos de cidadania e apontar para a origem cananeia de Etã. Uma palavra relacionada aparece em Êx 12.19,49; Lv 17.15; Js 8.22 e outros lugares. V. *Etã*.

EZRI Nome pessoal que significa "minha ajuda". Encarregado do trabalho rural sob Davi (1Cr 27.26).

F

Mosaico no piso da igreja em Tabgha na Galileia, Israel, mostra os pães e os peixes.

FÁBULA

FÁBULA História breve e fictícia que usa animais e objetos inanimados como personagens para ensinar lições éticas ou práticas. Tipicamente, as personagens são retratadas com características de personalidade humana boas ou más. As lições práticas ou morais tornam-se evidentes na história quando essas características conduzem ou ao fracasso ou ao sucesso. As fábulas ocorrem raramente na bíblia, mas há dois exemplos claros no AT. A fábula das árvores da floresta que escolhem um rei (Jz 9.8-15) tem o propósito de advertir Israel dos perigos de escolher um rei fraco e cruel. Em 2Rs 14.8-10 (2Cr 2.17-19), há uma fábula dirigida a Amazias, rei de Judá, sobre a tolice da arrogância. Nessa história um cardo pensa que é igual aos cedros gigantes do Líbano e acaba sendo pisado por um animal selvagem na floresta. — Daniel B. McGee

FACA Pequeno instrumento de pedra, cobre, bronze ou ferro usado principalmente para propósitos domésticos. Josué recebeu a ordem de fazer facas de pedra para a circuncisão dos israelitas (Js 5.2,3). Como a pedra não era o material comum para fazer facas no tempo de Josué, a ordem para fazer facas de pedra provavelmente reflete uma prática muito antiga de circuncisão (Gn 17.11). Facas eram bastante usadas para matar e tirar o couro de animais e também em sacrifícios de animais (Lv 7.2; 8.15,20,25; 9.8-15; 1Sm 9.2). Alguns estudiosos da Bíblia pensam que as podadeiras de Is 18.5 são facas encurvadas. Outros creem que as lancetas dos sacerdotes de Baal eram facas pontiagudas com as quais eles se cortavam para chamar a atenção do deus deles (1Rs 18.28, *ARA* [*NVI*, "espadas"]. Conforme Ed 1.9 (*ARA*, *BJ*, *BP*, *TEB*) os utensílios para o templo incluíam 29 facas, mas a tradução da palavra hebraica é incerta, como pode ser visto em outras traduções: "panelas de prata" (*NVI*), "incensórios" (*BV*). V. *circuncisão*.

FACE A parte frontal da cabeça de uma pessoa. Na bíblia diversas palavras são traduzidas por "rosto", "face". No AT *panim* é a palavra mais comum e tem o sentido real de "faces". *Af* (nariz) e *ayin* (olhos, aspecto) também são às vezes traduzidos por face. No NT as palavras usadas são *opsi* e *prosopon*.

A palavra "face" tem uma diversidade de significados. É usada literalmente para se referir à face de um homem ou animal (Gn 30.40), serafins (Is 6.2) e à face de Cristo (Mt 17.2). Figuradamente, é usada em referência à face da terra (Gn 1.29), da água (Gn 1.2), do céu (Mt 16.3) e da lua (Jó 26.9). Também, a palavra "face" é usada teologicamente com respeito à "presença de Deus" (Gn 32.30). Face pode ser o "rosto" físico ou a superfície vista. Estar "face a face" (lit., "olhos nos olhos") é estar um diante do outro, cara a cara, e completamente visível (Nm 14.14). A face (o olho) da terra é a superfície visível da terra (Êx 10.5,15), e a face das águas é aquela superfície que é vista (Gn 1.2).

A palavra "face" ou "rosto" pode representar toda a fisionomia. É na face ou rosto que as emoções são expressas. A face do céu expressa o tempo, está vermelho e prenunciando tempo bom, ou indicando tempestade (Mt 16.2,3). Curvar a face (nariz ou rosto) expressa reverência ou temor (Nm 22.31; Lc 5.12). Curvar a face (nariz) em direção ao chão também inclui o envolvimento da pessoa como um todo (1Sm 20.41; Mt 26.39), indicando submissão completa. Quando a pessoa está irada ou triste, sua fisionomia (rosto) cai (Gn 4.5). "A alegria do coração transparece no rosto" (Pv 15.13). Para expressar desgosto, o rosto é desviado ou "escondido" (Ez 39.23; Sl 102.2); "buscar a sua face [ou presença]" é desejar uma audiência (Sl 105.4). Voltar "o rosto contra essa cidade" significa hostilidade (Jr 21.10, *ARA*), enquanto afastar o rosto mostra rejeição (Sl 132.10). "Pôr o seu rosto" indica determinação (Jr 42.17, *ARC*; Lc 9.51). Os maus mostram "dureza no rosto" (Pv 21.29, *ARA*) e cobrem "o rosto com [...] gordura" (Jó 15.27, *ARA*). No luto, o rosto é coberto (2Sm 19.4).

Faca grande, de lâmina larga, do período romano.

Como o rosto reflete a personalidade e o caráter de uma pessoa, a palavra é muitas vezes traduzida por "pessoa" (Dt 28.50, ["gente cruel", *NTLH*] ; 2Sm 17.11; 2Co 2.10), ou "presença" (Êx 10.11). Às vezes a palavra é traduzida meramente pelo pronome indefinido "muitos" (2Co 1.11). Não raro, a palavra "rosto" é traduzida em conjunto com a expressão "fazer acepção de pessoas", ou "ser parcial", conforme a versão (Dt 1.17; Pv 24.23; Mt 22.16; Gl 2.6).

Muitas expressões idiomáticas também são aplicadas ao "rosto/face de Deus". Seu rosto "resplandece" (Sl 4.6), mostrando boa vontade e bênçãos. Ele põe sua face contra os pecadores (Lv 17.10) e esconde o rosto (Sl 13.1). Muitas vezes, a palavra "rosto/face" é usada no sentido teológico com respeito à pessoa ou presença de Deus. Às vezes "rosto" é traduzido por "presença" (Gn 4.16; Êx 33.14; 2Ts 1.9). No tabernáculo, os "pães da Presença" eram uma manifestação local da presença de Deus. A expressão literal em hebraico é "pão das faces". Em outras ocasiões, outras palavras são usadas, embora o significado direto seja "face de Deus". Moisés pediu para ver a "glória" de Deus (Êx 33.18), mas Deus respondeu: "Você não poderá ver a minha face" (Êx 33.20). A correlação é que ao ver a face de Deus, a pessoa experimentaria sua presença real, e assim seria exposta à natureza e ao caráter de Deus. Seres pecaminosos e não santos não podem sobreviver na presença de Deus sem a graça ou intervenção misericordiosa de Deus (Êx 33.17-23). Assim Moisés (Êx 3.6), Elias (1Rs 19.13) e os serafins (Is 6.2) escondem o rosto na presença de Deus. V. *glória; pães da presença; presença de Deus; olho*. — Darlene R. Gautsch

FACE, FACES Tradução na *NVI* do termo hebraico *ayinim*, representando superfícies planas pequenas, especialmente as de uma pedra preciosa lavrada (Zc 3.9). A ideia básica do termo hebraico '*ayin*, como se vê na maioria das versões em português, é "olho". Por extensão, a raiz pode designar face ou superfície, daí a tradução "faces". Alguns comentaristas entendem que a raiz hebraica significa nascente de água (cf. Gn 16.7). A tradução "olhos" aponta adiante para "os sete olhos do Senhor, que percorrem toda a terra" (Zc 4.10, *ARA*), um símbolo da onisciência e onipresença de Deus. A tradução "nascentes" se harmoniza com a ideia de remoção da iniquidade (3.9b). A nascente ou o ribeiro escatológico é bem conhecido a partir das visões do templo (Jl 3.18; Ez 47; Zc 13.1; 14.8). Em Zc 3.9, no entanto, usa-se o plural masculino, não o feminino usado em outras referências a nascentes. Talvez a forma masculina seja um aramaísmo. Alguns estudiosos acreditam que a pedra era uma laje de pedra que ocupara o lugar da arca da aliança no primeiro templo. Nesse caso os sete olhos representam a plena presença de Deus de forma correspondente à arca da aliança.

FALCÃO (*NVI*, *ARA*) (Dt 14.13; Lv 11.14; Jó 28.7) V. *águia; abutre*.

FALÊNCIA Declarar a falência como um meio para escapar de dívidas não era uma opção no período bíblico. Se uma pessoa não pudesse pagar suas dívidas, os credores podiam tomar sua propriedade (Ne 5.3,4; Sl 109.11) ou filhos (Êx 21.7-11; 2Rs 4.1-7; Ne 5.5; Jó 24.9) até que se considerasse suficiente o pagamento feito, ou o próprio devedor podia ser vendido como escravo (Lv 25.39-43; cp. Pv 22.7) ou aprisionado (Lc 12.58,59).

O perdão regular das dívidas no antigo Israel (Dt 15.1-3) nunca teve a intenção de estimular a tomada irresponsável de empréstimos. Antes, os autores da Bíblia simplesmente esperavam que o povo de Deus pagasse suas dívidas, mesmo que ao fazê-lo as pessoas tivessem grandes perdas (Êx 22.14; cp. Sl 15.4). Os que não pagavam suas dívidas eram considerados maus (Sl 37.21) e tolos (cp. Lc 14.28,29). — *Paul H. Wright*

FALSA ADORAÇÃO Ampla categoria de atos e atitudes que inclui adoração, reverência ou honras religiosas oferecidas a qualquer objeto, pessoa ou entidade que não o Deus único e verdadeiro. Também inclui outros atos impuros, impróprios e inadequados dirigidos à adoração do Deus verdadeiro.

A adoração oferecida a um objeto falso é a forma mais óbvia e facilmente reconhecível de falsa adoração. A adoração de ídolos é apenas uma parte da falsa adoração no mundo bíblico. Muitas vezes outros deuses eram adorados, não por causa da atração dos ídolos ou imagens, mas pela falsa sensação de poder desse "deus".

FALSA ADORAÇÃO

O maior problema com a falsa adoração no AT está na natureza dos deuses da fertilidade — Baalins e Astarote, Anate, Astarte — as representações masculinas e femininas da reprodução e do crescimento. A compreensão da forma e natureza básicas desse tipo de falsa adoração tem sido esclarecida pelas descobertas feitas em Ugarite e nos subsequentes estudo e interpretação dessas descobertas. Acreditava-se comumente que Baal tinha controle sobre todas as colheitas e a reprodução de todos os rebanhos. Muitas das formas dessa falsa adoração incluíam atos sexuais — atividades repudiadas pelas leis do AT. Contudo o encanto e a prática desses rituais continuavam, provavelmente por causa do poder atribuído a Baal nessas áreas tão entrelaçadas com a vida e o sustento dos antigos hebreus. No tempo da grande potência da Assíria no mundo antigo, até os hebreus parecem ter pensado que os deuses assírios eram mais poderosos do que Javé; assim eles começaram a adorá-los. O profeta Sofonias, que viveu e profetizou nessa época, condenou "aqueles que no alto dos terraços adoram o exército de estrelas" (Sf 1.5). Associada a esse tipo de adoração estava a perspectiva bem prevalente no mundo AT de que cada deus tinha território próprio e era relativamente impotente fora daquele lugar. Talvez a afirmação mais franca disso esteja na história de Naamã (2Rs 5, especialmente o v. 17). Depois que o comandante sírio foi curado da sua lepra, pediu "duas mulas carregadas de terra" de Israel para levar consigo para a Síria para que pudesse adorar o Deus verdadeiro.

As muitas referências a falsos deuses com a evidente falsa adoração no AT em conjunto com a ausência quase total disso no NT poderiam sugerir que havia poucos problemas com outros deuses no período do NT. Mas isso está longe de ser verdade. O mundo do séc. I estava repleto de religiões diferentes do cristianismo e do judaísmo. A presença da falsidade na adoração, por ser dirigida a falsos deuses, continuou a ser um problema religioso. Os deuses nativos das nações e divindades da fertilidade semelhantes a Baal e Astarote do período do AT ainda existiam em abundância. Uma nova força estava presente nas religiões de mistério — religiões helenistas que focalizavam na esperança da vida após a morte. Os mistérios de Orfeu e Elísio eram talvez os mais proeminentes entre eles. A adoração ao imperador era um sério desafio nos dias da igreja primitiva. A maioria dos romanos provavelmente considerava o culto ao imperador meramente uma expressão de patriotismo e lealdade ao Estado. No entanto, o padrão cristão era dar "a César o que é de César, e a Deus o que é de Deus" (Lc 20.25). Não raro, o cristão precisava enfrentar ordens imperiais de participar nesse tipo de falsa adoração. A recusa poderia resultar em castigos sérios, que com frequência significava a execução. No final do período do NT e nos anos imediatamente seguintes, o mitraísmo se tornou um grande concorrente do cristianismo. Essa adoração pagã de Mitra, representada pelo *sol invictus* (o sol invencível), foi um severo desafio ao cristianismo. Exclusivamente uma religião masculina, que ressaltava poder e força, o mitraísmo se tornou especialmente popular no exército romano.

A falsa adoração não está centrada necessariamente na prática de cultos pagãos ou idólatras. Com mais frequência é um problema para os proclamadores da adoração de um único Deus verdadeiro. A falsa adoração desse tipo geralmente está centrada em alguma forma de desobediência intencional ou propositada. Sua presença na Bíblia se estende desde a desobediência autoexaltadora no jardim do Éden até a posição comprometedora de concessão ao culto do imperador e outras religiões pagãs retratadas no livro de Ap.

As formas principais de falsa adoração são tratadas no decálogo (Êx 20): "Não terás outros deuses além de mim" (v. 3) — uma ordem à lealdade e adoração exclusivas a Javé; "Não farás para ti nenhum ídolo" (v. 4a) — uma exigência clara de adoração sem imagens; e "Não tomarás em vão o nome do Senhor" (v. 7a) — uma ordem de em tudo na vida honrar o Deus cujo nome os hebreus reivindicavam e carregavam.

Os hebreus foram culpados de práticas religiosas sincretistas ou artificialmente mistas. Os templos construídos por Jeroboão, filho de Nebate, o primeiro rei de Israel (o Reino do Norte), depois da sua separação do Reino de Judá centrado em Jerusalém, provavelmente eram dedicados a tal adoração. Quando esses templos foram estabelecidos em Betel e Dã, o rei Jeroboão "fez dois bezerros de ouro e disse ao povo:

'Vocês já subiram muito a Jerusalém. Aqui estão os seus deuses, ó Israel, que tiraram vocês do Egito' " (1Rs 12.28). Essa mistura do bezerro de ouro — um símbolo de Baal — com a adoração ao Deus que libertou os hebreus da sua escravidão no Egito era falsa adoração.

Uma prática muito semelhante prevaleceu no tempo de Elias. Nesse confronto com os profetas de Baal no monte Carmelo no tempo de Acabe e Jezabel (1Rs 18.20-46), o profeta do Senhor se dirigiu ao povo reunido: "Até quando vocês vão oscilar para um lado e para o outro? Se o Senhor é Deus, sigam-no; mas, se Baal é Deus, sigam-no" (1Rs 18.21).

A falsa adoração inclui confiar no poderio militar (Is 31.1), confiar nas "obras de vossas mãos" (Jr 25.7, ARA), servindo a Deus a fim de receber bênçãos físicas e materiais (como os amigos de Jó), oferecendo sacrifícios inaceitáveis, corrompidos ou mutilados a Deus em vez de oferecer o melhor (Ml 1.6-8). A falsa adoração também ocorre quando as pessoas oram, jejuam ou dão esmolas "diante dos outros para serem [vistos] por eles" em vez de fazê-lo em sincera devoção a Deus (Mt 6.1-18).

Os assuntos da falsa adoração são apresentados de forma sublime em Mq 6.8: "Ele mostrou a você, ó homem, o que é bom e o que o Senhor exige: pratique a justiça, ame a fidelidade e ande humildemente com o seu Deus" e nas palavras de Jesus à mulher samaritana em Jo 4.23,24: "No entanto, está chegando a hora, e por sinal já chegou, em que os verdadeiros adoradores adorarão o Pai em espírito e em verdade. São estes os adoradores que o Pai procura. Deus é espírito, e é necessário que os seus adoradores o adorem em espírito e em verdade". V. *Canaã*. — Bruce C. Cresson

FALSO PROFETA Pessoa que espalha mensagens e ensinamentos falsos, alegando falar palavras de Deus.

Antigo Testamento Embora a expressão "falso profeta" não ocorra no AT, as referências a falsos profetas são claras. As páginas do AT estão repletas de homens e mulheres que se encaixam na descrição de um falso profeta apresentada por Jr 14.14: "É mentira o que os profetas estão profetizando em meu nome. Eu não os enviei nem lhes dei ordem nenhuma, nem falei com eles. Eles estão profetizando para vocês falsas visões, adivinhações inúteis e ilusões de suas próprias mentes". Outros exemplos estão em Jr 23.21-33 e Zc 10.2. O castigo pelas falsas profecias era severo. Os falsos profetas eram expulsos da presença de Deus e humilhados permanentemente. Sofriam a destruição da sua cidade (Jr 7.14-16; 23.29).

Um falso profeta era também alguém que profetizava em nome de outro deus. Um exemplo comum é a história de Elias e dos profetas de Baal (1Rs 18.20-39). Em uma disputa contra Elias e o verdadeiro Deus, os profetas de Baal sofreram uma humilhante derrota.

Israel nem sempre conseguiu distinguir o profeta verdadeiro do falso como vemos em 1Rs 22; Jr 28. Ao profeta restava falar, esperar e ver qual profecia se mostrava verdadeira na história (Dt 18.22; 1Rs 22.28; Jr 29.9; cp. 1Rs 13).

Novo Testamento Jesus e os apóstolos falaram muitas vezes sobre falsos profetas. No Sermão do Monte, Jesus ensinou as marcas do falso profeta e as consequências de quem o era (Mt 7.15-23). Também advertiu seus seguidores a que tomassem cuidado com os falsos profetas que surgiriam nos períodos de tribulação e no fim dos tempos (Mt 24.11,24; Mc 13.22). Disse que deveriam ser cuidadosos quando o mundo gostasse das palavras de um profeta porque o profeta que é falso tem grande habilidade em obter popularidade (Lc 6.26).

Os apóstolos instruíram os cristãos a ser diligentes na fé e compreensão dos ensinos cristãos, a fim de discernir os falsos profetas que certamente surgiriam (1Pe 1.10; 1.19—2.1; 1Jo 4.1). Os elementos para testar um profeta são: 1) Suas profecias se cumprem (Jr 28.9)? 2) O profeta tem um chamado divino (Jr 29.9)? 3) As profecias são coerentes com as Escrituras (2Pe 1.20,21; Ap 22.18,19)? 4) As pessoas se beneficiam espiritualmente do ministério do profeta (Jr 23.13,14,32; 1Pe 4.11)?

O castigo para os falsos profetas era tão severo no NT quanto o tinha sido no AT. Paulo fez que um falso profeta fosse acometido de cegueira (At 13.6-12), mas a maioria dos outros castigos era de natureza mais permanente. Jesus disse que os falsos profetas seriam cortados e queimados como uma árvore ruim (Mt 7.19). Em 2Pe 2.4 temos a descrição de alguém que é lançado em "abismos tenebrosos".

FALSOS APÓSTOLOS

O castigo definitivo aparece em Ap 19.20 e 20.10 — o falso profeta, a besta e o Diabo foram jogados "no lago de fogo que arde com enxofre" e foram atormentados para sempre. V. *profecia, profetas*. — Donna R. Ridge

FALSOS APÓSTOLOS Designação dos oponentes de Paulo em 2Co 11.13; também designados "obreiros enganosos" (11.13) e servos de Satanás (11.14,15). Tais "apóstolos" eram caracterizados como os pregadores de um "Jesus rival" (provavelmente alguém arrogante, feitor de milagres, uma "história de sucesso"), possuindo outro espírito (motivação egoísta evidenciada por um estilo de vida diferente do de Paulo), e outro evangelho que descartava a cruz (e seu corolário de sofrimento para os que seguem a Cristo). Os falsos apóstolos parecem ter sido cristãos judeus (11.22), bem treinados na oratória (11.6), que talvez alegavam "visões e alegações do Senhor" (12.1) como marcas autênticas do apostolado (cp. o papel da experiência de Paulo na estrada de Damasco, At 9.15; 22.14,15; 26.16-19). Embora invadissem o território missionário de Paulo, os "falsos apóstolos" são caracterizados como os que se vangloriam (2Co 10.13-16) de acordo com padrões humanos. Seu estilo de liderança era opressivo (11.20). Em contraste com Paulo, esses falsos apóstolos dependiam dos cristãos coríntios para seu sustento financeiro (11.7-11,20; 12.14). Talvez acusassem Paulo de ser "pago pelo que valia". Paulo reagiu dizendo que o sofrimento por Cristo era a marca do verdadeiro apostolado (11.23). A fraqueza, não o poder dominador, revela o poder de Deus (11.30; 12.5,9). Se os "superapóstolos" (11.5; 12.11, também *NTLH*) são identificados com líderes da igreja de Jerusalém, devem ser distinguidos dos falsos apóstolos em Corinto. Eles talvez tenham reivindicado a autoridade daqueles.

Os falsos apóstolos de Ap 2.2 são caracterizados como homens maus e mentirosos. Talvez devam ser identificados com os nicolaítas ativos em Éfeso (2.6) e Pérgamo (2.15), e com os seguidores dos "falsos profetas" em Tiatira (2.2).

FALSOS CRISTOS Impostores alegando ser o Messias (Cristo em grego). Jesus associou a aparência desses embusteiros de Messias com a queda de Jerusalém (Mt 24.23-26; Mc 13.21,22). Jesus advertiu seus seguidores a que fossem céticos quanto aos que realçam sinais e presságios para autenticar suas reivindicações messiânicas. Jesus também incentivou o descrédito aos que afirmavam que o Messias esperava no deserto ou "dentro da casa" ("no interior da casa", *ARA*) (talvez uma referência às câmaras internas do complexo do templo). Josefo mencionou diversas figuras históricas que poderiam ser consideradas falsos cristos: 1) Teudas, que apareceu quando Fado era procurador (44-46 d.C.) e conclamou as pessoas a irem ao deserto junto ao rio Jordão com a promessa de que ele dividiria o Jordão como Josué o tinha feito e começaria uma nova conquista da terra; 2) diversos "impostores" no mandato de Félix (52-59 d.C.) que levou multidões ao deserto com promessas de sinais e maravilhas; 3) um "impostor" no mandato de Festo (60-62 d.C.) que prometeu libertação e livramento das misérias do governo romano para os que o seguissem ao deserto; 4) Manaém ben Judá (que era "o galileu") no mandato de Florus (64-66 d.C.) que veio a Jerusalém "como rei" e sitiou a cidade. Esses impostores de Messias e os falsos profetas malmente distinguíveis instavam repetidamente o povo judeu a resistir de forma armada a Roma ou a permanecer em Jerusalém para lutar. Em contraste, Jesus instou seus discípulos a tentar se salvar fugindo da cidade. Os habitantes cristãos de Jerusalém lembraram desse conselho quando eclodiu a guerra com Roma (66 d.C.) e fugiram em busca da segurança para Pela na Transjordânia. Alguns intérpretes esperam que surjam falsos cristos antes da vinda futura de Cristo.

FAMÍLIA Grupo de pessoas unidas por laços de casamento, sangue ou adoção, possibilitando a interação entre membros da casa nos seus respectivos papéis sociais. Deus ordenou que a família fosse a instituição fundamental da sociedade humana.

Terminologia Dentro do "povo" étnico (*'am*) de Israel descendente de Jacó havia três níveis de relacionamentos familiares. Um era o da tribo (*shevet* ou *mateh*) que abrangia os descendentes de um dos filhos de Jacó. Dentro da tribo havia os "clãs" (*mishpachah*), e dentro do clã havia as unidades familiares, que eram a unidade básica da estrutura social de Israel. Elas são tipicamente chamadas "casa do pai" (*bet-'av*; Js 7.16-18). Essa unidade seria semelhante ao que entendemos por "família", mas geralmente era maior que nossa "família nuclear", incluindo três ou quatro gerações de filhos e suas esposas e filhos, que viviam no mesmo pedaço de terra sob a liderança de um patriarca ou "cabeça" familiar. O grupo de anciãos que julgava à porta de uma cidade (e.g., Dt 21.19) provavelmente abrangia todos os "cabeças" locais. A percepção e o valor da "família nuclear" de duas gerações podem ser deduzidos das repetidas referências ao relacionamento de pai-filho.

Os termos "pai" e "mãe" podem se referir a qualquer ancestral homem ou mulher, não importa se distantes uma ou mais gerações, e se vivos ou mortos. Da mesma forma, "filho" ou "filha" podia se referir a qualquer dos descendentes. Semelhantemente, os termos "irmão" ou "irmã" podiam se referir a qualquer outro parente do mesmo clã (cp. Gn 12.5 com 14.16).

O termo mais usado no NT é *oikos* e seu equivalente *oikia*, "casa, família". Sinônimo da expressão hebraica "casa do pai", era usado com respeito aos membros de uma família, mesmo incluindo servos e outros dependentes.

Antigo Testamento A importância da unidade familiar em Israel é sugerida pelo fato de metade dos crimes capitais estarem relacionados à família, incluindo adultério, homossexualismo, incesto, desobediência persistente para com pai ou mãe ou violência contra um deles, e estupro (Lv 20; Dt 21—22). A base para a unidade familiar era o casal (Gn 2.4—5.1). A partir da união entre marido e mulher, a família se expandia para incluir os filhos, e também diversos parentes como avós e outros.

A autoridade paterna sobre a família era acompanhada da responsabilidade pela provisão para a família e sua proteção. O pai era responsável pela educação religiosa e moral dos filhos (Dt 6.7,2-25; Êx 12.26,27; Js 4.6,7), e diante da lei ele agia como o sacerdote familiar (Gn 12.7,8; Jó 1.2-5). Depois do estabelecimento do sacerdócio levítico, o pai conduzia a família na adoração nos lugares designados por Deus nos quais os sacerdotes realizavam os sacrifícios (1Sm 1). A pureza moral era enfatizada para homens e mulheres em Israel com severos castigos para qualquer um deles caso pecasse (Lv 18; Pv 5). O pai deveria dar sua filha em casamento (Dt 22.16; 1Sm 17.25; Jr 29.6) somente a um homem israelita, geralmente alguém da sua própria tribo. A filha que se tornasse promíscua antes do casamento deveria ser apedrejada à porta da casa de seu pai (Dt 22.21).

Diferentemente das práticas das nações vizinhas, as esposas não eram consideradas propriedade do marido. Embora os casamentos no AT fossem na maioria arranjados, isso não significava que não houvesse amor neles. O livro de Ct exalta a alegria do amor físico entre marido e esposa. Deus é usado como exemplo do marido perfeito que ama sua "esposa" Israel (Os 1—2) e tem prazer em cuidar dela e fazê-la feliz.

As mães davam à luz os filhos e os criavam, administravam a casa sob a autoridade do marido e geralmente serviam como auxiliadoras dele (Gn 2.18; Pv 31.10-31).

A importância dos filhos no antigo Israel pode ser deduzida da lei do casamento de levirato, que dava a provisão para a continuação da linhagem familiar (Dt 25.5-10; Sl 127.3-5). Também eram o instrumento pelo qual as antigas tradições eram passadas adiante (Êx 13.8,9,14; Dt 4.9; 6.7). Deus tem prazer em ser louvado pelos filhos (Sl 8.2). Os filhos eram ensinados a respeitar sua mãe, bem como seu pai (Êx 20.12; Dt 5.16; 21.13; 27.16; Pv 15.20; 23.22,25; 30.17) e se submeter à sua instrução (Pv 1.8; 6.20). A disciplina era uma forma de mostrar amor aos filhos (Pv 3.11,12; 13.24).

A poligamia (mais especificamente a "poliginia") era um dos desdobramentos anormais da família no AT e foi primeiramente praticada por Lameque, descendente de Caim. A poligamia nunca é vista de maneira positiva nas Escrituras — é fonte de rivalidade e disputas, como se vê na vida de Abraão e Jacó (Gn 16; 29—30). Os haréns dos reis de Israel são apresentados como excessos censurados na monarquia (Dt 17.17). Por causa da poligamia os reis de Israel foram persuadidos a adorar falsos deuses (1Rs 11.1-10). A unidade familiar normal em Israel nunca foi polígama, nem foi a poligamia praticada amplamente fora da realeza.

Parentes identificados como fora de questão para casar (i.e., incesto; Lv 18.6-18; 20.11-14,19,21) parecem ter sido aqueles normalmente considerados membros da "casa do pai". Isso inclui o próprio pai ou mãe, filho ou filha (não importa de que geração), irmã ou irmão, tio ou tia, ou parente por casamento, bem como de meio-parentesco, padrasto, madrasta, enteado, enteada, cunhado, cunhada, tio ou tia por casamento. A exceção é o levirato, o casamento de um homem não casado com a viúva sem filhos de seu falecido irmão.

Novo Testamento Como a família é a unidade básica da sociedade e do Israel no AT, assim ela era essencial também à vida e crescimento da igreja primitiva. Os missionários apostólicos enviados por Jesus deveriam concentrar sua atenção em casas/famílias (Mt 10.11-14), o culto no início consistia em parte em "parti[r] o pão de casa em casa" (At 2.46; v. tb. 5.42; 12.12; 20.20), e as igrejas posteriores se encontravam regularmente nas casas (Rm 16.23; 1Co 16.19; Cl 4.15). As conversões às vezes aconteciam com a família inteira (At 10.24,33,44; 16.15,31-34; 18.8; 1Co 1.16). A família também servia como local de teste para líderes de igreja, que deveriam demonstrar fidelidade no casamento, hospitalidade, administração e cuidado competente da casa, incluindo a sábia instrução dos filhos, e ter esposa "respeitável" (1Tm 3.2-13; Tt 1.6-9).

No NT a estrutura familiar não é tão discutida como o papel e a responsabilidade de cada um na casa. A unidade familiar comum era um relacionamento monogâmico que incluía a família ampliada. No séc. I havia uma medida maior de independência na família baseada na cultura romana e na vida urbana. Vínculos próximos eram comuns entre membros de uma família em Israel.

Jesus confirmou a família monogâmica e censurou a imoralidade e o divórcio durante seu ministério. Falou sobre a indissolubilidade da família e disse que nem as cortes civis poderiam dissolver os elos familiares (Mc 10.1-12). A responsabilidade de cuidar dos membros da família é vista na cruz quando Jesus, mesmo sofrendo, deu ao apóstolo João a responsabilidade de cuidar de sua mãe (Jo 19.26,27).

Grande parte do ensino do NT sobre a família está nos escritos de Paulo. A ética da família é descrita em Ef 5—6 e Cl 3—4. Nesses textos os maridos são responsáveis pela saúde física, emocional religiosa e psicológica das esposas. A submissão da esposa está no contexto do casamento.

As esposas são chamadas a serem administradoras da casa. Como pessoas que dirigem os negócios da casa as esposas são responsáveis por dar orientação à família. Paulo afirma que a realização dessas tarefas vai inibir a fofoca e outras atividades improdutivas (1Tm 5.14). Assim não é sábio tomar qualquer decisão na família sem o conselho e orientação da esposa.

Os papéis familiares no NT também incluem os filhos, que recebem a incumbência de obedecer a seus pais (Ef 6.1-4). Cada membro da família tem responsabilidades. Jesus confirma a importância dos filhos e sua importância para eles em Mt 18.2-14; 19.13,14; Mc 10.14-16.

A família como metáfora O AT muitas vezes usa termos relativos à família para descrever o relacionamento de Deus com o povo de Israel. Às vezes são chamados de seu "filho" ou seus "filhos", e em outras ocasiões são sua esposa (Sl 103.13). Infelizmente Israel é chamado às vezes de esposa obstinada, ou filhos rebeldes, por causa da sua rebeldia contra Deus (Jr 2.32; 3.14).

A igreja de Jesus Cristo pôde ser descrita como "família de Deus" da qual tanto os cristãos judeus quanto os gentios são membros (Ef 2.19; v. Mc 10.29,30; 1Tm 3.15). O resultado é que a responsabilidade de uma pessoa para com sua família espiritual é semelhante à sua responsabilidade para com sua família física (Gl 6.10; 1Pe 3.8), embora a pessoa não deva depender da igreja para suprir as necessidades da sua própria família (1Tm 5.3-8). V. *educação nos tempos bíblicos; órfão de pai; casa do Pai; incesto; lei do levirato, casamento do levirato; bodas [casamento]; mãe; mulher.* — Brent R. Kelly e E. Ray Clendenen.

FANTASMA Traduções modernas da Bíblia usam a palavra "fantasma" para se referir aos espíritos desencarnados dos mortos. Os discípulos de Jesus o confundiram com um fantasma quando ele andou sobre as águas (Mt 14.26; Mc 6.49) e quando apareceu após a ressurreição (Lc 24.37,39).

FANUEL Forma alternativa do nome Peniel que significa "face de Deus". Pai da profetisa Ana (Lc 2.36).

FARAÓ Título dos antigos reis do Egito, que significa "grande casa". Todo faraó antigo tinha cinco "grandes nomes" que assumia no dia da coroação. Por não ser apropriado usar esses nomes poderosos de maneira direta, desenvolveu-se uma circunlocução educada; ele veio a ser chamado faraó.

Os egípcios utilizaram a palavra "faraó" para o palácio real e cercanias na 4ª dinastia (por volta de 2500 a.C.). O título faraó passou a ser aplicado ao rei a partir de 1500 a.C., até o período da dominação persa, por volta de 550 a.C.

Máscara funerária do rei Tut (faraó Tutancâmon do Egito)

O faraó antigo era o monarca absoluto, comandante supremo dos exércitos, chefe de justiça na corte real e sumo sacerdote de toda a religião. Seu poder absoluto pode ser visto no fato que a justiça era definida como "o que o faraó ama"; o erro era definido como "o que o faraó odeia". Um exemplo do seu poder divino era a condução diária do "Rito da Casa da Manhã" — ritual matinal em que quebrava o selo da estátua do deus-Sol, enquanto caminhava fazendo uma oração. Esse ato fazia o Sol nascer a cada dia.

Vale dos Reis, que contém tumbas de faraós, ao longo do rio Nilo desde Luxor até a antiga Tebas.

Podem ser claramente encontradas 10 referências a faraós no AT: o faraó de Abraão (Gn 12.10-20); de José (Gn 39—50); da opressão (Êx 1); do êxodo (Êx 2.23—15.19); de 1Cr 4.18; de Salomão (1Rs 3—11); de Roboão, chamado de Sisaque, rei do Egito (1Rs 14.25); de Ezequias e Isaías (2Rs 18.21; Is 36); de Josias (2Rs 23.29); de Jr 44.30 e Ez 29.1-16. V. *Egito*; *Êxodo, livro de*.

FARFAR rio associado à cidade de Damasco (2Rs 5.12). O rio é talvez o Nahr El ‹A›waj, que nasce no monte Hermom, percorre cerca de 16 quilômetros ao sul de Damasco, ou talvez o Nahr Taura.

FARISEUS Maior e mais influente partido político-religioso nos tempos do NT. V. *partidos judaicos no Novo Testamento*.

FARMASTA 1. Nome pessoal persa que significa "generoso". Um dos dez filhos de Hamã (Et 9.8). **2.** Nome pessoal, provavelmente de origem persa, com significado possível de "forte" ou "primeiro". Um dos dez filhos de Hamã (Et 9.9).

FÉ, FIDELIDADE A atual palavra fé em português é derivada do latim *fides*. Hoje fé denota confiança. A palavra fé não funciona como verbo no português contemporâneo; o verbo "crer" substituiu o verbo equivalente a "ter fé". A palavra "fidelidade" em português denota confiança ou poder depender de alguém.

O conceito bíblico O conceito de fé tem sido redefinido de forma radical em alguns círculos filosóficos e teológicos no último século. Essas definições raramente contemplam a complexidade do conceito bíblico, um conceito no qual a pessoa como um todo, o mundo físico, a Palavra de Deus e o próprio Deus têm papel crucial. Essas definições alternativas com frequência não captam as características objetivas e subjetivas da fé bíblica.

Em toda a Bíblia a fé é a reação confiante do ser humano à autorrevelação de Deus por meio da sua palavra e de seus atos. Deus inicia o relacionamento entre ele mesmo e os seres humanos. Espera que as pessoas confiem nele; a falta de fé nele foi em essência o primeiro pecado (Gn 3.1-7). Desde a Queda da humanidade Deus nutre e inspira a confiança nele por meio do que ele diz e faz em benefício das pessoas que precisam dele. Ele prové as evidências da

FÉ, FIDELIDADE

sua confiabilidade ao agir e falar no mudo exterior para se tornar conhecido diante das pessoas que precisam dele. Assim, a fé bíblica é um tipo de conhecimento pessoal limitado de Deus.

Terminologia hebraica A palavra hebraica mais significativa para fé é *aman*, raiz que denota confiabilidade, estabilidade e firmeza. *Aman* significava concretamente apoiar ou segurar, p. ex., os braços fortes de um pai ou mãe seguravam uma criança. Esses braços eram seguros, estáveis e firmes. Formas dessa raiz eram usadas metaforicamente para descrever a fé (a resposta humana a Deus) e fidelidade (uma virtude de Deus e seus servos). Quando empregada para descrever o relacionamento entre Deus e as pessoas, a palavra *aman* é usada para expressar um conceito complexo. Descreve tanto a natureza subjetiva e objetiva da confiança em Deus quanto uma qualidade objetiva do próprio Deus. Deus, que existe objetivamente fora dos seres humanos, recebe confiança gerada de dentro dos indivíduos (Dt 7.9). Ele e suas palavras são objetivamente fiéis, constantes e dignos de confiança (Sl 119.86). Deus capacita as pessoas a possuir essas virtudes objetivas, a fidelidade e a confiabilidade (Js 24.14; Is 7.9).

Outra palavra hebraica significativa usada para transmitir a ideia de fé é *yare'*, geralmente traduzida por "temer". *Yare'* ocorre com mais frequência no AT do que *aman*, embora as duas expressem conceitos bem semelhantes. Temer a Deus é crer nele com admiração reverente, mesmo a ponto de ocorrer tremor emocional. Temê-lo é nutrir a firme convicção de que as orientações do Senhor são confiáveis (Sl 110.89-91), protetoras (Sl 33.18,19) e benéficas ao que crê (Sl 31.19). Alguém que teme o Senhor tem receio de desapontá-lo, mas o temor do Senhor produz alegria e satisfação na vida dos que o temem (Ec 12.13). "Temer o Senhor" é usado de forma sinônima com "servi-lo com integridade e fidelidade" em Js 24.14. Reside nesse tipo de temor um elemento de responsabilidade humana: "escolham hoje a quem irão servir" (24.15). Deus não impõe à força a fé a pessoas indispostas. Apresenta suas expectativas e os benefícios prometidos às pessoas, mas a liberdade delas para escolher e receber as consequências das suas escolhas permanece (Dt 30.19). A insistência em não escolher a Deus pode ser seguida por uma iniciativa por parte dele para endurecer a resistência do incrédulo (Êx 10.20).

Como no caso de *aman*, a raiz hebraica *yare'* revela muito das características objetivas e subjetivas da fé genuína. Os autores veterotestamentários usavam o "temor do Senhor" para sublinhar a importância da submissão a Deus por meio do que ele revelou objetivamente; essa submissão deve ocorrer subjetivamente na mente, vontade e emoções das pessoas que confiam na palavra de Deus. Essa submissão resulta no comportamento objetivo que reflete o caráter de Deus.

À medida que a revelação no AT avançava, Deus deu mais informações sobre como ele planejava capacitar mais pessoas com a fé genuína ou com o "temor do Senhor". Por meio de Jeremias, p. ex., Deus predisse que faria uma aliança eterna pela qual ele capacitaria pessoas a temê-lo para sempre (Jr 32.40). Deus descreve uma aliança na qual ele gravará sua lei no coração do seu povo e permitirá que todos o conheçam pessoalmente (31.33,34). A descrição que Deus faz revela que o temer significa conhecê-lo pessoalmente. Tal relacionamento capacita as pessoas a agradá-lo. Os profetas do AT censuravam a incapacidade humana de manter esse tipo de temor pelo Senhor.

O tema da fé no Antigo Testamento O AT provê uma definição clara de fé no contexto do propósito de Deus no processo da redenção. Deus torna a fé possível ao prover aos seres humanos informações verbais sobre a pessoa dele e seus planos; essas informações estão associadas às suas ações redentoras no mundo. Essas palavras e ações são combinadas para oferecer uma base objetiva para a fé (Êx 4.29-31). Suas palavras interpretam e explicam seus atos salvíficos para que assim as pessoas possam receber dele as bênçãos que os atos tornam disponíveis (Êx 12.21-28; Dt 11.1-11; Is 55.1-3). Assim como se pode conhecer uma pessoa pelas suas palavras e ações, assim Deus escolheu se tornar conhecível por meio de suas palavras e ações.

O tema constante da salvação pela fé pode ser rastreado nos atos e ações de Deus no AT. As pessoas eram salvas pela fé na autorrevelação de Deus naquele período, como seriam salvas pela fé na autorrevelação de Deus no período do NT e além dele. Deus sempre exigiu fé como reação adequada à autorrevelação.

Dois trechos fundamentais do AT revelam o tema da salvação pela fé. Abraão foi declarado "justo" por Deus quando creu na promessa divina (Gn 15.6). Nesse versículo se usa uma forma de *aman* para descrever a resposta de Abraão ao que Deus disse que tinha planejado fazer por Abraão. Abraão se associou com Deus por meio daquela promessa, tornando-se convicto interiormente da confiabilidade de quem fazia a promessa. A confiança de Abraão levou Deus a qualificar Abraão de "justo", completamente aceitável no relacionamento com Deus. Abraão demonstraria na sequência que a qualificação e declaração de Deus estavam acuradas. Depois de anos vendo a fidelidade de Deus, Abraão obedeceria ao chamado de Deus para sacrificar Isaque, ao que Javé disse [por meio do anjo]: "Agora eu sei que você teme a Deus" (Gn 22.12). A fé que Abraão tinha era o tipo de fé que resistiu a uma provação intensa, mostrando, portanto, que sua fé era sinônimo de temor do Senhor.

A segunda afirmação temática aparece em Hc 2.4: "o justo viverá pela sua fé" (*ARA*). O povo de Judá enfrentava uma terrível ameaça à existência futura, o exército babilônico, enviado por Deus para julgar Judá. Mas Deus fez uma promessa de que o justo sobreviveria e prosperaria mesmo em meio ao juízo. Porque ele, o justo, crê no Deus que promete, ele é "justo". O texto de Hc 2.4 seria interpretado como um texto escriturístico temático pelo apóstolo Paulo no NT e visto como uma chave hermenêutica para a compreensão de como Deus se relaciona de forma consistente com as pessoas. Ele as justifica pela fé.

Já Gn 15.6 e Hc 2.4 desvelam um formidável princípio soteriológico: Deus salva as pessoas (não importa quando ou onde elas vivam) que confiam sinceramente nele e no que ele diz sobre como elas podem se relacionar de maneira adequada com ele. Ambos os versículos revelam que a fé salvífica é vista como resposta à revelação verbal de Deus sobre si mesmo, sobre seus planos para o futuro e sobre a possibilidade de acesso a Deus e seu futuro de um ser humano em necessidade. Essa revelação verbal é proposicional; transmitida por meio de declarações feitas por Deus. Essas declarações contêm asserções sobre o presente e o futuro. O *modus operandi* de Deus nos períodos do AT e do NT foi tornar-se conhecível por meio de palavras sobre como as pessoas podem se relacionar adequadamente com ele. Essas palavras não são o objeto da fé dos cristãos; Deus é o objeto. Mas suas palavras mediam a fé nele. As palavras levaram outras pessoas a ele. Sem palavras, ninguém saberia como lhe responder de modo adequado. Os crentes do tempo do AT louvavam a Deus por revelar suas palavras de salvação (Sl 56.4).

Ampliação no Novo Testamento O termo predominante do NT para fé é a palavra do grego koinê *pistis*, geralmente traduzida por "fé". Transmite a ideia de confiança, uma firme convicção interior concernente à confiabilidade de alguém ou de alguma afirmação. A forma verbal, *pisteuo*, é geralmente traduzida por "eu creio" ou "eu confio". *Pistis* e *pisteuo* no NT correspondem aos termos *aman* e *yare'* no AT. *Pistis* também aparece no NT com o artigo definido para descrever convicções cristãs específicas, denominadas "a fé".

Os autores do NT com frequência mostram a continuidade com os conceitos de fé do AT. Paulo argumenta que a experiência de Abraão provê o modelo de como Deus continua salvando pela fé (Rm 4). A citação de Paulo de "o justo viverá pela fé" apoia o argumento em Rm (1.17) e Gl (3.11). Assim como era fato antes da vinda de Cristo, é impossível depois da vinda de Cristo que alguém sem fé agrade a Deus (Hb 11.6).

A fé no AT continua a ser a reação pessoal e confiante à autorrevelarão de Deus, embora o conteúdo dessa revelação tenha aumentado dramaticamente por meio da vida, ministério, morte e ressurreição de Cristo. No NT a fé em Deus responde ao que Deus revelou verbalmente e ativamente em Jesus Cristo. Como o Filho encarnado de Deus, Jesus é o meio perfeito pelo qual alguém pode conhecer a Deus (Jo 17.3).

Em palavras e ações, Deus, o Pai, tornou disponível em Cristo sua revelação pessoal e proposicional. Na morte e ressurreição do Filho, o Pai transmitiu seu amor, sua justiça e sua misericórdia (Rm 5.8). Esses acontecimentos, especialmente a ressurreição de Cristo, foram interpretados pelos autores do NT como evidência de que Deus tinha declarado que Jesus é o único e singular Filho de Deus (Rm 1.4).

Deus se revelou não somente por meio das suas ações em Cristo; também se revelou verbalmente. Jesus designou apóstolos como seus representantes pessoais (Mt 10.2-4). No poder e sob a liderança do Espírito de Deus, os apóstolos difundiram por meio dos seus ensinos e/ou escritos essa revelação proposicional. João, p. ex., afirma francamente que seu evangelho foi escrito para ajudar pessoas a crer (Jo 20.31). Deus proveu as ações e palavras para capacitar pessoas a compreender o que ele tinha feito e pode fazer por elas em Cristo.

Ressaltando a natureza objetiva da fé cristã, "a fé" foi usada pelos autores do NT quando se referiam às doutrinas ou proposições cristãs essenciais a que os crentes se apegavam (At 6.7; 14.22; Gl 1.23; 3.25). Essas doutrinas ajudam a mediar o objeto da fé, Deus em Cristo. Paulo chama seus leitores a examinar se suas doutrinas estão em harmonia com "a fé" (2Co 13.5).

O papel da fé na justificação O *euangelion*, ou evangelho, reúne as doutrinas essenciais pelas quais a fé salvadora em Cristo pode ser mediada e pela qual ele pode ser conhecido. De acordo com 1Co 15, a veracidade objetiva do *euangelion* foi evidenciada pelas aparições de Jesus após a ressurreição. O apóstolo Paulo desafiou seus leitores a examinar as evidências de testemunhas oculares da ressurreição de Cristo (15.1-6). Deus torna disponíveis muitas evidências das testemunhas históricas da ressurreição. É verdade que Jesus pronunciou uma bênção sobre os que creem sem ver seu corpo ressurreto, mas as testemunhas oculares desse corpo ressurreto foram colocadas à disposição por ele (Jo 20.29; At 1.8). V. *justificação*.

Paulo até mesmo admitiu que, se Jesus não ressuscitou dos mortos, então a fé cristã é sem sentido e inútil (1Co 15.14-19). A ressurreição de Cristo seria evidência de que Deus deseja que as pessoas creiam em Jesus como solução para a pecaminosidade humana, mas sem a ressurreição as pessoas não podem justificadamente tirar essa conclusão radical. Assim, a ressurreição de Jesus serve como base histórica principal para a fé cristã.

A fé em Cristo está baseada na evidência do depoimento de testemunhas oculares, mas a evidência não é um fim em si mesma.

O evangelho precisa ser ouvido e compreendido para que a fé aconteça; a fé existe quando alguém tem contato com as palavras e a evidência e "clama" ou pede que Cristo o salve (Rm 10.9-13). Pedir a Cristo que salve é confiar no que Deus diz que a morte de Cristo torna disponível, particularmente com respeito ao perdão e livramento do poder do pecado. Quando Deus salva, o cristão se identifica interiormente a morte de Cristo como a morte do próprio pecado (Rm 6.1-14), tornando a obediência genuína e consistente a Deus possível para o futuro. Esse é o tipo de fé que prova sua genuinidade pela vida transformada que Deus produz por meio dela, como aconteceu com Abraão (Tg 2.14-26). A fé salvadora nunca é apenas a aceitação intelectual das afirmações do evangelho. O tipo de fé pela qual Deus justifica os pecadores passa por meio da aceitação dessas afirmações para o próprio Cristo.

Um elemento da escolha pessoal subjetiva é mantido no conceito neotestamentário de fé (Lc 13.34). As pessoas ainda assim precisam escolher, mas essa escolha subjetiva deve ser entendida à luz dos elementos objetivos que guiam e capacitam a escolha. Sublinhando a natureza subjetiva da escolha, a fé salvadora ocorre dentro do "coração" da pessoa, no qual o Espírito Santo ilumina a necessidade que a pessoa tem do que Cristo fez e pode fazer por ela (Rm 10.9,10. 1Ts 1.5). O reconhecimento da necessidade sempre precede a fé salvadora. O espírito capacita a pessoa a compreender como a morte e a ressurreição de Cristo aconteceram a favor do ouvinte. Deus dá ao incrédulo a capacidade de escolher confiar em Deus pelo que ele diz por meio das suas testemunhas humanas acerca de Cristo. O Espírito de Deus também dá testemunho ao aplicar pessoalmente as palavras do evangelho interiormente ao ouvinte. O Espírito ativa, conduz e capacita a escolha.

Se Deus deixasse os seres humanos totalmente intocados pela obra do Espírito, então eles naturalmente decidiriam contra ele (Rm 1—3). O Espírito "dá" a fé cristã, capacitando as pessoas a confiar no que Deus diz ter feito e fará para salvar. A fé, portanto, é um dom espiritual (Rm 12.3). Ninguém vai poder se vangloriar de fé salvadora autoproduzida; Deus escolhe capacitar algumas pessoas a crer (Ef 2.8,9). Só ele merece o louvor por produzir fé nas pessoas. Uma tensão paradoxal entre a soberania divina e a responsabilidade humana é mantida na descrição que o NT faz da fé salvadora.

O papel da fé na santificação Deus permite o teste da fé a fim de santificar o cristão, como aconteceu com Abraão (Tg 1.2-8; 2.14-26). Deus usa as provações para testar e fazer crescer a qualidade da fé nos cristãos, para provar que o fato de ele os ter justificado foi uma estimativa adequada. Ele deseja que os cristãos cresçam no seu relacionamento com ele para que ele possa produzir a virtude de Cristo da fidelidade neles (Mt 25.21). À medida que os cristãos aprendem a confiar no que Deus diz que eles possuem em Cristo, podem descobrir a libertação do pecado e o poder de glorificar a Deus enquanto Cristo produz seu caráter neles (Ef 1.15-23). O Espírito de Deus capacita a santificação da mesma maneira que ele capacita a justificação, pela fé no que Deus diz que fez e vai fazer em Cristo (Gl 3.1-5; 5.25).

A fé gera nos cristãos a confiança ou o sentimento de segurança à medida que eles continuam a confiar em Deus por meio das suas promessas (Hb 11.1). Essa confiança se torna possível quando o cristão pode se identificar com a ajuda do Espírito de Deus da maneira como Deus o transformou (Rm 8.13-16; Fp 3.10; 1Jo 2.3; 3.14; 5.28-20). Os autores neotestamentários se referem francamente a essa fé confiante como ao conhecimento de Deus, embora um conhecimento parcial (1Co 13.9). Somente quando Cristo retornar e consumar seu Reino a fé se tornará desnecessária para o cristão. Então esse conhecimento de Deus não será parcial.

O Espírito Santo concede a alguns cristãos um *charisma* ou dom de fé especial pelo qual podem discernir a vontade de Deus e confiar em Deus adequadamente em situações particulares em que a vontade dele não foi revelada objetivamente (1Co 12.9). Alguns cristãos, p. ex., receberam a habilidade de discernir a vontade de Deus para curar uma pessoa e orar com êxito pela cura (Tg 5.15). Todos os cristãos têm um dom de fé (Rm 12.3), mas não o dom (*charisma*) da fé, dado a alguns com o propósito do ministério.

Conclusão O Deus da Bíblia tem se relacionado de forma constante com as pessoas por meio da confiança no que ele diz e faz. A fé bíblica é uma ideia complexa; Deus, sua palavra, seus atos, todo o ser humano e o mundo físico têm todos um papel fundamental. Quando ocorre a fé salvadora, é porque Deus capacitou alguém a conhecê-lo por meio da sua revelação de si mesmo em palavras e atos em Cristo. O próprio Deus ativa a fé no ouvinte da sua palavra, capacitando o ouvinte a se tornar fiel em Cristo, assim como Deus é fiel (Ap 19.11). — *D. Mark Parks*

FEBE Nome pessoal que significa "brilhante", "serva" (*NVI*) ou "diaconisa" (*NTLH*, *BJ*) da igreja de Cencreia, recomendada por Paulo à igreja de Roma (Rm 16.1,2). V. *diácono*.

FEBRE Temperatura elevada do corpo ou enfermidade acompanhada por esse sintoma. A "febre ardente" (Lv 26.16, *ARA*) é uma febre aguda marcada por períodos regulares de febre, suor e então calafrios. A "tísica" (Dt 28.22, *ARA*, *ARC*) ou "doenças devastadoras" (*NVI*) que a acompanhavam podem se relacionar a uma série de doenças: malária, febre tifoide, tifo, disenteria, diarreia crônica ou cólera. O "calor abrasador" de Dt 28.22 é entendido pela maioria das versões modernas como referência ao clima ("ventos muito quentes", *NTLH*), não à febre. Jesus curou duas pessoas afligidas de febre — a sogra de Pedro (Mt 8.14,15; Mc 1.30,31; Lc 4.38,39) e o filho de um oficial (Jo 4.52). Em Lc a cura é retratada como uma expulsão de demônios. Em At 28.8 Paulo curou o pai de Públio de febre e disenteria. V. *doenças*.

FEBRE ARDENTE Tradução de uma palavra hebraica que significa "ardendo em febre". O termo hebraico aparece em Lv 26.16 e Dt 28.22.

FEIJÃO (*NVI*), **FAVAS** (*ARA*, *ARC*) Planta leguminosa (*Faba vulgaris*) cultivada no mundo antigo como alimento. O feijão mencionado em 2Sm 17.28 e Ez 4.9 era o feijão cavalo ou largo. Esse feijão era plantado no outono e colhido em torno de meados de abril imediatamente antes da colheita de cevada e trigo. Era cozido verde na vagem ou depois de ser secado. O feijão seco era debulhado e joeirado como outros grãos.

FEITICEIRO 1. Indivíduo que pratica feitiçaria ou adivinhação. V. *adivinhação e mágica*. **2.** V. *médium*.

FEITOR

FEITOR Supervisor opressor de grupos de trabalhos forçados empregados pelos monarcas para grandes projetos públicos. Esta prática foi empregada pelos egípcios (Êx 1.11 [*NVI*, "chefes de trabalhos forçados"; 3.7; 5.6-14], pelos israelitas (2Sm 20.24; 1Rs 4.6. 5.16; 12.18; 2Cr 10.18).

FEIXE 1. Pendões de grãos colhidos e amarrados em um molho. Tradução em português de três palavras hebraicas. O sonho de José mostrou feixes de trigo no campo (Gn 37.7). As leis de sacrifícios diziam que os primeiros cereais colhidos deveriam ser ofertados (Lv 23.10-15). Alguns feixes eram deixados para que fossem recolhidos pelas pessoas mais pobres (Dt 24.19; Rt 2.7). Os profetas usaram a figura dos feixes em sentido de julgamento (Jr 9.22; Am 2.13; Mq 4.12; Zc 12.6). V. *agricultura*; *respiga*; *grão*; *colheita*; *sacrifício e oferta*. **2.** V. *bolsas, sacolas*.

FÉLIX Governador da Judeia no tempo em que o apóstolo Paulo visitou Jerusalém pela última vez e foi preso ali (At 23.24). Antônio Félix se tornou governador da Judeia em 52 d.C., sucedendo Cumano. Permaneceu no cargo até 60 d.C., quando o imperador Nero o chamou de volta a Roma. Retratado em At como um homem que ouviu com atenção a defesa de Paulo, mas não tomou decisão alguma quanto ao caso ou com respeito às implicações pessoais da mensagem de Paulo. Antes, esperou que Paulo lhe pagasse suborno (At 24.26). Os historiadores Tácito e Josefo retratam Félix como um político brutal e incompetente, que foi por fim substituído (cf. At 24.27). V. *Paulo; Roma e o Império Romano*.

FENICE Nome de lugar que talvez signifique "tamareira". Porto na costa sudeste de Creta no qual Paulo e a tripulação do navio esperavam alcançar como porto de inverno (At 27.12). Fenice é geralmente identificada com Porto Loutro, que, no entanto, não está em uma localização adequada para oferecer abrigo em tempestades de inverno. Fenice é identificada mais corretamente em algum lugar entre a baía Finica a oeste de Loutro.

FENÍCIA Nome de lugar que significa "púrpura" ou "carmesim" (vermelho), tradução da palavra hebraica *Kana'an*, "terra da púrpura". A estreita faixa de terra entre o mar Mediterrâneo e as montanhas do Líbano entre Tiro, no sul, e Arvade, no norte. A Fenícia do NT alcançava até Dor no sul. Grandes florestas permitiram ao povo a construção de navios, tornando-se a principal nação no comércio marítimo. As florestas também proviam madeira para exportação: os cedros fenícios foram usados como material na construção do templo de Salomão (1Rs 5.8-10).

Cultura A religião fenícia era parecida com a dos cananeus, incluindo ritos de fertilidade em adoração a Baal. Posteriormente Adônis ("meu senhor"), o equivalente grego de Baal, foi adorado de maneira semelhante a Tamuz. A princesa fenícia Jezabel levou a devoção a Baal a Israel. A Fenícia apresentou o alfabeto ao mundo ocidental, mas pouco de sua literatura sobreviveu. V. *Canaã*; *Elias*; *fertilidade, culto à*; *Jezabel*.

História A Fenícia era dominada por cidades-Estado, não por um governo central. As cidades principais eram Tiro, Sidom, Biblos (Gebal) e Berytos (Beirute). Uma antiga raça neolítica desapareceu por volta de 3000 a.C., sendo substituída por colonizadores semitas vindos do leste. Exércitos invasores do norte (hititas), do leste (amorreus e assírios) e do sul (egípcios) dominaram a história até 1000 a.C., quando o rei Hirão de Tiro estabeleceu o governo local (981-947 a.C.). Eram habilidosos para tirar vantagem de sua localização no litoral com portos naturais e florestas para estabelecer comércio por vias aquáticas (cf. Ez 27). Seus marinheiros estabeleceram colônias de comércio no oeste e no sul, ao longo da costa do Mediterrâneo. A mais notável dessas colônias era Cartago, no norte da costa africana.

O crescimento do poder assírio por volta de 750 a.C. levou ao declínio fenício. O Império Persa concedeu independência à Fenícia, usando sua frota contra o Egito e Grécia. Alexandre, o Grande, deu fim ao poder político fenício, mas as grandes cidades mantiveram o poder econômico. V. *Hirão*.

Novo Testamento O ministério de Jesus alcançou Tiro e Sidom (Mt 15.21). A perseguição iniciada com a morte de Estevão levou a igreja a se espalhar até a Fenícia (At 11.19; cp. 15.3; 21.2,3). V. *Sidom e Tiro*. — Timothy Trammel

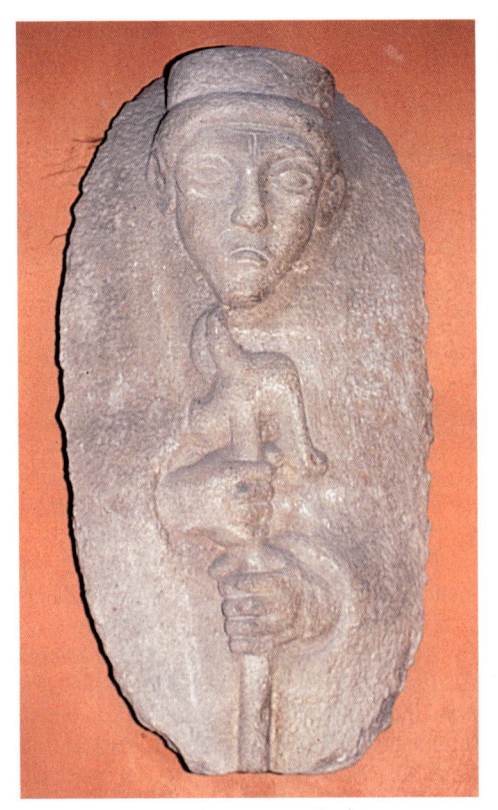

Relevo representando um pastor fenício

FEREZEUS Nome de um povo que significa "rústico". Um dos grupos que se opuseram à ocupação israelita de Canaã (Js 9.1,2). Já habitavam a terra no tempo de Abraão (Gn 13.7). O nome implica que os ferezeus provavelmente habitavam em campo aberto, enquanto os cananeus tinham cidades.

FERIDAS PURULENTAS 1. Tradução da *NVI* para uma palavra hebraica que designa erupções que supuram (Lv 21.20; 22.22), mas em Dt 28.27 a mesma palavra é traduzida na *ARA* e *ARC* por "úlceras" e pela *NTLH* por "tumores". Feridas que desqualificavam os homens para o serviço do sacerdócio (Lv 21.20, *NVI*) e animais para o sacrifício (Lv 22.22). A maldição lançada contra os descendentes de Joabe incluía a aflição com feridas purulentas (2Sm 3.29). V. *doenças*. **2.** V. *doenças*.

FERRAMENTAS Implementos ou instrumentos usados com as mãos na agricultura, construção, comércio ou artesanato. Nos períodos mais antigos, as ferramentas eram feitas de pedra, em especial a pederneira. Uma tábua era obtida ao se cortar lascas ao longo da superfície da pedra modelada. As primeiras ferramentas de metal eram de cobre, maleável o suficiente para ter muitas aplicações. Logo se descobriu que ferramentas mais duráveis podiam ser feitas de bronze — uma liga de cobre e estanho. O bronze, como o cobre, era derretido e derramado em moldes antes de ter a forma final definida pelo ferreiro. As ferramentas mais duras eram feitas de ferro (Dt 27.5; 1Rs 6.5-7), que exigiam temperaturas muito mais elevadas para serem derretidas. O ferro só foi utilizado em Canaã por volta de 1200 a.C., a época do estabelecimento israelita na região. Cabos e outras partes das ferramentas eram feitos de madeira, couro, ossos ou marfim. V. *minerais e metais*.

Facas Uma das ferramentas mais comuns é a faca. Facas de pederneira de períodos mais antigos continuaram a ser utilizadas mesmo depois da disseminação do uso do metal. Já se sugeriu que a ordem de usar facas de pedra na circuncisão (Js 5.2) reflita um tabu quanto à utilização de novas tecnologias para rituais antigos. Entretanto, a razão verdadeira é provavelmente de ordem mais prática: facas de pedra têm uma superfície cortante maior que facas de metal. Não obstante, facas de bronze se tornaram o padrão para o uso geral antes do estabelecimento da monarquia israelita. A lâmina era colocada em um molde de pedra, e cabos de madeira eram anexados por pinos ou rebites. Facas de ferro, que se tornaram populares durante a monarquia israelita, eram feitas de modo parecido.

A faca servia para vários propósitos e era conhecida em diferentes formatos. A faca padrão na terra de Israel tinha entre 15 e 25 centímetros, mas foi encontrado um molde para produzir lâminas de 40 centímetros. Essas facas teriam sido usadas para cortes em geral e para sacrifícios (Gn 22.6; Jz 19.29). Uma faca menor foi usada pelo rei Jeoaquim para cortar o rolo de Jr (Jr 36.23; *NVI*, "faca de escrivão"; *ARA* e

FERRAMENTAS

ARC, "canivete"; *NTLH*, "faquinha"). A palavra hebraica usada nesse versículo é traduzida em outros textos por lâmina (Nm 6.5; Ez 5.1, "navalha de barbeiro"). A navalha (Jz 13.5; 16.17; 1Sm 1.11, *ARA* e *ARC*) era bastante afiada, e é usada como símbolo do julgamento divino (Is 7.20) e do poder da língua (Sl 52.2).

Ferramentas agrícolas Os arados têm basicamente o mesmo modelo, desde os mais antigos conhecidos até os atualmente utilizados no Oriente Médio. Os cabos, a trave e outras partes da estrutura eram feitos de madeira, enquanto o arado propriamente, i.e., sua lâmina, tinha de ser de um material mais resistente, para penetrar o solo. As lâminas mais antigas eram de bronze, que só foi substituído pelo ferro após o estabelecimento israelita em Canaã. Foram encontradas lâminas de arado dos dois tipos em descobertas de material da época da Idade do Ferro Antiga em vários sítios arqueológicos na terra de Israel. As lâminas de arado eram como navalhas alongadas com uma extremidade afiada para perfurar o solo, e a outra extremidade encaixada no cabo de madeira. Os arados eram puxados por animais guiados com um aguilhão, um bastão de madeira com uma pequena ponta de metal (Jz 3.31; 1Sm 13.21; *NVI*, "aguilhada"; Ec 12.11). Em terrenos rochosos, difíceis de serem arados, o solo era quebrado com uso de uma enxada (Is 7.25). A enxada (1Sm 13.21) também era usada para trabalhos de escavação. A palavra traduzida como arado nas famosas passagens proféticas a respeito de ferramentas de guerra e de paz (Is 2.4; Mq 4.3; Jl 3.10) provavelmente está vertida de modo equivocado. No período anterior ao estabelecimento da monarquia em Israel os filisteus, possuindo um monopólio da tecnologia do ferro, forçaram os israelitas a irem a eles para afiar ferramentas agrícolas. O preço cobrado para afiar ancinhos (*NVI*, "rastelos") era oito gramas de prata, e quatro gramas de prata para afiar ferramentas menores (1Sm 13.19-22). V. *pesos e medidas*.

A colheita dos grãos que sobravam era feita com uma foice (Dt 16.9; 23.25; Jr 50.16) — uma pequena ferramenta com um cabo e uma lâmina encurvada. As foices eram serrilhadas e encaixadas em um cabo de osso ou de madeira, e eram típicas da cultura cananita. Tanto no período do AT e do NT, as foices tinham lâminas de metal e cabos pequenos de madeira. Ela é usada como símbolo do juízo divino (Jl 3.13) e do ajuntamento dos santos (Mc 4.29; Ap 14.14-19). A foice citada em Is 2.4, Mq 4.3 e Jl 3.10 (*NVI*) era uma espécie de faca usada para podar parreiras e colher uvas (Is 18.5; *NVI*, "podadeira").

O ancinho era uma ferramenta utilizada para ajudar o lavrador a separar a palha dos grãos de trigo.

Ferramentas para construção O AT menciona diversos tipos de machado, usados com diferentes finalidades. O machado grande (Is 10.15) era usado para cortar árvores (Dt 19.5; 20.19) e para talhar pedras (1Rs 6.7). Esse tipo de machado é mencionado como uma ferramenta cortante de pedra na inscrição do túnel de Siloé em Jerusalém. Um machado semelhante era usado para serviços mais leves (Jz 9.48; 1Sm 13.20,21; Sl 74.5; Jr 46.22). A palavra hebraica usada para a lâmina do machado significa literalmente "ferro", o que sugere o material com que era feita (Dt 19.5; 2Rs 6.5; Is 10.34). Trabalhos de decoração eram feitos com uma ferramenta diferente (Jr 10.3; *NVI*, "formão"), talvez um enxó, com sua lâmina cortante perpendicular ao cabo. As machadinhas também eram conhecidas (Sl 74.6). Uma única palavra é usada para machado no NT (Mt 3.10; Lc 3.9). V. *Siloé*.

Madeira e pedra também eram cortadas com serras (2Sm 12.31; 1Rs 7.9; 1Cr 20.3; Is 10.15). Tipos de serras únicas e duplas são apresentados em pinturas em tumbas egípcias. O bronze foi usado em lâminas nos períodos mais antigos, e o ferro em períodos posteriores. De acordo com um livro apócrifo (*Ascensão de Isaías*), o profeta Isaías foi martirizado tendo sido serrado ao meio (cf. Hb 11.37).

Detalhes das obras eram marcados por meio do uso de linhas (prumos) e compassos (Is 44.13). Diversos tipos de ferramentas de medição, prumos e talhadeiras foram encontrados em tumbas egípcias. Prumos com chumbo foram usados em períodos bem antigos no Egito e no território de Israel, para determinar a verticalidade e os níveis da construção. O nível correto determinado pelo prumo e pela linha de medição são comparados à justiça e retidão que Deus exigiu de Israel e de Judá (2Rs 21.13; Is 28.17; Am 7.7,8).

Os martelos (Is 44.12; Jr 10.4) originariamente eram pilões de pedra, mas na Idade do Bronze começou-se a inserir orifícios para a colocação de cabos. Pinturas egípcias mostram o uso de malhos largos, não muito diferentes dos que até hoje são usados para trabalhos de escultura. O "traçador" usado para dar forma à madeira (Is 44.13) provavelmente era um formão (tal como traduzido pela *NVI*). Os formões eram utilizados para o trabalho pesado como trabalhos de acabamento, e eram feitos de madeira e de pedra. Orifícios eram feitos com furadeiras (Êx 21.6; Dt 15.17).

Ferramentas industriais Ferramentas especiais eram usadas no trabalho de diversas indústrias. Os ceramistas de períodos mais antigos usavam ferramentas de madeira para dar forma a seus vasos feitos à mão. Um avanço considerável surgiu com a invenção da roda do oleiro (Jr 18.3). V. *cerâmica*.

Os tecelões faziam seu trabalho com teares. Várias ferramentas eram usadas no processo de tecelagem. Em alguns tipos de tecelagem os fios eram "batidos" com um bastão largo de madeira. A tecelagem com padrões exigia o uso de palhetas e pentes para manipular e pressionar os fios. Em geral eram feitos de osso, e com menos frequência, de marfim ou de madeira. V. *fiação e tecelagem*.

O trabalho em metal exigia ferramentas bem específicas. Um fole era utilizado para elevar a temperatura necessária para derreter minerais. Foles manuais são mostrados em pinturas em tumbas egípcias que apresentam nômades semitas do tempo de Abraão. Eram usados em pequenas fornalhas equipadas com bicos de cerâmica, capazes de suportar aquecimento elevado. Utilizavam-se moldes para se derramar o metal derretido e dar-lhe a forma de ferramentas, armas ou outros itens. Os ferreiros também usavam uma variedade de ferramentas e martelos (Is 44.12). — *Daniel C. Browning Junior*

FERREIRO Pessoa que trabalha com ferro, tanto a que funde o minério como a que produz peças elaboradas. Barzilai (2Sm 17.27-29; 19.31-39), cujo nome significa "homem de ferro", talvez tenha servido como ferreiro de Davi. Salomão recorreu a Hirão, rei de Tiro, para conseguir um ferreiro (2Cr 2.7). Ferreiros estavam entre os que ajudaram na reforma do templo por Joiada (2Cr 24.12). A importância de ferreiros é salientada por sua inclusão nas classes selecionadas para a deportação após a destruição de Jerusalém (2Rs 24.14). Em Is 44.12; 54.16 há relatos concisos do trabalho do ferreiro. V. *ferro*; *ocupações e profissões*.

FERRO Metal que representava matéria-prima das armas e ferramentas no período bíblico. A Era do Ferro teve início em Israel por volta de 1200 a.C., embora a introdução desse metal na vida diária tenha acontecido lentamente. A Bíblia menciona o ferro em conjunto com Moisés e com a conquista de Canaã, mas em todo esse tempo o ferro era raro e usado principalmente em joias. A ocorrência de ferro constituía um sinal da riqueza da terra prometida (Dt 8.9), e artigos de ferro eram sinais de riqueza (Dt 3.11; Js 6.19). Escavações em sítios israelitas datados dos séc. XI e XII trouxeram a lume anéis, pulseiras e punhais decorativos confeccionados em ferro.

Na antiga técnica de fundição o ferro não era muito mais duro que outros metais conhecidos e, diferente de bronze e cobre, tinha de ser trabalhado enquanto estava quente. Mas, quando se tornaram conhecidas técnicas melhoradas de metalurgia, o ferro aos poucos se tornou o metal preferido para ferramentas como arados, machados e picaretas, bem como para armas como lanças e punhais. Carros de ferro eram sinal de grande poder na guerra (Js 17.18; Jz 1.19; 4.3).

Pesquisadores mais antigos ensinaram que os filisteus detinham o monopólio de ferro sobre Israel. O aumento de disponibilidade de ferro corresponde ao período do colapso da Filístia, e 1Sm registra que os filisteus impediram os

FERRUGEM

ferreiros de trabalhar em Israel (1Sm 13.19-21). Contudo, escavações na Filístia não descobriram mais instrumentos de ferro que em cidades israelitas. Isso sugere que a proibição de ferreiros em Israel pode se referir a trabalhadores em bronze, não ferro, ou que por um período da história os filisteus tiveram uma vantagem econômica e talvez tecnológica, sendo capazes de controlar a indústria do ferro.

O mais provável é que o ferro tenha se tornado comum em toda a região devido à exaustão de fontes de outros metais e por causa do aumento do comércio com o norte e por via marítima. Depois de 1000 a.C. o ferro passou a ser usado extensamente. Davi enfatizou a importância de tomar metais como espólios de guerra e mais tarde usou estoques de ferro e bronze como preparação para construir o templo (1Cr 22.3).

Muitas vezes o ferro é usado de forma simbólica na Bíblia. Em relação à sua dureza, é usado como ameaça de juízo (Sl 2.9; Ap 2.27) ou como sinal de força (Is 48.4; Dn 2.40). A ilustração continha outros aspectos da ferraria: o forno era símbolo de opressão (1Rs 8.51), e o efeito de cauterização do ferro em brasa foi usado por Paulo para descrever pessoas sem consciência (1Tm 4.2). V. *armas e armadura*; *minerais e metais*; *minas e mineração*; *filisteus*. — Tim Turnham

FERRUGEM 1. Corrosão provocada pelos efeitos do ar e da água sobre o metal, em especial o ferro. A ferrugem em uma panela de cobre era símbolo da impiedade persistente de Jerusalém (Ez 24.6,12,13). Jesus ilustrou a loucura da dependência de tesouros materiais sujeitos à ferrugem (Mt 6.19,20). No estilo de um profeta do AT, Tiago esboçou o julgamento futuro de Deus sobre os ricos que confiavam em seus bens, como se estes fossem definitivos (Tg 5.1-6). A menção de Tiago sobre riquezas, traças e ferrugem (v. 2, 3) sugere que ele estava citando as palavras de Jesus. A observação científica de que ouro e prata não enferrujam não deve obscurecer a ênfase primária de Tg: é tolo quem depende das riquezas que não vão sobreviver ao julgamento vindouro de Deus. Riquezas mal adquiridas servirão como evidência e testemunho da acusação de Deus. As riquezas nas quais se confia para obter segurança produziram ferrugem corrosiva, realizando o juízo de Deus. **2.** V. *crestamento*.

FERTILIDADE, CULTO À Termo geral para religiões marcadas por ritos representativos de um mito que explicava a mudança bem ordenada das estações e da fertilidade da terra. Esses mitos com frequência envolviam uma grande deusa-mãe como símbolo da fertilidade e uma divindade masculina, geralmente seu consorte, mas, às vezes, filho, que, assim como a vegetação, morre e volta à vida de novo. Na Mesopotâmia o casal divino era Ishtar e Tamuz (que é lamentado em Ez 8.14); no Egito, Ísis e o filho dela Osíris; na Ásia Menor, Cibele e Attis. Na Síria os mitos ugaríticos do segundo milênio a.C. retratavam Baal-Hadade, o deus da tempestade, como o deus que morria e ressurgia. (Uma manifestação local desse deus é lamentada em Zc 12.11; os reis sírios derivavam seus nomes dessa divindade, 1Rs 15.18; 2Rs 6.24; 13.24). Sua esposa era a deusa Anate. No mito ugarítico mais antigo, Aserá, a grande deusa-mãe, era a consorte de El, o principal deus do panteão. Quando Baal substituiu El como o deus principal, tornou-se associado com Aserá (Jz 6.25-30; 1Rs 18.19). Astarote, nome filha de Aserá, é usada como palavra hebraica para ventre ou fruto do ventre (Dt 7.13; 28.4,18,51).

Os cultos à divindade atribuíam a fertilidade das terras de colheitas e dos rebanhos às relações sexuais do casal divino. O intercurso sexual sagrado realizado por sacerdotes e sacerdotisas ou pelas prostitutas cultuais era um ato de culto destinado a emular os deuses e compartilhar dos seus poderes de procriação ou então um ato de mágica imitativa pelo qual os deuses eram compelidos a preservar a fertilidade da terra (1Rs 14.23,24; 15.12; Os 4.14). O travestismo (proibido em Dt 22.5) pode ter sido parte de um rito de fertilidade praticado pelos hititas. Os sacrifícios de produtos, gado e até de crianças (2Rs 17.31; 23.10) representavam a oferta aos deuses do que era mais precioso na vida na tentativa de restaurar a ordem no cosmo e garantir a fertilidade.

A disputa de Elias com os sacerdotes de Baal e Aserá no monte Carmelo é o mais conhecido conflito entre a adoração a Javé e o culto à fertilidade (1Rs 18.17-40). Sob Acabe, o baalismo tinha se tornado a religião do Estado

(1Rs 16.31). O relato dos sacerdotes de Baal se cortando (1Rs 18.28) é ilustrado pelos mitos ugaríticos em que El corta seus braços, peito e costas diante da notícia da morte de Baal. Os sacerdotes de Baal costumeiramente representavam essa cena do mito na época da aradura. Tanto a pele como a terra eram cortadas como sinal de lamento (proibido em Dt 14.1). A ressurreição de Baal vinha com o retorno das chuvas. A narrativa bíblica é clara no sentido de que Javé, não Baal, é o Senhor que retém e dá a chuva (1Rs 17.1; 18.20-45).

O calendário sagrado de Israel celebrava as mesmas estações que o dos seus vizinhos (colheita de cevada, mesma que a festa dos pães sem fermento; colheita de trigo, mesma que o Pentecoste; colheita de frutas, mesma que a festa das cabanas). Os israelitas interpretavam essas estações à luz dos atos redentores de Deus na História. Israel reconhecia Deus como o único responsável pela chuva (1Rs 18), cereais, vinho, azeite, lã e linho (Os 2.8,9). Israel concebia a fertilidade da terra de forma muito diferente da dos seus vizinhos. Javé não tinha consorte; assim a fertilidade não estava associada ao retorno à vida e à operação sexual de Javé. Antes, a habilidade que plantas e animais tinham de reproduzir a própria espécie estava enraizada na Criação (Gn 1.11,12,22,28). A sequência ordenada das estações não remontava a uma batalha antiga, mas estava enraizada nas promessas de Deus a Noé (Gn 8.22). A fertilidade da terra era garantida não pela reencenação ritual do casamento sagrado, mas pela obediência às exigências da aliança (Dt 28.1,3,4,11,12).

No NT, Diana ou Ártemis dos efésios (At 9.35) era a deusa da fertilidade de muitos seios. Afrodite também era associada à fertilidade. Seu templo em Corinto era a casa de prostitutas cultuais responsáveis pela reputação de imoralidade da cidade (cf. 1Co 6.15-20). Muitas das religiões de mistérios concorrentes do cristianismo nos primeiros séculos da Igreja desenvolveram os mitos dos antigos cultos à fertilidade. V. *Aserá, Aserote; Astarote; Baal; Canaã; Dagom; Diana; pagãos, deuses; lugar alto; prostituição; Tamuz; Ugarite*. — Chris Church

FESTA DO AMOR Refeição comunitária celebrada pelos cristãos com alegria junto com a ceia do Senhor. Como manifestação concreta de obediência ao mandamento do Senhor para amar uns aos outros, a festa servia como expressão prática da *koinonia*, ou comunhão, que caracterizava a vida da igreja. Apesar de a única referência explícita no NT à refeição ágape ser encontrada em Jd 12, alusões à prática podem ser vistas em outros textos. Por isso, a menção ao "partir do pão" em At 2.42 é muito provavelmente referência à lembrança especial da última ceia de Jesus com os discípulos, a alusão em At 2.46 sobre tomar refeições "com alegria e singeleza de coração" implica que a refeição social estava ligada de alguma maneira com essa celebração. A discussão de Paulo quanto à ceia do Senhor em 1Co 11.17-34 também sugere a combinação do ato cerimonial com a refeição comunal. Essa prática também é sugerida em At 20.7-12. No séc. II a palavra *agapai* tornou-se um termo técnico para designar essa refeição comunal, que parece ter sido separada da observância cerimonial da ceia do Senhor algum tempo depois do período do NT.

A origem da festa do amor deve ser encontrada provavelmente nas refeições comunitárias religiosas, prática comum entre os judeus do séc. I. Enquanto a refeição da páscoa é mais conhecida, essas refeições também eram celebradas para iniciar o sábado e os dias festivos. Nessas ocasiões a família ou o grupo de amigos se reunia para a prática de devoção especial (conhecida por *chavurot*, da palavra hebraica que significa "amigos") semanalmente antes do nascer do sol para a refeição em uma casa ou outro lugar adequado. Servia-se uma entrada, e depois disso o grupo ia para uma mesa para a refeição propriamente. O anfitrião pronunciava a bênção (uma palavra de agradecimento a Deus), partia o pão e o distribuía entre os participantes. O tempo da refeição era marcado pela discussão religiosa festiva e alegre. À noite lâmpadas eram acesas e uma bênção era recitada reconhecendo em Deus o Criador da luz. Quando a refeição estava completa, lavavam-se as mãos e uma benção final era pronunciada sobre o "cálice da bênção" (1Co 10.16), louvando a Deus pela provisão e pelo cumprimento dos seus propósitos na vinda do seu reino. A refeição era concluída com o cântico de salmos. Não era comum para grupos de pequenos amigos se reunir semanalmente para esses eventos.

Jesus e seus discípulos possivelmente formavam um grupo de comunhão dessa natureza. As refeições de comunhão da igreja primitiva parecem uma continuação da mesa de comunhão que caracterizou a vida de Jesus e dos discípulos. Essa comunhão alegre serviu como manifestação concreta da graça do Reino de Deus proclamada por Jesus. A última refeição de Jesus com os discípulos pode representar o exemplo específico da refeição de comunhão levando alguns a traçar as origens da refeição de amor diretamente com esse evento. V. *ordenanças*; *culto*. — Hulitt Gloer

FESTAS Celebrações religiosas regulares para relembrar os grandes atos salvíficos de Deus na história do seu povo. Tradicionalmente chamadas "festas" nas versões bíblicas, podem ser classificadas de acordo com a frequência da celebração. Muitas eram planejadas de acordo com ciclos de sete. O ciclo da semana com o ápice no sétimo dia fornecia a base cíclica para boa parte da adoração em Israel; como era observado o sétimo dia, assim o era o sétimo mês (que continha quatro das festas nacionais), o sétimo ano e o quinquagésimo ano (o ano do Jubileu), que seguia sete ciclos de sete anos. Não somente as festas como um todo eram ordenadas com referência ao ciclo semanal (sábado), mas duas delas (a festa dos pães sem fermento e a festa das cabanas) duravam sete dias cada. Cada uma começava no dia 15 do mês — ao final de dois ciclos de semanas e quando a lua era cheia. O Pentecoste também era celebrado no dia 15 do mês e começava 50 dias depois da apresentação dos primeiros frutos — o dia que seguia sete vezes sete semanas.

Sábado O sétimo dia de cada semana estava alistado entre as festas (Lv 23.1-3). Servia como lembrete do descanso do Senhor ao final da semana de criação (Gn 2.3) e também da libertação da escravidão no Egito (Dt 5.12-25). O sábado era observado por descanso rigoroso do trabalho do nascer até o pôr do sol (Êx 20.8-11; Ne 13.15-22). Cada pessoa deveria permanecer onde estivesse e não sair em viagem (Êx 16.29; Lv 23.3). Apesar de restrições até mesmo de coisas como acender um fogo (Êx 35.3) ou fazer qualquer trabalho (Êx 31.14; 35.2), o sábado era um tempo de alegria (Is 58.13,14). V. *sábado*.

Lua nova Essa festa era uma celebração mensal caracterizada por ofertas especiais, grandes em quantidade e qualidade (Nm 28.11-15), e pelo tocar de cornetas (Nm 10.10; Sl 81.3). De acordo com Am 8.5, não havia comércio. As festas da lua nova e do sábado não raro são mencionadas juntas no AT (Is 1.13; 66.23; Ez 45.17; 46.1,3). Essa festa deu ocasião ao rei Saul para fornecer um banquete na corte e a Davi oferecer um sacrifício anual especial (1Sm 20.5,6,24,29). As orientações de Davi para os levitas incluíam o serviço na lua nova (1Cr 23.31), e o ministério dos profetas foi às vezes associado a essa ocasião (2Rs 4.23; Is 1.13; Ez 46.1; Ag 1.1). Ezequiel mencionou quatro vezes ter recebido uma visão no primeiro dia do mês (Ez 26.1; 29.17; 31.1; 32.1). Esse dia (junto com outros) é incluído em denúncias proféticas de abusos de observâncias religiosas (Is 1.13,14). A lua nova do sétimo mês aparentemente recebeu atenção especial (Lv 23.24; Nm 29.1-6; Ed 3.6; Ne 8.2). Embora por causa do exílio tenha havido uma interrupção temporária (Os 2.11), a festa foi retomada mais tarde (Ne 10.33; Ed 3.1-6). Foi no primeiro dia do sétimo mês que Esdras leu a lei diante da assembleia do povo (Ne 7.73b—8.2). Para Paulo, as festas de lua nova eram apenas uma sombra de coisas melhores por vir (Cl 2.16,17; cp. Is 66.23).

Páscoa A primeira das três festas anuais era a Páscoa. Comemorava a última praga no Egito quando os primogênitos egípcios morreram e os israelitas foram poupados por causa do sangue passado na viga superior e nas laterais da porta (Êx 12.11,21,27,43,48). A Páscoa aconteceu no décimo quarto dia (à noite) do primeiro mês (Lv 23.5). O animal (cordeiro ou cabrito) a ser morto era escolhido no décimo dia do mês (Êx 12.3) e morto no décimo quarto dia e então comido (Dt 16.7). Nada do animal deveria ser deixado para a manhã seguinte (Êx 34.25). Os incircuncisos e trabalhadores contratados não tinham permissão para comer do sacrifício (Êx 12.45-49).

A Páscoa também era chamada de festa dos pães sem fermento (Êx 23.15; Dt 16.16), pois somente pão sem fermento era comido nos sete dias imediatamente após a Páscoa (Êx 12.15-20; 13.6-8; Dt 16.3-8). Pães sem fermento refletiam o fato de que o povo não tinha tido tempo para pôr fermento no pão antes de sua partida apressada do Egito. Também era aparentemente associada à colheita da cevada (Lv 23.4-14).

No tempo do NT grandes multidões se reuniam em Jerusalém para a observância dessa celebração anual. Jesus foi crucificado durante a Páscoa. Ele e seus discípulos comeram a refeição da Páscoa juntos na véspera da sua morte. Nessa refeição Jesus disse: "Isto é o meu corpo" e: "Este cálice é a nova aliança no meu sangue" (Lc 22.17,19,20). O NT identifica Cristo com o sacrifício da Páscoa: "Pois Cristo, nosso Cordeiro pascal, foi sacrificado" (1Co 5.7).

Um menino adolescente judeu recebe os primeiros filactérios no bar mitzvah.

Festa das semanas A segunda das três festas anuais era o Pentecoste, também chamada festa das semanas (Êx 34.22; Dt 16.10,16; 2Cr 8.13), festa da colheita (Êx 23.16) e "dia das primícias" (Nm 28.26, ARA; "dia dos primeiros frutos", NVI; cp. Êx 23.16; 34.22; Lv 23.17). Era celebrada sete semanas completas, ou 50 dias, depois da Páscoa (Lv 23.15,16; Dt 16.9), por isso recebeu o nome Pentecoste.

Essencialmente uma celebração de colheita, o termo "semanas" foi usado com respeito ao período da colheita de grãos desde a colheita da cevada até a do trigo, um período de aproximadamente sete semanas. Nessa época se dava crédito ao Senhor como provedor da chuva e da fertilidade (Jr 5.24). Era chamado de "dia dos primeiros frutos" (Nm 28.26) porque marcava o início do tempo em que as pessoas deveriam trazer as ofertas das primícias. Era celebrada como um sábado com descanso dos trabalhos comuns e a convocação de uma reunião sagrada (Lv 23.21; Nm 28.26). Era uma festa de alegria e ações de graças pela conclusão da estação das colheitas. Os homens fisicamente capazes deveriam apresentar-se no santuário, e um sacrifício especial devia ser apresentado (Lv 23.15-22; Nm 28.26-31). De acordo com Lv 23.10,11,16,17, dois grandes pães eram movidos diante do Senhor pelos sacerdotes ungidos. Esses pães eram feitos com a melhor farinha do trigo recém-colhido e assados com fermento. Eram uma "oferta movida" para o povo. Só podiam ser comidos após essa cerimônia (Lv 23.14; Js 5.10,11), e nenhum desses pães era colocado no altar porque continha fermento. Eram oferecidos também dois carneiros. A festa era concluída pelo consumo das refeições de comunhão às quais os pobres, estrangeiros e levitas eram convidados.

Tradição posterior associou a festa das semanas com a entrega da Lei no Sinai. Alguns tinham concluído que Êx 19.1 indicava que a Lei deveria ser dada no quinquagésimo dia depois do êxodo. Alguns achavam que Dt 16.12 podia ter associado o fato do Sinai e a festa, mas as Escrituras não mostram qualquer vínculo definitivo entre o Sinai e o Pentecoste. No NT, o Espírito Santo veio sobre os discípulos no Pentecoste (At 2.1-4), na época festiva em que judeus de diferentes países estavam em Jerusalém para celebrar essa festa anual. V. *Pentecoste*.

O Dia da Expiação A terceira festa anual acontecia no décimo dia do sétimo mês (tisri — setembro/outubro) e no quinto dia antes da festa das cabanas (Lv 16.1-34; Nm 29.7-11).

De acordo com Lv 23.27,28, quatro elementos principais são englobados por essa festa tão significativa. Em primeiro lugar, deveria ser uma "reunião sagrada", conduzindo a atenção do povo ao altar da misericórdia divina. O Santo de Israel chamou o povo de Israel a se reunir na sua presença e dedicar sua atenção integral a ele. Em segundo lugar, deveriam "humilhar-se" (Lv 23.27; "afligireis a vossa alma", ARA). Isso foi explicado por tradição posterior para indicar jejum ou arrependimento. Israel entendeu que esse era um dia de lamento sobre seus pecados. A seriedade dessa exigência é repetida em Lv 23.29: "Quem não se humilhar nesse dia será eliminado do seu povo". Em terceiro lugar, as ofertas são de importância central para o Dia da Expiação. A Bíblia dedica um capítulo inteiro (Lv 16) a elas; elas são alistadas também em Nm 29.7-11. Além disso, quando o dia caía em um sábado, eram apresentadas as ofertas regulares do sábado. O quarto e último elemento do dia tinha relação com a proibição do trabalho. O Dia da Expiação era um "sábado de descanso" (Lv 23.32), e os israelitas não podiam fazer trabalho algum nesse dia. Se desobedecessem, ficavam sujeitos à pena capital (Lv 23.30).

O ponto central dessa festa envolvia o sumo sacerdote entrando no Lugar Santíssimo (Santo dos Santos). Antes de entrar, ele se banhava inteiramente, indo além do mero lavar de mãos e pés como era exigido em outras ocasiões. Essa lavagem completa expressava seu desejo de purificação. Antes de vestir o manto usual e seus trajes coloridos (descritos em Êx 28 e Lv 8), exigia-se dele que vestisse trajes especiais de linho. O sumo sacerdote também sacrificava um novilho como oferta pelo seu próprio pecado e o pecado de sua família (Lv 16.6). Depois de encher seu incensário com brasas vivas do altar, ele entrava no Lugar Santíssimo onde colocava o incensário com as brasas. Então pegava parte do sangue do novilho sacrificado e o aspergia em tampa da arca da aliança (Lv 16.13; "propiciatório", *ARA*, *ARC*) e também no chão em frente da tampa, fazendo propiciação pelo sacerdócio (Lv 16.14,15). Em seguida ele sacrificava o bode como oferta pelo pecado do povo. Parte desse sangue era então também levado para dento do Lugar Santíssimo e aspergido ali em favor do povo (Lv 16.15). Então ele pegava mais um bode, chamado o "bode expiatório", impunha as mãos sobre a cabeça do bode, sobre ele confessava os pecados de Israel e então o soltava no deserto aonde ele simbolicamente levava os pecados do povo (Lv 16.8,10). Os restos do novilho e do bode sacrificados eram levados para fora do acampamento e queimados, e o dia era concluído com mais sacrifícios.

De acordo com Hb 9—10 esse ritual era símbolo da obra propiciatória de Cristo, nosso grande sumo sacerdote, que não precisou fazer sacrifício algum por si mesmo, mas derramou o próprio sangue pelos nossos pecados. Assim como o sumo sacerdote do AT entrava no Lugar Santíssimo com o sangue de animais sacrificiais, Jesus entrou no próprio céu para aparecer em nosso lugar diante do Pai (Hb 9.11,12). Cada ano o sumo sacerdote repetia essas ofertas pelos pecados seus e do povo, fazendo um lembrete anual de que a expiação perfeita e definitiva ainda não tinha sido feita; mas Jesus, por meio do seu próprio sacrifício, realizou a redenção eterna para seu povo (Hb 9.12). Como o sacrifício do Dia da Expiação era queimado fora do acampamento de Israel, assim também Jesus sofreu fora das portas de Jerusalém para que assim pudesse redimir seu povo dos pecados (Hb 13.11,12).

Uma mãe judia e seu filho celebram a tradição judaica de acender as luzes na festa de Hanucá.

Festa das cabanas A quarta festa anual era a festa das cabanas (2Cr 8.13; Ed 3.4; Zc 14.16; "Festa dos Tabernáculos", *ARA*; "Festa das Tendas", *ARC*), também chamada de "encerramento da colheita" (Êx 23.16; 34.22; "Festa da Colheita", *ARA*, *ARC*), ou a "festa do Senhor" (Lv 23.39; Jz 21.19). Às vezes era simplesmente chamada de "a festa" (1Rs 8.2; 2Cr 5.3; 7.8; Ne 8.14; Is 30.29; Ez 45.23,25) porque era muito conhecida. Sua observância combinava o recolhimento do produto do campo (Êx 23.16), do produto da terra (Lv 23.39), do produto da eira e do tanque de prensar uvas (Dt 16.13) e a moradia em cabanas (ou "tabernáculos"), que deveriam ser lembretes festivos a Israel (Lv 23.41; Dt 16.14). A "cabana" nas Escrituras não é uma imagem de privação e miséria, mas de proteção, preservação e abrigo do calor e da tempestade (Sl 27.5; 31.20; Is 4.6). A comunidade em festa incluía família, servos, viúvas, órfãos, levitas e estrangeiros residentes (Dt 16.13-15).

A festa começava no décimo quinto dia de tisri (o sétimo mês), que caía no quinto dia depois do Dia da Expiação. Durava sete dias (Lv 23.36; Dt 16.13; Ez 45.25). No primeiro dia, eram montadas as cabanas de ramos e galhos verdes de árvores. Cada participante recolhia ramos e galhos de murta, salgueiro e palmeiras nos arredores de Jerusalém para a construção das cabanas (Ne 8.13-18). Todo israelita deveria morar nelas nos sete dias da festa, em comemoração do tempo em que seus antepassados tinham vivido em tais cabanas depois do seu êxodo do Egito (Lv 23.40; Ne 8.15). A consagração do templo de Salomão aconteceu nessa festa (1Rs 8.2).

Depois do retorno do exílio, Esdras leu a Lei e liderou o povo em atos de penitência nessa festa (Ne 8.13—9.3). Mais tarde, Josefo se referiu a ela como a maior e mais sagrada festa dos hebreus. Acréscimos posteriores ao ritual incluíram uma libação de água extraída do tanque de Siloé (o pano de fundo provável dos comentários de Jesus a respeito da "água da vida", Jo 7.37-39) e o acender de enormes menorás (candelabros) no pátio das mulheres (o provável pano de fundo da afirmação de Jesus: "eu sou a luz do mundo", Jo 8.31). A água e a coluna de luz (fogo) fornecidas na peregrinação no deserto (quando o povo morou em cabanas) foram temporárias e contrastavam com a água e luz contínuas reivindicadas por Jesus nessa festa que comemorava aquele período de peregrinação.

Trombetas A moderna festa de *Rosh Hashaná* remonta à chamada "festa das trombetas", o toque das trombetas no primeiro dia do sétimo mês (tisri) do calendário religioso (Lv 23.24; Nm 29.1). A trombeta a que se faz menção aqui é o *shofar*, o chifre de carneiro. Era distinta das cornetas de prata tocadas nas outras luas novas.

Esse dia se transformou no segundo dia mais sagrado do calendário judaico religioso moderno. Dá início aos "dez dias de reverência" antes do Dia da Expiação. De acordo com Lv 23.24-27 a celebração consistia no tocar das trombetas, em um tempo de descanso e em uma "oferta preparada no fogo". O próprio texto não diz nada específico sobre o Ano Novo, e o próprio termo (*rosh hashanah*) é encontrado somente uma vez nas Escrituras (Ez 40.1) em que se refere ao décimo dia. A assembleia pós-exílica no primeiro dia do sétimo mês, quando Esdras leu a Lei, não foi mencionada como um dia de festa (Ne 8.2,3). O fato de que o AT contém dois calendários — um civil e outro religioso — complica nossa compreensão das origens desse feriado. Até os tempos modernos esse dia não parecia um feriado importante.

Duas festas de origem pós-exílica são mencionadas nas Escrituras — Purim e Hanucá.

Purim O Purim, comemorando a libertação dos judeus do genocídio por meio dos esforços de Ester (Et 9.16-32), deriva o nome de "sorte" (*pur*) que Hamã planejou lançar para decidir quando deveria pôr em prática o decreto emitido pelo rei para o extermínio dos judeus (Et 9.24). No livro apócrifo de 2Mc (15.36), ele é chamado de Dia de Mardoqueu. Era celebrado no décimo quarto dia de *adar* (março) pelos moradores das aldeias e cidades não muradas e no décimo quinto dia pelos moradores de cidades fortificadas (Et 9.18,19). Nenhuma menção a observância religiosa é conectada ao dia; em períodos posteriores, o livro de Et era lido na sinagoga nesse dia. Tornou-se um tempo de júbilo e distribuição de alimentos e presentes.

Hanucá A outra festa pós-exílica foi Hanucá, a festa que começava no vigésimo quinto dia de *quisleu* (dezembro) e durava oito dias. Josefo se referiu a ela como a festa das luzes porque era acesa uma luz a cada dia sucessivo até que se atingisse o total de oito. A festa comemora as vitórias de Judas Macabeu em 167 d.C. Naquele tempo, quando a adoração no templo foi reintroduzida, depois de uma interrupção de três anos, foi realizada uma celebração de oito dias. A celebração moderna não afeta significativamente as tarefas rotineiras do cotidiano. Essa festa é mencionada em Jo 10.22, em que é chamada de "festa da Dedicação".

Duas festas eram celebradas com menor frequência do que uma vez por ano: o ano sabático e o ano do Jubileu.

Ano sabático A cada sétimo ano Israel celebrava o ano sabático para seus campos. Isso incluía o descanso da terra de todo o cultivo (Êx 23.10,11; Lv 25.2-7; Dt 15.1-11; 31.10-13). Outros nomes para essa festa eram sábado de descanso (Lv 25.4), ano de descanso (Lv 25.5),

O Calendário Judaico

Ano	Sagrado	1	2	3	4	5	6
	Civil	7	8	9	10	11	12
Mês		Nisã/Abibe 30 dias	Iyyar/Zive 29 dias	Sivã 30 dias	Tamuz 29 dias	Abe 30 dias	Elul 29 dias
Mês equivalente (aproximado)		Abril	Maio	Junho	Julho	Agosto	Setembro
Festas		1 Lua nova 14 Páscoa 15-21 Pães sem fermento	1 Lua nova 14 Segunda Páscoa (para os que não puderam celebrar a primeira)	1 Lua nova 6 Pentecoste	1 Lua nova 17 Jejum. Tomada de Jerusalém	1 Lua nova 9 Jejum. Destruição do templo	1 Lua nova
Estações e produtos e colheitas		Chuvas da primavera (Dt 11.14) Enchentes (Js 3.15) Cevada madura em Jericó	**Colheita** Colheita de cevada (Rt 1.22) Colheita de trigo Começo do verão Sem chuva de abril a setembro (1Sm 12.17)		**Estação quente** Aumenta o calor	Os ribeiros secam Calor intenso Vindima (Lv 26.5)	Calor intenso (2Rs 4.19) Colheita da uvas (Nm 13.23)

Observação 1

- O ano judaico é estritamente lunar, sendo 12 lunações de uma média de 29 dias e meio, perfazendo 354 dias no ano.
- O ano judaico começa com a lua nova da primavera entre o dia 22 de março e 25 de abril (do nosso calendário) em ciclos de 19 anos.
- Podemos entender isso mais facilmente se imaginarmos nosso primeiro dia do ano, que agora acontece sempre em 1º de janeiro, sem referência à lua, variando cada ano de acordo com a Páscoa, o tempo da Páscoa judaica, o tempo da lua cheia que, como uma lua nova, tinha introduzido o Ano Novo duas semanas antes.

FESTAS

7	8	9	10	11	12	13
1	2	3	4	5	6	ano com um mês a mais
Tisri/Etanim 30 dias	Marcheshvã/Bul 29 dias	Quisleu 30 dias	Tebete 29 dias	Sebate 30 dias	Adar 29 dias	Veadar/Adar Seni
Outubro	Novembro	Dezembro	Janeiro	Fevereiro	Março	Março/Abril
1 Ano novo Dia de tocar as cornetas Dia do Julgamento e Memorial 10 Dia da Expiação (Lv 23.24) 15 Cabanas 21 (Lv 23.24) 22 Reunião sagrada	1 Lua nova	1 Lua nova 25 Dedicação (Jo 10.22,29)	1 Lua nova 10 Jejum. Cerco de Jerusalém	1 Lua nova	1 Lua nova 13 Jejum de Ester 14,15 Purim	1 Lua nova 13 Jejum de Ester 14,15 Purim
Tempo de semeadura começam as chuvas temporãs (Jl 2.23) Começam aradura e semeadura	Chuva contínua Trigo e cevado são semeados	Inverno Começa o inverno Neve nas montanhas	Mês mais frio Granizo e neve (Js 10.11)	Tempo aquece gradualmente	Trovões e granizo frequentes Amendoeira floresce	Mês intercalado

Observação 2
- Assim o calendário judaico contém um 13º mês, Veadar ou Adar Seni, inserido 7 vezes ao longo de 19 anos, para resultar em uma extensão média correta do ano e para manter as estações nos meses adequados.

Observação 3
- O dia judaico começa no pôr do sol do dia anterior.

"ano da remissão" (Dt 15.9, *ARA*) e sétimo ano (Dt 15.9). O ano sabático, como o ano do Jubileu, começava no primeiro dia do mês tisri. Essa observância é atestada em 1Mc 6.49,53 e por Josefo. As leis que regiam esse ano de descanso incluíam os seguintes aspectos: 1) o solo, vinhas e olivais deveriam gozar de completo descanso (Êx 23.10,11; Lv 25.4,5); 2) os produtos espontâneos dos campos e árvores (Is 37.30) seriam para livre consumo de trabalhadores diaristas, estrangeiros, servos e gado (Êx 23.10,11; Lv 25.6,7), e colheita abundante era prometida para o sexto ano (Lv 25.20-22); 3) as dívidas eram perdoadas para todas as pessoas, com a exceção de estrangeiros (Dt 15.1-4) (provavelmente essa lei não proibia o pagamento voluntário de dívidas; ninguém deveria oprimir o pobre); 4) por fim, na festa das cabanas nesse ano, a Lei deveria ser lida ao povo em uma reunião sagrada (Dt 31.10-13).

A tradição judaica interpretava 2Cr 36.21 como indicando que os 70 anos de cativeiro eram a consequência por não terem observado os anos sabáticos. Depois do cativeiro esse ano sabático foi guardado cuidadosamente.

Ano do Jubileu Era também chamado "ano da liberdade" (Ez 46.17). Sua relação com o ano sabático e as orientações gerais para sua observância estão em Lv 25.8-16,23-55. Suas implicações sobre terras dedicadas ao Senhor estão em Lv 27.16-25.

Depois de um período de sete sábados de anos, ou sete vezes sete anos (49 anos), a trombeta devia ser tocada em toda a terra; e o ano do Jubileu devia ser anunciado (Lv 25.8,9).

A Lei destaca três aspectos em que o ano do Jubileu devia ser observado: descanso da terra — sem aradura, colheita de grãos ou de uvas (Lv 25.11); devolução de propriedades de terra (Lv 25.10-34; 27.16-24) — todas as propriedades de campos e casas em aldeias ou cidades não muradas que o proprietário tinha sido forçado a vender por causa da pobreza e que não tivessem sido resgatadas deviam retornar sem pagamento ao dono originário ou aos herdeiros legais (exceções observadas em Lv 25.29,30; 27.17-21); e resgate de escravos — todo israelita que por causa da pobreza tinha se vendido a outro israelita ou a um estrangeiro residente na terra, se não tivesse conseguido resgatar-se a si mesmo ou não tivesse sido resgatado por um parente, devia ser liberto com seus filhos (Lv 25.39-41).

Parece que o ano do Jubileu era um período de tal remissão completa de todas as dívidas que se tornou uma época de celebração da liberdade e graça. Nesse ano devia cessar a opressão, e todo membro da família da aliança devia experimentar alegria e satisfação no Senhor da aliança. Deus tinha resgatado seu povo da escravidão no Egito (Lv 25.42), e nenhum deles nunca mais devia ser reduzido à posição de escravo perene. O filho de Deus não devia ser oprimido (Lv 25.43,46); e a pobreza não devia, nem no seu pior estágio, reduzir um israelita à posição inferior à de um servo contratado, um trabalhador assalariado, e mesmo aí somente até o ano do Jubileu (Lv 25.40).

Depois da instituição das leis do ano do Jubileu (Lv 25.8-34), o ano é mencionado novamente em Nm 36.4. Não há nenhuma referência a essa festa nas Escrituras à parte da expectativa idealizada de Ez 46.17, mas a influência de tais leis ilustra trechos como a conduta de Nabote e Acabe em 1Rs 21.3-29 e as advertências proféticas encontradas em Is 5.8 e Mq 2.2. — *Larry Walker*

FESTAS CRISTÃS V. *ano eclesiástico*.

FESTO Sucessor de Félix como governador da Judeia (At 24.27); assumiu o posto por indicação de Nero em 60 d.C. e permaneceu nele até sua morte em 62 d.C. O apóstolo Paulo apelou a Pórcio Festo por uma oportunidade de ser julgado por César, e Festo a concedeu. V. *Paulo; Herodes; Roma e o Império Romano*

FESTÕES PENDENTES (*ARA*) ou **METAL BATIDO** (*NVI*) (*ARC* traz "obra estendida") Descrição dos ornatos em forma de arabescos nos carrinhos de bacias no templo de Salomão (1Rs 7.29). Eram semelhantes a grinaldas ou coroas e podem ter sido revestidos de ouro.

FIAÇÃO E TECELAGEM As principais ações envolvidas no processo de fabricação de roupas, eram processos comuns nos tempos bíblicos.

Fiação Os tecidos usados para fabricação de roupas eram feitos de fibras cruas que eram fiadas (Mt 6.28; Lc 12.27). O linho (Lv 13.47,48; Pv 31.13; Jr 13.1; Ez 40.3; 44.17; Os 2.5) e a lã

(Lv 13.47) eram as principais fibras usadas nos tempos bíblicos.

No processo de fiação, as fibras cruas eram esticadas e depois enroladas para formar um fio contínuo. Um fuso (2Sm 3.29; Pv 31.19) com um cabo fino podia ser usado para enrolar as fibras em um gancho ou uma fenda na extremidade. Uma espiral do fuso funcionava como uma roda para tornar o processo mais eficiente. O fio retorcido era enrolado ao redor do cabo. Em algumas ocasiões dois fios eram trançados juntos (Êx 26.1; 36.8, 35). O produto acabado poderia então ser usado como peça de vestuário (Êx 35.25,26).

Tecelagem Fios eram entrelaçados para formar um tecido. Para tanto, utilizava-se o tear, espécie de aparelho projetado para criar aberturas entre dobras verticais através das quais os fios das dobras horizontais podiam passar. Depois que cada fio era colocado, era batido contra o fio anterior com um bastão largo, para assim deixar o tecido firme.

No mundo bíblico eram usados três tipos de tear. Um era o tear horizontal, em que os fios das dobras eram esticados entre travas presas ao chão. Talvez seja o tipo de tear citado na história de Sansão (Jz 16.13,14), que poderia ter ajudado a Dalila amarrar suas tranças enquanto ele dormia. Quando Sansão se levantou, ele puxou os pinos do tear (v. 14b) que o prendiam ao chão. Em alguns teares verticais a dobra era esticada entre duas travas fixas em uma estrutura retangular. O trabalho era produzido do fundo do tear, e roupa tecida poderia ser enrolada como em um novelo (Is 38.12). Isso permitia ao tecelão permanecer assentado e produzir produtos maiores. Outro tipo era o tear vertical que tinha os fios das dobras ligados a uma trave superior esticada em grupos ou séries de pedras ou pesos de argila. A tecelagem era feita de alto a baixo, e o tecido era esticado para cima. Grandes pesos de tear encontrados em sítios arqueológicos testificam da popularidade desse tipo de tear no Israel do AT.

Faixas coloridas eram feitas com o uso de porções de tecido tingidas. Dobras nos teares permitiam que eles fossem abertos de uma vez, assim padrões complicados eram feitos no tecido ao cobrir pequenas áreas com cores diferentes. No entanto, era proibido usar roupas feitas de linho e lã tecidas juntas (Dt 22.11).

Tudo indica que os tecelões eram profissionais especializados. O AT diferencia tecelões comuns de projetistas e bordadores (Êx 35.35).
— *Daniel C. Browning Junior*

Mulher beduína tecendo fios de lã.

FIADOR, FIANÇA Pessoa legalmente responsável pela dívida de outra, ou o dinheiro ou objeto de valor colocado como garantia de uma dívida. Se houvesse algum problema, o fiador teria de pagar a dívida ou até mesmo ser escravizado até o pagamento da dívida. Judá se tornou uma espécie de fiador de Benjamim para José (Gn 43.9; 44.32). Um salmista fiel pediu a Deus que fosse o seu fiador (Sl 119.121-122). O livro de Pv adverte contra servir de fiador para uma pessoa que não se conhece bem (11.15). Em um sentido positivo, Jesus é o fiador dos fiéis na nova aliança (Hb 7.22, *ARA*; *ARC*; *NVI*, *NTLH*, *BJ*, "garantia"). V. *empréstimo, emprestar*; *penhor*; *servidão, servo, serva*.

FICOL Nome pessoal que significa "poderoso". O principal capitão do exército filisteu sob a liderança do rei Abimeleque (Gn 21.22). Foi testemunha das alianças entre seu comandante e Abraão (21.32) e Isaque (26.26-28). V. *Abimeleque*; *Abraão*; *aliança*; *Isaque*.

FÍGADO Órgão grande que secreta a bile. De acordo com a *NVI*, o lóbulo do fígado era oferecido a Deus com as outras partes escolhidas da oferta queimada (Lv 3.4,10,15). A *NTLH* traduz como "a melhor parte do fígado", provavelmente o pâncreas. Os antigos examinavam o fígado para descobrir o futuro. A única menção escriturística a essa prática se refere ao rei da Babilônia (Ez 21.21). Em Lm 2.11 (na Bíblia Hebraica e *ACF*) o fígado é provavelmente considerado o centro das emoções (*NVI*, *ARA* e *ARC* traduzem por "coração").

FÍGELO Nome pessoal que significa "fugitivo". Cristão que abandonou Paulo (2Tm 1.15). O contraste com Onesíforo, que não se envergonhou do fato de Paulo estar preso (1.16,17), sugere que Fígelo tenha abandonado Paulo na prisão.

FIGO, FIGUEIRA Importante fruta e árvore da terra santa. Adão e Eva usaram folhas dessa planta para fazer suas vestes (Gn 3.7). Jesus amaldiçoou uma figueira porque não tinha fruto (Mc 11.13,14,20,21). V. *plantas*.

FIGURA DE PROA Emblema na proa de um navio (At 28.11; *NVI*, *ARA*, *ARC*). A figura ("insígnia", *ARC*) em At é dos deuses gêmeos Cástor e Pólux, filhos de Zeus e Leda, identificados com a constelação de Gemini, ou Gêmeos. A vista da constelação era um bom presságio em dias de mau tempo. Assim a figura de proa era em parte um amuleto de boa sorte.

FIGURAÇÃO Linguagem figurada. A Escritura prefere comunicar verdades por meio de representações metafóricas, não por linguagem abstrata. Há uma profusão de expressões figuradas na Bíblia para Deus, seu povo e a experiência de salvação.

O desafio da teologia ("falar sobre Deus") é expressar verdades a respeito de Deus em linguagem humana. A própria Escritura atesta a dificuldade dessa tarefa: "Com quem vocês vão comparar-me, ou a quem me considerarão igual? A quem vocês me assemelharão, para que sejamos comparados?" (Is 46.5). O Deus vivo não deve ser comparado com qualquer imagem controlável. A idolatria é essencialmente a tentativa de reduzir Deus a uma imagem ou rótulo. A multiplicidade de figuras literárias para Deus no AT serve de corretivo para tentativas humanas de estreitar a visão de Deus. Algumas figuras para Deus são inanimadas: pedra (Gn 49.24); fortaleza (2Sm 22.2); fonte de água viva (Jr 2.13). É pequeno o risco de confundir Deus com tais figuras. Outras são pessoais: pai (Ml 1.6); marido (Os 2.16); pastor (Sl 23.1); juiz, legislador e rei (Is 33.22); mestre (Is 28.26); curandeiro (Jr 30.17); guerreiro (Êx 15.1,3); agricultor (Is 5.2-7). Com essas figuras personalizadas, é real o perigo de confundir "Deus é como" com "Deus é". Um corretivo desafiador é fornecido pelas imagens femininas menos familiares para Deus, e. g., a da mãe pássaro que abriga o filhote (Rt 2.12; Sl 17.8). Igualmente sugestivas da ternura materna são as figuras relativas a crianças: carregar a criança desde o nascimento (Is 46.3), ensiná-la a caminhar (Os 11.3), alimentá-la (Os 11.4) e criá-la (Is 1.2).

Em suas parábolas, Jesus continuou a prática do AT de usar ilustrações vivas para descrever Deus: o pastor que busca a única ovelha perdida (Lc 15.4-7); a mulher que procura a única moeda perdida (Lc 15.8-10); o pai que espera pacientemente pelo retorno de um filho e toma a iniciativa de se reconciliar com o outro (Lc 15.11-32). Figuras também são usadas para ensinar quem é Jesus, o Cristo: verbo (Jo 1.1); luz (Jo 8.12); pão e vinho (Mt 26.26-29); videira (Jo 15.1); caminho (Jo 14.6).

A figuração também é usada para descrever o povo de Deus e sua experiência de salvação. O AT pinta o povo de Deus como: esposa incrédula (Jr 3.20); videira silvestre (Jr 2.21); jumenta selvagem no cio (Jr 2.24); amada de Deus (Jr 11.15); noiva de Deus (Jr 2.2); servo de Deus (Jr 30.10); e filho de Deus (Os 11.1). Entre as figuras do NT estão: luz (Mt 5.14); sal (Mt 5.13); ramos de videira (Jo 15.5); nova criação (2Co 5.17); templo de Deus (1Co 3.16); e sacerdócio real (1Pe 2.9; cf. Êx 19.6). As figuras de salvação são obtidas de todas as esferas da vida: as cortes legais (Rm 7.3; Hb 9.16,17); o mercado de escravos (Tt 2.14); a feira (1Co 6.20; 7.23); e a família (Rm 8.17,23). A multiplicidade de figuras mais uma vez atesta a rica experiência do povo de Deus. V. *antropomorfismo*; *parábolas*. — Chris Church

FILACTÉRIOS 1. Caixinhas contendo trechos das Escrituras usadas na testa e entre os olhos, principalmente em períodos de oração. Os judeus seguiam ordens da Bíblia, escrevendo, literalmente, Êx 13.1-16; Dt 6.4-9 e 11.13-21 em pequenos rolos, colocando-os em caixinhas de couro e prendendo essas caixinhas à testa e ao braço esquerdo (Êx 13.9,16; Dt 6.8; 11.18).

Na época do NT, essas caixinhas eram conhecidas como filactérios (Mt 23.5). Os homens judeus usavam os filactérios nas orações, exceto no sábado e em dias festivos.

Os filactérios eram amarrados com tiras à testa, embora alguns filactérios fossem usados no braço para que quando a pessoa cruzasse os braços as Escrituras contidas no filactério estivessem próximas do coração.

Jesus condenou indivíduos que chamavam atenção a si mesmos por usarem filactérios maiores que o comum (Mt 23.5). — *Gary Hardin*

FILADÉLFIA Nome de lugar que significa "amor fraterno". Cidade helenística na província da Lídia na parte ocidental da Ásia Menor. V. *Ásia Menor, cidades de*; *Apocalipse, livro de*.

Ruínas do templo no lugar da antiga cidade de Filadélfia na Ásia Menor (atual Turquia)

FILEIRAS Palavra usada pela *NVI* para se referir a um grupo ou a um pelotão de soldados (2Rs 11.8, 15; 2Cr 3.14).

FILEMOM, EPÍSTOLA A O nome Filemom significa "carinhoso". A epístola a Fm é o décimo oitavo livro do NT. Ele devia ao apóstolo Paulo a conversão à fé cristã (v. 19). A conversão aconteceu durante o ministério de Paulo em Éfeso (At 19.10). Não há evidência de que Paulo tenha visitado Colossos onde Filemom vivia. Paulo e Filemom se tornaram amigos. Paulo se referiu a ele como "companheiro" e "amado colaborador" (v. 1).

A única carta de Paulo de natureza particular e pessoal que está incluída no NT foi escrita a Filemom no ano 61. Essa carta diz respeito a um escravo fugitivo, Onésimo, que roubou Filemom e fugiu para Roma. Lá, Onésimo encontrou o apóstolo Paulo, que estava preso. Paulo estava preocupado com Onésimo e por isso escreveu a Filemom. Paulo enviou a carta e o próprio Onésimo de volta a Colossos. A carta declara que Onésimo agora era cristão. Paulo pediu que Filemom o perdoasse e o recebesse não como escravo, mas como irmão (v. 16). Esse pedido não foi feito tendo por base a autoridade apostólica de Paulo, mas amorosamente como um amigo cristão. Paulo escreveu, "Receba-o como se estivesse recebendo a mim" (v. 17).

Paulo também declarou estar desejoso de pagar por qualquer prejuízo causado por Onésimo. Alguns estudiosos acreditam que Paulo pode ter pedido sutilmente que Filemom alforriasse Onésimo, para que ele pudesse voltar e ajudar Paulo em suas tarefas evangelísticas. Filemom tinha o direito judicial de punir Onésimo com severidade, ou até matá-lo. A pequena epístola de Paulo, com cerca de apenas 355 palavras (em grego) desafiou Filemom a aplicar o amor cristão na maneira como trataria Onésimo. A abordagem de Paulo eventualmente motivou o fim da escravidão. V. *Onésimo*; *Paulo*; *servidão, servo, serva*.

Esboço
I. Saudações de graça e paz (1-3)
II. Recomendação para o amor, a fé e o exemplo de Filemom (4-7)
III. Pedido por Onésimo, na base da amizade (8-22)
IV. Saudação de encerramento (23-25)
— *Kenneth Hubbard*

FILETO Nome pessoal que significa "amado". Mestre herético que asseverava que a ressurreição (geral) já tinha acontecido (2Tm 2.17,18), talvez em sentido puramente espiritual.

FILHO DE DEUS Expressão usada com referência à divindade de Jesus de Nazaré como o

FILHO DO HOMEM

único Filho de Deus. No AT, alguns homens e alguns anjos (Gn 6.1-4; Sl 29.1; 89.6) são chamados "filhos de Deus" (v. notas explicativas da NVI). O povo de Israel como um todo era considerado filho de Deus (Êx 4.22; Jr 31.20; Os 1.11). O conceito também é empregado no AT com referência ao rei (Sl 2.7). As promessas da aliança davídica (2Sm 7.14) são as fontes desse relacionamento filial especial. O título "filho de Deus" também pode ser encontrado na literatura intertestamentária (Sb 2.18; 4Ed 7.28,29; 13.32, 37, 52; 14.9; Enoque 105.2).

As declarações de Jesus indicam que as referências a ele como Filho de Deus têm origem nele mesmo. O centro da identidade de Jesus no Quarto Evangelho é sua Filiação divina (Jo 10.36). Jesus concebeu sua filiação divina como única, algo indicado por suas declarações do tipo "Eu e o Pai somos um" (Jo 10.30), e "o Pai está em mim, e eu no Pai" (Jo 10.38). Além disso, ele muitas vezes se referiu a Deus como "meu Pai" (Jo 5.17; 6.32; 8.54; 10.18; 15.15; Mt 7.21; 10.32,33; 20.23; 26.29,53; Mc 8.38; Lc 2.49; 10.21,22).

No batismo e na transfiguração de Jesus, Deus o Pai o identificou como seu Filho, em passagens que repetem os ensinos de Sl 2.7. Ele foi identificado como Filho de Deus por um anjo, antes do nascimento (Lc 1.32,35), por Satanás durante as tentações (Mt 4.3,6), por João Batista (Jo 1.34) e pelo centurião durante a crucificação (Mt 27.54). Vários seguidores seus atribuíram a ele esse título em diferentes contextos (Mt 14.33; 16.16; Jo 1.49; 11.27).

A expressão "Filho de Deus" revela a filiação divina de Jesus e está intimamente associada com sua posição real como Messias. O anjo Gabriel disse a Maria que o filho dela não seria apenas chamado Filho de Deus, mas que ele também reinaria no trono messiânico de Davi (Lc 1.32,33). A conexão do Filho de Deus com o ofício real de Davi também é encontrada no Evangelho de Jo (1.49; 11.27; 20.30) e nas epístolas de Paulo (Rm 1.3,4; 1Co 15.28; Cl 1.13) e em textos de Lucas (At 9.20-22).

Em sentido primário, o título "Filho de Deus" afirma a divindade de Jesus evidenciada por sua pessoa e obra. João enfatizou o relacionamento pessoal de Jesus com o Pai. Paulo salientou a salvação provida por Jesus (Rm 1.4; 1Ts 1.10) e o autor de Hb concentrou-se no sacerdócio de Jesus (5.5). Tudo isso está associado de modo vital à sua posição como Filho de Deus. — *David S. Dockery*

FILHO DO HOMEM Expressão encontrada no AT e no NT. A expressão "Filho do homem" é usada das seguintes maneiras: 1) Como sinônimo poético de "homem" ou "ser humano" (como em Sl 8.4; 80.17); 2) Em Ez é o título pelo qual Deus se dirige de maneira geral ao profeta (2.1,3; 3.1,3) e 3) Em Dn 7 é a identidade de uma personagem gloriosa vista pelo profeta vindo com as nuvens do céu para se aproximar do Ancião de Dias. "Filho do homem" é uma designação de Cristo encontrada muitas vezes no NT. Foi a designação mais usada por Jesus para se referir a si mesmo, para descrever sua missão messiânica e também sua plena humanidade.

No Antigo Testamento "Filho do homem" aparece no AT como sinônimo de "homem" ou "humanidade". De fato, com exceção de Ez e Dn, a expressão quase sempre é usada dessa maneira (Jó 25.6; Is 56.2; Jr 50.40).

O livro de Ez usa "filho do homem" mais de 90 vezes para se referir ao próprio profeta. Seu significado está em discussão. Alguns estudiosos creem que a expressão simplesmente tem a função de uma convenção editorial; outros pensam que aponta para sua identificação com o povo, ou é usada para distinguir Ezequiel de outros homens. De qualquer maneira, Ezequiel exibiu um profundo senso da santidade e majestade de Deus, e a expressão tem o propósito marcar a distância que separa o profeta, como ser humano, de Javé.

A ocorrência mais importante de "filho do homem" no AT é Dn 7.13. O contexto é a morte da assustadora quarta besta, quando "alguém semelhante a um filho de homem" aparece diante do "Ancião de Dias" (Dn 7.9, ARA, ARC; NVI, "ancião") e recebe domínio e glória eternos. Enquanto alguns interpretam esse ser divino como símbolo dos judeus fiéis — os "santos do Altíssimo" (7.18), é melhor interpretá-lo como referência inequívoca ao Messias. Jesus designou a si mesmo com essa expressão muitas vezes, e a imagem das nuvens aparece em associação com sua segunda vinda (Ap 1.7). Nessa passagem, o Senhor Jesus é distinto de Deus, o Pai, o Ancião de Dias, que dará a Cristo um Reino que nunca será destruído (Dn 2.44).

Nos Evangelhos A expressão é usada 32 vezes em Mt, 14 em Mc, 26 em Lc e 12 em Jo, totalizando 84 ocorrências nos Evangelhos. Somando-se as ocorrências já mencionadas em At, Hb e Ap, há um total de 88 referências no NT. Delas, a expressão é encontrada sempre nos lábios de Jesus, com as seguintes exceções: Jo 12.34, At 7.56, Hb 2.6 e Ap 14.14 (5 ao todo).

Nos Evangelhos, os ditos a respeito do "Filho do homem" caem em três categorias gerais, todas encontradas nos lábios de Jesus. Os ditos *escatológicos* ou *apocalípticos* são aqueles em que Jesus se refere à sua vinda nas nuvens com grande poder e glória (Mc 8.38; 13.26; Mt 24.27; 25.31). Esse uso é bastante frequente. Essas referências são sem dúvida reminiscências de Dn 7. As referências à vinda futura permitem chegar a algumas conclusões importantes: 1) O Filho do homem virá em glória com os anjos e realizará o julgamento do fim dos tempos (Mt 16.27; 25.31; 26.64; Jo 5.27). 2) Esta vinda gloriosa será um tempo de renovação e regeneração. Cristo será entronizado, e seus apóstolos receberão lugar especial de honra (Mt 19.28). 3) A vinda será súbita e inesperada, como um relâmpago (Mt 24.27; Lc 12.40; 17.24). 4) Quando Cristo vir em sua glória, ele mesmo reunirá seus eleitos (Lc 21.36; Mc 13.27). 5) Essa vinda súbita e inesperada (Mt 10.23; 24.44) acontecerá no tempo em que ele se se assentar sobre o prometido trono messiânico (Mt 25.31).

Os ditos da paixão ou do sofrimento do Filho do homem são aqueles em que Jesus falou e fez referência a seu sofrimento iminente, morte e ressurreição. Os ditos da paixão constituem o segundo maior grupo. O evangelho de Mc registra três ocasiões em que Jesus predisse com clareza a rejeição, crucificação e ressurreição do Filho do homem (Mc 8.31; 9.31; 10.33,34). Essa antecipação era difícil para os judeus contemporâneos de Jesus porque a expectativa messiânica de seus dias não ligava o Filho do homem à ideia de sofrimento e morte. Não obstante, Jesus entendeu essas predições de forma inequívoca como referentes a ele mesmo.

Por fim há os ditos ligados ao *ministério presente* de Jesus. Essas referências ilustram de modo geral a condição humilde de Jesus — o Senhor glorioso que se humilhou ao se tornar humano. O texto de Mt 8.20 mostra que ele não tinha morada fixa. Seu propósito era buscar e salvar os perdidos (Lc 19.10) e dar a vida como resgate por muitos (Mt 20.28). Ele é quem espalha a semente do Reino de Deus (Mt 13.37) e ao fazê-lo, é mal interpretado e rejeitado (Lc 7.34). Ele advertiu seus discípulos de que eles poderiam ser chamados a sofrer da mesma maneira por sua causa (Lc 6.22). Entretanto, esse Filho do homem humilde não é uma pessoa comum. Alega possuir autoridade para perdoar pecados (Mc 2.10) e assume o senhorio sobre o sábado (Mt 12.8).

Outro aspecto referente ao Filho do homem surge no Evangelho de Jo. A expressão aparece poucas vezes no quarto Evangelho; há uma mescla de elementos dos sinópticos. O tema da subida e descida do Filho do homem é a ênfase principal de Jo. No quarto Evangelho, há um jogo de oposição constante entre humilhação e exaltação. O Filho do homem que desceu do céu é o mesmo que agora está na terra (Jo 3.13). Precisou ser elevado em uma cruz (o extremo da humilhação) para ser exaltado (3.14). É o Pão que desceu do céu, mas que para lá subiu novamente depois de completada sua obra (6.62). É preciso aceitar a humanidade do Filho do homem para que se encontre a vida eterna (5.53), mas ele é também o Filho de Deus que veio de cima e que liga o céu à terra (1.51). Mesmo a traição de Judas (13.32) serviu para que ele fosse glorificado. Nos Evangelhos, em especial no Evangelho de Jo, a expressão Filho do homem significa humildade e humilhação, mas também exaltação e glória.

No restante do Novo Testamento Fora dos Evangelhos a expressão "Filho do homem" é encontrada somente quatro vezes. Em At 7.56 Estêvão viu o Filho do homem no céu ao lado do trono de Deus, de pé para recebê-lo após seu apedrejamento. Já Hb 2.6 cita o Sl 8, uma passagem que originariamente se referia à humanidade em geral. O escritor de Hb, no entanto, a usou para atribuir unicidade a Jesus como o representante perfeito da humanidade. Em Ap 1.13 e 14.14 segue-se a imagem extraída de Dn 7, do Filho do homem como Juiz exaltado.

No entanto, de modo surpreendente, a expressão está fora dos textos de Paulo. Não obstante, muitos estudiosos da Bíblia sugerem que a ideia de Paulo de Cristo como o homem celestial, ou o segundo Adão, esteja relacionada ao conceito de Filho do homem. A teologia de Paulo certamente foi formulada a partir da realidade da obra sacrificial de Cristo como o Deus/homem, como o texto de 1Co 15.3-7 demonstra com clareza.

Conclusão Agostinho escreveu: "O Filho de Deus se tornou o Filho do homem, para que os filhos dos homens se tornassem filhos de Deus". Jesus se tornou um de nós, mas ao mesmo tempo, é distinto de nós. Somente Jesus é o Filho do homem e o Filho de Deus em uma única pessoa. Em Mt 16.13-17 Jesus perguntou aos discípulos: "Quem os outros dizem que o Filho do homem é?". Simão Pedro respondeu: "Tu és o Cristo, o Filho do Deus vivo". — *Dale Ellenburg e John B. Polhill*

FILHOS DE DEUS 1. No AT, "filhos de Deus" pode ser uma referência a seres espirituais (Jó 1.6; 38.7; Sl 89.6,7), mas com maior frequência se refere a pessoas que têm um relacionamento de aliança com Deus. Assim, o povo de Israel é chamado de filhos de Deus. Às vezes essa designação é devida à escolha que Deus fez de Abraão e seus descendentes e muitas vezes se refere a toda a nação de Israel (Êx 4.22; Dt 14.1; Os 11.1). Outras vezes a filiação de Israel a Deus está associada à obediência a Deus e fé nele e, por isso, refere-se somente a um remanescente fiel. Embora filhos sejam desobedientes (Is 30.1), a posição de aliança como filho de Deus pode ser perdida (Dt 32.5), porque se aplica apenas a indivíduos que podem corretamente ser chamados pelo nome de Deus (Is 43.6,7). Essa é a ideia da crítica de João Batista à confiança de alguns judeus em sua posição de serem descendentes de Abraão (Lc 3.7-9).

O NT continua essa ênfase dupla no relacionamento de aliança e na fidelidade. A filiação de Israel por meio da aliança ainda é válida (Rm 9.4; Hb 2.16), embora nem todos os judeus participem das bênçãos da aliança (Rm 9.6). Somente aqueles que são "herdeiros segundo a promessa" (Gl 3.29) feita a Abraão são verdadeiramente filhos de Deus. Jesus é o exemplo sublime e o cumprimento do relacionamento de aliança com o Pai, e, portanto, serve de modelo de filiação. Nossa filiação está inextricavelmente ligada à filiação de Cristo (Hb 1.5; Gl 4.5). A adoção como filhos de Deus é recebida pela união com Cristo (Rm 8.17), pela habitação do Espírito Santo (Rm 8.14-16) e está disponível tanto a judeus quanto a gentios. A adoção está baseada em Cristo Jesus (Gl 3.26,27), embora seja enfatizada a obediência. A relação entre obediência e fé é misteriosa, mas é de reciprocidade. Demonstra-se que os filhos de Deus são obedientes (Fp 2.15), e os que obedecem são filhos de Deus (1Jo 3.9,10). Assim, a filiação divina está baseada na fé em Cristo (1Jo 5.1), que flui do amor por Deus (1Jo 5.2) e naturalmente conduz à obediência (1Jo 5.3-5).

A adoção como filhos de Deus é descrita como uma realidade já presente, mas terá a realização completa no final dos tempos. Paulo diz que estamos "esperando ansiosamente" (Rm 8.23) e associou essa expectativa à redenção do corpo (Rm 8.19). Jesus é o primogênito entre muitos irmãos (Rm 8.29; 1Co 15.20-23). João fala de uma filiação realizada pela fé e revelada na glória futura (1Jo 3.2,3). **2.** Tradução literal de uma expressão que se refere a uma classe de seres com um determinado tipo de relacionamento com Deus. O significado e a tradução variam conforme o contexto.

Antigo Testamento A expressão hebraica *beney ha'elohim* é encontrada em Gn 6.2, 4 e Jó 1.6, 2.1 e 38.7. Nas passagens de Jó os "filhos de Deus" são anjos (Jó 38.7, em paralelo poético com "estrelas matutinas") ou a corte celestial (1.6 e 2.1).

O texto de Gn (6.1-4) é historicamente um dos textos de mais difícil interpretação de todo o AT. O ponto crucial da questão interpretativa é como entender a distinção entre os dois grupos mencionados: "os filhos de Deus" e "as filhas dos homens". Três sugestões têm sido apresentadas.

A primeira é que os "filhos de Deus" eram príncipes ou governantes, e as "filhas dos homens" eram mulheres simples, de classe social inferior. A principal base para esta opinião é uma comparação com o Épico de Gilgamés, da Babilônia, no qual o rei Gilgamés tinha o direito de ter a primeira relação sexual com qualquer noiva. Somente então o marido poderia tomá-la como esposa. A principal objeção a esse ponto de vista é que em nenhum outro lugar do AT a expressão "filhos de Deus" se refere à realeza.

A segunda é que a expressão "filhos de Deus" deveria ser traduzida por "filhos piedosos", referindo-se assim aos descendentes piedosos de Sete. De acordo com essa opinião, as "filhas dos homens" são "mulheres mundanas", as descendentes ímpias de Caim. O argumento é que esses casamentos teriam diluído a linhagem de Sete, espiritual e fisicamente. Entretanto, bons princípios exegéticos exigem que "homens/humanidade" tenham o mesmo significado em 6.2 e em 6.1 — *ha'adam* (a mesma palavra nos dois versículos) é entendida genericamente como "humanidade", "gênero humano" em 6.1, referindo-se assim a toda a raça humana, incluindo-se os descendentes de Sete e de Caim. Se as "filhas dos homens" referem-se apenas às descendentes de Caim, então *ha'adam* deve ter um significado mais restrito em 6.2. Esse significado mais restrito teria violentado bons princípios exegéticos.

A última opinião defende que os "filhos de Deus" eram anjos ou seres sobrenaturais, e que as "filhas dos homens" eram mulheres humanas. Duas objeções têm sido levantadas com referência a essa interpretação. Ambas estão baseadas em pressuposições referentes à natureza dos anjos, que não estão baseadas nas Escrituras: 1) os anjos não têm gênero e, portanto, são incapazes de coabitar com seres humanos, e 2) entender "filhos de Deus" como anjos exige que a narrativa seja entendida como mitológica, não como um acontecimento histórico.

Várias linhas de apoio são sugeridas para defender esta interpretação: 1) A expressão "filhos de Deus" tem sentido de anjos em outras partes do AT (Jó 1.6; 2.1; 38.7). 2) O texto alexandrino da *LXX* (a tradução grega do AT, do séc. III a.C.) traduz a expressão hebraica "filhos de Deus" como "anjos de Deus". 3) Se 6.4 tem ligação com os textos antecedente e precedente, então, o resultado da união entre anjos e mulheres seriam os nefilim, os famosos e poderosos homens da antiguidade. 4) Por fim, foi essa união sexual que levou Deus a julgar o mundo pelo Dilúvio. Esse pecado foi um ato tão terrível de rebelião contra os padrões de Deus, que a única resposta dada por ele foi a destruição do mundo por meio do Dilúvio. A coabitação entre descendentes piedosos de Sete, do sexo masculino, e mulheres ímpias descendentes de Caim, ou entre reis e mulheres comuns teria produzido uma destruição tão devastadora e abrangente? A união perversa entre anjos e mulheres parece ser a melhor explicação para o pecado hediondo que resultou em julgamento por intermédio do dilúvio.

Novo Testamento Israel era o filho adotivo de Deus no AT, pela escolha soberana de Deus e pela aliança (Êx 4.22,23; Os 1.11; cp. Mt 2.13-15; Rm 9.4; 2Co 6.18). De modo ainda mais pessoal e mais próximo ao coração de Deus, ele adotou Davi e sua descendência real (2Sm 7.14; 1Cr 17.13; 28.6. Sl 2.7,8), que culmina com o Rei divino em sua função de Salvador de Israel (Lc 1.32; At 2.29-36; 13.32-37; Rm 1.3,4; Hb 1.3-5). De igual maneira, os cristãos são filhos de Deus e, portanto, herdeiros e Deus e do Reino (Mt 5.9) por adoção, escolhidos em Cristo, com o Espírito Santo que vive neles, e destinados a serem transformados conforme a imagem de Cristo (Lc 20.36; Rm 8.14-17, 29; Gl 3.26; 4.4-7; Ef 1.5). "Anjos" é a terminologia usual no NT para seres ou mensageiros celestiais. V. *anjo*; conselho celestial. — *Francis Kimitt*

FILHOS DO ORIENTE V. *cadmoneu*.

FILHOS DOS PROFETAS Membros de um grupo ou corporação de profetas. "Filhos de" se refere à adesão a um grupo ou classe, não implica em relacionamento familiar. "Filhos dos profetas" sugere uma comunidade ou corporação de profetas. A expressão ocorre mais vezes nas narrativas de Eliseu, nas quais o profeta é apresentado como líder de uma corporação profética. Foi nessa condição que Eliseu cuidou das necessidades da viúva de um profeta (2Rs 4.1-7), concordou em construir um local no qual pudessem se reunir (2Rs 6.1-7) e liderou uma refeição comunitária (2Rs 4.38-44). Os filhos dos profetas eram testemunhas (2Rs 2.3,5,7,15) ou agentes do ministério de Eliseu (2Rs 9.1-3).

A única referência a filhos dos profetas fora do ciclo de Eliseu é a alguém identificado como "um dos discípulos dos profetas" (1Rs 20.35, *NVI*, *ARA*; *ARC*, "um dos homens dos filhos dos profetas"; *NTLH*, "um homem do grupo dos profetas") que condenou Acabe por ter ele liberto o rei Ben-Hadade da Síria (1Rs 20.35-42). Os "grupo(s) de profetas"

(1Sm 10.5,10; 19.20) eram grupos de profetas cujos dons carismáticos certa vez envolveram Saul (1Sm 10.10) e, mais tarde, Saul e seus mensageiros (1Sm 19.20).

A famosa declaração de Amós: "Eu não sou profeta nem pertenço a nenhum grupo de profetas" (7.14) é provavelmente uma declaração de independência das corporações proféticas de seu tempo. De modo semelhante, a alegação de Jeremias de que Deus o fez profeta antes de ele nascer (Jr 1.5) pode, de modo indireto, representar a rejeição da associação com as escolas proféticas de Judá. V. *profecia, profetas.* — Fred L. Horton Junior

FILIGRANAS Tradução moderna de obra ornamental, especialmente de fios finos de metal. A *ARC* e *ARA* usam "engastes". Filigranas de ouro eram usadas no engaste de pedras preciosas (Êx 28.11,13,14,25; 39.6,13,16,18) e de colchetes (Êx 28.13,25; 39.16,18) em roupas e joias. O desenho citado em Êx provavelmente era uma roseta ou um padrão floral simples. V. *joias, joalheria; sumo sacerdote.*

FILIPE Nome que significa "amigo do cavalo". **1.** Membro respeitado da igreja de Jerusalém, escolhido como um dos sete primeiros diáconos (At 6.5). Depois do martírio de Estêvão, Filipe levou o Evangelho à Samaria, onde seu ministério foi abençoado (At 8.5-13). Subsequentemente, foi levado à estrada sul, que ia de Jerusalém a Gaza, onde apresentou Cristo ao eunuco etíope e o batizou (8.26-38). Ele foi então transportado pelo Espírito até Azoto (Asdode), e de lá conduziu um ministério itinerante até estabelecer residência em Cesareia (At 8.39,40). Depois disso, por cerca de vinte anos, ele sai de cena. É mencionado pela última vez nas Escrituras quando Paulo se hospedou em sua casa na última viagem a Jerusalém (At 21.8). Tinha quatro filhas solteiras que eram profetizas (At 21.9). **2.** Um dos doze apóstolos (Mt 10.3). De Betsaida, chamou Natanael para "vir e ver" Jesus (Jo 1.43-52). Jesus testou Filipe a respeito de como alimentar a multidão (Jo 6.5-7). Ele e André levaram os gentios inquiridores até Jesus (Jo 12.21,22). Filipe pediu a Jesus que lhe mostrasse o Pai (Jo 14.8-9), tornando possível Jesus lhe ensinar que ver a ele é ver o Pai. V. *discípulo.* **3.** Tetrarca de Itureia e Traconites (Lc 3.1). V. *Herodes.*

Martírio de Filipe em Hierápolis, construído para comemorar a tradição que diz que o apóstolo Filipe foi martirizado nesse lugar.

FILIPE, HERODES V. *Herodes*.

FILIPENSES, EPÍSTOLA AOS Décimo primeiro livro do NT, escrito por Paulo à igreja de Filipos, a primeira que estabeleceu na Europa. É uma das Cartas da Prisão (junto com Ef, Cl e Fm). Em geral, a autenticidade da carta é aceita. A terminologia e a teologia são totalmente paulinas.

A despeito das circunstâncias negativas nas quais Paulo escreveu, Fp é uma carta calorosa, pessoal e positiva (exceto pelo cap. 3). Paulo escreveu para agradecer à igreja pelo presente recém-outorgado por ela, quando estava na prisão, e para informar de suas circunstâncias e dos planos de viagem de Timóteo e de Epafrodito. O tema subjacente, que dá unidade à carta, é o chamado à unidade da igreja.

A data da carta depende do aprisionamento enfrentado por Paulo. A data e o lugar tradicionais da redação são Roma, entre os anos 61 e 62. Se Fp foi escrita de Cesareia, seria possível designar uma data anterior, por volta do ano 50; se foi escrita em Éfeso, em meados da década de 50.

Origem de Filipenses Onde estava Paulo quando escreveu Fp? A carta em si revela somente que ele estava na prisão. O livro de At registra prisões de Paulo em Cesareia e em Roma. Há evidência de que Paulo também foi preso em Éfeso (At 19; 2Co 11.23; 1Co 15.30-32).

Tradicionalmente atribui-se Fp a Roma. As referências à casa de César (Fp 4.22, *ARA*, *ARC*; *NVI*, *NTLH*, "palácio"), ao Pretório ou guarda do palácio (1.13), como a facilidade para receber visitas, (e.g., Epafrodito, At 28.16,30-31), e a possibilidade de execução (Fp 1.20-26) parecem combinar bem com a prisão descrita nos últimos versículos de At.

A origem efésia de Fp também tem muitos argumentos a favor. Éfeso era a capital da Ásia. A guarda provincial do governador ocupava o "praetorium", e a residência do governador era chamada "Casa de César". A prisão de Éfeso e a origem de Fp dão sentido à intenção declarada de Paulo de visitar Filipos depois da libertação (Fp 2.24; de Roma, Paulo tinha a intenção de prosseguir até a Espanha, Rm 15.23,24). Além disso, Fp 2.25-30 dá a entender que várias viagens, trazendo notícias, foram feitas entre o local em que Paulo estava e Filipos. A viagem de Roma a Filipos duraria várias semanas; de Éfeso a Filipos seriam necessários apenas alguns dias. O grande número de viagens subentendido em Fp é difícil de encaixar em uma prisão de dois anos em Roma, mas é menos problemático se fosse em uma prisão por um período menor em Éfeso.

A origem cesariense de Fp teve menos adeptos ao longo dos anos. Quem rejeita essa hipótese se baseia no fato de a intenção de Paulo após sua libertação era ir a Roma (não visitar Filipos), e além de duvidar que Paulo estivesse temeroso de ser executado em Cesareia (como Fp deixa subentendido), pois ele sempre tinha a opção de apelar a César.

Conteúdo da carta A carta aos Fp está estruturada como pessoal típica daquele tempo. A introdução identifica os remetentes: Paulo e Timóteo, e os destinatários: os santos, bispos e diáconos. Entretanto, essa forma de carta típica está cheia de conteúdo cristão. A saudação usual secular e um voto de saúde é transformada em bênção (v. 2), a ação de graças pela participação fiel daquela igreja na obra do Evangelho (1.3-8), e a oração para que eles fossem abençoados com ainda mais crescimento, iluminação e amor cristão (1.9 -11). V. *cartas, forma e função*.

O corpo da epístola começa com Paulo explicando a situação atual (1.12-26). Nos versículos 12-18, Paulo revelou que sua preocupação primária (a proclamação do Evangelho) foi cumprida a despeito de suas circunstâncias difíceis. Seus captores estavam sendo evangelizados (v. 12,13). Seus compatriotas ganharam confiança por meio de seu exemplo ousado (v. 14). Mesmo os irmãos que trabalhava com motivação errada estavam partilhando ativamente as boas-novas (não há indicação da pregação de um evangelho falso; Paulo se alegrou no trabalho deles, v. 15-18). A severidade da prisão de Paulo é refletida em 1.19-26. Sua morte parece uma possibilidade real. A morte iria uni-lo a Cristo. A vida daria a ele a alegria de continuar no ministério produtivo. Ele encontrou motivo para se alegrar genuinamente com ambas as possibilidades. No entanto, Paulo parecia confiante de que poderia ser liberto e se reencontraria com os filipenses.

Quando Paulo voltou a Filipos, esperava encontrar uma igreja unida em Cristo. O texto

FILIPENSES, EPÍSTOLA AOS

de Fp 1.27-4.9 é o chamado multifacetado para a unidade na Igreja. A grande causa da proclamação do Evangelho convoca-os a serem unidos em espírito, no trabalho e na confiança (1.27-30). Sua experiência cristã comum (2.1) e propósito (2.2) deveriam também determinar a atitude equilibrada e de serviço (2.3,4). Os seguidores de Cristo devem imitá-lo em um serviço não egoísta aos outros (2.5-11).

Uma inscrição do período romano na antiga Filipos

Já Fp 2.6-11 é conhecido como a passagem da *kenosis* (da palavra grega que NVI traduziu como "esvaziou-se" em 2.7). A linguagem e estrutura da passagem convenceram muitos comentaristas de que Paulo citou um hino já em uso pela igreja. O propósito do hino pré-paulino provavelmente era ensinar os cristãos a respeito da natureza e obra de Cristo. A pré-existência, encarnação, paixão, ressurreição e exaltação estão resumidas de maneira magistral. Não obstante, no contexto de Fp, a passagem da *kenosis* é usada para realçar a humilhação e o serviço não egoísta demonstrados por Jesus, cujo exemplo o cristão deve seguir. V. *kenosis*.

Paulo estava preocupado: os filipenses deveriam demonstrar a realidade da fé cristã em ações. Nem a reclamação característica de Israel no deserto ou a perversidade do mundo que desconhece Deus devem caracterizar a Igreja. Paulo se sacrificou para fazer brotar a fé verdadeira nos filipenses. Seu desejo para eles e para si mesmo era a capacidade se regozijar porque seu sacrifício não foi em vão (2.12-18).

Em Fp 2.25-30 explicou à igreja porque Epafrodito voltou a Filipos. A igreja o enviara para levar um donativo a Paulo (Fp 4.10-20) e para ministrar-lhe na prisão. Paulo provavelmente recebera que alguns criticassem Epafrodito por ter voltado antes do planejado.

A ágora (mercado) da antiga cidade de Filipos na Macedônia

O tom da carta muda no cap. 2. O encorajamento para o regozijo (3.1) inesperadamente se torna uma advertência séria (3.2 — a mudança é tão destacada que alguns estudiosos pensam que o cap. 3 seja uma adição posterior à epístola). Um problema ameaçava a igreja em Filipos com o potencial de destruir a fundação da unidade e a base da alegria.

A natureza exata do problema não está clara. Foram criticados o legalismo judeu (3.2-11), o perfeccionismo judeu ou cristão (3.12-16) e a libertinagem pagã (3.17-21). No entanto, está claro que Paulo atacou os ensinos heréticos com verdades cristãs: Jesus Cristo é o único caminho para a retidão (3.2-11); a estatura de Cristo é o alvo da maturidade cristã (3.12-16); e a natureza de Cristo e seu Reino são o padrão pelo qual o cristão deve viver (3.17-21).

O cap. 4 retoma a instrução mais positiva e afirmação da igreja. Duas mulheres, Evódia e Síntique (4.2,3) foram exortadas a dar fim a seus conflitos, pois desentendimentos pessoais poderiam ser tão prejudiciais à unidade da igreja quanto a doutrina falsa. As exortações gerais para alegria e fidelidade (4.4-9) levam à expressão de Paulo de gratidão pelo apoio fiel que os filipenses deram a ele e a seu ministério (4.10-20). A carta termina de maneira tipicamente paulina, com a troca de saudações e oração pedindo a graça divina.

Esboço

I. Saudação (1.1,2)
II. Introdução (1.3-26)
  A. Oração de ação de graças (1.3-11)
  B. Circunstâncias pessoais adversas podem fazer avançar o Evangelho (1.12-26)
III. Admoestações pastorais (1.27—2.18)
  A. Admoestação à consistência (1.27)
  B. Admoestação à coragem (1.28-30)
  C. Admoestação à unidade (2.1-11)
  D. Admoestação à responsabilidade e obediência (2.12,13)
  E. Admoestação à vida de regozijo sem culpa (2.14-18)
IV. Preocupações pastorais (2.19-30)
  A. Preocupação pastoral pelo bem-estar da igreja (2.19-24)
  B. Preocupação pastoral por um ministério em aflição (2.25-30)
V. Advertência e encorajamento pastoral (3.1—4.1)
  A. Advertência contra os legalistas: glória somente em Cristo (3.1-3)
  B. Advertência contra a confiança na carne: o alvo da confiança é somente Cristo, e a esperança da ressurreição (3.4-11)
  C. Advertência contra satisfação com o passado: é preciso prosseguir rumo ao prêmio celestial (3.12-16)
  D. Advertência contra os inimigos da cruz: permaneçam firmes como cidadãos do céu (3.17—4.1)
VI. Exortação final (4.2-9)
  A. À reconciliação pessoal (4.2,3)
  B. À alegria e nobreza (4.4,5)
  C. À paz de espírito (4.6.6,7)
  D. Aos pensamentos nobres (4.8,9)
VII. Conclusão (4.10-23)
  A. A alegria do apóstolo na força de Cristo (4.10-13)
  B. A apreciação do apóstolo pela mordomia da igreja (4.14-20)
  C. Saudações finais e bênção apóstolica (4.21-23)

— *Michael Martin*

FILIPOS Cidade na província romana da Macedônia. Paulo realizou trabalho missionário naquela cidade (At 16.12) e mais tarde escreveu uma carta à igreja existente ali (Fp 1.1).

História Nos tempos antigos, o lugar era uma área de mineração de ouro. Depois de 400 a.C. Filipe II da Macedônia sitiou as minas, fortificou a cidade e deu-lhe o próprio nome. Filipos, bem como todo o restante da Macedônia, passou para o controle romano depois de 200 a.C. No ano 42 a.C. Filipos foi o local de uma batalha decisiva que selou o destino de Roma como república e construiu o cenário para o estabelecimento de um império. Depois de derrotar Antônio na Batalha de Actium em 31 a.C., o vitorioso Otaviano expulsou da Itália os amigos de Antônio, mas permitiu que eles se estabelecessem em lugares como Filipos. Otaviano reorganizou Filipos como colônia romana.

Paulo e Filipos Paulo visitou Filipos pela primeira vez na segunda viagem missionária em resposta à visão recebida sobre a Macedônia (At 16.9). Ele e seus companheiros navegaram desde Trôade pelo mar Egeu até Neápolis, na costa oriental da Macedônia (At 16.11). Depois eles viajaram alguns quilômetros para o interior até "Filipos na Macedônia, que é colônia romana e a principal cidade daquele distrito" (At 16.12).

No sábado Paulo foi até um lugar de oração na margem do rio. Quando Paulo pregou, Lídia e outras abriram o coração ao Senhor (At 16.13-15). Como Paulo sempre fazia quando chegava a uma nova cidade, primeiro ia à sinagoga local. Como não o fez em Filipos, significa que provavelmente não havia sinagoga.

O caráter romano da cidade fica muito claro a partir das outras experiências de Paulo em Filipos. Ele curou uma jovem escrava possessa, cujos donos acusaram os judeus de causarem problemas na cidade ao ensinar costumes ilegais para os romanos (At 16.20,21). Os magistrados municipais ordenaram que Paulo e Silas fossem espancados e entregues ao carcereiro (At 16.20,22,23). Depois da libertação miraculosa de Paulo e da conversão do carcereiro, os magistrados ordenaram ao carcereiro que deixasse Paulo ir (At 16.35,36). Paulo informou aos mensageiros de que era cidadão romano. Por ter sido espancado e aprisionado ilegalmente, Paulo insistiu que os próprios magistrados viessem e lhe deixassem partir (At 16.37). Os magistrados, bastante nervosos, foram à prisão. Pediram a Paulo que não somente saísse da cadeia, mas também da cidade (At 16.38-40). V. *Paulo*; *Filipenses, epístola aos*; *romana, lei*. — Robert J. Dean

FILISTEIA Planície costeira do sudoeste da Palestina que estava sob controle dos filisteus (Êx 15.14; Sl 60.8; 87.4; 108.9 ; Is 14.29-31). V. tb. Êx 15.14; Is 14.29-31 (*ARA*, *ARC*; *NTLH*, "povo da Filisteia"; *BJ* e *TEB*, "Filisteia"; *NVI*, "filisteus").

FILISTEUS Um dos grupos rivais que os israelitas encontraram quando se estabeleceram na terra de Canaã. Referências aos filisteus são encontradas no AT e também em outros textos do antigo Oriente Médio. A palavra "filisteu" se refere a um grupo de povos que ocupou e deu seu nome à parte sudoeste da Palestina. Registros egípcios antigos do tempo de Merneptá e de Ramsés III se referem a eles como os "*prst*". Antigos registros assírios incluem referências aos filisteus nas palavras *Philisti* e *Palastu*.

A origem e o pano de fundo dos filisteus não foram claramente identificados. Os registros egípcios antigos influem os *prst* como parte de um movimento maior de povos conhecidos como os povos do mar, invasores do Egito por volta de 1188 a.C. por terra e pelo mar, lutando contra as forças de Ramsés III, que, de acordo os citados registros, os derrotou. Os povos do mar, um grupo numeroso originário da região do mar Egeu, incluíam os tjekeras, os skekeloshes, os Denyenes, os Sherdens e os Weshweses como os *prst* ou Pelesti, os filisteus bíblicos. Enquanto se moviam da região do mar Egeu rumo a leste, os povos do mar guerrearam com os povos em seu caminho, incluindo os hititas na Anatólia e os habitantes de lugares no norte da Síria, tais como Ugarite. De acordo com as referências bíblicas, a terra natal dos filisteus era Caftor (Am 9.7; Jr 47.4). V. *Caftor*.

As primeiras menções aos filisteus aparecem nas narrativas patriarcais (Gn 212,34), uma referência que sugere um anacronismo, mas há quem sugeria que se refere a migrações de uma colônia egeia no período patriarcal. A fase mais dramática da história filisteia começa no período dos juízes quando os filisteus eram o principal inimigo e a maior ameaça política para Israel. Essa ameaça é primeira vista nas narrativas de Sansão (Jz 13—16). A ameaça se intensificou à medida que os filisteus invadiram o território da tribo de Dã, forçando-a a se mover para o norte (Jz 18.11,29). A ameaça alcançou proporções críticas na batalha de Ebenézer (1Sm 4.1-18), quando os israelitas foram fragorosamente derrotados e a arca da aliança, trazida de Siló (1Sm 4.3,4), foi capturada. No tempo de Samuel, os israelitas derrotaram os filisteus algumas vezes (1Sm 7.5-11); 14.16-23), mas, falando em termos gerais, o avanço deles contra os israelitas continuou. Saul não apenas falhou em impedir as invasões filisteias no território israelita como no fim perdeu a vida combatendo-os no monte Gilboa (1Sm 31.1-13). Davi finalmente impediu o avanço filisteu em Baal-Perazim (2Sm 5.17-25).

Algumas características da vida e cultura filisteias estão refletidas no AT. Politicamente, os filisteus tinham um sistema altamente organizado de cidades-Estado, que compreendia cinco cidades no sudoeste da Palestina: Asdode, Gaza, Ascalom, Gate e Ecrom (1Sm 6.17). Cada uma dessas cidades-Estado era liderada por um "governante" (1Sm 6.18), uma figura semelhante ao rei. Gate talvez fosse a principal cidade da Pentápolis Filisteia e como tal, era o eixo do sistema de cidades-Estado.

Os filisteus eram especialistas em metalurgia, a arte de processar metais (1Sm 13.19-23). A habilidade filisteia nesta área deixou os israelitas em clara desvantagem em suas lutas contra eles (1Sm 13.22). V. *minerais e metais*.

Os filisteus tinham uma organização militar altamente treinada. Batalhas terrestres e navais entre egípcios e os povos do mar estão representados em grandes painéis no templo de Ramsés III em Medinet Habu em Tebas. Os filisteus são representados em navios com quilha curva e, na proa, a cabeça de um pássaro. Os guerreiros filisteus usavam elmos com plumas, artefatos que adicionavam altura à aparência física. Em terra, os filisteus estavam equipados com cavalos e carros de guerra, um numeroso grupo de infantaria, e arqueiros (1Sm 13.5; 31.3).

A armadura dos soldados filisteus incluía elmos de bronze, cotas de malha, protetores de perna, lanças e escudos (1Sm 17.5-7). A história de Golias indica que algumas vezes os filisteus usavam combates individuais (1Sm 17). Muito provavelmente o guerreiro filisteu proferia uma maldição ritual contra o adversário imediatamente antes do confronto (1Sm 17.43). Davi, que reorganizou a experiência militar dos filisteus, selecionou queretitas (cretenses) e peletitas (filisteus — 2Sm 20.23) para sua guarda palaciana ou como um exército mercenário. Esse segmento do exército providenciava proteção para Davi e sua família durante tempos de revolta. V. *armas e armadura*.

Ainda que nosso conhecimento sobre a religião filisteia seja limitado, três deuses filisteus são mencionados no AT — Dagom, Astarote e Baal-Zebube. Dagom é, ao que parece, o deus principal dos filisteus. Templos de Dagom foram localizados em Gaza (Jz 16.21-30) e em Asdode (1Sm 5.1-7). Astarote, a deusa da fertilidade dos cananeus, foi muito provavelmente adotada pelos filisteus. Aparentemente os filisteus tinham templos de Astarote em Bete-Seã (1Sm 31.10) e, de acordo com Heródoto, em Ascalom (Heródoto I.1405). Baal-Zebube, o deus filisteu cujo nome significa "senhor das moscas", era o deus de Ecrom (2Rs 1.1-16). Muito provavelmente os filisteus adoravam Baal-Zebube como o deus que impedia pestes ou pragas.

Escavações arqueológicas trouxeram à luz muitos aspectos da cultura material dos filisteus. Foi encontrada em muitos lugares a cerâmica distintamente filisteia que reflete estilos e padrões adotados e adaptados de outras culturas. Os principais tipos de cerâmica filisteia são canecas de cerveja com bico lateral, vasos em forma de cratera, vasos em forma de estribo e vasilhas em forma de chifre. A cerâmica era muitas vezes decorada com motivos vermelhos e pretos, incluindo formas geométricas consistindo em círculos, cruzes pela metade e aves estilizadas. Os filisteus utilizavam caixões de argila para sepultamentos. Esses caixões, chamados "caixões antropoides", por serem feitos na forma de corpos humanos, tinham coberturas decoradas com a aparência física da parte superior do ser humano, com cabeça, braços e mãos.

Escavações recentes, especialmente nos sítios de Asdode, Tel-Qasile, Tel Jemmeh e Tel Mor adicionaram informações significativas ao entendimento da cultura filisteia. As escavações em Tel Qasile revelaram uma fundição de ferro, um templo, oferendas e outros utensílios usados em rituais religiosos como muitos outros artefatos e instalações. Novas escavações acontecem em Ascalom. As escavações atuais adicionarão ainda uma nova dimensão ao conhecimento sobre os filisteus. A influência política dos filisteus se tornou mais importante entre 1200 e 100 a.C., mas ela continua por meio do uso do nome Palestina, derivado de "filisteu". V. *Asdode*; *Ascalom*; *Ecrom*; *Gate*; *Gaza*; *Palestina*. — *LaMoiNe DeVries*

FILÓLOGO Nome pessoal que significa "amante de palavras", tanto no sentido de "quem gosta de falar" como no sentido de "amigo do aprendizado". Membro, talvez o líder, de uma igreja doméstica de Roma, a quem Paulo saudou (Rm 16.15). Filólogo talvez fosse o marido de Júlia e o pai de Nereu e Olimpas.

FÍLON JUDEU Antigo intérprete judeu das Escrituras, conhecido pelo uso da alegoria. Também conhecido como Fílon de Alexandria, viveu mais ou menos na mesma época de Jesus (entre 20 a.C. e 50 d.C.). Membro de uma família judaica rica de Alexandria, Egito, foi bem educado em escolas gregas e conhecia bem a versão grega do AT, a *LXX*.

Os textos de Fílon — particularmente seus comentários sobre as Escrituras — influenciaram a igreja primitiva. A interpretação literal era considerada correta pela maioria dos estudiosos, mas os mais esclarecidos como o próprio Fílon, advogavam a interpretação alegórica. V. *hermenêutica bíblica*. — *James Taulman*

FILOSOFIA NO NOVO TESTAMENTO Os pensadores gregos chamavam a si mesmos de "filósofos" ("amantes da sabedoria") séculos antes do NT. Rejeitando os mitos de sua cultura, os filósofos examinaram o mundo por meio da razão, não da religião. A. N. Whitehead reconheceu que a era áurea da filosofia acabou depois de Platão, pois daí em diante a filosofia se tornou "um conjunto de notas de rodapé". Na época do NT, a filosofia havia atingido o ponto mais baixo. Entretanto, os pensadores cristãos reconhecem que, com a passagem das melhores, mas inadequadas teorias da filosofia, Deus providencialmente preparou o caminho para Cristo e para o Evangelho.

Principais sistemas filosóficos no tempo do Novo Testamento Dois grandes sistemas filosóficos (mencionados em At 17.18) competiam por adeptos no tempo do NT. Os epicureus eram essencialmente materialistas, vendo a realidade como a configuração aleatória de átomos indivisíveis. Se os deuses existem, eles não têm importância. A vida deve ser vivida simplesmente pelo prazer. O estoicismo era essencialmente panteísta e enfatizava a força do caráter. A matéria é organizada pelo Logos ou palavra universal, do qual todos os humanos são filhos.

Filosofia no Novo Testamento Duas passagens do NT usam especificamente as palavras filosofia e filósofo. Em Cl 2.8 Paulo adverte contra ser tomado cativo por "filosofias vãs e enganosas". A heresia específica que subjaz a esta advertência ainda é motivo de debate. Mas os leitores do apóstolo saberiam a que "filosofia" se aplica a todas as teorias sobre Deus, o mundo e o sentido da vida — e o cristão não pode submeter o Evangelho a nenhuma filosofia.

Poucas passagens em At têm sido mais estudadas que 17.16-34, detalhes do encontro entre Paulo e filósofos epicureus e estoicos (v. 18). Paulo cita dois pensadores gregos (v. 28) no discurso aos intelectuais de Atenas. Paulo usa ideias que originariamente aludiam a Deus como Zeus, a principal divindade da tradição estoica, apenas para ilustrar que o verdadeiro Deus é Pai de toda a vida e não pode ser contido em templos. O apóstolo rapidamente se move do ponto de contato para a apresentação do Evangelho. Provavelmente teria dito a eles mais se eles o ouvissem. Aparentemente a metodologia evangelística de Paulo foi estabelecer contatos com os judeus por meio do AT, mas como os gentios, por meio da criação. Em At 14.15-17, p. ex., Paulo teve de impedir os cidadãos de Listra adorar a ele e a Barnabé como encarnação dos deuses depois que eles curaram um aleijado. Paulo apontou então para o único Deus verdadeiro que deixou um testemunho de si mesmo para eles por meio de boas dádivas (chuvas, estações, alimentos e alegria — cp. também Rm 1.18-21). Os estudiosos das Escrituras deveriam hesitar antes de concluir que Paulo estava errado em sua abordagem em Atenas.

Outras passagens do NT são algumas vezes vistas como dependentes da filosofia grega. O Evangelho de Jo é geralmente acusado de alegorizar o AT por meio do filósofo judeu do séc. I, Fílon. João é ainda acusado de importar ideias estoicas (como o Logos). Mas os eruditos bíblicos reconhecem cada vez mais que Jo se baseia primariamente em Gn 1. Se o Evangelho faz algum uso de ideias filosóficas daquele tempo, não são primárias, sendo antes apenas pontos secundários de contato. O livro de Hb também é visto por alguns como um manual de platonismo, mas pensar assim é uma interpretação equivocada. O texto de Hb não apresenta a não realidade do mundo material como Platão faz, mas, em vez disso, enfatiza a transitoriedade do sistema sacerdotal do AT e seu cumprimento final em Jesus Cristo. A igreja primitiva não teve receio de pensar cuidadosamente, mas evitou a teorização especulativa quando isso era algo à custa da revelação de Deus. Eles estavam conscientes que o mundo não conheceria a Deus por meio da sabedoria (1Co 1.21). — *Ted Cabal*

FINEIAS Nome pessoal que significa "pele escura" ou "boca de latão". **1.** Neto de Arão e sumo sacerdote que, em várias ocasiões, auxiliou Moisés e Josué. V. *sumo sacerdote*. **2.** Um dos filhos indignos do sacerdote Eli. Envolvido na prostituição religiosa (1Sm 2.22), deixou o povo sem um exemplo. Ele e seu irmão Hofni morreram em batalha contra os filisteus enquanto tentavam impedir a captura da arca (4.11). Quando sua esposa grávida tomou conhecimento de que ele havia morrido, ela imediatamente deu à luz, dando ao filho o nome de Icabode ("a glória se foi").

FIRMAMENTO Grande abóbada ou expansão de céu que separa as águas superiores das inferiores. Deus criou o firmamento no segundo dia para que "separe águas de águas" (Gn 1.6,7). Um emprego de "céu" na Bíblia é para se referir ao teto ou dossel da terra. O céu nesse sentido também é mencionado como o firmamento (Gn 1.8). Nessa abóbada Deus colocou o sol, a lua e as estrelas (Gn 1.14-18).

Em Gn 1.6 o firmamento separa a massa de águas e as divide em camadas. O firmamento é mencionado 17 vezes (*KJV*) em Gn, Sl, Ez e Dn. É descrito como claro, transparente como cristal, revelando a obra das mãos de Deus e significando seu trono de poder (Sl 19.1; 150.1; Ez 1.22; Dn 12.3).

Alguns estudiosos argumentam que os hebreus sustentavam uma cosmologia primitiva em que o firmamento era visualizado como um domo rígido e sólido — uma barragem celestial (Gn 7.11; 2Sm 22.8; Jó 26.8; 37.18; Pv 8.28; Ml 3.10). Acima do firmamento fluíam as águas celestiais. O firmamento era pontuado por grelhas ou eclusas, "janelas do céu", pelas quais era liberada a chuva. Outros argumentam que tais interpretações são insanas, no sentido de que confundem linguagem poética e figurada com prosa literal. Outros dizem que os autores inspirados de Israel usam a linguagem da experiência e aparência, não a linguagem da descrição científica precisa. V. *céu*. — Paul Robertson

FLAUTA V. *música, instrumentos, dança*.

FLAUTISTA Palavra usada por *BJ* em Mt 9.23, traduzida na *NVI* como "instrumentistas", termo mais geral. Esses músicos eram contratados para prantearem em funerais de crianças. V. *pranto e luto*.

FLEGONTE Nome pessoal que significa "ardente", talvez no sentido de "zeloso". Membro de uma igreja de Roma, a quem Paulo saudou (Rm 16.14).

FLOR DE FARINHA (*ARA*) **MELHOR FARINHA** (*NVI*) Cereal fino moído e peneirado, usado para fabricar pão (Êx 29.2; 1Sm 28.24), muitas vezes traduzido por flor de farinha, ou "melhor farinha" (*NVI*, *NTLH*). Tipicamente a farinha, moída de forma mais grossa dos grãos de cereal junto com o farelo, era usada para fazer pão (Lv 2.16; 1Rs 17.12). A oferta de cereais das primícias era de cereal comum por representar a comida típica cotidiana. Na maioria dos casos as ofertas de cereal eram da melhor farinha (Lv 2.1,2,4,5,7), moída somente do cerne do trigo, a melhor parte do grão (Dt 32.14). A flor de farinha ou "melhor farinha" era um item de luxo (Ez 16.13; Ap 18.13) como a usada para assar o pão para um hóspede ilustre (Gn 18.6; 1Sm 28.24).

Um tipo de moinho de trigo do período romano. A farinha cai na caixa de madeira.

FLOR DE LÍRIO V. *lírio*.

FLORES Florescências coloridas que contêm os órgãos reprodutores da planta. As flores cresciam de forma abundante na Palestina na época da primavera. Surgiam com mais frequência em campos abertos, visto que os jardins de flores, como os conhecemos hoje, não eram cultivados. As flores cresciam nas plantações de outras culturas e em pomares em volta das casas. Muitas espécies de flores silvestres eram encontradas nas planícies e montanhas da Palestina. As palavras "flor" e "flores" se referem a florescências coloridas, plantas altas, flores abertas. Na Palestina as cálidas temperaturas da primavera combinadas com as chuvas de inverno produziam plantas e flores belas.

Flor de amêndoa (Gn 43.11; Êx 25.33,34; 37.19,20; Nm 17.8; Ec 12.5). Essa árvore, da família das rosas, tinha belas florescências cor de rosa que os israelitas usaram como padrão para os gravadores enfeitarem as taças do candelabro de ouro.

Junco (Êx 2.3; Jó 8.11; Is 18.2; 35.7). Às vezes denominado "papiro" (*NIV*, em inglês) ou

Antigo moinho de farinha em Cafarnaum

"cana" (*NASB*, em inglês), essa planta alta semelhante a uma cana crescia às margens do rio Nilo. Forneceu o material mais antigo de que se tem notícia para a fabricação de papel e de revestimento da estrutura dos barcos (Is 18.2).

Folhas de cálamo (Êx 30.23; Ct 4.14; Is 43.24; Jr 6.20; Ez 27.19). As folhas dessa planta eram um caniço de odor doce ou capim de gengibre. As folhas, quando esmagadas, produziam um aroma de gengibre muito apreciado. Era aparentemente importado da Índia para uso na adoração (Jr 6.20). Diversas expressões hebraicas estão por trás de "cálamo". O termo hebraico básico *qaneh* significa "cana". Foi modificado em Êx 30.23 pela palavra "bálsamo", aparente referência à cana adocicada ou ao *Cymbopogon*. Uma planta semelhante pode ser *qaneh tov* em Jr 6.20 (*tov* significa ou "bom" ou "perfumado"). Em outros textos, *qaneh* ocorre sem modificação e pode se referir a diferentes tipos de cana. A referência em 1Rs 14.15, p. ex., pode ser à cana gigante *Arundo donax* (cf. Jó 40.21; Is 19.6; 35.7).

Flores de hena (Ct 1.14; 4.13; 7.11). A hena era uma planta pequena ou arbusto que produzia belas flores cor de creme suspensas em cachos como uvas e possuíam aroma intenso. Era usada como corante laranja.

Flores de alcaparreira (Ec 12.5, *NASB*). A alcaparreira era um arbusto espinhoso que produzia belas flores e bagas pequenas e comestíveis enquanto crescia em rochas e muros. Era supostamente um estimulante sexual. A maioria das versões traduz a palavra hebraica por "desejo" em Ec 12.5, mas algumas versões (*REB* e *NASB*) seguem dicionários hebraicos recentes ao traduzir o termo por "baga de alcaparreira" ou "botão de alcaparreira".

Flores de cardo (Jó 31.40). Flores apurpuradas e avermelhadas de uma erva daninha nociva chamada "cardo" ou "joio" (*Lolium temulentum*). Essa planta crescia de forma abundante nos campos de cereais da Palestina. O nome hebraico é soletrado como a palavra hebraica *feder* e assim a expressão equivale a "erva daninha fedorenta" pela *NASB* (em inglês).

Tulipa, narciso (Ct 2.1; Is 35.1). Arbusto que floresce na primavera com um tubo floral longo e amarelo tingido com manchas ou faixas púrpuras. Às vezes é traduzido por "rosa". Tecnicamente, podia tratar-se do asfódelo (Is 35.2, *REB*).

Endro (Is 28.25-27). As versões em geral chamam essa flor de "endro", mas a melhor designação provavelmente é flor de noz-moscada. Essa flor pertencia à família das ranunculáceas e crescia de forma silvestre na maioria dos países do Mediterrâneo. A planta tinha aproximadamente 60 centímetros de altura e folhas azul-claras. As vagens da planta eram usadas como pimenta. É provável que tecnicamente a planta seja o endro ou o cominho escuro (*Nigella sativaro*). V. *endro*.

FLORES

O ciclame é uma das flores encontradas em Israel. As flores aparecem entre dezembro e maio, mas há uma pequena região perto de Jericó em que as plantas florescem no outono.

Alho-poró (Nm 11.5). Pertencente à família dos lírios, planta bienal de bulbos com folhas largas. As bases das folhas eram usadas como alimento. Os bulbos dessa planta eram usados como tempero. Israel lembra com prazer dos alhos-porós (*Allium porrumro*) do Egito.

Lírios (1Rs 7.19,22,26; 2Cr 4.5; Ct 2.1,2,16; 5.13; 6.2,3; 7.2; Os 14.5). O termo "lírio" cobria ampla gama de flores. A mais comum era o *Lilius candidum*. O lírio mencionado em Ct 5.13 se refere à rara variedade de florescência semelhante à chama incandescida. O "lírio dos vales" (Ct 2.1,2,16) é conhecido por lírio da Páscoa. O lírio mencionado em Os 14.5 é mais parecido à íris. O belo lírio da água ou flor de lótus era uma das flores favoritas do Egito e foi usada para decorar o templo de Salomão (1Rs 7.19,22,26; 2Cr 4.5). Os "lírios do campo" (Mt 6.28; Lc 12.27) eram provavelmente diversas espécies de flores silvestres da primavera como as anêmonas.

Mandrágoras (Gn 30.14-16; Ct 7.13). A mandrágora, arbusto da família da erva-moura, tinha uma roseta de folhas largas e flores cor-de-malva no inverno e frutos aromáticos, redondos e amarelos na primavera. A mandrágora crescia nos campos e em solo acidentado. Atribuía-se à mandrágora o poder de estimular sexualmente e pode ser identificada como a *Atropa Mandragora*, muitas vezes usada como remédio nos tempos antigos.

Hortelã (Mt 23.23; Lc 11.42). Planta aromática com folhas aveludadas e flores densamente brancas ou cor-de-rosa, provavelmente o *Jucande olens*. A hortelã era usada para temperar a comida. Os judeus a espalhavam no piso de casas e sinagogas pelo aroma adocicado.

Ramos de murta (Ne 8.15; Is 41.19; 55.13; Zc 1.8-11). Arbustos de murta (*Myrtus communisro*), que cresciam nas encostas dos montes da Palestina, tinham folhas aromáticas sempre-vivas e flores perfumadas brancas. As flores dos ramos de murta eram usadas como perfume.

Flores de romãzeira (Êx 28.33; Nm 13.23; 1Sm 14.2; 1Rs 7.18). As flores da romãzeira (*Punica granatumro*) tinham folhas verde-escuras com grandes flores de cor alaranjada e avermelhada. Os decoradores esculpiam romãs em edifícios públicos. O fruto simbolizava a fertilidade e era usado para curtir couro e como medicamento.

Flor da estrela de Belém de Israel.

Rosa (Ct 2.1; Is 35.1). Diversas variedades de rosas eram encontradas na Palestina. A rosa pertencia à família do croco. O conceito tradicional da rosa não se aplica à flor mencionada nas Escrituras. A "rosa" é geralmente considerada um "asfódelo". V. *narciso*.

Açafrão (Ct 4.14). (*Curcuma longa* ou *Crocus sativasro*). Espécie de croco. Em épocas antigas as pétalas da flor de açafrão eram usadas para perfumar salas de banquetes. A espécie mencionada na Bíblia talvez seja uma planta exótica importada da Índia.

Flores e frutos da romãzeira crescendo em Israel. A romã é uma de sete espécies com as quais a terra de Israel é abençoada (Dt 8.8). É tema frequente na arte judaica e é vista no topo das colunas da fachada do templo

Outras Embora não especificamente mencionadas na Bíblia, outras variedades de flores cresciam na Palestina. Aparecendo já em janeiro havia as flores cor-de-rosa, brancas e lilases dos ciclames. Dominando muitas paisagens havia diversos tons de vermelho e cor-de-rosa das anêmonas, papoulas e tulipas das montanhas. Os crisântemos amarelos e brancos semelhantes às margaridas eram algumas das flores de verão de vida curta.

Empregos figurados de "flores" A maneira surpreendente do florescimento por algumas breves semanas na primavera e depois o desvanecer das flores em folhas ressecadas era vista como ilustração da natureza transitória da vida humana (Jó 14.2; Sl 103.15; Is 40.6; 1Pe 1.24). As flores da primavera (Ct 2.12) significam a renovação. A "flor murcha" de Is 28.1 representa a queda do povo desobediente de Deus. Os "lírios do campo" (Mt 6.28) cresciam despretensiosamente e sem sinal exterior algum de ansiedade. Se Deus cuida dos lírios, então também cuidará dos seus filhos que não precisam se preocupar por coisas inúteis. A expressão "flor da idade" (1Co 7.36, *ARA*) descrevia uma moça atingindo a idade de mulher. Os ricos passam tão rapidamente quanto a florescência (Tg 1.10,11). V. *jardim; plantas*. — Gary Hardin

FLORESTA Áreas grandes cobertas de mata nativa, característica da região montanhosa central, da Galileia e de Basã.

Grandes áreas de floresta cobriam a maior parte das montanhas da Palestina no período do AT. Depois do êxodo, a incapacidade das tribos israelitas de conquistar grande parte da sua herança forçou-os a desenvolver novos assentamentos e acampamentos na região montanhosa coberta de matas. Por não conseguirem resgatar sua porção das mãos dos cananeus, os clãs de Efraim e Manassés limparam as florestas entre as montanhas do seu território a fim de prover espaço para os assentamentos (Js 17.15-18). As florestas também forneceram ótimas áreas de plataformas para a guerra, como a rebelião de Absalão contra Davi que terminou em uma batalha na floresta de Efraim (2Sm 18.6-8). Os valiosos cedros do Líbano foram importados por Salomão de Tiro para seus grandes projetos de construção em Jerusalém (1Rs 5.8-10). O palácio de Salomão, o "Palácio da Floresta do Líbano", foi denominado assim pela grande utilização desses cedros (1Rs 7.2). À medida que a população cresceu, áreas de floresta foram diminuídas e pomares em terraços tomaram seu lugar. Grande parte da floresta em volta de Jerusalém foi destruída no cerco romano em 70 d.C. — David Maltsberger

FLUXO Termo usado com referência às excreções do corpo que tornavam a pessoa cerimonialmente impura (Lv 15.2-33; Nm 5.2; "corrimento", *NTLH*). A natureza do fluxo no caso dos homens (Lv 15.2-25) não é claro. As sugestões incluem hemorroida, espermatorreia, i.e., derramamento involuntário de esperma devido ao enfraquecimento dos órgãos sexuais, ou a excreção associada a uma inflamação o trato urinário. No caso das mulheres, o fluxo designa a menstruação (15.19) ou o sangramento fora desse período (15.25). O fluxo tornava a pessoa impura, bem como qualquer pessoa ou coisa que entrasse em contato com a fonte da impureza.

FLUXO DE SANGUE (Mt 9.20; *ARC*) V. *hemorragia*.

FOGO A palavra "fogo" nas nossas Bíblias em português geralmente traduz a palavra hebraica *esh* no AT e a palavra grega *pyr* (de onde vem "pirógrafo", "pirografia") no NT. Ambos os termos significam as manifestações físicas da queimadura: calor, luz e chamas. Os povos antigos acendiam o fogo ou por esfregarem rapidamente dois pedaços de madeira um contra o outro criando fricção suficiente para atear fogo em vegetação seca ou ao baterem rochas de pederneira assim criando faíscas (cf. 2Mc 10.3). Normalmente, o fogo era mantido aceso continuamente para evitar a necessidade de acendê-lo novamente. Abraão, p. ex., carregava consigo uma tocha no seu caminho para sacrificar Isaque a fim de evitar ter de acender um fogo no altar (Gn 22.6,7).

No AT e no NT, o fogo funciona como símbolo de forte significado teológico. Não raro, é associado a conceitos importantes como a presença de Deus, o juízo divino e a purificação. Aliás, no AT o fogo servia como o meio principal pelo qual Deus manifestava sua presença e exercia juízo. Por causa do sistema sacrificial, o fogo era um aspecto importante da adoração israelita; era o meio pelo qual os sacrifícios de animais eram oferecidos a Deus como um "aroma agradável" (Gn 8.21; Êx 29.18,25,41).

A primeira vez que Deus apareceu a um ser humano nas Escrituras, assumiu a forma de um "fogareiro esfumaçante" e uma "tocha acesa" (Gn 15.17). De forma semelhante, Deus apareceu a Moisés como uma sarça em chamas quando pela primeira vez revelou seu nome da aliança (Êx 3.2), e falou do meio de um fogo no topo do monte Sinai quando entregou os Dez Mandamentos a Israel (Êx 19.8; 24.17; Dt 4.11-15). Deus também conduziu os israelitas através do deserto por meio de uma nuvem de dia e uma coluna de fogo à noite (Dt 1.32,33).

Deus com frequência transmite a natureza protetora de sua presença também por meio do fogo. O profeta Eliseu foi cercado de um exército angelical de cavalos e carros de fogo quando o rei de Arã tentou atacá-lo (2Rs 6.17). Zacarias previu uma Jerusalém futura sem o muro exterior protetor comum porque Deus disse ao profeta: "E eu mesmo serei para ela um muro de fogo ao seu redor" (Zc 2.5).

O NT continua a retratar a presença de Deus em forma de fogo especialmente na pessoa do Espírito Santo. O derramamento do Espírito Santo no Pentecoste foi sinalizado pela aparição de fogo na cabeça de cada discípulo (At 2.3). Na primeira carta aos tessalonicenses, Paulo adverte os leitores de que "não apaguem o Espírito" (1Ts 5.19). A palavra "apagar" normalmente se refere a extinguir um fogo. Como Deus com tanta frequência mostrou sua presença por meio de um fogo, o fogo se tornou uma metáfora para Deus ressaltar sua santidade e justiça retributiva (Dt 4.24; Hb 12.29).

Além de simbolizar a presença de Deus entre o povo, o fogo serve como instrumento do juízo divino. A destruição de Sodoma e Gomorra é o primeiro exemplo do uso que Deus faz do fogo para julgar e destruir a iniquidade (Gn 19.24). Mais tarde nas Escrituras, a destruição de Sodoma e Gomorra se tornou um tipo mostrando a severidade do juízo futuro (Dt 29.22,23; Is 13.19; Lm 4.6; Lc 17.29; 2Pe 2.6; Jd 7). Um fogo especial chamado "fogo do Senhor" consumiu as bordas exteriores do acampamento de Israel no deserto quando os israelitas se queixaram, e o mesmo fogo sobrenatural caiu do céu e consumiu os soldados que Acazias tinha enviado para capturar o profeta Eliseu (2Rs 1.12). Em diversas ocasiões Jesus descreveu o castigo eterno dos condenados em termos de um fogo inextinguível (Mt 5.22; 13.40; 18.8; 25.41; Mc 9.48; Jo 15.6).

Mesmo nos contextos em que o juízo divino não é mencionado explicitamente, o fogo foi um meio preferencial de destruição, especialmente para coisas associadas à profanação ou mal extremos. A cidade de Jericó, p. ex., junto com outras cidades cananeias, foi completamente queimada — todos os habitantes, animais e bens — como um ato de devoção a Deus e como um meio de purificar a terra das práticas abomináveis dos cananeus (Js 6.24). Ídolos foram também destruídos muitas vezes com fogo (Dt 7.5; 9.2; 12.3; 2Rs 19.18).

Certamente, o fogo teve papel importante nas atividades domésticas cotidianas como na culinária (Êx 12.8), aquecimento das casas

(Is 44.16) e na depuração de metais (Jr 6.29). A preponderância de referências bíblicas ao fogo, no entanto, expressa seu poder como símbolo da presença, da proteção e do juízo divinos. V. *batismo de fogo; Moloque*. — Kevin J. Youngblood

FOICE Lâmina afiada de pederneira ou de metal usada para cortar feixes de grãos. As foices variavam em tamanho e formato, mas geralmente tinham um pequeno cabo de madeira e quem as usava tinha que encurvar-se quase até o chão para cortar os feixes. A foice está entre as primeiras ferramentas usadas pelo homem, datando de 8.500 a. C. Textos bíblicos geralmente se referem à foice simbolicamente para falar do julgamento vindouro. O texto de Ap 14 usa a analogia de Cristo ceifando a colheita da humanidade no grande julgamento. V. *agricultura*.

FOLE Instrumento que sopra ar sobre um fogo, atiçando-o. O termo é usado somente em Jr 6.29. Deus designou Jeremias como acrisolador do povo para testar sua pureza. O povo de Deus permanecia impuro, apesar de os foles soprarem com intensidade sobre o fogo, tornando-o suficientemente quente para separar o chumbo. O processo de refinação foi vão; os ímpios continuavam ímpios; o povo era como prata refugada. Há alusão à ideia do fole em outros textos (Jó 20.26; 41.21; Is 54.16; Ez 22.20,21). V. *acrisolador, examinador*.

FÔLEGO DE VIDA Tradução de diversas palavras e expressões hebraicas. As expressões denotam a capacidade de viver. Na Bíblia Deus é a fonte do fôlego de vida (Gn 1.30; 2.7; 7.15; Is 57.16). Assim como Deus deu o fôlego de vida, pode tirá-lo (Gn 6.17; 7.22; Is 57.16). V. *imortalidade; vida*.

FÔLEGO, SOPRO Ar que entra no corpo ou sai do corpo de todo ser vivo. Duas palavras hebraicas são traduzidas por "fôlego, sopro". Geralmente *neshamah* é usada de maneira mais suave como referência ao fato de que o fôlego está em todas as formas de vida. Concentra-se no conceito fisiológico do fôlego com a ênfase principal no fôlego como um princípio de vida. Em contraste, *ruach* se refere mais à força do fôlego nas experiências dramáticas da vida, juízo e morte. Às vezes é intensificado pela ideia de uma rajada de sopro. Assim contém os significados ampliados, vento e espírito. *Ruach* se refere mais à ideia fisiológica do fôlego ao associá-lo à vontade ou propósito da pessoa.

O termo *neshamah* é usado muitas vezes com referência ao sopro de Deus. Identifica Deus como a fonte de vida (Gn 2.7; Jó 27.3; 33.4; Dn 5.23).

Deus é também soberano sobre a vida. Deu o sopro aos seres humanos inicialmente na Criação (Gn 2.7), mas no fim é ele também o que tira o sopro na hora da morte (Gn 7.22; Jó 34.14). Deus tem o poder de devolver a vida aos mortos se assim desejar (Ez 37.9). Controla a natureza e o clima pelo seu sopro (Jó 37.9,10). Mais importante é o impacto do sopro de Deus sobre a vida nacional, pois ele pode soprar ira e juízo sobre inimigos ameaçadores, levando assim a alegria festiva ao povo de Deus (Is 30.33; cp. Jó 41.21).

Neshamah é usado diversas vezes como referência ao sopro humano. Esse termo identifica o sopro como frágil durante os períodos da ira de Deus e em calamidades naturais (Is 2.21,22). O fôlego pode se tornar fraco (Dn 10.17); é limitado (Gn 7.22; 1Rs 17.17). O sopro pode ser tirado de uma pessoa, assim resultando a experiência da morte (Js 11.11, *ARC*).

Fôlego (*neshamah*) se refere a todas as criaturas viventes. Espera-se dos que respiram que respondam a Deus dando-lhe louvor (Sl 150.6). Por fim, eles são responsáveis diante de Deus, pois ele tem o direito de exigir que eles sejam mortos (Dt 20.16; Js 10.40).

O NT contém algumas referências ao fôlego como o princípio da vida que Deus dá (At 17.25) e como o vento forte no Pentecoste (At 2.2). Em At 9.1 o fôlego expressa a ira de Saulo contra os primeiros cristãos ("Saulo ainda respirava ameaças"). Em Jo 20.22 Jesus soprou o Espírito Santo sobre seus discípulos. Embora a palavra *pneuma* seja paralela de *ruach* no AT nos seus múltiplos significados, é traduzida principalmente por espírito ou Espírito Santo. Em Ap 13.15 ela se refere ao poder de soprar vida para dentro da imagem de uma besta. V. *vida; espírito*. — Donald R. Potts

FOLHA, FOLHAS Folhagem de plantas ou árvores. Adão e Eva fizeram suas primeiras roupas de folhas (Gn 3.7). Folhas são com frequência usadas para simbolizar bênção ou maldição. A renovação da terra por Deus após o Dilúvio foi simbolizada por uma folha de oliveira (Gn 8.11). O cuidado providencial de Deus para com o justo é retratado pela imagem de uma árvore bem regada cujas folhas não murcham (Sl 1.3; cp. Jr 17.8). A visão de Ezequiel sobre a nova Jerusalém incluía árvores cujas folhas nunca murcham e têm poder curativo (Ez 47.12; cp. Ap 22.2). Folhas murchas (Is 1.30), sacudidas (Is 33.9), caídas (Is 33.4) e desbotadas (Is 64.4) servem como imagens de juízo. A árvore sem fruto com folhas secas (Jr 8.13) simboliza o povo encontrado em falta quando Deus julga (cf. Mt 21.19; Mc 11.13). Jesus usou o brotar das folhas de figo que anunciam a chegada do verão para ilustrar a necessidade de atenção quanto aos sinais do fim (Mt 24.32; Mc 13.28).

FOME Necessidade ou desejo de alimentar-se. As Escrituras apresentam descrições assustadoras da fome. Em Is 29.8 há a imagem de uma pessoa faminta sonhando com comida que acorda e fica com fome de novo. Em Lm 4.9 os que caíram à espada são tidos como tendo experimentado melhor sorte que os que morreram de fome. Frequentemente a fome na Bíblia tem significado teológico. Em Êx 16.3 narra a reclamação de Israel a respeito da fome no deserto. Deus usou essa experiência de fome para humilhar o povo rebelde e ensinar a esse mesmo povo a ter fome da sua palavra (Dt 8.3). A fome era uma das punições para a desobediência às exigências da aliança (Dt 28.48; 32.24).

Saciar a fome é visto como sinal da salvação que vem de Deus. Ana falou a respeito de Deus mudar a sorte dos famintos (1Sm 2.5; cp. Lc 6.21,25). Isaías profetizou que os que retornassem do exílio não seriam mais afligidos pela fome (49.10). Ezequiel apresentou Deus como quem provê às necessidades do seu rebanho de modo que não passe fome (34.29). Parte da bem-aventurança dos redimidos em Ap 7.16 é que eles não mais terão fome.

Em Mt 5.6 Jesus falou dos que têm fome e sede de justiça, i.e., os que sinceramente desejam ver a vontade de Deus se tornar realidade. Em Jo 6.35 Jesus prometeu que quem for a ele não terá mais fome e ficará saciado.

FOME E ESTIAGEM A fome é a falta extrema de comida, e a estiagem é a seca excessiva da terra. A Bíblia relata ou prediz a ocorrência de diversas épocas de fome e estiagem.

Causas da fome A estiagem foi a causa mais comum dos períodos de fome mencionados na Bíblia. Causou fome na época de Abraão (Gn 12.10), Isaque (Gn 26.1), José (Gn 41.27) e dos juízes (Rt 1.1). A estiagem e a fome também atribularam os israelitas nos dias de Davi (2Sm 21.1), Ageu (Ag 1.11) e Neemias (Ne 5.3). Às vezes a ocorrência de estiagem e fome era predita pelos profetas (2Rs 8.1; Is 3.1; Jr 14.12; At 11.28). Outras forças naturais também causaram fomes: gafanhotos, vento, granizo e mofo (Jl 1.4; Am 4.9; Ag 2.17). Os israelitas também experimentaram épocas de fome causadas por inimigos. Às vezes os opressores destruíam ou confiscavam os alimentos (Dt 28.33,51; Is 1.7). O cerco de cidades também resultou em fome, como o cerco de Samaria realizado por Ben-Hadade (2Rs 6.24,25) e o cerco de Jerusalém por Nabucodonosor (2Rs 25.2,3).

Os períodos de fome experimentados por Israel muitas vezes foram severos, alguns duraram anos (Gn 12.10; 41.27; Jr 14.1-6). Para não morrer de fome nesses períodos, o povo recorria a videiras bravas, cabeças de animais, lixo, esterco e mesmo carne humana (2Rs 4.39; 6.25,28; Lm 4.4-10).

Fome e estiagem como juízo de Deus Deus criou o mundo como um ambiente bom e saudável que normalmente proveria água e alimentos suficientes para a humanidade (Gn 1). No entanto, a produtividade da terra está associada à obediência das pessoas a Deus. Os pecados de Adão, Eva e Caim, p. ex., resultaram em esterilidade da terra (Gn 3.17,18; 4.12). O relacionamento de Israel com Deus também afetou diretamente a fertilidade da terra prometida. Quando o povo obedecia a Deus, a terra era produtiva (Dt 11.11-14). No entanto, quando desobedecia, o juízo vinha sobre a terra por meio da fome e da estiagem (Lv 26.23-26; Dt 11.16,17; 1Rs 8.35). Além disso, o NT relata que a fome será parte do juízo vindouro de Deus sobre a terra nos últimos dias (Mt 24.7; Ap 6.8).

Conquanto a Bíblia afirme que alguns períodos de fome e estiagem são o juízo de Deus (2Sm 21.1; 1Rs 17.1; 2Rs 8.1; Jr 14.12; Ez 5.12;

FONTE

Am 4.6), nem todos os desastres desse tipo estão associados ao castigo divino (Gn 12.10; 26.1; Rt 1.1; At 11.28). Quando Deus enviou fome e estiagem sobre seu povo, foi com o propósito de levá-lo ao arrependimento (1Rs 8.35,36; Os 2.8-23; Am 4.6-8). Ademais, o AT contém promessas segundo as quais Deus protegerá seus fiéis em tempos de fome (Jó 5.20,22; Sl 33.18,19; 37.18,19; Pv 10.3). V. *Ben-Hadade; Jerusalém; Nabucodonosor; Samaria, samaritanos; água.* — *Bob R. Ellis*

FONTE Nascente de água que flui de um buraco na terra. As pedras calcárias da Palestina são especialmente adequadas para a formação de nascentes. Na terra semiárida as nascentes são muito valorizadas como fontes de água e não raro determinam a localização de assentamentos. Daí decorre a frequência da raiz hebraica *en*, que significa fonte, em nomes de lugar: En-Dor (Js 17.11); En-Eglaim (Ez 47.10); En-Ganim (Js 15.34); En-Gedi (15.62); En-Hadá (19.21); En-Hacoré (Jz 15.19); En-Hazor (Js 19.37); En-Rimom (Ne 11.29); En-Rogel e En-Semes (Js 15.7); e En-Tapua (17.7). Enaim (Enã, Js 15.34) significa "duas fontes". A excelência da terra de Canaã era vista pelo sobejamento da provisão de água, "uma boa terra, cheia de riachos e tanques de água, de fontes que jorram nos vales e nas colinas" (Dt 8.7).

No período romano bebedouros feitos por mãos humanas como este em Pompeia (séc. I a.C.) suplementavam as fontes naturais alimentadas por nascentes.

O AT retrata a parte seca da terra repousando nos alicerces sobre as fontes das grandes profundezas (Gn 7.11). A liberação dessas águas equivaleu ao retorno ao caos de antes da Criação (Gn 1.1,9).

A provisão de água de nascentes é uma expressão do cuidado providencial de Deus (Sl 104.10). O interesse especial de Deus pelos pobres e necessitados é retratado em termos de provisão de fontes e mananciais (Is 41.17,18). A bênção do fim dos tempos inclui retratos de nascentes de água fluindo do templo (Ez 47.1-12; Jl 3.18), Jerusalém (Zc 14.8), ou do trono de Deus (Ap 22.1,2) com extraordinário poder gerador de vida.

O uso metafórico da fonte como origem é comum. O ensino dos sábios é fonte de vida (Pv 13.14; contraste com 25.26). — *Chris Church*

Bebedouro no centro de Cisterna, possível localização de Três Vendas na Itália.

FONTE DO DRAGÃO Ponto de referência em Jerusalém do tempo de Neemias que já não pode ser identificado com certeza (Ne 2.13). A fonte do Dragão têm sido identificada com a fonte de Giom, o principal provedor de água no tempo de Ezequias, o tanque de Siloé era alimentado pelo Giom, a nascente de En-Rogel localizada a 210 metros ao sul da confluência dos vales de Hinom e Cedrom, ou com uma nascente no lado oriental do vale do Tiropeão que secou depois disso.

FORCA 1. Método de ridicularizar, envergonhar e profanar um inimigo. A forca não era considerada um meio de pena capital de acordo com a lei bíblica, ainda que fosse praticada pelos egípcios (Gn 40.19,22) e pelos persas (Et 7.9). Os israelitas, depois de executar um inimigo ou criminoso, poderiam pendurar o cadáver em um poste ou em uma árvore para execração pública e como sinal de advertência (Gn 40.19; Dt 21.22; Js 8,29; 2Sm 4.12), mas a lei bíblica exigia que os cadáveres fossem retirados e sepultados no mesmo dia (Dt 21.22,23). O texto de Js 8.29 e 10.26,27 registram que os corpos dos reis amorreus e do rei de Ai foram sepultados no crepúsculo do mesmo dia em que foram enforcados. Eis um contraste com a longa exposição permitida pelo faraó (Gn 40.19), pelos filisteus (1Sm 31.10), pelos gibeonitas (2Sm 21.8-10). Um homem enforcado era considerado uma ofensa a Deus (Gl 3.13) por isso profanava a terra.

De acordo com Josefo, o historiador judeu do séc. I, todos os criminosos executados eram depois enforcados. A *Mixná* prescreve enforcamento apenas para os que morreram apedrejados. Alguns biblistas pensam que o enforcamento era prescrito apenas para blasfemos e idólatras.

O AT e o NT mencionam raros casos de alguém que se enforcou. Aitofel, conselheiro de Davi, uniu-se à conspiração de Absalão, filho de Davi (2Sm 15.31). Percebendo que seu plano para alcançar poder pessoal se evaporara, deixou os assuntos de sua casa em ordem e se enforcou (2Sm 17.23). Judas, um dos 12 discípulos do Senhor, em um esforço desesperado para se livrar de sua culpa e expiar o erro de haver traído Jesus por 30 moedas de prata, saiu de noite e se enforcou (Mt 27.5). Em At 1.18 declara que ele caiu de cabeça, presumivelmente porque a corda se rompeu. — *A. Dale Hill* **2.** Plataforma na qual uma pessoa era enforcada. A palavra hebraica traduzida por "forca" em Et 2.23; 7.9,10; 9.25) é a mesma para "árvore". Sugere-se com frequência que "árvore" deve ser entendida como "estaca" (v. nota explicativa da *NVI* para Et 2.23) e que, por consequência, os que eram executados pelos persas eram empalados, não enforcados. A *LXX* traduz o texto dessa maneira.

FORCADO (*ARA* usa "foquilha") Instrumento usado para lançar grãos ao ar para o vento carregar a palha. Pás também eram usadas para esse fim (Is 30.24). Algumas versões traduzem o termo do original por "pá", ou "pá de joeirar".

FORMIGA V. *insetos*.

FORNALHA, FORNO Dispositivo, geralmente de tijolos ou pedras, usado para aquecer materiais a altas temperaturas. Nos tempos bíblicos as fornalhas não eram usadas para aquecimento central, mas para fundir minério, derreter metais para fundição, forja, cerâmica ou tijolos queimados e para fazer cal. A mencionada em Dn 3 era provavelmente uma enorme fornalha usada para fundir minério ou queimar tijolos. As referências bíblicas a fornalhas são usadas na maioria como imagens figuradas de experiências de provação (com respeito à escravidão egípcia, Dt 4.20; 1Rs 8.51; Jr 11.4; à adversidade, Is 48.10). O povo obstinado e rebelde é retratado como "prata rejeitada" (Jr 6.30) e como refugo — produto descartado no processo de fundição (Ez 22.17-22). Essas figuras talvez sejam o pano de fundo da fornalha que simboliza o juízo divino (Mt 13.42,50).

FORNICAÇÃO (*ARC*), **IMORALIDADE** (*NVI*), **PROSTITUIÇÃO** (*ARA*) Diversos atos de imoralidade sexual, especialmente os praticados por prostitutas.

Antigo Testamento Normalmente as mulheres são o sujeito do verbo hebraico *zanah*, mas em Nm 25.1 "começou o povo a prostituir-se" (*ARA*). O exemplo mais claro é o de Tamar sentada à beira da estrada para seduzir Judá (Gn 38.12-30). Tal ato foi submetido à acusação criminal resultando na pena de morte (Gn 38.24; cp. Lv 21.9; Dt 22.21). A fornicação significava ser infiel ao compromisso de casamento (Jz 19.2).

Os vizinhos de Israel praticavam a religião da fertilidade na qual a prostituição fazia parte da adoração. Isso conduziu naturalmente a descrever a adoração de outros deuses como prostituição (Êx 34.15,16; Jz 8.27,33; Os 4.13). Esse conceito é central à pregação de Oseias baseada na experiência com Gômer, sua mulher infiel. Ezequiel também usou esse conceito (Ez 16; 23) e o ampliou para incluir tratados políticos com inimigos estrangeiros (Ez 16.26,28. 23.5).

Novo Testamento O NT também condena a prostituição. Ela tinha papel central na adoração em lugares como Corinto e Atenas. Os filósofos gregos até distinguiam as prostitutas para o prazer das concubinas escravas para cuidar do corpo de seu senhor e mulheres para produzir filhos legítimos. Alguns filósofos estoicos reagiram a essas práticas e condenaram o sexo fora do casamento. Muitas mulheres usavam a situação para tomar escravos amantes para si mesmas ou se tornavam lésbicas.

Jesus se opôs à tradição judaica e perdoou prostitutas, abrindo o caminho de entrada para elas no Reino de Deus por meio da fé (Mt 21.31,32; cp. Hb 11.31; Tg 2.25), embora ainda considerasse ímpia a fornicação (Mc 7.21).

Paulo ampliou o emprego do termo grego para fornicação para cobrir todas as atividades sexuais pecaminosas. Tratou do problema particularmente ao escrever aos coríntios que enfrentavam uma sociedade permeada da religião sexual e os pecados sexuais de uma cidade portuária. O discípulo de Jesus precisa optar por ser parte do corpo de Cristo ou do corpo de uma prostituta (1Co 6.12-20). O discípulo precisa fugir da imoralidade sexual e se apegar a Cristo, honrando-o com seu corpo físico. Portanto, a fornicação resulta da natureza humana pecaminosa (Gl 5.19) e é inadequada ao santo povo de Deus (Ef 5.3; 1Ts 4.3).

O livro de Ap também diz muito sobre fornicação, condenando os culpados ao castigo eterno (Ap 2.21,22). Em Ap, bem como nos profetas, amplia-se o significado da fornicação para incluir a infidelidade política e religiosa (Ap 14.8; 17.2,4; 18.3; 19.2).

Como um todo, o NT emprega o termo *porneia*, traduzida com mais frequência por "fornicação", "imoralidade" (*NVI*), com pelo menos quatro outros sentidos: relação sexual voluntária de uma pessoa não casada com alguém do sexo oposto (1Co 7.2; 1Ts 4.3); como sinônimo de adultério (Mt 5.32; 19.9); prostituição (Ap 2.14,20); diversas formas de impureza (Jo 8.41; At 15.20; 1Co 5.1). V. *adultério*. — Gary Hardin

FORNO 1. Fornalha, lugar fechado aquecido usado para processar uma substância com uso do calor. A palavra hebraica *tannur* é usada para se referir tanto ao forno usado em casa para assar pão como para o forno usado para fazer cerâmica. A "pavimentação de pedra de safira" citada em Êx 24.10 provavelmente se refere ao azulejo do forno de um oleiro. É possível que a parte do muro ao redor de Jerusalém, conhecida como "Torre dos Fornos" (Ne 3.11) tenha sido chamada dessa maneira por causa do forno de algum oleiro. A expressão "forma para os tijolos" usada em Na 3.14 reflete o costume que havia na terra de Canaã de secar os tijolos ao sol. V. *cerâmica*. **2.** Fornalha ou recipiente aquecido usado para processar uma substância por meio de sua queima ou secagem. A palavra hebraica *tannur* é usada para se referir ao forno usado em casa para assar pão (Lv 2.4; Êx 8.3) e também a fornos grandes de cerâmica. Os fornos antigos eram estruturas cilíndricas de cerâmica queimada, com 60 a 90 centímetros de diâmetro. O fogo era aceso em pedras no interior do forno. O pão era assado quando se colocava a massa nas paredes do forno ou sobre as pedras aquecidas. Grama seca (Mt 6.30; Lc 12.28), arbustos espinhosos e esterco animal eram com frequência utilizados como combustível. O "pavimento de safira" de Êx 24.10 provavelmente se refere a uma telha vitrificada que ficava do lado de fora do forno do ceramista. É possível que a parte do muro ao redor de Jerusalém, conhecido por "torre dos fornos" (Ne 3.11), tenha recebido o nome do forno de ceramista. O termo "forma" é usado em Na 3.14, mas a palavra hebraica provavelmente pode ser lida como "obra de tijolos", pois os tijolos da Palestina eram geralmente secados ao sol. V. *cerâmica; cozimento e aquecimento*.

FORNO PARA TIJOLOS Fornalha ou envoltório aquecido para o processamento de tijolos pela queima, aquecimento ou secagem. Alguns estudantes da Bíblia creem que tijolos secados ao sol eram fabricados na Palestina; algumas versões traduzem o termo por "ladrilhos" (Na 3.14, *ARA, ARC*). Assim como os egípcios usaram os israelitas para fazer tijolos, Davi também pôs os amonitas para fazer tijolos (2Sm 12.31).

FORNOS, TORRE DOS Designação de uma torre em traduções modernas (Ne 3.11).

A torre era adjacente à "porta da Esquina" localizada no canto noroeste no segundo muro de Jerusalém. A "rua dos Padeiros" talvez tenha passado em frente a essa torre.

FORRAGEM 1. Alimento para animais. O hebraico sugere um alimento misto, ou de diversos grãos (embora a cevada fosse o grão comum para os animais, Jz 19.19; 1Rs 4.28) ou uma mistura de palha cortada fina, cevada e vagens formadas em bolas. Silagem é referência à forragem umedecida e deixada para fermentar levemente (Is 30.24). A forragem era salgada para satisfazer a necessidade dos animais de sal e para torná-la mais saborosa. **2.** Grãos e grama usados como alimentação de animais de criação (Is 30.24, *NVI*, *ARA*). Outras versões da Bíblia traduzem como "ração" (*NTLH*) e "grão puro" (*ARC*).

FORTALEZA V. *castelo*.

FORTALEZA, FORTIFICAÇÃO Estruturas muradas construídas para defesa contra exércitos inimigos. As cidades no mundo antigo eram fortificadas com propósitos de defesa em épocas tão remotas quanto alcançam as escavações arqueológicas. As mais antigas fortificações em Israel estão em Jericó, onde uma torre de pedra neolítica e parte de um muro são datados em 7000 a.C. Nenhum outro exemplo existe até 3000 a.C., o período calcolítico (c. 4000-3000 a.C.) sendo um de aldeias abertas sem fortificações. No início da Idade do Bronze, muros de barro, torres e portas eram construídos sobre fundamentos de pedra em Ai, Arade, Bet Yerah, Gezer, Jericó, Megido e em outros lugares. A partir desse tempo até o período romano (a época de Cristo), as cidades eram quase sempre cercadas por muros. Os alicerces de pedra e as porções acima do nível do chão que usavam construção em pedras eram feitas de pedras não lavradas do campo. No tempo de Salomão, contudo, cantarias bem lavradas (pedras calcárias cuidadosamente preparadas) começaram a ser usadas na construção de sistemas singulares de fortificações. Incluíam muros de casamata (i.e., dois muros de pedra paralelos com partições divisórias que os conectavam) e enormes portas de seis câmaras permitindo entrada e saída fácil de seus carros (um esquema de porta introduzido muito tempo antes pelos invasores hicsos, aproximadamente em 1700 a.C., que também usavam carros). Portas semelhantes, mas menores de quatro câmaras foram usadas mais tarde no tempo de Acabe e Jeroboão II, anexadas a muros sólidos de avanços e recuos em ziguezague. Um declive era às vezes construído contra o muro externo para aumentar a proteção contra aríetes. Esse declive era um aterro de terra batida, barro, pedregulhos e pedras, às vezes coberto de reboco. Exemplos de muros e torres de porta enormes e revestidos dos períodos helenista e romano podem ser vistos hoje em Samaria, Cesareia Marítima e Tiberíades. Cidadelas eram muitas vezes construídas sobre a acrópole da cidade murada. — *John McRay*

FORTUNATO Cristão coríntio que junto com Estéfanas e Acaico ministrou a Paulo em Éfeso (1Co 16.17). Os três talvez levaram uma carta a Paulo da casa de Cloe em Corinto. Em vista da esperada volta a Corinto, eles talvez tenham entregue 1Co como indicado no sobrescrito do *Textus Receptus*.

FÓRUM Lugar aberto de uma cidade-mercado ou a própria cidade. A praça de Ápio (At 28.15) ou cidade-mercado de Ápio ficava a 70 quilômetros a sudeste de Roma na via Ápia.

FRASCO 1. Termo geral que os tradutores usam para descrever vasos. O termo se refere a um recipiente pequeno de óleo perfumado em 2Rs 9.1-3. A mesma palavra hebraica aparece em 1Sm 10.1, em que é traduzida por "jarro". Em Jr 19.1 a palavra "vaso" se refere a um recipiente de água ou jarro. O frasco talvez tivesse um gargalo fino tornando impossível seu reparo (19.10). Essa palavra hebraica ocorre novamente em 1Rs 14.3 ("garrafa"). Em Mt 25.4 se tem em mente recipientes de óleo de candeias. O termo grego aparece somente aqui no NT. O texto de Lc 7.37 é uma referência a um vaso pequeno de alabastro como o que tinha sido usado para perfumes caros durante milhares de anos. V. *botija*. **2.** Recipiente que continha óleo, geralmente com a finalidade de ungir (1Sm 10.1: "jarro de óleo"; *ARC*: "vaso de azeite"; *TEB*: "frasco"). A mesma

FRASCO [DE VINHO]

palavra é usada várias vezes no livro de Ap (Ap 5.8; 15.7; 16.1-4,8,10,12,17; 17.1; 21.9, "taças"). V. *ungir, unção; óleo; vasilhas e utensílios*.

FRASCO [DE VINHO] (*ARC*) Jarro grande com duas alças para armazenar vinho (Is 22.24; "jarro", *NVI*; Êx 25.29; 37.16, "taças", *ARA*). O termo hebraico *ashishah* traduzido por "frasco de vinho" pela *ARC* (2Sm 6.19) se refere em outras versões a um bolo de passas, muitas vezes usado como oferta a ídolos ("bolo de uvas passas", *NVI*).

Frasco de perfume em forma de pé com sandália de aproximadamente 550 a.C. na Sicília.

FRATURA Quebra do osso (Lv 24.20). A lei da retribuição limitava a retaliação a "fratura por fratura".

FRAUDE Astúcia habilidosa e enganadora; traição; duplicidade; logro. Jacó usando as roupas do seu irmão com pele de cabrito nos braços e no pescoço é o exemplo de fraude mais conhecido das Escrituras (Gn 27.35). É provável que Jesus tivesse em mente esse fato ao se referir a Natanael como "um verdadeiro israelita, em quem não há falsidade" (Jo 1.47; cp. Jo 1.51 com Gn 28.12). Em 1Pe 2.22 descreve Cristo como sem engano em sua boca. Paulo encorajou os cristãos a serem "sem malícia em relação ao que é mau" (Rm 16.19; cp. 1Pe 2.1), i.e., inocentes ou ingênuos com referência ao mal.

FREIO ou **FREIOS** Bocado de metal na extremidade do focinho das rédeas do cavalo. O freio é introduzido na boca do cavalo entre os dentes e usado para controlar o animal. O freio tinha presilhas em cada ponta para afixar as rédeas. Alguns freios do período bíblico tinham pontas de metal espetadas nos lados da boca do cavalo quando as rédeas eram colocadas; a dor tornava o cavalo mais sensível aos comandos do cavaleiro. O freio e as rédeas são usados figuradamente na Bíblia para aludir a diferentes formas de controle (Tg 1.26; 3.2; 2Rs 19.28; Is 37.29).

FRÍGIA Nome de lugar que significa "ressecado". Nos tempos antigos, a área imediatamente a oeste do Helesponto. Mais tarde, o povo de lá migrou até a Ásia Menor. No tempo do Império Romano, a Frígia era uma sub-região da Galácia, e seus habitantes foram escravizados muitas vezes. A área permaneceu relativamente indefinida, mas continha Antioquia da Pisídia, Laodiceia e algumas vezes, Icônio. Alguns dos frígios estavam em Jerusalém no dia de Pentecoste e ouviram o evangelho em sua língua nativa (At 2.10; cp. 16.6; 18.23), V. *Ásia Menor, cidades de*.

Balde de cobre ou de bronze, em forma de cabeça de carneiro, que data do período frígio de Gordion.

FRIGIDEIRA Termo usado na *ARA* para o utensílio usado para assar a oferta de cereal (Lv 2.7; 7.9; "sertã", *ARC*), simplesmente "panela" em traduções modernas. Talvez o termo se refira a um tacho para fritura imersa em óleo.

FRISADO, TRANÇAS Arrumar o cabelo em forma de laços ou tranças, ou usar uma grinalda no cabelo. As mulheres cristãs foram instruídas a crer que boas obras e graça espiritual eram mais importantes do que a aparência exterior (1Tm 2.9; 1Pe 3.3). V. *cordão*.

FROTA, ESQUADRA Grupo de navios. Salomão tinha uma frota de navios em Eziom-Geber com a ajuda de Hirão de Tiro (1Rs 9.26.27; 10.11,22). A frota de Salomão foi usada para propósitos comerciais, não militares. V. *Eziom-Geber; navios, marinheiros e navegação*.

FRUSTRAÇÃO O verbo hebraico "frustrar" (de *parar*) significa tornar ineficiente ou vão e é usado principalmente para descrever a reação de Deus aos planos das pessoas. A Bíblia declara que Deus frustra os planos dos que confiam em outras coisas ou que operam de acordo com seus próprios planos e interesses (Jó 5.12; Sl 33.10; Is 44.25) e associa diversas situações de pessoas frustradas ao se oporem a Deus. Entre elas estão o faraó (Êx 8—12), Aitofel (2Sm 17.14,23), Acabe (1Rs 18.17; 21.1-4), os homens de Sambalate e Tobias (Ne 4.7,15) e Pilatos (Jo 19.1-16).

Quem se empenha em seguir Deus experimenta frustração no sentido mais geral da insatisfação surgida por expectativas não realizadas. O salmista exclamou frustrado sobre a aparente inatividade divina a favor dele (Sl 22.1,2; 38.1-22; 39.1-3), e Paulo expressou frustração sobre a falta de fé evidente nos cristãos gálatas (Gl 3.1-5). Parcialmente em reação a essas frustrações, Paulo aprendeu a estar contente em toda e qualquer situação (Fp 4.11-13) e deu seu parecer de que no final das contas tudo coopera para o bem dos que amam a Deus e são chamados segundo seu propósito (Rm 8.28). As promessas de conforto divino se estendem aos frustrados (Is 40.1; 1Co 1.3-7), enquanto a maturidade espiritual capacitadora dos cristãos a vencer a frustração cresce com base na confiança em Deus em meio às provações (Sl 22.5; Pv 3.5,6; Fp 1.6; Tg 1.2-4).

FRUTA, FRUTO Polpa comestível que reveste as sementes de muitas plantas. Diversos tipos de frutos são mencionados; entre os mais comuns estão uvas, figos, azeitonas, romãs e maçãs (talvez devam ser identificadas com damascos ou marmelos). Israel, em contraste com seus vizinhos, reconhecia o processo de reprodução das árvores mediante sementes presentes nas frutas como parte do bom plano de Deus na Criação (Gn 1.12,29). A fertilidade contínua das árvores de Israel dependia da fidelidade à aliança (Dt 28.4,11,18). Os primeiros frutos a amadurecer eram oferecidos a Deus (Êx 23.16; Ne 10.35).

Em sentido figurado, o "fruto do ventre" é uma expressão comum para descendentes (Gn 30.2; Dt 7.13; Sl 127.3; Is 13.18). O fruto muitas vezes indica um pensamento próximo da nossa palavra "resultado". O fruto do Espírito é o resultado da obra do Espírito na vida dos cristãos (Gl 5.22,23). Semelhante é o uso de fruto quando falamos de manifestações ou expressões. O "fruto da justiça" (Fp 1.11; Tg 3.18), do arrependimento (Mt 3.8), da luz (Ef 5.19) são expressões de justiça, arrependimento e pureza moral. Jesus advertiu da possibilidade de identificação dos falsos profetas pelo fruto produzido (Mt 7.15-20), i.e., pelas qualidades manifestas em sua vida. Jesus advertiu de maneira semelhante acerca da necessidade de produzir fruto compatível com a cidadania no Reino de Deus (Mt 21.43). Fruto às vezes tem o sentido de recompensa (Is 3.10; Jo 4.36; Fp 4.17). O fruto é usado também como retrato dos convertidos cristãos (Rm 1.13; 1Co 16.15).

FUNDA, ATIRADEIRA Arma feita de duas longas tiras de tecido com um pedaço de couro nas extremidades em que era colocada a pedra. Pastores de ovelhas e soldados profissionais usavam atiradeiras, pelo menos desde 4500 a.C. V. *armas e armadura*.

FUNDO DE UMA AGULHA V. *agulha*.

FURADOR (*NVI*) ou **SOVELA** (*ARA, ARC*) Instrumento feito de pederneira, osso, pedra ou metal para fazer furos. Há referências bíblicas ao seu uso para furar a orelha de um escravo (Êx 21.6; Dt 15.17). Talvez um anel ou um objeto de identificação era colocado no furo. Isso marcava a pessoa como escrava para a vida toda. Os escavadores na Palestina têm descoberto muitos desses furadores.

FURAR OS OLHOS Punição cruel e degradante que nos tempos bíblicos algumas vezes era imposta a povos conquistados. Os filisteus furaram os olhos de Sansão (Jz 16.21). Naás propôs um tratado de paz ao povo de Gileade com a condição de que ele furasse o olho direito de cada homem da cidade, trazendo assim desgraça para Israel (1Sm 11.2). O rei Zedequias, depois de ver seus filhos executados pelos babilônios, teve seus olhos furados (2Rs 25.7).

FUSO Palavra usada apenas em Pv 31.19. O fuso e a roca eram utilizados no processo de fabricação de roupas. As fibras do tecido eram esticadas e depois enroladas ao redor do fuso. V. *pano, roupa.*

G

Pôr do sol no mar da Galileia em Tiberíades.

GAÃ Nome pessoal que significa "chama". Filho de Naor, irmão de Abraão, com sua concubina Reumá (Gn 22.24).

GAAL Nome pessoal que significa "aborrecer", "negligenciar" ou talvez "besouro do esterco". Homem que usurpou a liderança de Abimeleque em Siquém, mas logo foi derrotado por ele e deixou a cidade (Jz 9.26-41). As traduções antigas grafam seu nome e o do seu pai de diferentes maneiras, mostrando talvez que os israelitas deturparam seu nome intencionalmente, para desonrar sua reputação.

GAAR Nome pessoal que significa "estiagem" ou "pequeno em espírito" ou "face vermelha". Líder de um clã de servidores do templo que retornou do cativeiro babilônico com Zorobabel, por volta de 537 a.C. (Ed 2.47).

GAÁS Nome pessoal que significa "subindo e caindo ruidosamente". Uma elevação na região montanhosa de Efraim que não pôde ser localizada com precisão. Josué foi sepultado em Gaás (Js 24.30). Hidai, um dos 30 heróis militares de Davi, era da região dos riachos de Gaás (2Sm 23.30).

GABA V. *Geba*.

GABAI Nome pessoal tradicionalmente interpretado como significando "coletor de impostos". Integrante da tribo de Benjamim que se estabeleceu em Jerusalém no tempo de Neemias (Ne 11.8). Muitos comentaristas modernos são da opinião de que erros de copistas introduziam o nome no texto tendo por base um texto original hebraico com significado de "homens heroicos", ainda que não tenha sido encontrado nenhum texto hebraico com essa leitura.

GÁBATA Transliteração em português da transliteração grega de uma palavra aramaica que significa "elevação". Uma plataforma em frente ao pretório ou palácio do governador em Jerusalém, na qual Pilatos se assentou para julgar Jesus (Jo 19.13). Entretanto, antes de anunciar a decisão, Pilatos apresentou Jesus como o Rei dos Judeus, dando aos líderes judeus uma última chance de confessar o seu Messias. O nome grego para o lugar é *lithostrotos*, "pavimento de pedra". A localização é ou a Fortaleza Antonia ou o palácio de Herodes. Turistas são levados para ver a Fortaleza Antonia no atual Convento das Irmãs de Sião, mas arqueólogos dataram o pavimento que lá está de um período posterior ao de Jesus.

GABRIEL Nome pessoal que significa "homem forte de Deus". O mensageiro celestial que interpretou para Daniel o significado da visão do carneiro e do bode. Aparece quatro vezes na Bíblia e em todas traz aos homens uma mensagem da parte do Senhor. Gabriel apareceu duas vezes para Daniel (8.15-37; 9.20-27). No NT ele apareceu para anunciar os nascimentos de João Batista (Lc 1:8-20) e de Jesus (Lc 1.26-38). V. *anjo*.

Entrada da Igreja de São Gabriel, em Nazaré.

GADARA Nome de lugar usado pela *NTLH* para designar a terra dos gadarenos (Mt 8.28; "região dos gadarenos", *NVI*, *TEB*). V. *gadareno*.

GADARENO Residente de Gadara, uma das cidades de Decápolis (Mc 5.1; "gerasenos", *NVI*). No NT a palavra é mencionada somente nos relatos do Evangelho sobre a cura de um homem de Gadara que era afligido por demônios (Mt 8.28-34; Mc 5.1-17; Lc 8.26-37).

A tradição textual dos manuscritos gregos de cada uma dessas passagens mostra confusão entre gadarenos, gerasenos e gergesenos. A evidência textual parece favorecer gadarenos em Mt e gerasenos em Mc e Lc. Parece que foi Orígenes, um dos pais da Igreja, que introduziu a palavra "gergesenos". No contexto dos Evangelhos a palavra "gadareno" pode se referir à região mais ampla, não apenas à cidade de Gadara. A palavra "gergasenos" aponta para a atual cidade de Kersa, na margem do lago de Genesaré. A palavra "geraseno" pode vir da cidade de Gerasa, a cerca de 48 quilômetros a sudeste do lago. A tradição antiga pode ter confundido a pronúncia hebraica e aramaica de Gadara e Gerasa, ou pode ter entendido Gerasa como a cidade dominante da região. Qualquer que tenha sido o nome original, está claro que gentios que criavam porcos dominavam a região. A cidade foi identificada com a atual Um Keis, a cerca de oito quilômetros a sudeste do lago de Genesaré (o mesmo mar da Galileia). A designação "terra dos gadarenos" se aplicou a uma área que se estendia até os limites da Galileia.

GADE Nome pessoal que significa "boa sorte". **1.** Sétimo filho de Jacó e progenitor da tribo que leva seu nome (Gn 30.9-11). Sua mãe era Zilpa, serva de Lia. Ao terminar o período da peregrinação pelo deserto, quando os israelitas se preparavam para ocupar Canaã, a tribo de Gade pediu permissão, junto com a tribo de Rúben e metade da tribo de Manassés, para se estabelecer no lado leste do Jordão. A razão desse pedido foi que eles possuíam muito gado, e o território a leste do Jordão era particularmente adequado para a criação de gado (Nm 32). Esse território se tornou conhecido como Gade (Jr 49.1). Ainda que os limites exatos do território tribal de Gade sejam difíceis de determinar, os gaditas geralmente ocuparam a terra a nordeste do mar Morto (Js 13.24-28). V. *tribos de Israel*. **2.** Deus sírio conhecido de inscrições da Fenícia e de Palmira e usado em nomes bíblicos como Baal-Gade (Js 11.17) e Migdal-Gade (Js 15.37). Aparentemente é citado em Is 65.11, texto no qual o profeta condena o povo por estabelecer uma "mesa para a deusa Sorte" (a palavra hebraica traduzida por "sorte" nesse versículo é *gad*). **3.** Profeta que aconselhou Davi enquanto ele fugia de Saul (1Sm 22.5) e que apresentou a Davi opções de castigo quando ele mandou fazer o censo de Israel (2Sm 24.11-14). Gade também levou a Davi as ordens da parte de Deus para edificar um altar, aparentemente no lugar do futuro templo (2Sm 24.18,19). O cronista apontou para seus leitores os registros do reino de Davi feitos por Gade (1Cr 29:29) e da assistência que ele deu a Davi ao mostrar-lhe o plano de Deus para o culto no templo (2Cr 29.25).

GADI 1. Nome pessoal que significa "minha boa sorte". Espião da tribo de Manassés enviado por Moisés para investigar a terra de Canaã antes da conquista de Israel (Nm 13.11). **2.** O texto de 2Rs 15.14,17 traz esse nome para se referir ao pai do rei Menaém de Israel (752-742 a. C.).

GADIEL Nome pessoal que significa "Deus é minha boa sorte". Espião da tribo de Zebulon que Moisés enviou para investigar Canaã, a terra a ser conquistada (Nm 13.10).

GADITA Integrante da tribo de Gade. V. *Gade*; *Gadi*.

GADO, REBANHOS Quadrúpedes domesticados usados como animais de criação. Na Bíblia, o termo comumente se refere a todos os animais domesticados. Os termos "gado" e "rebanhos" são usados para verter mais de uma dezena de palavras hebraicas e gregas referentes a animais.

Boi, touro, bezerro e vaca estão entre os termos referentes a gado e rebanhos na Bíblia. Ovelhas, cabras e outros animais domesticados também estão incluídos nessa designação (Gn 1.24; Jo 4.12). A terra de Gósen, onde os hebreus se estabeleceram no tempo de José, era rica em gado. Com base em ossos encontrados em Megido, um arqueólogo identificou uma espécie de gado no antigo Israel como a atual raça pequena Beiruti, enquanto outro identificou cinco tipos de gado em Gezer. O gado era valorizado para sacrifício, alimento e como animal de tração e carga (Dt 25.4; Lc 14.19). Era classificado entre puro e impuro (Lv 5.2) e coberto pela lei dos primogênitos e do descanso do sábado (Êx 13.12; 20.12). Touros e bezerros eram usados para sacrifícios. A posse de muito gado era sinal de riqueza (Gn 13.2; 1Sm 25.2).
— *Shirley Stephens*

GAETÃ

GAETÃ Nome pessoal de significado incerto. Filho de Elifaz e neto de Esaú (Gn 36.11). Foi líder de um clã edomita (Gn 36.16).

GAFANHOTO V. *insetos*.

GAFANHOTOS DESTRUIDORES V. *insetos*.

GAIO Forma grega do nome latino Caius, que significa "eu estou feliz, eu me regozijo". **1.** Cristão macedônio, um dos companheiros de Paulo em suas viagens missionárias (At 19.29). Ele foi preso junto com Aristarco, durante o tumulto em Éfeso, incitado por Demétrio, o ourives. **2.** Cristão de Derbe que acompanhou o apóstolo Paulo até a Ásia (At 20.4). **3.** Hospedeiro do apóstolo Paulo em Roma (Rm 16.33). De acordo com 1Co 1.14, ele foi uma das pessoas a quem Paulo batizou em Corinto. **4.** Cristão a quem João muito estimava e a quem endereçou sua terceira epístola (3Jo 1).

GAITA V. *música, instrumentos, dança*.

GAITA DE FOLES (ARA, ARC), **FLAUTA DUPLA** Tradução atual de instrumento mencionado em Dn 3.5,10,15. V. *música, instrumentos, dança*.

GAIVOTA V. *aves; cuco*.

GALÁCIA Nome geográfico derivado de Gália, porque seus habitantes eram os celtas ou galli (gauleses). O lugar original era o centro da Ásia Menor. O rei Nicomedes da Bitínia convidou os guerreiros celtas ao longo do rio Bósforo para ajudá-lo em sua luta contra seu irmão em 278 a.C. Os invasores lutaram por conta própria, capturando cidades, até serem derrotados por Antíoco I em 275 a.C. Ocuparam a parte norte da Ásia Menor, circundada ao norte pelo Ponto e pela Bitínia, a leste por Tavium, e por Pessinus, a oeste. Na maior parte dos casos, os verdadeiros gálatas viviam em áreas abertas, deixando a ocupação das cidades aos seus sucessores, os frígios. Os verdadeiros gálatas constantemente trocaram de lado em constantes batalhas naquela região. Finalmente, em 25 a.C., Roma transformou a Galácia em uma província do império e ampliou suas fronteiras, adicionando a Licaônia, a Isauria e a Pisídia, sendo Ancyra seu centro político. Vários líderes romanos adicionaram e subtraíram territórios daquela província, por isso suas fronteiras exatas são difíceis de determinar. Paulo visitou a Galácia (At 16.6; 18.23), ainda que sua rota precisa não seja exatamente clara. Não está claro se Paulo visitou as cidades dominadas pelos frígios ou os verdadeiros gálatas no interior ou se sua carta foi endereçada ao território original no Norte ou à província romana com suas adições ao Sul (cp. 1Co 16.1; 2Tm 4.10, em que alguns manuscritos trazem Gália, e 1Pe 1.1). V. *Ásia Menor, cidades de*; *Gálatas, epístola aos*.

GALAL Nome pessoal que significa "rolo" ou "tartaruga". **1.** Levita entre os que se estabeleceram em Jerusalém depois do exílio (1Cr 9.15). **2.** Avô de Ada, um levita que liderou na ação de graças de Neemias (Ne 11.17). Estabeleceu-se em Jerusalém depois do exílio (1Cr 9.16).

GÁLATA Especificamente, integrante de uma tribo celta ou galli, que invadiu a Galácia e lá se estabeleceu, mas, mais genericamente, qualquer residente do território ou província da Galácia. V. *Galácia*.

Imagem de um gaulês agonizante. Os gauleses ou galli que habitavam a região da Galácia eram um povo guerreiro.

GÁLATAS, EPÍSTOLA AOS O livro de Gl é a epístola mais intensa de Paulo. Sua ira por conta da situação deles é evidenciada pela omissão de sua costumeira expressão de elogio após a saudação. As igrejas gálatas foram implantadas por Paulo (4.13-15), mas outros, provavelmente de Jerusalém, visitaram os gálatas apresentando opiniões contrárias ao que Paulo havia ensinado. O ensino deles se centralizava ao redor da necessidade de complementar a fé em Cristo com obediência à Lei de Moisés. Exigia-se a circuncisão, pois caracterizava a "conversão" de um gentio ao judaísmo. Paulo se refere a esses falsos mestres como "judaizantes".

Paulo apresentou vigorosamente sua posição de que a justificação vem pela graça de Deus e apenas pela fé em Cristo. Por justificação Paulo tem em mente tanto ser declarado sem culpa diante de Deus e receber a posição de integrante da comunidade da aliança de Deus. A salvação de alguém não é de modo algum dependente da observação da Lei de Moisés. Depender da observância da Lei demonstra que se perdeu a fé necessária em Cristo apenas como suficiente para a salvação.

Dois problemas tornam difícil a determinação da origem e do destino de Gl. O primeiro é quanto à identidade exata dos gálatas. A palavra em si pode se referir tanto a um grupo étnico (também conhecido como gauleses ou celtas) no norte da Galácia ou aos que viviam na província romana da Galácia. Se Paulo usou a palavra em seu sentido provincial, então provavelmente escreveu aos cristãos nas cidades do Sul, tais como Icônio, Listra, Derbe e Antioquia da Pisídia, cidades onde havia igrejas implantadas por Paulo em sua primeira viagem missionária. Se foi assim, Paulo deve ter escrito Gl já no ano 49 d.C., ainda que alguns estudiosos creiam que ele escreveu em Corinto, por volta do ano 53. Por outro lado, alguns estudiosos sustentam a opinião de que Paulo escreveu aos gálatas étnicos que viviam no norte da Galácia. Creem que At 16.6 e 18.23 devem ser interpretados como Paulo tendo ido ao Norte em sua segunda viagem missionária. Se foi assim, Paulo escreveu Gl por volta do ano 55. É mais provável que Paulo tenha escrito para os que estavam no Sul, por duas razões. Primeira, Paulo tem a tendência de usar títulos provinciais (cp. 2Co 9.2). Segunda, não há evidência de que Paulo alguma vez tenha estado no norte da Galácia.

O segundo problema é como as visitas a Jerusalém mencionadas em Gl se relacionam às visitas mencionadas em At. O livro de At descreve cinco idas de Paulo a Jerusalém (9.2.6; 11.27-30; 12.25; 15.4; 18.21; 21.7,15). Há duas referências a viagens a Jerusalém feitas por Paulo em Gl. Em Gl 1.18,19 Paulo descreve sua primeira visita pós-conversão. Muitos estudiosos creem que essa seja a visita mencionada em At 9.26. Outros estudiosos sustentam que a segunda visita mencionada em Gl (2.1,2) seja a terceira visita de At, para o Concílio de Jerusalém. É mais provável que, por essas razões, a visita de Gl 2.1 seja a mesma mencionada em At 11.27 e 12.25. Primeiro, Gl 1—2 descreve suas visitas a Jerusalém (1.20). É improvável que ele se esquecesse de mencionar uma visita, pois a questão tornara-se altamente controversa. Segundo, Paulo descreve um encontro em particular em Gl; a reunião em At 15 foi pública. Um encontro em particular com os apóstolos explicaria por que Lucas não menciona detalhes da visita em At 11—12. Terceiro, o acordo em Gl 2 é para que Paulo vá aos gentios e Pedro vá "aos da circuncisão". O acordo em At 15 era que os gentios não precisavam ser circuncidados para serem salvos, mas deveriam observar certas restrições. Nada é mencionado a respeito de esferas de ministério em At 15. Quarto, a referência a um pedido dos apóstolos de que eles se lembrassem dos pobres (Gl 2.10) seria natural se a visita fosse para auxílio aos que enfrentavam as consequências da seca, como é o caso em At 11.27 e 12.25.

A carta pode ser dividida em três seções principais. Na primeira (Gl 1.10—2.21), Paulo defende seu apostolado como recebido diretamente de Deus por meio de Cristo, não dependente de Jerusalém ou dos que eram apóstolos antes dele. Descreve seu relacionamento com Jerusalém como distante, mas positivo em sua maior parte. Paulo cumpriu sua missão sem um mandato da parte dos líderes de Jerusalém. O único problema veio de um confronto com Pedro a respeito da comunhão de mesa com os gentios em Antioquia. Paulo conclui ao declarar o principal argumento da epístola: a justificação é pela fé em Cristo, não há necessidade de adicionar obras da Lei. A fé é viver em constante submissão a

Cristo e em relacionamento com ele. De fato, Paulo afirma: "Cristo vive em mim".

Na segunda seção (3.1—5.12) Paulo baseia sua tese ao apelar para a própria experiência dos gálatas, para práticas de herança e para a experiência de Abraão. Ele apelou primeiro para a lembrança da experiência dos gálatas, de terem recebido o Espírito, que Paulo diz ser o mesmo que a conversão (3.1-5). Eles receberam o Espírito ao crer na mensagem que Paulo pregou. Agora eles pensavam que podiam acrescentar algo ao Espírito pelas obras da carne, i.e., a circuncisão. Paulo os lembra de que Abraão foi declarado justo quando ainda não tinha sido circuncidado. Ele também simplesmente creu em Deus, e essa fé lhe foi creditada como justiça (3.6-9). Confiar na Lei leva a pessoa a estar debaixo da maldição da Lei (3.10-14). O propósito da obra de Cristo é libertar (redimir) da maldição.

Paulo também apela para o conhecimento que eles tinham de práticas de adoção e herança. Uma vez que um filho adotivo fosse incluído no testamento, isso não poderia ser mudado. Uma promessa foi feita a Abraão a respeito da bênção a ser dada a todas as nações. Deus jamais vai mudar uma promessa (3.17). Isso seria o mesmo que alterar um testamento depois de lavrado.

Paulo continua com o mesmo raciocínio no cap. 4, mas muda o elemento hipotético para o de um "menor de idade" tratado como escravo até o tempo estabelecido por seu pai para que o *status* legal de filho mude. Quando chega o tempo, a situação torna-se totalmente diferente (4.1-7). Por isso, com a vinda de Cristo, na plenitude do tempo, os filhos de Deus não estão mais escravizados à Lei.

Depois da lembrança do fato de que eles receberam Paulo, a despeito de uma enfermidade física, o apóstolo conclui com a lembrança do nascimento dos filhos de Abraão. Isaque era o filho pelo qual a promessa se cumpriu. O nascimento de Ismael foi natural ou "conforme a carne". Isaque, que Sara teve quando já era idosa, nasceu de acordo com a promessa de Deus. Os cristãos também são filhos da promessa e não devem depender da carne. Ser circuncidado é depender da carne. Eles devem confiar na promessa de Deus em Cristo.

A terceira seção (5.13—6.10) contém o apelo de Paulo a viver no Espírito. Eles não devem perder sua liberdade espiritual ao se entregar ao pecado. A vida no Espírito não governa absolutos morais. A ênfase de Paulo na justificação pela fé foi um argumento para os gálatas desfrutarem de sua liberdade. No entanto, essa liberdade não deve levar ninguém a pensar que não há de prestar contas de seus atos. O mandamento de que não devem viver pela Lei de Moisés não é inconsistente com as orientações sobre como viver. As "obras da carne" são óbvias e devem ser evitadas. Os cristãos devem cultivar o fruto do Espírito (5.22,23a) e agir em amor uns com os outros. Desse modo cumprirão a lei de Cristo.

A seção de encerramento foi escrita pelo próprio Paulo, e ele mais uma vez desafia os gálatas a não voltarem à dependência da Lei (6.11-18).

Esboço

I. Introdução (1.1-10).
  A. Paulo saúda os gálatas e os lembra de que foi comissionado por Deus (1.1-5).
  B. Paulo os repreende (1.6-10).
    1. Eles estavam se voltando para um evangelho diferente (1.6).
    2. Não há outro evangelho (verdadeiro), a não ser o que ele lhes anunciou (1.7).
    3. Quem prega outro evangelho deve ser amaldiçoado, condenado eternamente (1.8,9).
    4. Paulo busca agradar a Deus, não outras pessoas (1.10).
II. Paulo defende seu evangelho (1.11—2.21).
  A. Ele recebeu seu evangelho diretamente de Jesus Cristo (1.11,12).
  B. Ele reconta sua vida prévia no judaísmo (1.13,14).
  C. Ele os lembra do chamado que recebeu para pregar aos gentios (1.15-17).
  D. Ele visitou Jerusalém por quinze dias (1.18-24).
  E. Após catorze anos, ele fez uma segunda visita a Jerusalém (2.1-10).
  F. Ele confrontou Pedro em Antioquia por este se afastar dos cristãos gentios (2.11-14).
  G. Ele resume sua compreensão do verdadeiro evangelho — apenas a fé justifica (2.15-21).

III. Paulo explica seu evangelho (3.1—5:12).
   A. Os gálatas receberam o Espírito sem obedecer à Lei (3.1-5).
   B. Abraão foi considerado justo sem obedecer à Lei (3.6-9).
   C. Todos os que estão sob a Lei permanecem sob a maldição da Lei (3.10-14).
   D. As promessas feitas a Abraão não podem ser alteradas pela Lei (3.15-18).
   E. A Lei teve um papel temporário (3.19-22).
   F. Cristo veio dar a posição de filhos de Deus a todos os que creem (3.23-29).
   G. A vinda de Cristo significa que podemos chamar Deus de "Aba" (termo aramaico para "pai"; 4.1-7).
   H. Conhecer Deus torna desnecessário guardar dias ou celebrações especiais (4.8-11).
   I. Paulo reconta sua visita aos gálatas (4.12-20).
      1. Eles o receberam bem, a despeito de sua enfermidade física (4.12,13).
      2. Eles o receberam como se ele fosse um anjo, ou como se fosse o próprio Jesus Cristo (4.14).
      3. Eles teriam feito qualquer coisa por ele (4.15).
      4. Paulo faz um apelo para que eles retornem à sua crença e confiança anteriores (4.16-20).
   J. Paulo apela para o exemplo de Sara e Hagar (4.21-31).
      1. Isaque nasceu da promessa feita a uma mulher livre.
      2. Ismael nasceu de meios naturais de uma escrava.
   K. Conclusão: eles não devem deturpar sua liberdade (5.1-12).
IV. Paulo explica a liberdade no Espírito (5.13—6.10).
   A. A liberdade deve ser usada para serviço mútuo em amor (5.13-15).
   B. A liberdade resulta em ser guiado pelo Espírito (5.16-26).
      1. As "obras da carne" são óbvias e perigosas (5.16-21).
      2. O "fruto do Espírito" é produzido pelos que crucificam a carne (5.22-26).
   C. A liberdade deve ser usada para ministrar aos outros (6.1-10).
      1. Eles devem ajudar os desobedientes, os sobrecarregados e os que lhes ensinam (6.1-6).
      2. Em tempo oportuno, eles vão colher o que plantaram (6.7-10).
V. Conclusão (6.11-18).
   A. Os judaizantes têm motivações falsas (6.11-13).
   B. Paulo se gloria apenas em Jesus Cristo (6.14).
   C. O propósito do evangelho não é ser circuncidado, mas ser uma nova criação (6.15,16).
   D. Despedida (6.17,18).

— *C. Hal Freeman Jr.*

GÁLBANO (Êx 30.34). V. *plantas*.

GALEEDE Nome de lugar que significa "monte de pedras do testemunho". Lugar onde Jacó e seu sogro Labão fizeram um acordo formal ou aliança determinando a fronteira entre seus povos e concordando em que um não atacaria o outro (Gn 31.43-52). O lugar era chamado também de Jegar-Saaduta e de Mispá. O monte de pedras que assinalava o lugar de Galeede estava em Gileade, ao norte do rio Jaboque. V. *Mispá*.

GALERA Tipo de barco estreito e comprido, movido a remos. As galeras eram usadas como naves de guerra (Is 33.21; "navio a remo", *NVI*). Essas embarcações eram projetadas para navegar nas proximidades da costa ou em rios. A imagem em Is é de uma Jerusalém livre da ameaça de invasões.

GALERIA Artifício arquitetônico do anexo do templo na visão de Ezequiel (Ez 41.15,16) e dois edifícios próximos ao templo (42.3,5). Há um debate quanto ao sentido da palavra hebraica traduzida por "galeria" em Ez. Alguns estudiosos sugerem que o significado seja "passagem", com base em similaridades com o acadiano. Outros sugerem que a palavra significa "declive de aterro". Nesse caso, as medidas do templo em 41.15,16 se refeririam à base do átrio interior elevado. A *NVI* entende como ou uma referência aos corredores no interior do anexo do templo ou aos pórticos com

GALHOS

colunas (cp. com 42.6). Os dois edifícios no cap. 42 aparentemente foram construídos no estilo "escadaria", com cada andar menor do que está abaixo. Nesse texto a galeria talvez seja o terraço formado pelo sótão do andar inferior. Outros estudiosos sugeriram que a palavra hebraica se refira às formações rochosas subjacentes que se projetaram dentro da estrutura.

GALHOS Tradução de muitas palavras hebraicas e gregas. Frequentemente a palavra se refere a galhos de árvores ou ramos de videiras ou aos braços dos candelabros do tabernáculo ou templo. Há, no entanto, muitos empregos metafóricos do termo "galho". O galho da palmeira pode representar nobreza, enquanto o junco é simbólico do povo comum (Is 9.14; 19.15). O fato de alguém "ser um galho/ramo" denota que é membro do povo de Deus (Jo 15.1-8; Rm 11.16-21). Espalhar galhos pode simbolizar fertilidade e prosperidade (Gn 49.22; Jó 18.16; Sl 80.11), ao passo que galhos/ramos secos, queimados ou cortados podem simbolizar destruição (Jó 8.16; Is 9.14; Jr 4.16; Ez 15.2). "Galho" ou "rebento" é muitas vezes usado como símbolo de um rei presente ou vindouro de Israel (Is 11.1; Jr 23.5; 33.16; Zc 3.8; 6.12). V. *Messias*.

GALILEIA Nome de lugar que significa "círculo" ou "região". Parte norte da terra de Israel acima da região montanhosa de Efraim e da região montanhosa de Judá (Js 20.7). A *LXX*, a versão grega do AT, refere-se a um rei das nações da Galileia em Js 12.23, ainda que o texto hebraico tenha a palavra "Gilgal". Muitos estudiosos veem o texto grego como original. Isso indicaria o líder de uma coalizão de cidades-Estado a quem Josué derrotou. Quedes na Galileia era uma cidade de refúgio (Js 20.7) e também uma cidade para os levitas (Js 21.32). Salomão deu a Hirão, rei de Tiro, 20 cidades na Galileia como pagamento pelo material fornecido para a construção do templo e do palácio real (1Rs 9.11), mas essas cidades não agradaram a Hirão, que as chamou de "Cabul", que significa "inútil" (1Rs 9.12,13; v. nota explicativa da *NVI*). A Galileia e Tiro dividiam uma fronteira. Aquelas cidades podem ter sido pequenas vilas na fronteira, cuja posse era motivo de disputa entre os dois reis. Mais tarde, os assírios, sob a liderança de Tiglate-Pileser, conquistaram o norte, em 733 a.C. (2Rs 15.29) e o dividiram em três distritos — a costa oeste ou "o caminho do mar", com capital em Dor, Galileia, com capital em Megido, e além do Jordão, ou Gileade (Is 9.1).

O MINISTÉRIO DE JESUS AO REDOR DO MAR DA GALILEIA

GALHOS

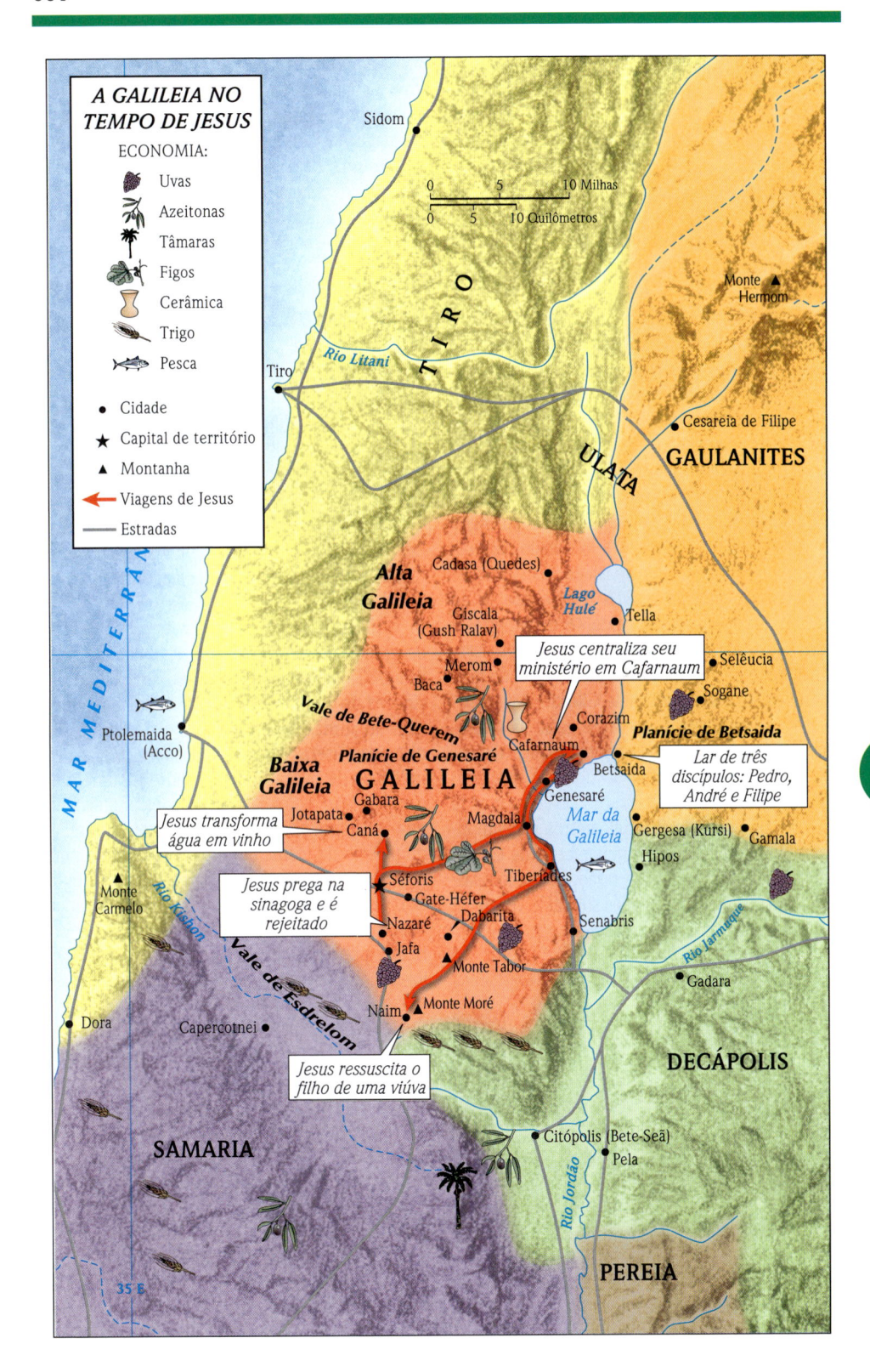

A GALILEIA NO TEMPO DE JESUS

ECONOMIA:
- Uvas
- Azeitonas
- Tâmaras
- Figos
- Cerâmica
- Trigo
- Pesca

- • Cidade
- ★ Capital de território
- ▲ Montanha
- → Viagens de Jesus
- — Estradas

Regiões e locais:
- Sidom
- MAR MEDITERRÂNEO
- TIRO
- Tiro
- Rio Litani
- ULATA
- Monte Hermom
- Cesareia de Filipe
- GAULANITES
- Cadasa (Quedes)
- Alta Galileia
- Giscala (Gush Ralav)
- Lago Hulé
- Tella
- Merom
- Baca
- Vale de Bete-Querem
- Seleucia
- Sogane
- Corazim
- Cafarnaum — *Jesus centraliza seu ministério em Cafarnaum*
- Planície de Betsaida
- Betsaida — *Lar de três discípulos: Pedro, André e Filipe*
- Ptolemaida (Acco)
- Planície de Genesaré
- Baixa Galileia
- GALILEIA
- Gabara
- Jotapata
- Caná — *Jesus transforma água em vinho*
- Genesaré
- Magdala
- Mar da Galileia
- Gergesa (Kursi)
- Gamala
- Séforis
- Gate-Héfer
- Dabarita
- Tiberíades
- Hipos
- Nazaré — *Jesus prega na sinagoga e é rejeitado*
- Jafa
- Monte Tabor
- Senabris
- Rio Jarmaque
- Gadara
- Monte Carmelo
- Rio Kishon
- Vale de Esdrelom
- Naim — *Jesus ressuscita o filho de uma viúva*
- Monte Moré
- Dora
- Capercotnei
- DECÁPOLIS
- SAMARIA
- Citópolis (Bete-Seã)
- Pela
- Rio Jordão
- PEREIA

GALILEIA, MAR DA

A palavra "Galileia" era usada antes da conquista por Israel, sendo mencionada em registros egípcios. Em Israel a palavra era usada como designação política. As tribos de Naftali, Aser, Issacar, Zebulon e Dã ocuparam o território que cobria a faixa de cerca de 72 quilômetros entre o rio Litani, no Líbano, e o vale de Jezreel, em Israel, do norte ao sul, e do mar Mediterrâneo ao rio Jordão, do oeste ao leste.

No tempo de Jesus a Galileia e a Pereia eram governadas por Herodes Antipas. Jesus realizou a maior parte do seu ministério terreno naquela região, tendo se tornado conhecido como "o galileu" (Mt 26.69). Depois da queda de Jerusalém, no ano 70 da era cristã, a Galileia se tornou o principal centro do judaísmo. Lá foram coletados e escritos a *Mixná* e o *Talmude*.

GALILEIA, MAR DA Nome de lugar que significa círculo. Lago de água doce localizado nas colinas da parte norte da terra de Israel. Sua superfície está aproximadamente a 213 metros abaixo do nível do Mediterrâneo, cerca de 48 quilômetros a oeste. As colinas da Galileia nas proximidades alcançam altitude de 457 metros acima do nível do mar. A leste estão as montanhas de Gileade, com picos de mais de mil metros. Ao norte estão as montanhas do Líbano, com cume sempre nevado. Alimentado principalmente pelo rio Jordão, que tem origem no sopé das montanhas do Líbano, o mar da Galileia tem cerca de 20 quilômetros de cumprimento do norte ao sul e 12 quilômetros de largura em sua maior extensão. Em razão de sua localização, está sujeito a tempestades súbitas e violentas, que geralmente são de curta duração.

Mar da Galileia, visto do noroeste.

No AT o mar é chamado de Quinerete. No entanto, essa expressão aparece poucas vezes, e todas as referências, exceto uma, relacionam-me com a conquista da terra de Canaã pelos hebreus no tempo de Josué. No tempo do NT é chamado de "lago de Genesaré". O texto de Lc assim se refere uma vez (5.1); o historiador judeu Josefo sempre o chama por esse nome e de igual maneira o autor de 1Mc. Apenas João o chama de "mar de Tiberíades" (6.1).

Mar da Galileia, com a vista de um ancoradouro em Cafarnaum.

No séc. I da era cristã, o mar da Galileia era de grande importância comercial. Muitas estradas da Galileia passavam ao seu redor, e muitas viagens do leste e para o leste cruzavam a abertura do Jordão pelo lago. O peixe era um dos principais itens da alimentação na região, e a indústria da pesca floresceu porque aquele era o único lago naquelas imediações. Cafarnaum, que desempenhou um papel importante no ministério de Jesus, era um centro dessa indústria pesqueira. Outras cidades importantes do lago eram Betsaida, que significa "lugar de pesca", e Tiberíades, uma cidade gentílica construída por Herodes Antipas quando Jesus era jovem. V. *Quinerete*. — *Roger Crook*

GALILEU Pessoa que vivia na Galileia. O sotaque falado pelas pessoas daquela região os distinguia dos judeus em Jerusalém e em Judá, particularmente pela dificuldade que eles tinham para diferenciar os sons das letras guturais, que são importantes em hebraico e em aramaico. O sotaque galileu de Pedro o diferenciou das pessoas da multidão que estava no pátio durante o julgamento de Jesus (Mc 14.70; cp. At 2.7). Jesus foi identificado como da Galileia (Mt 26.69). Pilatos se aproveitou desse fato como justificativa para enviar Jesus a Herodes, para que este o julgasse (Lc 23.6,7). Os galileus

Vista do mar da Galileia, pelo leste.

tinham fama de serem rebeldes e não terem respeito pela Lei judaica (At 5.37), por isso eram considerados pecadores (Lc 13.2). Pilatos havia assassinado alguns galileus enquanto eles ofereciam os sacrifícios da Páscoa em Jerusalém (Lc 13.1). Em seu retorno à Galileia desde a Judeia e Samaria, Jesus teve uma recepção calorosa da parte dos galileus. Essa declaração surpreendente é modificada pela narrativa que segue, que mostra que a boa recepção aparentemente estava na dependência ou na expectativa da realização de milagres, não na apreciação de quem Jesus é ou da fé nele (Jo 4.43-54).

GALIM Nome de lugar que significa "montão", "amontoado". Vila nas proximidades de Anatote no território da tribo de Benjamim. Saul deu sua filha Mical como esposa a um cidadão de Galim depois de tomá-la de Davi (1Sm 25.44; cp. 2Sm 3.14,15). Galim está na rota que os conquistadores tomaram desde Betel até Jerusalém (Is 10.30). Pode ser a atual Khirbet Kaklu, a noroeste de Anatote ou talvez mais a noroeste, exatamente ao sul de Khirbet Ercha. V. *Mical*.

GALINHA 1. Ave que faz ninho e choca os ovos. Tanto galinhas domésticas quanto selvagens eram conhecidas nos tempos bíblicos. Jesus compara seu cuidado por Jerusalém ao cuidado de uma galinha pelos pintinhos. Os termos gregos são gerais para aves e filhotes (Mt 23.37; Lc 13.34). **2.** A palavra grega traduzida como "galinha" pode se referir à fêmea de qualquer ave, não apenas à galinha domesticada. Há apenas duas referências à galinha nas Escrituras (Mt 23.37; Lc 13.34). Nos dois casos a palavra é usada em sentido figurado para se referir ao cuidado de Deus por Seu povo. A galinha é um símbolo do autossacrifício e amor terno de Deus revelado em Cristo. — *Janice Meier*

GÁLIO Nome pessoal de significado desconhecido. O deputado ou procônsul da Acaia estabelecido em Corinto, na qual foi descoberta a cadeira em que se assentava para julgar. Alguns judeus trouxeram Paulo à sua presença, tentando conseguir um castigo romano para o apóstolo. Acusaram Paulo de defender uma religião desobediente à Lei (At 18.12-17). Gálio se recusou a ter um envolvimento em assuntos da religião judaica e ignorou o fato de a multidão ter espancado Sóstenes, o líder da sinagoga.

Gálio era filho de Marcus Annaeus Sêneca, orador e financista espanhol, e irmão mais velho do conhecido filósofo Sêneca, tutor de Nero. Lucius Junius Gallio, um romano rico, adotou Gálio e deu-lhe o nome Lucius Junius Gallio Annaeus. O nome de Gálio aparece em uma inscrição em Delfos, que se refere à vigésima sexta aclamação de Cláudio como imperador. Isso situa Gálio com um cargo em Corinto entre os anos 51 e 53 d.C. Ele foi procônsul de 1º de maio de 51 até 1º de maio de 52, ainda que datas um ano depois sejam possíveis. A data providencia uma evidência externa à Bíblia para determinar o tempo em que Paulo esteve em Corinto e organizou a igreja naquela cidade.

Considerando o clima da cidade insalubre, Gálio recebeu bem a oportunidade de voltar a Roma, onde aconselhou Nero, até que ele e Sêneca se envolveram em uma conspiração contra o imperador. Sêneca morreu primeiro, e depois Nero forçou Gálio a cometer suicídio, por volta do ano 65 d.C. V. *Acaia*; *Corinto*; *Coríntios, primeira carta aos*; *Coríntios, segunda carta aos*; *Paulo*; *Roma e o Império Romano*.

GALO Ave de andar pomposo que canta, *zarzir motnayim* (Pv 30.31). O canto do galo provavelmente é o som de ave mais conhecido na Bíblia. Todas as referências neotestamentárias ao galo (exceto a menção ao "cantar do galo" em Mc 14.35) estão associadas ao incidente em que Pedro negou a Cristo. Jesus advertiu a Pedro que antes de o galo cantar duas vezes Pedro o negaria três vezes (Mc 14.30). Os galos cantavam a primeira vez à meia-noite e depois a segunda em torno das 3 horas da manhã. Seu cantar ocorria tão pontualmente que os romanos confiavam no som de ave para sinalizar a hora da troca de guarda. V. *galinha*.

GAMADE Nome de lugar de significado incerto em Ez 27.11. As traduções antigas liam o texto hebraico com letras facilmente confundidas com as de Gamade, significando assim "vigilantes". Outros estudiosos traduziram a palavra por "anão" ou "pigmeu", e outros ainda apontaram para um povo chamado kumudi, do norte da Síria, alistado em antigos documentos egípcios. Aparentemente eram aliados de Tiro em sua luta contra a Babilônia.

GAMADIM Cidadãos ou habitantes de Gamade. V. *Gamade*.

GAMALIEL Nome pessoal que significa "Deus recompensa com o bem". **1.** Filho de Pedazur, um líder da tribo de Manassés que auxiliou Moisés a fazer o censo no deserto (Nm 1.10; cp. 7.54-59). **2.** Fariseu altamente respeitado, membro do Sinédrio (At 5.4). Atrapalhou um plano do Sinédrio de matar os apóstolos ao lembrar aos seus integrantes que interferir no que os apóstolos estavam fazendo poderia ser oposição a Deus. Se a obra dos apóstolos fosse apenas humana, disse Gamaliel, não daria em nada. De acordo com At 22.3, esse Gamaliel fora o mestre de Paulo. Era neto do grande rabi Hilel. Morreu por volta do ano 52 d.C. **3.** Um rabino judeu com posição de liderança no final do séc. I e início do séc. II da era cristã. Era o neto do Gamaliel citado em At. A esse Gamaliel atribuem-se muitas das adaptações no judaísmo que se fizeram necessárias depois da destruição do templo no ano 70.

Interior da localização tradicional da tumba de Gamaliel.

GANÂNCIA Cobiça. A ganância dos filhos de Eli pela melhor parte dos sacrifícios os desqualificou para o sacerdócio (1Sm 2.29). Oseias condenou os sacerdotes que eram gananciosos pelo pecado do povo (4.8; "prazer", *NVI*; "desejo ardente", *ARA*, *ARC*), i.e., eles cobiçavam as ofertas pelo pecado.

Jesus advertiu contra todos os tipos de ganância (Lc 12.15). O padrão paulino para o ministério cristão não dá base para a ganância (1Ts 2.5; 1Tm 3.3,8). A ganância caracterizava o estilo de vida pagão ou gentio (Ef 4.19; "avidez", *NVI*, *ARA* e *ARC*).

GANCHO Utensílio encurvado usado para apanhar, segurar ou puxar. Na Bíblia é citado para segurar cortinas (Êx 26.32; 27.10) ou para pescar (Is 19.8, "anzol"; Jó 40.24; Hc 1.15; Mt 17.27). Esses usos são comuns ainda hoje. O que não é comum é a prática dos conquistadores antigos de levar os cativos com ganchos ou anzóis prendendo-os pelo nariz ou pelo queixo ou mandíbula (cf. 2Cr 33.11; Ez 38.4; Am 4.2).

GANGRENA 1. A palavra grega *gangraina* (2Tm 2.17, *ARC, NTLH, TEB, BJ*; v. nota explicativa da *NVI*) se refere à gangrega, a morte de tecidos resultante de problemas com a circulação sanguínea. Em 2Tm a palavra *gangraina* é usada em sentido figurado para se referir a falsos ensinamentos que destroem as pessoas que os aceitam. **2.** Termo usado na *ARC* em 2Tm 2.17 que em geral pode se referir a qualquer fonte de corrupção e decomposição.

GANGUES Na Antiguidade não era de todo incomum que pessoas pobres, oprimidas ou despossuídas formassem bandos sob o comando de um líder carismático e se submetessem à sua autoridade, algumas vezes cooperando com as autoridades constituídas e, outras vezes, sendo-lhes opostas. Se grupos assim devem ser chamados de "gangues", "bandoleiros" ou simplesmente "bandos de aventureiros", depende grandemente das circunstâncias particulares envolvidas.

A tendência era que gangues se formassem com maior facilidade em épocas de autoridade centralizada fraca. Consequentemente, Abimeleque (Jz 9.4), Jefté (Jz 11.3), os homens ligados a Is-Bosete, filho de Saul (2Sm 4.1), Jeroboão (2Cr 13:6-7) e mesmo Davi (1Sm 22.2) se tornaram líderes de gangues ou grupos de homens que estavam na periferia da sociedade. Enquanto o grupo de Davi era composto por homens que tinham sido oprimidos, subentende-se, por conta da política econômica do rei Saul (1Sm 22.2), as gangues de Abimeleque, Jefté e Jeroboão eram constituídas por gente sem valor.

A Bíblia menciona outras possibilidades de atitudes de algumas gangues, como no caso do estupro da concubina do levita pelos homens de Gibeá (Jz 19.22-26), a tentativa de estupro dos hóspedes de Ló pelos homens de Sodoma (Gn 19.4-11) e a ridicularização de Eliseu pelos meninos de Betel (2Rs 2.23,24).
— *Paul H. Wright*

GARÇA Qualquer ave integrante da família *Areidae*, com pescoço e pernas compridas, consideradas impuras (Lv 11.19; Dt 14.18).

GAREBE Nome pessoal e de lugar, que significa "sarnento". **1.** Integrante da guarda pessoal de Davi (2Sm 23.38). **2.** Colina em Jerusalém que assinalava o lugar do muro da cidade que Jeremias prometeu que seria reconstruído (Jr 31.39).

GARFO DE JOEIRAR, PÁ DE JOEIRAR V. *forcado*

GARFOS PARA CARNE Grandes garfos usados para manusear grandes pedaços de carne, especialmente no altar dos sacrifícios. Os do tabernáculo eram de bronze (Êx 27.3; 38.3), os do templo eram de bronze polido (2Cr 4.16) ou de ouro (1Cr 28.17).

GARGANTA DOS SALGUEIROS V. *Arabim*.

GARMITA Título ou designação que significa "meu osso", usado em referência a Queila, da linhagem da tribo de Judá (1Cr 4.19). O texto hebraico e o significado exato de garmita são obscuros.

GARRAFA Palavra usada em algumas versões antigas para traduzir diversas palavras hebraicas e gregas. As versões mais recentes muitas vezes traduzem essas palavras por "odres" ou "vasilhas de couro". Em Sl 33.7 muitos estudiosos e tradutores emendam o texto acrescentando uma letra hebraica não pronunciada (*alef*) para resultar em "garrafa" ou "jarro" ("reservatórios", *NVI* e *ARA*), mas a leitura tradicional "montão" (*ARC*) seguindo o texto hebraico encontra melhor sustentação na afirmação paralela em Êx 15.8.

GASHMU

Minúscula garrafa de vidro romana.

GASHMU Forma aramaica do nome Gesém, citado em Ne 6.6. V. *Gesém*.

GATE Uma das cinco cidades que compunham o sistema de cidades-Estado dos filisteus (1Sm 6.17). O habitante ou natural de Gate era chamado de geteu (2Sm 6.10,11, *ARA*, *ARC*; "de Gate", *NVI*). Pelo fato de que a palavra hebraica *gat* significa "lagar" ou "prensa de vinho", e como vinhedos e lagares eram muito comuns na região, várias cidades na terra de Israel eram chamadas de Gate. Em geral havia outro nome, que ajudava a distinguir umas das outras, como Gate-Héfer, Gate-Rimon e Moresete-Gate.

No entanto, a Gate mais vezes citada no AT é a Gate dos filisteus. Além dessa, as outras cidades do sistema de cidades-Estado dos filisteus eram Ecrom, Asdode, Ascalom e Gaza (1Sm 6.17). É razoável admitir que Gate fosse a principal cidade entre as cinco, e o centro da Pentápolis.

Gate estava estrategicamente localizada para os propósitos dos filisteus. Ainda que não se saiba sua localização exata, sabe-se a área geral na qual Gate estava situava. Com base em informações dos relatos bíblicos, Gate estava localizada mais no interior, enquanto as outras cidades filisteias estavam próximas do litoral ou nele. Gate situava-se na região da Sefelá, i.e., a região de montanhas entre a planície costeira a oeste e a região montanhosa a leste. Como os israelitas, pelo menos durante o período do estabelecimento na terra, ocuparam a região montanhosa central, Gate estava em uma posição adequada para proteger o território filisteu de ataques israelitas. Ao mesmo tempo, era conveniente para os filisteus, a partir de Gate, lançar ataques contra os israelitas. Descobertas arqueológicas recentes indicam que o mais provável é que a Gate dos filisteus seja Tell es-Safi, a cerca de 19 quilômetros a leste de Asdode.

O AT apresenta diversos aspectos da história de Gate. Antes da chegada dos israelitas, Gate era uma cidade dos cananeus que foi ocupada pelos anaquins, um grupo conhecido por sua grande estatura (Js 11.21,22). Durante a conquista de Canaã, Josué e os israelitas não conquistaram Gaza, Gate e Asdode (Js 11.22). É presumível que os filisteus tenham conquistado essas cidades nesse momento da História. Gate foi um dos lugares para os quais os filisteus levaram a arca da aliança (1Sm 5.8,9) e era a terra natal de Golias (1Sm 17.4) e de Obede-Edom (1Cr 13.13). Uma das informações mais interessantes é que em determinado momento, quando Saul perseguia Davi, este encontrou refúgio junto a Aquis, rei de Gate, e talvez tenha se tornado um vassalo dos filisteus (1Sm 27.1-7). Mais tarde, Davi derrotou os filisteus e fez de Gate uma cidade israelita (1Cr 18.1). Aparentemente Aquis continuou a ser o rei de Gate, talvez como um rei vassalo, mesmo durante o reinado de Salomão (1Rs 2.39).

Vista panorâmica do tel da antiga Gate.

Durante o período da monarquia dividida, a história de Gate passou por uma série de mudanças. O rei Roboão de Judá (931-913 a.C.)

fortificou Gate e a transformou em uma fortaleza de Judá (2Cr 11.5-12). Hazael, rei da Síria (c. 843-797 a. C.) sitiou a cidade e a capturou (2Rs 12.17). Consequentemente, pouco depois os habitantes da cidade se rebelaram contra Hazael e conseguiram algum tipo de autonomia. Finalmente, Uzias, rei de Judá (792-740 a.C.) a destruiu parcialmente e a tornou uma vez mais parte do território de Judá (2Cr 26.6). Por volta de 711 a.C., Sargão II, rei da Assíria, conquistou e talvez tenha destruído a cidade. Tudo indica que por essa ocasião a história da cidade de Gate tenha chegado ao fim. Essa conclusão é reforçada pelo fato de que Gate é omitida nas listas dos lugares filisteus mencionados pelos profetas (Jr 25.20; Am 1.6-8; Sf 2.4; Zc 9.5,6). V. *filisteus*. — LaMoine DeVries

GATE-HÉFER Nome de lugar que significa "lagar do ponto de irrigação". Cidade na fronteira leste do território da tribo de Zebulom (Js 19.13). O profeta Jonas era natural de Gate-Héfer (2Rs 14.25). Sua localização é a atual el-Meshed, ou Khirbet ez-Zurra, nas proximidades, a cerca de cinco quilômetros a nordeste de Nazaré.

GATE-RIMOM Nome de lugar que significa "lagar da romãzeira". Cidade no território de Dã (Js 19.45) e destinada aos levitas (Js 21.24). É geralmente localizada em Tell Jerisheh no rio Yarkon, na atual Tel-Aviv, mas alguns estudiosos localizam-na a cerca de três quilômetros a nordeste, em Tell Abu Zeitun. O texto de 1Cr 6.69 apresenta Gate-Rimom como da tribo de Efraim, mas essa referência é geralmente entendida como uma omissão de um copista de uma sentença no início do versículo 69. Gate-Rimom também aparece no texto hebraico de Js 21.25, ainda que não na tradução da *LXX* desse texto nem no texto paralelo de 1Cr 6.70. Muitos estudiosos reconhecem que um copista repetiu Gate-Rimom em Js 21.24 e que a leitura original provavelmente fosse Ibleã. V. *Ibleã*.

GAVIÃO Ave de rapina considerada impura (Lv 11.16; Dt 14.15) e, portanto, imprópria para alimentação humana. A mesma palavra hebraica é traduzida em Jó 39.26 por "falcão". Ali se diz que Deus o criou para voar alto.

GAZA Nome de lugar que significa "forte". Cidade filisteia na planície costeira, localizada a cerca de cinco quilômetros para o interior, a partir do mar Mediterrâneo. Era a cidade-Estado filisteia mais ao sul (as outras eram Ascalom, Asdode, Ecrom e Gate, 1Sm 6.17).

Ainda que o lugar esteja especialmente associado aos filisteus, muitos outros grupos habitaram na região no decorrer da História, que se estende de um período anterior ao da chegada dos filisteus, no tempo em que os aveus ocupavam a região (Dt 2.23), até o presente. Os habitantes de Gaza são chamados de gazitas (Jz 16.3, *ARA, ARC*; "povo de Gaza", *NVI, NTLH* e *BJ*).

O papel importante de Gaza na história antiga se deve a sua localização estratégica na estrada da planície costeira que ligava o Egito ao restante do antigo Oriente Médio. Em razão dessa localização estratégica, Gaza testemunhou a passagem de numerosas caravanas e exércitos e várias vezes se viu em meio às lutas políticas daquela região na Antiguidade. Isso é refletido em uma breve revisão de alguns momentos da história da cidade. De acordo com os registros de Tutmósis III, ele a capturou em sua primeira campanha no que é atualmente o território de Israel e a transformou em grande centro egípcio. As cartas de Amarna identificam-na como a sede dos exércitos egípcios estacionados na parte sul da região. Para Salomão, Gaza era o principal centro na fronteira sul do seu reino, que ia "desde Tifsa até Gaza" (1Rs 4.24).

Gaza foi frequentemente assolada pelas lutas políticas e mudanças no jogo político que aconteceram durante os períodos assírio e babilônico. Tiglate-Pileser III recolheu tributos de Gaza durante sua campanha militar contra Israel e a Síria, por volta de 734 a.C. Ezequias "derrotou os filisteus, até Gaza e o seu território" (2Rs 18.8), enquanto tentava restabelecer a independência de Judá, entre 705-704 a.C. Senaqueribe reforçou seu controle sobre Gaza como um Estado vassalo quando invadiu Judá em 701 a.C. O faraó Neco conquistou Gaza por volta de 609 a.C. e a transformou em possessão egípcia, mas tal situação foi de curta duração, apenas alguns poucos anos. Algum tempo depois de 605 a.C. o rei Nabucodonosor da Babilônia conquistou Gaza e a tornou parte do seu império. — *LaMoine DeVries*

GAZÃO

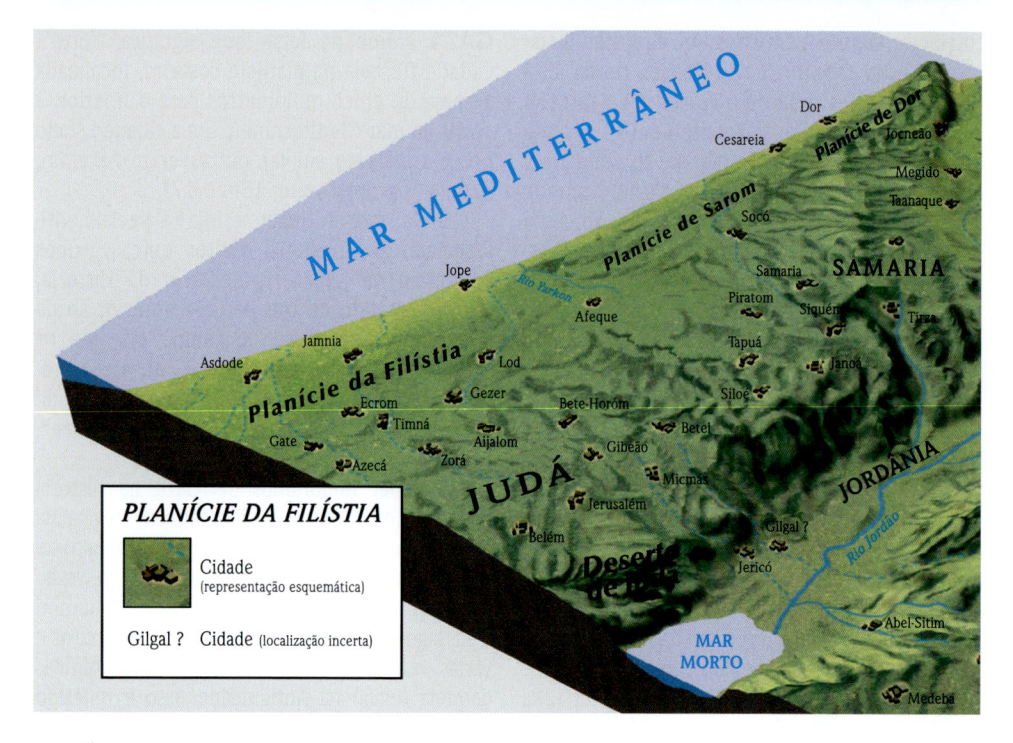

Mapa: Planície da Filístia, com cidades incluindo Asdode, Jamnia, Ecrom, Gate, Gezer, Timná, Azecá, Zorá, Aijalom, Lod, Afeque, Jope, Cesareia, Dor, Jocneão, Megido, Taanaque, Samaria, Piratom, Siquém, Tirza, Tapuá, Janoá, Siloé, Betel, Bete-Horom, Gibeão, Micmás, Jerusalém, Belém, Jericó, Gilgal?, Abel-Sitim, Medeba. Regiões: Mar Mediterrâneo, Planície de Sarom, Planície de Dor, Samaria, Judá, Jordânia, Deserto de Judá, Mar Morto.

GAZÃO Nome pessoal que significa "lagarta" ou "ave de rapina". Líder de um clã de servidores do templo que retornou do cativeiro da Babilônia com Zorobabel (Ed 2.48).

GAZELA 1. Animal veloz, conhecido por seus olhos atraentes e cativantes. Nativo do Oriente Médio, esse animal se parece com um antílope, mas é menor. Era considerado puro pelos israelitas, e, portanto, podia ser incluído em sua alimentação (Dt 12.15,22). V. *antílope*. **2.** Antílope fêmea. "Ele me faz correr veloz como a gazela" (2Sm 22.34; Sl 18.33; Hc 3.19) é uma expressão comum para se referir ao cuidado de Deus em situações de perigo. V. *corça*.

GAZEZ Nome pessoal que significa "tosqueador". Nome de um filho e um neto de Calebe (1Cr 2.46). Como outros nomes na lista são de cidades na parte sul de Judá que foram ocupadas pelo clã de Calebe, pode ser que Gazez também seja uma cidade, ainda que nada se saiba a seu respeito.

GAZITA Palavra usada pela *ARA* e ARC em Jz 16.3 para se referir ao cidadão de Gaza. A *NVI*, *NTLH* e a *BJ* trazem "povo de Gaza".

GEAZI Nome pessoal que significa "vale da visão" ou "olhos esbugalhados". Servo do profeta Eliseu (2Rs 4.12). A Bíblia o apresenta como um homem de caráter questionável. Em uma ocasião ele tentou forçar uma mulher de luto a se afastar do profeta (2Rs 4.27). A despeito da comissão do profeta, ele não conseguiu trazer uma criança de volta à vida (2Rs 4.31). Mais tarde tentou ficar com a recompensa que Eliseu recusou de Naamã, o sírio, e depois

Taça de ouro decorada com figura de gazelas, do tesouro de Oxus.

mentiu para Eliseu (2Rs 5.20-25). Por sua duplicidade com respeito a Naamã, Geazi foi ferido com a doença da qual Naamã tinha sido curado. Não obstante, Geazi deu testemunho ao rei das boas obras de Eliseu e ajudou a viúva a recuperar suas terras (2Rs 8.1-6). V. *Eliseu*.

GEBA Nome de lugar que significa "colina" e variante da grafia hebraica para Gibeá, com a qual algumas vezes é confundida, ainda que as duas representem cidades diferentes no território de Benjamim. Geba foi dada a Benjamim (Js 18.24), mas destinada aos levitas (Js 21.17). Foi nessa região que Saul e Jônatas estabeleceram a base do seu acampamento militar em sua luta contra os filisteus (1Sm 13.16—14.18), ainda que o texto hebraico e as traduções modernas façam confusão entre Geba e Gibeá. O rei Asa de Judá (910-869 a.C.) fortaleceu a cidade (1Rs 15.22). No tempo do rei Josias (640-609 a.C.) Geba era a fronteira norte de Judá, no limite com Berseba, a fronteira sul (2Rs 23.8). Isaías descreveu a marcha nefasta do exército assírio passando por Geba, em seu caminho até Jerusalém (Is 10.29). Para Zacarias (Zc 14.10), Geba representava a fronteira norte de Judá que seria ampliada até uma planície dominada por Deus, que governaria desde o monte Sião em Jerusalém. Em um momento de sua história, os habitantes de Geba foram deportados para Manaate (1Cr 8.6), talvez quando a tribo de Benjamim primeiro se estabeleceu lá, ou durante o exílio. Alguns exilados voltaram para Geba sob a liderança de Zorobabel (Ed 2.26). Alguns cidadãos de Geba viveram em Micmás e em outras cidades no tempo de Neemias, a não ser que o texto hebraico seja lido de maneira diferente, para significar que viveram em Geba e também em outras cidades (Ne 11.31). Cantores levitas viveram lá (Ne 12.29).

Os estudiosos não estão de acordo quanto à localização de Geba. Alguns sugerem uma localização ao sul, Geba de Benjamim, ao longo do uádi Suweinit de Micmás, a cerca de oito quilômetros ao norte de Jerusalém. Outros sugerem Geba ao norte (Js 18.24), em Khirbet et-Tell, a cerca de 11 quilômetros ao norte de Betel. Mas, até o momento, a arqueologia não conseguiu relacionar nenhuma dessas duas sugestões de localização com os relatos bíblicos.

GEBAL Nome de lugar que significa "montanha". **1.** Porto conhecido pelos gregos como Biblos, cuja importância para Tiro foi descrita por Ezequiel (Ez 27.9). Mencionado em textos egípcios anteriores a 2000 a.C. e em muitos textos assírios e egípcios posteriores, Gebal localizava-se na atual Dschebel, a cerca de 40 quilômetros ao norte de Beirute. Era o mais famoso dos portos sírios. Pertencia ao grupo de territórios que Josué não conseguiu conquistar (Js 13.5). Pedreiros artesãos de Gebal cortaram pedras para o templo de Salomão (1Rs 5.18). Arqueólogos descobriram vestígios de povoações na região datados de 8000 a.C. O sarcófago do rei Ahiram, encontrado em Gebal, contém a mais antiga evidência até o momento descoberta do alfabeto fenício. Por volta de 900 a. C., Tiro sucedeu a Gebal como a cidade mais forte da Fenícia. Não obstante, sua fama na construção de navios e de comércio por todo o mundo sobreviveu. **2.** Integrante de uma coalizão contra Israel que o salmista lamentou (Sl 83.7). Essa Gebal está na parte norte da Arábia, nas proximidades de Petra, na região montanhosa ao sul do mar Morto. O apócrifo de Gn encontrado nos manuscritos do mar Morto faz menção dela.

Geba, a moderna Jeba, vista do sul, a poucos quilômetros ao norte de Jerusalém.

Ruínas da antiga cidade portuária de Biblos (Gebal), no Líbano atual.

GEBALITA Cidadão de Gebal. V. *Gebal*.

GEBER Nome pessoal que significa "jovem" ou "herói". Governador de Gileade, um distrito de Salomão além do Jordão (1Rs 4.19), filho de Uri. Recolhia provisões para abastecer a corte real. O governador do distrito de Ramote-Gileade era Ben-Geber, o filho de Geber. V. *Ben-Geder; Ben-Geber*.

GEBIM Nome de lugar que significa "fosso de água". Localizava-se no caminho que os conquistadores tomaram para chegar a Jerusalém (Is 10.31). O lugar exato de sua localização não é conhecido, mas está entre Tell el-Ful e o monte Scopus perto de Jerusalém.

GECO Espécie de doninha europeia mencionada pela *ARA* em Lv 11.30. Outras versões trazem "ouriço cacheiro" (*ARC*), "lagartixa" (*NVI*). V. *répteis*.

GEDALIAS Nome pessoal que significa "Javé fez grandes coisas". **1.** Filho de Aicam que foi indicado como governador de Judá por Nabucodonosor da Babilônia em 587 a.C. (2Rs 25.22). Jerusalém caíra perante o avanço babilônico, e muitos dos habitantes de Judá foram deportados. Aicam, pai de Gedalias, era um aliado do profeta Jeremias (Jr 26.24; 39.14), e Gedalias pode ter tido simpatia para com as opiniões políticas do profeta. Isso explicaria por que Nabucodonosor escolheu Gedalias para ser governador. Seu tempo na função foi curto. Apenas dois meses depois, ele foi assassinado por um grupo fanático de nacionalistas zelosos sob a liderança de Ismael (Jr 40.1—41.18). **2.** Oficial real sob a liderança do rei Zedequias (597-586 a.C.) que estava com o grupo que recebeu permissão do rei para jogar Jeremias em um poço (Jr 38). **3.** Cantor do templo e profeta que tocava harpa com seu pai Jedutum e seus cinco irmãos (1Cr 25.3). Liderava uma das 24 divisões dos servidores do templo (1Cr 25.9). **4.** Sacerdote casado com uma estrangeira no tempo de Esdras (Ed 10.18). **5.** Avô do profeta Sofonias (Sf 1.1).

GEDER Nome de lugar que significa "muro de pedra". Cidade cujo rei foi morto por Josué (Js 12.13). O lugar é desconhecido, e pode facilmente ser confundido com vários lugares chamados Bete-Geder, Gederá, Gederote ou Gederotaim. Alguns estudiosos acreditam que um copista confundiu esse texto com o anterior, que cita Gezer, ou copiou errado Gerar, que também é semelhante. Em 1Cr 27.28 menciona um oficial de Geder, mas o relacionamento entre esse Geder e o de Js 12 ou com as cidades mencionadas anteriormente não pode ser determinado.

GEDERÁ Nome de lugar que significa "aprisco" ou "muro de pedra". Vila na Sefelá ou vale de Judá (Js 15.36). É a atual Tell el-Judeireh, ao norte de Maraeshah, a 16 quilômetros a sudeste de Lode. Seus habitantes eram conhecidos por sua habilidade no fabrico de cerâmica, muita da qual era feita para o rei (1Cr 4.23). Era a terra natal de um dos soldados de Davi (1Cr 12.4), que aparentemente pertencia a Benjamim (1Cr 12.2), mas que poderia ter vivido em Judá antes de se unir a Davi em Ziclague. De outra maneira, essa é uma Gederá diferente daquela localizada em Jediré, perto de Gibeom. V. *Geder*.

GEDERATITA V. *Gederá*.

GEDERITA Cidadão de Geder. V. *Geder*.

GEDEROTAIM Nome de lugar que significa "dois muros", ou um substantivo comum que se refere a apriscos. Cidade na Sefelá de Judá, destinada a essa tribo (Js 15.36). A lista contém 14 cidades sem Gederotaim, o que fez que vários comentaristas a identificassem como parte de Gederá ou como a duplicação de um copista. V. *Gederá*.

GEDEROTE Nome de lugar que significa "muros". Cidade no território destinado à tribo de Judá, na região da Sefelá (Js 15.41). Pode ser uma grafia alternativa de Gederá ou de Qatra, perto de Laquis. Quando os filisteus conquistaram Gederote, assim como outras cidades, o rei Acaz (735-715 a.C.) pediu auxílio à Assíria (2Cr 28.16-18). V. *Geder; Gederá*.

GEDOR Nome de lugar que significa "muro". **1.** Cidade na região montanhosa de Judá, destinada a essa tribo (Js 15.58). Está localizada em Khirbet Judur, a cerca de cinco quilômetros ao norte de Hebrom e Bete-Zur e a oeste de Tecoa. **2.** Em 1Cr 4.18, Jerede é o pai de Gedor. V. *Socó*.

3. A Gedor citada em 1Cr 4.39 provavelmente representa uma mudança antiga feita por um copista, que mudou de Gerar para Gedor, pois a grafia desses dois nomes em hebraico é muito semelhante e aparece na tradução da *LXX*. Se Gedor é a leitura original, sua localização no território da tribo de Simeão (1Cr 4.24) não é conhecida. Um benjamita de Gedor teve dois filhos que eram do bando de Davi quando ele fugia de Saul (1Cr 12.7). Essa Gedor poderia ser uma cidade em Benjamim de localização desconhecida, ou qualquer outra das anteriormente citadas com o mesmo nome. Um integrante da tribo de Benjamim se chamava Gedor (1Cr 8:31). V. *Geder*; *Gederote*.

GEENA Transliteração de uma palavra grega (*geena*) derivada de *gehinnom*, que em hebraico significa "vale de Hinom", que veio a ser usada no tempo do NT como uma palavra para inferno. O vale ao sul de Jerusalém atualmente chamado de uádi Er-Rababi (Js 15.8; 18.16; 2Cr 33.6; Jr 32.35) se tornou o lugar de sacrifício de crianças a deuses estrangeiros. Os judeus mais tarde usaram o vale para descarregamento de lixo, corpos de animais e de criminosos executados. O fogo contínuo do vale (para consumir o lixo e os cadáveres) levou o povo a transferir o nome para o lugar no qual os ímpios mortos sofrem. No período intertestamentário, textos judaicos usam a palavra para descrever o inferno de fogo no julgamento final. Em alguns textos, mas não na Bíblia, a geena era vista como um lugar de julgamento temporário para os que esperavam o julgamento final.

O NT usa *geena* para falar do lugar do castigo final. Jesus advertiu os que chamam seu irmão de "louco", porque correm o risco de "ir para o fogo do inferno" (Mt 5.22). Ensinou que é melhor destruir uma parte do próprio corpo do que com o corpo inteiro ser lançado na *geena* (Mt 5.29; 18.9; Mc 9.43,45,47). Na *geena* "o seu verme não morre, e o fogo não se apaga" (Mc 9.48). Só Deus pode lançar uma pessoa na *geena* e, por isso, somente ele deve ser temido (Mt 10:28; Lc 12:5). Jesus condenou os fariseus por fazerem convertidos, mas depois transformá-los em filhos da *geena*, i.e., pessoas destinadas ao inferno (Mt 23.15). Ele repreendeu os fariseus, dizendo que eles não tinham chance de escapar da *geena* por meio das suas práticas religiosas (Mt 23.33). Tiago advertiu a respeito dos que não conseguem controlar sua língua, que foi incendiada pelo fogo da *geena* (Tg 3.6; "inferno", *NVI*). V. *hades*; *inferno*.

Vista do vale da Geena (vale de Hinom), do nordeste em direção à cidade nova de Jerusalém.

GE-HARASIM Nome de lugar que significa "vale dos artesãos". Integrante da genealogia de Judá e Calebe em 1Cr 4.14, uma lista que com frequência inclui nomes de lugares. É citado como um lugar no qual integrantes da tribo de Benjamim viveram no tempo de Neemias (Ne 11.35). Isso pode indicar que descendentes de Judá e de Calebe ocuparam território pertencente a Benjamim. Ge-Harasim provavelmente situava-se nas proximidades de Lode, no território de Benjamim, a cerca de 48 quilômetros a noroeste de Jerusalém.

GELILOTE Nome de lugar que significa "círculos" ou "regiões". Fronteira norte de Jerusalém no território da tribo de Benjamim (Js 18.17). Parece corresponder a Gilgal na descrição de Judá (Js 15.7). V. *Gilgal*.

GELO Água congelada. A poesia de Jó possui várias referências ao gelo. O gelo é descrito como tão duro quanto a pedra (Jó 38.30). Em linguajar pitoresco, o gelo é congelado pelo "sopro de Deus" (Jó 37.10). Com uma metáfora ainda mais ousada, o Senhor quis saber: "De que ventre materno vem o gelo? E quem dá à luz a geada que cai dos céus?" (Jó 38.29). Embora carecesse do conhecimento de meteorologia, o autor bíblico viu claramente com olhar de admiração que Deus era a causa última dos fenômenos meteorológicos. O termo hebraico traduzido por "gelo" às vezes é vertido como "frio" ou "geada" (Gn 31.40; Jr 36.30).

GEMA V. *joias, joalheria*; *minerais e metais*.

GEMALI Nome pessoal que significa "meu camelo" ou "cameleiro". Espião representante da tribo de Dã na espionagem da terra de Canaã (Nm 13.12).

GEMARIAS Nome pessoal que significa "Javé completou" ou "Javé segurou". **1.** Mensageiro que o rei Zedequias (597-586 a.C.) enviou à Babilônia. Levou uma carta de Jeremias aos exilados (Jr 29.3). **2.** Filho de Safã, o escriba da corte, que tinha uma sala no templo, em que Baruque leu as palavras de Jeremias para o povo (Jr 36.10). Mais tarde, Gemarias tentou impedir o rei de queimar o rolo de Jr (v. 25). V. *Safã*.

GENEALOGIAS Expressões escritas ou orais da ascendência de uma pessoa ou pessoas desde um ancestral ou ancestrais.

Antigo Testamento As genealogias (*toledot*) são apresentadas de duas maneiras: em listas concisas no interior de narrativas que contêm informações adicionais. As genealogias podem ser amplas ou apresentar apenas a primeira geração de descendentes ("os filhos de Lia [...] os filhos de Raquel [...] os filhos de Bila [...] os filhos de Zilpa", Gn 35.23-26, *ARA*; "filhos com [...]", *NVI*). As genealogias podem ser *profundas* ou *lineares*, alistando vários descendentes em sequência, geralmente de dois a dez ("o filho de Salomão foi Roboão; o filho de Roboão foi Abias; o filho de Abias, Asa [...]", 1Cr 3.10). Genealogias lineares servem para legitimar a(s) última(s) pessoa(s) na lista de nomes. Genealogias segmentadas apresentam as duas possibilidades ("Este é o registro da descendência de Sem, Cam e Jafé, filhos de Noé [...]. Estes foram os filhos de Jafé [...]. Estes foram os filhos de Gômer [...]" (Gn 10.1-29). Genealogias descendentes vão dos pais aos filhos (1Cr 9.39-44; v. tb. a genealogia de Jesus em Mt 1.1-16), enquanto as genealogias ascendentes vão dos filhos aos pais (1Cr 9:14-16; v. tb. a genealogia de Jesus em Lc 3.23-38). As genealogias bíblicas nem sempre apresentam todos os nomes da linhagem familiar. Antes, têm uma função seletiva, dependendo do(s) propósito(s) do autor. O texto de Êx 6.14-26, p. ex., apresenta uma lista de cinco gerações de ancestrais de Moisés e de Arão. O propósito dessa genealogia é legitimar Moisés e Arão em suas novas funções de liderança. A genealogia de Efraim (1Cr 7.23-27) demonstra que havia pelo menos 12 gerações desde José até Josué, sugerindo que alguns dos ancestrais de Moisés e Arão não foram incluídos na genealogia de Êx.

M. D. Johnson identificou nove funções ou propósitos das genealogias: 1) Demonstrar as relações existentes entre Israel e as tribos vizinhas ao traçar uma ancestralidade comum, mostrando simultaneamente o grau de parentesco, bem como as distinções entre Israel e seus vizinhos. As genealogias de Ló (Gn 19.36-38), Naor (Gn 22.20-24), Quetura (Gn 25.1-6), Ismael (Gn 25.12-16) são exemplos dessa função. 2) Criar um sistema genealógico coerente e inclusivo para Israel. Um exemplo está nas *toledot* de Gn. 3) Estabelecer continuidade através dos períodos não cobertos pelas narrativas bíblicas. Os textos de Gn 5 e 11 são exemplos desse propósito. E Rt 4.18-22 também tem o mesmo propósito. 4) Designar datas para o Dilúvio (Gn 5), para o nascimento de Abraão (Gn 11) ou para dividir a história pré-exílica de Israel em duas partes iguais (1Cr 6.1-15) ao alistar os sumo sacerdotes antes e depois do reinado de Salomão. Porque algumas genealogias são seletivas, essa função não é uma medida de precisão cronológica absoluta. 5) Apresentar as funções militares ao numerar os guerreiros de Israel. Exemplos são Nm 1 e 26. 6) Demonstrar a legitimação de um indivíduo em seu ofício, particularmente com respeito ao sacerdócio. Exemplos são Ed 8, Ne 7 e, ainda, Êx 6.14-26. 7) Estabelecer e preservar a homogeneidade da comunidade judaica. As genealogias de Ed e Ne e a tradição rabínica servem a esse propósito. 8) Assegurar a continuidade dos filhos de Deus durante o período de crise nacional (o exílio). Logo, a comunidade pós-exílica é o mesmo Israel do tempo da monarquia. As genealogias de 1Cr 1—9 são exemplos. 9) Dividir a História em períodos ordenados e demonstrar que seu curso é governado e ordenado de acordo com o plano divino.

Novo Testamento A genealogia de Jesus em Mt 1.1-17 traça a família de Jesus em três listas de 14 ancestrais: de Abraão a Davi, de Davi até o exílio, e do exílio até José. O evangelho de Lc apresenta uma genealogia ascendente de Jesus até Adão, o filho de Deus (Lc 3.23-38). Várias sugestões já foram apresentadas em uma tentativa de harmonizar as duas genealogias. Uma opinião amplamente aceita é que o evangelho de Mt focalizou a messianidade de Jesus e seu direito legal como herdeiro do trono de Davi, ao listar a linhagem de reis desde Davi até Jeconias. O propósito de Lc foi focalizar a ascendência física de Jesus por meio de sua mãe, Maria. O evangelho de Lc se preocupou com a humanidade de Jesus, enquanto Mt se preocupou com seu reinado. Ambos enfatizaram o nascimento virginal de Jesus e sua natureza divina. Com referência a outras personagens do NT, os escritores demonstraram preocupação muito menor com sua ancestralidade no AT. Deus revelou Aquele que reúne a humanidade não por uma ancestralidade comum, mas por um renascimento espiritual comum. — *Francis X. Kimmitt*

GENERAL O general é a posição mais elevada no comando de um exército. A palavra não é usada na Bíblia, mas a ideia é usada em referência a Sísera (Jz 4.7, *NVI*, *ARA*, *NTLH*, "comandante do exército") e a Joabe (1Cr 27.34; *NVI*, *ARA*, *NTLH*, "comandante do exército"; "chefe do exército", *ARC*).

GÊNERO, IGUALDADE DE Adão e Eva foram criados à imagem de Deus para serem iguais em personalidade, mas distintos em gênero (Gn 1.26,27; 5.1,2). A expressão "alguém que o auxilie e lhe corresponda" (i.e, ao homem, Gn 2.18) por um lado veicula igualdade e compatibilidade, mas também indica que uma distinção funcional é parte da criação.

Adão e Eva foram coparticipantes na Queda, mas Adão, como o cabeça da raça, foi o responsável diante de Deus (Gn 2.16,17; Sl 90.3; Rm 3.18; 5.12,15; 1Co 15.22). A Queda inseriu distorções nas relações masculino-feminino, que resultam em conflitos matrimoniais (Gn 3.16b).

A redenção em Cristo tem por objetivo reverter os efeitos da Queda.

Ainda que as diferenças de gênero permaneçam, todas as pessoas — homens e mulheres — são um em Cristo (Gl 3.26-28) e participam de maneira única na vida da igreja por meio da obra do Espírito Santo (At 2.17,18; 1Co 12.7). O apóstolo Paulo apelou para a ordem da criação — primeiro o homem, depois a mulher — para argumentar a favor da submissão das mulheres aos homens em certas funções da igreja, especialmente ensino e pregação (1Tm 2.11,12; cp. 1Co 11.8,9). Foi concedido ao marido o papel de líder em relação a sua esposa de modo análogo à liderança de Cristo em relação à Igreja (Ef 5.23), e ambos devem ser motivados nessa relação pelo amor ágape (Ef 5.25).

Mulheres desempenharam posições importantes de autoridade tanto no AT (Êx 15.20; Jz 4.4-14; 2Cr 34.22-28; Pv 31.29) quanto no NT (At 1.14; Rm 16.1-3; 1Co 1.11; 16.19; Fp 4.2,3). Homens e mulheres exercem liderança na criação e na educação de seus filhos (Êx 20.12; Pv 1.8; Ef 6.1-4). — *Paul H. Wright*

GENESARÉ Outro nome para o mar da Galileia. Também usado para se referir ao vale fértil localizado a noroeste desse mar. V. *Galileia, mar da*.

GÊNESIS, LIVRO DE O primeiro livro da Bíblia e o primeiro dos cinco escritos por Moisés. O livro de Gn descreve a criação de todas as coisas pelos atos poderosos do Deus trino, a rebelião humana, a punição e a restauração (Gn 1—11.9). O restante do livro explica as origens do povo de Deus, Israel, e seu lugar no plano de redenção divino (Gn 11.10—50.26). V. *Pentateuco*.

Conteúdo Muitos entendem que a estrutura de Gn está relacionada com a frase, que várias se repete, "Estas são as gerações de [...]", "Estes são os registros de [...]" ou "Esta é a história de [...]". A palavra hebraica *toledot*, que ocorre nessa frase, normalmente significa "descendentes", mas em Gn geralmente significa "história familiar". Tem um sentido figurado em sua primeira ocorrência em 2.4, ao falar da "história das origens do céu e da terra". Nesse texto serve para introduzir uma seção que reconta o que aconteceu com a criação de Deus, i.e., a introdução do pecado e da morte. Além disso, os primeiros 11 capítulos de Gn recontam a história primitiva da terra, mostrando como o plano redentor de Deus por meio de Abraão era tão necessário. O restante do livro se concentra: 1) nos patriarcas — Abraão, Isaque, Jacó, e seus filhos, 2) no juramento de Deus de abençoar e redimir a humanidade por meio deles e 3) em como os descendentes de Abraão foram para o Egito.

Gênesis 1.1—11.9 O texto de Gn 1.1—2.3 descreve a origem do Universo, "os céus e a terra": seis dias de criação e o sétimo dia quando Deus descansou. Já Gn 2.4—4.26 descreve de modo detalhado a criação da humanidade por Deus e como ela se corrompeu por causa do pecado. O trecho de Gn 5.1—6.8 narra a respeito dos descendentes de Adão até o tempo de Noé. Em Gn 6.9—9.29 reconta a história do Dilúvio, a aliança de Deus com Noé e a maldição lançada por Deus sobre Canaã e os cananeus. Finalmente, Gn 10.1—11.9 registra a distribuição geográfica dos filhos de Noé (10.1-32) e explica a razão pela qual há tantas línguas e nações, como uma maldição de Deus sobre o orgulho humano na construção da torre de Babel (11.1-9).

Gênesis 11.10—50.26 O texto de Gn 11.10-26 apresenta os descendentes de Sem, filho de Noé, até o tempo de Terá e seus filhos, Abrão, Naor e Harã. Alguns estudiosos consideram essa seção como a conclusão da primeira divisão principal do livro. Em Gn 11.27—25.11 reconta a narrativa de como Deus lidou com Abrão (que significa "pai exaltado"), mudando seu nome para Abraão (que significa "pai de uma multidão"). Deus prometeu abençoar Abraão, tornar seu nome grande, ser inimigo dos seus inimigos e dar-lhe uma multidão de descendentes que se tornariam uma grande nação. Mais importante, Deus prometeu abençoar todas as nações por intermédio dele (Gn 12.1-3). Em Gn 15 Deus reafirmou sua aliança com Abraão e a garantiu incondicionalmente. Abraão tentou cumprir a promessa de Deus de um filho ao ter um filho com Hagar, uma serva, que lhe deu Ismael (Gn 16). Entretanto, a promessa de Deus seria cumprida por meio de Sarai (cujo nome Deus mudou para Sara), que lhe deu Isaque (Gn 21). A narrativa de Abraão termina com o relato de sua morte após providenciar uma esposa para Isaque. Depois de alistar os descendentes de Ismael, a quem Deus abençoou por consideração a Abraão (Gn 25.12-18), há a narrativa dos descendentes de Isaque em Gn 25.19—35.29. Esse relato apresenta primariamente a narrativa das ações de Deus para Jacó, filho de Isaque, que Deus escolheu em detrimento de Esaú, como aquele em quem a promessa de redenção seria cumprida. Depois de alistar os descendentes de Esaú (36.1—37.1), o relato dos descendentes de Jacó é dado em Gn 37.2—50.26. Essa é primariamente a narrativa de José e de como Deus trouxe Jacó e seus filhos para viver no Egito. Ainda que a família tenha sido preservada pelo caráter devoto de José, foi Judá, o quarto filho de Jacó, que se tornou aquele em quem a promessa da redenção de Deus seria cumprida (Gn 49.8-12). O texto de Gn 47—50 completa a narrativa dos patriarcas, seguindo-os até a morte de Jacó e a de José, e antecipando o retorno a Canaã, no livro de Êxodo. V. *Abraão*; *Adão e Eva*; *antropologia*; *Criação*; *Dilúvio*; *Deus dos pais*; *humanidade*; *imagem de Deus*; *Isaque*, *Jacó*; *José*; *nomes de Deus*; *Noé*; *pecado*.

Questões interpretativas Até o séc. XIX a autoria mosaica dos cinco primeiros livros, o Pentateuco, era aceita por judeus e cristãos. Seis passagens no Pentateuco explicitamente citam Moisés como o autor de pelo menos partes da obra (Êx 17.14; 24.4-8; 34.27; Nm 33.1,2; Dt 31.9,24-26; 31.22,30). Ainda que Gn não contenha tal referência, o livro é parte integral do Pentateuco; Êx não faz sentido sem Gn. De Êx a Dt há testemunho abundante de que a revelação de Deus ao povo de Israel veio primeiramente por intermédio de Moisés, e o restante do AT se refere ao "Livro da Lei" como vindo de Moisés (ex., Js 1.7,8; 2Rs 14.6; 2Cr 34.14; Dn 9.11-13). Jesus e os escritores do NT consideravam o Pentateuco, incluindo Gn, como da autoria de Moisés (v. Lc 16.29,31; 24.27,44; Jo 1.17; 5.45-47; 7.19,22,23; At 3.22; 13.39).

Entretanto, a partir do Iluminismo, muitos biblistas começaram a seguir um caminho crítico que divergia radicalmente da visão tradicional. Em parte eles eram motivados pelo desejo de descobrir as camadas de tradição religiosa que supostamente estariam no texto para descobrir o que realmente aconteceu no passado e assim libertar a fé religiosa do seu dogmatismo e da escravidão ao literalismo bíblico. Alguns sinais pareciam apontar para esse caminho, como: 1) variações nos nomes usados para Deus (*Elohim/Yahweh* [Javé]); 2) supostas redundâncias, como os dois relatos da Criação (Gn 1—2) e as duas narrativas de Sara apresentada como irmã-esposa de Abraão (Gn 12 e 20); 3) nomes variantes para pessoas e lugares, como cananeus/amorreus, ismaelitas/midianitas e Sinai/Horebe; 4) ideias supostamente diferentes quanto à imanência e transcendência de Deus; e 5) anacronismos tais como referência a reis de Israel (Gn 36.31) ou à cidade de Dã (Gn 14.14 — v. Js 19.47). Consequentemente, uma nova compreensão de como e quando o Pentateuco foi produzido surgiu na Europa. Essa nova compreensão quanto à origem do Pentateuco veio a ser conhecida como "hipótese documental", em razão da teoria que propunha que quatro fontes principais, a saber, J, E, D e P, foram escritas e editadas entre os séc. IX e V a.C. Com sua obra publicada em 1878, o estudioso alemão Julius Welhausen foi o erudito responsável por propagar essa teoria revisionista, não apenas quanto à origem do Pentateuco, mas também da história de Israel.

Essa visão crítica clássica tem passado por várias revisões, mas tem mostrado uma resistência impressionante, a despeito de ser contrária ao que a Bíblia diz a seu próprio respeito. Várias implicações problemáticas também têm suscitado diferentes respostas. Primeiro, se não se pode confiar no que a Bíblia descreve a respeito de suas próprias origens, como confiar no que diz a respeito de outros assuntos? Segundo, se o Pentateuco não teve origem no tempo de Moisés, sua confiabilidade como fonte para a história antiga de Israel é posta em dúvida. Terceiro, se o Pentateuco é uma composição de fontes cuja teologia e perspectivas entram em conflito entre si, então como a voz de Deus pode ser ouvida? Pode-se sugerir que o caminho que levou a esse território hostil pode ser refeito e evitado por uma leitura do texto bíblico que é: 1) mais sensível às convenções literárias do antigo Oriente Médio na era mosaica; 2) mais tolerante quanto a práticas dos antigos escritores que são bem diferentes das atuais; 3) mais aberto ao princípio da revelação verbal divina; 4) aberto a práticas escribais de atualizar os textos bíblicos durante o processo de sua transmissão. Dessa maneira, os sinais que levaram tantos a esse caminho crítico podem ser entendidos como não divergindo de modo significativo da posição tradicional da autoria mosaica de Gn e do restante do Pentateuco. Muitos comentários acadêmicos de destaque quanto ao Pentateuco foram escritos com base nessa perspectiva. Quanto a Gn, ver especialmente os comentários de V. F. Hamilton, K. A. Mathews, G. J. Wenham e Bruce Walker. V. *Pentateuco*.

Os relatos da Criação e do Dilúvio em Gn têm semelhanças com as narrativas da antiga Suméria, Babilônia e Assíria — outro testemunho quanto à antiguidade do primeiro livro da Bíblia. Alguns estudiosos veem esse fato como evidência de que Gn tomou emprestado material proveniente de outras culturas. No entanto, as diferenças são tão marcantes quanto as semelhanças. Os relatos de Gn apresentam um Deus soberano e gracioso, de pureza moral. Os outros relatos apresentam os muitos deuses como piores que os piores dos homens, e a Criação como resultado de atividade sexual dos deuses. Uma explicação melhor da Criação ocorre em Gn. Todos os povos são descendentes de Noé, mas as culturas antigas tinham uma "memória" dos princípios e moldaram as narrativas ao seu próprio modo. V. *Criação*; *Dilúvio*.

GÊNESIS, LIVRO DE

A historicidade do Dilúvio tem sido rejeitada como mitológica. Evidências geológicas mostram estratos do Dilúvio ao redor do mundo. Fósseis de peixes são encontrados no topo de montanhas. Mesmo assim, cientistas cujas pressuposições negam a possibilidade de um dilúvio universal "concluem" que ele não ocorreu. A existência de Abraão e dos patriarcas também tem sido questionada. Foram feitas afirmações no sentido de que Abraão tenha sido uma figura mitológica ou lendária, assim como Ur, sua cidade natal. Mas Ur foi descoberta, e arqueólogos já há muitos anos fizeram escavações, e o nome Abraão foi encontrado em pedras esculpidas naquela cidade.

A erudição corretamente exercida não prova que Gn não é verdadeiro em tudo que ensina a respeito da Criação e da Queda, do Dilúvio, dos patriarcas e de tudo mais. Há razão para concluir que Gn é um guia confiável quanto ao que de fato aconteceu.

Ensinos Deus é a personagem central de Gn. É o Senhor e Criador soberano de todas as coisas. O livro de Gn assume o fato da criação divina, mas não tenta prová-la. Além disso, não especifica nem quando nem como a Criação ocorreu. Há no livro um ensino eloquente de que Deus criou todas as coisas, incluindo Adão e Eva, para terem comunhão com ele. Eles foram criados inocentes e com livre-arbítrio. Livremente eles escolheram desobedecer a Deus e, por isso, perderam sua inocência e liberdade. Sua natureza caída foi transmitida aos outros seres humanos. A liberdade da vontade humana é limitada pela natureza caída. Os seres humanos são agentes morais que fazem escolhas, mas sua vontade não é livre para obedecer a Deus. A morte veio por causa do pecado, e a humanidade estava tão corrompida que Deus a eliminou e começou tudo outra vez com Noé. A segunda humanidade também demonstrou ser corrompida, e Deus confundiu suas línguas e os espalhou pela terra. O plano de redenção de Deus começou a se revelar com seu chamado feito a um homem para estabelecer uma família, uma família escolhida entre todas as famílias da terra. Essa família seria fonte de bênção e salvação para todos os povos. Geração após geração em Gn, Deus demonstrou que a promessa dependia apenas de seu poder soberano e que nenhuma circunstância, pessoa, família ou nação poderia impedir seus propósitos. O pecado humano não pode destruir o plano de Deus; antes, proporcionou uma oportunidade para que ele demonstrasse sua glória. José morreu e foi sepultado no Egito, mas, ao morrer, deixou ordem para que seus ossos fossem mais tarde levados para Canaã, a terra que Deus prometera a Abraão, Isaque e Jacó.

Esboço

I. História pré-patriarcal (1.1—11.9)
   A. Criação de todas as coisas (1.1—2.3)
   B. Origem e corrupção da humanidade (2.4—4.26)
   C. De Adão a Noé
   D. O Dilúvio e suas consequências (6.9—9.29)
   E. A Tábua das Nações e a torre de Babel (10.1—11.9)

II. História patriarcal (11.10—50.26)
   A. De Noé a Abrão (11.10-26).
   B. O ciclo de Abraão (11.27—25.11)
      1. A família de Abrão (11.27-32)
      2. O chamado de Deus a Abrão (12.1-9)
      3. A proteção de Deus a Abrão e sua família (12.10—14.24)
      4. A aliança de Deus com Abrão (15.1-21)
      5. A impaciência de Abrão (16.1-6)
      6. A promessa renovada de Deus (17.1—18.15)
      7. Abraão intercede por Sodoma e Gomorra (18.16—19.38)
      8. Deus cumpre sua promessa de dar um filho a Abraão (20.1—21.34)
      9. O teste definitivo de Deus em relação à fé de Abraão (22.1-24)
      10. A primeira porção de Abraão na terra (23.1-20)
      11. A esposa de Isaque (24.1-67)
      12. A morte de Abraão (25.1-11)
   C. Os descendentes de Ismael (25.12-18)
   D. O ciclo de Jacó (25.19—35.29)
      1. O direito de Esaú à primogenitura (25.19-34)
      2. Deus livra Isaque (26.1-35)
      3. Proteção e bênção de Deus para Jacó (27.1—33.20)
      4. Os problemas de Jacó com os cananeus (34.1-31)
      5. Jacó retorna a Betel (35.1-15)

6. As mortes de Raquel e Isaque (35.16-29)
7. Deus abençoa Esaú por causa de Abraão e de Isaque (36.1-43)
E. Os descendentes de Esaú (36.1—37.1)
F. O ciclo de José (37.2—50.26)
 1. A escravidão de José no Egito (37.1-36)
 2. A infidelidade de Judá (38.1-30)
 3. O sucesso de José no Egito (39.1—40.23)
 4. A exaltação de José no Egito (41.1-52)
 5. José testa seus irmãos (41.53—44.34)
 6. José se reúne a seus irmãos (45.1-28)
 7. A família de Jacó se muda para o Egito (46.1—47.31)
 8. As bênçãos de Jacó a sua família e sua morte (48.1—49.33)
 9. A morte de José (50.1-26)

— *Charles W. Draper e E. Ray Clendenen*

GENTIOS Povos que, por nascimento, não são parte da família escolhida por Deus e, por isso, são considerados pagãos. Ainda que não sejam sinônimos em português, os termos "gentios", "nações", "pagãos" e variantes são em geral escolhidos para traduzir o hebraico *goyim* e o grego *ethnoi*. "Gentio" e "nação" têm a ver com raça ou território, enquanto "pagãos" tem a ver com religião.

A doutrina da eleição, pela qual Israel se tornou uma nação santa (Êx 19.6; Lv 19.2) entre as nações pela aliança no Sinai chama atenção para o fato de que nenhuma outra nação tem um Deus ou leis como Israel. O escritor de Dt proibiu comunhão com as nações (Dt 7.3,6,16). O AT observou os caminhos impuros (Ed 6.21) e as abominações cultuais (2Rs 16.3) das nações.

De acordo com os profetas, as nações estavam sob o controle de Deus e foram usadas por ele, mesmo sem ter consciência disso (Is 10.5-7), mas, mesmo assim, poderiam ser punidas (Is 10.12-16). Joel apresentou o julgamento das nações que abusaram de Israel no vale de Josafá (Jl 3.12-16).

A oração de dedicação do templo feita por Salomão deixou claro que a porta nunca estaria fechada para o estrangeiro que desejasse servir ao Senhor (1Rs 8.41-43), e palavras proféticas e alguns salmos apresentam as nações se reunindo para adorar o Deus de Jacó (Sl 86.9; 102.15-17; Is 2.2-4; Sf 3.9,10). O Senhor é o único Deus de todos os povos (Is 45.22-24). A missão de Israel era trazer justiça (Is 42.1) e luz para as nações (Is 49.6).

O ministério de Jesus é interpretado nos Evangelhos em termos da expectativa do AT para com os gentios. Ele era uma luz para os gentios (Mt 4.16-17; Lc 2.32). Ainda que Jesus tivesse direcionado sua obra aos judeus (Mt 15.24) e no princípio tivesse limitado seus discípulos a eles (Mt 10.5), ameaçou que o Reino seria tirado dos judeus e dado a uma nação que produzisse seus frutos (Mt 21.43). Embora Jesus tenha sido crucificado pelos gentios (Mt 20.19), a mesma responsabilidade é atribuída a gentios e judeus (At 4.27).

Após a ressurreição de Jesus, a Grande Comissão dada aos seus discípulos incluía "todas as nações" (Mt 28.19). A cena do julgamento na parábola de Jesus apresentava uma visão de "todas as nações" reunidas perante o trono glorioso (Mt 25.31,32). A promessa de salvação que Deus fez incluía todos os que estão distantes (At 2.39). Na casa de Cornélio, o Espírito foi derramado sobre os gentios (At 10.45; 11.1, 18; 15.7). O concílio apostólico em Jerusalém decidiu liberar os gentios de obediência à Lei (At 15.19; cp. 21.19,21,25).

A promessa a Abraão (Gn 12.3; 18.18) se cumpriu na pregação apostólica (Gl 3.8). Ainda que no passado os gentios tenham vivido sem Deus (Ef 2.12-22), em Cristo Deus quebrou todas as barreiras. Paulo, enviado a pregar aos gentios (At 9.15; 22.21; 26.17; Gl 1.16; 2.9), enfrentou muitos perigos (2Co 11.26). Quando rejeitado nas sinagogas, ele se voltou para os gentios (At 13.46; 18.6; 28.28), entendendo seu ministério à luz de predições do AT (At 13.47,48; Rm 15.9-12). Como o apóstolo dos gentios (Gl 2.8,9), alegando que em Cristo as distinções raciais foram abolidas (Gl 3.28), Paulo proclamou uma oportunidade igual de salvação (Rm 1.16; 9.24; Cl 3.11; cp. At 26.20, 3). Na alegoria paulina, os gentios são os galhos da oliveira brava enxertados na oliveira cultivada (Rm 11.16-25, *NVI*).

Paulo sofreu muito com os judeus em virtude da oportunidade de salvação que ele oferecia aos gentios (1Ts 2.14-16). Não obstante, no pensamento neotestamentário a Igreja é constituída de judeus e gentios, sendo assim a nação santa, o povo de Deus (1Pe 2.9).

O livro de Ap apresenta a visão de uma multidão de redimidos de todas as nações (Ap 5.9; 7.9) e do Vencedor que tem poder sobre todas as nações (Ap 2.26). Babilônia (Ap 14.8; 18.2,23), a besta (Ap 13.4) e a prostituta (Ap 17.15) são os enganadores das nações. O Diabo foi amarrado para não enganá-las mais (Ap 20.3). Todas as nações vêm para adorar Deus (Ap 15.4). Há ainda a visão daquele que nasceu para governar as nações com um cetro de ferro (Ap 12.5). Na cena que conclui o livro, as nações caminham à luz da candeia do Cordeiro; a glória das nações é levada à cidade (Ap 21.23,24,26); as folhas da árvore da vida são para a cura das nações (Ap 22.2). — *Jack P. Lewis*

GENUBATE Nome pessoal que significa "roubo" ou "hóspede estrangeiro". Filho de Hadade, rei de Edom, e da irmã da esposa do faraó do Egito (1Rs 11.19,20). O nome do faraó egípcio não é conhecido. V. *Hadade.*

GERA Nome pessoal que significa "estrangeiro" ou "viajante". **1.** Filho de Benjamim e neto de Jacó (Gn 46.21). **2.** Neto de Benjamim (1Cr 8.3,5). Filho de Eúde e líder de um clã em Geba que foi exilado em Manaate (1Cr 8.6,7). **3.** Pai de Eúde (Jz 3.15). **4.** Pai de Simei, que amaldiçoou Davi (2Sm 16.5). V. *Simei.*

GERAÇÃO Período de tempo e os eventos importantes que compõem a duração da vida de uma pessoa. Contudo, a palavra também é usada para se referir a um período de tempo indefinido. Há duas palavras hebraicas algumas vezes traduzidas por "geração". A mais importante é *toledot*, derivada do verbo hebraico "ter filhos". A ideia de *toledot* dá estrutura ao livro de Gn (2.4; 5.1; 6.9; 10.1,32; 11.10,27; 25.12,13,19; 36.1,9; 37.2). Logo, a criação, Adão, Noé, os filhos de Noé, Sem, Terá, Ismael, os filhos de Ismael, Isaque, Esaú e Jacó providenciam uma geração e uma unidade estrutural na narrativa de Gn. Ao escrever uma narrativa dessa maneira, Israel seguiu um padrão há muito usado por seus vizinhos do Oriente Médio, qual seja, descrever a Criação como uma série de nascimentos. Israel, como fez frequentemente sob inspiração divina, mudou radicalmente o padrão. Os vizinhos de Israel falavam do nascimento de deuses, tais nascimentos representando ao mesmo tempo uma parte do Universo, pois o Sol, a Lua e as estrelas eram tidos como deuses. Israel simplesmente falou do "nascimento" da Criação pelas palavras e ações de Deus. Isso iniciou um processo no qual as gerações humanas iriam durar tanto quanto a geração do Universo. Cada geração humana vai da morte do pai à morte do filho. Esse era o tempo quando o filho era o líder da família hebraica estendida. Geralmente o patriarca idoso presidia sobre a liderança ativa dos seus filhos, como é visto particularmente nos casos de Isaque e Jacó. A História humana em sua forma mais simples de história familiar é então o modo pelo qual Deus conta sua história de trabalhar com os seres humanos ao abençoá-los para cumprir seus propósitos para eles. Ele trabalha não apenas em eventos únicos, miraculosos; trabalha também na sequência contínua de nascimentos e mortes de homens e mulheres. Em outros lugares, a palavra *toledot* aparece em listas genealógicas como Êx 6, Nm 1 e 1Cr 1—9.

A palavra hebraica *dor* está relacionada à palavra para círculo e se refere ao círculo da vida de um indivíduo, seja do nascimento até a morte, seja do nascimento até o nascimento do seu primeiro filho. Essa palavra é usada também em sentido metafórico. Ocorre 160 vezes no AT. Uma geração era uma palavra especial para se referir às pessoas que viviam em uma época em particular. Uma geração não tem necessariamente um número específico de anos. O texto de Gn 15.13-16 parece indicar quatrocentos anos como o período de quatro gerações; logo, cem anos para cada geração. Em Nm 32.11-13 parece entender uma geração como tendo a duração de sessenta anos; nesse caso, foram incluídas as pessoas com mais de 20 anos de idade, dando-lhes mais quarenta anos de vida. Pode-se também interpretar essa passagem como significando que uma geração dura quarenta anos de vida adulta, entre 20 e 60. Deus prometeu a Jeú que seus filhos governariam até a quarta geração, aparentemente indicando quatro filhos (2Rs 10.30; 15.12). Jeú iniciou seu reinado por volta de 841 a.C., e seu filho mais velho, Jeoacaz (2Rs 13.1-9) iniciou seu reinado por volta de 814 a.C.; Zacarias, na quarta geração, morreu por volta de 752 a.C. (2Rs 15.8-12). As cinco gerações governaram menos de noventa anos, enquanto as gerações dos quatro filhos governaram cerca de sessenta anos. Nesse caso, uma geração seria menos de vinte anos. Depois de suas tragédias, Jó viveu cento e quarenta anos e viu quatro gerações (Jó 42.16). Isso dá um tempo de trinta e cinco anos para uma geração. Basicamente, uma geração não é um número específico de anos, mas um período mais ou menos específico de tempo (cf. Jó 8.8; Is 51.9). A expressão hebraica "geração em geração" então significa "por todas as gerações" ou "para sempre" (Sl 49.11). De igual maneira, "para as suas gerações" (Nm 10.8) significa "para sempre".

Gerações vêm e vão (Ec 1.4). Uma geração também representa os que se reúnem para adorar, de modo que uma comunidade reunida para o culto forma uma geração (Sl 14.5; 24.6; 73.15). As gerações das pessoas mudam, mas Deus deu seu nome Javé para ser lembrado por todas as gerações (Êx 3.15). Ele é o refúgio para todas as gerações (Sl 90.1). O perigo é que uma geração se levante e não conheça Javé (Jz 2.10; cp. Sl 12). Por isso, uma geração deve contar e passar adiante à geração seguinte os atos de Deus (Sl 22.30-31; 102.18; cp. Sl 79.13).

O povo de Deus deve aprender a ser fiel. Deus é fiel até mil gerações por sua própria natureza (Dt 7:9). Sua salvação está disponível por todas as gerações, i.e., para sempre (Is 51.8).

No NT, "geração" se refere a uma audiência contemporânea específica. Jesus com frequência usou a palavra para descrever a natureza má das pessoas a quem se dirigia (Mt 11.16; 12.39; Lc 17.25). A mensagem do NT pode ser assim resumida: "a ele seja a glória na igreja, e em Cristo Jesus, por todas as gerações, para todo o sempre! Amém!" (Ef 3.21). — *Trent C. Butler*

GERAH A menor medida bíblica de peso, equivalente à vigésima parte de 1 *shekel*. Descobertas arqueológicas mostram que 1 *gerah* pesa 0,5 grama. V. *shekel (siclo); pesos e medidas*.

GERAR Nome de lugar que possivelmente significa "engolido". Cidade localizada entre Gaza e Berseba. Abraão e Isaque estabeleceram tratados com o rei de Gerar (Gn 20; 26). A *LXX* traz "Gedor" em 1Cr 4.39,40, mas a *NVI* e várias outras versões seguem o texto hebraico, que traz "Gerar". Gerar estava situada na fronteira do território cananeu (Gn 10.19). Gerar era o limite até onde o rei Asa de Judá perseguiu os etíopes, aos quais derrotou (2Cr 14.13,14). O lugar é provavelmente Tell Abu Hureirah, no lado noroeste do uádi Esh-Sheriah. Numerosos fragmentos de cerâmica datados do período da Idade do Bronze Médio (1800-1600 a.C.) indicam que a cidade floresceu durante o tempo dos patriarcas.

GERASA Dois lugares têm esse nome. Um deles é mencionado na Bíblia, o outro não.

De acordo com a melhor evidência proveniente de manuscritos antigos, Mc 5.1 e Lc 8.26 localizam a cura do homem endemoninhado na "região dos gerasenos". Essa palavra sugere um lugar chamado Gerasa. Existia uma Gerasa no lado leste do mar da Galileia. Escolher entre Gadara, Gergesa e Gerasa como o cenário da cura do endemoninhado é uma das tarefas mais difíceis no campo dos estudos do NT. V. *gadareno*.

A outra Gerasa estava localizada a cerca de 42 quilômetros ao norte da atual Amã, na Jordânia. Suas ruínas estão entre as mais bem preservadas no Oriente Médio. V. *Arábia*.

Ruínas da antiga Gerasa, na Jordânia atual.

O fórum e a estrada cheia de colunas de Gerasa (atual Jerash) vistos do templo de Zeus.

GERASENOS Cidadãos de Gerasa. V. *Gerasa*.

GERBO Qualquer de várias espécies de roedores saltadores com pernas traseiras e caudas longas, da família *Dipodidae*. A *NVI* verte o termo por "doninha". Esse animal está entre os impuros de Lv 11.29.

GERGESENOS V. nota explicativa da *NVI* para Mt 8.28. V. *gadareno*.

GERIZIM E EBAL Nomes de lugares proximamente relacionados que significam "cortado" e "desvestido" ou "calvo". Duas montanhas que foram os lados de uma importante passagem leste-oeste no centro de Israel conhecida como vale de Siquém. A antiga Siquém ficava na estrada leste desse vale, e a atual Nablus está no vale estreito entre as duas montanhas.

Gerizim (o atual Jebel et-Tor) está a 868 metros acima do nível do Mediterrâneo e a 213 metros abaixo do vale. Ebal (o atual Jebel Eslamiyeh) está localizado em posição diretamente oposta ao Gerizim e a 900 metros acima do nível do mar. As duas montanhas são íngremes e rochosas e talvez tenham dado razão ao provável significado de Siquém: "ombro(s)". As montanhas, quais duas sentinelas, podiam abrigar fortalezas e garantir o controle desse importante vale.

Quando os israelitas conquistaram a parte central de Israel, Josué executou a ordem dada por Moisés e deixou metade das tribos no monte Gerizim para pronunciar as bênçãos (Dt 27.12) e a outra metade no monte Ebal para pronunciar as maldições (Dt 11.29; Js 8.30-35). Josué edificou um altar no Ebal (Js 8.30).

Jotão proclamou sua famosa fábula sobre o reino aos cidadãos de Siquém do alto do monte Gerizim (Jz 9.7), usando dessa maneira a tradição sagrada da montanha para reforçar a autoridade do seu discurso. Depois que os assírios conquistaram o Reino do Norte, a raça mista que surgiu na região (fruto de casamentos entre judeus e não judeus) misturou o culto a deuses pagãos com o culto a Javé (2Rs 17.33).

Gerizim desaparece da história bíblica até depois do exílio na Babilônia e a restauração persa. O historiador judeu Josefo disse que Alexandre, o Grande, deu permissão aos samaritanos para construir um templo no monte Gerizim. Alguns arqueólogos acreditam ter encontrado vestígios desse templo, com cerca de 20 metros por 20 metros e 9 metros de altura, feito de rochas unidas sem cimento. Josefo também afirmou que João Hircano destruiu esse templo em 128 a.C. Arqueólogos também encontraram vestígios do templo a Zeus Hypsistos que o imperador Adriano edificou depois do ano 100 da era cristã. Cerca de 1.500 degraus de mármore levam ao templo pagão. A pequena comunidade samaritana continua a cultuar no monte Gerizim até o presente, tal como fizeram no tempo em que Jesus se encontrou com a mulher samaritana que retirava água do poço de Jacó. Ela fez menção ao culto que seus compatriotas prestavam naquele monte (Jo 4.20). V. *Samaria, samaritanos*.

GERSITA Nome de um povo citado em 1Sm 27.8 (*NVI* e *BJ*; *ARA, ARC, NTLH*: "gesurita"). A palavra se refere aos habitantes de Gezer, mas essa cidade está muito ao norte para o contexto de Sm. Nada se sabe a respeito dos gersitas. Em 1Sm 27.8 diz que eles viviam no limite sudoeste da terra de Israel desde tempos imemoriais e que Davi os atacou de sua base em Ziclague.

GÉRSON Nome pessoal que significa "imigrante", "expulso" ou "protegido do deus Shom". **1.** Primogênito de Moisés e Zípora (Êx 2.22). O escritor inspirado interpretou seu nome como significando "estrangeiro" ou "imigrante", com base na palavra hebraica *ger*. O nascimento de Gérson em Midiã se tornou um sinal para Moisés de que ele tinha agido certo ao fugir do Egito. Tudo indica que Gérson tenha sido o filho circuncidado no ritual incomum de Êx 4.24-26, no qual Zípora livrou Moisés quando Deus tentou matá-lo. Dessa maneira, Gérson representou proteção para Moisés. **2.** Filho de Levi e líder de um clã de sacerdotes levíticos (1Cr 6.16-20,43,62,71; 15.7). Em 1Cr 23.14 mostra que os filhos de Moisés foram incorporados à linhagem dos levitas (cf. 1Cr 26.24). **3.** Homem que acompanhou Esdras no retorno da Babilônia para Jerusalém (Ed 8.2). V. *levitas*; *Moisés*. **4.** Filho mais velho de Levi (Gn 46.11). Foi o ancestral dos gersonitas, que tinham a responsabilidade de transportar o tabernáculo durante os anos da existência nômade de Israel no deserto (cf. Êx 6.16,17; Nm 3.17-25; 4.22-41; 7.7; 10.17; 26.57; Js 21.6,27).

GERSONITA Descendentes de Gérson (1Cr 6:62,71). V. *Gérson*.

GERUTE Parte do nome de um lugar que significa "hospitalidade" (Jr 41.17, Gerute-Quimã, *NVI* e *ARA*). Fugitivos pararam nesse lugar, perto de Belém, em seu caminho para o Egito, fugindo de Ismael, que tinha assassinado Gedalias, que os babilônios haviam indicado como governador de Judá depois da queda de Jerusalém em 586 a.C. O nome parece indicar uma hospedaria nas proximidades de Belém. Pode ter sido a primeira parada perto da fronteira de Judá com o território egípcio.

GESÃ Nome pessoal, que talvez signifique "chuva". Filho de Jadai (1Cr 2.47). A *LXX* traz "Gérson" nesse versículo. Muitos dos nomes que aparecem nesse capítulo são cidades associadas a Calebe, de modo que Gesã pode ter sido uma cidade.

GESÉM Nome pessoal que significa "chuva". Governante árabe de Quedar, que se uniu a Sambalate e a Tobias em oposição aos esforços de Neemias para reconstruir os muros de Jerusalém (Ne 2.19; 6.1-19). Seu nome aparece em um vaso de prata dedicado por seu filho Qainu à deusa Han-Ilat em Tell el-Maskhuta no Baixo Egito. Uma inscrição encontrada em Dedã também parece descrever extensos territórios governados por Gesém. Era vassalo do Império Persa, mas tudo indica que conseguiu obter grande poder pessoal junto às tribos do deserto Sírio, no sul da terra de Israel, no Delta do Nilo e no norte da Arábia. Pode ser que ele tivesse esperança de obter controle maior ainda na terra de Israel e certamente não queria que um poder local o ameaçasse.

GESTO Movimento de uma parte do corpo ou de todo ele para comunicar pensamentos e sentimentos. Gestos podem envolver objetos externos, como rasgar a roupa (Jl 2.13) ou lançar uma coroa diante de Deus (Ap 4.10). Um gesto não precisa acompanhar um discurso oral. Um olhar penetrante (Lc 22.61) é suficiente para comunicar persuasivamente. De certa maneira, todos os gestos são símbolos visuais.

Gestos corporais culturais Esses são os mais comuns na vida diária e nos costumes do antigo Oriente Médio.

Gestos com o corpo inteiro 1) Levantar-se para orar indica respeito a Deus (1Sm 1.26; 1Rs 8.22; Mc 11.25). 2) Assentar-se pode ter diferentes significados. Davi se assentou diante do Senhor, indicando reverência, humildade e submissão (2Sm 7:18), enquanto o assentar-se de Jesus à mão direita de Deus indica poder e autoridade e também que sua obra está completa (Hb 10.12). 3) Ajoelhar-se e encurvar-se expressa honra, devoção e submissão no culto (1Rs 19.18; Is 45.23; Ap 4.10; 5.8) e reverência na oração (1Rs 8.54; 18.42; Dn 6.10; Lc 22.41). 4) Chorar não é apenas sinal de tristeza (Jó 16.16; Jr 9.10; Lc 22.62; Jo 11.35), mas também de alegria (Gn 46.29). 5) A dança expressa alegria (Êx 15.20; Jz 11.34) e celebração em louvor (2Sm 6.16; Sl 149.3). 6) Rasgar as roupas e jogar cinzas sobre a cabeça significa uma dor muito profunda (2Sm 1.11; 13.19), um horror chocante (Nm 14.6; Js 7.6) e um alarme súbito (Mt 26.65; At 14.14).

Gestos com a cabeça 1) Balançar a cabeça comunica desprezo e reprovação (Sl 22.7; Lm 2.15; Mt 27.39; Mc 15.29). 2) Erguer a cabeça

GESTO

pode indicar exaltação (Sl 27.6), desprezo (Sl 83.2) e liberdade (2Rs 25.27). 3) Curvar a cabeça mostra reverência no culto e na oração (Gn 24.26; Ne 8.6).

Gestos com o rosto 1) Gestos com os olhos são numerosos e bastante expressivos. Piscar os olhos pode demonstrar engano ou uma atitude errada de qualquer tipo (Pv 6.13), o que também pode produzir tristeza (Pv 10.10). Flertar sensualmente com os olhos merece condenação (Is 3.16). O olhar de Jesus para Pedro quando ele o negou é um exemplo de olhar que demonstra ao mesmo tempo tristeza e condenação (Lc 22.61). Olhar altivo demonstra arrogância e orgulho (Pv 30.13). Os olhos podem expressar raiva (Mc 3.5). Olhos levantados em oração significam não apenas gratidão a Deus, mas também devoção a ele (Mc 6.41; Lc 9.16). Não levantar os olhos para Deus em oração indica o sentimento de indignidade que alguém pode ter (Lc 18.13). O olhar de Jesus para seus discípulos mostra sua preocupação com eles (Lc 6.20). 2) Gestos com a boca são também citados muitas vezes nas Escrituras. Sorrir e rir podem ser também mais que felicidade e alegria; podem ser demonstração de boa vontade (Jó 29.24), desprezo (Sl 22.7; Mc 5.40; Lc 8.53) ou repreensão (Sl 2.4). Movimentos com os lábios comunicam a ideia de desprezo (Sl 22.7). O beijo é um ato que expressa o aspecto caloroso de uma saudação amiga (Rm 16.16; 1Co 16.20), a afeição de uma pessoa por outra (Ct 8.1), a tristeza de alguém que se preocupa com outra pessoa (Rt 1.14; At 20.37), a falsidade de alguém que esconde suas verdadeiras intenções (Pv 27.6; Mt 26.48), a submissão do fraco diante do poderoso (Sl 2.12) e a sedução de um homem tolo diante de uma mulher enganadora (Pv 7.5-23). Cuspir é uma maneira enfática de demonstrar desprezo para envergonhar alguém (Dt 25.9; Is 50.6; Mt 26.67; 27.30). 3) Inclinar o ouvido é dar atenção a alguém (Sl 45.10; Jr 7.26). 4) Um gesto obscuro é "colocar o ramo perto do nariz" (Ez 8.17). Esse gesto pagão é uma ofensa a Deus e possivelmente tem conotações obscenas. 5) Pescoço endurecido (Ne 9.16; Pv 29.1; Jr 7.26; *ARA*: "dura cerviz") simboliza teimosia, enquanto andar de cabeça erguida simboliza arrogância (Is 3.16).

Gestos com a mão 1) Levantar as mãos em oração é um gesto que significa o pedido que alguém faz a Deus (Sl 141.2; 1Tm 2.8). Levantar as mãos também pode ser um símbolo de bênção (Lv 9.22; Ne 8.6; Lc 24.50) ou um ato que dá ênfase a um juramento (Dt 32.40; Ez 20.5,15,23,28). 2) Cobrir a boca com a mão significa silêncio (Jó 29.9). 3) Levantar a mão ou sacudir o punho significa desafio (2Sm 18.28; Is 10.32; Sf 2.15). 4) Levantar a mão ou as mãos para alguém pode significar violência (Gn 37.22) ou pode significar favor e bênção para um filho (Gn 48.14) ou uma cura (Lc 4.40; At 28.8). Impor as mãos sobre a cabeça de alguém demonstra favor e bênção, tal como no reconhecimento de um ofício (At 6.6) ou na vinda do Espírito descrita em At 8.17. O aperto de mãos indica uma garantia ou confirmação (Pv 6.1; 17.18; 22.26), e dar a mão a alguém é um sinal de comunhão (2Rs 10.15; Pv 11.21). 5) Bater palmas pode significar desprezo (Jó 27.23; Lm 2.15; Na 3.19) ou alegria e celebração (2Rs 11.12; Sl 47.1; 98.8; Is 55.12). 6) Acenar com as mãos pode significar um chamado (Lc 5.7; Jo 13.24), um pedido de silêncio para falar (At 12.17; 13.16; 19.33) ou pedir a Deus que cure (2Rs 5.11). 7) Mãos cansadas demonstram fraqueza e desespero (Is 35.3; Hb 12.12). 8) Mãos sobre a cabeça comunicam dor (2Sm 13.19; Et 6.12; Jr 2.37). 9) Lavar as mãos em público declara a inocência de uma pessoa (Dt 21.6,7; Mt 27.24). 10) Apontar um dedo pode indicar algo negativo (Pv 6.13) ou uma acusação (Is 58.9). 11) Estender a mão ou o braço é um sinal de poder e autoridade (Êx 6.6). 12) Abraçar é demonstrar uma saudação calorosa a alguém (Gn 33.4).

Gestos com o pé 1) Colocar o pé sobre um inimigo é um gesto de significado duplo: demonstra vitória e dominação para quem está de pé e derrota e submissão para quem está caído e derrotado (Js 10.24; Sl 110.1; 1Co 15.25). 2) Sacudir a poeira dos pés é um sinal de desprezo e separação (Mt 10.14; At 13.51). 3) Lavar os pés de alguém é se humilhar como um servo (Jo 13.5-12). 4) Levantar o calcanhar contra alguém demonstra oposição (Sl 41.9; Jo 13.18). 5) Cobrir os pés é a tradução literal de uma expressão hebraica que significa satisfazer necessidades fisiológicas (Jz 3.24; 1Sm 24.3 – as versões modernas da Bíblia traduzem por "aliviar o ventre" [*ARA*] ou "fazer suas necessidades" [*NVI*]). 6) Descobrir os pés ou andar descalço indica dor ou arrependimento (2Sm 15.30; Is 20.2).

7) O ato de descobrir os pés de alguém no caso de Rute e Boaz (Rt 3.4) era uma prática comum que indicava não apenas disposição para se casar, mas também a proteção do marido para com a esposa.

Gestos religiosos-cerimoniais Esses constituem uma categoria mais especializada de gestos em que certos movimentos do corpo assumem um significado mais claramente religioso que aqueles citados nas categorias anteriores.

Gestos sacrificiais do Antigo Testamento Dois exemplos são suficientes para representar essa limitada categoria de gestos. 1) Dentre as instruções dadas a Moisés concernentes à Páscoa, estão as seguintes palavras: "Ao comerem, estejam prontos para sair: cinto no lugar, sandálias nos pés e cajado na mão. Comam apressadamente. Esta é a Páscoa do Senhor" (Êx 12.11). Todas essas ações simbolizavam urgência e prontidão. Toda essa postura corporal é uma das profundas maneiras que Deus escolheu para enfatizar o modo abrupto e sem custo pelo qual eles foram libertos da escravidão. 2) Outro conjunto de gestos corporais com ênfase especial nas mãos é a entrega de uma oferta queimada a Deus. Se a oferta viesse do rebanho, teria de ser um macho sem defeito e deveria ser oferecido à porta do tabernáculo da congregação como uma oferta voluntária. "E porá a mão sobre a cabeça do animal do holocausto para que seja aceito como propiciação em seu lugar. Então o novilho será morto perante o Senhor [...]" (Lv 1.4,5). A oferta desse sacrifício enfatizava a santidade de Deus (um macho sem defeito), a pecaminosidade humana e a separação (uma pessoa pecadora só poderia adentrar o átrio do tabernáculo até o altar). O ato expressava a necessidade de substituição e morte (o sacrifício do animal) e a mediação (o ministério dos sacerdotes). Em um sentido ideal, o ato de ir até a entrada do tabernáculo era um testemunho público de confissão e compromisso. A oferta de um sacrifício era a linguagem da aliança encenada em um imaginário de oração. O ato de pôr as mãos sobre a cabeça do animal e o sacrificar servia como o ponto focal da oferta para o pecador.

Gestos sacrificiais do Novo Testamento As duas ordenanças da igreja continuam a enfatizar o tema sacrificial. Ambas as ordenanças testemunham da morte sacrificial de Jesus Cristo. 1) A ordenança do batismo é todo um gesto corporal que expressa a identificação com a morte expiatória de Cristo: morte, sepultamento e ressurreição. Ser batizado (Mt 28.19) é testemunhar publicamente do compromisso total que se tem com Jesus Cristo como Salvador e Senhor. 2) A ceia do Senhor (Mt 26.26-30; 1Co 11.23-29) também enfatiza a identificação que se tem com a morte sacrificial de Cristo. É por meio da observância da ceia do Senhor que se testemunha a respeito de uma disposição para negar-se a si mesmo e levar a cruz (Mt 16.24) para seguir Cristo.

Gestos proféticos simbólicos Os profetas dramatizavam suas mensagens com gestos simbólicos. Os exemplos que serão apresentados a seguir limitam-se aos profetas Isaías, Jeremias e Ezequiel. O uso de gestos simbólicos pelos profetas podia variar desde algo simples e óbvio, como o ataque zombeteiro de Ezequiel contra um modelo de argila de Jerusalém para simbolizar o julgamento iminente de Deus sobre a cidade (Ez 4.1-3), até algo mais complexo como a compra feita por Jeremias de um terreno (Jr 32.1-44) para simbolizar a futura restauração que Deus faria ao Reino do Sul como seu Parente (*go'el*) Resgatador.

Em Is 20.3 o profeta "andou nu e descalço durante três anos" como um símbolo da humilhação que o Egito e a Etiópia iriam conhecer quando a Assíria os conquistasse. Em Jr 27.1-7 o profeta colocou um jugo em seu pescoço como um símbolo da futura dominação dos babilônios sobre Judá e seus vizinhos; logo, a mensagem de Jeremias era de submissão ao domínio babilônico. Ezequiel, mais que qualquer outro profeta, foi conhecido por seu uso de atos proféticos simbólicos. O deitar-se sobre um lado durante muitos dias (Ez 4.4-8) indicava um ano para cada dia da iniquidade do povo e do cerco iminente que sofreriam. Comer porções escassas (Ez 4.9-17), cortar de seu cabelo e suas várias consequências (Ez 5.1-17) e virar o rosto contra os montes de Israel (Ez 6.1-7) foram todos gestos simbólicos que mostravam o julgamento de Deus que logo viria sobre o povo (Ez 12.1-28). V. *festas; ordenanças; profecia, profetas; sacrifício e oferta; símbolo.* — Gary A. Galetotti

GESUR Nome de lugar, que talvez signifique "ponte". Pequena cidade-Estado arameia entre Basã e Hermom, que funcionava como uma espécie de tampão entre Israel e Arã. Davi se

GESURITA

casou com Maaca, filha do rei de Gesur, que se tornou mãe de Absalão (2Sm 3.3), o que fez que os dois reinos tivessem um relacionamento pacífico. Absalão mais tarde se refugiou na terra de sua mãe (2Sm 13.37-38). Gesur não é mencionado em momento algum nos relatos sobre as batalhas de Davi (2Sm 8; 10). Muitos estudiosos acreditam que Js 13.2 e 1Sm 27.8 se referem a um grupo de cidades filisteias ao sul, a respeito do qual nada mais se sabe.

GESURITA 1. Cidadão de Gesur. V. *Gesur*. **2.** Cidadão de Gezer (1Sm 27:8). V. *gersita*.

GÉTER Nome de significado incerto do iniciador de uma tribo arameia, neto de Sem e bisneto de Noé (Gn 10.23). Nada mais se sabe a respeito dele e de sua tribo.

GETEU Cidadão de Gate.

GETSÊMANI Nome de lugar que significa "prensa de azeitonas". Lugar para o qual Jesus foi após a última ceia, um jardim fora da cidade, perto do Cedrom, no monte das Oliveiras (Mt 26.36-56; Mc 14.32-53; Lc 22.39-53; Jo 18.1-14). Lá Jesus pediu aos discípulos que "vigiassem" enquanto ele orava. Judas liderou os inimigos de Jesus até o Getsêmani, no qual Jesus foi preso e levado para julgamento. Foi no Getsêmani que Jesus, o Filho, aprendeu a obediência ao Pai mesmo em sofrimento (Hb 5.7-9).

O Getsêmani era provavelmente um jardim fechado (Jesus "entrou" e "saiu") para o qual Jesus com frequência ia para orar, descansar e ter comunhão com seus discípulos. V. *Cedrom, vale do*; *Judas*; *Oliveiras, monte das*. — Wayne Dehoney

No jardim do Getsêmani as oliveiras e toda a vegetação proporcionam um ambiente agradável e tranquilo.

Vista do jardim do Getsêmani, com a Igreja de Todas as Nações no centro da foto.

GEZER Cidade importante no período bíblico, localizada na junção principal da Via Maris, o caminho do mar. Guardava o vale de Aijalom e a rota da costa até Jerusalém e as colinas da Judeia. Gezer está localizada em Tell Jezer (Tell Jazari). É uma colina de 4.380 metros no sopé das colinas de Judá, conhecida com base em fontes bíblicas, egípcias e assírias. Gezer é mencionada nos anais de Tutmósis III (c. 1468 a.C.), nas cartas de Amarna (séc. XIV a.C.), na Estela de Vitória de Merneptá e em uma inscrição em um alto-relevo de Tiglate-Pileser III (séc. VIII a.C.). Em adição às fontes históricas, o lugar é bem conhecido em razão de várias expedições arqueológicas. Duas grandes escavações foram executadas de 1902 a 1909 por R. A. S. Macalister e de 1964 a 1973 por William G. Dever e Joe D. Seger. Várias escavações menores foram conduzidas por Alan Rowe (1934) e Dever (1984, 1990).

Gezer era uma grande cidade-Estado cananeia no segundo milênio a.C. A colina de Gezer foi inicialmente ocupada por volta de 3500 a.C., e a ocupação continuou a crescer até que se tornou uma cidade murada em meados da Idade do Bronze (c. 2000-1500 a.C.) quando grandes edificações (porta, torre, declive defronte à fortificação) foram construídas e o "Lugar Alto" foi fundado. A cidade foi destruída (c. 1500 a.C.) e reconstruída no final da Idade do Bronze, quando se submeteu à hegemonia egípcia, como é evidenciado por vários palácios e residências. Josué derrotou o rei de Gezer, que era parte de uma coalizão cananeia (Js 10.33). Gezer permaneceu em posse dos cananeus por todo o período dos juízes (Js 16.10; Jz 1.29), ainda que fosse a fronteira do território destinado à tribo de Efraim (Js 16.3) e designada como uma cidade levítica (Js 21.21). Davi combateu os filisteus nas proximidades de Gezer (2Sm 5.25; 1Cr 20.4).

Gezer foi conquistada pelo Egito e dada a Salomão como dote por seu casamento com a filha do faraó. Finalmente a cidade passou para o controle israelita, quando Salomão a fortificou junto com Jerusalém, Hazor e Megido (1Rs 9.15-17). Essa reconstrução salomônica é evidenciada pela construção de uma monumental porta da cidade de quatro entradas, um palácio e um muro de casamata. A cidade foi destruída por Sisaque (c. 950-925), mas foi reconstruída e passou por outra destruição por parte dos assírios (Tiglate-Pileser III, 733 a.C.). Gezer se tornou conhecida como Gazara no período helenístico e veio a ser uma cidade importante para os líderes asmoneus. — Steve Ortiz

Tel Gezer

GIA Nome de lugar que significa "borbulhante". Lugar no qual Joabe, general das forças de Davi, confrontou Abner, o general das forças de Saul, depois de Abner ter matado Asael, irmão de Joabe (2Sm 2.24). Traduções antigas entendiam Gia como um substantivo comum que significa "vale". Sua localização nas proximidades de Gibeom não é conhecida.

GIBAR Nome pessoal que significa "jovem, homem poderoso". Homem que teve 95 descendentes que voltaram do cativeiro babilônico com Zorobabel em 537 a.C. (Ed 2.20). A lista paralela em Ne 7.25 traz Gibeom. A leitura correta do nome não pode ser determinada.

GIBEÁ 1. Nome, pessoal e de lugar, que significa "colina". Filho de Calebe e de sua concubina Maaca (1Cr 2.48,49). **2.** Como nome de lugar, Gibeá está proximamente relacionado aos nomes de Geba, Gibeom e Gibeate. Com alguma dessas formas, é o nome de quatro lugares citados no AT. **3.** Cidade da tribo de Judá, na região montanhosa (Js 15.57). Talvez o lar de Maaca, esposa do rei Abias (2Cr 13.2), e pode ter sido a mesma do nome de lugar pressuposto na lista dos descendentes de Calebe (1Cr 2.49), pois essa lista inclui nomes de cidades, não nomes de pessoas, talvez indicando os clãs que originariamente habitavam aquelas cidades. Essa Gibeá tem sido localizada em el-Jeba, a 12 quilômetros a sudoeste de Belém, mas essa localização está muito ao norte para ter qualquer ligação com os clãs de Calebe. De outra maneira, a localização é desconhecida. **4.** Cidade relacionada a Fineias, o sumo sacerdote e neto de Arão. Fineias sepultou Eleazar, seu pai, em Gibeá (Js 24.33). Alguns estudiosos tentaram localizar essa Gibeá nas proximidades de Siquém ou de Betel. Outros ainda a identificam com a cidade levítica de Geba, citada em Js 21.17 no território de Benjamim. A Bíblia simplesmente usa a expressão geral "região montanhosa de Efraim". Essa Gibeá poderia inclusive estar localizada nas proximidades de Siló. **5.** A arca da aliança ficou guardada em uma colina (*gibeah* em hebraico) durante o período entre seu retorno do território dos filisteus (que a tinham capturado) e o esforço inicial de Davi de trazê-la para Jerusalém (2Sm 6.3,4). A palavra hebraica provavelmente não é um substantivo (o hebraico não faz distinção de nomes próprios com letras maiúsculas, tal como acontece nas línguas europeias, como o português). A melhor tradução pode ser "colina" ("colina", *NVI*; "outeiro", *ARA*; "Geba", *ARC*; "monte", *NTLH*). A colina aparentemente está localizada perto de Quiriate-Jearim ou Baalá (cf. Js 15.9-11). V. *Baalá*. **6.** A mais importante Gibeá era a cidade no território da tribo de Benjamim (Js 18.28). Uma sangrenta guerra civil entre Benjamim e as demais tribos israelitas irrompeu quando homens dessa Gibeá estupraram a concubina de um levita que viajava pela região (Jz 19.1—21.25). Saul tinha ligações com aquela cidade (1Cr 8.29-33 também os liga com a cidade vizinha Gibeom, de sonoridade muito parecida) e a fez sua capital após se tornar rei (1Sm 10.5,26; 15.34; 23.19). Se o "Monte de Deus" (1Sm 10.5, *BV*; "Gibeá de Deus", *NVI*; "Gibeá-Eloim", *ARA*; "Gabaá de Deus",

GIBEÁ DE DEUS

BJ; "Guibeá de Deus", *TEB*) é a mesma Gibeá de Saul, então os filisteus controlavam a cidade antes de Saul ter obtido o controle dela. Aparentemente os filisteus construíram uma fortaleza onde Saul a conquistou, ou Saul ali construiu seu próprio complexo real, pois arqueólogos descobriram no local uma fortaleza datada desse período. Depois da morte de Saul, a cidade declinou. Oseias e Isaías se referiram a Gibeá durante o séc. VIII a.C. (Is 10.29; Os 5.8; 9.9; 10.9). Isaías demonstra que ela foi um caminho natural para que um exército inimigo proveniente do Norte, como os assírios, atacassem Jerusalém. Descobertas arqueológicas demonstraram que a cidade floresceu outra vez depois da destruição de Jerusalém e, outra vez ainda, no período dos macabeus. Gibeá está localizada em Tell el-Ful, em uma colina elevada, a cerca de 5.500 metros ao norte de Jerusalém. V. *Benjamim*; *Geba*; *Gibeom*; *Saul*. — LeBron Mathews

GIBEÁ DE DEUS (*gibe'at-elohim* em hebraico). Lugar de uma guarnição filisteia e um local de culto. Foi lá que Saul se encontrou com um grupo de profetas extáticos e se uniu a eles em seu frenesi (1Sm 10.5).

GIBEÁ-ELOIM Nome de lugar que significa "colina" ou "monte" de Deus (1Sm 10.5). V. *Geba*; *Gibeá*.

GIBEATE-ARALOTE 1. Nome de lugar que significa "colina dos prepúcios" (Js 5.3). Foi nesse lugar que Josué usou as tradicionais facas de pederneira, não as mais modernas facas de metal, para circuncidar a geração israelita que iria conquistar Canaã. **2.** Lugar perto de Gilgal no qual Josué circuncidou os israelitas nascidos durante o tempo de peregrinação pelo deserto (Js 5.3). De acordo com a nota explicativa da *NVI*, Gibeate-Aralote significa "colina dos prepúcios".

GIBEATITA Cidadão de Gibeá (1Cr 12.3, *ARA*; "de Gibeá", *NVI*).

GIBEOM Nome de lugar que significa "lugar na colina". Essa "cidade importante" (Js 10.2; "cidade grande", *ARA* e *ARC*) desempenhou um papel importante na história do AT, especialmente durante a conquista de Canaã. Descobertas arqueológicas demonstraram que a cidade era uma área industrial florescente, que a transformou em uma comunidade importante em Canaã.

Pano de fundo da cidade Pouco se sabia a respeito da localização exata de Gibeom até o séc. XX. Originariamente a cidade foi designada para a tribo de Benjamim, após a vitória de Israel em Canaã (Js 18.25), que fez dela uma cidade levítica (Js 21.17). A partir de 1956, escavações arqueológicas lideradas por James B. Pritchard comprovaram que a atual cidade de el-Jib era o lugar da antiga Gibeom. Localizada a cerca de 13 quilômetros a noroeste de Jerusalém, Gibeom estava em uma área de clima moderado e ampla precipitação pluviométrica, com sua economia baseada na produção de vinho. A cerca de 730 metros acima do nível do mar, Gibeom estava em uma posição acima de muitas cidades, por isso era facilmente defensável. Datando de cerca de 3000 a.C., Gibeom era uma fortaleza na cabeceira do vale de Aijalom, que providenciava o principal acesso desde a planície costeira até a região montanhosa. Gibeom era uma cidade poderosa, pois a arqueologia não encontrou vestígio de que a tivesse sido destruída alguma vez.

Poço da antiga Gibeom, com uma escadaria em caracol que levava ao nível da água.

Papel da cidade O AT faz 45 referências a Gibeom. Sua primeira grande aparição na história de Israel está no contexto da conquista de Canaã. O povo de Gibeom elaborou um estratagema para se proteger dos israelitas (Js 9). Fingindo ser estrangeiros procedentes de uma terra distante, os gibeonitas fizeram um tratado de paz com Josué. Mais tarde, quando descobriu a verdade, Josué os forçou a serem carregadores de água e lenhadores para os israelitas. Para honrar esse tratado, Josué liderou Israel na luta contra os exércitos de cinco reis que atacaram Gibeom. Durante essas vitórias, O Senhor fez que o Sol e a Lua parassem (Js 10; cp. Is 28.21).

No tempo de Davi, Gibeom havia se tornado parte da monarquia israelita. A família de Saul parece ter tido algumas ligações com Gibeom (1Cr 8.29-33; 9.35-39). Após a morte de Saul, um encontro dramático teve lugar em Gibeom, envolvendo Abner e Joabe, generais de Saul e Davi respectivamente (2Sm 2.12-17). Um combate "por esporte" (v. 14) pelo poço de Gibeom foi realizado, e os homens de Joabe foram vitoriosos. Arqueólogos descobriram uma escadaria em caracol e um túnel com escadarias circulares que levavam até a água e providenciavam abastecimento de água para a cidade durante ataques inimigos.

Gibeon também teve parte na rebelião de Seba contra Davi (2Sm 20.8-13). Joabe perseguiu Amasa, um líder da revolta, até a grande pedra em Gibeom, na qual Joabe o deixou "numa poça de sangue no meio da estrada" (v. 12).

Mais tarde, ao descobrir que Saul havia quebrado o tratado de paz com os gibeonitas, Davi entregou sete descendentes de Saul ao povo da cidade, que os executou (2Sm 21.1-9).

Durante um dos sacrifícios que Salomão fez em Gibeom, o Senhor lhe apareceu e concedeu ao novo rei o pedido que este fizera, de sabedoria (1Rs 3.3-14; cp. 9.2). Aparentemente Gibeom era o principal centro de culto em Israel antes que Salomão construísse o templo.

A próxima referência a Gibeom terá lugar no séc. VI a.C. Jeremias falou da destruição futura de Jerusalém, contradizendo Ananias de Gibeom, que predissera a derrota de Nabucodonosor (Jr 28). Fugindo da justiça, Ismael, o assassino de Gedalias, o "governador" indicado pelos babilônios, foi capturado em Gibeom (Jr 41).

As últimas referências a Gibeom iluminam o papel da cidade no Israel pós-exílico. Os gibeonitas auxiliaram na reconstrução dos muros de Jerusalém (Ne 3.7). A lista de Neemias dos exilados retornados também incluía uma referência concernente a pessoas de Gibeom (7.25). V. *Canaã*; *Davi*; *Gibeá*; *Josué*. — Larry McGraw

GIBEONITA Cidadão de Gibeom. V. *Gibeom*.

GIBETOM Nome de lugar que significa "arcado", "colina" ou "morro". Cidade no território da tribo de Dã (Js 19.44), mas designada aos levitas (Js 21.23). Durante a monarquia, os filisteus controlaram Gibetom. Nadabe de Israel (909-908 a.C.) a sitiou. Durante o cerco, Baasa assassinou Nadabe e assumiu o reinado (1Rs 15.25-28). O exército israelita estava acampado contra a Gibetom dos filisteus quando Zinri subiu ao trono após assassinar Elá, filho de Baasa (1Rs 16.15-17). Gibetom tem sido identificada com Tell el-Melat, ao norte de Ecrom, e com Agir, localizada a quatro quilômetros a oeste de Tell el-Melat.

GIDALTI Nome pessoal que significa "eu trouxe de lá" ou "eu fiz grande" ou "eu exaltei". Filho de Hemã, a quem Davi deu a tarefa de profetizar por meio de instrumentos musicais (1Cr 25.4). Tornou-se um líder de um clã de músicos do templo (1Cr 25.29).

GIDEÃO Nome pessoal que significa "aquele que corta em pedaços". O quinto maior juiz de Israel no séc. XII a.C. Também foi chamado de Jerubaal, e era filho de Joás da tribo de Manassés. Foi juiz por quarenta anos (Jz 6.11—8.35).

Foi dada a Gideão a tarefa de libertar os israelitas dos midianitas e amalequitas, nômades do deserto que repetidamente saqueavam o país. Eles utilizavam camelos, o que lhes permitia atacar, destruir lavouras, levar despojos e fugir para o deserto tão rapidamente que os israelitas não podiam alcançá-los. Gideão não foi um voluntário. Ainda que conhecesse a vontade de Deus, por duas vezes a evitou impondo condições impossíveis. Deus atendeu a essas condições e então lhe apresentou a estratégia que garantiria a vitória para Israel.

Para reduzir o número dos combatentes em seu exército — 32 mil homens —, dois testes foram feitos. Assim se fez para que Israel não pudesse alegar vitória por qualquer outro meio, a não ser sua dependência contínua de Deus. Os que estavam com medo e os que se ajoelhassem para beber água foram dispensados. Restaram 300 homens, que ganharam vaso, tocha e trombeta, e se posicionaram ao redor do acampamento midianita. Eles adotaram uma estratégia de terror: ao sinal de Gideão, os vasos foram quebrados, as tochas se tornaram visíveis e as trombetas foram tocadas, dando ao inimigo a impressão de que eles estavam cercados. Eles fugiram, seus líderes foram mortos e a opressão midianita chegou ao fim.

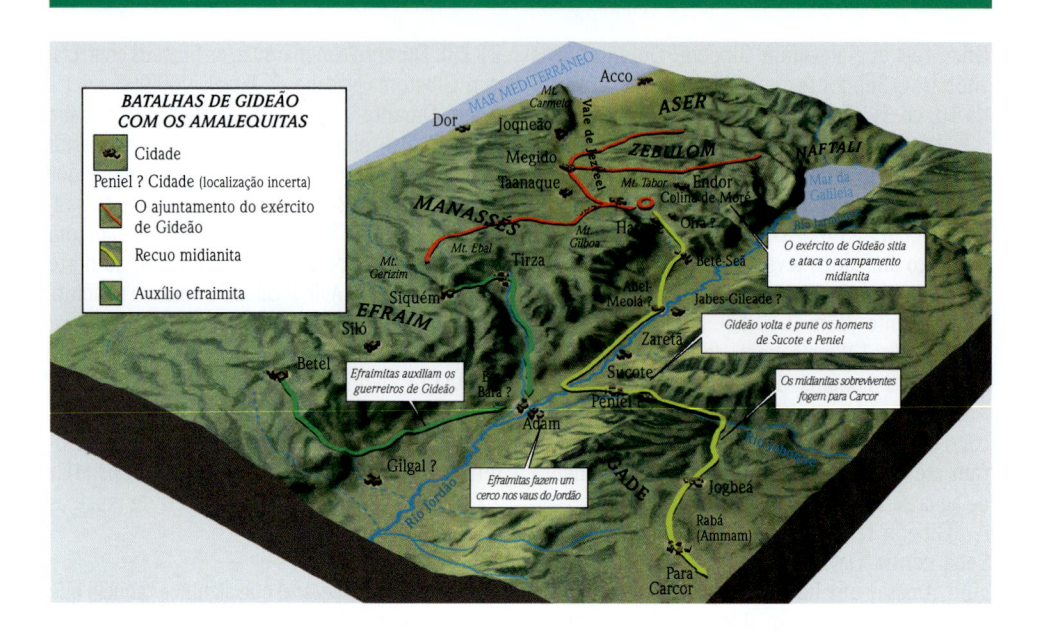

BATALHAS DE GIDEÃO COM OS AMALEQUITAS
- Cidade
- Peniel ? Cidade (localização incerta)
- O ajuntamento do exército de Gideão
- Recuo midianita
- Auxílio efraimita

O herói da fé (Hb 11.32) terminou a vida com uma nota triste. Puniu as cidades de Sucote e Penuel de maneira muito severa por estas não lhe terem ajudado em sua guerra contra os reis midianitas (Jz 8.1-17). Ele recusou a oferta do povo de fazê-lo rei, testificando que apenas Deus é Rei (Jz 8.22,23), mas ordenou ao povo que lhe desse seus brincos de ouro, tomados dos ismaelitas como despojo de guerra. Com esse material ele fez um símbolo cultual, um manto sacerdotal, o que fez que o povo se desviasse (Jz 8.24-27). Sua família não seguiu o seu Deus (Jz 8,33). V. *camelo*; *Jerubaal*; *Juízes, livro de*; *Midiã, midianitas*. — Darlene R. Gautsch

GIDEL Nome pessoal que significa "eu fiz grande" ou "eu exaltei". **1.** Líder de um clã de servos do templo que retornaram do cativeiro babilônico com Zorobabel por volta de 537 a.C. (Ed 2.47). **2.** Pai original de um clã de um grupo de servos reais que retornou do exílio babilônico com Zorobabel por volta de 537 a.C. (Ed 2.56).

GIDEONI Nome pessoal que significa "aquele que corta" ou "aquele que corta em pedaços". Pai de Abidã, um líder da tribo de Benjamim durante o tempo em que o povo de Israel ficou acampado no deserto (Nm 1.11; 2.22; 7.60; 10.24).

GIDOM Nome de lugar que significa "clareira". Lugar no qual as tribos de Israel puniram a tribo de Benjamim, matando 2 mil dos seus soldados (Jz 20.45) por conta do tratamento brutal que haviam dado a um levita que viajava pela região e à sua concubina. Não se sabe ao certo a sua localização entre Gibeá (Jz 20.43) e Betel (Jz 20.18).

GIESTA Em 1Rs 19.4 é a árvore sob a qual o profeta Elias descansou enquanto fugia da ira de Jezabel. A mesma planta é mencionada em Jó 30.4 e Sl 120.4. A palavra hebraica assim traduzida provavelmente se refere a um tipo de arbusto que cresce nos desertos árabes. As traduções modernas trazem "juníper". V. *juníper*.

GIESTA (*NVI*) ou **ZIMBRO** Arbusto que muitas vezes cresce à altura de fornecer sombra (1Rs 19.4,5). Sua folhagem e raízes eram usadas como combustível (Jó 30.4; Sl 120.4). Suas flores brancas com centro castanho embelezam a região do mar Morto. As abelhas zumbem em volta das suas flores. Ritmá — um lugar na rota do êxodo (Nm 33.18,19) — foi nomeado segundo esse arbusto (*rotem*). Embora algumas versões antigas identifiquem o arbusto como zimbro (*ARA, ARC*), os estudiosos atuais concordam que o arbusto pretendido pelo autor

Fontes de Harode, nas quais Gideão dividiu seus homens para a batalha contra os midianitas.

hebreu era a giesta — *Retama raetam* (*NVI*, mrg. *A21*).

GIGANTES Pessoas de estatura incomum, com reputação de terem grande força e poder. A mais antiga referência bíblica aos gigantes é aos nefilins, nascidos das "filhas dos homens" e dos "filhos de Deus" (Gn 6.1-4). Os intérpretes divergem quanto à origem desses gigantes. Alguns entendem que os "filhos de Deus" eram seres angélicos que se casaram com mulheres (Jd 6). Outros entenderam que eram os descendentes de Sete que se casaram com mulheres ímpias. Mais tarde os descendentes dos nefilins foram chamados de "descendentes de Enaque" (Nm 13.33) ou enaquins (Dt 2.11; 9.2). Habitavam na terra de Canaã antes da conquista israelita. Registros egípcios de 2000 a.C. testificam da presença deles. Raças similares de gigantes habitaram em Moabe (Dt 2.9-10) e em Amom (Dt 2.19,20).

Uma segunda categoria de gigantes que habitaram a Palestina pré-israelita foi a raça dos refains. O último sobrevivente dessa raça foi Ogue, rei de Basã (Dt 3.11,13). Um vale perto de Jerusalém (Js 15.8; 18.16) e parte da região com florestas no território da tribo de Efraim (Js 17.15) retiveram o nome dos refains.

O AT também registra casos de indivíduos gigantes. O bem conhecido Golias (1Sm 17) era um campeão filisteu. Uma família de gigantes de Gate estava entre os inimigos filisteus mortos por Davi e seus seguidores (2Sm 21.16-22; 1Cr 20.4-8). — Michael Fink

GILALAI Nome pessoal que talvez signifique "rolar". Músico do templo que auxiliou Neemias a liderar o culto de ação de graças pela conclusão da restauração do muro de Jerusalém (Ne 12.36).

GILBOA Nome de lugar de significado incerto, talvez "região montanhosa" ou "fonte borbulhante". Localização de um acampamento militar israelita (1Sm 28.4). Os israelitas, liderados por Saul, preparavam-se para lutar contra os filisteus. Saul e seus três filhos foram mortos no monte Gilboa (1Sm 31.8). Davi entoou um cântico de lamento a respeito da tragédia de Gilboa (2Sm 1.17-27). O monte Gilboa foi identificado com o atual Jebel Fuqus, no lado leste da planície de Esdrelom. V. *Palestina*; *Saul*.

Monte Gilboa.

GILEADE Nome, pessoal e de lugar, que significa "cru" ou "escarpado". **1.** Parte centro-norte das serras da Transjordânia. O nome pode originariamente ter sido aplicado a uma área muito pequena. Mais tarde o uso do nome se expandiu e foi aplicado a variados contextos, dependendo de diferentes situações políticas (cf. Jz 10.17; Os 6.8). Gileade ocupa o declive montanhoso e o planalto a leste do Jordão e a nordeste do mar Morto. É atravessado pelo rio Jaboque; no tempo do AT o reino de Amom ocupava seu limite leste. A região com frequência era contestada por outras nações (Am 1.3). Gileade estende-se por cerca de 80 quilômetros desde o sul de Esbom até o rio Yarmuk no norte. Sua extensão leste-oeste era de cerca de 32 quilômetros.

Fisicamente, a região de Gileade é acidentada e escarpada; o substantivo hebraico *gil'ad* pode ser traduzido por "escarpado". Alguns dos seus picos alcançam mais de mil metros. Também há planícies com pastos, o que as torna adequadas para criação de gado, e na Antiguidade a metade norte da região era coberta por florestas densas. A Estrada do Rei, uma importante rota de comércio, passava por Gileade. A região era importante também no que diz respeito à agricultura. Era famosa por seus rebanhos e pelo bálsamo de Gileade, um preparado aromático e medicinal, provavelmente extraído da resina de uma pequena árvore de bálsamo.

Muitas pessoas e muitos eventos famosos estão associados a Gileade. Os juízes Jair e Jefté (Jz 11.1), o rei Jeú de Israel e o profeta Elias eram gileaditas. Jacó e Labão se encontraram em sua fronteira nordeste (Gn 31.22,23). Peniel, onde Jacó se encontrou com o anjo de Deus, também fica em Gileade (Gn 32.20). Is-Bosete, filho de Saul (2Sm 2.8,9), Davi (2Sm 17.24-26) e Jesus

A região montanhosa e escarpada de Gileade.

se refugiaram em Gileade por algum tempo. Cidades importantes citadas no AT localizadas em Gileade são Esbom, no sul, Rabote-Amom, na fronteira do deserto a leste, Jabes-Gileade e Ramote-Gileade. Rabote-Amom foi chamada de Filadélfia no período helenístico — essa Filadélfia era uma das "Dez Cidades" (Decápolis), não deve ser confundida com a Filadélfia do livro de Ap; outras cidades importantes do NT localizadas em Gileade são Pela e Gerasa. **2.** Bisneto de José e líder original de um clã da tribo de Manassés (Nm 26.28-32; 36.1). O clã era tão poderoso que chegou a ser alistado entre as tribos de Israel no cântico de Débora (Jz 5.17). Lutou para obter reconhecimento entre as demais tribos (Jz 12.4-7). — *Joseph Coleson*

GILEADITA Cidadão de Gileade. V. *Gileade*.

GILGAL Nome de lugar que significa "círculo", que provavelmente se refere a um círculo de pedras ou a um altar circular. Círculos de pedras podem ser encontrados em quase toda parte na terra de Israel, por isso há várias cidades chamadas "Gilgal". Por essa razão, muitas referências a Gilgal no AT não podem ser ligadas à mesma cidade. **1.** Gilgal é em geral associada à história de Josué, mas o já citado fato de terem existido muitas cidades com o mesmo nome continua um problema sem solução. Depois de atravessar o Jordão, Josué estabeleceu o primeiro acampamento em Gilgal (Js 4.19). Lá Josué tomou 12 pedras do leito do rio para edificar um memorial da travessia miraculosa. Gilgal, a primeira fortaleza em território cananeu, tornou-se o primeiro local de culto de Israel, e lá eles foram circuncidados e celebraram a Páscoa. Foi lá que Deus apareceu a Josué e confirmou sua missão (Js 5). Essa Gilgal aparentemente se tornou a base das operações militares de Israel, ainda que alguns estudiosos a identifiquem com outra Gilgal mais ao norte, perto de Siquém. Josué estabeleceu Gilgal como a fronteira entre Judá e Benjamim (Js 15.7; cp. 18.17), mas muitos biblistas são de opinião de que a cidade fronteiriça deve ter sido ao sul do acampamento original. Eúde, o juiz, passou por Gilgal em sua missão de assassinar o rei de Moabe (Jz 3.19,26). Davi passou por Gilgal quando fugia de Absalão (2Sm 19.15,40). Essa Gilgal é com frequência identificada com a atual Khirbet Mefjir, a quase dois quilômetros a leste de Jericó. Outros estudiosos identificam-na com Khirbet en-Nitleh, a pouco mais de três quilômetros a sudeste de Jericó.

Outros ainda pensam ser inútil encontrar uma localização exata. A cidade da fronteira é frequentemente entendida como Khan el-Ahmar ou Araq ed-Deir. O acampamento militar algumas vezes tem sido identificado em Tell Jiljulieh, a leste de Siquém, mas não há evidência arqueológica que dê base para essa conclusão. Essa pode ter sido a mesma Gilgal de Dt 11.30, se não for a cidade original de Josué. Gilgal era também uma das três cidades pelas quais Samuel fazia seu circuito anual (1Sm 7.16). Essa Gilgal poderia estar nas proximidades de Tell Jiljulieh ou no lugar onde Josué primeiro pisou perto do Jordão. Saul foi tanto coroado como rejeitado como rei em Gilgal (1Sm 11.14,15; 13.14,15). Gilgal se estabeleceu como um dos principais centros de adoração do antigo Israel. Entretanto, também houve associação ao culto a outros deuses, por isso o lugar se tornou objeto de julgamento profético (Os 4.15; Am 4.4; 5.5). **2.** As histórias de Elias e Eliseu têm muitas ligações com Gilgal. Eliseu chegou a morar lá por um tempo (2Rs 4.38), e Elias foi levado para os céus quando estava em Gilgal (2Rs 2.1). Essa Gilgal talvez fosse Tell Jiljulieh, a cerca de cinco quilômetros a sudeste de Siló, mas também pode ser a Gilgal original de Josué. **3.** Gilgal das nações é mencionada como uma cidade real perto de Dor (Js 12.23; *NVI*: "Goim" [= "povos", "nações"] de Gilgal; *ARA* e *ARC*: "Goim, em Gilgal"). A *LXX* lê "reis das nações na Galileia", que muitos biblistas consideram a leitura original, conquanto um copista do texto hebraico tenha usado a palavra "Gilgal", que aparece várias vezes nos capítulos anteriores de Js. Se a Gilgal do texto hebraico é a original, sua localização não é conhecida. V. *Bete-Gilgal*; *Eliseu*; *Josué*; *Samuel*; *Saul*. — *Kenneth Craig*

GILO Nome de lugar que significa "descoberto" ou "revelado". Cidade no território da tribo de Judá, na região montanhosa (Js 15.51). Aitofel, conselheiro de Davi, era de Gilo (2Sm 15.12). Alguns estudiosos localizam-na em Khirbet Jala, nos arredores de Jerusalém, mas há também quem pense que a cidade era localizada mais ao sul.

GILONITA Cidadão de Gilo. V. *Gilo*.

GINÁSIO Centro educacional grego. A palavra em português é derivada do grego *gymnos*, que significa "nu". Na Grécia antiga o ginásio era o centro para educação física e intelectual dos garotos aristocratas adolescentes. O ginásio se originou em Atenas, onde os cidadãos buscavam os ideais esposados por Péricles, de que os homens deveriam ter sabedoria sem a perda da virilidade. A educação física incluía luta, natação, corrida e o uso de arco e de funda, tudo praticado com os atletas nus. Intelectualmente, os meninos eram treinados na leitura, escrita, matemática, política, filosofia e música. Com o passar do tempo, os ginásios tornaram-se abertos a todos os cidadãos, constituindo-se parte integrante de todas as cidades gregas.

Durante o séc. II a.C., quando os selêucidas, sob Antíoco Epifânio, tentaram converter os judeus à cultura grega, Jason, um dos sumo sacerdotes judeus, construiu um ginásio em Jerusalém (1Mc 1.14; 2Mc 4.7). Jovens judeus aristocráticos começaram a frequentar o ginásio e a participar de atividades gregas. Os judeus devotos ficaram chocados com a nudez, que para eles era proibida, e com as roupas e um tipo de chapéu que usavam, associado ao culto ao deus grego Hermes. Além disso, alguns dos jovens judeus começaram a ter vergonha da sua circuncisão, que tentavam esconder. Essas práticas foram uma das causas da rebelião dos macabeus em 175 a.C.

Área aberta (palaestra) do ginásio em Pompeia, com os alojamentos dos gladiadores à esquerda.

Não há menção a ginásios no NT, mas há referências a atividades associadas. Em 1Tm 4.8 a expressão "exercício físico" vem do mundo dos ginásios. Paulo também utilizou metáforas vindas desse ambiente em 1Co 9.24-27; Gl 2.2; 5.7; Fp 1.30; 2.16. Nessas passagens não há nenhuma conotação negativa. — *W. T. Edwards Jr.*

Ginásio restaurado na antiga cidade de Sardes.

GINATE Nome, de lugar ou pessoal, que significa "muro" ou "cerca". Pai de Tibni, o favorito de metade de Israel para assumir o trono quando Onri se tornou rei por volta de 885 a.C. (1Rs 16.21). V. *Tibni*.

GINETOI V. *Ginetom*.

GINETOM Levita que retornou do exílio babilônico com Zorobabel por volta de 537 a.C. (Ne 12.4). O texto hebraico grafa esse nome de diferentes formas, o que se reflete nas traduções modernas da Bíblia: Ginetoi (*ARA* e *ARC*; v. tb. nota explicativa da *NVI*), Guinetoi (*TEB*), Genton (*BJ*). Aparentemente é a mesma pessoa citada como líder de um clã de sacerdotes em 12.16. Provavelmente a pessoa que assinou a aliança de Neemias (10.6) e pertencia à mesma família.

GINZO Nome de lugar de significado incerto. Cidade na Sefelá ou no vale de Judá, que os filisteus capturaram do rei Acaz de Judá (735-705 a.C.), o que o levou a pedir ajuda à Assíria e a pagar-lhe um tributo (2Cr 28.18). Está localizada em Gimzu, a cerca de seis quilômetros e meio a leste de Ramleh e a pouco mais de três quilômetros de Lode.

GIOM Nome de lugar que significa "fonte que brota". Era o principal suprimento de água para Jerusalém e o nome de um dos quatro rios nos quais o rio do Éden se dividia (Gn 2.13). Esse rio não pode ser identificado com nenhum rio conhecido.

A palavra "Giom" descreve uma fonte localizada no vale do Cedrom. Essa fonte não tem um fluxo constante de água, mas produz jorros em intervalos irregulares, duas vezes por dia na estação seca e quatro ou cinco vezes por dia na estação chuvosa. A água percorre uma fresta de quase 5 metros na rocha. Em algum momento de sua história, um muro foi construído na extremidade leste da fresta, desviando a água para uma caverna na outra extremidade. No período jebusita, anterior a Davi, um poço ia da fonte até um reservatório no interior da cidade. Cântaros eram abaixados até o poço por cordas. Esse foi provavelmente o modo pelo qual Joabe entrou na cidade e a capturou para Davi (2Sm 5.8; 1Cr 11.6). Durante o início do período da ocupação israelita, a água era armazenada fora dos muros da cidade em um lugar aberto chamado "açude superior" (Is 7.3). Um aqueduto aberto transportava a água de lá até o "açude velho" na extremidade sul da cidade (Is 22.11; cp. Is 8.6). Foi ao longo desse aqueduto que Isaías confrontou Acaz (Is 7.3) e mais tarde o exército de Senaqueribe exigiu a rendição da cidade (2Rs 18.17). Antes da chegada de Senaqueribe, Ezequias construiu o famoso túnel que canalizava a água para a cidade (2Rs 20.20; 2Cr 32.30). V. *Éden*; *Jerusalém*; *Cedrom, vale do*; *Siloé*; *água*. — LeBron Matthews

GIRGASEU Nome de uma tribo, que provavelmente significa "viajante (ou imigrante) com uma divindade". Povo citado na lista dos grupos tribais que originariamente habitavam em Canaã, cujo antepassado era Canaã, filho de Cam e neto de Noé (Gn 10.16). Textos ugaríticos de Ras Shamra aparentemente mencionam o povo girgaseu.

GIRZITA V. *gersita*.

GISPA Nome pessoal de significado incerto. Supervisor dos servos do templo no tempo de Neemias (Ne 11.21). Não é citado nas listas de Cr e Ed, o que levou alguns biblistas a pensar que o nome seja uma mudança feita por um copista no nome Hasufa, que os judeus pronunciariam de modo semelhante a Gispa (Ed 2.43; Ne 7.46).

GITAIM Nome de lugar que significa "dois lagares". Cidade para onde o povo de Beerote fugiu depois que Israel conquistou Canaã. A Bíblia não especifica com precisão quando isso aconteceu (2Sm 4.3). Depois do exílio, parte da tribo de Benjamim se estabeleceu em Gitaim (Ne 11.33). Pode ser a mesma Gate de 1Cr 7.21 e 8.13, mas não há certeza quanto a isso. A localização do lugar também não é certa, mas provavelmente era perto de Lida, portanto no território filisteu em Rash Abu Hamid.

GITITE Palavra de significado incerto usada nos títulos dos Sl 8, 81 e 84 (*ARC*; "os lagares", *NVI*, *ARA*). Pode indicar um instrumento musical semelhante ao violão, um tom musical, um ritual, ou ainda uma cerimônia como parte de uma festa.

GIZONITA Cidadão de Gizom, lugar que não é mencionado em nenhum texto bíblico. Pode ser a atual Beth-Giz, a sudoeste de Latrun. Alguns dos líderes militares de Davi eram gizonitas (1Cr 11.34), ainda que a palavra não apareça no texto paralelo de 2Sm 23.34. Alguns manuscritos gregos indicam Guni como a leitura original. Alguns biblistas sugerem que a leitura original era Ginzoni, de Ginzo. V. *Ginzo*; *Guni*.

GLÓRIA Majestade resplandecente que acompanha a presença de Deus. O significado básico da palavra hebraica *kavod* é peso, pesado (cf. 1Sm 4.18; Pv 27.3). Pode se referir a um fardo pesado (Êx 18.18; Sl 38.4; cp. os usos idiomáticos em Gn 12.10; 47.4; Êx 4.10; 7.14). Mas pode também descrever uma boa sorte ou grandes números (Gn 13.2; Êx 12.38; Nm 20.20; 1Rs 10.2).

O verbo significa "honrar" (Êx 20.12; 1Sm 15.30; Sl 15.4; Pv 4.8; Is 3.5). Essa honra que uma pessoa dá à outra é o reconhecimento do lugar que o outro tem como pessoa estimada e reverenciada na sociedade. Uma nação pode ter essa honra ou glória (Is 16.14; 17.3). Isso não é nem tanto algo que alguém concede a outrem, mas a qualidade de importância de uma pessoa, grupo ou nação que o outro reconhece.

"Dar glória" é elogiar, reconhecer a importância do outro, o peso que ele tem na comunidade. Em Sl o povo rende essa glória a Deus; reconhece a natureza essencial da sua "bondade" que lhe dá importância e peso no relacionamento com a comunidade que o adora (cf. Sl 22.23; 86.12; Is 24.15). O louvor humano a Deus pode ser falso, não reconhecendo verdadeiramente sua importância (Is 29.13; cp. 1Sm 2.30). Algumas vezes Deus promove sua própria glória (Êx 14.4,17; Ez 28.22). Quando alguém confessa sua culpa e aceita a punição justa, é chamado a reconhecer a retidão e a justiça de Deus e dar a ele a glória (Js 7.19; 1Sm 6.5). Dessa maneira, Deus revela sua glória ao tratar com os homens de maneira justa. Ele também revela sua glória nas tempestades e nos eventos da natureza (Sl 29; cp. Is 6). Logo, a glória é a faceta divina que a humanidade reconhece e à qual responde em confissão, adoração e louvor (cf. Is 58.8; 60.1). Não obstante, a principal revelação da glória de Deus no AT aconteceu no Sinai (Dt 5.24). Tais experiências são maravilhosas e ao mesmo tempo atemorizantes (Dt 5.25). Entretanto, experiências assim não revelam Deus em plenitude, pois ninguém pode ver a totalidade da glória divina, nem mesmo Moisés chegou a vê-la (Êx 33.17-23).

O NT usa a palavra *doxa* para expressar glória e limita seu significado à glória de Deus. No grego clássico, *doxa* significa opinião, conjectura, expectativa e louvor. O NT veicula o significado veterotestamentário do poder e da majestade divinos (At 7.2; Ef 1.17; 2Pe 1.17). O NT o estende até Cristo como tendo a glória divina (Lc 9.32; Jo 1.14; 1Co 2.8; 2Ts 2.14).

A glória divina tem como implicação que o homem não deve buscar glória para si mesmo (Mt 6.2; Jo 5.44; 1Ts 2.6). Os homens apenas esperam receber aprovação e honra de Cristo (Rm 2.7; 5.2; 1Ts 2.19; Fp 2.16).

GLOSSOLALIA Termo técnico para falar em línguas (*glossa* em grego). V. *línguas, dom de*.

GLUTÃO Quem é habitualmente dado à cobiça e a comer vorazmente. A glutonaria está associada a teimosia, rebelião, desobediência, bebedeira e desperdício (Dt 21.20). De acordo com Pv 28.7: "o companheiro dos glutões envergonha o pai". A palavra hebraica é traduzida de diversas maneiras: "dissoluto" (Dt 21.20, *NVI*, *ARA*), "devasso" (Pv 28.7, *TEB*), "libertino" (Pv 28.7, *BJ*). Quando Jesus foi acusado de ser "comilão e beberrão" (Mt 11.19; Lc 7.34), foi nesse sentido expandido da palavra, ser alguém dado a uma vida em excesso. A glutonaria faz a pessoa sonolenta, leva à preguiça e, eventualmente, à pobreza (Pv 23.21).

GNOSTICISMO Designação moderna para certas expressões religiosas e filosóficas dualísticas que existiam antes do estabelecimento do cristianismo e para o sistema específico de crenças caracterizado por essas ideias, que emergiram no séc. II da era cristã e depois dessa época. A palavra "gnosticismo" é derivada do grego *gnosis*, que significa "conhecimento", porque um conhecimento secreto era uma doutrina crucial para aquele sistema.

Importância do gnosticismo O gnosticismo emergiu em escolas de pensamento no seio da igreja no início do séc. II e logo se estabeleceu como uma maneira de entender o cristianismo em todos os principais centros da cristandade. A igreja se viu em meio a debates candentes a respeito dessas questões, e, no final do séc. II, muitos gnósticos se separaram, e igrejas ou sistemas alternativos de crenças passaram a ser vistos como heréticos. Naquela época, o gnosticismo era uma grande ameaça para a igreja primitiva. Muitos dos seus líderes, como Ireneu (que morreu por volta do ano 200), Tertuliano (que morreu por volta do ano 220) e Hipólito (que morreu por volta do ano 236) escreveram bastante a respeito. Várias das características do gnosticismo foram incorporadas à seita dos maniqueus no séc. III, e o maniqueísmo foi uma ameaça herética para a igreja até o séc. IV.

O gnosticismo também é importante para a interpretação de alguns aspectos do NT. Ireneu escreveu que uma das razões pelas quais João redigiu seu Evangelho foi refutar as opiniões de Cerinto, um dos primeiros gnósticos. Contra a afirmação gnóstica de que Deus não entraria neste mundo, João enfatizou em seu Evangelho que Jesus é o Filho encarnado de Deus.

Seitas gnósticas heréticas Os gnósticos que romperam com a igreja ou foram expulsos dela alegavam ser os verdadeiros cristãos, e os primeiros escritores cristãos que refutaram suas alegações são a principal fonte de descrição das seitas heréticas gnósticas. Ainda que muitas variações quanto a detalhes existissem entre as muitas seitas gnósticas, algumas características principais eram comuns à maioria delas: a separação do deus da criação do deus da redenção; a divisão dos cristãos em categorias, com um grupo sendo superior; a ênfase em ensinos secretos que somente pessoas divinas poderiam entender; e a exaltação do conhecimento sobre a fé. A igreja rejeitou tais ensinamentos como heréticos, mas muitas pessoas continuaram a se sentir atraídas por várias dessas ideias.

Os gnósticos geralmente faziam distinção entre um deus inferior ou "demiurgo", que eles consideravam responsável pela criação, e o deus superior revelado em Jesus, visto como o Redentor. Essa era uma crença lógica para eles porque se opunham radicalmente à matéria, vista como má. O pensamento ou conhecimento distinguia as pessoas da matéria e dos animais, o qual é imperecível, capaz de revelar Deus e o único canal de redenção. Portanto, o gnóstico Marcião rejeitou o AT, afirmando que o deus menor ou subordinado ali revelado lidou com a matéria, insistindo na lei, não na graça, o qual é responsável por este mundo decaído e marcado pela tragédia. O Deus que se revelou em Jesus e em ensinamentos secretos adicionais é o Deus absoluto e transcendente. Ele não se encarnou, porque o Deus absoluto não poderia entrar na matéria má — Cristo apenas aparentava ser uma pessoa humana; de fato, não o era.

Os gnósticos dividiam os cristãos em categorias, geralmente espiritual e carnal. Os cristãos espirituais estavam em uma classe especial ou superior à dos cristãos comuns, porque, como eleitos da divindade bondosa, haviam recebido uma centelha divina ou semente espiritual que permitia que fossem redimidos. Os cristãos espirituais eram os verdadeiros cristãos que pertenciam ao verdadeiro mundo celestial. Essa crença de que os cristãos espirituais não pertenciam a este mundo resultou em que alguns gnósticos se tornaram ascéticos. Outros grupos gnósticos se tornaram antinomianos (a crença de que a lei moral não é válida para uma pessoa ou um grupo). Eles alegavam que os cristãos espirituais não eram responsáveis pelo que faziam e não podiam realmente pecar, porque sua existência carnal não era parte do plano de Deus. Logo, podiam agir como lhes agradasse, sem medo de disciplina.

Os gnósticos davam grande ênfase a ensinos ou tradições secretas. Esse conhecimento secreto não era produto de esforço intelectual, mas foi dado por Jesus, o Redentor que veio da parte da divindade verdadeira, quer como revelação especial, quer por meio dos seus apóstolos. Os seguidores do gnóstico Valentino alegavam que Theodus, um amigo de Paulo, foi o canal de transmissão de dados secretos. O conhecimento secreto era superior à revelação registrada no NT. Eles criam que tal conhecimento era um complemento essencial ao NT porque apenas com esse conhecimento secreto seria possível despertar ou trazer à vida a centelha ou semente divina presente em seu interior. Quando alguém recebia o conhecimento verdadeiro, a *gnosis* tornava-se consciente de sua verdadeira identidade, com o eu divino interior, sendo assim liberto (salvo) do domínio do deus criador inferior e capacitado a viver como um filho verdadeiro da divindade absoluta e superior. Para ser capaz de alcançar o verdadeiro destino como filho de Deus, era necessário participar de rituais secretos e, em alguns casos, memorizar dados secretos que capacitavam a passar pela rede de poderes da divindade inferior que tentava manter as pessoas aprisionadas. A salvação era vista pelos gnósticos em contexto cósmico, não moral — ser salvo era ser capacitado a retornar ao reino do puro espírito com o Deus transcendente.

Os gnósticos acreditavam que a fé é inferior ao conhecimento. Os verdadeiros filhos da divindade absoluta eram salvos por meio do conhecimento, não da fé. Essa era a característica dos vários sistemas que deram aos movimentos sua designação: eles eram os gnósticos, i.e., os conhecedores. O que exatamente era esse conhecimento é vago. Era mais a percepção que se tinha da própria existência que resolvia os mistérios da vida para o gnóstico que um corpo de doutrinas. O conhecimento por meio do qual se obtinha a salvação podia ser desenvolvido pela participação ou por meio de instrução, mas em último caso era uma autodescoberta que cada gnóstico tinha de experimentar.

Origens dos conceitos gnósticos O gnosticismo não teria se tornado uma ameaça para a igreja primitiva nos primeiros séculos se não fosse persuasivo, e a questão a respeito da origem dessas ideias e a que necessidades humanas essas ideias atendiam deve ser considerada.

A resposta clássica à pergunta sobre por que o gnosticismo surgiu é que o movimento representava a "helenização radical do cristianismo". Conforme essa perspectiva, o gnosticismo teria sido resultado da tentativa de alguns cristãos de tornar o cristianismo inteligível, aceitável e respeitável em um mundo quase completamente permeado por pressuposições gregas a respeito da realidade da existência.

Essa visão clássica das seitas gnósticas heréticas como distorções do cristianismo pelo pensamento helenista tem muita força, porque facilmente se demonstra como os gnósticos usavam os textos do NT, distorcendo-os conforme seus propósitos. Em 1Co 3.1-4, p.ex., Paulo censura os cristãos de Corinto por serem "carnais", quando deveriam ser espirituais. Esse texto poderia facilmente ser usado como base para apoiar a ideia helenista da superioridade de algumas pessoas na comunidade cristã.

Não obstante, essa explicação clássica deixa alguns problemas sem solução. Há pouca dúvida quanto a ideias, atitudes e práticas incorporadas em muitas das heresias gnósticas que são encontradas fora do pensamento helenista e muito antes do séc. II da era cristã. Em particular, o objetivo último dos gnósticos — voltar à divindade absoluta além da matéria e de alguma maneira ser absorvido por essa divindade — é uma crença que pertence ao pensamento místico pré-cristão do Oriente Médio, não primariamente ao mundo helenista.

Ainda que algumas conclusões radicais de alguns estudiosos a respeito do altamente desenvolvido gnosticismo pré-cristão possam ser diminuídas, parece claro que havia muitas ideias, conclusões e percepções a respeito da divindade, da realidade e do relacionamento das pessoas com os deuses e com o mundo que foram incorporadas às seitas gnósticas de outras fontes que não o helenismo. Duas descobertas literárias inspiraram e têm a tendência de apoiar essa linha de pesquisa — os manuscritos do mar Morto e a Biblioteca de Nag Hammadi, ambos com muitos documentos gnósticos. — *Harold S. Songer e E. Ray Clendenen*

GOA Nome de lugar que significa "baixo" ou "abaixo". Um lugar, aparentemente no lado oeste de Jerusalém, no qual Jeremias prometeu que os muros seriam restaurados depois da destruição feita pelos babilônios (Jr 31.39).

GOBE Nome de lugar que significa "costas" ou "pico da montanha". Lugar no qual Davi e seus homens travaram duas batalhas contra os filisteus, matando gigantes daquele povo (2Sm 21.18,19). A passagem paralela (1Cr 20.4) chama o lugar de Gezer. Alguns manuscritos hebraicos trazem "Benobe" ou "em Nobe" no versículo 16. Manuscritos gregos pressupõem ou Gate ou Gezer. A localização de Gobe não é conhecida, ainda que pareça ser uma cidade dos filisteus.

GOFER, MADEIRA DE Em Gn 6.14 (*ARC*) é o tipo de material que Noé foi orientado a usar para construir a arca. A etimologia da palavra hebraica é desconhecida, e não há certeza quanto a que tipo de madeira se refere. Mesmo os tradutores antigos tiveram incerteza quanto a isso. A *NVI* traz "madeira de cipreste"; a *ARA*, "tábuas de cipreste"; a *NTLH*, "madeira boa"; a *BJ* e a *TEB*, "madeira resinosa".

GOGUE E MAGOGUE 1. Em Ez 38—39 Gogue da terra de Magogue é o líder das forças do mal em um conflito apocalíptico contra Javé. Em Ap 20.8 Gogue e Magogue aparecem juntos em uma construção paralela com forças que batalham para Satanás depois de ele ficar aprisionado por mil anos. A identidade de Gogue e Magogue tem sido objeto de uma extraordinária quantidade de especulações. Mas as tentativas que em geral relacionam essas personagens a indivíduos ou países modernos não têm se mostrado convincentes. A profecia de Ez aparentemente foi elaborada com base nos sermões de Jeremias contra um inimigo vindo do Norte (Jr 4—6). A referência histórica de Ez pode ter sido a Gyges, rei da Lídia, que pediu ajuda a Assurbanípal, rei da Assíria, em 676 a.C., mas depois se uniu à rebelião contra a Assíria liderada pelo Egito por volta de 665 a.C. Seu nome se tornou um símbolo dos poderosos e temidos reis do Norte. Magogue aparentemente é uma construção hebraica que significa "lugar de Gogue". **2.** Gogue é um descendente da tribo de Rúben (1Cr 5.4).

GOIM Nome de lugar que significa "nações" ou "povos", especificamente "gentios", "nações estrangeiras". **1.** Terra na qual o rei Tidal se uniu a uma coalizão de reis do leste contra Sodoma e Gomorra. Essa ação levou a uma guerra na qual Abraão se envolveu (Gn 14.1). A que nações a palavra genérica "Goim" se aplica nesse texto é incerto. Alguns estudiosos sugerem os hititas, pois vários reis hititas entre 1750 e 1200 a.C. eram chamados de Tudhaliya ou Tidal. Outros sugerem um povo chamado Manda, invasores bárbaros que entraram na Mesopotâmia por volta de 2000 a.C. e tinham alguma associação com os elamitas. Goim poderia significar uma coalizão de hititas, luvianos e/ou outros povos. Um manuscrito grego sugere a Panfília, que significa "rica em povos". **2.** Em Js 12.23 menciona um rei de Goim em Gilgal como um dos que foram conquistados. A tradução grega traz "rei de Goim e da Galileia", leitura que muitos biblistas adotam, pois o contexto imediato se refere a regiões próximas da Galileia, e copistas podiam facilmente escrever Gilgal, lugar que desempenhou papel importante nas primeiras narrativas de Js. Qualquer que seja a leitura correta, não se sabe a localização exata ou quais são os povos aos quais se faz referência nesse texto. **3.** O texto de Is 9.1 também se refere à "Galileia dos gentios". Isso pode representar a maneira hebraica de se referir ao governo distrital da Assíria, que os assírios chamavam de Megido. A Assíria passou a controlar aquela região depois de sua guerra contra Israel em 733 e 722 a.C. **4.** Em Jz 4.2 a morada de Sísera é Harosete-Hagoim. V. *Harosete-Hagoim*.

GOLÃ Nome de lugar que significa "círculo" ou "cercado". Era uma cidade de refúgio para pessoas que tivessem matado alguém não intencionalmente, localizada no território de Basã, na parte da tribo de Manassés que habitava a leste do rio Jordão (Dt 4.43). Era também uma cidade de levitas (Js 21.27). Localizava-se na atual Sahem el-Jolan, no lado leste do rio el-Allan. V. *cidades de refúgio*; *cidades dos levitas*.

GOLA, COLAR, COLEIRA Palavra usada para traduzir diferentes termos hebraicos e pode descrever a abertura para a cabeça de uma peça de roupa (Êx 28.32, "abertura" [*NVI*, *ARA*]; Jó 30.18, de fato "gola" [*NVI*, *ARA*]; Sl 133.2); ornamento decorativo em volta do pescoço dos reis dos midianitas ou de seus camelos (Jz 8.26; Pv 1.9; Ct 4.9); "coleira de ferro" usada para restringir uma pessoa (Jr 29.26, *NTLH*; "tronco", *ARA*; "correntes de ferro"); também Sl 105.18.

GÓLGOTA Nome de lugar transliterado do aramaico e/ou do hebraico para o grego e depois para as demais línguas europeias (incluindo o português), que significa "caveira". Em Mc 15.22 a palavra é usada para designar o lugar no qual Jesus foi crucificado. O equivalente latino é *calvaria*. As duas palavras significam "caveira". V. *Calvário, caveira*; *Cruz, crucificação*.

Colina do Gólgota ou Lugar da Caveira.

GOLIAS Em 1Sm 17.1-4 é o imenso campeão filisteu que durante quarenta dias atormentou com seus desafios o exército de Israel liderado por Saul no vale de Elá. Ele foi abatido pelo jovem Davi. V. *Elanã*.

Azeca, no vale de Elá, onde o jovem Davi matou Golias.

GÔMER Nome pessoal que significa "completo", "suficiente", "bastante" ou "carvão em brasa". **1.** Filha de Diblaim e esposa do profeta Oseias (Os 1.3). É descrita em Os 1.2 como "mulher adúltera". Várias explicações têm sido dadas para essa designação. Alguns estudiosos pensam que ela era uma prostituta comum. Outros biblistas pensam que se tratava de uma prostitua cultual no culto a Baal. Outros ainda sugeriram que ela era um símbolo do culto que Israel prestou a muitos deuses. E há ainda a opinião de que ela era uma mulher comum que se tornou infiel após ter se casado com Oseias. Sua infidelidade ao marido se tornou uma espécie de parábola viva da infidelidade de Israel a Javé. V. *Oseias*. **2.** Filho de Jafé e neto de Noé na Tábua das Nações (Gn 10.2). Ele é aparentemente visto como representando os cimérios, um povo indo-europeu do sul da Rússia que se estabeleceu na Capadócia, na Ásia Menor. Fontes assírias relatam que os cimérios ameaçavam a Assíria depois de 700 a.C. Esse Gômer foi o pai de Asquenaz de Jr 51.27 ou dos citas, que expulsaram os cimérios de sua terra ancestral na Rússia. Gômer foi também o pai de Rifate (1Cr 1.6) e de Togarma.

GOMORRA V. *Sodoma e Gomorra*.

GONGO Instrumento de percussão, bastante barulhento, talvez uma espécie de címbalo, usado no culto no templo (1Co 13.1, *NTLH*; "sino", *NVI*; "bronze", *ARA* e *BJ*; "metal", *ARC*). A palavra grega significa literalmente "bronze barulhento", referindo-se ao metal do qual o instrumento era feito.

GORRO V. *tiara*.

GÓSEN 1. A expressão "terra de Gósen" aparece na descrição geral do território ocupado pelas tropas de Josué (Js 10.41; 11.16). Aparentemente se refere à região montanhosa entre Hebrom e o Neguebe. **2.** A "terra de Gósen" pode ter recebido esse nome por causa da cidade de Gósen, localizada no distrito de Debir (Js 15.51). Gósen pode ter sido a principal cidade da região. A cidade antiga estava localizada ou em Tell el Dhahiriyeh, a cerca de 19 quilômetros a sudoeste de Hebrom, ou em algum lugar mais a leste. **3.** Gósen é reconhecida primariamente como uma área no setor nordeste do Delta do Nilo. Foi ocupada pelos hebreus desde a época de José até o êxodo.

A fértil terra de Gósen, na região do Delta do Nilo, no norte do Egito.

Gósen é importante para os estudos bíblicos por quatro razões. 1) O faraó designou aquela região para a família de José quando ela foi para o Egito (Gn 47.6,11). 2) Essa região está localizada em uma rota que vai de Canaã para o Egito. 3) É possível datar a entrada de José no Egito durante o domínio do Delta pelos hicsos (um povo que por um período dominou o Egito). 4) As cidades que os hebreus construíram, Pitom e Ramessés (Êx 1.11), e a capital dos hicsos em Zoã são questões-chave para o estabelecimento da data do êxodo. — Gary D. Baldwin

GOVERNADOR Geralmente um oficial civil indicado para supervisionar determinado território.

Várias palavras hebraicas, aramaicas e gregas, com uma vasta gama de significados, veiculam a ideia de liderança ou supervisão. A palavra "comandante", p.ex., é usada para se referir a líderes de tribos ou de cidades (Jz 5:9; 1Rs 22.26; "governador", *NVI*); Sl 22.28 fala que o Senhor "governa as nações"; Jr 20.1 se refere ao "oficial do templo"; Jo 2.8 refere-se ao "encarregado da festa", Gl 4.2 menciona "administradores"; Tg 3.4 fala de "piloto" (de navio). A palavra "governador" é usada para descrever os oficiais que serviam como administradores regionais sobre territórios ou projetos que lhes foram designados. Em geral o governador exercia tanto funções judiciais quanto tinha a responsabilidade de fazer cumprir a lei, como um representante do seu poder superior.

Antigo Testamento A palavra mais usada para governador no AT é *pechah*, termo tomado por empréstimo do acádio. Essa palavra ocorre em Ed e Ne como um título para Tatenai, o administrador persa da província Trans-Eufrates, ou "território a oeste do Eufrates" (Ed 5.3). A resposta de Tatenai ao decreto de Dario (Ed 6.13) é indicativa da lealdade do governador ao rei.

O título é usado para se referir a Sesbazar (Ed 5.14), a quem o texto de Ed 6.7 se refere como "governador dos judeus". Ciro o comissionou a reconstruir o templo em Jerusalém no fim do período do exílio na Babilônia. Neemias descreveu sua indicação por Artaxerxes I como "governador da terra de Judá" (Ne 5.14). O profeta Ageu encaminhou sua mensagem a Zorobabel, identificando-o como "governador de Judá" (Ag 1.1). Mas a palavra *pechah* é usada no AT também para se referir a outros líderes (2Rs 18.24; 20.24; Is 36.9).

GOVERNO

Novo Testamento A palavra grega *hegemon* e seus derivados predominam nas ocorrências de "governador" no NT. A palavra é usada com frequência para descrever oficiais romanos que tinham autoridade militar e recebiam impostos para o imperador. Quirino (Lc 2.2), Pôncio Pilatos (Lc 3.1; Mt 27.2), Félix (At 23.24) e Pórcio Festo (At 24.27) são chamados de "governador". O trabalho de José no Egito também foi classificado como o de um governador (At 7.10).

Pelo fato de os governadores serem enviados pelo rei para "punir os que praticam o mal e honrar os que praticam o bem" (1Pe 2.13,14), os crentes devem se submeter à sua autoridade. Entretanto, enviados por Cristo, os cristãos serão levados à presença de governadores e reis para julgamento. Fidelidade em circunstâncias assim dará testemunho de Cristo (Mt 10.18).
— *Michael Fink*

GOVERNO A palavra "governo" pode ser entendida de duas maneiras, ou em termos de oficiais ou em termos institucionais. Em referência a oficiais, "governo" se refere à autoridade soberana sobre um povo. Em referência a instituições, "governo" se refere aos costumes, leis e formas de organização de um povo.

Muitas definições-padrão de civilização incluem a presença de um governo fortemente centralizado como um elemento constitutivo. A ascensão dos primeiros impérios no início da primitiva Idade do Bronze está relacionada em parte ao surgimento de governos centralizados. Eles eram necessários para a construção e manutenção dos canais usados para irrigação na Mesopotâmia. Eram também necessários para o desenvolvimento de um exército permanente. O comércio internacional exigia um poder governamental centralizado sobre as instituições econômicas.

Para entender a visão bíblica de governo, deve-se lembrar de que a teologia bíblica apresenta o antigo Israel como uma teocracia, tendo Deus como rei e líder (Jz 8.22,23; 1Sm 8.7-9; Sl 93—99; Rm 13.1-4). A autoridade última reside em Deus e apenas nele. O governo humano, portanto, é sempre limitado e deve continuamente atrelar-se aos limites da vontade de Deus. O melhor governante será aquele que melhor executar o projeto de Deus para um governo justo.

Padrões hebraicos de governo Uma compreensão dos padrões bíblicos de governo deve iniciar com o período patriarcal. Nessa época, os hebreus não tinham um governo centralizado. A unidade maior era a família estendida, ou em uma extensão ainda maior, a tribo. O governo era baseado na família. A primeira unidade de autoridade ou de governo era a casa da família, ou a casa do pai.

Essa unidade de sociedade corresponde melhor à atual designação de família estendida e geralmente envolvia duas ou mais gerações vivendo juntas. O homem mais velho, o patriarca, em geral era o líder da família. Como tal, era o chefe oficial da família e detinha a liderança. O nível seguinte de organização social era o clã, geralmente designado pelo AT como a família (*mishpahah* em hebraico). O clã era composto de várias famílias estendidas relacionadas. Um indivíduo podia ser designado como chefe ou líder de cada clã. O nível social mais amplo a seguir era a tribo (*shevet* em hebraico), composta por vários clãs. Uma tribo podia ter um chefe ou mesmo um príncipe como seu líder. Finalmente, um grupo de tribos podia ser conhecido como um povo ('*am* em hebraico). A tribo era a unidade social mais frequente mencionada à parte da casa ou da família estendida. Não se deve necessariamente considerar a tribo como um grupo demasiadamente grande; antes, como um grupo pequeno e isolado, especialmente antes de Saul e Davi. V. *família*.

Recentemente tem sido argumentado que as estruturas da tribo e do clã tinham como base não laços de parentesco, mas de agrupamentos para defesa comum. Dessa forma, duas ou três pequenas cidades podiam se unir e formar um clã, e uma tribo seria formada por duas ou três dessas unidades de clãs. Isso seria verdade para o período após a conquista de Canaã. Por isso, muitos biblistas defendem que no cântico de Débora (Jz 5) os guerreiros são relacionados aos seus territórios tribais mais que às tribos como grupos familiares.

Presume-se que a sociedade patriarcal era nômade ou seminômade. Conforme o padrão das modernas tribos nômades com organização patriarcal, a sociedade hebraica era provavelmente democrática. As decisões tribais seriam tomadas com base na discussão por todos os homens adultos. Nem todos os homens tinham a mesma autoridade. Os anciãos tinham uma autoridade maior durante aquele período e também nos períodos seguintes.

Os anciãos em um clã eram provavelmente os líderes das casas que formavam o clã. Os anciãos da tribo seriam os líderes das casas, ou anciãos escolhidos de cada clã. Logo, os anciãos eram os líderes da comunidade local. Eles tinham a responsabilidade de decidir muitas das questões do dia a dia, ou assuntos religiosos e judiciais. Os anciãos eram representantes da comunidade como um todo em questões religiosas e militares. Frequentemente acompanhavam o líder. Podiam celebrar uma aliança (2Sm 5.3) ou um tratado em favor do povo. Os anciãos regularmente decidiam as questões na porta da cidade (Dt 21.19). Eles continuaram com suas funções no período da monarquia como parte do corpo administrativo da corte. V. *ancião (presbítero, autoridade)*.

Começando com o êxodo, o AT apresenta Israel como um povo composto por numerosas tribos, mas com um único líder, Josué, o sucessor de Moisés, que foi sucedido pelos juízes. Ainda que a descrição fale a respeito de um líder central, não há indicação de um governo centralizado. O líder tinha grande autoridade, mas não tinha uma estrutura centralizada de governo. Naquele tempo havia uma confederação de tribos, conhecida entre os biblistas pelo termo técnico "anfictionia". Além do ancião, Israel tinha também, depois dos períodos de Moisés e Josué, o ofício do juiz. Este não era um oficial judicial; antes, um líder militar carismático. O juiz liderava as forças de Israel e derrotava o poder opressor. Desde o tempo de Moisés, o ofício de juiz tinha a incumbência de decidir causas (Dt 1.16; 16.18-20; 17.8,9). Com muita frequência ênfase era dada às proezas militares de um juiz (Jz 3.7-30). O livro de 1Sm traz uma mudança na ênfase à pessoa do juiz. Este se torna uma espécie de sacerdote, como nos casos de Eli e Samuel. Portanto, a palavra "juiz" parece ter tido uma vasta gama de significados, não apenas um sentido judicial. Certamente o juiz parece ter sido o oficial-chefe da confederação de tribos no período anterior à monarquia. Parece que a palavra não era específica para um tipo de líder — sacerdotal, militar ou judicial —, mas simplesmente indicativa de um líder. Ainda que houvesse alguns casos nos quais um juiz tentasse que seus filhos o sucedessem (como fizeram Eloi e Samuel), o ofício normalmente não era hereditário (cf. os problemas de Abimeleque, Jz 8.23—9.56). Nesse particular, o ofício de juiz era diferente do ofício do rei, que surgiria mais tarde.

Ainda que o período dos juízes pudesse ter levado ao desenvolvimento da monarquia, os dois são completamente diferentes. Embora várias tribos pudessem se unir para combater um inimigo comum sob a liderança de um juiz, esse ofício não era permanente, nem hereditário, nem havia uma corte como há em uma monarquia. O juiz era apenas uma extensão do chefe ou líder tribal elevado a uma posição de líder por várias tribos em conjunto. Até Samuel, a função de juiz propriamente era manter as tradições religiosas do povo (Jz 2.10; 17.6; 21.25).

Governo durante a monarquia Com a eclosão da monarquia, surgiu um padrão de organização totalmente diferente. Não apenas o rei era o único governante de todo o povo, como surgiram vários chefes em nível nacional. O rei era cercado por uma nova estrutura. A partir daí, havia a corte real que o auxiliava em seu governo. Junto com os antigos líderes tribais e líderes das pequenas cidades, o rei agora passa a ter uma nova estrutura de liderança. Entre as novas posições políticas criadas, estão oficiais militares e um exército profissional, junto com as antigas milícias das tribos. O país foi dividido em distritos, cujos administradores continuaram a atuar paralelamente ao antigo sistema dos anciãos. Uma corte real e um exército profissional precisam ser sustentados, e, para tanto, um sistema de cobrança de impostos foi desenvolvido. Evidências desse sistema de taxação foram encontradas nos óstracos (fragmentos de cerâmica) de Samaria, que registram o recebimento de impostos de várias propriedades rurais pagos ao governo. De modo semelhante, as alças de jarros *lamelek* (a inscrição *lamelek* significa literalmente "para o rei") indicam a taxação de produtos das fazendas reais. Projetos de construção exigiam muitos trabalhadores, por isso foi organizado o sistema da corveia, i.e., de trabalho forçado prestado pelos camponeses. O sistema antigo de governo local baseado na cidade e na autoridade dos anciãos ainda existia, mas uma burocracia pesada se desenvolveu paralelamente ao antigo sistema. O governo também entrou na arena internacional, envolvendo Israel em guerras. A partir daí, seriam negociados tratados, alianças, acordos comerciais e casamentos reais. Na corte real havia cargos como: o superintendente ou administrador do palácio, uma espécie de secretário de Estado ou primeiro-ministro; o escriba, uma combinação de arauto (uma espécie de secretário de Imprensa) e chefe de protocolo; o escriba principal; conselheiros; sacerdotes; e profetas (1Rs 4). Além disso, havia muitos servidores do rei. O rei incorporava o governo de toda a nação. À medida que ele e seus oficiais eram justos e fiéis na administração, a nação prosperava. Se acontecesse o contrário, a nação sofria. De igual maneira, as ações injustas dos oficiais inferiores eram em última instância da responsabilidade do rei. Por isso os profetas acusavam o rei de suas ações e das ações dos que estavam hierarquicamente abaixo dele.

Governo sob impérios estrangeiros Se a mudança para a monarquia foi a mais revolucionária mudança no governo de Israel, o colapso da monarquia marcou a segunda mudança mais significativa. Perderam-se a independência e a autonomia. Com toda a probabilidade essa mudança foi mais percebida em nível nacional que local. Os anciãos continuaram a trabalhar como líderes locais, mas os oficiais reais foram substituídos por novos oficiais imperiais e militares dos poderes conquistadores — primeiro, a Assíria e, depois, sucessivamente, os impérios babilônico, persa, grego e romano. A partir daí, os impostos cobrados iam para o tesouro desses Estados estrangeiros, e um novo sistema legal tinha de ser acatado junto com a lei hebraica. Isso é visto especialmente no julgamento de Jesus, que envolveu oitivas diante de cortes religiosas (naquela época a mais alta corte religiosa judaica) e diante das autoridades romanas. O governante principal se tornou um governador local designado pelo poder estrangeiro, tal como Neemias, ou mesmo um estrangeiro, como os procuradores romanos, no tempo do NT. Os reis locais tinham permissão para governar apenas por liberalidade do poder estrangeiro e sob a vigilância cuidadosa das suas forças militares, como é o caso de Herodes no NT.

A partir do período pós-exílico, o governo judaico passou para as mãos dos sacerdotes. A monarquia acabara. A reestruturação da sociedade impediu que houvesse um excesso de poder nas mãos dos políticos. O sacerdócio foi fortalecido e gradualmente assumiu a autoridade judicial. Mesmo os anciãos passaram a ter um papel religioso especial como oficiais judiciais. A "Lei" se tornou praticamente sinônima da aliança religiosa, de modo que obedecer à Lei significava guardar a aliança de Deus. Isso afetava todas as áreas da vida. Tal arranjo não era necessariamente novo e se relacionava com a ideia de Deus como o rei. A maneira pela qual o poder ficou concentrado inteiramente no domínio religioso, entendido como oposto ao secular, era uma novidade no período pós-exílico e nos períodos posteriores. Desde que o poder político em grande parte não era possível, o poder propriamente consolidou-se onde ele ainda podia ser exercido, i.e., na esfera religiosa. Dessa maneira a religião se expandiu e passou a cobrir todas as esferas da vida do povo.

No NT há um rei herodiano (i.e., da linhagem de Herodes) apontado pelo governo romano. Mais tarde, um governo romano direto substituiu o rei. A autoridade religiosa ainda existia. O sumo sacerdote e o sacerdócio exerceram autoridade considerável, ainda que permanecesse nominalmente como autoridade "religiosa". Os anciãos eram membros de uma entidade formal, o Sinédrio, do qual também faziam parte alguns sacerdotes. Tal como no caso da monarquia, duas estruturas de autoridade existiam lado a lado. O governo civil agora estava basicamente nas mãos do chefe supremo estrangeiro, mas o poder religioso concentrava-se nas mãos dos sacerdotes e do Sinédrio. — *Joel F. Drinkard Jr.*

GOZÃ Nome de lugar de significado incerto, possivelmente "pedreira". Cidade-Estado síria para a qual os assírios exilaram muitos israelitas, depois de terem derrotado Israel em 732 (1Cr 5.26) e 722 (2Rs 17.6; 18.11). A Assíria havia conquistado Gozã (2Rs 19.12), que está localizada provavelmente na atual Tel Halaf, no noroeste da mesopotâmia, na margem sul do rio Khabur. A arqueologia comprova que a cidade foi edificada depois do ano 1000 a.C., ainda que haja evidência de ocupação desde a Idade da Pedra. A cidade tinha uma área de 600m², com templos e edificações governamentais. Arqueólogos descobriram documentos com nomes que aparentam ser hebreus, talvez de pessoas deportadas pela Assíria.

GRAÇA 1. Amor e aceitação recebidos sem merecimento. Ainda que as palavras bíblicas para "graça" sejam usadas em uma variedade de maneiras, o uso mais comum é para se referir a um favor imerecido concedido a uma pessoa por alguém em posição superior. Quando usada com referência à graça divina ao homem, a palavra se refere ao favor não merecido da parte de Deus em providenciar salvação para os que merecem condenação. No sentido cristão mais específico, a palavra tem a ver com a atividade salvadora de Deus manifesta no dom do seu Filho para morrer no lugar dos pecadores.

Antigo Testamento "Graça" no AT é a tradução do substantivo hebraico *chen* e do verbo *chanan*, que ocorre cerca de 56 vezes, com a ideia de um voltar-se bondoso de Deus ou de alguém para uma pessoa, como uma ação de assistência em tempo de necessidade (Pv 14.3; Sl 4.1). O substantivo *chen* ocorre 69 vezes em toda a literatura veterotestamentária e é geralmente traduzido por "graça" ou "favor", conquanto não haja nenhuma diferença aparente entre as duas. Esse substantivo aparece com mais frequência na expressão "encontrar graça ou favor diante dos olhos de alguém" (cf. Gn 19.19; 32.5; 33.8; 34.11; 47.25). A pessoa de quem se busca a graça é, quase sem exceção, alguém em uma posição de superioridade ou autoridade sobre a pessoa que busca favor. O superior não tem obrigação de demonstrar graça, que depende totalmente de sua generosidade. O uso mais frequente no AT é para se referir a pessoas que buscam obter o favor de outras: José, de Potifar (Gn 39.4); os irmãos de José que buscam o favor do próprio irmão (Gn 47.25); José, do faraó (Gn 52.4); Rute, de Boaz (Rt 2.10); Davi, de Saul (1Sm 20.12,28); Joabe, de Davi (2Sm 14.22).

Embora não seja o mais frequente, o mais significativo uso de "graça" no AT é para expressar um relacionamento divino—humano. Porque a palavra hebraica expressa um favor não merecido das mãos de um superior, nunca se diz o contrário, ou seja, Deus buscando "favor" da parte de qualquer das suas criaturas. O que há são pessoas buscando ou recebendo favor diante dos olhos do Senhor: Noé (Gn 6.8), Moisés (Êx 33.12), Gideão (Jz 6.17), Samuel (1Sm 2.26), o remanescente exílico (Ed 9.8; Jr 31.2). Nesses exemplos, "graça" denota o dom imerecido da eleição da parte de Deus. É uma expressão do seu amor soberano (Êx 33.19). Além disso, a "graça" é a base de todos os relacionamentos de Deus com o homem e de sua atividade a favor do homem. A graça salvou Noé e sua família do Dilúvio (Gn 6.8) e Ló da destruição de Sodoma e Gomorra (Gn 19.19). A graça deu a Moisés um conhecimento pessoal de Deus e dos seus caminhos (Êx 33.12,13), uma garantia da presença de Deus com Israel e perdão dos seus pecados (Êx 33.17; 34.9), e o fez ver a glória de Deus (Êx 34.18-23). Foi a graça que escolheu Israel para ser herança de Deus (Êx 33.16) e preservou o remanescente do cativeiro (Ed 9.8). Foi a graça que escolheu Davi para ser rei (1Sm 16.22) e, depois de uma bem-sucedida rebelião contra ele, o restaurou ao seu trono (2Sm 15.25). É a graça que um dia fará Israel reconhecer o Messias (Zc 12.10). A graça traz a misericórdia (Nm 11.15; Is 60.10) e resistir-lhe traz julgamento (Js 11.20).

Novo Testamento A palavra grega *charis* é usada no NT para se referir à graça, ocorrendo cerca de 150 vezes. Essa palavra teve uma longa história de uso no grego secular antes do tempo do NT. Originariamente, referia-se a algo agradável ou belo em uma pessoa, um objeto ou um ato que produzia prazer. Daí vem a ideia de algo que dá prazer ao outro. Da perspectiva de quem a recebe, graça passou a significar "agradecimento" ou "gratidão". Posteriormente a palavra passou a ser usada em um sentido ético, como um favor feito livremente sem qualquer cobrança ou expectativa de receber algo em troca. Quando o AT foi traduzido para o grego, usou-se a palavra *charis* para traduzir a palavra hebraica *chen*. A partir daí, a palavra assumiu no grego bíblico a conotação de uma relação objetiva de favor imerecido por parte de um superior a um inferior. Essa relação objetiva de favor imerecido de Deus para com o homem forma o pano de fundo do significado distintamente cristão de graça no NT.

GRAÇA

Charis raramente aparece nos Evangelhos. É ausente em Mt e Mc. Já Lc utiliza a palavra oito vezes, quatro das quais usadas por Jesus, mas somente no sentido comum de "agradecimento" (Lc 6.32,34; 17.9). Três das demais referências são no sentido veterotestamentário de "favor" (Lc 1.30; 2.40,52). Em uma referência, Lc descreve as palavras de Jesus como "palavras de graça" (4.22), o que pode ter o sentido secular de "belas" ou "atraentes", mas também podem se referir ao conteúdo da mensagem de Jesus, o que a tornariam sinônimas de evangelho. Em Jo a palavra é usada quatro vezes, todas no prólogo (1.14,16,17). É usada para descrever Cristo em sua encarnação (v. 14) e como algo que os que creem nele recebem, em contraste com a Lei (v. 16,17). A expressão incomum em Jo, "graça sobre graça" (1.16), incorpora a ideia da graça como uma realidade contínua e inexaurível da parte de Deus para com os cristãos. A graça é algo que nunca se interrompe e não conhece limites.

Em At, *charis* é usada em três sentidos. O uso mais comum é para se referir ao poder que flui da parte de Deus e que exaltou Cristo. Foi essa graça que proporcionou aos apóstolos sucesso em sua missão (4.33; 11.23; 13.43; 14.26), capacidade aos não cristãos para crer (18.27) e poder para edificar os cristãos (20.32). É usada no sentido de favor humano e, como tal, em geral traduzida por "simpatia" ou "favor" propriamente (2.47; 7.10,46; 24.27; 25.3,9). O significado mais raro, mas o mais importante teologicamente, é em referência ao método de Deus de salvar em oposição ao legalismo dos judaizantes. É pela "graça de nosso Senhor Jesus Cristo" que tantos os judeus quanto os gentios são salvos (15.11). A referência específica à graça do Senhor Jesus Cristo, não à expressão genérica "graça de Deus", indica que Pedro e os judeus cristãos entendiam a graça salvífica de Deus como manifestada na obra redentora de Cristo.

Das aproximadamente 150 ocorrências de *charis* no NT, a grande maioria aparece nas cartas paulinas, com ampla gama de significados. Há vezes nas quais Paulo a utilizou no sentido mais secular de um dom ou de um ato que traz prazer a quem o recebe. A visita dele a Corinto foi uma *charis* (2Co 1.15, ARC; "benefício", NVI e ARA). A oferta para os santos de Jerusalém é chamada de *charis* e foi motivada por *charis* (1Co 16.3; 2Co 8.1,4,6,7,19). Algumas vezes ele usa *charis* no sentido de agradecimento (1Co 10.30; Cl 3.16), com frequência empregando a expressão "graças [*charis*] a Deus" (Rm 6.17; 7.25; 1Co 15.57; 2Co 2.14; 8.16; 9.15; 1Tm 1.12; 2Tm 1.3).

O uso mais comum e teologicamente mais importante que Paulo faz de *charis* é para se referir à graça de Deus. Vinte e cinco vezes ele usa a expressão "graça de Deus" ou "graça de nosso Senhor Jesus Cristo". Não há nenhuma diferença de propósito nas expressões. Em uma ocasião ele combina as palavras com a expressão "a graça de nosso Deus e do Senhor Jesus Cristo" (2Ts 1.12). É comum a expressão "sua graça", que pode ter Deus ou Cristo como objeto. Para Paulo a graça de Deus é uma atividade divina, não tanto um atributo atemporal. É a atividade redentora de Deus que se manifesta na obra redentora de Cristo pela qual os pecadores são perdoados e aceitos por Deus. No pensamento de Paulo, a graça de Deus é necessária por conta da total falta de capacidade do homem de fazer seja o que for para se salvar e pela total indignidade do homem para ser salvo. O uso que Paulo faz da graça para se referir à natureza não merecida da salvação de Deus foi particularmente ilustrado por sua própria experiência. Sua vida pregressa como perseguidor dos cristãos provocou nele um profundo sentimento de indignidade. Foi somente por causa da graça de Deus que Cristo lhe apareceu, o transformou e o escolheu para ser apóstolo (1Co 15.9,10; 1Tm 1.12-14).

A compreensão que Paulo tem da graça de Deus é tão abrangente que ele faz referência a ela no início e no fim de cada uma de suas cartas. Para ele a vida cristã resume-se na graça de Deus. A salvação, do início ao fim, é pela graça. Não pode haver uma mistura de graça e obras, pois, se houver, não será graça (Rm 11.6,7). A graça e o evangelho de Cristo são sinônimos, e se afastar disso é um retorno a um falso evangelho (Gl 1.6). Foi a graça de Deus que na eternidade passada, antes da fundação do mundo, planejou a salvação para os pecadores (Ef 1.4; 2Tm 1.9). Foi a graça que providenciou a salvação na morte de Cristo na História (Rm 3.24). É a graça que capacita para que se possa receber a salvação, pois a graça convida à salvação, revela Cristo e ainda dá a fé, que é condição para a salvação (Gl 1.6,15; Ef 2.8,9; Fp 1.29). É a graça de Deus que chama e capacita para o serviço na vida cristã (Rm 15.15,16; 1Co 3.10). De modo bastante semelhante ao de Lucas em At, Paulo fala da graça de Deus como um poder, quase como se fosse uma pessoa. A graça de Deus era algo que estava com ele, produzia trabalho, humildade, piedade e o sustentava em tempos de dificuldade (1Co 15.10; 2Co 1.12; 12.7-10). Portanto, tudo, do início ao fim, é graça.

Nas Epístolas Gerais e em Ap, *charis* é citada 24 vezes, e muitas dessas citações estão em Hb e 1Pe. Há toda uma variedade de significados é encontrada em Paulo, nos Evangelhos e em At. Em Hb, a graça está relacionada com a morte expiatória de Cristo (2.9). É a graça que permite que os cristãos se acheguem à presença de Deus, que os ajuda "no momento da necessidade" (4.16). É a graça que fortalece o coração do cristão, pela qual ele recebe todo o bem para fazer a vontade de Deus (13.5). A palavra também é usada no sentido secular de "agradecimento" ou "gratidão" em Hb 12.28. Em Tg, a graça é usada para se referir a um poder concedido aos humildes para que eles resistam ao Diabo e evitem o adultério espiritual (4.6,7). Nas epístolas petrinas a graça tem sua fonte em Deus (1Pe 5.10) e tem natureza múltipla (1Pe 4.10). Pedro iguala a graça à salvação e, como Paulo, entende a salvação como graça, do princípio ao fim. A graça foi anunciada de antemão pelos profetas, cumprida nos sofrimentos de Cristo, aplicada ao povo por um chamado soberano (1Pe 1.10,11; 5.10) e é capacitatora dos cristãos para o serviço (1Pe 4.10,11). Todos os cristãos, homens e mulheres, estão em uma relação com Deus baseada na graça (1Pe 5.12; 3.7). O modo de evitar ser enganado por Satanás e cair em infidelidade é crescer "na graça e no conhecimento de nosso Senhor e Salvador Jesus Cristo" (2Pe 3.18). *Charis* não é citada em 1 e 2Jo e é citada apenas uma vez nos versículos finais de Ap. Não obstante, o NT é concluído de maneira muito apropriada com uma bênção de graça (Ap 22.21). V. *justificação; amor; misericórdia.* — Jimmy A. Millikin

2. Tradução ocasional da palavra hebraica *chesed*. É a mais alta expressão do AT para amor. É chamada de diferentes maneiras: eleição de Deus, guarda da aliança ou amor eterno. É o amor que permanece constante a despeito das circunstâncias. Ainda que muitas vezes usada para Deus, é outras vezes usada para o amor entre pessoas. V. *bondade; amor.*

GRADE 1. Janela com treliça. O mestre da sabedoria olhou através de uma janela com treliça para observar como a mulher estranha lidava com um jovem (Pv 7.6). A mãe de Sísera olhou através de uma janela semelhante enquanto esperava impacientemente pela volta do filho da batalha que ele perdera para Débora e Baraque e depois da qual tinha Sísesa sido morto por Jael (Jz 5.28). Os arqueólogos descobriram janelas de treliça em palácios reais. A rainha ou deusa olhando através da janela real parece ter constituído um motivo popular no antigo Oriente Médio. **2.** Estrutura de faixas cruzadas. Grades eram usadas como cobertura de janelas para permitir a entrada de alguma luz e, ao mesmo tempo, o mínimo de chuva e calor (Jz 5.28; 2Rs 1.2; Pv 7.6; Ct 2.9). De acordo com uma interpretação, na visão que Ezequiel teve do templo, as janelas tinham grades (Ez 41.16,26). Algumas traduções falam das janelas como cobertas. Sugeriu-se traduzir a palavra que aparece em Is 60.8 como grade das (ou para as) pombas. Mas a maioria das versões traduz como pombal (ARA, TEB). A *NVI* traduz como "ninhos".

GRAMA Erva apropriada para consumo de animais que pastam (Jó 6.5). Há pelo menos cinco palavras hebraicas relacionadas. **1.** A palavra *deshe'* parece ser um termo abrangente para se referir a qualquer erva que cresce e fica verde (Gn 1.11), sendo traduzida por "vegetação" (*NVI*), "relva" (*ARA*), "erva verde" (*ARC*), "[todo tipo de] vegetais" (*NTLH*), "ervas e planas" (*BV*), "verdura" (*BJ* e *TEB*). Com a chuva, formam-se pastos verdes (Sl 23.2; cp. Is 66.14; 2Rs 19.26). **2.** A palavra *dethe'*, o equivalente aramaico de *deshe'*, significa "grama" propriamente (Dn 4.15,23). **3.** A palavra *yereq* se refere a plantas amarelas, verdes ou descoradas: as ervas verdes que os animais comem (Gn 1.30; 9.3; Nm 22.4); os brotos verdes das árvores (Êx 10.15); o julgamento de Deus que destrói a vegetação verde (Is 15.6). A palavra *yereq* pode modificar *deshe'* para enfatizar a cor verde (2Rs 19.26; Sl 37.2; Is 37.2). A palavra relacionada *yaraq* descreve vegetais ou legumes verdes (Dt 11.10; 1Rs 21.23; Pv 15.17). **4.** A palavra *eseb* se refere às plantas que nascem com as primeiras chuvas, em contraste com as perenes; por isso, são as ervas do campo (Gn 1.30; 2.5; 9.3). Os humanos dependem de Deus para fazer a grama crescer (Sl 104.14; Mq 5.7; Zc 10.1). A grama ou a relva serve como ilustração para a brevidade da vida humana (Sl 102.4,11), mas também de crescimento florescente (Sl 72.16; 92.7) e do favor enriquecedor do rei (Pv 19.12). **5.** A palavra *chatsir* é um termo geral para a erva selvagem que cresce nos telhados (2Rs 19.26), nas montanhas (Sl 147.8) e até mesmo para se referir ao capim que cresce em fontes no período da seca (1Rs 18:5). Os humanos em sua mortalidade são comparados à erva em contraste com a palavra de Deus (Is 40.6-8; cp. 51.12; Sl 90.5; 103.15). O lírio (Mt 6.28) é chamado também de erva (v. 30).

GRANDE Título usado pelo mago samaritano Simão (At 8:9-10). O título representa uma alegação a honras divinas, ainda que seu significado preciso não seja claro. Justino Mártir afirmou que os samaritanos reverenciavam Simão como o deus principal do panteão cananeu. Outros estudiosos argumentaram que Simão alegava ser um deus menor que representava o poder do deus principal, talvez Baal-Zebube ou Atena.

GRANDE, CORUJA V. *coruja*.

GRANDE, LAGARTO V. *répteis; lesma*.

GRANDE, MAR (Nm 34.6,7; Js 15.12). V. *mar Mediterrâneo*.

GRÃO Termo geral para a semente comestível de ervas cultiváveis. Grãos comuns nos tempos bíblicos eram o trigo (Gn 30.14), o centeio (Êx 9.32), a cevada (Êx 9.31) e o painço (Ez 4.9). V. *plantas*.

Grande silo para grãos na antiga Megido, com uma escada em espiral que dá acesso ao seu interior.

GRÃOS Termo geral para ervilhas, feijões e lentilhas (Dn 1.2,16; *NVI*, "vegetais"; *ARA*, *ARC*, *NTLH*, *BJ*, "legumes"). A palavra hebraica significa literalmente "o que foi semeado", uma designação que inclui grãos, não apenas legumes propriamente.

Vários tipos de grãos para plantar à venda em um mercado árabe na Jerusalém antiga.

GRATIDÃO V. ação de graças.

GRÉCIA Localizada entre a península da Itália e a Ásia Menor, a Grécia propriamente é uma península, com o mar Adriático e o mar Jônico a oeste e o mar Egeu a leste. Esses mares, por sua vez, são parte do Mediterrâneo. A Grécia tem terrenos escarpados, por estar na extremidade sul da cadeia de montanhas da Europa Central. Outra característica geográfica está nas numerosas ilhas, próximas à costa. A área mais ao sul, o Peloponeso, é praticamente uma ilha, ligada ao continente apenas por uma estreita faixa de terra conhecida como istmo de Corinto.

Sua natureza montanhosa desempenhou papel importante no desenvolvimento do país. Primeiramente pelo fato de sua linha costeira ser desproporcionalmente grande para uma área pequena, resultante do fato de haver numerosas baías e braços de mar, o que possibilita a existência de numerosos portos. Como suas montanhas eram densamente arborizadas em épocas antigas, a construção de navios e comércio marítimo floresceram. Em segundo lugar, o terreno áspero desencorajou um senso de unidade entre seu povo, pois a comunicação interna não era fácil. Finalmente, a terra para agricultura, ainda que fértil, era limitada, de modo que o que se produzia não podia sustentar uma população muito grande. Pequenos grãos, uvas e oliveiras eram os principais produtos agrícolas, enquanto as montanhas proviam pastagens para ovelhas e cabras.

Terracota de mulher com vestido e estilo de cabelo gregos do séc. II ou do séc. I a.C.

Desenvolvimento histórico Na época dos grandes profetas de Israel (por volta do séc. VIII a.C.) as cidades-Estado gregas começaram a se desenvolver. Estoques limitados de alimentos forçaram os gregos a deixar sua terra natal. Como resultado, colônias foram estabelecidas nas ilhas do Mediterrâneo, Ásia Menor, Sicília, Itália e na região do mar Negro. Essas colônias davam base para o comércio que, por sua vez, encorajava o crescimento das cidades, pois a economia não estava limitada à agricultura.

O grande divisor de águas para as cidades-Estado foi 500-404 a.C. As cidades-Estado dominantes desse período foram Atenas e Esparta. Por volta de 500-475 a.C. Atenas foi vitoriosa diante de uma ameaça da parte dos persas. Depois disso veio o que é conhecido como a era de ouro de Atenas. Sob a liderança de Péricles, a arte, a arquitetura e o teatro floresceram. Mas as cidades-Estado do Peloponeso temiam o poder de Atenas. Por isso, se uniram sob a liderança de Esparta para lutar contra Atenas. Com a derrota desta em 404 a.C., iniciou-se um período de declínio para as cidades-Estado.

Por volta de 350 a.C. Felipe II subiu ao trono da Macedônia, um território que em grande parte corresponde ao atual norte da Grécia. Nos anos que se seguiram Felipe subjugou toda a península grega, até ser assassinado em 336 a.C. Ele foi sucedido por seu filho de 20 anos, Alexandre, cujo tutor fora o grande filósofo Aristóteles.

Alexandre foi um dos mais destacados gênios militares e organizacionais da História. Quando morreu, por volta de 323 a.C., tinha conquistado um império que, da Grécia, atravessava o Oriente Médio até as fronteiras ocidentais da Índia, bem como a Sírio-Palestina e o Egito. Por onde passava, Alexandre estabelecia colônias que se tornavam divulgadoras da língua e da cultura gregas, o que é conhecido como helenismo. Quando, dois séculos mais tarde, os romanos conquistaram grande parte desses territórios, impuseram seu sistema legal e militar, mas foram por sua vez conquistados pela cultura grega. Por isso é comum falar-se em cultura greco-romana. Com o surgimento do cristianismo, a língua grega, que muitos linguistas consideram a língua mais flexível que já se desenvolveu, foi um veículo para divulgar seus conceitos. Teólogos cristãos, na elaboração da teologia cristã nos séculos seguintes, vestiram conceitos cristãos com ideias e métodos filosóficos gregos.

A Grécia e a Bíblia Há poucas referências à Grécia no AT. A maioria está no livro de Dn (Dn 8.21; 10.20; 11:2; Zc 9.13). Não é esse o caso no NT, especialmente com respeito ao ministério de Paulo. Parte do seu trabalho mais frutífero foi realizada em cidades gregas. Filipos na

GRÉCIA

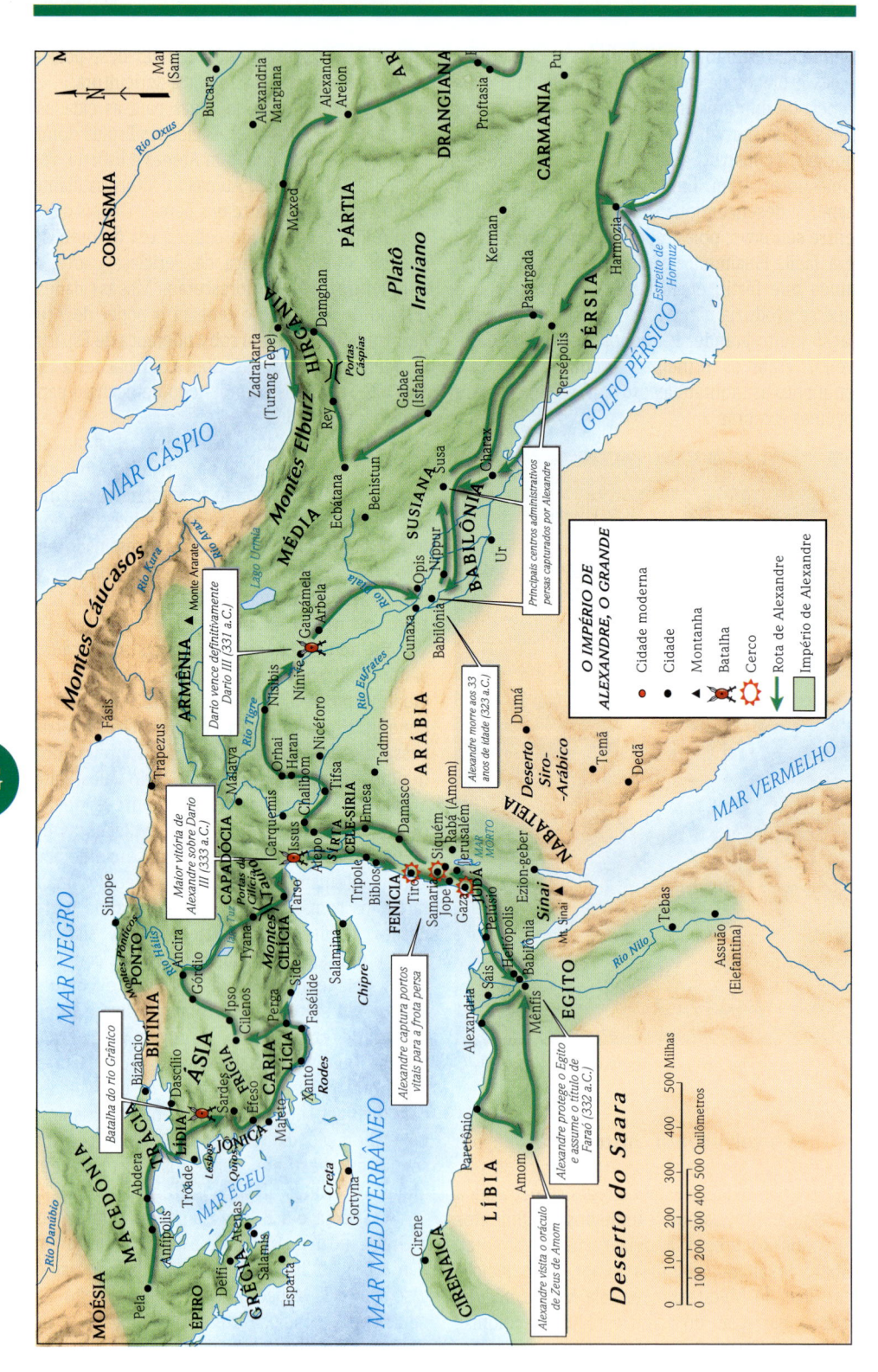

O Erechteum com o Pórtico das Virgens na Acrópole da antiga Atenas, na Grécia.

GRÉCIA

Macedônia foi a primeira igreja organizada por Paulo em solo europeu (At 16) e se tornaria a favorita entre as igrejas de Paulo, bem como a destinatária de sua carta mais íntima e amável (Fp). No distrito da Tessália, Paulo plantou duas igrejas, Tessalônica e Bereia (At 17.1-14). Os tessalonicenses também se tornaram destinatários de cartas paulinas, duas das quais estão no NT. Assim como Paulo teve problemas enquanto estava em Tessalônica (At 17.1-9), teve problemas também para explicar à igreja a respeito do retorno do Senhor.

Estudiosos da Bíblia há muito debatem a respeito do sucesso ou não de Paulo em Atenas (At 17.16-33). Conquanto o culto aos deuses gregos tivesse declinado, a experiência de Paulo na praça de Atenas demonstra que esse culto não havia desaparecido de todo. Mas foi a experiência de fracasso das religiões antigas que levou à rápida aceitação da religião cristã por todo o Império Romano. Paulo, porém, não conseguiu um grande número de convertidos em Atenas.

Nenhuma cidade recebeu mais atenção ou recebeu mais correspondência de Paulo que Corinto. Localizada no estreito istmo que liga o Peloponeso ao resto da Grécia, Corinto era uma cidade portuária pecaminosa e violenta, a encruzilhada do Mediterrâneo (At 18.1-17). Lá Paulo se encontrou com duas pessoas que seriam seus auxiliares mais valiosos: Priscila e Áquila. Em Corinto ele seria levado a julgamento e plantaria uma das igrejas mais problemáticas e controversas, para quem enviaria pelo menos quatro epístolas, das quais duas sobreviveram como parte do NT.

Alto-relevo do mito de Télefo, filho de Hércules, e seu encontro com Aquiles, que lhe infligiu uma ferida que não curava.

A influência grega no NT e no cristianismo é imensurável. O grego coinê ("comum"), falado nas ruas naquela época é a língua na

A Acrópole em Atenas, Grécia.

Inscrição em grego em um sarcófago em Tiatira, com a palavra "Tiatira", indicando a identidade do lugar.

qual o NT foi escrito. Pelo menos cinco dos textos do NT foram escritos para igrejas em cidades gregas (Fp, 1 e 2Ts, 1 e 2Co). À medida que o evangelho cristão se espalhava pelo mundo do Mediterrâneo, tinha de comunicar seus valores às pessoas de cultura e religião gregas. Ambos ganharam com esse relacionamento: pessoas foram transformadas pelo evangelho, e o cristianismo obteve um veículo para sua comunicação. — *John H. Tullock*

GREGA, LÍNGUA O grego era falado amplamente em todo o Império Romano. Alexandre, o Grande (336-323 a.C.), conquistou o mundo conhecido de então e estimulou a disseminação da cultura grega, o que incluía a língua. Essa helenização estabeleceu muitas características do mundo ocidental. Muito cedo as cidades-Estado gregas independentes estabeleceram dialetos gregos distintos (ático, jônico, dórico). Não obstante, como resultado das conquistas de Alexandre, esses dialetos se mesclaram em uma língua comum, um "grego helenístico", que veio a ser conhecido como coinê. Essa foi a língua comum entendida praticamente em toda parte. Historicamente essa corrente linguística deu origem ao grego bizantino e posteriormente ao grego moderno.

Grego helenístico é um termo melhor que coinê para descrever o grego do séc. I, pois representa um espectro de muitos níveis do grego. O nível mais baixo era o coinê, falado nas ruas, i.e., a língua coloquial do dia a dia.

Um segundo nível era menos casual e mais sofisticado que o coinê. Era o grego usado para publicar filosofia popular, como os textos de Epicteto e utilizado também em questões comerciais e legais.

Um terceiro nível ainda mais formal e erudito era o grego literário, disponível para poucas pessoas, pois apenas cerca de 20% da população era alfabetizada. As classes sociais mais altas utilizavam esse tipo de grego.

O quarto nível, chamado grego clássico, é anterior a Alexandre. Era o grego dos escritores antigos, como Homero. Esse estilo não era utilizado no tempo de Jesus, mas era imitado. Alguns escritores greco-romanos do tempo de Jesus tentaram utilizá-lo. Esse estilo de imitação é chamado grego aticizante. Poucos o utilizavam na conversação.

Todo o NT foi escrito em grego. Isso indica quanto o mundo no qual Jesus e seus discípulos pregaram era helenizado. O grego utilizado na redação do NT era o do segundo nível, o nível da filosofia popular e do comércio. O grego utilizado no NT é em geral melhor que o coinê, mas não tão sofisticado quanto o grego literário. Mas alguns textos do NT, como Hb, Tg, 1Pe e partes de Lc e At apresentam uma inclinação para esse grego literário.

O grego do NT é distinto do grego helenístico por vários motivos. Um deles é seu tema especificamente religioso, que envolve ideias e um vocabulário especializados. Além disso, a natureza distinta da religião judaica, que é o contexto histórico básico da fé cristã, é contrário ao contexto geral das outras religiões antigas. O monoteísmo fundamental, o modo judaico de vida e outros elementos religiosos separam os judeus do mundo ao seu redor.

Outro fator de distinção do NT grego em geral é o amplo uso que seus escritores fazem da tradução do AT, a *LXX*. Essa versão era necessária para que judeus falantes de grego lessem as Escrituras. A *LXX* estabeleceu o estilo grego para expressar o pensamento religioso hebreu, e seu estilo e língua impactaram o modo que os escritores do NT se expressaram.

Um terceiro fator é o uso do aramaico, uma variante do hebraico, a língua-mãe dos judeus em Israel no séc. I. Há alguma evidência de que os judeus daquela época possivelmente eram trilíngues, falando, em maior ou menor extensão, alguma forma de grego, hebraico (aramaico) e latim. A inscrição com o registro da acusação contra Jesus estava nessas três línguas (Jo 19.20).

Durante o controle estrangeiro, a Síria e Israel foram unidas em uma unidade política, e a língua adotada foi o aramaico. Jesus provavelmente falava aramaico. O evangelho de Mc em especial dá indicações disso ao preservar ditos de Jesus em aramaico, traduzindo-os depois para seus leitores gregos (Mc 5.41). Os documentos do NT foram escritos diretamente em grego. Mas algumas peculiaridades do NT grego podem ser explicadas como influência de um estrato hebraico ou aramaico subjacente (seja oral, seja ou escrito). A isso se dá o nome de "semitismo".

Logo, enquanto o NT grego em geral usa o grego helenístico da filosofia popular e de textos comerciais e legais, esse grego tem também peculiaridades estilísticas por conta do pano de fundo desses escritos. Infelizmente as distinções no estilo do grego entre os documentos do NT são disfarçadas ou perdidas na tradução.

O evangelho de Mc é geralmente descrito como o mais coinê dos Evangelhos. Mesmo assim, Mc tem um estilo vívido e direto. Um estrato aramaico nos ditos de Jesus vem mais diretamente à superfície e com mais frequência nesse Evangelho.

O grego de Mt é mais suave e mais elaborado que o de Mc. Esse Evangelho usa o grego da filosofia popular e dos documentos legais e comerciais. Entretanto, há semitismos em Mt, assim como a influência da *LXX* nas citações do AT.

Já Lc é o mais elaborado e sofisticado dos Evangelhos. O terceiro Evangelho usa técnicas de variedade estilística e aplicações sofisticadas de estruturas gramaticais complexas. Fontes foram utilizadas (Lc 1.1-4) de modo tão cuidadoso a ponto de preservar ou imitar o estilo grego de tais fontes. Em seu prólogo (1.1-4), p. ex., Lc utiliza um grego de excelente qualidade literária. Por outro lado, os cap. 1 e 2, a respeito da infância de Jesus, apresentam alto índice de semitismos ou mesmo um estilo influenciado pela *LXX*. Esse material provavelmente representa alguns dos dados mais antigos a respeito de Jesus que vieram diretamente de Israel. Seria possível esperar que tais fontes (orais ou escritas) fossem mais semíticas. Quando Lucas escreve sem recorrer a fontes (p. ex., quando descreve viagens e porções narrativas em At), utiliza um grego literário de excelente qualidade.

O grego de Jo é o coinê e simples. Seu vocabulário é limitado, e as sentenças são simples. O estilo de Jo é também repetitivo, de modo que sua tradução é uma das mais fáceis no NT. Ao mesmo tempo, o pensamento de Jo é profundamente teológico e devocional. O grego das epístolas de Jo é uniforme e bastante similar ao do Evangelho.

O grego de Paulo não é caracterizado como culto, mas ele era um falante nativo de grego, e seu grego é natural e poderoso. A intensidade emocional de Paulo é frequentemente mostrada de modo muito evidente, e suas cartas foram entendidas mesmo por seus oponentes como excepcionais (2Co 10:10). Ele consegue fazer trocadilhos (Onésimo significa "útil", e várias palavras em Fm são compostas daí) e poesia (1Co 13 e várias outras passagens líricas).

As Epístolas Gerais contêm documentos que preservam parte do melhor grego do NT. O livro de Hb provavelmente ocupa a posição mais elevada. Conquanto o assunto da epístola tenha exigido o uso da *LXX*, o estilo grego é literário e impressionante, culto e filosófico. O vocabulário imenso é desafiador, e a estruturas das sentenças é complexa.

Já Tg e 1Pe têm um estilo grego impressionante, com tendência ao nível literário. Mas em Tg há influências semíticas.

Tanto Jd como 2Pe apresentam um grego de tendência aticizante. É um grego elaborado e algumas vezes forçado, não tão natural e belo como o de Hb.

O grego de Ap é o coinê. A estrutura das sentenças é simples, e o vocabulário é descritivo, conquanto alguns termos sejam repetidos várias vezes. Observa-se uma influência de semitismos e também da *LXX*. Ao mesmo tempo, o grego de Ap tem diversas irregularidades gramaticais, um uso incomum e mesclado de tempos verbais e outros elementos confusos.

Em alguns casos, as regras gramaticais não são seguidas. Várias teorias que explicam o grego de Ap não conseguiram chegar a um consenso. — *Gerald L. Stevens*

GREGO Adjetivo próprio que se refere a objetos ou ao povo da Grécia. No NT a palavra se refere a judeus que adotaram a cultura e a língua da Grécia. Esses judeus formavam uma parte significativa da igreja primitiva e surgiram problemas por causa de preconceitos contra eles no seio da igreja (At 6.1; 9.29).

GRELHA Estrutura de barras cruzadas. A grelha do altar do tabernáculo era feita de bronze e tinha anéis nos quais varas poderiam ser inseridas (Êx 27.4-7; 35.16; 38.4,5,30; 39.39).

GRILHÕES Tradução de diversas palavras hebraicas e gregas que se referem a algo que restringe, especialmente cadeias para os pés. Os grilhões eram feitos de madeira, bronze (Jz 16.21; 2Cr 33.11) ou ferro (Sl 149.8). Os grilhões postos nos pés eram muitas vezes presos uns aos outros por uma corda ou corrente para dificultar os movimentos do preso (Mc 5.4). Grilhões causavam dor aos pés (Sl 105.18). Paulo afirmou que mesmo usando grilhões (*RSV*; versões em português trazem "algemas" [*ARA*], "prisões" [*ARC*]) a palavra de Deus não estava algemada (2Tm 2.9).

GRILO Termo hebraico que é difícil de identificar, provavelmente uma locusta ou gafanhoto (Lv 11.22, *ARA*). V. *insetos*.

GRINALDA A palavra "grinalda" é usada em traduções modernas para traduzir duas palavras hebraicas e uma grega, todas referentes a algo que se usa em torno da cabeça. A grinalda simboliza a instrução ou o benefício da sabedoria (Pv 1.8,9; "enfeite", *NVI*; 4.7-9). Em Is 61.3,10 a palavra (ainda que não apareça na tradução da *NVI*), é parte do vestuário do noivo. Os dias de exílio de Israel, apresentados como de lamento, dariam lugar à celebração da salvação de Deus, apresentada como uma festa de casamento. Em At 14.13 o sacerdote de Zeus ofertou grinaldas a Paulo e Barnabé. Na mitologia grega os deuses frequentemente são apresentados usando grinaldas. Confundindo os apóstolos com os

Relevo em Filipos, que mostra a cabeça de um boi adornada com uma grinalda.

deuses Zeus e Hermes, o sacerdote pensou que grinaldas seriam uma dádiva aceitável.

GRISALHO Palavra usada para se referir a um tipo de cor de cabelo (Pv 16.31; 20.29). V. *cores*.

GROU Tradução na *ARC* de uma palavra hebraica em Hb e Is 38.14; Jr 8.7. Traduções mais recentes trazem "andorinha" (*ARA*) ou "andorinhão" (*NVI*). V. *aves*.

GUARDA Indivíduo ou tropa designada para proteger uma pessoa ou algo. "Guarda" traduz várias palavras hebraicas e gregas. A palavra hebraica *tabbach* (lit., "açougueiro" ou "matador") é usada apenas para oficiais de reis estrangeiros (do faraó, Gn 37.36; 39:1; de Nabudonosor, 2Rs 25.8-20; Jr 39.9-13). Duas das palavras para guarda são derivadas da raiz *shamar* (cercar, guardar, proteger). A *NVI* traduz por "proteger" em Ne 4.9 (a mesma palavra também aparece no original hebraico de Ne 7.3). Para se referir aos guardas dos reis de Israel e de Judá, utiliza-se uma palavra que dá a ideia de "corredores" (1Sm 22.17; 1Rs 1.5; 14.27,28), pois escoltavam a carruagem real. Há também a expressão "pátio da guarda" (Ne 3.25; Jr 32.2). Duas palavras para "guarda" são usadas uma única vez. A primeira se refere ao grande corpo de guarda destinado a proteger o menino-rei Joás (2Cr 23.10). A segunda se refere a Deus como guarda do seu povo (Zc 9.8).

Três substantivos gregos são traduzidos por "guarda". *Huperetes* é usado para os que guardavam os aposentos do sumo sacerdote (Mt 26.58; Mc 14.54). *Koustodia* (Mt 27.66; 28.11), palavra tomada por empréstimo do latim, sugere que essa guarda era romana. *Pulake* indica os turnos de guardas em At 12.10.

GUARDA DA PORTA Pessoa que guardava e vigiava o acesso a um local importante e restrito. Os guardas das portas do templo eram oficiais importantes nos tempos bíblicos. Os guardas contavam o dinheiro das pessoas (2Rs 22.4). Alguns levitas foram designados guardas da arca (1Cr 15.23,24). Os reis persas usavam eunucos como guardas das portas (Et 2.1). Mulheres também serviam nessa função (Jo 18.16,17; At 12.13).

A palavra hebraica traduzida por "guarda da porta" em Sl 84.10 (*KJV, RSV*) aparece somente uma vez no AT. A ideia aí é limiar. Por isso algumas versões traduzem a expressão por "à porta" (*NVI*). A referência é aos que esperam fora do templo ou para pedir esmolas ou aguardar sua admissão. A ideia do versículo é que é melhor ficar esperando fora do templo que dentro das tendas dos maus.

GUARDA PESSOAL Pessoa ou grupo de pessoas cuja tarefa é proteger outra de danos físicos. No AT soldados eram incluídos na guarda pessoal do rei em virtude de seus atos de bravura. Membros de uma guarda pessoal mencionados na Bíblia incluem: Davi (1Sm 22.14; 28.2), Benaia, filho de Joiada (2Sm 23.23), Potifar (Gn 37.36), Nebuzaradã (2Rs 25.8; Jr 39.9-13; 52.12-16) e Arioque (Dn 2.14).

GUARDIÃO Adulto responsável pela pessoa e pelas propriedades de um menor (2Rs 10.1,5). A palavra grega *epitropos*, traduzida por guardião em Gl 4.2 é uma palavra genérica para gerente ou administrador (v. Mt 20.8 e Lc 8.3, em que a mesma palavra é usada). A confiança básica da mensagem de Paulo é clara: antes de experimentar a graça de Deus em Cristo, a vida do cristão era de escravidão (Gl 4.3,8). O guardião parece ser uma imagem dos "princípios elementares do mundo", i.e., poderes, celestiais ou demoníacos, considerados como deuses pelos gentios. Paulo antes havia apresentado os judeus como estando debaixo da lei (Gl 3.22-25). V. *tutor, aio*.

GUARNIÇÃO Grupo de soldados parado em formação de defesa, geralmente no sentido de forças de ocupação. No séc. X a.C., os filisteus tinham guarnições bem no interior do território judeu, como em Gibeá-Eloim (1Sm 10.5, *ARA*; "destacamento filisteu em Gibeá de Deus", *NVI*), Geba (1Sm 13.3; v. nota explicativa da *NVI*) e Belém (2Sm 23.14, *ARA, ARC*; "posto de guarda", *BJ*; "destacamento", *NVI*). Davi por sua vez estabeleceu guarnições em Damasco (2Sm 8.6) e em Edom (2Sm 8.14), resultando daí que os naturais daqueles lugares se tornaram seus servos, i.e., foram subjugados e forçados a pagar tributos.

GUDGODÁ Nome de lugar de significado incerto. Ponto de parada na jornada dos israelitas pelo deserto (Dt 10.7). Aparentemente é o mesmo Hor-Gidgade (Nm 33.32). Sua localização também é incerta. Alguns biblistas creem que seja na região próxima do uádi Chadachid.

GÜEL Nome pessoal que significa "orgulho de Deus". Espião da tribo de Gade que Moisés enviou para inspecionar a terra antes de conquistá-la (Nm 13.15).

GUEMARÁ Parte do *Talmude* que contém comentários sobre a *Mixná*. A palavra *Guemará* ("aprender" em aramaico) se refere especificamente às discussões da *Mixná* conduzidas nas academias rabínicas da antiga Palestina e da Babilônia. A *Mixná* e a *Guemará* juntas formam o *Talmude*. A maior parte da *Guemará* foi escrita em aramaico. Existem duas versões da *Guemará*, a palestiniana e a babilônica. V. *Mixná*.

GUERRA SANTA A palavra hebraica para "guerra" ocorre mais de 300 vezes no AT. A posição estratégica de Canaã entre a Mesopotâmia e o Egito fez da guerra uma realidade amarga para a maioria dos seus habitantes durante os tempos bíblicos. Israel obteve uma posição segura naquela terra por meios das guerras de conquista e, por conseguinte, por frequentes ações defensivas contra intrusos e invasores. Infelizmente a história da guerra em Israel também incluiu muitos conflitos civis.

Para muitos no antigo Oriente Médio a guerra era considerada uma ação sagrada na qual a honra e o poder da divindade nacional estavam em jogo. De igual maneira, em Israel, a guerra envolvia o poder transcendente do Deus que criou os céus e a terra. Os escritores bíblicos se referem aos conflitos que Israel enfrentou como "Guerras do Senhor" (Nm 21.14; 1Sm 18.17; 25.28). Javé é descrito como "homem de guerra" (Êx 15.3, *ARA*; "guerreiro", *NVI*; Is 42.13) e "valente nas guerras" (Sl 24.8). Ele é o "Senhor dos Exércitos, o Deus dos exércitos de Israel" (1Sm 17.45). É Deus quem os lidera e luta por eles (Dt 20.4; Js 10.14,42; Jz 4.14). Deus estabeleceu um código de conduta para a guerra (Dt 20.10-18), e os espólios lhe pertencem (Js 6.19).

Antes dos exércitos de Israel saírem à guerra, ofereciam um sacrifício a Deus (1Sm 7.9) e buscavam sua orientação (2Sm 5.23,24). Os guerreiros que marchavam em batalha precisavam estar puros e consagrados a Deus (Js 3.5). A presença de Deus na arena da batalha era simbolizada pela arca da aliança (1Sm 5.5-7). Depois da vitória, louvores eram oferecidos a Deus em uma celebração (Êx 15.1-3).

Como o ato final da batalha, Israel algumas vezes tinha de dedicar tudo como "interdito" (*herem*), que significa que o povo e os bens de toda uma cidade seriam separados para Deus e destruídos (Dt 7.2; 20.17; Js 8.2; 1Sm 15.3). Apenas os objetos de metal eram preservados (Js 6.18-24). Os que desobedeciam ao interdito enfrentavam consequências severas (Js 7).

Por que um Deus amoroso ordenaria o extermínio total de nações que viviam na terra prometida? Não há uma resposta simples para essa pergunta difícil. No entanto, três pontos precisam ser lembrados. Primeiro, o conceito de interdito era também encontrado nas nações vizinhas de Israel. Na guerra, todo ser vivo e toda propriedade eram dedicados à divindade. Segundo, as regras para que os espólios de guerra permanecessem sob interdito parecem se aplicar apenas às cidades das nações na terra prometida que Deus havia designado como herança para Israel (Dt 20.16-18). Nesse contexto, deve ser lembrado que o AT cita o interdito primariamente em Arade (Nm 21.2,3), nas cidades de Seom e Ogue (Dt 2.24; 3.6), em Jericó (Js 6.21), em Ai (Js 10.28-43) e Hazor (Js 11.11). Finalmente, deve ser lembrado que Israel recebeu permissão para expulsar apenas as nações que viviam na terra prometida por causa de suas abominações pecaminosas (Dt 9.4.5; 18.9-14; 20.16-18). Nesse sentido, Israel servia como instrumento do julgamento de Deus contra essas nações pecadoras. De igual maneira, mais tarde Deus usaria outras nações para marchar contra Judá em julgamento (Hc 1.6-11). — *Stephen J. Andrews*

GUERREIRO A expressão hebraica em 1Sm 17.4,23 significa literalmente "o homem do espaço entre" — i.e., o homem (como Golias) que enfrenta um único oponente no espaço entre os dois exércitos. A palavra traduzida por "guerreiro" na *NVI* em 1Sm 17.51 é uma palavra diferente que significa "poderoso, lutador".

GUNI Nome pessoal que significa "perdiz da asa preta". **1.** Filho de Naftali e neto de Jacó (Gn

46.24), por isso líder do clã gunita (Nm 26.48).
2. Um membro da tribo de Gade (1Cr 5.15).

GUNITA Descendente de Guni e membro do clã que dele se originou. V. *Guni*.

GUR Nome de lugar que significa "peregrino estrangeiro" ou "animal jovem". Estrada na montanha não identificada perto de Ibleã, na qual os homens de Jeú se encontraram com Acazias, rei de Judá, e o feriram mortalmente (2Rs 9.27).

GUR-BAAL Nome de lugar que significa "peregrino estrangeiro de Baal" ou "animal jovem de Baal". Cidade árabe ou beduína na qual Deus ajudou (2Cr 26.7) no ataque do rei Uzias de Judá (792-740 a.C.). Os manuscritos gregos não trazem "Baal" no nome desse lugar. Isso pode significar que o nome da cidade originariamente era Gur, que é também mencionado nas cartas de Amarna. A cidade localizava-se a leste de Berseba. Alguns biblistas identificam-na com a cidade de Jagur, citada em Js 15.21.

Ruínas de Eziom-Geber, mostrando um bebedouro ou rego d'água.

Herodium, um dos mais importantes palácios-fortaleza de Herodes, localizado a quase 5 quilômetros a sudeste de Belém. Esta era uma das 11 fortalezas que Herodes construiu ou reconstruiu. Está no lugar onde Herodes derrotou Antígono em 40 a.C.

H

HAASTARI

HAASTARI Nome pessoal e de lugar na língua persa que significa "reino". Integrante da tribo de Judá e do clã de Calebe (1Cr 4.6). A forma do nome indica, tal como acontece em muitas genealogias bíblicas, tanto o ancestral como um grupo político. Nada mais se sabe a respeito da pessoa ou da nação.

HABA Leitura da *BJ* do nome Jeubá (1Cr 7.34), uma transliteração do texto hebraico. Muitas traduções seguem uma nota marginal de escribas antigos e traduções antigas em uma ligeira modificação da primeira letra hebraica. V. *Jeubá*.

HABACUQUE Profeta do fim do séc. VII a.C., contemporâneo de Jeremias. Uma explicação do seu nome encontra raiz no verbo "abraçar". A forma grega do nome, "Hambakoum", sugere uma raiz que significa "planta" ou "vegetal".

Época Judá havia experimentado a alegria dos dias gloriosos do reinado de Josias, marcados por liberdade, prosperidade e um grande avivamento religioso. Os assírios, que foram o flagelo do Oriente Médio, eram uma sombra do que tinham sido. Entretanto, no lugar deles surgiram os babilônios. No livro de Hc, eles são chamados de caldeus, em razão do nome da região de onde vieram. Os exércitos babilônios eram liderados pelo enérgico Nabucodonosor, que pouco depois seria o sucessor no trono de seu pai, Nabopolassar.

Nínive, a capital da Assíria, caiu em 512 a.C. A poderosa poesia de Naum celebra essa queda. Em 609 a.C. o desastre aconteceu. O rei Josias, tentando impedir os egípcios que se moviam rumo ao norte ao longo da costa de Israel para auxiliar a Assíria, foi morto em Megido, no norte de Israel. Em seu lugar os egípcios colocaram Jeoaquim, filho de Josias. Diferente de seu pai, Jeoaquim foi um tirano mesquinho. Nos próximos dez ou onze anos, Jeoaquim tentou jogar os babilônios contra os egípcios até que finalmente ele esgotou a paciência de Nabucodonosor. Em 598 ele sitiou Jerusalém. Nesse mesmo ano Jeoaquim morreu, deixando seu filho Joaquim, que se tornou prisioneiro de Nabucodonosor quando Jerusalém caiu em 597 a.C. Pessoas das classes superiores e trabalhadores qualificados estavam entre os que foram levados para a Babilônia como cativos.

O homem Excluindo sua obra como profeta, nada de certo se sabe quanto à natureza pessoal de Habacuque. A tradição diz que ele era um sacerdote da tribo de Levi. A obra apócrifa *Bel e o dragão* (v. 33-39) conta uma história a respeito de Habacuque ser levado para a Babilônia por um anjo, para livrar Daniel enquanto este estava na cova dos leões.

HABACUQUE, LIVRO DE Um dos 12 profetas menores. Depois de uma breve identificação a respeito do profeta (1.1), o livro apresenta três divisões distintas: 1) As perguntas do profeta e as respostas do Senhor (1.2—2.5); 2) Cinco ais contra os tiranos (2.6-20); 3) Oração de Habacuque (3.1-19).

Dessas três partes, somente uma, os ais (2.6-20), encaixa-se no padrão tradicional da profecia. Os grandes profetas do Senhor se viam como porta-vozes do Senhor ao povo. Na primeira seção (1.2—2.5), no que tem sido chamado de "o início da especulação em Israel", Habacuque falou ao Senhor pelo povo. Ele fez duas perguntas, e as respostas recebidas dão a Hc um lugar especial no cânon profético. A primeira pergunta: por que há governo violento quando deveria haver justiça? (1.2-5), expressava o senso de desânimo do profeta, quer pelas condições dentro de sua terra provocadas por Jeoaquim quer pela opressão dos países fracos pelas potências da época. À luz do que segue, a injustiça interna parece ter sido o assunto de sua preocupação. Em resposta, o Senhor contou ao profeta que ele estava em ação ao enviar os caldeus como instrumento do seu julgamento (1.5-11).

O profeta recuou dessa ideia e apresentou outra questão: Senhor, como podes usar alguém mais pecador que nós para nos castigar (1.12-17)? Quando a resposta não veio de imediato, ele se coloca em uma torre de vigia para esperar por ela. Valeria a pena esperar: "o ímpio está envaidecido; seus desejos não são bons. Mas o justo viverá pela sua fidelidade" (2.4; "fé", *ARA*, *ARC*). A ideia de "fidelidade" nesse texto tem a ver com convicção que resulta em ação.

Os ais (2.6-20), não diferentes daqueles dos outros profetas, denunciam vários tipos de tirania: pilhagens (2.6-8), aquisição de riqueza e fama por meios injustos (2.9-11), construção de cidades com sangue (2.12-14), degradação do próximo (2.15-17), culto a ídolos (2.18,19). Essa seção termina com uma afirmação retumbante da soberania do Senhor.

A seção final (3.1-19) é na realidade um salmo, não diferente dos encontros no livro de Sl propriamente. É um hino magnífico, que exalta o triunfo do Senhor sobre seus inimigos e sobre os inimigos de seu povo.

Habacuque na História Esse livro era um favorito do povo dos manuscritos do mar Morto. Ele interpretava os cap. 1 e 2 como uma profecia de seu triunfo sobre os romanos, que eram os senhores de Israel naquele tempo. Infelizmente os romanos prevaleceram.

Mais importante, todavia, é a influência que esse livro exerceu sobre o apóstolo Paulo. A declaração de Habacuque de que "o justo viverá pela sua fidelidade" (2.4) foi tomada por Paulo como um elemento central em sua teologia. Tal como fez com muitas outras passagens do AT, ele a usou com uma ênfase ligeiramente diferente. Por meio de Paulo, essa passagem se tornou viva para um monge agostiniano chamado Martinho Lutero, que iniciou a Reforma Protestante, um dos grandes despertamentos religiosos da História. Por isso, alguém conhecido como um profeta "menor" teve uma grande influência sobre os que viveram depois dele.

Esboço

I. Um profeta perplexo: por que Deus permite a injustiça? (1.1-17).
  A. O primeiro protesto do profeta: um brado por libertação da violência e da iniquidade (1.1-4).
  B. A primeira resposta de Deus: o pior ainda está por vir (1.5-11).
  C. O segundo protesto do profeta: como pode um Deus santo usar um povo mau desse como um instrumento cruel? (1.12-17).
II. Um profeta atento: o justo viverá pela fidelidade (21-20).
  A. A segunda resposta de Deus (2.1-5).
    1. A revelação vem para quem está preparado para esperar (2.1).
    2. A revelação deve ser fácil de entender (2.2).
    3. A revelação se mostrará verdadeira no tempo adequado de Deus (2.3).
    4. A fé persistente — não o orgulho, partidarismos ou pilhagens — é a marca distintiva do justo (2.4,5).
  B. Deus escarnece do seu inimigo materialista (2.6-20).
    1. Primeira canção de escárnio: ai por causa do orgulho e da ambição (2.6-8).
    2. Segunda canção de escárnio: ai por causa da arrogância e da ganância (2.9-11).
    3. Terceira canção de escárnio: ai por causa da crueldade (2.12-14).
    4. Quarta canção de escárnio: ai por causa da bebedeira (2.15-17).
    5. Quinta canção de escárnio: ai por causa da idolatria (2.18,19).
    6. Conclusão: convocação ao culto universal do Deus santo (2.20).
III. Um profeta que ora e louva: um salmo de confiança é a resposta adequada à revelação (3.1-19).
  A. A oração pede a Deus para repetir seus atos de libertação (3.1,2).
  B. A oração ganha confiança ao recontar os santos atos redentores de Deus (3.3-15).
  C. A oração responde em temor maravilhado e alegria confiante à história de Deus com seu povo (3.16-18).
  D. A oração pede força que vem de Deus para a crise atual (3.19).

— *John H. Tullock*

HABAÍAS 1. Nome pessoal que significa "Javé esconde, mantém seguro". Líder de clã de sacerdotes exilados que voltou da Babilônia para Jerusalém com Zorobabel por volta de 537 a.C. (Ed 2.61). **2.** Nome pessoal que significa "Yah (= forma abreviada de *Senhor*) esconde". Clã de sacerdotes no tempo de Zorobabel que não tinha registros familiares para provar sua ascendência de uma linhagem sacerdotal pura, motivo pelo qual foi excluído do sacerdócio (Ed 2.61; Ne 7.63).

HABAZINIAS Nome pessoal que significa "Javé aumentou ou fez ficar alegre". Avô de Jazanias, o líder recabita que Jeremias testou com vinho (Jr 35.3). V. *Jazanias*.

HABIRU V. *apiru*.

HABITAÇÃO 1. Lugar da morada de uma pessoa, nos tempos bíblicos uma tenda (Gn 25.27), casa (2Sm 7.2) ou o território no qual a pessoa vivia (Gn 36.40,43). O AT promete repetidamente que quem guardar a aliança habitará em segurança (Lv 25.18,19; Zc 2.10,11).

As referências ao lugar da habitação divina reforçam tanto a imanência quanto a transcendência de Deus. As referências que se concentram no fato de Deus se aproximar para falar, ouvir e ter comunhão incluem as seguintes passagens: a sarça no Sinai (Dt 33.16), o tabernáculo (Êx 25.8; 29.45,46; 2Sm 7.2), Siló (Sl 78.60), a terra de Israel (Nm 35.34), o templo (Sl 26.8; 43.4; 135.2; Mt 23.21), o monte Sião (Sl 9.11; 20.2; 132.14) e Jerusalém (Sl 76.2; 135.21; Ed 7.15). A ideia do AT de Deus habitar com seu povo (Ez 37.27) é desenvolvida de diversas maneiras no NT.

A Palavra que se tornou carne habitou entre os homens (Jo 1.14). A Igreja é o lugar da habitação de Deus (Ef 3.17). Os cristãos são o templo de Deus (1Co 3.16) e o corpo de cada um deles é o templo do seu Espírito Santo (6.19). O NT conclui com um eco da esperança de Ezequiel pela habitação de Deus com seu povo em Ap 21.3.

As referências que chamam a atenção para a transcendência divina incluem aquelas em que se diz que Deus habita nas nuvens e na densa escuridão (1Rs 8.12), em um lugar alto e santo (Is 57.15), ou na luz (1Tm 6.16). Embora se fale do céu como habitação divina (1Rs 8.30,39, 43,49), mesmo os céus não podem conter Deus (1Rs 8.27).

A habitação é usada de forma figurada para o corpo. Habitar em uma casa de barro (Jó 4.19) é possuir o corpo mortal. A habitação celestial de 2Co 5.2 é a ressurreição do corpo. — *Chris Church* **2.** Lugar de morada. Há cerca de dez palavras hebraicas que veiculam essa ideia. Pode se referir ao lugar de morada de pessoas (Êx 35.3; Is 27.10) ou de aves (Sl 104.12). De especial importância são as referências à habitação de Deus. Esta é designada como céu (Dt 26.15; 2Cr 30.27), o templo (2Cr 29.6) ou Jerusalém (Sl 46.4). Em Jr 50.7 o Senhor é apresentado como aquele em quem habita a justiça ou "sua verdadeira pastagem" (cf. Sl 71.3; 91.9). O texto de Ef 2.22 fala dos cristãos como "morada de Deus por seu Espírito". Já Ap 18.2 anuncia a queda da "Babilônia" que se tornou "habitação de demônios".

HABITAÇÃO DOS MORTOS V. *morte; hades; inferno; cisterna; sheol.*

HABOR Nome de um rio acadiano. Um dos principais afluentes do rio Eufrates. Os assírios assentaram lá muitos exilados de Israel, nas proximidades de Gozã, quando conquistaram aquele reino em 722 a.C. (2Rs 17.6). V. *Gozã.*

HACALIAS Nome pessoal que significa "espera confiante em Javé". Pai de Neemias (Ne 1.1). V. *Neemias.*

HACATÃ Nome pessoal que significa "o pequeno, o menor". Pai de Joanã, líder de um clã que acompanhou Esdras da Babilônia até Jerusalém por volta de 458 a.C. (Ed 8.12).

HACMOM Nome de um clã que significa "sabedoria". Ancestral original do clã israelita dos hacmonitas. Muitas traduções transliteram o nome hebraico desse clã como Hacmoni, incluindo o "i" da terminação hebraica, indicativo de pertencente ao clã (v. 1Cr 11.11). Jasobeão, líder do exército de Davi, é chamado de hacmonita no já citado texto de 1Cr 11.11, mas de tacmonita em 2Sm 23.8. Pode ser que um copista tenha adicionado ou subtraído um "t" na transmissão do nome do clã. Jeiel, outro dos conselheiros de Davi, também pertencia a esse clã (1Cr 27.32). V. *Jasobeão; Jeiel.*

HACMONI V. *Hacmom.*

HACMONITA V. *Hacmom.*

HACUFA Nome pessoal que significa "torto". Ancestral original de um clã de servidores do templo (Ed 2.51).

HADADE Nome pessoal que significa "poderoso". **1.** Rei edomita (Gn 36.35). Esse nome era usado por vários membros da casa real de Edom. **2.** Hadade era também o nome da principal divindade do panteão de Ugarite. Essa divindade era identificada como um deus da tempestade. V. *Canaã*; *Ugarite*.

HADADE-RIMOM Nomes de dois deuses sírios combinados em uma só palavra. O texto de Zc 12.11 descreve a tragédia do dia do Senhor, que inclui choro e lamentação por Jerusalém no vale de Megido. Tal lamento podia ser comparado somente aos que "choraram em Hadade-Rimom, no vale de Megido", aparentemente uma referência a cerimônias de culto pagão, talvez um deus que morre e ressuscita. A interpretação exata da passagem é difícil, pois Hadade-Rimom não é mencionado mais em nenhum outro texto.

HADADEZER Nome real sírio que significa "(o deus) Hadade ajuda". Cidade-Estado real de Zobá na Síria que Davi derrotou para estabelecer seu controle sobre aquele país (2Sm 8.3-13). Os amonitas perceberam que Davi não era forte o bastante para eles e contrataram tropas sírias, incluindo algumas de Hadadezer, para ajudá-los, mas Joabe, general de Davi, os derrotou (2Sm 10.6-19). Hadadezer reagrupou os sírios, mas experimentou outra derrota. Alguns biblistas acham que a narrativa no cap. 8 seja um sumário que antecipa o relato mais amplo do mesmo evento, no cap. 10. Outros são de opinião de que se trata de duas batalhas.

O texto de 1Rs 11.23 mostra a situação problemática da Síria. Rezom se revoltou contra Hadadezer (possivelmente o filho daquele citado em 1Sm 8 ou 1Sm 10, ou talvez o mesmo rei). Rezom então estabeleceu um reino para si mesmo na cidade síria de Damasco. A Síria era naquela época um grupo de pequenas cidades-Estado que lutavam umas contra as outras em busca de domínio sobre toda a região.

HADAR Aparentemente a mudança feita por algum copista no nome do deus sírio Hadade em Gn 36.39 na *ARC*. As demais versões trazem Hadade. O texto paralelo de 1Cr 1.30,50,51 traz também Hadade. Um copista devoto pode não ter desejado introduzir o nome de um deus pagão no texto de Gn.

HADASA Nome de cidade que significa "novo". Cidade no território da tribo de Judá, situada na vizinhança de Láquis (Js 15.37).

HADASSA Nome pessoal que significa "murta". Em Et 2.7 é outro nome para Ester. Pode ter sido seu nome original hebraico, ou um título que lhe foi dado. Se foi um título, o significado é "murta". Se era seu nome, o significado é "noiva". V. *Ester*.

HADATA Nome de lugar que significa "novo". Parte do nome Hazor-Hadata (Js 15.25). A tradução grega aparentemente traduzia a palavra hebraica por "suas cidades", que reaparece nessa seção de Js, em vez de Hadata. Alguns biblistas pensam que a leitura da versão grega seja a correta. V. *Hazor-Hadata*.

HADES O substantivo grego *hades* é usado 61 vezes na *LXX* (a tradução grega do AT) para traduzir a palavra hebraica *sheol*, que se refere à sepultura, ou ao mundo dos mortos (Gn 37.35; 1Sm 2.6; Pv 15.24; cp. Sl 16.10 e At 2.27,31). Ainda que os escritores bíblicos estivessem familiarizados com o conceito pagão de um mundo de espíritos dos mortos que fosse governado por uma divindade (o significado de *hades* na literatura pagã grega) e ocasionalmente aludam a tal ideia, esse conceito não é ensinado nas Escrituras. O quadro geralmente apresentado por *sheol* é a sepultura, onde os corpos dos mortos permanecem em silêncio.

Por outro lado, *hades* no NT pode representar um lugar de tormento para os ímpios. Jesus usa a palavra nesse sentido em sua condenação a Cafarnaum em Mt 11.23 (com paralelo em Lc 10.15) e na parábola do rico e Lázaro em Lc 16.23, na qual se diz que o rico estava sendo atormentado no *hades*. Quando a palavra *hades* é usada como equivalente do hebraico *sheol*, tal como em At 2.27,31, em que Pedro cita Sl 16.8-11, refere-se simplesmente à sepultura. Esse é provavelmente o caso em Ap 20.13,14, se a ressurreição inclui apenas os ímpios ou também os justos.

O ensino do AT sobre o pós-morte é menos claro que no NT (v. Gn 5.24; 1Sm 2.6; 2Rs 2.11; Jó 19.25-27; Sl 16.8-11; 17.15; 49.15; 71.20; Ec 12.7; Dn 12.2; Os 13.14). Entretanto, o NT é claro em não apenas afirmar uma ressurreição corporal (Jo 11.24,25; Rm 6.5; 8.11; 1Co 15.20,21), mas também em afirmar que o crente que morre vai imediatamente para o Senhor (Lc 23.43; 2Co 5:1-8; Fp 1.21-23). V. *geena*; *inferno*; *sheol*. — Ray Clendenen

HADIDE Nome de lugar que significa "rápido" ou "apontado". Lugar para onde foram exilados os que retornaram com Zorobabel (Ed 2.33). A atual cidade de el-Hadite está localizada a quase 5 quilômetros a leste de Lida (cf. Ne 11.34).

HADLAI Nome pessoal que significa "desistir" ou "saco gordo". Líder da tribo de Efraim e pai de Amasa (2Cr 28.12). V. *Amasa*.

HADRAQUE Nome de uma cidade-Estado, de significado desconhecido. O texto de Zc 9.1 alega que essa cidade-Estado síria se tornará parte do território de Deus, ainda que o significado preciso do versículo seja difícil de interpretar. Inscrições assírias frequentemente mencionam Hatarikka ou *Hzrk* como um oponente que Tiglate-Pileser III finalmente conquistou e tornou parte do seu império em 738 a.C. Talvez seja a grande colina Tell Afis, a cerca de 45 quilômetros a sudoeste de Alepo, que foi a capital de Luhuti, um aliado de Hamate, de 854 a 773.

HAFARAIM Nome de lugar que significa "dois buracos" ou "dois poços". Cidade no território da tribo de Issacar (Js 19.17-19). É a atual et-Taiyibeh, a cerca de 14,5 quilômetros a nordeste de Bete-Seã.

HAGABA Clã de servidores do templo que retornou a Jerusalém com Zorobabel depois do exílio na Babilônia, por volta de 537 a.C. (Ed 2.45).

HAGABE Nome pessoal que significa "gafanhoto" ou "camareiro". Clã de servidores do templo que retornou a Jerusalém com Zorobabel depois do exílio na Babilônia (Ed 2.46). O nome também ocorre em um óstraco de Láquis.

HAGADAH ou **HALAKHAH** No judaísmo, o ensino rabínico é dividido em duas categorias: *halakhah* e *hagadah*. Essas duas palavras se referem ao ensino oral dos rabinos. *Halakhah* se refere ao ensino legal revestido de autoridade para a vida religiosa. *Hagadah* se refere aos ensinos não legais.

A *halakhah*, conforme os rabinos antigos, teria sido recebida por Moisés no Sinai junto com a Lei escrita (*Torá*), a qual foi incorporada na forma primariamente na Bíblia como o Pentateuco. Portanto, a *halakhah* foi considerada como um apêndice à *Torá* escrita. Os estudiosos modernos reconhecem que a *halakhah* é o meio pelo qual a *Torá* escrita é interpretada para cada nova geração. A *halakhah* estende a *Torá* de Moisés a cada aspecto da vida judaica, incluindo relações pessoais, sociais, nacionais e internacionais. Ela tornou-se essencial para a preservação da vida judaica nas novas circunstâncias históricas, porque permite uma gama de flexibilidade interpretativa e desenvolvimento nas normas que regem a comunidade judaica.

A *hagadah* consiste em uma variedade de simplificações de textos bíblicos primariamente na forma de histórias ilustrativas, parábolas ou alegorias ou, frequentemente, poesia. Muitas porções da *hagadah* são do tempo das pregações nas primeiras sinagogas judaicas.

Muito da *halakhah* rabínica primitiva foi reduzido à forma escrita na *Mixná* (por volta do ano 320 da era cristã) e no *Talmude* (por volta do ano 360 da era cristã), ainda que as referências como lei oral continuassem, mesmo após essas codificações. De igual maneira, a *hagadah* foi escrita em vários comentários bíblicos, assim como no *Talmude*.

Esses dois tipos de ensino rabínico são especialmente importantes como auxílio para uma compreensão do judaísmo do tempo de Jesus e durante a formação da igreja primitiva, pois muito desse material teve sua origem durante o séc. I. Jesus provavelmente se referiu à *halakhah* dos fariseus (em parte, uma precursora da *halakhah* rabínica) em Mc 7.1-23 e seus paralelos (Mt 15.1-20). V. *Mixná*; *Talmude*; *Torá*. — Stephenson Humphries-Brooks

HAGAR Nome pessoal que significa "estrangeira". Serva pessoal de Sara que foi dada como concubina a Abraão e veio a ser a mãe de Ismael (Gn 16.1-16; 21.8-21; 25.12; Gl 4.24,25). O texto de Gn 16.1-7 detalha os eventos do conflito inicial de Sara com Hagar, com a saída dela. Os versículos 8-16 detalham a visita do mensageiro de Javé trazendo a promessa de um filho para a mãe em angústia, encorajando Hagar a voltar para Sara. Esses conflitos estavam relacionados com as posições de esposa e concubina, na família e na comunidade (cp. conflitos similares em Gn 29—30). O texto de Gn 21.8-21 traz a narrativa da expulsão de Hagar e Ismael e o livramento miraculoso que eles experimentaram. A interpretação paulina (em Gl) relata a superioridade de um filho nascido de acordo com o Espírito em relação a um filho nascido de acordo com a "carne". Em Gl 4 Paulo usou a história de Hagar para falar sobre a servidão na antiga aliança em contraste com a liberdade da nova aliança simbolizada por Isaque. — *David M. Fleming*

HAGARENO Tribo nômade que a tribo de Rúben derrotou a leste do rio Jordão (1Cr 5.10, 19,20). Rúben ganhou a batalha por ter invocado Deus e confiado nele. O nome dessa tribo aparentemente é derivado de Hagar, a serva de Sara e mãe de Ismael (Gn 16). O principal pastor de Davi era hagareno (1Cr 27.31). O salmista pediu a Deus que não se silenciasse quando os hagarenos formavam uma coalizão contra Israel (Sl 83.6). O texto de 1Cr 11.38 inclui um hagareno entre os heróis militares de Davi (v. tb. 2Sm 23.36), que fala de "hagrita", cuja escrita em hebraico é bastante similar a "hagareno".

HAGI Nome pessoal que significa "minha festa", indicando nascimento em um dia santo. Filho de Gade e neto de Jacó, e, portanto, ancestral original do clã hagita (Gn 46:16; Nm 26.15).

HAGIAS Nome pessoal que significa "Javé é a minha festa". Levita da linhagem de Merari (1Cr 6.30).

HAGIÓGRAFA Palavra grega que significa "escritos santos (ou sagrados)", usada como designação para a terceira e última divisão principal da Bíblia hebraica. Em contraste com as duas primeiras divisões (a Lei e os Profetas), os "Escritos" (*kethuvim* em hebraico) formam uma miscelânea. Na sequência da Bíblia Hebraica, pertencem a essa divisão os seguintes livros: Sl, Pv e Jó; os "cinco rolos" (*Megilloth*), lidos nas festas principais, a saber, Ct, Rt, Lm, Ec e Et; Dn; Ed-Ne e Cr. Esses livros foram a última parte da Bíblia Hebraica a ser reconhecida como canônica. O texto de Lc 24.44 usa "Salmos" como uma designação para esses textos.

HAGITA Integrante do clã de Hagi. V. *Hagi*.

HAGITE Nome pessoal que significa "festa". Esposa de Davi e mãe de Adonias, que nasceu em Hebrom (2Sm 3.4).

HAGRI Nome, de uma tribo ou de uma pessoa, que provavelmente se refere aos hagritas (1Cr 11.38), ou uma cópia malfeita de "gadita" de 2Sm 23.36, *ARA, ARC*). V. *hagareno*.

HA-GUEDOLIM Nome pessoal que significa "os grandes". Zabdiel, um sacerdote líder, era filho de Ha-Guedolim (Ne 11.14, *TEB*; "filho de Guedolim", *NVI, ARA,ARC*). Alguns biblistas sugeriram que Ha-Guedolim provavelmente não seja um nome próprio hebraico, mas uma mudança feita por um copista de um nome com o qual não estava familiarizado para uma palavra ou título mais conhecido, um título honorário para uma família de liderança (cf. *NTLH*, "família importante") ou um título para o sumo sacerdote.

HAIL (saudação) V. saudação.

HALA Cidade-Estado ou região no norte da Mesopotâmia para onde os assírios exilaram alguns líderes de Israel, o Reino do Norte, após capturarem Samaria em 722 a.C. (2Rs 17.6). Alguns biblistas pensam que o texto original de Ob 20 continha uma promessa para os cativos de Hala. Eles leram a palavra hebraica para "exilados" como sendo Hala. Sua localização pode ter sido Hallahhu, a nordeste de Nínive.

HALAQUE Nome de lugar que significa "estéril" ou "nu". Montanha que marca o extremo sul das conquistas de Josué (Js 11.17; 12.7), identificada com o Jebel Halak, a cerca de 64 quilômetros a sudoeste do mar Morto, em Edom.

HALI Nome de lugar que significa "joia". Cidade de fronteira designada à tribo de Aser (Js 19:25). Pode ser Khirbet Ras Ali, ao norte do monte Carmelo.

HALLEL Canção de louvor. A palavra é derivada do hebraico "Louva tu". Cantar salmos de louvor era uma tarefa especial dos levitas (2Cr 7.6; Ed 3.11). O Hallel "Egípcio" (Sl 113—118) era cantado nos lares como parte da celebração da Páscoa (cp. Sl 114.1; Mt 26.30). O "Grande Hallel" era recitado no templo enquanto os cordeiros pascais eram sacrificados nas festas de Pentecoste, dos tabernáculos e da Dedicação. Os estudiosos divergem quanto à extensão do "Grande Hallel". Alguns o limitam a Sl 136, outros incluem o 135 e outros, ainda, incluem o "Cântico das Subidas" (Sl 120—134).

HALOÉS Nome pessoal que significa "o exorcista". Pai de Salum, que ajudou Neemias a reconstruir os muros de Jerusalém. É chamado de "governador da outra metade do distrito de Jerusalém" (Ne 3.12), o que aparentemente significa que ele administrava um dos distritos externos de Jerusalém. O mesmo homem, ou um homem com o mesmo nome, assinou o acordo de Neemias (Ne 10.24).

HALUL Nome de lugar que talvez signifique "círculos". Cidade na região montanhosa de Judá, designada para a tribo do mesmo nome (Js 15.58). É a atual Halhul, a cerca de 6 quilômetros e meio ao norte de Hebrom.

HAMÃ Nome pessoal que significa "magnífico". Hamã era um descendente de Agague que se tornou primeiro-ministro do rei persa Assuero (Et 3.1). Inimigo feroz dos judeus, elaborou um plano para exterminá-los. Parte do seu plano era a forca que mandou construir para executar Mardoqueu (primo de Hadassa — que posteriormente veio a ser a rainha Ester — Et 2.5-7), porque este se recusava a se curvar em sua presença. Entretanto, sob a intervenção de Ester o plano foi descoberto, e Hamã é quem foi executado na forca que preparou para o judeu Mardoqueu. V. *Ester*.

HAMATE 1. Nome de lugar que significa "fortaleza" ou "cidadela". Cidade-Estado localizada no vale do rio Orontes, na Síria, a aproximadamente 190 quilômetros ao norte de Damasco. Escavações arqueológicas indicam que a região foi ocupada pelo menos desde o período neolítico. Inscrições hieroglíficas descobertas por J. L. Burckhardt em 1810 atestam uma antiga influência hitita em Hamate. Durante a maior parte de sua existência, Hamate foi a capital de um reino independente.

Hamate fazia fronteira ao sul com o norte de Israel durante os reinados de Salomão (1Rs 8.65; 2Cr 8.4) e de Jeroboão II (2Rs 14.25,28). A "entrada de Hamate" era considerada a fronteira norte de Israel (Nm 34.8, *ARA*; "Lebo-Hamate", *NVI*; Js 13.5; Ez 47.15-17,20; 48.1; v. tb. Nm 13.21; Jz 3.3).

Toú, rei de Hamate, enviou seu filho Jorão para felicitar Davi depois que este derrotou o rei Hadadezer de Zobá. Toú travara muitas batalhas contra Hadadezer (2Sm 8.9,10; 1Cr 18.3,9,10). Em 853 a.C. o rei Irhueni de Hamate se uniu a uma coalizão que incluía Ben-Hadade II de Damasco e Acabe de Israel, a qual foi bem-sucedida em bloquear o avanço de Salmaneser II da Assíria que marchava contra o norte da Síria. Por volta de 802 a.C. Adade-Nirari III da Assíria esmagou Damasco e impôs-lhe pesada carga tributária. Durante as décadas que se seguiram, o rei de Hamate, provavelmente chamado de Zakir, suscitou uma bem-sucedida rivalidade com Damasco. Hamate alcançou o zênite do seu poder entre 800 e 750 a.C. V. *Toú*.

Em 738 a.C. Tiglate-Pileser III da Assíria cobrou tributos de Hamate e de outras nações, inclusive Israel. Depois da queda de Samaria em 722-721 a.C., Hamate foi devastada por Sargom II da Assíria em 720 a.C. (Am 6.2). Refugiados de Samaria podem ter sido enviados para Hamate como exilados pelos assírios, enquanto refugiados de Hamate foram levados para Samaria, junto com Asima, o deus deles (2Rs 17.24,30; Is 11.11). Desse ponto em diante a história de Hamate parece se confundir com a de Damasco (Jr 49.23).

No período helenístico Antíoco IV mudou o nome da cidade para Epifania. A região era conhecida por esse nome no período greco-romano, ainda que os naturais do lugar continuassem a usar o nome Hamate (atual Hamah). V. *Lebo-Hamate*. — Max Rogers

2. Nome que significa "lugar quente", talvez por causa de uma fonte termal. Como nome pessoal significa "quente". A grafia desse nome em hebraico é diferente do da terra de Hamate no item 1. **3.** Cidade fortificada no território da tribo de Naftali (Js 19.35), talvez a mesma cidade levítica de Hamote-Dor citada em 21.32. Sua localização pode ser Tell Raqqat, ao norte de Tiberíades. Outros estudiosos tentaram localizá-la nas famosas fontes termais de Hamman Tabiriyeh, ao sul de Tiberíades, mas arqueólogos não encontraram nesse lugar evidências de ocupação no período da Idade do Ferro. Em 1Cr

6.76 encontramos "Hamom", aparentemente o mesmo lugar na lista das cidades levíticas. **4.** Ancestral original dos queneus e recabitas (1Cr 2.55). O contexto e a construção gramatical do versículo tornam impossível sua compreensão exata. Hamate pode ter sido o fundador da cidade de Hamate.

HAMATEU Cidadão de Hamate, que originariamente era descendente de Cam, filho de Canaã, filho de Noé (Gn 10.18). V. *Hamate*.

HAMATE-ZOBÁ Nome de lugar que significa "fortaleza de Zobá". Cidade que Salomão conquistou na Síria (2Cr 8.3). Tanto Hamate quanto Zobá eram cidades na Síria controladas por Davi (2Sm 8). Alguns biblistas entendem que a combinação de nomes em 2Cr 8.3 seja resultado de um texto corrompido utilizado pelo cronista. Outros pensam que o cronista refletiu o sistema administrativo babilônico e persa do seu tempo, incluindo as duas cidades em um só distrito. Outros ainda pensam que era simplesmente outro nome para Zobá. O texto hebraico de 1Cr 18.3 traz literalmente "Zobá-Hamate", que tem sido traduzido por "Zobá, nas proximidades de Hamate" (*NVI*), "Zobá, até Hamate" (*ARA*) e "Soba, em Emat" (*BJ*).

HAMEDATA Nome pessoal que significa "dado pelo deus". Pai de Hamã, o vilão de Et 3.1.

HAMOLEQUETE Nome pessoal que significa "rainha". Irmã de Gileade na genealogia de Manassés na lista de 1Cr 7.18, a qual não tem paralelos.

HAMOM Nome de lugar que significa "lugar quente", provavelmente uma fonte termal. **1.** Cidade destinada à tribo de Aser (Js 19.28). Pode ser a atual Umm el-Awamid, perto da costa do Mediterrâneo no Líbano, a cerca de 8 quilômetros a noroeste de Rosh Ha-Niqra. **2.** V. *Hamate*.

HAMOM-GOGUE Nome de lugar que significa "horda de Gogue". Lugar onde Ezequiel predisse o sepultamento do exército de Gogue (Ez 39.11,15). Sua localização não é conhecida. V. *Ezequiel*; *Gogue e Magogue*; *Hamoná*.

HAMONÁ Nome de lugar que significa "horda". Cidade no vale de Hamom-Gogue, onde Israel sepultaria o exército derrotado de Gogue (Ez 39.16). O significado e localização exatos da cidade não são claros, exceto que Ezequiel estava determinado que Israel manteria o local ritualmente puro em todas as circunstâncias. V. *Ezequiel*; *Gogue e Magogue*; *Hamom-Gogue*.

HAMOR Nome pessoal que significa "jumento" ou "burro". Em Gn 33.19 é o pai de Siquém. Dos filhos de Hamor, Jacó comprou uma porção de terra na qual erigiu um altar. Mais tarde os restos mortais de José, filho de Jacó, foram sepultados nessa terra (Js 24:32). Hamor e Siquém foram assassinados por Simeão e Levi em um ato de vingança pelo ultraje cometido a Diná (Gn 34.25,26). Hamor era o ancestral original do clã da cidade de Siquém (Jz 9.28).

HAMOTE-DOR V. *Hamate*.

HAMUEL Nome pessoal que significa "El é meu sogro" ou "Deus está enfurecido". Integrante da tribo de Simeão (1Cr 45.26).

HAMUL Nome pessoal que significa "poupado", "preservado" ou "(o deus) El é sogro". Filho de Perez e neto de Judá (Gn 46.12), por isso líder de um clã em Judá (Nm 26.21).

HAMULITA Integrante do clã de Hamul (Nm 26.21). V. *Hamul*.

HAMURÁBI Rei da Babilônia. Seu reinado durou quarenta e três anos, na primeira metade do segundo milênio a.C. Suas datas precisas, porém, são incertas; seu reinado pode ter começado em 1848, em 1792 ou em 1736 a.C. Era filho de Sin-Muballit e pai de Samsu-Iluna. Tornou-se famoso por editar um código legal conhecido popularmente como *Código de Hamurábi*.

Reino Hamurábi foi o sexto em uma linhagem de reis amorreus da 1ª Dinastia da Babilônia (entre 2000 e 1600 a.C.). Por formar coalizões contra seus inimigos, e mais tarde voltar para seus aliados antigos, Hamurábi reunificou a Mesopotâmia e fundou o assim chamado Império Babilônico Antigo.

Hamurábi gastou os primeiros vinte anos do seu reinado preocupado com assuntos locais.

HAMURÁBI

Evidentemente ele estava consolidando e organizando seu reino. Durante esse período construiu templos, edifícios cívicos, muralhas de defesa e canais para irrigação, mas não há praticamente nada da sua capital. Os arquivos de Mari revelam cerca de 140 cartas trocadas entre Babilônia e Mari durante esse período. Enquanto os primeiros anos testemunharam expansão militar e política, os últimos viram o reino fracassar. Muito desse reino se perdeu após sua morte, e os hititas puseram fim àquela dinastia por volta de 1600 a.C. V. *Babilônia*.

Religião Com a ascensão da Babilônia ao poder, veio também a ascensão de Marduque, o deus patrono daquele reino. Ele era considerado filho de Enki/Ea, deus das águas correntes e da sabedoria. Marduque era o deus das tempestades, e era adorado na Babilônia no grande templo chamado Esagila, talvez construído durante a 1ª Dinastia. O épico babilônico da Criação, o *Enuma Elish*, que data do segundo milênio a.C., celebrava a vitória de Marduque sobre Tiamat, a maligna deusa dos mares. Por esse feito, Enlil, o deus principal, o recompensou com as "tábuas do destino" e o título de "Senhor das Terras".

Hamurábi como legislador Uma escavação francesa na antiga cidade persa de Susã em 1901-1902 d.C. descobriu uma estela de diorito (uma espécie de granito) inscrita com uma coleção de leis do reino de Hamurábi. A estela foi erigida provavelmente no grande templo Esagila, com cópias enviadas para outros centros. Foi levada a Susã pelos elamitas depois de um ataque militar em 1160 a.C. No topo da estela há um alto-relevo mostrando Hamurábi recebendo os símbolos da justiça e da ordem do deus-Sol Shamash, que também era considerado deus da justiça e especialmente como protetor dos oprimidos.

A estela continha 44 colunas na antiga escrita cuneiforme. Um prólogo poético e um epílogo continham 282 leis separadas (cp. o livro de Jó, no qual diálogos poéticos estão antecedidos de um prólogo e seguidos por um epílogo em prosa).

A coleção de leis de Hamurábi tem muito em comum com outras coleções cuneiformes de Ur-Nammu (séc. XXI a.C.), Lipit-Ishtar (séc. XIX a.C.), o reino de Eshnunna (por volta de 1800 a.C.), as leis hititas (séc. XVI ou XV a.C.), as leis do Império Assírio Médio (séc. XV ou XIV a.C.), as leis neobabilônicas (séc. VII a.C.), tanto quanto com a Lei de Moisés.

Há muita coisa escrita a respeito do propósito e da função dessas várias coleções de leis no antigo Oriente Médio. Vários fatores indicam que eles não funcionavam como códigos amarrados e autoritários no sentido moderno. 1) Não há nos vastos registros jurídicos nenhum exemplo de decisão legal que se baseie explicitamente em qualquer uma dessas leis. Ao contrário, as decisões legais se baseavam no exemplo conhecido por meio da tradição legal. As decisões legais do AT, de igual modo, não citam nenhuma lei escrita, o que levou alguns estudiosos a concluir que isso demonstra ignorância de uma lei escrita por Moisés. Comparações com como os sistemas legais dos países circunvizinhos funcionavam demonstram a falácia dessa afirmação. 2) Outro fator é que nenhuma das coleções de leis lida com cada um dos aspectos da vida; pretendem lidar primeiramente com os casos excepcionais. A Lei mosaica também pode ser comparada aqui. As práticas legais no tocante ao casamento, p. ex., sempre vão além do que se encontra explicitamente na Lei de Moisés.

É geralmente aceito que a coleção de leis de Hamurábi contém os veredictos do rei que seriam como padrões legais para orientar os juízes e, dessa maneira, produzir uniformidade política e social em toda a extensão de seu vasto reino. Logo, seu propósito era reforma e educação.

A coleção também pretendia demonstrar ao povo, à posteridade, e especialmente aos deuses, que Hamurábi era um guia justo e fiel do seu povo. A estela começa ao descrever o chamado divino ao rei para "fazer a justiça brilhar sobre a terra, destruir o mal e o ímpio, para que os poderosos não oprimam os fracos [...] para dar luz à terra".

Em seu primeiro ano Hamurábi decretou o padrão de lei que regeria a vida econômica e religiosa de todos os babilônios. Isso se compara às "reformas" dos reis hebreus, que, ao restabelecer fidelidade à *Torá* em seu primeiro ano de reinado, faziam "o que o Senhor aprova" (2Rs 18.3).

O código legal de Hamurábi trata de ofensas gerais como acusações falsas (cf. Dt 5.20; 19.16,17), feitiçaria (cf. Dt 18.10; Êx 22.18), juízos venais (Êx 23.6-9; Lv 19.15; Dt

16.18-21), sequestro (cf. Êx 21.16). Muitas leis tratam de questões conjugais como os direitos de ambas as partes, estabelecimento de dotes, presentes dados aos noivos, ofensas conjugais e divórcio. O casamento legal exigia um contrato com os pais da moça. Um homem podia se divorciar de sua esposa se devolvesse o presente do casamento, o dote e a contribuição para a educação dos filhos (se os tivesse); uma mulher podia se divorciar de seu marido se ela não tivesse negligenciado sua casa nem humilhado seu marido (cf. Dt 24.1-4). O adultério com uma mulher casada permitia a pena de morte se o marido dela o exigisse, mas isso não era obrigatório (cf. Dt 22.22). O estupro era punido com a morte, tal como em Dt 22.25). O incesto é proibido tanto na Lei de Moisés como no *Código de Hamurábi*, mas neste a punição é apenas o exílio.

Como a propriedade era uma grande preocupação, muitas leis lidavam com a herança. Assim como na lei hebraica (Êx 13.2; Dt 21.15-17), o primogênito tinha direitos especiais. Um pai podia deserdar um filho que tivesse agido errado ou podia adotar um filho por uma declaração oral. Os filhos de uma esposa escrava não podia receber herança, a não ser que fossem adotados.

Outra categoria de leis se preocupava com ofensas pessoais. A pena por ferir um dos pais era a perda da mão. Na Lei mosaica isso era uma ofensa capital (Êx 21.15). Ferir uma mulher grávida era passível de punição severa, tal como na lei hebraica, a não ser que o ferimento tivesse sido acidental, e em Hamurábi a mulher é mais considerada filha de outro homem do que esposa propriamente (Êx 21.22-25). O princípio do "olho por olho" (*lex talionis*) foi levado a tal extremo que, se alguém causasse a morte do filho ou da filha de outra pessoa, a pena seria a morte do filho ou da filha do ofensor.

Relacionamento com a lei bíblica A coleção de leis de Hamurábi, dos assírios, hititas e outros povos tem muito em comum com a lei hebraica. Uma área de similaridade é a forma. Assim como em outros códigos legais, muitas das leis hebraicas têm uma forma condicional: "quando/se isto acontecer, então este será o castigo" (ex., Êx 21.18—23.5). A primeira das leis de Hamurábi é: "Se um cidadão acusa outro de assassinato, mas não pode provar, o acusador será executado". Similaridades de conteúdo são de três tipos. Algumas leis são quase idênticas em conteúdo, algumas diferem nas penalidades aplicadas ou em outros detalhes, e algumas são similares apenas no que tange à mesma situação geral. O último tipo de semelhança é o mais comum.

Há várias diferenças críticas entre o código legal de Hamurábi e o código legal de Moisés. 1) As leis de Hamurábi não lidam com questões religiosas. 2) As penalidades variam de acordo com a classe do ofensor. Três classes eram reconhecidas: homens livres, dependentes do Estado, escravos. 3) O valor imenso da propriedade na lei de Hamurábi (e em outras coleções legais) é contrastado com o valor imenso da vida humana nas leis mosaicas. Somente na lei bíblica havia uma distinção clara entre a propriedade e a vida humana. Somente na lei bíblica exigia-se, p. ex., a morte de um boi que havia chifrado alguém e também a morte do seu proprietário se ele antes fora negligente (Êx 21.28-32). Por outro lado, na lei bíblica a compensação monetária nunca era um castigo suficiente para um homicídio. 4) A lei bíblica incluía leis de forma absoluta (apodítica), do tipo "não furtarás", não apenas uma ênfase mais pragmática sobre as consequências. Israel era único em ter tais leis que dão mandamentos positivos e negativos diretamente aos indivíduos, como, p. ex., os Dez Mandamentos. 5) Isso em parte pode ser o resultado da autoridade divina da Lei mosaica, que também significava que nem o rei tinha autoridade para mudar uma lei ou mesmo para reduzir uma pena. O rei também não podia adicionar algo às leis que Deus já tinha dado, uma situação única no antigo Oriente Médio. 6) Finalmente, a lei bíblica era única no sentido de que era entendida no contexto da aliança que Deus estabeleceu com Israel. V. *Lei, Dez Mandamentos, Torá*. — Gary D. Baldwin e E. Ray Clendenen

HAMUTAL Nome pessoal que significa "sogro" ou "parente do orvalho". Mãe do rei Jeoacaz (2Rs 24.18) de Judá. V. *Jeoacaz*; *Zedequias*.

HANÃ Nome pessoal que significa "gracioso". Em sua origem este nome provavelmente tinha ligação como nomes divinos como El, Yahweh (= Javé) ou Baal. **1.** Clã ou associação de profetas ou sacerdotes que viviam no templo. Jeremias usou a câmara que eles tinham no templo

HANAMEEL

para se reunir com os recabitas (Jr 35.4, *NVI*, "sala"). **2.** Clã de servidores do templo que retornaram a Jerusalém do exílio na Babilônia com Zorobabel por volta de 537 a. C. (Ed 2.46). **3.** Homem que Neemias indicou como assistente do tesouro do templo para receber e distribuir os dízimos trazidos para cuidar dos levitas (Ne 13.13). **4.** Um dos heróis militares de Davi (1Cr 11.43). **5.** Levita que instruiu o povo na lei do Senhor enquanto Esdras a lia (Ne 8.7). **6.** Levita que assinou o pacto de Neemias para obedecer à lei de Deus (Ne 10.10). **7.** Outro dos signatários do pacto de Neemias (Ne 10.22). **8.** Outro signatário do pacto de Neemias (Ne 10.26). **9.** Membro da tribo de Benjamim (1Cr 8.23). **10.** Descendente de Saul na tribo de Benjamim (1Cr 8.38).

HANAMEEL Nome pessoal que significa "Deus é gracioso". Tio de Jeremias de quem o profeta comprou o campo em Anatote (Jr 32.7-12). O ato de Jeremias simbolizava o plano de longo alcance de Deus para restaurar o povo na terra depois do exílio.

HANAMEL Grafia utilizada pela *NTLH* para Hanameel. V. *Hanameel*.

HANANEEL ou **HANANEL** Nome de lugar que significa "Deus é gracioso". Torre que marcava o muro norte de Jerusalém. Jeremias predisse sua reconstrução no vindouro dia do Senhor (Jr 31.38; cp. Zc 14.10). Neemias liderou a nação para reconstruir a torre junto com o restante dos muros de Jerusalém (Ne 3.1; 12.39). Esse lugar pode muito bem ter sido parte da fortaleza antiga que protegia o templo (Ne 2.8; 7.2).

HANANEL, TORRE DE Transliteração usada na *ARC* e *NTLH* para a expressão hebraica que significa "Torre dos Cem" (*NVI*, *ARA*) em Ne 3.1; 12.39. V. *Cem, torre dos*.

HANANI Nome pessoal que significa "minha graça" ou uma forma abreviada de "Javé é gracioso". **1.** Pai do profeta Jeú (1Rs 16.1,7; 2Cr 19.2). **2.** Homem que, sob a liderança de Esdras, concordou em se divorciar de sua esposa estrangeira para preservar os judeus da tentação de adorar ídolos (Ed 10.16-20, 44). **3.** Irmão de Neemias que lhe relatou as condições deploráveis de Jerusalém enquanto este ainda estava na Pérsia (Ne 1.2). Neemias o colocou sob a proteção militar da Jerusalém restaurada (Ne 7.2). Alguns tentaram identificá-lo com o Hunani mencionado nos Papiros de Elefantina, mas isso está longe de ser correto. **4.** Sacerdote músico na dedicação dos muros de Jerusalém (Ne 12.36). **5.** Músico do templo e descendente de Hemã (1Cr 25.4). Alguns pensam tratar-se do mesmo Hanani citado no item 4. **6.** Líder original de um grupo de músicos do templo (1Cr 25.25). **7.** Vidente que condenou o rei Asa de Judá (910-869 a.C.) por pagar tributo ao rei Ben-Hadade de Damasco em vez de confiar em Deus (2Cr 16.7). Asa aprisionou Hanani (2Cr 16.10).

HANANIAS Nome pessoal com duas grafias em hebraico, que significa "Javé é gracioso". **1.** Profeta de Gibeom que se opôs a Jeremias ao prometer libertação imediata da Babilônia. Jeremias pôde combater essa falsa profecia apenas ao dizer ao povo que esperasse até que a visse cumprida na História (Jr 28.8,9). Jeremias não pôde se opor a Hananias quando este tentou impedi-lo ao tirar e quebrar o jugo simbólico que Jeremias usava (v. 10-11). Somente mais tarde Jeremias recebeu uma palavra da parte de Deus para fazer oposição a Hananias (v. 12-17). **2.** Pai de Zedequias, um oficial da corte, no tempo de Jeremias (Jr 36.12). **3.** Avô do capitão da guarda que prendeu Jeremias quando este deixava Jerusalém (Jr 37.13). **4.** Nome judeu de Sadraque, um dos amigos de Daniel (Dn 1.7). V. *Sadraque*. **5.** Filho de Zorobabel na linhagem real de Davi (1Cr 3.19). V. *Zorobabel*. **6.** Líder de um clã na tribo de Benjamim que vivia em Jerusalém (1Cr 8.24). **7.** Filho de Hemã, um dos músicos sacerdotais no templo (1Cr 25.4). Ele pode ter sido o líder de um grupo de sacerdotes (v. 23), ainda que o último nome tenha uma grafia ligeiramente diferente em hebraico. **8.** Líder militar sob a liderança do rei Uzias de Judá (792-740 a.C.; 2Cr 26.11). **9.** Homem que seguiu a liderança de Esdras e se divorciou de sua esposa para preservar Judá da tentação de adorar deuses estrangeiros (Ed 10.16-20,44). **10.** Membro de um grupo de perfumistas que ajudou Neemias a reparar os muros de Jerusalém (Ne 3.8). **11.** Homem que ajudou Neemias a reparar os muros de Jerusalém (Ne 3.30). **12.** Líder da fortaleza do templo sob a liderança de Neemias (Ne 7.2). Neemias o estabeleceu como um dos dois administradores de Jerusalém porque ele era confiável e temia a Deus mais que os outros homens. **13.** Homem que assinou o acordo de Neemias para obedecer à lei de Deus; talvez o mesmo do item anterior (Ne 10.23). **14.** Sacerdote imediatamente após o tempo do retorno do exílio na Babilônia (Ne 12.12) quando Joaquim era o sumo sacerdote. **15.** Sacerdote músico que auxiliou Neemias a celebrar a conclusão da construção dos muros de Jerusalém (Ne 12.41).

HANATOM Nome de lugar que significa "graça". Cidade na fronteira norte do território da tribo de Zebulom (Js 19.14). As tábuas de Tell el-Amarna e os anais de Tiglate-Pileser III da Assíria também a mencionam. É provavelmente a atual Tell el-Badawiye, a cerca de 9 quilômetros e meio ao norte de Nazaré.

HANES Nome de um lugar no Egito. Cidade para a qual Israel enviou embaixadores no tempo de Isaías a fim de buscar ajuda militar e econômica (Is 30.4). Isaías condenou a política do governo de buscar ajuda egípcia em vez de confiar em Javé. Hanes tem sido frequentemente localizada em Heracleópolis Magna, no sul do Egito, exatamente ao norte do Delta do Nilo, a atual Ahnas. Seria um paralelo natural a Zoã ou Tânis, no norte. Uma identificação mais provável, no entanto, é Heracleópolis Parva, a atual Hanes, quase diretamente a leste de Tânis e muito mais provável de ser o alvo dos embaixadores de Judá que a distante Heracleópolis do sul. Assurbanípal também menciona Hanes em uma lista de cidades egípcias. V. *Zoã*.

HANIEL Nome pessoal que significa "Deus é gracioso". **1.** Representante da tribo de Manassés no conselho tribal que auxiliou Josué e Eleazar a dividir a terra entre as tribos (Nm 34.23). **2.** Integrante da tribo de Aser (1Cr 7.39).

HANRÃO Nome pessoal de significado incerto, talvez "vinha". Integrante da família de Esaú (1Cr 1.35,41, *ARA*, *ARC*; *BJ*, "Hamrã"). A lista paralela traz "Hendã" (Gn 36.26). A *NVI* traz "Hendã" em 1Cr seguindo alguns manuscritos hebraicos e gregos. Parece que alguns copistas antigos confundiram letras bastante parecidas uma com a outra. V. *Hendã*.

HANUCÁ Festa de oito dias que comemora a purificação e rededicação do templo após as vitórias de Judas Macabeu em 167-165 a.C. É a única festa judaica não especificada na Bíblia Hebraica. Hanucá, também chamada festa da Dedicação, começa no 25º dia de quisleu (dezembro). Uma vela é acesa a cada dia até completarem oito. Em uma ocasião Jesus estava em Jerusalém durante essa festa (Jo 10.22).

A palavra "Hanucá" significa "consagração", "dedicação". Depois que Antíoco Epifânio realizou um culto pagão no templo, Judas Macabeu o purificou da contaminação de tal culto. Ele fez um novo altar sacrificial e novos utensílios santos, queimou incenso no altar apropriado para esse fim, acendeu as lâmpadas para iluminar o templo, colocou pão na mesa e pendurou novas cortinas. Ele dedicou o novo altar com sacrifícios, músicas e um culto festivo durante oito dias.

O significado permanente da Hanucá está em sua comemoração da vitória de poucos cujo desejo por liberdade para praticar sua religião os impeliu a batalhar contra grandes desafios. Depois da destruição do templo no ano 70 da era cristã, a festa era realizada pelo acender de lâmpadas em casas, de onde vem o nome de festa das luzes. V. *festas*. — Gary Hardin

HANUM Nome pessoal que significa "abençoado" ou "favorecido". **1.** Rei de Amom que Davi procurou honrar e com quem buscou renovar um tratado de paz. Hanum e seus conselheiros interpretaram equivocadamente o ato de Davi e desrespeitaram seus mensageiros. A resposta militar de Davi trouxe vitória sobre Amom e a Síria (2Sm 10). Isso estabeleceu o cenário para o relacionamento pecaminoso de Davi com Bate-Seba. **2.** Homem que reparou a porta do Vale em Jerusalém sob a liderança de Neemias (Ne 3.13). **3.** Outro homem que trabalhou sob a liderança de Neemias para reparar os muros de Jerusalém (Ne 3.30).

HAPIRU V. *Apiru*.

HAPISES Nome pessoal que significa "o destruído". Líder de um grupo de sacerdotes (1Cr

HAQUILÁ

24.15) e, portanto, o ancestral daquele clã sacerdotal. A *BJ* traz a grafia Hafses.

HAQUILÁ Colina onde Davi e seus homens se esconderam de Saul, ao sul de Jesimom, no deserto de Maom (1Sm 26.1). V. *Jesimom*.

HARA Nome de lugar de significado incerto. Cidade ou região no norte da Mesopotâmia onde, de acordo com 1Cr 5.26, os assírios liderados por Tiglate-Pileser estabeleceram alguns dos exilados do leste do Jordão do Reino do Norte em 734 a.C. O nome não ocorre nas passagens paralelas (1Rs 17.6; 18.11). O escriba que copiou Cr pode ter copiado parte da palavra hebraica ou por Habor ou por rio uma segunda vez, de modo que gerações posteriores mudaram o nome para Hara. Os relatos em 1Rs situam o exílio da população dessas cidades em 722 a.C.

HARÃ Nome, de pessoa e de lugar, que significa "montanhês" ou "rota de caravana". É o nome de três homens e de uma cidade importante do norte da Mesopotâmia, localizada junto ao rio Balik. **1**. Filho de Terá e pai de Ló (Gn 11.26—29.31). **2**. Filho de uma concubina de Calebe (1Cr 2.46). **3**. Filho de Simei e de um levita (1Cr 23.9). **4**. Cidade que se tornou o lar de Abraão (Gn 11.31,32; 12.4,5) e o lar de seus parentes, como Labão (Gn 27.43). Jacó foi para lá, onde se casou (Gn 28.10; 29.4). No séc. VIII a.C. a Assíria a conquistou (2Rs 19.12; Is 37.12). Harã era parceira comercial de Tiro (Ez 27.23). Escavações arqueológicas iniciadas nos anos 1950 determinaram que a cidade foi estabelecida em meados do terceiro milênio a.C. e ocupada desde o período assírio-babilônico até o período islâmico. A cidade era também um centro importante do culto de Sin, o deus-Lua.
— David. M. Fleming

HARADA Nome de lugar que significa "tremer" ou "terror". Lugar onde os israelitas pararam em sua jornada pelo deserto (Nm 33.24,25). É provavelmente a atual el-Harada, a cerca de 80 quilômetros ao sul de Ácaba.

HARAÍAS Nome pessoal de significado incerto. Integrante do grupo de ourives cujo filho auxiliou Neemias na reconstrução dos muros de Jerusalém (Ne 3.8).

Vista de Harã do Castelo dos Cruzados.

HARAR Nome geográfico que talvez esteja relacionado à palavra hebraica para "montanha". A palavra aparece em formas ligeiramente difíceis na Bíblia Hebraica. Três dos heróis militares de Davi estavam ligados a Harar (2Sm 23.11,33; 1Cr 11.34,35). Harar pode ser uma cidade, uma região, uma tribo ou uma referência genérica a uma região montanhosa.

HARARITA Natural de Harar. V. *Harar*.

HARÁS Nome estrangeiro de significado incerto. Avô do marido de Hulda, a profetisa (2Rs 22.14).

HARBEL Leitura utilizada pela *BJ* para o lugar citado em Nm 34.11, geralmente grafado como Ribla (*NVI*, *ARA*, *ARC*, *NTLH*; "Riblá", *TEB*). A diferença se explica porque Ribla em hebraico começa com "h", que pode ser artigo definido nessa língua. V. *Ribla*.

HARBONA Nome pessoal persa que talvez signifique "estéril". Eunuco na corte do rei Assuero da Pérsia (Et 1.10; 7.9).

HAREFE Nome pessoal que significa "inteligente" ou "reprovação". Descendente de Calebe e, portanto, membro da tribo de Judá (1Cr 2.51).

HAR-HERES Grafia utilizada pela *TEB* em Jz 1.35 para se referir ao "monte Heres" (*NVI*). A *NVI*, *ARA* e *ARC* transliteram "Har", palavra hebraica para "montanha". V. *Heres*.

HARIFE Nome pessoal que significa "agudo" ou "fresco". **1.** Clã israelita cujos membros acompanharam Zorobabel no retorno do exílio da Babilônia por volta de 537 a.C. (Ne 7.24). **2.** Líder do povo que assinou o acordo de Neemias para obedecer à lei de Deus (Ne 10.19).

HARIM Nome pessoal que significa "dedicado". **1.** Líder do clã de Belém cuja família retornou do exílio babilônico com Zorobabel por volta de 537 a.C. (Ed 2.51). **2.** Líder de um grupo de sacerdotes indicado sob a liderança de Davi (1Cr 24.8; cp. Ed 2.39; Ne 12.15). Seguindo a liderança de Esdras, alguns membros desse clã concordaram em se divorciar das esposas estrangeiras para preservar o povo da tentação do culto falso (Ed 10.21). **3.** Outro clã israelita cujos membros, obedecendo a ordens de Esdras, tiveram de se divorciar das esposas estrangeiras (Ed 10.31). O nome do clã pode ter vindo de um ancestral original, mas mais provavelmente a origem desse nome era a sua cidade de residência — Harim —, distante quase 13 quilômetros a nordeste de Jope. Um dos membros desse clã auxiliou Neemias a reconstruir os muros de Jerusalém (Ne 3.11). **4.** Sacerdote que assinou o acordo de Neemias para obedecer à lei de Deus (Ne 10.5). **5.** Líder de um clã que assinou o acordo de Neemias (Ne 10.27).

HARMAGUEDON Grafia utilizada pela *TEB* para a transliteração grega da expressão hebraica citada em Ap 16.16 do nome de lugar que geralmente é grafado nas versões em português como Armagedom (*NVI*, *ARA*, *ARC*, *NTLH*). V. *Armagedom*.

HARMOM Nome de lugar de significado incerto em Am 4.3. A *LXX*, a tradução grega do AT, traz "monte Rimom". A *NTLH* e *BJ* mudam ligeiramente a primeira letra em hebraico para ler "monte Harmom". A nota explicativa da *NVI* sugere que o significado é "montanha da opressão". Nada se sabe a respeito do significado desse lugar. Qualquer que seja a leitura original do nome, a intenção de Amós foi descrever o destino drástico que aguardava as mulheres pecadoras de Samaria, usando para tanto uma terminologia ligada ao abate de animais e à ideia de exílio.

HARMONIA DOS EVANGELHOS Ordenação dos Evangelhos em colunas paralelas com o propósito de estudar suas semelhanças e diferenças. Andreas Osiander (1498-1552), biblista alemão da Reforma Protestante, foi o primeiro a usar a expressão "harmonia dos Evangelhos" para a organização paralela que elaborou dos textos dos Evangelhos. Ao escolher um termo musical como uma metáfora para o arranjo em colunas, Osiander comparou o quadro total de Jesus apresentado pelos quatro Evangelhos ao som de várias notas musicais sendo tocadas em conjunto em um acorde. Uma harmonia dos Evangelhos pode também ser chamada de sinopse ou de leitura paralela.

História das harmonias Conquanto a expressão "harmonia dos Evangelhos" só tenha sido usada pela primeira vez no séc. XVI, biblistas envidaram esforços para comparar e harmonizar os quatro relatos de Jesus já no séc. II. Naquela época, Taciano, um cristão da Síria, compilou os quatro Evangelhos em uma narrativa única, parafraseada, denominada *Diatessaron*. Tudo que se sabe a respeito da obra de Taciano vem de referências em outros escritores.

O *Diatessaron* representa uma abordagem à harmonização dos Evangelhos: a tecelagem do material extraído dos Evangelhos para apresentar uma narrativa contínua da vida de Jesus. Vários biblistas nos últimos duzentos anos envidaram esforços semelhantes.

Poucos estudiosos contemporâneos dão crédito a tentativas de "harmonizar" os textos das informações contidas nos Evangelhos em um único registro exaustivo a respeito de Jesus. Antes, tentam reconhecer as diferenças e comparar as variações entre os Evangelhos e usam suas descobertas como auxílio para a interpretação. A primeira grande obra nessa segunda abordagem a uma harmonia dos Evangelhos foi realizada por Amonius de Alexandria no séc. III. Amonius tomou o texto de Mt e escreveu ao lado dele passagens dos outros três Evangelhos que lhe eram correspondentes, em colunas paralelas. Consequentemente, a obra de Amonius mostrou apenas relação entre Mt e os outros três Evangelhos. Quaisquer paralelos que existissem independentemente entre os outros três eram ignorados. No séc. IV, Eusébio, o historiador eclesiástico, desenvolveu um sistema de referências cruzadas que providenciava uma maneira de localizar e estudar uma passagem que tivesse paralelos em qualquer dos demais Evangelhos.

J. J. Griesbach, outro erudito alemão, em 1776 fez uma das mais significativas contribuições a esse campo de estudos quando produziu sua *Synopse*, uma ordenação paralela dos textos dos Evangelhos sinópticos. Griesbach tomou o título de sua obra da palavra grega que significa "ver ao mesmo tempo" e daí deu a Mt, Mc e Lc a designação "Evangelhos sinópticos", por causa das perspectivas similares (em contraste com Jo) sobre a vida de Jesus. A obra de Griesbach ainda serve de modelo básico para estudiosos que fazem comparações entre os Evangelhos como auxílio à interpretação de determinado texto.

Necessidade de estudo comparativo Mesmo a leitura mais casual do NT revela a necessidade e utilidade de um estudo comparativo de Mt, Mc e Lc. Observe-se o seguinte: **1.** Parte do material contido em um Evangelho é repetida quase palavra por palavra em um ou em dois dos outros Evangelhos (a narrativa dos discípulos de Jesus colhendo grãos em um sábado, Mc 2.23-27; Mt 12.1-8; Lc 6.1-5). **2.** Parte do material que é vital para o registro do ensino de Jesus é incluído em apenas um Evangelho (a parábola do filho pródigo, Lc 15.11-32).

O problema sinóptico Como observado anteriormente, eruditos há muito notaram as similaridades particulares que são abundantes entre Mt, Mc e Lc. Em todos os três Evangelhos: 1. O surgimento de João Batista, o batismo e a tentação de Jesus e o início do ministério público de Jesus estão ligados. 2. O ministério de Jesus está limitado à Galileia até que ele participe da celebração da Páscoa em Jerusalém, onde foi crucificado. 3. A narrativa termina com sua crucificação e ressurreição.

Além disso, com a similaridade bruta em seus enredos e pontos de vista comuns, os três Evangelhos exibem uma inegável inter-relação com respeito ao conteúdo real: Lc contém 50 porcento da substância dos versículos de Mc. Mesmo assim, a despeito dessas similaridades, os três Evangelhos também possuem diferenças significativas. As questões ligadas a esse problema foram denominadas pelos estudiosos de "o problema sinóptico".

Uma solução antiga Uma das respostas mais antigas e mais influentes em relação ao problema sinóptico foi apresentada por Agostinho (354-430 d.C.). Ele concluiu que Mateus escreveu primeiro e que Marcos produziu seu Evangelho com base no que Mateus escreveu. Lucas dependeu de ambos. A posição de Agostinho foi considerada ortodoxa por cerca de mil e quatrocentos anos.

Soluções posteriores Durante o séc. XIX avanços foram feitos na arqueologia e no estudo de línguas antigas. Novos métodos foram introduzidos nos estudos bíblicos. Essas mudanças produziram várias soluções novas para o problema sinóptico.

A primeira solução "moderna" tinha como centro a hipótese de um único Evangelho original que se perdeu. Alguns eruditos criam que esse pode ter sido um Evangelho transmitido oralmente por meio de repetições constantes, enquanto outros creem que era um documento real. Qualquer que tenha sido o caso, os que creem nessa hipótese presumem que Mateus, Marcos e Lucas individualmente selecionaram material desse Evangelho enquanto escreveram seus relatos.

Outras soluções ao problema se centralizavam na crença de que os escritores do Evangelho usaram dois documentos. Invertendo a opinião consagrada de que Mt foi escrito primeiro, proponentes da teoria dos dois documentos concluíram que Mc foi de fato o primeiro Evangelho e que os demais Evangelhos sinópticos foram dependentes dele. Por conta das similaridades entre as passagens de ensino contidas em Mt e em Lc, esses estudiosos também teorizaram que esses dois Evangelhos tiveram outra fonte, uma coleção de ensinos de Jesus.

A hipótese dos quatro documentos No começo do séc. XX, B. H. Streeter, um erudito britânico, propôs a teoria dos quatro documentos como solução para o problema sinóptico. Streeter concordou com a teoria dos dois documentos até certo ponto, mas achou que ela falhava em avançar o bastante para explicar a existência de material que era exclusivo ou de Mt ou de Lc. A partir daí, Streeter sugeriu a hipótese de que os escritores dos Evangelhos sinópticos usaram o total de quatro documentos como fontes para suas obras.

a. A prioridade de Mc Como os proponentes da teoria dos dois documentos, Streeter acreditava que Mc foi escrito primeiro e serviu como fonte para Mt e Lc. Vários fatos levaram a essa crença. Primeiro, os três Evangelhos geralmente concordam com a ordem pela qual ordenam seu material. Entretanto, quando há discordância, Mt e Mc frequentemente concordam comparados com Lc, ou Lc e Mc concordam comparados com Mt. Os evangelhos de Mt e Lc dificilmente concordam comparados com Mc. O mesmo acontece quanto ao uso de palavras e à estrutura das sentenças. O evangelho de Mc geralmente concorda com Mt ou Lc contra o outro, mas Mt e Lc raramente concordam contra Mc. Esses dois fatos indicariam que os outros escritores usaram Mc. Uma terceira evidência indicativa da prioridade de Mc é que declarações desse Evangelho que poderiam ofender ou deixar perplexos leitores são omitidas ou apresentadas de maneira menos provocativa pelos demais sinópticos (cp. Mc 4.38 com Mt 8.25 e Lc 8.24). Streeter acreditava que, quando tomados em conjunto, esses três fatores levariam à conclusão de que Mc foi escrito primeiro e usado por Mt e Lc.

A existência de "Q" Streeter também concordou com os proponentes da teoria dos dois documentos que Mt e Lc usaram uma fonte comum além de Mc. Eruditos alemães deram a essa fonte o nome "Q", da palavra alemã *Quelle*, que significa "fonte". Seu conteúdo pode ser apenas deduzido com base em comparações com passagens comuns a Mt e Lc, mas ausentes em Mc. Alguns eruditos concordam que "Q" era primariamente uma coleção de ensinos de Jesus com pouco material narrativo e nenhuma menção à crucificação e ressurreição. A contribuição mais importante de "Q" é o Sermão do Monte (Mt 5—7 e Lc 6.20-49).

b. A fonte "M" Streeter acreditava que Mateus teve acesso a um corpo de material desconhecido (ou, pelo menos, não usado) por Marcos e Lucas. Essa fonte deriva seu nome de "M", a inicial de Mateus. Um exemplo da fonte "M" é a narrativa da infância de Jesus em Mt, que é diferente da narrativa em Lc. "M" também conteria muitos textos de prova do AT relacionados ao papel de Jesus como o Messias.

c. A fonte "L" A quarta e última fonte na hipótese dos quatro documentos é a que acredita-se conter material exclusivo de Lucas. Essa fonte continha pelo menos uma narrativa da infância de Jesus e muitas parábolas. As parábolas do bom samaritano e do filho pródigo são parte dessa fonte "L".

O lugar da inspiração Muitos acreditam que a discussão das "fontes" usada pelos escritores dos Evangelhos prejudica a inspiração das Escrituras. Se Mateus, Marcos e Lucas usaram outros documentos para escrever seus Evangelhos, Deus ainda tem algum lugar em sua autoria? Uma análise cuidadosa revelará que as "fontes" e a inspiração não são mutuamente excludentes. Os escritores do AT claramente mostraram que usaram fontes escritas (Js 10.13; 2Sm 1.18; 1Rs 11.41; 2Cr 9.29).

Lucas diz: "Muitos já se dedicaram a elaborar um relato dos fatos que se cumpriram entre nós, conforme nos foram transmitidos por aqueles que desde o início foram testemunhas oculares e servos da palavra. Eu mesmo investiguei tudo cuidadosamente, desde o começo, e decidi escrever-te um relato ordenado, ó excelentíssimo Teófilo" (1.1-3). Lucas admite nessa declaração que tinha conhecimento de outros relatos da vida e mensagem de Jesus. Nenhuma teoria conhecida da inspiração viola a humanidade do escritor a ponto de negar sua memória. Portanto, o Evangelho escrito por Lucas certamente teria alguma coisa em comum com as fontes que ele conhecia. Além disso, a teoria da inspiração declara que os autores humanos do material bíblico usaram informações ou palavras que, até o momento exato da escrita, tinham sido totalmente desconhecidas dos escritores. Assumir que a inspiração não pode envolver o processo de ajudar uma pessoa a reconhecer a verdade divina e a modelar essa verdade na mensagem específica que Deus quer comunicar é limitar a capacidade do Espírito de Deus. A inspiração nos dois Testamentos incluía a orientação de Deus aos escritores para as fontes corretas e os direcionava no uso dessas fontes.

Resumo Enquanto muitos estudiosos contemporâneos sustentam a teoria dos quatro documentos (ou alguma teoria semelhante), deve-se reconhecer que qualquer solução para o problema sinóptico é uma teoria, não um fato comprovado. Muitos biblistas atualmente estão retornando à opinião de que Mateus foi escrito primeiro. Deve-se admitir que muitas das respostas que se deseja a respeito das origens dos Evangelhos não estão disponíveis. Portanto, alguns questionadores modernos ficarão frustrados caso esperem encontrar respostas cientificamente precisas a respeito desses documentos, pois o propósito original pelo qual foram escritos é serem religiosamente confiáveis a respeito das boas-novas maravilhosas de Deus a respeito de Jesus Cristo. Pode-se confiar nos Evangelhos e obedecer a eles sem que se tenha a resposta para todas as perguntas acerca de suas origens e relações. — *P. Joel Snider*

HARNEFER Nome pessoal egípcio que significa "Hórus (o deus) é bom". Integrante da tribo de Aser (1Cr 7.36).

HARODE Nome de lugar que significa "tremor", "terror" ou "fonte intermitente". Lugar onde Deus usou Gideão para testar suas tropas e reduzir seu número antes de combater Midiã (Jz 7.1). É a atual Ain Jalud, perto de Gilboa, a meio caminho entre Afula e Bete-Seã, a pouco mais de 3 quilômetros a sudeste de Jezreel. Era o lar de dois dos heróis de Davi (2Sm 23.25), ainda que o texto paralelo de 1Cr 11.27 traga "Haror", o que indica a confusão de um copista com duas letras semelhantes. A fonte de 1Sm 29.1 era provavelmente Harode. Alguns biblistas encontram referência a Jz 7.1 em Sl 83.10 e fazem uma ligeira mudança no texto hebraico para ler "Harode" em lugar de En-Dor.

HARODITA Cidadão de Harode. V. *Harode*.

HAROÉ Nome pessoal que significa "o vidente". Descendente de Calebe na tribo de Judá (1Cr 2.52). A mesma pessoa é talvez o Reaías de 1Cr 4.2, uma mudança fácil de fazer ao copiar o hebraico, e era provavelmente o nome original. Tal como outros nomes na lista, pode representar tanto o nome de um lugar como o nome de uma pessoa.

HAROR Nome de lugar citado em 1Cr 11.27. V. *Harode*.

HAROSETE-HAGOIM "Harosete" significa "terra de florestas". É a primeira parte do nome composto hebraico que significa Harosete dos Gentios (ou das Nações). Lar de Sísera, capitão do exército de Jabim de Hazor (Jz 4.2). Ele reuniu ali suas tropas e marchou pelo rio Quisom para enfrentar Baraque e Débora (v. 13). Baraque fez o exército recuar até Harosete e lá os matou (v. 16). Pode ser o mesmo Muhrashti citado nas cartas de Amarna. Sua localização é motivo de discussão: alguns pensam em Tell el-Ama no sopé do monte Carmelo, a cerca de 14,5 quilômetros ao sul de Haifa, perto da aldeia árabe de Haritiyeh. Outros veem em Harosete um substantivo comum que significa "florestas" e a localizam nas florestas da Galileia, usando para tanto evidência da *LXX*. Essa opinião lê Js 12.23 como "rei de Goim na Galileia", fazendo desse rei um líder das florestas da Galileia.

HARPA V. *música, instrumentos, dança*.

HARSA Nome pessoal que significa "incapaz de falar, silencioso" ou "mágico, feiticeiro". Clã de servidores do templo que retornou com Zorobabel do exílio na Babilônia por volta de 537 a.C. (Ed 2.52). Tel-Harsa (Ed 2.59) era um dos lugares onde os exilados judeus viveram na Babilônia, de modo que o clã pode ter tomado seu nome do lugar onde viveram na Babilônia, ou o contrário.

HARUFITA Nome de um clã ou de um lugar que significa "cedo" ou "reprovação". É a leitura feita pela *ARA* e *ARC* em 1Cr 12.5; a *NVI* traz "de Harufe". O texto hebraico traz "harifitas". Nada se sabe a respeito de Harufe. Pode ter sido um clã ou uma cidade da qual veio Sefatias. Harufita (ou harifita) se refere aos cidadãos ou descendentes de Harife. V. *Harife*.

HARUM Nome pessoal que significa "o exaltado". Membro da tribo de Judá (1Cr 4.8).

HARUMAFE Nome pessoal que significa "nariz partido". Pai de um trabalhador que auxiliou Neemias a reconstruir os muros de Jerusalém (Ne 3.10).

HARUR Nome pessoal que significa "brasa" ou "queimado", o que possivelmente indica a febre que sua mãe teve no momento do parto. Servidor do templo que retornou do exílio babilônico com Zorobabel por volta de 537 a.C. (Ed 2.51).

HARUZ Nome pessoal que significa "ouro" ou "trabalhador". Avô materno de Amom, rei de Judá (642-640 a.C.). Ele era de Jotbá (2Rs 21.19). Esse lugar pode não ter sido de Judá e, assim, representa uma influência estrangeira sobre o rei. V. *Jotbá*.

HASABIAS Nome pessoal que significa "Javé contou ou imputou", que aparece em hebraico tanto na forma abreviada como na forma completa. **1.** Ancestral de Merari entre os líderes dos levitas (1Cr 6.45). **2.** Outro integrante do sacerdócio de Merari (1Cr 9.14; Ne 11.15). **3.** Músico do templo e levita na época do reinado de Davi (1Cr 25:1,3, 6,19). **4.** Família de levitas de Hebrom "responsáveis por todo o trabalho do Senhor e pelo serviço do rei em Israel, a oeste do Jordão" (1Cr 26.30). Isso mostra a ligação íntima que havia entre templo e palácio, entre atividade religiosa e atividade política em Israel. **5.** Líder da tribo de Levi possivelmente ligado com o censo malsucedido ordenado por Davi (1 Cr 27:17). Pode ter sido o mesmo citado no item 4. **6.** Líder levita no reinado de Josias que providenciou animais para que os levitas celebrassem a Páscoa (2Cr 35.9). **7.** Levita líder que Esdras ordenou que retornasse a Jerusalém com ele depois do exílio na Babilônia, por volta de 458 a.C. (Ed 8.19). Assumiu a responsabilidade de transportar os tesouros do templo nessa jornada (v. 24-30; cp. Ne 12.24). **8.** Israelita que recebeu ordem de se divorciar de sua esposa estrangeira para preservar o povo da tentação do culto falso de acordo com os manuscritos gregos de Ed 10.25. **9.** Levita com responsabilidades administrativas sobre a cidade de Queila que se uniu a Neemias na reconstrução dos muros de Jerusalém (Ne 3.17). Provavelmente o mesmo que assinou o acordo de Neemias para obedecer à lei de Deus (Ne 10.11) e pode ter sido o mesmo dos itens 7 e 8. **10.** Ancestral do principal levita em Jerusalém no tempo de Neemias (Ne 11.22). **11.** Sacerdote uma geração após o retorno do exílio (Ne 12.21).

HASABNA Nome pessoal que talvez signifique "contagem". Signatário do acordo de Neemias para obedecer à lei de Deus (Ne 10.25).

HASABNEIAS Nome pessoal que significa "Javé imputou a mim". **1.** Pai do homem que auxiliou Neemias a restaurar os muros de Jerusalém (Ne 3.10). **2.** Levita que liderou o culto na cerimônia do acordo de Neemias, na qual o povo reafirmou seu compromisso de obedecer a Deus (Ne 9.5).

HASADIAS Nome pessoal que significa "Javé é gracioso". Filho de Zorobabel e descendente de Davi (1Cr 3.20). V. *Zorobabel*.

HAZAR-SUSA ou **HAZAR-SUSIM** Nome de lugar que significa "acampamento do cavalo". Cidade destinada à tribo de Simeão (Js 19.5). Assim como acontece com muitas cidades de Simeão, essa também aparece como destinada a Judá (cf. 19.1), o que leva muitos biblistas a pensar que esse é outro nome para a Sansana de Js 15.31. O texto de 1Cr 4.31 não traz a forma feminina, Susa, mas a forma plural, Susim. Pode ser a atual Sabalat Abu Susein.

HASBADANA Nome pessoal de significado incerto. Integrante da comunidade de líderes que ficou de pé ao lado de Esdras enquanto ele lia a Lei para o povo (Ne 8.4). Algumas traduções antigas tinham evidência de que um copista juntou dois nomes — Hasube e Badana — em um só. A função precisa desses líderes não é declarada no texto.

HASÉM Nome pessoal que significa "o nome". Pai de alguns dos heróis militares de Davi (1Cr 11.34), natural de Gizom. A passagem paralela de 2Sm 23.32 pode ter preservado a grafia original do nome: Jasém. V. *gizonita*; *Jasém*.

HASMONA Nome de lugar de significado incerto. Lugar de uma parada na jornada de Israel pelo deserto (Nm 33.29,30). Alguns biblistas identificam o lugar com Azmom (Nm 34.4). V. *Azmom*.

HASRÁ

HASRÁ Nome pessoal, que talvez signifique "falta". V. *Harás*.

HASSENÁ Nome, de lugar ou de pessoa, que talvez signifique "o odiado". O mesmo nome sem o "h", que é o artigo definido em hebraico, talvez seja Senaá, um clã que retornou com Zorobabel do exílio na Babilônia, por volta de 537 a.C. (Ed 2.35). Integrantes desse clã auxiliaram Neemias a reconstruir a porta do Peixe do muro de Jerusalém (Ne 3.3).

HASSENUA Nome pessoal que significa "o odiado". Líder da tribo de Benjamim (1Cr 9.7). O nome sem o "h", que é artigo definido em hebraico, é citado em Ne 11.9 como sendo do pai de um líder da Jerusalém no período pós-exílico, da tribo de Benjamim (ARA, ARC, NTLH; a NVI traz a forma "Hassenua", com o artigo definido).

HASSIDIM Integrantes de uma comunidade religiosa militante na revolta dos macabeus, que teve início em 168 a.C. O nome do grupo é derivado do conceito veterotestamentário de *hassidim*, "santos" ou "fiéis". Os fariseus e os essênios eram provavelmente oriundos de diferentes grupos do movimento hassidista. V. *história e literatura intertestamentárias*; *partidos judaicos no NT*.

HASSUBE Nome pessoal que significa "alguém a quem ele (Deus) imputou ou contou". **1.** Homem que auxiliou Neemias a reconstruir os muros de Jerusalém (Ne 3.23). Aparentemente era um levita no templo (1Cr 9.14; Ne 11.15). **2.** Homem que auxiliou no conserto dos fornos dos padeiros e em aparentemente duas partes do muro, que, conforme a descrição de Neemias 3.23, foi "ao lado de sua casa". Pode ter sido o mesmo que assinou o acordo de Neemias de obedecer a Deus (Ne 10.23).

HASUBÁ Nome pessoal que significa "altamente apreciado". Filho de Zorobabel na linhagem real de Davi (1Cr 3.20).

HASUFA Nome pessoal que significa "rápido". Um clã que retornou do exílio na Babilônia com Zorobabel, por volta de 537 a.C. (Ed 2.43).

HASUM **1.** Nome pessoal que significa "nariz chato". Líder de um clã de um grupo que retornou do exílio na Babilônia com Zorobabel, por volta de 537 a.C. Alguns membros desse clã se divorciaram de suas esposas estrangeiras por ordem de Esdras para livrar a comunidade de tentações religiosas (Ed 10.33). **2.** Líder da comunidade que ficou de pé ao lado de Esdras enquanto ele lia a Lei para o povo (Ne 8.4). Foi também um signatário do acordo de Neemias para obedecer a Deus (Ne 10.18).

HATÁ Nome pessoal, talvez de origem persa, que significa "aquele que corre". Eunuco que servia ao rei Assuero na corte persa, designado pelo rei para ser servo de Ester (Et 4.5,6). Ester deu-lhe a tarefa de descobrir por que Mardoqueu estava atribulado, iniciando dessa maneira as idas da rainha perante o rei para salvar seu povo.

HATATE Nome pessoal que significa "fraco". Filho de Otoniel na linhagem familiar de Calebe na tribo de Judá (1Cr 4.13).

HATIFA Nome pessoal em aramaico que significa "roubado". Clã que retornou do exílio na Babilônia com Zorobabel, por volta de 537 a.C. (Ed 2.54).

HATIL Nome pessoal que significa "falante", "balbuciador". Clã de servidores do templo que retornou do exílio na Babilônia com Zorobabel, por volta de 537 a.C. (Ed 2.57).

HATITA Nome pessoal em aramaico que significa "cavar um buraco" ou "suave" ou "festival". Clã de porteiros do templo que retornou do exílio na Babilônia com Zorobabel, por volta de 537 a.C. (Ed 2.42).

HATUS Nome pessoal de significado incerto. **1.** Homem da linhagem real de Davi depois do retorno do exílio (1Cr 3.22). Retornou do exílio babilônico com Esdras por volta de 458 a.C. (Ed 8.2). Seu lugar destacado na lista pode indicar que Esdras e seus seguidores ainda tinham esperança em um monarca davídico. **2.** Sacerdote que assinou o acordo de Neemias para obedecer a Deus (Ne 10.4). Não é impossível que seja o mesmo do item 1. **3.** Sacerdote que retornou do exílio na Babilônia com Zorobabel, por volta de 537 a.C. (Ne 12.2). **4.** Homem que ajudou Neemias a reconstruir os muros de Jerusalém (Ne 3.10).

HAURÃ Nome geográfico de significado incerto. Uma das quatro ou cinco províncias através das quais os assírios e seus sucessores administravam a Síria. Sua fronteira norte era Damasco, o monte Jebel Druze a leste, as colinas de Golã a oeste e o rio Yarmuk ao sul. Era um campo de batalha entre Assíria, Síria, Israel, Judá e Egito, aparecendo em registros egípcios e assírios. Ezequiel prometeu que a região estaria na terra prometida restaurada (Ez 47.16,18). Os macabeus a controlaram por algum tempo. A região é conhecida por suas rochas basálticas negras, vulcões, e pela fertilidade do seu solo, que permite colheitas abundantes.

HAVILÁ Nome de lugar que significa "superfície arenosa". Nome bíblico para a região arenosa ao sul que compreende a atual Arábia, sem necessariamente designar uma área geográfica ou política específica. O rio que fluía do Éden é descrito como percorrendo toda a terra de Havilá (Gn 2.11), região famosa pelo ouro e por suas pedras preciosas. A tabela das nações alista os laços políticos de Havilá (Gn 10.7). Alguns biblistas pensam que o nome Havilá está preservado na atual Haulan, no sudoeste da Arábia. Havilá também é mencionado na tabela das nações como filho de Joctã, o neto de Sem (Gn 10.29). Os descendentes de Ismael, filho de Abraão, viveram em Havilá (Gn 25.18). Mais tarde, Saul derrotou os amalequitas "desde Havilá até Sur, a leste do Egito" (1 Sm 15.7), uma descrição que biblistas continuam a debater. Alguns tentam mudar ligeiramente o texto hebraico. Outros procuram outra Havilá, que seria mais ao norte e a oeste da localização da Havilá tradicional. Outros, ainda, falam das fronteiras fluidas da região. Logo, Havilá se refere a uma área ou áreas na Arábia, mas sua localização precisa não é conhecida.

HAVOTE-JAIR Nome de lugar que significa "tendas de Jair". Aldeias em Gileade a leste do Jordão que Jair, filho de Manassés, conquistou (Nm 32.41). O texto de Dt 3.14 diz que Jair conquistou toda a região de Argobe "de modo que até hoje Basã é chamada povoados de Jair". Essa passagem iguala a terra de Refaim, Argode, Basã e Havote-Jair (cf. Js 13.30; 1Rs 4.13). O texto de Jz 10.3,4 fala sobre Jair de Gileade, que foi juiz em Israel por vinte e dois anos. Ele "teve trinta filhos que montavam trinta jumentos. Eles tinham autoridade sobre trinta cidades, as quais até hoje são chamadas 'povoados de Jair' ". O texto de 1Cr 2.18-23 descreve a genealogia de Calebe e seu pai, Hezrom. Mais tarde em sua vida Hezrom se casou com a filha de Maquir, o pai de Gileade. Ela foi mãe de Segube, o pai de Jair, que tinha 23 cidades em Gileade. "Gesur e Arã conquistaram Havote-Jair, bem como Quenate e os povoados ao redor; ao todo sessenta cidades. Todos esses foram descendentes de Maquir, pai de Gileade" (1Cr 2.23). Aparentemente Havote-Jair era um grupo de povoados a leste do Jordão, talvez variando em número em épocas diferentes. Israel reivindicou a posse desses povoados e ligou o nome ao de diferentes heróis israelitas em várias épocas.

HAZAEL Nome pessoal que significa "El (um deus) está vendo". Um poderoso e impiedoso rei da cidade-Estado síria de Damasco durante a última metade do séc. VIII a.C. Enquanto era oficial de Ben-Hadade, rei da Síria, Hazael enviou mensageiros ao profeta Eliseu para perguntar a respeito da saúde do rei (2Rs 8.7-15). Eliseu profetizou que Hazael viria a ser rei e que trataria Israel com crueldade. Hazael retornou, assassinou Ben-Hadade e se tornou rei da Síria em 841 a.C. Esses eventos também foram previstos pelo profeta Elias (1Rs 19.15-17). Logo após tornar-se rei da Síria, Hazael se lançou em uma guerra contra Acazias, rei de Judá, e Jorão, rei de Israel (2Rs 8.28,29; 9.14,15). Eventualmente ele estendeu seu domínio até Israel, o Reino do Norte (2Rs 10.32,33; 13.1-9,22) e a Judá, o Reino do Sul (2Rs 12.17,18; 2Cr 24.23,24). Hazael só não capturou a cidade santa de Jerusalém porque lhe foi dado tudo que era móvel e de valor na cidade e no templo. A lembrança do poder impiedoso da Síria sob a liderança de Hazael ficou marcada indelevelmente na memória de Israel. Meio século mais tarde, Amós usou o nome de Hazael como símbolo da opressão da Síria que seria julgada por Deus (Am 1.4). — *Daniel B. McGee*

HAZAÍAS Nome pessoal que significa "Javé vê". Membro da tribo de Judá e ancestral de descendentes de habitantes de Jerusalém no tempo de Neemias (Ne 11.5).

HAZAR

HAZAR Palavra hebraica que significa um salão ou um espaço fechado. *Hazar* é elemento comum em nomes de lugares: Hazar-Enã (Ez 47.17), Hazar-Gada (Js 15.27), Hazar-Sual (Js 15.28), Hazar-Susa (Js 19.5). Os nomes desses lugares talvez lembrem a montagem de tendas ou a construção de casas em um círculo para proteção, resultando em um espaço fechado. A palavra aparece também no texto hebraico de Nm 13.28 e Dt 1.28, em que se fala sobre cidades cercadas por muros altos. V. *cidades e vida urbana*.

HAZAR-ADAR Nome de lugar que significa "eira". Lugar onde Israel parou em sua peregrinação pelo deserto (Nm 34.4) perto de Cades, possivelmente a atual Ain Qedesh. V. *Adar*; *Cades, Cades-Barneia*.

HAZAR-ENÃ Nome de lugar que significa "acampamento de fontes". Lugar que assinalava a fronteira norte da terra prometida (Nm 34.9,10; Ez 47.17). Sua localização exata não é conhecida, mas alguns estudiosos acreditam ser Qaryatein, a cerca de 112 quilômetros a nordeste de Damasco.

HAZAR-ENOM Grafia variante de Hazar-Enã em Ez 47.17 (*ARA*, *ARC*). A *NVI* grafa Hazar-Enã. V. *Hazar-Enã*.

HAZAR-GADA Nome de lugar que significa "cidade da boa sorte". Cidade no território da tribo de Judá de localização desconhecida, perto de Berseba (Js 15.27).

HAZAR-HATICOM Nome de lugar que significa "cidade do meio". Ezequiel a nomeou como a fronteira do futuro Israel (47.16). Alguns biblistas acham que o texto original fosse Hazar-Enã (Ez 47.17; 48.1). Sua localização não é conhecida.

HAZARMAVÉ Nome de lugar que significa "acampamento da morte". Nome na tabela das nações para o filho de Joctã, na linhagem de Héber e Sem (Gn 10.26). Pode ser a região de Hadramaut, no leste do Iêmen.

HAZAR-SUAL Nome de lugar que significa "acampamento de raposas". Cidade próxima a Berseba no território da tribo de Judá (Js 15.28), mas designada à tribo de Simeão (Js 19.3; 1Cr 4.28). Judeus que retornaram do exílio na Babilônia viveram nessa cidade (Ne 11.27). Pode ser a atual Khirbet el-Watan.

HAZAZOM-TAMAR Nome de lugar que significa "túmulo com palmeiras". Lar dos amorreus que combateram a coalizão do leste liderada por Quedorlaomer (Gn 14.7). O texto de 2Cr 20.2 observa que Hazazom-Tamar era outro nome para En-Gedi. Alguns biblistas pensam que Hazazom-Tamar estava localizada a quase 10 quilômetros ao norte de En-Gedi, no uádi Hasasa, enquanto outros apontam para Tamar no sul de Judá, Kasr Ejunieh ou Ain Kusb, a 32 quilômetros a sudeste do mar Morto. V. *En-Gedi*.

HAZEBAIM V. *Poquerete-Hazebaim*.

HAZELELPONI Nome pessoal que significa "obscureça meu rosto". Filha de Etã na tribo de Judá (1Cr 4.3). Como muitos dos outros nomes da lista de 1Cr 4 são de cidades (ex., Penuel, Belém), Hazelelponi pode também ser um nome de cidade. Se esse é o caso, sua localização não é conhecida.

HAZEROTE Nome de lugar que significa "cidades" ou "acampamentos". Lugar onde Israel parou em sua jornada desde o Egito (Nm 11.35). Foi nesse lugar que Arão e Miriã desafiaram a autoridade única de Moisés usando como desculpa sua esposa etíope (Nm 12). Deus puniu Miriã com uma terrível doença de pele. O texto de Dt 1.1 usa Hazerote como um ponto focal para localizar os discursos de Moisés a Israel. Alguns geógrafos localizam-no na atual Ain Khadra, ao sul de Ezion-Geber. Alguns biblistas tentam localizar todos os lugares de Dt 1.1 perto de Moabe. Se estiverem certos, o Hazerote mencionado é diferente do citado em Nm 11.35.

HAZIEL Nome pessoal que significa "Deus viu". Levita líder no tempo de Davi (1Cr 23.9).

HAZO Forma abreviada do nome Haziel que significa "Deus viu". Filho de Naor, irmão de Abraão (Gn 22.22). Os 12 filhos de Naor aparentemente representavam uma associação de tribos. Alguns biblistas acham que Hazo represente a cidade de

Hazu, conhecida por meio de uma fonte assíria e localizada em al-Hasa, perto da costa da Arábia, no Bahrein.

HAZOR Nome de lugar que significa "lugar fechado". **1.** Hazor estava localizada na Alta Galileia, no lugar atualmente conhecido como Tell el-Qedah, a 16 quilômetros ao norte do mar da Galileia e a 8 quilômetros a sudoeste do lago Hulé. A área de Hazor é um monte de cerca de 120 metros quadrados, que se eleva a 40 metros acima da planície que o circunda, e um terreno mais baixo de 700 metros quadrados, que era bem fortificada. Essas dimensões fazem de Hazor a maior cidade da antiga Canaã. Estima-se que sua população chegou a atingir a marca de 40 mil. O monte superior teve 21 níveis separados de ocupação, iniciada entre 2750 e 2500 a.C., o que continuou até o séc. II a.C. Os cananeus ocuparam Hazor até que Josué a destruísse. Os israelitas a controlaram até 732 a.C., quando os assírios a capturaram. Depois disso Hazor serviu de fortaleza para vários exércitos que invadiram a região até o tempo dos macabeus. A área fechada inferior tinha cinco níveis de ocupação, desde por volta do ano 1750 a.C., continuando até que Josué a destruísse. A cidade nunca mais foi reconstruída.

Depósitos datados do séc. IX a.C. na antiga Hazor, em Israel.

A localização de Hazor era estratégica econômica e militarmente. Estava acima da Via Maris, a principal rota comercial terrestre do Egito para o norte e para o leste, e isso fez de Hazor um grande centro comercial. A cidade é mencionada extensivamente em registros egípcios e mesopotâmicos junto com as demais grandes cidades comerciais daquela época. Hazor também estava acima do vale Hulé, um ponto de defesa vital contra exércitos invasores do norte. Em Js 11.11-15 e 12.19 temos o relato de como Jabim, rei de Hazor, liderou as forças das cidades do norte de Canaã contra Josué. Hazor era

Vista das escavações em Tel el-Qedah (antiga Hazor) ao norte do mar da Galileia.

"a capital de todos estes reinos" (Js 11.10), i.e., era a cidade-Estado dominante dos reinos cananeus. Josué derrotou as forças cananeias, executou os líderes, incluindo Jabim, e queimou a cidade de Hazor. A arqueologia moderna tem a tendência de apoiar esse registro bíblico. O tamanho e a localização da cidade, bem como referências a ela em literaturas antigas, indicam que Hazor provavelmente controlava uma vasta porção de Canaã. Em sua interpretação inicial da evidência arqueológica, Yadin datou a destruição de Hazor por volta de 1400 a.C. Mais tarde ele ajustou a data para meados do séc. XIII a.C., mas Bimson argumentou que não há uma boa razão para esse ajuste e que a interpretação original é a correta.

Hazor vai ser mencionada depois disso em Jz 4, em que outro Jabim é o rei de Canaã, governando dessa cidade (Jabim era um nome dinástico, no estilo de faraó e Ben-Hadade). A narrativa bíblica indica que Josué destruiu a cidade, mas não diz que a tenha reconstruído e ocupado. Ela foi destinada a Naftali (Js 19.36). A dinastia cananeia manteve ou reconquistou o controle com um ou mais reis por nome Jabim. No relato de Jz 4, as tropas de Jabim lideradas por Sísera de Harosete-Hagoim foram derrotadas por Débora e Baraque. O texto de 1Rs 9.15 menciona que Salomão reconstruiu os muros de Hazor, Megido e Gezer. Escavações descobriram evidências conclusivas para apoiar essa pequena porção das Escrituras. Duas camadas de ocupação israelita em Hazor entre a destruição da cidade cananeia por Josué e a reconstrução da cidade por Salomão mostram apenas acampamentos israelitas seminômades, evidenciados por anéis para armação de tendas, grelhas e buracos para depósito. Aparentemente não existiu nenhuma cidade ou fortificação no tempo dos juízes. A cidade foi, sem dúvida, reconstruída no tempo de Salomão, o que é evidenciado pela estrutura das portas tipicamente salomônicas, i.e., muros de casamata e uma guarita com seis câmaras (três de cada lado) com duas torres quadradas. Comparando as torres de Hazor com as de Gezer e Megido, Yadin descobriu que são idênticas no projeto e no tamanho. A cidade salomônica era muito menor que a cananeia, pois cobria apenas metade da colina superior.

O texto de 2Rs 15.29 registra que Tiglate-Pileser III, rei da Assíria, capturou Hazor e levou seu povo cativo para sua terra. A evidência da destruição é muito grande: nada menos que 90 metros de cinzas e destroços cobrem as ruínas. Antes da invasão assíria, Hazor fora grandemente ampliada e fortalecida pelo rei Acabe de Israel, em preparação para o ataque. A cidade cresceu a ponto de ocupar toda a colina superior. Suas defesas foram fortificadas e aumentadas, além de um túnel de 40 metros de extensão e um reservatório especial de água para abastecimento da cidade. V. *conquista de Canaã*.

2. Nome de uma cidade no território da tribo de Judá (Js 15.23), que provavelmente deve ser lido de acordo com a tradução grega, que traz Hazor-Itnã. Essa pode ser a atual el-Jebariyeh. **3.** Nome de uma cidade na parte sul do território da tribo de Judá, que provavelmente deve ser lido Hazor-Hadata (Js 15.25). **4.** Cidade identificada com Queriote-Hezrom (Js 15.25). Pode ser a atual el-Hudeira, perto da extremidade sul do mar Morto. **5.** Cidade onde viveu parte da tribo de Benjamim no tempo de Neemias (Ne 11.33). Essa pode ser a atual Khirbet Hazzur, a cerca de 6 quilômetros a noroeste de Jerusalém. **6.** Nome de "reinos" que Nabucodonosor da Babilônia ameaçou (Jr 49.28-33). Aparentemente, eram pequenos grupos de tribos árabes nômades. Tais grupos poderiam ter riquezas que os babilônios há muito cobiçavam.
— *John H. Brangenberg III e David K. Stabrow*

HAZOR-HADATA Nome de lugar que significa "nova Hazor". Cidade no território da tribo de Judá (Js 15.25). Sua localização não é conhecida.

HE Quinta letra do alfabeto hebraico; tem o valor numérico de cinco. No judaísmo, *he* é usado como uma abreviação do nome divino Javé (Tetragrama). Em algumas versões da Bíblia *he* aparece como sobrescrito nos versículos 33-40 do salmo 119, contudo em hebraico cada versículo inicia-se com essa letra. V. *hebraica, língua*; *escrita*.

HÉBER Nome pessoal que significa "o lado oposto". **1.** O ancestral de Abraão e do povo hebreu, e descendente de Sem (Gn 10.21-25; 11.14-17). O texto de Nm 24.24 aparentemente se refere a ele como o primeiro ancestral de um povo associado aos assírios e ameaçado de destruição por Balaão por intervenção de Quitim. Não é possível saber exatamente quem o profeta tinha em mente aqui. **2.** Membro da tribo de Gade, chamado Héber por algumas versões (1Cr 5.13). O nome entrou para os registros de Israel por volta de 750 a.C. (v. 17). **3.** Líder de clã na tribo de Benjamim (1Cr 8.12). **4.** Outro líder de clã de Benjamim (1Cr 8.22). **5.** Líder da família sacerdotal de Amoque (Ne 12.20) nos dias de Jeoaquim (609-597 a.C.).

HÉBER Nome pessoal que significa "companheiro". **1.** Neto de Aser e bisneto de Jacó (Gn 46.17). Ancestral original do clã dos heberitas (Nm 36.45). **2.** Quenita relacionado à família da esposa de Moisés (Jz 4.11). Jael, sua esposa, matou Sísera, o general cananeu, quebrando dessa maneira uma aliança política entre o clã de Héber e Jabim, o rei a quem Sísera servia (Jz 4.17). Esse fato completou a grande vitória de Débora e Baraque sobre os cananeus. **3.** Membro da tribo de Judá no texto hebraico de 1Cr 4.18. Esse Héber foi o pai de Socó, e aparentemente foi reconhecido como fundador ancestral da cidade do mesmo nome. V. *Socó*. **4.** Membro da tribo de Benjamim (1Cr 8.17). **5.** O Héber citado em 1Cr 5.13 e 8.22 tem grafia diferente em hebraico dos outros com o mesmo nome citados em outros textos. O Éber de Lc 3.35 é o Héber de Gn 11.15.

HEBERITA V. *Héber*.

HEBRAICA, LÍNGUA A língua na qual os livros canônicos do AT foram escritos, com exceção das seções em aramaico em Ed 4.8—6:18; 7.12-26; Dn 2.4b—7.28; Jr 10.11 e algumas outras poucas palavras e frases em aramaico e outras línguas. Essa língua não é chamada de "hebraico" no AT. Antes, é conhecida como "a língua (lit., "lábio") de Canaã (Is 19.18) e como "língua de Judá" (Ne 13.24; Is 36.11). A palavra "hebraico" para se referir à língua é atestada no prólogo do livro de Eclo. No NT as referências à "língua hebraica" parecem indicar o aramaico. V. *apócrifos, livros — Novo Testamento*.

O hebraico bíblico ou clássico pertence ao ramo noroeste das línguas semíticas, que incluem o ugarítico, o fenício, o moabita, o edomita e o amonita. Esse grupo linguístico é conhecido comumente como cananeu, ainda que alguns prefiram não considerar o ugarítico como uma língua cananeia.

O hebraico tem um alfabeto de 22 consoantes. Escreve-se da direita para a esquerda. A base para o alfabeto hebraico foi o fenício, uma circunstância que impossibilitou representar ou distinguir claramente todos os sons consonantais em uso corrente no hebraico clássico.

As características distintivas do hebraico são em grande parte compartilhadas por uma ou mais das demais línguas semíticas. As raízes dos verbos e dos substantivos têm como característica o fato de terem três consoantes, mesmo em um período posterior, quando começou a aumentar o uso de raízes com quatro consoantes. Os substantivos podem ser masculinos ou femininos. Estes têm forma singular, plural ou até dual, sendo a última forma usada para se referir ao que geralmente existe em pares, como olhos, orelhas, lábios. Enquanto muitos substantivos são derivados de uma raiz verbal, alguns são substantivos originais que deram origem a verbos (denominativos). O relacionamento de genitivo (geralmente indicado em português por "de") é expresso pela formação do construto na qual a palavra que vem antes do genitivo é alterada na forma e, se possível, na pronúncia.

Cabo de cerâmica de Láquis gravado com um selo contendo uma inscrição em hebraico.

As formas verbais em hebraico indicam pessoa, número e gênero. Sete raízes verbais servem

HEBRAICA, LÍNGUA

para indicar tipos de ação: ação simples, ativa ou passiva; ação intensiva, ativa, passiva ou reflexiva; e ação causativa, ativa ou passiva. No hebraico clássico a forma verbal isolada não indicava um tempo verbal, mas uma ação, completa ou incompleta. Por isso os verbos são frequentemente referidos como perfeito ou imperfeito, não havendo passado, presente, futuro, pretérito perfeito, presente perfeito ou futuro perfeito. O tempo verbal pode ser determinado apenas pelo contexto, e algumas vezes esse procedimento leva a resultados inconclusivos. O hebraico clássico é uma língua orientada pelo verbo, não por substantivos ou por linguagem abstrata. A ordem comum das palavras em uma sentença é verbo, sujeito, modificadores, objeto direto. É uma língua totalmente concreta em sua expressão. Entretanto, a estrutura gramatical e a sintaxe relativamente simples não impediram os escritores bíblicos de produzirem inúmeras passagens de força e beleza sem paralelo.

Enquanto desenvolvimentos históricos tiveram lugar no hebraico clássico a partir do séc. XI até o surgimento do hebraico mixnaico, parece não ser possível escrever a história desse desenvolvimento. É praticamente consenso que os textos mais arcaicos sejam poéticos, tais como Gn 4.23,24, Êx 15 e Jz 5, ainda que seja difícil decidir o que é arcaico e o que é resultado de um estilo arcaico. Livros produzidos já no final do período do AT, como Ed, Ne, Cr e Ec, mostram a língua hebraica passando por mudanças significativas, em razão primariamente da influência do aramaico. A maior parte da Bíblia Hebraica não apresenta um estilo homogêneo, que seria muito provavelmente resultado do trabalho de escribas no final do período pré-exílico, os quais copiavam os textos mais antigos no dialeto de Jerusalém. Por isso, datar um texto não significa necessariamente datar o conteúdo desse mesmo texto. Há evidências de variações dialetais no hebraico falado nos tempos bíblicos. O incidente Chibolete-Sibolete em Jz 12.5,6, p. ex. Alguns biblistas acham que muitas das dificuldades do texto do livro de Os possam ser esclarecidas pela consideração do hebraico desse livro como exemplo de dialeto israelita do Norte.

O número crescente de inscrições em hebraico que datam do período pré-exílico providencia um suplemento importante ao estudo do hebraico clássico. Essas inscrições eram talhadas na pedra, registradas em óstracos (cacos de cerâmica), cortadas em selos ou feitas em cabos de vasilhas e em pesos. Algumas das inscrições mais importantes são: o Calendário de Gezer (séc. X), os óstracos de Hazor (séc. IX), os óstracos de Samaria (início do séc. VIII), a inscrição de Siloé (início do séc. VIII), o óstraco Yavneh-yam (início do séc. VII), cabos de vasilhas de Gibeom (início do séc. VII), o óstraco de Láquis (início do séc. VI) e o óstraco de Arade (fim do séc. VI e início do VII). A esses podem ser acrescentados a Pedra Moabita (a Estela de Messa, séc. IX) e a Estela Amonita (séc. IX), que contêm inscrições em línguas muito parecidas com o hebraico clássico. Vários benefícios podem ser obtidos dessas e de outras inscrições para o estudo do hebraico clássico. Em primeiro lugar, é possível ter atualmente uma visão adequada do desenvolvimento da escrita e da ortografia em hebraico desde o séc. X até o tempo do NT. Em segundo lugar, agora se sabe que a alfabetização era mais antiga e mais difundida em Israel que se pensava antigamente. Em terceiro lugar, a adição de novas palavras, nomes próprios e outras categorias gramaticais enriqueceu o conhecimento que se tem do hebraico clássico. Finalmente, detalhes de textos acrescentam novos dados sobre questões de história, cultura material e religião do Israel antigo.

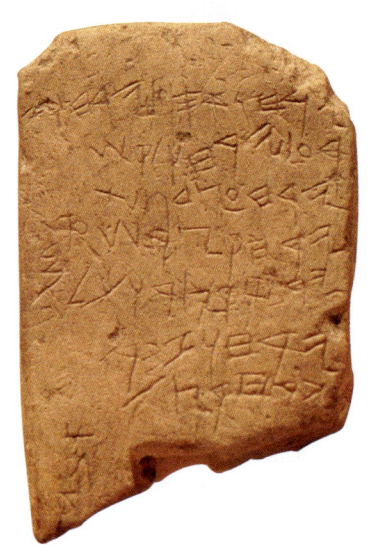

O Calendário de Gezer é tido como a inscrição hebraica mais antiga encontrada até o presente momento. A inscrição está em uma placa de calcário e data de 925 a.C.

HEBREU Um descendente de Éber. A palavra diferencia os israelitas dos estrangeiros. Depois que Davi estabeleceu a monarquia, a palavra "hebreu" parece desaparecer da língua hebraica. A designação aparentemente começa com Abraão (Gn 14.13), mostrando que ele pertencia a grupo étnico distinto dos amorreus. A palavra distinguia José dos egípcios e dos escravos de outras identidades étnicas (Gn 39.14,17; 41.12; 43.32). A terra de Abraão se tornou a terra dos hebreus (Gn 40.15), e seu Deus, o Deus dos hebreus (Êx 5.3). Em razão da identidade étnica, leis especiais protegiam os escravos hebreus (Êx 21.2; Dt 15.12; cp. Lv 25.40,41; Jr 34.8-22). Após a morte de Saul (1Sm 29) a palavra "hebreu" não aparece mais nos livros históricos, apontando possivelmente para uma distinção entre hebreu como um termo étnico e Israel e/ou Judá como um termo religioso e político para o povo da aliança e nação de Deus. V. *Héber*; *apiru*.

HEBREUS, EPÍSTOLA AOS A língua e o imaginário de Hb parecem distantes do mundo atual, mas sua mensagem precisa ser ouvida hoje.

Contexto histórico Tanto o autor de Hb como a situação histórica que motivou sua produção são objeto de especulação. Ainda que o nome de Paulo seja incluído no título de alguns manuscritos, o autor propriamente nunca inclui seu nome, nem identifica seus destinatários ou a localização destes. A audiência estava diante de uma decisão monumental, mas o autor nunca identifica explicitamente a situação que obrigava a uma tomada de decisão.

É possível fazer uma reconstrução do contexto histórico com base em pistas provenientes do próprio texto e de discussões de líderes da igreja primitiva. A questão da autoria de Hb tem sido motivo de debate desde o séc. II da era cristã. Clemente de Alexandria e Orígenes, ambos líderes eclesiásticos em Alexandria, no Egito, no fim do séc. II, reconheciam que o conteúdo da carta tinha alguma ligação com Paulo ou estava associada a ele de alguma maneira. Mas o vocabulário e o estilo são muito diferentes dos de Paulo. Orígenes afirmou que os pensamentos eram paulinos, mas que o escritor fora outra pessoa. Sua famosa declaração sobre a autoria foi: "só Deus sabe". Além de Paulo, as sugestões dos antigos quanto à autoria incluíam Lucas, Barnabé e Clemente de Roma. Sugestões mais recentes são: Apolo, Silvano, Filipe, o diácono, Judas, Priscila e outros (pelo menos 15).

Mais importante que o nome do autor é seu caráter. A pessoa que a escreveu tinha um conhecimento extraordinário do AT. A carta contém entre 31 e 35 citações diretas do AT, além de numerosas alusões e referências indiretas. O autor usou eventos, pessoas e passagens do AT que ele moldou em um argumento bem estruturado para defender a superioridade de Jesus.

O autor era uma pessoa bem-educada, habilidosa no uso da língua e dos métodos de interpretação. O grego de Hb é o melhor do NT. Do vocabulário à construção das sentenças, demonstra criatividade e elegância. Um argumento artisticamente elaborado percorre a carta do início ao fim, usando técnicas e imaginação retórica.

O autor tinha uma paixão pelo povo. Intercalado com a exposição bíblica, há um apelo para que os cristãos permaneçam firmes na fé. Decisões mal tomadas levam a consequências espirituais desastrosas. O autor não descansaria enquanto seus leitores não percebessem a necessidade de viver os compromissos da fé em tempos difíceis.

Destinatários A única pista geográfica para a localização da igreja é encontrada em Hb 13.24b. Entretanto, a frase é ambígua e, por isso mesmo, aberta a duas possíveis interpretações: o autor estava na Itália escrevendo a uma igreja em qualquer outro lugar ("os da Itália lhes enviam saudações") ou escrevia para a Itália, especificamente Roma, de outro lugar ("os da Itália aqui comigo lhes enviam saudações")?

Pelo menos dois fatores favorecem a segunda interpretação. As citações de Hb e referências mais antigas a esse livro são encontradas na primeira epístola de Clemente, escrita em Roma no fim do séc. I. De igual maneira, algumas das questões tratadas na obra *O pastor*, de Hermas, escrita em Roma por volta da mesma época, parecem ser respostas a questões levantadas em Hb. Esse conhecimento antigo que se tinha de Hb faz sentido se aqueles fossem seus destinatários originais.

A igreja oriental, com base em Alexandria, no Egito, a despeito das questões levantadas por Orígenes, agrupava Hb nas epístolas paulinas muito antes que a igreja ocidental sediada em Roma o fizesse. Se a epístola tivesse sido enviada originariamente a Roma, então o conhecimento da identidade de quem a escreveu poderia ter feito surgir essa hesitação.

A data da epístola é também incerta. Quem a escreveu considerou a si mesmo e aos seus destinatários como "segunda geração" de cristãos, que ouviram a palavra daqueles que conheceram Jesus (Hb 2.3b). Essa igreja também tinha a própria história. Membros que já deveriam ser líderes ainda precisavam de alguém que os ensinasse (5.12). A história da igreja também incluía um período de perseguição nos primeiros dias quando seus membros aceitaram várias provações com alegria (10.32-34; v. tb. 6.10). Essa perseguição não parece ter envolvido perda de vidas (12.4).

Estabelecer uma estrutura de tempo para a epístola é uma tarefa difícil. A descrição em 2.3b pode se aplicar à maior parte da igreja depois do Pentecoste. A data mais tardia para sua composição é estabelecida por citações encontradas em 1Clemente, o que estabelece um período de 35 a 100. A história da igreja em Roma durante esse período não é completa, e conclusões só podem ser obtidas por tentativas. Entretanto, se circunstâncias podem ser encontradas que se encaixem nas evidências da epístola, então é possível obter um sentido de concretude histórica.

Por volta do ano 49 o imperador Cláudio expulsou os líderes judeus de Roma por causa de um conflito religioso que gerou uma perturbação na cidade. Essa expulsão incluiu judeus cristãos (Priscila e Áquila, At 18.2). Tal expulsão se adéqua à humilhação, à prisão e ao confisco de propriedade, sem perda de vida, descritos na epístola (10.32-34).

Uma boa candidata para a perseguição que se seguiu foi a perpetrada por Nero aos cristãos de Roma, em meados da década de 60 do séc. I. Extremamente intensa, tal perseguição envolveu a morte dolorosa de muitos cristãos. Se esse é o cenário correto, então o autor escreveu para uma igreja ou igrejas domésticas em Roma, entre o início da perseguição de Nero e o grande incêndio do verão de 64 e o suicídio do imperador em 68.

A expulsão ordenada por Cláudio foi direcionada aos judeus que professavam que Jesus era o Messias e a alguns que não criam assim. O propósito da expulsão parece ter sido restaurar a ordem civil. Os judeus cristãos nas igrejas domésticas em Roma seriam potencialmente afetados pela ordem simplesmente pelo fato de serem judeus.

A perseguição sob Nero foi uma tentativa de desviar o foco da crítica pública a ele, a respeito do seu envolvimento no incêndio de Roma, para um bode expiatório, no caso os seguidores de Jesus. A perseguição tinha como base os supostos crimes cometidos pelos cristãos. Na primeira situação, os judeus cristãos não podiam escapar da expulsão nem na igreja nem na sinagoga, porque a ordem era dirigida a todos os judeus. Entretanto, na segunda situação, deixar a igreja e se retirar da sinagoga providenciaria segurança física aos judeus cristãos, pois a perseguição estava limitada aos cristãos, não aos judeus em geral.

Ecos dessa preocupação percorrem toda a carta. O chamado à frequência regular às reuniões públicas (10.24,25) pode refletir a hesitação de alguns em estarem ligados à igreja. O chamado constante em toda a carta era um lembrete de que tudo no judaísmo encontrara cumprimento em Jesus. Afastar-se de Jesus, e seguir não importava em que direção, era afastar-se de Deus. A única resposta correta ao que Deus fez em Jesus era sair do lugar de segurança (a sinagoga) e suportar a desonra de Jesus com ele (13.13).

Resumindo: a epístola foi escrita por alguém não identificado endereçada a um grupo de cristãos, que provavelmente viviam ou em Roma ou nas proximidades, versados nas Escrituras (o AT) e familiarizados com a história e o sistema sacrificial judaico. Eles perseveraram fielmente em tempos difíceis no passado, mas no futuro próximo enfrentariam um novo sofrimento, possivelmente ainda mais severo. O autor usou uma variedade de meios para encorajar os cristãos a permanecerem firmes e a não abrir mão de sua confissão. A conjectura que liga esse grupo à expulsão ordenada por Cláudio no passado e à perseguição da parte de Nero no futuro próximo é hipotética, mas, se esses dois eventos não providenciam o contexto histórico para a epístola, então podem ter ocorrido eventos de natureza semelhante.

Contexto literário O contexto literário é quase tão problemático quanto o histórico.

O livro de Hb está alistado entre as epístolas do NT. Entretanto, falta ao livro uma introdução como a abertura de uma carta. Os primeiros quatro versículos de Hb têm sido comparados à introdução do evangelho de Jo, que serve como um prólogo ao Evangelho. Nesse sentido Hb é também similar a 1Jo, que de igual modo não tem a abertura tradicional de uma epístola. Mas, diferente de 1Jo, que também não termina como uma epístola, as exortações de Hb (13.1-18), seguidas por uma bênção (13.20,21), concluem com referências e saudações pessoais (13.22-24).

A forma epistolar incompleta de Hb realça sua natureza dual: trata-se de um sermão, ou homilia, com o propósito de ser lido oralmente, mas transmitido por escrito como uma carta. A natureza oral da obra é vista no uso de artifícios retóricos utilizados para provocar as emoções auditivamente e o intelecto logicamente. O livro começa com uma técnica desse tipo, a aliteração: cinco palavras no texto grego de 1.1 começam com a letra grega *pi*. Mesmo as cartas do NT que contêm todos os elementos formais de uma carta provavelmente tinham o propósito de ser lidas oralmente. Os destinatários originais das cartas do NT as ouviam em público em vez de lê-las em particular.

A estrutura da carta é também problemática. A epístola aos Hb é altamente desenvolvida e bem organizada. Entretanto, há pouco consenso a respeito de um esboço do livro. Duas abordagens básicas têm sido seguidas, uma baseada no conteúdo, e outra, na forma. A limitação do esboço baseado no conteúdo é que há uma tendência a forçar Hb a se encaixar em um padrão paulino de exposição doutrinária seguido de exortação prática. Entretanto, ainda que Hb contenha exposição e exortação, esses dois elementos estão interligados por todo o livro, não em sequência, como acontece nas epístolas paulinas.

Um esboço baseado na forma tenta encontrar chaves no texto que possam ser usadas para determinar sua unidade. Algumas dessas chaves são temas e palavras que se repetem e mudanças de gênero. O tema da superioridade de Jesus sobre os anjos, p. ex., em 1.5-14 é indicado em parte pela repetição frequente da palavra "anjos" nesses versículos. A partir de 2.1 o autor muda da terceira pessoa (ele/eles) para a primeira do plural (nós), e a palavra "anjos" não mais ocorre, o que indica uma mudança em gênero e conteúdo, da exposição à exortação. Então em 2.5 a palavra "anjos" aparece mais uma vez. Essa técnica separa 2.1-4 como uma passagem de advertência ou exortação e liga o material em 2.5-18 com a exposição da superioridade de Jesus iniciada no cap. 1. O estudo mais abrangente da estrutura de Hb ao usar essa técnica é o de G. H. Guthrie, em *The Structure of Hebrews: A Text-Linguistic Analysis*.

A característica mais destacada da estrutura de Hb é essa mescla de material expositivo e exortativo. O resultado é que o sermão não se desenvolve de maneira lógica, ponto por ponto. Em vez disso, o autor constantemente realça advertências para sua audiência. A doutrina exposta tem implicações práticas. Os leitores são repetidamente lembrados de que decisões saudáveis precisam de bases teológicas sólidas.

Contexto teológico O principal tema teológico é encontrado já no cap. 1. O Deus que falou aos israelitas é o mesmo que falou por intermédio de Jesus (1.1,2). E, quando Deus fala, seu povo deve ouvir, uma mensagem que é reiterada na passagem culminante de advertência: "Cuidado! Não rejeitem aquele que fala" (12.25). No que pode ser o clímax de toda a carta (13.10-16), o autor reintroduz os temas do sumo sacerdote, do altar, do sacrifício do Dia da Expiação, imagens que são centrais nos cap. 8—10. Nessa passagem essas imagens são usadas para convocar os ouvintes a que saiam de sua zona de segurança. A sinagoga poderia representar segurança física para a audiência, mas Jesus estava do lado de fora, sofrendo pelo povo. Seu povo precisava estar lá fora com ele.

Outros temas teológicos dão base para chamar à obediência. Um deles é cristológico: Jesus é a revelação definitiva e superior de Deus. Ele é superior aos anjos, a Moisés, aos sacerdotes terrenos, e seu sacrifício é superior a qualquer oferenda realizada no templo. Por uma cuidadosa exposição de passagens do AT, o autor aponta para a natureza temporal do sacerdócio, o sistema sacrificial do templo e a aliança inicial entre Deus e seu povo. Jesus como o perfeito sumo sacerdote ofereceu um sacrifício de uma vez por todas que iniciou a nova aliança profetizada por Jeremias.

Outro tema teológico candente é a questão da apostasia. Essa questão está presente em todas as passagens de advertência, mas o ponto focal da discussão geralmente é 6.4-8. A passagem não deixa dúvida de que os que caírem serão punidos por sua desobediência. O que é frequentemente desconsiderado, no entanto, é que o texto não é explícito a respeito de que queda está falando e que punição terá efeito.

A hipótese mais comum é que a queda se refere à salvação, e o ser queimado (6.8) diz respeito à destruição final. Entretanto, o argumento de Herschel Hobbs de que esses cristãos estavam em perigo de cair da missão de Deus no mundo e que a punição seria a perda de oportunidade é razoável (v. *Hebrews: Challenges to Bold Discipleship*, de Herschel Hobbs). O tema da missão de Deus pode ser visto em outros textos, como o da tentativa frustrada de entrada na terra prometida em Cades-Barneia para cumprir a vocação final do povo (cap. 3 e 4). Outra solução frequentemente sugerida vê os que caíram como crentes fenomenológicos; em outras palavras, eles pareciam ser crentes, mas não eram. Uma dificuldade com essa opinião é a linguagem forte do texto em 6.4,5 para descrever estas pessoas.

Esboço

I. Prólogo: Curso e clímax da revelação divina (1.1-3)
II. A preeminência de Cristo (1.4—4.13)
   A. Superioridade de Cristo em relação aos anjos (1.4-14)
   B. Advertência contra a negligência (2.1-4)
   C. A razão pela qual Cristo se tornou humano (2.5-18)
   D. Superioridade de Cristo em relação a Moisés (3.1-6)
   E. Advertência contra a descrença (3.7—3.19)
   F. A entrada no descanso prometido (4.1-13)
III. O sacerdócio de Jesus Cristo (4.14—10.18)
   A. Importância desse sacerdócio para a conduta pessoal (4.14-16)
   B. Qualificações de um sumo sacerdote (5.1-10)
   C. O problema da imaturidade (5.11-14)
   D. Advertência contra um retrocesso na caminhada da fé (6.1-12)
   E. Herdando a promessa (6.13-20)
   F. A grandeza de Melquisedeque (7.1-10)
   G. Um sacerdócio superior (7.11-28)
   H. Um sacerdócio celestial (8.1-6)
   I. Uma aliança superior (8.7-13)
   J. O ministério da antiga aliança (9.1-10)
   K. O ministério da nova aliança (9.11-28)
   L. O sacrifício perfeito (10.1-18)
IV. A perseverança dos cristãos (10.19—13.25)
   A. Exortação à piedade (10.19-25)
   B. Advertência contra o pecado obstinado (10.26-39)
   C. Heróis da fé (11.1-40)
   D. Chamado à perseverança (12.1,2)
   E. Disciplina paternal (12.3-13)
   F. Advertência contra rejeitar a graça de Deus (12.14-29)
   G. Exortações finais (13.1-19)
   H. Bênção e despedida (13.20-25)

— *Charles A. Ray*

HEBROM Nome, de lugar e pessoal, que significa "associação" ou "liga". Cidade importante na região montanhosa de Judá, situada a cerca de 30 quilômetros ao sul de Jerusalém e a 24 a oeste do mar Morto. A região está a cerca de 920 metros acima do nível do mar. A área ao redor tem suprimento de água abundante, e seu solo rico é excelente para agricultura. De acordo com a pesquisa arqueológica, o lugar foi ocupado quase continuamente desde 3300 a.C.

Depois de se afastar de Ló, Abraão foi para Hebrom. Naquele tempo a região era conhecida como Manre e estava ligada aos amorreus (Gn 13.18; 14.13; 23.19). Abraão aparentemente permaneceu em Manre até depois da destruição de Sodoma e Gomorra. Quando Sara morreu, o lugar passou a ser chamado de Quiriate-Arba; a população era predominantemente hitita (Gn 23.2; Js 14.15; 15.54; Jz 1.10). Abraão comprou um terreno dos habitantes do lugar com um local para sepultamento dentro de uma caverna nas imediações. Abraão e Sara, Isaque e Rebeca, Jacó e Lia foram ali sepultados (Gn 23.19; 25.9; 35.29; 49.31; 50.13).

HEBRONITA Cidadão de Hebrom. V. *Hebrom*.

HÉFER Nome pessoal que significa "poço" ou "vergonha". **1**. Ancestral original de uma família de um clã de Gileade e pai de Zelofeade (Nm 26.28-37). Pertencia à tribo de Manassés

Mesquita dos Patriarcas em Hebrom, construída sobre o lugar que a tradição alega ser a caverna de Macpela.

(Js 17.1-2). **2.** Herói no exército que Davi liderava enquanto estava no deserto (1Cr 11.36). **3.** Membro da tribo de Judá (1Cr 4.6).

HEFERITA Descendente da família de Héfer. V. *Héfer*.

HEFZIBÁ Nome pessoal que significa "meu prazer está nela". **1.** Em 2Rs 21.1 é a mãe de Manassés, rei de Judá. **2.** Em Is 62.4 é usado como nome simbólico para Jerusalém. Quando Jerusalém for restaurada, ela não mais estará esquecida e desolada; ela será chamada de Hefzibá, pois o prazer de Deus estará nela.

HEGAI Nome persa de significado desconhecido. Eunuco responsável pelo harém do rei Assuero, que protegeu Ester (Et 2.8,9,15).

HELÁ Nome pessoal que significa "joia para o pescoço". Esposa de Asur, da tribo de Judá (1Cr 4.5,7).

HELÃ Nome de lugar que significa "exército deles". A *LXX* (a tradução do AT para o grego) aparentemente localiza esse lugar entre Damasco e Hamate na Síria. Em 1Mc 5.26 parece indicar um lugar na parte norte do território a leste do Jordão. Helã é mais uma região que uma cidade, e foi lá que Davi derrotou o exército de Hadadezer e assim obteve o controle da Síria (2Sm 10.15-19).

HELBA Nome de lugar que significa "floresta". Cidade no território da tribo de Aser que o povo daquela tribo não conseguiu conquistar (Jz 1.31). Alguns estudiosos defendem que essa palavra é uma cópia equivocada de Ahlabe. Muitos identificam Helba com Maalibe, mencionada em documentos assírios. Localiza-se a 6,5 quilômetros de Tiro.

HELBOM Nome de lugar que significa "floresta". Cidade conhecida por seu comércio de vinho, mencionada no lamento de Ezequiel sobre Tiro (Ez 27.18). É a atual Halbun, situada a cerca de 17,5 quilômetros ao norte de Damasco.

HELCAI Nome pessoal que significa "minha porção". Sacerdote quando Joiaquim era o sumo sacerdote, uma geração depois da volta do exílio sob a liderança de Zorobabel (Ne 12.15).

HELCATE Nome de lugar que significa "lugar amplo". Cidade de fronteira no território da tribo de Aser (Js 19.25), dada aos levitas (Js 21.31). É chamada de Hucoque na passagem paralela (1Cr 6.75). Ou é a atual Tell Qassis, na margem oeste do rio Quisom ou é Tell Tel-Harbaj, ao sul de Aco.

HELCATE-AZURIM Nome de lugar que significa "campo de pederneiras" ou "campo de batalha". Local do combate singular (2Sm 2.14) entre os jovens guerreiros de Saul e os de Davi, que levou à derrota do exército de Is-Bosete (2Sm 2.12-17). O obscuro jogo de palavras em hebraico com o nome desse campo nas proximidades de Gibeom fez que fossem sugeridas muitas tentativas de tradução. A *ARA* e *NTLH* traduzem Helcate-Azurim como "Campo das Espadas".

HELDAI Nome pessoal que significa "toupeira". **1.** Oficial responsável pelo exército de Davi no décimo segundo mês do ano (1Cr 27.15). Aparentemente é o mesmo Helede, herói militar de Davi (1Cr 11.30), chamado Helebe em 2Sm 23.29 (*ARA*, *ARC*; *NVI* e *AM* grafam Helede). **2.** Homem que retornou do exílio na Babilônia, aparentemente com uma oferta de ouro e prata, que Deus disse a Zacarias para tomar e deles fazer uma coroa para Josué, o sumo sacerdote (Zc 6.10-11). O versículo 14 o chama de Helém (*ARA* e *ARC*), o que provavelmente representa uma mudança feita por um copista. Alguns estudiosos pensam que Heldai seja o apelido e Helém o nome propriamente. A *LXX* (a tradução da Bíblia Hebraica para o grego) entendeu esses nomes como substantivos, não como nomes próprios, traduzindo Heldai por "os governantes".

HELEBE Nome pessoal que significa "gordo" ou "o melhor". Um dos heróis militares de Davi (2Sm 23.29, *ARA*, *ARC*; *NVI* e *AM*, "Helede"; *BJ*, "Hélod"), provavelmente a mudança feita por um copista do nome Helede na passagem paralela (1Cr 11.30). A forma Helede aparece em muitos manuscritos de 2Sm. V. *Heldai*.

HELEDE Nome pessoal que significa "vida". V. *Heldai*; *Helebe*; *Helém*.

HELEFE Nome de lugar que significa "lugar de substituição" ou "plantação de juncos". Cidade de fronteira no território da tribo de Naftali (Js 19.33). É frequentemente identificada com Khirbet Arbathah, a nordeste do monte Tabor, mas alguns biblistas pensam que essa localização está muito ao sul. Outros pensam que Helefe representa a fronteira sul de Naftali.

HELÉM Nome pessoal que significa "bater, ferir". Membro da tribo de Aser (1Cr 7.35), provavelmente o mesmo Hotão citado no versículo 32 (a diferença na grafia seria explicada por uma mudança na cópia do nome). O nome é citado em Zc 6.10,14. V. *Heldai*.

HELENISMO O termo "helenismo" descreve qualquer influência do pensamento grego clássico na herança ocidental. É derivado da palavra *hellas*, que é Grécia em grego. O helenismo geralmente é associado à filosofia de Sócrates, Platão e Aristóteles, mas também é encontrado em filosofias gregas como o pitagorismo, o estoicismo e o epicurismo. O helenismo não se limitava ao aspecto acadêmico. As diversas filosofias gregas eram essencialmente religiosas, apresentando explicações para o Universo e oferecendo salvação pela razão humana.

Embora as filosofias gregas diferenciassem umas das outras em diversas questões, muitas compartilhavam uma visão dualista da realidade que estabelecia uma distinção rígida entre a realidade física e a mental. A "Alegoria da Caverna" de Platão ilustra essa bifurcação, descrevendo uma caverna imaginária na qual prisioneiros estavam permanentemente acorrentados. Esses prisioneiros ouviram pessoas conversando e viram suas sombras na parede, mas nunca viram o mundo exterior. Eles criam que as sombras eram reais, pois não sabiam que o mundo verdadeiro estava fora da caverna. O argumento de Platão é que nós somos como os prisioneiros, presos neste mundo físico dos cinco sentidos, crendo apenas no que podemos ver. Platão acreditava que o mundo natural era como uma sombra; o mundo real era o mundo sobrenatural da alma. Para muitos pensadores gregos, o mundo físico representava o temporário, o transitório, o mal, enquanto o mundo da alma era eterno, real e bom. Esse princípio moldou o pensamento grego que formou o contexto intelectual no qual o cristianismo nasceu. Essa corrente do pensamento grego via o corpo humano como um ser mal, mas a mente ou alma é imortal e boa. A alma está presa no corpo como uma pessoa presa na cadeia.

HELENISMO

História O helenismo data do início da cultura grega, mas se tornou dominante durante o reinado de Alexandre, o Grande (336-323 a.C.). Alexandre, tutorado por Aristóteles, acreditava que a filosofia grega oferecia a chave para iluminar os bárbaros. À medida que prosseguiam as conquistas de Alexandre, sua imagem foi plantada ao redor do mundo, fato evidenciado pelas inúmeras cidades nomeadas em sua homenagem. Ele levou adiante um processo intencional de doutrinar as nações conquistadas na filosofia helenística. Quando o império foi dividido após sua morte, a dinastia ptolomaica (com sede no Egito) dominou a terra santa (301-198 a.C.). Os ptolomeus instituíram uma política gentil de helenização, usando basicamente a educação e a língua. A cultura helenística de Alexandria impactou fortemente as comunidades judaica e cristã. O grego coiné tornou-se a *língua franca*, e isso pode ser observado nos termos gregos usados para nomear a "sinagoga" judaica (*sunagoge*) e a "igreja" (*ekklesia*) do NT. Por volta do ano 375 a.C. eruditos judeus produziram a primeira tradução das Escrituras hebraicas para o grego, a *LXX*. Fílon, um judeu (c. 30 a.C.-40 d.C.) reinterpretou o cristianismo em termos consistentes com a filosofia grega. À medida que a igreja emergia do judaísmo alexandrino, os primeiros pensadores cristãos como Justino Mártir, Orígenes e Clemente de Alexandria viam o cristianismo como o cumprimento da filosofia grega, não como rival.

Templo de Apolo no santuário de Delfos.

Enquanto os judeus floresciam na Alexandria dos ptolomeus, os judeus em Israel sofreram uma helenização severa da parte da dinastia selêucida, os gregos sírios que dominaram a região de Israel, de 198 a 167 a.C., tendo tomado o controle da região dos ptolomeus. Essa helenização forçada atingiu seu ponto culminante durante o reinado de Antíoco IV (Antíoco Epifânio), que tentou destruir o judaísmo, atacando a instituição do Dia de Sábado e profanando o templo em Jerusalém. O relato da resistência judaica, liderada pela família dos macabeus, está registrado nos livros extracanônicos Macabeus 1-4. Os macabeus conquistaram liberdade religiosa e política para sua terra (167-63 a.C.) até que a dominação romana teve início.

Estátua colossal do deus romano Marte (o Ares grego). Deuses greco-romanos conhecidos por dois nomes eram uma marca do helenismo.

Influência A igreja primitiva experimentou tensão entre os crentes judeus helenizados de um lado e os judeus tradicionais de Israel do outro, uma disputa que fez que fossem nomeados os primeiros diáconos (At 6.1-6). Depois disso os cristãos judeus queriam exigir que os cristãos gentios se tornassem judeus como um pré-requisito para se tornarem cristãos. Os cristãos gentios desafiaram algumas tradições judaicas, o que levou a um conflito que teve como resultado o Concílio de Jerusalém

HELENISMO

(At 14.4-7; 15.1-3), que determinou que os gentios não precisavam se tornar judeus para serem salvos.

A língua grega foi crucial na disseminação do evangelho. Os autores do NT, que foi escrito em grego coiné, usaram a *LXX* e a citaram. Algumas passagens do NT parecem refletir terminologia e pensamento gregos. Essa influência grega pode ser vista no uso do *logos* em Jo 1.1-14, termo que os filósofos estoicos usaram para descrever a ordem criativa do Universo. O livro de Hb estabelece uma distinção nítida entre o templo terrestre e o templo celestial, utilizando linguagem de Platão. O tabernáculo terrestre era uma sombra (*skia*) e tipo (*tupos*) do tabernáculo celestial (Hb 8.2-6; 9.21-24). Paulo usa linguagem semelhante para descrever nossa cidadania celestial (Fp 3.20). Essas semelhanças não sugerem uma aplicação acrítica da filosofia grega à teologia cristã, mas que a igreja usou conceitos gregos para explicar as riquezas insondáveis de Cristo para uma cultura helenística.

Os gregos consideravam a doutrina cristã como escandalosa, particularmente a encarnação e a ressurreição, mas os autores do NT não comprometeram o evangelho (1Co 1.18-25; 15.12). Por isso, conquanto João tenha usado o termo filosófico *logos*, ele também declarou que "Aquele que é a Palavra tornou-se carne e viveu entre nós" (Jo 1.14); 1Jo 1.1-2; 2:22; 4.1-3; 5.1). Para os pensadores gregos era inconcebível que o *logos* imortal tenha assumido a carne humana maligna. A ressurreição provocava um problema semelhante. Os gregos durante séculos ensinaram a imortalidade da alma, mas a proclamação de Paulo na colina de Marte sobre a ressurreição corporal para a vida eterna foi considerada algo escandaloso (At 17.30-34).

Infelizmente alguns cristãos helenistas gnósticos comprometeram o evangelho para fazê-lo se conformar à filosofia grega. Gnósticos coríntios ensinavam uma cristologia docética que negava a plena humanidade de Cristo, aceitando o dualismo filosófico grego. Pois era incompreensível como Deus (espiritual, bom) poderia vir em carne (má). Esses gnósticos docéticos ensinavam que Jesus era inteiramente divino e que ou ele era um espírito que adotou um corpo humano ou era uma aparição fantasmagórica que não tinha um corpo físico real. João confrontou essa heresia diretamente, afirmando em termos gráficos a plena humanidade corporal de Cristo (Jo 1.1-14; 1Jo 1.1-2; 2.22. 4.1-3; 51). O padrão da igreja primitiva é um bom exemplo para a igreja em todas as épocas, tornando o evangelho relevante para a cultura sem comprometer a doutrina.

Busto de Demóstenes (384-322 a. C.), o principal dos oradores gregos.

Mais tarde alguns estudiosos propuseram que a igreja tomou emprestado conceitos da filosofia grega e das religiões de mistério. Em particular, eles afirmavam uma similaridade entre a ressurreição de Jesus e o culto ao Sol nas religiões de mistério gregas, nos quais o Sol repetidamente morre e renasce. Essa especulação está errada. Os escritores do evangelho documentaram cuidadosamente suas narrativas históricas para garantir diferenças dramáticas da mitologia a respeito de deuses que morrem e ressuscitam. Esses deuses eram mitológicos e imaginários; Jesus é histórico, e seus milagres são tangíveis e inegáveis. Por isso, conquanto o

NT tenha sido produzido em uma cultura helenística, a igreja se recusou a comprometer o evangelho para agradar as expectativas culturais helemísticas. — *Steve W. Lemke*

Tumbas helenísticas do lado de fora da muralha ocidental em Hierápolis.

HELENISTAS Grupo entre os primeiros cristãos de língua e cultura grega, não hebraica. Um dos primeiros conflitos entre os cristãos na igreja primitiva foi entre os que eram provenientes de uma cultura grega e os que cresceram na tradição hebraica (At 6.1; 9.29). V. *helenismo*.

HELEQUE 1. Transliteração de um substantivo hebraico na *NVI*, que a *ARA* e *ARC* interpretam como significando "o teu exército". A *NVI* entende Heleque como sendo referência à Cilícia. O significado preciso no contexto não é conhecido. Ezequiel descreveu os bons dias de Tiro como tendo suas grandiosas muralhas protegidas por soldados estrangeiros, mas não há certeza absoluta quanto ao lar preciso desses soldados (Ez 27.11). V. *Cilícia*. **2.** Nome pessoal que significa "porção". Filho de Gileade da tribo de Manassés e ancestral original do clã dos helequitas (Nm 26.30). Esse clã recebeu um território na porção da terra prometida que cabia à tribo de Manassés.

HELEQUITA Membro do clã de Heleque. V. *Heleque*.

HELES Nome pessoal que talvez signifique "preparado para a batalha". **1.** Herói militar de Davi (2Sm 23.26) responsável pelo exército no sétimo mês (1Cr 27.10). **2.** Membro da família de Calebe e Jerameel na tribo de Judá (1Cr 2.39).

HELIÓPOLIS 1. Nome grego da cidade egípcia que significa "cidade do Sol". Seu nome em egípcio significa "cidade da coluna" e foi traduzido em acadiano por Ana e em hebraico por Om ou Áven (Gn 41.45; 46.20; Ez 30.17 *ARA*, *ARC*). A cidade era consagrada ao deus-Sol Ré ou Atum e é chamada de *bet-shemesh*, "casa/ templo do Sol" em Jr 43.13. Os reis egípcios eram coroados lá no período do novo reino. Além de Pitom e Ramessés construídas no Egito por escravos israelitas, a *LXX* acrescenta "e Om, que era a cidade do Sol" (Êx 1.11). Essa cidade tem sido identificada com Tell Hisn em Matariyeh, ao norte do Cairo. **2.** A antiga cidade de Baalbek ("Senhor do Vale"), no vale de Beqaa no Líbano, a cerca de 80 quilômetros a leste de Beirute. Conquanto fosse uma cidade muito antiga, foi renomeada como Heliópolis no séc. III ou II a.C. Baalbek era uma cidade importante na Antiguidade, mas sofreu declínio no período helenístico e no início do período romano. No fim da era do Império Romano, sua influência cresceu como centro para o culto de Júpiter, Mercúrio e Vênus (que se baseou no culto aos antigos deuses semitas Hadad, Atargatis e Baal). Ruínas impressionantes foram escavadas em Baalbek, incluindo um templo de Júpiter, um de Baco e um de Vênus.

Vista das magníficas ruínas da antiga Baalbek (Heliópolis)

HELOM Nome pessoal que significa "poderoso". Pai do líder da tribo de Zebulom no tempo de Moisés (Nm 1.9).

HEM Palavra hebraica para "graça, favor", usada tanto como nome próprio quanto para título (que significa "favorecido") de Josias, filho de Sofonias (Zc 6.14; cp. 6.10), se o atual texto hebraico é o original. A versão siríaca tem

Colunas do templo de Júpiter em Baalbek, no Líbano.

o nome Josias no lugar de "hem" em 6.14. A *LXX* (a tradução da Bíblia Hebraica para o grego) entendeu essa palavra como um título, não como nome pessoal.

HEMÃ Nome pessoal de significado incerto. **1.** Descendente de Seir (Gn 36.22), é um dos filhos de Lotã mencionado entre os descendentes de Esaú. A passagem paralela grafa esse nome como Homã (1Cr 1.39). **2.** Em 1Rs 4.31 é o nome de um sábio notável cuja sabedoria foi comparada à de Salomão. **3.** Em 1Cr 6.33 é o filho de Joel, um coatita. Foi um dos cantores do templo no tempo de Davi e de Salomão. Em 1Cr 25.5 ele é chamado de vidente, que profetizava ao som de instrumentos musicais (v. 3). Pode ser sido o mesmo Hemã mencionado em 1Rs 4.31. O sobrescrito de Sl 88 atribui sua autoria a Hemã.

HEMOR (*ARC*, At 7.16) V. *Hamor*

HEMORRAGIA Sangramento pesado ou descontrolado (Lv 12.7; Mt 9.20; Mc 5.29). A Lei mosaica dizia que qualquer emissão de sangue, fosse associada ao trabalho de parto (Lv 12.7), à menstruação (Lv 15.19) ou a sangramento contínuo (Lv 15.25; Mt 9.20), fazia a mulher ficar impura. Os ritualmente impuros estavam separados de Deus (representado pelo tabernáculo, Lv 15.31) e da congregação de Israel (Nm 5.2). A mulher hemorrágica (Mt 9.20; Mc 5.29; Lc 8.43-44) era, portanto, uma excluída religiosa e social que só ousou se aproximar de Jesus por trás. Contrariamente a todas as expectativas, a mulher não transmitiu sua impureza a Jesus. Antes, o poder de cura proveniente de Jesus purificou a mulher.

HEMORROIDAS Palavra usada na *ARC* em ocorrências em Dt 28.27 e 1Sm 5—6. É impossível identificar com precisão essa doença. Independentemente da sua natureza exata, ela era considerada incurável e fatal. Tradutores recentes concordam em que a enfermidade provavelmente não designe o que conhecemos hoje por hemorroidas. O termo hebraico nesses trechos é traduzido por "tumores" a não ser nesse trecho de Dt em que a *NVI* traz "feridas purulentas". A presença de tumores associados à infestação de ratos tem feito alguns intérpretes sugerirem que se tratava da peste bubônica. Com base no texto da versão grega mais antiga, a *NVI* sugere na nota textual: "tumores na virilha".

HENA Nome de lugar de significado incerto. Cidade que Senaqueribe, rei da Assíria, capturou antes de ameaçar Ezequias e Jerusalém em 701 a.C. (2Rs 18.34). Senaqueribe usou esse exemplo histórico para vangloriar-se e persuadir Ezequias a não confiar em Deus para proteção contra ele. Hena pode ser a mesma Ana ou Anate, localizada no meio do percurso do rio Eufrates.

HENADADE Nome pessoal que significa "graça de Hadade (o deus Hadade)". Clã de levitas que supervisionou a reconstrução do templo sob a liderança de Zorobabel depois de 537 a.C. (Ed 3.9). Membros desse clã também ajudaram Neemias a reconstruir os muros de Jerusalém (Ne 3.18, 24) e assinaram o pacto de Neemias em obediência ao Senhor (Ne 10.10).

HENDÃ Nome pessoal que significa "beleza, charme". Descendente de Seir e, portanto, um edomita (Gn 36.26). A passagem paralela traz a grafia Hanrão (1Cr 1.41, *ARA* e *ARC*; *NVI*, Hendã).

HERANÇA 1. Transmissão legal de propriedade depois da morte. A Bíblia Hebraica não tem um termo exclusivo para "herança". As palavras muitas vezes traduzidas por "herdar" geralmente têm o sentido mais amplo de "tomar posse". Somente pelo contexto é possível entendê-las como "herança". A palavra grega do NT se refere a dispor da propriedade depois da morte, mas o uso no NT muitas vezes reflete mais o pano de fundo do AT que o uso normal grego.

No Israel antigo as posses eram passadas aos filhos vivos, mas o filho primogênito recebia porção dobrada (Dt 21.17). Rúben perdeu a preferência pelo incesto com Bila (Gn 35.22; 49.4; 1Cr 5.1), e Esaú entregou o direito de nascença ao irmão Jacó (Gn 25.29-34). Esses exemplos mostram que a posse da porção em dobro não era absoluta. Filhos de concubinas não herdavam, a menos que fossem adotados. Os filhos de Jacó nascidos das criadas Bila e Zilpa (Gn 30.3-13) herdaram (Gn 49) porque sua descendência foi adotada por Raquel e Lia. Sara prometeu adotar a descendência de sua empregada Hagar quando a conduziu a Abrão (Gn 16.2), mas recuou da promessa após o nascimento de Isaque (Gn 21.10).

Mulheres não podiam herdar dos pais, exceto na ausência do filho (Nm 27.1-11). Antes dessa decisão do Senhor, quando o homem não tinha descendentes, a herança ia para seus irmãos, para os irmãos do pai dele, ou para o parente mais próximo.

Pelo fato de as palavras hebraicas não pressuporem necessariamente o falecimento, podiam ser usadas em relação à concessão da terra a Israel por Deus (Js 1.15; Nm 36.2-4). Os levitas não detinham nenhuma parcela da terra, e o próprio Deus era sua "herança" (Nm 18.20-24; Dt 10.9; 18.2; Js 13.33). Jeremias usou o conceito de "herança" para se referir à devolução da terra a Israel "a partir do norte" depois do tempo de castigo (Jr 3.18,19).

Israel é a "herança" do Senhor (Jr 10.16). O texto de Sl 79.1 fala de Jerusalém e do templo como "herança" de Deus. Em sentido lato, porém, pode-se dizer que Deus "herda" todas as nações (Sl 82.8).

Qualquer coisa dada por Deus pode ser chamada "herança". Em Sl 16.5 as condições agradáveis da vida do salmista eram sua "herança", pois havia escolhido o Senhor como sua porção. Em Sl 119.111 os testemunhos de Deus são uma "herança". Em Jó 27.13 "herança" se refere ao castigo de Deus para os ímpios. O texto de Pv 3.35 compara a honra "herdada" pelos sábios com a desgraça dos tolos.

No NT "herança" pode se referir à propriedade (Lc 12.13), mas muitas vezes diz respeito às recompensas do discipulado: vida eterna (Mt 5.5; 19.29; Mc 10.29,30 e paralelos; Tt 3.7), o Reino (Mt 25.34; Tg 2.5; negativamente 1Co 6.9,10; 15.50) e de forma geral (At 20.32; Ef 1.14,18; Ap 21.7). Cristo é o Herdeiro por excelência (Mt 21.38 e paralelos; Hb 1.2). Por meio de Cristo os cristãos podem ser herdeiros de Deus e "co-herdeiros com Cristo" (Rm 8.17; cf. Ef 3.6). Somente Hb faz uso explícito da ideia de que a "herança" requer a morte do testador, Cristo. O "testamento" requer uma morte para entrar em vigor, de modo que a morte de Cristo torna efetiva a nova "aliança" ou "testamento" (Hb 9.16,17). V. *aliança; promessa.* — Fred L. Horton, Jr.

2. Legado, direito de nascença. O AT com frequência se refere à terra prometida como herança da parte de Deus para Israel (Êx 6.8, *ARC*; *NVI*, "propriedade"; Sl 16.6; 135.12). Os filhos são considerados como herança de Deus (Sl 127.3). De igual maneira, a lei e o cuidado protetor de Deus são chamados de herança (Sl 119.111; Is 54.17). Israel é chamado de herança de Deus (Sl 94.5; Jr 12.7; Jl 3.2). Essa imagem é aplicada à igreja em 1Pe 5.3 (*ARC*; *NVI*, "o rebanho de Deus que está aos seus cuidados"). Em Ap 21.7 há a água da vida como a herança dos mártires que venceram por sua fidelidade.

HERES 1. Nome de lugar que significa "Sol". Passo de uma montanha sobre a qual Gideão viajou quando voltava de sua batalha contra os midianitas (Jz 8.13). Não deve ser confundido com o monte Heres, mais a oeste, citado em Jz 1.35, muitas vezes identificado com Bete-Semes ("casa do Sol"). A *ARC* traduz Jz 8.13 por "antes do nascer do sol", enquanto a *NVI* traduz "pela subida de Heres". A localização desse passo não é conhecida, ainda que alguns estudiosos atualmente pensem que seja a Subida de Hórus no caminho de Tell Deir Alla a leste do rio Jordão. Uma forte evidência manuscritológica tem a leitura "cidade de Heres" ou Heliópolis em Is 19.18 (cp. *NVI*, *ARA*, *ARC*, *BJ*). V. *Heliópolis*. **2.** Nome pessoal que significa "incapaz de falar". Levita que viveu perto de Jerusalém depois do retorno do exílio por volta de 537 a. C. (1Cr 9.15).

HERESIA Opinião ou doutrina que está alinhada com o ensino aceito por uma igreja; o oposto de ortodoxia. A palavra "heresia" em português é derivada de uma palavra grega que tem a ideia básica de "escolha". No antigo grego clássico a palavra era usada predominantemente para se referir à escola filosófica à qual alguém queria pertencer. Mais tarde a palavra passou a ser associada ao ensino das escolas filosóficas.

A palavra tinha uso semelhante em textos judaicos. Josefo, um historiador judeu do séc. I. de quem aprendemos muito do que sabemos a respeito do judaísmo do tempo do NT, usou a palavra para se referir aos vários partidos (ou escolas de pensamento) judaicos, como os fariseus, saduceus e essênios. Rabinos empregaram o termo em sentido negativo aplicando-o aos grupos que se separaram da corrente principal do ensino judaico.

A palavra tem vários usos no NT, mas não com o sentido técnico de "heresia" tal como entendemos atualmente. Os vários usos da palavra no NT podem ser classificados da seguinte maneira:

Muito frequentemente, especialmente em At, tem o mesmo sentido que em Josefo. Em At 5.17, 15.5 e 26.5 é usada para se referir aos fariseus e saduceus com o sentido simples de partido ou grupo.

Em At 24.14 e 28.22 é usada em sentido ligeiramente pejorativo, referindo-se aos cristãos como se eles fossem vistos pelos judeus como separatistas ou sectários. Esse uso da palavra segue o uso feito pelos rabinos.

Paulo usou a palavra para se referir a grupos que ameaçavam as relações harmoniosas da igreja. Em 1Co 11.19, quando escreveu a respeito da maneira errada que os coríntios realizavam a ceia do Senhor, a palavra tem a ver com manifestações exteriores das facções mencionadas no versículo 18. Em Gl 5.20 é uma das obras da carne e está agrupada juntamente com ciúmes e dissensões. Aparentemente tem a ver com pessoas que põem os próprios desejos acima da comunhão da igreja. O texto de Tt 3.10 fala de um homem que é herege (*ARC*). Considerando que o contexto do versículo tem a ver com brigas e dissensões, a ideia nessa passagem parece ser a de uma pessoa facciosa (*NVI*, "aquele que provoca divisões").

Em 2Pe 2.1 a palavra é usada em sentido próximo ao atual. Nesse versículo claramente se refere aos falsos profetas que negaram o ensino verdadeiro a respeito de Cristo. Como a advertência de 2Pe 2 se refere à vida imoral dos falsos profetas, a palavra também tem a ver com a vida decadente deles. A referência ao homem herege em Tt 3.10 pertence a essa categoria, pois o versículo menciona disputas a respeito de genealogias, i.e., uma questão doutrinária.

Está claro que no NT o conceito de heresia tem mais a ver com a comunhão na igreja que com ensinos doutrinários. Conquanto os escritores do NT certamente estavam preocupados com falsos ensinamentos, eles estavam igualmente preocupados com atitudes inadequadas.

Nos textos de Inácio, um líder da igreja no início do séc. II, a palavra "heresia" assume um sentido técnico. Com muita frequência nos textos dos pais da Igreja, a heresia com a qual estavam preocupados era o gnosticismo, ensino que negava a plena humanidade de Jesus. V. *Cristo, cristologia*; *gnosticismo*. — W. T. Edwards Jr.

HERETE 1. Grafia moderna da palavra Harete; nome de lugar que significa "cortar para". Floresta na qual Davi se escondeu de Saulo depois de deixar seus pais com o rei de Moabe (1Sm 22.4,5). Alguns estudiosos identificam-na com Horesa (1Sm 23.15), localizada em Khirbet Khoreisa, a cerca de 3 quilômetros ao sul de Zife. Outros localizam-na na aldeia de Kharas, perto de Queila. Partindo de Herete, Davi atacou os filisteus em Queila (1Sm 23.1-5). **2.** Nome de lugar que significa "terra de florestas". Lugar para onde Davi foi, seguindo o conselho do profeta Gade, quando fugia de Saul (1Sm 22.5). Localizava-se em Judá, mas há discussão quanto ao ponto exato de sua localização. Alguns biblistas localizam-na em Khirbet Khoreisa, a pouco mais de 3 quilômetros ao sul de Zife e a cerca de 9 quilômetros e meio a sudeste de Hebrom. Outros pensam que estava próxima da aldeia de Kharas, perto de Queila.

HERMAS Cristão a quem Paulo enviou saudações (Rm 16.14). Seu nome, uma variação da grafia do nome do deus grego Hermes, pode indicar que ele era escravo, pois muitos escravos tinham nomes de deuses. V. *pais apostólicos*.

HERMENÊUTICA BÍBLICA Trata-se da teoria da interpretação bíblica — seus alvos, métodos, princípios e critérios de avaliação usados na interpretação das Escrituras. Isso pode soar esotérico e impraticável, mas, de fato, a teoria hermenêutica tem consequências profundas para os cristãos e a Igreja.

Cada pessoa que se aproxima da Bíblia opera com base em alguma teoria hermenêutica. Os resultados do encontro de uma pessoa com a Bíblia serão fortemente influenciados pela compreensão interpretativa que ela levar ao texto. Os seres humanos desenvolvem suas habilidades interpretativas quando aprendem a primeira língua. Logo no início, quando aprendem a primeira língua, as crianças descobrem o que é entender mal e o que é ser mal

HERMENÊUTICA BÍBLICA

entendido. Elas aprendem que a interpretação pode estar certa ou errada.

Essa percepção inicial é a base para o pressuposto válido já há muito tempo na hermenêutica bíblica: um texto tem ao menos um significado, e a interpretação que alguém faz desse significado estará certa ou errada. Esse pressuposto tem sido questionado em anos recentes pelos pós-modernistas. Os participantes de um pequeno grupo de estudos bíblicos talvez não tenham lido nenhum pós-modernista, mas os pressupostos dos pós-modernistas podem ser vistos nesses grupos de estudo bíblico, pois cada interpretação é considerada tão boa quanto qualquer outra. Nesses tipos de formas sutis, nossa teoria da hermenêutica é modificada pelo ambiente cultural absorvido, sem que estejamos conscientes do ocorrido. Por essa razão, ter uma visão geral da hermenêutica bíblica pode ajudar os estudantes da Bíblia a se tornarem conscientes dos princípios e pressupostos hermenêuticos que levam à Bíblia cada vez que a leem. V. *métodos de estudo bíblico*.

Como interpretamos a Bíblia tem muito em comum com como interpretamos outros textos. Mas a diferença entre textos bíblicos e textos legislativos, literários e científicos é que, apesar de os 66 livros bíblicos terem sido escritos por muitas pessoas ao longo de 1.500 anos, a Bíblia alega que Deus é seu autor supremo. Isso eleva a importância de ler a Bíblia e compreender corretamente o que ela diz. Uma coisa é interpretar Shakespeare, mas outra totalmente diferente é entender mal o que Deus diz. Não obstante, tem havido, e há, muita discordância sobre o que a Bíblia quer dizer em diversos pontos. Isso nos encoraja a analisar as diferentes abordagens interpretativas que dão origem à diversidade de interpretações, por serem muitas delas incompatíveis.

Um pressuposto mantido em comum por Jesus e pelos líderes religiosos da sua época era a de que as Escrituras hebraicas eram a Palavra de Deus. Igualmente comuns eram vários métodos de interpretação das Escrituras: literal, *midrash*, *pesher* e tipológico. Mesmo assim, Jesus e os líderes religiosos interpretavam as Escrituras de maneiras muito diferentes.

Uma das primeiras atividades do Cristo ressurreto foi interpretar as Escrituras. Enquanto ele caminhava com Cleopas e o outro discípulo na estrada para Emaús, "começando por Moisés e todos os profetas, explicou-lhes o que constava a respeito dele em todas as Escrituras" (Lc 24.27). A interpretação dada por Jesus sobre quem ele era e sua missão à luz das Escrituras hebraicas é o fundamento da igreja e constitui, ao longo da História, o fator gerador da separação entre igreja e sinagoga.

Essa atividade interpretativa de Jesus gera uma conexão entre as Escrituras hebraicas e o que mais tarde passou a ser chamado de NT. O ensino de Jesus não somente une os dois Testamentos, mas fornece a chave para enxergarmos como eles se encaixam e são mutuamente dependentes.

O que parece muito claro em Lc 24 não era visto tão nitidamente por alguns indivíduos no séc. II. Lado a lado com as Escrituras hebraicas, um corpo de escritos cristãos estava sendo coligido (2Pe 3.16). Em torno de 140 d.C. a relação entre essas Escrituras hebraicas e esse corpo de escritos cristãos começou a ser questionado. Marcião, um próspero construtor de navios do Ponto, veio a Roma e tentou usar sua influência para remover as Escrituras hebraicas da Igreja. Ele acreditava que o Deus das Escrituras hebraicas era incompatível com o Deus revelado em Jesus. Marcião propôs que somente algumas das cartas de Paulo e uma versão editada do evangelho de Lc deveriam ser consideradas Escrituras.

Marcião forçou a Igreja a decidir se ela manteria ou não as Escrituras hebraicas e a como interpretá-las à luz de Jesus. Enquanto Marcião queria tornar o cânon consideravelmente mais breve, houve outro grupo, os montanistas, que queriam acrescentar a ele seus escritos.

Entre esses dois extremos havia um terceiro grupo que queria manter as Escrituras hebraicas lado a lado com os escritos cristãos detentores de autoridade apostólica. Não era necessário que o autor de um escrito canônico fosse apóstolo, mas ele deveria ter sido escrito sob a autoridade de um apóstolo. Alguns documentos atribuídos a certos apóstolos foram rejeitados por serem incompatíveis com o ensino apostólico acerca de Jesus Cristo.

Essa compreensão apostólica de Jesus Cristo tornou-se um elemento importante na interpretação bíblica na igreja primitiva. Documentos escritos estão sujeitos muitas vezes a interpretações múltiplas. Eles são semelhantes a uma série de pontos em uma folha de papel. Numerosas figuras podem ser feitas unindo os pontos de diversas maneiras. A questão vital para a igreja primitiva era como esses pontos deveriam ser unidos.

Os gnósticos liam as Escrituras e as interpretavam de acordo com suas opiniões. Ireneu comparou o que faziam a uma pessoa que toma a bela imagem de um rei — criada por um artista usando pedras preciosas — e reordena as joias e prepara a imagem de uma raposa ou de um cão (Ireneu, *Contra as heresias*, 1,8:1 [180 d.C.], in: ANF, I:326).

Diante dessas distorções das Escrituras, Ireneu formalizou um arcabouço interpretativo implicitamente usado pela Igreja durante algumas décadas. Esse arcabouço passou a ser chamado regra de fé. A regra de fé não era algo adicional às Escrituras, mas derivado delas, e se tornou o molde contra o qual se podiam testar as interpretações.

A regra de fé tomou diversas formas ao longo da história da Igreja. O *Credo apostólico* assemelha-se à regra de fé. Credos e confissões de fé posteriores atuam historicamente de forma semelhante à regra de fé. A regra de fé age positiva e negativamente na história da interpretação bíblica. Positivamente ela tem guardado a interpretação de se desviar e se tornar algo agradável apenas ao intérprete. Negativamente, às vezes, ela tem levado a Igreja a olhar para o texto com novos olhos.

Apesar do reconhecimento da regra de fé em Alexandria, ele não impediu que Clemente e Orígenes usassem sua criatividade na interpretação bíblica. O método alegórico floresceu ali muito antes de Clemente e Orígenes. Ele foi usado para interpretar os clássicos gregos e as Escrituras hebraicas. Clemente e Orígenes usaram a alegoria como forma de lidar com textos difíceis do AT e interpretar a vida e os ensinamentos de Jesus. Uma das alegorias mais famosas de Orígenes é a interpretação do bom samaritano. Cada elemento na parábola simboliza algo diferente do próprio elemento literal. Embora essa interpretação seja criativa, a pergunta é se era isso que Jesus queria de fato transmitir quando contou a parábola. V. *alegoria*.

A alegoria praticada em Alexandria passou a ser criticada por intérpretes bíblicos de Antioquia. Os antioquenos estavam preocupados argumentando que a interpretação alegórica subtraía da verdade literal expressa nas Escrituras. Eles criam que o significado espiritual das Escrituras era derivado da leitura precisa e literal do texto, não de interpretações que projetavam significados espirituais não relacionados sobre o sentido primário das Escrituras.

Talvez o intérprete bíblico mais influente de todo o milênio seguinte tenha sido Agostinho. Seu primeiro encontro com a Bíblia foi tudo, menos promissor. Como Cícero, Agostinho opinava faltar dignidade à Bíblia. Algumas das primeiras reações de Agostinho à Bíblia podem ter resultado da tradução latina muito primitiva que leu.

O treinamento inicial de Agostinho o levou a crer que o alvo da interpretação era a fidelidade à intenção do autor expressa no texto. Há alguma ironia no fato de a conversão de Agostinho ter sido facilitada depois de ouvir Ambrósio aplicar o método alegórico na pregação. À medida que Agostinho interpretava as Escrituras, ele não negligenciava o sentido literal, mas ia além dele em textos ambíguos no nível literal.

Agostinho elaborou uma série de princípios que se tornaram parte da interpretação bíblica sólida até o presente. Ele reconheceu que o intérprete precisa conhecer o texto, preferencialmente nas línguas originais, e ter amplo conhecimento de uma variedade de assuntos que fazem parte do conteúdo bíblico. Agostinho reconhecia que a Bíblia contém trechos obscuros e difíceis. Ele ensinou que o intérprete deveria começar com os textos evidentes e interpretar os obscuros à luz desses.

Para Agostinho o alvo da interpretação bíblica é espiritual — nada menos que a transformação das pessoas que leem e estudam a Bíblia. Esse alvo não pode ser atingido por meio de um processo mecânico. Conhecer bem a língua e a história é necessário para a compreensão das Escrituras, mas não é suficiente. A dimensão espiritual do intérprete é parte do processo de compreender as Escrituras, mas não é suficiente. Agostinho reconhecia que a interpretação bíblica era uma tarefa que requeria o intelecto e o coração.

Agostinho fazia uma distinção entre conhecimento da linguagem (*linguarum notitia*) e conhecimento das coisas (*rerum notitia*). Em *De Magistro* [Sobre o professor] Agostinho defende que a linguagem (sinais) não fornece conhecimento, mas estimula o leitor a lembrar o que já sabe. Nas questões espirituais Cristo é o mestre e fonte desse conhecimento. Agostinho distinguia sinais literais de sinais figurados. A linguagem de Gn que dá o relato de Abraão levando Isaque ao monte Moriá usa sinais literais. Essa mesma linguagem pode ser lida de forma figurada para apontar para a morte de Cristo. O modelo de interpretação bíblica de Agostinho influenciou Gregório, o Grande, figura central na Idade Média. Gregório começava pela leitura literal do texto. Com essa leitura como fundamento, Gregório derivava o significado doutrinário (alegórico) e moral (tropológico ou figurado) do texto. Essa interpretação tríplice mais tarde foi acrescida de um quarto nível, o anagógico, que apontava para o futuro.

A abordagem quádrupla da interpretação bíblica era resumida em uma rima:

Littera gesta docet, (A letra ensina fatos)
Quid credas allegoria, (a alegoria o que alguém deve crer)
Moralia quid agas, (a tropologia o que alguém deve fazer)
Quo tendas anagogia (a anagogia o que alguém deve almejar).

Vemos esse método quádruplo de interpretação em operação na exegese que Tomás de Aquino faz de Êx 20.8-11. Na interpretação literal, Tomás de Aquino faz uma distinção entre o significado moral e o cerimonial desse mandamento. Os cristãos devem dar tempo para as coisas de Deus. A parte cerimonial desse mandamento especifica esse tempo como o sétimo dia. A interpretação alegórica significa o descanso do sétimo dia de Cristo no túmulo. A leitura tropológica chama os cristãos a desistir do pecado e a descansar em Deus. A leitura anagógica aponta adiante para o descanso eterno e o prazer da comunhão com Deus no céu.

Uma forma de leitura das Escrituras que se originou na Idade Média tinha forte ressonância com a ênfase dada por Agostinho à dimensão espiritual do estudo da Bíblia. A *lectio divina* tinha estes três passos:

1) O preparo espiritual denota que o leitor das Escrituras deve se aproximar delas com atitude de oração. O texto deve ser lido com receptividade silenciosa, em que se ouve a voz do Espírito Santo falando por meio do texto. O ouvir está proximamente ligado à disposição de agir com base no que foi revelado no texto.

2) Ler as Escrituras requer atenção aos muitos detalhes que compõem as Escrituras. O leitor deve se aproximar do texto com a expectativa de que cada detalhe foi colocado ali por uma razão e que serve ao nosso bem espiritual dar atenção a esses detalhes.

3) Dar atenção cuidadosa às figuras de linguagem na Bíblia é importante para que se olhe além das palavras e se enxergue a realidade que elas transmitem.

O conhecimento crescente das línguas originais foi um catalisador para uma nova era de interpretação e conhecimento bíblicos. Desidério Erasmo é uma importante figura de transição. Seu trabalho cuidadoso em desenvolver uma série de edições do NT grego causou nele uma atenção a detalhes e o entusiasmo pela descoberta do que era a intenção do autor do texto. O que Erasmo via na abordagem à interpretação no passado o perturbava. A criatividade na interpretação tinha o efeito de afastar os leitores da intenção do autor. Era quase como se eles estivessem jogando um jogo.

Nesse ambiente e no contexto de sua crise espiritual, Martinho Lutero se afastou gradualmente da interpretação em grande parte alegórica das Escrituras e se aproximou de uma abordagem que buscava o sentido histórico de um texto. Lutero caricaturou a interpretação alegórica como um nariz de cera que podia ser moldado pelo intérprete em vez de ter uma forma definitiva da qual o intérprete tivesse de tomar nota. Contudo, mesmo criticando a alegoria, Lutero continuou usando-a.

A controvérsia de Lutero com Roma e por fim seu rompimento com o papado colocaram no centro das atenções outra questão importante na interpretação da Bíblia: em meio às interpretações concorrentes das Escrituras, qual é a fonte de autoridade? Com a crise ocasionada pelo gnosticismo, a regra de fé tinha sido o critério para o discernimento da correta interpretação das Escrituras. Agora na crise com Roma, Lutero responde: "*Sola Scriptura!*". Não a razão. Não a tradição eclesiástica. Somente as Escrituras.

Isso não significa que Lutero e outros reformadores não valorizavam a tradição eclesiástica. Eles tinham sido moldados por ela e continuavam sendo influenciados por ela. No entanto, eles se conscientizaram de que a tradição eclesiástica tinha ela mesma sido moldada por influências outras que as Escrituras. *Sola Scriptura* era um chamado a que se reconhecesse e se agisse primeiramente de acordo com as coisas mais importantes.

João Calvino, o intérprete mais importante do séc. XVI, viu que o primeiro propósito do intérprete é ouvir e entender o que o autor está dizendo em vez de dizer o que o autor deveria ter dito. Calvino interpretava as Escrituras à luz das Escrituras e destacava a importância do Espírito Santo que inspirou o texto como sendo parte integral do processo interpretativo.

Uma pressuposição compartilhada pela maioria dos exegetas a partir do séc. II até o XVIII veio a ser crescentemente abandonada no séc. XVIII e além dele. A pressuposição é a de que Deus é o autor supremo das Escrituras. Na ausência dessa pressuposição, tanto a natureza das Escrituras quanto o alvo da interpretação começaram a mudar.

Uma série de fatores contribuiu para a mudança de como as Escrituras eram vistas e interpretadas. Tanto os pais da Igreja quanto os intérpretes medievais eram guiados pela autoridade da tradição. Como observado anteriormente, os reformadores não eliminaram a tradição, mas eram críticos dela a fim de ressaltar que somente as Escrituras eram o critério do que a Igreja ensina e pratica.

Em outros campos do conhecimento, as autoridades tradicionais passaram a ser gradualmente questionadas. A razão e a experiência humanas passaram a ser vistas como as fontes do conhecimento. O poder explicativo da física newtoniana reforçou a convicção de que a revelação não era necessária para se entender Deus e o mundo. A progressão lógica disso foi a afirmação de Laplace dizendo que ele já não precisava de Deus como hipótese para explicar coisa alguma no mundo.

No séc. XIX os escritos de Charles Darwin reforçaram intensamente a cosmovisão naturalista que começou a substituir a cosmovisão teísta, predominante no Ocidente durante mil anos.

A Bíblia era vista agora como um livro meramente humano, a ser estudado com os mesmos métodos usados para se estudar qualquer outro documento humano. O alvo da interpretação agora era compreender o que os autores humanos estavam dizendo e reconstruir o processo pelo qual escreveram esses documentos.

Não é que de repente se fizeram novas descobertas acerca das Escrituras. Os primeiros intérpretes das Escrituras estavam conscientes de diferentes relatos dos mesmos eventos. Dentro do seu quadro de referência, essas diferenças não eram tão significativas e em si mesmas não questionavam a autoautenticação das Escrituras como a Palavra de Deus. Essas mesmas observações feitas da perspectiva do naturalismo, no entanto, foram vistas como confirmação de que a Bíblia era apenas um documento humano.

A partir do final do séc. XIX até o presente, o estudo acadêmico das Escrituras tem testemunhado uma proliferação de métodos usados na compreensão das Escrituras. Alguns buscaram reconstruir a história do documento em análise, incluindo a história e as motivações da comunidade na qual o documento foi composto. Outra abordagem ampla estava menos interessada no pano de fundo histórico, cultural e religioso do documento, dando atenção à sua forma literária. Para muitos estudiosos adeptos dessa abordagem, a história por trás do documento e a historicidade dos eventos da narrativa tinham pouca importância.

Enquanto os intérpretes histórico-críticos da Bíblia diferem dos intérpretes tradicionais acerca da questão da natureza das Escrituras, eles compartilham a convicção de que o alvo da interpretação é compreender o que o(s) autor(es) queria(m) dizer. O fato de que nunca se possa estabelecer isso com certeza não significa que o alvo não seja válido ou importante. Ultimamente essa pressuposição tem sido questionada pelos pós-modernistas. É interessante que filósofos tão diferentes quanto Jacques Derrida e W. V. Quine têm chegado a essa conclusão. Derrida e Quine reconhecem que o significado é um conceito útil e pragmático; contudo, por diferentes razões, eles argumentam que na semântica ou hermenêutica falta poder explanatório ao significado. A nossa compreensão de senso comum do significado nos leva a lhe dar o tipo de realidade que têm os objetos físicos, mas o significado como um tipo de entidade não existe.

A implicação disso para a interpretação bíblica é que não apenas não podemos estar certos quando temos uma interpretação correta de um texto, mas não há interpretação correta do texto. Não há intenção do autor acerca da qual poderíamos estar certos ou errados. Por diferentes que sejam os pontos de partida de Derrida e Quine, o que eles têm em comum é a tentativa de explicar a linguagem dentro de uma cosmovisão naturalista. As conclusões a que eles chegam de direções muito diferentes podem ser um indicador da falência do naturalismo como um programa de busca da compreensão da linguagem humana e de desenvolvimento de uma teoria hermenêutica que leve em consideração a complexidade e riqueza da linguagem humana. — *Steve Bond*

HERMÉTICA, LITERATURA Textos gregos compostos no Egito entre 100 e 300 da era cristã, associados ao nome "Hermes Trimegisto" (Hermes três vezes grande). A literatura hermética é uma coleção variada. Alguns dos textos são basicamente astrológicos, mágicos ou alquímicos. Outros textos são religiosos e filosóficos. Alguns dos textos são monistas (vendo toda a realidade como uma unidade) e panteístas (vendo Deus presente em tudo). Outros são dualistas (vendo Deus e a criação como separados).

O texto hermético mais conhecido é um tratado intitulado *Poimandres* (derivado talvez do copta para "conhecimento do deus-Sol"). Poimandres se oferece para revelar a Hermes a natureza secreta da criação de Deus. De acordo com o mito, Deus criou o *nous* (mente, inteligência), que por sua vez criou a natureza (física). Deus então criou o *anthropos*, o homem original. Na queda esse homem se uniu à natureza para produzir sete seres andróginos que foram a origem da raça humana. Por isso cada pessoa consiste em um corpo (procedente da natureza) que aprisiona a alma (procedente de Deus). A salvação do corpo e a libertação do destino opressivo dos astros eram obtidas ao receber o conhecimento da natureza das coisas. A recepção desse conhecimento era descrita como um renascimento. Ao reprimir os sentidos corporais, os fiéis de Hermes tinham esperança de subir às sete esferas astrais e se unir novamente a Deus.

A doutrina hermética tem similaridades com o ensino gnóstico. Mas os textos herméticos, ao contrário do gnosticismo, não consideram a natureza em si como má ou o agente direto da criação (demiurgo) como um inimigo de Deus. Alguns estudiosos julgam haver influência de doutrina hermética no evangelho de Jo (criação pelo *logos*, nascer de novo). O que é mais provável é que tanto João quanto os herméticos posteriores desenvolveram ideias judaicas e gregas independentemente. V. *gnosticismo*; *João*.

HERMES Em At 14.12 é a divindade grega que o povo supersticioso de Listra confundiu com Paulo (*NVI*, *BJ*). Já a *ARA*, *ARC* e *NTLH* usam o nome latino do deus, Mercúrio. Hermes era conhecido como mensageiro dos deuses e estava associado à eloquência. O papel de Paulo como orador principal fez o povo de Listra pensar que ele era Hermes.

Cabeça de Hermes feita de mármore, do séc. I a.C., da Dalmácia.

HERMÓGENES Nome próprio que significa "nascido de Hermes". Cristão que abandonou Paulo, aparentemente enquanto este estava na prisão em Éfeso (2Tm 1.15). A declaração de Paulo sugere um desapontamento profundo em relação a Hermógenes, mas não diz que ele se tornou apóstata. Nada mais se sabe a seu respeito.

HERMOM, MONTE Nome de lugar que significa "montanha devotada". Lugar de um santuário de Baal e fronteira norte de Israel. O Hermom era chamado de Sarion (Siriom) pelos sidônios (fenícios, Dt 3.9; Sl 29.6) e de Sanir (Senir) pelos amorreus (Dt 3.9). Ambas as designações significam "peitoral", uma referência ao pico coberto de neve que brilha à luz do sol. O nome Senir aparece duas vezes no AT, aparentemente como o nome de um pico adjacente ao Hermom (1Cr 5.23; Ct 4.8). É também chamado de Siom (Dt 4.48; v. nota explicativa da *NVI*), provavelmente por causa de sua altitude (v. Sl 42.6).

A cadeia do Hermom é a parte sul da cadeia de montanhas do Antilíbano, separada desta pelo vale de Baca. O Hermom, situado a 2.773 metros acima do nível do mar, é a montanha mais alta da Síria. Pode ser avistada do mar Morto, distante 192 quilômetros. A cadeia tem aproximadamente 45 quilômetros de extensão, com 24 quilômetros de largura. Seu cume é coberto de neve durante dois terços do ano. A água que vem de sua neve derretida corre até os rios de Haurã e providencia a principal fonte para o rio Jordão. Ainda que o Hermom receba cerca de 1.524 milímetros de precipitação (orvalho, neve e chuva) por ano, praticamente nenhuma vegetação cresce acima da linha da neve, onde há uma ausência quase completa de terra. Abaixo, os declives da montanha são cobertos de árvores e vinhedos. Lobos, leopardos e ursos sírios vivem em suas florestas. O registro bíblico exalta o orvalho do Hermom (Sl 133.3), seus leões (Sl 4.8) e seus ciprestes (Ez 27.5).

Esse monte é importante por quatro razões: 1) Era a fronteira norte do reino amorreu (Dt 3.8; 4.48). 2) Assinalava o limite ao norte das campanhas vitoriosas de Josué (Js 11.17; 12.1; 13.5). 3) Sempre foi considerado sagrado. 4) Alguns estudiosos acreditam que a transfiguração de Jesus aconteceu no Hermom. — *Gary Baldwin*

HERODES Nome dado à família que governou a terra de Israel imediatamente antes e até

Vista do monte Hermom da antiga cidade de Hazor, no norte da Galileia.

HERODES

certo ponto durante a primeira metade do séc. I da era cristã. A história dessa família é complexa, e as informações a respeito que chegaram à atualidade com frequência são esparsas, contraditórias e difíceis de harmonizar. As principais fontes são as referências no NT, o historiador judeu Flávio Josefo e algumas referências obscuras feitas por historiadores romanos como Dio Cassius, Plutarco e Estrabão.

O membro mais importante dessa família era Herodes, filho de Antípater, nomeado governador da Idumeia por Alexandra Salomé, a rainha macabeia que governou Israel de 78 a 69 a.C. Com a permissão dos romanos, Antípater nomeou seu filho Fasael como prefeito de Jerusalém e seu segundo filho, Herodes, como governador da Galileia. V. *história e literatura intertestamentárias*.

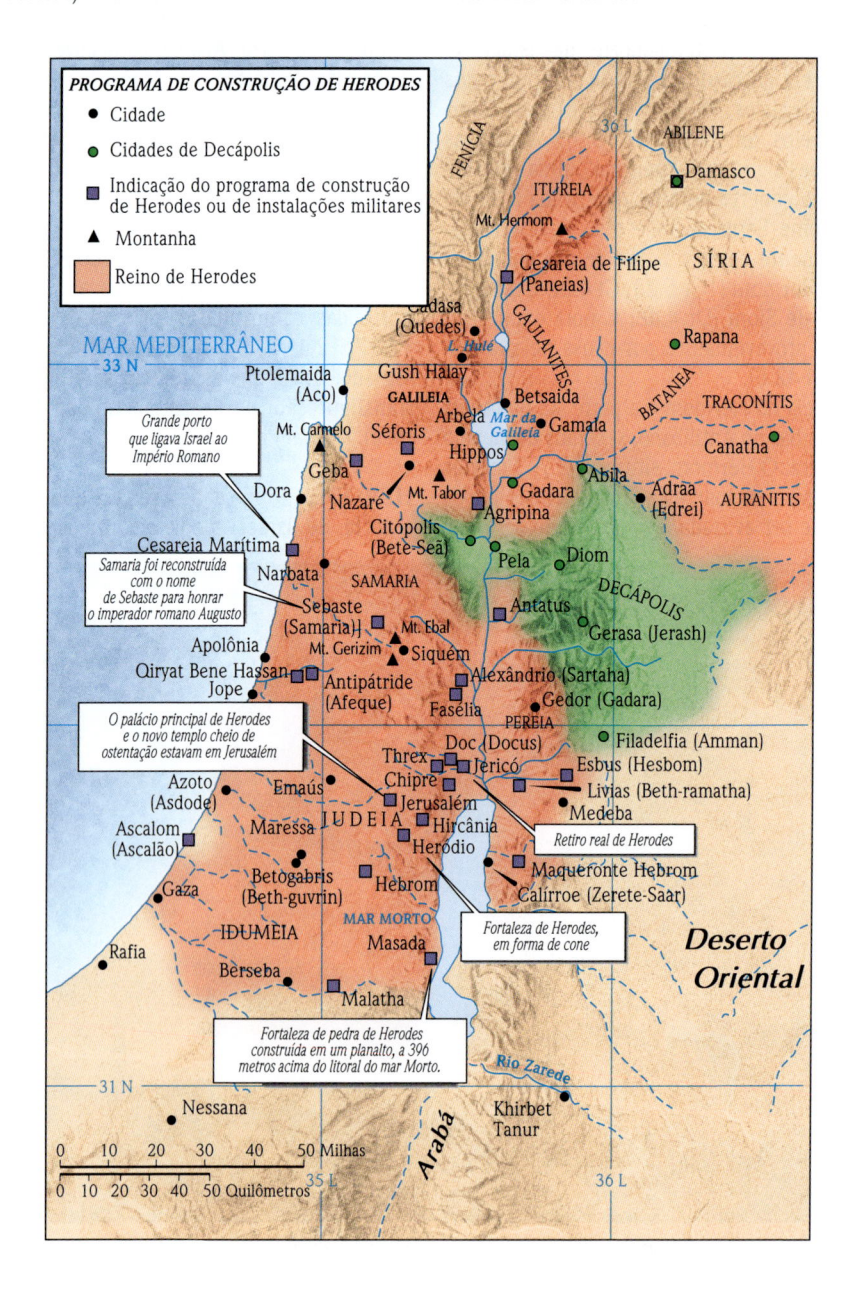

PROGRAMA DE CONSTRUÇÃO DE HERODES
- ● Cidade
- ● Cidades de Decápolis
- ■ Indicação do programa de construção de Herodes ou de instalações militares
- ▲ Montanha
- Reino de Herodes

Grande porto que ligava Israel ao Império Romano

Samaria foi reconstruída com o nome de Sebaste para honrar o imperador romano Augusto

O palácio principal de Herodes e o novo templo cheio de ostentação estavam em Jerusalém

Retiro real de Herodes

Fortaleza de Herodes, em forma de cone

Fortaleza de pedra de Herodes construída em um planalto, a 396 metros acima do litoral do mar Morto.

Outros Herodes nomeados no NT são:

Agripa I, filho de Aristóbulo e neto de Herodes. Governou com o título de rei de 41 a 44 d.C. Agripa I ordenou que Tiago, filho de Zebedeu, fosse morto à espada e mandou prender Pedro (At 12.1-23).

Agripa II, filho de Agripa I, que ouviu a defesa de Paulo (At 25.13-27; cp. At 26.32). Com sua morte a dinastia herodiana chegou ao fim, de fato e de direito.

Drusila (At 24.24), a filha caçula (a terceira) de Agripa I. Foi casada durante um período curto quando tinha 14 anos com Azizo, rei de Emessa, provavelmente no ano 52. Em 53 ou 54 casou-se com Félix, o procurador romano.

Berenice era irmã de Drusila e de Agripa II, mas também esposa deste. Paulo fala para eles em At 25.

Herodes Filipe era filho de Herodes, o Grande, e de Cleópatra de Jerusalém (Lc 3.1). Construiu Cesareia de Filipe e era governador dos distritos do nordeste: Itureia, Gaulinites, Traconites e Decápolis. Foi casado com Salomé, a filha de Herodias.

O texto de Mc 6.17 menciona um Herodes Filipe como o primeiro marido de Herodias. Em alguns textos ele é mencionado simplesmente como Herodes ou Herodes II. Alguns estudiosos não creem que seja o mesmo que governou os distritos do nordeste anteriormente citados.

Herodias (Mt 14.3) era filha de Aristóbulo (filho de Herodes e Mariana), e Berenice era filha de Salomé, irmã de Herodes. Ela foi a segunda esposa de Herodes Antipas e quem pediu a cabeça de João Batista (Mt 14.3-12; Mc 6.17-29; cp. Lc 3.19-20).

Salomé era filha de Herodias. Casou-se com Filipe. Depois da morte deste no ano 34, ela se casou com Aristóbulo, que era seu parente, príncipe de Cálcis, e teve três filhos (Mt 14.6-12; Mc 6.22-29).

Herodes era um paradoxo. Foi um dos governantes mais cruéis da História. Sua reputação tem sido de infame. Ele era fiel ao que acreditava e não hesitou em mandar matar membros da própria família quando julgou que estes representavam uma ameaça para ele. A despeito disso, a infidelidade conjugal e a embriaguez não constam na lista dos seus vícios. Dada a sua administração eficiente, ele praticamente construiu o Israel do séc. I. Ficou conhecido na História como "o Grande", ainda que esse epíteto possa ser aplicado a ele apenas se for comparado em termos de personalidade e realizações a outros de sua família. — *Robert Stagg*

Vista, da Torre de Davi, das escavações do Palácio de Herodes.

Aqueduto construído por Herodes, o Grande, para abastecer Cesareia Marítima.

HERODES, PALÁCIO DE O lugar provável do interrogatório e da zombaria a Jesus conduzidos por Herodes (Lc 23.6-12). O palácio estava localizado ao longo do muro ocidental na parte alta da cidade, na direção oeste do pátio onde o povo se reunia. Ao seu redor havia um muro de 4 metros cercado por torres ornamentais, edificadas em determinados intervalos. O palácio era conhecido por seus pórticos circulares, jardins de excelente nível e um salão de banquete para cem convidados. Foi destruído em setembro do ano 70 da era cristã.

HERODIANO Membro de um grupo aristocrático judeu que apoiava as políticas de Herodes Antipas e, por via de consequência, o governo romano. Tudo indica que viviam na Galileia, onde Antipas governava, e se uniram às autoridades de Jerusalém em sua oposição a Jesus. Tentaram fazer Jesus cair em uma armadilha, na questão dos impostos aos romanos (Mt 22.1-22; Mc 12.13-17). Os planos dos herodianos foram o início do caminho que conduziu à crucificação de Jesus (Mc 3.6). V. *Herodes*.

HERODIÃO Cristão a quem o apóstolo Paulo enviou saudações (Rm 16.11), referindo-se a ele como parente. Isso indica que provavelmente ele era de origem judaica. Seu nome sugere que ele pode ter sido um membro da família de Herodes. Essa possibilidade é fortalecida pelo fato de que o nome imediatamente precedente é Aristóbulo (Rm 16.10). Herodião pode ter sido um da casa de Aristóbulo.

HERODIAS Esposa de Herodes Antipas (Mc 6.17). Era filha de Aristóbulo e Berenice. Casou-se primeiro com o meio-irmão do seu pai, identificado em Mc 6.17 como Filipe. Com Filipe teve uma filha chamada Salomé. No entanto, Antipas, irmão de Filipe, divorciou-se e conseguiu que Herodias se afastasse do marido. Essa conduta conjugal grosseira foi denunciada por João Batista. V. *Herodes*; *Batista, João*.

HERODIUM Palácio-fortaleza construído por Herodes, o Grande, a cerca de 6 quilômetros e meio a sudeste de Belém. Herodes foi sepultado nesse lugar. A fortaleza, capturada no ano 72, foi um dos últimos bastiões da resistência judaica na guerra contra Roma. O Herodium serviu como depósito de suprimentos na revolta fracassada de 132-135 d.C.

O Herodium, tendo ao fundo o céu de Israel.

O Herodium, a magnífica fortaleza construída por Herodes, o Grande, vista de dentro.

HESBOM Nome de lugar que significa "contar [no sentido de calcular]". Cidade em Moabe, governada por Seom, que foi derrotada por Moisés (Nm 21.21-30). A antiga Hesbom, que deve ser identificada com a atual Tell Hesban, era uma de várias cidades antigas situadas no platô fértil situado a leste do mar Morto e ao norte do rio Arnom (o atual uádi Mojib). Elealé e Medeba são duas outras cidades próximas, frequentemente mencionadas pelos escritores bíblicos como tendo alguma ligação com Hesbom. A região na qual essas cidades se localizavam é produtiva em termos agrícolas, por isso foi muito disputada nos tempos do AT. Geralmente era considerada parte do território de Moabe, tal como registrado em Is 15—16 e Jr 48. Mas as tribos israelitas de Rúben e Gade cuidavam de seus rebanhos de ovelhas nessa região (Nm 32.3,37). Os israelitas alegavam direito à região com base no fato de que Moisés tomou todo o território ao sul do Arnom de Seom, o rei amorreu que governava em Hesbom (Nm 21.21-31). Os reis israelitas mais poderosos (Davi, Onri e Acabe) controlaram toda a região. Tudo indica que os amonitas também reivindicavam direito à região, a julgar pelo que é sugerido na troca de mensagens entre Jefté e o rei amonita, tal como relatado em Jz 11.12-28.

Hesbom foi designada à tribo de Gade e, de acordo com Js 13.27,28 e 21.38,39, também como uma cidade levítica. O texto de Ct 7.4 descreve a beleza de uma jovem, dizendo: "seus olhos são como os açudes de Hesbom". Herodes, o Grande, fortificou o local, que se tornou uma cidade próspera (com o nome de Esbus) durante o final do período do Império Romano.

Escavações arqueológicas em Tell Hesban realizadas entre 1968 e 1978 descobriram vestígios de ocupação desde o início da Idade do Ferro (por volta de 1200 a.C.) até o período medieval. Não há evidência de ocupação em um período anterior à Idade do Ferro. Esse é o período em que o rei Seom governava em Hesbom. É possível que Seom tenha reinado em outra cidade com o mesmo nome de Hesbom; vários lugares na vizinhança evidenciam ocupação nesse período. V. *Gade*; *cidade de Moabe*; *Rúben, rubenitas*; *Seom*. — *J. Maxwell Miller*

HESMOM Nome de lugar que significa "campo largo". Cidade no território da tribo de Judá (Js 15.27). Sua localização não é conhecida.

HETE Nome pessoal de significado desconhecido. Filho de Canaã, bisneto de Noé e ancestral original dos hititas, alguns dos habitantes originais do território que séculos mais tarde viria a ser conhecido como Palestina (Gn 10.15). Abraão comprou o sepulcro para sua família dos "filhos de Hete" (*ARA*, *ARC*) ou hititas (Gn 23).

HETLOM De acordo com a visão de Ezequiel (47.15), nome de lugar de significado desconhecido na fronteira norte de Israel. Alguns estudiosos entendem que a palavra seja uma abreviação em hebraico para montanha do Líbano. Outros a veem como um nome diferente ou como uma mudança escribal para Lebo-Hamate (Nm 34.8). Outros, ainda, a identificam com a atual Heitela, a nordeste de Trípoli, a 4 quilômetros ao sul de Nahr el-Kebir. Ezequiel apontou para uma estrada perto desse lugar, talvez a importante estrada conhecida como Eleutheros.

HEVEUS Nome que ocorre 25 vezes na Bíblia, mas nunca em documentos extrabíblicos. Heveus são encontrados em Gibeom (Js 9.7; 11.19), Siquém (Gn 34.2), abaixo do Hermom na terra de Mispá (Js 11.3) e nas montanhas do Líbano (Jz 3.3). Muito frequentemente o nome aparece na lista das nações que Deus expulsaria da terra durante a conquista israelita (ex., Dt 7.1).

Zibeão é identificado como heveu (Gn 36.2), mas é listado entre os horeus em Gn 36.20, 29. Além disso, a *LXX* (a tradução da Bíblia Hebraica para o grego) em alguns textos lê "horeu" em lugar de "heveu". Isso pode indicar uma antiga confusão linguística entre esses dois nomes. É improvável que os dois sejam idênticos, ainda mais porque o relacionamento entre esses dois grupos não está claro. V. *horeus*. — *James C. Moyer*

HEXATEUCO Designação moderna para os primeiros seis livros do AT vistos como uma unidade literária. O termo foi cunhado por estudiosos que trabalham com a crítica da fonte, impressionados com a suposta semelhança de fontes por trás de Js e do Pentateuco, bem como pela necessidade de cumprimento da promessa da terra a Abraão na conquista de Canaã. A erudição mais recente tem demonstrado uma apreciação renovada do arranjo canônico no qual Js inicia os "Profetas Anteriores" ou a história de Israel desde sua entrada na terra prometida até sua saída no exílio. O livro de Js forma uma espécie de ponte entre as promessas aos patriarcas e a narrativa de Moisés com a história posterior de Israel.

HEZIOM Nome pessoal que significa "visão". Avô do rei Ben-Hadade de Damasco (1Rs 15.18). Seu relacionamento com Rezom, fundador da dinastia de Damasco, não é plenamente conhecido. Alguns estudiosos acham que Heziom seja uma mudança feita por escribas do nome Rezom em hebraico. Outros acham que ambos os nomes foram modificados do original Hezrom ou Azael. Uma opinião mais provável é que Heziom seja um nome próprio, enquanto Rezom seja um título real sírio ou nome de trono. V. *Rezom*.

HEZIR

HEZIR Nome pessoal que significa "porco selvagem". Textos ugaríticos indicam que o nome aparentemente é derivado da profissão de criador de porcos. **1.** Líder de um dos 24 turnos de sacerdotes (1Cr 24.15). **2.** Levita que assinou o acordo de Neemias de obedecer à lei de Deus (Ne 10.20).

HEZRAI ou **HEZRO** Nome pessoal que significa "caule". Um dos heróis militares de Davi (2Sm 23.35), seguindo uma nota escribal antiga sobre o texto hebraico. O texto escrito e as traduções modernas leem Hezro em 1Cr 11.37, mas muitas traduções antigas liam Hezrai.

HEZROM Nome, pessoal e de lugar, que significa "lugar de acampamento" ou "juncos". **1.** Filho de Rúben, neto de Jacó (Gn 46.9), e ancestral original do clã dos hezronitas (Nm 26.6). **2.** Neto de Judá, bisneto de Jacó (Gn 46.12), ancestral original do clã dos hezronitas (Nm 26.21), de onde veio Davi (Rt 4.19). Pai de Calebe (1Cr 2.18) e de Segube (1Cr 2.21). O texto hebraico de 1Cr 2.24 pode ser interpretado e traduzido de diferentes maneiras. A *NVI*, *ARA* e *BJ* entendem que Hezrom foi o pai de Asur (a *ARA* grafa "Azur"). Alguns biblistas seguem uma sugestão proveniente de traduções antigas, que modifica ligeiramente o texto hebraico de modo que Calebe seja o pai de Asur, e Efrata, a esposa de Calebe (cf. 1Cr 2.24 na versão da *TEB*). O primogênito de Hezrom foi Jerameel, ancestral original dos jerameelitas (1Cr 2.25).

HEZRONITA Descendente do clã de Hezrom, tanto na tribo de Judá como na tribo de Rúben. V. *Hezrom*.

HICSOS Nome de um povo, derivado da forma grega de uma palavra egípcia que significa "governantes de terras estrangeiras", dado os reis da XV e XVI Dinastias do Egito. A palavra, que não aparece na Bíblia, foi mais tarde interpretada de modo equivocado por Josefo como significando "reis pastores".

Com o declínio do Império Egípcio Médio (por volta de 2000-1786 a.C.), grande quantidade de asiáticos, principalmente semitas como os patriarcas hebreus, migraram de Canaã para a região do Delta do Nilo, no norte do Egito. É provável que a motivação para essa migração tenha sido um desequilíbrio econômico, provocado por uma seca, tal como acontecera com Abraão (Gn 12.10). Mas, ao contrário de Abraão, muitos daqueles grupos permaneceram no Egito, como colonizadores permanentes. Na fraca 13ª Dinastia, alguns asiáticos estabeleceram domínios locais independentes, na região leste do Delta. Eventualmente, um desses governantes locais logrou êxito na consolidação do governo do norte do Egito como faraó, dando dessa maneira início à 15ª Dinastia. A 16ª Dinastia, talvez contemporânea à 15ª, era formada por reis asiáticos não tão poderosos ou expressivos. Por não serem egípcios natos, eram lembrados pela população nativa como "hicsos".

Enquanto os faraós hicsos governavam o norte do Egito de Avaris, na parte leste do Delta, os egípcios nativos da 17ª Dinastia governavam o sul do país de Tebas. Esse período é conhecido como Segundo Intermediário ou Período Hicso (por volta de 1786-1540 a.C.). O *status quo* foi mantido até que a guerra irrompeu entre os hicsos e dois últimos faraós da 17ª Dinastia. Por volta de 1540 a.C. Ahmés I saqueou Avaris e expulsou os hicsos. Como o primeiro faraó de um Egito unificado, Ahmés I estabeleceu a 18ª Dinastia e inaugurou o Novo Reino Egípcio ou Novo Império Egípcio.

Alguns estudiosos observaram que a ascensão de José ao poder como o segundo no comando, abaixo imediatamente do faraó (Gn 41.39-45), seria mais provável sob um faraó hicso. Tal como a família de José, os hicsos eram semitas, e os egípcios tratavam os semitas com desprezo. O relato bíblico da ascensão de José ao poder, no entanto, mostra que o que aconteceu foi improvável. Há também indicações de grandes diferenças culturais entre a família de José e a dos governantes egípcios naquela época (cf. Gn 41.14; 42.23; 43.32). O novo faraó "que nada sabia sobre José" (Êx 1.8) e iniciou a opressão dos israelitas pode ter sido Ahmés I, aquele que expulsou os hicsos. Mas é mais provável pensar que tenha sido um dos novos governantes hicsos, que o sacerdote egípcio Manetho posteriormente descreveu como "queimando cidades, saqueando templos e tratando os habitantes com crueldade terrível, cortando a garganta dos homens e levando as mulheres e as crianças para o cativeiro". — *Daniel C. Browning Junior e E. Ray Clendenen*

HICSOS

Salão colunado do templo de Amon-Rá em Tebas.

HIDAI

HIDAI Nome pessoal, talvez uma forma abreviada de Hodai, que significa "minha majestade". Um dos heróis militares de Davi (2Sm 23.30). A passagem paralela de 1Cr 11.32 traz a forma Hurai. Era natural de Gaás. V. *Gaás*.

HIDÉQUEL Nome hebraico para o terceiro rio do jardim do Éden (Gn 2.14). Muitas traduções modernas traduzem por Tigre. Isso mostra que áreas importantes da história mundial posterior deviam sua fertilidade ao jardim original da criação de Deus. A forma Tigre também aparece em Dn 10.4. V. *Tigre, rio*.

HIDROPISIA Edema, uma doença com retenção de líquidos e inchaço. A hidropisia é um sintoma de doença do coração, fígado, rins ou cérebro. A condição envolve o acúmulo de água nas cavidades do corpo ou nos membros. Assim a *NVI* fala de um homem "com o corpo inchado" (Lc 14.2).

HIEL Nome pessoal que significa "Deus vive" ou, de acordo com a tradução grega, uma forma abreviada de Aiel, "irmão de Deus". Homem de Betel que reconstruiu Jericó ao preço da vida de dois dos seus filhos (1Rs 16.34), cumprindo a maldição de Deus proferida por Josué quando destruíra aquela cidade (Js 6.26).

HIENA Animal mamífero carnívoro do gênero *Hyaena*, localizado zoologicamente entre os caninos e os felinos. É um carniceiro listrado que se parece com uma raposa.

As hienas se alimentam de cadáveres em decomposição e são conhecidas por sua covardia, crueldade e seu uivo desagradável. Aparecem principalmente à noite. Por causa da atividade carniceira de escavar túmulos, a hiena era um animal repulsivo no mundo antigo. São facilmente domesticáveis, e os egípcios mantinham-nas como animais de estimação. As passagens bíblicas nas quais a hiena é citada referem-se sempre ao julgamento de nações estrangeiras (Babilônia ou Edom), que são deixadas desoladas (Is 13.22; 34.14; Jr 50.39).

A palavra hebraica para hiena é usada em Gn 36.20 como nome de um homem (Zibeão), como nome de uma cidade em Ne 11.34 (Zeboim) e de um vale (1Sm 13.18) no território de Benjamim.

HIERÁPOLIS Nome de lugar que significa "cidade sagrada". Nessa cidade havia uma igreja onde Epafras trabalhou (Cl 4.13). Nada mais se sabe a respeito dessa igreja. A cidade estava a cerca de 19 quilômetros a noroeste de Colossos e a quase 10 quilômetros ao norte de Laodiceia no rio Lico, pouco adiante do encontro deste com o rio Meander. Atualmente é chamada Pambuck Kulasi. Sua fama devia-se às indústrias têxteis e ao fabrico de roupas. Originariamente era um centro de culto à deusa-mãe frígia. Havia ma grande comunidade judaica em Hierápolis, o que é evidenciado por inscrições tumulares e outros tipos de inscrições.

Porta oeste romana de Hierápolis com um arco tríplice colocado entre as duas torres de defesa (séc. I da era cristã).

Depósitos minerais de fontes termais de Hierápolis, usados como centros de tratamento de saúde durante o período romano.

HIERÓGLIFOS Palavra grega que significa "inscrições sagradas", referindo-se aos símbolos pictóricos usados na escrita do Egito antigo. Os hieróglifos normalmente eram esculpidos em pedra, ainda que algumas vezes fossem escritos com estilete em papiros. Esses símbolos pictóricos consistiam de ideogramas (representando a palavra ou frase inteira) e também de fonogramas (representando uma consoante). Uma escrita cursiva simplificada (hierático) foi desenvolvida posteriormente. Esta, por sua vez, foi simplificada na forma demótica, por volta de 700 a.C.

Fragmentos de pedra do que provavelmente foi a base de um altar no lugar alto em Láquis.

HIGAION Transliteração da palavra hebraica que significa "sussurro" (Lm 3.62) ou "meditação" (Sl 19.14) ou, ainda, o som produzido por um instrumento musical de corda (Sl 92.3). Aparece em Sl 9.16 como uma nota de culto, de significado incerto. Pode significar um interlúdio instrumental suave ou uma pausa para meditação (cf. nota explicativa da *NVI*).

HILÉM Nome de lugar que talvez signifique "poder". Cidade no território da tribo de Judá, dada aos levitas (1Cr 6.58). A passagem paralela (Js 21.15; cp. 15.51) lê "Holom". O texto hebraico de 1Cr de fato lê "Hilez". Mudanças feitas por copistas afetaram as leituras de vários manuscritos dessa cidade pouco conhecida. V. *Holom*; *cidades dos levitas*.

HILLEL Nome pessoal que significa "louvor". **1.** Pai do juiz Abdom (Jz 12.13). **2.** Rabino influente e estudioso do *Talmude* que viveu no período imediatamente anterior ao tempo do ministério de Jesus. Ele e seu colega Shammai lideraram as duas mais importantes escolas rabínicas de sua época. Hillel era mais liberal, e sua ênfase determinou em grande medida o rumo que o judaísmo tomou desde aquela época.

HILQUIAS Nome pessoal que significa "porção de Yah [= forma abreviada de *Senhor*]". **1.** Pai de Amazias (1Cr 6.45). Foi um levita que viveu antes do tempo do rei Davi. **2.** Levita e servidor do templo que viveu no tempo de Davi (1Cr 26.11). **3.** Pai de Eliaquim, administrador do palácio do rei Ezequias (2Rs 18.18). **4.** Pai do profeta Jeremias (Jr 1.1). **5.** Pai de Gemarias, emissário de Zedequias a Nabucodonosor, rei da Babilônia (Jr 29.3). **6.** Sumo sacerdote que auxiliou o movimento de reforma de Josias (2Rs 22.4). **7.** Homem que ficou ao lado de Esdras, o escriba, durante a leitura da Lei (Ne 8.4). **8.** Sacerdote entre os exilados que retornaram (Ne 12.7).

HIM Unidade de medida líquida (Êx 29.40). A nota explicativa da *NVI* diz que as estimativas para a capacidade de 1 him variam entre 3 e 6 litros. V. *pesos e medidas*

HIMENEU Nome do deus grego do casamento. Nome de um companheiro de Paulo cuja fé enfraquecera e cujo estilo de vida mudara, o que fez que Paulo o entregasse a Satanás (1Tm 1.20). Isso provavelmente significa que Paulo permitiu que a igreja excluísse Himeneu de sua membresia, para purificá-la, evitar tentações posteriores e levar Himeneu a uma fé renovada, arrependimento e restauração à membresia da igreja. Junto com Fileto, Himeneu ensinava que a ressurreição já tinha acontecido (2Tm 2.17,18; cp. 1Co 5). V. *gnosticismo*.

HINO Um cântico de louvor a Deus.
Antigo Testamento Canto religioso cerimonial é mencionado no AT em conexão com eventos importantes, como os cânticos em celebração da passagem dos hebreus pelo mar Vermelho (Êx 15.1-21), o cântico de triunfo entoado por Débora e Baraque depois da derrota das forças de Jabim, rei de Hazor (Jz 5.1-31), e o cântico das mulheres depois do retorno vitorioso de Davi da batalha contra os filisteus

HINOM, VALE DE

(1Sm 18.6-7). As últimas advertências de Moisés aos israelitas foram transmitidas na forma de um grande cântico (Dt 32.1-43). O livro de Sl é um livro de cânticos. Seus hinos foram escritos por diferentes autores durante um longo período e usados pelo povo de Israel no culto. A coleção de 150 salmos foi por fim incluída nas Escrituras hebraicas. O cântico de hinos no templo de Jerusalém era conduzido por corais, que utilizavam acompanhamento instrumental algumas vezes (2Cr 29.25-28). O povo cantava junto com o coral em uníssono, de forma responsiva e com antífonas.

Hino é também o termo técnico para um gênero literário específico em Sl. Nesse sentido, hino expressa o louvor da congregação à grandeza e majestade de Deus, geralmente se dirigindo a membros da congregação e os convidando a louvar o Senhor. Um hino geralmente inclui um chamado à congregação para se unir ao louvor (Sl 33.1-3), uma enumeração das razões ou motivos para louvar a Deus (Sl 33.4-19) e um chamado na conclusão para louvar ou uma declaração de fé (Sl 33.20-22).

Novo Testamento Cantar hinos espirituais era parte da vida da igreja primitiva. Entre os hinos no NT, estão vários que se tornaram parte da tradição litúrgica cristã: Lc 1.46-55, o cântico de Maria — o *Magnificat*; Lc 1.68-79, o cântico profético de Zacarias — o *Benedictus*; e Lc 2.29-32, a despedida e a bênção dada por Simeão ao bebê Jesus — o *Nunc Dimittis*. Inúmeras doxologias (ex., Lc 2.14; 1Tm 1.17; 6.15,16; Ap 4.8) sem dúvida eram usadas no culto coletivo. Outras passagens no NT evidenciam serem citações ou fragmentos de hinos (Rm 8.31-39; 1Co 13; Ef 1.3-14; 5.14; Fp 2.5-11; 1Tm 3.16; 2Tm 2.11-13; Tt 3.4-7). O NT declara que Jesus e seus discípulos cantaram um hino no final da Última Ceia (Mt 26.30; Mc 14.26). Muitos biblistas são de opinião que eles cantaram parte dos salmos 115—118, a seção do Saltério conhecida como "Hallel", hinos tradicionalmente cantados depois da refeição na noite da Páscoa. A divisão do cântico cristão em "salmos, hinos e cânticos espirituais" (Ef 5.19; Cl 3.16) não deve ser entendida como indicação de que havia três tipos ou estilos distintos de música vocal no tempo da igreja do NT. A referência indica que o cântico cristão era usado no culto para instruir na fé e expressar alegria. Em outra referência do NT, At 16.25, a menção a cantar "hinos" a Deus significa que Paulo e Silas cantaram hinos na prisão. O autor de Hb enfatiza em 2.12 (uma citação de Sl 22.22, que é messiânico) que Jesus declarará seu nome à igreja, para que esta cante louvores, ou hinos. — *J. William Thompson*

HINOM, VALE DE Nome de lugar de significado incerto; também chamado de vale dos Filhos de Hinom. Localizava-se nas proximidades de Jerusalém (2Rs 23.10), ao sul da cidade velha (Js 15.8). A história do vale no período do AT não é nem um pouco agradável. Adoradores de divindades pagãs como Baal e Moloque praticavam sacrifício de crianças no vale de Hinom (2Rs 23.10). A primeira menção específica a sacrifício humano em Israel aparece em 2Rs 16.3, e em Judá, em 2Rs 17.17. A passagem paralela em 2Cr 28.3 indica que o cenário dessa abominação era o vale de Hinom. V. *Baal*; *geena*; *inferno*; *Jerusalém*; *Moloque*. — *Hugh Tobias*

Vale de Hinom (ou Geena) em Jerusalém, ao sul da cidade velha.

HIPOCRISIA Pretensão de ser o que na verdade não é. Especialmente a pretensão de ser uma pessoa melhor do que realmente é. A palavra vem do grego *hupokrisis*, que originariamente significava dar uma resposta. Um hipócrita no grego clássico podia ser um intérprete de sonhos, um orador, alguém que recitava poesia ou um ator. Originariamente uma palavra neutra (em termos de denotação de valor), "hipócrita" adquiriu uma conotação negativa de fingimento, duplicidade ou falta de sinceridade.

Na Bíblia prevalece o sentido negativo. A hipocrisia geralmente tem a ver com o mal ou com o pecado em geral, não com falsidade em particular. A *ARC* usa "hipócrita" para traduzir uma palavra em Jó 8.13, mas a maioria das versões prefere traduzir por "ímpio" (*NVI*, *ARA*; "mau", *NTLH*; v. Jó 15.34,35; 17.8; Is 9.17; 33.14 etc.). A pessoa "ímpia" é oposta a Deus e se esquece dele. A palavra hebraica nesses casos traduzida por "hipócrita" se refere a poluição ou corrupção. Ainda que os hebreus se preocupassem com o fingimento ou a falta de sinceridade (Is 29.13; Jr 12.2), não há uma palavra hebraica que seja o equivalente exato de "hipocrisia".

A hipocrisia, no sentido mais estrito de desempenhar um papel, é realçada no NT, especialmente no ensino de Jesus nos Evangelhos sinópticos. Jesus criticou os hipócritas por demonstrarem publicamente sua devoção (Mt 6.2,5,16). Eles estavam mais interessados na aprovação humana quando davam esmolas, oravam e jejuavam que na recompensa divina. Os hipócritas também eram culpados de julgarem as faltas dos outros e ignorarem as próprias (Mt 7.1-5). Jesus com frequência chamou os fariseus de hipócritas por causa do conflito entre suas ações externas e suas atitudes internas (Mt 15.1-9). Suas atitudes verdadeiras seriam reveladas (Lc 12.1-3). Os hipócritas podiam interpretar o tempo (clima), mas não os sinais dos tempos (Lc 12.56). Estavam muito mais preocupados com as regras do sábado que com a saúde física de uma mulher (Lc 13.15). Lucas observou que os líderes religiosos fingiam ser sinceros quando perguntaram a Jesus a respeito de pagar impostos a César (Lc 20.20). A discussão mais famosa a respeito da hipocrisia provavelmente é a que se encontra em Mt 23. Os líderes religiosos não praticavam o que pregavam (Mt 23.3). Jesus os comparou a pratos e copos limpos do lado de fora, mas sujos por dentro, e a sepulcros caiados (Mt 23.25-28).

A hipocrisia é alvo de preocupação em todo o NT. Ainda que a palavra não ocorra na narrativa do incidente de Ananias e Safira (At 5.1-11), foi parte do pecado deles. Paulo acusou Pedro de hipocrisia por se recusar a comer com os cristãos gentios em Antioquia (Gl 2.12,13). Paulo advertiu Timóteo acerca de falsos mestres hipócritas (1Tm 4.2). Pedro incluiu a hipocrisia na relação de atitudes que os cristãos devem evitar (1Pe 2.1).

Por seis vezes os escritores do NT enfatizam que a sinceridade (sem hipocrisia, *anupokritos*) deve caracterizar o cristão. O amor (Rm 12.9; 2Co 6.6; 1Pe 1.:22), a fé (1Tm 1.5; 2Tm 1.5) e a sabedoria (Tg 3.17) dos cristãos devem ser sinceros. V. *fariseus*; *pecado*; *verdade*. — Warren McWilliams

HIPOPÓTAMO Mamífero anfíbio, herbívoro, de grande porte e couro grosso, da família *Hipppotamidae*. O *beemoth* hebraico (Jó 40.15-24) é traduzido por hipopótamo em algumas versões (*ARA*; "beemote", *ARC*; "Beemote", *NVI*; "monstro Beemote", *NTLH*; "Beemot", *BJ*; "Bestial", *TEB*). Foram descobertos restos de hipopótamos datados de 1200 a 300 a.C. na planície costeira perto de Tel-Aviv. É possível que naquela época hipopótamos pudessem ser encontrados também no rio Jordão, ainda que não haja confirmação arqueológica quanto a isso. V. *Beemote*.

HIRA Nome pessoal de significado desconhecido. Um amigo de Judá, filho de Jacó, a quem este visitou quando se encontrou com Suá, com quem teve três filhos (Gn 38.1-12). Hira era da cidade cananeia de Adulão, a cerca de 14 quilômetros a nordeste de Hebrom.

HIRÃO Nome pessoal que talvez signifique "irmão do que é superior". **1.** Rei de Tiro, que estabeleceu contatos com Davi e Salomão na construção do templo. Outras informações a seu respeito vêm de Josefo, o antigo historiador judeu. Hirão era filho de Abibaal ("meu pai é Baal") e tinha 19 anos quando o sucedeu no trono de Tiro, na costa da Fenícia, ao norte de

Israel. Reinou por trinta e quatro anos, e a seu respeito se diz que morreu com 54 anos, ainda que as referências bíblicas indiquem um reinado mais longo.

Quando se tornou rei, Hirão iniciou um processo de desenvolver e expandir seu reino. Ampliou a cidade de Tiro na direção leste e construiu uma passarela para ligar a cidade à ilha onde havia um templo de Júpiter Olímpico no porto, além de ter modernizado o templo. Quando Davi se tornou rei de Israel, Hirão enviou-lhe presentes de congratulação, incluindo trabalhadores e material para construção de um palácio (2Sm 5.11). A amizade entre aqueles homens cresceu e se evidenciou pelo comércio que se desenvolveu entre suas nações. O relacionamento próximo continuou no reinado de Salomão, e os dois homens fizeram um acordo que resultou na construção do templo em Jerusalém (1Rs 5.1-12).

Esse relacionamento entre Israel e Tiro foi mutuamente benéfico. Jerusalém está localizada no interior e tinha as vantagens de ter domínio sobre rotas comerciais. Tiro, por sua vez, como um grande porto marítimo, oferecia as vantagens do comércio marítimo. Hirão controlava o comércio marítimo naquela época, e era respeitado como um comerciante internacional. Sua amizade com Davi e Salomão explica, sem dúvida, pelo menos em parte, a prosperidade e o sucesso dos seus reinos. V. *Davi*; *Fenícia*; *Salomão*; *Sidom e Tiro*.

2. Artesão que fez obras artísticas de metal para o templo de Salomão (1Rs 7.13-45). Viveu em Tiro, terra natal de seu pai, que se casara com uma mulher judia da tribo de Naftali. — *Hugh Tobias*

HISSOPO Arbusto pequeno (cerca de 68 centímetros), provavelmente a *Origanum maru*, a manjerona síria. Galhos de hissopo têm folhas pequenas e brancas em buquês. Por isso o hissopo foi adequado para ser usado como "pincel" para marcar as casas dos israelitas com o sangue do cordeiro da Páscoa (Êx 12.22). A associação de hissopo com os eventos do êxodo talvez tenha feito que a planta tivesse uso em outros rituais, como a purificação de leprosos (Lv 14.4,6,49,51,52) e a purificação dos que ficaram impuros pelo contato com um cadáver (Nm 19.6,18; v. *novilha*). O texto de Sl 51.7 aplica a bastante conhecida figura do hissopo como símbolo de purificação espiritual do pecado.

Um galho de hissopo com uma esponja amarrada em sua ponta foi usado para oferecer vinagre a Cristo em sua crucificação (Jo 19.29, *NVI*, "caniço de hissopo"; Mt 27.48 e Mc 15.36 mencionam uma "vara". Várias tentativas de solução dessa tensão têm sido oferecidas. A maioria dos exegetas tenta harmonizar os relatos paralelos: 1) sugerindo que ofereceram vinagre a Cristo duas vezes, uma vez com uma vara, e outra, com hissopo; 2) sugerindo que a vara e o hissopo foram usados ao mesmo tempo para segurar a esponja; 3) corrigindo o texto de João para ler "cravo", que é mais facilmente harmonizado com a palavra "vara"; 4) entendendo que hissopo se refere a outra planta, talvez a *Sorghum vulgare*, que poderia ser descrita como uma vara, não a manjerona. Uma abordagem alternativa se preocupa mais com a questão de qual é o significado teológico desse relato, não tanto com seus detalhes. Esses intérpretes enfatizam que João teve a intenção de estabelecer uma ligação entre a morte de Jesus com o evento do êxodo, que marcou a libertação da escravidão egípcia e/ou com os rituais de purificação do AT, que utilizavam o hissopo. O texto de Hb 9.19 afirma que o povo foi aspergido com hissopo durante a leitura da aliança. O relato de Êx 24.6-8 não apresenta esse detalhe (v. tb. 1Pe 1.2). — *Joseph E. Glaze, Mitchell G. Reddish e Charles R. Wade*

HISTÓRIA A história bíblica é o registro escrito do tempo — passado, presente e futuro — que revela que Deus criou a humanidade e o meio ambiente e a está dirigindo em uma linha progressiva de eventos até uma conclusão que seja rica de significado. Há quatro aspectos básicos referentes ao entendimento bíblico da História, especialmente se comparados com outras perspectivas a respeito: providência, cronologia linear, plenitude de sentido e esperança.

Providência: Durante o período bíblico a maioria dos não judeus via a História como um reino instável de conflito entre divindades que competiam entre si. Em oposição a essa compreensão, e por conta de seu encontro com Javé, os hebreus abraçaram a fé em um Deus todo-poderoso, Criador e Senhor da História e de todas as suas manifestações particulares.

Cronologia linear: A compreensão hebraica do tempo é de uma cronologia progressiva ou não repetitiva que se encaminha para um alvo definido, o que diverge da visão não judaica de tempo como uma repetição circular de eventos.

Plenitude de sentido: Ainda que a Bíblia apresente a História entendida de maneira teológica, seu propósito primário é apresentar o sentido da História. Isso é visto com clareza na distinção léxica entre as palavras gregas *chronos*, "quantidade de tempo", e *kairos*, "um ponto decisivo e determinante no tempo". O uso persistente de *kairos* no NT aponta para a intenção da Bíblia de apresentar a História como tendo plenitude de sentido.

Esperança: O antigo Oriente Médio era em geral pessimista a respeito do mundo material. Havia o desejo de fugir da História para entrar em uma realidade imaterial e atemporal. A Bíblia, em contraste rígido, apresenta Deus conduzindo a História rumo a uma conclusão benéfica para os que estão em aliança fiel com ele.

Visões alternativas da História Os seres humanos têm sempre tentado atribuir algum significado aos eventos que experimentam e descobrir o rumo da História. Esses esforços humanos têm gerado visões alternativas que entram em conflito com a revelação divina da História registrada na Bíblia. Serão aqui apresentados seis desses pontos de vista, a saber: visão cíclica, progresso inevitável, visão mecanicista, visão historicista, visão da futurologia e visão do caos.

A visão cíclica é uma das compreensões sobre a História mais antigas que se têm documentadas. Era sustentada de diferentes maneiras nas religiões e filosofias antigas da Europa, Ásia e África. Na modernidade a visão cíclica foi sustentada por Friedrich Nietzsche, que a empregou em seus ataques ao cristianismo. De acordo com esse ponto de vista, o tempo é um círculo que inevitável e periodicamente se repete. Como a História não se está movendo rumo a um fim específico, essa visão é caracterizada por um profundo senso de pessimismo e resignação. Proponentes da visão cíclica tentam escapar do ciclo da História para uma realidade imaterial e impessoal. Da perspectiva cristã, a deficiência da visão cíclica é sua falta de progressão linear e de esperança.

A visão do progresso inevitável teve origem no Iluminismo do séc. XVII. A visão do progresso inevitável enfatiza a capacidade da razão humana e sua disposição para descartar posições religiosas tradicionais. Augusto Comte via a humanidade passando por três estágios, do teológico ao positivismo científico. A teoria da evolução biológica de Charles Darwin reforçou esse ponto de vista ao enfatizar o princípio da seleção natural. Hegel acreditava no "Espírito", uma ideia na qual os seres humanos participam pelo conhecimento, conduzindo a História em um padrão dialético de um avanço a outro. A História como dialética significa que um evento particular, a tese, encontra seu oposto, a antítese, produzindo uma síntese, que se torna uma nova tese, a qual, por sua vez, vai se encontrar com uma nova antítese. A História vai concluir no triunfo da ciência (Comte), na sobrevivência do mais apto (Darwin) ou na realização histórica da ideia absoluta (Hegel). Vista de uma perspectiva cristã, a visão do progresso inevitável obscurece a visão da providência transcendente de Deus e equivocadamente deposita sua esperança em algo que não a esperança bíblica na redenção do pecado e da morte.

A visão mecanicista tem proximidade com a visão do progresso inevitável. Ludwig Feuerbach acreditava que o homem constrói sua própria história; além disso, ele cria que Deus é uma falsa projeção criada pelo homem para explicar o Universo, e que o homem encontrará salvação quando compreender que ele é o único e verdadeiro deus. Karl Marx construiu sua visão mecanicista das bases lançadas por Hegel e Feuerbach. De acordo com Feuerbach e Marx, a única realidade é material. Marx cria que a História está limitada ao progresso da economia. As pessoas são seres essencialmente econômicos que desenvolveram vários estágios que terminarão com a eliminação das classes econômicas e com o compartilhar de todos os recursos materiais. Filosofias religiosas e metafísicas são simplesmente criação das classes superiores para manter seu domínio sobre as classes inferiores. Da perspectiva cristã, a visão mecanicista substituiu a providência de Deus pela crença na providência em teorias econômicas falíveis ou no materialismo científico.

A visão historicista não é nem mecanicista nem materialista em seu foco, mas também não leva em conta a providência de Deus. De acordo com o historicismo, crenças e costumes culturais resultam da experiência histórica de um grupo. Diferente dos dois pontos de vista anteriores, o historicismo não vê a História como uma linha constante rumo a um alvo; além disso, a intuição, nem tanto a razão, permite ao historiador ter percepção dos eventos. Os cristãos se sentirão desconfortáveis com a falta de uma liberdade humana divinamente concedida, conforme é ensinado pelo historicismo. Além disso, o historicismo não crê que Deus conduza a História através de progressão linear de eventos rumo a um alvo definido.

A visão da futurologia é relativamente recente em origem, mas é um paralelo secular aos esforços dos antigos videntes e falsos profetas. Futurólogos como Alvin Tofler tentam descobrir o futuro com base em análise sociológica e antropológica. Logo, o resultado do futuro pode ser manipulado pelos homens para se alcançar o resultado desejado. Os cristãos devem estar atentos quanto a uma tentativa dessas de substituir a providência divina pela providência humana.

A visão do caos não reconhece nenhum propósito ou padrão na existência humana. De acordo com a visão do caos, Deus não tem uma providência para a humanidade na História, que não vai para lugar algum em particular. Portanto, a História não tem sentido.

Um ponto de vista a respeito do indivíduo ou da sociedade irá plasmar a qualidade dessa sociedade ou da vida desse indivíduo. Vestígios da compreensão bíblica quanto à História podem ser encontrados em algumas dessas visões alternativas. Não obstante, sempre que a visão bíblica da História é perdida em sua plenitude, haverá declínio espiritual, seguido por declínio na moralidade individual, coesão social e vigor econômico.

A esperança cristã do céu tem consequências importantes no tempo, tanto para indivíduos como para sociedades das quais eles são parte. João descreveu o impacto dessa esperança: "Amados, agora somos filhos de Deus, e ainda não se manifestou o que havemos de ser, mas sabemos que, quando ele se manifestar, seremos semelhantes a ele, pois o veremos como ele é. Todo aquele que nele tem essa esperança purifica-se a si mesmo, assim como ele é puro" (1Jo 3.2,3). C. S. Lewis disse: "Se você aspirar ao céu, ganhará a terra; se aspirar à terra, perderá ambos" (*Cristianismo puro e simples*. Livro III, Comportamento cristão, cap. 10, "Esperança", p. 179. São Paulo: WMF Martins Fontes, 2009). — *Malcom B. Yarnell III e Steve Bond*

HISTÓRIA DO OFÍCIO Alguns estudiosos argumentam que o sacerdócio elaborado, caracterizado por três divisões (sumo sacerdote, sacerdote, levita), foi um desenvolvimento posterior, possivelmente pós-exílico, na história do culto em Israel. Outros entendem que os textos bíblicos têm valor factual e, dessa maneira, aceitam a instituição mosaica do sacerdócio elaborado.

A expressão "sumo sacerdote" ocorre apenas em uma breve passagem no Pentateuco (Nm 35.25,28,32), uma vez em Js (20.6, em que a legislação de Nm 35 é encenada), e não aparece nenhuma vez no livro de Jz. Arão, Eleazar e Fineias são chamados de sacerdotes. Mas Eli, Aimeleque, Abiatar e Zadoque não recebem esse título, ainda que fossem líderes de famílias sacerdotais e sejam mencionados ligados a questões geralmente associadas ao sumo sacerdote (a arca, o éfode, o Urim e o Tumim: 1Sm 3.3; 4.4-11; 21.6,9; 2Sm 15.24-29).

Eleazar tinha a seu encargo a supervisão dos levitas (Nm 3.32; cp. 1Cr 9:20) e o aparato do santuário (Nm 4.16). Ele aparece na narrativa de Nm 16, na qual a oferta de incenso é afirmada como prerrogativa exclusiva dos sacerdotes, e na cerimônia da novilha vermelha (Nm 19). A narrativa de Eleazar passar a usar as vestes sacerdotais de Arão (Nm 20.25-28; cp. Dt 10.6) é o melhor relato das Escrituras a respeito do processo de sucessão dos sumos sacerdotes. Como sumo sacerdote, Eleazar auxiliou Moisés com o censo (Nm 26). Eleazar também foi um conselheiro para Moisés (Nm 27.1) e Josué, consultando o Senhor por intermédio das sortes sagradas. Tal conselho formava a base para a distribuição da terra prometida entre as tribos (Nm 34.17; Js 14.1; 17.4; 19.51; 21.1). Uma indicação da importância de Eleazar é que o livro de Js termina com o relato da morte desse sumo sacerdote (24.33).

Fineias, filho de Eleazar, é mais conhecido por sua oposição zelosa ao casamento de israelitas com mulheres moabitas e à idolatria concomitante (Nm 25.6-13). Por seu zelo, Fineias recebeu uma aliança de sacerdócio perpétuo (Nm 25.13) e foi reconhecido como justo (Sl 106.30). Fineias acompanhou os utensílios do santuário na guerra santa (Nm 31.6). Parte do seu ministério na presença da arca era consultar o Senhor em busca de orientação para as batalhas (Jz 20.27,28). Fineias foi a principal figura na resolução do conflito a respeito do altar "comemorativo" das tribos a leste do Jordão (Js 22.13,31,32).

Arão, Eleazar e Fineias aparecem na história bíblica como personalidades distintas. Até o surgimento de Eli no fim do período dos juízes, um silêncio enigmático circunda o sacerdócio. Em 1Cr 6.1-15 é apresentada uma lista de sete sumo sacerdotes entre Fineias e Zadoque, um contemporâneo de Davi e Salomão. Nada se sabe a respeito deles, a não ser seus nomes. Eli não é incluído nessa lista, ainda que tivesse atuado como sumo sacerdote no santuário em Siló.

Eli é bastante conhecido por ter criado Samuel (1Sm 1.25-28; 3) e por sua falta de habilidade para controlar os próprios filhos (1Sm 2.12-17,22-25; 3:13), o que, por sua vez, resultou na quebra do sacerdócio após sua linhagem (1Sm 2.27-35). Após a morte de Eli, tudo indica que o sacerdócio em Siló foi transferido para Nobe. Saul suspeitou que o sacerdócio conspirava a favor de Davi e eliminou a família sacerdotal de Abimeleque (1Sm 22.9-19). Somente Abiatar escapou (22.20). Quando Davi levou a arca para Jerusalém, Abiatar e Zadoque já aparecem como as figuras dominantes em 2Sm. Salomão suspeitou que Abiatar conspirou a favor de seu irmão Adonias e o exilou na região dos seus ancestrais (1Rs 2.26,27). O sumo sacerdócio permaneceu na família de Zadoque desde o início do reinado de Salomão (por volta de 964 a.C.) até que Menelau comprasse o direito ao sacerdócio (171 a.C.) no tempo de Antíoco Epifânio.

Em alguns momentos durante a monarquia, alguns sumo sacerdotes exerceram papéis importantes na vida de Judá. Jeoseba, esposa do sumo sacerdote Joiada (2Cr 22.11), salvou o menino Joás de uma tentativa de assassinato da parte de Atalia. Seis anos mais tarde Joiada foi o autor intelectual do *coup d'etat* ("golpe de Estado") que levou Joás ao trono (2Rs 11.4-17). Outro sacerdote também chamado Azarias tornou-se conhecido por se opor à tentativa do rei Uzias de usurpar o direito sacerdotal de queimar incenso (2Cr 26.17,18). O sumo sacerdote Hilquias descobriu o "Livro da Lei", talvez o livro de Dt, o que forneceu incentivo para as reformas do rei Josias (2Rs 22.8). Hilquias removeu todos os vestígios do culto a Baal do templo de Jerusalém (2Rs 23.4).

No início do período pós-exílico o sumo sacerdote Josué é apresentado como equivalente ao governador Zorobabel, descendente de Davi (Ag 1.1,12,14; 2.2,4). Esses dois, o sumo sacerdote e o governador, participaram do processo de reconstrução do templo (Ed 3; 6.9-15; Ag 1—2). Ambos são reconhecidos como líderes ungidos (Zc 4.14; 6.9-15). Uma indicação posterior da importância elevada do sacerdócio no período pós-exílico é o interesse nas listas de sucessão dos sumo sacerdotes (1Cr 6.1-15,50-53; 9.11; Ed 7.1-5; Ne 12.10,11), o que representa uma característica nova na literatura bíblica.

No período anterior à revolta dos macabeus, a instituição do sumo sacerdócio tornou-se extremamente politizada. Jasão, um simpatizante da cultura helenística, apoiou Onias III, seu irmão mais conservador (2Mc 4.7-10,18-20). Jasão, por sua vez, foi apoiado por Menelau, que era ainda mais helenizado, e ofereceu aos governantes selêucidas um suborno ainda maior para garantir seu cargo (2Mc 4.23-26). Com Menelau o sumo sacerdócio substituiu a linhagem zadoquita legítima.

Os macabeus combinaram o ofício do sumo sacerdote com o de comandante militar ou líder político. Alexandre Balas, que postulava o trono selêucida, indicou Jônatas Macabeu como "sumo sacerdote" e "amigo do rei" (1Mc 10.20). Da mesma forma, Simão Macabeu foi confirmado no ofício de sumo sacerdote e declarado "amigo" de Demétrio II, o rei selêucida (1Mc 14.38). O templo e o Estado estavam confirmados na pessoa de Simão, que era ao mesmo tempo sumo sacerdote e etnarca (1Mc 15.1,2).

Os romanos continuaram com a prática de recompensar seus parceiros políticos concedendo-lhes o sumo sacerdócio. Durante o período romano, Anás (que foi sumo sacerdote de 6-15 da era cristã) era sem sombra de dúvida a figura sacerdotal mais poderosa. Mesmo quando deposto pelos romanos, Anás conseguiu ter cinco dos seus filhos e um genro, José Caifás (que foi sumo sacerdote de 18-36/37 da era cristã), apontados como sumo sacerdotes. É difícil entender a referência do NT ao fato de Anás e Caifás terem exercido o ofício de sumo sacerdote de maneira conjunta (Lc 3.2). A passagem é talvez melhor entendida como um reconhecimento de Anás como o poder (eminência parda) por trás de seus sucessores imediatos. Outra possibilidade é que Anás continuou com o título como sinal de respeito, pelo fato de o sumo sacerdócio ser um ofício perpétuo. Ananias, um dos filhos de Anás, era o sumo sacerdote diante de quem Paulo foi levado em At 23.2; 24.1.

HISTÓRIA E LITERATURA INTERTESTAMENTÁRIAS

Acontecimentos e escritos originados depois do último profeta mencionado no AT (Malaquias, por volta de 450 a.C.) e antes do nascimento de Cristo (cerca de 4 a.C.).

Pouco depois de 600 a.C. os babilônios conquistaram Jerusalém, destruíram o templo e levaram embora muitos membros do povo como escravos. Depois que Ciro venceu o Império Babilônico, os judeus que quisessem obtiveram permissão para retornar. O templo foi reconstruído. Sob a liderança de Neemias e Esdras, a comunidade religiosa judaica se estabeleceu, e o culto e a vida do povo tiveram continuidade. É aqui que termina a história do AT e começa o período intertestamentário.

A história do período intertestamentário pode ser dividida em três partes: O período grego, de 323 a 167 a.C.; o período de independência, de 167 a 63 a.C.; e o período romano, de 63 a.C. até a época do NT.

O período grego, de 323 a 167 a.C. Felipe da Macedônia tentou consolidar a Grécia para resistir ao ataque do Império Persa. Ele foi assassinado em 336 a.C., e seu jovem filho Alexandre assumiu essa tarefa. Ele contava apenas 19 anos de idade, mas era extremamente talentoso e instruído. Dentro de dois anos ele partiu para destruir a Pérsia. Em uma série de batalhas nos próximos dois anos ele conquistou o controle territorial da Ásia Menor ao Egito. Isso incluiu a Palestina e os judeus. Josefo, historiador judeu que viveu entre 37 e 100 d.C., relata que Alexandre foi a Jerusalém e ofereceu sacrifício no templo. Sem dúvida muitos elementos dessa história são falsos, mas Alexandre tratou bem os judeus. Quando fundou a nova cidade de Alexandria no Egito, transferiu muitos judeus da Palestina para povoar uma parte daquela cidade. Em 331 a.C. Alexandre alcançou o controle total sobre o Império Persa.

A conquista de Alexandre teve três resultados principais. Primeiro, ele buscou introduzir ideias e cultura gregas no território conquistado. Isso se chama helenização. Ele acreditava que a maneira de consolidar seu império era as pessoas terem um modo de vida comum. Contudo, não tentou mudar as práticas religiosas dos judeus. Segundo, ele fundou cidades e colônias gregas ao longo do território conquistado. Terceiro, divulgou o idioma grego em toda essa região de forma que ele se tornou uma língua universal durante os séculos seguintes.

Quando Alexandre morreu em 323 a.C., houve caos no império. Cinco de seus generais proeminentes se estabeleceram em partes diferentes de seu império. Ptolomeu escolheu a terra do Egito. Seleuco assumiu o controle da Babilônia. Antígono se tornou governante da Ásia Menor e do norte da Síria. Os outros dois governaram na Europa e não tiveram influência direta sobre os acontecimentos na Palestina.

Desde o princípio, Ptolomeu e Antígono lutaram pelo controle da Palestina. A batalha de Ipso em 301 a.C. solucionou a questão por um século. Nessa batalha os outros quatro generais combateram e mataram Antígono. Seleuco foi incumbido do território de Antígono, incluindo a Palestina. No entanto, Ptolomeu não participou da batalha. Em vez disso, assumiu o controle da Palestina. O resultado foi a Palestina continuar como ponto de conflito entre ptolemaicos e selêucidas.

Os judeus se deram bem sob os ptolemaicos. Tinham muita autonomia. Suas práticas religiosas não foram proibidas. Os costumes gregos aos poucos se tornaram mais comuns entre o povo. Nesse período teve início a tradução do AT para o grego durante o reinado de Ptolomeu Filadelfo, de 285-246 a.C. Essa tradução é conhecida por *LXX*. Os cristãos antigos usaram a *LXX*, e os autores do NT a citaram com frequência.

Antíoco III (o Grande), 223-187 a.C., tentou tirar a Palestina dos ptolemaicos em 217 a.C., mas sem sucesso. Entretanto, na batalha de Panio, 198 a.C., ele derrotou Ptolomeu IV, e ele e seus sucessores governaram a

Palestina até 167 a.C. A situação dos judeus mudou depois que Antíoco foi derrotado pelos romanos na batalha de Magnésia, em 190 a.C. Antíoco havia apoiado Aníbal, do norte da África, inimigo odiado por Roma. Como resultado, Antíoco teve de entregar todo o seu território, menos a província da Cilícia. Pagou uma grande soma de dinheiro aos romanos por vários anos, e entregou a marinha e seus elefantes. Para assegurar sua submissão, um de seus filhos era mantido refém em Roma. Em decorrência, aumentou a carga tributária para os judeus, bem como a pressão da helenização, ou seja, a adoção de práticas gregas.

Antíoco foi sucedido pelo filho Seleuco IV, 187-175 a.C. Quando ele foi assassinado, seu irmão mais jovem se tornou governante. Antíoco IV, 175-163 a.C., foi chamado Epifânio ("manifesto" ou "esplêndido"), embora alguns o chamassem Epímenes ("louco"). Era o filho refém em Roma. Durante os anos iniciais de seu reinado, a situação dos judeus piorou. Parte disso se deveu à sua divisão interna. Alguns de seus líderes, especialmente os sacerdotes, encorajavam o helenismo.

Até o tempo de Antíoco IV, o cargo de sumo sacerdote era hereditário e mantido pela vida toda. No entanto, Jasão, irmão do sumo sacerdote, ofereceu ao rei grande soma de dinheiro para ser designado sumo sacerdote. Antíoco precisava do dinheiro e fez o acordo. Jasão também ofereceu uma soma adicional para obter a permissão de construir um ginásio perto do templo. Isso mostra a pressão a favor do helenismo. Após alguns anos, Menelau, sacerdote, mas não da linhagem de sumo sacerdotes, ofereceu ao rei mais dinheiro para ser nomeado sumo sacerdote em lugar de Jasão. Para pagar o que tinha prometido, ele roubou utensílios do templo.

Antíoco tentou acrescentar o Egito ao território dele. Foi proclamado rei do Egito, mas, ao voltar no ano seguinte para assumir o controle da terra, os romanos o enfrentaram e lhe disseram que saísse de lá. Conhecendo o poder de Roma, voltou para casa. Quando chegou a Jerusalém, descobriu que Jasão havia expulsado Menelau da cidade. Considerou isso rebeldia total. Permitiu às suas tropas matar muitos dentre os judeus e decidiu acabar com a religião judaica. Sacrificou um porco no altar do templo. Proibiu que os pais circuncidassem seus filhos, o sábado não podia ser observado, e todas as cópias da lei tinham de ser queimadas. Constituía uma ofensa capital ser encontrado com uma cópia da Lei. O zelo de Antíoco para destruir o judaísmo representou um fator decisivo para sua salvação.

Independência judaica, 167 a 63 a.C.
No início a resistência foi passiva; mas, quando os selêucidas enviaram oficiais por toda a terra para forçar os cidadãos proeminentes a oferecerem sacrifício a Zeus, incendiou-se o conflito aberto. Eclodiu primeiro na aldeia de Modein, a cerca de meio caminho entre Jerusalém e Jope. Um velho sacerdote de nome Matatias foi escolhido para oferecer o sacrifício. Ele se recusou, mas um jovem judeu se ofereceu para fazê-lo. Isso enfureceu Matatias, e ele matou o judeu e o oficial. Então fugiu para as colinas com seus cinco filhos e outros que apoiaram sua ação. A revolta tinha começado.

A liderança coube a Judas, o terceiro filho de Matatias. Tinha o apelido de Macabeu, o martelador. É provável que tenha recebido esse título por causa de seu sucesso na batalha. Foi um líder guerrilheiro ideal. Lutava batalhas bem-sucedidas contra forças bem maiores. Um grupo chamado *hasidim* constituía a parte principal de seu exército. Esses homens estavam devotamente comprometidos com a liberdade religiosa. Dedicaram-se a obedecer à Lei e adorar a Deus.

Antíoco IV estava mais preocupado com negócios na parte oriental de seu império que com o acontecia na Palestina. Por isso não enviou muitas tropas no princípio da revolta. Judas foi capaz de conquistar o controle de Jerusalém no prazo de três anos. O templo foi purificado e rededicado exatamente três anos depois de ter sido profanado pelo rei, em 164 a.C. (As datas desse período são incertas e podem ser um ano antes do assinalado.) Isso ainda é comemorado na festa judaica de *Hanucá*. Os *hasidim* tinham conquistado o que buscavam e deixaram o exército. Judas tinha em mente objetivos maiores. Queria a liberdade política. Resgatou judeus maltratados da Galileia e de Gileade e fez um tratado de amizade e apoio mútuo com Roma. Em 160 a.C., em Elasa, com uma força de 800 homens, lutou contra um exército selêucida imensamente superior, e foi morto.

Jônatas, outro filho de Matatias, assumiu a liderança na busca da independência. Era militarmente fraco. Foi expulso das cidades e apenas aos poucos se estabeleceu na zona rural. Lutas constantes deixavam ocupados os postulantes ao trono selêucida. Os rivais lhe ofereciam presentes para obter apoio. Em 152 a.C. ele passou a apoiar Alexandre Balas, que reivindicava ser filho de Antíoco IV. Em troca Jônatas foi designado sumo sacerdote. Pela primeira vez, concentraram-se na mesma pessoa os governos religioso e civil dos judeus. Jônatas foi levado prisioneiro e morto em 143 a.C.

Simão, o último filho vivo de Matatias, governou até ser assassinado pelo genro em 134 a.C. Ele conseguiu isenção de tributos para os judeus em 141 a.C. Finalmente tinham alcançado a liberdade política. Simão foi aclamado pelo povo como o líder e sumo sacerdote para sempre. O sumo sacerdócio se tornou hereditário para ele e seus descendentes. Teve início a dinastia dos hasmoneus, nomeada assim segundo um antepassado de Matatias.

Quando Simão foi assassinado, seu filho João Hircano se tornou sumo sacerdote e governante civil (134-104 a.C.). Durante um breve tempo os selêucidas exerceram algum poder sobre os judeus, mas Hircano se libertou e começou a ampliar o território dos judeus. No norte ele destruiu o templo dos samaritanos no monte Gerizim. Moveu-se para o sudeste e conquistou a terra do idumeus, o antigo reino de Edom. Os residentes foram forçados a emigrar ou se converter ao judaísmo. Isso teve grande significado para os judeus, porque era desse povo que haveria de vir Herodes, o Grande.

O filho mais velho de Hircano, Aristóbulo I (104-103 a.C.), foi seu sucessor. Mandou encarcerar a mãe e três irmãos. A um irmão permitiu permanecer livre, mas foi assassinado depois. Deixou sua mãe morrer de fome na prisão. Ampliou seu domínio, incluindo parte do território de Itureia, ao norte da Galileia. Foi o primeiro a assumir o título de rei.

Salomé Alexandra era esposa de Aristóbulo. Quando ele morreu, ela libertou os irmãos dele da prisão e se casou com o mais velho, Alexandre Janeu. Ele se tornou sumo sacerdote e rei (103-76 a.C.). Fez muitos inimigos ao se casar com a viúva de seu irmão. O AT impunha que o sumo sacerdote tinha de se casar com uma virgem (Lv 21.14). Era um guerreiro ambicioso e conduziu campanhas por meio das quais aumentou seu reino até aproximadamente o tamanho do reino de Davi. Empregou soldados estrangeiros porque não podia confiar em judeus no exército. Como sumo sacerdote, ele nem sempre seguia o ritual prescrito. Em certa ocasião, o povo reagiu às ações impróprias dele arremessando limões contra ele. Permitiu que seus soldados massacrassem 6 mil deles. Em outra ocasião mandou crucificar 800 de seus inimigos. Quando estavam pendurados nas cruzes, mandou trazer esposas e filhos deles e matá-los à frente deles.

Alexandra sucedeu o marido no governo (76-67 a.C.). É claro que não podia servir como sumo sacerdote, de modo que as duas funções foram separadas. Seu filho mais velho, Hircano II, tornou-se sumo sacerdote. Ele não era ambicioso. Seu filho mais jovem, Aristóbulo II, era exatamente o oposto. Esperava apenas que a mãe morresse para poder assumir as funções de rei e sumo sacerdote.

Quando Salomé morreu, eclodiu uma guerra civil que durou até 63 a.C. Aristóbulo facilmente derrotou Hircano, que ficou contente em se aposentar. Esse poderia ter sido o final da história não fosse por Antípater, um idumeu. Ele persuadiu Hircano a buscar a ajuda do rei da Nabateia para recuperar sua posição. Aristóbulo foi empurrado de volta para Jerusalém.

Nesse momento Roma entrou em cena. Tanto Aristóbulo quanto Hircano apelaram para Scauro, o general romano encarregado da administração da Palestina. Ele tomou o partido de Aristóbulo. Mais tarde, quando chegou o comandante romano Pompeu, ambos apelaram a ele. Por fim Aristóbulo tentou lutar contra os romanos. Ele foi derrotado e levado como prisioneiro para Roma. Os romanos assumiram o controle da Palestina.

O período romano, 63 a.C. a 70 d.C.
Sob o domínio romano os judeus pagaram impostos pesados, mas suas práticas religiosas não sofreram alteração. O poder romano foi exercido por meio de Antípater, nomeado governador da Palestina. Hircano foi feito sumo sacerdote. A situação estava conturbada em razão das tentativas de Aristóbulo e seus filhos para liderar revoltas contra Roma. Enquanto a Palestina

esteve sucessivamente sob o controle de vários oficiais romanos, Antípater foi a força estabilizadora. Ele tinha um filho, Fasael, nomeado governador da Judeia, e um segundo filho, Herodes, feito governador da Galileia. Herodes tentou estabelecer ordem em sua região. Prendeu Ezequias, um ladrão ou rebelde judeu, e mandou executá-lo. O Sinédrio em Jerusalém chamou Herodes para prestar conta de sua ação. Ele foi, vestido em púrpura real e com um guarda-costas. O Sinédrio não pôde fazer nada.

Antípater foi assassinado em 43 a.C. Antônio se tornou o comandante romano no leste em 42 a.C. Em 40 a.C. os partos invadiram a Palestina e instalaram Antígono, o último filho sobrevivente de Aristóbulo, como rei da Palestina. Hircano foi mutilado, tendo as orelhas cortadas ou arrancadas a mordidas, para que não mais pudesse servir como sumo sacerdote. Fasael foi capturado e cometeu suicídio na prisão. Somente Herodes escapou com sua família. Foi a Roma para conseguir que seu futuro cunhado, Aristóbulo, fosse entronizado rei, esperando governar através dele assim como seu pai havia governado através de Antípater. No entanto, o Senado romano, pressionado por Antônio e Otaviano (o Augusto), declarou rei a Herodes (40 a.C.). Demorou três anos para expulsar os partos do país e estabelecer seu governo. Foi rei até sua morte em 4 a.C.

Os anos do mandato de Herodes representaram um tempo de turbulência para o povo judeu. Ele era idumeu. É verdade que seus antepassados haviam sido forçados a se converter ao judaísmo, mas o povo nunca o aceitou. Ele era representante de um poder estrangeiro. Independente de servir bem a Roma, ele jamais seria capaz de satisfazer os judeus. Nem seu matrimônio com Mariane, neta de Aristóbulo II, conferia alguma legitimidade a seu governo na visão deles. As mais espetaculares de suas realizações arquitetônicas, a reconstrução do templo de Jerusalém, não lhe conquistou a lealdade dos judeus.

Herodes tinha muitos problemas decorrentes de seu ciúme e seus medos. Mandou executar Aristóbulo, seu cunhado. Mais tarde foram mortos Mariane, sua mãe e seus dois filhos. Exatamente cinco dias antes de sua morte, Herodes mandou assassinar seu filho mais velho, Antípater. Suas relações com Roma às vezes eram problemáticas dadas as condições inseguras no império. Herodes era partidário forte de Antônio, embora não conseguisse suportar Cleópatra, de quem Antônio se enamorara. Quando Antônio foi derrotado por Otaviano em 31 a.C., Herodes foi a Otaviano e lhe prometeu apoio total. Esse apoio foi aceito. Herodes provou ser um administrador eficiente em nome de Roma. Manteve a paz com um povo difícil de governar. Não restam dúvidas de que era um homem cruel e impiedoso. Contudo, era generoso, usando os próprios fundos para alimentar o povo durante o tempo de escassez. Nunca superou a execução de Mariane, a esposa que ele amou acima de todas as outras. Sua tristeza lhe causou problemas mentais e emocionais.

Durante o reinado de Herodes nasceu Jesus (Mt 2.1-18; Lc 1.5). Herodes foi o rei que ordenou a execução dos bebês em Belém (Mt 2.16-18).

Ao morrer, Herodes deixou um testamento que entregava o reino a três de seus filhos. Antipas devia ser tetrarca ("governo de uma quarta parte") da Galileia e Pereia (4 a.C-39 d.C.). Felipe seria tetrarca das regiões gentílicas a nordeste do mar da Galileia (4 a.C-34 d.C.). Arquelau deveria ser rei da Judeia e Samaria. Roma honrou o testamento, exceto que Arquelau não recebeu o título de rei. Foi etnarca ("governante do povo") desses dois territórios. Mostrou-se um governante fraco e foi deposto em 6 d.C. Seus territórios foram submetidos à administração direta de procuradores romanos que estavam subordinados ao governador da Síria.

Literatura Os judeus produziram muitos escritos no período intertestamentário. Esses escritos podem ser divididos em três grupos. Os apócrifos são escritos incluídos, em sua maior parte, na tradução grega do AT, a *LXX*. Foram traduzidos para o latim e se tornaram parte da *Vulgata*, a Bíblia latina autorizada. Alguns são livros históricos. O livro de 1Mc é nossa fonte principal para a história do período de Antíoco Epifânio até João Hircano. Outros livros são literatura de sabedoria. Outros podem ser classificados como romances históricos. Um é apocalíptico, dando atenção ao fim dos tempos e à intervenção de Deus na História. Um escrito é de cunho devocional. Um segundo grupo de escritos é o dos livros pseudepigráficos. Trata-se de uma coletânea maior que os apócrifos, mas não existe nenhum

HISTÓRIA E LITERATURA INTERTESTAMENTÁRIAS

acordo conclusivo sobre quais deveriam ser contados entre eles. Cinquenta e dois escritos constam nos dois volumes *The Old Testament Pseudepigrapha* [Pseudepígrafos do Antigo Testamento], editado por James H. Charlesworth. Eles abarcam o leque do pensamento judeu apocalíptico, sapiencial e devocional. Seu título indica sua atribuição a pessoas famosas de tempos antigos, como Adão, Abraão, Enoque, Esdras e Baruque. Na maior parte foram escritos nos últimos séculos antes do nascimento de Jesus, embora alguns deles sejam do séc. I d.C.

O último grupo de escritos desse período são os rolos de Qumran, popularmente conhecidos como rolos do mar Morto. O primeiro conhecimento deles surgiu com a descoberta de manuscritos em uma caverna acima do mar Morto em 1947. Nos anos subsequentes foram encontrados fragmentos de manuscritos em pelo menos 11 cavernas na área. Entre esses escritos estão

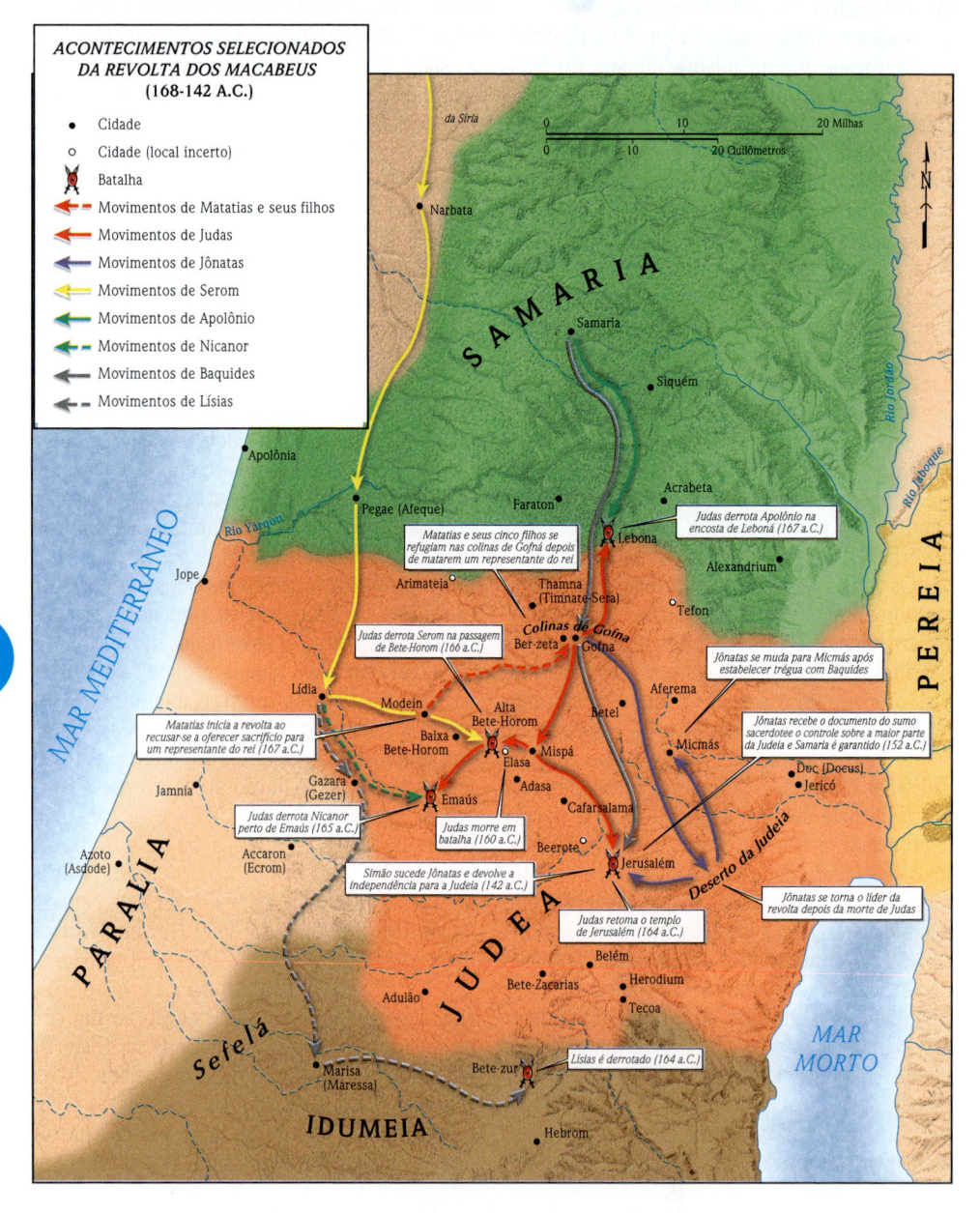

ACONTECIMENTOS SELECIONADOS DA REVOLTA DOS MACABEUS (168-142 A.C.)

- Cidade
- Cidade (local incerto)
- Batalha
- Movimentos de Matatias e seus filhos
- Movimentos de Judas
- Movimentos de Jônatas
- Movimentos de Serom
- Movimentos de Apolônio
- Movimentos de Nicanor
- Movimentos de Báquides
- Movimentos de Lísias

manuscritos do AT, escritos da seita de Qumran e escritos copiados e usados pela seita oriundos de outras fontes. Esses escritos nos mostram algo da vida e das crenças de um grupo de judeus nos últimos dois séculos antes de Jesus. V. *apócrifos, livros — Antigo Testamento; Arquelau; rolos do mar Morto; asmoneus; Herodes; pseudepígrafos; ptolomeus; Septuaginta; selêucidas.* — Clayton Harrop

HITITAS Povo não semita na população de Canaã, que frequentemente se envolveu com os israelitas de diversas maneiras. Os hititas (também chamados na literatura técnica em língua portuguesa de heteus), junto com os heveus, eram um povo de origem indo-europeia, identificado com a população de Canaã (como "filhos" de Canaã) na tabela das nações (Gn 10.15,17), aparentemente infiltrados dos seus centros culturais e políticos no Norte. Estavam espalhados por toda a região de Canaã. Ainda que a história e a cultura dos hititas estejam sendo conhecidas aos poucos, existe um problema com os assim chamados "hivitas" (ou "heveus", *NVI*), um nome de significado desconhecido não citado em nenhuma referência extrabíblica. Eram incircuncisos (Gn 34.2,4), o que sugere uma origem indo-europeia, não semítica. A identificação mais aceitável, portanto, deve ser com os hurritas citados na Bíblia, cujo caráter e história são bem conhecidos de fontes extrabíblicas e coerentes com o papel que lhes é atribuído nos textos bíblicos. A *LXX* lê "Chorayos" ("hurrita") para o massorético "hivita" ou "heveu" em Gn 34.2, e Js 9.7 sugere essa identificação. V. *heveus; hurritas.*

Os hititas aparecem entre os grupos étnicos que viviam em enclaves urbanos ou como indivíduos em Canaã interagindo com os israelitas desde os tempos patriarcais até o fim da monarquia (Gn 15.20; Dt 7.1; Jz 3.5). Como parte importante da população de Canaã, esses "filhos de Hete" se tornaram permanentemente identificados com os "filhos de Canaã" (Gn 10.15). Nos tempos patriarcais, a referência ao rei Tidal (Tydhaliya II em hitita) em Gn 14.1 é uma ligação possível com a antiga cidade imperial de Hatti. Em Canaã os hititas alegaram a posse da região montanhosa ao sul, especialmente a área de Hebrom. Como resultado, Abraão viveu entre essa população nativa como "um estrangeiro" (Gn 23.4). Ele foi obrigado a comprar a caverna de Macpela de Efrom, o heteu, como um jazigo familiar, especificamente para o sepultamento de Sara (Gn 23). O casamento de Esaú com duas mulheres hititas amargurou a vida de Isaque e Rebeca (Gn 26.34,35; 27.46).

Alto-relevo hitita apresentando o rei Tudhalyia IV sendo protegido pelo deus Sharruma (na mão do rei).

Ruínas do grande templo em Boghastoy, Turquia, lugar da antiga capital hitita.

A referência geográfica a "toda a terra dos hititas" (Js 1.4) na fronteira norte da terra prometida pode indicar um reconhecimento do tratado da fronteira hitita/egípcia estabelecido por Ramsés II e os hititas liderados pelo rei Hattusilois III por

HITITAS

A Porta do Rei na cidade hitita de Hattusas, Ásia Menor (na atual Turquia).

volta de 1270 a. C. A lista feita por Moisés dos habitantes da terra prometida incluía cananeus, hititas, amorreus, heveus e jebuseus (Êx 13.5), uma situação que foi confirmada pelos 12 espiões enviados para examinar a terra. Eles relataram que os amalequitas ocupavam o Neguebe; os hititas, os jebuseus e os amorreus viviam na região montanhosa; e os cananeus estavam concentrados ao longo da costa do Mediterrâneo e no vale do Jordão (Nm 13.29; Js 11.3). Os hititas, portanto, estavam destinados a ser expulsos pelos hebreus que se infiltraram na terra e dela se apossaram (Êx 3.8,17; 23.23; 33.2).

A devastação e as pressões vindas do ocidente pelos frígios e pelos povos do mar trouxeram outra população hitita para Canaã por volta de 1200 a.C. Ezequiel lembrou as origens amorreias e hititas de Jerusalém (Ez 16.3,45). Davi comprou um lagar de Araúna, o jebuseu, cujo nome pode sugerir um *status* hitita nobre (*arawanis* em hitita significa "homem livre", "nobre"). Mais tarde, os relatos do romance ilícito entre Davi e Bate-Seba indicam que Urias e possivelmente outros hititas trabalhavam como mercenários no exército de Davi (2Sm 11.3,6; 23.39). Uma mulher hitita citada entre as esposas estrangeiras de Salomão indica provavelmente uma aliança estrangeira com um rei neo-hitita no norte da Síria (1Rs 10.29—11.2; 2Cr 1.17). Hititas e outros povos parecem ter sido obrigados a trabalhos forçados durante o reinado de Salomão (1Rs 9.20,21).

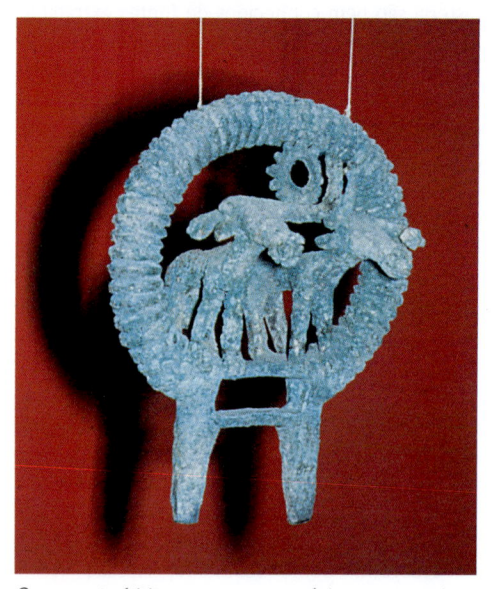

Ornamento hitita que apresenta dois cervos no interior de um círculo de uma grinalda do que pode ter sido um altar.

HIZEQUI Grafia da *NTLH* para o nome de um homem citado em 1Cr 8.17. A *NVI*, *ARA* e *ARC* trazem a forma Hizqui. V. *Hizqui*.

HIZQUI Nome pessoal que significa "minha força" ou uma forma abreviada de "Yah [= forma abreviada de *Senhor*] é minha força". Membro da tribo de Benjamim (1Cr 8.17).

HOÃO Nome pessoal de significado incerto, talvez relacionado a "má sorte". Rei de Hebrom que se uniu ao rei de Jerusalém para punir Gibeom por fazer uma aliança com Josué (Js 10.3). Foi um dos cinco reis presos em uma caverna, como demonstração da superioridade de Israel: os capitães de Israel colocaram os pés sobre o pescoço desses reis e os enforcaram (Js 10.15-26). Dessa maneira Josué obteve controle sobre todo o sul da terra de Israel, destruindo a cidade de Hebrom (10.36,37).

HOBÁ Nome de lugar que provavelmente significa "culpa" em hebraico e "terra dos juncos" em acadiano. Cidade na Síria em cuja direção Abraão perseguiu a coalizão de reis do leste que sequestraram seu sobrinho Ló (Gn 14.15). Tentativas de identificar Hobá com Apum ou Upe, citada nas cartas de Amarna do Egito, foram recentemente questionadas. A cidade ou região provavelmente situava-se em algum lugar ao norte de Damasco, mas sua localização precisa não é conhecida. Hobá se tornou símbolo da capacidade de Abraão de expulsar seus inimigos completamente da terra da promessa.

HOBABE Nome pessoal que significa "amado" ou "astuto". Sogro de Moisés (Nm 10.29; Jz 4.11). Há uma incerteza quanto à identidade do sogro de Moisés. Jetro (Êx 3.1; 18.2) e Reuel (Êx 2.18) são nomes dados ao sogro do grande legislador. Várias explicações têm sido apresentadas. Alguns estudiosos dizem que grupos diferentes em Israel usaram a história de Moisés com nomes diferentes por causa da tradição oral. Outros dizem que Reuel e Jetro eram nomes diferentes para a mesma pessoa, enquanto Hobabe era o filho de Reuel ou Raguel (Nm 10.29) e, portanto, o cunhado de Moisés. Outros estudiosos afirmam que a palavra hebraica para sogro deve ser entendida como um termo genérico para "parente por afinidade" (por casamento). Moisés pediu a Hobabe que acompanhasse os israelitas como um guia enquanto estes estivessem no deserto. V. *Moisés*; *Jetro*; *Reuel*.

HODAVIAS Nome pessoal que significa "louvai a Yah (= forma abreviada de *Senhor*)". A forma longa *Hodaviahu* aparece em notas escribais marginais que corrigem o texto hebraico de 1Cr 3.24. **1.** Um dos últimos descendentes dos filhos de Davi alistados pelo cronista (1Cr 3.24). Provavelmente nasceu por volta de 420 a.C. A lista dos sete irmãos pode ser uma nota criptografada de esperança na dinastia davídica para a comunidade judaica depois do exílio. **2.** Ancestral original de um clã na meia tribo de Manassés que vivia a leste do Jordão (1Cr 5.24). A lista explica a perda da terra a leste do Jordão por Israel, em razão do pecado e da idolatria. **3.** Um membro da tribo de Benjamim (1Cr 9.7). **4.** Um clã de levitas que voltou para Judá sob a liderança de Zorobabel, por volta de 537 a.C. (Ed 2.40). Era parente do sumo sacerdote Josué ou de um levita com o mesmo nome (cf. Ed 2.2,36). A nota explicativa de Ed 3.9 na *NVI* traz o nome "Judá", o que provavelmente é uma mudança feita por um copista, de um nome não muito conhecido ("Hodavias") para um mais conhecido ("Judá"). De igual maneira, Ne 7.43 traz "Hodeva", ligeiramente modificado.

HODE Nome pessoal que significa "majestade". Membro da tribo de Aser (1Cr 7.37).

HODES Nome pessoal que significa "lua nova". Esposa de Saaraim da tribo de Benjamim que teve filhos em Moabe (1Cr 8.9).

HODEVA Transliteração do texto hebraico em Ne 7.43 para o original Hodavias. V. *Hodavias*.

HODIAS Nome pessoal que significa "Yah (= forma abreviada de *Senhor*) é majestoso". **1.** Membro da tribo de Judá (1Cr 4.19). **2.** Levita que auxiliou Esdras a explicar o sentido da Lei ao povo (Ne 8.7), que teve uma parte importante no culto e na confissão de pecados de Israel (Ne 9.5). Assinou o acordo de Neemias para obedecer à lei de Deus (Ne 10.10). Outro levita e um líder do povo com o mesmo nome também assinaram o acordo (Ne 10.13,18).

HOFNI E FINEIAS Nomes próprios que significam respectivamente "girino" e "pele escura" em egípcio. Em 1Sm 1.3, filhos de Eli e sacerdotes em Siló. Eram homens não respeitáveis, que não tinham respeito pelos objetos sagrados. Foram mortos em batalha contra os filisteus (1Sm 4.4). A notícia da morte deles precipitou a morte de Eli, seu pai (1Sm 4.18). V. *Eli*; *Samuel*.

HOFRA Nome de uma divindade egípcia que significa "o coração de Rá permanece". Faraó egípcio (589-569 a.C.). No início de seu reinado, tentou expulsar o exército babilônico que então sitiava Jerusalém (Jr 37.5). Aparentemente nessa época Jeremias zombou do faraó, fazendo um trocadilho com seu nome, chamando-o de falastrão ("O faraó, rei do Egito, é barulho e nada mais", Jr 46.17). Jeremias advertiu que o faraó seria entregue aos seus inimigos, ao mesmo tempo que advertiu aos judeus que viviam no Egito que a história da salvação seria invertida, e eles seriam destruídos (Jr 44.26-30). A morte de Hofra seria um sinal aos judeus de que as palavras de Jeremias eram verdadeiras. Hofra perdeu o poder em uma revolta liderada por seu general Amasis em 569 a.C. A condenação de Hofra demonstrou a coerência de Jeremias quando este se manifestou contrário a qualquer oposição em relação à Babilônia, que Deus escolhera para punir seu povo desobediente. V. *Egito*.

HOGLA Nome pessoal que significa "perdiz". Filha de Zelofeade da tribo de Manassés (Nm 26.33). Seu casamento com um de seus primos (filho de um irmão do seu pai) garantiu a permanência da posse da terra para sua tribo (Nm 36.11). V. *Bete-Hogla*; *Zelofeade*.

HOLOCAUSTOS V. *sacrifício e oferta*.

HOLOM Nome de lugar que significa "lugar arenoso". **1.** Cidade na região montanhosa de Judá, destinada a essa tribo, transformada em cidade levítica (Js 15.51; 21.15). Pode ser a atual Khirbet Illin, perto de Beth-Zur. A passagem paralela de 1Cr 6.58 traz Hilém em diferentes manuscritos. **2.** Cidade de Moabe que Jeremias condenou (Jr 48.21). Sua localização não é conhecida.

HOMÃ Nome pessoal, que talvez signifique "confusão". É o nome que o texto hebraico dá a um neto de Seir (1Cr 1.39). A passagem paralela traz "Hemã" (Gn 36.22).

HOMEM V. *humanidade*.

HOMEM DA INIQUIDADE ou **HOMEM DO PECADO** O último oponente de Cristo (2Ts 2.3). Traduções modernas seguem outros manuscritos em que se leem "homem da iniquidade". V. *anticristo*; *impiedade*.

HOMEM INTERIOR Componente da personalidade humana que responde às exigências da lei. Segundo a compreensão de Paulo (Rm 7.22,23, *ARA*), a personalidade humana tem três componentes: 1) o íntimo em que reside a lei; Paulo o comparou à razão (*nous,* v. 23); o íntimo é semelhante ao *yetser hatov* rabínico (inclinação para o bem); 2) os membros ou a carne que respondem aos desejos; a carne é semelhante ao *yetser hara* rabínico (inclinação para o mal); e 3) o "eu" consciente da razão e do desejo. No pensamento rabínico, a lei servia para inclinar a balança a favor do pendor para o bem. Paulo, porém, rejeitou essa visão otimista da lei. Somente o Espírito que habita no íntimo do ser pode livrar o indivíduo do poder do pecado (Rm 8.2; Ef 3.16). A divisão da personalidade feita por Paulo se refletiu na tríplice divisão de Freud em superego, id e ego.

HOMENAGEM Honra, respeito ou voto de lealdade, tal como o que se faz a um rei; reverência. Prestava-se homenagem a um rei (1Cr 29.20; 2Cr 24.17) ou a um oficial graduado (Gn 43.28; Et 3.2,5), ou algumas vezes a homens santos (Samuel, 1Sm 28.14; Daniel, Dn 2.46). Presta-se homenagem a Deus como o Rei de Israel (1Cr 29.20; Is 18.7). Os soldados romanos prestaram uma homenagem de zombaria a Cristo antes da crucificação (Mc 15.19).

HOMENS DE PÉ Tradução de dois termos hebraicos não relacionados. O primeiro se refere a soldados a pé, de infantaria, em contraste com a cavalaria (2Sm 8.4), a soldados em geral (1Sm 4.10; 15.4) ou a homens de idade militar (Êx 12.37). O segundo termo se refere ao corredor que serviu na guarda de honra que correu à frente do seu carro (1Sm 8.11; 2Sm 15.1), à guarda do rei em geral (1Rs 14.27,28; 2Rs 10.25), ou aos mensageiros do rei (Et 3.13,15).

Estatueta de bronze do período romano de dois soldados carregando um companheiro ferido.

HOMENS PODEROSOS Expressão aplicada aos nefilins, provavelmente indicadora de homens de grande estatura (Gn 6.14; talvez Js 10.2). Em outras passagens a expressão "homens poderosos" se refere a guerreiros valorosos, em especial os grupos de elite de três e de 30 que serviram a Davi (2Sm 17.8,10; 23.8-39; 1Rs 1.10,38). Muitos dos integrantes das tropas de elite de Davi eram mercenários.

HÔMER Unidade de medida seca (Lv 27.16) que, de acordo com Ez 45.11, equivale a 10 efas. A NVI traduz por "um barril". O volume real representado pelo termo é estimado, com variações, entre 3,8 e 6,6 talentos. Tinha o mesmo volume que o kor (Ez 45.14). V. pesos e medidas.

HOMICIDA INVOLUNTÁRIO (SEM DOLO) Alguém culpado de ter tirado a vida de outra pessoa de forma involuntária; indivíduo que por acidente provoca a morte de alguém (Nm 35.9-15,22-28; Dt 19.1-10). A *NVI* traduz "matar alguém sem intenção" (Nm 35.11), distinguindo assim este caso do chamado assassinato premeditado, embora a palavra hebraica (*ratsach*) seja a mesma (cf. Êx 20.13).

HOMOSSEXUALIDADE Relações sexuais entre pessoas do mesmo sexo. Ao discutir a homossexualidade, a ênfase bíblica está no comportamento, e o veredito é sempre que trata-se de algo pecaminoso.

Homossexualidade é consequência da rejeição da ordem criada O argumento *prima facie* contra a homossexualidade nas Escrituras é encontrado no plano criador de Deus para a sexualidade humana. Deus criou o ser humano como macho e fêmea, para procriar dentro do contexto do casamento (Gn 1.27,28; 2.18-24). A ordem da criação para a sexualidade humana recebeu endosso do Senhor Jesus Cristo (Mc 10.6-9; Mt 19.4-6) e do apóstolo Paulo (Ef 5.31). Na superfície, o comportamento homossexual pode ser reconhecido como pecaminoso porque viola o plano original de Deus quanto à monogamia heterossexual.

Contra esse pano de fundo do esquema da criação de Deus para a expressão sexual humana, Paulo apresenta um argumento teológico em Rm 1.18-32, dizendo que a homossexualidade é uma consequência da rejeição de Deus como Criador e de sua ordem criada. Paulo indica que a homossexualidade, masculina e feminina, é resultante de uma negação de Deus. Ele começa demonstrando que por meio da rejeição da "criação" (1.20) e do "Criador" (1.25) mulheres "trocaram suas relações sexuais naturais por outras, contrárias à natureza" (1.26). Ele acrescenta: "Da mesma forma, os homens também abandonaram as relações naturais com as mulheres e se inflamaram de paixão uns pelos outros. Começaram a cometer atos indecentes homens com homens" (1.27). O argumento de Paulo pode ser assim resumido: porque essas pessoas rejeitaram Deus, ele as entregou aos desejos do seu próprio coração pecaminoso. Na sequência desse texto, Paulo usa várias expressões negativas para descrever a homossexualidade, como "degradação", "paixões vergonhosas", "atos indecentes". Além disso, a homossexualidade é incluída em uma lista de vícios que merecem a morte, não apenas para os que os praticam, mas para quem os aprova (1.32).

A respeito das noções modernas de "orientação homossexual", a perspectiva escriturística considera nociva qualquer inclinação para o mesmo sexo, tanto quanto uma inclinação para qualquer outro pecado, como consequência da natureza humana falida que se volta para o pecado. À luz de Rm 1, a predisposição homossexual pode também ser uma indicação da atuação de outro(s) pecado(s).

Homossexualidade como pecado que resulta em julgamento A primeira menção à homossexualidade na Bíblia apresenta o julgamento de Deus sobre essa atitude como um pecado. Foi a grande transgressão de Sodoma e Gomorra. A severidade do julgamento, que veio por causa da homossexualidade, indica a seriedade desse pecado (Gn 19.1-11). As duas cidades foram destruídas quando "o próprio Senhor fez chover do céu fogo e enxofre sobre Sodoma e Gomorra" (19.24). O comentário do NT sobre esse acontecimento é que as duas cidades foram reduzidas a cinzas por causa da ira santa de Deus, especificamente porque seus habitantes se entregaram a um "procedimento libertino" (2Pe 2.6,7; Jd 7).

Alguns intérpretes que defendem a homossexualidade alegam que o pecado de Sodoma e Gomorra não foi a homossexualidade *per se*, mas estupro homossexual coletivo. Ainda que seja correto dizer que os homens de Sodoma tentaram estuprar os hóspedes de Ló, o texto não indica que o sexo seria aceitável se os visitantes angélicos tivessem consentido. Além disso, o fato de o julgamento de Deus ter vindo sobre duas cidades é argumento a favor da tese de que não foi apenas um caso de estupro coletivo em Sodoma, mas que era um insulto a Deus. O plano anunciado de Deus de destruir Sodoma e Gomorra antes de ocorrer a tentativa de estupro indica que a prática de comportamento homossexual nas duas cidades era uma afronta à santidade de Deus. Quando aqueles homossexuais exigiram: "Onde estão os homens que vieram à sua casa esta noite? Traga-os para nós aqui fora para que tenhamos relações com eles" (Gn 19.5), eles queriam fazer simplesmente o que já faziam há algum tempo. Ló protestou: "Não, meus amigos! Não façam essa perversidade!" (Gn 19.7). Mas, muito antes disso, quando Ló inicialmente armou sua tenda em direção à cidade, está escrito que "os homens de Sodoma eram extremamente perversos e pecadores contra o Senhor" (13.13). Mais uma vez, antes da tentativa de estupro coletivo, Deus disse: "as acusações contra Sodoma e Gomorra são tantas e o seu pecado é tão grave" (18.20). Abraão também disse que eles eram "ímpios" (18.23,25).

Outra interpretação a favor da homossexualidade é que o pecado de Sodoma e Gomorra foi a falta de hospitalidade, não a homossexualidade ou o estupro homossexual. Um apelo para esse argumento é feito com base em Ez 16.49, que diz que Sodoma foi julgada por violar o código de hospitalidade. Com base nessa passagem, é alegado que em Gn 19 os homens de Sodoma queriam "conhecer" (*yada'*) os hóspedes de Ló apenas no sentido de que desejavam estabelecer amizade com eles. No entanto, *yada'* é usado na Bíblia em sentido sexual pelo menos dez vezes, sendo metade dessas referências em Gn. Adicione-se a isso o fato de que o contexto de Gn 19 argumenta a favor de *yada'* em sentido sexual. Não faz sentido dizer que *yada'* significa "fazer amizade com" no versículo 8, em que Ló diz que suas filhas "não conheceram varão" (*ARC*; "ainda são virgens", *NVI*). Elas certamente tinham amizade com os homens da cidade. Mas não "conheciam" sexualmente nenhum deles.

Os intérpretes da teoria da "falta de hospitalidade" também apontam para o fato da ausência de qualquer menção à homossexualidade nas demais passagens que falam de Sodoma e Gomorra como exemplos de julgamento, como Is 1.10; Jr 23.14; Mt 10.14,15 e Lc 10.10-12. Mas essa abordagem também padece de sérios problemas. Primeiro, esses textos não excluem a homossexualidade. No caso de Ez 16.49, os pecados sexuais podem ser vistos como uma forma de egoísmo. Além disso, o versículo seguinte mostra que o pecado deles era sexual, ao chamá-lo de "abominações" (*ARA*, *ARC*, *BJ*; "o que é abominável", *TEB*; "práticas repugnantes", *NVI*; "coisas que eu detesto", *NTLH*). Em Lv 18.22 a mesma palavra é usada para descrever pecados homossexuais. Além de tudo, o problema com essa interpretação é que passagens em 2Pe e Jd estabelecem uma ligação entre o julgamento dessas cidades ao pecado sexual da homossexualidade, e isso não entra em nenhum momento em contradição com as passagens de julgamento. Por essa razão, quem leva a autoridade das Escrituras a sério irá rejeitar a visão pró-homossexual conhecida como falta de hospitalidade no texto de Gn (v. Jz 19.16-24).

Violação da lei do AT O Código de Santidade, que apresenta as exigências de Deus para ordenar a vida do povo que está em aliança com ele, contém duas proibições claras à atividade homossexual. Em uma seção extensa sobre a moralidade sexual que deve ser vista como uma extensão do sétimo mandamento, "Disse o Senhor a Moisés [...] Não se deite com um homem como quem se deita com uma mulher" (Lv 18.1,22). Mais tarde, repetindo Lv 18.22, que afirma ser a homossexualidade algo "repugnante", Lv 20.13 acrescenta: "Se um homem se deitar com outro homem como quem se deita com uma mulher, ambos praticaram um ato repugnante. Terão que ser executados, pois merecem a morte".

Violação da ética do NT Em 1Tm 1.8-10 Paulo discute o valor da Lei do AT na presente era, se esta é usada de maneira correta. A Lei deve ser usada para julgar "pecadores". Ele inclui "homossexuais" (*arsenokoitai*) na lista de vícios, que delineia os que são "transgressores e insubordinados" (v. 9). De igual maneira, em 1Co 6.9-11 a palavra "homossexuais" também aparece em uma lista de vícios semelhante. E Paulo comenta que qualquer um que continuar com esses pecados não herdará o Reino de Deus. *Arsenokoites* se refere ao parceiro ativo do ato homossexual. Em 1Co 6.9 Paulo acrescenta uma segunda palavra, "efeminados" (*malakoi*, ARA; "homossexuais passivos", NVI — v. nota explicativa para esse versículo na *NVI*). A palavra *malakoi* se refere exatamente ao homossexual passivo. O argumento é que o homossexualismo, ativo e passivo, é um comportamento pecaminoso, ímpio, que desqualifica uma pessoa para entrar no Reino de Deus.

HONESTIDADE Justiça e retidão de conduta. A palavra tem a ver com decência (Rm 13.13), nobreza (Fp 4.8), honra (Hb 13.18), conduta exemplar (1Pe 2.12), generosidade (Lc 8.15), agir correto (Rm 12.17), dignidade (1Tm 2.2), decência (1Ts 4.12). Homens honestos são homens de "bom testemunho" (At 6.3). Isaías lamentou que em seu tempo ninguém andava com integridade, i.e., com honestidade (59.4). Pesos, balanças e medidas honestos dão medidas certas e acuradas (Lv 19.35,36; Dt 25.15; Pv 16.11). Jó (31.6) ora para ser julgado em balança justa, i.e., honesta, pois só Deus é capaz de conhecer a integridade de uma pessoa. As Escrituras com frequência se referem a palavras verdadeiras (i.e., honestas, Jó 6.25), testemunho honesto (Pv 12.17), lábios honestos (Pv 16.13), resposta sincera, i.e., honesta (Pv 24.26). Os que trabalharam na construção do templo eram conhecidos por sua honestidade (2Rs 12.15; 22.7). Jacó alegou honestidade (Gn 30.33), mas manipulou os cruzamentos dos rebanhos de Labão (30.37-43). Os filhos de Jacó repetidamente garantiram honestidade a José (Gn 42.11, 19,31,33-34), sem suspeitar que seu irmão sabia da natureza enganadora deles (37.31-33).

HONRA V. *vergonha e honra*.

HOR, MONTE Nome de lugar, talvez uma variante para o substantivo hebraico *har*, que significa "montanha". **1**. Lugar onde Arão, o sumo sacerdote, morreu, cumprindo a palavra de Deus de que ele seria punido por se rebelar nas águas de Meribá (Nm 20.22-29; 33.38,39). Moisés apontou Eleazar, filho de Arão, como sumo sacerdote, naquela montanha. Aparentemente o monte Hor está a uma breve distância de Cades e próximo da costa de Edom (Nm 20.22,23). A localização tradicional é o Jebel Harun, perto de Petra, mas esse lugar é muito longe de Edom e de Cades, ainda que seja alto (1.463 metros) e impressionante. Recentemente alguns biblistas sugeriram o Jebel Madurah, a nordeste de Cades, na fronteira de Edom, como a localização do monte Hor. O texto de Dt 10.6 localiza a morte de Arão em Moserá, um lugar desconhecido que pode estar sob o monte Hor. O povo de Israel viajou daquele monte para passar ao largo de Edom (Nm 21.4; 33.41). **2**. Montanha que marca a fronteira norte da terra prometida (Nm 34.7,8). A localização é desconhecida, ainda que alguns biblistas entendam que Hor seja uma variação do nome do monte Hermom.

HORA Período de tempo indicado para um encontro ou para uma festa religiosa; breve momento de tempo, um duodécimo do dia ou da noite; no evangelho de Jo, o período importante da missão salvífica de Jesus na terra, desde sua entrada triunfal em Jerusalém até sua morte e ressurreição.

HORÃO

O hebraico bíblico não tem uma palavra para "hora"; apresenta apenas uma expressão para um tempo indicado para um encontro (1Sm 9.24). A palavra "hora", usada no NT, pode se referir a um período geral do dia ("está ficando tarde", Mt 14.15), a um breve período de tempo (Ap 18.17; cp. Jo 5.35), ou ao tempo de um evento importante esperado (Mt 8.13; Mc 13.11). Também designa um período de tempo, flexível em duração, um duodécimo das horas em que há luz do dia, e um duodécimo da noite, sendo o dia dividido em dois períodos (ou vigílias) de luz e escuridão, começando com o nascer do sol, o que fazia da hora sexta (Mt 27.45) o meio-dia.

A hora de Jesus é o tema central no evangelho de Jo, criando uma incerteza emocional, uma expectativa e uma compreensão teológica da importância central da morte e ressurreição de Jesus. Nesse Evangelho, "hora" geralmente se refere ao período que vai da entrada triunfal em Jerusalém (12.23) até o clímax atingido por sua morte e ressurreição.

O tema joanino da "hora" de Jesus é uma importante contribuição teológica do quarto Evangelho. À medida que o leitor encontra esse motivo, uma perspectiva a respeito da morte de Jesus se desenvolve que é completamente diferente da apresentada pelos demais Evangelhos. Sem trivializar a realidade do sofrimento e da morte de Jesus, o evangelho de Jo apresenta esse evento como a "hora" da "glória" de Jesus, o tempo de sua "exaltação". A morte de Jesus é o meio pelo qual a vida eterna é providenciada para o mundo (3.14,15; 6.51-53). Daquela hora em diante, distinções humanas não mais se aplicam (4.21-24; 11.51-53; 12.20-23). A glória da morte de Jesus é encontrada tanto no que ela o capacitou para oferecer ao mundo (6.51-53; 7.37-39) quanto no meio pelo qual ele voltou para o Pai (13.1). Os relatos do túmulo vazio e das manifestações de Jesus ressuscitado em 20.1—21.23 servem para sublinhar a glória de sua "hora". V. *glória*; *João, evangelho de*; *tempo*. — R. Robert Creech

HORÃO Nome pessoal que significa "alto", "exaltado". Rei de Gezer que tentou livrar Láquis das mãos de Josué, o que resultou em sua morte e na aniquilação de seu exército (Js 10.33), ainda que sua cidade tenha permanecido como uma fortaleza cananeia (Js 16.10; cp. 1Rs 9.16).

HOREBE Outro nome do monte Sinai (Êx 3.1-12; 17.6,7; Dt 1.19; 5.2; 1Rs 19.8). V. *Sinai, monte*.

HORÉM Nome de lugar que significa "rocha dividida", mas que em hebraico soa como a palavra para "butim de guerra proibido". Cidade no território da tribo de Naftali (Js 19.38). Sua localização é desconhecida.

HORESA Nome de lugar que significa "floresta". Quando Davi fugia de Saul, Jônatas, filho do rei, foi até ele para ajudá-lo, e eles fizeram um acordo de ajuda mútua (1Sm 23.15-18). O povo de Zife revelou o esconderijo de Davi, mas mesmo assim ele conseguiu fugir. Se entendido como um nome, Horesa pode ser a atual Khirbet Khoreisa, a pouco mais de 3 quilômetros ao sul de Zife e a quase 10 quilômetros ao sul de Hebrom.

HOREUS Habitantes pré-edomitas do monte Seir no sul da Transjordânia. A palavra usada em hebraico para designar os horeus corresponde aos hurrianos, citados em fontes extrabíblicas, um povo não semita que migrou para o Crescente Fértil por volta de 2000 a.C. Os horeus criaram o Império Mitani na Mesopotâmia por volta de 1500 a.C. e mais tarde se tornaram um elemento importante entre os habitantes da terra de Canaã. A palavra "heveu", usada no texto bíblico (Gn 34.2; Js 9.7; 11.3,19), aparece como designação de alguns elementos da população de Canaã. No entanto, a *LXX* (a tradução do AT do hebraico para o grego) substitui horeus por heveus em Gn 34.2 e Js 9.7. De igual maneira, Zibeão, filho de Seir, o horeu (Gn 36.20), é identificado como heveu em Gn 36.2. Por essas razões, muitos estudiosos acreditam que horeus e heveus são o mesmo povo (os nomes são muito semelhantes em hebraico), e os mesmos hurritas citados em fontes extrabíblicas.

Não obstante, o texto hebraico menciona os horeus apenas no monte Seir, onde há não registro de hurritas. Portanto, outra sugestão é que os horeus citados no texto bíblico não eram hurritas, mas simplesmente os habitantes originais de cavernas (*hor* em hebraico significa "caverna") em Edom (monte Seir). De acordo com essa teoria, os heveus devem ser identificados com os hurritas. V. *Seir, monte*. — Daniel C. Browning Jr.

HOR-GIDGADE Nome de lugar que talvez signifique "colina dos grilos". Lugar onde Israel acampou na jornada pelo deserto (Nm 33.32,33). Pode ser o uádi Geraphi, ainda que não haja certeza quanto à sua localização. O nome parece ser uma grafia variante de Gudgodá (Dt 10.7).

HORI Nome de lugar que significa "branqueado", "inferior" ou "hurrita". **1**. Edomita descendente de Seir (Gn 36.22). **2**. Pai do líder da tribo de Simeão sob a liderança de Moisés durante o tempo da peregrinação pelo deserto (Nm 13.5).

HORMÁ Nome de lugar que significa "rocha dividida" ou "amaldiçoado para destruição". Cidade que assinalava o limite da rota cananeia dos israelitas depois da tentativa frustrada deles de invadirem Canaã, que se seguiu ao relatório dos 12 espiões (Nm 14.45). Ainda que sua localização não seja conhecida, estava no território designado à tribo de Simeão (Js 19.4). Alguns estudiosos o identificam com Tell Masos, a cerca de 11 quilômetros a leste de Berseba. Escavações arqueológicas descobriram vestígios de colonização por volta de 1800 a.C. e, depois, imediatamente antes de 1200 a.C. A última colonização aparentemente durou até o tempo de Davi (cf. 1Sm 30.30). Uma pequena fortaleza foi construída depois de 700 a.C. e destruída pouco depois de 600 a.C.

O lugar controlava a estrada leste-oeste no vale de Berseba e a rota norte-sul até Hebrom. Israel obteve uma breve vitória lá (Nm 21.3) depois das derrotas anteriores (Nm 14.45; cp. Dt 1.44). A lista de reis que Josué derrotou inclui Hormá (Js 12.14); a descrição da batalha diz que Judá e Simeão combinaram conquistar Hormá depois da morte de Josué (Jz 1.1,17), a cidade que antes se chamava Zefate.

HORONAIM Nome de lugar que significa "cavernas gêmeas". Cidade importante em Moabe a respeito da qual Isaías (15.5) e Jeremias (48.3,5,34) pronunciaram lamentos e uma advertência de destruição iminente. Aparentemente localizava-se na parte sudoeste de Moabe, mas estudantes de geografia bíblica debatem a respeito de sua localização exata. Alguns pensam que seja Khirbet ad-Dubabatou, a quase 5 quilômetros a noroeste de Majra, ou Khirbet al-Maydan, a oeste da atual Katrabba, e ainda ed-Dayr, a cerca de 3 quilômetros a noroeste de Rakin.

HORONITA Cidadão de Bete-Horom ou de Horonaim. Sambalate, opositor de Neemias, é descrito como horonita. Não se sabe em qual desses lugares Sambalate nasceu.

HORTELÃ E COMINHO A hortelã (ou menta) é uma erva aromática usada como condimento ou tempero. O cominho é uma erva semelhante à alcaravia, também utilizada pelo judaísmo como condimento e para uso medicinal. Jesus citou a hortelã, o endro e o cominho quando criticou os fariseus por cobrarem o dízimo até de ervas enquanto ignoravam os preceitos mais importantes da Lei (Mt 23.23). V. *cominho*; *plantas*.

HOSA Nome, pessoal e de lugar, com provável significado de "quem busca refúgio". **1**. Cidade costeira no território da tribo de Aser (Js 19.29), provavelmente a atual Tell Rashidiyeh, perto de Tiro, e conhecida em textos antigos egípcios e assírios como Usu. Alguns estudiosos de geografia bíblica entendem que se trata da cidade fortificada de Tiro como Tell Rashidiyeh (Usu) e localizam Hosa mais longe de Tiro e da costa. **2**. Porteiro do santuário no tempo de Davi (1Cr 16.38). Pertencia ao clã sacerdotal de Merari (1Cr 26.10). Era responsável pela porta oeste (1Cr 26.16).

HOSAÍAS Nome pessoal que significa "Yah (= forma abreviada de *Senhor*) salvou". **1**. Pai de um líder judeu que liderou a delegação que pediu a Jeremias que orasse por ajuda (Jr 42.1) e depois rejeitou uma palavra de Jeremias da parte de Deus (Jr 43.2). **2**. Líder do grupo judeu na celebração do término do muro de Jerusalém sob a liderança de Neemias (Ne 12.32).

HOSAMA Nome pessoal, uma forma abreviada de Jeosama, "Javé ouviu". Descendente de Davi durante o exílio (1Cr 3.18).

HOSANA Brado com o qual Jesus foi saudado por ocasião de sua entrada triunfal em Jerusalém (Mc 11.9). As palavras que foram usadas pela multidão para saudar o Salvador são extraídas de Sl 118.25,26. "Hosana" é uma palavra

HOSPEDARIA

hebraica ou aramaica que é melhor traduzida por uma oração: "Salva agora" ou "Salva, nós te imploramos". Quando os moradores de Jerusalém levaram folhas de palmeira, encontraram-se com Jesus e o saudaram como aquele que veio em nome do Senhor, eles incluíram em sua aclamação um pedido de salvação. V. *Salmos, livro de*; *triunfal, entrada*.

HOSPEDARIA 1. Diferentes tipos de abrigos ou alojamentos. No AT a palavra hebraica traduzida por "hospedaria" ou "lugar de hospedagem" pode se referir a um lugar de acampamento individual (Jr 9.2), uma família em viagem (Êx 4.24), uma caravana inteira (Gn 42.27; 43.21) ou um exército (Js 4.3,8). Nesses textos (com a possível exceção da citação de Jeremias) não está incluída a existência de uma construção. Muitas vezes a referência apenas é de um lote adequado de terra perto de uma fonte. É duvidoso que na época do AT tenham existido hospedarias no sentido de estalagens públicas com construção.

Na época de Cristo, a situação era bastante diferente. Hospedarias públicas existiam no tempo dos gregos e por todo o período romano. A palavra grega para "hospedaria" no NT sugere um tipo de lugar de parada para viajantes. Por vezes se refere a uma estalagem pública. A hospedaria do séc. I consistia principalmente em uma área murada com uma fonte. Uma hospedaria maior podia ter cômodos pequenos que cercavam o pátio. Pessoas e animais ficavam juntos.

As hospedarias em geral tinham má reputação. Os viajantes eram submetidos a incômodos e às vezes ao roubo ou até mesmo à morte. Os serviços primários necessários eram água para a família e os animais e um lugar para estender um colchonete. Além de definir uma hospedaria pública, a mesma palavra grega às vezes se refere simplesmente a um quarto de hóspedes em uma casa privada (Mc 14.14; Lc 22.11).

Em Belém, José e Maria não conseguiram encontrar nenhum quarto na hospedaria (Lc 2.7). Pode ter sido o quarto de hóspedes de uma casa ou algum tipo de estalagem pública. O texto de Lc 10.34 se refere claramente a um lugar público em que o ferido podia ser alimentado e receber os cuidados do hospedeiro. V. *hospitalidade*; *casa*. — Paul E. Robertson

2. Lugar de descanso temporário, p. ex., em uma casa particular (Js 2.1; At 10.18) ou um acampamento (Js 4.3,8; Is 10.29). A permanência temporária podia ser prolongada como foi o caso de Paulo em Roma (At 28.23,30). Jeremias desejou fugir para uma hospedaria de viajantes no deserto para evitar a pecaminosidade do seu povo (Jr 9.2). V. *cabana, tenda*.

HOSPEDEIRO Pessoa que serve como anfitriã em uma hospedaria. O hospedeiro de Lc 10.35 ficou responsável pela comida e cuidado médico. Um *targum* (antiga tradução livre para o aramaico) de Js 2.1 identifica Raabe como dona de estalagem.

HOSPITALIDADE Receber um estrangeiro (peregrino) em casa como um hóspede convidado e providenciar-lhe alimentação, abrigo e proteção. A hospitalidade não era apenas um costume oriental ou demonstração de boas maneiras, mas um dever sagrado esperado de todos. Apenas pessoas depravadas negligenciariam essa obrigação.

A hospitalidade provavelmente surgiu das necessidades da vida nômade. Como hospedarias públicas eram raras, um viajante dependia da generosidade de outros e tinha o direito de esperar por isso. Essa prática foi ampliada para qualquer viajante, mesmo um escravo fugitivo (Dt 23.15,16), ou mesmo um arqui-inimigo.

O Pentateuco contém mandamentos específicos para os israelitas amarem os estranhos como a eles mesmos (Lv 19.33,34; Dt 10.18,19) e a buscar o bem deles (Dt 24.17-22). A razão para a prática da hospitalidade era que os israelitas foram estrangeiros na terra do Egito.

Alguns atos de hospitalidade foram recompensados, sendo o mais conhecido o caso de Raabe (Js 6.22-25; Hb 11.31; Tg 2.25). Quebrar a hospitalidade era algo condenado e punido, como nos casos de Sodoma (Gn 19.1-11) e Gibeá (Js 19.10-25). A única exceção foi Jael, que foi elogiada por matar Sísera (Jz 4.18-24).

A hospitalidade parecia formar o pano de fundo de muitos detalhes na vida de Jesus e da igreja primitiva (Mt 8.20; Lc 7.36; 9.2-5; 10.4-11). Era uma característica dos bispos e viúvas (1Tm 3.2; 5.10; Tt 1.8) e um dever dos cristãos (Rm 12.13; 1Pe 4.9). É uma expressão natural de amor fraternal (Hb 13.1,2; 1Pe 4.8.9) e uma ferramenta necessária para a evangelização. Além disso, alguém pode receber anjos ou o próprio Senhor sem se dar conta disso (Hb 13.2; Mt 25.31-46). — *Lai Ling Elizabeth Ngan*

HOSTES V. *Sabaoth*.

HOTÃO Nome pessoal que significa "selar" ou "prender". **1.** Membro da tribo de Aser (1Cr 7.32). **2.** Pai de dois guerreiros do exército de Davi (1Cr 11.44). Eram naturais de Aroer.

HOTIR Nome pessoal que significa "ele se tornou um remanescente". Sacerdote músico no clã de Hemã, no tempo de Davi (1Cr 25.4). Liderou o primeiro dos 24 turnos dos levitas (1Cr 25.28).

HOZAI Nome pessoal que significa "vidente". Transliteração usada pela *TEB* para uma palavra hebraica citada em 2Cr 33.19, fazendo, dessa forma, de Hozai um profeta que registrou os eventos do reinado de Manassés. Muitas traduções seguem manuscritos gregos e hebraicos, ao ver uma letra omitida do hebraico, lendo, dessa maneira, "registros históricos dos videntes", *NVI*; "História dos Videntes", *ARA*; "livros dos videntes", *ARC*; ou "História dos Profetas", *NTLH*.

HUCOQUE Nome de lugar que significa "entalhado". **1.** Cidade de fronteira no território da tribo de Naftali entre o monte Tabor e a fronteira de Zebulom. Tradicionalmente sua localização tem sido apontada em Yaquq, a noroeste do mar de Quinerete (o mesmo mar da Galileia), mas essa localização pode estar muito a leste. Propostas recentes sugerem Khirbet el--Jemeija, a pouco mais de 3 quilômetros a oeste de Sakhmin (Js 19.34). **2.** A mesma palavra hebraica dá nome a uma cidade levítica na tribo de Aser (1Cr 6.75), mas a passagem paralela (Js 21.31) traz "Helcate". V. *Helcate*.

HUFÃ Ancestral original do clã de Benjamim no deserto (Nm 26.39). Hufã pode ter sido a leitura original por trás de Hupim em Gn 46.21 e 1Cr 7.12,15. Uma comparação entre Gn 46.21; Nm 26.38; 1Cr 7.6 e 8.1,2 mostra quão difícil é saber com precisão os nomes dos filhos de Benjamim. De igual maneira, é difícil saber quais eram os nomes originais dos filhos de Belá, filho de Benjamim (Nm 26.39,40; 1Cr 7.7; 8.3,4). Parte da explicação pode estar no uso de genealogias para alegar pertença a um clã importante, não reproduzir com precisão estruturas familiares.

HUFAMITA Integrante do clã de Hufã na tribo de Benjamim.

HUL Nome pessoal que significa "anel". Um dos filhos de Arã, filho de Sem, e neto de Noé (Gn 10.23), sendo, portanto, o ancestral original de uma tribo arameia ou síria. Como é comum em listas genealógicas, 1Cr 1.17 omite o pai Sem para enfatizar o parentesco com Arã.

HULDA Nome pessoal que significa "toupeira". Profetisa, esposa de Salum (2Rs 22.14). Foi consultada depois do rei Josias de Judá ter lido a cópia do Livro da Lei que fora encontrada durante a reforma do templo. Profetizou julgamento para a nação, mas uma morte pacífica para Josias. V. *Josias*.

HUMANA, ALMA V. *alma*.

HUMANIDADE Designação coletiva para todas as criaturas feitas à imagem de Deus, distintas das demais criaturas e do próprio Deus.

Humanidade criada por Deus O texto de Gn 1—2 é a base para que se entenda a humanidade como criada por Deus. A humanidade foi criada diretamente por Deus (Gn 1.26). A evidência empírica favorece o surgimento repentino de toda a humanidade, o que é coerente com as Escrituras.

O homem também foi criado à imagem de Deus. O significado de "imagem de Deus" tem sido debatido durante toda a história cristã. Alguns pensam que se trata da razão, outros de relacionamentos, mas nenhuma dessas respostas é satisfatória. As referências bíblicas se enquadram em duas categorias. Primeiro, há referências diretas à criação do homem à imagem de Deus (Gn 1.26-31; 6.9; Tg 3.9). Deus criou o homem à sua imagem, para que este seja seu representante, e lhe deu domínio sobre a criação (Sl 8.3-8). A imagem de Deus é a base para a santidade da vida humana (Gn 9.6). Porque o homem é representante de Deus, o assassinato é um ataque contra o próprio Deus.

Imagem também significa propriedade (Mc 12.13-17). A humanidade, "estampada" com a imagem de Deus, é posse especial de Deus. Segundo, referências bíblicas à imagem relacionam-na ao caráter que acompanha a salvação (Rm 8.29; 1Co 15.49; 2Co 3.18; Ef 4.24; Cl 3.10). Essas passagens enfatizam a conformação crescente do cristão ao caráter de Jesus Cristo, especialmente em santidade e justiça.

Deus criou a humanidade como homem e mulher. Ambos são portadores da imagem de Deus (Gn 1.27) e desfrutam da mesma posição diante de Deus. A criação da humanidade por Deus como homem e mulher é a base do ensino bíblico com respeito ao casamento, ao divórcio, à família e à homossexualidade (Gn 2.18-25; Mt 19.3-6; Rm 1.26,27).

O homem foi criado por Deus como corpo e alma (Gn 2.7). O homem tem um componente material adaptado para a vida neste mundo e um componente eterno, imaterial, que sobrevive à morte física (2Co 5.1-8). Há quem faça a sugestão de que o componente imaterial do homem é subdividido em alma e espírito. A Bíblia enfatiza o homem como uma criatura integral em vez de dividido em compartimentos separados. As palavras "alma" e "espírito" nas Escrituras são frequentemente usadas de modo intercambiável, e é difícil elaborar um argumento bíblico para uma distinção forte entre alma e espírito.

Humanidade sob o pecado O pecado do primeiro casal provocou uma mudança profunda na humanidade e no relacionamento desta com Deus (Rm 5.12). A imagem de Deus permanece, mas manchada e distorcida. A humanidade continua a se reproduzir como homem e mulher, ainda que esses relacionamentos tenham sido profundamente impactados pelo pecado. O coração do homem, o núcleo do seu ser, é pecaminoso (Gn 6.5; Jr 17.9; Mc 7.20-23), e sua mente está obscurecida (Ef 4.17-19). A vontade do homem está presa ao pecado (Rm 3.10,11; 2Tm 2.25,26), sua consciência está corrompida (Tt 1.15) e seus desejos são distorcidos (Ef 2.3; Tt 3.3). A humanidade está universalmente morta em pecado (Ef 2.1), em estado de hostilidade em relação a Deus (Rm 5.10), e sujeita à morte física seguida de julgamento eterno (Rm 5.12-21; 8.10; Hb 9.27; Rm 14.12).

Humanidade redimida Deus em sua graça não deixou a humanidade perecer, mas providenciou sua redenção. A participação da humanidade na salvação inicia-se em nível individual, quando alguém conscientemente deposita sua fé em Jesus Cristo. A fé salvadora inclui um reconhecimento de quem é Jesus (Filho de Deus plenamente divino e humano), confia nos méritos de sua morte expiatória e submete sua vontade a ele. Tudo isso é possível por Deus que, de acordo com seu propósito eterno e gracioso, capacita a humanidade pecaminosa a crer (Ef 2.4-9; 1Tm 1.14; Tt 3.5).

Há diferentes opiniões com respeito à natureza da humanidade salva. Alguns veem duas naturezas de orientação moral totalmente opostas, uma completamente pecaminosa, a outra, perfeita (identificada por alguns com o Espírito Santo) em ação no cristão. Outros, que creem em uma distinção rígida entre alma e espírito, identificam a natureza pecaminosa com a alma, e a natureza perfeita, com o espírito. Paulo descreveu o cristão como uma nova criatura, ainda que imperfeita (2Co 5.17), habitada pelo Espírito de Deus (Rm 8.9-17), envolvida em um processo de transformação gradual (Rm 8.12,13; 2Co 3.18; Cl 3.10) e em conflito com sua carne (a natureza pecaminosa) e com a lei do pecado (Rm 7.14—8.8).

A participação da humanidade na salvação será consumada no fim dos tempos com a ressurreição e a entrada no estado eterno (1Co 15.50-57). As Escrituras enfatizam a conformidade perfeita do cristão com Cristo (1Jo 3.2), sua comunhão eterna com Deus (Jo 14.2,3) e a assembleia alegre de todos os redimidos em adoração (Ap 7.9). Isso evidentemente não inclui toda a humanidade. Os que não creem em Jesus Cristo passarão a eternidade sofrendo a justa ira de Deus (Jo 3.36; 2Ts 1.9). V. *antropologia*; *imagem de Deus*; *corpo*; *alma*; *espírito*; *criação*; *pecado*; *igreja*. — T. Preston Pearce

HUMANIDADE DE CRISTO V. *Cristo, cristologia*; *encarnação*; *Jesus, vida e ministério*.

HUMANO, SACRIFÍCIO Assassinato ritual de um ou mais seres humanos para agradar uma divindade. Era prática muito difundida na Antiguidade. Ainda que a frequência da prática seja difícil de determinar, o fato é que tais rituais eram executados por diversas razões. Sumérios e egípcios antes de 2000 a.C., p. ex., sacrificavam servos e possivelmente membros da família para sepultá-los com os reis recentemente falecidos, a fim de permitir que lhes servissem ou os acompanhassem no reino dos mortos. Na Mesopotâmia, e possivelmente em outros lugares, restos de animais e de seres humanos oferecidos como sacrifício eram depositados nas fundações das construções, para protegê-las de poderes malignos, uma prática possivelmente refletida em 1Rs 16.34.

No AT Jefté sacrificou sua filha como cumprimento de um voto, ainda que esteja claro que o incidente não é normativo (Jz 11.30-40). No séc. IX, Messa, rei de Moabe, ofereceu o próprio filho como oferta queimada, provavelmente a Camos, a divindade nacional moabita, sobre os muros de sua capital quando estava sitiada por Israel e Judá (2Rs 3.27). O evento foi tão chocante que o cerco foi suspenso. Ainda que a lei israelita proibisse terminantemente sacrifícios humanos (Lv 18.21; 20.2-5), há repetidas referências à prática, especialmente entre 800 e 500 a.C. Acaz e Manassés queimaram seus filhos como oferenda em tempos de perigo nacional (2Rs 16.3; 21.6). Esses sacrifícios eram realizados no vale de Hinom, que protegia Jerusalém do oeste e do sul. Uma parte do vale tinha o nome Tofete, derivado da palavra que significa fogueira ou fornalha. Provavelmente Tofete era uma área cúltica ao ar livre onde eram oferecidos sacrifícios a Moloque. A palavra "Moloque" ocorre com frequência em ligação a sacrifícios humanos. Tudo indica que na Bíblia e em outras literaturas antigas a palavra "Moloque" era usada de duas maneiras: como o nome ou título de um deus a quem sacrifícios eram realizados (1Rs 11.7) e como um tipo específico de sacrifício que envolvia a destruição completa de uma pessoa, geralmente uma criança, pelo fogo. Ambos os usos são encontrados no AT. Jeremias e Ezequiel condenaram essas ofertas como abominação diante de Deus (Jr 7.31,32; 19.5,6; Ez 16.20,21; 20.31). Josias profanou Tofete como parte de sua reforma "de modo que ninguém mais pudesse usá-lo para sacrificar seu filho ou sua filha a Moloque".

Essas práticas, estranhas no culto a Javé, devem ter sido adotadas por Israel pela influência recebida dos povos vizinhos. Evidência direta de sacrifícios humanos durante o primeiro milênio a.C. vêm de duas culturas com as quais Israel manteve contato: a colônia fenícia de Cartago e os arameus. Os cartagineses sacrificavam crianças a Cronos durante períodos de calamidade provocados por guerra, fome ou doença. Poços cheios de ossos de animais e de crianças foram escavados em Cartago, com pedras inscritas indicando que eram sacrifícios a Moloque. Os arameus de Gozã, no noroeste da Mesopotâmia, sacrificavam humanos ao deus Hadade. Os sefarvitas, um povo de uma área dominada pelos arameus deportados para a terra de Israel em 721 a.C. por Sargom II, queimavam seus filhos como ofertas a Adrameleque e a Anameleque (2Rs 17.31). Por ser o sacrifício humano uma abominação, Jeremias declarou que isso nunca foi propósito de Javé (Jr 19.5). — *Thomas V. Brisco*

HUMILDADE Qualidade pessoal de ser livre da arrogância e do orgulho e ter uma apreciação correta de si mesmo.

Antigo Testamento O AT liga a qualidade da humildade à experiência humilhante de Israel ter sido escravo no Egito — um povo pobre, oprimido e sofredor (Dt 26.6). A palavra hebraica traduzida por humildade é semelhante a outra palavra que significa "ser afligido" (ou "ser oprimido"). No pensamento do AT, a humildade está intimamente associada aos indivíduos que eram pobres e oprimidos (2Sm 22.28).

O que Deus mais deseja não são sacrifícios externos, mas um coração humilde (Sl 51.17; Mq 6.8). Tal espírito humilde se manifesta de muitas maneiras: reconhecimento da própria pecaminosidade diante do Deus santo (Is 6.5), obediência (Dt 8.2) e submissão a Deus (2Rs 22.19; 2Cr 34.37).

O AT promete bênçãos aos que são humildes: sabedoria (Pv 11.2), boas notícias (Is 61.1) e honra (Pv 15.33).

A experiência de muitos reis indica que os que se humilharam diante de Deus foram exaltados (1Rs 21.29; 2Rs 22.19; 2Cr 32.26; 33.12-19). Os que não se humilharam na presença de Deus foram afligidos (2Cr 33.23; 36.12). O caminho para o avivamento é o caminho da humildade (2Cr 7.14).

Novo Testamento A vida de Jesus Cristo apresenta o melhor exemplo do que significa ter humildade (Mt 11.29; 1Co 4.21; Fp 2.1-11). Jesus pregou e ensinou com frequência a respeito da necessidade de ter humildade (Mt 23.12; Mc 9.35; Lc 14.11; 18.14). Ele instou os que desejavam viver conforme os padrões do Reino a que praticassem a humildade (Mt 18.1; 23.12).

A pessoa humilde não despreza os demais (Mt 18.4; Lc 14.11). A humildade no NT está intimamente ligada à bondade (Mt 5.5). Deus resiste aos orgulhosos, mas dá graça aos humildes (Tg 4.6). No NT é primária a convicção de que quem tem humildade não se preocupa com o próprio prestígio (Mt 18.4; 23.12; Rm 12.16; 2Co 11.7).

Paulo cria que relacionamentos de qualidade com outras pessoas, especialmente com os que erraram espiritualmente, dependem da bondade ou humildade (1Co 4.21; Gl 6.1; 2Tm 2.25). O NT afirma, tal como faz o AT, que Deus exaltará os humildes e humilhará os orgulhosos (Lc 1.52; Tg 4.10; 1Pe 5.6). O mundo grego desprezava as virtudes da bondade e da humildade, mas a comunidade cristã cria que essas virtudes são dignas (2Co 10.18; Cl 3.12; Ef 4.2). — *Gay Hardin*

HUMILHAÇÃO DE CRISTO V. *ressurreição de Jesus Cristo*; *kenosis*.

HUNTA Nome de lugar que significa "lagartos". Cidade na região montanhosa de Judá, no território dessa tribo (Js 15.54). Sua localização exata não é conhecida.

HUPÁ Nome pessoal que significa "abrigo" ou "telhado" ou "câmara nupcial". Líder do décimo terceiro turno de sacerdotes sob a liderança de Davi (1Cr 24.13).

HUPIM Nome pessoal de significado desconhecido. Filho de Benjamim e neto de Jacó (Gn 46.21). V. *Hufã*.

HUR Nome pessoal de sentido desconhecido: pode ser que signifique "branco" ou "hurrita" ou talvez seja derivado do nome do deus egípcio Hórus. **1.** Líder israelita que acompanhou Moisés e Arão ao topo da montanha na batalha contra os amalequitas. Hur e Arão sustentaram os braços de Moisés de modo que Israel pudesse prevalecer. De um modo não declarado explicitamente, as mãos de Moisés eram símbolo do poder de Deus e instrumento dele para com o exército de Israel (Êx 17.10-12). Hur e Arão também representaram Moisés e resolviam problemas entre o povo enquanto Moisés subiu ao monte para receber as instruções de Deus (Êx 24.14). Esse mesmo Hur foi provavelmente o avô de Bezalel da tribo de Judá, o artesão responsável pela confecção das obras de metalurgia para o tabernáculo no deserto (Êx 31.12). Era filho de Calebe (1Cr 2.19). Há uma genealogia de Hur em 1Cr 2.50 e 4.1. Esses textos são de difícil interpretação. Talvez, do mesmo modo que a tabela das nações em Gn 10, esses textos mostrem relações geográficas e políticas dos descendentes de Calebe. **2.** Rei de Midiã, derrotado por Israel em sua jornada rumo à terra prometida (Nm 31.8). O texto de Js 13.21 identifica os reis de Midiã como vassalos de Seom (cf. Nm 31). **3.** Governador distrital no tempo de Salomão, responsável pelo monte Efraim, cuja tarefa era abastecer os armazéns reais durante um mês no ano (1Rs 4.8; Ben-Hur, *NVI, ARA, ARC, NTLH*). **4.** Administrador de metade do distrito de Jerusalém no tempo de Neemias, ou talvez pai do administrador (Ne 3.9).

HURAI Leitura variante em 1Cr 11.32 do nome de um guerreiro de Davi que em 2Sm 23.30 é chamado de Hidai.

HURÃO-ABI Nome do artesão habilidoso que o rei Hirão de Tiro enviou para ajudar com o trabalho de metalurgia no templo (2Cr 2.13). O nome significa "meu pai é meu irmão exaltado". V. *Hirão*.

HURI Nome pessoal de significado incerto, talvez "branco" ou "fabricante de linho", "hurrita" ou "meu Hórus" (o deus egípcio). Membro da tribo de Gade (1Cr 5.14).

HURRITAS V. *horeus*.

HUSÁ Nome, pessoal e de lugar, que significa "pressa". Integrante da tribo de Judá (1Cr 4.4) alistado como sendo de Belém; logo, é provável que tenha sido o ancestral original do clã que viveu na cidade de Husá, talvez a atual Husan, perto de Belém. Alguns biblistas acham que no processo de cópia dos manuscritos o nome tenha sido mudado, do original Suá (1Cr 4.11), pela transposição de letras hebraicas. Dois dos soldados de Davi eram naturais de Husá: Sibecai (2Sm 21.18) e Mebunai (2Sm 23.27).

HUSAI 1. Nome pessoal que significa "rápido", "natural de Husá" ou "presente da irmandade". Pode ser que o nome Husai seja a transposição feita por copistas do original Suá. Se for assim, designa a família de Husai como natural de Shuhu, um Estado sírio na região central do Eufrates, ou um Estado em Edom ou na Arábia. Esse clã foi assimilado por Israel como parte da tribo de Benjamim que vivia no território dos arquitas, a sudoeste de Betel (Js 16.2). Husai era "amigo de Davi" (2Sm 15.37), o que provavelmente se refere a um posto governamental, tal como acontecia no Egito, um conselheiro pessoal, algo como um secretário de Estado. Quando Davi fugiu de Jerusalém, para escapar de seu filho Absalão, Husai se uniu a ele, em prantos (2Sm 15.32). Davi o mandou voltar para enganar Absalão (2Sm 15.34; 16.16-19). O conselho que ele deu a Absalão deu tempo para Davi organizar um quartel-general e unir forças para a batalha (2Sm 17).

O responsável por coletar provisões para Salomão na tribo de Aser era filho de Husai, talvez o mesmo "amigo de Davi" de 1Rs 4.16. V. *Husá*.

2. Nome pessoal que talvez signifique "nariz grande" ou "com pressa". Um dos antigos reis de Edom (Gn 36.34), natural de Temã.

HUSATITA Cidadão de Husá. V. *Husá*.

HUSIM Nome pessoal que significa "apressados". **1.** Filho de Dã e neto de Jacó (Gn 46.23). **2.** Membro de tribo de Benjamim (1Cr 7.12), ainda que muitos biblistas pensem que o processo de cópia dos manuscritos omitiu a tribo de Dã na lista, sendo Husim o mesmo de Gn 46.23. Um dos filhos de Dã é chamado de Suã em Nm 26.42, o que talvez seja o resultado de uma inversão de letras hebraicas. **3.** Esposa de Saaraim da tribo de Benjamim (1Cr 8.8) e mãe de Abitube e Elpaal (1Cr 8.11). Aparentemente o marido dela a enviou por questão de segurança ou como parte de problemas de família antes que ele fosse até Moabe. **4.** Filho de Aer citado em 1Cr 7.12.

HUZABE Transliteração da *ARC* de uma palavra hebraica em Na 2.7. O sentido dessa palavra não é claro. A *ARC* entende que se tratava de uma cidade-Estado. Outros tradutores entendem que a palavra hebraica em questão pode ser traduzida por simplesmente "cidade" (*NVI*) ou "cidade-rainha" (*ARA*). A tradução verbal provavelmente é a correta, apontando para o plano estabelecido por Deus anunciado pelo profeta de derrotar a Assíria e sua capital, Nínive. De outra maneira, a expressão descreve Nínive com linguagem figurada, talvez se referindo à deportação de ídolos vestidos derrotados na guerra.

I

Ponte antiga sobre o rio Tibre em Roma.

IBAR Nome pessoal que significa "ele elegeu". Filho de Davi nascido depois da mudança para Jerusalém (2Sm 5.15).

Alça de um vaso na bela forma de um íbex alado.

ÍBEX Espécie de cabra selvagem com grandes chifres curvos, nativa de áreas montanhosas altas. O íbex foi identificado com a cabra selvagem da Bíblia (1Sm 24.2; Sl 104.18). O íbex nubiano é encontrado hoje na área de En-Gedi, um oásis perto do mar Morto. O íbex consta na lista dos animais puros (Dt 14.5). O termo "antílope" (usado na *NVI*) é um animal de dorso branco. Sua identidade precisa (bode ou antílope) é incerta.

IBLEÃ Nome de lugar que significa "ele engoliu o povo". Cidade no território tribal de Issacar entregue à tribo de Manassés (Js 17.11). Muitos estudiosos da Bíblia pensam que Ibleã era a grafia original da cidade levita de Js 21.25, em que se lê agora no texto hebraico "Gate-Rimom", como também constava no versículo 24. Um copista pode ter copiado o nome do versículo 24 para o versículo 25. Alguns manuscritos gregos trazem *Iebatha*, talvez corrupção de Ibleã. Lê-se Bileã em 1Cr 6.70, o que aponta para Ibleã como original. Outros manuscritos gregos trazem "Bete-Seã". Manassés não conseguiu conquistar Ibleã (Jz 1.27). No golpe súbito contra Jorão, rei de Israel, Jeú feriu também mortalmente Acazias, rei de Judá, perto de Ibleã (2Rs 9.27). Muitos pesquisadores da Bíblia também entendem que "Ibleã" é o local do ataque de 2Rs 15.10. O texto hebraico emprega um pronome aramaico não conhecido no idioma hebraico e que significa "anteriormente", ou se refere a um lugar chamado *Kabal-am*, que por sua vez é desconhecido. Alguns manuscritos gregos trazem "Ibleã". O procedimento textual normal consideraria Ibleã a leitura mais fácil adotada por causa de 2Rs 9.27 por um copista ou tradutor que não entendeu o texto hebraico. Ibleã é a atual *Bir Belalmeh*, a cerca de 1,5 quilômetro a sudoeste de Jenim.

IBNEIAS Nome pessoal que significa "Javé constrói". Benjamita que voltou do exílio e se instalou em Jerusalém (1Cr 9.8).

IBRI Nome pessoal que significa "hebreu". Um levita do tempo do rei Davi (1Cr 24.27). V. *apiru*.

IBSÃ Nome pessoal que talvez signifique "rápido, ágil". Juiz israelita de Belém que participou da prática real de casar os filhos com estrangeiras (Jz 12.8-10).

IBSÃO Nome pessoal da raiz do bálsamo e que significa "doce cheiro" em traduções modernas. Membro e líder da tribo de Issacar (1Cr 7.2).

ICABODE Nome pessoal que significa "Onde está a glória?". Filho de Fineias, filho de Eli (1Sm 4.21). Seu nascimento parece ter sido precipitado pela notícia da morte de seu pai e pela captura da arca da aliança na batalha contra os filisteus. A mãe de Icabode faleceu logo depois do nascimento do bebê. V. *Eli*.

ICÔNIO Cidade da Ásia Menor visitada por Barnabé e Paulo durante a primeira viagem missionária (At 13.51). Paulo suportou agruras e perseguições em Icônio (2Tm 3.11). Sua localização é a atual capital da província turca Konya. Icônio foi mencionada pela primeira vez no séc. IV a.C. pelo historiador Xenofonte. Na época do

NT era considerada parte da província romana da Galácia. Ela existe de forma contínua desde sua fundação. V. *Ásia Menor, cidades de*.

IDALA Nome de lugar de significado incerto, talvez "chacal" ou "memorial". Cidade no território tribal de Zebulom (Js 19.15), provavelmente a atual *Qirbet el-Hawarah* ao sul de Belém de Zebulom, que não deve ser confundida com a Belém mais famosa de Judá.

IDBÁS Nome pessoal que significa "doce como mel". Filho de Etã, da tribo de Judá (1Cr 4.3), conforme traduções modernas e a tradução grega mais antiga. A *ACF* segue o texto hebraico ao trazer "pai", não "filho" de Etã.

IDO Grafia de quatro nomes hebraicos diferentes. **1.** Nome de significado incerto. Pessoa com autoridade na comunidade exílica durante o período persa à qual Esdras enviou mensageiros para ter a garantia de que levitas se juntassem a ele no retorno a Jerusalém (Ed 8.17). Parece que enviou os levitas necessários (v. 19,20). **2.** Nome pessoal que talvez signifique "louvor dele". Líder da metade oriental da tribo de Manassés na época de Davi (1Cr 27.21). O manuscrito hebraico usa esse nome em Ed 10.43 para designar um homem com uma esposa estrangeira, mas a anotação antiga de um copista seguida por traduções portuguesas lê Jadai. **3.** Nome que talvez signifique "Javé se enfeita". Profeta a cujas anotações o cronista se refere para mais informações acerca de Salomão e Jeroboão (2Cr 9.29), Roboão (2Cr 12.15) e Abias (2Cr 13.22). Essa última referência informa que ele escreveu um *midraxe*, o que pode assinalar uma exposição judaica da Bíblia. Já no tempo de Josefo, Ido foi identificado como o profeta anônimo que falou contra o altar de Betel em 1Rs 13. Os textos hebraicos apresentam seu nome de grafias diferentes nas várias ocorrências. **4.** Avô do profeta Zacarias (Zc 1.1,7 com grafias hebraicas diferentes). Os textos de Ed 5.1; 6.14 apresentam Zacarias como filho de Ido, usando "filho" no sentido de descendente, como ocorre com frequência no hebraico. É listado entre as famílias sacerdotais na comunidade pós-exílica inicial (Ne 12.4,16). **5.** Pai do supervisor distrital de Salomão que abastecia a corte real de mantimentos por um mês ao ano na região de Maanaim (1Rs 4.14). **6.** Levita (1Cr 6.21).

IDOLATRIA V. *ídolo*.

ÍDOLO Imagem ou forma física ou material que representa uma realidade ou é considerada divina e por isso objeto de adoração. Na Bíblia são usadas várias palavras para fazer referência a ídolos ou à idolatria: "imagem," seja ela entalhada (esculpida), seja moldada, "estátua", "abominação". Tanto o AT quanto o NT condenam os ídolos, mas o AT expressa mais preocupação com ídolos que o NT, provavelmente em decorrência da ameaça da idolatria mais acentuada para o povo do AT.

Os antigos hebreus habitavam um mundo repleto de ídolos. Os egípcios representavam suas divindades sob várias formas humanas e animais. De modo análogo, as diversas culturas mesopotâmicas usavam representações de ídolos para suas divindades, como os hititas na antiga Ásia Menor. Mais ameaçadoras para o culto hebreu eram as imagens cananeias de fertilidade de Baal e Aserá, algumas facilmente encontradas em escavações. O uso de ídolos nos cultos permaneceu comum na religião grega e romana.

Uma das características mais destacadas da religião bíblica é seu ideal de culto "sem imagens". Claramente expresso no Decálogo está o mandamento: "Não farás para ti nenhum ídolo [...]. Não te prostrarás diante deles nem lhes prestarás culto" (Êx 20.4,5). Normalmente isso é interpretado como uma declaração negativa em relação a ídolos, mas com implicações positivas para a adoração espiritual requerida por Deus.

Por muito tempo os ídolos constituíram um problema. Um dos primeiros atos de rebelião dos hebreus girou em torno do bezerro de ouro confeccionado sob a liderança de Arão no deserto (Êx 32). A serpente de bronze ilustra a propensão dos hebreus à adoração de ídolos. Moisés a instalou no deserto para debelar uma praga de serpentes (Nm 21), mas Israel a guardou, transformando-a em objeto de adoração (2Rs 18.4). Josué conclamou o povo a jogar fora os deuses a que seus pais serviram na Mesopotâmia e no Egito (Js 24.14). Talvez por orientação equivocada, o rei Jeroboão pretendia representar Javé por meio dos bezerros de ouro instalados em seus templos de Betel e Dã, quando liderou as tribos do Norte na separação do reino herdado por Roboão (1Rs 12.28-33).

Os escritores bíblicos denunciaram inúmeras vezes a idolatria. Nenhuma denúncia é tão palpável e devastadora como a de Is 44.9-20. O ídolo é feito pelo artesão, mas é impotente para sustentar o trabalhador para completar sua tarefa. Ademais, o ídolo começa como pedaço que sobrou de uma árvore, da qual alguém confecciona um deus. Então reverencia nada mais que um bloco de madeira.

Muitos estudiosos acreditam que a ameaça da idolatria foi muito menor na comunidade judaica do exílio babilônico e que continuou diminuindo, embora ainda estivesse presente nos tempos do NT. O problema mais percebido no NT diz respeito à conveniência de comer ou não a carne previamente ofertada a um ídolo (1Co 8-10). Parece que Paulo dilatou a amplitude da idolatria para o cristianismo quando identificou a cobiça com idolatria (Cl 3.5). V. *alimentos sacrificados aos ídolos*; *pagãos, deuses*. — Bruce C. Cresson

Allat, a deusa da Lua, venerada na Síria e mais tarde na Arábia setentrional.

IDUMEIA Em Is 34.5, a nação destinada ao juízo. "Idumeia" é o termo usado para Edom na versão grega do AT e nos escritos do historiador judeu Josefo. A região ficava a sudeste do mar Morto. Os reis chamados Herodes têm origem na Idumeia. Multidões da Idumeia seguiram Jesus no início de seu ministério (Mc 3.8). V. *Edom*.

IFDEIAS Nome pessoal que significa "Javé resgata". Membro da tribo de Benjamim que residiu em Jerusalém (1Cr 8.25).

IFTÁ Nome de lugar que significa "ele abriu ou quebrou". Cidade no território tribal de Judá na Sefelá (Js 15.43). Pode ter sido localizada na atual *Terqumiyeh*, a meio caminho entre Hebrom e Beit Jibrin. O nome Jefté tem a mesma pronúncia em hebraico. V. *Jefté*.

IFTÁ-EL Nome de lugar que significa "Deus abre". Vale que separa os territórios tribais de Zebulom e Aser (Js 19.14,27). É o atual uádi el-Melek.

IGAL Nome pessoal que significa "ele redime". **1.** Espião representante da tribo de Issacar, enviado por Moisés para espionar a terra de Canaã (Nm 13.7). Ele votou com a maioria, de que a terra era muito difícil para Israel conquistar. **2.** Um dos guerreiros heróis de Davi, aparentemente um estrangeiro de Zobá (2Sm 23.36), embora em 1Cr 11.38 seu nome fosse grafado Joel, e ele ser irmão, não filho, de Natã. **3.** Descendente de Davi na comunidade pós-exílica (c. de 470 a.C.) e por isso portador da linhagem e esperança messiânicas (1Cr 3.22), embora o cronista não o descreva aqui em termos messiânicos.

IGNORÂNCIA A lei do AT distinguia pecados por ignorância, ou pecados não intencionais (Lv 4.2,13,14; Nm 15.24-29), dos pecados premeditados (pecar exacerbadamente ou "à mão levantada", Nm 15.30,31, *ARA*). Pecados cometidos por ignorância geram culpa (Lv 4.13,22,27); mas o sistema de sacrifícios previa compensação para ele (Lv 4; 5.5,6). Em contraposição, o pecado "arbitrário" ou "premeditado" é afronta a Deus, punível de exclusão do povo de Deus. A Lei não previa nenhuma purificação ritual para esse pecado (Nm 15.30,31). Entre as ilustrações comuns para os pecados por ignorância estão o erro (Lv 5.18), o descaminho (Sl 119.10) e o tropeço (Jó 4.4). Por extensão, essas figuras podem ser aplicadas a qualquer pecado. Assim, Pv 19.27 adverte contra o "desvio" intencional das palavras do aconselhamento divino.

O NT menciona a ignorância anterior desculpada por Deus. Foi essa a ignorância dos judeus participantes da crucificação de Jesus (At 3.17; 13.27), de Paulo ao perseguir os cristãos (1Tm 1.13) e dos gentios que não conheciam o Deus verdadeiro (At 17.30). Embora releve essa ignorância passada, Deus requer o arrependimento (At 3.19; 17.30). A obediência caracteriza a vida dos convertidos, do mesmo modo que os desejos ignorantes caracterizam os sem Cristo (1Pe 1.14). O NT fala de ignorância deliberada, como também de ignorância "desculpável". Na maioria das vezes a ignorância deliberada envolve a recusa obstinada de reconhecer o testemunho da natureza em prol da existência poderosa de Deus (Rm 1.18-21; Ef 4.18; 2Pe 3.5).

IGREJA No NT, a palavra grega *ekklesia* se refere a qualquer assembleia, corpo local de cristãos, ou ao corpo universal de cristãos.

A Igreja como povo de Deus A história da redenção mostra que os propósitos de Deus não estão limitados à redenção de indivíduos. Em vez disso, a intenção de Deus era formar um povo (Gn 12.1-3).

O AT relata o estabelecimento da nação judaica, regida por um rei da escolha de Deus, governada por revelação divina e estabelecida na terra da promessa. O AT previu, no entanto, um dia quando Deus chamaria os gentios. Depois do Pentecoste, os apóstolos acreditaram que essa profecia se cumpriu quando Deus criou uma nova igreja multinacional e multiétnica (At 2.14-42; 15.6-29). Jesus foi o Filho de Davi dando início à reunião escatológica das nações (At 15.15-17).

A identidade da Igreja como o povo de Deus é vista em termos de cristãos tanto judeus quanto gentios. Paulo observou que os gentios foram "enxertados" no povo de Deus junto com o Israel da fé (Rm 11.11-25). Os pagãos antes cortados de Deus e excluídos da comunidade de Israel se tornaram "concidadãos" dos judeus na redenção planejada de Deus (Ef 2.11-22). De fato, agora "não há judeu nem grego" na Igreja (Gl 3.28).

Usando a linguagem que antes era reservada somente para Israel, Pedro escreveu da Igreja como o "sacerdócio santo" e uma casa de "pedras vivas" (1Pe 2.4-10). Aliás, Pedro, ecoando Oseias (Os 1.9), lembra os cristãos gentios do seguinte: "Antes vocês nem sequer eram povo, mas agora são povo de Deus" (1Pe 4.10).

A visão de João sobre o fim dos tempos é de uma vasta multidão de todas as "tribos, povos e línguas" redimida diante do trono de Deus (Ap 7.9,10). Jesus comissionou seus discípulos a levar o evangelho "até os confins da terra" (At 1.8). A natureza multinacional e multiétnica da igreja do NT testifica não somente da universalidade da mensagem do evangelho (Rm 10.11,12) e da reconciliação pessoal realizada na cruz (Ef 2.14-16), mas também da extensão global do Reino vindouro de Cristo (Sl 2.8). Assim, a obediência à Grande Comissão (Mt 28.16-20) não é simplesmente uma função da Igreja, mas ela é essencial à sua identidade como povo de Deus.

De maneira semelhante, a adoração não é incidental. Visto que Deus reuniu um povo "para o louvor da sua gloriosa graça" (Ef 1.6), a adoração é necessária para a vida corporativa da Igreja. Isso fica evidente não somente na prática israelita, mas também na prática da igreja primitiva (Jo 4.20-24; Ef 5.18-20).

A Igreja como o Corpo de Cristo A igreja não é meramente uma sociedade religiosa sectária. Jesus fala de edificar ele mesmo essa nova comunidade sobre a confissão do seu senhorio (Mt 16.18,19). Os apóstolos reconheceram o nascimento da Igreja no Pentecoste como obra do próprio Jesus. No Pentecoste (At 2.14-39), Pedro associou os eventos ali com as promessas de um Messias davídico (2Sm 7; Sl 16; 110).

Diversos termos são usados no NT para descrever a Igreja: Corpo de Cristo (Ef 5.22,2330), "novo homem" (Ef 2.14,15), "casa de Deus" (Hb 3.6; 1Pe 4.17) e outros. Paulo chama a Igreja repetidamente de "corpo de Cristo"; os cristãos unidos a Cristo na sua morte e ressurreição. A perseguição da Igreja, portanto, é a perseguição do próprio Cristo. A metáfora do corpo mostra a unidade dos cristãos em Cristo e ressalta os papéis e dons diferentes dos cristãos em uma comunidade maior (1Co 12.12-31).

A descrição da Igreja como Corpo de Cristo designa o papel de Jesus sobre a comunidade. Como o Filho de Davi exaltado, ele exerce a soberania pelo seu Espírito e pela sua Palavra. Por meio da sua ressurreição ele é nomeado "cabeça" da Igreja (Cl 1.18). Sua autoridade como cabeça mostra que os cristãos estão sujeitos àquele que os amou e comprou com seu sangue (Ef 5.23-27). Os dons individuais devem ser exercidos de acordo com a distribuição soberana do Espírito Santo (Ef 4.4-16).

A expressão "Corpo de Cristo" não se refere apenas à igreja universal, mas também se aplica a cada congregação local de cristãos. Ao escrever aos coríntios, Paulo ensina que Deus capacitou os membros da congregação para se edificarem mutuamente para a glória de Cristo (1Co 12.1-31). Como tal, cada congregação local é autônoma, governada pelo Cristo ressurreto, por meio da submissão à autoridade da revelação bíblica (Ef 5.24).

O fato de que a Igreja é o Corpo de Cristo implica necessariamente que os membros individuais pertencem a Cristo. Como tal, cada igreja precisa ser composta de membros regenerados, os que dão evidência de fé em Jesus Cristo. O NT associa inextricavelmente a regeneração pessoal à participação como membro de uma igreja local (Hb 10.29-25). Visto que o batismo é tanto um rito de iniciação na igreja quanto um testemunho de conversão, deve ser ministrado somente aos que confessam Jesus como Salvador e Senhor (At 10.47,48). O batismo é reservado para os que estão unidos a Cristo na sua morte e ressurreição (Rm 6.3,4). Da mesma forma, a ceia do Senhor testifica de uma igreja de membros regenerados. Os que participam da ceia do Senhor lembram a morte de Cristo em seu lugar e dão testemunho da sua união com ele (1Co 11.23-34).

A Igreja como a comunidade da aliança O NT se refere à Igreja como "coluna e fundamento da verdade" (1Tm 3.15). Desde o início a Igreja deveria operar como um corpo confessional, apegando-se à verdade de Cristo como revelada pelos profetas e apóstolos que ele tinha escolhido (Ef 2.20).

A congregação local é organizada em torno de uma confissão de fé. Os líderes da igreja devem guardar a fidelidade doutrinária da congregação ao pregar fielmente as Escrituras (At 20.25-30; 1Tm 4.1-11; 2Tm 3.13-17). Quando aparecem os erros doutrinários, a igreja deve confrontar e erradicá-los, mesmo que isso signifique expulsão dos falsos mestres impenitentes (1Tm 1.19,20; 6.3-5; 2Tm 3.1-9; Tg 5.19,20).

A natureza de aliança da congregação local também é vista na prestação de contas dos cristãos uns aos outros. Os membros de uma igreja são responsáveis por edificar uns aos outros (Ef 5.19) e estão encarregados de resgatar os que vacilam na sua fé (Gl 6.1,2). Quando tentativas pessoais não conseguem resgatar os cambaleantes, a igreja deve exercer a disciplina (Mt 18.15-20). Se um membro de igreja não se arrepende, o último passo é removê-lo do grupo de membros (1Co 5.1-13).

A Igreja e o mundo A Bíblia apresenta a Igreja como algo marcantemente distinto do mundo. A igreja deve ser composta de crentes regenerados chamados para fora de um mundo hostil para o evangelho de Cristo. Como tal, a igreja é chamada para confrontar o mundo com a realidade do juízo vindouro e o evangelho da redenção por meio de Cristo.

A Bíblia apresenta a Igreja como uma sociedade alternativa, chamada a viver uma vida de contracultura no Espírito. A Igreja deve ser uma colônia do Reino, mantendo sua lealdade suprema a Cristo. Em contraste com um mundo que de forma servil adora o poder político puro, como o de César, a Igreja proclama: "Jesus é Senhor". Em contraste com um mundo de batalhas mortais pelo poder, a Igreja se sacrifica e serve aos outros. Isso não significa, no entanto, que a Igreja deve se alienar do mundo. A Igreja está no mundo, mas não deve se conformar a ele (Rm 12.2). O NT descreve repetidamente a igreja primitiva confrontando a sinagoga, o paganismo cúltico e a filosofia grega. A Igreja não deve abandonar os relacionamentos e responsabilidades terrenos, mas transformá-los pela vida regenerada de seus membros.

A Igreja, no entanto, não pode coagir o mundo (Jo 18.11). A mensagem da Igreja é que Deus regenera os pecadores e os insere no Corpo de Cristo. Se a conversão genuína é o pré-requisito para a participação de alguém como membro de uma igreja, então tal transformação não pode ser forçada. A Igreja dá testemunho da soberania de Deus por meio do poder persuasivo da palavra pregada. Os pecadores são assim tocados no fundo do coração, regenerados e resgatados "do domínio das trevas" (Cl 1.13).

Assim, a Igreja e o Estado devem permanecer separados. A Igreja tem prerrogativas sobre as quais o Estado não tem jurisdição (1Co 5.1-13). O Estado tem responsabilidades que não são parte da missão da Igreja (Rm 13.1-4).

A missão da Igreja A Igreja não é em nenhum lugar equiparada ao Reino de Deus no NT. O Corpo de Cristo é associado ao Reino, mas o emprego da linguagem de reino para a Igreja (Mt 16.18,19; Cl 1.11-28) sugere que a Igreja é uma manifestação inicial do Reino vindouro.

Ao confessar Jesus como Senhor, cada congregação local é um lembrete visível aos poderes do mundo de que o juízo virá. O justo e reto Rei um dia esmagará os reinos deste mundo, e todo o cosmo tremerá diante do Cabeça ressurreto e soberano da Igreja (Dn 2.44; Fp 2.5-11). Embora os cristãos se submetam às autoridades governamentais, não devem a lealdade última a entidades políticas transitórias, mas ao Reino messiânico vindouro.

O governo da Igreja O fato de que Deus deu dons a cada membro da igreja não significa que a igreja deva ser privada de liderança. Ao contrário, o NT fala de líderes chamados por Deus para sua igreja para a edificação do corpo (Ef 4.11-16). Os ministros de uma igreja neotestamentária são pastores (chamados "presbíteros" ou "anciãos" ou "bispos") e diáconos (1Tm 3.1-13). Esses homens são capacitados por Deus e chamados dentre os membros da congregação para servir à igreja.

O pastor é chamado para liderar a congregação por meio do ensino da verdade das Escrituras, do bom exemplo e do pastoreio do rebanho (Hb 13.7). A tomada de decisão final da igreja, no entanto, pertence à congregação sob o senhorio de Cristo. Os autores do NT trataram de diversos temas de conflito na vida da igreja. Eles muitas vezes levaram essas questões de política não a uma "comissão" supracongregacional, mas às próprias congregações (1Co 5). Todos os membros da congregação são responsáveis diante de Deus pelas decisões do corpo local. A liderança nomeada da igreja, no entanto, tem responsabilidade ainda maior diante de Deus (Tg 3.1) como aqueles que vão prestar contas pela alma de cada membro da congregação (Hb 13.17).

Visto que cada congregação é assim capacitada para a política interna e responsável por ela, a congregação local não se submete a controle externo. As igrejas podem cooperar para a obra do Reino de Deus. A igreja primitiva, p. ex., convocou um concílio de líderes de igrejas para tratar de questões doutrinárias urgentes que afligiam as congregações (At 15.1-35). De modo semelhante, Paulo recorreu a igrejas locais e as organizou para cooperarem no auxílio aos irmãos de fé empobrecidos em outras igrejas (2Co 8—9; Fp 1.15-18). V. *apóstolo; bispo; diácono; ancião (presbítero, autoridade); missão (missões)*. — Russell D. Moore

IIM Nome de lugar que significa "ruínas". **1.** Cidade na fronteira sul do território tribal de Judá (Js 15.29). Sua localização não é conhecida, e ela não aparece nas listas paralelas de Js 19.3; 1Cr 4.29. Muitos estudiosos da Bíblia pensam que um copista transcreveu a palavra seguinte, Azem, em duas vezes. **2.** Usado em Nm 33.45 ("Ijim") como abreviação para Ijé-Abarim. V. *Ijé-Abarim*.

IIMNÁ V. *Imna*.

IJÉ-ABARIM Nome de lugar que significa "ruínas das encruzilhadas". Estação na migração pelo deserto (Nm 21.11) próxima a Moabe. Parece que fica na proximidade do monte Abarim. Aparentemente é abreviado como Jim em Nm 33.45. Alguns geógrafos da Bíblia a localizam em *Qirbet Aii*, a sudoeste da atual Queraque ou Mahay, mas não há nenhuma certeza disso. V. *Abarim*.

IJOM Nome de lugar que significa "ruína". Lugar no norte de Israel capturado pelo rei Ben-Hadade de Damasco como resultado de seu acordo com o rei Asa de Judá (910-869 a.C.) para romper o tratado entre Damasco e Baasa, rei de Israel (1Rs 15.20). Isso forçou Baasa a se defender na fronteira norte e parar de invadir o território de Judá, dando oportunidade a Asa para fortalecer suas defesas (1Rs 15.21,22). Tiglate-Pileser conquistou a cidade e levou muitos israelitas ao cativeiro por volta de 734 a.C. (2Rs 15.29). Ijom fica próxima da atual *Marj Uyun* entre os rios Litani e Hesbani em *Tell Dibbin*

ILAI Nome pessoal de significado incerto. Um dos heróis do exército de Davi (1Cr 11.29), aparentemente o mesmo que Zalmom (2Sm 23.28), e a grafia é decorrente da alteração feita por um copista.

ILHA

ILHA Área de terra cercada por água. Traduções modernas às vezes substituem ilha pela palavra costa, litoral, ou terra litorânea (cf. Gn 10.5; Et 10.1; Sl 97.1; Is 11.11; Jr 2.10). "Ilhas" ocorrem muitas vezes em paralelo com povos ou nações (Is 41.1; 51.5; 66.19; Jr 31.10) e com a terra (Is 42.4). Frequentemente a ideia de povos e lugares distantes recebe ênfase pelo paralelismo (Is 41.5; 49.1). Os hebreus não eram um povo navegador e por isso identificaram facilmente as ilhas mediterrâneas com os confins da terra.

A Bíblia menciona muitas ilhas pelo nome. Arvade (Ez 27.8,11) é uma ilha a 3 quilômetros da orla da Fenícia do norte. Clauda é uma ilhota diante de Creta (At 27.16). Quio (At 20.15) é uma ilha próxima à costa da Jônia. Cós (At 21.1) é uma ilha a 80 quilômetros a noroeste de Rodes. Creta (a Caftor do AT, Jr 47.4; Am 9.7) é uma ilha de 250 quilômetros de comprimento situada a sudeste da Grécia (Tt 1.5,12). Chipre (terra natal de Quitim do AT, Jr 2.10; Ez 27.6) é uma ilha de 120 quilômetros de comprimento localizada no extremo oriental do Mediterrâneo (At 4.36; 11.19,20, entre outros). Melita ou Malta é uma ilha localizada a 80 quilômetros a sudoeste da Sicília (At 27.39-28.10). A ilha de Patmos fica localizada na costa da Jônia a oeste de Samos (Ap 1.9). Rodes é uma ilha a sudoeste da Ásia Menor (At 21.1). Samos é uma ilha localizada na costa jônia a cerca de 20 quilômetros a sudoeste de Éfeso (At 20.15). A Sardenha é uma ilha mediterrânea ocidental ao sul da Córsega. Tiro (Ez 26.2) era uma famosa cidade fenícia construída sobre uma ilha.

ILÍRICO Nome de lugar de significado incerto. Um distrito no Império Romano entre o rio Danúbio e o mar Adriático. Os romanos dividiram-no em Dalmácia e Panônia. Fazem parte dele a antiga Iugoslávia e a Albânia. O Ilírico representava a fronteira nordeste do trabalho missionário de Paulo, conforme ele escreveu aos romanos (Rm 15.19), embora em passagem alguma a Bíblia mencione seu trabalho nessa região. O trabalho na Macedônia distava a apenas alguns quilômetros, de modo que poderia facilmente ter pregado no Ilírico ou enviado seus parceiros até lá. Isso não significa que tenha coberto toda a província, apenas que introduziu o evangelho nessas perigosas fronteiras do império. Assim, Paulo tinha completado seu ministério missionário de anunciar o evangelho e iniciar igrejas no extremo oriente do império. Agora Paulo estava pronto para pregar em Roma e nas partes ocidentais do Império Romano (Rm 15.20-24).

ILUSTRAÇÃO V. *imagens; parábolas*.

IMAGEM DE DEUS Designação bíblica da natureza, condição e valor incomparável de todos os seres humanos como criaturas de Deus.

Pensadores cristãos tentaram situar a imagem de Deus (*imago Dei*) em várias dimensões da existência humana, entre elas o espírito, a alma, razão, mente, personalidade, imortalidade e até mesmo o corpo físico humano. Mas a Escritura não é específica sobre exatamente o que no ser humano constitui a *imagem divina*. A imagem de Deus não pode ser reduzida a um atributo ou à combinação de atributos do homem. O quadro bíblico é mais holístico. A pessoa inteira, como ser humano, forma a imagem de Deus.

Criação A representação bíblica da imagem de Deus começa "no princípio", quando "Deus disse: 'Façamos o homem à nossa imagem, conforme a nossa semelhança'" (Gn 1.26a). A palavra hebraica "imagem" (*tselem*) se refere a uma representação, réplica ou semelhança; muitas vezes diz respeito a como um ídolo representa um deus. "Semelhança" (*demut*) significa "semelhante na aparência", em geral na aparência visual, mas igualmente pode se referir à semelhança acústica. Em combinação, "semelhança" complementa "imagem" para significar que o ser humano é mais que mera imagem. Ele é a semelhança de Deus. No entanto, independentemente da argumentação pela definição ou ordem das palavras, as tentativas de distinguir de forma nítida a "imagem" da "semelhança" são equivocadas. Durante séculos os teólogos tentaram contrastar a "imagem" (como a parte física, natural ou racional de homem) com e contra a "semelhança" (como a parte espiritual, moral e volitiva do ser humano). Enquanto os termos *tselem* e *demut* são complementares, três referências subsequentes a Gn 1.26 confirmam todas que esses dois termos são ideias fundamentalmente intercambiáveis no estilo literário hebraico comum do paralelismo. Em Gn 1.27 "imagem" é usada sem "semelhança". Em Gn 5.1 "semelhança" é usada sem "imagem". Em Gn 5.3, os dois termos ocorrem novamente em sequência, mas estão em ordem inversa comparada à de Gn 1.26. Seja como for, as três passagens apontam para Gn 1.26 e comunicam a grandiosa ideia da imagem de Deus.

Para a compreensão da imagem divina é mais importante que o contexto bíblico imediato do pronunciamento divino original em Gn 1.26 seja a criação do reino animal. Em contraste com a criação animal, a humanidade é feita à imagem de Deus por meio de um ato criativo separado. O ser humano surge à parte de qualquer conexão com a criação animal e com certeza não da evolução. Ademais, pela primeira vez na narrativa da criação, o "façamos" divino é usado em conexão com a criação. Acrescente-se que o contexto bíblico imediato à introdução da "imagem de Deus" é a incumbência adicional de que o homem "subjugue" a terra e "governe sobre" as demais criaturas (Gn 1.26,28). Acima da superfície, a autoridade terrena do ser humano aqui o põe à parte do restante da criação. Sob a superfície, esse motivo da *imago Dei* contrasta com a crença gentílica antiga de que somente reis no poder desfrutavam de posição especial perante os deuses e os seres humanos, como era comprovado pelo domínio que presumiam exercer em nome de suas divindades. Em contraposição, a figura bíblica da *imago Dei* expressa que todos os seres humanos, não apenas reis, possuem uma condição régia especial como mordomos da terra designados por Deus. Pelo fato de o gênero humano governar as demais criaturas de Deus e a terra, todo membro da raça humana de alguma maneira representa e reflete o Deus soberano da criação.

Procriação Ambos os sexos refletem a imagem divina como "macho e fêmea" (Gn 1.27, *ARC*) e receberam o mandamento: "Sejam férteis e multipliquem-se!" (Gn 1.28). Esse mandato de povoamento se concretizou em Gn 5.1-3, com a nítida implicação de que a *imago Dei* foi passada de Adão e Eva a seu filho Sete. Esse texto emoldura o tema da filiação com a imagem de Deus. Quando Lucas cita Gn 5.1-3, ele chama Adão de "filho de Deus" (Lc 3.38). Essas duas passagens juntas comunicam uma ideia comum: de Deus, Adão recebeu a *imago Dei*; de Adão, Sete recebeu a *imago Dei*. O pecado de Adão e suas consequências nefastas para toda a espécie humana sem dúvida prejudicaram a imagem divina, pois nenhum aspecto da existência humana deixou de ser afetado pela queda no pecado. Contudo, é mera suposição acreditar que a imagem de Deus tenha sido completamente perdida por causa do pecado. Pelo contrário, Sete e sua descendência receberam a imagem e a passaram adiante.

Essa imagem multifacetada de Deus no ser humano, de mordomo e filho, representada nos temas da criação e procriação, também está presente em Sl 8. Aqui "o homem" e "o filho do homem" foram feitos "um pouco menor(es) que os seres celestiais", recebendo glória, honra e domínio (Sl 8.3-8). O homem pecador ainda possui essa imagem em proporção tal que Paulo afirma: o ser humano caído "é a imagem e glória de Deus" (1Co 11.7). Embora o pecado tenha distorcido e desfigurado a imagem divina no ser humano, não diminuiu seu valor. Na realidade, a vida humana após a Queda ainda é sagrada justamente por causa da *imago Dei*, tão sagrada que não deve ser tirada (Gn 9.6,7) nem amaldiçoada (Tg 3.9).

Encarnação Entretanto, ainda que em grande medida o gênero humano seja imagem de Deus em virtude da mordomia e filiação, somente um homem é a verdadeira imagem de Deus, com plena autoridade do Pai, como único Filho gerado por Deus. Jesus Cristo "é a imagem de Deus" (2Co 4.4); ele "é a imagem do Deus invisível" (Cl 1.15). É esse o grande acontecimento da encarnação (Jo 1.14,18; Fp 2.5-8). Como único Deus-homem, entre os seres humanos somente Jesus Cristo espelha Deus como "a expressão exata de seu ser" (Hb 1.3). Assim, Jesus Cristo é o mordomo máximo de Deus e seu verdadeiro Filho (Hb 2.6-8).

Redenção Embora a imagem de Deus no ser humano esteja danificada em decorrência do pecado, para os que creem esse dano é mais do que consertado pela obra redentora de Jesus Cristo. O cristão é "revestido do homem novo, o qual está sendo renovado em conhecimento, à imagem de seu Criador" (Cl 3.10; cf. Ef 4.24). "Refletindo a glória do Senhor", o cristão é santificado de modo progressivo, "sendo transformado segundo a sua imagem com glória cada vez maior" (2Co 3.18; cf. Rm 8.28,29).

Glorificação Por causa da encarnação, vida, morte e ressurreição de Jesus Cristo, os cristãos recebem a promessa da transformação final para serem semelhantes a Cristo no retorno dele. "Assim como somos parecidos com o homem feito do pó da terra, assim também seremos parecidos com o Homem do céu" (1Co 15.49, *NTLH*; cf. v. 42,45-48). Embora possa haver muitas coisas acerca da imagem de Deus que os cristãos não conseguem entender nem saber em sua condição atual, a revelação de Jesus Cristo transformará os cristãos para a eternidade. "Sabemos que quando ele se manifestar, seremos semelhantes a ele, pois o veremos como ele é" (1Jo 3.2; cf. Fp 3.21). — *Jerry A. Johnson*

IMAGEM DE NABUCODONOSOR Figura colossal do sonho de Nabucodonosor (Dn 2.31-45) erguida na planície de Dura (Dn 3.1-18).

Discute-se a interpretação da estátua no sonho de Nabucodonosor. Está claro que Nabucodonosor é a cabeça de ouro (Dn 2.38). Menos evidente é a identificação dos outros materiais (prata, bronze, ferro misturado com barro) com referências históricas. Por conveniência, os intérpretes podem ser classificados em geral como historicistas e dispensacionalistas.

Os historicistas propuseram várias soluções para o enigma das referências históricas. De acordo com uma interpretação, os diversos materiais se referem à linhagem de reis neobabilônicos que chegou ao fim com a conquista de Ciro, identificado como a pedra comandada por Deus (Dn 2.45; cf. Is 44.28; 45.1). Outros veem uma sucessão de reinos em vez de reis; p. ex.: 1) Babilônia, Média, Pérsia e Grécia, ou 2) Babilônia, Medo-Pérsia, Alexandre Magno, e os sucessores helênicos de Alexandre. Os intérpretes divergem quanto a identificar o reino que governa o mundo todo (Dn 2.39) com o de Ciro, que fez essa reivindicação, ou com Alexandre, que de fato conquistou grande parte do mundo conhecido. O quarto reino "dividido" (Dn 2.41) é muitas vezes identificado com a divisão do império de Alexandre por seus generais. Possivelmente a mistura de ferro e barro seja referência a tentativas fracassadas de unificar esses reinos por meio de acordos matrimoniais (Dn 2.43). Para esses intérpretes, a pedra ordenada por Deus representa os macabeus, que garantiram a independência judaica e restauraram o culto no templo. Muitos historicistas reconhecem que os macabeus cumpriram as esperanças do autor de Dn apenas parcialmente, e por isso o cumprimento derradeiro se deu no Reino estabelecido por Cristo.

Os intérpretes dispensacionalistas identificam a sucessão de reinos como Babilônia, Medo-Pérsia, Grécia e Roma. Roma é o império dividido nas metades oriental e ocidental e que por fim é representado pela federação de dez nações. O período romano se estende ao tempo de Cristo, a rocha enviada por Deus que põe fim ao poder dos gentios (Dn 7; Lc 21.24; Ap 16.19).

A acusação levantada contra os judeus, de não adorarem os deuses de Nabucodonosor (Dn 3.12,14) indica que se trata da estátua de Bel-Merodaque, a divindade protetora da Babilônia, embora a estátua possa ter sido a do próprio Nabucodonosor. Aqui a religião constitui uma ferramenta política para unir vários povos em um único império. Sem dúvida os leitores nos tempos dos macabeus e dos romanos entenderam a estátua como contrária ao uso contemporâneo do culto ao governante divino. — *Chris Church*

IMAGEM ESCULPIDA V. *ídolo*.

IMAGEM ESCULPIDA, SANTUÁRIO (com) Expressão encontrada em Ez 8.12 e compreendida como "salão cheio de imagens" (*NTLH*) ou "santuário de sua própria imagem esculpida" (*NVI*). A ilustração de que os representantes de Israel cultuam ídolos no templo de Jerusalém na visão de Ezequiel (Ez 8.3,12) simboliza a deslealdade do povo para com Deus.

IMAGENS V. *ídolo*.

IMAGINAÇÃO Termo para designar o pensamento como prelúdio da ação, muitas vezes no sentido de conceber ou inventar o mal; também pode se referir à obstinação, do significado da palavra hebraica "formado" ou "torcido". A imaginação significa planos maus (Pv 6.18; Lm 3.60,61). Em Dt 31.21 e possivelmente em Rm 1.21, "imaginação" diz respeito à inclinação de praticar o mal. Deus se opõe às imaginações dos orgulhosos (Lc 1.51; 2Co 10.5). Imaginação também é usada em acepção neutra (1Cr 28.9). Muitas vezes imaginação significa teimosia (Dt 29.19; Jr 3.17; 7.24; 9.14; 11.8; 13.10; 16.12; 18.12; 23.17). Traduções modernas usam com menor frequência o termo "imaginação". A *RSV*, p. ex., usou imaginação apenas quatro vezes: para a inclinação de praticar o mal (Gn 6.5; 8.21, *ARC*; "desígnio", *ARA*; "inclinação", *NVI*); para os planos dos orgulhosos (Lc 1.51); e com relação à fabricação de ídolos (At 17.29), em que imaginação pode significar criatividade ou com maior probabilidade mente depravada. A *NIV* também usou quatro vezes imaginação: em relação a fabricar profecias (Ez 13.2,17); e para planos malignos (Is 65.2; 66.18).

IMATERIALIDADE Não constituído de matéria. O texto de At 17.29 afirma: "Não devemos pensar que a divindade é semelhante a uma escultura de ouro, prata ou pedra". Pelo contrário, "Deus é espírito, e é necessário que seus adoradores o adorem em espírito e verdade" (Jo 4.24).

IMER Nome pessoal que provavelmente significa "cordeiro". **1.** Pai de Pasur, sacerdote e administrador do templo (Jr 20.1). **2.** Sacerdote cujo filho Zadoque ajudou Neemias a consertar as muralhas de Jerusalém (Ne 3.29). Antepassado de sacerdotes que viveram em Jerusalém após a volta do exílio (1Cr 9.12). **3.** Líder de famílias de sacerdotes sob Davi (1Cr 24.14). Em outras ocasiões "filho de Imer" podia significar "descendente de Imer" e se referir a esse antepassado sacerdotal original (cf. Ed 2.37,38; 10.20; Ne 7.40; 11.13).

IMINITA Membro do clã de Imna. V. *Imna*.

IMITAR Copiar gestos, fazer o que se vê os outros fazerem. Às vezes o sentido se aproxima de "ser obediente". O uso de Paulo pode ser dividido em três grupos: 1) Chamar atenção para uma comparação, mesmo quando não se tem nenhuma imitação consciente. Os tessalonicenses suportaram sofrimentos nas mãos de seus compatriotas comparáveis aos experimentados pelos mais antigos cristãos de origem judaica (1Ts 2.14). Talvez 1Ts 1.6 caiba aqui. 2) Seguir um exemplo (Fp 3.17; 2Ts 3.7,9, em que se trata do exemplo de autossustento de Paulo). Ele também pode estar pensando na obediência, como demonstram as referências à tradição (2Ts 3.6) e ao mandamento (2Ts 3.10). 3) Equivale a "ser obediente". Paulo exortou os coríntios a segui-lo não de forma primordial pela imitação de seu exemplo pessoal, mas de sua "maneira de viver em Cristo" ensinada "por toda parte, em todas as igrejas" (1Co 4.16,17). Os coríntios deviam seguir o exemplo de Paulo atendendo ao conselho dele de fazerem tudo para a glória de Deus sem causar escândalo (1Co 11.1; cf. 10.23-33). Em Ef 5.1 a ordem para imitar está ligada outra vez às séries anteriores de mandamentos, especialmente o de perdoar (Ef 4.25-32). A figura de filhos obedientes aos pais é comum quando predomina a ideia da imitação como obediência (1Co 4.14-16; Ef 5.1).

A carta aos Hb insta a imitar a fidelidade e a resistência paciente dos herdeiros das promessas (Hb 6.12) e a fidelidade dos líderes da igreja (Hb 13.7). O mandamento de 3Jo 11 é geral, embora tenha em vista exemplos específicos do bem (Demétrio) e do mal (Diótrefes).

IMNA Nome pessoal que significa "ele defende", "ele distribui para" ou "na mão direita fortuna boa". **1.** Membro da tribo de Aser (1Cr 7.35). **2.** Filho de Aser e antepassado original dos imnaítas (Nm 26.44). **3.** Levita no tempo do rei Ezequias (2Cr 31.14).

IMNAÍTA V. *Imna*.

IMORALIDADE Qualquer atividade sexual ilícita fora do matrimônio. Tanto no AT quanto no NT a palavra possui também um sentido figurado, referindo-se à idolatria ou deslealdade para com Deus.

No AT *zanah* se refere com regularidade ao relacionamento heterossexual incorreto, principalmente em relação a mulheres (Jz 19.2; Jr 3.1; Os 4.13). O substantivo "meretriz" ou "prostituta" é derivado da mesma raiz (Gn 34.31; Js 2.1-3; Pv 23.27; Os 4.13,14). Em um sentido figurado, *zanah* diz respeito à deslealdade de Israel para com Deus (2Cr 21.11; Is 1.21; Jr 3.1-5; Ez 16.26-28). Além disso, a pecaminosidade de Tiro (Is 23.17) e Nínive (Na 3.4) é retratada dessa maneira.

Nas cartas de Paulo, *porneia* e/ou palavras correlatas se referem a uma relação incestuosa (1Co 5.1), a relações sexuais com uma prostituta (1Co 6.12-20) e a várias formas de impureza heterossexual e homossexual (Rm 1.29;

IMORTALIDADE

1Co 5.9-11; 6.9-11; 7.2; 2Co 12.21; Ef 5.3; 1Ts 4.3). A imoralidade constitui pecado contra Deus (1Co 3.16,17; 6.15-20; 1Ts 4.3-8). Nos Evangelhos o termo é algumas vezes relacionado com adultério (Mt 5.32; 19.9) e em Ap pode se referir a prostituição ou imoralidade sexual (Ap 2.14,20). A palavra "meretriz" ou "prostituta" é derivada da mesma raiz (Ap 19.2). Em At, o concílio requer que os gentios evitem a *porneia* (At 15.20,29). *Porneia* e palavras correlatas também possuem sentido figurado de infidelidade para com Deus (Mt 12.39; Jo 8.41; Ap 2.21; 9.21; 14.8; 19.2). V. *adultério*; *sexo, ensino bíblico a respeito do*. — Donald E. Cook

IMORTALIDADE Qualidade ou condição de estar isento da morte. Na verdadeira acepção da palavra somente Deus é imortal (1Tm 6.16; 1.17; 2Tm 1.10), porque só ele vive no verdadeiro sentido do termo. Os humanos podem ser considerados imortais apenas na proporção em que a imortalidade é dádiva divina. Paulo nos indica essa direção. Em Rm 2.7 ele diz: "Ele dará vida eterna aos que, persistindo em fazer o bem, buscam glória, honra e imortalidade". Paulo também explicou que a natureza perecível da vida humana se revestirá da imperecível e que a natureza mortal da vida humana se revestirá de imortalidade. Quando isso acontecer, estará cumprida a afirmação relativa à vitória sobre a morte (1Co 15.53-55; Is 25.8; Os 13.14). Nas condições atuais os humanos na vida terrena são mortais; estão sujeitos à morte.

Portanto, a vida eterna não é nossa por termos o poder inerente em nós de viver para sempre. Vida eterna e imortalidade somente são nossas porque Deus decide dá-las a nós. Os que escaparam da morte — Enoque (Gn 5.24) e Elias (2Rs 2.10,11) — o fizeram somente pelo poder de Deus, não por algum poder inerente a eles de viverem para sempre. V. *vida eterna; vida*. — Phil Logan

IMPEDIMENTO DA FALA Comprometimento dos órgãos vocais resultante na incapacidade de produzir sons inteligíveis (Mc 7.32). Quando Jesus curou um homem com dificuldade de falar (*NVI*: "mal podia falar"), as multidões reconheceram o cumprimento de Is 35.5,6.

IMPERECÍVEL Não sujeito à decadência; persistente para sempre. Imperecível descreve o corpo da ressurreição espiritual que, distinto do corpo físico, não está sujeito à decomposição associada à morte (1Co 15.42-54). "Imperecível" descreve a recompensa perpétua dos santos (1Co 9.25; 1Pe 1.23). Um dos termos gregos traduzidos por "imperecível" também é vertido para "imortal" (Rm 2.7; 2Tm 1.10). O mesmo termo é usado em referência ao amor "eterno" em Ef 6.24 (*NVI*: "incorruptível"; *ARA*: "sinceramente"; *NTLH*: "que não tem fim").

IMPIEDADE Atitude e estilo de vida que excluem Deus do pensamento e ignoram ou violam deliberadamente suas leis. O texto de Rm 1.20-32 é uma caracterização clássica da impiedade: a recusa ímpia de reconhecer Deus, a despeito da evidência da criação (1.20,21), envolver-se em idolatria obstinada (1.25) e praticar um estilo de vida que não obedece aos limites estabelecidos por Deus (1.26-31). O ímpio não apenas não tem temor do julgamento de Deus, como também envolve outros em sua impiedade (1.32). A expressão "fábulas profanas e tolas" se refere a conversas que encorajam uma atitude e um estilo de vida ímpios (1Tm 4.7; cp. 6.20; 2Tm 2.16).

ÍMPIO, IMPIEDADE Palavras usadas em algumas traduções para descrever as pessoas não refreadas ou controladas pela lei, especialmente a lei de Deus. Como rebelião contra Deus, o pecado é impiedade (1Jo 3.4; cp. 2Ts 3.4). Os responsáveis pela morte de Cristo são descritos como ímpios ou perversos (At 2.23) como o são os gentios em sua idolatria (1Pe 4.3). O líder da rebelião (do fim dos tempos) escatológica é chamado de homem da iniquidade (2Ts 2.3, *ARA*; *NVI*, "homem do pecado"; cp. 2.8). O iníquo já está em ação, mas está restrito no presente (2.6,7). O iníquo será revelado antes da volta de Cristo, que o destruirá com o sopro de sua boca (2.8).

IMPOLUTO Ritualmente limpo, muitas vezes usado para pureza moral. V. *puro, pureza*.

IMPORTUNAÇÃO Urgência problemática; persistência excessiva. Em Lc 11.8 a importunação resulta na resposta favorável ao pedido de pão à meia-noite. Algumas traduções modernas trazem "insistência" (*NTLH*). O sentido literal do termo é "falta de vergonha" (*TEB*: "porque o outro não tem vergonha").

IMPOSIÇÃO DE MÃOS Ato cerimonial simbólico usado para invocar a bênção divina ou estabelecer uma conexão com o propósito de sacrifício, ordenação ou para conceder dons espirituais.

Antigo Testamento O uso primário da imposição de mãos no AT era nos sacrifícios. Em Lv 16 o Senhor instruiu Moisés e Arão com referência ao Dia da Expiação. Em determinado momento Arão foi instruído a colocar as mãos sobre um bode vivo e confessar "todas as iniquidades e rebeliões dos israelitas, todos os seus pecados, e os porá sobre a cabeça do bode" (16.21), transferindo os pecados de Israel para o bode.

A identificação do adorador com o sacrifício é vista nas discussões concernentes ao holocausto, à comunhão, ao pecado e às ofertas ordinárias (Lv 1.4; 3.2; 4.4; Nm 8.12).

A imposição de mãos era usada para designar alguém para um ofício especial. Moisés impôs as mãos sobre Josué para identificá-lo como seu sucessor e para transmitir-lhe sua autoridade (Nm 27.18-23).

A imposição de mãos era usada em bênçãos. Jacó abençoou seus netos, os filhos de José, ao lhes impor as mãos sobre a cabeça. A imposição de mãos nesse caso significava bênçãos futuras sobre os filhos de José, Efraim e Manassés (Gn 48.12-19).

A imposição de mãos também significava punir, prender, capturar ou praticar violência contra alguém (Êx 22.11; 2Cr 23.15).

Novo Testamento Há pouca diferença quanto ao uso entre o AT e o NT, com a exceção de que no NT o uso sacrificial é abolido e os dons espirituais são adicionados. Como no AT, essa expressão é usada para a prender ou capturar alguém (Mt 26.50; At 4.3).

Jesus abençoou crianças impondo-lhes as mãos (Mc 10.16). Ele também impôs as mãos sobre os enfermos para curá-los (Mc 6.5; Lc 5.13), e assim fizeram os apóstolos (At 28.8).

A imposição de mãos foi usada na ordenação dos "sete" em At 6.6. Foi usada no comissionamento de Barnabé e Saulo para a missão (At 13.3). O ato de impor as mãos como método de ordenação ou de reconhecimento do chamado de alguém para a posição ministerial é algo bastante importante. Paulo advertiu Timóteo de não impor as mãos sobre alguém precipitadamente (1Tm 5.22). Pela imposição de mãos, a igreja reconhece o chamado de Deus para o indivíduo e se identifica com a capacitação dada pelo Espírito àquela pessoa para a obra do ministério.

Em At há casos nos quais a imposição de mãos estava associada ao recebimento do Espírito Santo (8.17-20; 19.6). Nesses casos, o ato confirmava a autenticidade do evangelho. Descreve-se Timóteo em 1Tm 4.14 recebendo um dom espiritual dos presbíteros que lhe impuseram as mãos. Em 2Tm 1.6 se menciona o dom espiritual recebido por Timóteo "mediante a imposição das minhas mãos". Essas referências mostram que Timóteo recebeu autoridade, o espírito de poder, amor e equilíbrio (2Tm 1.7). V. *imposição de mãos*. — Brent R. Kelly

IMPOSTO DE METADE DE 1 SICLO Imposto pago ao templo, exigido de todo israelita a partir dos 20 anos (Êx 30.13,15, *ARA*; "seis gramas", *NVI*, o peso de meio siclo — *shekel* em hebraico; 38.26). O pagamento dessa taxa trazia expiação, mas o preço da expiação era igual para todos (30.15). Em Mt 17.24 é chamado de "imposto de duas dracmas [didracma]". A moeda encontrada por Pedro na boca do peixe era um estáter (*ARA*, *ARC*, *BJ*) ou uma moeda que valia quatro dracmas (cf. *NVI*), ou seja, exatamente o imposto do templo para duas pessoas (17.27). V. *expiação, propiciação*.

IMPOTENTE Carente de poder, força ou vigor; desamparado. Impotência nunca se refere à incapacidade sexual. Traduções modernas substituem "impotente" por outros termos: "aleijado" (At 4.9); "inválido" (Jo 5.3); "paralítico" (Jo 5.3,7; At 4.9). As versões atuais descrevem o homem "impotente nos pés" (At 14.8) como alguém que não conseguia usar os pés, sem força nos pés ou "aleijado". V. *doenças*.

IMPRECAÇÃO, SALMOS IMPRECATÓRIOS Ato de invocar maldição. Nos salmos imprecatórios o autor pede a Deus que traga infortúnio e desastre aos inimigos (Sl 5; 11; 17; 35; 55; 59; 69; 109; 137; 140). Esses salmos são um constrangimento para muitos cristãos que os veem em tensão com o ensinamento de Jesus sobre o amor aos inimigos (Mt 5.43-48). É importante recordar os princípios teológicos subjacentes a esses salmos. São eles: 1) o princípio de que a vingança pertence a Deus (Dt 32.35; Sl 94.1) exclui a retaliação pessoal e requer o apelo a Deus para o castigo dos maus (cf. Rm 12.19); 2) o princípio de que a justiça divina exige juízo sobre os maus (Sl 5.6; 11.5,6); 3) o princípio de que o amor da aliança de Deus com seu povo requer a intervenção divina a favor dele (Sl 5.7; 59.10,16,17); e 4) o princípio da oração: os cristãos confiam em Deus com todos os pensamentos e desejos. V. *bênção e maldição*.

IMPUDICÍCIAS Tradução da *ARA* de uma palavra grega em Rm 13.13 vertida por "imoralidade sexual" pelas traduções mais recentes.

IMPUREZA Algo de qualidade inferior (Ml 1.7,12) ou contaminado pelo pecado (Ed 6.21; At 15.20; Ap 21.8). Tem também o sentido de "poluição". Na linguagem contemporânea, a palavra "poluição" se refere ao que ameaça e degrada a natureza. Como resultado da Queda, o ambiente, criado limpo e puro, tornou-se sujeito a todo tipo de poluição, deixando a terra (Dt 29.22-28; cp. Jr 4.23), rios e fontes de água (Êx 7.20-24; Pv 25.26; Ez 32.2; 34.18,19: Ap 8.9 ,10; 16.4) e o mar (Ap 8.8,9; 16.3) inadequados para a vida de acordo com o projeto de Deus. A terra e seus recursos pertencem a Deus (Sl 24.1), mas foi confiada à humanidade (Gn 1.28,29; 9.1-4), que tem a responsabilidade sagrada de cuidar da natureza com a mesma diligência que Deus o faz (Dt 11.12). V. *puro*, *pureza*; *comum*. — Paul H. Wright

IMPUTAR, IMPUTAÇÃO Pôr na conta de alguém ou atribuir algo a outra pessoa. Deus creditou justiça ao crente Abraão (Gn 15.6). Isso significa que Deus imputou a Abraão o que ele não tinha em si mesmo (Rm 4.3-5). Não significa que Deus aceitou a fé de Abraão em lugar da justiça como realização merecedora de justificação. Pelo contrário, significa que Deus aceitou Abraão porque ele confiou em Deus em vez de confiar em algo que conseguiria realizar.

De forma análoga, citando Sl 32.1-3, Paulo declarou que somente Deus é capaz de perdoar pecados. Os perdoados não são considerados ímpios, pois o Senhor não lhes imputa a iniquidade. Em vez disso, são considerados ou contados como filhos de Deus (Rm 4.7,8,11,23,24).

A imputação da justiça está alojada no cerne da doutrina bíblica da salvação. Essa justiça é vista em Cristo que conquistou a redenção. Deus concede justiça aos que têm fé em Cristo (Rm 1.17; 3.21-26; 10.3; 2Co 5.21; Fp 3.9). A justiça imputada ou atribuída aos cristãos é, estritamente, uma justiça alheia. Não é a justiça própria do cristão, mas a justiça divina imputada ao cristão. Logo, como disse Lutero, os cristãos são simultaneamente justos e pecadores.

Não apenas a imputação da justiça de Deus ao cristão é ensinada na Escritura, mas a Bíblia também dá a entender de certo modo que o pecado de Adão foi imputado à humanidade (Rm 5.12-21; 1Co 15.21,22). De forma análoga, ensina-se que os pecados da humanidade foram imputados a Jesus Cristo (2Co 5.21), embora a natureza exata dessa imputação divina permaneça um mistério. O assunto foi debatido intensamente na história da Igreja desde o tempo de Agostinho (354-440 d.C.). Não obstante, para o testemunho bíblico consistente, é preciso preservar que em Adão Deus julgou culpada toda a raça humana. Contudo, a humanidade não foi somente declarada culpada; cada ser humano tem culpa pessoal. Ademais, é impossível aos pecadores serem justos na visão de Deus sem o presente de justiça graciosamente concedida a eles em Cristo mediante a fé. — *David S. Dockery*

IMUTABILIDADE DE DEUS A invariabilidade de Deus. Na teologia bíblica Deus é descrito como imutável na natureza e no caráter. Isso inclui o ser (essência), os propósitos e as promessas de Deus.

O texto de Sl 102.25-27 contrasta a natureza invariável de Deus com a da ordem criada. Os textos de Nm 23.19 e 1Sm 15.29 indicam que Deus não muda nem nos planos nem nas ações, porque se apoia sobre sua natureza imutável. Tiago encontra a garantia das bênçãos futuras de Deus no fato de que "em Deus não pode haver variação ou sombra de mudança" (Tg 1.17, *ARA*). Depois de se referir à sua paciência constante, longanimidade e clemência, Deus conclui com uma declaração geral de sua imutabilidade: "Eu, o Senhor, não mudo" (Ml 3.6).

A falha em permitir que a Bíblia defina precisamente em que sentido Deus muda resulta na visão torcida dele. Influenciados mais pela filosofia grega que pela Bíblia, alguns teólogos clássicos entenderam a imutabilidade divina no sentido de que Deus seria incapaz de agir e de que ele é descuidado e indiferente em relação à ordem criada. A reação exacerbada contra esse conceito da visão estática de Deus resulta igualmente em outra visão distorcida dele. Alguns pensadores recentes rejeitaram por completo o ensino bíblico acerca da imutabilidade divina. Influenciados mais pelo conceito do processo ou da existência, eles entendem que Deus seria como a ordem criada — experimentando mudanças, amadurecendo no conhecimento e desenvolvimento pessoal, e sem qualquer conhecimento preciso quanto ao futuro. Nem a visão estática de Deus nem o Deus em fluir permanente captam o conceito bíblico de Deus. A teologia bíblica retrata Deus como imutável, mas ativo, sentindo emoções e respondendo de modo diferente a várias situações. Em todas essas ações, sentimentos e respostas, Deus é constante e coerente.

Analisadas de forma superficial, algumas passagens bíblicas aparentemente apresentam Deus como um ser mutável. Por exemplo: ele se arrepende (Gn 6.6; 1Sm 15.11; Jl 2.13; Am 7.3,6; Jn 3.9; 4.2), muda seu propósito (Êx 32.9-14; Jn 3.10); fica irado (Nm 11.1,10; Sl 106.40; Zc 10.3) e se afasta da raiva (Dt 13.17; 2Cr 12.12; Jr 18.8; 26.3). O problema aparente desaparece com a análise atenta de cada texto. Esses versículos retratam Deus mutável em suas relações e que ele às vezes se parece com meros humanos, alterando seus propósitos, mas nunca oscilando ou mudando em sua natureza, propósitos ou promessas.

A imutabilidade divina constitui uma grande fonte de consolo para o cristão. Se Deus é constante na ira contra o pecado, ele é igualmente constante no perdão diante da fé e do arrependimento.

A imutabilidade de Deus constitui a garantia de que "aquele que começou boa obra em vocês vai completá-la" (Fp 1.6). No mundo em constante mudança o cristão encontra paz no Deus que não muda, sabendo que verdade e valores estão alicerçados na natureza e no caráter do Deus imutável. — *Walter Johnson*

INCAPACIDADES E DEFORMAÇÕES V. *doenças.*

INCENSÁRIO Utensílio usado para oferecer incenso diante do Senhor (Lv 10.1). Nadabe e Abiú o usaram de maneira inapropriada e colheram a destruição por parte de Deus. Provavelmente era usado também para carregar brasas vivas associadas à adoração no tabernáculo ou no templo, cada sacerdote tendo um (cf. Nm 16.17,18). O uso do incensário na adoração do templo era restrito a membros do sacerdócio aarônico, como descobriu o rei Uzias (2Cr 26.16-21). A adoração celestial também inclui incensários e incenso, segundo a visão de João (Ap 8.3-5). V. *tabernáculo; templo.*

INCENSO 1. Ingrediente usado no preparo de perfumes para o Lugar Santíssimo no tabernáculo (Êx 30.34). É uma substância resinosa extraída de certas árvores da família do bálsamo. O incenso era um dos presentes dados ao menino Jesus pelos magos (Mt 2.11). **2.** Mistura de especiarias aromáticas preparada para ser queimada com a oferta de sacrifícios (Êx 25.6). A palavra também é usada para a fumaça produzida pela queima. Na KJV duas palavras hebraicas são traduzidas por "incenso". No entanto, as duas são praticamente sinônimas. O incenso usado no culto devia ser preparado de acordo com especificações exatas e somente podia ser ofertado pelo sumo sacerdote. De acordo com Lc 1.8-20, Zacarias queimava incenso no templo quando foi visitado pelo anjo Gabriel. V. *sacrifício e oferta.*

INCESTO Relações sexuais entre pessoas próximas demais para o matrimônio normal. A dupla razão teológica para a proibição de uniões incestuosas é a declaração divina "Eu sou o Senhor, o Deus de vocês" (Lv 18.2,4,6) e a observação de que esse comportamento caracterizava os egípcios e cananeus, aos quais Deus condenou (Lv 18.3,24,25). O texto de Lv 18.6-16 proíbe a união entre um homem e sua mãe, madrasta, irmã, meia-irmã, nora, neta, tia (por sangue ou matrimônio) ou cunhada. O texto de Lv 18.17 proíbe o envolvimento de um homem com uma mulher e sua filha ou neta. O texto de Lv 18.18 proíbe desposar irmãs como esposas rivais. Entre as penalidades para várias formas de incesto estavam a esterilidade (Lv 20.20,21), exclusão do povo da aliança (Lv 18.29; 20.17,18; cf. 1Co 5.2,5) e pena de morte (Lv 20.11,12,14).

INCIRCUNCISO

Nos tempos patriarcais permitia-se o matrimônio com a meia-irmã (Gn 20.12) e irmãs rivais (Gn 29.21-30), mas esses matrimônios se evidenciaram como problemáticos para Abraão e Jacó. Entre os relatos bíblicos de incesto estão Gn 19.31-35; 35.22; 2Sm 13.

INCIRCUNCISO V. *circuncisão*.

INCISÃO Cortar a pele como sinal de lamento (Jr 41.5; 47.5; 48.37) ou como parte do culto a divindades pagãs (1Rs 18.28).

INCLUSIVIDADE Deus escolheu Abraão dentre as famílias da terra para ser o pai de uma grande nação que transmitiria a bênção divina às demais (Gn 12.3; Gl 3.6-9). Entretanto, a relação especial de Deus com Israel (Êx 19.5,6) nunca pretendeu ser exclusiva. Numerosos não israelitas (no período do AT) e não judeus (nos períodos intertestamentário e do NT) participaram das bênçãos da aliança de Abraão. Entre elas está a multidão mesclada que saiu do Egito com Moisés (Êx 12.38), Raabe (Js 6.25; Mt 1.5), Rute (Rt 1.4; Mt 1.5), várias mulheres sírio-fenícias (1Rs 17.8-24; Lc 4.25,6), Naamã (2Rs 5.1-19; Lc 4.27), os ninivitas (Jn 3.5-10; 4.11), um centurião romano (Mt 8.5-13), a mulher samaritana (Jo 4.1-42), Simão de Cirene (Mc 15.21), Cornélio (At 10.9-48), Timóteo (At 16.1) e uma multidão de gentios convertidos ao longo da história da Igreja. A população do céu terá gente "de todas as nações, tribos, povos e línguas" (Ap 7.9).

Com uma exceção, Deus não demonstra nenhuma parcialidade na questão do juízo ou da salvação (At 10.34; Rm 2.9-11; Ef 2.11-14). A exceção é que a salvação reside exclusivamente na obra Jesus Cristo (Jo 14.6; At 4.12). A expressão usada por Deus para Israel no monte Sinai ("vocês serão para mim um reino de sacerdotes e uma nação santa", Êx 19.6) foi adotada por Pedro para se referir aos gentios (1Pe 2.9) que, por causa de Cristo, tornaram-se co-herdeiros com os descendentes crentes de Abraão (Gl 3.29; 4.7). Todas as barreiras entre pessoas baseadas em gênero, etnia ou estado socioeconômico foram removidas em Cristo (Gl 3.28,29).

INCONTINÊNCIA, INCONTINENTE Termo da *ARC* e *ARA* para falta de domínio próprio (1Co 7.5). Incontinente (2Tm 3.3) significa carente de autocontrole, sem domínio próprio (*NVI*) ou até mesmo indisciplinado (*TEB*).

INCORRUPTÍVEL, INCORRUPÇÃO Termos que significam imperecível e condição imperecível. V. *imperecível*.

INCREMENTO Multiplicação ou crescimento. No AT o incremento muitas vezes se refere à reprodução do gado e da colheita (Lv 26.3,4; Dt 7.12,13). A promessa da multiplicação depende de Israel cumprir os compromissos da aliança. O incremento é usado em sentido figurado para Israel como primícias do aumento ou da colheita de Deus. O texto de Is 9.7 promete o crescimento do governo e paz do Messias vindouro. Já Is 29.19 promete o aumento da alegria (cf. Is 9.3). Por sua vez Is 40.29 promete a multiplicação das forças do debilitado.

O crescimento da palavra de Deus (At 6.7) se refere à expansão da mensagem do evangelho. Incremento é usado para o crescimento numérico da igreja (At 16.5) e para o amadurecimento (Ef 4.16; Cl 2.19). A maturidade cristã é comprovada pelo incremento no amor (1Ts 3.12; 4.10) e no conhecimento de Deus (Cl 1.10). Vangloriar-nos dos resultados da obra para Deus não tem fundamento porque é Deus quem dá o crescimento (1Co 3.6, Cl 2.19).

INDEPENDÊNCIA DE DEUS Doutrina segundo a qual Deus não depende de outro para sua existência ou para o livre exercício de suas prerrogativas divinas. V. *liberdade divina; Eu Sou; soberania de Deus*.

ÍNDIA Fronteira oriental do Império Persa de Assuero (Xerxes) (Et 1.1; 8.9). As menções bíblicas da Índia se referem ao Punjabe, a área do Paquistão e o noroeste da Índia banhada pelo rio Indo e seus tributários. É possível que a Índia tenha sido um porto de escala para a frota de Salomão (1Rs 10.22). O comércio entre a Índia e as terras bíblicas começou antes de 2000 a.C.

INFERNO Em geral é entendido como a habitação final dos mortos injustos onde os ímpios sofrem castigo eterno; a palavra é usada para traduzir uma palavra do AT e várias do NT.

Uso do Antigo Testamento A única palavra traduzida por "inferno" na maioria das versões da Bíblia em português (ainda que não nas traduções modernas) é a palavra *sheol*. A palavra é um termo amplo que, dependendo do contexto, pode significar a habitação dos mortos, justos e injustos. V. *sheol*.

Uso do Novo Testamento Três palavras do NT são traduzidas por "inferno": *geena* (Mt 5.22, 29-30; 10.28; 18.19; Mc 9.43,45,47; Lc 12.5; Tg 3.6); *hades* (Mt 11.23; 16.18; Lc 10.15; 16.23; At 2.27,31; Ap 1.18; 20.13-14) e *tártaro* (2Pe 2.4). É sugestivo que nenhuma das palavras neotestamentárias para inferno ou *geena* sejam usadas apenas para sepultura. V. *geena*; *hades*.

Hades no paganismo originalmente se referia ao deus do mundo inferior, mas posteriormente veio a se referir ao lugar dos mortos. Em Lc 16.23 *hades* é apresentado como lugar de tormento (v. Lc 10.15). O texto de Ap 20.13 apresenta o *hades* como um lugar temporário para os perdidos até o julgamento final. Geena era o nome de um vale a sudeste de Jerusalém no qual crianças pequenas eram sacrificadas a um deus chamado Moloque.

Há uma diferença fundamental entre *hades* e *geena* que é vital para a compreensão da justiça punitiva de Deus. A partir de seu uso no NT, *hades* é visto como o local que recebe os ímpios no período intermediário entre a morte e a ressurreição. A *geena* pode ser entendida como o fogo eterno que foi originalmente preparado para o Diabo e seus anjos (Mt 25.41) e o lago de fogo em Ap 20.14 no qual são lançados a morte e o inferno. Depois da ressurreição e do julgamento dos perdidos, a *geena* se torna o lugar definitivo de castigo por fogo eterno.

O *tártaro* era considerado pelos gregos antigos como o lugar no qual os deuses rebeldes e outros seres ímpios eram castigados. A palavra é citada no NT apenas em 2Pe 2.4, em que é dito que os anjos que pecaram foram lançados "no inferno a fim de serem reservados para o juízo".

Descrições adicionais de sofrimento Depois do julgamento final os perdidos experimentarão sofrimento contínuo e tormento inimaginável. Expressões e termos como "choro e ranger de dentes" (Mt 8.12; 22.13; 24.51; 25.30) e "onde o verme não morre e o fogo não se apaga" (Mc 9.44,46,48) indicam sofrimento emocional, físico e espiritual. Graus de julgamento e de sofrimento são também indicados em textos como Mt 10.15; 11.22, 24. 18.6; Mc 6.11; Lc 10.12, 14.

Interpretações Há duas questões principais que precisam ser respondidas, ambas vitais para um entendimento correto do ensino bíblico a respeito do inferno. A primeira: o castigo do inferno é eterno ou temporário? A segunda: a Bíblia ensina um inferno literal ou figurado?

Eterno ou temporário? A Palavra de Deus ensina que o sofrimento dos perdidos no inferno é eterno (Is 66.24; Mt 25.46; Mc 9.44,46,48; Ap 14.11). A afirmação que Deus seria injusto em punir eternamente um pecado temporário subestima a seriedade e a natureza espiritual do pecado e a santidade suprema de Deus.

Figurado ou literal? Que as Escrituras ensinam um inferno literal é claro. A história do rico e Lázaro é muito provavelmente uma narrativa histórica verdadeira revelada por Cristo, não uma parábola (Lc 16). Jesus ensina em Mt 10.28 que o corpo e a alma podem ser lançados no inferno. Isso faz que seja necessária a existência do inferno como um lugar literal, pois um corpo físico (o único tipo de corpo que existe) não pode ser lançado em algo metafórico.

Entre os evangélicos a diferença de opinião mais comum é se a descrição do inferno como lugar de sofrimento é figurada, literal ou uma combinação das duas. Alguns creem que a Bíblia ensina que o inferno é real, mas a linguagem usada para sua descrição é figurada. Essa abordagem é coerente com a que muitos têm das descrições do céu feitas por João em Ap. Assim como o céu é mais magnífico que a descrição em Ap, o inferno também é tão terrível que a linguagem humana não consegue descrevê-lo.

Não obstante, há evidências fortes que indicam que a linguagem usada é literal e que a Bíblia de fato ensina que o fogo e os outros sofrimentos do inferno são literais. A parábola do joio em Mt 13, que discute o julgamento eterno, é útil nesse ponto. O Filho do homem, o mundo, os filhos do Reino, os filhos do iníquo, o Diabo, o fim do mundo, os anjos, os ajuntamentos — tudo isto é literal na parábola. É natural então concluir que a queima do joio também deve ser entendida literalmente.

Poucos questionariam se a Bíblia revela o inferno como um lugar de tormento espiritual e emocional para os definitivamente impenitentes. Considerando que o homem é ser físico (corpo), bem como emocional e espiritual (alma e espírito), é mais coerente com as Escrituras concluir que o sofrimento físico é também parte do destino dos perdidos. Não é de admirar que seja "terrível coisa cair nas mãos do Deus vivo" (Hb 10.31) e que a ênfase na evangelização torne imperiosa a Grande Comissão. V. *castigo eterno*; *ira, ira de Deus*. — *David G. Shackelford e E. Ray Clendenen*

INFIDELIDADE, REBELDIA Termo usado pelos profetas para descrever a atitude rebelde de Israel para com Deus (Is 57.17; Jr 3.14,22; 8.5; 31.22; 49.4; Os 11.7; 14.4). Nesses trechos está claro que Israel tinha violado sua fidelidade para com Deus ao servir a outros deuses e viver de forma imoral. V. *apostasia*.

INFINITO Ilimitado na extensão de espaço, duração e quantidade. Embora a Escritura não use o termo "infinito" para descrever Deus, teólogos consideraram o termo a síntese apropriada de vários atributos divinos. Deus não é limitado pelo espaço (Sl 139.7,8); pelo tempo; Deus existiu antes da Criação (Gn 1.1); a ordenação do tempo faz parte da atividade criadora de Deus (Gn 1.5). Por ser Deus espírito (Jo 4.24), não se pode quantificá-lo como objeto material. Deus é considerado infinito em muitos outros atributos: Seu amor constante dura para sempre (Sl 100.5); o conhecimento divino se estende à queda de um simples pardal e ao número de cabelos em nossa cabeça (Mt 10.29,30; cf. Sl 139.1-6); Deus é "o todo-poderoso" (Gn 17.1; Êx 6.3).

INFLAMAÇÃO Reação a um problema celular caracterizada por vermelhidão, infiltração de células sanguíneas brancas, aumento de temperatura e muitas vezes dor. A inflamação era uma das maldições contra os desobedientes à aliança (Dt 28.22; cf. Lv 13.28).

INIMIGO Adversário ou oponente; alguém que não gosta de outra pessoa ou a odeia e tenta prejudicá-la. Às vezes se refere ao oponente individual ou à força hostil, seja uma nação, seja um exército.

A inclinação natural de todas as pessoas é odiar os inimigos. Alguns até perverteram a lei de Deus para ensinar o ódio. Jesus, ao contrário, ensinou-nos a amar nossos inimigos e a buscarmos o bem deles (Mt 5.43-47). Isso também é o ensino do AT (Pv 24.17; 25.21).

Na Bíblia a pessoa que desobedece às ordens divinas é declarada inimiga de Deus. Paulo se refere aos pecadores como inimigos de Deus (Rm 5.10). Jó sentiu que Deus tinha se tornado seu inimigo também (Jó 13.24). Por causa desse relacionamento rompido, Deus fez provisão para nosso perdão na vida, morte e ressurreição de Jesus Cristo.

Satanás também é chamado "adversário" (1Tm 5.14,15, *HCSB*). Ele se revelou como tal ao longo de toda a História ao tentar prejudicar homens e mulheres, afastando-os de Deus.

O inimigo maior e final é a própria morte (1Co 15.26). Ela é temida por todos por sua finalidade e natureza desconhecidas. Mas a Bíblia ensina que Jesus "tornou inoperante a morte" de uma vez por todas (2Tm 1.10). Quem confiou em Cristo, para receber a salvação que ele dá, não precisa temer a morte. — *Bradley S. Butler*

INIQUIDADE V. *pecado*.

INLÁ Nome pessoal que significa "ele enche", e recebe grafias diferentes nos livros de Rs e Cr. Pai do profeta Micaías (1Rs 22.8). V. *Micaías*.

INOCÊNCIA Condição de não ofensa a Deus; liberdade de pecado e culpa. No AT o adjetivo "inocente" é mais comum que o substantivo. Em geral se vertem duas raízes para "inocente". A ideia básica da primeira é estar limpo ou livre de (Êx 23.7; 2Rs 24.4) e da segunda é a justiça (Gn 20.4; Dt 25.1; Jó 9.15). Embora os inocentes sejam mencionados com frequência, os autores bíblicos estavam bem cônscios de que somente Deus pode gerar o coração reto e remover o pecado (Sl 51.10; Jr 24.7; 31.33,34).

No NT se usam quatro palavras para inocente. A primeira significa não misturado ou puro (Mt 10.16; Fp 2.15); a segunda, livre de (Mt 27.4,24); a terceira, justo, íntegro ou correto (Mt 23.35; Lc 23.47); e a quarta, limpo ou puro (At 18.6; 20.26). A inocência sempre é relativa a determinado padrão. Paulo declarou sua inocência em relação às demandas da lei (Fp 3.6). No entanto, somente Cristo é absolutamente puro (Rm 3.9-18; 2Co 5.21). Cristo apresenta os cristãos como santos e inocentes perante Deus (Cl 1.22; Ef 5.27; 1Co 1.8; 1Ts 5.23).

INOCENTES, MATANÇA DOS Assassinato de todos os meninos com menos de 2 anos de idade por Herodes quando tentou destruir o menino Jesus (Mt 2.16-18). Os magos ou sábios procuraram aquele que havia nascido rei dos judeus. Herodes, o Grande, viu nele um pretendente de seu trono. Quando os magos não informaram terem encontrado o menino Jesus, Herodes ordenou a matança de todos os bebês masculinos em Belém com 2 anos de idade ou menos. O autor do Evangelho cita isso como cumprimento da profecia de Jr 31.15. Esse incidente não é mencionado em outro lugar do NT. Contudo, pode ser encontrado em documentos extrabíblicos antigos, como o *Protoevangelho de Tiago*, o *Evangelho de Infância de Tomé* e o *Evangelho de Pseudo-Mateus*. Essas fontes sem dúvida se basearam no Evangelho bíblico para fazer o registro.

Flávio Josefo, nossa principal fonte antiga sobre Herodes, surpreendentemente se cala acerca desse episódio. No entanto, um ato de tamanha desumanidade por parte de Herodes está em total consonância com o caráter dele conforme o relato de Josefo. Ao estar perto da morte, p. ex., Herodes mandou capturar todos os líderes judeus e matá-los no dia da morte dele, assegurando assim que houvesse luto em seu passamento. Felizmente, essa ordem não foi executada. V. *apócrifos, livros — Novo Testamento; Herodes; Josefo, Flávio; magos.* — Larry McKinney

INRA Nome pessoal que significa "ele é obstinado". Membro da tribo de Aser (1Cr 7.36).

INRI Forma abreviada do nome pessoal "Amarias" que significa "Javé falou". **1.** Antepassado do clã da tribo de Judá que passou a residir em Jerusalém depois do retorno do exílio (1Cr 9.4). **2.** Pai de Zacur, que ajudou Neemias a reconstruir as muralhas de Jerusalém (Ne 3.2).

INSANIDADE Doença mental. V. *doenças*.

INSCRIÇÃO Palavras ou letras esculpidas, gravadas ou impressas em uma superfície (Mc 15.26; Lc 23.38). Pilatos provavelmente pretendia que a inscrição no alto da cruz tivesse um sentido depreciativo: "Vejam o rei derrotado dos judeus". De acordo com Jo 19.21, a liderança judaica considerou a inscrição ofensiva. Os autores dos Evangelhos viram no escárnio de Pilatos a verdade sobre Jesus, de que em sua paixão e morte ele cumpriu seu papel messiânico.

INSETOS Artrópodes que respiram ar e compõem a classe *Hexapoda*. Há representantes na terra e na água. Seu corpo possui três partes distintas (cabeça, tórax e abdome), bem como três pares de pernas, um par de antenas e normalmente um ou dois pares de asas. Estudos de fósseis comprovaram que insetos estão entre os animais mais antigos. O fato de perdurarem comprova sua capacidade de sobreviver sob as condições mais adversas. Hoje os insetos são os mais numerosos dentre todos os animais. Embora seu número seja reduzido nas regiões polares, os insetos sobejam nos trópicos e em regiões temperadas. Seu alimento primário são plantas verdes, e se encontram em quase todos os lugares em que haja fonte de alimento disponível.

Os insetos se caracterizam pela capacidade de deslocamento. Estímulos como comida, temperatura, umidade e mudanças de estação podem desencadear o movimento. Não são apenas móveis, mas também migratórios. Normalmente a migração é um fenômeno sazonal. Muitos insetos, como a borboleta monarca, realizam uma migração anual semelhante à de alguns pássaros.

Eles constituem o maior número de espécies do reino animal, chegando aos milhões. São sobejantes em população, como também em espécies. Isso se deve, em parte, ao fato de porem uma enorme quantidade de ovos. A quantidade comum de ovos produzidos por um inseto é de 100 a 150, embora a rainha dos cupins possa botar 60 ovos por segundo até que vários milhões sejam produzidos.

O ciclo de vida curto dos insetos também contribui para seu grande número. A maioria se torna adulta dentro de um ano. Outros, como a aranha vermelha, podem chegar a várias gerações na mesma temporada. Alguns insetos se caracterizam por métodos especializados de reprodução. A poliembrionia é o processo pelo qual podem ser produzidas centenas de descendentes mediante um único ovo. Algumas espécies podem se reproduzir sem macho, função conhecida como partenogênese.

Os insetos estão entre as categorias mais prejudiciais do reino animal. Praticamente tudo o que o ser humano planta ou fabrica é suscetível à devastação por insetos. A maioria dos insetos se alimenta de plantas, causando grande dano a produtos agrícolas. Muitos atacam o ser humano e outros animais, bem como móveis, lãs e roupas. Eles também transmitem doenças como a malária, a peste e a febre tifoide. Contudo, alguns insetos são benéficos, produzindo mel, cera, seda, pigmentos e taninos. Também representam uma significativa fonte de alimento para outros animais, incluindo os homens. Outros insetos são comedores de carniça, ajudando a decompor carne deteriorada. A polinização de plantas é outro benefício proporcionado por insetos.

Os insetos ocupam um lugar proeminente entre os animais citados na Bíblia. Pelo menos seis categorias são mencionadas.

Himenópteros Essas criaturas geralmente possuem quatro asas. A fêmea normalmente tem um ferrão, bem como um ovipositor, ou órgão de pôr ovos, na extremidade do abdome. Muitas espécies são criaturas sociais.

Formigas Vivem em comunidades, às vezes em número equivalente a meio milhão de indivíduos. O ninho é um labirinto de túneis, revelando muito menos planejamento que os ninhos de vespas e abelhas. Formigas jovens não se desenvolvem em celas individuais, mas recebem cuidados no ninho. As trabalhadoras são fêmeas, não possuem asas nem a capacidade da reprodução. A rainha e os machos têm asas. As fêmeas são produzidas por ovos fertilizados, ao passo que os machos nascem de ovos não fertilizados. Sabe-se que formigas domesticam e escravizam outros insetos, como afídeos e outras formigas. Também praticam a agricultura e conduzem guerras contra outras formigas.

A formiga (heb., *nemalah*) aparece só no livro de Pv. O texto de Pv 6.6-8 a elogia como exemplo supremo de laboriosidade. A sabedoria da formiga e sua capacidade de prover comida, embora seja "criatura de pouca força", são destacadas em Pv 30.25.

Abelhas Foram domesticadas durante séculos. Heródoto, historiador grego, descreveu como os apicultores egípcios moviam suas colmeias de acordo com a mudança de estação. Uma colmeia pode conter 50 mil abelhas ou mais. Abelhas comem pólen e produzem uma cera usada para construir favos e ninhos. Uma característica estranha das abelhas e de muitos parentes delas é a capacidade de determinar o sexo da descendência. Para fazê-lo, a abelha rainha armazena em seu corpo o esperma recebido depois de nascer. Ao botar ovos, ela libera uma célula de esperma para cada ovo que ela bota quando forem necessárias fêmeas. Machos se desenvolvem de ovos não fertilizados.

Abelhas (*devorah*) são mencionadas várias vezes no AT. Eram notórias por sua agressividade, e exércitos foram comparados a enxames de abelhas (Dt 1.44). As abelhas ganharam fama na história de Sansão, porque ele comeu mel da carcaça de um leão e depois testou os filisteus com um enigma relativo ao incidente (Jz 14.5-18). As abelhas também são mencionadas em Sl 118.12 e Is 7.18.

Vespas e marimbondos (*tsir'ah*) em geral são criaturas sociais, mas em menor intensidade que abelhas e formigas. Constroem ninhos raspando madeira morta e fazendo uma polpa usada para fazer papel. O ninho, como o da abelha, é composto de celas individuais na forma de hexágono. Fala-se de marimbondos no AT. A palavra hebraica também pode se referir a vespas e jataís, mas o significado hebraico preciso é ignorado. "Marimbondo" vem da tradução grega mais antiga. Alguns pensam que a palavra hebraica é um termo mais geral para "pânico" ou "destruição". Esses insetos são encontrados em Êx 23.28, Dt 7.20 e Js 24.12. Eram conhecidos por suas picadas venenosas e serviram como instrumentos de Deus para expulsar de Canaã os inimigos de Israel. A referência poderia ser ao vespão como símbolo tradicional do Egito ou como símbolo de Deus aterrorizando os inimigos de Israel. A ênfase está na ação poderosa de Deus ao dar a terra a Israel.

Lepidópteros *Borboletas e traças* Essa categoria é dividida em dois grupos: traças que de modo geral voam à noite e borboletas que voam de dia. As traças normalmente têm antenas emplumadas enquanto as borboletas as têm em forma de cabelo ou de "clava". Os adultos se alimentam principalmente de néctar. As larvas são chamadas lagartas e comem plantas. Borboletas e traças se caracterizam por asas cobertas com escamas talcosas e imbricadas. Possuem uma probóscide ou língua que pode ter mais de duas vezes o comprimento do restante do corpo. Algumas traças têm partes da boca especializadas para perfurar frutas e até mesmo outros animais. Enquanto as pupas de borboletas não têm nenhuma cobertura, as traças tecem casulos.

Traças e suas larvas (heb., *ash*; gr., *ses*) são notórias pela capacidade destrutiva (Jó 4.19; 13.28; 27.18; Sl 39.11; Is 50.9; 51.8; Os 5.12; Mt 6.19,20; Lc 12.33; Tg 5.2). Para pessoas de poucas posses e sem lugar seguro para armazenamento, a infestação de traças podia ser devastadora.

Dípteros A maioria desses insetos tem um par de asas. Os adultos se nutrem de plantas e animais. Muitas espécies são consideradas prejudiciais para animais e plantas. Algumas dessas criaturas chupam sangue, transmitindo doenças no processo. No entanto, muitas espécies dessa categoria são benéficas.

Moscas São pragas domésticas primordialmente associadas a estábulos. Reproduzindo-se no esterco, a fêmea pode botar de 75 a 150 ovos de uma única vez. Esse processo se repete várias vezes no período produtivo de 20 dias. Uma mosca é capaz de pôr um total de 2 mil ovos. Os ovos eclodem em 24 horas, produzindo larvas conhecidas por vermes. Os vermes são ativos entre duas e três semanas, alimentando-se de matéria em decomposição. Então ocorre uma fase de descanso em que se dá a transformação em adulto. O ciclo de vida da mosca é relativamente curto. Um ovo se torna adulto dentro de 12 a 14 dias. Moscas adultas podem viver um ou dois meses durante o verão e mais tempo no inverno.

A palavra hebraica para mosca, *zevuv*, abarca a mosca comum e também outras espécies. Como nos tempos atuais, as moscas eram grandes pestes para os povos antigos. Combinadas com higiene precária e conhecimento médico inadequado, as moscas podiam ser uma séria ameaça à saúde. As únicas referências claras a esse incômodo estão em Ec 10.1 e Is 7.18. Os "enxames" de Êx 8.21-31 podem ter sido moscas. O texto não é claro, pois se usa uma palavra diferente. Tradutores acrescentam "de moscas" para elucidação. O mesmo vale para Sl 78.45; 105.31. O texto de 2Rs 1 chama o deus de Ecrom de *Baal-zebub*. Alguns interpretam esse nome no sentido de "senhor das moscas". Se essa interpretação for correta, é possível que as moscas tenham sido temidas a ponto de o povo cultuar um "deus-mosca", na esperança de prevenir a infestação pelos insetos.

A mosca do gado, talvez a mutuca (*NVI*) se encontra em Jr 46.20. Dada a tradução incerta da palavra, foi também chamada mosquito e "destruição".

Mosquitos São outra amolação alada. Esses insetos são dificilmente visíveis a olho nu e causam picadas que doem e ardem. Algumas espécies voam à noite, enquanto outras, de dia, principalmente na sombra de bosques. Outras atacam à plena luz do sol. Alguns mosquitos não picam, mas enxameiam em nuvens densas que talvez totalizem milhões. As larvas de algumas espécies vivem na água e representam uma fonte de alimento para a vida aquática. Os autores do AT conheciam os mosquitos como *kinnam* ou *kinnim*. Embora fossem pestes, também eram conhecidos como criaturas frágeis, algo que parece estar refletido em Is 51.6. Jesus usou a figura do mosquito (*konops*) para dar uma lição aos escriturários e fariseus (Mt 23.24). A menção aqui simplesmente destaca o pequeno tamanho do mosquito. As pessoas de outrora coavam líquidos para remover mosquitos caídos no recipiente aberto. Jesus acusou os "hipócritas" de prestar atenção em detalhes tais como dar o dízimo de suas ervas enquanto negligenciavam questões mais importantes.

A peste egípcia do êxodo em Êx 8.16-18 talvez deva ser entendida como uma praga de mosquitos ou pernilongos, não de piolhos. A palavra hebraica que descreve a praga é identificada por muitos estudiosos como indicativa de mosquitos. O mesmo vale para o uso em Sl 105.31. Apesar da incerteza na identificação exata do inseto, o valor dos versículos em questão permanece inalterado.

Sifonápteros *Pulgas* são parasitas com predileção particular por pássaros e mamíferos como hospedeiros. Esses insetos são bastante pequenos, não têm asas, com um corpo alto e magro. Esse formato do corpo permite à pulga passar facilmente entre cabelos e penas. A fêmea adulta põe ovos no anfitrião ou em seu ninho ou cama. Pulgas adultas chupam sangue, enquanto as larvas se mantêm em animais em decomposição e em matéria orgânica. As adultas

INSETOS

normalmente se alimentam pelo menos uma vez por dia se houver fonte de comida próxima, contudo sabe-se que conseguem viver mais de quatro meses sem comer.

A pulga (*par'osh*) era uma praga para as pessoas e animais na época da história antiga de Israel. Reconheciam-se pulgas tanto pela picada quanto pelo tamanho. Sua natureza pequena e insignificante levou até mesmo à formulação de ditos de gracejo. Duas dessas comparações estão em 1Sm 24.14 e 26.20. Em ambos os exemplos Davi destacou a diferença em estatura entre Saul e ele, evitando uma confrontação com o rei. Alguns estudiosos interpretam a praga que se abateu sobre os assírios como causada por pulgas, semelhante à peste bubônica (Is 37.36,37).

Anopluros *Piolhos* ocorrem em pelo menos duas variedades: piolhos que picam e que sugam. É praticamente certo que os da Bíblia são piolhos sugadores. Insetos pequenos, ápteros, notáveis pelas pernas curtas e antenas, pelo corpo lateralmente plano, e aparelhos bucais especializados. Têm garras e são parasitários em mamíferos. Adultos e larvas são hematófagos. Agarram-se a vestimentas, cabelos do corpo e roupas de cama. Assim, são facilmente transmitidos de uma pessoa a outra. Piolhos também são conhecidos como portadores de algumas doenças sérias, como o tifo e febre quintã.

Piolhos (*kinnim*) são mencionados em duas passagens. A praga egípcia de Êx 8.16-18 é de pó que se transforma em piolho. O texto de Sl 105.31 lembra o leitor das pragas no Egito. Como foi expresso anteriormente, também é possível entender ambas as ocorrências de piolhos como de mosquitos ou de outro inseto que morde.

Ortópteros *Gafanhotos e locustídeos* As espécies voadoras dessa categoria regularmente possuem dois pares de asas. Esse grupo abarca gafanhotos, locustídeos, esperanças, grilos, baratas e mantídeos. Os gafanhotos são voadores poderosos com asas estreitas e corpo esbelto. São conhecidos por voar a 25 quilômetros por hora e foram encontrados a cerca de 2 mil quilômetros mar adentro. Locustídeos e gafanhotos talvez sejam os insetos mais bem conhecidos da Bíblia. Esse grupo era tão prolífico que a Bíblia contém aproximadamente uma dúzia de palavras que os descrevem. As numerosas palavras podem indicar espécies diferentes ou até mesmo fases diferentes de seu desenvolvimento. Há divergência em muitos casos quanto à tradução dos termos. Por isso as diferentes espécies não podem ser identificadas positivamente com base em palavras hebraicas.

Um tipo de gafanhoto (heb., *arbeh*) foi chamado gafanhoto migratório, ou gafanhoto do deserto. É lembrado como o gafanhoto da praga (Êx 10.4,5). Esse tipo de gafanhoto invadia áreas agrícolas em quantidades imensas, a ponto de se dizer que "cobrem a superfície da terra até não se poder enxergar o solo" (Êx 10.5). Os egípcios já tinham sofrido uma chuva de granizo, em seguida foram atingidos por uma infestação de insetos que "devorarão o pouco que ainda lhes restou da tempestade de granizo" (Êx 10.5). A natureza destrutiva desse gafanhoto é salientada novamente em Dt 28.38; 1Rs 8.37; 2Cr 6.28; Sl 78.46; 105.34; Jl 1.4; 2.25. Muitas referências apontam para o grande número com que vinham os enxames (Jz 6.5; 7.12; Jr 46.23; Na 3.15). Embora o gafanhoto fosse um inimigo formidável, não era poderoso em força. Essa verdade é refletida em Jó 39.20, Sl 109.23 e Na 3.17. O gafanhoto é elogiado em Pv 30.27 pela capacidade de trabalhar de forma organizada, sem ter um líder. O *arbeh* não era apenas destrutivo, mas também comestível. Em Lv 11.22 é dada permissão para ingeri-lo.

O *gazam* é conhecido como verme das frutas, certamente a fase de lagarta de uma das espécies de gafanhoto (Jl 1.4; 2.25; Am 4.9). Cada uma dessas citações lembra a natureza destrutiva do inseto.

O *chagab* geralmente é traduzido por "gafanhoto", mas é chamado locustídeo em 2Cr 7.13. Esse gafanhoto também era comestível, como se pode ver em Lv 11.22. É mencionado em Ec 12.5 como um "peso". Dois versículos do AT recordam a baixa estatura do animal (Nm 13.33; Is 40.22).

O *chasil* é chamado de lagarta e geralmente é mencionado com "o gafanhoto". Foi sugerido que o *chasil* fosse a segunda fase depois da eclosão do ovo de gafanhoto. Outros propõem que seja a barata. Seu apetite voraz é o tema da ocorrência dele na Bíblia (1Rs 8.37; 2Cr 6.28; Sl 78.46; Is 33.4; Jl 1.4; 2.25).

O *chargol* [ARA: "grilo"] somente é mencionado em Lv 11.22 e é chamado besouro pela *KJV*. Também era uma das variedades comestíveis. A maioria dos estudiosos o entende como certa espécie de gafanhoto, talvez uma esperança.

O *sol'am é* chamado "gafanhoto devorador" em Lv 11.22, e também era permitido comê-lo.

O *tselatsal* foi chamado de esperança, grilo, grilo-toupeira, e até mesmo de cigarra. A *KJV* o traduz por "gafanhoto" em Dt 28.42, em que constitui um das maldições pela desobediência. O grande número de uma praga desses insetos pode estar refletido em Is 18.1. Nesse versículo a terra coberta do "roçar de muitas asas de insetos" [ARA] diz respeito a um grupo de embaixadores etíopes que chegam a Jerusalém para arregimentar o apoio de Judá na aliança contra a Assíria.

O *yeleq é* chamado "gafanhoto devastador" [ARA: "devorador"] em Jl 1.4; 2.25; Na 3.15,16. É chamado de lagarta (Sl 105.34; Jr 51.14; Jr 51.27). Evidentemente trata-se de algum tipo de larva de gafanhoto conhecido por infestar colheitas.

Akris é o termo do NT para locustídeo. Era o inseto que servia de comida para João Batista (Mt 3.4; Mc 1.6). O gafanhoto também ocorre em Ap 9.3,7 como um instrumento de juízo. V. *locustídeo*.

Insetos diversos Vermes Três palavras hebraicas e uma palavra grega são usadas para descrever vermes familiares aos autores bíblicos. Os termos são bastante vagos e não oferecem muita ajuda na identificação positiva do inseto em questão. *Tola'im é* usado para descrever vermes em forma de larvas (Êx 16.20; Is 14.11). Contudo, a mesma palavra é usada para descrever vermes que provavelmente eram larvas de traças (Dt 28.39; Jn 4.7). Do inseto, ou talvez seus ovos, extraía-se uma tintura escarlate (Êx 25.4; Lv 14.4). Outras ocorrências dessa palavra são Jó 25.6; Sl 22.6; Is 41.14; 66.24. *Rimmah* descreve larvas de insetos em Êx 16.24; Jó 7.5; 17.14; 21.26; 24.20; Is 14.11. Também ocorre em sentido mais geral em Jó 25.6. Essas duas palavras hebraicas constam juntas em Êx 16; Jó 25.6; Is 14.11. Esse uso demonstra que os significados das palavras se sobrepunham. Isso é compreensível, pois a intenção dos autores dos materiais bíblicos não era a identificação exata de espécies. *Zochel* foi visto como um verme pelos tradutores da *KJV* em Mq 7.17, mas em Dt 32.24 é vertido para "serpente," uma tradução que os tradutores modernos usam em ambas as passagens. No NT só *skolex* é usado para descrever um verme. O texto de Mc 9.44,46,48 faz referência a Is 66.24. Um derivado de *skolex* descreve vividamente o destino de Herodes (At 12.23).

Piolhos somente aparecem em relação à tintura carmesim deles ou de seus ovos. Além da tintura escarlate obtida da larva anteriormente mencionada, um material de coloração era extraído de um membro da categoria *Rhynchota* conhecido por seus piolhos vermelhos. Esses insetos, do gênero *Kermes*, são do tamanho de uma ervilha e possuem diversas cores. Geralmente se encontram em carvalhos. Depois de mortos, juntam-se os ovos das fêmeas para extrair a tintura. Entre as referências bíblicas desses insetos estão 2Cr 2.7,14 e 3.14. Alguns estudiosos identificam o maná de Êx 16; Nm 11 como uma secreção de piolhos milagrosamente providenciados por Deus.

Insetos aparecem com frequência na história do agir de Deus com seu povo. Essas ocorrências ajudam o leitor a entender a vida de um povo antigo. Encontram-se insetos na Bíblia porque eram parte da vida. No entanto, as referências a essas pequenas criaturas rendem mais que informação. Delas o leitor pode aprender muito sobre Deus.

A soberania divina é refletida quando faz uso de vespões para realizar seu propósito de expulsar de Canaã os inimigos de Israel. Deus também podia castigar o povo eleito com gafanhotos caso viesse a desobedecer. A ausência de métodos avançados de controle de insetos nos faz lembrar a dependência absoluta de Israel de Deus. O Senhor inspiraria seus servos a tomar a humilde formiga e o gafanhoto como exemplos para toda a humanidade. Os autores sapienciais usaram até mesmo a larva da mosca asquerosa para lembrar a humanidade de sua condição mortal. — *Ronald E. Bishop*

INSPIRAÇÃO DA ESCRITURA "Toda Escritura é inspirada por Deus" (2Tm 3.16). Benjamin B. Warfield argumentou que a palavra composta (*theopneustos*) traduzida por "inspirada por Deus" faz um empréstimo equivocado da *Vulgata* (lat., *divinitus inspirata*). Em vez de inspiração (i.e., soprada dentro por Deus), o grego de Paulo sugere que a Bíblia é uma divina "expiração" (o que Deus soprou para fora, o produto de sua respiração criativa). A ênfase de Paulo, portanto, não é que a Bíblia seja inspiradora para ler (ela é isso), ou que os autores estivessem inspirados (eles estavam), mas que a origem da Bíblia significa que ela é a verdadeira palavra de Deus.

Além disso, às vezes o versículo é traduzido incorretamente como "toda Escritura que for inspirada", insinuando que Paulo talvez não acreditasse na inspiração de toda a Bíblia. Mas, no versículo precedente, ele não apenas alude a uma porção, e sim ao AT inteiro como "sagradas letras".

Para Paulo e os autores da Bíblia, as Escrituras são "palavras [enunciadas] de Deus" (Rm 3.2). Quando a Bíblia fala, Deus fala (1Co 6.16; Hb 3.7; 10.15).

Teorias de inspiração Historicamente a inspiração da Bíblia foi concebida de quatro maneiras. 1) A Bíblia é inspirada como outros bons livros com autores humanos. Isso não é nem o que a Bíblia diz nem o que a Igreja crê. 2) A Bíblia é parcialmente inspirada por Deus. Os defensores sustentam que somente as porções teológicas (não científicas ou históricas) da Bíblia são inspiradas, ou que a Bíblia representa apenas um registro dos atos históricos salvadores de Deus, ou que a Bíblia contém a palavra de Deus, não é essa palavra. No entanto, a inspiração assegura que a Escritura como tal é a palavra revelada de Deus, não apenas um testemunho da obra divina de redenção, mas também sua interpretação. 3) A Bíblia é divinamente inspirada sem o uso de autores humanos. A teoria do ditado mecânico torna a Bíblia análoga a mitos relativos à origem do *Alcorão* ou do *Livro de Mórmon*, e anda na contramão do que a Bíblia diz sobre suas origens. 4) A Bíblia é divinamente inspirada porque Deus trabalhou concomitantemente com autores humanos para produzir a exata mensagem escrita que ele queria. Essa visão clássica ensina que o Espírito Santo supervisionou cerca de 40 autores de contextos bem divergentes (pastores, reis, profetas, pescadores etc.), abarcando um período de cerca de 1.500 anos, para produzir com coerência sobrenatural não só os pensamentos, mas as próprias palavras de Deus para a humanidade.

O modo da inspiração A *Declaração de Chicago sobre a inerrância bíblica* (1978) confessa: o "modo de inspiração divina permanece em grande parte um mistério para nós". Contudo, podem ser traçadas certas conclusões. Os autores, p. ex., estavam divinamente preparados para escrever a palavra de Deus, de modo bem idêntico à maneira em que os profetas foram preparados para anunciar sua palavra. "A palavra do Senhor veio a mim, dizendo: 'Antes de formá-lo no ventre eu o escolhi; antes de você nascer eu o consagrei [...] você irá e dirá tudo o que eu lhe ordenar [...]. Agora ponho em sua boca as minhas palavras" (Jr 1.4-9; cf. Êx 4.11-16; 1Sm 3; Is 6.1-9; Ez 2.3-3.11; Am 7.14,15; Gl 1.15; Ap 1.10,11,19). Os apóstolos do NT foram aceitos pela igreja antiga como autoridades da mesma maneira que os profetas do AT sob inspiração (1Co 2.9-13; 14.37; Cl 4.16; 1Ts 2.13; 5.27; 2Ts 3.6; 2Pe 3.2). Pedro se referiu aos escritos de Paulo como Escritura (2Pe 3.15,16; inferido também em Jd 17,18).

O próprio Deus escreveu o Decálogo (Êx 24.12; 31.18; 32.16), e algumas vezes os autores da Bíblia escreveram o que Deus ditou (Êx 34.27,28; Ap 1.10,11). Normalmente, porém, Deus usou a personalidade, as meditações teológicas e o estilo literário de seus autores escolhidos. A inspiração não foi sempre contínua na mente dos autores (Jr 1.2; 14.1; 25.1; 26.1). Muitas vezes a mensagem divina registrada na Escritura ultrapassava o entendimento do autor (Dn 12.8,9; Lc 10.23,24; 1Pe 1.10-12). Os autores bíblicos não estavam sempre cientes de que a inspiração divina estava operando neles (Lc 1.3, a pesquisa histórica de Lucas). Os apóstolos podiam escrever cartas divinamente inspiradas ao responder a perguntas, expondo suas opiniões (1Co 7.1,25). O Espírito Santo providenciou para que cada livro bíblico tenha na verdade dois autores, um humano e outro divino. Assim, a supervisão divina da Escritura assegura sua inerrância.

Inerrância P. D. Feinberg definiu inerrância como "a visão de que, quando todos os fatos se tornam conhecidos, eles demonstrarão que a Bíblia em seus manuscritos originais e corretamente interpretada é cabalmente verdade e nunca falsa em tudo o que afirma, de forma independente de isso se referir a doutrina, ética, ciências sociais, físicas ou biológicas" (*Evangelical Dictionary of Theology*) [Dicionário evangélico de teologia].

A inerrância abrange apenas os escritos bíblicos originais, os autógrafos (*Declaração de Chicago*: "Cópias e traduções da Escritura são palavra de Deus na medida em que representam fielmente o original"). Embora essa ênfase por conservadores nos autógrafos seja muitas vezes ridicularizada, a questão é crítica e sensível. Em comparação com um copista ou tradutor posterior, o autor do texto original teve uma tarefa sobrenatural para a qual precisou da supervisão plena do Espírito Santo. O texto foi escrito somente uma vez para todos os tempos. Se o autógrafo fosse corrompido por erros, as cópias e traduções subsequentes jamais poderiam chegar à verdade revelada de Deus. Logo, a ênfase na inerrância do manuscrito original não abala cópias ou traduções; pelo contrário, o abalo é causado pelos que negam a inerrância dos autógrafos. A ordem óbvia de transmissão é do original para a cópia e para a tradução. A fé bíblica, portanto, não deve admitir erros nos autógrafos, mas estar diligentemente atenta à possibilidade de erro na cópia ou tradução. Essa consciência levou a um estudo cuidadoso do processo de transmissão textual e dos idiomas originais.

Somos gratos pela supervisão da transmissão de cópias das Escrituras ao longo de 3 mil anos da providência divina. A notável obra de conservação do AT realizada pelos massoretas está bem documentada, e as cópias do NT são mais sobejantes que qualquer outra obra da Antiguidade, o que nos transmite grande confiança de termos o que os apóstolos escreveram. (Simplesmente não é verdade que o uso de textos críticos modernos em oposição ao *Textus Receptus* encobrirá ou corromperá a doutrina bíblica. O amplo consenso entre estudiosos conservadores dos textos é que as variantes nas cópias são insignificantes no que respeita à doutrina.) Os leitores ingleses estão muito bem servidos por uma grande quantidade de traduções que fielmente disponibilizam a palavra de Deus no vernáculo.

A inerrância é uma questão de fé, não pode ser demonstrada por estudos acadêmicos. Mas muitos ataques à veracidade da Escritura estão equivocados desde o começo por parte dos que insistem em critérios arbitrários a favor da inerrância. Conforme assinala a *Declaração de Chicago*, a inerrância não é solapada "por fenômenos bíblicos como uma falta de precisão técnica moderna, irregularidades de gramática ou grafia, descrições observacionais da natureza, informação de falsidades, uso de hipérbole e números arredondados, arranjo do material por tópico, seleções divergentes de material em relatos paralelos, ou pelo uso de citações livres". Muitas vezes se exageram grandemente reivindicações referentes a outros tipos de supostos erros. Na realidade a maioria das dificuldades da Bíblia se rendeu ao paciente trabalho de estudiosos que podem ser consultados em comentários conservadores de qualidade.

Em decorrência, tentar harmonizar textos aparentemente discrepantes constitui a primeira resposta apropriada, não a presunção de erro. Algumas dificuldades podem não ser superadas pela pesquisa, a menos que mais fatos arqueológicos ou históricos venham a lume. E, se não forem resolvidos os problemas de alguns textos, presume-se com confiança que, se todos os fatos pertinentes forem conhecidos, não se encontrará nenhum erro na Bíblia. Em última análise, o seguidor de Jesus pratica esse tipo de confiança na palavra de Deus porque é algo imposto pelo exemplo do próprio Senhor.

A atitude de Jesus perante a Bíblia
Alguns hoje tentam opor Cristo como revelação suprema de Deus à revelação bíblica. Em seu tempo Jesus reprovou os que perscrutavam as Escrituras, mas não reconheciam que elas testemunhavam dele (Jo 5.39). Contudo, não os reprovou por estudarem as Escrituras; afinal, somente as Escrituras dão testemunho de Cristo. Não há outro modo de conhecê-lo. Cristo é o centro da fé cristã, e o caminho até ele passa pelo que o Espírito de Deus emprega nesse propósito, a Bíblia divinamente inspirada.

A atitude dos discípulos diante das Escrituras não deveria ser diferente da do Mestre: A Bíblia é definitiva e possui autoridade (Mt 4.4,7,10; Jo 10.35) por ser a Palavra inspirada de Deus. Sua reverência e confiança no AT eram assombrosas (Mt 5.17-19; 26.54; Lc 16.17; 18.31). V. *revelação de Deus*. — Ted Cabal

INSTANTE Breve momento de tempo (Is 29.5; 30.13; Jr 18.7-9); a *KJV* usa o termo no sentido de insistente, premente ou urgente.

INSTRUÇÃO

Por exemplo: "eles eram instantes" (Lc 23.23) significa "eles continuaram exigindo insistentemente"; "continuando instantes na oração" (Rm 12.12) significa "perseveraram na oração" ou "fiéis na oração" (*NIV*); "ser instante" (2Tm 4.2) significa "ser persistente" ou "estar preparado".

INSTRUÇÃO Ensinamento ou exortação em aspectos da vida e do pensamento cristão dirigidos a pessoas que já fizeram um compromisso de fé. A instrução (*didache*) é muitas vezes diferenciada do anúncio missionário (*kerygma*). O evangelho de Mt diz de Jesus: "Ele os ensinava como quem tem autoridade" (Mt 7.29). O Sermão do Monte (Mt 5—7) constitui particularmente o fundamento firme como rocha, de ensinamento para a vida cristã (Mt 7.24-27). O próprio Jesus exortou seus discípulos a fazer discípulos, batizando-os em nome do Pai, Filho e Espírito Santo e "ensinando-os a obedecer a tudo que eu lhes ordenei" (Mt 28.20).

Ministério pedagógico A igreja de Jesus Cristo, portanto, é educadora, instrui homens e mulheres na fé e no discipulado cristão. A fé proclamada pela igreja precisa ser fortalecida pelo ensino do Evangelho. Paulo lembrou aos primeiros cristãos que uma das funções da igreja era o pastor/mestre que trabalhava "para preparar o povo de Deus para o serviço cristão, a fim de construir o corpo de Cristo" (Ef 4.12, *NTLH*). O ministério pedagógico da igreja possui várias dimensões.

A igreja ensina sobre Jesus A igreja apresenta os detalhes básicos da vida e do ministério de Jesus: Sua morte, sepultamento e ressurreição. Ajuda os membros a entender o significado desses acontecimentos para todos os tempos. Na igreja antiga os catecúmenos ou estudantes recebiam instrução na fé cristã antes de serem batizados e recebidos à filiação plena na comunidade de fé. Mais tarde líderes da igreja como Martinho Lutero e João Calvino escreveram *Catecismos*, livros para instruir as pessoas na fé e doutrina. A igreja é chamada a recontar a história de Jesus em cada geração. V. *Evangelho; querigma; Jesus, vida e ministério*.

A igreja ensina a espiritualidade cristã Cristãos novos não devem permanecer "crianças em Cristo", mas "crescer na graça e no conhecimento de nosso Senhor e Salvador Jesus Cristo" (1Co 3.1-3; Hb 5.13; 2Pe 3.18). A espiritualidade cristã é o processo de crescimento na fé. Em seu ministério pedagógico, a igreja guia os cristãos na vida de fé por meio de oração, estudo da Bíblia, meditação e reflexão espiritual.

A igreja ensina ética cristã Quem segue Cristo deve ser conformado à imagem dele. A igreja instrui seus membros na fidelidade, moralidade, honestidade e integridade. A instrução ética não é uma nova lei, mas um modo de vida de acordo com o novo mandamento de Cristo de amar uns aos outros (Jo 13.34,35). Jesus é o mestre moral e exemplo supremo para o povo de Deus. V. *ética*.

A igreja instrui na doutrina cristã A igreja ensina as verdades bíblicas da fé cristã. Guia os cristãos a entender doutrinas relevantes. Abre as Escrituras para estabelecer os ideais doutrinários sobre os quais a igreja se fundamenta. Guia cristãos fiéis à maturidade, para que seus membros não sejam "levados de um lado para o outro pelas ondas, nem jogados para cá e para lá por todo vento de doutrina e pela astúcia e esperteza de homens que induzem ao erro" (Ef 4.14). Toda instrução doutrinária leva a Cristo, que é a fonte derradeira da fé do cristão. V. *doutrina; bíblica, teologia*.

Um evangelho pedagógico Quando a igreja ensina, ela também evangeliza. O ministério pedagógico da igreja é um modo diferente pelo qual o povo de Deus declara sua fé para que outros possam conhecer Cristo e crescer nele. V. *evangelismo*. — *Bill J. Leonard*

INSTRUMENTO Termo para ferramenta, utensílio (1Cr 28.14), arma (Gn 49.5; 1Cr 12.33,37) ou instrumento musical (1Cr 15.16; 16.42; 23.5). Traduções modernas geralmente reservam o termo "instrumento" para instrumento musical. V. *música, instrumentos, dança*.

INSULTO Tratar com insolência, humilhação ou desprezo. O termo não ocorre na *KJV*, porém é cada vez mais frequente em traduções mais recentes, como a *NVI*, que substitui termos como abusar, escarnecer, ultrajar, censurar ou ridicularizar. De acordo com a sabedoria hebraica, a pessoa sábia ignora insultos (Pv 12.16). O texto de Pv 14.31 adverte que a opressão do pobre é um insulto a Deus. Às vezes os profetas de Deus foram alvo de insultos (Jr 20.7,8; 2Rs 2.23). Como maior representante de Deus, Jesus anteviu insultos como parte de sua paixão (Lc 18.32). Os Evangelhos sinópticos relatam esses insultos (Mt 26.68; 27.29,40-44; Mc 14.65; 15.16-20,29-32; Lc 22.63-65; 23.11,35-39). Ao suportar insultos, Cristo se tornou o modelo para cristãos que os experimentam (Rm 15.3, citando Sl 69.9; 1Pe 3.9). Jesus bendisse os insultados por causa dele (Mt 5.11). Paulo se regozijava nos insultos que são consequência natural do engajamento missionário (2Co 12.10). Jesus advertiu que quem insulta um irmão corre o risco de comparecer perante o Sinédrio, o supremo tribunal judeu (Mt 5.22).

INSURREIÇÃO Rebelião contra o governo estabelecido. Na época de Artaxerxes (464-423 a.C.), Jerusalém tinha uma reputação bem consolidada de insurreições (Ed 4.19). Barrabás era acusado de insurreição (Mc 15.7; Lc 23.19,25). O tribuno encarregado da segurança do templo confundiu Paulo com um insurgente egípcio (At 21.38). A insurreição de At 18.12 é mais corretamente traduzida por "levante conjunto".

INTEGRIDADE Sustentação fiel de um padrão de valores. Termos que ocorrem em paralelo com integridade (heb., *tam, tamim*) indicam as conotações do significado: retidão (Sl 7.8; 25.21); não vacilação (Sl 26.1); inculpabilidade (Sl 101.2, o hebraico usa *tam* duas vezes nesse versículo, em geral traduzido por "integridade"). Diversas personagens do AT são chamadas pessoas com integridade: Noé (Gn 6.9); Abraão (Gn 17.1); Jacó (Gn 25.27); Jó (Jó 1.1,8; 2.3) e Davi (1Rs 9.4). As traduções muitas vezes trazem o sentido hebraico subjacente de perfeito ou inculpável. A inclusão de Jacó é surpreendente, pois ele é mais conhecido por sua fraude (Gn 27.5-27; 30.37-43; 33.13-17). Tradutores ingleses descrevem Jacó como uma pessoa aberta (*KJV*), calma (*NASB*) ou quieta (*NRSV, NIV, REB*).

No NT integridade somente consta em Tt 2.7, referindo-se ao ensino. É recorrente a ideia de singeleza de coração ou mente (Mt 5.8; 6.22; Tg 1.7,8; 4.8).

INTERCESSÃO Ato de intervir ou mediar entre partes opostas, particularmente o ato de orar a Deus a favor de outra pessoa. No AT o verbo hebraico *paga'* é usado para esse pleito ou intercessão (Gn 23.8; Is 53.12; 59.16; Jr 7.16; 15.11; 27.18; 36.25). Termos mais gerais como *palal*, "orar", ou *chalah*, "apaziguar", às vezes também são traduzidos por "interceder" (1Sm 7.5; 1Rs 13.6). No NT o termo grego é *entyngkano* e seus derivados (Rm 8.26,27,34; 1Tm 2.1; Hb 7.25).

Antigo Testamento Muitas personagens do AT conhecidas por sua fé também são conhecidas por sua oração de intercessão. Abraão suplicou a Deus que não destruísse Sodoma para salvar seu sobrinho Ló. Apelou ao caráter íntegro de Deus, perguntando se Deus iria "matar o justo com o ímpio" (Gn 18.25). Ao agir assim, Abraão reconheceu que não era merecedor de propor uma reivindicação dessa ao Deus santo (v. 27). Abraão também intercedeu por Abimeleque, no que cumpriu uma função profética e trouxe cura (Gn 20.7,17).

Moisés intermediou entre Deus e o faraó quando tentou obter permissão para o povo deixar o Egito (p. ex., Êx 8.8). O povo pediu a Moisés que o representasse perante Deus no Sinai porque temia achegar-se ao Deus tremendo (Êx 20.19). Depois que o povo confeccionou o bezerro de ouro, Moisés suplicou pela clemência de Deus, apelando a Deus para se lembrar de sua reputação entre as nações e de suas promessas aos patriarcas. Como resultado, Deus cedeu (Êx 32.11-14). Por meio da oração de intercessão, Moisés tentou fazer uma compensação pelo pecado, identificando-se tão completamente com o povo que ele pediu para ser apagado do livro de Deus se Deus não perdoasse o pecado do povo (Êx 32.30-34; cf. Dt 9.25).

A intercessão fazia parte da descrição de funções dos sacerdotes (Jl 2.17; cf. 1Sm 2.25). A tarefa do sumo sacerdote era fazer propiciação pelo povo (Lv 16). Em vista da idolatria do povo, Samuel pediu a Deus que o perdoasse (1Sm 7.5). Até mesmo quando não concordava com o povo, Samuel elevou a Deus o pleito dele a favor de um rei (1Sm 8; cf. cap. 12). Quando Deus rejeitou Saul, Samuel orou aflito (1Sm 15.11). Davi intercedeu toda a noite em nome de seu filho recém-nascido, mesmo sabendo que Deus havia decretado a morte da criança por causa do pecado de Davi (2Sm 12.14-18). Após realizar um recenseamento sem a orientação de Deus, Davi pediu que Deus o castigasse, não ao povo inocente (2Sm 24.17).

Na dedicação do templo Salomão pediu a Deus que ouvisse as orações do povo pecador e o perdoasse (1Rs 8; cf. 3.3-14). Elias acusou Deus de trazer "desgraça sobre esta viúva com quem eu estou hospedado, fazendo morrer o seu filho" (1Rs 17.20) e teve êxito ao suplicar que a criança vivesse novamente (cf. 2Rs 4.32-34). Ezequias levou a carta de Senaqueribe ao templo e abriu-a perante Deus, intercedendo pela libertação da mão dos assírios (Is 37.14-20).

A intercessão constituía uma parte importante da tarefa dos profetas. Amós suplicou que a palavra de Deus não se efetivasse (Am 7.5,6). Jeremias respondeu à palavra de Deus de juízo sobre a nação com um pleito de que Deus não fosse um estranho entre aqueles que não eram capazes de salvar a si mesmos (Jr 14.7-9). O livro de Lm está cheio de orações a favor da nação.

O profeta Isaías anteviu um dia em que as pessoas de todas as nações poderiam vir ao templo e fazer intercessões (Is 56.7). A esperança profética estava centrada no servo sofredor que levaria consigo o pecado de todo o povo, intercedendo a favor dos transgressores (Is 53.6,12).

A intercessão nem sempre foi efetiva. Deus disse a Jeremias que deixasse de lado o dever profético de intercessão: "Não ore por este povo, nem faça súplicas ou pedidos a favor dele, nem interceda por ele junto de mim, pois eu não o ouvirei" (Jr 7.16). Nem mesmo os grandes heróis da intercessão teriam sucesso em tais situações (Jr 15.1; cf. Ez 14.14). Em última análise, até mesmo a mais justa das pessoas necessita de um intercessor junto de Deus (Jó 9.32-35; 19.25; 23.1-17).

Novo Testamento O NT ensina que se espera a intercessão por parte de todos os cristãos (1Tm 2.1-3). A intercessão a favor do enfermo é particularmente importante (Tg 5.14). Em suas cartas Paulo constantemente se refere às orações pelos leitores, e Jesus proferiu o exemplo supremo de intercessão (Lc 22.32; 23.34; Jo 17).

A Bíblia revela que o Espírito Santo, Cristo e os cristãos intercedem pela humanidade. O texto de Rm 8.26,27 mostra que o Espírito Santo opera para sustentar o cristão sobrecarregado, para interceder, para levar até mesmo orações inexprimíveis a Deus. O texto de Rm 8.34 comunica a verdade de que o Cristo exaltado manterá sua intercessão pelos cristãos, sendo o Mediador entre Deus e o ser humano. Deus aceita as orações e os louvores dos cristãos pela intercessão de Cristo. Sua morte afiançou remoção do pecado; sua ressurreição deu vida aos que creem nele; sua ascensão trouxe a exaltação ao poder no céu e na terra. Agora ele intercede por nós no trono da graça de Deus. O texto de Hb 7.25 proclama a libertação plena decorrente da salvação realizada por Cristo e observa que ele já está presente no céu para interceder pelos que se achegam a ele. V. *oração*.
— *J. William Thompson e Trent C. Buttler*

INTERPRETAÇÃO V. *hermenêutica bíblica*.

INVEJA Percepção dolorida e ressentida da vantagem de outra pessoa acrescida do desejo de possuir a mesma vantagem. A vantagem pode estar relacionada a bens materiais (Gn 26.14) ou posição social (30.1). A sabedoria do AT muitas vezes adverte contra ar inveja dos arrogantes (Sl 73.3), violentos (Pv 3.31) ou maus (Sl 37.1; Pv 24.1,19). No NT a "inveja" é elemento comum nas listas de males, como o que sai da pessoa e a polui (Mc 7.22), como uma característica da humanidade em rebelião contra Deus (Rm 13.29), como obra da carne (Gl 5.21), como característica da vida não regenerada (Tt 3.3) e como marca dos falsos mestres (1Tm 6.4). A "inveja" (às vezes traduzida por "ciúme" por tradutores atuais) foi o motivo que levou ao aprisionamento de Jesus (Mt 27.18; Mc 15.10) e à oposição ao evangelho em At (At 5.17; 13.45; 17.5). Os cristãos são chamados a evitar a inveja (Gl 5.26; 1Pe 2.1).

A inveja às vezes é o motivo para fazer o bem. O Pregador decepcionou-se por ser o trabalho duro e as habilidades o resultado da inveja de outra pessoa (Ec 4.4). Paulo, no entanto, conseguiu se alegrar que o evangelho era pregado mesmo que o motivo fosse a inveja de outros (Fp 1.15).

A *ARC-1969* entende corretamente o difícil texto de Tg 4.5, reconhecendo o "ter ciúmes" uma característica do espírito humano. Ao contrário do que trazem as traduções mais recentes, a palavra grega para "inveja" aqui (*phthonos*) é sempre usada com a conotação negativa, nunca com o sentido positivo do ciúme de Deus (gr., *zelos*). A resposta de Deus aos desejos pecaminosos do coração humano é dar mais graça (4.6). V. *ciúme*.

INVERNO Estação entre outono e primavera que em geral é curta e moderada na Palestina. O inverno também é a estação chuvosa naquela região (Ct 2.11). V. *tempo*.

Casa de inverno Parte de um palácio ou moradia exclusiva dos ricos que é aquecida e por isso mais quente que o restante da casa (Jr 36.22) ou construída em uma região mais quente do país. Amós falou da destruição da casa de inverno por causa do pecado de Israel contra Deus (Am 3.15).

IODE Décima letra do alfabeto hebraico. Cabeçalho de Sl 119.73-80.

IOTA V. *ponto*.

IQUES Nome pessoal que significa "pervertido, falso". Pai de um dos 30 heróis de Davi, oriundo de Tecoa (2Sm 23.26).

IR Nome pessoal que significa "cidade" ou "filhote de jumento". Membro da tribo de Benjamim (1Cr 7.12). Alguns estudiosos da Bíblia remetem a Gn 46.23 e pensam que um copista leu erroneamente o nome, escrevendo Ir em lugar de Dã, que no original hebraico é bem parecido com Ir.

IRA Nome pessoal que significa "cidade" ou "filhote de jumento". **1.** Sacerdote sob Davi (2Sm 20.26). A *KJV* e alguns estudiosos da Bíblia entendem aqui "sacerdote" como cargo civil, não religioso. Parece que Ira era oriundo de Havote-Jair em Gileade (Nm 32.41), embora alguns estudiosos da Bíblia pensem que era de Quiriate-Jearim (1Sm 7.1). Ira não é identificado como levita, e sua função não está vinculada à de Abiatar e Zadoque, sacerdotes oficiais. Assim, alguns concluíram que ele foi um servo particular de Davi como sacerdote pessoal do rei. De forma análoga, os filhos de Davi serviram como sacerdotes (2Sm 8.18). **2.** Dois dos heróis do exército de Davi se chamavam Ira (2Sm 23.26,38). Ira de Tecoa também era oficial encarregado da "guarda nacional" do exército no sexto mês (1Cr 27.9).

IRÃ Nome pessoal de significado incerto. Líder tribal em Edom (Gn 36.43).

IRA DE DEUS Termo usado para expressar várias emoções, incluindo raiva, indignação, irritação, aflição, amargura e fúria. É a resposta emocional à percepção de iniquidade e injustiça. Tanto humanos quanto Deus expressam ira. Quando em referência a Deus, expressa sua oposição absoluta ao pecado e ao mal. Quando, porém, usado para humanos, a ira é um desses males a serem evitados.

Antigo Testamento O AT fala com muita frequência tanto da ira de Deus quanto da do ser humano, mas a ira ou raiva de Deus é mencionada três vezes mais que a humana. Existem umas 20 palavras hebraicas diferentes, usadas cerca de 580 vezes, referentes à ira de Deus no AT. A maioria desses termos é tomada por empréstimo de expressões fisiológicas concretas. O mais frequente é *aph'*, presente cerca de 210 vezes. É a palavra para "nariz" ou "face". A maneira pela qual uma palavra dessas chegou a ser usada para expressar ira foi explicada tradicionalmente pela noção comum de que "bufar" ou "ofegar" pelo nariz é indicativo de raiva. O segundo termo que ocorre mais vezes é *chemah* (cerca de 115 vezes), com o significado primário de "calor" (cf. Ez 3.14), mas mais frequentemente traduzido por "fúria" ou "furor". A versão inglesa *King James* capta a intensidade da emoção expressa com esse termo, vertendo-o três vezes para "desagrado quente" (Dt 9.19; Sl 6.1; 38.1). Termos menos usados são: *charah* (33 vezes), empregado geralmente em combinação com *aph* e traduzido por "ira feroz"; *qetseph* (28 vezes), significando "indignação"; *ebrah* (24 vezes), traduzido por "ira", "fúria" e "raiva ardente".

Essa antropopatia dos termos não deve ser concebida de tal forma que se confira a Deus a paixão irracional que encontramos com tanta frequência no ser humano e que é atribuída a divindades gentílicas. Em contraposição, ela aponta para a realidade e severidade da ira de Deus no AT (Is 63.1-6). A ira de Deus não é um capricho, mas sempre uma reação moral e ética ao pecado. Às vezes esse pecado pode ser mencionado em termos genéricos (Jó 21.20; Jr 21.12; Ez 24.13) e outras vezes especificado como derramamento de sangue (Ez 8.18; 24.8), adultério (Ez 23.25), violência (Ez 8.18), cobiça (Jr 6.11), vingança (Ez 25.17), afligir viúvas e órfãos (Êx 22.22), levar cativos os irmãos (2Cr 28.11-27), e especialmente a idolatria (Sl 78.56-66). O meio pelo qual Deus expressou sua ira sempre foi um ente criado: seus anjos, seu povo israelita, nações gentílicas e as forças da natureza.

Nos livros proféticos a ira de Deus geralmente é apresentada como um juízo futuro. É associada normalmente ao conceito do "dia do Senhor" (Sf 1.14,15), ou simplesmente "aquele dia". Aquele dia será dia grande e terrível, um dia de trevas e tristeza, dia da vingança de Deus (Jl 2.2,11; Is 63.4). Embora algumas dessas locuções proféticas possam ter se referido ao juízo de Deus na História, seu cumprimento derradeiro acontecerá em um ato final em que o mundo e seus habitantes prestarão contas a Deus (cf. o uso do "dia do Senhor" no NT, 1Ts 5.1-9; 2Pe 3.10).

Novo Testamento A ira de Deus não é mencionada com a mesma frequência no NT, nem existe nele a profusão de vocábulos encontrada no AT. Há apenas dois termos primários no NT para ira: *thymos* e *orgé*. Ambos são usados para expressar uma paixão humana e um atributo ou ação divinos. Quando usado para a paixão humana, a ira consta repetidas vezes em listas de pecados a serem evitados, caso contrário pode provocar a ira de Deus (Ef 4.31; 5.6; Cl 3.8; Tt 1.7).

Alguns estudiosos viram uma distinção de significado nesses sinônimos, sendo a diferença que *thymos* expressa uma explosão súbita de raiva enquanto *orgé* ressalta mais a deliberação. Ocasionalmente pode haver uma diferença intencional no uso dos termos, contudo isso não impede que ambos os termos sejam condenados como vícios quando aplicados à paixão humana. Além disso, os dois termos são usados para descrever o caráter de Deus, particularmente no livro de Ap. Aparecem juntos poucas vezes, ocasiões em que *orgé* é traduzido por "ira" e *thymos* por "indignação" ou "furor" (Rm 2.8; Ap 14.10).

Há grande ênfase no NT à ira de Deus como um julgamento futuro. João Batista começou seu ministério anunciando a ira de Deus que está por vir e da qual as pessoas deveriam fugir (Mt 3.8). De forma análoga Jesus pronunciou uma ira que há de cair sobre Israel e produzir grande angústia (Lc 21.23). Paulo fala de um dia da ira vindoura que aguarda alguns, mas do qual os cristãos serão libertos (Rm 2.5; Ef 2.3; 1Ts 2.10). A ideia de uma ira futura de Deus é desdobrada em larga escala em Ap. É descrita em termos muito vívidos, como turbulências cataclísmicas no Universo (Ap 6.12-17), "o lagar do vinho do furor da ira do Deus todo-poderoso" (Ap 19.15), e "o cálice da sua ira" (Ap 14.10).

No NT a ira de Deus não é somente um julgamento futuro; ela é uma realidade presente. Não aguarda as pessoas somente no juízo por vir. Jesus declarou que a ira de Deus repousa sobre os descrentes e, por conseguinte, estão já agora condenados (Jo 3.18,36). Para Paulo a ira de Deus é revelada contra toda impiedade e injustiça dos seres humanos (Rm 1.18), e todos os seres humanos em seu estado natural são "merecedores da ira" (Ef 2.3).

Considerações teológicas A doutrina da ira de Deus é impopular em grande parte dos discursos teológicos modernos. Alguns negam que haja raiva em Deus. Outros pensam na ira de Deus como um processo de causa e efeito impessoal que acarreta consequências desagradáveis para maus atos. Ainda outros veem a ira de Deus como sua raiva contra o pecado, mas não contra o pecador.

A ira de Deus é real, severa e pessoal. A ideia de que Deus não esteja furioso com pecadores não pertence ao AT nem ao NT. Deus é um ser moral pessoal que se contrapõe inflexivelmente ao mal e toma providências pessoais contra ele. A ira é a justiça punitiva de Deus por meio da qual ele preserva sua ordem moral, que exige justiça e punição pela injustiça.

Além do mais, a ira de Deus se relaciona intrinsecamente com a doutrina da salvação. Se não houver ira, não há salvação. Se Deus não tomar medidas contra pecadores, não há nenhum perigo do qual os pecadores precisam ser salvos. A boa notícia do evangelho é que pecadores que merecem a justa ira de Deus podem ser libertos dela. Pela morte reconciliadora de Cristo, Deus é apaziguado, e sua ira é afastada de todos que recebem Cristo (Rm 3.24,25). Logo, quem tem fé no sangue de Cristo já não é destinado à ira, mas liberto dela e designado para "obter salvação" (1Ts 1.10; 5.9). — *Jimmy A. Millikin*

IRADE Nome pessoal de significado incerto. Filho de Enoque (Gn 4.18).

IRI Nome pessoal que significa "minha cidade" ou "filhote de meu jumento". Líder na tribo de Benjamim (1Cr 7.7).

IRMÃ Nos tempos patriarcais era permitido a um homem se casar com sua irmã (Gn 20.12). "Irmã" era também um termo usado para designar pessoas tidas em alta estima, como expressão de afeição fraternal (Ct 4.9; 8.8). As mulheres cristãs que se mostravam úteis e auxiliavam a igreja a viver como família eram chamadas "irmãs" (Rm 16.1,2). Marta e Maria, irmãs de Lázaro, eram bem conhecidas como amigas e auxiliares de Jesus. Em uma ocasião Jesus disse: "Quem faz a vontade de Deus, este é meu irmão, minha irmã e minha mãe" (Mc 3.35). V. *família*; *mulher*.

IRMÃOS No AT a palavra "irmão" geralmente se refere a um relacionamento de sangue de irmãos (Êx 4.14; Jz 9.5). De fato, o livro de Gn trata das dificuldades de rivalidade entre irmãos, ou do "problema do irmão": Caim e Abel (Gn 4); Jacó e Esaú (Gn 25—28); José e seus irmãos (Gn 37—50). Em cada uma dessas situações o irmão mais novo é o favorecido por Deus. (V. tb. Davi entre os filhos de Jessé, 1Sm 16.11-13.)

O NT também reflete o emprego da palavra "irmão" para designar parentesco. Lucas menciona que Herodes e Filipe são irmãos (Lc 3.1). Entre os discípulos, Simão e André são irmãos (Mc 1.16); bem como Tiago e João (Mc 1.19). Os quatro irmãos de Jesus são mencionados em Mc 3.31 e citados pelo nome em Mc 6.3. Outros exemplos de irmãos de sangue são encontrados na parábola do rico e Lázaro (Lc 16.28), na história da herança disputada (Lc 12.13) e na parábola do filho pródigo (Lc 15.11-32).

O termo "irmão" também é usado no AT para significar parentes, aliados e compatriotas. A palavra é usada em Gn 13.8 para descrever o relacionamento de Abraão com seu sobrinho Ló ("somos irmãos"). Salomão e Hirão de Tiro são chamados de irmãos depois de fazerem uma aliança política entre si (1Rs 9.13). Frequentemente o termo "irmãos" é encontrado em aposição à expressão "os filhos de Israel" (Lv 25.46; Dt 3.18; 24.7; Jz 20.13; cp. Nm 25.6). Básico nessa ideia é a noção de que as tribos e o povo de Israel descendiam de um pai comum.

Essa mudança do foco do parentesco de sangue para o parentesco espiritual pode ser encontrada nos ensinamentos de Jesus quando ele designa como irmãos "aqueles que ouvem a palavra de Deus e a praticam" (Lc 8.21). A comunidade cristã nos seus inícios deu continuidade a essa ênfase em "irmão" como uma expressão de relacionamento espiritual. Paulo se dirigia com regularidade à comunidade cristã saudando-os como irmãos (1Co 1.10; 1Ts 1.4). E de fato, na maioria dos trechos do NT em que "irmãos" é usado para designar toda a comunidade cristã (homens e mulheres), a palavra poderia ser mais bem traduzida por "cocristãos" (Fp 4.9). A dupla função do termo "irmão" como descrevendo um relacionamento tanto físico quanto espiritual dá testemunho eloquente da importância na comunidade cristã tanto da família de sangue quanto da família de fé. V. *Paulo; irmã*. — Mikeal C. Parsons

IRMÃOS DE JESUS Jesus cresceu em uma família comum de pais e irmãos. Os críticos de Jesus em Nazaré alistaram seus irmãos em Mc 6.3 como Tiago, José, Judas e Simão. Os nomes deles aparecem outra vez em Mt 13.55. Seus irmãos talvez tenham estado entre os amigos em Mc 3.21 que pensavam estar Jesus "fora de si"; dez versículos depois, em 3.31, "a mãe e os irmãos de Jesus" tentaram lhe chamar a atenção enquanto ele estava ensinando em uma casa. Ademais, Jo 7.5 relata que "nem os seus irmãos criam nele". Depois da ressurreição, no entanto, eles mudaram de ideia e se uniram aos discípulos em períodos de oração (At 1.14). O Cristo ressurreto apareceu a um deles, Tiago, e ele se tornou o líder da igreja de Jerusalém (At 12.17; 1Co 15.7). Não obstante, alguns escritos dos primeiros séculos levantaram dúvidas quanto aos irmãos para proteger a doutrina em desenvolvimento da virgindade perpétua de Maria. Um deles, chamado *Evangelho de Tiago*, conta a história de vida de Maria, usando muito material fantasioso. Ele afirma que os irmãos de Jesus eram filhos de José de um casamento anterior. Essa é a posição da Igreja ortodoxa grega. Mais tarde um estudioso famoso, Jerônimo, argumentou que os irmãos de Jesus eram na verdade seus primos porque a mãe deles era Maria de Clopas, irmã de Maria mãe de Jesus (Jo 19.25). Essa é a posição da Igreja católica romana, mas os estudiosos protestantes preferem a posição tradicional dos Evangelhos. Jesus nasceu da virgem Maria. Maria e José então tiveram quatro filhos da mesma forma normal que todos os seres humanos têm filhos. — *W. J. Fallis*

IR-NAÁS Nome de lugar que significa "cidade da cobra" ou "cidade de bronze". Trata-se da atual *Deir Nahhas* a cerca de 9 quilômetros a norte de Lida, ou de Quirbete-Naás, na extremidade norte de Arabá. O texto de 1Cr 4.12 traz o nome como nome pessoal dos descendentes de Judá, usando a tabela de nações (Gn 10) e outras passagens que arrolam cidades segundo antepassados originais em forma de genealogia.

IROM 1. Nome de lugar que significa "medroso". Cidade no território tribal de Naftali (Js 19.38), sendo grafado IIron pela *TEB*. É a atual Yarun no Líbano, a 2,5 quilômetros a norte-noroeste de Baram e a 14 quilômetros a sudoeste do lago Hulé, na fronteira atual entre Israel e Líbano. **2.** Texto de Js 19.38. V. *ferro*.

IRONIA Há dois significados básicos da palavra "ironia". Primeiro, a ironia representa o uso de palavras para comunicar algo diferente e muitas vezes oposto ao significado literal das palavras. Um exemplo famoso de ironia nesse sentido é quando Jó falou a seus companheiros sabichões convencidos: "Sem dúvida vocês são o povo, e a sabedoria morrerá com vocês!" (Jó 12.2). É óbvio que Jó quis expressar exatamente o contrário do que ele disse, e isso fica explícito pelo contexto. A referência anterior aos companheiros de Jó como "sabichões" é um exemplo de ironia. Na fala normalmente se discerne a ironia pelas feições e pelo tom de voz do orador. Por escrito, porém, somente se pode depreender a ironia pelo contexto. Em Jo 5.31, p. ex., Jesus diz: "Se testifico acerca de mim mesmo, o meu testemunho não é válido". Mais tarde, em Jo 8.14, ele afirma exatamente o contrário: "Ainda que eu mesmo testemunhe em meu favor, o meu testemunho é válido". Como essas duas declarações aparentemente contraditórias podem ser conciliadas? É provável que no primeiro exemplo, em Jo 5.31, Jesus esteja empregando ironia, e que o significado seja: "Embora eu seja Verdade, e possa falar nada mais que a verdade, a mente de vocês é tão preconceituosa contra mim que não acreditarão se eu testemunhar sobre mim". O significado irônico de suas palavras teria sido comunicado facilmente aos ouvintes pelo seu tom de voz e seus gestos. Outro exemplo de falar irônico é quando Paulo reprova os coríntios por sua arrogância e presunção, dizendo: "Vocês já têm tudo o que querem! Já se tornaram ricos! Chegaram a ser reis — e sem nós" (1Co 4.8).

Em segundo lugar, a ironia se refere à guinada nos acontecimentos diferentes, e com frequência contrários, ao esperado. Quando os irmãos de José o venderam ao Egito, p. ex., pensaram em se livrar do irmão vaidoso. José lhes havia falado de seus sonhos de um dia governar sobre eles, e eles o odiaram por isso. É "irônico" que um dia se curvaram de boa vontade perante José quando ele se tornou governante do Egito. Também o livro de Et registra como o malvado Hamã construiu uma forca para pendurar nela o devoto Mardoqueu. É "irônico" que Hamã foi enforcado na própria forca. É "irônico" que, quando Saulo de Tarso estava a caminho de Damasco para perseguir os cristãos, tornou-se ele próprio cristão. Em cada um desses exemplos há uma incoerência entre o que se esperava e o que de fato aconteceu, e isso é "ironia" na segunda acepção do termo. — *Jim Scott Orrick*

IRPEEL Nome de lugar que significa "Deus cura". Cidade no território tribal de Benjamim (Js 18.27). Localização desconhecida.

IRRIGAÇÃO Transporte de água por dutos construídos por mãos humanas como canais, represas, aquedutos e cisternas.

Antigo Testamento O clima seco do antigo Oriente Médio fazia do transporte de água, muitas vezes por distâncias longas, uma necessidade. Amplos sistemas de canais cruzavam as terras do Egito e da Mesopotâmia, fornecendo enormes quantidades de água, necessárias para sustentar as plantações nos meses secos de março a outubro. No Egito o segundo ministro mais importante, o vizir, supervisionava a manutenção de canais e a distribuição de água para as províncias. É possível que José tenha exercido essa função quando servia ao faraó. A água era tirada do rio Nilo e desviada pelos canais de irrigação através de um tronco basculante com um balde suspenso na ponta. O sistema de canais do Egito permitia o uso agrícola das terras desérticas altamente férteis que a enchente anual do Nilo não cobria. No exílio de Judá na Babilônia, canais com 25 metros de largura e vários quilômetros de comprimento levavam as águas do Tigre e Eufrates até o campo e a cidade. Navios comerciais usavam essas vias fluviais para transportar produtos entre fazendas distantes e cidades maiores.

A irrigação de campos não era muito praticada no Israel antigo. Em vez disso, os camponeses dependiam das chuvas do inverno para fornecer toda a água necessária para as plantações durante o ano seguinte. É possível que campos e jardins próximos a fontes de água tenham usado pequenos canais de irrigação, e alguns campos podem ter sido irrigados à mão em anos particularmente secos. O excedente das chuvas era coletado e desviado por canais até cisternas comunitárias e privadas como água potável. Em cidades maiores como Gezer, Megido, Hazor e Jerusalém engenheiros e trabalhadores produziram enormes sistemas de túneis subterrâneos para proporcionar aos cidadãos sobejante abastecimento de água. Eles supriam as necessidades de cidades quando sitiadas.

Na segunda catarata do rio Nilo, uma cena de irrigação primitiva com o uso de força humana.

Novo Testamento No tempo intertestamentário e o NT foram construídos volumosos aquedutos romanos para fornecer água fresca para as cidades em crescimento. Um canal duplo percorria 23 quilômetros desde a fonte até a cidade litorânea de Cesareia. A água para Jerusalém era levada na direção norte através de uma série elaborada de canais e tanques desde a área de Belém. Em torno do mar Morto, onde raramente chovia, comunidades com desenvolvidos canais e lagoas de captação prosperaram capturando o excedente das chuvas que se precipitavam na região montanhosa e corriam para o vale do Jordão. As cidades no Neguebe desenvolveram uma rede extensa de represas para coletar águas de chuvas não muito frequentes, o que lhes permitiu transformar o deserto em prósperos pomares e campos de trigo.
— *David Maltsberger*

IR-SEMES Nome de lugar que significa "cidade do Sol". Cidade no território tribal de Dã (Js 19.41) na fronteira da tribo de Judá (Js 15.10, chamada Bete-Semes, ou casa do Sol). V. *Bete-Semes*.

IRU Nome pessoal que significa "filhote de jumento" ou "eles protegem". Filho de Calebe (1Cr 4.15). Muitos estudiosos da Bíblia pensam que no texto original constava Ir, nome ao qual um copista acrescentou o "u" final, quando deveria ter sido a primeira letra da palavra seguinte, significando "e".

ISABEL Nome pessoal que significa "meu Deus é meu juramento". Mulher descendente de Arão, esposa do sacerdote Zacarias (Lc 1.5). Ela e seu marido são descritos em Lc 1.6 como exemplos notáveis de piedade e devoção ao Senhor. No entanto, ela era estéril e idosa. Deus removeu dela o estigma da esterilidade, e ela se tornou mãe de João Batista, precursor de Cristo. Ela também era parente de Maria, mãe de Jesus, mas a Bíblia não relata o grau exato de parentesco entre as duas mulheres. V. *anunciação; João*.

ISAÍAS Nome pessoal que significa "Javé salva". Isaías atuou principalmente no Reino do Sul, Judá, embora estivesse interessado nos acontecimentos do Reino do Norte, Israel, no tempo de decadência e queda definitiva em 722/21 a.C. Conforme Is 1.1, o profeta ministrou sob os seguintes reis de Judá: Uzias, Jotão, Acaz e Ezequias. Não é possível definir com precisão nem o começo nem o fim da profecia de Isaías.

O texto de Is 6 data a visão do templo de Isaías para o ano da morte de Uzias em 740 a.C. Muitas vezes se presume que a visão do templo seja a "vocação" de Isaías, mas a experiência nunca é definida especificamente como tal. A visão do templo de Isaías aconteceu no ano em

ISAÍAS, LIVRO DE

que Uzias morreu. A afirmação de Is 1.1 de que o profeta atuou durante os dias de Uzias é forte indício de ter profetizado antes da morte de Uzias. Possivelmente o profeta atuou antes e durante o reinado de Uzias, e o cap. 6 relata um acontecimento particularmente importante na vida do profeta, mas não a própria experiência de vocação. De forma semelhante, o fim do ministério de Isaías não pode ser datado com certeza. A última profecia cronologicamente reconhecível registra a crise de Senaqueribe em 701 a.C. (Is 36—37), embora o profeta possa ter continuado a atuar além dessa data. A *Ascensão de Isaías*, um livro apócrifo, preserva a tradição de que o profeta foi serrado ao meio por ordem de Manassés, que começou a reinar ao redor de 689 a.C.

Sabe-se relativamente pouco sobre o profeta, apesar do grande livro associado a ele. Era filho de Amoz (Is 1.1). A tradição judaica menciona Amoz como irmão do rei Amazias de Judá. Se essa suposição for correta, Isaías e Uzias eram primos, o que torna Isaías membro da nobreza. Essa ligação familiar explicaria o impacto da morte de Uzias (Is 6) no profeta, bem como o aparente acesso imediato que Isaías teve aos reis aos quais ministrou.

Isaías era casado com "a profetisa" (Is 8.3) e teve pelo menos dois filhos, Sear-Jasube, "um remanescente voltará" (Is 7.3) e Maher-Shalal--Hash-Baz, "Acelere o saqueio; apresse a presa" (Is 8.3). Os nomes dos filhos eram simbólicos e serviram de advertência à geração de Isaías de que o juízo de Deus está chegando para punir a rebeldia de Judá. — *Harold Mosley*

ISAÍAS, LIVRO DE O livro de Is ocupa o topo da lista dos livros proféticos clássicos, tanto na ordem do cânon em português quanto no hebraico. A divisão das Escrituras em "profetas maiores" e "profetas menores" posiciona Isaías como o primeiro entre os profetas principais. No cânon hebraico Is aparece como primeiro entre os "profetas posteriores". A seção também inclui os livros de Jr, Ez e "Os Doze" (ou seja, os "profetas menores").

Divisão do livro Revestem-se de interesse especial para os estudiosos a questão da divisão do livro e os assuntos relativos à autoria. No final do séc. XVIII começaram a emergir diversas teorias acerca da autoria de Is. A questão da autoria está diretamente vinculada à divisão do livro em seções. As diversas seções de Is contêm diferentes ênfases, assuntos, vocabulários, estilos e até mesmo perspectivas históricas. No entanto, é discutível se essas diferenças exigem autores diferentes para o livro.

Isaías 1—39 Os assuntos e acontecimentos registrados em Is 1—39 se referem claramente ao tempo de Isaías como profeta do séc. VIII a.C. Na realidade, em alguns dos oráculos Isaías narra a história na primeira pessoa (Is 6 e 8). Outros oráculos, embora relatados na terceira pessoa, dizem respeito a incidentes da vida de Isaías (Is 20; 36-39). O fundo histórico de Is 1—39 abarca o assédio assírio e tentativas por parte da Assíria de ampliar o controle sobre as áreas de Israel e Judá. Já Is 7 e 8 têm por base histórica nitidamente a interferência assíria na região. A Assíria é mencionada especificamente no cap. 10, como também em Is 20,36,37. Nos cap. 1—39 a Assíria é o principal poder internacional na região.

Outra indicação de que Is 1—39 são originários do tempo do profeta Isaías é a ocorrência frequente do nome do profeta (aparece 16 vezes em Is 1—39). Nesses capítulos Isaías interage com várias pessoas em diversas ocasiões. É intenção clara do texto mostrar Isaías agindo e profetizando nos primeiros 39 capítulos.

A ênfase principal dessa seção do livro é o prenúncio do exílio pela rebelião do povo contra Deus. A declaração mais clara disso é Is 39.5-7. Nos capítulos iniciais de Is, o juízo ainda não se abateu sobre o povo, mas está sendo predito.

Isaías 40—66 A situação muda em Is 40—66. O nome do profeta nem sequer aparece e tampouco existe qualquer indicação de que ele esteja agindo ou falando. Maior relevância possui a mudança no principal poder mundial. A Assíria já não é destacada; agora o poder é a Babilônia. Quem recebe atenção é a Babilônia e os deuses locais (Is 46—48). A menção de Ciro (Is 45.1), o rei persa que conquistou a Babilônia, pressupõe um pano de fundo babilônico.

O juízo divino sobre o povo pelo pecado, profetizado em Is 1—39, é descrito em Is 40—66 como já acontecido. Jerusalém havia recebido o julgamento de Deus (Is 40.2) e estava em ruínas (Is 44.26,28). Deus tinha entregado Judá na mão da Babilônia (Is 47.5,6). Jerusalém havia bebido o cálice da ira de Deus

(Is 51.17). O templo tinha sido destruído (Is 63.18; 64.10,11). A perspectiva histórica de Is 40—66 se mostra nitidamente diferente da perspectiva encontrada em Is 1—39. A explicação disso, argumentam alguns, é que Isaías profetizou extensivamente sobre esses acontecimentos futuros; outros dizem que alguém mais tarde acrescentou o que aconteceu a Judá como consumação da predição passada do profeta. Está claro que os capítulos posteriores precisam ser interpretados à luz dos acontecimentos do exílio do séc. VI na Babilônia e do retorno, enquanto os capítulos anteriores precisam ser interpretados com base em acontecimentos do séc. VIII.

Questões de autoria *Autoria múltipla* Os estudiosos divergem sobre a diferença nas perspectivas históricas das duas seções de Is demandarem autores diferentes para essas seções. Muitos eruditos modernos sustentam a autoria múltipla. Ou seja, Isaías foi responsável pelos primeiros 39 capítulos, enquanto o "Dêutero-Isaías" (Segundo Isaías), profeta que viveu no exílio, foi responsável pelos capítulos posteriores. E outros estudiosos dividem ainda mais os capítulos posteriores em "Dêutero-isaías" (cap. 40—55) e "Trito-isaías", ou "Terceiro Isaías" (cap. 56—66). A perspectiva de Is 56—66 enfoca mais temas do culto, de modo que alguns defendem um autor e um contexto diferentes para esses capítulos. Outras divisões adicionais são defendidas por alguns estudiosos com base nos diversos gêneros literários e ou em repetições no texto; p. ex., o material apocalíptico (Is 24-27), a história (Is 36-39), as declarações de "ais" (Is 28-33), passagens do servo, e assim por diante.

A discussão sobre a autoria de Is teve início no final do séc. XVII com J. C. Döderlein (1775), que separou Is 40—66 de Is 1—39. No séc. XIX, Bernard Duhm (1892) fez mais uma subdivisão, ao atribuir Is 56—66 ao "Trito-Isaías". Entre as razões a favor da divisão do livro estavam a evidência interna, preocupações estilísticas e ênfases teológicas diferentes, embora estudos recentes tenham demonstrado que nenhuma delas na verdade requer a multiplicidade de autores. Ainda pendente, a preocupação maior de muitos estudiosos é a questão da função profética básica, ou seja, que o profeta interpela primordialmente sua audiência contemporânea. No entanto, na segunda parte de Is, o foco não está no contexto de Isaías no séc. VIII, mas na situação do exílio, algo que aconteceu mais de cem anos depois. Não é raro profetas focalizarem temas além de seu marco cronológico, mas que um profeta dedique um material tão extenso a uma geração ainda não nascida é realmente incomum, embora não extrapole o alcance da soberania divina. De forma semelhante, grande número de exegetas vê um problema na menção específica de Ciro, já que teria sido desconhecido de Isaías (exceto por revelação divina). Isso, portanto, também leva alguns estudiosos a atribuir os capítulos posteriores de Is a um profeta posterior que sabia do surgimento do rei persa.

Visão de autoria única Embora muitos estudiosos dividam o livro de Is entre dois ou mais autores, outros mantêm a autoria única do livro. A expressão "autor único" pode levar a mal-entendidos. Poucos argumentarão que Isaías redigiu pessoalmente cada palavra. Pelo contrário, essa visão defende que as mensagens como tais provêm do profeta Isaías, deixando aberta a possibilidade de que mais tarde os discípulos de Isaías tenham organizado ou fixado por escrito os oráculos do profeta. Existem várias razões para a visão de autor único.

Um dos argumentos a favor da divisão do livro diz respeito a aspectos estilísticos. Os proponentes da divisão alegam que o estilo e o vocabulário são diferentes entre as seções. Essas diferenças estilísticas existem; contudo, sua importância dessas diferenças foi exagerada. Considerando as diferenças na perspectiva histórica, no assunto e nos temas entre as seções, esperaríamos alterações estilísticas, especialmente se as seções forem de períodos diferentes na vida de Isaías. Ao longo dos quarenta anos ou mais de ministério do profeta, os acontecimentos e as percepções facilmente poderiam criar mudanças no estilo literário.

Embora haja diferenças, também existem muitas semelhanças entre as seções do livro. Várias figuras são constantemente usadas ao longo do livro: luz e trevas (Is 5.20,30; 9.2; 42.16; 50.10; 59.9; 60.1-3); cegueira e surdez (Is 6.10; 29.10,18; 32.3; 42.7,16-19; 43.8; 44.18; 56.10); seres humanos como flores que definham (Is 1.30; 40.6,7; 64.6); Deus, o oleiro, e a humanidade como vaso (Is 29.16; 45.9; 64.8). Ademais, o nome característico para Deus em Is é "Santo de Israel". Esse epíteto ocorre 31 vezes na Bíblia, 25 delas no livro de Is (A ocorrência em 2Rs 19.22 também foi dita por Isaías.) O nome consta 12 vezes nos cap. 1—39 e 13 vezes em Is 40—66, o que assinala a continuidade de pensamento por todo o livro de Is.

O NT traz citações de Is e alusões a ele em várias ocasiões. Em nenhum dos casos é feita uma indicação de que o livro deva ser dividido. O texto de Jo 12.38-40, p. ex., alude tanto a Is 53.1 quanto a Is 6.10, indicando que ambas as palavras foram ditas por Isaías. Da mesma forma, os rolos do mar Morto projetam luz sobre a unidade do livro. Entre as descobertas de Qumran estava uma cópia completa de Is. O posicionamento específico de Is 40 é interessante. O cap. 39 termina na penúltima linha da página. O cap. 40 começa na última linha. Se alguma vez houve uma quebra entre Is 39 e 40, os copistas de Qumran não a indicaram. Contudo, existe uma quebra de três linhas em branco depois do cap. 33, com o cap. 34 começando na página seguinte. Logo os rolos do mar Morto não resolvem o problema da divisão de Is. Pelo contrário, complicam a questão.

Teologia de Isaías *Santidade de Deus* Na visão do templo Isaías contemplou Deus como santo. O grito dos serafins descreveu Deus como "Santo, Santo, Santo". A santidade divina indica sua separação dos demais entes. Deus é transcendente, moralmente puro e separado do pecado. Esse atributo divino gera um contraste com a atitude da nação de Judá na época de Isaías. O nome "Santo de Israel" contrapõe a santidade divina com a pecaminosidade do povo. O Deus santo quer se relacionar com seres humanos, e nessa relação Deus exige santidade de seu povo.

Pecado e juízo decorrente Deus exige obediência e santidade de seu povo. As nações de Israel e Judá, porém, constantemente se rebelaram. O texto de Is 1.2-4 descreve o povo como crianças rebeldes que se recusaram a escutar e obedecer. Essas ações provocaram o juízo divino em Is 1.24,25. Deus não passa por cima nem desculpa pecados. Pelo contrário, Deus demanda arrependimento por parte dos humanos (Is 1.16-20). Quando é recusada a oferta de arrependimento, ocorre o julgamento pelo pecado. Entretanto, o próprio juízo tem um propósito redentor, porque Deus tenta restaurar o povo por meio da disciplina do juízo (Is 1.24,25). Os temas do pecado e juízo repercutem por todo o livro. O juízo do exílio pressuposto nos cap. 40—66 é o exílio profetizado por causa do pecado nos cap. 1—39. Não obstante, o juízo do exílio não visava a destruir o povo, mas, pelo contrário, purificá-lo.

O tema recorrente do "remanescente" é associado à teologia do pecado e juízo. A ideia do remanescente ocorre com frequência, aflorando até mesmo no nome do filho de Isaías, Sear-Jasube, "um resto retornará". Depois que o juízo prometido em forma de exílio se abateu sobre o povo de Deus, um remanescente retornará para possuir a terra outra vez. O remanescente representava um lembrete positivo e negativo para a nação. Mesmo que Deus preservasse o restante e o fizesse voltar do exílio, muitos dos submetidos ao juízo não voltariam. As consequências severas do pecado acarretaram o juízo, mas a graça divina prometeu o remanescente.

Deus como o Senhor soberano da história Embora a Assíria, Babilônia e depois Pérsia fossem as potências internacionais que pareciam atuar à vontade entre as nações, Isaías retratou o Deus de Israel como a mão controladora por trás de todos os poderes. Em Is 10.5-19 a Assíria não passa de uma vara na mão de Deus que disciplina Israel e Judá. De forma análoga, Deus controlou e usou a Babilônia em Is 47. A ostentação e arrogância da Babilônia foram humilhadas pela mão de Deus. A Assíria e a Babilônia se consideravam poderosas. Na realidade, Deus controlou a História, usando às vezes a Assíria, às vezes a Babilônia e às vezes a Pérsia para realizar seu plano para a História.

Fé em Deus é a verdadeira segurança Judá e Israel tendiam a depender de si mesmos para sua segurança. As palavras de Isaías conclamavam para algo muito mais seguro. O texto de Is 7 ilustra a necessidade de confiar em Deus. Acaz, o rei recém-instalado de Judá, foi ameaçado pelos exércitos coligados da Síria e de Israel. Por meio de Isaías Deus aconselhou a ter fé. Mas Acaz se recusou a confiar em Deus, escolhendo em vez disso confiar no poder da Assíria. Em decorrência da falta de fé de Acaz, instalou-se em Jerusalém a influência assíria. Em vez de desfrutar as bênçãos da obediência a Deus, a nação sofreu as consequências de recusar confiar em Deus. As alternativas opostas de confiar em Deus ou em outras nações aparecem em todo o livro de Is. Verdadeira segurança e proteção não estão em armamentos militares nem em pactos com outras nações. A fé no Deus soberano da História propicia a única segurança verdadeira (Is 7.9; 28.16; 30.15).

O messias e o servo sofredor A palavra "messias" simplesmente significa "ungido". Ciro é o "messias" ou "ungido" em Is 45.1. A unção de uma pessoa caracteriza o credenciamento divino para determinada tarefa. Por isso até o rei gentílico Ciro podia ser "messias", porque Deus lhe estava dando poder para o serviço de fazer voltar os exilados para sua terra. Mais tarde o conceito de messias evoluiu para designar o rei prometido da linhagem de Davi.

O messias de Isaías constitui uma figura enigmática. Às vezes essa figura é um ramo (Is 11.1), outras vezes a figura de um rei (Is 9.6,7), e outras vezes um servo sofredor (Is 50.6; 53.3-6). Contudo, Isaías nunca estabeleceu a conexão clara entre as passagens messiânicas que tratam da realeza e as com o motivo do servo sofredor. O messias e os temas do servo sofredor parecem contraditórios, pelo menos inicialmente. O messias governaria, ao passo que o servo sofreria e morreria pela nação. Na perspectiva do NT se pode notar facilmente que Jesus cumpriu ambas as figuras em seu ministério. A Igreja, sabendo como Jesus sofreu, porém acreditando que ele também retornará para governar, combinou os conceitos no ministério do Messias definitivo, o Cristo.

Estrutura

I. Profecias contra Judá (1.1—12.6)
   A. Restauração pelo arrependimento (1.1-31)
   B. Dia de pagamento na caminhada (2.1-4.6)
   C. Julgamento contra a vinha (5.1-30)
   D. Chamado, purificado e comissionado (6.1-13)
   E. A ameaça assíria (7.1-10.4)
   F. O juízo de Deus sobre a Assíria (10.5-12.6)
II. Profecias contra as nações (13.1-23.18)
   A. Babilônia (13.1-14.23)
   B. Assíria (14.24-27)
   C. Filístia (14.28-32)
   D. Moabe (15.1-16.14)
   E. Damasco e Síria (17.1-14)
   F. Etiópia (18.1-7)
   G. Egito (19.1-20.6)
   H. Babilônia (21.1-10)
   I. Edom (21.11,12)
   J. Arábia (21.13-17)
   K. Jerusalém (22.1-25)
   L. Tiro (23.1-18)
III. Anúncios apocalípticos (24.1—27.13)
   A. Deus julga a terra por sua rebelião (24.1-23)
   B. O povo de Deus celebra a realeza dele (25.1—26.6)
   C. O povo de Deus antecipa a intervenção dele (26.7-19)
   D. O povo de Deus restaurado (26.20—27.13)
IV. Juízo e esperança para Judá (28.1—35.10)
   A. Advertência contra Samaria (28.1-29)
   B. Advertência contra Ariel (29.1-24)
   C. Advertência contra alianças estrangeiras (30.1—31.9)
   D. Justiça e paz restabelecidas em Judá (32.1—33.24)
   E. Juízo sobre as nações (34.1—35.10)
V. O reinado de Ezequias (36.1—39.8)
   A. Libertação da Assíria (36.1—37.38)
   B. Livramento de Ezequias diante da morte (38.1-22)
   C. Ezequias entretém os babilônios (39.1-8)
VI. A libertação dos exilados da Babilônia (40.1—48.22)
   A. Consolo para Jerusalém e os exilados (40.1—42.12).
   B. Israel cego e surdo convocado como testemunha (42.13—44.20)
   C. O servo de Deus, Ciro (44.24—45.25)
   D. Exortação a Israel diante da queda da Babilônia (46.1—48.22)
VII. Restauração de Jerusalém (49.1—55.13)
   A. O servo de Deus comissionado (49.1-13)
   B. A resposta de Deus à queixa de Jerusalém (49.14—50.3)
   C. O servo do Senhor persevera (50.4-11)
   D. Um novo êxodo (51.1—52.12)
   E. O servo do Senhor é vingado (52.13—53.12)
   F. O futuro glorioso de Jerusalém (54.1-17)
   G. Chamado à renovação da aliança (55.1-13)

ISAÍAS, MARTÍRIO DE

VIII. A purificação final do povo de Deus (56.1—66.24)
   A. Estrangeiros e eunucos ganham novo *status* (56.1-8)
   B. Pecadores denunciados (56.9—57.21)
   C. As exigências justas de Deus (58.1-14)
   D. Acusação e confissão (59.1-15a)
   E. A restauração de Jerusalém (59.15b—63.6)
   F. Uma oração por libertação (63.7—64.12)
   G. Separação entre justos e maus (65.1—66.24)

— *Harold Mosley e Steve Bond*

ISAÍAS, MARTÍRIO DE Narrativa judaica que detalha os pecados de Manassés (2Rs 21.16). O original provavelmente foi escrito em hebraico ou aramaico e depois traduzido para o grego na época pré-cristã ou talvez no séc. I ou início do séc. II d.C. O relato diz respeito a Isaías, que faz predições acerca dos maus atos de Manassés. Um mau sacerdote oferece liberdade a Isaías se ele se retratar de suas profecias de juízo. Habilitado pelo Espírito de Deus, Isaías resiste e sofre o martírio, sendo serrado ao meio. Talvez Hb 11.37 seja uma insinuação a essa tradição da fidelidade e do martírio de Isaías. De forma análoga, Justino Mártir, Tertuliano e o *Talmude* têm conhecimento dessa tradição. A familiaridade de Orígenes (por volta de 225 d.C.) e *IV Baruque* (por volta de 200 d.C.) com detalhes da tradição sugere sua dependência do *Martírio de Isaías*. V. *pseudepígrafos*.

ISAQUE Nome pessoal que significa "risada". Filho único de Abraão e Sara e um dos patriarcas da nação de Israel.

Antigo Testamento Isaque era o filho de uma promessa divina, nascido quando Abraão tinha 100 anos e Sara 90 (Gn 17.17; 21.5). Isaque quer dizer "ele ri" e reflete a risada de incredulidade de seus pais diante da promessa (Gn 17.17-19; 18.11-15), bem como sua alegria quando ela se cumpriu (Gn 21.1-7). Sara queria que Hagar e Ismael fossem banidos. Deus orientou Abraão para concordar, dizendo que a descendência dele seria contada por meio de Isaque (Gn 21.8-13; cf. Rm 9.7). A prova de fé de Abraão foi a ordem divina para sacrificar Isaque (Gn 22.1-19).

Isaque se casou com Rebeca (Gn 24), que lhe deu dois filhos gêmeos, Esaú e Jacó (Gn 25.21-28). Isaque a fez passar por irmã em Gerar (como Abraão havia feito). Tornou-se bastante abastado, mudando-se mais tarde para Berseba (Gn 26). Isaque foi enganado ao conceder a Jacó sua bênção e a prioridade sobre Esaú (Gn 27). Isaque morreu em Manre perto de Hebrom com idade de 180 anos e foi sepultado pelos filhos (Gn 35.27-29).

Embora menos importante que Abraão e Jacó, Isaque era venerado como um dos patriarcas israelitas (Êx 3.6; 1Rs 18.36; Jr 33.26). Amós usou o nome de Isaque como expressão poética para a nação de Israel (Am 7.9,16).

Novo Testamento No NT Isaque aparece nas genealogias de Jesus (Mt 1.2; Lc 3.34) como um do três grande patriarcas (Mt 8.11; Lc 13.28; At 3.13) e como exemplo de fé (Hb 11.20). O sacrifício de Isaque por Abraão (Hb 11.17,18; Tg 2.21), no qual foi obediente até a morte, serve como tipo de expectativa de Cristo e como exemplo para os cristãos. Paulo lembrou aos cristãos: "vocês, irmãos, são filhos da promessa como Isaque" (Gl 4.28). — *Daniel C. Browning, Jr.*

ISAR Nome pessoal que significa "azeite de oliva" ou "ele brilha". **1.** Filho de Coate e neto de Levi, logo antepassado original de um clã sacerdotal (Êx 6.18). Foi o pai de Corá (Nm 16.1; cf. 1Cr 23.18). V. *Corá*. **2.** Texto hebraico em 1Cr 4.7 (*ARA*) cita Isar como membro da tribo de Judá, mas usa uma letra diferente para "h" [em *Izhar*, às vezes vertida para "Izchar"]. O nome resultante é de significado incerto. Em uma antiga nota hebraica um copista, acompanhado pelas traduções siríaca e latina antigas, transforma o nome em Jezoar ou Zoar (*NVI*).

ISBÁ Nome pessoal que significa "ele conforta". Membro da tribo de Judá conhecido como pai da cidade de Estemoa (1Cr 4.17).

ISBAQUE Nome pessoal que significa "antecipar-se, superar". Filho de Abraão e Quetura (Gn 25.2). Pode ser o mesmo que Yasbuq em fontes assírias e pode se referir ao antepassado de uma tribo do norte da Síria.

ISBI-BENOBE Nome pessoal que significa "habitante de Nobe". Filisteu que tentou matar Davi em uma batalha (2Sm 21.16,17). Ele é descrito literalmente como o "que (estava) entre os filhos de Rafa". Tradicionalmente isso foi relacionado com os *refaim* e traduzido por "gigante" (*ARC*, *ARA*, *NTLH*). A *NVI* traduz literalmente por "descendente de Rafa". Alguns pesquisadores da Bíblia entendem que se trata de um grupo de elite de guerreiros que fizeram um voto ao deus Rafa, ou que talvez signifique "os homens da cimitarra" ou espada. Outros estudiosos da Bíblia recorrem à evidência do manuscrito grego para substituir o nome incomum Isbi-Benobe por outro — Dodo, filho de Joás — isso, porém, representa uma solução drástica. Outra solução altera o texto para ser lido como um verbo que significa "eles acamparam em Nobe", deixando o soldado sem nome. O soldado Isbi-Benobe foi morto pelo fiel soldado de Davi, Abissai. V. *Nobe*.

IS-BOSETE Nome pessoal que significa "homem da vergonha". Filho de Saul e seu sucessor como rei de Israel (2Sm 2.8). Depois da morte de Saul, Abner, chefe do exército de Saul, proclamou rei a Is-Bosete. Ele reinou durante dois anos. Por fim seus generais o assassinaram (2Sm 4.1-7). Originariamente seu nome era Esbaal (1Cr 8.33), que significa "homem de Baal". A aversão que a adoração de Baal muitas vezes encontrou entre os crentes em Israel fez que se substituísse o nome da divindade cananeia pela palavra vergonha. V. *Saul*.

ISCÁ Nome pessoal que talvez signifique "eles olham". Filha de Harã e irmã de Milca (esposa de Naor) e Ló. Logo foi participante íntima da família ancestral de Abraão (Gn 11.29). A tradição tentou transformar Iscá em outro nome para Sara ou dizer que era esposa de Ló. Nenhuma informação bíblica respalda essas interpretações recentes.

ISCARIOTES Nome pessoal transliterado do hebraico para o grego e que significa "homem de Queriote", ou talvez um nome derivado do latim com o significado de "assassino" ou "bandido". Sobrenome de Judas, o discípulo traidor de Jesus (Mc 3.19), e de seu pai, Simão (Jo 6.71). Se "bandido" for o significado do nome, Judas e seu pai podem ter sido membros de um partido patriótico, os zelotes. É bem provável que "homem de Queriote" seja o significado do sobrenome, referindo-se à cidade de Queriote. V. *Judas*; *Queriote*.

ISHTAR Deusa mesopotâmica da fertilidade e da guerra. Na função de deusa da fertilidade, Ishtar era associada a Tamuz, o deus da vegetação. Ishtar às vezes foi identificada com o planeta Vênus e designada "amante do céu" nas tabuinhas de Amarna. Talvez a deusa seja "a Rainha de céu" de Jr 7.18; 44.17-19,25 e Ez 8.14. V. *Astarote*; *Babilônia*; *fertilidade, culto à*; *Tamuz*.

ISI Nome pessoal que significa "meu libertador" ou "salvação". **1.** Descendente de Jerameel na tribo de Judá (1Cr 2.31). **2.** Membro da tribo de Judá (1Cr 4.20). **3.** Pai de líderes militares da tribo de Simeão que enfrentou com sucesso os amalequitas (1Cr 4.42). **4.** Líder de clã na tribo de Manassés, a leste do Jordão (1Cr 5.24). **5.** Transliteração do trocadilho de Oseias entre "meu homem" ou "meu marido" (heb., *ishi*) e "meu mestre" ou "meu senhor" (heb., *ba'ali*) (Os 2.16). Oseias previu o dia quando Israel deixaria de cultuar ou até mesmo pronunciar o nome de Baal e se tornaria inteiramente fiel a Javé como "seu homem" e "seu mestre".

ISMA Forma abreviada de Ismael, que significa "Deus ouve". Membro da tribo de Judá (1Cr 4.3).

ISMAEL Nome pessoal que significa "Deus ouve". Filho de Abraão pela concubina egípcia Hagar (Gn 16.11). Tornou-se o progenitor do povo ismaelita. A descrição em Gn 16.12 aponta para uma índole incontrolável e misantropa. Ismael e sua mãe foram expulsos do acampamento de Abraão por insistência de Sara, depois do nascimento do filho de Sara, Isaque. O menino estava à beira da morte no deserto quando o anjo de Deus conduziu Hagar até uma fonte. O texto de Gn 21.20 explica que Deus estava com Ismael e que ele se tornou um arqueiro. V. *Abraão*; *Midiã, midianitas*; *patriarcas*.

ISMAELITA Nome tribal dos descendentes de Ismael. De acordo com Gn 25.12-16, Ismael foi pai de 12 filhos. Os ismaelitas eram considerados um grupo étnico, geralmente dizendo respeito às tribos nômades do norte da Arábia. Contudo, os ismaelitas não estavam vinculados exclusivamente a uma área geográfica. As referências a eles no AT são relativamente poucas. As pessoas às quais José foi vendido pelos irmãos são chamadas ismaelitas em Gn 37.25. V. *Abraão*; *Ismael*.

ISMAÍAS Forma longa e curta do nome pessoal que significa "Javé ouve". **1.** Herói militar de Gibeom encarregado do grupo seleto dos 30 guerreiros de Davi (1Cr 12.4), embora não fosse listado entre os Trinta em 2Sm 23 ou 1Cr 11. Ele exemplifica como a tribo de Saul, Benjamim, apoiou cedo a Davi. **2.** Líder da tribo de Zebulom sob Davi (1Cr 27.19).

ISMAQUIAS Nome pessoal que significa "Javé apoia". Sacerdote e administrador do templo sob Conanias e Simei quando Ezequias era rei de Judá (2Cr 31.13).

ISMERAI Forma curta do nome pessoal que significa "Javé protege". Membro da tribo de Benjamim (1Cr 8.18).

ISODE Nome pessoal que significa "homem de vigor e vitalidade". Membro da tribo de Manassés, a leste do Jordão (1Cr 7.18).

ISPA Forma do nome Sisa (1Rs 4.3) em 1Cr 18.16. V. *Sisa*.

ISPÁ Nome pessoal que talvez signifique "careca". Membro da tribo de Benjamim (1Cr 8.16).

ISPÃ Nome pessoal de significado incerto. Membro da tribo de Benjamim (1Cr 8.22).

ISRAEL 1. Nome do Reino do Norte depois que Jeroboão levou as tribos do Norte a se separarem das tribos do Sul e formar um reino próprio (1Rs 12). **2.** Nome pessoal que significa "Deus luta", "Deus governa", "Deus cura" ou "ele luta contra Deus". Nome que Deus deu a Jacó depois que este lutou com o mensageiro divino (Gn 32.28). Depois Jacó foi uma pessoa mudada, mancando em uma perna lesionada, com novos regulamentos de comida e uma nova experiência com Deus que determinou seu modo de vida. Seus 12 filhos eram conhecidos como os "filhos de Israel", e a nação resultante se tornou a nação de Israel. Assim, a experiência de Jacó no Jaboque veio a ser o fundamento da nação do povo eleito de Deus. V. *Jacó*.

ISRAEL ESPIRITUAL A expressão "Israel espiritual" é usada com frequência como descrição da Igreja em contraste com o Israel nacional ou étnico. Refere-se a todos os cristãos de todos os tempos, independentemente da identidade étnica. Alguns intérpretes consideram a expressão de Paulo "Israel segundo a carne" (1Co 10.18; ARC, *ARA*) necessariamente significando sua antítese, "Israel segundo o Espírito", e por isso "Israel espiritual". Embora a expressão de Paulo possa ser sugestiva, não é conclusiva. A ideia do "Israel espiritual" tem de repousar sobre uma base de evidências obtidas de textos vistos em conjunto.

No NT as referências aos cristãos são feitas com uma linguagem extraída de citações do AT e com conceitos que no contexto original se referem explicitamente a Israel. Pedro, p. ex., se dirige a seus leitores como "raça eleita, sacerdócio real, nação santa, povo de propriedade exclusiva de Deus" (1Pe 2.9, *ARA*), uma referência clara a Êx 19.5,6. Outros termos, como "escolhido" (1Ts 1.4), "filhos de Deus" (Rm 8.14) e "herdeiros" (Gl 3.29), são todos descrições de cristãos — judeus e gentios — com termos que os autores do AT empregaram em relação a Israel.

Outros textos explicitam que limites étnicos não têm importância nenhuma na salvação. Paulo está particularmente interessado em mostrar não haver nenhuma diferença entre judeus e gentios no que concerne à graça salvadora de Deus em Cristo (Rm 1.16; 3.29,30; 10.12; Gl 3.28). Na carta aos Ef Paulo afirma que gentios, outrora "sem o Messias [Cristo], separados da comunidade de Israel, sendo estrangeiros quanto às alianças da promessa" (Ef 2.12), são agora "concidadãos dos santos e membros da família de Deus" (Ef 2.19).

Talvez o texto mais importante, e certamente o mais debatido, seja Gl 6.16. Nesse texto Paulo usa a expressão "o Israel de Deus". Paulo poderia estar se dirigindo a cristãos de origem judaica, amigos de seu ministério, ao contrário de seus adversários judaizantes. Assim, a bênção "Paz e misericórdia estejam sobre todos que andam conforme essa regra, e também sobre o Israel de Deus" destina-se a todos os crentes, mas Paulo fez a distinção em reconhecimento aos judeus étnicos — os fiéis ao evangelho. Também na carta aos Gl, Paulo se desdobrou para desmontar a importância de limites étnicos, visto que seus oponentes estavam acrescentando

ISRAEL ESPIRITUAL

PALESTINA NO TEMPO DE JESUS

Legenda:
- ● Cidade
- ○ Cidade (local incerto)
- ● Cidade da Decápolis
- ○ Cidade da Decápolis (local incerto)
- ★ Capital administrativa
- ▲ Cume de monte
- — Rotas principais
- — Outras estradas
- Território do procurador romano
- Território de Antipas
- Território de Felipe
- Território sírio

Copônio foi nomeado o primeiro prefeito e estabeleceu a capital administrativa de Cesareia Marítima

Regiões: FENÍCIA, ITUREIA, GAULANITES, ABILENE, TRACONITES, BATANEIA, AURANITES, GALILEIA, DECÁPOLIS, SAMARIA, PEREIA, JUDEIA, IDUMEIA, NABATEIA, Deserto Oriental

Cidades e locais: Sidom, Tiro, Damasco, Cesareia de Filipe (Panias), Monte Hermom, Cadasa (Kedesh), Gischala (Gush Halav), Rafana, Cafarnaum, Betsaida, Jotapata, Gergesa (Kursi), Gamala, Sepphoris, Geba, Nazaré, Tiberíades, Hipos, Monte Carmelo, Xaloth (Chesulloth), Monte Tabor, Gadara, Abila, Adraa (Edrei), Dora, Legio (Megiddo), Bostra, Cesareia Marítima (Torre de Straton), Scythopolis (Beth-shan), Diom, Pella, Ginae (Jenin), Aenon, Salim, Gerasa (Jerash), Sabaste (Samaria), Monte Ebal, Neapolis (Shechem), Monte Gerizim, Amatus, Apollonia, Antipratidi (Afeque), Coreae, Jope, Ephraim (Ophrah), Alexandrium, Gedor (Gadara), Lydda, Archelais, Filadélfia (Ammam), Jamnia, Emaus (Nicopolis), Jericó, Cipros, Esbus (Hesbom), Azoto (Asdode), Jerusalém, Betânia, Monte Nebo, Madaba, Ascalom (Ashkelon), Hircânia, Mesad Hasidim (Qumran), Machaerus, Betogabris (Beth-guvrin), Hebrom, Callirrhoe (Zereth-shahar), Gaza, En-Gedi, Massada, Berseba, Málata, Arad

Mares e rios: Mar Mediterrâneo, Mar Morto, Mar da Galileia, Lago Hulé, Rio Litani, Rio Abama, Rio Farfar, Rio Jordão, Rio Yarmuque, Rio Jaboque, Rio Arnom, Rio Yarkon, Vadi Fara, Rio Kison, Vale de Esdraelon, Ribeiro de Besor, Rota do Rei

costumes judaicos e observâncias legais como exigências para cristãos gentílicos. Logo, terminar a carta com uma distinção entre cristãos conforme linhas étnicas parece trabalhar contra o argumento da epístola inteira. Em Gl 3.26 Paulo declarou que "todos vocês são filhos de Deus mediante a fé em Cristo Jesus", e continuou acrescentando que "não há judeu nem grego [...] pois todos são um em Cristo Jesus. E se vocês são de Cristo, são descendência de Abraão e herdeiros segundo a promessa". Paulo volta a se referir a seus leitores como "filhos" e "herdeiros" de Deus (Gl 4.5-7), enfatizando a unidade que judeus e gentios têm em Cristo. Depois Paulo contrasta Hagar e Sara como metáforas para duas alianças (Gl 4.21-31). A primeira, Hagar, representa a aliança outorgada no monte Sinai, que "corresponde à atual cidade de Jerusalém, que está escravizada com os seus filhos" (Gl 4.25). A segunda, Sara, "a mulher livre" (Gl 4.23), representa a aliança da promessa e não corresponde à Jerusalém terrena, mas à divina, que é "livre, e é a nossa mãe" (Gl 4.26). Os leitores de Paulo são "filhos da promessa, como Isaque". As designações dos leitores como "herdeiros" e "descendência de Abraão" e "filhos da promessa" favorecem vigorosamente a visão de que Paulo tem em vista um "Israel espiritual". A declaração sintética de Paulo dificilmente poderia ser mais clara: "De nada vale ser circuncidado ou não. O que importa é ser uma nova criação" (Gl 6.15; cf. 5.6). Em vista do contexto de Gl, Paulo usa o termo "Israel de Deus" em Gl 6.16 para se referir a todos os cristãos, a todo o povo de Deus independente de distinções étnicas. Isso não nega que em outro lugar Paulo fala de Israel e dos judeus explicitamente em termos étnicos, sendo o exemplo mais claro disso Rm 9—11. Entretanto, uma palavra não precisa significar a mesma coisa toda vez que for usada. O "Israel espiritual" é uma interpretação apropriada do que Paulo quer dizer em Gl 6.16, especialmente como síntese que abarca os demais textos do NT supracitados.

Como nota final, a expressão "Israel espiritual" não precisa ser equiparada a um termo como "novo Israel" ou como afirmação a favor da "teologia da substituição", que (desde Tertuliano e Justino Mártir) sustenta que a Igreja assumiu o lugar do Israel étnico, a ponto de que toda promessa dada a Israel seja agora dirigida somente à Igreja. Tampouco significa que o discurso sobre o Israel étnico tenha de ser "espiritualizado" de modo que sempre se refira à Igreja. — *Bryan J. Vickers*

ISRAEL, TERRA DE O nome mais comum no AT para a terra em que transcorreu a história de Israel é Canaã. Ocupa cerca de 15 mil quilômetros quadrados, uma área de tamanho aproximado da Bélgica. Canaã, ou Palestina, estende-se do mar Mediterrâneo no oeste ao grande deserto Arábico no leste, ao Líbano e às montanhas do Antelíbano no norte e ao deserto do Sinai no sul. Mede aproximadamente 240 quilômetros de norte a sul e 120 quilômetros de leste a oeste. A própria localização de Israel afetou profundamente o que lhe haveria de acontecer ao longo dos séculos, porque se assentou desconfortavelmente no meio do "Crescente Fértil" (que inclui Egito, Palestina, Mesopotâmia, Anatólia e Armênia, ou para usar nomes atuais: Egito, Líbano, Síria, Turquia, Jordânia, Iraque e Irã). Essa área foi de fato a matriz da humanidade, verdadeiro berço da civilização.

Dada essa localização estratégica, serviu como ponte de terra entre a Ásia e a África, local de encontro e campo de batalha disputado por muitas potências antigas, incluindo Egito, Assíria, Babilônia, Medo-Pérsia, Grécia e Roma. Até hoje continua sendo uma das áreas geopoliticamente mais sensíveis e importantes do mundo.

De oeste para leste as características topográficas são a planície litorânea, a Galileia e o território central montanhoso, em declive do planalto do Líbano para o sul; o vale da fenda do Jordão, contínuo com o vale do Becá, e prosseguindo no sentido sul para o mar Morto na Arabá; e os altiplanos da Transjordânia como continuação ao sul das montanhas do Antelíbano da Fenícia/Líbano até o planalto de Moabe-Edom. É uma terra árida e exótica de grande variedade. As montanhas ao norte formam um contraste total com a Arabá e o ponto mais baixo da terra, o mar Morto, cerca de 400 metros abaixo do nível do mar.

O período pré-exílico *O período patriarcal* O interesse da Bíblia em Canaã começa com a vocação de Abrão (Gn 12). Sua viagem para Canaã aconteceu por volta de 2092 a.C. Havia deixado antes com a família sua terra natal em Ur dos caldeus na Mesopotâmia, mas demorou-se em Harã, onde faleceu

ISRAEL, TERRA DE

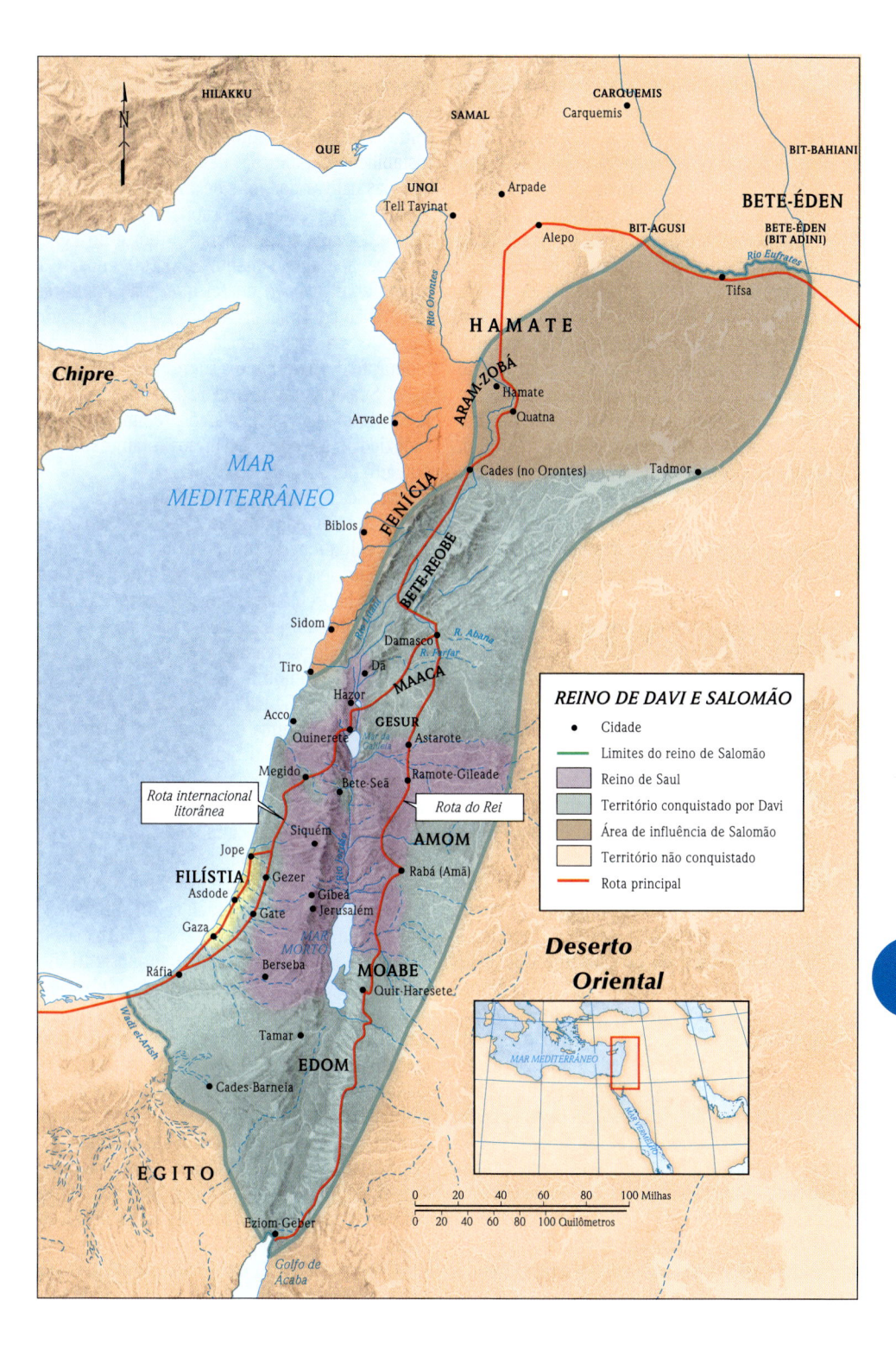

REINO DE DAVI E SALOMÃO

- Cidade
- Limites do reino de Salomão
- Reino de Saul
- Território conquistado por Davi
- Área de influência de Salomão
- Território não conquistado
- Rota principal

Localidades e regiões:
HILAKKU, QUE, SAMAL, CARQUEMIS, UNQI, Tell Tayinat, Arpade, BIT-BAHIANI, Alepo, BIT-AGUSI, BETE-ÉDEN (BIT ADINI), Tifsa, Rio Eufrates, Rio Orontes, HAMATE, Chipre, Arvade, ARAM-ZOBÁ, Hamate, Quatna, MAR MEDITERRÂNEO, Cades (no Orontes), Tadmor, Biblos, FENÍCIA, BETE-REOBE, Sidom, Damasco, R. Abana, Tiro, Dã, R. Farfar, Hazor, MAACA, Acco, GESUR, Quinerete, Astarote, Megido, Bete-Seã, Ramote-Gileade, Rota internacional litorânea, Siquém, Rota do Rei, Jope, AMOM, FILÍSTIA, Gezer, Rabá (Amã), Asdode, Gibeá, Gate, Jerusalém, Gaza, MAR MORTO, Ráfia, Berseba, MOABE, Quir-Haresete, Deserto Oriental, Tamar, EDOM, Cades-Barneia, Wadi el-Arish, EGITO, Eziom-Geber, Golfo de Acaba

0 20 40 60 80 100 Milhas
0 20 40 60 80 100 Quilômetros

ISRAEL, TERRA DE

seu pai, Terá. Com Sara, sua esposa, e o sobrinho Ló, chegou finalmente a Canaã. Abrão não era um pastor nômade que criava ovelhas e cabras; antes, um príncipe mercador que negociava com monarcas e comandava uma força de segurança de 318 homens para vigiar sua família e seu patrimônio. Os nomes de povos, lugares e acontecimentos descritos têm uma aura de autenticidade, e podemos ter a confiança de que o ciclo de Abraão constitui um registro histórico fiel. Abraão recebeu de Deus a promessa de que a terra de Canaã seria dada para sempre a seus descendentes, mas a única terra de que foi proprietário na terra da promessa foi um lote de cemitério para Sara e ele. Dando início a um padrão, o filho mais jovem de Abrão, Isaque, foi o filho da promessa. Isaque teve filhos gêmeos, Jacó e Esaú. Continuando o padrão, o mais jovem dos gêmeos, Jacó, tornou-se o filho da promessa. Seus 12 filhos se tornaram os homônimos das 12 tribos de Israel, mas o filho da promessa, Judá, não foi o herói de sua geração: pelo contrário, José se tornou o salvador da família.

Não há razões para duvidar de que José realmente existiu. Sua história (Gn 37-50) reflete com exatidão a história do Egito no séc. XIX a.C. A história de José se divide em três partes: José e seus irmãos em Canaã, José sozinho no Egito e José no Egito com seu pai, Jacó (na época, rebatizado de Israel), seus irmãos e as famílias deles.

Sendo um dos filhos mais jovens, mas favorecido pelo pai, seus irmãos ficaram profundamente ressentidos com José, a ponto de o venderem como escravo e dizerem ao pai que ele estava morto. No Egito ele superou por diversas vezes grandes obstáculos, até que ascendeu à mão direita do faraó. A carestia fez que seus irmãos viessem ao Egito por comida. Ali, compareceram perante José, que, depois de testá-los, trouxe a família de seu pai para viver em segurança no Egito por volta de 1875 a.C. As histórias de José apresentam predominantemente um contexto egípcio que se ajusta bem ao que se sabe sobre esse período. A narrativa de José fornece a explicação para o motivo pelo qual a família de Jacó e as tribos de Israel estiveram no Egito durante os próximos 430 anos.

O período egípcio Várias centenas de anos de relativo silêncio separam o fim da história de José (Gn 37—50) do início da história contada no livro de Êx. A história de José indica que Israel provavelmente entrou no Egito em meados da famosa 12ª Dinastia (c. 1875-1850 a.C.). Os hicsos (termo egípcio para "governantes de terras estrangeiras") eram um povo asiático que assumiu o controle do Egito durante um tempo de instabilidade política, destronando dinastias egípcias nativas por volta de 1730-1710 a.C. Os hicsos estabeleceram sua capital no delta do rio Nilo em Avaris e controlaram o norte do Egito durante aproximadamente 250-260 anos. Os hicsos eram o povo do rei que "não conhecia José". Não controlaram todo o Egito pela maior parte de sua permanência, mas lideraram uma federação de governantes sobre várias partes do Egito. Sua ascensão piorou a sorte dos israelitas. Já não favorecidos pelos faraós, foram, ao invés, reduzidos à servidão. Os hicsos foram expulsos do Egito por volta de 1570 a.C.

Moisés apareceu no início da era do Novo Reino, nascido por volta de 1526 a.C. Seus pais Anrão e Joquebede tentaram lhe salvar a vida diante do decreto do faraó, de que todos os meninos hebreus deveriam ser mortos, deixando-o à deriva em um cesto no rio Nilo. O cesto foi parar no lugar em que uma filha do faraó se banhava. Ela tomou a criança e o criou como neto do faraó. Educado no palácio do Egito, Moisés recebeu uma das melhores formações do mundo. Aprendeu uma gama de idiomas e uma ampla variedade de assuntos que o prepararam bem para liderar e governar os israelitas depois que saíram do Egito.

É provável que o faraó da infância de Moisés tenha sido Amen-hotep I, e o sucessor que particularmente oprimiu os israelitas foi Tutmósis I, que reinou entre 1526-1512 a.C. Tutmósis II reinou de 1512 a 1504 a.C. e Tutmósis III, de 1504 a 1450 a.C. A mãe adotiva de Moisés foi provavelmente uma mulher poderosa de nome Hatshepsut, que controlou efetivamente o Egito enquanto Tutmósis III ainda era menor de idade quando ascendeu ao trono. Tutmósis III combina melhor com o faraó que tentou matar Moisés quando este assassinara um proeminente egípcio (aos 40 anos de idade), e seu sucessor Amenhotep II (reinou de 1450 a 1425 a.C.) deve ter sido o faraó do êxodo que muito provavelmente aconteceu em 1447 ou 1446 a.C.

O êxodo do Egito — c. 1447 a.C. O êxodo do Egito foi para Israel o que a Odisseia foi para os gregos e o que os peregrinos são para

ISRAEL, TERRA DE

os americanos. A identidade nacional de Israel ficou estreitamente vinculada à libertação do Egito no grande êxodo. Isso se confirma graficamente pelo fato de que a fórmula, com variações, de que Javé "tirou vocês [Israel] do Egito e da casa da escravidão" consta 125 vezes no AT.

Israel chegou ao monte Sinai por volta de 1447 a.C. Embora tenham sido propostos vários locais, a melhor opção para localizar o monte Sinai é o local tradicional Jebel Musa na extremidade sul da península do Sinai. No Sinai Israel firmou um pacto com Javé, recebeu os Dez Mandamentos e começou sua primeira experiência de autogovernar-se.

O período no deserto — c. 1447-1407 a.C. Aproximadamente um ano mais tarde eles partiram para a terra da promessa, mas foram impedidos de entrar, primeiro por desobediência e depois por Deus, e não chegaram em Canaã até passar um tempo de mais 40 anos. Um notável sentimento de identidade e missão se formou durante os anos no deserto do Sinai. Nesses anos Israel também recebeu toda a legislação necessária para uma sociedade organizada. Tempos bons e maus caracterizaram a experiência de Israel no deserto. Deus protegeu e preservou Israel de forma sobrenatural, mas a geração que se recusou a entrar na terra quando Deus ordenou acabou morrendo, com exceção dos dois espiões fiéis, Josué e Calebe.

A conquista de Canaã — c. 1407-1400 a.C. Uma das histórias mais dramáticas já contadas sobre a origem de uma nação aconteceu quando Israel entrou na terra prometida. Uma jornada que poderia ter sido feita em 11 dias se estendeu por 40 anos. Perto do final desse período Moisés morreu, e foi sepultado pelo próprio Deus. Josué, um efraimita, assumiu a liderança da nação. Comparativamente Josué ocupa pouco espaço no registro. É apresentado como sucessor de Moisés e conquistador de Canaã (Dt 1.38; 3.21,28; Js 1). Fora do livro que traz seu nome, ele é mencionado somente em Êx 17.8-16; Jz 1.1; 2.6-9; 1Rs 16.34; 1Cr 7.27; Ne 8.17.

Josué realizou um trabalho notável, de organizar e executar o plano para a conquista da terra. Milagrosamente Israel cruzou o Jordão em chão seco durante o período das cheias. Israel renovou a aliança em Gilgal, onde foram circuncidados todos os homens que não haviam estado no deserto. As conquistas foram impressionantes, a começar pelo milagroso colapso das muralhas de Jericó, mas alguns povos residentes na terra não foram expulsos completamente e continuaram sendo uma fonte de dificuldades para Israel ao longo de sua existência.

Josué loteou a terra às 12 tribos de acordo com as instruções que Deus dera a Moisés, e a ocupação de Canaã começou. Tudo correu bem durante a vida dos que serviram com Josué, embora começasse um período sombrio de grave declínio espiritual.

O período dos juízes — c. 1360-1084 a.C. O texto de Jz 1.1-29 estabelece uma transição literária da vida de Josué para o período dos juízes. A espiral descendente durou aproximadamente 280 anos. Os juízes, *shofetim*, eram mais líderes ou governantes que funcionários legais. O período se caracterizou por um ciclo periodicamente recorrente, de declínio, opressão, arrependimento e libertação. As reformas nunca duraram, e a opressão retornava sempre. Os relatos da atuação dos diversos juízes não são estritamente cronológicos e se sobrepõem com frequência, o que explica por que o tempo decorrido de 280 anos é tão mais curto que o total somado de 410 anos para os 15 juízes mencionados. A progressiva decadência espiritual pode ser vista no caráter dos sucessivos juízes em declínio progressivo até que eles e seu povo se assemelham muito mais aos povos vizinhos que a um povo que pertence ao único Deus verdadeiro e vivo.

Perto do final desse período, surgiu esperança na saga heroica de Noemi, Rute e Boaz, que demonstraram que israelitas fiéis permaneciam leais ao Deus da aliança. Dessa família viria o grande rei Davi.

O último dos juízes foi o maior: Samuel, um benjamita, cuja mãe o dedicou ao serviço de Deus. Criado pelo sacerdote Eli, Samuel se tornou sacerdote e juiz quando Deus eliminou a família de Eli por sua incredulidade. Samuel administrou a nação sábia e seguramente, e a estabilidade prevaleceu no tempo de seu ministério. Contudo, o povo desejava ser como as demais nações e pediu um rei.

A monarquia unida — c. 1051-931 a.C. Samuel ficou irritado, mas Deus lhe ordenou que desse ao povo o que pedia, um rei segundo seu desejo, Saul, filho de Quis, um

ISRAEL, TERRA DE

OS REINOS DE ISRAEL E JUDÁ

- • Cidade
- ★ Cidade importante
- ○ Cidade (local incerto)
- ▲ Alto de monte
- ▇ Israel
- ▇ Judá
- ━ Rotas internacionais
- ━ Estradas locais

Jeroboão constrói um santuário

Capital política de Israel de Omri em diante

Jeroboão constrói um santuário

Locais/regiões: Sidom, Fenícia, Monte Hermom, Damasco, Ijon, Tiro, Rio Litani, Abel beth-maacah, Dã, Aram, Aczibe, Kedesh, Hazor, Acco, Chinnereth, Mar da Galileia, Gesur, Gath-hepher, Aphek, Astarote, Monte Carmelo, Rio Quesom, Mt. Tabor, Dor, Megido, Jezreel, Rio Jarmuque, Taanaque, Mt. Gilboa, Beth-shan, Edrei, Dotã, Ibleam, Peniel, Ramote-Gileade, Mar Mediterrâneo, Socoh, Samaria, Tirza, Jabes-Gileade, Mt. Ebal, Siquém, Israel, Mt. Gerizim, Afeque, Adam, Penuel, Maanaim, Rio Jaboque, Jope, Rio Jarcom, Siló, Bete-Horom alta, Betel, Mispá, Jericó, Rabá (Amman), Amom, Bete-Horom baixa, Geba, Gezer, Ramá, Aijalom, Gibeá, Ekron, Jerusalém, Mt. Nebo, Hesbom, Asdode, Madaba, Gate, Azeká, Belém, Ascalom, Maressa, Bet-zur, Tekoa, Láquis, Hebrom, Filístia, Adoraim, Ziph, Dibom, Gaza, Carmel, Maon, Mar Morto, Rio Arnom, Gerar, Judá, Arad, Berseba, Kir-hareset, Estrada do Rei, Moabe, Negeb, Rio Zerede, Deserto Oriental, Bozra, Edom, Tamar, Cades-Barneia, Estrada Costeira Internacional, Rio de Besor

0 10 20 30 40
0 10 20 30 40 50 Quilômetros

rico benjamita. Homem alto, bonito e humilde, Saul não ambicionava o poder e o aceitou relutantemente. Mas, uma vez no comando, Saul demonstrou pouco juízo e também grande falta de discernimento espiritual.

Saul fez um bom começo derrotando os filisteus com a intervenção do jovem Davi, que matou o campeão filisteu Golias, prenúncio do que estava por acontecer. Quase imediatamente Saul ficou desconfiado e ressentido de Davi, mantendo-o perto ao lhe dar sua filha Mical em casamento e fazendo-o comandar tropas subordinadas a Saul (1Sm 18). Saul estava decidido a passar o trono a seu filho Jônatas e negligenciou o reino para perseguir Davi durante anos. Seu reinado durou aproximadamente 40 anos.

Davi era o filho mais jovem de Jessé de Belém. Trabalhou para o pai como pastor. Samuel ungiu Davi anos antes de este subir ao trono, e Davi foi coerente, honrando o rei e não fazendo uso de repetidas oportunidades para matar Saul. Em vez de atacar Saul, Davi fugiu dele durante anos. Quando o reino de Saul se desintegrou, Davi se tornou mais forte e ganhou considerável número de seguidores.

Por fim Saul e Jônatas foram mortos na batalha, e Davi reinou sobre sua tribo de Judá durante sete anos em Hebrom, enquanto as tribos restantes eram lideradas pelo filho de Saul, Is-Bosete. Depois do assassinato brutal de Is-Bosete, Davi assumiu o trono de todo o Israel durante cerca de 33 anos adicionais, estabelecendo sua capital em Jerusalém. Derrotou os inimigos de Israel e estabeleceu paz para seu povo. Davi foi o maior rei de Israel, definido por Deus como "homem segundo o meu coração" (At 13.22; 1Sm 13.14), mas falhou moralmente e, em decorrência, passou anos em turbulência pessoal e familiar. Davi não apenas teve um caso com a esposa de um de seus subordinados mais leais, mas, quando correu o risco de ser descoberto, engendrou a morte de Urias. Sua casa nunca mais experimentou paz, o que no final das contas lhe custou a vida de alguns de seus filhos. Davi desenvolveu os planos para o templo e reuniu os recursos, mas por causa dos seus pecados Deus não lhe permitiu concluir o projeto.

No fim da vida de Davi, a subida de seu filho Salomão ao trono representou uma sangrenta luta intrafamiliar. Salomão teve um começo maravilhoso, construindo e dedicando um templo magnífico. Genuinamente humilde, Deus o fez prosperar além de suas expectativas mais arrojadas. Salomão foi venerado por sua sabedoria e controlou um reino de expansão cinco vezes maior que a terra que Deus prometeu a Abraão. Estendia-se ao sul até o Sinai e ao norte até o rio Eufrates. Salomão se tornou um dos monarcas mais importantes de sua época. No final de seu reinado de 40 anos, o reino estava forte, mas seu compromisso com o Senhor havia diminuído, e os anos subsequentes foram atribulados por problemas internos. Logo após sua morte, acabou a monarquia unida.

A monarquia dividida — c. 931-586 a.C. O reino unido das 12 tribos se dividiu de repente em 931/930 a.C. Desde então as dez tribos do Norte seriam conhecidas como Israel ou Efraim (sua tribo mais influente). As duas tribos do Sul, Judá e Benjamim, permaneceram leais à casa de Davi e eram conhecidas como Judá. Mesmo antes de começar o reino unido, a unidade de Israel era frágil. Rivalidades e ciúmes triviais eram comuns no período dos juízes. A divisão entre Judá e Israel era manifesta já durante a vida de Samuel, mas Davi alcançou um alto grau de unidade nacional. Os pesados impostos de Salomão e os períodos de trabalhos forçados impostos ao povo sob Salomão e Roboão aceleraram o problema.

A rebelião fervia sob a superfície no final do reinado de Salomão. Jeroboão, filho de Nebate, era um bem-sucedido supervisor de trabalhos forçados em Efraim para Salomão (1Rs 11.27,28). Certo dia o profeta Aías de Siló encontrou Jeroboão e rasgou suas vestes (de Aías) em 12 pedaços, dando dez a Jeroboão e anunciando que Jeroboão se tornaria rei sobre Israel (1Rs 11.31). O rumor dessa profecia se espalhou rapidamente, e Jeroboão fugiu para o Egito, onde encontrou refúgio com o faraó Sisaque, um oportunista político. A paz foi preservada até a morte de Salomão, mas então as dificuldades surgiram depressa, e Roboão não era de forma alguma suficientemente sábio para controlar a tênue situação.

Em vez de aliviar a onerosa carga governamental sobre o povo, Roboão ameaçou aumentá-la, e as dez tribos se rebelaram, desligando-se do Reino do Sul de Roboão, que ficou apenas com as tribos de Judá e Benjamim. Jeroboão, filho de Nebate, tornou-se o primeiro rei do Reino do Norte e imediatamente conduziu o povo à idolatria. Para compensar a perda de laços religiosos com Jerusalém, Jeroboão mandou confeccionar dois bezerros de ouro para as duas localidades de Dã e Betel. Por causa de sua apostasia, a família de Jeroboão perdeu a realeza. Seu nome se tornou um bordão e um estereótipo para os males dos reinados dos governantes do Reino do Norte.

Roboão foi atacado pelo aliado de Jeroboão, o faraó Sisaque (Chechonk I, c. 945-924 a.C.), que saqueou o templo e depois avançou ao território de Israel, Gileade e Edom. Uma inscrição deixada por Sisaque em Carnaque reivindica que ele derrotou 150 cidades na região. Curiosamente Sisaque não consolidou suas conquistas de territórios, mas retornou ao Egito, onde veio a falecer em breve. Roboão garantiu sua realeza e entregou uma nação estabilizada ao filho Abias, que reinou somente dois anos. Fracassou na tentativa de reunificar as tribos. Asa, filho de Abias, reinou 41 anos em Judá. Reverteu em parte, mas não completamente, a decadência religiosa de Judá.

Em toda a história subsequente das duas nações houve nove reinados sobrepostos ou concomitantes, o que torna difícil estabelecer a cronologia nos livros de Rs e Cr. O Norte também foi dividido uma vez em duas facções, o que torna a questão ainda mais confusa. Na época do reino dividido cada nação teve 19 reis. Os reis do Norte eram oriundos de nove dinastias (famílias), ao passo que todos os reis de Judá eram descendentes de Davi. Os 19 reis do Norte governaram de 930 a 722 a.C.; a duração de cada reinado em geral era relativamente breve. Os reis do Sul serviram de 930 a 586 a.C., o que evidencia maior estabilidade e continuidade de vida em Judá. Nos livros de Rs e Cr todos os reis do Norte são avaliados como ruins, enquanto os de Judá foram reis em parte ruins e em parte bons. Ironicamente, o pior dos reis foi de Judá: Manassés, que sacrificou um dos próprios filhos em um ato de culto pagão.

Durante as monarquias israelitas, grandes nações passaram pelo palco da Bíblia quando seus negócios interferiam nos de Judá e Israel. Pelo fato de o foco do registro bíblico residir no povo de Deus, são fornecidos apenas dados esquemáticos e relances sumários da história contemporânea. Os detalhes fornecidos na Bíblia são repetidamente corroborados pelos arquivos e artefatos de vários tipos deixados por outros reinos antigos.

Durante a existência do Reino do Norte a relação entre Israel e Judá flutuou de hostil para civilizada e para fraternal. Às vezes eram aliados e outras vezes se envolveram em alianças concorrentes. De modo geral ambos os reinos desfrutaram períodos de paz e prosperidade. Um desenvolvimento ameaçador foi o aparecimento da Síria como poder maior na época da divisão do reino israelita (c. 930 a.C.). Por volta de 850 a.C. Damasco foi a capital do Estado mais poderoso da região. A Assíria passava por tempos de turbulência interna, o que permitiu maior autonomia para outras nações. Depois de aproximadamente um século de debilidade, porém, um ressurgimento da Assíria (c. 745 a.C.) alterou o equilíbrio geopolítico e prenunciou dificuldades futuras para os reinos israelitas.

A Síria ficou isolada e rodeada de territórios sob controle assírio. Por isso, com a Síria preocupada com os próprios problemas, Judá voltou a prosperar sob o longo reinado de Ezequias, um rei bom. Contudo, o ocaso de Israel estava muito próximo.

O último século do Reino do Norte (séc. VIII a.C.) foi marcado pelo ministério de quatro grandes profetas: Amós, Oseias, Miqueias e Isaías, como também de Jonas. Com perfeita nitidez eles previram a queda de Israel e mais tarde de Judá. Contudo, as duas nações acreditavam que eram invencíveis por causa de sua relação com Javé. A maior parte do povo ignorou os profetas e se apegou a ilusões de grandeza e segurança.

Tragicamente os assírios varreram Israel do mapa depois da queda de Samaria em 722 a.C. Foram talvez duas vezes que a Assíria atacou Judá (701 e 688 a.C.), mas não logrou conquistá-lo por causa da intervenção divina. Judá continuou existindo durante 135 anos, muitas vezes como um Estado vassalo da Assíria. Jerusalém sucumbiu finalmente em 587-586 a.C. diante dos babilônios sob Nabucodonosor, que havia desbancado a Assíria como potência mundial dominante no final do séc. VII a.C. (c. 612-609).

O exílio babilônico Os babilônios deportaram a maioria do povo de Judá. O predomínio neobabilônico teve vida curta. A Babilônia sucumbiu diante de seu antigo aliado, o Império Medo-Persa, em 539 a.C.

O período pós-exílico Logo após a queda da Babilônia, o rei persa Ciro, o Grande, permitiu aos povos conquistados retornar às terras originárias (Ed 1.2-4). Os judeus começaram a retornar a Judá por volta de 537 a.C. Sob a liderança de Zorobabel, Esdras e Neemias Jerusalém foi repovoada e um segundo templo foi construído. Em todo o período houve certa autonomia. A era do AT terminou por volta de 400 a.C. na atuação do profeta Malaquias.

O período de intertestamentário O período de dominação persa chegou ao fim com as conquistas de Alexandre Magno, iniciadas em 332 a.C. A Palestina mudou várias vezes de mãos entre os sucessores selêucidas e ptolemaicos de Alexandre. A dominação grega da Palestina continuou até os judeus lograrem estabelecer um reino independente em uma guerra que começou em 167 a.C. sob a liderança do velho sacerdote Matatias e seus filhos, conhecidos como macabeus.

Em 63 a.C. foi estabelecido o controle romano sobre a Palestina pelo general romano Pompeu. Para fins de governo, a região foi subdividida pelos romanos, que instalaram governantes locais, mas o controle também era mantido pela presença do exército romano.

O período do Novo Testamento e além O controle romano sobre a Palestina continuou além da era do NT, culminando na primeira guerra judaica contra Roma por volta de 66-72 d.C., na qual foram destruídos o templo e Jerusalém (70 d.C.). Por fim, depois de outra guerra no séc. II d.C. (cerca de 135 d.C.), os judeus se dispersaram por todo o Império Romano. A Palestina permaneceu em mãos romanas até cerca de 400 d.C. V. *cronologia do período bíblico*. — *Walter C. Kaiser, Jr. e Charles W. Draper*

ISRAELITA Cidadão da nação de Israel.

ISRAÍAS Nome pessoal que significa "Javé resplandece". **1.** Líder da tribo de Issacar (1Cr 7.3). **2.** Líder dos levitas cantores na celebração de Neemias ao completar a reconstrução dos muros de Jerusalém (Ne 12.42).

ISSACAR Nome pessoal que significa "homem para contratar" ou "jornaleiro". Nono filho de Jacó, o quinto gerado por Lia (Gn 30.18). Tornou-se ancestral da tribo de Issacar. Não se sabe quase nada de sua história pessoal. A tribo de Issacar ocupou o território na parte setentrional da Palestina, um pouco a sudoeste do mar da Galileia (Js 19.17-23). A tribo não foi proeminente na história de Israel. Tolá, um dos chamados juízes "menores", era da tribo de Issacar (Jz 10.1,2). O mesmo ocorre com Baasa, sucessor de Nadabe como rei de Israel (1Rs 15.27). A cidade de Jezreel, uma residência real de Israel, situava-se em território de Issacar. V. *cronologia do período bíblico*; *tribos de Israel*.

ISSARON Transliteração da palavra hebraica que significa "um décimo". Medida seca igual a um décimo de um efa (Êx 29.40; Lv 14.10,21; 23.13,17; 24.5; Nm 15.4) ou aproximadamente 2 litros. V. *pesos e medidas*.

ISSIAS Nome pessoal que significa "Javé perdoa". No hebraico o nome aparece na forma mais longa em 1Cr 12.6. **1.** Soldado, membro de Benjamim, a tribo de Saul, que se uniu a Davi em Ziclague quando este fugia da presença de Saul (1Cr 12.6). **2.** Levita (1Cr 23.20). **3.** Líder da tribo de Issacar (1Cr 7.3). **4.** Descendente de Moisés entre os levitas (1Cr 24.21; cf. 23.13-17). **5.** Outro levita, membro do ramo de Coate (1Cr 24.25). **6.** Israelita casado com esposa estrangeira, o que punha em risco a submissão total de Israel a Javé no tempo de Esdras (Ed 10.31).

ISTOBE Nome pessoal que significa "homem de bem" ou "homem de Tobe". A *KJV* segue traduções antigas interpretando o termo como nome próprio (2Sm 10.6,8). Parece que o manuscrito hebraico padrão tem duas palavras, indicando uma frase com substantivo comum. Por isso a maioria das traduções moderna traz "os homens de Tobe". Um manuscrito dos rolos do mar Morto tem Istobe como uma só palavra e assim como nome próprio, mas os atuais pesquisadores da Bíblia ainda seguem geralmente o manuscrito padrão, em vez do rolo mais antigo do mar Morto. "Homem de Tobe" também poderia se referir ao governante de Tobe. V. *Tobe*.

ISVÁ Nome pessoal que significa "ele é igual" ou "ele satisfaz". Filho de Aser (Gn 46.17). Não é citado em Nm 26.44, o que leva alguns estudiosos a pensar que um copista duplicou o nome seguinte Isvi com variação secundária.

ISVI Nome pessoal que significa "ele é igual", "ele satisfaz", ou "ele rege". **1.** Filho de Aser (Nm 26.44; Gn 46.17) e antepassado de clã original dos isvitas (Nm 26.44). **2.** Filho de Saul (1Sm 14.49).

ISVITA Membro do clã de Isvi (Nm 26.44). V. *Isvi*.

ITAI Nome pessoal que significa "com Deus". **1.** Soldado gatita que demonstrou lealdade a Davi acompanhando-o na fuga de Jerusalém depois de eclodir uma rebelião conduzida pelo filho de Davi, Absalão (2Sm 15.19-22). Gatita quer dizer morador de Gate. Logo, esse homem era um filisteu que tinha apostado tudo no israelita Davi. Mais tarde, Itai partilhou o comando do exército de Davi com Joabe e Abisai (2Sm 18.2). V. *Davi*. **2.** Um dos Trinta do exército de Davi (2Sm 23.29) e filho de Ribai de Gibeá, da tribo de Benjamim (1Cr 11.31).

ITÁLIA Península em forma de bota entre Grécia e Espanha que se estende dos Alpes, no norte, ao mar Mediterrâneo, no sul. Sua forma estreita e longa contribuiu para a diversidade étnica, havendo tantos gregos ocupando a parte sul que os cidadãos de Roma a chamavam de "Grande Grécia". Por meio das guerras púnicas com Cartago (264-146 a.C.), a cidade de Roma ampliou seu controle sobre o país inteiro e mais tarde conquistou todo o mediterrâneo.

O Império Romano foi criado quando Otaviano se tornou César Augusto (27 a.C.) depois do assassinato de Júlio César e do fim da República (44 a.C.). A Itália é citada no NT em At 18.2; 27.1,6 e Hb 13.24. — *John McRay*

ITAMAR Nome pessoal de significado incerto, talvez "ilha de palmas", ou "onde está Tamar", ou forma abreviada de "pai de Tamar (palmas)". Quarto filho do sacerdote Arão (Êx 6.23). Depois da morte de Nadabe e Abiú, Itamar e o irmão sobrevivente, Eleazar, ganharam projeção. Durante os anos no deserto, Itamar parece ter tomado conta de todos os levitas (Êx 38.21). Moisés ficou irritado quando Itamar e seu irmão não comeram parte da oferenda como lhes havia ordenado (Lv 10.16). Além disso, a casa de Eli evidentemente descendia de Itamar. V. *Arão; sacerdotes; levitas*.

ITIEL Nome pessoal que significa "comigo está Deus". **1.** Membro da tribo de Benjamim no tempo de Neemias depois da volta do exílio (Ne 11.7). **2.** Pessoa a quem é endereçado Pv 30, de acordo com o texto hebraico padrão (*ARC, TEB*). Presumindo uma antiga alteração por um copista, muitos estudiosos da Bíblia colocam espaços entre diferentes letras do texto hebraico. Nesse caso o texto significaria: "Estou exausto, ó Deus, estou exausto, ó Deus, quase desfalecendo" [rodapé da *NVI*].

ITLA 1. Nome de lugar, significando talvez "ele está pendurado". Cidade do território tribal de Dã (Js 19.42). Sua localização não é conhecida, mas alguns pesquisadores da geografia bíblica seguem alguns manuscritos gregos que identificam Itla com *Shithlah* ou *Shilta*, a cerca de 6 quilômentros a noroeste de Bete-Horom. **2.** Nome de lugar que significa "ele ou isto segura". Cidade fronteiriça da tribo de Dã (Js 19.42).

ITMA Nome pessoal que significa "órfão". Soldado moabita no exército de Davi (1Cr 11.46).

ITNÃ Nome de lugar que significa "fluxo contínuo". Cidade na fronteira sul do território tribal de Judá (Js 15.23). Seu local não é conhecido, a menos que alguns geógrafos da terra da Bíblia estejam corretos em transformar Hazor-Itnã na mesma cidade, que pode ter se situado na atual *el-Jebariyeh* no uádi Umm Ethnan.

ITRA Nome pessoal que significa "remanescente" ou "sobejo". Foi pai de Amasa e o general que Absalão designou para substituir Joabe, general de Davi, quando se revoltou contra o pai (2Sm 17.25). A esposa de Itra, Abigail, era tia de Joabe. Itra é chamado Jéter em alguns manuscritos gregos e velhos latinos, bem como em 1Rs 2.5,32 e 1Cr 2.17. Por isso algumas traduções modernas trazem Jéter em 2Sm 17.25 (*NVI*). Um manuscrito grego antigo e 1Cr 2.17 identificam Itra como ismaelita, não como israelita, conforme consta no texto hebraico padrão de 2Sm 17.25. Muitos estudiosos da Bíblia pensam que ismaelita seja a leitura original em 2Sm, porque seria incomum e desnecessário identificar um israelita.

ITRÃ Nome pessoal que significa "remanescente" ou "sobejamento". **1.** Líder horeu que vivia em Edom (Gn 36.26). **2.** Líder da tribo de Aser (1Cr 7.37). Pode ser o mesmo que Jéter, de grafia semelhante (1Cr 7.38).

ITREÃO Nome pessoal que significa "remanescente do povo". Filho de Davi nascido em Hebrom, de sua esposa Eglá (2Sm 3.5).

ITRITA Nome de clã que significa "de Jéter". Descendentes de Jéter ou Jetro (Êx 4.18) ou um clã cuja casa era Quiriate-Jearim (1Cr 2.53). Os últimos podem ter sido heveus (cf. Js 9.7,17). Dois dos 30 valorosos guerreiros de Davi eram itritas (2Sm 23.38).

ITUREIA Nome de lugar que significa "relacionado com Jetur". Região sobre a qual Herodes Filipe era governador quando João Batista começou seu ministério público (Lc 3.1). Ficava situada a nordeste da Galileia entre o Líbano e as montanhas do Antilíbano, embora seja quase impossível determinar seus limites precisos. Etnicamente os itureanos eram de linhagem ismaelita; sua origem provavelmente deva ser Jetur, filho de Ismael (Gn 25.15). A mais antiga referência existente aos itureanos como povo data do séc. II a.C. Pompeu conquistou o território para Roma por volta de 50 a.C. A Itureia foi mais tarde incorporada em outros distritos políticos, perdendo a identidade própria no final do séc. I d.C. V. *Herodes*.

IZARITA Clã de levitas descendente de Isar. V. *Isar*.

IZLIAS Nome pessoal que significa "de vida longa" ou "Javé liberta". Líder na tribo de Benjamim que viveu em Jerusalém depois do retorno do exílio (1Cr 8.18). Algumas traduções modernas transliteram o nome como Izlia.

IZRAÍAS Nome pessoal que significa "Javé brilha muito". Membro da tribo de Issacar (1Cr 7.3). O mesmo nome hebraico aparece em Ne 12.42, mas normalmente é transliterado Jezraías. V. *Israías*.

IZRAÍTA Nome de clã em 1Cr 27.8, para o qual a tradição textual oferece diversas variantes: harorita (1Cr 11.27); harodita (2Sm 23.25). Outros manuscritos hebraicos trazem "zeraíta". V. *harodita*.

IZRI Líder de clã da quarta turma de músicos do templo (1Cr 25.11). Provavelmente é o mesmo que Zeri (1Cr 25.3). A mudança de nome ocorreu na cópia do texto.

JK

Pátio da Igreja do Santo Sepulcro em Jerusalém.

J Nome de uma das principais fontes que os acadêmicos críticos propõem para o Pentateuco. A designação é derivada do nome pessoal de Deus, Yahweh, Javé (*Jahweh* em alemão), que caracteriza essa fonte. Pensa-se que esta se originou em Judá antes da fonte E (c. 900 a.C.). A pesquisa recente tem levantado questionamentos radicais quanto a essa fonte e quanto à teoria, mesmo entre os adeptos da crítica. V. *hermenêutica bíblica*; *Pentateuco*.

JAACÃ Nome pessoal que significa "ser rápido". Descendente de Esaú e, portanto, ancestral tribal dos edomitas, que habitava o território de Seir (1Cr 1.42., conforme *BJ* e a pronúncia hebraica". A lista de Cr repete a de Gn 36.27; Nm 33.31,32; Dt 10.6). Diferentes traduções transliteram o nome de maneiras diversas: Bene-Jaacã (*ARA/NVI*), Benê-Jacã (*BJ*). O texto hebraico de Gn 36.27 omite a primeira letra do nome. V. *Bene-Jaacã, Benê-Jaacã*.

JAACANITAS (Dt 10.6) V. *Bene-Jaacã, Benê-Jaacã*.

JAACOBÁ Nome pessoal que significa "que ele proteja". Líder da tribo de Simeão (1Cr 4.36).

JAALA Nome pessoal que significa "íbex [= espécie de antílope] fêmea". Membro do estado-maior de Salomão cujos descendentes se uniram a Zorobabel na volta do exílio babilônico por volta de 537 a.C. (Ed 2.56; Ne 7.58).

JAALELITA Clã na tribo de Zebulom (Nm 26.26).

JAAR Nome de lugar, que significa "floresta". É a transliteração do hebraico encontrado em Sl 132.6 nas versões modernas ("campos de Jaar", *NVI*). Jaar é provavelmente uma abreviação poética de Quiriate-Jearim. O salmo celebra o retorno de Davi a Jerusalém com a arca, que estava com os filisteus (1Sm 7.2; 2Sm 6; 1Cr 13.5). V. *Quiriate-Jearim*.

JAARESIAS Nome pessoal que significa "Javé planta". Membro da tribo de Benjamim (1Cr 8.27).

JAASAI (*NVI* e *ARA*) ou **JASI** (*CNBB*) Nome pessoal, que significa "produto dele", grafia alternativa para Jaasiel, cuja pronúncia deve ser diferente da do texto em hebraico impresso, como foi notado pelos antigos copistas. Israelita que aceitou a liderança de Esdras, divorciando-se de sua esposa estrangeira para garantir a pureza religiosa da nação (Ed 10.37).

JAASIEL Nome pessoal que significa "Deus faz" ou "Deus age". **1**. Líder da tribo de Benjamim, sob a liderança de Davi, aparentemente o responsável pelo censo de sua tribo quando Davi contou o povo (1Cr 27.21). Talvez o pai dele, Abner, tenha sido general de Saul, e posteriormente tenha se tornado general de Davi. **2**. Herói militar sob o comando de Davi, cuja cidade natal era Zobá. V. *mezoba*.

JAATE Nome pessoal de significado incerto, talvez "Deus vai agarrar". **1**. Membro do clã dos zoraítas na tribo de Judá (1Cr 4.2). **2**. Bisneto de Levi (1Cr 6.20; cp. v. 43). **3**. Líder dos levitas no tempo de Davi (1Cr 23.10-11). **4**. Levita na linhagem de Eliézer, no clã de Isar (1Cr 24.22). **5**. Levita supervisor da reforma do templo no tempo do rei Josias (1Cr 34.12).

JAAZELITA Clã da tribo de Naftali. V. *Jazeel*.

JAAZER V. *Jazar*.

JAAZIAS Sacerdote levita do tempo de Davi (1Cr 24.26). Seu nome significa "Javé providencia".

JAAZIEL 1. Variante de Jaazias, significando "Deus provê". Era levita e músico do templo (1Cr 15.18). Esse nome aparece em uma versão hebraica diferente em 15.20, como alguém que tocava o saltério (1Cr 15.20), a harpa (*CNBB*), o alaúde (*ARA*) ou a lira (*BJ*). V. *Aziel*. **2**. Nome pessoal que significa "o Senhor olha" para cinco personagens. 1) Herói militar benjamita que apoiou Davi contra Saul, também da tribo de Benjamim (1Cr 12.4). 2) Sacerdote indicado por Davi para tocar a trombeta diante da arca (1Cr 16.6). 3) Levita do clã de Hebrom (1Cr 23.19; 24.23). 4) Levita e um filho de Asafe que recebeu o Espírito do Senhor e profetizou, prometendo vitória para Josafá e seu povo (2Cr 20.14-19). 5) Líder de clã que liderou 300 homens dentre os exilados que voltaram a Jerusalém com Esdras (Ed 8.5).

JABAL Nome pessoal que significa "riacho". Filho de Lameque e Ada (Gn 4.20). Descendente de Caim, foi o primeiro nômade, o progenitor dos habitantes de tendas e criadores de gado.

JABES ou **JABES-GILEADE** Nome de um lugar que significa "seco, enrugado" ou "lugar seco de Gileade". Cidade cujos habitantes, com exceção de 400 virgens, foram mortos por um exército israelita (Jz 27.8-12). As 400 virgens poupadas tornaram-se esposas dos benjamitas. Não se pode afirmar com certeza, mas provavelmente Jabes-Gileade se localizava a leste do rio Jordão, a aproximadamente 32 quilômetros ao sul do mar da Galileia. A história narra as atitudes drásticas tomadas para a preservação da unidade das 12 tribos de Israel. Jabes-Gileade teve um papel muito importante na história de Saul. Seu resgate do povo de Jabes-Gileade do poder de Naás, o amonita, marcou efetivamente o começo da monarquia de Israel (1Sm 11.1-11). Posteriormente, os homens de Jabes-Gielade demonstraram quanto prezavam Saul ao devolver os corpos do rei assassinado e de seus filhos, do muro de Bete-Seã (1Sm 31.11-13). Davi se mostrou agradecido pelo ato corajoso e removeu os ossos de Saul de Jabes-Gileade (2Sm 21.12).

JABEZ Nome pessoal e de lugar que traz uma conotação de dor, sofrimento e tristeza. **1**. Cidade natal dos escribas, de localização desconhecida (1Cr 2.55). **2**. Israelita que pediu bênçãos a Deus e as recebeu (1Cr 4.9,10). Ele exemplifica o poder da oração. — *Paul H. Wright*

JABIM Nome pessoal com o significado de "Ele entende". **1**. Líder da coligação de reinos do norte que atacou Josué nas águas de Merom e foi morto (Js 11.1-11). Rei de Hazor que controlou os israelitas quando estes ignoraram Deus após a morte de Eúde (Jz 4.1,2). O escritor bíblico referiu-se a ele como "rei de Canaã", título que demonstra quanto era poderoso na parte norte do país, mas era também um título que os reis das outras cidades cananeias provavelmente contestariam com veemência, uma vez que nesse período Canaã não tinha unidade política. Jabim não age na história de Jz 4; Sísera, seu general, o representa e é morto, o que leva à perda do poder de Jabim. **2**. Muitos estudiosos acreditam que uma dinastia de reis em Hazor carregou o nome Jabim. Alguns foram longe, identificando-o com Ibni-Adad, que aparece nos documentos do Oriente Médio em Mari.

JABNEEL ou **JABNE** Nome de lugar que significa "Deus constrói". **1**. Cidade que marcava os limites a noroeste dos territórios tribais de Judá em terras filisteias (Js 15.11); atualmente conhecida por Yibna. Uzias tomou a cidade dos filisteus, chamada pela forma abreviada Jabne (2Cr 26.6). A cidade foi posteriormente denominada Jâmnia, tornando-se centro de atividade dos escribas. V. *Bíblia, formação e cânon*. **2**. Cidade no território tribal de Naftali (Js 19.33); atualmente conhecida como Tell en-Naam ou Khirbet Yemna, localizada a sudoeste do mar da Galileia e a nordeste do monte Tabor.

Vista panorâmica do rio Jaboque.

JABOQUE Nome de lugar que significa "fluxo". Rio perto de onde Jacó lutou com Deus a noite inteira (Gn 32.22). Seu nome moderno é Nahr ez-Zerq. É um afluente do Jordão; vindo

JACÃ

da direção leste, junta-se ao Jordão em uma região distante a aproximadamente 24 quilômetros do mar Morto, que se encontra ao sul. Nos tempos bíblicos, sua extensão de c. 80 quilômetros serviu como limite ocidental de Amom, a fronteira entre os reinos de Seom e Ogue, e uma divisão no território de Gileade. A existência de vários relatos sugere que a densidade populacional no vale do Jaboque nos tempos antigos era alta. V. *Jacó*.

JACÃ Nome pessoal de significado desconhecido. Membro da tribo de Gade (1Cr 5.13).

JACINTO 1. Pedra considerada preciosa na Antiguidade. O jacinto algumas vezes era identificado com a safira (Ap 9.17) ou com a turquesa (Êx 28.19; Ap 9.17; 21.20; Êx 28.19; Ap 21.20). Outros estudiosos identificam o jacinto com o zircão, uma pedra de coloração variando de marrom ao acinzentado, ou com a essonita, uma granada, de coloração variando de amarelo ao marrom. **2.** Pedra considerada preciosa na Antiguidade, de cor mais aproximadamente laranja que o hiacinto. Algumas traduções usam a palavra "jacinto" para a gema no peitoral do sumo sacerdote (Êx 28.19, *BJ*, *ARA*), para a cor da couraça de um dos cavaleiros (Ap 9.17, *ARA*) e para a décima primeira pedra de fundação da nova Jerusalém (Ap 21.20). V. *jacinto*; *minerais e metais*.

JACÓ Nome pessoal derivado do substantivo hebraico para "calcanhar", com o significado de "ele agarra o calcanhar" ou "ele engana, suplanta" (Gn 25.26; 27.36). Ancestral original da nação de Israel e pai dos 12 ancestrais das tribos de Israel (Gn 25.1—Êx 1.5). Filho de Isaque e Rebeca, irmão gêmeo, mais novo, de Esaú, e marido de Lia e Raquel (Gn 25.21-26; 29.21-30). Deus mudou seu nome para "Israel" (Gn 32.28; 49.2). Textos de Ugarite e Assíria apresentam pessoas chamadas Jacó, mas estas não são israelitas. O nome destas geralmente está ligado a um dos seus deuses, surgindo assim Jacó-el ou Jacó-baal. Nesta forma, significa provavelmente "que El proteja". O AT conhece apenas um Jacó. Ninguém mais recebeu o nome do patriarca. Entre os Testamentos (i.e., AT e NT), outros judeus receberam o nome Jacó; o único exemplo do NT é o pai de José e, portanto, avô de Jesus (Mt 1.16). Jacó permanece forte testemunha de que o Deus criador de todos os povos da terra também atuou na história de Israel, chamando os patriarcas ao destino que ele cumpriria mesmo quando eles menos merecessem.

Jacó em Gênesis A narrativa de Jacó ocupa metade do livro de Gn. Vivendo em conformidade com seu nome, Jacó barganhou o direito de primogenitura de Esaú. A parcialidade dos pais alimentou a contínua hostilidade entre Esaú, o caçador amado pelo pai, e Jacó, a pessoa tranquila, acomodada e integrada, o favorito da mãe. As tensões entre os irmãos pareciam ameaçar o cumprimento da promessa divina. A falta de juízo de Esaú lhe fez perder o direito de nascimento e permitiu a Jacó obter superioridade material. Não obstante, Isaque tentou conceder a bênção do primogênito a Esaú. O oráculo recebido por Rebeca (Gn 25.23) provavelmente a encorajou a enfrentar a vontade de Isaque e a obter a bênção para seu filho favorito por meio fraudulento. A bênção aparentemente veiculava o *status* de cabeça da família distinto do estado de herdeiro. Além de enganar e mentir de modo grosseiro, Jacó até mesmo se aproximou da blasfêmia, ao usar o nome de Deus para apoiar sua causa: "O Senhor, o seu Deus, a colocou no meu caminho" (Gn 27.20). A cegueira do pai aprofundou o sofrimento. O pai cego pronunciou a bênção irrevogável. Jacó se tornou o portador das promessas divinas e o herdeiro de Canaã. Esaú também recebeu uma bênção, porém menor. Ele deveria servir a Jacó e viver na terra menos fértil de Edom, mas seu dia chegaria (27.40). A divisão entre os irmãos se tornou permanente. Rebeca precisou providenciar a fuga de Jacó para a casa dela em Harã, para escapar da ira de Esaú (27.41—28.5). V. *direito de primogenitura*.

Com 40 anos de idade, Jacó fugiu de casa para começar a vida como indivíduo. Subitamente, uma noite solitária em Betel, interrompida por uma visão divina, o traz de volta à realidade. A vida inclui lutar com Deus e assumir a responsabilidade de herdeiro das promessas de Deus a Abraão (28.10-22). Jacó fez um juramento, ligando-se a Deus. Aqui está o centro da história de Jacó; o restante deve ser lido à luz da experiência de Betel.

Em Harã, com a família de sua mãe, o enganador Jacó encontra o logro. Labão o enganou para que se casasse com a pobre Lia, a filha mais velha, antes de se casar com a amada Raquel, a mais nova. Ele trabalhou catorze anos pelas esposas (29.1-30). Mais seis anos de trabalho permitiram a Jacó superar o engano e obter riquezas à custa do sogro, que continuou com as fraudes, mudando o salário de Jacó dez vezes (31.7,41). Em meio a conflitos familiares, ambos prosperaram financeiramente, e a família de Jacó cresceu. Por fim, Jacó teve 12 filhos com quatro mulheres (29.31—30.24). Depois disso, ocorreram intensas barganhas quando Jacó contou a Labão que queria seguir o chamado divino e voltar à terra natal. Com o apoio das esposas, que reclamaram que o pai as enganara quanto ao dote pertencente a elas (31.15), Jacó saiu enquanto Labão e seus filhos estavam nas colinas tosquiando ovelhas. Dois dias depois, Labão e seus filhos não puderam alcançar Jacó, até que chegassem a Gileade, a 640 quilômetros de Harã.

Labão reclamou que não teve oportunidade de se despedir das filhas com uma festa, como era costumeiro. Mais importante, ele queria recuperar os deuses roubados (31.30,32). Esses deuses eram pequenas figuras de divindades feitas de metal ou de terracota (v. *terafim*). Sem as imagens, sua família perderia a proteção mágica contra demônios e desastres (supostamente providenciada pelos deuses). Como nenhuma falta pôde ser apontada quanto à conduta de Jacó em Harã, Labão apenas sugeriu uma aliança de amizade. Labão propôs os seguintes termos: 1) não maltratar suas filhas; 2) não se casar com outras mulheres e 3) estabelecer o local da aliança como fronteira que nenhum deles cruzaria com intenções malignas. Jacó era então o líder da própria casa. Ele estava para ascender ao nível mais elevado de experiência espiritual.

Enquanto Jacó se aproximava da terra prometida, um grupo de anjos o encontrou em Maanaim (32.1,2). Eles provavelmente simbolizavam a proteção e o encorajamento de Deus, enquanto ele se dirigia para o sul a fim de se encontrar com Esaú pela primeira vez em vinte anos. O avanço aparentemente hostil de Esaú exigia o pedido de uma evidência inequívoca da proteção divina. Astuciosamente, Jacó enviou um grande presente ao irmão e dividiu a comitiva em dois grupos. Cada grupo era grande o bastante para se defender ou para fugir se o outro grupo fosse atacado. A esse esquema, Jacó adicionou a oração. Ele compreendeu que, no fim, teria de lidar com Deus.

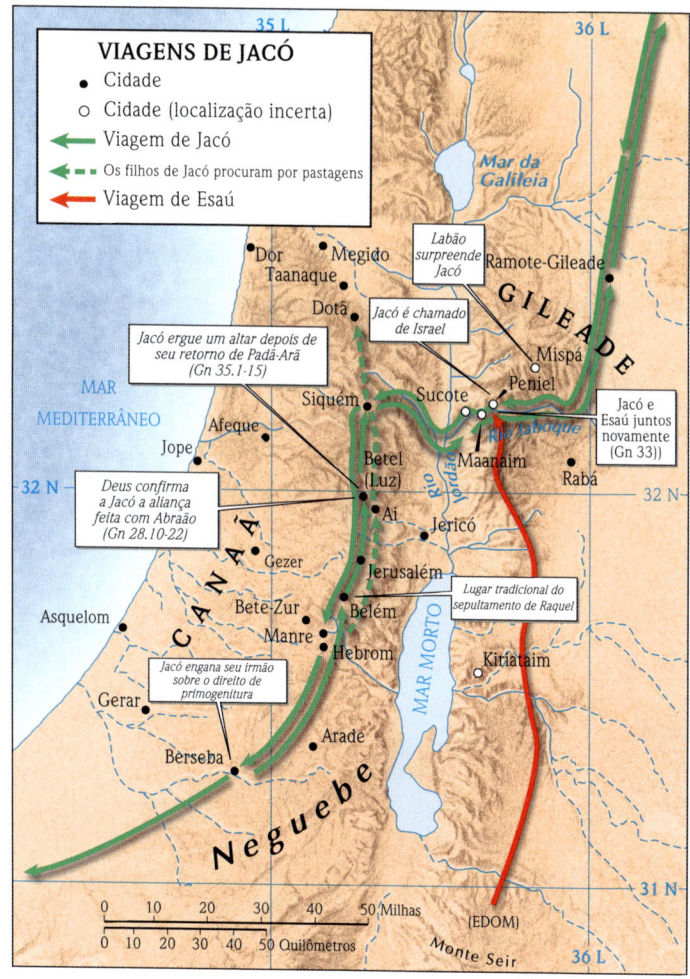

JACÓ

Quando todos cruzaram o rio Jaboque, Jacó se encontrou com aquele que lutou com ele até o raiar do dia (cap. 32). Os dois lutaram sem que nenhum obtivesse vantagem, até o oponente deslocar o quadril de Jacó. Jacó se recusou a deixar que seu antagonista fosse embora. Agarrando-se a ele, Jacó exigiu uma bênção. Isso não lhe seria dado até Jacó dizer seu nome. Ao dizê-lo, Jacó reconheceu a derrota e admitiu seu caráter. O oponente enfatizou sua superioridade ao renomear o patriarca. Ele se tornou Israel, aquele por quem Deus luta. Ele deu ao lugar o nome Peniel (rosto de Deus) porque viu Deus face a face, e sua vida foi poupada (32.30).

O medo de Jacó de se encontrar com Esaú se mostrou sem razão. Aparentemente Esaú estava contente em esquecer os erros do passado e compartilhar sua vida. Como duas naturezas opostas provavelmente não viverão muito tempo em harmonia, Jacó escolheu o melhor rumo, em direção ao oeste, à terra prometida. Esaú se dirigiu a Seir, para se tornar o pai dos edomitas. Os gêmeos não tornaram a se encontrar até a morte do pai deles (35.27-29).

De Sucote, Jacó viajou a Siquém, onde erigiu um altar a Deus. O filho do governante da cidade violentou Diná, filha de Jacó. Os filhos de Jacó exigiram que os siquemitas fossem circuncisos antes da permissão para qualquer casamento entre eles. Os principais cidadãos seguiram o rei nesse pedido. Eles esperavam adicionar a riqueza e as propriedades dos hebreus às deles. Enquanto os homens de Siquém se recuperavam da cirurgia e estavam incapazes de se defender, Simeão e Levi os mataram, para vingar a irmã. Jacó lhes condenou o ato, mas teve de deixar Siquém.

De Siquém, ele voltou a Betel. Mais uma vez recebeu as promessas patriarcais. Perdas e luto caracterizaram esse período. A morte de Débora, ama de Rebeca (35.8; 24.59), foi seguida da morte de sua amada esposa Raquel, enquanto dava à luz Benjamin em Efrata (35.19; 48.7). Por volta desse tempo, Rúben perdeu a honra de ser o filho mais velho em razão da má conduta sexual (35.22). Por fim, a morte do pai de Jacó, que fora privado da companhia dos dois filhos, reuniu novamente Jacó e Esaú, no sepulcro da família em Hebrom.

Ainda que os cap. 37—50 girem em torno de José, Jacó permanece a figura central. Os teimosos filhos mais velhos vêm e vão sob seu comando.

Descida ao Egito Quando uma fome severa atingiu Canaã, Jacó e seus filhos foram

O sítio tradicional do Poço de Jacó na cidade de Sicar.

ao Egito. Em Berseba, Jacó recebeu mais uma garantia do favor divino. Jacó concedeu a bênção não apenas a José, seu filho favorito, mas também aos filhos de José, Efraim e Manassés. Ele foi sepultado em Hebrom, na caverna comprada por Abraão (50.12-14).

Quatro passagens do NT rememoram eventos em sua vida. A mulher no poço em Sicar declarou a Jesus que Jacó construiu aquele poço (Jo 4.12). No decorrer de sua defesa perante o Sinédrio, Estêvão mencionou a fome e a jornada de Jacó ao Egito (At 7.8-16). Paulo apresentou Jacó como exemplo da escolha soberana de Deus e da predestinação dos eleitos (Rm 9.10-13). O escritor de Hb toma Jacó como um dos exemplos de fé ativa (Hb 11.9,20-22).

O caráter de Jacó Por toda a narrativa resplandece a fé persistente no Deus dos pais. A vida de Jacó foi uma história de conflito. Ele parecia estar sempre fugindo de algo ou de alguém — de Esaú, de Labão, ou da fome em Canaã. Sua vida, como a de todos os israelitas, foi uma história matizada de rebelião e fuga.

Jacó não é um exemplo. A melhor parte da natureza de Jacó lutou com seu ego pecaminoso. O que elevou Jacó acima de si mesmo foi o desejo indestrutível da salvação do seu Deus.

A religião de Jacó Como a religião de Israel e as raízes do cristianismo alegam serem derivadas dos patriarcas, é necessária a tentativa de entender a vida espiritual de Jacó. V. *Deus dos pais*. A religião de Jacó era coerente com as crenças e práticas de seus pais. Ele recebeu instruções de Isaque a respeito da história de Abraão, da aliança e das grandes promessas. Jacó se encontrou com Deus em Betel no momento de maior necessidade na vida. Ele estava saindo de casa, ao encontro de parentes distantes e desconhecidos. Uma religião de qualidade inferior não o ajudaria. O sonho de Jacó foi o primeiro encontro direto com Deus. A promessa tríplice de terra, descendência e de ser uma bênção para todas as nações lhe foi personalizada. Jacó contemplou na visão a majestade e a glória de Deus. Em Betel Jacó adorou a Deus e prometeu que Javé seria seu Deus.

Em Peniel, Jacó lutou face a face com Deus. Ele viu quão fraco era diante dele. Isso lhe ensinou o valor da oração contínua da parte de quem carece. Jacó emergiu de Peniel disposto a deixar a vida sob o controle de Deus. Ele estava ferido, mas vitorioso. Deus lhe deu o corpo aleijado, mas a fé fortalecida. Foi o novo Jacó — Israel — que coxeou para se encontrar com Esaú. Ele aprendeu a obediência por meio do sofrimento.

Significado teológico Deus não escolheu Jacó pelo que ele era, mas pelo que viria a ser. Sua vida é uma longa história de disciplina, correção e purificação pela aflição. Nenhum dos seus atos errados ficaria impune. Ele semeou o engano, e colheu o mesmo, primeiro de Labão e depois dos próprios filhos.

A história de Jacó é uma história de conflito. A nota do conflito é ouvida ainda antes do seu nascimento (Gn 25.22,23). Entretanto, em meio a lutas tão humanas sobre questões de família e herança, Deus estava em ação protegendo e fazendo prosperar aquele a quem abençoou.

Com os outros patriarcas, Deus agiu diretamente, mas com Jacó parece que Deus se afasta de vez em quando. Não obstante, Deus não estava inativo; ele trabalhou por intermédio de situações desagradáveis e pessoas indignas. Mesmo na rede de conflitos e tragédias de Jacó, a mão de Deus guiou, ainda que um tanto oculta. — *Gary D. Baldwin*

JACÓ, POÇO DE Lugar de Samaria em que Jesus parou para descansar enquanto viajava da Judeia à Galileia (Jo 4.6). Lá ele encontrou e conversou a respeito da água viva com uma mulher samaritana. Não há no AT referências a isso. O poço foi localizado próximo da cidade samaritana de Sicar. O poço que é atualmente apresentado como cena do encontro de Jesus com a mulher samaritana com certeza é um poço antigo, e é geralmente aceito como o local referido no Evangelho. V. *Jacó*; *Sicar*.

JADA Nome pessoal que significa "ele conhecia". Neto de Jerameel (1Cr 2.28,32).

JADÁ Forma abreviada do nome pessoal Joiada, que significa "Yah [= o Senhor] adornou". A tradução da *NVI* está baseada em antigos manuscritos gregos e hebraicos para Jará. V. *Jará*.

JADAI Forma de traduções modernas de Jedu, baseada em notas textuais de antigos escribas hebreus. V. *Jedu*.

JADE V. *joias, joalheria*; *minerais e metais*.

JADIEL Nome pessoal que significa "Deus se alegra". Herói militar e líder na tribo de Manassés a leste (1Cr 5.24).

JADOM Forma abreviada do nome pessoal que significa "Yah ["o Senhor"] governa" ou "ser frágil". Homem de Meronote perto de Gibeom (Gibeão, *ARA*), que ajudou Neemias a reparar o muro de Jerusalém (Ne 3.7).

JADUA Nome pessoal que significa "bem conhecido". **1.** Levita que colocou seu selo no pacto de Neemias (Ne 10.21). **2.** Sumo sacerdote, provavelmente do final do período persa, quando Alexandre, o Grande, se aproximou de Jerusalém, por volta do ano 333 a.C. (Ne 12.11,22).

JAEL Nome pessoal que significa "bode montanhês". Esposa de Héber, o queneu (Jz 4.17). Ela recebeu o líder cananeu Sísera, enquanto ele fugia após a derrota para os israelitas sob a liderança de Débora e Baraque. Jael assassinou Sísera. Sua ação é celebrada no cântico de Débora (Jz 5.24-27). V. *Débora*.

JAERÁ Nome pessoal que significa "bode". Descendente do rei Saul (1Cr 9.42), aparentemente o mesmo Joiada em 8.36, sendo as palavras pronunciadas de modo igual, exceto por uma letra escrita de modo similar em hebraico (cf. 1Cr 10.6).

JAFÉ Nome pessoal que significa "que ele dê espaço". Um dos três filhos de Noé, talvez o caçula ou o mais próximo do caçula (Gn 5.32). O texto de Gn 10.2 identifica os filhos de Jafé com Gômer, Magogue, Madai, Javã, Tubal, Meseque e Tirás. Um dos titãs da mitologia grega tinha um nome parecido. Esses nomes apontam para Jafé como progenitor dos povos indo-europeus que viveram a norte e oeste de Israel. Em Gn 9.27 é pronunciada a bênção de Deus sobre Jafé e seus descendentes, incluindo-se os que vivem com Sem, garantindo dessa forma a habitação na terra da promessa, e sendo servidos pelos cananeus, compartilhando a posição de povo de Deus. Eis uma indicação antiga de não israelitas partilhando a posição de povo de Deus. V. *Noé*; *tabela das nações*.

JAFIA Nome pessoal e de lugar, que significa "lugar situado bem no alto" ou "que ele traga luz". **1.** Cidade fronteiriça do território tribal de Zebulom (Js 19.12). Nas cartas de Amarna, o faraó requisitou a cidade para fornecer trabalhadores depois de Labaiú de Siquém ter destruído Suném. É a moderna Yafa, a sudoeste de Nazaré. **2.** Rei de Láquis, que se uniu à coligação do sul contra Josué e morreu na caverna de Maquedá (Js 10.1,27,31,32). **3.** Filho de Davi que nasceu em Jerusalém, de uma esposa não identificada (2Sm 5.15).

JAFLETE Nome pessoal que significa "ele resgata". Membro da tribo de Aser (1Cr 7.32,33).

JAFLETI ou **JAFLETITA** Nome de lugar, mas também nome de um grupo tribal — jafletitas — conforme as traduções modernas (Js 16.3). O território do clã se localizava na fronteira entre Efraim e Benjamim, ainda que aparentemente o clã pertencesse a Aser. V. *Jaflete*.

JAFO V. *Jope*.

JAGUR Nome de lugar que significa "pilha de pedras". Cidade na fronteira sudoeste do território tribal de Judá (Js 15.21). Sua localização precisa não é conhecida.

JAIRITA Membro do clã de Jair, provavelmente de Habote-Jair, ainda que possivelmente de Quiriate-Jearim (2Sm 20.26).

JAIRO Forma grega do nome pessoal hebraico Jair, que significa "Yah vai brilhar". Oficial da sinagoga que veio a Jesus em busca de cura para a filha de 12 anos (Mc 5.22). Entretanto, antes da chegada de Jesus à casa de Jairo, a garota morreu. Jesus acalmou Jairo e entrou na casa com Pedro, Tiago e João. Tomando a garota pela mão, Jesus restaurou-lhe a vida, demonstrando seu poder sobre a morte.

JALÃO Nome pessoal que significa "ibex (tipo de antílope) deles ou bode montanhês" ou "ele está escondido ou é escuro". Filho de Esaú e neto de Isaque (Gn 36.5), líder do clã entre os edomitas (Gn 36.18). *BJ* e *CNBB* trazem Jalam.

JALEEL Nome pessoal que significa "Deus se revela amigável" ou "ele espera por Deus". Um filho de Zebulom e neto de Jacó (Gn 46.14) que se tornou líder de clã na tribo de Zebulom (Nm 26.26).

JAMAI Nome pessoal que significa "Ele me protege". Neto de Issacar, bisneto de Jacó, e líder de clã na tribo de Issacar (1Cr 7.2).

JAMBRES V. *Janes e Jambres*.

JAMIM Nome pessoal que significa "à direita" ou "boa sorte". **1.** Filho de Simeão e neto de Jacó, líder de clã da tribo de Simeão (Êx 6.15; Nm 26.12). **2.** Neto de Jerameel (1Cr 2.27). **3.** Levita que interpretava a Lei para o povo enquanto Esdras a lia (Ne 8.7). **4.** Componente do nome "Benjamim" que significa "mão direita".

JAMINITA Membro do clã liderado por Jamim. V. *Jamim*.

JANAI Nome pessoal que significa "que ele me responda". Membro da tribo de Gade (1Cr 5.12). No NT designa um ancestral de Jesus e o cabeça de lista final de sete nomes antes de Jesus (Lc 3.24).

JANELA Tradução de vários termos hebraicos e gregos que indicam aberturas em uma casa. Tais buracos serviam a vários propósitos: uma chaminé para a fumaça escapar (Os 13.3); buracos em lugares onde vivem pombas (Is 60.8); buracos no céu pelos quais cai a chuva (Gn 7.11; 8.2; Ml 3.10; cf. 2Rs 7.2). O termo hebraico indica buracos na parede para o ar e a luz (Gn 8.6; Js 2.15; Jz 5.28). Janelas recuadas com molduras de madeira caracterizavam edifícios públicos sofisticados, como o templo (1Rs 6.4) e o palácio real (2Rs 9.30). Um terceiro termo hebraico se relacionava com permitir que algo seja visto (1Rs 7.4). V. *arquitetura*; *casa*.

Grade de janela de pedra calcária de Tel el-Amarna no Egito que data da 18ª Dinastia, de 1570 a 1320 a.C.

JANES E JAMBRES Dois opositores de Moisés e Arão (2Tm 3.8). Ainda que os nomes não apareçam no AT, a tradição rabínica identifica Janes e Jambres entre os mágicos egípcios que tentaram fazer para o faraó os milagres realizados por Moisés (Êx 7.11). O Documento de Damasco, da seita de Qumran, descreve os dois como irmãos criados por Belial, o maligno. Eusébio de Cesareia os descreveu como escribas sagrados do Egito. A tradição judaica faz várias menções a eles, mas, ao final, eles não puderam se contrapor ao poder de Deus demonstrado por intermédio de Moisés.

JANGADA 1. Palavra usada pela maioria das versões para traduzir dois termos hebraicos (1Rs 5.9; 2Cr 2.16). Os troncos de pinho e cedro para a construção do templo foram amarrados para formar jangadas que flutuavam pela costa. **2.** O meio de transporte de madeira utilizado pelo rei Hirão para levar toras amarradas umas às outras, flutuando pela costa de Tiro até Jope (1Rs 5.9; 2Cr 2.16).

JANIM 1. Nome de lugar de significado incerto, talvez "dormir", "descansar". Cidade no território tribal de Judá (Js 15.53) perto de Hebrom. A localização não é conhecida. A *BJ* traz Janum, seguindo a vocalização de escribas hebreus antigos. **2.** Grafia nas traduções modernas do nome Janum, escrito conforme o texto hebraico (Js 15.53).

JANLEQUE Nome pessoal que significa "que ele torne rei". Membro da tribo de Simeão (1Cr 4.34)

JANOA Nome de lugar que significa "ele descansa". **1.** Cidade no território tribal de Efraim (Js 16.6,7). É provavelmente a moderna Khirbet Janun, a cerca de 10 quilômetros ao sul de Nablus. **2.** Cidade no norte de Israel capturada em 733 a.C. das mãos de Peca, rei de Israel (752-732 a.C.), por Tiglate-Pileser, rei da Assíria (744-727 a.C.). Sua localização é incerta; sugestões apresentam Khirbet Janun, Janua, a quase 10 quilômetros ao sul de Megido, e Janoah, a 15 quilômetros a leste de Acre. Recentemente alguns intérpretes procuraram estabelecer um padrão militar no registro e identificaram Janoa com Khirbet Niha, ao sul de Kefar Giladi, na rota ao sul de Abel-Bete-Maacá.

JAQUE Nome pessoal que significa "prudente". Pai ou ancestral de Agur (Pv 30.1).

JAQUIM 1. Nome pessoal que significa "ele faz ficar de pé" para pelo menos duas personagens. 1) Membro da tribo de Benjamim que vivia em Aijalom (1Cr 8.19). 2) Cabeça da décima segunda divisão de sacerdotes (1Cr 24.12). **2.** Nome pessoal que significa "Yah [= forma abreviada de o *Senhor*] estabeleceu". Filho de Simeão e ancestral original de um clã daquela tribo (Gn 46.10; o nome é pronunciado "Jaribe" em 1Cr 4.24). Sacerdote que viveu em Jerusalém no tempo de Neemias (Ne 11.10; cp. 1Cr 9.10). O nome representava uma família sacerdotal ligada à organização do sacerdócio feita por Davi (1Cr 24.17).

JAQUIM e BOAZ Nomes próprios que significam "ele estabelece" e "ágil". Em 1Rs 7.21 são os nomes de dois pilares de bronze que estavam nos dois lados da entrada do templo de Salomão. Tinham cerca de 8 metros de altura e 1,80 metro de diâmetro, com um capitólio de 3 metros no topo. Talvez as palavras fossem o início de uma inscrição esculpida em cada pilar. Pilares semelhantes foram encontrados diante de templos em Khorshabad, Tiro, Pafos e outros lugares. Parece que a função deles era ornamental em princípio, ainda que exista a sugestão de que estes pilares tenham sido gigantescos postes de incenso. É possível o recebimento de algum significado religioso simbólico com o passar do tempo.

JAQUIMITA Família na tribo de Simeão, descendente de Jaquim (Nm 26.12). V. *Jaquim*.

JARÁ Nome pessoal de significado incerto. Escravo egípcio usado por seu dono Sesã para manter a linhagem da família no clã de Jerameel e na tribo de Judá (1Cr 2.34,35).

JARDIM Nos tempos bíblicos, um local fechado no qual flores, legumes, ervas e árvores frutíferas eram cultivados (Gn 2.8; 1Rs 21.32; Et 1.5; Is 51.3; Jo 18.1,2).

Características As palavras básicas do AT para "jardim" (*gan* e *gannah*) são derivadas de uma raiz que significa "cercar". Os jardins eram cercados por muros ou cercas. Alguns eram grandes (Et 1.5), e os reais eram os principais (2Rs 25.4; Ne 3.15; Jr 39.4). Vários jardins estavam situados nas proximidades da residência do proprietário (1Rs 21.2). Em algumas ocasiões, uma casa grande poderia estar localizada em um jardim (2Rs 9.27). Os jardins precisavam de

Átrio romano e jardim na vila de Menander, em Pompeia.

amplo suprimento de água (Gn 13.10; Nm 24.6; Is 1.30; 58.11; Jr 31.12). Os jardineiros eram empregados para cuidar de jardins importantes, para semeá-los e irrigá-los (Dt 11.10; Jo 20.15). Pomares ou pequenas vinhas algumas vezes eram chamados de jardins.

O jardim de Getsêmani com vista para o oeste, para os muros da Jerusalém antiga.

Usos Um jardim providenciava também alimentos para seu proprietário (Jr 29.5,28; Am 9.14), mas também tinha propósitos estéticos. Era um lugar de beleza, cujas plantas eram agradáveis à vista (Gn 2.9). Em se tratando de um lugar cercado e protegido (Ct 4.12), algumas pessoas se refugiavam em jardins para orar (Mt 26.36-46), para experimentar quietude e solitude (Et 7.7) ou mesmo para tomar banhos (Sn 15). Jardins eram um refúgio agradável do calor do dia (Gn 3.8; Sn 7). Amigos se encontravam em jardins (Jo 18.1,2), e banquetes algumas vezes eram servidos em lugares assim (Et 1.5). Por isso, os jardins eram com frequência associados à alegria e felicidade (Is 51.3). Por outro lado, algumas vezes sacrifícios pagãos eram oferecidos em jardins (Is 65.3; 66.17); algumas vezes eram usados como locais de sepultamento (2 Rs 21.18,26; Jo 19.41,42).

Jardins importantes O jardim do Éden (Gn 2.8; 3.23,24) foi plantado por Deus (2.8) e confiado a Adão para que este o cultivasse e guardasse (2.15). Depois da Queda, Adão e Eva foram banidos do jardim; mas o "Éden, jardim de Deus" (Ez 28.13) continuou como um símbolo de bênção e abundância (Ez 36.35; Jl 2.3). O "jardim do rei" em Jerusalém estava localizado perto da porta da cidade que providenciava um local não vigiado para uma saída ou fuga (2Rs 25.4; Ne 3.15; Jr 39.4; 52.7). O "jardim" (Jo 18.1) chamado de Getsêmani (Mt 26.36; Mc 14.32) era um lugar onde Jesus frequentemente se encontrava com seus discípulos (Jo 18.2) e onde foi traído e preso.

JARDIM DO REI Lugar em Jerusalém, próximo ao poço de Selá e provavelmente irrigado por seu transbordamento (Siloé, Ne 3.15). V. *tanque do Rei*.

JAREBE Nome pessoal que significa "o grande" ou "ele disputa" (no tribunal). As traduções modernas veem o termo como parte de uma expressão do Oriente Médio, "o grande rei", geralmente aplicada ao rei da Assíria, como nas inscrições aramaicas de tratados de Sefire e no equivalente assírio de 2Rs 18.19. Oseias acusou Israel e Judá de se voltarem para o "grande rei" da Assíria, provavelmente Tiglate-Pileser III (ao menos para Judá), para curar suas doenças, em vez de procurarem Javé, o grande Rei do Universo e o Grande Médico (Os 5.13). Oseias pronunciou uma punição justa para Israel: o "deus bezerro" deles (*BV*, *BP*) seria levado para a Babilônia como um tributo ao "Grande Rei" (10.5,6).

JAREDE Nome pessoal que significa "escravo". **1.** Pai de Enoque (Gn 5.15-20). **2.** Membro da tribo de Judá (1Cr 4.18).

JARESIAS V. *Jaaresias*.

JARIBE Nome pessoal que significa "ele luta contra" ou "ele é o oponente legal de" (Sl 35.1; Is 49.25). **1.** Membro da tribo de Simeão (1Cr 4.24) chamado Jaquim em Nm 26.12. V. *Jaquim*. **2.** Levita que serviu como mensageiro para Esdras na busca por levitas que o acompanhassem de volta a Jerusalém (Ed 8.16). **3.** Sacerdote que se comprometeu sob a liderança de Esdras a se divorciar da esposa estrangeira para remover a tentação de cultuar deuses estrangeiros (Ed 10.18).

JARMUTE Nome de lugar que significa "altura" ou "inchar no chão". **1.** Cidade cujo rei se uniu à coligação do sul contra Josué e Gibeom (Js 10). Josué prendeu o rei na caverna de Maquedá antes de humilhá-lo e matá-lo (cf. 12.11). Localiza-se nas "planícies" ocidentais (*ARA*, *BJ*) ou Sefelá (*NVI*) da tribo de Judá

(Js 15.33,35). É identificada com a moderna Tell Jarmuth, a 5 quilômetros a sudoeste de Bete-Semes e a 22 quilômetros a sudoeste de Jerusalém. Uma carta de Amarna de Tell el-Hesi a menciona. Breves escavações revelaram resquícios antigos das Idades do Bronze e da Pedra, mas por enquanto nada da Idade do Bronze ou do início da Idade do Ferro. No tempo de Neemias colonos judeus moraram lá (Ne 11.29). **2.** Cidade dos levitas no território tribal de Issacar (Js 21.29; cf. 19.21; 1Cr 6.73, com grafia diferente do número 1; escrita Remete ou Ramote). Essa cidade pode ser localizada na moderna Kaukab el-Hawa.

JAROA Nome pessoal que significa "suave, gentil" ou "que demonstra misericórdia". Membro da tribo de Gade (1Cr 5.14).

JARRETAR Verbo usado pela *ARA* e *ARC* para indicar o corte do tendão da perna, geralmente de cavalos capturados em batalha (Js 11.6,9; 2Sm 8.4; 1Cr 18.4; "aleijar", *NVI*). Jarretar bois é um exemplo de maldade impetuosa (Gn 49.6).

JARRO Vasilha de cerâmica ou de vidro com boca estreita e uma alça. A *NVI* usa a palavra "jarro" em três ocasiões: um jarro de água (1Sm 26.11,12,16), um jarro de óleo (1Rs 17.123, "botija") e um recipiente não especificado (Jr 48.12, "jarra"). A palavra aparece em 1Sm 1.24; 10.3; 16.20; 25.18; 2Sm 16.1. Em Jr 13.12 a *NVI* traduz por "vasilha de couro". V. *recipiente e vasos; frasco; cerâmica; vasilhas e utensílios.*

JASAR, LIVRO DE Antiga coleção de poesia citada por autores bíblicos.

JASEÍAS, JAZEÍAS (*ARA*) Nome pessoal que significa "o Senhor olhou". Pessoa que se opôs ao plano de Esdras de exortar ao divórcio dos casamentos mistos (Ed 10.15).

JASÉM Nome pessoal que significa "sonolento". Membro das elites militares de Davi, os Trinta ou talvez grupos de três (2Sm 23.32). O texto de 1Cr 11.34 aparentemente grafa o mesmo nome como Hasém, de Gizom.

JASER V. *Jasar, livro de.*

JASIEL V. *Jaasiel.*

JASOBEÃO Nome pessoal que significa "o tio (ou povo) vai voltar". Guerreiro da tribo de Benjamim, da qual era Saul, que apoiou Davi em Ziclague enquanto ele fugia de Saul (1Cr 12.6). Alistado como "chefe dos oficiais" (1Cr 11.11). Alguns intérpretes diriam que o texto o identifica como hacmonita, enquanto outros veriam hacmonita como referência a um indivíduo diferente. Em 2Sm 23.8 o nome é grafado Josebe-Bassebete (*ARA*, e a última parte deste nome é a palavra hebraica para "vergonha", algumas vezes usada por escribas no lugar de um nome original que contivesse o nome do deus cananeu Baal, o que levou alguns intérpretes a entender que o nome original era Esbaal. Alguns manuscritos gregos de fato trazem Esbaal. Jasobeão comandou o primeiro turno ou divisão de Davi, administrando o reino pelo primeiro mês de cada ano (1Cr 27.2). Nessa passagem Jasobeão é filho de Zabdiel, um descendente de Perez, que pertenceu à tribo de Judá. Em outras passagens Jasobeão é membro do clã hacmonita.

JASOM Nome pessoal geralmente usado por judeus como substituto para o hebraico Josué ou José e também usado por gentios. **1.** Em At 17.5 é o hospedeiro de Paulo em Tessalônica. Ele foi acusado perante as autoridades da cidade quando uma furiosa multidão judaica não conseguiu encontrar Paulo (At 17.6,7). O Jasom mencionado em Rm 16.21 pode ter sido a mesma pessoa. Ele é identificado como um judeu que se uniu a Paulo e aos demais na saudação aos romanos. **2.** Sumo sacerdote judeu durante os últimos anos do controle selêucida da Palestina. O nome grego reflete a influência helenística crescente que permeava a vida judaica no período anterior à revolta dos macabeus. V. *história e literatura intertestamentárias.*

JASPE Calcedônia verde. Esse vocábulo geralmente traduz dois termos hebraicos e um grego. O primeiro termo é usado para a sexta pedra na tiara do rei de Tiro (Ez 28.13). O segundo termo é usado para designar uma pedra no peitoral do sumo sacerdote (Êx 28.20; 39.13). Esse segundo termo é traduzido por ônix em Ez 28.13. O terceiro termo descreve a

face daquele assentado no trono (Ap 4.3) e a glória da nova Jerusalém (Ap 21.11,18,19). A *NVI* usou a palavra "jaspe" para traduzir um termo hebraico obscuro de Jó 28.18. Outra opção de tradução é a palavra "pérola" (*ARA*).

JASUBE Nome pessoal que significa "ele se volta para" ou "ele retorna". O nome é encontrado em várias culturas do Oriente Médio. **1.** Líder de clã da tribo de Issacar (Nm 26.24). **2.** Homem com uma esposa estrangeira, condenado por Esdras por trazer à comunidade a tentação de cultos estrangeiros (Ed 10.29). **3.** Parte do nome do filho de Isaías (Is 7.3). V. *Sear-Jasube*. **4.** Alguns intérpretes veem uma cidade chamada Jasib em Js 17.7 (*BJ*, *CNBB*), uma cidade fronteiriça da tribo de Manassés. Essa poderia ser a moderna Jasuf, a 12 quilômetros ao sul de Siquém.

JASUBI-LEÉM Nome pessoal que significa "jasubitas do pão" ou "ela volta por causa do pão". Membro da tribo de Judá (1Cr 4.22). O texto hebraico tem duas palavras que os intérpretes modernos leem de maneiras diferentes: "antes de voltarem a Belém" (*BJ*); "e ficaram morando em Belém" (*NTLH*).

JASUBITA Membro do clã fundado por Jasube. V. *Jasube*.

JATIR Nome de lugar que significa "o restante". Cidade nas montanhas do território tribal de Judá (Js 15.48). Davi deu parte dos despojos da vitória sobre os amalequitas a Jatir (1Sm 30.27). Josué a reservou para os levitas (Js 21.14). Localizava-se perto da moderna Khirbet Attir, a cerca de 19,5 quilômetros ao sul e sudoeste de Hebrom e a 21 quilômetros ao nordeste de Berseba.

JATNIEL Nome pessoal que significa "Deus dá". Um porteiro levita (1Cr 26.2).

JAVÃ Nome pessoal que significa "Grécia". Filho de Jafé (Gn 10.2) e pai de Elisá, Társis, Quitim e Rodanim, sendo, portanto, o ancestral original dos povos gregos. Por todo o AT, o nome Javã é usado para designar a Grécia. V. *Grécia*; *tabela das nações*.

JAVÉ V. *YHWH*.

JAZA ou **JASA** (*ARA*) (Js 21.36; Jr 48.21). Nome moabita de um lugar, que talvez signifique "lugar". Enquanto viajavam do deserto até a terra prometida, derrotaram ali o rei Seom (Nm 21.23,24; Dt 2.32,33); Jz 11.20,21). O oráculo de Isaías contra Moabe descreveu a cidade isolada de Jaaz ouvindo o choro de Hesbom e Eleale (Is 15.4). Jeremias fez uma advertência similar (48.34; cf. v. 21). O nome também é usado com a finalização do locativo hebraico *ah*, sendo então pronunciado Jaza ou Jazá. Jazá é também uma pronúncia variante. Tornou-se parte do território tribal de Rúben (Js 13.18) e uma cidade dos levitas (Js 21.36; cf. 1Cr 6.78). Na pedra moabita, o rei Messa de Moabe alega que um rei israelita (talvez Jeú) construiu Jaza e a usou como base na sua luta malsucedida contra Messa e Camos, o deus moabita, que expulsou os israelitas. Messa então anexou a cidade de Dibom. Ela tem sido localizada em Libb, a 10 quilômetros ao norte de Dibom, ou em Aleiyan. Khirbet el-Medeiyineh; mas a sugestão mais popular é Khirbet Iskander, a 9 quilômetros ao norte de Dibom.

JAZANIAS Nome pessoal que significa "Javé ouve". **1.** Membro do grupo liderado por Ismael que se opôs a Gedalias, após os babilônios terem feito dele governador de Judá, em seguida à destruição de Jerusalém em 587 a.C. Jazanias talvez tenha também participado do grupo de Ismael que assassinou Gedalias (2Rs 25.23-25). Um selo encontrado em Tell en-Nasbeh data do mesmo período e contém a imagem de um galo de briga. A inscrição no selo mostra que este pertencera a Jazanias, servo do rei. Essa é provavelmente a mesma pessoa, e indica que Jazanias fazia parte do estado-maior do rei, provavelmente como capitão. Seu nome tem uma grafia levemente modificada em Jr 40.8. V. *Jezanias*. **2.** Um dos anciãos de Israel que Ezequiel encontrou adorando ídolos no templo (Ez 8.11). Safã, seu pai, talvez tenha sido um dos conselheiros de Josias (2Rs 22). Se foi assim, o filho não seguiu os passos de fé de seu pai. **3.** Oficial do governo acusado por Ezequiel de, junto de seus companheiros, dar conselhos perversos. Seu nome em hebraico é uma forma abreviada de Jazanias. **4.** A mesma abreviação do nome hebraico pertenceu ao recabita usado por Jeremias como exemplo de obediência fervorosa a Deus (Jr 35.3). V. *recabitas*.

JAZAR Nome de lugar que significa "que ele ajude". Cidade-Estado dos amorreus conquistada por Israel enquanto marchava pela terra a leste do Jordão em direção à terra prometida (Nm 21.32). A tribo de Gade reconstruiu Jazar e lá se estabeleceu (Nm 32.35; cf. Js 13.25). Josué a designou para os levitas (Js 21.39). Isaías pronunciou um juízo sobre Jazar enquanto pregava contra Moabe (Is 16.8,9). Jeremias o repetiu (Jr 48.32). Davi encontrou lá líderes destacados (1Cr 26.31,32). Foi também uma cidade importante no período entre os Testamentos (v. 1Mc 5.8). Os intérpretes debatem a respeito da localização exata de Jazar. Arqueólogos alemães parecem favorecer Tell el-Areme, enquanto os israelenses apontam para Khirbet es-Sar, a cerca de 12 quilômetros a oeste de Amã. Outros apontam para Khirbet Jazzir, a cerca de 3 quilômetros ao sul de es-Salt.

JAZEEL Nome pessoal que significa "divisões de (i.e, feitas por) Deus". Filho de Naftali, neto de Jacó, e líder de clã da tribo de Naftali (Gn 46.24; Nm 26.48). Jaziel (1Cr 7.13) representa uma pronúncia variante.

JAZEÍAS Tradução moderna de Jaazias (Ed 10.15). V. *Jaseías, Jazeías*.

JAZERA Nome pessoal de significado incerto, possivelmente "cuidadoso"; "habilidoso", ou "deixe-o voltar". Um sacerdote (1Cr 9.12). Uma lista similar em Ne 11.13 traz Azai em lugar de Jazera.

JAZIZ Nome pessoal que significa "ele estimula". Principal pastor de ovelhas sob a liderança de Davi. Ele era provavelmente estrangeiro.

JEALELEL Nome pessoal que significa "ele louva a Deus" ou "Deus brilha". **1.** Membro da tribo de Judá (1Cr 4.16). **2.** Levita cujo filho ajudou o rei Ezequias a purificar o templo (2Cr 29.12). As traduções em português nem sempre são consistentes em transliterar esse nome hebraico nestas duas ocorrências.

JEARIM Nome de lugar que significa "florestas" ou "parques". Componente de vários nomes de lugares no AT, incluindo Quiriate-Jearim, monte Jearim, campos de Jearim e a floresta de 1Sm 14.26. V. *Quesalom; Quiriate-Jearim*.

JEATERAI Nome pessoal de significado incerto. Levita (1Cr 6.21) que talvez deva ser identificado com Etni (1Cr 6.41).

JEBEREQUIAS Nome pessoal que significa "Javé abençoa". Pai de Zacarias que serviu como testemunha para Isaías (Is 8.2).

JEBUS Nome de lugar que significa "pisoteado". Nome da tribo que originariamente ocupava Jerusalém, e depois se tornou o nome da cidade (Jz 19.10; cf. Js 18.28; 1Cr 11.4). O nome "Jebus" não ocorre fora da Bíblia. V. *jebuseus; Jerusalém*.

JEBUSEUS (Js 18.16,28) Clã que originariamente controlou Jerusalém antes de Davi conquistar a cidade. Na lista dos descendentes de Noé (Gn 10) os jebuseus são traçados por meio da linhagem de Cam e Canaã e estão listados entre outros clãs como os amorreus e girgaseus. Em Js 10 o rei de Jerusalém, Adonizedeque, é considerado um dos cinco reis amorreus que lutaram contra Josué. No tempo dos juízes, Jerusalém foi atacada e queimada pelos homens de Judá (Jz 1.8), mas os jebuseus não foram expulsos. Séculos depois Davi capturou a cidade e a tornou sua capital. Davi comprou uma pedra de uma eira de um jebuseu chamado Araúna (2Sm 24.16-24), e posteriormente esse se tornou o local do templo de Salomão. Os remanescentes dos jebuseus se tornaram servos durante o reinado de Salomão (1Rs 9.20,21). Nomes jebuseus parecem ser mais hurritas que semíticos. V. *Jerusalém*. — M. Stephen Davis

JECABZEEL Nome de lugar que significa "Deus ajuntou". Cidade no sul de Judá, estabelecida por membros da tribo de Judá depois do exílio (Ne 11.25). Jecabzeel aparentemente estava no sul da fronteira da província persa de Judá, possivelmente na moderna

Khirbet Ghalreh ou Tell Ira. É provavelmente a mesma Cabzeel, originariamente designada à tribo de Judá (Js 15.21), mais ou menos no meio do caminho entre Tell Berseba e Tell Arad. V. *Cabzeel*.

JECAMEÃO Nome pessoal que significa "o povo liberta" ou "o parente salva". Sacerdote designado para trabalhar na casa de Deus (1Cr 23.19; 245.23).

JECAMIAS Nome pessoal que significa "Javé liberta", ou "Javé faz permanecer". **1**. Membro do clã de Jerameel na tribo de Judá (1Cr 2.41). **2**. Filho do rei Jeconias, também chamado Jeoaquim, o rei de Judá exilado pelos babilônios, por volta do ano 597 a.C. (1Cr 3.18). As versões em português algumas vezes grafam estes nomes de maneira diferente, mesmo sendo um só nome em hebraico.

JECOLIAS Mãe do rei Uzias de Judá (2Rs 15.2; 2Cr 26.3. V. *Jequelias*.

JECONIAS Nome pessoal que significa "Javé estabelece". Forma abreviada de Jeoaquim V. *Jeoaquim*.

JECUTIEL Nome pessoal que significa "Deus nutre". Membro da tribo de Judá (1Cr 4.18).

JEDAÍAS 1. Nome pessoal que significa "louvai a Javé" ou "Javé realizou um ato misericordioso". Homem que ajudou Neemias a reparar o muro de Jerusalém (Ne 3.10) e um descendente da tribo de Simeão (1Cr 4.37). **2**. Nome pessoal que significa "Javé sabe". Sacerdote ou sacerdotes encarregados do segundo turno ou divisão de sacerdotes (1Cr 24.7), que retornaram do exílio na Babilônia (1Cr 9.10; cf. Ed 2.36; Ne 7.39; 11.10; 12.6,7,19,21). O exilado pode ter sido o mesmo de quem o profeta Zacarias recebeu ouro e prata (Zc 6.10,14). As versões em português geralmente grafam os nomes do mesmo modo, ainda que representem dois nomes hebraicos distintos.

JEDEÍAS Nome pessoal que significa "Javé se alegra". **1**. Levita alistado fora da lista dos 24 turnos dos levitas (1Cr 24.20). **2**. Guardador dos jumentos reais sob a liderança de Davi (1Cr 27.30). Seu lar era em Meronote.

JEDIAEL Nome pessoal que significa "aquele a quem Deus conhece". **1**. Membro da tribo de Benjamim (1Cr 7.6,10,11). **2**. Líder militar sob a liderança de Davi (1Cr 11.45). Este mesmo ou outro guerreiro da tribo de Manassés se uniu a Davi quando ele se mudou para Ziclague (1Cr 12.20). **3**. Levita e porteiro (1Cr 26.2).

JEDIDA Nome pessoal que significa "querida" ou "amada". Mãe de Josias, rei de Judá (2Rs 22.1).

JEDIDIAS Nome pessoal ou apelido que significa "querido de Javé". Nome semelhante com o significado de "querido de Deus" aparece em textos ugaríticos. Nome que Deus disse para Davi dar a seu filho Salomão (2Sm 12.25). A despeito do pecado de Davi com Batseba e da morte do filho dessa relação pecaminosa, Deus demonstrou seu amor a Salomão, filho deles, ressaltando dessa maneira a natureza divina perdoadora e seu compromisso contínuo para com Davi e a casa real.

JEDU Tradução da *BJ* do nome de um exilado retornado com uma esposa estrangeira (Ed 10.43). Traduções modernas apresentam a forma Jadai.

JEDUTUM Nome pessoal que significa "louvor". Músico, profeta e levita a serviço do rei Davi (1Cr 25.1). Os nomes Asafe e Hemã aparecem com o nome de Jedutum como ancestrais dos músicos do templo. Em 1Cr 15.17, entretanto, Asafe e Hemã estão associados com Etã, sugerindo que Etã e Jedutum podem ser nomes diferentes da mesma pessoa. Sendo esse o caso, Jedutum teria sido o filho de Cusaías e membro do clã de Merari. De outro modo, nada se sabe a respeito da ancestralidade de Jedutum. Em 1Cr 25.1,3 é dito a seu respeito que profetizou utilizando instrumentos musicais. Em 2Cr 35.15 há referência a ele como vidente do rei, aparentemente trabalhando com Zadoque em Gibeom (1Cr 16.37-42). Três salmos (39; 62; 77) incluem seu nome nos títulos. A natureza exata do relacionamento de Jedutum com esses salmos é incerta. V. *música, instrumentos, dança*; *sacerdotes; levitas; Salmos*.

JEEZQUEL Nome pessoal que significa "Deus fortalece". É o mesmo nome hebraico do profeta Ezequiel. Líder do vigésimo turno de sacerdotes (1Cr 24.16).

JEFTÉ Nome pessoal que significa "ele abrirá". Um dos juízes de Israel, por volta de 1100 a.C. (Jz 11.1—12.7). Gileadita, foi expulso do lar porque "sua mãe era uma prostituta" (Jz 11.1). Viveu e atuou na terra de Tobe com um bando de foras da lei, tornando-se conhecido como "poderoso guerreiro". Quando os amonitas se voltaram contra Israel, o povo de Jefté pediu que ele voltasse e os liderasse. Sua vitória contra os amonitas aconteceu depois de fazer o voto de apresentar como oferta queimada o primeiro ser vivo que visse depois de retornar da batalha. Ainda que sua filha o tenha cumprimentado, Jefté cumpriu o voto. Foi considerado um dos principais libertadores do povo de Javé (1Sm 12.11). Jefté é saudado pelo autor de Hb como herói da fé (Hb 11.32). V. *Amom, amonitas*; *humano, sacrifício*; *Juízes, livro de*. — Darlene R. Gautsch

JEFUNÉ Nome pessoal que significa "ele voltará" ou "ele se agradará". **1.** Pai de Calebe (Nm 13.6). V. *Calebe*. **2.** Em 1Cr 7.38, um dos filhos de Jéter na tribo de Aser.

JEGAR-SAADUTA Nome de lugar em aramaico que significa "marcador de pedra". É o equivalente aramaico de Galeede. V. *Galeede*.

JEÍAS Nome pessoal que significa "que ele possa viver, ó Javé". Guarda da arca quando Davi a trouxe do território filisteu (1Cr 15.24).

JEIEL 1. Nome pessoal que significa "que ele possa viver, ó Deus" para pelo menos 12 personagens. 1) Aparentemente uma variante do nome Jeías (1Cr 15.18; cf. v. 24). V. *Jeías*. 2) Levita músico que tocou a lira perante a arca (1Cr 15.20; 16.5). 3) Líder levita (1Cr 23.8). 4) Levita encarregado do tesouro da casa de Deus sob a liderança de Davi (1Cr 29.8; cf. 26.20-22). 5) Guardião dos filhos do rei sob a liderança de Davi (1Cr 27.32). 6) Filho do rei Josafá assassinado por seu irmão rei Jeorão quando este subiu ao trono (2Cr 21.1-4). 7) Levita que ajudou a purificar o templo sob a liderança do rei Ezequias (2Cr 29.14), conforme antigas traduções da Bíblia e nota escribal; o texto hebraico traz "Jeuel". Mais tarde, sob a liderança de Ezequias possivelmente o mesmo Jeiel serviu como um supervisor no templo (2Cr 31.13). 8) Líder dos sacerdotes no tempo de Josias que distribuiu grandes oferendas aos sacerdotes para as ofertas de Páscoa deles (2Cr 35.8). 9) Pai do homem que voltou da Babilônia com Esdras para Jerusalém (Ed 8.90). 10) Pai do homem que propôs que homens com esposas estrangeiras se divorciassem delas para que não tentassem outros a adorar deuses estrangeiros sob a liderança de Esdras (Ed 10.1-4). 11) Sacerdote que concordou em se divorciar de sua esposa estrangeira no tempo de Esdras (Ed 10.21). 12) Leigo que concordou em se divorciar de sua esposa estrangeira no tempo de Esdras (Ed 10.26).

2. Nome pessoal, que provavelmente significa "Deus é forte" ou "Deus cura", que designa pelo menos 13 personagens. Os escribas judeus antigos geralmente utilizavam caracteres vocálicos hebraicos para indicar que o nome deveria ser lido como Jeiel onde o texto escrito indicava Jeuel (1Cr 9.35; 11.44; 2Cr 26.11; 29.13). As traduções antigas apontavam para confusão similar em 1Cr 9.6. Este verbete tratará de ambas as formas, Jeiel e Jeuel, considerando que todas as ocorrências de Jeuel demonstram antigas evidências textuais de serem lidas como Jeiel. 1) Líder da tribo de Rúben (1Cr 5.7). 2) Um dos antigos membros da tribo de Judá que voltaram do exílio na Babilônia (1Cr 9.6). 3) Líder da tribo de Benjamim, quando ela se estabeleceu em Gibeom. Pode ter se casado com uma estrangeira (1Cr 9.35; cf. 8.29). V. *Maaca*. 4) Líder do exército de Davi (1Cr 11.44). 5) Levita e porteiro sob a liderança de Davi (1Cr 15.18). 6) Levita e harpista no tempo de Davi (1Cr 15.21). 7) Levita que serviu como líder do culto diante da arca da aliança, no tempo de Davi (1Cr 16.5). O texto hebraico inclui dois homens chamados Jeiel neste versículo, e intérpretes desde as primeiras traduções têm modificado um ou outro com uma grafia ligeiramente diferente. 8) Ancestral do levita que profetizou no tempo de Josafá (2Cr 20.14). 9) Escriba ou secretário real do rei Uzias (792-740 a.C.). Manteve os números do pessoal militar (2Cr 26.11). 10) Levita que ajudou Ezequias a purificar o templo (2Cr 29.13). 11) Oficial entre os levitas que lhes providenciou ofertas para o sacrifício pascal no tempo do rei Josias, por volta de 622 a.C. (2Cr 35.9). 12) Homem que por volta de 458 a.C. foi com Esdras da Babilônia para Jerusalém (Ed 8.13). 13) Homem condenado por ter se casado com uma esposa estrangeira e, assim, tentar Israel a adorar deuses estrangeiros no tempo de Esdras (Ed 10.43).

JEIELI ou **JEIELITA** Membro do clã fundado por Jeiel (1Cr 26.21,22). V. *Jeiel*.

JEIRA (*ARA, ARC*), **BATO** (*NVI*) Medida líquida equivalente a cerca de 20 litros. Foi usada para medir a capacidade do tanque de metal fundido no templo (1Rs 7.26,38), bem como para medir óleo e vinho (2Cr 2.10; Ed 7.22; Is 5.10; Ez 45.11,14). O bato equivalia a 1/10 de um hômer (coro). V. *pesos e medidas*.

JEIZQUIAS Nome pessoal que significa "Javé fortalece". **1.** Grafia variante do hebraico Ezequias (2Rs 20.10; Is 1.1; 1Cr 4.41; 2Cr 28.27—33.3). **2.** Homem da tribo de Efraim que impediu o povo de Israel de trazer prisioneiros de guerra de Judá até a cidade, depois de Peca de Israel ter derrotado Acaz de Judá por volta do ano 733 a.C. (2Cr 28.12).

JEJUM Abster-se de ingerir alimento. A Bíblia descreve três formas principais de jejum. O *jejum normal* envolve a abstinência total de comida. Em Lc 4.2 há o registro de que Jesus "não comeu nada"; depois ele "teve fome". Jesus se absteve de comida, mas não de água.

Em At 9.9 lemos de um *jejum absoluto* de três dias em que Paulo "não comeu nem bebeu". A abstinência tanto de comida quanto de água parece não ter durado mais do que três dias (Ed 10.6; Et 4.16).

O *jejum parcial* em Dn 10.3 ressalta a restrição da dieta, não a abstinência completa. O contexto mostra que houve benefícios físicos resultantes desse jejum parcial. No entanto, esse versículo indica que houve uma revelação dada a Daniel em consequência desse período de jejum.

O jejum é a abstenção de comida por um período quando o fiel busca conhecer Deus por meio de uma experiência mais profunda. Deve ser feito como um ato diante de Deus em particular na busca pessoal de Deus (Êx 34.28; 1Sm 7.6; 1Rs 19.8; Mt 6.17).

O jejum deve ser feito com o objetivo de buscar conhecimento mais profundo de Deus (Is 58; Zc 7.5). O jejum está ligado a um período de confissão (Sl 69.10). O jejum pode ser um tempo para buscar a experiência de oração mais profunda e se aproximar de Deus em oração insistente (Ed 8.23; Jl 2.12). A igreja primitiva jejuava muitas vezes na busca da vontade de Deus para a liderança da igreja local (At 13.2). Quando a igreja primitiva queria conhecer a mente de Deus, havia um tempo de oração e jejum. — *C. Robert Marsh*

JEMIMA Nome pessoal que significa "rola". Primeira filha de Jó após Deus lhe ter restaurado a sorte (Jó 42.14).

JEMUEL Nome pessoal que significa "dia de Deus" ou "mar de Deus". Filho de Simeão, neto de Jacó, e líder de clã em Israel (Gn 46.10; Êx 6.15). Também chamado Nemuel (Nm 26.12. 1Cr 4.24).

JEOACAZ Nome pessoal que significa "Javé segura firme". Dois reis de Judá e um rei de Israel têm esse nome. **1.** Em 2Cr 21.17 o filho e sucessor de Jeorão como rei de Judá (841 a.C.). Ele é mais conhecido como Acazias. **2.** Em 2Rs 10.35 o filho e sucessor de Jeú como rei de Israel (814-798 a.C.). Seu reino está resumido em 2Rs 13. Ainda que 2Rs 13.1 declare que ele reinou por dezessete anos, uma comparação do versículo 1 com o versículo 10 parece apontar para um reino de catorze anos ou uma corregência com seu filho por cerca de três anos. **3.** Em 2Rs 23.30 o filho e sucessor de Josias como rei de Judá (609 a.C.). Ele é também conhecido como Salum. V. *cronologia do período bíblico*; *Israel, terra de*.

JEOADA Nome pessoal que talvez signifique "Javé é ornamento". Descendente de Saul na tribo de Benjamim (1Cr 8.36). A lista demonstra contínuo interesse na linhagem de Saul, muito tempo após sua morte.

JEOADÃ Nome pessoal que significa "Javé é alegria". Mãe do rei Amazias de Judá (2Rs 14.2).

JEOAQUIM 1. Nome pessoal que significa "Javé estabelece". Em 2Rs 24.6, o filho e sucessor de Joaquim como rei de Judá. Tinha 18 anos ao subir ao trono, em 598 a.C., e reinou por três meses em Jerusalém antes de ser levado ao cativeiro por Nabucodonosor da Babilônia. A proeminência de sua mãe, Neusta, no relato de seu reinado sugere que ela pode ter exercido influência considerável no tempo em que seu filho esteve no cargo. Jeoaquim evidentemente era um nome usado ao tempo de seu acesso ao reinado. O nome original de Jeoaquim parece ter sido Jeconias ou Conias. Ele ficou com o título de "rei de Judá" mesmo no exílio, mas nunca voltou para Judá para governar. Não obstante, posteriormente foi liberto da prisão por Evil-Merodaque da Babilônia, e um pouco de honra lhe foi concedida na terra do cativeiro (2Rs 25.27-30). V. *cronologia do período bíblico*; *Israel, terra de*. **2.** Nome pessoal que significa "Javé faz permanecer". Filho de Josias que sucedeu Jeoacaz como rei de Judá (609-597). Jeoaquim era o nome que lhe foi dado pelo faraó Neco do Egito que depôs seu irmão Jeoacaz. Seu nome original era Eliaquim (2Rs 23.34). Ele e seu predecessor no trono eram irmãos, filhos de Josias. Ele reinou por onze anos. No início de seu reino, Judá estava sujeito ao Egito. Entretanto, provavelmente em 605 a.C. a Babilônia derrotou o Egito. Jeoaquim, que aparentemente estava contente em ser vassalo do Egito, transferiu a lealdade para a Babilônia, mas se rebelou após três anos. Foi sucedido por seu filho Jeioaquim.

JEOÁS Nome pessoal que significa "Javé dá". Grafia variante de Joás. V. *Joás*.

JEOIARIBE Nome pessoal que significa "Javé cria justiça". **1.** Sacerdote e um dos primeiros colonos a retornar a Jerusalém do exílio da Babilônia, por volta de 538 a.C. (1Cr 9.10; cp. Ne 12.6). **2.** Líder do primeiro turno ou divisão de sacerdotes (1Cr 24.7; cf. Ne 12.19). Essa lista segue o texto hebraico. As traduções em português nem sempre são coerentes em transliterar esse nome e sua forma abreviada Joiaribe.

JEORÃO Nome pessoal que significa "Javé é exaltado". Forma alternativa de Jorão. V. *Jorão*.

JEOSABEATE Forma variante de Jeoseba. V. *Jeoseba*.

JEOSEBA Nome pessoal que significa "Javé é plenitude ou fortuna". Irmã do rei Acazias que, depois de sua morte, tomou o jovem Joás e o protegeu da rainha Atalia para que ela não o matasse, tal como fizera com as outras crianças reais (2Rs 11.2). Seu nome é grafado Jeosabeate em 2Cr 22.11.

JEOVÁ Transliteração portuguesa do nome divino Javé. No entanto, o texto hebraico apresenta esforços de escribas para impedir as pessoas de pronunciarem o nome divino pela combinação de consoantes de Javé com as vogais da palavra hebraica 'adonai ("Senhor"); os leitores puderam pronunciar 'adonai em vez de correr o risco de blasfêmia ao pronunciarem o nome divino de forma inadequada. V. *Deus*; *Senhor*; *nomes de Deus*; *YHWH*.

JEOVÁ-JIRÉ Nome de lugar que significa "Javé vai providenciar" (Gn 22.14). É o nome dado por Abraão ao local em que o Senhor providenciou um sacrifício em lugar de Isaque. As traduções modernas traduzem o nome do lugar, mas algumas traduções antigas o transliteram. V. *Jeová*.

JEOVÁ-NISSI Transliteração de nome de lugar que significa "Javé é minha bandeira". Nome dado por Moisés ao altar que construiu após a derrota dos amalequitas (Êx 17.15). As traduções modernas traduzem o nome em vez de transliterá-lo. V. *Jeová*.

JEOVÁ-SHALOM Nome de lugar que significa "Javé é paz". Nome dado por Gideão ao altar que construiu em Ofra (Jz 6.24). As traduções modernas traduzem o nome em vez de transliterá-lo. V. *Jeová*.

JEOVÁ-SHAMÁ Transliteração do nome hebraico (Ez 48.35) que significa "Javé está ali". A Jerusalém da visão de Ezequiel era conhecida por esse nome (cf. Is 60.19,20; Ap 21.3). V. *YHWH*.

JEOVÁ-TSIDKENU Nome hebraico que significa "Javé [é] nossa justiça" (Jr 23.6; 33.16).

O nome é aplicado ao futuro rei davídico que liderará seu povo a fazer o que é direito e assim trazer paz (23.6), e também à cidade restaurada de Jerusalém (33.16). O nome é possivelmente um jogo com o nome Zedequias ("Justo [é] Javé") que reinou de 597 a 587 a.C. V. *YHWH*.

JEOZABADE Nome pessoal que significa "Javé concede". **1**. Um dos conspiradores que matou o rei Joás de Judá (2Rs 12.21). **2**. Porteiro ou guardador da porta sob a liderança do rei Davi (1Cr 26.4). **3**. Comandante militar sob o rei Josafá de Judá por volta de 860 a.C. (2Cr 17.18). V. *Jozabade*.

JEOZADAQUE Nome pessoal que significa "Javé age com justiça". Sumo sacerdote no tempo que Nabucodonosor levou Judá para o exílio na Babilônia por volta de 587 a.C. (1Cr 6.14,15). Pai de Josué, o sumo sacerdote que retornou do exílio com Zorobabel por volta de 537 a.C. (Ag 1.1; Zc 6.11). A forma abreviada Jozadaque também aparece, e as traduções em português são incoerentes na grafia do nome. V. *Jozadaque*.

JEQUELIAS Em 2Cr 26.3 (*CNBB*, *EP*), seguindo o texto hebraico. Outras versões em português (*NVI*, *ARA*) seguem uma antiga nota de escribas e 2Rs 15.2 e grafam Jecolias.

JERÁ Nome pessoal que significa "lua" ou "mês". Descendente de Sem, filho de Noé, na tabela das nações (Gn 10.26). A lua era a principal divindade no sul da Arábia. Considerando que os nomes próximos na lista representam tribos árabes, isso provavelmente indica a relação das tribos semitas com os hebreus na Arábia.

JERAMEEL Nome pessoal que significa "Deus mostra compaixão". **1**. Filho de Hezron (1Cr 2.42) e ancestral do clã dos jerameelitas (1Sm 27.10). **2**. Filho de Hameleque ("o rei" em hebraico, transliterado dessa maneira nas versões modernas), que integrava o grupo enviado pelo rei Jeoaquim para prender Baruque e Jeremias (Jr 36.26). Mas o Senhor demonstrou ter mais poder que os governantes humanos, ao esconder seus servos fiéis do rei. **3**. Levita no tempo de Davi (1Cr 24.29).

JERAMEELITA Membro do clã de Jerameel, que aparentemente vivia ao sul de Berseba, no Neguebe. No tempo em que viveu com os filisteus, Davi lhes disse que lutava no território dos jerameelitas (1Sm 27.10), levando Aquis, o rei filisteu, a pensar que ele lutava contra partes de Judá, quando na verdade lutava contra outros grupos no sul de opositores de Judá — gesuritas, gersitas, amalequitas (1Sm 27.8). Davi dividiu os espólios de guerra com os jerameelitas (1Sm 30.29).

JERÁS Nome árabe moderno de Gerasa. V. *Gerasa*.

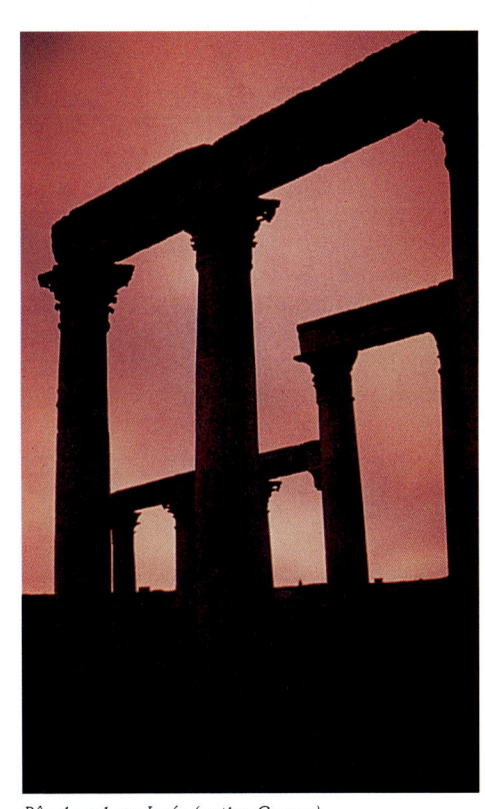

Pôr do sol em Jerás (antiga Gerasa)

JEREMAI Nome pessoal, forma abreviada de Jeremote ou Jeremias. Israelita condenado por ter uma esposa estrangeira, pois Esdras disse que levaria Israel a cultuar deuses estrangeiros (Ed 10.33).

JEREMIAS Nome pessoal que pode significar "que Javé levante" ou "arremeta" ou "estabeleça".

JEREMIAS, LIVRO DE

1. Líder de um clã da tribo de Manassés a leste do Jordão (1Cr 5.24). **2.** Três soldados do exército de Davi em Ziclague (1Cr 12.4,10,13). **3.** Sogro do rei Josias de Judá (640-609 a.C.) e avô dos reis Jeoacaz (609 a.C., 2Rs 23.31) e Zedequias (597-586 a.C., 2Rs 24.18; Jr 52.1). **4.** Representante do grupo dos recabitas (Jr 35.3). **5.** Três sacerdotes ou líderes de famílias sacerdotais no tempo de Zorobabel, por volta de 537 a.C. (Ne 12.1,12).

Outras pessoas chamadas Jeremias são citadas em inscrições hebraicas de Láquis e de Arade, de 700 a.C., e em vários selos judaicos antigos. A Bíblia contém a forma abreviada do nome 17 vezes, e a ampliada 121 vezes. Ambas as formas são aplicadas ao profeta. As inscrições usam a forma ampliada.

JEREMIAS, LIVRO DE O segundo maior livro da Bíblia depois de Sl, é o único do AT que nos conta alguns detalhes de sua origem. Conforme Jr 36.1-26, Baruque escreveu a primeira versão, que foi ditada por Jeremias. O rolo foi lido primeiramente em público e depois para os oficiais estatais e para o rei. O rei Jeoaquim queimou o rolo, pedaço por pedaço. Jeremias então ditou uma segunda edição ampliada do primeiro livro a Baruque (Jr 36.32). Referências adicionais à redação do próprio Jeremias (Jr 30.2; 51.60; cp. 25.13) sugerem que o rolo de Jr 36.32 não é idêntico ao presente formato do livro bíblico. Referências a Jeremias na terceira pessoa depois do cap. 25 sugerem que talvez o rolo de 36.32 possa ser limitado aos cap. 1—25.

Estrutura e conteúdo Estudiosos bíblicos se esforçam para explicar o ordenamento das profecias de Jeremias. A natureza complexa da estrutura é dificultada pela evidência da antiga tradução grega. Nessa tradução os oráculos contra as nações estrangeiras estão em ordem diferente e aparecem imediatamente depois de 25.13, em vez de 46.1. Essa e outras evidências sugerem um complicado processo de coleção dos materiais de Jeremias em um livro. As teorias acadêmicas tradicionais tentam atribuir os oráculos poéticos a Jeremias, as narrativas sobre o profeta a Baruque, e os sermões em prosa ao editor posterior que usou o livro de Jr para exemplificar e ensinar a teologia de Dt. Essas teorias são muito imaginativas, e devem ser descartadas. Excetuando-se as narrativas da destruição, expansão e segunda edição do rolo (cap. 36), não sabemos o processo pelo qual o livro de Jr foi produzido, mas a opinião de que o produto geral proveio da reflexão madura do profeta Jeremias faz mais sentido.

O livro como um todo não está ordenado cronologicamente, ainda que seja evidente algum arranjo cronológico. Nenhuma teoria alcançou consenso, mas vários aspectos (como tema, estilo, audiência e retórica) são invocados para explicar certas conexões. O livro é comumente considerado uma antologia de unidades proféticas reunidas e combinadas em diferentes épocas com pouca intencionalidade.

Uma sugestão útil, feita recentemente por Richard Patterson, é que as profecias foram arranjadas conforme o chamado divino do profeta para ser um porta-voz divino às nações (1.4-19) e para Judá em particular (1.13-19). Ele identifica uma estrutura dupla para o livro que inverte as ênfases: os cap. 2—24 focam-se em Jeremias e no povo, e os cap. 25—51, em Jeremias e nas nações. No final de cada seção se encontra a descrição do chamado e da comissão profética, no cap. 1 e no apêndice histórico no cap. 52. As duas seções principais começam pela subseção conducente ao tema (2.1-3.5 e 25.1-38), seguida da subseção que desenvolve o tema (3.6—23.40 e 26.1—51.58), e conclui com um sinal (24.1-10 e 51.59-64).

As chamadas confissões de Jeremias (11.18-23; 12.1-4; 15.10-21; 17.14-18; 18.19-23; 20.7-18) estão espalhadas pelos cap. 11—20. Oráculos de esperança (cap. 30—31) interrompem as narrativas sobre Jeremias (cap. 26—45). Palavras contra reis (21.11—22.30) e profetas (23.9-40) parecem constituir coleções independentes.

Texto do livro A versão grega mais antiga de Jr, datada do período pré-cristão, é 12,5% menor que o texto hebraico (ainda que acrescente cerca de uma centena de versículos não encontrados no hebraico). Faltam apenas algumas poucas seções maiores (33.14-26; 39.4-13). O texto grego usa menos títulos e epítetos, e não se encontram em todo o texto palavras singulares e versículos inteiros. Mais de 2.700 palavras do texto hebraico não têm equivalentes gregos. Fragmentos dos manuscritos hebraicos de Qumran comprovam a existência simultânea de um texto hebraico mais longo e outro mais curto nos dias de Jesus.

A mensagem Teologicamente, o livro de Jr estimula a busca pela vontade divina em momentos que todas as instituições e os representantes religiosos, normalmente no encargo de administrar sua vontade, estão desacreditados. Nem a monarquia davídica (Jr 21.1—22.30) nem os profetas e sacerdotes (Jr 23.9-40), nem as instituições cúlticas do templo (Jr 7.1-34; 26.1-9) poderiam ajudar o povo a impedir as calamidades iminentes. Nem seriam capazes de detectar a apostasia modesta que se mistura com as pequenas ambições do egoísmo pessoal (Jr 2.29-37; 7.21-26; 28.1-17) com o mandamento de Deus (Jr 4.3). A justiça e a retidão de Deus não podem ser usurpadas por seu povo. Ele pode ser uma pedra de tropeço até para o seu profeta (Jr 12.1-6; 20.7-12). A execução do juízo e da destruição não é o prazer de Deus. Deus mesmo sofre por causa da separação entre ele e seu povo (2.1-37). Melhor que o profeta foi capaz de admitir, os membros apóstatas do povo de Deus se lembraram de uma noção correta da natureza de Deus. Ele permanecia como Pai, e sua ira não iria durar para sempre (3.4,12,13). A conversão é possível (3.14,22; 4.1,2), mas isso não serve de consolo para a geração apóstata. De forma contrária às expectativas das autoridades políticas e religiosas, Judá e Jerusalém seriam atingidos por uma catástrofe cruel. Mas essa não foi a última palavra de Deus. Sua fidelidade prevalece e cria nova esperança quando toda a esperança está perdida (cap. 30—33).

Esboço

I. Chamado profético
II. Jeremias e seu povo (2.1—24.10)
   A. Tema: punição divina sobre Israel (2.1—3.5)
   B. Apelo preliminar ao arrependimento (3.6—4.4)
   C. Desenvolvimento: vinda e causas do julgamento (4.5—23.40)
     1. Invasão vindoura de Jerusalém (4.5—6.30)
     2. Pecados do povo (7.1—10.25)
     3. Julgamento declarado e plano revelado (11.1—12.17)
     4. O cinto de linho e povo arruinados (13.1-27)
     5. Pecado indelével e catástrofes inescapáveis (14.1—17.18)
     6. Advertências quanto ao sábado (17.19-27)
     7. Lição do oleiro (18.1-23)
     8. Jarro esmagado e profeta açoitado (19.1—20.18)
     9. O pedido de Zedequias (21.1-14)
     10. Reis injustos e um rei justo (22.1—23.8)
     11. Falsos profetas condenados (23.9-40)
   D. Sinal final: os figos (24.1-10)
III. Jeremias e as nações (25.1—51.64)
   A. Tema: Pronunciamento contra Judá e as nações (25.1-38)
   B. Apelo preliminar ao arrependimento (26.1-6)
   C. Desenvolvimento (26.7—51.58)
     1. Jeremias e a crise babilônica (26.7—36.32)
       a. O sermão do templo e seus resultados (26.7-24)
       b. O jugo da Babilônia (27.1-22)
       c. A falsa profecia de Hananias (28.1-17)
       d. A carta de Jeremias aos exilados (29.1-32)
       e. Promessa de uma nova aliança (30.1—31.40)
       f. Jeremias adquire um terreno (32.1-44)
       g. Lembrança das alianças de Deus com Davi e Levi (33.1-26)
       h. Palavra ao rei Zedequias (34.1-7)
       i. O povo e seus escravos (34.8-22)
       j. Analogia dos recabitas (35.1-13)
       k. Queima do rolo (36.1-32)
     2. Jeremias e a queda de Jerusalém (37.1—45.5)
       a. Prisão de Jeremias e a queda de Jerusalém (37.1—39.18)
       b. Libertação de Jeremias e a fuga para o Egito (40.1—43.13)
       c. Profecia de punição no Egito (44.1-30)
       d. Mensagem de Deus a Baruque (45.1-5)
     3. O programa de Deus para as nações (46.1—51.58)
       a. Egito no sul (46.1-28)
       b. Filístia no oeste (47.1-7)
       c. Moabe, Amom e Edom no leste (48.1—49.22)

d. Damasco no norte (49.23-27)
   e. Os vizinhos da Babilônia (49.28-39)
   f. Babilônia (50.1—51.58)
 D. Sinal final: o rolo afundado (51.59-64)
IV. Apêndices históricos (52.1-34)
   — *Hans Mallau e E. Ray Clendenen*

JEREMIAS, PROFETA A Bíblia nos conta mais sobre as experiências pessoais de Jeremias que as de qualquer outro profeta. Somos informados de que seu pai se chamava Hilquias, um sacerdote de Anatote (Jr 1.1). Jeremias foi chamado para ser profeta no décimo terceiro ano do rei Josias (627/6 a.C., Jr 1.2). E exerceu seu ministério nos reinos de Jeoacaz/Salum (609 a.C., Jr 22.11), Jeoaquim (609-597 a.C., Jr 1.3; 22.18; 26.1; 35.1; 36.1,9), Jeoiaquim/Jeconias/Conias (597 a.C., Jr 22.24; 24.1; 27.20; 28.4; 29.2; 37.1) e Zedequias (597-586 a.C., Jr 1.3; 21.1; 27.1-12; 28.1; 32.1; 34.37,38; 39.4; 52.8). Jerusalém foi destruída pelos babilônios em 587 a.C., e Jeremias se mudou para Mispá, a capital de Gedalias, o recentemente apontado governador judaico da província babilônia de Judá (40.5). Quando Gedalias foi assassinado (41.1,2), Jeremias foi deportado para o Egito contra sua vontade por oficiais judeus que sobreviveram à catástrofe (42.1—43.7). No Egito ele continuou a pregar oráculos contra os egípcios (43.8-13) e contra seus compatriotas (44.1-30).

Jeremias é descrito em constantes atritos com as autoridades do seu povo, fossem elas religiosas (sacerdotes, 20.1-6; profetas, 28.1; ou ambos, 26.8), políticas (reis, cap. 21—22; 36—38) e ou todas juntas (1.18,19; 2.26; 8.1), incluindo líderes judeus depois da invasão babilônica (42.1—43.13). Mesmo assim sua pregação enfatizava o respeito pelos profetas cujas palavras de advertência poderiam ter salvado o povo se este os tivesse ouvido (7.25; 26.4; 29.17-19; 35.13). Ele confiou na promessa de reis futuros ideais (23.5; 33.14-17). Recomendou a rendição nacional ao domínio do Império Babilônico e chamou Nabucodonosor, imperador da Babilônia e inimigo mais odiado de Judá, de "servo do Senhor" (25.9; 27.6). Ele até mesmo incitou seus compatriotas a desertarem para o inimigo (21.8,9). Foi acusado de traição, e condenado (37.12,13; 38.1-6), mas os oráculos mais agressivos contra a Babilônia são atribuídos a ele (50, 51). Seus inimigos desafiaram sua honestidade profética e a inspiração da sua mensagem (43.1-3; 29.24), e mesmo reis e nobres buscaram seu conselho (21.1,2; 37.3; 38.14; 42.1,2).

Ele constantemente proclamou o juízo divino sobre Judá e Jerusalém, mas ao mesmo tempo era um profeta da esperança, proclamando oráculos de salvação, condicionais (3.22—4.2) ou incondicionais (30—31; 32.36-38; 33.6; 34.4). Deus o proibiu de interceder pelo povo (7.16; 11.14; 14.11; cf. 15.1); mesmo assim ele intercedeu (14.7-9,19-22). Deus ordenou que ele vivesse solteiro, sem família (16.2). Ele deveria permanecer distante da companhia de gente brincalhona (15.17) e de casas onde havia festas (16.8). Ele protestou e argumentou com Deus, reclamando a respeito da miséria do seu ministério (20.7-18). Ao mesmo tempo, cantou hinos de louvor ao seu Deus (20.13).

Ainda que o chamado de Jeremias tenha acontecido no décimo terceiro ano do rei Josias, esse rei permanece o único rei judeu contemporâneo de Jeremias acerca de quem nenhuma palavra é dita em todo o livro (cf. 25.3) Não há referência concreta a nenhuma das mudanças dramáticas de libertação nacional e reforma religiosa ocorridas nos últimos dezoito anos do reinado de Josias (2Rs 22.1—23.30). As palavras da narrativa do chamado: "Antes de formá-lo no ventre eu o escolhi [...] eu o separei e o designei profeta às nações" têm levado alguns a pensar que as datas do chamado e do nascimento de Jeremias são uma só. Entretanto, provavelmente esse não é o caso.

JEREMOTE 1. Nome pessoal que significa "inchar", usado para designar pelo menos seis personagens. 1) Membro da tribo de Benjamim (1Cr 8.14), que talvez deva ser identificado com Jeroão (8.27). 2) Dois israelitas com esposas estrangeiras, condenados por Esdras (Ed 10.26,27). 3) Nome escrito no texto hebraico dos israelitas com esposas estrangeiras, no tempo de Esdras (Ed 10.29). As traduções antigas e os escribas judeus antigos liam "e Ramote". 4) Descendente de Benjamim e líder dessa tribo (1Cr 7.8). 5) Sacerdote nos dias de Davi e Salomão (1Cr 23.23, grafado Jerimote em 24.30). 6) Músico do templo (1Cr 25.4, Jerimote), possivelmente a mesma pessoa do líder da décima quinta divisão de sacerdotes (25.22). **2.** Nome pessoal que provavelmente significa "ventre gordo", usado para designar pelo menos sete personagens. 1) Membro da tribo de Benjamim (1Cr 7.7). 2) Guerreiro de Benjamim, tribo do rei Saul, que se uniu a Davi quando este fugiu de Saul em Ziclague (1Cr 12.5). 3) Levita da casa de Musi (1Cr 24.30; cf. 23.23). 4) Músico do templo nos dias de Davi e Salomão (1Cr 25.4. cf. v. 22). 5) Líder da tribo de Naftali no tempo de Davi (1Cr 27.19). 6) Filho de Davi, cuja filha se casou com o rei Roboão (931-913 a.C.) de acordo com 2Cr 11.18. Jeremote não aparece em nenhuma outra lista dos filhos de Davi. 7) Supervisor do tesouro do templo nos dias de Ezequias (2Cr 31.13).

JERIAS 1. Nome pessoal que significa "Javé vê". Capitão do exército que acusou Jeremias de traição e o entregou às autoridades para ser punido (Jr 37.13) por volta de 586 a.C. Parece que Jeremias estava a caminho para inspecionar o campo que havia comprado em Anatote (Jr 32.9). Como andou pregando sobre a vitória definitiva da Babilônia sobre Jerusalém, Jerias pensou que Jeremias estava tentando escapar de Jerusalém e se alistar no exército babilônico, evadindo-se de Jerusalém. A missão do profeta incluía o sofrimento. A lealdade a Deus nem sempre significava lealdade ao governo ou proteção da parte do governo. Tanto Jerias quanto Jeremias pensavam que estavam servindo a Deus. A história mostrou que Jeremias estava certo. **2.** Nome pessoal que significa "Javé viu". Sacerdote no tempo de Davi e de Salomão (1Cr 23.19; 24.23). **3.** Nome pessoal que significa "Javé vê". Herói militar do clã hebronita (1Cr 26.31).

JERIBAI Nome pessoal que significa "ele defendeu minha causa". Líder militar sob a liderança de Davi (1Cr 11.46).

JERICÓ Nome de lugar que significa "lua". Talvez a cidade mais antiga do mundo e a primeira conquistada por Israel sob a liderança de Josué. Jericó se encontra na parte mais baixa do vale do Jordão, que, conforme Gn 13.10, era "bem irrigado [...] como o jardim do Senhor". A cidade do AT está abaixo de Tell es-Sultan, perto de uma das mais abundantes fontes da Palestina.

A Jericó do NT, fundada por Herodes, o Grande, ficava entre 3 e 3 quilômetros e meio ao sul do magnífico uádi Qelt. A fonte, Ain es-Sultan, tem cerca de 850 metros cúbicos de água por dia, que caem a cerca de um terço do primeiro quilômetro e meio de seu curso até muitos canais no rio Jordão, 9 quilômetros adiante, irrigando cerca de 1.010 hectares.

A combinação do rico solo de aluvião, a fonte perene e o constante sol fazem de Jericó um lugar atraente para se estabelecer. Jericó foi chamada "cidade das palmeiras" (Dt 34.3; Jz 1.16; 3.13; 2Cr 28.15) e ainda hoje conta com muitas palmeiras. A densidade pluviométrica é baixa (chove principalmente entre novembro e fevereiro), e a média de temperatura se encontra entre 15 graus (em janeiro) e 31 graus (em agosto). Jericó está 225 metros abaixo do nível do mar (daí o clima quente), mas bem acima do mar Morto, 14 quilômetros ao sul, que está quase 400 metros abaixo do nível do mar, o que o torna o ponto mais baixo do Planeta.

Diante do tel da Jericó do NT, com o tell da Jericó do AT ao fundo.

Jericó era um oásis situado em uma planície quente, com um mundo próprio sem grandes planos de expansão, entre Jerusalém e Amã, nas montanhas a oeste e leste. De forma geral, é mencionada na Bíblia em associação com algum movimento de um lado do Jordão ao outro — a invasão israelita quando Eúde levou o tributo ao rei moabita, quando Davi enviou mensageiros ao rei de Amom, quando Elias e Eliseu cruzaram o Jordão, ou quando Zedequias tentou fugir dos babilônios.

Nos tempos do NT Jericó era conhecida pelo bálsamo aromático, famoso pelas qualidades

JERICÓ

medicinais. Esse produto, associado ao fato de ser uma capital de inverno, tornou a cidade rica. Quando Jesus foi hospedado por Zaqueu (Lc 19.1-10), ele provavelmente ficou em uma das casas mais sofisticadas de Jericó. Seus sicômoros eram muito valiosos. Em uma cidade assim era natural viverem muitos mendigos, como os Evangelhos narram (Mt 20.29-34; Mc 10.46-52; Lc 18.35-43).

começa um período de abandono, mas pelo ano 3300 a.C. Jericó volta a ser o que era, no que Kenyon chama de idade "protourbana". Jericó teve defesas e muros sólidos. De 2200 a 2000 a.C. o aterro de Jericó era mais um sítio que uma cidade, e suas 346 tumbas escavadas demonstram que seus ocupantes eram de várias tribos.

Modernos vendedores árabes de frutas cítricas e legumes na cidade de Jericó.

Trincheira cortada no tel da Jericó do AT, para cobrir os muitos níveis de destruição.

Coluna capital coríntia invertida encontrada no sítio arqueológico da Jericó do NT.

A arqueologia de Jericó está intimamente associada aos nomes de John Garstang (1876-1956), que fez escavações ali de 1930 a 1936, e, especialmente, de Kathleen Kenyon, acadêmica da Universidade de Oxford que escavou lá entre 1952 e 1959. A construção mais antiga reconhecida no sítio data aparentemente (com base em emissões de radiocarbono) de cerca de 9250 a.C., tempo que marca a mudança do Período Paleolítico para o Mesolítico na Palestina. Por volta de 8000 a.C., uma cidade murada (a mais antiga do mundo) foi construída, com cerca de 40.000 metros quadrados. Por volta de 6000 a.C., surge a cerâmica em Jericó. Por volta de 4000 a.C.

A escavação original de John Garstang determinou que Jericó fora destruída por um incêndio em 1400 a.C. (data correspondente à conquista bíblica). Entretanto, as descobertas de Kenyon discordam das de Garstang, e por isso ela datou a destruição e o muro da cidade em uma data muito anterior. Mais recentemente a pesquisa do arqueólogo Bryant Wood sobre a obra de Kenyon e de Garstang revela que Kenyon errou, e que a análise da cidade baixa feita por Garstang estava correta. Mesmo negando a evidência como confirmação do relato bíblico, as escavações recentes de Lorenzo Nigro e Nicolo Marchetti em Jericó encontraram o

Torre de defesa da Jericó do AT do período neolítico.

JERIEL

Reconstrução do palácio de inverno de Herodes, o Grande, em Jericó. Situado na cabeceira do uádi Kelt, ao longo da inclinação mais baixa da margem ocidental do vale do Jordão, o palácio tinha uma visão privilegiada da Jericó do NT e do árido e fértil rio Jordão.

muro de pedra que formava uma encosta na base do tell, com parte dos tijolos de argila construídos no topo, ainda intactos, além de evidências de um muro destruído. Mais uma vez, essa evidência confirma o relato bíblico. Entretanto, ainda hoje a posição de Kenyon é influente. Apesar de os acadêmicos mais críticos destacarem o conflito entre os dados arqueológicos e a narrativa bíblica da conquista, na realidade não há conflito. V. *arqueologia e estudo bíblico*; *conquista de Canaã*; *Josué.* — Karen Joines e Eric Mitchell

Vista do alto do tel da Jericó do Novo Testamento, mostrando a viçosa vegetação do oásis.

JERIEL Nome pessoal que significa "Deus vê". Membro da tribo de Issacar (1Cr 7.2).

JERIOTE Nome pessoal que significa "espantoso". Pessoa ligada a Calebe, mas a construção gramatical do hebraico torna difícil a compreensão da natureza exata do relacionamento (1Cr 2.18). Algumas versões traduzem "filha"; outras, "segunda esposa".

JEROÃO Nome pessoal que significa "ele encontrou misericórdia". **1.** Pai de Elcana e avô de Samuel (1Sm 1.1; cp. 1Cr 6.27,34). **2.** Sacerdote posterior ao exílio (Ne 11.12). **3.** Membro da tribo de Benjamim (1Cr 8.27), isso se a leitura correta não for Jeremote, como no versículo 14; v. *Jeremote*. **4.** Pai de um dos primeiros homens a voltar a Jerusalém depois do exílio babilônico (1Cr 9.8). **5.** Sacerdote cujo filho foi um dos primeiros a voltar a Jerusalém do exílio babilônico (1Cr 9.12). **6.** Pai de dois líderes militares de Davi, provenientes de Benjamim, tribo de Saul (1Cr 12.7). **7.** Pai do líder da tribo de Dã, no tempo de Davi (1Cr 27.22). **8.** Pai do capitão que ajudou Joiada, o sumo sacerdote, a derrubar a rainha Atalia e a instalar Joás como rei em 835 a.C. (2Cr 23.1).

JEROBOÃO Nome pessoal que significa "ele contende pelo povo" ou "que o povo multiplique". **1.** Primeiro rei de Israel, o Reino do Norte, 926-909 a.C. Jeroboão teve uma interessante ascensão ao poder. Administrava os trabalhadores contratados por Salomão para seus imensos projetos de construção (1Rs 11.28). No reinado de Salomão, Aías, um profeta de Siló, confrontou Jeroboão, rasgou sua capa em 12 pedaços, e lhe deu dez destes (1Rs 11.29-39). Aías interpretou esse ato como a garantia divina de que Jeroboão se tornaria rei sobre 10 das 12 tribos. Após a morte de Salomão, Jeroboão soube que as tribos se reuniriam em Siquém para fazer de Roboão, filho de Salomão, seu rei. Tirando proveito do ressentimento do povo quanto à política tributária de Salomão, Jeroboão liderou as dez tribos em uma revolta contra a casa de Davi. Eles então o coroaram rei.

Os escritores bíblicos inspirados não consideraram Jeroboão um bom rei. Antes, ele se tornou o exemplo dos reis perversos de Israel, porque edificou templos em Dã e em Berseba com bezerros de ouro para representar a presença de Deus, aparentemente uma política eficaz para impedir o povo de adorar em Jerusalém, o lugar escolhido por Deus. Todos os reis do norte que se seguiram sofreram a condenação dos escritores bíblicos, porque andaram no caminho de Jeroboão e encorajaram o culto em Dã e em Berseba (1Rs 15.25,26,33,34; 16.18,19,30,31). Jeroboão também instituiu novas práticas cultuais em seus templos (1Rs 12.25-33), deliberadamente fazendo os israelitas cultuarem de modo diferente de Jerusalém, ainda que alegassem adorar o mesmo Deus com as mesmas tradições cúlticas. As advertências proféticas não convenceram Jeroboão (1Rs 13.1—14.20).

2. Poderoso rei de Israel da dinastia de Jeú, 793-753 a.C. (2Rs 14.23-29). Foi bem-sucedido na restauração da prosperidade e dos territórios à nação fraca, mas deu continuidade às práticas religiosas de Jeroboão I, e dessa maneira recebeu a condenação dos escritores bíblicos. Jonas, Amós e Oseias profetizaram durante seu reinado. Jeroboão basicamente restaurou as fronteiras do império de Davi, alcançando a Síria. — *M. Stephen Davies*

JERUBAAL Nome pessoal que significa "Baal julga". Outro nome de Gideão (Jz 6.32). V. *Gideão*.

JERUBESETE Nome pessoal que significa "que a vergonha julgue" ou "a vergonha aumenta". Corruptela deliberada do nome Jerubaal (2Sm 11.21) por parte dos escribas, colocando o nome da divindade cananeia Baal com uma forma da palavra hebraica para "vergonha".

JERUEL Nome de lugar que significa "fundação de Deus". Lugar predito por Jaaziel, o profeta, para o encontro do rei Josafá e seu exército com os exércitos amonita e moabita. A localização exata é desconhecida, mas foi em algum lugar na descida pedregosa a sudeste de Tecoa, em direção a En-Gedi.

JERUSALÉM Jerusalém é uma cidade estabelecida no platô elevado nas colinas de Judá, considerada sagrada pelo judaísmo, pelo cristianismo e pelo islã. Seu significado bíblico-teológico se encontra no *status* de centro escolhido por Javé para o Reino divino, e dos reinos humanos de Davi e seus descendentes, vice-regentes de Javé. Além do nome "Jerusalém", a cidade é também chamada "cidade de Davi" e "Sião" (originariamente referência a parte da cidade, a "fortaleza de Sião", capturada por Davi dos jebuseus; v. 2Sm 5.6-10).

No Pentateuco a cidade de Jerusalém não é diretamente mencionada. Moriá (Gn 22.2; associado ao local do templo de Salomão em 2Cr 3.1) e Salém (Gn 14.18; associado a Sião em Sl 76.2) aparentemente se referem ao mesmo local e estabelecem uma ligação entre a cidade e o patriarca Abraão. A cidade (anteriormente conhecida por Jebus; v. Jz 19.10,11) foi capturada no tempo de Josué (Jz 1.8), mas os jebuseus não foram expulsos (Js 15.63; Jz 1.21). Depois de tê-la capturado e tornado capital de Israel (2Sm 5.6-10; 1Cr 11.4-9), Davi trouxe a arca da aliança para Jerusalém (2Sm 6.17) e fez dela não só a sede da sua monarquia, mas também da de Deus (cf. 1Rs 11.36; 14.21; Sl 132 que destacam Jerusalém como a habitação escolhida e desejada pelo próprio Javé). Jerusalém se tornou "a cidade do nosso Deus", "a cidade do

JERUSALÉM

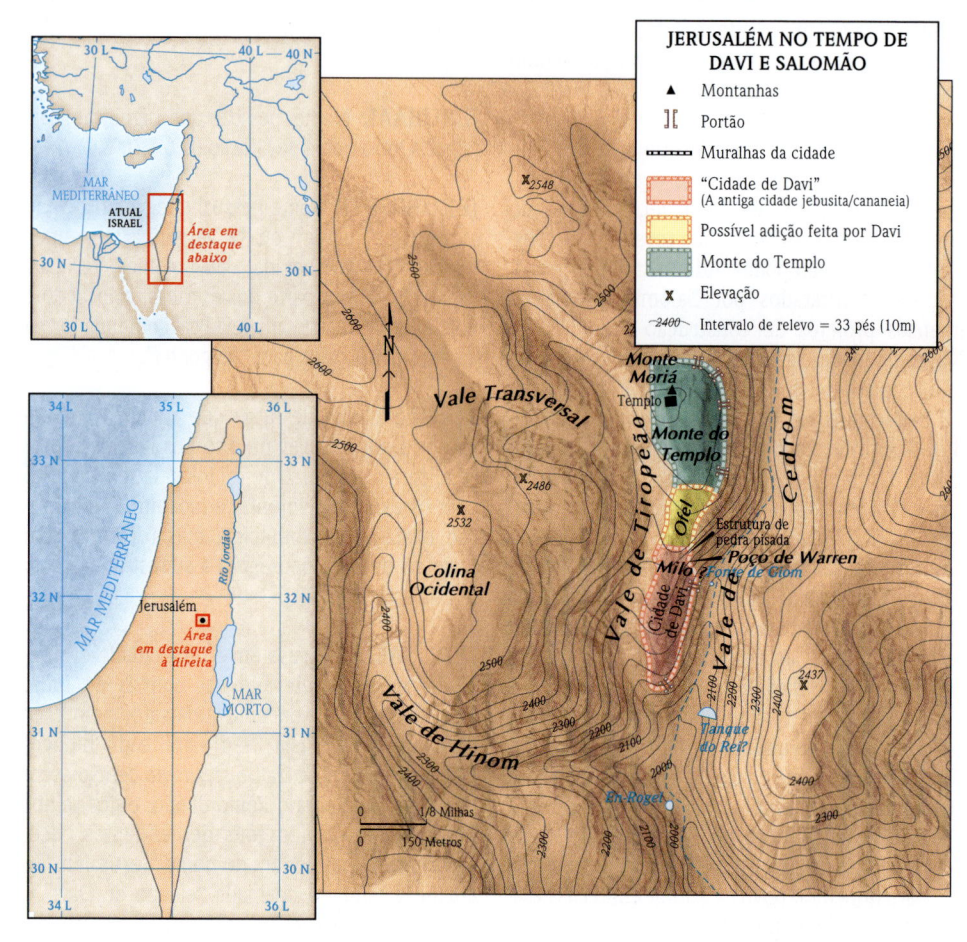

JERUSALÉM NO TEMPO DE DAVI E SALOMÃO
- ▲ Montanhas
- Portão
- Muralhas da cidade
- "Cidade de Davi" (A antiga cidade jebusita/cananeia)
- Possível adição feita por Davi
- Monte do Templo
- × Elevação
- Intervalo de relevo = 33 pés (10m)

grande Rei", "a cidade do Senhor dos Exércitos" (Sl 48). Sob Salomão, o templo foi construído (2Cr 3—7), e a nação alcançou o zênite político e econômico, tendo Jerusalém por centro (2Cr 9).

Nos profetas, além de referências literais à cidade, "Jerusalém" aparece como representante corporativo de toda a comunidade em discursos de juízo e de salvação futuros. A centralidade teológica de Jerusalém em acontecimentos como a libertação histórica divina da cidade das mãos de Senaqueribe (2Rs 19) levaram o povo à crença equivocada da invencibilidade do lugar. Essa opinião é denunciada por profetas como Jeremias (Jr 7.1-15) e Miqueias (Mq 3.11,12), por ter colaborado com a apostasia do povo em relação a Javé. Pelo fato de o povo abandonar Javé, este por fim entregou sua cidade escolhida aos babilônios em 586 a.C. (2Rs 23.26,27).

Mesmo assim, o juízo não foi a última palavra de Javé. O rei persa Ciro (por meio de um decreto em 538 a.C.) foi um servo de Javé ao facilitar a volta dos exilados e a reconstrução da cidade e do templo (Is 44.26-28; 45.13; Ed 6; Ne 1—6). Além disso, a futura salvação da cidade ultrapassaria a restauração temporal da comunidade pós-exílica. Todos os povos viriam a Jerusalém (Is 2.2-45; Jr 3.17). A nova obra de Deus por Jerusalém anunciaria nada menos que a nova era (Is 65.18-25; Zc 14.8-21).

O NT apresenta várias profecias concernentes a Jerusalém cumpridas em Jesus, o Messias de Israel, e por meio dele. Nos Evangelhos Jerusalém assume papéis irônicos, contrastantes. Por um lado, é a "cidade do grande Rei" (Mt 5.35) e "a cidade santa" (Mt 4.5; 27.53). Por outro lado, é a cidade que "mata os profetas e apedreja os que lhe são enviados" (Lc 13.34). Apesar de haver quem esperasse a "redenção de Jerusalém"

Maquete da Jerusalém do séc. I mostra as três torres construídas por Herodes para proteger seu palácio.

(Lc 2.38), a cidade e seus habitantes iriam enfrentar um julgamento terrível por não reconhecerem o tempo da visitação divina feita por Jesus (Lc 19.41-44). De fato, a missão de Jesus terminou com sua rejeição pelos líderes de Jerusalém e sua morte fora dos muros da cidade (Mc 8.31; 10.32-34; 14—15). Enquanto o arrependimento para o perdão de pecados deve ser pregado a todas as nações "começando por Jerusalém" (Lc 24.47), como resultado da morte e ressurreição de Jesus, a esperança bíblica está centrada na "Jerusalém celestial" (Hb 12.22; cf. 11.10,16; 13.13,14). Os verdadeiros adoradores "não adorarão o Pai [...] em Jerusalém [...] [mas] em espírito e em verdade" (Jo 4.21,23). A "Jerusalém do alto" (a mãe dos livres, os filhos da promessa) contrasta com a "atual cidade de Jerusalém" — a mãe dos escravos incrédulos (Gl 4.25,26). A cidade em que o Senhor Jesus foi crucificado "figuradamente é chamada Sodoma e Egito" (Ap 11.8), mas a "nova

Uma tumba, datando possivelmente do séc. I da era cristã, na cidade de Jerusalém.

Davi e seus homens podem ter conquistado Jerusalém através de um túnel que vai da fonte de Giom até a cidade velha de Jerusalém.

JERUSALÉM

Jerusalém no tempo de Jesus

1. Templo (templo de Herodes)
2. Átrio das Mulheres
3. Mureta de separação dos gentios
4. Átrio dos Gentios
5. Pórtico Real
6. Portão Oriental (atual Portão de Ouro)
7. Fortaleza Antônia
8. Porta Dupla (Porta de Hulda ocidental)
9. Porta Tripla (Porta de Hulda oriental)
10. Escadaria Herodiana (partes dela permanecem ainda hoje)
11. Cidade de Davi (estabelecida por Davi, a parte mais antiga da cidade)
12. Muro mais antigo de defesa (destruído e reconstruído muitas vezes)
13. Muro herodiano externo de defesa, ao redor da cidade expandida
14. Muro herodiano separando a Cidade Alta (o bairro rico) da Cidade Baixa (o bairro pobre)
15. Segunda muralha norte (possível localização)
16. Jardim do Getsêmani (lado ocidental do monte das Oliveiras)
17. Monte das Oliveiras
18. Vale do Cedrom
19. Fonte de Giom
20. Tanque de Siloé
21. Vale do Tiropeão
22. Aqueduto de Herodes (possível localização)
23. Mercado e lojas nos dias de Jesus

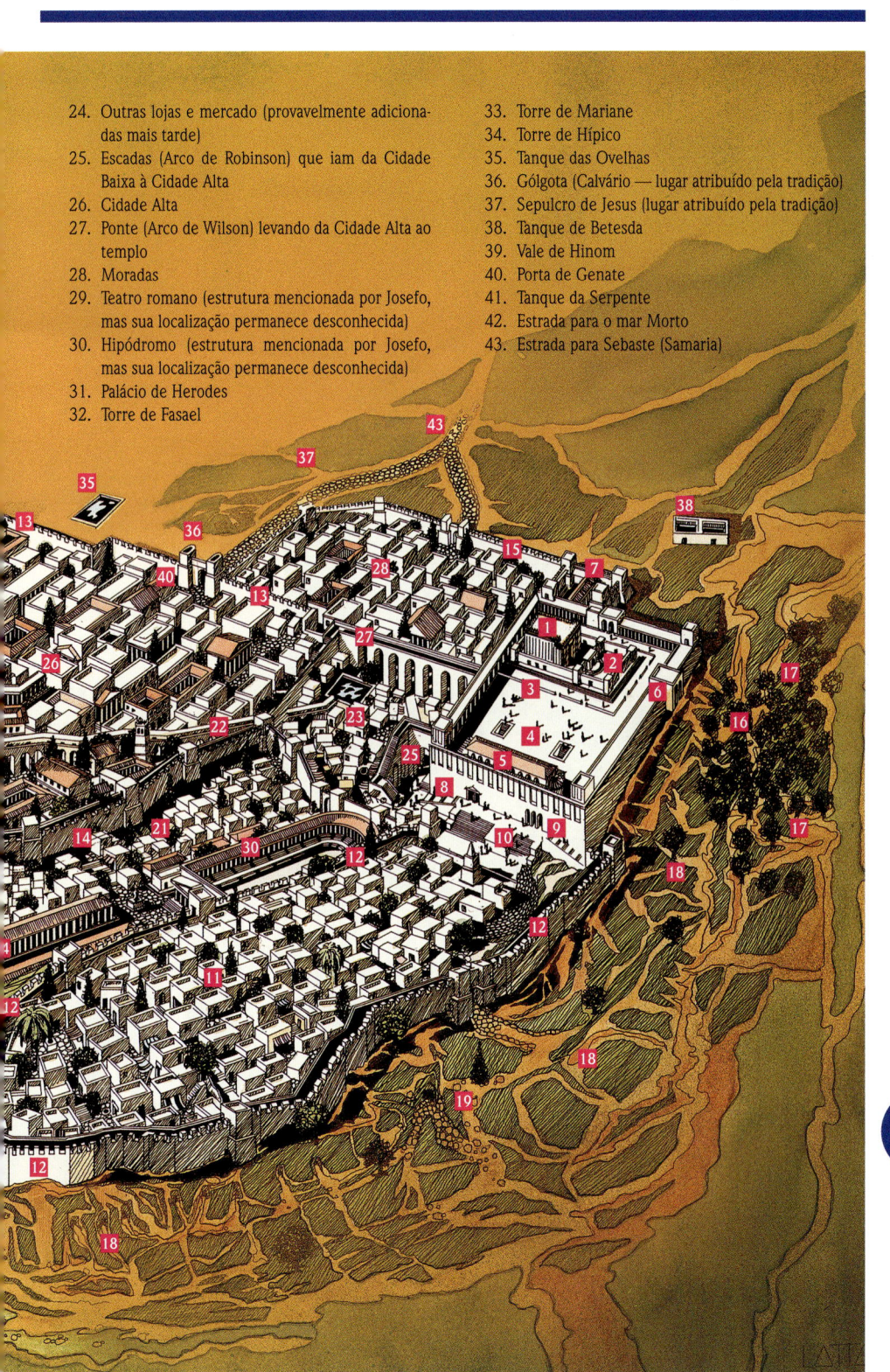

JERUSALÉM

24. Outras lojas e mercado (provavelmente adicionadas mais tarde)
25. Escadas (Arco de Robinson) que iam da Cidade Baixa à Cidade Alta
26. Cidade Alta
27. Ponte (Arco de Wilson) levando da Cidade Alta ao templo
28. Moradas
29. Teatro romano (estrutura mencionada por Josefo, mas sua localização permanece desconhecida)
30. Hipódromo (estrutura mencionada por Josefo, mas sua localização permanece desconhecida)
31. Palácio de Herodes
32. Torre de Fasael
33. Torre de Mariane
34. Torre de Hípico
35. Tanque das Ovelhas
36. Gólgota (Calvário — lugar atribuído pela tradição)
37. Sepulcro de Jesus (lugar atribuído pela tradição)
38. Tanque de Betesda
39. Vale de Hinom
40. Porta de Genate
41. Tanque da Serpente
42. Estrada para o mar Morto
43. Estrada para Sebaste (Samaria)

JERUSALÉM

O muro das Lamentações, reverenciado pelos judeus durante séculos como o único muro remanescente da antiga área do templo.

JERUSALÉM

JERUSA

JERUSALÉM NO PERÍODO DO NOVO TESTAMENTO

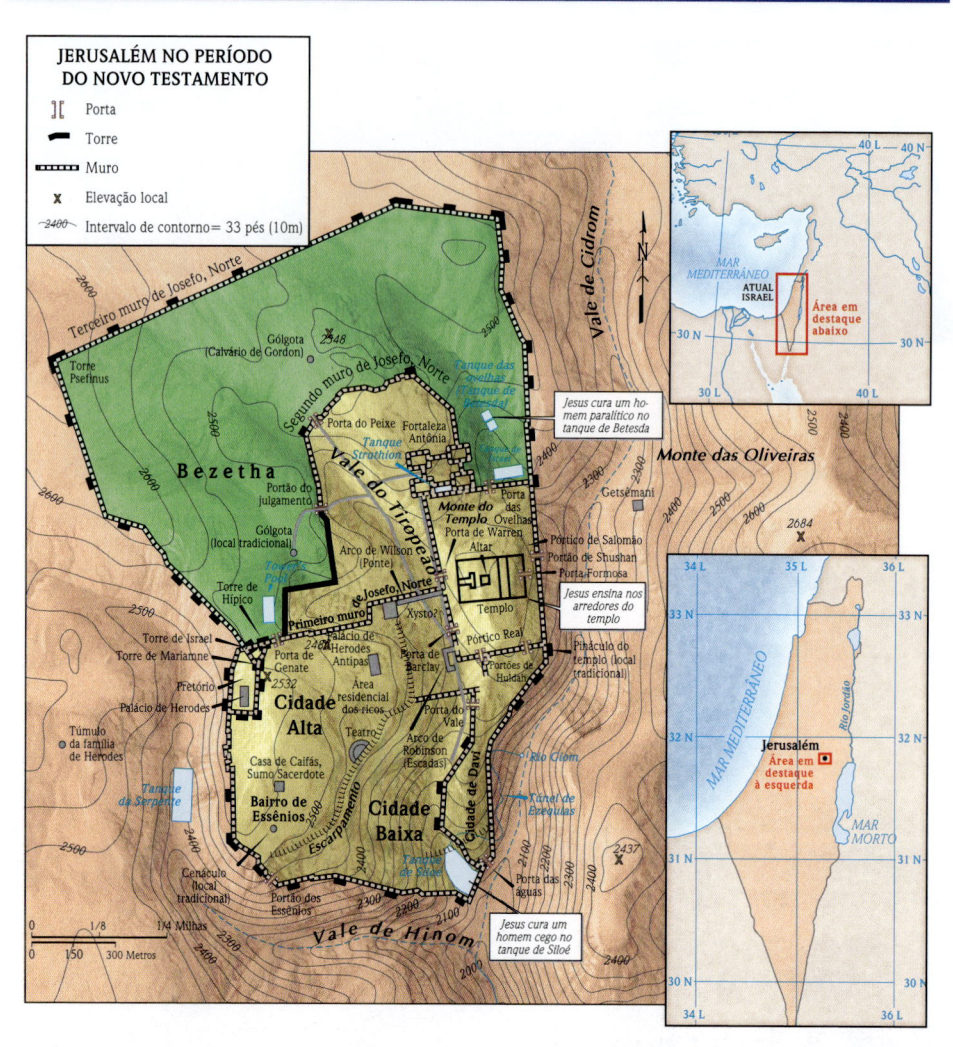

Jerusalém" descerá do céu com a vinda do novo céu e da nova terra (Ap 3.12; 21.1,2).

As promessas do Reino de Javé ("o Reino de Deus") e da salvação do seu povo, formado por judeus e gentios, encontram seu cumprimento na morte e ressurreição de Jesus e no alvorecer do novo céu e nova terra. A esperança bíblica está agora focada na "Jerusalém celestial, a cidade do Deus vivo" (Hb 12.22). — Randall K. J. Tan

JERUSA Nome pessoal que significa "tomada em posse". Mãe de Jotão, rei de Judá (2Rs 15.33). Filha de Zadoque, possivelmente de linhagem sacerdotal.

JESAÍAS Forma variante de Isaías, significando "Javé salvou". **1.** Descendente de Davi no período pós-exílico (1Cr 3.21) e parte do processo de manter viva a esperança messiânica em Israel. **2.** Sacerdote que usava a música para profetizar no tempo de Davi (1Cr 25.3). Aparentemente, proclamava-se a vontade de Deus à congregação no momento do culto. O líder do oitavo turno ou divisão de sacerdotes (1Cr 25.15). **3.** Membro da família de levitas responsabilizado pelo tesouro da casa de Deus no tempo de Davi (1Cr 26.25).

JESANA Nome de lugar que significa "cidade velha". Cidade capturada pelo rei Abias (Judá) de Jeroboão (Israel) por volta de 910 a.C. (2Cr 13.19). Localizava-se na atual Burj el-Isane, a 6 quilômetros ao sul de Siló e a 12 quilômetros a nordeste de Mispá. Alguns intérpretes

A mesquita do domo da Rocha, construída no local do templo de Salomão.

A moderna cidade de Jerusalém vista do sul, do monte Scopus, pelo vale do Cedrom.

JESARELA

seguem traduções antigas e leem Jesana em 1Sm 7.12.

JESARELA Grafia variante de Asarela (1Cr 25.2; v. tb. a nota de rodapé do v. 14). V. *Asarela*.

JESEBEABE Nome pessoal que significa "o pai permanece vivo" ou "ele traz pai de volta". Líder da décima quarta divisão de sacerdotes (1Cr 24.13).

JESER Nome pessoal que significa "ele faz o que é direito, estabelece a justiça". Filho de Calebe (1Cr 2.18).

JESIMIEL Nome pessoal que significa "Javé coloca". Membro da tribo de Simeão (1Cr 4.36).

JESIMOM Nome de lugar que significa "deserto" ou "sertão". **1.** Lugar deserto perto de onde Davi se escondeu de Saul. Aparentemente o lugar pertencia aos zifeus, que reportaram a Saul a localização de Davi (1Sm 23.19; 26.1). Localiza-se em algum lugar entre Hebrom e o mar Morto. **2.** Lugar deserto a leste do Jordão, perto de Pisga e Peor, usado para sinalizar os lugares que Israel passou sob a liderança de Moisés no caminho de conquistar a terra prometida (Nm 21.20; 23.28). Pode ser outra maneira de se referir ao baixo vale do rio Jordão. **3.** A palavra hebraica também é usada como substantivo que significa "deserto" (Dt 32.10; Sl 68.7; 78.40; 106.14; 107.4; Is 43.19,20). Alguns intérpretes tomam todas as ocorrências da palavra como substantivos. V. *Bete-Jesimote*.

JESISAI Nome pessoal que significa "avançado em anos". Membro da tribo de Gade (1Cr 5.14).

JESOAÍAS Nome pessoal de significado desconhecido. Membro da tribo de Simeão (1Cr 4.36).

JESSÉ Nome pessoal que significa "homem" ou "virilmente". Pai do rei Davi (1Sm 16.1). Descendente da tribo de Judá residente em Belém. Filho de Obede e neto de Boaz e Rute (1Sm 16.1; Rt 4.17). Teve oito filhos, dos quais Davi era o mais novo, e duas filhas. É mencionado nas genealogias de Jesus nos evangelhos de Mt e Lc. V. *Davi*.

JESUA Nome pessoal pronunciado em hebraico como Josué, com o significado de "Javé é salvação". **1.** Líder do nono turno de sacerdotes no tempo de Davi (1Cr 24.11). **2.** Sacerdote do tempo de Ezequias (715-686 a.C.) que ajudou a distribuir comida coletada em dízimos e ofertas aos sacerdotes que viviam fora de Jerusalém (2Cr 31.15). **3.** Sumo sacerdote levado ao exílio pelo rei Nabucodonosor da Babilônia em 586 a.C. Voltou a Jerusalém com Zorobabel por volta do ano 537 a.C. (Ed 2.2). Descendentes de sua família ou do Jesua citado em 1. também voltaram (Ed 2.36; cf. 2.40). Ele liderou a reconstrução do altar e a restauração dos sacrifícios em Jerusalém (Ed 3.2-6). Eles também começaram a construir o templo, mas desistiram quando uma forte oposição surgiu e apelaram ao rei Artaxerxes (Ed 3.8—4.24). Uma correspondência posterior levou o rei Dario a resgatar a proclamação de Ciro que autorizava a reconstrução do templo. Isso aconteceu depois de Jesua seguir a pregação profética de Zacarias e de Ageu e da renovação de esforços para a reconstrução do templo (Ed 5.2—6.15; Ag 1.1,12-14; 2.4), por fim completada em 515 a.C. Mesmo assim, alguns dos seus filhos se casaram com mulheres estrangeiras e tiveram de seguir o ensinamento de Esdras e se divorciar delas (Ed 10.18,19). Zacarias teve uma visão com Jesua, na qual Deus anunciava a purificação total do sumo sacerdote, preparando-o para liderar os ritos de expiação pelo povo e apontando para o dia em que o Messias viria e providenciaria a expiação completa e eterna para o povo de Deus (Zc 3). Jesua aparentemente era um dos dois ungidos da visão de Zacarias (4.14; cf. 6.11-13). **4.** Clã relacionado ao Paate-Moabe ou ao governador de Moabe; alguns de seus membros voltaram do exílio com Zorobabel (Ed 2.6). **5.** Pai de Ézer, o governador judeu do distrito de Mispá no domínio persa (Ne 3.19). **6.** Levita que assinou o pacto de Neemias para obedecer à lei de Deus (Ne 10.9). **7.** Clã dos levitas na comunidade pós-exílica, provavelmente com alguma ligação com o clã citado no item 1. **8.** outra grafia do nome de Josué, o herói conquistador, filho de Nun (Ne 8.17). V. *Josué*. **9.** Cidade de Judá em que alguns judeus viveram depois da volta do exílio (Ne 11.26). Pode ser a atual Tell e-Sawi, a nordeste de Berseba.

JESURUM Nome pessoal que significa "reto" ou "direto". Nome poético de Israel (Dt 32.15; 33.5,26; Is 44.2). Pode representar um jogo de palavras com o nome Jacó, o Israel original, conhecido por enganar. Jesurum mostraria que Israel teria de abrir mão do engano e se tornar reto ou direito em suas ações.

JESUS CRISTO O fundamento absoluto da fé cristã. A pessoa de Buda não é essencial ao ensinamento do budismo nem a pessoa de Maomé à fé islâmica. Mas tudo no cristianismo se sustenta ou cai na pessoa de Jesus Cristo. Os teólogos liberais cogitaram a possibilidade de separar Cristo do cristianismo ao sugerir que os ensinos de Jesus formam a base da fé cristã. Eles queriam afirmar que alguém pode aceitar os ensinos de Cristo sem que tenha de tomar uma decisão a respeito do próprio Jesus.

De forma contrária, o ensino bíblico afirma que o cristianismo sem Cristo é uma contradição de termos. Este verbete, além do verbete *Jesus, vida e ministério*, busca sumarizar os dados bíblicos sobre o caráter único de Jesus. Os nomes e títulos aplicados a ele, sua humanidade, divindade, seu ensino e suas obras poderosas fornecerão a base desta discussão.

Nomes e títulos O nome pessoal Jesus provém do hebraico "Josué", que significa "Javé salva" ou "a salvação é de Javé" (Mt 1.21). *Cristo* é o termo grego para "ungido", equivalente ao hebraico *Messias*. Esse salvador ungido é também *Emanuel*, "Deus conosco" (Mt 1.23; Is 7.14). O termo favorito de Paulo para Jesus era *kyrios*, "Senhor", reflexo da mais antiga confissão cristã: "Jesus é Senhor". Na sublime apresentação de Jesus no prólogo do evangelho de Jo, é descrito como o *logos*, ou a "Palavra" que criou todas as coisas (1.3) e que se tornou carne e habitou entre nós (1.14). Ele é a Vida (1.4). O Deus unigênito que torna o Pai conhecido (1.18). Os Evangelhos lembram a autodesignação de Jesus como Filho do homem, título muitas vezes usado por ele para mencionar sua humilhação, identificação com a humanidade pecadora, morte em lugar dos pecadores e seu retorno glorioso. Mesmo sendo Jesus o Filho do homem, com respeito a seu ministério e paixão, ele é também o Filho de Deus, o Unigênito enviado pelo próprio Deus (Mc 1.1; Jo 3.16). O livro de Hb apresenta Jesus como o grande sumo sacerdote de Deus (3.1; 4.14) que se autossacrifica pelo povo a favor de quem é ele mesmo o sacrifício (10.10-14). Em Hb também apresenta Jesus como o Criador de todas as coisas (1.1,2), o perfeito representante de Deus (1.3) e o apóstolo da nossa confissão (3.1). As metáforas usadas por Jesus, particularmente no evangelho de Jo, falam decisivamente da necessidade partilhada por todos de conhecê-lo. (Ele é a água da vida, Jo 4.14; o pão da vida, 6.41; a luz, 8.12; a porta, 10.7; o caminho, a verdade e a vida, 14.6.)

Humanidade Jesus era completamente humano. Ele não era parcialmente humano nem agiu algumas vezes como humano e em outras como Deus, nem simplesmente parecia humano. Ele era ao mesmo tempo homem e Deus. O texto de *The Baptist Faith and Message* [A mensagem e a fé batista] enfatiza essa verdade quando diz: "Cristo tomou sobre si mesmo as demandas e necessidades da natureza humana, identificando-se completamente com a humanidade" (Art. II, B). A evidência da humanidade de Jesus nas Escrituras é sobejante. Ele apresentou sintomas físicos que todos os humanos experimentam: fadiga (Jo 4.6), sono (Mt 8.24), fome (Mt 21.18) e sofrimento (Lc 22.43,44). Jesus também experimentou as reações emocionais da humanidade: compaixão (Lc 7.13), choro (Lc 19.41), raiva e indignação (Mc 3.5), tristeza (Mt 26.37) e alegria (Jo 15.11). Estes traços físicos e emocionais, com outros mencionados nos Evangelhos, demonstram que o NT em toda parte presume a humanidade real e plena de Jesus. Mesmo assim, Jesus não foi apenas um homem de verdade; ele foi também uma pessoa única. Apesar de ser verdadeiramente humano, Jesus se diferenciou de todas as outras pessoas de duas maneiras. Primeiro, ele nasceu de uma virgem; não teve pai humano. Foi concebido pelo Espírito Santo no útero de Maria (Mt 1.18-25). Segundo, diferentemente de qualquer outra pessoa, Jesus não tinha nenhuma ligação com o pecado. Ele alegou ser sem pecado (Jo 8.46), e não há um registro de sua confissão de algum pecado, ainda que nos dissesse para confessarmos os nossos (Mt 6.12). Outros escritores bíblicos atribuem a impecabilidade a Jesus. Paulo disse que Jesus se tornou pecado por nós, mas que ele pessoalmente não conheceu pecado (2Co 5.21). O escritor de Hb diz que Jesus nunca

JESUS CRISTO

pecou (Hb 4.15), e Pedro afirmou que Jesus, o justo, morreu pelos injustos (1Pe 3.18).

Divindade Ao longo dos séculos, poucas pessoas têm negado a existência do homem Jesus. Entretanto, uma batalha feroz sempre ocorre a respeito de sua natureza sobrenatural. Se Jesus nasceu de uma virgem e era sem pecado, como se afirmou anteriormente, então um elemento sobrenatural já foi introduzido em sua natureza, diferenciando-o de todas as outras pessoas. Mais que isso, sua ressurreição denota que ele é uma pessoa que transcende o tempo e o espaço. Os Evangelhos relatam os registros de muitas testemunhas oculares a respeito do Cristo ressuscitado (Mt 28.1-10; Lc 24.13-35; Jo 20.19-31), e todas as tentativas de refutar esses registros perdem credibilidade. Entretanto, o NT vai além destas referências implícitas à divindade e de forma inequívoca declara que Cristo é divino. As exigências de lealdade total dos seguidores (Lc 9.57-62) e as alegações de que ele julgará o mundo (Jo 5.27) soariam estranho se viessem de um homem comum. Ele também alegou poder perdoar pecados (Mc 2.5) e declarou que no juízo as pessoas serão condenadas ou absolvidas de acordo com a atitude em relação aos seus representantes (Mt 25.31-46). As Escrituras dizem que Jesus criou (Jo 1.3) e agora sustenta todas as coisas (Cl 1.17). Ele tem até mesmo o poder de ressuscitar os mortos (Jo 5.25). Anjos e pessoas o adoram (Hb 1.6; Mt 2.2). Ele possui igualdade com as pessoas da Trindade (Jo 14.23; 2Co 13.14). Além dessas afirmações, o NT apresenta evidências ainda mais claras concernentes à divindade de Cristo. Ele é chamado Deus em Hb 1.8. O prólogo do evangelho de Jo (1.1-18) diz que ele existe desde o início, que está "com" (lit., "face a face") Deus, e que ele é Deus. O grego intrincado de Jo declara que Jesus é igual a Deus em natureza, mas distinto em pessoa. Outra passagem importante é Jo 5.16-29. Na controvérsia com os judeus a respeito da cura de um homem no sábado, os judeus tentaram matá-lo porque ele blasfemou ao fazer a si mesmo igual a Deus. Em vez de lhes corrigir o equívoco quanto à sua identidade, Jesus foi além, ao fazer alegações mais avançadas quanto à sua divindade: ele tem o poder de dar vida às pessoas (v. 21), todo o juízo lhe foi entregue (v. 22) e todos devem honrar o Filho como honram o Pai (v. 23).

A preexistência de Jesus como Deus é demonstrada em Jo 8.58, em que ele afirmou transcender o tempo. O texto de Rm 9.5 revela que Paulo chamou Jesus de Deus, e não há dúvida que em Fp 2.5-11 Paulo entendeu ser Jesus aquele que existia eternamente em forma de Deus e com uma natureza igual à de Deus. A notável passagem cristológica de Cl 1.15-23 diz que Cristo é a imagem do Deus invisível; i.e., ele é a reprodução ou semelhança do Deus invisível ao homem mortal, de modo tal que quem olha para Cristo vê Deus. Claramente, o Cristo do NT não é um homem divinizado por seus discípulos (a visão do liberalismo clássico), mas ele é o eterno Filho de Deus que voluntariamente se tornou homem para redimir a humanidade perdida.

Ensinamento e obras poderosas Jesus foi um mestre. Multidões que não admitiram nenhuma lealdade a ele foram forçadas a admitir: "Ninguém jamais falou da maneira como este homem fala" (Jo 7.46). Na conclusão do convincente Sermão do Monte, as multidões estavam impressionadas sobre como ele ensinava (Mt 7.29). Ele ensinou principalmente a respeito de seu Pai e do Reino. Ele explicou a que esse Reino se assemelha e a respeito da obediência absoluta e do amor que seus seguidores devem ter como cidadãos do Reino. Seus ensinamentos geralmente enfureciam os líderes religiosos contemporâneos porque eles não entenderam que ele era o Messias prometido para anunciar o Reino por meio de sua morte, ressurreição e segunda vinda. Ele enfatizou que o Reino, ainda que inaugurado em sua primeira vinda, será consumado na segunda vinda (Mt 24—25). Até lá, seus discípulos devem se conduzir como sal e luz no mundo pecaminoso e tenebroso (Mt 5—7). De forma geral ele falava por parábolas, ajudando as pessoas a entender seus conceitos ao utilizar elementos simples para ilustrar verdades espirituais.

As obras poderosas de Jesus validaram sua natureza única e divina. Ele apoiou suas alegações de divindade ao demonstrar seu poder sobre a doença e enfermidade, a natureza, a vida e a própria morte. Um grande milagre que demonstra de modo definitivo sua alegação à divindade é a ressurreição dos mortos. A morte não pôde segurá-lo. Ele se levantou dos mortos e se apresentou vivo com muitas "provas indiscutíveis" (At 1.3). A despeito das tentativas rigorosas do liberalismo de eliminar os milagres dos Evangelhos, é impossível eliminar esses elementos sobrenaturais da vida de Jesus sem consequentemente prejudicar a credibilidade dos registros dos Evangelhos a respeito dele.

O cristianismo afirma que Jesus é o único caminho para Deus (Jo 14.6; At 4.12). Essa opinião parece intolerante aos olhos da nossa época pluralista e relativista. Mesmo assim, dada a evidência anterior, é preciso lidar com Jesus Cristo como o Senhor Deus que ele alegou ser ou como um impostor que de algum modo enganava as pessoas quanto à sua identidade. — *Dale Ellenburg*

JESUS, VIDA E MINISTÉRIO A história de Jesus começa abruptamente no evangelho de Mc quando ele se apresenta no rio Jordão ao profeta do deserto, João Batista, como candidato ao batismo. Tudo o que se diz a respeito de sua origem é que ele veio ao rio "de Nazaré" (Mc 1.9). "Jesus de Nazaré" é uma designação que o seguiu até o dia da sua morte (Jo 19.19).

Suas origens O evangelho de Mt assevera que apesar de Nazaré ter sido o lar de Jesus quando ele se dirigiu a João para o batismo, ele não nasceu lá. Em vez disso, nasceu (como o Messias judeu precisava nascer) em Belém, a "cidade de Davi", um descendente da linhagem real de Davi (Mt 1.1-17; 2.1-6). Essa criança nascida em Belém terminou como adulto em Nazaré, descrito de maneira sarcástica por seus inimigos como "nazareno" (literalmente, "nazireu", 2.23). O jogo com as palavras parece ter a intenção de brincar ao mesmo tempo com as origens obscuras de Jesus e estabelecer um contraste absoluto (aos olhos de muitos) entre sua suposta santidade (como os nazireus do AT) e sua prática de cultivar a companhia de pecadores, prostitutas e coletores de impostos (Mc 2.17). O evangelho de Lc fornece informações sobre as origens de João Batista mostrando como as famílias de João e de Jesus estavam relacionadas por parentesco e por circunstâncias (Lc 1.5-80). Lucas acrescenta que Nazaré era o lar dos pais de Jesus (Lc 1.26,27). Assim, ele confirmou o testemunho de Mateus sobre a

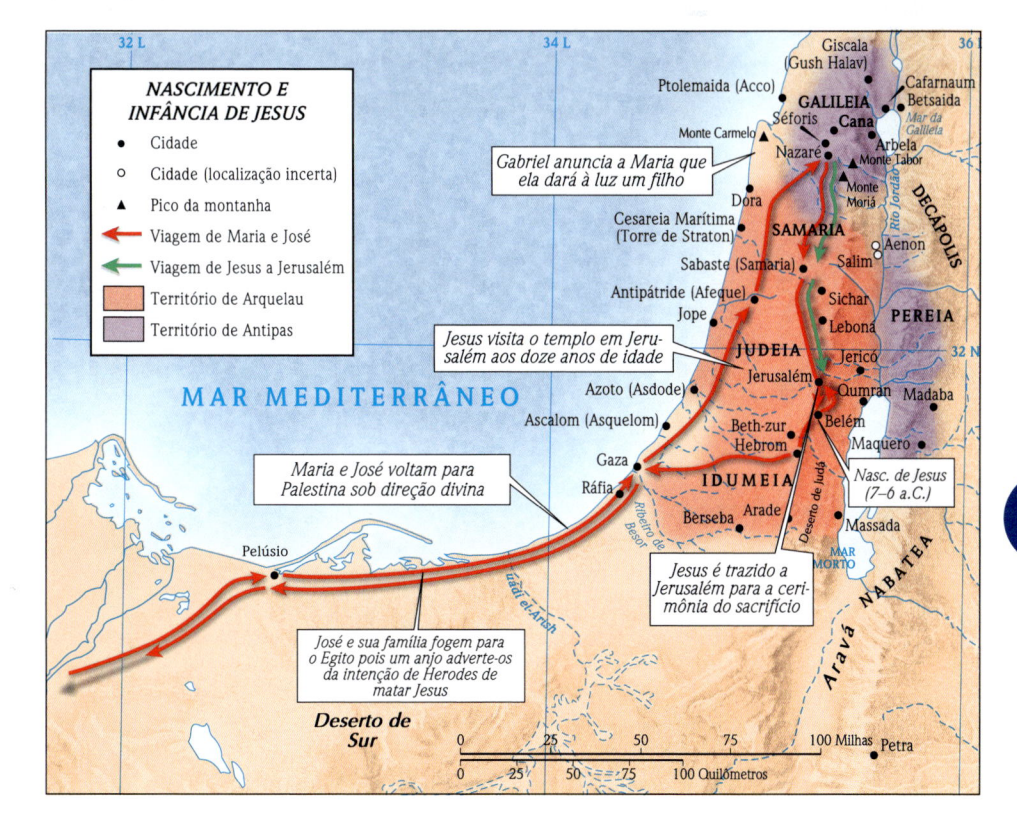

Parábolas de Jesus

Parábola	Ocasião	Lição ensinada	Referências
1. O cisco e a viga	Reprovação dos fariseus	Não julgue os outros	Mt 7.1-6; Lc 6.37-43
2. As duas casas	Conclusão do Sermão do Monte	A força conferida pelo dever	Mt 7.24-27; Lc 6.47-49
3. Crianças na praça	Os fariseus rejeitam o batismo de João	O erro da disposição de procurar defeitos	Mt 11.16-19; Lc 7.32
4. Os dois devedores	Reflexões sobre a justiça própria dos fariseus	Amor a Cristo proporcional à graça recebida	Lc 7.41
5. O espírito impuro	Os escribas pedem um sinal do céu	O poder endurecedor da incredulidade	Mt 12.43-45; Lc 11.24-26
6. A meditação do homem rico	Disputa de dois irmãos	A tolice da confiança nas riquezas	Lc 12.16-21
7. A figueira estéril	Notícia da execução de alguns galileus	O perigo da incredulidade do povo judeu	Lc 13.6-9
8. O semeador	Sermão na praia	Os efeitos de pregar a verdade religiosa	Mt 13.3-8; Mc 4.3-8; Lc 8.5-8
9. O joio	O mesmo	A separação entre o bem e o mal	Mt 13.24-30
10. A semente	O mesmo	O poder da verdade	Mc 4.20
11. O grão de mostarda	O mesmo	Pequeno começo e crescimento do reino de Cristo	Mt 13.31,32; Mc 4.31,32; Lc 13.19
12. O fermento	O mesmo	Disseminação do conhecimento de Cristo	Mt 13.33; Lc 13.21
13. A lâmpada	Apenas para os discípulos	Efeito do bom exemplo	Mt 5.15; Mc 4.21; Lc 8.16; 11.33
14. A rede	O mesmo	O caráter misto da igreja	Mt 13.47,48
15. O tesouro escondido	O mesmo	O valor da religião	Mt 13.44
16. A pérola de grande valor	O mesmo	O mesmo	Mt 13.45,46
17. O dono de casa	O mesmo	Métodos variados de ensinar a verdade	Mt 13.52
18. O casamento	Aos fariseus que censuraram os discípulos	Alegria na companhia de Cristo	Mt 9.15; Mc 2.19,20; Lc 5.34,35
19. O pano remendado	O mesmo	A propriedade de adaptar ações às circunstâncias	Mt 9.16; Mc 2.21; Lc 5.36
20. Os recipientes de vinho	O mesmo	O mesmo	Mt 9.17; Mc 2.22; Lc 5.37
21. A colheita	Desejos espirituais do povo judeu	Necessidade de trabalho e oração	Mt 9.37; Lc 10.2
22. O oponente	Lentidão do povo para crer	Necessidade de pronto arrependimento	Mt 5.25; Lc 12.58
23. Dois devedores insolventes	Uma pergunta de Pedro	Dever de perdoar	Mt 18.2-35
24. O bom samaritano	A pergunta de um mestre da lei	A regra de ouro para todos	Lc 10.30-37
25. Os três pães	Os discípulos pedem uma lição sobre oração	Efeito da importunidade na oração	Lc 11.5-8

Parábola	Ocasião	Lição ensinada	Referências
26. O bom pastor	Os fariseus rejeitam o testemunho de um milagre	Cristo: o único caminho para Deus	Jo 10.1-16
27. A porta estreita	A pergunta: "Poucos serão salvos?"	Dificuldade do arrependimento	Mt 7.14; Lc 13.24
28. Os convidados	Disposição para assumir lugares importantes	Os lugares de honra não devem ser usurpados	Lc 14.7-11
29. O banquete de casamento	Uma observação de autojustiça de um convidado	Rejeição dos incrédulos	Mt 22.2-9; Lc 14.16-23
30. As vestes nupciais	Conclusão do mesmo discurso	Necessidade de pureza	Mt 22.10-14
31. A torre	Multidões ao redor de Cristo	Necessidade de reflexão	Lc 14.28-30
32. O rei que vai à guerra	O mesmo	O mesmo	Lc 14.31
33. A ovelha perdida	Fariseus que fazem objeção ao fato de ele receber ímpios	O amor de Cristo aos pecadores	Mt 18.12,13; Lc 15.4-7
34. A moeda perdida	O mesmo	O mesmo	Lc 15.8,9
35. O filho pródigo	O mesmo	O mesmo	Lc 15.11-32
36. O administrador injusto	Aos discípulos	Prudência na utilização de bens materiais	Lc 16.1-9
37. O rico e Lázaro	Zombaria dos fariseus	Salvação não tem ligação com riquezas	Lc 16.19-31
38. O dever do servo	Ensinando aos discípulos	Obediência humilde	Lc 17.7-10
39. Trabalhadores na vinha	O mesmo	O mesmo mais amplamente ilustrado	Mt 20.1-16
40. Os talentos	Na casa de Zaqueu	Juízo para seguidores infiéis	Mt 25.14-30; Lc 19.11-27
41. A viúva inoportuna	Ensinando aos discípulos	Perseverança na oração	Lc 18.2-5
42. Os fariseus e cobradores de impostos	Ensinando a autojustiça	Humildade em oração	Lc 18.10-14
43. Os dois filhos	Os principais sacerdotes questionam sua autoridade	A obediência é melhor que palavras	Mt 21.28
44. Os viticultores perversos	O mesmo	Rejeição do povo judeu	Mt 21.33-43; Mc 12.1-9; Lc 20.9-15
45. A figueira	Ao profetizar a destruição de Jerusalém	Dever de vigiar pela vinda de Cristo	Mt 24.32; Mc 13.28; Lc 21.29,30
46. O servo vigilante	O mesmo	O mesmo	Mt 24.43; Lc 12.39
47. O homem em uma viagem	Ao profetizar a destruição de Jerusalém	O mesmo	Mc 13.34
48. O caráter de dois servos	O mesmo	Perigo da infidelidade	Mt 24.45-51; Lc 12.42-46
49. As dez virgens	O mesmo	Necessidade de vigilância	Mt 25.1-12
50. Os servos vigilantes	O mesmo	O mesmo	Lc 12.36-38
51. A videira e os galhos	Na última ceia	Perda e ganho	Jo 15.1-6

JESUS, VIDA E MINISTÉRIO

Milagres de Jesus

MILAGRE	PASSAGEM BÍBLICA			
Água transformada em vinho				Jo 2.1
Muitas curas	Mt 4.23	Mc 1.32		
Cura de um leproso	Mt 8.1	Mc 1.40	Lc 5.12	
Cura do servo de um centurião romano	Mt 8.5		Lc 7.1	
Cura da sogra de Pedro	Mt 8.14	Mc 1.29	Lc 4.38	
Tempestade acalmada	Mt 8.23	Mc 4.35	Lc 8.22	
Cura dos endemoninhados de Gadara	Mt 8.28	Mc 5.1	Lc 8.26	
Cura de um aleijado	Mt 9.1	Mc 2.1	Lc 5.18	
Cura de uma mulher hemorrágica	Mt 9.20	Mc 2.25	Lc 8.43	
Ressurreição da filha de Jairo	Mt 9.23	Mc 5.22	Lc 8.41	
Cura de dois cegos	Mt 9.27			
Cura de um endemoninhado	Mt 9.32			
Cura de um homem com a mão ressequida	Mt 12.10	Mc 3.1	Lc 6.6	
Alimentação de 5 mil pessoas	Mt 14.15	Mc 6.35	Lc 9.12	Jo 6.1
Andar sobre o mar	Mt 14.22	Mc 6.47		
Cura da filha da mulher sírio-fenícia	Mt 15.21	Mc 7.24		
Alimentação de 4 mil pessoas	Mt 15.32	Mc 8.1		
Cura de um menino epiléptico	Mt 17.14	Mc 9.14	Lc 9.37	
Cura de dois cegos em Jericó	Mt 20.30			
Cura de um homem com espírito impuro		Mc 1.23	Lc 4.33	
Cura de um surdo-mudo		Mc 7.31		
Cura de um cego em Betesda		Mc 8.22		
Cura do cego Bartimeu		Mc 10.46		
Pesca miraculosa			Lc 5.4	
Ressurreição do filho de uma viúva			Lc 7.11	
Cura de uma mulher encurvada			Lc 13.11	
Cura de um hidrópico			Lc 14.1	
Cura de dez leprosos			Lc 17.11	
Cura da orelha de Malco			Lc 22.50	
Cura do filho de um oficial do rei				Jo 4.46
Cura de um cego				Jo 9.1
Ressurreição de Lázaro				Jo 11.38

Discursos de Jesus

LOCAL	NATUREZA OU ESTILO	DESTINATÁRIO	LIÇÕES A APRENDER	REFERÊNCIAS
1. Jerusalém	Conversação	Nicodemos	Precisamos "nascer da água e do Espírito" para entrar no reino	Jo 3.1-21
2. No Poço de Jacó	Conversação	Mulher samaritana	"Deus é espírito" a ser adorado em espírito e em verdade	Jo 4.1-30
3. No Poço de Jacó	Conversação	Os discípulos	Nosso alimento é fazer a sua vontade	Jo 4.31-38
4. Nazaré	Sermão	Adoradores	Nenhum profeta é bem recebido em sua terra	Lc 4.16-31
5. Monte na Galileia	Sermão	Os discípulos e o povo	As Bem-aventuranças; deixar nossa luz brilhar perante os homens; os cristãos como a luz do mundo; como orar; benevolência e humildade; contraste entre tesouros celestes e terrestres; a regra áurea	Mt 5-7; Lc 6.17-49
6. Tanque de Betesda	Conversação	Os judeus	Ouvi-lo e nele crer é ter a vida eterna	Jo 5.1-47
7. Perto de Jerusalém	Conversação	Os fariseus	Obras de necessidade não são erradas em um sábado	Mt 12.1-14; Lc 6.1-11
8. Naim	Elogio e denúncia	O povo	A grandeza do menor nos céus; julgamento conforme a luz que temos	Mt 11.2-29; Lc 7.18-35
9. Cafarnaum	Conversação	Os fariseus	O pecado imperdoável é o pecado contra o Espírito Santo	Mc 3.19-30; Mt 12.22-45
10. Cafarnaum	Conversação	Os discípulos	Providência de Deus. Proximidade de Cristo para com os que o servem	Mc 6.6-13; Mt 10.1-42
11. Cafarnaum	Conversação	Um mensageiro	Relacionamento com os que fazem sua vontade	Mt 12.46-50; Mc 3.31-35
12. Cafarnaum	Sermão	A multidão	Cristo como o pão da vida	Jo 6.22-71
13. Cafarnaum	Crítica e reprovação	Escribas e fariseus	O que contamina o coração é o que polui, não as condições externas	Mt 15.1-20; Mc 7.1-23
14. Cafarnaum	Exemplo	Os discípulos	Humildade, marca da grandeza; não ser pedra de tropeço	Mt 18.1-14; Mc 9.33-50
15. Templo — Jerusalém	Instrução	Judeus	Não julgar conforme a aparência exterior	Jo 7.11-40
16. Templo — Jerusalém	Instrução	Judeus	Seguir Cristo é andar na luz	Jo 8.12-59
17. Templo — Jerusalém	Instrução	Fariseus	Cristo é a porta; ele conhece suas ovelhas; dá-lhes sua luz	Jo 10.1-21
18. Cafarnaum	Investidura	Os Setenta	Necessidade do serviço cristão; não desprezar os ministros de Cristo	Lc 10.1-24
19. Betânia	Instrução	Os discípulos	Eficácia da oração fervorosa	Lc 11.1-13
20. Betânia	Conversação	O povo	Ouvir e guardar a vontade de Deus; a situação do apóstata	Lc 11.14-36
21. Casa de um fariseu	Reprovação	O povo	Significado da pureza interior	Lc 11.37-54
22. Além do Jordão	Exortação	A multidão	Cuidado com a hipocrisia; cobiça; blasfêmia; ser vigilante	Lc 12.1-21
23. Pereia	Lição de objeto	Os discípulos	Vigilância; o Reino de Deus é de primeira importância	Lc 12.22-34
24. Jerusalém	Exortação	O povo	Morte para a vida; caminho da vida eterna	Jo 12.20-50
25. Jerusalém	Denúncia	Fariseus	Evitar hipocrisia e presunção	Mt 23.1-39
26. Monte das Oliveiras	Profecia	Os discípulos	Sinais da vinda do Filho do homem; cuidado com falsos profetas	Mt 24.1-51; Mc 13.1-37; Lc 21.5-36
27. Jerusalém	Exortação	Os discípulos	Lição de humildade e serviço	Jo 13.1-20
28. Jerusalém	Exortação	Os discípulos	A prova do discipulado; ele voltará novamente	Jo 14.1-16

família de Jesus ser da linhagem de Davi. Lucas apresentou o censo romano como razão para o retorno à cidade ancestral de Belém logo antes do nascimento de Jesus (Lc 2.1-7). Mais biográfico que Mc ou Mt, Lc providencia vislumbres de Jesus como bebê de oito dias (2.21-39), menino de 12 anos (2.40-52) e um homem de 30 iniciando seu ministério (3.21-23). Apenas quando esse breve esboço biográfico foi completo, Lucas lhe adicionou a genealogia (Lc 3.23-38) que confirma a ascendência davídica de Jesus (Lc 3.31; cf. 1.32,33), enquanto enfatiza acima de tudo sua solidariedade com toda a raça humana pelo fato de ser descendente de "Adão, filho de Deus" (Lc 3.38). A reflexão a respeito do batismo de Jesus no evangelho de Jo tem como centro o reconhecimento de João Batista: Jesus "é superior a mim, porque já existia antes de mim" (Jo 1.30; cf. v. 15). Esse pronunciamento permitiu ao escritor do Evangelho transformar a história das origens de Jesus em uma confissão teológica ao traçar a existência dele de volta à criação do mundo, e até mesmo antes (Jo 1.1-5). A despeito de sua ascendência real e a despeito de sua preexistência celestial como Palavra eterna e Filho de Deus, Jesus era de origem humana humilde e foi considerado assim por seus contemporâneos. Ao ensinar em Nazaré, o povo da cidade perguntou: "Não é este o carpinteiro, filho de Maria e irmão de Tiago, José, Judas e Simão? Não estão aqui conosco as suas irmãs?" (Mc 6.3; cf. Lc 4.22). Quando ensinou em Cafarnaum, eles perguntaram: "Este não é Jesus, o filho de José? Não conhecemos seu pai e sua mãe? Como ele pode dizer: 'Desci do céu'?" (Jo 6.42). Ainda que dois Evangelhos, Mt e Lc, falem da concepção miraculosa de sua mãe Maria e do nascimento virginal de Jesus, estas questões não se tornaram de conhecimento público no tempo em que ele viveu na terra, porque "Maria, porém, guardava todas essas coisas e sobre elas refletia em seu coração" (Lc 2.19; cf. v. 51).

Jesus e o Deus de Israel Mesmo depois dos acontecimentos extraordinários associados ao batismo de Jesus no rio Jordão — a descida do Espírito de Deus sobre ele como pomba e a voz do céu anunciando "Tu és o meu Filho amado; em ti me agrado" (Mc 1.10,11) —, sua identidade como Filho de Deus permaneceu oculta dos que estavam à sua volta. Não temos evidência de que ninguém, a não ser Jesus, e possivelmente João Batista, tenha ouvido a voz ou visto a pomba. Ironicamente, a primeira insinuação depois do batismo de que ele era apenas "Jesus de Nazaré", não veio de sua família, dos amigos ou líderes religiosos de Israel, mas do Diabo.

Duas vezes o Diabo o desafiou: "Se és o Filho de Deus, manda esta pedra transformar-se em pão" (Lc 4.3), e (no pináculo do templo de Jerusalém): "Se és o Filho de Deus, joga-te daqui para baixo" (Lc 4.9). Jesus não tentou se defender ou fazer uso de sua filiação divina. Em vez disso, apelou para a autoridade que qualquer judeu piedoso do seu tempo teria apelado — as Escrituras Sagradas — e, por meio delas, ao Deus de Israel. Citando três passagens de Dt, Jesus não chamou a atenção para si mesmo, mas para "o Senhor, o seu Deus" (Lc 4.8; cf. Mc 10.18; 12.29,30). Jesus aparentemente usou essa narrativa fora de sua experiência pessoal para ensinar aos discípulos que eles também devem viver "de toda palavra que procede da boca de Deus" (Mt 4.4), não devem por à prova "o Senhor, o seu Deus" (Lc 4.12), e devem "adorar o Senhor, o seu Deus, e só a ele (prestar) culto" (Lc 4.8).

Duas coisas a respeito dessa narrativa da tentação têm influência especial no ministério de Jesus. Primeiro, o caráter teocêntrico de sua mensagem continuou na proclamação iniciada na Galileia ao voltar para casa vindo do deserto: "O tempo é chegado [...] O Reino de Deus está próximo. Arrependam-se e creiam nas boas-novas" (Mc 1.15; cf. Mt 4.17). O evangelho de Jo apresentou Jesus recordando seus ouvintes repetidamente de que ele viera não para glorificar ou proclamar a si mesmo, mas para tornar conhecido "o Pai" ou "aquele que me enviou" (Jo 4.34; 5.19,30; 6.38; 7.16-18,28; 8.28,42,50; 14.10,28). Segundo, a questão da identidade de Jesus continuou a ser levantada primeiro pelos poderes do mal. Assim como o Diabo tentou Jesus no deserto como "Filho de Deus", no decorrer do seu ministério os demônios (ou os possessos) o confrontaram com palavras tais como: "O que queres conosco, Jesus de Nazaré? [...] Sei quem tu és; o Santo de Deus" (Mc 1.24), ou "Que queres comigo, Jesus, Filho do Deus Altíssimo?" (Mc 5.7).

O mistério da pessoa de Jesus emergiu em pronunciamentos desse tipo, mas Jesus parecia não querer levantar prematuramente a questão da sua identidade. Ele silenciou os demônios (Mc 1.25,34; 3.12); e, ao curar os doentes, dizia às pessoas curadas para não falarem a respeito para ninguém (Mc 1.43,44; 7.36a). No entanto, quanto mais ele pedia silêncio, mais rapidamente a notícia do seu poder de curar se espalhava (Mc 1.45; 7.36b). Parece que as multidões concluíram que ele devia ser o Messias, o rei ungido da linhagem de Davi esperado para vir e libertar os judeus do governo romano. Se Jesus estava brincando de Messias, os Evangelhos o apresentam como um Messias estranhamente relutante. Em um momento, quando as multidões tentaram "proclamá-lo rei à força, retirou-se novamente sozinho para o monte" (Jo 6.15). Raramente, se é que aconteceu alguma vez, ele aplicou a si mesmo os termos costumeiros "Messias" ou "Filho de Deus". Em vez disso, ele usava o "eu enfático" quando não era gramaticalmente necessário, e tinha o hábito de algumas vezes se referir a si mesmo indireta e misteriosamente como "Filho do homem". Na língua aramaica, falada por Jesus, "Filho do homem" significava apenas "um homem" ou "alguém". Ainda que ele não tenha feito nenhuma alegação messiânica explícita e evitado os títulos convencionais de honra que os judeus costumeiramente aplicavam ao Messias, Jesus falou e agiu com a autoridade do próprio Deus. Ele deu vista ao cego e audição ao surdo; capacitou o aleijado para andar. Quando tocou o impuro, fez dele limpo. Até trouxe os mortos à vida. Ao ensinar as multidões reunidas a seu redor, ele não vacilou em dizer com ousadia: "Vocês ouviram o que foi dito aos seus antepassados [...] mas eu lhes digo" (Mt 5.21,22,27,28, 31,34,38,39,43,44). Ele foi tão radical a respeito das tradições aceitas que achou necessário declarar logo no princípio: "Não pensem que vim abolir a Lei ou os Profetas; não vim abolir, mas cumprir" (Mt 5.17).

Tal fala e comportamento inevitavelmente levantariam questões a respeito da identidade de Jesus. As multidões que o ouviram "estavam maravilhadas com o seu ensino, porque ele as ensinava como quem tem autoridade, e não como os mestres da lei" (Mt 7.28,29). A despeito da relutância (ou talvez por causa disso), sua atividade nos primeiros dias de ministério era enorme. Ele tinha de se levantar bem antes de clarear o dia para encontrar tempo e lugar para fazer sua oração particular (Mc 1.35). Jesus era tão pressionado pelas multidões que em uma ocasião ele as ensinou em um barco no lago da Galileia (Mc 4.1). Uma vez, quando algumas pessoas buscavam a cura para um aleijado, a imensa multidão ao redor da casa onde Jesus estava as forçou a baixar o homem por um buraco no telhado (Mc 2.4). Todos os necessitados sabiam o que Jesus poderia lhes dar. Não havia como atender a todas as necessidades deles de uma só vez.

A missão de Jesus A missão primária de Jesus foi alcançar as ovelhas perdidas de Israel. Por causa do descuido deles para com a Lei, os líderes religiosos tornaram-se inimigos de Deus; mas Deus amou seus inimigos. A convicção de Jesus era que ele e seus discípulos deveriam amá-los também (Mt 5.38-48). Jesus foi desafiado em uma ocasião por desfrutar da comunhão à mesa com os socialmente marginalizados (conhecidos pelos judeus religiosos como "pecadores") na casa de Levi, o coletor de impostos de Cafarnaum. Ele respondeu à crítica: "Não são os que têm saúde que precisam de médico, mas sim os doentes. Eu não vim para chamar justos, mas pecadores" (Mc 2.17). Em outra ocasião, quando as autoridades religiosas reclamaram que "este homem recebe pecadores e come com eles" (Lc 15.2), Jesus contou três parábolas sobre o amor inesgotável de Deus aos "perdidos" e da alegria sem limites de Deus quando os perdidos são encontrados (as parábolas da ovelha perdida, da moeda perdida e do filho perdido; Lc 15.3-32). Ele alegou que a alegria de Deus na recuperação desses pecadores (coletores de impostos, prostitutas, pastores de ovelhas, soldados e outros desprezados pelos piedosos de Israel) era maior que qualquer alegria "por noventa e nove justos que não precisam arrepender-se" (Lc 15.7; cf. v. 25-32). Essa celebração exuberante da misericórdia divina, expressa nas ações de Jesus ou nas parábolas que contou, deve ter parecido aos líderes religiosos, na Galileia e em Jerusalém, como um sério rebaixamento dos antigos padrões éticos e um comprometimento perigoso da santidade divina.

JESUS, VIDA E MINISTÉRIO

914

O MINISTÉRIO DE JESUS ALÉM DA GALILEIA

- • Cidade
- ▲ Montanha
- ← Viagens de Jesus
- — Estradas

Possível local da transfiguração de Jesus — Monte Hermom

Jesus viaja para esta região para descansar e instruir seus discípulos — Cesareia de Filipe (Panias)

"Grande confissão" de Pedro

Jesus viaja para Tiro e Sidom, onde cura a filha perturbada de uma mulher sirio-fenícia

Jesus viaja para e desde Jerusalém em muitas ocasiões, curando, ensinando e realizando milagres

Regiões e locais identificados no mapa:

- MAR MEDITERRÂNEO
- TIRO
- ULATA
- GAULANITES
- GALILEIA (Alta Galileia, Baixa Galileia)
- SAMARIA
- DECAPOLIS
- PEREIA

Cidades e pontos:
Sidom, Tiro, Ecdipa (Aquesibe), Cadasa (Quedes), Giscala (Gush Halav), Telá, Lago Hula, Cesareia de Filipe (Panias), Ptolemaida (Aco), Planície de Genesaré, Corazim, Planície de Betesaída, Cafarnaum, Genesaré, Betsaida, Jotapasa, Cana, Tariqueia (Magdala), Arbela, Gergesa (Kursi), Séforis, Cornos de Hattin, Mar da Galileia, Hipos, Gamala, Gate-Éfer, Tiberíades, Nazaré, Filotera, Abila, Monte Carmelo, Vale de Esdrelom, Monte Tabor, Gadara, Dora, Naim, Monte Moré, Capertcotnei, Monte Gilboa, Cesareia Marítima, Giné (Jenim), Esquitópolis (Bete-Seã), Pela, Sebaste (Samaria), Monte Ebal, Hamate (Ammathus), Monte Gerizim

Rio Litani, Rio Faafar, Rio Jordão, Rio Jarmuque, Kishon River

JESUS, VIDA E MINISTÉRIO

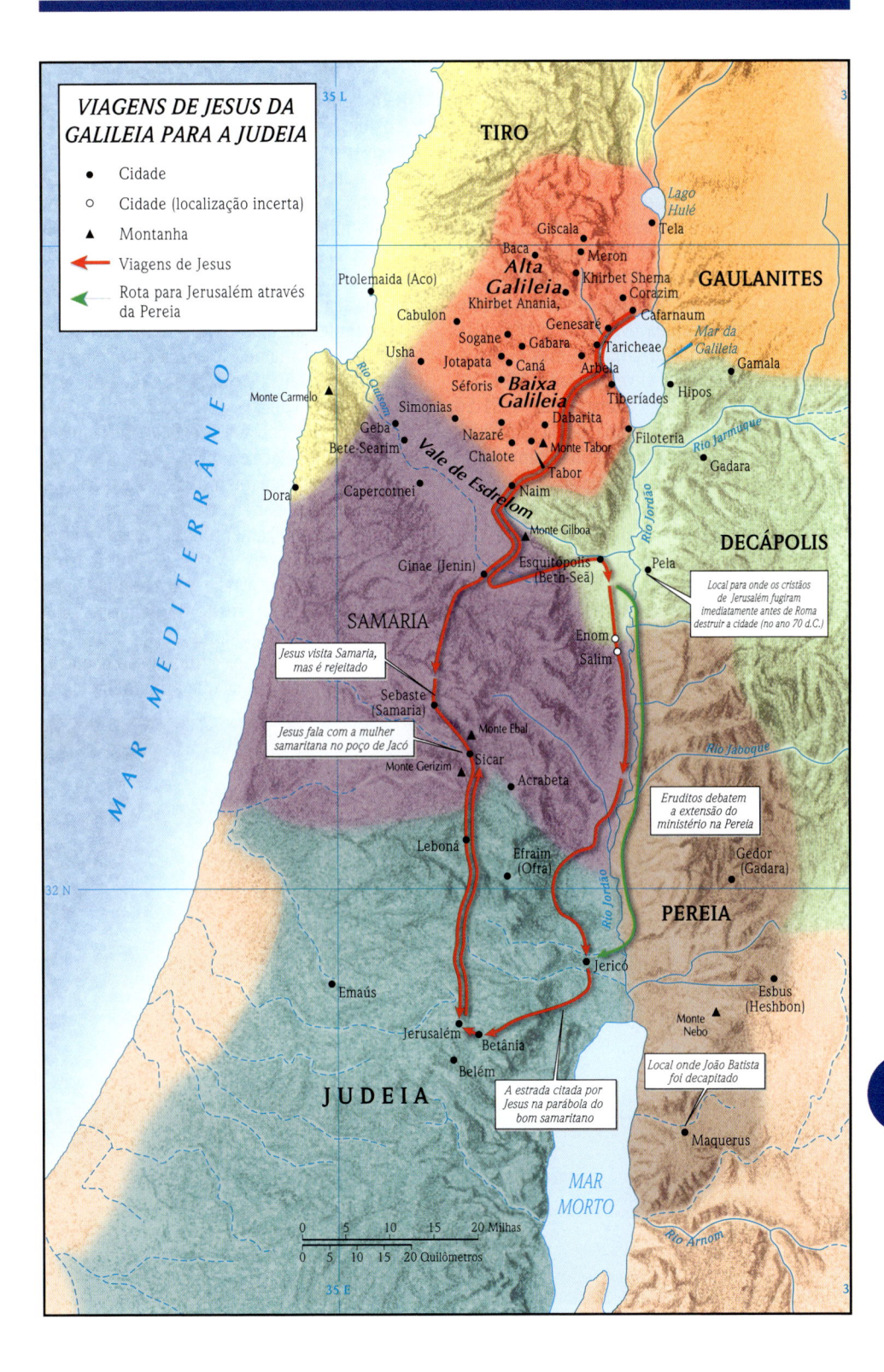

VIAGENS DE JESUS DA GALILEIA PARA A JUDEIA

- ● Cidade
- ○ Cidade (localização incerta)
- ▲ Montanha
- ← Viagens de Jesus
- ◄ Rota para Jerusalém através da Pereia

TIRO

Alta Galileia: Giscala, Baca, Meron, Khirbet Shema, Khirbet Anania, Genesaré, Corazim, Cafarnaum

GAULANITES

Lago Hulé, Tela

Ptolemaida (Aco), Cabulon, Usha, Sogane, Gabara, Taricheae, Mar da Galileia, Gamala

Jotapata, Caná, Arbela, Hipos

Séforis, **Baixa Galileia**, Tiberíades

Monte Carmelo, Simonias, Dabarita, Filoteria

Geba, Nazaré, Chalote, Monte Tabor, Rio Jarmuque, Gadara

Bete-Searim, Vale de Esdrelom, Tabor

Dora, Capercornei, Naim, Monte Gilboa

Ginae (Jenin), Esquitópolis (Beth-Seã), Pela

Local para onde os cristãos de Jerusalém fugiram imediatamente antes de Roma destruir a cidade (no ano 70 d.C.)

SAMARIA

Jesus visita Samaria, mas é rejeitado

Enom, Salim

DECÁPOLIS

Sebaste (Samaria)

Jesus fala com a mulher samaritana no poço de Jacó

Monte Ebal, Sicar, Monte Gerizim, Acrabeta

Rio Jaboque

Eruditos debatem a extensão do ministério na Pereia

Lebona, Efraim (Ofra)

Gédor (Gadara)

PEREIA

Emaús, Jericó, Esbus (Heshbon)

Monte Nebo

Jerusalém, Betânia, Belém

A estrada citada por Jesus na parábola do bom samaritano

Local onde João Batista foi decapitado

JUDEIA

Maquerus

MAR MEDITERRÂNEO

MAR MORTO

Rio Arnom

0 5 10 15 20 Milhas
0 5 10 15 20 Quilômetros

JK

JESUS, VIDA E MINISTÉRIO

Temos pouca evidência de que Jesus tenha incluído não judeus entre os "pecadores" aos quais foi enviado. A despeito da referência em Lc 4.25-27 a Elias e Eliseu em seus ministérios a estrangeiros, Jesus explicitamente negou seu envio a gentios ou samaritanos (Mt 15.24; 10.5,6). Mesmo assim o princípio "não aos justos, mas a pecadores" estendeu de forma natural as boas-novas do Reino de Deus aos gentios após a ressurreição de Jesus. Mesmo durante a vida de Jesus, ele respondeu às iniciativas dos gentios que buscavam sua ajuda (Mt 8.5-13; Lc 7.1-10; Mc 7.24-30; Mt 15.21-28), algumas vezes de modo que deixou Israel envergonhado (Mt 8.10). Duas vezes viajou por Samaria (Lc 9.51-56; Jo 4.4): uma vez ficou em uma aldeia samaritana por dois dias, chamando uma mulher samaritana e muitos outros da cidade à fé (Jo 4.5-42); e uma vez fez de um samaritano o herói de uma de suas parábolas (Lc 10.29-37).

Nada disso foi calculado para lhe granjear amizades entre os sacerdotes de Jerusalém ou os fariseus de Israel. Ele descreveu visões: "Muitos virão do oriente e do ocidente, e se sentarão à mesa com Abraão, Isaque e Jacó no Reino dos céus. Mas os súditos do Reino serão lançados para fora, nas trevas" (Mt 8.11,12). Ele predisse que 12 galileus incultos um dia se assentariam "em doze tronos, para julgar as doze tribos de Israel" (Mt 19.28; cf. Lc 22.28-29). Ele advertiu com severidade os líderes religiosos de que eles estavam em perigo de "blasfêmia contra o Espírito" ao atribuir ao poder do Diabo o ministério do Espírito por intermédio dele (Mt 12.31). Toda essa situação foi complicada pela preocupação dos parentes de Jesus com sua segurança e sanidade (Mc 3.21) e pela consequente afirmação dos seus discípulos como uma nova família baseada na obediência à vontade de Deus (Mc 3.31-35).

A assim chamada "controvérsia de Belzebu", iniciada por sua atividade salvadora e curadora, estabeleceu um precedente amargo quanto ao relacionamento de Jesus com as autoridades de Jerusalém e tornou sua posterior prisão, seu julgamento e sua execução praticamente inevitáveis (Mc 3.20-30). A partir daí Jesus começou a falar em parábolas para tornar a verdade a respeito do Reino de Deus clara para seus seguidores, mas oculta aos cegos à sua beleza e aos surdos a seu chamado (Mc 4.10-12; observe-se que primeiramente se

O lugar tradicional no rio Jordão onde Jesus foi batizado.

diz que Jesus falou em parábolas em Mc 3.23, em uma resposta imediata à acusação de possessão demoníaca). Ele começou também a insinuar, algumas vezes por meio de analogias ou parábolas (Mc 10.38; Lc 12.49,50; Jo 3.14; 12.24,32) e algumas vezes declarar com linguagem explícita (Mc 8.31; 9.31; 10.33,34) que seria preso e julgado pela liderança religiosa de Jerusalém, morreria na cruz e ressuscitaria dos mortos após três dias. Desde o princípio ele definiu sua missão, pelo menos em parte, como a do "Servo do Senhor" (v., p. ex., a citação de Is 61.1,2 em Lc 4.18,19). Enquanto seu ministério se encaminhava para a conclusão, o sofrimento vicário do Servo (Is 52.13-53.12) se tornou um foco cada vez mais agudo para Jesus (Mc 10.45; 12.1-11). Ele também via a si mesmo como o Pastor ferido de Zc 13.7 (Mc 14.27) e, no fim, no papel do justo Sofredor dos salmos bíblicos (ex., Mc 15.34; Lc 23.46; Jo 19.28). Antes de ser preso, ele dramatizou para seus discípulos sua morte iminente ao partilhar com eles o pão e o cálice da Páscoa com a explicação de que o pão era seu corpo a ser partido por eles e que o cálice de vinho era seu sangue a ser derramado pela salvação deles. Somente sua morte poderia garantir a vinda do Reino que ele proclamou (Mt 26.26-29; Mc 14.22-25; Lc 22.14-20; cf. 1Co 11.23-26).

Morte e ressurreição Os relatos evangélicos dos últimos dias de Jesus em Jerusalém correspondem *em geral* às predições antes atribuídas a ele. Ele parece ter ido a Jerusalém pela última vez tendo conhecimento de que morreria lá. Ainda que tenha recebido uma recepção real das multidões que o viam como o Messias havia muito esperado (Mt 21.9-11; Mc 11.9,10; Jo 12.13), nenhuma evidência aponta para isso como a razão de sua prisão. Antes, sua ação em expulsar os cambistas do templo de Jerusalém (Mt 21.12-16; Mc 11.15-17; cf. Jo 2.13-22), bem como alguns dos seus pronunciamentos a respeito do templo incitaram as autoridades a agir decisivamente contra ele.

Na última semana em Jerusalém, Jesus predisse a destruição do templo (Mt 24.1,2; Mc 13.1,2; Lc 21.5,6) e exclamou: "Destruirei este templo feito por mãos humanas e em três dias construirei outro, não feito por mãos de homens" (Mc 14.58; cf. Mt 26.61). A intenção de Jesus em estabelecer a nova comunidade como um "templo", ou lugar de habitação de Deus (v. Mt 16.18; Jo 2.19; 1Co 3.16,17) foi percebida como ameaça real à antiga comunidade do judaísmo e ao templo que funcionava como sua materialização. Com base nisso, ele foi preso e acusado de enganar o povo.

No depoimento perante o Sinédrio, ou o conselho que governava os judeus, Jesus falou de si mesmo como o "Filho do homem assentado à direita do Poderoso vindo com as nuvens do céu" (Mc 14.62; cf. Mt 26.64, Lc 22.69). Ainda que o sumo sacerdote chamasse isso de blasfêmia e o Sinédrio concordasse que esse comportamento merecia a morte, os resultados da audiência parecem ter sido inconclusivos. Se Jesus tivesse sido formalmente julgado e condenado pelo Sinédrio, teria sido apedrejado até a morte como Estêvão em At 7, ou como a tentativa de apedrejamento da mulher apanhada em adultério na narrativa reportada de alguns manuscritos de Jo 8.1-11. Por alguma razão, o sumo sacerdote e seus companheiros aparentemente não encontraram nenhuma acusação formal que pudessem utilizar. Se Jesus tivesse sido apedrejado até a morte sem a condenação formal, isso seria assassinato, pecado proibido pelos Dez Mandamentos (Jo 18.31 se refere à proibição imposta aos judeus pela própria Lei, não ao que era proibido pelos romanos). Portanto, o Sinédrio decidiu enviar Jesus a Pôncio Pilatos, o governador romano, com acusações contra ele que os romanos levariam muito a sério: "Encontramos este homem subvertendo a nossa nação. Ele proíbe o pagamento de imposto a César e se declara ele próprio o Cristo, um rei" (Lc 23.2). A execução de Jesus não pode ser atribuída a todo o povo judeu, nem ao Sinédrio, mas a um pequeno grupo de sacerdotes que manipulou os romanos para que eles fizessem o que estes não podiam realizar de acordo com a estrutura de sua lei. Ainda que Pilatos tenha declarado Jesus inocente por três vezes (Lc 23.4,14,22; cf. Jo 18.38; 19.4,6), ele foi manipulado a fim de condenar Jesus com a ameaça velada: "Se deixares esse homem livre, não és amigo de César. Quem se diz rei opõe-se a César" (Jo 19.12). Consequentemente, Jesus foi crucificado entre dois ladrões, cumprindo sua predição: "Da mesma forma como Moisés levantou a serpente no deserto, assim também

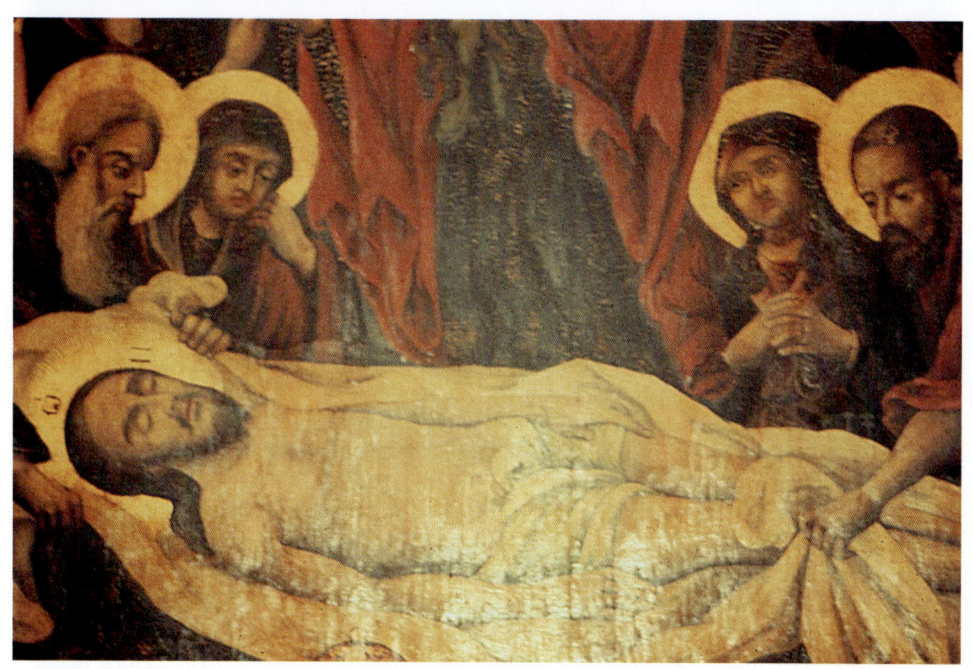

Pintura do séc. XV ou XVI apresentando o sepultamento de Jesus, vista na Igreja do Santo Sepulcro em Jerusalém.

é necessário que o Filho do homem seja levantado" (Jo 3.14). Muitos discípulos fugiram no momento da sua prisão. Somente um grupo de mulheres e um discípulo, chamado o discípulo a quem ele amava, estavam junto à cruz quando ele morreu (Jo 19.25-27; cf. Mt 27.55,56; Mc 15.40; Lc 23.49).

A história não termina com a morte de Jesus. Seu corpo foi colocado em um sepulcro novo pertencente a um discípulo secreto chamado José de Arimateia (Lc 23.50-56; Jo 19.38-42). Os Evangelhos afirmam que dois dias depois, na manhã após o sábado, algumas mulheres que permaneceram fiéis a Jesus foram ao sepulcro. Elas descobriram que a pedra que estava na entrada do sepulcro fora removida, e o corpo de Jesus não estava lá. Conforme Mc, um jovem se encontrava ali (16.5; a tradição o identifica com um anjo) e disse às mulheres que contassem a notícia ao restante dos discípulos para que se encontrassem com Jesus na Galileia, como ele lhes havia prometido (Mc 16.7; 14.28). Os manuscritos mais confiáveis do evangelho de Mc terminam a narrativa nesse ponto, deixando o restante à imaginação do leitor. Conforme Mt, a palavra do jovem foi confirmada às mulheres pelo próprio Jesus ressurreto. Quando elas deram a notícia aos 11 discípulos (os Doze menos Judas, o traidor), os discípulos foram à montanha na Galileia, onde Jesus ressurreto lhes apareceu. Ele lhes deu a ordem de fazer mais discípulos, ensinando e batizando entre os gentios (Mt 28.16-20). Conforme Lucas, Jesus ressuscitado apareceu aos discípulos reunidos já em Jerusalém no mesmo dia de sua ressurreição, antes que dois dos discípulos caminhassem até a cidade vizinha de Emaús. Conforme Jo, houve uma aparição em Jerusalém no dia da Páscoa a uma das mulheres, Maria Madalena, outra no mesmo dia aos discípulos reunidos, outra uma semana mais tarde (ainda em Jerusalém) ao mesmo grupo e Tomé, e a quarta aparição, em um tempo não determinado, no lago da Galileia, na qual Jesus reencenou a chamada inicial dos discípulos ao lhes proporcionar miraculosamente uma enorme pesca. Lucas acrescenta no livro de At que as aparições de Jesus ressurreto continuaram pelo período de quarenta dias, nos quais ele continuou a lhes instruir a respeito do Reino de Deus. Qualquer que seja a ordem precisa dos fatos, a experiência dos discípulos com o Jesus vivo os transformou, de um bando de visionários desiludidos, espalhados e covardes, no núcleo de um movimento coerente capaz de desafiar e mudar para sempre o Império Romano em poucas décadas.

Ainda que a ressurreição física de Jesus não possa ser provada, explicações alternativas "naturalistas" da experiência dos discípulos e do sepulcro vazio requerem invariavelmente mais credulidade que a confissão tradicional da igreja cristã — no terceiro dia ele ressuscitou dos mortos. O testemunho unânime dos Evangelhos é que a história continua. Marcos apresenta esse testemunho com a promessa de que Jesus reunirá seu rebanho disperso e o liderará até a Galileia (Mc 16.7). Mateus o faz mais explicitamente com as palavras finais de Jesus: "E eu estarei sempre com vocês, até o fim dos tempos" (Mt 28.20). Lucas o faz com todo o livro de At, que traça a disseminação da mensagem do Reino de Deus e de Jesus ressuscitado de Jerusalém a Roma. João o faz com a descrição viva do Espírito Santo dado aos discípulos diretamente da boca do próprio Jesus (Jo 20.21,22). Cada Evangelho apresenta de modo diferente, mas o ponto é sempre o mesmo. A história de Jesus não acabou; ele continua a cumprir sua missão onde quer que seu nome seja confessado e seu ensino obedecido, e a crença cristã é que ele o fará até vir outra vez. — *J. Ramsey Michaels*

JÉTER Nome pessoal que significa "remanescente". **1**. Filho do juiz Gideão que não obedeceu à ordem paterna de matar líderes militares inimigos (Jz 8.20). **2**. Pai de Amasa, líder do exército de Judá (1Rs 2.5,32) e descendente de Ismael (1Cr 2.17; cf. 2Sm 17.25). V. *Itra*. **3**. Membro do clã de Jerameel na tribo de Judá (1Cr 2.32). **4**. Membro da tribo de Judá (1Cr 4.17). **5**. Membro da tribo de Aser (1Cr 7.38, chamado Itrã em 7.37). V. *Itrã*.

JETETE Nome de um clã de Edom de significado desconhecido (Gn 36.40).

JETRO Nome pessoal que significa "excesso" ou "superioridade". Em Êx 3.1, é um sacerdote de Midiã e sogro de Moisés. Há variações quanto ao nome do sogro de Moisés. Em Êx 2.18 seu nome é Reuel. Em Nm 10.29 é Hobabe. A natureza do relacionamento desses nomes entre si é incerta. De particular interesse é a origem de Jetro: sacerdote midianita. A divindade a quem ele servia não é identificada explicitamente; em Êx 18.11, entretanto, ele declarou que Javé é maior que todos os deuses. Uma escola de pensamento descobriu a origem do javismo de Israel na antiga religião midianita representada por Jetro. Tal origem é improvável. A fé javista provavelmente é rastreada pelo menos em um período tão distante quanto o de Abraão. V. *Moisés*; *YHWH*.

JETUR Nome pessoal que provavelmente significa "ele estabeleceu em caminhos ou camadas". Filho de Ismael e, portanto, ancestral original de um clã ou uma tribo árabe (Gn 25.15). O clã era parte dos hagarenos, provavelmente descendentes de Hagar (1Cr 5.19), que lutou contra as tribos a leste do Jordão. A vitória de Israel ilustrou a convicção de que confiar em Deus trazia vitória na guerra. V. *hagareno*; *Itureia*.

JEÚ Nome pessoal que significa "Ele é Javé". **1**. Filho de Josafá e rei de Israel (841-814 a.C.). Foi um comandante do exército quando o profeta Eliseu enviou um dos filhos dos profetas a Ramote-Gileade para ungi-lo rei (2Rs 9.1-10). Jeú trilhou um caminho violento e sangrento que por fim o levou ao trono. Na trajetória, ele foi responsável pelas mortes de Jorão, rei de Israel, de Acazias, rei de Judá, e de Jezabel, ainda poderosa ex-rainha de Israel, e de 70 sobreviventes da família de Acabe, rei de Israel. Ele usou um truque para reunir e destruir os adoradores de Baal. Desse modo, Jeú eliminou o culto a Baal em Israel (2Rs 10.28). Jeú estabeleceu uma dinastia forte. Ele e seus descendentes ocuparam o trono por cerca de um século. V. *cronologia do período bíblico*; *Elias*; *Israel, terra de*. **2**. Profeta que proclamou o juízo de Deus sobre Baasa, rei de Israel (1Rs 16.1-12). Ele advertiu o rei Josafá de Judá (2Cr 19.2) e compilou os atos de Josafá em um registro ao qual o cronista remeteu seus leitores (2Cr 20.34). **3**. Membro do exército de Davi em Ziclague (1Cr 12.3). Seu lar era em Anatote, no território tribal de Saul, oponente de Davi. **4**. Líder da tribo de Simeão (1Cr 4.35).

JEUBÁ Nome pessoal que provavelmente significa "está escondido". Membro da tribo de Aser (1Cr 7.34).

JEÚDE

JEÚDE Nome de lugar que significa "louvor". Cidade no território tribal de Dã (Js 19.45). É a moderna Yehud, a cerca de 7 quilômetros ao sul de Petah Tikvah e a 12 quilômetros ao norte de Jope.

JEUDI Nome pessoal que significa "judeu". Mensageiro dos líderes judeus que convocou Baruque a ler a pregação de Jeremias que lhes foi endereçada e, a seguir, foi mensageiro do rei para obter o rolo de modo que o rei pudesse lê-lo. Jeudi leu o rolo ao rei Jeoaquim, que então o cortou e o lançou ao fogo, em 604 a.C. Mesmo assim, Deus preservou sua palavra profética (Jr 36.11-32).

JEUEL 1. Nome pessoal que significa "Deus demonstra ser ativo e vivo". Aparece em 2Cr 29.14. Algumas versões trazem Jeiel, seguindo antigos escribas hebreus. Foi um levita que ajudou a purificar o templo no tempo de Ezequias. **2.** Nome pessoal que significa "Deus é forte" ou "Deus cura". V. *Jeiel*.

JEÚS Nome pessoal que significa "ele ajuda". **1.** Filho de Esaú e, portanto, líder de tribo em Edom (Gn 36.5,18). **2.** Dois membros da tribo de Benjamim (1Cr 7.10; cf. 8.39; 1Cr 8.10). **3.** Levita no tempo de Davi (1Cr 23.10,11). **4.** Filho do rei Roboão e neto de Salomão (2Cr 11.19).

JEZABEL Nome pessoal que significa "onde está o príncipe?", talvez derivado do nome fenício que significa "Baal é o príncipe". Esposa do rei Acabe de Israel (874-853 a.C.), que trouxe o culto de Baal de Sidom, onde seu pai, Etbaal, era rei (1Rs 16.31). Jezabel tentou destruir todos os profetas de Deus em Israel (1Rs 18.4) enquanto estabeleceu profetas de Baal e de Aserá (1Rs 18.19) como parte da casa real. Elias demonstrou no monte Carmelo que estes profetas eram falsos (1Rs 18), o que levou Jezabel a ameaçar matá-lo. Para salvar sua vida, Elias fugiu para Berseba.

Quando Acabe desejou a vinha de Nabote, Jezabel combinou com os líderes da cidade que acusassem Nabote falsamente, e o fizeram. Nabote foi apedrejado até a morte. Elias então profetizou a morte de Jezabel, sendo ela quem incitou Acabe à impiedade (1Rs 21). Ela continuou com sua influência maligna enquanto seu filho Jorão governou (2Rs 9.22). Elias ungiu Jeú para substituir Jorão. Jeú assassinou Jorão e então foi para Jezreel atrás de Jezabel. Ela tentou adornar-se e seduzi-lo, mas os servos dela obedeceram à ordem de Jeú de atirá-la pela janela. Ao cair na rua, foi atropelada por cavalos (2Rs 9.30-37).

O nome de Jezabel ficou tão associado à impiedade que a falsa profetisa na igreja de Tiatira foi denominada "Jezabel" (Ap 2.20).

JEZANIAS Nome pessoal que significa "Javé ouviu". Capitão do exército leal a Gedalias, o governador apontado pela Babilônia sobre Judá imediatamente após essa nação ter destruído Jerusalém e levado os líderes judeus para o exílio, por volta de 586 a.C. (Jr 40.8). Jezanias foi um dos capitães que se recusou a crer na profecia de Jeremias que chamava o povo a permanecer em Judá. Antes, ele ajudou a levar Jeremias para o Egito (Jr 42;43). Em 43.2 o nome é Azarias, que pode ser a leitura correta em 42.1, em vez de Jezanias. V. *Azarias*.

JEZER Nome pessoal que significa "ele formou". Filho de Naftali (Gn 46.24) e ancestral fundador do clã nessa tribo (Nm 26.49). O nome "Izri" (1Cr 25.11) significa membro do clã de Jezer, e Zeri (1Cr 25.3) provavelmente é uma forma abreviada de Izri.

JEZERITA Membro do clã de Jezer. V. *Jezer*.

JEZERITAS V. *Jezer*.

JEZIAS Nome pessoal que significa "Javé aspergiu", ou "Yah (= o Senhor) borrifou". Sacerdote israelita que se arrependeu do casamento com mulher estrangeira e assim não ser uma tentação para Israel com deuses estranhos no tempo de Esdras (Ed 10.25). Algumas traduções modernas transliteram o hebraico como Izias.

JEZIEL Nome pessoal que significa "Javé borrifou". Líder militar de Benjamim, tribo de Saul, que se uniu a Davi em Ziclague quando este fugia de Saul (1Cr 12.3). O texto escrito hebraico tem o nome Jezuel, enquanto antigos escribas hebreus observaram a leitura Jeziel.

JEZREELITA Habitante da cidade de Jezreel.

JIDLAFE Nome pessoal que significa "ele chora ou está sem sono". Filho de Naor, irmão de Abraão (Gn 22.22).

JIGDALIAS Nome pessoal que significa "Javé é grande". Antepassado dos profetas cuja câmara no templo Jeremias usou para testar a lealdade dos recabitas ao juramento de não beber vinho (Jr 35.4). Essa parece a evidência de haver profetas profissionais entre o pessoal do templo. V. *Jeremias*; *recabitas*.

JÓ Nome pessoal de significado incerto, mas com grafia hebraica diferente do Jó sofredor da Bíblia, diferença não observada em algumas traduções [*ARA*]. Filho de Issacar, de acordo com Gn 46.13; mas parece que um copista omitiu uma letra hebraica, porque o nome aparece como Jasube no *Pentateuco Samaritano* e em alguns manuscritos gregos de Gn e em Nm 26.24 e 1Cr 7.1. V. *Jasube*.

JÓ, LIVRO DE Jó aparentemente viveu nos dias dos patriarcas ou antes deles, pois, além de não mencionar a Lei ou o êxodo, é apresentado como um nômade rico (Jó 1.3; 42.12), que ainda oferece sacrifícios por si mesmo (Jó 1.5; 42.8). Sem dúvida ele foi um homem muito respeitado, e o profeta Ezequiel se refere a ele como um dos principais ancestrais de Israel (Ez 14.14); mesmo Tiago o utilizou como exemplo excelente de paciência e fé persistente (Tg 5.11).

O livro de Jó apresenta muitos problemas concernentes à personagem, ao tempo e à natureza de sua composição. Primeiro, o texto não indica seu autor. Ele não menciona Jó como seu autor, mas como tema. Muitos concluíram que Jó foi escrito por Eliú, um dos três amigos, ou simplesmente algum escritor anônimo daquela ou de outra época. As datas da composição variam do tempo de Abraão ao tempo do Império Grego. Terceiro, para complicar a questão, muitos creem que Jó seja uma compilação de várias histórias de diferentes épocas. Como se pode facilmente perceber, as questões da data e autoria são complexas, não podem ser estabelecidas com certeza. Entretanto, o fato de não se poder identificar o agente humano não significa que o livro não seja inspirado, pois ele é a Palavra de Deus e uma unidade hoje.

Jó é uma ilustração perfeita da fé verdadeira Com o passar dos anos, muitos sugeriram vários propósitos para o livro. Talvez o mencionado com mais frequência seja a resposta à pergunta do motivo do sofrimento do justo. Com certeza essa questão era importante nos dias de Jó, pois as sociedades antigas criam no sofrimento humano como resultado de pecados pessoais ou, pelo menos, da falta de boa vontade de alguma divindade. Até o significado do nome Jó (o perseguido) parece apoiar essa sugestão, mas isso não é tudo o que o livro encerra. Outra sugestão popular é que o livro foi preservado para nos servir de ilustração quanto à natureza da fé verdadeira, da perspectiva popular e divina. Para os seres humanos, deve-se confiar em Deus como Criador e Sustentador da vida mesmo quando tudo não vai bem e quando ele não está visivelmente presente para nos ajudar. Da perspectiva divina, a história prova sua fidelidade a suas criaturas, a despeito da fraqueza e falta de condição destas de entender o que acontece. Outro propósito sugerido, mas pouco citado, é que o livro seria uma parábola concernente à nação de Israel. Nesse caso, Jó seria a nação de Israel. Ainda que essa abordagem seja possível, parece improvável, pois muitas parábolas têm algum tipo de chave de interpretação que ajuda a entendê-las. Portanto, talvez seja melhor simplesmente tomar o livro como uma ilustração da natureza de Deus e sua justiça ao lidar com a humanidade, uma justiça que as pessoas geralmente não podem reconhecer e nunca entendem por completo.

Jó é único na literatura mundial Ainda que Jó apresente muitas similaridades com outros textos antigos do Oriente Médio, nenhum deles se aproxima da beleza e da mensagem de Jó. Pelo fato de os três amigos terem pano de fundo edomita, alguns especularam que Jó pode ter sido edomita e que o cenário do livro pode ter sido Edom. Entretanto, atualmente não há material edomita para chegar a qualquer conclusão. Outros perceberam similaridades entre Jó e os poemas egípcios concernentes ao "Protesto do lavrador eloquente" e "Uma disputa sobre o suicídio", ou com os poemas babilônicos da "Teodiceia babilônica" e "Louvarei ao Senhor da Sabedoria". Em cada um desses casos existem similaridades, mas elas parecem menores de fato e dizem mais respeito ao tópico que ao conteúdo ou forma. Outros ainda sugeriram que Jó foi escrito na forma de um julgamento em um tribunal. Não há dúvida de que muitos termos legais aparecem no livro, mas mesmo assim sabemos muito pouco a respeito de antigos procedimentos legais para chegar a essa conclusão. Portanto, é melhor simplesmente tomar o livro como uma obra única que apresenta a vida de um homem e seus esforços para entender seu Deus e sua situação na vida.

O encontro de Jó com a vida o levou face a face com Deus O livro de Jó é descrito com mais frequência como um drama com um prólogo (cap. 1—2) e um epílogo (42.7-17) envolvendo três ciclos de diálogos poéticos entre Jó e seus três amigos (3—27), um belo poema de sabedoria de Jó (28), as observações finais de Jó (29—31), as misteriosas falas de Eliú (38.1—41.43), e a resposta de Jó (42.1-6).

O prólogo descreve o cenário para o drama: Jó era um homem muito religioso e rico que parecia ter a vida sob controle (1.1-5). Entretanto, sem que ele soubesse, Satanás desafiou sua justiça. Deus aceitou o desafio, mas limitou o poder de Satanás aos bens de Jó (1.6-12). Em uma rápida sucessão, Satanás destruiu todos os bens de Jó, incluindo seus filhos. Entretanto, Jó não culpou Deus nem questionou sua integridade (1.13-22). Satanás então desafiou Deus a permitir o ataque à saúde de Jó. Deus concordou, mas o advertiu de não matar Jó (2.1-6). Sem aviso, uma doença repulsiva se abateu sobre Jó, mas mesmo assim ele se recusou a culpar Deus (2.7-10). Os amigos de Jó ficaram chocados e apavorados, mas foram encorajá-lo e oferecer-lhe ajuda (2.11-13). Até esse ponto Jó apresentou uma fé tradicional que aceita o sofrimento como inevitável, e o suporta com paciência.

Passado o tempo tradicional de luto, Jó bradou, querendo saber por que ele nasceu ou alcançou a maturidade (3.1-26). A fé de Jó se transforma em uma fé desafiadora, que confronta Deus e exige solução e explicação. Em todo o questionamento amargo, a fé viveu, pois Jó se voltou somente e sempre para Deus em busca de respostas. Nesse ponto os amigos de Jó não podiam mais permanecer em silêncio e então começaram a falar. O primeiro foi Elifaz; ele disse a Jó que este deve ter pecado, pois Deus certamente o estava punindo. Entretanto, ainda havia esperança se ele confessasse o pecado e se voltasse para Deus (4.1—5.27). O sofrimento não durará para sempre. Jó estava estupefato e garantiu aos amigos estar preparado para se encontrar com Deus e resolver qualquer problema que pudesse ter (6.1—7.21). Bildade acrescentou que, se Jó não tivesse pecado, ele teria seus filhos, pois era óbvia a punição divina por algum erro. Entretanto, ele também apontou para a esperança se Jó apenas confessasse (8.1-22). Jó estava profundamente ferido e exclamou em voz alta se teria ou não uma audiência perante Deus (9.1—10.22). Zofar, o mais insolente dos amigos, pediu a Deus para se encontrar com Jó por estar certo de que, quando os dois se encontrassem, Jó veria o erro dos seus caminhos e se arrependeria (11.1-20). Jó se apegou à sua integridade e continuou a buscar uma audiência com Deus para poder entender o que estava acontecendo e o motivo (12.1—14.22).

Os amigos de Jó não estavam satisfeitos, e por isso Elifaz falou outra vez, e lhe lembrou de que todas as pessoas (incluindo Jó) pecaram e precisavam se arrepender. Assim, se ele se arrependesse, Deus o perdoaria (15.1-35). Jó compreendeu que não chegaria a lugar nenhum com seus amigos, e por isso invocou o restante da criação para testemunhar a favor de sua integridade (16.1—17.16). Bildade lembrou a Jó muitos provérbios que falam do destino do ímpio. Ao fazer assim, insinuava que o acontecimento resultava do pecado de Jó (18.1-21). Jó estava cada vez mais frustrado, pois parecia que sua família e seus amigos o tinham abandonado. Mesmo assim ele não queria desistir de Deus. Então, de maneira muito bonita, ele afirmou que seria vindicado, se não neste mundo, no vindouro (19.1-29). Zofar se sentiu ferido, pois ele e seus amigos estavam sendo ignorados, e não concordavam com nada disso. Então ele declarou que os ímpios sofreriam muita dor e angústia e que todas as forças da natureza se voltariam contra eles. Não há dúvida de que Zofar incluiu Jó nesse grupo (20.1-29). Jó se voltou para Zofar e de maneira dura disse "não"; pois, como ele observou, algumas vezes os ímpios prosperavam. Isso, no entanto, não significava que Deus não estivesse no controle ou que ele um dia não viesse a fazer justiça verdadeira (21.1-34).

Ainda que o ouvissem com paciência, os amigos de Jó também estavam cada vez mais frustrados. Então Elifaz intensificou a acusação de o sofrimento de Jó resultar da própria pecaminosidade, ao alistar vários pecados dos quais pensava que Jó fosse culpado. Ele então intimou Jó a se arrepender (22.1-30). A essa altura Jó estava sofrendo tanto que simplesmente ignorou os comentários de Elifaz e clamou por socorro (23.1—24.25). Bildade, não querendo perder a disputa, mais uma vez disse a Jó para considerar a natureza e o caráter de Deus, pois, como ele não era injusto, Jó com certeza deveria ter pecado (25.1-6). Jó, em tom sarcástico, perguntou aos amigos de onde eles adquiriram sua sabedoria e então lhes pediu que buscassem Deus para ter fé e compreensão de verdade (26.1—27.23). Aparentemente, nesse ponto, os três amigos, tendo exaurido os argumentos, ficaram em silêncio outra vez.

Jó então mudou e refletiu sobre a natureza verdadeira da sabedoria e seu lugar na existência. Em uma das mais belas descrições da sabedoria de toda a Bíblia, Jó concluiu que a sabedoria verdadeira (ou o significado da vida) pode ser achada apenas no relacionamento de fé correto com Deus ("o temor do Senhor") (28.1-28). Mesmo sabendo que isso era verdade, e ainda que tivesse buscado viver de forma justa, Jó estava ferido e não entendia a razão. Então, em um belo solilóquio, ele clamou a Deus, lembrando a ele de como vivera com fidelidade no passado e fora respeitado por isso (29.1-25), mas agora, quando estava sofrendo, todos se voltaram contra ele, e a morte parecia estar muito próxima (30.1-31). Então Jó endereçou um pedido final a Deus que o vindicasse (31.1-40). Com isso, Jó concluiu sua argumentação. Ele fez uma pausa para esperar uma resposta da parte de Deus.

Nesse momento um jovem chamado Eliú se levantou para falar. Ainda que muito do que ele tinha para falar já houvesse sido dito, ele fez quatro discursos, cada um deles tentando justificar as ações de Deus. Em primeiro lugar, Eliú argumentou que Deus fala a todas as pessoas, e por isso, ainda que ele fosse jovem, tinha o direito de falar e contava até mesmo com entendimento para tanto (32.1—33.33). Em segundo lugar, ele reiterou a opinião de que Deus era justo, e, portanto, o que acontecera a Jó era merecido (34.1-37). Em terceiro lugar, ele tentou mostrar que Deus honrava o justo e condenava o orgulhoso, tal como fizera com Jó (35.1-16). Em quarto lugar, ele então pediu a Jó que aceitasse o que lhe aconteceu como expressão da disciplina divina para humildemente se arrepender e buscar seu perdão (36.1—37.24). Por fim, Eliú compreendeu que Jó não estava ouvindo, de modo que parou de falar.

De modo repentino, do meio de um redemoinho, Deus começou a falar. Basicamente, Deus falou duas coisas. Primeiro, ele descreveu as maravilhas da criação e então perguntou a Jó se ele poderia ter feito algo melhor (38.1—40.2). Jó nega de pronto, pois ele também era apenas criatura (40.3-5). Em segundo lugar, Deus descreveu como ele controlava o mundo e tudo o que há nele e então pediu a Jó que fizesse melhor (40.6—41.34). Jó admitiu sua incapacidade, e que não precisaria fazê-lo, pois agora vira Deus e entendera com clareza o controle divino sobre tudo (42.1-6).

Deus estava aparentemente muito satisfeito com Jó e suas respostas. Entretanto, ele repreendeu os três amigos e lhes ordenou pedir a intercessão de Jó (42.7-9). Então Deus restaurou os bens de Jó e até lhe deu mais filhos (42.10-17). Por fim, Jó encontrou sentido na vida, não na busca intelectual ou nele mesmo, mas em experimentar Deus e no relacionamento de fé com ele.

A mensagem de Jó é ainda relevante para nós hoje O livro de Jó lida com questões que todos eventualmente enfrentam. Essas questões não são tratadas de modo fácil. Os diferentes interlocutores de Jó enfrentaram as questões sob perspectivas diversificadas, o que nos leva a admitir a complexidade do problema antes de aceitar respostas simples. Duas questões importantes são a causa e o efeito do sofrimento e a justiça e o cuidado de Deus. Jó começa pela aceitação do sofrimento como parte da vida humana, a ser enfrentado pela confiança em Deus em tempos bons e maus. Ele começa a questionar, enfrentando as questões teológicas. Ele ilustra a frustração humana com problemas para os quais não podemos encontrar respostas. Mesmo assim ele se recusa a aceitar a sugestão de sua esposa, de desistir de Deus e da vida. Em vez disso, confronta Deus de forma constante com gritos de ajuda e pedidos de resposta.

JÓ, LIVRO DE

Demonstra que a fé pode ser mais que simples resignação. Ela pode ser uma luta no escuro por respostas, mas uma luta com Deus, não com outras pessoas. Elifaz observou que o sofrimento não dura para sempre, principalmente para o inocente. Bildade afirmou que o castigo de Jó não é tão mal como poderia ter sido. Afinal, seus filhos morreram. Estar vivo significa que o pecado de Jó não era imperdoável e seu sofrimento poderia ser suportado.

Zofar enfatizou o pecado de Jó, mas observou que ele poderia sofrer mais. Jó deveria dar graças a Deus pela misericórdia por não o fazer suportar toda a dor que seu pecado merecia. Eliú pediu a Jó que ouvisse a palavra de Deus na experiência, pois seu sofrimento se tornaria um meio de ver a bondade e o caminho de Deus naquela situação. Isso levaria Jó a confessar seu pecado e a louvar a Deus. A reclamação de Jó é que ele não podia encontrar Deus. Ele quer apresentar sua situação perante Deus, mas não pode fazê-lo, pois não é igual a Deus. Ele não pode apresentar seus protestos de inocência, ter o nome limpo e o corpo curado.

A manifestação divina demonstra seu cuidado e controle mesmo no mundo com o sofrimento inexplicável, e seus atos criativos e as criaturas misteriosas provam que os humanos devem viver sob seu controle. A mente humana não pode abarcar todo o conhecimento ou entender todas as situações. As pessoas devem estar contentes com o Deus que lhes fala. Elas não podem exigir que Deus lhes dê todas as respostas desejadas. Deve-se confiar em Deus nas piores circunstâncias, como também nas melhores. V. *fé*; *sofrimento*; *sabedoria*.

Esboço

I. Prólogo: o homem justo pode enfrentar a injustiça sem pecar (1.1—2.10).
II. Primeiro ciclo: O Deus justo responderá às perguntas do justo sofredor? (2.11—14.22).
   A. Jó: Por que alguém precisa nascer para uma vida de sofrimento? (2.11—3.26).
   B. Elifaz: Não alegue ser justo; busque o Deus disciplinador, o justo (4.1—5.27).
   C. Jó: A morte é o único descanso para o justo perseguido por Deus (6.1—7.21).
   D. Bildade: O Deus justo não pune o inocente (8.1-22).
   E. Jó: Os humanos não podem vencer um debate no tribunal contra o Criador (9.1—10.22).
   F. Zofar: Os seres humanos fracos e ignorantes devem confessar seus pecados (11.1-20).
   G. Jó: A pessoa inteligente exige uma resposta do Deus onisciente e onipotente, não de outros humanos (12.1—14.22).
III. Segundo ciclo: O destino do ímpio prova a misericórdia e a justiça divinas? (15.1—21.34)
   A. Elifaz: Cale-se, admita a culpa, e aceite o castigo (15.1-35).
   B. Jó: Oh, que o inocente pleiteie minha causa com o Deus não misericordioso (16.1—17.16).
   C. Bildade: Seja sábio e admita o sofrimento como destino justo do ímpio (18.1-21).
   D. Jó: No mundo sem justiça ou amigos, o justo deve esperar pelo Redentor para ganhar a causa (19.1-29).
   E. Zofar: Sua prosperidade de curta duração demonstra que você é um opressor ímpio (20.1-29).
   F. Jó: Confortadores mentirosos não ajudam na minha luta contra a injustiça divina (21.1-34).
IV. Terceiro ciclo: Poderá o inocente sofredor conhecer os caminhos ou a vontade de Deus? (22.1—28.28).
   A. Elifaz: Você, pecador ímpio, volte para o Deus todo-poderoso e seja restaurado (22.1-30).
   B. Jó: Eu não consigo encontrar Deus, mas as evidências mostram que ele me dá atenção indevida e não cuida do ímpio (23.1—24.25).
   C. Bildade: Ninguém pode ser justo diante do Deus espantoso (25.1-6).
   D. Jó: Seu conselho sem sentido e a opressão divina não ajudam o sofredor inocente (26.1—27.23).
   E. Jó: Os seres humanos não podem conhecer a sabedoria; apenas Deus revela seu conteúdo: o temor do Senhor (28.1-28).
V. Resumo de Jó: Que Deus restaure os dias bons de outrora ou responda à minha queixa (29.1—31.40).
   A. Nos bons dias de outrora eu tinha respeito e integridade (29.1-25).

B. Agora os homens e Deus são cruéis comigo (30.1-31).
C. Em minha inocência clamo por uma audiência com Deus (31.1-40).
  1. Não olhei para nenhuma jovem com luxúria (31.1-4).
  2. Não sou culpado de mentira ou fraude (31.5-8).
  3. Não adulterei (31.9-12).
  4. Tratei meus servos com justiça (31.13-15).
  5. Tenho sido generoso e bondoso com os pobres e oprimidos (31.16-23).
  6. Não prestei culto ao ouro ou aos astros nos céus (31.24-28).
  7. Não me alegrei com o fracasso alheio (31.29,30).
  8. Não recusei hospitalidade a ninguém (31.31,32).
  9. Não tenho nada a esconder, mas gostaria que Deus me desse uma declaração por escrito de minha acusação (31.33-37)
  10. Não retive o pagamento dos trabalhadores em minha propriedade (31.38-40).
VI. Eliú: O jovem irado defende Deus (32.1—37.24).
  A. Eliú está com raiva de Jó e dos amigos (32.1-22).
  B. Eliú fala a Jó como homem; Deus fala por intermédio de sonhos, visões, sofrimento e libertação (33.1-33).
  C. Deus é justo, e Jó fala sem o conhecimento (34.1-37).
  D. Há alguma vantagem em servir a Deus? O pecado humano não é ameaça para Deus; a justiça humana não é algo que se dê a ele (35.1-16).
  E. Deus é justo, completamente sábio, misterioso e soberano sobre os homens e a natureza (36.1—37.24).
VII. Diálogo: prove que sua sabedoria é suficiente para discutir com o Criador eterno (38.1—42.6).
  A. Deus: Você pode controlar a criação animada e inanimada? (38.1—39.30).
  B. Jó: Estou estupefato e não tenho força para responder (40.1-5).
  C. Deus: você vai condenar Deus para justificar a si mesmo? (40.6-9).
  D. Deus: Cuide do Universo (40.10-14).
  E. Duas criaturas inexplicáveis ilustram os caminhos insondáveis de Deus (40.15—41.34).
  F. Jó: Vendo a Deus, confesso seu poder e me arrependo do pecado (42.1-6).
VIII. Epílogo: A oração traz reconciliação, perdão e restauração (42.7-17).

— *Harry Hunt*

JOÁ 1. Aparentemente uma forma abreviada do nome pessoal Joanã, que significa "Javé é misericordioso". 1) Membro da tribo de Benjamim (1Cr 8.16). 2) Herói militar do exército de Davi (1Cr 11.45). **2.** Nome pessoal que significa "Yah [= o Senhor] é irmão". 1) Escriba no tempo do rei Ezequias, por volta de 715-686 a.C. (2Rs 18.18). Foi um dos mensageiros do rei que ouviu o assírio Rabsaqué e levou a mensagem ao rei. Eles o fizeram em prantos (2Rs 18.37). 2) Filho de um escriba real no tempo do rei Josias (640-609 a.C.). Ajudou a reparar o templo (2Cr 34.8). 3) Levita (1Cr 6.21). 4) Membro da família de levitas que eram porteiros ou guardiões das portas (1Cr 26.4). 5) Levita que ajudou a purificar o templo no tempo do rei Ezequias por volta de 715 a.C. (2Cr 29.12). **3.** Pai de Joá (2Cr 34.8). V. *Joá*

JOABE Nome pessoal que significa "Javé é pai". Comandante militar na maior parte do reinado de Davi. Era o filho mais velho de Zeruia, irmã de Davi (2Sm 2.13; 1Cr 2.16). Leal a Davi e impiedoso na conquista de seus objetivos. Após a morte de Saul, Davi negociava com Abner, o comandante militar de Saul. Joabe, cujo irmão havia sido morto em combate por Abner, enganou-o e o assassinou. Davi lamentou publicamente esse assassinato (2Sm 2—3).

As façanhas de Joabe na captura de Jerusalém levaram Davi a nomeá-lo comandante (1Cr 11.4-8). Joabe liderou com sucesso os exércitos de Davi contra os amonitas (2Sm 10). Na campanha Davi despachou sua ordem infame para que Urias, marido de Batseba, fosse morto (2Sm 11).

Joabe foi decisivo na reconciliação de Davi e Absalão (2Sm 14). Quando Absalão liderou uma rebelião, Joabe permaneceu leal a Davi.

JOANA

Joabe matou Absalão, contra ordens explícitas de Davi (2Sm 18.14). Ele também convenceu Davi a parar com o luto obsessivo por Absalão (2Sm 19.4-8). Joabe assassinou Amasa, que Davi havia nomeado comandante (2Sm 20.10). Ele se opôs ao plano de Davi para realizar um censo, mas o fez quando recebeu ordens nesse sentido (2Sm 24.1-9).

Quando Davi estava morrendo, Joabe apoiou as alegações de Adonias quanto ao trono (1Rs 1). Davi nomeou Salomão como rei e ordenou-lhe que matasse Joabe, vingando assim Abner e Amasa. Ainda que Joabe tenha fugido para o tabernáculo em busca de refúgio, Salomão deu ordem a Benaia que matasse Joabe (1Rs 2). — *Robert J. Dean*

JOANA Nome pessoal que significa "dom de Javé". **1.** Em Lc 8.3, uma das mulheres a quem Jesus curou e que ajudava a sustentá-lo com seus recursos. Era esposa de Cuza, administrador de Herodes. O evangelho de Lc, que dá importância particular às mulheres, também a menciona em 24.10. Uma das mulheres que foram à tumba de Jesus na manhã de domingo, após a crucificação, e contaram aos Onze a mensagem de sua ressurreição.

JOANÃ Forma abreviada do nome pessoal Jeoanã, que significa "Javé é misericordioso" ou "Javé é gracioso". **1.** Líder militar entre os judeus que permaneceram em Judá imediatamente após o início do exílio em 586 a.C. (2Rs 25.23). Liderou o esforço contra Ismael, que assassinou Gedalias, o governador de Judá nomeado por Babilônia. Joanã liderou o povo para ir para o Egito a fim de fugir da retaliação babilônica. Obrigou Jeremias a ir com eles, recusando-se a seguir a palavra de Jeremias, da parte de Deus (Jr 40—43). **2.** Sumo sacerdote por volta do ano 411 a.C., conhecido nos papiros elefantinos como Jeoanã, mas em Ne 12.22,23 como Joanã, considerado nesta passagem neto do sumo sacerdote Eliasibe. Essa evidência é usada para datar o ministério de Esdras por volta do ano 398 a.C., em vez de no tempo de Neemias. As relações entre os Eliasibes sacerdotais e os Joanãs das Escrituras são obscuras demais para se estabelecer datas com base nelas. Esse Joanã pode ter se relacionado com o Eliasibe de Ne 13.4, que não era sumo sacerdote, mas estava intimamente ligado às câmaras do templo. V. *Esdras*. Outros estudiosos indicam que foi sumo sacerdote no tempo da compilação da lista sacerdotal de Neemias. Alguns intérpretes alegam que Jônatas (Ne 12.11) é um erro de copista para Joanã, mas isso não é provável. Outros dizem que esse Joanã é o Jeoanã de Ed 10.6 (observe que a *BJ* iguala os dois nomes, a despeito da diferença da grafia em hebraico), mas Esdras não identifica Jeoanã como sumo sacerdote. **3.** Sumo sacerdote que Josefo, o antigo historiador judeu, diz ter assassinado seu irmão chamado Jesus, talvez no tempo de Artaxerxes III Ocus (358-338 a.C.). **4.** Filho mais velho de Josias (1Cr 3.15). Nada sabemos desse filho real que por alguma razão não se tornou rei. **5.** Descendente de Davi no período pós-exílico, por volta de 445 a.C. (1Cr 3.24). **6.** Sumo sacerdote no período primitivo da monarquia israelita (1Cr 6.9,10). Seu filho Azarias era sumo sacerdote no tempo de Salomão (cf. 1Rs 4.2). **7.** Membro de Benjamim, a tribo de Saul, que se uniu a Davi em Ziclague quando este fugia de Saul (1Cr 12.4). **8.** Membro da tribo de Gade que se uniu a Davi em Ziclague, demonstrando que o povo a leste do Jordão o apoiava (1Cr 12.12). **9.** Homem que liderou um grupo que foi com Esdras da Babilônia até Jerusalém, por volta de 458 a.C. (Ed 8.12). **10.** Leigo com uma esposa estrangeira no tempo de Esdras (Ed 10.28). **11.** Filho de Tobias, que se opôs à obra de Neemias em Jerusalém (Ne 6.18). O casamento de Joanã com uma mulher de uma família importante de Jerusalém deu a Tobias um sistema de informações a respeito dos acontecimentos de Jerusalém. V. *Mesulão*; *Tobias*. **12.** Líder de uma família sacerdotal por volta do ano 450 a.C. (Ne 12.13). **13.** Sacerdote que ajudou Neemias a celebrar a conclusão do muro de Jerusalém (Ne 12.42). **14.** Levita e porteiro (1Cr 26.3). **15.** Comandante militar no tempo do rei Josafá de Judá (2Cr 17.15). **16.** Pai de um comandante militar sob a liderança de Joiada, o sumo sacerdote, no assassinato da rainha Atalia e na instalação de Joás como rei de Judá por volta de 835 a.C. **17.** Pai de um capitão no tempo do rei Peca de Israel (2Cr 28.12). **18.** Transliteração grega do nome hebraico Yohanan. Ancestral de Jesus (Lc 3.27). Alguns intérpretes pensam que seu pai, Ressa, não representa um nome pessoal, mas seja a transliteração da palavra aramaica para príncipe

— título de Zorobabel. Joanã seria então o mesmo Ananias de 1Cr 3.19.

JOÃO Forma grega do nome hebraico Yohanan.

João, o apóstolo Filho de Zebedeu, irmão de Tiago. Harmonizando Mt 27.56 com Mc 15.40, sugere-se que a mãe de João era Salomé. Se ela era também irmã da mãe de Jesus (Jo 19.25), então João era primo primeiro de Jesus. No entanto, essa ligação é apenas conjectural, e por isso não podemos estar certos dela. Visto que Tiago é geralmente mencionado em primeiro lugar quando os dois irmãos são identificados, alguns conjecturam também que João era o mais novo dos dois.

Os filhos de Zebedeu estavam entre os primeiros discípulos chamados (Mc 4.21,22; Mc 1.19,20). Eram pescadores no mar da Galileia e provavelmente viviam em Cafarnaum. O pai deles era próspero o bastante para ter "empregados" (Mc 1.20), e Lc 5.10 declara que Tiago e João eram "sócios de Simão".

João é sempre mencionado entre os primeiros quatro nas listas dos Doze (Mt 10.2; Mc 3.17; Lc 6.14; At 1.13). João está também no "círculo dos três" que estavam com Jesus em ocasiões especiais nos Evangelhos sinópticos: a ressurreição da filha de Jairo (Mc 5.37), a transfiguração (Mc 9.2) e o jardim do Getsêmani (Mc 14.32-33). André se uniu a estes três quando eles perguntaram a Jesus a respeito dos sinais da destruição vindoura de Jerusalém (Mc 13.3).

Aos filhos de Zebedeu, foi dado o nome *Boanerges*, "filhos do trovão" (Mc 3.17). Quando uma aldeia samaritana se recusou a receber Jesus, eles pediram "Senhor, queres que façamos cair fogo do céu para destruí-los?" (Lc 9.54). As únicas palavras que os Evangelhos Sinópticos atribuem especificamente a João são: "Mestre, vimos um homem expulsando demônios em teu nome e procuramos impedi-lo, porque ele não era um dos nossos" (Mc 9.38; Lc 9.49). Em outra ocasião os dois irmãos pediram para se assentar em lugares de honra, à direita e à esquerda de Jesus em sua glória (Mc 10.35-41; cp. Mt 20.20-24). Em cada uma dessas ocasiões Jesus desafiou ou repreendeu João. Em Lc 22.8 Pedro e João são identificados como os dois discípulos enviados para preparar a refeição pascal para Jesus e os discípulos.

O apóstolo João aparece quatro vezes no livro de At, e em todas elas está com Pedro (1.13; 3.1-11; 4.13-20; 8.14). Depois de Pedro curar um homem, eles foram presos e depois libertados. Eram "homens comuns e sem instrução" (At 4.13), mas responderam com ousadia aos acusadores, "pois não podemos deixar de falar do que vimos e ouvimos" (At 4.20). Mais tarde João e Pedro foram enviados a Samaria para confirmar a conversão dos samaritanos (8.14).

Paulo mencionou João apenas uma vez: Tiago, Cefas (Simão Pedro) e João, reconhecidos como "colunas" da igreja concordaram que Paulo e Barnabé fossem aos gentios, enquanto eles iriam trabalhar entre os judeus (Gl 2.9).

O evangelho de Jo não menciona Tiago ou João por nome e contém apenas uma referência aos filhos de Zebedeu (21.2). Um discípulo não identificado, que com André tinha sido discípulo de João Batista, é mencionado em Jo 1.35, e um discípulo não identificado ajudou Pedro a ganhar acesso à casa do sumo sacerdote em Jo 18.15,16. O discípulo nestes versículos pode ter sido o discípulo amado, que se reclinou em Jesus na última ceia (13.23-26), permaneceu junto à cruz com a mãe de Jesus (19.25-27), correu com Pedro até a tumba vazia (20.2-10) e reconheceu o Senhor ressuscitado depois da grande pesca (21.7). A necessidade de esclarecer o que Jesus disse a respeito da morte desse discípulo amado (21.20-23) provavelmente indica que ele havia morrido no tempo que o evangelho de Jo foi colocado em sua forma final pelo editor que fala em 21.24,25 e atribui o Evangelho ao discípulo amado.

Cinco livros do NT foram atribuídos ao apóstolo João: o Evangelho, três cartas e Ap. Em cada caso, a opinião tradicional de que o apóstolo era o autor destes livros pode ser identificada em escritores no séc. II. Nem o Evangelho nem as cartas identificam o autor por nome. O autor de Ap identifica-se como "João" (1.1,4,9; 22.8), mas não apresenta nenhuma identificação adicional a seu respeito. Muito do peso da visão tradicional sobre a autoria do Evangelho baseia-se no testemunho de Ireneu, bispo de Lugdunum, na Gália (130-200 d.C.). Essa tradição, entretanto, estabelece os detalhes do Evangelho. Também tem credibilidade histórica pelo fato de Ireneu ser da Ásia Menor e em razão da afirmação de que ele se encontrou com Policarpo de

JOÃO

Esmirna, que alegava ter sido discipulado pelo apóstolo João.

Lendas a respeito do apóstolo continuaram a se desenvolver muito depois de sua morte. Conforme a tradição, João viveu até idade avançada em Éfeso, onde pregou o amor e combateu a heresia, especialmente os ensinos de Cerinto. A tumba de João era o local de uma igreja do séc. IV, sobre a qual Justiniano construiu a esplêndida Basílica de São João. As ruínas da basílica ainda são visíveis em Éfeso hoje.

O *Apócrifo de João* é uma obra gnóstica antiga que supostamente contém uma visão do apóstolo João. Cópias foram encontradas entre os códices de Nag Hammadi. A obra deve ser pelo menos do séc. II, pois Ireneu faz citações dela.

Atos de João é um texto apócrifo do séc. III que cita acontecimentos miraculosos, uma viagem de João a Roma, seu exílio em Patmos, relatos de várias viagens e uma narrativa detalhada de sua morte. Essa obra teologicamente é docética, e foi condenada no Segundo Concílio de Niceia em 787.

O apóstolo João também tem um lugar nas listas de mártires da igreja medieval. Um escritor do séc. V, Felipe de Side, e Jorge, o Pecador, do séc. IX, reportam que Papias (séc. II) escreveu que Tiago e João foram mortos pelos judeus (At 12.2), mas esses relatos são geralmente desacreditados como invenções baseadas em interpretações de Mc 10.39. V. *João, evangelho de*; *João, cartas de*; *Apocalipse, livro de*.

João Batista Profeta proveniente de uma família sacerdotal, que pregou uma mensagem de arrependimento, anunciou a vinda do Messias, batizou Jesus e foi decapitado por Herodes Antipas.

Em Lc 1.5-80 o nascimento de João Batista é descrito em termos similares aos do nascimento de Isaque. Zacarias, pai de João, era sacerdote da divisão de Abias. Isabel, sua mãe, era descendente de Arão. O anjo Gabriel anunciou o nascimento de João enquanto Zacarias queimava incenso no templo. João não beberia vinho nem bebida forte. Ele seria cheio do Espírito Santo, e como profeta teria o espírito e o poder de Elias. Seu papel seria preparar o povo do Senhor para a vinda do Messias.

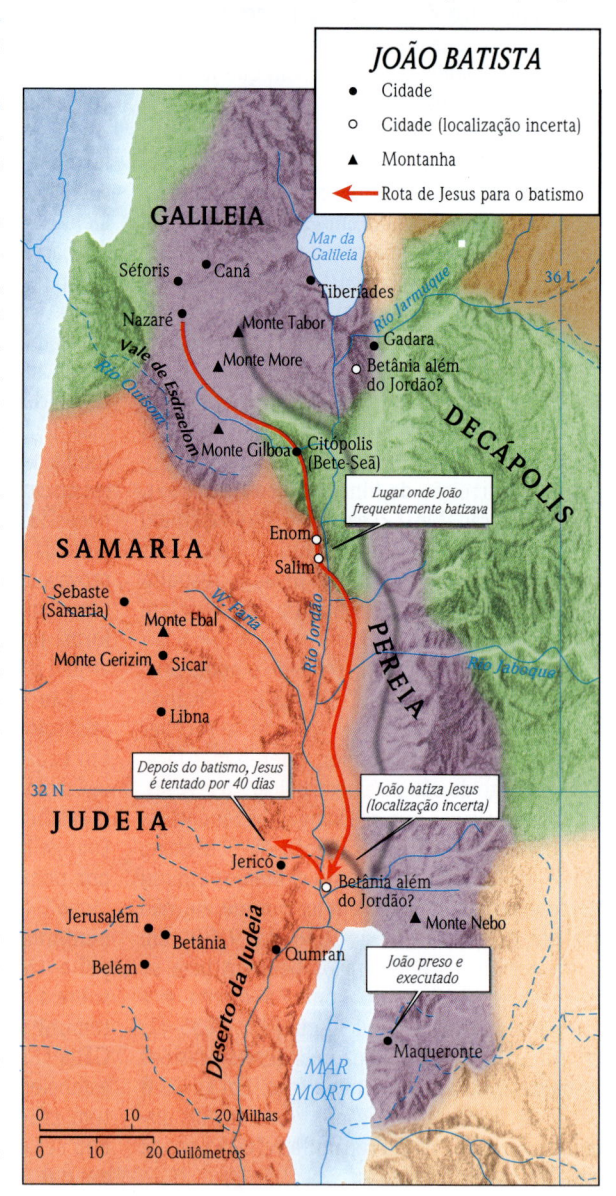

Em Mc 1.3,4, é lembrado de que João permaneceu no deserto até o tempo do seu ministério público. Lá ele comeu gafanhotos e mel silvestre. Usava a roupa de um profeta, de pelo de camelo e um cinto de couro (Mt 3.4; Mc 1.6; cp. 2Rs 1.8). Em razão da vida no deserto, origem sacerdotal, pregação de arrependimento para Israel e a prática do batismo, geralmente se sugere que João cresceu entre os essênios em Qumran. Essa teoria é atraente, mas não pode ser confirmada. Nem a origem da prática do batismo de João pode ser traçada com certeza. Abluções há muito tempo eram parte da piedade judaica, e, na época de João, gentios convertidos ao judaísmo se lavavam como forma de purificação cerimonial. Os essênios em Qumran praticavam purificações rituais e tinham um procedimento elaborado para admissão na comunidade. O batismo de João pode ser derivado da prática essênia, mas não podemos determinar a extensão dessa influência.

Conforme Lc, João iniciou seu ministério na região do rio Jordão no décimo quinto ano do reinado de Tibério César (Lc 3.1-3), que deve ter sido no ano 26 ou 27 d.C. (conforme a mais comum cronologia do NT). A pregação de João enfatizou o julgamento vindouro, a necessidade de arrependimento e a vinda do Messias. Lucas também enfatiza os ensinos éticos de João: ele chamou as multidões de "raça de víboras" (Lc 3.7). Quem tivesse duas túnicas deveria dar uma a quem não tivesse nenhuma; coletores de impostos foram advertidos de não cobrar mais que o devido; e soldados foram instruídos a não roubar ninguém e a se contentar com o seu salário (Lc 3.10).

Jesus foi batizado por João, fato que todos os evangelistas, exceto Marcos, tentaram explicar. Em Mt 3.15 é explicado que isso aconteceu para "cumprir toda a justiça". Já Lc lembra que João foi lançado no cárcere antes de recordar que Jesus também foi batizado (3.20,21), e João fala do batismo de Jesus por meio do testemunho do próprio João Batista. Por isso, o testemunho de João Batista sobre Jesus é apresentado, impedindo qualquer possibilidade de os seguidores posteriores do Batista argumentarem que João fosse superior a Jesus (Mt 3.11,12; Mc 1.7,8; Lc 3.15-17; Jo 1.15,19-36).

Vários ditos nos dão relances do ministério de João. Seus discípulos praticavam o jejum (Mc 2.18), e ele os ensinou a orar (Lc 11.1). João era contundente nos ataques a Herodes. Em contraste com o rei, João tinha uma vida austera (Mt 11.7-9). Ele foi criticado por alguns por conta do seu estilo de vida ascético (Mt 11.16-19), mas elogiado por Jesus como o maior dos profetas (Mt 11.11). A popularidade de João junto ao povo é refletida em Mt 21.31,32, Mc 11.27-32, Lc 7.29-31 e Jo 10.41.

Em um relato muito próximo do NT, Josefo declarou que Herodes Antipas prendeu João e posteriormente o executou em Maquerus por temer que a grande influência dele sobre o povo levasse à rebelião. Muitos acreditaram que a derrota dos exércitos de Herodes pelos nabateus foi um juízo divino sobre o rei pela morte de João Batista. Enquanto João estava na prisão, ele enviou dois dos seus discípulos para inquirir se Jesus era aquele que viria (Mt 11.2,3; Lc 7.18-23). A morte de João é narrada em detalhes em Mc 6.14-29.

Segundo o evangelho de Jo, o ministério de Jesus ocorreu de forma paralela ao de João (3.22-24; cp. Mc 1.14), e alguns dos primeiros discípulos de Jesus também foram discípulos de João Batista (Jo 1.35-37). Jesus chegou a identificar João com o papel escatológico de Elias (Mt 17.12,13; Mc 9.12,13).

O movimento de João não parou com sua morte. De fato, alguns criam que Jesus era João, ressuscitado dos mortos (Mc 6.14-16; 8.27,28). Anos mais tarde um grupo de seguidores de João foi encontrado em Éfeso, entre eles o eloquente Apolo (At 18.24—19.7), e por séculos a influência de João sobreviveu entre os mandeanos, que alegavam perpetuar seus ensinamentos. V. *batismo*.

Outros Um parente de Anás, o sumo sacerdote, também era chamado João (a não ser que os manuscritos em que se lê Jônatas estejam corretos), e João Marcos, que escreveu o segundo Evangelho. V. Anás; *João Marcos*.
— *R. Alan Culpepper*

JOÃO, CARTAS DE São atribuídas ao apóstolo João três cartas da seção das "Epístolas Gerais" (ainda que sejam tecnicamente anônimas).

Autoria A tradição relaciona a autoria destas três cartas ao apóstolo João, filho de Zebedeu e irmão de Tiago (cf. Mc 1.19,20). Muitos creditam a ele a autoria de cinco livros do NT (além das cartas, o evangelho de Jo e Ap), ainda que algumas dúvidas tenham sido levantadas na igreja primitiva acerca da autoria joanina de 2 e 3Jo e

JOÃO, CARTAS DE

do Ap. Fortes semelhanças entre 1Jo e o Evangelho homônimo argumentam a favor da mesma autoria para estes livros. Essa mesma conclusão é alcançada quando se compara 1Jo e as outras duas cartas. Deve-se observar que nenhuma outra pessoa além do apóstolo João foi sugerida pela igreja primitiva como autor da primeira epístola. O mesmo não acontece com 2 e 3Jo, ainda que ele seja a escolha majoritária.

Evidência interna O autor de 1Jo alega ser testemunha ocular de Cristo (1Jo 1.1-3). Por todo o livro, ele escreve com um tom detentor de autoridade, praticamente apostólico. Em 2 e 3Jo o autor se identifica como "o presbítero", título que também comporta um tom de autoridade.

A comparação de 1Jo e do quarto Evangelho revela numerosas similaridades teológicas, vocabulares e sintáticas. Há contrastes como vida e morte, verdade e falsidade, luz e trevas, filhos de Deus e filhos do Diabo, amor e ódio.

O termo *parakletos* ocorre apenas cinco vezes nas Escrituras, e todas se encontram no material joanino (Jo 14.16,26; 15.26; 16.7; 1Jo 2.1). A palavra *monogenes* como expressão da relação única do Filho com o Pai ocorre em Jo 1.14,18; 3.16,18 e 1Jo 4.9.

Evidência externa A igreja primitiva era coerente em atribuir a autoria do quarto Evangelho e de 1Jo ao apóstolo João. Papias, que conheceu João (ele nasceu por volta do ano 60 d.C.), é a primeira pessoa a fazer referência específica à carta joanina como obra do apóstolo João. Ireneu (c. 180 d.C.) faz referência específica a 1 e 2Jo e atribui os dois livros, bem como o quarto Evangelho, ao apóstolo João. De fato, a tradição cristã primitiva é unânime em atribuir 1Jo a João, discípulo e apóstolo do Senhor.

A evidência externa para 2 e 3Jo não é tão antiga nem tão forte como no caso de 1Jo. Isso ocorre provavelmente pela brevidade e circulação limitada destas cartas. Uma declaração de Papias parece indicar a possibilidade de os dois Joões em Éfeso, o apóstolo João e o presbítero João. Entretanto, a declaração de Papias não precisa ser interpretada como sugestão de duas pessoas chamadas João, e parece que o melhor entendimento é vê-los como a mesma pessoa. O apóstolo João é o presbítero João. Ambas eram designações apropriadas para o último sobrevivente do grupo dos discípulos de Jesus.

Entretanto, à parte da "hipótese do presbítero João", ninguém jamais atribuiu 2 e 3Jo a qualquer outra pessoa, a não ser ao apóstolo João. A despeito de questões levantadas na igreja primitiva, as similaridades óbvias em vocabulário, tema e linguagem argumentam a favor da autoria comum das três cartas.

Evidências internas e externas favorecem a opinião de que o apóstolo João é o autor das três cartas que a tradição cristã lhe atribui.

Data e local da composição A tradição é forte em dizer que João passou os últimos anos na cidade de Éfeso ministrando às igrejas da Ásia Menor. Parece razoável ver o local da composição das três cartas também em Éfeso. A evidência interna indica que João era um homem idoso ao escrevê-las. A tradição eclesiástica diz que João estava em Éfeso, "e permaneceu entre eles até o tempo de Trajano". Trajano foi imperador romano de 98 a 117 d.C. Isso indicaria que João morreu pelo fim do séc. I, estabelecendo um término para seus escritos. É razoável a data entre 85 e 100 d.C.

Circunstâncias de 1João A epístola 1Jo foi escrita para uma igreja ou um grupo de igrejas em crise — igrejas atacadas por falsos ensinamentos (cf. 2.18-28; 4.1-6; 5.6,7). Alguns indivíduos anteriormente ligados à comunidade cristã adotaram doutrinas heréticas, de modo particular doutrinas cristológicas erradas, e abandonaram a igreja (2.19). Depois de saírem, eles continuaram a espalhar seus ensinamentos aos que permaneceram nas igrejas joaninas. Eles chegaram a ponto de organizar e enviar missionários/pregadores itinerantes que trabalharam nas igrejas com o objetivo de converter às suas crenças os que lá estavam (cf. 2.26; 4.1-3; 2Jo 7). Esse ataque teológico criou crise e confusão contínuas no interior da comunidade da fé. Em resposta a essa situação, o autor escreveu 1Jo, que tem dois objetivos primários: combater a propaganda dos falsos mestres e tranquilizar os crentes.

Para alcançar o primeiro objetivo, João argumenta que esses indivíduos não eram crentes verdadeiros; eles perderam as marcas do cristianismo autêntico em pelo menos três áreas:

1) Doutrinária. Eles comprometeram a pessoa e obra de Jesus Cristo. Não confessavam Jesus de Nazaré como Cristo (2.22) e negavam

sua vinda em carne (4.2,3). Muito provavelmente, estes falsos mestres eram influenciados por antigas ideias gnósticas, heresia que enfatizava a bondade essencial do espírito e a maldade inerente, ou inferioridade, de toda a matéria. Estes falsos mestres podem ter considerado Cristo um tipo de espírito, talvez um espírito que sobreveio ao homem Jesus em parte do seu ministério (do batismo à crucificação; cf. 5.6-8). Entretanto, eles se recusaram a associar diretamente "o Cristo" ao Jesus humano; essa recusa levou à rejeição de Jesus de Nazaré como Cristo, o único Deus-homem. Associada a essa visão deficiente da pessoa de Cristo estava o conceito deficiente de sua morte. O livro 1Jo contém declarações específicas que enfatizam os resultados expiatórios da morte de Cristo (2.2; 4.10). João destaca a importância da encarnação e também ressalta a natureza distintiva da obra da expiação de Cristo.

2) Moral. Os falsos mestres minimizaram a seriedade do pecado (1.6-10). Eles alegavam a possibilidade da comunhão com Deus de modo independente do comportamento (1.6). Em contraste, João insiste que o relacionamento com Deus prevê sérias implicações éticas (cf. 2.3,4). Um conhecimento genuíno do amor divino e amor a Deus exigem obediência (2.3-6; 5.3).

3) Social. Esses hereges erraram porque seu orgulho espiritual resultou na falta de amor fraternal (2.9,11). João dirá que o amor aos demais irmãos é uma manifestação de cristianismo genuíno (3.14; 4.7-21).

O segundo objetivo de João era fortalecer os cristãos com a garantia de sua salvação. Por causa dos ataques destes falsos ensinos, a dúvida e a confusão se desenvolveram entre os cristãos. No que (em quem) eles deveriam crer – "nos ensinos tradicionais do apóstolo" ou nas doutrinas destes falsos líderes? João lembra as igrejas sobre a confiabilidade do cristianismo que elas receberam no princípio. Ele deseja lhes fazer entender a realidade da fé para poderem saber que dispõem da vida eterna (5.13). João providencia aos leitores testes ou critérios pelos quais avaliar as alegações dos que deixaram a comunhão e por meio dos quais podem garantir a si mesmos estar na verdade (1Jo 1.5—2.2; 2.3-11; 3.7-10; 14.4-6,7,8,13-15; 5.13,18-20).

Ainda que 1Jo lide com problemas específicos causados por divisionistas que evangelizavam em causa própria, isso não indica uma destinação específica (diferentemente de 2 e 3Jo). É muito provável que a epístola tenha sido pensada como uma carta circular para as igrejas na vizinhança de Éfeso, a província da Ásia Menor.

Propósito de 1João A carta 1Jo prevê várias chaves que nos permitem abrir o(s) propósito(s) específico(s) dessa epístola. Quatro vezes na carta ele nos diz o motivo para escrevê-la:

1) "Escrevemos estas coisas para que a nossa alegria seja completa". (Para promover alegria verdadeira nos filhos de Deus.)

2) "Meus filhinhos, escrevo-lhes estas coisas para que vocês não pequem" (2.1). (Para prevenir os filhos de Deus de pecar.)

3) "Escrevo-lhes estas coisas a respeito daqueles que os querem enganar" (2.26). (Para proteger os filhos de Deus dos falsos mestres.)

4) "Escrevi-lhes estas coisas, a vocês que creem no nome do Filho de Deus, para que vocês saibam que têm a vida eterna" (5.13). (Para providenciar aos filhos de Deus segurança quanto à salvação.)

Teologia das Epístolas *A doutrina de Deus* João destaca duas importantes características de Deus. A primeira, Deus é luz (1Jo 1.5). A segunda, Deus é amor (1Jo 4.8). Ambas as qualidades são atributos essenciais de Deus. Andar na luz é andar na vida divina. Praticar o amor é demonstrar o caráter de Deus.

A doutrina do pecado Declara-se em 1Jo 3.8 que o Diabo é a fonte do pecado, que "vem pecando desde o princípio". O pecado no indivíduo é o resultado da influência do Diabo, e a vitória sobre o pecado é na verdade vitória sobre o Diabo. João descreve o pecado como trevas (1.5-7), impiedade ou rebelião (1Jo 3.4) e injustiça (5.17). O pecado é universal e abrangente. Portanto, todo mundo é pecador e comete pecados (1Jo 1.8,10).

A doutrina da cristologia Jesus é apresentado como Filho de Deus, e se destaca a realidade da encarnação da Palavra preexistente. Jesus é chamado de Filho 21 vezes em 1Jo, e duas em 2Jo. João declara que o Filho "estava com o Pai" e ele é a "vida" de Deus (1Jo 1.1-3; cp. Jo 1.1-5). Jesus é "o verdadeiro Deus e a vida eterna" (1Jo 5.20) — afirmação direta da divindade do Filho. Ele era sem pecado (1Jo 3.5) e fez expiação pelos pecados do mundo inteiro (1Jo 2.2; 4.10). Destruiu a obra do Diabo

(1Jo 3.8), realizando tudo isto por meio de sua morte (1Jo 5.6). Ela foi uma demonstração do amor do Pai (1Jo 4.9-11) pela humanidade pecadora. Ele pôde fazer tudo isso por ter assumido nossa carne humana tangível, real (1Jo 1.1-3). A encarnação é o casamento genuíno entre a divindade perfeita e a humanidade sem pecado.

A doutrina do Espírito Santo O Espírito dá testemunho ao cristão sobre o verdadeiro ensino a respeito de Jesus Cristo (1Jo 2.27; 5.7,8). O próprio Espírito é um dom de unção. Ele foi dado aos cristãos (3.24) e os capacita a vencer o mundo (4.4). Por ser o Espírito da verdade (4.6), ele ajuda o cristão a reconhecer os falsos profetas que falam e ensinam de forma errada a respeito de Jesus.

A doutrina da salvação A obra redentora de Jesus Cristo possibilitou nossa salvação (1Jo 2.2; 3.16; 4.10). Ao crer no Filho e recebê-lo, a pessoa nasce de novo (1Jo 5.1), torna-se filho de Deus (1Jo 3.1,2) e recebe o dom da vida eterna. Por meio do novo nascimento somos capacitados a "praticar a justiça" (2.29). Podemos cometer atos individuais de pecado (1.8,10; 2.1), mas não viveremos pecando (3.6-9). Na salvação Deus veio viver (habitar) em nós, e nós, nele (4.15,16).

A doutrina da escatologia João viveu na expectativa da iminência da parúsia. Ele disse: "Esta é a última hora" (2.18). A evidência incluía a presença de "muitos anticristos". João também esperava pela vinda escatológica do anticristo (2.18; 4.3). João vê o mundo como temporário (2.17), indicando que a vitória obtida por Cristo na cruz já está a caminho, ainda que aguarde a consumação progressiva e final. O dia do juízo está chegando (4.17). Quem vive em Deus, e Deus nele, terá confiança, não medo, naquele dia (4.18). Quando ele vier, nossa transformação será completada porque "sabemos que quando ele se manifestar, seremos semelhantes a ele, pois o veremos como ele é" (3.2). Assegurados de uma posição justa diante de Deus por intermédio da fé no Filho que providenciou a expiação pelo pecado, nós amamos a Deus e aos outros, e com essa esperança em nós purificamos a nós mesmos, como ele é puro (3.3).

Canonicidade A canonicidade de 1Jo nunca foi questionada. Já 2 e 3Jo foram consideradas *antilegomena*, i.e., foram motivos de disputa. É provável que estas duas epístolas não tivessem grande circulação em razão da natureza particular e brevidade e, por consequência, não se tornaram muito conhecidas das igrejas. Atanásio as incluiu na *XXXIX carta pascal* (367 d.C.), e o Concílio de Cartago (397 d.C.) as aceitou como canônicas.

Estrutura e forma de 1João O gênero de 1Jo é enigmático. Pelo menos ela se assemelha a uma carta na ausência de identificação do remetente ou do endereçamento a qualquer destinatário, exceto pelo não específico "filhinhos". É mais um tratado ou um discurso com a intenção de se dirigir a uma situação particular. Seus temas predominantes são recorrentes, e não existe nenhuma análise definitiva de sua estrutura e forma. Os binômios "luz" e "amor" são centrais. O livro em si é exortativo, pois João desafia os leitores a seguir sua instrução.

Esboço de 1João

I. Prólogo: A Palavra da Vida (1.1-4)
II. Deus é luz (1.5-3.10)
   A. Andar na luz (1.5-2.2)
      1. Deus é luz (1.5-7)
      2. Resistir ao pecado (1.8—2.2)
   B. Obedecer ao mandamento do amor (2.3-11)
      1. Conhecer a Deus e guardar seus mandamentos (2.3-6)
      2. Aprender o novo mandamento e amar o próximo (2.7-11)
   C. Conhecer seu *status* espiritual (2.12-14)
   D. Cuidado com os inimigos da fé (2.15-27)
      1. Cuidado com o mundo (2.15-17)
      2. Cuidado com os anticristos (2.18-27)
   E. Viver como filhos de Deus (2.28—3.10)
      1. Ser confiante e estar preparado para a vinda dele (2.28—3.3)
      2. Ser justo e não pecar (3.4-10)
III. Deus é amor (3.11—5.12)
   A. Amar uns aos outros: primeira parte (3.11-24)
      1. Amor em ação (3.11-18)
      2. Viver com confiança (3.19-24)
   B. Discernir os espíritos (4.1-6)
   C. Amar uns aos outros: segunda parte (4.17-21)
      1. Amar o próximo porque se é amado por Deus (4.7-10)
      2. Amar o próximo porque se é habitado por Deus (4.11-21)

D. Obedecer a Deus e experimentar a vitória da fé (5.1-5)
E. Crer no Filho e desfrutar a vida eterna (5.6-12)
IV. Conclusão: a confiança e as características dos filhos de Deus (5.13-21)
A. Saber que se tem a vida eterna (5.13)
B. Ser confiante na oração (5.14-17)
C. Não continuar no pecado (5.18-20)
D. Guardar-se dos ídolos (5.21)

Segunda carta de João O segundo menor livro do NT é 2Jo. Contém apenas 245 palavras no texto grego e cabia com facilidade em uma única peça de papiro. Hoje poderíamos denominá-la (e também 3Jo) "epístola cartão-postal". É um exemplo excelente de discurso hortativo (ou exortativo). A senhora eleita, muito provavelmente referência à igreja local, deveria continuar a caminhar na verdade, no amor mútuo e estar de sobreaviso contra falsos mestres (o enganador e o anticristo do v. 7). Eles não devem estender a hospitalidade aos que "não confessam que Jesus Cristo veio em corpo" (v. 7).

A carta segue o padrão epistolar normal do período do NT com uma abertura (saudação), corpo e conclusão. Há apenas dois imperativos na epístola: "tenham cuidado" (*blepete*) no versículo 8 e "não recebam" (*lambanete*) no versículo 10. Entretanto, "amemos uns aos outros" no versículo 5 quase possui força de imperativo.

João constrói essa epístola ao redor de palavras-chave, que mantêm a carta como uma unidade. Nessa pequena carta de 13 versículos, João repetidamente usa "verdade" (cinco vezes), "amor" (quatro vezes), "mandamento" (quatro vezes), "andar" (três vezes), "ensino" (três vezes) e "filhos" (três vezes). Ele também utiliza uma palavra muito rara, "anticristo", que aparece nas Escrituras somente em 1 e 2Jo (1Jo 2.18,22; 4.3; 2Jo 7), como termo que descreve falsos mestres.

João diz a seus filhos: 1) andem na verdade, 2) obedeçam aos mandamentos, 3) amem uns aos outros e 4) guardem os ensinos de Cristo e não serão enganados pelo anticristo (v. 7). A segurança espiritual da comunidade da fé é afirmada com confiança, pois João inicia e conclui a carta com uma referência à posição deles como eleitos (v. 1,13).

Esboço de 2João
I. Amor à verdade (1-3)
A. Abraçar a verdade (1,2)
B. Desfrutar da verdade (3)
II. Viver a verdade (4-6)
A. Preocupar-se com a crença (credo) (4)
B. Preocupar-se com o comportamento (conduta) (5,6)
III. Procurar a verdade (7-11)
A. Reconhecer o engano (7)
B. Resistir ao que é destrutivo (8)
C. Reprovar o que diminui o ensino (9)
D. Rejeitar o que é perigoso (10,11)
IV. Desejar a verdade (12,13)
A. Experimentar plenitude de alegria (12)
B. Experimentar a comunhão da família da fé (13)

Terceira carta de João Trata-se do menor livro do NT e de toda a Bíblia. São somente 219 palavras no texto grego de 3Jo. Essa epístola e 2Jo são corretamente chamadas "epístolas gêmeas", ainda que seja mais certo vê-las como fraternais, não como idênticas. Há algumas semelhanças significativas e merecedoras de destaque:

1) O autor se apresenta como "o presbítero" (2Jo 1; 3Jo 1).
2) Os destinatários são designados por ele amados "na verdade" (2Jo 1; 3Jo 1).
3) Os destinatários são motivo de grande alegria: "eu estou muito contente" (2Jo 4; 3Jo 3).
4) Os destinatários "andam na verdade" (2Jo 4; 3Jo 3).
5) O presbítero recebeu boas notícias a respeito deles (2Jo 4; 3Jo 3,5).
6) As duas cartas contêm uma advertência (2Jo 8; 3Jo 9-11).
7) O presbítero deseja vê-los face a face (2Jo 12; 3Jo 14)
8) Outras pessoas enviam suas saudações (2Jo 13; 3Jo 14).

Trata-se de uma carta pessoal que se desenvolve ao redor de três indivíduos: Gaio (o destinatário), Diótrefes (o causador de problemas) e Demétrio (provavelmente o portador da carta). Assim como 2Jo, segue o formato epistolar antigo. Contém uma palavra de exortação a Gaio, encorajando-o a não imitar o mau exemplo de Diótrefes, mas a continuar com a boa obra que ele fazia — receber e apoiar os missionários/

mestres itinerantes. A carta segue o padrão epistolar básico, com introdução (v. 1-4), corpo (v. 5-12) e conclusão (v. 13,14).

Ainda que os versículos 1 a 4 claramente funcionem como saudação, é possível esboçar a carta com propósitos didáticos ao redor das quatro (contando o presbítero) personagens do livro. Os versículos 1 a 8 contêm uma recomendação abrangente de Gaio. Os versículos 9 e 10 condenam a autocracia bruta e maligna de Diótrefes. Os versículos 11 e 12, tomados como uma unidade, elogiam o piedoso Demétrio. Os versículos 13 e 14 fecham com um vislumbre do coração do presbítero. Quatro homens e suas reputações (que se manifestam pelo comportamento deles) constituem o resumo e a substância de 3Jo. João mais uma vez constrói essa carta com os tijolos da repetição de palavras-chave: "amado" (4: v. 1,2,5,11; "caríssimo", EP); "verdade" ou "verdadeiro" (7: v. 1,3 [duas vezes], 4,8,12 [duas vezes]). O presbítero está compreensivelmente preocupado com o desafio de sua autoridade. Ele teme que o jogo de poder de Diótrefes tenha sucesso e que outros possam ser influenciados por ele. Se necessário, ele terá um encontro face a face no qual tratará da questão. Enquanto isso, João procura manifestar apoio a Gaio. Ele o elogia pelo desempenho passado e o encoraja a continuar assim. Demétrio vai a Gaio como portador da carta e também como reforço em meio à crise. O texto de 3Jo proporciona vislumbres de um conflito de personalidade surgido no fim do séc. I e a estratégia adotada pelo presbítero para resolvê-lo.

Esboço de 3João

I. Gaio é um cristão recomendável (1-8)
  A. Vive de modo espiritual (1,2)
  B. Anda na verdade (3,4)
  C. Serve com fidelidade (5,6)
  D. Ministra de forma generosa (7,8)
II. Diótrefes é um cristão presunçoso (9,10)
  A. Não seja guiado pela ambição orgulhosa (9a)
  B. Não demonstre uma arrogância pomposa (9b)
  C. Não acuse com perversidade (10a)
  D. Não domine com atividade profana (10b)
III. Demétrio é um cristão coerente (11,12)
  A. Siga um exemplo piedoso (11)
  B. Tenha um bom testemunho (12)
IV. João é um cristão cuidadoso (13,14)
  A. Deseja a presença dos companheiros cristãos (13)
  B. Deseja paz aos companheiros cristãos (14)

— *Daniel Akin*

JOÃO, EVANGELHO DE Quarto relato evangélico do NT, distinto dos Evangelhos sinópticos (Mt, Mc e Lc).

Autor A antiga tradição cristã indica que esse Evangelho foi escrito por João, o discípulo, e filho de Zebedeu. O Evangelho alega ter sido escrito pelo discípulo amado, figura não identificada e designada dessa maneira apenas nesse Evangelho (21.20-24). João, filho de Zebedeu, é quase certamente o discípulo amado e autor desse Evangelho, mas algumas dúvidas permanecem pelo fato de ele não ser mencionado por nome.

Diferenças quanto aos Sinópticos O evangelho de Jo é diferente dos três Evangelhos sinópticos. Primeiro, omite acontecimentos e referências extremamente importantes nos outros. João não descreve o batismo de Jesus ou o partir do pão e o compartilhamento do cálice na última ceia. Jesus se refere ao Reino de Deus em uma única fala nesse Evangelho (3.3-6), enquanto o Reino é um tópico central na pregação de Jesus nos Sinópticos. Em Jo, Jesus não realiza exorcismos nem cura leprosos. Enquanto nos Sinópticos Jesus realiza muitos milagres, geralmente diante de multidões, João relata sete "sinais" que apontam para a identidade de Jesus. João não registra nenhuma das parábolas formadoras da base da pregação de Jesus nos Sinópticos. Em segundo lugar, o ministério de Jesus em Jo apresenta diálogos com pessoas como Nicodemos (Jo 3), a mulher samaritana (Jo 4) e os discípulos no cenáculo (Jo 13—17). João não registra muito da pregação pública de Jesus.

O evangelho de Jo tem muitas informações que os Sinópticos omitem. Cerca de 90% de Jo é único. Jesus faz pelo menos quatro visitas a Jerusalém (2.13; 5.1; 7.10; 12.12). Os Sinópticos registram somente uma. A ressurreição de Lázaro é registrada apenas em Jo. Enquanto João omite referências ao pão e ao cálice na ceia, ele se lembra do lava-pés dos discípulos. Jesus é chamado "Cordeiro de Deus" apenas em Jo, referência que ocorrerá somente em Ap.

As adições mais importantes que João faz dizem respeito à identidade de Jesus e à natureza da resposta adequada a ele. Em primeiro lugar, João enfatiza a divindade de Jesus desde o início do seu Evangelho. O prólogo afirma que Jesus é o Verbo eterno (*logos*) que estava com Deus e era Deus. Jesus é a Palavra encarnada (1.14). Jesus usa a significativa expressão "Eu sou" sete vezes em Jo, alegando que o nome pessoal de Deus é seu também. Em Jo, Jesus está sempre no controle e sabe antecipadamente o que acontecerá. João declara, p. ex., que Jesus sabia tudo o que Judas faria (6.71). Jesus disse a Pilatos que ele como governador não teria nenhuma autoridade sobre ele se esta "não lhe fosse dada de cima" (19.11).

Em segundo lugar, o ensino de Jesus se centraliza na vida, eterna e abundante, posse atual dos cristãos (3.16; 10.10). A vida eterna é conhecimento de Deus e de Jesus Cristo (17.3). O conhecimento adicional de Deus advém de crer em e conhecer Jesus. Conhecer e crer são termos-chave em Jo. Ambos ocorrem cerca de 90 vezes nesse Evangelho e são sempre usados como verbos. O ensino de Jesus em Jo nos lembra de que conhecer Deus e crer em Jesus são expressos em ação. Além disso, enquanto a crença em Jesus pode estar baseada em sinais, os seguidores de Jesus devem se mover para um tipo mais profundo de fé. Ele deseja que eles creiam em sua palavra (8.31; cp. 2.23-25).

Contexto Muitos eruditos pensam que uma comunidade seguidora dos ensinos do discípulo amado experimentou dois movimentos significativos no tempo da composição de Jo. Em primeiro lugar, o interesse significativo por pessoas expulsas da sinagoga dada a crença em Jesus durante seu ministério terreno (9.22; cp. 12.42; 16.2). Muitos eruditos creem que esse interesse forte indica a ocorrência de experiências similares com esses cristãos tardios, talvez enquanto vivessem na Judeia ou em áreas adjacentes. Os cristãos judeus encontraram conforto em saber que não foram os primeiros expulsos por conta da fé em Jesus. Em segundo lugar, a tonalidade filosófica de algumas porções de Jo indica que alguns desafios recentes à comunidade vieram da parte de pessoas que por motivos filosóficos ou não criam na encarnação ou no significado da encarnação. Essa ameaça, algumas vezes identificada como "docetismo", parece ter sido um problema no tempo da composição de 1Jo. João afirma que Jesus era a Palavra eterna existente desde o princípio, e que ele de fato se fez carne. O evangelho de Jo apresenta a base para a doutrina da completa divindade e total humanidade de Jesus.

Conteúdo O evangelho de Jo se divide em duas partes principais. Na primeira seção (2—11) o foco está no ministério de Jesus "neste mundo" e nos sinais realizados. Jesus faz sete sinais que deparam com respostas variantes. Os discípulos veem os sinais e creem (2.11). Alguns veem os sinais e mesmo assim rejeitam Jesus, como é ilustrado por aqueles que souberam da ressurreição de Lázaro e mesmo assim não creram (11.47). Além disso, há os semelhantes a Nicodemos que parecem ter sido "crentes secretos" (3.1,2; 7.50,51).

A segunda seção (12—21) revela o ensinamento de Jesus aos discípulos e a "hora" triunfante de sua paixão. Jesus instrui seus seguidores sobre a experiência da presença de outro Confortador (ou "Paráclito"), o Espírito Santo. Os discípulos devem viver o amor a ele em obediência. Eles devem viver como Jesus viveu. Ele é o bom pastor, e eles são seu rebanho. O rebanho lhe ouvirá a voz e o seguirá. Os verdadeiros cristãos obedecem a Jesus. Ele é a videira, e eles são os galhos. A vida e a unidade deles encontram-se nele. Além disso, devem ser conhecidos pelo amor uns aos outros, amor sacrificial, até mesmo a ponto de um entregar a vida pelo outro.

A narrativa da paixão de acordo com Jo tem foco no controle de Jesus sobre os acontecimentos. Ele instrui os adversários sobre como prendê-lo (18.4-8). Pilatos luta com sua decisão, mas Jesus sabe o que acontecerá. Jesus morre como Cordeiro e é sacrificado no exato momento em que os cordeiros eram sacrificados para a Páscoa (19.14).

O livro de Jo originariamente deve ter terminado em 20.30,31. No "epílogo" (21) somos informados a respeito da restauração de Pedro e da predição de sua morte. O rumor que João não morreria antes da segunda vinda é também refutado.

Propósito João escreveu para assegurar os cristãos temerosos de que deveriam crer em Jesus e nas palavras faladas por ele. Além disso, ele convoca outras pessoas espiritualmente sedentas para se dirigirem ao que dá a água da vida. Nele encontram-se luz, vida e amor. V. *João, cartas de*; *João*; *Logos*.

JOÁS

Esboço

I. Introdução (1.1-51)
   A. Prólogo (1.1-18)
II. O ministério de Jesus ao mundo (2.1—11.57)
   A. O ministério de Jesus no "Ciclo de Caná" (2.1—4.54)
      1. O primeiro sinal de Jesus no casamento em Caná (2.1-12)
      2. A purificação do templo (2.13-25)
      3. Jesus dialoga com Nicodemos (3.1-21)
      4. João dá testemunho a respeito de Jesus (3.22-36)
      5. Jesus conversa com a mulher samaritana e com um oficial do rei (4.1-45)
      6. Jesus volta a Caná (4.46-54)
   B. O ministério de Jesus em Jerusalém (5.1—11.57)
      1. Um paralítico curado em uma festa não identificada (5.1-47)
      2. A Páscoa (6.1-71)
         a. Alimentação da multidão (6.1-15)
         b. Andança sobre as águas (6.16-24)
         c. Discurso sobre o verdadeiro pão (6.25-51)
         d. Disputa entre os seguidores (6.52-71)
      3. Confronto na festa das cabanas (7.1—8.59)
      4. Cura do cego de nascença (9.1-41)
      5. A festa da Dedicação (10.1-42)
      6. A ressurreição de Lázaro (11.1-57)
III. Jesus ministra aos seus (12.1—20.31)
   A. Jesus volta mais uma vez a Jerusalém para a Páscoa (12.1-50)
   B. O discurso de despedida e a oração final (13.1—17.26)
      1. A lavagem dos pés dos discípulos (13.1-30)
      2. Jesus ensina sobre sua "partida" (13.31—16.33)
      3. Jesus faz a oração final (17.1-26)
   C. A paixão de Jesus (18.1—20.29)
      1. Prisão e julgamento de Jesus (18.1—19.16a)
      2. Morte de Jesus (19.16b-42)
      3. Ressurreição de Jesus (20.1-29)
   D. O propósito do Evangelho (20.30,31)
IV. Epílogo (21.1-25)

— *C. Hal Freeman Jr.*

JOÁS Nome pessoal que significa "Javé dá". **1.** Em Jz 6.11 é o pai de Gideão. Membro da tribo de Manassés que vivia em Ofra. **2.** Em 1Cr 4.21,22, um dos filhos de Selá. **3.** Em 1Cr 7.8, um dos filhos de Bequer. **4.** Em 1Cr 12.3, um dos guerreiros de Davi, filho de Semaá, o gibeatita. **5.** Em 1Cr 27.28, um dos oficiais de Davi encarregado do fornecimento de azeite. **6.** Em 1Rs 22.26, filho de Acabe, o rei de Israel, e uma das pessoas a quem o profeta Micaías foi entregue. **7.** Em 2Rs 11.2, o filho pequeno do rei Acazias de Judá, sobrevivente do massacre ordenado por Atalia, a rainha-mãe, após o assassinato de Acazias. Joás foi escondido por Jeoseba, sua tia, por seis anos, e depois proclamado pelo povo governante legítimo de Judá no motim instigado por Joiada. Atalia foi executada, e Joás subiu ao trono com 7 anos de idade. Na minoridade do rei, Joiada, o sacerdote, exerceu forte influência positiva na vida civil e religiosa da nação. A morte de Joiada, entretanto, marcou um notável declínio na qualidade do governo de Joás. Por fim, o rei foi assassinado como resultado de uma conspiração palaciana. V. *Atalia*; *cronologia do período bíblico*; *Israel, terra de*; *Joiada*. **8.** [Jeoás] Em 2Rs 13.10, filho e sucessor de Jeoacaz como rei de Israel. Governou por dezesseis anos, na primeira parte do séc. VIII a.C. Sua visita ao profeta Eliseu, quando este estava moribundo, é descrita em 2Rs 13.14-19. Na visita, o profeta prometeu ao rei três vitórias sobre a Síria. Posteriormente, J[e]oás desfrutou de sucesso militar não apenas contra a Síria, mas também contra o reino vizinho de Judá. Derrotou Amazias de Judá na batalha de Bete-Semes e de fato invadiu Jerusalém e saqueou o templo. Após sua morte foi sucedido no trono por Jeroboão II. V. *cronologia do período bíblico*; *Israel, terra de*. — *Gene Henderson*

JOATÃO Transliteração do grego para Jotão na *BJ* (Mt 1.9). V. *Jotão*.

JOBABE Nome pessoal que talvez signifique "deserto" ou "armar-se para a batalha". **1.** Filho de Joctã na linhagem de Sem, filho de Noé, na tabela das nações (Gn 10.29). Ele era o ancestral de uma tribo semita, provavelmente no sul da Arábia. **2.** Antigo rei de Edom situado em Bozra (Gn 36.33). **3.** Rei da cidade-Estado de Madom que se uniu a Jabim de Hazor na coalização do norte contra Josué (Js 11.1). **4.** Dois membros da tribo de Benjamim (1Cr 8.9,18),

JOCDEÃO Nome de lugar que significa "o povo queimou". Cidade no território tribal de Judá, possivelmente a moderna Khirbert Raqqa, perto de Zife (Js 15.56).

JOCMEÃO Nome de lugar que significa "ele estabelece o povo" ou "o parente estabelece ou liberta". **1.** Cidade fronteiriça do quinto distrito do reino de Salomão (1Rs 4.12; *BJ*, Jecmaan). Sua localização era provavelmente Tell Qaimun, a cerca de 24 quilômetros ao sul de Haifa, no canto noroeste do vale de Jezreel. Uma cidade-fortaleza protegia o caminho até a planície de Sarom. Localiza-se na fronteira, talvez além do território tribal de Zebulom (Js 19.11), e foi designada aos levitas (Js 21.34). Josué derrotou seu rei, cujo reino estava próximo do monte Carmelo (Js 12.22). Os registros egípcios de Tutmósis III, faraó que reinou entre 1504 e 1450 a.C., mencionam Jocmeão. **2.** Cidade dos levitas na tribo de Efraim (1Cr 6.68), ou omitida na lista de Js 21.22 ou talvez identificada com Quibzaim no mesmo versículo. Pode estar localizada em Tell es-Simadi ou Qusen, a oeste de Siquém. V. *Quibzaim*.

JOCSÃ Nome pessoal que significa "armadilha", "cilada". Filho de Abraão com Quetura e ancestral de tribos árabes no deserto a leste do Jordão (Gn 25.2,3). É um elo entre judeus e árabes, por pertencerem a Abraão — o ancestral comum.

JOCTÃ Nome pessoal que significa "vigilante" ou "ele é pequeno". Filho de Héber na linhagem de Sem na tabela das nações (Gn 10.25,26). Foi o ancestral original de várias tribos no deserto da Arábia, particularmente em Jemim. V. *Messa*; *Sefar*.

JOCTEEL Nome de lugar que significa "Deus alimenta" ou "destrói". **1.** Cidade na Sefelá, ou vale do território tribal destinado a Judá (Js 15.38). **2.** O rei Amazias tomou Selá de Edom e a renomeou Jocteel (2Rs 14.7). Pode ser a moderna es-Sela, a noroeste de Bozra. V. *Selá*.

JODÁ Transliteração grega de Jeudá ou Joiada. Ancestral de Jesus (Lc 3.26).

JOEDE Nome pessoal que significa "Yah (= Javé) é testemunha". Membro da tribo de Benjamim (Ne 11.7).

JOEIRAMENTO Uma etapa no processamento de grãos em que o grão é separado das partes não comestíveis. Os talos são lançados no ar, e o vento sopra fora o debulho e a palha, deixando que as partes puras, mais pesadas, caiam de volta ao chão (Is 30.24). João Batista usou o joeiramento como uma analogia do juízo de Deus, quando o Senhor separará o pecador do justo (Mt 3.12). V. *agricultura*.

JOEL Nome pessoal que significa "Yah (= Javé) é Deus". **1.** Filho de Samuel que se tornou mau juiz, levando os líderes de Israel a pedir a Samuel que lhes desse um rei, introduzindo a monarquia como forma de governo em Israel. Samuel argumentou fortemente contra a ideia, mas sem sucesso (1Sm 8; cp. 1Cr 6.33). **2.** Levita (1Cr 6.36). **3.** Membro(s) da tribo de Rúben (1Cr 5.4,8). **4.** Líder dos levitas no tempo de Davi (1Cr 15.7,11,17), que trouxe a arca da aliança a Jerusalém (cf. 1Cr 23.8; 26.22 para os levitas). **5.** Membro da tribo de Simeão (1Cr 4.35). **6.** Líder da tribo de Gade (1Cr 5.12). **7.** Líder da tribo de Issacar (1Cr 7.3). **8.** Herói militar no tempo de Davi (1Cr 11.38; cp. Igal em 2Sm 23.36). **9.** Líder da parte ocidental da tribo de Manassés no tempo de Davi (1Cr 27.20). **10.** Levita que ajudou o rei Ezequias a purificar o templo, por volta de 715 a.C. (2Cr 29.12). **11.** Israelita que Esdras condenou por ter esposa estrangeira, o que poderia levar a nação a cultuar outros deuses (Ed 10.43). **12.** Líder da tribo de Benjamim que vivia em Jerusalém no tempo de Neemias (Ne 11.9). **13.** Profeta cujo ministério de pregação produziu o livro de Jl. Informações pessoais concernentes ao profeta são mínimas; sabe-se apenas que ele era filho de Petuel (sobre quem não há informações). É provável que o profeta tenha vivido em Jerusalém pelo grande interesse na cidade, pelas repetidas referências a Sião, pelo chamado ao povo para se reunir para o culto e interesse nos rituais e sacrifícios do templo.

O uso da fórmula popular "Veio a mim a palavra do Senhor" demonstra a devoção como profeta de Deus. Distinguindo-se dos sacerdotes, ele respeitosamente instou com estes que guiassem o povo ao arrependimento. Pelo menos 20 referências a Joel e citações de outros profetas atestam sua posição no ministério profético.

JOEL, LIVRO DE Contendo apenas 73 versículos, o livro de Jl é um dos menores do AT, compreendendo apenas três capítulos nas traduções em português. A primeira de duas divisões naturais, a seção mais antiga (1.1—2.17) descreve uma terrível praga de gafanhotos, concluindo com um apelo à confissão de pecados. A segunda seção (2.18—3.21), escrita sob a forma de uma resposta divina na primeira pessoa, proclama esperança para o povo arrependido e assolado com o juízo dos inimigos.

Uma praga de gafanhotos sem precedentes era símbolo do vindouro Dia do Senhor. Os insetos, descritos nos quatro estágios de desenvolvimento, moviam-se pela terra em sucessivos enxames, destruindo tudo que estava em seu caminho. Os fazendeiros não teriam colheita. Os animais perambulavam desesperadamente pela terra devastada, grunhindo e morrendo por falta de comida. Os bêbados clamavam por um pouco de vinho. Visto que os sacerdotes não podiam encontrar ofertas suficientes para o sacrifício, os altares estavam vazios. A seca e a fome seguiram-se à invasão dos gafanhotos. A vegetação desapareceu; a temperatura estava alta; a água, escassa. Toda a criação de Deus sofria pela pecaminosidade do povo.

Os sacerdotes eram instados a convocar jejum e oração (2.15-17). Somente a graça divina poderia impedir a aniquilação. Então, na base do arrependimento, Deus respondeu que demonstraria piedade e removeria a praga (2.18-27).

Por consequência da volta para Deus, o povo recebeu a promessa da presença do Espírito divino entre eles. Os gafanhotos foram usados para lhes falar a respeito do grande e futuro Dia do Senhor. Pronunciou-se juízo contra a Fenícia e a Filístia (3.4) e sobre todas as nações quando elas fossem julgadas por Deus no vale de Josafá, que significa literalmente "O Senhor julga" (3.2,12). Judá experimentou prosperidade sem paralelo, mas o Egito e Edom (inimigos tradicionais) teriam um castigo terrível (3.18,19). O Senhor triunfou sobre seus inimigos para que todos soubessem que "eu sou o Senhor, o seu Deus" (3.17, cp. 2.27).

As opiniões divergem quanto à data do livro. Evidências internas deixam claro que os sacerdotes estavam em posição de forte autoridade; o templo existia; os sacrifícios eram considerados importantes; e algumas nações estrangeiras foram condenadas. Não há menção aos impérios mundiais da Assíria ou Babilônia. Não se fez referência a Israel, o Reino do Norte; nem se menciona o nome de qualquer rei.

Duas datas aproximadas geralmente são dadas como épocas possíveis de autoria do livro, uma antes do exílio, por volta do tempo do rei menino Joás (c. 836-796 a.C.), ou depois da volta do exílio (c. 500-400 a.C.). A posição do livro entre os mais antigos profetas no cânon hebraico é considerada evidência da data mais antiga. Também a omissão do nome de um rei seria adequada se um rei jovem como Joás ainda não tivesse alcançado a maioridade.

Há fortes argumentos a favor da data posterior. Os exilados recém-chegados formavam um grupo pequeno em Jerusalém e centralizaram o culto no templo. Os sacrifícios eram importantes. Faltava a ênfase na conduta ética, tão característica dos profetas pré-exílicos como Amós e Miqueias. A idolatria e os lugares altos não são mencionados, sugestão de que isso já não era um problema mais sério. Depois do exílio não haveria necessidade de proclamar a destruição vindoura da Assíria e da Babilônia. Não haveria necessidade de mencionar um rei. A citação de tráfico escravagista grego (3.4-6) se encaixa no período posterior. Referências à dispersão dos israelitas (3.2-6) seriam aplicáveis ao período exílico, e o uso do termo "Israel" para se referir a Judá (2.27; 3.2) seria muito apropriado em tempos pós-exílicos. Além disso, o estilo e a linguagem refletem o período após o exílio, quando a ênfase profética começava a dar lugar à apocalíptica.

Alguns teólogos antigos consideravam todo o livro uma alegoria na qual os gafanhotos representavam quatro nações pagãs opostas ao povo de Deus. Poucos eruditos hoje mantêm essa interpretação. Outros biblistas veem no livro basicamente uma predição de acontecimentos futuros e os relacionam a alguns trechos da literatura apocalíptica do NT (Ap 9.3-11). Entretanto, muitos acadêmicos aceitam a descrição da praga de gafanhotos como uma invasão literal usada pelo profeta como ponto de referência para falar a seus contemporâneos sobre o vindouro Dia do Senhor e ao mesmo tempo incorporar elementos preditivos concernentes à era messiânica.

São muitos os ensinamentos básicos do livro de Jl. 1) O Deus Criador e Redentor de todo o Universo mantém controle completo da natureza e pode usar as calamidades para trazer seu povo ao arrependimento. 2) Tudo na criação divina é interdependente. Pessoas, animais e vegetais sofrem quando o povo peca. 3) Ainda que os judeus considerassem o Dia do Senhor um tempo de punição contra seus inimigos, Joel deixa claro que, apesar de Deus controlar o destino das outras nações, seu povo — responsável por viver de acordo com seu relacionamento com Deus — não está isento de sua vingança. 4) O Deus do juízo é também o Deus da misericórdia, pronto para redimir e restaurar seu povo quando este se achega arrependido. 5) De significado especial é a visão do tempo em que o Espírito de Deus estaria presente sobre todas as pessoas. Todos se tornariam profetas, sem exceção, sem intermediários, e todos conheceriam a salvação proveniente de Deus. No dia de Pentecoste, Pedro proclamou a chegada do novo dia em que as pessoas seriam cheias do Espírito, como anunciou o profeta Joel (At 2.17-21).

Esboço

I. O Dia do Senhor convoca o povo de Deus à resposta (1.1—2.17).
  A. Testemunho às gerações futuras (1.1-4).
  B. Lamento e dor pela destruição (1.5-20).
  C. Soem o alarme, pois o Dia do Senhor é terrível (2.1-11).
  D. Arrependam-se no íntimo, pois seu Deus gracioso e paciente pode se apiedar (2.12-14).
  E. Reúnam a congregação para lamentar e se arrepender (2.15-17).
II. Deus responderá ao lamento e ao arrependimento do seu povo (2.18-27).
  A. Deus terá piedade (2.18).
  B. Deus suprirá a necessidade de alimentos e removerá a vergonha de seu povo (2.19).
  C. Deus derrotará o inimigo (2.20).
  D. Deus substituirá o medo e a vergonha por alegria e louvor (2.21-26).
  E. Deus fará seu povo conhecê-lo e adorar somente a ele (2.27).
III. Deus está preparando o grande Dia de Salvação (2.28—3.21).
  A. Deus derramará seu Espírito para trazer salvação ao remanescente (2.28-32).
  B. Deus julgará todas as nações (3.1-17).
  C. Deus abençoará seu povo (3.18-21).

— *Alvin O. Collins*

JOELA Nome pessoal que significa "cabra da montanha". Guerreiro de Benjamim, tribo de Saul que se uniu a Davi em Ziclague quando este fugia de Saul (1Cr 12.7). Manuscritos e traduções antigas dão várias formas ao nome, como Jaalá e Azriel.

JOEZER Nome pessoal que significa "Yah (= Javé) é auxílio". Guerreiro de Benjamim, a tribo de Saul, que se uniu a Davi em Ziclague quando este fugia de Saul (1Cr 12.6).

JOGAR V. *jogos*.

JOGBEÁ Nome de lugar que significa "outeiro", "colina pequena". Cidade a leste do Jordão onde Gideão derrotou Zeba e Zalmuna, reis de Midiã (Jz 8.11). Sua localização é a moderna Khirbet El-Jubeihat, a 34 quilômetros a sudeste do Jordão e a 11 quilômetros a nordeste de Amã. A tribo de Gade reconstruiu a cidade e se estabeleceu nela (Nm 32.35).

JOGLI Nome pessoal que significa "ele revela". Pai de Buqui, representante da tribo de Dã na distribuição da terra prometida (Nm 34.22).

JOGOS Descobertas arqueológicas do antigo Oriente Médio providenciaram ampla evidência da existência de numerosos tipos de jogos na Antiguidade, incluindo até formas antigas de damas e de xadrez. De igual maneira, muitos brinquedos de crianças encontrados em Israel confirmam que as crianças hebreias, tais como as crianças em toda cultura e em toda época, divertiam-se com jogos. Entretanto, não há no AT nenhuma menção específica de jogos organizados de qualquer natureza. Algumas habilidades são mencionadas no AT, tais como corrida (1Sm 8.11), arco e flecha (1Sm 20.20), uso da funda (1Sm 17.49; "atiradeira", *NVI*) ou a luta (Gn 32.24). Tais habilidades implicam treino e prática, mas não há referências específicas a eventos competitivos. Os israelitas evitavam competições atléticas e até mesmo a escrever a respeito.

Mosaico de gladiadores do período romano, com o vencedor erguendo-se triunfante sobre seu oponente.

Em contraste com a cultura hebraica, a cultura helenística valorizava jogos e eventos competitivos como parte central da vida. Para se tornarem bons cidadãos, os jovens gregos recebiam treinamento intelectual e físico. No ginásio uma educação abrangente incluía desenvolvimento de habilidades como luta e corrida. O ginásio, uma parte central das vilas e cidades gregas, era também o local do mercado, bem como de treinamento de atletas experientes.

Também eram comuns na cultura grega eventos competitivos bem organizados como corridas (de atletas, de bigas e de barcos), lutas e competições de arco e flecha. Os Jogos Olímpicos são o exemplo primário da importância de competições esportivas na cultura grega. As competições esportivas continuaram no período romano, apesar de algumas modificações. Os romanos adicionaram algumas novidades nos combates de gladiadores; p. ex., luta contra animais selvagens. Tanto para os gregos como para os romanos, esses eventos estavam ligados ao culto aos deuses.

Com a conquista do território de Israel por Alexandre, o Grande, em 332 a.C., a cultura helenística se impõe sobre a região, o que inclui jogos e competições. Como resultado, começam a aparecer em Israel arenas e ginásios. Antíoco IV Epifânio, descendente de um dos generais de Alexandre, reinou sobre a região de 175 a 164 a.C. e mandou construir um ginásio em Jerusalém. Muitos judeus, incluindo alguns sacerdotes, participaram em eventos nesse ginásio (v. 1Mc 1.14; 2Mc 4.9). Para muitos judeus o espetáculo de um ginásio em Jerusalém era repulsivo (um dos motivos era que os atletas competiam nus).

Raia para corridas de atletas em Olímpia.

Ainda que os jogos gregos tenham se tornado menos frequentes em Israel depois da revolta dos macabeus (167 a.C.), a presença da cultura grega e de competições esportivas permaneceu. Herodes, o Grande, p. ex., construiu, entre outras coisas, um estádio e um hipódromo em Cesareia, um teatro em Jerusalém e possivelmente um hipódromo em Jericó. No séc. I, judeus em Israel e os da Diáspora, bem como os gentios espalhados por toda a região do mundo mediterrâneo, estavam familiarizados com competições esportivas.

No NT há referências diretas a jogos e competições, particularmente nas epístolas de Paulo. Para os que viviam em Corinto no séc. I, ilustrações provenientes de competições esportivas seriam facilmente entendidas, não apenas por conta de aspectos da vida diária, mas também porque a cidade era a sede dos Jogos Ístmicos, um evento que só perdia em importância para os Jogos Olímpicos. Paulo usou a corrida como ilustração da perseverança cristã, lembrando-lhes que, embora muitos competidores corram, apenas um recebe o prêmio (1Co 9.24). Ele usou o treinamento estrito e severo dos atletas em competição nos jogos como analogia da disciplina exigida para a vida cristã, lembrando aos seus leitores que os atletas se submetem a treinamento para ganhar "uma coroa que logo perece" (v. 25). É provável que os destinatários da recomendação paulina tenham se lembrado da coroa de louros dada aos vencedores dos Jogos Ístmicos. A mensagem de Paulo era clara: se atletas fazem tudo isso para ganhar uma coroa perecível, os cristãos devem suportar muito mais e se submeter à disciplina para receber "uma coroa que dura para sempre" (v. 25). Voltando-se para sua vida, Paulo usou sua pessoa como exemplo de alguém que não "corre sem alvo" (v. 26). Os corredores nos jogos corriam em direção a um marco fixo, talvez uma pedra (o que hoje seria chamado de "linha de chegada"). Eles não corriam descuidadamente, mas com um propósito: terminar a corrida (Paulo usou analogia semelhante em Fp 3.12-14). Além disso, ele disse: "não luto como quem esmurra o ar. Mas esmurro o meu corpo e faço dele meu escravo" (v. 26-27). Paulo lutou contra seus desejos pecaminosos com intensidade e sem autocomiseração, à semelhança dos competidores em uma disputa de luta. Dessa maneira, Paulo usou dois dos mais conhecidos eventos esportivos para fazer uma ilustração clara a respeito da vida cristã.

Paulo também usou os jogos atléticos como uma analogia de toda a sua vida. Ele disse que terminou a "corrida" e que, portanto, iria receber a "coroa da justiça" (2Tm 4.7).

Crianças da Jerusalém atual brincando com um jogo em uma rua da Via Dolorosa.

O escritor aos Hb também usou jogos esportivos como metáfora da perseverança: "Portanto, também nós, uma vez que estamos rodeados por tão grande nuvem de testemunhas"; comparando os santos que já se foram às multidões que se formavam nas arenas, todo esforço deve ser feito para que os cristãos possam correr "com perseverança a corrida que [lhes] é proposta". Além disso, o foco está na linha de chegada, pois Jesus é "o autor e consumador da nossa fé" (Hb 12.1-4). — *Bryan J. Vickers*

JOIADA 1. Forma abreviada do nome pessoal Jeoiada, que significa "Yah (= Javé) conhece". 1) Homem que ajudou a reparar a velha porta de Jerusalém no tempo de Neemias (Ne 3.6). 2) Sumo sacerdote por volta de 425 a.C. (Ne 12.10-11,22). Esdras acusou um dos seus filhos, casado com a filha de Sambalate, de ser traidor (Ne 13.28). Um casamento desse tipo, de alguém da família do sumo sacerdote com uma estrangeira, violava a lei judaica (Lv 21.14). V. *Sambalate*. **2.** Nome pessoal que significa "Javé sabe" ou "Javé se preocupa com". 1) Sacerdote que liderou o golpe no qual a rainha Atalia, usurpadora do trono de Judá, foi assassinada e Joás (Jeoás), o legítimo herdeiro da monarquia, foi entronizado (2Rs 11.4). Nessa época, Joás era uma criança de 7 anos, e

Joiada evidentemente atuou como regente por vários anos. O papel de Joiada foi positivo e benéfico; ele influenciou o jovem rei a restaurar o templo. A morte de Joiada marcou o declínio terrível na bondade do rei e sua fidelidade ao Senhor (2Cr 22-24). V. *Atalia*; *Joás*; *sacerdotes*; *levitas*. **2)** Pai de Benaia, líder militar de Davi (2Sm 8.18), aparentemente de Cabzeel (2Sm 23.20). Esse Joiada era aparentemente um levita e líder militar de Davi em Hebrom (1Cr 12.27). **3)** Sacerdote líder no tempo de Jeremias, diante de Sofonias (Jr 29.25,26).

JOIAQUIM Forma abreviada de Jeioaquim, que significa "Yah (= Javé) estabeleceu, colocou, libertou". Filho de Jesua e sumo sacerdote de Israel por volta de 510 a.C. (Ne 12.10,12,26).

JOIARIBE Forma abreviada de Jeoiaribe, que significa "Yah (= Javé) estabelece justiça". V. *Jeoiaribe*. **1.** Membro do grupo enviado por Esdras para convocar os levitas para acompanhá-lo na volta da Babilônia a Jerusalém (Ed 8.16). Muitos intérpretes pensam que Joiaribe seja uma duplicação copista do nome Jaribe, que aparece no mesmo versículo. V. *Jaribe*. **2.** Ancestral de um membro da tribo de Judá que viveu em Jerusalém depois do exílio (Ne 11.5). **3.** Pai de um sacerdote que viveu em Jerusalém depois do exílio (Ne 11.10). **4.** Sacerdote que retornou do exílio babilônico a Jerusalém por volta de 537 a.C. com Zorobabel (Ne 12.6). **5.** Família sacerdotal importante depois da volta do exílio (Ne 12.19).

JOIAS, JOALHERIA Joias são pedras valiosas pela beleza ou raridade. Muito frequentemente são cortadas e polidas para valorizar sua aparência. Joias são mais raras em achados arqueológicos da Palestina que em sítios egípcios, gregos ou fenícios. Há duas razões para isso. A primeira, a terra de Israel não tem depósitos naturais de pedras preciosas. Joias (algumas vezes sob a forma de adereços) eram tomadas como despojos de guerras (Nm 31.50), trazidas como presente ao rei (2Cr 9.1,9) ou adquiridas de mercadores (1Rs 10.11; cf. Ap 18.11,12). A segunda, Israel e Judá eram peões em lutas pelo poder entre seus vizinhos. A riqueza acumulada pelo rei e pelo templo era levada por conquistadores (1Rs 14.25-28). Joias funcionavam como meio de troca no antigo Oriente Médio antes da invenção do dinheiro. Em Israel joias eram usadas primariamente em relação ao culto e à monarquia.

Exemplo de joalheria frígia — bracelete com cabeças de leoas que se encaram (1200-650 a.C.).

Culto As joias eram contribuições adequadas para ofertas especiais (Êx 35.22). O sumo sacerdote vestia-se com roupas finas decoradas com joias (Êx 28; 39). O manto do colete sacerdotal vestido pelo sumo sacerdote tinha uma pedra de ônix estabelecida em filigranas de ouro e gravada com os nomes das tribos de Israel em cada ombro. O peitoral do sumo sacerdote (também chamado "peitoral de decisões", Êx 28.15,29) era feito do tecido mais fino entretecido com ouro, no qual eram colocadas 12 pedras preciosas em quatro colunas com três pedras. Em cada pedra era gravado o nome de uma das 12 tribos. Portanto, as 12 tribos estavam simbolicamente presentes quando o sumo sacerdote ministrava na presença do Senhor. As palavras hebraicas para algumas destas joias podem ser traduzidas com algum grau de segurança; em outros casos os tradutores precisam quase tentar adivinhar a pedra mencionada pelo texto. Considerando que os antigos não tinham como cortar diamantes, estes ainda não eram pedras preciosas. A palavra traduzida por "diamante" em Êx 28.18 e 39.11 provavelmente se refere a uma pedra bastante dura, pois o vocábulo se baseia na raiz de uma palavra que significa "martelar, bater". Essa pedra provavelmente não é o que chamamos diamante. O sumo sacerdote pareceria muito elegante quando liderava o culto.

Monarquia Joias eram consideradas presentes adequados para o rei. A rainha de Sabá trouxe joias para Salomão (1Rs 10.2,10). Elas eram usadas em coroas reais (2Sm 12.30).

Constituíam uma forma de riqueza que poderia ser acumulada e facilmente guardada no tesouro real. O escritor de Ec considerou esse acúmulo de riqueza real um assunto de grande vaidade (Ec 2.4-11).

Diferentemente das joias preciosas, os ornamentos eram grandemente utilizados por pessoas simples no antigo Oriente Médio. Arqueólogos demonstraram que homens e mulheres adornavam-se com vários tipos de enfeites desde os tempos mais antigos que se conhece. A joalheria era conhecida no período patriarcal. O servo de Abraão, enviado para encontrar uma noiva para Isaque, deu a Rebeca uma argola de nariz e braceletes (Gn 24.47), além de outras peças de ouro e prata. Diz-se dos israelitas que "despojaram" os egípcios, quando pediram ouro e outras peças de joalheria a seus vizinhos, em preparação para a saída do país (Êx 3.22; 11.2,3). No entanto, sem dúvida, a joalheria egípcia chegou a Israel pelo comércio e também com a filha do faraó que se casou com Salomão (1Rs 3.1). Pelo menos 15 pedras preciosas eram extraídas no antigo Egito. Existiam metalúrgicos egípcios especialmente habilidosos na arte de criar joias de ouro. A opulência da joalheria real egípcia foi demonstrada em descobertas arqueológicas, especialmente na tumba de Tutancâmon.

Joias romanas de ouro do séc. I da era cristã.

No período da monarquia o homem ou a mulher simples pode ter tido poucas peças de joalheria, algo feito de bronze ou, se pudesse pagar, de ouro. Ouro, usado como meio de troca, era relativamente comum e poderia ser transformado em colares, braceletes ou anéis pelo artesão local. A realeza evidentemente poderia usar peças mais caras feitas com pedras preciosas.

Muitos tipos de joias são mencionados no AT. Não somente mulheres usavam braceletes (Gn 24.47); o rei Saul usava um quando morreu em batalha (2Sm 1.10). Tornozeleiras podiam ser usadas (Is 3.16,18). Braceletes assim foram encontrados em ossos de pernas de mulheres sepultadas em Israel. V. *tornozeleira*.

Anel de ouro com pedra preciosa engastada, do séc. I da era cristã.

Colares e pendentes eram populares (Ct 1.10). Certos tipos de colares de ouro provavelmente funcionavam como símbolos de autoridade. Quando o faraó indicou José para uma função elevada, ele colocou um colar de ouro em seu pescoço (Gn 41.42). De igual maneira, no livro de Dn, o rei Belsazar proclamou que quem conseguisse interpretar o misterioso texto escrito na parede ganharia um colar de ouro e seria feito "o terceiro em importância no governo do reino" (Dn 5.7,29). Os enfeites mencionados em Is 3.18, como os de Jz 8.21,26, eram usados pelos reis dos medos — provavelmente como pendentes em forma de lua para colares. Joias de ouro foram descobertas por arqueólogos. O crescente pode ter funcionado como insígnia real. Os itens citados como pendentes, braceletes e véus (Is 3.19; Jz 8.26) eram provavelmente usados ao redor do pescoço, talvez em fios.

Brincos eram conhecidos no período patriarcal. Podem ter tido algum significado religioso (Gn 35.4). Argolas ou enfeites de nariz são mencionados em Gn 24.22,30,47 e em Is 3.21. O mesmo termo, *nezem*, é usado para designar as duas coisas, por isso as referências são com frequência ambíguas (Nm 31.50; Pv 25.12).

Encantos de boa sorte, chamados "amuletos" não são mencionados com frequência na

Bíblia, mas foram amplamente encontrados em sítios arqueológicos de todos os períodos em toda a Palestina. Alguns representam deuses e deusas. Em Is 3.20 se faz referência a amuletos, ainda que a tradução não seja segura. Os anéis enterrados por Jacó sob o carvalho perto de Siquém podem ter sido amuletos (Gn 35.4). Esses amuletos eram violações do mandamento de não fazer imagens de escultura (Êx 20.4).

O item de joalheria mais importante mencionado no AT é o anel-selo (sinete). O anel-selo era usado para fazer impressões em argila ou cera e assim selar e autenticar documentos. De modo geral o anel-selo era uma pedra semipreciosa finamente trabalhada. Um buraco era perfurado ao redor do anel-selo e este podia ser colocado em um cordão e usado no pescoço (Gn 38.18), ou poderia ser usado como lugar para um anel ou um colar mais sofisticado. O faraó deu a José seu anel-selo como símbolo de autoridade (Gn 41.42). O rei Assuero deu seu sinete primeiramente a Hamã (Et 3.10) e depois a Mardoqueu (Et 8.2).

Joias também eram usadas para enfeitar animais, pelo menos os dos mais ricos. Os camelos dos reis midianitas mortos por Gideão usavam crescentes e colares decorados ao redor do pescoço (Jz 8.21,26). A referência em Pv 11.22 ao anel no focinho de um porco é metafórica; não se pode extrair conclusões do uso de argolas decorativas para animais. Amuletos algumas vezes eram usados por animais para garantir boa sorte em uma viagem.

A passagem de Is 3.18-23 é algumas vezes interpretada como um ataque à moda feminina e uma denúncia do uso de joias. Os termos hebraicos usados na passagem parecem antes se referir a insígnias oficiais. Portanto, a passagem é uma condenação do mau uso da riqueza e do poder à custa dos pobres. Em Ez 16.8-13 o Senhor é apresentado como o noivo que enfeita Jerusalém, sua noiva, com roupas finas e joias que incluem uma argola de nariz, brincos e uma coroa.

O NT não menciona com frequência joias e adereços. Pérolas eram muito valorizadas nos dias do NT e, por isso, são metáforas adequadas para o Reino de Deus (Mt 13.45-46). Tiago advertiu seus leitores de não discriminarem com base na riqueza indicada pelo uso de anéis de ouro e roupas finas (Tg 2.1-7). Em 1Tm 2.9,10 as mulheres são lembradas que o melhor enfeite não são tranças, ouro ou pérolas, mas boas obras.

Em Ap 21.2, que repete a imagem de Ez 16.8-13, Deus é apresentado como o noivo que adorna a nova Jerusalém, a noiva, com joias. Os muros da nova Jerusalém são descritos como construídos de jaspe, adornados com 12 tipos de joias. Cada uma das 12 portas é feita de uma única pérola. As gemas da cidade santa, como muitas delas na joalheria, devem ser guardadas em recipientes de ouro. A ideia de reconstruir Jerusalém com joias como material de construção reflete Is 54.11,12. Diferentemente da velha Jerusalém, a nova Jerusalém — associada à plenitude do Reino de Deus — não será infiel. V. *minerais e metais*. — *Wilda. W. Morris*

Colar frígio datando de 1200-650 a.C., de Górdio.

JOIO 1. Planta cujo nome deriva da palavra hebraica que significa "cheirar mal". Ocorre nas Escrituras somente em Jó 31.40 e é identificada como *Lolium Temelentum*. Traduções modernas usam "ervas daninhas" (*NVI*). **2.** Semente que se parece com o trigo (*genus Lolium*), citada em Mt 13.25-30,36-40).

JONÃ Forma grega do nome pessoal hebraico Joanã, que significa "Javé é gracioso" (cf.

1Cr 26.3). Ancestral de Jesus (Lc 3.30). O grego usa o final com "m", enquanto o hebraico tem o "n".

JONADABE 1. Nome pessoal que significa "Javé incita" ou "Javé se oferece graciosamente". Forma abreviada do nome Jeonadabe. Filho de Recabe que apoiou a Jeú quando este eliminou violentamente a casa de Acabe (2Rs 10.15). Ele foi representante de um grupo de ultraconservadores austeros conhecidos por recabitas. O texto de Jr 35 relata um encontro entre o profeta e os recabitas, que citaram o ensinamento de Jonadabe, seu ancestral. No contexto desse encontro, articulam-se alguns preceitos para os recabitas. São reminiscências das regras que governavam os nazireus. A palavra hebraica *rechav* significa "carruagem", e por isso alguns eruditos pensam que Jonadabe pertencia às forças de carros de guerra de Israel. V. *Jeú*; *recabitas*. **2.** Forma abreviada do nome pessoal Jeonadabe que significa "Yah (= Javé) é generoso". **3.** Sobrinho de Davi que aconselhou Amnom sobre como se aproveitar de Tamar (2Sm 13). Jonadabe também aconselhou Davi, quando este estava triste, pois dos seus filhos somente Amnom havia morrido (v. 32,33).

JONAS Nome pessoal que significa "pomba". Jonas ben (= filho de) Amitai era um profeta de Israel, natural de Gate-Héfer, uma cidade próxima a Nazaré. Profetizou durante o tempo de Jeroboão II (793-753 a.C.). Deus concedeu a Jonas o privilégio de anunciar as boas notícias de que Israel experimentaria um tempo de segurança e prosperidade (2Rs 14.25). Conforme o livro de Jn, Deus também o usou contra a vontade dele para advertir os pagãos de Nínive. — *E. Ray Clendenen*

JONAS, LIVRO DE O livro de Jn é o único entre os profetas quase inteiramente narrativo. Relata como Jonas aprendeu que Deus é muito maior que sua concepção, especialmente quanto a seu poder e sua compaixão.

A maior potência no Oriente Médio no tempo de Jonas, no início do séc. VIII a.C., era a Assíria, da qual Nínive era a principal cidade. Desde o século anterior os assírios enviaram expedições militares rumo ao oeste, até a Síria e a Palestina. Entretanto, quando Jonas profetizou, a Assíria estava em uma situação de enfraquecimento, tornando possível a expansão de Jeroboão II em Samaria e de Uzias em Judá. Jonas e todo o Israel se alegrariam se a Assíria continuasse a se desintegrar. Entretanto, a Assíria recuperou o poder no séc. VIII, conquistando de novo a Síria e a Palestina, e em 722 a.C. destruiu Samaria e deportou seus cidadãos.

Jonas não ficou satisfeito quando Deus lhe ordenou ir a Nínive pregar o arrependimento. Os assírios adoravam o cruel deus Assur, e uma grande quantidade de outros deuses e deusas. A crueldade e brutalidade assírias eram legendárias. Os assírios eram conhecidos por empalar os inimigos em estacas em frente às suas cidades e por pendurar cabeças em árvores nos jardins do rei. Eles também torturavam os aprisionados — homens, mulheres ou crianças — cortando narizes, orelhas ou dedos, arrancando os olhos ou rasgando lábios e mãos. Há relatos de que eles cobriam o muro da cidade com a pele das vítimas. Os rebeldes eram massacrados às centenas, algumas vezes queimados em estacas. Então seus crânios seriam colocados em grandes pilhas nas beiras das estradas como advertência para os demais. Jonas decidiu desistir do ministério profético em vez de pregar para um povo assim. Nínive distava cerca de 800 quilômetros a leste, de modo que ele fugiu para Társis, provavelmente na atual Espanha, o lugar ao ocidente mais distante que ele conhecia, a cerca de 3.200 quilômetros.

Desde o séc. XIX muitos consideram Jn uma parábola ou ficção didática, como se a história factual fosse governada pela arte literária ou pela recontagem de acontecimentos miraculosos. Entretanto, se essa narrativa, cuja forma carrega em todos os pontos as características de um relato histórico, fosse considerada não histórica em qualquer dos seus elementos, então facilmente grande parte da Bíblia estaria na mesma situação. Não faz sentido perguntar se Jonas pôde de fato ser engolido pelo grande peixe sem também perguntar se Deus poderia de fato se comunicar com um profeta. Qualquer aspecto do encontro do homem com Deus é miraculoso. O livro de Jn é claramente didático, mas não é apresentado como ficção ou interpretado como tal por Jesus (cf. Mt 12.40,41). Além disso, como F. Page declarou (*New American Commentary*): "Se uma das lições de Jn, admitidas por muitos, diz respeito à soberania de Deus em relação aos seres humanos e às ações deles; como se pode empregar um método explicativo que negue a mensagem ao desconsiderar os milagres?". Poderíamos também questionar a possibilidade de o antigo Israel ter produzido e aceitado como Escritura um relato ficcional no qual as duas principais personagens são um profeta histórico e o próprio Javé.

O livro é chamado "obra-prima da retórica" e "um modelo de arte literária, marcada por simetria e equilíbrio". Seus quatro capítulos são divididos em duas metades, segundo a indicação das ordens do Senhor em 1.1,2 e 3.1,2 para ir pregar em Nínive. Da primeira vez Jonas fugiu (1.3), mas na segunda obedeceu (3.3). Cada metade começa com uma introdução (1.1-3; 3.1-4) e tem dois episódios. No primeiro episódio de cada metade, Jonas se encontra com um grupo de pagãos, os marinheiros (1.4-16) e os ninivitas (3.5-10). Estes dois grupos ultrapassam Jonas em sensibilidade quanto à vontade do Senhor. O segundo e principal episódio de cada metade encerra com Jonas falando com Deus (2.1-11; 4.1-11).

Não há indicação do autor do livro, apenas a apresentação de um incidente na vida de um profeta de Javé. Não há indicação também de que Jonas não tenha sido ou não pudesse ser o autor do livro. Muitos eruditos creem que Jn foi escrito não antes do séc. VI, o que excluiria a autoria pelo profeta. Entretanto, as evidências da data tão recente da origem do livro são consideradas por muitos como não convincentes. Alguns apontam para as alegadas incoerências históricas do livro como evidência da data de composição posterior e falta de preocupação factual. Um exemplo está em 3.3, que descreve Nínive como maior do que realmente era. Ela é descrita literalmente como "muito grande, sendo necessários três dias para percorrê-la". Ainda que seja frequentemente dito que uma jornada de três dias seria necessária para rodear a cidade, o argumento é provavelmente que seria necessária uma visita de três dias para que Jonas entregasse a mensagem da parte de Deus. Seria especialmente o caso se "a grande cidade de Nínive" se referisse à "grande Nínive", i.e., Nínive e as cidades ao redor. O segundo exemplo é a designação "rei de Nínive" (3.6) — incomum para os assírios se referirem a seu rei. Isso é verdadeiro, mas irrelevante, considerando que não haver razão para supor que o livro de Jn tenha sido escrito por assírios, mas por judeus, que algumas vezes se referiam aos reis dessa maneira (1Rs 21.1; 2Rs 1.3). Além disso, a Assíria naquela época era um Estado enfraquecido, que abrangia pouca coisa além de Nínive.

O livro de Jn é a narrativa de como Deus ensina uma lição a um profeta pecador, de mente fechada, que representa todo o povo de Deus, que pensa ter o monopólio da graça divina. Quando Jonas se recusa a pregar em Nínive e Deus o resgata e com misericórdia o salva, ele fica agradecido. Mas, quando Jonas prega em Nínive e o povo se arrepende (sendo misericordiosamente poupado), Jonas se enraivece. O livro de Jn termina com uma pergunta não respondida concernente à compaixão, sugerindo ao leitor que Jonas se arrependeu, e convidando o leitor a fazer o mesmo. Deve-se considerar isso a chave para o propósito mais amplo de Jonas, provocar compaixão no povo de Deus. A mensagem do livro é que, agradando ao povo de Deus ou não, Deus deseja que todos os povos o adorem. Deus demonstrou misericórdia imerecida para com seu povo; eles deveriam desejar a extensão da misericórdia a todos os arrependidos e deveriam se alegrar quando Deus demonstrasse sua graça (cf. At 10.34,35). Deus se preocupa com todos os seres humanos (Jo 1.7; 1Tm 2.1-6; 2 Pe 3.9) e tem o direito de demonstrar misericórdia a quem quiser (Êx 33.19; Rm 9.15).

Esboço

I. Jonas rejeita o chamado de Deus (1.1.2-10)
   A. Introdução: a ordem de Javé e a desobediência de Jonas (1.1-3)
   B. Episódio 1: Jonas e os marinheiros (1.4-16)
   C. Episódio 2: Jonas e Javé no grande peixe (2.1-11)

II. Jonas obedece ao chamado de Deus (3.1-4.11)
   A. Introdução: a ordem de Javé e a obediência de Jonas (3.1-4)
   B. Episódio 1: Jonas e os ninivitas (3.5-10)
   C. Episódio 2: Jonas e Javé em Nínive (4.1-11)

— *E. Ray Clendenen*

JÔNATAS Nome pessoal que significa "Javé deu". **1.** Levita que serviu como sacerdote de

Mica em Efraim e mais tarde com a tribo de Dã (Jz 17—18). **2.** Filho mais velho do rei Saul e de Ainoã. Irmãos: Abinadabe, Malquisua e Isbaal; irmãs: Merabe e Mical; filho: Mefibosete (Meribaal).

Jônatas era corajoso, fiel e amigo. Liderou mil soldados para derrotar os filisteus em Gibeá (1Sm 13.2,3). Então Jônatas levou apenas seu escudeiro para o penhasco rochoso de Micmás e deixou os filisteus em pânico ao matar 20 deles (1Sm 14.1-16). Saul descobriu que Jônatas estava desaparecido, perguntou pela arca de Deus, foi à batalha e derrotou os filisteus. Jônatas comeu mel, sem saber que Saul tinha proibido o povo de comer naquele dia. Saul ia punir Jônatas com a morte, mas o povo falou a favor dele, livrando-o da morte (1Sm 14.27-46).

Os outros quatro relatos a respeito de Jônatas estão focalizados na amizade com Davi. Primeiro, Jônatas iniciou uma amizade próxima com Davi ao lhe dar seu manto, sua túnica, espada, seu arco e cinturão (1Sm 18.1-4). Segundo, Jônatas foi bem-sucedido ao interceder a Saul a favor de Davi (19.1-7). Terceiro, Jônatas deixou a mesa de Saul furiosamente para informar Davi de que o rei nunca o receberia outra vez (20.1-42). Quarto, Jônatas teve um encontro final com Davi em Horesa. Eles firmaram um pacto um com o outro, e Jônatas reconheceu Davi como o próximo rei (23.16-18).

O fim de 1Sm relata o fim de Saul e de três dos seus filhos, Jônatas, Abinadabe e Malquisua, no monte Gilboa (1Sm 31.1-13). Seus corpos foram pendurados no muro de Bete-Seã, e depois levados a Jabes. Depois disso Davi providenciou o enterro dos ossos na terra de Benjamim, em Zela, na tumba de Quis, avô de Jônatas (2Sm 21.12-14). V. *Davi*; *Mefibosete*; *Saul*.

3. Filho de Abiatar, o sacerdote a serviço de Davi (2Sm 15.24; 17.17,20; 1Rs 1.42,43). **4.** Tio de Davi que trabalhou como conselheiro e escriba na corte real (1Cr 27.32). **5.** Filho de Simei, irmão de Davi; matou um gigante filisteu de Gate (2Sm 21.21,22; 1Cr 20.7). **6.** Filho de Samá, um dos 30 heróis militares de Davi (2Sm 23.32,33; 1Cr 11.34). **7.** Filho de Uzias, tesoureiro no reino de Davi (1Cr 27.25); **8.** Casa de um escriba ou secretário em que Jeremias foi aprisionado (Jr 37.15,20; 38.26). **9.** Filho de Careá, "Joanã"; possivelmente o mesmo citado no item anterior (Jr 40.8). **10.** Pai de Ebede, ex-exilado (Ed 8.6). **11.** Sacerdote no exercício do ministério do sumo sacerdote de Joiaquim (Ne 12.14). **12.** Sacerdote, filho de Joiada (Ne 12.11). **13.** Sacerdote, filho de Semaías e pai de Zacarias, do grupo que tocava instrumentos musicais (Ne 12.35). **14.** Filho de Asael que apoiou casamentos com estrangeiros no tempo de Esdras (Ed 10.15). **15.** Descendente de Jerameel (1Cr 2.32-33). — *Omer J. Hancock Jr.*

16. Forma ampliada de Jônatas, geralmente usada no texto hebraico, tal como em 1Sm 14.6, 8. **17.** Filho de Abiatar, o sacerdote (2Sm 15.27,36; 17.17,20). Ele ajudou o rei Davi a tomar conhecimento dos planos de Absalão quando este expulsou seu pai de Jerusalém. **18.** Tio do rei Davi que serviu como escriba e conselheiro real (1Cr 27.32). **19.** Líder militar no tempo de Davi (2Sm 23.32). **20.** Supervisor dos depósitos reais no tempo de Davi (1Cr 27.25). **21.** Escriba que teve a casa transformada em prisão pelo rei Zedequias para prender Jeremias (Jr 37.15), lugar que Jeremias não gostava (37.20; 38.26). **22.** Levita enviado pelo rei Josafá para ensinar a lei de Deus nas cidades de Judá (2Cr 17.8). **23.** Cabeça de uma família sacerdotal por volta do ano 450 a.C. (Ne 12.18). **24.** Fundador do sacerdócio no local de culto em Dã (Jz 18.30). Antigos escribas hebreus notaram que Jônatas descendia de Moisés, mas o atual texto hebraico traz "Manassés". O texto hebraico é algumas vezes incoerente ao usar a forma longa ou abreviada do nome, e os tradutores modernos são igualmente incoerentes. Este verbete segue o texto hebraico.

JOPE Nome de lugar que significa "belo". Situada na costa do Mediterrâneo, Jope localiza-se a 55 quilômetros a nordeste de Jerusalém. Escavações revelaram que a cidade data de pelo menos 1650 a.C. Originariamente Jope estava situada em uma colina rochosa de exatamente 30 metros de altura, ligeiramente além da linha da costa, formando um pequeno cabo. No norte alcança a planície de Sarom e ao sul, a planície da Filístia.

O nome usado no AT para Jope era Jafo (ou Jafe ou Yafo), nome adotado para designar a cidade moderna desde a fundação do Estado de Israel. A forma fenícia da palavra vem do nome Jafe, a filha de Éolo, deus dos ventos.

JOPE

Antigo porto marítimo de Jope (Jafá).

Jope é o único porto natural no Mediterrâneo entre a antiga Ptolemaida e o Egito, e suas vantagens nos tempos bíblicos eram notáveis. Recifes formando um quebra-mar quase circular (c. 90 metros distante da praia) tornavam impossível a entrada pelo sul. A entrada pelo norte era rasa e perigosa, mas embarcações pequenas poderiam navegar nela.

A referência histórica mais antiga a Jope é encontrada em inscrições nos muros do templo de Karnak em Tebas (Luxor). Tutmósis III, que governou o Egito de 1490 a 1436 a.C., vangloriou-se de ter conquistado cidades palestinas; Jope é uma delas. As cartas de Amarna mencionam Jope duas vezes, com observações a respeito da beleza dos seus jardins e da habilidade dos artesãos para trabalhar com couro, madeira e metal.

Quando Canaã foi conquistada, a tribo de Dã recebeu Jope, mas a cidade nunca esteve completamente nas mãos dos hebreus. Os filisteus tomaram a cidade, mas Davi a reconquistou. Salomão a desenvolveu, tornando-a o maior porto a serviço de Jerusalém. Jangadas com toras de cedro eram usadas para transportar madeira de Jope a Jerusalém para a construção do esplêndido templo de Salomão (2Cr 2.16).

A Fenícia obteve o controle de Jope no tempo de Jonas. Quando o profeta fugiu do chamado divino, embarcou em Jope para sua conhecida viagem até Társis (Jn 1.3). Em 701 a.C., Senaqueribe ocupou a cidade e mais tarde, sucessivamente, babilônios e persas. Como no tempo de Salomão, Jope se tornou o porto que recebia toras de cedro do Líbano, agora para a reconstrução do templo, sob a liderança de Zorobabel.

Em 164 a.C., mais de 200 cidadãos judeus de Jope foram covardemente afogados por não judeus. Em retaliação, Judas Macabeu sitiou a cidade, incendiou as instalações do porto e

Comércio de produtos modernos em movimentado mercado em Tel-Aviv (próximo da antiga Jope).

queimou os navios (2Mc 12.3-9). A história de Jope está ligada a vários nomes notáveis no período do controle romano. Pompeu a conquistou em 63 a.C. unindo-a à província da Síria. Antônio, mais tarde, deu a cidade a Cleópatra do Egito. Augusto César adicionou-a ao reino de Herodes, o Grande.

O NT registra que Jope era o lar de Dorcas, mulher cristã conhecida por atos graciosos e generosos. Quando ela morreu, os cristãos de Jope chamaram Simão Pedro, que com a ordem "Tabita, levante-se" a restaurou à vida (At 9.36-41).

Simão Pedro permaneceu em Jope na casa de Simão, o Curtidor. Ao meio-dia, enquanto esperava pela refeição que estava sendo preparada, ele orava no terraço da casa do curtidor. Em um transe, Pedro viu o que parecia ser "um grande lençol que descia à terra, preso pelas quatro pontas" e aprendeu que o mundo dos gentios era uma audiência preparada para o evangelho (At 9.9-16).

Jope atualmente está anexada à moderna cidade de Tel-Aviv, integrando a maior cidade de Israel. Complexos industriais, comerciais e residenciais foram construídos ali. — *Timothy Trammell*

Casa de Jope que a tradição diz ter pertencido a Simão, o Curtidor, onde Pedro teve uma visão de Deus.

JOQUEBEDE Nome pessoal que significa "glória de Javé". Em Êx 6.20 é a esposa de Anrão, mãe de Miriã, Arão e Moisés. Era membro da tribo de Levi. Seu nome inclui o nome divino Javé, evidência de que o nome divino era conhecido antes do tempo de Moisés. V. *Moisés*.

JOQUIM Forma abreviada do nome pessoal Jeoaquim que significa "Yah (= Javé) estabeleceu ou libertou". Antigo membro da tribo de Judá (1Cr 4.22).

JORA Nome pessoal que significa "chuva temporã ou de outono". Líder de um grupo de exilados babilônios que retornaram a Jerusalém com Zorobabel por volta de 537 a.C. (Ed 2.18). A lista paralela (Ne 7.24) tem "Harife" em vez de Jorá (cf. Ne 10.19). Muitos intérpretes creem que Harife seja a leitura original, por mais difícil que seja explicar a mudança. V. *Harife*.

JORAI Nome pessoal que talvez signifique "Yah (= Javé) viu" ou uma forma abreviada de Joiarim "Yah (= Javé) exaltou". Membro da tribo de Gade (1Cr 5.13).

JORÃO Nome pessoal que significa "Javé é exaltado". Nome de um rei de Israel (849-843 a.C.) e de um rei de Judá (850-843 a.C.). A possibilidade de confusão entre os dois é aumentada por alguns fatores. Um deles é que ambos são designados Jeorão. Além disso, foram contemporâneos. Por fim, ambos reinaram perto de uma pessoa chamada Acazias: Jorão de Judá foi sucedido no trono pelo filho chamado Acazias; Jorão de Israel subiu ao trono depois da morte do irmão, que também se chamava Acazias. A narrativa do reinado de Jorão (Jeorão) de Israel é encontrada Em 2Rs 3. Ele liderou uma coligação com Judá e Edom, aconselhado por Eliseu, para derrotar Moabe. O reino de Jorão de Judá é apresentado em 2Rs 8. Casou-se com a filha de Acabe de Israel e trouxe o culto a Baal a Judá. Edom e Libná conquistaram a independência de Judá em seu reinado. V. *cronologia do período bíblico*; *Israel, terra de*.

JORDÃO, RIO Nome de lugar que significa "o que desce". Rio que forma uma divisão geográfica e separa as tribos orientais e ocidentais de Israel. É o maior e mais importante rio da Palestina.

JORDÃO, RIO

O rio Jordão corre em direção ao sul do monte Hermom, cortando Israel, desembocando no mar Morto.

Nasce no sopé do monte Hermom e deságua no mar Morto. O vale do Jordão propriamente é uma faixa de aproximadamente 11 quilômetros de comprimento, entre o mar da Galileia e o mar Morto. O vale está dividido por vários rios e uádis (pequenos ribeiros) em um número de seções geograficamente distintas. Em razão das voltas e curvas em seu curso, a extensão completa do rio é de mais de 320 quilômetros. Suas cabeceiras estão a mais de 300 metros acima do nível do mar, e sua desembocadura a mais de 400 metros abaixo do nível do mar. Ao longo do curso descendente o rio passa por uma variedade de zonas climáticas e por diferentes tipos de terreno.

Quatro fontes se juntam para formar o rio Jordão: Banias, El-Leddan, Hasbani e Bareighiti. Todas nascem no sopé do monte Hermom. O Jordão então dirige-se ao sul através do que pode ser descrito como três estágios: *1) Das fontes ao lago Hulé*. O Jordão flui quase 11 quilômetros antes de entrar no lago Hulé. Nessa distância, o rio percorre seu caminho através de áreas de pântanos de juncos, plantas aquáticas e papiros — o principal material de escrita por séculos. Leões foram vistos nessa região nos tempos bíblicos (Jr 49.19). *2) Entre o lago Hulé e o mar da Galileia*. Após deixar o lago Hulé, o Jordão segue por cerca de 20 quilômetros até o mar da Galileia. Nesse trecho estreito, desce 212 metros abaixo do nível do mar. O rio escavou para si mesmo um caminho profundo e cheio de curvas através do centro do vale. Parte do percurso é caracterizada por gargantas rochosas. *3) Do mar da Galileia ao mar Morto*. Após deixar o mar da Galileia, o rio passa por uma região bastante fértil. A extensão desse trecho é de cerca de 10 quilômetros, mas as curvas do rio multiplicam essa distância por três. A largura do vale varia de 4,5 a 22 quilômetros.

Vários tributários maiores (ex., Yarmuk, Jaboque) deságuam no Jordão, despejando quase tanta água como a quantidade do próprio rio. Os deltas destas fontes são sempre áreas férteis, aumentando a extensão de terra cultivável no vale. Muitas cidades da Antiguidade foram edificadas próximas do ponto de encontro destes tributários com o rio principal.

O rio e o vale do Jordão têm um papel importante em inúmeros acontecimentos memoráveis no Antigo e no NT. A primeira menção ao Jordão na Bíblia ocorre na história de Abrão e Ló. Ló, após sua separação de Abrão, escolheu para si "todo o vale do Jordão" (Gn 13.11).

Jacó lutou com seu adversário no vau do Jaboque (Gn 32.22-26). Sob a liderança de Josué, Israel cruzou o Jordão "pisando em terra seca" (Js 3.15-17). Durante o período dos juízes e no início da monarquia, a posse dos vaus do Jordão mais de uma vez significava a diferença entre derrota e vitória. O Jordão era uma forte linha de defesa e não podia ser vadeado facilmente. O rio Jordão também aparece nos milagres de Elias e de Eliseu.

A história essencial dos Evangelhos começa no rio Jordão. Foi lá que João Batista apareceu pregando o reino vindouro dos céus. O mais importante evento do NT relacionado ao Jordão é o batismo de Jesus, executado por João Batista (Mc 1.9). A primeira parte do ministério de Jesus foi centralizada em e ao redor do mar da Galileia. A segunda parte do seu ministério aconteceu enquanto ele seguia seu caminho pelo lado leste do vale do Jordão. Lá ele realizou novos milagres e falou em parábolas às multidões, especialmente as da coleção de Lc 12 a 18. V. *mar Morto*; *Hermom, monte*; *mar da Galileia*. — Philip Lee

As águas verdes do rio Jordão enquanto serpenteia através de Israel.

JORIM Nome pessoal de significado desconhecido. Ancestral de Jesus (Lc 3.29).

JORNADA DE UM DIA Medida comum, embora não exata, da distância percorrida em um dia. A distância variava de acordo com o terreno e as circunstâncias do viajante. A jornada típica de um dia ficava entre 30 e 40 quilômetros, embora as pessoas em geral não percorressem mais do que 15 quilômetros por dia (Gn 30.36; 31.23; Êx 3.18; 8.27; Dt 1.2; Lc 2.44).

JORQUEÃO Nome pessoal que significa "o povo é dourado". Descendente de Calebe (1Cr 2.44). Esse, assim como outros nomes na lista, pode representar uma cidade, como também uma pessoa. Muitos intérpretes leem Jocdeão nesse versículo, igualando a cidade com a cidade tribal de Judá. A localização da cidade não é conhecida. V. *Jocdeão*.

JOSA Nome pessoal de significado incerto. Membro da tribo de Simeão (1Cr 4.34).

JOSAFÁ Nome pessoal que significa "Javé julgou" ou "Javé estabeleceu o direito". **1**. Filho e sucessor de Asa como rei de Judá (1Rs 15.24). Ocupou o trono por 25 anos (873-848 a.C.). O registro bíblico do seu reinado está contido nos capítulos finais de 1Rs e em 2Cr 17—20. Foi um governante habilidoso e adorador fiel de Javé (1Rs 22.42,43). Não obstante, fez algo que no fim se mostrou desastroso: uma aliança com Acabe, rei de Israel. O resultado imediato foi benéfico para ambos os reinos. Anos de conflito entre eles chegaram ao fim, e os dois reinos foram fortalecidos. Entretanto, a aliança envolveu o casamento de Jeorão, filho de Josafá, com Atalia, filha de Acabe. A influência de Atalia em Judá foi horrível. V. *Atalia*; *cronologia do período bíblico*; *Israel, terra de*; *Micaías*. **2**. Pai de Jeú (2Rs 9.2,14). **3**. Oficial da corte de Davi (2Sm 8.16, designado "arquivista"). O significado da raiz do termo hebraico é "lembrar-se". Alguns estudiosos da Bíblia comparam o cargo ao arauto da corte egípcia que relatava acontecimentos ao rei e fazia anúncios públicos. Outros pensam que o cargo mantinha registros públicos, enquanto outros falam de um ministro estrangeiro. Como muitos ofícios hebreus, isso certamente não é possível. Josafá manteve o cargo sob Salomão (1Rs 4.3). **4**. Oficial de Salomão no território tribal de Issacar, com a responsabilidade de providenciar provisões para a corte real um mês a cada ano (1Rs 4.17). **5**. Herói militar no tempo de Davi (1Cr 11.43). **6**. Sacerdote que tocou a trombeta diante da arca da aliança quando Davi a trouxe para Jerusalém (1Cr 15.24).

JOSAFÁ, VALE DE Nome de lugar que significa "vale onde Javé julgou". Lugar no qual Javé convoca as nações para julgamento (Jl 3.2). Não existe

Vale de Josafá (vale do Cedrom) em Jerusalém, mostrando a Igreja de Todas as Nações.

evidência que qualquer vale no tempo de Joel tivesse mesmo esse nome. Desde o séc. IV da era cristã o vale do Cedrom tem sido conhecido como o vale de Josafá; mas não há razão para crer que Joel se referia ao vale do Cedrom. A referência em Joel provavelmente deve ser entendida de modo simbólico. Por meio de Joel, Deus prometeu que todas as nações seriam por fim convocadas ao lugar de julgamento de Deus.

JOSAVIAS Nome pessoal que significa "Yah (= Javé) permite habitar", provavelmente uma forma abreviada de Josibias. Herói militar no tempo de Davi (1Cr 11.46).

JOSBECASA Nome pessoal que significa "viver com problemas". Levita músico do clã de Hemã, o vidente, no tempo de Davi (1Cr 25.4). Liderou o décimo sétimo turno ou divisão dos músicos do templo (1Cr 25.24).

JOSÉ Nome pessoal que significa "adição, acréscimo". Nome de vários homens na Bíblia, sendo os mais importantes um patriarca da nação de Israel e o pai adotivo de Jesus.

Antigo Testamento José no AT se refere primariamente ao patriarca, um dos filhos de Israel. José era o décimo primeiro de 12 filhos, o primeiro de Raquel, esposa favorita de Jacó. Seu nome, "que ele [o Senhor] possa acrescentar", foi parte da oração de Raquel no momento do seu nascimento (Gn 30.24).

Por ser o filho da velhice de Jacó, e filho de Raquel, José se tornou o favorito, e ganhou do pai a famosa "túnica longa" (Gn 37.3). Isso e os sonhos que mostravam seu papel em família alimentaram a inveja dos irmãos, que o venderam a uma caravana de ismaelitas (Gn 37).

José foi levado ao Egito onde se tornou escravo de confiança na casa de Potifar, oficial do faraó. Em razão das acusações falsas da esposa de Potifar, José foi lançado à prisão real, onde interpretou os sonhos de dois oficiais que tinham ofendido o faraó (Gn 39; 40). Mais tarde José foi levado para interpretar alguns sonhos preocupantes do próprio faraó. José predisse sete anos de fartura seguidos de sete anos de fome e recomendou um programa de preparação para a estocagem de grãos. O faraó respondeu positivamente ao fazer de José o segundo no comando (Gn 41.39-45).

Com a fome, pessoas de outros países foram ao Egito comprar comida, incluindo-se os irmãos de José. Eles não o reconheceram, mas José

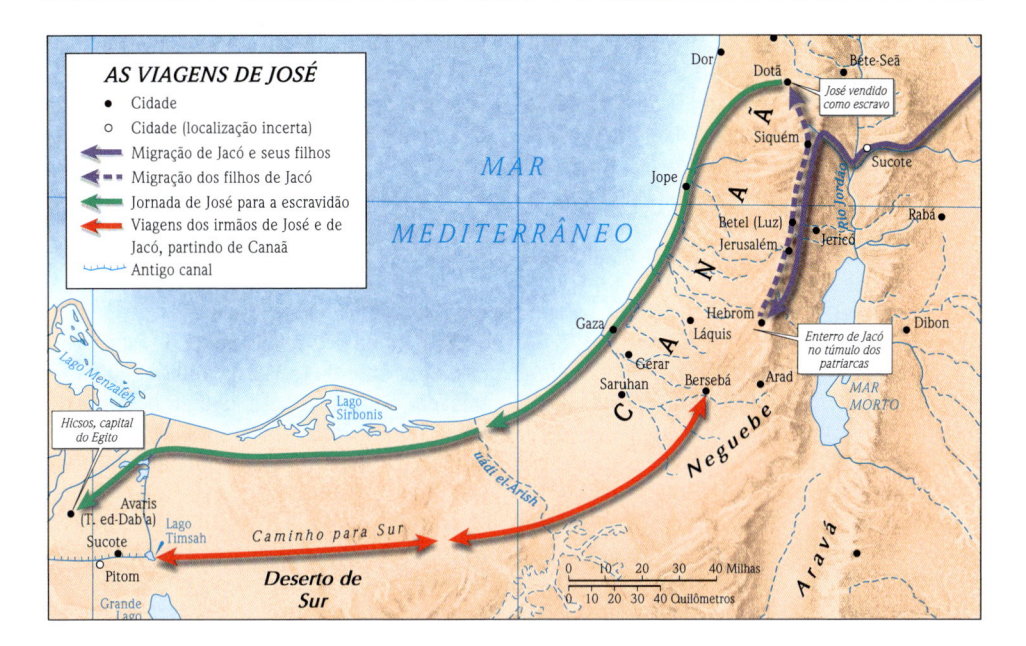

AS VIAGENS DE JOSÉ
- Cidade
- Cidade (localização incerta)
- Migração de Jacó e seus filhos
- Migração dos filhos de Jacó
- Jornada de José para a escravidão
- Viagens dos irmãos de José e de Jacó, partindo de Canaã
- Antigo canal

percebeu o cumprimento dos antigos sonhos, nos quais seus irmãos o reverenciavam. Após testar o caráter deles de várias maneiras, José se revelou a eles na segunda visita (Gn 42—45). Com a ajuda de José, Jacó se mudou para o Egito (Gn 46.1—47.12). José morreu no Egito, mas foi embalsamado e mais tarde sepultado em Siquém (Gn 50.26; Êx 13.19; Js 24.32).

Enquanto esteve no Egito, José gerou dois filhos, Manassés e Efraim (Gn 41.50-52), contados como filhos de Jacó (48.5,6) e cujas tribos dominaram a parte norte da nação de Israel. O nome José é usado posteriormente no AT como referência às tribos de Efraim e Manassés (Nm 1.32; 36.1,5; 1Rs 11.28) ou como designação de todo o Reino do Norte (Sl 78.67; Ez 37.16,19; Am 5.6,15; 6.6; Ob 18; Zc 10.6). V. *hicsos*.

Quatro outros homens chamados José são mencionados no AT: o espião da tribo de Issacar (Nm 13.7); um levita dos filhos de Asafe (1Cr 25.2); um contemporâneo de Esdras, casado com uma esposa estrangeira (Ed 10.42); e um sacerdote nos dias do sumo sacerdote Joiaquim (Ne 12.14).

Novo Testamento Vários homens chamados José são mencionados no NT. O mais importante é o marido de Maria, mãe de Jesus. Ele descendia de Davi, e era carpinteiro por profissão (Mt 13.55), considerado pai legal ou adotivo de Jesus (Mt 1.16,20; Lc 2.4; 3.23; 4.22; Jo 1.45; 6.42). Ao tomar conhecimento da gravidez de Maria, José, sendo um homem justo, resolveu afastar-se dela sem colocá-la em desgraça pública. Sua resposta à garantia dada a ele em sonho por Deus demonstrou sua piedade e seu caráter (Mt 1.18-25). José levou Maria para Belém, lugar dos seus ancestrais, esteve com ela no nascimento de Jesus, e participou do momento de dar nome, circuncidar e dedicar o menino (Lc 2.8-33). Orientado por sonhos, José levou sua família ao Egito até que fosse seguro voltar a Nazaré (Mt 2.13-23). Como pai dedicado, ele ficou ansioso junto com Maria, quando Jesus desapareceu (Lc 2.41-48). Depois disso ele não é mais citado nos Evangelhos, e provavelmente morreu antes do início do ministério público de Jesus.

Também importante no NT é José de Arimateia, membro rico do Sinédrio e homem justo que buscava o Reino de Deus (Mt 27.57; Mc 15.43; Lc 23.50). Depois da crucificação, José, discípulo secreto de Jesus, requisitou o corpo de Pilatos e o sepultou em sua tumba, ainda sem uso (Mt 27.57-60; Mc 15.43-46; Lc 23.50-53; Jo 19.38-42). Arimateia é provavelmente a designação grega de Ramataim-Zofim (1Sm 1.1), a noroeste de Jerusalém.

Dois homens chamados José são mencionados na genealogia de Jesus (Lc 3.24,30). Outro

José era irmão de Jesus, aparentemente nomeado em homenagem ao pai (Mt 13.55). É provável, mas incerto, que o irmão de Tiago (Mt 27.56; Mc 15.40,47) seja uma pessoa diferente. José foi também outro nome de Barsabás (At 1.23) e de Barnabé (At 4.36). — *Daniel C. Browning Jr.*

JOSEBE-BASSEBETE Nome pessoal que significa "habitante da vergonha" (2Sm 23.8, NVI — nota de rodapé). V. *Jasobeão*.

JOSEDEQUE Nome pessoal que significa "Javé age justamente". V. *Jeozadaque*.

JOSEFO, FLÁVIO Antigo historiador da vida judaica e nossa fonte mais importante da história do povo judeu no período romano. Suas quatro obras remanescentes são *A guerra judaica* (escrita por volta do ano 73 d.C.), *Antiguidades judaicas* (por volta do ano 93 d.C.), *Vida* (apêndice autobiográfico de *Antiguidades*) e *Contra Ápion*, escrito pouco depois de *Antiguidades*. A data da morte de Josefo é desconhecida, mas foi provavelmente depois do ano 100 d.C.

Acompanhando o conflito entre Roma e os judeus da Palestina (66-73 d.C.), Flávio Josefo apresenta uma narrativa da luta nos sete livros de *A guerra judaica*, incluindo uma pré-história que remonta ao séc. II a.C. Josefo foi a Roma e viveu em uma casa providenciada por Vespasiano, que também lhe concedeu uma pensão anual. *Antiguidades*, *Vida* e *Contra Ápion* foram todos escritos em Roma. Em *Antiguidades*, Josefo parafraseou a *LXX* (antiga tradução grega da Bíblia) para contar a história dos hebreus desde o tempo de Ciro e então empregou outras fontes para completar o relato e terminar a história no séc. I.

O relato da revolta contra Roma é em muitos aspectos totalmente diferente do texto de *Guerra*, mais antigo. *Contra Ápion* defende os judeus de acusações do gramático Ápion, bem como de outras críticas comuns na Antiguidade. *Vida* se concentra primariamente no período de seis meses no qual foi comandante das forças judaicas na Galileia e refuta a acusação feita por Justo de Tiberíades, de que Josefo fora a o organizador da rebelião naquela região. — *Fred L. Horton Jr.*

JOSEQUE Nome pessoal de significado incerto. Ancestral de Jesus (Lc 3.26).

JOSIAS Nome pessoal que significa "Javé cura". Rei de Judá no período de 640-609 a.C. Sucedeu a seu pai, Amom, rei idólatra que governou por apenas dois anos antes de ser assassinado pelos servos (2Rs 21.19-23; 2Cr 33.21-24). Josias se tornou rei aos 8 anos de idade pela vontade do "povo da terra", que executou os assassinos de seu pai (2Rs 21.24). O reino de Josias teve trinta e um anos de duração (2Rs 22.1; 2 Cr 34.1).

O livro de 2Cr revela muito a respeito dos primeiros anos de Josias. No oitavo ano do seu reinado ele começou a buscar o "Deus de Davi" (34.3). Josias iniciou a purificação religiosa de Jerusalém, Judá, e circunvizinhanças no décimo segundo ano do seu reinado (34.3-7). A purificação incluía a derrubada dos lugares altos, de Aserá e dos altares a Baal. Os lugares altos eram basicamente lugares de culto cananeu tomados por Israel. Aserá é um conjunto de objetos de culto associados à adoração a Baal, o deus cananeu da fertilidade. V. *Aserá, Aserote*.

No décimo oitavo ano de seu reinado, algo inesperado fez suas energias se voltarem para outra direção. Um "livro da Lei" foi descoberto enquanto reformas eram feitas no templo. Hilquias, o sumo sacerdote, encontrou o livro e o deu a Safã, o escriba, que por sua vez o leu para o rei Josias. Ao ouvir a mensagem do livro, Josias rasgou as vestes, sinal de arrependimento, e se humilhou na presença de Deus. Josias recebeu a garantia de que a destruição prometida não aconteceria em seus dias (2Rs 22.8-20; 2Cr 34.15-28). A leitura do livro levou Josias a iniciar as reformas religiosas mais amplas da história de Israel.

O que era o "livro da Lei" e quando foi escrito? Muitos eruditos creem que o livro incluía pelo menos o núcleo do que se conhece atualmente por Dt, os cap. 5—26 ou 12—26. Um dos principais aspectos do livro de Dt é a convocação da nação de Israel à lealdade exclusiva a Javé. Talvez esse aspecto tenha inspirado o avivamento iniciado por Josias.

A Bíblia silencia-se sobre o período posterior da vida de Josias, até sua morte. No cenário internacional, o poderio da Assíria diminuía e o da Babilônia crescia. A Assíria alinhou-se ao Egito, contra a Babilônia. As tropas do faraó Neco passaram pelo território norte de Judá para se unirem

JOSIAS

O REINADO DE JOSIAS

- Cidade moderna
- Cidade
- Cidade (localização incerta)
- Pico montanhoso
- Batalha
- Rotas de Josias
- Rotas de Neco II
- Principais rotas de transporte
- Área firmemente controlada por Josias no início do seu reinado.
- Área conquistada por Josias

Rei Neco II continua em seu caminho para participar de esforço final assírio para recapturar Aram

Em 600 a.C. Josias é morto nos arrabaldes de Megido em uma batalha contra o rei egípcio Neco II

Josias retirou os santuários pagãos das cidades de Samaria

Josias destruiu o lugar alto em Betel

Descoberta do "Livro da Lei", c. 622/21; Josias purifica Jerusalém de santuários, imagens e práticas pagãs

Josias foi sepultado em Jerusalém

Profanados os lugares altos desde Jerusalém até Berseba

às forças da Assíria. O exército de Josias bloqueou o movimento das tropas egípcias em Megido. Na batalha que se seguiu, Josias foi ferido mortalmente (2Rs 23.29). Seu corpo foi levado para Jerusalém e sepultado. Houve grande lamento por ele em todo o país (2Cr 35.24,25). Ainda que contasse apenas 39 anos ao morrer, Josias foi lembrado como o maior rei de Judá (2Rs 23.25): "Nem antes nem depois de Josias houve um rei como ele, que se voltasse para o Senhor de todo o coração, de toda a alma e de todas as suas forças, de acordo com toda a lei de Moisés". Ele foi também antepassado de Jesus (Mt 1.10,11). V. *Deuteronômio, livro de*; *Jeremias, livro de*. — M. Stephen Davis

JOSIBIAS Nome pessoal que significa "Yah (= Javé) permite habitar". Membro da tribo de Simeão (1Cr 4.365).

JOSIFIAS Nome pessoal que significa "Yah (= Javé) adiciona". Forma ampliada de José. Líder do grupo de exilados na Babilônia que voltou a Jerusalém com Esdras (Ed 8.10).

JOSUÉ Nome pessoal que significa "Javé libertou". **1.** Líder dos israelitas, o primeiro a tomar posse da terra prometida de Canaã. Josué é um dos heróis não celebrados do AT. Foi ele, não Moisés, quem levou o povo à terra prometida. Ele era pessoa de estatura capaz de suceder o incomparável Moisés e compilar um registro de sucesso notável (Js 24.31). Uma forma variante do nome em hebraico é Oseias (Nm 13.16; Os 1.1). Seu equivalente no NT é Jesus.

Josué nasceu no Egito, no tempo da escravidão. Era membro de Efraim, a importante tribo que mais tarde formou o coração de Israel, o Reino do Norte. A primeira menção a Josué surge na batalha contra os amalequitas no tempo da travessia pelo deserto. Ele era o general de Moisés, à frente das tropas no momento da batalha enquanto Arão e Hur seguravam os braços de Moisés (Êx 17.8-13).

Josué era auxiliar de Moisés (Êx 24.13). Ele estava na montanha quando Moisés recebeu a Lei (Êx 32.17). Foi também um dos 12 espiões enviados por Moisés para investigar Canaã (Nm 13.8). Ele e Calebe voltaram com um relatório positivo, conquanto minoritário. De todos os adultos vivos naquela época, apenas esses dois foi permitido viver o bastante para entrar na terra de Canaã (Nm 14.28-30,38).

O Senhor escolheu Josué para suceder Moisés muito antes da morte daquele líder (Nm 27.15-23; Dt 31.14,15,23; 34.9). Josué foi um líder militar, político e espiritual. Calado e despretensioso, não se intimidou com as tarefas propostas. Gênio militar, principalmente nas áreas de planejamento cuidadoso, estratégia e execução. Administrador competente para a nação, eficiente na manutenção da harmonia entre povos e grupos. Foi o porta-voz do povo perante o Senhor. Ainda que não tenha recebido a Lei como Moisés recebeu, comunicou a vontade e a mensagem do Senhor como Moisés.

Josué estava na liderança do povo na conquista, distribuição e colonização de Canaã. Ele liderou o povo no momento da renovação da aliança no monte Ebal e em Siquém (Js 8.30-35; 24.1-28). Foi capaz de desafiar seu povo pela palavra e pelo exemplo. Dificilmente se encontrará modelo melhor que o dele. V. *Josué, livro de*; *Moisés*.

JOSUÉ, LIVRO DE Sexto livro do AT, o livro de Js ocupa posição estratégica entre o Pentateuco e os Livros Históricos. Aponta para o passado, para o êxodo, e para o futuro, para os juízes e a monarquia. O livro recebeu o nome do sucessor de Moisés e um dos maiores líderes militares do AT, Josué, filho de Num.

Entretanto, a personagem central do livro não é Josué, mas Deus. Deus luta por Israel e expulsa o inimigo de diante deles. Ele é o Deus fiel, desejoso de um relacionamento de aliança verdadeiro com seu povo escolhido. Deus prometeu dar a Israel a terra jurada aos seus antepassados (Êx 3.8; Gn 12.1-3; 15.18-21). O livro de Js documenta como Deus cumpriu essa promessa.

O livro de Js é também a respeito da resposta de Israel à promessa da aliança divina. A falta de fé de Israel e sua rebelião impediram-no de receber verdadeiramente o descanso prometido por Deus (Hb 3.11). O texto de Js nos desafia a considerar as realizações do Deus que guarda suas promessas por intermédio do povo completamente submisso a ele.

Autoria e data A tradição judaica registrada no *Talmude* declara que Josué escreveu o livro designado por seu nome. Já o livro observa

JOSUÉ, LIVRO DE

LIMITES DA OCUPAÇÃO ISRAELITA E TERRAS POR SEREM CONQUISTADAS

- • Cidade
- ○ Cidade (localização incerta)
- ● Cidade especificada em Juízes 1 como não conquistada por Israel
- ▲ Pico montanhoso
- Limites do controle israelita
- Terras por serem conquistadas

Os amoritas pressionam a tribo de Dã perto de Aijalom (Juízes 1.34–36)

Localidades e regiões no mapa:

Sidon, Damasco, FENÍCIA, Vale do Líbano, ARAM, Rio Farfar, Alab, Tiro, Rio Litani, Laish (Dan), Monte Hermom, Bete-Anat, MAACÁ, Kitron, Quedes, Lago Hulé, Rehob, Aczibe, Bete-Semes, Hazor, GALILEIA, Merom, Acco, GESUR, Basã, Afek, Nahalal, Mar da Galileia, Golã, Astarote, Monte Carmelo, Rio Quison, Shimron, Monte Tabor, Rio Jarmuque, Yokneam, Vale de Jezreel, Dor, Megido, Endor, Taanaque, Bete-Seã, GILEADE, Ibleam, Ramote-Gileade, Socó, Jabes-Gileade, Monte Ebal, Sucote, Maanaim, Monte Gerizim, Siquém, Rio Jaboque, AMOM, Afeque, Tappuah, Jope, Siló, Jazer, Jogbeá, REGIÃO MONTANHOSA DE EFRAIM, Ai, Rabá (Amom), Gezer, Shaalbim, Gibeon, Jericó, Hesbom, Aijalon, Jerusalem (Jebus), Monte Nebo, Bezer, Asdode, Ecrom, Bete-Semes, Medeba, Ascalom, Gate, Bethlehem, DESERTO ORIENTAL, Láquis, Hebrom, MAR MORTO, Dibom, Gaza, QUENIZITAS, En-Gedi, Aroer, Gerar, Ziclague, Rio Arnom, JUDÁ, QUENITAS, Arad, MOABE, Berseba, AMALEQUITAS, Quir-haresete, Rio Zerede, MAR MEDITERRÂNEO, Planície Costeira, FILÍSTIA, N. Besor, Yarkon River

JOSUÉ, LIVRO DE

que Josué escreveu algumas partes (8.32; 24.26), mas não lhe dá o crédito de escrever o texto todo. Provavelmente outra pessoa escreveu o relato da morte de Josué (24.29-31). Além disso, há partes do livro que parecem ter sido escritas após sua morte (15.13-19,63; 19.47).

O autor de Js pode ter integrado o círculo de oficiais mencionado em Js 1.10, 3.2, 8.33, 23.2 e 24.1. A palavra hebraica para "oficial" está relacionada a um verbo acádio que significa "escrever" ou "registrar". Estes "oficiais" foram contemporâneos de Josué e testemunhas oculares de muitos dos acontecimentos citados no livro. Um deles pode ter sido o responsável por tomar o registro oficial do ministério de Josué. Seja como for, o autor do livro foi guiado pelo Espírito Santo para apresentar um relato fiel e confiável da conquista e colonização de Canaã.

Parece que o livro de Js foi finalizado após a morte deste (24.29) e após a morte de Eleazar, filho de Arão (24.33). A expressão repetida "até hoje" (4.9; 5.9. 6.25; 7.26; 8.28,29; 9.27; 10.27; 13.13; 15.63; 16.10; 23.29; cp. 22.3,17) também sugere o tempo de composição posterior aos acontecimentos registrados. Entretanto, esse intervalo pode não ter sido muito longo. Em Js 6.25 há a declaração de que Raabe "vive entre os israelitas até hoje". Isso pode significar que Raabe estava viva na época da redação do livro.

A data dos acontecimentos registrados no livro de Js depende da data do êxodo. Muitos eruditos evangélicos datam o êxodo de 1446 a.C. Essa data colocaria Josué e os israelitas em Canaã por volta de 1400 a.C. Outros eruditos defendem uma datação posterior para o êxodo, entre 1250 e 1200 a.C.

Conteúdo O livro de Js documenta a conquista e colonização da terra de Canaã. O livro está dividido naturalmente em quatro seções principais, cada uma construída com base em um conceito particular hebraico: "prosseguir" (1.1—5.15), "conquistar" (6.1—12.24), "dividir" (13.1—21.45), "adorar" (22.1—24.33). Os cinco primeiros capítulos se concentram na preparação feita por Josué e Israel para cruzar o Jordão e invadir a terra. Destaques são dados à comissão divina a Josué (cap. 1), o encontro dos espiões com Raabe (cap. 2), a travessia miraculosa do Jordão na época da cheia (cap. 3—4) e a celebração da Páscoa (cap. 5).

Os cap. 6—12 apresentam a campanha de Josué dividida em três momentos, para reivindicar a terra prometida como herança. A estratégia militar da conquista foi bastante simples e reflete as circunstâncias políticas da região no período de Amarna, ao final da Idade do Bronze posterior (1400 a.C.). Canaã naquela época continua uma mescla de poderosas cidades-Estado fortificadas e uma coligação de cidades-Estado menores. O Egito mantinha o controle nominal, mas não existia um poder político unificado.

Primeiro, as vitórias em Jericó, Ai e Betel asseguraram o controle do corredor central de Canaã (cap. 6—8). A seguir, a coligação sulista de amonitas, liderada por Adoni-Zedeque de Jerusalém, foi derrotada em Gibeom e perseguida por Bete-Horom e pelo vale de Aijalom (cap. 9—10). Por fim, uma poderosa coligação do norte liderada por Jabim, rei de Hazor, se reuniu nas águas de Merom para lutar contra Israel (cap. 11). Uma lista de reis conquistados está no registro da conquista (cap. 12).

Quando Josué e os israelitas derrotaram a coligação do norte, não havia poder em Canaã forte o bastante para representar ameaça em larga escala a Israel. O livro de Js indica que somente Jericó, Ai e Hazor foram destruídas com fogo. Muitas cidades fortificadas foram preservadas, e a tarefa de completar a conquista recaiu sobre as tribos individuais que herdaram porções selecionadas da terra. Como se pode ver no livro de Js, várias tribos foram incapazes de assegurar o próprio território.

Os cap. 13—21 apresentam a herança e a distribuição da terra prometida a Israel. Deus é o grande "doador da terra". As listas e descrições detalhadas das fronteiras enfatizam que Deus é o proprietário da terra e tem autoridade para distribuí-la a quem quiser. Há um destaque para as heranças de Judá (cap. 14—15) e José (cap. 16—17). Contempla-se a criação das cidades de refúgio (cap. 20) e dos levitas (cap. 21).

A seção final do livro versa sobre os discursos de despedida de Josué e a consagração da terra mediante a grande cerimônia de renovação da aliança em Siquém (cap. 24). Josué abençoa o povo, exorta-o a seguir o Senhor, adverte-o das consequências da desobediência

JOSUÉ, LIVRO DE

LOTEAMENTOS TRIBAIS DE ISRAEL

- ● Cidade
- ○ Cidade (localização incerta)
- ▲ Pico montanhoso

Tribos e locais mencionados no mapa:

- **Aser**: Tiro, Ijom, Aco, Cabul, Afeque, Misal, Naalal, Aquisafe
- **Naftali**: Bete-Anate, Quedes, Yiron, Hazor, Merom, Cafarnaum, Racate, Hamate, Dã
- **Zebulom**: Anaton, Rimon, Helkath, Chesulloth, Daberate, Saride, Tabor, En-Hadá, Jabneel
- **Issacar**: Ioqueneã, Megido, Suném, Endor, Jezreel, Taanaque, Monte Gilboa, Jarmute, Lo-Debar
- **Manassés do Leste**: Golan, Astarote, Edrei, Ramote-Gileade
- **Manassés do Oeste**: Dor, Socó, Em-Ganim, Dotã, Ibleam, Bete-Seã, Jabes-Gileade, Tirza, Monte Ebal, Monte Gerizim, Siquém, Janoá, Zafon, Sucote, Peñuel, Mahanaim, Gerasa
- **Efraim**: Afeque, Gate-Rimon, Piratom, Tapuá, Siló, Ofra, Betel, Naaran
- **Dã**: Jope, Jeúde, Lode, Gitaim, Jabneel, Baalate, Asdode, Ecron, Gezer, Saalbim, Aijalom, Gibetom, Quesalon, Zorá, Estaol, Timná, Bete-Semes
- **Benjamim**: Bete-Horom alta, Mispa, Quefira, Gibeão, Ramá, Quiriate-Jearim, Adumim, Jerusalém, Jericó, Gilgal, Bete-Hoglá, Belém
- **Gade**: Jazer, Bete-Nimrá, Abel-Sitim, Aman
- **Rúben**: Monte Nebo, Hesbon, Bezer, Medeba, Quedemote, Dibon, Jaaz, Aroer
- **Judá**: Gate, Ascalom, Maresa, Laquis, Eglon, Bet-Zur, Hebrom, Tecoa, Jutá, En-gedi, Estemoa, Gaza, Gerar, Ziclague, Jatir, Arade
- **Simeão**: Betul, Asan, Cabzeel, Berseba, Hazar-shual, Hormá, Baalá, Eltolade, Ezem, Saruen

Características geográficas: Mar Mediterrâneo, Monte Carmel, Mar da Galileia, Monte Hermon, Lake Huleh, Rio Jordão, Mar Morto, Monte Tabor, Litani River, Ishon River, Yarkon River, Yarmuk River, Jaboke River, Arnon River, Zered River, N. Besor, Pharpar River

Regiões vizinhas: Tiro, Aram, Amom, Moabe, Kir-Haresete, Edom

e o desafia a reafirmar a aliança com Deus. Nesse momento, Josué expressa seu comprometimento pessoal com o Senhor da aliança (24.15). Depois de morto, deram-lhe o título de "servo do Senhor", como Moisés (24.29).

Temas teológicos Seis grandes temas teológicos percorrem o livro de Js.

O guerreiro divino No livro de Js, Deus se envolve no combate como guerreiro divino a favor de Israel. Ele lutou contra os egípcios no mar Vermelho (Êx 14.14) e agora luta por Israel em Canaã (Js 10.14).

Guerra santa Na batalha, cada ser vivo e cada propriedade devem ser dedicados à divindade. Por que um Deus amoroso ordenaria o extermínio total das nações que viviam na terra prometida? Não há resposta simples para essa pergunta difícil. Mas deve-se lembrar de que Israel recebeu permissão para expulsar as nações da terra prometida por causa das abominações cometidas por elas (Dt 9.4,5; 18.9-14; 20.16-18).

A terra prometida Deus prometeu dar a Israel uma terra "onde há leite e mel com fartura" (Êx 3.8; Dt 8.7-9; 11.8-12). A promessa da terra era condicional. Deus deu a terra a Israel em sua totalidade, mas Israel deveria confiar nele e segui-lo, para tomar posse do presente. A posse da terra por Israel também se baseava na adoração fiel a Deus (Dt 7.12-15). O castigo pela adoração de outros deuses seria a expulsão da terra (Dt 6.14,15; 8.19,20; 11.8,9,17; 28.63).

A aliança A cerimônia de renovação da aliança de Js 24 tem muitas similaridades com os tratados de vassalagem dos antigos hititas. Ambos os documentos contêm uma introdução, um prólogo histórico, uma lista de exigências, ordens para a guarda dos documentos e sua leitura pública, uma lista de testemunhas divinas e, por fim, maldições para castigar a desobediência e bênçãos para premiar a obediência. Israel deveria ser fiel em guardar a aliança. A desobediência produziria o exílio.

O Deus santo e redentor Nesse livro, o Deus santo e redentor age com graça a favor de Josué e de Israel. A misericórdia divina é oferecida também a não israelitas. Tanto Raabe (6.17-25) como os gibeonitas (9.1-27) são trazidos para a comunidade da aliança.

Um descanso para o povo de Deus Josué deveria liderar Israel à sua herança, ao seu "descanso" (1.13,15; 11.23; 14.15; 21.44; 22.4; 23.1). Uma relação fiel de aliança com Deus garantiria a posse pacífica da terra. Não obstante, o descanso providenciado por Josué era temporário (Hb 3.7—4.11). Logo após a morte de Josué, Israel começaria a servir aos deuses cananeus e quebraria a aliança. V. *conquista de Canaã*; *Josué*; *guerra santa*.

Esboço
I. Reivindicação da terra (1.1—5.15)
   A. Após a morte de Moisés (1.1a)
   B. O chamado de Josué (1.1b-18)
   C. Raabe e os espiões (2.1-24)
   D. Travessia do Jordão (3.1—4.24)
   E. Consagração da aliança em Gilgal (5.1-15)
II. Conquista da terra (6.1—12.24)
   A. A conquista de Jericó (6.1-27)
   B. A campanha em Ai (7.1—8.35)
   C. Vitória sobre a coligação do Sul (9.1—10.43)
   D. Vitória sobre a coligação do Norte (11.1—12.24)
III. Colonização da terra (13.1—21.45)
   A. Leste do Jordão (13.1-33)
   B. Oeste do Jordão, Parte 1 (14.1—17.18)
   C. Oeste do Jordão, Parte 2 (18.1—19.51)
   D. Cidades de refúgio (20.1-9)
   E. Cidades dos levitas (21.1-45)
IV. Consagração da terra (22.1—24.33)
   A. O altar disputado (22.1-34)
   B. Exortações da aliança (23.1-16)
   C. Renovação da aliança em Siquém (24.1-33)

— *Stephen J. Andrews*

JOTÃO Nome pessoal que significa "Javé demonstrou ser perfeito". **1.** Em Jz 9.5 é o mais novo dos 70 filhos de Gideão. Sobreviveu ao massacre dos seus irmãos, perpetrado por Abimeleque, seu meio-irmão, por ter se escondido. Depois disso, quando Abimeleque foi proclamado rei em Siquém, Jotão contou uma fábula ao povo de Siquém com o objetivo de zombar da ideia de ter Abimeleque como rei. Depois de contar a fábula e dar sua interpretação, Jotão fugiu para preservar sua vida. V. *Juízes, livro de*. **2.** Em 2Rs 15.32 é o filho e sucessor de Uzias como rei de Judá (750-732 a.C.). Contava 25 de idade quando começou a reinar, e reinou por dezesseis anos. O nome de sua mãe era Jerusa. O período de dezesseis anos do seu reinado pode incluir o tempo no qual atuou como regente de seu pai, Uzias. Uzias contraiu lepra nos últimos anos do reinado e não podia realizar todas as funções exigidas. Jotão evidentemente era o governador efetivo. Seu reinado foi marcado por projetos de construção, prosperidade material e sucessos militares. V. *cronologia do período bíblico*.

JOTBÁ Nome de lugar que significa "isto é bom". Lar de Mesulemete, a rainha-mãe do rei Amom de Judá por volta de 642-640 a.C. (2Rs 21.19). Localizava-se em Khirbet Gefat, a cerca de 14 quilômetros ao norte de Nazaré. Outros identificam o lugar com o nome hebraico mais próximo Jotbatá (Nm 33.34) e o localizam em Et-Taba, a 35 quilômetros ao norte de Ácaba. V. *Jotbatá*; *Mesulemete*.

JOTBATÁ Nome de lugar que significa "bom". Lugar de parada no deserto, a segunda parada de Israel no deserto, antes de Eziom-Geber (Nm 33.33). O contexto de Dt 10.7 indica que em Jotbatá Deus separou os levitas para transportar a arca da aliança e executar o serviço sacerdotal, ainda que alguns intérpretes liguem a mensagem dos versículos 8 e 9 a 10.1, vendo o relato da viagem nos versículos 6 e 7 como uma nota histórica, não como a localização precisa dos versículos 8 a 11. V. *Eziom-Geber*; *Jotbá*.

JOZABADE Forma abreviada do nome pessoal Jeozabade que significa "Yah (= "Javé") outorgou". **1**. Pessoa envolvida no assassinato do rei Joás, por volta de 782 a.C. (no texto hebraico de 2Rs 12.21 se lê: "Jozabade, filho de Simeate, e Jeozabade, filho de Somer"; no entanto, em muitos manuscritos hebraicos o primeiro nome aparece grafado como Jozacar). Em 2Cr 24.26 se lê: "Zabade, filho da amonita de Simeate, e Jeozabade, filho da moabita Sinrite". Mudanças nas cópias impossibilitaram a identificação dos nomes originais com precisão. O livro de Cr mostra que, por ter Joás matado os filhos do sacerdote Joiada, os servos deste retaliaram. Eles até se recusaram a lhe dar sepultamento real nas tumbas dos reis. V. *Jeozabade*; *Joás*. **2**. Homem de Gederate na tribo de Benjamim que se uniu a Davi enquanto este fugia do rei Saul (1Cr 12.4). **3**. Dois homens da tribo de Manassés que se uniram a Davi em Ziclague enquanto este fugia de Saul (1Cr 12.20). **4**. Sacerdote que prometeu a Esdras que se divorciaria da esposa estrangeira para impedir a tentação de cultos estrangeiros em Israel (Ed 10.22). **5**. Sacerdote que testemunhou a transferência do ouro transportado pelo partido de Esdras da Babilônia ao templo em Jerusalém (Ed 8.33), ainda que um manuscrito hebraico apresente o nome Jonadabe no texto. **6**. Levita casado com esposa estrangeira e condenado por Esdras (Ed 10.23). **7**. Levita que ajudou o povo a entender a lei de Deus enquanto Esdras a lia (Ne 8.7). **8**. Levita responsável pelos assuntos externos do templo (Ne 11.16). **9**. Supervisor dos tesouros do templo no tempo de Ezequias, por volta de 715 a.C. (2Cr 31.13). Contribuiu para a doação de animais para o sacrifício pascal aos levitas (2Cr 35.9).

JOZACAR Nome pessoal que significa "Yah (= Javé) pensou a respeito". Conspirador que ajudou a matar o rei Joás por volta de 782 a.C. (2Rs 12.21), baseado em manuscritos hebraicos que diferem dos manuscritos hebraicos que dão base para o texto hebraico. V. *Jeozabade*.

JOZADAQUE Forma abreviada do nome pessoal Jeozadaque que significa "Yah (= Javé) age com justiça". Pai do sumo sacerdote Josué (Ed 3.2,8. 5.2; 10.18; Ne 12.26). V. *Jeozadaque*.

JUBAL Nome pessoal que significa "carneiro" ou "chifre de carneiro" usado como um instrumento musical. Em Gn 4.19-21 Jubal é filho de Lameque e irmão de Jabal e associado à invenção de instrumentos musicais.

JUBILEU V. *ano do Jubileu*.

JUCAL 1. Nome pessoal que significa "Javé demonstrou ser poderoso". Mensageiro enviado pelo rei Zedequias para pedir a Jeremias que orasse por ele quando começou a governar. Aparentemente, Zedequias queria ser abençoado em seus esforços de cooperação com o Egito contra a Babilônia, por volta de 587 a.C. (Jr 37.3, onde o original hebraico traz "Jeucal"). Em Jr 38.1 o nome é grafado "Jucal", provavelmente a forma abreviada de "Jeucal". **2**. Forma abreviada de Jeucal.

JUDÁ

JUDÁ Nome pessoal, tribal e territorial que significa "louvai a Javé", mas originariamente poderia ter alguma relação com a montanha de Jeúde. **1.** Em Gn 29.35 designa o quarto filho de Jacó e progenitor da tribo de Judá. Sua mãe era Lia. Ainda que Judá seja proeminente nas narrativas de Gn, ele raramente ocupa o lugar central. O texto de Gn 38 é a exceção. Esse capítulo narra a sedução de Judá por sua nora Tamar. Dessa união nasceram Perez e Zerá. O texto de Gn 49.8-12 preserva a bênção de Judá por Jacó. Por Judá corre a linha genealógica que leva até Jesus. **2.** A tribo de Judá ocupou um lugar estrategicamente importante a oeste do mar Morto. A cidade de Jerusalém estava na fronteira entre Judá e Benjamim. Davi era da tribo de Judá. **3.** Quando o reino foi dividido após a morte de Salomão, o Reino do Sul recebeu o nome de Judá. V. *Israel*; *Judas*; *patriarcas*; *Israel, terra de*; *tribos de Israel*. **4.** Província estabelecida pelo governo persa para governar o reino de Judá recém-conquistado (Ne 5.14; Ag 1.1). Judá constituía uma pequena província, junto com Samaria, Galileia e Idumeia. Todos estes lugares se reportavam ao sátrapa de Abarna-Hará, que compreendia a terra a oeste do rio Eufrates, sediado em Damasco (Ed 5.3,6; 6.6,13). O sátrapa se reportava a um oficial superior sobre a Babilônia e Abarna-Hará, com quartel-general na Babilônia. Quando os exilados de Judá voltaram da Babilônia, Zorobabel era o governador de Judá; Tatenai, sátrapa de Abarna-Hará ou "além do Rio", e Ustanu, sátrapa babilônico de Abarna-Hará. **5.** Sacerdote cujos filhos ajudaram Zorobabel e Josué a iniciar a restauração do templo depois de 537 a.C. (Ed 3.9; cp. Ne 12.8). **6.** Levita condenado por Esdras por ter uma esposa estrangeira que poderia tentar Israel a adorar outros deuses (Ed 10.23). **7.** Membro da tribo de Benjamim que viveu em Jerusalém depois do regresso do exílio e segundo no comando na cidade (Ne 11.9). Pode ter sido o oficial que se uniu a Neemias na liderança da celebração do término do muro de Jerusalém (Ne 12.34). **8.** Sacerdote músico que ajudou na celebração de Neemias (Ne 12.36). **9.** Referência geográfica obscura na descrição das fronteiras tribais de Naftali (Js 19.34). Os antigos tradutores gregos não puderam entender a referência e não a traduziram (cp. *NVI*; *TEB*; *BP*; *EP*). O território de Naftali não faz fronteira com o de Judá. Alguns tentam definir Judá nesse versículo como as 60 cidades de Jair a leste do Jordão (Js 13.30). Outros traduzem Judá por "terras baixas". Alguns eruditos tentam encontrar nessa referência outro nome de lugar, como Jeudá. É possível que algum copista tenha confundido Jordão com Judá, que se parecem na escrita hebraica, e copiado errado Jordão e Judá, e depois copiado Jordão. Não há explicação segura para explicar a palavra Judá nesse versículo. **10.** A cidade de Judá (2Cr 25.28) é Jerusalém.

JUDAÍSMO Religião e estilo de vida do povo de Judá, os judeus. Paulo contrastou seu chamado cristão com sua vida prévia no judaísmo (Gl 1.13,14). Estrangeiros poderiam se converter ao judaísmo. V. *partidos judaicos no Novo Testamento*; *prosélito*.

JUDAS Transliteração grega do nome pessoal hebraico Judá que significa "louvai a Javé". O nome pessoal Judas era muito comum no tempo de Cristo, por não se tratar apenas da forma grega do nome de um dos 12 patriarcas, mas também se tornou popular por causa do herói judeu Judas Macabeu, o líder da nação na luta pela independência da Síria em 166 a.C. O NT menciona seis homens chamados Judas. Muitos deles são citados apenas de passagem. **1.** Irmão do Senhor (Mt 13.55; Mc 6.3). **2.** Judas da Galileia, um dos líderes morto em uma revolta contra os romanos. O ano exato dessa revolta é incerto, talvez 6 d.C. (At 5.37). **3.** Depois da experiência na estrada para Damasco, Paulo foi à casa de um homem chamado Judas que vivia na Rua Direita. Ananias o encontrou lá três dias depois (At 9.7-12). **4.** Judas Barsabás foi escolhido pela igreja de Jerusalém para ir com Paulo e Barnabé entregar Tg à igreja de Antioquia, concernente ao importante assunto da salvação dos gentios (At 15.22). **5.** Entre os 12 discípulos de Jesus, havia dois chamados Judas. O primeiro é sempre alistado depois de Tiago, filho de Alfeu, e é chamado o filho de Tiago (Lc 6.16; At 1.13). Parece ter sido conhecido pelo nome de Lebeu Tadeu (Mt 10.3; Mc 3.18). As únicas palavras registradas sobre ele estão em Jo 14.22. **6.** O último deles era Judas Iscariotes. Todos os Evangelhos colocam-no no fim da lista dos discípulos, em razão do papel de traidor. *Iscariotes* é

uma palavra aramaica que significa "homem de Queriote", cidade perto de Hebrom. Ele era o único discípulo da Judeia. Atuou como tesoureiro dos discípulos, mas ficou conhecido por ser miserável e ladrão (Jo 12.4-6). Estava presente na última ceia em que Jesus predisse sua traição (Lc 22.21; Mt 26.20,21). O preço da traição foram 30 moedas de prata, que Judas devolveu aos líderes judaicos, e depois disso se enforcou. Morreu em tristeza, mas sem arrependimento. O dinheiro, que não podia ser devolvido à tesouraria por ser dinheiro de sangue, foi usado para comprar o campo de um oleiro, em nome de Judas (Mt 27.3-10; cp. At 1.18,19).
— *Gerald Cowen*

JUDAS ISCARIOTES Nome pessoal que significa "Judas de Queriote". Traidor de Jesus. V. *Judas*.

JUDAS, EPÍSTOLA DE O livro de Jd é muito negligenciado pela brevidade. Alguns ficam perturbados por Judas ter citado *1Enoque* e aludido à *Assunção de Moisés,* mas isso não é um problema, pois citações de uma fonte não indicam necessariamente que o documento citado seja canônico. A mensagem de Jd é estranha para muitos em nosso mundo, pois Judas enfatizou que o Senhor certamente julgará os intrusos perversos que tentam corromper as igrejas. A mensagem de juízo ofende muitos em nosso mundo por parecer intolerante, sem amor e contrária à mensagem de amor proclamada em toda parte no NT. Não obstante, essa pequena carta não pode ser ignorada. Algumas das mais lindas declarações sobre a graça sustentadora de Deus são encontradas em Jd (v. 1,24,25) e elas brilham muito mais quando contrastadas com os falsos mestres que se apartaram da verdadeira fé cristã.

Podemos também dizer que a mensagem de juízo é especialmente relevante ao povo hoje, pois nossas igrejas tendem ao sentimentalismo e sofrem de fraqueza moral, e com muita frequência falham em pronunciar uma declaração judicativa em razão da definição inadequada do conceito do amor. A carta de Jd nos lembra de que ensinos errados e vida dissoluta têm consequências sérias. Por isso não deveríamos relegar suas palavras ao temperamento raivoso que ameaça com julgamento aqueles de quem não gosta, mas como advertência a cristãos amados (v. 3,17), para escapar do perigo mortal, Jd foi escrita para os cristãos poderem lutar pela fé que uma vez lhes foi transmitida (v. 3) e para que não abandonem o amor de Deus em um momento crucial na vida da igreja. Essa mensagem deve ser proclamada hoje, pois a degradação moral é o caminho para a destruição.

Autor O autor foi identificado no versículo 1 como "Judas, servo de Jesus Cristo e irmão de Tiago". O Tiago mencionado é quase certamente o irmão de Jesus Cristo e autor da carta do mesmo nome (cf. At 15.13-21; 1Co 15.7; Gl 2.9). Podemos concluir que Judas era bem conhecido em razão da associação ao irmão fabuloso que teve um papel significativo na igreja apostólica. Logo, Judas era também conhecido como meio-irmão de Jesus Cristo (Mt 13.55; Mc 6.3). Evidências externas da igreja primitiva também apoiam a opinião de que Judas, o irmão de Jesus, escreveu a carta.

Alguns eruditos argumentam que outro Judas escreveu a carta. Calvino identificou o autor como o apóstolo "Judas, filho de Tiago" (Lc 6.16; At 1.13). Mas, se essa opinião é correta, o autor se autoproclamaria apóstolo. Outros especularam que o escritor é "Judas, chamado Barsabás" (At 15.22,27,32), mas não há evidência que o último tenha sido irmão de Tiago. Ainda mais improvável é a teoria de que o autor foi o apóstolo Tomé. Outros ainda sustentam que a carta é pseudônima, mas falta apoio para a pseudonímia em escritos canônicos. Para resumir, há boas razões para aceitar a opinião de que Judas, o irmão de Jesus, é o autor da carta.

Destinatários e data É extremamente difícil identificar os destinatários ou especificar a data da carta. Alguns eruditos atualmente argumentam que 2Pe depende de Jd; se for assim, então Jd precede 2Pe, e esta foi escrita na década de 60. Presumivelmente Jd foi escrita na mesma época, mas é impossível ter certeza. Sugestões para um destino incluem a Palestina, Síria, Ásia Menor e Egito. Devemos admitir que não há como saber com certeza acerca dos destinatários da carta. Muitos pensam que os leitores eram judeus, pois Judas cita *1Enoque* e faz alusão a *Assunção de Moisés*.

Oponentes Os oponentes de Judas são identificados como gnósticos, mas essa teoria é menos comum hoje pelo fato de os eruditos do

NT reconhecerem que o gnosticismo, fenômeno do séc. II, não poderia ter surgido um século antes. Esses oponentes também não apresentam muitas das características comuns do gnosticismo. A rotulação precisa dos oponentes é enganosa. O versículo 4 sugere que os oponentes vieram de fora da igreja. Depreende-se da carta que os oponentes eram libertinos e talvez abusassem da doutrina paulina da graça. Eles podem também ter apelado para uma revelação pessoal a fim de dar apoio à sua libertinagem (v. 8).

Estrutura A carta é vigorosa, focada e bem estruturada. Judas é particularmente adepto de tríades em seu texto.

Esboço

I. Saudação: 1,2
II. Propósito da carta: 3,4
III. Juízo dos intrusos: 5-16
   A. O juízo de Deus: 5-10
      1. Três exemplos históricos do juízo de Deus: 5-7
      2. Aplicação aos adversários: três pecados que serão julgados: 8-10
   B. Oráculo de "ai": 11-13
      1. Três tipos: 11
      2. Aplicação aos adversários: 12,13
   C. Profecia de Enoque: 14-16
      1. A profecia: juízo sobre os ímpios: 14,15
      2. Aplicação aos adversários: 16
IV. Exortações aos cristãos: 17-23
   A. Lembrança das predições apostólicas: 17-19
      1. A palavra apostólica: 17,18
      2. Aplicação aos adversários: 19
   B. Guardem-se no amor de Deus: 20,21
   C. Demonstrem misericórdia aos afligidos pelos adversários: 22,23
V. Doxologia: 24,25

— *Thomas R. Schreiner*

JUDEIA Nome de lugar que significa "judaico". Em Ed 5.8 é a designação aramaica de uma província que variava de tamanho em razão de mudanças nas circunstâncias políticas, mas sempre incluía a cidade de Jerusalém e o território circunvizinho. A área, formalmente chamada Judá, recebeu inicialmente o nome de Judeia após o exílio na Babilônia. No período persa, a Judeia ocupava uma área muito pequena. Sob os macabeus, no entanto, o território expandiu em tamanho e desfrutou um período de independência política. Herodes, o Grande, apontado por Roma como governador desse território, tinha o título de rei da Judeia. Nos tempos

Pôr do sol nas colinas da Judeia

romanos a Judeia, Samaria e a Galileia eram consideradas as três divisões geográficas principais da Palestina. V. *Roma e o Império Romano*

JUDEU Residente ou cidadão de Judá em qualquer de seus vários significados nacionais e geográficos.

JUDEUS NO NOVO TESTAMENTO A palavra "judeu" é derivada da tribo de Judá, por meio do inglês médio *jewe*, do francês antigo *jeu*, do latim *judeus* e do grego *ioudaios* (cf. o nome feminino Judite, que originariamente significava "judia").

Pano de fundo do Antigo Testamento Originariamente a palavra hebraica *yehudim* significava os descendentes da tribo de Judá e posteriormente os que habitavam os territórios reclamados por eles (2Rs 16.6; 25.25; Jr 32.12). Com a deportação e subsequente assimilação das "Dez Tribos Perdidas" do Reino do Norte pelos assírios depois do ano 722 a.C., os únicos israelitas a sobreviverem no período do exílio (com alguns poucos da tribo de Benjamim, tais como Mardoqueu, que é chamado de "judeu" em Et 2.5) eram aqueles de Judá, daí o nome judeu (Ne 1.2). A palavra aramaica correspondente é usada em Dn 3.8,12.

Período intertestamentário A palavra grega *ioudaios* (plural *ioudaioi*) foi usada para os israelitas no mundo greco-romano. Essa palavra é usada no tratado entre Judas Macabeu e os romanos, descrita em 1Mc 8.23-32: "Bem haja aos romanos e à nação dos judeus" (v. 23, *BJ*).

Mateus, Marcos, Lucas O termo *ioudaios* ocorre relativamente poucas vezes nos Evangelhos sinópticos, os primeiros três evangelhos que são aproximadamente paralelos um ao outro. A palavra ocorre apenas cinco vezes em Lc, geralmente na expressão "Rei dos Judeus" (12 vezes em um total de 17). Das demais ocorrências somente Mt 28.15 designa os judeus como contrastados com os cristãos.

João Em contraste, a palavra *ioudaios* ocorre 70 vezes no evangelho de Jo. Algumas destas referências são totalmente positivas, especialmente no diálogo entre Jesus e a mulher de Samaria (cap. 4). No versículo 9 a mulher diz a Jesus: "como o senhor, sendo judeu", e no versículo 22 Jesus diz que "a salvação vem dos judeus". Muitos dos judeus creram em Jesus (8.31; 11.45; 12.11). Outras referências são neutras, como em 3.1, em que Nicodemos é escrito como uma autoridade entre os judeus.

A descrição dos oponentes de Jesus revela uma diferença evidente entre os Evangelhos sinópticos e Jo. Onde os primeiros chamam os inimigos de Jesus de escribas e fariseus, sumo sacerdotes e saduceus, o evangelho de Jo simplesmente usa o termo genérico "judeus". O termo geralmente implica autoridades judaicas, como em 7.13; 9.22; 19.38; 20.19.

Os judeus questionavam o nascimento e a sanidade de Jesus (8.48) e até mesmo alegaram que ele estivesse possuído (8.52). Os judeus questionaram suas declarações sobre o templo (2.20) e se escandalizaram quando ele afirmou ser o pão do céu (6.41). Eles consideraram suas afirmações de igualdade com o Pai como blasfemas e pegaram pedras para matá-lo (5.18; 7.1; 10.31,33; 11.8).

O uso elevado do termo "judeu" em Jo como uma designação geral dos que negavam que Jesus era o Cristo pode ser explicada pelo fato de que o evangelho de Jo foi composto depois dos Sinópticos — depois de eventos como a destruição de Jerusalém no ano 70 da era cristã e a inclusão de uma maldição sobre os *minim* ("hereges", especialmente os cristãos) nas orações diárias da sinagoga por volta do ano 80 aumentaram as hostilidades mútuas entre judeus e cristãos.

Atos Paulo era um judeu de Tarso (At 21.39; 22.3). Depois de sua conversão dramática na estrada para Damasco, seus companheiros judeus tentaram matá-lo (9.23). O rei Herodes Agripa I prendeu Pedro e matou o apóstolo Tiago, crendo que isso agradaria aos judeus (12.1-3).

Seguindo sua convicção de que o evangelho deveria ser pregado primeiro aos judeus (Rm 1.16), Paulo em suas viagens missionárias começava sua pregação nas sinagogas judaicas — em Salamina em Chipre (At 13.5), em Icônio (14.1), em Tessalônica (17.1), em Atenas (17.15-17) e em Corinto (18.1). Mesmo que tenha feito alguns conversos entre os judeus, convertendo até mesmo o líder da sinagoga de Corinto (18.1), e sem dúvida tendo sucesso entre os "tementes a Deus" ou prosélitos que estavam interessados em se converter ao judaísmo (13.43; 17.4) a maioria dos judeus reagia violentamente contra a mensagem de Paulo (13.50; 14.2; 17.5; 18.12). Consequentemente, Paulo voltou seus esforços cada vez mais aos gentios, os não judeus.

Cartas paulinas Como o "apóstolo dos gentios", Paulo argumentou contra os "judaizantes" que os convertidos gentios não precisavam ser circuncisos, i.e., tornarem-se judeus primeiro para depois tornarem-se cristãos (At 15.1-5). Seus argumentos foram aceitos por Tiago e pelo concílio da igreja em Jerusalém, no ano 49 d.C. Paulo, que tinha sido um "verdadeiro hebreu; quanto à lei, fariseu" (Fp 3.5) e tinha sido mais zeloso no judaísmo que seus companheiros (Gl 1.13,14), chegou à conclusão radical de que um judeu verdadeiro não é quem descende fisicamente de Abraão (cf. Jo 8.31-41), quem se submete à *Torá* ou Lei de Moisés (Rm 2.17,28) e foi circuncidado. Para Paulo, o verdadeiro judeu é quem crê que Jesus é o Messias ou Cristo (Gl 3.36-39), confia na graça de Deus, não nas obras da lei (Ef 2.8,9), e foi circuncidado em seu coração pelo Espírito Santo (Gl 2.2-9; 5.6). A despeito de seu sentimento de que muitos dos judeus não aceitaram sua mensagem, Paulo não ensinou que Deus os abandonou, mas cria que Deus ainda tem um plano para eles (Rm 9—11). (Observação: a palavra *ioudaios* não é encontrada em nenhuma das cartas não paulinas no NT).

Apocalipse As duas referências no livro de Ap são à igreja em Esmirna (2.9) e à igreja em Filadélfia (3.9), onde havia os que alegavam ser judeus, mas que foram denunciados como "sinagoga de Satanás", porque se opuseram aos cristãos. V. *hebreu*; *Israel, terra de*; *fariseus*; *saduceus*. — Edwin Yamauchi

JUDIA Feminino de judeu. A mãe de Timóteo era judia, mas o pai não (At 16.1). Drusila, a esposa de Félix, o governador romano, era judia (At 24.24).

JUDITE Nome pessoal que significa "judia". **1.** Uma das esposas heteias de Esaú que causou angústia aos pais dele, pois temiam que as mulheres levassem Esaú a se afastar de sua cultura e do seu Deus (Gn 26.34,35). **2.** Heroína do livro de Jt nos Apócrifos. Uma viúva piedosa, ela enganou Holofernes, general de Nabucodonosor, e livrou seu povo ao cortar-lhe a cabeça. V. *Apócrifos, livros — Antigo Testamento*.

JUGO Armação de madeira colocada nas costas de animais de tração para fazê-los puxar em dupla. Os jugos simples consistiam em uma barra com duas laçadas quaisquer de corda ou madeira que desciam em redor do pescoço dos animais. Jugos mais elaborados tinham correias conectadas ao centro com que os animais puxavam arados ou outros equipamentos. A palavra é usada com mais frequência para falar de escravidão, servidão e sofrimento (1Rs 12.4; Jr 27.8). Entre os usos positivos estão o jugo de Cristo (Mt 11.29,30) e o caráter unido do trabalho da igreja (Fp 4.3).

JUIZ (oficial) 1. Oficial com autoridade para ministrar a justiça ao julgar casos. **2.** Alguém que usurpa a prerrogativa de um juiz. **3.** Um libertador militar no período entre Josué e Davi (para esse sentido, v. *Juízes, livro de*).

Moisés serviu como juiz de Israel ao solucionar demandas interpessoais e ao ensinar a Israel os estatutos de Deus (Êx 18.15,16). Por sugestão de Jetro, Moisés serviu como advogado do povo diante de Deus e instrutor da Lei (18.19,20) e apontou juízes subordinados para decidir casos menores (18.21-23; Nm 1.16,17; Dt 1.12-17; 16.18-20). Os anciãos da comunidade com frequência serviam como juízes à porta da cidade (Dt 22.15; 25.7; Rt 4.1-9; Jó 29.7,8). Casos difíceis eram submetidos pelos sacerdotes ao juiz supremo (Dt 17.8-13; cp. Nm 5.12-31, um caso sem testemunhas). Na monarquia o rei servia como juiz supremo (2Sm 15.2,3) e apontava juízes locais (1Cr 23.4; 2Cr 19.5), junto com processos de apelação (2Cr 19.8-11). Depois do exílio, Artaxerxes deu ao sacerdote Esdras autoridade para apontar juízes na Judeia (Ed 7.25).

Reclamações contra juízes são frequentes na literatura do AT. Absalão tirou vantagem do descontentamento com o sistema legal para instigar uma revolta (2Sm 15.4). Juízes são acusados de demonstrar parcialidade (Pv 24.23), de receber suborno (Is 61.8; Mq 7.3; cp. Êx 23.2-9) e de falhar na defesa dos interesses das pessoas sem poder (Is 10.2; Jr 5.28). Sofonias descreveu os juízes de Jerusalém como lobos à espreita (3.3).

Deus é o Juiz em sentido absoluto de toda a terra (Gn 18.25; Is 33.22; Tg 4.12). Como representante de Deus, Cristo atua como Juiz (Jo 8.16; Tg 5.9; 1Pe 4.5). V. *julgar*. — *Chris Church*

JUÍZES, LIVRO DE Nas Bíblias em português o livro de Jz é o segundo dos livros históricos do AT (Js—Et). Alguns eruditos se referem a Js—2Rs como história deuteronomista, assim chamada em virtude da teologia e do estilo destes textos serem pesadamente influenciados por Dt. Entretanto, é melhor seguir a Bíblia Hebraica e interpretar estes livros como os Profetas Anteriores. Em todos eles as preocupações teológicas e espirituais, comuns a Moisés e aos profetas, têm precedência sobre os registros dos fatos históricos e agendas políticas.

O livro tem seu nome derivado da designação das personagens principais, *shofetim* (2.18), "governadores". Mas eles atuaram como libertadores de Israel (*moshi'im*) de inimigos externos. Em muitos casos no AT o termo *shofet* designa um oficial que decide casos legais em um tribunal. Entretanto, a raiz carrega um significado mais amplo, "governar", que pode envolver questões internas do tipo de disputas entre cidadãos, mas também pode envolver problemas externos. Resolver disputas nacionais e tribais com estrangeiros. Esse sentido é refletido no nome do livro e nos papéis vividos por suas personagens humanas principais.

Eruditos e leitores leigos tendem a ler Jz de maneiras diferentes. Muitos eruditos interpretam o livro como um documento político, demonstrando a necessidade de um rei para resolver os problemas de Israel no período de transição entre a conquista de Canaã sob Josué e o estabelecimento da monarquia, e especificamente para apoiar a causa de Davi em oposição à casa de Saul. Tomando a sugestão de Hb 11.32, muitos leigos leem Jz como um livro de heróis que demonstram força de caráter ao realizar grandes feitos para Deus.

Entretanto, a leitura atenta de Jz sugere que ambas as interpretações perdem o propósito do autor. Se lermos Jz como um livro profético, descobriremos que o foco não está nos juízes, mas em Deus, a quem serviam como libertadores da nação. De forma específica, o livro descreve a resposta do Senhor à canaanização da sociedade israelita no período de colonização. Como 2.6-10 declara, uma geração depois da morte de Josué e dos participantes da conquista, os problemas espirituais de Israel apareceram. A nação entrou na terra da promessa em triunfo como povo redimido do Senhor, mas se tornou mais e mais como o povo merecedor de expulsão.

Em maior proporção que a maioria dos livros históricos, o livro de Jz conta com um enredo coeso. O autor demonstra preocupação com outros juízes (Sangar, [3.31], Tola e Jair [10.1-5], Ibsã, Elom e Abdom [12.8-15]), com os acontecimentos descritos em detalhes, cuidadosamente selecionados e deliberadamente moldados conforme um esquema literário intencional. Ao fazê-lo, o autor apresentou um relato convincente da degeneração fundamental de Israel no período dos juízes. Cada parte do livro apresenta uma contribuição vital para o desenvolvimento do tema.

O autor apresenta o cenário ao descrever o destino das tribos quando estas reivindicavam a terra destinada a elas pelo Senhor (1.1-36). Ele relatou os resultados em ordem deliberada, ao começar pelos sucessos de Judá e terminar com o fracasso absoluto de Dã. Esse padrão antecipou a estrutura que se seguiu, como o retrato da nação começando positivamente com Otoniel (3.7-11), mas a cada ciclo o quadro se tornava cada vez mais sombrio.

Essa introdução histórica é seguida pelo preâmbulo pesadamente teológico (2.1—3.6). O problema fundamental é Israel ter perdido a memória da obra redentora do Senhor a seu favor (2.1-10). Isso resultou na triste verdade expressa em um refrão repetido sete vezes no livro: os israelitas agiram mal (lit., "fizeram o mal") à vista do Senhor. Eles serviram aos baalins (plural de Baal, divindade cananeia) e abandonaram o Senhor, seu Redentor (2.11,12; cp. 3.7,12; 4.1; 6.1; 10.6; 13.1). As narrativas seguintes dos juízes individuais, que formam o cerne do livro (3.7—16.31), descrevem as consequências da apostasia. O preâmbulo (2.1-3.6) convida o leitor a interpretar os relatos não apenas como recorrências cíclicas do mesmo problema, mas como algo ilustrativo de uma intensificação do mal em Israel (2.17-19), oferecendo ao leitor a chave para entender o povo de Israel e também os juízes que o lideraram.

Dada a natureza teológica da narrativa e em razão do uso seletivo dos dados pelo autor, é difícil reconstruir a história de Israel no período dos juízes com base nos relatos do cerne do livro (3.7—16.31). Os acontecimentos são deliberadamente arranjados para apresentar cada juiz em uma situação pior que a anterior, começando por Otoniel, uma personagem exemplar (3.7-11), e terminando com Sansão, que incorpora tudo o que há de errado em Israel. Cada ciclo é estruturado em um padrão literário assinalado por uma série de fórmulas recorrentes:

1) "Os israelitas fizeram o que o Senhor reprova" (2.11. 3.7,12; 4.1; 6.1; 10.6. 13.1).
2) "O Senhor os entregou nas mãos de invasores" (2.14; 6.1; 13.1).
3) "Clamaram ao Senhor" (3.9,15; 4.3; 6.6; 10.10).
4) "O Senhor levantou juízes, que os libertaram" (2.16,18; 3.9,15).
5) "Assim X [o povo opressor] foi subjugado pelos israelitas" (8.28; cp. 3.30; 4.23).
6) "E a terra teve paz durante X anos" (3.11,30; 5.31; 8.28).
7) "Mas quando X [o juiz] morreu" (2.19; 3.11; 4.1b; 8.28; 12.7).

É evidente pelas fórmulas que o Senhor é a personagem mais importante no livro e que a atenção do autor está fixada na resposta à canaanização do seu povo. Como julgamento, ele envia inimigos estrangeiros (como na predição de Lv 26 e Dt 28); então em misericórdia ouve ao clamor do povo, providencia-lhe um libertador e garante a vitória contra o inimigo. Mas os israelitas não aprendiam a lição. Pelo contrário, a podridão espiritual se aprofundava até a alma da nação, de modo que no fim Gideão agiu como um déspota oriental (8.18-32). Tal como os pagãos à sua volta, Jefté tentou obter a boa vontade de Deus ao sacrificar a filha (11.30-40), e a vida e a morte de Sansão se parecem mais com a de um filisteu que com alguém do povo do Senhor (cap. 14—16).

Muitos interpretam Jz 17—21 como apêndices relativamente independentes. Entretanto, uma vez compreendida, a preocupação geral do livro é a degeneração espiritual de Israel e a resposta de Deus a isso, e descobrimos que, longe de ser um acréscimo estranho, os capítulos representam o ápice da composição. O tom é estabelecido pelas variações do refrão quádruplo, "naquela época não havia rei em Israel. Cada um fazia o que lhe parecia certo" (17.6; 18.1; 19.1; 21.25). Tal refrão é tradicionalmente interpretado como sinal de que o autor olhava para a instituição da monarquia como a solução para os problemas de Israel naquele período sombrio. Mas essa interpretação falha em quatro pontos. Primeiro, é errado assumir que o problema primário do livro seja político, quando era espiritual. Segundo, desconsidera o fato de que, longe de resolver o problema da apostasia em Israel, a monarquia de fato apoiou os tipos de males descritos no livro. Terceiro, dá um desconto à visão negativa da monarquia apresentada no livro de Jz em si. Gideão verbalmente rejeita o ofício hereditário de rei (8.22,23), mas suas ações (8.18-27) e especialmente o fato de dar ao filho o nome de Abimeleque (que significa "meu pai é rei") camuflam sua resposta piedosa. Abimeleque, o único rotulado rei, epitomiza o mal da monarquia canaanita (v. a fábula de Jotão, 9.7-15) e dificilmente pode ser considerado um exemplo. Quarto, se o autor antecipa a monarquia tendo Davi como modelo como solução para as crises de Israel naquele tempo, é curioso que, diferentemente de Ezequias e Josias alguns séculos mais tarde, os relatos de Davi (1 e 2Sm) nunca o apresentam como abolindo práticas idólatras e centros de culto na terra. É preferível, portanto, ver esse refrão como uma declaração de que ninguém, nem mesmo Deus, é o rei da nação. Cada um fazia o que achava mais certo.

Os cap. 17—21 ilustram isso, lidando primeiro com os sintomas religiosos do problema (cap. 17—18) e, depois, com as consequências sociais da canaanização de Israel (cap. 19—21). Mica, um efraimita, estabeleceu um santuário de culto pagão em sua casa e instituiu seu sacerdócio (17.1-13). Então os danitas, que não puderam expulsar os canaanitas da terra que Deus lhes destinara, vieram. Na migração em direção ao norte para reclamar uma porção não distribuída ao norte do mar da Galileia, eles sequestraram o sacerdote de Mica e suas imagens idólatras e, quando alcançaram seu destino, estabeleceram um santuário cúltico em Dã. Enquanto isso, a conduta do levita que inicialmente não é identificado (18.30 o identifica como neto de Moisés) ilustra a corrupção que

JUÍZES, LIVRO DE

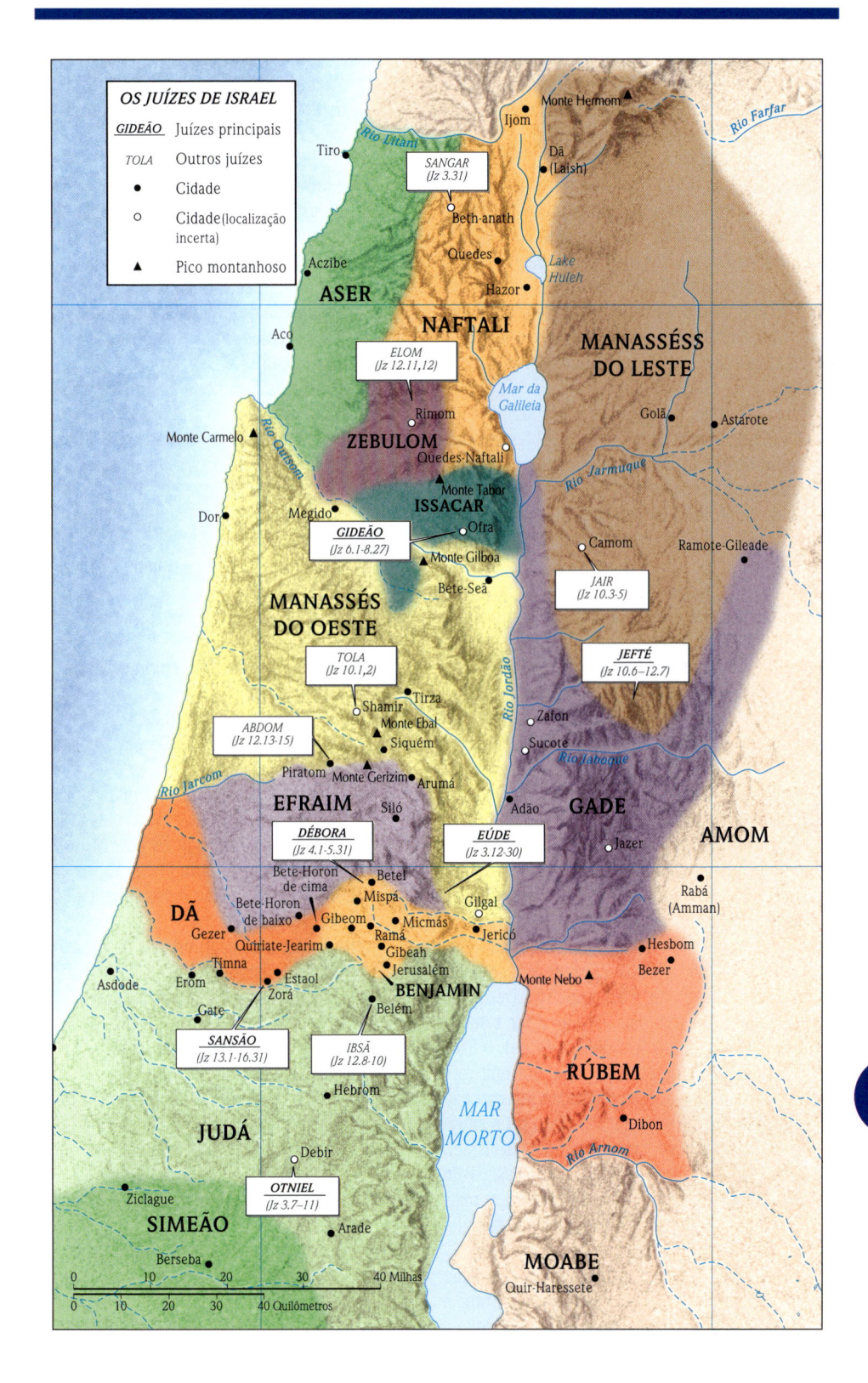

OS JUÍZES DE ISRAEL

- **GIDEÃO** Juízes principais
- TOLA Outros juízes
- ● Cidade
- ○ Cidade (localização incerta)
- ▲ Pico montanhoso

Juízes e referências

- SANGAR (Jz 3.31)
- ELOM (Jz 12.11,12)
- GIDEÃO (Jz 6.1–8.27)
- JAIR (Jz 10.3-5)
- JEFTÉ (Jz 10.6–12.7)
- TOLA (Jz 10.1,2)
- ABDOM (Jz 12.13-15)
- DÉBORA (Jz 4.1–5.31)
- EÚDE (Jz 3.12-30)
- SANSÃO (Jz 13.1–16.31)
- IBSÃ (Jz 12.8-10)
- OTNIEL (Jz 3.7–11)

Tribos e regiões

ASER, NAFTALI, MANASSÉSS DO LESTE, ZEBULOM, ISSACAR, MANASSÉS DO OESTE, EFRAIM, GADE, AMOM, DÃ, BENJAMIN, JUDÁ, RÚBEM, SIMEÃO, MOABE

Cidades e locais

Tiro, Ijom, Monte Hermom, Dã (Laish), Beth-anath, Quedes, Aczibe, Hazor, Aco, Rimom, Monte Carmelo, Quedes-Naftali, Golã, Astárote, Dor, Megido, Monte Tabor, Ofra, Monte Gilboa, Camom, Ramote-Gileade, Bete-Sea, Shamir, Tirza, Monte Ebal, Siquém, Zafon, Piratom, Monte Gerizim, Arumá, Sucote, Siló, Adão, Jazer, Bete-Horon de cima, Betel, Bete-Horon de baixo, Mispá, Gilgal, Rabá (Amman), Gezer, Gibeom, Micmás, Jericó, Hesbom, Timna, Ramá, Bezer, Erom, Estaol, Gibeah, Jerusalém, Monte Nebo, Asdode, Zorá, Quíriate-Jearim, Gate, Belém, Hebrom, Dibon, Ziclague, Debir, Berseba, Arade, Quir-Haressete

Rios e mares

Rio Farfar, Rio Litani, Lake Huleh, Mar da Galileia, Rio Quisom, Rio Jarmuque, Rio Jordão, Rio Jaboque, Rio Jarcom, Mar Morto, Rio Arnom

0 10 20 30 40 Milhas
0 10 20 30 40 Quilômetros

infectava até mesmo os encarregados do bem-estar espiritual da nação. Os cap. 19—21 ilustram a podridão social ocasionada pela degeneração espiritual de Israel. De fato, no relato do ultraje em Gibeá (19.16-26) estão ecos deliberados da impiedade de Sodoma (Gn 19.1-14). Longe de ser uma comunidade ética de fé, os israelitas se tornaram semelhantes ou pior que os cananeus. Em vez de denunciar os crimes imorais em seu meio, os benjamitas os defenderam. O livro termina com Israel em total confusão política, espiritual e moral, com uma tribo quase eliminada, deixando o leitor na expectativa sobre o que acontecerá com o povo de Deus.

Qual é então o significado permanente do livro? Primeiro, Israel como nação sobreviveu aos dias sombrios dos juízes inteiramente pela graça de Deus. Por sua misericórdia, ele enviou opressores como lembretes da rebelião. Exclusivamente por sua misericórdia, ele respondeu ao clamor deles e fez surgir libertadores. Segundo, o livro ilustra o problema fundamental do coração humano, a depravação. Quando o povo de Deus se esquece dos atos salvadores do Deus deles, eles seguem outros deuses. Terceiro, o livro ilustra a ligação inevitável entre o comprometimento espiritual e a conduta ética. Há poucos heróis humanos no livro. No início, o autor apresenta Otoniel como bom juiz, mas seus sucessores são apresentados como progressivamente piores. Débora é a exceção. Mas então, de modo contrário às percepções populares, sua função primária não é a de uma líder militar. Ela é a profetisa por meio de quem o Senhor levanta Baraque. Finalmente, como Hb 11.32-36 declara, a despeito da mortalidade questionável dos juízes, quando eles clamam a Deus em fé, ele os capacita a conquistar grandes vitórias. Isso diz mais respeito a Deus que a eles. A declaração de Hb não deve ser tomada como apoio cego do caráter deles. No fim, o livro de Jz ilustra a verdade eterna: O Senhor edificará seu reino e sua igreja, e as portas do inferno não prevalecerão contra a igreja. Pelo fato de a salvação de Deus depender da sobrevivência de Israel, ele não permitiu que o povo desaparecesse. Pelo contrário, por sua graça eles sobreviveram, e mais tarde, sob a liderança do rei ungido Davi, sua glória foi proclamada em toda parte.

Tema: a resposta do Senhor à canaanização de Israel nos dias sombrios que se seguiram à morte de Josué.

Esboço

I. O pano de fundo da canaanização de Israel: o fracasso de Israel na guerra santa (1.1—3.6)
 A. O relatório da atuação de Israel (1.1-36)
 B. O significado teológico da atuação de Israel (2.1-23)
 C. As consequências domésticas da atuação de Israel: o teste de Israel (3.1-6)
II. A resposta do Senhor à canaanização de Israel: os ciclos de apostasia e libertação (3.7-5.31)
 A. O ciclo de Otoniel e Aram-Naaraim (3.7-11)
 B. O ciclo de Eúde e Moabe (3.12-30)
 C. Parêntese número 1: o governo de Sangar (3.31)
 D. O ciclo de Baraque e dos cananeus (4.1—5.31)
III. O ciclo de Gideão e dos midianitas (6.1—9.57)
 A. Punição de Deus e libertação de Israel (6.1-8.3)
 B. Punição de Gideão e subjugação de Israel (8.4-27)
 C. O legado de Gideão (8.28-9.57)
IV. Parêntese número 2: Os governos de Tola e Jair (10.1-5)
V. O ciclo de Jefté e dos amonitas (10.6-12.7)
VI. Parêntese número 3: os governos de Ibsã, Elom e Abdom (12.8-15)
VII. O ciclo de Sansão e dos filisteus (13.1-16.31)
VIII. O ápice: as profundezas da canaanização de Israel (17.1—18.31)
 A. A degeneração religiosa de Israel (17.1—18.31)
 B. A degeneração moral de Israel (19.1—21.25)
  1. O pano de fundo do ultraje em Gibeá (19.1-10a)
  2. A natureza do ultraje em Gibeá (19.10b-30)
  3. A resposta israelita ao ultraje (20.1-48)
  4. A crise nacional criada pelo ultraje (21.1-24)
  5. Epílogo (21.25)

— *Daniel I. Block*

JULGAMENTO DE JESUS Dois sistemas de justiça se combinaram para declarar a sentença de morte de Jesus. Líderes religiosos judaicos acusaram Jesus de blasfêmia, uma ofensa capital na lei judaica (Lv 24.16). Os líderes judaicos no julgamento de Jesus manipularam procedimentos para forçar Jesus a admitir que ele era o Filho de Deus (Lc 22.66-71). Para eles, isso constituía blasfêmia.

Os líderes romanos permitiam que povos conquistados, como os judeus, seguissem o próprio sistema legal, contanto que não abusassem de seus privilégios. Os romanos não deram aos judeus o direito de pena de morte por conta de uma acusação de blasfêmia. Os judeus precisavam convencer um juiz romano de que sua exigência da pena capital era justificada.

O julgamento judaico Os líderes judeus estavam determinados a buscar a morte de Jesus quando o levaram a julgamento (Lc 22.2; Mc 14.1). Eles realizaram o julgamento à noite, na esperança de que os apoiadores de Jesus estariam dormindo, e assim não poderiam protestar contra sua prisão. O julgamento judaico tinha três fases distintas: uma audiência perante Anás, uma investigação informal por Caifás e a condenação pelo Sinédrio. Anás era o sogro do sumo sacerdote Caifás. Ele próprio fora sumo sacerdote entre os anos 7 e 15 da era cristã. Ele era o membro mais influente do Sinédrio. Os detalhes da entrevista de Jesus perante Anás são escassos (Jo 18.12-14,19-24). O sumo sacerdote mencionado em Jo 18.19 pode ter sido Anás. Em caso afirmativo, ele conduziu um breve interrogatório a Jesus e o enviou de volta a Caifás (Jo 18.24), seu genro.

O encontro com Caifás aconteceu em sua residência (Lc 22.54). Alguns membros do Sinédrio trabalharam de modo frenético para localizar e contratar testemunhas contra Jesus (Mt 26.59,60). As testemunhas cuidadosamente preparadas não puderam ser coerentes nos depoimentos que apresentaram (Mc 14.56; cp. Dt 19.15).

No decorrer da cena circense, Caifás falou com Jesus e o colocou sob juramento (Mt 26.63-64). Ele forçou Jesus a dizer se ele era o Filho de Deus. Talvez Jesus tenha percebido que ficar em silêncio sobre esse juramento seria uma negação de sua origem divina. Ele afirmou que era o Filho de Deus (Mc 14.62), sabendo que isso o levaria à morte. O Sinédrio o condenou, mas não pronunciou a sentença (Mc 14.64). Depois da condenação, o grupo entrou em uma balbúrdia. Alguns começaram a bater e a cuspir em Jesus (Mc 65).

Pouco depois do amanhecer, o Sinédrio se reuniu outra vez para apresentar a condenação formal contra Jesus (Lc 22.66). A lei judaica estipulava que o veredicto de culpa em casos de crime capital tinha de ser adiado até o dia seguinte. O voto pela condenação depois do dia amanhecer fez com que houvesse uma aparência do cumprimento da exigência.

O procedimento na sessão foi similar ao do julgamento noturno. Nenhuma testemunha se apresentou para acusar Jesus, que mais uma vez alegou ser o Filho de Deus (Lc 22.66-71). O Sinédrio também aprovou a sentença de morte e levou Jesus a Pilatos para que ele fosse sentenciado (Lc 23.1).

Os procedimentos dos líderes judeus durante o julgamento de Jesus foram ilegais. A lei judaica exigia que um julgamento por um crime capital deveria começar com a luz do dia e ser interrompido com o cair da noite, se ainda não tivesse acabado. Esperava-se dos membros do Sinédrio que fossem juízes imparciais. As leis judaicas proibiam condenar o acusado com base em seu próprio testemunho.

O julgamento romano O julgamento romano de Jesus também teve três fases: uma audiência perante Pilatos, uma audiência perante Herodes Antipas e a segunda audiência perante Pilatos. Os judeus pediram a Pilatos que aceitassem seu veredicto contra Jesus sem investigação (Jo 18.29-31). Pilatos se recusou, mas ofereceu permitir que executassem a pena máxima sob sua lei, provavelmente por açoitamento ou prisão. Eles insistiam que queriam a morte.

Os judeus sabiam que Pilatos ia rir da acusação de blasfêmia que levantaram contra Jesus, por isso criaram três acusações adicionais que seriam motivo de preocupação para o governador romano (Lc 23.2). Pilatos se preocupou apenas com a acusação de que Jesus alegou ser rei. Essa acusação soava como traição — para os romanos o pior crime possível.

Pilatos interrogou Jesus o bastante para ficar convencido de que Jesus não era um rival político de César (Jo 18.33-37). Ele se dirigiu aos judeus para anunciar que não via em Jesus nenhuma ameaça a Roma e, por conseguinte, não merecia a morte (Jo 18.38). Os judeus responderam com acusações veementes contra as ações de Jesus na Judeia e na Galileia (Lc 23.5). Quando Pilatos soube que Jesus era da Galileia, então o enviou ao rei Herodes Antipas, que estava em Jerusalém (Lc 23.6-12). Herodes desejava que Jesus o divertisse com algum milagre, mas Jesus não disse uma única palavra em resposta. O rei e seus soldados zombaram de Jesus e o ridicularizaram e, por fim, o enviaram de volta a Pilatos.

Quando Herodes enviou Jesus de volta a Pilatos, o governador romano anunciou que ainda o considerava inocente da acusação de traição. Três vezes Pilatos tentou libertar Jesus. Na primeira vez, Pilatos fez a oferta de castigar ou açoitar Jesus para depois disso libertá-lo (Lc 23.16). Na segunda, ofereceu a possibilidade de libertar Jesus ou Barrabás, um revolucionário radical. Para surpresa de Pilatos, a multidão pediu a libertação de Barrabás (Lc 23.17-29). Na terceira, ele açoitou Jesus. Os soldados flagelaram as costas nuas de Jesus com um chicote de couro. O chicote tinha peças de ferro ou de osso nas pontas dos talos. Pilatos então lhes apresentou Jesus flagelado, usando uma coroa de espinhos e um manto púrpura, como se fora o rei da multidão. Ele esperava que esse espetáculo os levasse a ter piedade e, assim, consentissem em deixar Jesus ir. Mais uma vez eles pediram a crucificação (Jo 19.4-6).

Nesse momento parecia que Pilatos iria vacilar mais uma vez diante da possibilidade da crucificação. Foi quando os judeus ameaçaram reportar sua conduta a César (Jo 19.12). Essa ameaça motivou a ação de Pilatos. Depois de simbolicamente lavar as mãos em relação ao caso (Mt 27.24), ele entregou Jesus à crucificação (Jo 19.16). V. *Anás*; *Caifás*; *Pôncio Pilatos*; *romana, lei*; *Sinédrio*. — Thomas D. Lea

JULGAMENTO, ÚLTIMO V. *dia do juízo*.

JULGAMENTOS DE DEUS V. *escatologia*; *dia do juízo*; *retribuição divina*.

JULGAR A interpretação de Mt 7.1 — de que os cristãos não devem emitir juízos de valor sobre o comportamento dos outros — é errônea por causa de múltiplos mandamentos nas Escrituras para fazer exatamente isso (ex., Mt 7.15-20; Jo 7.24; 1Co 5.12; 1Tm 3.10). Como é frequentemente o caso com verdades bíblicas, o papel cristão de exercer juízo sobre os outros é encontrado em tensão entre advertência para evitar julgar os outros e admoestações concernentes sobre como julgar bem os outros. Os cristãos devem julgar construtivamente, com humildade e gentileza (Gl 6.1). Somos proibidos de julgar com hipocrisia, i.e., quando esse juízo envolve intolerância quanto ao pecado do próximo e cegueira quanto ao nosso pecado (Mt 7.1-5; Lc 6.37; Jo 8.7; Rm 2.1-4) ou quando o julgamento humano se sobrepõe às prerrogativas de Deus como juiz (Rm 14.4; 1Co 4.5; Tg 4.11,12). Instruções para um exercício correto de julgamento incluem 1) o chamado a julgar os que se dizem profetas por seus frutos (Mt 7.15-17), 2) encorajamento aos cristãos para arbitrarem os próprios crentes em disputa, em vez de procurarem tribunais pagãos (1Co 6.1-6) e 3) instruções concernentes a casos nas igrejas (Mt 18.15-20). O texto de 1Co 5.3-5 ilustra a função de um tribunal eclesiástico. — *E. Ray Clendenen*

Lugar na porta de Dã (durante a Idade do Ferro) onde se acredita que um juiz se assentava para ouvir os casos.

JÚLIA Nome romano bastante comum. Em Rm 16.15 a referência é a uma mulher cristã a quem Paulo envia sua saudação. Seu nome sugere alguma associação com a casa imperial. Ela pode ter sido irmã ou esposa de Filólogo e uma escrava do imperador.

JÚLIO Nome romano bastante comum. Em At 27.1, é um centurião da coorte augustana, designado para acompanhar Paulo a Roma. Ainda que Paulo fosse seu prisioneiro, Júlio tratou o apóstolo com bondade. Ele permitiu a Paulo desembarcar em Sidom para visitar amigos. Mais tarde ele salvou a vida do apóstolo ao impedir que soldados o matassem para impedir que ele escapasse. V. *centurião*; *Paulo*.

JÚLIO CÉSAR V. *Roma e o Império Romano*.

JUMENTO, JUMENTA Às vezes traduzido por "animal de carga" (Mt 21.5; *ARA*, *ARC*), na maioria das versões modernas os termos usados no original são traduzidos por "jumento", "jumenta", e raramente "asno". Seis palavras diferentes no hebraico e duas no grego estão por trás das traduções em português. Esse animal aparece mais de 120 vezes na Bíblia.

Aton é termo usado com referência a uma fêmea usada para montaria (Gn 49.11; Nm 22.21-33; Jz 5.10; 2Rs 4.22) e como animal de carga (Gn 45.23). O pai de Saul perdeu suas jumentas (1Sm 9.3). Isso indicava perda de pompa e prestígio, pois parece que os jumentos eram os animais de montaria dos líderes e da nobreza (cf. Jz 10.4; 12.14; v. adiante acerca de *ayir*). Guerreiros montavam jumentas (Jz 5.10). Pessoas ricas possuíam grandes quantidades de jumentos (Gn 12.16; 32.15; 1Cr 27.30; Jó 1.3). Os jumentos pastavam nos campos para sua alimentação (Jó 1.14). Deus usou uma jumenta que falou para ensinar uma lição de obediência ao profeta Balaão (Nm 22.21-41). Zacarias descreveu o Messias como montado "num jumento, um jumentinho, cria de jumenta [*aton*]", assim ressaltando que o animal era um jumento puro-sangue, não uma mula híbrida (Zc 9.9).

Chamor é o jumento (macho), provavelmente de cor avermelhada segundo o significado básico do termo hebraico. A terra de origem do jumento (*equus asinus*) provavelmente foi a África. Era tanto um animal de montaria (Gn 22.3) quanto de carga (Gn 42.26), que podia ser usado para puxar o arado (Dt 22.10, que proíbe colocar debaixo do mesmo jugo o jumento e o boi). Por seu trabalho duro, Issacar foi descrito como um jumento (Gn 49.14). O jumento era tão valioso que o jumento primogênito tinha de ser redimido ritualmente sacrificando-se um cordeiro (Êx 13.13; 34.20) ou matando-se o jumento recém-nascido. Em épocas de fome extrema, as pessoas pagavam um preço exorbitante pela cabeça de um jumento que pudessem comer (2Rs 6.25). O jumento era usado para ilustrar a lascívia sexual desenfreada (Ez 23.20). Para ser enterrado, um jumento era jogado sem cerimônias sobre um monte de lixo para ser comido por abutres e animais de rapina (Jr 22.19). Os ricos possuíam manadas de jumentos (Gn 24.35; 30.43), embora os agricultores egípcios sofrendo com a escassez também tivessem jumentos para levar a José e trocar por comida (Gn 47.17; cp. Êx 9.3; 20.17). O Messias viria montado num jumento (Zc 9.9), o animal da nobreza nos dias em que Israel não tinha rei. Esse animal contrastava com o cavalo usado nas realizações militares dos reis depois do período de Salomão (1Rs 10.26) em violação de Dt 17.16. O retrato de Zc 9 se une, portanto, ao humilde servo sofredor e Messias real.

Ayir é uma referência ao garanhão ou jumento novo e forte. Aparentemente eram animais de montaria reservados para a nobreza (Jz 10.4; 12.13; Zc 9.9). Isaías descreveu uma caravana incomum a caminho do Egito, incluindo jumentos novos e camelos. Os jumentos mais velhos sempre foram os membros mais comuns das caravanas (Is 30.6). Nômades no deserto frequentemente conduziam caravanas de jumentos e camelos carregados de bens para venda. O dia da salvação de Deus incluiria forragem exuberante para os jumentos que puxassem os arados (Is 30.24).

Arod se refere ao jumento selvagem (*asinus hemippus*) que Deus criou para a liberdade nas regiões desertas, não para o trabalho escravo para os seres humanos (Jó 39.5). Tais animais exploram as pastagens das montanhas na busca de alimento (Jó 39.8).

Pere' é um jumento ou burro selvagem que alguns estudantes da Bíblia identificam com a zebra, mas não há evidências de zebras na Palestina. O texto hebraico em Gn 16.12 chama Ismael de "homem bravo" (*ARC*), ou "homem feroz" (*ACF*), ou ainda "um potro de homem" (*BJ*), porque ele viveria em oposição a todas as outras pessoas. O jumento selvagem era conhecido pelo seu zurro e por comer capim (Jó 6.5). Tal animal selvagem nunca pode nascer homem (Jó 11.12; cp. diversas traduções). Ele vive no deserto à busca de alimento e é impotente diante do frio e da chuva

JUNCO

(Jó 24.5-8; cp. 39.5). Sem pastagem, fica ofegante (Jr 14.6). Ele se aventurava a entrar nas cidades somente quando estas eram ruínas abandonadas (Is 32.14). Deus o tinha criado para se acostumar à vida no deserto da Judeia (Jr 2.24), onde seguia livremente seus instintos naturais (cf. Os 8.9).

O jumento ainda é usado como animal de carga e meio de transporte no Oriente Médio.

Onarion se refere a um jumento pequeno e ocorre somente em Jo 12.14 para mostrar que a promessa de Zc 9.9 estava se cumprindo.

Onos pode se referir ou ao jumento (macho) ou à jumenta (fêmea). O texto de Jo 12.15 considera a jumenta a mãe do potro em que Jesus estava montado, enquanto Mt 21.2 considera que tanto a jumenta quanto o jumentinho estavam envolvidos. Esses animais eram mantidos em estábulos e providos de água como parte natural da vida no campo (Lc 13.15). Eles facilmente se soltavam e caíam em buracos (Lc 14.5). Jesus demonstrou cuidado por esses animais, enquanto os judeus mais rigorosos estavam mais propensos a deixá-los no buraco para obedecer a regras religiosas.

Hupozugion significa literalmente "o que está debaixo de jugo". Esse é o termo de Mt para a mãe do "jumentinho" predito em Zc 9.9 (Mt 21.5). Pedro usou o termo para se referir ao animal que falou com Balaão (2Pe 2.16).

A exata diferença de significado entre os diversos termos para "jumento" nem sempre é evidente aos estudantes modernos da Bíblia, embora as diferenças estivessem claras para os autores e leitores originários.

JUNCO Em Êx 2.3 foi esse o material que foi usado para o cesto em que o menino Moisés foi colocado com o objetivo de protegê-lo do édito do faraó exigindo que todos os bebês meninos dos hebreus fossem afogados. Era um tipo de cana ou caniço. V. *plantas*.

JUNCO, BARCO DE V. *navios, marinheiros e navegação*.

JÚNIA ou JÚNIAS Nome pessoal romano, possivelmente uma forma abreviada de Juniano. Em Rm 16.7 Paulo envia saudação a certa Júnia, a quem ele se refere como sua parente, companheira de prisão e apóstola. A forma do nome é feminina. Nada se sabe quanto a essa pessoa além do que pode ser inferido desse versículo. Alguns comentaristas recentes veem a pessoa como uma mulher e, possivelmente, como esposa de Andrônico. V. *Andrônico*; *discípulo*.

JUNÍPERO Madeira rara que Salomão importou do Líbano para o templo (2Cr 2.8). O tipo exato dessa madeira é desconhecido. Em 1Rs 10.11,12 temos uma referência à sua importação de Ofir (cf. 2Cr 9.10,11). Essa madeira rara era usada na confecção de portas e instrumentos musicais.

JÚPITER Nome latino de Zeus, rei dos deuses gregos. A *ARA* verte Zeus por Júpiter (At 14.12,13). Deus agiu por meio de Paulo para curar um aleijado em Listra. O povo respondeu com a alegação de que os deuses tinham vindo à terra. Eles chamaram Barnabé de Zeus, ou Júpiter. O sacerdote de Júpiter tentou oferecer-lhes sacrifícios. Paulo usou a oportunidade para uma pregação evangelística. A *ARA* também usa o nome Júpiter em At 19.35, para se referir a Ártemis ou Diana (Éfeso era famosa pelo culto a essa deusa). Os gregos diziam que a imagem dela havia caído do céu. V. *Grécia*.

O templo de Júpiter em Baalbek (Heliópolis).

JURAMENTO Declaração pela qual a pessoa promete ou garante o cumprimento de um voto ou a veracidade de uma declaração. No AT, o nome de Deus era invocado como garantia dos resultados ou a veracidade da informação. De modo geral, os juramentos eram acompanhados e evidenciados pelo erguimento de uma ou de ambas as mãos ao céu, ou pela colocação da mão debaixo da coxa (Gn 14.22; 24.2,3; Dn 12.7).

Antigo Testamento Em Israel os juramentos eram em geral pronunciados em um lugar sagrado, e um profeta ou sacerdote poderia presidir a cerimônia. Quebrar o juramento era algo muito sério. Usar o nome do Senhor em um juramento equivalia a apelar-lhe de forma direta, pedindo seu envolvimento na questão. Desse modo, ele é colocado como Juiz e Motivador supremo do juramento. Quem quebrava juramentos era considerado profanador do nome do Senhor (Lv 19.12; Ez 17.13-18). Os juramentos comumente incluíam uma maldição com o propósito de deixar claro que ao fazer o juramento a pessoa emitiu uma declaração verdadeira.

Uma fórmula comum para juramentos é vista na frase "Que o Senhor me castigue com todo rigor" (Rt 1.17; 2Sm 14.44). Algumas vezes um governante poderia usar seu nome em ligação a um juramento para reforçar a confiabilidade deste (1Sm 20.13; 2Sm 3.8-10). Por isso os juramentos tinham uma maldição que apoiava a veracidade da declaração, e invocava-se Deus como testemunha e juiz do juramento.

O juramento reforçava as promessas de Deus ao povo (Gn 26.3). Havia limites estabelecidos claramente na Lei acerca dos votos e de sua disposição (Nm 30). Por causa do risco de perjúrio ou de quebra do juramento, existem várias admoestações (Êx 20.7; Lv 19.12; Jr 34.18-20). Há também exemplos das consequências de jurar de maneira impensada (Jr 11.30-36).

Novo Testamento Parece haver uma diferença sutil no NT quanto à questão dos juramentos. Jesus não fez uso de juramentos para confirmar a autoridade do seu ensinamento. Ele apontou para uma ética maior que se baseia na integridade do Filho de Deus que não precisa provar sua veracidade jurando. Por isso, no Sermão do Monte, Jesus exortou seus seguidores a evitar juramentos: "Seja o seu 'sim', 'sim', e o seu 'não', 'não'; o que passar disso vem do Maligno" (Mt 5.33-37).

A admoestação de Jesus aos seguidores para serem honestos no discurso não elimina o uso de juramentos no NT. Ainda que Jesus não tenha jurado quando Caifás o colocou sob juramento, ele aceitou o desafio e declarou ser o Messias prometido (Mt 26.63-64).

Paulo, à semelhança de Jesus, condenou a mentira e o perjúrio (1Tm 1.10). Paulo não fez uso de juramentos de nenhum tipo quando invocou Deus como testemunha de seu comportamento, santo, reto e sem culpa (1Ts 2.10), sua gentileza em relação aos cristãos (2Co 1.23) e seu serviço e amor a eles (Rm 1.9; Fp 1.8).

Jesus enfatizou a integridade e a sinceridade que devem existir entre as pessoas. Juramentos devem ser usados pouquíssimas vezes, e apenas em situações sérias. Uma aplicação atual de um juramento adequado seria no caso de uma testemunha em um tribunal, que jurasse diante de Deus falar toda a verdade. — *Brent R. Kelly*

JURAR V. *juramento*.

JUROS Soma de dinheiro que um prestatário paga pelo uso de capital emprestado. A Lei de Moisés proibia cobrar juros de compatriotas israelitas (Êx 22.25; Lv 25.36,37; Dt 23.19). É permitido cobrar juros de estrangeiros (Dt 23.20). O motivo de emprestar sem juros a compatriotas israelitas era prevenir a formação de uma classe baixa permanente em Israel. Ezequiel considerou a cobrança de juros um divisor de águas para separar o justo dos praticantes de abominações (Ez 18.8,13,17; 22.12). Neemias denunciou o abandono da proibição de Moisés, resultando na nefasta pobreza para alguns dos exilados que retornaram (Ne 5.6-13).

O patrão "severo" que espera juros e colhe o que não semeou (Mt 25.24,26,27; Lc 19.21-23) dificilmente será tomado como modelo para a prática comercial cristã. Particularmente a parábola de Lc contém reminiscências do odiado Arquelau (Lc 19.12,14; cf. Mt 2.22). Jesus estava firmemente alicerçado na tradição do AT quando ordenou aos discípulos que dessem livremente ao necessitado que pedisse (Mt 5.42; 10.8).

Muitos comentaristas se sentem compelidos a defender a prática contemporânea comum de cobrar juros. Toda decisão moral sobre a questão precisa pesar cuidadosamente reivindicações concorrentes: que o capital emprestado a juros propicia uma oportunidade para pessoas saírem da pobreza e que a incapacidade de indivíduos e nações para pagar juros sobre capital tomado por empréstimo contribui para a continuação da pobreza. V. *Arquelau; bancos; empréstimo.*

JUSABE-HESEDE Nome pessoal que significa "a misericórdia é trazida de volta". Filho real de Zorobabel e descendente de Davi — alguém que ajudou a manter viva a esperança messiânica (1Cr 3.20). V. *Zorobabel.*

JUSTIÇA 1. Ordem que Deus quer estabelecer em sua criação e por meio da qual todas as pessoas recebam os benefícios da vida com ele. Como o amor está para o NT, a justiça é o conceito ético central do AT. A preponderância do conceito é algumas vezes perdida pelo leitor em razão da falha em perceber o alcance amplo do significado na palavra hebraica *mishpat*, particularmente nas passagens que lidam com as necessidades materiais e sociais da vida.

Natureza da justiça A justiça tem dois aspectos principais. Primeiro, é o padrão pelo qual as penalidades são designadas por quebra das exigências da sociedade. Segundo, é o padrão pelo qual as vantagens da vida social são distribuídas, incluindo-se bens materiais, direitos de participação, oportunidades e liberdades. É o padrão da punição e dos benefícios e, portanto, pode ser chamado de prumo: "Farei do juízo uma linha de medir e da justiça um fio de prumo" (Is 28.17).

Geralmente pensa-se na justiça na Bíblia somente no primeiro sentido, como a ira de Deus contra o mal. Esse aspecto da justiça de fato está presente, tal como o julgamento mencionado em Jo 3.19. De forma geral, palavras mais vívidas como "ira" são usadas para descrever a justiça punitiva (Rm 1.18).

Na Bíblia, porém, a justiça com muita frequência diz respeito também aos benefícios. As culturas diferem bastante em determinar as bases pelas quais os benefícios são distribuídos justamente. Em algumas, é por direito de nascimento e nobreza. Para outras, a base é poder, habilidade ou mérito. Pode ser simplesmente o que a lei diz ou o que foi estabelecido por contratos. A Bíblia considera outra possibilidade. Benefícios são distribuídos conforme a necessidade. Nesse caso, a justiça está muito próxima do amor e da graça. Deus "defende a causa do órfão e da viúva e ama o estrangeiro, dando-lhe alimento e roupa" (Dt 10.18; cp. Os 10.12; Is 30.18).

Vários grupos de pessoas necessitadas são os destinatários da justiça. Eles incluem viúvas, órfãos, estrangeiros residentes (também chamados "peregrinos" ou "forasteiros"), trabalhadores diaristas, pobres, presos, escravos e doentes (Jó 29.12-17; Sl 146.7-9; Ml 3.5). Cada um dos grupos tem necessidades específicas que impedem seus membros de serem capazes de participar de aspectos da vida da comunidade. Até a própria vida pode ser ameaçada. A justiça envolve atender a estas necessidades. As forças que retiram do povo o básico para a vida comunitária são condenadas como opressão (Mq 2.2; Ec 4.1). Oprimir é usar o poder para tirar vantagem de alguém e privar a outros de seus direitos básicos em comunidade (Mc 12.40). Fazer justiça é corrigir esse abuso e atender àquelas necessidades (Is 1.17). Injustiça é privar as pessoas de suas necessidades básicas ou fracassar em corrigir situações quando estes direitos não são atendidos (Jr 5.28; Jó 29.12-17). A injustiça é um pecado de ação ou de omissão.

O conteúdo da justiça, os benefícios distribuídos como direitos básicos na comunidade, pode ser identificado pela observação do que está em jogo em passagens nas quais "justiça", "direito" e "julgamento" ocorrem. As necessidades contempladas incluem a terra (Ez 45.6-9; cp. Mq 2.2; 4.4) e os recursos para a produção, como animais de carga e moinhos (Dt 22.1-4; 24.6). As preocupações com a produção são essenciais para garantir outras necessidades básicas e evitar dependência; por isso, o moinho é chamado a "vida" de uma pessoa (Dt 24.6). Outras necessidades são as essenciais para a simples existência e bem-estar físicos: alimentação (Dt 10.18; Sl 146.7), vestuário (Dt 24.13) e abrigo (Sl 68.6; Jó 8.6). O livro de Jó 22.5-9,23 e 24.1-12 deplora a injustiça de pessoas privadas de cada uma dessas necessidades materiais e econômicas. A proteção igualitária de cada pessoa em procedimentos civis e judiciais é representada na demanda por processos justos (Dt 16.18-20). A liberdade da escravidão é comparada a não estar em "fome, sede, nudez e pobreza extrema" (Dt 28.48).

A justiça pressupõe a intenção de Deus para a vida em comunidade do povo. Quando alguém se tornava pobre e sem poder no contexto da comunidade, deveria ser fortalecido para poder continuar membro efetivo dela — vivendo com e ao lado dele (Lv 25.35,36). A justiça bíblica, portanto, restaura as pessoas na comunidade. Pela justiça, quem perdeu o poder e os recursos para participar em aspectos importantes da vida comunitária seria fortalecido para poder participar. Essa preocupação de Lv 25 é ilustrada pela provisão do ano do Jubileu — ao final do período de cinquenta anos — a terra seria devolvida a quem a tivesse perdido por venda ou por cobrança de dívidas (v. 28). Pelo Jubileu eles reconquistavam o poder econômico e eram trazidos de volta à comunidade econômica. De igual maneira, juros em empréstimos eram proibidos (v. 36) como um processo que empurrava as pessoas para baixo, colocando em risco sua posição na comunidade.

Estas provisões legais expressam uma característica posterior da justiça. A justiça liberta, não apenas alivia as necessidades imediatas dos que estão em aperto (Sl 76.9; Is 45.8; 58.11; 62.1,2). Ajudar os necessitados significa colocá-los sob seus pés, dar-lhes um lar, guiá-los à prosperidade, restauração, cessar a opressão (Sl 68.5-10; 10.15,16; cp. 107; 113.7-9). Essa justiça abrangente pode ser socialmente desordeira. No ano do Jubileu, enquanto alguns receberiam as terras de volta, outros perderiam terras adicionais adquiridas recentemente. A vantagem de uns seria a desvantagem de outros. Em alguns casos os dois aspectos da justiça andam juntos. No ato da restauração, as vítimas da justiça receberiam benefícios, enquanto seus exploradores seriam punidos (1Sm 2.7-10; cp. Lc 1.51-53; 6.20-26).

A fonte da justiça Como soberano Criador do Universo, Deus é justo (Sl 99.1-4; Gn 18.25; Dt 32.4. Jr 9.24), particularmente como defensor de todos os oprimidos da terra (Sl 76.9; 103.6; Jr 49.11). Logo, a justiça é universal (Sl 9.7-9) e se aplica a todas as alianças e dispensações. Jesus afirmou a centralidade da exigência do AT quanto à justiça em seu tempo (Mt 23.23). A justiça é obra do povo de Deus no NT (Tg 1.27).

A justiça de Deus não é um padrão externo distante. É a fonte de toda a justiça humana (Pv 29.26; 2Cr 19.6,9). Justiça é graça recebida e compartilhada (2Co 9.8-10).

O agente humano da justiça mais proeminente é o governante. O rei recebe a justiça de Deus e seu canal (Sl 72.1; cp. Rm 13.1,2,4). Não há distinção entre a justiça pública e a voluntária e legal. Exige-se do governante a mesma preocupação com grupos necessitados da sociedade (Sl 72.4; Ez 34.43; Jr 22.15,16). Essa justiça também foi exigida de governantes pagãos (Dn 4.27; PV 31.8,9).

A justiça é também uma exigência central para todas as pessoas que levam o nome de Deus. É algo tão básico que, sem a justiça, as outras exigências centrais e provisões de Deus não lhe são aceitáveis. A justiça é exigida e deve estar presente no sistema de sacrifícios (Am 5.21-24; Mq 6.6-8; Is 1.11-17; Mt 5.23,24), no jejum (Is 58.1-10), nos dízimos (Mt 23.23), na obediência aos demais mandamentos (Mt 19.16-21) e na presença do templo de Deus (Jr 7.1-7).

Justiça na salvação À parte da descrição de como Deus condena o pecado, Paulo usou a linguagem do significado da justiça para falar de salvação pessoal. "A justiça de Deus" representa

Deus em graça trazendo para sua comunidade por intermédio da fé em Cristo os que estavam de fora do povo de Deus (particularmente em Rm, mas compare também Ef 2.12,13). V. *governo*. — *Stephen Charles Mott*

2. A terminologia bíblica usada para denotar a palavra "justiça" é originária basicamente de um grupo de palavras. A palavra hebraica *tsadiq* é traduzida pela palavra grega *dikaiosyne* e suas várias formas tanto na *LXX* como no NT.

Antigo Testamento Objetos são considerados justos na *Torá*. Em Lv 19.36 e Dt 25.15 faz-se menção de pesos e medidas "justos" (ARA; NVI, "exatos e honestos"). De modo semelhante, Dt 4.8 e 33.19 falam respectivamente de decretos e preceitos justos. Diz-se também que algumas pessoas são justas. Noé (Gn 6.9), Jezreel (1Rs 10.9) e, com algumas qualificações, Is-Bosete (2Sm 4.11,12) são considerados justos. Abraão (Gn 15.6) e Fineias (Sl 106.31) são declarados justos por Deus. No AT a justiça é usada em sentido moral comparativo (Gn 38.26; 1Sm 24.17). Indivíduos (Tamar e Davi) não são justos por causa de sua inocência, mas em virtude comparativa com as pessoas com quem estes são contrastados (Judá e Saul).

A justiça é um tema forense presente no AT. Absalão tenta usurpar a autoridade do seu pai tornando-se um juiz sedicioso (2Sm 15.4), enquanto seu pai tenta cumprir as obrigações do rei justo (2Sm 8.5). As palavras "direito e justiça" que descrevem as ações de Davi em 2Sm 8.15 são usadas em outras passagens (Is 9.7; 32.16; Jr 4.2; 9.24; 33.15; Ez 18.5,19, 21,27; 45.9; Am 5.7,24).

Nos profetas, justiça muitas vezes representa a ideia de justiça social por conta da aliança com o Senhor. Em Am 5.24 o Dia do Senhor trará "retidão" e "justiça". Em Is a presença da justiça resulta em paz (Is 9.2-7; 32.16,17; 60.17). Isaías também descreve a justiça sem um sentido salvífico-escatológico (56.1; 59.4; 62.1,2; 64.5). Oseias vê a justiça no contexto da falta de fidelidade de Israel a Deus (2.19; 10.12; cp. 14.9). Os livros de Jr, Hc e Ez falam de justiça como obrigação da aliança, seja em relação ao rei (Jr 22.15; 23.5), seja em relação a qualquer israelita (Ez 3.20,21; 14.12-20; 18.5-32; 33.12-20). Habacuque (2.4) afirma que o justo viverá pela fé (cf. Rm 1.16,17). Malaquias e Zacarias apresentam a justiça como um tema escatológico (Ml 3.17, 18; Zc 3.7,8).

A literatura de sabedoria apresenta um quadro multifacetado da justiça. A questão pungente de Jó 3—41 é "Poderá algum mortal ser mais justo que Deus?" (4.17). Esta pergunta dá o contexto da discussão que se segue. Em Pv o justo é caracterizado como honesto (10.11; 31.32), generoso (21.26), firme e corajoso (11.8-10; 12.7; 18.10), misericordioso (12.10; 29.7; cp. 31.9) e seus caminhos levam à vida (10.16; 11.19; 12.28; 21.21). Ainda que nem Pv nem Jó articulem um padrão específico de justiça, a pessoa justa é apresentada como quem guarda a aliança, alguém que tem compromisso com Deus e vive com justiça entre seu povo.

Em Sl a justiça algumas vezes denota o que é reto (4.5; 23.3; 52.3). A pessoa justa pode experimentar a bênção de Deus (Sl 18.20,24) ou aflições, algumas das quais são de origem divina (34.19; 69.26; 119.75; 146.8). Os salmos 111 e 112 apresentam um quadro holístico da justiça de Deus do homem justo. A justiça propriamente é baseada no caráter de Deus (Êx 9.27; Dt 32.4; Jz 5.11; 1Sm 12.7; Mq 6.4; cp. Sl 103.6; Dn 9.16; 2Cr 12.6; Ed 9.15; Ne 9.8; Sl 119.37; 129.4). Ele é justo, sua lei é justa, e ele apenas pode creditar justiça ao homem.

Novo Testamento No NT, como no AT, Deus é justo, como tudo o que vem dele. Seus juízos são justos (2Ts 1.5,6; Ap 16.7; 19.2; 2Tm 4.8), como ele mesmo é o justo juiz (Jo 5.30). Toda a vontade de Deus revelada em Jesus é justiça (Mt 6.33; Jo 16.8-10).

Nos Evangelhos e em At, a ideia de justiça é aplicada a Cristo (Mt 27.19,24; Lc 23.47; At 3.14; 7.52; 22.14). Em Mc João Batista é descrito como justo (6.20). O Espírito Santo é descrito como justo em Jo 16.8.

Paulo utiliza a ideia de justiça mais que qualquer outro escritor no NT. Deus demonstra sua justiça perfeitamente na morte expiatória de seu Filho (Rm 3.21,25,26). A morte de Jesus na cruz foi ordenada por Deus, está em conformidade com seu caráter e realiza os propósitos justos de Deus para com os pecadores (Rm 5.16,18). A justiça é revelada claramente no evangelho (Rm 1.16,17). Logo, a indignação de Deus em relação ao pecado e seu amor pactual ao justificar pecadores são cumpridos na morte de Jesus. Paulo, em Rm 3.6, coloca em paralelo a justiça de Deus com seu amor e fidelidade (cf. Sl 116.5; 145.17). A ressurreição vindica Cristo (At 3.14,15; 1Pe 2.23; 3.18; 1Tm 3.16) e completa o relacionamento de Deus com a humanidade pecadora e Jesus. "Deus tornou pecado por nós aquele que não tinha pecado, para que nele nos tornássemos justiça de Deus" (2Co 5.21). Deus é apresentado como justo e justificador dos que creem em Cristo (Rm 3.26). Logo, o justo não vive de outra maneira a não ser pela fé (Hc 2.4; cp. Rm 1.16,17), porque por intermédio da fé a justiça de Deus lhe é assegurada.

O homem não é naturalmente justo (Sl 14.1; 53.1; cp. Rm 3.10-18). A justiça não é originária do homem, mas de Deus. No ensino de Jesus, a justiça dos fariseus não é suficiente para garantir-lhes entrada no Reino de Deus (Mt 5.20; cp. 3.13,21,32). Paulo argumenta (em Rm 3) que nenhum homem é justo por natureza. Mesmo depois da conversão Paulo fala da luta para seguir a lei da justiça, não a que ele encontra em seu "corpo sujeito a esta morte" (Rm 7.14—8.1). Deus atribui justiça aos que têm fé nele (Rm 4.15). Em Cristo a pessoa se torna o que Deus exige (2Co 5.21; cp. Rm 4.6,14). O resultado de se tornar justiça de Deus é a vida de justiça diante de Deus. Paulo recomenda aos cristãos que continuem a oferecer os membros do seu corpo como instrumentos da justiça divina (Rm 6.13). O cristão é instado a revestir-se da couraça da justiça (Ef 6.14). Timóteo é exortado a fugir das injustiças, buscar Deus de coração puro e seguir a justiça (2Tm 4.8). Os que são treinados por meio da disciplina produzem o fruto pacífico da justiça (Hb 12.9-11).

Em Tg a ira do homem não produz a justiça de Deus (1.2), mas a oração do justo é eficaz (5.16). Em Ap, Jesus volta como juiz em justiça (Ap 16.7; 19.2). V. *ética*; *graça*; *misericórdia*; *salvação*. — *Jeff Mooney*

JUSTIFICAÇÃO Ato divino, forense, baseado na obra de Cristo na cruz, pela qual o pecador é declarado inocente pela imputação da justiça de Cristo. A doutrina da justificação é desenvolvida mais completamente pelo apóstolo Paulo como a verdade central que explica como judeus e gentios podem ser tornados justos diante de Deus pela mesma base, que é a fé em Cristo. Sem essa verdade divina, não pode haver unidade no corpo de Cristo; daí sua centralidade na teologia paulina da igreja e da salvação.

Antigo Testamento O AT eram as Escrituras da igreja primitiva do tempo do NT, de modo que é possível identificar no AT as fontes originais do entendimento do termo "justificação" (e aos termos relacionados "justo" e "justificar"). Claramente um amplo espectro de usos de "justo" ou "reto" (traduções perfeitamente válidas do hebraico *tsadiq* e do grego *dikaios*) pode ser visto no AT, incluindo as descrições de homens como "justos" ou "retos" à vida de Deus (Jó 1.1). Entretanto, um grupo específico de passagens apresenta um pano de fundo mais claro do entendimento apostólico. Estas incluem Êx 23.7, "Não se envolva em falsas acusações nem condene à morte o inocente e o justo, porque não absolverei o culpado", em que o *status* legal da pessoa descrita como "justa" está em destaque. "Absolver" nessa passagem é "justificar". Eis claramente um contexto forense ou legal, relacionado ao juízo. Em Dt 25.1 também é usada a mesma linguagem: "Quando dois homens se envolverem numa briga, terão que levar a causa ao tribunal, e os juízes decidirão a questão, absolvendo o inocente e condenando o culpado", onde mais uma vez o tribunal é o contexto e "absolver" é claramente emitir um veredito. De igual maneira, Pv 17.15 e Is 5.23 usam os mesmos termos em um contexto forense ou judicial. Os casos demonstram que o uso apostólico no NT não é estranho ao pano de fundo das Escrituras do AT.

Os apóstolos estavam convencidos de que a verdade da justificação pela fé como ato livre e divino, baseado somente no exercício da fé e nada mais, era não apenas coerente com a revelação do AT; eles especificamente retiraram das passagens um testemunho positivo para seu ensino. Paulo se concentrou de forma específica sobre a passagem-chave concernente a Abraão: "Abrão creu no Senhor, e isso lhe foi creditado como justiça" (Gn 15.6). Esta passagem forma o núcleo central da defesa de Paulo sobre a doutrina da justificação em Rm 4.

Novo Testamento A centralidade da doutrina da justificação surge naturalmente nos escritos de Paulo quando ele teve de explicar a base do relacionamento dos cristãos com Deus à luz do relacionamento de judeus e gentios no corpo único de Cristo. O conflito trazido pela insistência dos judaizantes na guarda da Lei e na circuncisão forçou o apóstolo a definir com acurácia a base do perdão e como qualquer pessoa, judeu ou gentio, pode ter paz com Deus. Isso explica a aparição da doutrina primariamente nas obras relacionadas de modo direto com a definição e a defesa do evangelho (Rm e Gl).

O significado da família dos termos gregos traduzidos de forma variada por "justificar" ou "declarar justo" é estabelecido claramente pelo uso nas passagens-chave do NT. O termo não significa "transformar de maneira subjetiva em uma pessoa justa", mas em vez disso significa "declarar justo", ou de modo mais específico, declarar justo sob o ato de fé baseado sob a obra de outro, o substituto divino, Jesus Cristo. A justificação, portanto, envolve a declaração forense da justiça do crente, como também a imputação da justiça de Cristo como base e fundamento da aceitação. O fato de a justiça de Cristo ser imputada ao crente manifesta a perfeição resultante do relacionamento entre o crente e Deus: "Tendo sido, pois, justificados pela fé, temos paz com Deus por nosso Senhor Jesus Cristo" (Rm 5.1).

A epístola de Paulo às igrejas da Galácia apresenta a justificação pela fé como o ponto central do ataque por parte de quem ele descreve como "falsos irmãos" (Gl 2.4). O anúncio de uma maldição no início da epístola (1.6-8) põe a discussão inteira no nível mais alto de importância, e a insistência de Paulo de falar a respeito da "verdade do evangelho" (2.5) em contraste com um evangelho falso de igual maneira focaliza a atenção sobre o argumento que ele apresenta. A essência do seu argumento está no contexto do seu encontro com Pedro e com os judaizantes em Antioquia. Quando Pedro e até mesmo Barnabé evitaram ter comunhão com os gentios, Paulo reconheceu que essa ação refletia a ideia de que uma pessoa poderia ser "mais" cristã que outra em virtude de alguma ação, nesse caso, por ter sido circuncidada. Isso criaria uma comunhão de cristãos maiores e menores. Nesse contexto Paulo insiste na justificação pela fé em oposição à justificação por qualquer obra de justiça, pois a fé, por natureza, põe todos os homens no mesmo nível e não permite nenhuma classificação. Por conseguinte, a justificação por "obras da lei" é especificamente negada e, além disso, contrastada com a justificação pela fé (2.16). A própria graça de Deus é anulada caso haja qualquer possibilidade de justificação, não ser por meio da fé em Cristo e, especificamente, por intermédio das obras da lei (2.21). Em vez disso, ao citar todo o escopo abrangente da Lei, o apóstolo prova que a retidão jamais foi obtida por meio da guarda da lei (3.10,12). Em vez disso, Paulo extrai do testemunho de Hc 2.4, "o justo viverá pela sua fé", a conclusão de que ninguém é justificado diante de Deus por guardar a Lei (3.11). Cristo redime da maldição da Lei por sua morte, e essa bênção é passada adiante, não por intermédio do caminho da Lei, mas pela fé (3.13-17). Tão forte é a condenação de Paulo da posição oposta que ele a descreve como "jugo de escravidão" (5.1) e ser afastado da graça e de Cristo (5.4). A linguagem mais forte usada em todo o NT é empregada pelo apóstolo contra quem adicionara uma única exigência de "boas obras" e "guardar a Lei" ao evangelho da graça.

A carta aos Rm contém a maior e mais bem pensada apresentação do evangelho de todas as Escrituras Sagradas. A justificação toma o foco dos cap. 3— 5. Enquanto a discussão em Gl é marcada pela paixão do debate, Rm apresenta um argumento lógico e rígido, extraído de fundamentos escriturísticos. Depois de estabelecer a pecaminosidade universal do homem em Rm 1.18—3.19, Paulo providencia um sumário abrangente da verdade da justificação em 3.20-31, seguido de sua defesa escriturística, extraída primariamente da vida de Abraão, no cap. 4. Ele insiste que ninguém será justificado diante de Deus por obras da lei (3.19,20). Em vez disso, a justiça de Deus surge "mediante a fé em Jesus Cristo para todos os que creem" (3.22), sejam estes judeus ou gentios. Deus não justifica como o resultado das ações do homem, mas justifica "gratuitamente" como dom da graça (3.24). O Pai pode justificar os crentes por causa da redenção que flui da obra de Cristo (3.25,26), por isso Paulo concluiu que a justificação é totalmente obra de Deus, obtida apenas e somente pela fé (3.28).

Estas afirmações abrangentes são provadas pelo exemplo de Abraão, que foi justificado pela fé sem as obras da lei em Gn 15.6. O contraste está entre o "trabalho" de alguém que recebe salário (4.4) e o "não trabalho" de quem crê no Deus que justifica (4.5). Paulo cita o salmo 32 e interpreta suas palavras para significar que Deus credita a justiça de maneira independente das obras e então prova sua afirmação retoricamente ao perguntar se essa misericórdia foi mostrada a Abraão antes ou depois de ele ter sido circuncidado. Considerando que ele foi justificado antes da circuncisão, Paulo conclui que a promessa de Gn 15 não pode ser destruída pelo dom da Lei, que veio posteriormente. Da mesma maneira, somos justificados pela fé, não pela observância da Lei.

Tendo completado sua defesa bíblica, Paulo conclui que o relacionamento descrito pela palavra "justificado" é o que traz paz verdadeira e duradoura entre Deus e o homem (Rm 5.1). Esta é a essência da justificação bíblica: um relacionamento justo entre Deus e o homem. Mas a beleza da justificação pela fé é vista no fato de que Deus estabelece esse relacionamento por intermédio de Cristo, de modo que não é apenas um estado temporário que pode ser destruído pelos atos do homem, mas um estado que resulta em paz eterna entre os redimidos e o Redentor. — *James White*

JUSTO Nome pessoal judaico muito comum. **1.** Em At 1.23 é o sobrenome de José Barsabás, um dos dois homens apontados para substituir Judas Iscariotes entre os Doze. **2.** Um homem piedoso, provavelmente um cidadão romano, cuja casa se uniu à sinagoga em Corinto (At 18.7). Paulo deixou a sinagoga e foi para a casa de Tício Justo (algumas versões, seguindo alguns manuscritos gregos, omitem o nome Tício). Alguns estudiosos pensam ser este Justo o mesmo Tício (seguindo alguns manuscritos gregos), enquanto outros o identificam com o Gaio de Rm 16.23. As identificações não passam de palpites acadêmicos baseados na similaridade do nome. **3.** Sobrenome de um companheiro de ministério de Paulo (Cl 4.11).

JUTÁ Nome de lugar que significa "espalhar". Cidade na região montanhosa do território tribal de Judá (Js 15.55) dada aos levitas (Js 21.16). Pode ser localizada na moderna Yatta, a 9,5 quilômetros a sudoeste de Hebrom.

KENOSIS Conceito segundo o qual o eterno Filho de Deus desistiu de alguns (ou de todos) os atributos incompatíveis com a existência plenamente humana por causa da encarnação. Essa concepção está baseada primariamente em Fp 2.5-11, especialmente no versículo 7, que declara que Cristo "esvaziou-se a si mesmo". A ideia do autoesvaziamento é extraída do verbo grego *kenoo* que significa "esvaziar-se".

Outras passagens citadas em apoio a essa tese são Mc 13.32, que demonstra a ignorância de Cristo quanto ao tempo do fim, e Jo 11.34, que parece demonstrar a falta de onisciência de Jesus, pois ele não sabia onde Lázaro estava sepultado.

Não obstante, a elaboração originária da teoria da *kenosis* de Cristo procurou fazer justiça plena à real humanidade de Jesus, mas na verdade é um ataque sério à sua divindade. Muitos evangélicos resistem à teoria da *kenosis* e a substituíram pelo que pode ser denominado visão subkenótica (segundo a qual Cristo não deixou de lado na encarnação um dos atributos divinos (ou todos) — onisciência, onipotência e onipresença. Antes, Cristo privou a si mesmo do uso independente dos atributos para viver a vida humana normal. Sua dependência do Pai para obter força e sabedoria é encontrada em passagens como Jo 5.19,30 e 6.57. Também em Mt 12.22-30 Jesus é visto expulsando demônios pelo Espírito Santo (Mt 4.1; Mc 1.12; Lc 4.1). Não há dúvida de que se trata de uma tentativa valorosa de salvaguardar a plena humanidade de Jesus Cristo e ao mesmo tempo manter sua plena divindade, o que as Escrituras claramente afirmam (Jo 1.1-14; 8.58; 1Jo 5.20; Rm 9.5). A questão que permanece diz respeito ao seu sucesso pleno. À luz da afirmação inequívoca de Paulo de que em Cristo habita corporalmente toda a plenitude da divindade (Cl 2.9), deve-se tentar reconciliar essa cristologia alta e antiga com o entendimento teológico subkenótico de Fp 2.5-11. Isto parece impossível.

A leitura alternativa da passagem de Fp 2.5-11 permite uma solução que desconsidera todos os tipos de doutrina kenótica concernentes a Cristo. A verdadeira preocupação de Paulo em Fp 2 não é o Cristo pré-encarnado que "se esvazia" na encarnação, igualando assim a *kenosis* à encarnação. Antes, refere-se ao Cristo já encarnado (v. Fp 2.5) como na expressão "esvaziou-se a si mesmo" (*heauton ekenosen*). Paulo pensa em categorias das Escrituras, como as profecias de Isaías referentes ao servo de Javé (cp. Fp 2.10,11 com Is 45.23). As palavras "esvaziou-se a si mesmo" sugerem que o Cristo encarnado deveria derramar sua vida, tendo assumido uma posição de servo e (já) à semelhança da humanidade, como cumprimento do paralelo conceitual de Is 53.12: "derramou sua vida até a morte". A isso Paulo adiciona "até a morte, e morte de cruz" (Fp 2.8).

Nesta passagem a encarnação é a pressuposição da *kenosis*. Uma comparação posterior de Fp 2.9 com Is 52.13 mostra que essa seção do "Servo" é a fonte do material de Paulo nessa maravilhosa passagem cristológica. Uma cristologia alta pode, por conseguinte, ser mantida nessa passagem. Para Paulo a encarnação era uma adição, não uma subtração. A natureza humana foi adicionada à pessoa do Filho de Deus. Jesus Cristo não era menos que Deus; ele era (e é) mais. Como Deus-homem, Cristo Jesus deu sua vida em obediência ao Pai como resgate por muitos (Mc 10.45). V. *Cristo, cristologia*; *encarnação*. — Doros Zachariades

KERE-KETHIB Transliteração dos termos hebraicos que significam "lido" e "escrito". Os termos representam anotações feitas nas margens do texto hebraico por escribas antigos chamados massoretas. Nestes casos o texto continha as consoantes escritas do texto tradicional, mas os escribas colocaram pontos vocálicos no texto indicando como a palavra deve ser lida. Um exemplo é o *kere* perpétuo envolvendo o nome pessoal de Deus, em que o texto hebraico contém as consoantes *yhwh* com as vogais *a*, *o*, *a* de *adonai*, a palavra hebraica para Senhor na qual *i* é de fato uma consoante hebraica. A margem textual deveria ler '*dni*, as consoantes de *adonai*. Não se sabe como essas leituras se desenvolveram na história do texto. Podem ter acontecido tentativas antigas de corrigir um texto conhecido por ter sido incorretamente copiado. Eles podem ter tentado fazer o texto lido no culto pela comunidade de acordo com o texto escrito padrão. Pode ter sido uma tentativa de gravar diferenças conhecidas entre os textos hebraicos na época do copista. Alguns exemplos podem ter sido teologicamente motivados, como a mudança no nome divino, para garantir ao leitor não pronunciar o nome sagrado, mas substituí-lo por *adonai* ou Senhor.

KETHIB V. *Kere-Kethib*.

L

*O leão de Anfípolis guarda a velha ponte sobre o rio Strimon.
Paulo passou por Anfípolis no caminho de Filipos para Tessalônica.*

LÃ Fios grossos que formam o pelo de ovelhas e de alguns outros animais. Era transformada em linha e usada para fazer roupa, cobertores e outros artigos. Representava um dos principais fatores econômicos em Israel e nos países em redor. Gideão usou um pedaço de lã para descobrir qual era a vontade de Deus para a vida dele (Jz 6.35-40). A lã também era usada como símbolo de brancura e pureza (Is 1.18). V. *pano, roupa; ovelha*.

LAADE Nome pessoal que significa "lento, preguiçoso". Membro da tribo de Judá (1Cr 4.2).

LAAMÃ Nome de lugar que significa "comida" ou "pão". Muitos manuscritos hebraicos e algumas versões trazem Laamás (*NVI, ARA*; "Leemas", *BJ*). Cidade no território tribal de Judá, perto de Láquis, possivelmente a moderna Khirbet El-Lahm, a quase 5 quilômetros no sul de Beth-Gibrin.

LAAMÁS Nome de lugar que talvez signifique "violência". Transliteração de alguns manuscritos hebraicos de Js 15.40 (*NVI, ARA*). Possivelmente escribas antigos confundiram a última letra com o "m" final hebraico, que é similar. V. *Laamã*.

LABÃO Nome pessoal que significa "branco". **1.** Irmão de Rebeca (Gn 24.29) e pai de Lia e Raquel (Gn 29.16). Labão viveu na cidade de Naor, provavelmente próxima à metrópole de Harã. Ele é conhecido principalmente pelas duas histórias de Gn 24 e 29—31. Labão era diretamente responsável pelo noivado de Rebeca e Isaque. Depois de o servo de Abraão ter contado que foi em busca de uma esposa para Isaque, Labão e seu pai deram permissão para o casamento (Gn 24.50,51). Mais tarde, depois de roubar a bênção de Esaú, Jacó fugiu para a casa de Labão, seu tio. Este concordou em lhe dar a filha Raquel como pagamento por sete anos de trabalho de Jacó. No entanto, Labão enganou Jacó, fazendo-o casar-se com a filha mais velha, Lia. Depois de trabalhar mais sete anos, Labão permitiu que Jacó se casasse com Raquel (Gn 29.15-30). V. *Jacó; Lia; Raquel; Rebeca*. **2.** Cidade usada para localizar os discursos de Moisés em Dt (1.1). É algumas vezes identificada como Libna (Nm 33.20). Textos egípcios e assírios mencionam sua localização na fronteira sul de Canaã, talvez próxima ao riacho egípcio em Sheikh ez-Zuweid ou em Tell Abu Seleimeh. V. *Libna*. — Kenneth Craig

LÁBIOS Dobra musculosa e carnuda ao redor da boca. No AT com frequência os lábios são citados como representantes do caráter da pessoa. Há lábios lisonjeiros e mentirosos (Sl 12.2; 31.18); alegres (Sl 63.5); justos (Pv 16.13); temerosos (Hc 3.16). Lábios incircuncisos (v. nota em Êx 6.12) muito provavelmente se referem à gagueira ou falta de fluência na fala (Êx 4.10). O lamento era demonstrado em parte pela cobertura do lábio superior com as mãos (Lv 13.45).

LABOR V. *trabalho, teologia do*.

LAÇADAS Coberturas interiores e exteriores do tabernáculo, cada uma feita de duas cortinas grandes tecidas juntas com 50 grampos que passavam através de seções encurvadas de fio azul para a tenda interior ou para a tenda exterior (Êx 26.4,5,10,11; 36.11,12,17).

LAÇO Armadilha para apanhar aves ou animais. Havia basicamente dois tipos de laços. Um precisava de um fio ou de uma corda. O animal parava no lugar onde estava o laço e ficava amarrado pelo pé, ou o laço caía de cima e o amarrava pelo pescoço. O mais comum era a armadilha com uma rede. O animal era atraído com uma isca. Quando o gatilho com a isca era acionado, a rede caía sobre o animal e o capturava. Outra possibilidade era cavar um buraco e camuflá-lo. O animal caía no buraco e era capturado. Em sentido figurado, o laço simboliza o perigo, a morte e a destruição de pessoas (Jó 22.10; Sl 18.5; cp. 1Sm 28.9; *NVI*, "armadilha"). V. *caçador, passarinheiro; caça, caçador*.

LACUM Nome de lugar que talvez signifique "nascente" ou "fortificação". Cidade de fronteira no território tribal de Naftali (Js 19.33). Pode ser a moderna Khirbet el-Mansurah, próxima da fronteira sul do mar da Galileia.

LADA Nome pessoal que significa "garganta" ou "queixo duplo". Membro da tribo de Judá (1Cr 4.21)

LADÃ Nome pessoal que significa "garganta" ou "queixo duplo". **1.** Membro da tribo de Efraim

(1Cr 7.26) e ancestral de Josué. **2.** Ancestral original do clã dos levitas e filho de Gérson (1Cr 23.7-9; 26.21), embora em outras passagens o filho de Gérson seja chamado Libni. Alguns sugerem que Ladã originariamente pertencia à família de Libni, mas seu clã tornou-se mais proeminente e mais tarde chegou a sobrepor-se ao de Libni. V. *Libni*.

LADED Décima segunda letra do alfabeto hebraico, usada como inicial dos versículos 89 a 96 de Sl 119.

LADRÃO V. *crimes e castigos*; *Lei, Dez Mandamentos, Torá*.

LAEL Nome pessoal que significa "pertencente a Deus". Líder dos levitas do clã de Gérson (Nm 3.24).

LAGAR [TANQUE DE PRENSAR UVAS, *NVI*] Equipamento usado para fazer vinho de uvas. O processamento do vinho sempre representou uma indústria importante na Sírio-Palestina. A antiga história egípcia de Sinue, que data do tempo da Idade do Bronze Intermediário (c. 2200-550 a.C.), descreve essa terra como tendo "mais vinho que água".

Na época do AT os lagares eram normalmente cortados ou esculpidos na pedra (Is 5.2) e estavam ligados através de canais com recipientes mais baixos talhados em pedra, onde o suco podia ser coletado e fermentar. Espremia-se o suco das uvas pisando-as com os pés (Jó 24.11; Am 9.13). Recentes escavações em Tel-Afeque trouxeram a lume dois lagares de gesso extraordinariamente grandes que datam da Idade do Bronze Tardio (1550-1200 a.C.). Os lagares estavam conectados com grandes covas de coleta que ainda continham os jarros cananeus para o armazenamento do vinho.

Depois de fermentado, o suco era guardado em jarros ou vasilhas de couro (Mt 9.17 e paralelos). Na antiga Gibeom arqueólogos descobriram uma instalação vinícola maior que data de c. 700 a.C. Além dos lagares e tanques de fermentação, foram encontrados 63 porões esculpidos na pedra com uma capacidade de armazenamento de 95.000 litros de vinho. Nesses porões o vinho podia ser guardado a uma temperatura amena constante de 18 graus Celsius. Citam-se prensas e porões reais em 1Cr 27.27 e Zc 14.10. No lugar do esmagamento de uvas podiam acontecer outras atividades além da fabricação de vinho (Jz 6.11; 7.25). Na época do NT estavam em uso prensas de troncos e lagares com pisos de mosaico.

Colher e pisar uvas representava um tempo de alegria e celebração (Is 16.10; Jr 48.33; Dt 16.13-15), e a imagem da abundância de vinho é usada para falar da salvação e bênção de Deus (Pv 3.10; Jl 3.18; Am 9.13). Mas o juízo de Deus também é retratado vivamente como pisar no lagar (Is 63.2,3; Ap 14.19,20). V. *agricultura*; *videira*; *vinho*. — John C. H. Laughlin

LAGARTA, GAFANHOTO Larva em forma de verme de borboletas e mariposas. Os termos aparecem como pulgão, locusta e gafanhoto destruidor — tradução de diversas palavras hebraicas.

Chasil se refere a um estágio específico do gafanhoto ou locusta. Aparentemente nesse estágio se iniciava com a formação das asas, mas elas ainda estão dobradas. Eles podiam causar fome e escassez em uma terra, comendo todas as colheitas (1Rs 8.37; Jl 1.4). Representavam o recolhimento de despojos da batalha (Is 33.4) e deixaram sua marca na história israelita nas pragas no Egito (Sl 78.46).

Yeleq é o primeiro estágio depois da saída do ovo. O sistema de asas começou a se desenvolver, mas ainda é invisível. A palavra podia ser usada para descrever a praga no Egito (Sl 105.34). Eles eram notórios por cobrir ou encher uma área (Jr 51.14). Enxameavam sobre uma terra como um exército em formação marchava para invadir um país (Jr 51.27; Jl 2.25). Eles se multiplicavam rapidamente e comiam tudo que encontravam pela frente antes de levantar voo para atacar outra região (Na 3.15,16). É óbvio que tal linguagem não é plenamente adequada para o primeiro estágio do animal, mostrando que os diversos termos se tornavam sinônimos e podiam ser usados de maneira intercambiável para descrever atividades típicas do gafanhoto ou locusta.

Gazam é tradicionalmente definido como o gafanhoto que acabou de se tornar adulto pronto para voar. Outros estudiosos iriam identificá-lo como a verdadeira lagarta. Sua palavra vem de uma raiz hebraica que significa "cortar", assim descrevendo a habilidade destrutiva do

LAGARTO

animal para cortar ervas daninhas, grãos, folhas de figo, uvas, oliveiras, frutos e mesmo ramos e pequenos galhos (cf. Am 4.9; Jl 1.4; 2.25). Esse estágio é traduzido por "cortador" (*ARA*, *NVI*), lagarta (*ACF*), "aruga" (*ARC*).

Arbeh é o gafanhoto enxameador adulto — *schitocera gregaria* — que atinge 6 centímetros de comprimento. A narrativa da praga do êxodo os põe em evidência (Êx 10.14-19). Eram classificados como animais que saltam (Jó 39.20) com pernas articuladas, podendo ser comidos pelos israelitas (Lv 11.20-23). Seu hábito devorador fazia deles parte das maldições divinas ao povo desobediente (Dt 28.38). Sua peregrinação e enxameio eram semelhantes aos de um exército (Jz 6.5; 7.12; Pv 30.27; Jr 46.23; Na 3.17). Eram inofensivos ao corpo humano, pois as pessoas podiam facilmente sacudi-los e livrar-se deles (Sl 109.23). V. *insetos*.

LAGARTO V. *répteis*.

LAGARTO DE AREIA V. *répteis*; *lesma*.

LAGARTO MONITOR V. *répteis*.

LAGO DE FOGO V. *escatologia*; *fogo*; *inferno*.

LAGO DE GENESARÉ V. *mar da Galileia*.

LÁGRIMAS V. *pranto e luto*.

LAÍS Nome pessoal e de lugar que significa "forte" ou "leão". **1.** Laís era de Galim em Benjamim. Pai de Paltiel e sogro de Mical, filha do rei Saul (1Sm 19.11,12; 25.44). V. *Mical*. **2.** Originariamente uma cidade de Canaã, no norte da Palestina, conhecida pelo estilo de vida tranquilo, seguro e isolado (Jz 18.7). Foi espionada pelos danitas como um lugar para sua habitação depois de sua expulsão da região costeira pelos filisteus. Depois de a terem considerado adequada, os danitas invadiram Laís e mudaram o nome da cidade, bem como o da região, para Dã. V. *Dã*. **3.** Cidade aparentemente no território tribal de Benjamim, cujos problemas com a invasão assíria foram mencionados por Isaías (Is 10.30). Sua localização não é conhecida. Traduções modernas (ex., *BJ*) trazem Laísa.

LAÍSA Nome de lugar que significa "leoa" ou "rumo a Laís". Cidade na rota militar de Betel a Jerusalém, que Isaías advertiu quanto à aproximação do exército assírio (Is 10.30, *BJ*; "Laís"). Pode ser a moderna el-Esawijeh, a sudoeste de Anatote, ou Ras et-Tawil, ao sul de Geba. V. *Laís*.

LAMA V. *betume*.

LAMENTAÇÕES, LIVRO DE Composto de cinco lamentos poéticos a respeito da destruição de Jerusalém e do templo em 587 a.C. (Lm 2.7) e a respeito da condição miserável do povo de Judá daí resultante (2.11). A miséria depois da destruição é ainda mais deplorável quando comparada com a glória anterior (1.1). O autor convoca o povo a reconhecer que, por causa dos pecados deste, Deus é justo no que fizera (1.5), para que o povo se voltasse para ele, se arrependesse e clamasse por misericórdia (2.18; 3.25,26,40,41). V. *exílio*; *Israel, terra de*.

O tom sombrio de Lm é adequado para cultos solenes. Os judeus leem o livro anualmente no dia 9 do mês de Av para relembrar, entre outras coisas, a destruição do primeiro e do segundo templos. Os cristãos tradicionalmente o leem nos três últimos dias da Semana Santa.

O livro não indica seu autor, mas desde tempos antigos sua autoria tem sido atribuída a Jeremias. Enquanto alguns eruditos encontram razão para duvidar disso, outros defendem essa ideia.

Os seguintes argumentos favorecem a ideia da autoria de Jeremias: 1) Há similaridades entre Lm e Jr em tendência, teologia, temas, linguagem e imaginário (cp. Lm 1.15 e Jr 8.21; Lm 1.2 e Jr 30.14). 2) Como o livro de Jr, Lm afirma que a submissão de Judá ao exílio foi merecida (Lm 1.5; 3.27,28; Jr 29.4-10), ainda que haja esperança de restauração (Lm 3.21-33; 4.22; 5.19-22; Jr 29.11-14). 3) Ambos os livros sugerem que profetas e sacerdotes partilham com o povo a culpa pelo pecado da nação (Lm 2.14; 4.13; Jr 14.14; 23.16).

O livro de Lm foi escrito por uma testemunha ocular da destruição de Jerusalém, e o profeta Jeremias testemunhou esse acontecimento (Lm 2.6-12; Jr 39.1-14). Sabemos que Jeremias escreveu um lamento sobre Josias (2Cr 35.25); logo, é inteiramente possível que ele também tenha escrito esses lamentos.

A canonicidade de Lm nunca foi seriamente questionada. A Bíblia em português, como as versões grega e a latina, coloca Lm depois de Jeremias, provavelmente por motivos de autoria e conteúdo histórico. Na Bíblia Hebraica, Lm se encontra entre os "Escritos", especificamente entre as cinco *megilot*, ou "rolos", nos dias santos.

O livro de Lm tem a forma de um lamento, uma nênia. Compartilha algumas características literárias com os lamentos em Sl (p. ex., 44; 60; 74; 79; 80; 83; 89). Alguns eruditos sugerem haver um padrão métrico nos cap. 1—4 encontrado em outras nênias na Bíblia.

Os cap. 1—4 são acrósticos alfabéticos. Como são 22 as letras do alfabeto hebraico, os cap. 1, 2 e 4 têm 22 versículos: cada versículo começa com uma letra do alfabeto. O cap. 3 tem 66 versículos, porque três versículos sucessivos iniciam-se com cada letra do alfabeto. O cap. 5 também tem 22 versículos, mas não é composto em forma de acróstico. A razão pela qual o autor usou o acróstico alfabético pode ter sido ou para controlar a dor que de outro modo seguiria sem limites, ou para expressar completamente sua tristeza — de "a a z", como se diz. V. *acróstico*.

Os fatos concernentes à queda de Jerusalém são dados em 2Rs 25 e Jr 52; Lm expressa a emoção. Como Jó, Lm luta com o problema do mal. À semelhança de Ez, o livro apresenta o que acontece quando Deus abandona seu templo, sua cidade e seu povo. Em todo o livro se reconhece que Judá mereceu a punição; isso está de acordo com a maldição de Dt 28.15-68. Mas, junto com esse reconhecimento da culpa, há um pedido para que o castigo termine, como nos salmos de lamento, e um pedido para que os inimigos que os castigaram também sejam punidos (Lm 4.22), como nos salmos imprecatórios e em Hc 1.12-17).

Esboço
I. A angústia de Jerusalém (1.1-22).
  A. Descrição da desolação (1.1-11).
  B. Jerusalém clama por misericórdia e vingança (1.12-22).
II. A ira de Deus sobre Jerusalém (2.1-22).
  A. A ira de Deus (2.1-10).
  B. Descrição da ruína (2.11-19).
  C. O pedido de Jerusalém (2.20-22)
III. Sofrimento e esperança (3.1-66).
  A. Descrição do sofrimento (3.1-18).
  B. Confiança no Senhor (34.19-39).
  C. Oração por alívio e vingança (3.40-66).
IV. Tristeza e horror (4.1-22).
  A. A substituição da glória de Jerusalém pelo horror (4.1-10).
  B. Causas e ápice do horror (4.11-20).
  C. Castigo para Edom (4.21,22)
V. Oração (5.1-22).
  A. Pedido para ser lembrado (5.1-18).
  B. Pedido de restauração (5.19-22).

— David K. Stabnow

LAMENTO Canto ou hino fúnebre. V. *música, instrumentos, dança; Salmos, livro de; lamento; pranto e luto; arrependimento; Lamentações, livro de*.

LAMEQUE Nome pessoal que significa "poderoso". Filho de Matusalém e pai de Noé (Gn 4.18, "Metusael" [*NVI*]; 5.25,29). Teve duas esposas, Ada e Zilá, e a seus filhos é atribuído o início da vida nômade, da música e da metalurgia. A Lameque atribui-se o início da poligamia (ou bigamia) e o aumento do orgulho pecaminoso na terra. O cântico de Lameque (Gn 4.23,24) é um antigo poema que apoia a vingança sem limite. Jesus pode ter tido isso em mente ao ensinar sobre o perdão ilimitado (Mt 18.22).

LAMI Nome pessoal que significa "meu pão" ou, talvez, uma forma abreviada de belemita (i.e., natural de Belém). Irmão do gigante Golias. Elnatã, filho de Jair, o matou (1Cr 20.5). A passagem paralela (2Sm 21.19) diz que Elnatã, o belemita, matou Golias, o geteu (cf. 2Sm 17). O cronista pode ter usado o texto de Sm que copistas acharam difícil de ler e o interpretaram da melhor maneira possível. Alguns intérpretes pensam que o atual texto de Sm representa uma confusão de copistas com a exatidão do texto de Cr. V. *Elnatã*; *Golias*.

LÂMPADA, ILUMINAÇÃO, CANDELABRO
Designação do sistema e dos utensílios para iluminar as casas nos tempos bíblicos. As lâmpadas são mencionadas na Bíblia com frequência, mas raramente são descritas. Escavações arqueológicas encontraram numerosos exemplos dos utensílios de iluminação usados nos tempos antigos, com datas que vão do tempo anterior a Abraão até depois de Cristo. As lâmpadas do AT eram feitas exclusivamente de cerâmica.

LÂMPADA, ILUMINAÇÃO, CANDELABRO

Lamparinas helenísticas de Israel. Essas lâmpadas são da era dos macabeus

Lamparina romana com muitos orifícios e recipientes para azeite em forma de anel, feita na Itália no séc. I d.C.

Elas contavam com uma abertura em um bico apertado no qual passava o pavio. Os pavios de modo geral eram feitos de linho retorcido (Is 42.3). As lâmpadas comumente usavam azeite como combustível (Êx 25.6), ainda que em tempos posteriores fossem utilizados óleo de nozes e de peixe. As lâmpadas, da Idade do Bronze ao período helenístico, eram feitas na roda do oleiro. Depois disso foram sendo feitos moldes de acordo com os modelos dos períodos grego e romano (a partir de 500 a.C.). Para iluminação de ambientes externos utilizavam-se tochas (Jz 7.16; Jó 18.3).

No tabernáculo havia um candelabro de ouro com três braços que saíam de cada lado do orifício central (Êx 25.31-40). Cada braço pode ter tido um cano com sete orifícios para sete lâmpadas (Zc 4.2), como algumas lâmpadas encontradas na Palestina.

O candelabro de sete braços (menorá) que continha sete lâmpadas continuou em evidência no tempo do primeiro e do segundo templos e mais tarde se tornou símbolo da nação de Israel. As nações vizinhas de Israel também utilizavam candelabros com muitos braços e muitas bocas para velas.

Lâmpadas (luzes) são usadas como símbolo no AT e no NT. A luz simboliza vida em abundância, a presença divina ou o sentido da vida em contraste com a morte nas trevas (cp. Sl 119.105; 1Jo 1.5 com Jó 18.5; Pv 13.9). Jesus é descrito em Jo com frequência como a luz do mundo (Jo 1.4,5,7-9; 3.19; 8.12; 9.5; 11.9,10;

Esse conjunto de lâmpadas mostra a evolução, desde meados da Idade do Bronze até os períodos persa e helênico.

12.35,36,46). Os discípulos de Jesus também são descritos como a luz do mundo (Mt 5.14-16) V. *luz, luz do mundo.* — R. Dennis Cole

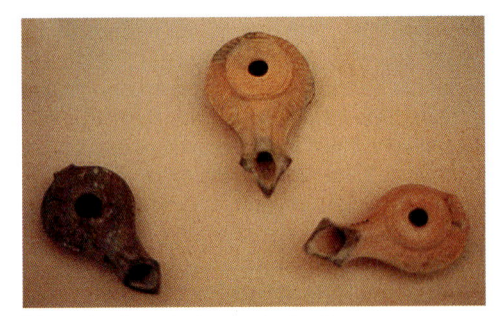

Lâmpadas de cerâmica do séc. I a.C.

LANÇADEIRA Estrutura usada para laçar partes dos fios em ângulos retos para fazer roupas. A fabricação de roupas era uma indústria importante no mundo antigo. Logo, é surpreendente haver poucas referências a esse processo nas Escrituras. Em uma cena jocosa, Sansão convenceu Dalila de que sua força acabaria se alguém costurasse seu cabelo em uma peça de roupa em uma lançadeira. Enquanto ele dormia, Dalila fez o que ele falou, mas se surpreendeu quando ele se libertou facilmente da lançadeira (Jz 16.14). Isaías comparou sua vida acabada à roupa cortada da lançadeira (Is 38.12). Em Jó 7.6 compara-se a brevidade da vida à velocidade das voltas da lançadeira, o artifício usado para passar rapidamente o fio de tecido entre as voltas da urdidura. Há referências frequentes a uma lança parecida com a lançadeira de um tecelão (1Sm 17.7; 2Sm 21.19; 1Cr 11.23; 20.5), talvez sugerindo um dardo com uma corda amarrada para que pudesse ser facilmente puxado de volta. Nesse caso, é possível que se tenha em mente o orifício pelo qual passa o fio de tecido para guiar a lançadeira. Outros intérpretes preferem ver uma referência ao grande tamanho da lança. V. *pano, roupa.*

LANCETA Arma que consiste em um cabo longo com uma cabeça de metal; dardo; lança (Jz 5.8; 1Rs 18.28, Jr 50.42). No português moderno, a lanceta é um instrumento cirúrgico de lâmina dupla. A *ARA* usa a palavra "lanceta" para designar uma lança pequena (1Rs 18.28). V. *armas e armadura; armas.*

LANTERNA Recipiente portátil com aberturas transparentes, usado para expor e proteger a luz. A palavra grega usada em Jo 18.3 é de significado incerto, ainda que algum tipo de luz esteja claramente intencionado. Na cena irônica do evangelho de Jo, a multidão vem com luzes "artificiais" para prender Jesus, "a luz do mundo" (Jo 8.12; 9.5; 11.9; 12.35,36,40).

LAODICEIA Cidade no sudoeste da Ásia Menor, em uma antiga estrada que ia de Éfeso à Síria, a 15 quilômetros a oeste de Colossos e a 9 quilômetros a sul de Hierápolis. Havia comunidades cristãs nessas três cidades (Cl 2.1; 4.13-16), ainda que a de Colossos seja a mais conhecida. Paulo escreveu uma carta aos laodicenses (Cl 4.16) que não chegou aos nossos dias, ainda que alguns estudiosos tenham tentado identificar essa epístola desaparecida com a carta aos Ef ou a Fm.

Laodiceia era bastante conhecida no mundo antigo pela riqueza. Sua extensão é ilustrada pelo fato de a cidade ter sido reconstruída sem ajuda financeira dos romanos depois do desastroso terremoto do ano 60 d.C. Laodiceia adquiriu sua riqueza com a indústria têxtil na produção de lã negra e também com atividades bancárias. Era também conhecida pela escola médica que fabricava um bálsamo para o tratamento dos ouvidos e um unguento para tratamento dos olhos. A maior fraqueza da cidade era a falta de suprimento de água. Essa necessidade era suprida por meio de água trazida de Denizli, a 9 quilômetros ao norte, por meio de uma tubulação de pedra (outro indicativo de sua riqueza).

Vista exterior dos arcos na fileira superior de um dos grandes teatros na antiga Laodiceia.

LAODICENSE

Teatro romano não escavado, o menor dos dois teatros da antiga Laodiceia.

A cidade é muito conhecida hoje pelos leitores de Ap, em que Jesus a critica utilizando um imaginário extraído de sua vida diária (Ap 3.14-22). Jesus disse que Laodiceia não era nem fria (como as águas puras e frias de Colossos) nem quente (como as fontes de águas termais terapêuticas de Hierápolis). Laodiceia era morna e não conseguia prover alívio para os espiritualmente sedentos nem cura para os espiritualmente doentes (Ap 3.15,16). A despeito da aparente inutilidade espiritual, os laodicenses alegavam possuir riqueza espiritual igualável à riqueza material; e mais que isso, afirmavam tê-las adquirido pelo próprio esforço. Entretanto, na verdade, mesmo que possuíssem riquezas materiais, eles eram espiritualmente pobres, cegos e nus (Ap 3.17) — referência óbvia à indústria têxtil, à atividade bancária e à escola de medicina da cidade. De conformidade com Jesus, a maior necessidade dos laodicenses era de ouro puro, vestes brancas (não pretas) e o colírio que só Cristo poderia dar (Ap 3.18). Uma base espiritual verdadeira é lançada somente em Cristo, não no esforço humano. — *Phil Logan*

Restos arqueológicos da antiga igreja localizada em Laodiceia, Turquia.

LAODICENSE Cidadão de Laodiceia. V. *Laodiceia.*

LAODICENSES, EPÍSTOLA AOS Pequena carta que alega ter sido Paulo seu autor. A carta sem dúvida foi composta para preencher a lacuna sugerida por Cl 4.16. A data de composição é desconhecida. Jerônimo (340?-420) advertiu contra essa obra espúria. Apesar dos protestos de Jerônimo, a carta foi aceita como epístola paulina genuína pelo papa Gregório Magno (590-604). Cerca de metade dos manuscritos latinos das epístolas paulinas produzidos entre 500 e 1600 contém a epístola aos laodicenses. Com a Reforma, a epístola rapidamente caiu em desuso. A epístola foi talvez escrita em grego, ainda que tenha sobrevivido apenas em latim. Suas 247 palavras são uma colcha de retalhos de passagens extraídas de epístolas paulinas autênticas, principalmente Fp, mas também Gl, 1 e 2Co e 1 e 2Tm. Há também ecos de Mt e 2Pe.

LAPIDOTE Nome pessoal que significa "luzes". Marido de Débora (Jz 4.4).

LÁPIS-LAZÚLI V. *minerais e metais.*

Cajado de ouro decorado com cabeças de leão feitas de lápis-lazúli.

A linha bem definida de um muro em Láquis, que vai do sul ao nordeste, até o lugar alto.

LÁQUIS

LÁQUIS Cidade importante no AT, localizada na Sefelá ("terras baixas"), sudoeste de Jerusalém. É comum identificá-la como o sítio arqueológico chamado Tell ed-Duweir. O mesmo sítio foi mais recentemente chamado de Tel Láquis. A cidade de Láquis é também mencionada em antigos textos egípcios, assírios e babilônios.

A mais antiga referência a Láquis encontra-se nas cartas de Amarna (c. 1400 a.C.). Era evidentemente uma das cidades mais importantes de Canaã nessa época. O exército hebreu, sob o comando de Josué, derrotou o rei de Láquis, o matou e conquistou sua cidade (Js 10.5,23,32,33). Mais tarde, Láquis foi tomada pela tribo de Judá (Js 15.39). A próxima referência bíblica a Láquis aparece em 2Cr 11.9, quando Roboão "fortificou" ou "construiu" a cidade (11.5,6). Láquis foi também a cidade onde, fugindo de uma conspiração em Jerusalém, Amazias se refugiou (2Rs 14.19; 2Cr 25.27).

LARVA Verme de corpo macio e desprovido de pernas — o estágio intermediário de alguns insetos (Jó 25.6; Is 14.11). A palavra sempre ocorre em paralelo a verme e serve para ilustrar a mortalidade humana. V. *insetos*.

LASA Nome de lugar de significado incerto. Cidade na fronteira original de Canaã (Gn 10.19). A localização tradicional é Kallirhoe, leste do mar Morto. Outros a identificam com Nuashe ou Laás no norte da Síria, perto de Hamate. O significado exato das preposições e a direção das fronteiras não são claros.

LASAROM Nome de lugar que significa "pertencente a Sarom". Alistada como uma das cidades derrotadas por Josué na conquista de Canaã (Js 12.18). Os antigos tradutores gregos tiveram muita dificuldade com o texto, e alguns manuscritos gregos omitem o versículo. "L" representa a preposição hebraica "de, para, pertencente a". Sarom é o nome da planície na qual a cidade precedente de Afeque na lista está localizada. O texto original em hebraico pode ter indicado Afeque de (em) Sarom para diferenciá-la de outras cidades também chamadas Afeque. V. *Afeque*.

LASCÍVIA Palavra usada para designar a expressão desenfreada de desejos sexuais (Mc 7.22; 2Co 12.21; Gl 5.19; Ef 4.19; 1Pe 4.3; Jd 4). A *BJ* a traduz por "licenciosidade"; *ARA*, "libertinagem"; *BP*, "dissolução"; *TEB*, "devassidão".

LASEIA Nome de lugar de significado incerto. Cidade na costa sul de Creta (At 27.8).

LATÃO O latão é uma liga de cobre e zinco, uma combinação desconhecida no antigo Oriente Médio. Uma liga comum era cobre e estanho — i.e., bronze — e é isso que é indicado pelo hebraico do texto bíblico. Algumas traduções modernas (esp. em inglês) retêm o termo latão ("brass") nas ocorrências em que dureza ou persistência no pecado estão em vista (Lv 26.19; Dt 28.23; Is 48.4), mas usam "bronze" como tradução em outros contextos. V. *minerais e metais*.

LATIM Língua da antiga Itália e do Império Romano, e por isso uma das línguas nas quais foi feita a inscrição da cruz de Cristo (Jo 19.20). V. *textos bíblicos e versões da Bíblia*.

Uma placa de pedra encontrada em Filipos, inscrita em latim.

LATOEIRO Termo aplicado de forma geral nos tempos antigos a artesãos em metal e ferreiros. O nome queneu significa "ferreiro". Certo Alexandre era o "latoeiro" ("ferreiro", *NVI*) que causou problemas na igreja primitiva (2Tm 4.14). V. *queneu*.

LATRINA Recipiente, ou de modo geral um buraco, usado como banheiro (2Rs 10.27). Jeú demonstrou total desprezo por Baal quando ordenou que seu templo fosse destruído e transformado em uma latrina.

A latrina pública da antiga Éfeso.

LAUREL Coroas de folhas de louro (*laurus nobilis*), usadas pelos gregos para honrar os vencedores dos jogos píticos. Essas folhas eram usadas também com propósitos medicinais e como condimento. Em Sl 37.35 os ímpios são comparados a uma "árvore nativa". A *ARA* encontra nessa passagem uma referência ao cedro do Líbano, e a *TEB* fala de uma "planta vigorosa".

LAVAÇÃO V. *abluções*; *banhos*.

LAVADOR V. *ocupações e profissões*.

LAVANDEIRO Pessoa que engrossa e encolhe lã recém-tosquiada ou pano recém-tecido; também alguém que lava ou alveja roupa. O termo hebraico vem da raiz "pisar" e se refere ao método comum de limpar roupas ao pisá-las ("pisoar"). A limpeza era feita também ao bater a roupa com varas. Os antigos hebreus não conheciam o sabão em barra. A roupa era limpa em uma solução alcalina obtida pela queima da madeira em cinza. Às vezes se usava urina pútrida no processo. Por causa do cheiro desagradável, os lavandeiros trabalhavam fora da cidade. Todas as referências bíblicas são metafóricas (Sl 51.7; Jr 2.22; 4.14; Ml 3.2) e aludem à purificação de pecado.

LAVANDEIRO, CAMPO DO Lugar fora dos muros de Jerusalém, localizado perto do canal entre a fonte de Giom e o açude superior (2Rs 18.18; Is 7.3; 36.2). A estrada para o campo do Lavandeiro foi o cenário do encontro entre Rabsaqué (*ARA*, *ARC*), oficial do rei da Assíria, que parou a distância tal que as pessoas sobre o muro pudessem ouvi-lo, e os líderes de Jerusalém. V. *Rabsaqué*.

LAVAR OS PÉS Ato necessário para conforto e limpeza de qualquer pessoa que viajava pelas estradas poeirentas da Palestina calçando sandálias. Costumeiramente, o anfitrião fornecia água aos hóspedes para que estes mesmos lavassem os pés (Jz 19.21; Lc 7.44, em que a queixa foi que Simão não forneceu água). A lavagem dos pés era considerada uma tarefa tão serviçal que não se podia exigi-la do escravo hebreu. Nesse contexto a afirmação de João Batista de que ele era indigno de desamarrar as sandálias (para lavar os pés) daquele que vinha depois dele (Mc 1.7) indica grande humildade. Como sinal de amor extraordinário, o discípulo poderia lavar os pés do mestre (contraste com Jo 13.13,14). A iniciativa da mulher "pecadora" ao lavar os pés de Jesus (Lc 7.37-50) ultrapassou a hospitalidade esperada. Seu ato foi de grande amor que evidenciou o perdão dos seus pecados (7.47).

O ato de Jesus lavar os pés dos discípulos (Jo 13.4,5) tem um sentido ético e simbólico. O sentido ético é ressaltado em Jo 13.14,15 em que Jesus se apresentou como exemplo de serviço humilde e amoroso (cf. Lc 22.27). A ordem de fazerem uns pelos outros o que Cristo fez por eles não deveria ser restrita apenas a lavar os pés. Jesus entregou a própria vida pelos discípulos (Jo 15.13). Assim o imperativo ético requer a entrega da nossa vida em atos extravagantes de serviço altruísta. Lavar os pés é uma expressão disso. Como a ceia do Senhor, a lavagem dos pés é um sermão que representa na prática a morte de Cristo. Esse sentido simbólico é ressaltado na figura de Jesus deixar de lado a roupa e depois retomá-la (uma figura de Jesus entregar e depois retomar sua vida, Jo 10.17,18), a observação de que a lavagem dos pés é necessária para os discípulos receberem sua herança ("parte", 13.8) e a afirmação de que isso afeta a purificação (13.10). Alguns intérpretes enxergam a conexão com o batismo (e a eucaristia) como sacramentos de purificação. Em vez disso, a lavagem dos pés, como o batismo e a ceia, testemunha o mesmo acontecimento salvífico, a entrega altruísta de Cristo na morte humilhante na cruz.

Lavar os pés de outros cristãos era a qualificação para o serviço de "viúva" na igreja primitiva (1Tm 5.10). O lavar os pés é aqui representativo de atos de serviço humilde.

A lavagem cerimonial dos pés foi atestada pela primeira vez por Agostinho em conexão com o batismo da Páscoa. A associação do ritual com a quinta-feira santa foi fixada pelo Concílio de Toledo (694). A prática católica desenvolvida ao longo da tradição envolve o sacerdote que lava os pés de 12 homens pobres. Martinho Lutero criticou as autoridades eclesiásticas que lavavam os pés como ato de humildade e então exigiam mais humildade em troca. Os anabatistas praticavam o lava-pés como símbolo da lavagem no sangue de Cristo e para ressaltar o exemplo de sua profunda humildade. O lava-pés era praticado comumente pelos batistas nos primórdios da América. Hoje a prática regular é restrita a grupos menores de batistas, menonitas e alguns outros. — *Chris Church*

LAVRAR, CINZEL, MACHADO Diversas palavras usadas nas versões em português para traduzir expressões hebraicas referentes a trabalho com madeira e pedra. O verbo *pasal* significa talhar ou polir pedras (Êx 34.1; Dt 10.1; 1Rs 5.18; Hc 2.18). *Garzen* é um machado usado nas pedreiras ou florestas (Dt 19.5; 1Rs 6.7). *Choqqi* é um verbo substantivado associado a esculpir ou gravar (Is 22.15; 30.8). Isaías emprega uma palavra não usada em outros trechos que significa a ferramenta de um carpinteiro para formar um ídolo. A *ARA* traz "plaina"; na *NVI*, "formões". *Ma'atsad* é aparentemente uma ferramenta pequena e curva que serve para cortar, talvez uma enxó (Is 44.12; Jr 10.3). V. *ferramentas*.

LÁZARO Nome pessoal que significa "aquele a quem Deus ajuda". **1.** Uma das personagens principais na parábola que Jesus contou para advertir os ricos egoístas de que a justiça um dia será feita. O pobre Lázaro assentava-se do lado de fora da mansão do rico anônimo para receber qualquer comida que caísse da mesa do banquete (Lc 16.19-31). Em razão da pobreza, também tinha saúde pobre. Na morte, os lugares dos dois foram invertidos, com Lázaro vivendo confortavelmente no céu e o rico sendo atormentado no inferno. O rico pediu que Lázaro recebesse a permissão de lhe aliviar a sede. O pedido é rejeitado devido ao abismo fixado entre o céu e o inferno. Fez-se um segundo pedido, para que Lázaro fosse advertir a família do homem rico, de modo que não se ajuntasse a ele no inferno. Esse pedido foi rejeitado porque ela já tinha recebido advertências suficientes. **2.** Lázaro (forma abreviada do nome Eleazar) de Betânia foi amigo próximo de Jesus, e era o irmão de Maria e Marta (Jo 11.1-3). Jesus ressuscitou Lázaro dos mortos depois de ele ter passado quatro dias no túmulo para demonstrar a glória de Deus. Lázaro estava na celebração da Páscoa em Betânia seis dias depois. Dada a sua celebridade, ele se tornou alvo de um assassinato pelos principais sacerdotes. Há quem creia que Lázaro seja o "discípulo a quem Jesus amava", com base em Jo 11.3 e 21.20-22. Ele não é mencionado nos outros Evangelhos, ainda que Lc 10.38-42 cite as irmãs Maria e Marta. V. *discípulo amado*. — *Mike Mitchell*

O lugar tradicional da tumba de Lázaro em Betânia

LEABE Nome nacional que significa "chama". Singular de leabitas. V. *leabitas*.

LEABITAS "Filhos" do Egito na tabela das nações (Gn 10.13). Leabita provavelmente representa a pronúncia alternativa de Lubim, o povo da Líbia. V. *leabe*; *Lubim*; *Líbia*.

LEANNOT Transliteração da palavra hebraica do título de Sl 88, que possivelmente significa "cantar" ou "para o pobre", "para o doente". Pode ser parte do título do tom para o cântico do salmo. O significado permanece obscuro e incerto.

Estátua de um leão pisando sobre a cabeça de um boi.

LEÃO Felino grande, de movimentos ligeiros. O macho tem uma juba grande. Mencionado aproximadamente 135 vezes no AT, o leão é o símbolo proverbial de força (Jz 14.18). Na Palestina, os leões pareciam preferir habitar na vegetação do vale do Jordão (Jr 49.19). A Bíblia descreve o leão como poderoso e ousado (Pv 30.30) e conhecido pelo rugido terrível (Is 5.29). Era o símbolo da tribo de Judá (Gn 49.9; AP 5.5). Davi defendeu o rebanho do seu pai contra leões e ursos (1Sm 17.34,35). Uma das histórias mais conhecidas da Bíblia é a respeito de um jovem jogado na cova dos leões (Dn 6.16-23). Considerando que leões não domados eram colocados em buracos ou covas, é possível que Daniel fosse jogado em uma cova dessas. Leões eram animais de estimação dos faraós. Parece que os hebreus faziam distinções mais claras que as feitas na língua portuguesa, pois há cinco palavras hebraicas traduzidas por "leão". Animal desaparecido na Palestina, tendo o último sido morto próximo de Megido no séc. XIII d.C.

LEÃOZINHO Filhote de leão, usado figuradamente no AT (Gn 49.9; Jr 51.38; Na 2.11). V. *leão*.

LEBANA V. Ne 7.48.

LEBAOTE V. *Bete-Lebaote*.

LEBE-CAMAI Transliteração de um termo hebraico, que funciona como nome codificado da Babilônia (Jr 51.1). O código empregado é do tipo *atbash*, um código que substitui cada letra de uma palavra com a letra que está mais distante do fim do alfabeto como a letra codificada está do início (z = a; y = b).

LEBEU Leitura de alguns manuscritos gregos antigos para Tadeu em Mt 10.3. As traduções e os intérpretes modernos seguem os manuscritos gregos antigos nos quais se lê apenas "Tadeu". V. *Tadeu*; *discípulo*.

LEBO-HAMATE Nome de lugar que significa "entrada para ou vir até Hamate". A *NVI* (Lebo-Hamate) e *TEB* (Lebô-Hamat) transliteram, mas *ARA* ("entrada de Hamate") e *BJ* (Entrada de Hemat) traduzem. Muitos intérpretes modernos pensam que Lebo-Hamate era uma cidade independente nas cidades-Estado dominadas por Hamate na Síria. Podia ser Lebwe ao norte de Baalbek ou Labau a leste do Jordão. Se Lebo-Hamate não é o nome de uma cidade, o nome poderia representar o território fronteiriço da parte noroeste do rio Orontes. Lebwe está próxima do rio Litani, a cerca de 70 quilômetros ao norte de Damasco. Qualquer que seja sua localização precisa, Lebo-Hamate representava a fronteira norte da Canaã prometida a Israel (Nm 13.21; cp. Ez 48.1), não conquistada por Josué (Js 13.5; Jz 3.3), e controlada por Davi (1Cr 13.5) e Salomão (1Rs 8.65), que foi restaurada a Israel por Jeroboão II por volta de 793-753 a.C. (2Rs 14.25; cp. 13.25). Amós predisse que a derrota completa de Israel começaria em Lebo-Hamate (6.14). V. *Hamate*.

LEBONA Nome de lugar que significa "a branca". Cidade usada para sediar a festa anual dos anciãos israelitas que buscavam esposas para a tribo dizimada de Benjamim (Jz 21.19). É provavelmente a moderna el-Lubban, a quase 5 quilômetros a noroeste de Siló, cidade conhecida por suas uvas de qualidade.

LEBRE Integrante da família dos coelhos (*Leporhyidae*), que nascem peludos e com olhos abertos. As lebres eram consideradas impuras (Lv 11.6; Dt 14.7), por isso os israelitas eram proibidos de comê-las.

LECA Nome pessoal que significa "vá!". Aparentemente o ancestral original em homenagem a quem uma cidade em Judá foi nomeada (1Cr 4.21). Sua localização não é conhecida.

LEÉM Nome de lugar que significa "pão" ou "comida". Aparece em 1Cr 4.22, com base em evidência de traduções gregas e latinas. O nome aparece em uma lista de membros da tribo de Judá. O hebraico traz Jasubi-Leém. Algumas versões trazem "voltou a" ou "se estabeleceu em Belém".

LEGIÃO No NT, um grupo de demônios (Mc 5.9,15; Lc 8.30) e um grupo de anjos (Mt 26.53). Por trás desse uso estava a designação militar romana. As legiões eram formadas pelos melhores soldados do exército. Em períodos diferentes da história de Roma, a legião contava com o efetivo que variava entre 4.500 e 6.000 soldados. Era composta por homens com diferentes habilidades: lanceiros, comandos, especialistas em combate, cavaleiros e reservistas. Originariamente alguém deveria ter posses e ser cidadão romano para pertencer a uma legião, mas essas exigências foram deixadas de lado, dependendo da necessidade das tropas. — *Mike Mitchell*

LEGISLADOR O outorgante de um código de leis a um povo (Is 33.22; Tg 4.12). Versões modernas (ex., *NVI*) substituem a palavra "legislador" por "cetro" quatro vezes (Gn 49.10; Nm 21.18; Sl 60.7; 108.8). Os outros dois casos (Is 33.22; Tg 4.12) identificam Deus como o legislador. De modo contrário à opinião popular, as Escrituras nunca identificam expressamente Moisés como "legislador". A tradução grega mais antiga identificou Deus como legislador duas vezes (Sl 9.21; 2Ed 7.89) e usou o verbo *nomotheteo* (outorgar a lei) para Deus como seu sujeito várias vezes (Êx 24.12; Sl 24.8,12; 26.11; 118.33,102). Em uma ocasião os sacerdotes levíticos são o sujeito (Dt 17.10; cp. Hb 7.11). O mais perto que as Escrituras chegam de identificar Moisés como legislador é pergunta de Jo 7.19 ("Moisés não lhes deu a lei?"). O NT com frequência identifica Moisés como o intermediário da outorga da lei (Jo 1.17; Gl 3.19). A *Epístola de Arísteas* é única literatura judaica helenística que expressamente identifica Moisés como legislador (131, 148, 312).

Cristo é algumas vezes considerado o "segundo Moisés" ou o "segundo legislador", ainda que o NT não o identifique expressamente assim. Antes, o NT identifica Cristo como o cumpridor da Lei (Mt 5.17) ou fim da Lei (Rm 10.4; cp. 7.4-6; 8.3,4). Cristo, entretanto, estabelece um novo padrão de julgamento (Mt 5.21) e acrescenta um novo mandamento (Jo 13.34; 14.15,21; 15.10,12; 1Jo 2.3,4,7,8).

LEÍ Nome de lugar que significa "queixo" ou "mandíbula". Cidade onde Sansão matou mil filisteus com a queixada de um burro e onde Deus fez surgir água da mesma queixada (Jz 15). Muitos intérpretes entendem que 2Sm 23.1 ocorreu em Leí. O lugar estava aparentemente em Judá, perto de Bete-Semes.

LEI CERIMONIAL Leis pertinentes às festas e atividades cúlticas dos israelitas. V. *festas; sacerdotes; levitas; sacrifício e oferta.*

LEI DO LEVIRATO, CASAMENTO DO LEVIRATO Provisão legal que requeria que o irmão de um falecido (levir) se casasse com a viúva sem filhos e gerasse um filho que assumiria o nome do falecido e herdasse sua porção na terra prometida (Dt 25.5-10). A prática é um elemento importante na história de Rute (Rt 2.20; 3.2,9-13; 4.1-11). Os saduceus apelaram à lei do levirato ao fazer a Jesus uma pergunta sobre a ressurreição (Mt 22.23-33).

LEI, ADMINISTRAÇÃO DA V. *juiz (oficial); Sinédrio.*

LEI, DEZ MANDAMENTOS, TORÁ Poucas expressões na Bíblia são tão significativas e mal interpretadas quanto o termo "lei". Intérpretes bíblicos aplicam a palavra a mandamentos específicos, costumes, julgamentos legais, séries de regras/ordenanças, ao livro de Dt (que significa "segunda lei"), a todo o complexo de regras reveladas no Sinai, ao Pentateuco (em contraste com os Profetas), e à totalidade do AT, em distinção do NT. O NT de igual maneira reconhece outras leis, incluindo leis naturais (Rm 1.26; 2.14) e "a lei do pecado" que resulta inevitavelmente em morte (Rm 7.23,25; 8.2).

A convicção de um contraste entre o AT, no qual o povo de Deus estava sob a Lei, em oposição ao NT, no qual o povo de Deus está sob a graça, é determinante para o entendimento que muitos têm das Escrituras. Apela-se algumas vezes para Jo 1.17, "Pois a Lei foi dada por intermédio de Moisés; a graça e a verdade vieram por intermédio de Jesus Cristo". Dois fatores são determinantes para essa percepção de uma ruptura radical entre os Testamentos. Primeiro, a *Septuaginta* é quase totalmente coerente na tradução de *torah* por *nomos*, "lei" (202 de 220 ocorrências). Em segundo lugar, Paul faz algumas declarações fortes que apesar de a Lei nos manter sob custódia e a letra (da Lei) matar, pela fé em Cristo somos libertos da Lei e feitos vivos pelo Espírito (2Co 3.6,7; Gl 3.19,20; cp. Rm 4.14). Coerentemente, muitos veem um contraste radical entre a antiga aliança, sob a qual o povo era governando pelo domínio da Lei, e a nova aliança, na qual somos governados pelo Espírito.

Não obstante, o exame mais cuidadoso da evidência bíblica levanta questionamentos a respeito da validade seja da tradução da palavra *torah* na *LXX*, seja da percepção de Lutero a respeito da antiga aliança como um sistema baseado em obras. Iniciamos pela pesquisa da perspectiva do AT sobre a "lei" na antiga aliança.

Termos veterotestamentários para "lei" O AT conta com um vocabulário legal rico e variado: *mitsvot*, "mandamentos"; *huqqim/huqqot*, "ordenanças, estatutos, decretos"; *mishpatim*, "julgamentos, regulamentações legais"; *edot*, "obrigações da aliança, estipulações" (a palavra portuguesa "testemunho" é derivada da palavra *martyrion*, que aparece no grego da *LXX*); *piqqudim*, "obrigações, regras"; *devarim*, "palavras, expressões verbais"; *torot*, "instruções autoritativas, ensinos".

As primeiras cinco palavras se referem de modo geral a leis e regulamentos específicos prescritos pelo Senhor no Sinai e em outros lugares. A ocorrência mais notável da sexta, *devarim*, ocorre na expressão *aseret haddevarim*, "Dez Palavras", traduzida de modo geral por "Dez Mandamentos" ou "Decálogo". Algumas vezes *torah* pode ser traduzida de forma legítima por "lei". Entretanto, seu significado no dia a dia é ilustrado pelo livro de Pv, que aplica a palavra à "instrução" provida pelo sábio à comunidade (13.14), os pais a proveem para os filhos (1.8; 4.1-11) e o DNA de casa para os que estão sob sua autoridade (31.26). Seu significado teológico é apresentado mais claramente no livro de Dt, que, ao contrário do nome grego (e português), "segunda lei", não se apresenta como "lei", mas como uma série de discursos pastorais (Dt 1.1-5; 4.40). Mesmo o chamado "Código Deuteronômico" (cap. 16—26) tem um aspecto pronunciadamente pastoral e didático, não legal.

Essa conclusão concernente ao significado de *torah* é confirmada quando se observa com que facilidade seu escopo foi estendido ao restante do Pentateuco, a despeito do fato de pelo menos dois terços de Gn-Nm serem narrativas, i.e., a narrativa da graça de Javé na eleição, salvação e cuidado providencial para com Israel, e o estabelecimento de sua aliança primeiro com Abraão e depois com os descendentes dos patriarcas no Sinai.

Essas observações não eliminam o fato de o Pentateuco conter grande quantidade de material prescritivo com o qual o Senhor buscava governar cada aspecto da vida dos israelitas. Estudiosos identificaram vários documentos específicos que podem ser qualificados como lei: as "ordenanças da páscoa" (Êx 12;13), o Decálogo (Êx 20.2-17; Dt 5.6-21), o "Livro da Aliança" (*sefer habberit*, Êx 21—23), as "Instruções concernentes ao sacrifício" (Lv 1—7), o "Código de santidade" (Lv 17—25) e o "Código Deuteronômico" (Dt 12—26). Maimônides, um rabino, declarou que os 613 mandamentos estavam espalhados por todo o Pentateuco.

Antigo Testamento Grandes porções do Pentateuco, especificamente as ordenanças e obrigações da aliança, representam desenvolvimentos teológicos baseados nos Dez Mandamentos; há sete destes.

Primeiro, Deus e Moisés entenderam a obediência à Lei não como meio de salvação ou sua precondição, mas como resposta de gratidão dos salvos. Deus não revelou a Lei aos israelitas no Egito e depois lhes disse que tão logo atingissem esse padrão ele os libertaria. Ao contrário, por graça somente, pela fé eles atravessaram o mar Vermelho para a liberdade. Exigiu-se deles apenas a crença na promessa de Deus de que ele seguraria as paredes de águas nos dois lados e os levaria em segurança para a praia no outro lado.

O Decálogo não tem início com um mandamento, mas com um preâmbulo: "Eu sou o Senhor, o teu Deus, que te tirou do Egito, da terra da escravidão" (Êx 20.2; Dt 5.6). Nunca houve a intenção de que obediência ao Decálogo ou a qualquer outra lei fosse um meio de salvação, mas a resposta adequada à salvação já recebida.

Segundo, obediência à Lei era uma expressão de relacionamento da aliança. O compromisso primário de Israel não era com um código de leis, mas com o Deus que graciosamente chamou Israel para si mesmo; eles deveriam obedecer à "sua voz". De fato, ele não revelou sua vontade ao povo até que este ouvisse sua declaração de completa e incondicional submissão a ele como o Senhor da aliança (Êx 19.8).

Terceiro, obediência à Lei era precondição para o cumprimento da missão de Israel para o qual foi chamado e o requisito da própria bênção. O primeiro ponto é iluminado em Êx 19.5,6: se Israel guardasse a aliança com o Senhor e obedecesse à sua voz, seria o tesouro especial de Deus, seu reino de sacerdotes, sua nação santa (cf. Dt 26.16-19). O segundo ponto é expresso em detalhes em Lv 26.1-13 e Dt 28.1-4.

Quarto, a revelação divina da Lei a Israel foi um ato supremo de graça e um sinal único de privilégio (Dt 4.6-8). Em contraste com as nações que adoravam deuses mudos de madeira e pedra (4.28; Sl 115.4-8), o Deus de Israel fala, e claramente revela ao povo o que ele considera uma resposta aceitável. De modo coerente, para o fiel de Israel, obediência à Lei não era um peso, mas um prazer, por causa da gratidão profunda pela graça salvadora de Deus, pelo relacionamento da aliança e também por saber que Deus responderia à sua obediência com prazer (Dt 6.20-25; Sl 24.3-6).

Quinto, a obediência verdadeira à Lei deveria ser a expressão externa da disposição interna de temer a Deus, ter fé nele e nutrir amor pactual a ele. A verdadeira religião bíblica é sempre uma questão do coração. Refere-se metaforicamente a essa transformação interna como circuncisão do coração (Lv 26.4; Dt 10.16; 30.6-10; Jr 4.4), um transplante de coração (Jr 24.7; 32.39; Ez 11.19; 36.26), a habitação do Espírito de Deus no interior de alguém (Ez 11.19; 36.26), e a escrita da *Torá* divina no coração (Jr 31.32).

Sexto, as leis mantinham uma visão holística da vida, sob a autoridade da suserania divina. Isso é ilustrado de modo impressionante em Lv 19, que, com suas mais de quatro dúzias de mandamentos, resiste à classificação, permitindo a ordenação apenas em termos de importância, leis civis, cerimoniais e morais.

Sétimo, as leis foram entendidas como abrangentes e executáveis (Dt 30.11-20) por aqueles cujo coração era reto diante de Deus. Deus não impôs a seu povo um padrão inatingível, mas lhe revelou com grandes detalhes um sistema de comportamento unicamente reto e também gracioso (Dt 4.6-8). Ao mesmo tempo há o reconhecimento da depravação humana e da necessidade de capacitação divina para a manutenção da fidelidade à aliança. Jeremias antecipou uma nova aliança futura quando todo o Israel amaria a Deus e demonstraria por meio da sua vida que a *torá* foi escrita em seu coração (Jr 31.31-34). Deus tinha uma visão realista do seu povo. Reconhecendo sua tendência ao pecado, no interior da Lei ele graciosamente providenciou um meio de perdão e comunhão por meio de rituais sacrificiais e cerimoniais.

Evidentemente esses sete fatos não impediram os israelitas de perverter a obediência à Lei em condição para a bênção e salvação. Os profetas protestaram de forma contínua contra o povo pela substituição da piedade verdadeira, demonstrada em primeiro lugar pela obediência moral (Is 1.10-17; Os 6.6; Am 5.21-24; Mq 6.6-8) por rituais externos prescritos pela Lei. Em todas as épocas os israelitas usaram mal a Lei, pensando que a execução de rituais obrigaria Deus a lhes ser favorável. Isso não impediu os israelitas de perverter o privilégio da posse da Lei em direito divino e garantia incondicional da proteção de Deus (Jr 7.1-10,21-26; 8.8-12). Israel persistentemente deturpou a Lei ao dar grande valor aos rituais e ao mesmo tempo desconsiderar as exigências éticas e comunitárias ensinadas por Deus. Eles imaginaram que Deus lhes observaria o coração por meio das lentes dos sacrifícios. Eles insistiram em violar as leis morais enquanto continuavam a observar as exigências cerimoniais (Is 1; Jr 7). Por fim, as predições de Moisés do desastre em Dt 4 e 29—30 se mostraram verdadeiras no exílio de Judá, no ano 586 a.C. A história de Israel como nação foi em grande parte uma história de fracasso — não de Deus, mas daqueles a quem ele chamou para integrar seu povo.

Novo Testamento O vocabulário legal do NT é mais limitado que o encontrado no AT. A palavra mais comum, *nomos*, "Lei", carrega uma gama de significados extraídos da tarefa específica que Deus requer de alguém, à lei mosaica, ao Pentateuco como um todo, e de fato à totalidade do AT (Jo 10.34; 12.34; 15.25; 1Co 14.21). Além disso, o NT usa a palavra *entole*, "mandamento" (p. ex., Lc 23.56), e ainda *dikaioma*, "preceitos" (Lc 1.6; Rm 2.26).

Como Moisés e os salmistas, o NT considera a revelação original da lei de Deus a Israel como ponto culminante da graça. A disposição básica a respeito da Lei é expressa com muita eloquência em Jo 1.16,17: "Todos recebemos da sua plenitude, graça sobre graça. Pois a *nomos* (= *torá*) foi dada por intermédio de (*edothe dia*) Moisés; a graça e a verdade vieram por intermédio de (*egeneto dia*) Jesus Cristo". O contraste aqui não é entre Lei e graça como abstrações, mas entre a graça mediada na forma da *torá* e a graça encarnada em Jesus Cristo.

Consequentemente, quando Jesus e Paulo parecem ser críticos da Lei, deveríamos sempre perguntar se sua luta era com a Lei propriamente ou com algum uso deturpado da Lei. Desde o princípio os israelitas deturparam a lei ao tratá-la como condição da entrada no Reino de Deus em vez de uma resposta à graça; ao aderir às exigências legais da Lei como matéria de dever, não como expressão de agradecimento pelo amor pactual sincero para com Deus e o próximo; e ao tratar a descendência física de Abraão e a pertença à nação judaica como garantia do favor divino, em lugar da descendência espiritual pela fé como precondição para a bênção. É contra tais abusos concernentes à Lei que muitas palavras críticas são endereçadas no NT.

Jesus e a Lei A atitude de Jesus em relação à Lei é expressa fundamentalmente em dois textos, Mt 5.17-20 e Lc 22.34-40 (cf. Mc 10.17-27; 12.28-31; Lc 10.25-37). Na primeira passagem ele declara que não veio para abolir (*katalyein*) a Lei ou os Profetas, mas para cumpri-los (*plerosai*). Nesse texto "Lei" se refere não somente às obrigações da aliança revelada no Sinai, mas a todo o Pentateuco. "Cumprir" significa trazer toda a revelação do AT ao alvo pretendido. Jesus prossegue ao declarar a validade permanente e a autoridade de cada detalhe da Lei até seu cumprimento. Com a primeira vinda de Cristo muitos aspectos da Lei foram trazidos à completa fruição. Como cumprimento escatológico da antiga aliança, Jesus traz em sua pessoa o fim das sombras cerimoniais (sacrifícios e festas) e transforma os costumes da antiga aliança em realidades da nova aliança (batismo, o sinal da aliança feito com a Igreja, parece substituir a circuncisão, o sinal da aliança feito com o Israel físico); a ceia do Senhor substitui a refeição pascal (Mt 26.17-29; Mc 14.12-26; Lc 22.13-20) e ao mesmo tempo antecipa a refeição pactual escatológica (Ap 19.6-10), da qual a refeição feita no Sinai (Êx 24.9-11; cp. Lc 22.20; 1Co 11.25) foram um antegozo. Entretanto, outros aspectos da Lei devem permanecer válidos até a volta de Cristo. Quando lemos a Lei do AT, devemos sempre estar abertos às continuidades e descontinuidades em relação às exigências do NT.

O que Jesus quer dizer quando fala da justiça superior à dos escribas e fariseus, ele esclarece em Mt 5.21—6.18. Como Filho de Deus que cumpre a Lei, e como o Senhor da aliança originariamente estabelecida com Israel no Sinai, Jesus tem a perspectiva perfeita sobre a Lei e autoridade plena para declarar sua finalidade. Ele declarou que as exigências divinas não podem ser reduzidas a uma lista de regras, mas envolvem o compromisso de todo o ser para com ele e a preocupação genuína pelo bem-estar do próximo. Jesus reiterou essa perspectiva em Mt 22.34-40 (cp. Mc 12.28-31; Lc 10.25-37) ao resumir todas as obrigações da aliança a amar a Deus e ao próximo, ponto ilustrado de modo dramático pela parábola do bom samaritano (Lc 10.25-37). A mudança de foco feita por Jesus, de compromisso com uma série de regras e da observação externa da Lei para a motivação e propósito internos, era algo novo para sua audiência imediata. Entretanto, é a mesma perspectiva desenvolvida plenamente por Moisés em Dt.

Paulo e a Lei Os escritos de Paulo são a fonte de grande parte da confusão sobre o conceito do NT acerca da Lei. Ele falou da Lei como caminho de morte, em contraste com o Espírito que dá vida (Rm 7.10), e como maldição da qual Cristo nos redimiu (Gl 3.13). Ele contrastou a letra (da antiga aliança) que mata com o Espírito (da nova aliança) que dá vida (2Co 3.6). Essas declarações são difíceis de conciliar com a celebração da Lei feita por Moisés e pelos salmistas como o supremo dom da graça e o caminho da vida para o povo de Deus.

Para resolver essa aparente discrepância, devemos reconhecer, antes de qualquer outra coisa, a unidade da revelação divina: ela impede que declarações inspiradas posteriores contradigam revelações anteriores. Quando entendemos Paulo de modo correto, descobre-se que sua perspectiva está alinhada com a de Moisés.

Em segundo lugar, reconhecemos que Paulo concorda com Moisés ao afirmar a Lei, declarando que sem ela não saberíamos o que é o pecado (Rm 7.7; cp. Dt 4.6-8), e a avalia como santa, justa e boa (Rm 7.12-14; 1Tm 1.8; cp. Sl 119), baseando seu entendimento das implicações éticas do evangelho firmemente na *Torá* (Rm 13.8-10; 2Co 6.14-18; cp. Êx 20.1-17). Ademais, Paulo, à semelhança de Jesus, captura o espírito da Lei do AT ao reduzir suas exigências ao amor a Deus e ao próximo (Rm 13.8-10; Gl 5.13).

Em terceiro lugar, reconhecemos que grande parte das declarações negativas de Paulo concernentes à Lei ocorre em contextos nos quais ele debate com judaizantes sobre o modo de salvação dos gentios. Ele está menos frustrado com a Lei de Moisés propriamente que com ele mesmo (Rm 7.7-25) e com quem argumenta que para os gentios se tornarem cristãos eles precisam primeiro se submeter ao ritual da circuncisão. Se alguém olha para a Lei como meio de salvação, isso conduz à morte, pois a salvação advém só da graça por meio da fé, exatamente o modo que a *Torá* apresenta a experiência de Israel. Além disso, o comentário sobre a impossibilidade de satisfazer as exigências da Lei sem o Espírito não contraria Moisés — ela esclarece a declaração mosaica acerca da circuncisão do coração.

Em suma, o problema não é a Lei, mas a pessoa, pois a lei do pecado em cada um constantemente guerreia contra a lei de Deus. As novas gloriosas do evangelho são que, em Cristo, Deus destrói a maldição do pecado, que a Lei afirma que merecemos. Mas isso não significa que a Lei foi suspensa como declaração fundamental da vontade moral de Deus. A Lei serviu como reflexo da própria natureza de Deus. Pelo fato de sua natureza ser imutável, sua vontade moral também não muda. Assim, quem cumpre a "lei de Cristo" e quem ama a Deus de todo o coração e ao próximo como a si mesmo, cumprirá a essência da Lei.

Considerando que o contraste feito por Paulo entre o Sinai e Jerusalém em Gl 4.21-31 é alegórico (*allegoroumena*, v. 24), não se deve interpretá-lo como a rejeição categórica da aliança israelita ou como a afirmação da separação fundamental entre a aliança davídica (Jerusalém) e a aliança israelita. Ismael, o filho de Hagar, serva de Sara, foi rejeitado como filho da promessa. Ismael forneceu a Paulo a ligação adequada para a aliança celebrada com Israel no Sinai. Mas, ao associar o Sinai à escravidão, Paulo adapta o material às suas necessidades retóricas. O testemunho consistente do AT declara que a aliança estabelecida por Deus com Israel no Sinai foi um símbolo de liberdade, feita com um povo privilegiado que ele resgatou da servidão do Egito (v. Êx 19.4-6; Dt 4.1-40). Em Gl, Paulo argumentou que seus detratores colocaram o carro na frente dos bois e, ao fazê-lo, inverteram o verdadeiro curso da história. Ao exigir a adesão dos cristãos gentios à lei judaica, especificamente à circuncisão, eles estão colocando o Sinai antes do êxodo.

A Lei nas Epístolas Gerais Com essa ênfase nas obras como requisito evidente de fé, nenhum documento do NT segue tão obviamente no rumo direto da *Torá* como Tiago (cf. 2.14-26). O texto de 1Pe não fica muito atrás, sendo permeado de ecos do Pentateuco do início ao fim. Especialmente marcante é o chamado de Pedro à santidade em 1.15,16, derivado diretamente de Lv (Lv 11.44-45; 19.2; 20.7,26) e sua aplicação de Êx 19.5,6 à igreja em 1Pe 2.9-12. A epístola aos Hb aplica aos cristãos a nova aliança de Jr 31.27-37 (Hb 8.7-12) e declara explicitamente que a antiga aliança tornou-se obsoleta em Cristo. Com base no contexto, é evidente que o autor pensa primariamente no sistema sacrificial como forma de manter o relacionamento pactual. Agora em Cristo, o sacerdócio aarônico, os sacrifícios e o tabernáculo/templo propriamente são todos superados, e por meio de Cristo temos acesso direto a Deus. Entretanto, isso não significa que não permaneça nada da antiga aliança. De Hb 10.26 até o fim da epístola o autor recorre, p. ex., a vários textos do AT para enfatizar que os leitores devem responder à graça divina com fé, perseverança, disciplina, reverência e conduta moral elevada.

Conclusão Em Dt 10.21, Moisés declarou que o Deus redentor de Israel no Egito lhe revelou sua vontade, ele é o louvor de Israel (*tehilla*). Javé, seu Deus, não é um feitor cruel, que substituiu as cargas do Egito com as cargas da Lei. Por todo o Dt, Moisés apresenta a Lei como dom glorioso, e para quem a observa no contexto da aliança é o caminho da vida e da bênção. No mundo tenebroso do pecado humano e alienação, a *Torá* de Moisés brilhou como um farol de glória e graça. Na *Torá*, o Deus de Israel se revelou, declarou as fronteiras de conduta aceitável e inaceitável, e providenciou o caminho para o perdão. Não é de admirar que os salmistas celebrem com tanto entusiasmo a vida encontrada na *Torá* (Sl 119).

No NT a *Torá* é cumprida em Jesus Cristo, e os apóstolos continuam essa tradição. Não há separação entre a Lei do AT e a graça do NT. A antiga aliança e sua Lei eram graça. Tendo redimido seu povo e o chamado ao relacionamento pactual, Deus poderia ter deixado o legado de cerimônias e respostas éticas como maneira de agradá-lo, como faziam as nações cujos deuses não ouvem, não veem e não falam. Ao mesmo tempo a graça gloriosa proclamada pelo NT pede uma resposta. Jesus, o Senhor divino da antiga e da nova alianças, declarou que a obediência aos seus mandamentos seria a prova inevitável e o requisito de amor a ele (Jo 14.15,21,23,24).

Evidentemente nem todas as leis associadas à antiga aliança continuam na nova. Com a mudança do Israel étnico para a comunidade pactual transnacional como agente da bênção divina, as exigências externas que serviram para identificar a nação de Israel como povo da aliança não mais vigoram.

Mas e quanto ao restante? Teólogos que dividem as leis da antiga aliança em exigências civis, cerimoniais e morais respondem à pergunta declarando que as leis morais, especialmente as incorporadas no Decálogo, continuam vigorando. Entretanto, o AT se recusa a fazer tais distinções, seja entre os três tipos de leis (tudo da vida é igualmente sagrado), seja entre o Decálogo e as demais leis envolvidas na aliança de Deus com Israel. Logo, uma abordagem mais cuidadosa é necessária, que considere todos os aspectos da antiga aliança à luz do seu cumprimento em Cristo. O que mais que possa ser dito a respeito do relacionamento entre a lei da antiga aliança e a lei da nova, como herdeiros inseridos na aliança que Deus fez com Abraão e com Israel, os cristãos devem dar evidência da fé e posição privilegiada mediante o viver santo. As Escrituras em uníssono convocam todos os redimidos a responder à graça divina com amor ilimitado em relação a Deus e amor sacrificial ao próximo. V. *Pentateuco*; *Dez Mandamentos*; *Torá*. — Daniel I. Block

LEITE Líquido nutritivo e seus derivados, um dos elementos principais da dieta dos hebreus. O AT usa a palavra para se referir a leite propriamente, coalhada, queijo, manteiga e, simbolicamente, bênção e abundância. No NT existe apenas um uso simbólico para se referir ao que é primário e básico na vida cristã. A palavra é usada 43 vezes no AT, sendo 20 vezes um uso simbólico, e somente 5 vezes no NT.

O leite era de ovelhas e cabras (Pv 27.27; Dt 32.14); o leite de vaca também era conhecido (Is 7.21,22), e evidentemente o leite materno. A manteiga e o queijo eram conhecidos desde os tempos antigos (1Sm 17.18). A coalhada, depois do pão, ainda é o alimento mais comum entre as classes mais pobres na Arábia e na Síria. Viajantes levavam leite azedo, e o misturavam com carne, secavam-no e depois o dissolviam em água para fazer uma bebida refrescante, como a que Abraão preparou para seus visitantes (Gn 18.8). Depois de "descansar" um pouco, essa bebida podia ter um efeito tóxico, o que levou alguns a crerem que foi essa variedade fermentada a bebida que Jael deu a Sísera (Jz 4.19).

O uso mais extensivo do leite no AT tem relação com o mel para simbolizar sobejamento e bênção (Êx 3.17; 13.5; 33.3; Lv 20.24; Nm 13.27; Dt 6.3; Js 4.7). Usa-se também a imagem para simbolizar brancura (Lm 4.7) e no Ct é um símbolo da alegria conjugal (5.1).

No NT, o leite como símbolo aparece apenas cinco vezes (1Co 3.2; 9.7; Hb 5.12,13; 1Pe 2.2). Em cada um dos casos, a referência diz respeito ao básico na vida cristã, mas não a todo o necessário. Os antigos beduínos podiam sobreviver à base de leite por vários dias, mas em algum momento teriam que comer carne; pela mesma forma, o cristão.

Uma das frases mais complexas das Escrituras é a regra repetida (Êx 23.19; 34.26; Dt 14.21) de não cozinhar o cabrito no leite da mãe dele. Os rabinos interpretavam esse mandamento no sentido em que leite e carne não poderiam nunca ser cozidos ou comidos juntos. Alguns estudiosos veem no mandamento uma proibição relacionada aos costumes sacrificiais cananeus, ainda que pesquisas arqueológicas recentes tenham dado pouca base a essa opinião. — *G. Al Wright Jr.*

LEME V. *navios, marinheiros e navegação.*

LEMUEL Nome pessoal que significa "devotado a Deus". Rei que recebeu palavras de sabedoria de sua mãe com respeito ao vinho, às mulheres e aos direitos legais dos fracos e pobres (Pv 31.1-9). Não se sabe exatamente onde seu reino (Massa) estava localizado, ainda que algumas características linguísticas do texto levem alguns eruditos a situá-lo no norte da Arábia, possivelmente próximo a Edom. Essa seção de Pv aparentemente procede de uma mulher não israelita.

LENÇO A palavra grega *soudarion* é tomada por empréstimo de uma palavra latina usada para se referir a um guardanapo de mesa ou um lenço. A palavra é derivada da raiz latina para "suor", o que sugere que um *soudarion* era um tecido ou uma faixa colocada na testa ou nos pulsos para enxugar o suor. Uma peça de roupa dessa natureza é mencionada em At 19.12. A mesma palavra grega é usada para se referir a um pedaço de pano no qual se guardava dinheiro (Lc 19.20) ou a um tecido utilizado para cobrir a face dos mortos (Jo 11.44; 20.7).

LENÇOL 1. Tradução em português da palavra grega que significa "roupa de linho" e que em geral era usada como vela de navio. Uma peça de tecido desse tipo continha todo tipo de animais, puros e impuros, na visão que ensinou a Pedro que Deus amou e oferece salvação a todos, mesmo os que não são judeus (At 10.11; 11.5). **2.** Tecido funeral feito de linho, também conhecido como sudário. À medida que o tecido era enrolado ao cadáver, especiarias eram colocadas nas dobras do sudário. Depois de sua crucificação, o corpo de Jesus foi sepultado por José de Arimateia e as mulheres do grupo daqueles que o seguiam (Mt 27.59-61). No relato de Mc 14.51,52, um lençol aparece como peça de roupa.

LENHA Parte do tronco de uma árvore. A Bíblia se refere ao ato de rachar lenha (Ec 10.9), queimar lenha para cozinhar (Ez 24.10) e derrubar árvores para usar na construção de casas (2Rs 6.2,5). A madeira enviada pelo rei Hirão de Tiro a Salomão era provavelmente lenha amarrada para formar jangadas (1Rs 5.8,9). A "lenha" na expressão hiperbólica de Jesus (Mt 7.3-5; Lc 6.41-42; *NVI*, "viga") era um pedaço de madeira serrada comprido e pontiagudo.

LENTILHA V. *plantas.*

LEOPARDO Felino grande com pelo amarelo e manchas pretas que formam padrões. Esse animal era um dos mais perigosos para os seres humanos e outros animais. Conhecido pela graça e velocidade, era comum na Palestina nos tempos do AT, especialmente nas florestas do Líbano, mas atualmente encontrá-lo é raro. Cinco foram mortos ao redor de Jerusalém pouco antes do início da Segunda Guerra Mundial, e um foi morto no sul da Palestina, perto de Berseba, logo após a guerra. O leopardo ainda sobrevive em Israel, e é protegido pelo governo. Dois lugares têm nomes que sugerem a habitação de leopardos — Bete-Ninra ("casa dos leopardos", Nm 32.36) e "águas de Ninrim" ("águas dos leopardos", Is 15.6; Jr 48.34). Em Os 13.7 o movimento silencioso e espreitador do leopardo simboliza a ira divina. Isaías ilustrou a paz serena do Reino de Deus quando criou a ocorrência aparentemente impossível de um leopardo que se deita ao lado de um bode (Is 11.6). Alguns traduzem Hc 1.8 (*NVI*, "leopardos"; *BJ* e *BP*, "panteras") por "guepardo" ou "chita".

LEPRA Termo genérico aplicado a uma variedade de doenças da pele, desde a psoríase até a lepra propriamente. Seus sintomas variam de pintas brancas na pele a feridas que progridem até a perda da ponta dos dedos das mãos e dos pés.

Para os hebreus a lepra era uma doença temida que deixava as vítimas cerimonialmente impuras — i.e., impedidas de adorar a Deus (Lv 13.3). Qualquer um que tivesse contato com o leproso também era considerado impuro. Portanto, os leprosos eram isolados do restante da comunidade de modo que os seus membros pudessem manter o *status* de adoradores. Outros problemas físicos, ou o fluxo de certos fluidos corporais, também deixavam a pessoa impura (Lv 12.1—14.32; 15.1-33). Até mesmo casas e roupas poderiam ter "lepra" e, por isso, estar impuras (Lv 14.33-57).

Jesus não considerou válida a distinção de puro e impuro. A condição exterior de alguém não deixava a pessoa impura; antes, o que procede do coração determina a situação da pessoa diante de Deus (Mc 7.1,23; cp. At 10.9-16). Logo, Jesus não hesitou em tocar leprosos (Mc 1.40-45) e até mesmo ordenou a seus discípulos que os curassem (Mt 10.8). Jesus fez de um leproso o herói de uma de suas parábolas (Lc 16.19-31). V. *doenças*.

LESÃO Ato que fere, danifica ou causa perda; o resultado desse ato. A lei do AT previa duas respostas a lesões; retaliação idêntica ("olho por olho, dente por dente", Êx 21.24) e compensação. Quando a vítima de agressão ficava presa à cama, p. ex., o agressor deveria pagar à parte ferida pelo tempo perdido de trabalho, bem como pelas despesas de "cuidados médicos" para assegurar a recuperação (Êx 21.22). Quando o proprietário fazia o escravo perder um olho ou um dente, o escravo tinha de ser alforriado em compensação pela perda (Êx 21.26). Lesões físicas excluíam os sacerdotes do serviço no altar (Lv 21.16-23). Como parte da intriga hasmoneia, Aristóbulo mandou mutilar as orelhas de seu tio Hircano II, a fim de desqualificá-lo para o serviço sacerdotal (40 a.C.).

O uso derivado do termo é comprovado em Pv 8.36, em que os carentes de sabedoria prejudicam a si mesmos, e Rm 14.15, em que Paulo exorta os cristãos romanos a não prejudicarem outros cristãos por motivos de comida (cf. Gl 4.12).

LESÉM Nome de lugar que significa "leão". Cidade ocupada pela tribo de Dã (Js 19.47). Pronúncia alternativa da palavra hebraica Laís. V. *Laís*.

LESMA Animal cujo nome provavelmente significa "úmido, molhado". Ilustra o rápido fim da vida (Sl 58.8). A *ARC* traduz por "lesma" um dos répteis impuros citados em Lv 11.30 (*ARA* e *NVI*, "lagarto da areia").

LESTE V. *direção*.

LETUSIM Nome tribal que significa "ferreiros". Descendentes de Abraão e Quetura. Nada mais se sabe a respeito dessa tribo. Não são citados na passagem paralela (1Cr 1.32). V. *Quetura*.

LEUMIM Nome tribal que significa "pessoas". Descendentes de Abraão e Quetura. Provavelmente uma tribo árabe a respeito da qual nada sabemos. Não são citados na passagem paralela (1Cr 1.32). V. *Quetura*.

LEVEDO Pequena porção de massa fermentada utilizada para fermentar outras massas e com frequência símbolo da influência corruptora. O pão comum dos tempos do AT era feito com levedo. Esse pão era aceito como oferta para os sacerdotes e acompanhava as ofertas de comunhão (Lv 7.11-13; 23.17).

LEVI Nome pessoal que significa "junção, união". **1.** Terceiro filho de Jacó e Lia (Gn 29.34) e ancestral dos sacerdotes de Israel. É descrito nas Escrituras como brutal e impiedoso; vingou o estupro de sua irmã, Diná, eliminando toda a população masculina de uma cidade inteira (Gn 34.25-31). Mais tarde, Jacó falou amargamente a respeito de Levi, em vez de abençoá-lo (Gn 49.5-7). A tribo que leva seu nome é também caracterizada como instrumento de ira. Depois de o povo de Israel ter pecado no deserto ao fazer o bezerro de ouro derretido,

Moisés ordenou que o povo de Levi matasse todos os participantes do acontecimento (Êx 32.28). Os descendentes de Levi se tornaram uma tribo de sacerdotes. V. *levitas*. **2**. Nome de dois dos ancestrais de Jesus (Lc 3.24,29). **3**. Um coletor de impostos em Cafarnaum que se tornou um seguidor de Jesus (Mc 2.14). No relato paralelo no evangelho de Mt, o nome do homem é "Mateus" em lugar de "Levi" (9.9). O nome Levi não aparece em nenhuma das listas de apóstolos.

LEVIATÃ Nome de uma antiga criatura do mar, que significa "enrolado", derrotada por Deus. O Leviatã aparece na literatura bíblica e na extrabíblica. A forma de serpente é indicada em Is 27.1 ("Leviatã, serpente veloz [...] serpente tortuosa"). A criatura marinha é usada também com outras criaturas misteriosas de Deus. Mais uma vez, Is 27.1 se refere ao Leviatã como uma "serpente aquática" (*NVI*; *BJ*, "monstro que habita o mar"; *ARA*, "monstro que está no mar"). O salmista em Sl 74.14 apresenta o Leviatã com muitas cabeças entre os inimigos sobrenaturais de Deus que habitam o mar. Os textos de Jó 3.8 e 41.1-9 apresentam a criatura marinha como um inimigo formidável demais para que alguém o desperte. Mas o Leviatã foi criado por Deus e lhe está sujeito (Sl 104.24-30).

A literatura apocalíptica apresenta o Leviatã se libertando das correntes no final da presente era, somente para ser derrotado no conflito final com Deus. A literatura ugarítica de Ras Shamra, por volta de 1300 a.C., apresenta o Baal mítico derrotando uma criatura marinha chamada *Lotan* (outra forma linguística para Leviatã). Os hititas escreveram a respeito da luta entre o dragão *Illuyankas* e o mortal *Hupasiyos*. Um selo cilíndrico encontrado em Tel Asmar datado de cerca de 2350 a.C. mostra dois homens lutando contra uma serpente de sete cabeças.

O Leviatã era visto na mitologia antiga como um monstro marinho envolvido na batalha primeva contra os deuses. Essa criatura representava o caos de maneira personificada, que uma divindade criadora teve de vencer para poder criar. O Leviatã era também visto como uma ameaça para a ordem do Universo e será derrotado no fim dos tempos.

Os antigos mitos pagãos referentes ao Leviatã eram conhecidos dos hebreus do AT. Em que extensão esses mitos sobre o Leviatã influenciaram os hebreus, se é que houve alguma influência, pode nunca ser conhecido. As Escrituras usaram um nome conhecido de muitas pessoas, para a remoção de qualquer medo a ele relacionado, mostrando que Deus controlava o Leviatã com facilidade, que dessa maneira não oferecia nenhuma ameaça ao povo de Deus. V. *apocalíptico, apocalíptica*; *criação*; *Raabe*. — Steve Wyrick

LEVITAS A menor das três ordens do sacerdócio de Israel. Nos registros bíblicos mais antigos, sacrifícios eram oferecidos pelo chefe da tribo, o cabeça da família (Gn 12.7,8; 31.54) ou possivelmente pelo sacerdote de um templo (Gn 14.18). Originariamente os sacerdotes de Israel e as pessoas encarregadas do templo deveriam proceder do primogênito de cada família de Israel (Êx 13.11-15). Posteriormente, Deus escolheu a tribo de Levi para cumprir essa responsabilidade para Israel (Nm 3.11-13). A tribo de Levi foi indicada por ser a única que permaneceu com Moisés contra o povo que adorou o bezerro de ouro (Êx 32.25-29; Dt 10.6-9). Aos levitas não se deu herança tribal na terra prometida (Deus era sua herança), mas foram colocados em 48 cidades dos levitas, localizadas por toda a terra (Nm 18.20; 35.1-8; Js 13.14,33). O dízimo do restante da nação era usado para prover às necessidades dos levitas (Nm 18.24-32). Como os levitas dependiam da generosidade dos outros, as famílias eram encorajadas a convidá-los (como as viúvas, forasteiros e órfãos) a fim de se unirem a eles em suas refeições e na celebração das alegres festas nacionais (Dt 12.12,18; 16.11,14). Esses fatores apontam para a dedicação total dos levitas à obra do Senhor, em vez de terem preocupações terrenas em obter uma vida boa.

A tribo de Levi incluía pelo menos três famílias distintas: Gérson, Coate e Merari (com as famílias de Moisés e Arão consideradas de alguma maneira separadas do restante da tribo de Gérson). Na jornada através do deserto elas estavam a cargo de desmontar o tabernáculo, transportá-lo, montá-lo e conduzir o culto na tenda onde Deus habitava (Nm 1.47-54; 3.14-39). Em algumas passagens (Dt 17.9,18; 18.1; 24.8) os termos "sacerdote" e "levita" (ou sacerdotes levíticos) parecem idênticos, mas em Êx 28 e Lv 8—10 está claro que somente a família de

Arão cumpria as tarefas sacerdotais de ofertar sacrifícios no tabernáculo. Nessas passagens parece haver uma maneira diferente de lidar com o relacionamento entre os sacerdotes e os levitas. Por isso, os intérpretes divergem sobre o modo de entender os levitas. Ainda que seja possível a mudança do papel dos levitas ou a distinção entre sacerdotes e levitas não tenha existido em todos os períodos, a interpretação que sustenta a distinção geral entre sacerdotes e levitas parece se encaixar em muitos textos.

Os levitas foram consagrados a Deus e dados por Deus como um presente a Israel, para a realização das tarefas do tabernáculo (Êx 29; Lv 8). Sua ação tornou possível ao povo vir ao tabernáculo oferecer sacrifícios para a expiação dos pecados. Os levitas auxiliavam os sacerdotes nas responsabilidades (Nm 3.5-9; 16.9), preparando ofertas de grãos e o pão da proposição, purificando todos os utensílios santos usados no templo, cantando louvores ao Senhor no momento das oferendas matinais e vespertinas, auxiliando os sacerdotes com as ofertas queimadas nos sábados e dias de festa e cuidando dos limites do templo e das câmaras dos sacerdotes (1Cr 6.31-48; 23.1-13,24-32; 25.1-6; 2Cr 29.12-19). Por causa do trabalho deles, a santidade do templo foi mantida, e a glória do Senhor habitou em Israel. No reinado de Davi os levitas foram integrados à administração do governo, incluindo a guarda de portões e trabalho como juízes, artesãos e supervisores do tesouro real (1Cr 9.22-28; 23-26). No tempo de Josafá os levitas se envolveram com o ensino da palavra de Deus ao povo (2Cr 17.7-9). Essa responsabilidade provavelmente continuou até o período pós-exílico, com Esdras (Ne 8.9-13). V. *cidades dos levitas*. — Gary Smith

LEVÍTICO, LIVRO DE Terceiro livro do AT com instruções para os sacerdotes e o culto. O nome hebraico de Lv vem da primeira palavra do livro, *wayyiqra'*, "e ele chamou". Nas obras rabínicas posteriores e de igual modo na tradução siríaca, a *Peshita*, o livro foi chamado de *torat kohanim*, "livro dos sacerdotes". O título em português vem da tradução da *Vulgata* da palavra grega *leuitikon*. Essa palavra é uma forma adjetiva, "levítico", e significa "respeitante aos sacerdotes". Desde que os judeus helenistas chamaram os sacerdotes de "levitas" (equação já existente em Dt 17.9,18; 18.1), o significado do título grego não é realmente diferente do título tradicional dos judeus, "o livro dos sacerdotes".

Autoria Intérpretes judeus e cristãos antes dos sécs. XVIII e XIX atribuíam a autoria de Lv a Moisés, bem como o restante do Pentateuco. No entanto, por volta do fim do séc. XIX, aceita-se, de modo geral, que o Pentateuco foi composto mediante quatro fontes básicas, mas diferentes: J, E, D e P. Essa reconstrução tornou-se conhecida como "hipótese documentária". V. *Pentateuco*.

A fonte P referia-se ao Código Sacerdotal e continha grande parte do material do Pentateuco pertencente ao sacerdócio e ao sacrifício, incluindo-se Lv (ainda que alguns tenham sugerido uma fonte adicional para Lv 17—26, [o código de santidade] composto por volta do tempo de Ezequiel). Essa fonte foi considerada a mais recente das quatro e refletia uma divindade transcendente da qual só se pode aproximar pelo processo meticuloso esboçado no sistema sacrificial israelita. Pensou-se que Lv tivesse sido escrito no período pós-exílico, por volta do séc. V a.C. Para dar ao conteúdo de Lv o caráter de autoridade, afirmou-se que o texto apresentava ficcionalmente o material, como se tivesse sido revelado por Deus a Moisés. Assim, o antigo sistema sacrificial, o sacerdócio aarônico e o tabernáculo nada mais são que uma invenção para descrever as práticas do período pós-exílico como se tivessem acontecido no segundo milênio a.C., no tempo de Moisés.

Do lado negativo, uma área recente de investigação que demonstrou a falsidade dessa reconstrução é a história da língua hebraica. Com base em sons e em uma metodologia de testes, demonstrou-se que a premissa principal de que Ez precedia ao Lv foi derrubada, porque a linguagem de Ez é de um estrato linguístico posterior ao da linguagem de Lv.

Do lado positivo, a autoria mosaica de Lv e de quase todo o Pentateuco é claramente afirmada pela leitura direta do texto bíblico. O livro de Lv afirma repetidamente conter o que Deus queria que Moisés dissesse ao povo de Israel. Nenhum outro livro alega a inspiração divina como o terceiro livro — o Pentateuco. Não menos que 38 vezes encontra-se a expressão "O Senhor disse a Moisés [ou a Arão]" (1.1;

4.1; 6.1). A autoria mosaica do Pentateuco foi assumida posteriormente pelos judeus na comunidade pós-exílica (1Cr 15.15; 2Cr 23.18; Ed 3.2; Ne 1.7) e pelos escritores do NT (Mt 8.4; Mc 12.26; Lc 16.31; Jo 1.17; At 3.22). Em Rm 10.5 Paulo alega que a declaração de Lv 18.5, "pois o homem que os praticar [os decretos e ordenanças do Senhor] viverá por eles", foi escrito por Moisés. E falando ao leproso que tinha curado, Jesus, citando Lv 14, disse: "Olha, não conte isto a ninguém. Mas vá mostrar-se ao sacerdote e apresente a oferta que Moisés ordenou, para que sirva de testemunho" (Mt 8.4). Falando em termos mais gerais, Jesus disse: "Se vocês cressem em Moisés, creriam em mim, pois ele escreveu a meu respeito" (Jo 5.46,47) e "Moisés não lhes deu a lei?" (Jo 7.19). Logo, com base nas alegações das Escrituras, o testemunho de Jesus e a tradição unilateral quase unânime de judeus e cristãos, e ainda a evidência erudita, podemos dizer com confiança que Moisés é o autor de Lv. — *Mark F. Rooker*

Conteúdo A primeira seção de Lv se relaciona com a última parte do livro de Êx. O texto de Êx 26 e 27 apresenta a instrução do Senhor para a construção do tabernáculo, o local de culto na antiga jornada de Israel pelo deserto. Essas instruções são executadas, e o tabernáculo foi aceito como local apropriado de adoração (Êx 35—40). O texto de Êx 28 e 29 repete as instruções do Senhor para a ordenação de Arão e seus filhos como sacerdotes. Essa ordenação acontece em Lv 8 e 9. Uma das tarefas primárias dos sacerdotes era oferecer sacrifícios no tabernáculo. Antes de iniciar essa prática, o antigo Israel precisava de instruções sobre como oferecer os sacrifícios. O livro de Lv começa nesse ponto. Antes de alistar os principais tipos de sacrifícios, devemos considerar seu significado básico. O sacrifício é em parte algo que se oferece a Deus, não como maneira de garantir o favor dele, mas como uma forma de agradecer a Deus pelo dom da vida. O sacrifício é também uma maneira de facilitar a comunhão entre Deus e os adoradores. Outro propósito importante do sacrifício é a expiação, a restauração do relacionamento entre Deus e o adorador. Na oferta do sacrifício, os adoradores dão deles mesmos a Deus. No derramamento do sangue da vítima do sacrifício, libera-se o poder essencial da vida (Lv 17.11). Deus honra esse ato e dá a vida novamente ao adorador. Logo, o sacrifício era importante para o relacionamento entre os israelitas e Deus.

O livro de Lv apresenta cinco tipos principais de sacrifício: 1) a oferta totalmente queimada: forma de expiação que simboliza a dedicação de toda a vida a Deus. O animal inteiro era queimado no altar (Lv 1.3-17); 2) a oferta de grãos ou de cereais: indicação de que a vida diária é dom de Deus, pois o grão estava na dieta diária do antigo Israel (Lv 2.1-16); 3) a oferta de paz, ou oferta compartilhada; o sacrifício de parte do animal e uma refeição comunal feita com a sobra da carne (Lv 3.1-17); 4) a oferta pelo (ou de purificação do) pecado: sacrifício de arrependimento pelo pecado, da parte de quem tinha rompido o relacionamento com Deus e colocado em risco o bem-estar da comunidade (Lv 4.1-5.13). O sacrifício era pelos pecados dos quais não se tinha consciência (Lv 4.2,13,22,27); 5) a oferta pela culpa: podia também ser chamada oferta de compensação ou reparação; pedia o sacrifício e a reparação por quem havia sido prejudicado. O culpado pagava pelo que tinha tomado e mais 20 por cento (Lv 5.14—6.7).

O texto de Lv 6 e 7 apresenta instruções adicionais sobre o sacrifício pelos sacerdotes, e Lv 8—10 descreve o início do sacrifício no tabernáculo.

O texto de Lv 11—15 apresenta instruções sobre a pureza e a impureza. Alguém que tivesse contato com algo impuro se tornava impuro e, portanto, impedido de participar do culto. Por isso era importante evitar o contato com o que fosse impuro, por ser o culto o acontecimento central e doador de vida no contexto da comunidade do povo de Deus. Esses capítulos descrevem várias causas de impureza, incluindo a dieta inadequada, o parto, e várias doenças da pele. O texto de Lv 11 apresenta as famosas regras dietéticas, e Lv 12 descreve a impureza relacionada ao parto. Em Lv 13 instrui-se sobre determinadas impurezas relacionadas à lepra, e Lv 14 descreve o modo para purificar essa doença. Já Lv 15 alista ousadamente fluxos corporais que tornam a pessoa impura.

Em Lv 16 é descrito o ritual do Dia da Expiação, uma maneira de remover o impacto do pecado e da impureza. Primeiro, o sacerdote fazia um sacrifício por si mesmo para estar preparado e fazer o mesmo pela comunidade. Então dois bodes eram trazidos, e um escolhido para o sacrifício. Esse bode era oferecido como oferta de purificação, e o sangue era usado para purificar o santuário de todo pecado e impureza. O sacerdote então tomava o outro bode, o bode expiatório, e confessava o pecado do povo com suas mãos sobre o animal, transmitindo-lhe simbolicamente o pecado do povo. Então o bode era levado ao deserto, símbolo da remoção do pecado do povo. Esse ritual central presumia que o antigo Israel encontraria o pecado e a impureza. Considerando a santidade perfeita de Deus, o Senhor não habitaria entre o pecado e a impureza. Esse ritual, portanto, era uma forma de remover o pecado e a impureza, de modo que Deus pudesse continuar a habitar entre o povo e estar presente no santuário, para dar-lhes vida.

Já Lv 17—27 constitui o chamado código de santidade. Essa seção deriva seu nome do uso frequente da frase: "Sereis santos, porque eu, o Senhor seu Deus sou santo". Santidade no AT significa ser colocado à parte; entretanto, isso não indica ser colocado à parte do mundo de modo separatista. A expressão é usada quanto ao antigo Israel estar separado para Deus. Como Deus é santo — separado, único, diferente, distinto, "Não há ninguém como Deus" —, logo o antigo Israel como povo de Deus deveria ser santo, diferente dos outros povos, justamente por ser o povo de Deus. Esses capítulos, portanto, dão instruções sobre como o antigo Israel deveria viver de forma santa. O texto de Lv 18 ilustra isso. O capítulo começa com o apelo para não viver como os egípcios, do meio de quem o antigo Israel havia recentemente saído, nem como os cananeus, a quem o antigo Israel logo encontraria, mas como povo do Senhor Deus. Então o capítulo instrui acerca da conduta sexual, em particular quanto às relações sexuais proibidas. Viver conforme essas instruções distinguiria o antigo Israel dos demais povos na terra — como o povo do Deus santo. A conclusão do cap. 18 enfatiza isso outra vez, ao instar com o povo para ser leal a Deus. Santidade não é um meio de retirar o povo do mundo, mas de lhe dar um modo de se relacionar com o mundo como povo de Deus.

Várias das instruções no código de santidade dizem respeito à ética e à fidelidade ao Senhor. Observe o famoso versículo 18 de Lv 19: "Ame cada um o seu próximo como a si mesmo". Há também instruções sobre a guarda do sábado como dia de descanso e de culto. Cada sétimo ano deveria ser um ano sabático para a terra, para renová-la e também como sinal de que a terra não era propriedade do antigo Israel, mas um presente de Deus. A cada 50 anos (7 x 7 + 1) seria um ano do Jubileu, em que todos os escravos seriam alforriados e as propriedades retornariam aos donos originais. Isso mais uma vez mostra que as pessoas não podem ter pessoas como propriedade; antes, elas são despenseiras dos dons de Deus. Essa prática mostra que a vida deve ser estruturada para o bem da comunidade, em vez de indivíduos isolados.

Esses capítulos também contêm instruções quanto ao culto. O culto regular no tabernáculo deveria incluir a lâmpada acesa permanentemente. Ela simbolizava a presença do Senhor com o povo e também a luz como primeira criação divina. Também de importância no tabernáculo era o pão, símbolo do relacionamento entre Deus e o antigo Israel e lembrete ao povo de que Deus é quem concede os alimentos. O código de santidade também contém instruções sobre as festas especiais. Na primavera aconteciam a Páscoa e os pães sem fermento, lembranças do êxodo do Egito. As festas do verão (festa das semanas e Pentecoste) relacionavam-se com a colheita e celebravam a outorga da Lei. Entre as festas de outono estavam o Dia da Expiação e o início do novo ano. Nesse momento havia também a festa dos tabernáculos, uma festa da colheita que lembrava o tempo no deserto.

A mensagem de Lv começa com o fato da presença de Deus com o povo e continua com a noção de que Deus é perfeitamente santo. Por isso o livro contém tantas instruções acerca da santidade e inclui os sacrifícios como meio de remover os efeitos do pecado e a impureza para que o Deus perfeitamente santo continue a habitar entre o povo e dar-lhe vida. Toda a instrução é um presente de Deus e ajuda o povo a entender como viver na condição de povo pactual com Deus. O livro assim provê uma parte importante da história de Deus com o povo, pois dá instruções sobre como manter e, quando necessário, como restaurar o relacionamento. O livro busca explorar em detalhes a instrução de Êx 19.6: "Vocês serão para mim um reino de sacerdotes e uma nação santa".

LEVÍTICO, LIVRO DE

O NT usa o livro de Lv para falar do sacrifício expiatório de Cristo. V. *expiação, propiciação; aliança; santo; pureza, purificação; sacrifício e oferta*.

Esboço

I. Ofereça-se a si mesmo em louvor e adoração a Deus (1.1—7.38).
   A. Ofereça sacrifícios agradáveis (1.1—6.7).
      1. Holocaustos (1.1-17).
      2. Ofertas de cereal (2.1-16)
      3. Ofertas de comunhão (3.1-17).
      4. Ofertas pelo pecado (4.1-35).
      5. Ofertas pela culpa (5.1—6.7).
   B. Dê instruções aos sacerdotes que oferecem sacrifícios agradáveis (6.8—7.38).
      1. Holocaustos (6.8-13).
      2. Ofertas de cereal (6.14-23).
      3. Ofertas pelo pecado (6.24-30).
      4. Ofertas pela culpa (7.1-10).
      5. Ofertas de comunhão (7.11-38).
II. Consagre sacerdotes para mediarem entre Deus e o povo (8.1—10.20).
   A. Separe sacerdotes que sejam mediadores (8.1-36).
   B. Faça sacrifícios pelos sacerdotes mediadores (9.1-24).
   C. Exorte os sacerdotes mediadores (10.1,20).
III. Purifique-se na presença de Deus (11.1—16.34).
   A. Coma animais puros; rejeite os animais impuros (11.1-47).
   B. Purifique a mãe e o bebê após o parto (12.1-8).
   C. Faça um teste para saber sobre alguma doença infecciosa de pele e retire a pessoa infectada do acampamento (13.1-59).
   D. Restaure o indivíduo purificado à comunidade (14.1-32).
   E. Remova a ameaça de infecção (mofo) da comunidade (15.1-33).
   F. Purifique as impurezas no interior da comunidade (15.1-33).
   G. Faça expiação pela comunidade (16.1-34).
IV. Apresente-se em santidade diante de Deus (17.1—26.46).
   A. Dê atenção ao sacrifício aceitável de animais (17.1-16).
      1. Faça sacrifícios adequados perante o Senhor (17.1-9).
      2. Santifique a vida recusando-se a comer sangue (17.10-16).
   B. Siga os mandamentos do Senhor (18.1,20.27).
      1. Rejeite práticas sexuais abomináveis (18.1-23; 20.10-21).
      2. Advirta do perigo das práticas abomináveis (18.24-30).
      3. Reverencie a Deus no culto (19.1-8).
      4. Demonstre amor para com o próximo ao viver de modo reto (19.9-18).
      5. Observe práticas adequadas na agricultura, escravidão, sacrifícios e quanto ao corpo (19.19-29).
      6. Honre a Deus por meio do culto (19.30,31).
      7. Honre a Deus por meio da vida (19.32-37).
      8. Adore somente a Deus; esqueça-se dos outros deuses (20.1-8).
      9. Honre seu pai e sua mãe (20.9).
     10. Seja diligente em obedecer a Deus (20.22-27).
   C. Nomeie mediadores que sigam as instruções que permitem a presença diante de Deus (21.1—24.23).
      1. Apresente-se santo diante de Deus (21.1,24).
      2. Oferte dádivas santas a Deus (22.1-33).
      3. Conduza o culto em tempos santos (23.1-44).
      4. Prepare o lugar santo (24.1-9).
      5. Mantenha a congregação santa diante de Deus (24.10-23).
   D. Apresente a terra e o povo santos diante de Deus (25.1-55).
      1. Observe o ano sabático (25.1-7).
      2. Observe o ano do Jubileu (25.8-22).
      3. Cuide do irmão pobre e de sua terra (25.23-55).
   E. Lembre-se das bênçãos e maldições concernentes ao povo da aliança (26.1-46).
V. Faça votos adequados diante de Deus (27.1-34).
   A. Votos relacionados a pessoas (27.1-13).
   B. Votos relacionados à casa (27.1-13).
   C. Votos relacionados aos campos (27.16-25).

D. Votos relacionados aos primogênitos dos animais (27.26,27).
E. Cumpra seus votos (27.28-34).
— *W. H. Gellinger Jr.*

LIA Nome pessoal que significa "vaca selvagem" ou "gazela". Filha mais velha de Labão (Gn 29.16) e primeira esposa de Jacó. Jacó pediu em casamento a mão de Raquel, a mais nova, mas foi enganado e se casou com Lia. Dessa maneira foi preservada a tradição do antigo Oriente Médio de a filha mais velha se casar primeiro. Lia deu seis filhos a Jacó (Rúben, Simeão, Levi, Judá, Issacar, Zebulom) e uma filha (Diná). Sua serva, Zilpa, deu dois filhos a Jacó (Gade, Aser), que, conforme a lei daquele tempo, eram considerados oficialmente filhos de Lia. Quando Jacó voltou de Padã-Arã à Palestina, Lia e seus filhos foram colocados na frente de Raquel e José, evidentemente para absorver qualquer violência de Esaú, irmão de Jacó. Isso é indicativo da condição menos favorecida de Lia em relação a Raquel. Lia morreu na Palestina e foi sepultada na caverna de Macpela, onde foram sepultados Abraão, Isaque e suas esposas.

LIBAÇÃO Ato de verter líquido como sacrifício a um deus. V. *sacrifício e oferta*.

LÍBANO Nome de lugar que significa "branco" ou talvez "montanha branca". Pequeno país na extremidade leste do mar Mediterrâneo e na extremidade oeste da Ásia. O país há muito tempo é usado como centro mundial de transporte e comércio. O substantivo significa literalmente a (montanha) "branca", expressão provavelmente derivada do cume sempre nevado do monte Hermom, também conhecido por Siriom (Sl 29.6). O Hermom está com frequência coberto de neve. A cobertura branca oferece uma visão majestosa e impressionante. Ela é contrastada com a inconstância e a apostasia de Israel (Jr 18).

Há praias arenosas ao longo da costa mediterrânea. No interior há montanhas escarpadas. O país todo é dominado por duas cadeias de montanhas, os montes Líbano e Antilíbano. Ambos correm em paralelo à costa. A cadeia do Líbano se estende por cerca de 160 quilômetros ao longo da costa, da atual Trípoli no norte, até Tiro no sul.

A cordilheira tem a altitude média de 2 mil metros. Alguns picos chegam a mais de 3 mil metros: o pico mais alto é el-Ournat el-Sawda (3360 m). Entre as partes altas da cordilheira há vales e ravinas.

O vale Santo, que recolhe a água que vem da montanha dos Cedros, é um dos vales mais importantes. Foi nessa região que os maronitas encontraram refúgio no começo de sua história. O vale Santo tem sido muito importante ao longo das épocas. A Ain Qadisha (fonte do vale Santo) é altamente reverenciada. A fonte corre em direção ao coração de uma floresta de cedros pela encosta da montanha próxima a Bsherrih. Outro vale famoso é o vale de Adônis, onde corre o rio de Adônis, onde acontecia a cada primavera a peregrinação de Adônis. V. *pagãos, deuses*.

O Líbano é lembrado de várias maneiras na Bíblia. É com frequência apresentado no AT como a fronteira norte da Palestina (Js 1.4), dividindo-a da Fenícia e da Síria. Sua natureza majestosa é emblemática da força e da solidariedade naturais, um realce poético perfeito para a majestade divina revelada por uma tempestade tão poderosa que faz "o Líbano saltar como um bezerro" (Sl 29.6). Era uma terra proverbialmente viçosa e conhecida pelas florestas magníficas (Is 60.13), especialmente os "cedros do Líbano" (Jz 9.15; Is 2.13). Para os palestinenses, terra pobre em árvores, os cedros do Líbano simbolizavam o máximo da riqueza e beleza naturais. O salmista chama esses cedros antigos e belos de "as árvores do Senhor [...] que ele plantou" (Sl 104.16). Diz-se de alguns cedros do Líbano que têm pelo menos 2.500 anos de idade. Esses cedros partilham com as famosas sequoias das Califórnia a fama de serem os seres vivos mais velhos da Terra.

Os cedros, como outras árvores do Líbano, foram usados em grande quantidade na construção do palácio de Davi, templo de Salomão e palácios (1Rs 5.10-18; 7.2). Madeira de cedro foi obtida para a construção do segundo templo, ou templo de Zorobabel (Ed 3.7).

As florestas do Líbano têm sido vítimas da cobiça e da irresponsabilidade humanas. Foram exploradas pelo Egito e pela Mesopotâmia muito antes dos tempos bíblicos, e continuaram como fonte de suprimento de madeira preciosa até o período romano. No tempo do Império

Otomano (1516 d.C.) a floresta desapareceu quase inteiramente. Hoje não há muitas florestas de cedro; quase tudo desapareceu. A oliveira também desempenhou papel importante nos tempos bíblicos, e ainda é cultivada.

Tiro, tema de Ez 27–28, era uma das cidades mais famosas do mundo antigo. Junto com o antigo porto de Sidom, era um dos centros da antiga civilização fenícia. V. *Fenícia*.

Muitos poderes estrangeiros controlaram as cidades-Estado fenícias. Dentre esses se incluem, em ordem de domínio, egípcios, hititas, assírios, babilônios e persas. Em 332 a.C. Alexandre o grande conquistou o Líbano. A região passou para o controle romano no ano 64 a.C. — *Philip Lee*

LIBERALIDADE Palavra usada na *ARA* para significar generosidade, ato de liberalidade (Rm 12.8; 2Co 8.2). Na *NVI* lê-se "generosamente [=com generosidade] em Rm 12.8 e em 2Co 8.2. O significado preciso do termo grego está em discussão. V. *mordomia*.

LIBERDADE DIVINA Um dos atributos singulares de Deus é a liberdade. A Bíblia declara: "O nosso Deus está nos céus, e pode fazer tudo o que lhe agrada" (Sl 115.3), e ainda: "O Senhor faz tudo o que lhe agrada, nos céus e na terra, nos mares e em todas as suas profundezas" (Sl 135.6). Deus é de tal natureza que ele é autodeterminado. Ele age de acordo com sua natureza e escolha em todos os momentos. Os atos de Deus são sempre voluntários. Deus não pode ser obrigado a agir por qualquer outra pessoa ou força exterior. Somente sua natureza e vontade lhe determinam as ações (Is 42.21; Ef 1.11). Como ele é absolutamente verdadeiro e fiel, suas ações são sempre coerentes com sua natureza, seus propósitos e suas promessas.

A grandeza de Deus garante que assim ele realize toda a sua vontade. Nenhuma tarefa está além do poder de Deus ou é difícil demais para ele (Jr 32.17). Não obstante, algumas ações são contrárias ao seu caráter. A bondade de Deus o torna incapaz de realizar algumas ações. Ele não pode mentir (Hb 6.18). Tampouco pode ser tentado ao mal ou tentar qualquer pessoa ao mal (Tg 1.13). Tais restrições não devem ser entendidas como limitações da sua liberdade porque elas são autocausadas, derivam da sua natureza livre, e porque tais ações não são propriamente objetos de poder. O poder de mentir ou de ser a causa do mal não contribui para a grandeza. Aliás, é exatamente o contrário; tais habilidades diminuem a grandeza. Como Deus não mente, seus propósitos supremos são eternos e imutáveis (Nm 23.19).

A liberdade divina é tal que ele está livre das limitações seja sobre sua bondade, seja sobre sua grandeza. Além disso, Deus está livre de limitações espaciais ou temporais. Como tal, ele está acima do tempo e do espaço (eterno e onipresente). A grandeza de Deus garante que suas decisões sejam perfeitamente sábias e coerentes. Ele é, portanto, um Deus que nunca age de forma ilógica ou absurda, nem se frustra a si mesmo. Deus tampouco age de forma arbitrária ou caprichosa. Assim, apesar do fato de que ele é totalmente livre, sua liberdade é *liberdade perfeita*. Ele sempre age para o bem, não para o mal (Tg 1.17), e de maneiras que revelam sua glória e grandeza. — *Robert B. Stewart*

LIBERDADE, LIBERTAÇÃO 1. Tema bíblico fundamental que encontra expressão nas ramificações espirituais e sociais da salvação em Cristo. As Escrituras retratam a liberdade de maneira complexa e multifacetada. Trata de questões relacionadas a liberdade política, liberdade da instituição da escravidão, liberdade de juramentos e obrigações, liberdade da culpa e do castigo e liberdade de hábitos pecaminosos e destrutivos. Naturalmente, essas categorias não são herméticas; há considerável sobreposição, mas elas constituem as categorias básicas para a compreensão do conceito bíblico da liberdade.

Liberdade política O acontecimento redentor central do AT, o êxodo, resultou na libertação de Israel do domínio egípcio. Embora seja verdade que o êxodo envolveu a libertação da escravidão, o resultado mais significativo foi o cumprimento da promessa divina que garantiu a formação dos descendentes de Abraão em uma entidade política independente com terra própria (Gn 12.1-3; 15.18). A liberdade política de Israel, no entanto, não assumiu a forma de uma democracia; Deus fez uma aliança com Israel na qual ele governava sobre o povo como rei, e o povo o adorava e servia como súditos devotos — forma de governo denominada "teocracia" (Êx 19.5,6). A liberdade de Israel consistia na independência de outros reinos humanos, não na independência do Rei divino.

Libertação da escravidão Em muitos contextos bíblicos, a liberdade é uma categoria social em contraste com a categoria social da escravidão. Embora a instituição da escravidão existisse na estrutura social do antigo Israel, era regulamentada por leis estritas que garantiam o tratamento humano dos escravos. A *Torá* proibia, p. ex., que qualquer hebreu possuísse um escravo hebreu por mais de seis anos, a não ser que o escravo concordasse em permanecer voluntariamente a serviço do seu senhor (Êx 21.2-5; Dt 15.12-18). Aliás, a Lei ordenava que qualquer hebreu empobrecido a ponto de se vender como escravo não fosse tratado como escravo, mas como trabalhador contratado. Além disso, ele devia ser liberto no ano do Jubileu (Lv 25.-39-43). Qualquer escravo que sofresse danos físicos nas mãos do seu senhor devia ser liberto (Êx 21.26). Assim, era intenção divina que o povo escolhido desfrutasse de liberdade social na antiga economia israelita. Eles não deviam viver na terra prometida como tinham vivido no Egito antes da redenção.

No NT, Paulo orientou os escravos a obter a liberdade se possível; senão, deveriam servir a Cristo fielmente como escravos. Sua posição social era irrelevante à posição no Reino de Cristo e ao chamado no ministério (1Co 7.21,22). Embora o cristão possa ser escravo na sociedade, ele é livre em Cristo e assim pode viver em liberdade espiritual mesmo sofrendo servidão social. A carta a Fm parece estar ocupada singularmente com a libertação de Onésimo, escravo fugitivo pertencente a Filemom. Em termos sociais, portanto, a Bíblia reconhece que a liberdade é preferível à escravidão, mas não essencial para desfrutar da liberdade espiritual oferecida pelo evangelho.

Liberdade da obrigação e da culpa As Escrituras também associam o conceito de liberdade aos conceitos de obrigação, juramento e culpa. No AT, é comum as pessoas estarem vinculadas a juramentos e serem desobrigadas deles (p. ex., Gn 24.8,41). As duas tribos e meia que viviam a leste do Jordão eram obrigadas a ajudar o restante dos israelitas a conquistar a terra de Canaã. Deus disse que, quando a terra estivesse subjugada, eles estariam livres dessa obrigação (Nm 32.22). De forma semelhante, Paulo diz estar livre da obrigação do casamento a pessoa cujo cônjuge morre ou a pessoa cujo cônjuge incrédulo abre mão do casamento (1Co 7.15,39).

Esse conceito é então ampliado para incluir a liberdade do castigo trazido pela culpa. A mulher suspeita de infidelidade marital, p. ex., estava sujeita ao ritual da água amarga para determinar culpa ou inocência. Antes de realizar o teste, o sacerdote dizia: "Se você não foi infiel nem se tornou impura enquanto casada, que esta água amarga que traz maldição não lhe faça mal" (Nm 5.19-22). Paulo usa o termo liberdade — nesse caso como verbo — de maneira semelhante em Rm 8.1,2 quando diz: "Portanto, agora já não há condenação para os que estão em Cristo Jesus, porque por meio de Cristo Jesus a lei do Espírito de vida me libertou da lei do pecado e da morte".

Liberdade do confinamento e da aflição As Escrituras muitas vezes descrevem Deus como o libertador de prisioneiros (Sl 102.20; 146.7; Is 45.13; 58.6; 61.1; Lc 4.18). Nesses contextos, Deus liberta as pessoas do confinamento literal ou metafórico. O conceito é ampliado para incluir a aflição ou circunstâncias terríveis (Sl 118.5; Zc 9.11; 1Co 7.32).

Libertação do pecado A obra de Cristo trouxe novo significado e profundidade ao conceito bíblico de liberdade. Paulo em particular anuncia a nova liberdade disponível em Cristo, trazida pela libertação do pecado. Além da libertação da pena do pecado, Paulo também fala da liberdade do poder do pecado, a habilidade capacitada pelo Espírito de resistir à desobediência habitual (Rm 6.7-22; Gl 4.1-7). Proximamente associada a isso está a declaração de Paulo da libertação da Lei, não a liberdade do padrão divino de justiça, mas a libertação da frustração da nossa incapacidade natural decaída de obedecer à lei de Deus (Rm 7.7-20). Cristo não somente cumpriu as exigências da Lei na própria vida e morte sacrificial, mas ele continua, por meio do Espírito Santo, a cumpri-la na vida dos cristãos transformados.

Assim, ao contrário da opinião popular, liberdade não é a capacidade de fazer qualquer coisa que se queira. Isso conduz inevitavelmente à escravidão e sujeição às próprias paixões. Antes, a Bíblia define a liberdade como a capacidade de negar a si mesmo e negar os próprios desejos com o objetivo de agradar e glorificar a Deus. V. *eleição; servidão, servo, serva.* — *Kevin J. Youngblood*

2. Liberdade de opressão psicológica, política e espiritual. Através da Bíblia, um dos propósitos principais de Deus para seu povo é libertá-lo da opressão física e da escravidão espiritual. Um dos temas dominantes do AT diz respeito a Javé, o Deus libertador dos israelitas, da escravidão no Egito. No NT, Deus é o libertador do povo da escravidão do pecado por intermédio de Jesus Cristo. Jesus mostrou em Lc 4.18,19 que esses propósitos são estendidos a todos os oprimidos, não apenas a quem clama por seu nome. Essa libertação sempre vem de Deus, mas ele deseja usar seu povo para realizar tais propósitos. Se eles se recusarem, ele usará outros meios. — *Steve Arnold*

LIBERDADES CIVIS A liberdade civil está fundamentada no ensino bíblico segundo o qual todas as pessoas têm integridade e valor diante de Deus (Gn 1.26-28; Sl 8.5-8; Rm 5.6-8) e os governos são estabelecidos para manter a ordem na sociedade (Rm 13.4). O mesmo Espírito de Deus que provê a liberdade do pecado e da escravidão à Lei de Moisés (2Co 3.17; Gl 5.1) também provê o poder e a sabedoria pelos quais os cristãos conseguem viver debaixo da autoridade civil (Rm 13.1-5; 1Tm 2.2,1; 1Pe 2.13-17).

Os cristãos são orientados a viver de forma tranquila (1Ts 4.11; 2Ts 3.12; 1Tm 2.2) e ser bons cidadãos (Rm 13.6,7; 1Pe 2.17). Jesus e Paulo incentivaram a sujeição voluntária da liberdade pessoal por amor aos outros (Lc 22.26; 1Co 8.9-13; 9.12,15; Ef 5.21; Fp 2.4). Ao fazê-lo, os cristãos podem viver de maneira livre, porém responsável, em uma sociedade pluralista (Gl 5.13-15; 1Pe 2.16).

LIBERTO Transliteração do grego para "homens livres" na NVI e ARA (At 6.9). V. *Libertos, sinagoga dos.*

LIBERTOS, SINAGOGA DOS Sinagoga de fala grega em Jerusalém envolvida na instigação da disputa com Estêvão (At 6.9; "sinagoga dos libertinos", *ARC*; "sinagoga dos Homens Livres", *NTLH*). A sintaxe grega sugere dois grupos de disputantes. O primeiro consistia na sinagoga dos libertos, composta de cirênios e alexandrinos (*NASB, TEV*). É possível que esse primeiro grupo tenha tido três partidos, os livres (escravos libertos), os cirênios e os alexandrinos. Algumas versões antigas trazem "líbios" em lugar de "libertinos", dando três grupos de judeus norte-africanos. O segundo partido envolvido na disputa era composto de judeus de fala grega da Ásia e Cilícia. Esses também podem ter pertencido à sinagoga dos libertos (*REB*). Alguns têm identificado os libertos como descendentes dos prisioneiros de guerra de Pompeu (63 d.C.).

LÍBIA Grande território entre o Egito e a Tunísia. A fronteira norte da Líbia é o mar Mediterrâneo. O povo que habitava a Líbia era conhecido por diferentes nomes nos tempos bíblicos, como Cube (Ez 30.5, cf. nota explicativa na *NVI*; *BJ*, "Cub"); Pute (1Cr 1.8; Na 3.9), Fute (Gn 10.6; Ez 27.10) e líbios (Ez 30.5; 38.5; At 2.10). Grande parte do nosso conhecimento da Líbia vem de registros egípcios que mencionam invasões e guerras de fronteira. Acredita-se que o faraó Sisaque I (por volta de 950 a.C.) era líbio. Ele iniciou uma dinastia no Egito que reinou por cerca de 200 anos. Deu apoio a Jeroboão I no estabelecimento do reino de Israel em 922 a.C. (1Rs 11.40; 14.25-28; 2Cr 12.1-12). — *Mike Mitchell*

LÍBIO Pessoa proveniente da Líbia. V. *Líbia.*

LIBNA Nome de lugar que significa "branco" ou "árvore de estoraque". **1.** Lugar em que os israelitas fizeram uma parada no deserto, a leste do Jordão (Nm 33.20). Sua localização não é conhecida; sugere-se Umm Leben, a cerca de 100 quilômetros ao sul de Haradá. **2.** Cidade na Sefelá de Judá, derrotada por Josué (Js 10.29,30). Josué a designou à tribo de Judá (Js 15.42) e a separou como cidade dos levitas (Js 21.13). Ela serviu de exemplo sobre a rebelião da fronteira oeste contra o rei Jorão de Judá (853-841 a.C.), do mesmo modo que Edom representou a rebelião no leste (2Rs 8.22). Localizava-se na rota da invasão de Jerusalém, seguida por Senaqueribe por volta do ano 701 a.C. (2Rs 19.8). A mãe dos reis Jeoacás (609 a.C.) e Zedequias (597-586 a.C.) veio de Libna (2Rs 23.31; 24.18). Há um debate quanto à localização de Libna: Tell es-Safi, na cabeceira do vale de Elá parece estar muito ao norte. Tell Bornat a oeste de Láquis; Tell el-Judeideh, de modo geral identificada como Moresete-Gate. Tell Bornat é a candidata mais popular, mas não há certeza.

LIBNI Nome pessoal que significa "branco". **1.** Ancestral do clã dos levitas (Êx 6.17; Nm 3.21; 26.58). V. *Ladã*. **2.** Levita do clã de Merari (1Cr 6.29).

LIBNITA Membro do clã de Libni. V. *Libni*.

LIBRA V. *moedas; pesos e medidas*.

LICAÔNIA Província romana no interior da Ásia Menor, incluindo as cidades de Listra, Icônio e Derbe (At 14.1,23).

LICAÔNIO Cidadão ou língua da Licaônia. V. *Licaônia*.

LÍCIA Nome de lugar que indica a projeção na costa sul da Ásia Menor entre Cária e Panfília (At 27.5).

LIDA Nome de lugar de significado incerto. A Lode de 1Cr 8.12 era uma cidade benjamita próxima da planície de Sarom. Estava localizada na interseção das rotas de caravanas que iam do Egito à Babilônia e na estrada que ia de Jope a Jerusalém. Conforme Ed 2.33, foi colonizada novamente após o exílio (Ne 7.37; 11.35). Mais tarde, tornou-se a capital do distrito da Samaria. A igreja rapidamente chegou a Lida (At 9.32) como resultado do ministério de Pedro. No séc. II o cristianismo tornou-se uma forte influência em Lida.

LÍDER V. *Príncipe da vida*.

LÍDER DA SINAGOGA V. *sinagoga*.

LÍDIA Nome pessoal e de lugar, de significado incerto. **1.** País na Ásia Menor cuja capital era Sardes. A área é habitada desde a pré-história. Os hititas deixaram sua marca na terra por meio de monumentos. O rei mais famoso da Lídia foi Creso (560-546 a.C.), nome que se tornou sinônimo de riqueza. Seu reino foi conquistado por Ciro, que sete anos mais tarde conquistou a Babilônia e libertou os exilados (de Judá). Ezequiel chamou os lídios de "homens de guerra" ou mercenários que lutaram para defender Tiro (27.10, "soldados") e que fizeram uma aliança com o Egito (30.5). **2.** Lídia foi a primeira europeia convertida a Cristo por meio da pregação de Paulo em Filipos (At 16.14). Seu nome originariamente pode ter sido a designação de seu lar, "uma mulher da Lídia", pois Tiatira estava na província da Lídia. Sendo adoradora de Deus, Lídia pode ter sido convertida ao judaísmo, ainda que isso não possa ser afirmado com certeza. Ela sabia o bastante sobre o judaísmo para falar com Paulo a respeito da religião. Lídia hospedou Paulo e seu grupo em Filipos depois de sua conversão. Sua profissão de "vendedora de púrpura" significava que provavelmente ela era bastante próspera (At 16.12-15,40). — *Mike Mitchell*

LÍDIO Pessoa da Lídia. V. *Lídia*.

LÍDIOS Forma utilizada pela *NVI* para Ludim. V. *Lude*.

LIGAR E DESLIGAR Simão Pedro fez a grande confissão de que Jesus era o Cristo, o Filho de Deus, em Mt 16.16. Jesus respondeu imediatamente dizendo a Simão que seu nome seria Pedro e que Cristo edificaria sua Igreja sobre essa grandiosa confissão. Ele continuou: "Eu lhe darei as chaves do Reino dos céus; o que você ligar na terra terá sido ligado nos céus, e o que você desligar na terra terá sido desligado nos céus" (16.19). Jesus fez uma declaração semelhante em Mt 18.18, dessa vez a todos os discípulos.

Alguns interpretam essa afirmação como se significasse que a igreja institucional ou o chefe eclesiástico detém o poder de fazer declarações oficiais e imbuídas de autoridade que podem suplantar as Escrituras, e que o céu é obrigado a se curvar. Outros a explicam como se quisesse dizer que os cristãos têm a autoridade de "ligar"/ "amarrar" e "desligar"/ "liberar" poderes espirituais usando a palavra falada com fé. Nenhuma dessas formas de ver a questão é uma interpretação satisfatória.

A correta compreensão desses dois textos está ligada à gramática das expressões "terá sido ligado nos céus" e "terá sido desligado nos céus". A construção gramatical em ambas as expressões e em ambos os versículos são passivos perfeitos futuros perifrásticos. Uma tradução mais precisa de Mt 16.19 poderia ser "e o que você ligar na terra deverá ter sido ligado nos céus; e o que você desligar na terra deverá ter sido desligado nos céus". Da mesma maneira, Mt 18.18 pode ser formulado assim: "Tudo o que vocês ligarem na terra terá sido ligado no céu, e tudo o que vocês desligarem na terra terá sido desligado no céu" (como traz a *NVI*). Em outras palavras, Jesus deu a entender que o que fosse declarado e ligado na terra já teria sido declarado e ligado primeiramente nos céus; o que fosse declarado e desligado na terra já teria sido declarado e desligado primeiramente nos céus.

Em Mt 16.19 o contexto envolve as chaves do Reino dos céus. Essa é uma referência clara ao evangelho, sobre cujas verdades Jesus construiria sua Igreja. Simão e os outros apóstolos recebem a autoridade para oferecer o evangelho gratuitamente para libertar os que são escravos. Esse mesmo evangelho também indispõe alguns, de modo que encontramos Pedro fechando as portas do Reino também (At 4.11,12; 8.20-23). Os que são desligados pela Igreja já foram desligados pelo céu, e os que são ligados pelos limites estreitos do evangelho já foram ligados pelo céu, desde que a Igreja se atenha à proclamação simples e direta do evangelho. O céu e a terra se unem então quando os discípulos proclamam a mensagem da salvação, confirmando alguns no seu pecado, liberando outros para a liberdade do perdão.

O texto de Mt 18.18 trata de questões de disciplina de igreja. Aqui Jesus usa praticamente as mesmas palavras de 16.19 para falar da importância do confronto e restauração. O corpo reunido tem uma obrigação para com membros que se desviam ou pecam, sabendo que ao fazê-lo o céu já ratificou sua ação. Mais do que isso, quando as igrejas exercem disciplina divina e apropriada, que é uma marca vital da verdadeira igreja, elas podem ter certeza da presença do Senhor em seu meio nessa situação, "pois onde se reunirem dois ou três em meu nome, ali eu estou no meio deles" (18.20). Os "dois ou três" aqui são os mesmos dois ou três que determinaram a verdade da necessidade de correção em Mt 18.16. Esse texto não é, então, uma afirmação geral acerca da presença do Senhor entre seu povo, mas uma garantia de sua orientação providencial em questões de disciplina de igreja. O Senhor está presente mesmo com cristãos individuais, mas é muito encorajador saber que ele está no meio da igreja quando ela exerce a mais difícil de todas as suas funções — a disciplina. — *David G. Shackelford e Chad Brand*

LÍNGUA A língua (heb. *lashon*, gr. *glossa*) é o órgão da fala. Em ambos os Testamentos a palavra é usada também para se referir às línguas faladas (Is 28.11,12; At 2.4,11), bem como para se referir ao povo representado pelas línguas (Is 66.18; Ap 5.9). A palavra é também usada para se referir às línguas dos animais, em especial quando se diz algo a respeito dos humanos com qualidades semelhantes à dos animais que sejam relacionadas à língua, como ter a língua venenosa como a serpente (Jó 20.16).

Pelo fato de a língua constituir o órgão da fala, muitas passagens usam a palavra em sentido metafórico ou metonímico para elogiar ou criticar os tipos de discursos das pessoas. A palavra falada pode ser boa ou má (Sl 120.2; Pv 6.17; 10.20; Tg 3.7-12). O livro de Pv trata desses assuntos com uma linguagem muito pitoresca: "A língua dos justos é prata escolhida" (10.20); " [...] a língua dos sábios traz a cura. Os lábios [i.e., a língua] que dizem a verdade permanecem para sempre, mas a língua mentirosa dura apenas um instante" (12.18,19); "O falar amável é árvore de vida, mas o falar enganoso esmaga o espírito" (15.4); "Com muita paciência pode-se convencer a autoridade, e a língua branda quebra até ossos" (25.15). Finalmente, a respeito da "mulher exemplar" é dito que "fala com sabedoria e ensina com amor" (31.26).

A língua pode ser uma janela para o coração humano. Ela pronuncia os pensamentos e intenções do coração, sejam estes bons (Sl 34.30) ou maus (Sl 34.13; 52.2; 109.2; 120.2,3; Is 59.3). A língua é importante para demonstrar o verdadeiro relacionamento de uma pessoa com Deus. Para o não cristão a língua é um instrumento de engano, pois demonstra a verdadeira natureza humana (Rm 3.13). Jesus disse que é por meio das palavras que os homens são justificados ou condenados (Mt 12.37).

Controlar a língua é uma das chaves para ter a vida bem-sucedida (Pv 21.23; Tg 3.2; 1Pe 3.10). Ela é tão abrangente que a morte e a vida estão em seu poder (Pv 18.21). A língua é afiada, até mesmo mais que uma espada (Sl 64.3) ou uma flecha (Jr 9.3,8).

O texto de Gn 11 se refere à confusão de "línguas" resultante do juízo de Deus sobre o orgulho humano na construção de uma torre. Esse juízo produziu uma divisão na vida humana, exemplificada pela diversidade de línguas. Esta diversidade foi simbolicamente desfeita no Pentecoste (At 2.4-12), ainda que a diversidade de línguas não se concretize até o cumprimento das expectativas do Reino (Ap 5.9). Além disso, ainda que nem todas as pessoas venham a ser salvas, um dia toda língua confessará que Jesus Cristo é Senhor (Fp 2.11). — *Chad Brand*

LÍNGUAS DA BÍBLIA O AT foi escrito em hebraico, com exceção de boa parte de Ed 4—7 e Dn 2.4b—7.28, seções em aramaico. O NT foi escrito em grego, ainda que Jesus e os primeiros crentes possam ter falado aramaico.

Características do hebraico O hebraico é uma língua semítica relacionada com o fenício e com os dialetos da Canaã antiga. As línguas semíticas têm a capacidade de transmitir diversos significados com poucas palavras. O verbo é bastante importante e, de modo geral, vem em primeiro lugar na frase, pois a ação é o elemento mais significativo. De modo semelhante, os modificadores (como os adjetivos) seguem os substantivos, dando-lhes grande peso. A ordem típica de uma frase é: verbo — sujeito — sujeito modificadores — objeto — objeto modificadores. O desvio dessa ordem dá ênfase à palavra que vem em primeiro lugar.

Características do aramaico O aramaico é parecido com o hebraico, e grande parte do vocabulário é usado nas duas línguas. O aramaico era a língua da Síria, e foi gradualmente adotado como língua da comunicação internacional. Por volta do ano 600 a.C. o aramaico substituiu o hebraico como língua falada na Palestina. O hebraico permaneceu como língua religiosa dos judeus, e o alfabeto aramaico foi tomado emprestado para escrevê-lo.

Características do grego O grego pertence ao grupo indo-europeu. Espalhou-se por todo o mundo mediterrâneo por volta de 335 a.C., com as conquistas de Alexandre. O NT foi escrito em uma variação do grego conhecida por *koine* ("comum"), o dialeto falado pelo povo comum. O grego do NT é muito influenciado pelo sistema de pensamento semita, e muitas palavras aramaicas são encontradas transliteradas em grego (ex., *Talita cumi*, Mc 5.41; *efatá*, Mc 7.34; *maranata*, 1Co 16.22). Há também várias palavras latinas, como *centurion* (centurião) e *denarion* (denário). A facilidade de expressão do grego e sua ampla utilização tornaram-no a língua ideal para a comunicação do evangelho no início da história da Igreja. Paulo sem dúvida conhecia as três línguas bíblicas e também o latim. V. *aramaico*; *Daniel, livro de*; *Esdras, livro de*; *grega, língua*; *hebraica, língua*. — *Larry McKinney*

LÍNGUAS, CONFUSÃO DE V. *Babel*; *Pentecoste*.

LÍNGUA DOBRE Uma das qualificações que os diáconos devem ter é que não sejam de língua dobre, i.e., inconsistentes com sua palavra (1Tm 3.8, ARC; ARA, "de uma só palavra"; NVI e ARA, "homens de palavra"). O texto de Tg 3.9-10 adverte acerca da falta de coerência entre os que bendizem a Deus enquanto amaldiçoam aqueles que foram criados conforme a imagem de Deus. O texto de 1Jo 3.18 encoraja a coerência entre palavras de amor com atos de amor. A incoerência na fala pode ser entendida como pensar uma coisa e dizer outra ou como dizer uma coisa para uma pessoa e algo diferente para outra.

LÍNGUAS, DOM DE O NT trata da questão do falar em línguas tanto, p. ex., por instrução, em At e 1Co. Há também uma breve referência no final ampliado do evangelho de Mc. Não há nenhuma apresentação específica dessa prática no AT, ainda que alguns intérpretes vejam as atividades proféticas de Saul e dos anciãos de Israel como precursoras (1Sm 10.9-13; 19.18-24) do falar em "línguas". Não há evidência no texto, ainda que o tipo do ato de profetizar envolvesse falar em línguas.

Três passagens em At tratam do fenômeno. Em At 2 os discípulos são batizados no Espírito no dia de Pentecoste, e, como testemunho desse acontecimento, eles falam em outras línguas (*heterais glossais* — At 2.4). Está claro no texto que essas são línguas conhecidas, como é atestado pelos versículos seguintes, que versam sobre os peregrinos procedentes da Capadócia,

LÍNGUAS, DOM DE

Frígia, Egito etc., que ouviram falar das maravilhas de Deus em suas próprias línguas (*dialektoi* — At 2.8 e *glossais* — At 2.11). Nesse texto Lucas usa de forma intercambiável as palavras gregas *dialektos* (linguagem) e *glossa* (língua, tanto o órgão do corpo humano quanto a língua falada). Em outros textos neotestamentários estas palavras são usadas de igual maneira com o sentido de "língua conhecida" (cp. At 1.19; 22.2; 26.14 para exemplos do uso da palavra *dialektos* e Ap 7.9; 10.11; 11.9; 13.7; 14.6; 17.15 para usos da palavra *glossa*) — ainda que *glossa*, como acima afirmado, também se refira ao órgão do corpo (At 2.26; Tg 3.5; Ap 16.10). *Glossa* também é usada de modo metonímico para identificar a língua de uma pessoa no ato de falar: "e toda língua confesse" (Fp 2.11); "e toda língua confessará" (Rm 14.11). O uso feito pelo NT da palavra *glossa* é semelhante ao da literatura grega em geral.

O falar em línguas em At 2 é comprobatório. A língua única é a prova que demonstra que algo sobrenatural aconteceu aos 120 discípulos de Jesus. As línguas eram o sinal que aquelas pessoas receberam a promessa dada por Jesus em At 1.5: "[...] mas dentro de poucos dias vocês serão batizados com o Espírito Santo". Esse sinal foi claro o bastante, de modo que todas as pessoas presentes para a festa das semanas foram capazes de ver que um acontecimento impossível estava de fato acontecendo. A língua falada nesse capítulo tem um segundo propósito, ainda que subordinado: a comunicação do evangelho a pessoas que falavam línguas estrangeiras. É provável que aqueles peregrinos pudessem falar grego, mas o texto indica que a comunicação do evangelho em suas próprias línguas é ainda importante.

Em At 10 Pedro foi enviado por Deus para pregar a Cornélio, um centurião da guarda romana, bem como a seus parentes e todas as outras pessoas que com ele estavam. Enquanto Simão pregava, subitamente o Espírito veio sobre a assembleia (v. 44), e os gentios falaram em línguas, demonstrando aos judeus que aquelas pessoas "receberam o Espírito Santo como nós" (i.e., os judeus). Pedro voltou a Jerusalém de imediato para reportar aos cristãos da cidade sobre o derramamento da salvação aos gentios. Quando os cristãos de Jerusalém souberam a respeito do dom do Espírito, evidenciado pelo falar em línguas, eles responderam: "Então Deus concedeu arrependimento para a vida até mesmo aos gentios!" (11.18). No cap. 19, Paulo se encontrou com um grupo de 12 discípulos de João Batista. Ele lhes mostrou que João ensinara que eles deveriam crer "naquele que viria depois dele, i.e., em Jesus" (19.4). Quando eles creram em Cristo, o Espírito veio sobre eles e "começaram a falar em (outras) línguas e a profetizar" (v. 6). Isso foi importante, pois até aquele momento João ainda tinha muitos discípulos, e ele mesmo predissera a respeito do vindouro batismo no Espírito que seria dado por Jesus (Mt 3.11).

O livro de At apresenta esses três textos como ocorrências do que os estudiosos chamam "glossolalia". É possível que a evangelização dos samaritanos em At 8 também apresentasse o falar em "línguas", pois Simão, o Mago, testemunhou um fenômeno incomum quando o Espírito foi dado (8.17,18), ainda que o texto não faça referência específica às línguas. Em todos os casos a experiência está ligada à recepção do Espírito. Entretanto, é importante notar que cada caso representa o movimento do evangelho para incluir um novo grupo: judeus, samaritanos (possivelmente), gentios discípulos de João. Não há outros exemplos de glossolalia em At.

O outro tratamento extensivo dado a esse dom é encontrado em 1Co. Paulo apresenta o falar em línguas como dom espiritual (1Co 12.7-10) e dá instruções a respeito de sua natureza, sugere qualificações para seu uso e o contrasta com a profecia (14.1-40). Quem fala em línguas fala em mistérios (*mysteria* — 14.2). Essa palavra é usada por Paulo, João e Jesus para se referir à outorga de novas revelações à comunidade da nova aliança (Mt 13.11; 16.25; 1Co 2.1,7; 4.1; 15.51; Ef 1.9; 3.3,4,9; 6.19,20; Cl 1.25-27; 2.2; 4.3; 1Tm 3.9, 16; Ap 10.7; 17.5-7). Entre outros aspectos, as línguas constituem um dos meios pelos quais Deus revelou o conteúdo da revelação do NT à igreja primitiva. O apóstolo observou também que, a não ser que a fala em línguas seja interpretada, ela não deve ser usada no culto público, pois o propósito dos dons espirituais é a edificação do corpo (1Co 14.3-6). Além disso, a interpretação do falar em línguas deve ter a mesma função que a profecia. O falar em línguas, como todas as expressões públicas no culto, deve acontecer de maneira ordeira (14.26-33).

Alguns intérpretes têm postulado que o falar em línguas em Corinto era diferente do de At, pois o que havia em Corinto não era um falar em línguas estrangeiras, mas um "discurso extático". Não se pode provar essa interpretação com base na evidência linguística, pois tanto Lucas quanto Paulo usam na maior parte das vezes a palavra *glossa*. Também não se pode provar contextualmente, pois não há evidência no texto que em Corinto acontecia um tipo de discurso diferente do encontrado em At. O leitor da Bíblia provavelmente não chegará a essa conclusão pela simples leitura do texto de Co. É provável que essa linha interpretativa tenha surgido nas comunidades que praticam a glossolalia, nas quais raramente há evidência do falar em línguas conhecidas.

Várias questões importantes têm sido levantadas com respeito a essa prática. Uma delas é a seguinte: esse dom foi apenas para o período do NT ou é também para a Igreja em toda a História? Como já se observou, as línguas no NT têm três funções: mostrar o progresso do dom do Espírito aos vários grupos de povos no livro de At no contexto da história da salvação; uma maneira de revelar o conteúdo da revelação do NT; uma maneira de comunicação entre pessoas falantes de línguas diferentes. Os primeiros dois propósitos não seriam mais aplicáveis, pois o evangelho já alcançou o mundo inteiro, e a revelação do NT já foi dada. A terceira possibilidade será apresentada em resumo. A questão que agora surge é: o falar em línguas é o sinal do batismo no Espírito? Assim foi em At, mas apenas entre os grupos de povos que constituíam o processo da história da salvação: judeus, samaritanos, gentios e, por fim, os discípulos de João, quem primeiro predisse o dom do Espírito. O batismo no Espírito de fato ocorre no momento da conversão, e sua evidência é o fruto do Espírito (Gl 5.22,23), não as línguas. A terceira questão é: todas as pessoas devem falar em línguas? Paulo responde a essa pergunta claramente de modo negativo (1Co 12.30). A quarta pergunta é: o atual falar em línguas é uma manifestação de línguas estrangeiras ou é um discurso extático? Este verbete tem argumentado que não há nenhuma razão que leve a crer que o "discurso extático" seja o mesmo que o dom bíblico de línguas. A quinta pergunta é: há uma oração em línguas em particular? Muitas pessoas certamente oram em línguas, mas não há nada no texto que autorize uma oração em línguas em particular. Ainda que Paulo mencione a oração com referência a línguas em 1Co 14.2,14,15, o contexto inteiro é de culto público, não de oração particular. Esse falar em línguas aparece sob a orientação de todo o capítulo na administração das línguas faladas em público. A sexta questão é: o falar em línguas pode ser algo demoníaco? Pode ser. O inimigo pode falsificar os bons dons de Deus. No entanto, mesmo que as "línguas" faladas por alguém não estejam de acordo com os critérios bíblicos, a experiência pode não ser demoníaca; algumas pessoas podem ter a capacidade para falar de modo distinto das regras da linguística. Nesses casos, não seria o mesmo que o dom bíblico de línguas e não seria miraculoso, mas mesmo assim pode ser praticado de maneira reverente. A sétima pergunta é: pode alguém receber o dom de línguas para o propósito de evangelização? Ninguém pode pensar em limitar a capacidade de Deus em conceder esse dom. Há relatos de acontecimentos dessa natureza ocorridos em campos missionários, ainda que certamente alguns desses relatos tenham sido exagerados. Todos os grupos pentecostais que enviam missionários, em primeiro lugar os enviam para treinamento linguístico. V. *batismo com o/no Espírito Santo*; *Espírito Santo*; *Pentecoste*; *espirituais, dons*. — Chad Brand

LINHA Ferramenta utilizada para calcular distância ou comprimento; linha de prumo; corda; linha. Algumas vezes a distância a ser medida era relativamente curta (1Rs 7.23). Em outros textos a linha serve de ferramenta para medir uma distância maior (Sl 16.6; Is 34.17; Jr 31.19; Zc 1.16; 2.1,2). A imagem do cálculo é aplicada a contextos que falam de juízo (Am 3.17) e de restauração (Jr 31.39; Zc 1.16; 2.1). Em contraste, referências ao fio de prumo se referem a juízo (2Rs 21.13; Is 34.11; Lm 2.8) sobre quem falha em atingir os altos padrões de Deus (Is 28.17). A linha é usada no sentido de corda na história de Raabe e os espiões (Js 2.18,21). A linha também pode se referir a uma fila (de homens, 2Sm 8.2; de textos, Is 28.10,13).

LINHA DE MEDIR 1. Corda usada para medir distâncias (cf. 1Rs 7.15,23; 2Cr 4.3).

LINHAGEM

Referências à linha de medir apontam para a restauração de Jerusalém (Jr 31.39; Zc 2.1; cp. Ez 47.3). **2.** Fio com um peso (geralmente um pedaço de metal ou uma pedra) amarrado em sua ponta. A linha de medir era colocada junto a uma parede durante a construção para garantir a verticalidade acurada. Os profetas falavam da medida que Deus usaria na nação (Is 28.17; Am 7.7,8). Israel fora construído reto, mas, por estar fora do prumo, seria destruído.

LINHAGEM Termo usado pela *NVI* em Lc 2.4 para significar ascendência (*ARA* e *ARC*, "família"; *NTLH*, "descendente"). V. *genealogias*.

LINHO 1. Planta (*Linum usitatissimumro*) usada para fazer fibra de linho. As fibras do talo constituem as fibras têxteis mais antigas. O linho era cultivado pelos egípcios já antes do êxodo (Êx 9.31) e pelos cananeus antes da conquista (Js 2.6). A produção de fibras de linho era uma tarefa caseira comum nos tempos bíblicos. O texto de Pv 31.13 descreve a mulher virtuosa como quem buscou a lã e o linho. O processo de produção de linho envolvia arrancar e secar talos de linho (muitas vezes nos telhados, Js 2.6). As sementes eram tiradas dos talos, estes eram encharcados até que as fibras se soltassem (fossem maceradas) e eram secadas novamente. Uma gramadeira, um pente ou tábua com dentes longos, era usada para separar as fibras externas do cerne interno. O processo de cardar limpava e ordenava as fibras para que pudessem ser fiadas em fios para tecelagem (Is 19.9). As fibras curtas e desordenadas que sobravam (a fibra bruta) eram usadas para se tecer um tecido áspero ou fazer barbantes ou cordas (Jz 16.9; Is 1.31).

Fibras de linho também eram usadas no fabrico de tochas e pavios de lamparinas. O texto de Is 43.17 retrata exércitos como um pavio que o Senhor extinguiria. Em Is 42.3 o Servo do Senhor é alguém que não apagará um pavio fumegante. O retrato sugere alguém que vai ajudar e confortar os impotentes e não fazer cair um juízo severo sobre eles. Mateus entendeu o ministério de Jesus como o cumprimento desse texto (Mt 12.20). V. *roupas de linho*.

2. Tecido muito comum, utilizado no antigo Oriente Médio. Era tecido da planta de linho e branqueado antes de ser transformado em roupas, lençóis, cortinas ou mortalhas. As cortinas do tabernáculo (Êx 26.1) eram de "linho fino", tecido de modo tão fino que não poderia ser distinguido da seda sem uma lente de aumento.

LINO Nome pessoal que significa provavelmente "linho". Companheiro de Paulo que enviou saudações a Timóteo (2Tm 4.21). A tradição da igreja primitiva o identificou como o primeiro bispo da igreja de Roma, mas é duvidoso que Roma já tivesse um bispo ou pastor tão cedo em sua história.

LIQUI Nome pessoal que significa "tomado". Membro da tribo de Manassés (1Cr 7.19).

LIRA Instrumento musical de cordas com um corpo grande, em forma de pera, e um braço. A *NVI* emprega "lira" para traduzir duas palavras hebraicas (Sl 92.3, "lira de dez cordas"; 150.3). A *BJ* traduz no primeiro caso como "lira de dez cordas" e no segundo como "harpa". A *ARA* e a *ARC* traduzem como "saltério". V. *música, instrumentos, dança*.

LÍRIO No uso bíblico, qualquer exemplar de uma variedade de flores distintas, variando do lótus do Nilo (1Rs 7.19) à flor selvagem do campo na Palestina (Mt 6.28). O lírio era a inspiração para a borda do mar de metal derretido no templo em Jerusalém (1Rs 7.26; cp. 1Rs 7.19,22). O autor de Ct utiliza a imagem da beleza do lírio para descrever o amor (2.1; 4.5). V. *flores*.

LÍRIO DA ALIANÇA, LÍRIO DO TESTEMUNHO Tradução da expressão hebraica *shushan edut* no título do salmo 60, entendido como referência ao tom do hino.

LISÂNIAS Nome pessoal de significado desconhecido. Tetrarca romano de Abilene, por volta dos anos 25-30 d.C. e, portanto, no início do ministério de João Batista (Lc 3.1). V. *Abilene*.

LÍSIAS Segundo nome ou nome de nascimento do tribuno romano ou capitão de exército que ajudou Paulo a escapar dos judeus e se pronunciar perante Félix, o governador (At 23.26). Seu nome também aparece em alguns manuscritos gregos de At 24.7, mas não nos manuscritos seguidos por muitas traduções modernas (cf. 24.22). V. *Cláudio*.

LISTRA Cidade no sul central da Ásia Menor e um importante centro licaônico. Conforme At 16.1, Listra provavelmente era o lar do jovem Timóteo, um dos companheiros de ministério de Paulo. A cura de um aleijado em Listra por Paulo (At 14.8-10) levou os habitantes da cidade a reverenciá-lo como se fosse um deus. Muitos creram em sua pregação, mas se voltaram contra os missionários por influência dos judaizantes de Antioquia e Icônio. Paulo foi arrastado para fora de Listra, apedrejado e deixado como morto. Ele sobreviveu e mais tarde voltou à cidade para fortalecer os novos cristãos.

LITEIRA Coche coberto e acortinado com hastes para ser carregado (Ct 3.7; Is 66.20; *ARA* e *ARC*; *NTLH* e *NVI*, "carroça").

LITERATURA SAPIENCIAL Um gênero literário que foca afirmações sábias e observações perspicazes. Esses escritos ensinam como viver de acordo com princípios como inteligência, compreensão, bom senso, governança e habilidades práticas. Com respeito à Bíblia, o termo se refere aos livros de Jó, Pv e Ec. Porções de outros livros — tais como Et, Sl, Ct e Dn — também podem ser classificadas como literatura sapiencial, da mesma forma que os livros deuterocanônicos Eclo e Sb. O Egito antigo e a Babilônia também produziram literatura sapiencial, mas a literatura sapiencial bíblica é ímpar, porque ensina que o temor do Senhor é o fundamento da verdadeira sabedoria (Pv 9.10) e do derradeiro sucesso (Sl 25.12,13; Ec 8.12,13). — *Davi K. Stabnow*

LITRO V. *pesos e medidas*.

LIVRAMENTO, LIBERTADOR Resgate de perigo. Nas Escrituras Deus opera livramento (Sl 18.50; 32.7; 44.4), com frequência por meio de um agente humano. No AT o livramento se refere mais à vitória na batalha (Jz 15.18; 2Rs 5.1; 13.17; 1Cr 11.14; 2Cr 12.7). José foi o agente de Deus para livrar seu povo da fome (Gn 45.7). O AT reforça com regularidade que é Deus o operador do livramento, não o agente humano. Assim, Mardoqueu advertiu Ester de que, se ela deixasse de cumprir seu papel de libertadora, Deus proveria outro caminho (Et 4.14). A *ARC* também usa "livramento" para descrever o remanescente que sobrevive à batalha ou ao exílio (Ed 9.13). Na *ARC* "livramento" é usado para se referir à libertação de um preso (Hb 11.35). Algumas versões usam "livramento" para se referir ao salvamento de perigos (Jl 2.32).

O libertador é alguém que salva do perigo. Dois dos juízes, Otoniel e Eúde (Jz 3.8,15), são chamados libertadores no sentido de heróis militares. Com mais frequência se fala de Deus como libertador do povo (2Sm 22.2; Sl 18.2; 40.17; 144.2). O retrato de Deus como libertador é paralelo às imagens de rocha, fortaleza, ajudador e torre forte. O texto de At 7.35 se refere a Moisés como um libertador. Já Rm 11.26,27 se refere ao Rei Messiânico como o Libertador que tirará os pecados de Israel.

O verbo "libertar/livrar" é usado em uma grande amplitude de contextos. De acordo com Jó 5.19-26, Deus liberta de sete maneiras: da fome, da guerra, do castigo da língua, de animais selvagens, para a segurança, com descendentes numerosos e vida longa. As Escrituras também falam da libertação do pecado (Sl 39.8; 79.9); do caminho do mal (Pv 2.12); do poder do mal (Mt 6.13; Gl 1.4; Cl 1.13); da Lei (Rm 7.6); do corpo da morte (Rm 7.24); da ira vindoura de Deus (1Ts 1.10). Deus é o agente da libertação em Cl 1.13 e Rm 7.24,25. Cristo é o agente em 1Ts 1.10 e Gl 1.4, em que ele traz livramento ao se entregar pelos pecados.

LIVRO DA VIDA Registro celestial (Lc 10.20; Hb 12.23) escrito por Deus antes da fundação do mundo (Ap 13.8; 17.8) contendo os nomes daqueles que estão destinados pela graça de Deus e a fidelidade deles à participação do Reino celestial de Deus. Aqueles cujos nomes estão no livro nasceram na família de Deus por meio de Jesus Cristo (Hb 12.23; Ap 13.8); permanecem fiéis na adoração a Deus (Ap 13.8; 17.8); continuam intocados pela prática da abominação e da falsidade (Ap 21.27); são fiéis em meio às tribulações (Ap 3.5); e são colaboradores na obra de Jesus Cristo (Fp 4.3). O livro da vida será usado junto com os livros do julgamento no juízo final

LIVRO(S)

para separar os justos e os ímpios para os respectivos destinos finais (Ap 20.12,15; 21.27).

O próprio Cristo determina se os nomes registrados no livro da vida continuam nesse registro e são confirmados pela sua confissão de que eles pertencem a ele no dia do juízo final ou são apagados (Ap 3.5).

O AT se refere a um registro mantido por Deus daqueles que são parte do seu povo (Êx 32.32; Is 4.3; Dn 12.1; Ml 3.16). Como em Ap, Deus pode apagar os nomes dos que estão no livro (Êx 32.32; Sl 69.28). No AT isso pode significar simplesmente que pessoas que não estão no livro morrem, deixando a lista dos vivos. Aqueles cujos nomes estão escritos no livro estão destinados para a vida na Jerusalém restaurada (Is 4.3) e livramento no juízo vindouro (Dn 12.1). V. *apocalíptico, apocalíptica; livro(s); escatologia*. — Jeff Cranford

LIVRO(S) Termo que com frequência se refere a um rolo. Documento escrito sobre pergaminho ou papiro e então enrolado. O "livro" pode ser uma carta (1Rs 21.8) ou um esforço literário mais extenso (Dn 9.2). V. *cartas, forma e função; biblioteca; escrita*.

Diversos livros são mencionados na Bíblia:

O Livro da Aliança Moisés leu desse livro durante o estabelecimento da aliança entre Deus e Israel no monte Sinai (Êx 24.7). *O Livro da Aliança* continha no mínimo o material agora encontrado em Êx 20.23—23.33. *O Livro da Aliança* é mencionado em uma época posterior (2Rs 23.2,21; 2Cr 34.30). Provavelmente continha o trecho mencionado de Êx acrescido de outro material.

O Livro da Lei Durante o reinado de Josias, o sumo sacerdote Hilquias encontrou um exemplar do *Livro da Lei* no templo (2Rs 22.8). Josias baseou suas reformas da religião de Israel nas leis desse livro (2Rs 23). O livro não foi explicitamente identificado em 2Rs, mas, quando se comparam as medidas tomadas por Josias às leis de Dt, conclui-se que provavelmente *O Livro da Lei* tenha sido uma cópia de Dt.

O Livro das Guerras do Senhor Esse livro é citado em Nm 21.14,15 (21.17,18 e 27-30 talvez representem também citações dele). A parte citada do livro descreve o território conquistado por Deus em favor dos israelitas. Esse livro provavelmente era uma coletânea de poemas que relatavam a conquista da terra no tempo de Moisés e Josué. Como sugere o título do livro, o Senhor (agindo como comandante-chefe) foi o responsável pelo êxito da conquista.

Os Livros de Josué Josué escreveu um livro detalhando a distribuição de Canaã entres as tribos de Israel (Js 18.9) e um livro semelhante ao *Livro da Aliança* mencionado anteriormente (Js 24.25,26).

O Livro de Jasar (ou dos Justos, ARA) Um livro citado duas vezes no AT: As palavras poéticas de Josué ao Sol e à Lua (Js 10.12,13) e o lamento por Saul e Jônatas (2Sm 1.17-21). Outros incluiriam as palavras de consagração do templo por Salomão (1Rs 8.12,13), que a tradução grega mais antiga atribui ao livro do cântico (heb., *shir*), uma transposição de letras do hebraico *jshr* ou *ishr* por Jasar. O cântico de Débora (Jz 5) ou o cântico de Miriã (Êx 15.20,21) às vezes são vistos como parte de Jasar. *O Livro de Jasar* provavelmente consistia em poemas sobre eventos importantes da história de Israel coligidos no tempo de Davi ou Salomão. *O Livro de Jasar* muitas vezes é comparado ao *Livro das Guerras do Senhor*, ou mesmo identificado com esse livro, tratado anteriormente.

O Livro dos Registros Históricos de Salomão (NVI; ARA traz: *Livro da História de Salomão*) Provavelmente um documento biográfico que incluía tais histórias como o julgamento emitido por Salomão no caso das duas prostitutas (1Rs 3.16-28), a estrutura administrativa de Salomão (1Rs 4.1-19) e a visita da rainha de Sabá (1Rs 10.1-13).

Os Registros Históricos dos Reis de Israel (NVI; ARA traz: *Livro da História dos Reis de Israel*) Talvez um diário contínuo compilado pelos escribas de diversas fontes, mas não deve ser confundido com 1 e 2Cr na Bíblia. O autor de 1 e 2RS menciona esse livro 18 vezes como contendo informações mais detalhadas acerca dos reinados dos reis de Israel (1Rs 14.19; 15.31; 16.5,14,20,27; 22.39; 2Rs 1.18; 10.34; 13.8,12; 14.15,28; 15.11,15,21,26,31).

Os Registros Históricos dos Reis de Judá (NVI; ARA traz: *Livro da História dos Reis de Judá*) Fonte semelhante aos *Registros Históricos dos Reis de Israel*, não deve ser confundido com 1 e 2Cr da Bíblia. O autor de 1 e 2Rs menciona esse livro 15 vezes como contendo informações mais detalhadas acerca dos reinados dos reis de Judá (1Rs 14.29; 15.7,23; 22.45; 2Rs 8.23; 12.19; 14.18; 15.6,36; 16.19; 20.20; 21.17,25; 23.28; 24.5).

Livros mencionados em 1 e 2Crônicas Incluídos estão os *Registros Históricos dos Reis de Israel* (1Cr 9.1; 2Cr 20.34), os *Registros Históricos dos Reis de Israel e de Judá* (2Cr 27.7; 35.27; 36.8), os *Registros Históricos dos Reis de Judá e de Israel* (2Cr 16.11; 25.26; 28.26; 32.32) e as *Anotações dos Livros dos Reis* (2Cr 24.27). Muitos pensam que esses títulos são referências à mesma obra e aludem a ela como o *Midraxe dos Reis*. Essa obra talvez contenha os livros dos registros históricos dos reis de Israel e Judá mencionados anteriormente ou no mínimo pode ser muito semelhante a eles em conteúdo.

Também mencionados em 1 e 2Cr estão os livros de diversos profetas: os *Registros Históricos do Vidente Samuel* (1Cr 29.29), os *Registros Históricos do Vidente Natã* (1Cr 29.29; 2Cr 9.29), os *Registros Históricos do Vidente Gade* (1Cr 29,29), as *Profecias do Silonita Aías* (2Cr 9.29), as *Profecias do Vidente Ido Acerca de Jeroboão, Filho de Nebate* (2Cr 9.29), os *Relatos do Profeta Semaías e do Vidente Ido* (2Cr 12.15), os *Relatos do Profeta Ido* (2Cr 13.22), os *Relatos de Jeú, filho de Hanani* (2Cr 20.34), os *Acontecimentos do Reinado de Uzias* (2Cr 26.22; escrito por Isaías), a *Visão do Profeta Isaías* (2Cr 32.32) e os *Registros Históricos dos Videntes* (2Cr 33.19). Todos esses, exceto o último, podem ter feito parte do *Midraxe dos Reis*.

Diversas outras obras são mencionadas em 1 e 2Cr: genealogias da tribo de Gade (1Cr 5.17), os *Registros Históricos do Rei Davi* (1Cr 27.24), uma obra sem título que contém os planos para o templo (1Cr 28.19), obras acerca da organização dos levitas escritas por Davi e Salomão (2Cr 35.4) e uma coletânea de lamentações pela morte de Josias escrita por Jeremias e outros (2Cr 35.25).

Livro das Crônicas Essa era uma obra que continha genealogias e possivelmente outro material histórico (Ne 7.5; 12.23), mas era distinta de 1 e 2Cr.

Livros escritos pelos profetas Isaías (Is 30.8; cp. 8.16) e Jeremias (Jr 25.13; 30.2; 36.2; 45.1; 51.60,63) alegadamente escreveram livros. Esses talvez tenham representado os primeiros estágios das coletâneas das suas profecias que temos hoje.

Registros Históricos ou **Livro das Crônicas do Reinado** Os arquivos reais da Pérsia continham, entre outras coisas, livros registrando a maneira em que Mardoqueu salvou a vida do rei Xerxes (Et 2.20-23; 6.1; 10.2; cp. Ed 4.15).

Livro Memorial Esse livro é mencionado em Ml 3.16. Provavelmente é o mesmo que o Livro da Vida. *V. Livro da Vida*.

Livro da Verdade Esse livro é mencionado em Dn 10.21. Provavelmente é o mesmo que o Livro da Vida. — *Phil Logan*

LIXÍVIA Substância usada para limpeza desde tempos muito antigos. Duas palavras hebraicas são usadas no AT para lixívia. *Neter* provavelmente se refere ao bicarbonato de sódio. Esse material ocorre naturalmente, e escritores antigos afirmaram sua existência no Egito e na Armênia.

Bor provavelmente se refere ao carbonato de potássio e é algumas vezes chamado de lixívia vegetal. É uma solução fortemente alcalina feita pela queima de certas plantas como a saponária. Esse era o tipo de lixívia normalmente usado na Palestina, pois não há depósitos conhecidos de bicarbonato de sódio na região. A mesma palavra hebraica também significa "pureza" (Sl 18.20,24).

LÓ Nome pessoal que significa "escondido". Ló era filho de Arã e sobrinho de Abraão (Gn 11.27). Ló, cujo pai morreu em Ur (Gn 11.28), viajou com o avô até Harã (Gn 11.31). Quando Abraão saiu de Harã e foi para Canaã, foi acompanhado de Ló e da família deste (Gn 12.5).

Depois de viajar por Canaã e até o Egito, Abraão e Ló finalmente se estabeleceram entre Betel e Ai, a cerca de 16 quilômetros ao norte de Jerusalém (Gn 13.3). Abraão e Ló adquiriram rebanhos tão grandes que a terra não foi capaz de suportar os dois (Gn 13.2,5,6). Além disso, os pastores de Abraão e de Ló não se entenderam (Gn 13.7). Por isso, para garantir pastagens amplas para seus rebanhos e evitar problemas posteriores, Abraão sugeriu que se separassem. Abraão permitiu a Ló escolher a parte da terra. Ló se aproveitou da generosidade de Abraão e escolheu o bem irrigado vale do Jordão, onde estava localizada a cidade de Sodoma (13.8-12).

Alguns detalhes interessantes da divisão entre Abraão e Ló lembram o leitor dos acontecimentos mais antigos em Gn. O vale do Jordão, p. ex., é descrito como bem irrigado: "como o jardim do Senhor" (Gn 13.10), o que faz lembrar a história de Adão e Eva no jardim do Éden. Pode-se pensar se Ló foi mais bem-sucedido nesse jardim que Adão e Eva tinham sido. A perspectiva de sucesso é colocada em dúvida na maneira pela qual a jornada de Ló é descrita — ele viajou para o leste, uma descrição que faz lembrar a jornada de Adão e Eva depois de sua expulsão do jardim (Gn 3.24).

O vale do Jordão é também descrito como fértil à semelhança do Egito (Gn 13.10). Esse detalhe não apenas relembra a jornada quase desastrada de Abraão ao Egito para evitar a fome em Canaã (Gn 12.10-20), mas também antecipa a jornada que Jacó e sua família farão mais tarde (Gn 42—50), jornada que também teve consequências desastrosas (Êx 1.8-14).

A menção das cidades do vale do Jordão também carrega conotações negativas. Faz lembrar a narrativa da torre de Babel, em que o povo se reuniu em um lugar (ele tinha migrado do leste) para construir uma cidade e adquirir fama para si, de modo que não fosse espalhado pela face da terra e precisasse viver como peregrino (Gn 11.1-4). Faz lembrar também que Terá desistiu da peregrinação a Canaã para se estabelecer na cidade de Harã (Gn 11.31). Adicionam-se às conotações negativas que as cidades têm nas narrativas de Gn a informação que o povo de Sodoma era grande pecador contra o Senhor (Gn 13.13).

Por tudo isso, as coisas não estavam tão boas para Ló como pareciam à primeira vista, quando ele escolheu viver no bem irrigado vale do Jordão. Começa-se a perceber esse desenrolar em Gn 14. O vale do Jordão era atraente não apenas para pecuaristas como Ló, mas também para reis estrangeiros. Destacado entre eles era Quedorlaomer, que junto com três outros reis, capturou e saqueou Sodoma, levando Ló cativo (Gn 14.1-12). Abraão, após ouvir sobre o destino de Ló, reuniu um exército e resgatou o sobrinho (Gn 14.13-16).

Ló não é mencionado novamente até Gn 19, quando dois anjos o visitam. Deus já tinha dito a Abraão que intencionava destruir Sodoma e Gomorra (Gn 18.20). Abraão intercedeu a favor de Sodoma, pedindo que, se ali houvesse dez homens justos, Deus então não a destruiria (Gn 18.32,33). Os dois anjos aparentemente iam a Sodoma para inspecioná-la. Quando os anjos chegaram, Ló os recebeu com hospitalidade. Quando os homens da cidade souberam que dois estrangeiros estavam com Ló, quiseram ter relações sexuais com eles. Ló protegeu os convidados e ofereceu suas filhas em lugar deles. Os homens da cidade recusaram a oferta e tentaram sem sucesso pegar os dois estrangeiros. Pela ajuda de Ló, os anjos revelaram o desejo divino de destruir Sodoma e insistiram com ele para levar a família até as colinas em busca de segurança. Eles advertiram Ló e a família dele de que não olhassem na direção de Sodoma. Ló, em vez de ir para as colinas, decidiu viver em outra cidade (Zoar). Na saída de Sodoma, a esposa de Ló, cujo nome não é citado, olhou para a destruição e se transformou em um pilar de sal (Gn 19.1,29). Abraão "resgatou" Ló mais uma vez (Gn 19.29; cp. 12.4).

Quando tudo isso aconteceu, Ló temeu viver na cidade de Zoar e decidiu em vez disso viver nas cavernas que havia ao redor. Suas filhas, temerosas de não deixarem descendência, decidiram enganar o pai para ter relações sexuais com ele. Elas o embebedaram, e as duas conceberam um filho dele. O filho da filha mais velha foi chamado Moabe e se tornou o pai dos moabitas. O filho da filha mais nova foi chamado Ben-Ami e se tornou o pai dos amonitas (Gn 19.30-38). Mais tarde na história de Israel, Deus desejou assegurar o lugar dos moabitas e amonitas na Palestina (Dt 2.9). No entanto, os moabitas e amonitas traíram esse relacionamento ao se unirem à Assíria em um período posterior (Sl 83.5-8).

No NT, o dia do Filho do homem é comparado à destruição de Sodoma e Gomorra (Lc 17.28,29). Os seguidores de Jesus são advertidos de não desejarem a vida que tinham anteriormente, como a esposa de Ló, desejando em seu lugar perder a vida. Perder a vida é um modo de ganhá-la (Lc 17.32). A história de Ló também é usada para mostrar a fidelidade de Deus para resgatar seu povo (2Pe 2.7-9). — *Phil Logan*

LO-AMI Nome pessoal simbólico que significa "não meu povo". Filho do profeta Oseias, cujo nome Deus deu para simbolizar o relacionamento que Israel perdeu com ele, em razão do seu pecado e da quebra da aliança (Os 1.9).

LOBO Maior dos caninos carnívoros selvagens (*Canis lupus*; *Canis pallipes*) que abarca cães, raposas e chacais. Supõe-se que seja o principal antepassado do cão doméstico. O lobo é conhecido por sua coragem e ferocidade de ataque (Lc 10.3). Frequentemente matava mais do que podia comer porque o gosto do sangue o deixava em frenesi. Pastores conheciam o lobo como o maior inimigo da ovelha. O lobo era famoso nos tempos bíblicos (Jo 10.12), contudo quase todas as referências a lobos são em sentido figurado. Seu nome é usado simbolicamente para descrever as pessoas enganadoras e gananciosas (Gn 49.27; Jr 5.6; Ez 22.27; Sf 3.3; At 20.29). Jesus usou a figura do falso profeta como um lobo vestido de pele de ovelha (Mt 7.15). Um dos sinais da era messiânica é que "lobo e o cordeiro pastarão juntos" (Is 65.25).

LOCUSTA Espécie de inseto da ordem *Orthoptera*, da família *Acrididae*. No Oriente Médio a locusta periodicamente se reproduz em números astronômicos. À medida que o enxame se desloca pela terra, devora toda a vegetação, alta e baixa. O hebraico do AT utiliza diferentes palavras para descrever o inseto nos diferentes estágios de vida, desde a fase da larva até o inseto adulto. Comida de diferentes maneiras (crua, cozida, assada), a locusta é uma excelente fonte de proteínas (Lv 11.21,22; Mc 1.6).

A praga de locustas (também conhecidas por gafanhotos) é usada como símbolo para descrever o futuro juízo divino (Jl 2.1,11,25; Ap 9.3,7; cp. Êx 10.3-20; Dt 28.38). A imagem da praga de gafanhotos foi também usada para simbolizar a derrota para um exército grande e poderoso (Jz 6.5; Is 33;4; Jr 46.23; 51.27; Jl 2.20; Na 3.15). Imaginário similar é utilizado em outras literaturas do antigo Oriente Médio. V. *insetos*.

LODE Nome de lugar de significado desconhecido, mais tarde chamada Lida, a 17 quilômetros a sudeste de Jope. Semede ou talvez Elpaal da tribo de Benjamim é tido como seu construtor (1Cr 8.12). Os exilados que retornaram se estabeleceram lá por volta do ano 537 a.C. (Ed 2.33; Ne 7.37; 11.35), o que parece ser a colônia pós-exílica mais ocidental, ainda que provavelmente fora da autoridade governamental de Sambalate de Samaria e de Judá (Ne 6.2). V. *Lida*.

LO-DEBAR Nome de lugar com pronúncias diferentes em hebraico, podendo significar "nenhuma palavra" ou "a ele a palavra" ou "falar". Depois que Saul e Jônatas foram derrotados no monte Gilboa (1Sm 31.1-13), Mefibosete, o filho aleijado de Jônatas (2Sm 4.4), refugiou-se na casa de Maquir, na cidade de Lo-Debar (2Sm 9.3,4) — cidade de Gade localizada na parte oriental de Gileade, bem ao sul do mar de Quinerete (da Galileia). Depois de Davi se tornar rei, ele convocou Mefibosete para poder demonstrar bondade ao único descendente de Jônatas (2Sm 9.1-5). Davi mais tarde precisou da assistência de Maquir de Lo-Debar, quando Absalão se rebelou (2Sm 17.27-29).

O texto hebraico de Js 13.26 menciona o nome da cidade *Lidebir*, perto de Maanaim. O nome normalmente é traduzido por "de Debir", mas muitos veem esse nome como grafia alternativa de Lo-Debar. V. *Debir*.

Há uma referência criptografada a Lo-Debar em Am 6.13. Antes da entrega do oráculo, Lo-Debar e Carnaim tinham sido recapturadas dos arameus por Jeroboão II em uma campanha abençoada por Deus (2Rs 14.25-28). Israel considerou a vitória indicação do próprio poder e grandeza, esquecendo-se de que Deus lhe deu a vitória. Amós tomou as consoantes do nome Lo-Debar e adicionou novas vogais para fazer a palavra significar "coisa de nada". Amós lembrou a Israel que sua verdadeira força e grandeza baseavam-se não em suas conquistas militares, mas no Deus abençoador de seus esforços. Amós convocou os israelitas de volta à fé nesse Deus. — *Phil Logan*

LOGIA Termo grego aplicado a uma coleção de ditos. Vem da mesma raiz de *logos*, palavra grega traduzida de modo geral por "palavra" (Jo 1.1,14). Os pais da Igreja usaram a palavra "logia" para se referir a uma coleção de ditos de Jesus. Na *História eclesiástica*, Eusébio (c. 260-340 d.C.) citou Papias (c. 100 d.C.), que disse ter Mateus compilado as *logia* em hebraico. Parece não se tratar do evangelho de Mt. Antes, as *logia* em hebraico eram provavelmente os ditos de Jesus contidos em Mt e Lc, mas não em Mc.

Exatamente quando as *logia* passaram para a forma escrita é motivo de debate. Em adição à evidência do NT, duas descobertas modernas demonstram que sua existência em comunidades cristãs primitivas. Por volta do ano 1900 resquícios verdadeiros de *logia* foram desenterrados perto de Oxirrinco, Egito. Três desses fragmentos de papiros contêm ditos atribuídos a Jesus. Atribuiu-se-lhes data por volta do ano 200 d.C., mas são provavelmente cópias de coleções mais antigas. Cada dito começa com "Jesus diz". Alguns deles podem ser encontrados nos Evangelhos, enquanto outros são conhecidos dos pais da Igreja. Além disso, dois conjuntos de *logia* de uma comunidade com tendências gnósticas foram encontrados em 1946 perto de Nag Hammadi, Egito. Sua data é do ano 300 a 400 d.C., e contêm cerca de 200 ditos atribuídos a Jesus.

Os Evangelhos, como nos ditos de Jesus encontrados em outras partes do NT (como em At 20.35) e as descobertas modernas demonstram a preocupação da igreja primitiva em preservar os ditos de Jesus. A mesma preocupação pode ser vista hoje nas edições da Bíblia que trazem as palavras de Jesus grafadas com letras vermelhas. V. *gnosticismo*; *Logos*; *Mateus*; *Nag Hammadi*. — Larry McKinney.

LOGOS João deliberadamente usou *logos* (traduzido por "palavra") para descrever Jesus (Jo 1.1). *Logos* contava com um rico significado cultural para os cristãos primitivos, tanto judeus como gregos.

A palavra grega *logos* ("palavra") de modo geral se refere à explicação ou razão de algo que de outro modo não teria sentido. *Logos* tem uma variedade de usos, dependendo do contexto. Com referência à linguagem ou gramática, *logos* pode significar "sentença" ou "declaração". Com referência à lógica ou ao conhecimento, pode significar "razão", "explicação", "ciência" ou "fórmula". Uma forma de *logos* é utilizada em português para descrever uma disciplina ou ciência em particular, como teologia, antropologia etc.

O termo *logos* tinha grande importância para os filósofos gregos, a começar por Heráclito. Os estoicos enfatizavam grandemente o *logos spermatikos* ("palavra seminal"), o princípio racional que permeia toda a realidade, e providencia significado e ordem às pessoas e ao Universo. O *logos* cria coerência e unidade, e providencia um padrão ordenado para a existência e dá unidade a tudo.

Entretanto, fundamental para o uso bíblico de *logos* é o conceito veterotestamentário de "palavra" (*davar*) de Deus. Os hebreus viam a palavra de Deus não como uma palavra apenas, mas como uma maneira poderosa e efetiva de cumprir os propósitos divinos (Is 40.8; 55.11; Jr 23.29). Por sua palavra, Deus trouxe o mundo à existência (Gn 1.3-31; Sl 33.6; 2Pe 3.5). Deus comunicou sua palavra diretamente a algumas pessoas, especialmente na Lei (Êx 20;1-17; 34;28; Dt 5.4,5) e nos Profetas (1Sm 15.10; 2Sm 7;4; 23.2; 2Rs 7.1; Is 38.4; Jr 1.4,11; Ez 7.1;11.14; Os 1.1; Jl 1.1; Mq 1.1; Ag 1.1; Ml 1.1). A pessoa sábia é a que vive de acordo com a palavra de Deus (Gn 15.1; Êx 9.20-25; Nm 3.16; 1Rs 6.11,12; Sl 106.24; 119).

À medida que as culturas hebraica e grega se sobrepuseram, esses conceitos de "palavra" interagiram. Quando eruditos judeus em Alexandria, no Egito, traduziram o AT hebraico para o grego (a *LXX*, 275 a.C.), eles usaram *logos* para traduzir *davar*. Um judeu alexandrino, Fílon (30 a.C.–40 d.C.) expressou o judaísmo em termos neoplatônicos, crendo que os pensadores gregos os tomaram emprestado de Moisés. Fílon acreditava que conceitos gregos como o *logos* não eram contraditórios à visão do AT sobre a palavra e sabedoria de Deus personificadas em Pv 8 e nos livros apócrifos Sb e Eclo. Como o *logos* estoico providenciou a ordem racional para a criação, Fílon reinterpretou a criação em Gn por meio do *Logos*, o primogênito da criação.

Nessa situação cultural, João descreveu Jesus como o *Logos* (Jo 1.1-14). Mas João não se limitou a simplesmente copiar conceitos culturais. Escrevendo sob a inspiração do Espírito Santo, ele deu um novo significado ao conceito de *Logos*. Em relação a Deus, Jesus — o *Logos* — não era só um anjo ou um ser criado, nem outra palavra ou sabedoria da parte de Deus, mas o próprio Deus (Jo 1.1-4). Em relação à humanidade, Jesus, o *Logos*, não era o princípio impessoal do estoicismo, mas o Salvador pessoal que tornou-se homem na encarnação (Jo 1.4-14). A Palavra tornar-se carne e habitar entre nós estava em total contraste com as ideias gregas. Ao retratar Jesus como *Logos*, João o apresenta como o Criador preexistente do Universo, com Deus, e idêntico a Deus. Da perspectiva da divindade e eternidade de Jesus, qualquer conceito a respeito dele como simples profeta ou mestre é impossível (Fp 2.5-11; Cl 1.13-20; 2.9,10; Hb 1.1-4; 1 Jo 1.1-3; Ap 19.13).

Em outros textos do NT, o vocábulo *logos* é usado para se referir às Escrituras, particularmente à pregação do evangelho (Lc 5.1; 8.11-15; At 4.31; 8.14; 12.24; Rm 10.8; 1Ts 2.13; 1Pe 1.23-25; Hb 4.12). A pregação do evangelho traz ordem e significado às vidas perturbadas pelo pecado. Quem deposita sua fé em Jesus, o *Logos*, será recebido na família de Deus (Jo 1.11,12). — *Steve W. Lemke*

LOIDE Nome pessoal que talvez signifique "mais desejável" ou "melhor". Mãe de Eunice e avó de Timóteo (2Tm 1.5). Paulo exaltou Loide como modelo de fé cristã e a viu como instrumento na nutrição de seu neto na fé.

LOMBO Termos hebraicos e gregos se referem aos quadris e à parte inferior das costas. A palavra "lombo" é usada no sentido literal do meio do corpo (Êx 28.42; 2Rs 1.8; Is 11.5; Jr 13.1; Mt 3.4). Amarrar a roupa de alguém na altura da cintura era usado no sentido figurado de estar preparado para viajar (Lc Êx 12;11; 1Rs 18.46; 2Rs 9.1). No NT, cingir os lombos era usado no sentido figurado de estar preparado (Lc 12.35; Ef 6.14; 1Pe 1.13). O AT utiliza algumas vezes a palavra "lombo" como o centro da força física (Na 2.1). Logo, sacudir os lombos de alguém é deixar a pessoa indefesa (Sl 69.23; Is 45.1). As Escrituras também usam a ideia do lombo como símbolo de habilidades de procriação (Gn 35.11; 1Rs 8.19; At 2.30; Hb 7.5,10). Traduções modernas com frequência ocultam a expressão hebraica "dos seus lombos" por trás da tradução "descendente".

LONGANIMIDADE Especificamente, ser longânimo é deixar de executar um castigo; geralmente, sinônimo de paciência. A longanimidade torna possível influenciar o governante (Pv 25.15; "paciência", *NVI*, *NTLH*). Jeremias orou que Deus em sua longanimidade não o levasse (15.15), i.e., que Deus não fosse tão paciente com os inimigos de Jeremias a ponto de permitir que eles o destruíssem. Em Rm 2.4; 3.25, a longanimidade se refere à paciência de Deus expressa na disposição de refrear o juízo por um tempo. A longanimidade divina não significa tolerar o pecado, mas a concessão de oportunidade para o arrependimento. Deus é capaz de manter sua reputação de justo juiz, apesar de ignorar os pecados passados de Israel e os pecados presentes dos que depositam a fé em Cristo (3.26) porque a cruz foi um sacrifício eficiente de propiciação. A longanimidade de Deus é oportunidade de salvação (1Pe 3.15). V. *paciência*.

LO-RUAMÁ Nome pessoal simbólico que significa "sem amor". Nome que Deus disse para Oseias dar à filha, para simbolizar que Israel, ao rebelar-se contra Deus e servir a deuses estrangeiros, havia perdido o amor de Deus (Os 1.6).

LOTÃ Nome pessoal e tribal de significado incerto. Filho de Seir, o horita, e aparentemente o ancestral original do clã em Edom (Gn 36.20-29). V. *Edom*.

LÓTUS Arbusto espinhoso (*Zizyphus lotus*) que serve de ambiente para o Beemote (Jó 40.21,22). Ele floresce em áreas quentes e úmidas do norte da África e da Síria. A planta é especialmente sobejante ao redor do mar da Galileia. Essa planta deve ser distinta do lótus egípcio (*Nymphae lotus*), que é um lírio d'água.

LOUREIRO A *KJV* traz a palavra inglesa equivalente em Sl 37.35. A palavra hebraica (*'ezrach*) significa "nativo". Embora o loureiro seja nativo da Palestina, Sl 37.35 não dá nenhuma indicação quando se refere a essa árvore. A *ARA* (e também a *NRSV* e *TEV* em inglês) dificilmente se aproxima da tradução correta com "cedro do Líbano". A *NVI* e *ARC* chegam mais perto do significado do texto hebraico quando trazem "frondosa árvore nativa" ou "árvore verde na terra natal", respectivamente (*A21*: "árvore nativa e verdejante").

LOUVOR Uma das principais respostas da humanidade à revelação de Deus sobre si mesmo. A Bíblia reconhece que homens e mulheres podem também ser objetos de louvor, seja da parte do povo (Pv 27.21; 31.30) ou do próprio Deus (Rm 2.29), e que os anjos e o mundo natural de igual modo podem ser capazes de louvar a Deus (Sl 148). Não obstante, o louvor humano a Deus é um dos principais temas das Escrituras.

A palavra "louvor" é derivada de uma palavra latina que significa "valor" ou "preço". Logo, dar louvor a Deus é proclamar seu mérito ou valor. Na Bíblia, muitos vocábulos são usados para expressar esse ponto, como "glória", "bênção", "ação de graças" e "aleluia" — essa é a transliteração de uma palavra hebraica que significa "Louvem a Yah (Javé)". O título hebraico do livro de Sl ("Louvores") vem da mesma raiz de "Aleluia", e os salmos 113—118 são designados de "salmos de hallel" ("louvor").

As possibilidades de louvor são muitas, incluindo oferta de sacrifícios (Lv 7.13), movimentos físicos (2Sm 6.14), silêncio e meditação (Sl 77.11,12), testemunho (Sl 66.16), oração (Fp 4.6) e a vida santa (1Pe 1.3-9). Não obstante, o louvor quase sempre está ligado à música, seja instrumental (Sl 150.3-5), seja, especialmente, vocal. Cânticos bíblicos de louvor variam desde expressões espontâneas de ação de graças pessoal por algum ato redentivo de Deus (Êx 15; Jz 5; 1Sm 2; Lc 1.46-55,67-79) até salmos formais e hinos adaptados para o culto coletivo no templo (2Cr 29.30) e na igreja (Cl 3.16).

Conquanto a Bíblia contenha injunções frequentes para o povo louvar a Deus, há também advertências ocasionais a respeito da qualidade do louvor. O louvor é originado no coração e não é alvo de mera demonstração exterior (Mt 15.8). O louvor coletivo deve acontecer de maneira ordeira (1Co 14.40). Ele está também firmemente ligado à vida diária do fiel (Am 5.21-24). V. *música, instrumentos, dança; Salmos, livro de; culto*. — David W. Music

LUA Luz na noite do céu criada por Deus e que controla o calendário (Gn 1.14-19). O hebraico usa diversas palavras para lua, lua nova, lua cheia, lua branca ou lua brilhante. Duas das maiores festas de Israel eram celebradas no início da lua cheia: a Páscoa na primavera e a festa dos tabernáculos no outono (do hemisfério norte, o contrário do Brasil, localizado no hemisfério sul). A cada mês eles celebravam a "lua nova" com uma festividade menor e um sábado especial (Nm 28.11-15).

O AT é enfaticamente contrário ao culto da Lua (Dt 4.19; Jó 31.26-28; Is 47.13-15), praticado pelos vizinhos de Israel. O povo de Israel deveria se lembrar de que a Lua não era nada mais que um astro criado por Javé, sem poder sobre a vida das pessoas. Joel disse que nos últimos dias a Lua se escureceria (Jl 2.10; 3.15) ou se tornaria em sangue (Jl 2.31). A Lua não daria sua luz no "dia do Senhor", sendo a luz do sol e da lua substituídas pela luz eterna do Senhor (Is 13.10; 60.19,20). — James Newell

LUA NOVA V. *calendário; festas; tempo*.

LUBIM Nome étnico de significado incerto, aparentemente aplicado a todos os africanos brancos do norte da África, especialmente os habitantes da Líbia (2Cr 12.3; 16.8; Dn 11.43; Na 3.9). Algumas traduções (*NVI*) traduzem por "líbios". V. *Líbia*.

LUCAS Autor do terceiro Evangelho e do livro de At no NT e também amigo íntimo e companheiro de viagens de Paulo. O apóstolo o chamou de "amado" (Cl 4.14). Lucas se referiu às suas viagens com Paulo e à sua companhia em At 16.10-17; 20.5-15; 21.1-18; 27.1—28.16. Muitos estudiosos acreditam que Lucas escreveu o Evangelho e o livro de At enquanto estava em Roma com Paulo na primeira prisão do apóstolo naquela cidade. Aparentemente Lucas permaneceu próximo de ou com Paulo também durante a segunda prisão de Paulo em Roma. Pouco antes de seu martírio, Paulo escreveu: "Só Lucas está comigo" (2Tm 4.11).

Jerônimo, um pai da Igreja (c. 400 d.C.), e Eusébio (c. 300 d.C.) identificaram Lucas como natural de Antioquia. Seu interesse em Antioquia é visto claramente em suas muitas referências à cidade (At 11.19-27; 13.1-3; 14.26; 15.22,35; 18.22). Lucas adotou Filipos como lar, permanecendo lá para superintender a jovem igreja enquanto Paulo foi a Corinto na segunda viagem missionária (At 16.40).

Paulo identificou Lucas como médico (Cl 4.14) e o distinguiu dos que eram "da circuncisão" (Cl 4.11). Fontes antigas indicam que Lucas era gentio. A tradição sustenta que ele era grego. As circunstâncias da conversão de Lucas não são reveladas. Uma fonte antiga forneceu o seguinte epitáfio: "Ele serviu ao Senhor sem distração, não tendo nem esposa nem filhos, e descansou na Boécia com a idade de 84 anos, cheio do Espírito Santo". V. *Lucas, evangelho de*. — T. R. McNeal

LUCAS, EVANGELHO DE

LUCAS, EVANGELHO DE Terceiro e maior livro do NT. O evangelho de Lc é a primeira de uma obra de duas partes dedicada ao "excelentíssimo Teófilo" (Lc 1.3; At 1.1). O livro de At é a sequência de Lc, com a explicação do autor em At de que Lucas lidou com "tudo o que Jesus começou a fazer e a ensinar até o dia em que foi elevado aos céus" (At 1.3).

Autoria Ainda que o autor de Lc-At nunca mencione a si mesmo pelo nome, ele era obviamente amigo íntimo e companheiro de viagens de Paulo. Nas seções "nós" de At (16.10-17; 20.5-15; 21.1-18; 27.1; 28.16), o autor da narrativa aparentemente se reuniu a Paulo em suas viagens. Por meio de um processo de eliminação, a escolha mais provável para essa pessoa é "Lucas, o médico amado" (Cl 4.14).

A tradição da autoria lucana é muito forte, vindo do tempo da igreja primitiva. Listas antigas e descrições dos livros do NT que datam de entre 100 e 190 d.C. concordam que Lucas, o médico e companheiro de Paulo, escreveu o evangelho de Lc. Muitos dos antigos pais da Igreja de pelo menos de 185 d.C. prontamente aceitaram Lc como o terceiro Evangelho.

Como a tradição da igreja primitiva unanimente atribui o terceiro Evangelho a Lc, o peso da prova está com quem argumenta contra a autoria lucana. V. *Atos, livro de*; *Lucas*.

Data e lugar de redação O livro de At encerra-se de forma brusca com Paulo em seu segundo ano de prisão em Roma. Os estudiosos, de modo geral, concordam que Paulo chegou a Roma por volta do ano 60 d.C. Isso faz que o livro de At tenha sido escrito pelo menos por volta de 61 ou 62 d.C. com o evangelho pouco antes. Os textos de Lc 19.41-44 e 21.20-24 lembram a profecia de Jesus da destruição de Jerusalém. Esse evento cataclísmico no judaísmo ocorreu no ano 70 d.C. pela mão dos romanos. Isso dificilmente se parece que Lucas tenha falhado em registrar este evento significativo. Atribuir uma data ao Evangelho posterior ao ano 70 d.C. ignoraria essa consideração. Muitos estudiosos, entretanto, continuam a favor da data por volta do ano 80 d.C.

A segunda consideração histórica empurra a datação para antes ainda. Muitos estudiosos sentem que Paulo foi liberto antes da prisão em Roma quando At termina. O apóstolo foi mais tarde preso outra vez e martirizado sob a perseguição feita por Nero que irrompeu no ano 64 d.C. Paulo desfrutava de considerável liberdade pessoal e oportunidades para pregar o evangelho (At 28.30,31), mesmo sendo prisioneiro. É difícil imaginar que a libertação de Paulo não receberia menção na narrativa de At, se tivesse de fato ocorrido. Parece melhor então datar a redação de Lc em algum momento entre os anos 61 e 63 d.C. Os que argumentam que isso não permite a Lucas revisar o evangelho de Mc (pressupondo que Mc tenha sido escrito primeiro) falha em considerar a rede estrita de associação entre os envolvidos no ministério de Paulo.

Quanto ao local onde o Evangelho foi escrito, o lugar mais provável é Roma. Lucas chegou a Roma na companhia de Paulo e estava naquela cidade quando Paulo escreveu Cl (4.14) e Fm (23,24) na primeira prisão em Roma. A circunstância teria dado tempo para a composição de Lc-At. Uma fonte antiga sugeriu a Acaia, uma província grega, como o local da composição. Parece razoável concluir que o Evangelho, escrito em Roma, talvez tenha feito sua primeira aparição na Acaia ou foi completado lá.

Propósito e destinatários Lucas identificou o propósito de ter redigido o Evangelho (Lc 1.1-4). Ele queria confirmar para Teófilo a certeza das coisas que ele fora ensinado. Lucas queria também que essa informação se tornasse disponível para um público destinatário maior. Muitos estudiosos concluem que a audiência maior de Lc era composta por gentios desejosos de saber sobre o evangelho e cristãos que precisavam se fortalecer na fé.

O propósito de Lucas foi apresentar uma obra histórica como um "relato ordenado" (1.3). Muitas das suas narrativas aparecem em sequência cronológica. Com frequência há indicações de tempo (1.5,26,36,56,59; 2.42; 3.23; 9.28). Mais que qualquer outro escritor do Evangelho, Lucas conectou sua narrativa com o contexto mais amplo do mundo judaico e romano (2.1; 3.1,2).

Um argumento forte pode ser apresentado para um segundo propósito, ainda que claramente um propósito subordinado. Alguns veem Lc-At como uma apologia da fé cristã, uma defesa para mostrar às autoridades romanas que o cristianismo não apresentava nenhuma ameaça política. Pilatos declarou Jesus inocente três vezes (Lc 23.4,14,22). O livro de At não apresenta os oficiais romanos como hostis (At 13.4-12; 16.35-40; 18.12-17; 19.31). Agripa lembrou a Festo de que Paulo poderia ter sido liberto se não tivesse apelado a César (At 26.32). Paulo é apresentado como orgulhoso da cidadania romana (At 22.28).

O apóstolo é visto pregando e ensinando abertamente em Roma sem impedimento quando At chega ao fim. É possível ver em tudo isso a tentativa de Lucas de acalmar as autoridades romanas quanto a qualquer receio de alguma suposta característica subversiva do cristianismo.

Além dos propósitos imediatos do autor, o Espírito Santo escolheu o evangelho de Lc para alcançar as nações com a bela história do amor de Deus em Cristo. Muitos afirmam a predileção pela narrativa lucana do nascimento de Jesus (2.1,20). Os hinos ou cânticos em Lc (1.46-55,67-79; 2.13,14,29-32) inspiraram grande número de melodias. O evangelho de Lc é uma fonte para muitos artistas, incluindo Van Eyck, Van der Weyden, Rossetti, Plockhorst, Rubens e Rembrandt.

As fontes de Lucas Ainda que Lucas não tenha sido testemunha ocular da vida e do ministério terreno de Cristo, ele estava em contato próximo com muitos que o foram. Lucas estava com Paulo na Palestina nos anos 50 (do séc. I) especialmente em Cesareia e Jerusalém (At 21.1,27.2). Membros da igreja de Jerusalém (incluindo Tiago, o irmão de Jesus) teriam provido muitos testemunhos orais sobre os propósitos do médico ao escrever um relato da vida de Jesus. A associação de Lucas com Paulo o levou a ter contato com testemunhas apostólicas na posição de liderança, incluindo Tiago e Pedro.

Muitos estudiosos acreditam que Lucas (como Mateus) se baseou no Evangelho escrito por Marcos. Marcos provavelmente foi testemunha ocular de alguns acontecimentos na vida de Jesus. Seu Evangelho é de modo geral reconhecido por refletir a pregação de Pedro a respeito de Cristo. Marcos estava em Roma com Lucas e Paulo durante a prisão de Paulo (Cl 4.10,14; Fm 24). Seria natural concluir que Lucas teve acesso aos textos de Mc. Eruditos identificaram uma fonte, conhecida como "Q" (abreviação da palavra alemã *Quelle*, que significa "fonte"), referindo-se às passagens e seções do material escrito aparentemente disponível para Mateus e Lucas, indisponível ou não usado por Marcos (p. ex., Mt 3.7-10/Lc 3.7-9; Mt 24.45-51/Lc 12.42-46). Essa fonte pode ter sido uma coletânea de ditos de Jesus escrita por seus seguidores.

O evangelho de Jo certamente não estava disponível para Lucas (muitos estudiosos datam Jo no fim do séc. I). Qualquer similaridade entre os evangelhos de Lc e Jo podem provavelmente ser creditados à rica tradição, especialmente oral, que providenciou uma fonte comum para todos os escritores dos Evangelhos.

Alguns eruditos sugeriram uma fonte "L" (abreviatura para Lc), identificando cerca de 500 versículos exclusivos de Lc, incluindo os 132 versículos de Lc 1 e 2. O argumento de que existiu um documento separado ao qual somente Lucas teve acesso não é convincente. O material novo introduzido pode ser visto como resultado da sua pesquisa e gênio literário. Um exemplo óbvio está nas narrativas dos nascimentos de João Batista e de Cristo. O material que somente Lucas apresenta dá ao terceiro Evangelho muito do seu caráter. V. *logia*.

Ênfases e características especiais como já se observou, Lucas se esforçou para relacionar sua narrativa aos acontecimentos históricos que lhe foram contemporâneos. Começando pelas narrativas dos nascimentos de João Batista e de Jesus, ele escreveu com o olho detalhista de um historiador (1.5,36,56,59; 2.1,2,7,42; 3.23; 9.20,37,57; 22.1,7,66; 23.44,54; 24.1,13,29,33).

Lucas enfatizou a redenção universal disponível a todos por meio de Cristo. Samaritanos entram no Reino (9.51-56; 10.30-37; 17.11-19) como gentios (2.32; 3.6,38; 4.25-27; 7.9; 10.1; 23.47). Publicanos, pecadores e foras da lei (3.12; 5.27-32; 7.37-50; 19.2-10; 23.43) são bem-vindos com os judeus (1.33; 2.10) e com pessoas respeitáveis (7.369; 11.37; 14.1). Tanto os pobres (1.53; 2.7; 6.20; 7.22) como os ricos (19.2; 23.50) podem ter redenção.

Lucas observa em especial a grande consideração de Cristo para com as mulheres. Maria e Isabel são figuras centrais nos cap. 1 e 2. Ana, a profetisa, e Joana, a discípula, são mencionadas apenas em Lc (2.36-38; 8.3; 24.10). Lucas incluiu a narrativa do modo gentil com que Cristo tratou a viúva de Naim (7.11-18) e a mulher pecadora o ungiu (7.36-50). Ele também relatou a parábola de Jesus sobre a viúva que perseverou (18.1-8).

Esboço

I. O propósito de Lucas: certeza quanto ao ensino cristão (1.1-4).
II. Jesus cumpriu as expectativas do judaísmo (1.5—2.52).
III. Jesus aceitou a missão messiânica e enfrentou a rejeição (3.1—4.44).
IV. Jesus cumpriu sua missão no estilo de Deus, com fé, amor e perdão (5.1—7.50).
V. O Reino de Deus envolve poder, mas exige fidelidade até a morte (8.1—9.50).

VI. O Reino é caracterizado pelo ministério e testemunho fiel (9.51—13.21).
VII. Exigências sobre a entrada no Reino (13.22—19.27)
VIII. O poder do reino de Jesus suscita oposição (19.28—22.6).
IX. Jesus morreu como verdadeiro cordeiro pascal (22.7—23.56).
X. A ressurreição de Jesus é a porta de entrada para a fé e a missão (24.1-53)

— T. R. McNeal

LÚCIFER Tradução latina (seguida por algumas versões antigas) da palavra hebraica para "estrela da manhã" em Is 14.12, em que a palavra é usada como título do rei da Babilônia, que se exaltou como se fosse um deus. O profeta zomba do rei ao chamá-lo "estrela da manhã" (*NVI*, *ARA*, *ARC*, *NTLH*), um jogo com a palavra hebraica que pode se referir a um deus pagão, mas que normalmente indicava a luz que aparecia brevemente logo antes da aurora. Uma tradição posterior associou a palavra com o mal, ainda que a Bíblia não faça tal associação. V. *estrela da manhã*.

LÚCIO Nome pessoal de significado incerto. **1.** Profeta e/ou mestre cristão, natural de Cirene, que ajudou na liderança da igreja em Antioquia que separou Saulo e Barnabé para a obra missionária (At 13.1). Uma tradição da igreja primitiva tentou, provavelmente equivocadamente, identificá-lo com Lucas ou com o ponto 2. Era africano, um dos primeiros evangelistas cristãos e tomou parte importante nos primeiros dias da história da igreja de Antioquia e no início do movimento missionário cristão. **2.** Parente de Paulo que enviou saudações à igreja de Roma (Rm 16.21). Aparentemente um dos muitos judeus que adotaram nomes romanos.

LUDE Nome étnico para pessoas da Lídia. A forma plural é Ludim. **1.** Filho do Egito na tabela das nações (Gn 10.13) e, portanto, aparentemente um povo que vivia próximo ao Egito ou sob sua influência política. **2.** Filho de Sem e neto de Noé na tabela das nações (Gn 10.22). Tentativas de identificá-lo com os povos mencionados em outras fontes do Oriente Médio chegaram a diferentes resultados: lídios da Ásia Menor, chamados de Luddu em documentos assírios ou os Lubdu que viviam na região do alto rio Tigre. Eram conhecidos pela habilidade no uso do arco (Jr 46.9; Ez 30.5, que os coloca sob a influência egípcia e pode se referir ao ponto 1, se alguma distinção for feita de qualquer maneira; de outro modo, a referência é a soldados mercenários da Lídia na Ásia Menor, servindo no exército egípcio, uma prática aparentemente testificada sob o faraó Psamético antes de 600 a.C.). Soldados lídios aparentemente serviram no exército de Tiro (Ez 27.10). Deus prometeu que mesmo povos isolados como a Lídia que nunca ouviram falar de sua glória seriam convidados a participar dela (Is 66.19). V. *Lídia*.

LUDIM Em hebraico, o plural de Lude. V. *Lude*.

LUGAR ALTO Lugar elevado, geralmente o topo de uma colina; muitos lugares altos eram locais de culto pagão cananeu.

Culto pagão em altos ou lugares altos O lugar alto em geral continha um altar (2Rs 21.3, *ARA*, *ARC*; "altares idolátricos", *NVI*; 2Cr 14.3; "altares idólatras que havia nos montes", *NVI*), um poste de madeira entalhada que representava uma deusa da fertilidade (Aserá), um pilar de pedra que representava a divindade masculina (2Rs 3:2), outros ídolos (2Rs 17.29; 2Cr 33.19) e algum tipo de construção (1Rs 12.31; 13.32; 16.32,33). Nesses locais de culto o povo sacrificava animais (cf. Jr 7.31, havia sacrifício de crianças em alguns desses lugares altos), queimava incenso aos seus deuses, orava, comia refeições sacrificiais e se envolvia com prostituição cultual, tanto masculina quanto feminina (2Rs 17.8-12; 21.3-7; Os 4.11-14). Ainda que muitos lugares altos fossem parte do culto a Baal, o deus amonita Moloque e o deus moabita Camos também eram adorados em lugares semelhantes (1Rs 11.5-8; 2Rs 23.10). As Escrituras falam negativamente a respeito desses lugares de culto pagão; mas tais lugares tiveram lugar central na vida dos que viviam em Canaã antes que a terra fosse conquistada por Josué. Arqueólogos descobriram ruínas de lugares altos em Megido, Gezer e em muitos outros lugares.

O ódio de Deus aos lugares altos Quando os israelitas entraram em Canaã, receberam ordem de destruir os lugares altos do povo que lá vivia (Êx 23.24; 34.13; Nm 33.52; Dt 7.5; 12.3). Isso seria para impedir que os israelitas fossem tentados a cultuar os falsos deuses cananeus e a aceitar seus costumes imorais. Os israelitas deviam adorar a Deus no tabernáculo em Siló (Js 18.1; 1Sm 1.3).

Uma exceção a essa prática existia nos anos entre a destruição de Siló pelos filisteus e a construção do templo em Jerusalém por Salomão. Durante esse período curto, Samuel liderava o culto em uma cidade (possivelmente Ramá), em um lugar alto dedicado ao culto ao Deus de Israel (1Sm 9.12-25), e um grupo de profetas de Deus realizava cultos no "monte de Deus" (1Sm 10.5; "outeiro de Deus, *NTLH*, *ARC*; "Gibeá-Eloim", *ARA*; "Gibeá de Deus", *NVI*). Davi e Salomão adoraram o Deus de Israel no lugar alto em Gibeá (ou Gibeom), onde o tabernáculo e o altar de ofertas queimadas estavam localizados (1Cr 16.1-4,37-40; 21.29; 2Cr 1.3,4,13).

Fragmentos de pedra do que provavelmente foi a base de um altar no lugar alto em Láquis.

Culto falso nos lugares altos em Judá

Depois da construção do templo, o povo ia adorar a Deus no lugar que ele escolheu (Dt 12.1-14), mas Salomão edificou lugares altos para os deuses de suas esposas estrangeiras, e até ele mesmo adorou esses deuses (1Rs 11.1-8). Em razão da seriedade desse pecado, Deus dividiu a nação, ao remover dez tribos do reino de Roboão, filho de Salomão (1Rs 11.9-13,29-38). Depois disso, cada novo rei que governou em Judá, o Reino do Sul, e em Israel, o Reino do Norte, foi avaliado nos livros de Rs e Cr de acordo com o que fizeram com os lugares altos nos quais falsos deuses eram cultuados.

Altares de pedra no lugar alto em Petra, no sul da Jordânia.

Culto falso nos lugares altos em Israel

Quando Jeroboão criou o novo reino de Israel após a morte de Salomão, colocou dois bezerros de ouro nos lugares altos em Dã e Betel (1Rs 12.28-32). Um homem de Deus cujo nome não é citado foi até Betel e anunciou a maldição divina sobre aquele lugar alto (1Rs 13.1-3). Mesmo assim, os reis que o sucederam seguiram seus caminhos e não removeram os lugares altos onde os falsos deuses eram cultuados.

Os profetas israelitas também condenaram os lugares altos de Moabe (Is 15.2; 16.12), de Judá (Jr 7.30,31; 17.1-3; 19.3-5; 32.35) e de Israel (Ez 6.3,6; 20.29-31; Os 10.8; Am 7.9) porque eram lugares de pecado nos quais deuses falsos eram cultuados. V. *Aserá, Aserote*; *bezerro de ouro*; *prostituição*. — Gary V. Smith

LUGAR DOS QUE COZINHAM V. *cozinha*.

LUGAR ESPAÇOSO (*ARA*) Ser colocado em um lugar espaçoso (Jó 36.16) é ser liberto do perigo, ansiedade, necessidade e aflição. A expressão é traduzida também por "lugar amplo e livre" (*NVI*) (cp. 2Sm 22.20; Sl 18.19; 118.5; Os 4.16; Sl 31.8). Associada a ela está a expressão aplicada a Canaã, "terra espaçosa" (*NVI*), que parece denotar Canaã — a terra prometida — como um lugar de libertação (Jz 18.10; mas v. Is 22.18).

LUGAR SANTO Pátios, salão interno e parte exterior do tabernáculo (Êx 26.33). Posteriormente a expressão foi usada em referência ao templo e suas adjacências. Era um lugar santo no sentido de ser separado para Javé.

LUÍTE Nome de lugar que significa "platô". A palavra aparentemente identificava um estabelecimento em Moabe na estrada entre Areópolis e Zoar, talvez a atual Khirbet Medinet Er-Rash. Isaías lamentou pelos refugiados de Moabe que teriam de subir aos altos de Luíte para escapar dos inimigos que tomavam seu país (Is 15.5; cp. Jr 489.5).

LUNÁTICO Palavra usada para designar epilepsia ou insanidade (Mt 4.24, *ARA*, *ARC*; *BJ*, *NVI*, "loucos"; *NTLH*, "epiléticos"; 17.15). "Lunático" é derivado da palavra latina *luna* ("lua") e reflete a noção popular de que o estado mental do "lunático" variava de acordo com a mudança de fases da Lua. As palavras gregas utilizadas em Mt 4.24

e 17.15 de igual modo estão relacionadas com a palavra grega que significa Lua. A loucura não era claramente distinguida da possessão demoníaca (Mt 17.18; cp. Mc 9.17; Lc 9.39).

LUXÚRIA 1. No uso contemporâneo, desejo ou paixão forte, especialmente o desejo sexual. Em algumas versões mais antigas da Bíblia, a palavra "luxúria" era empregada no sentido neutro de desejo. Esse uso corresponde ao uso das palavras hebraicas e gregas que podem ser usadas em sentido positivo: o desejo do justo (Pv 10.24), o desejo de Cristo de comer a Páscoa com os discípulos (Lc 22.15) ou o desejo de Paulo de estar com Cristo (Fp 1.23). Considerando que a palavra "luxúria" atualmente tem o sentido primário de desejo sexual, as traduções modernas costumam empregar termos com nuanças diferentes (gula ou o desejo de comer, Nm 11.34; Sl 78.18), desejo (Êx 15.9; Ap 18.14), cobiça (Pv 6.25; Rm 7.7; 1Co 10.6).

A vida não regenerada (anterior à conversão) é governada por desejos enganadores ou luxúrias (Ef 4.22; 2.3; Cl 3.5; Tt 2.12). Após a conversão, os desejos carnais competem com os desejos espirituais pelo controle do indivíduo (Gl 5.16,17; 2Tm 2.22). O texto de 1Jo 2.16,17 adverte que os desejos da carne e dos olhos não são de Deus, e passarão junto com o mundo pecaminoso. Nessa passagem, luxúria ou desejo, não apenas o desejo sexual, mas todos os tipos de vícios, como o materialismo. O texto de Tg 1.14,15 adverte que o desejo é o início de todo pecado e resulta em morte. Jesus advertiu que quem deseja, já pecou (Mt 5.28). Parte do juízo de Deus sobre o pecado é dar às pessoas o que elas desejam (Rm 1.24). Só a presença do Espírito Santo na vida do crente torna possível a vitória sobre desejos pecaminosos (Rm 8.1,2). V. *concupiscência*.

2. Lascívia; falta de castidade sexual; licenciosidade. O termo "lascívia" algumas vezes se refere a um crime particularmente hediondo: estupro grupal seguido de assassinato (Jz 19.25-27); assassinato por sacerdotes (Os 6.9); qualquer crime vicioso (At 18.14). Com muita frequência a palavra "lascívia" é usada em sentido figurado para designar a idolatria (Jr 11.15; 13.27; Ez 16.43,58; 22.9; 23.21,27,29,35,48,49; 24.13; Os 2.10). Como os cultos de muitos povos vizinhos de Israel visavam à fertilidade, eles empregavam atos sexuais como parte do culto; assim, a aplicação de lascívia para designar idolatria ou infidelidade é facilmente entendida. V. *fertilidade, culto à*.

LUZ Nome de lugar que significa "amendoeira". **1.** Nome original de Betel (Gn 28.19). O texto de Js 16.2 parece distinguir os dois lugares, Betel talvez sendo o local de culto e Luz a cidade. Betel seria então Burj Beitin e Luz, Beitin. V. *Betel*. **2.** Cidade na terra dos hititas que um homem fundou após mostrar à tribo de José como conquistar Betel (Jz 1.26). Sua localização não é conhecida. V. *hititas*.

LUZ, LUZ DO MUNDO A luz é um dos símbolos mais complexos da Bíblia. No AT, o termo mais comum para luz é *'or*, e no NT é *phos*. Luz pode denotar luz do dia em contraste com escuridão (Gn 1.5; Is 5.30). Pode se referir aos luminares (Sol, Lua ou estrelas, Is 60.19; Sl 136.7-9) ou à luz dada por esses luminares (Is 13.10; Jr 31.35) ou por outras fontes (candeia, Jr 25.10; fogo, Sl 78.14). A expressão *'or habboqer*, "luz da manhã", significa "aurora" (Jz 16.2; 1Sm 14.36, "amanhecer"). Em sentido figurado, o significado exato de luz é incerto, ainda que alguma ligação com a noção de luz física como base da vida na terra esteja com frequência presente. A luz está relacionada com a ideia de instrução (Is 2.5; Sl 119.105,130), verdade (Sl 43.3), bem (Is 5.20), salvação (Sl 27.1; Is 49.6), vida (Sl 36.9; Jó 33.28,30), paz (Is 45.7), regozijo (Sl 97.11), aliança (Is 42.6), justiça e retidão (Is 59.9), presença e favor de Deus (Sl 44.3; 89.15) ou a glória de Javé (Is 60.1-3). As visões apocalípticas do fim estão associadas à extinção da luz (Is 13.10; Jr 4.23; Mt 24.29). Na nova era, a nova Jerusalém "não precisa nem de sol nem lua para brilharem sobre ela, pois a glória de Deus a ilumina, e o Cordeiro é a sua candeia" (Ap 21.23; cp. Is 60.19; Zc 14.6,7; Ap 22.5).

No primeiro dia, Deus criou a luz (Gn 1.3), indicação da existência da luz antes do Sol e dos outros luminares (Gn 1.14-18). O próprio Deus é a fonte de luz (cp. Sl 104.2; provavelmente Tg 1.17; Se é assim, a luz provavelmente significava a presença divina como a nuvem brilhante da glória da *Shekinah* (cp. Êx 24.15-18; 40.38; 2Cr 5.13,14; 7.2).

A identificação da luz com a presença divina da glória da *Shekinah* mencionada anteriormente esclarece o significado de luz em Jo e em 1Jo. Na pessoa de Jesus, "estava chegando ao mundo a verdadeira luz, que ilumina todos os homens" (Jo 1.9). O Deus Unigênito, que está junto do Pai, o tornou conhecido (1.18) porque ele "tornou-se carne e viveu entre nós. Vimos a sua glória, glória como do Unigênito do Pai, cheio de graça e de verdade" (1.14; cp. Êx 34.6). Em outras palavras, em Jesus Deus se manifestou porque nele a glória *Shekinah* voltou a residir entre nós, e essa glória consiste na plenitude de graça e verdade (cp. Jo 1.16,17). Logo, a luz significa a glória de Jesus — a plenitude de graça e verdade. Jesus é "a luz do mundo", e seus seguidores terão "a luz da vida" (i.e, a verdade que traz a vida; Jo 8.12). Jesus, a luz, a encarnação da graça e da verdade, também traz salvação (Jo 12.35,36,46,47) e realiza as obras de Deus (Jo 9.4,5). A salvação e a realização das obras de Deus procedem da direção e da instrução da luz (Jo 12.35,47). De igual modo, também estão presentes noções de iluminação — manifestações da obra anterior da graça divina (Jo 1;13; 3;21) e também reprovações da maldade humana (Jo 3.20). Os seres humanos que rejeitam a luz rejeitam Jesus, a encarnação da graça e da verdade (Jo 3.14-21; cp. Jo 18.37-38, em que Pilatos aparentemente exemplifica quem rejeita Jesus como a encarnação da verdade).

A caracterização de Deus (em lugar da Palavra) como luz em 1Jo 1.5 segue essa linha de interpretação. Não apenas o Deus unigênito é caracterizado por plenitude de graça e verdade. Seu Pai, a quem ele torna conhecido pela plenitude de graça e verdade, também o é (Jo 1.17,18). João pode assim negar que quem não pratica a verdade tem comunhão com Deus, que é luz (1Jo 1.6). O texto de 1Jo 2.8-10 é a apresentação da verdade — odiar o irmão é incompatível com o caráter do Pai e do Filho (observe a expressão "já brilha a verdadeira luz", no v. 8). Além disso, 1Jo 1.7-10 indica que andar na luz (i.e, a verdade) inclui a confissão de pecados, o que nos mantém em comunhão uns com os outros e com o efeito da purificação de todo pecado pelo sangue de Jesus.

Paulo usa a luz em 2Co 4.4-6 de forma paralela à das imagens utilizadas por João (cf. Lc 2.32). "Luz" (*photismos* nessa passagem) é definida como "o evangelho da glória de Cristo, que é a imagem de Deus" (2Co 4.4). "Pois Deus, que disse: 'das trevas nascerá a luz', ele mesmo brilhou em nossos corações, para iluminação do conhecimento de Deus na face de Cristo" (2Co 4.6). De fato, a contemplação da glória do Senhor resulta na "transforma[ção] com glória cada vez maior, a qual, vem do Senhor, que é o Espírito" (2Co 3.18). Como eles estão sendo conformados à imagem gloriosa de Jesus — a encarnação da graça e da verdade —, é adequado que os discípulos de Cristo também sejam chamados "luz do mundo" (Mt 5.14,16). Eles foram até Cristo para receber a vida (cf. Ef 5.13,14) e dessa maneira são possuidores e doadores de luz (1Ts 5.5; Rm 13.12; Ef 5.8; Fp 2.15; cp. Jo 5.35). Como Paulo (um discípulo prototípico), eles também são chamados para "abrir-lhes os olhos (= do povo judeu e das demais nações) e convertê-los das trevas para a luz, e do poder de Satanás para Deus, a fim de receberem o perdão dos pecados e a herança entre os santificados pela fé em mim [= Jesus]" (At 26.18). Como filhos da luz, eles produzem frutos de bondade, justiça e verdade (Ef 5.9) e glorificam o Pai (Mt 5.16). — *Randall K. J. Tan*

LUZES, FESTA DAS Também conhecida por *Hanukah*. V. *festas*.

LXX 70 em números romanos, que serve como símbolo para a *Septuaginta*, a mais antiga tradução grega do AT. Conforme uma tradição, a *LXX* foi obra de 70 eruditos. V. *textos bíblicos e versões da Bíblia*; *Septuaginta*.

M

Megido observada do vale de Jezreel.

M

M Símbolo que designa uma das alegadas fontes do evangelho de Mt de acordo com a hipótese dos quatro documentos. A fonte aparentemente consiste na parte de Mt sem paralelo em Mc e Lc.

MAACA Nome pessoal de significado incerto, possivelmente "tolo" ou "estúpido". **1.** Filho de Naor, irmão de Abraão (Gn 22.24); esse Maaca talvez tenha dado nome ao reino arameu a oeste de Basã e a sudoeste do monte Hermom; os residentes desse reino, os maacatitas, não foram expulsos na conquista israelita de Canaã (Js 13.13). Mais tarde esse povo se uniu aos amonitas contra Davi (2Sm 10.6-8). Essa nação talvez seja personificada na esposa (aliada) de Maquir em 1Cr 7.16. **2.** Concubina de Calebe (1Cr 2.48). **3.** Esposa de Jeiel de Gibeom (1Cr 8.29; 9.35). **4.** Esposa de Davi e mãe de Absalão (2Sm 3.3; 1Cr 3.2). **5.** Pai/ancestral de um dos guerreiros de Davi (1Cr 11.43). **6.** Pai/ancestral de Sefatias, que liderou a tribo de Simeão no reinado de Davi (1Cr 27.16). **7.** Pai/ancestral de Aquis, rei de Gate (1Rs 2.39). **8.** Mãe do rei Abias (1Rs 15.2) e membro da família do rei Asa (1Rs 15.10,13).

MAACATITAS V. *Maaca*.

MAADAI Israelita forçado a se separar de sua esposa estrangeira como parte das reformas de Esdras (Ed 10.34).

MAADIAS Nome pessoal com significado incerto, talvez "Yah (= Javé) reúne", "Jaú (= Yahu, outra forma para Javé) promete" ou "Yah (= Javé) adorna". Sacerdote que retornou do exílio com Zorobabel (Ne 12.5). Clã sacerdotal no tempo do sumo sacerdote Joiaquim, talvez a mesma pessoa chamada Moadias (Ne 12.17) ou Maazias (Ne 10.8).

MAAI Nome pessoal de significado incerto. Músico que participou da dedicação feita por Neemias dos muros reconstruídos de Jerusalém (Ne 12.36).

MAALÁ Nome pessoal que talvez signifique "fraco". **1.** Filha de Zelofeade que, junto com suas irmãs, pediu a Moisés o recebimento da herança do pai delas na terra prometida, pois ele não tivera filhos (Nm 26.33; 27.1-11). Deus lhes atendeu o pedido (Nm 27.6,7). Mais tarde, a tribo de Manassés pediu que as filhas que receberam a herança se casassem com homens da tribo do seu pai (Nm 36.1-12). A persistência das filhas ao pressionar pelo atendimento de seu pedido é evidenciada em Js 17.3. **2.** Descendente de Manassés (1Cr 7.18).

MAALABE Conforme a mais antiga tradução grega, cidade no território tribal de Aser (Js 19.29, *NTLH*; "Maaleb", *BJ*, *TEB*). O texto hebraico não traz essa palavra, no que é seguido por muitas versões em português (*NVI*, *ARA*, *ARC*).

MAALALEEL ou **MALALEEL** Nome pessoal que significa "Deus resplandece, brilha" ou "louvem a Deus". **1.** Filho de Cainã, pai de Jarede e ancestral de Cristo (Gn 5.12-17; 1Cr 1.2; Lc 3.37). A forma grega é Malaleel. **2.** Ancestral de um membro pós-exílico das tribos de Judá e Benjamim (Ne 11.4).

MAALATE Nome pessoal que significa "dança" ou "doença". Palavra usada no sobrescrito de Sl 53 e 88 ("maalath", *NVI*). **1.** Neta de Abraão e filha de Ismael que se casou com Esaú (Gn 28.9). **2.** Neta de Davi e esposa do rei Roboão (2Cr 11.18). **3.** Nos salmos, talvez uma instrução coreográfica; o segundo elemento do termo composto *mahalat-leannot* talvez se refira à *apresentação* antifonal de dois grupos que perguntavam e respondiam um ao outro (Sl 88).

MAALÉ-ACRABIM Transliteração da expressão que significa "subida" (*NVI*, *ARA*, *ARC*, *NTLH*) de Acrabim (= "escorpiões", *BJ*; Js 15.3). V. *Acrabim*.

MAANAIM Nome de lugar que significa "dois acampamentos". Cidade em algum lugar na região montanhosa de Gileade, nas fronteiras tribais de Gade e no leste de Manassés (Js 13.26,30). Era uma cidade dos levitas (Js 21.38). Serviu como refúgio duas vezes: para Isbosete depois da morte de Saul (2Sm 2.8,9) e para Davi quando Absalão usurpou o trono (2Sm 17.24-27). Na administração de Salomão a cidade serviu como capital de distrito (1Rs 4.14). Arqueólogos alemães localizaram-na em Tell Heggog, a 800 metros ao sul de Penuel, enquanto arqueólogos israelenses indicam Tell edh-Dhabag el Gharbi.

MAANATITAS Residentes de Manaate (1Cr 2.54).

MAANÉ-DÃ Palavra hebraica que significa "acampamento de Dã". No período dos juízes a tribo de Dã perdeu a herança permanente na terra prometida (Jz 18.1) e continuou a viver em conformidade com o antigo padrão de vida seminômade. Logo, não é surpreendente que dois lugares sejam designados como "acampamento de Dã". **1**. Lugar entre Zorá e Estaol onde pela primeira vez o Espírito de Deus começou a agir em Sansão (Jz 13.25). **2**. Lugar a oeste de Quiriate-Jearim onde os danitas acamparam a caminho da região montanhosa de Efraim (Jz 18.12).

MAARAI Nome pessoal que significa "apressado". Um dos 30 guerreiros de elite de Davi, proveniente do clã dos zeraítas e da cidade de Netofate, em Judá, e comandante das tropas no décimo mês (2Sm 23.28; 1Cr 11.30, 27.13).

MAARATE Nome de lugar que significa "terreno árido". Nome de uma cidade na região montanhosa de Judá (Js 15.59), possivelmente também designada Marote (Mq 1.12). O lugar talvez seja a moderna Khirbet Qufin, a pouco mais de 3 quilômetros ao norte de Bete-Zur.

MAARÉ-GEBA Transliteração do nome de lugar em hebraico que aparece em Jz 20.33, traduzido de diferentes maneiras: "oeste de Gibeá" (*NVI*), "vizinhanças de Geba" (*ARA*), "caverna de Gibeá" (*ARC*), "planície de Gibeá" (*NTLH*), "ponto fraco de Gaba" (*BJ*), "ponto fraco de Gueba" (*TEB*). A tradução da *NVI* segue o texto grego (*LXX*) que lê "oeste de Gibeá", em razão de uma mudança na última letra hebraica. V. *Gibeá*.

MAASEIAS Nome pessoal que significa "obra de Javé" e que aparece em uma forma longa e uma forma abreviada em hebraico. Várias das muitas referências esparsas talvez se refiram à mesma pessoa, ainda que não seja mais possível confirmar as identificações. **1**. Levita e músico no reinado de Davi (1Cr 15.18,20). **2**. Integrante da revolta do sumo sacerdote Joiada que colocou Joás no trono (2Cr 23.1). **3**. Um dos oficiais militares de Uzias (2Cr 26.11). **4**. Filho do rei Acaz de Judá (2Cr 28.7). **5**. Governador de Jerusalém no reinado de Josias (2Cr 23.1). **6**. Pai do falso profeta Zedequias (Jr 29.21). **7**. Pai do sacerdote Sofonias (Jr 21.1; 29.25; 37.3). **8**. Porteiro do templo (Jr 35.4). **9**. Residente pós-exílico de Jerusalém, da tribo de Judá (Ne 11.5), provavelmente também chamado Asaías (1Cr 9.5). **10**. Ancestral benjamita de alguns exilados retornados (Ne 11.7). **11-14**. Nomes de três sacerdotes e um leigo no tempo de Esdras que se casaram com esposas estrangeiras (Ed 10.18,21,22,30). **15**. Pai/ancestral do Azarias que participou da reconstrução do muro liderada por Neemias (Ne 3.23). **16**. Chefe do povo que assinou a aliança feita por Esdras (Ne 10.25), possivelmente também seja o 14 e/ou o 18. **17**. Homem que ficou ao lado de Esdras durante a leitura da Lei (Ne 8.4), talvez a mesma pessoa que o 14 e/ou o 16. **18**. Um dos levitas que interpretou a Lei lida por Esdras (Ne 8.7), talvez a mesma pessoa que o 17. **19 e 20**. Nome de dois sacerdotes que participaram da dedicação dos muros reconstruídos de Jerusalém (Ne 12.41,42), talvez a mesma pessoa que o 11. **21**. Transliteração usada na *BJ* para designar Maasias. **22.** Nome pessoal que significa "Yah (= Javé) é um refúgio". Avô do escriba Baruque (Jr 32.12; 51.29).

MAASIAI V. *Masai*.

MAATE Nome pessoal que significa "duro". **1**. Levita do clã de Coate (1Cr 6.25). **2**. Levita que auxiliou nas reformas de Ezequias (2Cr 29.12; 31.13). Estes dois homens chamados Maate talvez sejam a mesma pessoa. O segundo pode ser Aimote de 1Cr 6.25.

MÁATE Ancestral de Jesus (Lc 3.26).

MAAVITA Nome da família de Eliel, um dos 30 guerreiros de elite de Davi (1Cr 11.46, ACF). V. *Eliel*.

MAAZ Nome pessoal de significado incerto, que provavelmente significa "raiva". V. 1Cr 2.27.

MAAZIAS Nome pessoal que significa "Javé é um refúgio". **1.** Ancestral de uma divisão de sacerdotes que serviu no tempo de Davi (1Cr 24.18). **2.** Sacerdote que assinou a aliança de Esdras (Ne 10.8).

MAAZIOTE Nome pessoal que significa "visões". Filho de Hemã que serviu como músico no templo (1Cr 25.4,6,7,30).

MACA 1. Liteira ou cama em que se colocava o cadáver antes do sepultamento. Eram portáteis (2Sm 3.31; Lc 7.14). Macas nos tempos bíblicos têm sido comparadas a pranchas de madeira usadas em funerais iislâmicos para carregar cadáveres hoje. A maca de Asa era de um tipo mais elaborado de leito de sepultamento que provavelmente foi colocado no túmulo. A palavra hebraica para maca (*mittah*) é a palavra normal para cama e é traduzida por maca só quando se refere a um sepultamento. **2.** Pequeno colchão, geralmente de palha, leve o bastante para ser carregado. Todas as referências bíblicas são encontradas em relatos ou sumários da cura de inválidos (Mc 2.4-12; Jo 5.8-12; At 5.15). O homem "acamado" de At 9.33 era alguém que estava em uma maca havia oito anos.

MAÇA Palavra para designar o bastão de guerra (*BJ*, *ARA*), "pedaço de pau" (*NVI*), "martelo" (*ARC*), "porrete" (*NTL*) de Pv 25.18. V. *armas*; *armas e armadura*.

MACABEUS Nome dado à família de Matatias, um sacerdote fiel, que liderou a revolta (Guerra dos Macabeus) contra as influências helenizantes do rei selêucida Antíoco Epifânio, por volta de 168 a.C. V. *apócrifos, livros — Antigo Testamento*; *história e literatura intertestamentárias*.

MACABEUS, LIVRO DE V. *apócrifos, livros — Antigo Testamento*.

MACACO 1. Primata grande, semiereto, mencionado somente duas vezes na Bíblia, mas não descrito. O macaco não era nativo da terra santa, mas os israelitas tinham familiaridade com ele. Algumas espécies eram mantidas como animais domésticos de estimação. Eles estavam entre os presentes que Hirão levou para Salomão (1Rs 10.22; 2Cr 9.21).

O termo hebraico *qof* pode referir-se a macacos (*papio hamadrias arabicus*), palavra tomada do egípcio, mas não há certeza alguma acerca do animal exato mencionado por esse termo, sendo ele aparentemente uma novidade importada para o povo nos dias de Salomão.

2. Pequeno primata de cauda comprida. A *NVI*, *NTLH*, *BJ*, *TEB* incluem macacos entre os animais exóticos trazidos como presentes ao rei Salomão (1Rs 10.22; 2Cr 9.21). A *ARA* e *ARC* traduzem por "bugios". A *NTLH* traz "macacos e micos".

MAÇANETA Elemento das velas que era parte do candelabro no tabernáculo (Êx 25.31-36). Pode ter sido confeccionado com a aparência de uma amêndoa. Um ornamento na forma de uma cuia, entalhada no lambril de madeira de cedro do templo (1Rs 6.18). V. *botão*.

MACAZ Nome de lugar que significa "cortado" ou "fim". Centro do segundo distrito administrativo de Salomão (1Rs 4.9). O lugar é possivelmente Khirbet-el-Muskheizin, sul de Ecrom.

MACBANAI Líder militar da tribo de Gade, que serviu a Davi (1Cr 12.13).

MACBENA Descendente de Calebe ou uma cidade em Judá, possivelmente a mesma cidade denominada Mecona, habitada por descendentes de Calebe (1Cr 2.49).

MACEDÔNIA Atualmente a província mais ao norte da Grécia; na Antiguidade, a planície fértil ao norte e a oeste do golfo Termaico, desde o rio Haliacmon, no sudoeste, até o Axios, no leste ("Baixa Macedônia"), e as áreas montanhosas a oeste e ao norte ("Alta Macedônia", hoje divididas entre o centro e o norte da Grécia, sudoeste da Albânia e a República da Macedônia). A Macedônia é a ligação entre a península Balcânica (norte) e o território da Grécia e mar Mediterrâneo (sul). Uma importante rota terrestre que ia de Bizâncio (Istambul), no oriente, até o mar Adriático, no ocidente (nos tempos do Império Romano, a "Via Egnatia"), cruza a Macedônia, como fazia a estrada que ia de norte a sul, desde a área central dos Bálcãs (a área dos rios Danúbio e Sava) que alcançava o mar Egeu no golfo Termaico e continuava pelo monte

Olimpo através do estreito vale de Tempe até a Tessália e o centro da Grécia.

História Felipe II (359-336 a.C.) estabeleceu firme controle sobre toda a região da Macedônia e a estendeu a leste, além do Estrimão, até a Trácia. Lá ele fundou a cidade de Filipos no lugar da colônia trácia de Crenides. Filipos tornou-se o principal centro de mineração de ouro e de prata nas montanhas Pangeo. Felipe II também sujeitou a Tessália a seu governo e incorporou a península Calcídica a seu reino. Quando foi assassinado em 336 a.C., a Macedônia era a mais poderosa potência militar da Grécia. Sua força militar e a riqueza conquistada por Felipe II permitiram ao filho Alexandre derrotar o Império Persa e conquistar todo o reino do Mediterrâneo oriental até o rio Indo (incluindo Turquia, Egito, Síria, Palestina, Iraque, Irã e partes do Afeganistão e do Paquistão atuais).

Eurípedes, o famoso escritor de tragédias grego, passou algum tempo na corte dos reis macedônios, e Aristóteles, antes de fundar a escola filosófica em Atenas, trabalhou como professor do príncipe macedônio Alexandre.

No período helenístico a capital foi transferida para Tessalônica, fundada em 315 a.C. na cabeceira do golfo Termaico, por Cassandro, e chamada Tessália em homenagem à sua esposa. No período helenístico a Macedônia foi governada pelos antigônidas, descendentes de Antígono Monoftalmo, general de Alexandre. Em 168 a.C., Perseu, o último rei macedônio, foi derrotado pelos romanos. Roma primeiramente dividiu a Macedônia em quatro distritos independentes, "livres", e depois a estabeleceu como província romana (148 a.C.), Tessalônica como capital, e Bereia como sede da assembleia provincial. No tempo de Augusto, algumas das cidades macedônias foram reorganizadas como colônias romanas: Dion, ao pé do monte Olimpo, se tornou a colônia Júlia Augusta Diensis; Filipos, onde Marco Antônio derrotou os assassinos de César — Brutus e Cássio — foi colonizada com veteranos do exército romano e renomeada colônia Augusta Júlia Filipense. Enquanto a língua oficial da Macedônia permaneceu o grego, a língua oficial das colônias romanas era o latim (até depois de 300 d.C. quase todas as inscrições encontradas nestas cidades eram latinas. No tempo da grande perseguição aos cristãos (303-311), Tessalônica era uma das quatro capitais do Império Romano e servia de residência do imperador romano Galério, um dos mais fanáticos perseguidores do cristianismo.

Cristianismo na Macedônia São escassas as evidências do judaísmo antigo na Macedônia. Uma inscrição (ainda não publicada) recentemente encontrada em Filipos menciona uma sinagoga. A única evidência de israelitas em Tessalônica vem de uma inscrição samaritana com data posterior ao ano 400 d.C. Uma sinagoga foi recentemente escavada na cidade macedônia de Stobi no vale do rio Axios (Vardar) (na República da Macedônia).

A mensagem cristã chegou à Macedônia por intermédio da pregação do apóstolo Paulo. Em At 16.9,10 é descrita a visão que Paulo teve em Trôade: um macedônio lhe apareceu e o convidou a ir à Macedônia. Paulo e seus companheiros navegaram de Trôade pela Samotrácia, chegaram a Neápolis (atual Kavalla), o porto mais importante do leste da Macedônia, e foram por terra até Filipos, onde, de acordo com o relato de At 16.14,15, foram recebidos por Lídia, mulher temente a Deus de Tiatira, e fundaram a primeira comunidade cristã na Europa, provavelmente no ano 50 d.C. A correspondência de Paulo com essa igreja, atualmente preservada na carta aos Fp, testemunha o desenvolvimento primitivo, a organização e generosidade dessa igreja. Forçado a deixar Filipos após uma estada aparentemente breve (At 16.16-40 narra o incidente da cura de uma escrava possessa e a subsequente prisão de Paulo), Paulo foi para a capital, Tessalônica, via Anfípolis, na Via Egnatia (At 17.1). A igreja fundada por ele em Tessalônica (cf. At 17.2-12) foi a destinatária do mais antigo documento cristão, 1Ts, escrita por Paulo em Corinto após ter pregado em Bereia e Atenas (At 17.13-15).

À parte da correspondência paulina, nossas informações a respeito das igrejas macedônias nos três primeiros séculos da história cristã são extremamente escassas. Pouco depois do ano 100 d.C. o bispo Policarpo de Esmirna escreveu aos filipenses que lhe pediram para encaminhar cópias das cartas do famoso mártir Inácio de Antioquia. Policarpo também escreveu para dar conselhos aos filipenses sobre o caso de um presbítero que tinha se apropriado indevidamente de dinheiro alheio. Ou seja, quase não há informações detalhadas do tempo anterior a Constantino. — *Helmut Koester*

MACEDÔNIOS Nativos ou residentes da Macedônia (At 19.29; 27.2; 2Co 9.2). V. *Macedônia*.

MACHADO, CABEÇA DE MACHADO Tradução de diversas palavras hebraicas indicando ferramentas de corte usadas em pequenos trabalhos e na guerra. **1.** *Barzel* é o termo hebraico para ferro e é usado para a parte de ferro do machado (Is 10.34; 2Rs 6.5). O machado era usado para derrubar árvores. Eliseu conseguiu por meio de poder milagroso fazer um machado flutuar. **2.** *Garzen* é uma machadinha ou ferramenta para cortar pedra (Dt 19.5; 20.19; 1Rs 6.7; Is 10.15). Era feita de ferro e podia ser usada para cortar árvores. A cabeça de ferro era afixada a um cabo de madeira. Não deveria ser usada para destruir as árvores de uma cidade numa guerra. **3.** *Chereb* é uma arma ou ferramenta usada para destruir as torres inimigas na batalha (Ez 26.9). O termo também é usado com referência a facas de pedra que Josué usou para a circuncisão (Js 5.2), a espadas de dois gumes (Jz 3.16), a uma ferramenta para modelar pedras (Êx 20.25) e a espadas usadas na guerra (Jz 7.20). **4.** *Magzerah* era uma ferramenta usada em trabalho de alvenaria. Davi aparentemente forçou os amonitas a derrubarem os muros da sua própria cidade e então a produzir tijolos para Israel (2Sm 12.31). **5.** *Ma'atsad* é a ferramenta do artesão (Jr 10.3; *NVI*: "formão") produzida pelo ferreiro (Is 44.12, *ARA*, *ARC*). Aparentemente era usada para aparar árvores ou madeira serrada. **6.** *Qardon* era uma ferramenta de ferro que precisava ser afiada (1Sm 13.20) e era usada para cortar árvores (Jz 9.48). O uso habilidoso dessa ferramenta tornava a pessoa famosa (Sl 74.5). **7.** *Keylaph* aparece somente em Sl 74.6 e é traduzida por "machado" na maioria das versões em português. **8.** *Kashshil* aparece somente em Sl 74.6 em combinação com o 7. É traduzido por "machadinha" (*NVI*) ou "martelo" (*ARA*, *ARC*). Independentemente da natureza dessas ferramentas, elas podiam ser usadas tanto para a destruição quanto para a construção. **9.** *Axine* era uma ferramenta usada para derrubar árvores (Mt 3.10).

MACIEIRA Conhecida no AT pelos frutos, sombra, beleza e fragrância (Jl 1.12; Pv 25.11; Ct 2.3,5; 7.8; 8.5). Alguns estudiosos duvidam de que o texto hebraico esteja se referindo à macieira. Eles pensam que a macieira comum tinha sido recém-introduzida na Palestina e que a variedade silvestre dificilmente se harmoniza com a descrição dada à árvore e seu fruto na Bíblia. A cidreira, o marmeleiro e o damasqueiro têm sido propostos como árvore de que a Bíblia fala. Das três, o damasqueiro parece ter o melhor apoio. Tendo sido trazida da China antes do tempo de Abraão, o damasqueiro é muito difundido em toda a Palestina. Quando as condições para seu cultivo são adequadas, o damasqueiro pode atingir uma altura de 10 metros, com galhos bem espalhados, que produzem boa sombra. O hebraico *tappuach*, "maçã", ocorre como nome de lugar na Bíblia, o que pode indicar que as macieiras eram conhecidas como acidentes incomuns em alguns lugares da Palestina.

MACNADBAI Nome que possivelmente significa "posse de Nebo", de um dos leigos forçados a se divorciar da esposa estrangeira na reforma de Esdras (Ed 10.40).

MACPELA Nome de lugar que significa "cavernas duplas". Lugar de sepultamento localizado perto de Hebrom. Lá foram sepultados Sara (Gn 23.19), Abraão (25.9), Isaque, Rebeca, Jacó, Lia e provavelmente outros membros da família. Depois da morte de Sara, Abraão comprou o campo de Macpela e sua caverna como sepulcro. O proprietário, Efrom, o heteu, o ofereceu de graça a Abraão, mas o patriarca recusou a oferta e pagou o preço justo de 400 peças de prata. O diálogo entre eles é uma típica negociação para a compra de terras naqueles dias. Ambos, Efrom e Abraão, esperavam que a venda acontecesse. A caverna se tornou local de sepultamento das gerações seguintes. Jacó pediu para ser sepultado lá antes de morrer no Egito, e seus filhos o levaram para lá (Gn 49.29,30; 50.13).

MACTÉS Transliteração usada pela *ARA* e *ARC* para o nome de lugar em hebraico que significa "argamassa". A *NVI* traduz por "cidade baixa", com nota explicativa sobre a possível versão como "lugar onde ser faz argamassa". Distrito em ou perto de Jerusalém (Sf 1.11). Comentaristas antigos situavam o lugar no vale do Cedrom. Recentemente o local tem sido associado a uma área no vale do Tiropeão, nos muros da cidade (daí, "cidade baixa", tradução adotada pela *NVI*).

MADAI Nome de um dos filhos de Jafé (Gn 10.2; 1Cr 1.5). Significa "terra do meio", sugerindo que Madai fosse entendido como o ancestral do povo da Média.

MADALENA V. *Magdala*; *Maria*.

MADIÃ Grafia alternativa para Midiã. V. *Midiã, midianitas*.

MADMANA Nome de lugar que significa "monte de esterco". Cidade no Neguebe, designada a Judá (Js 15.31), possivelmente também chamada Bete-Marcabote (Js 19.5). Lugares sugeridos para sua localização incluem a atual Khirbet Umm Demneh e Khirbet Tatrit, na vizinhança de Dharíriyah. A referência a Saafe como pai de Madmana (1Cr 2.49) é aberto a várias interpretações: 1) Saafe (re)fundou a cidade; 2) Os descendentes de Saafe se estabeleceram na cidade; 3) Saafe tinha um filho chamado Madmana.

MADMÉM Nome que significa "poço de estrume", aplicado a uma cidade de Moabe (Jr 48.2). Dimom (Dibom), a capital, talvez seja a intenção da referência. O lamento de Jeremias talvez se refira à aniquilação de uma revolta moabita por Assurbanípal em 650 a.C. V. *Dimom*.

MADMENA Nome de lugar que significa "monte de esterco". Um dos pontos na rota da invasão de Jerusalém (Is 10.31) pelo norte. O lugar é possivelmente Shu'fat. Isaías talvez faça referência à invasão de Senaqueribe em 701 a.C.

MADOM Nome de lugar que significa "lugar de justiça". Cidade na Galileia cujo rei se reuniu à aliança fracassada contra Israel (Js 11.1; 12.19). O lugar tem sido identificado como o cume de Qarn Hattim, a noroeste de Tiberíades.

MADRE Termo usado pela *ACF* e que significa "ventre, útero" (Êx 13.12; 34.19; Nm 3.12; 18.15).

MÃE Mulher que dá à luz, cuida e cria um filho. Geralmente se refere aos humanos, mas pode se referir a animais ou até mesmo como metáfora para a divindade. Na Bíblia a esposa tem dois papéis igualmente importantes: amar, apoiar e providenciar companheirismo e satisfação sexual para o marido, e criar e educar os filhos. Tão importante era a última função que a esterilidade tornou-se um estigma (Gn 16.1,2; 18.9-15; 30.1; 1Sm 1.1-20; Lc 1.5-25, esp. v. 25).

A Bíblia se refere a todos os aspectos da maternidade: concepção (Gn 4.1; Lc 1.24), gravidez (2Sm 11.5; Lc 1.24), a dor do parto (Gn 3.16; Jo 16.21) e amamentação (1Sm 1.23; Mt 24.19). A mãe era considerada ritualmente impura imediatamente após o parto, e uma oferta era prescrita para sua purificação (Lv 12; cp. Lc 2.22-24). O livro de Pv (1.8; 31.1) indica que mesmo em tempos antigos as mães partilhavam com os pais a responsabilidade de instruir e disciplinar os filhos. As mães têm o mesmo direito à obediência e respeito que os pais (Êx 20.12; Lv 19.3), e nos tempos do AT a morte poderia ser a penalidade para quem amaldiçoasse ou atacasse seus pais (Êx 21.15; 17; Dt 21.18-21). Jesus reforçou o quinto mandamento e o protegeu contra desvios de escribas (Mt 15.3-6).

As virtudes maternais são geralmente exaltadas: compaixão (Is 49.15), conforto (Is 66.13) e tristeza (Jr 31.15, citado em Mt 2.18) pelos filhos.

O fato de Deus usar uma mãe humana para trazer seu filho ao mundo concedeu à maternidade a maior honra. Jesus estabeleceu um exemplo para todos seguirem pela providência que tomou quanto à sua mãe (Jo 19.25-27). Jesus deixou claro, no entanto, que a devoção a Deus deve ter precedência à devoção materna (Mt 12.46-50). Mesmo o AT (Gn 2.24) indicava que a devoção de um homem à sua esposa ultrapassa a devoção em relação à mãe.

Em adição ao sentido literal, incluindo as mães de animais (Êx 34.26; Lv 22.27), a palavra é com frequência usada em sentido metafórico. Israel é comparado à mãe infiel (Os 2.2-5; Is 50.1). Em Ap 17.5 a Babilônia (Roma) é chamada de mãe das prostitutas (os infiéis a Deus).

MAGADÃ

Uma cidade é a "mãe" do seu povo (2Sm 20.19). Débora era a "mãe" (ou libertadora) de Israel. Em um sentido mais positivo, a Jerusalém celestial é a "mãe" dos cristãos (Gl 4.26). Jesus falou de sua compaixão para com Jerusalém como a da galinha para com seus pintinhos (Mt 23.37). Paulo comparou seu ministério à mãe que trabalha (Gl 4.19) e cuida dos seus filhos (1Ts 2.7).
— *James A. Brooks*

MAGADÃ Lugar junto ao mar da Galileia (Mt 15.39). Em Mc 8.10 muitas traduções (ex., *NVI, ARA, ARC, NTLH*) seguem outros manuscritos gregos, e neles se lê Dalmanuta. A localização de Magadã, se essa for a leitura correta, não é conhecida.

MAGBIS Nome de lugar que significa "pilha". Cidade no território de Judá, possivelmente identificada com a moderna Khirbet el-Mahbiyeh, a quase 5 quilômetros a sudoeste de Adulão, que os exilados retornados reclamaram como herança (Ed 2.30).

MAGDALA Nome de lugar que talvez signifique "torre". Cidade na praia oeste do mar da Galileia e centro de uma próspera operação de pesca. A cidade estava localizada na principal estrada proveniente de Tiberíades. Certa mulher curada por Jesus de possessão demoníaca era de Magdala. V. *Magadã; Maria*.

A cidade de Magdala, na praia oeste do mar da Galileia.

MAGDIEL Nome pessoal (e de tribo) que significa "dom escolhido de Deus". Líder edomita ou a área ocupada pelos seus descendentes (Gn 36.43; 1Cr 1.54).

MÁGICA V. *adivinhação e mágica*.

MAGISTRADO Oficial do governo com responsabilidades administrativas e judiciais. Em Ed 7.25 magistrado talvez seja um título paralelo a juiz. Possivelmente juízes e magistrados lidavam com casos diferentes; p. ex., casos que envolviam a lei tradicional e casos reais nos quais o Estado tinha interesse especial. A palavra para magistrado em Dn 3.2,3 é uma antiga palavra persa de significado incerto. Considerando que os magistrados seguem os juízes, pode ser que mais uma vez tenha-se em mente a ideia de oficiais com responsabilidades judiciais. A palavra para magistrado em Lc 12.11 (*ARC*) e 12.58 (*NVI*) é *archon*, palavra genérica para governante. A palavra traduzida por "magistrados" em At 16.20,22,35,36,38, *strategoi*, é usada para designar comandantes militares e oficiais civis de uma cidade grega responsável pela administração de dinheiro público, pelo apoio aos atos do concílio ou corpo administrativo (em geral o equivalente contemporâneo brasileiro de uma câmara municipal) e, em alguns casos, pela emissão de sentenças em casos legais. Designa também o "lictor" romano, uma espécie de policial. No caso de Filipos, *strategoi* serve como o equivalente grego da palavra latina *duumviri*, os dois magistrados que trabalhavam como oficiais chefes judiciais de uma cidade ou colônia romana. V. *prisão, prisioneiros*.

MAGNIFICAT Palavra latina que significa "magnificar, exaltar". Na tradução da Bíblia para o latim, é a primeira palavra do salmo de louvor de Maria (Lc 1.46-55) e, portanto, o título do salmo. É muito semelhante ao salmo de Ana (1Sm 2.1-10). V. *Benedictus; Nunc dimittis*.

MAGOGUE V. *Gogue e Magogue*.

MAGOR-MISSABIBE Nome que significa "terror por todos os lados", dado por Jeremias a Pasur, o sacerdote, depois que este espancou o profeta e o prendeu (Jr 20.3). A mais antiga tradução grega não conta com as palavras "por todos os lados", o que levou alguns intérpretes a concluir que as palavras foram adicionadas em imitação à frase completa em Jr 6.25 e 20.10.

MAGOS Homens sábios do Oriente, sacerdotes e astrólogos especialistas em interpretação de sonhos e em outras "artes mágicas". **1.** Homens cuja interpretação das estrelas os levou à Palestina para encontrar e honrar Jesus, o rei recém-nascido (Mt 2). A palavra tem origem persa. A mais antiga tradução grega de Dn 2.2,10 usa "magos" para verter a palavra hebraica "astrólogo" (cf. 4.7; 5.7). Os magos que saudaram o nascimento de Jesus podem ter sido da Babilônia, da Pérsia ou do deserto da Arábia. Mateus não lhes dá número, nomes ou posições reais. Antes do ano 225 d.C. Tertuliano os chamou de reis. Com base nos três presentes, deduziu-se que eles eram três em número. Pouco antes de 600 d.C. o *Evangelho armênio da infância* deu-lhes nomes: Melkon (mais tarde, Melquior), Baltasar e Gaspar. A visita dos magos afirma o reconhecimento internacional dos líderes de outras religiões sobre o lugar de Jesus como rei esperado. **2.** Em At 8.9 o verbo relacionado descreve Simão como praticante de feitiçaria, com conotação negativa. Essas percepções negativas há muito são associadas a alguns usos da palavra. **3.** Em At 13.6,8 Bar-Jesus ou Elimas é designado feiticeiro, um dos magos ou ainda falso profeta. Pela palavra de Paulo, o Senhor cegou Simão, demonstrando o poder de Deus sobre as artes mágicas.

MAGPIAS Nome pessoal que talvez signifique "exterminador de traças". Magpias estava entre os chefes do povo que assinaram a aliança de Esdras (Ne 10.20).

MAHALAT-LEANNOT V. *Maalate.*

MAHER-SHALAL-HASH-BAZ Nome pessoal que aparece em Is 8.1 e que significa "Rápido--Despojo-Presa-Segura" (*ARA*). Nome simbólico dado por Isaías a seu filho para advertir da iminente destruição da Síria e de Israel enquanto eles ameaçavam Acaz, rei de Judá. O nome foi dado para mostrar que Deus libertaria Judá dos inimigos. O sinal também instou Acaz a crer. Sem fé, Judá se tornaria parte do despojo. A profecia afirmava que os dois inimigos de Judá seriam destruídos antes de poderem atacar o Reino do Sul. A Assíria derrotou a Síria em 732 a.C. e derrotou Israel dez anos depois, em 722 a.C. Judá sobreviveu até 586 a.C.

MAIS ALTO DOS CÉUS V. *céu dos céus.*

MAL Desde os tempos pré-cristãos, os filósofos se debatem com a coexistência de um Deus soberano completamente bom e o mal e o sofrimento. Os teólogos cristãos tentam relacionar a providência divina e o mal. Muitos cristãos se perguntam "Por que eu?" quando confrontados pessoalmente com o sofrimento. No entanto, contrastando com outras religiões e filosofias, a Bíblia fornece respostas adequadas.

Enquanto muitos filósofos e teólogos descartam a fé na onipotência e bondade divinas, ou mesmo na existência de Deus ou do mal, segundo a Bíblia não há um real problema filosófico do mal. Em vez disso, a Bíblia simplesmente ensina que Deus tem suas razões para permitir o mal. Os pensadores cristãos têm classificado tradicionalmente as razões de Deus em duas categorias: 1) A volição da criatura (ao menos nos casos de Satanás e Adão) não seria livre se não houvesse a possibilidade de desobedecer à vontade de Deus. O mal resulta, portanto, do abuso da liberdade. 2) O sofrimento pode ser usado providencialmente para desenvolver o caráter cristão. As Escrituras, no entanto, fornecem mais do que duas razões e, ao fazê-lo, nunca abarcam totalmente a realidade do Deus vivo nem do mal.

Razões bíblicas para o mal Em Is 45.7 está escrito (*ARA*): "Faço a paz e crio o mal, eu, o Senhor, faço todas estas coisas". Essa tradução têm iludido alguns a pensar que a simples explicação para o mal é sua origem em Deus. Os exegetas, contudo, observam há muito que o versículo não trata da origem do mal; antes, da providência divina "promovendo o bem-estar e criando a calamidade" (*NASB*). O ensino bíblico se afasta claramente de atribuir o mal ao Santo: "Deus não pode ser tentado pelo mal, e a ninguém tenta" (Tg 1.13). As seguintes razões bíblicas para explicar o mal não raro se sobrepõem e são correlatas (cf. J. Newport, *Life's Ultimate Questions*).

Livre-arbítrio No mínimo, Deus criou Adão e Eva (e, por implicação, Satanás) com liberdade de escolha a favor ou contra ele mesmo (Gn 1—3). A livre ação moral deles, exercida em rebeldia e resultando em males desastrosos, não teria sido realmente livre sem a possibilidade de desobedecer. A providência divina não é colocada em jogo com isso. Deus ainda assim é soberano sobre a

História, e sua justiça e bondade não são impugnadas pela Queda.

Retribuição Deus precisa castigar o mal como o garantidor legal e justo da ordem moral. Assim, alguns apresentam o sofrimento como consequência do juízo sobre o pecado (Dt 30; Is 3.11; Rm 1.18), não incluindo o juízo na era por vir (Rm 14.10-12; 2Co 5.10; Ap 20.11-15).

Disciplina Deus usa o sofrimento para tornar seu povo mais parecido com Cristo. Aliás, a bondade divina garante o treinamento de seus filhos e seu amadurecimento por meio das provações (Pv 3.11,12; Jr 18.1-6; Rm 5.3-5; Hb 12.5-11).

Período probatório Os que temem a Deus esperam a derrota final do mal. No ínterim sua fé é testada pelo mal que parece estar no controle, obscurecendo o governo presente de Deus (Sl 37; 73). Mas, ao perseverar na provação, a verdadeira fé salvadora é revelada e confirmada (Hb 10.32-39; Tg 1.2-4; 1Pe 4.12-19; 5.8-10).

Revelação O sofrimento pode resultar no conhecimento mais amplo de Deus. Os problemas familiares de Oseias foram usados por Deus para revelar a verdade a Israel (Os 1—3). Embora o sofrimento possa induzir os ímpios a blasfemar mais (Ap 16.9-11,21), os justos são vitoriosos pelo conhecimento de que o amor de Deus age a favor deles nas suas tribulações (Rm 8.28-38).

Redenção O sofrimento às vezes é carregado de forma redentora por outras pessoas. O exemplo sublime é a propiciação vicária de Cristo pelos pecadores (Is 53.4-12; 1Pe 2.21-24; 3.18), mas os cristãos podem também sofrer a favor dos outros (Cl 1.24).

Mistério O livro de Jó ensina que as razões por trás do sofrimento de alguém podem estar ocultas ao sofredor e ser mal interpretadas pelos observadores. Jó aprende no final a descansar em Deus, mesmo sem a explicação cabal (Jó 42.1-6). Mesmo o Senhor Jesus bradou na cruz: "Meu Deus! Meu Deus! Por que me abandonaste?" (Mt 27.46; cp. Sl 22.1).

Vitória final A solução completa para o mal aguarda a era vindoura. No momento mais tenebroso da História, Cristo voltará para vencer o mal (2Ts 1.5-10; Ap 19.1-21). Deus vindicará seus filhos e enxugará todas as suas lágrimas (Is 25.8; Ap 7.16,17; 21.4). — *Ted Cabal*

MALAQUIAS, LIVRO DE Nome pessoal que significa "meu mensageiro". Autor do último livro profético do AT, a respeito de quem nada mais se sabe. Aquele a respeito de quem se profetiza em Ml 3.1, o "preparador" do caminho para a vinda do Senhor até seu templo também é identificado como *mal'aki*, "meu mensageiro". Alguns creem que o livro é de fato, anônimo, tendo o título extraído de 3.1. A ênfase do livro está claramente na mensagem, não no mensageiro, considerando que 47 dos seus 55 versículos são mensagens pessoais da parte do Senhor.

Pano de fundo histórico Ainda que o livro não seja datado por alguma referência a governante ou acontecimento específico, a evidência interna, bem como sua posição no cânon, favorecem a data pós-exílica. A referência a um governador em 1.8 favorece o período persa, quando Judá era província ou subprovíncia da satrapia de Abar Nahara, que incluía Palestina, Síria, Fenícia, Chipre e, até o ano 485 a.C., a Babilônia. O templo fora reconstruído (515 a.C.), e o culto, estabelecido (1.6-11; 2.1-3; 3.1,10). Entretanto, a empolgação e o entusiasmo dos quais os profetas Ageu e Zacarias foram catalisadores já haviam passado. Os problemas sociais e religiosos tratados por Malaquias refletem a situação apresentada em Ed 9—10 e Ne 5 e 13, sugerindo datas imediatamente anteriores ao regresso de Esdras (c. 460 a.C.) ou imediatamente antes do segundo mandato de Neemias como governador (Ne 13.6,7; c. 435 a.C.).

Mensagem e propósito

Acusação Malaquias apresenta os pecados de Judá, citando suas palavras, pensamentos e atitudes como se fosse o próprio povo (1.2,6,7,12,13; 2.14,17;3.7,8,13-15). Malaquias confrontou o fracasso dos sacerdotes de Judá em temer o Senhor e servir ao povo com consciência nos tempos difíceis. Isso contribuíra para a indiferença de Judá em relação à vontade divina. Ao lançar a responsabilidade dos problemas econômicos e sociais sobre a suposta infidelidade do Senhor para com eles, os membros do povo tratavam-se sem fidelidade (em especial com relação às esposas) e profanavam o templo casando-se com mulheres pagãs. Eles também deixaram de contribuir com os dízimos.

Instrução Malaquias conclama o povo a dar fim à apatia espiritual e a corrigir as atitudes erradas quanto ao culto mediante a confiança em Deus como o Senhor vivo com fé genuína. Isso incluía honrar o nome do Senhor com ofertas puras, ser fiel às alianças feitas uns com os outros, em especial às alianças de casamento e, de modo significativo, seu arrependimento em relação aos dízimos.

Juízo Se os sacerdotes não mudassem seu comportamento, o Senhor os amaldiçoaria e removeria do culto. Malaquias também anuncia o dia vindouro em que o Senhor da justiça purgará e refinará seu povo. Nesse tempo ele deixaria evidente a diferença entre o obediente e o ímpio, que seria julgado.

Esperança Malaquias também baseia sua instrução: 1) na demonstração do amor do Senhor para com Israel (1.2), 2) por meio da unidade espiritual e pactual com Deus e uns com os outros (2.10), e 3) no dia vindouro quando o Senhor também abençoaria muitíssimo os tementes (3.1-6; 3.16—4.3).

Mensageiro da aliança Em 3.1-6 Deus promete um "mensageiro da aliança", que purgaria e purificaria o povo de Deus, incluindo os sacerdotes (3.1-6). A natureza divino-humana desse mensageiro é indicada por ele falar, ao mesmo tempo, de modo distinto de Deus e também idêntico a ele (3.1; Zc 12.10—13.9). "Meu mensageiro" não é o mesmo, mas o arauto do "mensageiro da aliança" (cf. Hb 9.15). O NT identifica o "meu mensageiro" como "Elias" (em 4.5) e a "voz" (de Is 40.3) com João Batista (Mt 3.3; 11.10; Mc 1.2,3; Lc 3.3-6; Jo 1.23).

O papel de Elias como proclamador que prepararia o tempo da intervenção divina deriva de ser visto como a quintessência do profeta do arrependimento. Ele surge com Moisés nos versículos finais do AT, da mesma maneira que aparece com ele como representante os profetas para testificar a respeito de Jesus como Messias no monte da transfiguração (Mt 17.3; Lc 9.29-31). A profecia de 4.5 foi também cumprida em parte por João Batista (Mt 11.14; 17.10-13; Lc 1.15-17). Mas Jesus indicou que se deve aguardar o cumprimento adicional no tempo da sua volta (Mt 11.14; 17.11), talvez como reflexo da profecia das duas testemunhas de Ap 11.3 (Dt 19.15).

Estilo e estrutura Ainda que as versões da Bíblia em português dividam a profecia de Malaquias em quatro capítulos, o texto hebraico o divide em apenas três (4.1-6 contado como 3.19-24). O livro de Ml conta com um estilo peculiar entre os livros proféticos do AT. Em geral pode ser descrito como sermonal ou oracular, mas o uso frequente de artifícios retóricos de citações da audiência — o que constitui uma forma de interação que pode ser chamada pseudodialogal —, lhe dá um caráter distinto. Com frequência se afirma que ele contém uma série de "discursos de disputa" ou oráculos por meio dos quais se fazem acusações e apresentam-se evidências para confrontá-las. Os seis oráculos são identificados em 1.2-5; 1.6—2.9; 2.10-16; 2.17—3.5; 3.6-12 e 3.13—4.3 (em heb., 3.21), seguidos por dois apêndices, 4.4 (em heb., 3.22) e 4.5,6 (em heb., 3.23,24), geralmente considerados adições posteriores.

Uma estrutura alternativa é ver o livro como a organização de três discursos inter-relacionados, cada um com cinco seções que seguem um padrão de alternância entre acusação, instrução, juízo e esperança.

Esboço

I. Os sacerdotes são exortados a honrar Javé (1.2—2.9).
  A. Esperança: o amor do Senhor a Judá (1.2-5).
  B. Acusação: fracasso em honrar o Senhor (1.6-9).
  C. Instrução: parar o culto desonroso ao Senhor (1.10).
  D. Acusação: profanação do nome do Senhor (1.11-14).
  E. Juízo: o sacerdócio é amaldiçoado pelo Senhor (2.1-9).
II. Judá é exortado à fidelidade (2.10—3.6).
  A. Esperança: parentesco espiritual (2.10a).
  B. Acusação: infidelidade marital (2.10b-15a).
  C. Instrução: cuidado quanto à infidelidade (2.15b,16).
  D. Acusação: reclamações de Judá quanto à injustiça (2.17).
  E. Juízo: a justiça vem do Senhor (3.1-6).
III. Judá é exortado a voltar-se para o Senhor e a lembrar-se da Lei (3.7—4.6).

MALAQUITA

A. Instrução: trazer dízimos como evidência de arrependimento (3.7-10a).
B. Esperança: bênção prometida (3.10b-12).
C. Acusação: complacência a serviço do Senhor (3.13-15).
D. Esperança e juízo: o vindouro dia do Senhor (3.16—4.3).
E. Instrução: lembrar da Lei (4.4-6).

— *E. Ray Clendenen*

MALAQUITA Carbonato básico verde de cobre, usado como um mineral e para objetos ornamentais. De acordo com algumas versões da Bíblia, um componente do pavimento do mosaico que decorava o palácio do rei persa Assuero em Susã (Et 1.6). A raiz hebraica significa "brilhante". A palavra tem sido traduzida por pórfiro (*NVI, ARA, ARC*), madrepérola (*NTLH*) e jade (*BJ, TEB*).

MALCÃ 1Cr 8.9 (*NVI*), Moloque, Sf 1.5 (*NVI*). Nome que significa "seu (= deles) rei", aplicado a: **1.** Benjamita (1Cr 8.9). **2.** O principal deus dos amonitas (Sf 1.5, Moloque, *NVI, NTLH*; Milcom, *ARA*; Malcã, *ARC*; Melcom, *BJ*). A palavra hebraica *malkam* é algumas vezes vista como uma corruptela deliberada de Milcom (cf. Jr 49.1,3; Sf 1.5). Um texto (1Rs 11.7) associa Milcom a Moloque. Em Am 1.15 *Malcam* é traduzido simplesmente como "seu rei" (*NVI*), ainda que a escolha de palavras sugira que o deus dos amonitas irá para o exílio com eles. V. *Amom*; *Moloque*.

MALCO Nome pessoal que significa "rei", comum entre idumeus e residentes de Palmira, em especial entre seus reis ou chefes tribais. Servo do sumo sacerdote cuja orelha Pedro cortou (Jo 18.10). O nome é incomum para escravos, que geralmente tinham nomes como Onésimo ("útil", Fm 10,11). Talvez o escravo fosse chefe da guarda do templo. Somente o evangelho de Lc registrou a cura de sua orelha (Lc 22.51). Possivelmente Lucas desejava enfatizar a compaixão de Jesus no meio de sua paixão (cf. Lc 23.28,34,43) ou o respeito demonstrado para com o sumo sacerdote e seu representante (cf. At 23.4).

MALDIÇÃO V. *bênção e maldição*.

MALDITO ou **CONSAGRADO PARA A DESTRUIÇÃO** Tradução do vocábulo hebraico *herem*, termo técnico referente à guerra para designar itens capturados do inimigo e consagrados a Deus. As versões demonstram a dificuldade da tradução dessa palavra hebraica para o português usando expressões diferentes. Vejamos, p. ex., na *NVI*: "destruiremos totalmente" (Nm 21.2; semelhante em Dt 2.34); "exterminar todos os habitantes" (Js 8.26); "a terra [...] será [...] consagrada ao Senhor" (Lv 27.21); "destruíram totalmente a cidade [...] ela foi chamada Hormá [destruição]" (Jz 1.17). A *NTLH* usa "[terreno] sagrado [que pertence aos sacerdotes]" (Lv 27.21); "coisa [...] dedicada" (Lv 27.28,29); "destruiremos completamente" (Nm 21.2); "destruímos todas as [...]" (Dt 2.34); "destruirão completamente" (Dt 7.2); "destruíram" (Js 2.10); "matem" (Jz 21.11). Podemos comparar com isso a *BJ*: "como se fosse votado ao anátema" (Lv 27.21); "nada do que alguém consagra a Iahweh, por anátema [...]. Todo anátema" (Lv 27.28); "Nenhum ser humano votado ao anátema"; "sacrificamos cada uma delas [as cidades] como anátema" (Dt 2.34); "[...] e as sacrificarás como anátema" (Dt 7.2); "destruístes totalmente" (Js 2.10); "votareis ao anátema" (Jz 21.11). Ainda outra versão para comparação e verificação da dificuldade de traduzir esse conceito é a *ARA*: "como campo consagrado" (Lv 27.21); "nada do que alguém dedicar irremissivelmente ao Senhor" (Lv 27.28,29); "[...] e a cada uma destruímos" (Dt 2.34); "totalmente as destruirás" (Dt 7.2); "os quais destruístes" (Js 2.10); "destruireis" (Jz 21.11). Como ficou constatado anteriormente, a *BJ* usa de forma consistente as ideias de "destruir" e "votar/consagrar ao anátema". Os vizinhos de Israel praticavam a consagração dos despojos de guerra a um deus, como relata 2Rs 19.11. "Maldito" aparece como tradução de *herem* em Js 6.18. "Maldito" em Dt 21.23 e "amaldiçoado" em Is 65.20 aparecem como tradução de outra raiz hebraica, *qalal*, "maldizer, amaldiçoar, ultrajar".

Paulo usa um termo grego técnico, *anathema*, para colocar pessoas sob anátema sagrado ou amaldiçoá-las (Rm 9.3; 1Co 12.3; Gl 1.8,9; cp. 1Co 16.22). Paulo usou o termo no sentido da palavra hebraica *herem*. V. *anátema*; *bênção e maldição*.

MALELEEL Forma usada pela *ARC* para o nome grego Maalaleel usada pela *NVI* para se referir a um ancestral de Jesus (Lc 3.37).

MALFEITORES Palavra utilizada para se referir aos dois criminosos que foram crucificados ao lado de Jesus (Lc 23.32,33,39). A palavra é a tradução latina do grego *kakourgos*, que significa "ladrão" ou "criminoso". Em latim a palavra significa literalmente "quem faz o mal".

MALHA, COTA DE V. *armas e armaduras; armas*.

MALHADO Cor diversa de matiz cinza dos cavalos na visão de Zc 6.3,6. Algumas versões traduzem a rara palavra hebraica por "baio". As traduções mais recentes seguem as traduções gregas mais antigas e trazem "malhado". O termo hebraico também aparece em Gn 31.10,12 e em alguns manuscritos de Ne 5.18. Em algumas dessas ocorrências as versões trazem o termo "manchados".

MALI Nome pessoal, que talvez signifique "perspicaz" ou "arguto". **1**. Filho de Merari, levita que deu nome a um clã sacerdotal (Êx 6.19; Nm 3.20; 1Cr 6.19,29; 23.21; 24.26,28; Ed 8.18). **2**. Filho de Musi, sobrinho de Mali citado acima (1Cr 6.47; 23.23; 24.30).

MALÍCIA Intenção viciosa; desejo de ferir alguém. A malícia é característica da vida anterior à conversão, em oposição a Deus (Rm 1.29; Tt 3.3). Os cristãos são com frequência chamados a retirar a malícia de sua vida (Ef 4.31,32; Cl 3.8; 1Pe 2.1).

MALITAS Descendentes de Mali. Estes levitas tinham a responsabilidade da montar o tabernáculo e cuidar de sua manutenção (Nm 3.33-36; 26.58).

MALOM Nome pessoal que significa "doença". Um dos dois filhos de Elimeleque e Noemi (Rt 1.2,5) e marido de Rute, a moabita (4.9,10). Malom morreu enquanto a família peregrinava em Moabe em razão da fome em Israel, sua terra natal. Não se diz a razão da morte de Malom. Boaz, um parente distante de Malom, casou-se com a viúva, Rute.

MALOTI Nome pessoal que significa "eu falei". Um dos músicos do tabernáculo de Davi (1Cr 25.4,26). Tal como seu pai, Hemã (25.5), pode ter exercido um papel profético (vidente do rei). Os nomes dos filhos podem ter formado uma oração (v. nota explicativa na *BJ*).

MALQUIAS Nome pessoal com uma forma abreviada e uma forma longa que significa "meu rei é Javé". **1**. Ancestral do músico Asafe (1Cr 6.40). **2**. Sacerdote do tempo de Davi (1Cr 24.9; cp. 9.12; Ne 11.12). **3**. Príncipe de Judá nos dias de Jeremias, provavelmente pai de Pasur (Jr 21.1; 38.1,6); **4-6**. Três contemporâneos de Esdras casados com esposas estrangeiras (Ed 10.25,31); algumas traduções modernas substituem o segundo Malquias no texto hebraico de 10.25 por Hasabias, sendo esta a antiga leitura grega. **7**. Homem que ficou em pé junto com Esdras durante a leitura da Lei (Ne 8.4). **8**. Sacerdote que assinou a aliança de Esdras (Ne 10.3). **9-12**. Quatro contemporâneos de Neemias envolvidos na reconstrução (Ne 3;11,14,31) ou dedicação dos muros (Ne 12.42). Várias referências de Ed e Ne podem dizer respeito à mesma pessoa.

MALQUIEL Nome que significa "meu Deus é rei", dado a um descendente de Aser (Gn 46.17; Nm 26.45; 1Cr 7.31).

MALQUIELITAS Descendentes de Malquiel (Nm 26.45).

MALQUIRÃO Nome pessoal que significa "meu rei é exaltado". Filho do rei Jeconias de Judá (1Cr 3.18).

MALQUISUA Nome pessoal que significa "meu rei é salvação". Filho do rei Saul e de Abinoã (1Cr 8.33; 9.39), morto em batalha contra os filisteus no monte Gilboa (1Sm 14.49; 31.2; 1Cr 10.2).

MALTA V. *ilha*.

MALUQUE Nome pessoal que significa "ser rei". **1**. Ancestral de um levita cantor no templo de Salomão (1Cr 6.44); **2**. Sacerdote que retornou do exílio com Zorobabel (Ne 12.2, talvez o mesmo Maluqui do v. 14); **3-6**. Quatro

MALUQUI

contemporâneos de Esdras, dois deles casados com mulheres estrangeiras (Ed 10.29,32), um sacerdote (Ne 10.4) e um leigo (Ne 10.27) que testemunharam a renovação da aliança. Alguns desses nomes podem se referir à mesma pessoa.

MALUQUI Família de sacerdotes no tempo de Joiaquim (Ne 12.14). Alguns sugerem que Maluqui seja um erro de transcrição de Maluque (cf. 12.2).

MALVA Nas Escrituras "malva" se refere a duas plantas. **1.** *Atriplex halimus L.*, um arbusto que nasce em áreas pantanosas, uma comida desagradável (Jó 30.4, "giesta", *NVI*; "malva", *BJ*, *ARA* e *ARC*). Essa planta é comum em áreas de brejos ao redor do mar Morto. **2.** A malva verdadeira (gênero *Malva*), planta encontrada ao redor de Jerusalém. Suas flores desbotadas exemplificam o injusto, conforme uma interpretação de Jó 24.24. A palavra "malva" neste versículo é acrescentada pela mais antiga tradução grega. Outras traduções seguem o texto hebraico e nele se lê "todos".

MAMOM Forma grega de uma palavra siríaca ou aramaica que significa "dinheiro", "riquezas", "propriedade", "bens materiais" ou "lucro". No uso geral era a personificação das riquezas como deidade ou espírito maligno. Desde o ano 1500 tem sido usada como indicação da influência maligna da riqueza. A palavra não é usada no AT. No NT é usada apenas por Jesus (Mt 6.24: Lc 16.9,11,13, *ARC*). No Sermão do Monte Jesus disse: "Não podeis servir a Deus e a Mamom" (*ARC*). Ele quis dizer que ninguém pode ser ao mesmo tempo servo de Deus e do dinheiro. A concentração mental indivisa na atividade de ganhar dinheiro é incompatível com a devoção integral a Deus e a seu serviço (Cl 3.5). Na parábola do administrador infiel (Lc 16.1-13) Jesus recomendou a visão do administrador, não seu método. Seu propósito era apontar para como alguém pode usar melhor a riqueza, corrompida ou não, com uma visão do futuro. V. *mordomia*. — *Ray Robbins*

MANÁ Substância granulosa, considerada alimento vindo do céu, que sustentou os israelitas no deserto e antecipava Cristo, o verdadeiro Pão do céu.

Antigo Testamento Os pequenos grãos ou flocos que apareciam ao redor do acampamento dos israelitas toda manhã, junto com o orvalho, eram colhidos e preparados como biscoitos, ou cozidos (Êx 16.13-36). Seu nome pode ter surgido da pergunta que os israelitas fizeram quando o viram pela primeira vez: "O que é isto (*man hu*)?". Hoje um tipo de maná tem sido identificado com a secreção deixada por insetos em arbustos de tamargueira, quando se alimentam da seiva. A Bíblia enfatiza que Deus fez o maná aparecer no tempo e no lugar certos para atender às necessidades do seu povo.

Novo Testamento Jesus assegurou aos judeus que ele, não a comida do deserto, era o verdadeiro Pão do céu que confere vida eterna aos que dele participam (Jo 6.30-58). — *Barbara J. Bruce*

MANAATE Nome de lugar ou pessoal que significa "lugar de descanso" ou "acampamento". **1.** Ancestral do subclã horita dos edomitas (Gn 36.23; 1Cr 1.40). **2.** Lugar, provavelmente fora da Palestina, para onde alguns benjamitas de Geba foram exilados (1Cr 8.6). **3.** Cidade do território tribal de Judá de acordo com o antigo texto grego de Js 15.59, chamado neste texto de Manoco, provavelmente el-Malcha na região montanhosa de Judá, a quase 5 quilômetros a sudoeste de Jerusalém. Talvez seja o mesmo lugar que Noá ("lugar de descanso") associado aos benjamitas em Jz 20.43 (1Cr 2.54).

MANAÉM Forma grega de Menaém ("Confortador"); nome de um profeta ou mestre na antiga igreja de Antioquia (At 13.1). Manaém é descrito como *syntrophos* de Herodes, o tetrarca (Herodes Antipas, que reinou de 4 a.C. a 37 d.C.). O termo literalmente significa "pessoa que come com alguém". No AT os que compartilhavam da mesa do rei eram pessoas reconhecias como membros valorosos da corte (2Sm 9.10-13; 19.28; 1Rs 2.7; 2Rs 25.29; Ne 5.17). A tradução grega antiga usa *syntrophoi* para se referir aos generais que conviveram com Alexandre (1Mc 1.6), bem como aos membros da corte (2Mc 9.29). As traduções "membro da corte" e "amigo de infância" são possíveis para At 13.1. A alternativa menos provável é a antiga tradução grega de *syntrophoi* para israelitas, para significar "parente" (1Rs 12.24).

MANASSÉS Nome pessoal que significa "Deus me fez esquecer (os problemas)". **1**. Um dos dois filhos de José com Asenate (Gn 41.50,51). Manassés foi adotado por Jacó para receber sua bênção. Junto com Efraim, Manassés se tornou uma das 12 tribos de Israel e recebeu uma porção da terra. Em uma maneira praticamente típica no AT, Manassés, o irmão mais velho, não recebeu a bênção do primogênito (Gn 48.13-20). Jacó cruzou as mãos e deu a bênção a Efraim. Quando se aproximaram da terra prometida, metade da tribo de Manassés se estabeleceu na margem leste do Jordão e metade na margem oeste. V. *tribos de Israel*. **2**. Rei de Judá (696-642 a.C.), filho de Ezequias (2Rs 20.21). Seu reinado foi o mais longo de todos os reis de Judá. O reinado de Manassés foi conhecido como um dos mais infiéis a Javé. O livro de 2Rs o culpa pela destruição e exílio de Judá (21.10-16).

MANASSÉS, ORAÇÃO DE V. *apócrifos, livros — Antigo Testamento; apócrifos, livros — Novo Testamento*.

MANASSITAS Membros da tribo de Manassés.

MANCHA Marcas ou defeitos de diferentes tipos na pele indicam uma doença que deixava as pessoas ritualmente impuras (Lv 13.1-8). O sacerdote as declarava puras ou impuras. Somente animais "sem mancha" (Nm 28.3, *ARC*; *NVI* e *ARA*, "sem defeito") poderiam ser apresentados como oferta a Javé. Pedro se referiu a Jesus como "cordeiro sem mancha e sem defeito" (1Pe 1.19). Os que creem são exortados a guardar "o mandamento imaculado e irrepreensível" (1Tm 6.14), i.e., devem se manter moralmente puros e obedientes à vontade de Deus. V. *sacrifício e oferta*.

MANDÍBULA Estrutura óssea da borda da boca e dos dentes. A captura de cativos de guerra é algumas vezes apresentada utilizando-se a imagem de animais com freios nas mandíbulas (Is 30.28) ou peixes apanhados com anzóis (Ez 29.4; 38.4). Conforme um entendimento de Os 11.4, Deus é representado por um fazendeiro que "alivia o jugo de sobre as suas queixadas" (*ARA*), i.e., solta a canga para que os bois possam pastar mais facilmente.

MANDRÁGORA Planta pequena e perene (*Mandragora officinarum*), nativa do Oriente Médio. Ainda que não seja cultivada para alimentação, suas raízes e frutos são comestíveis. No antigo Oriente Médio era considerada afrodisíaca e remédio para fertilidade. É com frequência chamada maçã do amor ou maçã do Diabo. Conforme Gn 30.14-16, a estéril Raquel negociou com Rúben (o filho mais velho de Lia), algumas mandrágoras que ele havia achado. Lia, no entanto, teve os filhos (Gn 30.17-21). Somente quando Deus "se lembrou de Raquel" ela ficou grávida de José (30.24).

MANHÃ Primeira parte do dia segundo a contagem moderna. A manhã pode se referir ao tempo antes da aurora (Mc 1.35; cp. Gn 44.3), à aurora (Gn 19.15; 29.25) ou a algum tempo depois do nascer do sol. A palavra "manhã" com frequência aparece em paralelo com a palavra tarde (Gn 1.5,8) para indicar um dia inteiro. A vinda da manhã serve como figura que expressa alegria (Sl 30.5) ou vindicação (Sl 49.14) que chega rapidamente.

MANJEDOURA (*NVI*, *ARA*) Cocho para alimentação de gado, ovelhas, jumentos ou cavalos (Is 1.3; cp. Jó 39.9) e provavelmente para qualquer outro tipo de animal doméstico. Arqueólogos descobriram manjedouras de pedra nos estábulos de Acabe em Megido. Eram escavados em rocha de calcário e tinham cerca de 90 centímetros de comprimento por 45 centímetros de largura e 60 centímetros de profundidade. Outras manjedouras antigas eram feitas de pedra. Muitas casas palestinas consistiam em um cômodo grande que continha uma seção elevada e uma seção mais baixa. A seção elevada continha os quartos da família, enquanto a seção mais baixa abrigava os animais. De modo geral, uma manjedoura, com o formato de uma caixa ou um nicho de pedra, estava localizada na parte mais baixa da casa. Manjedouras eram também colocadas em estábulos, cavernas ou outros tipos de abrigo. A manjedoura citada em Lc 2.16 pode ter sido um estábulo em uma caverna ou outro tipo de abrigo. Lá Jesus foi colocado quando nasceu. — *Floyd Lewis*

MANJERONA

Manjedoura de pedra nas escavações arqueológicas na antiga cidade de Megido.

MANJERONA V. *hissopo*; *plantas*.

MANOÁ Nome pessoal que significa "descanso". Membro da tribo de Dã e pai de Sansão (Jz 13). Manoá pediu um filho a Deus, pois sua esposa não podia engravidar. Deus prometeu um filho sob a condição de que ele fosse criado como nazireu. Manoá hospedou o homem de Deus que lhe trouxe a notícia, e lhe ofereceu uma refeição, mas foi orientado a apresentar a comida como oferta queimada. O homem subiu na fumaça da fogueira, revelando sua identidade como um anjo de Deus. Manoá foi sepultado entre Zorá e Estaol.

MANRE Nome de lugar que significa "terra de pastagem". A principal área de habitação de Abraão e sua família. Aparentemente foi nomeada em homenagem a um amorreu (Manre) que ajudou Abraão a derrotar Quedorlaomer, um rei ímpio (Gn 14.1-24). Manre é famoso por seus carvalhos. Foi justamente a leste de Manre que Abraão comprou uma caverna (Macpela) como local de sepultamento de sua família. Sua localização era em Ramet et-Chalil, a pouco mais de 3 quilômetros ao norte de Hebrom. V. *Abraão*; *Macpela*.

MANSIDÃO Qualidade moral de humildade e gentileza, de modo geral exibida durante o sofrimento ou a dificuldade e acompanhada da fé em Deus. As palavras "manso" e "mansidão" são com frequência usadas em versões da Bíblia para traduzir a palavra hebraica *anav*, a palavra grega *prays* e suas formas relacionadas. O contrário de mansidão é a impiedade dura e orgulhosa que insiste na autovindicação imediata (Pv 3.33,34; 16.19; Is 32.7).

Versões da Bíblia usam as palavras "manso" e "mansidão" e também "gentil" ou "humilde". A mansidão bíblica não é apenas uma simples gentileza ou humildade, mas estas qualidades apresentadas com integridade em tempos de provação.

Mesmo que Deus possa ser descrito como "manso" ou "gentil" no trato com a humanidade (2Sm 22.36; Sl 18.35), a mansidão é primariamente um traço de caráter associado à condição humana (Sl 9.12; Pv 15.33; 22.4; Sf 2.3). No AT Deus sempre promete libertação ou salvação aos "mansos" — as pessoas justas que sofrem injustiça, pobreza ou opressão (Sl 9.18; 10.12,17; 22.26; 25.9; 34.2; 37.11; 69.32; 76.9; 147.6; 149.4; Is 11.4; 29.19; 61.1). No NT, Jesus é apresentado como exemplo destacado de mansidão (Mt 11.29; 21.5; 2Co 10.1). De igual modo, os discípulos pacientes, humildes e fiéis ("mansos"), ainda que no presente sofram a mesma rejeição que o Messias sofreu, serão um dia vindicados por Deus (Mt 5.5,11,12).

Paulo e os demais escritores do NT ensinam que a mansidão deve caracterizar relacionamentos familiares, eclesiásticos e sociais (Gl 6.1; Ef 4.2; Cl 3.123; 1Tm 6.11; 2Tm 2.25; Tt 3.2; Tg 1.21; 3.13; 1Pe 3.4,15). Essa mansidão é parte do "fruto do Espírito", produzida nos cristãos pela habitação do Espírito Santo (Gl 5.23). V. *humildade*; *paciência*; *pobre de espírito*. — Robert L. Plummer

MANTO Capa, túnica, véu ou qualquer outra peça exterior de roupa. Muitos dos profetas usavam um manto ou capa (1Sm 15.27; 1Rs 19.13), bem como as mulheres de Jerusalém (Is 3.22) e Jó

(Jó 1.20). A transferência do manto de Elias para Eliseu significou a passagem da responsabilidade profética e do poder divino que a acompanhava. Estas roupas são utilizadas pelo menos desde o tempo do Êxodo até o presente momento. V. *moda, roupas*; *véu*; *pano, roupa*.

MANUSCRITO Cópia de um texto escrita à mão. Antes da invenção da imprensa no séc. XV d.C. todos os livros eram escritos à mão. Grande quantidade de manuscritos do AT e do NT sobreviveram desde os primeiros séculos da era cristã até o séc. XVI. V. *textos bíblicos e versões da Bíblia*; *papel, papiro*; *escrita*.

MÃO Parte do corpo humano, a saber, a parte final do braço que capacita a fazer e usar ferramentas e realizar diversas funções. As palavras hebraica e grega traduzidas pela palavra portuguesa "mão" aparecem aproximadamente 1.800 vezes. Dessas ocorrências, cerca de 500 são em sentido literal, e as restantes, em sentido figurado.

As referências a "mão" geralmente compreendem a ideia de partes de uma mão. Portanto, em Gn 41.32, quando o faraó tomou seu anel-selo e o colocou no "dedo" de José (*NVI*), o original hebraico usa a palavra "mão". De igual maneira, em Ez 23.42 "mão" é traduzido por "braço" pela *NVI* (o sentido propriamente é de "pulso"): "eles puseram braceletes nos braços da mulher". O contexto no qual a palavra aparece determina seu significado e seu uso.

O maior número de usos figurados da palavra "mão" se relaciona ao próprio Deus. A "mão de Deus" ou "em tua(s) mão(s)" é uma expressão que se refere ao poder e à autoridade supremos e absolutos de Deus (1Cr 29.12). Em Is 59.1 a mão de Deus é descrita como poderosa. O texto de Êx 13.3-16 descreve a libertação de Israel do Egito por Deus pela sua "mão poderosa". A obra criadora de Deus envolveu o uso de suas mãos para criar os céus e a terra (Sl 8.6; 96.5). Deus usa sua mão para levantar e guiar o justo (Sl 37.24; 139.10). Punição e aflição vêm da mão de Deus (Êx 9.3; Dt 2.15; Jz 2.15; 1Sm 7.13; 12.15; Rt 1.13). A mão de Deus pode estar sobre alguém de maneira positiva ou negativa. Em um sentido positivo, significa trazer auxílio, enquanto a conotação negativa significa problemas ou angústias (Am 1.8).

A expressão "nas mãos de alguém" era usada em sentido figurado para expressar a ideia de autoridade que envolve responsabilidade, cuidado ou domínio sobre algo ou alguém (Gn 9.2). Exemplos desse conceito incluem: a autoridade de Sara sobre Hagar (Gn 16.6,9); a administração de José sobre a casa de Potifar (Gn 39.3-8); o papel de Moisés e Arão como líderes de Israel (Nm 33.1). Vitória e libertação também são apresentadas com o uso dessa expressão. A vitória sobre alguém é apresentada pela expressão "entreguei nas suas mãos" (Js 6.2; cp. Gn 49.8), enquanto a libertação era entendida como "livrar das mãos" (Êx 3.8).

Funções da mão são sempre usadas pelos escritores bíblicos para identificar certos usos da palavra. Uma vez que uma pessoa pega um objeto com a mão, os escritores bíblicos adaptaram a palavra para significar posse. Uma tradução literal de Gn 39.1 incluiria a declaração que Potifar trouxe José "dos ismaelitas". Em 1Rs 11.31 foi dito a Jeroboão que o Senhor estava para "tirar o reino das mãos" de Salomão.

"Dar a mão" significa que alguém tinha se comprometido com outra pessoa ou se submetido a ela, tal como em 2Rs 10.15 e Ed 10.19. A submissão ao Senhor está subentendida em 2Cr 30.8, em que "sirvam" é literalmente "dar a mão a".

"Estender a mão" é expressão usada para veicular duas ideias: atacar o inimigo em batalha (Js 8.19,26, *ARA*, *ARC*) e também para expressar um desejo intenso de comunhão com Deus (Sl 143.6).

O trabalho, ou ação, no qual alguém está envolvido é expresso pelas palavras "o que suas mãos fizerem" (Dt 2.7; 30.9). Em 1Sm 23.16 a ajuda de Jônatas a Davi é literalmente "ajudar a encontrar forças em Deus", i.e., aumentar sua fé e esperança na ajuda de Deus.

A expressão hebraica "mão levantada" (Nm 15.30, *ARC*; "atitude desafiadora", *NVI*; Dt 32.27) indica rebelião voluntariosa contra Deus, mas também poder militar (Êx 14.8; Mq 5.9). Imagem semelhante é expressa pela expressão "sacudir o punho" (Is 10.32); 11.15). O movimento da mão era interpretado como um sinal de desprezo e descontentamento, ou falta de respeito. Quando usado em referência a Deus, simboliza punição e advertência da parte do Senhor.

"Encher a mão" em hebraico expressa a consagração de um sacerdote (Jz 17.5) ou a dedicação de uma congregação (2Cr 29.31).

A palavra "mão" é usada na Bíblia de muitas maneiras específicas. Veio a significar "lado", talvez por conta da localização das mãos e dos braços no corpo. Um uso peculiar para mão é "monumento" (1Sm 15.12). Um espalhar de mãos denota um "espaço" grande (Gn 34.21, em heb.). V. *imposição de mãos*; *culto*. — James Newell

MAOL Nome pessoal que significa "lugar de dança". O nome pertence ao pai de três sábios de renome (1Rs 4.31). Uma interpretação alternativa toma a expressão "filhos do lugar da dança" como título dos que dançavam como parte dos rituais do templo (cf. Sl 149.3; 150.4). A sabedoria dos dançarinos do templo pode estar relacionada à sabedoria profética associada aos músicos (1Sm 10.5; 2Rs 3.15; esp. 1Cr 25.3).

MAOM Nome que significa "habitação". **1.** Descendente de Calebe, fundador de Bete-Zur (1Cr 2.45). **2.** Cidade na região montanhosa de Judá (Js 15.55). O lugar de Maom tem sido identificado com Tell Ma'in, a cerca de 12 quilômetros ao sul de Hebrom, na vizinhança do Carmelo de Judá (cf. 1Sm 25.2) e com Khirbet el-Ma'in, a cerca de 40 quilômetros a noroeste de Berseba. A cerâmica encontrada em Tell Ma'in indica que o lugar foi ocupado desde o tempo de Davi. Davi buscou refúgio de Saul no deserto a leste de Maom (1Sm 23.24,25). Nabal, que recusou a hospitalidade a Davi de forma muito tola, era morador de Maom (1Sm 25.2).

MAONITAS Um dos grupos étnicos que oprimiu Israel no período dos juízes (Jz 10.12). Estes maonitas talvez sejam os meunitas, atacados por Ezequias (1Cr 4.41) e Uzias (2Cr 26.7), um bando de árabes saqueadores da região ao sul do mar Morto, na vizinhança de Ma'an. Na tradução grega antiga lê-se "midianitas".

MAOQUE Nome pessoal que significa "tolo, bobo". Pai do rei Aquis de Gate (1Sm 27.2). Maoque talvez seja identificado com Maaca (1Rs 2.39), talvez seu ancestral.

MÃOS, IMPOSIÇÃO DE V. *imposição de mãos*.

MAQUEDÁ Nome que significa "lugar de pastores", de uma cidade cananeia, o lugar da rota de Josué quando combateu as forças combinadas de cinco reis cananeus (Js 10.10). Os reis buscaram refúgio em cavernas nas proximidades, mas foram encurralados (10.16). Josué capturou a cidade, matou toda a população (10.28). Mais tarde Maquedá foi designada à Sefelá (terras baixas) de Judá. Localizações sugeridas incluem: a sugestão de Eusébio de um local situado a cerca de 15 quilômetros de Eleuterópolis (Beit Jibrin). Tell es-Safi, sul de Hulda (Libna); el-Muqhar ("As Cavernas"), a sudoeste de Ecrom; e um local entre Láquis e Hebrom.

MAQUELOTE Lugar de parada na peregrinação pelo deserto. Maquelote (Nm 33.25,26) e Queelata (Nm 33.22,23) significam "reunir".

MAQUERONTE Palácio-fortaleza localizado a 24 quilômetros a sudeste da cabeceira do rio Jordão em um local quase 2 quilômetros acima do nível do mar. Herodes, o Grande, reconstruiu a fortaleza. Josefo afirma ter sido Maqueronte o local da prisão e execução de João Batista. A referência de Mc a nobres galileus entre os convidados de Herodes levou alguns intérpretes a sugerirem um local mais ao norte. Os Evangelhos, no entanto, associam o ministério de João ao deserto da Judeia (Mc 1.5; Mt 3.1; Jo 3.22,23). O fato de os discípulos de João terem reclamado o corpo dele (Mc 6.29) sugere um local do tipo de Maqueronte, próximo do centro do ministério de João.

Maqueronte, palácio da fortaleza de Herodes onde João Batista foi preso e executado.

MAQUI Nome pessoal, possivelmente significando "reduzido" ou "comprado" (Nm 13.15). Espião da tribo de Gade que explorou a terra prometida.

MÁQUINA Catapulta ou aríete. V. *armas e armadura*.

MAQUIR Nome pessoal que significa "vendido". **1.** Filho mais velho de Manassés e neto de José (Js 17.1). Pai de Gileade (Js 17.1), Perez e Seres (1Cr 7.16), e de uma filha cujo nome não é mencionado (1Cr 2.21). Tinha um irmão chamado Asriel (1Cr 7.14), e sua esposa chamava-se Maaca (1Cr 7.16). Maquir foi o líder da família maquirita (Nm 26.29). Aparentemente Maquir e seus familiares tinham a reputação de serem guerreiros experientes. Por ser um "guerreiro valente", Maquir recebeu o território de Basã e Gileade, a leste do Jordão (Js 17.1). Aparentemente o território dos maquiritas começava no sítio de Maanaim, no rio Jaboque, estendendo-se ao norte, e incluía a região ao redor do rio Jarmuque (Js 13.29-31). **2.** Filho de Amiel e integrante da tribo de Manassés. Proveniente de Lo-Debar, talvez uma cidade perto de Maanaim. É reconhecido no AT pela assistência dada a Mefibosete, filho de Jônatas (2Sm 9, esp. v. 4,5), e a Davi no período da rebelião de Absalão (2Sm 17.27-29). V. *Manassés*. — *LaMoine DeVries*

MAQUIRITAS V. *Maquir*.

MAR DA GALILEIA V. *mar da Galileia*.

O mar da Galileia plácido ao crepúsculo, com o monte Hermom com o cume nevado visto a distância.

Mar da Galileia, visto do monte Arbel.

MAR DA PLANÍCIE

MAR DA PLANÍCIE V. *mar Morto*.

MAR DE FUNDIÇÃO Grande recipiente de bronze, uma espécie de pia gigante, localizado no pátio sudeste do templo de Salomão (1Rs 7.23-26; 2Cr 4.2-5, *ARA*, *ARC*; *NVI*, "tanque de metal fundido"; *NTLH*, "tanque redondo de bronze"; *BJ*, "mar de metal fundido"). A pia foi feita por Hurão de Tiro, o responsável por toda a obra de bronze do templo (1Rs 7.13,14). O bronze para o mar de fundição foi obtido dos espólios de guerra das campanhas militares de Davi (1Cr 18.8). O recipiente tinha cerca de 4,5 metros de diâmetro por 2,25 metros de altura e cerca de 13,5 metros de circunferência. Sua espessura era de cerca de 4 dedos. Seu peso estimado era de cerca de 30 toneladas, e sua capacidade é estimada em cerca de 40 mil litros. A borda externa era ornamentada com duas fileiras de frutos (cf. *NVI*, 1Rs 7.24; 2Cr 4.3). Toda a peça estava baseada nas costas de 12 touros. Os touros eram ordenados em grupos de três, cada grupo de frente para um dos pontos cardeais (1Rs 7.25; 2Cr 4.4). Os touros mais tarde foram removidos por Acaz e substituídos por uma base de pedra (2Rs 16.17; cp. Jr 52.20). Depois da queda de Jerusalém em 587 a.C. a pia foi quebrada e levada para a Babilônia (2Rs 25.13; Jr 52.17). A pia foi usada para a purificação dos sacerdotes (2Cr 4.6). — Phil Logan

MAR DE JAZAR Acidente geográfico ligado à cidade de Jazar (Jr 48.32), mas desconhecido dos estudiosos atuais da Bíblia. Alguns comentaristas usam evidência extraída dos manuscritos e de Is 16.8 para eliminar "mar de" do texto.

MAR DE VIDRO V. *vidro*.

MAR MEDITERRÂNEO Designado no AT e no NT simplesmente como "o mar" (Js 16.8; At 10.6); também se refere ao Mediterrâneo como "mar Ocidental" (Dt 11.24, *NVI*, *ARA*, *ARC*, *BJ*), e também como "mar dos filisteus" (Êx 23.31, *ARA*, *ARC*). O mar Mediterrâneo localiza-se entre terras que se estendem por cerca de 3.500 quilômetros desde Gibraltar até a costa do Líbano e varia em largura de 1.600 a 9.600 metros. Muitas das nações importantes dos tempos antigos estavam na costa do Mediterrâneo ou ao longo de sua extensão: Israel, Síria, Grécia, Roma, Egito, Filisteia e Fenícia. Estranhamente, a natureza proporcionou poucos portos naturais para Israel (Dor, Jope e Acre). A linha da costa é quase reta. Em muitos lugares uma cadeia de montanhas se levanta bruscamente por trás de uma estreita faixa de praia.

Os hebreus não eram um povo de navegadores. Uma descrição mais aceitável era que eles eram um povo "temente do mar". O medo dos hebreus em parte se explicava por conta da origem desértica; logo, sua cultura se desenvolveu principalmente em torno da agricultura. A história de Jonas demonstra o medo que os hebreus tinham do mar.

Deus exerce seu senhorio sobre toda a criação. Como parte da criação divina, o mar lhe é subserviente. Ele governa sobre as ondas enfurecidas (Sl 89.9) e faz acontecer a tempestade (Jn 1.4).

Para os hebreus o mar Grande era a fronteira ocidental da terra de Canaã (Nm 34.6) e do território de Judá (Js 15.12). Somente com a ajuda dos fenícios é que Salomão foi capaz de montar e operar uma frota em Eziom-Geber no mar Vermelho. Madeira era trazida em balsas desde o Líbano até Jope (2Cr 2.16). A tentativa de Josafá de montar uma esquadra terminou em desastre (1Rs 22.47-50). Seus navios naufragaram no mesmo porto. O comércio marítimo permaneceu limitado na maior parte da história de Israel. Os fenícios eram famosos no mundo antigo por serem bons marinheiros e pilotos.

Mais tarde Tiro se tornou o principal poder marítimo no Mediterrâneo. O uso extensivo do Mediterrâneo pelos fenícios foi continuado pelos romanos que o chamavam "mar Exterior". Depois da conquista da Palestina por Pompeu em 63 a.C., o comércio no Mediterrâneo foi incrementado. O desenvolvimento tornou possível a atividade missionária de Paulo, Silas, Barnabé e outros. Paulo fez três viagens missionárias pelo Mediterrâneo. Preso pelos romanos, Paulo iniciou a viagem final pelo Mediterrâneo, e naufragou (At 27). A obra de Paulo envolveu cidades mediterrâneas como Cesareia, Antioquia, Trôade, Corinto, Tiro, Sidom, Siracusa, Roma e Éfeso. V. *Fenícia*; *transporte e viagens*; *Sidom e Tiro*. — Philip Lee

Pôr do sol no mar Mediterrâneo.

MAR MORTO Lago no final do vale do Jordão, na fronteira sudeste de Canaã, sem saída das águas que recebe; conhecido também por mar Salgado, mar da Planície e mar Oriental. Seu nome corrente nas línguas modernas lhe foi atribuído por meio de escritos depois do ano 100 d.C. Tem aproximadamente 80 quilômetros de comprimento e largura máxima de 18 quilômetros. A superfície do mar está a mais de 420 metros abaixo do nível do mar Mediterrâneo. No ponto mais fundo tem 395 metros de profundidade, e na parte mais rasa somente entre 3 e 5 metros.

A principal fonte de água do mar é o rio Jordão, mas outros rios menores também deságuam nesse lago. O rio Jordão despeja nele em média 6 milhões de metros cúbicos de água por dia. Apesar disso e do fato de o mar não ter saída para essas águas, a superfície não sobe mais que 4 ou 5 metros. Como o mar Morto está abaixo do nível dos outros mares, o calor e aridez da região causam rápida evaporação da água.

Isso, acrescido de outros fatores geográficos, dá-lhe um teor salino mais que cinco vezes a concentração dos oceanos, o que torna essa água a mais salgada do mundo. O teor de sal gera condições em que nenhuma forma de vida marinha consegue sobreviver, embora se tenha notícia de que alguns peixes foram encontrados em tanques adjacentes menos salgados. A região terrestre em volta, no entanto, tem condições de sustentar vegetação e vida. Essas características do mar Morto, bem como sua localização em uma área quente e árida, inspiraram os autores bíblicos a usá-lo como exemplo da vida distante da lei de Deus. — *Bob Sheffield*

MAR ORIENTAL Expressão que Ezequiel usa com referência ao mar Morto (Ez 47.18). V. *mar Morto*.

MAR VERMELHO (MAR DOS JUNCOS) Corpo de água que Deus dividiu no êxodo. Mar Vermelho é a tradução comum das palavras hebraicas *yam suf*. A palavra *yam* significa "mar", mas *suf* normalmente não significa "vermelho". A palavra *suf* significa "junco" (Êx 2.3,5; Is 19.6) ou "terra seca e estéril" (Jl 2.20), "fim do vale" (2Cr 20.16). A expressão *yam suf* poderia ser traduzida por "mar dos Juncos" ou "mar no fim do mundo". A tradução conhecida mais antiga da Bíblia Hebraica (a LXX, c. 200 a.C.) traduziu *yam suf* por *erthra*

MARA

O alto teor de sal do mar Morto faz que seja praticamente impossível uma pessoa afundar nas suas águas.

thalassa, "mar Vermelho". Jerônimo seguiu a mesma tradição na *Vulgata* (400 d.C.) e traduziu *yam suf* por *mare rubrum* (lit., "mar Vermelho"). A maioria das traduções em português segue a *Vulgata* e traduz por "mar Vermelho" (Êx 10.19, *NVI*, *ARA*, *ARC*, *NTLH*; *TEB*, *BJ*, "mar dos Juncos"; 1Rs 9.26, *NVI*, *ARA*, *BJ*, *ARC*, "mar de Sufe"; *NTLH*, "golfo de Ácaba"; *TEB*, "mar dos Juncos".).

Não se sabe quem primeiro sugeriu a tradução "mar dos Juncos". No séc. XI o erudito judeu francês Rashi falou sobre o *yam suf* como um pântano coberto por plantas aquáticas. No séc. XII Ibn Ezra, um judeu espanhol, comentou que o *yam suf* de Êx 13.18 deveria ser chamado de "mar dos juncos" por conta dos juncos que crescem ao seu redor. Martinho Lutero traduziu *yam suf* por *Schilfmeer*, mar dos Juncos". Ainda que a expressão "mar dos Juncos" seja amplamente aceita por muitos estudiosos, recentemente têm surgido tentativas de provar que essa expressão não seja a tradução legítima de *yam suf*.

O AT usa a expressão *yam suf* para se referir a mais de uma localização. Em Êx 10.19 a expressão é usada para indicar o golfo de Suez como o lugar aonde os gafanhotos foram levados e destruídos. Em 1Rs 9.26 faz referência ao golfo de Ácaba, onde as embarcações da marinha de Salomão ficavam estacionadas. A mesma localização pode ser indicada em Jr 49.21, onde os lamentos de Edom podiam ser ouvidos. O "caminho que leva ao mar Vermelho" (*yam suf*) é parte do nome de uma estrada que saía do Egito (Êx 13.18; Nm 21.4; Dt 1.40; 2.1; Jz 11.16). O "Caminho do mar Vermelho" (*yam suf*) era o nome de um acampamento ao longo do caminho que saía do Egito (Nm 33.10,11). *yam suf* marcava a fronteira sul ideal de Israel (Êx 23.31), mas a referência mais significativa ao "mar Vermelho" no AT é o lugar onde Deus libertou Israel do exército do faraó (Êx 15.4, 22; Nm 21.14; Dt 11.4; Js 2.10; 4.23; 24.6; Ne 9.9; Sl 106.7,9-11,22; 136.13-15).

Ninguém sabe ao certo a localização exata do ponto em que Israel atravessou o "mar Vermelho" no caminho de saída do Egito. Quatro teorias primárias foram sugeridas como o lugar verdadeiro onde atravessar o istmo de Suez: 1) a margem norte do golfo de Suez; 2) um lugar no centro do istmo, perto do lago Timsah; 3) um lugar na margem norte do istmo e na margem sul do lago Menzaleh; e 4) ao longo de uma faixa estreita de areia que separa o lago Sirbonis do mar Mediterrâneo. Ainda que não se saiba o lugar exato da ocorrência da travessia, o peso da evidência bíblica favorece a sugestão número 2. V. *Êxodo*. — Ralph L. Smith

MARA Nome pessoal e de lugar que significa "amargura". **1.** Nome escolhido por Noemi para refletir a amargura do seu sentimento quanto ao que Deus lhe havia feito, pela morte do seu marido e filhos (Rt 1.20,21). **2.** Lugar no deserto de Sur, nomeado dessa maneira pelas águas amargas lá encontradas pelos israelitas depois da saída do Egito (Êx 15.23). O lugar é característico da península do Sinai, cheio de poços com água não potável. O povo reclamou contra Moisés por causa da situação desconfortável. Deus atendeu à oração do líder ao lhe dizer que lançasse uma árvore na água para ela se tornar agradável e potável. O lugar não pode ser localizado com precisão.

MARALÁ Nome de lugar que significa "lugar no sopé da montanha". Cidade fronteiriça em Zebulom (Js 19.11). O lugar talvez seja Tell Ghalta, no vale de Jezreel, ao norte de Megido, ou Tell Thorah.

MARANATA Expressão aramaica usada por Paulo (1Co 16.22) na conclusão da carta à igreja em Corinto. Tendo declarado que quem não ama a Cristo (1 Co 13) seja *anátema* (amaldiçoado), Paulo utilizou uma fórmula, usada provavelmente na celebração da ceia do Senhor para pedir a vinda de Cristo. Isso destaca a urgência em demonstrar amor a Cristo. Uma maneira de demonstrar esse amor seria obedecer às instruções de Paulo em 1Co. Maranata é na verdade a junção de duas palavras aramaicas. Dividindo-a como *Marana tha* significa: "Nosso Senhor, vem". *Maran atha* significa "Nosso Senhor veio". A expressão revela a esperança cheia de expectativa dos primeiros cristãos, vigiando pela vinda iminente de Cristo. Os eruditos discordam quanto à maneira correta de dividir a frase. Qualquer que seja a divisão correta, a fórmula aramaica mostra que muito cedo a igreja aplicou a Jesus a palavra Senhor, que até então era usada apenas em relação a Deus. V. *anátema*.

MARCO DE DIVISA Pilar ou monte de pedras que serve como demarcação de fronteira (Gn 31.51,52). Alguns exemplos babilônicos e egípcios são elaboradamente esculpidos. Muitos códigos legais antigos (babilônicos, egípcios, gregos, romanos) proibiam a remoção do marco de divisa (Dt 19.14; cp. 27.17; Pv 22.28). Em Jó 24.2 a remoção do marco de divisa é comparada ao roubo. Em Pv 23.10 adverte-se contra a remoção dos marcos para roubar órfãos. Em Os 5.10 condena-se os governantes impiedosos de Judá como removedores de marcos, ou seja, não têm consideração pela justiça ou lei tradicional. Remover marcos significa mudar as demarcações originais da divisão da terra (cf. Js 13—19) e enganar proprietários rurais pobres, tirando deles o pouco de terra possuída.

MARCOS, EVANGELHO DE Segundo livro do NT e o mais curto relato do ministério de Jesus.

Autor O título "de (ou "conforme") Marcos" foi acrescentado ao Evangelho por escribas que produziram as cópias mais antigas. De acordo com a tradição da igreja primitiva, Marcos registrou e pôs em ordem as "memórias" de Pedro, produzindo assim um Evangelho baseado em testemunho apostólico. Ainda que Marcos fosse um nome romano comum, o escritor do Evangelho é provavelmente João Marcos. Ele se tornou um assistente importante de Paulo e Pedro, pregando o evangelho aos gentios e preservando a mensagem para cristãos posteriores. V. *Marcos, João*.

Leitores Marcos escreveu o Evangelho para cristãos gentios. Ele explica com detalhes os costumes judaicos para auxiliar leitores não acostumados com o judaísmo (7.3,45; 12.18). Marcos traduziu várias expressões aramaicas para a audiência de língua grega (5.41; 7.11,34; 15.22). Os gentios teriam apreciado especialmente a interpretação de Marcos do dito de Jesus que declarou serem puros todos os alimentos (7.19; cp. Mt 15.17-20). A audiência gentia de Marcos pode explicar sua omissão da genealogia de Jesus. Talvez os leitores gentios fossem cristãos romanos. O evangelho de Mc contém muitas palavras emprestadas do latim e escritas em grego; exemplos são "tomar conselho" (3.6), "legião" (5.9), "tributo" (12.14), "flagelado" (15.15).

A tradição cristã primitiva localizou Mc em Roma, preservando as palavras de Pedro para os cristãos romanos pouco antes da morte do apóstolo (1Pe 5.13). De acordo com a tradição, Pedro foi martirizado em Roma durante a perseguição movida por Nero, o que situaria o evangelho de Mc entre 64 e 68 d.C. Esse ambiente hostil motivou Marcos a veicular seu relato da mensagem de Jesus para confortar cristãos sofrendo por sua fé. O tema da perseguição domina o Evangelho de Mc (Mc 10.30; cp. Mt 19.29; Lc 18.21). O sofrimento messiânico de Jesus é enfatizado para inspirar cristãos a seguirem o mesmo caminho de serviço a Deus (10.42-45). Os cristãos romanos seriam encorajados ao saber que Jesus antecipou que "todos seriam salgados com fogo" (9.49; 13.9-13). Morrer pelo evangelho seria o mesmo que morrer por Jesus (8.35; Mt 16.25; Lc 9.24).

Estilo O livro de Mc tem sido chamado de "o Evangelho da ação". Uma de suas palavras favoritas ao contar a história de Jesus é "imediatamente". Jesus está constantemente em movimento.

Um dia, conforme a narrativa de Mc, Jesus ensinou às multidões junto ao mar, atravessou o mar da Galileia e acalmou a tempestade, libertou o endemoninhado geraseno, curou a mulher com hemorragia e ressuscitou uma garota (4.1-6.2). Marcos aparentemente tinha mais interesse na obra que nas palavras de Jesus. Por isso, omitiu o Sermão do Monte. Jesus ensinava enquanto se mudava de lugar para lugar, com lições valiosas para seus discípulos (8.14-21). Referências geográficas servem apenas para traçar os parâmetros de expansão do seu ministério. Conforme o "filme" de Mc, Jesus se movia rapidamente — como se fosse um homem com os dias contados.

Bons contadores de histórias cativam audiências ao usar linguagem cotidiana que provoca um imaginário forte. A linguagem de Mc é simples, direta e comum. Sua gramática grega algumas vezes rude e não requintada facilita a habilidade de comunicar a mensagem do evangelho ao usar padrões familiares de fala. Quando Marcos contava uma história, ele tinha um gosto pelo dramático e um olhar atento para os detalhes. Sua descrição era repleta de imagens vívidas que evocavam uma variedade de emoções em uma única história (5.1-20; cp. Mt 8.28-34). No relato detalhado do encontro de Jesus com o menino endemoninhado, somente Marcos registra a convulsão do menino que fazia que ele caísse no chão e rolasse, espumando pela boca (9.20,26).

Além disso, Marcos preservou as perguntas de Jesus ao pai do menino quanto à severidade da condição dele e quanto à profundidade da sua fé (9.21-24). Por fim, somente Marcos registrou as reais palavras da repreensão de Jesus e também a reação da multidão ao corpo sem vida do menino: "Ele morreu" (9.25,26).

A preocupação de Marcos com detalhes chega algumas vezes a ser redundante: "Quando o viram [...] pois todos o tinham visto [...] [Ele] lhes disse" (Mc 6.49,50). Isso demonstra sua dependência de testemunhos oculares. Marcos foi cuidadoso em relatar não só as palavras de Jesus, mas também seus gestos, atitudes e emoções (3.5; 6.34; 7.34; 8.12; 11.16. Da mesma maneira, Marcos recordou a reação das multidões, expressões faciais dos interlocutores, conclusões tiradas pelos discípulos e observações particulares feitas pelos oponentes (5.40; 10.22,32,41; 11.31; 14.40). Somente um observador interno poderia relatar histórias com informações tão pertinentes. Além disso, o papel destacado de Pedro na narrativa (Pedro lembrou, 11.21; tb. 1.36; 14.37; 16.7) confirma a tradição cristã antiga de que Marcos se baseou nas lembranças do apóstolo quando produziu "o evangelho de Jesus Cristo" (1.1).

Forma Tomando por base a primeira leitura, parece que o evangelho de Mc é uma coleção arbitrária de relatos a respeito de Jesus. Depois de João Batista ter cumprido seu papel como precursor do Messias (uma aparição muito breve), Jesus iniciou o ministério público na Galileia pregando o "evangelho de Deus" e reunindo uns poucos discípulos (1.14-20). Feitas as introduções necessárias, Marcos apresentou a vida de Jesus seguindo um esquema geográfico simples: da Galileia a Judeia. O ministério popular de Jesus na Galileia é lembrado nos cap. 1—9. O breve ministério na Judeia (10.1-31) serve em primeiro lugar como prelúdio da paixão de Jesus que se aproxima. Cerca de um terço do evangelho de Mc é dedicado à descrição dos acontecimentos da última semana da vida de Jesus (10.32—15.47). A narrativa termina de forma tão abrupta como começa; Marcos termina o relato do Evangelho com o anúncio angélico da ressurreição de Jesus, o Nazareno (o manuscrito grego mais antigo termina em 16.8). A cronologia de Jesus, feita por Marcos, deixa o leitor com a impressão de que seu único propósito ao escrever o Evangelho foi preservar a tradição oral em forma escrita. No entanto, após um estudo mais cuidadoso, fica claro para o leitor atento que Marcos ordenou o material de maneira mais sofisticada, para veicular a verdade em um nível mais alto.

As narrativas da purificação do templo e da figueira amaldiçoada são aparentemente incidentes isolados no evangelho de Mt, conectadas por uma sequência cronológica (Mt 21.12-22). Já no evangelho de Mc as duas narrativas estão interligadas para auxiliar o leitor a interpretar a atividade da narração de parábolas por Jesus. No caminho para Jerusalém, Jesus indicou aos discípulos que estava com fome e se aproximou de uma figueira para colher seu fruto. A árvore estava cheia de folhas, dando sinal de vida, mas não tinha frutos. Marcos recorda que Jesus "respondeu" à árvore e anunciou: "Ninguém mais coma de seu fruto" (11.14). Os discípulos, que "ouviram-no dizer isso", devem ter ficado confusos pela ação de Jesus, pois Marcos registra que "não era tempo de figos" (11.13). Sem explicação, Jesus liderou seus discípulos até Jerusalém, onde purificou o templo. Olhando a distância, a atividade diária do templo dava toda indicação de vida espiritual, mas, após um olhar mais cuidadoso, Jesus não encontrou nenhum fruto. Israel, a figueira, deveria ser "casa de oração para todos os povos" (11.17). Mas, em vez disso, os líderes religiosos transformaram a devoção dos adoradores em lucro financeiro (11.15,17). Em essência, quando Jesus "respondeu" à figueira, ele pronunciou uma maldição contra a liderança religiosa judaica e demonstrou seu desprazer divino ao purificar o templo. Então, não deveria causar surpresa para Pedro e os discípulos, na viagem de volta, achar a figueira amaldiçoada morta (11.21).

O evangelho de Mc não é apenas uma coleção de narrativas a respeito de Jesus. Seu livro conta toda a história de Jesus. Marcos desenvolveu o "enredo" unificado da narrativa do Evangelho ao revelar a identidade oculta de Jesus. O segredo messiânico é parte do mistério do Reino de Deus, compreendido apenas por quem está dentro — "mas aos que estão fora, tudo é dito por parábolas" (4.11,33,34). Em todo o evangelho de Mc, Jesus buscou ocultar sua verdadeira identidade. Jesus calou a fala dos demônios, porque eles sabiam quem ele era (1.34). Ele ordenou às testemunhas de milagres o silêncio total a respeito do que viram, ainda que o silêncio fosse uma possibilidade remota (7.36). Mesmo após o ápice da confissão de fé, quando os discípulos revelaram ter aprendido o segredo ("Tu és o Cristo"), Jesus os advertiu de não contar a ninguém a respeito dele (8.30). Marcos usou o segredo messiânico para organizar sua narrativa ao redor da revelação progressiva de Cristo e da jornada de fé dos discípulos. Mesmo os gentios demonstraram pertencer à comunidade da fé quando entenderam as parábolas de Jesus e o reconheceram como o Cristo.

A forma literária do evangelho de Mc não é acidental. A ordenação do material do Evangelho indica que foi obra de um artesão literário habilidoso. Marcos encontrou ironia, p. ex., ao colocar em paralelo a narrativa dos discípulos questionando a identidade de Jesus após ele ter acalmado a tempestade, "Quem é este?" (4.41), com o relato dos demônios que se apressam em gritar "Jesus, filho do Deus Altíssimo" (5.7). Quando os discípulos fizeram sua confissão superlativa de fé em Cesareia de Filipe (8.27-30), eles falharam em compreender as implicações plenas do messiado de Jesus (8.31-38). Marcos apresentou a visão espiritual parcial deles ao recordar o único milagre de cura de Jesus, de um cego, que foi em dois estágios (8.22-25). Ainda que os discípulos tenham visto o segredo messiânico, sua visão não estaria focada até a ressurreição. Sem dúvida, o retrato que Marcos faz de Jesus é uma "pintura" que pode ser apreciada tanto de perto (estilo) quanto de longe (forma).

Mensagem A autodesignação favorita de Jesus, especialmente em Mc, é "Filho do homem". No evangelho de Mc Jesus é identificado com a humanidade por meio do título e da espécie. Marcos apresentou Jesus como homem detentor de todos os tipos de emoções humanas. Movido por compaixão, raiva, frustração, misericórdia e tristeza (1.41; 3.5; 8.17; 14.6,33), Jesus ministrou entre os de sua espécie. Marcos apresentou a plena humanidade de Jesus sem reservas (3.21; 4.38; 6.3-6; 13.32); desde o início do ministério terreno (2.20), Jesus viveu à sombra sinistra da cruz, até que a agonia do Getsêmani quase o derrotou (14.34). Entretanto, Marcos escreveu um Evangelho designado também para evocar a fé na divindade de Jesus: a voz divina o anunciou do céu, os demônios gritaram por ele em agonia, Pedro a professou com ousadia, e até mesmo um soldado romano reconheceu: "Realmente este homem era o Filho de Deus!" (15.39).

Esboço

I. Deus agiu a favor do povo ao enviar seu Filho como agente (1.1-13).
II. A manifestação do Filho de Deus como agente divino assinalou a presença do Reino (1.14-45).
III. A velha ordem falhou em reconhecer o agente divino ou a presença do Reino (2.1—3.6).
IV. A presença do agente de Deus provocou reações (3.7—6.6).
V. O agente de Deus estendeu as bênçãos do Reino, a despeito da oposição (6.7—8.30).

MARCOS, JOÃO

Rua cheia de colunas na ágora de Perge, cidade importante na vida de Marcos, escritor do Evangelho.

VI. O agente de Deus manifestou o paradoxo do Reino: o sofrimento precede a vindicação (8.31—10.52).

VII. A presença do agente de Deus em Jerusalém intensificou o conflito entre a velha ordem e o Reino (11.1—12.44).

VIII. O agente de Deus previu o desastre iminente para Jerusalém e para a velha ordem (13.1-37).

IX. A velha ordem se uniu em sua ação contra o agente de Deus (14.1—15.47).

X. A ressurreição do agente de Deus validou a presença do Reino (16.1-8).

XI. Apêndice posterior: Prova da vindicação do agente de Deus (16.9-20).

— *Rodney Reeves*

MARCOS, JOÃO Autor do segundo Evangelho e antigo líder missionário. João Marcos, como Lucas o chama em At, era filho de Maria, em cuja casa a igreja se encontrava quando Pedro foi miraculosamente liberto da prisão em At 12. Chamado de modo geral pelo nome grego, Marcos, no NT, João era provavelmente o nome judeu. Marcos era judeu, primo de Barnabé (Cl 4.10) e companheiro de Barnabé e Paulo na primeira viagem missionária. Marcos ministrou com esse grupo em Chipre, terra natal de Barnabé, e também um lugar com conexões familiares para Marcos. No entanto, quando eles saíram para a Panfília, Marcos voltou para Jerusalém.

Marcos foi a causa da separação entre Paulo e Barnabé quando a participação dele na segunda viagem missionária foi discutida (At 15.39). Barnabé ficou do lado do primo, enquanto Paulo se recusou a levar Marcos, pois ele os abandonara na primeira viagem. Mais tarde, no entanto, Paulo indicou que Marcos estava com ele (provavelmente em Roma) quando enviou Cl (Cl 4.10) e Fm (Fm 24). Marcos foi também convocado para estar com Paulo em 2Tm 4.11. Qualquer que tenha sido o problema anterior, este foi resolvido, e a amizade deles foi restaurada.

Marcos está intimamente relacionado a Pedro. Em 1Pe.13 Pedro se refere a Marcos como o "filho" que estava com ele em Roma (Babilônia). A tradição da igreja primitiva favorece a forte associação entre Pedro e Marcos. No início do séc. II, Papias mencionou que Marcos era o intérprete de Pedro. Outras figuras da igreja primitiva associaram Marcos a Pedro e observaram que o evangelho de Mc foi baseado na pregação de Pedro. — *Bill Warren*

A porta sul (possivelmente helenista) da cidade de Perge, na Panfília, o porto de onde Marcos voltou para casa.

MARDOQUEU

MARDOQUEU Nome pessoal que significa "homem pequeno". **1.** Primo de Ester e a mente por trás de sua ascensão ao poder e a subsequente vitória sobre o perverso Hamã. Hamã, descendente do rei amalequita Agague, tentou eliminar o povo judeu. Mardoqueu, descendente da família do rei Saul, liderou Ester para lhe impedir o plano. Hamã foi executado na forca preparada para Mardoqueu. V. *Ester, livro de*. **2.** Homem que voltou da Babilônia para Jerusalém com Zorobabel (Ed 2.2; Ne 7.7).

MARDUQUE Principal divindade babilônica, algumas vezes chamado Merodaque ou Bel, o equivalente babilônico de Baal, que significa "senhor". A Marduque atribuía-se a criação, ato reencenado todo ano novo, e celebrado com uma festa. De modo típico do antigo Oriente Médio, Marduque era proclamado rei. O monarca entronizado era considerado filho do deus. À medida que o reino crescia, atribuíam-se a Marduque mais poderes, até ele ser reconhecido como senhor dos céus. Os profetas zombavam de Marduque e de seus adoradores, como produtos de artesãos humanos que levariam a Babilônia à derrota e ao exílio (Is 46.1; Jr 50.2,38; 51.47). V. *Babilônia*; *Bel*; *pagãos, deuses*.

MAREAL V. *Maralá*.

MARESSA Nome pessoal e de lugar que significa "lugar no topo", com duas grafias em hebraico. **1.** Filho de Calebe e fundador de Hebrom (1Cr 2.42). O texto hebraico aparentemente se refere a esse filho primeiramente como Messa, depois como Maressa. **2.** Membro da tribo de Judá (1Cr 4.21). **3.** Cidade de Canaã incorporada ao distrito da Sefelá de Judá (Js 15.44). A cidade foi fortificada por Roboão (2Cr 11.8). Maressa estava próxima do lugar da batalha entre as forças do rei Asa e o comandante etíope Zerá (2Cr 14.9-14). Maressa era o lar do profeta Eliézer (2Cr 20.37). Miqueias profetizou a destruição da cidade (Mq 1.15). O lugar tem sido identificado com Tell Sandahannah, a menos de 2 quilômetros de distância a sudeste de Beit Jibrin.

MARFIM Tradução da palavra hebraica que significa "dente". O marfim era usado para decorar tronos, camas, casas e convés de navios (1Rs 10.18; 22.39; 2Cr 9.17; Sl 45.8; Ez 27.6,15; Am 3.15; 6.4). Arqueólogos desenterraram na Palestina numerosos artigos feitos de marfim: caixas, tábuas de jogos, estatuetas, colheres e pentes.

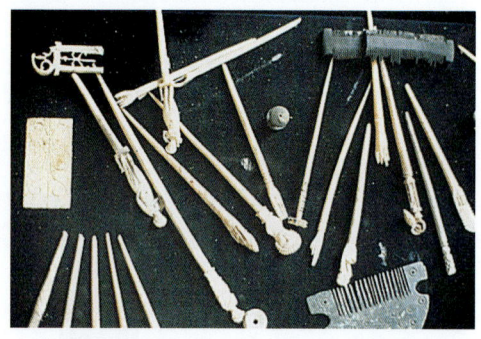

Artigos de marfim para pentear e enfeitar cabelos.

A informação de 1Rs 10.22 é citada por estudiosos como possível explicação da fonte de marfim na Palestina. Ao que parece, os navios de Salomão retornavam com marfim como parte da carga. Fontes de fora do AT indicam que havia elefantes no norte da Síria durante o segundo milênio a.C. Os elefantes foram extintos pela caça no norte da Síria por volta de 800 a.C.

O profeta Amós menciona o marfim como símbolo de luxo e riqueza (Am 3.15; 6.4). Nas listas de despojos levados por exércitos vitoriosos constavam objetos de marfim. Informa-se que Ezequias pagou tributo a Senaqueribe em 701 a.C. O relato de Senaqueribe acerca do tributo incluiu poltronas e cadeiras entalhadas com marfim. Foi encontrado marfim em Samaria, do qual se supõe que seja do tempo de Acabe, que reinou em Israel por volta de 869 a 850 a.C. —*James Newell*

MARI Cidade antiga descoberta acidentalmente por membros de uma tribo árabe e mais tarde escavada por arqueólogos franceses liderados por André Parrot. Atualmente conhecida por Tell el-Hariri, o lugar conta com uma área de aproximadamente 540 metros (depois da erosão no setor nordeste), localizado adjacente à margem direita (ocidental) do rio Eufrates, a cerca de 24 quilômetros ao norte da atual fronteira entre a Síria e o Iraque. Cerca de 30 campanhas de escavação arqueológica desenterraram os muros da cidade, bem como vários templos e palácios que datam de 3100 a 1760 a.C., quando a cidade foi destruída por Hamurábi da Babilônia, para nunca mais se reerguer a uma posição de destaque.

Localizada no meio do caminho entre os grandes poderes da Suméria (Kish, Ur, Acade) e da Sírio-Mesopotâmia (Ebla, Alepo), Mari já no terceiro milênio (a.C.) desempenhava um papel significativo no fluxo do comércio, ainda que, a julgar pelos documentos da época já publicados, a cidade vivia uma situação de dependência dos vizinhos mais poderosos. Por volta do ano 1800 (a.C.) não mais que quatro rotas de comércio convergiam para a cidade; os horizontes geográficos e comerciais da cidade iam desde o Irã, no leste, até os mares Mediterrâneo e Egeu, no oeste, incluindo a Turquia, o Líbano, a Síria, Israel e o deserto da Arábia. De uma posição tão excelente, o reino de Mari desempenhou um papel crucial no comércio internacional de madeira, pedra, lã, resina, roupas, móveis, cavalos reais, vinho, azeite e óleo de gergelim, murta, cobre, lápis-lazúli, e talvez o mais importante: estanho — um componente especial na confecção do bronze.

Por cerca de vinte e cinco anos antes de sua destruição por Hamurábi, Mari experimentou uma "era de ouro" sob seu rei Zimri-Lim. Essa era na história mesopotâmica tem sido comparada por um historiador de renome à era de Péricles na história da Grécia ou à de César Augusto na de Roma. Para Mari foi um período de grandeza sem comparação em termos de prosperidade material, e seus avanços culturais encontraram paralelo em poucos sítios nas áreas vizinhas do antigo Oriente Médio.

A prosperidade à qual Mari se entregou está indubitavelmente marcada no que restou do magnífico palácio de Zimri-Lim. Compreendendo uma área retangular de 3,5 hectares e contendo mais de 300 quartos, esse palácio é um dos maiores e mais bem preservados de toda a história da Mesopotâmia. Os arqueólogos escavaram muros interiores com quase 4 metros de espessura e quase 5 de altura; as vergas das janelas estavam praticamente intactas. Aparentemente um edifício de dois andares, o palácio foi construído para incluir muitos salões abertos cercados por uma grande quantidade de quartos interconectados por portões altos, o que permitia que ventilação e luz penetrassem por seu interior no qual não havia janelas. Os pisos eram em geral cobertos com gesso ou terra; as paredes eram cobertas com pinturas ou adornadas com esculturas, e usava-se madeira decorativamente para adicionar um esplendor estético.

Retirou-se desse palácio o maior de todos os legados de Mari: os arquivos reais. Compreendendo mais de 25 mil textos e fragmentos, essa documentação compreende quase todo aspecto da cultura: política interna, assuntos internacionais, tratados e questões diplomáticas, segurança interna, comércio, agricultura, irrigação, leis e jurisprudências, intrigas políticas e assuntos religiosos. De fato, o reino de Zimri-Lim é atualmente o mais bem documentado de toda a Antiguidade, o que inclui até mesmo correspondência pessoal entre ele e sua esposa, suas filhas, seus administradores locais e funcionários territoriais. Seu arquivo contém centenas de registros burocráticos que detalham de maneira gráfica a vida diária em uma corte da Mesopotâmia: onde e como o rei cultuava e que templos eram utilizados para o culto; onde, como e com que frequência o rei se divertia; como os membros da corte eram selecionados, bem como a escolha de dançarinas sedutoras para o harém real; quais eram as diversas formas de entretenimento para os dignitários visitantes, onde, quão distante e com frequência o rei viajava e como a corte se vestia.

A influência de Mari nos estudos bíblicos é significativa, mas indireta. Os documentos de Mari abriram dimensões históricas, geográficas e sociais sobre o norte da Mesopotâmia, a terra dos patriarcas bíblicos. Certos comportamentos dos patriarcas, atestados nos textos de Moisés, podem ser vistos refletidos na literatura de Mari. Isso inclui a importância do primogênito na estrutura da família, manifestada na adoção ou formalização da herança, a centralidade e interdependência do clã como modelo de estruturação social, a noção de movimentos de povos tribais ou étnicos e a relocação e reassentamento em uma área nova, a importância dos registros genealógicos similares aos de Gn 5 e 11 como meio de estabelecer autoridade pessoal ou do clã, o lugar destacado das práticas religiosas e as formas dos seus rituais, os procedimentos para realizar o censo, e a natureza dos profetas e da profecia. As fontes literárias de Mari contribuem para uma reconstrução ricamente contextualizada da história mesopotâmica no antigo período patriarcal, além de fornecer elucidação linguística de certos conceitos bíblicos (pontos geográficos, termos tribais, liderança tribal, fauna e flora, termos militares). V. *Hamurábi*. — Barry J. Beitzel

MARIA Nome pessoal grego equivalente ao hebraico Miriã. **1.** Maria, mãe de Jesus. Maria era uma jovem virgem, parente de Isabel, mãe de João Batista (Lc 1.5; 2.26), que vivia em Nazaré. Prometida em casamento ao carpinteiro chamado José, o anjo Gabriel apareceu a ela, anunciando que ela daria à luz o "Filho do Deus Altíssimo" que se assentaria "no trono de seu pai Davi" (Lc 1.32). Quando Maria levantou a questão da virgindade, o anjo indicou que a concepção seria sobrenatural (Lc 1.34,35). Mateus disse que essa concepção virginal foi o cumprimento de Is 7.14. Posteriormente, Maria visitou Isabel (Lc 1.39-45). E, depois de viajar até Belém e dar à luz Jesus (Lc 2.1-20), Maria e José apresentaram o bebê ao Senhor no templo (Lc 2.22-38). Mateus indica que Maria, José e Jesus viveram em Belém até a visita dos magos, quando a ameaça imposta por Herodes os forçou a buscar refúgio no Egito (Mt 2.1-18). A família depois viveu em Nazaré (Galileia) (Mt 2.19-23; Lc 2.39).

Na tradição posterior o apreço a Maria assumiu dimensões desproporcionais. Ela foi venerada, e fizeram-se afirmações a respeito de seu caráter único, incluindo sua "imaculada conceição", "virgindade perpétua", "ascensão corporal" e seu papel contínuo de "comediadora" da salvação. As Escrituras não dão base para estas ideias. Todas as aparições de Maria nos Evangelhos nos fazem considerá-la uma mulher normal. Em Mt 1.25 há indicação de que, depois do nascimento de Jesus, José e Maria mantiveram relações conjugais normais, tendo vários outros filhos (Mt 13.54-56; Mc 6.3). Quando Jesus contava 12 anos de idade, ele gentilmente repreendeu a mãe por falhar em reconhecer o profundo interesse dele pelas coisas de Deus. No casamento em Caná, Jesus realizou um milagre a pedido de Maria, mas a reprovou (Jo 2.1-11).

Maria estava presente junto à cruz quando Jesus a confiou aos cuidados de João, que a levou para sua casa (Jo 19.26,27). Depois da ascensão, Maria e seus filhos estavam com os discípulos em Jerusalém, onde eles esperaram a vinda prometida do Espírito Santo (At 1.14).

2. Maria Madalena, uma das seguidoras e apoiadoras de Jesus (Mc 15.41). Ela era de Magdala na Galileia. Experimentou uma libertação dramática quando sete demônios foram expulsos dela (Mc 16.9; Lc 8.2). Foi testemunha da morte de Jesus (Mt 27.56; Mc 15.40), do seu sepultamento (Mt 27.61; Mc 15.47), do túmulo vazio (Mt 28.1; Mc 16.1; Lc 24.1-10) e a primeira a se encontrar com o Cristo ressurreto (Jo 20.1-18). O fato de o nome dela ser citado sempre em primeiro lugar nas listas pode indicar um papel de liderança entre as mulheres. Ela tem sido identificada como uma mulher pecadora, talvez uma prostituta, talvez até mesmo a "mulher pecadora" de Lc 7.36-50. Entretanto, não há evidência disso em nenhuma das referências a ela.

3. Maria de Betânia, irmã de Marta e Lázaro. Jesus se hospedou em sua casa mais de uma vez. Ele elogiou Maria pelo interesse nos ensinamentos dele (Lc 10.38-42). Maria e Marta mandaram uma mensagem a Jesus quando Lázaro ficou doente e morreu (Jo 11.1-45). Maria mais tarde ungiu os pés de Jesus com perfume (Jo 12.1-8; Mc 14.3-9). Havia um relacionamento profundo entre Jesus e sua família. **4.** Maria, mãe de Tiago, o Menor, e de José. Junto com Maria Madalena, essa Maria é identificada como testemunha ocular da morte, sepultamento e ressurreição de Jesus (Mt 27.56-28.1; Mc 15.40-16.1; Lc 24.10). Ela era da Galileia e uma seguidora e apoiadora do ministério de Jesus (Mc 15.40,41). **5.** Maria, esposa de Clopas. Essa Maria também foi testemunha da morte de Jesus e pode ter sido a mesma Maria, mãe de Tiago e José (Jo 19.25), mas esse ponto de vista tem alguns problemas. **6.** Maria, mãe de João Marcos. Quando Pedro foi liberto da prisão (em At 12), ele foi à casa de Maria, mãe de João Marcos, onde os discípulos estavam reunidos. Essa casa aparentemente era um lugar de reunião dos cristãos. João Marcos mais tarde foi associado à obra missionária de Paulo, Barnabé e Pedro. **7.** Maria de Roma. Cristão em Roma, saudada por Paulo (Rm 16.6), que observou o trabalho árduo dela a favor dos cristãos. — *Clark Palmer*

MARIDO Parceiro masculino no casamento. V. *família*; *bodas [casamento]*.

MARINHA V. *frota, esquadra*; *navios, marinheiros e navegação*.

MARINHEIRO V. *navios, marinheiros e navegação*.

MÁRMORE V. *minerais e metais*.

MAROTE Nome de lugar que significa "amargo" ou "fonte amarga". Cidade nas terras baixas de Judá que seria atacada quando exércitos invasores se aproximassem de Jerusalém (Mq 1.12). A cidade talvez seja Maarate (Js 15.59).

MARSENA Nome pessoal persa ou aramaico de significado incerto. Um dos sete sábios ou príncipes com acesso ao rei persa Assuero (Et 1.13,14; cp. Ed 7.14).

MARTA Nome pessoal que significa "senhora (da casa)" ou "patroa". Irmã de Maria e Lázaro de Betânia e uma das discípulas mais amadas de Jesus. Fiel ao significado do seu nome, Marta é apresentada como alguém que está no comando: recebeu Jesus como hóspede em sua casa (Lc 10.38); estava preocupada em cumprir as obrigações de anfitriã, preparando a refeição (Lc 10.40; Jo 12.2) ou recebendo os convidados (Jo 11.20). Junto com Maria, enviou uma mensagem a Jesus quando Lázaro estava doente (Jo 11.3). Em Lc 10.38-42 é contrastado o discipulado ativista de Marta com o contemplativo de Maria. A igreja não pode ministrar sem "Martas" que desejam apenas servir. A repreensão suave de Jesus serve como lembrete perpétuo para não dar prioridade a assuntos menores. Jesus não pode ser negligenciado em nome do serviço. Em Jo 11.21-27 Jesus guiou Marta da confissão inadequada à sublime. Confrontada com a realidade da morte, Marta, no entanto, posteriormente duvidou (Jo 11.39).

MARTELO Ferramenta para bater, golpear. Os martelos mais antigos eram apenas pedra polida ou modelada. No início da Idade do Bronze, as pedras eram modeladas para segurar melhor ou para receber um cabo. Utilizavam-se cabos de osso ou de madeira (Jz 5.26), ainda que estes não sejam de fácil preservação. Martelos com cabeça de metal eram raros na terra de Israel, possivelmente porque o metal era reservado para ferramentas que precisavam de uma lâmina cortante.

Martelos eram usados para cortar pedras (1Rs 6.7), para trabalhar tanto com metais comuns quanto com preciosos (Is 41.7; 44.12), e também para trabalhar com madeira (Jr 10.4). Uma arma semelhante ao martelo também era usada em batalhas (Jr 51.20, *NVI*, *ARA*, *ARC*, *BJ*; "porrete de guerra", *NTLH*). V. *armas e armadura*.

MARTELO, MACHADO V. *armas e armadura*.

MÁRTIR Transliteração da palavra grega *martys*, que significa "testemunha". Na *LXX* a palavra raramente denota alguém capacitado para este ou aquele testemunho, ainda que em pelo menos um caso seja feita de forma temática uma referência à proclamação profética. As mensagens e oráculos de Deus eram com frequência rejeitados, resultando em maus-tratos ou até mesmo a morte do mensageiro (o Servo Sofredor de Is 42; 49; 50; 52; 53; outros exemplos de sofrimento em perseguição são citados em Jr 20.2; 1Rs 19.2; 2Cr 18.7-27; 1Rs 19.10; Jr 20.1-6).

As testemunhas também atestam verdades morais, religiosas ou espirituais e pontos de vista dos quais estejam convencidas pela fé. As verdades podem ser fatos externos ou convicções internas, e entende-se que em último caso alguém pode dar a vida por elas. O NT se refere apenas três vezes a mártir no último sentido (At 22.20; Ap 2.13; 17.6), mas a igreja primitiva expandiu bastante seu significado e desenvolveu a teologia do martírio durante séculos de perseguição. V. *perseguição*; *testemunha, mártir*. — Stefana Dan Laing

MARUJO V. *navios, marinheiros e navegação*.

MÁS Filho de Arã (Gn 10.23; cf. nota explicativa da *NVI*. V. *ARA*, *ARC*, *NTLH*, "Más"; *BJ*, "Mes"), na tabela das nações, e, portanto, ancestral de um grupo tribal sírio, possivelmente do monte Masius (Tur Abdin) no norte da Mesopotâmia ou das montanhas Mashu citadas no Épico de Gilgamés, provavelmente os montes Líbano e Antilíbano. O nome é grafado Meseque em 1Cr 1.17.

MASAI Possivelmente uma forma abreviada de Maaseias, que significa "obra de Yah (= Javé)". Um dos sacerdotes que retornou do exílio (1Cr 9.12), Masai é provavelmente o mesmo Amassai (Ne 11.13). (A *ARA*, *ARC*, *NTLH* e *BJ* transliteram como Amasai.)

MASAL 1. Cidade no território tribal de Aser, mais tarde designada aos levitas (1Cr 6.74). Em Js 19.26 e 21.30 aparece como Misal (*NVI*). 2. O mesmo termo técnico hebraico, *mashal*, é usado para designar provérbios, parábolas e símiles. V. *Provérbios, livro de*; *sabedoria e pessoas sábias*.

MASQUIL

MASQUIL A palavra *maskil* aparece nos sobrescritos dos salmos 32; 42; 44; 45; 52—55; 74; 78; 88; 89; 142 e também em 47.7. A *LXX* traduz a palavra por "habilidade de compreensão", "inteligência", e a *Vulgata* a traduz por "entendimento", "inteligência". A origem e o significado da palavra são incertos. Significados sugeridos são: 1) salmo didático (salmo de sabedoria, entendimento ou instrução); 2) cântico (uma composição artística, habilidosamente elaborada). O texto de 2Cr 30.22 menciona que os levitas são habilidosos (*maskilim*) em cantar e louvar a Deus no culto. O masquil era uma coletânea de grupos de salmos compostos para o culto. — *Kyoungwon Choi*

MASRECA Nome de lugar que talvez signifique "vinha". Cidade em Edom cujo rei governou os edomitas no período antes de Israel ter reis (Gn 36.36; 1Cr 1.47). A cidade é talvez Jebel el-Mushraq, a cerca de 332 quilômetros na direção sul-sudoeste de Ma'na. Eusébio, por volta do ano 300 d.C., localizou Masreca em Gabalene, no norte de Edom.

MASSA Farinha de trigo ou outra farinha misturada com líquido, geralmente água, mas às vezes também azeite de oliva, e assada como pão. A massa era normalmente fermentada, deixada para crescer e então sovada antes de assar (Jr 7.18; Os 7.4). A necessidade da pressa na partida dos hebreus do Egito fez com que levassem a massa antes de ser fermentada (Êx 12.34). V. *pão*.

MASSÁ Palavra hebraica com vários significados. **1.** Sétimo filho de Ismael (Gn 25.14; 1Cr 1.30). **2.** Tribo árabe, talvez descendente do citado no ponto 1. O povo de Massá está alistado entre os que pagaram tribo ao rei Tiglate-Pileser III (745-727 a.C.) da Assíria. Alguns interpretam o título Massá nos títulos de algumas coleções de provérbios (Pv 30.1; 31.1, *NVI* nota de rodapé) como referência à nacionalidade da pessoa mencionada (cf. *ARA*, *BJ*). **3.** Palavra hebraica para peso ou carga (Êx 23.5; Nm 4.24,32). **4.** Palavra hebraica encontrada no início de alguns livros do AT (Na, Hc, Ml) ou uma unidade menor identificando a natureza da unidade literária seguinte. Se for entendido como tendo o mesmo significado do citado no item 3, deve ser considerado uma palavra distinta traduzida de forma comum por "oráculo", "discurso" ou "pronunciamento". De modo geral introduz o oráculo de juízo contra uma nação estrangeira (Is 13.1; 14.28; 15.1; 17.1; 19.1; 21.1,11,13; 23.1; Na 1.1; Zc 9.1), contra Israel (Is 22.1; 30.6; Ez 12.10; Hc 1.1; Ml 1.1) ou contra um indivíduo (2Rs 9.25). Mas também pode se referir a uma mensagem de bênção ou de bênção e juízo (cf. Jr 23.33,34,36,38; Zc 12.1; Ml 1.1). **5.** Nome de lugar que significa "tentar, testar". Lugar de parada na peregrinação de Israel pelo deserto, perto da base do monte Horebe (Sinai). Moisés deu o nome ao lugar em resposta ao desejo do povo de testar Deus pedindo água (Êx 17.7). Massá se tornou um lembrete da desobediência de Israel ou da dureza do coração (Dt 6.16; 9.22; Sl 95.8). Não raro Massá aparece junto com Meribá (que significa "lugar com, disputar, encontrar defeito em", Êx 17.7; Dt 33.8; Sl 95.8). Em Dt 33.8 é apresentada uma releitura poética da origem do sacerdócio levítico em Massá. — *E. Ray Clendenen*

MASSADA Mesa geológica na região montanhosa na costa oeste do mar Morto. Ela se ergue por cerca de 250 metros acima dos vales ao redor e foi utilizada como fortaleza entre 142 a.C. e 73 d.C. Jônatas Macabeu inicialmente fortificou o rochedo. Herodes, o Grande, o tornou um monumento à sua atividade de construção. Um grupo de rebeldes judeus a tomou por um curto período na primeira revolta contra Roma (66-73 d.C.). Depois de uma longa luta para recuperar a fortaleza, a Décima Legião levantou uma enorme rampa de assalto e rompeu seus muros. Eles encontraram os corpos de cerca de 900 homens, mulheres e crianças, vítimas de um pacto suicida para impedir os romanos de os tomarem como prisioneiros.

MASSORA Palavra hebraica que significa "tradição", usada em referência a notas adicionadas às margens dos manuscritos do texto massorético do AT como garantia da transmissão do texto. V. *textos bíblicos e versões da Bíblia*.

MASTRO 1. Haste na qual uma bandeira, ou emblema, é exposta (Is 30.17), traduzido assim também em Is 33.23 e Ez 27.5. Algumas versões em inglês traduzem a palavra por

CAMPANHAS DE TITO 69–70 d.C.

- Cidade
- ○ Cidade (localização incerta)
- ▲ Montanha
- ✺ Cerco
- → Campanha de Tito
- ⇐ Pressão romana
- ▨ Área de revolta judaica

Tito reúne duas legiões para atacar Jerusalém

Legiões de Jericó e de Emaús se unem a Tito

Tropas romanas incendeiam o templo, no dia 28 de agosto de 70 d.C. e obtêm controle absoluto em meados de setembro

Queda de Massada em 73-74 d.C.

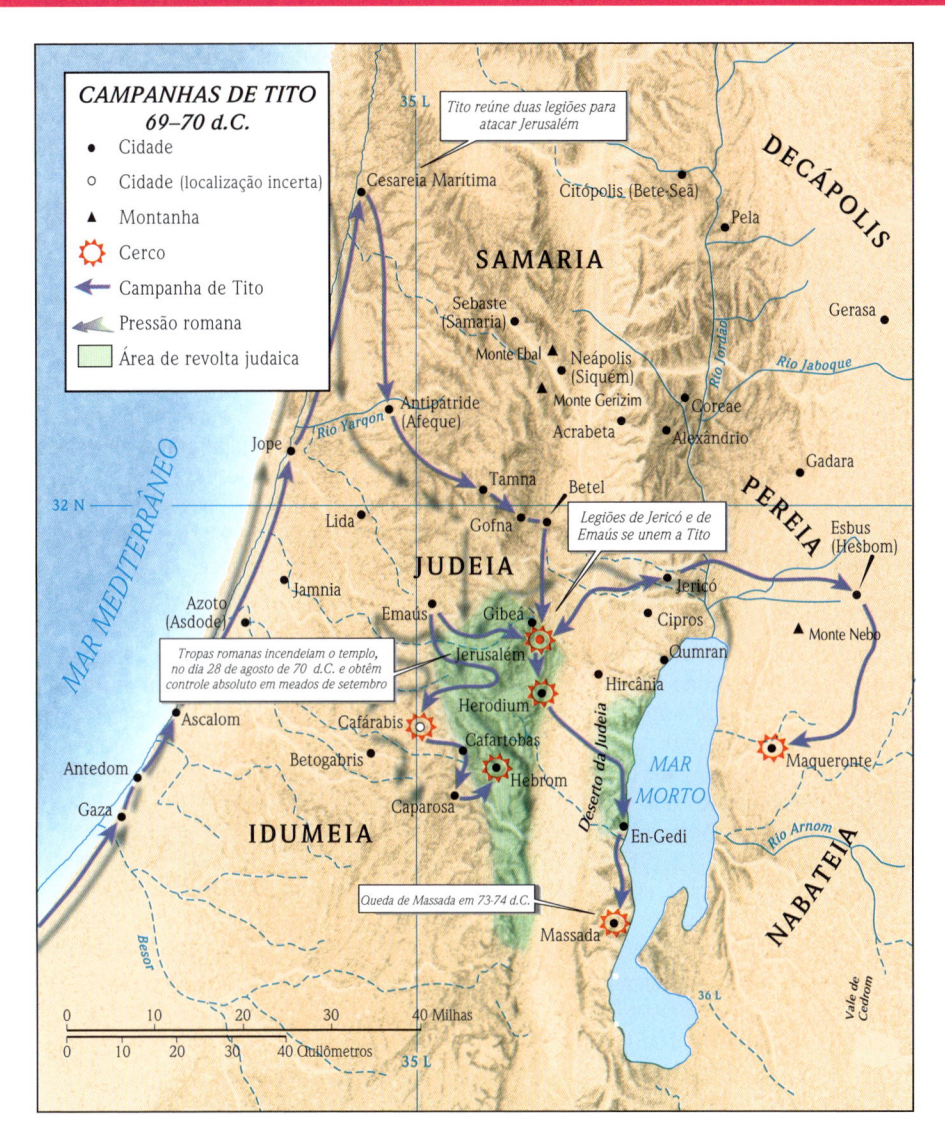

"bandeira" em algumas ocorrências (*NASB* e *REB*). **2.** Poste alto colocado no centro do navio, para apoiar a vela (Pv 23.34; Is 33.23; Ez 27.5). V. *navios, marinheiros e navegação*.

MATÃ Nome pessoal que significa "dom de Deus". **1.** Sacerdote de Baal que servia à rainha Atalia, morto na purificação liderada por Jeoiada (2Rs 11.18). **2.** Pai de Sefatias, contemporâneo de Jeremias (Jr 38.1). **3.** Um ancestral de Cristo (Mt 1.15).

MATANÁ Nome de lugar que significa "presente". Lugar de parada na peregrinação dos filhos de Israel pelo deserto (Nm 21.18,19). O lugar é talvez o mesmo Khirbet el-Medeiyineh, a cerca de 19 quilômetros a sudeste de Madeba. Cacos de cerâmica encontrados no lugar indicam a ocupação ocorrida antes de 1200 até por volta de 800 a.C.

MATANIAS Nome pessoal que significa "dom de Yah (= Javé)". **1.** Músico-profeta do tabernáculo no tempo de Davi (1Cr 25.4). **2.** Ancestral de Jaaziel (2Cr 20.14). **3.** Membro do subclã asafita dos levitas participantes das reformas de Ezequias (2Cr 29.13). **4.** Nome original do rei Zedequias de Judá (2Rs 24.17). **5.** Asafita dentre os primeiros a voltar do exílio (1Cr 9.15). **6.** Líder levita do coro do templo no tempo de Zorobabel (Ne 11.17,22). **7.** Levita porteiro do templo (Ne 12.25). **8.** Pai do levita Semaías (Ne 12.35). **9.** Avô de Hanã (Ne 13.13). **10-13.** Quatro dos que retornaram do exílio, casados com esposas estrangeiras (Ed 10.26,27. 30,37). Alguns dos citados nos pontos 5-13. Podem ser idênticos.

MATATÁ Nome pessoal que significa "dom". **1.** Neto do rei Davi e ancestral de Cristo (Lc 3.31). **2.** Leigo casado com esposa estrangeira (Ed 10.33).

MATATE Dois ancestrais de Cristo (Lc 3.24,29).

MATATIAS 1. Dois ancestrais de Cristo (Lc 3.25,26). **2.** Sacerdote cuja recusa em obedecer ao decreto de Antíoco para oferecer sacrifícios deu início à revolta dos macabeus (1Mc 2). **3.** Quatro sumo sacerdotes entre 5 a.C. a 65 d.C. V. *história e literatura intertestamentárias; sumo sacerdote*.

MATENAI Nome pessoal que significa "meu presente". **1.** Sacerdote contemporâneo do sumo sacerdote Joiaquim (Ne 12.19). **2** e **3.** Dois leigos casados com esposas estrangeiras (Ed 10.33,37).

MATEUS Nome pessoal que significa "dom de Javé". Coletor de impostos chamado por Jesus para ser apóstolo (Mt 9.9; 10.3). O escritório de Mateus localizava-se na estrada principal que ia de Damasco, pelo vale do Jordão, até Cafarnaum, depois ia rumo a oeste até Acre para a estrada da costa do Egito ou sudoeste até Jerusalém. Sua tarefa era coletar taxas de transporte ou "pedágios" dos mercadores locais e fazendeiros que transportavam seus bens até o mercado e também de caravanas procedentes de lugares distantes que passavam pela Galileia. Ele era empregado de Herodes Antipas. Mateus conhecia o valor dos bens de todo tipo: lã, cera, linho, cerâmica, bronze, prata, ouro, cevada, azeitonas, figos, trigo. Conhecia o valor de sistemas monetários estrangeiros. Falava aramaico e também grego. Por ter Mateus baseado seus privilégios na coleta de "impostos" ao pagar adiantado a taxa anual, ele estava sujeito a críticas por cobrar mais do que o necessário, adquirindo riquezas como "lucro" próprio. Por isso, ele era odiado pelos patrícios judeus.

Mateus é também chamado Levi, coletor de impostos (Mc 2.14; Lc 5.27), e filho de Alfeu. Tiago, filho de Alfeu, também está alistado entre os apóstolos (Mc 3.18; Mt 10.3; Lc 6.15; At 1.13). Isso indica que tanto Mateus como seu (meio) irmão estavam intimamente associados a Jesus. Maria, mãe de Tiago, fez vigília ao pé da cruz com Maria, a mãe de Jesus (Mt 27.55-56; Mc 15.40). Se o Tiago mencionado nessa passagem é o mesmo filho de Alfeu, então temos uma família grande intimamente associada à família de Jesus.

Relatos legendários posteriores contam a respeito da viagem de Mateus à Etiópia, onde ele se associou a Candace, identificada com o eunuco de At 8.27. As lendas nos falam do martírio de Mateus nesse país.

Mateus foi treinado como discípulo, fez registros meticulosos e era um autor/escritor em potencial do Evangelho. Desde os primórdios do cristianismo afirma-se que Mateus escreveu o Evangelho que traz seu nome. V. *discípulo*; *Mateus, Evangelho de*; *publicano*. — Oscar S. Brooks

MATEUS, EVANGELHO DE Primeiro livro do NT, que tem início com a declaração apropriada "registro da genealogia de Jesus Cristo". Quando se começa a ler esse livro hoje, deve-se, no entanto, ter em mente seu fim (28.18-20). O propósito de Mateus era demonstrar o poder de Jesus para ordenar aos discípulos a disseminação de seu evangelho por todo o mundo.

O texto de Mt 28.16-20 é a cena que apresenta o Jesus ressuscitado cumprimentando os discípulos em um monte da Galileia. Jesus imediatamente declarou sua absoluta autoridade: "Foi-me dada toda autoridade nos céus e na terra". Os discípulos seriam lembrados das muitas experiências durante o ministério de Jesus que provavam sua autoridade. Agora com esse conhecimento da ressurreição, era-lhes evidente que ele recebera a autoridade de Deus. Jesus então deu aos discípulos a comissão de "fazer discípulos de todas as nações". O discípulo é 1) quem deseja se tornar aprendiz dos ensinamentos do Mestre e busca seguir seu exemplo mediante o cumprimento desses ensinos, e

2) quem passa adiante, a outras pessoas, tudo o que aprendeu. Ao ouvir a ordem de Jesus os discípulos se recordaram de seus ensinamentos e da comunhão com ele. Agora que foram chamados para levar adiante a missão, Jesus lhes disse que fariam discípulos enquanto transmitissem o que aprenderam com ele. Suas atividades incluiriam o batismo de novos discípulos em obediência ao senhorio de Jesus. Esse é o compromisso original. Os discípulos passariam aos outros tudo que Jesus lhes ensinou. Ao contar essa história, Mateus enfatizou que Jesus detém autoridade total. Seus ensinamentos devem ser transmitidos, e sua mensagem é para todas as pessoas. Se nós, os leitores modernos, guardarmos estes três temas enquanto lermos o Evangelho desde o início, descobriremos que o autor nos esclarecerá como Jesus demonstrou sua autoridade, seus ensinamentos e sua preocupação com todas as nações.

O Evangelho é facilmente dividido em sete seções: a parte inicial, a final e cinco seções intermediárias. Por causa disso, Mt é reconhecido pela ênfase nos ensinos de Jesus.

O texto de Mt 1.1—4.25 abre o Evangelho com a genealogia real e conduz até a proclamação de Deus em 3.17: "Este é meu filho amado". A genealogia confirma a linhagem real e detentora de autoridade de Jesus e lembra o leitor de sua relação com todas as nações ao mencionar Tamar, Raabe, Rute e a esposa de um heteu. Os sábios (gentios) vieram servir ao rei dos judeus (2.2); o anjo afirmou a natureza divina de Jesus a José. A criança recebeu um nome messiânico (1.18-23). José levou a sagrada família para território gentio (Egito) a fim de escapar das ameaças de Herodes. Quando Jesus foi até João para ser batizado, a voz do céu o proclamou Filho de Deus. Como Filho de Deus, Jesus tinha autoridade e poder para enfrentar e vencer Satanás. Jesus foi então à Galileia dos gentios (4.15) para iniciar seu ministério público. Essa seção de abertura deixa óbvio que Jesus é designado por Deus para ser o Messias com autoridade — para todas as nações.

Já Mt 5.1—7.29 é de modo geral chamado de Sermão do Monte. Deveria ser chamado de Ensino da Montanha, pois é assim que o texto o chama (5.2). Enquanto ensino e pregação se sobrepõem, o ensino enfatiza os princípios essenciais que devem ser transmitidos para manter a disciplina ou o movimento em atividade. Jesus apresentou sua doutrina essencial por meio do ensino. Ele enfatizou a importância dos seus mandamentos em 5.19; destacou a natureza autoritativa dos seus ensinos ao declarar "Mas eu lhes digo" (5.22,28,32,39,44) e foi reconhecido pelas multidões como Mestre que detém autoridade (7.28,29). Mateus apresentou Jesus como mestre repleto de autoridade. Quando os discípulos saíram para ensinar, eles sabiam o que ensinar.

O texto de Mt 8.1—10.42 começa com uma série de dez milagres que demonstram a autoridade de Jesus sobre as doenças, catástrofes naturais, os demônios e a morte. O que ele disse nos ensinamentos no monte, Jesus agora agia para demonstrar seu poder. Seus discípulos ficaram impressionados: "Quem é este que até os ventos e o mar lhe obedecem?" (8.27), e as multidões ficaram maravilhadas com o fato de que ele tinha autoridade para perdoar pecados (9.8). Sua ministração a um centurião gentio também está nessa seção. Após demonstrar seu poder, Jesus deu autoridade aos discípulos para que fossem, curassem e ensinassem tal como ele fizera (10.1), preparando-os dessa maneira para a comissão final em 28.18-20. Ao continuar a enfatizar a autoridade, o ensino e os gentios, Jesus preparou os discípulos mais próximos para a tarefa após sua morte. Mateus continua a ensinar as gerações futuras de cristãos a respeito do poder de Jesus e de sua preocupação com a humanidade.

Já Mt 11.1—13.52 apresenta várias pessoas reagindo à autoridade de Jesus. Várias respostas são observadas no cap. 11, incluindo o agradecimento de Jesus ao fato de os "pequeninos" entenderem (v. 25-30). Quando os líderes rejeitaram a autoridade de Jesus no cap. 12, Mateus insinuou que Jesus iria aos gentios ao citar o profeta Isaías (12.18-21). Jesus continuou seu ensino por meio de parábolas aos que queriam ouvir (13.10-13). Logo que Jesus comissionou os discípulos a irem ao mundo para ensinar, eles foram conscientes de que ele já tinha começado o movimento pelo exemplo dado em seu ministério terreno.

O texto de Mt 13.53—18.35 começa com a narrativa do ensino de Jesus na sinagoga de Nazaré. O povo teve a mesma resposta ao ensino de Jesus que as multidões tiveram no final do

MATEUS, EVANGELHO DE

Sermão do Monte. Eles estavam maravilhados (cf. 13.54; 7.28). Ainda que Jesus apresentasse seu ensino autoritativo, o povo de sua terra natal o rejeitou (13.57). Seus discípulos o aceitaram (14.33), e também o aceitou a mulher gentia (15.22). Mais uma vez Jesus ensinou com autoridade e se relacionou com os gentios.

Já Mt 19.1—25.46 faz a transição da Galileia a Jerusalém. Jesus apresentou sua autoridade de forma dramática por meio da entrada triunfal em Jerusalém (21.1-9) e pela purificação do templo (21.10-17). Então, enquanto ele ensinava, os principais sacerdotes e anciãos o desafiaram, dizendo: "Com que autoridade estás fazendo estas coisas?" (21.23). Jesus respondeu com parábolas e outros ensinos (21.28—22.46). Jesus advertiu o povo do exemplo dos fariseus e dos saduceus (23.1-38). Ele então concentrou o ensino apenas nos discípulos (24.1—25.46). Eles puderam relembrar isso quando ele os comissionou para ensinar o que haviam ensinado. O cristão contemporâneo também pode ouvir o que Jesus ensinou e o ensinar a outros.

Em Mt 26.1—28.20 não há nenhuma situação de ensino, mas somos informados sobre uma conspiração que culminou na execução de Jesus. No meio da cena do julgamento, perguntou-se a Jesus se ele era o Messias. Jesus respondeu afirmando sua autoridade: "Tu mesmo o disseste" (Mt 26.64). Pilatos, um gentio, reconheceu a autoridade real de Jesus, colocando uma inscrição no alto da cruz: "Este é Jesus, o rei dos judeus" (27.37). O centurião gentio proclamou: "Verdadeiramente este era o Filho de Deus" (27.54). Tal como na narrativa do nascimento, no final do Evangelho, o autor destaca a autoridade real de Jesus e a inclusão dos gentios.

Quando o Senhor ressurreto declarou sua autoridade aos discípulos em 28.18, eles entenderam porque tinham visto sua autoridade manifestada enquanto conviveram com ele. Quando leitores modernos leem 28.18, eles entendem por que Mateus nos mostrou a autoridade de Jesus desde o princípio.

Mateus apresentou Jesus como "Filho de Deus", expressão que aparece 23 vezes nesse Evangelho. Enquanto a narrativa do nascimento virginal afirma a filiação (divina) de Jesus, a citação de Os 11.1 (Mt 2.15) o confirma. Duas vezes Deus proclamou a filiação (divina) de Jesus: por ocasião do batismo (3.17) e na transfiguração (17.5). Pedro a confessou (16.16). Jesus atestou quanto à sua filiação (divina) na Oração do Senhor (6.9), na gratidão a Deus (11.25,26) e no jardim do Getsêmani (26.39). O autor queria que o leitor tivesse consciência de que Jesus, o Filho de Deus, é o que foi crucificado; por isso Jesus clamou "meu Deus", na cruz (27.46), e um centurião gentio confessou que quem morria "verdadeiramente era o Filho de Deus" (27.54).

Mateus queria que o leitor tivesse consciência de que o perdão de pecados decorre da morte do divino Filho de Deus. Foi um anjo quem contou a José que Jesus salvaria o povo dos pecados deles (1.21). Jesus mesmo assegurou aos discípulos que seu destino era "servir e dar a sua vida em resgate por muitos" (20.28). Jesus deixou um lembrete contínuo de seu papel no perdão de pecados quando instituiu a ceia do Senhor: "Isso é o meu sangue da aliança, que é derramado em favor de muitos, para perdão de pecados" (26.28).

É impossível saber a data exata da composição do evangelho de Mt. Alguns escritores contemporâneos o datam mais cedo, por volta do ano 60 d.C., enquanto outros o datam mais tarde, por volta de 95 d.C. O lugar de redação foi provavelmente algum ponto ao longo da costa da Fenícia ou Síria, como Antioquia. Isso por causa das várias referências de Mt aos gentios, uma referência à Fenícia e à Síria e as palavras (no texto grego) usadas para designar moedas (17.24,27). Ainda que o evangelho em nenhum lugar identifique o autor e muitas Bíblias de estudo modernas apontem para uma complexa história de edição e coleção de fontes, Mateus, o coletor de impostos, o filho de Alfeu, tem sido identificado como o autor desde o séc. II. V. *Mateus*.

Esboço

 I. O nascimento de Jesus cumpre a profecia (1.1—2.23).
 II. Jesus, obediente, convida o povo para o serviço do Reino (3.1—4.25).
 III. Jesus ensinou como viver e agradar a Deus (5.1—7.29).
 IV. O poder e o chamado de Jesus revelam sua autoridade (8.1—10.42).
 V. A obra de Jesus gera controvérsias (11.1—12.50).
 VI. Jesus ensinou a respeito do Reino (13.1-52).

VII. Jesus passa por conflitos e acontecimentos importantes (13.53—17.27).
VIII. Jesus ensina sobre a vida em seu Reino (18.1—20.34).
IX. As autoridades religiosas rejeitam Jesus como Messias (21.1—23.36).
X. Jesus fala com autoridade sobre o futuro (23.37—25.46).
XI. Jesus preparado para morrer, obedecer a Deus e cumprir as Escrituras (26.1-56).
XII. Jesus venceu (26.57—28.20).

— *Oscar Brooks*

MATIAS Forma abreviada de Matatias ("dom de Yah [= Javé])". Discípulo que seguiu Jesus desde o seu batismo por João até o dia da ascensão, e foi escolhido por sortes e orações para suceder Judas como apóstolo e testemunha oficial da ressurreição (At 1.20-26). Essa escolha foi considerada necessária para cumprir as Escrituras concernentes ao grupo dos apóstolos (Sl 69.25; At 1.20). As Escrituras não mencionam mais nada a respeito de Matias. V. *discípulo*; *Atos, livro de*.

MATITIAS Nome pessoal que significa "dom de Yah (= Javé)". **1**. Levita indicado por Davi como músico do tabernáculo com responsabilidade especial para liderar a música de lira (1Cr 15.18,21; 25.3,21). Matitias também ministrou perante a arca (1Cr 16.5). **2**. Padeiro levita (1Cr 9.31). **3**. Leigo casado com mulher estrangeira (Ed 10.43). **4**. Homem que ficou de pé ao lado de Esdras na leitura pública da Lei (Ne 8.4).

MATREDE Nome pessoal que possivelmente significa "lança". O texto hebraico entende que Matrede é a mãe de Meetabel (Gn 36.39; 1Cr 1.50). Os manuscritos gregos antigos e a tradução latina padrão tomam Matrede como pai de Meetabel.

MATRI, MATRITAS O clã originário de Saul, parte da tribo de Benjamim (1Sm 10.21).

MATUSALÉM Nome pessoal que tanto pode significar "homem do dardo" como "adorador de Salém". Filho de Enoque (que andou com Deus) e avô de Noé (Gn 5.21,26-29). De acordo com o registro bíblico, Matusalém é o ser humano mais longevo de todos os tempos, pois morreu com 969 anos (Gn 5.27).

MAZAROTE Palavra enigmática que aparece em Jó 38.32. Pode ser o nome de uma constelação em particular (*BJ*), uma palavra coletiva para os 12 signos do zodíaco (*ARA*) ou uma palavra genérica que significa constelações ou estrelas (*NVI*, *ARC*).

MEARÁ Nome de lugar que significa "caverna". Parte do território não subjugado depois das conquistas de Josué. O lugar talvez sejam as cavernas chamadas Mughat Jezzin a oeste de Sidom (Js 13.4, *NVI*, *ARA*).

MEBUNAI Nome pessoal que significa "construção de Yah (= Javé)". Um dos 30 guerreiros de elite de Davi (2Sm 23.27). O nome possivelmente resultou da confusão de um escriba acerca da primeira e terceira letras do nome hebraico Sibecai que substitui Mebunai em listas paralelas (1Cr 11.29; 27.11).

MECONÁ Nome de lugar que significa "de pé". Cidade na região sul de Judá, entre Ziclague e En-Rimom (Ne 11.28). O lugar talvez seja o mesmo Madmana ou Macbena (1Cr 2.49).

MEDÃ Nome pessoal que significa "juízo". Terceiro filho de Abraão e Quetura (Gn 25.2; 1Cr 1.32) e ancestral de uma tribo árabe pouco conhecida. O povo de Medã deva talvez ser identificado com o povo de Badã, um povo conquistado por Tiglate-Pileser III da Assíria (732 a.C.). Outros argumentam a favor de uma corruptela textual da palavra Média.

MEDADE Nome pessoal que significa "amado". Leigo israelita que profetizou no acampamento do povo no deserto (Nm 11.26,27). V. *Eldade*.

MEDEBA Nome de lugar que significa "água tranquila". Cidade na Transjordânia na estrada principal norte-sul (a Estrada do Rei), acerca de 40 quilômetros ao sul de Amã. A importância estratégica de Medeba é indicada pelas referências frequentes às mudanças dos seus líderes. Seom, rei dos amorreus, tomou Medeba de Moabe somente para ter o caminho de passagem da área (Nm 21.24,26,30). Medeba estava incluída no território destinado à tribo de Rúben (Js 13.19,16). Conforme a Estela Moabita, o rei Onri de Israel (885-874 a.C.) recapturou Medeba. O rei Messa de Moabe retomou a cidade no reinado do filho de Onri. A aliança de Israel, Judá e Edom recapturou a cidade, mas rapidamente se retirou (2Rs 3.25,27). Jeroboão II novamente assegurou o controle da cidade para Israel (2Rs 14.25). O texto de Is 15.2 reflete o retorno da cidade para o controle de Moabe. Medeba está localizada na moderna cidade de Madeba.

MEDIADOR A palavra "mediador" ocorre com frequência na Bíblia, ainda que mais vezes no NT que no AT. No entanto, a ideia de mediação permeia as Escrituras, sendo comuns mediadores humanos no AT, enquanto a mediação de Cristo é um dos temas-chave da nova aliança.

Antigo Testamento Nas Escrituras hebraicas sacerdotes e profetas são mediadores, e, em menor extensão, os reis também o são. Nos textos mais antigos, antes do início do sistema sacrificial, os pais assumiam o papel de mediadores para suas famílias (Gn 8.20; 12.7,8; 15.9-11). Os profetas permaneciam entre Deus e o homem e comunicavam a vontade e a palavra de Deus. Moisés foi a pessoa a quem Deus revelou o plano para a nação da aliança (Dt 18.18-22). Deus levantou o profeta Samuel, a quem falava de modo direto (1Sm 3.1-21). Os profetas posteriores regularmente eram os instrumentos da revelação redentora e corretiva de Deus (Is 1.2-20; Am 1; 2). Eram considerados "vigilantes" da destruição iminente, e por isso intercediam por Israel (Ez 33.1-9; cp. Nm 14.11-19).

Os sacerdotes também eram mediadores da Palavra de Deus e interpretavam a vontade divina mediante o ensino das Escrituras (Ne 8.1-8) e pelo uso de Urim e Tumim (Êx 28.30; Lv 8.8). No entanto, mais que isso, eles permaneciam entre Deus e a pecaminosidade de Israel. Os levitas eram santificados para a obra do ministério no tabernáculo/templo e tinham acesso direto a Deus nos serviços do santuário. Entre Deus e seu povo há um abismo fixo manchado pelo pecado que só pode ser superado pelo sacrifício de um animal sem mácula. Estes sacrifícios só podiam ser oferecidos por uma pessoa autorizada, o sacerdote ordenado por direito de nascimento e ungido para essa tarefa (Êx 28; 29). O sacerdote derivava sua autoridade do sistema iniciado pela ordem de Deus a Moisés; o sistema não derivava sua autoridade do sacerdote. Estas tarefas eram conduzidas pelos sacerdotes diariamente nos vários sacrifícios (Lv 1—7), ainda que acontecessem sacrifícios especiais em épocas determinadas, especialmente o sacrifício do Dia da Expiação, realizado somente pelo sumo sacerdote, uma vez por ano (Lv 16).

Em menor grau, o rei atuava como mediador, pois ele era "ungido de Javé" (1Sm 16.6). Como tal, ele era um tipo do verdadeiro Messias — mediador da linhagem de Davi que seria profeta, sacerdote e rei (Is 61.1-3).

Novo Testamento Deus, o Filho, se encarnou como homem e cumpriu (e continua a cumprir) o papel de mediador perfeito entre Deus e o homem. Paulo declarou que o homem é incapaz de comungar com Deus, a não ser que ele vá até Jesus, pois há apenas um mediador "entre Deus e os homens, o homem Cristo Jesus" (1Tm 2.5). Cristo, superior a Moisés (Hb 3.1-6), é mediador de uma nova aliança (8.6; 9.15; 12.24) com base em sua morte substitutiva "uma vez por todas" na cruz (7.27), o que garante que essa aliança será melhor que a anterior (7.22). Jesus assumiu o ofício tríplice de profeta, sacerdote e rei para servir como mediador de seu povo. Como Sumo Sacerdote do povo de Deus, Jesus ofereceu a si mesmo como propiciação pelos nossos pecados, desviando de nós a ira de Deus (Rm 3.25; 1Jo 2.2) e trazendo paz ao nos reconciliar com Deus (Ef 2.12-17; Rm 5.1). O ministério de Cristo como mediador permanece enquanto ele se assenta no trono dos céus. Por Jesus ter ressuscitado e viver para sempre, seu sacerdócio garante da mesma forma aos cristãos que ele sempre os salva e intercede por eles (Hb 7.24,25; Rm 8.34). Por meio do ato de mediação na cruz, os crentes podem adentrar o santuário (Santo dos Santos) com ousadia e se aproximar do trono da graça para encontrar socorro (Hb 4.14; 9.12; 10.19-23). Cristo, sendo totalmente Deus e completamente homem, é o mediador e sumo sacerdote que pode sentir simpatia por nossas fraquezas e por isso nos assegura que receberemos graça e misericórdia (Hb 4.15,16). — *Chad Brand*

MÉDICO V. *doenças*.

MEDIDAS LINEARES V. *pesos e medidas*.

MEDITAÇÃO Ato de trazer à mente alguma suposição, ponderar a respeito dela e correlacioná-la à vida. O indivíduo ímpio medita sobre violência (Pv 24.2). A meditação do justo contempla Deus ou suas grandes verdades espirituais (Sl 63.6; 77.12; 119.15,23,27,48,78; 97,148; 143.5). Ele espera agradar a Deus com sua meditação (Sl 19.14). Logo, meditação para o povo de Deus é um ato reverente de culto. Pela meditação o povo de Deus comunga com o Senhor e assim é renovado espiritualmente.

A maioria das referências à meditação ocorre no AT, principalmente no livro de Sl. As palavras hebraicas para meditação são derivadas primariamente de duas raízes distintas. A primeira (*hagah*) significa literalmente "falar em voz baixa". A palavra é usada para denotar o rosnado de um leão (Is 31.4) ou o arrulhar de uma pomba (Is 38.14). Por isso, existe a sugestão de que na antiga meditação hebraica as Escrituras eram com frequência recitadas como um murmúrio baixo. A segunda palavra hebraica (*siach*) tem o significado básico de "estar ocupado com" ou "preocupado a respeito de". Logo, meditação é a repetição de um tema na mente de uma pessoa porque essa é a preocupação principal da vida. A constante lembrança dos atos realizados por Deus pelo ouvir das Escrituras e a repetição do pensamento produzem confiança em Deus (Sl 63.6-8; 104.34; 119.15,23,48,78,97,99,148; 143.5).

A meditação é mencionada apenas duas vezes no NT. Jesus instruiu os cristãos a meditarem antecipadamente em sua atitude concernente à perseguição (Lc 21.14). Paulo aconselhou a Timóteo a meditar no que escreveu para ele (1Tm 4.15). A meditação é parte importante do relacionamento do cristão com Cristo. V. *oração*.
— LeBron Matthews

MEDITAR Ponderar ou refletir sobre algo para chegar a alguma conclusão (Sl 143.5; Lc 3.15).

MÉDIUM A pessoa possuída por um fantasma ou espírito dos mortos (Lv 20.6) ou a que os consulta (Dt 18.11), em especial para obter informações a respeito do futuro. Agir como médium era algo passível de apedrejamento (Lv 20.27); consultar um médium era punível com a exclusão da congregação de Israel (Lv 20.6). A transformação de Saul de alguém que expulsou os médiuns (1Sm 28.3) para alguém que consultou a médium em En-Dor (28.8-19) ilustra de modo vívido sua queda.

A palavra hebraica traduzida por "médium" (*'ov*) pode se referir ao espírito da pessoa morta, ao médium possuído pelo espírito ou a imagens usadas para conjurar os espíritos. Manassés fez essas imagens (2Rs 21.6; 2Cr 33.6). Josias as destruiu como parte de suas reformas (2Rs 23.24). A facilidade de Saul em localizar rapidamente uma médium (1Sm 28.8) aponta para a popularidade da prática de consultar os mortos e também para a dificuldade de erradicá-la.

Em Is 8.19 há a sugestão de uma possível conexão entre a consulta a médiuns e o culto aos antepassados. Os que seriam consultados eram chamados "pais" ou "deuses" (cp. 1Sm 28.13, em que Samuel é descrito como Elohim ou "deus"). O chilreio e murmúrio dos espíritos talvez se refira a sons inarticulados que deviam ser interpretados pelo médium. A consulta a médiuns tornava a terra impura e foi descrita como prostituição. O povo de Deus deveria confiar nele em tempos de dificuldade e não buscar outros "deuses" na tentativa de descobrir o futuro.

MEDO, TEMOR Reação emocional natural a uma ameaça percebida à segurança ou bem-estar geral da pessoa. Em grau de intensidade vai desde um senso de ansiedade ou preocupação até o terror completo. Pode ser uma emoção útil quando leva à precaução adequada ou a medidas que protegem o bem-estar da pessoa. Já o medo pode ser um empecilho ao desfrute da vida se é induzido por decepção ou se se prolonga ou domina outras emoções mais positivas como amor e alegria, talvez conduzindo à incapacidade de se engajar nas atividades normais da vida. Na Bíblia, no entanto, o medo ou o temor é considerado com mais frequência que na cultura popular não como pura emoção, mas como comportamento sábio.

Terminologia O conceito do medo/temor é citado algumas centenas de vezes na Bíblia, ou explicitamente ou por implicação por meio de efeitos como tremor, agitação, arrepio ou encolhimento. O grupo de palavras muitas vezes associado ao medo/temor no AT (435 ocorrências) é o verbo *yara'*, "temer, honrar", o adjetivo *yare'*, "em temor de, temeroso" e os substantivos correlatos *mora'*, "temor, terror, pavor", e *yir'ah*,

MEDO, TEMOR

"temor, adoração". Esses são suplementados por outros grupos de palavras como a relacionada à raiz *chatat*, "ficar apavorado, desanimado, angustiado", e *paqad*, "tremer, ter pavor, medo".

No NT, o conceito de medo/temor é associado com mais frequência à raiz *phob-* (146 vezes), como no verbo *phobeo*, "temer, reverenciar, respeitar"; substantivos correlatos, *phobos*, "temor, terror, reverência, respeito" e *phobetron*, "situação apavorante"; e o adjetivo *phoberos*, "temível, medroso". Também ocorrem sinônimos como *tarasso*, "perturbar, aterrorizar", e o grupo de palavras *deilia*, "covardia", *deiliao*, "ser covarde, medroso", e *deilos*, "covarde, tímido".

Emoções de pavor e ansiedade O conceito comum de medo induzido por uma situação ameaçadora é comum na Bíblia. A primeira emoção a que se faz menção específica na Bíblia é o medo que Adão e Eva tiveram da retribuição divina por comer do fruto proibido (Gn 3.10). Nesse caso, o medo os induziu a se esconder. O medo que Jacó teve de Esaú o levou a orar em Gn 32.11. Às vezes o medo causa o silêncio ou inibe a ação, como quando "Is-Bosete não respondeu nada a Abner, pois tinha medo dele" (2Sm 3.11; cp. 2Cr 17.10).

Um tema comum na Bíblia é o medo que uma pessoa tem dos seus inimigos, muitas vezes encontrado em textos de encorajamento divino para que não se tenha medo. Por exemplo, antes de se engajar na batalha o sacerdote de Israel deveria exortar o povo da seguinte forma: "Não desanimem nem tenham medo; não fiquem apavorados nem aterrorizados por causa deles" (Dt 20.3). E o Senhor ordenou a Josué: "Seja forte e corajoso! Não se apavore, nem desanime, pois o Senhor, o seu Deus, estará com você por onde você andar" (Js 1.9; cf. Dt 31.6; Is 44.8; Lc 12.32; Jo 16.33). Ao contrário, o Senhor prometeu a Israel que ele geraria pânico nos seus inimigos e os levaria a fugir diante deles com pavor (Êx 15.14-16; 23.27; Dt 2.25; 11.25). Pode-se dizer que um crente é alguém que não teme nada, a não ser Deus (Dt 7.21; Pv 29.25; Is 8.13; Mt 10.28).

Devemos observar com base nesses versículos que a Bíblia não retrata o medo do perigo simplesmente como uma emoção sobre a qual a pessoa que crê não tem controle. A ordem bíblica para não temer é uma ordem para não entrar em pânico ou ser imobilizado pelo medo ou não permitir que o medo do perigo percebido impeça a pessoa de obedecer a Deus. O antídoto para ele é a convicção da capacidade divina de proteger e realizar sua vontade, e que suas promessas são confiáveis (2Rs 6.15-17; 2Cr 15.7,8; Sl 34.4; 56.3,4; Pv 3.24-26; Is 41.10; 43.1; Mt 10.26-31; Hb 13.6; 1Pe 3.13-17; Ap 2.10).

O mesmo se pode dizer acerca da ansiedade, que pode ser tão destrutiva para a fidelidade quanto o pavor (Fp 4.6). Provavelmente foi a ansiedade de Abraão sobre o fato de não ter filhos que provocou a ordem de Deus para que não temesse em Gn 15.1, e foi o fato de não se sujeitar a essa orientação que levou ao nascimento de Ismael no cap. 16. O medo ou a preocupação ansiosa se tornam o pecado do orgulho e incredulidade quando desviam a atenção da pessoa de seguir o Senhor (Is 51.12,13; Mc 4.19; Lc 10.41) ou levam alguém a confiar nos próprios recursos ou capacidades ou nos de outrem em vez de confiar em Deus (Mt 6.19-34; Sl 55.22).

Atitude de respeito e submissão Outra indicação de que o conceito bíblico do medo/temor não era necessariamente uma emoção involuntária é que as mesmas palavras eram também usadas com respeito à reação adequada de uma pessoa a alguém com autoridade acima dela: uma criança para com seus pais (Lv 19.3), os cidadãos para com seus líderes (Js 4.14; Rm 13.7), um servo para com seu senhor (Ml 1.6; Ef 6.5) e uma esposa para com seu marido (Ef 5.33). Nesses casos, o "temor" carrega em si a expectativa da obediência. O respeito ou a honra podem ser o sentido em que Israel "temia" a Salomão quando viram evidências de que ele possuía a sabedoria de Deus (1Rs 3.28). O respeito ou a reverência fazem parte também da atitude adequada para com o santuário de Deus (Lv 19.30). O temor pode ser o oposto de tratar alguém como algo comum, insignificante, irrelevante ou indigno de atenção (Et 5.9).

Temor de Deus Quaisquer desses sentidos — medo/pavor, honra, submissão — podem estar envolvidos quando Deus é o objeto do temor, com o sentido adicional da adoração. Para os que são inimigos e não seguidores do Senhor, o pavor é o mais adequado (Jr 5.22: "Não tremem diante da minha presença?"). Tal pavor é limitado pelo fato de que Deus não é inconstante, mas age de forma coerente de acordo com seu justo caráter e vontade revelada. Não obstante, os culpados de idolatria e injustiça têm todas as razões para temer a ira vindoura no juízo (Sl 90.11; Is 13.6-11; 30.30-33; Sf 1.18; Hb 10.26-31). O pavor é a única reação razoável quando somos confrontados por um Ser cujo conhecimento e poder não têm limites, a não ser que nossa segurança tenha sido assegurada. A Bíblia contém muitas ocasiões de aparição divina ou angélica à qual o medo é a reação natural (Êx 3.6; 20.18-20; Dn 10.10-12; Lc 1.12,13,30). Logo após a ressurreição de Cristo, p. ex., a aparição de um anjo fez com que os guardas diante do túmulo tremessem "de medo" e ficassem "como mortos", mas as mulheres que criam receberam a orientação de que não tinham nada a temer (Mt 28.4,5).

A atitude adequada para com Deus dos que creem é muitas vezes descrita como respeito, reverência ou admiração, não medo/temor. A terminologia bíblica, no entanto, é a mesma, e o caráter de Deus permanece imutável. A descrição de Deus muitas vezes traduzida por "terrível" é literalmente "temido" ou "temível" (Êx 15.11; Ne 1.5; Jó 37.22; Sl 89.7; Dn 9.4). Limitar a atitude do cristão para com Deus à "reverência" ou à "admiração", não à "temor", pode tirar do foco aqueles aspectos do caráter divino que impelem à obediência — sua perfeita santidade e justiça e seus ilimitados conhecimento e poder. O fato de saber que a ira de Deus foi satisfeita em Cristo alivia o que crê do medo da condenação, mas não de prestar contas a um Deus santo (2Co 5.10,11; 7.1; 1Tm 5.20; 1Pe 1.17).

"Temor" e "amor" são ambos termos encontrados na literatura do antigo Oriente Médio em associação com a lealdade à aliança. Temer a Deus é ser leal a ele e consequentemente às suas instruções, sendo assim afetado nos valores, convicções e comportamento (Gn 20.11; Lv 25.17,36,43; 1Sm 12.14,24; Sl 128.1; Pv 8.13). Os verdadeiros fiéis são muitas vezes tratados como os que temem a Deus (Gn 22.12; Jó 1.9; Sl 31.19; 33.18; 103.11,13,17; 115.11,13; 118.4; Ml 3.16; 4.2; Lc 1.50). Assim, o temor de Deus expresso em humilde submissão e adoração é essencial à verdadeira sabedoria (Pv 9.10; 15.33; Is 33.6). O verdadeiro fiel pode ser definido como alguém que treme diante da palavra de Deus (Gn 22.12; Êx 1.17; Sl 119.161; Is 66.2,5; Jr 23.9). V. *temor; temível; reverência*. — *E. Ray Clendenen*

MEDOS, MÉDIA Região ao sul e a sudoeste do mar Cáspio, nas montanhas Zagros, habitado pelos medos, povo ariano do norte e oeste do mar Cáspio. Está localizada ao norte de Elã e a oeste da Assíria. A capital tradicional da região era Ecbátana.

Antes de 1500 a.C. a região era parte do reino de Mitani. Mais tarde os elamitas controlaram a região e seus habitantes nômades. O povo conhecido como medo entrou na área em um longo período entre 1400 e 1000 a.C.

Os medos foram citados a primeira vez na História pelo rei assírio Salmaneser III por volta do ano 850 a.C. Eles eram um grupo de tribos nômades, não um estado ou reino. Os assírios os controlaram por mais de duzentos anos, ainda que os medos desfrutassem de períodos de liberdade antes de os citas os conquistarem em 653 a.C. Algum tempo antes disso Deioces uniu e organizou os medos, a despeito da invasão dos citas, e os medos continuaram a se desenvolver como reino.

O maior dos reis medos foi Ciáxares (625-585 a.C.). Ele foi o terceiro governante dos medos unidos, capaz de derrotar os citas. Depois disso Ciáxares voltou sua atenção para os assírios atacando Nínive, a capital assíria. Antes que Nínive caísse em 612 a.C., Ciáxares conquistou Assur, o antigo centro do Império Assírio. Então, com a ajuda de citas e babilônios, Nínive foi tomada. O fim do Império Assírio estava próximo.

A Babilônia e a Média dividiram o Império Assírio com a Média ocupando a terra a leste e ao norte do rio Tigre. Nabucodonosor II se casou com a neta de Ciáxares para selar o pacto. Os medos voltaram a atenção para o norte, em direção à Ásia Menor. Depois de uma guerra de cinco anos com a Lídia, Ciáxares promulgou a paz em 584 a.C., selando-a mais uma vez com um casamento. Seu filho Astíages se casou com a filha do rei da Lídia. Astíages se tornou rei dos medos quando Ciáxares morreu.

O fim do reino dos medos veio com a ascensão de Ciro II, fundador do Império Persa. Ciro era rei de Anshan e um vassalo de Astíages. De fato, a mãe de Ciro era filha de Astíages. Por volta do ano 550 a.C., encorajado pela Babilônia, Ciro se rebelou contra os medos. Sua rebelião levou à derrota de Astíages. O reino dos medos foi substituído pelo reino dos persas.

Ainda que conquistados, os medos continuaram a ter lugar de honra no Império Persa. A Média era a segunda porção mais importante do império depois da própria Pérsia. As referências bíblicas com frequência combinam "os medos e os persas" (Dn 5.28; cp. Et 1.19; 10.2). Os reis do Império Persa são chamados "reis da Média e da Pérsia" (Dn 8.20). O mais famoso dos medos nas Escrituras é Dario (Dn 5.31; 9.1 "Dario, o medo"). Fazem-se algumas referências esporádicas à Média como instrumento de Deus, especialmente contra a Babilônia (Is 13.17; 21.2; Jr 51.11,28), mas os medos também tiveram de beber o cálice do juízo divino (Jr 25.25). A última referência a eles nas Escrituras é a presença de judeus ou convertidos ao judaísmo provenientes da Média, no dia de Pentecoste (At 2.9). V. *Assíria*; *Babilônia*; *Ciro*; *Dario*; *Elão*; *Pérsia*. — Albert F. Bean

MEDULA Tecido ou substância de consistência mole encontrada no interior dos ossos. Nos tempos do AT a medula era considerada uma das melhores comidas (Sl 63.5; Is 25.6). Temer ao Senhor e evitar o mal é vigor para os ossos (Pv 3.8; "medula", *ARC*). A imagem da divisão de juntas e medulas representa o poder das Escrituras de revelar os pensamentos e os motivos das pessoas (Hb 4.12).

MEETABEL Nome pessoal que significa "Deus faz o bem". **1.** Esposa do rei Hadar de Edom (Gn 36.39). **2.** Ancestral de Semaías, um contemporâneo de Neemias (Ne 6.10).

MEFAATE Nome de lugar que significa "altura". Cidade no território tribal de Rúben (Js 13.18), designada aos levitas (Js 21.37; 1Cr 6.79). No tempo de Jeremias a cidade estava nas mãos dos moabitas (Jr 48.21). O lugar talvez seja o da moderna Jawah, a cerca de 11 quilômetros ao sul de Amã.

MEFIBOSETE Nome pessoal que significa "destruidor da vergonha" ou "destruidor de imagens". **1.** Filho de Jônatas que recebeu posição e privilégios especiais na corte de Davi (2Sm 9). Jônatas foi morto em combate quando Mefibosete contava 5 anos de idade. Temerosa que os filisteus quisessem matar o menino, uma ama correu com ele, mas na pressa ela o deixou cair, e ele ficou aleijado de ambos os pés (2Sm 4.4). Mefibosete pode ter sido uma mudança intencional de copistas para evitar a escrita do nome do deus pagão "Baal". O nome original teria sido Meribaal (1Cr 8.34). Quando Davi convidou Mefibosete para ser parte de sua corte, ele confiou a propriedade da sua família a um administrador, Ziba. Na revolta de Absalão, Ziba tentou sem sucesso fazer que Davi se voltasse contra Mefibosete. Quando o rei voltou a Jerusalém, Mefibosete vindicou a si mesmo, e foi autorizado a permanecer na casa do rei (2Sm 16; 19). **2.** Filho de Saul que, com seis outros membros da casa de Saul, foi entregue por Davi aos gibeonitas para que fosse enforcado. Isso foi uma retaliação pelo fato de ter Saul massacrado um grupo de gibeonitas (2Sm 21.1-9). A mãe de Mefibosete guardou os corpos até o tempo do enterro.

MEGIDO Nome de lugar que talvez signifique "lugar de tropas". Uma das cidades mais estratégicas de Canaã, pois guardava o caminho principal pela montanha do Carmelo. Essa cadeia montanhosa era um obstáculo ao longo da estrada costeira internacional que ligava o Egito à Mesopotâmia e a outros destinos. Identificada com a moderna Tell el-Mutesellim, Megido teve aproximadamente 25 diferentes eras de ocupação em sua história, desde o quarto milênio até o tempo do Império Persa. A cidade era muito ativa sob a autoridade egípcia, desde os dias dos patriarcas até o tempo dos juízes (2000-1100 a.C.), mas sua era áurea veio ao fim por volta de 1125 a.C., quando foi destruída.

A cidade foi destinada a Manassés (Js 17.11; 1Cr 17.29) depois da conquista parcial de Josué (Js 12.21), mas nem a cidade em si nem as vilas ao redor foram devidamente conquistadas pela tribo. Em razão do poder óbvio, estava entre as muitas cidades cuja derrota foi adiada (Jz 1.27). Débora e Baraque lutaram contra os cananeus e os líderes deles, o rei Jabim e Sísera, perto das "águas de Megido", possivelmente o uádi Qina, que corre pelas colinas ao redor (Jz 5.19).

Não se sabe quando Megido foi finalmente anexada a Israel. É provável que no tempo de Davi a cidade tenha servido como defesa e segurança

Vista de Megido, desde o vale de Jezreel, com a cidade de Nazaré ao fundo.

de Israel. Com certeza no tempo de Salomão a cidade era completamente israelita, pois ele a fortificou (1Rs 9.15), incluindo-se o poderoso portão de seis câmaras que seguia o padrão de suas duas outras fortalezas estratégicas, Hazor e Gezer.

Megido estava sob a jurisdição de um administrador de Salomão, Baana (1Rs 4.12). Há uma controvérsia atual sobre os edifícios escavados e explicados como tendo sido estábulos de Salomão ou de Acabe, ou depósitos onde os animais eram carregados e descarregados.

Na monarquia dividida, o controle de Megido mudou de egípcio para israelita e assírio.

Modelo da antiga Megido.

Área de um portão salomônico na antiga Megido.

Manjedoura e poste (para amarrar animais) de pedra provavelmente do séc. IX a.C., em uma área de armazéns de Megido.

MEIA TRIBO Expressão usada para designar um segmento da tribo de Manassés que recebeu território nos dois lados do rio Jordão. Essa expressão geralmente se refere à parte de Manassés que habitava a leste do Jordão junto com Rúben e Gade (Nm 32.33; Dt 3.13; Js

1.12; 4.12; 22.1). Os que viviam a leste do Jordão são algumas vezes chamados de "os outros filhos de Manassés" (Js 17.2) ou "a outra metade" (22.7). V. *tribos de Israel*.

MEIA-LUA, ENFEITES EM FORMA DE Tradução usada em algumas versões para os ornamentos ou colares em forma de meia-lua. Midianitas (Jz 8.21,26) e israelitas infiéis os usavam (Is 3.18).

MEÍDA Nome pessoal que significa "comprado". Família de servidores do templo em Ed 2.52; Ne 7.54.

MEIO-DIA Metade do dia. O meio-dia é com frequência associado à morte e destruição (2Sm 4.5; 1Rs 20.16; 2Rs 4.20; Sl 91.6; Jr 6.4; 15.8; 20.16; Sf 2.4). O meio-dia está associado também com bênçãos e vindicação (Jó 11.17; Sl 37.6; Is 58.10).

MEIR Nome pessoal que significa "adquirido". Descendente de Judá (1Cr 4.11).

ME-JARCOM Nome que significa "águas de Jarcom" ou "águas verdes pálidas". Ribeiro no território de Dã (Js 19.46), provavelmente o Nahr el-'Auja ("rio impetuoso"), que, alimentado pelas fontes de Ras el-'Ain, distante cerca de 16 quilômetros do litoral, segue em direção oeste ao Mediterrâneo, a um ponto cerca de 6 quilômetros ao norte de Jope.

MEL Alimento doce produzido pelas abelhas.
    Antigo Testamento Nos tempos bíblicos, o mel era obtido de três maneiras: recolhido quando escorria de rochas, tendo sido produzido por abelhas selvagens (Dt 32.13), recolhido da produção de abelhas domesticadas (2Cr 31.5, em que é descrito como um "produto do campo") e como uma espécie de xarope produzido de suco de uvas e tâmaras (2Rs 18.32). O mel era usado como alimento (Gn 43.11) e constituía um item de comércio (Ez 27.17).
    A maioria das referências ao mel na Bíblia é ao mel silvestre. Abelhas faziam suas colmeias e depositavam seu mel em buracos no solo (1Sm 14.25), sob pedras ou em cavidades entre as rochas (Dt 32:13) ou em carcaças de animais (Jz 14.8).

O mel era proibido de ser usado em ofertas queimadas porque fermenta com facilidade (Lv 2.11). Era raro o bastante para ser considerado um artigo de luxo (Gn 43.11; 1Rs 14.3). O mel era tão abundante em Canaã que a terra era conhecida como terra onde havia "mel com fartura" (Êx 3.8).
    A apicultura não é mencionada de modo específico no AT. Os judeus a praticaram em tempos posteriores. As colmeias eram feitas de palha e vime. Antes de retirar os favos, o apicultor sufocava as abelhas com fumaça de carvão e esterco queimado na frente da colmeia. As ordenanças do Senhor são "mais doces que o mel" (Sl 19.10). A bondade do Senhor para com Jerusalém é expressa na frase "sua comida era [...] mel" (Ez 16.13).
    Novo Testamento O mel é mencionado em três passagens neotestamentárias (Mt 3.4; Mc 1.6; Ap 10.9,10). No tempo do NT o mel era usado como alimento pelos que viviam no deserto (Mt 3.4; Mc 1.6). — *Gary Hardin*

MELÃO V. *plantas*.

MELATIAS Nome pessoal que significa "Yah (= Javé) libertou". Homem que auxiliou Neemias na reconstrução do muro de Jerusalém (Ne 3.7).

MELEÁ Ancestral de Jesus (Lc 3.31).

MELEQUE Nome pessoal que significa "rei". Descendente do rei Saul (1Cr 8.35; 9.41).

MELQUI Nome pessoal que significa "meu rei". Dois ancestrais de Cristo (Lc 3.24,28).

MELQUIAS (Jr 21.1). Grafia alternativa de Malquias (Jr 21.1). V. *Malquias*.

MELQUISEDEQUE Nome pessoal que tanto pode significar "Zedeque é meu rei" como "meu rei é justiça". Sacerdote e rei de Salém, cidade identificada com Jerusalém.
    Antigo Testamento Quando Abraão voltou do vale de Sidim, onde derrotou Quedorlaomer, rei de Elão, e os reis que eram seus aliados, Melquisedeque saudou Abraão com pão e vinho. Ele abençoou Abraão em nome do "Deus Altíssimo". Abraão por sua vez deu a Melquisedeque o dízimo de tudo (Gn 14.20).

Melquisedeque e Abraão adoravam ao Deus único e verdadeiro. Parece que Abraão também reconheceu Melquisedeque como sacerdote. Em Sl 110.4 temos a referência ao que seria sacerdote para sempre "segundo a ordem de Melquisedeque". Esse salmo messiânico ensina que o líder ou governante da nação hebraica seria capaz de refletir em sua pessoa o papel de sacerdote e rei.

Novo Testamento O escritor de Hb fez várias referências nos cap. 5—7 ao sacerdócio de Jesus "segundo a ordem de Melquisedeque" de natureza diversa do sacerdócio levítico. O autor de Hb citou Sl 110.4. Para ele, somente Jesus, cuja vida não poderia ser destruída pela morte, encaixa-se na descrição do salmista do sacerdócio segundo a "ordem de Melquisedeque". —*Judith Wooldridge*

MELQUISUA (1Sm 14.49; 31.2, *NVI*). V. *Malquisua*.

MEM Décima terceira letra do alfabeto hebraico, que corresponde à letra m do alfabeto latino. No texto hebraico de Sl 119.97-104, todos os versículos iniciam-se com essa letra.

MEMBROS Palavra usada para descrever partes do corpo ou indivíduos que constituem um grupo. Jesus advertiu de partes de um corpo que podem levar alguém a pecar (Mt 5.29). Como cristão, Paulo lutou com a realidade de partes do corpo que continuavam a se entregar ao pecado (Rm 6.13). Os membros corporais são a esfera na qual a lei do pecado (Rm 7.23) e as paixões (Tg 4.1) estão em ação. A imagem de várias partes do corpo cooperando na vida do organismo serve para ilustrar a unidade da igreja, composta por diferentes indivíduos que exercem várias funções necessárias (Rm 12.4,5; 1Co 12.12,27; cp. Ef 4.25; 5.30). V. *corpo*; *igreja*.

MEMORIAL Algo que funciona como um lembrete. As Escrituras testemunham a respeito da participação de Deus na história humana para salvação do seu povo. Memoriais desses acontecimentos reforçavam a fé e apresentam oportunidades para o ensino. Javé, o nome da aliança de Deus, deveria ser um "memorial" (Êx 3.15, *ARC*), lembrança da libertação que Deus providenciou para seu povo. A Páscoa servia como lembrança semelhante (Êx 12.14; 13.19). As 12 pedras retiradas do leito do rio Jordão serviam como lembretes da provisão divina de um caminho através do rio (Js 4.7). No NT, a ceia do Senhor serve como lembrança da morte sacrificial de Cristo e como encorajamento à esperança da sua vinda futura (Mt 26.13; Mc 14.9; 1Co 11.25,26). Todos estes memoriais servem para "proclamar" as boas-novas dos atos de Deus.

MEMUCÃ Um dos sete príncipes que aconselhavam o rei Assuero da Pérsia (Et 1.14,16,21). V. *Marsena*.

MENÁ Nome de um ancestral de Cristo (Lc 3.31).

MENAÉM Nome pessoal que significa "consolador". Rei de Israel de 752-742 a.C., Menaém subiu ao trono após assassinar Salum, que por sua vez assassinara o rei Zacarias apenas um mês antes (2Rs 15.10-14). O período seguinte à morte de Jeroboão II em 753 a.C. foi repleto de agitação. Várias facções políticas disputavam o poder. Salum e Menaém lideraram facções extremistas que desejavam o trono. Eles governavam pela força. Depois de se tornar rei, Menaém atacou e destruiu uma das cidades de Israel porque esta havia resistido a seu governo (2Rs 15.16). Governou pelo menos dez anos em Samaria. Um acontecimento importante registrado a respeito do seu reino é o pagamento de tributo a Tiglate-Pileser III, rei da Assíria. Essa é a primeira menção a um monarca assírio nos relatos bíblicos. É possível que Menaém tenha obtido o trono de Israel com a ajuda de Tiglate-Pileser. Em todo o caso, Menaém não passava de uma marionete dos assírios durante seu reinado. Foi sucedido por seu filho, Pecaías. V. *Tiglate-Pileser*.

MENE, MENE, TEQUEL, PARSIM Inscrição que o rei Belsazar da Babilônia viu ser escrita pela mão de um homem na parede de seu palácio quando ele e seus convidados bebiam nas taças de ouro que haviam sido tomadas do templo de Jerusalém (Dn 5.1-29). Depois de os sábios do reino não poderem decifrar a inscrição, Daniel foi trazido para dar uma interpretação.

Eruditos têm proposto várias traduções. Talvez a melhor delas seja "peso, shekel e metades". Daniel interpretou a inscrição como um jogo de palavras usando as palavras hebraicas da Escritura, fazendo-as significar "numerado, pesado e dividido".

A interpretação de Daniel é que Belsazar e seu reino foram pesados na balança e encontrados em falta. O reino seria dividido e dado a seus inimigos, medos e persas. O texto de Dn 5.30 registra que a queda da Babilônia aconteceu naquela mesma noite. Deus trabalhou por meio de Daniel para mostrar que sua sabedoria era maior que a dos sábios conselheiros e dos mágicos da Pérsia, e só o Deus de Israel controla a História e o destino humanos.

MÊNFIS Nome de lugar que significa "a morada do bom". Antiga capital do Egito, localizada bem no sul da moderna cidade do Cairo, na margem oeste do rio Nilo. Fundada por Menes, faraó da 1ª Dinastia (cerca de 2800 a.C.). Por cerca de trezentos anos Mênfis foi a principal cidade do Egito. Gradualmente outras cidades cresceram em importância, e Mênfis foi eclipsada como sede do poder. No tempo de dinastias posteriores, Tebas e Avaris-Tanis foram capitais. Mênfis reconquistou o *status* de capital no reinado dos hicsos (1750-1570), mas foi substituída quando a ocupação estrangeira terminou.

Pouco resta, em termos de arquitetura, que possa atestar quanto à glória e à grandeza que a cidade um dia desfrutou. Quando os muçulmanos começaram a construir Cairo, eles retiraram material de Mênfis para a construção, e até destruíram o templo de Ptá, que provavelmente foi a estrutura mais opulenta da cidade.

MENI Nome pessoal que significa "contar" ou "partilhar". Deus da boa sorte, adorado junto com o deus Gade por judeus apóstatas, provavelmente no período pós-exílico (Is 65.11, *NTLH*; *NVI*, "deusa Sorte"; *BJ*, "Meni"; *ARA*, "deusa Fortuna"; *ARC*, "Fortuna"). Essa divindade talvez seja idêntica a Manate, divindade cultuada pelos árabes antes do surgimento do islã.

MENINA DOS OLHOS Expressão em português que se refere à pupila do olho e, portanto, a algo muito precioso. Três diferentes palavras ou expressões hebraicas são traduzidas por "menina dos olhos": 1) a palavra em Dt 32.10 e Pv 7.2 significa literalmente "homem pequeno" e evidentemente é uma alusão ao reflexo de uma pessoa no olho de outra; 2) a palavra em Sl 17.8 e Lm 2.18 significa literalmente a "filha do olho" com possivelmente o mesmo significado de (1); e 3) a palavra em Zc 2.8 significa literalmente "portão". A referência em Lm 2.8 é à pupila do olho como a fonte das lágrimas; as outras referências são metafóricas de algo que é precioso.

MENORÁ Candelabro usado no culto judaico, especificamente com sete braços, usado no tabernáculo (Êx 25.31-35; 37.17-20; cp. Zc 4.2,11). V. *lâmpada*, *iluminação*, *candelabro*.

MENSAGEIRO Pessoa enviada com uma mensagem. A palavra é com frequência usada no sentido literal (Gn 32.3,6; Nm 20.14; 24.12; Dt 2.26). Em sentido mais amplo, os profetas (2Cr 36.15,16; Is 44.26; Ag 1.13) e os sacerdotes (Ml 2.7) são chamados mensageiros por seu papel como portadores da mensagem divina para a humanidade. As palavras em hebraico e em grego para "mensageiro" são com frequência traduzidas por "anjo", o mensageiro celestial de Deus. Algumas vezes os mensageiros faziam preparativos prévios de viagens para seus senhores (Lc 9.52). Nesse sentido o mensageiro profético de Ml 3.1 prepara a vinda do Senhor. Os escritores dos Evangelhos aplicaram essa função preparatória a João Batista (Mt 11.10; Mc 1.2; Lc 7.27). V. *anjo*; *arauto*.

MENTE Centro da atividade intelectual. A palavra "mente" é um vocábulo português usado para traduzir várias palavras hebraicas e gregas. As línguas bíblicas não possuem nenhuma palavra paralela à palavra portuguesa "mente". As versões bíblicas em geral usam pelo menos seis palavras hebraicas diferentes como "mente". A palavra básica é *lev*, que significa "coração". Por exemplo, Moisés disse: "[...] Nisto conhecereis que o Senhor me enviou a fazer todos estes feitos, que de meu coração não *procedem*" (Nm 16.28, *ACF*; cp. 1Sm 9.20; Ne 4.6). Já a palavra *nefesh* (alma) é traduzida por "alma" em Dt 18.6 (*ACF*), quando se refere ao desejo da mente (alma) do indivíduo, e em Gn 23.8, que se refere à mente no sentido de decisão ou julgamento. A palavra *ruach* (espírito) também é usada com o mesmo significado em Gn 26.35. Ali a menção é à amargura "de espírito" experimentada por Isaque e Rebeca pelo fato de Esaú ter se casado com mulheres pagãs. Também são usadas as palavras *levav* (coração) em Ez 38.10; *yetser* (imaginação) em Is 26.3 e *peh* (boca, fala) em Lv 24.12.

O NT apresenta uma situação semelhante, em razão do grande número de palavras usadas para descrever a "faculdade de cognição" da humanidade. Como no AT, a palavra "coração" (*kardia*) é usada algumas vezes para representar o conceito de mente. Em Mt 13.15 fala de entendimento com o "coração". Outras palavras são *ennoia*, que significa mente no sentido de "intenção": "armem-se também do mesmo pensamento" (1Pe 4.1). *Gnome* se refere a mente no sentido de "propósito" (Ap 17.13) ou "opinião" (Fm 14). *Noema* também é usada para denotar a mente, em especial o "processo de pensamento". Paulo falou a respeito das "mentes fechadas" de Israel para que não pudessem entender o AT (2Co 3.14; 4.4; 11.3); a palavra *phronema* se refere ao que está na mente, o "pensamento": "a mentalidade da carne é morte" (Rm 8.6).

No entanto, as palavras mais comuns para mente são *nous* e *dianoia*. *Dianoia* ocorre 12 vezes no NT. Refere-se a "pensar por meio de" ou "pensar a respeito de" algo, ou ao "entendimento" ou "sentimento" resultante do processo de reflexão. Paulo disse que em tempos passados todos nós vivemos de acordo com a carne "seguindo os seus desejos e pensamentos" (as coisas que tínhamos pensado a respeito, Ef 2.3). *Nous* é a palavra mais importante para significar mente; ocorre 24 vezes. *Nous* representa o "centro do entendimento", o lugar de "saber e raciocinar". Inclui também sentimento e decisão. Por isso, algumas vezes inclui os conselhos e propósitos da mente. Um exemplo é a declaração de Paulo: "cada um deve estar plenamente convicto em sua própria mente" (Rm 14.5). O significado de propósito é encontrado em Rm 11.34, que diz: "Quem conheceu a mente do Senhor? Ou quem foi o seu conselheiro?".

A mente algumas vezes está associada à alma humana. Algumas vezes a palavra *psyche* (alma ou vida) tem a ideia da palavra "mente". Em Fp 1.27 lê-se que os cristãos devem "estar num mesmo espírito" (*ACF*). O texto de Hb 12.3 diz aos cristãos para não "desfalecerem em seus ânimos" (*ACF*; v. tb. At 14.2). Estas passagens ilustram o fato de que a mente é considerada o centro da pessoa. Entretanto, nas Escrituras o coração é considerado com maior frequência o centro da personalidade humana. Isso é verdade de modo especial no AT, em razão da falta da palavra específica para designar a mente. A palavra "coração" preenche esse vácuo, e o NT segue de perto a prática do AT. As duas palavras, mente e coração, podem se referir ao centro da pessoa, pois no pensamento hebraico a pessoa é considerada uma entidade única, sem qualquer tentativa de compartimentalizar o ser em partes separadas que agem de maneira mais ou menos independente umas das outras. Logo, o coração, a mente e a alma, ainda que de diferentes maneiras, são vistos como uma unidade.

A mente é apresentada algumas vezes, em especial no NT, como o centro da natureza ética pessoal. A mente pode ser má. É descrita como "reprovável" (Rm 1.28), "carnal" (Cl 1.28), "inútil" (Ef 4.17), "corrompida" (1Tm 6.5; 2Tm 3.8; Tt 1.15). Por outro lado, três Evangelhos nos ordenam a amar a Deus de "toda" a nossa mente (Mt 22.37; Mc 12.30; Lc 10.27). Isso é possível porque a mente pode ser renovada e fortalecida pelo Espírito Santo (Rm 12.2) e porque as leis de Deus na nova aliança são inculcadas na mente (Hb 8.10; 10.16). V. *antropologia*; *coração*; *humanidade*; *alma*. — Gerald Cowen

MENUOTE (*NTLH*); **HAZI-HAMENUOTE** (*ARA*) Nome que significa "lugares de descanso". Família descendente de Judá (1Cr 2.52). O nome talvez se refira à cidade dessa família. Menuote estava localizada possivelmente a noroeste de Jerusalém, em direção a Quiriate-Jearim.

MEOLÁ ou **MEOLATITA** Título que significa habitante de Abel-Meolá, dado a Adriel, genro de Saul (1Sm 18.19; 2Sm 21.8). Abel-Meolá está localizada em Gileade, a cerca de 22 quilômetros a sudeste de Bete-Seã.

MEONENIM, PLANÍCIE DE Meonenim é a palavra hebraica para adivinhos ou agoureiros (Dt 18.10,14; Mq 5.12). A *ARC* entendeu Meonenim como nome pessoal em Jz 9.37. V. *carvalho dos Adivinhadores*.

MEONOTAI Nome pessoal que significa "habitações do Senhor". Descendente de Judá (1Cr 4.14).

MEQUERATITA

MEQUERATITA O título de Hefete, um dos guerreiros de Davi (1Cr 11.36). Mequeratita significa habitante de Mequerate. O lugar é desconhecido, a menos que seja identificado com Maaca (2Sm 23.34).

MERABE Nome pessoal que significa "multiplicar-se". Filha mais velha de Saul (1Sm 14.49), prometida duas vezes a Davi por ter ele derrotado Golias (1Sm 17.25) e por lutar as batalhas do Senhor contra os filisteus (1Sm 18.17-19). Saul voltou atrás em sua promessa e deu Merabe a Adriel. Algumas traduções modernas com base no contexto e em alguns textos antigos com frequência colocam "Merabe" no lugar de "Mical" no texto hebraico em 2Sm 21.8.

MERAÍAS Nome pessoal que significa "Yah (= Javé) prometeu" ou "teimoso". Líder de uma família sacerdotal no tempo do sumo sacerdote Joaquim (Ne 12.12).

MERAIOTE Nome pessoal que significa "obstinado". **1.** Ancestral dos sumo sacerdotes zadoquitas (1Cr 6.6,7,52). **2.** Ancestral de Esdras, o escriba, talvez o mesmo do item anterior (Ed 7.3; 1Cr 9.11; Ne 11.11). **3.** Família sacerdotal do período pós-exílico (Ne 12.15), talvez uma corruptela de Meremote (Ne 12.3).

MERARI Nome pessoal que significa "amargura" ou "vesícula". Terceiro filho de Levi (Gn 46.11; Êx 6.16; Nm 3.17; 1Cr 6.16; 23.6). Merari era ancestral de uma divisão de sacerdotes, os merarittas.

MERARITAS A principal divisão de sacerdotes descendentes de Merari, o terceiro filho de Levi. Os merarittas e os gersonitas eram responsáveis pela montagem, desmontagem e transporte do tabernáculo (Nm 10.17; cp. 3.36-37; 4.29-33; 7.8). Os merarittas receberam um conjunto de 12 cidades das tribos de Rúben, Gade e Zebulom, incluindo Ramote-Gileade, uma cidade de refúgio (Js 21.7,34-40; 1Cr 6.63,77-81). Representantes dos merarittas participaram do movimento liderado por Davi, do transporte da arca até Jerusalém (1Cr 15.6), trabalharam como músicos no tabernáculo (1Cr 15.17,19) e também como porteiros (1Cr 26.10,19), participaram das reformas de Ezequias (2Cr 29.122) e Josias (2Cr 34.12), e voltaram do exílio para assistir no novo templo (Ed 8.19).

MERATAIM Nome pessoal que significa "amargura dupla" ou "rebelião dupla", possivelmente um jogo de palavras com a expressão acadiana *mat marrati* ("terra do rio Amargo") ou com *nar marratu*, designação de uma área ao redor do golfo Pérsico conhecida por meio de inscrições babilônicas. Jeremias (50.21) anunciou o juízo de Deus sobre essa terra.

MERCADO As ruas estreitas e prédios amontoados de muitas cidades e vilas na antiga Palestina deixavam pouco para um mercado público. Lojas eram construídas em residências particulares ou reunidas na área do portão da cidade, para formarem bazares (1Rs 20.34). Comerciantes trabalhavam em barracas do lado de dentro do portão da cidade ou apregoavam seus produtos fora da área do portão, ao ar livre ou em praças. Essas áreas também serviam para reunir tropas (2Cr 32.6) e eram o lugar de reuniões públicas (Ne 8.1), celebrações de vitória (Dt 13.16) e apresentação de cativos (2Sm 21.12).

Herodes reconstruiu muitas cidades da Palestina seguindo o padrão grego que incluía áreas abertas para reuniões públicas (gr., *agora*). As crianças brincavam entre as lojas (Mt 11.16); ali trabalhadores diaristas se reuniam para serem contratados (Mt 20.2,3), e fariseus e outros cidadãos em posição de liderança andavam, trocando saudações (Mt 23.7; Lc 11.43). Paulo foi ao mercado (gr., *agora*) em suas visitas às cidades gregas para falar às multidões que para lá acorriam (At 17.17). Ele e Silas foram também levados por magistrados ao mercado em Filipos, depois de terem incorrido na ira dos mercadores locais (At 16.19). — *Victor H. Matthews*

MERCADO (BAZAR ANTIGO) Parte de uma rua concedida aos comerciantes. Ben-Hadade de Damasco deu a Acabe permissão para estabelecer mercados em Damasco como o pai de Ben-Hadade tinha feito em Samaria (1Rs 20.34).

MERCADOR Comprador ou vendedor de bens em busca de lucro. Com exceção do período de Salomão (1Rs 9.26-28; 10.15,22),

Israel não era conhecido nos tempos bíblicos como uma nação de mercadores. Referências a israelitas envolvidos em comércio são surpreendentemente escassas. Os israelitas eram proibidos de vender alimentos aos patrícios israelitas para obtenção de lucro (Lv 25.37), mas ao estrangeiro poderiam vender até o cadáver de um animal (Dt 14.21). Os mercadores compravam roupas de donas de casa (Pv 31.24) e vendiam produtos como azeite de oliva (2Rs 4.7). Os abusos cometidos pelos mercadores eram sempre condenados: reter grãos para forçar a alta de preços (Pv 11.26); impaciência para com o sábado ou dias santos a fim de concluir transações comerciais; balanças desonestas (Am 8.5); conduzir outros israelitas à escravidão para comprar comida (Ne 5.1-8); violação do sábado (Ne 13.15-21). Os mercadores de Jerusalém auxiliaram Neemias na reconstrução dos muros, talvez com a doação de recursos financeiros (Ne 3.32).

A maioria das referências do AT a mercadores se refere a outras nações, não a Israel. A palavra traduzida por "mercador" ou "comerciante" em Pv 31.24 e Os 12.7 é de fato uma palavra para designar os cananeus. Homens de Tiro vendiam peixes e todo tipo de mercadorias na Jerusalém pós-exílica (Ne 13.16). Em Ez 27.12-25 descreve a atividade comercial de Tiro nos tempos de sua plenitude. Eles comercializavam metais preciosos, escravos, gado, pedras preciosas, marfim, lã, roupas, tecidos, produtos agrícolas, vinho, especiarias e tapetes (cf. Ap 18.11-13). Os parceiros comerciais de Tiro incluíam 22 nações ou povos na Ásia Menor, Palestina, Síria, Arábia e Mesopotâmia. Os mercadores geravam grande riqueza. Os profetas falaram contra o orgulho que acompanhava o sucesso material dos mercadores (Is 23; Ez 27).

No NT Jesus usou a figura do mercador para ilustrar a necessidade de arriscar todo o ganho por conta do Reino dos céus (Mt 13.45,46). Outras referências continuam na linha do ataque profético a mercadores arrogantes. O texto de Tg 4.13 adverte grandes homens de negócios com o envolvimento em empreendimentos de longo prazo de que não se esqueçam de Deus ao formular seus planos. O livro de Ap condena os mercadores romanos que se tornaram ricos às custas dos pecados de Roma (18.3). V. *comércio*; *vida econômica*. — Chris Church

MERCÚRIO Tradução de algumas versões (*ARA*, *ARC*, *NTLH*) para o grego *Hermes* em At 14.12 (*NVI*). O deus romano Mercúrio era identificado com o deus grego Hermes. V. *pagãos, deuses*; *Hermes*.

MEREDE Nome pessoal que significa "rebelde". Descendente do rei Davi que se casou com Bítia, a filha de um faraó (1Cr 4.17,18), provavelmente como parte de uma aliança política.

MEREMOTE Nome pessoal que significa "alturas". **1**. Sacerdote que voltou do exílio com Zorobabel (Ne 12.3). **2**. Sacerdote no tempo de Esdras e Neemias que trabalhava com o tesouro do templo (Ed 8.33), ajudou na reparação dos muros (Ne 3.4,21) e testemunhou a renovação da aliança (Ne 10.5). **3**. Leigo casado com esposa estrangeira (Ed 10.36).

MERES Um dos sete príncipes que trabalhavam como conselheiros do rei Assuero da Pérsia (Et 1.14). V. *Marsena*.

MERETRIZ O mesmo que prostituta. A meretriz mais famosa da Bíblia é Raabe, de Jericó, que salvou os espiões israelitas enviados por Josué para investigar a terra prometida (Js 2). Israel a poupou e à sua família quando da conquista e destruição de Jericó. Ela continuou a habitar com os israelitas (Js 6.23-25) e está incluída na genealogia de Jesus (Mt 1.5). Sua ação a favor dos espiões israelitas deu-lhe lugar na lista dos fiéis (Hb 11.31; cp. Tg 2.25).

A Bíblia dá poucos detalhes a respeito de como meretrizes como Raabe exerciam seu trabalho. Com base em Gn 38.14,15 conclui-se que ficavam à beira de caminhos ou estradas. Bordéis, que com frequência também funcionavam como tabernas ou hospedarias, eram conhecidos no antigo Oriente Médio. A casa de Raabe pode ter sido um bordel (Js 2.1). É possível que prostitutas tivessem uma marca na testa (Jr 3.3) ou nos seios (Os 2.2). Elas podiam chamar a atenção por suas roupas, joias e maquiagem (Jr 4.30; Ez 23.40; Ap 17.4). Elogios com palavras (Pv 2.16) e música suave (Is 23.16) podem ter sido usados como meios para atrair clientes. O pagamento podia ser em dinheiro ou em joias (Ez 23.42) ou em outros itens de valor (Gn 38.15-18; cp. Lc 15.30).

MERIBÁ

Ainda que as meretrizes fossem consideradas socialmente inferiores, tinham direitos legais, o que pode se concluir do incidente registrado em 1Rs 3.16-22. V. *fornicação, imoralidade; prostituição*. — Wilda W. Morris

MERIBÁ V. *Massá*.

MERIBAAL Nome pessoal de significado discutido: "oponente de Baal", "obstinação por Baal", "amado ou herói de Baal" ou "Baal defende". Originariamente, esse é o nome de Mefibosete. Parece que copistas posteriores do texto alteraram a parte do nome com Baal para evitar a menção a deus pagão (1Cr 8.34; 9.40, conquanto na última a pronúncia hebraica para "herói" seja comparada com a pronúncia para "oponente"). V. *Mefibosete*.

MERIBÁ-CADES Tradução da expressão do texto hebraico de Ez 47.19. O nome é traduzido na *ACF* por "as águas da contenda de Cades" (v. Nm 20.2-13; Dt 32.51; cp. Êx 17.1-7). Na *NVI* lê-se "Meribá em Cades"; na *BJ*, "Meriba-Cades" (Dt 32.51; Ez 47.19); na *ARA*, "Meribá de Cades" (Dt 32.51) e "Meribá-Cades" (Ez 47.19). Na *BP* se lê "fonte de Meriba, em Cades" (Dt 32.51). A mesma Cades-Barneia. V. *Cades, Cades-Barneia; Meribá-Cades*.

MERNEPTÁ Nome pessoal que significa "amado de Ptá" (deus adorado em Mênfis, Egito). Governante na 19ª Dinastia do Egito (1236-1223 ou 1224-1216 a.C.). Uma estela produzida durante seu reinado é a mais antiga referência não bíblica aos israelitas. A estela exalta a conquista de Canaã, Ascalom, Gezer, Janoã e Israel por Merneptá. Nela Israel é referido como um povo, não um lugar. Merneptá alegou ter "devastado" Israel. A estela mostra que o povo de Israel existia em Canaã não depois de 1220 a.C. e contava com força suficiente para lutar com Merneptá, ainda que tivesse perdido, caso o relato esteja correto. Pode ter sido uma aliança de três cidades-estados que se opuseram a Merneptá.

MERODAQUE Forma hebraica de Marduque, o principal deus da Babilônia, também conhecido por Bel, correspondente ao Baal semita ou "Senhor" (Jr 50.2). Merodaque é um dos nomes dos reis babilônicos Merodaque-Baladã (2Rs 20.12; Is 39.1) e Evil-Merodaque (2Rs 25.27; Jr 52.31). Com uma vocalização diferente, Merodaque é o mesmo nome Mardoqueu (Et 2.5). V. *pagãos-deuses*.

MERODAQUE-BALADÃ Nome pessoal que significa "o deus Marduque deu um herdeiro". Governante da tribo Bit-Yakin no sul da Babilônia e rei da Babilônia (721-711 a.C.), e por um tempo curto em 704 a.C. Ele não passava de uma marionete da Assíria, respondendo a Sargom. Merodaque-Baladã enviou mensageiros ao rei Ezequias de Judá (Is 39.1; 2Rs 20.12,13), que se gabou de suas riquezas e tesouros. Dois anos mais tarde Senaqueribe lançou o cerco fatídico à cidade santa. Merodaque-Baladã continuou a se rebelar em relação aos assírios, vindo do exílio para mais uma vez se opor aos reis de Nínive. Mais tarde ele retornou à terra tribal no litoral. V. *Babilônia; Sargom; Senaqueribe*.

MEROM Nome de lugar que significa "lugar elevado". Lugar na Galileia onde Josué liderou Israel para derrotar a coligação das tribos dos cananeus lideradas pelo rei Jabim de Hazor em um ataque surpresa (Js 11.1-7). A localização do sítio tem sido debatida, mas atualmente parece ser a moderna Merion. A cidade está perto de um ribeiro alimentado anualmente por uma fonte durante a estação seca. Tutmósis III e Ramessés II alegam ter conquistado a área em seus respectivos reinados.

MERONOTITA Residente de Meronote (1Cr 27.30; Ne 3.7). O lugar talvez seja Beituniyeh, a noroeste de Gibeom.

MEROZ Nome de lugar de significado incerto. Cidade condenada no cântico de Débora, pela falha em se unir à batalha do Senhor contra as forças opressoras de Sísera (Jz 5.23). A localização é desconhecida. Sugestões dadas incluem: Khirbet Marus, a quase 5 quilômetros a noroeste de Azor; Madom (Js 12.19); e Sinrom-Merom (Js 11.5, 12.20), lugar identificado com Semuniyeh, ao norte de Megido na orla do vale de Jezreel. Marus está muito retirado da área de batalha para ter participado. Madom é perto, mas separado de Jezreel por uma serra montanhosa.

MÊS V. *calendário*; *tempo*.

MESA Superfície plana suportadas por pernas. **1**. Mesa de jantar. As "mesas" mais antigas eram simplesmente peles abertas e estendidas sobre o chão. Representações de mesas eram raras na arte egípcia antes do Novo Reino (1300-110 a.C.). A referência escriturística mais antiga (Jz 1.7) se enquadra nesse período. Muitas referências são à mesa de um soberano (Jz 1.7; 2Sm 9.7; 1Rs 2.7; 4.27; 10.5; 18.19; cp. 1Rs 13.20). As mesas naquele tempo, de modo geral, tinham pernas curtas, o que permitia comer assentado ou reclinado sobre um tapete (Is 21.5). Mas a passagem de Jz 1.7 se refere a uma mesa grande a ponto de permitir que homens engatinhassem por debaixo dela (cf. Mc 7.28).

Nos tempos do NT os convidados comiam reclinados sobre sofás, apoiando a cabeça com a mão esquerda e comendo de uma tigela comum com a mão direita. Essa prática explica a mulher que ficou aos pés de Jesus (Lc 7.38) e a posição do discípulo amado, reclinado junto ao peito de Jesus (Jo 13.23; *NVI*, "ao lado") durante refeições. V. *mobília, utensílios*. **2**. Mesas rituais. Uma mesa para os pães da presença fazia parte do mobiliário do tabernáculo (Êx 25.23-30; 26.35; Lv 24.5-7) e do templo (1Rs 7.48). Outras mesas eram usadas no culto sacrificial (1Cr 28.14-16; 2Cr 4.7,8; Êx 40.38-43). Em Ml 1.7,12 temos a descrição do altar como uma mesa. Compartilhar da mesa de um deus era um ato de culto. A "mesa do Senhor" (1Co 10.21) se refere à observância da ceia do Senhor. **3**. Mesas de dinheiro. As mesas dos cambistas eram provavelmente pequenas bandejas com cavaletes (Mt 21.12; Mc 11.15; Jo 2.15).

MESAQUE Nome pessoal de significado desconhecido, aparentemente uma corruptela na transmissão do babilônio para o hebraico, talvez para evitar na pronúncia o reconhecimento do nome do deus babilônio. Um dos amigos de Daniel exilado na Babilônia após a queda de Jeoiaquim em 597 a.C. (Dn 1.6,7). Seu nome hebraico era Misael ("que é como Deus é"), mas foi mudado para Mesaque (talvez "quem é como Aku") para zombar do deus de Israel. Ao declinar da rica alimentação da mesa do rei, ele e seus amigos demonstraram que a dieta simples de legumes e água era mais desejável para deixar alguém forte e sábio. Depois de se recusar a se curvar diante da imagem dourada do rei, ele, Sadraque e Abede-Nego foram lançados à fornalha, e libertados por Deus (Dn 3). Depois disso, foram promovidos na corte do rei. V. *Abede-Nego*; *Daniel*; *Sadraque*.

MESELEMIAS Nome pessoal que significa "Javé é recompensa". Porteiro do tabernáculo no tempo de Davi (1Cr 9.21); 26.1,2,9); Selemias é a forma abreviada desse nome (1Cr 26.14). Outras formas abreviadas incluem Salum (1Cr 9.17,19,31; Ed 2.42) e Mesulão (Ne 12.25). Todas estas formas podem, no entanto, fazer referência ao mesmo levita.

MESEQUE Nome pessoal que tanto pode significar "semear" como "posse". **1**. Povo da Ásia Menor (Gn 10.2; 1Cr 1.5), conhecido por fazer comércio com utensílios de cobre (Ez 27.13), com frequência associado a Tubal (Ez 32.26; 38.2,3; 39.1). Esse Meseque é idêntico ao assírio *Mushki* e ao grego *Moschoi*. Em Sl 120.5 o nome aparece na forma Meseque. **2**. Tribo arameia desconhecida (1Cr 1.17), talvez a mesma Más (Gn 10.23, *ARA*, *ARC*, *NTLH*).

MESEZABEL Nome pessoal que significa "Deus liberta". **1**. Ancestral de um homem que trabalhou na reconstrução do muro de Jerusalém (Ne 3.4). **2**. Um dos líderes do povo que testemunhou a renovação da aliança no tempo de Esdras (Ne 10.21). **3**. Membro da tribo de Judá (Ne 11.24). Talvez os três sejam o mesmo indivíduo.

MESILEMITE Nome pessoal que significa "reconciliação". **1**. Sacerdote (1Cr 9.12; Ne 11.13). **2**. Membro da tribo de Efraim (2Cr 28.12).

MESOBABE Nome pessoal derivado de uma raiz que significa "retorno, volta". Líder da tribo de Simeão (1Cr 4.34).

MESOPOTÂMIA Em sentido estrito, Mesopotâmia (palavra derivada do grego "entre rios") é a designação da área entre os rios Tigre e Eufrates. De modo geral a palavra é usada para se referir a todo o vale Tigre-Eufrates. Algumas vezes na Antiguidade a cultura da Mesopotâmia dominou uma área ainda maior, que ia a leste

MESSA

até Elão e a Média, ao norte até a Ásia Menor e seguia o Crescente Fértil até Canaã e o Egito.

As Escrituras dão testemunho de uma longa história de contatos entre o povo hebreu e o povo da Mesopotâmia. A Mesopotâmia era a terra natal dos patriarcas (Gn 11.31—12.4; 24.10; 28.6). Um rei mesopotâmico subjugou Israel no período dos juízes (Jz 3.8). A Mesopotâmia forneceu mercenários, carros e cavalaria para os amonitas em guerra com Davi (1Cr 19.6; sobrescrito de Sl 60 na *ARA*, *ARC*, *NTLH* e *BJ*). O Reino do Norte, Israel (2Rs 15.29; 1Cr 5.26), e o Reino do Sul, Judá (2Rs 24.14-16; 2Cr 36.20; Ed 2.1), foram ao exílio na Mesopotâmia.

MESSA Tradução para o português de três nomes hebraicos. **1.** Nome pessoal que significa "segurança". Governante de Moabe que liderou uma revolta contra Israel (2Rs 3.4-27; *ARA*, *ARC*, *NTLH*, "Mesa"). O texto refere-se a Messa como "criador de gado" (2Rs 3.4, *ARA*), talvez um título honorífico com o significado de "chefe". A data da revolta é incerta. Em 2Rs 1.1 há a sugestão de que a revolta foi imediatamente após a morte de Acabe (850 a.C.). O texto de 1Rs 3.4 situa a revolta no reinado de Jeroboão (849-842 a.C.). A Pedra Moabita erigida por Messa para celebrar seus feitos contém duas notas temporais aparentemente irreconciliáveis: no meio do reinado do filho de Onri e quarenta anos depois do início da tributação opressiva de Onri sobre Moabe. Se o filho de Onri for tomado literalmente, a Pedra Moabita põe a revolta no reinado de Acabe (869-850 a.C.). "Filho de Onri" era, no entanto, usado como um título para qualquer dos reis sucessores de Onri como rei em Samaria, até mesmo quanto a Jeú que derrubou a dinastia de Onri. Jeorão, neto de Onri, pode então ser o "filho" de Onri da Pedra Moabita. Todavia, o reino de Jeorão terminou cinco anos antes do quadragésimo aniversário da data mais antiga da opressão de Onri sobre Moabe. No início da revolta, Messa foi bem-sucedido em cercar as cidades fronteiriças israelitas e em estabelecer cidades fortificadas em sua fronteira. No entanto, uma aliança de Israel, Judá e Edom quebrou suas defesas e atacou Messa pela retaguarda. Messa se retirou para Quir-Haresete, de onde tentou, sem sucesso, fugir para seus aliados arameus. Sem uma fuga possível, Messa sacrificou seu filho primogênito ao deus Camos nos muros da cidade. Em resposta, os israelitas levantaram seu cerco e voltaram para casa. A Pedra Moabita descreve Messa como construtor de cidades e estradas. No entanto, a evidência arqueológica sugere um declínio na civilização moabita após a revolta. V. *Moabe e a Pedra Moabita*. **2.** Descendente de Benjamim que vivia em Moabe (1Cr 8.9). **3.** Descendente de Calebe (1Cr 2.42; a *ARA* segue a antiga tradução grega e traz Maressa). **4.** Nome de lugar que significa "dívida". Cidade no território de Joctã (Gn 10.30), que muito provavelmente deve ser identificada com Massá (Gn 25.14; 1Cr 1.30), localizada entre a cabeceira do golfo de Ácaba e o golfo Pérsico. Esse Messa é identificado com o assírio *Mash* e com o persa *Maciya*. — Chris Church

MESSIAS Transliteração da palavra hebraica que significa "ungido", traduzida para o grego como *Christos*. Portanto, "Cristo" ou Messias é um nome adequado para expressar a ligação da igreja com Israel em todo o AT, como a fé que percebe o escopo da salvação mundial em Jesus Cristo.

Antigo Testamento e pano de fundo do judaísmo primitivo "Ungido" tem vários sentidos no AT. Todos dizem respeito à instalação de uma pessoa em um ofício para torná-la reconhecida por Javé, o Deus de Israel. Mesmo um rei pagão como Ciro foi designado ungido do Senhor (Is 45.1) para executar uma tarefa divinamente indicada. A aplicação comum da palavra "ungido" era para representantes de Deus dentre o povo da aliança. Profetas como Eliseu foram separados dessa maneira (1Rs 19.16). Israel provavelmente viu a ligação íntima entre os ungidos e o Espírito de Deus, ainda que a ligação seja mencionada de forma específica poucas vezes (2Rs 2.9). Em particular os reis israelitas eram saudados como ungidos de Javé (cf. Jz 9.8), a começar por Saul (1Sm 9-10) e de maneira especial com referência a Davi (1Sm 16.6,13; 2Sm 2.4; 5.3) e Salomão (1Rs 1.39). Por ser a família real de Davi a da linhagem dos reis israelitas, são mencionados como "ungidos" (2Sm 22.51; cp. 2Rs 11.12; 23.30; Sl 2.2; 20.6; 28.8; 84.9). O rei de Israel assim se tornou uma pessoa sagrada a quem deveria ser prestada lealdade e respeito (1Sm 24.6,10; 26.9,11,16,23; 2Sm 1.14,16). O oráculo pronunciado por Natã (2Sm 7.12-16) é importante, pois está centralizado na esperança de Israel quanto à dinastia de Davi pelas gerações seguintes.

O rei, especialmente em Sl, tornou-se o filho ideal de Deus (Sl 2.2,7; cp. 2Sm 7.14) e desfrutava do favor da proteção dele (Sl 18;50; 20.6;28.8). Sua dinastia não fracassaria (Sl 132.17), e o povo era encorajado a orar a Deus a favor do rei (Sl 72.11-15; 84.9). A queda de Jerusalém em 586 a.C. provocou uma grande confusão pelo fato de o ungido de Javé ter sido levado para o exílio como prisioneiro (Lm 4.20), e sua autoridade como rei foi rejeitada pelas nações (Sl 89.38,51). Essa humilhação da dinastia davídica levantou uma série de problemas para a fé em Israel, mesmo quando recebeu autorização para voltar para sua terra. Não houve nenhum avivamento para a dinastia davídica, mesmo que a restauração tenha se tornado o desejo piedoso dos judeus durante o exílio babilônico (Jr 33.14-18) e nos séculos seguintes. Uma das expressões mais claras da esperança contínua estava nos *Salmos de Salomão* (17; 18) datado de 70-40 a.C., um texto judaico que fala do Messias como o filho de Davi. Nele, o Messias é um príncipe guerreiro que expulsaria os odiados romanos de Israel e traria um reino no qual os judeus seriam guindados à posição de dominadores do mundo.

Depois do exílio o sacerdócio israelita cresceu em importância. Na ausência do rei, o sumo sacerdote assumiu o lugar central na comunidade. O ritual de unção era o sinal externo de sua autoridade para atuar como representante de Deus. Essa autoridade era traçada até Arão e seus filhos (Êx 29.7-9; 30.22-33; cp. Sl 133.2). O sumo sacerdote era o sacerdote ungido (Lv 4.3,5,16) e até mesmo, em um texto, um "messias" (Zc 4.14; cp. 6.13; Dn 9.25).

Nos tempos exílico e pós-exílico, a expectativa do Messias vindouro assumiu um foco ainda mais agudo, começando com as visões de Jeremias e Ezequiel do Messias que combinaria as características da realeza e da dignidade sacerdotal (Jr 33.14-18; Ez 46.1-8; Zc 4.1-14; 6.13). A comunidade que redigiu os manuscritos do mar Morto foi evidentemente capaz de combinar a esperança de dois Messias, um sacerdotal, e o outro, uma figura real. A alternância entre o Messias real e uma figura sacerdotal é característica dos dois séculos do judaísmo primitivo anteriores à vinda de Jesus.

Messiado no ministério de Jesus Uma questão levantada em Jo 4.29 (cp. 7.40-43) é: "Será que ele não é o Cristo?". É evidente que a questão da identidade do Messias e seu papel era muito discutida entre os judeus do séc. I. Nos Evangelhos sinóticos o modo com que Jesus agiu e falou levou naturalmente ao diálogo em Cesareia de Filipe. Jesus perguntou aos discípulos: "Quem vocês dizem que eu sou?", questão que recebeu de Pedro a seguinte resposta: "Tu és o Cristo" (Mc 8.29). Marcos deixa claro que Jesus assumiu uma atitude de reserva distinta e cautela quanto a esse título, desde que este tem conotação de poder político, especialmente em uma corrente da esperança judaica representada pelos *Salmos de Salomão*. Por isso, Jesus aceitou a confissão de Pedro com grande relutância, pois ela veio acompanhada da objeção dos discípulos do sofrimento por parte do Messias (Mc 9.32). Para Pedro, Messias era o título de uma personagem gloriosa, ao mesmo tempo nacionalista e vitoriosa nas batalhas. Jesus via seu destino sob a perspectiva do Filho do homem sofredor e do Servo de Deus (Mc 8.31-38; 9.31; 10.33,34). Por conseguinte, ele não permitiu que os demônios o saudassem como Messias (Lc 4.41) e desconsiderou todas as prerrogativas de privilégio e as manifestações abertas ligadas ao título judaico.

O curso do ministério de Jesus é o que ele buscou fazer para que os discípulos se afastassem da visão tradicional do Messias guerreiro. Em seu lugar Jesus tentou inculcar na mente deles a perspectiva de que a jornada de sua glória futura estava destinada a passar pelo caminho da cruz, com sua experiência de rejeição, sofrimento e humilhação. No julgamento diante dos acusadores (Mt 26.63-66), ele mais uma vez reinterpretou o título Messias (Cristo) e deu a ele um conteúdo baseado na figura do Filho do homem, tomando por base Dn 7.13,14. A confissão garantiu sua condenação, e ele foi à cruz como o Messias crucificado porque os líderes judeus falharam em perceber a natureza do messiado tal como Jesus a entendeu. Pilatos o sentenciou como pretenso messias (de acordo com as falsas acusações levantadas contra ele), um rival de César (Mc 15.9; Lc 23.2; Jo 19.14,15). Foi somente após a ressurreição que os discípulos conseguiram ver como Jesus era o Messias-Rei e como Jesus então abriu a mente deles para o significado do messiado (Lc 24.45,46). O título nacional "Messias" então assumiu uma conotação mais ampla, envolvendo o papel real de acolher todos os povos (Lc 24.46,47).

Profecias messiânicas do Antigo Testamento

PROFECIA	REFERÊNCIA DO AT	CUMPRIMENTO NO NT
Semente da mulher	Gn 3.15	Gl 4.4; Hb 2.14
Por intermédio dos filhos de Noé	Gn 9.27	Lc 6.36
Semente de Abraão	Gn 12.3	Mt 1.1; Gl 3.8,16
Semente de Isaque	Gn 17.19	Rm 9.7; Hb 11.18
Bênção para as nações	Gn 18.18	Gl 3.8
Semente de Isaque	Gn 21.12	Rm 9.7; Hb 11.18
Bênção aos gentios	Gn 22.18	Gl 3.8,16; Hb 6.14
Bênção aos gentios	Gn 26.4	Gl 3.8,16; Hb 6.14
Bênção por intermédio de Abraão	Gn 28.14	Gl 3.8,16; Hb 6.14
Procedente da tribo de Judá	Gn 49.10	Ap 5.5
Nenhum osso quebrado	Êx 12.46	Jo 19.36
Bênção ao filho primogênito	Êx 13.2	Lc 2.23
Nenhum osso quebrado	Nm 9.12	Jo 19.36
A serpente no deserto	Nm 21.8,9	Jo 3.14,15
Uma estrela procederá de Jacó	Nm 24.17-19	Mt 2.2; Lc 1.33-78; Ap 22.16
Será como um profeta	Dt 18.15,18,19	Jo 6.14; 7.40; At 3.22,23
Amaldiçoado no madeiro	Dt 21.23	Gl 3.13
O trono de Davi estabelecido para sempre	2Sm 7.12,13,16,25,26; 1Cr 17.11-14,23-27; 2Cr 7.17	Mt 19.28; 21.4; 25.31; Mc 12.37; Lc 1.32; Jo 7.4; At 2.30; 13.23; Rm 1.3; 2Tm 2.8; Hb 1.5,8; 8.1; 12.2; Ap 22.1
Promessa de um redentor	Jó 19.25-27	Jo 5.28,29; Gl 4.4; Ef 1.7,11,14
Declarado Filho de Deus	Sl 2.1-12	Mt 3.17; Mc 1.11; At 4.25,26; 13.33; Hb 1.5; 5.5; Ap 2.26,27
Sua ressurreição	Sl 16.8-10	At 2.27; 13.35; 26.23
Mãos e pés perfurados	Sl 22.1-31	Mt 27.31,35,36
Zombado e insultado	Sl 22.7,8	Mt 27.39-43,45-49
Soldados lançam sortes disputando sua túnica	Sl 22.18	Mc 15.20,24,25,34; Lc 19.24; 23.35; Jo 19.15-18, 23,24,34; At 2.23,24
Acusado por falsas testemunhas	Sl 27.12	Mt 26.60,61
Entregou seu espírito	Sl 31.5	Lc 23.46
Nenhum osso quebrado	Sl 34.20	Jo 19.36
Acusado por falsas testemunhas	Sl 35.11	Mt 26.59-61; Mc 14.57,58
Odiado sem motivo	Sl 35.19	Jo 15.24,25
Os amigos se mantêm a distância	Sl 38.11	Mt 27.55; Mc 15.40; Lc 23.49
"Vim para fazer a tua vontade"	Sl 40.6-8	Hb 10.5-9
Traído por um amigo	Sl 41.9	Mt 26.14-16,47,50; Mc 14.17-21; Lc 22.19-23; Jo 13.18,19
Conhecido por sua justiça	Sl 45.2,6,7	Hb 1.8,9
Sua ressurreição	Sl 49.15	Mc 16.6
Traído por um amigo	Sl 55.12-14	Jo 13.18
Sua ascensão	Sl 68.18	Ef 4.8
Odiado sem motivo	Sl 69.4	Jo 15.25

Profecias messiânicas do Antigo Testamento

PROFECIA	REFERÊNCIA DO AT	CUMPRIMENTO NO NT
Ferido por censuras	Sl 69.9	Jo 2.17; Rm 15.3
Deram-lhe fel e vinagre	Sl 69.21	Mt 27.34,48; Mc 15.23; Lc 23.36; Jo 19.29
Exaltado por Deus	Sl 72.1-19	Mt 2.2; Fp 2.9-11; Hb 1-8
Fala em parábolas	Sl 78.2	Mt 13.34,35
Exaltado como semente de Davi	Sl 89.3,4,19,27-29,35-37	Lc 1.32; At 2.30; 13.23; Rm 1.3; 2Tm 2.8
O Filho do homem vem em glória	Sl 102.16	Lc 21.24,27; Ap 12.5-10
"Tu permaneces"	Sl 102.24-27	Hb 1.10-12
Ora por seus inimigos	Sl 109.4	Lc 23.34
Outro para suceder Judas	Sl 109.7,8	At 1.16-20
Sacerdote como Melquisedeque	Sl 110.1-7	Mt 22.41-45; 26.64; Mc 12.35-37; 16.19; At 7.56; Ef 1.20; Cl 1.20; Hb 1.13; 2.8; 5.6; 6.20; 7.21; 8.1; 10.11-13; 12.2
Pedra de esquina	Sl 118.22,23	Mt 21.42; Mc 12.10,11; Lc 20.17; Jo 1.11; At 4.11; Ef 2.20; 1Pe 2.4
O Rei que vem em nome do Senhor	Sl 118.26	Mt 21.9; 23.39; Mc 11.9; Lc 13.35; 19.38; Jo 12.13
Semente de Davi que vai reinar	Sl 132.11 cf. 2Sm 7.12-13,16,25,26,29	Mt 1.1
Declarado Filho de Deus	Pv 30.4	Mt 3.17; Mc 14.61,62; Lc 1.35; Jo 3.13; 9.35-38; 11.21; Rm 1.2-4; 10.6-9; 2Pe 1.17
Arrependimento para as nações	Is 2.2-4	Lc 24.47
Corações são endurecidos	Is 6.9,10	Mt 13.14,15; Jo 12.39,40; At 28.25-27
Nascido de uma virgem	Is 7.14	Mt 1.22,23
Pedra de tropeço	Is 8.14,15	Rm 9.33; 1Pe 2.8
Luz que brilha nas trevas	Is 9.1,2	Mt 4.14-16; Lc 2.32
Deus conosco	Is 9.6,7	Mt 1.21,23; Lc 1.32,33; Jo 8.58; 10.30; 14.19; 2Co 5.19; Cl 2.9
Cheio de sabedoria e poder	Is 11.1-10	Mt 3.16; Jo 3.34; Rm 15.12; Hb 1.9
Reina em misericórdia	Is 16.4,5	Lc 1.31-33
Estabelecido em lugar seguro	Is 22.21-25	Ap 3.7
A morte foi engolida em vitória	Is 25.6-12	1Co 15.54
Uma pedra em Sião	Is 28.16	Rm 9.33; 1Pe 2.6
Os surdos ouvem, os cegos veem	Is 29.18,19	Mt 5.3; 11.15; Jo 9.39
Rei dos reis, Senhor dos senhores	Is 32.1-4	Ap 19.16; 20.6
Filho do Altíssimo	Is 33.22	Lc 1.32; 1Tm 1.17; 6.15
Cura para os necessitados	Is 35.4-10	Mt 9.30; 11.5; 12.22; 20.34; 21.14; Mc 7.30; Jo 5.9
Preparai o caminho do Senhor	Is 40.3-5	Mt 3.3; Mc 1.3; Lc 3.4,5; Jo 1.23
O Pastor morre pelas ovelhas	Is 40.10,11	Jo 10.11; Hb 13.20; 1Pe 2.24,25
O Servo humilde	Is 42.1-16	Mt 12.17-21; Lc 2.32
Luz para os gentios	Is 49.6-12	At 13.47; 2Co 6.2
Açoitado e cuspido	Is 50.6	Mt 26.67; 27.26,30; Mc 14.65; 15.15,19; Lc 22.63-65; Jo 19.1
Rejeitado por seu povo	Is 52.13-53.12	Mt 8.17; 27.1,2,12-14,38

MESSIAS

Profecias messiânicas do Antigo Testamento

PROFECIA	REFERÊNCIA DO AT	CUMPRIMENTO NO NT
Sofreu de modo vicário	Is 53.4,5	Mc 15.3,4,27,28; Lc 23.1-25,32-34
Manteve o silêncio quando acusado	Is 53.7	Jo 1.29; 11.49-52
Sepultado com o rico	Is 53.9	At 10.43; 13.38-39; 1Co 15.3; 1Pe 2.21-25; 1Jo 1.7,9
Chama os que não são povo	Is 55.4,5	Jo 18.37; Rm 9.25,26; Ap 1.5
Libertador de Sião	Is 59.16-20	Rm 11.26,27
Nações andam na luz	Is 60.1-3	Lc 2.32
Ungido para proclamar libertação	Is 60.1,2	Lc 4.17-19; At 10.38
Chamado por um nome novo	Is 62.11	Lc 2.32; Ap 3.12
O Rei veio	Is 62.11	Mt 21.5
Vestes tingidas de sangue	Is 63.1-3	Mt 25.34-40
Afligido com os afligidos	Is 63.8,9	Mt 25.34-40
Os eleitos receberão a herança	Is 65.9	Rm 11.5,7; Hb 7.14; Ap 5.5
Novos céus e nova terra	Is 65.17-25	2Pe 3.13; Ap 21.1
O Senhor, nossa justiça	Jr 23.5,6	Jo 2.19-21; Rm 1.3,4; Ef 2.20,21; 1Pe 2.5
Um Rei nasceu	Jr 30.9	Jo 18.37; Ap 1.5
Massacre dos inocentes	Jr 31.15	Mt 2.17,18
Concebido pelo Espírito Santo	Jr 31.22	Mt 1.20; Lc 1.35
A nova aliança	Jr 31.31-34	Mt 26.27-29; Mc 14.22-24; Lc 22.15-20; 1Co 11.25; Hb 8.8-12; 10.15-17; 12.24; 13.20
Casa espiritual	Jr 33.15-17	Jo 2.19-21; Ef 2.20,21; 1Pe 2.5
Árvore plantada por Deus	Ez 17.22-24	Mt 13.31,32
O humilde é exaltado	Ez 21.26,27	Lc 1.52
O bom Pastor	Ez 34.23,24	Jo 10.11
Pedra cortada sem mãos	Dn 2.34,35	At 4.10-12
Seu Reino é triunfante	Dn 2.44,45	Lc 1.33; 1Co 15.24; Ap 11.15
O dominio eterno	Dn 7.13,14	Mt 24.30; 25.31; 26.64; Mc 14.61,62; At 1.9-11; Ap 1.7
O Reino para os santos	Dn 7.27	Lc 1.33; 1Co 15.24; Ap 11.15
Tempo do seu nascimento	Dn 9.24-27	Mt 24.15-21; Lc 3.1
Restauração de Israel	Os 3.5	Jo 18.37; Rm 11.25-27
Fuga para o Egito	Os 11.1	Mt 2.15
Promessa do Espírito	Jl 2.28-32	At 2.17-21; Rm 15.13
Escurecimento do Sol	Am 8.9	Mt 24.29; At 2.20; Ap 6.12
Restauração do tabernáculo	Am 9.11,12	At 15.16-18
Israel reunido	Mq 2.12,13	Jo 10.14,26
O Reino estabelecido	Mq 4.1-8	Lc 1.33
Nascido em Belém	Mq 5.1-5	Mt 2.1; Lc 2.4,10,11
A terra cheia do conhecimento da glória do Senhor	Hc 2.14	Rm 11.26; Ap 21.23-26
O Cordeiro no trono	Zc 2.10-13	Ap 5.13; 6.9; 21.24; 22.1-5
Um sacerdócio santo	Zc 3.8	Jo 2.19-21; Ef 2.20,21; 1Pe 2.5

Profecias messiânicas do Antigo Testamento

PROFECIA	REFERÊNCIA DO AT	CUMPRIMENTO NO NT
Um Sumo Sacerdote celestial	Zc 6.12,13	Hb 4.4; 8.1,2
Entrada triunfal	Zc 9.9,10	Mt 21.4,5; Mc 11.9,10; Lc 20.38; Jo 12.13-15
Vendido por peças de prata	Zc 11.12,13	Mt 26.14,15
Compra do campo do oleiro	Zc 11.12,13	Mt 27.9
Seu corpo perfurado	Zc 12.10	Jo 19.34,37
Pastor ferido — ovelhas dispersas	Zc 13.12,13	Mt 26.31; Jo 16.32
Precedido pelo precursor	Ml 3.1	Mt 11.10; Mc 1.2; Lc 7.27
Nossos pecados purgados	Ml 3.3	Hb 1.3
A luz do mundo	Ml 4.2,3	Lc 1.78; Jo 1.9; 12.46; 2Pe 1.19; Ap 2.28; 19.11-16; 22.16
A vinda de Elias	Ml 4.5,6	Mt 11.14; 17.10-12

Messias como título na igreja primitiva A partir da ressurreição os primeiros pregadores anunciaram que Jesus era o Messias por indicação divina (At 2.36; Rm 1.3,4). Parte da razão para essa declaração direta pode ser explicada por motivos apologéticos. Na missão a Israel, a igreja tinha de mostrar como Jesus cumpriu as profecias do AT e veio ao mundo como "Filho de Davi", título próximo ao de Messias, como alguém da realeza. O evangelho de Mt é especialmente preocupado em estabelecer essa identidade (Mt 1.1), mas esse é de igual maneira um tema comum a Lc (Lc 1.32,69; 2.4,11; At 2.29-36; 13.22,23). Paulo também viu em Jesus o cumprimento das esperanças messiânicas da antiga aliança (1Co 5.7-8). Pedro também buscou demonstrar como os sofrimentos do Messias foram preditos (1Pe 1.11,20; 2.21; 3.18; 4.1,13; 5.1). Lucas enfatizou a ligação entre Jesus como o Ungido pelo Espírito Santo (Lc 4.16-22) de uma maneira que faz a atenção se voltar para Is 61.1, e registrou a declaração de Pedro (At 10.38) de que "Deus ungiu a Jesus de Nazaré com o Espírito e poder", como cumprimento da profecia do AT. A carta aos Hb é rica ao tratar dessa temática (Hb 1.9; 2.2-4; 9.14,15).

O estágio final do desenvolvimento em relação ao título "Messias" veio na maneira pela qual Paulo usou a palavra mais que o nome pessoal, mas como uma designação oficial (Rm 9.5, "Cristo"). A razão para essa mudança está na natureza intensamente pessoal da fé de Paulo, que se centralizou em Jesus Cristo como Senhor divino (Fp 1.21; Cl 3.4). Paulo também ensinou aos seus convertidos, provenientes principalmente do paganismo, que Jesus era o Senhor universal cuja missão era mais ampla que qualquer esperança judaica poderia abranger. No pensamento paulino, "Cristo" é um termo mais rico que "Messias" jamais poderia ser, e algo que aponta para essa direção é o fato de que os primeiros seguidores do Messias chamavam-se não de judeus convertidos, mas de "cristãos", o povo de Cristo (At 11.26; 1Pe 4.16), como sinal de sua fé universal no Senhor soberano. V. *Cristo, cristologia*; *Jesus Cristo*. — Ralph P. Martin

MESTRE As Escrituras usam a palavra "mestre" com dois significados básicos: como autoridade e como professor. **1.** Como alguém que detém autoridade, a palavra "mestre" aplica-se aos proprietários de escravos e líderes em uma casa (que nos tempos bíblicos com frequência incluía escravos e empregados). As palavras gregas que traduzem "mestre" (de empregados e escravos) incluem *despotes*, *kyrios*, *oikodespotes* (Mc 13.35; Lc 13.25. 14.21; 16.13; Ef 6.9). **2.** A palavra grega *didaskalos* (professor) é traduzida muitas vezes por "mestre" nos Evangelhos (Mt 8.19; 9.11). A palavra *kathegetes* (guia, professor) é traduzida duas vezes por "mestre" (ou rabi), Mt 23.8,10). Algumas vezes a palavra *rabi* (rabi, professor) e *rabboni* (meu rabi, meu professor) são traduzidas por "mestre" (Mt 26.25; Mc 9.5; Jo 4.31). Algumas traduções trazem mestre ou rabi. Lucas com frequência usa *epistates* (chefe, mordomo, despenseiro), mas Mt e Mc trazem professor (*didaskalos*), rabi ou Senhor (p. ex., Lc 5.5. 8.24,45; 9.33,49; 17.13).

MESULÃO Nome pessoal que significa "aliado" ou "dado como substituição". **1.** Avô de Safã, secretário do rei Josias (2Rs 22.3). V. *Josias*. **2.** Filho de Zorobabel (1Cr 3.19). V. *Zorobabel*. **3.** Membro da tribo de Gade que viveu em Basã (1Cr 5.13). **4.** Filho de Elpaal (1Cr 8.17). **5.** Filho de Hodavias, pai de Salu (1Cr 9.7). **6.** Filho de Sefatias (1Cr 9.8). **7.** Membro da família sacerdotal, filho de Zadoque e pai de Hilquias (1Cr 9.11). V. *Zadoque, zadoquita*. **8.** Filho de Mesilemite da família sacerdotal zadoquita (1Cr 9.12). V. *Zadoque, zadoquita*. **9.** Descendente de Coate, um dos capatazes das reformas feitas no templo após a descoberta do livro do Dt no reinado de Josias (2Cr 34.12). **10.** Alguém enviado por Esdras para garantir os serviços de um levita para um grupo de exilados que haviam retornado (Ed 8.15-18). Mais tarde se opôs ao plano de Esdras de que fossem desfeitos os casamentos de israelitas com esposas estrangeiras porque ele mesmo era casado com uma (10.29). **11.** Filho de Berequias que ajudou Neemias a reparar os muros de Jerusalém depois do retorno da Babilônia (Ne 3.4). **12.** Filho de Besodias que ajudou a consertar a porta velha (porta Jesana; porta Velha, *ARA* e *ARC*; Portão Velho, *NTLH*), quando Neemias restaurou os muros de Jerusalém (Ne 3.6). V. *Neemias*. **13.** Homem que permaneceu ao lado de Esdras enquanto o escriba lia a Lei ao povo de Jerusalém (Ne 10.7). **14.** Sacerdote que se uniu a Neemias e aos demais estabelecendo seu selo à aliança entre o povo e Deus (Ne 10.7). **15.** Líder do povo que estabeleceu seu selo à aliança entre o povo e Deus (Ne 10.20). **16.** Filho de Esdras, líder de uma família sacerdotal no tempo em que Joiaquim era sumo sacerdote (Ne 12.13). **17.** Outro líder de uma família sacerdotal quando Joiaquim era sumo sacerdote; filho de Ginetom (Ne 12.16). **18.** Guarda dos depósitos nos portões (Ne 12.25). **19.** Príncipe de Judá que participou na procissão para dedicar os muros reconstruídos de Jerusalém (Ne 12.33).

MESULEMETE Nome pessoal que significa "restituição". Esposa do rei Manassés e mãe de Amom (2Rs 21.19).

METAIS, METALURGIA V. *minerais e metais*; *minas e mineração*; *ocupações e profissões*.

METEGUE-AMÁ Expressão de significado incerto que aparece em 2Sm 8.1. A *ARA* usa a expressão como nome de lugar e a traduz por "metrópole". No texto paralelo de 1Cr 18.1 lê-se: "a cidade de Gate e seus povoados". Outras sugestões para tradução incluem "hegemonia" (*TEB* e *BJ*).

MÉTODOS DE ESTUDO BÍBLICO A maioria das pessoas que leem a Bíblia o faz sem um alvo claramente definido. É melhor estudar a Bíblia com um propósito mais definido na busca do seu assunto e significado que o autor tinha em mente.

O estudo do assunto Uma maneira de estudar a Bíblia é elaborar perguntas específicas — p. ex., perguntas sobre doutrina, história ou orientação moral e espiritual.

Doutrinas e ensinamentos teológicos
A Bíblia é acima de tudo um livro que fala sobre Deus e seu relacionamento com o mundo. Com que Deus se parece? Qual é sua relação com o mundo criado? Qual é o propósito que ele tinha em mente para a criação?

Para os cristãos a Bíblia é a fonte suprema de conhecimento da teologia (a pessoa e natureza de Deus), da antropologia (a constituição dos seres humanos), da soteriologia (a doutrina da salvação), da cristologia (a doutrina da pessoa de Cristo), da eclesiologia (a doutrina das últimas coisas). Os cristãos examinam a Bíblia como a única fonte infalível de doutrina. No entanto, grande prejuízo é causado quando se usa a Bíblia como fonte de "textos-prova" para fundamentar doutrinas teológicas. A Bíblia deve ser estudada não para fundamentar o nosso sistema de convicções, mas para determiná-lo. O verdadeiro respeito pela Bíblia inclui sujeitar o que cremos ao seu ensino. Não devemos, p. ex., estudar textos do NT que tratam do batismo para apoiar a nossa compreensão particular do batismo; antes, ver se a nossa compreensão está em harmonia com o ensino desses textos. Até o ponto em que a nossa compreensão estiver correta, os textos bíblicos vão apoiá-la. Devemos julgar a nossa interpretação à luz do significado pretendido pelos autores.

Na busca da descoberta do que a Bíblia ensina com respeito a uma doutrina particular, dois princípios gerais podem ser mencionados. Um é que doutrinas importantes tendem a ser repetidas. Coisas referidas somente uma ou duas vezes na Bíblia não são tão importantes quanto os ensinamentos encontrados repetidamente. Lemos, p. ex., acerca do batismo pelos mortos somente uma vez na Bíblia (1Co 15.29). Independentemente do que Paulo tenha pretendido com isso, não pode ser uma questão ou doutrina importante. Construir um sistema teológico sobre isso seria tolice. Da mesma maneira, a enorme importância que alguns grupos dão a Pedro como a rocha sobre a qual está edificada a Igreja ou ao falar em línguas não leva em consideração que aquele fato é citado somente uma vez na Bíblia (Mt 16.17-19) e este somente em dois livros do NT (At e 1Co). Em virtude do número relativamente pequeno de ocorrências na Bíblia sua importância não pode ser grande. Muito mais importantes são os ensinamentos de que o amor e o serviço servem para tipificar a vida cristã, de que a salvação é pela graça mediante a fé e de que está vindo o dia em que Deus há de julgar o mundo. Outro princípio é que o NT interpreta o AT. Sem negar o fato de que o AT lança luz sobre o NT, está claro que a revelação mais recente revela aqueles aspectos da revelação antiga que não são mais operantes (os aspectos cerimoniais da Lei concernentes ao puro-impuro, às regras referentes à circuncisão, ao sábado e outros) e aqueles que já se cumpriram (o sucessor prometido de Davi é Jesus de Nazaré, a chegada do Reino de Deus com o Espírito como seus primeiros frutos e assim por diante).

História bíblica Uma das razões mais populares que levam as pessoas a estudar a Bíblia é aprender sobre os eventos históricos que ela registra. A área mais importante envolve a vida e os ensinamentos de Jesus. Os cristãos querem aprender o máximo possível sobre Jesus. A fonte principal disso são os quatro Evangelhos canônicos. Esses são lidos para descobrir o que podemos aprender sobre o nascimento de Jesus, a cronologia da sua vida, seu batismo e tentação, o chamado dos discípulos, seu ensino e ministério de cura, a confissão de Pedro e o ensinamento de Jesus sobre sua morte que estava por vir, a transfiguração, o Domingo de Ramos, a purificação do templo, a última ceia, o Getsêmani, a prisão e o julgamento, a crucificação, o sepultamento, a ressurreição, as aparições depois da ressurreição, a ascensão e outros eventos históricos. Outra área popular de investigação histórica envolve a vida e o ministério do apóstolo Paulo. Há muitas outras áreas de história bíblica: a vida das personagens bíblicas (desde pessoas muito conhecidas como Abraão, Moisés e João Batista até pessoas menos conhecidas como Hagar e Josafá); diversos eventos (o chamado de Abraão; o êxodo; a queda de Jerusalém; a volta do exílio). Assim, grande parte da Bíblia é dedicada à História (cf. Gn-Êx, Js-Et, Mt-At, e também diversas porções de Lv-Dt, os profetas e as cartas de Paulo), porque a fé bíblica está fundamentada em grande parte no que Deus fez na História.

Precisamos lembrar, no entanto, que entender o que aconteceu não é o mesmo que entender seu significado pleno. Um exemplo claro disso é o túmulo vazio na manhã da Páscoa. Esse evento não é autoexplicativo e está sujeito a mais de uma explicação. Os inimigos de Jesus não negaram o fato do túmulo vazio, mas eles lhe deram uma explicação diferente da dos autores do NT. Os inimigos disseram que o corpo de Jesus foi roubado (Mt 28.13-15; Jo 20.13-15). No entanto, o fato do túmulo vazio associado a diversas aparições do Cristo ressurreto durante um período de quarenta dias forneceu uma interpretação diferente: o túmulo estava vazio porque Jesus venceu a morte e ressuscitou triunfante da sepultura. No estudo da história bíblica o leitor deve tentar entender o significado dos fatos históricos. Os autores bíblicos não se consideravam meros repórteres dos fatos, mas os intérpretes autorizados daqueles fatos. Assim, ao lermos um texto histórico, devemos tentar aprender "por que" o autor registrou esse fato histórico. Não devemos nos contentar com a compreensão do que aconteceu, mas precisamos tentar entender o que os autores inspirados tentaram nos ensinar pelos eventos que registraram.

Ensinamentos morais para a vida Outra razão por que as pessoas leem a Bíblia é a busca de orientação moral e espiritual. A Bíblia contém tudo o que alguém precisa saber com respeito ao que precisa fazer para ser salvo e viver uma vida agradável a Deus. Intuitivamente, seguindo o sentido claro e simples dos textos bíblicos, pessoas com inteligência normal leem a Bíblia por si mesmas e são capazes de entender as Escrituras. Assim falamos da clareza das Escrituras: tudo o que é necessário para a salvação e a vida cristã está claramente formulado nas Escrituras. Ninguém precisa ser estudioso ou pastor para compreender o que deve fazer para ser salvo ou viver uma vida agradável a Deus. Isso é compreensível tanto ao letrado quanto ao inculto. Essa realidade torna possível no sentido mais pleno o sacerdócio de todos os que creem. Há princípios úteis que fornecem percepções para a interpretação dos ensinamentos éticos da Bíblia.

O princípio mais útil é lembrar como os mandamentos éticos estão relacionados à recepção da graça e do perdão de Deus. Assim como os Dez Mandamentos (Êx 20) seguiram a libertação da escravidão no Egito (Êx 1—19), assim os ensinamentos e mandamentos éticos da Bíblia são dirigidos a pessoas que são receptoras da graça e da salvação de Deus. Os mandamentos das Escrituras são parte de uma aliança em que se entra puramente com base na graça somente. Somos salvos pela graça mediante a fé para as boas obras (Ef 2.8-10). Amamos a Deus porque ele nos amou primeiro (1Jo 4.19). Os ensinamentos éticos da Bíblia são orientações para aqueles que já experimentaram o presente da salvação de Deus. Não são um meio para atingir essa salvação. V. *aliança*.

Dois outros princípios muito úteis são que devemos prestar cuidadosa atenção a esses ensinamentos éticos muitas vezes repetidos na Bíblia e que devemos observar aqueles ensinamentos que Jesus e os autores inspirados da Bíblia enfatizaram. Assim encontramos no cerne das Escrituras o mandamento de amar a Deus com todo o coração, mente e alma, e o nosso próximo como a nós mesmos (Lv 19.18; Dt 6.5; Js 22.5; Mc 12.28-31; Jo 15.12; Rm 13.8-10). A repetição desse mandamento e a ênfase que ele recebe indicam que ele é a essência da moralidade bíblica e o cerne da ética judaico-cristã.

Áreas adicionais de informações Há outros tópicos em demasia para que cada um receba uma subseção aqui. A Bíblia pode ser estudada com respeito à sua geografia; línguas (as características do hebraico, aramaico e grego bíblicos; a gramática, estilo e vocabulário dos autores bíblicos); templos (tabernáculo, templo de Salomão, segundo templo e o de Herodes); as regulamentações específicas associadas ao casamento, sacrifícios, doenças, circuncisão, festas judaicas, alimentos puros e impuros, ensinamentos referentes à hospitalidade, as plantas e animais da Bíblia; figuras de linguagem usadas na Bíblia (trocadilhos, parábolas, hipérboles, poesia); datas de diversos eventos bíblicos; quando os livros da Bíblia foram escritos; armas e estratégias militares; instrumentos musicais mencionados no livro de Sl e outros.

A quantidade de informações contidas na Bíblia é enorme. Ninguém consegue estudar todos os tópicos e informações contidos nela, nem se tivesse diversas vidas para fazê-lo. Alguns dos tópicos são mais importantes do que outros. Assim é sábio investigar as áreas que são as mais importantes. Precisamos estar conscientes, no entanto, de que o estudo da Bíblia em busca de informações ou fatos é insuficiente sem a determinação e apropriação do seu significado.

O estudo da Bíblia na busca do seu significado Onde se deve encontrar o significado da Bíblia tem sido um debate animado durante os últimos cem anos. Visto que toda a comunicação envolve três componentes fundamentais (o autor/orador; o texto/a fala; e o leitor/ouvinte), não é de surpreender que cada um desses componentes tem sido proposto como o determinante do significado bíblico.

Estudo da Bíblia na busca do significado do seu autor inspirado Durante a primeira metade do séc. XX, surgiu um movimento chamado a "nova crítica" que defendeu que textos tais como a Bíblia são obras de arte autônomas cujo significado é totalmente independente do seu autor originário e do leitor atual. Portanto, o que Paulo tinha em mente ou o significado que um leitor posterior deu a Rm é totalmente irrelevante; o texto dá significado a si mesmo. No entanto, enquanto textos podem transmitir significados, eles mesmos não podem "significar" nada. O significado é uma construção do pensamento. Os autores podem pensar. Os leitores podem pensar. Um texto, no entanto, é um objeto inanimado (tinta e papel) e, portanto, não pode pensar ou querer ter significado. Por isso o significado de um texto bíblico não pode ser encontrado na tinta e papel que constituem o texto, mas ou no ser humano que pensou e escreveu os pensamentos ou na pessoa que lê o texto.

Na segunda parte do séc. XX a ênfase na reação do leitor se tornou a abordagem de interpretação predominante. Aqui o leitor é aquele que determina o significado de um texto. Ele o determina não no sentido de que ele descobre o significado do autor originário do texto. Antes, ele dá ao texto seu significado. Assim, é teoricamente, perfeitamente aceitável ter significados diferentes ou mesmo contraditórios atribuídos ao mesmo texto. O resultado de tal abordagem é que o leitor, em vez de estar sujeito ao texto e seu autor, torna-se seu senhor, e o que os autores bíblicos pretenderam com seus textos é considerado irrelevante.

A compreensão mais tradicional é que o autor é o que determina o significado e que os leitores devem buscar o significado que os autores originários pretenderam quando escreveram os textos. Essa é a pressuposição básica de toda a comunicação: os oradores/autores determinam o significado do que eles dizem/escrevem. O fato de que tentamos entender o significado de Gl com a ajuda de Rm (não Ap), o significado de At com ajuda de Lc (não a *República* de Platão), o significado de Jo com a ajuda de 1Jo (não de *O velho e o mar* de Hemingway) testemunha da ideia de que queremos saber o que os autores de Gl, At e Jo pretendiam dizer. Os autores de Rm, Lc e 1Jo revelam isso melhor do que qualquer outra pessoa porque eles são os mesmos autores escrevendo aproximadamente na mesma época e sobre o mesmo assunto.

O papel do Espírito Santo na interpretação A Bíblia ensina que tanto na sua formação quanto na sua interpretação o Espírito Santo tem um papel fundamental. Na compreensão do papel do Espírito Santo na interpretação da Bíblia, é útil distinguir entre obter a compreensão mental correta do que o autor pretendeu dizer com o texto e tornar-se convicto do significado ou veracidade do que ele escreveu. Mesmo que todas as pessoas com inteligência razoável consigam entender o significado das Escrituras (alguns não cristãos escrevem comentários excelentes), à parte da convicção do Espírito Santo os ensinamentos da Bíblia são essencialmente "loucura" (1Co 2.14). É por meio da obra de convencimento do Espírito que os crentes sabem que esses ensinamentos são de fato Palavra de Deus.

Ao longo dos séculos alguns leitores da Bíblia têm tentado encontrar um significado mais profundo do que os autores conscientemente pretenderam. É arrogância, no entanto, buscar um significado mais profundo e amplo do que o que o autor inspirado possuía. Qualquer dessas interpretações "espirituais" precisa ser ela mesma testada (1Jo 4.1) pelas Escrituras. Na prática esses significados mais profundos com frequência se mostram falsos. Não temos acesso à revelação de Deus exceto por meio do significado pretendido pelos autores bíblicos, que são os porta-vozes autorizados de Deus. Aqueles que alegam que Deus lhes deu um significado mais profundo que vai além do pretendido pelos autores bíblicos de fato possuem um significado diferente do pretendido pelos autores, mas esse significado é deles, não o de Deus. V. *inspiração da Escritura*.

Importância do gênero literário Na Bíblia encontramos muitos gêneros literários, tais como poesia, narrativa, profecia, provérbios, parábolas, cartas, expressões idiomáticas, hipérboles e outros. Visto que o alvo de estudar esses gêneros é o mesmo — entender o significado pretendido pelo autor bíblico —, precisamos conhecer como funcionam esses gêneros. Não se interpreta um poema de amor da mesma maneira que se interpreta um laudo médico. Os autores bíblicos esperavam que seus leitores entendessem como funcionavam os diversos gêneros e as regras que os regem. Veremos a seguir alguns gêneros e suas respectivas regras:

Provérbios Um provérbio é um dito breve e incisivo, geralmente em forma poética, expressando uma observação sábia acerca da vida. O livro de Pv inclui sábias observações da vida vistas através da lente da revelação de Deus. O que torna os provérbios da Bíblia diferentes de outros provérbios é que eles foram formulados e moldados por meio do filtro da revelação divina. Os autores de provérbios esperam de seus leitores que estes entendam que os provérbios ensinam verdades gerais. Eles não são leis universais, mas permitem exceções. Tais exceções não negam, contudo, a regra geral (cf. Pv 1.33; 3.9,10; 10.3,4; 13.21; 22.6; Mt 26.52; Lc 16.10).

Poesia A diferença na descrição poética e narrativa pode ser facilmente vista em como elas descrevem o mesmo evento. Em Jz 4 temos uma descrição narrativa de como Débora e Baraque lideraram os israelitas na vitória sobre os cananeus liderados por Sísera. O cap. 5 é uma versão poética dessa vitória. É somente na descrição poética da batalha que vemos a terra estremecendo, os montes tremendo (5.4,5) e as estrelas lutando do céu (5.20). Como poesia (5.1 o chama de "cântico"), essas figuras de linguagem não devem ser tomadas literalmente, como indica sua completa ausência no cap. 4. Narrativa semelhante e retrato poético de outra vitória dessas podem ser encontrados em Êx 14 e 15.

Profecia Muitos leitores entendem a profecia como a predição precisa de eventos futuros. Além do fato de que grande parte da profecia trata menos de predição do que de proclamação, os autores proféticos não esperavam dos seus leitores que interpretassem suas profecias como relatos para revistas de história de hoje. Antes, eles fazem uso considerável de linguagem poética e figurada. Quando eles se referem à destruição de Jerusalém em 587 a.C. ou 70 d.C., estão se referindo a um evento de fato, mas muitas vezes a linguagem que o descreve é a linguagem de poetas, não de historiadores militares da atualidade.

Isso pode ser visto no uso frequente de terminologia cósmica nas profecias de eventos que depois se cumpriram (p. ex., Is 13.9-11, que se refere à destruição da Babilônia; Jr 4.23-26, que se refere à destruição de Jerusalém em 587 a.C.; At 2.17-21, que se refere à vinda do Espírito no Pentecoste). O propósito de tal linguagem cósmica é indicar que Deus está prestes a agir de forma poderosa na História, e, visto que Deus reside nos "céus", a terminologia cósmica é usada para se referir ao fato de que ele faz acontecer esses eventos preditos.

Mais uma regra pertinente à interpretação de profecias envolve as profecias de juízo. Tais profecias sempre pressupõem, mesmo que não seja afirmado, que o arrependimento pode prevenir ou postergar a profecia. Isso está claro na profecia de juízo de Jonas para o povo de Nínive em Jn 3.4, a ausência do cumprimento em 3.10 e a reação de Jonas em 4.2. Esse princípio é afirmado claramente em Jr 18.7,8 (cp. tb. Ez 33.13-15). Outros exemplos de tais profecias de juízo podem ser encontrados em Mq 3.12 e Jr 26.16-19. Assim tais profecias funcionam menos como predições absolutas e imutáveis e mais como advertências e oportunidades de arrependimento.

Parábolas Visto que parábolas são essencialmente comparações breves ou extensas (símiles ou metáforas), é preciso fazer uma distinção entre a parte gráfica de uma parábola e o significado que ela está tentando ensinar. Geralmente uma parábola tenta transmitir um elemento básico de comparação, ensinando um tema principal. Como qualquer símile ou metáfora, em geral a intenção não é ressaltar os detalhes. Os detalhes em uma parábola tendem simplesmente a dar cor à história e gerar interesse. Por outro lado, se a plateia originária viu significado alegórico em tais detalhes, é legítimo que o leitor de hoje também o veja (cp. p. ex. Mc 12.1-11 com Is 5.1-7).

A fim de entender o ponto principal de uma parábola, diversas perguntas servem de guia. 1) Quem são as duas personagens principais? Essa pergunta ajuda a concentrar a atenção no tema principal da parábola. 2) O que vem no final da parábola? Essa regra (chamada "ênfase final") reconhece que os autores tendem a enfatizar a verdade que estão transmitindo pela maneira em que concluem a história. 3) Quem ou que recebe o maior espaço na parábola? O autor tende a gastar mais tempo com as personagens mais importantes da história. 4) O que está no discurso direto? O uso do discurso direto em uma história chama a atenção do leitor para o que está sendo dito. Essas perguntas indicam que o centro da atenção na parábola dos trabalhadores na vinha (Mt 20.1-16) está no proprietário e nos trabalhadores da primeira hora, e na parábola do filho pródigo (Lc 15.11-32) está no pai e no filho mais velho.

Gêneros diversos Alguns outros gêneros encontrados na Bíblia incluem expressões idiomáticas (o uso de palavras em combinação tendo um significado diferente do que o significado normal dos termos individuais); narrativa (a narração de eventos passados com o propósito de ensinar uma verdade); cartas (o que os autores queriam dizer com as palavras individuais, as orações gramaticais em que essas palavras aparecem e os argumentos criados por essas orações); alianças (geralmente consistindo em um prólogo no qual quem firma a aliança faz uma descrição de si mesmo [o preâmbulo], uma descrição da sua generosidade até então [o prólogo histórico], as estipulações do que a segunda parte precisa fazer para permanecer nesse relacionamento de aliança, referências a testemunhas da aliança, uma lista de bênçãos e maldições baseadas nas estipulações e um juramento feito pela segunda parte); hipérbole e exagero nos quais afirmações são exageradas para enfatizar alguma verdade, e assim por diante. Todo gênero tem regras que o autor compreendeu. Assim como alguém não consegue entender o que acontece no futebol se não entende as regras, assim o leitor de hoje não pode entender o que o autor bíblico quis dizer se não compreender as regras que regem os gêneros que ele usou.

Significado do autor e aplicação para hoje Visto que o autor bíblico é quem determina o significado do texto bíblico, esse significado nunca pode mudar, pois o que o autor tinha em mente está selado na história. No entanto, o que os autores tinham em mente no passado às vezes tem implicações de que eles não tinham consciência. Assim o que os autores queriam dizer no passado inclui não somente suas implicações específicas, mas todas as implicações que resultam daquele significado. Assim a ordem de não cometer adultério (Êx 20.14) inclui implicações como não cobiçar (Mt 4.28). Visto que essas implicações específicas derivam do significado específico pretendido pelo autor, quais implicações são legítimas é determinado pelo autor quando ele escreveu. Um leitor pode descobrir essas implicações, mas foi o autor que as criou. — Robert H. Stein

METRETA Transliteração da palavra grega *metretes*. Uma metreta era uma medida líquida (Jo 2.6). É uma palavra portuguesa antiga usada para traduzir um termo grego referente à medida de capacidade de cerca de 40 litros. V. *pesos e medidas*.

METUSAEL Nome pessoal de significado incerto. "Homem de Deus" é possível. Patriarca cananeu (Gn 4.18). Alguns eruditos interpretam o nome como variante de Matusalém (Gn 5.21).

MEUJAEL Nome pessoal que significa "ferido por Deus" ou "sacerdote de Deus". Filho de Irade (Gn 4.18). Alguns intérpretes veem o nome como variante de Maalaleel (Gn 5.12-17).

MEUMÃ Nome pessoal que significa "confiável". Eunuco que servia ao rei persa Assuero (Et 1.10).

MEUNITAS Tribo árabe cujo nome deriva da cidade de Ma'an, a cerca de 19 quilômetros a sudeste de Petra. Os meunitas atacaram Judá no reinado de Josafá (873-849 a.C.). A palavra aparece em 2Cr 20.1 (v. nota na *NVI*), seguindo a tradução grega; o texto hebraico traz "amonitas". Uzias (783-742 a.C.) subjugou os meunitas (2Cr 26.7). No reinado de Ezequias (727-698 a.C.) os israelitas deslocaram os meunitas das vizinhanças de Gedor, na Transjordânia, a cerca de 28 quilômetros a norte-noroeste de Hesbom (1Cr 4.41). Os meunitas são alistados como servidores do templo no período pós-exílico (Ed 2.50; Ne 7.52). Talvez eles tenham sido descendentes de prisioneiros de guerra.

MEZAABE Nome que pode ser pessoal e de lugar. Significa "águas de ouro" (Gn 36.39; 1Cr 1.50). O homem chamado Mezaabe foi avô de Meetabel, a esposa do rei Hadar de Edom. Já Mezaabe, o nome de lugar, era o lar de Matrede, que talvez deva ser identificado com Di-Zaabe (Dt 1.1).

MEZOBA Título de um dos 30 guerreiros de elite de Davi (1Cr 11.47). A *ARA* e *BJ* emendaram o texto para dar o sentido de "residente em Zoba".

MEZUZÁ Palavra hebraica para "ombreira da porta". As portas antigas tinham pivôs em ombreiras colocadas em encaixes. O sangue do cordeiro pascal deveria ser aplicado nas ombreiras das portas do templo para fazer expiação (Ez 45.19). O mandamento de escrever as palavras do *Shemá* (Dt 6.4-9; 11.13-21) sobre as ombreiras das portas das casas, e também o mandamento de escrevê-las no coração (Dt 6.6), é o desafio para fazer lembrar sempre que o amor a Deus é central na vivência da fé. Em um período posterior estes mandamentos foram entendidos de modo literal. Hoje a palavra "mezuzá" se refere a pequenos rolos com a inscrição de Dt 6.4-9 e 11.13-21 colocadas em um recipiente afixado na parte direita da ombreira da porta de algumas casas judaicas.

MIAMIM Forma contraída do nome pessoal Miniamim, que significa "felizardo" (ou "sortudo") — o significado literal é "da mão direita". O nome é atestado em documentos comerciais neobabilônicos e persas. **1.** Sacerdote no tempo de Davi (1Cr 24.9). **2**. Sacerdote que voltou do exílio com Zorobabel (Ne 12.5). **3**. Sacerdote que testemunhou a renovação da aliança no tempo de Esdras (Ne 10.7). **4**. Leigo casado com uma mulher estrangeira (Ed 10.25).

MIBAR Nome pessoal que significa "melhor" ou "escolhido". Um dos 30 guerreiros de elite de Davi (1Cr 11.38). O paralelo em 2Sm 23.36 reflete um erro de cópia na transmissão do texto, pois se lê: "de Zobá, Bani o gadita".

MIBSÃO Nome pessoal que significa "perfumado". **1**. Tribo árabe descendente de um filho de Ismael (Gn 25.13; 1Cr 1.29). **2**. Descendente de Simeão (1Cr 4.25).

MIBZAR Nome pessoal que significa "fortificação". Chefe de clã edomita e sua tribo (Gn 36.42; 1Cr 1.53). Mibzar é possivelmente Mabsara, na parte norte de Edom, ou Bozra (Gn 36.33; Am 1.12).

MICA Pronúncia variante para "Miqueias", reflexo da pronúncia árabe em 2Sm 9.12, Ne 10.11, 11.17,22 e 1Cr 9.15. Todas estas passagens se referem aos levitas. **1**. Efraimita cujo santuário doméstico foi a fonte do culto idólatra da tribo de Dã (Jz 17—18). **2**. Descendente de Rúben (1Cr 5.5). **3**. Descendente do rei Saul (1Cr 8.34,35; 9.40-44; 2Sm 9.12). **4**. Líder de uma família de levitas no tempo de Davi (1Cr 23.20; 24.24,25). **5**. Pai de Abdom, contemporâneo de Josias (2Cr 34.20; 2Rs 22.12, Micaías).

MICAEL Nome pessoal que significa "quem é como Deus?" **1**. Pai de um dos 12 espiões israelitas (Nm 13:13). **2-3**. Dois gaditas (1Cr 5.13-14). **4**. Ancestral de Asafe (1Cr 6.40). **5**. Líder da tribo de Issacar (1Cr 7.3), talvez o mesmo pai de Onri (1Cr 27.18). **6**. Líder da tribo de Benjamim (1Cr 8.16). **7**. Membro da tribo de Manassés que fugiu para o exército de Davi (1Cr 12.20). **8**. Filho do rei Josafá (2Cr 21.2). **9**. Ancestral de um homem que retornou do exílio com Esdras (Ed 8.8). **10**. A mesma forma hebraica é transliterada como Miguel, para nomear o arcanjo guardião da nação de Israel (Dn 10.13,21; 12.1). Juntamente com Gabriel, Miguel lutou por Israel contra o príncipe (anjo padroeiro) da Pérsia. Esse Miguel angélico aparece muito na literatura extrabíblica no período intertestamentário. Em Ap 12.7 Miguel comanda as forças de Deus contra as forças do dragão em uma guerra no céu. Em Jd 9 há referência à disputa entre o Diabo e Miguel por conta do corpo de Moisés. Conforme Orígenes (185-254 d.C.) esse relato era parte da obra extrabíblica *A assunção de Moisés*. O incidente não é mencionado nos fragmentos dessa obra que chegaram aos nossos dias. V. *anjo*.

MICAÍAS Grafia alternativa do nome Miqueias, que significa "quem é como Javé?". **1**. Filho de Inlá e profeta de Javé que predisse a morte de Acabe e a dispersão das forças de Israel na batalha de Ramote-Gileade (1Rs 22.7-28). Tendo testemunhado o concílio celestial de Javé, Micaías era certamente um dos 400 profetas de Acabe possessos por um espírito enganador. Quando acusado e preso sob a acusação de falsa profecia, Micaías respondeu: "Se você de fato voltar em segurança, o Senhor não falou por meu intermédio". **2**. Pai de um oficial do rei Josias (2Rs 22.12). **3**. Esposa do rei Reoboão e mãe de Abias (2Cr 13.1,2, Maaca; v. nota da *NVI*). **4**. Participante das reformas de Josafá (2Cr 17.7). **5**. Membro de uma família importante no tempo de Jeremias (Jr 36.11,13). **6**. Sacerdote que participou da dedicação dos muros no tempo de Neemias (12.41) e ancestral de um sacerdote importante (Ne 12.35).

MICAL Nome pessoal que significa "Quem é como El (Deus)?", forma variante de Mica "Quem é como Yah (= Javé)", e forma abreviada de Micael. Filha mais nova do rei Saul (1Sm 14.49), dada em casamento a Davi pelo preço de cem filisteus mortos (1Sm 18.20-29). Saul deve ter pensado que Davi morreria na tentativa. O rei continuou a preparar armadilhas para Davi, mas em uma ocasião Mical ajudou o marido a escapar (1Sm 19.11-17). Por vingança, Saul a deu a Paltiel (1Sm 25.44). Depois da morte de Saul em Gilboa, Davi firmou um tratado com Abner, general do rei falecido. Um dos pontos do pacto era que Mical deveria ser devolvida a Davi, o que desgostou muito a Paltiel (2Sm 3.14-16). O fato de Davi ter dançado perante a arca da aliança ao trazer o utensílio sagrado a Jerusalém, enraiveceu Mical, que criticou o rei face a face. Como castigo, Mical não teve filhos (2Sm 6.16-23; cp. 2Sm 21.8).

MICLOTE Nome pessoal que significa "varas". **1.** Descendente de Jeiel e residente em Gibeom (1Cr 8.32; 9.37-38). **2.** Oficial de uma milícia ou divisão militar de Davi (1Cr 27.4).

MICMÁS Nome de lugar que significa "lugar escondido". Cidade em Benjamim, situada a cerca de 11 quilômetros a nordeste de Jerusalém, a 6,5 quilômetros a noroeste de Gibeá, elevando-se 600 metros acima do nível do mar, tendo uma visão panorâmica do passo que vai do rio Jordão até Efraim. Está a cerca de 7 quilômetros a sudeste de Betel, que se levanta 880 metros acima do nível do mar. É a cidade atual de Mukhmas. Micmás serviu como um local de treinamento militar, primeiro para Saul (1Sm 13.2), depois para o exército filisteu quando este se preparava para lutar. Micmás está localizada na rota padrão para invasões vindas do norte (Is 10.28). Os filisteus reuniram 30 mil carros de combate e 6 mil cavaleiros nesse lugar (1Sm 13.5,6). Antes do início da batalha, Jônatas e seu escudeiro se infiltraram no acampamento filisteu, mataram 20 sentinelas, criaram uma grande confusão, o que fez os filisteus lutarem entre si (14.20). Séculos mais tarde, os exilados que retornaram da Babilônia recolonizaram a cidade (Ne 11.31; cp. 7.31). Micmás era a residência de Jônatas Macabeu e sede do governo (1Mc 9.73). V. *história e literatura intertestamentárias*; *Jônatas*.

MICMETÁ Nome de lugar que significa "lugar alto" ou "esconderijo". Lugar perto de Siquém (Js 16.6; 17.7). Micmetá tem sido identificada com Khirbet Makhnen el-Foqa, a cerca de 8 quilômetros a sudeste de Siquém, e com Khirbet Juleijil, a leste de Siquém.

MICNEIAS Nome pessoal que significa "Javé adquire" ou "Javé cria". Levita e músico no tempo de Davi (1Cr 15.18,21).

MICRI Nome pessoal que significa "preço de compra". Membro da tribo de Benjamim (1Cr 9.8).

MICTÃ Palavra que aparece como título dos salmos 16 e 56 a 60. O significado da palavra está em discussão. Sugestões incluem uma nota musical ou um título para salmos ligados ao tema da expiação de pecados. Em Is 38.9, o "texto" de Ezequias (*miktav* em hebraico) talvez seja mictã.

Vista do desfiladeiro em Micmás.

MIDIÃ, MIDIANITAS

MIDIÃ, MIDIANITAS Nome pessoal e de um clã que significa "conflito". Midiã era filho de Abraão com Quetura, sua concubina (Gn 25.23). Abraão enviou Midiã e seus irmãos ao oriente — o que levou à associação dos midianitas com os "filhos do oriente" (Jz 6.3, *BJ*). Os midianitas levaram José ao Egito (Gn 37.28,36). Como a caravana na passagem é também descrita como ismaelita (37.25; 39.1), é possível que estes dois grupos descendentes de Abraão tenham se inter-relacionado. Outra possibilidade é que a palavra "ismaelita" nestes versículos seja uma expressão genérica para viajantes nômades. O AT menciona os midianitas em diversas localizações geográficas, mas sua terra natal parece ter sido o leste do Jordão e o sul de Edom. Historiadores posteriores localizaram a terra de Midiã no noroeste da Arábia, a leste do golfo de Ácaba. O povo de Israel teve relações boas e más com os midianitas. Quando Moisés fugiu do faraó, ele foi para o leste, para Midiã (Êx 2.15). Lá encontrou Jetro (tb. chamado Reuel), o sacerdote de Midiã, e se casou com a filha dele. Na peregrinação pelo deserto, Hobabe, o sogro de Jetro, serviu de guia para os israelitas (Nm 10.29-32). Os midianitas se associaram aos moabitas para seduzir Israel à imoralidade e ao culto pagão em Baal-Peor (Nm 25.1-18). Por essa razão, Deus ordenou a Moisés a execução de uma guerra de vingança contra eles (Nm 31.3; cp. Js 13.21). No tempo dos juízes os midianitas, junto com os amalequitas, começaram a atacar Israel usando camelos, para fugir percorrendo grandes distâncias. Gideão os derrotou e matou seus líderes (Jz 6—8). Eles nunca mais ameaçaram Israel; mas Midiã deu asilo a Hadade, inimigo de Salomão (1Rs 11.18). V. *amalequita*; *Baal-Peor*; *Gideão*; *ismaelita*; *Jetro*; *quenita*. — Ricky L. Johnson

MIDIM Nome de lugar que significa "julgamento". Cidade no distrito de Judá que se encontra no deserto (Js 15.61). A *LXX* identificou Midim com Madom. A atual Khirbet Abu Tabaq, no vale de Açor, tem sido sugerida como possível localização.

MIDRAXE As interpretações judaicas do AT incluíam uma forma chamada *midrash*. A palavra hebraica *midrash* está relacionada ao verbo *darash*, que significa "pesquisar", referindo-se, portanto, a uma investigação ou a um exame. A palavra era geralmente usada para denotar o processo de interpretação bíblica ou a expressão escrita dessa interpretação.

A palavra *midrash* é usada duas vezes na Bíblia. Em ambos os contextos descreve um "estudo", "exposição", "interpretação" ou "discussão". Em 2Cr 13.22 a palavra se refere à obra escrita pelo profeta Ido que recontava os atos de Abias. Em 2Cr 24.27 a palavra parece se referir a um comentário do *Livro dos reis*. Nos manuscritos do mar Morto a palavra se refere à interpretação bíblica como sinônimo de *pesher* ("interpretação"). Na comunidade de Qumran, *midrash* se referia à interpretação bíblica que citava ou aludia a um texto bíblico e depois buscava mostrar seu significado para os leitores contemporâneos.

De acordo com a tradição rabínica antiga, Hillel, o Ancião, formulou sete regras que guiaram a interpretação bíblica judaica. Estas regras eram orientações sensíveis para o entendimento da Bíblia, e exemplos da aplicação de cada regra aparecem no NT. Rabinos posteriores formularam muitas outras regras que resultaram em interpretações fantasiosas e livres, perdendo todo o contato com o contexto histórico e literário da passagem em discussão.

O *midrash* rabínico pode ser dividido em duas categorias básicas: *halakhah* e *hagadah*. A *halakhah* (palavra derivada do verbo hebraico que significa "caminhar", que era usada de modo geral para tratar da conduta ética ou legal de alguém) investigava as partes legais do AT com o propósito de estabelecer regras de conduta. A *hagadah* era uma interpretação de partes não legais do AT que buscava informar, desafiar ou inspirar sem estabelecer ou apoiar padrões legais.

O *midrash* antigo aparecia em várias formas básicas. Os *targuns* eram paráfrases aramaicas da Bíblia Hebraica. Outra forma de *midrash* reescrevia completamente as narrativas do AT, editando-as, expandindo-as e parafraseando-as de maneira livre. Outra forma de *midrash* citava palavras de um texto bíblico e as interpretava. Geralmente a forma literária era semelhante aos comentários modernos, ainda que as principais regras de interpretação fossem muitas vezes bastante diferentes das usadas pelos comentaristas atuais. Algumas vezes o intérprete apresentava uma explicação versículo por versículo, mas em outras os comentários eram ordenados em forma de tópicos.

O NT contém *midrash* e é "midráshico" no sentido de suas porções apresentarem interpretações de textos específicos do AT que seguem o padrão normal de exegese sugerido pelos rabinos antigos. Entretanto, alguns críticos recentes alegam que os Evangelhos são midráshicos ou contêm *midrash*, explicam que os escritores dos Evangelhos usavam padrões de narração do AT para criar relatos a respeito da vida de Cristo sem base na história real. A busca dos padrões de narração e seu uso nos Evangelhos é conhecida por "crítica midráshica". Os adeptos dessa linha interpretativa alegam que os primeiros cristãos não tinham noção do aspecto não histórico das narrativas a respeito de Jesus; bastava às narrativas apresentar uma verdade espiritual. Contudo, as alegações não são convincentes. O termo "midráshico" usado pelos críticos midráshicos se refere a um "conto teológico" ou a um mito judaico. Entretanto, 1Tm 1.4 e 4.6,7 e Tt 1.14 mostram que Paulo, sem dúvida expressando a convicção predominante na igreja primitiva, desacreditava os "mitos judaicos" e convocava os cristãos à sua rejeição. O texto de 2Pe 1.16 nega com convicção que os relatos apostólicos concernentes sejam "fábulas engenhosamente inventadas [...] a respeito do poder e da vinda de nosso Senhor Jesus Cristo". O NT pode ser descrito como midráshico caso se considere o conteúdo com citações e interpretações de textos do AT. Mas o NT não é midráshico, caso a expressão implique a apresentação de criações imaginativas dos autores como se fossem histórias fidedignas.

O estudo do *Midraxe* pode oferecer aos intérpretes modernos das Escrituras uma percepção maior sobre os métodos interpretativos usados na história judaica. Enquanto o estudante examina as forças e fraquezas das abordagens, pode aprender como uma cultura e uma cosmovisão causam impacto no entendimento da Bíblia e como "interpretar acuradamente a palavra da verdade". — *Charles L. Quarles*

MIFCADE, PORTA DE Transliteração da palavra hebraica que aparece em Ne 3.31, usada pela *ARC* e *TEB* ("Mifqad"); a *NVI* traduz por "porta da Inspeção"; *ARA*, "Porta da Guarda"; *NTLH*, "Portão da Guarda"; *BJ*, "porta do vigia". A *ARC* e *TEB* seguem a tradução grega que toma Mifcade como nome. As demais traduções entendem "mifcade" como substantivo comum. Em Jr 52.11 tem o sentido de "prisão". Se a porta de Mifcade é uma porta da cidade, talvez seja a mesma porta de Benjamim (Jr 37.13; 38.7; Zc 14.10), localizada no ponto mais ao norte do muro leste (talvez a mesma porta da Guarda citada em Ne 12.39).

MIGDAL-ÉDER Torre de Éder ("torre do Rebanho", Gn 35.21). V. *Éder*.

MIGDAL-EL Nome de lugar que significa "fortaleza de Deus". Cidade fortificada em Naftali (Js 19.38). Migdal-El estava localizada na parte norte da Galileia, nas vizinhanças de Irom (Yiron).

MIGDAL-GADE Nome de lugar que significa "fortaleza de Gade". Cidade próxima a Láquis, no distrito da Sefelá de Judá (Js 15.37). O lugar talvez seja Khirbet el-Mejdeleh, a 9 quilômetros ao sul de Beit Jibrin.

MIGDOL Transliteração da palavra hebraica que significa "torre, torre de vigia, fortaleza". Uma cidade ou fortaleza de fronteira localizada na extremidade nordeste do Egito. O lugar é mencionado em referência a dois acontecimentos na história bíblica — o êxodo e o exílio. Um dos lugares próximos à rota do êxodo, ou nela, Migdol localizava-se nos sítios de Pi-Hairote e Baal-Zefom, todos próximos do mar (Êx 14.2). Refugiados judeus fugiram para Migdol no exílio (Jr 44.1). A derrota do Egito perante Nabucodonosor foi proclamada em Migdol (Jr 46.13,14). Ezequiel profetizou que a terra do Egito se tornaria arrasada "desde Migdol até Sevene" (Ez 29.10; 30.6), i.e., desde a extremidade norte da terra, Migdol, até a extremidade sul, Sevene.

Considerando que *migdol* pode ser usado como nome pessoal e substantivo comum, "torre", duas questões permanecem não resolvidas. Qual é a localização exata de Migdol? Todas as referências a Migdol descrevem o mesmo local, ou havia mais de um lugar no Egito chamado Migdol? Mais de um lugar pode ter recebido o nome Migdol, mas a evidência hodierna é inconclusiva. As cartas de Amarna do Egito se referem a uma cidade egípcia chamada Maagdali, mas não apresenta nenhuma informação a respeito dela. Um manuscrito em papiro, p. ex., menciona a Migdol do faraó Seti I. Essa Migdol estava localizada próxima a Tjeku, de localização ainda debatida. Alguns preferem identificar Tjeku com Sucote, a atual Tell el-Maskhutah, enquanto outros a identificam com Tell el-Her, localizada mais ao norte, perto de Pelúsio. Por essa razão pode-se concluir com alguma certeza que havia pelo menos dois lugares chamados Migdol: a Migdol citada por Jeremias e Ezequiel, localizada perto de Pelúsio, e a Migdol na rota do êxodo, localizada perto de Sucote. Ambas podem ter sido parte de uma linha de fortalezas de fronteira designadas "migdol" para oferecer proteção ao Egito contra invasões procedentes da região do Sinai. V. *Amarna, Tell El*; *Egito*; *torre de vigia*. — LaMoine DeVries

MIGROM Nome de lugar que significa "precipício". Cidade (ou cidades) em Benjamim (1Sm 14.2; Is 10.28). A cidade citada em 1Sm é geralmente localizada perto de Gibeá, sul de Micmás. A cidade citada em Is 10 é localizada de modo geral entre Aiaht (Ai) e Micmás, i.e., norte de Micmás. Localizações sugeridas incluem Makrun, Tell Miryam e Tell el 'Askar.

MILAGRES, SINAIS, MARAVILHAS Acontecimentos que inequivocamente envolvem a ação imediata e poderosa de Deus, designada para revelar seu caráter ou propósitos. Palavras usadas nas Escrituras para designar acontecimentos miraculosos incluem sinal, maravilha, portento, poder, obra, obra poderosa. Estas palavras apontam para a percepção do autor inspirado quanto à atividade influente de Deus na natureza, na história e na vida das pessoas.

Antigo Testamento As duas palavras hebraicas usadas com mais frequência para "milagre" são traduzidas por "sinal" (*ot*) e "maravilha" (*mofet*). São sinônimas e muitas vezes aparecem no mesmo texto (Êx 7.3; Dt 4.34; 6.22; 78.19; 13.1; 26.8; 28.46; 34.11; Ne 9.10; Sl 105.27; Is 8.18; Jr 32.20; Dn 6.27). "Sinal" pode ser um objeto ou atividade diária, bem como a ação divina inesperada (Gn 1.14; Êx 12.13; Js 4.6; Ez 24.24). A natureza básica do sinal é conduzir o povo a Deus. O termo "maravilha" descreve a atividade sobrenatural de Deus, uma manifestação especial do seu poder (Êx 7.3), mas os falsos profetas podem realizar ações que as pessoas entendem como sinais e maravilhas (Dt 13.1-3). As maravilhas podem servir como sinal de um acontecimento futuro. Os sinais pretendem conduzir à fé (Êx 4.5; cp. 10.2), mas não levam alguém a crer (Êx 4.9). Algumas vezes Deus convida as pessoas a pedirem sinais (Is 7.11). Os sinais que ele tem feito devem fazer as pessoas na terra se admirarem (Sl 65.8). Eles deveriam se unir ao salmista que confessa que o Deus de Israel é "o único que realiza feitos maravilhosos" (Sl 72.18).

Novo Testamento A expressão "sinais e maravilhas" é com frequência utilizada no NT no mesmo sentido encontrado no AT e também na literatura helenística (Mt 24.24; Mc 13.22; Jo 4.48; At 2.43; 4.30; 5.12; 6.8; 7.36; 14.3; 15.12; Rm 15.19; 2Co 12.12; 2Ts 2.9; Hb 2.4).

A palavra "sinal" (*semeion*) é usada no NT para se referir a milagres entendidos como evidência da autoridade divina. Algumas vezes é traduzida por "milagre" (Lc 23.8; At 4.16,22). João é particularmente inclinado a usar a palavra "sinal" para denotar atividade miraculosa (2.11,18,23; 3.2; 4.54; 6.2,14,26; 7.31; 9.16; 10.41; 11.47; 12.18,37; 20.30; Ap 12.1,3; 13.13,14; 15.1; 16.14; 19.20).

"Maravilha" (*teras*) traduz uma palavra grega da qual se deriva a palavra "terror". Denota algo incomum que leva o observador a se maravilhar. Ainda que geralmente siga a palavra "sinais", algumas vezes a precede (At 2.22,43; 6.8) ou ocorre sozinha (como em At 2.19). Enquanto um sinal apela para o entendimento, uma maravilha, para a imaginação. As "maravilhas" são geralmente apresentadas como atividade de Deus (At 2.19; 4.30; 5.12; 6.8; 7.36; 14.3; 15.12), ainda que algumas vezes possam se referir à obra de Satanás por intermédio de instrumentos humanos (Mt 24.24; Mc 13.22; 2Ts 2.9; Ap 13.11-13).

Os escritores do NT também usaram a palavra *dynamis*, poder ou habilidade inerente, para se referir à atividade de origem ou caráter sobrenatural (Mc 6.2; At 8.13; 19.11; Rm 15.19; 1Co 12.10,28,29; Gl 3.5; 2Ts 2.9; Hb 2.4).

"Obra" (*ergon*) é também empregada no NT no sentido de "milagre". João Batista ouviu a respeito das "obras" de Jesus enquanto estava na prisão (Mt 11.2). O apóstolo João usou a palavra com frequência (5.20,36; 7.3; 10.38; 14.11,12; 15.24).

Considerações quanto à cosmovisão
Argumentos teológicos e filosóficos contemporâneos a respeito da possibilidade e definição de "milagre" refletem a cosmovisão modificada dos últimos séculos — do conceito teísta do Universo ao não teísta. A tensão que se percebe entre o natural e o miraculoso como subproduto do naturalismo é a intenção de expulsar o reino do sobrenatural da realidade.

O povo da Bíblia não enfrenta esse problema. A perspectiva bíblica sobre o Universo assevera que ele foi criado, e é sustentado e governado providencialmente por Deus. A Bíblia não faz distinção entre o natural e o sobrenatural. Nos acontecimentos "naturais" a Bíblia vê Deus trabalhando de modo providencial, enquanto nos atos miraculosos Deus trabalha de modo marcante para chamar a atenção para si mesmo ou para seus propósitos.

Pensadores cristãos através dos séculos têm respondido de diferentes maneiras para dizer como os milagres se relacionam com a ordem natural. Alguns sustentam que os milagres não são contrários à natureza (p. ex., Agostinho e C. S. Lewis). Essa visão harmônica entra em conflito com o conhecimento humano que, com uma perspectiva limitada, não entende plenamente nem compreende as leis superiores empregadas por Deus para executar milagres. Outros (como Tomás de Aquino) sustentam a opinião de que os milagres estão fora das leis da natureza. Essa abordagem é chamada visão intervencionista, baseada na crença de que Deus interfere na ordem natural para fazer o milagre.

A opinião que se tem do milagre relaciona-se ao conceito mantido acerca do Universo. A perspectiva mecanicista crê que o mundo é controlado por leis naturais inalteráveis e não permite a possibilidade de milagres. Os cristãos em cada século têm recusado a ver o Universo de maneira tão limitada. Eles têm afirmado a obra miraculosa contínua de Deus no Universo. Ele criou, continua a cuidar, revela a si mesmo e prometeu redimir. — *T. R. McNeal*

MILALAI Nome pessoal que significa "eloquente". Músico que participou da dedicação do muro no tempo de Neemias (Ne 12.36). A tradução grega mais antiga foi perdida, levando alguns à sugestão da existência de uma corruptela por causa da repetição do nome seguinte (Gilalai). Entretanto, o texto grego mais curto pode ter resultado da omissão pelo fato de o escriba ter saltado uma palavra com terminação similar.

MILCA Nome pessoal que significa "rainha". **1**. Sobrinha de Abraão e esposa de Naor, irmão do patriarca. Ela teve oito filhos, sendo um deles Betuel, pai de Rebeca (Gn 11.29; 24.15). **2**. Uma das cinco filhas de Zelofeade (Nm 26.33), deixadas sem apoio depois da morte do pai. Elas pleitearam sua causa perante Moisés e pediram a herança que seria recebida por descendentes do sexo masculino. Em uma regra referencial para Israel, Deus ordenou a Moisés que desse a cada uma das filhas a herança do espólio do pai (Nm 27.1-8; 36.11; Js 17.3).

MILÊNIO Expressão de origem latina que significa mil anos. A passagem bíblica que menciona os "mil anos" é Ap 20.1-78, na qual a palavra aparece seis vezes. A *Vulgata* usa *mille anni* e suas traduções variantes para traduzir o grego *chillia ete*.

Oferecem-se várias propostas teológicas para explicar Ap 20 e vários outros textos das Escrituras que podem ser entendidos como menções ao mesmo assunto. A visão que se tem desse texto será determinada pela abordagem da profecia preditiva e pela visão das linguagens simbólica e apocalíptica.

Em geral, há três escolas de pensamento: amilenarismo, pré-milenarismo e pós-milenarismo. Os prefixos "a", "pré" e "pós" sugerem o conceito relativo ao tempo da segunda vinda do Senhor Jesus Cristo e os "mil anos". Por conseguinte, os pós-milenaristas argumentam que Cristo voltará depois dos "mil anos". Os pré-milenaristas argumentam que Cristo virá antes dos mil anos. Os amilenaristas também argumentam que Cristo virá depois dos mil anos, de modo semelhante aos pós-milenaristas, mas entendem esse período de modo diferente. Para os amilenaristas, como o prefixo sugere, não há de fato mil anos literais. Antes, todo o período entre os adventos (entre a primeira e a segunda vindas de Cristo) é entendido como o "Milênio". Alguns pós-milenaristas argumentam com os amilenaristas que o Milênio pode não ter mil anos literais, mas eles em geral concordam com os pré-milenaristas que o Milênio é algo ainda futuro. Há muitas variações mesmo entre adeptos da mesma visão mais ampla quanto ao Milênio.

Os amilenaristas ligam o início dos mil anos com a amarração do Diabo (Ap 20.2,3), interpretada como tendo acontecido na primeira vinda de Cristo. Em Mc 3.27 Jesus menciona a amarração do "homem forte". Os amilenaristas creem também em um fim cataclísmico único, que não deixa espaço para o reinado de mil anos literais de Cristo na terra. Os textos de Ef 1.10 e Rm 8.18-23 sugerem um acontecimento único. Jesus mesmo falou "daquele dia" em que a ressurreição vai acontecer. Em uma passagem clássica, a ressurreição dos justos e dos injustos parece ter lugar no mesmo dia (Jo 5.24-29).

O principal argumento dos pós-milenaristas é que o evangelho avançará de maneira vitoriosa no mundo, cristianizará as nações e lançará uma era áurea (os mil anos: literais ou simbólicos para um período estendido). Em Mt 16 Jesus prometeu a vitória da igreja no mundo. Os pós-milenaristas nos lembram de que Jesus afirmou: as "portas do inferno (*hades*)" não prevalecerão contra a igreja. Portas não são usadas como ataque, mas como defesa. À medida que a igreja avança, ela triunfa. As defesas de Satanás cairão perante a força do poder da Palavra de Deus. Jesus prometeu o mesmo na parábola do grão de mostarda (Mt 13.31,32; Mc 4.30-32; Lc 13.18,19). Em Ap 7.9,10 uma grande multidão é vista como redimida. Isso é entendido pelos pós-milenaristas como o grande avanço e vitória do evangelho no mundo.

Os pré-milenaristas argumentam que o Milênio começará de fato só com a segunda vinda cataclísmica de Jesus, como indica Ap 19.11-21. Somente então será visto o Reino de Cristo na terra. Quando se lê o livro de Ap em progressão cronológica, revela-se de modo natural um cenário pré-milenarista. Os pré-milenaristas também apelam para várias profecias do AT dadas por Deus com referência à nação de Israel e à terra de Canaã, como Jr 30—33; Ez 36—37; 40—48; Is 2; 11—12; Jl 2, e outras. Muitos pré-milenaristas argumentam que estes textos aguardam o cumprimento futuro. Alguns pré-milenaristas argumentam ainda que as profecias do AT não devem ser espiritualizadas ou alegorizadas; elas permanecem como profecias relativas a Israel. Do mesmo modo que as profecias concernentes à primeira vinda de Cristo foram cumpridas de forma literal, assim será no tocante às profecias sobre sua segunda vinda. Jesus falou a respeito de herdar a terra no Sermão do Monte (Mt 5.5; cp. Sl 37). O apóstolo Paulo esperava um futuro para Israel em Rm 11.11-36 e muito provavelmente esperava uma fase intermediária do Reino entre a vinda de Cristo e o fim (1Co 15.20-28).

A despeito da diferença sobre os detalhes, todos os evangélicos são firmemente comprometidos com a fé na segunda vinda literal de Jesus Cristo. V. *escatologia*; *arrebatamento*; *esperança futura*; *setenta semanas*; *tribulação*. — Doros Zachariades

MILETO Cidade antiga na costa oeste da Ásia Menor. Mileto tinha quatro portos naturais e foi um local importante para as culturas de Minos e de Micenas. Depois de 700 a.C. os jônios a transformaram num centro comercial ainda maior. Ela serviu como porto para os efésios. Havia em Mileto uma grande escola de filosofia; muitos artesãos trabalhavam na cidade, e ela estava entre as primeiras a cunhar moedas. Sua cultura floresceu até 494 a.C., quando os persas a saquearam em resposta a uma revolta jônia.

Alexandre capturou Mileto na marcha para o oriente em 334 a.C., e a cidade testemunhou uma renovação das artes sob o domínio helênico. De modo especial, a beleza arquitetônica da cidade cresceu. A influência de Roma estimulou o ritmo do desenvolvimento econômico.

Paulo encontrou uma cidade próspera quando navegou até Mileto. O povo estava provavelmente aberto ao evangelho pregado por ele. Ele decidiu se encontrar com os presbíteros da igreja de Éfeso em Mileto (At 20.15-17). A segunda visita pode ter sido empreendida pelo apóstolo poucos anos depois (2Tm 4.20). O porto começou a se entupir com sedimentos e lama por volta do ano 1000 da era cristã, provocando o declínio gradual na importância da cidade. Hoje suas ruínas se espalham por cerca de 8 quilômetros em direção ao interior. V. *Ásia Menor, cidades de*; *Éfeso*. — Mike Mitchell

MILETO

Vista da passarela por debaixo da arquibancada do teatro em Mileto.

Reconstrução da cidade asiática de Mileto tal como deve ter sido no séc. I da era cristã.

MILHA

O teatro de Mileto.

MILHA A milha romana de Mt 5.41 tinha cerca de 1.500 metros.

MILHAFRE Ave de rapina, do tipo carniceiro, da família *Accipitridae* (da mesma família do falcão), subfamília *Milvinae* do gênero *Milvus*. De tamanho médio e coloração avermelhada (Lv 11.14; Dt 14.13; Is 34.15 [traduzido por "falcão" na *NVI*]). Essa ave era considerada impura e inadequada para o consumo humano.

MILHETE Pequenino grão cereal, o milhete (também conhecido por painço) era usado para fazer um pão de qualidade pobre e normalmente misturado com outros grãos (Ez 4.9). Alguns identificam a palavra hebraica com o sorgo (*Sorghum vulgare*).

MILO Palavra hebraica que significa "aterro", usada para descrever um terraço de pedra empregado em construções antigas. **1.** A história de Abimeleque no livro de Jz menciona "Bete-Milo", a "Casa do Aterro". Provavelmente um bairro de Siquém, Bete-Milo era possivelmente um santuário cananeu. O santuário estava edificado sob uma plataforma artificial ou aterro, e por isso recebeu o nome "Casa do Aterro". **2.** A extensão de Jerusalém, além da cidade original dos jebuseus capturada por Davi, estendia-se ao norte para incluir a colina de Moriá, o lugar do futuro templo. Um grande espaço aberto entre a colina e a cidade principal abaixo deixou amplo espaço para construções adicionais. Para providenciar uma plataforma de nível, sobre a qual se poderia construir, levantava-se uma série de muros de contenção ao longo da encosta da colina. Carregamentos de terra e rochas eram acumulados por trás dos muros para formar grandes terraços que suportariam as salas e residências reais planejadas por Salomão. A área veio a ser chamada de Ofel, que significa "alto" ou "suave". É provável que terraços de apoio tenham sido construídos nas encostas do sul na cidade, para ampliar a área disponível à construção comum. O assassinato de Joás por seus homens perto de Bete-Milo "no caminho para Sila" pode se referir aos terraços dessa parte da cidade.

MINA Ez 45.12 (*ARA, NTLH*). V. *pesos e medidas.*

Depósitos minerais de fontes minerais quentes em Hierápolis.

MINAS E MINERAÇÃO Extração de minerais da terra.

As minas antigas Os esforços antigos de mineração no Crescente Fértil tentavam fornecer as pedras que as pessoas precisavam para fabricar armas e ferramentas. Enquanto os povoados murados mais antigos na região datam de antes de 6000 a.C., já se praticava a mineração para a fabricação de ferramentas muito antes disso. Antes de 10000 a.C. utilizavam-se ferramentas e armas feitas de pederneira encontradas na superfície do solo. De leitos expostos de obsidiana (uma pedra vulcânica negra) e de pederneira (sílex) os povos antigos certamente extraíam as pedras necessárias para produzir machados, facas e raspadeiras usados para caçar e preparar a comida. Com a domesticação de pequenos animais e o cultivo do trigo e da cevada, as ferramentas de pedra tiveram grande utilidade. Lâminas de foice com bordas dentadas eram fabricadas com pederneiras; as peças eram amarradas a um osso ou cabo de madeira. Ferramentas maiores de pedra, como machados, eram úteis para cortar e esculpir vigas de madeira usadas em construções. O principal uso de pedras recolhidas na superfície do solo era a fabricação de armas para caça. Lâminas de lascas de todos os tamanhos serviam como facas. Pontas de flechas finamente trabalhadas encontradas junto de grandes quantidades de ossos de animais indicam a dependência da caça que tinha o homem do Neolítico na Palestina. Raspadores de pederneira e furadores eram usados para curtir e costurar roupas de couro.

Cobre O uso de minerais para fabricar metais começou por volta de 6500 a.C. nas proximidades de Catal Huyuk, na Ásia Menor. Ao fazer pigmentos por meio de malaquita esmagada, um carbonato de cobre esverdeado, os seres humanos provavelmente descobriram por acaso o conhecimento para a fusão de minérios, o que levou ao período calcolítico, de 4500 a 3200 a.C.

A Bíblia faz referência a Tubalcaim, descendente de Caim, como o pai da metalurgia do cobre (bronze) e do ferro (Gn 4.22). No princípio o cobre era extraído de depósitos na superfície do solo. No entanto, logo poços e túneis para mineração foram feitos em áreas onde os depósitos da superfície indicavam haver suprimentos maiores abaixo. Foram encontradas instalações de mineração na Arábia e no Sinai. Séries complexas de poços estreitos foram escavadas nas montanhas e colinas do vale de Timna para alcançar os preciosos depósitos de cobre no interior. Cabanas foram construídas próximo das minas, e muros que formavam quebra-ventos, além de áreas para derreter o material extraído, para dar apoio ao trabalho de mineração. As ruínas do centro de mineração de Khirbet en-Nahas, localizada a cerca de 27 quilômetros ao sul do mar Morto, possivelmente marcam a localização da Ir-Naás bíblica, a "Cidade do Cobre". No entanto, a Palestina era pobre em minas de cobre. Muito do que era usado tinha de ser importado de regiões com maiores concentrações de minas. Relações comerciais eram firmadas com estabelecimentos na Ásia Menor, na Armênia e na ilha de Chipre. Lâminas e lingotes de cobre eram transportados por mar ou terra por milhares de quilômetros para atender às necessidades crescentes para armas, ferramentas e joias de metal. Nos anos seguintes estes lingotes serviam como um estilo simples de unidade monetária. Antes de 3000 a.C. descobriu-se que o cobre poderia ser misturado ao arsênico para formar uma liga mais forte. Ferramentas de cobre duram mais que as de pedra e poderiam suportar o desgaste maior. Os homens daquele tempo continuavam a extrair os veios de minerais que corriam pela terra seguindo os depósitos com túneis de 45 metros ao longo de uma colina. O uso generalizado do cobre no antigo Oriente Médio é ilustrado pelo magnífico depósito de cobre descoberto em Nahal Mishmar, perto do mar Morto. Entre mais de 400 artefatos de cobre havia numerosas cabeças de clavas, cetros, cinzéis e enxós e pequenas mas pesadas "coroas". O cobre de Nahal Mishmar era muito provavelmente importado da Armênia ou do Azerbaijão, distante centenas de quilômetros.

Bronze Não obstante, ferramentas de cobre eram rapidamente substituídas. Por volta de 3200 a.C. os metalúrgicos descobriram que, se combinassem nove partes de cobre com uma parte de estanho, um metal muito mais forte era formado — o bronze. Mais fácil de modelar que o cobre, o bronze se tornou o metal mais utilizado do período. Continuou-se a minerar cobre para a fabricação de bronze do mesmo modo como sempre tinha sido, ainda que ferramentas de pedra para escavar as minas tenham sido substituídas por ferramentas mais duráveis de bronze. Depósitos de estanho na Mesopotâmia tornaram o crescimento dessa tecnologia mais fácil no norte do Crescente Fértil, enquanto a Palestina e o Egito, sem depósitos e minas de estanho, eram forçados a importar matérias-primas. Regiões no atual Afeganistão exportavam estanho por todo o antigo Oriente Médio.

Por volta de 2500 a.C. os fenícios estabeleceram colônias na Espanha e em Portugal para minerar os vastos suprimentos locais de cobre e estanho. Estes e outros suprimentos europeus de estanho eram transportados de navio por toda a região do antigo Oriente Médio pelo menos desde a época do Império Romano. Minas romanas de estanho na Britânia eram operadas por trabalho escravo, e tinham poços que desciam a 100 metros de profundidade. Na Palestina, as minas de cobre de Timna passaram para o controle dos egípcios na Idade do Bronze posterior. Foram descobertas as ruínas de um pequeno templo ao ar livre dedicado a Hator, a deusa dos mineiros. A pequena área delimitada tem um pequeno santuário com lápides e pedras dedicadas à divindade. Um santuário central com pequenos nichos esculpidos na face do penhasco era o ponto central do santuário, seu "santo dos santos". Todo o santuário era coberto com uma tenda de lã. O projeto do templo do deserto é similar ao do tabernáculo israelita ou Tenda do Encontro. Antes de 1100 a.C. os quenitas e os midianitas ocuparam Timna, mas não foram identificados resquícios datados do período entre 1000 a 900. No entanto, é difícil de imaginar que Israel, no período da monarquia unida, especialmente no reinado de Salomão, não tenha explorado esses ricos depósitos no seu domínio.

Ferro O clima político caótico depois de 1300 a.C. atrapalhou as rotas de comércio e as estruturas econômicas do antigo Oriente Médio. Os suprimentos de cobre diminuíram, e as importações de estanho e cobre pelo Egito e pela Palestina foram prejudicadas, forçando os metalúrgicos a desenvolver um novo método para o fabrico de ferramentas. Toda a atenção foi voltada para o ferro. Ainda que pequenos fragmentos descobertos no Egito evidenciem o uso antigo de rochas meteóricas para derreter ferro, por volta de 4000 a.C., o ponto de derretimento do ferro (400 graus a mais que o cobre) necessitava do desenvolvimento de novos métodos de fundição. O calor necessário era tão grande que a Bíblia compara a escravização de Israel no Egito à fornalha do ferreiro (Dt 4.20). Fornos mais eficientes foram criados para produzir as altas temperaturas necessárias para fundir o ferro. Como os depósitos de ferro estão próximos da superfície, era muito mais fácil extraí-lo que o cobre.

Os hititas estavam entre os primeiros povos a usar o ferro em larga escala. Eles comercializavam ferramentas e armas de ferro com o Egito. No entanto, na maior parte dos casos os hititas protegeram o ferro como monopólio. Só após a queda do reino hitita, por volta de 1200 a.C. o ferro foi utilizado de forma mais ampla. A Bíblia descreve Canaã como uma terra "onde as rochas têm ferro e vocês poderão extrair cobre das colinas" (Dt 8.9). Apenas poucas minas estavam disponíveis. As minas de ferro localizadas em Gileade perto de 'Ajlun em Magharat Warda provavelmente eram as mais antigas fontes de ferro na Palestina, possivelmente providenciando o leito de ferro de Ogue, rei de Basã.

A Bíblia fala dos filisteus controlando as habilidades de trabalho com o ferro na Palestina (1Sm 13.19-22), capacidade que impediu a dominação israelita sobre as colônias filisteias na planície costeira e na Sefelá. O domínio da tecnologia do ferro pelos "povos do mar" aponta para o desenvolvimento primitivo e o uso do ferro na região do mar Egeu, a terra natal dos filisteus. Em Bete-Semes, fortaleza dos filisteus no vale do Jordão, foi descoberta uma grande área industrial com instalações para os trabalhos em bronze e em ferro. Fornos para fundição e foles para o fogo evidenciam o trabalho de metalurgia que acontecia naquele lugar. Também foram encontradas numerosas armas de ferro e peças de joalheria. Entretanto, escavações em outras cidades filisteias como Asdode e Tell Oasile (perto da moderna Tel-Aviv) apresentam poucas evidências do uso difundido do ferro. Ainda que os filisteus possam ter controlado o uso do ferro em algum grau, eles não detinham o monopólio. Na maior parte dos casos as ferramentas na Palestina continuavam a ser feitas de bronze. Ferramentas comuns como foices foram feitas de pederneira até depois do ano 1000 a.C. Carros de ferro, pontas de lança, facas e espadas, e ferramentas comuns como foices e arados se tornaram mais comuns depois de 900 a.C., substituindo o bronze do período anterior. Durante a monarquia unida, Israel obteve o controle crescente do bronze e de exportações de metal ao longo do antigo Oriente Médio, trazendo grande riqueza ao império de Davi e Salomão. Salomão criou uma guerra comercial entre Israel e os arameus no norte.

Outros minerais Outros minerais também eram extraídos no antigo Oriente Médio, mas eram mais difíceis de se obter e trabalhar. O lápis-lazúli, pedra de azul profundo, era lapidada por sua beleza e usada na joalheria. A faiança egípcia era uma tentativa de produzir o lápis sintético. O chumbo já era minerado em 3000 a.C., mas sua natureza maleável não permitia a adequação para ferramentas ou joalheria. O chumbo foi mais tarde incorporado ao bronze, e no período romano era usado na fabricação de vidro. A prata era minerada no nordeste da Ásia Menor e usada em uma liga com o chumbo. Minerava-se também o electrum, prata misturada com pequenas quantidades de ouro. Encontra-se ouro bruto em veios de granito. Todavia, estes veios não foram minerados nos tempos antigos. Antes, a irrigação de rochas com ouro lançou grãos de ouro do tamanho de ervilhas e quantidades maiores do metal em ribeiros e rios, misturando-o com cascalho aluvial. Encontrado principalmente nas regiões de cabeceiras de rios em áreas no Egito, no deserto Núbio e no Cáucaso, o ouro começou a ser minerado bem mais tarde em razão de sua localização difícil. Como as regiões de cabeceiras de rios e fontes estavam não raro em locais menos acessíveis ou menos desejáveis para pastagens, as minas de ouro começaram a se tornar mais difundidas por volta de 2500 a.C. Pinturas egípcias apresentam a lavagem de areia do rio para extrair pepitas, e autores como Estrabão e Plínio, o Velho (60 d.C.), em um tempo posterior falaram a respeito de ricos depósitos de ouro na Espanha. A raridade do ouro o tornou sinônimo de riqueza e luxo extravagantes. A descrição do apóstolo João do céu como cidade com muros e ruas de ouro dá ao crente um relance da grandeza e da glória da eternidade com Deus. V. *minerais e metais*. — David C. Maltsberger

MINERAIS E METAIS Elementos ou compostos inorgânicos encontrados facilmente na natureza. Muitos minerais e metais são mencionados nos registros bíblicos.

Pedras preciosas Pedras são desejáveis em razão da sua raridade, dureza e beleza, esta expressa em termos de cor, transparência, resplendor e brilho. Na Bíblia existem três listas principais de pedras preciosas: as 12 pedras do peitoral de Arão (Êx 28.17-20; 39.10-13), os tesouros do rei de Tiro (Ez 28.13) e as pedras da base da muralha da nova Jerusalém (Ap 21.18-21). Outras listas são encontradas em Jó 28.15-19, Is 54.11,12 e Ez 27.16. A identificação precisa de algumas das palavras infelizmente é incerta, como pode ser vista pela comparação destas listas em várias traduções.

Ágata Variante multicolorida e multifacetada da calcedônia. Havia uma ágata no peitoral de Arão (Êx 28.19), e em algumas traduções é a terceira pedra na base da nova Jerusalém (Ap 21.19, *NTLH*; *NVI*, *ARA*, *ARC* e *BJ*, "calcedônia").

Ametista (Êx 28.19; 39.12; Ap 21.20). Idêntica à moderna ametista, uma forma violeta azul de quartzo.

Berilo (*beryllum aluminum silicate*) Muitas traduções têm o berilo como a primeira pedra da quarta fila do peitoral (Êx 28.20; 39.13); *NVI* e *TEB*, "crisólito"; *ARA*, *NTLH* e *BJ*, "berilo"; *ARC*, "turquesa". A palavra também ocorre na lista das joias do rei de Tiro (Ez 28.13, *NVI*, *ARA*, *NTLH*; *ARC*, "turquesa"). A palavra também aparece em Ap 21.20.

Calcedônia Tradução alternativa para ágata na terceira pedra que decora a base da nova Jerusalém (Ap 21.19, *NVI*, *ARA*, *ARC*). Essa forma não cristalina de quartzo, ou dióxido de silicone, tem muitas variedades, incluindo a ágata, o sárdio, o crisóparo, a pederneira, o jaspe e o ônix.

Carbúnculo Na *ARA* e *ARC*, a terceira pedra do peitoral de Arão (Êx 28.17; 39.10; *NVI*, "berilo"; *BJ* e *TEB*, "esmeralda") e o material para as portas da Jerusalém restaurada (Is 54.14, *NVI*, *ARA*; *ARC*, "rubis", *NTLH*, "berilo"). A palavra também aparece em Ez 28.13 (*NVI*, *ARA*, *ARC*).

Coral (Jó 28.18; Ez 27.16). Carbonato de cálcio formado pela ação de animais marinhos.

Crisólito (Ap 21.20) Representa vários minerais amarelados. Aparece em Ez 10.9 e 28.13.

Crisópaso Variedade verde-maçã de calcedônia, a décima pedra da fundação da nova Jerusalém (Ap 21.20).

Cristal Refere-se ao quartzo, as duas palavras hebraicas traduzidas como se referindo a "gelo". Em Jó 28.18, a *NVI* traduz "jaspe", mas a *ARA*, *ARC*, *NTLH* e *BJ* vertem por "cristal". O mar de vidro (Ap 4.6) e o rio da vida (Ap 22.1) são comparados ao cristal.

Diamante A terceira pedra da segunda fila do peitoral do sumo sacerdote (Êx 28.18; 39.11; *TEB*, "jaspe") e uma das joias do rei de Tiro (Ez 28.13). Entretanto, não se sabe se os diamantes eram conhecidos no antigo Oriente Médio, e a tradução é incerta.

Esmeralda Variedade verde e brilhante do berilo, facilmente disponível para os israelitas. É a tradução usual da quarta pedra do peitoral do sumo sacerdote e uma das pedras do rei de Tiro (Êx 29.18, *ARA*, *ARC*, *NTLH*; *NVI* "turquesa"; *BJ*, "carbúnculo"; 39.11; Ez 28.13). O arco-íris ao redor do trono de Deus é comparado a uma esmeralda (Ap 4.3), que também é a quarta pedra na fundação do muro da nova Jerusalém (21.19).

MINERAIS E METAIS

Jacinto Forma de siliconato de zircônio transparente de coloração que varia do vermelho ao marrom. Aparece no peitoral de Arão (Êx 28.19; 39.12) e na base do muro da nova Jerusalém (Ap 21.20).

Jaspe (Êx 28.20; 39.13; Ap 21.11,18,19). Uma variedade de calcedônia que pode ser vermelha, amarela, marrom ou verde opaco.

Lápis-lazúli Não um mineral, mas uma combinação de minerais que produz uma pedra de cor azul-celeste ou verde-azulado popular na confecção de joias no Egito.

Magnetita Aparece na *NVI* em Ez 3.9 simplesmente como "pedra". As versões *ARA*, *ARC* e *NTLH* traduzem por "diamante". A mesma palavra hebraica aparece em Jr 17.1, traduzida por "diamante" (*NVI*, *ARA*, *ARC* e *NTLH*). Essa pedra era "mais dura que a pederneira" (Ez 3.9) ou uma pedra imaginária de dureza impenetrável.

Ônix Variedade de calcedônia sardônica multifacetada que incluía camadas de sárdio. O ônix era usado no colete sacerdotal (Êx 25.7; 28.9; 35.27; 39.6) e no peitoral do sumo sacerdote (Êx 28.20; 39.13). Foi utilizado na construção do templo (1Cr 29.2) e era uma das pedras preciosas do rei de Tiro (Ez 28.13).

Pérola (Jó 28.18, *ARC*, *TEB*; *NVI*, "rubi"; *ARA*, *NTLH*, *BJ*, "cristal"). Formação que surge ao redor de algum material estranho em algumas conchas. No NT "pérola" é uma comparação para o Reino de Deus (Mt 13.46) e um símbolo de falta de modéstia (1Tm 2.9; Ap 17.4; 18.16). A pérola também é material para as portas da nova Jerusalém (Ap 21.21).

Rubi Variedade vermelha de corindon, ou óxido de alumínio. A primeira pedra do peitoral de Arão é algumas vezes traduzida por "rubi" (Êx 28.17; 39.10, *NVI*, *NTLH*; *ARA*, *ARC*, "sárdio"; *BJ*, *TEB*, "sardônica"). Também aparece como uma das pedras do rei de Tiro (Ez 28.13, *NTLH*, *BJ*; *NVI*, *ARA*, "sárdio"; *ARC*, *TEB*, "sardônia").

Safira (Êx 24.10; 28.18; 39.11; Jó 28.6,16; Is 54.11; Lm 4.7; Ez 1.26; 10.1; 28.13; Ap 21.19). A palavra hebraica *sappir* se refere ao lápis-lazúli, não à safira verdadeira.

Sárdio Variedade de calcedônia de tom levemente marrom. Uma das pedras do rei de Tiro (Ez 28.13, *NVI*, *ARA*; *ARC*, "sardônia"; *NTLH* e *BJ*, "rubi") e a sexta pedra do muro da nova Jerusalém (Ap 21.20; cp. 4.3).

Topázio A segunda pedra do peitoral de Arão (Êx 28.17; 39.10); também mencionada na lista da sabedoria (Jó 28.19) e na lista das pedras preciosas do rei de Tiro (Ez 28.13). O topázio verdadeiro é um silicato floro de alumínio, e bastante duro, mas o topázio do AT pode ser o peridoto, um magnésio olivino. A nona pedra decorativa da fundação do muro da nova Jerusalém é o topázio (Ap 21.20). V. *berilo*, *crisólito*.

Turquesa Fosfato básico de cobre e alumínio com coloração que varia do azul-celeste ao verde-azulado, extraído de minas no Sinai pelos egípcios e altamente valorizado na Antiguidade. A turquesa é algumas vezes substituída em algumas traduções pela esmeralda ou pelo jacinto.

Minerais comuns

Alabastro Em linguagem moderna, gesso granulado fino, mas o alabastro egípcio era um carbonato de cálcio cristalino com aparência semelhante. O alabastro pode ter sido citado em Ct 5.15 (cf. nota explicativa da *NVI*; *ARA*, *ARC*, *NTLH*, *BJ*, "mármore"). No NT (Mt 26.7; Mc 14.3; Lc 7.37) refere-se ao recipiente de um unguento precioso.

Enxofre Depósitos de enxofre inflamável criavam erupções dissolvíveis extremamente quentes com gases tóxicos, providenciando uma descrição gráfica da destruição e sofrimento provenientes do julgamento divino (Dt 29.23; Jó 18.15; Sl 11.6; Is 30.33; Ez 38.22; Lc 17.29).

Sal O cloreto de sódio é um mineral abundante, usado como tempero para comida (Jó 6.6) e oferenda (Lv 2.13; Ez 43.24). Como elemento preservativo, o sal era símbolo de aliança (Nm 18.19; 2Cr 13.5). Ambos os significados estão presentes na comparação que Jesus faz dos seus discípulos ao sal (Mt 5.13). O sal também era símbolo de desolação e esterilidade, talvez em razão da esterilidade do mar Morto, chamado mar Salgado na Bíblia. Os "poços de sal" de Sf 2.9 provavelmente estavam localizados no sul do mar Morto. O cloreto de sódio poderia se misturar ao sal impuro comum naquela área, criando uma substância sem sabor (Lc 14.34,35).

Soda (Pv 25.20, *TEB*; *NVI*, "vinagre"; *ARC*, "salitre"). Provavelmente sódio ou carbonato de potássio. Em Pv 25.20 o texto hebraico se refere ao vinagre ou lixívia ou soda, mas algumas traduções modernas seguem a tradução grega que lê "vinagre na ferida" (*NVI*, *ARA*, *NTLH*, *BJ*).

Metais Muitos metais ocorrem naturalmente em compostos com outros elementos ou como minério que pode ser derretido para obter outros produtos. As listas bíblicas de metais (Nm 31.22; Ez 22.1,18,20) mencionam o ouro, a prata, o bronze, o ferro, o estanho e o chumbo.

Bronze Tradução comum da palavra hebraica que pode significar tanto o bronze propriamente como o cobre. Uma liga de cobre e estanho, e mais forte que ambos, o bronze era o metal mais comum usado para utensílios no antigo Oriente Médio. A Bíblia menciona armaduras (1Sm 17.5,6), algemas (2Rs 25.7), címbalos (1Cr 15.19) portas (Sl 107.16; Is 45.2) e ídolos (Ap 9.20) além de outros objetos de bronze.

Chumbo Metal acinzentado de densidade extremamente alta (Êx 15.10), usado para pesos, coberturas pesadas (Zc 5.7,8) e para prumos de construção (Am 7.7,8). O chumbo é altamente maleável e pode ser utilizado até para escrever em uma rocha (Jó 19.24). Era também utilizado para a refinação da prata (Jr 6.27-30).

Cobre Geralmente fundido ao estanho para fazer o bronze, que tinha uma força maior. É citado em Dt 8.9 (*NVI*, *ARA*, *ARC*, *NTLH*). V. *Eziom-Geber*.

Estanho (Nm 31.22; Ez 22.18,20) Algumas vezes confundido com o chumbo; artigos de estanho puro eram raros. Era usado principalmente na fabricação do bronze, em um liga de estanho e cobre. V. *bdélio*; *minas e mineração*.

Ferro Um metal mais difícil de derreter que o cobre, não tinha uso muito difundido até o tempo da conquista de Canaã por Israel. Antes disso, o metal usado para armas e ferramentas agrícolas era o bronze. Por algum tempo a tecnologia do ferro não era muito difundida. Os "carros de ferro" dos cananeus (Js 17.16,18; Jz 1.19; 4.3) representam um avanço tecnológico em relação a Israel, enquanto os filisteus podem ter desfrutado do monopólio da fabricação de ferro (1Sm 17.7; 13.19-21). O ferro era mais comum no tempo de Davi (2Sm 12.31; 1Cr 20.3; 22.14), ainda que continuasse valioso (2Rs 6.5,6). Era utilizado em situações nas quais a força era essencial e se tornou símbolo de resistência e poder (Dt 28.48; Is 48.4; Jr 17.1; Ap 2.27). V. *ferro*.

Ouro Valioso e utilizado em razão de sua raridade, beleza e utilidade. Pode ser derretido sem prejuízo, e é de extrema maleabilidade. Por isso, pode ser usado para fazer objetos, trabalhos de decoração ou revestimentos. Muitos objetos religiosos de Israel eram de ouro maciço ou dourados, i.e., revestidos de ouro (Êx 37). O ouro é citado na Bíblia com mais frequência que qualquer outro metal, sendo usado para joalheria (Êx 12.35; 1Tm 2.9), ídolos, cetros, utensílios de culto e como dinheiro (Mt 10.9; At 3.6). A nova Jerusalém é descrita como feita de ouro (Ap 21.18,21).

Prata Usada no Oriente Médio desde tempos muito remotos; ainda que normalmente não ocorra em estado natural, a prata é facilmente extraída de suas minas. Originariamente a prata era mais valiosa que o ouro, quase sempre sendo citada em primeiro lugar nas listas. Tornou-se parâmetro de riqueza (Gn 13.2; 24.35; Sf 1.18; Ag 2.8). No tempo de Salomão era muito comum em Israel (1Rs 10.27) e era a unidade monetária padrão, sendo usada em siclos, talentos e minas (Gn 23.15,16; 37.28; Êx 21.32; Nm 7.72; Is 7.23). A prata era usada na confecção de objetos de culto em Israel (Êx 26.19; 36.24; Ed 8.26,28), de ídolos (Êx 20.23; Jz 17.4; Sl 115.4: Is 40.19) e de joias (Gn 24.53; Ct 1.11). V. *pesos e medidas*. — Daniel C. Browning Junior

MINI Nação que habitava a região montanhosa no sul do lago Urmia, a nordeste do vale dos rios Tigre e Eufrates (Jr 51.27). Mini está entre as tribos convocadas para punir a impiedade da Babilônia. Nas inscrições assírias de 800 a 600 a.C. eles são conhecidos como maneanos.

MINIAMIM Nome pessoal que significa "de sorte" (lit., "da mão direita"). **1.** Levita do tempo de Ezequias (2Cr 31.15). **2.** Família sacerdotal do tempo do sumo sacerdote Joiaquim (Ne 12.27). **3.** Sacerdote que participou da cerimônia liderada por Neemias de dedicação do muro de Jerusalém (Ne 12.41).

MINISTRO, MINISTÉRIO Alguém que serve a outra pessoa. O chamado de Deus a Abrão (Gn 12) contém as bases do ministério. A promessa de Deus era iniciar com Abrão e Sarai e mediante esse casal formar uma nação que seria abençoada e abençoaria todas as nações.

As palavras portuguesas "ministro" e "ministério" são usadas como tradução da palavra hebraica *sharat* que significa literalmente "servir à mesa" ou "servir", como José fez com Potifar (Gn 39.4; Êx 24.13; 1Sm 2.11). Uma palavra hebraica relacionada é *eved*, que tem um significado mais genérico que *sharat*. *Eved* pode significar "trabalhar" ou "trabalhar a terra". *Sharat* é usada para descrever o que os sacerdotes fazem quando atuam como representantes de Deus. Portanto, conquanto Israel tenha sido formado e chamado para ser o povo de Deus por meio do qual todas as nações seriam abençoadas, Deus designou Arão, o irmão de Moisés, e seus herdeiros (Êx 28.35,43; 39.1) e os levitas (Nm 18.2; Dt 10.8) para realizar funções específicas no culto.

Para os cristãos, Jesus é o modelo supremo de ministro. No sermão na sinagoga de Nazaré, que abriu seu ministério público, Jesus leu o profeta Isaías, resumindo o propósito e as muitas dimensões do seu ministério (Lc 4.18,19). Ainda que Jesus tenha toda a autoridade no céu e na terra, seu estilo de liderança e ministério não foi de dominação sobre os seguidores (Mc 10.42), mas de serviço. Em uma ocasião, quando Tiago e João pediram posições proeminentes no Reino de Jesus, ele os lembrou: "Pois nem mesmo o Filho do homem veio para ser servido, mas para servir e dar a sua vida em resgate por muitos" (Mc 10.45).

O ministério de Jesus incluía o ensino, a pregação, evangelização, expulsão de demônios, cura, ações de providência pelas necessidades físicas das pessoas e aconselhamento. Seu supremo ato ministerial foi a obediência ao Pai ao ir até a cruz na qual deu a vida como expiação pelos pecados do mundo.

O ministério de Jesus não terminou com sua ressurreição dentre os mortos e ascensão à direita do Pai. Lucas inicia a narrativa da igreja primitiva lembrando seu leitor, Teófilo, de que em seu primeiro volume ele descreveu "tudo o que Jesus começou a fazer e a ensinar, até o dia em que foi elevado aos céus" (At 1.1,2). Lucas diz que, com efeito, Jesus continua a fazer o que estava fazendo. Antes, fez como pessoa; agora, realiza por intermédio de seu povo, a igreja.

O ministério na igreja de Cristo se parece com o ministério de Jesus na terra. Deus Espírito Santo, representante de Cristo na igreja, concede uma variedade de dons e funções aos membros da igreja, objetivando o exercício de diversos ministérios. Eles incluem pregação, evangelização, ensino, cuidado pastoral e administração. Três palavras gregas principais são traduzidas por "ministro", e todas veiculam uma conotação de serviço, não de domínio. *Diakonos* (Mc 10.43; Ef 3.7; 6.21), em algumas passagens traduzida por "diácono", tem a conotação de quem serve à mesa. *Hyperetes* (Lc 1.2; 1Co 4.1) originariamente designava os remadores que trabalhavam no porão de um navio. *Leitourgos* (Rm 13.6; 15.16; Hb 1.7) era usada para designar o servo de uma mansão ou de um templo. V. *ofícios no Novo Testamento*; *ordenação, ordenar*; *pastor*; *sacerdotes*. — Steve Bond

MINITE Uma das 20 cidades envolvidas na conquista dos amonitas, liderada por Jefté (Jz 11.29-33). Sua localização é desconhecida. A cidade provavelmente está entre Rabate-Amom e Hesbom. Lugares sugeridos são Khirbet Hanizeh e Khirbet Umm el-Hanafish.

MIQUEIAS Forma alternativa do nome Micaías, que significa "Quem é como Javé?". Profeta do séc. VIII a.C., que veio de Moresete (provavelmente identificada com Moresete-Gate). A cidade estava localizada a cerca de 40 quilômetros a sudoeste de Jerusalém, no território da tribo de Judá. No entanto, Miqueias deve ter vivido em Jerusalém em seu ministério. Serviu em Judá nos reinados de Jotão (750-732 a.C.), Acaz (735-715 a.C.) e Ezequias (715-686 a.C.). A identificação dos reis não significa atividade ininterrupta de 750 até 686, mas seu ministério alcançou períodos de cada um desses reinados. O texto de Jr 26.17,18 se refere a Miqueias profetizando no tempo de Ezequias. Todavia, determinar as datas exatas de cada profecia contida no livro é difícil. Miqueias foi contemporâneo de Isaías, Oseias e possivelmente de Amós. Suas profecias se dirigiram a Samaria e a Jerusalém. Samaria era a capital do Reino do Norte (Israel), e Jerusalém, a capital do Reino do Sul (Judá). Ainda que Miqueias tenha ministrado em Judá, algumas de suas mensagens foram dirigidas a Israel. V. *Micaías*; *Mica*.

MIQUEIAS, LIVRO DE Livro com o nome do profeta do séc. VIII a.C., que contém algumas de suas mensagens. V. *Mica*.

MIQUEIAS, LIVRO DE

Pano de fundo histórico No tempo de Miqueias aconteceram muitas crises políticas e nacionais. Miqueias se dirigiu a estas questões. Por volta de 740 a.C. o Império Assírio começou a dominar o Oriente Médio. Judá e Israel se tornaram vassalos e pagavam tributos ao novo poder político, e em 722 a.C. Israel sentiu o poder do exército assírio. Salmaneser V e Sargom II destruíram o Reino do Norte e sua capital, Samaria (2Rs 16-17) por causa de uma tentativa de rebelião. Os registros de Sargom II declaram que ele "sitiou e conquistou Samaria, (e) levou um butim de 27.290 dos seus habitantes". Enquanto Judá sobreviveu, eles ainda eram vassalos. O texto de Mq 1.2-7 associa a destruição iminente de Samaria ao juízo de Deus ocasionado pela idolatria do povo. Ezequias, rei de Judá, instituiu muitas reformas que levaram o rei assírio Senaqueribe a responder com força. Várias cidades de Judá foram destruídas, e Jerusalém foi sitiada, mas sem sucesso (2Rs 18; 19). Os anais de Senaqueribe se vangloriam de que ele sitiou 46 cidades e um grande número de pequenas vilas. Ele levou 200.150 pessoas como butim, junto com o gado. A respeito de Ezequias, Senaqueribe disse: "Eu o fiz prisioneiro em Jerusalém, sua residência real, como um pássaro em uma gaiola". A despeito do fracasso de conquistar Jerusalém, os cidadãos do Reino do Sul sofreram muito com a invasão.

A mensagem do profeta Os assuntos das mensagens de Miqueias revelam muito a respeito da sociedade desse tempo. Não raro ele criticou a opressão dos pobres pelos ricos. Caracterizou os ricos como inventores de maneiras de retirar os pobres da terra (2.1-5). As pessoas eram removidas de seus lares e tinham os bens roubados. Os que cometiam esses crimes eram israelitas, bem como suas vítimas (2.6-11). O mercado estava cheio de engano e injustiça (6.9-16). Os líderes do país, responsáveis por assegurar a justiça, promoviam a injustiça (3.1-4).

Miqueias também denunciou as práticas religiosas da nação. Ele predisse a destruição de Judá como ato de juízo de Deus. Outros profetas, todavia, levaram o povo a crer que isso jamais aconteceria porque Deus habitava na nação e iria protegê-la. Miqueias entrou em conflito com a mensagem dos outros profetas que não eram da parte de Deus. Antes, a mensagem da parte de Deus era a devastação iminente de Judá (3.5-12).

Ainda que o povo tenha adorado outros deuses, eles não deixaram de crer em e de adorar ao Deus de Judá, mas combinaram o culto verdadeiro com a devoção a outras divindades (5.10-15). O povo cria que toda religião exigia deles a apresentação de sacrifícios e ofertas ao templo. Nenhuma relação era reconhecida entre a atividade no templo e a atividade na vida diária. Miqueias tentou corrigir essa concepção errada ao argumentar que Deus não está apenas interessado no ato físico da apresentação de um sacrifício, mas está muitíssimo preocupado com a obediência que se estende à vida diária (6.6-8).

Miqueias advertiu do juízo iminente sobre o povo de Deus por causa da desobediência. Ao mesmo tempo, proclamou mensagens de esperança. O julgamento viria, mas depois dele Deus restauraria o remanescente do povo fiel (4.1-13; 7.14-20). De maneira diferente dos reis injustos aos quais o povo estava acostumado, Deus traria um líder que permitiria ao povo viver em paz (5.1-5). Por fim, Judá foi destruído em 586 a.C. pelos babilônios, mas o remanescente retornou. Mateus viu uma descrição de Cristo na esperança de Miqueias quanto a um novo líder (Mt 2.6). V. *Acaz*; *Assíria*; *Israel*; *Jerusalém*; *profecia, profetas*; *Samaria, samaritanos*.

Esboço

I. A Palavra de Deus testemunha contra todos os povos (1.1,2).

II. Deus julga o povo por seus pecados (1.3—3.12).
  A. Deus julga a infidelidade religiosa (1.3-16).
  B. Deus julga a injustiça econômica (2.1-5).
  C. Deus julga a pregação falsa (2.6-11).
  D. O juízo de Deus busca a restauração do remanescente (2.12,13).
  E. Deus julga os líderes injustos (3.1-4).
  F. Deus julga os que pregam paz e prosperidade para os pecadores (3.2-5).
  G. Deus julga por intermédio do mensageiro repleto do Espírito Santo (3.8).
  H. Deus julga oficiais corruptos e gananciosos (3.9-12).

III. Deus promete um dia de paz internacional e culto (4.1—5.15).

MIRIÃ

A. Deus planeja que seu povo ensine sua vontade às nações (4.1-5).
B. Deus planeja redimir e governar o remanescente enfraquecido (4.6-11).
C. Deus planeja mostrar ao mundo seu governo universal (4.12,13).
D. Deus planeja levantar o Pastor de Belém que trará paz e vitória ao rebanho sitiado (5.1-9).
E. Deus planeja destruir as armas e a idolatria do povo (5.10-15).

IV. Deus tem uma queixa contra seu povo (6.1—7.6).
A. Deus fez sua parte, redimindo o povo (6.1-5).
B. As expectativas de Deus são claras: justiça, misericórdia e piedade (6.6-8).
C. O povo de Deus não atingiu suas expectativas (6.9-12).
D. O castigo divino é garantido para o povo corrupto (6.13—7.6).

V. Deus perdoará e renovará seu povo em justiça, amor e fidelidade (7.7-20).
A. O povo de Deus pode confiar nele quanto à salvação (7.7).
B. O povo arrependido de Deus pode esperar dias melhores no futuro (7.8-14).
C. Os inimigos de Deus enfrentam juízo vergonhoso (7.15-17).
D. O incomparável Deus de paciência, misericórdia, compaixão e fidelidade irá perdoar e renovar seu povo (7.18-20).

— *Scott Langston*

MIRIÃ Nome pessoal de significado incerto, talvez "amarga", "dom de Deus", "amada" ou "desafiadora". **1.** Irmã de Moisés e Arão e filha de Joquebede e Anrão. Miriã teve um papel-chave no resgate de Moisés (Êx 2.4-8) e na subsequente experiência do êxodo da comunidade do deserto. Depois de atravessar o mar Vermelho, ela assumiu o papel de profetisa e liderou as mulheres em um cântico de vitória baseado na fé e na gratidão (Êx 15.20,21). Em Hazerote Miriã ficou ao lado de Arão em um ato de rebelião contra Moisés quando este se casou com uma mulher etíope (Nm 12.1-15). Por trás da discordância da escolha da esposa de Moisés estava um problema mais profundo de ambição e insubordinação. Como consequência Deus a lembrou de que a liderança de Moisés era divinamente indicada e a castigou com lepra. Ela foi curada depois da oração intercessora de Moisés e do isolamento por sete dias (Nm 12.15). Miriã morreu em Cades (Nm 20.1). Mais tarde ela foi lembrada pelos escritores bíblicos como exemplo para Israel em casos de lepra (Dt 24.9) e como líder enviada por Deus (Mq 6.4). V. *intercessão, lepra; poesia*. **2.** Membro do clã de Calebe (1Cr 4.17). — *R. Dean Register*

MIRÍADE Palavra grega que significa literalmente "dez mil", mas usada com frequência para significar "incontável" ou "inumerável" (Jd 14; Ap 5.11; 9.16; Lc 12.1; At 19.19; 21.20; Hb 12.22).

MIRMA Líder da tribo de Benjamim (1Cr 8.10). A *BJ* traz "Marma".

MIRRA 1. Uma das seis maiores cidades na Lísia, no sudoeste da Ásia Menor, localizada no rio Andraco, distante do mar quase 5 quilômetros. O lugar das antigas ruínas atualmente é chamado Dembre. Mirra foi um ponto de parada na viagem de Paulo a Roma (At 27.5,6). Alguns manuscritos do Texto Ocidental trazem Mirra como um porto chamado Pátara, seguindo At 21.1. **2.** Resina aromática que teve muitos usos no antigo Oriente Médio. Era comercializada junto com especiarias (Gn 37.25), usada como ingrediente na unção com óleo (Êx 30.23), aplicada como perfume (Et 2.12), utilizada em roupas para desodorizá-las (Sl 45.8), ofertada como presente (Mt 2.11) e usada para embalsamar corpos (Jo 19.39).

MISÃ Benjamita construtor de Lode e Ono (1Cr 8.12). O nome talvez seja derivado da raiz que significa "inspecionar".

MISAEL Nome pessoal que talvez signifique "Quem é o que Deus é?". **1.** Primo de Moisés e Arão (Êx 6.22) que ajudou a sepultar Nadabe e Abiú (Lv 10.4). **2.** Alguém que ficou com Esdras na leitura pública da Lei (Ne 8.4). **3.** Um dos três amigos de Daniel (Dn 1.6,7,11,19; 2.17) que recebeu o nome babilônico de "Mesaque".

MISAL Nome de lugar que significa "lugar de questionamento". Cidade dos levitas no território de Aser (Js 19.26). A *ARA* e *ARC* trazem a forma "Masal" em 1Cr 6.74. A cidade aparece na lista das cidades conquistadas pelo faraó Tutmósis III. Sua localização é desconhecida.

MISERICÓRDIA Característica e ação decorrentes da própria natureza de Deus. No nível humano é mais bem descrita com a consideração de alguém quanto às condições e necessidades do próximo. É uma disposição essencial do povo da aliança, especialmente Israel e a igreja. No AT a misericórdia divina era concedida primariamente ao povo fora da comunidade da aliança, mas era expressa de modo principal em relação ao povo de Israel. Também se tornou a atitude e a ação esperadas do povo de Israel em suas relações recíprocas. A expectativa foi transferida para a igreja, e se tornou a característica principal no estilo de vida dos cristãos. Jesus fez da misericórdia parte essencial do seu manifesto no Sermão do Monte (Mt 5.7). Tanto no AT como no NT a misericórdia é a ação do mais forte em relação ao mais fraco, do rico em relação ao pobre, do natural da terra em relação ao estrangeiro, dos donos de bens em relação aos que nada têm.

A misericórdia outorgada por Deus é a base do perdão. É sua fidelidade e amor constante. Deus não é descrito demonstrando o sentimento chamado misericórdia, e sim como o promotor de ações misericordiosas. Ações assim foram executadas quando Israel estava em necessidade: provisões como o maná no deserto (Êx 13.31-35), proteção do Pastor que guarda Israel e não dorme (Sl 121) e libertação (Sl 56.12-23; 107), Javé o libertador de seu povo do Egito (1Sm 10.18). A misericórdia jamais constituiu um benefício do povo de Deus por conta de algum mérito próprio, mas sempre é designada dom de Deus. "Senhor, Senhor Deus compassivo e misericordioso, paciente, cheio de amor e de fidelidade, que mantém o seu amor a milhares e perdoa a maldade, a rebelião e o pecado. Contudo, não deixa de punir o culpado; castiga os filhos e os netos pelo pecado de seus pais, até a terceira e a quarta gerações" (Êx 34.6,7).

A justiça e a retidão de Deus não podem ser esquecidas quando se discute a misericórdia. O texto de Êx 34.7 deixa claro que o juízo de Deus excede sua misericórdia quando a rebelião pecaminosa do homem despreza a justiça e o amor. A misericórdia divina é demonstrada em sua ação lenta ao adiar o castigo, não ignorar o pecado e se recusar a agir em ira. "O Senhor não demora em cumprir a sua promessa, como julgam alguns. Ao contrário, ele é paciente com vocês, não querendo que ninguém pereça, mas que todos cheguem ao arrependimento. O dia do Senhor, porém, virá como ladrão. Os céus desaparecerão com um grande estrondo, os elementos serão desfeitos pelo calor, e a terra, e tudo o que nela há, será desnudada" (2Pe 3.9,10). A ira de Deus é a ação resultante da rebelião do homem depois do esgotamento da misericórdia divina. No AT a ira de Deus é exercida contra as nações pagãs como resultado da impiedade delas (Gn 18; 19) e da hostilidade contra seu povo. Deus também expressou sua ira e retirou sua misericórdia de Israel e de Judá, a quem amava.

Misericórdia no NT é geralmente descrita por várias palavras: *splanchnon*, geralmente traduzida por "compaixão" ou "entranhas de misericórdia"; *eleos*, que significa "misericórdia"; *oiktirmos*, traduzido por "piedade", "misericórdia" e "compaixão". A palavra *hileos* é raramente usada e significa "misericordioso" e "propício". Sempre é usada para se referir à misericórdia de Deus, e alguns a traduzem por "perdoar". Em Hb 8.12 se lê: "Porque eu lhes perdoarei a maldade e não me lembrarei mais dos seus pecados". Uma forma da palavra é usada em 1Jo 2.2: "Ele (Jesus) é a propiciação (*hilasmos*) pelos nossos pecados, e não somente pelos nossos, mas também pelos pecados de todo o mundo". Esta é a palavra usada na *LXX*, *hilasterion*, para traduzir o hebraico *kapporet*, "trono de misericórdia", onde o sangue da expiação era aspergido. No sentido mais amplo, Jesus foi a expressão maior da misericórdia de Deus. Ninguém incorpora e ilustra pessoalmente o significado da misericórdia como Jesus. À semelhança do Pai, Jesus foi bem além de simplesmente sentir compaixão dos que sofrem. Ele sempre foi "movido de compaixão" e "demonstrou misericórdia" para com todos os feridos e excluídos. Sua grande demonstração do significado da misericórdia talvez seja a parábola do bom samaritano, usada para responder à pergunta do escriba: "Quem é meu próximo?".

MISERICÓRDIA

Na parábola, duas das palavras mencionadas anteriormente são usadas. Jesus disse que, quando o samaritano viu o homem, ele teve compaixão (*splanchnizomai*). A atuação resultante descreveu a misericórdia que faz mais que sentir, a misericórdia conducente à ação. No final da parábola, Jesus perguntou ao escriba qual dos homens provou ter sido o próximo. A resposta do escriba foi "aquele que demonstrou misericórdia" (*eleos*).

As muitas maneiras pelas quais Jesus expressou sua misericórdia estão entretecidas através dos Evangelhos. Ele é visto parando uma multidão que fora convidá-lo para ser o convidado na casa de um desprezado coletor de impostos (Lc 19.1-10). Jesus purificou leprosos (Mc 1.41), ensinou multidões ignorantes, moveu-se de compaixão e curou doentes, alimentou os famintos com o pequeno lanche de um garoto (Mt 14.14-21). Ele deu visão a um cego (Mt 20.34), fez o aleijado andar (Jo 5.2-9) e ressuscitou mortos (Lc 7.2-15). As palavras que enviou a João Batista sintetizam sua identidade e seu ministério: "Então ele respondeu aos mensageiros: 'Voltem e anunciem a João o que vocês viram e ouviram: os cegos veem, os aleijados andam, os leprosos são purificados, os surdos ouvem, os mortos são ressuscitados e as boas-novas são pregadas aos pobres' " (Lc 7.22).

Em ambos os Testamentos a misericórdia sempre é estendida do maior ao menor, do rico ao pobre, do forte ao fraco, e do justo ao pecador. A principal disposição de Deus para com o homem pecador é a misericórdia, produzida por seu amor, que exerce seu poder ao trazer os pecadores de volta para ele. A misericórdia procedente de Deus nunca é merecida, e é sempre gerada por seu caráter, nunca pelo do homem. A palavra *hilaskomai*, "ser misericordioso", "ser propício", expressa a misericórdia divina que provê a expiação para o pecado do homem que não é merecedor dela. A salvação é um ato misericordioso de Deus que consiste em retirar sua ira e punição eternas e, ao mesmo tempo, conceder perdão e vida eterna. Paulo lembra o que Deus disse a Moisés: "Pois diz a Moisés: 'Terei misericórdia de quem eu quiser ter misericórdia e terei compaixão de quem eu quiser ter compaixão'. Portanto, isso não depende do desejo ou do esforço humano, mas da misericórdia de Deus" (Rm 9.15,16). Ele prossegue e afirma que judeus e gentios, ambos os grupos sendo por natureza vasos de ira, tornaram-se vasos de misericórdia: "Portanto", continua Paulo, "Deus tem misericórdia de quem ele quer, e endurece a quem ele quer" (9.18).

A misericórdia não é apenas o foco central do ministério de Jesus e do Pai; é também a prática de todos os cristãos. Jesus fez da misericórdia o ingrediente essencial da vida e dos costumes dos cristãos quando afirmou no Sermão do Monte: "Bem-aventurados os misericordiosos, porque obterão misericórdia" (Mt 5.7). Como já se observou neste verbete, a misericórdia do bom samaritano é exaltada como exemplo para todos os cristãos. Paulo introduziu a ideia de que demonstrar misericórdia é um dom espiritual: "Temos diferentes dons de acordo com a graça que nos foi dada [...] se é dar ânimo, que assim faça; se é contribuir, que contribua generosamente; se é exercer liderança, que a exerça com zelo; se é mostrar misericórdia, que o faça com alegria" (Rm 12.6,8). A igreja de Jerusalém em At 2 exibiu a essência do coração e do espírito exigidos de todos os cristãos quando doavam seus bens no tempo de dificuldades, de modo que todos pudessem sobreviver (v. 44-47). Isso foi um espírito de misericórdia que saiu do coração de fé demonstrado por Jesus. Tiago ensinou da seguinte forma o conteúdo da sabedoria celestial e da religião verdadeira: "Mas a sabedoria que vem do alto é antes de tudo pura; depois pacífica, amável, compreensiva, cheia de misericórdia e de bons frutos, imparcial e sincera" (Tg 3.17). Ele afirmou: "A religião que Deus, o nosso Pai, aceita como pura e imaculada é esta: cuidar dos órfãos e das viúvas em suas dificuldades e não se deixar corromper pelo mundo" (1.27). Isso é misericórdia em ação, que vai além da emoção e produz cura, restauração, ou seja lá o que for que produza o ato de misericórdia.

Se a misericórdia é a ação do mais forte baseada na resposta ao pedido ou necessidade do mais fraco, poder-se-ia perguntar se a misericórdia pode ser expressa na situação oposta. O NT demonstra essa possibilidade. A ética para a qual Jesus nos chama é a de "voltar a outra face", "andar a segunda milha" e "abençoar os que nos amaldiçoam". O próprio Jesus encarnou esse ensino. A misericórdia pode ser demonstrada pela pessoa que está no fundo, por baixo, para com a pessoa que está por cima, no topo. Esta é a essência da fé cristã. Veja-se como exemplo a palavra que Jesus pronunciou em agonia ao morrer na cruz: "Pai, perdoa-lhes, pois não sabem o que estão fazendo" (Lc 23.34). Há também as palavras semelhantes de Estêvão, quando as pedras atingiam sua cabeça e seu corpo: "Então caiu de joelhos e bradou: 'Senhor, não os consideres culpados deste pecado'. E tendo dito isto, adormeceu" (At 7.60). Logo, a misericórdia é um chamado sentido para a ação pelo oprimido em relação ao opressor, do fraco para com o forte, da vítima para com o agressor. "Mas eu digo a vocês que estão me ouvindo: Amem os seus inimigos, façam o bem aos que os odeiam, abençoem os que os amaldiçoam, orem por aqueles que os maltratam" (Lc 6.27,28). — *Dan Parker*

MISGABE Transliteração usada pela *ACF* e *ARC* da palavra hebraica que significa "altura", usada como nome pessoal em Jr 48.1. Outras traduções tratam o termo como substantivo comum e o vertem por "fortaleza" (*NVI*).

MÍSIA Região noroeste da Ásia Menor (At 16.7). O NT menciona várias cidades nessa região: Adramítio (At 27.2); Assôs (At 20.13,14); Pérgamo (Ap 1.11; 2.12) e Trôade (At 16.8,11; 20.5,6; 2Co 2.12; 2Tm 4.13). Impedido de fazer o trabalho da missão na Bitínia, Paulo passou pela Mísia antes de embarcar para a missão na Macedônia (At 16.6-11). O texto de At 20 registra a permanência de sete dias de Paulo em Trôade e uma viagem de missão por terra até Assôs. Em outra ocasião Paulo encontrou em Trôade uma porta aberta de oportunidade para missão (2Co 2.12).

MISMA Nome pessoal que significa "fama". **1.** Tribo árabe descendente de um filho de Ismael (Gn 25.14; 1Cr 1.30). **2.** Descendente de Simeão. A inclusão dos nomes Mibsã e Misma nas genealogias de Ismael e de Simeão sugere a incorporação dos árabes naquela tribo, à medida que Simeão expandiu rumo ao sul (cf. 1Cr 4.38-43).

MISMANÁ Nome pessoal que significa "força" ou "pedaço saboroso". Um dos oficiais do exército de Davi (1Cr 12.10).

MISPÁ Nome de lugar ou substantivo comum que significa "torre de vigia" ou "vigilância". Nome usado com frequência na Palestina para se referir a lugares fortificados e seguros. A *NVI* e *TEB* trazem "Mispá"; *ARA*, *ARC* e *NTLH*, "Mispa"; *BJ*, "Masfa".

O nome Mispá foi usado em pelo menos dois lugares diferentes na Transjordânia, um localizado no território de Gileade, o outro em Moabe. Em Gileade, Labão e Jacó estabeleceram uma aliança (Gn 31.25-55), erigiram um pilar e lhe deram o nome de Mispá (Gn 31.49). Mispá era também o nome da terra natal de Jefté, o gileadita (Jz 11). Conquanto a localização de Mispá de Gileade não seja conhecida, é mais provável que estivesse localizada na parte norte de Gileade, talvez em um lugar como Ramote-Gileade. A localização de Mispá em Moabe não foi identificada. Na história bíblica esse foi o lugar para o qual Davi levou seus pais (1Sm 22.3-5) quando Saul atentava contra sua vida.

Pelo menos dois lugares e uma região a oeste do Jordão foram chamados de Mispá. O relato do encontro de Josué com Jabim, rei de Hazor (Js 11), refere-se à "região de Mispá" (v. 3) e ao "vale de Mispá" (v. 8) (sabe-se apenas que ela se situa no norte da Palestina). A segunda Mispá a oeste do Jordão estava localizada no território da tribo de Judá (Js 15.385). Ainda que a localização exata seja desconhecida, essa Mispá pode ter sido próxima a Láquis.

A cidade de Mispá localizada no território de Benjamim (Js 18.26) aparentemente é a Mispá mais importante do AT. A despeito das numerosas referências a esse lugar, sua localização ainda é motivo de debate. Dois lugares principais têm sido sugeridos como possíveis localizações: Nebi Samwil, a cerca de 8 quilômetros ao norte de Jerusalém, e Tell en-Nasbeh, a cerca de 13 quilômetros ao norte de Jerusalém. Ainda que uma escavação arqueológica maior não tenha ainda sido feita em Nebi Samwil, as narrativas de Samuel parecem se encaixar nessa localização. Por outro lado, Tell en-Nasbeh foi escavada, e os dados arqueológicos se encaixam bem na história de Mispá de Benjamim.

O papel importante de Mispá na história do AT reflete-se nos muitos acontecimentos associados ao lugar. Mispá foi um ponto de encontro para Israel quando as tribos se reuniram para lutar contra Benjamim (Jz 20). Samuel reuniu Israel em Mispá para a oração diante da ameaça filisteia (1Sm 7.5-11). Mispá era um lugar importante no qual decisões legais eram tomadas (1Sm 7.15-17). Um dos capítulos mais interessantes na história de Mispá aconteceu após a queda de Jerusalém. Com Jerusalém em situação caótica após o ataque babilônio em 587 a.C., Mispá se tornou o centro administrativo da província babilônica. Em Mispá, Gedalias, que fora indicado governador da província, tentou encorajar os que permaneceram (Jr 40). V. *Gedalias*; *Jefté*; *Ramote-Gileade*; *Samuel*; *torre de vigia*. — LaMoine DeVries

MISPAR Transliteração de nome pessoal que significa "escrita". Homem que retornou do exílio com Zorobabel (Ed 2.2).

MISPERETE Nome pessoal que significa "registro da corte" ou "erudito". Homem que retornou do exílio com Zorobabel (Ne 7.7). A lista paralela traz Mispar (Ed 2.2).

MISRAEUS Família de Quiriate-Jearim (1Cr 2.53). O nome designa os residentes de Misra, um lugar a respeito do qual nada se sabe.

MISREFOTE-MAIM Limite da perseguição da coligação do rei Jabim de Hazor (Js 11.8; 13.6). O lugar mais provável é Khirbet el-Mushreifeh no limite norte da planície de Aco. O significado do nome é debatido. Sugestões incluem: "eminência das águas"; "fontes quentes"; "calcário que queima nas águas".

MISSÃO (MISSÕES) Tarefa para a qual Deus envia alguém que ele chamou, em especial para conduzir um grupo de pessoas à salvação em Cristo. No contexto cristão a pessoa enviada é chamada missionário. A pessoa está encarregada de transmitir o evangelho de Jesus Cristo às pessoas incluídas em seu envio. A missão da igreja é enviar missionários a todas as partes do mundo até que todos tenham tido a oportunidade de ouvir a mensagem de Jesus e aceitá-lo como Senhor. É interessante observar que a palavra "missão" não é encontrada nas Escrituras, ainda que o conceito permeie toda a Bíblia.
Antigo Testamento Ainda que alguns estudiosos insistam que o AT tenha pouco, se é que tenha alguma coisa, a dizer a respeito de missões, a compreensão mais generalizada é que a missão é um importante conceito veterotestamentário. Sua base está no entendimento de que o Deus transcendente é também o Deus envolvido na História. Ele é o Deus que age. O registro de seu envolvimento na História indica que sua obra é reveladora e redentiva. Sabe-se quem Deus é pelo que ele tem feito. Desde a Queda (Gn 3) a atividade primária de Deus é redentora, como as confissões do AT revelam (Dt 6.20-24; 26.5-9; Js 24.2-15). A atividade redentora de Deus é missionária porque Deus envia seus mensageiros à casa de Israel e seus profetas como porta-vozes a todas as nações.

Claramente, a preocupação da missão de Deus é inclusiva, não exclusiva. À semelhança da indicação da tabela das nações em Gn 10, o interesse de Deus é para com todos os povos, não apenas para com Israel. Quando Deus chamou Abraão e seus descendentes, eles foram escolhidos não para serem vasos exclusivos, mas para constituírem um canal de bênção para "todos os povos da terra" (Gn 12.1-3; 18.16-19; 22.9-19; 26.1-5; 28.10-14). Mais tarde Deus disse a Israel que ele fora eleito como o povo escolhido de Deus (Êx 19.3-6). Eles deveriam ser os recipientes e guardiões da revelação divina especial (Hb 1.1-3) e o meio pelo qual o Redentor entraria no curso da história humana (Is 49.1-40). Mais que isso, a eleição não era um fim em si mesma. Deus chamou Israel para ser santo, separado, distinto das outras nações, mas o povo deveria servir também como sacerdote para as nações. A razão de ser de Israel era viver entre as nações e conduzi-las a Deus.

Essa verdade foi preservada por Israel de três maneiras. A mensagem dos profetas servia como uma lembrança importante. Jeremias, p. ex., foi chamado para ser profeta de todas as nações (Jr 1.3-10) e falou em juízo contra elas (Jr 48.47; 49.6,39). Ele também profetizou que todas as nações seriam reunidas em Jerusalém (Jr 3.17). Da mesma forma, Isaías previu que todas as nações seriam redimidas a caminho de Jerusalém (Is 25; 66.18-24). Além disso, ele as advertiu acerca do juízo divino (Is 12—25) e convocou Israel para ser "uma luz para os gentios" (Is 49.6).

A segunda lembrança da responsabilidade de Israel relativa à missão decorre do culto. O livro de Sl leva em consideração que Deus era o

Senhor de todas as nações (Sl 67.1,2; 72.8,17,19; 50; 96). A arquitetura do templo provia um espaço para que os estrangeiros cultuassem no pátio dos gentios (1Rs 8.41-43), e a oração de Salomão, na dedicação do templo, mencionava esse fato (2Cr 6.32,33).

Além disso, a história de Israel era um lembrete para o povo de sua responsabilidade por intermédio de Raabe (Js 6.22-25) e Rute (Rt 1-4), que se tornaram parte da nação mesmo sendo estrangeiras.

O AT destacava que as nações teriam de vir a Jerusalém para serem salvas. Jonas ficou chocado quando recebeu um tipo diferente de missão. Deus lhe disse para ir a Nínive e convocar o povo ao arrependimento. Ele se rebelou contra a ordem de ajudar o povo opressor a escapar do juízo. Mais ainda, o livro de Jonas se tornou a maior testemunha do AT sobre o amor de Deus e sua disposição de permitir que estrangeiros se relacionassem com ele em adoração.

Novo Testamento O NT conduz a sinfonia do tema bíblico da missão à progressão. A missão começa com Jesus enviado ao mundo para revelar o Pai (Jo 13.31; 14.13; 17.1,6), para trazer o Reino de Deus à terra (Mt 12.22-32) e para tornar a misericórdia e o amor de Deus conhecidos do mundo perdido. Ele veio buscar e salvar o perdido (Lc 19.10). Sua missão era também inclusiva. Mesmo sendo o ministério de Jesus voltado primariamente para os judeus, ele também atendeu às necessidades dos não judeus. Curou a filha de uma mulher cananeia e elogiou a mulher pela sua fé (Mt 15.21-29). Curou também o servo do centurião romano (Mt 8.5-13). Em outra ocasião, ele iniciou o diálogo com uma mulher samaritana, que levou à conversão dela e de toda a sua comunidade (Jo 4).

Jesus deixou claro em seus ensinamentos que a missão continuaria após sua ascensão. Cada um dos Evangelhos, e também At, contém um relato da ordem dada aos seus seguidores, dizendo-lhes que fossem a todo o mundo, fizessem discípulos, batizassem-nos e pregassem o evangelho (Mt 28.19,20; Mc 16.15,16; Lc 24.46-49; Jo 20.21,22; At 1.8). Jesus pressupôs que a igreja trabalharia além de si mesma. A comissão produziu uma mudança dramática na ênfase da missão. Em lugar de buscar os estrangeiros para que viessem a Jerusalém como no AT, a missão da igreja é ir ao mundo inteiro, em vez de esperar que o mundo venha a ela. Não apenas profetas específicos como Jonas, mas todos os crentes devem ir e testemunhar aos outros.

O escopo da missão era inclusivo. A igreja deveria romper todas as barreiras para alcançar todos os grupos étnicos, clãs, tribos, classes sociais e culturas. A mensagem de salvação deveria ser partilhada com todos os povos, em toda parte.

Os novos discípulos deveriam ser batizados e ensinados. O propósito do ensino era mais que o mero compartilhamento de informações. Era também prover nutrição para a fé.

Como a Grande Comissão é um mandato, espera-se que a igreja seja obediente. Mesmo assim, a igreja não tem que cumprir essa tarefa sozinha. Cristo prometeu que estaria com a igreja "até o fim dos tempos". Com essa garantia, a igreja foi obediente, pois o evangelho foi apresentado primeiro em Jerusalém (At 1-8), depois em Samaria (At 8-12) e por fim em todo o mundo (At 13-28).

A presença de Jesus seria percebida por meio do Espírito Santo. De fato, os discípulos não deveriam ir ao mundo sem que antes o Espírito Santo tivesse vindo a eles (At 1.8). Essa é a única passagem na Bíblia na qual é dito que a igreja não deveria se envolver na missão. As razões são claras. O Espírito Santo dá poder à igreja. Ele também convence e converte pecadores (At 5.14; 11.21,24; 18.8), realiza obras poderosas da graça nos cristãos (At 4.8-10), disciplina a igreja (At 5.13,14), envia obreiros (At 8.26; 13.1-3), preside o concílio missionário (At 15), restringe e contém os obreiros (At 16.6-10) e exerce a autoridade eclesiástica suprema (At 20.28).

Fortalecida pelo Espírito Santo, a igreja realizou a missão ao anunciar Jesus (At 2; 8.35; 10.36-44; 1Co 2.1,2). A missão da igreja ao mundo foi fortalecida pela unidade e comunhão íntima (At 2.44), e todos os esforços foram feitos para manter essa característica (At 6.1-7; 15; e as cartas de Paulo às igrejas em Corinto e na Galácia).

Os missionários enviados por Jesus foram instruídos a ir somente à casa de Israel para pregar e atender às suas necessidades. Eles não deveriam se preocupar excessivamente com as necessidades físicas ou materiais nem gastar tempo em demasia com quem deliberadamente rejeitasse a mensagem (Mt 10.1-15). Depois da ressurreição,

MISSÃO (MISSÕES)

EXPANSÃO DO CRISTIANISMO NOS SÉCULOS II E III D.C.

- Cidade
- Igreja importante
- Território sob controle romano
- Extensão da influência cristã, séc. II d.C.
- Principais áreas da cristandade, séc. III d.C.

Locais identificados no mapa:

- **Britânia**: Eboraco, Londínio
- **Bélgica**: Colônia, Trier
- **Germânia**: Mogúncia
- **Lugdunense**
- **Aquitânia**: Lugduno (Lyon), Viena
- **Narbonense**
- **Nórica**
- **Récia**
- **Panônia**: Parentium
- **Ilírico (Dalmácia)**: Solin, Dirráqui, Apolô
- **Itália**: Roma, Óstia, Antium, Putéoli
- **Tarraconense**: Astorga, Leão, Saragossa
- **Lusitânia**: Mérida
- **Bética**: Córdoba, Cartago Nova, Hispalis
- **Sicília**: Siracusa, Malta
- **Numídia**: Sitifis, Lambésis, Cirta, Sica, Madauros
- **África**: Hipona, Cartago, Utina, Adrumeto
- **Mauritânia**
- **Tripolitânia**

Rios: Rio Reno, Rio Sena, Rio Líger, Rio Ródano, Rio Tibre, Rio Ebro, Rio Tejo

Mares: Mar do Norte, Oceano Atlântico, Mar Adriático, Mar Tirreno

Ilhas: Córsica, Sardinha, Ilhas Baleares

Deserto do (Saara)

MISSÃO (MISSÕES)

SARMÁTIA
Rio Dniestre
Rio Dniepre
DÁCIA
Rio Danúbio
BÓSFORO
MAR NEGRO
MAR CÁSPIO
TRÁCIA
Anquíalo
Debeltum
Bizâncio (Istambul)
Filipos
Apolônia
Tróade
MAR EGEU
Amastris
Ionópolis
Sinope
Amisos
BITÍNIA E PONTO
Nicomedia
Neocesareia
CÓLQUIDA
IBÉRIA
ARMÊNIA
ALBÂNIA
Rio Kura
ASIA
Pérgamo
Antioquia de Pisídia
Ancira
Cesareia (Mazaca)
Rio Hális
CAPADÓCIA
ADIABENA
Rio Arax
Atenas
Cencreia
Esparta
Magnésia
LÍDIA
JÔNIA
Mileto
CARIA
Hierápolis
LÍCIA
FRÍGIA
Icônio
LICAÔNIA
GALÁCIA
Lystra
Derbe
PANFÍLIA
CILÍCIA
Tarso
Malatya
Samosata
Edessa
Bete-Zabde
Nusaybin
Lago de Van
Lago Úrmia
Ilhas Cíclades
Rodes
Perga
Mira
Antioquia
SÍRIA
Laodiceia
Apameia
Rio Eufrates
MESOPOTÂMIA
Rio Tigre
PÁRTIA
Creta
Gortina
Cnosso
Salamina
Pafos
Chipre
Trípolis
Beirute
Tiro
Ptolemaida (Acco)
FENÍCIA
Damasco
Bozra
Filadélfia (Ammam)
Dure-Europos
Palmira
Ctesifonte
Babilônia

1. Tiatira
2. Sardes
3. Filadélfia
4. Éfeso
5. Laodiceia
6. Colossos

CIRENAICA
Alexandria
Náucratis
Heliópolis
Babilônia
EGITO
Hermópolis
Antinoe
Rio Nilo
PATROS
Siene
Jerusalém
Gaza
JUDEIA
MAR MORTO
Petra
ARÁBIA (PÉTREA)
Sinai
MAR VERMELHO
Deserto Sírio-Arábico

MISTÉRIO

os missionários foram presos (At 4-5), sofreram (2Co 4.7-10) e morreram (At 7).

O apóstolo Paulo foi o mais destacado missionário. Deus o chamou para ser missionário aos gentios (At 26.16-18; Rm 1.5; Ef 3.1) e foi enviado pela igreja em Antioquia (At 13.1-3). O Espírito Santo o guiou em seu ministério (At 16.6-10). Ele pregou Jesus (1Co 2.1,2), dirigiu-se às pessoas em seu nível de compreensão (At 17), estabeleceu igrejas autóctones autônomas (At 14.23) e trabalhou com outros obreiros — com frequência treinando-os para realizarem a obra do ministério (At 16.1-3). Mais tarde, Paulo se recusou a receber sustento da obra que estabeleceu, mas era grato quando igrejas respondiam às suas necessidades (Fp 4.14-18). É significativo que ele tenha se identificado com as pessoas com as quais trabalhou (1Co 9.19-23).

A missão era o pulsar das igrejas do NT. V. *confissão*; *eleição*; *evangelismo*; *evangelho*; *Espírito Santo*; *Reino de Deus*; *Paulo*; *salvação*. — Bob Compton

MISTÉRIO Palavra derivada do substantivo grego *mysterion*, ainda que a palavra portuguesa não lhe faça justiça. O *mysterion* no mundo antigo era qualquer culto religioso que exigia segredo dos seus participantes e a participação dos membros em rituais sagrados. Um elemento nesse sentido pode estar por trás da ideia de *mysterion* no NT, mas a palavra comumente traduzida por "mistério" no livro de Daniel é mais provavelmente o pano de fundo para o uso do NT. Em Daniel um mistério (*raz* em aramaico) é um segredo revelado, algo que não pode ser entendido à parte da explicação ou revelação divina (Dn 2.17-47; 4.9); essa é certamente a força de várias citações de *mysterion* no NT. Jesus usou a palavra *mysterion* somente uma vez, em referência aos mistérios ou segredos a respeito do Reino que ele revelou aos seus discípulos (Mt 13.11; cp. Mc 4.11; Lc 8.10). Paulo usou a palavra *mysterion* 21 vezes, e em cada ocasião o segredo já é conhecido por meio de uma revelação anterior (v. Rm 16.25; Ef 1.9; 6.19; Cl 2.2; 4.3; 1Tm 3.16) ou é explicado no contexto (v. Rm 11.25; 1Co 15.51; Ef 3.1-13; 5.32; Cl 1.25-27) — i.e., já não é mais um segredo. As quatro últimas referências a *mysterion* no NT ocorrem em Ap, onde o segredo é um símbolo que precisa ser decodificado (1.20; 10.7; 17.5,7). — Stephen W. Carlson

As cavernas eleusianas, centro do culto das religiões de mistério eleusianas.

MISTÉRIO, RELIGIÕES DE Diversas seitas ou sociedades caracterizadas em parte pela elaboração de ritos de iniciação e rituais secretos. Ainda que atestadas na Grécia antes de 600 a.C., as religiões de mistério floresceram nos períodos helenístico e romano (depois de 333 a.C.) antes de desaparecerem por volta de 500 d.C. A mescla de conceitos religiosos tornou possíveis as vastas conquistas de Alexandre, o Grande, e aceleraram o processo de disseminação de algumas seitas, facilitando o desenvolvimento de outras. O conhecimento das religiões de mistério é fragmentário em razão do sigilo estrito imposto aos iniciados; referências esparsas em escritores antigos, alguns contrários a elas, e dados arqueológicos fornecem as evidências mais importantes a respeito dessas seitas. Os estudiosos geralmente discordam quanto à interpretação dos dados.

Muitas religiões de mistério surgiram, mas entre as mais importantes estão as associadas às seguintes divindades: a grega Deméter (dos famosos mistérios eleusianos) e Dionísio, a frígia Cibele (a Magna Mater) e Átis; o sírio Adônis; os egípcios Ísis e Osíris (Serápis) e Mitra, originariamente uma divindade persa. O orfismo e Sabázio contribuíram para os mistérios de Dionísio, enquanto a Samotrácia era o lar dos mistérios de Cabiri. Muitas das divindades das religiões de mistério eram antigas e adoradas em cultos separados antes e depois do desenvolvimento daquelas religiões.

A característica central de cada religião de mistério estava nos rituais sagrados, chamados mistérios, nos quais o mito do culto do deus adorado era reencenado ali mesmo. Somente os formalmente iniciados no culto poderiam participar. A natureza exata dos rituais é desconhecida, em razão do voto de segredo que se fazia, mas provavelmente envolvia uma dramatização baseada no mito da seita e na apresentação visual dramática de certos objetos sagrados. Há menção de "coisas ditas", provavelmente fórmulas sagradas e amor secreto. Há também referências a comidas e bebidas, provavelmente uma forma de comunhão. Ao participar dos rituais, o adorador se identificava com a divindade e partilhava do destino dela. Os símbolos poderosos garantiam aos iniciados maneiras de vencer o sofrimento e as dificuldades da vida, prometiam uma herança na vida além.

Muitas, mas não todas, divindades adoradas nos mistérios eram originariamente associadas à fertilidade. Como tal, os mitos associados se referiam de modo geral ao ciclo da natureza, como ceras e cinzas (p. ex., Deméter) ou ao morrer e ressuscitar de um deus (Átis, Adônis, Osíris). Alguns estudiosos acreditam que os mistérios usavam esse aspecto do mito para dar expressão simbólica ao ressuscitar para a imortalidade com a divindade. Entretanto, nem todos os estudiosos concordam; algumas divindades veneradas nas religiões de mistério não morriam ou ressuscitavam; além disso, o uso exato do mito nos mistérios com frequência não é claro, ainda que algum conceito de imortalidade pareça estar implicado.

Festas públicas eram dadas em honra de algumas divindades cultuadas nas religiões de mistério, mas seu relacionamento com os rituais secretos não é claro. A festa da primavera de Cibele (15-27 de março) envolvia procissões, sacrifícios, música e danças frenéticas que culminavam com castração. A festa pública, as pantomimas, as produções teatrais e os excessos de bebida associados aos adoradores de Dionísio/ Baco (as bacanais) eram bastante conhecidas.

Os rituais de iniciação nas religiões de mistério incluíam purificações rituais no mar, batismos e sacrifícios. Há que se fazer menção ao Taurobolium, usado no culto a Cibele, um ritual no qual um touro era sacrificado em uma grade colocada sobre um poço no qual estava um sacerdote; quem estava lá embaixo se cobriria avidamente com o sangue. Alguns interpretaram esse ritual como a iniciação, mas provavelmente era um ritual de purificação que garantia o renascimento talvez pelo período de vinte anos. As religiões de mistério deslocaram a religião das bases tradicionais do Estado e da família e a transformaram em assunto de escolha pessoal. Com algumas poucas exceções, p. ex., o mitraísmo, restrito ao sexo masculino, os mistérios eram abertos a todas as classes e a ambos os sexos. Os iniciados formavam uma associação unida pelos ritos secretos e símbolos peculiares de cada culto. As associações se reuniam regularmente com um líder designado em casas ou estruturas especialmente construídas. Os adoradores de Mitra se reuniam em uma estrutura denominada Mithraeum, projetada para imitar a caverna na qual Mitra matou o touro, o ato central do mito do culto. Cenas do abate (tauroctonia) aparecem com destaque em várias destas estruturas.

Nas reuniões, atos rituais ou sacramentos praticados pelo culto em questão eram compartilhados pelos membros. Há menção a banquetes ou refeições comunitárias. Exigia-se dos membros das associações o cumprimento de certos padrões morais; mencionam-se também algumas exigências ascéticas. No entanto, uma palavra de cautela se faz necessária: generalizações a respeito das religiões de mistério são difíceis, visto que cada culto era individualista. Podem ser encontradas exceções para quase todas as generalizações. — *Thomas V. Brusco*

MISTO DE GENTE Expressão usada na *ARA* para designar estrangeiros que talvez sejam de raças mistas e estão associados à população dominante (Jr 25.20,24; 50.37; Ez 30.5). Traduções modernas, como a *NVI*, geralmente substituem "misto de gente" por "estrangeiros", seguido de algum substantivo adequado conforme o contexto (povo, tribos, tropas). A palavra hebraica consiste nas mesmas três consoantes da palavra "Arábia". As traduções modernas seguem a vocalização alternativa e leem Arábia ou árabes em Ez 30.5 (ex., *NVI*, *ARA*).

MITANI Grande reino entre 1500 e 1300 a.C., localizado no que é atualmente a parte norte da Turquia e do Irã. Mitani rivalizava com o Egito em desenvolvimento cultural e no controle do antigo Oriente Médio nesse período. O povo tinha muitas tecnologias avançadas, incluindo carros puxados a cavalo. Eles também tinham leis justas muito sofisticadas para aquele tempo. Mitani manteve considerável influência sobre a Palestina por vários séculos, afetando em particular a cultura dos jebuseus de Jerusalém. V. *carros*; *Egito*; *jebuseus*; *Jerusalém*.

MITCA Nome de lugar que significa "suavidade". Um dos lugares de parada do povo durante a peregrinação pelo deserto (Nm 33.28,29).

MITENE Nome de lugar, que talvez signifique "dom". A localização da cidade é desconhecida; terra natal de Josafá (1Cr 11.43). A tradução grega entendeu o nome desse lugar como Betânia.

MITENITA Título dado a Josafá, um integrante do exército de Davi (1Cr 11.43, *ARA*, *ARC*; *BJ*, "matanita"). V. *Mitene*.

MITILENE Nome de lugar que significa "pureza". Principal cidade da ilha de Lesbos, no mar Egeu, sudeste da Ásia Menor. Paulo parou em Mitilene na viagem de retorno da Síria até Acaia, como parte de sua terceira viagem missionária (At 20.14).

MITRA Espécie de cobertura de cabeça, provavelmente um turbante. A mitra era parte das vestes do sumo sacerdote (Êx 28.4, *ARA*, *ARC*, *NTLH*, *NVI* e *BJ*, "turbante") e teria de ser usada no Dia da Expiação (Lv 16.4). Os sacerdotes eram proibidos de demonstrar sinais de luto, como cabelos desgrenhados (Ez 24.17; Lv 21.10). Eles talvez usassem turbantes aonde quer que fossem. Em Zc 3.5 o sumo sacerdote Josué recebeu uma mitra limpa como sinal de restauração do sacerdócio.

MITRA, MITRAÍSMO Respectivamente, divindade persa e a religião de mistério devotada a seu culto.

O deus Mitra Originariamente um deus persa considerado mediador entre a humanidade e Ahura Mazda, o deus da luz. Esse deus derrotou o mal e trouxe a vida, animal e vegetal, à humanidade. Estátuas de Mitra o mostram segurando um touro pelas narinas enquanto enfia uma faca em seu pescoço. Os romanos identificavam Mitra com o deus-Sol. A data de 25 de dezembro era celebrada como seu aniversário. Três tradições se relacionam com o nascimento de Mitra: 1) ele nasceu de uma relação incestuosa entre Ahura Mazda e sua mãe; 2) ele nasceu de mortais comuns; 3) ele nasceu de uma rocha. Depois de estar completa sua obra de redenção, Mitra participou de uma última ceia com alguns devotos e depois ascendeu ao céu onde continua a assistir os fiéis em suas lutas contra os demônios.

A religião de Mitra Como o mitraísmo pertence à categoria geral das religiões de mistério, nosso conhecimento de suas doutrinas e rituais específicos é muito limitado. Somente os iniciados na religião tinham permissão de testemunhar seus rituais ou ter acesso às doutrinas sagradas. Todavia, muito do nosso conhecimento consiste em inferências retiradas de artefatos e lugares de culto descobertos por arqueólogos.

Características do mitraísmo O mitraísmo era basicamente uma religião do povo comum, ainda que pelo menos um imperador romano (Cômodo, 180-193 d.C.) tenha sido iniciado em seus mistérios. Era a única religião de mistério que excluía as mulheres da participação. Havia um clero não profissional. Seus sete estágios de iniciação preparavam o iniciando para ascender até o deus da luz. Estes estágios correspondiam às sete esferas planetárias por meio das quais seria possível alcançar a morada dos bem-aventurados: o Corvo, o Oculto, o Soldado, o Leão, o Persa, o Corredor do Sol e o Pai. Permitia-se que meninos participassem nos estágios inferiores.

Rituais No contexto rural antigo o sacrifício de um touro era parte do ritual. O iniciando era colocado em um poço coberto por uma grade de ferro. O touro era sacrificado na grade, e o iniciando tentava pegar o sangue sagrado com a língua. Quando essa religião alcançou o Império Romano, o ato se tornou mero simbolismo. Além disso, não se sabe quase nada, exceto os autorrelevos que apresentam celebrantes carregando falsificações de cabeças de animais, persas etc. Isso sugere que o uso de fantasias correspondia ao estágio da iniciação.

Rivalidade com o cristianismo De todas as religiões de mistério, o mitraísmo se tornou o mais forte rival do cristianismo. A rivalidade pode ser explicada pelas características externas comuns. Dentre as mais destacadas estão: a data:

25 de dezembro, o dia de nascimento do deus; domingo, o dia santo; batismo; a refeição sagrada; categorias éticas; crença no juízo final com vida eterna para os justos e punição para os ímpios, e que o mundo finalmente será destruído por fogo. V. *mistério, religiões de*. — *Joe E. Lunceford*

MITREDATE Nome pessoal que significa "dom de Mitra" (divindade persa). **1.** Tesoureiro de Ciro que devolveu os utensílios do templo (Ed 1.8). **2.** Oficial sírio que protestou contra a reconstrução dos muros de Jerusalém por Neemias (Ed 4.7).

MIXNÁ Palavra hebraica que significa "repetir" e posteriormente, no período rabínico (iniciado por volta do ano 100 d.C.), "aprender". De modo específico, no judaísmo rabínico, o termo *mishnah* se refere ao ensino ou aprendizagem da lei oral (*halakhah*) transmitido por um professor particular (rabino). Hoje a *Mixná* geralmente se refere à coleção editada das discussões rabínicas da *halakhah*, compilada por Yehudah Hanassi (lit., "o Príncipe", ou Patriarca), líder da academia rabínica em Yavneh (ou Jâmnia) por volta de 220 d.C. Na tradição rabínica geralmente se refere a ele simplesmente como "o Rabi".

Organização A *Mixná* tem seis divisões principais:

Zeraim (sementes), trata da produção agrícola e dos dízimos adequados.

Moed (festas) trata das festas religiosas.

Nashim (mulheres) trata de leis referentes às mulheres.

Nazikim (prejuízos) trata de direitos de propriedade e procedimentos legais.

Kodashim (coisas santas) trata do templo.

Toharot (purificação) trata de leis de pureza.

As seis divisões principais são por sua vez subdivididas em tratados específicos. Referências à *Mixná* em textos acadêmicos são dadas, de maneira geral, de acordo com o tratado, não de acordo com as divisões maiores. O leitor moderno da *Mixná* com frequência se confunde pela inclusão do que parece a discussão legal não relacionada à divisão maior na qual se encontram. "Bênçãos" (*Berakhot*), p. ex., são tratadas na primeira divisão sobre produtos agrícolas. Em alguma medidas estas inconsistências se tornam mais inteligíveis quando olhamos para o modo pelo qual a *Mixná* foi desenvolvida, a partir de *mishnot* mais antigas de rabinos individuais.

Desenvolvimento De acordo com a própria *Mixná*, a tradição oral e seus ensinamentos remontam ao tempo do próprio Moisés, que recebeu a *halakhah* de Deus no Sinai e a transmitiu às gerações posteriores. Na tradição rabínica esse entendimento parece ter funcionado de pelo menos duas maneiras. Primeira, os ensinos das gerações anteriores são considerados importantes no estabelecimento da lei oral. Segunda, esse entendimento não significa que a lei oral era vista como a transmissão literal de palavras particulares. A *halakhah* de alguma maneira era um ideal espiritual trazido para realização concreta de modo imperfeito de acordo com o ensino de rabinos específicos. Por conseguinte, a *halakhah* era um assunto de importância religiosa excepcional e debates acalorados. A *Mixná* com frequência preservava opiniões contrárias. Enquanto isso geralmente resolve o assunto de um ou de outro, a preservação da tradição também permite a reconsideração por gerações posteriores.

Os estudiosos modernos consideram a *Mixná* uma coleção e edição da lei casuística judaica que data de 150 a.C, mas que procede primariamente do período entre 50 a.C e 220 d.C. A tradição da *Mixná* parece começar com o grupo judaico conhecido como fariseu, que buscava liberalizar o sistema legal mediante a aplicação de regulamentos para a pureza do templo, em especial em relação às leis dietéticas à inteireza do judaísmo. Esse grupo pode ser considerado como liberal, considerando que argumentaram que a inteireza da nação deveria ser justa diante de Deus em modos similares aos do sacerdócio. Os fariseus eram na sua maior parte um movimento leigo. Os maiores representantes desse partido na *Mixná* são Hillel e Shammai, que ensinaram por volta do ano 50 d.C.

Depois da destruição do templo de Jerusalém pelos romanos no ano 70 d.C., Yohanan ben Zakkai fundou o movimento rabínico em Yavneh (Jâmnia), na Galileia. Esse movimento foi bem-sucedido na unificação posterior dos elementos sobreviventes do judaísmo em um sistema tradicional coerente que forma o núcleo do judaísmo na era moderna. Por conseguinte, uma de suas preocupações primárias era estabelecer as fronteiras da interpretação legal ou "fazer uma cerca ao redor da Lei". A *Mixná* representa as coleções de opiniões de vários mestres sobre a *halakhah* e busca estabelecer os limites da interpretação normativa mediante o exame de casos da lei e das Escrituras. O rabino Akiva (50-135 d.C.) é uma das figuras destacadas que contribuiu para o presente sistema de organização da *Mixná*. Ele também tentou tornar explícita a base escriturística da *halakhah*. Seu discípulo, o rabino Meir, é ao que parece o elo entre a *Mixná* de Akiva e a *Mixná* do Rabino.

A *Mixná* do Rabino é a base do *Talmude*, escrito na Palestina por volta do ano 360 d.C. e na Babilônia por volta de 500 d.C. Os rabinos citados na *Mixná* são referidos como os "amoraim". Não há consenso entre os estudiosos sobre até que ponto "o Rabino" simplesmente coletou e sistematizou as opiniões de vários rabinos ou trabalhou como editor e deixou sua marca no material. É provavelmente seguro concluir que "o Rabino" era alguém muito respeitado, cuja opinião era considerada autoritativa em seu tempo. Não obstante, o limite em que ele poderia editar com criatividade as tradições rabínicas da *halakhah* era provavelmente definido pela comunidade rabínica, que não hesitaria em desafiá-lo caso representasse a tradição de modo incorreto. Logo, a *Mixná* poderia ser vista como um compêndio da tradição do judaísmo rabínico pelos primeiros dois séculos.

Lei oral rabínica Parece que vários princípios foram usados para determinar as leis orais que integrariam a *Mixná*. Primeiro, a *Mixná* presume a Lei mosaica escrita como aparece nas Escrituras como seu fundamento. O rabino Akiva buscou apresentar um precedente escriturístico explícito para as decisões na lei oral, algumas vezes no que parece ser uma lógica excepcionalmente forçada. A *Mixná* preserva um pouco dos debates legais baseados em comentários escriturísticos diretos (chamados *midraxes*). Entretanto, quase na totalidade da *Mixná* a lei oral é desenvolvida por referência ao precedente e ao desenvolvimento de um caso legal, de modo semelhante ao sistema desenvolvido pela jurisprudência britânica ou americana. De geração a geração certos rabinos são considerados de particular importância no estabelecimento da *halakhah*. Por exemplo, quase sempre a *halakhah* está de acordo com Hillel, não com Shammai, mesmo que a opinião de Shammai seja citada. Apesar de grande parte da *Mixná* se ocupar com assuntos pragmáticos sobre a organização social e religiosa (os rabinos são faziam distinção entre estes dois tipos) do judaísmo, alguns segmentos parecem preservar a tradição por conta própria. Por exemplo, a *Mixná* preserva uma seção inteira que lida com a organização do templo e o sacrifício, a despeito de o templo já não existir quando da sua composição. Tal discussão indica que talvez os sacerdotes fossem da academia de Yohanan ben Zakkai e também reflete a esperança da reconstrução do templo durante dois séculos.

A *Mixná* e o entendimento da Bíblia A *Mixná* tem se mostrado útil para o entendimento da Bíblia de duas maneiras. Primeiro, ajuda a reconstruir elementos específicos no judaísmo da Palestina no tempo de Jesus. Segundo, tem sido útil no entendimento do judaísmo no mesmo período em que os primeiros cristãos estavam envolvidos em desenvolvimento similar.

1. A geração mais antiga de estudiosos cristãos tinha a tendência de ver a *Mixná* como descritiva das práticas do judaísmo na Palestina no tempo da vida de Jesus. Estudiosos contemporâneos são mais cautelosos pelo fato de reconhecerem a longa história de desenvolvimento da *Mixná* e também considerando que tem se tornado mais e mais aparente que o judaísmo no tempo de Jesus era composto de muitos pontos de vista e movimentos religiosos. Particularmente, as práticas do grupo fariseu podem ser refletidas em algumas das tradições antigas incluídas na *Mixná*. O dito de Jesus em Mt 7.12, p. ex., é bastante similar às declarações rabínicas da *Mixná*. Além disso, algumas evidências mixnaicas podem ser úteis para o entendimento mais aprimorado das relações sociais apresentadas nos Evangelhos. A evidência de *Nashim* (sobre mulheres), p. ex., nos ajuda a reconstruir a posição social das mulheres no judaísmo palestinense no séc. I. Nesse contexto parece que Jesus é certamente mais liberal no tratamento dado às mulheres do que a tradição rabínica. A evidência da *Mixná* não deveria ser tomada como representativa do que todos ou alguns judeus criam no séc. I. Antes, deveria ser tomada como chave para a crença de alguns judeus, e deve ser equilibrada com outros dados históricos.

2. Considerando que os primeiros cristãos eram judeus, a *Mixná* pode dar alguma indicação do desenvolvimento do cristianismo primitivo em paralelo com o desenvolvimento do judaísmo rabínico. No mesmo tempo que Yohanan ben Zakkai fundava sua academia em Yavneh, cristãos judeus lidavam com a perda do templo e o desenvolvimento das próprias comunidades religiosas. Um entendimento do desenvolvimento do judaísmo nesse período em paralelo com o desenvolvimento do cristianismo pode ajudar a entender os pontos em comum e os pontos de tensão entre as duas religiões irmãs. V. *fariseus*; *Talmude*; *Torá*. — Stephenson Humphries-Brooks

MIZÁ Nome pessoal e de clã que significa "deste" ou "raio de luz". Chefe de clã edomita (Gn 36.13,17; 1Cr 1.37).

MIZAR Nome pessoal que significa "pouca coisa" ou um adjetivo que significa "pequeno". (Sl 42.6). O contexto do salmo sugere um lugar nas cabeceiras do Jordão, no território de Dã.

MIZRAIM Palavra hebraica que designa o Egito (Gn 12.10; 13.10; 25.18). **1.** Filho de Cam (Gn 10.6,13). **2.** Os muzures, povo da Cilícia, no sudoeste da Ásia Menor (possivelmente 1Rs 10.28; 2Rs 7.6; 2Cr 1.16-17; cf. nota explicativa da *NVI*; *BJ*, "Musur"; *NTLH*, "Musri"). A palavra "muzur" é derivada do vocábulo assírio para "marcha" e possivelmente designa qualquer povo que vivesse além das suas fronteiras. Alguns estudiosos revocalizam o texto consonantal hebraico para ler Muzur, mas não há evidência para isso. V. *Egito*.

MNASOM Nome pessoal que significa "lembrando", uma variação de Jasom. Natural de Chipre e hospedeiro de Paulo na viagem final até Jerusalém, por volta do ano 60 d.C. (At 21.16).

MOABE E A PEDRA MOABITA Nome pessoal e nacional, e nome de um monumento dessa nação. A estreita faixa de terra cultivável localizada a leste do mar Morto era conhecida nos tempos bíblicos como "Moabe", e o povo que lá habitava era conhecido como "moabita". Moabe é um platô ondulado (com a média de elevação de aproximadamente mil metros), cercada a oeste por escarpas ásperas que descem até o mar Morto (quase 400 metros abaixo do nível do mar), a leste pelo deserto, e correndo por ele o ribeiro do cânion uádi Al-Mojib (o rio Arnom dos tempos bíblicos). O Mojib/Arnom, que segue do leste para o oeste e deságua no mar Morto aproximadamente na metade do caminho ao longo da sua costa ocidental, separa o norte de Moabe de Moabe propriamente.

Há relativamente poucas fontes no platô moabita, e as águas do uádi/Arnom são praticamente inacessíveis, devido à localização íngreme do rio do cânion. Mesmo assim, a região é bem irrigada por chuvas do inverno, trazidas por ventos que sopram do Mediterrâneo. O solo poroso retém muito da umidade para os aldeões cultivarem cereais e encontrar boas pastagens para ovelhas e cabras. A produtividade agrícola de Moabe é ilustrada nas passagens bíblicas referentes a Rute (Rt 1.22; 2.2,21; 4.5,10) e ao rei Messa — seguramente os moabitas mais conhecidos das Escrituras. Além de Rute, mulheres moabitas destacadas nos relatos bíblicos são algumas das esposas de Salomão (1Rs 11.1) e a mãe de Zabade (2Cr 24.26). O livro de Rute inicia-se com a descrição de um tempo de fome em Judá; então Elimeleque e seus dois filhos migraram para Moabe, onde havia disponibilidade de alimentos (Rt 1.1-5). A respeito do rei Messa é dito que "tinha muitos rebanhos e pagava como tributo ao rei de Israel cem mil cordeiros e a lã de cem mil carneiros" (2Rs 3.4).

As cidades principais do norte de Moabe, a região ao norte do rio Arnom até o Jaboque, eram Hesbom, Medeba e Dibom. Considerando que essa região estava de alguma maneira desligada de Moabe propriamente pelo Arnom, era mais vulnerável a pressões internacionais e com frequência teve governadores estrangeiros durante o período bíblico. De acordo com Nm 21.25-30, algum tempo antes da chegada dos israelitas na região, os amorreus tomaram-na de Moabe. Então os amorreus perderam-na para os israelitas, que a designaram para a tribo de Rúben (Js 13.15-28). Conforme Jz 11.13, Amom (a região a norte do Jaboque) alegava que a terra lhe pertencia, ainda que eles aparentemente nunca a tenham ocupado. Moabe finalmente reconquistou a

MOABITA

área, provavelmente em meados do séc. IX a.C. (2Rs 3; Is 15; 16; Jr 48).

Moabe propriamente era mais isolada do mundo exterior, cercada pelas escarpas do mar Morto a oeste, pelo deserto a leste, pelo Mojib/Arnom ao norte, e por um segundo rio de cânion ao sul — chamado atualmente uádi el-Esa, talvez, mas não seguramente, o rio Zerede dos tempos bíblicos (Nm 21.12). As principais cidades de Moabe propriamente eram Quir-Haresete (atualmente Kerak) e um lugar chamado Ar Moabe (talvez deva ser identificada com a atual cidade de Rabá, a cerca de 3.200 metros a nordeste de Kerak. O texto de 2Rs 3 descreve uma campanha militar levada a cabo pelo rei Jorão de Israel e apoiada pelo rei Josafá de Judá, que invadiram Moabe e sitiaram Quir-Haresete. O cerco foi suspenso quando o rei Messa sacrificou o filho mais velho na muralha da cidade.

Em adição às passagens bíblicas semelhantes às mencionadas e referências ocasionais em textos assírios, nossa principal fonte de informação a respeito da Moabe antiga é a chamada Pedra Moabita. Essa pedra, que traz uma inscrição do reinado do mesmo rei Messa, mencionado em 2Rs 3, foi descoberta em 1868 perto das ruínas da antiga Dibom, por um missionário alemão. Conhecida também como a inscrição de Messa, o monumento relata os principais feitos do reinado de Messa. Ele orgulha-se especialmente de ter recuperado a independência de Moabe e de ter restaurado o controle moabita na região norte.

Como eram vizinhos, a história dos moabitas estava interligada à de Israel. Além disso, os israelitas consideravam os moabitas parentes próximos, como implicado em Gn 19.30-38. Durante o tempo dos juízes houve tanto intercâmbios pacíficos como conflitos entre israelitas e moabitas. A história de Rute ilustra as relações pacíficas, enquanto o episódio de Eúde e Eglom ilustra o conflito (Jz 3.12-30). Relata-se que Saul lutou contra os moabitas (1Sm 14.47). Davi, um descendente da moabita Rute, conforme as genealogias bíblicas (Rt 4.18-22), deixou seus pais sob a proteção do rei de Moabe enquanto fugia de Saul (1Sm 22.3,4). Mesmo assim é dito que derrotou os moabitas em uma batalha pouco mais tarde e que executou dois terços dos prisioneiros moabitas por uma escolha arbitrária (2Sm 8.2). Moabe estava representada entre as esposas de Salomão, e o culto a Camos, o deus moabita, foi instalado em Jerusalém durante o tempo de Salomão (1Rs 11.1-8).

Nossas informações mais detalhadas a respeito das relações moabitas-israelitas vêm de meados do séc. IX a.C., o tempo da dinastia de Onri de Israel e do rei Messa (1Rs 16.15-2Rs 10.18). Nesse ponto a inscrição da Pedra Moabita complementa o registro bíblico. Sabemos que Onri conquistou o norte de Moabe e alcançou algum grau de domínio sobre Moabe propriamente. Acabe deu continuidade às políticas de Onri. O rei Messa subiu ao trono de Moabe aproximadamente na metade do tempo do reinado de Acabe, mas posteriormente foi bem-sucedido em se livrar do jugo israelita. Messa aparentemente iniciou a luta pela independência moabita nos anos turbulentos que se seguiram à morte de Acabe (2Rs 1.1). Acazias, que sucedeu a Acabe no trono, foi incapaz de responder ao desafio de Messa por causa de um acidente que o levou à morte prematura (2Rs 1). Mais tarde, quando Jorão sucedeu Acazias no trono de Israel e tentou restaurar o controle israelita sob Messa, não foi bem-sucedido (2Rs 3).

Posteriormente, por volta de 700 a.C., Messa caiu sob o domínio da Assíria, como aconteceu com Israel, Judá, Amom e todos os outros pequenos reinos sírio-palestinos. Por isso Moabe e os reis moabitas são mencionados nos registros de Tiglate-Pileser III, Sargom II, Senaqueribe e Esar-Hadom. De igual modo, oráculos proféticos tais como Am 2.1-3; Is 15 e Jr 48 se relacionam aos últimos anos da decadência do reino moabita. V. *Arnom*; *Josafá*; *Jorão*; *Quir-Haresete*; *Messa*; *Transjordânia*. — Maxwell Miller e E. Ray Clendenen

MOABITA **1.** Residente e/ou natural de Moabe. **2.** Mulher do povo moabita, proveniente da terra de Moabe. Mulheres moabitas importantes foram Rute (Rt 1.22; 2.2, 21; 4.5, 10), algumas das esposas de Salomão (1Rs 11.1) e a mãe de Jeozabade (2 Cr 24.26).

MOBÍLIA, UTENSÍLIOS Equipamento domiciliar usado para descanso, decoração, depósito e espaço de trabalho.

Mobília sagrada O interesse bíblico por mobília se concentra na mobília sagrada do tabernáculo e do templo. Temos em Êx 25—27; 30; 37—38 a descrição completa do tabernáculo com toda a mobília. Relatos bem elaborados da arca da aliança, do altar do incenso e de outros móveis e utensílios são tão claros que podemos visualizar e reconstruí-los facilmente em forma de maquetes. Da mesma forma, 1Rs 6—7 fornece dados semelhantes sobre o templo de Salomão. V. *tabernáculo, tenda do encontro*.

Mobília comum Mas esse não é o caso com relação à mobília das pessoas comuns que viviam em tendas e casas. A Bíblia às vezes faz menção aos itens básicos de mobília como camas, cadeiras etc., mas não temos praticamente nada sobre os fabricantes, o material, o *design* e as aparências.

A terminologia bíblica ilustra o problema. O hebraico do AT não tem palavra equivalente aos termos em português "mobília", "móveis" e "utensílios". A palavra hebraica *keli* é traduzida por "móveis" (*ARC*) em textos como Êx 31.7, mas exatamente no mesmo contexto a mesma palavra é traduzida por "utensílios" (*ARC*; a *ARA* traz "pertences" e "utensílios"). Na verdade, a palavra *keli* é tão flexível que pode se referir a qualquer objeto material manufaturado pelo ser humano.

De forma semelhante, o NT não nos ajuda mais, pois não usa palavra alguma que pudesse ser traduzida por "mobília" em português.

Fontes de dados Contudo, a Bíblia permanece a fonte de dados, ao menos no que se refere a itens como camas e cadeiras. Além da Bíblia, é preciso recorrer a artefatos recuperados pela arqueologia. A Palestina, no entanto, não possui clima para preservar móveis de madeira para estudos hoje. Poucos desses objetos sobreviveram, e mesmo eles se desintegraram significativamente com o passar do tempo. Assim, é preciso recorrer a artefatos secundários como registros escritos, selos, esculturas, objetos de marfim e túmulos.

Objetos de mobília isolados Domesticamente, a mobília israelita refletia a simplicidade das moradas comuns. Alguns israelitas prefeririam viver em tendas (Jr 35), preservando as tradições da vida nômade dos tempos do deserto. Os móveis e utensílios precisavam ser portáteis e o mais leves possível. Caixas de algum tipo eram usadas quando a família ou clã se assentava em determinado lugar, e elas se transformavam em estruturas de transporte dos utensílios na mudança. Alguns simples tapetes cobriam o chão. A tenda propriamente dita com toda a sua parafernália — cavilhas, cordas, cortinas interiores para separação dos "quartos", junto com algumas redes de dormir — podiam ser toda a "mobília" possuída pela família. O mesmo se aplicava às pessoas que viviam em pequenos abrigos.

A casa mais permanente seria mobiliada de acordo com o poder aquisitivo familiar. Como os moradores de tendas mencionados anteriormente, a família mais pobre possuía, no mínimo, alguma estrutura de camas e algum equipamento de cozinha. Esteiras de junco eram desenroladas no chão para descansar e dormir. Em alguns casos essas esteiras serviam também como mesas e cadeiras, visto que as de verdade provavelmente estavam além do poder de compra das famílias mais pobres. Sem dúvida todas as casas precisavam de iluminação interior, de modo que mesmo os pobres possuíam provavelmente algumas lamparinas — i.e., tigelas em forma de pires com uma saliência com furo na borda para um pavio abastecido por um recipiente de óleo de oliva; essa candeia muitas vezes ficava sobre um suporte. Jarros de boca larga para comida e água eram essenciais, tanto como algum tipo de forno de pedra ou barro e um moinho para o preparo dos grãos. Algumas dessas casas também podiam ter bancos de pedra ou madeira, alguns revestidos de panos ou tapetes junto às paredes internas; mas isso era provavelmente a exceção entre os pobres, não a regra. Como as casas dos tempos bíblicos na maioria tinham poucas janelas, elas também tinham poucas cortinas, se é que tinham.

Mesmo as casas confortáveis dos abastados pareceriam vazias e desguarnecidas em contraste com as casas de qualquer classe socioeconômica em nações desenvolvidas do Ocidente hoje. Considere a casa da "mulher rica" de Suném (no norte da Palestina, a cerca de 8 quilômetros a leste de Megido), encontrada em 2Rs 4.8-37. Por causa da preocupação especial pelo profeta Eliseu, ela e seu marido construíram em cima da sua casa "um quartinho de tijolos" (4.10) para ele ficar quando estivesse de passagem pela região. Eles o mobiliaram com "uma cama, uma mesa, uma cadeira e uma lamparina", pelos quais ele ficou sinceramente agradecido.

Somente um século depois, Amós (760-750 a.C.) condenou a prosperidade decadente da classe abastada dos seus dias. Ele falou das mansões de Samaria (Am 3.15; 5.11; 6.11) e de suas camas e sofás opulentos incrustados de marfim (3.12,15; 6.4). A essa altura a diferença entre pobres e ricos tinha aumentado em proporção escandalosa, como fica evidenciado pela qualidade de sua mobília (cf. Et 1.6). Parece bem provável que à parte da mobília belamente ornamentada mencionada em Amós, a mobília doméstica da grande maioria dos israelitas era meramente funcional, não estética.

Móveis e artefatos A arqueologia lançou alguma (não muita) luz sobre a mobília da antiga Palestina. As escavações na antiga Jericó na década de 1950 descobriram uma série de túmulos contendo restos de esqueletos dos mortos e de provisões práticas para servir a suas necessidades na vida após a morte. Os achados concernentes datam de aproximadamente 1600 a.C. Os estilos de mobília mudavam muito lentamente, e os artefatos encontrados em Jericó provavelmente eram como os que os israelitas usaram muito tempo depois.

Um corpo tinha sido colocado em uma cama de madeira consistindo em uma estrutura retangular com peças de madeira atravessadas e encaixadas na grade. As travessas e grades constituíam cinco painéis de ripas de madeira. A cama provavelmente dava suporte a um colchão aproximadamente 15 centímetros acima do chão.

Ao lado da cama havia uma mesa medindo aproximadamente 150 centímetros por 40 centímetros, apoiada por somente três pernas à altura de 25 centímetros. Cada perna estava encaixada em uma extensão arredondada no lado inferior da mesa. Os sobreviventes deixaram uma travessa de carne de carneiro sobre a mesa.

Dois forros cilíndricos de Tel es-Sa'idiyeh à margem do rio Jordão, datados de aproximadamente 750 a.C., mostram cadeiras simples nas suas impressões. Uma, com um encosto alto e reto, é, aparentemente, um assento de juncos trançados. Outros pormenores não são claros. A outra cadeira tem formato curvo, em forma de escada com quatro tiras como travessas. — *Tony M. Martin*

MODA, ROUPA A prática de usar roupas para fazer uma afirmação da posição na sociedade era tão importante no mundo bíblico quanto o é hoje. No entanto, os estilos de vestimenta não mudavam tão rapidamente na Antiguidade, e assim os esforços para se manter na moda não eram tão febris.

Os significados exatos de muitos termos técnicos na Bíblia para descrever artigos de vestimenta e acessórios específicos continuam desconhecidos; outros termos são mais claros. O guarda-roupa básico incluía uma roupa de baixo tipo camisão comprido (a túnica — p. ex., Jo 19.23), uma peça externa que podia ser estampada de acordo com a posição da pessoa (o manto — p. ex., 1Sm 18.4), diversas cintas (panos em volta dos quadris, cintos e faixas — p. ex., Mt 3.4; Ap 1.13), aparatos de cabeça (p. ex., 2Sm 15.30; Zc 3.5), calçados (p. ex., Ez 24.17) e joias (p. ex., Êx 32.2; Jz 8.24-26).

Roupas finas eram usadas por reis e sacerdotes (Êx 28.1-43; 39.1-31; Mt 11.8) ou outros dignitários (Gn 37.3; Lc 15.22). Essas roupas eram artigos valiosos (cp. Js 7.21) e consideradas presentes preciosos (Gn 45.22; 2Rs 5.5; Et 6.8), mas podiam levar à ostentação (Is 3.18-26). Os cristãos são instruídos a se vestir com modéstia a fim de prevalecer a verdadeira beleza interior (1Tm 2.9; 1Pe 3.3-5).

O adorno exterior de roupa era usado pelos autores bíblicos para mostrar a natureza espiritual interior do povo de Deus. Antes elegantemente adornado (Ez 16.10-14), Israel pecou e se vestiu de trapos imundos (Is 64.6; Zc 3.3,4; cp. Ap 3.4). Os que são justificados são trajados de "vestes nobres" (Zc 3.4,4; Ap 3.4,5; 7.9,13). — *Paul H. Wright*

MODERAÇÃO Autocontrole; calma; temperança (Fp 4.5, *ARA*, *BJ*). No período interbíblico, a palavra grega traduzida por "moderação" é usada em paralelo com a palavra "bondade" (2Mc 9.27). As versões modernas traduzem "amabilidade" (*NVI*, *CNBB*), "equidade" (*ARC*), "bondade" (*TEB*), "clemência" (*BP*).

MÓDIOS V. *pesos e medidas*.

MOEDAS Discos de metal carimbados para troca e valoração.

Antes da invenção do dinheiro, uma pessoa podia fazer comércio ou trocar com o próximo algo que possuía por algo que desejava. Por causa do valor intrínseco e mobilidade, o gado era muito comum no sistema de escambo. Tal comércio ocorria também em grande escala. Quando Hirão de Tiro concordou em fornecer os materiais de construção para o templo, Salomão empenhou grandes pagamentos anuais de trigo e azeite (1Rs 5.11). A certa altura a descoberta e o uso de metais para enfeites, utensílios e armas levaram ao domínio destes sobre as formas de troca primitivas. Prata, ouro e cobre em diversas formas, tais como barras, braceletes e semelhantes, representavam riqueza, além da terra, gado e escravos. O siclo de prata, pesando em torno de 12 gramas, tornou-se o peso padrão. Quando Abraão comprou a caverna de Macpela, ele "pesou-lhe o valor [...] quatrocentas peças de prata" (Gn 23.16).

O talento era outro peso muitas vezes associado a ouro e prata no AT. A coroa que Davi tomou do rei dos amonitas pesava um talento (2Sm 12.30, *ARA*). Depois da derrota de Judá em Megido, o faraó vitorioso designou um rei fantoche e exigiu que os judeus pagassem ao Egito um tributo pesado em prata e ouro (2Rs 23.30). Embora o peso variasse de um país para outro, o talento tinha em torno de 34 quilos.

Determinar o peso e a pureza de qualquer metal era uma tarefa fatigante e às vezes propensa à desonestidade. Com o propósito de estabelecer alguns padrões, as primeiras moedas foram cunhadas aproximadamente na mesma época em torno de 650 a.C. tanto na Grécia quanto na Lídia, na Ásia Menor. As escavações em Siquém trouxeram à tona uma moeda de prata grega datada depois de 600 a.C., em torno da época em que os judeus estavam voltando da Babilônia para Judá. A primeira menção ao dinheiro na Bíblia aparece em Ed 2.69, descrevendo fundos coletados para a reconstrução do templo. A *ARC-1969* alista "em ouro sessenta e uma mil dracmas", e a *ARA* e *ARC* trazem "daricos", referindo-se a uma moeda de ouro persa. Anos mais tarde, em torno de 326 a.C., depois que Alexandre, o Grande, atropelou o Império Persa, a moeda grega passou a circular amplamente na Palestina, de acordo com a pesquisa arqueológica.

A revolta dos macabeus começou em 167 a.C. Vinte e quatro anos depois (123 a.C.), a Judeia se tornou um estado independente, e aproximadamente em 110 a.C. o sumo sacerdote regente cunhou em bronze as primeiras moedas reais judaicas. Somente entidades políticas dominantes podiam cunhar moedas de prata. De acordo com o segundo mandamento, as moedas judaicas não levavam a imagem de governante algum, mas usavam símbolos como a coroa, a cornucópia ou o candelabro do templo. Tais símbolos continuaram a ser usados por Herodes e outros governantes apontados na Judeia depois que a Palestina foi subjugada pelo domínio romano. Muitas moedas pequenas de cobre desse período inicial do NT têm sido descobertas.

Moeda de ouro de Lisímaco da Trácia (323-281 a.C.).

A moeda mais mencionada no NT grego é o *denarion*, "denário" (*ARA*, *NVI*) ou "dinheiro" (*ARC*). Era uma moeda de prata em geral cunhada em Roma. Em uma face levava a imagem do imperador (Mt 22.21) e na outra podia vir algum símbolo de propaganda política. O valor do denário na época do NT pode ser avaliado mais precisamente ao se identificar o trabalho que com essa moeda antiga se podia pagar. O denário era a paga diária de soldados romanos e o salário diário de um trabalhador braçal na Palestina (Mt 10.2).

Outra referência a dinheiro de prata ocorre em Mt 26.15 no acordo entre o sumo sacerdote e Judas por trair Jesus. Embora o texto original mencione somente "prata" sem referência específica a uma moeda, os estudiosos acham que o número "30" faz lembrar a compensação exigida quando se matava um escravo por acidente (Êx 21.32). Assim, o valor pago a Judas poderia ter sido 30 siclos de prata. Nessa época o siclo tinha se desenvolvido de uma simples medida de peso para uma moeda específica pesando em torno de 15 gramas. É possível também que a "grande soma de dinheiro" paga aos soldados que guardavam o túmulo de Jesus (Mt 28.12) tenha se referido a grandes moedas ou siclos de prata.

A terceira moeda mencionada no NT foi a que a viúva pobre depositou no tesouro do templo à vista de Jesus (Mt 12.42). A *ARC* traduz as palavras do original por "duas pequenas moedas, que valiam cinco réis". A *ARA* traz "duas pequenas moedas correspondentes a um quadrante", e a *NVI* traz "duas pequeninas moedas de cobre, de muito pouco valor". O primeiro substantivo descreve a menor moeda de cobre grega (*lepta*), e a segunda traduz o termo grego (*kodrantes*) para a menor moeda de cobre romana. Em cada caso, eram as menores moedas disponíveis, mas Jesus disse que eram proporcionalmente maiores do que as outras doações.

Moeda da Panfília (190-36 a.C.).

De duas parábolas contadas por Jesus temos a impressão de que a palavra "talento" tinha surgido na época do NT para representar uma soma grande de dinheiro em vez de simplesmente uma medida de peso. Em Mt 18.24 ele contou de um homem que devia a certo rei a quantia de "dez mil talentos" (*ARA*). Alguns capítulos depois, ele descreveu um homem abastado delegando diferentes responsabilidades a três servos. Na hora do acerto ele censurou aquele que tinha simplesmente escondido o talento, dizendo que ao menos poderia ter depositado o dinheiro no banco para que rendesse juros (Mt 25.27). Tal talento tinha sido estimado em um valor que seria equivalente hoje a mil dólares. — *William J. Fallis*

MOELA Órgão digestivo de alguns animais que ruminam. A "moela" estava entre as partes escolhidas da carne reservada aos sacerdotes (Dt 18.3). A *NVI*, *BJ* e *BP* traduzem "estômago". Já a *ARA*, *ARC* e *NTLH* traduzem "bucho".

MOFO Fungo que causa um embranquecimento em plantas. A palavra hebraica traduzida por "mofo" significa "palidez". Pode se referir ao processo de amarelecimento das folhas resultante de sua secura, não por causa de um fungo (Dt 28.22-24; 1Rs 8.37; 2Cr 6.28; Am 4.9; Ag 2.17). O mofo foi uma das pragas agrícolas enviadas por Deus para encorajar o arrependimento.

MOINHO 1. Duas pedras circulares usadas para moer grãos. Geralmente funcionava com duas mulheres trabalhando, uma de frente para a outra. Uma mulher colocava os grãos no centro, e a outra os colocava em pequenas pilhas. O grão era colocado no orifício central na pedra, em cima, e gradualmente descia para a outra pedra. À medida que eram reduzidos a farinha, os grãos corriam dentre as pedras até um tecido ou pedaço de couro colocado embaixo do moinho. Para fazer farinha fina, o pó era recolocado, e repetia-se o processo. A pedra era de basalto, com dimensões de aproximadamente 30 centímetros de diâmetro e espessura variando entre 5 e 10 centímetros.

Era proibido tomar moinhos como garantias de empréstimo, dada sua importância para a subsistência (Dt 24.6). O maná que caiu no deserto era duro o bastante para ser moído antes de ser cozido (Nm 11.7,8).

No NT, nosso Senhor profetizou que sua vinda seria como "duas mulheres trabalhando num moinho: uma será levada, e a outra deixada" (Mt 24.41). Em Ap 18.21 uma pedra de moinha foi lançada ao mar como símbolo de destruição absoluta. V. *maná*. — *Gary Bonner*

Moinhos circulares em Cafarnaum.

2. Recipiente no qual substâncias são esmagadas com um pilão. Os moinhos eram geralmente fabricados com basalto ou pedra calcária e usados para triturar grãos para fazer farinha, ervas para fazer medicamentos ou azeitonas para fazer azeite (Nm 11.8; *NVI* "moinho manual"). Por extensão, moinho designa um lugar vazio (pilão) (Js 15.19). A palavra hebraica para "moinho" — Mactés — é usada como o nome de um distrito em Jerusalém em Sf 1.11 (*ARA, ARC, BJ; NVI* e *NTLH*, "cidade baixa"). **3.** A palavra também é usada para designar certo tipo de material de construção, traduzido por "barro" (Êx 1.14) ou "argamassa" (Gn 11.3; Is 41.25; Na 3.14), utilizado para vedar as juntas nos tijolos ou nas pedras. Em Lv 14.42 é traduzido por "barro novo", e no versículo 45 como "reboco". Em Ez 13.10,11,14,15 é traduzido por "cal".

MOISÉS Nome pessoal que significa "retirado das águas". Moisés foi o líder dos israelitas para a saída da opressão e escravidão no Egito, na jornada pelo deserto com os perigos em forma de fome, sede e inimigos imprevisíveis e, por fim, no encontro com Deus no monte Sinai/Horebe, onde a aliança distintiva, para unir Israel e Deus em um tratado especial, tornou-se realidade. Nada se sabe a respeito de Moisés pelas fontes extrabíblicas. O nome "Moisés" sem dúvida aparece em nomes compostos egípcios como Tutmósis III, mas nenhuma destas referências oferece informação a respeito do Moisés de Israel.

A história de Moisés no AT, encontrada em extensas narrativas que vão de Êx 1 a Dt 34, é mais que uma simples biografia. É um documento da aliança que celebra a ação divina de redimir o povo de Israel como cumprimento das promessas feitas aos patriarcas e destaca a glória desse Deus e a natureza do seu relacionamento com o povo.

A narrativa artística inicia-se em Êx 1, não com dados a respeito de Moisés propriamente, mas com o relato dos acontecimentos no Egito que afetaram o povo. Como os israelitas cresceram e se tornaram um grande povo, o faraó ficou temeroso do poder deles. Para controlá-los, o faraó iniciou uma política oficial de opressão. Quando a opressão falhou em conter o crescimento populacional dos israelitas, o faraó iniciou outra política para limitá-lo. "Por isso o faraó ordenou a todo seu povo: "Lancem ao Nilo todo menino recém-nascido, mas deixem viver as meninas" (Êx 1.22). O capítulo seguinte apresenta o nascimento de Moisés. A vida de Moisés começou sob o veredicto de morte do faraó.

No entanto, a mãe de Moisés agiu para proteger o bebê do decreto de morte do faraó. Quando o bebê não podia mais ser escondido, sua mãe construiu uma arca, um cesto de junco, impermeabilizada com betume e piche. Ela colocou a criança no cesto e o cesto, no rio. A irmã do menino vigiava o cesto para ver o que poderia acontecer. Ela testemunhou o que aparentava ser uma terrível mudança no destino, quando a própria filha do faraó foi ao rio. Ela encontrou o cesto, abriu-o, e reconheceu a criança como hebreia. Em vez de matá-la, como seu pai ordenara, a mulher demonstrou compaixão para com a criança e tomou providências. Mediante a ajuda da irmã do bebê, estabeleceu procedimentos para adotar o bebê como filho. Como parte do processo, a princesa confiou a criança a uma babá que o amamentasse, sugerida pela garota que vigiava o cesto. Evidentemente a babá que o amamentou era a própria mãe do bebê.

Depois de o bebê ter sido desmamado, sua mãe entregou a criança à princesa. Como parte do processo de adoção, a princesa deu-lhe o nome de Moisés. O jovem herói cresceu no palácio do rei que tentara matá-lo. Moisés já adulto ficou preocupado com a opressão do seu povo. O narrador enfatizou a identificação de Moisés com o povo oprimido: "Certo dia, sendo Moisés já adulto, foi ao lugar onde estavam os seus irmãos hebreus e descobriu como era pesado o trabalho que realizavam. Viu também

MOISÉS

um egípcio espancar um dos hebreus" (Êx 2.11). Moisés reagiu ao ato particular de opressão contra seu povo matando o egípcio.

Fonte no deserto de Zim, que a tradição local diz ter sido formada quando Moisés e Arão feriram a rocha.

Como consequência de seu ato violento contra o feitor egípcio, Moisés fugiu do país e do próprio povo, indo para a terra de Midiã. Mais uma vez ele interferiu em uma situação opressiva que envolvia perigo e risco. Assentado à beira de um poço, o típico ponto de encontro daquela cultura (Gn 29.2), Moisés testemunhou a agressão violenta de pastores de ovelhas contra algumas moças que foram retirar água para as ovelhas das quais cuidavam. Moisés salvou as moças, cujo pai, sacerdote de Midiã, convidou-o para trabalhar e viver da hospitalidade midianita. Algum tempo depois uma das filhas do midianita se tornou a esposa de Moisés. Na paz idílica da hospitalidade midianita, Moisés cuidou do rebanho de Jetro, teve um filho, e viveu distante do próprio povo.

O acontecimento da sarça ardente, enquanto Moisés trabalhava como pastor, o introduziu ao caráter crítico de sua tarefa heroica. A sarça ardente chamou a atenção de Moisés.

Lá Moisés se encontrou com o Deus dos pais que lhe ofereceu um nome distinto como chave essencial para a autoridade de Moisés — "Eu sou o que sou". Essa formulação estranha desempenhou um papel na promessa de Deus a Moisés de ser presente com ele em sua comissão especial. Deus enviou Moisés de volta ao faraó para assegurar a libertação do seu povo de sua opressão. A fala divina do comissionamento tem um caráter duplo. Como o líder herói de Israel, ele iniciaria ações que culminariam no êxodo de Israel do Egito. Com a autoridade dessa comissão dupla, Moisés voltou ao faraó para negociar a libertação do seu povo.

As narrativas da negociação apresentam Moisés em uma cena de fracasso após outra. Moisés apresentou seus pedidos ao faraó, anunciando o sinal que consubstanciava o pedido, assegurando alguma concessão da parte do faraó na base das negociações, mas fracassando em conseguir a libertação do povo. A cena final não é um estágio novo nas negociações. Ao contrário, Deus matou os primogênitos de cada família egípcia e poupou as famílias israelitas. Na agonia da cena de morte, os egípcios expulsaram os israelitas do seu país (Êx 12.30-36). Ainda assim eles obtiveram prata, ouro e tecidos. Portanto, ao deixar o Egito, os israelitas tiraram da nação mais poderosa daquele tempo seus filhos primogênitos e sua riqueza.

Rocha tradicionalmente considerada a rocha de Refidim, ferida por Moisés para extrair água para os israelitas.

Moisés guiou o povo ao deserto onde os perseguidores egípcios encurralaram os israelitas nas imediações do mar Vermelho. Deus, que prometera estar com seu povo, derrotou o inimigo no mar. Depois Deus atendeu às

MOISÉS

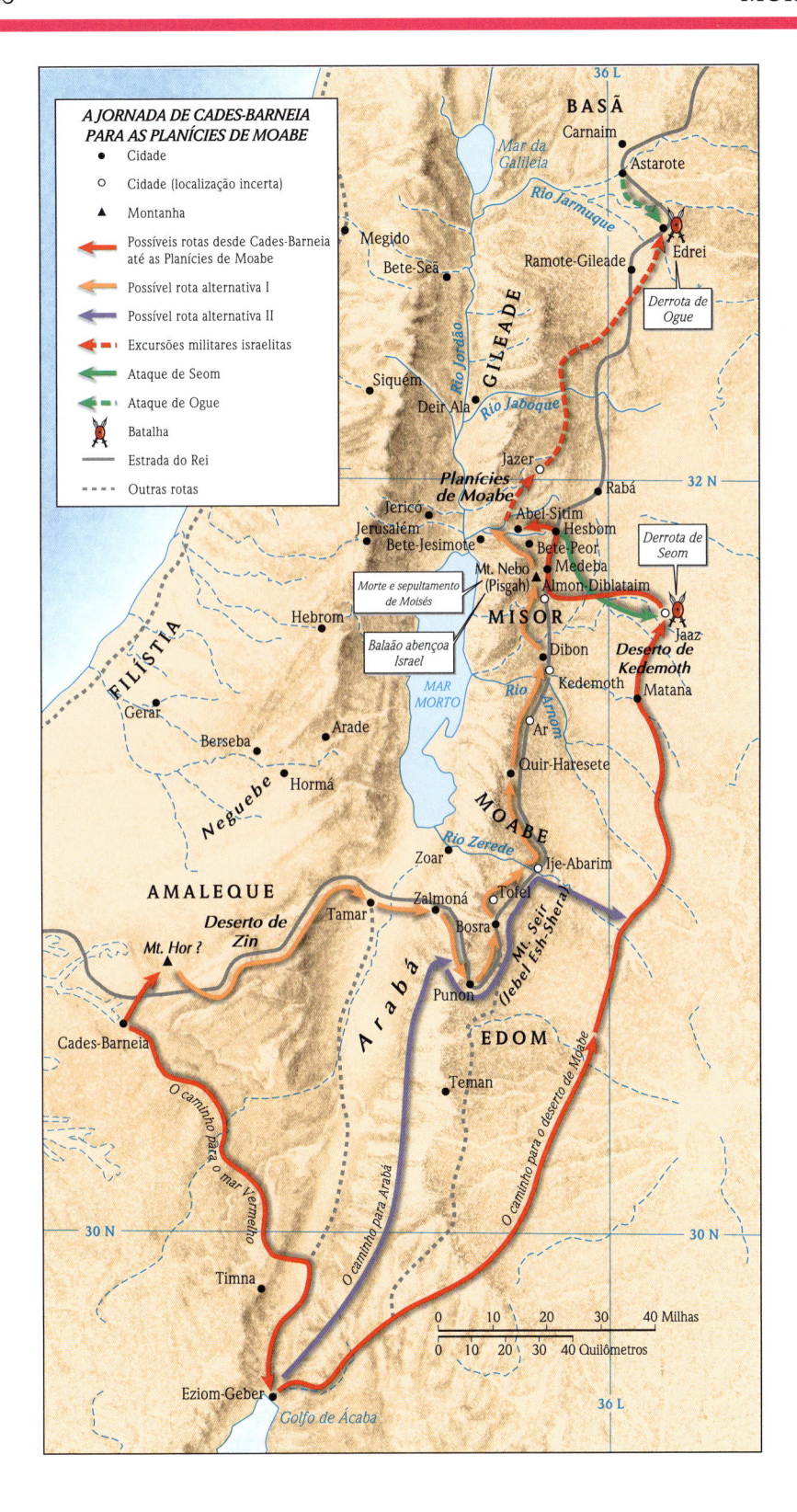

A JORNADA DE CADES-BARNEIA PARA AS PLANÍCIES DE MOABE

- ● Cidade
- ○ Cidade (localização incerta)
- ▲ Montanha
- ⬅ Possíveis rotas desde Cades-Barneia até as Planícies de Moabe
- ⬅ Possível rota alternativa I
- ⬅ Possível rota alternativa II
- ⬅ Excursões militares israelitas
- ⬅ Ataque de Seom
- ⬅ Ataque de Ogue
- ⚔ Batalha
- ─── Estrada do Rei
- ---- Outras rotas

Locais indicados no mapa: Basã, Carnaim, Mar da Galileia, Astarote, Rio Jarmuque, Megido, Ramote-Gileade, Edrei, Derrota de Ogue, Bete-Seã, GILEADE, Siquém, Rio Jordão, Deir Ala, Rio Jaboque, Jazer, Planícies de Moabe, Rabá, Jericó, Abel-Sitim, Hesbom, Jerusalém, Bete-Jesimote, Bete-Peor, Medeba, Derrota de Seom, Mt. Nebo (Pisgah), Almon-Diblataim, Morte e sepultamento de Moisés, MISOR, Jaaz, Deserto de Kedemoth, Hebrom, Balaão abençoa Israel, Dibon, FILÍSTIA, MAR MORTO, Rio Arnom, Kedemoth, Matana, Gerar, Ar, Arade, Quir-Haresete, Berseba, Hormá, MOABE, Neguebe, Rio Zerede, Zoar, Ije-Abarim, AMALEQUE, Tamar, Zalmoná, Tofel, Bosra, Mt. Seir (Jebel Esh-Sherah), Deserto de Zin, Mt. Hor?, Arabá, Punon, EDOM, Cades-Barneia, Teman, O caminho para o mar Vermelho, O caminho para Arabá, O caminho para o deserto de Moabe, Timna, Eziom-Geber, Golfo de Acaba

necessidades de alimento e água deles, no ambiente hostil do deserto. Nem as serpentes nem os amalequitas conseguiram frustrar a jornada dos israelitas pelo deserto sob a liderança de Moisés. O texto de Êx 17.8-13 apresenta Moisés fiel à execução de suas responsabilidades de liderança. Em Nm 12.1-16 Moisés é apresentado como líder humilde e íntegro, que cumpriu as tarefas do seu ofício, a despeito da oposição de membros da própria família.

O centro da narrativa de Moisés aparece com clareza nos acontecimentos do monte Sinai. A Lei no Sinai é um dom de Deus para Israel. A Lei mostrou a Israel como responder ao ato salvador de Deus no êxodo e mostrou a cada nova geração como seguir os ensinamentos de Moisés em um novo estágio da vida do povo. As leis levavam o nome de Moisés como afirmação de sua autoridade. A Lei de Moisés se tornou um modelo para a sociedade israelita. De fato, os historiadores de Israel contaram toda a história do seu povo sob a influência do modelo de Moisés e sugeriram que os reis davídicos deveriam construir sua liderança para a nação sob a influência daquele modelo (Js-Rs). Apenas o bom rei Josias, e em menor extensão, Ezequias seguiram aquele modelo.

A morte de Moisés é marcada por solidão trágica, ainda que agraciada com a presença de Deus. Por causa do pecado de Moisés (Nm 20) Deus negou a ele o privilégio de entrar na terra prometida. O texto de Dt 34 reporta a cena da morte. Central no relato é a presença divina com Moisés na hora da sua morte. Moisés deixou o povo para subir outra montanha. No topo da montanha, distante do povo a quem servira por tanto tempo, Moisés morreu. Deus estava com seu servo na hora da morte. De fato, Deus o sepultou, e somente o Senhor sabe onde ele foi enterrado. — *George W. Coats e E. Ray Clendenen*

MOISÉS, LIVROS DE ou MOISÉS, LEI DE
V. *Lei, Dez Mandamentos, Torá*; *Pentateuco*.

MOLADÁ Nome de lugar que significa "geração". Cidade próxima a Berseba no sul de Judá, designada tanto a Judá (Js 15.26) como a Simeão (Js 19.2), o que pode ser reflexo das realidades políticas de épocas diferentes ou da dependência que Simeão tinha de Judá. A similaridade com o nome Molide sugere que Moladá era um povoado jerameelita (1Cr 2.25-29). A cidade foi uma das repovoadas pelos judeus que voltaram do exílio (Ne 11.26). Moladá talvez seja a cidade edomita de Malatá, que foi um refúgio para Herodes Agripa I. Várias localizações têm sido sugeridas: Khirbet Kuseifeh, a 19 quilômetros a leste de Berseba; Tell el-Milh, a sudeste de Berseba; e Khereibet el-Waten, a leste de Berseba.

MOLDURA, SUPORTE, ARMAÇÃO Termos usados por diversas versões para traduzir uma série de vocábulos hebraicos. Suporte usado para carregar candeias e utensílios do tabernáculo (Nm 4.10,12; "varais", *ARA*; "cabos", *NTLH*); uma borda que servia de braçadeira para as pernas da mesa da presença (Êx 25.25,27); os painéis laterais dos estrados usados para carregar as pias do templo (1Rs 7.28-36; 2Rs 16.17); a armação sobre a qual as cortinas do tabernáculo foram estendidas (Êx 26.15-29); e a estrutura das janelas e portas (1Rs 7.4,5).

MOLDURAS Tiras de metal que amarram o topo das colunas usadas na construção do tabernáculo (Êx 36.38; 38.10-12,17,19) ou então varas conectando as colunas umas às outras (*TEV*). Em Jr 52.21 é usada uma palavra hebraica diferente para se referir à linha de medição para medir a circunferência do pilar.

MOLIDE Nome pessoal que significa "progenitor". Descendente de Judá (1Cr 2.29).

MOLOQUE 1. Transliteração da palavra hebraica relacionada ao vocábulo "rei", mas que também descreve um deus estrangeiro ou uma prática relacionada ao culto estrangeiro. O significado de "Moloque" é objeto de discussão. Em geral, dois pontos de vista são propostos. Uma sugestão é que "Moloque" denota um tipo particular de oferenda, um sacrifício votivo feito para confirmar ou cumprir um voto. Essa opinião é apoiada pelo fato de algumas inscrições cartaginesas-fenícias (púnicas) do período 400--150 a.C. insinuarem que a palavra *malak* é um termo genérico para "sacrifício" ou "oferenda". Esse significado é possível em algumas passagens (Lv 18.21; 20.3-5; 2Rs 23.10; Jr 32.35).

A segunda sugestão é que "Moloque" constitui o nome de um deus pagão a quem sacrifícios humanos eram feitos. Essa divindade é geralmente associada a Amom (cf. 1Rs 11.7), "o repugnante deus dos amonitas". O texto de Lv 20.5 condena os que "se prostituem com Moloque" (Lv 18.21; 20.3-5; 2Rs 23.10; Jr 32.35). Algumas evidências arqueológicas recentes apontam para sacrifícios de crianças no antigo Amom. Muitos estudiosos disputam se todos os textos bíblicos referentes a Moloque devam ser entendidos pela interpretação desse nome como referência a uma divindade.

A etimologia da palavra "Moloque" é interessante. Estudiosos sugerem que há uma vocalização deliberadamente errada da palavra hebraica para rei ou para o particípio relacionado (*molek*), "governante". Sugere-se que as consoantes da palavra hebraica para rei (*mlk*) foram combinadas com as vogais da palavra "vergonha" (*boshet*). Logo, esse título era um epíteto divino que expressava desprezo pelo deus pagão.

Em tempos de apostasia alguns israelitas, aparentemente em desespero, entregaram seus filhos "a Moloque fazendo-os passar pelo fogo" (Lv 18.21; cp. nota explicativa da *NVI*; 20.2-5; 2Rs 23.10; cp. 2Rs 17.31). Presume-se que referências como estas sejam a sacrifícios de crianças no vale de Hinom em um lugar conhecido como Tofete ("Tofete" provavelmente significa "forno" em siríaco). Não se sabe exatamente como isso era feito. Alguns defendem que as crianças eram lançadas ao fogo. Alguns escritores rabínicos descrevem uma estátua de bronze oca com corpo de homem e cabeça de touro. De acordo com os rabinos, as crianças eram depositadas nos braços da estátua, que era então aquecida em sua base. Tocavam-se tambores para abafar os gritos das crianças.

Um ponto de vista alternativo defende que a expressão "passar por Moloque" não se refere a sacrifícios humanos; os pais ofereciam os filhos para que crescessem e fossem educados como prostitutas/os cultuais. Esse ponto de vista apela para Lv 18; nesse capítulo o escritor está preocupado com questões de natureza sexual (esp. v. 19-23). Outra opinião considera a cerimônia originária como uma dedicatória de fogo, mas não o sacrifício de crianças, que posteriormente foi transformada em uma cerimônia de oferta queimada.

A prática de oferecer crianças como sacrifícios humanos era condenada no antigo Israel, mas fica claro no AT que essa prática foi realizada por alguns indivíduos (2Rs 21.6; 23.10; 2Cr 28.3; Sl 106.38; Jr 7.31; 19.4,5; Ez 16.21; 23.37,39). O exílio parece ter posto fim a essa prática em Israel. Entretanto, a prática sobreviveu no norte da África e entre os cartagineses até o tempo da era cristã. O texto de At 7.43 faz referência ao antigo culto a Moloque. V. *Astarote*; *pagãos, deuses*; *Hinom, vale de*; *sacrifício e oferta*. — Paul E. Robertson

2. Nome de uma divindade que significa "rei" ou "rei deles". Aparentemente uma forma criada por escribas judeus para injuriar ou evitar a pronúncia do deus nacional de Amom (1Rs 11.5,7), que pode ter sido identificado com Camos, o deus de Moabe. Com base na inscrição de Messa parece que houve um deus, Atar, cujos títulos locais eram Camos e Moloque. O culto a essa divindade deve ter sido praticado em Jerusalém antes da conquista israelita. "Rei" pode ter sido o nome do deus ou seu título como rei dos deuses. Davi derrotou Amom e confiscou a coroa (2Sm 12.30) do rei deles (*ARA*, *ARC*; *TEB*) ou da estátua do deus Moloque (*NVI*; *NTLH*; *BJ*, "Melcom"). Salomão edificou santuários a Moloque no monte das Oliveiras, a pedido de suas esposas estrangeiras, revivificando o antigo culto (1Rs 11.5,33). Os locais dos santuários de Salomão foram destruídos e profanados nas reformas de Josias em 621 a.C. (2Rs 23.13). Jeremias descreveu as realizações atribuídas a Moloque, mas, em um jogo de palavras sobre Jz 11.24, ele anunciou a destruição e o cativeiro para a divindade amonita (Jr 49.1,3). O culto a Moloque representava dar as costas a Javé (Sf 1.5,6). V. *Camos, Quemos*; *pagãos, deuses*; *Moabe e a pedra moabita*.

MOMENTO V. *instante*.

MONOTEÍSMO/POLITEÍSMO V. *pagãos, deuses*.

MONTANHA Elevação topográfica formada por erosão e falhas geológicas. A geografia da Palestina apresenta montanhas elevadas e abismos profundos. As duas palavras mais comuns para montanha na Bíblia são *har* (hebraico) e *oros* (grego). A definição simples para estas palavras é montanha ou colina, ainda que possam indicar uma serra ou região montanhosa.

MONTANHA DAS OVELHAS

Muitos acontecimentos importantes na Bíblia ocorreram em montanhas ou próximo delas. Deus chamou Moisés para seu trabalho no monte Horebe, algumas vezes chamado "o monte de Deus". Uma parte do chamado divino era a promessa de que o povo israelita o adoraria no Sinai após a saída do Egito (Êx 3.1-12). Depois do êxodo Deus ordenou a Moisés reunir o povo no monte Sinai (provavelmente o mesmo Horebe). Lá Deus outorgou a Lei, incluindo os Dez Mandamentos, a Moisés.

Outros episódios no AT que envolvem montanhas incluem a morte de Arão no monte Hor (Nm 33.38), a morte de Moisés no monte Nebo (Dt 34.1-8) e a vitória de Elias sobre os profetas de Baal no monte Carmelo (1Rs 18.15-40).

De igual modo, também grande parte da vida e do ministério de Jesus também aconteceu em montanhas. Uma das tentações o levou "a um monte muito alto" (Mt 4.8). A seção mais famosa de ensinamentos de Jesus é chamada de "Sermão do Monte" (Mt 5-7). Jesus subiu a uma montanha para orar (Lc 6.12). Jesus foi transfigurado em uma montanha (Mt 17.1-8). Lá ele foi declarado ser superior a Moisés e a Elias, os representantes da Lei e dos Profetas. Muitas das grandes vitórias dele aconteceram em montanhas.

A palavra "montanha" também é usada de maneira simbólica. É uma imagem natural de estabilidade (Sl 30.7), obstáculos (Zc 4.7) e do poder de Deus (Sl 121.1,2). Deus removerá todos os obstáculos quando a redenção estiver completa, e "todos os montes e colinas serão aplanados" (Is 40.4).

As montanhas com frequência são chamadas "lugares altos". Jerusalém (com uma elevação de cerca de 815 metros) era chamada monte Sião, a colina do Senhor (Sl 2.6; 135.21; Is 8.18; Jl 3.21; Mq 4.2). Deus se encontra com seu povo em adoração nesse lugar. A "nova Jerusalém" também é chamada monte Sião (Ap 14.1).

Algumas das montanhas bíblicas mais famosas (com a altitude em metros) são: Ebal (940), Gerizim (880), Gilboa (500), Hermom (2.813), Nebo (800), Tabor (588) e Sinai (2.286). V. *Jerusalém*; *Palestina*; *Sermão do Monte*; *Sião*. — Bradley S. Butler

MONTANHA DAS OVELHAS V. *ovelhas*.

MONTE BAAL-HERMOM Variação do nome do monte Hermom (Jz 3.3), talvez indicando seu uso como local de culto a Baal.

MONTE DA ASSEMBLEIA Parte da exposição feita por Isaías do orgulho do rei da Babilônia é a acusação que, ele desejava subir à montanha distante que, de acordo com o mito babilônico, era o local onde os deuses se reuniam (Is 14.13). Esse desejo é equivalente a uma alegação à divindade.

MONTE DAS BEM-AVENTURANÇAS O "chifres de Hattin", perto de Cafarnaum, que a tradição identifica como o local do Sermão do Monte (Mt 5.1-7.29). A referência a Jesus subir o monte talvez tenha a intenção de relembrar a narrativa de Moisés no Sinai (Êx 19.3,20).

MONTE DO VALE Designação de uma elevação em um vale no território de Rúben na Transjordânia (Js 13.19, *ARA*, *ARC*, *NTLH*). A *NVI* traduz por "encosta do vale".

MONTE SINAI V. *Sinai, monte*.

MONTES DE EFRAIM Região montanhosa pertencente a Efraim. Algumas versões usam a expressão "região montanhosa de Efraim" (*ARA*), visto que se tem em mente uma região inteira, não somente alguns montes. As Escrituras especificam que as seguintes cidades estavam situadas na região montanhosa de Efraim: Betel (Jz 4.5); Gibeá (Js 24.33); Ramá (Jz 4.5); Samir (10.1); Siquém (Js 20.7); Timnate-Heres ou Timnate-Sera (Js 19.50; Jz 2.9).

MORADA Tradução usual da palavra grega *mone* de Jo 14.2, que significa "lugar de habitação" ou "quarto". Antes de morrer, Jesus prometeu aos discípulos que lhes providenciaria um lugar de habitação. A *Vulgata* verteu a palavra por *mansio*, que se refere à habitação ou lar. Daí vem a palavra portuguesa "mansão", que significa casa, porém mais rica. As traduções modernas (*ARA*, *ARC*, *BJ*) traduzem por "morada". A teologia cristã afirma que os seguidores de Cristo habitarão com ele eternamente nos lugares celestiais.

Igreja das Beatitudes, na localização tradicional do Sermão do Monte, perto do mar da Galileia.

Jebel Musa, a localização tradicional do monte Sinai, no sul da península do Sinai.

MORASTITA Residente de Moresete (Jr 26.18; Mq 1.1).

MORCEGO Ordem (*Chiroptera*) de mamíferos placentários voadores noturnos; quadrúpedes com asas. A palavra hebraica traduzida por "morcego" é o nome genérico de muitas espécies desse mamífero encontrado na Palestina (Is 2.20). Embora o morcego seja alistado entre as aves impuras na Bíblia (Lv 11.19; Dt 14.18), ele pertence aos mamíferos por amamentar os filhotes. Tem hábitos noturnos e vive em cavernas (Is 2.20). Zoólogos modernos alistaram ao menos 20 espécies diferentes na região da Palestina.

MORDAÇA Cobertura de couro ou metal colocada na boca de um animal para impedir que este coma ou morda. O texto de Dt 25.4 é uma das muitas leis no código deuteronômico que manifesta preocupação sobre o tratamento humano a outros seres. Paulo citou a proibição de amordaçar o boi que trabalha para ilustrar o princípio de que "o trabalhador merece o seu salário" e especificamente que "os que pregam o evangelho, que vivam do evangelho" (1Co 9.9-14; 1Tm 5.17,18).

MORDOMIA Responsabilidade na administração dos recursos da vida para a glória de Deus, reconhecendo-o como provedor.

AT A expressão hebraica *asher al bayit* é traduzida por "administrador" ou "encarregado" (Gn 43.19; 44.1,4; 1Rs 16.9). As referências em Gn são a José e em 1Rs a Arsa, o administrador (ou mordomo) de Elá, filho de Baasa, que reinou dois anos em Israel. A expressão é literalmente "alguém que está sobre uma casa", alguém encarregado de supervisionar os assuntos de uma casa. Outra expressão, *ha-'ish* (o homem) aparece em Gn 43.19. Logo, a tradução literal poderia ser "o homem sobre (ou responsável) por uma casa".

Outra expressão de sentido semelhante, *ben mesheq* (Gn 15.2) é traduzida por "herdeiro". A expressão significa literalmente "filho de aquisição". Eliézer era um servo/escravo na casa de Abraão, que herdaria todo o seu patrimônio, caso Abraão não tivesse tido filhos.

A palavra *sar* é usada com menos frequência e pode significar "príncipe", "líder", "chefe", "capitão" ou "governante". Em 1Cr 28.1 é traduzida por "líderes encarregados de todos os bens" (ARA, "administradores de toda a fazenda";

ARC, "maiorais de toda a fazenda"; *NTLH*, "administradores das propriedades; *BJ*, "chefes encarregados de todos os bens").

Novo Testamento *Epitropos* é a primeira das palavras gregas básicas para traduzir "mordomo" no NT (Mt 20.8; Lc 8.3). Em Mt a referência é ao "dono" (da vinha) que fala como seu "administrador". Em Lc, Cuza é identificado como o administrador da casa de Herodes.

Oikonomos, a segunda palavra grega, lida com a pessoa, a tarefa ou o lugar da "mordomia". A primeira palavra aparece em Lc 12.42, um "administrador fiel e sensato". O substantivo masculino dá ênfase à pessoa, não ao trabalho. A forma feminina do substantivo, duas palavras adiante, é geralmente traduzida por "administração", dá realce à tarefa, à responsabilidade concedida a essa pessoa.

Esse termo é o mais usado no NT. Outras ocorrências incluem Lc 16.1,3,8; 1Co 4.1,2; Tt 1.7; 1Pe 4.10. Cada texto lança um pouco mais de luz sobre o significado do termo "mordomia" e dá forma à figura do NT do cristão como "administrador" de Deus neste mundo.

O conceito bíblico de mordomia, começando com Adão e Eva, e desenvolvido mais plenamente no NT, é o seguinte: Deus é o proprietário e provedor de tudo o que as pessoas possuem. Considerando que tudo pertence a ele, a conclusão é que tudo deve ser usado para cumprir seus propósitos e lhe dar glória. Uma responsabilidade coletiva foi dada à humanidade para ter domínio sobre a terra, cuidar dela, e ser responsável por sua glória. Individualmente, o cristão deve buscar a mente e a vontade de Deus para cada decisão — recursos financeiros, propriedades, outros bens valiosos, tempo, influência ou oportunidades. Deus não somente espera que devolvamos uma parte do que ele nos deu sob a forma de dízimos e ofertas. Ele espera que tudo seja usado da forma que o agrada e honra. Ele espera que os cristãos, de modo independente de sua vocação, exerçam a mordomia responsável para a glória dele todos os dias de sua vida. Um dia seu Reino eterno virá. Enquanto isso, os cristãos devem viver como se o Reino já estivesse vindo. V. *dízimo*.

MORDOMO, CAMAREIRO Oficial de alto posto militar ou político cujo título está associado a um termo hebraico que significa "castrado" ou "eunuco", mas na verdade pode ser derivado de um termo acádio referente a um oficial da corte do rei. É questionável se todos os oficiais que recebiam esse título hebraico, *sar*, eram de fato eunucos. O Rabe-Saris de 2Rs 18.17 é literalmente "chefe dos eunucos"; contudo, mais provavelmente significa o posto ocupado por um oficial militar e administrativo de alta patente (cp. Jr 39.3; Dn 1.3). Potifar é descrito como *sar* do faraó, mas tinha esposa (Gn 37.36; 39.7). Os oficiais persas em Et 1.10 podem ter sido eunucos, pois aparentemente protegiam as mulheres do rei e cuidavam do harém (cp. 2Rs 9.32). Os oficiais hebreus também recebiam esse título (1Sm 8.15; 1Rs 22.9; 2Rs 8.6; 23.11; 24.12,15; 25.9). V. *eunuco*.

MORÉ Nome de lugar que significa "instrução" ou "arqueiros". **1**. Lugar da ocorrência de vários acontecimentos importantes na vida dos patriarcas e da nação de Israel. Um carvalho no local próximo de Siquém é mencionado várias vezes como o ponto focal. O primeiro acampamento de Abraão na terra de Canaã se deu em Siquém perto do carvalho de Moré. Lá ele edificou um altar a Deus que lhe apareceu e com quem entrou em aliança (Gn 12.6,7). Foi em Siquém que Jacó enterrou os deuses estrangeiros que sua família trouxera de Harã (Gn 35.4). Em Moré Deus apresentou as bênçãos e maldições em Israel relativas à obediência ou não dos mandamentos (Dt 11.26-30). Josué erigiu uma pedra memorial sob o carvalho como lembrança da aliança entre Deus e o povo (Js 24.26). **2**. Colina do território da tribo de Issacar onde Gideão reduziu as tropas ao testar os homens pelo modo com que beberiam água (Jz 7.1). Atualmente é Nebi Dachi, oposto ao monte Gilboa.

MORENO Tradução na *ARC* de uma palavra hebraica traduzida por "negros" (*ARA*) ou "pretos" (*NVI*) por versões mais recentes (Gn 30.32,33,35,40). V. *preto, escuro, enegrecido; cores*.

MORESETE ou **MORESETE-GATE** Nome de lugar que significa "herança de Gate". Terra do profeta Miqueias (Mq 1.1). O profeta representou seu lar como a noiva que recebe a despedida de Jerusalém, seu pai, a advertência

MORIÁ

do exílio para os líderes de Jerusalém, e, portanto, separação dos vizinhos (1.14). A cidade estava aparentemente localizada perto da Gate dos filisteus, e é de modo geral identificada com Tell el Judeideh, a cerca de 35 quilômetros a sudoeste de Jerusalém e 14 quilômetros a leste de Gate. Essa identificação foi recentemente questionada. Essa pode ser a Gate que Roboão fortificou (2Cr 11.8). Pode ser a Muchrasti das cartas de Amarna.

MORIÁ Nome de lugar de significado incerto, traduzido de várias maneiras, incluindo "amorreus", pelos tradutores antigos. Trata-se do afloramento rochoso de Jerusalém, localizado no norte da antiga cidade de Davi. Foi nessa rocha que Abraão sacrificaria Isaque e o apresentaria como oferta queimada, mas Deus interferiu e providenciou um carneiro (Gn 22.2,13). Mais tarde a cidade jebusita de Salém foi edificada junto à colina. Depois que Davi conquistou o local, ele resolveu edificar ali um templo para a arca da aliança. Entretanto, Deus concedeu a tarefa a Salomão, seu filho (1Cr 28.3-6). Pode ser a moderna Khirbet Beth-Leji.

MORNO Tépido; nem quente nem frio (Ap 3.16). A cidade de Laodiceia recebia água de um aqueduto distante alguns quilômetros. A água morna que chegava à cidade servia como ilustração apropriada do cristianismo sem gosto, que não serve para nada.

MORTE O retrato bíblico da morte não é o do resultado normal de processos naturais. Em vez disso, a Bíblia apresenta a morte como confirmação de que algo saiu dos trilhos na ordem criada por Deus. No entanto, as Escrituras não retratam a morte como o término desesperador da consciência humana, mas em vez disso transbordam da esperança da ressurreição. Os estudiosos bíblicos agrupam os ensinamentos da Bíblia acerca da morte em três categorias distintas e inter-relacionadas — física, espiritual e eterna.

Morte física Os primeiros capítulos do Pentateuco identificam com precisão a origem da morte humana na rebelião no Éden (Gn 3.19). Essa mortalidade a certa altura subjugou Adão (Gn 5.5) e é uma certeza para todos os seus descendentes (1Co 15.21,22). À parte de provisão milagrosa direta, como no caso do profeta Elias (2Rs 2.11), Deus estabeleceu uma hora para a morte de cada ser humano (Hb 9.27). No estado caído e finito, os seres humanos são impotentes para impedir a realidade da morte (Sl 89.48).

A realidade da morte está presente em toda a Bíblia. Na comunidade do AT, tocar um cadáver tornava o indivíduo impuro (Nm 5.2). Mesmo o contato com os ossos do morto ou com um túmulo exigiam sete dias de um ritual de purificação (Nm 19.16). O povo de Deus estava proibido de lamentar os mortos com os costumes dos povos pagãos à sua volta — cortes cerimoniais na pele e rapar a cabeça (Dt 14.1).

Como Deus é o doador da vida (At 17.25), ele tem a prerrogativa soberana de tomar a vida humana quando lhe aprouver. Em algumas ocasiões, na teocracia da antiga aliança, Deus, mediante revelação direta por meio dos seus profetas, apontou seu povo para exercer o juízo sobre os inimigos do povo dele (Nm 31.1-11; Dt 7.22-26; 20; 1Sm 15.1-8). A igreja da nova aliança, no entanto, não recebeu essa autoridade. O poder da igreja não se estende à vida do corpo ou à morte, mas somente ao poder de excluir pecadores impenitentes do corpo (1Co 5.9-13). Mesmo assim, a Bíblia fala da morte como manifestação drástica da disciplina de Deus sobre as pessoas impenitentes dentro da comunidade de fiéis (At 5.1-11; 1Co 11.27-34) em sua atividade pecaminosa.

Em toda a Bíblia, a morte é um lembrete da brevidade da vida humana. A Bíblia convida a pessoa à vida alegre à luz do destino certo no túmulo (Ec 9.9,10), compara a brevidade da vida à existência efêmera de uma flor (Jó 14.2) e contrasta a brevidade da vida humana à eterna fidelidade de Deus (Sl 90.2-12; 103.14-17). Jesus falou da do caráter repentino da morte como advertência aos que confiam nas posses terrenas em vez de confiar na provisão divina generosa (Lc 12.16-20). Tiago, ao descrever a existência humana como "neblina", argumenta que a morte iminente expõe a fragilidade de todos os planos do homem (Tg 4.13-16).

A Bíblia não apresenta em lugar algum a morte como transição indolor da existência material para o plano espiritual. Ao enfrentar a morte do amigo Lázaro, p. ex., Jesus não reagiu com resignação apática, mas foi levado às lágrimas de compaixão pela dor deixada para trás pela morte (Jo 11.35,38). O apóstolo Paulo parece ambivalente sobre a própria morte prevista nas mãos do Estado. A bondade que ele encontra na morte não é a fuga da vida. Antes, Paulo se alegra no conhecimento de que na morte ele glorificaria Deus e estaria na presença do Messias, o Senhor Jesus (Fp 1.19-23).

A Bíblia associa proximamente a morte à atividade malévola de Satanás, a quem Jesus rotulou "homicida desde o princípio" (Jo 8.44). A entrada da morte na criação surgiu da tentativa astuta da serpente (Gn 3.1-6). O autor de Hb atribui ao Maligno o "poder da morte", a saber, o pavor paralisante e universal da morte, do qual os cristãos são libertos pela morte propiciatória de Cristo (Hb 2.14,15).

Embora a morte física às vezes seja comparada ao sono (Dt 31.16; Jo 11.11; 1Co 11.30; 1Ts 4.15), a Bíblia não ensina que a consciência da pessoa sofre um lapso depois da morte para acordar no dia da ressurreição e do julgamento. Jesus prometeu ao ladrão arrependido na cruz que ele veria o paraíso no exato dia da sua morte (Lc 23.43). Paulo ensina aos cristãos que estar ausente do corpo significa estar presente com Cristo (2Co 5.8).

Morte espiritual Os resultados cataclísmicos da queda de Adão não estão limitados à morte física. A Bíblia caracteriza os seres humanos caídos como "mortos em suas transgressões e pecados" (Ef 2.1; Cl 2.13). Os seres humanos nascem com a sentença de morte suspensa sobre a cabeça, mas também nascem com desejos e inclinações corrompidos que os tornam completamente "mortos" e entregues à própria culpa acumulada (Ef 4.18,19).

Como tais, os seres humanos estão alienados do Criador. A mente suprime o que se pode ver claramente de Deus na criação, preferindo a adoração a ídolos (Rm 1.21-23). A vontade se recusa a reconhecer a verdade da autorrevelação divina (Rm 3.10). As emoções se apegam a anseios pecaminosos, preferindo-os à justiça de Deus (Jo 3.19; Fp 3.19). Esse estado de morte espiritual, caso não seja neutralizado pela atividade graciosa de Deus no evangelho, conduz ao juízo eterno (Tg 1.14,15).

Morte eterna A morte corpórea não encerra a responsabilidade dos seres humanos rebeldes diante do santo tribunal de Deus. Depois da hora marcada para a morte vem o julgamento (Hb 9.27). A Bíblia usa a palavra "morte" às vezes para descrever a ira de Deus retribuída aos incrédulos na vida depois da morte (Ap 20.14). Embora essa realidade infernal às vezes seja chamada "perecimento" (Jo 3.16; 2Pe 2.12) e "destruição" (Mt 10.28; 2Ts 1.9), não deve ser entendida como o aniquilamento da pessoa. Em contraste com a ferroada momentânea da morte física, a morte que espera o pecado no juízo final é retratada como algo consciente (Mt 8.12) e eternamente incessante (Mc 9.43). A universalidade do pecado significa que cada ser humano, com exceção de Jesus de Nazaré — que não pecou — está na posição de merecer essa expressão soberana da justiça divina (Rm 3.23).

A morte e a obra de Cristo O AT não retrata a morte como condição permanente na ordem criada. Em vez disso, os profetas apontam para o dia em que Deus chamará os justos do túmulo para a vida eterna (Dn 12.2). Os profetas proclamam que a morte não tem lugar na consumação do escatológico Reino de Deus (Is 25.8). A ressurreição dos mortos no último dia é vista como vindicação da gloriosa fidelidade divina às suas promessas da aliança (Ez 37.12-14).

Em Jesus de Nazaré, a destruição prometida da morte no Reino de Deus chegou. Jesus exerceu a soberania sobre a vida e a morte ao ressuscitar dos mortos (Mt 9.18-26; Mc 5.35-43; Lc 7.11-17; 8.49-56), enquanto afirmava ser a fonte da ressurreição corpórea e da vida eterna (Jo 11.25). Jesus declarou que no último dia ele chamaria seu povo do túmulo (Jo 6.39), promessa reafirmada na pregação apostólica da igreja primitiva.

O ponto decisivo nos propósitos de Deus para derrotar o reinado da morte adveio da morte sacrificial e da ressurreição de Jesus. Ele sofreu a morte pelo mundo, carregando no seu corpo o santo juízo de Deus contra a criação rebelde. Sua ressurreição dos mortos o vindicou como Messias e beneficiário das promessas da aliança divina (Rm 1.3,4; At 2.22-36). Os apóstolos pregaram a ressurreição de Jesus como o triunfo sobre a morte. Sendo o segundo Adão, ele representa as primícias da ressurreição dos justos (1Co 15.20-23). Os que creem nele serão ressuscitados não pela própria justiça, mas pela união com o Cristo ressurreto.

MORTE DE CRISTO

Depois de estabelecer a morte como consequência da depravação humana universal, Paulo proclama a ressurreição de Jesus como quem anuncia o soar lúgubre e derradeiro dos sinos pela própria morte (2Tm 1.10). Ao anunciar a vinda do fim dos tempos em Cristo, à medida que o "último inimigo" é destruído na ressurreição do Messias (1Co 15.26), Paulo zomba do poder da morte à luz da vitória de Jesus (1Co 15.5). Ele assegura aos cristãos com base na ressurreição de Jesus, operada por Deus, que os mesmos corpos enterrados nos túmulos serão ressuscitados na nova criação (1Co 15.35-49). Os fiéis, portanto, não têm razão para se desesperar diante da morte (1Ts 4.13-18).

A Bíblia postula a esperança do que crê em face da morte não somente no triunfo da ressurreição de Jesus sobre a morte, mas também no ministério presente do Espírito Santo. Os profetas do AT associavam a ressurreição dos mortos à vinda do Espírito de Deus no reino escatológico (Ez 37.12,14). A regeneração das pessoas operada pelo Espírito serve como garantia da regeneração vindoura do Universo (2Co 1.22; 5.1-5; Ef 1.14).

A Bíblia compara a revogação da morte física conquistada por Jesus na ressurreição com a revogação da morte espiritual na regeneração do coração humano, ato comparado ao fato de Deus chamar a luz à existência no acontecimento da Criação (2Co 4.6). A regeneração é definida como Deus "avivando" os "mortos" nos seus pecados (Ef 2.1) para que andem em novidade de vida na nova criação (Rm 6.4). V. *ressurreição*. — Russell D. Moore

MORTE DE CRISTO V. *cruz, crucificação; Cristo, cristologia; Jesus Cristo*.

MOSA Nome pessoal que significa "descendência". **1.** Descendente de Judá (1Cr 2.46). **2.** Descendente do rei Saul (1Cr 8.36-37; 9.42-43). **3.** A mesma palavra também designa uma cidade em Benjamim (Js 18.26), mais tarde um centro de produção de cerâmica, atestado por inúmeros vasos descobertos em Jericó e em Tell-en-Nasbeh que traziam a inscrição Mosa em suas asas. Esse lugar é provavelmente a atual Qaluniya, a cerca de 6 quilômetros a nordeste de Jerusalém na estrada para Tel-Aviv.

MOSERÁ ou **MOSEROTE** Nome de lugar que significa "castigos". Um lugar de parada do povo na peregrinação pelo deserto (Nm 33.30,31). A forma singular do nome (Moserá) indica o local do sepultamento de Arão (Dt 10.6). O texto de Nm 20.22-28 sugere a localização de Moserote nas vizinhanças do monte Hor.

MOSQUITO V. *insetos*.

MOSTARDA Planta grande de rápido crescimento. Antigamente pensava-se que suas sementes eram as menores do reino vegetal. Jesus usou a mostarda em uma parábola para simbolizar o crescimento rápido do Reino de Deus (Mt 13.31,32) e sua semente como uma comparação para a fé (Mt 17.20). V. *plantas*.

MOTEJO Objeto de ridicularização e escárnio entre outros povos. Termo empregado para falar do destino do Israel infiel (Dt 28.37; 1Rs 9.7; 2Cr 7.20; Jó 17.6; Sl 44.14). (*NVI*: "objeto de zombaria").

MOZA Nome de lugar que significa "ázimo" (sem fermento). Cidade em Benjamim (Js 18.26), posteriormente um centro de produção de cerâmica tal como atestado por numerosos vasos recuperados em Jericó e em Tell en-Nasbeh que traziam a inscrição Moza em suas alças. O lugar é provavelmente a atual Qaluniya, a cerca de 6,5 quilômetros a noroeste de Jerusalém na estrada de Tel-Aviv.

MUDEZ Incapacidade de falar. No AT, a mudez era determinada por Deus (Êx 4.11). Deus fez Ezequiel ficar mudo (Ez 3.26) em resposta ao fracasso de Israel de ouvir a sua mensagem. Mais tarde a fala de Ezequiel foi restaurada (24.27; 33.22) como sinal da receptividade do povo para ouvir. Daniel ficou sem fala em resposta à manifestação de um mensageiro celestial (Dn 10.15). O salmista considerou a mudez um castigo apropriado para os mentirosos (Sl 31.18). Por extensão, ficar mudo significa manter a paz (Sl 39.2,9; Is 53.7; At 8.32), especialmente diante da injustiça. Em Pv 31.8 os mudos simbolizam todos os que sofrem sem voz. Em Is 56.10 os líderes de Israel são apresentados como cães mudos que não podem latir para dar um aviso. Em Is 35.6 o cântico dos anteriormente mudos acompanha a volta do exílio. Em Hc 2.18,19 os ídolos são ridicularizados por serem mudos (1Co 12.2).

No NT ou a mudez não é explicada (Mc 7.32,37) ou é atribuída a demônios (Mt 9.32; 12.22; Mc 9.17,25; Lc 11.14). Uma exceção é a mudez de Zacarias (Lc 1.20,22), que serviu de sinal na confiabilidade da mensagem de Gabriel e, ao mesmo tempo, um castigo para a descrença de Zacarias.

MULA Animal híbrido produzido pelo cruzamento do jumento com a égua. Como a Lei mosaica proibia esse tipo de cruzamento (Lc 19.19), os israelitas importavam mulas (Ez 27.14). Eram usadas em guerras e para transporte de pessoas e cargas (2Rs 5.17). Eram especialmente úteis para transportar cargas pesadas em áreas montanhosas, sendo melhores que cavalos, burros ou camelos. Davi escolheu uma mula para simbolizar a realeza na coroação de Salomão (1Rs 1.33), possivelmente porque os israelitas não tinham cavalos. No entanto, não é o mesmo jumento usado em Zc 9.9 e em Mt 21.5, para a entrada de Jesus em Jerusalém.

MULHER O paradigma bíblico da feminilidade, embora permita a diversidade e singularidade, não deixa de ser cabalmente consistente e não contraditório quando apresenta o plano do Criador para a condição feminina e seu propósito.

A origem da mulher A mulher surgiu depois do homem como seu desmembramento reconhecido, possuindo uma natureza como a dele, mas uma existência singular própria. Esse ato criador estabelece a unidade da raça humana, garante a dignidade e o valor da mulher e consolida um laço exclusivo e permanente entre homem e mulher.

A mulher foi recebida pelo homem como projetada e oferecida a ele pelo Criador (Gn 2.22). Ela é a única criatura da qual se afirma que foi "construída" por Deus (heb., *banah*, "fez" em Gn 2.22; lit., "construiu"). Deus "construiu" a mulher de matérias-primas derivadas do homem (Gn 2.22). De acordo com os rabinos, a esposa "constrói" a casa e os filhos como responsabilidade dela no matrimônio.

Quando Adão disse "ela foi formada do homem" em Gn 2.23, empregou um trocadilho inteligente ao afirmar a congruência física dessa nova pessoa. "Homem" (heb., *ish*) é contrastado com "mulher" (*ishshah*). Essa semelhança terminológica também ocorre em outros idiomas: no termo anglo-saxão *wombman*, literalmente "homem com útero"; e no alemão *Mann* e *Maennin*.

Homem e mulher foram criados "à imagem de Deus", e sua posição em Cristo elimina qualquer possibilidade de inferioridade de um em relação ao outro. Contudo, por serem complementares, não podem ser igualados um ao outro. A dignidade igual proíbe o menosprezo de um pelo outro; a interação complementar de um com o outro requer que essas diferenças sejam respeitadas.

Juntos, homem e mulher estão equipados para continuar as gerações e exercer domínio sobre a terra e seus recursos. No entanto, a ordem divina da criação requer uma reciprocidade evidenciada na liderança servidora masculina e na submissão feminina, baseando-se ambas no modelo de Cristo.

Antigo Testamento As mulheres israelitas administravam a casa e realizavam os deveres de esposa e mãe (Pv 31.10,11). Tinham certo anonimato na vida e eram subordinadas ao marido. Na Bíblia a beleza é associada a mulheres, mas sem detalhes acerca do que as torna bonitas (Gn 12.11; 26.7; 29.17; 2Sm 11.2; Ct 4.2,3). A beleza interior, definida como "temor a Deus" e um "espírito dócil e tranquilo", é enaltecida mais que um semblante atraente (Pv 31.30; 1Tm 2.9,10; 1Pe 3.3,4). Esperava-se das mulheres que satisfizessem as necessidades sexuais do marido, mas as próprias necessidades delas também deviam ser satisfeitas (Ct 1.2; 2.3-6, 8-10; 8.1-4; 1Co 7.3,5).

O marido era o patriarca de sua família ou clã, e a esposa se tornava parte da família do marido. As mulheres eram parte integrante da comunidade e tinham de ser protegidas nela. O matrimônio era o ideal (Gn 2.24); uma boa esposa normalmente era elogiada e honrada (Pv 31.10-31); mulheres religiosas eram admiradas, e suas contribuições, grandemente valorizadas (p. ex., Débora, Ana, Abigail, Noemi, Rute, Ester); viúvas tinham de ser protegidas (Dt 24.19-22; 26.12).

A posição legal de uma mulher em Israel era mais frágil que a do homem. Embora um marido pudesse se divorciar da esposa por causa de

MULHER

"alguma impureza nela", não foi dada nenhuma lei sugerindo que uma esposa pudesse se divorciar do marido (Dt 24.1-4). Era permitido submeter a esposa a um teste de ciúmes se houvesse suspeita de infidelidade em relação ao marido, mas nenhuma lei permitia que a esposa exigisse o mesmo do marido (Nm 5.11-31).

As leis hebraicas ofereciam proteção às mulheres. Se o marido desposasse uma segunda mulher, não lhe era permitido ignorar as necessidades da primeira esposa (Êx 21.10). Até mesmo uma mulher levada cativa na guerra tinha direitos (Dt 21.14), e um homem declarado culpado de estuprar uma mulher era apedrejado até a morte (Dt 22.23-27). Embora os homens normalmente possuíssem a propriedade, as filhas podiam receber a herança dos pais se não houvesse nenhum filho na família (Nm 27.8-11). Com frequência se ignora a importância do dote para mulheres. Uma vez que teoricamente o dote pertencia à noiva, alguns estudiosos propuseram que esse presente representava a parte da propriedade do pai dada à filha. Ela recebia a "herança" no casamento, enquanto os irmãos dela tinham de esperar para receber sua parte quando da morte do pai.

A Bíblia identifica mulheres que eram ativas na sociedade antiga: Débora, uma profetisa e juíza; Ester, uma rainha cujas habilidades na diplomacia salvaram os judeus da extinção; Lídia, uma comerciante com um negócio próspero. A simples circunstância de que a posição de mulheres em empreendimentos civis e empresariais é uma exceção, não a regra, não diminui o valioso papel das mulheres na sociedade. Desde a época antiga até agora, a sociedade persiste ou sucumbe de acordo com sua infraestrutura, a saber, a família, que deve ser presidida pela esposa e mãe.

Aos filhos cabia respeitar mãe e pai de igual maneira (Êx 20.12), embora estivessem especialmente a cargo da mãe (Êx 21.15; Pv 1.8; 6.20; 20.20). Os nomes de mães apareceram em biografias de sucessivos reis (2Cr 24.7; 27.6). Desobedecer ou amaldiçoar o pai ou a mãe era passível de castigo por apedrejamento (Dt 21.18-21). Flagrados no ato de adultério, tanto o homem quanto a mulher tinham de ser apedrejados (Dt 22.22).

O marido exercitava a liderança espiritual trazendo os sacrifícios e as oferendas pela família (Lv 1.2), mas apenas mulheres ofereciam um sacrifício depois do nascimento de uma criança (Lv 12.6). As mulheres também participavam do culto, mas não se exigia delas, como dos homens, que comparecessem perante Deus (Dt 29.10; Ne 8.2; Jl 2.16). Essa participação opcional pode ter existido por causa de suas responsabilidades como esposas e mães (1Sm 1.3-5,21,22).

Novo Testamento Jesus ofereceu às mulheres novas funções e uma posição igual em seu Reino. Uma mulher foi a primeira a testemunhar sua ressurreição (Mt 28.8-10). Mulheres seguiam Jesus com as multidões (Mt 14.21), e em suas parábolas e ilustrações Jesus caracterizou mulheres e empregou objetos usados por elas (Mt 13.33; 25.1-13; Lc 13.18-21; 15.8-10; 18.1-5).

No NT as narrativas do nascimento e da infância mostram um número notável de mulheres. Mateus inclui quatro —Tamar, Raabe, Rute e Bate-Seba — em sua genealogia de Cristo (Mt 1.3,5-6). Por meio dessas mulheres, às quais Deus estendeu seu perdão, viria o Messias.

Mulher e menina de aldeia árabe carregando grandes potes de água equilibrados sobre a cabeça.

Jesus falou com mulheres (Jo 4) e as instruiu individual e reservadamente (Lc 10.38-42). Com frequência acompanhava-o em suas viagens um grupo de mulheres (Lc 8.1-3), e muitas vezes ele falou em alto conceito de mulheres (Mt 9.20-22; Lc 21.1-4). Salvaguardou os direitos das mulheres, especialmente em seus ensinamentos sobre matrimônio e divórcio (Mt 5.27-32; 19.3-9). O fato de Jesus gastar tempo e energia para ensinar mulheres indica que ele não apenas via nelas argúcia intelectual, mas também sensibilidade espiritual.

Jesus tratou homens e mulheres como iguais no privilégio espiritual, mas como diferentes na atividade espiritual. Nenhuma mulher estava entre os 12 discípulos nem entre os 70 enviados por ele (Lc 10.1-12); a ceia do Senhor foi instituída em um grupo de homens (Mt 26.26-29). A seletividade de Jesus de forma alguma minimizou os serviços que ele gratamente recebeu de mulheres devotas — palavras de encorajamento, hospitalidade, donativos para sustentar sua obra. Jesus alçou a um novo nível de importância as responsabilidades domésticas que as mulheres desempenharam para auxiliá-lo.

De acordo com os antigos Os pais apostólicos falaram sobre a questão das mulheres. Com maior frequência eles comentaram a responsabilidade da igreja em cuidar de suas viúvas. Enalteciam o trabalho de mulheres cristãs em manter sua casa e educar adequadamente os filhos.

Embora certas declarações dos pais da Igreja possam parecer injustas e preconceituosas para com as mulheres, não se deve ignorar o fato de que os pais da Igreja eram unânimes em reconhecer o lar como o lugar das mulheres. No âmbito do lar há muita evidência de que se dava ênfase em proteger a mulher e enaltecer a importância de seu papel. Os pais da Igreja também atribuíram à mulher que ela fosse submissa, mas era por meio dessa subordinação que a mulher obtinha honra e responsabilidade em sua esfera — o lar.

Pensamento rabínico A atitude judaica para com as mulheres expressa fora do cânon bíblico às vezes era discriminatória e humilhante. Muitos rabinos não falavam com mulheres nem as ensinavam. Essa depreciação de mulheres na literatura rabínica é encontrada no comentário deles sobre a Bíblia e pode ser atribuída ao legalismo rabínico. Embora Israel às vezes falhasse em conceder a merecida honra e o reconhecimento às suas mulheres, a lei de Israel protegia as mulheres em sua vulnerabilidade (p. ex., a viúva, por meio do costume do casamento de levirato, Dt 25.5-10).

No judaísmo somente os homens constituíam o *quorum* exigido e cumpriam os deveres religiosos no culto. As mulheres nem sequer sentavam com os homens. Talvez as mulheres tenham sido isentas de obrigações religiosas públicas para exercer as funções espirituais em casa e ficar livres a fim de educar os filhos. A diferença não é que uma função seja melhor que a outra, mas sim que cada qual é importante em sua respectiva contribuição.

A auxiliadora: uma função diferente
Embora, no uso contemporâneo, "auxiliador" (heb., *ezer*) seja geralmente compreendido como alguém em posição servil, no AT "auxiliador" meramente descreve a ajuda ética, espiritual e física prestada a alguém necessitado. O termo "auxiliadora" define o papel da mulher na diferença funcional existente entre o marido e a esposa. Quem auxilia proporciona apoio, caminha ao lado da pessoa, oferece conselho sem forçar concordância, e age em resposta a uma necessidade apresentada.

O "auxiliar" é alguém que fornece o que está faltando a outro, alguém capaz de fazer o que o outro não consegue fazer sozinho. O Senhor vem como um auxiliador para ajudar o desamparado, não porque seja inferior e rebaixado para tarefas servis de "ajuda", mas porque somente ele tem o que é necessário para atender às necessidades (Êx 18.4; Dt 33.7; Os 13.9; Sl 70.5). Ele pode optar por trazer os poderes de sua divindade ao contexto humano.

As atribuições gerais no seio da ordem divina não mudaram, mas o líder sempre tem a prerrogativa de optar pela função de ser auxiliador. A nuança no significado do termo "auxiliador" não está relacionada ao valor ou à personalidade; pelo contrário, diz respeito ao papel ou à função; p. ex., ao âmbito em que deve ser prestado o auxílio.

Como auxiliadora, a mulher limita sua subordinação à sua função e ao seu papel, mas é completa nessa função. Essa limitação autoimposta não invalida nenhum dom superior, mas torna disponíveis todos os dons e habilidades dela àquele a quem ela se comprometeu a ajudar. A mulher é aquela "que lhe corresponde" (*TEB*: "que lhe é adequada"), não possuindo nem inferioridade nem superioridade, mas sendo como pessoa semelhante e igual a ele. A expressão "auxiliadora que é como ele" (versão inglesa *HCSB*; "como sua outra metade", *NTLH*) mostra na própria formulação a igualdade como pessoa conjugada à diferença na função. Um é contraposto ao outro por via de comparação, ou um corresponde ao outro de uma maneira complementar.

Para realizar o plano do Criador para a vida dele, o homem precisava do auxílio de alguém que lhe correspondesse em todos os sentidos, uma pessoa que fosse parceira na continuação das gerações, como também no cumprimento das responsabilidades de domínio conferidas ao homem pelo próprio Deus. Somente a mulher é a ajudante que corresponde ao homem como parceira para lhe propiciar algo diferente do que ele propicia a si mesmo.

A fundamentação da instituição divina do matrimônio se situa na necessidade do homem e na habilidade da mulher de suprir essa necessidade — uma reciprocidade projetada pelo Criador. De forma alguma a mulher é o resultado do planejamento ou da ação masculinos, porque Deus a criou enquanto Adão repousava em sono profundo (Gn 2.21). Intimidade não deve ser entendida como perda de singularidade pelo homem ou pela mulher, nem sugere que a identidade de um tem de ser absorvida na do outro. A unidade de homem e mulher jamais pretendeu negar a singularidade de suas individualidades e personalidades que foram ideia de Deus.

O Reino de Cristo A Escritura afirma que as mulheres exerceram funções na igreja primitiva com serviço, influência, liderança e ensino. Maria, mãe de Marcos, e Lídia, de Tiatira, abriram seus lares para reuniões de cristãos e praticaram a hospitalidade (At 12.12; 16.14,15). Paulo menciona Febe com louvor (Rm 16.1,2) e empregou mulheres no serviço do Reino (Fp 4.3). Priscila, com o marido Áquila, instruiu Apolo em um ministério individual (At 18.26). Mulheres se doaram a Jesus em ministérios específicos (Jo 12.1-11).

Algumas mulheres são identificadas como profetisas: Miriã, que liderou as mulheres de Israel (Êx 15.20); Hulda, cuja única profecia na Escritura dirigiu-se a um homem que a consultou em casa (2Rs 22.14-20); Noadia, que foi rotulada como falsa profetisa (Ne 6.1-14); Ana, que profetizou no templo (Lc 2.36-40); e as filhas de Filipe (At 21.9). Deus também se reserva o direito de intervir na História com o inesperado ou extraordinário por meio de sua ordem divina, como fez ao chamar Débora para ser juíza de Israel (Jz 4–5).

Não existe nenhuma evidência de suprimir as mulheres nos ministérios do Reino. Pelo contrário, são encorajadas a trabalharem dentro das coordenadas estabelecidas por Deus com base na ordem natural da criação e na conveniência da função. Paulo recomendou que as mulheres estudem (1Tm 2.11). Exortou as mulheres espiritualmente maduras a instruírem as mais jovens e delineou o que deviam ensinar (Tt 2.3--5). As mulheres são exortadas a compartilhar o evangelho (1Pe 3.15), e a mães e pais cabe realizar um ensino aos filhos por meio de seu modo de vida (Dt 6.7-9). Mulheres podem orar e profetizar na igreja (1Co 11.5), mas receberam limites dentro dos quais devem exercer seus dons. São feitas somente duas restrições: ensinar os homens e governá-los — e isso em duas esferas, no lar e na igreja (1Tm 2.11-15). V. *antropologia*; *humanidade*; *pecado*. — Dorothy Patterson

MULTIDÃO DE ESTRANGEIROS Expressão usada para designar os estrangeiros que se associam a um grupo étnico dominante. A expressão foi usada em relação aos estrangeiros que se uniram aos israelitas no êxodo do Egito (Êx 12.38, *NVI*; *ARA*, "misto de gente"; *ARC*, "mistura de gente"; *NTLH*, "muitas outras pessoas"; *BJ*, "multidão misturada"), ao povo de Judá no exílio (Ne 13.3) ou que estavam associados aos egípcios (Jr 25.20) ou aos babilônios (Jr 50.37).

MUNDO Refere-se geralmente ao que chamaríamos hoje "a Terra"; entretanto, às vezes o significado parece abranger também os corpos celestes. Em outras ocasiões é usado para designar coisas neste "mundo", ou até mesmo o tempo em que vivemos — na "era do mundo" presente.

Antigo Testamento Diversas palavras hebraicas falam de uma ou outra maneira do mundo. *Erets* (terra) é usado em Is 23.17 e Jr 25.26 para falar desta terra em que vivemos, sendo vertida para "mundo" na *NTLH*. *Olam* também é traduzido por "mundo" na versão inglesa *KJ* em Sl 73.12 e na *ARC* em Ec 3.11, contudo traduções mais novas geralmente a entendem como "era" [*ARA*, *NVI*: "eternidade"]. A principal palavra em hebraico traduzida por "mundo" é *tebel*, um termo poético que fala do lugar de vivência dos seres humanos com toda a fecundidade (Jó 18.18; 34.13; 37.12; 1Sm 2.8; Sl 9.8).

Os autores do AT não tinham acesso ao tipo de entendimento científico do mundo disponível a nós, mas isso não quer dizer que as Escrituras hebraicas nos apresentem uma visão mitológica do mundo. Que diz o AT acerca da estrutura do mundo em que vivemos?

O texto de Ez 38.12 fala do fato de que Israel está no centro da Terra ou no "topo do mundo" [*TEB*: "umbigo da terra"]. Alguns estudiosos defendem que isso significa que o mundo é como um disco cujo ponto central é o templo. Isso pode ser devido ao fato de que Homero pensava que o mundo tinha um ponto central que poderia ser localizado no mar (*Odisseia* 1.50), ou de que algumas lendas gregas consideravam o oráculo de Delfos (ou, em algumas, Atenas) como o "umbigo da Terra". Contudo, isso é reivindicar demais. A ideia de que a palavra hebraica *tabbur* deva ser traduzida por "umbigo" constitui a chave dessa interpretação. A palavra é usada desse modo no hebraico talmúdico, mas não existe nenhuma comprovação de que seja usado assim no próprio AT. Na realidade, o próprio Ezequiel emprega um termo para "umbigo", a palavra *sor*, em Ez 16.4. Logo não é plausível que ele esteja aplicando a palavra desse texto com essa acepção. Um dos grandes equívocos dos estudiosos da Bíblia no século passado, especialmente na escola liberal, foi a tendência de ler a Bíblia à luz de mitos gregos ou à luz do talmudismo posterior. Isso significa descontextualizar e anacronizar ensinamentos bíblicos. Lexicógrafos hebraicos rejeitaram a tradução "umbigo da terra" e propuseram, em vez disso, "topo da terra" ou "centro da terra".

O texto de Ez 5.5 reivindica que Israel foi colocado por Deus "no meio das nações, com outras terras em torno dele" [*TEB*]. Esse povo está situado no centro dos propósitos de Deus para o mundo ou pelo menos como referência para seus vizinhos. Entretanto, a palavra em Ez 38.12 é bem mais restrita que isso. O contexto imediato, que contrasta Israel com as "aldeias sem muros" em redor, indica algo como um "local seguro e protegido".

Alguns citam Jz 9.37 para respaldar a noção de que os autores do AT viam a Terra como um "disco cujo ponto axial é o santuário central", mas essa interpretação não pode ser aceita. No texto consta: "Eis, ali desce gente do meio da terra, e uma tropa vem do caminho do carvalho de Meonenim" [*ARC*]. A formulação fundamental aqui é "o meio da terra". Lida no contexto, a passagem apenas significa que algumas pessoas estavam chegando do que provavelmente era "um marco proeminente, talvez uma montanha", como observa Arthur Cundall em seu comentário a esse texto. Traduções inglesas como a *REB* e a *NASB* trazem: "Há pessoas descendo do cume central". Ademais, independente da tradução apropriada de Jz 9.37, a frase não é proferida por um profeta ou pregador inspirado, mas por alguém de forma alguma propagandeado como homem santo — por Gaal. Por isso não demanda o *status* de uma verdade inspirada; trata-se apenas de um relatório do que alguém falou.

Em Jó 9.6 fala-se das colunas da Terra. Os textos de Sl 104.5 e 1Sm 2.8 também falam nessa linha, embora essas passagens apenas se refiram às "fundações" da Terra. A ideia das "fundações" da Terra é não específica e não parece envolver nenhum tipo de afirmação cosmológica particular ou clara. Diante da referência a "colunas", porém, alguns estudiosos apontam para o fato de que algumas cosmologias antigas acreditavam que a Terra estivesse assentada sobre pilares, como em algumas versões de mitos gregos em que se imaginava que a Terra estivesse apoiada sobre os ombros de Atlas. Não temos meio algum para saber o que Jó pensou, visto que somente temos acesso aos escritos, e a referência se encontra em um texto sumamente poético, não em um texto de prosa discursiva. Ademais, trata-se de uma referência incidental, não uma informação que seja central à verdade ensinada, a saber, que Deus é soberano.

Cumpre explicar um texto final: Gn 1.6-8. Alguns argumentam que "firmamento" constitui um exemplo claro da ideia mais antiga de uma abóbada celeste. Mas seria esse o caso? Primeiro, cabe anotar que a tradução "firmamento", encontrada em traduções como *NVI*, *ARA*, *TEB*, já não é considerada convincente. A tradução é retirada de *firmamentum* da *Vulgata*, que naturalmente dá a noção de algo sólido. O termo hebraico *raqi'a*, entretanto, simplesmente significa "expansão" [*ARC*]. É algo estendido como uma coberta, a exemplo de Ez 10.1, que faz menção da "expansão que estava por sobre as cabeças dos querubins" [*NTLH*: "cobertura curva"]. Seguramente uma expansão dessas poderia ser uma cobertura sólida, mas isso não é imperioso com base na palavra em si, como observou K. A. Mathews em seu comentário de Gn. *Raqi'a* é algo que foi estendido por desdobramento (como uma barraca) ou por martelagem. Parece que o velho argumento de que o AT apresenta uma visão mítica do mundo não é sustentável.

Novo Testamento A palavra mais comum para "mundo" no NT grego é *kosmos*. Ela muitas vezes comunica a ideia de um mundo ordenado ou regulamentado, aberto à observação e ao entendimento (Mt 4.8; Mc 8.36; Jo 1.9; 8.12; At 17.24; Rm 1.20). Muitas vezes o termo *aion* também é usado para falar do "mundo", embora seu sentido literal seja "era", e, assim, "era do mundo" ou "esta era" (Mt 12.32; 13.22; Rm 12.2; Hb 1.2). Ocasionalmente a ideia de "toda a criação" é expressa pela locução "todas as coisas" (*panta*), como em Jo 1.3, ou pela expressão "toda a natureza criada" (*pasa he ktisis*) em Rm 8.22.

A humanidade foi muitas vezes citada na Bíblia como "mundo" ou "terra". Isso ocorreu porque o gênero humano é a parte mais importante da criação de Deus, conforme se constata no fato de que "Deus tanto amou o mundo que deu o seu Filho unigênito, para que todo o que nele crê não pereça, mas tenha a vida eterna" (Jo 3.16). O mundo sujeito ao juízo dele consiste em que não o conheceram (Jo 1.10), que o rejeitaram (12.48) e que não acreditaram nele (3.18,19). João Batista se referiu a Jesus como "Cordeiro de Deus que tira o pecado do mundo" (1.29). Satanás foi capaz de oferecer a Jesus "todos os reinos do mundo" (Mt 4.8s; Lc 4.5), porque ele é o "príncipe deste mundo" (Jo 9.39; 12.31; 14.30; 16.11), o "deus deste mundo" (2Co 4.4, *NTLH*) e "o que engana o mundo todo" (Ap 12.9). A morte de Cristo trouxe a ruína do "príncipe deste mundo" (Jo 12.31). Jesus profetizou que o evangelho será pregado pelos discípulos dele pelo mundo inteiro (Mt 24.14; 26.13; Rm 10.18), e dos cristãos do séc. I dizia-se que "viraram o mundo de cabeça para baixo" (At 17.7) com sua proclamação.

O mundo moral se imbrica com o mundo humano porque muitas pessoas são hostis a Deus; por isso as Escrituras usam o termo "mundo" para nominar esse ambiente ou espírito do mal e de inimizade para com Deus e as coisas dele. Particularmente no evangelho de João, "mundo" assume esse significado nefasto. Originariamente o mundo não era mau, contudo "o mundo todo", desde a queda no pecado, ficou "sob o poder do Maligno" (1Jo 5.19). A cruz é tolice e ofensa para o mundo. Em contraposição à corrupção moral e à escuridão do mundo, Jesus veio como a "luz do mundo" (Jo 8.12; 9.5; 12.46) para impedir que as pessoas tropecem na escuridão (Jo 11.9-12).

É atitude mundana a adoração idólatra das coisas que alguém cobiça e que pertencem a este mundo. "Façam morrer tudo o que em vocês é mundano" (Cl 3.5; cf. versão inglesa *HCSB*). As coisas deste mundo não podem ser consideradas intrinsecamente erradas ou más, contudo podem se tornar assim quando não são usadas conforme a palavra de Deus e/ou quando alguém as exalta a uma posição que pertence unicamente a Deus. Em razão disso o mundo se apresenta como uma imagem de corrupção (2Pe 1.4). Tiago chama a pessoa mundana de adúltera e adverte que aliar-se ao mundo é estar em guerra contra Deus (Tg 4.4). João desencoraja o cristão de ser amante do mundo e das coisas do mundo (1Jo 2.15), enquanto Paulo proclama que "o mundo foi crucificado para mim, e eu para o mundo" (Gl 6.14). A pessoa que "morreu com Cristo" e é nascida de Deus já não pertence ao mundo (Cl 2.20), mas venceu o mundo pela fé em Jesus Cristo (1Jo 5.4,5), sendo instruída por graça a renunciar às paixões mundanas (Tt 2.11,12). Cristo adverte do perigo de perder a alma como decorrência de ambicionar o mundo (Mt 16.26). — *Chad Brand*

MUPIM Filho de Benjamim (Gn 46.21). O nome talvez seja derivado da raiz "agitar, acenar". V. *Sefufã*.

MURMURAR Pronunciar palavras sem sentido ou em voz baixa. Murmurar e chilrear caracterizavam a fala dos médiuns (Is 8.19). V. *médium*; *sheol*.

MURO DE INIMIZADE Expressão encontrada em Ef 2.14 e que tem sido vertida por "parede da separação" (*ARA*, *ARC*), "muro de inimizade" (*NTLH*), "muro de separação" (*BJ*). As pesquisas a respeito dessa expressão apontam para várias interpretações possíveis. **1.** O muro que separava os átrios interior e exterior do templo e impedia que judeus e gentios adorassem juntos. Inscrições em grego e latim alertavam aos gentios que o desrespeito à proibição era passível de pena de morte. **2.** A cortina, ou véu, que separava o Santo dos Santos do resto do templo. Esse véu foi rasgado com a morte de Jesus (Mc 15.38). Ele era o símbolo da separação de toda a humanidade em relação a Deus. **3.** A "cerca" que consistia em mandamentos detalhados e na interpretação oral erigida ao redor da Lei para garantir sua observação fiel. Na verdade, a Lei "cercada" criou a hostilidade entre judeus e gentios, e mais tarde os separou, além de ampliar a inimizade entre Deus e a humanidade. A destruição dos mediadores da Lei abre um novo caminho para a aproximação de Deus por intermédio de Cristo Jesus (Ef 2.18; 3.12; Hb 10.20). **4.** A barreira cósmica que separa Deus e as pessoas, as pessoas delas mesmas, e outros do Universo (Ef 1.20,21) — anjos, domínios, principados. **5.** Repetindo Is 59.2, o termo se refere à humanidade separada de Deus como resultado do pecado.

Nenhuma interpretação é suficiente em si mesma. O escritor de Ef enfatizou que qualquer barreira concebível existente entre as pessoas e Deus foi destruída pela obra definitiva de Deus em Jesus Cristo. V. *Efésios, carta aos*; *gentios*; *salvação*; *pecado*. — William J. Ireland Jr.

MURO LARGO Um trecho do muro de Jerusalém no canto noroeste perto da porta de Efraim, reconstruído por Neemias (Ne 3.8; 12.38).

MUROS Estruturas verticais exteriores de casas e de fortificações que circundam cidades. Antigamente os muros de cidades e casas eram construídos de tijolos feitos de barro misturado com palha e endurecidos ao sol. Os arqueólogos calculam que os muros de Nínive eram suficientemente largos para que três carruagens andassem lado a lado em seu topo e que as muralhas da Babilônia eram suficientemente largas para seis carruagens lado a lado.

Na linguagem das Escrituras, um muro é um símbolo de salvação (Is 26.1; 60.18), da proteção de Deus (Zc 2.5), dos que dispõem de proteção (1Sm 25.16; Is 2.15), bem como da riqueza dos ricos em sua presunção (Pv 18.11). Uma "muralha de bronze inabalável" (*TEB*) é simbólica para profetas e seu testemunho contra os maus (Jr 15.20). O "muro da inimizade" (Ef 2.14, parede de separação) representava a celebração no templo e a prática judaica que separava o judeu do gentio. V. *arquitetura*.

MURTA V. *plantas*.

MUSI Nome pessoal que significa "tirado para fora". Filho de Merari que deu seu nome a uma família de sacerdotes, os musitas (Êx 6.19; Nm 3.20,33; 26.58; 1Cr 6.19,47; 23.21,23; 24.26,30).

MÚSICA, INSTRUMENTOS, DANÇA Expressão de plena manifestação das emoções humanas por canto ou por instrumentos, parte da vida dos povos bíblicos ou nos tempos modernos. Trabalhadores em uma colheita podiam cantar um cântico durante a vindima (Is 16.10; Jr 48.33). De igual maneira, os cavadores de poços (Nm 21.17) podiam ser ouvidos cantando. De fato, tudo na vida pode ser tocado pelo cântico. As celebrações comunitárias, práticas rituais de culto e mesmo atos de guerra davam oportunidade para a música.

Em um ambiente com esse clima musical, a celebração por meio da dança encontrou um lugar natural na vida religiosa e secular do antigo Israel. Havia uma variedade de instrumentos musicais para providenciar acompanhamento instrumental para o canto e para a dança.

Música A música executada no antigo Oriente Médio se tornou conhecida por meio de descobertas arqueológicas de textos descritivos e de restos de instrumentos musicais.

A música secular e religiosa do antigo Israel encontrou guarida contra esse pano de fundo da música do antigo Oriente Médio no qual tudo da vida poderia se manifestar sob a forma de canto. O texto de Gn 4.21 é a primeira referência bíblica à música. Jubal, um dos filhos de Lameque, "foi o pai de todos os que tocam harpa e flauta". A invenção da música por Jubal foi um avanço cultural. O nome Jubal em si está relacionado à palavra hebraica para "carneiro" (*yovel*), cujos chifres eram usados como instrumentos para transmitir avisos no Israel antigo.

A alegria contida na música é evidenciada por seu lugar destacado na celebração da vida. Uma despedida podia ser expressa "com alegria e canto, ao som dos tamborins e das harpas" (Gn 31.27); uma saudação poderia ser com danças e "ao som de tamborins" (Jz 11.34; cp. Lc 15.25). Tarefas da vida diária desfrutavam da música, como o evidencia o cântico dos cavadores de poços (Nm 21.17,18), os que pisavam uvas (Jr 48.33) e possivelmente os vigias (Is 21.12).

MÚSICA, INSTRUMENTOS, DANÇA

Em algumas circunstâncias a celebração musical trouxe condenação. O relato do retorno de Moisés da montanha para ser confrontado pelos cânticos e pelas músicas do povo ao redor do bezerro de ouro (Êx 32.17-19), símbolo da situação de quebra da aliança. A repreensão dada pelo profeta Isaías aos ricos ociosos que têm "harpas, liras, tamborins, flautas e vinho em suas festas, mas não se importam com os atos do Senhor" (Is 5.12). Tanto a zombaria dos escarnecedores (Jó 30.9) como a aclamação dos heróis (1Sm 18.6,7) eram expressas com cânticos.

A vitória na guerra provia outro motivo para muitas músicas. O cântico de Miriã, uma das poesias mais antigas do AT, celebrou a derrota do faraó no mar Vermelho (Êx 15.21). O texto de Jz 5 é o testemunho musical da vitória de Israel sobre Jabim, rei de Canaã. Conhecido por "Cântico de Débora", os versos proféticos são a celebração musical de um acontecimento em narrativa. Cânticos de vitória nos lábios do vitorioso (cp. Sansão depois de ter derrotado os filisteus, conforme o registro de Jz 15.16), ou os que saúdam quem é vitorioso em uma batalha (cp. 1Sm 18.7) estabelecem a música como meio de expressão da alegria que não pode ser contida. A celebração se manifesta no cântico. Emoções que poderiam ser limitadas pela restrição da prosa, se expressam por intermédio da poesia da música, tal como visto no tocante lamento de Davi por ocasião da morte de Saul e de Jônatas (2Sm 1.19-27).

Nos dias mais antigos da história do AT, parece que as mulheres tinham uma posição especial na execução musical. Miriã e Débora, uma profetisa e uma juíza, estavam entre as mais antigas musicistas de Israel. Em Jz 11.34 é apresentada a filha de Jefté, saudando-o "ao som de tamborins" em seu retorno vitorioso da batalha contra os amonitas. A reputação de Davi como homem de valor se espalhou graças ao cântico das mulheres: "Saul matou milhares, e Davi, dezenas de milhares" (1Sm 18.7). A pintura de mulheres dançando como entretenimento em ocasiões festivas, encontrada em uma tumba egípcia, apresenta o pano de fundo do antigo Oriente Médio a respeito do papel das mulheres em celebrações musicais.

O estabelecimento da monarquia por volta do ano 1025 a.C. trouxe uma nova dimensão à tradição musical do antigo Israel com o surgimento de músicos profissionais. Egito e Assíria, vizinhos de Israel, tiveram suas tradições de músicos profissionais muito antes. Eles tinham lugar na corte (1Rs 1.34,39,40; 10.12; Ec 2.8) e no ritual religioso. Uma inscrição assíria que louva a vitória do rei assírio Senaqueribe sobre o Ezequias de Judá apresenta musicistas homens e mulheres como parte da tribo levada até Nínive.

Ainda que haja muita incerteza sobre aspectos específicos do culto no templo, as referências bíblicas oferecem chaves para o papel da música em observâncias cultuais. Como um hino proclamando o futuro governo de Deus em toda a terra, o salmo 98 convoca o uso da música no louvor:

Aclamem o Senhor
  todos os habitantes da terra!
Louvem-no com cânticos de alegria
  e ao som de música!
Ofereçam música ao Senhor com a harpa,
  com a harpa e ao som de canções.
com cornetas e ao som de trombeta;
  exultem diante do Senhor, o Rei!

O culto apresentava toques de trombetas (Nm 10.10, "cornetas") e cânticos de ações de graças, expressões de louvor e petições cantadas após a oferenda de sacrifícios (2Cr 29.20-30).

Os salmos apresentam não apenas o alcance emocional da música, variando do lamento ao louvor, mas também fornecem palavras para algumas das canções usadas no culto no templo. Associações de músicos, conhecidos por causa de referências aos seus fundadores em alguns dos sobrescritos dos salmos (p. ex., "os filhos de Corá"), eram evidentemente devotados à disciplina da música litúrgica.

Durante o exílio na Babilônia surgiu a seguinte questão: "Como poderíamos cantar as canções do Senhor numa terra estrangeira?" (Sl 137.4). Em Sl 137 mais tarde alude ao pedido dos babilônios para que os cativos hebreus "cantem para nós uma das canções de Sião" (v. 3). O retorno do exílio e o restabelecimento do templo viram os descendentes dos músicos levitas originais (cf. Ed 2.40,41) reassumirem a responsabilidade pela música litúrgica. A declaração do historiador grego Estrabão de que as garotas cantoras da Palestina eram consideradas as melhores em música no mundo mostra que a música continuou a ter importância em Israel durante o período helenístico.

A estrutura de alguns salmos oferece evidência para conjecturar a natureza da *performance* vocal. Refrões (do tipo "Abram-se, ó portais; abram-se, ó portas antigas", do Sl 24) e aclamações como "Aleluia", bem como as divisões em estrofes, permanecem como indicações ou sugestões de atuação. O artifício literário comum do paralelismo poético, no qual um pensamento é equilibrado por um segundo pensamento que ou pode ser um sinônimo ou pode ser um oposto, providencia evidência adicional para a suposição quanto à natureza da atuação musical, e atuações responsivas e antifônicas eram possibilidades.

À luz da reconhecida obscuridade de muitos dos sobrescritos, pode-se falar em termos gerais de cinco tipos diferentes de informações fornecidas pelos títulos dos salmos. Representantes dessa classificação são os títulos que identificam salmos com pessoas ou grupos de pessoas (Sl 3; 72; 90); títulos com o propósito de indicar informações históricas referentes ao salmo, particularmente com respeito a Davi (Sl 18; 34); títulos com informações musicais (Sl 4; 5); títulos com informações litúrgicas (Sl 92; 100); e títulos que designam o "tipo" do salmo em questão (Sl 120, um "cântico de peregrinação"; Sl 145, um "cântico de louvor").

Cerca de dois terços dos salmos contêm nos subtítulos termos indicadores de coleções, compiladores ou autores: Davi, apresentado na tradição bíblica como compositor, instrumentista, músico da corte e dançarino, é o mencionado com mais frequência. Outras menções incluem os filhos de Corá, Asafe, Salomão, Hemã, o ezraíta, Etã, o ezraíta, Moisés e Jedutum.

Derivada da tradução grega da palavra hebraica *mizmor*, a palavra "salmo" é aplicada a 57 canções. Como termo técnico que aparece apenas no Saltério, o vocábulo "salmo" se refere a músicas com acompanhamento instrumental. Outras palavras que indicam o tipo de salmo incluem *shiggaion* (Sl 7), algumas vezes entendido como indicativo de um lamento; *miktam* (Sl 16; 56-60), que tem ligação com a palavra acadiana que significa "cobrir"; *maskil* (Sl 78), cujo significado é ainda desconhecido. Cerca de 30 salmos incluem em seus sobrescritos a palavra "cântico" (*shir* em hebraico), como "cântico de louvor", e também ocorrem "oração", "cântico de amor" e "cântico das subidas". Os sobrescritos também podem incluir termos que indicam o propósito litúrgico e o uso de salmos específicos (p. ex., "pela oferta de gratidão", "pela oferta memorial", "pelo sábado").

Cerca de 55 salmos contêm em seus títulos a expressão "ao mestre de canto". Outras expressões técnicas musicais consistem em lembretes que incluem tipos ou espécies de atuações, tais como "com instrumentos de corda" (*neginot*, Sl 4; 6; 54, talvez para significar a exclusão de instrumentos de percussão e de sopro) e "para as flautas" (*nehilot*), ainda que ambos os significados sejam dúbios. Os termos *higgaion* (talvez, "florescimento musical"), *shemini* ("em oitava", talvez o tom de uma oitava acima) e *gittit* (Sl 8; 81; 84) permanecem obscuros.

O cântico de salmos com outras melodias populares naquele tempo é sugerido pelos títulos do tipo "A corça da manhã" no salmo 22 e "Os lírios", usada nos salmos 45, 69 e 80.

Ainda que encontrada 71 vezes no Saltério, a interpretação do termo "Selá" permanece incerta. Sugestões variam desde o entendimento do termo de acordo com sua tradução grega mais antiga, geralmente pensada para indicar um tipo de interlúdio musical ou mudança no cântico, ou o ajoelhar-e e curvar dos adoradores.

Instrumentos musicais Representações pictóricas, bem como fragmentos de instrumentos descobertos por arqueólogos, auxiliam no conhecimento dos instrumentos musicais antigos. Grande quantidade de material literário fornece evidências adicionais. Descrições e comentários a respeito de instrumentos musicais são também encontrados tanto no AT como no NT, em suas traduções antigas, na literatura rabínica e patrística e em textos de escritores gregos e romanos. No entanto, deve-se ter cautela na utilização dos dados disponíveis, o que torna a identificação difícil e, no máximo, hipotética.

O instrumento musical mencionado com mais frequência na Bíblia é o *shofar* (chifre de carneiro). Limitado a duas ou três notas, o *shofar* (geralmente traduzido por "trombeta" servia como instrumento de aviso em tempos de paz ou de guerra (Jz 3.27; 6.34; Ne 4.18-20). Tendo como principal função fazer barulho, o shofar anunciava as luas novas e o sábado, advertia do perigo próximo e assinalava a morte de alguém importante. Como único instrumento musical antigo ainda hoje usado na sinagoga, o *shofar* encontrou lugar destacado na vida de Israel, o que se percebe em sua função nas celebrações nacionais (1Rs 1.34; 2Rs 9.13).

Semelhante em função ao *shofar* era a trombeta, instrumento de metal achatado na parte final, e pensa-se que produzia um som elevado e estridente. Tocado em pares, a trombeta era conhecida como instrumento de sacerdotes (cf. Nm 10.2-10 para uma descrição dos usos; 2Cr 5.12,13, em que 20 trombeteiros são mencionados). O som das trombetas anunciava o sacrifício e as cerimônias do templo, e a trombeta era contada entre os utensílios sagrados do templo (2Rs 12.13; Nm 31.6; *NVI*, "cornetas").

Como instrumento de Davi e dos levitas, a lira (heb., *kinnor)* era utilizada tanto em ambientes seculares como em sagrados (cf. Is 23.16; 2Sm 6.5; *NVI*, *ARA*, *ARC*, *NTLH* "harpa"). Um instrumento popular por todo o antigo Oriente Médio, a lira, era geralmente usada para acompanhar o canto. O número de cordas na lira podia variar; seu formato básico era retangular ou trapezoidal.

A harpa era o instrumento favorito dos egípcios. A designação hebraica *nevel*, ainda que de significado incerto, pode significar um tipo de harpa angular com um ressonador vertical, ou representar outro tipo de lira. Um instrumento de uso primariamente religioso, o *nevel* raramente é mencionado em uso secular (cf. Is 5.12; 14.11). Como a lira, a harpa estava associada muitas vezes à aristocracia, sendo geralmente feita de madeira e metais preciosos (1Rs 10.12; 2Cr 9.11).

O principal instrumento de sopro de madeira citado na Bíblia, geralmente associado a usos seculares, e o mais popular no antigo Oriente Médio, era o *chalil*. Talvez melhor descrito como uma clarineta primitiva, o *chalil* era um instrumento com dois tubos separados, feitos de junco, metal ou marfim; cada tubo tinha bocais com palheta única ou dupla. Usado para expressar alegria (1Rs 1.39-40) ou lamento (Jr 48.36; Mt 9.23), o *chalil* era primariamente um instrumento secular que poderia ser executado em funerais ou festas.

Outros instrumentos musicais mencionados nos textos bíblicos são o adufe ou tamborim (heb., *tof*, geralmente símbolo de alegria, Gn 31.27; *NVI*, "tamborim"; *ARA* e *ARC*, "tamboril"; *NTLH*, "pandeiro"), címbalos, sinos (talvez pequenos sinos sem badalos; Êx 28.33, 34; 39.25,26, em que estão presos na veste do sumo sacerdote) e um instrumento barulhento citado em 2Sm 6.5, traduzido de diferentes maneiras, como "chocalho" (*NVI*) ou "castanhola" (*NTLH*).

O NT menciona a flauta, a lira e o címbalo e a trombeta. O "prato que retine" de 1Co 13.1 talvez seja entendido por meio da literatura rabínica, na qual é visto como um instrumento característico para festas de casamento ou celebrações alegres.

Dança Movimento rítmico geralmente acompanhado pela música, a dança desfrutava um lugar destacado na vida e no culto de Israel. Várias palavras hebraicas no AT são usadas para expressar a ideia de dança em diferentes tipos de movimento: pular (*raqad*, Jó 21.11), rodopiar (*karar*, 2Sm 6.14,16) e talvez girar ou retorcer (*machol*, Sl 30.11). Representada na saudação de boas-vindas feita pelas mulheres aos soldados vitoriosos, a dança podia ser acompanhada por músicas e instrumentos musicais (1Sm 18.6). V. *dança*; *Davi*; *levitas*; *Salmos, livro de*; *Siló*; *cítara*. — Kandy Queen-Sutherland

MUSITA Integrante do clã de Musi.

MUTILADO Ferimento sério, aleijão, que desfigura, especialmente pela perda de um membro (Mt 18.8; Mc 9.43). No mundo antigo o mutilado tinha dificuldade em conseguir emprego e dependia da generosidade dos outros (Lc 14.13). Pastor (= líder político) sem valor não cuida das ovelhas (= povo) mutiladas (Zc 11.16). Cristo, o Bom Pastor, cuidou dos aleijados e mutilados em seu ministério de cura (Mt 15.30,31). Ele esperava que os discípulos convidassem os aleijados e mutilados que nunca poderiam retribuir o convite recebido (Lc 14.13). Ao advertir os discípulos de evitarem as causas do pecado, Jesus ensinou ser preferível entrar na vida (eterna) mutilado a ser lançado no fogo por qualquer motivo que leve alguém a pecar (Mt 18.8).

MUT-LABEN Expressão hebraica no título do salmo 9, que significa "morte do filho". A expressão provavelmente se refere ao tom no qual o salmo era cantado.

MUTUCA (Jr 4.6:20, *NVI*, *ARA*, *TEB*; "moscão", *NTLH*; "moscardo", *BJ*). Inseto que ataca o gado, que pode ser do gênero *Tabanidae* ou do gênero *Oestridae*. V. *insetos*.

N

Pôr do sol no rio Nilo, visto de Minia.

NAÃ 1. Nome pessoal que significa "prazer, conforto". Descendente de Calebe (1Cr 47.15). **2.** Nome pessoal que significa "consolação". Pode ser o irmão de Hodias (1Cr 4.19), embora na *NVI* se leia "irmã".

NAALAL Nome de lugar que significa "pasto" (Js 19.15), com grafia variante (Naalol em Jz 1.30). Cidade no território da tribo de Zebulom, designada aos levitas (Js 19.15; 21.35). Os israelitas não expulsaram os habitantes cananeus da cidade (Jz 1.30). A localização é incerta. Tell en-Nahl ao norte do rio Quisom, na extremidade sul da planície de Aco é possível, como o são as modernas Nahalal, a cerca de 9 quilômetros a oeste de Nazaré e Tell el-Beida.

NAALIEL Nome de lugar que significa "palmeira de Deus", "torrente no vale de Deus" ou menos provavelmente "Deus é minha herança". Um dos lugares de parada de Israel na Transjordânia, na travessia do deserto (Nm 21.19). O leito do ribeiro talvez seja o uádi Zeraq Ma'in ou o uádi Wala, tributário do norte do rio Arnom.

NAAMÁ Nome que significa "agradável" ou "prazerosa". **1.** Irmã de Tubalcaim (Gn 4.22). **2.** Esposa amonita de Salomão e mãe de Roboão (1Rs 14.21,31; 2Cr 12.13). **3.** Cidade no distrito da Sefelá de Judá (Js 15.41), provavelmente a mesma Khirbet Farad, localizada a cerca de 35 quilômetros a oeste de Jerusalém entre Timna e Elteque.

NAAMÃ Nome que significa "agradável". General sírio curado de lepra sob a direção do profeta Eliseu (2Rs 5). A lepra de Naamã aparentemente não era contagiosa nem é apresentada como consequência de algum pecado moral. Após sua purificação, ele professou sua fé no Deus de Israel. V. *lepra*.

NAAMANI Nome pessoal que significa "conforto". Exilado que voltou com Zorobabel (Ne 7.7). O nome não aparece na lista paralela (Ed 2.2).

NAAMATITA Título que significa "residente de Na'ameh", dado a Zofar, um dos três amigos de Jó (Jó 2.11; 11.1; 20.1; 42.9). Na'ameh talvez seja Djebel-el-Na'ameh, no nordeste da Arábia.

NAAMITA Família de benjamitas descendentes de Naamã (Nm 26.40).

NAARÁ Nome que significa "garota" ou "moinho". **1.** Esposa de Asur (1Cr 4.5,6) . **2.** Forma de Naarate, preferida em traduções modernas.

NAARÃ Cidade destinada a Efraim, provavelmente a mesma Naará (1Cr 7.28; cp. Js 16.7).

NAARAI Nome pessoal que significa "servente de Yah (= Javé)", "inteligente" ou "roncador". Um dos 30 guerreiros de elite de Davi que trabalhou como escudeiro de Joabe (1Cr 11.37). O relato paralelo lhe dá o nome de Paarai (2Sm 23.35).

NAARATE Cidade no território da tribo de Efraim, localizada no norte de Jericó (Js 16.7). Sugestões da sua localização incluem 'Ain Duq, Khirbet el-Nayash, a cerca de 8 quilômetros a nordeste de Jericó, e Tell el-Jishr. Talvez a mesma Naarã (1Cr 7.28).

NAÁS Nome pessoal que significa "serpente" ou talvez "magnificência". **1.** Líder amonita cujo ataque a Jabes-Gileade preparou o cenário para a consolidação do poder de Saul como rei (1Sm 11.1-11). O oponente de Saul era provavelmente o Naás que acolheu Davi (2Sm 10.1,2). Seu filho Hanum provocou a fúria de Davi (2Sm 10.3-5). Outro filho, Sobi, foi aliado de Davi (2Sm 17.27). **2.** Pai de Abigail (2Sm 17.25). Várias harmonizações de 2Sm 17.25 e 1Cr 2.196 têm sido sugeridas: Naás era uma mulher; Naás é um nome alternativo para Jessé; o líder amonita Naás e Jessé foram em épocas diferentes casados com a mesma mulher.

NAASSOM Nome pessoal que significa "serpente". Líder da tribo de Judá no período passado no deserto (Nm 1.7; 2.3; 7.12,17; 10.14), cunhado de Arão (Êx 6.23) e ancestral do rei Davi (Rt 4.20-22) e de Jesus (Mt 1.4; Lc 3.32).

NAATE Nome pessoal que significa "descida", "descanso", "quietude" ou ainda "puro, claro". **1.** Chefe de clã edomita (Gn 36.13,17; 1Cr 1.37). **2.** Levita (1Cr 6.26), possivelmente o mesmo Toá (1Cr 6.34) ou Toú (1Sm 1.1). **3.** Supervisor no tempo de Ezequias (2Cr 31.13).

NABAL Nome pessoal que significa "tolo", "bobo" ou "rude", "grosseiro". V. *Abigail*.

NABATEUS Povo árabe de origem desconhecida. Ainda que não sejam mencionados na Bíblia, os nabateus exerceram grande influência sobre a Palestina no período intertestamentário e no NT. Aparentemente eles se infiltraram na antiga Edom e Moabe por sua terra ancestral, a sudeste de Petra — cidade que mais tarde se tornou a capital. De Petra eles continuaram a avançar rumo ao norte, até Madeba. Em 85 a.C. Damasco requisitou um governador dos nabateus. Os árabes responderam. Ainda que derrotados por Pompeu em 63 a.C., eles continuaram a influenciar a Transjordânia por intermédio de vários governadores. Paulo escapou por pouco de ser preso em Damasco (2Co 11.32). Ele passou um tempo na Arábia após a conversão, provavelmente pregando o evangelho (Gl 1.17).

NABI Nome pessoal que significa "oculto" ou "tímido". O representante de Naftali entre os 12 espiões enviados para pesquisar Canaã (Nm 13.14).

NABONIDO Nome pessoal que significa "Nabu inspira o assombro". Último rei do Império Neobabilônico (555-539 a.C.). V. *Babilônia*.

NABOPOLASSAR Nome pessoal que significa "Nabu, proteja o filho". Rei (626-605 a.C.) que se revoltou contra os assírios e estabeleceu o Império Neobabilônico. Sua revolta ocorreu em 627 a.C., e ele estabeleceu a capital na Babilônia. Seu reinado foi de guerras constantes, e aos poucos conquistou as cidades do reino assírio. Fez aliança com o rei medo Ciáxares em 614 a.C., e os dois conquistaram Nínive em 612 a.C. V. *Babilônia*.

NABOTE Nome pessoal cujo significado talvez seja "broto, renovo". Proprietário de uma vinha no vale de Jezreel adjacente ao palácio do rei Acabe, que desejava a propriedade para fazer dela um jardim. Nabote se recusou a vender a propriedade, pois era herança de família (1Rs 21.3,4). A lei hebraica permitia que a terra fosse arrendada somente pelo número de colheitas que faltassem para o ano do Jubileu (Lv 25.15,16). A terra não poderia ser vendida em perpetuidade (Lv 25.23). Jezabel, que não tinha respeito pelas leis de Israel, armou um plano para condenar Nabote à morte, sob a acusação de blasfêmia contra Deus e o rei (1Rs 21.8-14). O assassinato de Nabote provocou o juízo de Deus contra Acabe e sua família.

NABUCODONOSOR Nome pessoal que significa "Nabu protege". Rei da Babilônia de 605 a 562 a.C., era filho de Nabopolassar e herdou o trono após a morte do pai. Nabucodonosor serviu a seu pai como general e foi um estrategista brilhante. Sua vitória sobre as forças egípcias em Carquemis (605) assinalou o término da conquista da Palestina pela Babilônia (Jr 46.1,2). V. *Babilônia*.

NAÇÕES V. *gentios*.

NACOM Nome de lugar que significa "firme" ou "preparado". Eira (local próprio para debulhar e secar cereais e legumes) entre Baal-Judá (Quiriate-Jearim) e Jerusalém (2Sm 6.6). A designação talvez seja o nome do lugar ou do proprietário. No relato paralelo de 1Cr 13.9, o nome do proprietário é Quidom.

NADABE Nome pessoal que significa "desejo" ou "liberal". **1.** Filho mais velho de Arão (Êx 6.23; Nm 3.2; 1Cr 6.3), que participou da ratificação da aliança (Êx 24.1,9), serviu como sacerdote (Êx 28.1) e foi consumido por fogo, junto com seu irmão Abiú, por ter oferecido fogo que não era santo perante o Senhor (Lv 10.1-7; Nm 26.61). Nadabe morreu sem filhos (Nm 3.4; 1Cr 24.2). **2.** Descendente de Judá e Tamar (1Cr 2.28,30). **3.** Descendente de Benjamim e tio-avô de Saul (1Cr 8.30; 9.36). **4.** Filho de Jeroboão (1Rs 14.20) e rei idólatra de Israel (901-900 a.C.). Baasa o assassinou durante o cerco da cidade filisteia de Gibetom (1Rs 15.25-28). O extermínio da família de Jeroboão (15.29) foi visto como cumprimento da profecia de Aías (14.10,11).

NAFIS Nome pessoal que significa "renovado". Um dos filhos de Ismael, ancestral de uma tribo do noroeste da Arábia com o mesmo nome (Gn 25.15; 1Cr 1.31). A tribo habitou na Transjordânia antes de ser desalojada por Rúben, Gade e a meia tribo de Manassés (1Cr 5.19).

NAFOTE-DOR Designação da região ao redor da cidade costeira de Dor, a cerca de 24 quilômetros a oeste de Megido (Js 12.23; 1Rs 4.11). Em Js 11.2, a *ARA* traduz por "planaltos de Dor"; *ARC* como "Nafote-Dor"; *NTLH* traz "perto de Dor"; *BJ* traz "cumes de Dor".

NAFTALI Nome pessoal que significa "lutador". Sexto filho de Jacó e segundo filho com Bila, sua concubina (Gn 30.6-8). Ao abençoá-lo, Jacó comparou Naftali a uma gazela selvagem, provavelmente uma referência à energia sem limites. A tribo que levou seu nome habitou um território no norte do mar da Galileia que se estendia ao longo do lado noroeste do Jordão além do lago Hulé (Js 19.32-39).

Naftali é exaltado no cântico de Débora por colocar-se em perigo por causa de Israel (Jz 5.18). Essa tribo se uniu a Aser e a Manassés para ajudar a expulsar os midianitas da terra (7.23). No reinado de Salomão o território foi designado distrito econômico separado (1Rs 4.7,15) e Hurão, o metalúrgico chefe do rei, era originário dessa tribo (1Rs 7.13,14). Os sírios invadiram Naftali no reinado de Baasa e provocaram perdas severas (15.20). Por fim, o território sucumbiu a Tiglate-Pileser III em 734 a.C. (2Rs 15.29). V. *tribos de Israel*.

NAFTUÍTAS Residentes de Naftu, área geográfica não identificada (Gn 10.13; 1Cr 1.11). Os naftuítas eram muito provavelmente habitantes do oásis a oeste do vale do Nilo. A palavra pode ser derivada do nome egípcio do deus Ptá, o que indica ou aponta para o centro do Egito.

NAG HAMMADI Atualmente é uma cidade egípcia localizada a 480 quilômetros ao sul do Cairo e a cerca de 96 quilômetros ao norte de Lúxor, a Tebas antiga. Em razão da proximidade de Nag Hammadi com o local de uma descoberta importante de documentos antigos relacionados ao gnosticismo, é costume referir-se a estes documentos como documentos de Nag Hammadi ou da Biblioteca de Nag Hammadi. Outro nome associado às vezes com os documentos é Chenoboskion, o nome de uma antiga comunidade cristã, também próxima ao local da descoberta. Ainda que os documentos tenham sido encontrados em um cemitério abandonado perto de Chenoboskion, estes provavelmente não tinham nenhuma associação com aquela comunidade.

Diferente dos manuscritos do mar Morto, que consistiam primariamente em rolos, os documentos encontrados em Nag Hammadi eram códices (livros contendo folhas). Cada códice era formado de folhas de papiro envoltas em couro, medindo cerca de 23 por 28 centímetros. Foram encontrados 13 códices separados, contendo 51 escritos menores. Conquanto os documentos tenham sido escritos em copta, a língua antiga do Egito, eles eram provavelmente traduções de originais gregos. Os documentos parecem datar por volta de 350 d.C. Ainda que haja debate a respeito das datas dos textos originais, alguns foram reescritos provavelmente antes de 200 d.C.

A descoberta dos documentos de Nag Hammadi Tal como aconteceu com muitas grandes descobertas arqueológicas, a descoberta foi algo completamente inesperado. Um lavrador árabe em 1945 escavava em um cemitério antigo à procura de esterco para usar como fertilizante, quando encontrou um jarro grande. No primeiro momento ele ficou temeroso de abri-lo por suas crenças supersticiosas, mas a perspectiva de que dentro dele houvesse um tesouro precioso o levou a quebrar o jarro. Ele encontrou os 13 livros encadernados em couro, ou códices. Alguns dos documentos podem ter sido destruídos, mas a descoberta posteriormente chamou a atenção de pessoas envolvidas em estudos de antiguidades.

Conteúdo dos documentos de Nag Hammadi Praticamente todo o material reflete a perspectiva religiosa chamada "gnosticismo", uma visão de mundo que provocou dificuldades consideráveis para o cristianismo primitivo. Até a descoberta dos documentos de Nag Hammadi, as informações sobre o gnosticismo provinham primordialmente de escritores cristãos antigos contrários a esse movimento. Ireneu, Clemente de Alexandria, Orígenes e Tertuliano não somente apresentaram descrições dos ensinos do gnosticismo, mas também fizeram citações de textos gnósticos. No entanto, com a descoberta de Nag Hammadi, uma pequena biblioteca de textos verdadeiramente gnósticos se tornou disponível para pesquisa.

Os documentos de Nag Hammadi representam uma grande diversidade de conteúdo. De interesse especial são várias categorias claramente definidas. O material indicado como "Evangelhos" é especialmente importante. Nessa categoria estão obras como *O evangelho de Filipe*, *O evangelho da verdade* e talvez a obra mais importante descoberta em Nag Hammadi, *O evangelho de Tomé*, que se faz passar por uma coleção de ditos de Jesus. Outra categoria de documentos se preocupa com a obra e as circunstâncias da vida dos apóstolos. O *Apocalipse de Paulo* relata a narrativa de uma viagem espiritual de Paulo. O *Apocalipse de Pedro* descreve revelações especiais dadas a Pedro por Jesus antes da prisão de Pedro. O *Apocalipse de Tiago* fala da morte do apóstolo que dá nome à obra.

Uma categoria adicional de documentos contém uma ampla variedade de especulações mitológicas que abrangem tópicos como a criação, redenção e o destino final. Nessa categoria há obras como *Sobre a origem do mundo*, *O livro secreto do grande espírito invisível*, *Apocalipse de Adão*, *O pensamento do nosso grande poder*, *A paráfrase de Sem*, *O segundo logos do grande Sete* e *A Protenoia trimórfica*.

Ainda que os documentos de Nag Hammadi representem uma diversidade de sistemas gnósticos, grande parte do material reflete a orientação gnóstica. Uma possível exceção é a obra chamada *Os atos de Pedro e dos doze apóstolos*, obra apócrifa a respeito dos 12 apóstolos.

Significado dos documentos de Nag Hammadi Os documentos 1) fornecem fontes primárias para o entendimento maior do gnosticismo; 2) provam a existência de sistemas gnósticos independentes da estrutura cristã (alguns eram primariamente judeus, e outros existiam como movimentos independentes de orientação ou judia ou cristã); 3) incrementaram o estudo do NT, em especial dos livros que podem ter sido escritos como reações ao gnosticismo, como Cl, Jo e possivelmente 1Co; 4) refletem a diversidade do gnosticismo e apontam para a diversidade do cristianismo primitivo e a luta pela ortodoxia daí resultante; 5) reforçam o conceito da seriedade da ameaça gnóstica contra o cristianismo primitivo. Agora existem evidências de primeira mão quanto às visões gnósticas divergentes da criação, Cristo, redenção, doutrina da humanidade e o significado da igreja institucional.

Como conclusão, ainda que não sejam tão conhecidos como os manuscritos do mar Morto, a descoberta de Nag Hammadi representa um marco importante no entendimento das lutas e desenvolvimentos da igreja cristã primitiva. V. *apócrifos, livros — Novo Testamento*; *gnosticismo*. — Bruce Tankersley

NAGAI Nome pessoal que talvez signifique "esplendor do sol". Ancestral de Jesus (Lc 3.25).

NAIM Nome de lugar que significa "agradável". Cidade no sudoeste da Galileia, onde Jesus ressuscitou o filho de uma viúva (Lc 7.11-15). A cidade antiga estava em uma colina com uma vista para a planície de Esdrelom.

NAIOTE Nome de lugar que significa "habitação". O nome se refere à edificação e ao distrito da cidade de Ramá que hospedou a escola profética liderada por Samuel (1Sm 19.18-24). Davi buscou refúgio de Saul em Naiote. Três grupos de mensageiros reais e por fim o próprio Saul caíram em transe profético quando tentaram capturar Davi nesse lugar.

NAJA Serpente venenosa. V. *répteis*.

NAOR Nome pessoal que significa "ronco", "roncador". **1.** Filho de Serugue, pai de Terá e avô de Abraão (Gn 11.22-26). **2.** Filho de Terá e irmão de Abraão (Gn 11.26). Ele se casou com Milca, sua sobrinha, que lhe deu oito filhos (11.29; 22.20-23). A genealogia de Naor mostra a ligação entre os hebreus e outros povos semitas do antigo Oriente Médio. De especial interesse é seu relacionamento com os arameus que habitavam a região da Síria atual, provavelmente descendentes dos seus filhos nascidos de Reumá (22.24), sua concubina. **3.** Cidade da Mesopotâmia onde o servo de Abraão procurou uma esposa para Isaque e a encontrou (Gn 24.10); isso aconteceu para manter o costume antigo de se casar com alguém da mesma família. A cidade estava provavelmente localizada a sudoeste de Harã. É mencionada nas *cartas de Mari*.

NARCISO 1. (*ARA*) Planta com flores abundantes. Diversas espécies de narciso crescem na Palestina. (*NVI*: "tulipa"). A flor mencionada em Ct 2.1 e Is 35.1 tem sido identificada ou com o narciso (*N. tazetta*), o açafrão da campina (gênero *Calchicum*) ou o asfódelo (*asphodelos*).

NARDO

A palavra hebraica é traduzida às vezes por "rosa" (cp. *ARC* e outras versões em Ct 2.1 e Is 35.1). V. *flores*. **2.** Nome comum entre escravos e também entre pessoas livres no mundo antigo. É o nome de uma flor. O Narciso de Rm 16.11 era o líder de uma casa, que talvez incluísse escravos e/ou homens livres associados, alguns deles cristãos. O Narciso mais famoso foi um homem livre que trabalhou como conselheiro do imperador Cláudio (41-54 d.C.). Cometeu suicídio pouco depois da ascensão de Nero ao trono. É possível, ainda que não seja certo, que Paulo tivesse esse Narciso em mente (em Rm 16.11).

NARDO Fragrância valiosa derivada das raízes da erva *Nardostachys jatamansi*. A palavra aparece duas vezes em Ct (1.12; 4.13,14) e em dois dos relatos dos Evangelhos sobre a mulher que ungiu Jesus na casa de Simão (Mc 14.3; Jo 12.3). Os discípulos a repreenderam por essa ação, declarando que o óleo poderia ter sido vendido por uma grande soma e o valor doado aos pobres. V. *especiarias*.

NARINAS V. *nariz*.

NARIZ Parte do rosto entre os olhos e a boca que contém as narinas e cobre a cavidade nasal. Utilizavam-se joias no nariz (Gn 24; 47; Is 3.21; Ez 16.12). Prisioneiros de guerra algumas vezes eram levados cativos com ganchos no nariz (2Rs 19.28; Is 37.29). O significado de colocar "o ramo perto do nariz" (Ez 8.17) não é conhecido. Sugere-se que tenha sido um ato ligado ao culto idólatra, ou um gesto de provocação (cp. com a expressão contemporânea "torcer o nariz"), ou, se o texto é corrigido, ao mau cheiro do povo que alcança o nariz de Deus. Cortar o nariz de uma adúltera é uma penalidade conhecida na lei assíria (Ez 23.25,35).

As narinas são com frequência associadas ao fôlego de vida (Gn 2.7; 7.22; Jó 27.3; Is 2.22). As narinas do Senhor sopraram as águas, permitindo a passagem pelo mar (Êx 15.8; 2Sm 22.16) e estão associadas ao juízo (2Sm 22.9; Jó 41.20; Sl 18.8; Is 65.5).

NASCIMENTO Geração de filhos por meio do útero. Os autores bíblicos, bem como outras pessoas da Antiguidade, não entendiam completamente o processo da concepção. Não tendo conhecimento do ovo da mulher, eles pensavam que somente o sêmen do homem (sua "semente") produzia o filho. A mulher fornecia o útero como receptáculo para a proteção e o crescimento da criança.

Parteiras eram muitas vezes usadas no processo de nascimento (Gn 35.17; 38.28; Êx 1.15). "Assentos" de nascimento eram também usados (Êx 1.16). O cordão umbilical do recém-nascido era cortado imediatamente após o nascimento; a criança era limpa, esfregada com sal e enrolada em panos (Ez 16.4). Frequentemente se dava o nome à criança já no nascimento (Gn 21.3; 29.32,35; 30.6-8). A mulher era considerada ritualmente impura durante um período de 40 a 80 dias a partir do nascimento (Lv 12.1-8; Lc 2.22). V. *assento de nascimento*.

Quando nascia um filho, ele era colocado imediatamente no colo de seu pai (Gn 50.23; Jó 3.12). As palavras do salmista: "Sobre ti fui lançado desde a madre" (*ARC*) refletem a situação de um pai recebendo seu novo filho e significam o cuidado de Deus desde o momento do nascimento (Sl 22.10; 71.6). Raquel, ao receber o filho de Bila sobre o colo no nascimento, estava adotando-o como o próprio filho (Gn 30.3-8).

O nascimento às vezes era prematuro em virtude do choque de más notícias (1Sm 4.19). O nascido prematuramente — aqui, natimorto — entra no escuro, encontra o descanso e não conhece a agonia da vida (Ec 6.4,5; Jó 3.11-13). Um aborto era provocado por acidente ou violência (Êx 21.22-25) ou podia ser considerado juízo divino (Sl 58.8; Os 9.14).

O nascimento de uma criança era um tempo de felicidade, especialmente o nascimento de um filho (Rt 4.13,14; Jr 20.15; Lc 1.14,57,58; 2.13,14; Jo 16.21). O dia do aniversário de alguém era ocasião de celebração (Gn 40.20; Mt 14.6). Se a vida se tornava insuportável, a pessoa podia ser levada a amaldiçoar o dia do nascimento (Jó 3.3; Jr 20.14).

O processo do nascimento era usado de forma figurada para descrever o relacionamento de Deus com seu povo. Em Dt 32.18 Deus deu à luz o povo de Israel assim como uma mãe dá à luz um filho. Por isso, quando os israelitas disseram à madeira: "Você é meu pai" e à pedra: "Você me deu à luz", eles se afastaram de seu verdadeiro pai (as colunas de madeira e de pedra eram símbolos da adoração a ídolos). De acordo com Jesus, é tão necessário nascer do Espírito quanto o é nascer de uma mulher (Jo 3.1-7). O processo de nascimento também é usado como uma imagem para descrever a atividade criativa de Deus (Jó 38.29). Deus é até mesmo retratado como uma parteira (Is 66.7-9).

Muitos autores bíblicos usaram as dores de parto de forma metafórica. Os reis tremem diante de Deus como uma mulher com dores de parturiente (Sl 48.6). A vinda do Dia do Senhor causará angústia semelhante ao nascimento de uma criança. Haverá dores de parto, agonia, gritos, suspiros e arquejos (Is 13.8; 42.14; Jr 6.24; 13.21; 22.23; 30.6; 48.41; 49.24; 50.43; Jo 16.21; Ap 12.2). — *Phil Logan*

NASCIMENTO, DEFEITOS DE A Bíblia registra quatro casos claros de defeito no nascimento: um homem "cego de nascença" (Jo 9.1), um homem "aleijado de nascença" (At 3.2), um homem "paralítico dos pés, aleijado desde o nascimento" (At 14.8) e uma referência a eunucos (esterilidade masculina) "porque nasceram assim" (Mt 19.12).

Uma variedade de enfermidades e deficiências físicas é mencionada na Bíblia sem comentário algum quanto à sua origem ou causa (p. ex., Mt 9.1; Mc 7.32). O texto de Lv 21.18-21 alista deformidades físicas que desqualificavam um homem descendente de Arão para o serviço no santuário do Senhor; estas incluíam cegueira, condição de aleijado, deformação, nanismo, visão defeituosa e testículos defeituosos. Em muitas situações tais deformidades devem ter sido congênitas.

A Bíblia deixa claro que, embora o desenvolvimento de um feto talvez não seja compreendido pelas pessoas (Ec 11.5), ele é conhecido e conduzido por Deus (Jó 10.11; 31.15; Sl 119.73; 139.13-16; Is 44.2; 46.3; 49.5; Jr 1.5; Rm 8.28). Por essa razão, cada pessoa precisa ser aceita como uma pessoa completa aos olhos de Deus. — *Paul H. Wright*

NATÃ Nome pessoal que significa "dom, dádiva, presente". **1.** Profeta da corte real de Davi e do início do reinado de Salomão. Davi consultou Natã a respeito da construção de um templo. Natã respondeu favoravelmente. Naquela noite o Senhor falou com ele e lhe deu instruções para Davi: seu sucessor construiria o templo. Natã incluiu as palavras do Senhor de que Davi teria uma casa, um grande nome e um reino para sempre. Davi respondeu com gratidão ao Senhor (2Sm 7; 1Cr 17).

Davi cometeu adultério com Bate-Seba e fez com que o marido dela, Urias, fosse morto em combate. O Senhor não se agradou disso e enviou Natã para repreender o rei. O profeta contou uma história na qual um homem rico tomou a única ovelha pertencente a um homem pobre e preparou com ela uma refeição para um dos seus convidados. Davi disse que o homem rico deveria morrer. Natã respondeu: "Você é esse homem!". Davi se arrependeu, mas seu filho com Bate-Seba morreu (2Sm 11—12).

Adonias, um dos filhos mais velhos de Davi, tentou sem sucesso se tornar rei nos últimos dias da vida de seu pai. Natã, junto com Zadoque o sacerdote, Benaia, o filho de Joaiada, Simei, Reí e alguns guerreiros poderosos de Davi, opuseram-se a Adonias. Bate-Seba e Natã falaram a Davi sobre a decisão anterior de indicar Salomão como próximo rei. Davi então apontou Salomão como rei (1Rs 1.5-53).

Referências posteriores indicam que Natã escreveu as crônicas de Davi (1Cr 29.29) e uma história sobre Salomão (2Cr 9.29). Natã aconselhou Davi a respeito dos instrumentos musicais tocados pelos levitas (2Cr 29.25). **2.** Filho de Davi, nascido em Jerusalém (2Sm 5.14; 1Cr 14.4). Sua mãe era Bate-Seba (1Cr 3.5; v. nota explicativa na *NVI*; *ARA* e *NTLH* trazem Bate-Seba; *ARC* traz "Bate-Sua"; *BJ*, "Batsua"). **3.** Natã de Zobá, pai de Igal, um dos principais guerreiros de Davi (2Sm 23.36). Pode ser o mesmo Natã irmão de Joel (1Cr 11.38), em outra lista dos principais guerreiros de Davi. **4.** Os dois Natãs mencionados como pais de Azarias e Zabude podem ser o mesmo homem, e ser identificados como o profeta Natã (1Rs 4.5) no reinado de Salomão. Se Zabude (1Cr 2.36) é o mesmo, seu pai Natã pode ser o profeta; logo, o pai do profeta era Atai, um descendente de Jerameel (1Cr 2.25). **5.** Exilado que retornou e a quem Esdras atribuiu a missão de garantir ministros para a casa de Deus (Ed 8.15-17). Pode ser o mesmo exilado que se casou com uma estrangeira e se separou dela (Ed 10.39). — *Omer J. Hancock Jr.*

NATAL

NATAL Entre as festas cristãs principais, a do Natal é a de origem mais recente. O nome só passou a ser usado na Idade Média. Nos primeiros séculos os cristãos estavam mais inclinados a celebrar o dia da morte de uma pessoa, não do nascimento. Já cedo na sua história, a igreja praticava a observância anual da morte de Cristo e também honrava muitos dos primeiros mártires no dia da sua morte. Antes do séc. IV, as igrejas no Oriente — Egito, Ásia Menor e Antioquia — observavam a Epifania, a manifestação de Deus ao mundo, celebrando o batismo de Cristo, seu nascimento e a visita dos magos.

No início do séc. IV, os cristãos em Roma começaram a celebrar o nascimento de Cristo. A prática se espalhou ampla e rapidamente, de modo que a maior parte do mundo cristão estava observando a nova festa ao final do século. No séc. IV a controvérsia sobre a natureza de Cristo, se ele era verdadeiramente Deus ou um ser criado, levou à ênfase crescente na doutrina da encarnação, a afirmação de que "a Palavra tornou-se carne" (Jo 1.14). É possível que a urgência em proclamar a encarnação tenha se tornado um fator importante na difusão da proclamação do Natal.

Não há evidências acerca da data exata do nascimento de Cristo. O dia 25 de dezembro foi escolhido por motivos tanto teológicos quanto práticos. Em todo o Império Romano, diversas festas eram celebradas em conjunto com o solstício de inverno. Quando o cristianismo se tornou a religião do império, a Igreja se viu obrigada ou a suprimir as festas ou a transformá-las. O solstício de inverno parecia uma boa época para celebrar o nascimento de Cristo. Assim, a festa do Sol se tornou a festa do Filho, a Luz do mundo. V. *ano eclesiástico*. — Fred A. Grissom

NATÃ-MELEQUE Nome pessoal que significa "o rei deu" ou talvez "Moloque [o deus Moloque] deu". Natã-Meleque serviu como oficial do rei Josias (2Rs 23.11). V. *eunuco*.

NATANAEL Nome pessoal que significa "doador de Deus". Israelita elogiado por Jesus pelo caráter sem falsidade (Jo 1.47), que, por sua vez, confessou Jesus como Senhor, Filho de Deus e Rei de Israel (v. 49).

Natanael era de Caná da Galileia (Jo 21.2) e aparentemente se tornou integrante do círculo mais íntimo dos discípulos de Jesus. Ainda que Mt, Mc e Lc não o mencionem por nome, as duas vezes em que é citado no evangelho de Jo apontam para sua devoção a Cristo. Alguns pensam que ele é Bartolomeu (Mt 10.3; Mc 3.18; Lc 6.14; At 1.136).

Filipe anunciou a Natanael que Jesus era o Messias prometido (Jo 1.45). Foi então que Natanael fez a declaração infame: "Nazaré? Pode vir alguma coisa boa de lá?" (v. 46). V. *discípulo*.

NATIVIDADE DE CRISTO V. *Jesus Cristo*; *Jesus, vida e ministério*.

Pôr do sol sobre Belém com o campanário da Igreja da Natividade com a silhueta à direita.

A estrela de prata que marca o lugar tradicionalmente aceito do nascimento de Jesus na gruta da Natividade em Belém.

NATIVOS Termo usado pela *BJ* para designar os habitantes de Malta (At 28.2; *NVI*, "habitantes"; *NTLH*, "moradores"). *ARA* e *ARC* trazem a palavra "bárbaros", transliteração do grego *barbaroi*, expressão que designa os ilhéus como não falantes de grego.

Serviço religioso no interior da Igreja da Natividade em Belém.

NATURAL De acordo com a natureza. **1.** Uso natural (Rm 1.26,27, *ARC*) se refere a relações heterossexuais (*NVI*, relações naturais"). **2.** Afeição natural se refere de modo específico à afeição a membros da família. Quem perde a afeição natural (*storgoi*) não ama os familiares e, de forma geral, torna-se desumano ou antissocial (Rm 1.31; 2Tm 3.3). **3.** Ramos naturais é o termo referente aos que são originais ou nativos em oposição aos ramos enxertados (Rm 11.21,24). **4.** Pessoa natural ou não espiritual (1Co 2.14) é a que não está aberta para receber os dons do Espírito de Deus ou discernir assuntos espirituais (contraste com 2.15). Esse contraste entre o espiritual e o natural é também evidenciado em Tg 3.15 e em Jd 19. **5.** A face natural (Tg 1.23) é literalmente a face do nascimento de alguém. Ver a face natural de alguém é enxergar a realidade sobre si mesmo.

NATURAL, REVELAÇÃO V. *revelação de Deus*.

NAUM Nome de um ancestral de Cristo (Lc 3.25).

NAUM, LIVRO DE O nome "Naum" significa "confortar, encorajar". Foi um profeta hebreu, e o livro do AT que traz seu nome contém algumas das suas mensagens. Muito pouco se sabe a respeito do profeta Naum. Ele é chamado de elcosita (1.1), mas a localização de Elcós é desconhecida.

A data do ministério do profeta pode ser colocada entre 600 e 700 a.C., por conta de dois acontecimentos mencionados no livro. Em Na 3.8 há referência à destruição da capital egípcia, No-Amon, ou Tebas, em 663 a.C., e indica que o profeta estava em atividade depois desse tempo. No cap. 2 ele previu a destruição de Nínive, ocorrida em 612 a.C. Logo, Naum profetizou depois de 650 a.C., provavelmente próximo ao tempo da queda de Nínive.

Pano de fundo histórico Desde aproximadamente 730 a.C. Israel e Judá eram vassalos assírios. Quase um século depois o Império Assírio começou a declinar. Muitas nações vassalas se revoltaram com Josias de Judá (2Rs 22—23). Uma coligação de medos, babilônios e citas atacou os assírios, e em 612 destruiu a capital, Nínive. Os assírios formaram uma coligação com os egípcios, mas em 605 a.C. eles foram derrotados. V. *Assíria*.

A mensagem do profeta A opressão assíria fez o povo perguntar como Deus podia permitir que tamanha crueldade ficasse sem resposta. Naum respondeu à tirania assíria com uma mensagem marcada por sua linguagem vívida. O poder da Assíria tinha sido pesado sobre Judá, mas Deus anunciou que os destruiria.

O livro começa com a afirmação de Deus como vingador. A ferocidade de sua ira é representada em termos da destruição da natureza. Por séculos os assírios pareciam ter um reino sem fim, mas agora Deus estava respondendo. Seu juízo é comparado a uma tempestade que se aproxima. Talvez o povo de Judá duvidasse da justiça divina, visto que a Assíria parecia não ter limite. Todavia, Naum buscou desfazer esse pensamento.

O cap. 2 apresenta de forma vívida a queda futura da capital da Assíria, Nínive. Deve ter sido difícil para o povo imaginar um acontecimento deste. Nínive era uma cidade grande com um muro de defesa de 12 quilômetros de circunferência, e a altura que variava de 7 a 18 metros. Um fosso a circundava. Mesmo assim Naum afirmou em tons poéticos a queda da cidade. O inimigo atacaria a cidade com seus carros de guerra (2.4), mas os defensores não conseguiriam mantê-los fora (2.5). Aquela grande cidade seria saqueada (2.7-10).

O livro de Na termina com mais ameaças contra Nínive. Ironicamente, assim como a Assíria destruiu Tebas em 663 a.C., da mesma maneira aconteceria com Nínive (3.8-11). Há alusões a preparações para um cerco à cidade em 3.14. A água seria armazenada, e as fortificações seriam fortalecidas pela adição de tijolos de argila. Mesmo assim os preparativos não afastariam o juízo divino devastador.

Ainda que o livro de Na seja severo e apresente o desprazer da guerra, ele serviu para dar esperança ao povo de Judá. Eles foram sujeitos à dominação cruel da Assíria por cerca de um século, mas agora sua fé no Deus que age a favor deles seria fortalecida pela resposta divina. A justiça de Deus foi reafirmada.

Esboço

I. O Deus soberano se fez conhecido (1.1-11).
   A. O Senhor zeloso e paciente vinga-se dos adversários (1.1-3).
   B. A terra treme com a chegada de Deus (1.4,5).
   C. A ira de Deus é derramada (1.6).
   D. O Senhor é o refúgio para seu povo atribulado, mas confiante (1.7).
   E. Deus protege os que o buscam, mas destruirá o inimigo (1.8,9).
   F. O inimigo deve beber o cálice da ira de Deus (1.10,11).
II. Na queda do inimigo, Deus oferece esperança para seu povo oprimido (1.12-15).
   A. Deus pode derrotar os inimigos, não importa quão fortes e numerosos eles sejam (1.12,13).
   B. Deus julga o inimigo por causa dos falsos deuses (1.14).
   C. Deus convoca o povo liberto para celebrar (1.15).
III. Deus trará juízo sobre seu inimigo ímpio (2.1—3.19).
   A. O inimigo cairá, mas o povo de Deus será restaurado (2.1,2).
   B. Exércitos e riquezas não podem impedir o juízo divino (2.3-12).
   C. Quando Deus declara guerra, o inimigo não tem auxílio (2.13).
   D. Deus humilha os povos ímpios (3.1-19).

— *Scott Langston*

NAVALHA Instrumento de corte usado para barbear-se. Os costumes das nações antigas quanto ao barbear-se variavam grandemente. A disponibilidade de evidências pictóricas e de inscrições demonstra que as nações tinham práticas próprias. Os egípcios eram famosos pela atenção minuciosa à higiene pessoal. O costume egípcio era rapar a cabeça e escanhoar-se, exceto em tempos de luto. Pinturas e estátuas de faraós apresentam-nos com barbas que hoje se sabe que eram postiças.

O costume de rapar a cabeça e escanhoar-se era comum entre os hebreus. Entre eles, como faziam muitos povos do oeste da Ásia, dentre os quais os assírios, a barba era considerada ornamento e motivo de orgulho, por isso era aparada, mas não cortada (2Sm 19.24; Ez 44.20). A barba era estimada como distintivo de dignidade e masculinidade. Barbeava-se com um instrumento cortante feito de diferentes materiais, geralmente de pederneira, obsidiana ou ferro (Is 7.20; Ez 5.1), mas apenas em circunstâncias incomuns. A navalha podia ser uma faca comum, provavelmente com uma ponta encurvada, ou um instrumento elaborado, algumas vezes decorado. Rapava-se a cabeça em sinal de luto (Jó 1.20; Jr 7.29), ou de subserviência a um superior (Nm 8.7; Gn 41.14), e como tratamento para quem estivesse com lepra (Lv 14.9). — *Jimmy Albright*

NAVETA V. *lançadeira*.

NAVIOS, MARINHEIROS E NAVEGAÇÃO Viagens por rios ou pelo mar nos tempos bíblicos. No início as pessoas se lançavam ao mar em qualquer objeto que flutuasse. Não é coincidência que duas das maiores civilizações da Antiguidade no Oriente Médio tinham surgido ao longo de grandes sistemas fluviais, o Tigre/Eufrates e o Nilo. Ainda que os primeiros barcos navegassem impelidos com varas ou fossem rebocados perto da terra, o transporte flutuante e a movimentação de mercadorias facilitaram o intercâmbio de produtos locais até mercados mais distantes, primeiro ao longo das margens dos rios, e mais além, em mares abertos. Desde o início bastante simples e rudimentar, antes de 3000 a.C., a tecnologia de navios e de navegação se desenvolveu com persistência à medida que os povos se propuseram a superar as barreiras impostas por rios e mares. Relevos assírios mostram pescadores usando bexigas infladas e soldados próximos a eles. Em regiões de florestas, toras ou juncos amarrados, que suportavam uma pessoa, logo evoluíram para jangadas que podiam suportar mais pessoas e o peso de cargas. Ao longo das margens pantanosas do Nilo, Tigre e Eufrates, balsas de juncos evoluíram até a forma de canoas, também feitas de junco. Necessidades particulares em regiões de corredeiras no alto rio Tigre e no alto rio Eufrates levaram ao desenvolvimento de balsas flutuantes, uma plataforma de madeira sobre peles infladas, que até bem recentemente ainda eram utilizadas. Ao se chegar ao destino, as toras de madeira eram desamarradas e vendidas e as peles esvaziadas e facilmente transportadas rio acima para serem reutilizadas.

Barcos propriamente ditos, em suas formas mais antigas, provavelmente eram feitos de couro costurado esticado sobre estruturas de galhos leves para facilitar o transporte, quando necessário. Esses barcos, essenciais para viagens em rios, são apresentados com detalhes em relevos assírios datados do período entre 1000 e 600 a.C. Em águas sem corredeiras, como no delta do Nilo, onde faltava madeira, surgiram barcos de forma tubular. Onde a madeira estava disponível, canoas feitas de cascas de árvore em formato de gamela com argila nas extremidades foram substituídas por canoas feitas de um só tronco, que exigiam ferramentas apropriadas para cortar a madeira e o uso controlado do fogo na fabricação.

Ainda que houvesse florestas para fornecer madeira desde a Europa até a Índia, canoas feitas de um tronco só eram comuns em cursos d'água desde a Idade da Pedra até o fim do período romano. Canoas assim modificadas com os lados aumentados e o interior reforçado foram os protótipos de barcos de prancha com quilha, costado e uma carreira de tábuas.

Cursos d'água no interior As civilizações ao longo dos dois grandes rios conectaram territórios em grandes unidades políticas e forneceram transporte interno.

Barcos no rio Nilo O Nilo proporciona 1.200 quilômetros de estradas fluviais sem obstáculos, com uma corrente que transportava barcos desde Aswan e a Primeira Catarata até sua cabeceira, e os fortes ventos do norte permitiam que os barcos voltassem. Estas condições ideais que evidentemente contribuíram para o desenvolvimento do transporte fluvial foram prejudicadas por falta de madeira. Por isso, os egípcios utilizaram os juncos, abundantes ao longo do rio, para construir balsas simples. Antes de 3000 a.C. as balsas do Nilo tornaram-se embarcações alongadas equipadas com remos de pás largas e remos de direção. Outras modificações eram cabines e a inclusão de remadores. A forma era alongada, ou o formato de uma foice, com uma proa quadrada e uma popa que se erguia da água quase verticalmente. Uma vela quadrada era içada acima da plataforma de juncos, que servia aos passageiros e à carga. O pouco peso e a forma adequada tornaram estas embarcações muito úteis nos canais e pântanos do sistema do rio Nilo.

Pouco antes de 3000 a.C. estas frágeis balsas de junco, reforçadas com pranchas, transportavam blocos maciços de granito e de pedra, usados para a impressionante arquitetura de pedra que surgiu nas margens do Nilo. Estes barcos de pranchas de junco providenciaram a forma dos primeiros barcos propriamente do

Egito, com fundo chato e extremidade quadrada. No entanto, a partir do momento em que deixaram de usar as volumosas balsas de junco, os barcos egípcios foram adaptados com proa afilada, fundo e popa arredondados. Representações pictóricas em pinturas, relevos e modelos indicam que os navios que circulavam pelo rio Nilo, construídos basicamente de cedro procedente do Líbano e da Ásia Menor, cresceram dramaticamente em tamanho e diversidade. Cargueiros, com 45 metros de comprimento, exigiam de 40 a 50 remadores. Mais tarde, grandes barcaças, de 60 por 20 metros, arrastadas por uma frota de rebocadores impulsionados por remadores, subiam e desciam o Nilo por conta das grandes construções realizadas entre Aswan e o Delta. Embarcações menores eram impelidas com varas ou por remos, e algumas tinham velas.

Para o comércio marítimo internacional, o Egito desfrutava de uma vantagem especial, por ser a única nação com acesso direto tanto ao mar Mediterrâneo como ao mar Vermelho. Como resultado, duas rotas de comércio marítimo de longa distância, para a Síria e para o Ponto (leste da África), já estavam estabelecidas no período do Antigo Reino. A rota mais antiga para Biblos logo se estendeu até Chipre, Creta e, possivelmente, para outros lugares no mar Egeu. A embarcação marítima mais antiga apresentada em relevos, de cerca de 2450 a.C., tinha um casco em forma de colher com uma proa comprida e um cordame que poderia ser apertado e enrolado para compensar algum desnível da proa ou da popa. Os navios da frota da rainha Hatshepsut que navegavam ao longo da costa do leste da África refletem um considerável avanço nas linhas gerais. Um mastro duplo com uma vela alta e retangular foi substituído por um mais baixo e mais largo em um mastro à meia-nau. Um único leme substituiu lemes menores que havia em cada quarto da embarcação. Quinze remadores de um lado (que precisavam de um espaço de não menos de 13 metros) sugerem uma embarcação de 26 metros de comprimento. No fim do período do Novo Reino, os navios usados por Ramsés III contra a invasão dos povos do mar (por volta de 1170 a.C.) são apresentados em relevos, que indicam mudanças radicais em sua construção. V. *Egito*.

Navegação na Mesopotâmia Os reis e mercadores da Mesopotâmia também operavam em rotas marítimas de longa distância no mar Vermelho e no oceano Índico, a partir de diversas cidades ao longo dos rios Eufrates e Tigre. Por volta de 3000 a.C., o comércio marítimo era um aspecto próspero da economia regional. O comércio marítimo incluía iniciativas reais e particulares para fornecer metais, madeira e artigos de luxo não disponíveis na economia da Mesopotâmia.

Um modelo em argila de um barco em forma de tigela com alguma evidência de proa e popa, possivelmente feito de couro, datado de por volta de 3400 a.C., é a mais antiga evidência que se tem das embarcações mesopotâmicas. Ainda que fosse possível o uso de um mastro e de velas, a evidência do uso de barcos à vela sugere que estes barcos surgiram posteriormente. As representações mais antigas de velas sugerem o uso de embarcações quadradas feitas de junco, similares aos modelos egípcios. O vento do norte e as corredeiras no alto Tigre e no alto Eufrates frearam o desenvolvimento da navegação comercial e a necessidade de embarcações maiores. Como resultado, barcos leves movidos a remo gradualmente evoluíram para barcos de madeira com vela e com remos. As embarcações maiores transportavam não menos que 11 toneladas. Eram em geral construídas com pranchas ajuntadas que formavam uma estrutura que garantia estabilidade. Com extremidade quadrada, estes barcos transportavam roupas ou tapetes de junco, e as maiores eram impulsionadas por 11 remadores.

Navio mercante fenício

Entre 3000 e 2000 o comércio marítimo com o leste da África e a Índia floresceu através do golfo Pérsico, com embarcações relativamente pequenas, e a maior conhecida tinha uma capacidade de cerca de apenas 28 toneladas.

Viagens e comércio internacional As rotas marítimas providenciaram oportunidades para as nações em desenvolvimento obterem riquezas e explorar os mistérios de terras distantes.

Leste do Mediterrâneo: 3000-1000 a.C.
Os principais desenvolvimentos do comércio marítimo entre 2000 e 1500 a.C. devem ser atribuídos ao mundo das ilhas do mar Egeu e às linhas costeiras do leste do Mediterrâneo. Os minoanos de Creta desenvolveram frota e uma marinha mercante impressionantes, que interligavam aquelas ilhas. Entretanto, posteriormente os gregos micenos do continente sobrepujaram Creta e formaram uma confederação egeia. De 1500 a 1200 a.C. eles alegavam controle sobre as águas do leste do Mediterrâneo.

Navios cretenses com seus cascos arredondados, representados em selos de cerca de 1500 a.C., eram totalmente diferentes das embarcações retas com extremidades angulares dos navios do Egeu. Ainda que os entalhes sejam estilizados, os cascos arredondados, em alguns casos, quase no formato de uma lua crescente, suportavam um mastro principal com uma grande vela quadrada. Estas embarcações cretenses, com 10 ou 15 remadores de cada lado, tinham entre 15 e 22 metros de comprimento. Navios de passageiros tinham uma cabine no convés.

Uma pintura na parede de uma tumba egípcia de 1400 a.C. apresenta uma frota de navios mercantes sírios com casco em forma de colher, mastro grande, vigas laterais de sustentação do convés, e uma vela quadrada e larga muito semelhante aos navios egípcios daquele período (os navios egípcios eram envolvidos com uma corda de treliça). A representação dos marinheiros (sua barba, perfil e roupas) indica claramente sua origem síria (é improvável, ainda que a evidência venha do Egito, que sejam embarcações egípcias com tripulação de sírios). Os cascos arredondados são mais bem relacionados a Creta de 1600 a.C. em diante. Estes navios mercantes cresceram em tamanho. Por volta de 1200 a.C. uma tábua de Ugarite sugere o tamanho destas embarcações ao se referir a um único carregamento de grãos de 450 toneladas.

As batalhas navais do Levante em 1200 a.C. eram impressionantes em números e no desenho dos navios de guerra. Estes não tinham mais casco em forma de colher, que foi alongado e arredondado. Não havia um convés, porque os remadores ficavam protegidos atrás de uma amurada alta. O mastro, com uma vela ajustável, tinha no topo um cesto para observação. A batalha naval entre navios do Egeu ("povos do mar") e egípcios (apresentada nas paredes do templo de Medinet Habu) indica a clara semelhança no projeto e na construção dos navios, tirando os aspectos ornamentais ou cultuais. A única arma de ataque parecem ser ganchos de ferro usados para abordar os navios inimigos. À parte das manobras táticas dos navios, as batalhas navais eram disputadas com arco e flecha, espada e lança, como se fosse em terra. A modificação do arco para golpear parece ter sido um desenvolvimento posterior.

Leste do Mediterrâneo: 1000-500 a.C.
Durante esse período os fenícios conquistaram sua reputação como os melhores navegadores e comerciantes marítimos. O desafio básico para eles veio do mundo grego, onde navios de guerra e mercantes controlavam a linha da costa do norte do Mediterrâneo e do mar Negro. O casco baixo "vazio", com um convés apertado na direção do cesto de observação, e outro convés um pouco maior para o capitão e os passageiros, foi construído basicamente para ser rápido. Na época havia galeras de tamanho padrão, incluindo instalações para 20 remadores e transporte local, galeras com 30 bancos para remadores, galeras com bancos para 50 soldados, para transporte de tropas, e as com capacidade para 100 remadores, para transportes maiores. Estas embarcações eram construídas de carvalho, álamo, pinheiro e abeto, e os mastros e remos eram sempre feitos de abeto. O leme único para direção foi substituído depois de 800 a.C. por lemes duplos que daí em diante se tornaram padrão. Uma vela quadrada simples no mastro à meia-nau podia ser içada e arriada. Velas costuradas feitas de linho eram controladas por cordas de papiro e couro retorcido. Outros equipamentos incluíam cordas para amarras na popa do barco, âncoras de pedra, varas para empurrar o barco, lanças longas para

combate, sacos e jarros para guardar provisões. Telas nas laterais podiam ser fechadas durante tempestades.

A introdução do aríete foi uma inovação dramática que revolucionou a construção de navios. O talha-mar pontiagudo feito para perfurar o casco da embarcação inimiga tinha que ser construído com materiais mais pesados para o contato resistente, principalmente na região da proa. A área aberta da proa abrigava uma superestrutura grande que sustentava o aríete. Surge então o primeiro período de especialização na construção e classificação de navios — a galera aberta com casco mais leve para transportar cartas e pessoas, e a galera com uma superestrutura, incluindo plataformas relativamente altas como postos de combate na proa e na popa. A invenção da galera do tipo bireme fez aumentar o número de remadores e a velocidade da embarcação sem aumentar o tamanho e reduzir a navegabilidade do seu casco. A maior parte destas inovações deve-se aos construtores de barcos fenícios.

O cordame para muitas das galeras de guerra durante esse período era padrão — uma vela quadrada à meia-nau com um mastro retrátil. Depois de 600 a.C. encontram-se galeras com uma ou com duas fileiras de todos os tamanhos, com capacidade até para 100 remadores.

Os primeiros navios mercantes do Mediterrâneo eram provavelmente impulsionados por remadores. As águas calmas durante os meses de verão, quando provavelmente a atividade marítima estava no auge, só permitiam que navios com remadores providenciassem a confiança e velocidade necessárias para a entrega das mercadorias. Posteriormente, com o aumento no volume de cargas, navios à vela maiores e mais confiáveis passaram a ser usados. Navios cargueiros eram ligeiramente modificados em relação ao projeto dos navios de guerra, que tinham que ter um casco mais forte e um mastro maior. No entanto, por fim o navio à vela com casco arredondado e uma única vela quadrada se tornou o modelo básico de navegação de carga, desde a Fenícia até a Itália.

A era do trirreme: 500-323 a.C. A galera impulsionada por três fileiras de remadores mais ou menos sobrepostas foi utilizada até depois de 500 a.C., e foi importante até o fim do período romano. A força de impulso e velocidades adicionais exigidas por conta do aríete fez aumentar o peso do casco relativamente inseguro desse tipo de navio. Em consequência, as batalhas navais eram cuidadosamente planejadas para acontecerem próximas da costa e durante os meses do verão para evitar condições adversas de clima. Enquanto as duas primeiras filas de remadores trabalhavam logo abaixo da amurada, a terceira fila trabalhava em uma forquilha de brandal projetada acima e adiante da amurada. Parece que a cidade de Corinto foi a primeira a lançar uma frota desse tipo, pouco depois de 700 a.C., e um século depois esse modelo era grandemente utilizado. Registros navais atenienses indicam que estes navios eram cuidadosamente construídos e, a despeito de sua constituição frágil, tinham vida útil de cerca de vinte anos. Os construtores navais fenícios aumentaram a altura destas embarcações para acomodar três fileiras de remadores.

Desenho de um navio do séc. II ou III da era cristã, com inscrição em latim, encontrado em escavações arqueológicas em Jerusalém.

Batalhas navais do período helenístico: 323-31 a.C. Nas marinhas fenícia e grega daquele período a inovação principal foi a construção de navios cada vez maiores, ainda que a natureza exata de como os remadores trabalhavam não seja claramente entendida. Em geral obtinha-se velocidade maior com remos mais compridos e fileiras duplas de remadores, mas os navios maiores lidavam com essa questão de diferentes maneiras. O uso do aríete permaneceu como uma tática naval padrão, ainda que gradualmente subordinada ao disparo de flechas incendiárias, de arpéus e da abordagem. Dardos e arpéus eram lançados de catapultas a uma grande distância, e em batalhas menores lançavam-se dardos e pedras. Pouco antes de 200 a.C. navegadores de Rodes introduziram o lançamento de recipientes com fogo, lançados com varas compridas (que se estendiam da proa) sobre o navio inimigo.

Além dos grandes navios, havia também barcos a remo leves, velozes e de fácil manobra, feitos para transportes rápidos. Alguns eram equipados com aríetes, enquanto outros tinham o propósito de prejudicar as manobras dos adversários e quebrar os remos de barcos maiores. Mais tarde, a marinha imperial romana não somente adicionou uma variedade de embarcações, mas seus arquitetos introduziriam inovações defensivas significativas.

Construção naval grega e romana Os construtores navais gregos e romanos, com conhecimento do antigo método egípcio de ajuntar pranchas na construção do casco, criaram o próprio modelo de carpintaria naval. Eles selavam as pranchas com encaixes e reforçavam o casco com uma estrutura interior. Esse método era usado na construção de todos os tipos de embarcação, desde botes pequenos para lagos até os grandes cargueiros marítimos. Nos navios grandes havia cabos ou cordas que fortaleciam sua parte inferior. Eram guardadas para serem usadas em momentos de emergência. Era comum revestir as juntas e, algumas vezes, todo o casco com piche, ou uma mistura de piche e cera, como uma cobertura protetora. Ainda que o abeto, o cedro e o pinheiro fossem preferidos para a construção das pranchas e das estruturas, a escolha final era determinada pela disponibilidade de madeira que houvesse na região onde o navio seria construído.

Os antigos marinheiros do Mediterrâneo conheciam apenas o leme lateral, que era uma espécie de remo grande localizado em uma posição inclinada próxima à popa. A barra do leme era empurrada ou puxada para sua parte superior em ângulo com o casco, e assim o navio era manobrado. Várias cordas, com funções distintas, encaixavam o mastro e a vela. Os auxílios à navegação eram simples e limitados. Havia manuais com notas breves sobre distância, limites, portos e ancoradouros. Não há referências históricas quanto ao uso de cartas náuticas. Utilizavam-se também sondas (v. At 27.28,29). Bandeiras e luzes eram usadas para sinalização. Havia vários tipos de âncoras.

A época ideal para navegação no Mediterrâneo era de 27 de maio até 14 de setembro, com um limite estendido de 10 de março até 10 de novembro. Como resultado, a navegação durante o fim do outono e no inverno era reduzida para algo absolutamente essencial, como a entrega de encomendas vitais, suprimentos essenciais e movimento urgente de tropas. A severidade de tempestades de inverno e a baixa visibilidade por causa da neblina e nuvens espessas tornavam muito difícil a navegação antes da bússola (v. At 27.12-20).

As correntes marítimas no Mediterrâneo em geral são fracas para afetar as viagens. Entretanto, a direção do vento produzia um padrão definitivo com navios navegando em direção ao sul, da Itália ou Grécia até a Ásia Menor, Síria, Egito e África, antecipando uma viagem rápida e fácil com a ajuda dos ventos do norte. O retorno, por outro lado, era difícil, pois se viajava contra o vento, e por isso traçava-se um curso próximo à linha costeira, o que providenciava águas tranquilas e abrigos ocasionais. Os antigos navios com velas redondas foram projetados para navegação com vento à popa ou ventos laterais. Os navios romanos alcançavam uma velocidade de quatro e meio a seis nós marítimos por hora com vento a favor. Usando um curso conhecido de zigue-zague, era uma navegação difícil e lenta. Quando a utilização dos remos era inevitável, os remadores eram divididos em grupos, em sistema de rodízio, com períodos regulares de descanso.

A estrutura organizacional e a hierarquia das embarcações menores nas marinhas grega e romana eram limitadas a um oficial comandante que operava o leme, o oficial responsável pelos remadores e o vigia, responsável pelo curso e pela manutenção do navio. Por volta de 400 a.C. o trirreme ateniense tinha uma tripulação de 200 homens, com cinco oficiais: o capitão, o oficial comandante, o oficial responsável pelos remadores, que tinha a seu cargo o treinamento e o moral daqueles homens, o oficial subordinado, com tarefas administrativas importantes, como fazer pagamentos, compras e recrutamento de pessoal, e o oficial da proa. Havia ainda o carpinteiro do navio, o flautista (que marcava o compasso da batida dos remadores), oficiais que faziam o serviço de ancoragem, oficiais responsáveis por cuidar dos remos, o médico de bordo, e outros. O número de combatentes ("fuzileiros") variava de acordo com a estratégia: os navios atenienses, que dependiam basicamente do aríete, tinham poucos, não mais que 10; outros navios, que usavam técnicas de abordagem, tinham mais, em torno de 40. Geralmente havia a bordo alguns poucos arqueiros (de 4 a 6), e também alguns operadores de catapultas.

Um navio mercante era comandado por seu proprietário, que geralmente tinha um capitão profissional contratado com total autoridade sobre a embarcação e sua tripulação (v. At 27.11). No mar, o "oficial navegante" geralmente assumia o comando. Dois oficiais estavam a cargo de operações e da administração (manutenção). Navios mercantes maiores também tinham mestres quarteleiros, carpinteiros, guardas, remadores para escaleres, e outros. Os marinheiros em geral usavam pouca ou mesmo nenhuma roupa quando a bordo do navio, ou usavam uma túnica, mas não usavam sandálias quando em terra firme.

Grande variedade de embarcações menores, geralmente movidas a remo ou com uma pequena vela auxiliar, era comum em todos os portos, para providenciar serviços diversos. Barcos fluviais e barcos de pequeno porte faziam rebocamentos e transferência de carga e de mercadorias para as lojas dos portos e outros lugares inacessíveis para os navios maiores. Portos artificiais com muros construídos para proteção dos ancoradouros já existiam antes de 700 a.C. Gradualmente, cais, depósitos e torres de defesa foram adicionados para providenciar um comércio portuário seguro. Por volta de 400 a.C. o porto de Pireu era cercado por um extenso empório coberto para facilitar o manuseio de mercadorias importadas e exportadas. No tempo dos romanos tanto o mar como os rios eram bem equipados com portos e também com ancoradouros que beneficiavam a navegação costeira ao se tornarem centros de distribuição para áreas no interior, distantes das principais rotas terrestres. Com o declínio do Império Romano e o período de fraqueza política que se seguiu, houve uma recorrência e casos de pirataria em alto-mar, o que levou ao declínio do comércio marítimo no Mediterrâneo. Com a fragmentação do Império Romano, invasões bárbaras do Oriente, e a mudança do centro econômico para o Ocidente, o Mediterrâneo, sem grandes embarcações, lentamente foi reduzido à navegação local de menor escala, com impacto econômico mínimo além de porto principal. — *George L. Kelm*

NAZARÉ, NAZARENO Nome de lugar que significa "ramo, galho". Nazaré não desfrutava de uma posição importante até sua associação com Jesus. Ela não é mencionada no AT. Mas, à medida que ele ficou conhecido como "Jesus de Nazaré" (Mt 26.71; Lc 18.37; 24.19; Jo 1.45; At 2.22; 3.6; 10.38), sua cidade se fixou na memória cristã. Nazaré estava localizada na baixa Galileia, no meio do caminho entre o mar da Galileia e o Mediterrâneo. Está na região montanhosa ao norte da planície de Esdrelom. As colinas formam um vale natural com três lados, mas abertos na direção sul. A cidade estava na ladeira do vale, de frente para o leste e o sudoeste. Caná estava a cerca de 8 quilômetros a nordeste. Uma estrada romana que vinha de Cafarnaum rumo a oeste até o litoral passava perto de Nazaré.

Nazaré era uma cidade pequena no tempo de Jesus, tendo apenas uma fonte para o abastecimento de água de sua população. Atualmente essa fonte é conhecida como "poço de Maria". A cidade atual tem cerca de 20 mil habitantes, principalmente muçulmanos e cristãos. O anjo foi até Nazaré anunciar a Maria e José o nascimento de Jesus (Lc 1.26-28). Após o nascimento de Jesus em Belém e a estada no Egito, José e Maria voltaram com Jesus para Nazaré (Mt 2.19-23), onde Jesus cresceu até a maturidade (Lc 2.39-40; 4.16); ele se tornou conhecido como Nazareno (Mt 2.23), aparentemente um jogo de palavras midráshico com a palavra hebraica *netser*, "tronco" (Is 11.1).

Nazaré não possuía boa reputação, como se pode perceber pela pergunta de Natanael, ele mesmo um galileu (Jo 1.46). A igreja primitiva recebeu o mesmo desprezo, sendo chamada seita dos nazarenos (At 24.5).

É provável que essa falta de respeito seja devida ao dialeto não refinado, falta de cultura ou muito provavelmente à falta de religião ou fraqueza moral. Jesus foi rejeitado pelo povo de sua cidade natal no início do ministério público, sendo expulso da sinagoga de Nazaré (Lc 4.16-30; Mt 13.54-58; Mc 6.1-6). V. *Galileia*. — *Jerry W. Batson*

NAZIREU Membro de uma classe de indivíduos especialmente devotada a Deus. A palavra hebraica significa consagração, devoção e separação. São encontradas duas formas tradicionais de nazireado. Uma era baseada no voto individual feito por um período específico; a outra era a devoção perpétua segundo a experiência da revelação de um pai que anunciou o nascimento iminente de uma criança.

Os sinais externos do nazireado — cabelos longos, abstenção de vinho e outros produtos alcoólicos, o não contato com cadáveres — são ilustrativos da devoção a Deus. A violação destes sinais resultava em profanação e necessidade de purificação para que o voto pudesse ser completado. O texto de Nm 6.1-21 regulamentava a prática e alinhava o fenômeno às leis cúlticas. Os versículos 1-8 mostram como era iniciado o período do nazireado. Em caso de profanação, um método de purificação era oferecido (v. 9-12). O *status* era encerrado (v. 13-21) pela queima do cabelo cortado e apresentação de várias ofertas. Há paralelos entre a pureza cúltica do sumo sacerdote e a dos nazireus.

Nazireus perpétuos nas Escrituras incluem Sansão (Jz 13), Samuel (1Sm 1) e João Batista (Lc 1.15-17). No NT, Paulo tomou o voto do

A Igreja da Anunciação, construída sobre as cavernas nas quais a tradição diz que Maria e José viveram.

A moderna Nazaré, vista do sudoeste.

NEÁ

nazireado por um período específico (At 18.18; 21.22-26). O texto de Am 2.12 mostra uma preocupação ética concernente à proteção do *status* dos nazireus. V. *abstinência*.

NEÁ Nome de lugar que significa "colônia, assentamento". Cidade de fronteira no território tribal de Zebulom (Js 19.13). O lugar talvez seja o da moderna Nimrin, a oeste de Kurn Hattin.

NEÁPOLIS Nome que significa "cidade nova", do porto de Filipos (At 16.11). Neápolis (a atual Kavala) está localizada a 16 quilômetros de Filipos, no nordeste da Macedônia. A cidade se localiza em uma faixa de terra entre duas baías, que servem como portos.

NEARIAS Nome pessoal que significa "Jovem de Yah (= Javé)". **1.** Descendente de Davi (1Cr 3.22,23). **2.** Comandante das forças de Ezequias que derrotou os amalequitas (1Cr 4.42-43).

NEBAI Nome pessoal que significa "projetando" ou "frutífero". Uma das testemunhas da renovação da aliança no tempo de Esdras (Ne 10.19).

NEBAIOTE Nome pessoal que significa "frutificação". Filho de Ismael e ancestral de uma tribo árabe do mesmo nome (Gn 25.13; 28.9; 36.3). V. 1Cr 1.29 e Is 60.7.

NEBALATE Nome de lugar que talvez signifique "abençoado com vida". O nome talvez seja derivado de Nabu-Uballit, o nome do governador assírio de Samaria. Nebalate foi recolonizada pelos benjamitas depois do exílio (Ne 11.34). O lugar é idêntico à moderna Beit Nebala nos limites da planície de Sarom, a cerca de 6,5 quilômetros a leste de Lode.

NEBATE Nome pessoal que significa "Deus tem considerado". Pai de Jeroboão I (1Rs 11.26; 12.2,15). Nebate era de Zeredá, a cerca de 16 quilômetros a oeste de Siló.

NEBLINA Tradução de várias palavras hebraicas e gregas com uma gama variada de significados, incluindo água subterrânea, névoa e nuvens. Muitas traduções modernas trazem a palavra "neblina". A neblina de Gn 2.6 (cf. nota da *NVI*) se refere a águas subterrâneas (cf. *NTLH*) que subiam e irrigavam o solo. Em Jó 36.27 a chuva

O porto, a cidade e a acrópole de Neápolis (a atual Kavala).

O vale do Jordão do alto do monte Nebo, com uma vista de Jericó.

destilada da névoa ou neblina sobe da terra. Com frequência a neblina simbolizava algo que passa rapidamente (Is 44.22; Os 13.3; Tg 4.14; 2Pe 2.17).

NEBO Nome de lugar e de uma divindade que significa "altura". **1.** Deus babilônico da fala, escrita e água. O culto a Nebo era popular no período neobabilônico (612-539 a.C.). Isaías fez zombaria das procissões que apresentavam o ídolo do deus Nebo (Is 46.1). **2.** Cidade de Moabe localizada a sudoeste de Hesbom. As tribos de Rúben e Gade solicitaram a área ao redor de Nebo para seus rebanhos (Nm 32.2,3). A cidade foi tomada por Israel, até ser reconquistada pelo rei Messa de Moabe por volta do ano 850 a.C. **3.** Cidade repovoada pelos exilados que voltaram da Babilônia (Ed 2.29). O lugar tem sido identificado com Nobe. **4.** Montanha localizada a uns 20 quilômetros do rio Jordão, de onde Moisés avistou a terra prometida (Dt 32.49). Sua altitude é de cerca de 1.200 metros acima do mar Morto e oferece uma excelente visão do sudoeste, oeste e norte até o monte Hermom. Israel conquistou a área ao redor do monte Nebo enquanto marchava em direção a Canaã.

Eles acamparam na área do monte Nebo oposta a Jericó quando aconteceu o incidente de Balaão (Nm 22—24). No período dos juízes, a região pertencia a Eglom de Moabe. Davi reconquistou a área (2Sm 8.2), e a região permaneceu como parte de Israel até a rebelião de Messa e sua reconquista por volta do ano 850 a.C.

NEBO-SARSEQUIM Forma do nome de um oficial babilônico citado em Jr 39.13. Muitas versões dividem o texto hebraico diferentemente da maioria das traduções portuguesas. V. *Sarsequim*.

NEBUSAZBÃ Nome pessoal que significa "Nabu, salve-me". Alto oficial de Nabucodonosor por ocasião da queda de Jerusalém (Jr 39.13).

NEBUZARADÃ Nome pessoal que significa "Nebo deu descendência". Oficial do exército da Babilônia no reinado de Nabucodonosor. Seu título é "comandante da guarda imperial" (guarda-costas, Jr 39.13) — designação incerta. Liderou suas tropas no cerco a Jerusalém em 587 a.C. (2Rs 25.8,9), queimou as edificações da cidade, derrubou os muros e levou o povo ao exílio. Quatro anos mais tarde ele retornou e deportou ainda mais cidadãos (Jr 52.30). V. *Babilônia*.

NECO (2Cr 35.20,22; 36.4). A *ARA* grafa o nome de forma hifenizada em Jr 46.2: Faraó-Neco. Na *NVI* lê-se: "faraó Neco" (v. 2Rs 23.29,33-35). Neco foi o segundo faraó (609-594 a.C.) da 26ª Dinastia do Egito, cujas forças mataram Josias, rei de Judá, em combate (2Rs 23.29-35; 2Cr 35.20-24) e que instalou Jeoaquim como rei em seu lugar (2Rs 23.34,35). A 26ª Dinastia foi estabelecida sob a proteção assíria. Neco começou a reinar três anos após a queda de Nínive, capital da Assíria. O vácuo de poder resultante encorajou o ambicioso Neco a capturar Gaza como base (Jr 47.1) para a campanha que visava trazer a Síria para seu controle e levar auxílio para o remanescente assírio em luta contra o poder ascendente da Babilônia. O rei Josias de Judá se encontrou com Neco em batalha quando o líder egípcio se encaminhava para Carquemis. Lá Neco foi derrotado por Nabucodonosor no ano 605 a.C. (Jr 46.2). Mais tarde Nabucodonosor estenderia seu controle até o Nilo (2Rs 24.7). V. *Assíria*; *Egito*; *Josias*.

NECODA Nome pessoal que significa "manchado". **1.** Família de servidores do templo que voltou a Jerusalém depois do exílio (Ed 2.48; Ne 7.50). **2.** Família que voltou do exílio, mas não conseguiu comprovar a ascendência israelita (Ne 7.62).

NECROMANCIA Ato de conjurar os espíritos dos mortos para predizer ou influenciar acontecimentos futuros. V. *médium*.

NEDABIAS Nome pessoal que significa "Yah (= Javé) é generoso". Filho de Jeconias, o rei exilado de Judá (1Cr 3.18).

NEELAM, NEELAMITA (*TB*) Pode ser tanto um nome de família como uma referência ao lar do falso profeta Semaías (Jr 29.24,31,32). O nome talvez seja um jogo de palavras com a palavra hebraica para sonhador (cp. Jr 23.25,32).

NEEMIAS Nome pessoal que significa "Yah (= Javé) conforta ou encoraja" e título de um livro do AT que apresenta a obra do homem com esse nome. **1.** Líder que estava entre os primeiros a voltar do exílio para Judá com Zorobabel, por volta do ano 538 a.C. (Ed 2.2; Ne 7.7). **2.** Filho de Azbuque, "governador do meio distrito de Bete-Zur" (Ne 3.16), que ajudou Neemias, filho de Acalias, a reconstruir os muros de Jerusalém. **3.** Neemias, filho de Acalias, é a personagem principal do livro que recebe seu nome. Foi contemporâneo de Esdras e Malaquias e de Sócrates na Grécia (470-399 a.C.). Viveu apenas poucas décadas depois de Confúcio na China (551-479 a.C.).

Neemias ocupava a posição importante de copeiro do rei (1.11), um cargo de confiança, pois, ao provar o vinho e a comida do rei, o copeiro ficava entre o rei e a morte. Assim, Neemias, o judeu cativo, a serviço do rei gentio em uma função tão estratégica, era um crédito incomum e uma honra para um homem de caráter forte.

As memórias de Neemias incluem relatos na primeira pessoa do singular (1.1-7.5; 12.27-47; 13.4-31) e outros materiais que utilizam a terceira pessoa (cap. 8—10). Logo, sua narrativa é autobiográfica e biográfica. Visitantes de Susã o informaram da destruição dos muros de Jerusalém. Ele ficou tão aborrecido que chorou e lamentou por dias (1.4); ele fez uma oração de confissão (1.5-11). Sua dor se tornou perceptível a Artaxerxes, que lhe permitiu ir a Jerusalém.

A primeira ação de Neemias foi inspecionar os muros durante a noite (2.15). Ele então convocou uma assembleia e convenceu o povo sobre a necessidade de um programa de construção. Neemias era um excelente líder que demonstrou ter conhecimentos de engenharia e uma habilidade organizacional brilhante (cap. 3), e assim a obra começou.

Problemas surgiram, vindos de dentro e de fora. Sambalate e seus amigos tentaram parar a obra, mas sem sucesso (cap. 4). O problema interno era econômico. A construção dos muros provocou a carência de mão de obra; fazendas foram hipotecadas, e altas taxas de juros foram cobradas. Neemias disse: "O que vocês estão fazendo não está certo" (5.9). Ele corrigiu o problema e ainda concedeu auxílio financeiro aos necessitados (cap. 5). Mais uma vez, Sambalate e outros não judeus fizeram várias tentativas de distrair Neemias de sua obra e encerrá-la, mas eles falharam. Neemias mostrou-se uma pessoa de vontade forte e ousadia incomum: "O muro ficou pronto [...] em cinquenta e dois dias" (6.15). A dedicação dos muros é descrita depois em 12.27-43.

O ponto alto teológico do livro de Ne e da vida de Esdras é o Grande Despertamento (Ne 8—10). Essa foi uma grande experiência, que fornece material para o estudo de tentativas de despertamento hoje. O povo se reuniu a pedido de Esdras para ler o Livro da Lei de Moisés (8.1). Esse livro era provavelmente o Pentateuco (*Torá*) ou partes dele. Esdras leu, e outros o ajudaram "interpretando-o e explicando-o, a fim de que o povo entendesse o que estava sendo lido" (8.8). Isso provavelmente incluiu a tradução das Escrituras do hebraico para o aramaico, a língua falada pelo povo.

Aconteceu uma grande celebração, e eles observaram a festa dos tabernáculos. Os resultados foram impressionantes: "Eles passaram três horas confessando os seus pecados e adorando o Senhor, o seu Deus" (9.3) e se separaram "de todos os estrangeiros" (9.2), i.e., se divorciaram de suas esposas estrangeiras. Eles fizeram uma longa oração de confissão (9.6-37). O povo respondeu: "em vista disso tudo estamos fazendo um acordo, por escrito" (9.38). Os signatários e os termos da aliança foram então registrados (cap. 10).

Neemias não estava satisfeito com o tamanho reduzido da população de Jerusalém. Ele fez uma proposta engenhosa: "um sorteio para que, de cada dez pessoas, uma viesse morar em Jerusalém, a santa cidade; as outras nove deveriam ficar em suas próprias cidades" (11.1). O último capítulo de Ne cita as reformas feitas em sua segunda visita a Jerusalém no ano 432 a.C. Ele expulsou um gentio que recebera autorização para viver no templo; restaurou a prática dos dízimos para sustentar os levitas. Corrigiu os erros praticados por quem comprava e vendia nos sábados e agiu com justiça para com os que se casaram com estrangeiras, que não estavam em uma relação de aliança com Deus.

Neemias era de fato uma pessoa notável. Sua teologia era muito prática, pois dizia respeito a todas as áreas da vida.

A Jerusalém de Neemias

Observe-se quão práticas eram suas orações (1.4-11; 2.4; 4.4,5,9; 5.19; 6.9,14; 13.14,22,29,31). Ele pedia com ousadia: "Lembra-te de mim, ó meu Deus, levando em conta tudo o que fiz por este povo" (5.19; cp. 13.14,31). Sua fé era prática: "Visto que a bondosa mão de Deus estava sobre mim, o rei atendeu aos meus pedidos" (2.8; cp. 2.18, para uma aplicação prática desse conceito). Ele cria que "o Deus dos céus fará que sejamos bem-sucedidos" (2.20) e que "nosso Deus lutará por nós!" (4.20). Tinha respeito pelo sábado, templo e pelas instituições, pelos levitas e pelo dízimo.

Neemias era um homem de ação, que fazia acontecer. Sabia usar a persuasão, mas também a força. Pode-se chamá-lo de maneira acertada de pai do judaísmo. Por causa de Neemias, o judaísmo teve uma cidade fortificada, um povo purificado, uma nação dedicada e unificada, estabilidade econômica renovada e um novo compromisso com a lei de Deus. — D. C. Martin

NEEMIAS, LIVRO DE Os livros de Ne e Ed eram um único livro na Bíblia Hebraica e na versão grega. Provavelmente só foram divididos no período interbíblico. A tradição judaica diz que o autor foi Esdras ou Neemias. Por causa da conexão próxima que há entre Cr e Ed—Ne, uma única pessoa pode ter escrito ou compilado estes três livros. Os que seguem essa argumentação se referem ao autor como o cronista.

O estilo literário de Ne é similar ao de Ed. Há muitas listas (cap. 3; 10.1-27; 11; 12.1-26). O autor/compilador tece as narrativas de Ed e Ne em conjunto, e Esdras aparece em Ne 8.

O livro tem quatro seções principais: a reconstrução dos muros de Jerusalém (cap. 1—7), o Grande Despertamento (cap. 8—10), o censo populacional (cap. 11; 12) e as reformas de Neemias (cap. 13). Neemias fez duas visitas a Jerusalém com permissão do rei Artaxerxes (2.1-6; 13.6,7). A primeira, em 445 a.C., foi para reparar os muros, que estavam derrubados havia quase um século depois da chegada da primeira leva de exilados deportados em 538 a.C. A segunda foi uma viagem para resolver problemas no trigésimo segundo ano de Artaxerxes (13.6), em 432 a.C. V. *Esdras, livro de*; *Neemias*.

Esboço

I. A obra de Deus precisa ser feita (12.1—7.33).

A. Os líderes do povo de Deus devem ser informados das necessidades da obra de Deus (1.1-3).
B. Os líderes do povo de Deus devem estar espiritualmente preparados para responder às necessidades das obras de Deus e devem orar (1.4-11).
C. Os líderes do povo de Deus devem alistar a ajuda de outros, algumas vezes fora da família de Deus (2.1-9).
D. Os líderes do povo de Deus provavelmente encontrarão oposição (2.10).
E. Os líderes do povo de Deus devem ter cautela e discrição e, ao mesmo tempo, ter um planejamento cuidadoso (2.11-16).
F. Os líderes do povo de Deus devem informar e desafiar o povo de Deus para trabalhar (2.17-20).
G. A obra de Deus demanda trabalho árduo, boa organização, muita cooperação e registros benfeitos para dar crédito a quem merece (3.1-32).
H. Os líderes do povo de Deus orarão diante da ridicularização e do insulto (4.1-9).
I. Os líderes do povo de Deus devem esperar oposição interna e externa (4.10-12).
J. Os líderes do povo de Deus devem encorajar os trabalhadores cansados com a fé prática e muita oração (4.13-15).
K. A obra de Deus é realizada com trabalho árduo e trabalhadores comprometidos (4.16-23).
L. A obra de Deus é prejudicada por problemas internos de injustiça (5.1-5).
M. Os líderes do povo de Deus devem enfrentar os especuladores causadores de problemas (5.6-13).
N. Os líderes do povo de Deus algumas vezes devem ser sacrificialmente generosos para resolver uma necessidade imperiosa (5.14-19).
O. Os líderes do povo de Deus sabem que a oposição deve ser muito pessoal e devem lidar com isso de maneira direta (6.1-14).
P. A ajuda de Deus e a cooperação de muitos obreiros produz sucesso (6.15,16).

Q. A obra de Deus pode ter traidores internos (6.17-19).
R. Os líderes do povo de Deus deverão envolver outros e dar-lhes instruções claras (7.1-5).
S. Os líderes do povo de Deus precisam manter bons registros e utilizá-los (7.6-73).

II. Os caminhos de Deus podem incluir o despertamento e reforma (8.1—13.31).
A. O povo de Deus quer ouvir a Palavra divina (8.1-3).
B. A Palavra de Deus deve ser lida e interpretada (8.4-8).
C. O caminho de Deus exige uma celebração alegre (8.9-12).
D. O caminho de Deus prescreve expressões formais para o culto alegre (8.13-18).
E. O caminho de Deus produz confissão (9.1-5).
F. O povo de Deus apresenta expressões práticas de arrependimento marcado pela oração (9.6-37).
G. O povo de Deus está desejoso de se comprometer com a obra (9.38).
H. O povo de Deus deverá apresentar garantias de compromisso (10.1-27).
I. O povo de Deus deve demonstrar seu compromisso na prática (10.28-39).
J. O povo de Deus deve estar desejoso de fazer mudanças (11.1,2).
K. A obra de Deus requer bons registros (11.3—12.26).
L. A obra de Deus deve ser consagrada e celebrada (12.27-47).
M. O povo de Deus deve ser um povo separado (13.1-9).
N. A obra de Deus, incluindo seu programa de finanças, não pode ser negligenciada (13.10-14).
O. O dia de Deus deve ser respeitado (13.15-22).
P. O caminho de Deus exige pureza no casamento e na vida dos ministros (13.23-31).

— *D. C. Martin*

NEFEGUE Nome pessoal que significa "fanfarrão". **1.** Um levita (Êx 6.21). **2.** Filho de Davi nascido em Jerusalém (2Sm 5.15; 1Cr 3.7; 14.6).

NEFILINS Transliteração da palavra hebraica que designa uma categoria de seres mencionados em Gn 6.4 e Nm 13.33. Alguns intérpretes creem que a palavra tem relação com *nafal*, que significa "cair". Com base em Gn 6.4 alguns intérpretes concluíram que os nefilins são seres caídos do céu que se casaram com as filhas dos homens. Entretanto, o texto não faz essa declaração explícita. Ele diz, sim, que os nefilins estavam na terra no tempo em que os filhos de Deus se casaram com as filhas dos homens. Quando os 12 espiões foram enviados a Canaã, eles viram gigantes a quem chamaram nefilins, diante dos quais eles pareciam pequenos como "gafanhotos". Não há nenhuma tentativa de relacionar estas pessoas com os nefilins de Gn 6. V. *gigantes*; *refains*; *filhos de Deus*.

NEFTOA Nome que significa "abertura", encontrado apenas na expressão "fonte de Neftoa". Marco de fronteira entre Judá e Benjamim (Js 15.9; 18.15). Antigamente identificava-se o lugar com Atam, no sul de Belém. Atualmente a identificação mais frequente é Lifta, a quase 5 quilômetros a noroeste de Jerusalém.

NEFUSIM Família de servidores do templo que retornou do exílio (Ed 2.50; *ARA* e *ARC* grafam "nefuseus"), provavelmente os mesmos citados também em Ne 7.52.

NEGAR Desacreditar ou se dissociar de alguém ou contestar a veracidade de uma afirmação (Mc 14.70) ou acontecimento (At 4.16). O AT fala de dissociar-se de Deus (Js 24.27; Pv 30.9). O fato de Pedro ter negado Jesus (Mt 26.34,69-75; Mc 14.30,66-72; Lc 22.34,56-62) deve ser entendido sob essa perspectiva, visto que Pedro se dissociou três vezes de Jesus, alegando não pertencer ao grupo dele. O temor da morte ou da perseguição leva a pessoa a negar, i.e., a se dissociar de Jesus (Mt 10.33; Mc 8.38; Lc 12.9; 2Tm 2.12), resultando no fato de Jesus dissociar-se dessa pessoa no dia do juízo. É possível que 2Pe 2.1 e Jd 4 também devam ser entendidos com esse sentido. Negar a si mesmo é um caso especial em que a pessoa se dissocia dos próprios interesses para servir a uma causa maior. Aqui a ideia de negação é paralela de um retrato de carregar a cruz de Jesus e segui-lo (Mt 16.24; Mc 8.34; Lc 9.23).

João Batista negou ou contestou a afirmação de que ele era o Cristo (Jo 1.19,20). Os "anticristos" de 1Jo 2.22 contestavam o ensino de que Jesus fosse o Cristo. Possivelmente 2Pe 2.1 e Jd 4 devam ser entendidos com esse sentido.

NEGOCIANTE Alguém que vende mercadorias, em geral na rua ou de porta em porta. Paulo negou ser um negociante da Palavra de Deus (2Co 2.17). Nesse texto Paulo enfatizou que não pregou por pagamento (1Co 9.12,15) e também que não se valeu de truques para obter conversões (2Co 4.2; 12.16).

NEGUEBE Nome de lugar que significa "seco", referência a uma região árida no sul da Palestina, que por extensão passou a significar "sul". Nos tempos bíblicos a região era mais habitada que na atualidade, indicação de que havia maior densidade pluviométrica ou, então, melhor conservação dos recursos naturais. Era a terra dos amalequitas no tempo de Abraão (Gn 14.7). Foi para lá que ele exilou Hagar (21.14). Os israelitas vaguearam pelo Neguebe após a tentativa frustrada de entrar em Canaã (Nm 14.44,45). Davi o incorporou a seu reino, e Salomão estabeleceu fortalezas na região. Daniel usou a palavra, traduzida por "sul", para se referir ao Egito (Dn 11.15,29). Depois da queda de Judá em 586 a.C., Edom incorporou a região a seu reino. Nos tempos do NT a região era conhecida como Nabateia. V. *direção*; *nabateus*; *Palestina*.

NEGUINÁ, NEGUINOTE Neguinote, a forma plural de neguiná, é usado como termo técnico nos sobrescritos de vários salmos (4; 6; 54; 55; 61; 67; 76) e é o sobrescrito de Hc 3.19. O termo é geralmente entendido como a especificação para a utilização de "instrumentos de cordas" (cp. Is 38.20; Lm 5.14). Outras referências sugerem que neguiná designe uma canção de zombaria (Jó 30.9; Sl 69.12; Lm 3.14).

NEIEL Nome que significa "lugar da habitação de Deus". Cidade designada a Aser (Js 19.27). O lugar é provavelmente Khirbet Ya'nin na extremidade oriental da planície de Aco, a cerca de 29 quilômetros a sudeste da cidade.

NEILOTE Termo técnico musical que aparece no sobrescrito de Sl 5 (v. *ARC*). O termo é geralmente entendido para especificar os instrumentos usados para esse salmo, no caso "flautas".

NEMUEL 1. Os nemuelitas eram os ancestrais de uma família de simeonitas (Nm 26.12; 1Cr 4.24); esse Nemuel é também chamado Jemuel (Gn 46.10; Êx 6.15). **2**. Um rubenita (Nm 26.9).

NEMUELITAS V. *Nemuel*.

NEQUEBE Transliteração da palavra hebraica utilizada em Js 19.33, que significa túnel, poço ou mina. Na *NVI* lê-se "Adami-Neguebe", mas na maioria das versões (*ARA*, *ARC*, *NTLH*) se lê "Adami-Nequebe". Sugere-se que o lugar seja a atual el-Bossa.

NER Nome pessoal que significa "luz". Pai de Abner, general e avô de Saul (1Sm 14.51; 26.5,14; 2Sm 2.8; 1Cr 9.36).

NEREU Nome pessoal extraído da mitologia grega. Nereu é o deus do mar, pai das nereidas (ninfas marinhas). O Nereu do NT era um cristão romano, possivelmente filho de Filólogo e Júlia (Rm 16.15).

NERGAL Nome, talvez uma variante de "Nerugal" (Senhor da cidade grande), o deus mesopotâmico do mundo inferior cujo culto estava centralizado na antiga cidade de Cute (Cutaha, a moderna Tell Ibrahim). Após a queda de Israel, o Reino do Norte, os assírios repovoaram Samaria com povos mesopotâmicos que trouxeram seus deuses com eles, incluindo Nergal (2Rs 17.30). O nome Nergal aparece na composição do nome do oficial babilônico Nergal-Sarezer (Jr 39.3,13).

NERGAL-SAREZER Nome pessoal que significa "Nergal, protetor do rei". Provavelmente uma grafia variante do nome "Neriglissar". É mencionado como oficial da corte de Nabucodonosor, auxiliando-o a destruir Jerusalém em 586 a.C. (Jr 39.3,13). Genro de Nabucodonosor e usurpador do trono babilônico após a morte de Evil-Merodaque. Nergal-Sarezer muito possivelmente esteve envolvido com a rebelião e morte do rei. Sabe-se por meio das *Crônicas babilônicas* que Nergal-Sarezer liderou uma campanha militar pelos montes Taurus para combater os medos. Foi bem-sucedido a princípio, mas posteriormente sofreu uma derrota amarga e logo morreu, talvez pela mão dos que colocaram Nabonido no trono. V. *Babilônia*.

NERI Nome pessoal que significa "lâmpada". Um ancestral de Jesus (Lc 3.27).

NERIAS Nome pessoal que significa "Javé é luz". Pai de dois homens que auxiliaram Jeremias: Baruque, o escriba (Jr 32.12; 36.4-19) e Seraías, o responsável pelo acampamento (Jr 51.59; *ARA* e *BJ*, "camareiro-mor"; *ARC*, "príncipe pacífico").

NERO Nome pessoal que significa "valente". Imperador romano de 54-68 d.C., Nero se tornou imperador no ano 54 com 17 anos. Sucessor do pai adotivo, Cláudio, que provavelmente foi assassinado a pedido de Agripina, mãe de Nero.

Nos primeiros anos do seu governo, Nero estava satisfeito em ser dominado pela mãe e por seus dois mentores, Burro e Sêneca. O último era um destacado filósofo estoico, capaz de durante um tempo moderar as tendências excessivas de Nero. Mas, ao envelhecer, Nero assumiu o controle e se livrou das influências moderadoras. Para afastar qualquer oposição, ele provavelmente se envolveu na morte de seu meio-irmão Britânico e mandou assassinar sua mãe.

Nero era uma personalidade complexa. Podia ser extremamente cruel, e sua vida foi marcada por excessos e indulgências. Ao mesmo tempo era poeta, ator, músico e atleta. Tentou desviar a atenção das multidões de Roma dos brutais jogos de gladiadores para o estilo dos jogos olímpicos gregos e outras formas de competição cultural.

No governo de Nero aconteceu o grande incêndio de Roma (64 d.C.). A maior parte da cidade foi destruída, incluindo seu palácio. A história, provavelmente verdadeira em parte, conta que Nero tocava harpa enquanto Roma queimava.

Ele tomou medidas para dar algum alívio aos afetados pelo incêndio. Mesmo assim não foi capaz de abafar os rumores de que havia iniciado o incêndio. Sabia-se que ele pretendia construir um palácio muito maior, e concluiu-se que usou o fogo para preparar o terreno. Nero percebeu que precisava desviar a atenção para outro grupo e escolheu os cristãos como bodes expiatórios, acusando-os de terem provocado o incêndio. Seguiu-se uma perseguição sistemática aos cristãos. Por causa de seu estilo de vida e da perseguição, muitos cristãos o viram como o anticristo.

Nero negligenciou o exército. Sua queda aconteceu como consequência disso, pois perdeu a lealdade de grandes segmentos do exército. Por fim, muitos exércitos das fronteiras se revoltaram. O apoio a Nero em Roma se desfez. Percebendo o caráter inevitável e próximo do fim, ele cometeu suicídio ao se esfaquear no ano 68 da era cristã. V. *Roma e o Império Romano*.

NESIAS Nome pessoal que significa "fiel" ou "ilustre". Líder de uma família de servidores do templo (netinins) que retornou do exílio (Ed 2.54; Ne 7.56).

NETAIM Nome que significa "plantas". Lugar onde se realizavam obras de cerâmica (1Cr 4.23). O lugar não foi identificado.

NETANAEL ou **NETANEL** Nome pessoal que significa "dado por Deus". **1**. Líder da tribo de Issacar e filho de Zuar (Nm 1.8). Comandou um exército de 54.400 homens (2.5,6). **2**. Quarto filho de Jessé e irmão do rei Davi (1Cr 2.14). **3**. Um dos vários sacerdotes que tocava a trombeta perante a arca de Deus (1Cr 15.24). **4**. Príncipe de Judá enviado pelo rei Josafá com outros para ensinar a lei de Deus nas cidades de Judá (2Cr 17.7-9). **5**. Levita e pai de Semaías que registrou os nomes e a ordem do povo que ministraria no templo (1Cr 24.6). **6**. Quinto filho de Obede-Edom que era porteiro do templo (1Cr 26.4). **7**. Levita que contribuiu para as ofertas da Páscoa quando Josias era rei (2Cr 35.9). **8**. Sacerdote e filho de Pasur que se casou com uma esposa estrangeira enquanto exilado na Babilônia (Ed 10.22). Pode ter participado da dedicação dos muros de Jerusalém (Ne 12.36). **9**. Líder da família sacerdotal de Jedaías quando Joaquim era sumo sacerdote (Ne 12.21). **10**. Sacerdote, companheiro de

Asafe, que tocou a trombeta na dedicação da reconstrução do muro de Jerusalém (Ne 12.36). Alguns o identificam com o citado no ponto 8.

NETANIAS Nome pessoal que significa "dado por Yah (= Javé)". **1.** Filho de Asafe que atuou na companhia de profetas estabelecida por Davi. Eles entregavam suas mensagens com harpas, saltérios (liras) e címbalos (1Cr 25.1,2). **2.** Levita enviado com os príncipes de Josafá para ensinar o Livro da Lei de Deus em todas as cidades de Judá (2Cr 17.7-9). **3.** Pai de Jeudi enviado por Baruque pelos príncipes de Jeoaquim (Jr 36.14). **4.** Pai de Ismael, assassino de Gedalias (2Rs 25.23-25; Jr 40.8,14-16; 41).

NETOFATE Nome que significa "queda" ou "deixar cair". Cidade e bairro na região montanhosa de Judá (2Sm 23.28,29; 1Cr 11.30; 27.13; Ne 7.26). Netofate é com frequência associada a Belém, o que sugere a localização perto dessa cidade. A inferência encontra suporte adicional na inclusão de dois netofatitas no círculo dos guerreiros de elite de Davi. O lugar é muito provavelmente Khirbet Bedd Faluh, localizada a uns 7 quilômetros a sudeste de Belém. A fonte próxima, Ain en-Natuf, preserva o nome.

NETOFATITAS Residentes de Netofate (1Cr 9.16; Ne 12.27,28).

NEUSTA Nome pessoal que significa "serpente" ou "bronze". Mãe do rei Joaquim de Judá (2Rs 24.8). Como rainha-mãe ela estava entre os deportados na primeira leva de exilados (24.12,15).

NEUSTÃ Nome de uma "serpente abrasadora" destruída pelo rei Ezequias como parte da tentativa de reformar o culto e a vida de Judá (2Rs 18.4). Acreditava-se que o objeto era o mesmo que Moisés mandou fazer para dar alívio a uma praga surgida no acampamento israelita no êxodo (Nm 21.8,9). A palavra "Neustã" provavelmente é um jogo de palavras em hebraico, pois a palavra para bronze é muito parecida. Neustã provavelmente era um deus em forma de serpente adorado na religião dos cananeus. A mãe do rei Joaquim chamava-se Neusta, provavelmente em honra dessa divindade estrangeira. V. *bronze, serpente de*.

NEVE Por ter um clima basicamente quente, a terra de Israel raramente tinha neve. Não obstante, o monte Hermom tem um cume nevado que pode ser visto a distância. A neve é usada na Bíblia em sentido figurado, para representar brancura (Is 1.18), limpeza (Jó 9.30) e frescor revigorante (Pv 25.13).

NEZIBE Nome que significa "guarnição (militar)", "ídolo", "pilastra" ou "lugar de parada". Cidade no distrito da Sefelá de Judá (Js 15.43). O lugar tem sido identificado com Beit Nesibe a leste de Láquis, a cerca de 3 quilômetros de Khirbet Qila (Queila).

NIBAZ Divindade cultuada pelos residentes de Ava, que os assírios utilizaram para repovoar a área ao redor de Samaria depois da queda da cidade em 722 a.C. (2Rs 17.31). O nome talvez seja uma corruptela deliberada da palavra para altar (*mizbeach*), que possivelmente tenha se tornado objeto de culto.

NIBSÃ Nome que significa "profetizar". Cidade designada à tribo de Judá (Js 15.62). Sua localização é incerta, ainda que sua posição na lista sugira um local junto à praia do mar Morto.

NICANOR Nome pessoal que significa "conquistador". Um dos sete helenistas "cheio de fé e do Espírito Santo" escolhidos para distribuir alimentos às viúvas falantes de grego da igreja de Jerusalém (At 6.5).

NICODEMOS Nome pessoal que significa "inocente do sangue". João identifica Nicodemos como fariseu, "uma autoridade entre os judeus" (Jo 3.1), i.e., membro do Sinédrio, o tribunal judaico, e como "mestre em Israel" (Jo 3.10), i.e., uma autoridade na interpretação das Escrituras hebraicas. A visita que Nicodemos fez a Jesus à noite sugere sua timidez e sua jornada das trevas do próprio pecado e ignorância até a luz de Jesus (Jo 3.2). Nicodemos saudou Jesus com um título de respeito, "rabi" (mestre), reconhecendo-o mestre enviado por Deus, cujos sinais testemunhavam a presença divina (Jo 3.2). Jesus respondeu que Nicodemos jamais veria o Reino de Deus se não nascesse de novo (v. 3) ou nascesse da água e do Espírito (v. 5). Nicodemos ficou impressionado por causa da impossibilidade destas coisas (v. 4,9), mas o texto não indica se Jesus queria esclarecer seu ensino para ele.

Fiel ao significado do seu nome, Nicodemos defendeu Cristo diante dos seus pares (Jo 7.51) que não podiam admitir que alguém do seu grupo cresse em Jesus (v. 48). A resposta deles é uma repreensão dupla que pode ser parafraseada da seguinte forma: "Você é um agricultor da Galileia?", e "Você não conhece as Escrituras?" (v. 52).

A referência à visita de Nicodemos durante a noite ilumina sua participação pública posterior no sepultamento de Jesus (Jo 19.39-41). A contribuição de Nicodemos foi de muitos aloés e ervas para preparar um rei para o sepultamento, e assim ele fez. O sepultamento foi um simples ato de piedade farisaica (cp. Tb 1.17), mas em um sentido mais profundo, é o reconhecimento de que em seu sofrimento e morte Cristo cumpriu o papel de rei dos judeus.

NICOLAÍTAS Grupo herético na igreja primitiva que ensinava imoralidade e idolatria. Foram condenados Ap 2.6,15 por suas práticas em Éfeso e Pérgamo. Tiatira aparentemente resistiu à falsa profecia pregada por eles (Ap 2.20-25). Os nicolaítas têm sido associados com o tipo de heresia ensinada por Balaão (Nm 25.1,2; 2Pe 2.15), em especial com as festas pagãs e orgias que eles aparentemente propagaram na igreja do séc. I.

NICOLAU Nome pessoal que significa "conquistador do povo". Um dos sete helenistas "cheio de fé e do Espírito Santo" escolhidos para distribuir alimentos às viúvas falantes de grego da Igreja de Jerusalém (At 6.5). Nicolau era um prosélito, i.e., um gentio convertido ao judaísmo, originário de Antioquia. Alguns pais da Igreja o ligaram à seita herética dos nicolaítas (Ap 2.6,15). O nome, no entanto, é comum, e não há razão para associar esse Nicolau à seita ativa na Ásia Menor.

NICÓPOLIS Nome de lugar que significa "cidade da vitória", compartilhado por muitas cidades no mundo antigo. O lugar em que Paulo com muita probabilidade passou o inverno (Tt 3.12) era Nicópolis de Épiro, no noroeste da Grécia, no lado norte do Sinus Ambracicus. Otávio fundou a cidade no lugar do acampamento de onde ele organizou a bem-sucedida batalha de Ácio.

NÍGER Apelido latino que significa "negro". Sobrenome de Simeão, um dos mestres-profetas da antiga igreja de Antioquia. Os negros eram comuns entre as populações do Egito e do norte da África no período helenístico. O apelido latino de Simeão sugere sua origem na província romana da África, a oeste de Sirênica. Sua inclusão em At 13.1 demonstra a liderança multirracial e multinacional da igreja de Antioquia. A preocupação deles com a missão da igreja provavelmente estava enraizada na própria diversidade étnica. Alguns têm conjecturado que Simeão Níger é o mesmo Simão de Cirene (Mc 15.21). No entanto, At 13.1 designa somente Lúcio como residente em Cirene.

NILO, RIO O maior rio do Egito, considerado a "vida" do país. A palavra hebraica geralmente usada para Nilo no AT é *y'or*. Essa palavra é derivada da palavra egípcia *itrw* ou *itr*, pela qual os egípcios se referiam ao Nilo, a seus braços e canais.

O Nilo egípcio é formado pela união do Nilo Branco, que vem do lago Vitória, na Tanzânia, e pelo Nilo Azul, proveniente do lago Tana, na Etiópia. Eles se encontram em Cartum, no Sudão, e são mais tarde alimentados pelo Atbara. A partir daí o Nilo corre 2.695 quilômetros rumo ao norte, até o mar Mediterrâneo, sem nenhum tributário ou afluente. Na Antiguidade seis cataratas impediam a navegação em vários pontos. A primeira delas, que corre rio acima, é encontrada em Assuã, geralmente reconhecida como a fronteira sul do Egito. De Assuã até o norte, o Nilo corre entre duas correntes de penhascos que algumas vezes vêm diretamente à sua borda, mas em outros lugares estão 14 quilômetros acima. A área costeira pode ser cultivada até a distância que se pode levar a água do rio. Os egípcios chamavam essa área cultivada de "terra negra", em razão da coloração desse solo rico. Além dessa região, a "terra vermelha" do deserto inferior se prolonga até o pé dos penhascos. No topo dos penhascos estava o grande deserto inóspito

Navegação à vela no rio Nilo.

onde poucos egípcios se aventuravam. Abaixo da moderna capital, Cairo, e ao redor da antiga capital, Mênfis, o Nilo forma um grande delta.

As muitas cidades antigas nessa área atualmente estão abaixo do nível da água. Poucas escavações arqueológicas têm sido feitas ali, ainda que essa seja a área onde as ligações mais próximas com a Palestina provavelmente venham a ser descobertas. O limite leste do Delta é o local da terra de Gósen, onde Jacó/Israel e seus descendentes se estabeleceram. V. *Gósen*.

O Nilo é a base da riqueza do Egito, na verdade de sua vida. É o único rio que corre pelo Saara e vai até o norte. O Egito era a única comunidade agrícola que não dependia da chuva. O segredo era a lama negra depositada nos campos por conta das inundações anuais que aconteciam quando o Nilo Azul era engolido pelas chuvas de verão da Etiópia. Essa lama era notavelmente fértil. Águas irrigáveis, levadas com muito esforço do rio, permitiram que os egípcios produzissem muitas variedades de colheitas em grande quantidade (Nm 11.5; Gn 42.1,2). Se as chuvas de verão falhassem, consequentemente não havendo inundação, o resultado seria uma fome desastrosa: algumas são registradas como tendo durado anos (cf. Gn 41).

Até hoje a água é trazida aos campos individuais por pequenos canais que vêm das valas arteriais. Estes canais são fechados com represas de terra que podem ser quebradas com o pé quando é a vez de um fazendeiro usar a água (Dt 11.10). Como a vida estava concentrada no vale, o rio era também uma rodovia natural. Todas as grandes viagens no Egito eram feitas pelo rio, e utilizavam-se as correntes quando se viajava para o norte e também dos ventos quando se viajava para o sul. — *John Ruffle*

NINFA Hospedeiro ou hospedeira cristã de uma igreja doméstica, provavelmente em Laodiceia (Cl 4.15). Em razão do fato de o nome só ocorrer no caso acusativo, não é possível determinar o gênero do nome (masculino ou feminino). As traduções modernas seguem os melhores manuscritos gregos e vertem em "casa dela", subentendendo o nome como feminino. A *BJ* usa a forma masculina Ninfas, abreviação de Ninfadoros, que significa "dom das ninfas".

NINHO Recipiente oco feito por pássaros para receber seus ovos e filhotes. Não raro os ninhos são usados como metáfora ou símile da habitação humana (Nm 24.21; Jó 29.18; Hc 2.9;

Pv 27.8). A palavra traduzida por "ninho" em Mt 8.20 e Lc 9.58 sugere mais uma "tenda" frondosa que propriamente um ninho.

NÍNIVE A maior das capitais do antigo Império Assírio, que floresceu de cerca de 800 a 612 a.C. Localizava-se na margem esquerda do rio Tigre, no nordeste da Mesopotâmia (atual Iraque). O que restou da cidade é representado por dois aterros, chamados Quyundijq ("Muitas ovelhas') e Nebi Yunus ("Profeta Jonas").

Referências bíblicas Nínive é mencionada primeiramente no AT como uma das cidades estabelecidas por Ninrode (Gn 10.9-12). Foi a cidade inimiga para a qual Deus chamou o relutante profeta Jonas no séc. VIII a.C. O livro de Jn a chama de "grande cidade" (1.2; 4.11) e "cidade muito grande" (3.3). A expressão seguinte, que afirma que eram necessários "três dias para percorrê-la" (3.3), pode ser uma expressão idiomática que significa que o primeiro era para a viagem, o segundo dia para visitá-la e o terceiro dia para voltar. A frase "mais de cento e vinte mil pessoas que não sabem nem distinguir a mão direita da esquerda" (4.11) tem algumas vezes sido entendida como referência a crianças, o que faria com que a população da cidade fosse algo em torno de 600 mil pessoas. A área dentro dos muros da cidade, no entanto, não teria tido mais de 175 mil habitantes.

As últimas referências bíblicas a Nínive estão em Na, que profetizou a queda da "cidade sangrenta" pelo ataque de uma coligação de medos e caldeus em 612 a.C. Por volta de 500 a.C. as palavras "Nínive está arrasada" (3.7), ditas pelo profeta, foram ecoadas pelo historiador grego Heródoto que falou do Tigre como "o rio à beira do qual a cidade de Nínive antigamente estava edificada".

Escavações Uma cidade e um cemitério muçulmanos ocupam a localidade de Nebi Yunus, impedindo escavações. O tell de Quyundijq, que se eleva 27 metros acima da planície, tem atraído arqueólogos, desde que foi primeiramente pesquisado por C. J. Rich em 1820.

Em 1842, Paul Emile Botta, o cônsul francês na cidade próxima de Mossul, tornou-se o primeiro pesquisador do Oriente Médio quando começou a escavar em Quyundijq. Em 1845, o inglês A. H. Layard escavou brevemente em Quyundijq durante um mês. Ambos foram para outros lugares que eles equivocadamente pensaram ser Nínive. Layard retornou a Quyundijq mais tarde, em 1849, e descobriu ali o palácio de Senaqueribe.

Hormuz Rassam, nativo de Mossul, ajudou Layard e depois trabalhou no sítio arqueológico de Quyundijq de 1852 a 1854 e de 1878 a 1882. Ele encontrou o palácio e a biblioteca de Assurbanípal em 1853. George Smith, que decifrou a história babilônica do dilúvio no *Épico de Gilgamés* em 1872, foi enviado ao sítio arqueológico pelo jornal *Daily Telegraph*. Em 1873 ele encontrou uma tabuinha contendo 17 linhas adicionais da história do dilúvio. Estudiosos iraquianos realizaram alguns estudos em Nebi Yunus em 1954 que confirmaram a sugestão dada por Layard de que o palácio de Esar-Hadom estava ali.

Palácios Senaqueribe (704-681 a.C.) construiu o imenso palácio localizado a sudoeste de Quyundijq. Observa-se que em seu alto-relevo há cativos filisteus, arameus, de Tiro e outros que trabalharam sob a supervisão do próprio rei. Seu "palácio que não tem igual" ocupava uma área de mais de 2 quilômetros e tinha 71 quartos, incluindo dois grandes salões com 55 metros de comprimento por 12 metros de largura. Ele se vangloriava de que os materiais empregados na construção do palácio incluíam "cedros aromáticos, ciprestes, portas com bordas de prata e cobre [...] tijolos pintados [...] alças das cortinas de prata e cobre, alabastro, brecha calcária, mármore, marfim". Os quartos eram ornamentados com 3 mil metros de esculturas em relevo, apresentando vitórias assírias sobre cidades inimigas, incluindo a cidade judaica de Láquis, capturada em 701 a.C. A cidade de Senaqueribe estava protegida por 12 quilômetros de muros com 15 portas. Havia ali jardins e parques irrigados por um aqueduto de 48 quilômetros de extensão.

Assurbanípal (669-627 a.C.), o último grande rei assírio, construiu o palácio do norte com seus relevos magníficos de caçadas reais de leões. Ele acumulou uma biblioteca de 20 mil tabuinhas contendo importantes épicos literários, coleções mágicas e de sortilégios, arquivos e cartas reais. V. *Assíria*. — *Edwin Yamauchi*

Porta restaurada no local da antiga cidade de Nínive da Assíria.

NINIVITAS Residentes da capital assíria, Nínive (Lc 11.30,32). Os ninivitas funcionaram como um exemplo de gentios que se arrependeram e foram aceitos por Deus (Jn 3). V. *Assíria*.

NINRA Nome de lugar que significa "(água) clara". Forma alternativa de Bete-Ninra (Nm 32.36) usada em Nm 32.3.

NINRIM Nome de lugar que significa "leopardos" ou "bacias de águas claras". O nome aparece na expressão "águas de Ninrim" (Is 15.6; Jr 48.34), a fonte da qual dependia a produtividade agrícola de Moabe. A fonte ou é o uádi En-Numeirah, que corre do leste ao mar Morto, a cerca de 12 quilômetros ao norte de sua extremidade, ou o uádi Ninrim, que corre do leste até o Jordão, a cerca de 12 quilômetros de sua cabeceira.

NINRODE Nome pessoal que significa "nós nos rebelaremos". Filho de Cuxe ou Etiópia (Gn 10.8-10; 1Cr 1.10). Caçador e construtor do reino de Babel que alguns biblistas associam a Tukulti-Ninurta, rei assírio (c. 1246-1006 a.C.). A Bíblia não oferece informações suficientes para ligá-lo a qualquer outra figura conhecida da História. Outros pensam que se tratava de Amenófis III do Egito (c. 1411-1375 a.C.) ou que o herói Gilgamés pode ter sido o antigo Ninrode. Não obstante, lendas muito populares apresentam Ninrode como um governante, tanto no folclore assírio como no egípcio. O profeta Miqueias chamou a Assíria de "terra de Ninrode" (5.6).

NINSI Nome pessoal que significa "engano". Avô de Jeú (2Rs 9.2,14). Em algumas passagens Jeú é chamado "filho de Ninsi" (1Rs 19.16; 2Rs 9.20; 2Cr 22.7). Ou "filho" é usado de maneira ampla, no sentido de descendente, ou está envolvida uma tradição variante.

NIPUR Cidade localizada na Mesopotâmia, a cerca de 80 quilômetros a sudeste da antiga cidade da Babilônia, e cerca de 160 quilômetros ao sul da atual Bagdá, no Iraque. Ainda que não seja mencionada na Bíblia, sua história é importante no contexto mais amplo do mundo bíblico. Acredita-se que tenha sido o centro de uma das primeiras civilizações, a Suméria.

A cidade foi fundada por volta de 4000 a.C. por um grupo primitivo chamado ubaída. Nipur foi por mais de 2.000 anos o centro cultural e religioso dessa civilização, ainda que nunca tenha sido a capital de nenhum reino.

Nipur foi um centro florescente de indústria e educação de escribas. Documentos descobertos na área descrevem uma variedade de empreendimentos comerciais. Algumas tabuinhas encontradas datam de cerca de 2500 a.C., e até antes, e são registros de um tempo muito mais antigo. Uma das descobertas mais importantes aconteceu nas ruínas de uma casa comercial. Os registros, conhecidos como Murashu, assim nomeados segundo a família de banqueiros sob cuja custódia foram mantidos, dão alguma indicação da extensão do envolvimento judeu no mundo dos negócios após o período do exílio babilônico. A educação de escribas ocupava-se com o uso de um dos tipos mais antigos de escrita, conhecido por escrita cuneiforme. Parte da educação era dedicada à matemática.

No entanto, a importância maior de Nipur estava em sua religião. Vários deuses controlavam cada aspecto da vida. A principal divindade era Enlil, algumas vezes chamada Bel ("o senhor"). Ele era considerado o deus do mundo terrestre e o pai dos demais deuses. Sua importância fez de Nipur, seu lar, o lugar aonde iam de agricultores a reis fazer suas oferendas.

De acordo com a tradição, a autoridade real desceu do céu à terra depois do dilúvio. Com exceção de Nipur, diversas cidades na área alternavam-se como sede do governo e com frequência entravam em guerra umas contra as outras em disputa pela supremacia política. Entretanto, a fonte além de qualquer disputa dessa supremacia era Enlil, a divindade principal. Sua autoridade era transmitida aos reis humanos por intermédio do sacerdócio do seu templo, a *Ekur* ("casa da montanha"), o principal santuário da região.

A influência e importância de Nipur começaram a diminuir com a ascensão do poder babilônico. No tempo de Hamurábi, 1792-1750 a.C., Nipur tinha sido substituída pela Babilônia como centro religioso e cultural. Não obstante, sua influência perdurou até cerca de 250 a.C. V. *Babilônia*; *cuneiforme, escrita*; *Hamurábi*; *Mesopotâmia*; *Suméria*. — *Hugh Tobias*

NISÃ Palavra estrangeira usada depois do exílio para designar o primeiro mês do calendário hebraico (Ne 2.1; Et 3.7). Esse mês ocorre entre março e abril e anteriormente era chamado abibe. V. *calendário*.

NISROQUE Deus adorado pelo rei assírio Senaqueribe (2Rs 19.37; Is 37.38). Não se sabe de nenhum outro deus com esse nome. Talvez ele seja uma corruptela do nome Marduque, Nusku (o deus do fogo), ou Ashur (cp. as traduções gregas antigas, Esdraque e Asoraque).

NÓ Laço de corda usado como armadilha (Jó 18.10; Pv 7.22, "laço"; *ARA*, "rede"; *ARC*, "prisões"; *NTLH*, "armadilha"). V. *caçador, passarinheiro*; *caça, caçador*.

NO, NO AMON Antigo nome da cidade egípcia de Tebas (atual Lúxor). Inerente em seu nome é sua reputação. "No" é uma palavra para a melhor das cidades, e "Amon" é o nome do deus egípcio Amon-Rá. Jeremias (46.25), Ezequiel (30.14-16) e Naum (3.8) estavam bem conscientes dessa importância. Atacar essa capital era atacar o coração e a alma do Egito.

Ainda que Tebas existisse antes do Reino Médio (c. 2040-1750 a.C.), não era uma cidade particularmente notável. No Novo Reino (c. 1550-1070 a.C.) Tebas se tornou o centro cúltico e cultural do Egito. Um faraó após outro acrescentou algo a seus templos magníficos como Karnak, e à sua "rainha" ao sul, Lúxor. Estes dois edifícios dominaram o lado leste do Nilo enquanto os templos funerários e os vales dos reis (Biban el-Moluk) e das rainhas ocuparam o lado oeste. Deir el-Bahir (Hatsepsut), os Colossos de Memnon (Amenhotepe III), os Ramasseum (Ramessés II) e Medinet Habu (Ramessés III) são apenas alguns dos lugares que ainda hoje são testemunho da glória passada de Tebas. Tal como Naum indicou, Tebas não era invencível. Em 661 a.C., Assurbanípal (da Assíria) saqueou a cidade sagrada. Mortalmente ferida, a cidade nunca se recuperou completamente. V. *Egito*. — *Gary C. Huckabay*

NOA Uma das cinco filhas de Zelofeade (Nm 26.33). Integrantes da tribo de Manassés, estas filhas receberam uma herança na terra em nome do seu pai, ainda que ele não tivesse tido filhos (herdeiros do sexo masculino; 27.1-11). Isso era completamente incomum naquele tempo. — *Judith Wooldridge*

NOÁ Nome pessoal que significa "quieto". Filho de Benjamim (1Cr 8.2). O nome foi omitido da lista paralela (Gn 46.21).

NOADIAS Nome pessoal que significa "Yah (= Javé) encontrou". **1.** Levita que retornou do exílio e trabalhou como tesoureiro do templo (Ed 8.33). **2.** Profetisa que desencorajou o trabalho de Neemias de reconstruir os muros de Jerusalém (Ne 6.14).

NOBA Nome pessoal que significa "uivar" ou "mugir". **1.** Líder da tribo de Manassés que conquistou Quenate em Gileade (Nm 32.42). **2.** Cidade de Gileade, antigamente chamada Quenate (Nm 32.42). O lugar talvez seja Kanawat, a cerca de 96 quilômetros a leste do mar da Galileia. **3.** Cidade de Gileade (Jz 8.10,11) a leste de Sucote e Peniel e a oeste da Estrada do Rei.

NOBE Cidade de Benjamim situada provavelmente entre Anatote e Jerusalém (Ne 11.31,32; Is 10.32). Após a destruição do santuário de Siló, por volta do ano 1000 a.C. (Jr 7.14), o sacerdócio se realocou em Nobe. Pelo fato de o sacerdote Abimeleque ter ajudado o fugitivo Davi (1Sm 21.1-9), Saul exterminou 85 dos sacerdotes de Nobe (1Sm 22.9-23). Apenas Abiatar escapou. A localização de Nobe talvez seja no monte Scopus, a cerca de um 1,5 quilômetro a nordeste da antiga Jerusalém, na colina Qu'meh, 1,5 quilômetro mais ao norte, ou Ras el-Mesharif, cerca de um 1,5 quilômetro ao norte de Jerusalém. V. *Abimeleque*.

NODABE Nome que significa "nobreza". Tribo conquistada por Rúben, Gade e pela meia tribo de Manassés (1Cr 5.19). O nome é preservado como Nudebe em Hauran. A associação de Nodabe com Jetur e Nafis sugere sua identificação com Quedemá (Gn 25.15; 1Cr 1.31).

NODE Nome de lugar que significa "vaguear" ou "errante". Depois de assassinar seu irmão Abel, Caim foi condenado a ser "fugitivo errante pelo mundo" (Gn 4.12,14). Node está "afastada da presença do Senhor, a leste do Éden" (Gn 4.16). O texto não está muito interessado em determinar a localização física de Node, mas em enfatizar o fato de Caim estar sem rumo e sem direção.

NOÉ Nome pessoal de significado incerto, mas relacionado a "descanso". **1.** Filho de Lameque, descendente de Adão na linhagem de Sete, e sobrevivente do Dilúvio. Homem bom e justo, Noé era o pai de Sem, Cam e Jafé, que nasceram quando ele contava 500 anos. Deus advertiu Noé da eliminação da humanidade da face da terra. Pelo fato de Noé ter andado com Deus e permanecido irrepreensível entre seus contemporâneos, Deus lhe deu instruções específicas para construir a arca na qual Noé sobreviveria ao Dilúvio vindouro. Noé seguiu à risca as instruções de construção. Então, uma semana antes do dilúvio (Gn 7.4), Noé levou sua família e todos os animais para a arca, tal como Deus havia orientado. Depois de sete dias a chuva caiu, e durou 40 dias. Quando procurou saber se seria seguro deixar a arca, Noé soltou um corvo, e depois uma pomba. Quando a pomba voltou com um ramo de oliveira, Noé soube que a água tinha baixado.

Uma vez fora da arca, Noé edificou um altar e sobre ele sacrificou animais puros como ofertas queimadas. Então o Senhor prometeu que nunca mais destruiria as criaturas vivas como fizera no Dilúvio e que estabeleceria uma aliança com Noé e seus filhos — aliança essa selada pelo arco-íris.

A natureza pecaminosa da humanidade é algo que foi preservado na arca. Uma vez em terra firme, Noé plantou uma vinha, bebeu o vinho, embebedou-se e se desnudou em sua tenda. Cam informou Sem e Jafé a respeito da nudez do pai. Os outros dois demonstraram respeito pelo pai e o cobriram. Como resultado, receberam de Noé ricas bênçãos para seus descendentes. Cam, por sua vez, teve o filho Canaã amaldiçoado. Noé viveu 350 anos depois do dilúvio e morreu com 950 anos.

O texto de Hb 11.7 confirma os atos de fé de Noé ao construir a arca. As referências a Noé em 1Pe 3.20 e 2Pe 2.5 falam de Noé e sua família que foram salvos do Dilúvio. V. *aliança*; *Dilúvio*.
—*Judith Wooldridge*

NOEMI Nome pessoal que significa "meu prazer". Esposa de Elimeleque e sogra de Orfa e de Rute (Rt 1.2,4). Noemi sofreu a morte do seu marido e dos dois filhos quando vivia em Moabe. Seu esforço para aproximar Boaz de Rute foi bem-sucedido, e ela se tornou ancestral de Davi, o maior rei de Israel (Rt 4.21,22). V. *Rute, livro de*.

NOFÁ Nome de lugar que significa "toque" (de um instrumento de sopro). Nofá passou do controle moabita para o amonita, e depois para o israelita (Nm 21.30). Algumas versões (*ARA, NTLH*) alteram uma letra do texto hebraico, e a palavra passa a significar "fogo que se espalhou", leitura apoiada pela tradução grega e pelo *Pentateuco samaritano*. Caso Nofá seja um lugar, talvez Nobá seja um candidato (Nm 32.42).

NOFE Forma variante de Mofe, a designação hebraica para a cidade egípcia de Mênfis (Is 19.13; Jr 2.16; 44.1; 46.14,19; Ez 30.13,16). V. *Mênfis*.

NOGÁ Nome pessoal que significa "brilho" ou "resplendor". Filho de Davi que nasceu em Jerusalém (1Cr 3.7; 14.6). A omissão do nome na lista paralela (2Sm 5.15) sugere o resultado de uma ditografia, i.e., cópia duplicada do nome seguinte, Nefegue.

NOITE Período de escuridão entre o pôr do sol e a aurora. A palavra noite é usada com frequência apenas em sentido temporal. A noite é parte da ordem de Deus relativa ao tempo (Gn 1.5,14; 8.22). Não raro, a noite é o tempo de encontro com Deus, por meio de sonhos e visões (Gn 20.3; 31.24; 46.2; 1Rs 3.5; Jó 33.15; Dn 2.19; 7.2,7,13; At 16.9; 18.9), aparições (Gn 26.24; Nm 22.20; 1Cr 17.3; 2Cr 1.7; 7.12; At 23.11; 27.23) ou alguma palavra da parte de Deus (Jz 6.25; 7.9; 1Sm 15.16). Outras vezes a noite é associada a perigo (Sl 91.5). A ausência da noite na Jerusalém celestial (Ap 21.25; 22.5) aponta para a segurança dos crentes e a presença constante de Deus ali. A noite também pode ser associada a um ato de libertação da parte de Deus (Dt 16.1; 2Rs 19.35; Jó 34.25).

NOIVA Os autores bíblicos dizem pouco sobre casamentos ou noivas. Eles mencionam ocasionalmente meios pelos quais as noivas eram obtidas (Gn 24.4; 29.15-19). O texto de Ez 16.8-14 descreve a noiva, seus trajes e a cerimônia de casamento. O livro de Ct é uma coletânea de poemas de amor na qual a noiva descreve o amor a seu noivo.

A figura da noiva é usada amplamente na Bíblia como descrição do povo de Deus. No AT os profetas apresentaram Israel como a noiva que tinha cometido repetidos adultérios (Jr 3; Ez 16; Os 3). Os profetas também anunciaram que Deus era fiel a sua noiva infiel e a restauraria (Jr 33.10,11; Is 61.10; 62.5). No NT a figura da noiva é usada muitas vezes com relação à Igreja e seu relacionamento com Cristo. A noiva pertence a Cristo, que é o Noivo (Jo 3.29). Em Ap, a Igreja, como a noiva do Cordeiro, preparou-se para o casamento ao realizar atos justos dos santos (19.7,8). Em Ap 21, o grande casamento é retratado com a Igreja preparada para o noivo (21.2,9). Por fim, a noiva e o Espírito anunciam o convite: "Vem" (22.17). Paulo usou a metáfora da noiva para indicar seus sentimentos para com as igrejas que ele tinha fundado. Em 2Co 11.2 Paulo escreveu que ele tinha preparado a igreja de Corinto como noiva. Ele queria apresentá-la a Cristo como virgem pura. Os coríntios estavam em perigo de cometer "adultério". A imagem da noiva é usada por diversos autores bíblicos, mas todos parecem ter um único propósito. A imagem da noiva é usada para indicar o grande amor de Deus a seu povo. Para esses autores, nenhuma figura poderia representar melhor esse amor que o amor ideal entre um noivo e uma noiva.

NOIVA DE CRISTO V. *noiva*.

NOIVADO ou **CONTRATO DE CASAMENTO** Ato de comprometimento para o casamento nos tempos bíblicos, tão comprometedor quanto o casamento.

Antigo Testamento Os termos bíblicos "contratar casamento" ou "prometer em casamento" são quase sinônimos de casamento e tão obrigatórios e comprometedores quanto ele. O "prometer em casamento", mais comprometedor que o atual conceito de "noivado", e o casamento encerravam um princípio moral e espiritual para o lar e a sociedade. O castigo sob a Lei de Moisés por violar esse princípio pelo adultério, pelo abuso sexual, fornicação ou incesto era a morte por apedrejamento (Dt 22.23-30). Mais tarde, em algumas circunstâncias, o sistema legal judaico permitia o divórcio. O amor e a graça perdoadora de Deus a seu povo adúltero são demonstrados pelo

NOMEAR

exemplo de Oseias em resgatar a esposa adúltera e levá-la de volta à sua casa e proteção (Os 2.19,20). Isso significa que o perdão tem precedência sobre o apedrejamento e o divórcio.

Novo Testamento Maria e José estavam prometidos em casamento, mas não coabitaram até esse dia. Quando Maria engravidou, enquanto ainda estava prometida em casamento, José decidiu divorciar-se dela em segredo. Em um sonho vindo de Deus, a aparente infidelidade de Maria foi explicada a José como um milagre do Espírito Santo. Esse milagre deu ênfase à singular natureza humana e divina de Jesus Cristo. Paulo usou o conceito do estar prometido em casamento para explicar o relacionamento ideal existente entre a igreja como a virgem apresentada a Cristo (2Co 11.2). — *Lawson G. Hatfield*

NOMEAR Na tradição bíblica, a tarefa de dar nome a um filho geralmente era da mãe (Gn 29.31-30.24; 1Sm 1.20), mas poderia ser do pai (Gn 16.15; Êx 2.22) e em casos excepcionais de outras pessoas que não os pais (Êx 2.10; Rt 4.17). O último filho de Jacó e Raquel recebeu um nome de cada pai, pois Jacó mudou o nome dado por Raquel (Gn 35.18). O ato de dar nome poderia ser atribuído a Deus no caso de um nascimento divinamente anunciado (Gn 17.19; Lc 1.13). No AT dava-se o nome por ocasião do nascimento e no oitavo dia acontecia a circuncisão nas narrativas do NT (Lc 1.59; 2.21).

O conceito bíblico de dar o nome estava enraizado na compreensão do mundo antigo em que o nome expressava a essência. Saber o nome de uma pessoa é conhecer de forma completa sua natureza e seu caráter. Revelando o caráter e o destino, nomes próprios podiam expressar esperanças quanto ao futuro da criança. A mudança de nome podia ocorrer por iniciativa divina ou humana, revelando uma transformação no caráter ou destino da pessoa (Gn 17.5,15; 32.28; Mt 16.17,18).

Saber o nome implicava uma relação entre as partes nas quais estava em jogo o poder de fazer o bem ou o mal. Pelo fato de Deus conhecer Moisés por nome, isso ensejou a ocasião do pedido de Moisés para que Deus concedesse sua presença (Êx 33.12,17). O ato de nomear implicava o poder do nome sobre o nomeado, evidenciado na nomeação dos animais em Gn 2.19,20 ou na ação do faraó renomear José (Gn 41.45; cp. Dn 1.6,7; 2Rs 24.17).

No mundo bíblico, nomes próprios consistiam em um ou mais termos conscientemente escolhidos por quem dava o nome e que comunicavam um significado rapidamente entendido. Raquel, refletindo sobre as circunstâncias do trabalho de parto, que a levou à morte, deu ao filho o nome de Benoni, "filho da minha aflição" (Gn 35.18; v. nota explicativa da *NVI*). Jacó foi chamado de "suplantador" porque estava "segurando o calcanhar de Esaú" (Gn 25.26; v. nota explicativa da *NVI*). Moisés, o "estrangeiro em terra estranha", chamou seu filho de Gérson (Êx 2.22). As condições das épocas também se mostravam propícias para dar nome a alguém: Icabode, "a glória se foi de Israel", nome dado porque a arca da aliança caiu nas mãos dos filisteus (1Sm 4.21,22), e os nomes simbólicos dos filhos de Isaías: Sear-Jasube, "um remanescente voltará" (Is 7.3, cf. nota explicativa da *NVI*); Maher-Shalal-Hash-Baz, "Rápido-Despojo-Presa-Segura" (8.3, *ARA*).

Características pessoais: Esaú significa "peludo"; Careá significa "calvo" (Gn 25.25; 2Rs 25.23); e o uso da identificação de animais como nomes próprios: Débora significa "abelha"; Jonas significa "pomba"; Raquel significa "ovelha". Menos frequentes são nomes extraídos de plantas: Tamar significa "palmeira"; Susana significa "lírio".

Nomes próprios funcionam como epítetos, como Nabal, que significa "tolo, bobo", e Sara, que significa "princesa", dando ocasião a nomes compostos factuais ou que expressam desejos, como Matanias, que significa "presente de Javé", ou Ezequiel, que significa "que Deus fortaleça". Nomes compostos geralmente empregam os nomes divinos El e Já/ias (Elias, Ismael, Natanael). Também ocorrem títulos e termos que expressam parentesco (em Abimeleque *meleque* significa "rei"; Abigail, "abi" significa "pai"; também há nomes estrangeiros, aramaicos, gregos e romanos (Marta, Salomé, Alexandra, João Marcos).

A prática patronímica pela qual uma criança recebia o nome de um parente, em especial do avô (Simão Bar-Jonas é "filho de Jonas") era comum na era cristã. Há também referências a identidades geográficas (Golias de Gate e Jesus de Nazaré). V. *família*; *nomes de Deus*. — Kandy Queen Sutherland

NOMES DE DEUS O nome de Deus veicula uma chave importante para o entendimento da doutrina de Deus e da revelação. O nome de Deus é uma autorrevelação e descreve seu relacionamento com o povo. Seu nome é conhecido apenas porque ele escolhe se fazer conhecido. Para a mentalidade hebraica, Deus era ao mesmo tempo escondido e revelado, transcendente e imanente. Mesmo que ele fosse misterioso, sublime e inacessível, ele superou a distância com a humanidade ao revelar seu nome. V. *nomear*.

A verdade do caráter de Deus é focalizada em seu nome. O nome divino revela o poder, a autoridade e santidade de Deus. Isso faz que em Israel haja grande reverência para com o nome de Deus. Os Dez Mandamentos proibiam a violação do nome de Deus (Êx 20.7; Dt 5.11). Os profetas falavam com autoridade quando pronunciavam o nome de Deus. Juramentos tomados em nome de Deus eram considerados obrigatórios, e batalhas travadas em nome de Deus eram vitoriosas. Outras nações temeriam Israel não por ser uma nação poderosa, mas porque era conhecida pelo nome de Deus. No NT o nome de Deus é manifestado mais claramente em Jesus Cristo. Ele é chamado "a Palavra" (Jo 1.1), e Jesus mesmo alega ter revelado o nome de Deus (Jo 17.6). O nome de Deus é sua promessa de habitar com seu povo.

Deus dos pais (antepassados) Antes do encontro de Moisés com Deus no deserto midianita, Deus era conhecido de modo geral como o Deus dos antepassados (pais). Vários nomes foram usados para Deus sob essa concepção, muitos dos quais associados à palavra semita primitiva *El*.

El é o termo genérico para Deus ou divindade. Aparece em línguas mais antigas que o hebraico. É possível observar as similaridades com a moderna palavra árabe para Deus, *Al* ou *Allah*. A palavra *El* se refere ao poder impressionante que provoca o temor ou a reverência misteriosa.

Ainda que *El* seja o termo para Deus em religiões politeístas ou pagãs, não é uma designação para uma força impessoal como acontece no animismo. Os pagãos adoravam *El* como o Deus alto e sublime. Ele era o Deus principal no panteão cananeu. V. *Canaã*.

A palavra *El* na Bíblia não raro é referência a uma divindade oposta à revelação histórica particular associada ao nome "Javé" (v. adiante). Entretanto, é usada de modo intercambiável como sinônimo para Javé, o Deus de Israel, e é traduzida pela palavra Deus.

Um dos usos mais interessantes de *El* é em junção com outras palavras para revelar o caráter de Deus. Algumas destas combinações são:

El-Shaddai "Deus das Montanhas" ou "Deus Todo-Poderoso". Esse termo é mais intimamente associado ao período patriarcal e pode ser encontrado com mais frequência nos livros de Gn e Jó. O texto de Êx (6.3) destaca *El-Shaddai* como o nome revelado aos patriarcas. Deus usou esse nome para entrar em aliança com Abraão (Gn 17.1,2).

El-Elyon "Deus Altíssimo" ou "Deus Exaltado" (Nm 24.16; 2Sm 22.14; Sl 18.13). Melquisedeque era sacerdote de *El-Elyon* e abençoou Abraão com esse nome (Gn 14.19,20) e se referiu a *El-Elyon* como "Criador do céu e da terra". Os cananeus de Ugarite também adoravam um deus chamado *El-Elyon*. Parece que *El-Elyon* tinha laços próximos com a cidade de Jerusalém.

El-Olam "Deus da eternidade" ou "Deus Eterno" (Gn 21.323; Is 26.4; Sl 90.2). A soberania de Deus se estende pelo tempo e além da nossa capacidade de ver ou entender.

El-Berite "Deus da Aliança" (Jz 9.46), transforma o Baal-Berite cananeu (8.33) para mostrar que Deus apenas faz e mantém a aliança.

El-Roi "Deus que me vê" ou "Deus da visão" (Gn 16.13). Deus vê as necessidades do seu povo e responde.

Elohim Forma plural usada para se referir à divindade. É um termo usado com muita frequência, e é a mais abrangente das combinações com "El". A forma plural não é indicação de politeísmo. É um plural de majestade. É uma revelação da natureza infinita de Deus. Na narrativa da criação se lê: "Façamos o homem à nossa imagem" (Gn 1.216). Esse nome sugere que há um mistério em relação ao Criador que a humanidade não pode compreender por completo. Deus é absoluto, Senhor

NOMES DE DEUS

infinito da criação e da História. O cristão vê nesse termo um indicador da realidade trinitária da criação.

Outros usos O nome *El* é com frequência combinado com outros substantivos ou adjetivos. Alguns exemplos são Isra-el (Aquele que é governado por Deus), Bet-el (Casa de Deus), Peni-el (Face de Deus). Na narrativa da crucificação (Mc 15.34) Jesus empregou uma forma de *El* quando clamou da cruz "Eloi, Eloi", "Meu Deus, meu Deus", citando o salmo 22.

O nome da aliança O nome da aliança de Deus é "Javé". A fé de Israel era a nova resposta a Deus baseada em sua revelação. Esse nome era tão único e poderoso que Deus formou a aliança com seu povo baseado na sua autorrevelação. V. *YHWH*.

Javé-Jiré "O Senhor Proverá" (Gn 22.14). Esse foi o nome dado ao local onde Deus proveu um carneiro para Abraão sacrificar em lugar de Isaque. Esse nome é um testemunho do livramento ocasionado por Deus.

Javé-Nissi "O Senhor é minha bandeira" (Êx 17.15). Moisés atribuiu esse nome a Deus depois da vitória sobre os amalequitas. O nome de Deus era considerado uma bandeira sob a qual Israel caminharia para a vitória. O nome do Senhor era o grito de guerra.

Javé-Mekadesh "O Senhor que santifica" (Êx 31.13). Santidade é a revelação central do caráter de Deus. Deus chama seu povo para ser separado.

Javé-Shalom "O Senhor é Paz" (Jz 6.24). Esse era o nome do altar edificado por Gideão em Ofra, significando que Deus traz bem-estar, não morte, a seu povo.

Javé-Sabaote "Senhor dos Exércitos" (1Sm 1.3; Jr 11.20; cp. 1Sm 17.45). Pode ser traduzido por "Senhor Todo-Poderoso". Representa o poder de Deus sobre as nações e estava intimamente ligado a Siló, à arca da aliança e ao profetismo. Esse título designa Deus como Rei e Governante de Israel, de seus exércitos, templo e de todo o Universo.

Javé-Roí "O Senhor é o meu pastor" (Sl 23.1). Deus é o que provê com cuidado amoroso a favor de seu povo.

Javé-Tsidkenu "O Senhor é a Nossa Justiça" (Jr 23.5,6; 33.16). Esse foi o nome dado por Jeremias a Deus, o Rei justo, que governaria Israel depois da volta do cativeiro. Ele estabeleceria um novo Reino de justiça.

Javé-Shammah "O Senhor está ali" (Ez 48.35 *ARA, ARC, BJ*; "o Senhor está aqui", *NVI*). Esse é o nome de Deus associado à restauração de Jerusalém, lugar da sua habitação.

Outros nomes

Baal Esse era o principal deus do panteão cananeu. Em algumas religiões antigas, Baal e El podiam ser usados como sinônimos. Havia algumas tendências em Israel de identificar Baal com Javé, mas o culto a Baal era incompatível com o monoteísmo hebraico. Profetas, como Elias e Oseias, conclamaram o povo a se afastar dessas tendências e voltar para a aliança com Javé.

Adon ou ***Adonai*** Esse é um título de autoridade e honra. Pode ser traduzido por "Senhor". Não é um título usado exclusivamente para se referir à divindade, pois com ele se pode dirigir a um superior, como ao rei ou a um mestre. Nesse sentido é usado para atribuir a mais alta honra e culto a Deus. *Adon* ou *Adonai* com frequência eram usados em conjunção com Javé. Com o passar do tempo, *Adonai* se tornou um substituto para Javé. No período pós-exílico o termo assumiu a conotação do senhorio absoluto de Deus.

Títulos simbólicos Uma característica proeminente das Escrituras é o uso de linguagem figurada. Muitos dos nomes para Deus são simbólicos, ilustrativos ou figurados.

Ancião de Dias (*ARA*), **ancião** (*NVI*) (Dn 7.9,13,22) A figura apresentada é a de um ancião. Evidentemente não se trata de uma descrição literal de Deus, mas da confissão de que ele vive para sempre e de que seu reino é eterno. Seu domínio abrange a expansão do tempo. Diferente da descrição apresentada em outras religiões, nas quais os deuses estão presos ao tempo, Javé é ativo no tempo e na História. Ele dá significado à História e a leva à conclusão. Ele é "de eternidade a eternidade" (Sl 90.2).

Rocha (Dt 32.18; Sl 19.14; Is 26.4) Deus é forte e permanente. Javé algumas vezes é identificado como "A Rocha de Israel".

Refúgio (Sl 9.9; Jr 17.17) Deus é um abrigo em que se pode esconder do inimigo.

Fortaleza (Sl 18.2; Na 1.7) Deus é uma defesa (fortaleza) contra o inimigo.

Escudo (Gn 15.1; Sl 84.11) Deus é proteção.
Sol (Sl 84.11) Deus é a fonte de luz e vida.
Refinador (Ml 3.2,3) Deus é purificador.
Nome políticos Muitas descrições de Deus foram derivadas da vida política.

Rei No antigo Oriente era comum se dirigir aos deuses chamando-os de reis. O reinado também é atribuído a Javé. O povo da aliança deve obedecer-lhe como a um soberano. Esse título é a chave para o entendimento do Reino de Deus, o título usado com mais frequência nas Escrituras para descrever o governo divino.

Juiz O juiz era o líder político no tempo da confederação tribal. Javé, o Juiz que arbitra disputas, estabelece o direito e intervém a favor de Israel em suas campanhas militares.

Pastor Deus é com frequência descrito como Pastor. É um termo usado para descrever o cuidado para com o povo da aliança. No entanto, o termo também tem conotações políticas. Javé é o Pastor-Rei (Ez 34). No NT, a imagem de Deus como pastor é mantida por meio de parábolas (Lc 15.4-7) e na descrição feita por João de Cristo como o Bom Pastor (Jo 10.1-18).

Deus, o Pai No AT a palavra "pai" é usada em relação a Deus para descrever o relacionamento íntimo que ele desfruta com seus adoradores. Há muitas referências figuradas à paternidade de Deus. "Como um pai tem compaixão de seus filhos, assim o Senhor tem compaixão dos que o temem" (Sl 103.13). Deus é um "pai para Israel" (Jr 31.9) e se refere a Israel como seu "filho" (Êx 4.22; Os 11.1).

Pai é o título distintivo de Deus no NT. Jesus ensinou os discípulos a usar a palavra aramaica *abba*, termo afetuoso que se aproxima de "papai" em português, para se dirigir ao Pai celestial.

O termo "Pai" assume um significado mais rico quando está associado a outras designações:
Pai nosso (Jesus ensinou seus discípulos a se dirigir a Deus dessa maneira quando orarem; Mt 6.9);
Pai das misericórdias (2Co 1.3);
Pai das luzes (Tg 1.17)
Pai da glória (Ef 1.17).

Quando o título Pai está justaposto à palavra "Filho", o significado do nome de Deus em relação a Jesus Cristo é entendido. A alegação de Cristo de ter vindo em nome do Pai revela que ele era o único representante de Deus (Jo 5.43). Ele compartilha a autoridade essencial do Pai e as obras realizadas em nome do seu Pai, dão testemunho dessa relação especial (Jo 10.25). Cristo trouxe a revelação plena de Deus porque ele lhe declarou o nome com clareza (Jo 12.28; 17.6). — *Brad Creed*

NORA Esposa do filho. Noras famosas incluem Sara, nora de Terá (Gn 11.31); Tamar, nora de Judá (Gn 38.11,16; 1Cr 2.4); e Rute, nora de Noemi (Rt 2.20,22; 4.15). As noras podiam ser tratadas simplesmente como filhas (Rt 2.2,8,22). O casamento fazia delas parte da família. Rute foi saudada como mais valiosa que sete filhos para Noemi (Rt 4.15). O rompimento do relacionamento entre sogras e noras ilustrava o colapso da sociedade moral (Mq 7.6). No NT reações diferentes ao evangelho produziam o mesmo rompimento de relacionamentos (Mt 10.35; Lc 12.53). A lei judaica proibia o relacionamento sexual entre o homem e sua nora (Lv 18.15). Esse crime era punível com a morte (Lv 20.12). Em Ez 22.11 esse crime ilustra o declínio moral da nação. V. *família*.

NORTE V. *direção*.

NOVA ALIANÇA V. *aliança*.

NOVA ERA V. *era que há de vir, era por vir*.

NOVA JERUSALÉM V. *escatologia*.

NOVILHA Vaca jovem que ainda não deu cria. Novilhas eram usadas para aragem (Dt 21.3; Jz 14.18) e para moer grãos (Os 10.11). Também eram usadas para sacrifícios rituais (1Sm 16.2). As novilhas (ou jovens) eram usadas em três rituais diferentes: ratificar uma aliança (Gn 15.9), remover a culpa associada ao assassinato no qual não se conhecia a identidade do assassino (Dt 21.1-9) e remover a impureza associada ao contato com um cadáver (Nm 19.1-10). A palavra hebraica usada para "novilha" vermelha em Nm 19 é o termo normalmente usado para designar a vaca.

Sansão se referiu à maneira pela qual os filisteus descobriram a resposta para seu enigma (eles forçaram sua esposa a dar-lhes a resposta) como "arar com a sua novilha" (Jz 14.18).

NOVILHA VERMELHA

Uma das esposas de Davi (2Sm 3.5) era chamada de Egla, que significa novilha. A novilha era usada como símbolo do esplendor do Egito (Jr 46.20) e da Babilônia (50.11). O texto de Os 10.11 apresenta o Efraim obediente como uma novilha treinada. Em contraste, o Israel desobediente é uma vaca teimosa.

NOVILHA VERMELHA A função da cerimônia da novilha vermelha era produzir cinza para a água a ser usada na remoção da impureza ritual contraída pelo contato com cadáveres, ossos ou sepulturas (Nm 19). O ritual abrangia o abate de uma novilha sacrificialmente aceitável fora do acampamento; a aspersão do sangue em direção da Tenda do Encontro sete vezes; a queima da novilha, incluindo seu sangue e fezes com madeira de cedro, hissopo e um tecido escarlate (cf. Lv 14.4); e o recolhimento da cinza em um lugar limpo fora do acampamento. A água para a remoção da impureza contraída pelo contato com corpos mortos era preparada misturando-se a água com as cinzas. Pessoas e objetos impuros eram aspergidos no terceiro e sétimo dias depois da contaminação para remover a impureza. Em Hb 9.14 é usada a imagem da cerimônia da novilha vermelha para apresentar a purificação dos crentes por Cristo, que os purifica de "obras mortas" (*ARA, BJ*). A expressão "obras mortas" se refere aos "atos que levam à morte" (*NVI*) ou a obras produzidas antes de os crentes terem sido vivificados em Cristo (cf. Hb 6.1).

NOVO O que é diferente do que existia antes; algo renovado. As Escrituras expressam a preocupação de Deus com pessoas e com o a totalidade da criação em categorias amplas de uma nova ação e um novo relacionamento.

A nova ação de Deus As Escrituras com frequência relembram atos passados como a Criação e o Êxodo que revelam o cuidado de Deus para com o mundo e para com as pessoas. Ainda que enraizado nos atos de Deus na História, a fé bíblica não relega Deus ao passado distante. Sempre os escritores bíblicos convocam o povo de Deus a antecipar a nova intervenção em sua vida. Em Is 43.14-21 há a promessa aos exilados da Babilônia que Deus faria "algo novo", que estaria em paralelo com os atos de Deus para salvar Israel da escravidão egípcia. Deus atuou de maneira nova em Jesus Cristo, que apresentou um novo ensinamento com autoridade (Mc 1.27) e cujo ministério poderia ser comparado ao vinho novo que explode com as velhas expectativas do envolvimento de Deus na salvação humana (Mc 2.22).

Novos relacionamentos Deus atuou no passado para estabelecer relacionamentos, notavelmente com os descendentes de Abraão e com o povo de Israel no Sinai. Jeremias antecipou o estabelecimento de uma nova aliança de Deus com seu povo com muita frequência sem fé, uma aliança na qual Deus faria o conhecimento da lei um assunto do coração (Jr 31.31-34; Hb 8.8-13). O texto de Lc 22.20 aponta para a morte sacrificial de Cristo como a base para a nova aliança. Em Cristo o crente experimenta novidade de vida (Rm 6.4; 2Co 5.17). A vida renovada é caracterizada por novos relacionamentos com Deus e com o próximo (Ef 2.15,16; Cl 3.10,11). V. *novo nascimento, nascido de novo*.

NOVO NASCIMENTO, NASCIDO DE NOVO Expressão que se refere ao ato divino de conceder vida espiritual aos pecadores. A expressão é sinônima de regeneração e tem origem em Jo 3.1-10. Nessa passagem Jesus disse a Nicodemos: "Ninguém pode ver o Reino de Deus, se não nascer de novo" (v. 3). Jesus indicou que a ideia de novo nascimento está enraizada no AT, quando chamou a atenção de Nicodemos por seu espanto diante do seu ensinamento: "Você é mestre em Israel e não entende essas coisas?" (v. 10; cp. Ez 36.26,27). O novo nascimento é produzido por um ato gracioso e soberano de Deus, à parte da cooperação humana (Jo 1.13; Ef 2.4,5). Deus faz o novo nascimento acontecer por meio da pregação da Palavra (1Pe 1.23; Tg 1.18). O resultado do novo nascimento é a vida mudada (2Co 5.17), incluindo fé salvadora, arrependimento (Ef 2.8; At 11.18; 16.14) e obediência à lei de Deus (1Jo 3.9). V. *regeneração; salvação*. — Steven B. Cowan

NOVO TESTAMENTO Segunda maior divisão da Bíblia cristã com 27 obras distintas (chamadas "livros") e atribuídas a pelo menos oito escritores diferentes. Quatro relatos da vida de Jesus estão no núcleo. Os primeiros três Evangelhos (chamados "Sinópticos") têm conteúdo muito similar e em sua ordem. O Quarto Evangelho tem uma perspectiva completamente diferente.

Um apanhado de acontecimentos selecionados da igreja primitiva (At) é seguido por 20 cartas a igrejas ou pessoas e pelo Ap. As cartas tratam principalmente da interpretação do ato de salvação outorgada por Deus em Jesus Cristo. Também estão incluídos assuntos de disciplina, comportamento cristão apropriado e administração eclesiástica. O Ap é uma mensagem codificada de esperança à igreja do séc. I que tem sido reinterpretada por sucessivas gerações de cristãos de acordo com suas situações. — Mike Mitchell

NOZ V. *plantas*.

NU Estar sem roupas (Gn 2.25; Jó 1.21; Ec 5.15; Am 2.16; Mq 1.8) ou talvez pobremente vestido (Dt 28.48; Mt 25.36-44; Tg 2.15). A expressão "descobrir a nudez" significa manter relações sexuais (Lv 18.6-19; 20.11,17-21, *ARA*, *ARC*; *NVI*, "envolver-se sexualmente"). A nudez com frequência é citada em conjunto com a vergonha (Gn 3.7; 9.21-27; Is 47.3; Ez 16.8,36-37).

NÚBIOS Residentes de um antigo reino ao longo do rio Nilo, no sul do Egito, e norte do Sudão (Dn 11.43). A *ARA* e *ARC* traduzem por "etíopes", termo que antigamente designava o povo da mesma região. A Etiópia atual está mais ao sul. V. *Etiópia*.

NUM Pai de Josué (Êx 33.11; Nm 11.28; 13.8,16).

NÚMEROS, LIVRO DE Quarto livro da *Torá*, Nm tem em hebraico o título *Bemidbar* ("no deserto"). Essa é a palavra inicial no texto e caracteriza muito a história registrada no livro.

Ainda que os descendentes de Jacó tenham sido introduzidos em um relacionamento de aliança com Javé, em muitas ocasiões eles escolheram seguir o próprio caminho. Como resultado, eles enfrentaram o julgamento de Deus vez após vez. Por conta de sua rebeldia, desobediência e falta de fé, os adultos que deixaram o Egito foram sentenciados à morte no deserto, e seus filhos lhes tomaram o lugar como guerreiros e líderes que mais tarde receberiam a terra prometida.

O livro tem o título de Nm em português e nas línguas ocidentais como resultado da tradução grega antiga, *Arithmoi*, e pelo título latino, *Numeri*. Nesse caso, o título reflete o foco nos censos realizados para calcular o número de guerreiros de cada tribo.

O livro de Nm é de transição, no qual a condição natural da aliança sinaítica é demonstrada com muita clareza à geração de adultos que escapou da escravidão no Egito. A geração mais velha escolheu a desobediência, conduzindo-a à sentença de morte no deserto. Mais tempo é transcorrido historicamente nesse livro que nos demais livros

Selo cilíndrico de marfim que apresenta um núbio ferindo uma figura ajoelhada.

Relevo do deus núbio Mandulis.

combinados que relatam a saída do Egito (Êx, Lv e Dt). Os aproximadamente quarenta anos de peregrinação têm lugar no livro de Nm como resultado da desobediência e falta de fé de Israel no Deus da aliança, Javé.

Esse livro é essencial para o entendimento das razões da segunda outorga dos mandamentos (cf. Êx 20 e Dt 5). Se não fosse pela sentença de morte para os adultos, não teria sido necessário Moisés reintroduzir a Lei e os mandamentos para a geração que receberia a terra prometida.

O livro de Nm também registra detalhes históricos que são apenas aludidos por outros escritores bíblicos. Em Sl 95, p. ex., o escritor ordena: "Não endureçam o coração, como em Meribá, como aquele dia em Massá, no deserto". O contexto indica a referência à escolha de Israel de aceitar o relatório da maioria dos espiões (Nm 14). Outro incidente encontrado em Nm é a confecção da serpente de bronze (Nm 21). Jesus se refere a esse acontecimento na conversa com Nicodemos.

Muitos defendem um esquema de autoria múltipla da *Torá*. Não obstante, não existe base legítima para pressupor que Moisés não tenha registrado a maior parte dos acontecimentos do êxodo (Êx, Lv, Nm) no período coberto nesse livro. A evidência interna e externa de Nm aponta para Moisés como autor original. V. *Arão*; *Balaão*; *Eleazar*; *Josué*; *Moisés*; *Pentateuco*; *tribos de Israel*.

Esboço

I. Rumo ao Sinai (cap. 1—10).
   A. Separação dos homens aptos para a guerra (cap. 1).
   B. Separação das tribos para o acampamento (cap. 2).
   C. Separação dos sacerdotes e levitas (cap. 3—4).
   D. Separação do que contamina (cap. 5).
   E. Separação dos nazireus (cap. 6).
   F. Separação das ofertas dos líderes (cap. 7).
   G. Separação dos levitas (cap. 8).
   H. Separação para a Páscoa (9.1-14).
   I. Separação e movimento do acampamento (9.15—10.36).
II. Rumo ao inóspito: Cades-Barneia (cap. 11—21).
   A. Rebelião/juízo de fogo (11.1-3).
   B. Provisão de codornizes (11.4-35).
   C. Rebelião/juízo de Arão/Miriã (cap. 12).
   D. Provisão dos frutos de Canaã (13.1-25).
   E. Rebelião/juízo dos espiões e dos adultos (13.26—14.43).
   F. Provisão de instruções diversas (cap. 15).
   G. Rebelião/juízo de Corá (cap. 16).
   H. Provisão de uma obra miraculosa e outras instruções (cap. 17—19).
   I. Rebelião/juízo de Moisés e de Arão (cap. 20).
   J. Provisão de vitória militar (21.1-3).
   K. Rebelião/juízo por meio das serpentes (21.4-7).
   L. Provisão de cura e vitórias (21.8-35).
III. Rumo aos problemas em Moabe (cap. 22—25).
   A. Os oráculos de Balaão (cap. 22—24).
   B. A Idolatria, imoralidade e o juízo de Israel (cap. 25).
IV. Rumo à terra prometida (cap. 26—36).
   A. O segundo censo (cap. 26).
   B. A herança das filhas de Zelofeade (cap. 27).
   C. Instruções para a nova geração (cap. 28—30).
   D. Derrota dos midianitas e de Balaão (cap. 31).
   E. As tribos transjordanianas de Israel (cap. 32).
   F. O panorama do êxodo feito por Moisés (cap. 33).
   G. Divisão das terras em Canaã (cap. 34—36).

— *Douglas K. Wilson Jr.*

NÚMEROS, SISTEMAS DE, E SIMBOLISMO NUMÉRICO Para entender de modo adequado os sistemas numéricos do mundo bíblico, deve-se examinar os vizinhos de Israel. Os egípcios já usavam a matemática em relativo estágio avançado no ano 3000 a.C. A construção de estruturas como as pirâmides exige um entendimento de matemática complexa. O sistema egípcio era decimal. Por essa mesma época os sumérios desenvolveram seu sistema numérico. De fato, os sumérios conheciam os dois sistemas, um baseado no 10 (sistema decimal) e outro baseado no 6 ou no 12 (geralmente designado sistema duodecimal). Nós ainda fazemos uso do sistema sumério no nosso modo de contar o tempo — 12 horas para o dia e 12 horas para a noite, divisões de 60 minutos e 60 segundos. Também dividimos o círculo em 360 graus. Nosso calendário foi originariamente de acordo com a mesma divisão do ano com 12 meses de 30 dias cada, totalizando 360 dias. Até mesmo a dúzia (12 unidades) e a grosa (12 dúzias) podem ter tido origem no sistema matemático sumério.

Os hebreus não desenvolveram símbolos para representar números até o período pós-exílico (depois de 539 a.C.). Em todas as inscrições pré-exílicas, números pequenos são representados por barras (p. ex., |||| para quatro). Números maiores são representados com símbolos egípcios ou o nome do número era escrito ("quatro" para o algarismo 4). As inscrições de Arade usavam regularmente símbolos egípcios, barras para unidades e números hieráticos para cinco, dez e números maiores. Os óstracos de Samaria apresentam os números escritos por extenso. Letras do alfabeto hebraico foram primeiramente usadas para representar números em moedas cunhadas no período macabeu (depois de 167 a.C.).

Nos períodos helenístico e romano na Palestina, surgiram os símbolos gregos e romanos para números. Os gregos usavam letras do alfabeto para representar os números, enquanto os romanos usavam os símbolos bem familiares I, V, X, L, C, M etc.

Algumas passagens bíblicas demonstram que os hebreus tinham conhecimento das quatro operações matemáticas básicas: adição (Nm 1.20-46), subtração (Gn 18.28-33), multiplicação (Nm 7.84-86) e divisão (Nm 31.27). Os hebreus também usavam frações, como metade (Gn 24.22), um terço (Nm 15.6) e um quarto (Êx 29.40).

Em adição ao uso para designar quantidades ou números específicos, muitos números na Bíblia adquiriram um significado simbólico. Dessa maneira, o sete veio a simbolizar plenitude e perfeição. A obra da criação de Deus, completa e perfeita, foi feita em sete dias. Tudo que diz respeito à existência da humanidade está relacionado à atividade criativa de Deus. A semana de sete dias refletiu o primeiro ato divino de criar. O sábado era o dia de descanso que se seguia ao trabalho semanal, reflexo do descanso de Deus (Gn 1.1—2.4). Os israelitas também deveriam se lembrar da terra e dar-lhe um sábado, permitindo que ela não fosse cultivada no sétimo ano (Lv 25.2-7). O sete era também importante em assuntos cultuais, não apenas quanto ao sábado: as grandes festas, tais como Páscoa e tabernáculos, duravam sete dias, como as festas de casamento (Jz 14.12,17). No sonho do faraó os sete anos de fartura foram seguidos por sete anos de fome (Gn 41.1-36), representando um ciclo completo de plenitude seguido por outro de escassez. Jacó trabalhou um ciclo completo de anos por Raquel; depois, quando recebeu Lia em lugar de Raquel, trabalhou um ciclo adicional de mais sete anos (Gn 29.15-30).

Uma palavra hebraica importante usada para fazer um voto ou um juramento, *shava'*, é muito parecida com *sheva'*, a palavra para "sete". O significado original de "fazer um juramento" pode ter sido "declarar sete vezes" ou "comprometer-se por sete coisas".

Uso similar do número sete pode ser visto no NT. As sete igrejas (Ap 2; 3) talvez simbolizassem todas as igrejas. Jesus ensinou que o perdão não deve ser limitado, não importa quantas vezes tenha que ser dado. Devemos perdoar, não apenas sete vezes (ainda que seja uma quantidade generosa de vezes que se dá o perdão), mas 70 vezes sete (perdão ilimitado, além da conta, Mt 18.21,22).

Como o último exemplo demonstra, múltiplos de sete com frequência têm significado simbólico. O ano do Jubileu vinha imediatamente após o ciclo de 49 anos. No ano do jubileu todos os escravos hebreus eram alforriados, e a terra vendida voltava ao proprietário original (Lv 25.8-55). Outro múltiplo de sete usado na Bíblia é 70. Mencionam-se 70 anciãos (Êx 24.1,9). Jesus enviou os 70 (Lc 10.1-17). A duração do exílio foi especificada em 70 anos (Jr 25.12, 29.10; Dn 9.2). O Reino messiânico seria inaugurado após a passagem do período de 70 semanas de anos (Dn 9.24).

Depois do sete, o número mais significativo na Bíblia sem dúvida é o 12. Os sumérios usavam o 12 como base de seu sistema numérico. Tanto o calendário como também os signos do zodíaco refletem o sistema numérico baseado no 12. As tribos de Israel e os discípulos de Jesus eram 12. A importância do número 12 é evidente no esforço para manter esse número. Quando Levi deixou de ser contado entre as tribos, José,

Efraim e Manassés foram contadas separadamente para manter o número 12 intacto. De igual maneira, quando no NT Judas Iscariotes cometeu suicídio, os 11 agiram rapidamente para adicionar outra pessoa ao grupo dos apóstolos para conservar o número 12. Doze parece ter sido especialmente importante no livro de Ap. A nova Jerusalém tem 12 portas; seus muros têm 12 fundamentos (Ap 21.12-14). A árvore da vida produz 12 tipos de frutos (Ap 22.2).

Múltiplos de 12 também são importantes. Havia 24 divisões de sacerdotes (1Cr 24.4) e 24 anciãos ao redor do trono celestial (Ap 4.4). Setenta e dois anciãos, incluindo Eldade e Medade, receberam uma porção do Espírito de Deus que estava em Moisés e então profetizaram (Nm 11.24-26). Uma tradição apócrifa sustenta que 72 eruditos judeus, seis de cada tribo de Israel, traduziram o AT para o grego, para nos dar a versão que hoje chamamos *LXX*. Os 144 mil servos de Deus (Ap 7.4) eram constituídos de 12 mil de cada tribo de Israel.

Três é um número simbólico para indicar completitude. O cosmo criado tem três elementos: céu, terra e o mundo inferior. Três pessoas formam a Divindade: Pai, Filho e Espírito Santo. A oração deveria ser feita pelo menos três vezes ao dia (Dn 6.10; cp. Sl 55.17). O santuário tinha três partes principais: vestíbulo, nave, átrio interior (1Rs 6). Animais com 3 anos de idade eram considerados adultos e, assim, aptos para sacrifícios especiais (1Sm 1.24; Gn 15.9). Jesus disse que estaria na sepultura por três e três noites (Mt 12.40), o mesmo tempo que Jonas permaneceu no interior do grande peixe (Jn 1.17). Paulo com frequência usou conjuntos de três elementos em seus textos, sendo o mais famoso "fé, amor e esperança" (1Co 13.13). Deve-se lembrar da bênção de Paulo: "A graça do Senhor Jesus Cristo, o amor de Deus e a comunhão do Espírito Santo sejam com todos vocês" (2Co 13.14).

O quatro era usado com frequência como número sagrado. Passagens bíblicas importantes referentes ao número quatro incluem os quatro cantos da terra (Is 11.12), os quatro ventos (Jr 49.36), os quatro rios que corriam no Éden para irrigar o mundo (Gn 2.10-14) e as quatro criaturas viventes ao redor de Deus (Ez 1; Ap 4.6,7). Deus enviou os quatro cavaleiros do Apocalipse (Ap 6.1-8) para trazer devastação à terra.

O múltiplo de quatro mais importante é 40, que geralmente representa um número grande ou um grande período. O Dilúvio inundou a terra por 40 dias (Gn 7.12). Por 40 dias Jesus resistiu às tentações de Satanás no deserto (Mc 1.13). Quarenta anos representavam uma geração. Por isso, todos os adultos que se rebelaram contra Deus no Sinai morreram durante os 40 anos de peregrinação no deserto. Com 40 anos de idade a pessoa alcançava a maturidade (Êx 2.11; At 7.23).

Um sistema especial de numerologia conhecido como *gematria* foi desenvolvido no judaísmo posterior. A gematria baseia-e na suposição da possibilidade de descobrir o significado oculto no texto bíblico por meio do estudo da equivalência numérica das letras hebraicas. A primeira letra do alfabeto hebraico, *alef*, representa o 1; *bet*, a segunda letra, representa o 2, e assim por diante. Com a gematria toma-se a soma das letras de uma palavra hebraica e se tenta encontrar algum significado. As letras hebraicas do nome Eliézer, o servo de Abraão, p. ex., têm o valor numérico de 318. Quando Gn 14.14 afirma que Abraão tomou 318 homens treinados para perseguir os reis do oriente, alguns comentários judeus interpretam essa informação como se ela significasse que Abraão contava só com um ajudante, a saber, Eliézer, visto que Eliézer tem o valor numérico de 318. De igual maneira, o número 666 em Ap não raro é entendido como uma forma de gematria reversa para ocultar a identificação do imperador Nero. O nome Nero César, escrito com caracteres hebraicos, se somados, seguindo a gematria, totaliza 666. Qualquer interpretação baseada na gematria deve ser efetuada com muita cautela; essas interpretações sempre são especulativas. — *Joel F. Drinkard Junior*

NUN Décima quarta letra do alfabeto hebraico, que aparece como sobrescrito em Sl 119.105-112. Em hebraico, cada versículo dessa seção é iniciado com a letra "nun".

NUNC DIMITTIS Frase latina que significa "agora tu podes despedir". As primeiras palavras em latim do salmo de louvor entoado por Simeão em Lc 2.29-32 e, portanto, o título do salmo. V. *Benedictus*; *Magnificat*.

NUVEM, COLUNA DE

NUVEM, COLUNA DE Meio pelo qual Deus conduziu Israel através do deserto com sua presença e ainda assim se escondia para que eles não lhe vissem a face. De dia Israel via a coluna de nuvem, enquanto de noite via a coluna de fogo (Êx 13.21,22). Na noite antes da travessia do mar Vermelho a nuvem deu luz a Israel, mas escuridão aos egípcios de tal forma que não puderam se aproximar uns dos outros (Êx 14.19,20). Deus descia para falar com Israel na nuvem durante épocas de crise (Nm 11.25; 12.5). Vindo ao tabernáculo na nuvem, Deus falou com Moisés face a face (Êx 33.11; Nm 14.14). Paulo usou o tema da proteção da nuvem para advertir os cristãos de que viver na presença de Deus requer santidade de vida (1Co 10.1-14).

NUVENS O AT emprega oito palavras hebraicas diferentes em 167 passagens para se referir a nuvem de chuva, poeira, fumaça, tempestade e neblina. Aparecem tanto significados meteorológicos (1Rs 18.44,45) quanto metafóricos. Os últimos podem ser tanto positivos (benéficos à vida, Pv 16.15; Is 25.5) quanto negativos (prejudiciais à vida, Ec 12.1,2). As nuvens simbolizam fluidez e transitoriedade (Jó 30.15; Is 44.22; Os 6.4), expansão e altitude enormes (Sl 36.5; Ez 38.9,16). Mais importantes são as afirmações nos contextos que falam de Deus.

Antigo Testamento As nuvens demonstram o poder de Deus como Criador. Particularmente Jó 36—38 testemunha a soberania de Deus como Criador, dirigente e controlador das nuvens. As nuvens acompanham a revelação divina. Deus habita nas escuras nuvens (1Rs 8.12; Sl 18.11). Quando seu ser santo e inaproximável surge para juízo ou salvação, chuva, relâmpagos e trovões irrompem das nuvens (Jz 5.4; Sl 68.33-35; 77.14-18; 97.2). Quando Javé aparece como guerreiro, as nuvens são os carros de guerra nos quais viaja (Sl 68.33; 104.3; Is 19.1) e dos quais lança relâmpagos como flechas (Sl 18.14; 77.17; Zc 9.14). Nuvens escuras fazem sombra sobre o dia do juízo de Javé, anunciado pelos profetas (Ez 30.3,18; Jl 2.2; Sf 1.15).

As nuvens escondem e revelam os segredos de Deus ao mesmo tempo. Na tenda da revelação no período do deserto (Êx 40.34-38), no templo de Jerusalém (1Rs 8.10,11), no monte Sinai (Êx 34.5) e na condução e proteção por meio das nuvens e da coluna de fogo, Israel experimentou a vinda de Deus a ele (Êx 33.7-11), mas ainda assim continuou sendo o plenamente outro (Lv 16.2,13) mesmo quando ele veio como o Filho do homem (Dn 7.13).

Novo Testamento Um significado estritamente meteorológico aparece somente em Lc 12.54. O significado metafórico ocorre em Jd 12; 2Pe 2.17; Hb 12.1 (usando uma palavra grega distinta). As nuvens não são usadas no NT para apontar para o poder de Deus como Criador, exceto em referências indiretas (Mt 5.45; At 14.17). Todas as outras referências a nuvens no NT têm relação com Deus.

As nuvens acompanham a revelação de Deus em Jesus Cristo. Como no Sinai Deus foi glorificado e ocultado, assim foi Jesus no monte da transfiguração e na sua ascensão ao céu (Mc 9.7; At 1.9). As nuvens, nas quais Jesus entrou com Moisés e Elias assim como Moisés tinha uma vez entrado no monte Sinai (Êx 24.18), são "luz", mas ao mesmo tempo também ocultam. A voz das nuvens já não se referia à *torá* de Moisés, mas ao ensino do Filho. Já não é necessário armar uma tenda para experimentar a presença de Deus, pois as nuvens liberaram a presença de Deus para aparecer somente em Jesus. Assim como o ressurreto foi exaltado ao Pai, assim as nuvens o encobriram.

As nuvens marcam a revelação conclusiva e final do senhorio de Cristo. Os textos de Mc 13.26; 14.62 e Ap 1.7 combinaram o tema do Filho do homem de Dn 7 com a palavra do juízo de Zc 12.10 e os referiram à *parúsia* ou vinda de Cristo. As nuvens se tornaram assim sinais da revelação do senhorio e da majestade do Senhor; elas já não ocultaram coisa alguma. Em Ap 14.14-16 o Cristo que retorna está sentado em uma nuvem "branca" (clara, brilhante, majestosa). Nessa pureza transparente, os cristãos, tanto os vivos quanto os que já partiram, juntam-se a seu Senhor (1Ts 4.17).

Em 1Co 10.1,2 as nuvens e o mar do êxodo de Israel formam um tipo do batismo dos cristãos que tinha sido mal compreendido pelos coríntios. Assim vemos que a palavra "nuvens" na linguagem parabólica da Bíblia esclarece contextos espirituais. — *Christian Wolf*

NUZI Cidade localizada na parte nordeste do Crescente Fértil, e depois chamada Gasur, que floresceu sob Sargom, antes de 2000 a.C. Poucas cidades não mencionadas no AT contribuíram para o entendimento das Escrituras quanto Nuzi (a atual Yorghan Tepe). No que diz respeito ao AT, a história mais importante é a renovação experimentada pela cidade como parte do reino hurrita, situado na região de Mitani, por volta de 1500 a.C. (aproximadamente o tempo da escravidão dos israelitas no Egito). Vinte mil documentos acádios foram encontrados em Nuzi, e eles versam em especial sobre a situação legal e socioeconômica da cultura mesopotâmica entre 2000 e 1400 a.C. A importância sociológica da descoberta é valorizada de diferentes maneiras entre os especialistas. Muitos estudiosos aceitam o valor destes documentos para os estudos sobre o Oriente Médio em geral e o pano de fundo bíblico, e alguns usam as informações para determinar a data dos patriarcas e da literatura a respeito deles em conformidade com os paralelos bíblicos e os costumes de Nuzi.

Alguns paralelos são mais exatos que outros, mas os exemplos seguintes podem ser citados como relevantes para entender os patriarcas e a cultura israelita posterior. Os costumes relacionados aos casamentos de Nuzi e dos patriarcas convergem quando se ouve a respeito de Raquel e Lia reclamando de como seu pai, Labão, acumulou de maneira injusta seu dote de noivado, de modo contrário às provisões esperadas de acordo com as convenções de Nuzi para os casamentos (Gn 31.14-16). À vista dessa injustiça, Labão mais tarde se baseou na honra de Jacó para se conformar ao costume de não se casar com mais de uma esposa (Gn 31.50). Por causa da infertilidade, Raquel e Lia ofereceram suas servas como parceiras substitutas que teriam filhos com Jacó, marido de ambas, costume também encontrado em Nuzi (Gn 30.1-13). A avó de Jacó, Sara, também fez o mesmo com Abraão (Gn 16.1-4), pressupondo, como se faria em Nuzi, que o filho seria dela (v. 2). Até aquele momento, Abraão estava desesperado, porque seu servo Eliézer era seu único herdeiro legal, indicando assim a adoção do servo com esse propósito, de acordo com o costume de Nuzi (Gn 15.2). Outros dois paralelos no campo das heranças são encontrados quando Jacó verbalmente retira os privilégios de Rúben como filho primogênito, por conta do pecado contra seu pai (Gn 49.2-4), e a transferência da herança entre os irmãos Esaú e Jacó (Gn 25.27-34). Ambos os casos indicam prerrogativas contempladas na lei de Nuzi. Ainda que não se explique a razão pela qual Raquel roubou os ídolos do pai (Gn 31.19,27-32), a importância da posse dos ídolos dele também aparece em Nuzi. Os paralelos de Nuzi com a lei israelita são também muito interessantes. A porção dupla garantida ao primogênito citada em Dt 21.15-17 (cp. Gn 48.21,22), os direitos ocasionais de filhas serem herdeiras (Nm 27.8) e o perdão de dívidas após muitos anos (Dt 15.1-3) são exemplos.

O nome "hebreu" para designar um estrangeiro como José no Egito (Gn 39.13,14) e também para os israelitas naquele país (Êx 1.15-19) ou na Filisteia (1Sm 14.21) é muito similar ao mesmo uso do termo *habiru*, encontrado nos documentos de Nuzi e em outros lugares. Esse fato lança luz sobre a discussão perpétua sobre a origem e o significado desse nome tão importante para os israelitas. V. *Abraão*; *arqueologia e estudo bíblico*; *apiru*; *hurritas*; *Mesopotâmia*; *patriarcas*. — *Dan Fredricks*

O monte das Oliveiras visto de uma das entradas orientais em forma de arco no monte do Templo.

O

O SENHOR DOS EXÉRCITOS V. *nomes de Deus*.

OADE Nome pessoal que significa "unidade". Filho de Simeão (Gn 46.10; Êx 6.15). O nome é omitido em listas paralelas (Nm 26.12-14; 1Cr 4.24).

OBADIAS Nome pessoal que significa "servo de Javé". **1**. Pessoa responsável pelo palácio de Acabe. Era devotado a Javé e salvou os profetas da ira de Jezabel. Foi o intermediário entre Elias e Acabe (1Rs 18.3-16). **2**. Descendente de Davi, por intermédio de Hananias (1Cr 3.21). **3**. Filho de Isaías da tribo de Issacar (1Cr 7.3). **4**. Filho de Azel da tribo de Benjamim (1Cr 8.38; 9.44). **5**. Levita que voltou a Jerusalém em uma das primeiras levas de exilados da Babilônia (1Cr 9.16). **6**. Gadita que se uniu a Davi, junto com Ézer e Eliabe. Obadias era o segundo em comando depois de Ézer (1Cr 12.8,9). **7**. Pai de Ismaías, oficial da tribo de Zebulom que serviu no exército de Davi (1Cr 27.19). **8**. Um dos cinco oficiais que Josafá enviou por todas as cidades de Judá para ensinar "o livro da lei do Senhor" (2Cr 17.7-9). **9**. Levita descendente de Merari indicado por Josias como supervisor na reparação do templo (2Cr 34.12). V. *Josias*. **10**. Sacerdote que retornou do exílio na Babilônia a Jerusalém com Esdras (Ed 8.9). Ele se juntou a outros sacerdotes com os príncipes e levitas em colocar seu selo sobre a aliança (Ne 9.38) feita entre o povo e Deus (Ne 10.5). **11**. Porteiro e guardião dos "depósitos" durante a liderança de Esdras e Neemias (Ne 12.25).

OBADIAS, LIVRO DE O menor livro dos Profetas Menores, que preserva a mensagem do profeta Obadias.

O profeta Obadias não é mencionado em nenhuma fonte fora do seu livro. "Obadias" é um nome comum no AT. Significando "servo de Javé", reflete a fé e a ambição espiritual dos pais quanto ao filho. O título "a visão de Obadias" chama a atenção para o autor divino, sendo "visão" um termo técnico para designar a revelação profética recebida de Deus.

A situação Historicamente, o livro pertence ao período pós-exílico antigo, no final do séc. VI a.C. Sua seção central, os versículos 10 a 14, tratam da queda de Jerusalém diante dos babilônios em 586 a.C., concentrando a atenção no papel desempenhado pelos edomitas nesse acontecimento trágico. Edom era um Estado a sudeste de Judá. A despeito das ligações decorrentes de tratados ("irmão", v. 10), os edomitas, junto com outros povos, não ajudaram Judá e ainda colaboraram com os babilônios no saque de Jerusalém e na entrega dos refugiados. Além disso, os edomitas preencheram o vácuo causado pelo exílio de Judá ao se mudarem para o oeste e anexarem o Negueb e ao sul de Judá e até mesmo seu território do sul (cf. v. 19).

Judá reagiu com um sentimento forte de agravo. O oráculo de Obadias respondeu a uma apaixonada oração de lamento, como os salmos 74, 79 ou 137, nos quais Judá apelava para Deus agir como o Juiz e Salvador providentes, que resolveria a situação.

A mensagem A resposta começa com uma fórmula profética do mensageiro, que reforça a confiança do título: Deus está por trás da mensagem. Os versículos 2 a 9 apresentam o veredicto divino. Dirigindo-se a Edom, Deus prometeu derrotar aqueles homens muito poderosos e fazer cair a capital daquele país, situada em uma montanha, reflexo da soberba de sua autoimagem. Seus aliados os derrubariam, e nem sua afamada sabedoria ou seus guerreiros seriam capazes de salvá-los. Esse oráculo parece olhar adiante para a infiltração nabateia no deserto a leste e a futura conquista do território tradicional de Edom. O fim do versículo 1 parece um relato do profeta sobre a coligação de grupos vizinhos que planejavam atacar Edom.

O catálogo dos crimes de Edom (v. 10-14) funciona como a acusação para garantir a punição da parte de Deus. O pensamento subjacente é que Judá foi vítima do "dia do Senhor", quando Deus interferiu em juízo, e bebeu o cálice da ira de Deus (v. 15,16; cp. Lm 1.12; 2.21). Na teologia do AT o conceito de dia do Senhor abrange não só o povo de Deus, mas também seus vizinhos, que não eram menos ímpios. Essa dimensão mais ampla encontra-se nos versículos 15 e 16 (cp. Lm 1.21). A queda de Edom dispararia o acontecimento escatológico por meio do qual a ordem seria restaurada no mundo injusto. Então viria a vindicação do povo de Deus não por causa deles, mas como testemunhas terrenas da glória divina; então, "o reino será do Senhor" (v. 21).

O significado Assim como no livro de Ap, que proclama a queda do Império Romano perseguidor, o objetivo de Obadias é sustentar a fé no governo moral de Deus e a esperança no triunfo futuro de sua justa vontade. O livro traz uma mensagem pastoral para corações aflitos: Deus está no trono e cuida do seu povo.

Esboço

I. Deus conhece os pecados dos inimigos do seu povo e os julgará (1-14).
   A. O orgulho engana o povo, levando-o a pensar que pode escapar do juízo divino (1-4).
   B. O povo enganador será enganado por seus "amigos" (5-7).
   C. A sabedoria humana não pode evitar o julgamento divino (8,9).
   D. A conspiração contra os "irmãos" não ficará impune (10-14).
II. O Dia do Senhor levará juízo às nações, mas libertação para o povo de Deus (15-21).
   A. O povo pecador receberá a recompensa justa (15,16).
   B. Deus libertará seu povo em santidade (17,18).
   C. O remanescente de Deus será restaurado (19,20).
   D. O Reino pertence só a Deus (21).

— *Leslie C. Allen*

OBAL Nome pessoal que significa "vigoroso". Filho de Joctã e ancestral de uma tribo árabe (Gn 10.28). Em 1Cr 1.22 o nome recebe a forma alternativa Ebal.

OBEDE Nome pessoal que significa "servo". **1.** Filho de Boaz e Rute (Rt 4.13-17), pai de Jessé e avô do rei Davi. Ele foi ancestral de Jesus Cristo (Mt 1.5; Lc 3.32). **2.** Filho de Eflal e pai de Jesú (1Cr 2.37-38). **3.** Um dos guerreiros poderosos de Davi (1Cr 11.47). **4.** Porteiro do templo de Salomão (1Cr 26.7). **5.** Pai de Azarias, comandante que trabalhou na coroação do rei Josias (2Cr 23). V. *Atalia*.

OBEDE-EDOM Nome pessoal que significa "servo de Edom". **1.** Filisteu de Gate que aparentemente foi leal a Davi e a Israel. Foi na casa de Obede-Edom que Davi deixou a arca da aliança após a morte de Uzá pela mão de Deus (2Sm 6.6-11). Obede-Edom foi abençoado por Deus de maneira incomum (provavelmente uma referência a prosperidade) durante os três meses que a arca ficou em sua casa. **2.** Levita que trabalhou como porteiro e como músico no tabernáculo em Jerusalém no reinado de Davi (1Cr 15.18,24; 16.5). Suas tarefas se relacionavam especialmente à arca da aliança. Um grupo de levitas pode ter adotado o nome "Obede-Edom" como título referente à sua função de guardiães da arca. **3.** Membro dos coreítas (1Cr 26.1,4-8) que guardava a parte sul do templo (v. 15). **4.** Guardador dos vasos sagrados do templo. Jeoás de Israel levou consigo a Samaria os utensílios sagrados após a tomada de Jerusalém e a captura de Amazias, rei de Judá (2Cr 25.23,24).

OBEDIÊNCIA Ouvir a Palavra de Deus e agir de acordo com ela. A palavra traduzida por "obedecer" no AT significa "ouvir", e muitas vezes é vertida dessa maneira. No NT várias palavras descrevem a obediência. Uma palavra significa "ouvir ou escutar em estado de submissão". Outra palavra do NT é comumente traduzida por "obedecer", que significa "confiar".

A resposta obediente de alguém à Palavra divina é a reação de confiança ou fé. Logo, ouvir de fato a Palavra de Deus significa obedecer a ela (Êx 19.5; Jr 7.23).

A Bíblia vê a desobediência como a incapacidade de ouvir e praticar a Palavra de Deus (Sl 81.11). A história de Israel é o relato de uma nação que não ouviu a Deus (Jr 7.13; Os 9.17). Jesus advertiu: "Aquele que tem ouvidos, ouça!" (Mt 11.15).

A obediência afeta a vida espiritual. É essencial ao culto (1Sm 15.22; Jo 4.23,24). A obediência da fé produz salvação (Rm 1.5; 10.16-17). A obediência assegura as bênçãos divinas (Jo 14.23; 1 Jo 2.17; Ap 22.14). Obtém-se percepção espiritual por intermédio da obediência (Jo 7.17). A vida de obediência a Deus é fruto da fé (Tg 2.21-26).

Obediência de verdade significa imitar Deus em santidade, humildade e amor (1Pe 1.15;

Jo 13.34. Fp 2.5-8). Os verdadeiros discípulos fazem a vontade de Deus (Mt 7.21). Diante de exigências confrontadoras quanto à lealdade, o cristão obedece a Deus, não aos homens (At 5.29).

O que nos motiva a obedecer a Deus? A obediência brota da gratidão pela graça recebida (Rm 12.2). Os cristãos obedecem a Deus como expressão de sua liberdade interior (Gl 5.13; 1Pe 2.16). Jesus ensinou que o amor a Deus nos motiva à obediência (Jo 14.21,23,24; 15.10).

Como a obediência afeta nossos relacionamentos com os outros? A Bíblia fala da obediência da esposa em relação ao marido (Ef 5.22), das crianças aos seus pais (Ef 6.1), dos empregados aos seus patrões (Cl 3.22). Aos líderes da igreja deve-se prestar obediência com alegria (1Ts 5.12,13). A obediência é esperada de todos os cristãos em relação às pessoas detentoras de autoridade (1Pe 2.13,14).

O NT dá ênfase especial à obediência de Jesus. A obediência de Cristo contrasta com a desobediência de Adão (Rm 5.12-21). O desejo de obedecer à vontade de Deus motivou as ações dele (Lc 4.43; Jo 5.30). Jesus agiu e falou somente como o Pai o direcionou (Jo 3.34). Por viver de maneira obediente, Jesus mostrou-se o Salvador (Hb 5.7-10). A obra de Cristo na cruz é vista como um sacrifício de obediência (Rm 5.19; Hb 10.7-10).

Deus falou nas Escrituras. A desobediência à Palavra de Deus procede do coração pecaminoso — sem confiança em Deus. A obediência advém do coração confiante em Deus. Se o povo de Deus lhe obedecer, encontrará as bênçãos que ele deseja dar. Caso desobedeçam, os crentes recebem o juízo e a disciplina necessária. — *Gary Hardin*

OBELISCO Pilar de pedra usado no culto, especialmente ao deus egípcio Amon-Rá. Feitos com uma única pedra e com quatro lados, os obeliscos estreitavam-se no topo, onde uma pirâmide era baseada. Aparentemente simbolizavam os raios do disco solar e a esperança de rejuvenescimento e vitalidade para o faraó. Algumas vezes eram usados em tumbas para representar a esperança da ressurreição. Um obelisco de 4.000 anos ainda está de pé na moderna Matariyeh, a antiga Om. Outro foi transferido para o Central Park na cidade de Nova York. Muitos obeliscos foram erigidos entre 1550 e 1100 a.C. Alguns têm mais de 30 metros de altura. A palavra hebraica traduzida por "obeliscos" em Jr 43.13 (*BJ*; *NVI*, *ARA*, "colunas"; *ARC*, "estátuas"; *NTLH*, "monumentos sagrados") significa pilar ou pedra fundamental. O contexto egípcio sugere que os pilares eram de fato obeliscos, talvez dedicados ao deus-Sol Rá. V. *Om*.

OBESIDADE Em razão do fato de muitas pessoas no mundo antigo viverem constantemente no limite da fome, a obesidade não era uma opção, e para muitos deveria ser evitada. Somente os ricos poderiam se dar ao luxo de engordar, e por essa razão ser gordo tornou-se marca de *status* e riqueza.

Eglom, rei de Moabe, era "muito gordo" (Jz 3.17,22), e Eli, sumo sacerdote em Siló, era "pesado" (1Sm 4.18; cp. 2.29). Ambos eram homens que alcançaram posição social pela qual podiam ser "aceitavelmente gordos", ainda que em ambos os casos a gordura seja retratada como símbolo de extravagância e preguiça. O livro de Pv igualmente previne contra comer e beber em excesso como marca dos tolos (Pv 23.20,21; cp. Fp 3.19) e recomenda algumas restrições (Pv 23.1-3; 25.16). — *Paul H. Wright*

OBIL Nome pessoal de significado incerto, talvez "cameleiro", "suave" ou "carpideira". Supervisor responsável pelos camelos de Davi (1Cr 27.30).

OBLAÇÃO Oferta oferecida em um altar ou santuário, especialmente uma oferta voluntária que não envolvia sangue. A palavra hebraica é traduzida por "ofertas" em Lv 7.38; 2Cr 31.14; Is 1.13; Ez 44.30, por "dádivas" em Ez 20.40. Em 1Rs 18.29,36 é vertida por "sacrifício" (*BJ*, "oferenda"). V. *sacrifício e oferta*.

ÓBOLO V. *moedas*.

OBOTE Nome de lugar que significa "pais" ou "odres". Lugar de parada do povo durante a peregrinação pelo deserto (Nm 21.10,11; 33.43,44), talvez seja hoje 'Ain el-Weiba próximo a Panon (a atual Feinan).

OBRA DE REDE (*ARA*) CORRENTES ENTRELAÇADAS (*NVI*) Parte da decoração das colunas do templo (1Rs 7.17). A palavra hebraica também denota grades (2Rs 1.20 ou rede (Jó 18.8). Com referência às colunas do templo, a palavra denota um arranjo entrelaçado.

OBRAS Referem-se a atos, ações ou realizações. Com frequência indica atividade física ou mental para realizar uma tarefa. Trabalhar era um dever dado a Adão e representava originariamente uma atividade que o deixava realizado (Gn 2.15). O trabalho se tornou maldição em decorrência da queda no pecado (Gn 3.17-19), contudo o homem deveria continuar trabalhando (Êx 20.9). Realização e virtude ainda são encontradas no trabalho.

"Obra" também é uma palavra usada para descrever atos de Deus. O termo diz respeito a ações más e ações boas. No AT derivações da palavra hebraica (*pa'al*, *po'al*) descrevem as obras de Deus na criação (Êx 15.17; Pv 16.4), na providência (Dt 32.4; Is 51.2; Jó 36.24) e no juízo (Hc 1.5). No NT são comuns formas derivadas do termo grego (*ergon*). *Ergon* é usado com frequência para descrever a "obra" de Jesus Cristo. Ocorrendo em todos os Evangelhos, é empregado com mais frequência por João (Jo 5.36; 7.3,21; 10.25,32,33,38; 14.11, 12; 15.24). Essa palavra também é usada para descrever ações do ser humano (Jo 6.27; Rm 4.4,5) Os Evangelhos asseveram que os fiéis demonstram por meio de boas obras que Deus atua em sua vida (Mt 5.16; Jo 6.28,29; 14.12).

Muito debate existe sobre a relação entre fé e obras no processo da salvação. Paulo declarou que a justificação vem somente pela fé, independente de obras (Rm 4.2,9,10; Gl 3.9-11; Ef 2.8,9; Fp 3.7-9). No entanto, Tiago parece afirmar uma relação mais estreita (Tg 2.14-24). Essa aparente contradição afligiu muitos, especialmente Lutero, que classificou Tg como "uma epístola de palha" e declarou que sua mensagem era "superficial em relação a São Paulo e todo o resto da Escritura ao atribuir a justificação a obras".

Há uma solução digna de crédito para essa aparente contradição. Paulo, lidando frequentemente com legalistas judeus, usou o termo para descrever "obras da lei", pelas quais os legalistas acreditavam obter a salvação. Paulo rejeita essas "obras" como insuficientes. Contudo, admitiu livremente a inevitabilidade de boas obras por parte de quem for genuinamente convertido por fé (Ef 2.10). De modo recíproco, o argumento de Tiago é que a "fé" que não pode ser vista pela evidência de "obras" não é verdadeira fé redentora (Tg 2.14). O artigo definido no texto (*ha pistis*) indica que Tiago não está falando da fé redentora genuína, mas, pelo contrário, de uma fé fictícia peculiar, evidenciada como tal pela falta de boas ações. Paulo e Tiago falam de dois lados da mesma moeda. Obras da lei são insuficientes para conquistar a salvação, enquanto boas obras são uma decorrência natural da fé redentora. Como formulou Calvino: "Só a fé salva, mas a fé que salva não está só!"
— *Joel Rainey*

OCIOSO Pessoa não empenhada em ganhar a vida; dependente do trabalho e da generosidade de outros para se sustentar. A Bíblia distingue os que não estão dispostos a trabalhar e que não deveriam comer (2Ts 3.10) dos incapazes de ganhar a vida (p. ex., viúvas "verdadeiras", 1Tm 5.9) pelos quais a comunidade de fé é responsável. A literatura sapiencial hebraica muitas vezes condenou o ócio como causa de fome (Pv 19.15), pobreza (Pv 10.4; 14.23) e moradia em más condições (Ec 10.18). De acordo com a sabedoria hebraica, a mulher ideal nunca "tem preguiça" (Pv 31.27; *NTLH*); ao contrário, é a mulher engenhosa e trabalhadora que ajuda a suprir as necessidades financeiras da família (Pv 31.16,24). No NT, Paulo chamou a atenção para si mesmo como exemplo de ministro de dupla vocação para encorajar os cristãos tessalonicenses a trabalhar duro (2Ts 3.7,8). Embora a Bíblia condene constantemente a ociosidade "intencional", também está ciente de realidades econômicas em que pessoas trabalhadoras estão inativas porque ninguém as contratou (Mt 20.6,7). Em consonância, o testemunho bíblico não debita toda a pobreza ao ócio. Existe a pobreza resultante da recusa dos ricos em pagar a seus diaristas pobres (Lv 19.13; Jr 22.13; Tg 5.4).

OCRÃ Nome pessoal que significa "causador de problemas", "molestador". Pai de Pagiel, um líder da tribo de Aser (Nm 1.13; 2.27; 7.72,77; 10.26).

OCUPAÇÕES E PROFISSÕES

OCUPAÇÕES E PROFISSÕES As ocupações e profissões nas civilizações antigas eram, assim como nos tempos atuais, relacionadas a fontes naturais, comércio e às instituições das nações. Israel não era exceção.

Com o passar do tempo, as ocupações se desenvolveram desde tarefas simples até as mais complexas, e de o trabalho não qualificado para o muito exigente. Essa evolução foi impulsionada pela mudança de Israel de uma existência nômade a um modo de vida estabelecido, e de um governo baseado nos clãs ao monárquico. O desenvolvimento das ocupações seculares se deu em paralelo com o estabelecimento do povo em cidades e aldeias, e a evolução do governo de laços tribais ao de uma nação envolvida em política internacional. Nos tempos bíblicos mais antigos, os hebreus seguiram seus rebanhos de pastagens em pastagens e de poços a poços, ainda que algumas vezes eles vivessem por períodos longos próximos a cidades grandes (Gn 13.18; 26.6; 33.1-9). Suas ocupações estavam centradas em empreendimentos familiares.

Quando Israel entrou em Canaã, os hebreus passaram para um estilo de vida estabelecido. Como povo instalado, a agricultura se tornou extremamente importante para a sobrevivência. Com o desenvolvimento da monarquia, muitas ocupações novas apareceram nos textos bíblicos, várias delas necessárias para a manutenção da casa real. Por fim, à medida que as cidades cresciam e o comércio entre as cidades e as nações se expandia, várias atividades e habilidades foram desenvolvidas entre eles.

Um exemplo das ocupações e profissões mais comuns da Bíblia é brevemente descrito e agrupado em torno dos lugares onde estes eram geralmente praticados: o lar, o palácio, o mercado e as ocupações religiosas relacionadas à igreja do cristianismo e ao templo do judaísmo.

Ocupações domésticas As profissões e ocupações mais antigas mencionadas na Bíblia, como se esperava, são tarefas e atividades realizadas em casa. Uma das principais tarefas domésticas dizia respeito à preparação de alimentos. O **padeiro** (Gn 40.5) é mencionado muito cedo nas Escrituras como membro da corte do faraó. Fazer pão era uma tarefa comum executada nos lares dos hebreus muito antes de se tornar uma tarefa especializada. O **mordomo** do palácio do faraó era também conhecido como **copeiro** (Ne 1.11; cp. Gn 40.5,21), responsável por providenciar a bebida do rei. Presume-se que ele provava cada cálice de vinho antes do faraó, como precaução contra envenenamento. Os **cozinheiros** preparavam a maior parte da preparação de alimentos nos tempos antigos (1Sm 9.23,24). No lar, as mulheres eram responsáveis por cozinhar. À medida que cozinhar se tornou uma ocupação fora do ambiente doméstico, os homens passaram a integrar esse ofício. Uma tarefa diária relacionada à cozinha era a do **moleiro** (Mt 24.41), que moía grãos no moinho, outra ocupação que mais tarde se tornou profissão. V. *moinho*.

A maioria das pessoas nos tempos bíblicos estava envolvida em alguma forma de coleta ou produção de alimentos. Os **pescadores** (Is 19.8; Mt 4.18) eram um tipo de coletores de alimentos. As ferramentas dos pescadores antigos não eram muito diferentes das usadas pelos pescadores modernos: pescava-se com anzol, linhas, arpões e redes. A pesca e os pescadores são muito mencionados nas Escrituras, de modo notável em sentido metafórico, como em Mc 1.17, quando Jesus desafiou Simão e André a serem "pescadores de homens". Os **caçadores** (Jr 16.16) formavam o segundo maior grupo de coletores de alimentos. O sucesso dos caçadores antigos dependia da habilidade no uso de arcos e flechas, lanças, armadilhas e laços, e do conhecimento das presas. Ninrode (Gn 10.9) é a primeira pessoa designada caçador na Bíblia. Os **pastores** (Lc 2.8) também estavam envolvidos na produção de alimentos. As pessoas com responsabilidade sobre outras são muitas vezes descritas nos termos do ofício de pastor. Eles deveriam cuidar do povo por quem eram responsáveis e alimentá-lo. Em Sl 23 identifica o Senhor como Pastor e descreve de modo vívido as tarefas do guardador de ovelhas. Por causa do terreno acidentado da Palestina, a ameaça constante de animais selvagens e a busca incessante por água e pastagens, as responsabilidades e perigos dos pastores eram grandes. Abel foi o primeiro descrito como "pastor de ovelhas" (Gn 4.2).

Muito próximo do pastor era o **boiadeiro** (Gn 4.20). Jabal é descrito como tendo rebanhos. Caim, irmão de Abel, é identificado como o primeiro **agricultor** (Gn 4.2). A Bíblia chama quem trabalha na terra de "lavrador" (Sl 129.3). Essa é uma ocupação intimamente associada ao próprio Deus nas Escrituras, pois é Deus que o instrui e trabalha com ele na produção das colheitas. O trabalho na terra incluía também o ceifeiro (Rt 2.3; Is 17.5). É provável que o fazendeiro trabalhasse também como ceifeiro. Mas havia também a tarefa de rebuscar os grãos, algo diferente da ceifa, que permitia que os pobres e sem terra obtivessem comida. V. *agricultura*; *peixe*, *pesca*, *caça*; *caçador*.

A existência nômade não exige uma estrutura complicada de governo. A autoridade está nas mãos do líder de cada tribo. Entretanto, tornou-se necessária uma estrutura de governo quando cidades e vilas começaram a se formar. Antes da instituição da monarquia, com sua forma de governo mais centralizada, Deus escolheu **juízes** (Jz 2.16) para liderar o povo, em especial nos momentos de crise. Como as crises geralmente eram guerras, os juízes eram primariamente líderes militares, que salvaram as tribos israelitas da destruição por parte de seus vizinhos guerreiros. Estes juízes, e os juízes de tempos posteriores, também arbitravam disputas (cp. Lc 18.2). V. *juiz (oficial)*.

Ocupações palacianas As pessoas que trabalhavam em casa poderiam realizar diferentes tarefas em um único dia. Mas fora do lar as habilidades se tornaram especializadas. Em Israel, com o desenvolvimento da monarquia, alguns hebreus encontraram emprego no palácio. O **rei** (1Sm 8.5) ocupava a principal posição. Muitos reis, entre os vizinhos de Israel, eram tidos por deuses; não era assim em Israel. O rei israelita era o governante político, exemplo espiritual e líder do povo. O rei determinava, por sua obediência ou desobediência ao Deus de Israel, o sucesso ou o fracasso da nação, mas ele nunca era considerado deus (observe, entretanto, a designação poética em Sl 45.6).

José era **governador** (Gn 42.6) do Egito. Sua posição era inferior apenas à do faraó. Ele era, de fato, alguém com autoridade de comando (Gn 41.43) em toda a terra do Egito. Daniel era outro hebreu que teve posição de comando em uma nação estrangeira. Ele era um dos três **supervisores** (Dn 6.2) com autoridade sobre o Império Medo. Não há informação a respeito de suas responsabilidades.

Nos tempos do NT o governo romano contava com o **procônsul** (At 13.7) para supervisionar as responsabilidades administrativas de suas províncias. Os romanos estenderam seu império além dos limites da habilidade de governo pessoal do imperador. O procônsul trabalhava onde o exército não era necessário. Onde a presença militar era necessária, havia o **governador** ou **procurador** (Mt 27.2). O NT nomeia apenas três governadores na Palestina, ainda que houvesse mais: Pôncio Pilatos, Félix e Festo. V. *governador*; *Roma e o Império Romano*.

Além da tarefa de governar, o palácio providenciava ampla oportunidade de desenvolvimento de ocupações militares. O **escudeiro** (Jz 9.54) era um dos servos providenciados para o guerreiro quando este ia à batalha. O exército era constituído de homens com diferentes posições e responsabilidades. Muitos dos termos que designam pessoas em posição de liderança são ambíguos e podem se referir à mesma posição. O **governante** (Is 55.4; *ARA* e *ARC*, "príncipe"; *NTLH*, "chefe"; *BJ*, "regente") aparentemente se referia a qualquer líder entre o povo. Pode ser que postos como capitão, tenente ou príncipe estivessem incluídos sob o termo de significado amplo "comandante" ou "governante", ou eles fossem termos usados apenas para descrever posições militares. Os **soldados** (1Cr 7.4; *NVI*, "homens prontos para o combate"; *NTLH*, "homens para o serviço militar") são mencionados com frequência em conexão com as muitas guerras registradas na Bíblia. A localização geográfica de Israel deixou o país em constante perigo de invasão. Cada adulto do sexo masculino (com mais de 20 anos) nas tribos de Israel deveria servir como militar. A Lei mosaica e, de forma especial, o livro de Nm apresentam as regras para o estabelecimento de um exército. V. *armas e armadura*.

O governo incluía um corpo de pessoal de serviço e também de um judiciário. O **carcereiro** (At 16.23) é importante em várias passagens do NT. Ele era responsável por todos os prisioneiros — políticos ou religiosos. Sob a lei romana o carcereiro era estritamente responsável pela segurança dos presos. Se um escapasse, ou se de algum modo não tivesse condição de cumprir a sentença, o carcereiro deveria cumprir a sentença do prisioneiro.

Além de providenciar um governo e uma presença militar, as nações descobriram ser necessário recolher impostos dos cidadãos. O desprezado **publicano** ou **coletor de impostos** (Mt 9.10) é muito conhecido no NT. Sua principal tarefa era extorquir o máximo que pudesse em impostos. Alguns acreditam que o publicano guardava para si parte do que recolhia para o governo.

O **escriba** (Mt 5.20), além do trabalho religioso, trabalhava também no governo com alguma tarefa administrativa. Escribas que copiavam e interpretavam a Lei de Moisés são conhecidos desde o tempo de Esdras, identificado como "escriba que conhecia muito a lei de Moisés" (Ed 7.6). Nos governos antigos, os escribas trabalhavam na corte real, fazendo os registros do reinado daquele rei. Cada rei organizava seu governo com assessores e pessoas responsáveis por diferentes áreas. A Bíblia lista a organização de Davi (2Sm 8.16-18; 20.23-26) e de Salomão (1Rs 4.1-19). A responsabilidade exata de cada oficial é difícil de determinar, como a comparação entre as traduções pode demonstrar.

Ocupações do mercado O mercado oferecia numerosas oportunidades para emprego ou uma ocupação fora do ambiente doméstico. Estas oportunidades podem ser agrupadas ao redor da venda de bens, e muitas delas podem ser classificadas como artes, artesanato e prestação de serviços.

Entre os artesãos mais antigos está o **carpinteiro** (2Sm 5.11), ocupação que tinha significado especial por ter sido a profissão de Jesus. Entretanto, muitas referências bíblicas sobre os carpinteiros dizem respeito a trabalhadores estrangeiros. O mais notável destes era Hirão, rei de Tiro, que trabalhou no templo de Salomão. Associado a estes artesãos da madeira estão o **lenhador** (Is 14.8) e os **rachadores de lenha** (Js 9.21, ARA e ARC; NVI, "lenhadores"). Os homens que trabalhavam com metais e identificados na Bíblia são o **latoeiro** (2Tm 4.14, ARA, ARC; NVI e NTLH, "ferreiro"; BJ, "fundidor"), o **ourives** (Ne 3.8) e o **ourives da prata** (At 19.24, ARC; NVI, ARA, NTLH, "ourives"; BJ, "ourives em prata"), que trabalhavam com os respectivos metais. Em termos mais gerais os trabalhadores metalúrgicos são identificados como **ourives** (Jz 17.4) ou **ferreiros** (1Sm 13.19). É estranho que mineiros não sejam mencionados no texto bíblico, ainda que sejam numerosos os mais variados tipos de artesãos com vários metais. Os metais usados pelos artesãos eram muitas vezes importados, ainda que Israel possa ter controlado algumas minas próximas ao mar Vermelho quando detinha controle sobre a região. V. *minas e mineração*.

No âmbito das vendas, o **mercador** (Gn 23.16) e o **vendedor** (Is 24.2) ocupavam posições importantes no comércio desde os tempos mais antigos da Bíblia. Essa atividade se expandiu até assumir proporções internacionais. O **oleiro** (Jr 18.2; Rm 9.21) pode ter sido um dos profissionais mais ocupados do mercado. A demanda para seus produtos era grande. A cerâmica era menos cara e mais durável que outros recipientes disponíveis para os israelitas, o que representava muito para o uso comum.

O **pedreiro** vendia seu talento de cortar pedras para construção (2Rs 12.12), enquanto o **curtidor de couro** (At 9.43) se ocupava do preparo de peles para uso no vestuário e como recipientes. A **fabricação de tendas** (At 18.3) deve ter sido uma habilidade aprendida desde os dias mais antigos de Israel, os tempos de uma existência seminômade na época dos patriarcas. Essa atividade perdurou até os dias do NT. É dito a respeito de Paulo, Áquila e Priscila que ganhavam a vida fazendo tendas (At 18.3).

Prestavam-se muitos serviços nos tempos bíblicos. O **perfumista** (Ne 3.8) é identificado como o equivalente ao atual farmacêutico. Sua tarefa principal era a confecção de drogas e unguentos para fins medicinais. As práticas religiosas judaicas sugerem que fazer perfumes também era parte da atuação desse tipo de farmacêutico (Êx 30.35). O **banqueiro**, ou quem empresta dinheiro (Pv 22.7), não tinha boa reputação entre os judeus. A lei religiosa proibia o empréstimo de dinheiro a juros. No NT os banqueiros eram os infames "cambistas" do templo. V. *bancos*; *comércio*. O **lavandeiro** (Ml 3.2) trabalhava com roupas sujas e material da tecelagem pronto para ser tecido. Seu serviço incluía a lavagem de qualquer tecido.

O **hospedeiro** (Lc 10.35) ou estalajadeiro providenciava acomodações mínimas para viajantes e, em alguns casos, espaço para a armação de tendas ou lugares para dormir.

Entre as pessoas mais respeitadas das Escrituras estava o **mestre** (Tg 3.1), chamado de modo mais apropriado **instrutor** ou **professor** (Rm 2.20). Referências bíblicas a essa profissão são muitas vezes feitas com relação ao ensino religioso, mas o termo era adequado a qualquer um que oferecesse instrução. V. *educação nos tempos bíblicos*.

Importantes em toda a Bíblia são as várias ocupações relacionadas aos talentos musicais. Dentre estes incluem-se **cantores** e **músicos** (Sl 68.25) no AT, e músicos, **harpistas, flautistas** e **tocadores de trombeta** (Ap 18.22) no NT. Em ambos os Testamentos a música era parte importante na vida religiosa e cultual da nação.

Ocupações na igreja e no templo Considerando "ocupação" como termo não técnico quando se refere à igreja primitiva, havia mais "ofícios" executados pelos cristãos, normalmente de modo voluntário. V. *ofícios no Novo Testamento*.

Artesão do Oriente Médio colocando azulejos em mosaico embutido em uma caixa.

Os que realizavam ofícios no templo tinham muito mais autoridade. O **sacerdote** (Êx 31.10) atuava como intermediário entre Deus e o povo que ia adorar no templo. Em muitos casos os sacerdotes sacrificavam as ofertas para o povo e para a nação, tomando para eles mesmos uma parte na oferenda. Os sacerdotes também trabalhavam como conselheiros do rei (2Sm 20.25). Até recentemente o **profeta** (Gn 20.7) era visto como a antítese do sacerdócio. Muitos profetas eram hostis quanto aos abusos dos sacerdotes e excessos dos sacerdotes, mas eles não condenaram o sacerdócio em si. De fato, alguns profetas eram parte do pessoal do templo. Os profetas trabalhavam principalmente como "mensageiros" de Deus. Onde o sacerdote era um intermediário "ritual", o profeta era um "porta-voz". Algumas vezes, sua mensagem continha um elemento preditivo; no entanto, em geral eles se dirigiam à situação histórica que seus ouvintes enfrentavam. V. *sumo sacerdote*; *levitas*; *sacerdotes*; *profecia, profetas*.

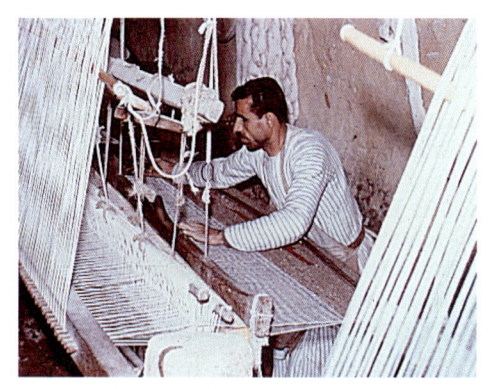

Tapeceiro do Oriente Médio trabalhando no tear.

Conclusão As ocupações em todos os períodos dos tempos bíblicos eram muitas e variadas, assim como o são hoje. Entretanto, eram ocupações adequadas para uma sociedade não tecnológica. A nação de Israel permaneceu como economia agrícola durante sua existência, como registrado no texto bíblico. — *Philip. J. Swanson*

Pedreiro cortador de pedras trabalhando em seu ofício.

ODEDE Nome pessoal de significado incerto, talvez "contador", "restaurador" ou "controlador do tempo". **1.** Pai do profeta Azarias (2Cr 15.1). **2.** Profeta no tempo de Acaz que instou os israelitas à libertação do povo de Judá, a quem tinham capturado como prisioneiros de guerra (2Cr 28.8-15).

ÓDIO Forte reação negativa; sentimento contra alguém considerado inimigo, possivelmente indicando hostilidade.

Ódio de outras pessoas Odiar outras pessoas é uma resposta comum nas relações humanas. Conflitos, ciúmes e invejas geralmente resultam em animosidade, separação, vingança e até em assassinato (Gn 26.27; 27.41; Jz 11.7; 2Sm 13.15,22). Algumas leis hebraicas lidavam explicitamente com o ódio ou favoritismo (Dt 19.11-13; 21.15-17; 22.13-21).

O ódio a outras pessoas é frequentemente condenado, e o amor aos inimigos é estimulado (Lv 19.17; Mt 5.43,44). O ódio caracteriza a velha era e a vida pecaminosa (Gl 5.19-21; Tt 3.3; 1Jo 2.9, 11). Ainda que Jesus tenha citado a atitude de odiar os inimigos (Mt 5.43), o AT não tem nenhum mandamento explícito nesse sentido. Os manuscritos do mar Morto, no entanto, indicam que os essênios em Qumran cultivavam o ódio aos inimigos, mas desencorajavam a retaliação. Jesus enfatizou que os seus discípulos deveriam amar os inimigos e fazer o bem aos que os odeiam (Lc 6.27).

Os que creem podem experimentar ou praticar ódio em certos contextos. Eles devem, p. ex., odiar tudo que se opõe a Deus. Não em uma atitude maliciosa, pois esse ódio reflete uma concordância com a oposição de Deus ao mal (Sl 97.10; 139.19-22; Pv 8.13; 13.5; Am 5.15). Ainda que alguns dos salmos possam soar como vindicativos, eles deixam claro que a punição do ímpio é prerrogativa de Deus.

Os discípulos de Jesus devem odiar sua família para segui-lo (Lc 14.26; "aborrecer", *ARA, ARC*). Ódio nesse caso se refere não a uma hostilidade emocional, mas a um estabelecimento consciente de prioridades. Ódio nesse caso significa amar a família menos do que se ama a Jesus (Mt 10.37). De modo semelhante, deve-se odiar a própria vida para ganhar a vida eterna (Jo 12.26).

Os discípulos podem esperar ser odiados, assim como Jesus foi odiado pelo mundo (Jo 15.18-24; 17.14; 1Jo 3.13). Ódio e perseguição também serão uma realidade quando o fim dos tempos estiver próximo (Mt 24.9). Jesus encorajou seus discípulos a se regozijar ao sofrer esse tipo de oposição (Lc 6.22,23).

Ódio a Deus Algumas pessoas odeiam Deus algumas vezes (Sl 68.1; 81.5) e a seu povo. São inimigos de Deus que teimosamente se rebelam diante de sua vontade, e serão punidos.

Ódio divino Ainda que Deus seja amor (1Jo 4.8), alguns textos falam sobre o ódio divino. Um Deus santo e zeloso não se agrada do pecado humano. Deus odeia, p. ex., a idolatria pagã (Dt 12.31), assim como o culto hebreu hipócrita (Is 1.14; Am 5.21). Deus odeia o pecado (Pv 6.16-19; 8.13; Ml 2.16), mas deseja que o pecador se arrependa (Ez 18.32). Alguns textos indicam que o ódio de Deus é dirigido primariamente às ações pecaminosas, não tanto às pessoas pecadoras (Hb 1.9; Ap 2.6).

O ódio de Deus não é o ódio vindicativo e emocional que geralmente os humanos sentem, mas uma forte reação moral contra o pecado. Um exemplo é a atitude de Deus em relação a Edom em Ml 1.3,4. Em alguns casos a palavra "amor" quando contrastada com "ódio" pode significar "preferência" (ex., Gn 25.28; 29.30-33; Dt 21.15,16), e "ódio" pode significar "desprezo" ou "pensar menos a respeito de" (Gn 39.30,31; Dt 22.13; 24.3; Lc 14.26; 16.13). As palavras "amor" e "ódio" também podem expressar a liberdade divina na eleição (Ml 1.2-5; Rm 9.13). V. *inimigo*; *amor*; *vingança*; *ira*. — Warren McWilliams

ODOR Fragrância ou aroma, que aparece na expressão "aroma suave". Sinônimo de oferta queimada (Nm 28.1,2; *ARA*, "aroma agradável"; *ARC*, "cheiro suave"; *NTLH*, "cheiro que me agrada"). V. *sacrifício e oferta*.

OEL Nome pessoal que significa "tenta", "família (de Deus)" ou "(Deus é) refúgio". Descendente de Davi (1Cr 3.20).

OESTE V. *direção*.

OFAL Palavra hebraica para designar o que sobra do sacrifício animal (Êx 29.14; Lv 4.11; 8.17; 16.27; Nm 19.5; Ml 2.3). A maioria das versões traduz essa palavra por "excremento".

OFEL Nome de lugar que significa "inchaço", "gordura", "protuberância" ou "morro", "colina". Tornou-se o nome da parte da colina em que a cidade de Davi foi edificada (2Cr 27.3). Ofel localizava-se no sul do monte Moriá, sobre o qual o templo foi construído, somando-se à cidade velha com a área do palácio e do templo de Salomão. A colina foi habitada desde os tempos pré-israelitas por povos como os jebuseus, de quem Davi tomou o lugar. Davi e alguns reis depois dele fortificaram Ofel. O lugar serviu de morada para aqueles que, depois do exílio, ajudaram na reconstrução do muro (Ne 3.26,27). Isso pode refletir uma extensão gradual do nome para uma área cada vez maior. Miqueias utilizou a palavra hebraica para nomear "a fortaleza da cidade de Sião" (4.8). Isaías advertiu que a "fortaleza" seria abandonada (32.14). A palavra hebraica é usada com um significado incerto em 2Rs 5.24, sendo traduzida por "colina" (*NVI*), "outeiro" (*ARA*), "altura" (*ARC*), "morro" (*NTLH*). A palavra também aparece na Pedra Moabita.

OFENSA Tradução de várias palavras hebraicas e gregas. Os seguintes dois sentidos predominam: **1.** O que causa indignação ou desgosto (Gn 31.36). Nesse caso, ofensa é algo próximo de um crime (Dt 19.15; 22.26), culpa (Os 5.15), transgressão (Rm 5.15,17,18,20) ou pecado (2Co 11.7). Nesse sentido, é dito que Cristo é a rocha de ofensa (Rm 9.33; Gl 5.11; 1Pe 2.8). Especialmente ofensivo era alegar que uma pessoa amaldiçoada era o Messias e que a fé no crucificado, não as obras, era necessária à salvação. **2.** O que serve como impedimento (Mt 16.23) ou obstáculo (2Co 6.3). Esse impedimento é geralmente uma tentação ao pecado (Mt 18.7; Lc 17.1).

OFERTA DE BEBIDA ou **DERRAMADA** V. *sacrifício e oferta*.

OFERTA DE REFEIÇÃO V. *sacrifício e oferta*.

OFERTA PELA CULPA V. *sacrifício e oferta*.

OFERTA VOLUNTÁRIA Oferta dada segundo o impulso do doador (Êx 35.21-29; 36.3-7; Lv 7.16). A marca distintiva da oferta voluntária era o "coração movido" e o "espírito impelido" (cf. *ARA*) dos doadores. O tabernáculo foi construído com uso de materiais dados como ofertas voluntárias (Êx 35.29). O desejo do povo de doar era tão grande que Moisés foi obrigado a pedir que o povo parasse de trazer ofertas (Êx 36.3-7). As ofertas voluntárias eram dadas tradicionalmente no Pentecoste (Dt 16.10). V. *sacrifícios e ofertas*.

OFERTAS V. *sacrifício e oferta*.

OFERTAS DE CEREAIS V. *sacrifício e oferta*.

OFERTAS MOVIDAS V. *sacrifício e oferta*.

OFÍCIO Ocupação ou profissão que exigia destreza e habilidades artísticas. Diversos ofícios eram praticados nos tempos bíblicos: carpintaria, construção de barcos, escultura (madeira, marfim, ébano e alabastro), trabalho com metais (ouro, prata, bronze e ferro), tecelagem e fiação, curtimento, fabricação de tendas, tecelagem de cestos, ocupação com cerâmica, pisoar panos, colorir tecidos, joalheria, fabricação de vidro, perfumaria, bordados, alvenaria, rebocar etc. V. *ocupações e profissões*.

OFÍCIOS NO NOVO TESTAMENTO Ainda que termos técnicos para "ofício" tenham sido evitados no NT, o conceito de ofício está presente. As características formais no NT que associam o que atualmente chamamos de ofícios incluem permanência, reconhecimento alheio (possivelmente o uso de um título), autoridade, pagamento e indicação (incluindo a imposição de mãos). Os primeiros três elementos são essenciais de alguma maneira; os outros dois, não. Termos geralmente associados aos ofícios incluem apóstolos, profetas, evangelistas, bispos e diáconos. O foco do NT nestes ofícios é com frequência na função ou na tarefa, mais que no *status* ou na posição.

A palavra "apóstolo" ocorre 80 vezes no NT e tem vários referentes. De modo mais estrito, aplica-se aos 12 discípulos. Quando Matias substituiu Judas, a exigência era de alguém que tivesse seguido Jesus desde o batismo até a ascensão (At 1.21,22). Paulo usa o termo de forma técnica para se referir a quem viu o Senhor ressuscitado (1Co 9.1; 15.7-9) e foi pessoalmente comissionado por ele (p. ex., At 9.15;

Rm 1.1). Por isso, Paulo alega ser o último apóstolo (1Co 15.7,8) e considera esse ofício o mais importante (1Co 12.28; Ef 4.11). Muitos creem que o apostolado cessou no séc. I, em razão da qualificação de ter sido testemunha ocular da ressurreição de Jesus (cp. Ef 2.20).

O título de apóstolo é dado também a alguns colaboradores de Paulo. Barnabé é chamado apóstolo em At 14.14 (cp. At 14.4; 1Co 9.5,6). Ainda que não chamado de forma direta de apóstolo, Apolo possivelmente está incluído na referência de Paulo a "nós, os apóstolos" em 1Co 4.9 (cp. 1Co 4.6) e Silas na menção de Paulo aos "apóstolos de Cristo" em 1Ts 2.6 (cp. 1Ts 1.1). Debate-se se Andrônico e Júnias eram conhecidos "entre os apóstolos" ou "como apóstolos" (Rm 16.7).

Paulo poucas vezes usa o termo de modo não técnico, com o significado de "mensageiro". Paulo enviou Tito e um irmão como mensageiros (*apostoloi*) aos coríntios para apressar os esforços quanto à coleta (2Co 8.23). Paulo também declara que Epafrodito era um mensageiro (*apostolos*) enviado pela igreja filipense para trazer ajuda (Fp 2.25). O termo "apóstolo" é também aplicado a Jesus que é o "apóstolo e sumo sacerdote que confessamos" (Hb 3.1).

Geralmente associado ao ofício de apóstolo é o de profeta. Os profetas eram os que proclamavam a Palavra divina à comunidade de modo regular (1Co 13.2; 14.22,29; Ef 3.5; 2Pe 1.19-21). Sua mensagem era dada diretamente da parte de Deus e era considerada detentora de autoridade. Dada a importância da palavra profética e a possibilidade do abuso do dom, era necessário que as falas proféticas fossem testadas. A maior passagem nesse sentido é 1Co 14. Paulo fornece orientações sobre como profetas e outros indivíduos com dons deveriam se conduzir no culto. Ele declara que os profetas falem para edificar, exortar e confortar o corpo (1Co 14.3-5,26,31). Como consequência, Paulo prefere que a congregação dê mais atenção à profecia que ao falar em línguas (1Co 14.5,12,19,22-26). Os profetas devem se conduzir de maneira ordeira, e os demais devem emitir juízo quanto à validade de suas falas (1Co 14.29-33,40). A importância dos profetas é vista em 1Co 12.28 e Ef 4.11, em que eles são listados em segundo lugar, imediatamente após os apóstolos. Dentre os profetas mencionados por nome encontram-se Ana (Lc 2.36), Judas e Silas (At 15.32) e Ágabo (At 21.10). Havia profetas em Jerusalém (At 11.27), Antioquia (At 13.1) e Corinto (1Co 14). Alguns acreditam que o ofício de profeta terminou pouco após o cânon estar completo (cf. Ef 2.20; Hb 1.1,2).

A palavra "evangelista" é derivada do verbo *euangelizomai* ("anunciar boas-novas" ou "pregar o evangelho"). Os evangelistas são mencionados apenas três vezes no NT. Em At 21.8, Filipe, um dos sete escolhidos em At 6, é chamado "o evangelista". Os evangelistas são citados em terceiro lugar em Ef 4.11, depois dos apóstolos e profetas. Por fim, Timóteo é exortado por Paulo: "Faça a obra de um evangelista" (2Tm 4.5), o que provavelmente significa fazer conhecidas as verdades do evangelho.

Na época em que as Epístolas Pastorais foram escritas, parecia haver dois ofícios estabelecidos nas congregações locais, a saber, bispos e diáconos. As palavras "bispo" (ou supervisor) e "ancião" (ou presbítero) são usadas de modo intercambiável, o que denota o mesmo ofício. Considerando que a palavra grega para bispo (*episkopos*) significa "supervisor", a função principal do bispo era supervisionar a vida espiritual da congregação. As qualificações do bispo são dadas em 1Tm 3.1-7 e Tt 1.5-9 e concentram mais atenção no caráter que nas tarefas. Uma das exigências que fazem distinção entre o bispo e o diácono é a habilidade episcopal de ensinar (1Tm 3.2; 5.17; Tt 1.9). Pastores e mestres (Ef 4.11) parecem ser aqueles que Cristo deu para pastorear e instruir a igreja. Assim, é provável que estes líderes possam também ser identificados como bispos ou presbíteros.

Ainda que a palavra "diácono" provenha de um vocábulo grego (*diakonos*) que significa "servo" ou "ministro", ela é usada tecnicamente algumas vezes para se referir a quem ocupa um ofício na igreja. Em Fp 1.1 Paulo se dirige aos "bispos e diáconos", e as qualificações para os diáconos são dadas em 1Tm 3.8-13. Outra referência possível ao uso oficial do termo é encontrada em Rm 16.1, em que Paulo menciona que Febe era *diakonon* da igreja em Cencreia (cf. 1Tm 3.11). O relato da indicação de sete homens para auxiliar na distribuição dos alimentos pode providenciar o protótipo desse ofício (At 6.1-6). A responsabilidade dos diáconos pode provavelmente ser mais bem descrita como um ofício de suporte aos bispos (ou presbíteros). Isto é, eles eram responsáveis por cuidar das tarefas que poderiam permitir aos bispos a dedicação maior à Palavra de Deus e à oração (1Tm 3.2; Tt 1.9; cp. At 6.2-4).

Outros líderes são geralmente mencionados sem que um ofício específico seja nomeado. Em Gl 6.6, Paulo declara que as pessoas ensinadas na Palavra devem prover sustento material para seus mestres. Esse texto sugere que uma classe de mestres transmitia instrução cristã formal e que ensinavam a ponto tal que precisavam de compensação pelo serviço. Em 1Ts 5.12,13, Paulo exorta a congregação a respeitar e a ter em alta estima os que trabalham com diligência, lideram e admoestam. Ainda que Paulo não use nenhum título formal, é possível que estes líderes fossem, ou se tornassem conhecidos como, bispos ou presbíteros. Outros líderes mencionados por Paulo são Estéfanas (1Co 16.15,16), Epafras (Cl 1.7; 4.12) e Arquipo (Cl 4.17). Além disso, em Hb 13.17 o autor instrui a congregação a obedecer aos líderes e a ser-lhes submissa. A razão para esse respeito ocorre porque os líderes vigiam sobre a alma deles e são responsáveis diante de Deus pela liderança.

Alguns incluíram a ordem das viúvas como um "ministério" oficial (1Tm 5.13-16). A razão para isso é que Paulo declara que certas viúvas com mais de 60 anos de idade devem ser "inscrita[s] na lista de viúvas" (1Tm 5.9). Entretanto, é difícil saber a forma dessa "ordem" e precisamente quais as funções das viúvas.

Ainda que os ofícios sejam importantes na igreja, o NT enfatiza que todos os cristãos partilham da responsabilidade ministerial. Os que têm ofícios receberam dons especiais de Deus. Não obstante, todos têm dons de serviço e espera-se que todos trabalhem. — *Ben L. Merkle*

OFIR Nome pessoal e de lugar que significa "empoeirado". Lugar famoso no antigo Oriente Médio pelo comércio, especialmente de ouro. Os navios de Salomão, com ajuda de marinheiros fenícios, trouxeram mercadorias preciosas de Ofir (1Rs 9.28; 10.11; cp. 1Rs 22.48). O ouro de Ofir aparentemente era muito valorizado, e a expressão se tornou um termo comercial descritivo na linguagem comercial do Oriente Médio (Is 13.12; Jó 22.24; 28.16; Sl 45.9). Ofir é mencionado fora da Bíblia em um pedaço de cerâmica encontrado em Tell el-Qasilhe, no norte de Tel-Aviv, na planície de Sarom. A inscrição diz "Ouro de Ofir para Bete-Horom, 30 siclos".

A localização geográfica de Ofir é motivo de debate entre os estudiosos da Bíblia. Três lugares são sugeridos: Índia, Arábia e África. Os eruditos que defendem a localização na Índia o fazem por conta da semelhança da forma de Ofir na *LXX* com o nome egípcio para Índia. A evidência disponível a respeito das práticas comerciais indica que frotas egípcias, fenícias e gregas obtiveram mercadorias do Oriente de modo indireto, em portos no sul da Arábia e no leste da África.

Outros eruditos defendem que Ofir estava localizado na península Arábica. Pelo menos cinco áreas foram identificadas, mas falta uma evidência definitiva para todas elas. O argumento mais forte para a localização árabe é a ocorrência do nome Ofir entre os nomes das tribos árabes, descendentes de Joctã, na tabela das nações em Gn 10.

Por fim foi feita uma sugestão localizando-a na África: a costa do leste da África na vizinhança mais ampla da Somália. Essa localização é apoiada pela distância da Palestina e os produtos característicos da África mencionados nos textos bíblicos (1Rs 9.28; 10.11,22).

A localização de Ofir permanecerá incerta. O conhecimento das antigas rotas e práticas comerciais, rotas marítimas do antigo Oriente Médio e políticas econômicas do antigo Israel ajudarão a determinar a localização exata de Ofir. V. *Afeque*; *comércio*; *vida econômica*. — *James Newell*

OFNI Nome que significa "lugar alto". Cidade designada à tribo de Benjamim (Js 18.24). Ofni estava provavelmente na vizinhança de Geba, e talvez de Jifna, a cerca de 5 quilômetros a noroeste de Betel, perto da interseção da estrada entre Jerusalém e Siquém e da estrada que vai da planície de Sarom a Betel.

OFRA Nome que significa "castanho." **1**. Descendente de Judá (1Cr 4.14). **2**. Cidade de Benjamim (Js 18.23), provavelmente no norte de

Micmás (1Sm 13.17,18). Essa Ofra talvez seja Efrom (2Cr 13.19) ou Efraim (2Sm 13.23; Jo 11.54). Jerônimo localizou Ofra à distância de 7 quilômetros a leste de Betel. Esse lugar é provavelmente Et-Taiy-Ibeh, a 8 quilômetros ao norte de Micmás e a 6,5 quilômetros a nordeste de Betel. **3.** Cidade associada ao clã abiezrita de Manassés que se estabeleceu a oeste do Jordão (Jz 6.11,24; 8.32). Essa Ofra era o lar de Gideão. Lugares sugeridos incluem et-Taiyibeh, ao sul da moderna Tulkarm, Et-Taiyibeh (Afula) na planície de Esdrelom a oeste do monte Moré, e Fer'ata, a oeste do monte Gerizim, perto de Siquém. O último lugar é mais conhecido como Tizra.

OFUSCAR Lançar sombra sobre; envolver. A nuvem que envolveu o monte da transfiguração (Mt 17.5; Mc 9.7; Lc 9.34) faz lembrar a nuvem que "recobria" o tabernáculo (Êx 40.35, de acordo com a tradução grega) quando este foi repleto da glória de Deus. Lucas (1.35) descreve o mistério da concepção virginal em termos de Maria ter sido "envolvida" (ARA, NTLH) pelo poder de Deus. A descrição de Lucas não alude ao relacionamento sexual entre um deus e uma mulher humana, algo comum nas lendas pagãs. O Espírito é Criador, não consorte (Gn 1.2; Sl 33.6; e esp. Jó 33.4; Sl 104.30, texto que apresenta o papel do Espírito como doador da vida). O Espírito, que trouxe poder e vida à igreja no Pentecoste (At 1.8) e é a fonte da vida ressurreta (Ez 37.5-14), trouxe vida ao útero de Maria.

OGUE Rei amorreu de Basã derrotado pelos israelitas antes que eles cruzassem o Jordão (Nm 21.33-35; Dt 1.4; 3.1-13). Ogue é identificado como o último membro dos refains, ou gigantes (Dt 3.11). A palavra traduzida por "cama" (cf. Jó 7.13; Am 3.12) talvez seja mais bem traduzida por "lugar de descanso" no sentido de lugar de sepultamento. Alguns intérpretes sugerem que esse lugar de descanso era semelhante aos sarcófagos de basalto negro encontrados na Transjordânia.

ÓLEO Artigo indispensável no antigo Oriente Médio para alimentação, medicina, combustível e rituais religiosos. O óleo era considerado uma bênção dada por Deus (Dt 11.1-4), e a oliveira era uma característica da terra que Deus deu a Israel (Dt 8.8).

Preparação Nos tempos bíblicos o óleo era preparado das azeitonas. Algumas vezes o óleo era combinado com perfumes e usado como um cosmético (Et 2.12). A extração de óleo é abundantemente confirmada por descobertas arqueológicas de lagares de pedra encontrados em diversos lugares na Palestina. Esse azeite, chamado de "azeite batido", era mais leve e considerado da melhor qualidade. Depois da extração do azeite batido, outro tipo de óleo era produzido pelo aquecimento da polpa da azeitona e mediante nova moagem.

O azeite (ou óleo) doméstico era armazenado em pequenos potes, recipientes ou jarros (1Rs 17.12; 2Rs 4.2); o óleo usado em cerimônias religiosas era também guardado em chifres (1Sm 16.13).

Uso O óleo era usado em uma variedade de formas nos tempos bíblicos; contudo, com maior frequência, o óleo era usado na preparação de alimentos, substituindo a gordura animal. Utilizava-se azeite como alimento no preparo de bolos (Nm 11.8; 1Rs 17.12-16) com mel (Ez 16.13), farinha (Lv 2.1,4) e vinho (Ap 6.6).

O óleo era usado como combustível para lâmpadas, tanto nas casas (Mt 25.3) como no tabernáculo (Êx 25.6).

O óleo era extensivamente utilizado em cerimônias religiosas. Os sacrifícios da manhã e da tarde requeriam, além dos cordeiros, um décimo de uma medida de farinha fina e um quarto de uma medida de azeite batido. Outras ofertas de cereais também exigiam óleo. Ele era usado na oferta de purificação da lepra. No NT, utilizava-se óleo para preparar um corpo como para o sepultamento (Mt 26.12; Mc 14.8). Várias pessoas no AT foram ungidas com óleo: reis (1Sm 10;1; 16.13), sacerdotes (Lv 8.30) e possivelmente os profetas (1Rs 19.16; Is 61.1). Alguns objetos também eram ungidos em sinal de dedicação a Deus: o tabernáculo e todo o seu mobiliário (Êx 40.9-11), os escudos dos soldados (2Sm 1.21; Is 21.5), altares (Lv 8.10,11) e colunas (Gn 35.14).

Como remédio ou unguento, o óleo (ou azeite) era usado no tratamento de feridas (Is 1.6; Lc 10.34). O texto de Tg 5.14 pode ser uma referência ao uso simbólico do óleo e também ao medicinal.

O óleo era usado como cosmético para proteger contra o sol escaldante ou a secura do deserto (Rt 3.3; Ec 9.8). Pelo fato de as azeitonas serem encontradas em grande quantidade na Palestina, o azeite era usado como mercadoria em negociações comerciais (1Rs 5.11; Ez 27.17; Os 12.1).

O óleo era considerado um símbolo de honra (Jz 9.9), e comparava-se a virtude ao óleo perfumado (Ct 1.3; Ec 7.1). A fartura de óleo era demonstração de bênção e prosperidade (Jó 29.6; Jl 2.24). Entretanto, como símbolo de riqueza, o óleo também estava associado à arrogância das pessoas abastadas (heb., "vale de azeite"; *NVI*, "vale fértil", Is 28.1,4). O azeite era símbolo de alegria e felicidade (Sl 45.7), e em tempos de tristeza praticava-se a unção com óleo (2Sm 14.2). V. *agricultura*; *ungir, unção*; *comércio*; *cosméticos*. — *Claude F. Mariottini*

Antiga lâmpada de azeite decorada com duas figuras humanas.

OLHO Órgão da visão.

Uso literal Os olhos eram órgãos especialmente estimados. Se um senhor ferisse seu escravo, cegando-o em um olho, o escravo obteria a liberdade como compensação pelo olho (Êx 21.26). A lei da retribuição no AT limitava a vingança por perda pessoal a "olho por olho" (Lv 24.20). Jesus substituiu esse conceito de justiça pela exigência de amar os inimigos (Mt 5.38-48). Um defeito no olho desqualificava a pessoa para o sacerdócio (Lv 21.20). Um castigo excepcionalmente cruel era vazar o olho do inimigo (Jz 16.21; 2Rs 25.7). Esse ato era interpretado como trazer desgraça sobre a terra dos assim feridos (1Sm 11.2). A descrição dos olhos de Lia (Gn 29.17) tem significado incerto. O significado pode ser positivo ("meigo", *NVI*) ou negativo ("sem brilho", mrg. *NVI*).

Uso estendido O AT fala com frequência do olho quando nós falaríamos da pessoa, refletindo o conceito hebreu que trata de partes do corpo como entidades semi-independentes. O olho pode, portanto, aprovar ações (Jó 29.11). Os olhos podem ser cheios de adultério (2Pe 2.14) e podem desejar (Sl 54.7) ou ter lascívia (Nm 15.39; 1Jo 2.16). Os olhos podem desprezar (Et 1.17), estar satisfeitos (Pv 27.20; Ec 4.8) e lembrar de provocação passada (Jó 17.2). Jó falou até em fazer um acordo com seus olhos como se fossem a segunda parte de uma aliança (31.1). Os olhos podem ser maus, i.e., cobiçosos ou mesquinhos. O olho mau se recusa a emprestar quando o ano sabático está próximo (Dt 15.9) e dá comida ao irmão de má vontade (28.54). O olho mau de Mt 6.23 não raro é interpretado como o olho doentio em contraste com o olho bom (completo, sadio) de 6.22. O contexto de Mt do ensino sobre os tesouros no céu (6.19) e sobre servir a Mamom ou às riquezas (6.24), bem como o emprego em Mt 20.15, sugere que aquela ideia veterotestamentária conhecida do olho mau como o olho mesquinho está em vista aqui também. Os olhos podem ser generosos para com o pobre (Pv 22.9, *ARA*), podem desprezar e zombar (Pv 30.17), poupar um inimigo (1Sm 24.10; Is 13.18) ou esperar pelo momento de pecar (Jó 24.15). Os olhos podem servir de escândalo (Mt 5.29), i.e., levar alguém a pecar. O desafio de Jesus sobre arrancar o olho que leva a pecar é uma forma exagerada de desafiar a não permitir que nada leve a pessoa a pecar.

Expressões A "menina dos olhos" descreve a pupila. O texto de Pv 7.2 desafia o ouvinte a fazer da lei de Deus a menina dos seus olhos, i.e., algo de valor para ser guardado e cuidado. "Pôr calva entre os olhos" (Dt 14.1, *ARC*) significa rapar a frente da cabeça (*NVI*). A difícil expressão "véu dos olhos" (Gn 20.16, *ARC*) denota compensação por ofensa (*NVI*) ou alguma isenção ou perdão ou termo semelhante. De alguma forma Sara foi vindicada; Abimeleque e seu grupo não puderam ver nada criticável no comportamento dela; e o casamento dela foi salvo.

A difícil expressão "filha de teus olhos" (Lm 2.18, mrg. *NASB*), traduzida por "meninas de teus olhos" (*ARC*) ou "menina dos seus olhos" (*NVI*), é geralmente entendida como equivalente poético para o olho. Ver "olho a olho" (Is 52.8, *ARC*) é ver a olhos nus ou "com os seus próprios olhos" (*ARA*, *NVI*).

Olhos iluminados ou brilhantes (1Sm 14.27) provavelmente equivalem à imagem de ser refrescado (*NTLH*) (cp. Sl 13.3). A luz dos olhos pode ser o mesmo que força (Sl 38.10; cp. Pv 15.30). As ordens do Senhor podiam iluminar os olhos (Sl 19.8) no sentido de dar força ou no sentido de dar entendimento ("iluminam a nossa mente", *NTLH*).

Fitar os olhos (At 11.6) significa olhar de perto e com atenção. Olhos pesados (Mc 14.40, *ARA*) são olhos sonolentos. Ter os olhos abertos (Gn 3.5; 21.19) representa tornar-se consciente ou reconhecer. A imagem de alguém arrancar os olhos (Gl 4.15) retrata a disposição de fazer qualquer coisa. Piscar os olhos (Sl 35.19; Pv 6.13; 10.10; cp. 16.30) é associado a ódio, traição e perturbação.

O olho de Deus O olho ou os olhos de Deus são o retrato frequente do cuidado providencial divino. Deus conduz com seu olho (Sl 32.8), i.e., dá conselhos enquanto oferece cuidado e atenção. O livramento da morte e da fome resulta do olhar cuidadoso de Deus (Sl 33.18,19). A imagem dos olhos de Deus passando pela terra (2Cr 16.9; Pv 15.3; Jr 16.7) simboliza o conhecimento de Deus sobre todas as atividades humanas e seu controle sobre elas. Figuras apocalípticas envolvendo muitos olhos (Ez 1.18; 10.12; Ap 4.6) também reforçam a confiança na percepção que Deus tem da condição do seu povo não importa onde este estiver.

Outros empregos O termo hebraico para olho é usado em uma diversidade de expressões não associadas à visão. A palavra pode ser traduzida por "fonte" (Gn 16.7; Nm 33.9). O termo pode se referir à superfície (face) da terra (Êx 10.5,15; Nm 22.5,11) ou à(s) face(s) de uma pedra (Zc 3.9). O termo é usado para o resplandecer do vinho (Pv 23.31), talvez como referência às bolhas parecidas com olhos. A palavra às vezes traduzida por "cor" em Nm 11.7 também é uma palavra para olho. — *Chris Church*

OLIMPAS Talvez uma forma abreviada de Olimpiodoros (dom do Olimpo). Cristão a quem Paulo saudou em Rm 16.15. Olimpas era aparentemente um membro de uma igreja que incluía outros mencionados em 16.15.

OLIVEIRAS, MONTE DAS Cadeia de montanhas de 4 quilômetros situada a leste de Jerusalém, ou, mais precisamente, o centro de três picos que formam a cadeia. Bastante recoberta com oliveiras, a cadeia segue na direção norte-sul (como uma espora) a partir da cadeia de montanhas que vai ao centro da região. Tanto o monte das Oliveiras, no centro, como o monte Scopus, o pico do lado norte, elevam-se a 600 metros acima do monte do Templo sobre o vale do Cedrom. Eles serviam como base de observação e ponto de sinalização para os exércitos que defendiam Jerusalém.

Davi cruzou o monte das Oliveiras quando fugia de Absalão (2Sm 15.30). Ezequiel viu o carro do querubim pousar lá (Ez 11.22,23). Zacarias descreveu como o monte das Oliveiras se transformaria em um grande vale no Dia do Senhor (Zc 14.3-5). Muitos acontecimentos cruciais na vida de Jesus deram-se no monte das Oliveiras (Mt 26.30; Mc 11.1,2; Lc 4.5; 22.39-46; At 1.9-12). — *Robert O. Byrd*

O declive ocidental do monte das Oliveiras no qual Jesus pronunciou seu sermão profético.

Sermão Profético O principal sermão que Jesus pregou no monte das Oliveiras. Ele deu instruções concernentes ao fim dos tempos e à destruição de Jerusalém. O discurso (Mt 24; 25; Mc 13) é em parte um apocalipse por causa do uso de linguagem simbólica e visionária, o que torna a passagem difícil de entender. Partes desse discurso aparecem esparsas em Lc 12—21.

Vista do vale do Cedrom a nordeste, em direção ao monte das Oliveiras.

Significado dos sinais (Mt 24.4-8) Os comentários iniciais versam sobre a crença errônea em sinais enganadores que de modo algum significam o fim do mundo. Estes sinais ocorreram no tempo de Jesus e precederam a destruição de Jerusalém, o acontecimento principal na mente dele, e para o qual ele tentou preparar os discípulos. Eles ainda estão ativos depois de 2.000 anos, indicação posterior de que não anunciam o tempo do fim.

Tempo da perseguição (Mt 24.9-14) Estes versículos sugerem um tempo muito problemático. Alguns diriam que a referência é a um período imediatamente anterior à parúsia (retorno ou segunda vinda de Cristo: 24.14). A declaração de Jesus de que o evangelho deve ser pregado em todo o mundo parece fortalecer essa opinião. "Mas aquele que perseverar até o fim será salvo" (24.13) pode se referir ao período imediatamente anterior à parúsia. A passagem também pode se relacionar com algum outro acontecimento, como a destruição de Jerusalém. A opressão aos cristãos e a perseguição familiar eram comuns. Cristãos desprezados e sujeitos a grande sofrimento é uma descrição acurada da situação na Judeia antes da Guerra Judaica, 66-70 d.C., quando Tito destruiu a cidade.

O sacrilégio terrível (Mt 24.15-22) Narrativas extrabíblicas descrevem a profanação do templo de Jerusalém em 167 a.C., por Antíoco Epifânio, que edificou ali um altar a Zeus. Esse acontecimento é considerado de forma ampla o cumprimento da profecia de Daniel (Dn 11.31). Entretanto, Jesus aplicou a profecia à futura queda de Jerusalém diante dos exércitos de Tito. O horror desse cerco foi sem precedentes. O templo e a cidade foram totalmente destruídos. V. *história e literatura intertestamentárias*.

A segunda vinda de Cristo (Mt 24.26-25.46) Jesus falou a respeito de sua vinda em linguagem velada. Ocorrências não naturais nos céus eram geralmente utilizadas em textos apocalípticos para descrever o indescritível, mas também para resguardar o mistério. Grande parte do plano de Deus é misterioso, mas Jesus revelou o suficiente. A vinda do Filho do homem será inteiramente pública e "numa hora em que vocês menos esperam" (Mt 24.44). Ele virá nas nuvens com grande poder (At 1.9-11). O sinal de sua parúsia é de significado obscuro. O sermão é interrompido pela declaração "não passará esta geração até que todas estas coisas aconteçam" (Mt 24.34). Jesus não estava confuso ou errado com referência a estes acontecimentos. Ele se referiu à destruição de Jerusalém, ocorrida no tempo daquela geração como antecipação da vinda final. As parábolas que concluem a passagem ensinam a necessidade de permanecer vigilante. A descrição do juízo final conclui o discurso. Sua mensagem básica é um apelo à preparação para a volta de Jesus. — *Diane Cross*

OLMEIRO Traduz palavra que ocorre no texto hebraico e traduzida de diversas maneiras pelas versões atuais. "Pinheiro" (*ARA*, *NVI*, *A21*), "abeto" (*BJ*).

OM 1. Nome de lugar na língua egípcia que significa "cidade da coluna", chamada em grego Heliópolis ("cidade do Sol") e Bete-Semes em hebraico ("casa do Sol"; Jr 43.13), também designada Áven. Essa cidade era o centro cultural da adoração ao deus-Sol Rá (Aton). Ainda que sem importância em caráter político, a cidade se tornou um centro religioso vital muito cedo na história egípcia. Localizada em Matariyeh, a cerca de 8 quilômetros a nordeste da Cairo moderna, a cidade permaneceu muito tempo como centro religioso. A esposa egípcia de José era de Om (Gn 41.45), onde seu pai trabalhava como sacerdote no templo da cidade. Falando no Egito, Jeremias advertiu que Deus destruiria Om e seu culto (Jr 43.13). Ezequiel, ou o escriba que copiou sua obra, substituiu Áven, que em hebraico significa "problema, engano", por Om, ao pronunciar o juízo sobre a cidade (Ez 30.17). **2.** Nome pessoal que significa "poderoso, rico". Membro da tribo de Rúben, um dos líderes que desafiou a autoridade de Moisés (Nm 16.1).

OMAR Nome pessoal que significa "falador". Filho de Elifaz e ancestral de um clã edomita homônimo (Gn 36.11,15; 1Cr 1.36).

OMBREIRA 1. Tradução da *NVI* (também *ARA* e *ARC*) para a palavra hebraica que significa "ombro, lado". Faixa de tecido usada sobre os ombros para que o sumo sacerdote pudesse usar o colete sacerdotal (Êx 28.7). **2.** Ombreira de madeira sobre a entrada de uma porta. A ombreira é destacada na celebração da Páscoa. O povo de Israel deveria borrifar o sangue do cordeiro do sacrifício nas ombreiras e vergas da porta como sinal para o anjo da morte. Toda casa que tivesse sangue na ombreira seria poupada da morte do primogênito (Êx 12.22-23).

ÔMEGA Última letra do alfabeto grego. Junto com a primeira letra desse alfabeto, alfa, o ômega designa Deus e Cristo, "Realidade" que abrange tudo (Ap 1.8; 21.6). V. *alfa e ômega*.

ÔMER 1. Unidade de medida seca equivalente à décima parte de um efa ou pouco mais de dois quartos (Êx 16.13-36). V. *pesos e medidas*. **2.** Primeiro feixe de cevada no momento da colheita que era apresentado como oferenda (Lv 23.9-15). V. *sacrifício e oferta*.

ONÃ Nome pessoal que significa "poder" ou "vigoroso". **1.** Filho de Judá e sua esposa cananeia chamada Suá (Gn 38.2-80. Depois da morte de Er, seu irmão mais velho, Onã deveria se casar com a viúva e ter um filho para perpetuar o nome do irmão falecido. Onã repetidamente não cumpriu as responsabilidades do casamento, e por isso Deus lhe tirou a vida (38.8-10). V. *lei do levirato, casamento do levirato*. **2.** Ancestral de um subclã edomita (Gn 36.22. 1Cr 1.40). **3.** Ancestral de uma família de jerameelitas, um subclã de Judá (1Cr 2.26,28).

ONESÍFORO Nome pessoal que significa "ter lucro". Cristão de Éfeso elogiado pelo esforço empregado para procurar o lugar da prisão de Paulo, por não se importar em ser amigo de alguém encarcerado e por seus serviços prestados em Éfeso (2Tm 1.16-18). A saudação dirigida a Onesíforo e a oração a favor de sua casa (2Tm 1.16; 4.19) levaram alguns a sugerir que ele já estava morto. Tudo o que se pode admitir é que naquele momento Onesíforo não estava em Éfeso.

ONÉSIMO Nome pessoal que significa "útil". O escravo a favor de quem Paulo escreveu a carta a Fm. Em sua carta Paulo pediu a Fl a libertação de Onésimo porque ele lhe havia sido útil. Onésimo roubou seu amo, fugiu, encontrou Paulo e aceitou Cristo. Ao enviá-lo de volta a Filemom, Paulo instou com ele para que tratasse o escravo como um irmão cristão (v. 16).

Mais tarde, Onésimo acompanhou Tíquico como portador da carta de Paulo à igreja de

Colossos (Cl 4.7-9). Há duas tradições que ligam Onésimo a um bispo do mesmo nome na igreja do séc. II, e com Onesíforo (2Tm 1.16). Nenhuma destas ligações foi comprovada satisfatoriamente. V. *Filemom, epístola a*.

ÔNICA Especiaria extraída provavelmente da aba de uma concha de um molusco do mar Vermelho, utilizada no incenso destinado ao culto a Javé (Êx 30.34).

ONIPOTÊNCIA Condição do ser todo-poderoso, atribuído pela teologia a Deus. As Escrituras com frequência afirmam que todo o poder pertence a Deus (Sl 147.5), que todas as coisas lhe são possíveis (Lc 1.37; Mt 19.26) e que seu poder excede tudo que os humanos possam pedir ou pensar (Ef 3.20). Para as Escrituras, a onipotência divina não é um assunto de especulação abstrata, mas algo a ser reconhecido. O poder de Deus é revelado na criação do Universo e em sua sustentação (Sl 65.6; Jr 32.17; Hb 1.3), na libertação de Israel das mãos do faraó (Êx 15-18), na conquista de Canaã (Dt 3.21-24), na encarnação (Lc 1.35), na morte de Cristo na cruz (1Co 1.17,18,23,24) e no ministério contínuo da igreja (1Co 2.5; Ef 3.20). V. *Deus*.

ONIPRESENÇA Estar presente em todos os lugares ao mesmo tempo; um dos atributos únicos de Deus. Uma das características das coisas criadas é a limitação pelo espaço. Um objeto ou uma pessoa só pode ocupar um lugar no espaço em um momento. Mas pelo fato de Deus ter criado os céus e a terra (Gn 1.1), e por intermédio do seu Filho, ele continuamente sustenta tudo o que existe (Hb 1.3) e está presente na totalidade da criação e em todos os lugares. O rei Davi se conscientizou de que não havia lugar onde ele pudesse escapar da presença de Deus (Sl 139.7-12), nem as trevas podem esconder alguém do Senhor. Mas mesmo que Deus esteja presente em toda parte, ele não é percebido em todos os lugares. Ele pode estar plenamente presente e mesmo assim ser ocultado aos olhos das criaturas, ou pode fazer sua presença percebida por meio de sua bênção ou juízo. V. *Deus*. — Steve Bond

ONISCIÊNCIA Condição de saber todas as coisas, atribuída pela teologia a Deus. Ainda que as Escrituras afirmem o conhecimento incomensurável de Deus (Sl 147.5), a onisciência divina não é assunto de especulação abstrata. Antes, o conhecimento de Deus é assunto de experiência pessoal. Deus nos conhece intimamente (Sl 139.1-6; Mt 6.4,6,8). Esse conhecimento é motivo de alarme para o injusto, mas de confiança para os santos de Deus (Jó 23.10; Sl 34.15,16; 90.8; Pv 15.3; 1Pe 3.12). V. *Deus*.

ÔNIX V. *minerais e metais*.

ONO Nome que significa "dor, luto". Cidade benjamita situada a uns 11 quilômetros a sudeste de Jope. A cidade aparece em lista do faraó Tutmósis III (1490-1436 a.C.). A *Mixná* se refere a Ono como cidade fortificada desde o tempo de Josué. A cidade foi reconstruída por Semede, descendente de Benjamim (1Cr 8.12). Ono era o lar de algumas pessoas que retornaram do exílio (Ed 2.33; Ne 7.37; 11.35). Ono é Kefr' Ana no uádi Musrara. Esse rio largo é chamado vale dos Artesãos (Ne 11.35) e planície de Ono (Ne 6.2).

ONRI Nome pessoal que significa "peregrino" ou "vida". **1.** Rei de Israel de 885 a 874 a.C., fundador da dinastia onrida, que governou até 842. Onri subiu ao poder de uma maneira muito estranha. Zinri, comandante dos carros de guerra, assassinou o rei Elá e tomou o controle do palácio em Tirza (1Rs 16.8-15). Metade do povo se rebelou e declarou Onri rei. Quando Zinri percebeu que sua situação não tinha solução, incendiou o palácio em que se encontrava. Onri se tornou rei depois de obtido sucesso em debelar outra rebelião, liderada por Tibni (v. 21,22). Em seu reinado de onze anos, a maior realização de Onri foi comprar o monte de Samaria e edificar ali a capital de Israel. Foi sucedido por Acabe, seu filho. Fontes assírias se referiram a Israel como "terra de Onri". Miqueias acusou Jerusalém de seguir as ações de Onri e também as de Acabe. Isso motivou Deus a destruir Jerusalém (Mq 6.16). **2.** Oficial da tribo de Issacar no tempo de Davi (1Cr 27.18). **3.** Neto de Benjamim (1Cr 7.8). **4.** Avô de um integrante da tribo de Judá que voltou a Jerusalém depois do exílio, por volta do ano 537 a.C.

ONRI

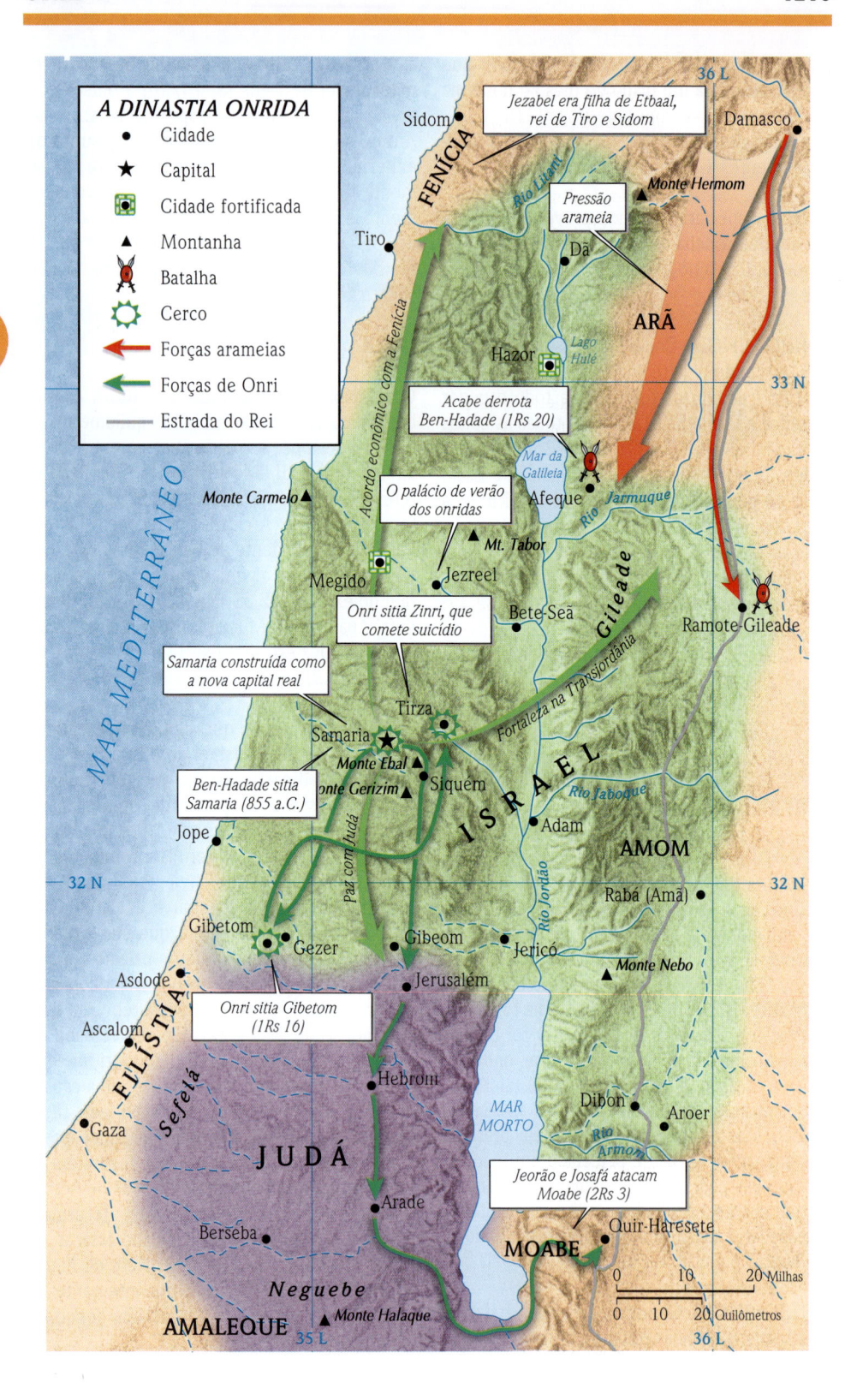

A DINASTIA ONRIDA

- • Cidade
- ★ Capital
- ▣ Cidade fortificada
- ▲ Montanha
- ⚔ Batalha
- ⊛ Cerco
- ← Forças arameias
- ← Forças de Onri
- — Estrada do Rei

Jezabel era filha de Etbaal, rei de Tiro e Sidom

Pressão arameia

Acordo econômico com a Fenícia

Acabe derrota Ben-Hadade (1Rs 20)

O palácio de verão dos onridas

Onri sitia Zinri, que comete suicídio

Samaria construída como a nova capital real

Ben-Hadade sitia Samaria (855 a.C.)

Paz com Judá

Fortaleza na Transjordânia

Onri sitia Gibetom (1Rs 16)

Jeorão e Josafá atacam Moabe (2Rs 3)

Locais

MAR MEDITERRÂNEO · FENÍCIA · Sidom · Tiro · Rio Litani · Damasco · Monte Hermom · Dã · ARÃ · Hazor · Lago Hulé · Mar da Galileia · Afeque · Rio Jarmuque · Monte Carmelo · Mt. Tabor · Megido · Jezreel · Bete-Seã · Gileade · Ramote-Gileade · Samaria · Tirza · Monte Ebal · Monte Gerizim · Siquém · ISRAEL · Rio Jaboque · Jope · Adam · AMOM · Rabá (Amã) · Gibetom · Gezer · Gibeom · Jericó · Monte Nebo · Jerusalém · Asdode · Ascalom · Sefelá · Hebrom · MAR MORTO · Dibon · Aroer · Rio Arnom · Gaza · FILÍSTIA · JUDÁ · Arade · MOABE · Quir-Haresete · Berseba · Neguebe · Monte Halaque · AMALEQUE

Escala: 0 — 10 — 20 Milhas / 0 — 10 — 20 Quilômetros

OOLÁ Nome pessoal que significa "habitante de tendas". Nome feminino usado por Ezequiel para retratar Samaria (Ez 23.1-10). Oolá e sua irmã Oolibá (Jerusalém) são vistas como prostitutas que se uniram a vários homens (outras nações). O significado óbvio é o adultério espiritual diante de Deus. Deus declarou por intermédio do profeta que Samaria por fim seria libertada das mãos do seu "amante", a Assíria (23.9).

OOLIBÁ Nome pessoal que significa "adorador da tenda". Irmã mais nova na alegoria de Ez 23 identificada com Jerusalém (23.4,11-49). A má conduta sexual destas duas irmãs representa a recepção da idolatria por Israel e Judá. V. *Oolá*.

OOLIBAMA Nome pessoal que significa "tenda do lugar alto" ou "habitante da tenda do falso culto". **1** Hivita, filha de Aná e esposa de Esaú (Gn 36.2). **2.** Líder edomita descendente de Esaú (Gn 36.41).

OPOSITOR CONSCIENCIOSO Pessoa que se nega a participar em guerras. Mesmo que a Bíblia não fale diretamente acerca da questão da objeção conscienciosa à participação em guerras, ela fornece princípios que podem ajudar um indivíduo a determinar se é apropriado invocar a condição de opositor conscienciosa em dada situação.

A Bíblia orienta os cristãos a serem bons cidadãos, e em princípio isso inclui a sujeição às autoridades governantes (Rm 13.1-7; Tt 3.1; 1Pe 2.13-17). No que depender da habilidade de cada crente, os cristãos devem viver em paz com as pessoas à sua volta (Rm 12.18).

Às vezes os cristãos consideram necessário desobedecer às leis dos homens a fim de seguir padrões mais elevados estabelecidos por Deus (At 4.19,20; 5.29). Cada indivíduo recebeu uma consciência que, quando purificada por Deus, ajuda-o a determinar o curso de ação adequado em dado conjunto de circunstâncias (Rm 14.4; 1Tm 1.5,19; Hb 13.18; 1Pe 3.16). Quando Sadraque, Mesaque e Abede-Nego (Dn 3.16-18), Daniel (Dn 6.10-16), os apóstolos (At 5.40-42) e Paulo (At 25.11) escolheram desobedecer ao governo civil, eles se dispuseram a sofrer as consequências das suas ações.

A questão da "guerra justa" é complexa. Mesmo que em algumas épocas Deus tenha chamado seu povo à batalha (Js 6.2-5; Jz 1.1,2), a Bíblia registra outras situações em que a guerra foi adiada (cf. Is 7.1-16; 22.8b-11). É incumbência de cada cristão confiar em Deus para receber orientação para cada situação. — *Paul H. Wright*

ORAÇÃO Diálogo entre Deus e as pessoas, principalmente seus parceiros de aliança.

Antigo Testamento Israel é uma nação nascida da oração. Abraão ouviu o chamado de Deus (Gn 12.1-3), e Deus ouviu os clamores dos hebreus (Êx 3.7). Moisés conversava com Deus (Êx 3.1—4.17) e intercedia por Israel (Êx 32.11-13; Nm 11.11-15). Por meio da oração, Josué discerniu o pecado na comunidade no tempo da conquista (Js 7.6-9), mas foi enganado quando não discerniu a vontade de Deus pela oração (Js 9). Deus também falou aos juízes que libertassem seu povo quando este clamou por libertação. A perspicácia espiritual de Davi é vista em suas orações de confissão (2Sm 12.13; Sl 51). Salomão cumpriu as promessas feitas a Davi depois de orar pedindo sabedoria (1Rs 3.5-9) e dedicou o templo em oração (1Rs 8). Deus operou milagres por intermédio das orações de Elias e de Eliseu (1Rs 17.19-22; 18.20-40). Os profetas escritores observaram que a oração genuína clama por coerência com vida moral e responsabilidade social (Os 7.14; Am 4.4,5).

O chamado de Isaías refletiu a purificação intensa e o compromisso envolvidos na oração (Is 6). O diálogo e a intercessão de Jeremias muitas vezes expressavam algumas restrições e frustrações (Jr 1; 20.7-18), ensinando dessa maneira como ter honestidade na oração. O livro de Sl ensina que variedade e honestidade na oração são permitidas; os salmos proclamam louvor, pedem perdão, buscam comunhão (63), proteção (57), vindicação (107) e cura (6). O salmo 86 apresenta um modelo excelente de oração. A oração padronizada diária se torna muito importante para os exilados aos quais foi negado o acesso ao templo (Dn 6.10).

Novo Testamento O exemplo e o ensino de Jesus inspiram à oração. Marcos enfatizou que Jesus orou em momentos cruciais, como a

ORAÇÃO

escolha dos discípulos (3.13), sua missão (6.30-32) e a transfiguração (9.2). Jesus demonstrou ter uma vida de oração intensa e regular (Mt 6.5. 14.23; Mc 1.35). Lucas ensinou que Jesus foi guiado pelo Espírito Santo (Lc 3.22; 4.1,14,18; 10.21; At 10.38). João reportou que Jesus algumas vezes orava em voz alta a favor dos presentes (Jo 11.41,42). Ele também relatou a oração intercessora de Jesus pelos primeiros discípulos e pelos futuros crentes (Jo 17). Ambas as orações apresentam a unidade de Jesus com o Pai e o desejo de dar-lhe glória (Jo 11.4; 17.1).

A Oração do Senhor (Mt 6.9-13; Lc 11.2-4) foi ensinada aos discípulos que perceberam a presença do Reino, mas ainda o aspecto futuro de sua vinda em toda a plenitude. É significativo que os discípulos tenham pedido a Jesus que os ensinasse a orar depois de observá-lo orando (Lc 11.1). A oração também contrasta com orações hipócritas (Mt 6.5). Ainda que seja permitido repetir essa oração, é bom recordar que Jesus enfatizou como orar, não as palavras exatas a serem ditas não oração. V. *Oração do Senhor*.

Jesus também corrigiu alguns abusos e mal-entendidos concernentes à oração. Primeiro, não se deve orar para impressionar pessoas. Os discípulos devem antes buscar o ambiente reservado ou fechado e orar em particular. Jesus não rejeitou a oração em grupo, mas sua advertência pode se aplicar ao cristão que ora para impressionar a congregação (Mt 6.5,6). Segundo, Jesus também proibiu tentativas de manipular o próprio Deus. Enquanto Jesus orava por longos períodos (Lc 6.12; Mc 1.35) e repetia a si mesmo (Mc 14.36-42), ele exortou as pessoas a confiar no Pai, não na própria eloquência ou fervor religioso.

O ensino de Jesus sobre a persistência na oração está ligado ao Reino vindouro (Lc 11.5-28; 18.1-8). Deus não é como o vizinho relutante em ajudar, como na parábola contada por Jesus, ainda que os cristãos devam esperar por respostas (Lc 11.13; 18.6-8). As ironias da oração são evidentes: Deus sabe das nossas necessidades, mas mesmo assim precisamos orar; Deus está pronto para responder, mas precisamos persistir com paciência. Os filhos do Reino terão as orações ouvidas (Mt 6.8; 7.7-11; 21.22; Jo 14.13; 15.7,16; 16.23; cp. 1Jo 3.22; 5.14; Tg 1.5), particularmente os cristãos reunidos em nome de Jesus (Mt 18.19).

Judeus ortodoxos de hoje oram na parte antiga da cidade de Jerusalém de modo semelhante aos hebreus do AT.

No pensamento hebraico, o nome estava misteriosamente ligado ao caráter e prerrogativas da pessoa. Portanto, a oração em nome de Jesus é a oração que busca sua vontade e é submissa à sua autoridade (Jo 14.13; 1Jo 5.14).

A igreja lembrou o ensino de Jesus concernente ao Espírito, à oração e à missão do Reino. Os discípulos oraram aguardando o derramamento do Espírito Santo (At 1.14). A igreja primitiva é caracterizada pela oração (At 2.42). Eles oraram com respeito à escolha de líderes (At 1.24; 6.6; 13.3), na perseguição (At 4.24-30; 12.5,12) e em preparação para a cura (At 9.40; 28.8). Invocar o nome de Deus — orar — é a primeira e verdadeira marca do cristão (At 2.21; 9.14, 21; 22.16).

O ministério de Paulo refletiu suas orações constantes de intercessão e gratidão (1Tm 2.1. Ef 1.16; 5.4; At 9.11). O Senhor falou a Paulo em oração (At 22.17). A oração é crucial à continuidade da vida cristã (Rm 12.12). O Espírito que habita os cristãos os capacita a chamar Deus de "Aba" ("pai" em aramaico, Rm 8.15); i.e., a obra do Espírito no íntimo dos cristãos os leva a se dirigir a Deus com a confiança filial (Rm 8.14). O Espírito precisa interceder porque nossas orações são fracas; sem o Espírito, os cristãos oram sem discernimento. Ele leva nossa petição com uma súplica que ultrapassa as palavras (Rm 8.26,27; Gl 4.6).

Orações respondidas — petições não respondidas Nem toda oração é respondida. A busca de Jó por respostas da parte de Deus foi eclipsada pelo privilégio impressionante de se encontrar com ele (Jó 38—41). Os cristãos atuais devem desejar mais ter comunhão com o Pai que fazer-lhe pedidos.

Jesus, com a alma em dor a ponto de morrer, orou três vezes para que o cálice do sofrimento fosse afastado; não obstante, estava submisso à vontade divina (Mt 26.38,39,42,45). Tanto a ousadia de pedir que a vontade de Deus fosse mudada quanto a submissão a esse caminho difícil, de sofrimento, são significativos.

Paulo pediu três vezes por libertação do "espinho na carne". A resposta de Deus a ele o levou a encontrar conforto na graça divina. Além disso, Deus declarou que seu poder é mais bem visto na fraqueza de Paulo (2Co 12.8,9). Deus lhe deu o problema para derrotar o orgulho. Ironicamente, Paulo afirmou que Deus lhe deu o problema e mesmo assim designou-o mensageiro de Satanás. Paulo aprendeu que os pedidos algumas vezes são negados à luz de um bem maior: o poder de Deus é demonstrado na humildade e fraqueza de Paulo.

Fé é a condição para a resposta das petições (Mc 11.24). Há dois extremos que devem ser evitados quanto à fé. 1) Com o exemplo de Jesus em mente, ninguém deve pensar que todas as orações ou desejos serão atendidos. 2) Não se deve pedir sem fé. Os cristãos não recebem o que pedem porque algumas vezes oram com motivações egoístas (Tg 4.2,3). As orações são também prejudicadas pelo caráter corrompido (Tg 4.7) ou por relações feridas (Mt 5.23,24; 1Pe 3.7).

Judeus orando junto ao muro das Lamentações — local próximo do antigo templo.

Percepções teológicas O diálogo é essencial à oração. A oração faz diferença quanto ao que acontece (Tg 4.2). Nosso entendimento da oração irá corresponder ao entendimento sobre Deus. Quando Deus é visto como quem deseja abençoar (Tg 1.5) e soberanamente livre para responder (Jo 3.9), então a oração será vista como diálogo com Deus. Deus responderá quando buscarmos o diálogo. A oração levará à comunhão maior com Deus e ao entendimento melhor da vontade divina. — *Randy Hatchett*

ORAÇÃO DO SENHOR Conjunto de palavras usadas por Jesus para ensinar os seguidores a orar. Há três formas da Oração do Senhor na literatura cristã primitiva — duas no NT (Mt 6.9-13; Lc 11.2-4) e a outra no *Didaquê* 8.2 (um texto cristão não canônico do início do séc. II, escrito no norte da Síria). Suas similaridades e diferenças podem ser vistas se as três formas são colocadas lado a lado (v. adiante).

Três conclusões derivam-se dessa comparação. A primeira, trata-se da mesma oração nos três casos. Segunda, o *Didaquê* provavelmente usa a forma da oração encontrada em Mt. Terceira, a versão de Mt é maior que a de Lc em três pontos: quando se dirige a Deus e nas petições relacionadas aos homens. Além disso, um estudo dos manuscritos gregos mostra que a doxologia do fim da versão mateusina em algumas traduções não é original; a forma mais antiga da oração com a doxologia está no *Didaquê* (8.2). É provável que cada evangelista tenha dado à oração a forma usada em cada igreja naquela época.

Mateus e Lucas usaram a Oração do Senhor de diferentes maneiras nos Evangelhos. Em Mt a oração aparece no Sermão do Monte, no qual Jesus falou a respeito da justiça que excede a dos escribas e fariseus (5.20). Está localizada na seção que adverte da prática da piedade diante dos homens com o objetivo de se mostrar para eles (6.1-18). Esmolas, oração e jejuns são para os olhos e ouvidos de Deus. Ao orar, não se deve fazer disso uma exibição pública (6.5,6) ou usar frases vazias, pensando que será ouvido por muito falar (6.7).

Em Lc a oração surge no meio da jornada de Jesus a Jerusalém (9.51—19.46). Jesus, pelo próprio comportamento, é o exemplo de quem ora. Sua vida de oração levou um dos discípulos a pedir orientação sobre como orar, da mesma forma que João Batista fizera com seus discípulos. O que vem a seguir (11.2-13) é o ensino a respeito da oração em que os discípulos são instruídos pelas razões para orar (11.2-4) e como orar (11.5-13). Na passagem, a Oração do Senhor é um modelo sobre a oração. Orar desse modo é a marca dos discípulos de Jesus.

MATEUS	LUCAS	DIDAQUÊ
Pai nosso nos céus,	Pai,	Pai nosso nos céus,
Teu nome seja honrado como santo.	Teu nome seja honrado como santo.	Teu nome seja honrado como santo.
Venha teu reino.	Venha teu reino.	Venha teu reino.
Tua vontade seja feita na terra como é no céu.		Tua vontade seja no céu como é na terra.
Dá-nos hoje nosso pão diário.	Dá-nos a cada dia nosso pão diário.	Dá-nos hoje nosso pão diário.
E perdoa-nos nossas dívidas como também perdoamos nossos devedores.	E perdoa-nos nossos pecados, pois também perdoamos a todos os que nos devem.	E perdoa-nos nossas dívidas como também perdoamos nossos devedores.
E não nos leves à tentação, mas livra-nos do maligno. [Pois teu é o reino e o poder e a glória para sempre. Amém.]	E não nos leves à tentação.	E não nos leves à tentação, mas livra-nos do mal, pois teu é o poder e a glória, para sempre.

Ainda que as três versões da oração existam somente em grego, o padrão de pensamento e as expressões são judaicos. No início, Deus é designado "Pai" ou "Pai nosso nos céus". Uma oração judaica tem início com as palavras: "Perdoa-nos, nosso Pai" (*Shmoneh 'Esreh*, 6). O rabino Akiva (c. 130 d.C.) disse: "Felizes são vocês, israelitas! Perante quem vocês são purificados, e quem os purifica? Seu Pai no céu" (*Mixná, Yoma*, 8.9).

A oração *Ahavah Rabbah* (Grande amor), que era parte do culto matinal do templo em Jerusalém começava da seguinte maneira: "Com grande amor tu nos tem amado, ó Senhor nosso Deus, com grande e sobejante paciência tens governado sobre nós. Nosso Pai, nosso Rei, seja gracioso para conosco".

As "petições 'tu'" são de igual modo judaicas no padrão de pensamento e expressão. As duas primeiras ["Teu nome seja honrado como santo. Teu reino venha"] ecoam a linguagem do *Kaddish*, uma oração judaica. O *Kaddish* começa dizendo "Magnificado e santificado [honrado como santo] seja seu grande nome no mundo [...] E que ele possa estabelecer seu reino no seu tempo de vida e em seus dias [...] logo e rapidamente". A terceira, "tua vontade seja feita", é similar a uma oração do rabino Eliézer (c. 100 d.C.): "Faça-se tua vontade no céu acima e dá paz aos que te temem aqui embaixo" (*Talmude babilônico*, Berakot, 29b).

As "petições 'nós'" também são judaicas. A primeira, "Dá-nos nosso pão", é parecida com a primeira bênção de graças na hora da refeição. "Bendito sejas tu, ó Senhor nosso Deus, rei do Universo, que alimentas todo o mundo com tua bondade [...] dás alimento a toda carne [...]. Por tua bondade o alimento nunca nos faltou. E que nunca nos falte, para sempre". A segunda, "Perdoa-nos", soa como *Shmoneh 'Esreh* [Dezoito bênçãos], 6: "Perdoa-nos, nosso Pai, pois temos pecado contra ti; apaga nossas transgressões de diante dos teus olhos. Bendito sejas tu, ó Senhor, que perdoas tanto". A frase seguinte, "como também perdoamos", reflete o ensino judaico encontrado em Eclo 28.23: "Perdoa o erro do teu próximo, e então os teus pecados serão perdoados quando orares". A terceira petição, "Não nos leves à tentação", é similar à petição de orações judaicas matinais e vespertinas: "Não faze que eu vá às mãos do pecado, nem às mãos da transgressão, nem ainda às mãos da tentação, nem às mãos da desonra".

Como era uma prática dos mestres judeus reduzir os muitos mandamentos a um ou dois (cf. Mc 12.28-34), era com frequência o caso que estes mestres dessem sinopses das *Shmoneh 'Esreh* [Dezoito bênçãos] (*Talmude babilônico*, Berakot, 29a). A Oração do Senhor se parece com uma sinopse feita por Jesus de várias orações judaicas daquele tempo.

Se a linguagem da Oração do Senhor e a de várias orações judaicas é similar, o significado pode ser determinado da mensagem mais abrangente de Jesus. Jesus e também os primeiros cristãos acreditavam em duas eras: a "presente, má", e a "era boa por vir". A "era por vir" seria trazida por uma intervenção decisiva de Deus no fim da História. A mudança das eras seria acompanhada da ressurreição dos mortos e do juízo final.

Antes desses acontecimentos, haveria um tempo de grande sofrimento ou tribulação. Um nome dado à "era por vir" era "o Reino de Deus". Esse era um estado ideal de coisas, quando Satanás seria derrotado, o pecado seria conquistado e a morte não mais existiria. Jesus cria que em seu ministério a atividade de Deus para produzir a mudança das eras estava prestes a acontecer. É nesse padrão de pensamento que a Oração do Senhor deve ser entendida.

As "petições 'tu'" são paralelismos sinonímicos. Todas significam aproximadamente a mesma coisa. "Teu nome seja honrado como santo", "Teu Reino venha" e "Tua vontade seja feita na terra como no céu" são petições para que a mudança das eras aconteça e que o estado ideal das coisas aconteça. Estas petições constituem a oração para a vitória final de Deus sobre o Diabo, o pecado e a morte. É possível que fossem também entendidas pelos primeiros cristãos como uma petição pelo governo de Deus em sua vida naquele momento.

As "petições 'nós'" compartilham a mesma tensão entre o futuro definitivo e o presente dos discípulos. "Dá-nos hoje o nosso pão de cada dia" (Mt 6.11) pode se referir ao dom do maná renovado na mudança das eras. Como o rabino Josué (c. 90 d.C.) disse: "Quem serve a Deus até o dia da sua morte se satisfará de pão, a saber, o pão do mundo por vir" (*Genesis Rabah* 82). Essa petição também se refere à necessidade de pão para a vida diária neste mundo, como Lc 11.3 indica: "Dá-nos cada dia o nosso pão cotidiano". "Perdoa nossas dívidas ou pecados" pode muito bem se referir ao perdão definitivo dos pecados no último dia, mas também se refere ao perdão contínuo dos discípulos pelo Pai celestial enquanto eles, vivendo nesta era, perdoam continuamente a que lhes deve. "E não nos leves à tentação" pode se referir à proteção dos discípulos na tribulação final (como em Ap 3.10), mas também diz respeito a ser ajudado para evitar algo mau da conjuntura atual. Portanto, em todas as petições, há uma tensão entre o presente e o futuro. Todas as petições podem ser entendidas como referências à mudança das eras e ao presente em que nos encontramos. Isso não é surpreendente, considerando a tensão entre as duas realidades tanto na mensagem de Jesus como também na teologia da igreja primitiva. A preocupação a respeito da mudança das eras na oração a coloca à parte das orações judaicas, cuja linguagem era tão similar.

Apresentação da Oração do Senhor em três de muitas línguas, expostas na Igreja da Oração do Senhor, Jerusalém.

A Oração do Senhor no NT é uma oração da comunidade: "[...] Pai nosso", "dá-nos [...] nosso pão", "Perdoa nossas dívidas", "assim como nós perdoamos os nossos devedores". É a oração da comunidade dos discípulos de Jesus.

A Oração do Senhor é uma oração de petição. É significativo que a oração-modelo para os cristãos não seja de louvor, ação de graças, meditação ou contemplação, mas de petição. Pede-se algo a Deus.

Essa oração de petição busca dois objetivos. Primeiro, quem ora desse modo implora a Deus que aja para alcançar seus propósitos no mundo. Segundo, quem ora dessa maneira pede a Deus para satisfazer as necessidades físicas e espirituais dos discípulos. É significativo que as petições venham na ordem em que estão: primeiro, a vindicação de Deus; depois, a satisfação dos discípulos.

Tal oração de petição assume determinada visão de Deus. Presume-se que o Deus a quem se ora desse modo está no controle; ele é capaz de responder. Ele também é bom; ele quer responder. O Pai a quem Jesus ensinou seus discípulos a orar está no controle e é bom. V. *escatologia*; *Reino de Deus*; *Midraxe*; *Mixná*; *Talmude*; *targum*. — Charles Talbert

ORAÇÃO, ORADOR Discurso elaborado e proferido de maneira formal e digna, com o propósito de persuadir a audiência. Um orador é alguém conhecido pela habilidade e pelo poder de persuasão. Em At 12.21 é usada a palavra "discurso" na tradução da *NVI*. O discurso de Herodes Agripa foi elogiado pela habilidade retórica (12.22), mas Herodes foi julgado por

Relevo em pedra da ceia do Senhor.

não ter dado glória a Deus (12.23). Uma antipatia similar entre habilidade na oratória e confiança no poder de Deus é encontrada algumas vezes em Paulo (1Co 2.1,2,4,13; 4.19,20).

Paulo falou sobre o "questionador desta era" (1Co 1.20). Ele não valorizou um "discurso eloquente" e alegou não ser um "orador eloquente" (1Co 2.1; 2Co 11.6), mas em outro momento comparou sua pregação a um construtor habilidoso que lançou o alicerce da obra (1Co 3.10), e falou ainda a respeito da destruição de argumentos e obstáculos para alcançar o conhecimento de Deus (2Co 10.5). De modo geral, o livro de At apresenta Paulo como orador persuasivo (At 18.4,13; 19.26; 26.28,29). Festo, de fato, reconheceu em Paulo um homem de grande erudição com base em seu discurso. O livro de At também apresenta Apolo como orador eloquente (At 18.24).

Os gregos classificavam a oratória de três modos. 1) O modo judicial, o discurso do tribunal, preocupado com culpa e inocência. Exemplos de retórica judicial incluem os casos que envolvem Paulo sendo levado à presença de Gálio, Félix e Festo (At 18.12-16; 24.1-21; 25.15,18,19; 26.1-29). 2) O modo deliberado ocupa-se com o expediente do curso de uma ação futura. Exemplos dele incluem o debate no Sinédrio a respeito da crescente popularidade de Jesus, que culminou na sugestão de Caifás de que o curso a seguir era provocar a morte de Jesus (Jo 11.47-50), e o discurso de Demétrio, no qual clamava por uma ação para salvar o negócio dos artesãos de Éfeso (At 19.23-27). 3) O modo epideítico (demonstrativo) versa sobre o elogio e a acusação. Exemplos incluem o elogio de Paulo ao amor (1Co 13) e sua censura aos gálatas (Gl 1.6-9; 3.1-5). Falando em termos mais amplos, esse modo inclui qualquer exortação à ação virtuosa (como em Tg). V. *retórica*.
— Chris Church

ORÁCULOS Comunicações da parte de Deus. O termo se refere a respostas divinas a perguntas feitas a ele e a pronunciamentos feitos por Deus sem que alguém tivesse perguntado algo. Em um sentido, os oráculos eram profecias, pois com frequência se referiam ao futuro; mas os oráculos algumas vezes lidavam com decisões que deveriam ser tomadas no presente. Não raro, segundo a Bíblia, a comunicação partia de Javé, o Deus de Israel. Entretanto, em tempos de culto a ídolos os israelitas buscavam uma palavra ou pronunciamento da parte de deuses falsos (Os 4.12). Muitos vizinhos de Israel buscavam oráculos dos seus deuses.

Ainda que a palavra "oráculo" não seja usada com muita frequência no AT, os oráculos eram muito comuns naquele tempo. A diferença acontece porque a palavra hebraica traduzida por "oráculo" pode ser traduzida por "peso", "dito", "palavra", além de outras possibilidades. As traduções não são consistentes sobre a tradução dessas palavras hebraicas. A palavra "oráculo" foi escolhida nas traduções *NVI* e *BJ* de Nm 24.3 (*ARA*, "palavra"; *ARC*, "parábola"; *NTLH*, "profecia", mas foi traduzida por "declara" ("o Senhor declara") em 1Sm 2.30. Em Jr 23.33,34 há um jogo com a palavra hebraica que pode ser traduzida por "peso", "carga" ou "oráculo". A *NVI* traduz por "mensagem pesada", e a *ARA*, por "sentença pesada".

Um estudo com o uso de uma concordância mostra os seguintes significados e usos da palavra "oráculo": algumas vezes a palavra pode se referir à totalidade de um livro profético (Ml 1.1, *BJ*; *NVI*, "advertência"; *ARA*, "sentença"; *ARC*, "peso da palavra"; *NTLH*, "mensagem"). Em Is várias profecias menores de juízo ou punição são chamadas "oráculos" (13.1, *BJ*; *NVI*, "advertência"; *ARA*, "visão"; *ARC*, "peso"; *NTLH*, "mensagem"; 14.28). A mesma palavra aparece em Zc 9.1 (*NVI*, "advertência"; *ARA*, "sentença"; *ARC*, "peso da palavra"; *NTLH*, "mensagem"; *BJ*, "palavra") e em 12.1 (*NVI* e *BJ*, "palavra"; *ARA*, "sentença"; *ARC*, "peso da palavra"; *NTLH*, "mensagem"). Ditos específicos a respeito do julgamento de Deus sobre Jorão e Joás (2Cr 24.27; *NVI*, "profecias"; *ARA*, "sentenças") são chamados em hebraico de "oráculos". Outros exemplos, ainda que a palavra "oráculo" não seja usada, incluem a palavra de Elias a Acabe (1Rs 21.17-19) e a palavra de Eliseu a Jeorão (2Rs 3.13-20). Com base nestas possibilidades de uso, muitos estudiosos da Bíblia entendem os oráculos como palavras divinas de punição ou juízo. Entretanto, o oráculo de Balaão (Nm 24.3-9) é uma bênção. De igual modo, as referências ao conselho de Aitofel (2Sm 16.23) e aos oráculos amigáveis e falsos sobre Jerusalém (Lm 2.14) mostram que os pronunciamentos proféticos nem sempre eram negativos.

ORÁCULOS

O NT não tem o mesmo uso dos oráculos ou da palavra, como ocorria no AT. A igreja primitiva teve profetas, como Ágabo (At 21.10,11), que expressou a palavra de Deus com referência a algo futuro. A palavra "oráculos" no NT com frequência se refere aos ensinos de Deus no AT (At 7.38; Rm 3.2). Pode também se referir a ensinos cristãos (Hb 5.12).

Por que os oráculos eram dados? É preciso distinguir os oráculos procurados dos que aconteciam sem que ninguém os tivesse solicitado. O primeiro tipo pode ser chamado "oráculo de decisão". O segundo tipo é o "oráculo de pronunciamento". Os oráculos de decisão aconteciam quando o povo fazia a Deus uma pergunta ou buscava seu conselho. Davi, p. ex., precisava saber o momento exato de atacar os filisteus. Então perguntou a Deus. As respostas que ele recebeu foram oráculos (2Sm 5.19,23,24). Saul, o primeiro rei de Israel, foi escolhido por intermédio de um oráculo (1Sm 10.20-24). Nesse caso, a comunicação da parte de Deus era obtida pelo lançamento de sortes. As sortes lançadas eram consideradas oráculo da parte de Deus. Logo, oráculos de decisão eram a resposta divina a perguntas e preocupações do presente. Eles não condenavam o pecado ou prediziam o futuro de modo específico.

Oráculos de pronunciamento eram a palavra de Deus para uma situação ou pessoa, mesmo que ninguém tivesse buscado orientação (v. os comentários adiante sobre o oráculo de Balaão). Os oráculos de pronunciamento eram algumas vezes breves, como no caso em que Elias predisse a seca em Israel (1Rs 17.1). A mensagem podia ser grande; por isso, todo o livro de Ml é um oráculo de pronunciamento. Esse tipo de oráculo geralmente dizia o que ia acontecer. Com frequência também condenava o pecado. Expressava a visão de Deus sobre atos ou circunstâncias reais. Nesse sentido, muitas profecias do AT eram oráculos de pronunciamento. Pelo fato de serem a palavra de Deus, eles eram verdadeiros, mesmo que pudessem ser mudados, como no caso do pronunciamento de Jonas a respeito de Nínive (Jn 3.4-9).

Os oráculos de pronunciamento eram entregues para produzir resultados. As pessoas deveriam ouvir e mudar seus caminhos. Com isso em mente, os oráculos de pronunciamento contra as nações estrangeiras formavam um grupo especial. Muitos escritos proféticos continham pronunciamentos contra (ou a respeito) das nações vizinhas de Israel (Am 1; Is 13-19; Jr 46—51). Estas nações estrangeiras tinham pouca chance de ouvir e guardar a palavra do profeta de Israel. As outras nações tinham deuses e profetas próprios. Aparentemente, os pronunciamentos concernentes às nações estrangeiras objetivavam produzir efeito no povo de Israel e também realizar os acontecimentos que descreviam. Algumas vezes, Israel ou Judá ouvia seu nome incluído entre as nações, estrangeiras (ex., Am 2.4-16). Deus cuidava das outras nações mesmo que elas pouco se importassem com ele. A expressão de preocupação de Deus com o juízo (ou a salvação, como em Is 19.19-22) tinha a intenção de lembrar Israel de sua missão de partilhar a respeito de Deus com os outros povos. Estas palavras serviam pelo menos para lembrar os ouvintes das expectativas e do poder internacional, e até mesmo universal, de Deus.

O oráculo de Balaão (Nm 24) é um caso especial. Balaque buscou um pronunciamento por intermédio do profeta Balaão. A intenção de Balaque era amaldiçoar ou pronunciar juízo contra os israelitas. Deus não o permitiu, mas Deus deu a Balaão um oráculo de bênção. Logo, o oráculo de Balaão era positivo — um oráculo de pronunciamento positivo. A busca de um pronunciamento como esse pode ter sido mais comum do que pensamos. Oráculos podiam acontecer em resposta a perguntas humanas ou quando Deus desejava fazer seus caminhos conhecidos para produzir uma mudança.

Como os oráculos eram dados ou recebidos? Os oráculos eram dados por intermédio de pessoas especiais. Ainda que alguém pudesse buscar uma palavra da parte de Deus, e muitos, como Gideão ou Abraão, recebiam oráculos de modo direto, estas comunicações divinas aconteciam muitas vezes por intermédio de sacerdotes, profetas ou profetisas. Estes grupos pareciam ter meios próprios para receber os oráculos. No período posterior, os profetas se tornaram mais importantes. Logicamente, por um longo período ambos funcionaram como intermediários. Era preciso tomar cuidado com os profetas e seus pronunciamentos. Com frequência os profetas não eram considerados "profetas" até o recebimento de uma palavra da parte de Deus (considere Am 7.14,15).

A palavra veio a alguns de forma relutante, como no caso de Jeremias. Quando Deus dava um oráculo a um homem ou a uma mulher, fazia deles profetas; pois, quando a palavra divina era dada, o profeta tinha de falar (Am 3.8b).

Diferentes métodos eram usados pelos sacerdotes e profetas para receber as duas formas de oráculos, ainda que não se deva estabelecer uma distinção muito rígida. Oráculos de decisão geralmente eram dados por intermédio do uso de objetos. Exemplos deles são o Urim e o Tumim do sumo sacerdote e a estola sacerdotal. As sortes também eram utilizadas. V. *éfode; estola sacerdotal, colete sacerdotal*; *sortes*; *Urim e Tumim*.

Oráculos de decisão podiam ser dados a uma pessoa sem o uso de qualquer objeto. Davi buscou a vontade do Senhor sobre a construção do templo. A resposta veio por intermédio de Natã, o profeta (2Sm 7). Em 1Rs 22 um conflito dramático surgiu enquanto os reis de Judá e Israel buscavam juntos um oráculo de decisão. Nesse caso, nenhum objeto foi utilizado. O drama aconteceu quando um profeta verdadeiro recebeu uma resposta concernente à decisão e um grande número de falsos profetas dava respostas diferentes. Os profetas algumas vezes utilizavam a música como meio de receber o oráculo de decisão, como fez Eliseu (2Rs 3.15). No entanto, não se sabe de que maneira exata a música era utilizada.

Não raro, o AT não indica como Deus comunicava seus oráculos ao sacerdote ou profeta. A leitura cuidadosa do AT mostra o uso de uma variedade de métodos. A audição, i.e., a audição real de uma voz, e visões, sem dúvida desempenhavam um papel na recepção das palavras da parte de Deus. Não se sabe quanto da revelação de Deus veio pelo ouvir uma voz verdadeira ou por alguma visão ou pela mente. Balaão falou quando o Espírito veio sobre ele (Nm 24.2,3). Ele se descreveu como alguém com os olhos abertos, alguém que ouvia a voz de Deus e o enxergava. Naum e Habacuque escreveram a respeito de uma visão, ou viram seus oráculos (Na 1.1; Hc 1.1). Por intermédio de Jeremias Deus condenou os profetas que confiavam em sonhos para receber um oráculo (Jr 23.23-32). No entanto, antes disso Salomão recebeu o pronunciamento da parte de Deus em um sonho (1Rs 3.5-15). Várias vezes Deus usou cenas vistas pelo profeta como meio de dar um oráculo de pronunciamento. Algumas cenas eram externas (Jr 18.1-12) e algumas eram visões (Ez 37.1-14). O uso frequente de visões em pronunciamentos levou alguns a crer que os profetas tinham encontros com Deus, que mais tarde tiveram de interpretar e comunicar aos outros.

Sem levar em consideração como o oráculo era dado, ele tinha de ser comunicado a outras pessoas. Ao que parece, muitas vezes a comunicação ocorreu de modo oral. O sacerdote ou profeta contava o oráculo a um indivíduo ou a um grupo. O lugar poderia ser um espaço aberto ou a sala do trono do rei. Os oráculos de pronunciamento eram geralmente proclamados na cidade, ou mesmo no templo (Amós em Betel e Jeremias em Jerusalém). Não obstante, não há indicação sobre onde ou como muitos dos oráculos foram pronunciados.

Parece que muitos oráculos que não eram simplesmente sim ou não eram dados em forma poética. Esse aspecto é particularmente verdadeiro quanto aos pronunciamentos dos escritos preservados dos profetas. Ainda que inicialmente dados de forma oral, em algum momento eles foram registrados. Podem ter sido escritos pelos discípulos do profeta ou por alguém mais que os escutasse. Podem também ter sido escritos da primeira vez que foram ouvidos ou algum tempo mais tarde. De forma independente do caso, os oráculos foram dados por Deus e preservados para nós.

Como o povo respondia aos oráculos?
Outra vez deve-se distinguir os oráculos de decisão e os de pronunciamento. Quem buscava ajuda ou conselho de Deus em um processo de tomada de decisão sem dúvida agia conforme o que escutava. Outros, que ouviam oráculos que não buscaram, poderiam não estar tão prontos a aceitar o pronunciamento (considere as palavras de Elias a Acabe em 1Rs 21.20-24). Com muita frequência as respostas dos ouvintes ou leitores dos oráculos de Deus podem ser adivinhadas. Dois pontos devem ser reconhecidos. Primeiro, os oráculos eram recordados muito tempo depois do pronunciamento. Quando Jeú matou Jorão (2Rs 9.24,25), seu corpo foi levado à vinha de Nabote, para que o oráculo pronunciado no tempo de Acabe fosse cumprido. Segundo, ainda que não se saiba a resposta dos ouvintes originais, os pronunciamentos de Deus ainda são lidos e produzem mudanças

nas pessoas em nossos dias. Logo, os oráculos ainda são eficazes. V. *adivinhação e mágica*; *inspiração da Escritura*; *sacerdotes*; *profecia; profetas; Espírito*. — Albert F. Bean

ORDENAÇÃO, ORDENAR Apontar, consagrar ou comissionar pessoas para um serviço especial ao Senhor e a seu povo. A ideia diz respeito a uma variedade de ações como a providência e as obras de Deus; a indicação para um ofício ou tarefa, e o estabelecimento de leis, princípios, lugares ou observâncias. Ainda que todas estas ideias não se relacionem diretamente com a ordenação, elas contêm os conceitos básicos de propósito divino, escolha, indicação e instituição que subjazem à prática.

Antigo Testamento Quatro exemplos primários constituem os precedentes veterotestamentários para a ordenação: a consagração de Arão e seus filhos como sacerdotes a Deus (Êx 28; 29; Lv 8; 9), a dedicação dos levitas como servos de Deus (Nm 8.5-14), a indicação dos 70 anciãos para auxiliarem Moisés (Nm 11.16,17,24,25) e o comissionamento de Josué como sucessor de Moisés (Nm 27.18-23). A variedade destes exemplos ajuda a explicar os entendimentos contemporâneos de ordenação.

A ordenação do sacerdote era baseada na escolha que Deus fez de Arão e seus filhos "para que me sirvam como sacerdotes" (Êx 28.1). A ordenação propriamente era o ato de consagração que durava sete dias e incluía um banho ritual, a colocação de roupas especiais, unção, sacrifícios e uma refeição (Lv 8). A palavra hebraica básica para "ordenação" significa literalmente "encher as mãos" e pode se referir ao fato de os sacerdotes encherem as mãos com as oferendas (Lv 8.27). A ordenação dos levitas também estava baseada na escolha que Deus fez deles para ministrar na "Tenda do Encontro" (Nm 8.15). A ordenação envolvia a purificação, a apresentação diante do Senhor, a imposição de mãos por toda a congregação, apresentando-o aos levitas como oferta, e sacrifícios.

A indicação dos 70 para auxiliarem Moisés a levar adiante a "árdua responsabilidade de conduzir o povo" (Nm 11.17) foi iniciativa divina, mas Moisés selecionou pessoas conhecidas como líderes e como anciãos. A ordenação deles envolveu ficar com Moisés e receber da parte do Senhor o Espírito que anteriormente estava com Moisés. Quando o Espírito veio sobre eles, começaram a profetizar (11.25). A ordenação do sucessor de Moisés foi iniciativa do próprio líder (27.15-17), mas Josué foi escolhido por Deus, pois era um homem "em quem está o Espírito" (v. 18). A ordenação de Josué envolveu permanecer diante do sacerdote e de toda a congregação, e ser comissionado à vista deles. Moisés impôs as mãos sobre Josué, compartilhando com ele sua autoridade, incluindo o papel de julgar utilizando o Urim.

Novo Testamento A prática de ordenação do NT está geralmente associada à imposição de mãos, mas outras indicações, consagrações e comissionamentos devem ser considerados, ainda que não tenham investidura formal.

A indicação de Jesus dos Doze "para que estivessem com ele, e os enviasse a pregar" (Mc 3.14) foi baseada em oração (Lc 6.12), sua escolha e chamado, e nas respostas dos apóstolos (Mc 3.13). Quando ele os enviou, deu-lhes "poder e autoridade" (Lc 9.1), mas nenhuma ordenação formal. O mesmo é verdade em relação aos Setenta (Lc 10.1). A Grande Comissão foi dada somente tendo por base a "autoridade" (Mt 28.18) de Jesus. O Espírito Santo foi dado sem a imposição de mãos (Jo 20.22). Os discípulos foram escolhidos e apontados por Jesus para sua tarefa de produzir frutos (Jo 15.16).

Várias outras passagens do NT descrevem indicações sem referência a ordenação. Tendo sido escolhido pelo lançamento de sortes, Matias foi instalado como um dos Doze (At 1.21-26). Barnabé e Paulo apontaram presbíteros "em cada igreja" com oração e jejum (14.23). Tito foi deixado em Creta para realizar a mesma função (Tt 1.5).

Várias passagens descrevem a ordenação acompanhada da imposição de mãos. O texto de At 6.1-6 fala a respeito da indicação de sete homens para o ministério diário às viúvas na congregação de Jerusalém. Barnabé e Paulo foram colocados à parte para a obra para a qual Deus os chamou (At 13.1-3). Timóteo foi escolhido por profecia, recomendado por Paulo, e ordenado à tarefa pela imposição das mãos de Paulo e da assembleia dos presbíteros (1Tm 4.14; 2Tm 1.6). Referências à imposição de mãos em 1Tm 5.22 e Hb 6.2 provavelmente dizem respeito a outras práticas, não propriamente à ordenação. V. *imposição de mãos*; *ministro, ministério*. — Michael Fink

ORDENANÇAS Os cristãos concordam quase de forma unânime que o batismo e a ceia do Senhor foram instituídos por Cristo e devem ser observados como "ordenanças" ou "sacramentos" por seus seguidores. Jesus não usa a palavra "ordenança" em ligação ao batismo ou à ceia do Senhor. Alguns intérpretes creem que a palavra "sacramento" veicula o conceito da dispensação quase automática da graça divina pela participação na ceia do Senhor. Outros creem que a palavra "ordenança" enfatiza a obediência ao fazer o que Cristo ordenou de forma explícita. Perigos extremos envolvidos nessas palavras variam da superstição ao legalismo.

Os "sacramentos" variaram em número por cerca de mil anos na história da igreja. Pedro Lombardo (por volta do ano 1150) defendeu sete, e Tomás de Aquino (por volta do ano 1250) argumentou que todos foram instituídos por Cristo. Martinho Lutero e outros reformadores protestantes rejeitaram cinco destes, insistindo que somente o batismo e a ceia do Senhor têm base bíblica. Muitos protestantes concordam com essa afirmação.

Não somente o nome e o número, mas a prática e o significado das ordenanças têm sido assunto de debate contínuo. Quem deve receber o batismo ou participar da ceia do Senhor? Quais são os elementos essenciais na observância que garantem sua validade? O que eles realizam na vida do indivíduo e da igreja? Respostas definitivas aceitáveis a todos os cristãos não têm surgido para estas e muitas outras questões, mas o exame da evidência bíblica pode ser útil para se chegar a algumas conclusões.

Batismo Referências bíblicas ao batismo são profusas nos Evangelhos, em At, nas epístolas paulinas e nos demais livros do NT. João Batista pregou e praticou o batismo de arrependimento (Mt 3.11,12; Mc 1.2-8; Lc 3.2-17). Sua proclamação falava a respeito do Reino vindouro: "Arrependam-se, pois o Reino dos céus está próximo" (Mt 3.2). Multidões responderam. Confessando seus pecados, eles "eram batizados por ele no rio Jordão" (Mc 1.5). Parece que nem todos receberam o batismo, porque João desafiou alguns a fim de produzirem "fruto que mostre o arrependimento" (Mt 3.8). João considerou seu papel transicional, a fim de preparar o caminho (Mt 3.11). Aquele que viria iria batizar com o Espírito Santo e com fogo.

Todos os escritores dos Evangelhos registram que Jesus foi batizado por João (Mt 3.13-17; Mc 1.9-11; Lc 3.21,22; Jo 1.32-34). Mateus registrou que João hesitou em batizar Jesus, mas por fim consentiu "para cumprir toda a justiça" (Mt 3.15). A identificação de Jesus como Messias aconteceu depois de os céus se abrirem, o Espírito descer sobre ele em forma de pomba e uma voz tê-lo proclamado Filho amado. Esse acontecimento inaugurou o ministério público de Jesus e preparou o cenário para o batismo cristão.

A vinda da era profetizada por João Batista aconteceu em Jesus. Jesus confirmou o ministério de João ao submeter-se ao batismo e adotar esse ritual em seu ministério, dando-lhe novo significado para uma nova era. O evangelho de Jo indicou que Jesus ganhou e batizou mais seguidores que João Batista (Jo 4.1,2), mas observa que o batismo propriamente era feito por seus discípulos. Jesus se referiu à sua morte vindoura como um batismo (Lc 12.50), ligando o significado do batismo à cruz. Estas e outras referências esparsas ao batismo nos Evangelhos são avaliadas e interpretadas por diferentes maneiras pelos estudiosos da Bíblia, mas o impacto total da evidência favorece a opinião de que Jesus praticou e ordenou o batismo. Central nessa evidência é a Grande Comissão (Mt 28.19,20).

O livro de At reflete a prática das igrejas cristãs primitivas concernente ao batismo, ao se referir a esse ritual mais que qualquer outro livro neotestamentário. No Pentecoste, depois do sermão de Pedro, "os que aceitaram a mensagem foram batizados, e naquele dia houve um acréscimo de cerca de três mil pessoas" (At 2.41). Eles foram exortados pelos apóstolos a se arrepender, "e cada um de vocês seja batizado em nome de Jesus Cristo para perdão dos seus pecados, e receberão o dom do Espírito Santo" (At 2.38). Em outros momentos o batismo era "em nome do Senhor Jesus" (At 8.16; 19.5). Algumas vezes o dom do Espírito se seguia ao batismo; em outras, o Espírito precedia o batismo (10.44-48). Estas experiências aparentemente eram consideradas como distintas.

O batismo "para" o perdão de pecados pode ser traduzido por "na base do". Muitas passagens do NT enfatizam que o perdão é baseado no arrependimento e confiança naquilo que

ORDENANÇAS

Jesus fez, não em um ritual — o batismo propriamente ou qualquer outro (Jo 3.16; At 16.31). O evangelho é para todos; o batismo é para os discípulos. A salvação é obtida por Cristo, não pelo batismo. As referências a Jesus abençoando as criancinhas não contêm referência a batismo (Mc 10.13-16), e o batismo de "casas" descrito em At (16.31-33) não deveria ser utilizado para defender uma prática cristã posterior.

Se o batismo é somente para os crentes e não veicula a salvação, então por que os cristãos em toda parte se batizam? É altamente improvável que os primeiros cristãos tivessem adotado essa prática sem hesitação, a não ser que estivessem totalmente convencidos de que Cristo desejasse que eles o fizessem. Uma reflexão posterior a respeito do que Cristo fez os capacitou a entender o batismo em sua relação com o Evangelho. Nenhum escritor do NT contribuiu mais para a ampla interpretação teológica do batismo que Paulo.

Paulo (Saulo) encontrou o Cristo vivo na viagem a Damasco para perseguir os cristãos. Isso o levou ao encontro de Ananias em Damasco, por meio de quem a visão de Paulo foi restaurada e ele também foi batizado (At 9.17,18). O que Paulo sabia a respeito do batismo anteriormente devia ser na maior parte negativo, mas a partir daquele momento o batismo se tornou parte de sua mensagem e prática missionárias entre judeus e gentios.

A mensagem básica de Paulo é a declaração sobre a relação correta com Deus baseada exclusivamente na fé em Jesus Cristo: "Porque no evangelho é revelada a justiça de Deus, uma justiça que do princípio ao fim é pela fé, como está escrito: 'O justo viverá pela fé'" (Rm 1.17). Em toda a epístola aos Rm, Paulo enfatizou a primazia da graça sobre a lei. O acesso à graça é por intermédio da fé em Jesus Cristo (5.2). Onde o pecado (a quebra da Lei) é abundante, a graça é mais sobejante. Isso faz surgir a questão (6.1): "Que diremos então? Continuaremos pecando para que a graça aumente?". Paulo negou de modo enfático que deva ser assim, pois quem morreu para o pecado não pode mais viver para ele. Esse fato é ilustrado com mais clareza no batismo cristão. "Ou vocês não sabem que todos nós, que fomos batizados em Cristo Jesus, fomos batizados em sua morte? Portanto, fomos sepultados com ele na morte por meio do batismo, a fim de que, assim como Cristo foi ressuscitado dos mortos mediante a glória do Pai, também nós vivamos uma vida nova" (v. 3,4).

Paulo assumiu a prática universal do batismo e o entendimento comum de que o batismo simboliza a morte, o sepultamento e a ressurreição do crente com Cristo. O modo da imersão preserva mais claramente esse simbolismo com a ênfase adicionada da morte para o pecado e ressurreição para a nova vida em Cristo. A ênfase recai mais sobre o que Jesus fez que nas ações do crente. Pela fé nele a graça é recebida e torna o batismo significativo.

Paulo, em 1Co, relacionou a unidade em Cristo ao batismo. "pois em um só corpo todos nós fomos batizados em um único Espírito" (12.13). O corpo de Cristo abrange judeus e gregos, escravos e livres, cada um com uma diversidade de dons; mas eles estão ligados em uma unidade de espírito, simbolizada pelo batismo. Em Gl 3.26-29, Paulo também enfatiza a identificação com Cristo e a unidade nele, utilizando a figura do vestuário: "Pois os que em Cristo foram batizados, de Cristo se revestiram" (3.27). Entretanto, o versículo anterior também deve ser destacado: "Todos vocês são filhos de Deus mediante a fé em Cristo Jesus". Para os que pertencem a Cristo, as distinções terrenas desaparecem; e todos são um em Cristo, herdeiros de acordo com a promessa.

O aspecto subjetivo do batismo para o crente e o aspecto objetivo em Cristo são apresentados em conjunto em Cl 2.9-12. Na circuncisão não realizada por mãos de homens, mas por Cristo, a natureza pecaminosa é colocada de lado. Os colossenses foram sepultados com Cristo no batismo e ressuscitados com ele. Consequentemente, eles devem pensar nos assuntos que são do alto e fazer morrer a natureza terrena (3.1,5).

É evidente pela passagem anterior, e outras, que para Paulo o batismo apresentava a mensagem do evangelho sobre a morte e a ressurreição de Cristo, afirmando a morte do crente para o pecado e a ressurreição para caminhar em novidade de vida, e significa a união do cristão com Cristo e a unidade com os outros cristãos. O ritual em si mesmo não realiza isso, pois a base é o que Cristo fez e está fazendo. O batismo serve como símbolo público efetivo e declaração para quem confia em Cristo como Salvador e Senhor.

A ceia do Senhor O relato escrito mais antigo da instituição da ceia do Senhor é 1Co 11.23-26. A igreja de Corinto estava dividida, e muitos dos seus membros eram egoístas e autoindulgentes. Portanto, em suas refeições comunitárias eles não participavam da "ceia do Senhor" (v. 20), pois alguns comiam demais enquanto outros eram deixados sem comer nada e humilhados. Em resposta ao abuso, Paulo lembrou-lhes da tradição que recebera e lhes transmitira a respeito da ceia do Senhor com seus discípulos na noite em que foi traído.

> Pois recebi do Senhor o que também lhes entreguei:
> Que o Senhor Jesus, na noite em que foi traído, tomou o pão e,
> tendo dado graças, partiu-o e disse: Isto é o meu corpo, que é
> dado em favor de vocês; façam isto em memória de mim.
> Da mesma forma, depois da ceia ele tomou o cálice e disse:
> Este cálice é a nova aliança no meu sangue; façam isso sempre
> que o beberem em memória de mim.

Os termos "eucaristia" ou "ação de graças" e "comunhão" são geralmente aplicados à ceia, e cada um destes enfatiza um aspecto significativo da ordenança. A ceia do Senhor parece mais satisfatória como designação geral, lembrando aos cristãos que eles partilham o pão e o cálice na mesa pertencente ao Senhor e não a eles.

O relato da ceia do Senhor em Mc 14.22-26 é similar ao relato de Paulo, com algumas diferenças (Mt 26.26-30; Lc 22.17-20). Ambos os relatos registram a bênção (ação de graças) e o partir do pão. Ambos se referem à aliança em ligação com o cálice com o seu sangue, ainda que somente Paulo o tenha chamado nova aliança (Jr 31.31-34). Ambos contêm uma ênfase futura, ainda que sob formas diferentes. Marcos indicou que Jesus disse não beber outra vez do fruto da videira até a chegada de novo no Reino de Deus. Paulo relatou que "sempre que comerem deste pão e beberem deste cálice, vocês anunciam a morte do Senhor até que ele venha" (1Co 11.26).

Paulo enfatizou o aspecto memorial da ceia: "Façam isto em memória de mim". Os cristãos devem se lembrar de que o corpo de Cristo foi partido e que seu sangue foi derramado por eles. Tal como no batismo, a participação na ceia é uma proclamação do evangelho em esperança, "até que ele venha". Assim como a Páscoa era um símbolo da antiga aliança, a ceia do Senhor é um símbolo da nova. Os cristãos recordam o sacrifício providenciado para a libertação de sua escravidão e aguardam a consumação definitiva na terra da promessa, o Reino de Deus.

A ceia compartilhada na lembrança do passado e na esperança do futuro é cumprida na comunhão no presente. A expressão "em Cristo" é repetida várias vezes nos textos de Paulo. A união em Cristo e a unidade com os cristãos é um tema recorrente. Logo, não surpreende que se encontrem estas ênfases relacionadas à ceia do Senhor. "Não é verdade que o cálice da bênção que abençoamos é uma participação no sangue de Cristo, e que o pão que partimos é uma participação no corpo de Cristo?" (1Co 10.16). Paulo não estava falando a respeito da repetição do sacrifício de Cristo, mas da partilha genuína da comunhão (*koinonia*) com o Senhor vivo. A comunhão em Cristo é básica para a comunhão em seu corpo (v. 17).

Todos os cristãos são indignos de participar da ceia do Senhor, mas sua graça faz que eles possam participar, a despeito de sua indignidade. A tragédia é que alguns participam de modo indigno, não discernindo o corpo do Senhor. Paulo tratou desse assunto com os coríntios e para nós, exortando os cristãos a se examinarem e respeitar o corpo de Cristo enquanto compartilham da ceia do Senhor.

Conclusões Cristo instituiu as duas ordenanças. Ambas apresentam pública e visivelmente os elementos essenciais do evangelho, e as duas simbolizam as realidades envolvidas na atividade divina e na experiência humana. O batismo é uma experiência única, mas a ceia do Senhor é repetida muitas vezes. O batismo se segue à profissão de fé que se faz em Cristo, e de fato no NT era a declaração dessa fé. A ceia do Senhor declara a contínua dependência, proclamada no evangelho, que se tem do Cristo que morreu, foi sepultado e ressuscitou para nossa salvação.

O significado do batismo e da ceia do Senhor crescerá à medida que igrejas e cristãos individuais se comprometerem uma vez mais com o Cristo proclamado nos Evangelhos. O compromisso reconhecerá que, ao observar as ordenanças, elas apresentam o evangelho de Cristo de maneira única e se comprometem por completo com suas demandas. Ao pedir que Cristo, o Salvador e Senhor, providencie força e liderança para o povo de Deus individual e coletivamente, os crentes permitirão que a observância das ordenanças seja um culto fiel no mundo do Senhor. — *Claude L. Howe Jr.*

OREBE E ZEEBE Nomes pessoais que significam "corvo" e "lobo". Dois príncipes midianitas capturados e executados pelos efraimitas seguindo a rota tomada por Gideão que lhes seguia os exércitos (Jz 7.24—8.3). Os nobres midianitas deram nome ao lugar de sua morte, a rocha de Orebe perto de Bete-Bara no Jordão, e o lagar de Zeebe. A libertação de Israel do poder de Midiã se tornou proverbial para se referir à libertação concedida por Deus ao povo (Sl 83.11; Is 9.4; 10.26).

ORÉM Nome pessoal que significa "cedro". Membro do clã jerameelita de Judá (1Cr 2.25).

ORFA Nome pessoal que significa "pescoço", "garota com uma grande cabeleira" ou "nuvem de chuva". Nora de Noemi que voltou para seu povo e seus deuses depois de a sogra lhe pedir duas vezes para fazê-lo (Rt 1.4-15). V. *Rute, livro de.*

ÓRFÃO DE PAI Pessoa sem pai, termo que muitas vezes é traduzido por órfão em versões modernas. Os órfãos são mencionados com frequência em conjunto com viúvas como representantes dos integrantes mais indefesos da sociedade (Êx 22.22; Dt 10.18; Sl 146.9). Nas sociedades em que a unidade social básica era o clã liderado por um pai (o parente homem mais velho, talvez avô ou tio), as pessoas sem pai ou marido eram socialmente desajustadas sem alguém que fizesse provisão para suas necessidades materiais e representasse seus interesses no tribunal (Jó 31.21). A vida para os órfãos de pai era dura. Órfãos eram muitas vezes forçados a pedir esmolas (Sl 109.9,10). Eles sofriam a perda da sua casa (Sl 109.10), dos direitos sobre terras (Pv 3.10) e do gado (Jó 24.3). Os órfãos de pai estavam sujeitos a atos de violência (Jó 22.9), eram tratados como propriedade a ser ganha em apostas (6.27) e não raro eram assassinados (Sl 94.6).

Deus, contudo, tem interesse especial pelos órfãos e as viúvas (Dt 10.18; Sl 10.14-18; 146.9; Os 14.3) evidenciado no título "Pai para os órfãos" (Sl 68.5). A lei do AT provia para as necessidades materiais dos órfãos e viúvas que deveriam ser alimentados com base nos dízimos do terceiro ano (Dt 14.28,29; 26.12,13), dos feixes de cereais deixados nos campos (24.19) e dos frutos que Deus ordenou que fossem deixados nas árvores e videiras (24.20,21). Os órfãos e as viúvas deveriam ser incluídos nas celebrações da comunidade em adoração (Dt 16.11,14). O povo de Deus foi advertido repetidamente de não tirar vantagens de órfãos e viúvas (Êx 22.22; Dt 24.17; 27.19; Sl 82.3; Is 1.17). No NT Tg definiu a adoração aceitável a Deus como a que supre as necessidades dos órfãos e viúvas (1.27).

O povo de Deus no exílio foi descrito como órfãos sem casa ou herança (Lm 5.2,3). A imagem do órfão sem defensor na corte no AT talvez forneça o pano de fundo para a promessa de Jesus de que seus discípulos não seriam deixados órfãos (Jo 14.18; "abandonados", *NTLH*). Eles não ficariam indefesos, visto que o Espírito Santo agiria como seu "Conselheiro" (14.16). Paulo descreveu sua separação dolorida da igreja em Tessalônica como estando orfanado (1Ts 2.17, *ARA*). V. *pobre, órfão, viúva.* — *Chris Church*

ORGULHO Confiança inadequada nas habilidades, realizações, estado, posses ou posição de alguém. O orgulho é mais facilmente identificado que definido, mais facilmente reconhecido nos outros que em si mesmo. Muitas palavras bíblicas descrevem esse conceito com ênfases características. Alguns sinônimos do orgulho são arrogância, presunção, vaidade, autossatisfação, gloriar-se e autoimagem elevada. Orgulho é o oposto de humildade — a atitude adequada no relacionamento com Deus. O orgulho é rebelião contra Deus, por atribuir a alguém a honra e a glória devidas só a Deus. Pessoas orgulhosas não consideram necessário pedir perdão, pois não admitem a condição pecaminosa. Essa atitude em relação a Deus encontra expressão na atitude para com os outros, em geral levando as pessoas a ter baixa consideração quanto à habilidade e ao valor dos outros e, por conseguinte, a tratá-los com desprezo ou crueldade.

Alguns consideraram o orgulho a raiz e a essência do pecado. Outros o consideram o pecado na forma final. Em todo caso, é um pecado grave.

"Gloriar-se" pode ser algo que se realiza apenas na presença de outras pessoas (1Jo 2.16; Tg 4.16). "Altivez de espírito" ou "arrogância" levam a pessoa a se considerar acima das demais (Mc 7.23; Lc 1.51; R, 1.30; 2Tm 3.2; Tg 4.6; 1Pe 5.5). Essa palavra se refere primariamente à atitude do coração. Os textos de 1Tm 3.6; 6.4 e 2Tm 3.4 usam uma palavra que significa literalmente "enrolar em fumaça", que enfatiza o empenho de alguém que ficou cego de orgulho.

O orgulho pode se manifestar de muitas formas. Algumas mais comuns são orgulho racial, espiritual e o derivado das riquezas. Jesus denunciou o orgulho racial (Lc 3.8). A parábola do fariseu e do publicano foi dirigida aos culpados de orgulho espiritual, que "confiavam em sua própria justiça e desprezavam os outros" (Lc 18.9). Em Tg 1.10 os ricos são advertidos contra a tentação do orgulho devido às riquezas. — *Gerald Cowen*

ÓRION Constelação que tem o nome do caçador gigante grego que, de acordo com a lenda, foi preso e colocado nos céus. Jó 38.31 talvez se refira à lenda. Deus é apresentado de modo consistente como o criador da constelação de Órion (Jó 9.9; Am 5.8). O plural da palavra hebraica para Órion é traduzido como constelações em Is 13.10.

ÓRIX Grande antílope de chifres retos. V. *antílope*.

ORNÃ Nome pessoal que significa "príncipe". Forma alternativa do nome Araúna (1Cr 21.15, 18,20-25,28; 2Cr 3.1). V. *Araúna*.

ORNAMENTO V. *amuletos*; *tornozeleira*; *moda*, *roupa*; *joias*, *joalheria*.

ORONTES, RIO Principal rio da Síria que se origina a leste da cordilheira do Líbano (a moderna Asi [em turco] ou Nahr el-'Asi [em árabe]) e corre próximo a Heliópolis (Baalbek), no vale de Beca do Líbano, seguindo em direção norte por cerca de 400 quilômetros através da Síria e da Turquia antes de virar a sudoeste até o Mediterrâneo, ao sul de Antioquia do Orontes (Antakya), para alcançar o litoral bem ao sul da antiga Selêucia, o porto marítimo de Antioquia. Esse rio de fato não é mencionado na Bíblia, mas era famoso pela associação com Antioquia, que lhe devia a fertilidade. Antioquia (At 11.19; 13.1), Hamate (2Sm 8.9; 2Rs 17.24; 2Cr 8.4; Is 11.11), Carcar, onde o rei Acabe de Israel se uniu à coligação de reis sírios em guerra contra Salmaneser III, e Ribla (2Rs 23.33; 25.6,21) eram cidades do vale do Orontes. Nahr el-'Asi (rio da revolta) é o nome moderno do Orontes. V. *Antioquia*; *rios e cursos de água*. — *Collin J. Hemer*

ORVALHO Umidade que se forma em gotas de água na terra em uma noite fresca. O ar úmido proveniente do mar é responsável em grande parte pelo orvalho no oeste da Palestina. O orvalho descendente ocorre no verão quando o solo está solto, assim fornecendo boas condições de resfriamento. O orvalho ascendente ocorre da condensação do vapor de água do solo úmido e é, por isso, mais frequente no inverno.

O orvalho é usado na Bíblia como símbolo de refrigério (Dt 32.3; Sl 133.3); do poder amoroso de Deus que renova e revigora (Pv 19.12); do ataque repentino de um inimigo (2Sm 17.12); do amor e harmonia fraternais (Sl 133.3); da revelação de Deus (Jz 6.36-40); e símbolo da bênção divina (Gn 27.28). — *Gary Bonner*

OSEIAS Nome pessoal que significa "salvação". Em hebraico é o nome original de Josué (Nm 13.16; Dt 32.44) e do último rei de Israel (2Rs 17.1), que viveu na mesma época do profeta com o mesmo nome. Um dos oficiais de Davi também se chamava Oseias (1Cr 27.20), bem como o chefe de um clã no tempo de Neemias (Ne 10.23).

O ministério profético de Oseias teve lugar no período da história do Oriente Médio quando a Assíria surgiu como um novo império mundial sob a liderança competente de Tiglate-Pileser III (745-727 a.C.). A ascensão da Assíria sempre representou uma ameaça à existência de Israel como nação. O nome de Oseias simbolizava a necessidade urgente de libertação nacional. Sua mensagem apontou o libertador para a nação (Os 13.4).

Oseias repreendeu os esforços de uma aliança com a Assíria e o Egito como meio de garantir a segurança da nação. Ele testemunhou o caos político em Israel depois da morte de

Jeroboão II. Quatro dos últimos seis reis de Israel foram assassinados. O profeta teve a não invejável tarefa de anunciar a destruição de sua nação amada, mas manteve viva a esperança de renascimento nacional com base em um arrependimento radical (Os 14).

O ministério de Oseias nos dias de Uzias, Jotão, Acaz e Ezequias (Os 1.1) indica que ele foi contemporâneo de Isaías. O texto de Is 1.1 contém a mesma lista de reis de Judá. Jeroboão II é o único rei de Israel citado no versículo 1 de Os, a despeito do fato de que a evidência interna sugere que o ministério do profeta se estendeu dos últimos dias daquele rei até o fim do período do Reino do Norte (aproximadamente 750-725 a.C.). — *Billy K. Smith*

OSEIAS, LIVRO DE Título do primeiro livro da seção da Bíblia Hebraica conhecida como Livro dos Doze, uma referência aos profetas que na tradição cristã são designados como Profetas Menores. Essa expressão não é designação de valor, mas uma descrição de tamanho em comparação a Is, Jr e Ez.

As duas principais divisões do livro de Os são seu casamento (1—3) e suas mensagens (4—14). Um padrão de julgamento seguido por esperança aparece em cada um dos primeiros três capítulos. Um padrão similar é encontrado nos seus oráculos (4—14), ainda que esse padrão não seja tão equilibrado e tão claro. O livro termina com uma nota de esperança (cap. 14), mas a maior parte dos oráculos nos cap. 4—13 tem caráter de julgamento. O tema dominante do livro é o amor (fidelidade da aliança), o amor incansável de Deus para com seu povo que se desviou e o amor não confiável de Israel para com Deus.

Oseias é identificado no versículo 1 do livro como um profeta a quem a "palavra do Senhor" veio. Essa expressão designa a fonte de sua autoridade e descreve suas credenciais. Não são apenas oráculos de Oseias (Os 4—14) as palavras do Senhor a Israel, mas também os textos que tratam dos problemas domésticos do profeta (Os 1—3). Com base nas informações extraídas do seu livro, Oseias era natural de Israel, o Reino do Norte. Sua familiaridade com nomes de lugares, práticas religiosas e condições políticas em Israel sugere que ele era natural daquele reino. Amós, que, em contraste, ministrou como profeta em Israel pouco antes do ministério de Oseias, era de Tecoa, em Judá. Ambos pregaram julgamento. Amós, como o rugido de um leão, e Oseias, com um coração partido.

O casamento de Oseias e sua vida familiar são os temas dominantes dos três primeiros capítulos e aparecem eventualmente no restante do livro. Referências à família de Oseias servem como simbolismo profético de Deus e de Israel como sua família. Deus ordenou a Oseias que se casasse com uma prostituta e tivesse "filhos da infidelidade, porque a nação é culpada do mais vergonhoso adultério por afastar-se do *Senhor*" (1.2). O interesse primeiro não está em Oseias e sua família, mas em Deus e em sua família. Não há consenso a respeito da interpretação do casamento do profeta. Alguns estudiosos entendem-no como uma alegoria. Outros o entendem como o casamento literal com uma mulher que se tornou promíscua após o casamento. Outros, ainda, pensam em um casamento real com uma prostituta cultual. Cada intérprete deve ter em mente que a intenção óbvia do texto é servir de simbolismo profético do relacionamento de Deus com Israel.

No cerne da teologia de Os está o relacionamento entre Deus e Israel. Javé apenas é o Deus de Israel. Israel é o povo eleito de Javé. Oseias apresentou Javé como o marido fiel, e Israel como a esposa infiel. A ênfase de Os não está na retidão e na justiça, como no caso de Amós, mas no conhecimento de Deus e no amor leal. O amor de Deus para com Israel não iria permitir que ele desistisse do povo, a despeito da falta de conhecimento e de infidelidade deste. A esperança para o futuro de Israel está em seu arrependimento e no perdão e amor de Deus que o fazem desejoso de restaurar o relacionamento do povo com ele.

Esboço
I. Deus ama seu povo infiel (1.1—3.5).
  A. O perdão de Deus tem limite (1.1-9).
  B. Deus promete uma futura inversão de seu julgamento sobre seu povo (1.10—2.1).
  C. Deus trabalha com seu povo para produzir reconciliação (2.2-15).
    1. As ações legais de Deus convocam seu povo a uma reforma (2.2-5).

2. Deus coloca obstáculos no caminho do seu povo para que este se volte para ele (2.6-8).
   3. Deus retira as provisões do seu povo para lembrá-lo de que ele é o Doador (2.9-13).
   4. Deus atrai seu povo ao deserto para abrir uma porta para a esperança (2.14,15).
  D. Deus inicia uma nova aliança com seu povo (2.16-23).
  E. O amor de Deus é a base para a esperança futura de seu povo (3.1-5).
II. A infidelidade é a base da controvérsia de Deus com seu povo (4.1—9.9).
  A. Um povo infiel quebra os compromissos da aliança (4.1-3).
  B. Sacerdotes e profetas infiéis atraem julgamento para o povo e para eles mesmos (4.4-12a).
  C. Um espírito estranho domina o povo infiel (4.12b-19).
  D. Deus castiga seu povo infiel (5.1-15).
    1. Deus disciplina os líderes infiéis (5.1,2).
    2. Deus disciplina porque ele conhece seu povo plenamente (5.3).
    3. O orgulho impede o arrependimento e produz tropeços (5.4,5).
    4. Doações abundantes não substituem falhas no viver (5.6,7).
    5. Deus é o agente de castigo para seu povo (5.8-14).
    6. Deus busca a volta do seu povo por meio da disciplina (5.15).
  E. Arrependimento superficial não satisfaz o Deus soberano (6.1-3).
  F. Um julgamento severo vem sobre quem é desleal (6.4,5).
  G. O amor leal e o conhecimento pessoal de Deus satisfazem suas exigências (6.6).
  H. A quebra da aliança impede a restauração do povo de Deus (6.7—7.2).
  I. Indicar líderes por poderes políticos mantém Deus fora do processo (7.3-7).
  J. Concessões levam à perda de força e à separação de Deus (7.8-10).
  K. Duplicidade diplomática interfere na atividade redentora de Deus (7.11-13).
  L. Perversão religiosa acaba em apostasia e escravidão (7.14-16).
  M. O povo infiel de Deus colhe mais do que semeou (8.1—9.9).
    1. Quem é infiel desconsidera a lei divina (8.1,2).
    2. Quem é infiel rejeita a bondade de Deus (8.3).
    3. Quem é infiel pratica idolatria (8.4-6).
    4. Quem é infiel colherá dominação estrangeira (8.7-10).
    5. Quem é infiel colherá corrupção religiosa e moral (8.11-13a).
    6. Quem é infiel colherá destruição nacional (8.13b,14).
    7. Quem é infiel colherá exílio em uma terra estrangeira (9.1-4).
    8. Quem é infiel colherá castigo por seus pecados (9.5-9).
III. O amor leal de Deus é a única base para uma relação permanente com seu povo (9.10—14.9).
  A. Sem o amor de Deus, seu povo perece (9.10-17).
  B. Sem reverência a Deus, seu povo não tem futuro (10.1-8).
    1. Altares adornados não podem esconder corações enganosos (10.1,2).
    2. Maus líderes produzem tempos maus (10.3-8).
  C. Sem justiça o povo de Deus não pode experimentar seu amor infalível (10.9-15)
  D. O amor de Deus não permitirá que ele desista do seu povo (11.1-11)
  E. Estabelecer alianças com poderes estrangeiros é infidelidade em relação a Deus (11.12—12.1)
  F. Julgamento de acordo com os atos praticados é um princípio universal (12.2-6).
  G. O engano é pago com destruição (12.7-14).
  H. Rebelião contra Deus conduz à morte (13.1-16).
  1. O arrependimento resulta em restauração e vida para o povo de Deus (14.1-9).

— *Billy K. Smith*

OSNAPAR Rei assírio que repovoou Samaria com estrangeiros após a captura da cidade em 722 a.C. (Ed 4.10; *ARA*, *ARC*). Lê-se Assurbanípal na *NVI* e *NTLH*. A nota explicativa da *NVI* diz que Osnapar é a forma aramaica do nome Assurbanípal.

OSSOS Mesmo que muitas vezes tenham se referido aos restos esqueléticos de uma pessoa (Gn 50.25; Êx 13.19; 1Sm 31.13), o termo "ossos" era empregado com sentido metafórico. A "podridão nos seus ossos" significa alguém cuja esposa lhe causava vergonha e confusão (Pv 12.4, *ARA*; *NVI*: "câncer em seus ossos"; Pv 14.30) ou podia ser uma referência à tristeza e expectativa diante do mal que se aproximava (Hb 3.16). O "estremecer" dos ossos denotava medo (Jó 4.14) ou tristeza (Jr 23.9). O "queimar dos ossos" indicava tristeza e depressão (Sl 102.3; Lm 1.13) e o sentimento de Jeremias quando ele tentou se esquivar de proclamar a mensagem de Deus (Jr 20.9, *ARA*). O "secar dos ossos" significava saúde fraca (Pv 17.22). Diversas outras expressões contendo "ossos" referiam-se à aflição mental e emocional (Jó 30.17; Sl 6.2; 22.14; 31.10; 38.3; 51.8; Lm 3.4). "Osso dos meus ossos" pode significar ter a mesma natureza ou ser parente próximo de alguém (Gn 2.23; 2Sm 5.1).

ÓSTIA Cidade romana na cabeceira do rio Tibre, situada a cerca de 24 quilômetros de Roma, segundo a construção de um porto artificial por Cláudio (41-54 d.C.) que serviu como o principal porto de Roma. Antes da construção um entupimento impedia que navios utilizassem o porto. Esses navios eram obrigados a usar o porto de Potéoli, a cerca de 220 quilômetros ao sul de Roma (At 28.13).

ÓSTRACO Fragmento de cerâmica usado como material barato para a escrita. V. *arqueologia e estudo bíblico*; *cerâmica*; *escrita*.

OTNI Nome pessoal que talvez signifique "força" ou "poder". Porteiro levita (1Cr 26.7).

OTONIEL Nome pessoal que significa "Deus é poderoso". **1.** Primeiro dos juízes ou libertador de Israel. Otoniel recebeu Acsa, filha de Calebe, por esposa, como recompensa por ter conquistado Quiriate-Sefer (Debir) (Js 15.15-19; Jz 1.11-15). Como o primeiro juiz, Otoniel libertou Israel de Cusã-Risataim, rei da Mesopotâmia (Jz 3.7-11). Otoniel foi o único juiz proveniente de uma das tribos do sul. V. *Juízes, livro de*. **2.** Nome de clã associado a um residente de Netofate (1Cr 27.15).

OURIVES V. *ocupações e profissões*.

OURIVES DA PRATA Profissional que trabalha com prata. O trabalho poderia consistir no refino da prata na mina ou na transformação de prata refinada em um produto finalizado. A prata era usada como dinheiro e para fazer imagens religiosas (Jz 17.4) e os utensílios usados no tabernáculo e no templo (Nm 7.13). A única menção a um ourives da prata no NT está na disputa com Paulo, na qual a pregação do apóstolo ameaçava seu sustento (At 19.23-41). V. *ocupações e profissões*.

OURO V. *minerais e metais*.

OURO BATIDO Lâmina fina de ouro produzida por batidas; usada para revestir objetos de valor menor. Diversos objetos eram revestidos de ouro dessa maneira: os escudos de ouro de Salomão (1Rs 10.16,17), os candelabros do tabernáculo (Êx 25.18,31,36; 37.7,22; Nm 8.4) e os ídolos (Is 40.19).

OUSADIA Tradução de quatro palavras no NT. A ousadia denota duas coisas no NT. Em primeiro lugar, a ousadia descreve a maneira corajosa dos que pregam o evangelho (At 2.29; 4.13,31; 9.27-29; 13.46; 14.3; 18.26; 19.8; 26.26; 28.31; 1Ts 2.2; Fp 1.20). A palavra traduzida por "ousadia" ou "intrepidez" nesses textos (*parresia*) era usada com referência a cidadãos de uma cidade-estado que podiam dizer qualquer coisa em uma assembleia pública. No NT ela denota a liberdade moral de falar a verdade publicamente. Em segundo lugar, a ousadia descreve a confiança com que os cristãos podem se aproximar de Deus por causa da obra redentora de Cristo (2Co 3.4-6,12; Hb 10.19; 1Jo 2.28; 4.17).

OUVIDO/ORELHA Órgão físico de audição. No AT as orelhas faziam parte de diversos rituais.

A orelha direita do sacerdote era consagrada com sangue (Êx 29.20; Lv 8.24). A orelha direita do leproso era borrifada com sangue e óleo como parte da purificação (Lv 14.14,17). Se o escravo voluntariamente decidisse servir a seu senhor por toda a vida, a orelha do escravo era furada com o furador na porta da casa do senhor (Êx 21.6; Dt 15.17).

As orelhas e os ouvidos aparecem em uma série de expressões em ambos os Testamentos. Falar aos ouvidos de alguém significava falar à pessoa ou falar para que ela ouvisse (Gn 44.18; 50.4). Inclinar os ouvidos era o mesmo que ouvir (2Rs 19.16) ou mesmo obedecer (Jr 11.8). Dar ouvidos era prestar atenção cuidadosa (Jó 32.11). Dar ouvidos à sabedoria (Pv 2.2) era desejar o entendimento. Ouvidos surdos, pesados, fechados ou incircuncisos expressavam falta de atenção e desobediência (Is 6.10; Jr 6.10; At 7.51). Tapar os ouvidos era recusar-se a ouvir (At 7.57). Ouvidos abertos eram ouvidos obedientes. Ouvidos abertos são um presente de Deus (Sl 40.6) que às vezes usa a diversidade para abrir ouvidos surdos (Jó 36.15). Despertar os ouvidos era tornar alguém ensinável (Is 50.4). Descobrir ou abrir os ouvidos era revelar alguma coisa (Is 50.5). Deixar algo penetrar nos ouvidos era compreender profundamente (Lc 9.44). Às vezes as funções da mente eram atribuídas aos ouvidos. Assim, o ouvido exerce juízo (Jó 12.11) e tinha entendimento (13.1).

OVELHA Mamífero atarracado, maior que uma cabra, mas sem barba. Animal importante no sistema sacrificial de Israel, a ovelha é mencionada pela primeira vez em Gn 4.2, quando Abel é identificado como guardador de ovelhas. No princípio, as ovelhas eram a riqueza de alguns povos de economia pastoril.

As ovelhas encontradas na Bíblia geralmente são de uma variedade de cauda larga. A cauda, com o peso de cerca de 6 quilos, era algumas vezes oferecida como sacrifício (Êx 29.22; Lv 3.9). Apenas o macho da espécie possui chifres; as fêmeas de outras espécies os possuem. Os chifres dos carneiros eram usados como trombetas (o *shofar*, Js 6.4), ou como recipientes para óleo (azeite, 1Sm 16.1). As ovelhas eram também fonte de alimento e vestuário. A Bíblia contém centenas de referências às ovelhas. Geralmente a referência às ovelhas é como gado miúdo. Estes animais eram importantes na economia do antigo Israel e de seus vizinhos.

Sete diferentes palavras ou expressões em hebraico são usadas para traduzir ovelha (ou ovelhas). *Tso'n* é um termo coletivo usado em referência a pequenos animais domesticados, particularmente ovelhas e cabras. *Seh* é um membro individual do *tso'n* coletivo, uma ovelha ou cabra. *Keves* é um carneiro jovem, como a palavra aparentemente relacionada *kesev*. *Kivsah* e *kisvah* são ovelhas jovens. *Tsoneh* pode ser uma grafia variante ou o feminino de *tso'n*. O carneiro (ovelha macho) é *ayil*, que é usado como símbolo de autoridade e governo (Êx 15.15; Ez 17.13; 31.11).

Ovelhas simbolizam pessoas sem liderança e unidade, ovelhas dispersas sem pastor (1Rs 22.17), pessoas inocentes que não merecem punição (1Cr 21.17), que enfrentam a morte (Sl 44.11,22; 49.14). O povo de Deus é o grupo das suas ovelhas que desfrutam de sua proteção e ouvem sua voz (Sl 78.53; 95.7; 100.3; cp. Sl 23). Ovelhas representam prosperidade econômica (Sl 144.13) ou pobreza (Is 7.21). Ovelhas extraviadas ilustram o pecado humano (Is 53.6), mas a ovelha silenciosa no matadouro prepara o caminho para o sacrifico de Cristo (Is 53.7). O texto de Ez 34 usa a vida das ovelhas e dos pastores para apresentar o relacionamento de Deus com seu povo e com os governantes. O valor humano é contrastado com o das ovelhas (Mt 12.12). O ato de o pastor separar as *tso'n* em ovelhas e cabras ilustra o julgamento final (Mt 25). A busca de uma ovelha perdida apresenta o amor de Deus para com seu povo (Lc 15). Jesus contrastou seu cuidado para com seu rebanho com o de outros líderes religiosos, especialmente os fariseus, que se comportavam como ladrões e salteadores (Jo 10). A comissão dada pelo Senhor a Pedro foi de cuidar das ovelhas (Jo 21). V. *agricultura*; *gado, rebanhos*; *vida econômica*; *Cordeiro de Deus*; *pastor*. — Trent C. Butler

OVELHA MONTÊS Pequeno antílope (*rupicapra*) que tem aproximadamente 70 centímetros de altura, encontrado em regiões montanhosas. Em traduções antigas a palavra é traduzida por "gamo" (*ARA*, *ARC*) (Dt 14.5). V. *antílope*.

OVELHAS, CRIADOR DE V. *boieiro*.

OZÉM Nome pessoal que significa "irritável" ou "força". **1.** Sexto filho de Jessé (1Cr 2.15). **2.** Quarto filho de Jerameel (1Cr 2.25).

OZNI Nome pessoal que significa "minha audição" ou "atencioso". Ancestral de uma família gadita, os oznitas (Nm 26.16).

OZNITAS V. *Ozni*.

PQ

A exuberante folhagem verde de uma tamareira em Haifa, Israel.

PÁ 1. Ferramenta utilizada para cavar (Dt 23.13, *ARC*, *NTLH*; *NVI*, "algo com que cavar"; *ARA*, "porrete"). Exigia-se dos israelitas o respeito à presença de Deus no acampamento, enterrando-se os excrementos. **2.** Instrumento usado para remover as cinzas do altar (Êx 27.3).

PAARAI Nome pessoal que significa "revelação de Javé". Um dos 30 guerreiros de elite de Davi (2Sm 23.35), designado arbita, ou residente de Arba (Js 15.52). A lista paralela contém o nome "Naarai" (1Cr 11.37).

PAATE-MOABE Título que significa "governante de Moabe". Família de exilados, provavelmente descendente do governante hebreu de Moabe no tempo de Davi (2Sm 8.2; Ed 2.6; 8.4; 10.30; Ne 7.11; 10.14).

PACIÊNCIA Resistência ativa à perseguição, não a resignação passiva. Paciência e paciente são palavras usadas para verter diversas palavras hebraicas e gregas. Paciência é resistência, estabilidade, longanimidade e autodomínio.

Deus é paciente (Rm 15.5). Ele é lento para se irar em relação aos hebreus (Êx 34.6; Nm 14.18; Ne 9.17; Sl 86.15; Is 48.9; Os 11.8,9). Os hebreus com frequência eram rebeldes, mas Deus lidou com eles pacientemente. A parábola de Jesus sobre os lavradores apresentou a paciência de Deus em relação a seu povo (Mc 12.1-11). A paciência divina para com os pecadores lhes garante tempo para se arrependerem (Rm 2.4), especialmente com relação ao aparente atraso da volta de Cristo (2Pe 3.9,10).

O povo de Deus deve ser paciente. O salmista aprendeu a ser paciente quando confrontado com a prosperidade dos ímpios (Sl 37.1-3, 9-13,34-38). Os cristãos devem enfrentar a adversidade com paciência (Rm 5.3-5). A paciência é fruto do Espírito (Gl 5.22). O amor cristão é paciente (1Co 13.4,7). Os ministros devem ser pacientes (2Co 6.6).

Os cristãos precisam de paciência resistente diante da perseguição. O livro de Hb enfatiza a resistência como alternativa ao naufrágio nas adversidades (Hb 6.9 -15; 10.32-39). Jesus é o grande exemplo de perseverança (Hb 12.1-3). A perseverança faz parte da maturidade (Tg 1.2-4). A perseverança de Jó é outro exemplo para os cristãos que sofrem (Tg 5.11). João destacou muitas vezes a perseverança paciente dos cristãos (Ap 2.2,19; 3.10; 13.10; 14.12). A paciência cristã é em última instância um dom da parte de Deus (Rm 15.5,6; 2Ts 3.5). V. *perseverança*. — Warren McWilliams

PACIFICADORES Pessoas que trabalham ativamente para trazer paz e reconciliação onde há ódio e inimizade. Deus abençoa os pacificadores e os declara seus filhos (Mt 5.9). Os que trabalham pela paz compartilham do ministério de Cristo de trazer paz e reconciliação (2Co 5.18,19; Ef 2.14,15; Cl 1.20).

PADÃ-ARÃ Nome de lugar que talvez signifique "caminho da Síria", "campo da Síria" ou "arado da Síria". A terra de onde Abraão saiu rumo a Canaã. Uma de suas principais cidades era Harã. Mais tarde, Abraão enviou seu servo a Padã-Arã (Gn 25.3.20) para buscar uma esposa para Isaque (Gn 24.1-9). Jacó fugiu para lá e se casou no grupo da família patriarcal do lado de Labão e Rebeca (Gn 28.2-5). Pode ser a atual Tell Feddan, perto de Carrhae. O texto de Os 12.13 denomina o lugar campo ou país da Síria.

PADEIROS, RUA DOS Rua em Jerusalém conhecida por "rua dos padeiros" onde estava a maioria das padarias da cidade, senão todas. Era comum nas cidades antigas que comerciantes e artesãos ficassem próximos do mesmo segmento. Muito provavelmente a residência do padeiro era parte da padaria. Zedequias prometeu a Jeremias, a quem tinha aprisionado, que ele teria comida enquanto houvesse pão na rua dos padeiros (Jr 37.21).

PADOM Nome pessoal que significa "redenção". Ancestral de uma família de servidores do templo no período pós-exílico (Ed 2.44; Ne 7.47). V. *servidores do templo; netinins*.

PÃES DA PRESENÇA Também "pães da proposição" (*ARC*) ou "pães sagrados" (*NTLH*). Em Êx 25.30 as instruções do Senhor concernentes aos utensílios e elementos de adoração incluem a provisão para que o pão seja mantido sempre na mesa posta diante do Lugar Santíssimo. Esse pão era chamado "pães da Presença" ou "pães da proposição". O significado literal da palavra hebraica é "pão da face". Ele consistia em 12 filões de pão presumivelmente sem fermento, que eram substituídos todos os sábados. Jesus tomou da dieta básica da adoração da festa — pão sem fermento — e o deu aos seus seguidores para simbolizar a presença do seu corpo partido para dar a salvação e a esperança da sua volta (1Co 11.17-32). V. *pães da proposição; tabernáculo; tenda do encontro.* — James A. Brooks

PÃES DA PROPOSIÇÃO Pães sagrados feitos de cevada ou trigo, apresentados perante o Senhor como sacrifício contínuo (Êx 25.30). Os pães antigos eram comidos pelos sacerdotes (Lv 24.5-9). Davi pediu esse pão para seus homens famintos quando eles fugiam do rei Saul (1Sm 21.4-6). Jesus usou esse relato para ilustrar seu ensinamento sobre o sábado, pois o dia foi feito em benefício das pessoas (Mc 2.23-28). V. *pães da presença.*

PAFOS Cidade no lado sudoeste de Chipre e capital da ilha no tempo do NT. Paulo, Barnabé e João Marcos foram até essa cidade na primeira viagem missionária e possivelmente conduziram o procônsul Sérgio Paulo à fé em Cristo (At 13.6-12). V. *Chipre.*

As ruínas da antiga Pafos na ilha de Chipre.

PAGÃOS Adoradores de qualquer outro deus (ou deuses) que não o Deus vivo a respeito de quem a Bíblia dá testemunho. A *NVI* usa a palavra "pagãos" como tradução do grego *ethnoi* (1Co 5.1; 10.20), termo vertido pela *ARA* e *ARC* como "gentios". Em português a palavra "gentio" diz respeito à origem étnica, e pagão à filiação religiosa. V. *gentios; pagãos; deuses.*

O altar de Zeus, o deus principal do panteão grego.

PAGÃOS, DEUSES Um dos distintivos da religião judaico-cristã é o monoteísmo — o reconhecimento da existência de apenas um Deus verdadeiro e a reverência a ele. Em contraste, as religiões pagãs do mundo bíblico eram politeístas, cultuando muitos deuses. Ainda que algumas passagens do AT sejam ambíguas com respeito a se esses deuses existem ou não, outras passagens são claras. Quando a Bíblia fala de deuses pagãos, fala tanto de conceitos criados pelo homem como de ídolos sem valor ("deuses feitos por mãos humanas, deuses que não podem ver, nem ouvir, nem comer nem cheirar", Dt 4.28) ou de espíritos demoníacos ("Sacrificaram a demônios que não são Deus, a deuses que não conheceram, a deuses que surgiram recentemente, a deuses que os seus antepassados não adoraram", Dt 32.17,21; v. tb. 2Rs 17.29; 19.17,18; 1Cr 16.26; 2Cr 13.9; 32.19; Is 41.23; 42.17; Jr 2.11; 65.7; 14.22; 16.20; At 19.26; 1Co 8.4-6; Gl 4.8). As passagens do AT que parecem supor uma cosmovisão politeísta (ex., Sl 82.1; 86.8; 95.3; 96.4,5) devem ser entendidas como de zombaria ou como tendo a intenção de demonstrar a inutilidade do culto pagão.

Antigo Testamento Muitos deuses pagãos no início eram deuses de lugares como cidades ou regiões. Tais deuses tornaram-se símbolos nacionalistas na medida em que suas cidades ou regiões ganhavam importância política. Uma consequência da conexão entre deuses e certos locais era a crença de que o poder de um deus estava limitado às regiões onde esse deus era adorado. Por isso, os oficiais do rei sírio advertiram sobre uma guerra contra Israel nas planícies com a seguinte observação: "os deuses deles são deuses das montanhas. É por isso que eles foram fortes demais para nós. Mas, se os combatermos nas planícies, com certeza seremos mais fortes que eles" (2Rs 20.23). Israel, contra o pano de fundo dessa crença comum, lutou imbuído do conceito de que Deus era o Senhor sobre todos os aspectos da criação.

Deuses egípcios São conhecidos os nomes de cerca de 40 divindades do antigo Egito, muitas por mais de um nome. Cada um dos cerca de 40 distritos do Egito tinha o próprio culto a seu(s) deus(es) favorito(s). Poucos dos deuses são conhecidos por terem tido apenas uma área de atuação ou persona, e geralmente eles se sobrepunham uns aos outros. Em vários mitos, p. ex., a criação é atribuída a Aton, Aten, Khnum, Thoth, Amon ou Ptah. Muitas divindades eram apresentadas como animais ou como tendo partes de animais, tais como Hathor, que era visto como uma vaca, e Hórus, como um homem com cabeça de falcão.

Muitos deuses egípcios eram personificações das forças da natureza. Vários desses deuses podiam ser considerados deuses do Sol, sendo o mais comum Rá ou Aton. O céu era concebido como Hathor ou como Nut encurvando-se sobre Geb, o deus da Terra. Acreditava-se que Nut dava à luz o Sol toda manhã e o engolia toda noite. O Sol também era descrito como *Rá* atravessando o céu em um barco durante o dia e fazendo a viagem de volta ao mundo inferior de noite, emergindo novamente após lutar contra Apópis, o deus-serpente.

Toth, o deus-Lua e padroeiro dos escribas, era cultuado em Hermópolis. Ele era apresentado também como o piloto do barco do deus-Sol e algumas vezes como aquele que matou Apópis. Outros deuses ligados à luz eram Osíris, Min, Shu e Khnum.

Vários deuses estavam associados ao Nilo. O principal, responsável pela inundação anual, era Hapy, apresentado como um homem obeso. Outros deuses do Nilo eram Sobek, o deus-crocodilo, e Khnum, o deus das primeiras cataratas.

Ma'at e Seth representavam um dualismo: o equilíbrio, a ordem e a estabilidade (Ma'at) *versus* o caos, a desordem e a morte (Seth). Seth assassinou o irmão, Osíris, que representava o deserto, as nações estrangeiras e o mal em geral, que constantemente ameaçam a vida no Egito. O rei egípcio, ou faraó, cuja entronização era uma encenação da vitória diária de Rá sobre Apópis, era a principal arma contra as forças do mal. No momento de sua morte, o rei era identificado com Osíris, juiz e senhor dos mortos, que fora morto por Seth. O novo rei tornava-se Hórus, deus da fertilidade e do pós-vida, filho de Rá. V. *Egito*.

A política sempre desempenhou um papel na ascendência de um deus sobre outro ou no sincretismo ou identificação de um deus sobre outro. Os grandes centros religiosos, como Tebas, Hermópolis, Heliópolis, Abidos e Mênfis explicavam o Universo de uma maneira que entrava em conflito em vários pontos.

Os nomes dos deuses que dominam os nomes dos faraós em uma dinastia mostram tanto a cidade dominante e o deus que a dominava. Dessa maneira, o deus Amon, mais tarde chamado de Amon-Rá, tornou-se o principal deus do império em razão da posição de Tebas. Sob Amen-hotep III, os sucessos do império levaram a lutas internas pela posse do trono e do poderoso sumo sacerdócio de Amon-Rá. Amen-hotep IV mudou seu nome para Aquenáton e iniciou uma reforma revolucionária que promoveu o culto ao deus do disco solar, Aton, como sendo superior aos demais deuses. As reformas de Aquenáton fracassaram. Seu segundo sucessor deixou clara sua lealdade a Amon-Rá, mas mudou seu nome de Tutankaten para Tutancâmon e abandonou a nova capital em favor de Tebas. A dinastia seguinte, ainda que promovesse Amon-Rá, parece ter privilegiado os deuses do Norte. Os nomes dos deuses Seth de Avaris, Rá de Heliópolis e Ptha de Mênfis são evidentes nos nomes Seti, Ramsés e Merneptá, da 19ª Dinastia.

Os rituais diários nos templos, como cuidar das estátuas dos deuses, eram os meios pelos quais os egípcios contribuíram para manter as forças do caos em seu lugar. Ofertas pessoais também acompanhavam pedidos de ajuda ou de alívio de aflições. Amuletos eram usados também para simbolizar a devoção e pedir ajuda às entidades domésticas como Bes, deus do amor, e sua consorte, Tauert, uma deusa em forma de hipopótamo, que era a padroeira do parto e da fertilidade.

Nenhum deus egípcio é mencionado na Bíblia, e a complexa religião egípcia não influenciou os hebreus de modo significativo. Alguns estudiosos tentaram estabelecer uma relação entre as reformas de Aquenáton e o monoteísmo de Moisés, mas as diferenças entre o culto daquele rei egípcio e a compreensão mosaica de Deus são maiores que as semelhanças.

Deuses mesopotâmicos A mais antiga civilização na Mesopotâmia (terceiro milênio a.C.) era a Suméria. Sua cultura avançada, incluindo sua religião, foi assimilada pelos seus sucessores semitas (acadianos e depois os assírios e babilônios) que governaram a Mesopotâmia por quase dois mil anos, até a chegada dos persas. Muitas das divindades sumérias continuaram a ser adoradas, ainda que em geral com outros nomes. Havia mais de 3 mil deuses, embora apenas 20 fossem altamente considerados. Eles variavam de posição em diferentes períodos históricos e em variadas localizações. Incursões militares dentro e fora da Mesopotâmia em geral incluíam saques aos templos dos inimigos e o ato de se apoderar das estátuas dos seus deuses.

Um dos deuses mais importantes era An, deus dos céus e padroeiro de Uruk (a Ereque de Gn 10.10). Enlil de Nippur, filho de An, era a principal divindade suméria. Ele possuía as "tábuas do destino" e era considerado senhor do ar e governante da terra. As lendas a seu respeito diziam que ele criara a raça humana ao furar a terra com sua enxada, mas havia também uma lenda que dizia que ele decretou a destruição humana no dilúvio, porque o barulho excessivo feito pelos humanos perturbava seu sono.

O deus de Eridu, Enki, ou Ea, era o senhor das águas subterrâneas e o astucioso deus dos artesãos. Acreditava-se que ele fora o iniciador da civilização humana e aquele que designara aos deuses o governo de vários elementos da criação e da cultura. Uma lenda diz que ele criou a humanidade do sangue do deus rebelde Kingu e deu aos humanos a tarefa de servir aos deuses. Na narrativa mesopotâmica do dilúvio, ele revelou o plano do dilúvio a um herói humano, que construiu um barco e salvou a humanidade.

O temível Nergal de Kutha (também chamado de Erra) era o deus da guerra, das pragas, da morte súbita e do mundo inferior (cf. Jr 39.3,13). Sua consorte e cogovernante era Ereshkigal. O mundo inferior, também chamado de "a terra sem volta" e "casa das trevas", era entendido como uma cidade cercada por sete muros, com sete portas. Era um lugar tenebroso e empoeirado, repleto de criaturas assustadoras, onde os habitantes comiam poeira e tinham penas como pássaros. Os muros e as portas serviam para proteger o mundo dos vivos dos espíritos dos falecidos, que eram também guardados do mal por rituais mortuários, encantamentos e médiuns.

Com a ascensão da Assíria ao poder, o deus Ashur, que tinha o mesmo nome da capital daquele país, também adquiriu proeminência. De igual maneira, a ascensão política da Babilônia foi celebrada como uma vitória do seu deus Marduque, filho de Ea e deus das tempestades. Muitos dos antigos mitos eram recontados tendo Marduque como herói, derrotando Tiamat, a deusa do mar, que representava o caos, e depois organizando o mundo e recebendo as tábuas do destino. Referia-se a Marduque como o "Senhor das Terras" e como *Bel* (equivalente à palavra cananeia Baal), que significa "senhor" (Is 46.1; Jr 50.2; 51.44). Nabu, filho de Marduque (chamado de Nebo em Is 46.1), deus de Borsippa e deus dos escribas, tornou-se especialmente exaltado no período neobabilônico, como se pode perceber no nome Nabucodonosor.

Vários deuses importantes estavam associados a astros celestes. Shamash era o deus-Sol e tinha posição importante entre os semitas. Nanna ou Sin, o deus-Lua, era reverenciado nas cidades de Ur e Harã, ambas ligadas às origens de Abraão (Gn 11.31). Acreditava-se que era o primogênito de Enlil e que atravessava os céus noturnos em um barco. Durante o período mensal da lua nova (no qual a Lua não pode ser vista), acreditava-se que ele ia trabalhar como juiz no mundo inferior, e rituais especiais eram realizados para garantir seu retorno.

Ishtar (a cananeia Asterote [*NVI*] ou Astarote [*ARA*]) era a padroeira das colheitas, das chuvas da primavera, da fertilidade, da guerra, da estrela matutina e vespertina (o planeta Vênus) e da prostituição. Muito popular, era conhecida como "Rainha dos Céus" (Jr 7.18; 44.17-19,25). Em uma lenda ela tenta sem sucesso usurpar o poder do mundo inferior de sua irmã Ereshkigal, que a aprisiona, o que faz que esterilidade fosse lançada sobre a terra. A prostituição cultual era parte importante do seu culto e deu a Uruk, a cidade de sua equivalente suméria mais antiga, Inanna, uma reputação sórdida. Acreditava-se que aquela prática promovia a fertilidade da terra.

PAGÃOS, DEUSES

Na Babilônia, onde ela era cultuada como a amante de Marduque, um dos mais impressionantes portais da cidade tinha seu nome. Intimamente ligado a Ishtar era seu consorte, Tamuz, o deus da vegetação da primavera, lembrado com prantos durante o período quente do verão que trazia seu nome (cf. Ez 8.14; v. nota explicativa na *NVI*). Os assírios e os babilônios celebravam um ritual sagrado de casamento no qual uma estátua do deus era simbolicamente trazida ao templo de Ishtar.

Em adição à sua natureza cósmica, pensava-se que os deuses estavam presentes nas imagens ou ídolos que os representavam e viviam em seus templos como um rei em seu palácio. Imagens de madeira revestidas de ouro eram geralmente em forma humana, com joias no lugar dos olhos (cf. Is 44.9-20; Jr 10.1-16). Todos os dias as estátuas eram limpas, vestidas, e os sacerdotes serviam-lhes refeições (tal como no Egito). O rei assírio ministrava diariamente diante da imagem do deus da sua devoção, mas apenas o rei babilônico comparecia diante de Marduque uma vez por ano, durante o *akitu*, a festa do ano-novo.

Deuses cananeus Os deuses dos cananeus tiveram maior impacto sobre os israelitas. Enquanto vários deles estejam relacionados aos deuses mesopotâmicos, a religião de Canaã não era muito bem compreendida até a descoberta dos textos religiosos na cidade síria de Ras Shamra, a antiga Ugarite, nos anos 1920. Esses textos vão do séc. XIV ao séc. XII a.C. V. *Canaã*.

No topo do panteão cananeu havia dois pares de divindades: El e Athirat (ou Elat), o maior dos deuses e sua principal esposa, e Baal e Anat, o rei dos deuses e sua principal consorte e irmã. El é a palavra semita genérica para "deus". Mas, como o deus mesopotâmico An, El era visto como uma espécie de deus avô, aposentado, que não desempenhava mais um papel ativo.

O principal deus cananeu era Baal, a respeito de quem falam os mitos de Ugarite. Esses mitos representam-no como o deus da tempestade, com poder sobre a chuva, o vento, as nuvens e, portanto, sobre a fertilidade da terra. A palavra *ba'al* significa "senhor", "marido". Pode ter sido a princípio um título para o deus cujo nome pessoal era Hadade, conhecido pelos semitas ocidentais e orientais como o deus da tempestade, da guerra, da fertilidade e da adivinhação (previsão do futuro pelo exame das entranhas de animais sacrificados). Era a principal divindade dos arameus (cf. 2Rs 5.18; Zc 12.11).

O ciclo das estações entre os cananeus era representado nos mitos pela luta de Baal contra Mot (lit., "morte"), que representava a seca e a fome. A morte de Baal pelas mãos de Mot provocava a estação seca (verão), mas seu retorno trazia a estação chuvosa (inverno) e restaurava a fertilidade da terra. Em outro mito, Baal derrotou Yam (lit., "mar"), o deus do caos, de modo muito parecido com a maneira com que o Marduque babilônico derrotou Tiamat.

Nos mitos ugaríticos a consorte de Baal era sua irmã Anat, a deusa guerreira sedenta de sangue que resgatou Baal do mundo inferior ao derrotar e esquartejar Mot. Mas, aparentemente entre os cananeus, o lugar dela foi tomado por Athirat, conhecida em Ugarite como consorte de El e mãe dos deuses. No AT ela aparece com o nome de Aserá, o equivalente hebraico de Athirat (1Rs 18.19). Seu símbolo era um "poste sagrado" (*asherot/asherim* em hebraico; p. ex., Êx 34.13; 2Rs 17.10), representando provavelmente uma árvore. Seu culto incluía a prostituição sagrada, que em Canaã envolvia prostitutas e prostitutos (Gn 38.15-22; Dt 23.17,18; 2Rs 23.4-7; Jr 2.20; Ez 16.16,31; Os 4.13,14). Esses rituais eram em geral realizados em "lugares altos" e tinham os postes de Aserá representando a deusa e pilares sagrados que representavam a divindade masculina (Lv 26.30; Nm 33.52; 1Rs 14.23,24; 2Rs 18.4; 21.3; Sl 78.58).

Athtart era outra consorte de Baal. Ainda que menos importante em Ugarite, ela aparece frequentemente no AT como Astarote (provavelmente uma palavra depreciativa, uma corruptela do nome da deusa com a palavra hebraica *boshet*, que significa "vergonha"), e em inscrições fenícias como Ashtart, cujo equivalente grego é Astarte. Ela pode ter tido em Canaã a importância que Anat tinha em Ugarite (cf. Jz 10.6; 1Sm 7.4; 12.10; 1Rs 11.5,33; 2Rs 23.13). V. *Aserá*; *Aserote*.

O aspecto da fertilidade dos deuses cananeus foi uma tentação para os israelitas. Inexperientes na agricultura e recentemente estabelecidos em Canaã depois de uma geração de vida nômade no deserto, os israelitas foram particularmente tentados a servir aos deuses que, conforme se acreditava, controlavam a fertilidade daquela terra. Muitos dos israelitas praticaram uma religião sincretista, misturando elementos do baalismo com o culto a Javé. Os bezerros de ouro de Jeroboão em Dã e em Betel podem ter sido uma tentativa de identificar Javé com Baal. Um jarro com a inscrição de uma oração, "Javé de Samaria e sua Aserá", sugere uma crença sincretista de que Aserá era a consorte de Javé.

Várias outras divindades de Canaã tiveram impacto na narrativa veterotestamentária. O deus Dagom dos filisteus (Jz 16.23) aparentemente era um deus semita dos cereais que era cultuado pelos cananeus. Em Ugarite ele é chamado Dagan, o pai de Baal (ainda que El também seja chamado de pai de Baal).

O deus nacional dos amonitas era Milcom (*milkom* ou *malkam* em hebraico; 1Rs 11.5,33, *ARA* e *ARC*; *NVI*: "Moloque", 2Rs 23.13; Sf 1.5), talvez identificado com o deus cananeu Moloque, ligado a um culto aos mortos que envolvia adivinhação e sacrifício de crianças — a criança "passava pelo fogo" (Lv 18.21; 20.2-5; 2Rs 23.10; Jr 19.5; *NVI*: "sacrificar seu filho ou sua filha a Moloque"). Em Judá essa prática era realizada em Tofete, no vale de Hinom, no lado sudoeste de Jerusalém (2Cr 28.3; Jr 7.31; 32.35). Os nomes Milcom e Moloque vêm da mesma raiz semita *mlk*, que significa "rei", como também aparece no nome de um deus semita do oeste chamado de Malik, Milku e Muluk. Ele também estava ligado ao culto aos mortos e na Antiguidade foi identificado com Nergal, o deus mesopotâmico do mundo inferior. Alguns estudiosos veem uma associação também com Camos (*kamosh* em hebraico), o deus nacional dos moabitas (Nm 21.29; Jr 48.7), cujo culto também envolvia sacrifícios de crianças (2Rs 3.26,27) e que também pode ter sido identificado com Nergal.

Outro deus identificado com Nergal era Resefe ("peste" ou "doença" em hebraico, Hc 3.5), deus das pragas e talvez o mesmo Rapiu, deus padroeiro dos mortos deificados (*repha'im* em hebraico; Is 14.9; 26.14; Pv 2.18; 9.18). O culto aos mortos em Ugarite tinha uma orgia com bebedeiras (talvez em um túmulo familiar) chamado de *marzih*.

Novo Testamento Os deuses pagãos do mundo do NT eram as divindades do panteão greco-romano e alguns deuses orientais cujos mitos deram origem às religiões de mistério. As conquistas de Alexandre, o Grande, da Macedônia difundiram a cultura grega por todo o Oriente Médio.

Poucos deuses greco-romanos são mencionados no NT. No topo do panteão grego estava Zeus, o Júpiter romano, deus do firmamento, originariamente o deus do clima ou das tempestades. Com o sincretismo do período helenístico que se seguiu às conquistas de Alexandre, o Grande, Zeus foi identificado com Hadade, o deus semita das tempestades. Entretanto, como a divindade grega suprema, Zeus foi identificado com o deus principal de qualquer região. Por isso, quando Antíoco IV tentou forçar a helenização dos judeus em 167 a.C., ele transformou o templo judeu em um templo de Zeus. Um imenso altar a Zeus em Pérgamo é provavelmente o "trono de Satanás" citado em Ap 2.13.

O mensageiro dos deuses gregos era Hermes, o Mercúrio romano. Quando o povo de Listra pensou que Barnabé e Paulo fossem deuses (At 14.8-18), eles chamaram Paulo de Hermes, porque ele era o porta-voz, e identificaram Barnabé com Zeus ou Júpiter. Os bois e as grinaldas que trouxeram eram oferendas para Zeus. Hermes também era o deus dos mercadores e dos viajantes.

Ártemis era a deusa grega das florestas virgens, do parto e, por conseguinte, da fertilidade. A grande deusa-mãe da Ásia Menor, adorada em Éfeso, foi identificada com Ártemis, a Diana romana. Seu templo em Éfeso era uma das sete maravilhas do mundo antigo e um centro de peregrinações. A Ártemis dos efésios era apresentada em estátuas em Éfeso com muitos seios, talvez inspirada por uma pedra sagrada (At 19.35) guardada no templo. O trabalho missionário de Paulo em Éfeso resultou em um tumulto incitado pelos artífices que vendiam suvenires para os peregrinos (At 19.23-41).

O NT não faz menção a outros deuses greco-romanos, mas sabe-se que estes eram importantes na cultura helênica. O mais popular dos deuses era Apolo, representado na arte grega como o ideal de juventude e beleza masculina. Ele era o deus da medicina, da lei e dos pastores de ovelhas. Afrodite era a deusa grega do amor sexual e da beleza. Ela foi identificada com a deusa semita Ishtar/Astarte e com a Vênus romana.

Ainda que não mencionada no NT, um templo de Afrodite em Corinto empregava mil prostitutas cultuais e contribuía para a reputação de imoralidade da cidade. A deusa semita de Biblos, *Ba'alat*, era identificada com Afrodite em textos gregos. As lendas diziam que a cada ano ela resgatava Adonis, o deus da fertilidade (o Adon ["senhor"] semita) do *hades*.

Atena, padroeira da cidade de Atenas (de quem esta deriva seu nome), era uma deusa virgem associada às artes, ao artesanato, à fertilidade e à guerra. Era identificada com a Minerva romana. Hera, a equivalente romana da Juno grega, era a esposa de Zeus e deusa do casamento, das mulheres e da maternidade. Outro deus importante, mas que também não é mencionado no NT, é Poseidon, o Netuno dos romanos, deus do mar, dos terremotos e — estranhamente — dos cavalos. O deus grego da guerra era Ares, identificado com o Marte romano. Hefaísto (ou Hefesto), o Vulcano romano, era o deus do fogo e padroeiro dos ferreiros. O deus grego *hades*, conhecido pelos romanos como Plutão, era o deus do mundo inferior (o mundo dos mortos). Seu nome se tornou a palavra grega utilizada no NT para o lugar da habitação dos mortos (Mt 11.23; 16.18; Lc 10.15; 16.23; At 2.27,31; Ap 1.18; 20.13,14).

Os cultos a alguns deuses gregos se tornaram muito influentes no tempo do NT. Um dos principais era o culto a Deméter (ou Demetra) ou dos mistérios de Elêusis. Deméter era a deusa grega dos cereais que, conforme a lenda, parou de trabalhar quando sua filha Perséfone foi sequestrada por *hades* e levada para o mundo inferior. Ela foi liberta por sua mãe, mas forçada a passar um terço de cada ano no mundo inferior, o que refletia o ciclo anual de crescimento dos grãos no hemisfério norte durante o período de inverno e a primavera a seguir. Rituais secretos de iniciação a esse culto aconteciam anualmente em Elêusis. O deus grego do vinho, da intoxicação e da fertilidade era Dionísio, o mesmo Baco romano. V. *Babilônia; fertilidade, culto à; mistério, religiões de.* — *Daniel C. Browning Jr. e E. Ray Clendenen*

PAGIEL Nome pessoal que significa "fortuna de Deus", "Deus é solicitado" ou "Deus se encontra". Líder da tribo de Aser no período da peregrinação pelo deserto (Nm 1.13; 2.27; 7.72,77; 10.26).

PAI V. *família; Deus.*

PAÍ Nome de lugar que significa "urro". Forma alternativa de Paú, usada em 1Cr 1.50 (v. nota de rodapé na *NVI*) (cp. Gn 36.39). V. *Paú.*

PAIS V. *família.*

PAIS APOSTÓLICOS Grupo de pais escritores da igreja antiga, alguns dos quais conheceram os apóstolos. Esses escritores só foram agrupados ou chamados de pais apostólicos no final do séc. XVII. Essa primeira coletânea, intitulada pais apostólicos, incluía as obras de Clemente, Inácio, Policarpo, Barnabé e Hermas. Outras obras como a *Didaquê*, *Diogneto* e *Papias* frequentemente têm sido incluídas em coletâneas recentes. Os documentos (exceto *Diogneto* e *Papias*) foram escritos aproximadamente entre 96 e 156 d.C., contudo não foram aceitos como parte do cânon do NT, embora o *Códice sinaítico* (séc. IV) tenha incluído a *Epístola de Barnabé* e *O pastor*, de Hermas, e o *Códice alexandrino* (séc. V) tenha incluído as duas epístolas de Clemente.

Os pais apostólicos incluem duas epístolas de Clemente, o terceiro bispo de Roma (depois de Lino e Anacleto). A primeira epístola, que data de 96, foi escrita à igreja em Corinto para tratar de problemas internos, ou seja, a expulsão dos presbíteros pela congregação. Clemente chama a congregação a reinstituir os presbíteros excluídos que tinham sido escolhidos pelos apóstolos. A epístola ilustra a existência contínua de facções dentro da igreja de Corinto, mesmo depois que Paulo tratara desses problemas nas suas epístolas à igreja. Clemente também providenciou a ideia seminal da sucessão apostólica quando argumentou que os presbíteros deveriam ser reinstituídos porque eles tinham sido apontados pelos próprios apóstolos. A *Segunda epístola de Clemente* era na realidade um sermão que exortou os ouvintes a viverem uma vida piedosa e a permanecer fiéis com vistas à vinda final de Cristo. Estudiosos recentes têm questionado a autoria de Clemente desse sermão, visto que alguns elementos podem ter sido dirigidos aos gnósticos, que só surgiram na igreja na metade do séc. II.

A *Didaquê*, ou o *Ensino dos doze apóstolos*, foi um manual da igreja antiga datado entre

100 e 110 d.C. Embora essa obra anônima não tenha sido originariamente agrupada à coletânea, desde sua descoberta no final do séc. XIX tem se tornado uma parte aceita dos pais apostólicos. A obra começa ao tratar da conduta apropriada, que é discutida como "o caminho da vida" *versus* "o caminho da morte". A segunda seção da obra fornece instruções para os líderes de igreja sobre como conduzir os cultos e inclui instruções para que os líderes batizassem por imersão sempre que possível.

A coletânea contém diversas epístolas de Inácio, bispo de Antioquia, discípulo do apóstolo João. Inácio escreveu essas epístolas em torno de 115 d.C. enquanto viajava para Roma, onde foi morto como mártir. Existem numerosas epístolas, mas os estudiosos geralmente aceitam como autênticas somente as enviadas às igrejas de Éfeso, Magnésia, Trália, Roma, Filadélfia, Esmirna e a epístola a Policarpo. Nessas epístolas Inácio expressou o desejo de ser morto como mártir e afirmou a humanidade de Cristo contra a heresia do docetismo. As epístolas fizeram duas contribuições significativas para o desenvolvimento da teologia católica romana. A primeira está relacionada à eucaristia, que Inácio descreve como a "carne do nosso salvador Jesus Cristo" (*Epístola aos esmirneus*) e o "remédio da imortalidade, o antídoto contra a morte" (*Epístola aos efésios*). Essas ideias colocaram o fundamento do desenvolvimento da eucaristia como sacramento e da doutrina da transubstanciação. A segunda contribuição está associada à sua elevada estima pela posição de bispo, como ele afirmou: "siga o bispo como Jesus Cristo seguiu o Pai" (*Epístola aos esmirneus*). Essa ideia ajudou a apoiar o assunto da sucessão apostólica e a elevação da tradição dentro da igreja.

A coletânea contém dois documentos relacionados a Policarpo, bispo de Esmirna e discípulo do apóstolo João. O primeiro documento foi uma epístola escrita por Policarpo e enviada à igreja em Filipos. A carta, que pode ser datada em torno de 116 d.C., foi essencialmente um amálgama de citações das Epístolas Pastorais, embora incluísse informações referentes ao debate sobre se se devia celebrar a Páscoa no exato dia da ressurreição ou no domingo mais próximo. O segundo documento relacionado a Policarpo foi um relato do seu martírio. Esse documento, escrito em 156, detalhou a morte de Policarpo e descreveu elementos míticos que cercaram sua execução, como o sangue extinguindo o fogo que deveria consumi-lo. Era significativo para seu encorajamento de permanecer fiel diante da perseguição, para sua glorificação do martírio e para seu uso da expressão "igreja católica [i.e., 'universal']".

A coletânea também inclui a *Epístola de Barnabé*, que não foi escrita pelo Barnabé da Bíblia. A obra foi muito provavelmente escrita em torno de 135 d.C. e estava respondendo à segunda rebelião judaica de Bar-Kokhba entre 132 e 135. O escrito era antijudaico no seu tom, descrevendo elementos do AT como o sacrifício animal, a construção de um templo e a aceitação da Lei como sendo erros cometidos pelos judeus, que não entendiam a vontade de Deus. Barnabé se baseou em interpretação alegórica para provar que o AT ensinava que o cristianismo era a religião verdadeira e o judaísmo estava baseado em compreensão humana equivocada.

O pastor, de Hermas, foi escrito por um autor anônimo, provavelmente entre 140 e 150. A obra é uma alegoria que ressalta a penitência. Foi significativa por sua menção de somente um perdão de pecados depois do batismo, uma ideia que levou muitos cristãos, como Constantino, a adiar o batismo até o leito de morte. Essa prática evoluiu finalmente para o sacramento da extrema-unção. Além disso, a obra também apresentou a ideia seminal do purgatório.

No séc. XX os estudiosos acrescentaram diversas outras obras aos pais apostólicos, embora ainda haja discordâncias acerca de quais de fato pertencem a eles. Entre as obras acrescentadas está a *Epístola a Diogneto*, escrita por um autor anônimo a um receptor anônimo. É difícil datar a obra, tendo sido escrita em alguma época no final do séc. II ou início do séc. III. É uma apologia que defende os méritos do cristianismo sobre o judaísmo e o paganismo. Dada a natureza da obra, alguns estudiosos preferem classificá-la entre a literatura apologética, não entre os pais apostólicos. Alguns estudiosos consideram as obras de Papias parte da coletânea, mesmo que suas obras já não existam. Papias foi discípulo do apóstolo João e um associado de Policarpo.

Os pais apostólicos ajudam os estudiosos atuais a enxergar as questões que eram tratadas pela igreja antiga. Eles também ajudam os estudiosos a seguir o curso do desenvolvimento de doutrinas católicas romanas como a regeneração batismal, a transubstanciação e o purgatório, que todas encontram seu início nos Pais. Além disso, as citações que os pais apostólicos fazem da Bíblia mostram não somente quais Escrituras eram usadas pela igreja antiga, mas também fornecem indícios de como a igreja antiga interpretava e usava a Palavra de Deus. — *Scott Drumm*

PAIXÃO 1. Qualquer desejo corporal conducente ao pecado (Rm 6.12; Gl 5.24; Ef 2.3). A palavra "paixão" é usada especialmente em referência a um forte desejo sexual (Rm 1.26,27; 1Co 7.9 ; 1Ts 4.5). A vida não regenerada é caracterizada pela escravidão às paixões (Ef 2.3; Tt 3.3; 1Pe 1.14). Os pertencentes a Cristo crucificaram as paixões carnais (Gl 5.24; cp. Rm 6.5-14). No apelo frequente à renúncia das paixões, as cartas do NT provavelmente ecoam as responsabilidades dos candidatos ao batismo (Cl 3.5; 2Tm 2.2; Tt 2.12). **2**. A palavra "paixões" aparece em At 14.15 e Tg 5.17 na *ARC*, com o sentido de "natureza humana compartilhada". **3**. O sofrimento de Jesus nos dois últimos dias de sua vida. Lucas usa a palavra transliterada "paixão" apenas em At 1.3 (*BJ*). A raiz é o verbo grego *pascho*, que significa "sofrer". Os textos de At 17.3 e 26.23 têm a forma verbal *pathein* para citar especificamente o sofrimento de Cristo — Jesus predisse seus sofrimentos várias vezes, mas mesmo assim seus discípulos rejeitaram essa possibilidade (Mt 16.21; Mc 9.12; Lc 17.25). Sua paixão reflete o retrato profético do Servo Sofredor (Is 53).

Jesus não foi apresentado como vítima. Ele sofreu e morreu de boa vontade, em conformidade com o propósito de Deus (Mt 20.28; Hb 9.26). Os sofrimentos de Jesus ocorreram para cumprir um propósito específico — a salvação de todos os que viessem a crer. Sua paixão se tornou o ato expiatório para os pecados do mundo. A *BJ* tem a palavra "paixão" em At 1.3. A *NVI* substitui paixão por "sofrimento". A *ARA* e *ARC* trazem "(Jesus) ter padecido", e *NTLH*, "morte". — *Dan Parker*

PALÁCIO Residência de um monarca ou nobre. Várias palavras são usadas para designar partes de palácios: cidadela (Sl 122.5; Is 34.13), fortaleza (Am 1.4), torre (Ct 8.9). A *NVI* conta com a palavra "palácio" para traduzir o grego *aule* (Mt 26.3); em Lc 11.21 essa mesma palavra é traduzida por "casa". A multidão citada em Mt 26 se reuniu no pátio da residência do sumo sacerdote. As traduções modernas traduzem a palavra *aule* em Mt 26.3 de diferentes maneiras: palácio (*NVI*, *ARA*, *NTLH*), casa (*ARC*), pátio (*BJ*). O homem forte de Lc 11.21 guardava o pátio aberto de sua casa. Nesse caso, a maioria das versões traduz *aule* como casa (*NVI*, *ARA*, *ARC*, *NTLH*; *BJ*, "moradia"). As versões *NVI* e *NTLH* usam a palavra "palácio" para verter o empréstimo vocabular latino *praetorium* (Fp 1.13).

Os palácios serviam não apenas como residências reais, mas como meios de exibir a riqueza de um reino. O texto de Et 1.6.6,7 descreve o palácio do rei Assuero (Xerxes I) da Assíria, que tinha cortinas finas, colunas de mármore e pisos ornamentados com mosaicos. O palácio de Davi foi construído por trabalhadores enviados pelo rei Hirão de Tiro e tinha obras de madeira de cedro (2Sm 5.11). O palácio deve ter sido grande o suficiente para acomodar o número crescente de esposas, concubinas e filhos de Davi (2Sm 3.2-5; 5.13-16), e também para guardar butins, como os escudos de ouro tomados por Davi (2Sm 8.7). O complexo do palácio de Salomão demorou treze anos para ficar pronto (1Rs 7.1). Esse complexo incluía a "casa da floresta do Líbano" (7.2), um salão imenso com 45 colunas de cedro e os escudos de ouro de Salomão (10.16-18), o "pórtico de colunas" (7.6), a "sala da justiça" (7.7), com um trono de ouro e marfim (10.18-20), e dormitórios particulares para o rei e para a filha do faraó (7.8).

Os trabalhadores utilizaram uma valiosa "pedra de qualidade superior" e cedro no palácio (7.9,11). Partes deste complexo palaciano sobreviveram à destruição de Jerusalém pelos babilônios (Ne 3.25). O palácio do rei Acabe em Samaria era decorado com painéis de marfim, alguns dos quais foram recuperados por arqueólogos (1Rs 22.39).

Os profetas, particularmente Amós, condenaram os ricos por construírem palácios à custa dos pobres. Os anúncios de juízo feitos por Amós se referem às residências de verão e inverno, mobílias de marfim e palácios e grandes casas de pedras caras (Am 3.15; 5.11; 6.4,11). Jeremias apresentou crítica semelhante ao programa de construção de Jeroboão em Jerusalém (22.113-15). — *Chris Church*

PALÁCIO DA FLORESTA DO LÍBANO
Designação para um grande salão que Salomão construiu como parte do seu complexo palaciano em Jerusalém (1Rs 7.2-5), assim chamado por causa do uso massivo de cedro para seus pilares, colunas e o material do teto. Nesse salão estavam guardados 300 escudos de ouro e também utensílios de ouro (1Rs 10.17-21).

PALAL Nome pessoal que significa "Deus vem para julgar". Um dos auxiliares de Neemias na reparação dos muros de Jerusalém (Ne 3.25).

PALANQUIM Palavra utilizada na *ARA* e *ARC* para designar o assento carregado nos ombros de escravos (Ct 3.9). A *NVI* traz "liteira".

PALAVRA Enunciado ou dizer que pode se referir a uma única expressão, à Lei inteira, à mensagem do evangelho ou até mesmo a Cristo.

Antigo Testamento *Dabar* é a expressão hebraica primária para "palavra". Tem vários significados e pode se referir em geral a uma expressão falada, declaração, ordem, discurso ou uma história — comunicação linguística em geral. *Dabar* também pode ter o significado de uma coisa, evento ou ação (Gn 18.14). Ocasionalmente surge uma dificuldade em distinguir entre esses significados (Sl 35.20, "acusações falsas"; *ARA*: "enganos"; *TEB*: "calúnias"). A frequente locução "palavra de Deus" ou "palavra de Javé" se refere à comunicação feita por Deus a pessoas. Raramente os significados dessa comunicação estão interligados, e a expressão tampouco tem de se reportar a um conjunto específico de termos. Três aspectos dessa palavra exigem atenção especial.

Uma palavra profética Os profetas reivindicavam que estavam trazendo a "palavra de Deus" (Jr 1.9). É para esse fim que foram conclamados (Is 6.8). Essa palavra de Deus se dirigia a seres humanos e demandava uma resposta. Por consequência, a palavra de Deus pode ser vista como grande salvação (Is 2.2-5) ou grande julgamento (Jr 26.4-6).

Uma palavra legal Na aliança Deus declarou as palavras da Lei a Moisés (Êx 20.1; 24.3-8). Como cerne da Lei são considerados os Dez Mandamentos (Êx 34.28; Dt 4.13). A Lei inteira representa a vontade de Deus, e por isso pode ser chamada de "palavra" no singular (Dt 4.2, *ARA*). Essa palavra também exige resposta: Obedecer-lhe com fé trará a bênção de Deus, enquanto a desobediência levará à maldição (Dt 30.15-20).

Uma palavra criativa Deus criou o mundo por meio de sua palavra (Gn 1; Is 48.13; Sl 33.9). Este mundo revela a majestade de Deus (Sl 19.1), e por isso amplia a esfera da revelação dele além de sua obra, com a aliança de Israel para todas as pessoas. Fala-se da palavra como se fosse uma pessoa que comanda os eventos da natureza (Sl 147.15-18; 148.8), salva (Sl 107.20) e dá vida (Ez 37.1-4).

Novo Testamento *Logos* e *rhema* são os dois termos principais em grego que significam "palavra". São intercambiáveis e ocorrem com vários sentidos, como no *dabar* do AT. O NT pode aplicar essas palavras à mensagem de Jesus, à mensagem sobre Jesus e ao próprio Jesus.

A mensagem de Jesus acerca do Reino próximo pode ser chamada de "palavra" (Mc 2.2; 4.33; Lc 5.1), assim como suas declarações individuais (Mt 26.75; Lc 22.61; Jo 7.36). É significativo que Jesus evitou citar autoridades rabínicas ou usar a linguagem de um profeta que reivindicava que "A palavra do Senhor veio a mim" ou que declarava "Assim diz o Senhor". Talvez essas frases não honrassem significativamente a relação especial dele com o Pai e sua autoridade pessoal (Mt 11.27; cf. 5.21-26; Mc 3.28,29). Como no AT, também a palavra de Jesus demandava uma decisão por parte dos ouvintes (Jo 8.51; 12.47).

A mensagem a respeito de Jesus também pode ser chamada de "palavra". Paulo falou da "palavra de Deus que vocês receberam de nossa parte", mediada por suas palavras humanas (1Ts 2.13). O conteúdo dessa palavra é sem dúvida a história de boas-novas relativas à morte e ressurreição de Jesus — o cerne do evangelho (1Co 15.3-5). Essa mensagem é a palavra da cruz (Gl 3.1) e constitui o conteúdo central da pregação de Paulo (1Co 2.2). Por causa do sacrifício e da ressurreição de Jesus, essa mensagem do evangelho é uma "mensagem de reconciliação" (2Co 5.19) e uma "mensagem de vida" (Fp 2.16). A palavra é testemunhada e proclamada pelos seguidores de Jesus (Lc 1.2; At 4.2; 6.7). A palavra revelada pelo Filho (Hb 1.1-4) traz resplendor e juízo.

O próprio Jesus é o Verbo — a Palavra viva. A Palavra preexistente que estava com Deus "no princípio" agora se tornou carne (Jo 1.1-18). Estudiosos reivindicaram muitas vezes que João usou *logos* em sentido filosófico para se referir ao princípio racional que controla o mundo (estoicismo) ou ao mediador criado entre Deus e seu mundo (Fílon). No entanto, a Palavra em Jo não é um princípio ou uma característica divina. É uma pessoa preexistente, doadora de vida. João se opôs à filosofia grega argumentando que a salvação não vem da fuga do gênero humano deste mundo, mas por meio de Deus, que entra na criação e a redime. É mais provável que *logos* tenha sido escolhido por causa de seu significado no AT, de sua tradução grega e da literatura hebraica contemporânea em que se falava dos conceitos de "sabedoria" e "palavra" como manifestação distinta de Deus. João percebeu que o mesmo agente de Deus doador da vida na primeira criação também estava gerando vida na nova criação inaugurada pela vinda de Jesus. A Palavra criativa de Deus se tornou carne; por ser divino, ele se encarnou como comunicação divina. Agora a Palavra habita entre nós revelando a glória de Deus (Jo 1.14).

Poder da palavra Presume-se frequentemente que no pensamento hebraico as palavras tinham uma misteriosa autoridade compromissiva. Quando descobriu que havia sido enganado e dado sua bênção erroneamente a Jacó, p. ex., Isaque declarou que a bênção dele estava dada e que Jacó seria o abençoado (Gn 27.33). A palavra de Isaque parece definitiva — assim como uma flecha uma vez disparada não pode ser recuperada. Aqui cabe agir com precaução. Na realidade, é somente a palavra de Deus que possui esse tipo de potência irresistível (Is 55.11) e poder criativo absoluto (Gn 1.3-31; Lc 1.32-35; cf. Is 9.8; 31.2; 45.23). A maioria das ocorrências como a de Isaque pode ser explicada de acordo com o respectivo costume social. Seguindo um costume social preestabelecido, uma pessoa pode formalizar um compromisso ou um testamento pela pronúncia de uma palavra. Até mesmo hoje um casal pode firmar ou criar um matrimônio dizendo "sim". Igualmente temos de notar que a Bíblia ensina que a palavra humana muitas vezes é impotente (1Co 2.4; 4.19s) e frequentemente falha (Mt 21.28-32).

Palavras são capazes de produzir um grande bem e um grande mal (Mt 12.36; Tg 3.5,6,8). Palavras podem ferir profundamente (Pv 12.18; 18.14) ou reanimar (Pv 12.18,25; 16.24). Palavras podem ter uma influência ampla: as palavras da pessoa sem caráter são como "um fogo devorador" (Pv 16.27,28); as palavras do justo podem ser "fonte de vida" (Pv 10.11; 12.14).
— *Randy Hatchett*

PALESTINA Designação geográfica da terra da Bíblia, em particular da terra a oeste do rio Jordão, destinada por Deus a Israel como herança (Js 13—19). Várias expressões são usadas para designar essa terra pequena, mas importante, conhecida no início do período do AT como "Canaã" (Gn 12.5), e mencionada muitas vezes como terra prometida (Dt 9.28). A região foi designada "Israel" e "Judá" na divisão dos reinos em 931 a.C. Nos tempos do NT, a terra era dividida em designações provinciais: Judeia, Samaria, Galileia, e outras. De modo geral, a região era considerada como parte da Síria.

A palavra Palestina é derivada do nome *pelishtim* ou "filisteus". Os gregos, familiarizados basicamente com a área central, aplicaram o nome "Palestina" a toda a região do sudeste do Mediterrâneo.

Para os propósitos deste verbete, a Palestina se estende ao norte, a 16 a 24 quilômetros além da antiga localização de Dã e Cesareia de Filipe (no NT) até as gargantas e montanhas ao sul do monte Hermom. A leste, estende-se até as estepes árabes. Ao sul, a Palestina se estende por 16 a 24 quilômetros além de Berseba. A oeste, está o mar Mediterrâneo. Por conseguinte, a região inclui a Palestina ocidental — entre o rio Jordão e o mar, e a Palestina oriental — entre o Jordão e a estepe árabe.

A área da Palestina a oeste do Jordão cobre cerca de 9.600 quilômetros quadrados. A leste do Jordão uma área de cerca de 6.400 quilômetros quadrados foi incluída na terra de Israel.

Características geográficas A Palestina é naturalmente dividida em quatro estreitas faixas de terra que seguem de norte a sul.

Planície costeira Essa planície muito fértil se inicia a 16 a 19 quilômetros ao sul de Gaza até Jope (Tel-Aviv); a planície de Sarom, de Jope, ao norte até o promontório da cadeia do Carmelo; e a distante planície de Aco, que se encontra com a planície de Esdrelom, a histórica porta de entrada para a terra e para as regiões ao norte e a leste. A planície de Sarom varia em largura de poucas centenas de metros ao sul do Carmelo até mais de 19 quilômetros perto de Jope. Coberta com um solo aluvial fértil e bem irrigada por fontes, essa região já contou com extensas florestas.

Mais ao sul está a planície da Filisteia. Ali estavam localizadas as fortalezas filisteias de Gaza, Ascalom, Asdode, Ecrom e Gate. Brejos salgados — o pântano de Serbonis — localizados no limite sul da planície da Palestina são identificados como local propício para disseminação de doenças.

Formando a extremidade sudoeste do Crescente Fértil, a planície costeira foi durante séculos uma via de comércio e conquistas; rota seguida por hititas e egípcios, Cambises, Alexandre, Pompeu e Napoleão.

A planície costeira forma um destacado porto natural. Jope tem recifes agudos semicirculares que formam um quebra-mar à distância de 900 a 1.200 metros da praia e que, consequentemente, era usado como porto. A entrada pelo sul era impossível, e a entrada a partir do norte era rasa e traiçoeira. Herodes, o Grande, desenvolveu Cesareia Marítima como porto artificial de considerável eficiência. V. *Cesareia*.

Região montanhosa central A segunda faixa de terra é a cadeia de montanhas que começa no norte de Berseba e se estende por toda a Judeia e Samaria até a Galileia superior. De fato, o terreno acidentado que percorre a extensão da terra é a continuação das mais claramente definidas montanhas do Líbano ao norte. A única ruptura maior na cadeia de montanhas é a planície de Esdrelom, também chamada vale de Jezreel. Três divisões são evidentes: Judeia, Samaria e Galileia.

Judeia Levantando-se do ressequido Neguebe (Neguebe significa "ressequido" ou "seco"), as colinas da Judeia alcançam o ponto culminante, 10.270 metros, perto de Hebrom. Jerusalém está localizada nas colinas da Judeia à altitude de 792 metros. As ladeiras do leste formam o seco e acidentado "deserto da Judeia", que caem abruptamente ao sopé do vale do Jordão. É um deserto sem árvores e sem água. Gargantas profundas e cânions produzem formações sedimentárias suaves. V. *Neguebe*.

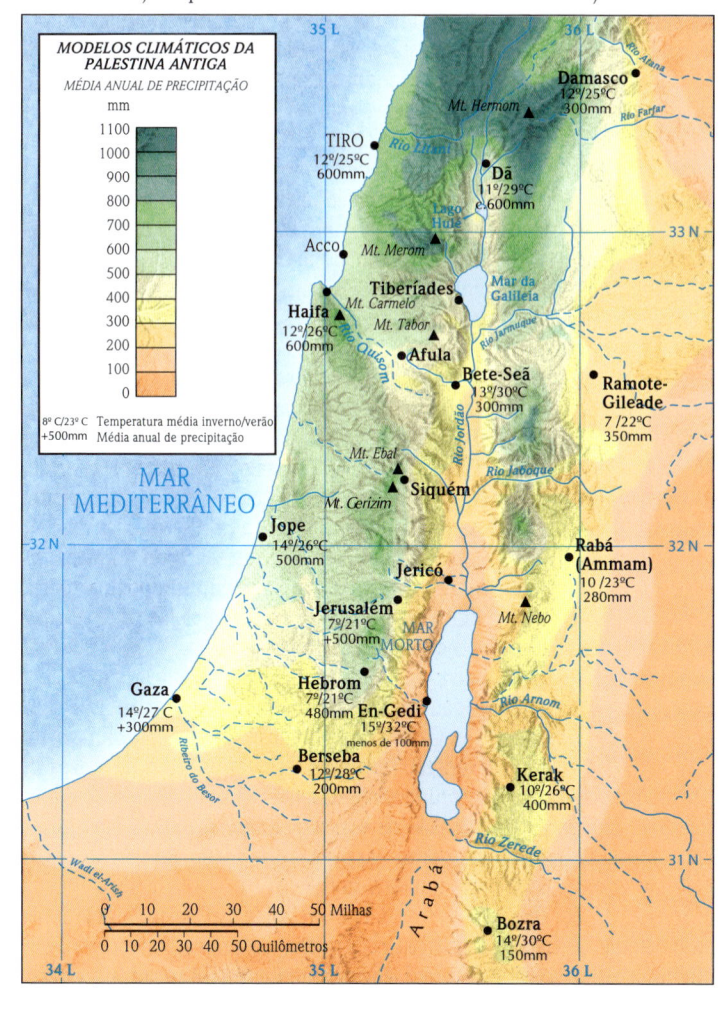

As regiões montanhosas a oeste da Judeia são conhecidas como "Sefelá", que significa "vale" ou "terras baixas". O nome foi aplicado inadequadamente à planície da Filisteia, mas as cidades designadas Sefelá no AT estão todas situadas nas colinas baixas, não na planície. A Sefelá é um cinturão de colinas que variam de 150 a 300 metros de altitude. Cinco vales dividem a região, desde o uádi El Hesy, no sul, até o vale de Aijalom, no norte da Judeia. Esses passos testemunharam conflitos entre Saul e os filisteus, entre os macabeus e os sírios, entre os judeus e os romanos, e entre Ricardo I e Saladino. Nessa região Sansão cresceu. Ali Davi enfrentou Golias.

A Sefelá teve importância militar muito grande. Ela formava uma espécie de barreira entre a Judeia e os inimigos do povo hebreu — filisteus, egípcios, sírios. Antigamente havia muitos sicômoros, e a região serviu para impedir ataques vindos do oeste.

Samaria As colinas da Samaria descem desde as montanhas da Judeia, com a média de 300 metros de altitude. Inúmeros montes notáveis, como o Gerizim (870 metros), Ebal (940 metros) e Gilboa (500 metros) dominam a área. Essa terra de montanhas é marcada por vales férteis e largos. Nessa região viveu a maioria dos povos no período do AT, e acontecimentos importantes da história hebraica deram-se ali. A abertura de Samaria é um aspecto destacado da terra, tornando movimentações muito mais fáceis que na Judeia — um convite para exércitos e carros de guerra vindos do norte.

O vale entre o monte Ebal e o monte Gerizim era uma localização central, aparentemente providenciando o ponto perfeito a partir do qual uma nação unida poderia ser governada. Estradas saíam para todas as direções — para a Galileia, para o vale do Jordão, ao sul para Jerusalém. Siquém localizava-se ali, um lugar importante para os patriarcas e no tempo dos juízes. No entanto, Siquém não tinha defesas naturais e foi consequentemente rejeitada pelos reis de Israel como capital.

A partir dessa região a principal cadeia de montanhas tem um braço que vai para o noroeste e alcança a costa no monte Carmelo. O Carmelo tem uma altitude de apenas 545 metros, mas parece maior porque se levanta diretamente a partir da linha da costa. Lá caem chuvas abundantes, uma média de 70 a 80 mililitros por ano, e consequentemente é densamente coberto de vegetação, incluindo até mesmo uma região de florestas.

A cadeia do Carmelo divide a planície de Sarom desde a estreita planície costeira da Fenícia. Forma o lado sul da planície de Esdrelom, com a antiga fortaleza de Megido, uma de suas principais cidades. Essa barreira natural fez que os passos na cadeia do Carmelo assumissem importância destacada, por estarem na rota histórica entre o Egito e a Mesopotâmia.

Galileia Ao norte da planície de Esdrelom ao sul do rio Leontes está a região chamada Galileia. O nome é derivado da palavra hebraica *galil*, que significa literalmente "círculo" ou "anel". Em Is 9.1 o profeta se refere a essa região como "Galileia dos gentios". As tribos de Aser, Naftali e Zebulom foram designadas para essa região. Há ali desde tempos antigos evidências de uma população mista e variedade racial. No tempo de Jesus, muitos gentios viviam na Galileia.

A região está dividida em Galileia superior e Galileia inferior. A Galileia inferior é uma terra de colinas de calcário e vales férteis. A maior parte da região está aproximadamente a 150 metros acima do nível do mar — mas com montanhas como o Tabor alcançando a altitude de 587 metros. Cereais, pastagens, oliveiras e videiras eram abundantes. Peixe, azeite e vinho eram produtos comuns de exportação. Muitas estradas internacionais cruzavam a região, e era intenso o tráfego de caravanas comerciais que iam de Damasco até Cafarnaum ao sul. Josefo falou da Galileia como "universalmente rica e frutífera".

Algumas das cidades mais importantes daquela região estavam ao redor do mar da Galileia. As do lado noroeste, como Cafarnaum, eram mais judaicas que as do sul, como Tiberíades, construída em 25 d.C. por Herodes Antipas e nomeada em homenagem ao César que reinava naqueles dias, e se tornou a capital e a cidade mais importante no período do NT.

O solo da Galileia superior é muito mais acidentado que o da Galileia inferior, uma área de profundas fissuras e planaltos erodidos com picos altos e muitos ribeiros. O pico mais alto é o monte Merom, com 1.200 metros, o ponto culminante da Palestina. A rocha mais comum é o calcário, nas regiões do leste, geralmente cobertas com rocha vulcânica. A leste, a Galileia cai abruptamente em direção ao Jordão, enquanto mais ao sul, perto do mar da Galileia, as ladeiras se tornam mais suaves.

Abertura do vale do Jordão Como resultado de falhas na crosta, as colinas da Palestina caem em direção à falha mais profunda da superfície do Planeta. Essa falha é parte do sistema que vai do norte até formar o vale entre as cadeias do Líbano e Antilíbano, e ainda rumo ao sul para formar o mar Morto, o árido vale do Arabá, o golfo de Ácaba e, por fim, a cadeia de lagos no continente africano.

O rio Jordão tem origem em várias fontes, principalmente a oeste e ao sul das colinas do monte Hermom. Várias fontes pequenas vêm juntas próximo a Dã e então correm até o raso lago Hulé, recoberto por vegetação aquática. De duas fontes até o Hulé, o Jordão cai aproximadamente menos de 300 metros por uma distância de 19 quilômetros, até entrar no lago Hulé, cerca de 70 metros acima do nível de mar (não 2 metros, como reportavam algumas publicações antigas). Nos últimos anos o leito do Jordão tem se estreitado depois que deixa o Hulé, os pântanos do vale foram drenados, e o tamanho do lago foi bastante reduzido. Grande parte dessa área atualmente é uma excelente terra cultivável. Na extensão de 17 quilômetros que vai do lago Hulé até o mar da Galileia, o Jordão cai 282 metros, correndo em parte por um cânion estreito. Da Galileia até o mar Morto há uma queda adicional de 182 metros.

O mar da Galileia é parte importante da região superior do vale do Jordão, e é formado pelo seu alargamento. O lago é conhecido por vários nomes — lago de Genesaré, mar de Tiberíades, lago Quinerete — mas é mais conhecido como mar da Galileia. A seu redor aconteceu a maior parte do ministério de Jesus. Ali ele podia descansar, ocultar-se das multidões, encontrar alívio no tempo do calor. Com a forma de uma harpa, o lago tem 20 quilômetros de comprimento e 11 de largura. Seu ambiente de basalto faz o lago ter nível e tamanho quase constantes. No tempo do NT o lago era o centro de uma florescente indústria de pesca. As cidades ao redor do lago testificam o fato: Betsaida significa "lugar de pesca" e Tariqueia é derivada de uma palavra grega que significa "peixe preservado".

À medida que o Jordão corre rumo ao sul, o rio entra em uma garganta chamada Ghor, ou "depressão". O sinuoso Jordão e suas inundações periódicas criaram Zor, ou "floresta", uma área densa de vegetação semitropical. Ainda que a distância da extremidade mais baixa do mar da Galileia até a extremidade superior do mar Morto seja de apenas 104 quilômetros, o Jordão serpenteia por 320 quilômetros para percorrer esse percurso. O Ghor localiza-se a cerca de 19 quilômetros de Jericó.

O rio Jordão deságua no mar Morto, um dos conjuntos aquáticos mais singulares do mundo, a cerca de 11 quilômetros ao sul de Jericó. A superfície da água está 395 metros abaixo do nível do mar, o ponto mais baixo da superfície da terra. Com 75 quilômetros de comprimento e 12 de largura, o mar Morto não tem saídas. Calcula-se que, em média, 6,5 milhões de toneladas de água entram no mar a cada dia. O resultado de séculos de evaporação é que atualmente 25% do volume da água é sal mineral. Graças ao cloreto de magnésio, a água tem sabor amargo, e o cloreto de cálcio lhe confere um toque oleoso. Peixes não podem viver na água do mar Morto. De fato, essa água destrói quase toda a vida orgânica no mar e ao redor.

Do lado leste, 48 quilômetros abaixo, a península chamada Lisan, ou a "Língua", projeta-se em direção ao mar. No norte da península o mar é profundo, alcançando uma profundidade impressionante, que varia de 402 a 807 metros abaixo do nível do mar. Na sul da península o mar é raso, com a profundidade máxima de 4 metros. Pensa-se que essa seja a área em que se localizavam as "cidades do vale" (Gn 13.12), Sodoma e Gomorra.

Planalto da Transjordânia A leste do Jordão está a área onde as tribos de Rúben, Gade e a meia tribo de Manassés se estabeleceram. Nos tempos do NT Decápolis e Pereia localizavam-se ali. O ministério de Jesus o levou a algumas partes dessas províncias. A Transjordânia está dividida em seções por vários rios — o Jarmuque, o Jaboque, o Arnom e o Zerede.

Ao longo da Galileia, e ao norte do rio Jarmuque, está Basã (Hauron), uma área de solo vulcânico rico com precipitação pluviométrica que excede 40 mililitros por ano. O planalto está em média 460 metros acima do nível do mar. A leste de Basã está o deserto que começa sua inclinação em direção ao Eufrates.

No tempo do NT a região era parte do território do tetrarca Filipe, filho de Herodes, o Grande.

Ao sul do Jarmuque, alcançando o rio Jaboque, estava Gileade. Durante a dominação persa as fronteiras eram mais rígidas. Antes e depois da dominação persa, Gileade alcançava o sul até Rabate (Filadélfia, atual Amã). Antigamente Gileade era densamente arborizada, com muitas fontes e colinas ao redor, uma das regiões mais pitorescas da Palestina. Oliveiras e vinhas são encontradas nas vertentes da região. Jerash e Amã, a capital do Reino Hashemita da Jordânia, estão localizadas nessa região.

No sul de Gileade está Moabe. Originariamente sua fronteira norte era o rio Arnom, mas os moabitas avançaram para o norte, dando seu nome às planícies a leste do lugar onde o Jordão deságua no mar Morto (Amon tentou se estabelecer entre Gileade e Moabe usando Rabate-Amon como fortaleza. Essa tentativa só foi bem-sucedida sob o infame Tobias nos anos do exílio). A fronteira sul de Moabe era o rio Zerede, o uádi Al Hasa.

Mais ao sul ainda está Edom com as montanhas mais altas da região. A área é árida e estéril. Cerca de 80 quilômetros ao sul do mar Morto está a antiga fortaleza de Petra — "rosa vermelha [...] — quase tão velha quanto o tempo".

Clima A Palestina está no cinturão semitropical, entre os graus 30 e 15, e 33 graus na latitude norte. As temperaturas são normalmente altas no verão e amenas no inverno, mas essas generalizações são modificadas pela elevação e pela distância da costa. Variedade é a palavra necessária para descrever o clima palestino, pois, a despeito do tamanho relativamente pequeno, a configuração geográfica da região produz uma diversidade de condições. Dada a influência do Mediterrâneo, a planície costeira tem uma temperatura média anual de 13 graus em Jope; em Jerusalém, distante apenas 56 quilômetros, a temperatura média é de 17 graus. A elevação de 760 metros acima do nível do mar causa a diferença. Jericó está a apenas 27 quilômetros a leste, mas a 1.000 metros abaixo (274 metros abaixo do nível do mar). Consequentemente tem um clima tropical e umidade muito baixa. Na região noites muito frias compensam os dias quentes do deserto. De igual modo, grande parte da área ao redor do mar da Galileia experimenta condições de clima temperado, enquanto a região do mar Morto é conhecida por alcançar a temperatura de até mais de 37 graus em dias de verão.

A Palestina é uma terra de duas estações, seca e chuvosa, com períodos de transição. A estação seca vai de meados de maio a meados de outubro. De junho a agosto não chove, com exceção do extremo norte. Ventos moderados sopram regularmente do oeste ou sudoeste. Ventos leves alcançam Jerusalém de noite, Jericó no início da tarde, e o planalto da Transjordânia no meio da tarde. O ar tem bastante umidade, mas as condições atmosféricas são tais que não chove. Entretanto, a umidade é evidente, demonstrada pelo orvalho extremamente pesado que se forma em cinco noites a cada seis no mês de julho.

No fim de outubro começa a cair "chuva da primavera" (*ARA*, "chuva serôdia") tantas vezes mencionada nas Escrituras. O mês de novembro é marcado por tempestades pesadas. Os meses de dezembro a fevereiro são marcados por chuvas pesadas, mas não contínuas. Dias chuvosos se alternam com dias agradáveis e ensolarados. O frio não é severo, mas às vezes há geadas nos pontos mais elevados, de dezembro a fevereiro. Em Jerusalém pode nevar duas vezes no período dos meses de inverno.

Toda a Palestina experimenta períodos de verão extremamente desagradáveis. O siroco ("vento leste", Gn 41.6; "vento oriental", Ez 19.12) que sopra do sudeste nos meses de transição (maio-junho, setembro-outubro) traz nuvens de poeira sobre a terra. Esse vento seca a vegetação e tem um efeito debilitante sobre pessoas e animais. Em algumas ocasiões a temperatura pode passar de zero e a umidade cai para menos de 10%.

Ao longo da planície costeira, a variação da temperatura diária é mais limitada por conta das brisas do Mediterrâneo. Nas montanhas e no vale do rio a variação diária é muito maior. — *Timothy Trammel*

PALHA 1. De modo geral, é referência à haste da cevada ou do trigo depois de ter sido cortado. Usa-se então a palha como cama para os animais, e muitos fazendeiros ainda o fazem hoje. Os israelitas foram forçados a usar palha na fabricação de tijolos (Êx 5.6-13). V. *restolho*. **2.** Casca, folhelho ou outros materiais separados do grão no processo de debulha ou joeiramento. Ela era soprada e afastada pelo vento (Os 13.3) ou queimada por ser inútil (Is 5.24; Lc 3.17).

PALHOÇA Abrigo temporário, cabana (Is 1.8, *ARA*; "abrigo", *NVI*). A imagem de Is 1.8 enfatiza o isolamento de Jerusalém, a única cidade de Judá a sobreviver (1.7-9). O texto de Is 24.20 ilustra o poder de Deus em julgar na figura da terra tremendo como uma palhoça instável diante do Senhor.

PALIÇADA Plataforma ou torres que o exército construía ao redor e acima dos muros da cidade sitiada. Isso permitia ao exército invasor lançar flechas e projéteis em direção à cidade. A lei de Israel proibia a derrubada de árvores frutíferas para a construção dessas plataformas (Dt 20.19,20). Rampas eram construídas perto dos muros. Colocavam-se escadas nos muros para que os soldados pudessem subir e pular para dentro da cidade. Aríetes destruíam os portões da cidade. Colocava-se fogo na base dos muros para enfraquecer os tijolos de arenito. Faziam-se túneis sob os muros, para enfraquecê-los mais. Com tudo isso, a população da cidade ficava emocionalmente abalada, seus suprimentos se esgotavam e suas defesas eram destruídas.

PALMEIRAS A tamareira (*Phoenix dactylifera*) estava entre as espécies de palmeira cultivadas desde tempos muito antigos. Inscrições da Mesopotâmia datadas de cinco mil anos atrás dão instruções quanto ao cultivo. As palmeiras são características de oásis e de lugares irrigados (Êx 15.27; Nm 33.9). A tâmara é altamente valorizada pelos viajantes do deserto, pois pode ser consumida fresca ou seca, usada para fazer bolos e constitui um alimento facilmente armazenável. Jericó era conhecida como a cidade das palmeiras (Dt 34.3; Jz 1.16; 3.13). A juíza Débora tomava suas decisões sob uma palmeira com seu nome (Jz 4.5). A palmeira simbolizava beleza (Ct 7.7) e prosperidade (Sl 92.12). Portanto, imagens de palmeiras eram usadas na decoração do templo (1Rs 6.29,35; 7.36) e apareceram na visão de Ezequiel sobre o novo templo (Ez 40.16,22,26). Palmeiras eram usadas na construção de cabanas para a festa dos tabernáculos (Lv 23.40; Ne 8.15). Em Jo 12.13 a multidão usou ramos de palmeiras para receber Jesus em Jerusalém. V. *tâmaras*; *plantas*.

PALMEIRAS, CIDADE DAS Nome alternativo para Jericó (Dt 34.3; Jz 1.16; 3.13; 2Cr 28.15). V. *Jericó*.

Palmeiras no uádi Feiran na Península do Sinai.

PALMO Metade do côvado. O côvado é a extensão de um antebraço, cerca de 45 centímetros. O palmo é a medida do polegar até o dedo mínimo, cerca de 20 ou 22 centímetros. V. *pesos e medidas*.

PALTI Nome pessoal que significa "libertação". **1.** Representante da tribo de Benjamim entre os 12 espiões enviados para investigar a terra de Canaã (Nm 13.9). **2.** Segundo marido de Mical, a filha do rei Saul anteriormente dada em casamento a Davi (1Sm 25.44). Mical mais tarde voltou para Davi em consequência de Abner ter abandonado Isbosete (1Sm 3.15,16). A forma completa do nome, Paltiel, significa "Deus liberta", é usada em 2Sm.

PALTIEL Nome pessoal que significa "Deus é (meu) libertador". **1.** Líder da tribo de Issacar, designado por Moisés para auxiliar Josué e Eliézer na distribuição da terra às tribos que ficaram no lado oeste do Jordão (Nm 34.26). **2.** Forma completa do nome do genro de Saul (2Sm 3.15-16). V. *Palti*.

PALTITA Título que significa "residente de Bete-Pelete", dado a Helez, um dos 30 guerreiros de elite de Davi (2Sm 23.26). Os paralelos em 1Cr trazem a forma pelonita (11.27; 27.10).

PALU Nome pessoal que significa "conspícuo", "maravilha" ou "distinto". Segundo filho de Rúben (Gn 46.9; Êx 6.14; Nm 26.5,8; 1Cr 5.3).

PALUÍTAS Descendentes de Palu (Nm 26.5).

PANDEIROS V. *música, instrumentos, dança*.

PANELA 1. Utensílio metálico raso utilizado na confecção de alimentos. Panelas eram usadas para assar pão para outros usos familiares (2Sm 13.9; *NVI*, *ARA* e *ARC*, "assadeira"; *BJ*, "panela") ou como oferenda (Lv 2.5; 6.21; 1Cr 23.29). Panelas fundas eram usadas para cozinhar carne (1Sm 2.14). A palavra aparece em Nm 7.14,20,26 (*NVI*, "vasilha"; *ARA*, "recipiente"; *ARC*, "taça"). A *NVI* menciona panelas de prata entre os presentes dados por Ciro para a reconstrução do templo de Jerusalém (Ed 1.9). O texto de Ez 4.3 cita uma panela de ferro como símbolo do cerco a Jerusalém. **2.** Tradução na *ARA* e *ARC* em 1Rs 17.12-16; 18.33 de uma palavra que nas versões mais recentes é traduzida por "jarro". Jarros eram usados para carregar água e armazenar farinha. V. *cerâmica*.

PANELA DE CARNE Panela usada para cozinhar carne. A queixa dos israelitas contra Moisés (Êx 16.3) incluiu a declaração exagerada de que eles costumavam relaxar diante das panelas de carne no Egito e tinham pão mais do que suficiente. No antigo Oriente Médio, a carne não fazia parte da dieta regular do povo comum.

PANFÍLIA Uma das províncias da Ásia Menor. Localizada no que é atualmente o sul da Turquia, a Panfília era um pequeno distrito no litoral. Media cerca de 128 quilômetros de comprimento e 32 de largura. Uma de suas principais cidades era Perge, onde João Marcos deixou Paulo e Barnabé na primeira viagem missionária (At 13.13). Outras cidades importantes eram os portos de Side e Atalia. O NT não registra outros acontecimentos importantes da igreja primitiva na Panfília, talvez em razão da concentração de povos não helenizados na região. Isso tornaria a disseminação do evangelho mais lenta e difícil.

Estrada norte de Atália a Isparta na província romana da Panfília (atual Turquia).

PANO, ROUPA Fontes bíblicas e arqueológicas concordam em que os primeiros materiais usados para a confecção de roupa eram as peles de animais selvagens (Gn 3.21). A Bíblia contém pouca informação, no entanto, sobre o processo de manufatura de roupas com fibras vegetais. Os desenvolvimentos tecnológicos antedatam a história bíblica.

Recursos naturais A produção de panos e tecidos no antigo Oriente Médio data do período neolítico quando as fibras naturais de linho eram entrelaçadas em tecidos de linho. Culturas nômades continuaram preferindo o couro de animais, e alguns deles eram deixados com pouca pele. As crescentes culturas sedentárias urbanas preferiram tecidos feitos de fibras vegetais, como linho e algodão e de fibras animais, como lã, pelo de cabras, seda e o uso limitado de outros animais selvagens.

O linho silvestre se originou nas regiões da Palestina e do Cáucaso. Plantas cultivadas para uso humano foram trazidas já cedo ao Egito, onde cresciam com sobejo e eram usadas na produção de linho fino (Gn 41.42) para vestuário macio e velas de navios (Ez 27.7). A roupa de linho sírio era considerada mais fina do que a do Egito. A importância da produção de linho na Palestina está refletida no calendário de Gezer. Tecidos de qualidade eram fabricados de plantas cultivadas na Galileia e no vale do Jordão. Talos de linho também eram empregados na fabricação de cestos firmes e grandes.

O algodão, que parece ter se originado na região do vale do Indo, era cultivado em arbustos. Na Idade do Ferro o pé de algodão foi introduzido na Assíria, mas o clima do sul da Mesopotâmia era mais apropriado para essa cultura. O algodão precisa de um clima quente e úmido para uma colheita e um processamento de qualidade, portanto era menos produzido na Palestina. Ainda assim, era altamente valorizado por líderes desde o Egito até a Babilônia pela cor viva e sua qualidade macia, porém durável. No período helenístico, a produção e uso tiveram um crescimento explosivo.

A lã era a matéria-prima mais usada entre os povos semíticos na fabricação do feltro e de outros tecidos. Na época dos patriarcas a tecelagem de lã não é descrita na Bíblia. Os tons de lã natural iam desde o branco ao amarelo e ao cinza. Esses deram origem a uma multiplicidade de possibilidades de cores em combinação com corantes naturais. O desenvolvimento de tesouras de tosquias metálicas na Idade do Ferro facilitou grandemente a remoção da lã e do pelo. A lã era removida inicialmente com as mãos, mas posteriormente por um pente dentado. Tecidos de lã eram muito apreciados entre os sumérios, que se expressaram extensamente sobre todos os aspectos da produção da lã.

Outros recursos incluíam seda, cânhamo, pelo de camelo e de cabra. A seda era importada da China e se difundiu pela Mesopotâmia e a por fim pelas ilhas do Mediterrâneo, onde as larvas eram criadas. A seda era em geral restrita à realeza e aos ricos. Cânhamo e pelo produziam vestimentas rústicas e ásperas quando usadas desacompanhadas, mas, quando usadas com lã, resultavam em roupas ásperas de qualidade.

O pisoeiro pegava a lã recém-tosquiada ou o linho, e às vezes linho tecido, e preparava os produtos para serem usados na roupa. Óleo, terra ou outros resíduos eram removidos por uma primeira lavagem do material em um líquido com base alcalina feito de cinzas, cal etc., e o material era, então, enxaguado diversas vezes em água limpa. Às vezes era pisado e batido em pedras na etapa do enxágue. Por fim, o material era deixado ao sol para secar, alvejar e encolher antes do estágio final (Is 7.3). A justiça de Deus é comparada ao sabão do lavandeiro (Ml 3.2). Na transfiguração de Jesus (Mc 9.3), conta-nos o texto que sua roupa ficou mais branca do que qualquer lavandeiro do mundo seria capaz de branqueá-la.

Tecelagem Fontes bíblicas indicam que a matéria-prima era tecida e entrelaçada em seções de pano com aproximadamente 2 metros de largura e com o comprimento desejado (Êx 26.1,2,7,8). Murais egípcios indicam que seus teares eram grandes e tecnologicamente avançados. Três tipos de teares eram empregados durante a época bíblica: o egípcio vertical, o grego vertical e o horizontal. Modelos do tear horizontal foram encontrados em túmulos egípcios. O tear grego vertical era usado principalmente na produção de lã. Antigos teares verticais encurvados com pesos, usando pesos de barro forjados à mão, eram proeminentes mesmo ainda na Idade do Ferro II em Israel. Exemplares dos pesos de tear do tamanho de uma bola de beisebol foram escavados em numerosos sítios do AT. Esses teares consistiam em duas colunas, uma barra horizontal e uma urdidura estendida entre a barra e uma série de pesos de tear. Pinturas de vasos gregos também mostram muitos ótimos exemplos desse tipo de tear.

PANO, ROUPA

Na construção do tabernáculo, mulheres treinadas teceram a lã com suas mãos e mesmo entrelaçaram fios de ouro no tecido (Êx 35.25; 39.3). Rodas de fiar foram mais bem desenvolvidas no Egito e na Mesopotâmia. O livro de Pv retrata uma mulher que gasta bastante tempo fiando e tecendo panos (Pv 31.13-24).

Corantes e cores Os egípcios pré-dinásticos (c. 3000 a.C.) tinham começado a dominar a arte de colorir tecidos. Tons de vermelho, púrpura e azul-escuro eram os corantes naturais conhecidos do Mediterrâneo e regiões da África, sendo extraídos da vida marinha, plantas e insetos. Tons naturais de diversas espécies de animais davam alguma diversidade às cores dos tecidos (pelo de cabra marrom e preto; lã branca, cinza e amarela). Os corantes naturais disponíveis combinados com tons naturais variáveis ofereciam um espectro amplo de posições de cores. A mistura de corantes e tecidos podia resultar em cores como verde, laranja, marrom, amarelo, preto e rosa, cada uma em tons diferentes. A cor púrpura natural de Tiro era considerada a mais bonita de todas as cores em toda a história antiga, de acordo com Estrabão.

As pessoas mais abonadas prefeririam roupas mais coloridas. As descrições bíblicas indicam que tecidos coloridos eram em geral reservados para roupas e ocasiões especiais. Em Êx 26.1, azul, roxo e vermelho são citados como a coloração dos fios das cortinas do tabernáculo. Inveja do favoritismo no presente de uma capa vivamente colorida está refletida no conflito entre José e seus irmãos (Gn 37.3,4).

Estilos de vestimenta A Bíblia apresenta somente descrições gerais dos tipos de roupa usada nos tempos bíblicos. Monumentos egípcios, assírios, romanos e hititas fornecem evidência pictográfica extensa dos trajes no mundo antigo. A necessidade da roupa deriva sua origem da vergonha da nudez experimentada por Adão e Eva no jardim (Gn 3.7,8). A provisão de Deus para seu povo está refletida nas roupas de pele de animal dadas em resposta à necessidade humana.

Homens e mulheres usavam túnicas feitas de linho ou lã suspensas do pescoço até os joelhos ou tornozelos. O quadro de Beni Hasan, do túmulo de Khnumhotep no Egito, retrata túnicas usadas pelos povos semíticos como tendo diferentes padrões e cores.

Cintos de linho (Jr 13.1) ou de couro (2Rs 1.8) presos na cintura ou nos quadris eram usados por homens para prender a túnica para caminhadas longas ou viagens. Para conforto, podia ser solta à noite ou para descanso. Os sacerdotes precisavam cobrir as suas coxas e cintura (Êx 28.42) para não se exporem durante o serviço a Javé.

A capa era um traje exterior usado como cobertor durante a noite, e por isso não deveria ser emprestado (Dt 24.13). Esse artigo às vezes é chamado de vestido (Rt 3.3, *ARC*; Dt 10.18). Em Jo 19.2 a capa de Jesus foi colocada sobre ele durante os castigos infligidos pelos soldados romanos. A túnica de Jesus provavelmente foi a peça de roupa pela qual os soldados romanos lançaram sortes na sua morte (Jo 19.23). Longos mantos sem mangas de tecido azul ou púrpura eram usados pela realeza, profetas e ricos (1Sm 18.4; Ed 9.3; Lc 15.22). Mantos de diversos tipos eram usados pelos reis, profetas e outras pessoas distintas. Em épocas de tristeza ou aflição, esse traje podia ser rasgado (Jó 1.20). Outro tipo de traje usado sobre a outra roupa era o colete sacerdotal ("éfode", nas versões antigas), em geral um manto branco especial (1Sm 2.18).

As mulheres, da mesma forma, usavam roupa exterior e roupa íntima, mas as diferenças na aparência devem ter sido observáveis, visto que usar roupas do sexo oposto era severamente proibido (Dt 22.5). A roupa de baixo era solta ou bojuda (Pv 31.24), e os trajes exteriores eram mais ondeantes. A mulher também usava um pano de cabeça de tecido com cores e motivos vívidos que podia ser usado como apoio para suspender cargas (Is 3.22), prender um véu (Gn 24.65; Ct 5.7) ou um ornamento suspenso para proteger do calor do sol. Um longo véu ou cauda adornava mulheres de posição social elevada (Is 47.2).

Roupas festivas masculinas e femininas eram feitas em geral de tecidos brancos caros, enfeitados com adornos exteriores coloridos e véus para a cabeça. Ouro, prata ou joias decoravam também os trajes festivos (2Sm 1.24). As vestes sacerdotais (Êx 39.1-31) da mesma maneira consistiam somente no melhor linho, que era colorido com vermelho, azul e roxo, e adornado com enfeites dourados. V. *linho; seda; lã*. — R. Dennis Cole

Árabe moderno com pano de cabeça típico (chamado kaffiyeh) usado pelos habitantes do Oriente Médio há milênios.

PANOS Peça cumprida de linho usada nos tempos antigos para envolver bebês e membros quebrados. Uma peça desse tipo era envolvida cuidadosamente ao redor do corpo para impedir movimentos. Maria envolveu o bebê Jesus em panos logo após seu nascimento (Lc 2.7,12).

PÂNTANO Terreno alagado (Jó 8.11; 40.21). Em Ez 47.11 se refere aos pântanos salgados ao redor do mar Morto.

PÃO Aparece centenas de vezes na Bíblia toda (239 vezes no AT e 79 vezes no NT da *NASB*; na *ARA* há 415 ocorrências das palavras "pão" e "pães"). Mas as sete palavras hebraicas que se referem a pão, não sempre traduzidas assim, aparecem 384 vezes no AT, e as três palavras gregas, 108 vezes no NT. A frequência das menções é apenas uma indicação de que o pão (não os legumes e certamente não a carne) era o alimento básico da maioria das pessoas (exceto dos nômades e ricos) nos tempos bíblicos. Na verdade, várias palavras citadas anteriormente são traduzidas muitas vezes por alimento.

Pão à venda na cidade velha de Jerusalém.

Ingredientes A farinha básica era moída de trigo (Gn 30.14) ou de cevada (Jo 6.9,13). O milho que usamos não era conhecido. O pão de cevada era menos saboroso, mas também menos dispendioso e, portanto, comum entre os pobres. A moagem era feita por um pilão e um almofariz ou por pedras de moinho giradas por um animal ou por humanos (Nm 11.8; Mt 24.41). Para ocasiões especiais, uma farinha especial era moída (Gn 18.6; Lv 2.7). A farinha era misturada com outros cereais e vegetais (Ez 4.9) e então era sovada (Êx 12.34).

Assadura Geralmente era serviço das mulheres (Gn 18.6) ou filhas (2Sm 13.8), embora nas casas abastadas fosse feito por escravos. As cidades grandes ou a corte tinham padeiros profissionais (Gn 40.2; Jr 37.21). Havia três formas de assadura: sobre rochas aquecidas com a massa sendo coberta de brasas (1Rs 19.6); em uma forma ou assadeira de ferro (Lv 2.5); e em um forno de barro ou ferro (Lv 2.4). A maior parte dos pães assados dessa forma tinha a aparência de um disco (Jz 7.13), em torno de 4 centímetros de espessura e 30 centímetros de diâmetro. Alguns eram perfurados. Alguns tinham um furo no centro para armazenamento ou transporte em uma vara. Alguns tinham forma de coração (a palavra para bolos em 2Sm 13.6,8,10 significa literalmente em forma de coração). Alguns assumiam a forma de um filão de pão de hoje (aspecto sugerido pelo arranjo dos pães da Presença). O pão era quebrado, ou arrancado, não cortado.

Uso Além de ser usado como a base da alimentação, o pão era usado nas ofertas a Deus (Lv 2.4-10). Era usado no tabernáculo e no templo para simbolizar a presença de Deus (Êx 25.23-30; Lv 24.5-9). O pão também era usado no AT para simbolizar coisas como um inimigo a ser consumido (Nm 14.9, *ARA*), a unidade de um grupo (1Rs 18.19), a hospitalidade (Gn 19.3) e a sabedoria (Pv 9.5). É usado como prefixo da preguiça (Pv 31.27), da impiedade (Pv 4.17) e da adversidade (Is 30.20). No NT ele simboliza o próprio Jesus Cristo (Jo 6.35), seu Corpo (1Co 11.23,24), seu Reino (Lc 14.15) e a unidade da sua Igreja (1Co 10.17).

PÃO SEM FERMENTO [ázimo; asmo, *ARA*] Pão assado sem usar levedura, uma substância como o fermento que produz fermentação na massa alimentícia. Pão sem fermento era servido com frequência a convidados (Gn 19.3; Jz 6.19; 1Sm 28.24). Comer pão sem fermento passou a ter significado especial mediante o banquete de pão ázimo celebrado no contexto da Páscoa judaica* (Êx 12.8,15,20; 13.3,6,7). V. *Êxodo*; *festas*; *Páscoa**.

PAPEL, PAPIRO Material popular de escrita inventado pelos egípcios e usado pelos escribas de 2500 a.C. até 700 d.C.

A palavra portuguesa "papel" é derivada da palavra *papyrus*. A planta do papiro crescia em grande quantidade ao longo do delta do Nilo ("Poderá o papiro crescer senão no pântano?", Jó 8.11), provendo aos egípcios um material de escrita barato e exportado a todo o mundo mediterrâneo. A planta do papiro é um caniço aquático alto, que pode crescer até 4,5 metros e ser tão grossa quanto o punho de uma pessoa. Seu caule triangular era cortado em seções de 30 centímetros. A parte central da vara de papiro, o núcleo, era cortado em fatias de 2,5 centímetros. Uma folha de papel era feita pela união dessas folhas de 2,5 por 30 centímetros na vertical e ao colá-las na horizontal com outra camada de folhas. As duas camadas de faixas verdes fibrosas eram prensadas juntas e secas ao sol, o que unia a camada dupla.

O lado alinhado na horizontal da folha de papiro era lixado até ficar suave, proporcionando assim a superfície para a escrita. Muitas folhas eram coladas juntas para formar um rolo de papiro, chamado *biblos* (palavra grega para "rolo" ou "livro").

Por volta do ano 100 d.C. o papiro era usado para fazer códices (palavra latina para "livro"). O códice — pilha de folhas de papiro, unidas por uma extremidade — mostrou-se mais econômico que o rolo, pois o escriba podia escrever nos dois lados da folha. O códice era também menos inconveniente, considerando o transporte dos rolos e a dificuldade das referências cruzadas. Aos poucos, o papiro foi substituído pelo mais caro, porém mais durável, "pergaminho" (pele de animal). Papiros antigos ficavam quebradiços, fazendo as palavras caírem literalmente das páginas. Além disso, diferentemente do papiro, o pergaminho podia ser apagado e usado de novo. A única referência bíblica ao papel de papiro é encontrada em 2Jo 12, em que o presbítero (ou ancião) escreve: "Tenho muito que lhes escrever, mas não é meu propósito fazê-lo com papel (*chartes* em grego) e tinta".

Manuscritos do NT produzidos antes do séc. IV eram escritos exclusivamente em papiro; depois do séc. IV quase todos os documentos do NT foram preservados em pergaminhos. V. *textos bíblicos e versões da Bíblia*; *biblioteca*; *escrita*. — Rodney Reeves

Uma variedade moderna da antiga planta do papiro, do qual era fabricado o material de escrita.

PARÁ Nome de lugar que significa "novilha" ou "vaca". Cidade no território de Benjamim, a cerca de 8 quilômetros a nordeste de Jerusalém, identificada com a moderna Khirbet el-Farah (Js 18.23). A palavra hebraica *parat*, geralmente traduzida por Eufrates (ARA, ARC, NTLH), em Jr 13.4-7 pode se referir à fonte 'Ain Farah. A NVI translitera o nome como como Perate.

PARÃ 1. Área desértica ao sul de Judá, a oeste de Edom e ao norte do Sinai. Israel acampou nessa região após deixar o Sinai no êxodo e de lá enviou espiões para examinar a terra prometida a partir de Cades, localizada em Parã (Nm 10.11,12; 13.3,26). Quedorlaomer fez sua campanha militar alcançar El-Parã (Gn 14.5-7). Ismael morou lá depois que Abraão foi forçado a despedir Hagar e o próprio Ismael (Gn 21.21). O rei Hadade de Edom enganou Joabe, quando foi de Parã ao Egito (1Rs 11.17,18). **2.** O monte Parã parece ser um paralelo poético ao monte Sinai (Dt 33.2; cp.

---

* "Páscoa judaica", conforme o hebraico *pessah*, termo derivado do verbo *passah* = passar sobre (em inglês: *Passover*), para diferenciar da Páscoa cristã (em inglês: *Easter*). [N. do T.]

Hc 3.3) como o lugar da revelação. Se não é o mesmo Sinai, a localização é incerta.

PARÁBOLAS Histórias, especialmente as de Jesus, contadas para prover uma visão da vida, especialmente da vida no Reino de Deus. A parábola é a apresentação de algo para comparar e conceder um entendimento novo. As parábolas utilizam figura como metáforas ou símiles e muitas vezes são estendidas até se tornarem pequenas histórias para alcançar um objetivo ou a revelação de algo. Contudo, parábola jamais é sinônimo de alegoria.

A diferença entre parábolas e alegorias diz respeito ao número de comparações. A parábola pode veicular outras imagens e implicações, mas tem somente um ponto principal estabelecido pela comparação básica ou justaposição interna. A parábola do grão de mostarda (Mc 4.30-32; Mt 13.31,32; Lc 13.18,19), p. ex., compara ou justapõe uma semente que no começo é muito pequena a um arbusto que aos poucos se torna grande.

A alegoria faz muitas comparações por meio de uma mensagem codificada. A alegoria correlaciona duas áreas do discurso, provendo uma série de figuras que simbolizam diversas verdades em outra esfera. Cada detalhe é uma metáfora separada ou, o que alguns chamam, "criptograma". Caso o interlocutor seja alguém acostumado com ela, recebe-se a segunda mensagem. De outro modo, o interlocutor ficará apenas na superfície da história. *As viagens de Gulliver*, de Jonathan Swift, é uma alegoria, como *O peregrino*, de John Bunyan. No AT, Ezequiel conta um incidente na natureza a respeito de grandes águias e vinhedos (17.3-8) e depois apresenta uma aplicação bastante alegórica de cada detalhe (17.9-18).

A palavra "alegoria" jamais aparece nos Evangelhos. A parábola é a figura básica utilizada por Jesus. Ainda que nenhuma parábola nos Evangelhos sinópticos seja alegoria pura, algumas parábolas contêm aspectos alegóricos subordinados, como a parábola dos lavradores ímpios (Mc 12.1-12; Mt 21.36-46; Lc 20.9-19). Mesmo na parábola do grão de mostarda a referência às aves do céu que se aninham em seus galhos (Mc 4.32) pode ser um detalhe alegórico, mas a distinção da parábola estabelece uma comparação básica, única que permanece e auxilia na interpretação. V. *alegoria*.

Parábolas anteriores às de Jesus Ainda que Jesus tenha aperfeiçoado a arte oral de contar parábolas, o pano de fundo pode ser encontrado no AT e em fontes seculares. O AT emprega a categoria mais ampla de *mashal*, que se refere a todas as expressões que contêm comparações. Um provérbio pode ser *mashal* (1Sm 10.12), uma zombaria (Mq 2.4), um enigma obscuro (Sl 78.2), uma alegoria (Ez 24.3,4) ou uma parábola. As histórias de Jesus estão ligadas à herança das parábolas proféticas do AT (Is 28.23-29; 5.1-17; 1Rs 20.39-43; Ec 9.13-16; 2Sm 12.1-4).

Talvez o antecedente mais interessante das parábolas de Jesus venha da palavra de Natã a Davi. Natã contou ao inadvertido Davi a aparentemente inocente história de um homem rico e de um homem pobre que viviam na mesma cidade (2Sm 12.1-4). O pobre possuía apenas uma pequena ovelha muito amada como animal de estimação, enquanto o rico possuía grandes rebanhos; mesmo assim, quando o fazendeiro rico recebeu o convidado para uma refeição, ele se apropriou da única ovelha do pobre para o jantar! O narrador da história correu um risco muito grande à medida que se aproximava do momento de confrontar a vida do mais famoso rei de Israel. Ele queria fazer que Davi tivesse cortados os vínculos férreos de seu autoengano e de sua cegueira moral. Em determinado sentido, foi uma armadilha muito bem preparada, pois Davi respondeu como se estivesse moralmente ultrajado, condenando dessa forma a si mesmo. Natã depois aplicou a parábola ao envolvimento de Davi com Bate-Seba (2Sm 12.5-14). Essa parábola repleta de ação, e outras no AT, pertence à mesma tradição de Jesus.

A parábola era reconhecida como um tipo literário nos textos gregos concernentes à retórica antes do tempo de Jesus. O famoso escritor Homero incluiu 1.859 parábolas na *Ilíada* e outras 39 na *Odisseia*. O texto poético de Platão era rico em similitudes entretecidas em seu discurso, mas não na forma de unidades independentes como as de Jesus. Algumas das ilustrações de Sócrates eram parabólicas. Aristóteles reconheceu o lugar da parábola em seus textos.

Os estudiosos da Bíblia discordam quanto aos rabinos antes de Jesus usarem ou não parábolas.

PARÁBOLAS

Eruditos como C. A. Bugge e Paul Fiebing apontam para numerosas parábolas rabínicas derivadas do início do séc. I a.C. Outros, como Joachim Jeremias, não encontraram quase nenhuma depois do tempo de Jesus. Sabe-se de parábolas rabínicas logo após o tempo de Jesus, e reconhece-se que as parábolas de Jesus não são apenas convincentes, mas se centralizam no Reino vindouro de Deus, não na exposição da Lei ou *Torá*, como as parábolas rabínicas.

O uso especial das parábolas por Jesus Muitas parábolas surgiram de situações de conflito quando Jesus respondeu aos críticos religiosos. Essas parábolas de resposta, geralmente dirigidas ao mesmo tempo a fariseus e pecadores, expõem e exaltam. Jesus expôs a autojustificação dos críticos e exaltou o Reino de Deus. Quando João Batista foi criticado pela seriedade demasiada, e Jesus pela frivolidade, ele replicou com a parábola da brincadeira das crianças (Mt 11.16-19; Lc 7.31-35) para expor a inconsistência da crítica. Na parábola mais famosa exaltou o amor perdoador do pai e expôs a crítica hostil do irmão mais velho que não queria perdoar (Lc 15.11-32).

De fato, Jesus interpretou seu ministério e lugar na história da salvação por meio de parábolas. Ele se dirigiu a diferentes audiências: multidões, discípulos e críticos com propósitos definidos. Na verdade, o narrador das histórias e as histórias são importantes. Isto é, o fato de Jesus ser o autor afeta o significado. Como Jesus interpretou seu ministério por meio de parábolas, estas algumas vezes têm uma "sutileza cristológica". Jesus mesmo aparece indiretamente na história (Mc 3.23-27). As parábolas não são apenas histórias inteligentes, mas a proclamação do evangelho. O ouvinte precisa responder e é convidado pela história a tomar uma decisão a respeito do Reino e do Rei. A parábola dos lavradores iníquos (Mc 12.1-12) representou um confronto ruidoso.

As histórias deixaram Jesus em situação difícil na medida em que ele fez alegações veladas de sua dignidade real e expôs a hipocrisia reinante na hierarquia religiosa. Uma das razões pelas quais Jesus foi crucificado deve-se ao caráter desafiador de suas parábolas e às alegações sobre seu Reino.

Diferentes tipos de parábolas de Jesus Jesus podia tornar os ouvidos das pessoas em olhos, algumas vezes com imagens serenas, outras vezes com imagens movimentadas. Ele apresentou ditos parabólicos referentes ao sal da terra (Mt 5.13) ou ao lançamento de pérolas aos porcos (Mt 7.6). Essas parábolas incipientes estavam em geral alinhadas a um apelo pitoresco à imaginação. De modo notável Jo não contém parábolas, mas inclui 13 ditos parabólicos.

Jesus também contou parábolas simples que representam figuras elaboradas em histórias. As figuras repetidas apresentam uma situação geral que cresce de uma experiência típica e apelam para o senso comum. Em geral estão preocupadas especificamente com o Reino de Deus e são introduzidas pela frase "o Reino de Deus é semelhante (ou 'é como')...". Exemplos são os pares de parábolas do tesouro e da pérola (Mt 13.44-46), do construtor da torre e do rei em guerra (Lc 14.28-32) e da ovelha e da moeda perdidas (Lc 15.3-10). Todas essas são símiles estendidas.

Além disso, Jesus contou suas famosas parábolas narrativas que representam uma situação específica e de forma geral incluem na primeira sentença uma referência a certa pessoa. Enquanto Mateus reportou um grande número de ditos parabólicos, Lc contém numerosas parábolas narrativas, como a parábola do administrador injusto (Lc 16.1-8), do bom samaritano (10.30-37) e do rico insensato (12.16-21). Parábola narrativa é uma história dramática composta por uma ou mais cenas retiradas da vida diária, mas focada em uma circunstância incomum e decisiva.

Considerações literárias especiais Parábolas narrativas e as parábolas simples totalizam mais de 40 exemplos. Certas metáforas são recorrentes nas diferentes parábolas. Nas parábolas da semente e do semeador, p. ex., a semente que cresce por si mesma e o grão de mostarda em Mc 4 têm foco na natureza do Reino vindouro. As parábolas que falam sobre mestre/senhor refletem um tempo de avaliação crítica. As parábolas régias, especialmente em Mt, apresentam a soberania da graça e do juízo divinos. As parábolas do dono da casa apresentam uma figura com autoridade cujo propósito é resistido ou rejeitado, mas cuja vontade mesmo assim será por fim cumprida. A última categoria aponta para o realismo da rejeição da vontade de Deus plenamente permitida pela provisão divina de liberdade, mas também na insistência divina do triunfo eventual de seu propósito amoroso.

A atenção à forma da parábola suscita a proeminência dessa questão, as parábolas de rejeição, e o lugar do discurso direto. Jesus tinha a intenção de envolver seus ouvintes; então ele elaborou muitas parábolas que apontam para uma grande questão. A parábola do servo e seus salários concentra-se em torno de duas questões (Lc 17.7-10). A parábola do administrador injusto (Lc 16.1-8) inclui quatro questões. Essas interrogativas nas parábolas geralmente definem um dilema (Lc 12.20; Mc 12.9) ou apelam para um aceno de acordo em uma área da vida que tem a ver com outra.

As parábolas de recusa são as que expressam a intenção da personagem de não fazer o que foi solicitado. O irmão mais velho se recusou a participar da festa em honra do filho pródigo (Lc 15.28), e os convidados rejeitaram o convite para participar da festa de casamento (Mt 22.3). Esses e outros exemplos da recusa de fazer a vontade de Deus são o reconhecimento da realidade do orgulho humano, teimosia, hipocrisia e rejeição encontrados por Jesus no ministério de proclamação.

O discurso direto é também muito importante em diversas parábolas por trazer a história à vida. Por meio da conversação humana, a parábola com frequência alcança seu objetivo, em especial na afirmação final. Com certeza Jesus pronunciou as afirmações que concluíam as parábolas de modo especial e talvez até mesmo as tenha interpretado com o tom de voz.

Temas comuns nas parábolas de Jesus
O Reino de Deus é o centro dos ensinos de Jesus (Mc 1.15). Cada parábola explora e expande o tema. O reinado de Deus ou de Javé pode ser encontrado primeiramente no AT (Sl 24.9,10; Is 6.5). O texto de Dn 4 proclama a soberania divina sobre os reinos seculares, e os Dez Mandamentos exigem plena obediência a Deus.

Jesus elevou o tema ao novo nível e por meio de suas parábolas apresentou a natureza (Mc 4.26-29), a graça (Lc 18.9-17), a crise (Lc 12.54-56) e as condições do Reino, como compromisso (Lc 14.28-30), perdão (Mt 18.23-35) e compaixão (Lc 10.25-37).

As parábolas ainda proclamam o Reino como ético, experimental ou existencial, escatológico e evangelístico. Várias parábolas acentuam preocupações éticas, como a atitude para com o próximo (Lc 18.9-14; 15.25-32; Mt 18.23-35). Jesus insistiu na religiosidade por meio de relacionamentos. O forte apelo ao arrependimento no cerne de muitas parábolas exige a reorientação moral e espiritual da vida que tem no Reino o centro.

Muitas parábolas falam de experiências comuns e iluminam a existência. Jesus poderia expor por meio de suas parábolas uma vida petrificada e sem cor. Ele podia transmitir a ideia da experiência comovente de estar perdido em um país distante e então voltar para si mesmo e para o lar (Lc 15.17). Suas parábolas expunham com muita força a inautenticidade da vida autocentrada e gananciosa (Lc 12.13-21; 16.19-31).

À medida que Jesus fazia sua proclamação por parábolas, Deus irrompia na História, demonstrando que o ápice da História havia chegado. Jesus fez esse anúncio com urgência. Ele apresentou a perspectiva de outro mundo na parábola do rico insensato (Lc 12.13-21). E anteviu plenamente a vinda futura do Reino (Mt 13.8,30,32,39).

As parábolas são evangelísticas porque buscam estimular decisão e mudança de vida. Convidam os ouvintes ao arrependimento e à crença. As parábolas têm a intenção de despertar a fé. A fé do contador de parábolas é contagiosa. A parte da parábola que apresenta o irmão mais velho (Lc 15.25-32) tem um final aberto. Ele poderia escolher engolir o orgulho, fazer funcionar seu espírito perdoador, revestir-se de humildade e participar da festa.

Parábolas sem palavras Como os profetas, Jesus encenou parte de sua mensagem. Seus atos parabólicos eram realizados com ousadia. Ele escolheu dentre o grupo maior de seguidores um grupo especial de 12 discípulos (Mc 3.13-19), p. ex., simbolizando a criação da parte dele de um novo Israel. Em todo o seu ministério, Jesus recebeu graciosamente os excluídos espirituais e sociais, sendo assim amigo dos pecadores, indicando a graça amorosa do Pai. Ele amaldiçoou a figueira (Mc 11.12-14,20,21), apontando para o juízo divino de Israel. Ele entrou em Jerusalém em humildade régia no primeiro dia da semana (chamado depois Domingo de Ramos), cumprindo assim a profecia de Zacarias. Ele purificou o templo (Mc 11.15-19), encenando a vontade de Deus de que Israel se tornasse luz para as nações. Na última ceia ele partiu o pão e serviu o vinho, dessa maneira encenando com pequenas parábolas o sacrifício amoroso do Calvário.

A perspectiva das parábolas quanto à vida Algumas das parábolas têm relevância pastoral, e outras, profética. São a um só tempo doces e sérias. A parábola do grão de mostarda fala pastoralmente sobre superar o desespero, e a parábola da viúva persistente (Lc 18.1-8) encoraja os ouvintes à perseverança. A parábola da figueira estéril (Lc 13.6-9) fala de modo profético a respeito de prioridades nacionais; a parábola dos lavradores iníquos critica os líderes religiosos arrogantes; e a parábola do rico insensato confronta a segurança falsa no materialismo. A graça resplandece no culto, e a revelação acontece! V. *Jesus Cristo*; *Reino de Deus*. — Peter Rhea Jones

PARACLETO Transliteração de uma palavra grega que significa literalmente "chamado ao lado" ou "ao lado para ajudar". Apenas João utiliza essa palavra no NT. Ele descreveu o Espírito como outro "Paracleto" que ensina (Jo 14.16), lembra aos discípulos o que Jesus ensinou (Jo 14.26), testifica (Jo 15.26) e convence do pecado (Jo 16.7,8). João também descreveu Jesus como o primeiro "Paracleto" (Jo 14.16) ou advogado (1Jo 2.11). V. *advogado*, *defensor*; *conselheiro*; *Espírito Santo*. — Thomas Strong

PARAÍSO Antiga palavra persa que significa "área cercada" ou "parque arborizado", usada no AT para falar da floresta do rei Artaxerxes (Ne 2.8) e duas para falar de pomares (Ec 2.5; Ct 4.13). Todas as três ocorrências do NT (Lc 23.43; 2Co 12.4; Ap 2.7) se referem à morada dos justos falecidos (céu). O AT grego (*LXX*) usou a palavra "paraíso" para traduzir as palavras hebraicas relativas ao jardim do Éden em Gn 2 e 3. Com o passar dos anos as palavras se tornaram sinônimas, e com o tempo a palavra "paraíso" foi usada para se referir a céu. Posteriormente a teologia judaica desenvolveu um lugar oposto para as pessoas ímpias, a *geena*, a fornalha ardente. V. *esperança futura*; *céu*.

PARALELISMO V. *poesia*.

PARALISIA (Mt 4.24; 9.2; Lc 5.18; At 8.7). As descrições dos escritores dos Evangelhos não permitem identificar formas específicas de paralisia. Os escritores dos Evangelhos estavam antes preocupados em apresentar Jesus como aquele a quem Deus confiou a autoridade para perdoar pecados (Mt 9.6) e cujo ministério de cura era motivo para glorificar a Deus (Mt 9.8).

PARBAR Palavra hebraica de significado incerto que aparece somente em 1Cr 26.18. Algumas traduções (*ARC*, *BJ*, *TEB*) simplesmente transliteram o termo. Outras oferecem traduções plausíveis: pátio (*NVI*, *NTLH*), átrio (*ARA*). Traduções sugeridas do plural de *parvar* (ou uma palavra relacionada) em 2Rs 23.11 são: sala (*NVI*), átrio (*ARA*), recinto (*ARC*), pátio (*NTLH*). Aparentemente era uma estrada, uma área aberta, ou um quarto próximo ao templo.

PARDAL Geralmente traduzido por "ave" (*tsippor*), como representante de todas as aves (Sl 8.8; Ez 17.23). Era uma ave cerimonialmente pura, e algumas vezes servia de alimento para os pobres. O pardal pertence à família do tentilhão. É citado em Sl 84.3 e Pv 26.2. A *ARC* traz "pardal" em Sl 102.7 (*NVI* e *NTLH*, "pássaro"), mas é provável que essa tradução não seja a mais acertada, pois fala de um "pássaro solitário no telhado", e os pardais vivem em grupos. Já o salmista pode ter tido a intenção de enfatizar essa contradição, qual seja, dar destaque às profundezas da solidão e da desolação que estava enfrentando.

Jesus mencionou o pardal (Mt 10.31; Lc 12.7) para mostrar sua falta de valor em contraste com os seres humanos. Nas passagens paralelas, Jesus ensinou aos discípulos ter confiança no amor divino. O Deus que cuida de toda a criação, até do mais insignificante pardal, com certeza cuidará das pessoas. — Janice Meier

PÁREAS (*ARC*) Placenta (*ARA*, *NVI*) e membranas fetais expelidas com o parto (Dt 28.57).

PARENTESCO Geralmente se refere ao parentesco de sangue baseado na natureza tribal de Israel. O relacionamento mais importante era o do pai com o filho mais velho.

Esperavam-se algumas obrigações dos parentes. No caso da morte inesperada do marido que não deixou filho, a lei de casamento do levirato se tornava imperativa — i.e., o irmão do marido era obrigado a suscitar um descendente masculino para o falecido irmão e assim perpetuar o nome e a herança do morto. O irmão vivo era o *go'el* do irmão falecido — seu redentor (Gn 38.8; Dt 25.5-10; Rt 3.9-12).

O parente era também o vingador de sangue. Algo errado feito contra qualquer membro da família era considerado crime contra toda a tribo ou todo o clã. Por conseguinte, o clã tinha a obrigação de punir o malfeitor. No caso de assassinato, o parente deveria buscar vingança. Conforme o imaginário dos povos antigos, o sangue do homem assassinado clamava por vingança do solo onde foi derramado, e o clamor era ouvido mais alto pelo membro do clã mais próximo em parentesco do falecido. Assim, o parente mais próximo tinha a responsabilidade de ser o vingador de sangue (cf. Gn 4.1-16, esp. v. 10).

O parente era também responsável por redimir o patrimônio que seu familiar mais próximo pudesse ter vendido por causa de pobreza (Lv 25.25; Rt 4.4). Era responsabilidade do parente também resgatar o parente que pudesse ter vendido a si mesmo (Lv 25.47,48).

O livro de Rt é o exemplo mais destacado do parente que usou seu poder e a lei judaica para redimir. Boaz demonstrou uma das responsabilidades do parentesco — casar-se com a viúva do parente falecido. Algumas vezes se faz uma correlação entre a redenção de Rute por Boaz e a redenção dos pecadores por Cristo. V. *vingador*; *cidades de refúgio*; *lei do levirato, casamento do levirato*; *redimir, redenção, redentor*; *vingança*. — Gary Bonner

PÁRMENAS Nome pessoal que significa "fiel" ou "constante". Um dos sete escolhidos pela igreja de Jerusalém para distribuir alimento às viúvas falantes de grego (At 6.5).

PARNAQUE Nome pessoal persa de significado incerto. Pai de Elisafã (Nm 34.25).

PARÓS Nome pessoal que significa "pulga". **1.** Ancestral de uma família pós-exílica (Ed 2.3; 8.3; 10.25; Ne 7.8). **2.** Uma das testemunhas da renovação da aliança sob a liderança de Esdras (Ne 10.14), possivelmente o pai de Pedaías (Ne 3.25). Esse Parós era provavelmente o membro chefe da família citada anteriormente.

PARSANDATA Nome pessoal, provavelmente de origem persa, com o significado possível de "inquisitivo". Um dos dez filhos de Hamã (Et 9.7).

PARSIM V. *Mene, Mene, Tequel, Parsim*.

PARTEIRA Mulher que auxilia no parto de um bebê (Êx 1.15-21). As tarefas da parteira provavelmente incluíam cortar o cordão umbilical, lavar e salgar o bebê, além de envolvê-lo em panos (Ez 16.4). A desobediência civil das parteiras hebreias Sifrá e Puá atrapalhou por um momento o plano do faraó de eliminar todos os meninos hebreus (Êx 1.15-21). Sua fidelidade foi recompensada com o fato de elas estabelecerem famílias próprias (Êx 1.21) — isso sugere que, não raro, mulheres sem filhos trabalhavam como parteiras. As mulheres citadas em Rt 4.14-17 e 1Sm 4.20 provavelmente eram parteiras.

PARTIDOS JUDAICOS V. *partidos judaicos no Novo Testamento*.

PARTIDOS JUDAICOS NO NOVO TESTAMENTO O judaísmo no NT era diversificado. Lemos a respeito de fariseus, saduceus e herodianos. Um homem é chamado zelote. De outras fontes aprendemos a respeito de essênios e sicários.

Fariseus Os fariseus constituíam o maior e mais importante grupo. Josefo afirmou que o grupo continha 6 mil membros. Eles aparecem nos Evangelhos como oponentes de Jesus. Paulo era fariseu (Fp 3.5). Eles controlavam as sinagogas e exerceram grande influência sobre boa parte da população.

Não sobreviveu nenhum texto que nos dê informações sobre a origem dos fariseus. A mais antiga referência a eles é do tempo de Jônatas (160-143 a.C.), quando Josefo se refere a fariseus, saduceus e essênios. O bom relacionamento deles com os governantes chegou ao fim no tempo de João Hircano (134-104 a.C.). Eles voltaram ao poder quando Salomé Alexandra se tornou rainha (76 a.C.).

PARTIDOS JUDAICOS NO NOVO TESTAMENTO

Datas de existência	Nome	Origem	Segmentos da sociedade	Crenças	Referências bíblicas selecionadas	Atividades
FARISEUS						
Existiram no tempo de Jônatas (160-143 a.C.). Declínio em poder no tempo de João Hircano (134-104 a.C.). Surgem novamente no tempo de Salomé Alexandra (76 a.C.)	Fariseus = "os separados", com três possíveis significados: 1) Por terem se separado a si mesmos dos outros povos 2) Por terem se separado para o estudo da Lei ("dividindo", ou "separando" a verdade) 3) Por terem se separado das práticas pagãs	Provavelmente descendentes espirituais dos hassidim (defensores da liberdade religiosa no tempo de Judas Macabeu)	Mais numeroso dos partidos (ou seitas) judaicos. Provavelmente descendentes dos hassidim — escribas e doutores da lei. Integrantes da classe média — principalmente homens de negócios (mercadores e comerciantes)	Monoteístas. Viam a totalidade do AT (*Torá*, Profetas e Escritos) como autoritativo. Crença que o estudo da lei é o culto verdadeiro. Aceitavam a lei oral e a Lei escrita. Mais liberais na interpretação da Lei que os saduceus. Totalmente preocupados com a guarda adequada do sábado, dízimos e rituais de purificação. Criam na vida após a morte e na ressurreição do corpo (com retribuição e recompensa divina). Respeitavam a humanidade e a igualdade humana. Mentalidade missionária concernente à conversão de gentios. Criam que os indivíduos são responsáveis pela maneira em que vivem	Mt 3.7-10; 9.14; 16.1,6-12; 22.15-22,34-46; 23.2-36; Mc 3.6, 7.3-5, 8.15; 12.13-17 Lc 3.1; 9.13-16; 11.46-47; 12.19 At 23.6-10 Fp 3.4b-6	Desenvolvimento da tradição oral. Ensino de que o caminho para Deus é pela obediência à Lei. Pensadores progressistas concernentes à adaptação da Lei às novas situações. Opositores de Jesus porque ele não aceitava o ensino que a lei oral é obrigatória. Estabeleceram e controlaram as sinagogas. Exerceram grande controle sobre a população em geral. Serviram como autoridades religiosas para muitos judeus. Realizavam várias cerimônias do templo em seus lares. Enfatizavam uma ação ética como oposta a uma ação teológica. Legalistas e socialmente exclusivistas, rejeitaram os não fariseus como impuros. Tendiam a ter autossuficiência e atitudes arrogantes
SADUCEUS						
Provavelmente tiveram início por volta de 200 a.C. Seu desaparecimento ocorreu no ano 70 da era cristã (com a destruição do templo)	Saduceu — três possíveis traduções: (1) "Os justos" — baseado nas consoantes hebraicas da palavra "justo". (2) "quem simpatiza com Zadoque" ou "zadoquita" — baseado em uma possível ligação com Zadoque, o sumo sacerdote (3) "síndico", "juiz" ou "fiscal de controle" — baseado na palavra grega *syndikoi*.	Origem desconhecida. Alegavam ser descendentes de Zadoque — sumo sacerdote no tempo de Davi (cf. 2Sm 8.17; 15.24] e Salomão (cf. 1Rs 1.34-35; 1Cr 12.28). Tinham possível ligação com Arão. Foram formados como grupo provavelmente por volta do ano 200 a.C. como o partido do sumo sacerdote	Aristocracia — descendentes ricos da linhagem do sumo sacerdote (entretanto, nem todos os sacerdotes eram saduceus). Possivelmente descendentes do sacerdócio hasmoneu. Provavelmente não tão refinados como sua posição econômica na vida sugeriria	Aceitavam apenas a *Torá* (Gn a Dt — a lei escrita de Moisés) como autoritativa. Praticavam uma interpretação literal da Lei. Rigidamente conservadores em relação à Lei. Enfatizavam observância estrita da Lei. Observavam crenças e tradições antigas. Opostos à lei oral como obrigatória e mandatória. Criam na absoluta liberdade da vontade humana — que as pessoas podiam fazer o que quisessem sem que Deus se importasse. Negavam a providência divina. Negavam a ideia de vida após a morte e a ressurreição do corpo. Negavam a existência de anjos e demônios. Materialistas	2Sm 8.17 1Rs 1.34 1Cr 12.26-28 Ez 40.45-46; 43.19; 44.15,16 Mt 3.7-10; 16.1,6-12; 22.23-34 Mc 12.18-27 Lc 20.27-40; Jo 11.47 At 4.1-2; 5.17-18; 23.6-10	Responsáveis pelo templo e seus cultos. Politicamente ativos. Exerceram grande controle político por intermédio do Sinédrio, do qual muitos eram membros. Apoiavam o poder dominante e o *status quo*. Alinhados com o helenismo la crescente influência grega] e eram por isso desprezados pela população judaica. Opuseram-se tanto aos fariseus quanto a Jesus, porque estes viviam por um cânon maior (ambos, os fariseus e Jesus, consideravam como autoritativos mais que apenas de Gn a Dt). Opuseram-se a Jesus especificamente por temor de que sua posição e sua riqueza fossem ameaçadas se o apoiassem

PARTIDOS JUDAICOS NO NOVO TESTAMENTO

ZELOTES

Quando existiram: Três possibilidades para seu início:
- no reinado de Herodes, o Grande (c. 37 a.C.)
- na revolta contra Roma (6 d.C.)
- no tempo dos hassidim ou macabeus (c. 168 a.C.)

Seu desaparecimento certamente ocorreu entre 70 e 73 da era cristã com a conquista romana de Jerusalém

Significado do nome: Refere-se a seu zelo religioso. Josefo usou a palavra para se referir aos envolvidos na revolta judaica contra Roma no ano 6 d.C., liderada por Judas da Galileia

Origem: (De acordo com Josefo) Os zelotes começaram com Judas (o Galileu), filho de Ezequias e líder de uma revolta no ano 6 d.C. por causa de um censo feito com intenções de tributar o povo.

Membresia: Segmento extremado dos fariseus

Crenças: Similares as dos fariseus com a seguinte exceção: criam fortemente que somente Deus tinha o direito de governar os judeus. Patriotismo e religião tornaram-se inseparáveis. Criam que a obediência total (apoiada por medidas físicas drásticas) precisa ser aparente antes que Deus traga a Era Messiânica

Referências bíblicas: Mt 10.4; Mc 3.18; Lc 6.15; At 1.13

Características:
- Extremamente opostos ao governo romano na Palestina
- Extremamente opostos à paz com Roma
- Recusavam-se a pagar impostos
- Revelaram-se contrários ao uso da língua grega na Palestina
- Envolvidos em terrorismo contra Roma e outros de quem discordavam politicamente
- [Sicários (ou Assassinos) eram um grupo zelote extremista que executava ações de terrorismo contra Roma]

HERODIANOS

Quando existiram: Existiram durante o tempo da dinastia herodiana (que começou com Herodes, o Grande, em 37 a.C.)

Significado do nome: Baseado em seu apoio aos governantes herodianos (Herodes, o Grande, ou sua dinastia)

Origem: A origem exata é incerta

Membresia: Judeus ricos, politicamente influentes, que apoiavam Herodes Antipas (ou qualquer descendente de Herodes, o Grande) que governava a Palestina (Judeia e Samaria estavam debaixo do domínio romano naquele tempo)

Crenças: Não eram um grupo religioso, mas político. A membresia era provavelmente formada por representantes de diferentes perspectivas teológicas

Referências bíblicas: Mt 22.5-22; Mc 3.6; 8.15; 12.13-17

Características:
- Apoiavam Herodes e a dinastia herodiana
- Aceitavam a helenização
- Aceitavam o governo estrangeiro

ESSÊNIOS

Quando existiram: Provavelmente começaram durante o tempo dos macabeus (c. 168 a.C.) — aproximadamente a mesma época em que começaram a se formar os grupos dos fariseus e dos saduceus. A data do seu desaparecimento é incerta — provavelmente entre 68 e 70 d.C., com a queda de Jerusalém

Significado do nome: Origem desconhecida

Origem: Possivelmente se desenvolveu como reação contrária ao sacerdócio saduceu corrupto. Tem sido identificados com vários grupos: hassidim, zelotes, influência grega ou iraniana

Membresia: Dispersos pelas vilas da Judeia (possivelmente incluindo a comunidade de Qumran) (cf. Fílon e Josefo). Cerca de 4.000 na Síria-Palestina

Crenças:
- Ascetas bastante estritos
- Monásticos: muitos faziam votos de celibato (adotavam meninos para perpetuar o grupo), mas alguns se casavam com finalidade de procriação
- Aderência rígida à Lei (incluindo uma leitura estrita de ensinos éticos)
- Consideravam outras literaturas como autoritativas (em adição às Escrituras hebraicas)
- Criam no pacifismo e o praticavam
- Rejeitavam o culto e as oferendas no templo, por considerarem-nos corrompidos
- Criam na imortalidade da alma, sem ressurreição corporal
- Apocalipticamente orientados

Referências bíblicas: Nenhuma

Características:
- Devotados à cópia e ao estudo dos manuscritos da Lei
- Vivia com sentido comunitário, em propriedades comunais
- Exigiam um longo período probatório e um batismo ritual dos que desejavam unir-se ao grupo
- Eram altamente justos e virtuosos
- Eram extremamente autodisciplinados
- Eram diligentes como trabalhadores manuais
- Davam grande importância ao culto diário
- Apegavam-se a rígidas leis sabáticas
- Rejeitavam tanto os prazeres como os males mundanos
- Rejeitavam o casamento — mas não proibiam outros de se casarem

PARTIDOS JUDAICOS NO NOVO TESTAMENTO

A palavra "fariseu" significa "separado". Talvez tenha esse significado porque eles se separaram das massas ou por se separarem para estudar e interpretar a Lei. Uma suposição comum é que eles se desenvolveram dos hassidim, os ultraortodoxos e leais lutadores pela liberdade no tempo de Judas Macabeu. Aparentemente eles foram os responsáveis pela transformação do judaísmo da religião do sacrifício na religião da Lei. Eles desenvolveram a tradição e eram os mestres da lei dupla: escrita e oral. Entendiam o caminho para Deus por meio da obediência à Lei. Foram os progressistas de seus dias, desejando adotar novas ideias e adaptar a Lei a situações novas.

Os fariseus eram fortemente monoteístas. Aceitavam todo o AT como detentor de autoridade. Afirmavam a realidade de anjos e demônios. Mantinham crença firme na vida após a morte e na ressurreição do corpo. Eram missionários, buscavam a conversão de gentios (Mt 23.15). Entendiam que Deus está preocupado com a vida da pessoa sem negar a responsabilidade do indivíduo pela maneira em que vive. Os fariseus se opuseram a Jesus porque ele se recusou a aceitar suas interpretações da lei oral.

Saduceus Os saduceus eram aristocratas. O partido dos ricos e das famílias dos sumo sacerdotes. Tinham a responsabilidade do templo, seus serviços e concessões. Alegavam descender de Zadoque, sumo sacerdote de Salomão. A verdadeira origem da palavra é desconhecida. Em toda a literatura eles se opunham aos fariseus. Eram socialmente conservadores e buscavam preservar as práticas do passado. Contrários à lei oral, aceitavam o Pentateuco como autoridade última. A visão de mundo dos saduceus era materialista. Não acreditavam no pós-morte nem em recompensas ou punições além desta vida. Negavam a existência de anjos e demônios. Não acreditavam que Deus se preocupasse com o que as pessoas fazem. Antes, as pessoas são completamente livres. Eram politicamente orientados, apoiavam os poderes governantes, selêucidas ou romanos. Não toleravam ameaças à sua posição e riqueza, e por isso se opuseram fortemente a Jesus.

Herodianos Os herodianos são mencionados somente três vezes no NT (Mt 22.16; Mc 3.6; 12.13). Em Mc eles se unem aos fariseus no complô para matar Jesus. As outras referências são a fariseus e herodianos juntos perguntando a Jesus a respeito do pagamento de impostos a César. Eram judeus que apoiavam Herodes Antipas ou buscavam ter um descendente de Herodes, o Grande, com autoridade sobre a Palestina. Nesse tempo Judeia e Samaria jaziam sob a autoridade de Roma.

Zelotes Os zelotes são raramente mencionados no NT. Simão, um dos discípulos, é chamado zelote (Lc 6.15). O texto de Jo 18.40 usa uma palavra para Barrabás empregada por Josefo para descrever um zelote. Josefo disse que os zelotes começaram com Judas, o Galileu, que tentou liderar uma revolta contra o imposto do censo (6 d.C.). Ele não usou o nome zelote até se referir ao ocorrido em 66 d.C., a primeira revolta judaica contra Roma. Os zelotes eram a ala extremista do farisaísmo. Em contraste com os outros fariseus, eles criam que somente Deus tem o direito de governar os judeus. Estavam dispostos a lutar e morrer por essa crença. Para eles o patriotismo nacionalista e a religião eram inseparáveis.

Sicários A palavra significa literalmente "homens armados com adagas". Os sicários eram os revolucionários mais extremados entre os judeus do séc. I. Comprometidos com a derrubada do poder romano na Palestina, escondiam pequenas adagas usadas para assassinar os inimigos, principalmente oficiais romanos. Estavam dispostos a morrer para assassinar seus alvos e faziam o possível para perturbar a política administrativa e militar romana.

Essênios Sabemos a respeito dos essênios por intermédio dos escritos de Josefo e Fílon, filósofo judeu de Alexandria, Egito. Eles não são mencionados no NT. Mais informações a respeito dos essênios foram conhecidas desde a descoberta de manuscritos nas cavernas na região do mar Morto em 1947, chamados manuscritos do mar Morto. A suposição comum é que o grupo que escreveu esses manuscritos era essênio ou associado a eles. Seu início pode datar da mesma época que os fariseus e saduceus. Os essênios eram um grupo ascético. Muitos deles viviam na região desértica de Qumran, perto do mar Morto. Atualmente se sabe que uma ativa comunidade essênia estava de igual forma localizada em Jerusalém. Eles faziam voto de celibato e perpetuavam a comunidade pela adoção de meninos. Entretanto, alguns essênios se casavam. Quando alguém se unia aos essênios, doava todas as posses à comunidade. Exigia-se o período de prova de três anos antes da concessão da adesão plena. Os essênios se dedicavam ao estudo da Lei. Iam além dos fariseus no entendimento rígido da Lei. Não há evidências concretas de que Jesus ou João Batista tivessem alguma relação com Qumran. Jesus se oporia fortemente ao entendimento deles sobre a Lei.

A vasta maioria do povo não era partidária de nenhum desses grupos, ainda que provavelmente fossem mais influenciados pelos fariseus. V. *rolos do mar Morto*; *história e literatura intertestamentárias*; *sinagoga*. — Clayton Harrop e Charles W. Draper

PARTOS Povo tribal que migrou da Ásia Central para o Irã atual. Sua terra de origem era uma área a sudeste do mar Cáspio. Eles falavam um dialeto ariano muito próximo ao persa e adoravam o deus persa Ahura Mazda. Os partos adotaram a cultura grega após a derrota para Alexandre, o Grande. Por volta do ano 250 a.C. eles se revoltaram contra o domínio selêucida e alcançaram o poder sob a liderança do rei Mitrídates, que reinou de 171 a 138 a.C. Em 53 a.C. os romanos invadiram a região, mas foram derrotados em várias ocasiões. Eles só conseguiram o controle da Pártia em 114 d.C. Alguns partos estavam entre os ouvintes do evangelho em sua própria língua em Jerusalém no Pentecoste (At 2.9-11).

PARUA Nome pessoal que significa "florescer", "alegre" ou "crescer". Pai de Josafá (1Rs 4.17).

PARÚSIA Palavra grega que significa "presença" ou "vinda". Na teologia do NT abrange os acontecimentos relacionados à segunda vinda de Cristo. V. *Dia do Senhor*; *escatologia*; *esperança futura*; *Reino de Deus*.

PARVAIM Fonte de ouro para a decoração do templo de Salomão (2Cr 3.6). O lugar talvez seja El Farwaim (Farwa) no Iêmen, ou talvez seja um termo geral para designar o oriente.

PASAQUE Nome pessoal que talvez signifique "divisor". Membro da tribo de Aser (1Cr 7.33).

PASCAL Adjetivo relativo à Páscoa. Do grego *pascha*, que é a pronúncia helenizada do aramaico *pascha* (ou *pischa*) para o hebraico *pesach*, "Páscoa". A refeição pascal era a ceia preparada e comida na celebração da Páscoa (Êx 12; Mt 26.17,19; Mc 14.14,16; Lc 22.8,11,13; Jo 18.28, em que a refeição da "Páscoa" está especificamente em vista). Por metonímia, a palavra *pascha* é algumas vezes usada para se referir ao cordeiro pascal encontrado no centro da observação e do significado da refeição pascal (Êx 12.21; Ed 6.20; Mc 14.12; Lc 22.7, em que o cordeiro "pascal" literal está em vista). Paulo acertadamente vê em Cristo o cumprimento e a plenitude do sacrifício pascal (1Co 5.7) — o Cordeiro de Deus sem culpa sacrificado "pelo" povo e mesmo "para" o povo, cujo sangue protege todos que estão cobertos por ele da mão vingadora da ira de Deus e abre o caminho para a plena redenção de Deus (Rm 3.25; 5.9; Ef 1.7; Ap 1.5). De modo interessante, muitas traduções simplesmente usam a palavra "Páscoa" como substantivo e também na forma de adjetivo, ainda que "pascal" seja encontrado, p. ex., na *NVI* e *ARA*. — B. Spencer Haygood

PÁSCOA 1. Celebração especial da ressurreição na Páscoa é a festa cristã mais antiga, com exceção da celebração semanal do domingo. Embora a data exata tenha sido disputada e as observâncias específicas da festa tenham se desenvolvido ao longo dos séculos, está claro que a Páscoa teve significado especial para as primeiras gerações de cristãos. Como a paixão e a ressurreição de Cristo ocorreram na época da Páscoa judaica, os primeiros cristãos provavelmente transformaram sua observância da Páscoa em uma celebração dos acontecimentos centrais da nova fé. Nos primeiros séculos a observância anual foi chamada de *pascha*, a palavra grega para Páscoa, e concentrava a atenção em Cristo como o Cordeiro pascal.

Embora o NT não forneça nenhum relato de uma observância especial da Páscoa e as evidências de antes de 200 d.C. sejam escassas, as celebrações já estavam provavelmente bem estabelecidas por volta de 100 d.C. A observância mais antiga provavelmente consistia em uma vigília que começava sábado à noite e terminava domingo de manhã e incluía a lembrança da crucificação de Cristo, bem como da sua ressurreição. Evidências de pouco depois de 200 d.C. mostram que o ápice da vigília era o batismo de novos cristãos e a celebração da ceia do Senhor. Por volta de 300 d.C., a maioria das igrejas já dividia a observância original, dedicando a Sexta-feira Santa à crucificação e o Domingo de Páscoa à ressurreição. V. *ano eclesiástico*. **2.** A festa mais importante dos hebreus, comemorando sua libertação da escravidão no Egito. V. *festas*.

PAS-DAMIM Nome de lugar que significa "fronteira de sangue". Cenário da vitória de Davi sobre os filisteus (1Cr 11.13). O lugar provavelmente está entre Socó e Azeca, o mesmo que Efes-Damim (1Sm 17.1).

PASEIA Nome pessoal que significa "aleijado". **1.** Membro da tribo de Judá (1Cr 4.12). **2.** Ancestral de uma família de servos do templo (Ne 7.51). **3.** Pai de Joiada (Ne 3.6).

PASSAGEM Um caminho. Dois caminhos ou duas passagens contrastantes são uma imagem comum na literatura de sabedoria hebraica para designar dois modos de vida opostos. O caminho do ímpio (Pv 4.14) que se esquece de Deus (Jó 8.13) é tortuoso (Pv 2.15). Essa abordagem à vida contrasta com o caminho do justo (Sl 23.3; Pv 2.13,20). Esse caminho alternativo é chamado caminho de Deus (cf. Sl 17.5; 25.4,10) e de luz (Jó 24.13). Esse caminho de vida está relacionado à vida segundo os mandamentos ou a instrução do Senhor (Sl 119.35,105; Pv 10.17). A recompensa por seguir esse caminho é a vida (Pv 10.17; 12.28; cp. Sl 16.11; Pv 2.19; 5.6). Sábios são os que seguem esse caminho (Pv 15.24). Os caminhos de justiça (Pv 2.8; 8.20), paz (Pv 3.17) e retidão se referem à prática dessas qualidades.

PÁSSAROS V. *aves*.

PASTA Cataplasma, ou curativo de figo (Is 38.21, *ARA*, *ARC*, *NTLH*; *NVI*, "emplastro").

PASTAGEM Tradução da *NVI* para a palavra hebraica utilizada para se referir ao local onde as ovelhas ficam (2Sm 7.8; 1Cr 17.7). Em 1Sm 24.3 a palavra hebraica se refere a um lugar fechado, traduzido pela *NVI* por "currais".

PASTAGENS Áreas de pasto ao redor das cidades, usadas como área comum para alimentação de rebanhos ou de outros animais (Lv 25.34). A *ARA* e *ARC* traduzem por "arrabalde", *NTLH* por "campos em volta das cidades" e *BJ* por "campos de cultura ao redor [das] cidades". V. *cidades e vida urbana*.

PASTO Extensão de terra em campo livre ao redor de cidades e aldeias, considerada propriedade comum para ser usada livremente por pastores e tomadores de conta de rebanhos das cidades (Nm 35.2,7; Js 14.4; 21.11). A mesma palavra hebraica designa o espaço livre ao redor da cidade ou do santuário (Ez 27.28; 45.2; 48.17). V. *pastagens*.

PASTOR 1. Tradução comum do substantivo grego *poimen* (Ef 4.11) e de sua forma verbal; também do hebraico *ra'ah* (Jr 3.15; 10.21; 12.10; 22.22, *ARA* e *ARC*; *NVI*, "governantes"). Literalmente, o pastor é quem toma conta de animais (Gn 4.2; 13.7; 46.32,34; Êx 2.17; Is 13.20; Jr 6.3; Lc 2.8,15,18,20), mas a palavra é usada em sentido figurado para se referir aos chamados por Deus para alimentar (Jr 3.15; Jo 21.16), cuidar (At 20.28) e liderar (1Pe 5.2) seu povo, que é seu "rebanho" (Nm 27.17; 1Rs 22.17; Jr 3.15; 10.21; 12.10; 22.22; Ez 34.2,5,7-10; Zc 10.3; Jo 21.16; At 20.28; Ef 4.11; 1Pe 5.2). Várias instruções dadas diretamente a esses líderes podem ser encontradas nas Epístolas Pastorais (1 e 2Tm e Tt). É importante observar que a ideia é aplicada e cumprida em Cristo (Is 40.11; Mq 5.2; Zc 13.7; Mt 2.6; 25.32; 26.31; Mc 14.27; Jo 10.11,14; Hb 13.20; 1Pe 2.25; Ap 7.17) e ao próprio Deus (Sl 23.1; 27.9 ; 47.5; Jr 23.3; 31.10; Ez 34.12,23,24; Os 13.5). No NT a palavra pastor é usada para destacar aspectos ou funções das responsabilidades do presbítero/bispo (1Pe 2.25, as duas palavras aparecem juntas e aplicadas a Cristo). V. *ministro, ministério*. — B. Spencer Haygood

2. A palavra "pastor" em português tem origem latina (*pastor*). O primeiro pastor de ovelhas foi Abel, filho de Adão (Gn 4.2). Pastorear ovelhas foi a principal ocupação dos israelitas nos dias dos patriarcas: Abraão (Gn 12.16); Raquel (Gn 29.9); Jacó (Gn 30.31-40); Moisés (Êx 3.1).

À medida que crescia a agricultura, a atividade de pastorear caiu em prestígio, e era designada aos filhos mais novos, empregados ou escravos (cf. Davi em 1Sm 16.11-13). Fazendeiros, como no Egito, detestavam (NVI, "desprezavam") os pastores (Gn 46.34).

Há cerca de 200 referências a pastores e pastoreio na Bíblia. Entretanto, a palavra hebraica para pastorear é com frequência traduzida por "alimentar". Os pastores conduziam as ovelhas aos pastos e onde havia água (Sl 23), protegiam-nas de animais selvagens (1Sm 17.34,35), guardavam seus rebanhos durante a noite, a céu aberto (Lc 2.8) ou em apriscos (Sf 2.6; NVI, "currais") onde contavam as ovelhas à medida que estas entravam (Jr 33.13). Eles tomavam conta das ovelhas e até carregavam os cordeirinhos fracos nos braços (Is 40.11).

O termo "pastor" veio a designar não apenas pessoas que pastoreavam ovelhas, mas também reis (2Sm 5.2) e o próprio Deus (Sl 23; Is 40.11). Mais tarde, os profetas se referiram aos líderes de Israel como pastores (Jr 23; Ez 34).

Nos tempos bíblicos, as ovelhas cuidadas pelos pastores representavam riqueza. Elas proviam alimento (1Sm 14.32), leite (Is 7.21,22), lã para vestuário (Mt 7.15) e couro para confecção de tendas (Êx 26.14). Além disso, as ovelhas eram as ofertas principais no sistema sacrificial (Êx 20.24). Eram apresentadas como ofertas queimadas (Lv 1.10), sacrifícios pelo pecado (Lv 4.32), ofertas pela culpa (Lv 5.15) e paz (Lv 22.21).

Há 16 referências a pastores no NT. Eles estavam entre os primeiros a visitar Jesus por ocasião do seu nascimento (Lc 2.8-20). Algumas referências do NT usam a figura do pastor e das ovelhas para ilustrar o relacionamento de Cristo com seus seguidores, como "nosso Senhor Jesus, o grande Pastor das ovelhas" (Hb 13.20). Jesus se referiu a si mesmo como "Bom Pastor", que conhece suas ovelhas e dá sua vida por elas (Jo 10.7-18). Jesus deu a Pedro a ordem de pastorear suas ovelhas (Jo 21). Paulo comparou a igreja e seus líderes a um rebanho com pastores (At 20.28). — *Elmer Gray*

PASTORAIS As epístolas 1 e 2Tm e Tt são chamadas pastorais, título empregado pela primeira vez por Anton em 1753. Paulo escreveu essas cartas aos colaboradores encarregados das igrejas de Éfeso e Creta, respectivamente.

Os temas da confiança e da liderança do evangelho percorrem as epístolas. Paulo escreveu 1Tm para instruir seu jovem companheiro a deter o ensinamento falso em Éfeso (1.3) e para lhe informar como as pessoas deveriam se comportar na igreja (3.14,15). O apóstolo orientou Tito sobre como colocar as igrejas de Creta em ordem (1.5). Paulo escreveu 2Tm para "passar o bastão" para Timóteo e encorajá-lo a permanecer obreiro fiel do evangelho.

Só a partir do séc. XIX, os eruditos começaram a questionar seriamente a autoria e o contexto das cartas. Os defensores da autenticidade das Pastorais argumentam que Paulo foi liberto da prisão de dois anos citada em At 28, viajou de volta ao oriente, envolveu-se no trabalho missionário e foi mais tarde aprisionado outra vez em Roma, de onde escreveu 2Tm. De acordo com esse ponto de vista, o apóstolo escreveu as Pastorais algum tempo depois da primeira prisão, por volta do ano 62 e antes do ano 68. Muitos eruditos argumentam que um admirador ou companheiro de Paulo compôs essas epístolas no séc. II.

Os críticos apoiam a última teoria usando os seguintes critérios. Primeiro, enfatizam que o vocabulário e o estilo diferem das outras epístolas paulinas. Esses argumentos são subjetivos. Variações em assunto, ocasião, propósito e destinatários podem explicar essas diferenças. O uso de um secretário por Paulo pode também explicar a presença de muitas palavras diferentes nas Pastorais.

Em segundo lugar, os defensores da pseudonímia argumentam que a estrutura eclesiástica apresentada nas Pastorais era muito avançada para os dias de Paulo e que essa estrutura é reflexo do episcopado monárquico. As objeções deixam de considerar que o mesmo tipo de estrutura eclesiástica encontrado nas Pastorais é encontrado também no ministério de Paulo (cf. At 20.17-28; Fp 1.1).

Em terceiro lugar, os partidários da pseudonímia datam a heresia combatida nas cartas como pertencentes a um período posterior ao da vida de Paulo e argumentam que essa heresia seria o gnosticismo plenamente desenvolvido, do séc. II. O gnosticismo incipiente do séc. I já existia, provavelmente, nos dias de Paulo. O falso ensinamento tratado nas Pastorais contém também muitos elementos judaicos (1Tm 1.7; Tt 1.10,14; 3.9).

Em quarto lugar, argumenta-se que as Pastorais não enfatizam doutrinas tipicamente paulinas, como a união do crente com Cristo e a obra do Espírito Santo. Muitos também sugerem que a preocupação com o "ensino saudável" e a tradição reflete o fim do séc. I. Entretanto, a ausência de temas típicos é superestimada. Além disso, a ênfase na doutrina não exige data posterior. Paulo enfatizou a tradição (cf. 1Co 11.2) e citou ditos provenientes de credos e hinos em suas cartas (cf. 1Co 15.3-5; Fp 2.6-8; Cl 1.15-17).

Por fim, os oponentes da autoridade paulina argumentam que as cartas contêm alusões históricas à vida de Paulo que não podem ser localizadas no livro de At (cf. 1Tm 1.3; Tt 1.5; 2Tm 2Tm 1.8,16,17; 4.16). Tradicionalmente, defensores da autenticidade da autoria paulina das Pastorais respondem com a teoria da segunda prisão de Paulo em Roma. O estudo de At 28 indica que Paulo foi provavelmente liberto. Com esse ponto de vista, as referências nas Pastorais não podem ser localizadas em At, porque aconteceram no período posterior. Além disso, o livro de At não registra alguns detalhes da vida de Paulo (cf. 2Co 11).

O apelo à pseudonímia e a data no séc. II não são necessárias às Epístolas Pastorais. Essas cartas podem ser consideradas integralmente autênticas e confiáveis. V. *Timóteo, primeira epístola a*; *Timóteo, segunda epístola a*; *Tito, epístola a*. — Terry Wilder

PASUR Nome pessoal que significa "filho de (o deus) Hórus". **1**. Oficial chefe no templo de Jerusalém nos últimos anos antes que Nabucodonosor conquistasse a cidade. Ordenou que Jeremias fosse espancado e aprisionado (Jr 20.1,2). Ele, ou outro Pasur, era o pai de Gedalias (Jr 38.1). **2**. Homem na corte de Zedequias em Jerusalém (Jr 21.1). Como o exército babilônico se aproximava, Pasur pediu a Jeremias uma palavra da parte do Senhor. Jeremias profetizou a destruição da cidade (21.1-7; cp. 38.1-3). **3**. Antepassado de uma família sacerdotal (1Cr 9.12) que retornou do exílio (Ed 2.38) e que mais tarde se separou das esposas estrangeiras (10.22; cp. Ne 10.3; 11.12).

PATARA V. *Ásia Menor, cidades de*.

PÁTIO DA GUARDA Pátio aberto no palácio de Jerusalém reservado à detenção de prisioneiros durante os dias de Jeremias (Jr 32.8,12; 33.1; 37.21; 38.6,13,28; 39.14,15).

PÁTIO DOS GENTIOS, MULHERES, ISRAELITAS, SACERDOTES V. *templo de Jerusalém*.

PATMOS Pequena ilha (16 por 9,5 quilômetros) no mar Egeu, localizada a cerca de 56 quilômetros a sudoeste de Mileto. Os romanos usavam lugares assim para colocar exilados políticos. A menção à ilha feita por João em Ap 1.9 provavelmente quer dizer que ele foi um prisioneiro nessa situação, enviado para lá por pregar o evangelho. Eusébio (pai da igreja primitiva) escreveu que João foi enviado a Patmos pelo imperador Domiciano no ano 95, e liberto um ano e meio depois. V. *Apocalipse, livro de*.

PATRIARCAS Os pais fundadores de Israel — Abraão, Isaque, Jacó e seus 12 filhos. A palavra "patriarca" vem de uma combinação da palavra latina *pater*, "pai" e da palavra grega *archo*, "governar". Logo, patriarca é o líder ancestral que pode ter sido o pai fundador de uma família, clã ou nação.

A ideia de um acordo entre Deus e a humanidade é anterior aos patriarcas, sendo usada pela primeira vez no tempo de Noé (Gn 6.18; 9.8-17). O crescimento da nação hebraica foi prometido de modo específico a Abraão na aliança patriarcal (Gn 15; 17), junto com a provisão da terra em que a descendência de Abraão pudesse habitar. Como várias gerações se passaram, a aliança com Abraão deve ser considerada uma promessa. As promessas feitas a Abraão estabeleceram o conceito do povo proveniente de Abraão, Isaque e Jacó, que estaria em relação histórica e espiritual especial com Deus. V. *aliança*.

Abraão, ou Abrão (como é chamado nos primeiros capítulos de Gn), era descendente da nona geração de Sem, filho de Noé. Terá, pai de Abrão, nasceu em Ur dos Caldeus, como seus irmãos Naor e Harã (Gn 11.26,28). V. *Sem*; *Terá*; *Ur*.

A ilha de Patmos, onde João foi exilado pelos romanos.

Em um período anterior Abrão já tinha testificado que Deus era o Deus Altíssimo (Gn 14.22) e o justo Juiz da humanidade (Gn 15.14), e a garantia da aliança da promessa. Ele experimentou comunhão íntima com Deus (Gn 18.33; 24.40) e o adorou de modo coerente, excluindo todos os outros deuses. Sua fidelidade e obediência eram aspectos característicos de sua personalidade e fizeram dele o renomado ancestral de Israel (cf. Rm 4.1-4), um exemplo de como homens e mulheres são justificados diante de Deus. V. *Abraão*; *Nuzi*.

A linha de ascendência pela qual a aliança deveria ser perpetuada consistia somente em Isaque, filho de Abraão; por meio dele as promessas da aliança foram continuadas. O nome Isaque é em geral tido como tendo o significado de "riso", mas é possível que também tenha o sentido mais sutil de "brincalhão". O nascimento de Isaque marcou a ocasião em que Abraão e Sara riram da promessa de Deus de lhes providenciar um filho na velhice (Gn 17.17-19; 18.9-15).

Há pouquíssimas informações a respeito dos anos de crescimento de Isaque, a não ser que ele foi usado como teste supremo de fé de Abraão nas promessas da aliança. Sob o sistema patriarcal o pai tinha poder de vida ou morte sobre todos os seres vivos e objetos da casa. No mesmo instante em que a vida de Isaque estava para ser tirada, sua posição como herdeiro da aliança foi salvaguardada pela provisão de uma oferta sacrificial alternativa (Gn 22.9-13). As circunstâncias que envolveram seu casamento com Rebeca permitiram-lhe receber conforto depois da morte de Rebeca, sua mãe (Gn 24.67). Isaque orou com fervor a Deus para ter herdeiros da aliança, e no tempo adequado Rebeca engravidou de gêmeos quando Isaque tinha 60 anos. Esaú cresceu e se tornou caçador, enquanto Jacó seguiu o estilo de vida mais sedentário de seu pai ao supervisionar os rebanhos e manadas da família, mudando-se com eles quando necessário, para encontrar pastos verdes (Gn 25.27). Isaque infelizmente provocou inveja entre os irmãos ao privilegiar Esaú. Esaú preparava para seu pai uma saborosa carne de cervo, enquanto as habilidades culinárias de Jacó parecem ter se limitado a uma sopa de lentilhas (Gn 25.28,29). Em um momento de fome desesperadora, Esaú negociou seu direito de primogenitura por um pouco da sopa de Jacó, transferindo assim a seu irmão a porção dupla da herança de Isaque, bem como outros direitos.

Quando em idade avançada, a vista de Isaque falhou, e, no momento em que ficou claro que Esaú poderia herdar a provisão extra de direito de nascimento, Rebeca conspirou com Jacó, seu filho favorito, para enganar Isaque, levando-o a abençoar o filho mais novo, não o mais velho. O sucesso do plano fez que Esaú ficasse extremamente furioso. Para fugir de sua vingança, Jacó foi à Mesopotâmia, seguindo instruções do pai. Antes de chegar, recebeu uma revelação de Deus que confirmava sua herança na aliança. Jacó mais tarde encontrou a família de Labão, filho de Naor, e em tempo oportuno se casou com as duas filhas dele. Depois de alguns anos de ausência, Jacó finalmente voltou para Manre, onde seu pai vivia, e os dois irmãos sepultaram o pai, que morreu com 180 anos.

A vida de Isaque, ainda que menos espetacular que a de Abraão, foi não obstante marcada pelo favor divino. Ele foi circuncidado como sinal de pertença à aliança e devia sua vida à intervenção no tempo divinamente apontado quando era jovem (Gn 22.12-14). Ele foi obediente à vontade divina (Gn 22.6,9), um homem de devoção e oração (Gn 26.20-23) e um seguidor da paz (Gn 26.25). Ele cumpriu seu papel como filho da promessa (Gl 4.22,23). V. *Isaque*.

A vida de Jacó, o último dos três grandes patriarcas, foi marcada por migrações, como aconteceu com seus ancestrais. Ainda que tenha vivido sucessivamente em Siquém (Gn 35.6.6,7) e Hebrom (Gn 35.27), Jacó foi basicamente um estrangeiro residente que não tinha residência fixa.

Logo antes da morte de Isaque, Deus apareceu a Jacó (Gn 35.9) e renovou a promessa do seu nome novo. Jacó viveu em Canaã depois disso e só deixou o lugar quando uma fome sobreveio à terra. Jacó e seus filhos foram convidados por José a viver no Egito. Quando sua vida se aproximava do final, Jacó, como seu pai, Isaque, ficou cego, mas abençoou seus filhos pronunciando sua última vontade e declarando seu testamento. Depois disso ele morreu em paz. Seu corpo foi embalsamado à maneira egípcia, e mais tarde sepultado na caverna de Macpela junto com seus ancestrais (Gn 49.30—50.13). A despeito do aparente materialismo, Jacó era um homem de espiritualidade profunda e, como Abraão, altamente estimado pelos vizinhos pagãos. Mesmo com seus temores, ele se comportou de modo honrado e lidou de maneira correta para com Labão, seu sogro avarento, e foi de igual forma coerente ao cumprir o voto de regressar a Betel. Jacó confiou no Deus que vira em Peniel, que esse Deus cumpriria as promessas da aliança por seu intermédio; e, quando morreu, deixou uma nação florescente. V. *Jacó*.

A data do período patriarcal tem sido muito discutida. Um tempo antes de 2000 a.C. (Idade do Bronze Antigo) parece muito antiga e não pode ser facilmente apoiada por referências à evidência arqueológica atual. A Idade do Bronze Médio (2000-1500 a.C.) parece mais razoável em razão de paralelos arqueológicos contemporâneos e também porque grande parte do sistema de irrigação do Neguebe data desse período. Alguns eruditos sugeriram para os patriarcas o período Amarna (1500-1300 a.C.). A data menos provável está no período dos juízes ou no tempo do rei Davi. Todas essas datas não permitem tempo para as tradições patriarcais terem se desenvolvido e impossibilitam a fixação realista de Abraão, Isaque e Jacó na cronologia já conhecida. A datação na Idade do Bronze Médio parece oferecer a solução mais adequada para o complexo problema da fixação da data. — *R. K. Harrison*

PATRIARCAS, TESTAMENTO DOS DOZE V. *pseudepígrafos*.

PÁTROBAS Nome pessoal que significa "vida do (ou originária do) pai". Membro de uma igreja doméstica romana a quem Paulo saudou (Rm 16.14).

PATROS Transliteração hebraica da palavra egípcia para Alto (do sul) Egito. O Alto Egito incluía o território entre a Cairo moderna e Aswan (Is 11.11; Jr 44.1,15; Ez 29.14; 30.14).

PATRUSIM Filho de Mizraim (Egito) e ancestral dos habitantes do Alto (do sul) Egito, que levam seu nome, i.e., patrusitas (1Cr 1.12).

PATRUSITAS 1Cr 1.12. V. *Patrusim*.

PAÚ Nome de cidade edomita que significa "eles clamam". A capital de Hadade (v. nota explicativa da *NVI* em Gn 36.39). O paralelo em 1Cr 1.50 tem a grafia Pai (*TEB*; v. nota explicativa na *NVI*). Pode ser o uádi Fai, a oeste do limite sul do mar Morto.

PAULO Importante missionário, teólogo e escritor da igreja primitiva. Paulo é uma figura muito importante no NT e na história do cristianismo. Escreveu 13 epístolas que compreendem quase um quarto do NT. Aproximadamente 16 capítulos do livro de At (13—28) focalizam seu trabalho missionário. Por isso, Paulo é o autor ou o sujeito de cerca de um terço do NT e o intérprete mais importante dos ensinos de Cristo e do significado de sua vida, morte e ressurreição.

Vida pregressa e formação (1-35 d.C.)
Nascimento e pano de fundo familiar Paulo nasceu em uma família judia em Tarso da Cilícia (At 22.3) provavelmente em algum momento na primeira década do séc. I. Segundo Jerônimo, a família de Paulo se mudou de Giscala na Galileia para Tarso. Sua família descendia da tribo de Benjamim (Fp 3.5), e ele recebeu o nome do membro mais importante da tribo — o rei Saul. Paulo provavelmente era originário de uma família de fazedores de tendas ou de artesãos de couro e, em conformidade com o costume judaico, aprendeu o ofício do pai. Ao que parece o negócio prosperou, e a família de Paulo se tornou moderadamente rica. Ele era cidadão da cidade de Tarso, uma "cidade importante" (At 21.39). De acordo com um escritor antigo, a qualificação apropriada de cidadania de Tarso era de 500 dracmas, equivalente a um ano e meio do salário de um trabalhador.

Cidadania romana Mais importante ainda, Paulo nasceu cidadão romano. Muitos especulam que o pai ou o avô de Paulo tenha sido honrado com a cidadania em virtude de algum serviço especial prestado a um procônsul militar. Entretanto, a tradição cristã primitiva preservada por Jerônimo e por Fócio declara que os pais de Paulo foram levados de Giscala a Tarso como prisioneiros de guerra, vendidos como escravos a um cidadão romano, mas depois libertos e agraciados com a cidadania. Independentemente de como os pais de Paulo receberam sua cidadania, o livro de At declara três vezes que ele a possuía, e sua cidadania era acompanhada de direitos importantes que iriam beneficiá-lo nos trabalhos missionários. O cidadão romano tinha o direito de apelar, depois de um julgamento, isenção de serviço imperial, o direito de escolher entre o julgamento local ou romano, e a proteção de formas degradantes de punição, como o açoitamento. Paulo pode ter levado uma inscrição em cera que funcionava como certidão de nascimento ou um certificado de cidadania para provar a cidadania romana. Entretanto, acreditava-se, de forma geral, em quem declarava possuí-la, pois a pena para a falsidade ideológica era a morte.

O Caminho Arcadiano, cheio de colunas, em Éfeso, cidade que foi o lar de Paulo por dois anos.

Treinamento rabínico O texto de At 22.3 mostra que Paulo cresceu em Jerusalém. Paulo usou esse fato para provar que ele não era um judeu da Diáspora mais influenciado pela cultura gentílica que pela judaica. Ele foi educado em Jerusalém na religião judaica, de conformidade com a tradição dos seus ancestrais (At 22.3). A *Mixná* declarava: "Aos 5 anos de idade [alguém está apto] para a Escritura, aos 10 para a *Mixná*, aos 13 [para o cumprimento dos] dos mandamentos, aos 15 para o *Talmude*, aos 18 para o casamento, aos 20 para seguir uma vocação, aos 30 para ter autoridade". Esta é provavelmente uma descrição justa do regime de treinamento experimentado por Paulo. O texto de At 22 diz que Paulo foi treinado pelo rabino Gamaliel I, o membro do Sinédrio mencionado em At 5.33-39. Gamaliel era um mestre importante no tempo de Paulo. A *Mixná* menciona Gamaliel I muitas vezes e traz muitas das suas opiniões. Gamaliel foi alistado entre os 13 grandes rabinos cujas mortes marcaram o declínio do judaísmo: "Quando rabi Gamaliel, o Velho, morreu, a glória da Lei cessou, e a pureza e a abstinência morreram". Esta passagem implica que Gamaliel era reconhecido por seus altos padrões morais e por sua interpretação das Escrituras.

PAULO

Paulo rapidamente se sobressaiu como estudante rabínico. Como ele disse em Gl 1.14: "No judaísmo eu superava a maioria dos judeus da minha idade, e era extremamente zeloso das tradições dos meus antepassados". Em Fp 3 Paulo se descreve como "circuncidado no oitavo dia de vida, pertencente ao povo de Israel, à tribo de Benjamim, verdadeiro hebreu; quanto à Lei, fariseu; quanto ao zelo, perseguidor da igreja; quanto à justiça que há Lei, irrepreensível". Em At 26.5 Paulo mais uma vez se identifica com a seita dos fariseus. Seu pai também tinha sido fariseu (At 23.6).

Perseguição aos cristãos Como fariseu ideal, Paulo era provavelmente ativo como missionário que conquistava gentios como prosélitos. Ele pode ter sido como os fariseus descritos por Jesus que viajavam "terra e mar para fazer um convertido" (Mt 23.15). As palavras de Paulo "se ainda estou pregando a circuncisão" podem aludir ao passado como missionário judeu (Gl 5.11). Paulo, mais que seu mentor, Gamaliel (At 5.34-39), reconheceu a seriedade da ameaça apresentada para a religião judaica tradicional pelos seguidores de Jesus. A *Mixná* ensinava que o homem estava preparado para a posição de autoridade aos 30 anos. Logo, Paulo provavelmente estava na casa dos 30 quando, com autorização do principal sacerdote, começou a aprisionar os crentes, primeiro nas

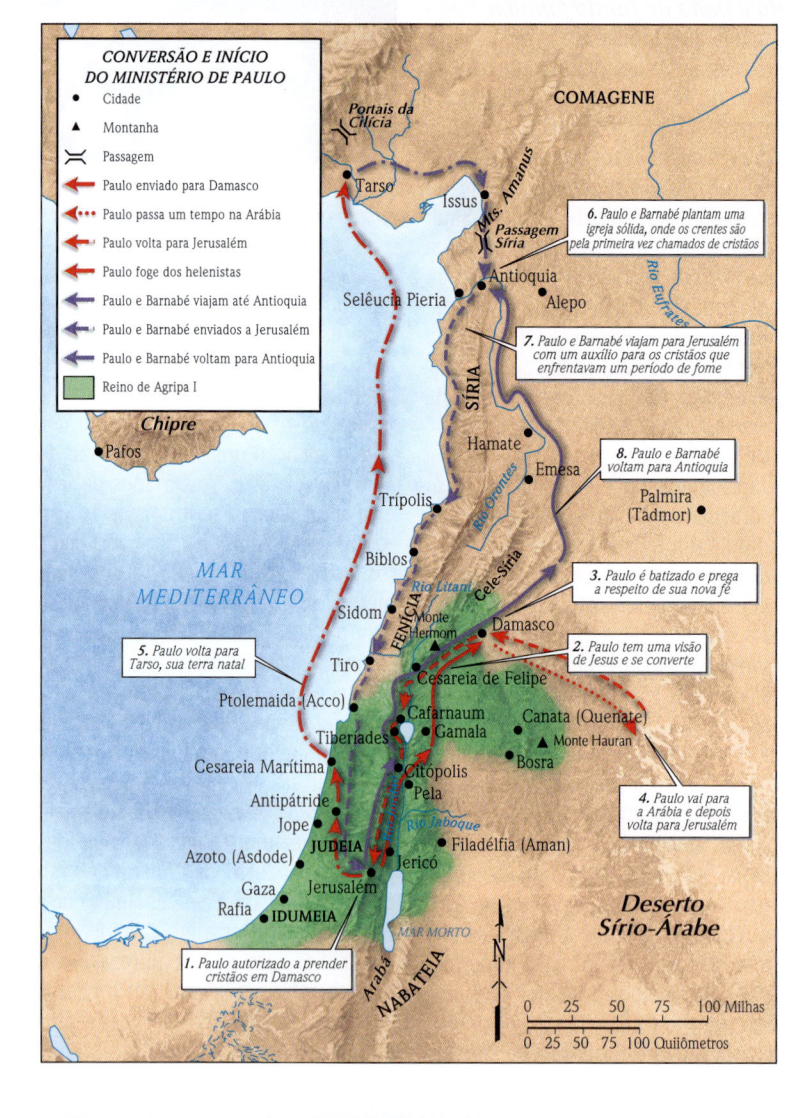

CONVERSÃO E INÍCIO DO MINISTÉRIO DE PAULO

- Cidade
- ▲ Montanha
- ⋈ Passagem
- → Paulo enviado para Damasco
- ⋯→ Paulo passa um tempo na Arábia
- → Paulo volta para Jerusalém
- → Paulo foge dos helenistas
- → Paulo e Barnabé viajam até Antioquia
- → Paulo e Barnabé enviados a Jerusalém
- → Paulo e Barnabé voltam para Antioquia
- Reino de Agripa I

1. Paulo autorizado a prender cristãos em Damasco
2. Paulo tem uma visão de Jesus e se converte
3. Paulo é batizado e prega a respeito de sua nova fé
4. Paulo vai para a Arábia e depois volta para Jerusalém
5. Paulo volta para Tarso, sua terra natal
6. Paulo e Barnabé plantam uma igreja sólida, onde os crentes são pela primeira vez chamados de cristãos
7. Paulo e Barnabé viajam para Jerusalém com um auxílio para os cristãos que enfrentavam um período de fome
8. Paulo e Barnabé voltam para Antioquia

PAULO

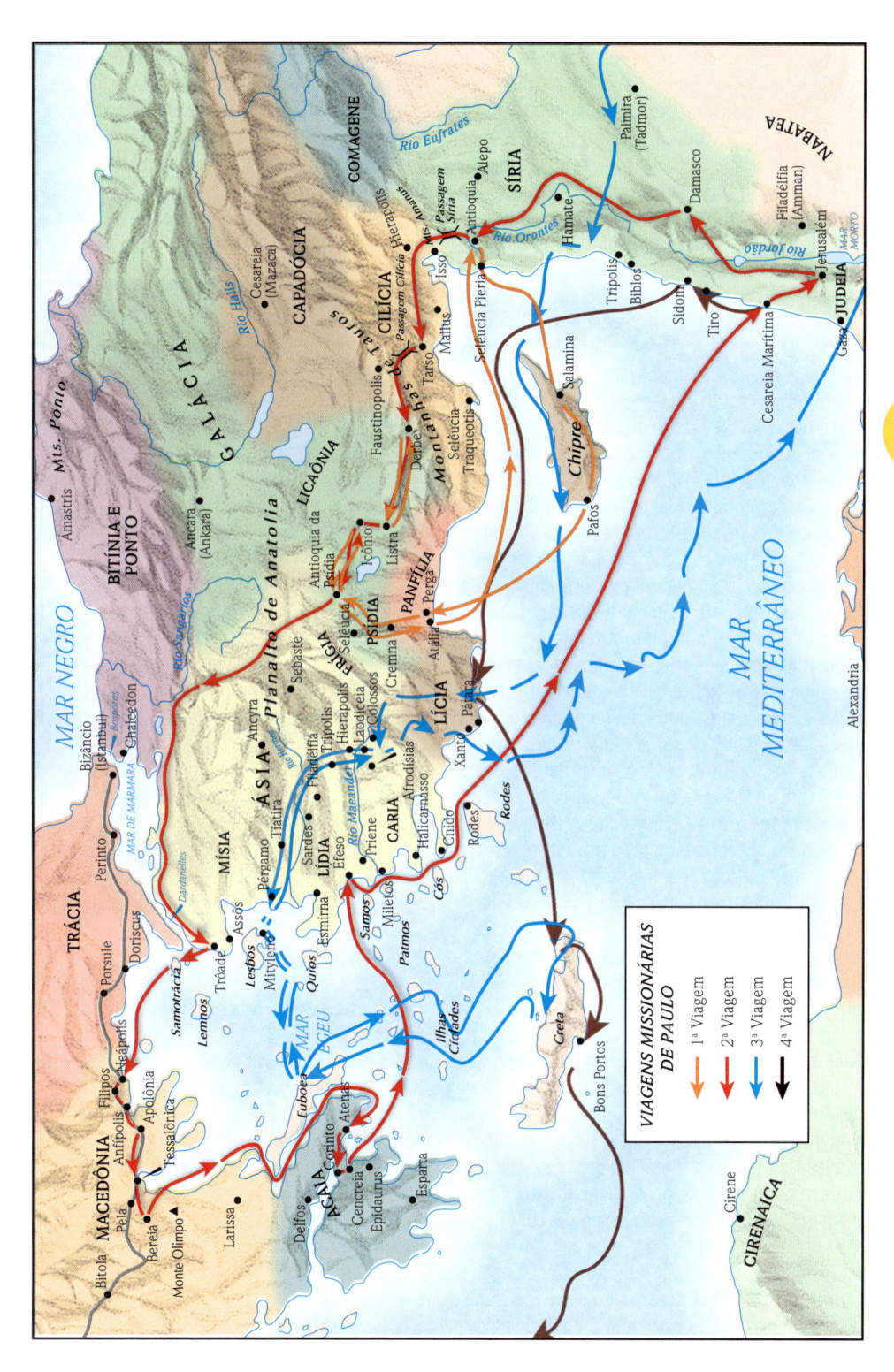

VIAGENS MISSIONÁRIAS DE PAULO

- 1ª Viagem
- 2ª Viagem
- 3ª Viagem
- 4ª Viagem

sinagogas de Jerusalém e mais tarde em Damasco. Talvez a descrição mais clara da perseguição feita por Paulo seja a encontrada em At 26.9 -11: "Eu também estava convencido de que deveria fazer todo o possível para me opor ao nome de Jesus, o Nazareno. E foi exatamente isso que fiz em Jerusalém. Com autorização dos chefes dos sacerdotes lancei muitos santos na prisão, e quando eles eram condenados à morte eu dava o meu voto contra eles. Muitas vezes ia de uma sinagoga para outra a fim de castigá-los, e tentava forçá-los e blasfemar. Em minha fúria contra eles, cheguei a ir a cidades estrangeiras para persegui-los". Alguns acreditam que essa referência a votar (lit., "jogar um seixo" — preto para não ou branco para sim) implica que Paulo era membro do Sinédrio. Entretanto, é difícil imaginar que Paulo não teria citado essa situação de modo explícito, especialmente nas ocasiões em que ressaltou a origem judaica devotada. Muitos comentaristas então tomam a declaração como metáfora, implicando que Paulo consentia na execução dos cristãos ou sugerem que ele era membro de uma comissão apontada pelo Sinédrio e investida com essa autoridade. A resoluta rejeição inicial de Paulo ao Messias pode ter sido grandemente motivada pela morte ignóbil de Jesus. A morte por crucificação era indicativa de maldição divina (Dt 21.23). Certamente o Messias não poderia ter morrido sob a maldição de Deus. Mas, quando Paulo escreveu a primeira epístola, essa morte maldita foi reconhecida como a base da expiação substitutiva (Gl 3.10-14). Em 1Co 1 Paulo explicou que a ideia do Messias crucificado era uma pedra de tropeço para os judeus. Provavelmente Paulo falava de sua experiência pregressa.

A conversão de Paulo (35 d.C.) Enquanto Saulo estava a caminho de Damasco para prender os cristãos da cidade, o Cristo ressurreto e glorificado apareceu-lhe com um brilho que o deixou sem enxergar. As palavras de Cristo "resistir ao aguilhão só lhe trará dor" indicam que Deus já havia iniciado sua obra de convencimento. Como o boi que dá coices no aguilhão ao ser conduzido pelo carreiro, Paulo resistira à orientação e liderança divinas, resultando em sofrimento e dor. Com a aparição de Cristo, Paulo se rendeu imediatamente à sua autoridade e foi à cidade aguardar instruções posteriores. Lá a cegueira foi curada, ele recebeu o Espírito Santo e aceitou o batismo dos cristãos. Não há dúvida de que Ananias partilhou com Paulo a mensagem que o Senhor lhe dera em uma visão: "Este homem é meu instrumento escolhido para levar o meu nome perante os gentios e seus reis, e perante o povo de Israel. Mostrarei a ele o quanto deve sofrer pelo meu nome". Paulo passou alguns dias com os discípulos em Damasco.

Calçamento romano, ou pedras de pavimentação, na rua principal de Cesareia Marítima.

As viagens missionárias de Paulo (35-61 d.C.)

As primeiras viagens Logo após a conversão, Paulo viajou à Arábia, onde começou a evangelizar os nabateus (Gl 1.17; 2Co 11.32,33) e provavelmente experimentou a primeira oposição ao evangelho da parte de autoridades políticas. Então voltou a Damasco, onde começou a ir às sinagogas para pregar a mensagem revelada na estrada até a cidade: Jesus é o Filho de Deus e o Messias prometido. Os judeus de Damasco vigiavam os portões da cidade para matar Paulo, e ele teve de fugir por uma janela no muro, e foi baixado em uma cesta (At 9.22-25).

Depois disso Paulo viajou a Jerusalém. Os líderes da igreja no princípio suspeitavam dele, mas Barnabé interferiu a seu favor (At 9.26-30 e Gl 1.18). Depois de quinze dias em Jerusalém, visitando Pedro e Tiago, o irmão do Senhor, Paulo voltou a Tarso, evangelizando a Síria e a Cilícia durante muitos anos. Sem dúvida ele os ouviu descrever a vida e os ensinos de Jesus, ainda que o evangelho de Paulo já estivesse claramente definido mesmo antes dessa visita. Enquanto estava na Síria, Barnabé entrou em contato com Paulo e o convidou para trabalhar na igreja de Antioquia, onde muitos gentios estavam respondendo ao evangelho. A igreja de Antioquia levantou uma oferta para ser levada aos cristãos que sofriam na Judeia em um período de seca. Barnabé e Paulo foram escolhidos pela igreja para levar a oferta para Jerusalém (At 11.27-30). Essa foi provavelmente a ocasião da conferência descrita por Paulo em Gl 2.1-10. Muitos pensam que esta foi a mesma ocasião do Concílio de Jerusalém (At 15), mas, se Gl fosse escrita depois da visita oficial pelos apóstolos, Paulo teria apenas que apresentar a carta dos apóstolos para desacreditar os judaizantes. Ademais, a conferência de Gl 2.1-10 parece ter sido uma reunião particular, não pública. As colunas da igreja de Jerusalém, Pedro, João e Tiago, o irmão de Jesus, aprovaram o evangelho desvinculado da Lei pregado por Paulo e seu foco na evangelização dos gentios.

Primeira viagem missionária Paulo e Barnabé rapidamente iniciaram a primeira viagem missionária, viajando por Chipre e pela Anatólia provavelmente durante os anos 47 e 48. A equipe missionária levou o evangelho às cidades de Antioquia da Psídia, Icônio, Listra e Derbe. Essas cidades estavam localizadas na província romana da Galácia, e é provável que a essas igrejas no sul da Galácia que Gl, talvez escrita durante essa viagem, foi endereçada.

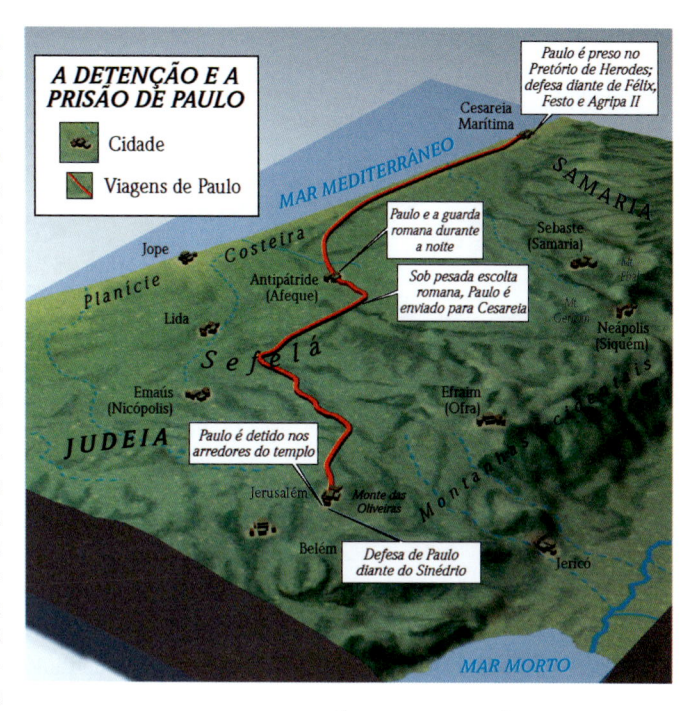

O concílio de Jerusalém Quando Paulo voltou a Antioquia, depois da primeira viagem missionária, se encontrou envolvido na controvérsia a respeito das exigências sobre a salvação dos gentios. Pedro e até Barnabé vacilaram na questão das relações entre judeus e gentios. Pior, alguns falsos mestres da igreja de Jerusalém se infiltraram nas congregações em Antioquia e ensinavam que "a não ser que vocês sejam circuncidados de acordo com o costume ensinado por Moisés, vocês não podem ser salvos". A igreja indicou Paulo e Barnabé para ir a Jerusalém e resolver a questão. Um concílio se reuniu no ano 49, incluindo a equipe missionária, os que insistiam na circuncisão como exigência para a salvação e os apóstolos. O apóstolo Pedro e Tiago, o irmão de Jesus, falaram em defesa do evangelho desvinculado da lei pregado por Paulo, e uma carta foi enviada às igrejas gentílicas confirmando a visão oficial. Paulo voltou a Antioquia e permaneceu lá até o ano 51.

Segunda viagem missionária A segunda viagem missionária levou Paulo à Macedônia e Acaia nos anos 50-52. Paulo e Barnabé se afastaram no início da viagem por discordarem da participação de João Marcos, sobrinho de Barnabé. Marcos abandonara a equipe na primeira viagem (At 15.38). Paulo levou Silas e plantou

PAULO

Reconstrução de Cesareia Marítima, onde Paulo foi aprisionado por dois anos (At 23.31—26.32).

igrejas em Filipos, Tessalônica e Bereia. Barnabé foi com João Marcos. Paulo passou dezoito meses em Corinto, fortalecendo a florescente igreja que lá havia. Quatro das cartas de Paulo são endereçadas a igrejas conhecidas nessa segunda viagem missionária. Muitos estudiosos creem que 1 e 2Ts foram escritas nessa viagem.

Terceira viagem missionária A terceira viagem missionária de Paulo (53-57) focalizou a cidade de Éfeso, onde Paulo passou três anos. Até o fim da viagem, Paulo trabalhou arduamente para levantar outra oferta de auxílio aos cristãos da igreja de Jerusalém. Paulo escreveu 1 e 2Co e Rm nessa viagem.

Os últimos anos Paulo levou essa oferta de auxílio a Jerusalém. Enquanto estava no templo realizando um ritual para demonstrar sua fidelidade judaica a alguns dos cristãos de Jerusalém, os oponentes judeus incitaram uma revolta, e Paulo foi preso (ano 57). Paulo foi enviado a Cesareia para ser julgado pelo procurador Félix. Depois de dois anos de procrastinação da parte dos que o prenderam, Paulo por fim apelou ao julgamento pelo imperador romano. Depois de chegar a Roma, Paulo ficou dois anos em prisão domiciliar aguardando o julgamento. Paulo escreveu Fm, Cl, Ef e Fp na primeira prisão em Roma.

O registro de At termina nesse ponto, e por isso as informações sobre o resultado do juízo são incompletas. A tradição da igreja primitiva sugere que Paulo foi absolvido (por volta do ano 63) ou exilado e assim cumpriu o sonho, expresso em Rm 15.23-29, de levar o evangelho à Espanha (anos 63-67).

Paulo provavelmente escreveu 1 e 2Tm e Tt no período entre sua absolvição e a segunda prisão em Roma. De acordo com a tradição da igreja, Paulo foi preso outra vez e submetido ao encarceramento mais severo. Ele foi condenado pelo imperador Nero e decapitado no terceiro marco da Via Óstia, no lugar chamado Aquae Salviae, e está sepultado nos fundamentos da Basílica de São Paulo fora dos muros. Sua execução provavelmente ocorreu no ano 67.

A aparência de Paulo Não há registro bíblico da aparência ou da condição física de Paulo. Sabe-se que deve ter sido uma pessoa amável para suportar os abusos e provações que sofreu como apóstolo (2Co 11.23-29). Ele evidentemente foi vítima de uma enfermidade séria nos olhos (Gl 4.12-16). Isso pode explicar sua assinatura característica com letras grandes anexada às cartas escritas por um secretário (Gl 6.11). A descrição mais antiga da aparência dele aparece em um livro apócrifo do NT que diz que ele era "um homem de pequena estatura, calvo e pernas arqueadas, bom corpo e sobrancelhas que se encontravam, nariz adunco, cheio de cordialidade; com a aparência humana, mas a face de um anjo". O escritor atribui essa descrição de Paulo a Tito, e pode ser que haja algum fundo de verdade. Ainda que pareça pouco atraente para os padrões atuais, algumas das características físicas mencionadas eram consideradas os traços do romano ideal.

O evangelho de Paulo O evangelho de Paulo acusa toda a humanidade do crime de rejeitar Deus e sua autoridade. Sob a influência do pecado de Adão, a humanidade mergulhou nas profundezas da depravação de modo tal que todos eram totalmente incapazes de cumprir as exigências justas de Deus (Rm 1.18-32; 3.9-20; 9.12-19) e mereciam apenas a ira de Deus (Rm 1.18; 2.5-16). O pecador está alienado de Deus e em inimizade com ele (Cl 1.21). Consequentemente, a única esperança do pecador é o evangelho que encarna o poder de Deus para salvar os que têm fé em Cristo (Rm 1.16). O foco do evangelho de Paulo é Jesus Cristo (Rm 1.3,4). Paulo afirmou a humanidade e a divindade de Jesus. Cristo fisicamente descendia de Davi (Rm 1.2), veio à semelhança do homem pecador (Rm 8.3) e assumiu a forma de um servo obediente e humilde (Fp 2.7,8). Mesmo assim ele é a forma visível do Deus invisível (Cl 1.15), e toda a plenitude da divindade habita nele corporalmente (Cl 2.9), a própria natureza de Deus (Fp 1.6) e possui o título de "Senhor" (o título grego para Deus no AT), o nome acima de todos os nomes (Fp 2.9 -11). Paulo cria que, pela virtude de sua impecabilidade, Jesus estava qualificado para ser o sacrifício que deixaria os pecadores justos diante de Deus (2Co 5.21). Em sua morte na cruz, Jesus se tornou maldição pelo pecado (Gl 3.10-14), e o justo morreu pelos injustos (Rm 5.6-8). A salvação é um dom gratuito concedido aos que creem com base apenas na graça de Deus. A salvação não depende de mérito, atividade ou esforço humano, mas somente do amor não merecido de Deus (Ef 2.8-10; Rm 6.23). Os que confiam em Jesus para sua salvação, confessam-no como Senhor e creem que Deus o ressuscitou dos mortos (Rm 10.9) serão salvos da ira de Deus, se tornam justos diante dele (Rm 5.9), foram adotados como filhos (Rm 8.15-17) e transformados pelo poder do Espírito (Gl 5.22-24). Na vinda de Cristo os crentes serão ressuscitados (1Co 15.12-57), participarão plenamente do caráter justo do Filho (Fp 3.20,21) e viverão para sempre com o Senhor (1Ts 4.17). Por sua união com Cristo pela fé, o cristão participa espiritualmente da morte, ressurreição e ascensão de Cristo (Rm 6.1-7; Ef 2.4,5). Consequentemente,

Colunas do período romano na ágora de Tarso, o lugar do nascimento e primeiros anos da vida de Paulo.

o cristão foi liberto do poder do pecado, da morte e da Lei. Torna-se nova criação, ainda que imperfeita, continuamente feita à semelhança de Cristo (Cl 3.9,10; 2Co 5.17). Ainda que os cristãos não estejam mais sob a autoridade da Lei escrita, o Espírito Santo atua como nova lei interna que os leva natural e espontaneamente a cumprir as exigências justas da Lei (Rm 8.1-4). Como resultado, o evangelho desvinculado da Lei não encoraja o comportamento iníquo. Tal comportamento é contrário à nova identidade em Cristo. A união dos cristãos com Cristo os leva à união com outros cristãos no Corpo de Cristo, a Igreja. Os cristãos exercitam seus dons espirituais para ajudarem-se uns aos outros a alcançar maturidade, servir e glorificar a Cristo, o principal propósito da igreja (Ef 3.21; 4.11-13). Cristo agora governa sobre a Igreja como seu Cabeça, sua autoridade principal (Ef 1.22). Quando Cristo voltar, seu reinado sobre o mundo será consumado, e tudo que existe será colocado sob sua autoridade absoluta (Fp 2.10,11; 4.20; Ef 1.10). Ele ressuscitará os mortos: os não crentes para juízo e castigo; os crentes para glorificação e recompensa (2Ts 1.5-10). — *Charles L. Quarles*

PAULO, SÉRGIO V. *Sérgio Paulo*.

PAVÃO Macho de várias espécies de um faisão grande, nativo do sudeste da Ásia e Índias Orientais, criado como ave ornamental. A *NVI*, *ARA*, *ARC* e *BJ* usam a palavra "avestruz" em Jó 39.13. Os textos de 1Rs 10.22 e 2Cr 9.21 trazem a palavra "pavões".

PAVILHÃO Tenda grande, em geral ricamente decorada. As versões bíblicas brasileiras trazem a palavra "tenda", como no caso do sentido literal de tendas usadas em campanhas militares (1Rs 20.12,16; Jr 43.10). A *ARA* traz a palavra "pavilhão" em 2Sm 22.12 e Sl 18.11 (nesta passagem, também a *ARC*) para se referir ao espesso dossel de nuvens ao redor de Deus, que ilustra o mistério divino, e algumas vezes como imagem da proteção divina (Sl 27.5, *ARA*, *ARC*; *NVI*, "habitação").

PAVIMENTO Palavra usada pela *ARA*, *ARC* e *BJ* para a base de pedra sob a qual Acabe colocou o mar de bronze depois de removê-lo dos 12 touros de bronze (2Rs 16.17). A *NVI* traduz por "base", e a *TEB*, "pedestal". As mudanças que Acabe fez no equipamento do templo foram uma tentativa de conquistar o favor dos assírios.

PAZ Condição ou sentido de harmonia, bem-estar e prosperidade. O conceito bíblico significa mais que ausência de hostilidade, e é mais que um estado psicológico.

Antigo Testamento A palavra hebraica *shalom* e seus derivados têm sido utilizados para representar "um dos conceitos teológicos mais importantes do AT" (esse grupo de palavras ocorre cerca de 180 vezes no AT). Não é um conceito negativo ou passivo, mas envolve integridade e completitude. O verbo relacionado pode significar "retribuir" ou "cumprir um voto", referindo-se assim a completar ou reparar um relacionamento. Um adjetivo relacionado pode ser usado para descrever algo "incólume, seguro, completo, pacífico". A paz pode se referir à harmonia entre amigos ou aliados, triunfo em guerra, sucesso em empreendimentos, boa saúde e segurança. O equivalente hebraico da saudação portuguesa "Como vai você?" é "Você tem 'paz'?" (cf. Gn 29.6; 2Sm 18.29; 2Rs 4.26; Et 2.11).

Um "tratado de paz" bilateral (Js 9.15; 10.1) significava que ambas as partes prometiam se abster de hostilidades mútuas e, além disso, buscariam o bem-estar mútuo, incluindo um compromisso de ajuda caso o parceiro no tratado fosse atacado. Ir ou partir "em paz" significava contar com a segurança de amizade e favor (Gn 26.31; Êx 4.18; 1Sm 20.42; Mc 5.34; Lc 7.50). A "aliança de paz" de Deus com seu povo envolve a segurança do relacionamento permanente com quem é a nossa paz (Is 9.6; Mq 5.5) e o compromisso de proteger seu bem-estar e abençoar de modo copioso por seu poder, graça e sabedoria (Nm 25.12; Is 54.10; Ez 34.25; 37.26; Ml 2.5).

Andar com o Senhor "em paz e retidão" (Ml 2.6) significa manter harmonia com ele por fé e obediência, e por isso desfrutar de sua paz (cf. Nm 6.26; Jó 21.25; Sl 125.5; Pv 3.17; Is 48.18; 57.2; 59.8; cp. Lc 1.79). Paz é o oposto da experiência última do ímpio (Is 48.22; 57.21; 59.8).

A oferta de *shelem*, tradicionalmente traduzida por "oferta de paz", mas também por "oferta de comunhão", era uma oferenda que celebrava a alegria da "paz" com Deus e tudo o que isso envolve. Por fim, a palavra "paz" pode se referir à confiança de que tudo está bem (Gn 15.15; 2Rs 22.20; Sl 4.8; Is 26.3).

Em vista de tudo isso, não é surpreendente que a palavra *shalom* seja com frequência associada à aliança davídica e às promessas proféticas do Reino messiânico vindouro. A salvação do Senhor, citada tantas vezes no AT, diz respeito em essência à prodigalidade de paz (1Rs 2.33 — "Mas que a paz do Senhor esteja para sempre sobre Davi, sobre os seus descendentes, sobre a sua dinastia e sobre o seu trono"; Is 9.7 — "Ele estenderá o seu domínio, e haverá paz sem fim sobre o trono de Davi e sobre o seu reino, estabelecido e mantido com justiça e retidão, desde agora e para sempre"). Essa paz será o resultado da vinda de Deus para julgar com justiça (Is 32.17; 60.17).

Novo Testamento A palavra traduzida por "paz" no NT é *eirene*. Ocorre em todos os livros do NT, com exceção de 1Jo (com mais frequência em Lc, 14 vezes, seguido por Rm, 10 vezes, e depois Ef, 8 vezes). Fora da Bíblia a palavra grega provavelmente significa o oposto de guerra, mas o uso dela para verter *shalom* na *LXX* pode ter sido o fator que lhe ampliou o uso. Como *shalom*, a palavra *eirene* no NT pode se referir não apenas à ausência de hostilidade, conflito e desordem (1Co 14.33), mas também à condição e ao sentido de estar salvo e seguro (At 9.31). Cristo estabeleceu a paz entre judeus e gentios cristãos ao torná-los um novo homem nele (Ef 2.14,15). A palavra poderia também descrever o estado de bem-estar físico ou espiritual. Quando Jesus a usou como bênção (Lc 24.36; Jo 14.27; 16.33; 20.19,21; cp. Cl 3.15) e o apóstolo Paulo a usou no início de suas cartas, eles se referem a mais que um sentido de confiança em Deus. A palavra traz à memória tudo o que Cristo fará ou fez na cruz e na ressurreição para vencer o domínio do pecado e para obter a paz entre Deus e o homem (Rm 5.1; Cl 1.20), paz entre todos os que estão em Cristo (2Co 13.11; Ef 4.3) e o estado de completitude espiritual (Rm 14.17; Gl 5.22). A mensagem do evangelho foi chamada "evangelho da paz" (Ef 6.15). "Paz" foi a promessa angélica por ocasião do nascimento de Jesus em Lc 2.14: "Paz na terra aos homens aos quais ele (= Deus) concede o seu favor" (cf. Lc 19.38). O mundo não pode conseguir ou providenciar essa paz (Jr 6.14; Jo 14.27; 1Ts 3.5) porque não consegue lidar com o problema do pecado. Logo, a paz de Deus que guarda o coração e a mente do cristão "excede todo o entendimento" (Fp 4.7; cp 2Ts 3.16). — *E. Ray Clendenen*

PAZ, OFERTA DE V. *sacrifício e oferta*.

PÉ Parte do corpo dos seres humanos e dos animais usada para caminhar. Nas Escrituras "pé" se refere principalmente ao pé humano (Êx 12.11; At 14.8). Também pode ser usado acerca dos pés de animais (Ez 1.7) ou, antropomorficamente, dos pés de Deus (Is 60.13).

No mundo antigo com estradas não pavimentadas, os pés se sujavam facilmente e precisavam ser lavados com frequência. Desde os tempos mais antigos os anfitriões ofereciam a lavagem dos pés dos hóspedes (Gn 18.4), o que geralmente era feito pelos servos inferiores (Jo 13.3-14). Dava-se grande honra à unção dos pés de outra pessoa (Dt 33.24; Lc 7.46; Jo 12.3).

Como era muito fácil sujar os pés, tirar os sapatos era sinal do livramento da sujeira e assim indicava santidade na adoração (Êx 3.5). Sacudir o pó dos pés significava rejeição total do lugar em que a pessoa estava (At 13.51). Tanto para os romanos quanto para os israelitas, o castigo podia incluir amarrar os pés no tronco (Jó 13.27; At 16.24). Com frequência os "pés" significam a pessoa toda, pois é difícil agir sem usá-los ("Afasto os pés de todo caminho mau" significa "Afasto-me do mal", Sl 119.101; cp. Lc 1.79; At 5.9; Rm 3.15).

Diversas expressões bíblicas contêm "pés". "Venham aqui e ponham o pé no pescoço destes reis" sugere vitória total sobre alguém (Js 10.24). Isso também se deduzia da frase colocar alguém "debaixo dos pés" (Rm 16.20; 1Co 15.25). Cair aos pés de alguém mostrava humilde submissão, muitas vezes quando alguém fazia um pedido (1Sm 25.24; Lc 17.16). "Cobrir seus pés" (1Sm 24.3, *ARC*) era um eufemismo para "fazer suas necessidades" (*NVI*). Ver o pé escorregar ou ficar "preso no laço" significava calamidade (Sl 9.15; 66.9). "Os pés daqueles que anunciam boas-novas" significava a vinda da pessoa (Is 52.7). Estar sentado "aos pés" de alguém significava ser ouvinte ou discípulo de alguém (At 22.3). Colocar algo "aos pés" de alguém sugeria um presente (At 4.35). — *Kendell Easley*

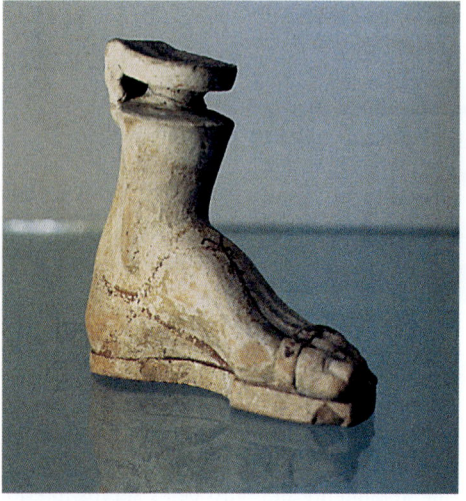

Frasco de perfume em forma de pé com sandália de aproximadamente 550 a.C. na Sicília.

PECA Nome pessoal que significa "olhos abertos". Oficial do exército de Israel que se tornou rei em um sangrento golpe de estado que assassinou o rei Pecaías (2Rs 15.25). Seu reino de 20 anos (15.27) provavelmente é o tempo total que assumiu o controle militar em Gileade e em Samaria. Peca surgiu como líder em Gileade no reinado de Menaém, que se entregou quando Tiglate-Pileser III da Assíria confirmou o governo de Menaém. Peca foi então agraciado com um cargo elevado no exército, e o golpe de estado aconteceu pouco depois de Pecaías ter sucedido a Menaém. Peca reinou em Samaria de 752 a 732 a.C., e foi posteriormente assassinado por Oseias (15.30). V. *Menaém*.

PEÇA DE PRATA Tradução da palavra hebraica *qesitah*, que se refere a uma moeda de valor e peso desconhecidos (Gn 33.19; Jó 42.11). V. *moedas*.

PECADO Ações pelas quais as pessoas se rebelam contra Deus, perdem o propósito da vida e se rendem ao poder do mal em vez de se renderem a Deus.

Pecado como rebelião Uma das afirmações centrais da Bíblia é o estranhamento da humanidade em relação a Deus. A causa desse estranhamento é o pecado, que está na raiz de todos os problemas da humanidade. Entretanto, a Bíblia não apresenta nenhuma definição formal de pecado. Ela o descreve como a atitude que personifica a rebelião contra Deus. A rebelião estava na raiz do problema de Adão e Eva (Gn 3) e tem sido a raiz da condição problemática da humanidade daí em diante.

O pecado é universal — todos pecam. A Bíblia não apresenta a descrição completa da origem do pecado. Deus não é o responsável, de modo algum. Satanás introduziu o pecado quando enganou Eva, mas a Bíblia também não ensina que o pecado tenha tido sua origem nele. A origem do pecado é encontrada na natureza rebelde da humanidade. Desde a rebelião de Adão e Eva contra o claro mandamento de Deus, o pecado infecta a humanidade com uma perversidade temível.

Algumas passagens, como Sl 51.5 e Ef 2.3, poderiam ser interpretadas no sentido de que a natureza pecaminosa é herdada. Outras passagens parecem afirmar que o pecado se deve à escolha humana (Ez 18.4,19,20; Rm 1.18-20; 5.12). A humanidade herdou a natureza pecaminosa, e cada pessoa é responsável pela própria escolha do pecado.

Outra possibilidade para entender como o pecado infectou toda a humanidade pode ser encontrada no entendimento bíblico da solidariedade da raça humana. Essa compreensão da situação humana aponta para o fato de que, ao se rebelar contra Deus, Adão incorporou todos os seus descendentes nessa ação (Hb 7.9,10 apresenta uma analogia similar). Essa interpretação certamente não elimina a necessidade de cada indivíduo aceitar a plena responsabilidade por seus atos pecaminosos.

Adão e Eva introduziram o pecado na história humana por meio de suas ações rebeldes. A Bíblia afirma que cada pessoa que passou a viver daí em diante lhes seguiu o exemplo. De modo independente do que se diga acerca da origem do pecado, isso é o que a Bíblia afirma.

Visão bíblica — O pecado em várias perspectivas Um conceito de pecado no AT é o de transgressão da Lei. Deus estabeleceu a Lei como padrão de justiça; qualquer violação do padrão é definida como pecado. O texto de Dt 6.24,25 é uma declaração desse princípio sob a perspectiva de que a pessoa que guarda a Lei é justa. A implicação é: quem não guarda a Lei não é justo, ou seja, é alguém pecador.

Outro conceito de pecado no AT é a quebra da aliança. Deus estabeleceu uma aliança com a nação de Israel; eles estavam unidos como povo por meio dessa aliança (Êx 19; 24; Js 24). A cada ano, no Dia da Expiação, a nação se reunia para a renovação da aliança. Quando o sumo sacerdote consagrava o povo ao aspergir-lhe o sangue do sacrifício expiatório, renovava seus votos ao Senhor, cumprir a aliança. Qualquer quebra dessa aliança era considerada pecado (Dt 29.19-21).

O AT também apresenta o pecado como a violação da natureza justa de Deus. Como Deus justo e santo, ele estabelece como critério para seu povo uma justiça como a dele (Lv 11.45). Qualquer desvio da justiça do próprio Deus é vista como pecado.

O vocabulário para pecado no AT é bastante rico. *Chata'* significa "errar o alvo", como a palavra grega *hamartia*. A palavra poderia ser usada para descrever a pessoa que errou o alvo ao atirar uma flecha. Quando usada para descrever o pecado, significa que a pessoa errou o alvo estabelecido por Deus para sua vida.

Aven descreve a tendência desonesta ou perversa associada ao pecado. Pessoas pecadoras perverteram a própria alma e se tornaram desonestas, não justas. *Ra'* descreve a violência associada ao pecado. Também tem a conotação de praticar o mal. No AT, pecado é o oposto de justiça ou retidão moral.

A perspectiva do Novo Testamento quanto ao pecado O quadro apresentado no NT é bastante semelhante ao do AT. Várias palavras usadas para pecado no NT têm quase o mesmo significado de algumas das palavras hebraicas usadas no AT. O avanço mais notável na visão neotestamentária do pecado é o fato de que este passa a ser definido contra o pano de fundo de Jesus como padrão de justiça. Sua vida exemplifica a perfeição. A pureza exaltada da sua vida cria a norma para julgar o que é pecaminoso.

No NT o pecado também é visto como perda de comunhão com Deus. A vida ideal é a de comunhão com ele. Qualquer coisa que perturbe ou distorça a comunhão é pecado.

A compreensão de pecado do NT é de alguma maneira mais subjetiva que objetiva. Jesus ensinou com clareza que o pecado é uma condição do coração. Ele ligou o pecado de forma direta às motivações interiores, declarando que o pensamento pecaminoso conducente ao ato é o pecado verdadeiro. O ato exterior é na verdade o fruto do pecado. Ira no coração é o mesmo que assassinato (Mt 5.21,22). O olhar impuro é comparado ao adultério (Mt 5.27,28). A profanação verdadeira da pessoa vem do íntimo (coração), que é pecaminoso (Mt 15.18-20). Portanto, o pecado é entendido como algo que envolve a essência da pessoa, i.e., a essência da natureza humana.

O NT interpreta o pecado como "descrença". Entretanto, a descrença não é apenas rejeição de dogmas ou credos. Antes, é a rejeição da luz espiritual revelada em Jesus Cristo. Ou, de outra perspectiva, a descrença é a rejeição da revelação suprema encontrada na pessoa de Jesus Cristo. Descrença é resistência à verdade de Deus revelada pelo Espírito de Deus e produz cegueira moral e espiritual. O resultado dessa rejeição é julgamento. O único critério para o julgamento é se alguém aceitou ou rejeitou a revelação de Deus encontrada em Jesus Cristo (Jo 3.18,19; 16.8-16).

O NT apresenta o pecado revelado pela Lei de Moisés. A Lei foi preparatória, e sua função foi apontar para Cristo. A Lei revelou o pecado em seu caráter verdadeiro, mas isso somente fez surgir na humanidade o desejo de experimentar o fruto proibido do pecado. A Lei como tal não é má, mas a humanidade simplesmente não tem a capacidade de cumpri-la. Por conseguinte, a Lei não oferece oportunidade de salvação; antes, ela deixa a humanidade com um senso profundo de pecado e culpa (Rm 7). Logo, a Lei serve para destacar o pecado, de modo que este seja claramente compreendido.

A palavra mais comum no NT para pecado é *hamartia* (v. anteriormente). *Parabasis*, "transpassar" ou "transgressão" significa literalmente cruzar uma linha. A ideia é de alguém que ultrapassa o limite da propriedade de outra pessoa; quem ultrapassa o limite do padrão da justiça de Deus cometeu transgressão.

Anomia significa "impiedade" ou "iniquidade", e é a descrição geral de atos pecaminosos, referindo-se a quase qualquer ação em oposição ao padrão da justiça de Deus. *Poneria*, "mal" ou "impiedade", é ainda mais inclusiva que *anomia*. *Adikia*, "injustiça", é exatamente o oposto de justiça. Em contextos forenses extrabíblicos, *adikia* descreve quem está do lado errado da lei.

Akatharsia, "sujeira" ou "impureza", era uma palavra cúltica usada para descrever qualquer coisa que provocasse impureza cultual. Era usada com frequência para descrever atos viciosos ou pecados sexuais. *Apistia*, "descrença", literalmente se refere à falta de fé. A recusa em aceitar a verdade de Deus pela fé é pecado. Logo, qualquer ação que possa ser construída como descrença ou qualquer disposição que seja marcada por falta de fé é pecaminosa.

Epithymia, em geral traduzida por "luxúria", é na verdade uma palavra neutra. Somente o contexto pode determinar se o desejo é bom ou mau. Jesus disse "Desejei ansiosamente comer esta Páscoa com vocês antes de sofrer" (Lc 22.15). Paulo usou essa palavra com um significado modificado, com o sentido de "maldade", em Cl 3.5, em que é traduzida por "desejos maus" (*ARA*, "paixão lasciva"; *ARC*, "apetite desordenado"; *NTLH*, "paixões más"; *BJ*, "desejos maus"). Quando usada dessa maneira, a palavra pode se referir a quase qualquer desejo mau, mas geralmente era usada para descrever pecados sexuais (Mt 5.28).

Consequências do pecado A Bíblia olha para o pecado, em suas muitas formas, como o mais sério problema da humanidade. Ainda que atos pecaminosos possam ser dirigidos contra qualquer pessoa, em última instância cada pecado é contra Deus, o Criador de todas as coisas. Perfeito em justiça, Deus não pode tolerar o que viola seu caráter reto. Portanto, o pecado cria uma barreira entre Deus e as pessoas.

O pecado também implica a intervenção de Deus nos assuntos humanos. Como a humanidade não pode livrar a si mesma dos embaraços do pecado, foi necessário que Deus interferisse, para que a humanidade pudesse se ver livre desses embaraços. V. *salvação*.

O pecado tem consequências de longo alcance, tanto pessoal como socialmente. Quem constantemente segue sua natureza pecaminosa se torna tão imerso em pecado que fica escravizado a ele (Rm 6).

Outra consequência terrível do pecado é a depravação espiritual na sociedade em geral, como na vida dos indivíduos. Alguns poderão argumentar que a depravação é a causa do pecado, e esta certamente é uma consideração válida. Entretanto, não há escapatória para o fato de que continuar no pecado adiciona depravação pessoal, corrupção moral, tornando impossível a rejeição do pecado. O pecado também produz cegueira espiritual. As verdades espirituais simplesmente não são visíveis para quem ficou cego por causa do pecado.

Inaptidão moral é outra consequência devastadora do pecado. Quanto mais se pratica o pecado, mais inepta a pessoa se torna, no que diz respeito aos valores morais e espirituais. Por fim, o pecado torna difícil distinguir o certo do errado.

A culpa com certeza é uma consequência do pecado. Ninguém pode acusar outra pessoa de um problema do pecado. Cada pessoa deve aceitar sua responsabilidade e encarar a culpa que está associada a isso (Rm 1-3).

Na Bíblia, o pecado e a morte são corolários. Um dos "derivados" terríveis do pecado é a morte. Viver continuamente no pecado trará morte espiritual a quem não estiver sob o senhorio de Cristo mediante arrependimento e fé (Rm 6.23; Ap 20.14). Para os que confiaram em Jesus Cristo para sua salvação, a morte não tem mais o aspecto apavorante. Cristo negou o poder de Satanás ao libertar da escravidão do medo terrível da morte (Hb 2.14,15). V. *morte*.

Outra consequência séria do pecado é que este traz separação de Deus, um estranhamento e uma falta de comunhão com ele. Isso não necessita ser permanente, mas, se uma pessoa morre sem ter corrigido esse problema pela fé em Cristo, então a separação se torna permanente (Rm 6.23). V. *inferno*.

O pecado produz estranhamento entre as pessoas, como produz estranhamento em relação a Deus. Todos os problemas interpessoais têm no pecado a causa básica (Tg 4.1-3). A única esperança para a paz será obtida, em nível pessoal ou nacional, por meio do Príncipe da Paz. — *Billy E. Simmons*

PECADO IMPERDOÁVEL Os três Evangelhos sinópticos (Mt 12.31,32; Mc 3.28,29; Lc 12.10) trazem esse conceito. O contexto é idêntico em Mt e Mc, na sequência de um exorcismo por Jesus, incluindo a acusação de que Jesus expulsa demônios com a autoridade de Belzebu (Satanás). Lucas registra a declaração junto com uma exortação sobre confessar e negar Jesus diante das pessoas (Lc 12.8,9). Seria um equívoco equiparar o "pecado imperdoável" à incredulidade e igualmente errado interpretá-lo como rejeição da obra do Espírito Santo. Ambas as realidades se aplicavam a Paulo antes de sua conversão. O contexto de Lc é de controvérsia com os fariseus (Lc 11.15), sob a acusação de que a autoridade de Jesus para exorcizar vem de Belzebu.

A exortação inclui a declaração de que a blasfêmia contra o Filho de homem, embora pecado, pode ser perdoada. Isso seria uma rejeição do evangelho, a boa notícia da salvação de Deus em Jesus. Levando em conta o contexto, o pecado imperdoável pode ser definido como rejeitar o poder e a autoridade do Espírito Santo atuando em Jesus e creditar essa autoridade a Satanás. A acusação falsa dos fariseus provoca a advertência, mas Jesus nunca diz de modo explícito que eles cruzaram a linha e cometeram o pecado imperdoável. Talvez isso indique que o pecado imperdoável acontece quando alguém conscientemente credita o poder e a autoridade do Espírito Santo a Satanás. Dessa forma, alguns fariseus podem ou não ter sido culpados de levantar uma acusação contra Jesus da qual sabiam que era falsa.

As pessoas só poderiam dar conscientemente a Satanás o crédito da obra do Espírito Santo se o coração delas estivesse endurecido a ponto de já terem de modo irrevogável rejeitado a oferta de Deus da salvação em Jesus Cristo. Um crente genuíno em Cristo jamais poderia cometer esse pecado. V. *blasfêmia*; *Diabo*, *Satanás*, *Maligno*, *demoníaco*; *Espírito Santo*; *pecado*. — Davi R. Beck

PECADOR Pessoa que errou o alvo de Deus para a vida e se rebelou contra ele. A Bíblia considera todas as pessoas pecadoras (Rm 3.23). No AT, quem não vivia de acordo com a Lei era considerado pecador (Sl 1). O NT usa a palavra *anomia* em sentido similar (1Tm 1.9). Os judeus consideravam os gentios pecadores (Gl 2.15), bem como pessoas que não guardavam as tradições dos fariseus, incluindo Jesus (Mt 11.19; Lc 15). Paulo mencionou os pecadores pessoas, separadas de Deus (Rm 5.8). V. *salvação*; *pecado*.

PECAÍAS Nome pessoal que significa "Yah (= "Javé") abriu seus olhos"). Rei de Israel de 742 a 740 a.C. Sucedeu a seu pai, Menaém, como vassalo da corte assíria (2Rs 15.23). A situação política tensa que herdou era muito hostil, pois fanáticos leais e rebeldes lutavam pelo poder. O reinado desastroso de Pecaías terminou quando ele foi assassinado por Peca, oficial do exército (15.25) apoiado pela Síria, e se opôs à dominação assíria. V. *Peca*.

PECODE Palavra hebraica que significa "punição" ou "julgamento", um jogo com o nome Puqadu, uma tribo arameia que habitava a área a leste da boca do rio Tigre (Jr 50.21; Ez 23.23). Sargom II (722-705 a.C.) incorporou Pecode ao Império Assírio. Pecode fez parte do Império Babilônico no tempo de Jeremias e Ezequiel.

PEÇONHA Secreção venenosa de um animal como a cobra, a aranha ou o escorpião, inoculada na vítima por meio de uma mordida ou picada. Peçonha é tradução de *ro'sh* (Dt 32.33; Jó 20.16). O mesmo termo hebraico é usado para uma planta perigosa, venenosa (Dt 29.18; Os 10.4, *passim*). V. *veneno*.

PEDAEL Nome pessoal que significa "Deus liberta". Líder da tribo de Naftali, indicado por Moisés para auxiliar Josué e Eliézer na distribuição da terra às tribos a oeste do Jordão (Nm 34.28).

PEDAÍAS Nome pessoal que significa "Yah (= Javé) redime". **1**. Avô materno do rei Jeoaquim (2Rs 23.36). **2**. Pai (1Cr 3.18,19) ou tio (Ed 3.2,8; 5;2; Ne 12.1; Ag 1.12,14; 2.2,23) de Zorobabel. O texto de 1Cr apresenta Pedaías e Sealtiel como irmãos. **3**. Pai de Joel de Manassés (1Cr 27.20). **4**. Filho de Parós, que auxiliou o trabalho de Neemias de reconstruir os muros de Jerusalém (Ne 3.25). **5**. Testemunha da renovação da aliança conduzida por Esdras (Ne 8.4), talvez o mesmo citado no item 4. **6**. Pai de Joede de Benjamim (Ne 11.7). **7**. Levita a quem Neemias indicou como tesoureiro do templo (Ne 13.13).

PEDAZUR Nome pessoal que significa "(a) Rocha redime". Pai de Gamaliel (Nm 1.10; 2.20; 7.54,59; 10.23).

PEDERNEIRA Três termos hebraicos são aplicados livremente a qualquer rocha dura e compacta ou especificamente a variedades quase opacas, criptocristalinas de quartzo. A pederneira pode ser lascada para produzir um fio muito duro e afiado. Ferramentas de pederneira, incluindo raspadores, lâmina de machado, facas (Êx 4.25; Js 5.2,3), ponta de flecha, lâmina de foice e outras ferramentas eram usadas desde os mais antigos tempos pré-históricos.

A dureza da pederneira é proverbial. A provisão milagrosa de Deus para os israelitas no deserto é retratada como água (Dt 8.15; Sl 114.8) ou óleo (Dt 32.13) fluindo de uma rocha pederneira. Deus protegeu o profeta Ezequiel ao tornar sua testa mais dura que a pederneira (Ez 3.9). Um rosto "como um seixo" retratava a determinação do Servo do Senhor (Is 50.7; cp. Lc 9.51). O texto de Zc 7.12 retrata a indisposição do povo de se arrepender como corações de pederneira.

PEDRA Material mineral endurecido, composto por grande quantidade de terra. Israel é um país rochoso. De modo geral, era necessário limpar o terreno rochoso como preparação para seu cultivo (Is 5.2). Os campos dos adversários eram arruinados ao se jogar pedras neles, e seus poços eram entupidos com pedras (2Rs 3.19,25). Pedras eram usadas para vários propósitos: muros das cidades (Ne 4.3), construção de habitações (Lv 14.38-40), palácios (1Rs 4.3) e templos (1Rs 6.7), além de pavimentos de pátios e colunas (Et 1.6) e, pelo menos no período herodiano, para pavimentar ruas. Os israelitas usavam pedras brutas, não lapidadas, na construção dos altares. Eles com frequência erigiam pedras para comemorar algum grande acontecimento espiritual ou encontro com Deus (Gn 31.46; Js 4). Marcavam a tumba de pecadores notórios com pedras (Js 7.26). Um dos usos mais populares da pedra era a construção dos muros do templo e da cidade de Jerusalém (1Rs 7.9-12).

Pedras simples eram usadas para fechar a entrada de cisternas, poços e túmulos (Gn 29.2; Mt 27.60; Jo 11.38). Também eram usadas para demarcar fronteiras (Dt 19.14). Os israelitas algumas vezes consagravam pedras como memoriais a Deus (Gn 28.18-22; 1Sm 7.12).

Entalhe sofisticado em pedra, esculpido em uma coluna próxima à antiga Baalbek (Heliópolis).

Tanto o AT como o NT se referem ao uso de pedras como armas letais. Duas narrativas populares a respeito do uso de pedras como armas são: Davi matando Golias (1Sm 17.49) e os inimigos da fé cristã apedrejando Estêvão (At 7.58). V. *armas e armadura*.

Pedras eram muito usadas como pesos em balanças. Eram utilizadas também para a escrita de documentos. O exemplo mais óbvio é a redação dos Dez Mandamentos em uma pedra pelo Espírito de Deus quando Moisés subiu o monte Sinai.

De maneira simbólica, a pedra dá a ideia de dureza ou insensibilidade (1Sm 25.37; Ez 36.26). Podia também significar firmeza e força. Os seguidores de Cristo foram chamados pedras vivas, edificadas no templo espiritual do próprio Cristo. Ele mesmo se tornou a pedra angular, pedra de esquina (Ef 2.20-22; 1Pe 2.4-8). V. *minerais e metais*. — *Gary Bonner*

Coluna de mármore romana usada como reforço de um muro de defesa contra ataques marítimos em Cesareia Marítima.

PEDRA ANGULAR, PEDRA DE ESQUINA
Pedra colocada no canto para amarrar duas paredes e para fortalecê-las. Usada como símbolo de força e proeminência na Bíblia. A figura é aplicada muitas vezes a governantes ou líderes (Sl 118.22; 144.12; Is 19.13, *NVI*, *ARA*, *ARC*; Zc 10.4). Deus prometeu por meio de Isaías que Sião seria restaurada, fundamentada na pedra angular da fé renovada de Israel (Is 28.16). Jeremias declarou que a Babilônia seria devastada tão completamente que nada de útil sobraria, nem mesmo uma pedra para uso como fundamento (Jr 51.26).

No NT, Sl 118.22 e Is 28.16 são citados (ou a eles se faz alusão) e aplicados a Cristo. O simbolismo está claro: Jesus Cristo é o único fundamento sólido da fé. Os Evangelhos sinópticos citam Sl 118.22 depois da parábola dos lavradores maus para mostrar a rejeição de Cristo e seu triunfo final (Mt 21.43; Mc 12.10; Lc 20.17; cp. At 4.11; Ef 2.20-22).

Em 1Pe 2.4-8 os dois trechos da pedra angular são citados além de Is 8.14. Aqui o apelo ao leitor é que ele se aproxime da pedra viva (Jesus) que as pessoas rejeitaram, mas que é preciosa aos olhos de Deus. Isso é confirmado por uma citação de Is 28.16. Aí então vem uma advertência: os que creem consideram a pedra algo precioso, mas os que não creem são advertidos de que a pedra que eles rejeitaram se tornou a pedra angular (Sl 118.22), e, ademais, essa pedra os fará tropeçar e cair (Is 8.14; cp. Rm 9.33). Os cristãos são encorajados a se tornar eles mesmos pedras vivas semelhantes à Pedra Viva e ser edificados como santuário espiritual (1Pe 2.5). V. *rocha; pedra*. — Phil Logan

PEDRA COM FIGURAS (*ARA*), **FIGURA DE PEDRA** (*ARC*) "Pedra esculpida" (*NVI*) em contraste com metal fundido, associado à adoração cananeia (Lv 26.1; Nm 33.52), de acordo com traduções modernas. A *ACF* traz "pedra figurada". O mesmo termo hebraico é usado em Ez 8.12 para santuários idólatras decorados com bases em relevo de deuses na forma de animais (8.10; proibidos em Dt 4.16-18). Diversas identificações de animais têm sido sugeridas, feras semelhantes a leões e serpentes-dragões da "porta de Ishtar" na Babilônia, animais semelhantes aos que serviam de montaria para os deuses em esculturas de pedra em Maltaya, divindades mortuárias egípcias e animais totens.

PEDRA DE TROPEÇO Qualquer coisa que faça alguém tropeçar ou cair. A expressão é usada em sentido literal (Lv 19.14), e com muita frequência é usada como metáfora com referência a ídolos (Ez 7.19), à obra de Deus com pessoas sem fé (Jr 6.21) e ao próprio Deus em relação ao seu povo (Is 8.14). Paulo advertiu aos cristãos que não fizessem sua liberdade resultar em pedra de tropeço para outros cristãos (Rm 14.13; 1Co 8.9). Os desobedientes são advertidos de que Jesus mesmo pode ser uma pedra de tropeço (Rm 9.32,33; 1Co 1.23; 1Pe 2.8). A palavra grega *skandalon* era usada para designar a isca escondida em uma armadilha. Era usada também de modo simbólico para a própria armadilha. A palavra passou a significar a tentação para o pecado ou ter uma fé falsa.

PEDRA PRINCIPAL Expressão usada pela *NVI* para traduzir uma expressão hebraica encontrada em Zc 4.7. A visão de Zorobabel de uma pedra principal cortada do topo da montanha foi interpretada como uma garantia de que ele veria o templo restaurado (Zc 4.8-10). Os escritores do NT falam de Cristo como a pedra rejeitada pelos construtores que veio a ser a pedra angular (At 4.11; 1Pe 2.7). Nesses textos, pedra principal (ou angular) se refere ou ao espigão de uma edificação (sua cumeeira), ou à viga mestra de um arco, ou à pedra angular propriamente dita. V. *pedra angular, pedra de esquina*.

PEDRAS BRILHANTES V. *antimônio*.

PEDRAS PRECIOSAS V. *joias, joalheria; minerais e metais.*

PEDREIRA Área de onde são extraídas pedras para construção de objetos e edifícios. Pedras de qualidade ficam próximas da superfície. Em muitos lugares as pedras eram quebradas no leito em linhas de clivagem. Cortar as pedras era evidentemente uma atividade perigosa (Ec 10.9). A palavra hebraica *pesalim* em geral se refere a imagens de deuses. Por isso, em muitas traduções modernas leem-se "ídolos" ou "pedras esculpidas", como no caso das pedras comemorativas de Josué (Js 4). A palavra "pedreira" aparece em 1Rs 6.7. V. *pedreiros*.

PEDREIROS Artesãos que trabalham em construções usando tijolos ou pedras. O pedreiro profissional em Israel aparece na Bíblia pela primeira vez no tempo de Davi, ainda que o ofício fosse muito antigo e altamente desenvolvido no Egito naquela época. A Bíblia sugere que os israelitas eram habilidosos na arte de extrair pedras, ajustá-las e construir excelentes edifícios com elas no tempo de Davi. Davi solicitou ao rei de Tiro o envio de pedreiros (2Sm 5.11,12; 1Cr 22.2-4, 14-18). Sob o reinado de Salomão, os israelitas podem ter começado a desenvolver essa arte (1Rs 5.18). Como artesãos profissionais, os pedreiros eram provavelmente membros de sociedades ou associações semelhantes a sindicatos, bem como outros comerciantes. As associações eram primariamente organizações sociais, ainda que mais tarde tenham se transformado em uma força política que chegava a preocupar os governantes (At 19.23-41). Também era comum membros da mesma sociedade viverem e trabalharem em lugares no interior de vilas e cidades maiores (2Rs 18.17; 1Cr 4.14; Ne 11.35; Jr 37.21; Mt 27.7; At 18.3).

Pedras ornamentadas ou polidas em geral não usadas em casas particulares. O homem comum construía sua casa com tijolos queimados ao sol sob uma base de pedras não trabalhadas. Logo, as referências bíblicas a pedreiros envolvem obras públicas (2Rs 12.11-15; 2Rs 22.3-8; Ed 3.7).

Pedras de rocha calcária eram o material de construção básico na região montanhosa. Fácil de cortar, tornava-se dura quando exposta ao ar livre. Para cortar a pedra do leito rochoso, cunhas de madeira eram introduzidas em aberturas triangulares ao longo do sentido do corte. As cunhas eram cheias com água. À medida que as cunhas inchavam, a pressão forçava a pedra a sair do leito. Martelos, furadeiras e formões eram usados para deixar a pedra no formato desejado, e depois ela era polida e esfregada com areia. Os blocos poderiam ser cortados e polidos de modo tão fino que uma lâmina não poderia ser colocada entre as juntas deles.

Pedreiros empregados por Herodes cortaram blocos de calcário grandes, com 14 metros de cumprimento e 3 metros de altura, de pedreiras distantes 800 metros de onde eram colocadas no frontão do monte do templo. Calcula-se que algumas dessas pedras chegavam a pesar 415 toneladas. Podem ser vistas hoje na esquina sudoeste do Muro das Lamentações. V. *arquitetura; ocupações e profissões*. — Larry Bruce

PEDRINHAS DE AREIA Fragmentos arredondados de rocha. Imagem do sofrimento da Sião conquistada, cujos dentes foram quebrados por pedrinhas de areia (Lm 3.16, *ARA, ARC;* "pedras", *NVI*), talvez o mesmo que lamber o pó diante dos pés dos conquistadores.

PEDRO Nome derivado da palavra grega *petros*, que significa "pedra". O nome ocorre 159 vezes no NT. Simão era seu nome propriamente; Pedro é uma alcunha dada por Jesus (Mt 16.18). Ainda que o nome Pedro seja dominante, ele era conhecido por outros nomes: o nome hebraico Simão ("Simeão"; At 15.14) e Cefas (a palavra aramaica para "pedra", usado principalmente por Paulo (1Co 1.12; 3.22; 9.5; 15.5; Gl 1.18; 2.9 ,11,14; v. tb. Jo 1.42).

A família de Pedro Os Evangelhos fornecem informações a respeito de Pedro e sua família. Ele é chamado Barjonas ("filho de Jonas" em aramaico, Mt 16.17, *ARA, ARC; NVI*, "filho de Jonas"). Pedro e seu irmão André vieram de Betsaida (Jo 1.44) e eram pescadores galileus (Mc 1.16; Lc 5.2,3; Jo 21.3) em sociedade com Tiago e João (Lc 5.10). Pedro era casado (Mc 1.30) e vivia em Cafarnaum (Mc 1.21-31). Pedro e André estavam ligados a João Batista antes de se tornarem discípulos de Jesus (Jo 1.40).

O lugar de Pedro entre os discípulos Pedro era o líder e porta-voz dos 12 discípulos

(Mc 8.29; Mt 17.24). Ele geralmente apresentava questões a Jesus que refletiam as preocupações dos outros (Mt 15.15; 18.21; Mc 11.21; Lc 12.41). O nome de Pedro ocorre primeiro nas listas dos nomes dos Doze (Mt 15.15; 18.21; Mc 3.16; Lc 6.14) e no círculo interno (Pedro, Tiago e João, em Mc 5.35-41; 9.2-8; 14.33,43-50).

Pedro algumas vezes tinha pouca fé. Outras vezes ele era presunçoso (Mt 16.22; Jo 13.8; 18.10) e tímido (Mt 14.30; 26.69-72); oportunista (Mt 19.27), às vezes estava disposto a se sacrificar (Mc 1.18). Algumas vezes ele era espiritualmente perceptivo (Mt 16.16; Jo 6.68); outras, lento para entender questões espirituais (Mt 15.15,16). Uma vez caminhou sobre as águas com Jesus, mas sua fé se desvaneceu e começou a afundar (Mt 14.28-31). O maior exemplo da inconsistência de Pedro foi sua confissão "Tu és o Cristo" (Mt 16.16), oposta à sua negação: "Não conheço o homem de quem vocês estão falando" (Mc 14.71). Depois do Pentecoste (At 2.1) Pedro foi ousado quando perseguido. Em duas ocasiões Pedro foi preso e advertido de não pregar a respeito de Jesus (At 4.1-22; 5.12-40). Herodes prendeu Pedro com a intenção de executá-lo (At 12.3-5). Entretanto, Pedro foi liberto por um anjo (At 12.6-11).

Lugar e legado de Pedro na igreja primitiva Ainda que Pedro liderasse os discípulos e ocupasse lugar destacado na igreja primitiva (At 1—5), ele não surgiu como líder. Pedro ajudou a estabelecer a igreja de Jerusalém, mas Tiago, o irmão de Jesus, assumiu a liderança dela (At 15). Ainda que ativo na proclamação do evangelho aos gentios (At 11—12), Paulo se tornou o "apóstolo dos gentios" (At 14; 16—28). Pedro permaneceu uma ponte entre os diversos grupos da igreja primitiva (At 15). Ele se tornou o "apóstolo dos judeus", pregando por toda a Palestina. Pedro morreu como mártir em Roma sob Nero, provavelmente no ano 64 ou 65 da era cristã (*1Clemente* 5.1—6.1). A tradição sustenta que Pedro foi crucificado de cabeça para baixo por se sentir indigno de morrer da mesma maneira que Jesus.

A erudição conservadora mantém que Pedro escreveu as duas epístolas que trazem seu nome com assistência de um escriba. Eusébio afirmou que João Marcos escreveu o evangelho de Mc para preservar a pregação de Pedro. Aparentemente seguidores de Pedro produziram anonimamente os livros não canônicos *Atos de Pedro* e o *Evangelho de Pedro*. V. *Pedro, primeira epístola de*; *Pedro, segunda epístola de*. — Steven L. Cox

PEDRO, PRIMEIRA EPÍSTOLA DE O livro de 1Pe é endereçado às igrejas da Ásia Menor que passavam por perseguição. Pedro os lembrou da esperança celestial e herança eterna de modo que pudessem ser fortalecidos para perseverar em meio ao sofrimento. Ele enfatizou que os cristãos são chamados à santidade e à vida de amor. Os cristãos são chamados para glorificar a Deus na vida diária e imitar Cristo, que sofreu na cruz por seu povo. Pedro falou sobre o significado de ser cristão, sobre como os cristãos devem se relacionar com as autoridades, com patrões cruéis e com cônjuges não cristãos. Advertiu os cristãos de que o sofrimento pode ser intenso, mas estes devem confiar na graça de Deus, sabedores da recompensa celestial.

Autor A epístola alega ter sido escrita pelo apóstolo Pedro (1.1), e não há boa razão para duvidar disso. Os pais da igreja primitiva também apoiaram sua autoria e eles contavam com evidências antigas e amplas para basear sua opinião. Não obstante, eruditos levantaram várias objeções sobre a autoria de Pedro: 1) Um pescador galileu não poderia ter escrito em grego sofisticado. 2) As citações do AT são da *LXX*, e Pedro, que não sabia grego, não poderia tê-la usado. 3) A teologia de 1Pe tem caráter marcadamente paulino, o que demonstra não se tratar de um texto autêntico. 4) A carta fala muito pouco a respeito do Jesus histórico. 5) A perseguição na carta é algo que acontece em toda a extensão do império e poderia ser datada do tempo de Domiciano (81-96) ou Trajano (98-117).

Nenhum dos argumentos é convincente, e, a despeito deles, a autoria petrina está solidamente estabelecida. 1) Existe uma evidência significativa de que o grego era falado na Palestina e especialmente na Galileia. Como pescador galileu, Pedro teria se envolvido em negócios com outros falantes de grego. A ideia de que Pedro não tinha formação ou era analfabeto é um mito. O texto de At 4.13 simplesmente significa que ele não recebeu treinamento rabínico, e esse versículo não deve ser usado para dizer que ele não sabia ler. 2) Considerando que

Pedro sabia grego, não é surpreendente ter usado a *LXX*. Pedro citou em particular a Bíblia que seus leitores liam, como qualquer outro bom pastor faria. 3) Deve-se deixar de lado a antiga ideia da escola de Tübingen de que as teologias de Pedro e Paulo estavam em conflito. O próprio Paulo argumentou que os apóstolos concordavam quanto ao evangelho (Gl 2.1-10; 1Co 15.11). 4) Há na carta mais alusões ao ensino de Jesus do que se pensa. De qualquer maneira, não há razão para insistir que Pedro seria obrigado a se referir muitas vezes ao Jesus histórico em uma carta ocasional escrita com um propósito específico. 5) Não está claro em 1Pe a ideia de que a perseguição acontecia em toda a extensão do império e era apoiada pelo governo, e atualmente muitos eruditos rejeitam essa teoria. Antes, 1Pe indica que uma perseguição esporádica estava acontecendo contra os cristãos. De fato, a carta não fala nada de cristãos sendo mortos, ainda que isso fosse uma possibilidade. Logo, não há razão convincente para duvidar de que a carta tenha sido escrita enquanto Nero era imperador (54-68) e Pedro ainda vivia. Deve-se observar que Nero não instituiu a perseguição aos cristãos em toda a extensão do império. As punições que infligiu aos cristãos em Roma depois do incêndio destruidor de grande parte da cidade não foi o início da política que se estendeu por todo o império. 6) É também possível que Pedro tenha usado um secretário (amanuense) para escrever a carta. Muitos defendem que esse secretário tenha sido Silvano (1Pe 5.12), ainda que a linguagem usada nesse versículo denote o portador da carta em vez de um secretário. Mesmo assim, é possível que Silvano, ou alguma outra pessoa, tenha trabalhado como secretário.

Data/Destinação Se for aceita a autoria de Pedro, a carta foi escrita provavelmente no início dos anos 60, antes de 2Pe. O versículo 1 da carta indica que esta foi escrita para várias igrejas na parte norte da Ásia Menor (atual Turquia). O portador da carta, presumivelmente Silvano, talvez tenha viajado de modo circular, lendo-a para aquelas igrejas. O propósito da carta era fortalecer as igrejas e dar-lhes esperança enquanto sofriam perseguição. Já se fez referência ao caráter esporádico da perseguição, e não era patrocinada pelo Estado. Tampouco há indicação clara de que os cristãos tenham sido executados. Muito provavelmente os cristãos estavam sendo discriminados na sociedade e nos locais de trabalho e enfrentando várias formas de assédio.

Esboço

I. Abertura (1.1,2)

II. Chamados para salvação enquanto exilados (1.3—2.10)
  A. Louvor pela salvação (1.3-12)
    1. A herança prometida (1.3-5)
    2. Resultado: alegria no sofrimento (1.6-9)
    3. O privilégio da revelação (1.10-12)
  B. A herança futura como incentivo à santidade (1.13-21)
    1. O estabelecimento da esperança na herança (1.13-16)
    2. Chamado ao temor (1.17-21)
  C. A vida como o novo poder de Deus (1.22—2.10)
    1. Chamado ao amor (1.22-25)
    2. O desejo do leite puro (2.1-3)
    3. A Pedra Viva e as pedras vivas (2.4-10)

III. A vida como forasteiros para dar glória a Deus no mundo hostil (2.11—4.11)
  A. A vida cristã é batalha e testemunho (2.11,12)
  B. O testemunho do evangelho na ordem social (2.13—3.12)
    1. Submissão ao governo (2.13-17)
    2. Escravos submissos aos senhores (2.18-25)
       a. Para receber a recompensa (2.18-20)
       b. Para imitar Cristo (2.21-25)
    3. Esposas submissas ao marido (3.1-6)
    4. Maridos vivendo sabiamente com a esposa (3.7)
    5. Conclusão: viver de forma piedosa para receber a herança (3.8-12)
  C. A resposta piedosa ao sofrimento (3.13—4.11)
    1. A bênção de sofrer por Cristo (3.13-17)
    2. O sofrimento de Cristo como o caminho para a exaltação (3.18-22)
    3. A preparação para sofrer como Cristo (4.1-6)

4. A vida à luz do fim (4.7-11)
IV. A perseverança no sofrimento (4.12—5.11)
   A. Sofrer com alegria de acordo com a vontade de Deus (4.12-19)
   B. Exortações aos presbíteros e à comunidade (5.1-11)
      1. Exortações aos anciãos e jovens (5.1-5)
      2. Exortações e garantias finais (5.6-11)
V. Palavras de conclusão (5.12-14)

— *Thomas R. Schreiner*

PEDRO, SEGUNDA EPÍSTOLA DE Na segunda epístola, Pedro escreveu em resposta aos falsos mestres que negavam a segunda vinda do Senhor Jesus Cristo e advogavam o estilo de vida libertino. Pedro sustentou que a graça de Deus é a base da vida piedosa, e que viver em piedade é necessário para obter a recompensa eterna. Tal alegação não tem ligação com a justiça derivada das obras, pois estas não são merecedoras de salvação, e sim o resultado da graça divina transformadora. Pedro também defendeu com vigor a verdade da segunda vinda de Cristo, antecipada na transfiguração e prometida na Palavra de Deus. Quem rejeita a vinda de Cristo nega a soberania divina, rejeita a intervenção de Deus no mundo e remove qualquer base para a vida ética. Pedro instou seus leitores a crescerem na graça e no conhecimento até a chegada do dia da salvação.

Autor Muitos acadêmicos negam que 2Pe tenha sido escrita pelo apóstolo Pedro, alegando o caráter pseudonímico da carta. Essa opinião é defendida pelos seguintes argumentos: 1) Pedro usou Jd como fonte no cap. 2, e Jd é muito tardia para ter sido usada pelo Pedro histórico, que morreu nos anos 60 do séc. I. Além disso, alguns insistem que Pedro jamais teria utilizado um escritor como Judas. 2) A teologia e o vocabulário helenístico da carta demonstram que Pedro, um pescador galileu, não poderia ter sido seu autor. O estilo e a sintaxe são completamente diferentes de 1Pe, demonstrando um autor diferente para a primeira epístola. 3) Os falsos mestres citados na carta são gnósticos do séc. II, e obviamente Pedro não poderia ter escrito a carta naquela época. 4) As cartas de Paulo são consideradas Escrituras (2Pe 3.15,16), mas é impossível que elas tenham sido reunidas e vistas como Escrituras enquanto ele (Paulo) ainda vivia. 5) A carta não era bem aceita no séc. II, e mesmo no séc. IV sua canonicidade era questionada. Alguns eruditos evangelicais, como Richard Bauckham, argumentam que 2Pe se encaixa no gênero testamental, mas a carta era uma "ficção transparente"; logo, nenhum dos seus leitores originais pensou que a carta fosse genuinamente de Pedro. Segue-se que os leitores originais não foram enganados pela inclusão do nome dele.

A despeito das objeções de muitos, a autoria petrina ainda é a opinião mais convincente. 1) É muito importante o fato de a carta alegar ter sido escrita por Pedro (1.1). Ele alegou a iminência de sua morte (1.14). Ainda mais surpreendente, alegou ter ouvido e visto a transfiguração de Jesus (1.16-18). Se o autor não é Pedro, ele está obviamente aberto à acusação de engano e fraude. 2) O uso de Jd como fonte não é certo — trata-se de uma teoria apenas. Além disso, mesmo que Pedro usasse Jd, não haveria problema. Judas provavelmente escreveu antes da morte de Pedro. Nada em Jd exige uma data posterior, e não há razão pela qual um apóstolo não pudesse usar outra fonte. 3) A ideia que os oponentes eram gnósticos do séc. II não é verificada pelos dados da carta. Não existe evidência de dualismo cosmológico típico do gnosticismo. Nem está claro que os oponentes rejeitassem o mundo material. 4) Não é necessário concluir de 2Pe 3.15,16 que todas as cartas de Paulo estivessem colecionadas e declaradas canônicas. Pedro obviamente conhecia algumas das cartas de Paulo e as considerava detentoras de autoridade, mas isso não é a mesma coisa que o cânon dos escritos paulinos. Quem cogita a impossibilidade de um elogio de Pedro a Paulo está bastante influenciado pela hipótese da antiga escola de Tübingen. 5) O vocabulário e o estilo de 2Pe são distintos de 1Pe, e a linguagem tem um aspecto helenístico. Mas isso não é um problema insuperável. É necessário observar primeiro que o conjunto dos escritos de Pedro é muito pequeno. Por conseguinte, juízos a respeito do "estilo petrino" devem ser feitos com humildade. Em segundo lugar, Pedro pode ter adaptado seu estilo para se comunicar com a situação dos leitores, como Paulo fez em Atenas (At 17.16-34). Por fim, Pedro pode ter usado um secretário (amanuense) para a redação da carta, e isso pode explicar algumas diferenças estilísticas. 6) O argumento de que Pedro usou uma teologia diferente também não subsiste. É preciso relembrar que se trata de uma carta ocasional. Logo, não é um sumário de toda a teologia de Pedro. Além disso, as diferenças teológicas entre 1 e 2Pe são muitas vezes superestimadas. 7) O texto de 2Pe não tem evidência externa forte como muitas outras. Mesmo assim, já se encontram no séc. II evidências do uso da carta, e é preciso lembrar que a carta foi considerada definitivamente autêntica e canônica. 8) A hipótese da "ficção transparente" de Richard Bauckham é uma tentativa interessante de resolver o problema da autoria. Mas a opinião de Bauckham não se sustenta. Não há evidência histórica de que a carta tenha sido considerada "ficção transparente". Se era transparente, como isso poderia ter sido esquecido tão rapidamente, já que nenhum traço desse artifício desapareceu do registro histórico? Mais ainda, não há uma boa evidência de que cartas pseudonímicas fossem aceitas como canônicas. De fato, elas eram rejeitadas por fraude.

Data/Destinação/Oponentes A data de 2Pe depende da visão que se tem da sua autoria. Provavelmente Pedro escreveu a carta pouco antes de sua morte em meados da década de 60. É provável que a carta tenha sido escrita para os mesmos leitores que receberam 1Pe (cf. 3.2) e enviada às igrejas da Ásia Menor. Já se observou que os oponentes não podem legitimamente ser identificados como gnósticos. Jerome Neyrey sugere algumas afinidades com os epicureus, mas nenhuma identificação específica foi bem-sucedida. O que se sabe é que os oponentes eram libertinos e que negavam a segunda vinda de Cristo. Essas duas características são completamente possíveis no tempo da vida de Pedro.

Esboço

I. Saudação (1.1,2)
II. A graça de Deus é a base da vida piedosa (1.3-11)
   A. Provisão divina (1.3,4)
   B. A busca diligente da vida piedosa (1.5-7)
   C. Virtudes piedosas necessárias para a entrada no Reino (1.8-11)
III. Lembrete apostólico de Pedro (1.12-21)
   A. A função do lembrete: incentivar à ação (1.12-15)
   B. A verdade da vinda de Jesus está baseada em testemunho ocular (1.16-18)
   C. A verdade da vinda de Jesus está baseada na palavra profética (1.19-21)
IV. A chegada, o caráter e o juízo dos falsos mestres (2.1-22)
   A. O impacto dos falsos mestres (2.1-3)
   B. O juízo certo dos ímpios e a preservação dos piedosos (2.4-10a)
   C. Falsos mestres julgados pela rebelião e sensualidade (2.10b—16)
   D. O impacto adverso dos falsos mestres sobre outras pessoas (2.17-22)
V. Lembrete: O dia do Senhor virá (3.1-18)
   A. Zombadores duvidam da vinda desse dia (3.1-7)
   B. O tempo do Senhor é diferente do nosso (3.8-10)
   C. Viver com retidão por causa do dia futuro (3.11-18)

— *Thomas R. Schreiner*

PEITORAL DO SUMO SACERDOTE Peça quadrada de elaborado bordado de aproximadamente 23 centímetros de cada lado usado pelo sumo sacerdote sobre o peito. Tinha engastadas 12 pedras com os nomes de cada uma das 12 tribos de Israel gravados cada um em uma pedra. O peitoral era um item especial usado pelo sumo sacerdote quando ele ministrava no tabernáculo ou no templo. Feito como uma bolsa, o peitoral era constituído de metal, o ouro; de fios de tecido azul, roxo e vermelho; e de linho fino. Era firmemente afixado ao colete sacerdotal ("estola sacerdotal" [*ARA*] ou "éfode" [*ARC*]). No interior do peitoral eram colocadas duas pedras desconhecidas, o Urim e o Tumim, usadas sobre o coração (Lv 8.8). O peitoral era chamado de "peitoral de decisões" (*NVI*; *ARA*: "peitoral do juízo") (Êx 28.15) porque essas pedras eram usadas como meio de tomada de decisões (Êx 28.28,29). O propósito do peitoral era mostrar a glória e a beleza do Senhor (Êx 28.2) e ser um meio de tomar decisões (Êx 28.30), bem como ser um memorial contínuo diante do Senhor (Êx 28.29). V. *couraça; éfode, estola sacerdotal, colete sacerdotal; Urim e Tumim*. — *Lawson G. Hatfield*

PEIXE, PESCA Animais que vivem na água e respiram por meio de guelras; a profissão e/ou a prática de pegar peixes para suprir a necessidade da família ou sociedade por alimentos. Métodos de pesca incluem a linha com o anzol (Jó 41.1), o arpão e a lança (Jó 41.7), o uso de redes varredouras (Jo 21.8) e redes lançadas com as mãos (Mt 4.18).

Antigo Testamento Os peixes são mencionados com frequência, mas não por suas diversas espécies. Os peixes eram uma comida predileta e uma fonte importante de proteína (Nm 11.4; Ne 13.16). A Lei considerava puros todos os peixes com barbatanas e escamas. Animais marinhos que não tivessem barbatanas e escamas eram impuros (Lv 11.9-12).

Os peixes eram abundantes nas águas fluviais da Palestina, bem como no Mediterrâneo. Peixes pegos no Mediterrâneo eram trazidos a portos como Tiro e Sidom. O mar de Quinerete ou da Galileia também era um centro pesqueiro. Os peixes eram preservados em sal e levados a Jerusalém, onde eram vendidos na porta de nome especialmente adequado, "porta do Peixe" na cidade. Correntezas fortes do rio Jordão levavam muitos peixes ao mar Morto, onde morriam (Ez 47.7-11).

Referências à pesca como ocupação são raras no AT porque, em grande parte, nos tempos do AT a costa do Mediterrâneo era controlada pelos filisteus e fenícios. Os israelitas dependiam em grande parte do comércio exterior para obter seus peixes (Ne 13.16). Dois textos do AT (Ct 7.4, *ARC*; Is 19.10, *KJV*) falam de tanques de peixes, possivelmente uma indicação de peixes comercializados ou criados ali.

O peixe mais famoso do AT foi o grande peixe do livro de Jn (1.17), que Deus preparou especialmente para a ocasião, cuja espécie o AT não indica.

Novo Testamento No período do NT o negócio da pesca comercial era feito no mar da Galileia por pescadores organizados em associações (Lc 5.7,11). Os pescadores trabalhavam duro, tinham modos rudes, eram ásperos na fala e no seu tratamento de outros (Jo 18.10). Os pescadores eram donos dos seus barcos, contratavam ajudantes para o serviço e às vezes se associavam para formar o que seria hoje algo semelhante a empresas (Mc 1.20; Lc 5.7).

Os peixes proviam o alimento para pessoas comuns (Mt 14.17; 15.34). O Senhor ressurreto comeu peixe com os discípulos em Jerusalém (Lc 24.42) e no mar da Galileia (Jo 21.13). O método principal de preparo do peixe era grelhar (Jo 21.9). O peixe mais famoso do NT foi aquele usado para pagar o imposto do templo de Jesus e Pedro (Mt 17.27).

Aspecto teológico A Bíblia contém numerosos empregos figurados do peixe e da pesca. A impotência humana é comparada a um peixe pego em uma rede (Ec 9.12; Hc 1.14). Os peixes pegos em uma rede simbolizavam o juízo de Deus (Sl 66.11; Ez 32.3). Jesus mencionou a pesca quando chamou seus discípulos a serem testemunhas (Mt 4.18,19) e comparou o Reino dos céus a uma rede lançada ao mar e cheia de peixes de diversas espécies (Mt 13.47).

Bloco de pedra para construção de Éfeso esculpido com a figura de um peixe.

Nas primeiras igrejas cristãs a palavra grega para peixe (*ichthys*) veio a ser interpretada como um criptograma para Jesus. Tomando-se a sequência da primeira letra de cada uma das palavras gregas para "Jesus Cristo, Filho de Deus, Salvador", chega-se a *ichthys*. Não sabemos quando esse criptograma foi usado pela primeira vez; mas, uma vez que a identificação foi feita, o peixe se tornou o símbolo padrão do cristianismo. — *Gary Hardin*

PELA Cidade a leste do rio Jordão e a sudeste do mar da Galileia. A cidade de Pela recebeu grande parte da igreja de Jerusalém quando os cristãos fugiram para lá antes da destruição de Jerusalém pelos romanos no ano 66 da era cristã. Pela se tornou um lugar importante na estrutura eclesiástica daquele tempo. O lugar já

PELAÍAS

era habitado 1.900 anos a.C. e é mencionado nos textos egípcios de execração (1850 a.C.) e nas cartas de Amarna (c. de 1400 a.C.). Pela foi destruída pouco antes da conquista israelita e só foi reconstruída no ano 350 a.C. quando Alexandre, o Grande, povoou a cidade com macedônios. Nos primeiros anos do séc. I a.C., a cidade foi destruída de novo, mas reconstruída e fortalecida por Pompeu.

PELAÍAS Nome pessoal que significa "Javé é maravilhoso (ou realiza maravilhas)". **1.** Descendente de Davi (1Cr 3.24). **2.** Levita que auxiliou Esdras na leitura pública da Lei (Ne 8.7). **3.** Levita que testemunhou a aliança de Neemias (Ne 10.10), talvez o mesmo do número 2.

PELALIAS Nome pessoal que significa "Javé intercede". Ancestral de um sacerdote do tempo de Esdras (Ne 11.12).

PELATIAS Nome pessoal que significa "Javé liberta". **1.** Descendente de Davi (1Cr 3.21). **2.** Um dos simeonitas que destruiu os amalequitas remanescentes no monte Seir (1Cr 4.42. **3.** Príncipe de Judá que ofereceu um "conselho ímpio", talvez apelando ao Egito para obter ajuda na revolta contra os babilônios (Ez 11.1,13; cp. Jr 27.1-3; 37.5,7,11); **4.** Testemunha da aliança de Neemias (Ne 10.22).

PELE Parte exterior do corpo, dos humanos e dos animais. **1.** A menção da pele humana é geralmente em relação a alguma doença (Lv 13). A pele humana também é mencionada em relação ao excesso de pelos (Gn 27.11,12,16,22-23), a doença (Jó 7.5; Lm 5.10) e à sua cor (Jr 13.23). **2.** O texto de Gn 3.21 é a primeira menção de peles de animais na Bíblia. Nesse texto, é dito que Deus fez roupas de peles para Adão e Eva. Peles de animais eram usadas para fazer recipientes para vários tipos de líquidos: água, leite, vinho (Jz 4.19; Mt 9.17). As peles mais usadas provavelmente eram de animais domésticos: ovelhas, bodes, bois e jumentos, ainda que a pele de outros animais pudesse ser usada, sempre que estivessem disponíveis. **3.** O sacrifício de animais algumas vezes exigia a destruição completa do animal oferecido (Lv 4.11,12). Em outras ocasiões, as peles tornavam-se propriedade dos sacerdotes, para seu uso particular (Lv 7.8). **4.** A palavra "pele" aparece em vários provérbios: "pele por pele" (Jó 2.4), "a pele dos meus dentes" (Jó 19.20) e "será que o etíope pode mudar a sua pele, ou o leopardo as suas pintas?" (Jr 13.23). V. *doenças*; *lepra*; *recipientes e vasos*.

PELE DE OVELHAS E DE CABRAS Expressão usada em Hb 11.37 para designar vestes usadas por habitantes do deserto e para um recipiente para água (Gn 21.14, *NVI*, "vasilha de couro") ou vinho (Js 9.4). Em Gn 27.16, Raquel colocou pele de cabrito no pescoço e em partes do braço de Jacó como parte do plano de enganar Isaque, para que este o abençoasse. V. *bode*.

PELEGUE Nome pessoal que significa "divisão" ou "divisor de águas". Descendente de Sem (Gn 10.25), ancestral de Abraão (Gn 11.16-19; 1Cr 1.19,25) e de Jesus (Lc 3.35). O nome Pelegue é atribuído a um dos vários registros antigos de Gn, a "divisão" do Planeta ou da Terra. A tradição associa essa divisão à confusão de línguas e consequente dispersão dos povos em Babel (Gn 11.8,9). Observando que a palavra hebraica *peleg* geralmente se refere a um ribeirão (Jó 29.6; Sl 1.3; 46.4; 119.136; Pv 5.16; 21.1; Is 30.25; 32.2), alguns sugerem que a "divisão" da terra se refere a cursos de irrigação que marcavam o cenário. Conforme essa interpretação, o nome Pelegue comemora o início da agricultura organizada. Ainda que os descendentes de Pelegue sejam traçados somente por meio de Abraão, ele é reconhecido como ancestral de todos os povos semitas da Mesopotâmia, enquanto seu irmão Joctã foi o ancestral dos semitas árabes. V. *tabela das nações*.

PELES DE TEXUGO Tradução da *ARC* referente à pele usada para cobrir o tabernáculo (Êx 26.14; 36.19; 39.34), a arca e outros objetos sagrados (Nm 4.6-14). O couro também era usado em calçados (Ez 16.10). Estudantes da Bíblia não concordam acerca do tipo de pele que se tem em mente com essa expressão. "Peles de texugo", na *ARC*, parece incerto, visto que a palavra usada não é a palavra comum para texugo. O texugo era considerado um animal impuro, o que torna muito improvável o uso da sua pele para a cobertura de objetos sagrados. Ademais, é de duvidar que o texugo fosse abundante o suficiente para prover as peles necessárias. A expressão "pele de cabra", usada pela *RSV*, também deixa a desejar pelo motivo de a palavra não ser comum para designar "cabra". Assim, a *NRSV* traz "couro fino" com uma nota informando que o significado da palavra hebraica é incerto. Alguns estudiosos propõem a simples tradução "couro" (*NVI*), observando a semelhança entre as palavras hebraica e egípcia. Outros propuseram pele de golfinho ou toninha, observando a semelhança entre as palavras hebraica e árabe para golfinho e toninha. A nota textual referente à palavra "couro" na *NVI* traz: "Possivelmente de animais marinhos". Ainda outros propõem "pele de peixe-boi", ou o dugongo — animais encontrados no mar Vermelho (*NIV*, em inglês). — *Phil Logan*

PELETE Nome pessoal derivado de uma raiz que significa "fuga" ou "ligeiro". **1**. Descendente de Calebe (1Cr 2.47). **2**. Guerreiro benjamita que abandonou Saul para se aliar a Davi (1Cr 12.3). **3**. Pai de Om (Nm 16.1). O nome nesse caso é possivelmente uma corrupção textual de Palu (Gn 46.9; Nm 26.5,8), cujos descendentes são também associados à rebelião de Corá (Nm 26.9,10). **4**. Um jerameelita (1Cr 2.33).

PELETITAS Nome de família que significa "emissário", "enviado". Mercenários estrangeiros empregados pelo rei Davi como guarda-costas e membros de forças especiais. O líder deles era Benaia (2Sm 8.18). Os peletitas são mencionados em ligação com os queretitas. Esses dois grupos eram provavelmente povos do mar leais a Davi no tempo em que ele permaneceu em território filisteu fugindo de Saul. Eles continuaram leais a Davi mesmo depois da morte de Saul e lutaram por Davi. Depois da morte deste, eles auxiliaram Salomão a limpar o reino dos inimigos de Davi. V. *quereteus, queretitas*.

PELICANO Qualquer membro de uma família de aves palmípedes grandes com bolsas expansíveis debaixo do bico inferior. Os pelicanos são encontrados na Palestina. A palavra hebraica traduzida por "pelicano" em Lv 11.18 e Dt 14.17 (*ARA, ARC, NTLH; NVI,* "coruja do deserto") sugere uma ave de rapina que regurgita a comida para os filhotes. Outras passagens (Sl 102.6; Is 34.11; Sf 2.14) associam a mesma palavra hebraica às ruínas desérticas, um ambiente improvável para pelicanos. Identificações sugeridas incluem "gralha do deserto" (*TEB*, Sl 102.7), "pássaro em lugares desertos" (NTLH, Sl 102.6). V. *abutre*.

PELO DE CAMELO O tecido do pelo de camelo era um material muito áspero tanto do lombo quanto da corcova. Um material mais fino era tecido do pelo tomado da parte inferior do animal. João Batista usava roupas ásperas de pelo de camelo (Mc 1.6). Jesus contrastou a capa de João com as "roupas finas" das pessoas na corte (Mt 11.8). Vestir o manto de pelos de profeta era a marca do profeta (Zc 13.4; cp. 2Rs 1.8).

PELONITA Residente de Pelom, lugar desconhecido. O título é aplicado a dois dos 30 guerreiros da tropa de elite de Davi (1Cr 11.27,36; 27.10). A palavra "pelonita" talvez seja a corrupção textual de paltita, o título de Helez, na lista paralela de 2Sm 23.26.

PELÚSIO Posto militar egípcio próximo da extremidade oriental do rio Nilo, a cerca de 28 quilômetros a oeste do canal de Suez, identificado com o atual el Farama. Algumas traduções modernas seguem a *Vulgata* e vertem "Pelúsio" em Ez 30.15,16 (*NVI; NTLH*). Pelúsio foi o lugar da derrota do faraó Psamético III por Cambises da Pérsia em 525 a.C. Algumas traduções (*ARA, ARC*) seguem o hebraico e traduzem por "Sim". Lê-se em alguns manuscritos gregos e latinos "Sais", a capital da 26ª Dinastia (saíta, 663-525 a.C.), em Ez 30.15. Sais estava localizada no braço mais ocidental do Nilo. V. *Sim, deserto de*.

PENA 1. Dor que se sente em simpatia a alguém que enfrenta sofrimento ou agonia. Espera-se que amigos (Jó 19.21), parentes (Am 1.11) e Deus (Sl 90.13) sintam pena ou compaixão. Inimigos não têm piedade ou pena (Sl 17.10; 69.20; Is 13.18; Jr 21.7). Negava-se compaixão aos culpados de idolatria, assassinato ou falso testemunho (Dt 7.16; 13.8; 19.13). As imagens do pai e do pastor ilustram a compaixão de Deus (Sl 103.13; Is 49.10). Deus se apieda do penitente (Jz 2.18), dos fracos e necessitados (Sl 72.13), de Jerusalém em ruínas (Sl 102.13), dos que o temem (Sl 103.13) e dos exilados (Is 49.10). Em juízo, Deus retém sua compaixão em relação ao seu povo (Jr 13.14; 20.16; Lm 2.17; 3.43; Ez 5.11). Ezequiel apresentou Jerusalém como uma criança de quem ninguém teve pena, privada do cuidado pós-natal básico (Ez 16.5). Oseias ilustrou o destino de Israel com *Lo Ruchamah*, o nome dado à sua filha que significa "não amada" (1.6; 2.23).

Pedidos por piedade são comuns em narrativas de cura (Mc 9.22. Lc 17.13). A pena ou piedade motivou Jesus a curar (Mt 20.34). Jesus usou um samaritano cheio de compaixão como um exemplo inesperado de compaixão ativa (Lc 10.33). A preocupação ativa pelos necessitados evidencia que alguém é filho de Deus (1Jo 3.17). **2.** V. *escrita*.

PENA CAPITAL A pena capital, ou pena de morte, se refere à execução realizada pelo Estado dos culpados de alguns crimes. Embora algumas pessoas se posicionem contra a pena de morte por motivos ideológicos ou práticos, é importante observar que Deus a ordenou. Esse mandato divino ocorre pela primeira vez logo após o Dilúvio, no tempo de Noé. Deus instruiu a Noé e seus filhos: "Quem derramar sangue do homem, pelo homem seu sangue será derramado" (Gn 9.6). Os seres humanos foram criados à imagem de Deus (Gn 9.6); portanto, toda a vida humana é sagrada, justificando uma pena tão severa como a morte pelo assassínio.

A pena de morte está reservada ao Estado; não cabe ao indivíduo exercê-la. Não há lugar para vingança pessoal na administração desse castigo (Rm 12.19). O Estado é responsável, como servo civil de Deus na terra, por proteger seus cidadãos e castigar os que lhes causarem dano (Rm 13.4,6). A pena capital fornece ao Estado os meios de aplicar o castigo adequado pelo assassínio (Dt 19.21).

Deus instituiu a pena capital como uma opção punitiva legítima para cada Estado. Sua instituição antecede o nascimento de Israel como nação e as orientações de Moisés divinamente inspiradas para o governo, eliminando a possibilidade de que tenha sido ordenada somente para Israel. Deus emitiu as orientações sobre a pena capital para o único povo que sobreviveu na terra (Gn 7.20-24). As instruções de Deus para eles forneceram o fundamento para todos os governos subsequentes.

A pena capital continua sendo um instrumento válido na administração da justiça por parte do Estado. Paulo afirma que a autoridade governamental "não porta a espada [*machaira*] sem motivo" (Rm 13.4). Paulo está expressando o princípio geral de que o Estado tem o direito de punir os que violam as suas leis. Mais especificamente, visto que a *machaira* (espada) descreve tipicamente um instrumento de morte no NT, certamente em Rm (cf. Rm 8.35,36) está evidente que a autoridade do Estado para administrar a justiça inclui a pena capital.

O Estado possui esse poder de morte para castigar o mal (Rm 13.4; 1Pe 2.13,14); no entanto, somente aqueles atos identificados por Deus como maus justificam o uso da pena capital (Is 5.20). Um Estado que emprega a pena capital para outros fins abusa do seu poder e viola o padrão de Deus para o uso. Um exemplo de tal abuso de poder foi o massacre de milhões de judeus por parte dos nazistas.

O Estado não viola o sexto mandamento ("Não matarás", Êx 20.13) quando usa apropriadamente a pena capital. A palavra hebraica *ratsach*, traduzida por "matar" em algumas versões, refere-se a atos de assassínio e homicídio. Outra palavra, *harag*, muitas vezes traduzida por "matar", ocorre mais comumente no AT. Em vez de violar o sexto mandamento ao usar a pena capital, o Estado na verdade fortalece o mandamento quando executa aqueles que assassinam.

A fim de assegurar a correta administração da justiça, Deus estabeleceu algumas balizas importantes para Israel, e qualquer povo seria sábio em adotá-las, especialmente em uma questão tão séria quanto a pena capital:

1. A pessoa acusada precisa ter cometido um crime para o qual a morte é uma pena apropriada. Deus afirma: "vida por vida, olho por olho, dente por dente, mão por mão, pé por pé" (Dt 19.21).

2. Devem-se providenciar evidências claras de culpa por duas ou três testemunhas. Uma testemunha não era suficiente para autorizar a pena capital (Nm 35.30; Dt 17.6). Ciente de que pessoas inescrupulosas poderiam usar a pena de morte para propósitos ímpios, Deus requer várias testemunhas do crime.

3. Os acusados de crimes precisam ser tratados de maneira uniforme e imparcial, independentemente da posição (Dt 1.17) ou classe (Lv 19.15) do ofensor. Qualquer sociedade que favorece algumas pessoas e discrimina outras por sua classe ou posição, ou priva alguns de defesa adequada, intencionalmente ou por negligência, diminui sua integridade e gera sérias dúvidas sobre sua administração da justiça (Lv 24.22).

Alguns estudiosos consideram o incidente com a mulher surpreendida em adultério como evidência de que Jesus era contra a pena capital (Jo 8.1-11). No entanto, a reação de Jesus não foi dirigida ao castigo prescrito; antes, aos que buscavam envolvê-lo em uma armadilha para participar de um ato ilegítimo (Jo 8.6). Em primeiro lugar, os escribas e fariseus não constituíam um corpo oficial de governo. Seus esforços representavam uma tentativa ilegítima de exercer o poder do Estado. Em segundo lugar, não há evidência alguma de que havia testemunhas presentes. Ao menos duas testemunhas eram necessárias em caso de pena capital, e em alguns casos elas tinham de atirar as primeiras pedras (Dt 17.6,7).

Jesus não ressaltou essas falhas. Em vez disso, ele usou o incidente para evidenciar a hipocrisia dos escribas e fariseus ao chamar alguém sem pecados para atirar a primeira pedra (Jo 8.7). Somente uma pessoa sem pecado poderia reivindicar a autoridade moral para executar essa mulher por um crime sem o processo justo e adequado. Sabendo que sua situação era legalmente insustentável e que eles não estavam sem pecado, os escribas e fariseus se retiraram (Jo 8.9). Obviamente, as palavras de Jesus foram dirigidas aos escribas e fariseus, não à questão da pena capital.

Embora a pena capital continue sendo uma opção legítima para o Estado, ela precisa ser exercida nas condições mais rigorosas. O Estado que escolhe exercer o poder de vida e morte sobre seus cidadãos precisa se certificar de que tudo foi feito para garantir que está punindo a pessoa certa, de que a pena é adequada ao crime e de que todos os envolvidos, não importa classe ou posição, tiveram uma defesa adequada e eficaz.

Violações que exigiam a pena capital em Israel: 1) homicídio intencional (Êx 21.12,13; Lv 24.17; Nm 35.16-21,29-34); 2) falso testemunho em caso de pena capital (Dt 19.16-21); 3) idolatria (Lv 20.1-5; Dt 13.6-11; 17.2-7), incluindo sacrifícios humanos (Lv 20.2) e animais (Êx 22.20); 4) blasfêmia (Lv 24.14-16,23; 1Rs 21.13; Mt 26.65,66); 5) feitiçaria e falsa pretensão de profecia (Êx 22.18; Lv 20.27; Dt 13.1-5; 18.20; 1Sm 28.3,9); 6) profanação do sábado (Êx 31.14; 35.2; Nm 15.32-36); 7) estupro (Dt 22.23-27); 8) adultério (Lv 20.10-12; Dt 22.22); 9) relações sexuais fora do casamento: a) antes do casamento (Dt 22.20,21), em que somente a mulher deveria ser executada; b) relações consentidas com jovem prometida em casamento a outro homem (Dt 22.23,24), em que ambos deveriam ser executados; c) por parte da filha de um sacerdote (Lv 21.9); 10) atos de incesto, homossexualidade e bestialidade (Êx 22.19; Lv 20.11-17); 11) sequestro (Êx 21.16; Dt 24.7); 12) amaldiçoar ou golpear os próprios pais (Êx 21.15,17); 13) incorrigibilidade (Dt 21.18-20; Ez 18.1-18); 14) negar-se a obedecer à corte (Dt 17.12).

Visto que Deus exigia um elevado padrão espiritual do seu povo da aliança, ele determinou a pena capital para os delitos mencionados anteriormente. Visto que nenhum outro povo tem esse mesmo relacionamento com Deus, ele não determinou que esses atos estejam sujeitos à mesma pena em outras sociedades. No entanto, uma vez que Deus ordenou a pena capital antes do estabelecimento de Israel, no mínimo ela é uma resposta legítima ao assassínio em outras sociedades.

As formas de pena capital estipuladas ou mencionadas eram: o apedrejamento, o método mais comum (Êx 19.13; Lv 20.27; Dt 22.24; Js 7.25); queima (Lv 20.14; 21.9); espada (Êx 32.27; Dt 13.15); lança (Nm 25.7,8); flecha (Êx 19.13); decapitação (2Sm 16.9; 2Rs 6.31,32) e crucificação, somente por decreto romano e execução por parte dos soldados romanos (Mt 27.22-26,33-50; Mc 15.15-32; Lc 23.13-33; Jo 18.28—19.30). As autoridades judaicas sob o governo romano normalmente não tinham permissão para executar ninguém (Jo 18.31). — *Barrett Duke Jr.*

PENEIRA Instrumento usado para remover materiais não aproveitáveis da areia ou de grãos. Pedregulhos ou palha ficavam na peneira, mas a areia ou os grãos passavam. Deus advertiu Israel de que iria fazê-lo passar na peneira do juízo, e ninguém ia passar, pois não havia um grão

PENHOR

aproveitável (Am 9.9). Em Is 30.28 aparece outra palavra hebraica que de forma geral é traduzida por "peneira", referindo-se ao ato de balançar, sacudir. Nesse texto, não está claro exatamente o que vai ser sacudido, pois o substantivo vem da mesma raiz do verbo. De alguma maneira Isaías anunciou que o juízo de Deus sacudiria seu povo.

PENHOR 1. Depósito pago para garantir a compra. É o primeiro pagamento da compra que obriga o comprador a fazer os pagamentos restantes. Como pagamento adiantado, garante a posse legal de um artigo ou valida o contrato de compra antes que seja feito o pagamento completo. O conceito é semítico, e a palavra foi adotada pelo grego. O termo hebraico relacionado aparece em Gn 38.17, em que Judá prometeu enviar a Tamar um cabrito, e ela pediu um objeto como garantia até receber o animal prometido. Deus deu aos cristãos o Espírito Santo no coração como penhor ou garantia da salvação que está por vir (2Co 1.22; 5.5; Ef 1.14). O relacionamento diário com o Espírito dá segurança total de que Deus concluirá seu plano e o cristão vai compartilhar do seu dom da vida eterna. **2.** Algo dado como garantia do pagamento de um empréstimo. O AT regulamentava essa prática. Uma túnica dada como penhor deveria ser devolvida antes que a noite caísse, pois era a única proteção do pobre contra o frio (Êx 22.26; Dt 24.12,13). Não era permitido tomar como penhor algo que alguém precisasse para viver (Dt 24.6). Os credores eram proibidos de entrar em uma casa para tomar algo como penhor (Dt 24.10). Jó denunciou abusos em situações de alguém tomar penhores de famílias (22.6), de órfãos e de viúvas (24.3) e a prática de tomar crianças como penhor (24.9). Ezequiel advertiu repetidamente contra o ato de não devolver penhores. Amós repreendeu aqueles que associavam a prática da idolatria com o ato de tomar roupas como penhor (2.8).

PENIEL (Gn 32.30). V. *Penuel*.

PENINA Nome pessoal que talvez signifique "mulher com cabelo ricamente adornado", "coral" ou "pérola". Pode ser um jogo de palavras intencional que signifique "frutífero". É o nome da segunda esposa de Elcana, o pai de Samuel, e rival de Ana, que era estéril (1Sm 1.2,4).

PENTÁPOLIS Liga de cinco cidades-Estado unidas para se opor à ocupação israelita de Canaã. V. *filisteus*.

PENTATEUCO A expressão é derivada de duas palavras gregas, *penta* (cinco) e *teuchos* (vaso, recipiente) e se refere aos primeiros cinco livros do AT. Essa designação vem do tempo de Tertuliano (c. 200 d.C.), mas o cânon judaico designa esses livros coletivamente como *Torá*, termo que significa "ensino", "instrução". Em português os cinco primeiros livros são em geral chamados "Livros da Lei". Essa designação é enganosa, pois gera uma interpretação equivocada sobre o conteúdo do Pentateuco. Grandes porções do Pentateuco não são "lei" propriamente; de fato, são narrativas inspiradoras (quase todo o Gn; Êx 1—11; 14—20; 32—34; Lv 8—10; Nm 9—14; 16—17; 20—25; 27; 31—32; 36). Ainda que *Deuteronômio* signifique "segunda lei", o livro se apresenta como uma pregação, o último discurso pastoral de Moisés.

Estrutura e conteúdo do Pentateuco O Pentateuco é uma narrativa contínua. O primeiro verbo de Lv 1.1, p. ex., ("e [ele] chamou") não tem sujeito, que deve ser depreendido do último versículo de Êx. Por causa das limitações físicas dos rolos, era necessário, provavelmente com base no contexto, dividir a narrativa em cinco segmentos mais facilmente manuseáveis em couro ou em rolos de pergaminho. Essa divisão data pelo menos do séc. II a.C., na *LXX*. Essa divisão cria a impressão infeliz de que são composições distintas e interpretadas separadamente. Isso é errado. A narrativa iniciada em Gn 1.1 alcança o ápice com a celebração da aliança no Sinai e finda com a exposição teológica da aliança feita por Moisés em Dt.

No texto hebraico os nomes dos livros do Pentateuco derivam-se primariamente das palavras de abertura de cada rolo. O livro de Gn é chamado em hebraico de *bere'shit*, "No princípio"; Êx, *we'elleh shemot*, "Estes são os nomes"; Lv, *wayyiqra'*, "E [ele] chamou"; Nm, *bemidbar*, "no deserto" [a quinta palavra da primeira frase do livro em hebraico]; Dt, *elleh hadevarim* "Estas são as palavras". Os nomes dos livros nas versões em português originam-se da *Vulgata*, que por sua vez seguiu a versão grega do AT, i.e., a *LXX*. Esses títulos são descritivos do conteúdo de cada livro: Gn, "geração", "origem", derivada da fórmula que aparece 11 vezes no livro, "Estas são as gerações de" (gr., *geneseos*: 2.4; 5.1 etc.); Êx, "saída". O livro de Lv reflete o sistema cultual levita; Nm se refere ao censo das tribos, e Dt significa "segunda lei" (cf. 17.18). Seguindo Martinho Lutero, os alemães e escandinavos chamam esses livros Primeiro livro de Moisés, Segundo livro de Moisés, Terceiro livro de Moisés, Quarto livro de Moisés e Quinto livro de Moisés, refletindo a autoria mosaica de cada livro.

Não se sabe quando as divisões se originaram, mas as linhas entre os livros são lógicas e importantes. A divisão entre Gn e Êx ocorre com o término da história da família dos patriarcas. A divisão entre Êx e Lv ocorre no ponto em que se encerra a narrativa da construção do tabernáculo. O livro de Nm começa com o registro das forças militares de Israel (Nm 1.1—2.34) e dos levitas (3.1—4.49) enquanto Israel se prepara para deixar a região do Sinai. O Dt é evidentemente uma unidade literária única que consiste nos discursos finais de Moisés, antes de sua morte. Entretanto, pode-se argumentar que Dt 32.48—34.12 representa uma conclusão narrativa natural para Nm e que os discursos de Moisés (Dt 1.1—32.47) são uma série de inserções sermonais.

Em todo caso, as divisões do Pentateuco são artificiais. Com base no estilo e conteúdo, há uma divisão natural em blocos literários menores: Gn 1.1—11.26, a história primeva da criação até Abraão; Gn 11.27—50.26, as narrativas patriarcais; Êx 1.1—18.27, a saída de Israel do Egito; Êx 20.1—Nm 10.10, Israel no Sinai; Nm 10.11—21.35, Israel no deserto; Nm 22.1—Dt 34.12, Israel nas planícies de Moabe. Cada seção consiste em subdivisões literárias facilmente identificáveis.

É razoável supor que, antes do estabelecimento da forma atual, a preservação do material do Pentateuco tenha ocorrido por meio de uma série de rolos menores. O livro de Gn, p. ex., é pontuado pela fórmula "Estas são as gerações de", que ocorre 11 vezes e divide o livro formalmente em 12 seções (2.4; 5.1; 6.9; 10.1; 11.10; 11.27; 25.12; 25.19; 36.1; 36.9; 37.2). O ciclo de José (Gn 37; 39—48; 50) tem estilo literário próprio e pode ter sido preservado separadamente como talvez tenha ocorrido com a narrativa do êxodo de Israel do Egito (Êx 1.1—18.27). Sabe-se que o Decálogo (Êx 20.2-17) foi preservado desde o princípio como documento em separado, "escrito pelo dedo de Deus" (Êx 24.12; 31.18; cp. 32.15,16; 34.1,28; Dt 4.13; 5.22; 10.2-4). Em Êx 24.7 é mencionado o "Livro da Aliança" (*sefer berit* em hebraico, preservado em Êx 21.1—23.3, caso o início não seja em 20.22). Parece provável que as falas de Javé no monte Sinai (p. ex., as prescrições para a construção do tabernáculo e as vestimentas dos sacerdotes [Êx 25.1—31.17]; instruções concernentes aos sacrifícios [Lv 1.1—7.38]; o chamado "Código de Santidade" [Lv 17—27] etc.) tenham sido escritos de imediato, talvez em rolos separados, e, quando Israel deixou o Sinai, os documentos também tenham sido levados. O sabor arcaico da poesia das narrativas do Pentateuco (a bênção de Jacó, Gn 49; o Cântico do Mar, Êx 15.2-18; os Oráculos de Balaão em Nm 22—24; o Cântico de Javé, Dt 32.1-43 [com a intenção de ser o "hino nacional" de Israel]; a bênção de Moisés às tribos, Dt 32.2-33) sugere sua preservação de forma escrita desde o princípio. De acordo com Nm 21.14, Israel possuía o "Livro das Guerras de Javé", que aparentemente consistia em registros de poemas comemorativos dos triunfos de Israel sobre seus inimigos (cf. Êx 17.14). Em Nm 33.1-3 há registro de que Israel mantinha um diário das experiências da peregrinação de lugar em lugar (os lugares de parada alistados em 33.5-49). O livro de Dt contém numerosas referências à *Torá* proclamada por Moisés como texto escrito [p. ex., 17.18; 27.3; 28.58; 29.21; 30.10]). De fato, 31.9 sugere que o próprio Moisés escreveu o discurso final. É plausível que as genealogias e outros materiais estatísticos derivem-se de documentos escritos separados. Seja qual for o método de composição do Pentateuco, esses documentos representam a verdadeira origem.

O enredo do Pentateuco O acontecimento principal do Pentateuco é a revelação de Deus no Sinai. Os fatos antecedentes são o prólogo, e os posteriores são o epílogo. Isso é evidente pelo grande destaque a esse lugar em Dt 19.1-3 e também pela antecipação explícita de Êx 3.12, em que Javé diz a Moisés que o culto de Israel a Deus no monte Sinai provaria que Javé o enviara. Isso é confirmado pelas exigências de Moisés ao faraó, que deixasse Israel ir para adorar Javé no deserto (4.23; 5.1,3; 6.11; 7.16; 8.1,25-28; 9.13; 10.3,7,9,24-26). As narrativas patriarcais também antecipam o Sinai. Em Gn 12.2 Deus promete a Abraão que ele seria uma bênção para o mundo inteiro. Posteriormente diz-se que isso envolveria a recepção da revelação divina (cf. Dt 4.5-8), a constituição de um reino de sacerdotes, uma nação santa, um "tesouro especial dentre todas as nações" (Êx 19.5,6). A narrativa convida o leitor a antecipar o êxodo no Sinai pela autoidentificação de Javé em Gn 15.7: "Eu sou o Senhor que o tirou de Ur dos caldeus" (Gn 15.7), que reprisa uma frase que aparecerá mais tarde dúzias de vezes: "Eu sou o Senhor que os tirou da terra do Egito" (cf. Lv 11.45), e também ao citar a predição da parte de Deus da escravização, libertação e enriquecimento de Israel (15.13,14), com os meios necessários para a construção do tabernáculo; ao citar a promessa de Javé de dar aos descendentes de Abraão a terra de Canaã (Gn 15.18-21), que se torna a razão expressa para o êxodo (Êx 3.7,8; 6.6-8), e por citar o anúncio da parte de Deus (El-Shaddai) de que ele mesmo seria o Deus de Abraão e dos descendentes dele (Gn 17.7), com quem ele estabeleceria sua aliança. No Sinai, o Deus de Abraão, Isaque e Jacó se tornou formalmente o Deus de Israel, ligando os descendentes de Abraão a ele ao confirmar a aliança eterna (Êx 31.16,17; Lv 24.8; cp. Jz 2.1). Por fim, o Sinai é antecipado em Gn 26.5: Javé reconhece a obediência de Abraão e a guarda dos mandamentos, preceitos, decretos e leis dele. Essas expressões repetem a revelação do Sinai; aparentemente Abraão cumpriu as exigências da aliança do Sinai sem o benefício da revelação do Sinai.

As narrativas que descrevem a jornada de Israel desde o Sinai até as planícies de Moabe são contadas tendo como pano de fundo a aliança de Javé com Israel e a promessa do povo de fazer "tudo que o Senhor lhes disse". O texto de Nm 28.6 explicitamente se refere à revelação do Sinai. Mas o livro de Dt, quase totalmente, representa a exposição de Moisés da aliança do Sinai. Entretanto, deve-se recordar que a personagem principal é humana; i.e., o registro do relacionamento de Deus com aqueles que ele criou à sua imagem, a quem ele elegeu, redimiu e comissionou para como seus representantes na terra.

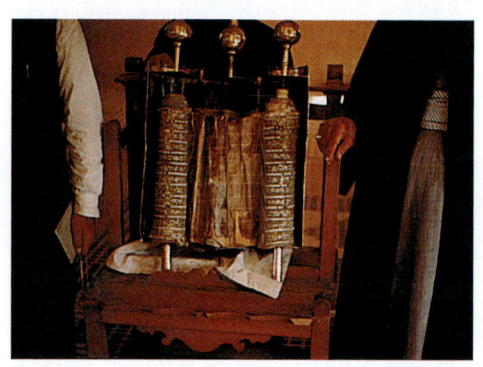

O Pentateuco samaritano em Nablus. Os samaritanos consideram apenas o Pentateuco canônico.

Os temas do Pentateuco Os temas teológicos desenvolvidos no Pentateuco são quase inumeráveis. Eles representam o esqueleto teológico das narrativas: Deus, o Criador (Gn 1—2); Deus, o Juiz da humanidade pecadora, que preservou Noé (Gn 3—11.26); Deus, o eleitor de seus representantes da bênção para o mundo, que estabeleceu um relacionamento de aliança com eles e prometeu dar a terra de Canaã aos descendentes como propriedade eterna (Gn 11.37—50.26); Deus, o redentor do povo da escravidão (Êx 1—15.21). Deus, a companhia de seu povo nas jornadas pelo deserto, providenciado o necessário para suas necessidades físicas e punindo os sem fé (Êx 15.22—17.7; 18.1-27; Nm 10.11—20.29); Deus, o que se relaciona por meio da aliança com Israel e revelador de sua vontade no Sinai (Êx 19.1—Nm 10.110); Deus, o quem luta por Israel contra os inimigos do povo (Êx 17.8-16; Nm 22.1—25.118); Deus, o doador de terra a Israel e o que promete estar com o povo depois da morte de Moisés (Nm 26.1—Dt 34.12).

Formas e gêneros literários no Pentateuco Ainda que o Pentateuco seja geralmente chamado "A Lei", o material legislativo formal é limitado. De fato, essa designação é enganadora, como sugere a leitura superficial de Sl 1. Se o Pentateuco fosse em sentido básico a "lei", dificilmente seria o prazer do salmista ou uma fonte de luz e vida (Sl 1.2,3). O Pentateuco é dominado pelo "evangelho", as boas notícias da graça de Deus demonstrada por meio da eleição, salvação e cuidado providencial por seu povo. Os que duvidam disso precisam apenas ler Êx 34.6.6,7, em que Javé define sua glória em termos imanentes e graciosos: "Senhor, Senhor, Deus compassivo e misericordioso, paciente, cheio de amor e de fidelidade, que mantém o seu amor a milhares e perdoa a maldade, a rebelião e o pecado. Contudo, não deixa de punir o culpado. Castiga os filhos e os netos pelo pecado de seus pais, até a terceira e a quarta geração".

O Pentateuco é dominado por narrativas que desenvolvem esse tema. Em Gn 1—4, Deus graciosamente poupou uma raça que se alienou dele por causa do pecado e prometeu resolver o problema pela raiz. Em Gn 6—9, Deus (6.8; 8.1) resgatou por sua graça Noé e sua família da fúria da própria ira. Em Gn 11.26—50.26, Deus graciosamente chamou Abraão e lhe preservou a família para ser agente de bênção para o mundo sob a maldição do pecado e da morte. Em Êx 1—18, ele redimiu por sua graça o povo da escravidão; em Êx 19—24, Deus graciosamente entrou em um relacionamento pactual com Israel; em Êx 25—40, o Senhor graciosamente providenciou um meio de habitar entre seu povo; em Êx 20—23, a maior parte de Lv e grandes porções de Nm, Deus graciosamente revelou sua vontade a Israel (cf. Dt 4.6-8); na peregrinação de Israel pelo deserto, o Santo cuidou com bondade imerecida de seu povo, alimentando-o e defendendo-o dos seus inimigos, garantindo sua entrada na terra prometida; em Dt, ele graciosamente providenciou para que Moisés explicasse sua vontade a Israel. Grande parte do material prescritivo de Êx—Lv consiste em discursos divinos emoldurados por comentários narrativos do tipo "Então Deus/Javé disse/falou". Mesmo o Dt é narrativa com inserções de discursos e poemas de Moisés. Narrativa, não "lei", é o gênero dominante do Pentateuco.

A "Lei" está presente no Pentateuco, se por "lei" tem-se em mente mandamentos prescritivos do comportamento humano. O Pentateuco contém centenas de prescrições semelhantes (os rabinos contaram 613), chamadas de diferentes maneiras, como *torá* ("ensino"), *mitswot* ("mandamentos"), *huqqot* ("estatutos, ordenanças, decretos"), *mishpatim* ("julgamentos, regulamentos, leis"), *'edot* ("aliança, estipulações"), que podem ser caracterizados como regulamentos constitucionais. Com respeito à forma, as regulamentações tendem a ser de dois tipos, mandamentos "apodíticos", formulados na segunda pessoa ("tu farás" ou "tu não farás"), geralmente sem qualificação, condição ou motivação (a maior parte do Decálogo). As regulamentações "casuísticas" são formuladas na terceira pessoa, iniciam-se com uma cláusula condicional ("se alguém") e terminam com a declaração das consequências ("se acontecer isto, então acontecerá aquilo"). Os cristãos têm o costume de dividir as leis em leis morais, civis e cerimoniais, embora o Pentateuco não apresente essa distinção. Alo contrário, textos como Lv 19, que incluem os três tipos de divisões, pressupõem que tudo na vida é sagrado, e é errado "compartimentalizar" o comportamento.

Ainda que o comportamento prescritivo seja encontrado em outros lugares, é conveniente fazer referência específica a seis seções prescritivas: o Decálogo (Êx 20.1-17; Dt 5.1—23.33); as prescrições do tabernáculo (Êx 25—31); o "Manual do culto ritual" (Lv 1—7); o chamado "Código de Santidade" (Lv 17—25) e o chamado "Código Deuteronômico" (Dt 12—26). Os livros Lv e Nm contêm muito material prescritivo adicional, mas os citados anteriormente são geralmente reconhecidos como unidades independentes.

O Decálogo (Êx 20.1-17; Dt 5.6-21)

Ainda que o Decálogo contenha mandamentos divinos, o Pentateuco nunca se refere aos "Dez Mandamentos". Eles são coerentemente identificados como as "Dez Palavras" (Êx 34.28; Dt 4.13; 10.4), expressas na precisa palavra *dekalogos*, "dez palavras". As "palavras", o Decálogo, encapsulam os princípios com declarações facilmente memorizáveis (uma para cada dedo). Está claro que esse é o documento fundamental da aliança, porque o próprio Javé providenciou a primeira cópia (Êx 24.12; 34.1-24; Dt 4.13;5.22; 10.1-5) e o uso que Moisés faz da palavra em Dt. O Decálogo é mais um documento cultual que um código legal, como foi confirmado pela declaração fundamental de abertura: "Eu sou o Senhor teu Deus que tirou da terra do Egito, da casa da servidão". Obediência a esses dez princípios representa a resposta cultual a salvação recebida como dom de Javé (cf. Lv 19.6). O preâmbulo provê o pano de fundo e a motivação para a adoração. Sem isso, o chamado à obediência é uma exigência legalista.

O "Livro da Aliança" (Êx 21.1—23.33; alguns adicionam 20.22-26) A expressão "Livro da Aliança" é derivada de Êx 24.7, em que se diz que Moisés leu o *sefer haberit* (lit., "livro da aliança"), que todo o povo se reuniu para ouvi-lo, antes da cerimônia de ratificação da Aliança. O Livro da Aliança se divide em seis partes ordenadas de forma quiástica:

a) Introdução (20.22) Apresenta a resposta de Israel à aliança no contexto atual da revelação divina.

b) Princípios de culto (20.23-26) Iluminam a expressão cúltica de Israel de devoção a Javé.

c) Leis casuísticas (21.1—22.20) Iluminam a expressão ética de Israel de devoção a Javé.

c') Leis apodíticas (22.21—23.9) Iluminam a expressão ética de Israel de devoção a Javé.

b') Princípios de culto (23.10-19) Iluminam a expressão cúltica de Israel de devoção a Javé.

a') Conclusão (23.20-33) Apresenta a resposta de Israel à aliança no contexto futuro da revelação divina.

As prescrições quanto à vida cúltica de Israel governam a vida diária. O propósito do culto é inspirar a devoção a Javé e criar uma comunidade ética de fé.

As prescrições do tabernáculo (Êx 25—31) Sete discursos divinos seguem o padrão dos dias da criação, tendo como ápice a provisão do sábado como sinal da perenidade da aliança de Deus com Israel. Ainda que as instruções tenham implicações de longo alcance, a maior parte delas se preocupa com um acontecimento: a construção do tabernáculo como residência sagrada para Javé. Por meio do tabernáculo Deus graciosamente providenciou o meio de comunhão constante com seu povo. Essa comunhão foi severamente ameaçada pela apostasia da adoração ao bezerro de ouro, mas Javé renovou a aliança (Êx 32—34). O texto de Êx 35—40 é a descrição narrativa da construção do tabernáculo em conformidade com as especificações de Deus, tendo por ápice de sua afirmação visível a vinda de sua glória radiante até a estrutura.

O "Manual sobre o ritual de culto" (Lv 1—7) Esse material prescreve as práticas permanentes, um "decreto perpétuo para as suas gerações" (Lv 3.17) e é uma forma imperativa do tipo de uma legislação. Entretanto, não é motivado apenas pelo desejo de Deus pela obediência, mas pelo bem-estar humano, que os israelitas sejam perdoados (Lv 4.35) e possam desfrutar de comunhão com Deus.

O "Código de Santidade" (Lv 17—25; alguns adicionam 26—27) Essa seção deriva o título da afirmação "Sejam santos porque eu, o Senhor, o Deus de vocês, sou santo" (19.2; 20.7,26), e da ênfase geral. O Senhor se identifica como o Santo (19.2; 20; 26; 21.8); o único que faz Israel santo (20.8; 21.8,15,23; 22.9,16,32) e o separa dos outros povos (20.24,26); ele desafia os israelitas a se santificarem (20.7) e a "serem santos" (19.2; 20.7,26; 21.6; cp. v. 7,8). Muitos artigos e pessoas são descritos como santos — o nome do Senhor (20.3; 223,32), a comida sacrificial (19.8), o alimento comum (19.24), o pão sagrado (21.22; 24.9), o alimento dedicado ao Senhor (22.1-6,10-16); as convocações para as festas sagradas (23.2,8,21-27,35-37); um lugar (o tabernáculo, 24.9); e um tempo (o ano do Jubileu, 25.12).

Esboço: Instruções para a vida santa (O "Código de Santidade") (17.1—25.55)
1. A santidade da vida (17.1—18.30)
2. A santidade da comunidade (19.1—20.27)
3. A santidade do culto (21.1—24.23)
   a. A santidade do sacerdócio (21.1-24)
   b. A santidade das ofertas para Deus (22.1-33)
   c. A santidade dos dias santos (23.14-44)
   d. A santidade do tabernáculo (24.1-9)
   e. A santidade do nome divino (24.10-23)
4. A santidade da terra (25.1-55)

O "Código Deuteronômico" (Dt 12—26) Essa seção se inicia com o anúncio "Estes são os decretos e ordenanças que vocês devem ter o cuidado de cumprir enquanto viverem na terra que o Senhor, o Deus dos seus antepassados, deu a vocês como herança" (12.1). Entretanto, Dt 12—26 representa uma parte do segundo discurso de Moisés às tribos imediatamente antes de cruzarem o Jordão rumo a Canaã. Ele estabeleceu o cenário com a apresentação estendida da natureza do relacionamento pactual e por meio de apelos repetidos ao amor e ao serviço exclusivo a Javé (5.1—11.32). Os mandamentos nos cap. 12—26 são derivados da revelação no Sinai, mas contam com um aspecto sermonal pronunciado (cf. 26.16-19), oposto ao aspecto legal. Logo, designar essa seção um código "legal" é um engano. O papel de Moisés é mais pastoral que legislativo, aplicando as leis dadas no Sinai à nova situação enfrentada pelos israelitas. Coerentemente, as instruções estão permeadas com cláusulas motivacionais, advertências de juízo divino para a desobediência e promessas de bênçãos e vida longa para a fidelidade pactual. Essa diferença explica a divergência entre as instruções de Dt e as do "Livro da Aliança" e o "Código de Santidade". Ao guardar a preocupação de Moisés à fidelidade exclusiva a Javé (formalizada no *Shemá*, "Ouça, ó Israel, o Senhor, o nosso Deus, é o único Senhor" e o amor total e sem reservas para com ele (6.5), ele declarou que, uma vez estabelecido na terra, Javé se identificaria com o lugar escolhido para estabelecer seu nome, o lugar onde todo o Israel se reuniria para o culto (p. ex., 12.1-14).

Tema geral: As estipulações específicas da aliança (12.1—26.15)
1. A vida religiosa do povo santo (12.1—16.17)
    a. A unidade e a pureza do culto (12.1—14.21)
    b. Regulamentos institucionais (14.22—16.17)
2. O governo do povo santo (16.18—21.9)
    a. As estruturas do governo teocrático (16.18—18.22)
    b. A conduta do governo (19.1—21.9)
3. Leis familiares (21.10—22.30)
    a. Prisioneiros de guerra (21.10-14)
    b. Direitos dos primogênitos (21.15-17)
    c. Filhos rebeldes (21.18-21)
    d. Miscelânea de leis (21.22—22.12)
    e. Santidade do casamento e do sexo (22.13-30)
4. Santidade da assembleia solene (23.1-8)
5. Miscelânea de regulamentos para a vida israelita (23.9 —25.15)
6. Duas ofertas especiais (26.1-15)
    a. As primícias (26.1-11)
    b. Dízimo do terceiro ano (26.12-15)
7. O juramento de conclusão da aliança (26.16-19)

Ainda que geralmente interpretadas como um código de leis, deve-se perceber que elas não são legislações simples, como se fossem um fim em si mesmas. Nem a obediência é exigida por causa da obediência. Cada legislação envolve uma conduta a ser seguida pelo povo de Deus em resposta à sua salvação graciosa, como expressão de fidelidade a ele. Em nenhuma circunstância as leis devem ser vistas como um modo de alcançar a salvação; alo contrário, a obediência grata e deliberada é expressão de amor a Deus em resposta à salvação provida por ele, decorrente do privilégio de ter um relacionamento pactual com ele. A expectativa primária de Deus sempre foi a disposição amorosa (compromisso pactual) e o temor demonstrado mediante a observância do comportamento ético (Dt 10.12—11.1).

Em adição à narrativa historiográfica e às prescrições constitucionais, outros gêneros literários estão representados no Pentateuco. Dentre estes encontram-se textos poéticos na narrativa (incluindo a "Bênção de Jacó a seus filhos", Gn 49.1-27; o "Cântico do mar", Êx 15.1-18; os "Oráculos de Balaão", Nm 23.7-10,18-24 e 24.3-9,15-24; o "Hino nacional" de Israel, Dt 32.1-43; as "Bênçãos de Moisés às tribos", Dt 33.2-29); materiais estatísticos (genealogias, Gn 5; 10; 11.1-26; 25.1-4; 36; 46.8-27; Êx 6.14-27); registros de alistamento militar (Nm 1.1—3.51; 26.1-65); listas de despojos de guerra (Nm 31.32-47); o itinerário de uma jornada (Nm 33.1-49); descrições de fronteiras (Nm 34.1-12); listas pessoais (Nm 34.16-29); ditos proverbiais (Gn 2.23; 3.19; 10.9; Êx 33.19), etiologias (explicações das origens de práticas ou de nomes, Gn 2.25; 21.31, e 26.33 [Berseba]; Êx 2.10 [Moisés] etc.), além de fórmulas de tratado/aliança. O Decálogo propriamente é apresentado como um documento de aliança, com preâmbulo, prólogo histórico e lista de estipulações. Fórmulas de aliança se estendem de igual modo a Nm e Lv (observem-se especialmente as maldições pactuais em Lv 26) e em particular no livro de Dt. Ainda que Dt consista nos discursos de despedida de Moisés, eles estão ordenados para refletir as antigas fórmulas de tratados de aliança do Oriente Médio (tratados hititas do segundo milênio a.C.).

O significado histórico das narrativas do Pentateuco Antes do Iluminismo, a historicidade das narrativas patriarcais e do êxodo não eram questionadas. Entretanto, isso mudou dramaticamente nos últimos séculos. O primeiro ataque da erudição da alta crítica foi aos capítulos de abertura de Gn. Pelo fato de a criação em Gn 1—3 aparentemente discordar de algumas conclusões científicas modernas, e os acontecimentos de Gn 4—11 envolverem acontecimentos pré-históricos e pré-literários, e textos como 2.7 e 6.1-8 descreverem o relacionamento entre seres humanos e outras criaturas divinas, eles são interpretados como mitológicos, parecidos com os relatos babilônicos da criação e do dilúvio, não como registro histórico. O segundo ataque foi em relação aos patriarcas. Pelo fato de as narrativas apresentarem quadros idealizados dos ancestrais de Israel e lidarem com uma época pré-literária, são em grande parte desprezados como retroatividades lendárias do Israel posterior, criadas para explicar a existência e unidade da nação. O terceiro ataque foi contra Moisés e o êxodo. Ainda que até pouco tempo atrás muitos eruditos críticos reconhecessem o núcleo histórico nas narrativas do êxodo (a memória de um grupo de escravos saídos do Egito rumo à Palestina), atualmente até esse núcleo é rejeitado como historicização teológica. O fato de a arqueologia ter falhado em prover evidências para validar as personagens ou os acontecimentos do Pentateuco é aceito como prova da inveracidade de seus relatos.

Entretanto, a questão não é tão simples assim. Considerando o registro arqueológico, aceita-se o axioma "ausência de evidência não é evidência de ausência". Além disso, mesmo duvidando de que a arqueologia possa comprovar a Bíblia, as descobertas do séc. XX permitem reconstruir os padrões de vida e um "esqueleto" da história do antigo Oriente Médio, e nele os acontecimentos descritos no Pentateuco são comuns. Quanto à historicidade do êxodo, como é impossível explicar a existência da igreja sem referência à encarnação e ressurreição históricas de Cristo, de igual modo é impossível explicar a existência de Israel sem a intervenção dramática de Deus a seu favor, e a memória desses fatos subjaz a todo o AT. Com respeito às narrativas patriarcais, os autores dos textos não se consideraram escritores de ficção. Com base em histórias antigas transmitidas de forma oral ou escrita, as narrativas preservam a memória antiga da intervenção graciosa de Deus com o propósito de trazer bênção e vida ao mundo sob a maldição da morte. Gn 1.1—2.4a foi composto em um estilo elegante e grandioso, apropriado para o texto usado em um culto, mas isso não significa que seja produto de imaginação humana. O texto não somente celebra Deus como Criador de todas as coisas, mas a humanidade como o ápice da criação. As ligações genéricas, estilísticas e substantivas entre os primeiros capítulos de Gn e as narrativas posteriores, incluindo Js, Jz, Sm e Rs sugerem uma narrativa com uma linha histórica que vai da criação do Universo ao surgimento e queda de Israel.

Data e autoria do Pentateuco Ainda que a tradição judaica e cristã unanimemente reconheçam Moisés como autor do Pentateuco, poucas questões relativas ao AT são debatidas de modo tão candente, e em poucas a distância entre as erudições crítica e evangélica é tão grande. Muitos eruditos conservadores continuam a crer que Moisés escreveu quase todo o Pentateuco. Embora os eruditos críticos reconheçam Moisés como personagem histórica, em princípio seu envolvimento na composição do Pentateuco não foi excluído — a não ser que ele seja considerado analfabeto. Entretanto, desde meados do séc. XIX, especialmente depois de Julius Wellhausen, muitos eruditos críticos rejeitaram a ideia da importância do papel de Moisés na composição do Pentateuco.

O questionamento começou com dúvidas se Moisés teria registrado a própria morte e o próprio sepultamento (Dt 34) ou saberia a respeito de um lugar no norte de Israel chamado Dã (Gn 14.14; cp. Js 19.47; Jz 18.28b,29) ou se faria menção à conquista de Canaã como algo já ocorrido (Dt 2.12). Por isso, alguns eruditos desenvolveram uma explicação alternativa para as origens do Pentateuco, conhecida por teoria documental. De acordo com a formulação clássica dessa teoria, o Pentateuco é produto de uma longa e complexa evolução literária, que incorporou pelo menos quatro grandes tradições literárias compostas independentemente durante vários séculos e reunidas sob a forma atual apenas no tempo de Esdras (séc. V a.C.). Essas fontes são identificadas como J, E, D e P. J representa um documento do séc. IX a.C. (c. 850), originário de Judá, caracterizado pela preferência do nome "Javé". A fonte E tem preferência pelo título divino "Elohim" [Deus] e teoricamente foi composta em Israel no séc. VIII a.C. D diz respeito a Dt, supostamente escrito por volta do ano 621 a.C. para dar apoio às reformas de Josias. O documento "sacerdotal", P, presumivelmente foi composto por volta de 500 a.C., por sacerdotes que buscavam preservar a própria versão da história de Israel. De acordo com a teoria, as fontes foram compiladas e combinadas em meados do séc. V a.C. O texto de Ne 8 narra o momento em que Esdras leu publicamente o Pentateuco como uma unidade pela primeira vez. Pelo fato de Js descrever o cumprimento das promessas da terra aos patriarcas e por conta de ligações estilísticas com Dt, Gerhard von Rad adicionou Josué ao *corpus* do Pentateuco, denominando os seis livros de Hexateuco.

Variações da teoria documental prevaleceram por mais de um século. Entretanto, em razão dos avanços nos estudos literários, atualmente o estado da erudição sobre o Pentateuco é confuso, com o surgimento frequente de novas teorias ou modificações radicais de teorias antigas. As novas teorias empurram as datas da origem do Pentateuco para ainda mais tarde. Martin Noth criou o termo Tetrateuco ("quatro livros"), argumentando que Dt foi composto originariamente como um prefácio teológico da "história deuteronomista", que consiste nos livros de Js, Jz, 1 e 2Sm e 1e 2Rs. Entretanto, muitos eruditos atualmente caminham na direção oposta, reconhecendo mais características deuteronomistas no bloco literário Gn—Nm. Por conta da ligação entre Dt e a reforma de Josias, alguns afirmam que as fontes mais antigas subjacentes ao Pentateuco foram compostas no séc. VI a.C., no exílio. Reconhece-se comumente que alguns dos "códigos" de leis sejam mais antigos, mas, como documentos literários, diz-se que são posteriores. Roger N. Whybray argumentou que o Pentateuco é uma composição unitária escrita no séc. IV a.C., inspirado talvez nas *Histórias* do grego Heródoto.

A desconcertante variedade de teorias gera pouca confiança na erudição crítica. Entretanto, o fato permanece de que em nenhum lugar o Pentateuco nomeia especificamente seu autor. Como era comum no antigo mundo semita, o Pentateuco é um texto anônimo. Já as evidências internas sugerem que Moisés manteve um registro das experiências de Israel no deserto (Êx 17.14; 24.4,7; 34.27; Nm 33.1,2; Dt 31.9,11). Além disso, muitas declarações do AT creditam o Pentateuco a Moisés (p. ex., Js 1.8; 8.31,32; 1Rs 2.3; 2Rs 14.6; Ed 6.18; Ne 13.1; Dn 9.11-13; Ml 4.4), e o NT identifica a *Torá* com ele (Mt 19.8; Jo 5.46,47; 7.19; At 3.22; Rm 10.5). Uma série de características adicionais no interior do texto aponta para a data mais antiga de composição: 1) as formas dos nomes e muitas ações dos patriarcas fazem mais sentido no contexto do segundo milênio antes de Cristo; 2) as narrativas sugerem grande conhecimento do Egito; 3) palavras egípcias tomadas de empréstimo aparecem com mais frequência no Pentateuco que em qualquer outra parte do AT; 4) o próprio nome Moisés sugere a origem egípcia da história; 5) a perspectiva geral da narrativa é estrangeira em relação a Canaã; 6) as estações do ano são egípcias; a flora e a fauna são egípcias e sinaíticas; 7) em algumas passagens a geografia reflete a perspectiva estrangeira (p. ex., um comentário como o encontrado em Gn 33.18, "a cidade de Siquém, em Canaã", seria improvável depois do exílio, pois nessa época Israel já estava na terra por mais de 900 anos); 8) arcaísmos linguísticos (como o uso do pronome da terceira pessoa do singular, *hi'*, para ambos os gêneros), tudo indica a data mais antiga.

Moisés poderia muito bem ter escrito grande parte do Pentateuco. Tendo sido criado na corte do faraó, e conhecendo o novo alfabeto de 22 letras, não se pode desprezar a capacidade literária de Moisés. É duvidoso que ele tenha escrito o relato de sua morte (Dt 34). Muitas vezes o texto fornece notas explicativas que atualizam fatos para a audiência posterior (p. ex., "Esaú, que é Edom", Gn 36.1; os habitantes originais da Transjordânia, Dt 2.10-12). Além disso, a forma da escrita cananeia cursiva provavelmente usada por Moisés ainda estava na infância e foi substituída pela escrita aramaica quadrática no período pós-exílico, e as vogais foram adicionadas mil anos mais tarde. As características arcaicas dos poemas (Gn 49; Êx 15 etc.) em contraste com a narrativa circundante sugerem que esta pode ter sido periodicamente revisada de acordo com a evolução da língua hebraica. Isso pode explicar por que a gramática e a sintaxe de Dt em sua forma atual se parecem bastante com Jeremias, que viveu muito tempo depois de Moisés. Ao mesmo tempo, Moisés pode ter usado um escriba ou secretário.

Não há razão para duvidar de Moisés como escritor dos discursos que proferiu (Dt 31.9-13), ou de que, ao descer do monte Sinai, tenha tomado providências para a transcrição da revelação recebida na montanha, isso se ele mesmo não a escreveu. É igualmente plausível que ele tenha autorizado a composição escrita de muitas das narrativas e genealogias dos patriarcas transmitidas oralmente ou em uma forma escrita rudimentar. Como as peças do tabernáculo foram construídas e montadas por artesãos habilidosos, e por fim unidas por Moisés (Êx 35-40), da mesma maneira artesãos literários habilidosos podem ter composto partes e fragmentos do Pentateuco e depois podem tê-los submetido a Moisés, que os aprovou. Mas só se pode especular a respeito de quando exatamente esses blocos literários foram reunidos na forma atual (Dt sugere algum tempo depois da morte de Moisés), mas parece provável que na época em que Davi organizou o culto no templo o conteúdo da *Torá* foi fixado. O Pentateuco é fundamental e substancialmente mosaico, e mais tarde os israelitas o aceitaram como portador da plena força de sua autoridade.

O Pentateuco era a *Torá* que os sacerdotes deveriam ensinar e usar como modelo (Dt 33.10; 2Cr 15.3; 19.8; Ml 2.6,9; cp. Jr 18.18; Ez 7.26; Ed 7.10), que os salmistas exaltavam (Sl 19.7-14; 119 etc.), à qual os profetas apelavam (Is 1.10; 5.24; 8.20; 30.9; 51.7), por meio da qual reis piedosos governavam (1Rs 2.2-4; 2Rs 14.6; 22.11; 23.25) e os justos viviam (Sl 1). V. *autoridade*, autoridade divina; *Apocalipse, livro de*. — Daniel I. Block

PENTECOSTE Uma das três principais festas judaicas, também chamada festa das semanas. O substantivo "Pentecoste" é derivado da palavra grega que significa "cinquenta". A festa é realizada no mês chamado *sivan* no calendário judaico (maio/junho), 50 dias depois da Páscoa, e celebra o fim da colheita de grãos. Na festa de Pentecoste, após a morte e ressurreição de Jesus, aconteceu a outorga do Espírito Santo aos crentes em Jerusalém.

Os crentes estavam juntos celebrando a festa quando repentinamente sons e visões incomuns assinalam um evento que teria implicações de longo alcance. Eles ouviram o som "como de um vento muito forte" (At 2.2). E viram línguas como que de fogo pousar sobre eles, e cada um foi capaz de se comunicar em línguas que nunca tinham falado. Eles conseguiram falar com peregrinos judeus de toda a região do Mediterrâneo, em diferentes línguas.

Esses fenômenos chamaram a atenção dos judeus fiéis reunidos em Jerusalém. Muitos pensaram que os discípulos estavam alcoolizados. Mas Simão Pedro se levantou e disse que era muito cedo para alguém estar embriagado. Pedro então aproveitou a oportunidade incomum para proclamar que esse acontecimento cumpriu a profecia de Joel de que Deus derramaria seu Espírito sobre todo o povo. Pedro associou o dom do Espírito à vida, morte, ressurreição e ascensão de Jesus.

A mensagem de Pedro encontrou guarida no coração de cerca de 3 mil pessoas que responderam com arrependimento, foram batizadas em nome de Jesus e receberam o dom do Espírito Santo. V. *festas*; *Espírito*. — Steve Bond

PENUEL Nome pessoal que significa "face de Deus". **1**. Descendente de Judá e fundador (pai) de Gedor (1Cr 4.4). **2**. Um benjamita (1Cr 8.25). **3**. Ponto do rio Jaboque a nordeste de Sucote onde Jacó lutou com um estranho (Gn 32.24-32; cp. Os 12.4). A cidade foi destruída por Gideão porque seus habitantes se recusaram a dar-lhe provisões enquanto ele perseguia os midianitas (Jz 8.8,9,17). Jeroboão I construiu (talvez tenha reconstruído ou fortificado) a cidade (1Rs 12.25). O lugar é identificado com o mais oriental de dois aterros chamados Tulul Edh-Dhahab, que estão na entrada do vale do Jordão para quem vem da garganta do Jaboque, a cerca de 11 quilômetros a leste do Jordão.

PEOR Nome que talvez signifique "abertura". **1**. Montanha em Moabe, em direção oposta ao deserto de Judá. Balaque levou Balaão até lá para amaldiçoar o acampamento israelita, avistado dali (Nm 23.28; 24.2). **2**. Forma abreviada de Baal-Peor (senhor de Peor), deus a quem os israelitas foram levados a adorar (Nm 25.18; 31.16; Js 22.17). V. *Baal-Peor*. **3**. Lugar em Judá identificado com a atual Khirbet Faghur, a sudoeste de Belém (Js 15.59, "Fegor", *BJ* e *BP*, seguindo a tradução grega).

PEPINO V. *plantas*.

PERATE V. *Pará*.

PERAZIM V. *Baal-Perazim*.

PERDA V. *restituição*.

PERDÃO 1. Ato detentor de autoridade para reverter a sentença de culpa dada em veredicto. A oração por perdão divino é baseada na grandiosidade do amor pactual de Deus e na longa história dos seus atos de perdão (Nm 14.19; Mq 7.18). Os fiéis do AT sabiam que a condição para buscar o perdão era o coração arrependido, não a exatidão ritual (1Cr 29.18). A boa vontade de Deus em conceder perdão de modo copioso serve como incentivo ao arrependimento (Is 55.7). V. *expiação, propiciação*; *reconciliação*.

2. Termo usado para absolvição por uma falha ou ofensa; desculpar de pagamento uma dívida.

Terminologia Os dois termos principais para perdão em hebraico são *nasa'*, "tirar [pecado]", e *salach*, "perdoar". Deus é sempre o sujeito do segundo verbo. A *LXX* amplia o vocabulário de perdão do AT para 20 termos. O NT expressa o perdão com um grupo seleto de palavras, especialmente *aphiemi*.

Antigo Testamento Deus é caracterizado logo no início da vida de Israel como o perdoador e o que pede contas do culpado (Êx 34.7; cp. Ne 9.17). Ele é a fonte do perdão para Israel no Sinai (Êx 32.32; 34.9). Provê perdão para o pecado por meio do sistema sacrificial (Lv 4.20,26,28,31; 5.10,13,16,18; 6.7; 19.22). Salomão confia que Deus perdoará o arrependido na oração de dedicação do templo. Ele emprega a fórmula: "Então ouve [...] e perdoa", estabelecendo a soberania de Deus e sua disposição para perdoar. O perdão divino é dirigido principalmente ao povo da aliança a fim de sustentar sua aliança por meio dele. No entanto, os de fora também podem se tornar objeto do perdão misericordioso de Deus (1Rs 8.41-43; cp. 2Cr 6.32,33). O perdão é associado ao ambiente de culto tanto na narrativa de 1Rs quanto na de 2Cr. Assim, o perdão é o meio pelo qual Deus aplica novamente as bênçãos da sua aliança graciosa.

Os profetas estendem essa mesma graça da aliança a Israel se o povo somente se arrepender da presunção contra a graça divina e sua eleição (Dn 9.9; Is 33.74; Jr 33.8; Mq 7.8). As injustiças sociais resultam muitas vezes da indiferença de Israel para com a aliança de Deus e se tornam alvo da ira divina (Am 2.6 etc.). Israel também precisa se arrepender dos pecados de profanação da terra/aliança (como idolatria, derramamento de sangue e pecados sexuais) antes de obter o perdão.

Os salmos revelam o Deus de Israel como o mesmo Deus encontrado na *Torá*. Ele não permite a impunidade dos culpados, contudo é um Deus de perdão. Em particular, o salmista descobre que Deus é a única fonte de perdão (Sl 19.12; 25.11; 32.5; 65.3; 78.38). A confiança nele resulta em hinos de louvor a Deus (Sl 136).

Novo Testamento O perdão é um conceito vital para a teologia do NT. O batismo de João era para o arrependimento e perdão de pecados (Mc 1.4; Lc 1.76,77). A ideia está na declaração de propósito do menino Jesus (Mt 1.21; Lc 1.77). O sangue da expiação de Jesus resulta no perdão eterno de pecados (Mt 26.28; Hb 10.11,12; Lv 16; 17.11). Jesus dá grande ênfase ao perdão horizontal (pessoa a pessoa). O texto de Mt 18.21-35 detalha a parábola do servo que não perdoou, emoldurada pela ordem divina para perdoar. Na oração-modelo de Jesus, o perdão recebido pelo indivíduo depende do perdão dado pelo indivíduo a quem o ofendeu. Jesus distingue o próprio ministério como aquele pelo qual o perdão é mediado a pecadores por meio do seu sangue (Mt 26.28).

Paulo discute o perdão, usando a terminologia mencionada anteriormente apenas de passagem. Ele prefere discutir o conceito sob a ideia da justiça. No entanto, ele define perdão como condição fundamental da comunhão cristã (2Co 2.7-10). Ele se refere à ideia da redenção como "o perdão dos pecados" (Cl 1.14). Pelo fato de os cristãos terem sido redimidos, eles são obrigados a perdoar como foram perdoados (Cl 3.13).

Perdão garantido? A ideia de que Deus sempre perdoa e assim o perdão estaria garantido a todos os que pedem, não importa a intenção, não tem base bíblica. Deus estabeleceu o sistema sacrificial para a dissolução da impureza ritual e o perdão das impurezas morais. Mas para a pessoa "que pecar com atitude desafiadora" não há perdão do pecado via sacrifício (Nm 15.30-36). A ilustração usada em Nm é a do homem que viola o sábado. Seu juízo é realizado no ato. Esse pecado desafiador é tratado de forma diferente em outros casos (Js 7; 1Sm 12; cp. Sl 51), de modo que seria impreciso dizer que não há perdão para ele. No entanto, há o grave risco de juízo imediato e irrevogável.

O NT também fala do pecado que não será perdoado (Mc 3.29; Lc 12.10). Supostamente o pecado de classificar de forma indignante o espírito de Jesus — que Jesus identifica como o Espírito Santo — como demoníaco revela o desejo de aviltar Deus e de lhe negar qualquer lugar como soberano. — *Jeff Mooney*

PERDIÇÃO Palavra que descreve o estado eterno de morte, destruição, aniquilação ou ruína.

Antigo Testamento Palavras da família da qual perdição é derivada geralmente se referem ao estado de destruição física, nem tanto moral ou religiosa. A perdição contrasta com a bênção de Deus. É a penalidade para a desobediência (Dt 22.24; 28.20). O AT algumas vezes liga esse termo ao conceito do *sheol* (2Sm 22.5; Sl 18.4).

Novo Testamento A perdição é o destino de todos os que não se arrependem. O caminho conducente à perdição é largo em contraste com o caminho estreito que conduz à vida (Mt 7.13). O termo perdição, usado no NT, não veicula a ideia de extinção ou aniquilação simples. No contexto da eternidade, os escritores dos Evangelhos usaram o termo para significar o estado eterno de morte e juízo. Como a salvação expressa a ideia de vida eterna, a perdição designa a eternidade de destruição, sem esperança. A expressão "filho da perdição" descreve a pessoa vítima dessa destruição (cp. Judas em Jo 17.12). O "homem da iniquidade" está destinado à perdição (2Ts 2.3; *NVI*, "homem do pecado"). Uma forma dessa palavra é usada em Ap 9.11 para descrever o inimigo definitivo de Deus, o Destruidor. V. *morte*; *Diabo, Satanás, Maligno, demoníaco*; *vida eterna*; *castigo eterno*; *inferno*; *sheol*. — *Ken Massey*

PERDIZ Ave de corpo robusto e tamanho médio com plumagem variada. Davi comparou sua vida como fugitivo de Saul a uma perdiz caçada (1Sm 26.20). O provérbio da perdiz (Jr 17.11) é de tradução difícil; o hebraico nessa passagem é extremamente sintetizado, e um dos verbos é de significado incerto (pôr, botar). Várias traduções entendem a ação nos seguintes sentidos: a perdiz choca ovos que não pôs (*NVI, ARA, BJ*); a perdiz junta ovos que não choca (*ARC*). A ideia é uma figura apropriada de riquezas sem proveito. A imagem da perdiz que rouba os ovos ou os pintinhos não é menos feliz que a de qualquer outra ave cujos pintinhos crescem e abandonam o ninho.

PERECÍVEL Palavra utilizada pela *NVI* para descrever o atual corpo mortal (1Co 15.42,50,53,54), sujeito à decadência e morte. A *ARA* e *ARC* traduzem por "corrupção". Paulo contrastou a recompensa perecível recebida pelos atletas vencedores com a recompensa definitiva pela qual os cristãos competem (1Co 9.25). O texto de 1Pe 1.17 compara o teste da fé permanente com o ouro perecível.

PEREGRINAÇÃO Jornada ou caminhada especificamente religiosa a um lugar onde Deus se revelou. Em Êx 6.4 a palavra é usada no sentido não técnico de jornada ou viagem (*ARA* e *ARC*, "peregrinos"; *NVI* e *NTLH*, "estrangeiros"). Em Gn 47.9 e Sl 119.54 a palavra é usada em sentido figurado para significar a jornada da vida. A única referência explícita à peregrinação religiosa na *NVI* é Sl 84.5.

Na história antiga de Israel diversos santuários foram locais de peregrinação religiosa: Betel (Gn 28.10-22; 31.13; 35.9-15; Am 4.4; 5.5); Gilgal (Js 4.19-24; Os 4.15; Am 4.4; 5.5); Siló (Jz 20.26,27; 1Sm 1.3,19); Berseba (Am 5.5; 8.14); Gibeom (1Rs 3.3-5) e até Horebe (1Rs 19.8). Jerusalém não era local de peregrinação religiosa até Davi trazer a arca para a cidade (2Sm 6.12-19). As reformas de Ezequias e Josias tentaram destruir os locais de peregrinação pagã e culto a ídolos (2Rs 18.4; 23.8) e fazer de Jerusalém o local exclusivo de peregrinação. A Lei mosaica exigia dos israelitas adultos comparecer perante o Senhor (onde estava a arca da aliança) três vezes por ano (Êx 23.14-17; 34.18-23; Dt 16.16). Multidões de peregrinos (Sl 42.4; 55.14; Lc 2.44) cantavam a caminho de Jerusalém (Is 30.29). Os salmos de ascensão (24; 84;

118; 120—134) provavelmente eram cantados enquanto os peregrinos subiam a colina do templo em Jerusalém. Os profetas condenaram a celebração das peregrinações e festas religiosas quando não acompanhadas de devoção genuína ao Senhor, expressa por meio de estilo de vida justo (Is 1.12,13; Am 4.4,5; 5.5,6,21-24).

O NT testemunhou a continuidade da peregrinação a Jerusalém (Mt 21.8-11; Lc 2.41; Jo 2.13; 5.1; 7.2,10; 12.12,20; At 2.5-10; 20.16). — *Chris Church*

PEREIA Distrito romano na Transjordânia que se tornou parte do reino de Herodes, o Grande. A capital era Gadara, onde Jesus expulsou os demônios de um homem (traduções modernas, como *NVI*, seguem outros manuscritos: "gerasenos"). Outros lugares importantes na província eram a fortaleza de Maqueronte, onde João Batista foi decapitado, e Pela, para onde os cristãos de Jerusalém fugiram imediatamente antes de os romanos destruírem Jerusalém no ano 66 da era cristã. A Pereia era a área através da qual os judeus viajavam para evitar Samaria. Ainda que não seja assim denominada no NT, é mencionada como "Judeia além do Jordão" em vários textos (Mt 19.1; *NVI*, "Judeia, no outro lado do Jordão"; Mc 10.1). V. *gadareno*; *Maqueronte*; *Pela*; *Transjordânia*.

PEREZ Nome pessoal que significa "separado" ou "quebra", "ruptura". **1**. Um descendente de Manassés (1Cr 7.16). **2**. Um dos gêmeos nascidos do relacionamento ilícito entre Judá e sua nora Tamar (Gn 38). Depois de sua gravidez e da recusa de Onã, seu cunhado, de cumprir os deveres do casamento do levirato (destinado a perpetuar o nome do falecido mediante a geração de um filho), ela enganou seu sogro, Judá, com quem teve um envolvimento (v. 13-30). Seus descendentes eram o "clã perezita" (Nm 26.20).

PEREZ-UZÁ Nome de lugar que significa "destruição de Uzá". Lugar da eira de Nacom (ou Quidom), a oeste de Jerusalém, sobre a estrada de Quiriate-Jearim, onde a ira do Senhor "explodiu" contra Uzá, que tocara a arca para segurá-la (2Sm 6.8; 1Cr 13.11). O lugar talvez seja Khirbet el-Uz, a cerca de 3 quilômetros a leste de Quiriate-Jearim.

PERFEITO Ser íntegro, completo, "maduro". Por toda a Bíblia, especialmente no AT, faz-se referência a Deus como "perfeito" (Sl 18.32). Ele é completo e não tem falta de nada. Além disso, os "caminhos" de Deus são perfeitos, o que implica não somente a perfeição de sua essência, mas também de suas ações (2Sm 22.31). A lei de Deus também é descrita como perfeita, indicação de sua completitude e capacidade de cumprir seus propósitos (Sl 19.7). No NT Tiago lembrou seus leitores de que "toda boa dádiva e todo dom perfeito" têm origem em Deus (Tg 1.17). Logo, Deus é a fonte de toda a "perfeição" neste mundo.

Deus, em sua perfeição, de igual maneira deseja que seus filhos sejam "perfeitos". No Sermão do Monte, Jesus ordenou: "Sejam perfeitos, como perfeito é o Pai celestial de vocês" (Mt 5.48). A perfeição exigida dos cristãos é o estado de maturidade ou completitude espiritual. Jesus ordenou a seus seguidores que aspirassem ao estado de piedade moral e espiritual. Especificamente, ele encorajou seus discípulos a amarem seus inimigos da mesma maneira que Deus os amou. Ao agir assim, demonstram a perfeição ou maturidade que ele deseja. Por causa do pecado no mundo, os cristãos só alcançarão perfeição verdadeira no céu, mas a exortação dada nas Escrituras encoraja todos à aspiração contínua da perfeição nesta vida.

A jornada rumo à perfeição não é realização individual. Em primeiro lugar, e mais importante, é dom da parte de Deus. Isaías lembrou seus leitores de que Deus é quem proporciona "perfeita paz" aos que permanecem comprometidos com ele (Is 26.3). Além disso, Paulo revelou sua compreensão da necessidade de colaborar objetivando a perfeição quando declarou que o alvo de seu ministério era "apresent[ar] todo homem perfeito em Cristo" (Cl 1.28). Logo, todos os cristãos são lembrados de que o alvo é ajudar uns aos outros a alcançar a completitude como Paulo se esforçou para alcançar em seu ministério. V. *santo*. — *Thomas Strong*

PERFUME, PERFUMISTA Traduções modernas de uma palavra traduzida por "perfumista" pela *NVI* (Êx 30.25,35; 37.29; 2Cr 16.14; Ne 3.8; Ec 10.1). Os perfumes mencionados na Bíblia incluem aloé, bálsamo, bdélio, cálamo (ou cana doce), acácia, canela, incenso, gálbano, goma, hena, mirra, nardo, ônica, açafrão e estoraque. V. *cosméticos*; *ocupações e profissões*; *óleo*; *ungir, unção*.

PERGAMINHO V. *papel, papiro*.

PÉRGAMO (Ap 1.11). Nome de lugar que significa "cidadela". Cidade antiga e rica no distrito de Mísia na Ásia Menor. V. *Ásia Menor, cidades de*.

PERGE Antiga cidade na província da Panfília, distante a cerca de 13 quilômetros do mar Mediterrâneo. As ocupações em Perge datam da pré-história. Alexandre, o Grande, passou pela cidade durante suas campanhas e usou guias daquele lugar. O templo de Ártemis era um dos edifícios destacados. Paulo, Barnabé e João Marcos foram de Pafos a Perge (At 13.13). Em Perge o jovem João Marcos abandonou o grupo e voltou para casa.

PERIDA Nome pessoal que significa "único" ou "separado". Líder de uma família de servos de Salomão, alguns dos quais retornaram do exílio (Ne 7.57; cp. Peruda em Ed 2.55).

Parte do teatro romano localizado na antiga Pérgamo.

Relevos entalhados encontrados nas ruínas do estádio da antiga Perge.

A porta helenística sul da antiga cidade de Perge na Panfília (atual Turquia).

PERITO NA LEI Intérprete autoritativo na Lei de Moisés. A caracterização dos peritos na lei é especialmente dura no evangelho de Lc: eles rejeitaram o propósito de Deus ao recusar o batismo de João (7.30); colocavam pesos sobre outras pessoas sem oferecer qualquer ajuda (11.45,46); não apenas recusaram a oferta de salvação da parte de Deus, mas impediram outros de aceitá-la (11.52,53); recusaram-se a responder à pergunta de Jesus concernente à legalidade da cura no sábado (14.3). A *NVI* traz a palavra "jurista" em Tt 3.13.

PERJÚRIO Falso testemunho apresentado deliberadamente em um julgamento. O perjúrio envolve o falso testemunho em relação a fatos já acontecidos ou o esquecimento do que fora prometido. A Lei mosaica proibia jurar em falso (Lv 19.12; Êx 20.7) e dar falso testemunho (Êx 20.16). O falso testemunho era punido com a sentença aplicável à pessoa falsamente acusada (Dt 19.16-21). Votos e juramentos deveriam ser cumpridos (Nm 30.2). V. *juramento*.

PERNA A parte superior da perna ou coxa era considerada uma das melhores partes do sacrifício e era reservada para os sacerdotes (Lv 7.32-34). Algumas versões traduzem por "perna" a palavra que aparece em Is 47.2, que a *NVI* e *BJ* traduzem por "véu" e *TEB*, por "vestido".

PÉROLA V. *joias, joalheria*; *minerais e metais*.

PERSEGUIÇÃO Perturbação ou sofrimento infligido por pessoas ou instituições a outros indivíduos por serem diferentes em sua crença, visão de mundo, cultura ou raça. A perseguição busca intimidar, silenciar, punir ou até matar pessoas.

Antigo Testamento Israel era o agente de perseguição das nações (Jz 2.11-23; Lv 26.7,8). A Bíblia dá atenção especial ao destino de Israel no Egito (Êx 1—3) e no exílio (Sl 137). Em nível individual, Saul perseguiu Davi (1Sm 19.9-12), e Sadraque, Mesaque e Abede-Nego foram perseguidos por se recusarem a adorar a imagem do rei (Dn 3). Jezabel perseguiu os profetas do Senhor, e o profeta Elias perseguiu e matou os profetas de Baal (1Rs 18). Jó se sentiu perseguido pelo próprio Deus (7.11-21). Os profetas — Amós (7.10-12), Jeremias (Jr 1.19; 15.15; 37—38) e Urias (Jr 26.20-23) — sofreram perseguição porque viveram a vontade de Deus em circunstâncias adversas. Os salmos falam do justo sofredor que se sentiu perseguido como resultado da fé em Deus e que orava a ele por libertação (7; 35; 79; 119.84-87).

Período intertestamentário Essa era testemunhou uma tentativa de fazer o povo judeu renunciar à fé em Deus. No conflito, a perseguição ocorreu em ambos os lados (1 e 2Mc). V. *história e literatura intertestamentárias*.

Novo Testamento Jesus foi perseguido e morto pelas instituições religiosas e políticas de seu tempo (Mc 3.6; Lc 4.29; Jo 5.16; At 3.13-15; 7.52; v. tb. as narrativas da paixão). Ele viveu a paixão libertadora de Deus (Lc 4.16-29) e entrou em conflito com as instituições religiosas ao curar no sábado (Mc 3.1-6) e criticar as atividades do templo (Mc 11.15-18) e a lei (Mt 5.21-48).

Jesus anunciou a salvação dada por Deus aos perseguidos por causa da justiça (Mt 5.10-12). No mundo mau, os discípulos devem esperar a perseguição (Mt 10.16-23), como aconteceu com os profetas do AT (Mt 5.12; Hb 11.32-38). Paulo (1Co 4.11-13; 2Co 4.8-12; 6.4-10; 11.24-27; Gl 5.11; 1Ts 2.2; 3.4; At 17.5-10; 18.12-17; 21.30-36; 23.12-35), como Estêvão (At 6.8-7.60), Tiago (At 12.2) e Pedro (At 12.3-5), junto com muitos mártires anônimos, experimentaram a verdade do dito joanino: "Se me perseguiram, também perseguirão vocês" (Jo 15.20; At 4.3; 5.17-42; 8.1; 12.1; Ap 2.3,9,10,13,19; 3.8-10; 6.9; 16.6; 17.6; 18.24; 20.4).

Epístolas e livros inteiros, como 1Pe, Hb e Ap foram escritos para encorajar os cristãos em situação de perseguição (1Pe 3.13-18; 4.12-19; 5.6-14; Hb 10.32-39; 12.3; Ap 2—3). Surgiu algo semelhante a uma teologia da perseguição, que enfatiza a paciência, perseverança e firmeza (Rm 12.12; 1Ts 2.14-16; Tg 5.7-11); oração (Mt 5.44; Rm 12.14; 1Co 4.12); ação de graças (2Ts 1.4); provação (Mc 4.17) e fortalecimento da fé (1Ts 3.2,3); experimentar da graça de Deus (Rm 8.35; 2Co 4.9; 12.10) e ser abençoado por intermédio do sofrimento (Mt 5.10-12; 1Pe 3.14; 4.12-14). Para Paulo, os cristãos perseguidos seriam o testemunho vivo e visível do Cristo crucificado e ressurreto (2Co 4.7-12).

Parece haver um elemento no fanatismo religioso (Paulo antes da conversão: 1Co 15.9;

PERSEVERANÇA

Gl 1.13,23; Fp 3.6; At 8.3; 9.1,2; 22.4) que gera a intolerância e pode levar à perseguição. Os cristãos devem se arrepender desse elemento em sua história e se comprometer radicalmente com a abolição de toda perseguição. V. *apócrifos, livros — Novo Testamento; discípulo; mártir; profecia, profetas; sofrimento.* — Thorwald Lorenzen

PERSEVERANÇA 1. Palavra que significa suportar com paciência. A pessoa perseverante é confiável, fiel e verdadeira até o fim. Paulo disse que Jesus era uma pessoa assim (Rm 15.3-5). Essa palavra é encontrada em 2Ts 1.4. Tiago afirmou que os testes que provam nossa fé produzem perseverança (1.3).

2. Sustentação da fé cristã em tempos de provação da fé. Como substantivo, a palavra "perseverança" ocorre no NT apenas em Ef 6.18 (*proskartenesis*) e Hb 12.1 (*hypomone*). A ideia é inerente a todo o NT na grande inter-relação dos temas da segurança e advertência.

O pano de fundo do conceito de perseverança floresceu do contexto de perseguição e tentação. Espera-se que o cristão resista fielmente e permaneça firme diante de perseguição, ataque e desencorajamento. Os escritores do NT eram diretos em aconselhar os cristãos à constância na oração (Ef 6.18; Fp 4.6) e empregaram uma linguagem com o imaginário do atletismo para dizer aos cristãos para serem firmes enquanto eram treinados nos caminhos de Deus (1Co 9.24-27; Rm 12.11,12; Hb 12.1-12). O fracasso de Israel em permanecer fiel no tempo do êxodo foi também uma lembrança contundente para os cristãos, e os escritores inspirados do NT tomaram-no como base importante de advertência (1Co 10.1-14; Hb 3.7-19). Eles estavam comprometidos em deixar absolutamente claro que as exigências da vida cristã eram reconhecidas como um elemento essencial da crença cristã. Tanto a vida autêntica como a crença autêntica são partes essenciais do significado de ser cristão.

Apesar da severidade das advertências, especialmente em Hb (2.3; 6.1-8; 10.26-31), os escritores do NT estavam firmemente convencidos de que os comprometidos de verdade com Cristo perseverarão até o fim, pois ganharam uma nova perspectiva e se tornaram pessoas que não considerariam as advertências sem importância (cf. Hb 6.9 -12; 10.39). Eles criam que os cristãos chegariam ao fim da corrida porque focalizariam a atenção em Jesus, o corredor principal e modelo da fé (Hb 2.10; 12.1,2).

Na igreja primitiva os cristãos lidaram com o problema dos que renunciaram à fé durante a perseguição e depois dela. Eles encontraram uma chave importante para lidar com esse problema no modelo da restauração de Pedro (Jo 21). A restauração foi possível para Pedro, mas ainda assim significou sua morte. Logo, a restauração seria possível para os cristãos, mas exigiria seriedade absoluta da parte dos desertores. Esperava-se que perseverassem, mesmo diante da morte. No entanto, à medida que o tempo passava, alguns cristãos começaram a considerar o batismo um ritual purificador de todos os tipos de pecado, incluindo a renúncia da fé. Alguns postergaram o batismo quase até o momento da morte para garantir que todos os pecados da vida fossem expurgados. Esses cristãos viam o batismo como ritual final para tratar de pecados não confessados posteriormente ao batismo. Outros consideravam essas opiniões quanto ao batismo e à extrema-unção estranhas às perspectivas do NT.

Não obstante, a perseverança dos santos é um dos grandes conceitos teológicos que precisa ser reafirmado em nosso tempo. É o lado humano da salvação e diz respeito à fidelidade dos cristãos concernente à vontade de Deus (Tg 1.25). A perseverança abrange uma consideração da fraqueza humana, sem negar a natureza misteriosa da paciência de Deus para com seu povo. Daí se permite o julgamento sobre o modo pelo qual se vive neste mundo, sem excluir a graça sobejante de Deus.

Os cristãos perseverantes levam a oração a sério como uma reflexão de vida. Eles reconhecem o caminho do amor e perdão porque entenderam a natureza da fraqueza humana e da ajuda divina. Sabem que experimentaram graça além da capacidade humana. Cristãos perseverantes reconhecem que as advertências da Bíblia devem ser obedecidas e que Cristo deu sua vida para transformá-los. A perseverança é, portanto, um chamado à fidelidade, mas é também a afirmação de que, a despeito de nossas falhas, Deus levará seu povo através das dificuldades e preocupações da vida até o destino prometido em Cristo. — *Gerald L. Borchert*

PÉRSIA

PÉRSIA Como nação, a Pérsia corresponde ao atual Irã. Como império, a Pérsia era uma vasta coleção de Estados e reinos que ia do litoral da Ásia Menor, no ocidente, até o vale do rio Indo, no oriente. No norte, alcançava o sul da Rússia, e no sul incluía o Egito e as regiões fronteiriças do golfo Pérsico e o de Omã. Na História, esse império derrotou os babilônios e por fim sucumbiu diante de Alexandre, o Grande.

O nome da nação vem da região no extremo sul da área, chamada Parsis ou Persis. Era uma terra difícil, com desertos, montanhas, planaltos e vales. O clima era árido, com extremos de calor e frio. A região produzia ouro, prata, trigo e cevada.

A área foi colonizada pelos elamitas, povo vindo do norte pouco depois de 3000 a.C. A cultura elamita se desenvolveu e alcançou o zênite em 1200 a.C. Ela dominou todo o vale do rio Tigre e durou até 1050 a.C. Depois de sua queda, outros grupos do norte entraram na região. Entre os grupos estavam tribos que formaram um pequeno reino na região de Anshan, por volta de 700 a.C. Esse reino foi governado por Aquêmenes, o Grande, bisavô de Ciro II, o Grande (por isso, o período que vai de Aquêmenes até Alexandre é chamado de período aquemênida). Esse pequeno reino foi a semente do Império Persa.

Quando Ciro II subiu ao trono de seu pai em 559 a.C., seu reino era parte do reino medo. Os medos controlavam os territórios a leste e nordeste dos babilônios. No ano 550 a.C., Ciro se rebelou contra Astíages, o rei medo. Sua rebelião levou à captura do rei e deu a Ciro o controle do reino que ia da Média ao rio Hális na Ásia Menor. Logo, Ciro desafiou o rei da Lídia. A vitória obtida deu a Ciro o controle da porção ocidental da Ásia Menor. Então, em 539 a.C., a Babilônia caiu diante de Ciro, dada a sua habilidade e a conflitos internos do Império Babilônico. V. *Babilônia*.

Ciro morreu em 530 a.C.; não obstante, o Império Persa continuou a crescer. Cambises II, filho de Ciro, conquistou o Egito em 525 a.C. O sucessor de Cambises foi Dario I, que expandiu o império rumo a leste até o rio Indo e tentou conquistar ou controlar os gregos. Dario perdeu a batalha para os gregos em Maratona em 490 a.C. Essa foi a maior expansão. Eles experimentaram dificuldades em manter unido um império tão grande.

O Império Persa é importante na história e no desenvolvimento da civilização. Teve grande influência na religião, nas leis, na política e na economia. O impacto para os judeus e a Bíblia veio por intermédio de contatos com os gregos e pela incorporação das ideias e da arquitetura da Pérsia por intermédio de Alexandre, o Grande.

Politicamente o Império Persa era o mais organizado que o mundo tinha visto. Na época de Dario I, 522-486 a.C., ele estava dividido em 20 satrapias (unidades políticas diferentes em tamanho e população). As satrapias eram subdivididas em províncias. Inicialmente, Judá era uma província da satrapia da Babilônia. Posteriormente, Judá se tornou parte da satrapia denominada "Além do rio". As satrapias eram governadas por persas que respondiam diretamente ao imperador. A boa administração exigia boa comunicação, o que por sua vez exigia boas estradas. No entanto, as estradas fizeram mais que agilizar a administração. Elas encorajaram contatos entre povos dentro do império. Ideias e mercadorias podiam viajar centenas de quilômetros com pouca restrição. O império se tornou próspero e deu aos habitantes o sentimento de que eles eram parte de um mundo maior. Desenvolveu-se uma espécie de "consciência universal". O uso de moedas cunhadas e o desenvolvimento da economia monetária auxiliaram a identificação com o mundo maior. As moedas do imperador eram lembretes portáteis do poder e dos privilégios de integrar o império. Os persas também se comprometiam em governar de acordo com a lei. Em vez da imposição da lei imperial de cima para baixo, o imperador e seus sátrapas concediam autoridade e seu apoio à lei local. Para os judeus, isso significava apoio oficial para manutenção da lei judaica em sua terra.

O Império Persa afetou em grande medida os judeus e a história bíblica. A Babilônia conquistara Jerusalém e destruíra o templo em 586 a.C. Quando Ciro conquistou a Babilônia, ele permitiu que os judeus voltassem a Judá e encorajou a reconstrução do templo (Ed 1.1-4). A obra foi iniciada, mas não terminada. Então, sob Dario I, Zorobabel e Josué, o sumo sacerdote, lideraram a comunidade restaurada com o apoio e o encorajamento dos persas (Ed 3—6 narra alguns dos acontecimentos enquanto as profecias de Ageu e Zacarias eram proferidas no tempo da restauração). A despeito da oposição local, Dario apoiou a reconstrução do templo, que foi rededicado no sexto ano (Ed 6.15). Mais, Esdras e Neemias foram representantes oficiais do governo persa. Esdras foi para ensinar e indicar juízes (Ed 7). Neemias pode ter sido o primeiro governante da província de Yehud (Judá). Ele sem dúvida tinha apoio oficial para a reconstrução dos muros de Jerusalém.

Os judeus, porém, também enfrentaram problemas com os persas. Ainda que Daniel tenha sido levado ao exílio pelos babilônios (Dn 1), seu ministério continuou depois da queda daquele povo (Dn 5) até o tempo dos persas (Dn 6). Suas visões mostram um tempo ainda mais adiante. O texto de Dn 6 apresenta um governo estável, mas nele os judeus ainda estariam em risco. Suas visões de um tempo de tranquilidade lembram os leitores de que os reinos humanos vêm e vão. Ester é a história do resgate que Deus dá a seu povo no governo do imperador persa Assuero (também conhecido como Xerxes I). A narrativa mostra um império onde a lei era usada e abusada, e os judeus aparentemente já eram odiados por algumas pessoas. Malaquias também provavelmente é do período persa. Seu livro apresenta a preocupação com o mundo e é positivo em relação aos gentios e ao governo.

Nesse tempo os judeus esperavam a restauração prometida por profetas como Isaías (40—66) e Ezequiel (40—48). Os profetas Ageu, Zacarias e Malaquias ajudaram os judeus a esperar, mas esses homens de Deus também lembraram seus ouvintes da importância da fidelidade e obediência a Deus no tempo presente. V. *Artaxerxes*; *Ciro*; *Daniel*; *Dario*; *Ester*; *Esdras, livro de*; *Mitra*; *Neemias, livro de*. — Albert F. Bears

PÉRSIDE Nome pessoal que significa "(mulher) persa". Líder da igreja de Roma, a quem Paulo saudou e elogiou pelo serviço diligente (Rm 16.12).

PERSISTÊNCIA V. *perseverança*.

PERSONALIDADE V. *antropologia*; *coração*; *humanidade*; *mente*.

PERSPECTIVAS MILENARISTAS DO APOCALIPSE V. *Apocalipse, livro de*.

PERVERSO Tradução de uma palavra grega e várias palavras hebraicas com o sentido literal de "invertido", "torto", "deformado", aplicado a pessoas envolvidas em erro moral. Muitas das referências bíblicas se encontram no livro de Pv, que menciona muitos "perversos": pessoas (Pv 3.32; 14.14), mentes (11.20; 12.8; 23.33); línguas (10.31; 17.20), palavras ou discursos (10.32; 19.1) e caminhos (28.6). Paulo recomendou aos cristãos que fossem "luzes" morais testemunhando para "uma geração corrompida e perversa" (Fp 2.15 *ARC*; *NVI*, "geração corrompida e depravada"; cp. Dt 32.5). Jesus acusou sua geração de ser incrédula e perversa (Mt 17.17; Lc 9.41; cp. Dt 32.20).

PESCOÇO Parte do corpo que liga a cabeça ao torso. Colocar o pé no pescoço do inimigo é sinal de vitória completa (Js 10.24). A canga presa ao pescoço simboliza servidão contínua (Gn 27.40; Dt 28.48; Is 10.27). Abraçar-se ao pescoço de alguém com choro ou beijos é demonstração especial de ternura (Gn 33.4; 45.147; cp. Lc 151.20). Ser obstinado ou ter "dura cerviz" (*ARA*) é uma figura de linguagem comum para descrever a desobediência teimosa (Êx 32.9; 33.3,5).

PESHITA Versão siríaca das Escrituras. O AT foi traduzido provavelmente entre 100 e 300 d.C. A tradução do NT é anterior ao ano 400. A *Peshita* não tem os livros rejeitados pelas igrejas falantes de siríaco (2Pe; 2 e 3 Jo; Jd; Ap). V. *textos bíblicos e versões da Bíblia*.

PESOS Usados para aferir o peso no início da civilização. Os pesos eram bem conhecidos dos hebreus e comumente usados no AT (Lv 19.36; Jó 6.2; Os 12.7). Eles consistiam em dois pratos suspensos por cordões presos a uma travessa de equilíbrio. A travessa era suspensa por um cordão no centro. Às vezes a travessa era presa por um anel ou gancho. Às vezes os pesos eram segurados nas mãos. Os hebreus provavelmente usavam os pesos comuns do Egito, mostrados em relevos de túmulos e escritos em papiros egípcios.

Os pesos eram a base da vida econômica. O dinheiro vinha em unidades pesadas em ouro ou prata. Estas precisavam ser pesadas na balança para cada transação comercial ou compra (Jr 32.9,10). As balanças podiam ser facilmente manipuladas, especialmente mediante o uso de pesos que não equivaliam à medida correta ou ao uso de dois conjuntos de pesos, um para compra e outro para venda. Deus chamou seu povo à justiça econômica que começava por balanças e pesos adequados (Pv 11.1; 16.11; 20.23; Ez 45.9-12; Os 12.7; Am 8.5; Mq 6.10,11). Em um sentido figurado, a balança era usada para exigir julgamentos justos para os perseguidos (Jó 31.6; Sl 62.9).

A balança e os pesos ajudam a ensinar sobre Deus. Somente ele consegue pesar as montanhas em uma balança (Is 40.12,13). Balanças e pesos honestos demonstram que a pessoa pertence a ele (Pv 16.11), enquanto os tolos pesam grande quantidade de ouro para fazer ídolos para adoração (Is 46.6). — *Jimmy Albright*

PESOS E MEDIDAS Sistemas de medição. No antigo Oriente Médio os pesos e medidas variavam. Os profetas denunciaram comerciantes que usavam pesos fraudulentos (Mq 6.11).

Pesos Considerando primeiramente as evidências do AT, os pesos hebraicos nunca foram um sistema exato. Uma abundância de evidências arqueológicas comprova que nem mesmo pesos marcados com a mesma inscrição tinham o mesmo peso. Usavam-se pesos em uma balança para pesar prata e ouro, visto que não havia moedas até o período persa de 500 a.C. Esse meio de troca substituiu rapidamente o escambo no período bíblico.

O *shekel* é a unidade básica de peso no sistema hebraico, assim como no babilônico e cananeu, embora o peso exato variasse de região para região e às vezes também de acordo com o tipo de bens à venda. O sistema da Mesopotâmia era sexagesimal, baseado em grupos de seis e 60. Assim, o sistema babilônico, p. ex., usava um talento de 60 minas, uma mina de 60 *shekels*, e um *shekel* de 24 *gerahs*.

O sistema hebraico era decimal como o egípcio, mas os pesos não eram os mesmos. As variações nos pesos do *shekel* podem ser atribuídas a vários fatores além da desonestidade condenada na Lei (Dt 25.13-16) e pelos profetas (Am 8.5; Mq 6.11). Pode ter havido variação entre o peso oficial e o não oficial, inclusive a fixação de novos parâmetros por administrações reformadoras como a do bom rei Josias. Pode ter havido uma depreciação de padrões com o passar do tempo, ou o uso de padrões diferentes para pesar bens diferentes (um padrão de peso maior era usado em Ugarite para pesar linho púrpura), ou a influência de sistemas estrangeiros. Parece ter havido três tipos de *shekel* usuais em Israel: 1) um *shekel* do templo, de cerca de 10 gramas (0,351 onça), o qual se depreciou para cerca de 9,8 gramas (0,345 onça); 2) o *shekel* comum, de cerca de 11,7 gramas (0,408 onça) que se depreciou para aproximadamente 11,4 gramas (0,401 onça); e 3) o *shekel* pesado ("real"?), de cerca de 13 gramas (0,457 onça).

A fração menor do *shekel* era o *gerah*, que valia 1/20 de um *shekel* (Êx 30.13; Ez 45.12). Estima-se que o *gerah* pesava 0,571 grama. Havia frações maiores do *shekel*, sendo o mais familiar o *beqa>* ou meio *shekel* (Êx 38.26), também conhecido do Egito. Exemplos de pesos cunhados recuperados por arqueólogos pesam em média mais de 6 gramas, podendo ter sido a metade do *shekel* pesado, mencionado anteriormente. O *pim*, caso pese 2/3 de um *shekel*, como supõe a maioria dos estudiosos, também está relacionado ao *shekel* pesado e tem um peso de aproximadamente 8 gramas. Pode ter sido um peso filisteu, porque é mencionado como o preço que os filisteus cobravam dos agricultores israelitas para afiar suas ferramentas agrícolas no período em que os filisteus detinham um monopólio do ferro sobre Israel (1Sm 13.19-21).

Múltiplos do *shekel* eram a *mina* e o *talento*. De acordo com o relato do imposto do santuário (Êx 38.25,26), 3.000 *shekels* perfaziam um talento, provavelmente 60 minas de 50 *shekels* cada. Esse talento pode ter sido igual ao peso assírio, visto que tanto 2Rs 18.14 quanto as inscrições de Senaqueribe mencionam o tributo do rei Ezequias como de 30 talentos de prata e de ouro. Isso significava de 28,38 a 30,27 quilogramas. A *mina* provavelmente continha 50 *shekels* (tal como o sistema cananeu), embora Ez 45.12 mencione uma mina de 60 *shekels*, e a tradução grega antiga traga "50". A mina era calculada em 550 a 600 gramas. Uma tabela de pesos do AT, baseada em um *shekel* de 11,424 gramas, é a seguinte:

1 talento (3.000 *shekels*) = 34,272 quilogramas.
1 mina (50 *shekels*) = 571,2 gramas.
1 *shekel* = 11,424 gramas.

Tabela de Pesos e Medidas

PESOS

Unidade bíblica	Idioma	Medida bíblica	Equivalente métrico	Traduções diversas
Gerah	hebraico	1/20 shekel	0,6 grama	gerah; óbolo
Beqa'	hebraico	1/2 shekel, 10 gerahs	5,7 gramas	bekah, meio shekel, 50 centavos
Pim	hebraico	2/3 shekel	7,6 gramas	2/3 de um shekel
Shekel	hebraico	2 beqahs	11,5 gramas	shekel, peça
Litra (libra)	greco-romano	30 shekels	0,4 quilograma	libra; libras
Mina	hebraico/grego	50 shekels	0,6 quilograma	mina; libra
Talento	hebraico/grego	3.000 shekels ou 60 minas	34 quilogramas 40 quilogramas	talento/talentos libras

COMPRIMENTO

Unidade bíblica	Idioma	Medida bíblica	Equivalente métrico	Traduções diversas
Palma da mão	hebraico	1/6 côvado	8 centímetros	palmo
Palmo	hebraico	1/2 côvado, 3 palmas da mão	23 centímetros	palmo
Côvado/Pechys	hebraico/grego	2 palmos	0,5 metro [? 45 centímetros]	côvado, jarda, meia jarda, pé
Braça	greco-romano	4 côvados	2 metros	braça, 6 pés
Kalamos	greco-romano	6 côvados	3 metros	Vara, cana, côvado
Stadion	greco-romano	400 côvados ou 1/8 stadion	185 metros	estádio
Mílion	greco-romano	8 stadia	1,5 quilômetro	milha [?]

MEDIDAS DE PRODUTOS SECOS

Unidade bíblica	Idioma	Medida bíblica	Equivalente métrico	Traduções diversas
Xestes	greco-romano	1/2 *cab*	0,5 litro	pote, jarro, bacia de cobre, vasilhas de bronze
Cab	hebraico		1 litro	*Cab, kab*
Choinix	greco-romano	1/18 efa	1 litro	medida, quarta; quilo [*NVI*]
Ômer	hebraico	1/10 efa	2 litros	décimo de um efa; seis quartas
Seah/saton	hebraico/grego	1/3 efa	7,3 litros	medida; bica
Modios	greco-romano	4 ômeres	9 litros	alqueire, vasilha
Efa/Bato	hebraico	10 ômeres	22 litros	medida, seis quartas, sete quartas
Leteque	hebraico	5 efas	110 litros	meio saco
Kor (Hômer)/Koros	hebraico/grego	10 efas	220 litros/535 litros	saco, medida; tonel [*NVI*]

MEDIDAS DE PRODUTOS LÍQUIDOS

Unidade bíblica	Idioma	Medida bíblica	Equivalente métrico	Traduções diversas
Log	hebraico	1/72 bato	0,3 litro	*cotulus*
Xestes	greco-romano	1/8 *hin*	0,5 litro	bacia de cobre, botija; jarro [*NVI*]
Hin	hebraico	1/6 bato	4 litros	*hin*
Bato/batos	hebraico/grego	1 efa	22 litros	pote, cado, medida
Metretes	greco-romano	10 *hins*	39 litros	metreta, galões

PESOS E MEDIDAS

1 *pim* (2/3 *shekel*?) = 7,616 gramas.
1 *beqaʽ* (1/2 *shekel*) = 5,712 gramas.
1 *gerah* (1/20 *shekel*) = 0,571 grama.

Deveríamos lembrar, porém, que isso é enganoso, porque os pesos do AT nunca foram tão precisos como essa tabela. O ideal do Senhor eram pesos e medidas "justos" (Lv 19.36; Pv 16.11; Ez 45.10), mas manipulações fraudulentas eram demasiado comuns (Pv 11.1; 20.23; Os 12.7). Arqueólogos descobriram pesos que foram alterados raspando-se o fundo. Objetos curiosos pesados no AT foram a armadura de Golias (1Sm 17.5-7) e o corte de cabelo anual de Absalão (2Sm 14.26). No NT o talento e a mina eram somas volumosas de dinheiro (Mt 25.15-28; cf. Lc 19.13-25), e a "libra de um perfume de nardo puro" (Jo 12.3, *TEB*) provavelmente seja o padrão romano de 12 onças [340 gramas].

Medidas As medidas de capacidade, assim como os pesos, eram usadas desde os tempos mais remotos no comércio. Também eram tão somente aproximadas e variavam de época para época e de lugar para lugar. Às vezes se usavam nomes diferentes para designar a mesma unidade. Alguns termos foram usados para descrever tanto medidas de produtos líquidos como de secos, como no caso do litro atual. A unidade básica de medida seca era o efa, que significa cesto. O hômer, "carga de burro", era uma medida seca, do mesmo tamanho do *kor*, usado tanto para produto seco como líquido. Cada um continha 10 efas ou batos, uma medida líquida equivalente (Ez 45.10-14). O efa é estimado entre 20 e 40 litros.

O bato é calculado com base em dois fragmentos de recipientes, assim rotulados, encontrados em Tell Beit Mirsim e Láquis, que continham de 21 a 23 litros, o que corresponderia grosseiramente a um efa de 3/8 a 2/3 de alqueire. O *letek*, que pode se referir a meio hôme*r* (ou *kor*), seriam cinco efas. O *seah* era uma medida seca que podia conter um terço de efa. *Hin*, uma medida líquida egípcia que significa "jarro", era aproximadamente um sexto de um bato. O ômer, usado unicamente na história do maná (Êx 16.13-36), equivalia a uma ração diária e era calculado como um décimo do efa (também chamado *issaron*, "décima parte"). Um pouco menor que meio ômer é o *cabo* (somente em 2Rs 6.25) que media quatro vezes a menor unidade, o *logue* (somente em Lv 14.10-20), calculado de várias maneiras conforme a respectiva tradução

grega ou latina, ou seja, entre 1/4 e 1/2 litro. Embora as medidas de volume do AT variem tanto quanto a diferença entre o galão americano e o inglês, a tabela a seguir pelo menos representa os pressupostos da discussão anterior:

Medidas de produtos secos

Kab	1,16 quartilho
Ômer	*issaron* 1/10 efa
Seah	1/3 efa, 2/3 *peck*
Efa	1/2 alqueire
Letek	1/2 hômer, 2,68 alqueires
Hômer, Kor	5,16 alqueires

Medidas de produtos líquidos

Logue	0,67 *pint*
Hin	?
Bato	?
Cor, hômer	?

No NT as medidas de capacidade são gregas ou romanas. O *sextarius* ou "jarro" (Mc 7.4) era medida para aproximadamente um quartilho. A medida de Jo 2.6 (*metretas*) talvez seja de 38 litros. O alqueire (*modios*) de Mt 5.15 e paralelos é uma vasilha suficientemente grande para cobrir uma lâmpada, talvez em torno de um quarto de um alqueire [*bushel*] norte-americano. Como foi observado, a quantia de unguento com que Maria ungiu Jesus (Jo 12.3) era de uma libra romana de 12 onças (uma medida de peso e capacidade), e Nicodemos trouxe uma centena de litras de temperos misturados para ungir o corpo de Jesus (Jo 19.39).

Nas medidas de comprimento, por todo o antigo Oriente Médio o padrão era o côvado [ou cúbito], o comprimento do antebraço do cotovelo até a ponta do dedo médio. Israel conhecia dois comprimentos diferentes para o côvado, da mesma maneira que ocorria no Egito. O côvado comum, mencionado em relação à descrição da cama de Ogue, rei de Basã (Dt 3.11), media aproximadamente 45 centímetros. Isso pode ser deduzido do comprimento de 1.200 côvados mencionados na inscrição de Siloé para o túnel do rei Ezequias, o qual foi medido e resultou em tantos côvados de comprimento. Em Ez (40.5) menciona-se um côvado longo que consiste em um côvado comum mais uma palma da mão, resultando em um côvado "real" com cerca de 52 centímetros, à semelhança dos côvados curto e longo egípcios.

Mesmo calculando com o côvado comum, a altura de Golias era realmente gigantesca, de 6 côvados e um palmo (1Sm 17.4), aproximadamente 2,93 metros de altura. Se o templo de Salomão for calculado com o côvado comum, ele tinha cerca de 27 metros de comprimento, 9 metros de largura e 13,5 metros de altura (1Rs 6.2). O palmo mede meio côvado (Ez 43.13,17), ou a distância entre o polegar e o dedo mínimo esticados. Se for metade do côvado longo, o palmo teria aproximadamente 26 centímetros; se for a metade do côvado comum, teria cerca de 22 centímetros.

A palma da mão é um sexto de um côvado, consistindo na largura da mão na base dos quatro dedos. Essa medida representa um pouco menos de 8 centímetros. A menor medida de comprimento israelita era o dedo, um quarto de uma palma da mão (Jr 52.21), e media quase 2 centímetros. Maior que um côvado era o caniço, formado provavelmente por 6 côvados comuns. Arqueólogos constataram várias construções de monumentos cujo tamanho pode ser calculado em números redondos desses côvados ou *canas*. Em síntese, com base no côvado comum, as medidas lineares do AT eram:

Côvado comum

1 caniço	6 côvados	270 centímetros
1 côvado	6 palmas da mão	45 centímetros.
1 palmo	4 dedos	aprox. 8 centímetros
1 dedo		aprox. 2 centímetros

Côvado de Ezequiel

1 caniço	6 côvados	312 centímetros
1 côvado	7 palmas da mão	52 centímetros

Havia medidas indefinidas de grande comprimento, como uma jornada de um dia, três dias ou sete dias de viagem, cujo cálculo dependia do meio de transporte e do tipo de terreno. Distâncias indefinidas mais curtas eram o tiro de flecha (Gn 21.16) e o terreno arado por uma junta de bois em um dia (1Sm 14.14; um pouco mais de 200 metros quadrados).

No NT as medidas de comprimento eram unidades gregas ou romanas. É provável que o côvado fosse igual ao côvado comum, visto que os romanos o calculavam como uma e meia vezes o pé romano. A braça (At 27.28) representava cerca de 1,85 metro de profundidade da água. O *estádio* era uma medida romana de 400 côvados ou um oitavo de milha romana. A milha romana (Mt 5.41) media 1.480 metros. Josefo a calculava como de 6 *stadia* ou 1.130 metros.

Medidas de área eram indefinidas no AT. Um "acre" era rudimentarmente o que uma junta de bois conseguia arar em um dia. Terra podia ser medida pela quantia de grãos necessários para semeá-la. Na época do NT uma medida romana de terra era o *jugerum* latino, relacionado ao que uma junta de bois conseguia arar, calculado como 290 metros quadrados. Outro era o sulco, de 120 pés romanos de comprimento [36 metros].

Em suma, pesos e medidas nos tempos bíblicos raramente são suficientemente precisos para nos permitir um cálculo do equivalente métrico exato, mas Deus promulgou um ideal de balanças, pesos e medidas "justos". Parâmetros diferentes nos países adjacentes do Oriente Médio afetaram os parâmetros bíblicos. Às vezes havia dois parâmetros em vigor ao mesmo tempo, como curto e longo, leve e pesado, comum e real. Existe evidência suficiente para estimar valores de metrológicos aproximados para pesos e medidas bíblicos. — *M. Pierce Matheney*

PESSOA DE CRISTO V. *Cristo, cristologia*; *Jesus Cristo*.

PESTANAS DA ALVA (ARA, ARC) Expressão que significa "brilho da alvorada" ("raios da alvorada", *NVI*) usada para descrever os olhos do Leviatã (Jó 41.18). V. *Leviatã*.

PESTILÊNCIA Epidemia devastadora que os escritores do AT entendiam ter sido enviada por Deus (Êx 9.15, ARA, ARC; NVI "pragas"; Jr 15.2; Hc 3.5; Am 4.10), algumas vezes por meio de um anjo destruidor (2Sm 24.16; 1Cr 21.15). Deus enviou a pestilência como punição da incredulidade persistente (Nm 14.12), pelo fracasso em cumprir as exigências da aliança (Dt 28.21) e também para encorajar o arrependimento (Am 4.10). Deus retirou a pestilência do Egito para permitir que os sobreviventes testemunhassem seus atos de libertação

(Êx 9.16). A oração sincera evitou a pestilência (1Rs 8.37); jejuns e sacrifícios sem arrependimento não o fizeram (Jr 14.12). A pestilência é muitas vezes associada à guerra e condições de cerco de uma cidade (Êx 5.3; Lv 26.25; Am 4.10; Lc 21.11).

PETAÍAS Nome pessoal que significa "Javé abre". **1.** Ancestral de uma família sacerdotal pós-exílica (1Cr 24.16). **2.** Conselheiro do rei persa, na corte ou como representante em Jerusalém (Ne 11.24). **3.** Levita que participou da cerimônia de renovação da aliança no tempo de Esdras (Ne 9.5). **4.** Levita casado com esposa estrangeira (Ed 10.23), talvez o mesmo do ponto 3.

PETIÇÃO V. *oração*.

PETOR Nome de lugar que significa "adivinho". Cidade da Mesopotâmia superior, identificada com Tell Ahmar, a 19 quilômetros ao sul de Carquemis, perto da confluência dos rios Sajur e Eufrates. Terra de Balaão (Nm 22.5; Dt 23.4).

PETRA Capital dos árabes nabateus, localizada a cerca de 100 quilômetros no norte do golfo de Ácaba. Petra é algumas vezes identificada com Selá (Jz 1.36; 2Rs 14.7; Is 16.1; 42.11), porque esses dois nomes significam "pedra". A falta de evidências arqueológicas sobre a ocupação edomita na região sugere que é melhor identificar Selá com Um el Bayyarah, no planalto montanhoso que tem a visão panorâmica de Petra. O rei nabateu Aretas IV (2Co 11.32,33) reinou em Petra.

PETUEL Nome pessoal que significa "visão de Deus" ou "juventude de Deus". Pai do profeta Joel (Jl 1.1).

PEULETAI Nome pessoal que significa "recompensa". Um porteiro levita (1Cr 26.5).

PI-BESETE Nome de lugar derivado de "casa de Bastet" na língua egípcia, uma deusa representada em forma de gato (Ez 30.17, *ARA*, *ARC*; *NVI* Bubastis). Bastet (*Boubastos* em grego) estava localizada na margem direita do lado tanita do rio Nilo, a cerca de 70 quilômetros do Cairo. Bastet foi a capital do décimo oitavo nomo (distrito administrativo), e nas 22ª e 23ª Dinastias (940-745 a.C.) foi a capital do Império Egípcio fragmentado. O lugar é identificado com a atual Tell Basta.

PICARETA Ferramenta usada para cavar. V. *ferramentas*.

PICHE Mistura preta e viscosa de hidrocarbono, usada por embarcações para navegação, por ser à prova d'água (Gn 6.14; cp. Êx 2.3). O piche mineral ocorre naturalmente e é altamente inflamável (Is 34.9).

PIEDADE 1. Respeito por Deus que afeta o modo em que uma pessoa vive. A palavra "piedade" aparece com mais frequência nos textos de Paulo, mais especificamente nas Epístolas Pastorais. Paulo encorajou Timóteo a "buscar a piedade" de maneira ativa (1Tm 6.11). Ao fazê-lo, ele o desafiou a desenvolver um respeito verdadeiro por Deus e, por conseguinte, a viver com base nesse respeito. Ele enfatizou o valor da piedade ao contrastá-la com o exercício físico (1Tm 4.8). Ainda que o exercício físico tenha benefício para esta vida, Paulo observou que a piedade beneficia o cristão nesta vida e na vida por vir. Essa característica foi também reconhecida como "grande fonte de lucro" na vida de um cristão (1Tm 6.6). Pedro de igual maneira encorajou seus leitores a que tivessem "piedade" como parte do seu estilo de vida (2Pe 1.6,7).

Além disso, Paulo usou a expressão para se referir aos atos de Deus por meio de Jesus, que providenciaram a base para a piedade cristã. Conforme 1Tm 3.16, "grande é o mistério da piedade". Paulo também se referiu a alguns que tinham "aparência de piedade", mas negavam seu poder. Esses eram quem pareciam ser piedosos, mas sua compreensão e culto a Deus tinham pouco, se é que algum, efeito em sua vida (1Tm 6.5). — *Thomas Strong*

2. Tradução de várias palavras gregas e hebraicas. 1) A *NVI* usa "vida piedosa" em Jó 4.6 e "piedade" em Jó 22.4. 2) A *NVI* usa a palavra "piedade" para traduzir duas palavras gregas que signifiquem temor de ou reverência a Deus (At 3.12; Hb 5.7, *ARA*; *NVI*, "reverente submissão"). 3) Piedade representa o dever religioso de cuidar das necessidades físicas de familiares mais velhos (1Tm 5.4,

Vista da entrada do edifício do tesouro construído na entrada estreita da cidade nabateia de Petra.

ARA, ARC; *NVI*, "colocar a (sua) religião em prática").

PIEDOSO Alguém cuidadoso no cumprimento de responsabilidades religiosas; devoto; usado somente em Lc e At. Simeão é descrito como um homem justo e piedoso que saudou a vinda do Messias e sobre quem estava o Espírito Santo (Lc 2.25). Cornélio é descrito como alguém piedoso que reverenciava a Deus, dava esmolas e orava continuamente (At 10.2). Ananias é descrito como uma pessoa piedosa de acordo com o padrão da lei judaica. Ele era "muito respeitado por todos os judeus" (At 22.2).

PI-HAIROTE Nome de lugar em hebraico, derivado da expressão egípcia "Casa de Hátor", interpretado em hebraico como "boca de canais". Pi-Hairote está na parte leste do delta do Nilo, a leste de Baal-Zefom. A localização atual é desconhecida. Os israelitas acamparam em Pi-Hairote nos primeiros dias do êxodo (Êx 14.2,9; Nm 33.7; v. tb. Nm 33.8).

PILÃO Pequena ferramenta usada para moer grãos em um almofariz (Pv 27.22).

PILAR Monumento de pedra (*matsevah* em hebraico) ou estrutura arquitetônica (*amud* em hebraico). **1**. Pedras estabelecidas como memorial para algumas pessoas. Jacó erigiu um pilar na tumba de Raquel, como memorial para ela (Gn 35.20, *NTLH*; *NVI, ARA, ARC*, "coluna"; *BJ*, "estela"). Pelo fato de Absalão não ter tido um filho que levasse seu nome, ele erigiu um pilar e gravou seu nome nele (2Sm 18.18, *ARC*, "pilar de Absalão" — mas as versões da Bíblia em português em geral traduzem por "coluna" [*NVI, ARA, CNBB*], "monumento" [*NTLH*] ou "estela" [*BJ, TEB*]). **2**. Santuários edificados ao Senhor ou a falsos deuses. Imagens esculpidas muitas vezes eram pilares erigidos para os deuses. Deus ordenou a Israel quebrar tais "imagens" (*matsevot* em hebraico, Êx 23.24 — *NVI*, "colunas sagradas"; *ARA, BJ*, "colunas"; *ARC*, "estátuas"). Os cananeus erigiam pilares em seus locais de culto e provavelmente influenciaram a prática israelita. Arqueólogos encontraram pilares em Gezer. Jacó erigiu um pilar após seu sonho (Gn 28.18, *NTLH*; *NVI, ARA* e *ARC*, "coluna") e novamente quando Deus lhe falou em Betel (35.9 -15) como memoriais da revelação divina. Moisés erigiu 12 pilares para comemorar a outorga da Lei às tribos de Israel (Êx 24.4; *NVI, ARA, NTLH*, "colunas"; *ARC*, "monumentos"; *BJ*, "estelas"). **3**. Pilares eram muito usados como suportes estruturais. O tabernáculo tinha pilares — ou colunas — para o véu (Êx 26.31,32), para as cortinas (27.9 -15) e para a entrada do pátio (27.16). O templo de Jerusalém usava pilares ou colunas como suporte (1Rs 7.2,3), e o pórtico de igual maneira tinha colunas (7.6). Em linguagem figurada, acreditava-se que havia pilares ou colunas que sustentavam os céus (Jó 26.11) e a terra (1Sm 2.8). **4**. Deus conduziu Israel através do deserto mediante uma coluna de nuvem de dia e uma coluna de fogo à noite (Êx 13.21; cp. 14.19,20). Os pilares eram símbolos da presença divina com Israel como sinais indicadores da direção que deveriam tomar. **5**. O templo de Salomão tinha duas colunas de bronze (1Rs 7.15). V. *Jaquim e Boaz*. — Mike Mitchell

PILATOS V. *Pôncio Pilatos*.

PILDAS Nome pessoal e nome de um clã que talvez signifique "poderoso". Sexto filho de Naor (Gn 22.22), provavelmente o ancestral de uma tribo do norte da Arábia.

PÍLEA Nome pessoal que significa "pedra de moinho". Líder leigo que testemunhou a cerimônia de renovação da aliança liderada por Esdras (Ne 10.24).

PILHÉRIA Ato deliberado para zombar ou fazer graça. Por pensar que Ló estava brincando a respeito da destruição iminente de Sodoma, seus genros permaneceram na cidade (Gn 19.14). Os caçadores de Sl 35.16 são pessoas que fazem pilhérias. O texto de Is 57.4 descreve a idolatria como tentativa de tornar Deus objeto de pilhéria. O texto de Ef 5.4 caracteriza a pilhéria ou linguagem de zombaria como parte de um estilo de vida pagão.

PILOTO Timoneiro. Os pilotos antigos pilotavam posicionando o leme, que era um remo grande, colocado em uma posição inclinada próxima à popa da embarcação (Tg 3.4). As palavras que aparecem em Ez 27.8,27-29 são traduzidas por "marinheiros", "marujos" e "homens do mar". V. *navios, marinheiros e navegação*.

PILTAI Forma abreviada do nome pessoal que significa "Yah (= Javé) é minha libertação". Líder de uma família de sacerdotes pós-exílicos (Ne 12.17).

PIM V. *pesos e medidas*.

O tradicional "pináculo do templo".

PINÁCULO O ponto mais alto de uma estrutura. O texto de Is 54.12 tem uma palavra hebraica sugestiva da estrutura que capta os raios do sol. Esse termo hebraico tem sido traduzido de diferentes maneiras: "portas" (*NVI*, *ARC*, *BJ*), "muralhas" (*ARA*), "torres" (*NTLH*). O pináculo (lit., "asa pequena") do templo (Mt 4.5; Lc 4.9) não é mencionado no AT, na literatura intertestamental ou em fontes rabínicas. Identificações possíveis incluem a esquina sudeste da colunata real que estava em frente ao vale de Cedrom e uma janela ou balcão acima de uma das portas do templo. O relato feito por Hegésipo a respeito do martírio de Tiago, o irmão do Senhor, é que Tiago foi lançado do pináculo do templo e depois apedrejado e espancado. Esse relato (provavelmente uma mistura de narrativas) sugere uma estrutura alta em frente ao pátio do templo. V. *templo*.

PINGENTE V. *joias, joalheria*.

PINHEIRO V. *plantas*.

PINOM Chefe de um clã edomita (Gn 36.41; 1Cr 1.52), cujos descendentes talvez tenham colonizado Punom (Nm 33.42).

PINTURA Mistura de pigmentos e líquidos usada para aplicar uma cobertura colorida em uma superfície. Muitas referências bíblicas dizem respeito à pintura nos olhos. A única exceção é Jr 22.14, que se refere aos planos de Jeoaquim para pintar seu palácio de vermelho. A proibição de fazer imagens (Êx 20.4) talvez tenha impedido o desenvolvimento da pintura em Israel. Arqueólogos descobriram numerosas tumbas e palácios pintados no Egito e na Mesopotâmia. V. *cosméticos*.

Exemplo de afresco de parede, a principal forma de arte do período romano, que utilizava diferentes tipos de pintura.

PINTURA DOS OLHOS V. *cosméticos*.

PIOLHO V. *insetos*.

PIONEIRO V. *príncipe da Vida*.

PIRA Pilha de material combustível, usado na cremação de um corpo como parte de rituais funerários (Is 30.33). O fato de Deus ter preparado uma pira funeral para o rei da Assíria realça a certeza do juízo divino.

PIRAM Nome pessoal que talvez signifique "jumento selvagem". Rei de Jarmute, a sudoeste de Jerusalém, e integrante da coligação de cinco reis amorreus que guerreou sem sucesso contra Josué (Js 10.3,23).

PIRÂMIDE Estrutura quadrilátera que por séculos tem cativado a atenção de visitantes do Egito. O nome aparentemente se originou de antigos turistas gregos que jocosamente chamavam os monumentos de "bolos de trigo". Isso pode descrever a primeira "pirâmide de degraus", construída por Djoser (Zoser) em Saqqara, mas isso foi uma injustiça às erigidas em Gizé, uma das Sete Maravilhas do Mundo. A 4ª Dinastia (entre 2520 e 2480 a.C.) refletiu o zênite das construções piramidais.

A mais conhecida destas montanhas artificiais se ergue majestosamente na planície do Nilo, próxima ao Cairo (em Gizé). A "Grande Pirâmide" tem 146 metros de altura com uma base de 230 metros. Foi construída por Quéops (Khufu) por volta de 2580 a.C. Seu filho, Quéfren (Khafre), e seu neto, Miquerinos (Menkaure), seguiram seus passos, literalmente construindo à sombra da Grande Pirâmide. Foram construídas outras pirâmides, ainda que não tão grandes, em vários outros lugares ao longo do Nilo, incluindo a famosa "Pirâmide Curvada" em Dashur.

O propósito dessas edificações era servir como local de sepultamento para os governantes e assim imortalizá-los. As pirâmides funcionavam de fato como pontos centrais de complexos de edificações que incluíam um templo funerário, uma passarela para um vale de edifícios próximo do Nilo, e barcos sepultados para levar os mortos à habitação eterna. Todavia, as pirâmides não foram construídas com a intenção de serem observatórios astronômicos ou geradores de poderes místicos. V. *arqueologia e estudo bíblico*; *Egito*. — Gary C. Huckabay

A menor das três pirâmides de Gizé, construída por Miquerinos (Menkaure).

A pirâmide de degraus do rei Djoser (Zoser) da 3ª Dinastia, localizada em Saqqara.

A famosa Esfinge de Gizé, construída por Quéfren (Khafre), tem 73 metros de uma extremidade à outra.

PIRATOM, PIRATONITA Nome de lugar que significa "principesco", ou "alto, cúpula", e nome dos habitantes desse mesmo lugar. A cidade na região montanhosa de Efraim era o lar do juiz Abdom (Jz 12.13,15) e de Benaia, um dos guerreiros de elite de Davi (2Sm 23.30; 1Cr 11.31). O lugar é identificado com Far'ata, a cerca de 8 quilômetros a sudoeste de Siquém.

PIRRO Nome pessoal que significa "rubro". Pai de Sópatro, companheiro de Paulo (At 20.45).

PISGA Nome de lugar que talvez signifique "dividido". Montanha na cordilheira de Abarim, ao longo do rio Jordão desde Jericó. Alguns estudiosos acreditam que era parte do monte Nebo; outros pensam que poderia ter sido uma elevação separada, ou em En-Neba ou próximo à atual Khirbet Tsijaga. Deus permitiu que Moisés avistasse a terra prometida dos altos de Pisga (Dt 34.1), mas não permitiu que ele entrasse em Canaã. Israel acampou próximo de Pisga (Nm 21.20). Balaque levou Balaão aos altos de Pisga para que o profeta pudesse ver Israel e amaldiçoá-lo (Nm 23.14). Era o limite do reino de Seom e também da tribo de Rúben (13.20).

PISÍDIA Pequena área na província da Galácia na parte sul da Ásia Menor, cercada pela Panfília, Frígia e Licaônia. O território é cercado pelos montes Taurus, e por isso foi capaz de resistir a invasões de povos antigos. Somente no ano 25 a.C. os romanos obtiveram controle da região por intermédio da diplomacia econômica. Antioquia foi feita a capital, ainda que alguns historiadores argumentem que essa cidade não estava de fato na Pisídia. Paulo e Barnabé foram até Antioquia (At 13.14) depois de João Marcos tê-los abandonado em Perge (v. 13). O NT não relata nenhuma atividade missionária na Pisídia propriamente, talvez por viverem ali poucos judeus com os quais seria possível iniciar uma congregação. V. *Ásia Menor, cidades de*.

O topo coberto de neve das montanhas da antiga província romana da Pisídia, na Ásia Menor (atual Turquia).

PISOM Nome que significa "correnteza livre" e designa um dos rios do Éden (Gn 2.11). A identidade desse rio é desconhecida. Alguns sugerem que o "rio" era um canal que ligava o Tigre ao Eufrates a algum outro corpo de água, tal como o golfo Pérsico.

PISPA Nome pessoal de significado desconhecido. Membro da tribo de Aser (1Cr 7.38).

PISTACHE V. *plantas*.

PITOM Nome pessoal de significado desconhecido. Descendente de Saul (1Cr 8.35; 9.41).

PITOM E RAMESSÉS Cidades egípcias no norte do Egito (delta do Nilo) ou próximas ao uádi Tumilat. Foram construídas pelos israelitas no tempo em que estes estavam no Egito (Êx 1.11) como centros de fornecimento para propósitos reais, militares e religiosos e estavam localizadas próximas a palácios, fortalezas e templos. Pitom (Templo de Áton) foi identificado com Tell er-Retaba, Tell el-Maskhutah ou Heliópolis, e Ramessés foi identificada com Qantir. Entretanto, nenhum dos locais sugeridos como identificação de Pitom forneceu alguma evidência do séc. XV a.C., e também não há evidência para identificação com Heliópolis.

Ramessés (Qantir) foi mencionada pela primeira vez em Gn 47.11 (como sinônimo de Gósen como a região onde José estabeleceu seus irmãos e seu pai Jacó. O lugar foi posteriormente o ponto de partida dos israelitas do Egito (Êx 12.37; Nm 33.3,5). Ramessés era a capital dos hicsos, chamada Avaris (1638-1530 a.C.), antes de serem expulsos pelo faraó tebano Amósis I (1540-1515 a.C.), o primeiro faraó da 18ª Dinastia, que lá estabeleceu uma fortaleza e uma colônia. Os sucessores de Amósis I até Tutmósis III edificaram e usaram uma grande colônia real ao sul daquela cidade, que permaneceu até o reinado de Amenófis II. Entretanto, o faraó Ramsés II (o faraó de uma data presumida tardia do êxodo) também construiu próximo de Ramessés. V. *Egito*; *êxodo*. — Eric Mitchell

PÍTON 1. Grande serpente constritora. **2.** Espírito de adivinhação (*python* em grego, At 16.16). A palavra "Píton" não é usada na Bíblia, mas há ocorrência da palavra grega. Os gregos acreditavam que Píton era primeiramente o dragão que guardava o Oráculo de Delfos, que mais tarde foi morto por Apolo. O espírito do dragão influenciava as sacerdotisas do santuário que davam revelações. Os que tinham o espírito do adivinho (ventríloquos) exibiam o que pode ser chamado de possessão demoníaca, como se observa em Mc 1.23-26. Paulo deparou com uma situação dessas em At 16.16-26, quando expulsou o espírito de uma escrava. V. *adivinhação e mágica*.

PLANEJAMENTO FINANCEIRO A Bíblia fornece exemplos de planejamento financeiro eficiente e de planejamento deficiente diante de adversidades econômicas. Exemplos de bom planejamento financeiro incluem o preparo de José para a estiagem e fome no Egito (Gn 41.34-36), os servos que investiram de forma sábia o dinheiro do seu senhor (Lc 19.13-19) e os cristãos em Corinto que separaram dinheiro para ajudar os outros (1Co 16.1,2; cp. 2Co 9.1-5). O texto de Pv 27.23-27 aconselha um pastor a conhecer bem as condições do seu rebanho para que este lhe sirva de provisão no futuro. A diversificação de investimentos é aconselhada em Ec 11.2.

O planejamento financeiro deficiente pode ser visto no homem que construiu depósitos maiores sem pensar na morte iminente (Lc 12.16-21), no homem que começou a construir uma torre sem o dinheiro para concluí-la (Lc 14.28-30) e no servo que se negou a investir o dinheiro do seu patrão (Lc 19.20,21).

A Bíblia reconhece que ter planos sólidos ajuda a garantir um empreendimento bem-sucedido (Pv 6.6-8; 21.5; 27.23-27; 30.25; Is 32.8; 2Co 9.5). Um elemento-chave no planejamento é aceitar o conselho sábio de outros (Pv 13.18; 20.18), especialmente de Deus, que leva planos ao êxito ou ao fracasso (Sl 32.8; Pv 3.6; 16.1-4; Is 29.15). — Paul H. Wright

PLANÍCIE V. *Palestina*.

PLANTAS No terceiro dia da criação, conforme o relato de Gn, Deus disse à terra que produzisse vegetação: árvores e sementes que dessem frutos (Gn 1.11,12; cp. 2.4-6). Em Gn 1.29,30 ele deu as plantas e árvores ao homem e às criaturas que fez, para sua alimentação. Em Gn 2.9 diz que as árvores eram "agradáveis aos olhos e boas para alimento". Árvores, videiras, arbustos, ervas e gramas aparecem por todo o AT e o NT. Adão e Eva "coseram folhas de figueira" como primeira vestimenta (*ARA*, *ARC*; *NTLH*, "costuraram"; *NVI*, "juntaram folhas de figueira"). Depois da Queda, Deus amaldiçoou a terra, de modo que o homem teria que lutar contra plantas indesejáveis que corrompiam os campos dos quais ele tinha de cuidar (Gn 3.17,18).

Algumas das plantas citadas nas Escrituras não são de fácil tradução; portanto, desenvolveram-se algumas categorias de plantas. Tem-se observado similaridades na aparência e no uso de várias delas. V. *flores*.

Lírio e rosa Os lábios vermelhos de Ct 5.13 indicam um "lírio" com flores vermelhas, como uma tulipa escarlate ou uma flor de anêmona. Outras referências (como Ct 2.1,2) podem se referir ao lírio branco (*Lillium candidum*), atualmente muito raro na região de Israel, ou ao jacinto selvagem (*Hyacinthus orientalis*), ou ao açafrão selvagem (da espécie *Crocus*), ou à rosa de Is 35.1,2 (*ARC*; *NVI*, "tulipa"). É impossível saber com certeza a que "lírio" Jesus se referiu (Mt 6.28; Lc 12.27). Pode ter sido a flor de anêmona ou qualquer flor campestre como a margarida (*Chrysanthemum coronarium*).

A "rosa" bíblica é também difícil de identificar. A "rosa de Sarom" (Ct 2.1, *ARA*, *ARC*, *NTLH*; *BJ*, "narciso"; *NVI*, "flor de Sarom") tem sido identificada com a flor de anêmona, com o narciso, com a tulipa e com o açafrão.

Junco Algumas plantas aquáticas podem ser distinguidas entre várias palavras hebraicas no texto do AT. As espécies relatadas a seguir provavelmente são as que o texto bíblico faz referência:

Junco simples (*Phragmites communis*) é uma planta que cresce em águas rasas ou em areia úmida salgada. A flor emplumada do junco pode ter sido dada a Jesus como forma de zombaria (Mt 27.29). Penas de escrever (3Jo 13) eram feitas do caule do junco, semelhante ao bambu.

Junça de papiro (*Cyperus papyrus*) também cresce em águas rasas em lugares quentes como o lago Hulé e ao longo do Nilo, mas atualmente encontra-se extinta no Nilo, com exceção da junça cultivada. Seu caule alto, triangular e esponjoso era usado para construção de barcos (Is 18.1,2) e para confecção de cestas (Êx 2.3). Foi provavelmente em papiro que muito da Bíblia foi escrito.

Tifácea ou junco de bastão (*Typha domingensis*) é geralmente associada ao papiro mencionado no item anterior e parece ter sido o tipo de junco usado no cesto no qual Moisés foi escondido (Êx 2.3). O junco de bastão também é associado a uma árvore de papiro (*Scirpus lacustris*), uma espécie com caules que também cresce em lagos e poços.

Espinhos A coroa de espinhos de Jesus tem sido ligada a duas espécies conhecidas como espinho de Cristo (*Ziziphus spina-christi*) e o *Paliurus spina-christi*. O último cresce perto do mar Morto, não muito longe de Jerusalém (Mt 27.29; Mc 15.17; Jo 19.5), enquanto o primeiro ocorre apenas na Síria. Entretanto, pode ter crescido nas colinas da Judeia nos tempos bíblicos. Alguns autores consideram a pimpinela espinhosa (*Poterium* ou *Sarcopoterium spinosum*) como a planta em questão.

PLANTAS

Até hoje todos que caminham pela terra santa veem ervas espinhosas. A terra foi amaldiçoada com essas ervas (Gn 3.18; Nm 33.55). Muitas palavras hebraicas diferentes têm sido usadas para destingui-las, e algumas delas foram identificadas. Os espinhos são plantas de lenho, tais como acácia, *lycium*, *ononis*, *prosopis*, *rubus*, *sarcopoerium*, mas há também espinhos em forma de flor, como *centaurea*, *notobasis* e *sylibum*. O último tipo pode ter sido o "espinho" que sufocou o grão na parábola de Jesus (Mt 13.7).

Plantas aromáticas Nos tempos bíblicos havia os seguintes tipos de plantas aromáticas:

Cássia e canela, tradicionalmente identificadas com as árvores *Cinnamomum cassia* e *C. zeylanicum* do Extremo Oriente. A casca era usada para a confecção do óleo sagrado para a unção dos sacerdotes (Êx 30.24), e a canela era usada em perfumaria (Pv 7.17; Ap 18.13).

Cálamo ou cana doce (*Acorus calamus*) era o rizoma (caule) seco de uma planta aquática importada de regiões de clima temperado na Ásia e usada para fabricação de perfumes (Is 43.24; *NVI*, "cana aromática").

Gálbano, uma resina de aroma muito forte queimada como incenso (Êx 30.34), era obtido da parte mais dura da *Ferula galbaniflua*, planta com parentesco com espécies de salsas que crescem nas colinas secas do Irã.

Hena, planta cujas folhas eram esmagadas e usadas tanto como perfume (Ct 1.14) quanto como uma tintura amarela para pele, unhas e cabelos. A hena é uma planta que cresce em regiões de clima subtropical e produz flores brancas.

Hissopo, usado para purificações rituais (Lv 14.4,49) e para aspersão de sangue no tabernáculo (Êx 12.22), é a manjerona branca (*Origanum syriacum* ou *Majorana syriacu*), que cresce em lugares rochosos e está ligada ao hissopo.

Murta (*Myrtus communis*) é uma planta com folhas perfumadas e flores brancas, comum em lugares com arbustos. Era especialmente apreciada por fornecer abrigos temporários nos campos durante a festa dos tabernáculos (Lv 23.40; Ne 8.15).

Arruda (*Ruta chalepensis* ou *Ruta graveolens*) Cresce nas colinas da terra santa. É uma planta baixa com folhas esparsas que têm folhas com um aroma acre. Jesus se referiu aos que dão o dízimo até da arruda (Lc 11.42).

Nardo é um óleo aromatizado caro (Ct 4.13,14; Jo 12.3) obtido das folhas de uma grama do deserto (*Cymhybopogon shoenanthus*) ou, tradicionalmente, de um tipo de valeriana — *Nardstachys jatamansi* — proveniente da região do Himalaia.

Bálsamo, um das especiarias citadas em Êx 30.34 usadas na fabricação do incenso. Pode ser a resina do bálsamo de Gileade (*Commiphora gileadensis*), proveniente do sul da Arábia.

Ervas comestíveis As ervas amargas da Páscoa eram certas plantas selvagens com folhas de sabor bastante marcante e agudo. A artemísia do deserto (*Artemisia*) é também uma erva amarga e símbolo de tristeza e sofrimento (Pv 5.4, *NVI*, "fel"; *ARA* e *ARC*, "absinto"; Lm 3.15,19, *NVI*, "ervas amargas"; *NTLH*, "comidas amargas").

Coentro (*Coriandrum sativum*) fornece folhas para salada e sementes para tempero (Êx 16.31), que os israelitas compararam ao maná no deserto (Nm 11.7).

Cominho (*Cuminum cyminum*) e o **endro** (*Anethum graveolens*), como o coentro, são integrantes de uma família de salsas e produzem sementes para temperos (Is 28.25-27; Mt 23.23).

Cominho preto (*Nigella sativa*) é uma planta que nasce uma vez por ano com sementes pretas oleaginosas que são facilmente destruídas durante a colheita (Is 28.25-27).

Hortelã (*Mentha longifolia*), uma planta muito popular, era dada como dízimo pelos líderes judeus (Lc 11.42).

Mostarda (*Brassica nigra*), bastante conhecida por suas sementes de gosto quente, foi citada por Jesus por ter sementes pequeninas que crescem e se tornam uma árvore (Mt 13.31,32).

Açafrão (*Crocus sativus*) é um pó amarelo preparado do pistilo da planta (Ct 4.14). É usado como corante para alimentos e também como remédio.

Incenso e mirra são resinas produzidas por certas árvores que crescem no interior seco de regiões do norte da Arábia e do norte da África.

O incenso é uma resina branca ou incolor, extraída de várias espécies de *Boswellia*, especialmente *B. Sacra*, que é uma árvore pequena que cresce em ambos os lados do mar Vermelho. A resina é obtida ao cortar-se os galhos e recolher-se as "lágrimas" que exsudam, que são queimadas como incenso propriamente em rituais religiosos ou em um fogareiro pessoal. Na Bíblia, o incenso era prescrito como uma mistura santa (Êx 30.31, 34; Lc 1.9). Foi também levado como presente dos sábios ao menino Jesus, junto com ouro e mirra (Mt 2.11).

Esta planta espinhosa grande é uma das muitas variedades que crescem em Israel.

A mirra é uma resina avermelhada obtida de uma planta espinhosa, *Commiphora myrrha*, de modo semelhante ao incenso. Em geral essa resina em geral não era queimada, mas dissolvida em óleo e comida ou usada como remédio e cosmético (Sl 45.8; Mt 2.11).

Plantas medicinais Colhiam-se muitas ervas medicinais nas colinas e vales onde cresciam plantas selvagens. O povo local era muito versado no conhecimento dessas plantas, mas essas ervas comuns não são mencionadas na Bíblia. Mencionam-se alguns remédios especiais importados. V. *incenso*.

Aloé (*Aloe vera*, "babosa" no Brasil) do tempo do NT era uma planta originária do Iêmen, caracterizada por ser carnuda, com longas folhas serrilhadas em formato de espada e flores, atingindo até 90 centímetros de altura. A seiva amarga era usada como remédio e para embalsamamentos (Jo 19.39). No tempo do AT, o aloé se refere a uma madeira de fragrância cara, obtida de uma árvore indiana (*Aquillaria agualocha*).

Bálsamo (Gn 37.25) é um termo geral para os óleos de unção medicinal preparados de plantas resinosas como o heliântemo (*Cistus laurifolius*), que produzem o láudano. O bálsamo de Gileade ou bálsamo de Meca (*Commiphorus gileadensis*) é uma planta não espinhosa da região seca do sul da Arábia, a respeito da qual se diz ter sido cultivada por Salomão em En-Gedi, perto do mar Morto (Ct 5.1; *NVI*, "especiarias"). A goma ou resina do bálsamo era importada pelos ismaelitas (Gn 37.25). Era extraído pela exsudação das raízes cortadas de uma planta espinhosa (*Astragalus tragacanth*) que cresce nas colinas áridas do Irã.

Algumas plantas, como o fruto da *Citrullus colocynthis*, podiam ser purgantes medicinais em doses pequenas, mas venenos amargos em doses maiores (2Rs 4.39,40; *NVI*, "trepadeira"; *ARA*, "colocíntida").

Cereais *Grãos para pães* Cidadãos prósperos faziam pães basicamente de trigo, mas os pobres o faziam com cevada grosseira (2Rs 4.42; Jo 6.9). Não se cultivavam outros cereais, sendo por isso o trigo e a cevada os mais comuns. No tempo do NT o sorgo foi introduzido. O arroz veio mais tarde ainda e o milho, na época da chegada dos europeus ao continente americano.

Trigo (*Triticum dicoccum* ou o trigo branco, *T. aestivum*) é um cereal de colheita anual que cresce até 90 centímetros de altura, ainda que as variedades primitivas, em solo rico, fossem maiores e tivessem espigas maiores.

Os grãos de trigo eram secos e facilmente armazenados em depósitos tal como José fez no Egito antes do tempo de fome (Gn 41.49). Era necessário armazenas as sementes para

PLANTAS

semeadura (Gn 47.24), mas sementes guardadas muito tempo não germinavam. V. *pão*.

Cevada (*Hordeum vulgare*) é mais tolerante a solos piores que o trigo. É menor que o trigo, com espigas menores, e é colhida antes do trigo (Êx 9.31,32). Também era usada para fabricação de cerveja e como alimento do gado e dos cavalos (1Rs 4.28). Algumas vezes a cevada era comida na forma de grãos tostados (Rt 2.14).

A palha que restava do trigo e da cevada depois da colheita era usada como combustível (Is 47.14), e a palha fina era usada para acender o fogo do forno.

Frutos *Oliveira* (*Olea europaea*) Árvore pequena com folhas esverdeadas e acinzentadas e pequenas flores coloridas que desabrocham em maio. As azeitonas amadurecem no fim do verão, e são colhidas em salmoura mesmo que não estejam maduras, se forem verdes, ou maduras, se forem pretas. Mas o grosso da colheita era destinado à produção de azeite. V. *óleo*.

Uva (*Vitis vinifera*) cresce em vinhas ou em caramanchões que dão sombra ao redor de casas e em pátios, tem caules longos e flexíveis com folhas lobuladas e cacheadas. Flores pequenas crescem entre as folhas novas no início do verão, e muitas flores minúsculas se desenvolvem em cachos de uvas doces que amadurecem como uvas pretas ou verdes. As frutas são comidas frescas, como uvas, ou secas, como passas (1Sm 30.12). O vinho é preparado do suco fermentado. V. *vinho*.

A ***figueira*** comum (*Ficus carica*) tem um tronco robusto, galhos grossos e brotos que têm muitas folhas (Gn 3.7). Seus frutos arredondados são colhidos no verão. Esses frutos doces têm em seu interior numerosas sementes pequeninas. Os figos frescos eram apreciados como primícias (Is 28.4; Jr 24.2). Figos secos eram armazenados para a confecção de bolos (1Sm 25.18; 30.12). Jesus se referiu aos figos e às figueiras várias vezes (Mt 7.16; Lc 21.29-31).

Outro tipo de árvore, o **sicômoro** (*Ficus sycomorus*) cresce no Egito e nas áreas quentes da terra santa. Árvore grande com galhos baixos o suficiente para permitir que o pequeno Zaqueu subisse em uma para ver Jesus passando pelas ruas de Jericó (Lc 19.4, ARA, BJ; NVI, ARC, NTLH, "figueira brava").

O fruto suculento da **romã** (*Punica granatum*), do tamanho aproximado de uma bola de tênis, cheia de sementes e de uma polpa doce. Produz belas flores vermelhas que cobrem seus arbustos na primavera. Pés de romã eram muitas vezes cultivados em jardins e ao lado de casas (Dt 8.8; Ct 6.11). Moisés foi orientado a enfeitar com romãs as orlas das túnicas dos sacerdotes (Êx 28.33), e havia representações de romãs ornamentando as colunas do templo de Salomão em Jerusalém (1Rs 7.18; 2Cr 3.16).

Nos tempos bíblicos apenas um tipo de palmeira produzia frutos, a **tamareira** (*Phoenix dactylifera*). Essa árvore bastante alta com tronco rugoso e sem galhos tem no topo como que um topete de folhas grandes e floresce melhor nas condições quentes dos oásis da região do mar Morto. Por causa disso Jericó era conhecida como cidade das palmeiras (Jz 1.16). Os israelitas em peregrinação imediatamente após a saída do Egito chegaram até Elim, onde havia 70 palmeiras (Êx 15.27). O salmista considerou a palmeira como tão excelente que comparou a ela o justo (Sl 92.12). O texto de Ap 7.9 faz referência ao uso simbólico de folhas de palmeiras (como "galhos") que representam vitória, tal como quando Jesus entrou em Jerusalém e o povo pavimentou o caminho com folhas (Jo 12.13).

É duvidoso se a **amora** (*Morus niger*) era encontrada na terra santa até o tempo do NT, pois é fruta originária da região do mar Cáspio. A única referência provável é quando Jesus falou sobre crentes que têm fé o bastante para destruir uma (Lc 17.6, NVI, ARA, ARC, BJ; NTLH, "figueira brava") — talvez porque as árvores velhas são fortes, ásperas e longevas.

Outra fruta a respeito da qual se debate é a "maçã" (Pv 25.11, ARA, ARC; NVI, "frutas"; Ct 2.3,5. 7.8; 8.5; Jl 1.12), ainda que seja possível traduzir por "damasco" (v. nota explicativa da NVI para Ct 2.5). Ambas as traduções são possíveis, mas é improvável que algumas variedades de maçã estivessem disponíveis em Israel tão cedo.

Nozes Frutas secas duras, distintas das frutas mais suculentas descritas nos itens anteriores.

A noz mais importante citada na Bíblia era a **amêndoa** (*Prunus dulcis*), árvore pequena com flores brancas que desabrocham no início da primavera antes que as folhas brotem. As nozes são bastante conhecidas atualmente, quer frescas quer como marzipã; a semente está escondida em uma casca muito dura. Os irmãos de José levaram amêndoas ao Egito (Gn 43.11). A vara (cajado) de Arão floresceu e produziu amêndoas da noite para o dia, para provar que ele era o homem que Deus escolheu para auxiliar Moisés (Nm 17.8). O candelabro sagrado tinha taças em formato de flores de amêndoas (Êx 25.33; 37.19).

A **nogueira** (*Juglans regia*) é originária da região do mar Cáspio e pode não ter sido cultivada na região leste do Mediterrâneo até depois do período bíblico. Entretanto, é possível que Salomão a tenha cultivado em seu jardim (Ct 6.11). A árvore cresce até um tamanho considerável. As sementes oleaginosas comestíveis têm a aparência de um cérebro em miniatura — daí o nome *Jovis glans* ("nozes de Júpiter" em latim), que lhe foi dado pelos antigos, e a adaptação científica *Juglans*.

O **pistache** (*Pistacia vera*) também chegou à região mais tarde. O pistache que é citado na Bíblia (Gn 43.11) pode ter sido o fruto do terebinto (*Pistachia terebintum; P. atlantica*) das colinas. Uma é uma árvore pequena enquanto a outra é grande como um carvalho. Ambas produzem pequenos frutos arredondados comestíveis.

Legumes Os israelitas que vaguearam pelo deserto após a saída do Egito desejam encontrar legumes (Nm 11.5). Há referência à cebola, ao alho-poró e ao alho, bem como ao pepino e ao melão. Em outras passagens há referências a lentilhas e a outros grãos (2Sm 17.28; Dn 1.12).

Cebolas (*Allium cepa*) são bulbos muito comuns atualmente. São brancas ou avermelhadas e crescem rapidamente de sementes, em apenas uma estação. O alho-poró (*Allium porrum*) não tem o bulbo característico da cebola. São cozidos, e suas folhas são cortadas. O alho (*Allium sativum*) é um tipo de cebola de gosto forte que cresce em bulbos separados uns dos outros.

Os **pepinos** do Egito bíblico eram muito provavelmente o melão almiscarado (*Cucumis melo*) que tem linhas longitudinais em sua casca. Os melões citados na Bíblia eram melancias (*Citrullus lanatus*), não o melão propriamente, que é de origem do continente americano e atualmente cresce livremente no Oriente Médio.

Vários tipos de grãos do tipo do **feijão** eram cultivados nos tempos bíblicos, especialmente as lentilhas (*Lens culinaris*) nas regiões mais áridas. A sopa vermelha de lentilhas que Jacó fez permitiu que ele conseguisse o direito de primogenitura de Esaú (Gn 25.29-34). O pé de lentilha é pequeno e delgado, com flores semelhantes a ervilhas e vagens pequenas e largas que contem duas sementes. Outros grãos são o feijão-fava (*Vicia faba*) e o grão-de-bico (*Cicer arietinum*), bastante importantes, e podem ter sido os legumes que Daniel e seus amigos na Babilônia preferiram comer (Dn 1.12).

Árvores Do Gn ao Ap as árvores têm lugar especial, tanto literal como simbolicamente. Pode-se dividi-las em grupos de acordo com seus *habitats* naturais.

Árvores de regiões secas e desérticas Como a precipitação pluviométrica é escassa, essas árvores podem ficar restritas a lugares próximos a cursos de água que secam, mas onde permanecem resíduos de água.

Várias espécies de acácia (*shittim* em hebraico) ocorrem na região do monte Sinai. Madeira de acácia foi usada para a construção do tabernáculo, a tenda do encontro (Êx 25). A árvore de acácia tem uma copa larga e espinhos fortes.

O tamarisco (*Tamarix species*) é uma árvore pequena com ramos pequenos, folhas que parecem escamas e flores rosas ou brancas, que cresce em lugares salgados no deserto. Abraão plantou uma em Berseba (Gn 21.33; *NVI*, "tamargueira").

Árvores de fontes, rios e lagos Nesses lugares geralmente há água durante todo o ano. O oleandro (*Nerium oleander*) é um arbusto alto com folhas verdes estreitas e venenosas e flores rosadas bonitas que florescem no verão. Ainda que encontrado em leitos de rios secos no interior, é também encontrado em pântanos e ribeiros como os que estão ao redor do monte Carmelo. Podem ser as "rosas" em Jericó e as "rosas" plantadas perto de ribeiros (Eclo 24.14; 39.13). Algumas referências a salgueiros podem significar oleandros.

PLÁTANO

O plátano (*Platanus orientalis*) é uma árvore grande com folhas escuras digitadas. Suas flores pequeninas ajuntam-se em vários cachos em forma de bolas. O plátano é natural de leitos rochosos de rios. Foi um dos tipos de árvores que Jacó descascou (Gn 30.37; v. tb. Ez 31.8).

O álamo (*Populus euphratica*) é outra árvore que Jacó descascou (Gn 30.37). Cresce ao lado de águas, especialmente os rios Eufrates e Jordão. É uma árvore alta com muitas folhas e muitos brotos em sua base. O álamo branco (*P. alba*) ou estoraque (*Styrax officinalis*) eram mais provavelmente as árvores que cresciam nas montanhas (Os 4.13; v. nota na *NVI*).

O salgueiro (*Salix acynophylla*), como o álamo, cresce facilmente em áreas alagadiças, mas não é muito grande e geralmente tem folhas compridas (Jó 40.22; Is 44.4; Ez 17.5).

Árvores das colinas e planícies Nos tempos bíblicos, decerto antes da conquista israelita de Canaã, as colinas da terra santa eram muito arborizadas, enquanto o Líbano era famoso por suas florestas densas. Em razão da agricultura, criação de ovelhas e cabras e da necessidade constante de madeira para combustível e para a construção civil, restou pouca madeira nativa atualmente. Somente árvores isoladas permanecem em alguns lugares. Mesmo as planícies entre o Mediterrâneo e as colinas estavam cobertas de carvalhos até recentemente.

O cipreste (*Cypressus sempervirens*) é uma típica árvore de floresta conífera, com galhos que se abrem, ainda que seja frequentemente visto como árvore plantada ao lado de cemitérios.

O cedro (*Cedrus libani*), o famoso cedro do Líbano, crescia em extensas florestas coníferas que em nossos dias infelizmente estão devastadas. Essas árvores de copas largas providenciaram madeira de excelente qualidade que foi usada para a construção do palácio de Davi (2Sm 5.11) e do templo de Salomão (1Rs 5.6-10), bem como o segundo templo (Ed 3.7).

O carvalho (*Quercus species*) providenciava excelente madeira para a construção de navios (Ez 27.6) e para a construção civil. Os carvalhos decíduos formam florestas nas colinas da Palestina, em lugares como o Carmelo, Naftali e Basã (Is 2.13). Carvalhos eram usados para marcar sepulturas (Gn 35.8) ou fronteiras (1Sm 10.3) ou para cerimônias sacrílegas (Os 4.13).

O pinheiro (*Pinus halepensis*), especialmente o pinheiro do tipo Alepo, é uma árvore conífera alta com folhas compridas e cones que contêm muitas sementes. Sua madeira é muito versátil em utilidade, sendo empregada na construção civil.

O terebinto (*Pistacia terebinthus*, *P. atlantica*) produz frutos, como nozes, mas sua madeira é também bastante útil. O terebinto da espécie *P. atlantica* é também útil. A sombra dos terebintos era usada para ofertas e sacrifícios pagãos (Os 4.13).

Árvores estrangeiras No período do AT, expedições traziam árvores para Israel, e, no tempo do NT, árvores e madeiras estrangeiras entraram no país através de rotas comerciais normais.

O almugue, normalmente identificado com o sândalo (*Pterocarpus santalinus*), era importado de Ofir para Judá por Salomão, através da frota de Hirão (1Rs 10.10,11, *ARA*; *NVI*, "junípero"). Não se sabe exatamente a que tipo de madeira proveniente do Líbano 2Cr 2.8 faz referência, se é ao pinheiro da Cilícia (*Abies cilicia*) ou ao juníper grego (*Juniperus excelsa*).

Em Ez 27.15 há ligação entre o ébano e presas importadas de marfim. O ébano negro-avermelhado do Egito antigo era uma árvore leguminosa africana, a *Dalbergia melanoxydon*, mas posteriormente o nome foi mudado para o *Diospyros ebenum* asiático tropical que tem madeira negra. A "madeira preciosa" de Ap 18.12 era proveniente da árvore de sandáraca (*Tetraclinis articulata*), proveniente do norte da África, um tipo de cipreste conífero, que os gregos e romanos usavam para fabricação de armários. É uma madeira escura, dura e aromatizada. V. *giesta*; *galhos*; *juníper*; *palmeiras*. — E. Nigel Hepper

PLÁTANO V. *plantas*.

PLÊIADES Agrupamento de seis ou sete estrelas brilhantes localizadas na constelação de Touro (Jó 9.9; 38.31; Am 5.8). O nome pode ser derivado das sete filhas de Atlas e Pleione na mitologia grega, ou do adjetivo grego *pleos* (pleno, cheio), que sugere a "plenitude" da constelação ou do verbo grego *pleo* (navegar), dada a importância daquela constelação para os navegantes.

PLENITUDE Completude ou totalidade. "Do Senhor é a terra e a sua plenitude" (Sl 24.1, *ARC*). As Escrituras consideram nada realmente completo ou pleno até servir ao propósito para o qual Deus o criou. Assim, Ef 1.23 fala de Deus como o que "enche todas as coisas, em toda e qualquer circunstância". Ele é o que dá significado e riqueza supremos a tudo. Essa plenitude é mais claramente expressa em Jesus Cristo (Cl 1.19; 2.9), de quem todos os verdadeiros cristãos recebem a plenitude da vida divina (Jo 1.16; 10.10). Trata-se de uma vida cheia de alegria (Jo 15.11) e paz, apesar das tribulações neste mundo (Jo 16.33). V. *vida eterna*. — *Joe Baskin*

PLENITUDE DO(S) TEMPO(S) Tradução tradicional de duas expressões gregas semelhantes em Gl 4.4 e Ef 1.10. A primeira se refere a um fato passado, o envio de Cristo para redimir os nascidos sob a Lei. Mesmo que o envio do Filho de Deus englobe todo o ministério do Cristo encarnado, o NT associa especificamente o envio de Cristo à morte como um acontecimento salvífico (Jo 3.17; Rm 8.3; 1Jo 4.9,10). O envio de Cristo na plenitude do tempo não é referência às condições do mundo no sentido de que o predomínio do grego como a língua comumente falada, as estradas romanas e a paz estabelecida pelos romanos tornaram possível a rápida difusão do evangelho. É, antes, a ênfase dada ao fato de o envio de Cristo não constituir o último recurso da parte de Deus, mas parte do seu plano gracioso desde o início.

A referência à "plenitude dos tempos" em Ef é mais difícil. Alguns tradutores entendem que é o tempo em que todas as coisas são reunidas em Cristo está no futuro (*NTLH*); outros, no passado (possivelmente se possa interpretar assim as versões *NVI*, *ARA*, *ARC*). Um tema importante em Ef é que Cristo já quebrou o muro da hostilidade que separava judeus e gentios (2.11-22; esp. 2.14,21). Por isso, parece provável que a mudança crítica entre o passado com sua desesperança e hostilidade e a época presente de reconciliação já tenha ocorrido. — *Chris Church*

PÓ Terra solta, usada literal e figuradamente. O pó é usado em figuras de linguagem para multidão (Gn 13.16; Nm 23.10; Is 29.5) ou para abundância (de carne, Sl 78.27; de prata, Jó 27.16; ou sangue, Sf 1.17). O pó era usado como metáfora para a morte, o túmulo ou *sheol* (Jó 10.9; Ec 12.7; Dn 12.2). O pó na balança retrata algo insignificante (Is 40.15). A condição humilde do ser humano em relação a Deus e o relacionamento próximo da humanidade com o resto da criação são expressos no fato de as pessoas terem sido feitas do pó (Gn 2.7; Jó 4.19; Sl 104.29). Voltar ao pó é morrer (Gn 3.19; Jó 10.9; 17.16). Colocar pó sobre a cabeça era sinal de lamento (Lm 2.10; Ez 27.30; Ap 18.19). Esse ato às vezes era realizado quando a pessoa rolava no pó (Ml 1.10). O pó sobre a cabeça pode ter sido sinal de derrota e vergonha e lamento em Js 7.6. Jogar pó era sinal de desprezo (2Sm 16.13), ao passo que jogá-lo ao ar pode ter sido um gesto de exigência de justiça (At 22.23).

Profanar a coroa no pó (Sl 89.39) era desonrar a posição do rei. Comer ou lamber o pó (Gn 3.14; Sl 72.9; Is 65.25; Lm 3.29; Mq 7.17) era sofrer humilhação e impotência diante do inimigo. Colocar o chifre (glória) no pó era experimentar humilhação e perder posição (Jó 16.15). Deitar a alma no pó (Sl 7.5; 22.15) é matar. Transformar algo em pó (Dt 9.21; 2Rs 13.7) é destruí-lo por completo. Levantar do pó (1Sm 2.8) é resgatar ou exaltar. Sentar no pó (Is 47.1) é sofrer humilhação.

Para os judeus, sacudir o pó dos pés era sinal de que o território gentílico era impuro. No NT essa ação mostra que quem rejeita o evangelho se faz igual ao gentio e precisa enfrentar o juízo divino (Mt 10.14,15; At 13.51). — *Chris Church*

PÓ DE GIZ Pedra mole facilmente esmigalhada, usada como comparação para a destruição de um altar (Is 27.9, *NVI*; a *ARA* traz "pedras de cal").

PÓ, FRAGRÂNCIA Especiarias pulverizadas usadas como fragrância (Ct 3.6). V. *especiarias*.

POBRE DE ESPÍRITO Não os espiritualmente pobres, i.e., sem fé ou amor, mas o que tem espírito humilde e, por isso, depende

POBRE, ÓRFÃO, VIÚVA

de Deus (Mt 5.3). O paralelo de Lc fala apenas dos pobres (Lc 6.20). Porque "escolheu Deus os que são pobres aos olhos do mundo para serem ricos em fé e herdarem o Reino" (Tg 2.5) é um fato claramente estabelecido e reconhecido.

POBRE, ÓRFÃO, VIÚVA Três grupos de pessoas nas classes sociais mais baixas e carentes de proteção legal dos ricos e poderosos que algumas vezes abusam deles (Jó 24.3,4). A promessa divina de cuidar de pobres, órfãos e viúvas era uma tremenda fonte de esperança em tempos de dificuldades severas.

Condição e esperança do pobre As palavras usadas para descrever os pobres têm significado subjacente de "humilde, oprimido, necessitado, fraco, dependente". Os contextos nos quais as palavras são usadas sugerem que os pobres foram injustamente oprimidos e, por isso, empobreceram (Jó 24.14; 29.12; Sl 10.9 ; Is 3.14); pediam comida (Dt 15.7-11 Jó 31.16-21) e não tinham posição econômica ou social (2Sm 12.1-4; Pv 14.20; Ec 9.13-18). Em termos ideais, não deveria haver pobres no povo da aliança com Deus, por causa das bênçãos divinas e da generosidade do povo em relação aos necessitados (Dt 15.7-11). Mas, na realidade, as bênçãos de Deus nem sempre vieram sobre o povo pecador, e os ricos nem sempre compartilharam com os pobres. Para dar provisões aos pobres, Deus permitiu que eles apanhassem as sobras das colheitas das plantações e das vinhas (Lv 19.10; 23.22). Se pessoas pobres fossem escravizadas, deveriam ser tratadas como empregados pagos (Lv 25.39-43). Os tribunais deveriam fiscalizar para que os pobres recebessem tratamento justo, nem favorável nem desfavorável (Êx 23.3,6,7).

A esperança dos pobres estava baseada em sua situação diante de Deus. Por serem membros do povo redimido da escravidão do Egito, herdaram as bênçãos divinas da liberdade e proteção e uma porção da terra (Lv 25.38,42,55). O salmista apresenta Deus como refúgio e libertador dos pobres (Sl 12.5; 14.6; 70.5). Em algumas passagens os pobres são identificados com os justos (Sl 14.5,6). Os profetas predisseram a destruição de Judá e de Israel em parte por causa da opressão dos pobres pelos próprios compatriotas israelitas (Am 2.6-8; 4.1-3; 5.10-13; 8.4-6). Eles também encorajaram o povo a defender os pobres e instruíram os reis a governar com equidade (Pv 29.7,14; Is 1.17; Jr 22.3). Deus trouxe juízo a Sodoma (Gn 18.16-19.29) e também sobre Judá porque os povos dessas cidades não cuidaram dos pobres (Ez 16.46-50).

Jesus se preocupou particularmente com os pobres: pregou-lhes as boas-novas (Mt 11.5; Lc 4.18) e contou parábolas que encorajavam a generosidade em relação a eles (Lc 14.13-24). Os primeiros cristãos tomaram providências para atender às necessidades das viúvas pobres (At 6.1-6), e Paulo se esforçou muito para levantar uma ajuda em dinheiro para os pobres de Jerusalém (Rm 15.26). Essa atitude positiva em relação aos pobres não estava presente em todos os primeiros cristãos (Tg 2.1-6).

Condição e esperança dos órfãos e das viúvas Dentre os pobres, órfãos e viúvas eram os mais vulneráveis. A palavra hebraica *yatom*, geralmente traduzida por "órfão", refere-se ao filho sem pai (a mãe poderia estar viva; cf. Sl 109.9). A viúva evidentemente havia perdido o marido. Em ambos os casos não há figura masculina adulta que possa defender de pessoas inescrupulosas que desejariam se aproveitar da herança desses indivíduos. Consequentemente, códigos legais bíblicos e extrabíblicos apresentam dispositivos para a proteção dos direitos dos órfãos e viúvas (Êx 22.22; Dt 10.18; 24.17-22). Os profetas estavam particularmente preocupados com a injustiça feita a órfãos e das viúvas (Is 1.17; Jr 5.28; Mq 2.9 ; Ml 3.5). Deus declarou que seria um Pai para os órfãos e que providenciaria justiça para as viúvas (Dt 10.18; Sl 68.5).

O NT julga o verdadeiro caráter religioso pelo cuidado em relação a órfãos e viúvas (Tg 1.27). Os primeiros cristãos cuidavam das viúvas (At 6.1-8), mas Paulo limitou esse tipo de ajuda por causa dos abusos de alguns (1Tm 5.13-16). Jesus condenou os fariseus por devorarem as casas das viúvas (Mt 23.40). V. *ética*; *família*; *pobre, órfão, viúva*; *herança*.
— Gary V. Smith

POBREZA V. *pobre, órfão, viúva*.

POÇO 1. Reservatório de água, natural ou artificial. Poços pequenos eram vistos com frequência como recipientes colocados no alto de telhados para coletar água de chuva que era usada para irrigação ou mesmo como água potável. Esses reservatórios eram importantes fontes de suprimento de água no clima árido do Oriente Médio.

A seguir, citam-se alguns dos principais poços mencionados nas Escrituras: o poço de Ezequias (2Rs 20.20; *NVI*, "açude"), os açudes superior e inferior de Giom (Is 7.3; 22.9), o poço velho (Is 22.11, *NVI*, "açude"), o poço do rei em Jerusalém (Ne 2.14, *NVI*, "tanque do rei"), o tanque de Betesda (Jo 5.2,4,7) e o tanque de Siloé (Jo 9.7,11). Salomão também fez poços para irrigar seus bosques (Ec 2.6, *NVI*, "reservatórios").

Muitos poços próximos das cidades eram escavados na rocha, e enchiam-se de água da chuva que percorria canais cortados na própria rocha. Esses tanques eram pontos de encontro de pessoas (Jo 9.7). Poços, açudes, tanques ou reservatórios são usados metaforicamente para ilustrar o poder de Deus para transformar o que é estéril em algo frutífero (Is 41.18), juízo (Is 42.15) e a beleza dos olhos de uma mulher (Ct 7.4). V. *cisterna; açude; reservatório*. — C. Dale Hill

Piscina ou tanque nos Banhos de Faustina, nas ruínas romanas de Mileto (atual Turquia).

2. Fonte de água obtida quando se escava a terra para encontrar água disponível. No clima semiárido do antigo Israel, o acesso à água constituía uma preocupação constante. A Bíblia contém muitas referências sobre as fontes usadas para obtê-la. Várias palavras hebraicas são usadas em diferentes contextos para designar essas fontes, o que às vezes torna difícil saber que palavra usar na tradução.

A palavra hebraica geralmente traduzida por "poço" é *beer* (Gn 21.30,31; Nm 21.16-18). *Beer* também ocorre em vários topônimos, indicando locais de poços importantes: *Beer* (Nm 21.16); *Beer-elim* (Is 15.8); *Beeroth* (Dt 10.6); *Beer-lahai-roi* (Gn 16.14); *Berseba* (Gn 21.31).

A escavação de um poço podia significar um tempo de celebração (Nm 21.17,18), mas poços também eram objetos de disputa quando povos diferentes tentavam controlar esse precioso recurso (Gn 21.25,26; 26.15-22; Êx 2.16,17). Poços se localizavam onde quer que houvesse uma fonte de água. Isso incluiu campos (Gn 29.2), cidades (2Sm 23.15) e o deserto (Gn 16.7,14).

"Poço" também é usado em sentido figurado para a "mulher alheia" (Pv 23.27, *ARA*) e a cidade má (Jr 6.7). Em outra ocasião, é usado como metáfora para o prazer sexual (Pv 5.15; Ct 4.15). V. *cisterna; fonte; água*. — John C. H. Laughlin

Um chaduf *para retirar água de um poço perto da antiga Listra no centro-sul da Ásia Menor (atual Turquia).*

POÇO DE JACÓ Lugar de Samaria em que Jesus parou para descansar enquanto viajava da Judeia à Galileia (Jo 4.6). Lá ele encontrou e conversou a respeito da água viva com uma mulher samaritana. Não há no AT referências a isso. O poço foi localizado próximo da cidade samaritana de Sicar. O poço que é atualmente apresentado como cena do encontro de Jesus com a mulher samaritana com certeza é um poço antigo, e é geralmente aceito como o local referido no Evangelho. V. *Jacó; Sicar*.

POÇO DOS CHACAIS Fonte fora de Jerusalém acessível pela porta do Vale (Ne 2.13, *ARA*, *BJ*). Outras traduções denominam esta fonte como a fonte do Dragão (*TEB*). A fonte é possivelmente En-Rogel, ou mais provavelmente uma fonte na parte superior do vale de Hinom. V. *chacal*; *Jerusalém*.

PODER Capacidade de realizar ou produzir um efeito; posse de autoridade sobre outras pessoas. Os dois aspectos do poder estão relacionados muitas vezes nas Escrituras. Pelo fato de Deus ter revelado seu poder no ato da criação, ele tem autoridade para conceder o domínio a quem desejar (Jr 10.12; 27.5). Deus revelou seu poder ao libertar Israel miraculosamente da escravidão egípcia (Êx 4.21; 9.16; 15.6; 32.11) e na conquista de Canaã (Sl 111.6). Os atos de Deus são fundamentais para suas alegações a respeito de Israel. O poder divino inclui não só a capacidade para julgar, mas também o poder de perdoar pecados (Nm 14.15-19; Jr 32.17,18). O texto de 2Rs 3.15 liga o poder de Deus à profecia. Nesse caso, o poder está ligado ao Espírito de Deus (cf. Mq 3.8; Lc 1.35).

Os milagres de Cristo evidenciam o poder de Deus em ação em seu ministério (Mt 14.2; Mc 5.30; 9.1; Lc 4.36; 5.17). Lucas realçou o papel do Espírito Santo no fortalecimento do ministério de Jesus (Lc 4.14; At 10.38) e no ministério posterior da igreja (At 1.8; 3.12; 4.7,33; 6.8). Paulo enfatizou o paradoxo da cruz — aparentemente o momento da maior fraqueza de Jesus — como o acontecimento em que foi manifestado o poder de Deus para salvar (1Co 1.17,18; cp. Rm 1.16). O escândalo do poder de Deus revelado na morte de Cristo continua na escolha divina de trabalhar por intermédio dos destituídos de poder (1Co 1.26-29; 2.3,4; 2Co 12.9). Em alguns textos a palavra "poderes" se refere a poderes angélicos (Rm 8.38; Ef 3.10; Cl 2.15; 1Pe 3.22). — Chris Church

POESIA A palavra "poesia" evoca um padrão ocidental de versos em equilíbrio, ênfases regulares e rimas. Os manuscritos hebraicos não fazem distinção entre poesia e prosa de maneira tão clara. A poesia hebraica tem três características principais — o paralelismo, a métrica e o agrupamento das linhas em unidades maiores chamadas estrofes. O paralelismo apresenta duas ou três sentenças curtas conectadas de diferentes maneiras. A mais direta é uma contagem de palavras das linhas paralelas individuais. A métrica pode ser reconhecida de diferentes maneiras. As estrofes podem ser identificadas pela mudança de assunto ou presença do refrão. A distinção hebraica entre poesia e prosa é mais a diferença de grau que em espécie. Cada um desses três elementos pode ser encontrado na prosa, em menor extensão.

Um terço do AT está em forma de poesia. Cada livro do AT, com exceção de Ne, Et, Ag e Ml, contém pelo menos alguma poesia, ainda que em alguns casos esteja limitada a poucos versículos em um ou dois capítulos (Êx 15.1-18, 21; Lv 10.3; Dt 32.1-43; 33.2-29; Js 10.12,13; Rt 1.16,17,20,21; 2Rs 19.21-28; 1Cr 16.8-36; Ed 3.11; Jn 2.2-9). Alguns livros são quase inteiramente poesias (Jó, Sl, Pv, Ct, Is, Lm, Os, Jl, Am, Ob, Mq, Na, Hc, Sf).

Paralelismo A característica predominante da poesia hebraica é o paralelismo. No paralelismo, duas ou três linhas poéticas curtas estão em uma das seguintes possibilidades: sinonímico, antitético ou sintético.

No paralelismo sinonímico, a segunda linha expressa um pensamento idêntico ou muito parecido com o da primeira:

"A minha boca falará com sabedoria;
A meditação do meu coração trará entendimento" (Sl 49.3).

As linhas não são sinônimas no sentido de expressar exatamente o mesmo significado. Pelo contrário, diferenças ligeiras dão um colorido às linhas paralelas, expandindo ou estreitando o tema apresentado na primeira linha.

No paralelismo antitético, a segunda linha expressa um pensamento oposto ao da primeira:
"Os ímpios tomam emprestado e não devolvem,
Mas os justos dão com generosidade"
(Sl 37.21).

A segunda linha poética é uma expressão positiva em relação à primeira, mas a escolha de palavras feita pelo salmista faz mais que refletir um par de imagens espelhadas. Cada linha significa algo mais, pois estão ligadas uma à outra.

No paralelismo sintético, a segunda linha apresenta pouca ou nenhuma repetição:

"Como é bom e agradável
Quando os irmãos convivem em união!"
(Sl 133.1).

Não há correspondência do tipo um a um entre os grupos de palavras. A continuidade une as linhas paralelas. As linhas no paralelismo sintético podem descrever a ordem dos acontecimentos, a lista de características de uma pessoa ou de um objeto ou simplesmente modificar um tema comum.

Métrica Desenvolveram-se vários métodos para determinação da métrica da poesia hebraica. Tentativas de estabelecer um sistema clássico de métrica (p. ex., o pé jâmbico) fracassaram. Outras teorias usam contagem de letras, de vogais, de consoantes e de palavras. A última possibilidade é uma das mais eficientes. As unidades de palavras hebraicas podem ser ilustradas pelo uso do hífen no exemplo a seguir:

"Como-a-corça anseia por-águas-correntes,
a-minha-alma-anseia-por-ti, ó Deus"
(Sl 42.1).

Esse exemplo mostra uma métrica do tipo 3+4. Partículas e outras palavras que podem ocupar papéis menos importantes na sintaxe do hebraico são em geral excluídas da contagem. As linhas individuais têm de duas a quatro palavras, ainda que as "palavras" possam ser traduzidas por duas ou três palavras em português. As métricas dos tipos 3+2 e 2-3 são comuns. Linhas paralelas também podem ser do tipo 3+3. Grupos de três linhas paralelas podem expressar um padrão 2+2+2 ou 3+3+3. Numerosos sistemas de métrica são possíveis. Consequentemente, a métrica hebraica é descrita em termos de padrões gerais, não em termos de uniformidade absoluta. Sistemas de métrica, diferentemente do paralelismo, são aparentes apenas na língua hebraica, não nas traduções em português.

Estrofes Conjuntos de linhas paralelas são geralmente, mas nem sempre, divididos em unidades maiores. Essas estrofes podem ser dispostas em linhas idênticas ou paralelas que expressam pensamentos semelhantes. As introduções podem assumir a forma de refrão, que não é diferente do refrão musical. Seções separadas dessa maneira podem ser desiguais em tema, forma e vocabulário. Em Sl 42-43 apresentam um bom exemplo de estrofes claramente definidas. Os dois salmos juntos formam um único poema. Um refrão é repetido três vezes: 42.5,11 e 43.5. O refrão subdivide o poema em três seções.

A poesia provê o imaginário e o tom para os escritores inspirados trazerem a Palavra divina ao povo. A consciência da forma poética desperta o leitor a prestar atenção às imagens e ritmos da passagem. — *Donald K. Berry*

POETA Quem compõe ou escreve poesia. Nos tempos antigos os poetas transmitiram a história e a sabedoria de suas culturas. Ao testemunhar para audiência grega sofisticada em Atenas, Paulo apelou para poetas com quem eles estavam acostumados. A expressão "Pois nele vivemos, nos movemos e existimos" é atribuída a Epimênides de Arasto (c. 310 a.C.) ou ao *Hino a Zeus* composto por Cleanto.

POETAS (*NVI*, *ARA*), **OS QUE FALAM EM PROVÉRBIOS** (*ARC*) Referência a compositores e repetidores de provérbios (Nm 21.27). A *ARC* dá bem essa ideia.

POLEGADA Unidade de medida igual a 1/12 de um pé. Dezoito polegadas (Gn 6.16) são equivalentes a um cúbito. V. *pesos e medidas*.

POLÍCIA, POLICIAL Palavra usada pela *NTLH* para se referir aos oficiais romanos que ajudavam os magistrados principais (At 16.35,38; *NVI*, "soldados"; *ARA*, "oficiais de justiça").

POLUIR Tornar ritualmente impuro. V. *puro, pureza*.

PÓLUX Um dos irmãos gêmeos na constelação de Gêmeos (At 28.11). V. *Castor e Pólux*; *figura de proa*.

POMAR 1. Palavra utilizada pela *NTLH* em Ez 17.7 para designar o lugar onde árvores frutíferas são plantadas (*NVI*, "lugar onde [a videira] estava plantada"; *ARA*, "cova do seu plantio"; *ARC*, "auréolas do seu plantio"). **2.** Bosque de frutas (Ne 9.25; Ec 2.5) ou de nogueiras (Ct 6.11). Um pomar cercado é chamado algumas vezes de jardim ou parque.

POMBA O termo "pomba" é aplicado livremente a muitas espécies pequenas de pombos.

A primeira menção a uma pomba ocorre em Gn 8.8-12. Noé a soltou da arca para descobrir se as águas do dilúvio tinham diminuído sobre a terra.

O gemido da pomba às vezes é usado metaforicamente (Is 38.14; 59.11; Ez 7.16). O texto de Sl 55.6 observa a capacidade da pomba de voar; Jr 48.28 descreve seus hábitos de fazer ninhos; Sl 68.13 mostra suas ricas cores. Pela delicadeza da pomba e sua fidelidade ao companheiro, essa ave é usada como título descritivo da amada em Ct (2.14; 5.2; 6.9). Em Mt 10.16 a pomba simboliza inocência.

Os quatro Evangelhos descrevem o Espírito de Deus descendo como pomba sobre Jesus depois do batismo (Mt 3.16; Mc 1.10; Lc 3.22; Jo 1.32).

O termo "rolinha" também é aplicado a todas as espécies menores de pombos. A rolinha teve papel significativo na Bíblia (Gn 15.9; Lv 1.14; 5.7,11; 12.6; 14.22,30; 15.14; Lc 2.24). Para quem não tinha condições de ofertar uma ovelha, a Lei prescrevia o oferecimento de duas rolinhas ou pombos como sacrifício da purificação depois do nascimento de uma criança. Maria trouxe esse tipo de oferta depois do nascimento de Cristo (Lv 12.8; Lc 2.24). A rolinha também significava a chegada da primavera (Ct 2.12; Jr 8.7). — *Janice Meier*

POMBA EM CARVALHOS DISTANTES, UMA Parte do sobrescrito do salmo 56 (*NVI*); provavelmente referência à melodia secular segundo a qual o salmo deveria ser cantado. "A corça da manhã" (Sl 22) e "Os lírios" (Sl 45) possivelmente também são melodias populares. Uma explicação alternativa relaciona a associação de pombas ao ritual da propiciação. Nesse caso o título indica um salmo de propiciação. V. *terebinto*.

POMBA-ROLA V. *pomba*.

POMBO "Pombo" é uma palavra geral que se refere a qualquer integrante da grande subfamília de aves domésticas (*Columbinae*). A palavra "pombo" é empregada basicamente quando se refere ao uso dessas aves para oferendas sacrificiais. Em Lv, os pombos são usados como ofertas queimadas e como ofertas pelo pecado (Lv 1.14; 5.7,11; *NVI*, "pombinhos"). Também são usados nos rituais de purificação após o parto (Lv 12.6,8) e para o ritual que se seguia à declaração de cura do leproso (Lv 14.22,30). Junto com a rolinha, o pombo era a oferta animal mais barata. Maria ofereceu um pombo e duas rolinhas depois do nascimento de Jesus. (Lc 2.24). V. *pomba*. — *Janice Meier*

PÔNCIO PILATOS Governador romano da Judeia, lembrado na História como antissemita notório e nos credos cristãos como o magistrado sob quem Jesus Cristo "padeceu" (1Tm 6.13). O NT se refere a Pilatos como "governador", enquanto outras fontes o chamam "procurador" ou "prefeito" (inscrição encontrada em Cesareia em 1961). Pilatos subiu ao poder por volta do ano 26 da era cristã, aproximadamente a mesma época em que dois dos seus contemporâneos, Sejano, em Roma, e Flaco, no Egito, exerciam políticas que aparentemente tinham como alvo a destruição do povo judeu. A política de Pilatos era semelhante. No exercício de sua função, ele provocou seguidamente as sensibilidades dos judeus. Quebrou todos os precedentes ao trazer para Jerusalém insígnias militares com a imagem de César em flagrante desafio à lei judaica. Essas imagens foram removidas somente quando os judeus se ofereceram para morrer nas mãos dos soldados a consentir a blasfêmia. Ele reprimiu protestos brutalmente ao colocar soldados armados, disfarçados de civis, entre as multidões. Contra esse pano de fundo, não é difícil entender a referência em Lc 13.1, que diz: "Pilatos misturara o sangue de alguns galileus com os sacrifícios deles".

Pilatos foi por fim removido do cargo como consequência de um ultraje semelhante perpetrado a adoradores samaritanos que se reuniram no monte Gerizim, sua montanha sagrada, para ver alguns vasos sagrados que Moisés teria enterrado ali. Quando os samaritanos reclamaram com Vitélio, o governador da Síria, Pilatos recebeu ordens vindas de Roma para dar conta de seus atos ao imperador e não é mencionado outra vez em nenhuma fonte confiável.

Tendo em vista esses atos, é surpreendente Pilatos ter se permitido pressionar por um grupo de autoridades religiosas judaicas para permitir a execução de Jesus. Uma explicação possível é que ele já percebia o risco de sua posição no império (observe-se a ameaça implícita em Jo 19.12). Parece que Pilatos não tinha nenhuma inclinação pessoal para condenar Jesus à morte, e os escritores do NT não escondem esse fato (Lc 23.4,14,22; Jo 18.38; 19.4,6; cp Mt 27.19). Os escritores dos Evangelhos tentaram demonstrar que Jesus era

inocente no ponto de vista da lei romana e que, consequentemente, o cristianismo não era ameaça à ordem política e social de Roma. O fato de Jesus ser levado à presença de Pilatos provavelmente significa que ele não foi formalmente julgado e condenado pelo Sinédrio, o concílio religioso judaico (se tivesse sido, provavelmente seria apedrejado como Estêvão, ou como Tiago, o Justo, no ano 62). Em vez disso, um grupo relativamente pequeno de sacerdotes de Jerusalém, incluindo o sumo sacerdote, estava desejoso de evitar qualquer tipo de movimento messiânico por parte do povo em razão da repressão romana que isso provocaria (Jo 11.47-50,53). O grupo manipulou Pilatos para que ele lhe fizesse o trabalho (cf. Lc 23.2). Pilatos é representado em todos os Evangelhos interrogando Jesus, especialmente a respeito da questão do Reino, mas ele não foi convencido de que Jesus reivindicava o poder político judeu ou romano. V. *cruz, crucificação.*
— J. Ramsey Michaels

A única menção extrabíblica conhecida do nome de Pilatos é mostrada aqui, em uma inscrição dedicatória em latim, em uma placa de pedra encontrada em Cesareia Marítima.

PONTA V. *aguilhão.*

PONTO Província ao sul do mar Negro, na Ásia Menor. O terreno varia de planícies férteis ao longo da costa até montanhas escarpadas no interior. Os gregos colonizaram as planícies pouco depois de 700 a.C., mas a região montanhosa permaneceu livre. Mitrídates fundou o reino do Ponto por volta de 302 a.C., e essa dinastia permaneceu até 63 a.C., quando os romanos tomaram o poder. O cristianismo chegou bem cedo ao Ponto. A primeira epístola de Pedro foi dirigida a cristãos daquela região (1.1,2). Havia cidadãos do Ponto em Jerusalém no Pentecoste (At 2.9). V. *Ásia Menor, cidades de.*

PONTOS GROSSOS (NO ESCUDO) Saliências na superfície plana dos escudos. Nos escudos que eram feitos de couro e madeira, esses pontos grossos serviam para reforçar o escudo. Nos escudos feitos de metal, os pontos grossos eram ornamentais. O texto de Jó 15.26 diz que os ímpios se opõem a Deus "com os pontos grossos dos seus escudos", i.e., com escudos reforçados. Assim, alguns tradutores modernos expressam o significado em vez de usar a tradução literal: "escudo grosso e resistente" (*NVI*); "pesado escudo" (*NTLH*).

POQUERETE-HAZEBAIM Nome pessoal que designa uma função ou ofício, "amarrador (ou caçador) de gazelas". Líder de uma família de servos de Salomão incluídos no grupo dos que retornaram do exílio (Ed 2.57; Ne 7.59).

PORÇÃO Parte de alguma coisa, fração, parcela. A palavra "porção" é em geral usada no sentido literal para se referir a uma porção de comida, roupa ou propriedade, e também conta com uma variedade de sentidos figurados. Na literatura de sabedoria há várias referências à porção de alguém na vida (Jó 20.29 — *NVI*, "herança"; 27.13; Ec 9.9). O povo escolhido de Deus é chamado porção do Senhor (Dt 32.9 ; Jr 21.10). Os levitas não receberam território como as outras tribos porque tinha o Senhor como porção especial (Nm 18.20). Ter uma porção no Senhor é partilhar o direito de se reunir no culto da comunidade a Deus (Js 22.25, 27; cp. Ne 2.20).

PÓRCIO FESTO

Os salmos muitas vezes falam do Senhor como a porção do fiel (Sl 16.5; 73.26; 119.57).

PÓRCIO FESTO V. *Festo*.

PORCO V. *suíno*.

PORCO-ESPINHO Roedor grande, algumas vezes chamado ouriço, que tem cerdas duras e afiadas misturadas com o pelo. Não há acordo quanto à tradução da palavra hebraica. A *ARA* usa a palavra "ouriço" em Is 14.23 ("corujas", *NVI* e *ARC*); a palavra também aparece em Is 34.11 e Sf 2.14.

PÓRFIRO Rocha composta de cristais de feldspato em um fundo vermelho-escuro com uma base púrpura (Et 1.6).

PORTA 1. Abertura para entrar ou sair de uma casa, tenda ou quarto. Ao menos quatro palavras hebraicas e uma grega são traduzidas por "porta" na Bíblia em português. As duas palavras hebraicas mais comuns têm empregos distintos, embora sejam permutáveis. *Petach* se refere ao vão da porta, à abertura em si. *Delet* alude à porta propriamente dita, geralmente feita de madeira laminada com metal, embora placas de pedra também pudessem ser usadas. O termo grego *thyra* é usado para verter essas palavras hebraicas.

"Porta" é usado com frequência na Bíblia em sentido figurado. No AT, "o pecado o ameaça à porta" (Gn 4.7) significa que o pecado está bem próximo. O vale de Acor, um lugar de perturbação (Js 7.26), é mais tarde prometido como "uma porta de esperança" (Os 2.15). Ele se tornará uma razão para que o povo de Deus confie nele novamente.

No NT, Jesus chama a si mesmo de "a porta" (Jo 10.7,9). A fé nele é o único caminho para entrar no Reino de Deus. Deus deu aos gentios "a porta da fé" como oportunidade para conhecê-lo como Senhor (At 14.27). Paulo buscava constantemente uma "porta [...] para o trabalho" (1Co 16.9, *ARA*). Jesus está à porta e bate (Ap 3.20). Ele chama todas as pessoas para si, mas nunca entra sem permissão. — *Bradley S. Butler*

2. Uma porta ou um limiar estabelece uma fronteira entre o que está do lado de dentro e o que está do lado de fora. "Porta" é uma palavra importante, porque providencia acesso a cidades, templos e casas. Na realidade, uma porta serve para permitir e para limitar o acesso. Portas abertas permitem a entrada, ainda que frequentemente porteiros fossem empregados para garantir que apenas pessoas autorizadas obtivessem acesso (1Cr 9:22). Portas fechadas ofereciam proteção e segurança para os que estavam do lado de dentro (Js 2.5). Porque a porta constituía o principal meio de entrada, era em geral o lugar onde inimigos se reuniam para atacar ou forçar uma entrada (Jr 1.15).

Os que residiam em uma casa eram membros daquela casa: integrantes do núcleo familiar, trabalhadores ou empregados daquela casa, e hóspedes. Tudo que estava dos portões para dentro era considerado parte da família — eles eram incluídos no mandamento de descanso do sábado (Êx 20.9,10) e participavam das grandes festas (Dt 16.11,14). Aos hóspedes, oferecia-se também a mesma proteção dos membros da família (v. Gn 19; Jz 19). De igual maneira, todos os que estavam do lado de dentro das portas da cidade tinham garantia de receber a mesma proteção dos cidadãos.

Exemplos bíblicos dos excluídos eram os leprosos, que tinham de ficar do lado de fora das portas (2Rs 7.3), o mendigo Lázaro na parábola contada por Jesus (Lc 16.20), bem como o aleijado do lado de fora do templo (At 3.2). Todos esses eram "excluídos", ficavam do lado de fora das portas. Não eram considerados parte da comunidade ou da família.

Fisicamente, uma porta podia ser uma simples abertura em um muro ou uma entrada elaboradamente complexa com muitas câmaras, passagens e muitas voltas estreitas destinadas a impedir o acesso. As portas tinham passagens de madeira ou metal que eram fechadas durante a noite e no caso de ameaça de ataques. Torres eram frequentemente construídas nas adjacências das portas para providenciar proteção adicional para a entrada da porta.

A Bíblia tem diversas alusões figuradas ou simbólicas à porta. Jacó, depois de seu sonho em Betel, descreveu aquele lugar como "a casa de Deus, a porta dos céus" (Gn 28.17). Com efeito, para Jacó aquele lugar marcava uma fronteira simbólica entre os céus e a terra. Tanto Jó quanto o salmista falam das portas da morte (Jó 38.17; Sl 107.18). As portas da morte marcam a fronteira entre a vida e a morte. No livro de Is, o rei Ezequias fala de passar pelas portas do Sheol, uma clara referência à sua morte (Is 38.10; "portas da sepultura", *NVI*). Jesus disse que as "portas do *hades*" não poderão vencer a Igreja (Mt 16.18). O *hades*, o mundo dos mortos, não tem poder sobre a Igreja de Cristo.

Em suma, "porta" estabelece um limite, literal ou figurado, entre o que está dentro e o que está fora. Serve para permitir ou impedir movimentos de fora para dentro. V. *porta da cidade*; *portas de Jerusalém e do templo*. — Joel F. Drinkard Jr.

PORTA DA CIDADE As portas de uma cidade no período bíblico trazem à mente duas imagens: as maciças estruturas de defesa que protegem a entrada e um lugar de diversas atividades que aconteciam "à porta". Portas e muros combinados marcam o limite entre fora e dentro, mas as portas são mencionadas com maior frequência simplesmente porque dão acesso para entrar e sair.

As portas existem desde que apareceram pela primeira vez os muros de defesa nas cidades e nos povoados. Se o muro é necessário para proteger uma cidade, uma entrada pelo muro também é necessária, e uma porta para proteger a entrada seria igualmente requerida. Esses dois desenvolvimentos provavelmente coincidiram. No antigo Oriente Médio os arqueólogos escavaram a fundação de portas de cidades datando em períodos tão antigos quanto o do Bronze Inicial (3300-2200 a.C.), e há um complexo de porta de quatro câmaras de tijolos de barro completamente preservado datando do período do Bronze Médio (c. 1800 a.C.) em Tel Dã (v. adiante). Antes, no período calcolítico (4500-3300 a.C.) em En-Gedi, foram encontrados os restos de um templo e de uma área sagrada que têm um muro de cerco com duas entradas. Uma das entradas tem a fundação clara de uma porta de duas câmaras. Muito antes, na Jericó do período anterior à cerâmica neolítica (c. 8300 a.C.), há evidências de um muro em volta da cidade e de uma torre circular, provavelmente para servir de torre de vigia. Embora não tenha sido escavada nenhuma evidência de portas daquele período, deve ter tido uma porta que facilitasse a entrada na cidade.

A porta é em geral a parte mais vulnerável da defesa de uma cidade, simplesmente porque está na abertura que dá acesso à cidade. Além disso, a porta comumente estava situada em um ponto baixo da topografia da cidade por diversas razões: o lugar baixo permitia o acesso mais fácil à cidade por parte de viajantes e mercadores — assim eles não precisavam manobrar seus animais e mercadorias a lugares mais altos da cidade; a praça do mercado em muitos casos estava localizada perto da porta do lado de dentro pela mesma razão; e o lugar baixo oferecia um bom canal de drenagem para que as chuvas em toda a cidade escoassem pela porta. Por sua vulnerabilidade, em muitos casos grandes torres eram construídas ao lado da entrada para protegê-la. Além disso, pesadas folhas de porta de madeira ou metal eram fechadas para trancar a porta à noite ou em épocas de ataques iminentes.

Com relação à Idade do Ferro, o período da monarquia israelita, foram encontradas complexos de porta de duas, quatro e seis câmaras. Em vez de ser um desenvolvimento do modelo, a escolha do tipo de porta parece mais associada à topografia local e às necessidades de defesa. Sem dúvida, o desenvolvimento de novos armamentos, incluindo aríetes mais eficazes, exigia novas estratégias de defesa. Entre tais inovações estava a introdução de estruturas internas e externas da porta. Tais estruturas de porta dupla podem bem ter tido o propósito de fortalecer a defesa. O ataque a uma estrutura externa da porta não daria acesso à cidade propriamente dita; somente conduziria através de uma passagem estreita (onde um exército invasor estaria sob ataque constante dos defensores no muro acima) a uma estrutura interna, também bem defendida. Sítios com estruturas de porta internas e externas incluem Tel Dã, Megido e Láquis. As aberturas típicas para entradas de cidades na Idade do Ferro mediam entre 3,5 e 4 metros. Essas aberturas possibilitavam a passagem fácil de animais carregados de mercadorias e de carros, bem como o tráfego de pedestres.

Imediatamente do lado de fora da porta em geral havia uma fonte ou um poço. Visto que o acesso à água é muito importante, a porta da cidade estava muitas vezes localizada perto da água. Escavações recentes na cidade dos jebuseus e cidade de Davi em Jerusalém revelaram uma porta com torres maciças protegendo o acesso à fonte de Giom. Berseba tinha uma fonte ao lado da porta do lado de fora. O texto de Jo 4 conta a história do encontro de Jesus com a mulher de Sicar no poço perto da cidade.

PORTA DA ESQUINA

Em uma planta típica de cidade, a praça do mercado, muitas vezes um lugar amplo e aberto, ficava perto do complexo de entrada do lado de dentro. Perto dali podiam estar os prédios administrativos ou militares, ou um santuário ou templo. A descrição bíblica de diversas atividades do lado de dentro das portas de uma cidade indicam o tipo de atividade comercial daquela área. Quando Abraão estava negociando a compra de um lugar de sepultamento para Sara, ele se encontrou com o proprietário do terreno e os anciãos na porta da cidade (Gn 23.10,18), como também o fez Boaz quando negociou a compra da propriedade de Elimeleque (Rt 4.1-11). Os anciãos se reuniam à porta de uma cidade para ministrar justiça e deliberar sobre questões legais (Dt 21.19; 22.15,24), bem como efetuar negócios. Os profetas trazem uma série de referências acerca da justiça adequada feita à porta de uma cidade (Am 5.10-15; Zc 8.16). O rei Davi tinha um assento na porta (2Sm 19.8). Em Tel Dã foi descoberta uma plataforma no complexo de entrada da cidade que pode ter sido usada para um trono real ou pode ter sido um santuário. Diversos santuários foram escavados em vários sítios em volta do complexo de entrada. Betsaida em particular, provavelmente a Gesur dos tempos antigos, tinha uma plataforma para atividades religiosas adjacente à porta, e foram encontradas diversas estelas perto do complexo de entrada. Também se descobriu em Mudayna junto ao uádi eth-Thamid na Jordânia um santuário adjacente ao complexo de portas.

Muitos sugerem que as diversas atividades descritas acima eram realizadas diretamente na porta da cidade. Foram encontrados "bancos" dentro das câmaras de algumas portas de cidade. Contudo, em vários casos esses bancos são de altura e tamanho tais que dificilmente foram usados para sentar. É mais provável que esses bancos eram usados para depositar e armazenar itens ou para outros propósitos. É provável que as atividades tenham ocorrido "junto à" porta ou "na" porta da cidade [i.e., dentro da praça aberta], não necessariamente dentro da porta propriamente dita. A presença da praça do mercado e dos prédios administrativos junto ao complexo de entrada do lado de dentro fornecia a razão para os anciãos se encontrarem ali. E onde os anciãos se encontravam era o lugar ideal para a realização de negócios e a ministração da justiça, que eram responsabilidades deles. — *Joel F. Drinkard Jr.*

PORTA DA ESQUINA Porta em Jerusalém no canto noroeste da cidade não muito longe da porta de Efraim (2Rs 14.13; 2Cr 25.23). Não é mencionada na restauração dos muros de Jerusalém feita por Neemias. V. *porta da cidade*.

PORTA DA FONTE Porta no canto sudeste dos muros da antiga Jerusalém (Ne 2.14; 3.15; 12.37), provavelmente denominada assim porque as pessoas traziam água das nascentes de En-Rogel ou Giom através dela. A porta talvez seja também a mesma designada "porta entre os dois muros" (2Rs 24.4; Jr 39.4; 52.7). V. *porta*.

PORTA DA INSPEÇÃO Portão da cidade de Jerusalém (Ne 3.31). A *ARC* e *TEB* citam o portão como porta de *Mifcade*. A palavra hebraica é correlata da de Jr 52.11, de modo que alguns intérpretes leram aqui torre de prisão". Outros traduzem por "portão da Guarda" (*NTLH*, *ARA*, "Porta de Mifcade"; *NTLF*, "Portão da Guarda"), considerando-o o lugar em que se reuniam as pessoas convocadas ou alistadas para o serviço militar. Alguns o identificam com a porta de Benjamim. V. *porta de Benjamim*.

PORTA DA PRISÃO Tradução da *ARC* para uma das portas de Jerusalém (Ne 12.39). A *NVI* traduz por "porta da Guarda". Essa porta talvez seja a mesma porta da Inspeção (*mifkad* em hebraico) de Ne 3.31.

Ovelhas asiáticas pastando na região da antiga cidade de Laodiceia.

PORTA DAS OVELHAS Entrada na esquina nordeste do muro da cidade de Jerusalém (Ne 3.1, 32; 12.39). Aparentemente as ovelhas destinadas ao sacrifício no templo entravam na cidade por aquela porta. Estava próxima do tanque de Betesda (Jo 5.2). V. *portas de Jerusalém e do templo*.

PORTA DE BENJAMIM Porta de Jerusalém (Jr 37.13; 38.7). Identificada por alguns com a "porta das Ovelhas" ou com a "porta da Inspeção [*NVI*]" ou "porta da Guarda [*ARA*]" de Ne, pode indicar a porta que dava para o território da tribo de Benjamim. V. *Jerusalém*.

PORTA DE EFRAIM Entrada de Jerusalém localizada a cerca de 200 metros da porta da Esquina (2Rs 14.13). A seção do muro entre essas duas portas foi destruída pelo rei Jeoás de Israel no séc. VIII. No tempo de Neemias a praça junto à porta de Efraim foi um dos locais da construção de tendas para a festa das cabanas (Ne 8.16).

PORTA DO ÂNGULO (*ARA*), **ÂNGULOS** (*ARC*) (2Cr 26.9)

A porta do Esterco na cidade velha de Jerusalém.

PORTA DO ESTERCO Ponto de referência em Jerusalém; uma das 11 portas na época de Neemias (Ne 2.13; 3.13,14; 12.31). Localizada no canto sudoeste do muro, a porta era usada como lugar em que se jogavam o lixo e o entulho, e o esterco era jogado no vale de Hinom abaixo da cidade. Algumas versões se referem a ela como portão do Lixo (*NTLH*) ou porta do Monturo.

PORTA DO MEIO Porta da cidade de Jerusalém (Jr 39.3). Arqueólogos encontraram evidências de batalhas (pontas de flechas, madeira carbonizada) fora dos restos de um portão na metade da muralha norte da cidade pré-exílica. É provável que os babilônios tenham atacado a cidade do lado norte e que estes são, de fato, os restos da porta do Meio. Possivelmente seja esta a também designada porta do Peixe (2Cr 33.14; Ne 3.3; Sf 1.10).

PORTA DO MONTURO V. *porta do Esterco*.

PORTA DO PEIXE Porta ao norte do segundo distrito (Sf 1.10; "segunda parte", *ARC*; "novo distrito", *NVI*) mencionada em conexão com as fortificações construídas por Manassés (2Cr 33.14). A porta foi reconstruída no tempo de Neemias (Ne 3.3; 12.39). O nome talvez seja derivado da proximidade entre a porta e o mercado de peixes (cf. Ne 13.16-22).

PORTA DOS CAVALOS Porta no lado leste da muralha de Jerusalém, próxima ao templo. Jeremias profetizou a respeito de sua reconstrução (Jr 31.40), e sacerdotes liderados por Neemias a reconstruíram (Ne 3.28).

PORTA ENTRE OS DOIS MUROS Porta da cidade no lado sudeste de Jerusalém, talvez a mesma porta da Fonte. Zedequias e seus filhos foram capturados pelos babilônios depois de fugirem por essa porta (2Rs 25.4; Jr 39.4; 52.7). V. *porta da cidade*; *porta da Fonte*; *porta*.

PORTA FORMOSA Cenário em que um aleijado foi curado por Pedro e João (At 3.2,10). Nem o AT nem outras fontes judaicas mencionam a "porta Formosa". A tradição cristã tem identificado a porta com Susã (Shushan) ou porta Dourada no lado oriental do templo

— acesso ao exterior do pátio dos gentios. Estudiosos modernos, no entanto, identificam a porta como a do lado leste do pátio das mulheres que dá acesso a partir dali ao pátio dos gentios. Outros a localizam a leste do pátio dos homens. Josefo, historiador judeu do séc. I, descreveu uma porta de "bronze coríntio" do lado de fora do santuário. Fontes judaicas se referem a essa porta como porta de Nicanor. V. *Jerusalém*.

PORTA LESTE Essa designação é uma referência a três portas diferentes. **1.** A *KJV* traz uma referência à porta do Leste ("Porta do Sol", *ARC*) como entrada para o vale de Hinom (Jr 19.2). Esse vale está ao sul da cidade, não a leste. As versões mais recentes traduzem essa expressão por "Porta do Oleiro" (*ARA*) ou "porta dos Cacos" (*NVI*). Essa porta pode ser identificada como a "porta do Vale" (2Cr 26.9; Ne 2.13,15; 3.13) ou talvez a porta do Esterco (Ne 2.13; 3.13, 14; 12.31) localizada a aproximadamente 500 metros dali. **2.** A porta Leste do pátio externo do templo. Como o templo estava voltado para o leste, essa porta era a entrada principal para o complexo do templo (Ez 47.1). Os levitas a cargo da posta Leste do templo de Salomão foram encarregados das ofertas voluntárias (2Cr 31.14). Em uma visão, Ezequiel contemplou a glória partir através da porta Leste antes da destruição da cidade (Ez 10.19). Sua visão do novo templo incluía o retorno da glória de Deus através da mesma porta (Ez 43.1,2). O uso que Deus fez dessa porta a tornou sagrada. Deveria permanecer fechada. Somente o príncipe (rei messiânico) teria permissão para entrar por ela (Ez 44.1-3). **3.** A porta do pátio interno do templo que dava para o leste. Essa porta ficaria fechada nos seis dias de trabalho da semana, mas seria aberta no sábado (Ez 46.1).

PORTA NORTE Designação de duas portas na visão de Ezequiel sobre o templo renovado, sobre uma porta que dava para o átrio exterior (Ez 8.14; 44.4; 46.9; 47.2), e uma porta com acesso ao pátio interior (Ez 40.35,40,44).

PORTA NOVA Uma das portas do templo de Jerusalém (Jr 26.10; 36.10) que talvez tenha sido construída por Jotão (2Rs 15.35) e/ou com a porta Superior de Benjamim (Jr 20.2).

PORTA SUPERIOR Designação de uma porta do templo de Jerusalém (2Rs 15.35; 2Cr 23.20; 27.3). Sua localização não é clara. É possível que seja a mesma porta de Benjamim. O texto de 2Rs 11.19, passagem paralela a 2Cr 23.20, traz "porta da Guarda", o que talvez reflita uma mudança de nome da porta no decorrer dos anos. V. *portas de Jerusalém e do templo*.

PORTA VELHA Designação usada na *ARA* e *ARC* para se referir à porta (ou portão) da cidade de Jerusalém reparada no tempo de Neemias (Ne 3.6; 12.39). Essa tradução é gramaticalmente duvidosa (o adjetivo e o substantivo não concordam). Por isso, alguns intérpretes sugerem porta da cidade (velha). Outros tomam a palavra hebraica *Yeshanah* como nome próprio (*NVI*, "Jesana"; *TEB*, "Ieshaná"). Uma cidade chamada Jesana foi localizada perto de Betel. A porta poderia apontar para aquela direção.

PORTAS DE JERUSALÉM E DO TEMPLO As muitas portas de Jerusalém variaram em número e localização com as mudanças dos muros da cidade no decorrer de sua longa história. As pessoas podiam entrar através de uma importante porta da cidade do oeste vindas da estrada de Haifa (Tel-Aviv), tal como acontece atualmente. No leste, os que vinham do vale do Cedrom entravam principalmente pela porta das Ovelhas (a atual porta de Estêvão ou porta do Leão) do tempo do NT e por uma porta recentemente encontrada (na primavera de 1986) ao sul dos atuais muros da cidade no tempo do AT. A última porta pode ser do tempo do reinado de Salomão, sendo semelhante às portas salomônicas encontradas em Megido, Gezer e Hazor. A entrada para o templo era pelo seu lado leste, pela porta Formosa (At 3.10), perto da porta Dourada, recentemente descoberta debaixo do muro oriental da cidade. Pelo norte, a principal passagem (porta de Damasco) se abria na direção da estrada de Damasco. Atualmente sete portas permitem entrada na cidade velha de Jerusalém.
— *John McRay*

PORTEIRO Responsável por guardar o acesso a um lugar — uma cidade (2Sm 18.26; 2Rs 7:10,11), uma casa (Jo 18.17), casas particulares (Mc 13.34) e mesmo a porta de um aprisco (Jo 10.3), os arredores sagrados da arca (1Cr 9.22,24,26; 15.23,24) ou o templo (1Cr 23.5).

A porta de Damasco em Jerusalém vista do lado de fora dos muros da cidade velha.

A porta de Jope (atual Haifa) em Jerusalém.

A porta do Esterco em Jerusalém era a entrada para Jerusalém para quem viesse do vale Tiropeão.

A porta de Estêvão (ou porta do Leão) em Jerusalém.

Os porteiros do templo eram encarregados de impedir que alguém impuro adentrasse o lugar sagrado (2Cr 23.19) e também de proteger seus tesouros e depósitos (1Cr 9.26; 26.20-22; Ne 12.25).

PÓRTICO Em português a palavra "pórtico" designa a entrada separada de um edifício,

PORTO

geralmente tendo uma cobertura também à parte. As traduções variam grandemente quanto ao uso de "pórtico" para traduzir várias palavras hebraicas e gregas. A maioria das referências no AT se refere ao "pórtico" do templo de Jerusalém, tal como em 1Rs 6.3. Isso reflete a visão do templo com dois ambientes ligados por um pórtico. Em Mt 26.71 há uma palavra traduzida de diferentes maneiras (*NVI*, "porta"; *ARA*, "alpendre"; *ARC*, "vestíbulo"; *NTLH*, "pátio"), e também em Mc 14.68 (*NVI*, "pátio"; *ARA* e *ARC*, "alpendre"; *NTLH*, "corredor"), que pode se referir a uma porta de entrada ou a um átrio. Os "pórticos" de Jo 5.2 e At 3.11 provavelmente eram portões ou colunas. V. *arco*.

PORTO Lugar que oferece ancoradouro seguro para navios (Gn 49.13; Sl 107.30; Is 23.10). V. *bons portos*.

PÓS-EXÍLICO Período na história de Israel entre o retorno da Babilônia (538 a.C.) e a ocupação romana (63 a.C.). Nesse período os judeus revoltaram a Jerusalém e a Palestina para reconstruir o que os assírios e babilônios haviam destruído. V. *Israel, terra de*; *história e literatura intertestamentárias*.

POSSE Possessão ou propriedade. Dois princípios gerais orientavam as leis israelitas quanto à propriedade: 1) em última instância, tudo pertence a Deus, e 2) a posse da terra é puramente uma questão comercial. Depois da divisão da terra entre as 12 tribos, porções individuais foram dadas a grupos de famílias ou clãs. Se a ocasião exigisse, a terra poderia posteriormente ser redividida. Vendas e transferências de terras eram registradas por escribas em couro ou em rolos de papiro, em tabuinhas de cerâmica ou na presença de testemunhas com a retirada simbólica de uma sandália (Rt 4.7) ou por meio da tomada de posse consecutiva pelo novo proprietário. A terra passava de pai para filho, mas poderia ser dada a uma filha. Propriedades particulares, em último caso, eram transferidas para o rei se ficassem sem uso por muitos anos (2Rs 8). A lei do parente resgatador (Lv 25.25) foi desenvolvida para assegurar que a posse da terra pertencente a um clã particular não passasse para outras mãos, a despeito da morte de marido sem filhos.

O parente próximo deveria adquirir a terra e providenciar um herdeiro que levasse o nome do falecido. A viúva empobrecida não seria forçada a vender as terras a estranhos, o que diminuiria a extensão do território tribal daquele clã.

Mesmo sendo verdade a aquisição de terras dos súditos pelo rei, propriedades particulares estavam sujeitas a serem tomadas pelos governantes. A terra real era dada como presente, fonte de renda, a membros de sua família ou a homens que obtivessem seu favor. Geralmente a terra era arrendada, pois o rei continuava a possuir o direito final sobre ela. Quando a situação ficava economicamente complicada, os reis trocavam as terras por outros serviços, como no caso de Salomão, que deu terras a Hirão de Tiro em troca de ouro e operários para a construção do templo (1Rs 9.11). As famílias sacerdotais e os santuários locais também possuíam terras, principalmente em redor das cidades dos levitas, em que os sacerdotes cultivavam os próprios campos (Js 21). Com a consolidação do culto no templo de Jerusalém, muitas terras sacerdotais foram vendidas.

A propriedade particular continuou do mesmo modo no período do NT. Foram descobertos recibos de venda e escrituras de terras escritos em rolos de papiro, o que atesta a troca de terras particulares. De modo geral a venda de uma propriedade particular estava sujeita à aprovação real. Os romanos supervisionavam o controle das terras na Palestina e cobravam impostos pesados dos proprietários. As primeiras comunidades cristãs existiram em razão da generosidade dos membros que vendiam muitas das suas posses para ajudar os crentes pobres. V. *vida econômica*; *herança*. — David Maltzberger

POSSESSÃO DEMONÍACA Os demônios são identificados nas Escrituras como anjos caídos que se aliaram a Satanás na sua rebelião, e o seguiram, fazendo o mal e causando destruição. Eles têm poder limitado e, como Satanás, já estão derrotados (Cl 2.15).

Antigo Testamento No AT não se faz menção de pessoas endemoninhadas, mas se afirma a existência de seres demoníacos. Dois dos seres demoníacos mais proeminentes são os *sedim* e os *se'irim*. Os *sedim* são mencionados duas vezes (Dt 32.17; Sl 106.37), bem como os *se'irim* (Lv 17.7; 2Cr 11.15). Esses seres são citados como "demônios" e receptores de sacrifícios proibidos. Os sacrifícios consistiam em adultos, crianças ou animais impuros. Lilit e Azazel também são considerados representantes demoníacos. Lilit é retratada como fêmea associada a animais impuros e lugares desolados (Is 34.14, *BJ*). Azazel é mencionado em conexão com o bode expiatório enviado ao deserto (Lv 16.8,10,26). Um espírito maligno é mencionado três vezes (1Sm 16.15,16; 18.10). O espírito maligno foi enviado ao rei Saul para atormentá-lo.

Novo Testamento Diversos tipos de atividades são atribuídos aos demônios. Na possessão demoníaca, um indivíduo é tão afetado que suas ações são influenciadas pelo espírito demoníaco. Termos como "espíritos malignos", "espíritos de engano" e "espíritos imundos" são usados para identificar os demônios no NT. A possessão demoníaca tem diversas manifestações que incluem: mudez (Mt 9.32; 12.22; Mc 9.17,25; Lc 11.14); surdez (Mc 9.25); cegueira (Mt 12.22; Jo 10.21); convulsões (Mc 1.26; 9.26); força sobre-humana (Mc 5.4); e comportamento autodestrutivo (Mt 17.15). O NT não separa as ações da pessoa das do demônio. Mudanças físicas como masoquismo (Mc 5.5) e voz não natural (Mc 5.7) são entendidas como o controle do demônio sobre o indivíduo. Paulo entende os demônios como ídolos aos quais os homens sacrificam e adoram (1Co 10.20-22).

O NT distingue possessão demoníaca de doença física. O texto de Mt 4.24 afirma que Jesus curou "todos os que estavam padecendo vários males e tormentos: endemoninhados, epiléticos e paralíticos". Assim, a teoria de que a possessão demoníaca deve ser equiparada à epilepsia ou qualquer outra enfermidade emocional ou neurótica é fraca. Alguns demônios fizeram declarações sobre a divindade de Cristo quando os discípulos não mostravam esse reconhecimento. Doença mental ou física não geraria esse tipo de conhecimento (Mc 5.13; Lc 4.33-35; 8.29-33).

A cura da possessão demoníaca era a fé no poder de Cristo. Nunca a mágica ou quaisquer rituais foram usados para libertar alguém de possessão demoníaca. As expulsões de demônios operadas por Jesus mostram seu poder sobre Satanás e os demônios. Os textos referentes a Belzebu (Mt 12.25-29; Mc 3.23-27; Lc 11.17-22) demonstram a presença do Reino de Deus na ordem mundial atual (Lc 11.20). As expulsões de demônios por parte de Jesus foram realizadas pelo poder da sua fala. Ele simplesmente emitia ordens como: "Cale-se e saia dele!" (Mc 1.25), ou: "Espírito mudo e surdo, eu ordeno que o deixe e nunca mais entre nele" (Mc 9.25). Os discípulos receberam autoridade e expulsaram demônios (Lc 10.17-20; At 16.18). Esse êxito levou os exorcistas judeus a incluir o nome de Jesus e de Paulo nos seus rituais (At 19.13). Apesar da autoridade de Jesus sobre os demônios, os Evangelhos retratam uma contínua batalha na era presente (Mt 13.36-49). O resultado final da batalha é indiscutível. O destino de Satanás e suas hostes demoníacas está selado (Ap 20.10).
— *Joe Cathey*

POSTE SAGRADO REPUGNANTE Tradução da *NVI* para um objeto erigido pela rainha-mãe Maaca, para o culto a Aserá, uma deusa da fertilidade (1Rs 15.13; 2Cr 15.16). A natureza precisa da imagem não está clara. A *Vulgata*, a antiga tradução latina, interpretou como um símbolo fálico. Alguns intérpretes recentes sugerem uma palmeira estilizada como sendo símbolo de fertilidade. Traduções alternativas incluem: poste-ídolo (*ARA*), horrível ídolo (*ARC*), figura nojenta (*NTLH*), ídolo infame (*TEB*), ídolo (*BJ*, *CNBB*), imagem (*BV*, *BP*). V. *Aserá*, *Asserote*; *à fertilidade, culto à*.

POTE V. *cerâmica*; *recipientes e vasos*.

POTIFAR Nome pessoal que significa "pertencente ao Sol". Capitão egípcio da guarda que comprou José dos mercadores midianitas (Gn 37.36; 39.1). Ele percebeu grande potencial nas habilidades de José e o indicou como mordomo da própria casa. A esposa de Potifar tentou seduzir José, mas ele rejeitou as investidas dela. Por conta da rejeição, ela disse ao marido que José tentou violentá-la. Assim, Potifar mandou José para a prisão.

POTÍFERA Sacerdote na cidade egípcia de Om (Heliópolis), onde o deus-Sol, Rá, era adorado. José se casou com Asenate, filha de Potífera, por ordem do faraó (Gn 41.45). Na língua egípcia, Potífera e Potifar são o mesmo nome, o que levou alguns a crerem que um desses dois nomes foi ligeiramente modificado em hebraico para distinguir o capitão da guarda do sacerdote.

POUPA Qualquer das aves do Velho Mundo da família *Upupidae*, com crista emplumada e bico longo, fino e encurvado. A identidade da ave impura de Lv 11.19 (Dt 14.18) é incerta: A *NVI*, *ARA*, *ARC*, *NTLH* e *BJ* trazem "poupa", a *LXX traz* "frango d'água", e o *Targum*, "galinhola".

POVO DA TERRA Tradução do termo técnico hebraico *am ha'arets*, usado principalmente em Jr, Ez, 2Rs e 2Cr (Gn 23.7; Êx 5.5; Lv 20.2; Nm 14.9 ; Ag 2.4; Zc 7.5; Dn 9.6). Em muitos casos, o termo aparentemente se refere a cidadãos que viviam em suas terras e, como cidadãos, tinham a responsabilidade de participar em atividades judiciais, festas cúlticas e do serviço militar. Não obstante, as referências são tão diversas que não se pode ter certeza de que se trata do mesmo povo todas as vezes que a expressão aparece. Alguns eruditos pensam que o "povo da terra" representava um elemento particularmente influente na sociedade como um concílio nacional, aristocratas influentes, cidadãos livres e proprietários de terras, pobres sem terra ou não habitantes de Jerusalém. Essas teorias não podem ser provadas.

No Judá pré-exílico o "povo da terra" aparece primeiro em associação como a coroação de Joás (2Rs 11.4-20). Eles surgem um pouco mais tarde na vingança do assassinato de Amom e na proclamação de Josias como rei (2Rs 21.24). São apresentados como estando em condição de libertar escravos (Jr 34, esp. os v. 18-20, em que o "povo da terra" participou da celebração da aliança e por terem-na quebrado). Eles podiam também ser agentes de opressão (Ez 22.29). Registrou-se em 2Rs 25.18-21 que Nabucodonosor condenou à morte "sessenta homens do povo da terra" (v. 19; *NVI*, "homens do povo"), junto com outros tidos como responsáveis pela revolta contra a Babilônia, resultando na queda de Jerusalém em 587 a.C. Claramente, nessas situações são pessoas que têm importância social, econômica, política e religiosa.

O "povo da terra" também representa "os pobres da terra" que permaneceram em Jerusalém no exílio babilônico (2Rs 24.14; 25.12). É notável que, quando os exilados retornaram, eles se distanciaram dos que haviam permanecido em Judá, por usarem a expressão "povo de Judá" para caracterizar os exilados recém-chegados (Ed 4.4; *NVI*, "gente da região"). Os livros de Ed e Ne expressam desaprovação pelos pagãos meio judeus e meio gentios, essencialmente judeus nominais (Ed 10.2,11; Ne 10.28-31). Em Ed 9.1,2,11 o plural "povos destas terras" (*NVI*, "povos vizinhos") é usado para designar os grupos com quem os casamentos haviam acontecido: "cananeus, hititas, ferezeus, jebuseus, amonitas, moabitas, egípcios, amorreus" (9.1).

Havia um considerável mal-estar entre o "povo da terra" e os fariseus. Nos Evangelhos sinópticos Jesus é apresentado apoiando o "povo da terra" (Mc 7.1-5; Lc 6.1-5). O uso pós-exílico posterior, testemunhado em Ed e Ne como nos Evangelhos (Jo 7.49), reflete-se posteriormente na classificação rabínica do "povo da terra" como os ignorantes da Lei, que não observavam seus costumes diários. Todavia, à condição deles não dependia de direitos de nascimento, de modo que as deficiências poderiam ser remediadas pela preocupação e aderência à *Torá*. — *Frank E. Eakin Junior*

POVO DE DEUS Grupo eleito por Deus e comprometido para ser seu povo da aliança. As Escrituras repetidamente definem quem faz parte do povo de Deus. A história da revelação mostra Deus elegendo Israel pela graça.

Eleição e aliança A eleição de Israel como povo de Deus pode ser traçada a partir de Abraão (Gn 12; cp. Gl 3.29; Rm 9.7,8). Entretanto, o relacionamento entre Javé e Israel começou no êxodo. O texto de Êx 19 representa a forma especial de aliança com condições (v. 5) e promessas (v. 5b,6) do pacto. A condição da aliança era a obediência. A promessa era: "Vocês serão meu tesouro especial dentre todas as nações". A promessa envolve o relacionamento entre Deus e o povo, e o povo e Deus — o centro do AT. A promessa foi herdada pela Igreja como verdadeiro ou novo Israel (Rm 9.6-8; 1Co 10.18-21; Gl 6.16). Essa é a posição única da Igreja como povo de Deus na ordem divina (Rm 9.25,26; 1Co 6.14-17; Tt 2.14; Hb 8.10; 1Pe 2.9,10; Ap 21.3). V. *igreja*; *aliança*; *eleição*; *Israel espiritual*.

A fé de Israel se tornou mais concreta quando a ideia do remanescente foi desenvolvida da salvação corporativa da ira e do juízo divinos. Ao remanescente competia o *status* e a condição do propósito e do desejo de Deus para com seu povo. Em Mt 22.14 Jesus explicou que o remanescente é o escolhido. Mais que isso, Jesus é o remanescente. De fato, a Igreja traz as ideias procedentes do AT sobre o remanescente na figura do Servo como testemunha da salvação universal e agente da revelação final. O servo de Javé representado por Israel seria a luz para as nações. O caráter universal da vocação de Israel é expresso com mais clareza aqui. A ideia de povo de Deus no AT culmina na pessoa do Servo, que é a ideia do remanescente personificado como indivíduo.

Cristo alegou ser o messias-servo, pois é o Filho de Davi, que cumpre as promessas de Deus no AT. Jesus é o Rei, mas ele rejeitou qualquer interpretação política de sua vocação messiânica. Seu Reino não é deste mundo (Jo 18.36). Ele é o Servo sofredor que deu a vida como resgate por muitos e, consequentemente, inaugurou a nova aliança.

O papel do Servo-Messias desenvolveu outra dimensão em sua coletividade — a Igreja. O conceito do servo é determinado pela compreensão do sacerdócio de toda a Igreja. A cristologia (Cristo) está relacionada à eclesiologia (Igreja — 2Co 4.5). Os cristãos são servos que compartilham o espírito de serviço criado pelo Servo por excelência. O chamado para ser povo (de Deus) é o chamado para servir. A Igreja é verdadeiramente o povo de Deus. — *Samuel Tang*

POVO DO LESTE V. *cadmoneu*.

POVO ESCOLHIDO Israel como o povo eleito de Deus. V. *eleição*.

PRADO Porção de terra com grama, especialmente pastagens baixas e úmidas. Em Gn 41.2 e 18 a referência é claramente a trechos de juncos ou caniços comuns ao longo do Nilo. A palavra aparece em Jz 20.33, mas é de sentido obscuro. A *BP* traduz por "clareira". Em algumas passagens ilustra-se a bênção de Deus (Sl 65.13; Is 30.23; 44.4). A palavra também é usada em descrições do juízo de Deus (Jr 25.37; Os 4.16; Os 9.13; Sf 2.6).

PRAGAS Doenças interpretadas como juízos divinos, tradução de várias palavras hebraicas. As dez pragas no livro de Êx foram atos poderosos de Deus resultantes na libertação de Israel, demonstrando a soberania divina. Foram chamadas "pragas" (Êx 9.14; 1.11), "sinais" (Êx 7.13), "maravilhas" (Êx 7.13; 11.9). Demonstraram que o Deus de Moisés era soberano sobre os deuses do Egito, incluindo o faraó, considerado deus pelos egípcios.

A referência primária às pragas na Bíblia está em Êx 7.1—13.15 (cp. Dt 4.34; 7.19; 11.3; Jr 32.20). Dois salmos (78; 105) contêm relatos detalhados das pragas, mas nenhum deles inclui as dez. Paulo lembrou as pragas para enfatizar a soberania divina no endurecimento do coração do faraó (Rm 9.17,18). As pragas do livro de Ap revelam a influência do AT (Ap 8.16).

Naturais ou sobrenaturais As distinções modernas entre natural e sobrenatural não eram considerados pelos israelitas. Para eles, todos os acontecimentos eram obras divinas. Tudo está sob o controle imediato de Deus. Para o escritor inspirado, as pragas nada mais são que o juízo do Senhor sobre os egípcios e suas ações salvadoras a favor de Israel. Muitos intérpretes apontam para o fato de que as pragas descrevem acontecimentos da natureza que poderiam ocorrer no Egito. O autor de Êx as viu claramente como resultado da vontade e da intenção divinas. Considerando que os magos do Egito reproduziram os primeiros dois acontecimentos, a unicidade das pragas pode ter base na época, local e intensidade com que aconteceram, além de sua interpretação teológica.

Propósito As pragas resultaram na libertação de Israel. Entretanto, o propósito central era a revelação de Deus. O faraó e os egípcios, como Moisés e os israelitas, viriam a conhecer o Senhor por intermédio da ocorrência das pragas (Êx 7.17; 8.10,22; 9.14,16,29). Paulo reconheceu este propósito: "para que meu nome seja proclamado em toda a terra" (Rm 9.17). V. *Êxodo, livro de*; *milagres, sinais, maravilhas*. — Billy K. Smith

PRANCHA Peça de madeira longa e larga, usada na construção de navios (Ez 27.5; At 27.44) e para o piso do templo de Salomão (1Rs 6.15; *NVI*, *ARA*, *ARC*, "tábuas"). A "saliência de madeira na frente do pórtico" na visão que Ezequiel teve do templo restaurado

(Ez 41.25) provavelmente se refere a algum tipo de dossel, cobertura ou a um solado de porta.

PRANTO E LUTO Práticas e emoções associadas à experiência da morte de uma pessoa amada ou a alguma catástrofe ou tragédia. Quando a morte é mencionada na Bíblia, frequentemente há uma relação à experiência dos enlutados, que sempre respondem imediatamente e sem reservas. Assim é dito quanto ao lamento de Abrão por Sara (Gn 23.2). Jacó lamentou por José, pensando que ele estava morto: "Então Jacó rasgou suas vestes, vestiu-se de pano de saco e chorou muitos dias por seu filho. Todos os seus filhos e filhas vieram consolá-lo, mas ele recusou ser consolado, dizendo: 'Não! Chorando descerei à sepultura para junto de meu filho' " (Gn 37.34,35). Os egípcios prantearam por Jacó durante setenta dias (Gn 50.3). Líderes eram pranteados, geralmente durante trinta dias: Arão (Nm 20.29), Moisés (Dt 34.8) e Samuel (1Sm 25.1). Davi liderou o povo no luto por Abner (2Sm 3.31,32).

Maria e Marta prantearam por seu irmão, Lázaro (Jo 11.31). Depois de Jesus observar Maria e os amigos dela chorando, é dito que "Jesus chorou" (Jo 11.35). O pranto era naquela época, assim como hoje, a indicação primária de luto. As lágrimas são repetidamente mencionadas (Sl 42.3; 56.8). O lamento em voz alta era também uma manifestação de luto, tal como o profeta que exclamou: "Ah, meu irmão!" (1Rs 13.30; cp. Êx 12.30; Jr 22.18; Mc 5.38).

Algumas vezes eles rasgavam as roupas, tanto as de cima como as de baixo (Gn 37.29,34; Jó 1.20; 2.12). Podia acontecer também de evitarem algumas atividades normais, como tomar banho (2Sm 14.2), e com frequência vestiam-se de pano de saco: "Então disse Davi: [...] 'Rasguem suas vestes, vistam roupas de luto ["pano de saco", ARA e ARC] e vão chorando à frente de Abner" (2Sm 3.31; Is 22.12; Mt 11.21). O pano de saco era um tecido de cor preta feito de pelo de camelo ou de bode (Ap 6:12; "tecido de crina negra", NVI; "saco de crina", ARA; "saco de cilício", ARC; "roupa de luto", NTLH). Esse mesmo tecido era usado para fazer sacos grandes (Gn 42.25). O pano de saco podia ser usado em lugar das roupas, ou talvez em cima da roupa, amarrado na cintura do lado de fora da túnica (Gn 37.34; Jn 3.6), ou, em alguns casos, era estendido e assentava-se sobre ele (2Sm 21.10). Mulheres usavam roupas pretas ou escuras: "Finja que está de luto: vista-se de preto e não se perfume. Aja como uma mulher que há algum tempo está de luto" (2Sm 14.2). Os pranteadores também cobriam a cabeça: "Davi, porém, continuou subindo o monte das Oliveiras, caminhando e chorando, com a cabeça coberta e os pés descalços. E todos os que iam com ele também tinham a cabeça coberta e subiam chorando" (2Sm 15.30). Os pranteadores geralmente ficavam assentados no chão, descalços, com as mãos na cabeça (Mq 1.8; 2Sm 12.20; 13.19; Ez 24.17), e sujavam a cabeça ou o corpo com poeira ou cinzas (Js 7.6; Jr 6.26; Lm 2.10; Ez 27.30; Et 4:1). Podiam até cortar o cabelo, a barba ou a pele (Jr 16.6; 41.2; Mq 1.16), ainda que desfigurar o corpo desse jeito fosse proibido, por ser uma prática pagã (Lv 19.27,28; 21.5; Dt 14.1). Jejuava-se algumas vezes, geralmente apenas durante o dia (2Sm 1.12; 3.35), quase sempre durante sete dias (Gn 50.10; 1Sm 31.13). A comida era levada por amigos, pois não podia ser preparada em uma casa considerada impura pela presença de um morto (Jr 16.7).

Havia não apenas o pranto verdadeiro dos parentes, mas também podia haver pranteadores profissionais contratados (Ec 12.5; Am 5.16). A referência a "pranteadoras profissionais" em Jr 9.17 sugere que havia certas técnicas utilizadas por tais mulheres. Quando Jesus foi à casa de Jairo para curar a filha dele, "viu os flautistas e a multidão agitada" (Mt 9.23). — *John W. Drakeford e E. Ray Clendenen*

PRATA Metal precioso relativamente raro de cor esbranquiçada brilhante e muito resistente à oxidação. Derrete à temperatura de 960,8 graus centígrados. As referências bíblicas geralmente falam a respeito do processo de refino da prata (1Cr 29.4; Sl 12.6; Pv 17.3; Ez 22.20-22). A prata é tão maleável que pode ser cortada em folhas finas de 0,00025 milímetros. Até por volta de 500 a.C., a prata era o metal mais valioso do Oriente Médio. Por isso, em muitos textos do AT a prata é mais importante que o ouro. Somente em Cr e em Dn o ouro é considerado mais valioso. Daí a analogia de que houve época em Jerusalém em que a prata era comum como pedras (1Rs 10.27; 2Cr 9.27)

— um reflexo da riqueza excessiva do império de Salomão. Moedas de prata foram cunhadas depois de 700 a.C., mas o peso permaneceu o padrão mais comum para lhe determinar o valor. No período do NT, a dracma, uma moeda de prata, era exigida como imposto do templo. Em sentido figurado, a figura da prata refinada é usada na Bíblia com o significado de teste do coração humano (Sl 66.10; Is 48.10; cp. 1Co 3.10-15) e da pureza da Palavra de Deus (Sl 12.6). A sabedoria é declarada mais valiosa que a prata (Jó 28.10-15; Pv 3.13,14; 8.10,19; 16.16). V. *moedas*; *ouro*; *minerais e metais*. — LeBron Matthews

PRATA BATIDA Lâmina fina de prata produzida por batidas e usada para revestir objetos de valor menor como o cerne de madeira de um ídolo (Jr 10.6-10).

PRATO 1. Vasilhame raso grande e plano no qual a refeição é comida ou servida (Nm 7.13-85; Mt 14.8,11). V. *cerâmica*. **2**. Folha de metal (Êx 28.36; Nm 16.38). **3**. Utensílio para conter ou servir comida. O AT usa três termos para prato: o prato grande e raso de metal (Jz 5.25; 6.38), a travessa (2Rs 21.13) e o prato fundo ou bacia (Êx 25.29; 37.16; Nm 4.7; 7.13). Os pratos eram geralmente feitos de cerâmica. Os pratos feitos de madeira eram mais valorizados (Lv 15.12). Os pratos e utensílios feitos de metal precioso eram usados pelos ricos e no templo. No antigo Oriente Médio, as pessoas reunidas para uma refeição geralmente comiam de um grande prato central (Mt 26.23; Mc 14.20). Oferecer a uma pessoa a escolha de uma parte especial da comida no prato comum era um sinal especial de hospitalidade. V. *cerâmica*; *recipientes e vasos*.

PREÇO DA NOIVA V. *dote*.

PRÉ-CONHECIMENTO, TER PRÉ-CONHECIMENTO DE Saber de antemão. O verbo (gr., *proginosko*) e o substantivo (gr., *prognosis*) são palavras compostas formadas pelo prefixo *pro* (antes de) e o verbo *ginosko* (saber, entender, perceber, estar familiarizado com). As Escrituras usam esses termos para dar a entender o conhecimento dos acontecimentos antes de sua ocorrência ou o conhecimento de coisas antes de sua existência. Entre as sete ocorrências desses termos no NT, duas se referem ao conhecimento humano: At 26.5 se refere ao conhecimento prévio que os judeus tinham de Paulo, e 2Pe 3.17, ao conhecimento que os cristãos têm de acontecimentos futuros com base na revelação divina. Todas as outras referências são ao conhecimento prévio de Deus. Embora a ideia de presciência esteja presente no AT, não há equivalente hebraico aos termos gregos.

As Escrituras revelam a onisciência de Deus, i.e., ele tem conhecimento exaustivo de todas as coisas — passadas, presentes e futuras. Tanto o AT quanto o NT testificam do conhecimento abrangente de Deus. Os olhos do Senhor percorrem toda a terra (2Cr 16.9); os olhos de Deus estão em todo lugar (Pv 15.3). Seu entendimento não tem limites (Sl 147.5). Deus tem conhecimento abrangente das ações (Jó 34.21), dos pensamentos (1Sm 16.7; 1Rs 8.39; Sl 139.2; Pv 5.21) e mesmo das motivações dos homens (1Cr 28.9). Para destacar a amplitude do conhecimento divino, Jesus falou da percepção que Deus tem das aves do céu e dos fios de cabelo na cabeça dos homens (Mt 10.29,30). Nada está oculto aos olhos dele (Hb 4.13). João captou a essência do ensino bíblico: "Deus [...] sabe todas as coisas" (1Jo 3.20).

O pré-conhecimento de Deus é o aspecto da onisciência divina relacionado ao futuro. As Escrituras mostram claramente que o conhecimento de Deus não é limitado ao passado e ao futuro. É ele quem anuncia os acontecimentos antes de ocorrerem e torna conhecido o fim desde o início (Is 42.9; 46.10a). É esse conhecimento do futuro, entre outras coisas, que distingue Deus dos falsos deuses (Is 44.6-8; 48.14). Não era a clarividência dos profetas mas o pré-conhecimento divino que tornou possíveis as previsões deles. Natã prenunciou a morte do filho de Davi (2Sm 12.14); Elias prenunciou a morte de Acabe e Jezabel (1Rs 21.19,23); Amós prenunciou o cativeiro de Israel (Am 5.27) e seu retorno (Am 9.14). Por meio do pré-conhecimento de Deus os profetas prenunciaram o nascimento de Jesus em Belém (Mq 5.2); seu sofrimento vicário (Is 53.4-6) e ressurreição (Sl 16.10). A profecia preditiva era possível por Deus revelar seu pré-conhecimento aos profetas.

Conquanto esteja claro que as palavras gregas *prognosis* e *proginosko* tenham a conotação de conhecer algo de antemão (pré-conhecimento), muitos intérpretes consideram a pretensão de um significado mais amplo pelo NT. Alguns trechos indicam que o pré-conhecimento de Deus está associado intimamente à sua preordenação. No AT, os acontecimentos da História são o desdobramento do plano eterno de Deus (Gn 45.4-8; Is 14.24-27; 42.9; Jr 50.45). Os autores do NT perceberam na vida, morte e ressurreição de Jesus a realização do plano eterno de Deus de salvar a humanidade. Os Evangelhos declaram que as predições dos profetas estavam se cumprindo na vida e morte de Jesus (Mt 1.22,23; 2.5,6,15; Jo 19.42). Usando formas de prognóstico por meio de palavras, as Escrituras ensinam que a crucificação não foi um acontecimento aleatório na História. Ocorreu de acordo com o pré-conhecimento de Deus, de acordo com seu plano eterno. Ao falar da morte de Jesus, Pedro proclamou: "Este homem lhes foi entregue por propósito determinado e pré-conhecimento de Deus" (At 2.23a). Na primeira epístola, Pedro escreveu acerca de Cristo: "conhecido ["escolhido por Deus", *NTLH*] antes da criação do mundo" (1Pe 1.20a). Esse pré-conhecimento envolve mais do conhecimento prévio; inclui preordenação, escolha.

Outros textos indicam que o pré-conhecimento divino diz respeito a pessoas. Seu pré-conhecimento de pessoas não é principalmente uma referência a seu intelecto, mas à sua vontade benevolente por meio da qual ele separa pessoas para si mesmo. Seu pré-conhecimento significa dirigir sua afeição para com alguém de antemão.

Isso é evidente nos dois empregos que Paulo faz desse verbo em Rm: "Pois aqueles que de antemão conheceu, também os predestinou para serem conformes à imagem de seu Filho" (Rm 8.29); "Deus não rejeitou o seu povo, o qual de antemão conheceu" (Rm 11.2). Deus é retratado não como tendo ciência de acontecimentos ou circunstâncias (presciência), mas de pessoas. Não é o *que* Deus pré-conheceu, mas *quem* ele pré-conheceu. Muitas vezes se argumenta que Paulo usa o significado hebraico de conhecimento (*yada'*) encontrado em textos como Am 3.2 e Jr 1.5. Esse conhecimento envolve o relacionamento pessoal com Israel, seu povo. Ele não o escolheu com base na previsão de algo bom, mas por misericórdia. Assim, conquanto Deus tenha conhecimento prévio (presciência) de outras nações, não se fala dele que ele o conheça de antemão. Da mesma forma, Deus tem conhecimento prévio de todas as pessoas, mas ele pré-conhece somente os seus redimidos (Rm 8.29).

Tentativas de reconciliar o pré-conhecimento de Deus com a liberdade e responsabilidade humanas têm ocupado teólogos e filósofos ao longo de toda a história da Igreja. Alguns argumentam que o pré-conhecimento divino, sem importar sua proposição como presciência ou preordenação, significa a negação da liberdade humana. Com base nisso, algumas pessoas negam que Deus conhece o futuro, porque ele escolheu não conhecê-lo ou, como argumentam mais recentemente os proponentes do "teísmo aberto", por ser incapaz de sabê-lo. Outros tendem a ressaltar o pré-conhecimento e a preordenação a ponto de quase excluir a escolha humana. A melhor abordagem é aceitar o ensino bíblico de que Deus conhece de antemão e preordena todas as coisas ao mesmo tempo que não viola a livre agência e a responsabilidade moral humanas. Os autores bíblicos não se envergonharam de pôr essas verdades lado a lado. Em At 2.23, Pedro proclamou que a crucificação de Jesus aconteceu de acordo com o pré-conhecimento de Deus e seu plano preordenado. Contudo, Pedro responsabilizou os atormentadores de Cristo pelas suas ações, vendo que eles tinham agido de acordo com seus desejos maus. — *Walter Johnson*

PRECURSOR Termo grego *prodomos* (o que corre adiante) é usado uma vez no NT (Hb 6.20) e serve como designação de Cristo. No grego secular o vocábulo era frequente como termo militar para designar batedores avançados ou integrantes de cavalaria que preparavam o terreno para um ataque. Esse sentido é visto na tradução grega mais antiga do livro apócrifo Sb (12.8), em que vespas foram as precursoras do exército de Israel (cf. Êx 23.28; Dt 7.20; mas também Js 24.12, vespões concluíram a expulsão dos reis amorreus — assim, o ataque israelita não foi necessário). Em outros trechos da antiga tradução grega do AT (*LXX*), *prodomos* é usado metaforicamente como o primeiro fruto maduro (Nm 13.20; Is 28.4). Esse emprego sugere que a esperança cristã de entrar na presença de Deus é garantida pelo precursor e predecessor que já atingiu esse alvo (cf. a ideia de Cristo como "primícias" ["primeiro fruto"] dos mortos, 1Co 15.20,23). Um conceito semelhante é expresso pela imagem de Cristo como pioneiro da salvação (Hb 2.10), o primeiro de muitos filhos levados por Deus à glória mediante o sofrimento. Significativamente, Cristo é nosso precursor. Tendo percorrido a estrada do sofrimento à nossa frente, Cristo se tornou a fonte da salvação que torna possível que nós o sigamos (Hb 5.8-10).

Em português, "precursor" indica alguém que precede e sinaliza a aproximação de outra pessoa. Nesse sentido João Batista é considerado precursor de Jesus, embora o NT não use esse termo para ele. O AT usou a imagem comum de agentes enviados à frente do rei para realizar os preparativos de sua viagem para retratar a missão de um mensageiro profético preparando o caminho para a vinda de Deus (Is 40.3; Ml 3.1). A aplicação desses textos a João pelos autores do NT (Mt 11.10; Mc 1.2; Lc 1.76; 7.27) afirma que a vinda de Jesus é a vinda de Deus.

PREDESTINAÇÃO Propósitos de Deus em graça dirigidos a quem ele salvará.

A palavra "predestinar" usada como verbo que tem Deus como sujeito é usada seis vezes no NT (At 4.28; Rm 8.29,30; 1Co 2.7; Ef 1.5,11). A palavra em português é derivada do latino *praedestino*, usada na *Vulgata* para verter o vocábulo grego *proorizo*, que significa em essência "decidir de antemão". Outras palavras apresentam ideia similar: determinar, eleger, prever ("eleição" e "pré-conhecimento" são tratados como artigos separados neste dicionário).

Principais textos Em Rm 8 e em Ef 1 Paulo faz asseverações fortes a respeito da prioridade da graça de Deus na salvação: "Pois aqueles que de antemão conheceu, também os predestinou para serem conformes à imagem de seu Filho, a fim de que ele seja o primogênito entre muitos irmãos" (Rm 8.29). O Pai determinou que moldaria a quem conheceu de antemão conforme a imagem de Cristo. Ele os predestinou para serem plenamente santificados. Para deixar claro como essa predestinação se encaixa no plano divino geral da salvação, Paulo lista uma espécie de "corrente da graça": "E aos que predestinou, também chamou; aos que chamou, também justificou; aos que justificou, também glorificou" (v. 30). Em cada elo da corrente, Deus é o sujeito, e as pessoas são objetos da ação. Deus conhecia de antemão as pessoas, não algo incidental a respeito delas, i.e., das pessoas que creriam; antes, ele conhecia de antemão as próprias pessoas. Aqueles a quem ele conheceu de antemão são os mesmos a quem predestinou e os mesmos a quem chamou, justificou e glorificou. Não há quebra em nenhum elo da corrente. Isto é, não há possibilidade de que alguém inicialmente predestinado fracasse antes de ser glorificado. Quanto a isso, Paulo está em pleno acordo com Jesus, que, em Jo 6.37-40, deixa claro que todas as pessoas dadas a ele pelo Pai (predestinação) crerão nele e por fim serão ressuscitadas no último dia (glorificação). Ou seja: nenhum deles deixará de ser salvo.

Em Ef 1.3-6,11 Paulo levanta mais uma vez a questão da predestinação. Na passagem ele apresenta vários pontos facilmente vistos no texto. Ele usa os termos "predestinar" e "escolher" (*eklegomai*) de modo sinônimo. Primeiro, no versículo 4 ele observa que Deus "nos" escolheu (cristãos) antes da fundação do mundo. Segundo, Paulo diz que a eleição foi "nele" (Cristo). Terceiro, a eleição tem o alvo de nos tornar "santos e irrepreensíveis em sua presença". Quarto, ele nos predestinou "em amor" (v. 4,5). Quinto, essa predestinação foi para nossa adoção como filhos. Sexto, o predestinar foi "conforme o bom propósito da sua vontade" (v. 5). Sétimo, essa predestinação nos leva ao "louvor da sua gloriosa graça" (v. 6). No versículo 11 o apóstolo enfatiza novamente um ou dois pontos apresentados nos versículos anteriores: "Nele fomos também escolhidos, tendo sido predestinados conforme o plano daquele que faz todas as coisas segundo o propósito da sua vontade". Paulo liga a predestinação dos cristãos ao fato de terem sido adotados como filhos (logo, a herança), e observa mais uma vez que a eleição foi estabelecida em conformidade com o propósito de Deus, que faz todas as coisas de acordo com sua vontade. Essas são declarações fortes para afirmar que Deus é gracioso e que a única esperança de

PREDESTINAÇÃO

qualquer pessoa neste mundo é a concessão da graça divina.

Dois textos usam a palavra *proorizo*. Em 1Co 2.7 Paulo diz aos leitores que Deus "predestinou" o mistério de sua sabedoria oculta. Esse mistério é o propósito de Deus na salvação por intermédio de Cristo, dada a judeus e gentios, baseada na graça divina e recebida só pela fé (cf. 1Co 2.1; 4.7; Rm 11.25; 16.25; Ef 1.9; 3.3,4,9; 6.19,20; Cl 1.25,27; 2.2; 4.3). Nesses textos Paulo afirma que Deus predestinou Cristo e sua obra expiatória como única esperança de salvação. Em At 4.27,28 a igreja de Jerusalém ora: "De fato, Herodes e Pôncio Pilatos reuniram-se com os gentios e com o povo de Israel nesta cidade, para conspirar contra o teu santo servo Jesus, a quem ungiste. Fizeram o que o teu poder e a tua vontade haviam decidido de antemão que acontecesse". Esses cristãos afirmam que homens ímpios foram usados por Deus para executar o plano divino de salvação, pois, ao crucificar Jesus, puseram em ação o plano predestinado de Deus.

O leitor das Escrituras não deve se surpreender pelo fato de a Bíblia apresentar o Deus verdadeiramente soberano e poderoso. Seus planos sempre serão cumpridos (Sl 33.10,11; Jó 9.12; Dn 4.35). Ele está no controle de toda a História, de modo que até mesmo os detalhes integram sua obra (Pv 21.1; 16.1,9,33). Nada é capaz de impedir o cumprimento do que ele predeterminou (Is 14.24-27; 44.24-45; Pv 19.21).

Considerações teológicas Teologicamente esse ensino apresenta um desafio para alguns cristãos. Junto com essas passagens que enfatizam a prioridade de Deus na graça, há muitos textos que afirmam a importância do arrependimento e da fé (Rm 10.9-14; At 2.38) e da necessidade do pecador "ir" a Cristo (Ap 22.17). Ainda que o conceito de predestinação pareça conflitante com a responsabilidade individual como resposta ao chamado do evangelho, as duas realidades devem ser compatíveis, pois os mesmos mestres inspirados nas Escrituras enfatizam ambas. Paulo pode dizer que os cristãos são predestinados por Deus e mesmo assim na página seguinte disse: "Se você confessar com a sua boca que Jesus é Senhor e crer em coração que Deus o ressuscitou dentre os mortos, será salvo. Pois com o coração se crê para justiça, e com a boca se confessa para salvação". As Escrituras afirmam: 'Todo que nele confia jamais será envergonhado'. Não há diferença entre judeus e gentios, pois o mesmo Senhor é Senhor de todos e abençoa ricamente todos os que o invocam, porque 'todo aquele que invocar o nome do Senhor será salvo' "(Rm 10.9 -13). Aquele que escreveu que somos predestinados de conformidade com o beneplácito da vontade divina, pouco adiante afirmou: "Pois vocês são salvos pela graça, por meio da fé, e isto não vem de vocês, é dom de Deus" (Ef 2.8). Para Jesus e para Paulo as duas ideias são complementares, não contraditórias (cf. Jo 10.25-30).

Várias tentativas foram feitas para "reconciliar" a soberania de Deus na predestinação com a resposta humana. Alguns alegam que Deus predestina os cristãos com base em seu pré-conhecimento de quem um dia irá crer no evangelho. O problema é que nenhum texto ensina isso. A passagem de Rm 8.29 não diz "Aos que sabia de antemão que iriam crer, predestinou para a salvação". De acordo com a observação anterior, a expressão "saber de antemão" se refere às pessoas que Deus já conhecia, não a algo a respeito delas (a crença potencial). Além disso, Ef 1.11 deixa claro que a predestinação não se baseia em algo que Deus vê nas pessoas. Isto é, não se baseia em obras, ou fé, ou perseverança ou seja lá o que for que tenha sido visto de antemão. O texto diz que a predestinação é baseada nos propósitos de Deus, ainda que não especifique seu significado. No outro extremo do espectro, alguns argumentam que Deus planejou salvar alguns e reprovar outros, para sua glória, e então criou o mundo para que isso acontecesse. Mas as "soluções" para essa dificuldade lógica têm algo em comum — são soluções filosóficas, não baseadas em um estudo sóbrio do texto bíblico.

É importante o apego à Bíblia e a seu ensino quanto a esse assunto. Quanto à predestinação, a Bíblia afirma que Deus predestinou pessoas com base em seu amor, para adoção em Cristo antes que o mundo fosse criado, para que essas pessoas pudessem se tornar santas e inculpáveis, de acordo com a imagem de Cristo, de modo que assim o louvem por sua graça e sirvam a ele por gratidão. Ele não o fez baseado em nada que tenha visto neles, mas de acordo com seus propósitos, desconhecidos da sabedoria humana, para que uma grande multidão possa estar em seu reino eterno (Rm 8.29,30; Ef 1.3-6, 11). Deus planejou essa redenção através da obra preordenada de Cristo no Calvário, a quem antes do início do tempo o Pai determinou que fosse crucificado. Ainda que fosse sua vontade que Cristo fosse morto dessa maneira, aqueles que o mataram o fizeram por seus propósitos ímpios, não forçados por Deus, e por isso são responsáveis pelo seu crime (At 4.28; 2.22,23; Ap 13.8). Sabemos também que o Deus que predestina envia também seus trabalhadores à colheita para executar seus propósitos em missão. Não há a menor razão para a igreja perder seu ímpeto evangelístico, pois, sem que se pregue aos pecadores, eles nunca serão salvos. É tarefa da igreja testificar a verdade e crer que o Senhor abrirá o coração dos descrentes (At 16.14), como no caso dos gentios que ouviram Paulo e Barnabé, quando "creram todos os que haviam sido designados para a vida eterna" (At 13.48).

Ainda que os cristãos não sejam capazes de entender como tudo isso acontece, eles podem afirmar que tudo isso é verdadeiro, e podem certamente obedecer ao chamado de Deus para a obra do ministério. V. *antropomorfismo*; *eleição*; *pré-conhecimento, ter pré-conhecimento de*; *salvação*; *soberania de Deus*. — Chad Brand

PRÉ-EXÍLICO Período na história de Israel anterior ao exílio na Babilônia (586-538 a.C.). V. *Israel, terra de*.

PREEXISTÊNCIA DAS ALMAS A ideia de que almas humanas existiam antes do corpo. Como a Bíblia ensina que a morte física não é o fim da existência pessoal, alguns sugeriram que, de igual maneira, a concepção não é o início.

Platão acreditava que acontecimentos históricos são realizações de realidades preexistentes no interior do mundo ideal da mente divina. Ele ensinou que a alma existia antes da encarnação corporal no mundo ideal. Outros pensadores tinham explicações similares.

Ideias pagãs sobre a preexistência da alma foram introduzidas no pensamento cristão em algum momento da história da Igreja. Os argumentos de teólogos cristãos da igreja primitiva, como Orígenes (c. 185-254) sugerem que o corpo humano é habitado por uma alma que pecou em algum estado incorpóreo e foi destinada a esse reino material como forma de punição. Entretanto, a ortodoxia cristã repudia essa doutrina. Antes, a alma é criada diretamente por Deus e unida ao corpo na concepção ou nascimento (criacionismo) ou a alma é gerada junto com o corpo por meio do processo reprodutivo (traducianismo).

O conceito de preexistência da alma é estranho à Bíblia. A partir do momento que Deus "soprou em suas (i.e., do homem) narinas o fôlego da vida" (Gn 2.7), as Escrituras nunca separam a criação dos componentes materiais e espirituais do indivíduo. De fato, a Bíblia não admite a concepção da existência desencarnada, exceto no caso do estado intermediário entre a morte e a ressurreição do corpo (Fp 1.21-23).

Davi faz referência ao início da existência no útero de sua mãe (Sl 51.5,6; 139.13-16). Deus declara saber que Jeremias foi formado no útero (Jr 1.5), mas isso não indica a antiguidade espiritual — antes, aponta para a onisciência e pré-conhecimento soberanos de Deus. O NT fala de Deus conhecer os cristãos antes da fundação do mundo, mas sempre no contexto de sua intenção amorosa de salvá-los em Cristo (Rm 8.29).

A preexistência de Jesus (Jo 1.1,2) de modo algum argumenta a favor da preexistência da alma. As Escrituras ligam a preexistência de Jesus não à experiência humana, mas à identidade como Deus eterno, não criado e autoexistente (Jo 8.58), que assumiu a natureza humana para servir como Mediador entre Deus e os pecadores.

A Bíblia, diferente da filosofia e do misticismo, não despreza o corpo como se este fosse um recipiente para a alma. Antes, a Bíblia fala da criação e da redenção da pessoa integral, corpo e alma (Rm 8.11). A Bíblia afirma a criação do corpo por Deus como essencial para a existência humana, como a ressurreição corporal dos mortos (Jo 6.39). Os propósitos de Deus não terminam na restauração da humanidade ao estado preexistente, mas na redenção do cosmo material em uma gloriosa nova criação (2Pe 3.13). — *Russell D. Moore*

PREGAÇÃO Apresentação humana, por intermédio do poder do Espírito Santo, dos atos salvadores de Deus por meio de Jesus Cristo. Essa proclamação da revelação divina age como instrumento escolhido para nos trazer salvação pela graça, ainda que a mensagem do Messias crucificado pareça tolice para pessoas de sabedoria mundana e ofensa escandalosa para os judeus (1Co 1.21-23). Os verdadeiros pregadores cristãos interpretam o significado dos atos de Deus para os contextos contemporâneos. O sermão se torna palavra de Deus para nós só quando o servo de Deus reconstitui as realidades passadas da revelação bíblica e as transforma em experiência da vida presente.

Tradições do Antigo Testamento Os grandes profetas do AT anunciaram mensagens diretas de Deus contra os pecados do povo, falaram a respeito do juízo vindouro e proclamaram a esperança futura do grande Dia do Senhor. A revelação de Deus às famílias, partilhada com regularidade como revelação particular (Dt 11.19), tornou-se a base da leitura pública da Lei para todas as pessoas, uma vez a cada sete anos (Dt 31.9-13). Em épocas de despertamento especial, líderes viajavam para partilhar a revelação em grandes assembleias (2Cr 15.1,2; 17.7-9; 35.3). O texto de Ne 8.7-9 registra que Esdras e seus companheiros interpretaram o "sentido" da leitura nessas reuniões. A necessidade contínua de instrução e interpretação pública deu origem ao surgimento da tradição expositiva da revelação do AT. Essa tradição continuou depois do exílio nos cultos regulares das sinagogas locais surgidas no judaísmo da Dispersão, como substitutos do culto no templo.

Prática do Novo Testamento Jesus iniciou seu ministério na sinagoga anunciando-se o Arauto cumpridor da profecia de Isaías a respeito da pregação do Reino e de suas bênçãos (Lc 4.16-21). Quando Pedro e os outros apóstolos pregaram, sua ênfase estava na pessoa e obra de Cristo como ponto central da história, certificando hoje a presença do Reino de Deus na terra. No NT a mensagem concerne ao sumário dos fatos básicos a respeito da vida, caráter, morte, sepultamento, ressurreição e segunda vinda de Cristo. Continua hoje como principal palavra de revelação ao mundo por intermédio da igreja. Ainda que o NT utilize cerca de 30 palavras diferentes para descrever a pregação de João Batista, de Jesus e dos apóstolos, as mais comumente usadas podem ser agrupadas sob os temas da proclamação (anunciar, evangelizar) e da doutrina (ensinar). Muitos estudiosos definem essas ênfases como pregação do evangelho (proclamação da salvação em Cristo) ou ensino pastoral (instrução, admoestação e exortação dos cristãos sobre questões de doutrina e estilo de vida). Na prática, uma função está interligada à outra. Portanto, 1Co 15.1-7 não apenas apresenta o "núcleo irredutível" da mensagem do evangelho, mas também inclui o ensino doutrinário claro sobre a expiação substitutiva e o cumprimento das profecias messiânicas. A mesma passagem forma a base da exposição da extensa doutrina da ressurreição geral. O discurso de Estêvão em At 7.1-53 representa o melhor da tradição do AT, unindo narrativa e porções históricas das Escrituras com a interpretação e aplicação contemporâneas à situação presente. O sermão de Pedro em At 2 afirma a natureza expiatória da morte de Jesus e a realidade de sua ressurreição, junto com o chamado claro à fé e ao arrependimento, formando um argumento equilibrado e estruturado ao redor da proposição central: "Jesus Cristo é o Senhor".

Perspectivas especiais Paulo cria com firmeza que proclamar a plena glória de Cristo não só adverte homens e mulheres da necessidade de salvação, mas também por intermédio da pregação os cristãos podem crescer em direção à maturidade espiritual (Cl 1.28). Ele afirmou que o ministério dos líderes chamados por Deus equipa os cristãos em cada assembleia local para o serviço por meio de ministrações mútuas e os conduz à edificação saudável do corpo de Cristo (Ef 4.11-16). Ele definiu seu conteúdo com a inclusão de "todo o plano (ou conselho) de Deus" e sua prática como "aos judeus e aos gregos" e "de casa em casa", bem como "publicamente" e "em todas as ocasiões" (At 20.17-21,27).

Homilética Paulo sublinhou a necessidade de atenção cuidadosa aos princípios de comunicação na pregação. Apesar da recusa em adotar algumas das palavras astuciosas e habilidosas de alguns retóricos seculares do seu tempo (2Co 4.2; 1Ts 2.3, 5), ele adaptou sua pregação muito bem a uma variedade de audiências e necessidades. Na sinagoga, Paulo falava aos judeus a respeito dos modos especiais pelos quais Deus lidou com seu povo (At 13.16-41), mas aos filósofos gregos ele apresentou um Deus vivo como desafio ao amor deles por novidades, citando seus escritores (At 17.22-31). Para Agripa e Festo, Paulo modelou a mensagem do evangelho em termos legais e grandiosos (At 26.2-23). Ao enfrentar a acusação de apostasia da fé judaica, ele se dirigiu ao povo na língua deles, lembrando sua origem e experiências em Cristo (At 21.40—22.21). Paulo também aconselhou o jovem pastor Timóteo a ser consciencioso a respeito de si próprio, bem como ao ensino (1Tm 4.16). Paulo aconselhou a necessidade de prática diligente para aprimorar as habilidades de Timóteo na leitura pública das Escrituras e no ensino motivacional (1Tm 4.13-15). Paulo observou que essas responsabilidades envolvem "trabalho árduo" (1Tm 5.17). — *Craig Skinner*

PREGO 1. Fixador de metal usado na construção e decoração (1Cr 22.3; 2Cr 3.9; Is 41.7; Jr 10.4). Os pregos mais antigos eram feitos de bronze. Com a introdução do ferro, pregos maiores passaram a ser feitos com esse metal. Pregos menores continuaram a ser feitos de bronze. Os pregos maiores algumas vezes eram entrelaçados com metais preciosos e tinham a cabeça decorada com um revestimento de ouro, quando usados para ornamentação (cf. 2Cr 3.9). Os pregos usados na crucificação de Jesus eram provavelmente estacas de ferro que mediam de 12 a 17 centímetros (Jo 20.25). **2.** A mesma palavra hebraica é traduzida algumas vezes por "estaca" (Êx 35.18; Jz 4.21,22; Zc 10.4).

PREGUIÇOSO Pessoa indisciplinada. A palavra hebraica pode se referir a um arco sem flecha, que, portanto, não pode ser usado (Sl 78.57; Os 7.16). Uma raiz hebraica similar ou relacionada descreve a língua solta como enganosa (Jó 13.7; 27.4; Sl 32.2; 52.4; Mq 6.12). A pessoa preguiçosa não pode liderar; antes, torna-se sujeita ao domínio de outros (Pv 12.24; cp. 10.4; 19.15). A obra de Deus não deve ser feita com essa disposição (Jr 48.10). A segunda palavra hebraica refere-se ao que é difícil, pesado ou prejudicado, e indica a preguiça ou lentidão tola. A tribo de Dã foi encorajada a conquistar um território novo e a não ser relutante ou hesitante (Jz 18.9). A formiga, sábia e trabalhadora, ilustra o oposto da preguiça (Pv 6.6), enquanto o preguiçoso só quer dormir (Pv 6.9; cp. 10.26; 13.4; 15.19; 19.24; 20.4; 21.25; 22.13; 24.30; 26.16). A mulher virtuosa é o contrário da preguiçosa, pois não dá lugar à preguiça (Pv 31.27). O texto de Ec 10.18 declara: "Por causa da preguiça, o telhado se enverga. Por causa das mãos indolentes, a casa tem goteiras". Jesus condenou o servo mau e preguiçoso (Mt 25.216), mas elogiou e recompensou o "servo bom e fiel" (Mt 25.23). V. *ética*.

PRÉ-MARITAL, SEXO Envolvimento em experiência sexual antes do casamento. O livro de Ct é um poema extenso que enaltece a virtude da fidelidade sexual entre o rei e sua noiva escolhida. O desejo sexual aparece de maneira forte em todo o poema, enquanto o rei e sua amada antecipam o momento de sua união. Nos intervalos, o poeta repete um refrão que aconselha a restrição sexual: "Não despertem nem provoquem o amor enquanto ele não o quiser" (2.7; 3.5; 8.4). À igreja de Corinto, cidade bastante conhecida pela atividade sexual libertina, Paulo afirmou que os cristãos devem controlar os desejos sexuais, e que quem não conseguir fazê-lo, deve casar-se (1Co 7.2,8,9,36,37). Paulo aconselhou Timóteo a fugir das paixões da juventude e, em seu lugar, buscar o que lhe seria útil para a vida pura (2Tm 2.22). Ainda que a tentação para gratificar as paixões seja forte, Paulo ensinou que Deus promete forças para vencer toda tentação (1Co 10.12,13).

Deus escolheu o relacionamento conjugal como o modo de expressar a seu povo a intimidade que ele compartilha com os crentes (Os 1—3; 2Co 11.2; Ap 21.2). Qualquer coisa que barateie ou diminua a união entre marido e mulher no casamento, como sexo pré ou extramarital, macula o relacionamento de Deus com o povo. V. *fornicação, imoralidade, prostituição; sexo, ensino bíblico a respeito do*. — Paul H. Wright

PRÊMIO Recompensa em uma competição esportiva. Paulo utilizou essa imagem para ilustrar o alvo da vida cristã (Fp 3.14; cp. 1Co 9.24). O prêmio é algumas vezes identificado com o destino celestial de Paulo. Mais provavelmente é o "chamado celestial" que designa o chamado total à maturidade cristã. O contexto mais amplo usa múltiplas expressões (conhecer Cristo, 1Co 2.8,10; obter Cristo, 2.8; conhecer o poder da ressurreição de Cristo; compartilhar o sofrimento e a morte de Cristo, 2.10) para definir o alvo da vida cristã. Ainda que Paulo tenha usado uma imagem competitiva, ele estava consciente de que ela não resulta do esforço pessoal, mas é um dom de Deus recebido pela fé (3.9).

PREPARAÇÃO, DIA DA Sexto dia da semana no qual os judeus preparavam todo o necessário para não trabalhar no sábado (cf. Êx 20.8-11; Mt 12.1-14; Jo 9.14-16). Incluíam-se atividades como preparação de refeições, a finalização do trabalho que faltava e purificação espiritual. O dia hebraico começava e terminava às 18 horas, de modo que o dia da preparação se estendia das 18 horas da quinta até o início do sábado, às 18 horas da sexta.

A festa da Páscoa acontecia imediatamente após a convocação santa da festa dos pães sem fermento (Lv 23.1-7). Ninguém trabalhava em nenhum dia santo, de modo que um dia era estabelecido como preparação para o período santo (Jo 19.14). João identificou explicitamente o dia da preparação com o dia da execução de Jesus (Jo 19.14,31,42) e situou a última ceia antes da Páscoa (Jo 13.1). Entretanto, os Evangelhos sinópticos datam a última ceia no dia da Páscoa (Mt 26.17; Mc 14.12; Lc 22.7). Essa contradição aparente de datas depende se os escritores do Evangelho estavam se referindo ao dia da preparação para o sábado ou ao dia da preparação para a Páscoa. — Steve W. Lemke

PREPARAÇÃO, OFERTA DE V. *sacrifício e oferta*.

PREPÚCIO Dobra solta de pele que cobre a glande do pênis que é removida na circuncisão. A remoção do prepúcio era um lembrete corporal da aliança de Deus com Abraão (Gn 17.11,14,23-25). Em Dt 10.16, o "prepúcio do vosso coração" (*ARC*) é associado à obstinação na desobediência. O texto difícil de Hc 2.16 é provavelmente uma corruptela da palavra "cambalear" envolvendo a inversão de duas letras. A *NRSV, TEB* e *REB* (em inglês), portanto, traduzem por "cambalear" junto com os rolos do mar Morto e diversas versões antigas (cp. *NTLH*: "você também ficará bêbado"). A formulação no *Texto Massorético*, "mostrar-se incircunciso", não significa simples exposição (*NVI*: "exponha-se"), mas ser reconhecido como alguém cortado da aliança. V. *circuncisão; aliança*.

PRESBÍTERO V. *ancião (presbítero, autoridade)*.

PRESENÇA DE DEUS Iniciativa divina de se encontrar com o povo. As palavras bíblicas para expressar a presença de Deus geralmente relatam a "face" de Deus.

Antigo Testamento No período patriarcal Deus usou vários modos de revelação para se comunicar com o povo (Gn 15.1; 32.24-30). Estes são muitas vezes descritos como teofanias, manifestações de Deus à humanidade. Moisés tinha um relacionamento íntimo com Deus. Ele o encontrou na sarça ardente e o conhecia "face a face" (Dt 34.10). A presença de Deus estava também intimamente relacionada ao tabernáculo, o lugar de encontro do antigo Israel com Deus em adoração. O tabernáculo era o lugar do nome ou da glória do Senhor, a manifestação da presença e atividade de Deus no mundo (Êx 40.34,38). A nuvem e o fogo simbolizavam a presença de Deus liderando a jornada do povo de Israel até Canaã.

Talvez o símbolo primário mais tangível da presença de Deus com o povo tenha sido a arca da aliança, que continha as tábuas da Lei, e era considerada o lugar do trono de Deus. A arca liderou o povo na jornada até Canaã e nas batalhas (Js 3.1-6). Estava associada ao santuário e por fim foi colocada no templo, o lugar da presença divina. Ali Isaías teve uma poderosa visão do Deus santo (Is 6).

Deus também se manifestou de outras maneiras: no fogo (1Rs 18) e ainda em um som calmo e suave (1Rs 19), nessas duas ocasiões, a Elias. O livro de Sl fala da presença de Deus com a comunidade adoradora (Sl 139) e da aparente ausência desse Deus presente (Sl 13). Em todo caso, o salmista se dirige a Deus. Ezequiel falou a respeito do exílio em termos da glória (presença) divina abandonando o antigo Israel, mas depois retornando no fim do exílio na Babilônia (Ez 43.1-5). A maior parte da discussão do AT quanto à presença de Deus se centraliza no fato de ele ser totalmente livre para estar onde desejar, mas constantemente escolhe estar com seu povo, para dar-lhe vida.

Novo Testamento A manifestação primária da presença de Deus no NT é em Jesus Cristo, Emanuel, "Deus conosco" (Mt 1.23; Jo 1.14; Hb 1.1-3). A presença não findou com a morte de Cristo. O Cristo ressuscitado apareceu aos discípulos (Jo 21.1-14) e a Paulo. A obra de Cristo continuou mediante os apóstolos, Paulo e os discípulos (At 1.8; 26.12-18). O Espírito Santo é a importante manifestação da presença divina e continua a obra redentora de Deus. A volta de Cristo trará permanência à presença de Deus com seu povo.

A igreja é chamada para manifestar a presença de Deus. Essa comunidade é alimentada pela presença de Deus encontrada na comunhão entre o adorador e Deus. — *W. H. Bellinger Junior*

PRESERVAÇÃO DOS SANTOS V. *perseverança; segurança do cristão.*

PRESSÁGIO 1. Sinal usado por adivinhos para prever o futuro. Os israelitas eram proibidos de fazer adivinhações (Dt 18.10). A profecia pagã empregava a leitura de presságios (Nm 24.1; *NVI*, "magia"; Ez 21.21). Como Senhor da História, Deus frustra os planos dos "mentirosos" que interpretam presságios (Is 44.25; "sinais", *NVI, ARA, ARC*). V. *adivinhação e mágica.*
2. Sinal que indica um acontecimento futuro. A referência de Acabe a Ben-Hadade como "meu irmão" foi entendida como presságio ou sinal do favor de Acabe (1Rs 20.33; *NVI*, "bom sinal"). Os companheiros do sumo sacerdote Josué eram um bom presságio (*ARA*) ou símbolo de esperança para o povo restaurado de Deus (Zc 3.8; *NVI*, "coisas que virão"). O testemunho fiel dos cristãos em face da perseguição é de igual modo um presságio ou sinal que aponta para a salvação dos cristãos e a destruição dos inimigos de Deus (Fp 1.28).

PRESSÃO DOS PARES Sentimento da necessidade de seguir determinado curso de ação por causa de amigos e colegas que aconselham a fazer isto ou aquilo; em geral, é algo mais negativo que positivo (Pv 18.24; Rm 12.2; 1Co 15.33; Hb 3.13. 12.1). Em vez de ouvir os anciãos que lhe aconselharam o pai, Roboão se submeteu à pressão dos seus pares, "os jovens que haviam crescido com ele" (1Rs 12.8; cp. 2Cr 13.7). Em contraste, Salomão pediu a Deus por sabedoria e conhecimento para que pudesse governar bem (2Cr 1.10).

PRESUNÇÃO V. *orgulho.*

PRETO, ESCURO, ENEGRECIDO Frequentemente usado para denotar a cor de objetos físicos: cabelo ou pelo (Lv 13.31, 37; Ct 5.11); pele (Jó 30.30; Ct 1.5,6; Lm 4.8); o céu como sinal de chuva (1Rs 18.45); e animais (Gn 30.32-43; Zc 6.2,6; Ap 6.5). "Enegrecer" ou "denegrir" é também usado figuradamente para descrever lamento (Jó 30.28; Jr 4.28); um dia sem visão e esperança (Mq 3.6); a habitação dos mortos (Jó 3.5; Jd 13); e a traição dos amigos de Jó (Jó 6.16). V. *cores*

PRETORIANA, GUARDA Unidade militar romana responsável pela segurança pessoal da família imperial e também pela apresentação e proteção dos interesses do imperador nas províncias imperiais. Uma palavra grega relacionada (*praetorion*) pode se referir à alta corte do imperador. Nos Evangelhos e em At, *praetorium* se refere à residência do governador romano. A palavra é usada em Fp 1.13 com referência a uma unidade da guarda pretoriana (*NVI*, "guarda do palácio"). Saudações da parte "da casa de César" (Fp 4.22, *NVI*, "palácio de César") não provam que Paulo estava em Roma quando escreveu Fp. A expressão "casa (ou "palácio") de César" era aplicada com frequência à guarda pretoriana, e havia unidades dessa tropa de elite

PRETÓRIO

dispersas por toda a extensão do império. Paulo podia estar em Cesareia, Éfeso ou Antioquia, ainda que Roma pareça ser mais provável. A palavra *Praetorion* é usada em Mc 15.16 (*NVI*, "Pretório") em referência ao quartel para onde Jesus foi levado, e posteriormente humilhado pelos soldados romanos antes da crucificação. O NT localiza o Pretório em Jerusalém como o palácio do governador romano, a fortaleza Antônia, localizada adjacente ao templo, na esquina noroeste (Mt 27.27; Mc 15.16; Jo 18.28,33; 19.9) do monte do Templo. — *Charles W. Draper e Steven L. Cox*

PRETÓRIO Essa palavra é usada em referência ao palácio do imperador na literatura extrabíblica. O pretório de Herodes em Cesareia (At 23.35; *NVI*, "palácio") era a residência de Félix, procurador romano na Judeia, ainda que a palavra grega *praetorium* não apareça no versículo.

O pretório era formalmente o quartel do acampamento militar romano; entretanto, nas províncias, e também em Roma, essa mesma palavra passou a ser usada como referência à residência oficial do governador ou imperador. Os romanos se acomodavam nessas construções ao tomá-las e apropriar-se dos palácios reais dos povos derrotados. V. *pretoriana, guarda*. — *Steven L. Cox*

PRIMEIRAS CHUVAS Termo usado na *ARA* em Dt 11.14 para as chuvas temporãs. V. *chuva*.

PRIMEIRO E ÚLTIMO V. *Alfa e Ômega*.

PRIMÍCIAS Primeiros exemplares escolhidos de uma colheita que são dedicados a Deus. De acordo com a Lei mosaica, os israelitas individuais traziam à casa do Senhor "o melhor dos primeiros frutos das suas colheitas" (Êx 23.19; 34.26), incluindo o grão, o vinho e o azeite, que eram usados — a não ser o grão (Lv 2.14-16) — para o sustento dos sacerdotes (Nm 18.12; Dt 18.4). De acordo com Dt 26.1-11, a oferta era trazida em um cesto ao santuário para ali ser apresentada. O livro de Pv promete prosperidade aos que honram o Senhor com os primeiros frutos (Pv 3.9,10).

De acordo com Lv 23.9-14, o primeiro feixe da nova colheita de cevada era apresentado como oferta movida diante do Senhor. Isso acontecia no dia depois do sábado da Páscoa e era um

Frente do pretório do palácio do imperador romano Adriano.

reconhecimento público de que tudo vinha de Deus e pertencia a ele (Nm 28.26; cp. Êx 23.16; 34.22). Os israelitas não deviam estar atentos apenas para o fato de que a terra de Canaã era do Senhor e que eles tinham apenas os direitos de arrendatários (Lv 25.33), mas também deviam estar conscientes de que a fertilidade do solo de Canaã não era devido a um dos baalins, mas ao dom da graça do Senhor.

Israel foi descrito como "os primeiros frutos" de Deus (Jr 2.3). Cristo na ressurreição é descrito como "primícias" dos que dormem (1Co 15.20,23). O Espírito Santo é descrito como "primeiros frutos" (Rm 8.23), e os que creem são "como que os primeiros frutos" (Tg 1.18). O remanescente salvo em Israel é descrito como "primeiros frutos" (Rm 11.16), como os 144 mil do período da tribulação são chamados de "primícias" (Ap 14.4). Os primeiros convertidos de uma região foram designados de "primeiro fruto" (1Co 16.15; cp. Rm 16.5). Em cada caso a ênfase estava na dedicação e bênção especiais. V. *festas*. — *Larry Walker*

PRIMO Às vezes versões antigas (*KJV*) usam o termo "primo" quando a referência é a um parente distante (Mc 6.4; Lc 1.36,58; 2.44; 14.12). A mesma palavra grega em todos esses trechos significa parentes, familiares ou compatriotas.

PRIMOGÊNITO Primeiro filho nascido de um casal e que obrigatoriamente era dedicado a Deus de modo especial. O primeiro filho de pessoas recém-casadas representava, assim se acreditava, a plenitude do vigor humano (Gn 49.3; Sl 78.51). Em memória da morte dos primogênitos do Egito e da preservação dos primogênitos de Israel, todos os primogênitos de Israel, tanto humanos quanto animais, pertenciam a Javé (Êx 13.2,15; cp. 12.12-16). Isso significava que o povo de Israel atribuía um valor incomum ao filho mais velho e associava a ele privilégios e responsabilidades especiais. Ele era apresentado ao Senhor quando tinha um mês de idade. Como pertencia ao Senhor, era necessário que o pai o comprasse de volta do sacerdote por preço de resgate que não podia exceder cinco ciclos, ou seja, 60 gramas de prata (Nm 18.16). O marido de diversas esposas precisava resgatar o primeiro filho de cada uma.

A primeira cria de um animal puro era levada ao santuário no oitavo dia de vida (Êx 22.29,30). Caso fosse sem mancha, era sacrificado (Dt 15.19; Nm 18.17). Se tinha mancha, o sacerdote a quem era entregue podia comê-la como alimento comum fora de Jerusalém (Dt 15.21-23), ou podia ser comida em casa pelo seu dono. Aparentemente o primogênito de um animal puro não podia ser usado para serviço algum, pois pertencia ao Senhor (Dt 15.19).

A primeira cria de um animal impuro precisava ser resgatada por um valor estipulado pelo sacerdote, com o acréscimo de um quinto do valor (Lv 27.27; Nm 18.15). De acordo com Êx 13.13; 34.20, a primeira cria de um jumento ou era resgatada por um cordeiro, ou seu pescoço precisava ser quebrado.

Figuradamente Israel era o "primogênito" de Israel (Êx 4.22; Jr 31.9) e desfrutava de posição privilegiada. Deus comparou seu relacionamento com Israel com o relacionamento de um pai com seu primeiro filho. Em Israel, a tribo de Levi representava o primeiro filho de um povo em sua cerimônia de adoração (Nm 3.40,41; 8.18).

Cristo é o "primogênito" do Pai (Hb 1.6) e tem posição preeminente sobre os outros em relação a Deus. Ele também é descrito como "primogênito entre muitos irmãos" (Rm 8.29) e "primogênito de toda a criação" (Cl 1.15). Paulo (Cl 1.18) e João (Ap 1.5) se referem a Cristo como o "primogênito dentre os mortos" — o primeiro a ressuscitar do túmulo e não morrer de novo.

O texto de Hb 12.23 se refere à "igreja dos primogênitos, cujos nomes estão escritos nos céus". Os cristãos, unidos com Cristo e herdeiros dele, desfrutam da posição de "primogênito" na casa de Deus. V. *família*. — *Larry Walker*

PRINCESA Duas construções em hebraico são traduzidas por "princesa". **1.** "Filha de um rei". As 700 esposas de Salomão eram princesas com quem se casou para selar acordos políticos com os pais delas (1Rs 11.3). O texto de Lm 1.1 apresenta a inversão da situação de Jerusalém, na imagem de uma princesa que se tornou serva. **2.** Forma feminina da palavra comum para líder ou governante, aplicada à esposa do rei (Sl 45.13). A *TEB* usa a palavra "princesa" em Jr 43.6 para se referir às mulheres importantes de Judá. V. *príncipe*.

PRINCIPADOS Poderes sobrenaturais espirituais, que podem ser bons ou maus. Os principados foram criados por Cristo e estão sujeitos a ele (Cl 1.16). Nenhum principado ou qualquer outra força pode separar um cristão do amor de Deus encontrado em Cristo (Rm 8.38).

PRÍNCIPE A palavra muitas vezes designa a posição e a autoridade de um governante, não apenas no sentido limitado de herdeiro de um soberano ou de alguém de nobre nascimento (v. Sf 1.8, *ARC*, *BJ*, *TEB*, que faz distinção entre os príncipes e os filhos do rei; *NVI*, "líderes"; *ARA*, "oficiais"; *NTLH*, "autoridades"). Em 1Sm 13.14 a palavra "príncipe" é usada como título para se referir ao rei de Israel (*ARA*; *NVI*, "líder"). A palavra é usada ainda para se referir a um chefe tribal midianita (Nm 25.18, *ARA*; *NVI*, "líder"), aos líderes de uma cidade ou província (Gn 34.2, *ARA*; *NVI*, "governador"; 1Rs 20.15; Jr 34.19) e aos governantes em geral (Mt 20.25, *ARC*; *NVI*, "pessoas importantes"; 1Co 2.6,8). Por extensão, "príncipe" se aplica a seres sobrenaturais. "Príncipe da paz" (Is 9.6), "Príncipe da vida" (At 3.15, *ARC*; *NVI*, *ARA*, *NTLH*, "autor da vida") e "Príncipe e salvador" (At 5.31) são títulos messiânicos. O texto de Dn 8.25 se refere a Deus como "Príncipe dos príncipes". O texto de Dn 12.1 dá a Miguel, o advogado angélico de Israel, o título de "príncipe". Satanás é muitas vezes descrito como o "príncipe deste mundo" (Jo 12.31; 14.30; 16.11; cp. Mt 9.34; 12.24; Ef 2.2).

PRÍNCIPE DA VIDA Palavra traduzida por "príncipe" (At 3.15), também traduzida por "autor" (Hb 2.10; 12.2). Todas essas passagens se referem a Jesus como o fundador da nova vida que seus seguidores partilham com ele.

PRISÃO, PRISIONEIROS Qualquer lugar onde pessoas acusadas de atividades criminosas ou condenadas por elas são confinadas, e as pessoas nesse estado, ou capturadas em guerra.

Antigo Testamento Prisão como punição legal não era característica de códigos legais antigos. A Lei mosaica permitia um lugar de custódia até a decisão do caso (Lv 24.12. Nm 15.34), mas apenas a partir do período persa a Bíblia menciona o encarceramento como penalidade por quebra da lei religiosa (Ed 7.26).

As prisões mencionadas no AT estavam sob controle da coroa. José foi posto em uma prisão real no Egito (Gn 39.20), aparentemente ligada à casa do capitão da guarda (40.3). Os reis Asa de Judá (2Cr 16.10) e Acabe de Israel (1Rs 22.26,27) fizeram uso de prisões, provavelmente associadas aos palácios. Entretanto, a experiência de Jeremias apresenta os vislumbres mais interessantes das prisões e da vida nos cárceres. As prisões reais aparentemente não eram grandes, como a do confinamento inicial de Jeremias, uma casa de morada convertida em cárcere (Jr 37.15). Ele foi confinado em um calabouço subterrâneo (Jr 37.16), talvez uma cisterna adaptada. Mais tarde ele ficou preso no "pátio da guarda" (Jr 37.20,21). Lá ele estava disponível para ser consultado pelo rei (Jr 38.14,28), tinha condições de realizar negócios (Jr 32.2,3,6-12) e podia falar livremente (Jr 38.1-4). Mais tarde, por ter enfurecido os príncipes, Jeremias foi confinado em uma cisterna barrenta no "pátio da guarda" (Jr 38.4-13).

Alguém podia ser confinado em prisões reais por ofender o rei (Gn 40.1-3), talvez por intrigas políticas. Em Israel, os profetas foram presos por denunciarem políticas reais (2Cr 16.10), por predizerem coisas más a respeito do rei (1Rs 22.26,27) e por suspeita de colaboração com o inimigo (Jr 37.11-15). Prisioneiros políticos nas prisões assírias e babilônias incluíam reis de nações rebeldes (2Rs 17.4; 24.15; 25.27; Jr 52.11). Sansão se tornou prisioneiro em um cárcere filisteu (Jz 16.21). Prisioneiros de guerra eram executados ou escravizados.

A situação dos prisioneiros era lamentável, muitas vezes consistindo em rações escassas (1Rs 22.27) e trabalho árduo (Jz 16.21). Em alguns casos os prisioneiros eram torturados, amarrados a troncos ou correntes (2Cr 16.10; Jr 29.26). Joaquim, rei de Judá, tinha vestes especiais quando esteve preso na Babilônia (2Rs 25.29). A vida na prisão se tornou símbolo de opressão e sofrimento (Sl 79.11), e a libertação da prisão provê um quadro de restauração e salvação (Sl 102.20; 142.7; Is 61.1; Zc 9.11,12).

Novo Testamento Nos tempos do NT pessoas podiam ser aprisionadas por não pagarem dívidas (Mt 5.25,26; Lc 12.58,59), por insurreição política e atos criminosos (Lc 23.19,3 25) e também por algumas práticas religiosas (Lc 21.12; At 8.3). Para alguma dessas ofensas, empregavam-se também prisões públicas (At 5.18,19). João Batista foi preso por criticar o rei (Lc 3.19,20) e parece que esteve em uma prisão real localizada próxima ao palácio (Mc 6.17-29). Mais tarde Pedro foi preso sob segurança pesada, com cadeias, muitos guardas e portas de ferro (At 12.5-11).

Paulo, que prendeu outras pessoas (At 8.3; 22.4; 26.10), também esteve preso (2Co 11.23). Suas experiências fornecem detalhes do sistema prisional no mundo do NT. Em Filipos, ele e Silas foram colocados sob os cuidados de um carcereiro que "os lançou no cárcere interior e lhes prendeu os pés no tronco" (At 16.23,24). Escavações em Filipos descobriram uma cripta reverenciada pelos primeiros cristãos como a prisão de Paulo e Silas, adornada com afrescos que apresentam os dois missionários na cidade. Caso a identificação esteja correta, o tamanho reduzido da prisão não deixa dúvida quanto ao fato de que, enquanto Paulo e Silas cantavam, "os outros presos os ouviam" (At 16.25). Talvez a cripta, originariamente uma cisterna, funcionasse apenas como o "cárcere interior" (At 16.24), usado para segurança máxima ou solitária. Em Jerusalém, Paulo foi preso no acampamento militar da coorte romana (At 23.16-18). Depois da transferência para Cesareia, ele ficou preso com certa liberdade no quartel do procurador romano, e tinha permissão para receber visitas (At 23.35; 24.23). Quando ele e outros presos foram transferidos para Roma de navio, Paulo mais uma vez desfrutava de certa liberdade (At 27.1,3); mas, quando o naufrágio tornou-se iminente, os soldados resolveram matar os prisioneiros para impedir-lhes a fuga (27.42,43). Enquanto esperava o julgamento em Roma, Paulo permaneceu sob constante guarda em uma espécie de prisão domiciliar (28.16,17,30), pagou as próprias despesas e tinha liberdade para receber

Interior da prisão marmetina em Roma, lugar tradicionalmente alegado como a prisão de Pedro e Paulo antes de serem executados.

visitas e pregar o evangelho "abertamente e sem impedimento algum" (28.31). Paulo considerava-se preso por causa de Cristo (Ef 3.1; 4.1; Fp 1.13,14; Fm 1,9).

A situação dos presos permaneceu muito difícil no período do NT, e a preocupação com as pessoas nessa condição é uma virtude esperada por Cristo de todo discípulo (Mt 25.36,39,43,44). — *Daniel C. Browning Junior*

PRISCA ou **PRISCILA** V. *Áquila e Priscila.*

PROCLAMAÇÃO V. *querigma; pregação.*

PROCÔNSUL Oficial do sistema romano de governo. O procônsul supervisionava a administração de assuntos civis e militares em uma província. Os procônsules eram responsáveis pelo Senado em Roma. O NT se refere a dois homens com essa função: Sérgio Paulo em Chipre (At 13.7) e Gálio na Acaia (At 18.12; cp. At 19.38). V. *Roma e o Império Romano.*

PRÓCORO Nome pessoal que significa "líder do coro (ou da dança)". Um dos sete escolhidos para auxiliar na distribuição de alimentos às viúvas falantes de grego na igreja de Jerusalém (At 6.5).

PROCURADOR Oficial militar romano que tinha uma posição poderosa no tempo do NT. Os procuradores tinham controle de províncias inteiras que estavam sob o sistema romano. O procurador podia emitir sentenças de morte (algo não permitido aos povos subjugados) e tinham moedas cunhadas em seu nome. Três procuradores são citados no NT: Pilatos (Mt 27.2; alguns questionam se Pilatos era de fato procurador), Félix (At 23.24) e Festo (At 24.27). V. *Roma e o Império Romano.*

PRÓDIGO, FILHO Essa expressão é usada como título da parábola de Jesus (em Lc 15.11-32) e como descrição do estilo de vida desse jovem. As traduções da Bíblia em português não usam a palavra "pródigo" para descrever o estilo de vida, mas o descrevem ao dizer que ele "desperdiçou os bens (i.e., do seu pai) vivendo irresponsavelmente" (Lc 15.13). Infelizmente o título, ao focalizar o filho mais novo, pode levar à perda de vista o que Jesus e Lucas estavam dizendo. A parábola poderia ser chamada "parábola do pai gracioso", pois ele é a personagem que aparece nas duas partes da história, e a personagem principal. Além disso, o ponto principal da parábola vem da conversa entre o filho mais velho e o pai, em que Jesus defende a oferta de salvação que Deus faz aos coletores de impostos e aos pecadores (e a outros pródigos como eles) e condena os fariseus e escribas pela oposição a essa oferta de misericórdia (Lc 15.1,2). — *Donny Mathis*

PROFANAR Tratar o que é santo como se fosse algo comum. Profanar em geral tem significado parecido com tornar algo impuro. V. *puro, pureza; santo.*

PROFECIA, PROFETAS Recepção de uma palavra da parte do Senhor por intermédio da ação direta do Espírito Santo, e o instrumento humano da ação.

Antigo Testamento Três palavras principais são usadas para se referir ao profeta. *Ro'eh* e *hozeh* são traduzidas por "vidente". A palavra mais importante, *navi'*, é em geral traduzida por "profeta". Provavelmente tem o significado de "aquele que é chamado para falar".

História Moisés, talvez o maior líder de Israel, foi um protótipo profético (At 3.21-24). Apareceu com Elias na transfiguração de Jesus (Mt 17.1-8). Israel esperava um profeta semelhante a Moisés (Dt 34.10).

Os profetas também desempenharam um papel importante na conquista da terra prometida e no estabelecimento nela. A profetisa Débora predisse a vitória, pronunciou o juízo quanto à dúvida de Baraque e até mesmo identificou o momento certo de atacar (Jz 4.6.6,7,9,14). Samuel, que liderou Israel na transição para a monarquia, era profeta, sacerdote e juiz (1Sm 3.20; 7.6,15). Ele teve uma visão do futuro (3.11-14) e pediu a Deus que enviasse a chuva e o trovão (12.18). Samuel liderou uma vitória contra os filisteus (1Sm 7), e Deus o usou para ungir reis. Também Gade e Natã trabalharam como profetas do rei. Elias e Eliseu ofereceram críticas e conselhos a reis. Os profetas fizeram mais que predizer o futuro; suas mensagens desafiavam Israel a honrar a Deus.

Suas profecias não eram princípios gerais, mas palavras específicas que correspondiam ao contexto histórico de Israel.

De modo semelhante, os profetas clássicos ou profetas escritores estavam conscientes da importância da História. A turbulência política de Israel é o contexto dos profetas escritores. A subida dos assírios ao poder depois de 750 a.C. apresentou o foco dos ministérios de Amós, Oseias, Isaías e Miqueias. A ameaça babilônica era o pano de fundo e a motivação da maior parte dos ministérios de Jeremias e Ezequiel. A chegada do Império Persa na última parte do séc. VI a.C. foi o cenário de profetas como Obadias, Ageu, Zacarias e Malaquias. Logo os profetas falaram da parte de Deus durante toda a história de Israel.

Os profetas influenciaram quase todas as instituições de Israel, a despeito do fato de que eles muitas vezes eram vistos com alguma reserva; profetas foram presos (Jr 37), ignorados (Is 6.9-13) e perseguidos (1Rs 19.12). Além de servirem a reis e a juízes, os profetas também se dirigiram ao culto de Israel. Eles criticaram o culto vão (Am 5.23,24) e os fracassos dos sacerdotes (Am 7.10; Ml 2). A palavra do Senhor foi também falada no culto (Sl 50.5; 60.6; 81.6-10; 91.14-16; 95.8-11). O chamado profético à fidelidade na aliança revelava preocupação quanto à Lei (Is 58.6-9; Ez 18; Mq 6.6-8; Os 6.6; Am 2.4; 5.21-24).

O AT fala de escolas ou de grupos (guildas) de profetas (2Rs 4.38; 1Sm 10.5; 19.20). Apesar de muitas referências às escolas de profetas pertencerem ao período da monarquia, há algumas evidências que levam a crer na continuidade dessas escolas (Jr 23.13,14). A existência de livros dos profetas é provavelmente explicada em parte graças ao trabalho dos discípulos dos profetas (Jr 36.4). Talvez suas palavras fossem registradas porque apresentavam um desafio moral a toda a nação, não apenas ao rei ou a algum indivíduo em particular. Tão logo as palavras do profeta foram registradas, elas não eram ignoradas, mas continuamente estudadas e reaplicadas.

A experiência do profeta Os profetas, de modo geral, compartilhavam várias experiências e características principais. 1) A marca essencial do profeta era o chamado da parte de Deus. Tentar profetizar sem esse chamado era falsa profecia (Jr 14.14). Em algumas ocasiões foi permitido aos profetas ver a sala do trono ou a corte celestial (Is 6.1-7; 1Rs 22.19-23; Jr 23.18-22; cp. Am 3.7; Jó 1.6-12; 2.1-6; 2Co 12.1-4; Ap 1.1-3; 22.18,19). 2) Os profetas recebiam palavras da parte de Deus de muitas maneiras — declarações diretas, visões, sonhos, manifestações ou aparições divinas. A grande variedade na experiência profética proibia as supersimplificações; não era necessário ter uma experiência extática para receber uma palavra da parte de Deus. 3) Os profetas falaram a palavra de Deus. Eles eram basicamente porta-vozes que convocavam o povo de Deus à obediência quando apelavam para o passado e o futuro de Israel. A bênção passada de Deus e o juízo futuro, p. ex., devem incentivar a justiça social e a atitude de misericórdia para com os desprivilegiados. 4) Os profetas entregavam a palavra de Deus por meio de palavras e por meio de ações. Eles utilizaram atos simbólicos que funcionavam como parábolas vivas e dramáticas. Exemplo é o casamento de Oseias, que ensinou a respeito do relacionamento de Deus com Israel (Os 2.1-13; Is 20.1-3; Ez 4.1-3; Jr 19.10,11). 5) Os profetas também realizavam milagres que confirmavam sua mensagem. Enquanto alguns profetas como Moisés (Êx 4.1-9) e Elias (1Rs 17) operaram muitos milagres, quase todos os profetas viram o cumprimento miraculoso da palavra de Deus (Is 38.8). Essa capacidade de operação de milagres incluía a cura (1Rs 17.17-22; 2Rs 5; Mt 12.22-29). 6) Os profetas também veiculavam a palavra de Deus por escrito (Is 8.1; Ez 43.11). 7) Os profetas deveriam ministrar ao povo. Eles deveriam testar a vida das pessoas do povo de Deus (Jr 6.27) e também ser guardiões do compromisso moral (Ez 3.17). Particularmente importante era o papel de intercessor — algumas vezes até mesmo em relação ao inimigo do profeta (1Rs 13.6; 17.17-24; 2Rs 4.18-37; Am 7.2; Jr 14.17-20, 21; Is 59.16). 8) Durante a história de Israel os profetas verdadeiros tiveram experiências de êxtase.

Falsos profetas Era muito difícil discernir o profeta falso do profeta verdadeiro. Por isso, no AT encontram-se vários testes para determinar a autenticidade do profeta. O profeta verdadeiro deveria ser leal à fé bíblica, orientando as pessoas a adorar apenas a Javé (Dt 13.1-3).

PROFECIA, PROFETAS

O segundo teste exigia que as palavras do profeta verdadeiro fossem cumpridas (Dt 18.22; Jr 42.1-6; Ez 33.30-33). É necessário lembrar que esse era um teste de aplicação difícil. Com frequência havia longos lapsos entre a predição e o cumprimento (Mq 3.12; Jr 26.16-19). Algumas predições pareciam improváveis, e outras eram condicionais — baseavam-se na resposta dos ouvintes (Jn 3.4,5). Além disso, podia acontecer que profetas se comportassem de modo inadequado (Nm 12.1,2; 20.1-12; Jr 15.19-21; 38.24-27). Alguns profetas pareciam ambivalentes em ocasiões quando simplesmente entregavam a palavra de Deus (2Rs 20.1-6). Alguém também poderia predizer algo corretamente mesmo sem ser leal a Javé (Dt 13.1-3). A predição correta não era o teste final. Outros testes incluíam concordância com a mensagem dos profetas anteriores (Jr 28.8), bom caráter (Mq 3.11) e a disposição para sofrer por conta da fidelidade (1Rs 22.27,28; Jr 38.3-13). De modo semelhante, os cristãos do NT tinham que identificar a profecia verdadeira (1Jo 4.1; 1Co 14.29). V. *falso profeta*.

Pistas para interpretação Os profetas tinham a intenção de evocar a fé por meio da proclamação, não simplesmente predizer o futuro. Portanto, ler os profetas com curiosidade malsã é algo inadequado. Nosso desejo primário deve ser conhecer Deus, não apenas os fatos do futuro.

O intérprete deve se lembrar da perspectiva limitada do profeta. Os profetas não sabiam de tudo a respeito do que falavam — i.e., eles falavam o que Deus lhes dizia para falar. A profecia tem caráter progressivo. Deve-se procurar ler a profecia à luz do todo, derivando percepções parciais de outros profetas. A profecia também deve ser lida à luz do seu contexto histórico. Atenção particular deve ser dada à intenção do profeta. Um profeta pode, p. ex., repreender outra nação para oferecer assim assistência a Israel (Is 46—47), para fazer Israel examinar a própria conduta (Am 1—2) ou para fazer que uma nação se arrependesse (Jn 3.4,8,9).

Deve-se ter cautela na leitura de profecias preditivas, pois as profecias geralmente têm mais de um cumprimento. Muitas profecias têm uma aplicação imediata para a própria situação e são também aplicáveis a outros contextos. Por isso, a predição de que Cristo nasceria de uma virgem (Mt 1.23) teve também cumprimento no tempo de Isaías (Is 8.3). De igual modo, as profecias do "dia do Senhor" tiveram vários cumprimentos (parciais) que também prenunciam um cumprimento final (Ob 15; Jl 1.15; 2.1; Sf 1.7, 14; Ez 30.3; cp. 2Pe 3.10).

Os evangélicos atualmente entendem a profecia preditiva de vários modos. 1) Algumas profecias parecem ter cumprimento direto, literal: o Messias deveria nascer em Belém (Mt 2.5,6; Mq 5.2). 2) Nem todas as predições eram cumpridas literalmente. Jesus ensinou que as predições a respeito da volta de Elias foram cumpridas por João Batista, não por um Elias literal (Mt 11.13-15; Ml 3.1-4). De modo semelhante, Paulo aplicou à igreja profecias a respeito do Israel literal e nacional (Rm 9.25,26; Os 1.9,10; 2.23). Abraão, o pai literal de Israel, foi visto como o pai da igreja que crê (Rm 4.11,16; Gl 3.7). Essa leitura distintivamente cristã foi considerada legítima por causa do cumprimento de Cristo e da interpretação do AT (Lc 4.17-21). 3) Essa leitura distintivamente cristã do AT geralmente assume a forma de interpretação tipológica. Os autores do NT criam que objetos, acontecimentos ou pessoas no AT prenunciavam a narrativa cristã. Por isso eles usaram as imagens do AT para entender as realidades do NT. Cristo pode ser comparado a Adão (1Co 15.22,23; 10.11). 4) Alguns leitores acreditam que as palavras do AT têm um "sentido pleno" de significado. Algumas expressões do AT podem ter um significado divino, não visto por seus autores, o que virá à luz somente depois do último ato ou da última palavra de Deus. V. *tipologia*.

Novo Testamento A palavra "profeta" significa "falar antes" ou "falar por". Logo, refere-se a quem fala por Deus ou por Cristo. Os profetas são também chamados "pneumáticos" (*pneumatikos*) ou "espirituais" (1Co 14.37). Os profetas desempenharam um papel fundamental na igreja primitiva (1Co 12.28-31; Ef 4.11; 2.20). Em razão do silêncio profético no tempo entre os Testamentos, a vinda de Jesus foi vista como o irromper da obra do Espírito, como a visita e predição dos anjos em Lc (1.11,26,27) impulsionaram Maria e Zacarias a profetizar (1.46-79). Depois da visitação angélica aos pastores, o profeta e a profetisa declararam Jesus como a aguardada restauração de Israel (2.10-12,25,36-38).

João Batista também predisse que Jesus batizaria no Espírito (Mt 3.11).

Jesus chamou a si mesmo de profeta (Lc 13.33). Seus milagres e discernimento foram corretamente entendidos como proféticos (Jo 4.19). Ele ensinou não ao fazer citações de mestres rabínicos, mas com sua autoridade profética (Mt 1.22; Lc 4.24).

Os primeiros cristãos viram o derramamento do Espírito (At 2.17) como o cumprimento da profecia de Joel de que todo o povo de Deus, incluindo jovens e velhos, homens e mulheres, iriam profetizar. Esses dons podem se intensificar no fim dos tempos, e o mesmo poderá acontecer com o mal. Ainda que qualquer cristão ocasionalmente possa receber uma profecia, parece que alguns têm um dom de profecia especial (1Co 12.29; 13.2). Os profetas trabalhavam primariamente no culto da igreja (At 13.2), predizendo (At 11.28; 20.23; 27.22-26), anunciando juízo (At 13.11; 28.25-28), atuando de forma simbólica (At 21.10,11) e recebendo visões (At 9.10,11; 2Co 12.1). Percepções proféticas poderiam conduzir esforços missionários (At 13.1-3; 10.10-17; 15.28,32). Ainda que o ensino e a profecia sejam diferentes, eles também podem estar relacionados (At 13.1,2; Ap 2.20). Alguns profetas "pregaram" extensas mensagens (At 15.32) e fizeram exposições de textos bíblicos (Lc 1.67-79; Ef 3.5; Rm 11.25-36).

Os profetas usaram expressões como "assim diz o Senhor" ou "assim diz o Espírito Santo" à semelhança de fórmulas introdutórias para as percepções proféticas relativas ao futuro (At 21.11) ou para a adaptação inspirada de algum texto do AT (Hb 3.7).

A profecia no NT era limitada (1Co 13.9); deveria ser julgada pela congregação (1Co 14.29; 1Ts 5.20,21). É possível responder à profecia de modo inadequado (At 21.12). O teste supremo para a profecia é lealdade a Cristo (1Co 12.3; Ap 19.10). Alguns cristãos têm o dom do discernimento (1Co 12.10). Jesus disse que os profetas seriam conhecidos por seus frutos (Mt 7.15-20). Paulo ordenou que a profecia fosse ordeira, edificante e que honrasse Cristo estivesse submissa à autoridade apostólica (1Co 14.26-40). Portanto, a profecia não é algo sem restrição. Por algumas circunstâncias a profecia pode até estipular que tipo de roupas homens e mulheres vão usar (1Co 11.5-7).

Uma profecia que não esteja debaixo de autoridade apostólica pode ser tranquilamente ignorada; por isso, a profecia não é uma ameaça à autoridade especial das Escrituras (1Co 14.38,39; 2Tm 3.16; 2Pe 1.20,21). — *Randy Hatchett*

PROFETISA 1. Mulher que exercia a profecia e atuava como porta-voz de Deus. Cinco mulheres na Bíblia são explicitamente identificadas como profetisas: Miriã (Êx 15.20), Débora (Jz 4.4), Hulda (2Rs 22.14), Noadia, uma profetisa "falsa" (Ne 6.14) e Ana (Lc 2.36). Jezabel alegou ser profetisa (Ap 2.20). Os ministérios das profetisas variavam grandemente. Miriã convocou Israel para celebrar a libertação recebida da parte de Deus. Débora combinou os ofícios de profetisa e de juíza e até mesmo acompanhou Baraque ao campo de batalha. Hulda pronunciou palavras de juízo (2Rs 22.16,17) e de perdão (22.18-20) da parte de Deus para o rei Josias. Ana compartilhou as boas-novas do nascimento de Jesus às multidões do templo. A falsa profetisa Noadia tentou amedrontar Neemias. Jezabel tentou envolver a igreja de Tiatira em idolatria. O profeta Joel previu um tempo em que todo o povo de Deus, "servos e servas", seriam cheios do Espírito de Deus e profetizariam (Jl 2.28,29). Essa esperança profética foi cumprida no Pentecoste (At 2.17,18) e no decorrer da vida da igreja primitiva (At 21.9). Paulo encorajou todos os cristãos a que desejassem profetizar (1Co 14.1), i.e., que falassem o que edifica a igreja (14.5). O texto de 1Co 11.5 pressupõe que as mulheres estavam envolvidas no ato de profetizar e na oração no culto público. **2.** A esposa de um profeta (Is 8.3). V. *profecia; profetas*.

PROFUNDEZAS Lugares profundos do mar (Êx 15.5,8; Sl 68.22; 77.16; 78.15); uma fonte subterrânea (Dt 8.7; Pv 8.24); o interior da terra (Sl 95.4; Is 44.23); e por extensão o *sheol*, a habitação subterrânea dos mortos (Sl 63.9; 71.20). A expressão "profundeza" é usada figuradamente como referência ao insondável (Pv 25.3), ao útero (Sl 139.15) e talvez à tragédia (Sl 130.1). V. *abismo*.

PROGNOSTICADOR Expressão usada para se referir a quem tenta predizer o futuro pela astrologia (Is 47.13, *ARC*; *NVI*, *EP*, "astrólogos"). V. *adivinhação e mágica*.

PROGRAMAS E PREVIDÊNCIA Iniciativas governamentais para assistir pessoas em necessidade econômica. Deus espera que as pessoas trabalhem para viver (Pv 10.4; 19.5; 20.4; Ef 4.28; 1Ts 4.11; 2Ts 3.6-13). No entanto, a Bíblia também reconhece que em qualquer sociedade haverá pessoas pobres, necessitadas de ajuda (Dt 15.11; Jo 12.8). Por isso Deus ordena a seu povo que seja disposto, livre e generoso para ajudar a outros (Dt 15.10-14; At 11.29; 1Co 16.2,3; 2Co 8.1-4; 9.5-7).

A Lei de Moisés cuidava dos que não podiam cuidar adequadamente de si mesmos: diaristas, viúvas, órfãos e levitas; os últimos não obtiveram terra como herança tribal. Cada um deles devia receber auxílio pago por outros israelitas na forma de dízimo (Dt 14.28,29). Os pobres tinham permissão de respigar os campos, pomares e vinhedos daqueles que tinham condições de viver bem (Êx 23.10,11; Lv 19.9,10; 25.1-7; Dt 24.19-22; Rt 2.2,3,15-17). A cada sétimo ano havia um ano de libertação em que todas as dívidas eram perdoadas, de modo que o pobre tivesse um novo começo (Dt 15.1-18). Negligenciar o pobre no Israel antigo significava fechar-se para as bênçãos de Deus (Jó 31.16-22; Pv 25.21,22; 28.27). No entanto, a denúncia profética em relação à falta de justiça social no Israel antigo indica que esses programas previdenciários não eram praticados (p. ex., Is 58.6,7; Ez 18.5-9).

Jesus ensinou que era necessário unir a verdadeira espiritualidade e a responsabilidade social pessoal (Mt 5.42; 19.21; 25.31-46; Mc 9.41; Lc 10.32-37), uma ligação enfatizada por Tiago (2.14-17) e os demais apóstolos (Gl 2.9,10; Ef 4.28; 1Tm 6.18; 1Jo 3.17,18). A igreja antiga cuidava das necessidades físicas de seus membros (At 2.43-47; 4.32-35; 6.1-4; 10.1,2; 11.27-30; Rm 15.25-27; 2Co 8.1-4; Fp 4.15-18). V. *pobre, órfão, viúva*. — Paul H. Wright

PROGRESSIVA, REVELAÇÃO V. *revelação de Deus*.

PROMESSA Anúncio feito por Deus do seu plano de salvação e bênção para o povo, um dos temas unificadores que integram a mensagem e os atos de ambos os Testamentos.

A promessa abrange declarações e atos A promessa de Deus tem início com uma declaração de Deus; ela abrange o plano futuro de Deus não apenas para uma raça, mas para todas as nações da terra. Tem como foco os dons e atos divinos concedidos a poucos para beneficiar muitos. Pode-se definir a promessa de Deus da seguinte maneira: a declaração ou segurança divina feita no princípio a Eva, Sem, Abraão, Isaque e Jacó e depois a toda a nação de Israel de que: 1) ele seria o Deus deles; 2) eles seriam seu povo; e 3) ele habitaria entre o povo. A bênção da terra e do crescimento como nação, bem como o chamado para abençoar as nações, era parte da promessa feita a Abraão. Adicionadas a essas palavras de segurança estavam várias ações divinas na História. As palavras e os atos de Deus começam a constituir o plano divino que constantemente se revela, pelo qual todos os povos e nações da terra seriam beneficiados, a partir daquele tempo até os nossos dias.

O AT não usa uma palavra hebraica específica para "promessa". Usam-se várias palavras comuns para compreender a promessa fundamental de Deus: falar, dizer, jurar. Entretanto, o NT usa o substantivo "promessa" (51 vezes) e o verbo "prometer" (11 vezes).

"Promessa" nessas referências pode denotar a forma ou o conteúdo daquelas palavras. Pode se referir às palavras propriamente ou às "notas promissórias" nas quais se baseia a confiança relativa ao futuro, ou pode se referir ao que foi prometido. Considerando que a promessa-plano de Deus foi feita de várias especificações, a forma plural de "promessas" aparece 11 vezes no NT. Não obstante, predomina a forma singular.

Formulações variantes da promessa no Antigo Testamento Em Gn 1—11 a promessa de Deus é representada pelas sucessivas "bênçãos" anunciadas na ordem da criação e a respeito da família humana — mesmo a despeito do pecado desta. Por conseguinte, a promessa de bênção era uma introdução à promessa e parte dela.

A promessa e os patriarcas Para os pais de Israel (Abraão, Isaque e Jacó), pode-se falar da promessa no singular, ainda que sejam anunciados três elementos importantes. Cada um deles é incompleto sem o apoio dos demais e estão interligados em uma promessa-plano.

A promessa tríplice incluía: 1) a promessa de uma semente (um herdeiro; Gn 12.7; 15.4; 17.16,19; 21.12; 22.16-18; 26.3,4,24; 28.13,14; 35.11,12); 2) a promessa da terra (uma herança; Gn 12.1,7; 13.17; 15.18; 17.8; 24.7; 26.3-5; 28.13,15; 35.12; 48.4; 50.24); 3) a promessa de bênção para todas as nações (a herança do evangelho; Gn 12.3; 18.18; 22.17,18; 26.4; 28.14).

Para demonstrar a eternidade e a unilateralidade da oferta graciosa de Deus, apenas Deus passou por entre os pedaços do sacrifício em Gn 15.9-21, obrigando-o dessa maneira a cumprir suas promessas sem ao mesmo tempo obrigar Abraão e os beneficiários subsequentes da promessa.

A promessa e a Lei A promessa era eterna; Abraão e seus descendentes tinham de transmitir a promessa às gerações seguintes até que a vinda da Semente final, o próprio Jesus, o Messias. Eles tinham de fazer mais. Deus esperava que eles participassem pessoalmente pela fé. Quando a fé estava presente, as exigências e os mandamentos estavam presentes de igual maneira. Portanto, Abraão obedeceu a Deus e deixou Ur (Gn 12.1-4) e andou na presença de Deus de modo irrepreensível (Gn 17.1). Sua obediência aos "preceitos, mandamentos, decretos e leis" de Deus (Gn 26.5) foi exemplar.

A Lei estendia essas exigências a toda a vida das pessoas pressupondo que as promessas anteriores era a base propriamente, a alavanca pela qual tais exigências poderiam ser feitas (Êx 2.23-25; 6.2-8; 19.3-8; 20.2). Mais tarde, o apóstolo Paulo perguntará se as promessas anularam a Lei (Rm 3.31). Ele responde: "De maneira nenhuma! Ao contrário, confirmamos a Lei" (Rm 3.31).

A promessa e Davi A monarquia, prematuramente fundada pelos caprichos de um povo que desejava ser como as demais nações, recebeu um papel distintivo por meio da promessa de Deus. Um rapaz retirado "das pastagens" (2Sm 7.8) receberia um nome "tão famoso quanto os homens mais importantes da terra" (2Sm 7.9); de fato, sua descendência se assentaria "à direita" de Deus (Sl 110.1) e teria as nações como herança (Sl 2.8).

A promessa e a nova aliança A nova aliança de Jr 31.31-34 repete muitos dos elementos e fórmulas já contidos no plano da promessa previamente anunciada por Deus e adiciona várias características novas. A nova promessa ainda contém a lei de Deus, porém agora a lei será internalizada. Ainda há o compromisso de Deus ser o Deus do povo, e o povo ser o povo de Deus. Ainda há a declaração de que ele lhes perdoará os pecados e não mais se lembrará deles. Entretanto, acrescenta-se que não mais será necessário que uma pessoa ensine a outra, pois todas as pessoas, não importa em que estágio estejam na vida, conhecerão o Senhor.

A despeito de Israel perder o rei, a capital, o templo e a glória passada, Deus cumprirá suas promessas antigas ao encontrar "coisas preditas há muito tempo" (Is 48.3). Ele haveria de enviar o novo Davi, o novo templo, o novo Elias, o novo céu e a nova terra — mas tudo isso em continuidade com o que prometera muito tempo atrás.

O Novo Testamento amplia as promessas antigas As promessas do NT podem ser reunidas nos grupos a seguir. O primeiro e mais frequente são as referências às promessas de Deus a Abraão a respeito do herdeiro que ele receberia, o próprio Jesus Cristo (Rm 4.13-16,20; 9.7-9; 15.8; Gl 3.16-22; 4.23; Hb 6.13-17; 7.6; 11.9,11,17). O segundo grupo se relaciona com a descendência de Davi e o envio de Jesus como Salvador "conforme a promessa" (At 13.23,32,33; *ARA*, *ARC*; *NVI*, "como prometera"; 26.6). Talvez dever-se-ia ligar a esse grupo o dom "da promessa da vida que está em Cristo Jesus" (2Tm 1.1), a "promessa da herança eterna" (Hb 9.15) e "a promessa que ele nos fez: a vida eterna" (1Jo 2.25). Essa promessa foi dada "pela fé em Jesus Cristo" (Gl 3.22).

O terceiro maior grupo é o dom do Espírito Santo. A promessa aparece após a ressurreição de nosso Senhor (Lc 24.49; At 2.33,38,39).

Há outros assuntos relacionados às promessas de Deus: descanso (Hb 4.1); a nova aliança com sua perspectiva de herança eterna (9.15); os novos céus e nova terra (2Pe 3.13); a ressurreição (At 26.6); a bênção de uma descendência numerosa (Hb 6.14); o surgimento de um reino inabalável (12.28), e os gentios como destinatários dessas mesmas promessas (Ef 2.11-13).

A promessa tem algumas diferenças notáveis em relação à profecia Enquanto grande parte da doutrina da promessa também é profética no que diz respeito ao futuro, há algumas diferenças notáveis entre promessa e profecia. 1) A promessa se relaciona ao que é bom, desejável, ao que abençoa e enriquece. A profecia, no entanto, podem conter notas de juízo, destruição e calamidade quando o povo e as nações não se arrependem. 2) As promessas geralmente abrangem toda a raça humana em suas provisões, enquanto as profecias em geral são destinadas a povos, nações ou culturas específicas. 3) As promessas deliberadamente têm um cumprimento contínuo de geração a geração, enquanto as profecias invocam a promessa quando desejam falar para um futuro distante. 4) A promessa de Deus é incondicional enquanto muitas profecias são condicionais e têm um "a não ser que" ou "se" vocês se arrependerem em ligação com a predição de juízo. 5) A promessa divina abrange muitas declarações de Deus ("grandes e preciosas promessas", 2Pe 1.4), enquanto as profecias são em geral dirigidas a acontecimentos mais específicos e a indivíduos em particular.

O plano de promessas de Deus, portanto, é de fato sua Palavra e o seu plano, em sua pessoa e em suas obras, para comunicar uma bênção a Israel e, portanto, para abençoar todas as nações da terra. — *Walter C. Kaiser Junior*

PROPICIAÇÃO V. *expiação; propiciação*.

PROSCRITO A Bíblia não usa uma palavra específica para designar alguém rejeitado pela sociedade. O texto de 2Sm 14.14 traz a palavra "banido" para designar alguém expulso da corte (v. tb. Dt 30.4; Jr 30.17; Mq 4.6,7). A palavra "exilado" é usada em Sl 147.2; Is 11.12; 56.8. O texto de Jo 16.2 traz "expulsos" (da sinagoga).

PROSÉLITO Convertido a uma religião; os não judeus que aceitavam a fé judaica e realizavam rituais para se tornar judeus. O NT testifica quanto ao zelo dos fariseus do séc. I em fazer prosélitos (Mt 23.15). O sucesso dos esforços missionários judaicos é indicado por meio de inscrições em sinagogas e em tumbas referentes a prosélitos e também por citações literárias romanas e judaicas. Tácito (*História* V.5), p. ex., alega que os prosélitos desprezavam os deuses, desdenhavam seus parentes e abjuravam sua pátria.

Os gentios ficavam impressionados com três características do judaísmo. Primeira, o conceito de um Deus que criou, sustenta e governa todas as coisas, algo claramente superior aos pontos de vista politeístas. Segunda, com o monoteísmo, o judaísmo enfatizava um estilo de vida de responsabilidade moral. Terceira, era uma religião de tradição antiga e estável, em contraste com as seitas passageiras daquele tempo.

Os prosélitos geralmente abraçavam o judaísmo pouco a pouco, pois havia muito para ser aprendido, como a observação correta do sábado e o seguimento cuidadoso das regras dietéticas, antes de alguém conseguir ser aceito na comunidade judaica. Pessoas atraídas ao judaísmo e que guardavam o sábado e as leis dietéticas eram chamadas tementes a Deus ou adoradores de Deus. Esses termos aparecem no NT, em que Cornélio (At 10.1,2) e Lídia (At 16.14) também são descritos dessa maneira (Jo 12.20; At 17.4; 18.7). Muitos tementes a Deus se tornaram prosélitos ou membros plenamente aceitos da comunidade judaica. Isso envolvia o cumprimento das exigências judaicas da circuncisão para os homens, o que os ligava à aliança (v. Gl 5.3), o batismo (para homens e mulheres) que os deixava ritualmente puros, e a oferta (também para homens e mulheres) no templo de Jerusalém, como expiação pelo pecado. V. *temente a Deus*. — *Harold S. Songer*

PROSTITUIÇÃO Prestação de serviços sexuais por dinheiro. Resultado de um padrão moral duplo, segundo o qual os homens insistem na pureza sexual de esposas e filhas e, ao mesmo tempo, desejam outras mulheres. Essa dinâmica é vista claramente em Gn 38. Judá, pensando que sua nora Tamar fosse uma prostituta, teve relações sexuais com ela; mas, quando ouviu que ela estava grávida como resultado de ter "agido como prostituta", exigiu que ela fosse queimada. Oseias criticou a atitude dos que exigiam punição para prostitutas (e mulheres que cometessem adultério) enquanto toleravam os homens com quem esses atos foram cometidos (Os 4.14). Por causa desse padrão duplo, a prostituta, ou meretriz — como também é chamada —, mantinha uma posição ambígua na sociedade. Ela era tolerada no antigo Israel — conquanto não fosse casada —, mas sua profissão não era socialmente aceita. Os filhos das prostitutas sofriam preconceito social (Jz 11.2).

Ainda que o AT não registre leis que proíbam homens de visitarem prostitutas ou de fazer uso dos seus serviços, há fortes conselhos contra esse comportamento (Pv 23.27,28; 29.3). O livro apócrifo Eclo traz advertências semelhantes (9.3-9; 19.2).

O "Código de Santidade" proibia aos pais israelitas reduzir suas filhas à condição de prostituição (Lv 19.29), o que pode ter sido uma tentação em tempos de pobreza generalizada. Pode ser que muitas das prostitutas em Israel fossem estrangeiras ou cananeias. Isso ajudaria a explicar o motivo de o livro de Pv falar da meretriz literalmente como uma "estranha" ou "estrangeira" (Pv 2.16; 5.3; 6.24, ARA, ARC).

Jesus disse aos líderes religiosos de seus dias que as meretrizes entrariam no Reino antes deles (Mt 21.31), não por concordar com a prostituição, mas pelo fato de as prostitutas serem destituídas do senso de justiça própria que impedia os líderes religiosos de se arrependerem. Paulo lembrou aos cristãos coríntios que o corpo deles era templo do Espírito Santo, e que eles deveriam restringir sua imoralidade, o que incluía relações sexuais com prostitutas (1Co 6.15-20).

A expressão "prostituição cultual" é usada com frequência para se referir a certas práticas dos cultos de fertilidade dos cananeus, incluindo o culto a Baal. Essa prática e as crenças nas quais elas se baseavam eram incompatíveis com o monoteísmo e com a natureza do Deus de Israel. As palavras *qadash* (masculino) e *qedeshah* (feminino), da palavra que significa "santo", são geralmente traduzidas por "prostituta cultual" (ou "sodomita"). A palavra masculina é provavelmente usada também em sentido genérico para se referir a prostitutas e prostitutos cultuais. Esse tipo de prostituição (masculina e feminina) aconteceu no templo em Jerusalém em vários momentos na história de Israel e foi removida em vários momentos de reforma religiosa (1Rs 14.24; 15.12; 22.46; 2Rs 23.7). A prostituição cultual era proibida pelo código legal deuteronômico (Dt 23.17,18). V. *fertilidade, culto à*.

A presença de prostituição "secular" e "cultual" (ou "sagrada") fornece aos profetas uma metáfora poderosa da infidelidade do povo em relação a Deus. A aliança foi pensada como um casamento entre o Senhor e o povo; o interesse contínuo do povo por outros deuses, principalmente Baal, foi visto como uma forma de prostituição. Essa ideia é apresentada graficamente em Ez 16 (cp. Ez 23). Pelo fato de a noiva do Senhor ter se tornado uma prostituta, ela será punida como tal. Oseias também criticou a atração israelita pelo culto de fertilidade cananeu como prostituição. Ele foi chamado por Deus para se casar com uma prostituta (Os 1.2), um ato simbólico (ou lição de objeto) representando o relacionamento de Deus com Israel. O amor de Oseias à esposa infiel, e que agiu como uma prostituta, era análogo ao amor de Deus ao Israel infiel.

O livro de Ap aplica a imagem da prostituta a Roma, provavelmente a mulher vestida com roupa escarlate e joias, procurada pelos reis da terra (Ap 17.1-6). V. *meretriz*. —Wilda W. Morris

PROTEÇÃO AMBIENTAL A Terra e seus recursos pertencem a Deus (Lv 25.23; Jó 41.11; Sl 24.1; 89.11). Contudo, foram confiados às pessoas (Gn 1.28-30; 2.15; 9.1-4; cp. Dt 8.7-10). Por essa razão, os homens têm a sagrada responsabilidade de cuidar da Terra (cf. Lc 12.41-48) com a mesma diligência com que o Senhor cuida dela (Dt 11.12; Sl 65.5-13; 104.10-22). A primeira atividade de Adão no jardim do Éden consistiu em arar o solo (Gn 2.15) e dar nomes aos animais (Gn 2.19,20), assim apontando para sua mordomia ativa da criação.

A Lei mosaica incluía estatutos que parecem ter sido apontados especificamente para a proteção do ambiente. Entre esses estatutos estavam ordens segundo as quais a terra devia descansar a cada sétimo ano (Êx 23.10,11; Lv 24.3-7) e os frutos não podiam ser colhidos antes de a árvore atingir quatro anos (Lv 19.23-25).

A conexão entre a aliança de Deus e a terra, no entanto, era muito mais profunda que as ordens individuais. Os israelitas entendiam sua adesão às estipulações da aliança com Deus trazendo consequências diretas sobre a terra. A obediência às ordens de Deus resultava na bênção da terra, i.e., produtiva e fértil (Dt 28.1-6), e a desobediência afetava negativamente sua fertilidade (Gn 3.17-19; Dt 11.13-17; 28.1-4,15-18), criando um desequilíbrio ecológico (Dt 29.22-28; Jr 4.23-28; Os 4.2,3). —Paul H. Wright

PROVÉRBIOS, LIVRO DE

PROVÉRBIOS, LIVRO DE O livro de Pv contém a essência da sabedoria de Israel. Esse livro apresenta uma visão piedosa do mundo, e oferece percepções para a vida. O texto de Pv 1.7 apresenta a perspectiva para a compreensão de todos os provérbios: "O temor do Senhor é o princípio do conhecimento; mas os insensatos desprezam a sabedoria e a disciplina". "Temor do Senhor" é uma expressão bíblica para designar uma vida inteira em amor, adoração e obediência a Deus.

Data e composição Anda que o título (1.1) pareça atribuir todo o livro a Salomão, um estudo mais cuidadoso revela que o livro é composto de partes e foi formado em um período de várias centenas de anos. É difícil saber precisamente o papel de Salomão e de sua corte no início do processo que culminou no livro de Pv. Ele pode ser comparado ao modo pelo qual os salmos de autoria davídica levaram ao livro de Sl. Em Israel, a sabedoria era considerada salomônica quase por definição. Portanto, os títulos em 1.1 e 10.1 não são declarações estritas de autoria no sentido moderno. V. *apócrifos, livros — Antigos Testamento; Eclesiastes, livro de; Cântico dos Cânticos, Cântico de Salomão*.

Deve-se ver o livro de Pv como uma coleção de coleções que cresceu com o passar do tempo; esse ponto é mais bem visto pela variedade de conteúdo e dos títulos do livro. Os títulos introduzem as subcoleções principais do livro e são encontrados em 1.1; 10.1; 22.17 ("ditados dos sábios"); 24.23; 25.1; 30.1 e 31.1. Quanto à datação, 25.1 situa a cópia ou edição dos cap. 25—29 na corte de Ezequias, portanto por volta de 700 a.C., cerca de 250 anos depois de Salomão. O processo de compilação provavelmente se estendeu ao período pós-exílico.

É muito difícil datar os escritos de sabedoria, em virtude do fato de os textos quase não terem referências históricas. Muitos estudiosos situam os cap. 10—29 em algum momento no período dos reis. Os cap. 1—9 são de um gênero diferente (v. a seguir) dos ditados salomônicos dos cap. 10.1—22.16, e sua datação é motivo de debate. Há quem afirme que sejam da data de Salomão. Outros afirmam que são pós-exílicos e que os cap. 1—9 foram adicionados aos cap. 10—29 para dar aos leitores posteriores o contexto em que pudessem entender os ditos curtos dos últimos capítulos. A data dos cap. 30 e 31 também é incerta. Houve quem argumentasse haver um jogo com a palavra grega para sabedoria (*sophia*) em 31.26. Isso situaria o cap. 31 depois da conquista da Palestina por Alexandre, o Grande, em 332 a.C.

Caráter e formas literárias O livro de Pv usa uma variedade de formas ou gêneros de sabedoria. A palavra hebraica para provérbio (*mashal*), encontrada no título do livro, pode se referir a uma variedade de formas literárias, além do provérbio propriamente: "discurso" profético (Nm 23.7,18), "alegoria" (Ez 17.2; 24.3), "triste canção" (Mq 2.4). Diferentes seções do livro apresentam formas características. Longos poemas de sabedoria, chamados "Instruções" pelos eruditos, em conformidade com paralelos egípcios, dominam a seção 1.8—9.18. Esses provérbios geralmente começam com uma palavra dirigida ao "filho/filhos" e contêm imperativos ou proibições, cláusulas motivacionais (razões para esta ou aquela ação), e algumas vezes um desenvolvimento em narrativa (7.6-23). O contexto das instruções pode ser uma escola para jovens aristocratas. Essa seção também contém discursos públicos apresentados pela Sabedoria personificada (1.20-33; 8.1-36; 9.1-6).

"Ditados" que expressam percepções sábias a respeito da realidade são as formas primárias em 10.1—22.26 e 25.1—29.27. Esses ditados são caracterizados pela extrema brevidade. Em hebraico têm geralmente duas linhas com seis ou oito palavras, em contraste com as traduções em português que são bem maiores. Esses ditados podem simplesmente ser enunciados, deixando que os leitores cheguem às próprias conclusões (11.24; 17.27,28; 18.16). Podem também apresentar juízos de valor (10.17; 14.31; 15.33; 19.17). Em 10.1—15.33 aparecem principalmente os "provérbios antitéticos", que fazem contraste entre opostos, mas há também alguns poucos ditados do tipo "melhor [...] que" ("É melhor ter verduras na refeição onde há amor do que um boi gordo acompanhado de ódio", 15.17; cp. v. 16). Provérbios desse mesmo tipo aparecem esparsos em outras seções (16.8,19; 17.1; 19.1; 21.9; 25.24; 27.5,10b; 28.6). A seção 25.1—25.27 é especialmente rica em provérbios comparativos, do tipo: "Como água fresca para a garganta sedenta é a boa notícia que chega de uma terra distante" (25.25; cp. 25.12-14,26,28; 26.1-3,6-11,14,20, entre outros). Esses ditos também ocorrem em outras partes: "Como anel de ouro em focinho de porco, assim é a mulher bonita, mas indiscreta" (11.22).

"Admoestações" caracterizam 22.17—24.22. Uma similaridade com a sabedoria egípcia marca essa seção. Essas formas curtas de sabedoria contêm imperativos ou proibições, geralmente seguidas por uma cláusula motivacional, que apresenta uma razão (ou mais de uma) para fazer o que é solicitado: "Não mude de lugar os antigos marcos de propriedade, nem invada as terras dos órfãos, pois aquele que defende os direitos deles é forte. Ele lutará contra você para defendê-los" (23.10,11). A admoestação é uma forma próxima, mas mais curta da instrução.

As palavras de Agur (cap. 30) são caracterizadas pelos ditos numéricos (30.15-31). O epílogo do livro (31.10-31) apresenta um poema alfabético (acróstico) a respeito da sabedoria encarnada como a "mulher exemplar". Esse breve resumo das formas literárias da sabedoria apresenta apenas os tipos básicos. Mesmo dentre os tipos apresentados, há grande quantidade de variações sutis.

Temas e cosmovisão A despeito de ser uma coleção de coleções, o livro de Pv apresenta uma cosmovisão unificada, densa e complexa. O texto de Pv 1—9 introduz essa cosmovisão e apresenta seus principais temas. Os ditos curtos de Pv 10—31 devem ser entendidos à luz dos primeiros nove capítulos.

O início e o fim da sabedoria é temer a Deus e evitar o mal (1.7; 8.13; 9.10; 15.33). O mundo é um campo de batalha entre a sabedoria e a insensatez, a justiça e a impiedade, o bem e o mal. O conflito é personificado pela senhora Sabedoria (1.20-33; 4.5-9; 8; 9.1-6) e a prostituta Insensata (5.1-6; 6.23-35; 7; 9.13-18). Essas duas "mulheres" oferecem amor e convidam rapazes simples (como os de uma escola para a realeza) para suas casas a fim de lhes apresentar seus "produtos". O convite da Sabedoria é para a vida (8.34-36); a sedução da Insensatez conduz à morte (5.3-6; 7.25-27; 9.18).

Misteriosamente, a senhora Sabedoria fala em lugares públicos, oferecendo sabedoria a quem quiser ouvir (1.20-22; 8.1-5; 9.3). A Sabedoria não se esconde; pelo contrário, está disponível aos que a buscam. Alguns estudiosos consideram a Sabedoria um atributo de Deus, apresentado especialmente na criação (3.19,20; 8.22-31). No entanto, de maneira mais específica, a Sabedoria é a "autorrevelação da criação". Isto é, Deus estabeleceu a criação como uma ordem sábia que fala à humanidade a respeito do bem e do mal, e urge com os humanos a que busquem o bem e evitem o mal. Isso não é a "voz da experiência", mas é a revelação geral de Deus que fala a todas as pessoas com autoridade. Este mundo não é silencioso — antes, fala a respeito do Criador e de sua vontade (Sl 19.1,2; 97.6; 145.10; 148; Jó 12.7-9; At 14.15-17; Rm 1.18-23; 2.14,15).

Essa perspectiva elimina qualquer divisão entre fé e razão, sagrado e secular. Quem conhece Deus sabe que cada centímetro da vida foi criado por ele e lhe pertence. Experiências com Deus acontecem somente no mundo de Deus. E as experiências no mundo apontam para a fé em Deus.

Logo, a pessoa sábia "teme a Deus" e também vive em harmonia com a ordem divina na criação. O preguiçoso precisa aprender com a formiga, porque o trabalho da formiga está em sintonia com a ordem das estações (Pv 6.6-11; cp. 10.5).

Pensando na perspectiva de Provérbios Os provérbios curtos nos cap. 10—29 cobrem uma riqueza de tópicos como esposas (11.22; 18.22; 25.24), amigos (14.20; 17.17, 18; 18.17; 27.6), bebida forte (23.29-35; 31.4-7), riqueza e pobreza, justiça e injustiça, bons modos à mesa e *status* social (23.1-8; cp. 25.6,7; Lc 14.7-11).

Não se pode simplesmente usar qualquer provérbio sobre qualquer assunto, pois os provérbios podem ser mal utilizados: "Como pendem inúteis as pernas do coxo, assim é o provérbio na boca do tolo" (26.7; cp. v. 9). Os provérbios se destinam a tornar as pessoas sábias, mas exigem sabedoria para que sejam usados de modo certo. Os provérbios são verdadeiros, mas sua verdade é compreendida apenas quando são corretamente aplicados a situações certas. Os amigos de Jó, que era justo, aplicaram-lhe de modo errado provérbios a respeito do ímpio. Muitas situações e realidades têm mais de um lado, e a pessoa sábia saberá discernir. Uma esposa pode ser um presente do Senhor (18.22), mas algumas vezes estar sozinho parece ser melhor (21.9,19). O silêncio pode ser sinal de sabedoria (17.27), como permanecer calado (17.28). Pode-se confiar em um

PROVÉRBIOS, LIVRO DE

"amigo" (*re'a* em hebraico), mas nem sempre (17.18, "próximo" = *re'a*)!

A riqueza pode ser sinal da bênção de Deus (3.9,10), mas alguns santos sofrem (3.11,12). A riqueza pode resultar da iniquidade (13.23; 17.23; 28.11; cp. 26.12). É melhor ser pobre e piedoso: "É melhor ter pouco com retidão do que muito com injustiça" (16.8; cp. 15.16,17; 17.1; 19.1; 28.6). No fim, Deus vai julgar: "Quem fecha os ouvidos ao clamor dos pobres também clamará e não terá resposta" (21.13; cp. 3.27,28; 22.16; 24.11,12; 10.2; 11.4).

O problema da conformidade é apresentado de modo agudo em 26.4,5:

"Não responda ao insensato com igual insensatez.
Do contrário, você se igualará a ele.
Responda ao insensato como a sua insensatez merece,
Do contrário ele pensará que é mesmo um sábio".

Esses dilemas nos forçam a encarar os limites da nossa sabedoria (26.12) e a confiar em Deus (3.5-8).

Os provérbios geralmente trabalham com base no princípio de que atos têm consequências: colhe-se o que é plantado. No entanto, no mundo caído, a justiça de Deus alguma vezes é impedida. Os provérbios do tipo "melhor [...] que" mostram a desordem do presente mundo, as "exceções à regra", como o salmista, pois virá o dia em que Deus colocará todas as coisas em ordem.

Esboço

I. O livro de Pv é designado para repartir a sabedoria divina com respeito à vida (1.1-6).
II. Deve-se exaltar a contribuição da Sabedoria à vida (1.7—9.18).
   A. O alvo de toda sabedoria é que as pessoas "temam [...] o Senhor" (1.7).
   B. A sabedoria identifica o pecado e chama os pecadores ao arrependimento (1.8-33).
   C. A sabedoria capacita o pecador a se libertar e a experimentar uma vida cheia de significado (2.1-22).
   D. A sabedoria proporciona ao crente um sentido da presença divina, alegria e paz (3.1-26).
   E. A sabedoria admoesta os crentes a que compartilhem o amor de Deus às demais pessoas (3.27-35).
   F. A sabedoria ajuda o pai a instruir seu filho sobre como ter uma vida com sentido (4.1-27).
   G. A sabedoria conclama à pureza e honestidade em todos os relacionamentos conjugais (5.1-23).
   H. A sabedoria admoesta o crente a trabalhar arduamente e a gastar dinheiro com prudência (6.1-19).
   I. A sabedoria adverte quanto ao perigo do adultério (6.20—7.27).
   J. Deus se oferece à humanidade por intermédio da sua sabedoria (8.1-36).
   K. A sabedoria nos apresenta duas escolhas, a vida ou a morte (9.1-18).
III. A resposta que se dá à sabedoria tem consequências (10.1—22.16).
   A. O justo encontra bênçãos, mas o ímpio sofre grandemente (10.1-32).
   B. O enganador paga um preço terrível, mas o honesto encontra o favor de Deus (11.1-31).
   C. Os justos estão abertos à instrução, mas os ímpios não (12.1-28).
   D. Os justos são obedientes à vontade de Deus, mas os ímpios são rebeldes (13.1-25).
   E. O insensato será julgado, mas o justo será aceito por Deus (14.1-35).
   F. O Senhor observa toda a humanidade e julga cada um de modo correto (15.1-33).
   G. O Senhor é a fonte da vida para o fiel (16.1-33).
   H. Os insensatos prosperam com suborno, mas os sábios são honestos e misericordiosos (17.1-28).
   I. Os insensatos são arrogantes, mas os justos são humildes (18.1-24).
   J. Deve-se ter compaixão dos pobres, mas os ricos são honrados por Deus (19.1-29).
   K. O sábio trabalha arduamente e trata o amigo e o inimigo com amor (20.1-30).
   L. Deus requer vida santa, não apenas rituais santos (21.1-31).
   M. Os sábios disciplinam a si mesmos para seguir Deus em tudo (22.1-16).
IV. A sabedoria apresenta conselhos prudentes para o presente e o futuro (22.17-34).

A. A sabedoria mostra o momento de falar e o momento de permanecer em silêncio (22.17-21).
   B. Os sábios cuidam dos pobres e os protegem (22.22-29).
   C. A sabedoria adverte de que não se caia na armadilha da esperteza de ninguém (23.1-11).
   D. Os jovens precisam de instrução e correção para que se tornem o que devem ser (23.12-28).
   E. Quem bebe demais destrói sua vida e a vida de outros (23.29-35).
   F. A sabedoria conduz à vida com sentido, mas a iniquidade conduz à destruição (24.1-9).
   G. Os sábios confiam em Deus nos momentos bons e nos momentos ruins (24.10-22).
   H. A sabedoria promove a verdadeira justiça (24.23-34).
V. A sabedoria constantemente lembra as pessoas de sua herança passada (25.1—29.27).
   A. O rei toma parte na responsabilidade de promover a sabedoria (25.1-14).
   B. O justo exercita a autodisciplina e o amor em tudo na vida (25.15-28).
   C. O insensato fracassa no teste da vida e encontra o juízo de Deus (26.1-28).
   D. A busca de sentido para a vida é breve e em alguns momentos é frustrante (27.1-22).
   E. As pessoas devem aprender a viver exercendo a mordomia responsável (27.23-27).
   F. Deus espera a justiça dos seus seguidores (28.1-28).
   G. A disciplina é parte essencial da vida (29.1-27).
VI. A verdadeira fonte da existência com sentido só pode ser encontrada em Deus (30.1—31.31).
   A. Os seres humanos não podem descobrir ou entender completamente a sabedoria de Deus (30.1-33).
   B. Os seres humanos devem praticar a justiça e demonstrar misericórdia (31-33).
   C. A chave para a existência cheia de significado é encontrada no relacionamento de fé em Deus (31.10-31).
             — *Raymond C. Van Leeuwen*

PROVIDÊNCIA A superintendência benevolente e sábia de Deus para com sua criação. Quanto a essa superintendência, a *Confissão de fé de Westminster* (1647) declara: "Pela sua muito sábia providência, segundo a sua infalível presciência e o livre e imutável conselho da sua própria vontade, Deus, o grande Criador de todas as coisas, para o louvor da glória da sua sabedoria, poder, justiça, bondade e misericórdia, sustenta, dirige, dispõe e governa todas as suas criaturas, todas as ações e todas as coisas, desde a maior até a menor". Como essa declaração indica, Deus — de quem nada é oculto (cf. Sl 33.13-15; 139.1-16; Is 40.27,28) e cujo poder é infinitamente grande (cf. Jó 42.2; Jr 32.17) — supervisiona com sabedoria e controla soberanamente toda a criação. Ao fazê-lo, ele atende não apenas às pessoas e aos acontecimentos aparentemente momentâneos, mas também ao que parece mundano e trivial. Portanto, ao mesmo tempo que conserva em suas mãos a vida dos reis e das nações (cf. Is 40.21-26; Jr 18.1-6), Deus também se compromete com o bem-estar dos pequeninos e dos pobres (cf. Sl 104.10-30; 107.39-43). De fato, tão abrangente é a atenção de Deus aos acontecimentos na criação, que nada — nem mesmo o lançar de sortes — acontece por acaso (cf. Pv 16.33).

Com respeito ao papel de Deus no curso dos acontecimentos terrenos, deve-se evitar o erro do deísmo de um lado e o do fatalismo do outro. O deísmo é a crença de que Deus criou o Universo como uma espécie de máquina colossal, posta em funcionamento de conformidade com várias leis naturais (que talvez ele mesmo tenha estabelecido) e agora ele simplesmente se distancia e observa o desenrolar dos acontecimentos de acordo com aquelas leis. A crença de que Deus ocasionalmente interfere nos assuntos terrenos é uma versão do deísmo. Mas, considerando que Deus se envolve em tudo que acontece, o deísmo é falso.

O fatalismo é a crença de que tudo o que ocorre tinha de acontecer. Então, na visão fatalista, qualquer coisa que tenha acontecido era inevitável no sentido de que não se poderia evitar seu acontecimento. Considerando que essa crença implica que não se pode fazer nada, a não ser o que se faz de fato, e que não há de fato uma escolha — ou um controle — real sobre o que se faz, essa crença diminui a responsabilidade pessoal. E, considerando que as Escrituras indicam claramente que os seres humanos enfrentam escolhas reais e são responsáveis por suas ações (cf. Dt 30.11-20), o fatalismo é falso.

Portanto, enquanto o deísmo de modo não bíblico minimiza o lugar de Deus na História, o fatalismo de modo não bíblico minimiza a responsabilidade humana nas ações humanas. Para ser fiel ao testemunho bíblico, a visão que se tem da providência deve ter lugar tanto para o papel ativo de Deus na direção dos acontecimentos em direção a fins que ele escolhe e também para a responsabilidade que os seres humanos têm pela maneira pelas quais eles contribuem quanto a tais fins. Deus usou, p. ex., as ações dos irmãos de José para levá-lo ao Egito (cf. Gn 37.12-28; 45.1-8; 50.15-21) como as ações dos líderes religiosos em Jerusalém que culminaram na morte de Cristo (cf. Mt 26.1-5,47-68; 27.1-26; Jo 18.1-19.16; At 2.22-24). Mas, enquanto Deus trabalhava por intermédio dessas ações para os próprios propósitos, isso não nega a responsabilidade das ações dos irmãos de José ou dos líderes religiosos do tempo de Jesus.

Um corolário importante da providência é o pré-conhecimento divino. Considerando que ele direciona soberanamente tudo que acontece, Deus tem conhecimento completo daqueles acontecimentos que estão por acontecer (cf. Is 42.8,9). Em suma: Deus nunca precisa revisar seus planos à luz de algum evento surpreendente ou inesperado. Seu conhecimento do futuro se estende até mesmo ao que suas criaturas vão escolher fazer em anos ainda por vir. Evidentemente isso levanta duas questões potencialmente problemáticas. Primeiro, se Deus sabe de antemão o que uma criatura vai escolher fazer no futuro, não pode acontecer que a criatura fracasse em fazer aquela escolha e, portanto, não seja responsável por ela? Segundo, se Deus controla a História a um ponto tal que tem pré-conhecimento, isto não significa que ele teria conhecimento antecipado — e consequentemente, poderia ter evitado — o mal no mundo? A primeira questão tem a ver com o que é conhecido como o problema da liberdade e do pré-conhecimento, e a segunda, com o problema do mal.

Talvez a resposta mais conhecida ao problema da liberdade e do pré-conhecimento envolva a sugestão — feita por Agostinho, Boécio e outros — de que Deus exista de maneira atemporal (i.e., ele existe "fora" do tempo), e por isso não sofre limitações temporais. Com base nessa sugestão, aquilo que é futuro do ponto de vista meramente humano, é presente do ponto de vista divino. Logo, para os que levam essa sugestão a sério, o conhecimento atemporal de Deus quanto ao futuro das ações de determinada pessoa não a impede de realizar suas ações, como o conhecimento de algum observador no tempo presente não o impede de realizar seus atos.

Em resposta ao problema do mal, vários pontos merecem menção. Primeiro, considerando o caráter de Deus, ele deve ter boas razões para permitir o mal. Segundo, em resposta às perguntas de Jó a respeito do seu sofrimento, Deus lhe diz que ele não está em condição de entender as razões divinas para permitir que ele sofresse (cf. Jó 38.1-7; 40.6-14). Jó se parece com um bebê que precisa de uma cirurgia, e sofre por não conseguir entender as razões. Por isso, enquanto Deus presumivelmente tem boas razões para permitir o mal, simples humanos não podem presumir que sejam capazes — por eles mesmos — de entender essas razões. Mesmo assim, tal como os pais do bebê que precisa de cirurgia, Deus pode — e faz — que seu amor seja evidente mesmo em meio ao mal e ao sofrimento. Evidentemente, ao tornar-se conhecido, ele prometeu que um dia o mal seria conquistado (cf. 1Co 15.24-28) e que eliminaria a dor e a tristeza (cf. Ap 21.3-4). Portanto, em sua providência, Deus no fim libertará seu povo do mal.

Mesmo assim, seria um erro pensar que o único conforto a ser encontrado na providência envolve a esperança bendita do novo céu e nova terra. Pois evidentemente Deus trabalha atualmente para o bem daqueles que o amam (Rm 8.28) e os convida a lançar sobre ele suas ansiedades (cf. 1Pe 5.6.6,7) em fé, pois ele providenciará (cf. Mt 6.26-33). V. *eleição*; *mal*; *pré-conhecimento, ter pré-conhecimento de*; *Deus*; *predestinação*. — Douglas Blount

PROVÍNCIA Região política romana. No período do NT, havia três tipos de províncias. Distritos imperiais eram governados diretamente pelo imperador. Províncias senatoriais respondiam ao Senado. Províncias de tipo especial eram as compostas por territórios inóspitos ou de povos recentemente conquistados. Estes exigiam um controle mais rígido e estavam debaixo do controle de um procurador imperial. A Judeia era uma província especial, pelo fato de os judeus odiarem intensamente a dominação romana.

Israel praticou uma espécie de sistema provincial durante o reinado de Acabe (1Rs 20.14,15). Posteriormente, os babilônios e persas usaram esse sistema de distritos na Palestina (Et 4.11; *NVI*, "províncias"). Os romanos aperfeiçoaram o sistema e o utilizaram para manter controle sobre seu vasto império. V. *governo*; *Roma e o Império Romano*.

PROVOCAÇÃO Em Hb 3.8, 15, é o que suscita a ira de Deus. A palavra "provocação" corresponde ao nome do lugar chamado "Meribá", que significa "disputa" (Êx 17.1-7; Nm 20.1-13; Sl 95.7-11; Hb 3.7-11). V. *Massá*.

PRÓXIMO A Bíblia apresenta muitas diretivas concernentes ao tratamento do próximo, mas pouca definição quanto ao que ou quem este seja. Em Êx o termo é usado de uma maneira que ultrapassa limites étnicos ou nacionais, quando os israelitas foram pedir joias de ouro e prata aos vizinhos egípcios (Êx 3.22; 12.36). Nesse caso, as mulheres de Israel deveriam ir às suas vizinhas e amigas egípcias e pedir-lhes joias feitas de metais preciosos.

Após essas referências, o restante dos textos do AT concernentes ao próximo são referências positivas do tipo repartir a refeição da Páscoa com o vizinho (Êx 12.4) e "ame cada um o seu próximo como a si mesmo" (Lv 19.18) ou injunções negativas. Esses mandamentos incluem a proibição do falso testemunho e da cobiça (Êx 20.17,18), alterar linhas de delimitação de propriedade ou qualquer coisa prejudicial a quem viva na vizinhança (Lv 19.13). Muitos ensinos no livro de Pv dizem respeito a atitudes e ações apropriadas em relação ao próximo.

O fato de que certas diretivas eram de natureza nacional fornece uma explicação pronta para o ensino posterior de Jesus quando tratou ou ensinou a respeito de próximos "indesejáveis". A usura, p. ex., não poderia ser cobrada em um empréstimo, mas era permitida no caso de estrangeiros.

Ainda que os samaritanos vivessem próximos dos judeus nos tempos do NT, eles não eram socialmente reconhecidos como "próximo" pelos judeus. Quando Jesus conversou com a mulher samaritana em Sicar (Jo 4), tanto a mulher como os discípulos de Jesus ficaram a princípio desconfortáveis com o contato.

O ensino mais importante para definir a identidade do "próximo" veio da resposta de Jesus à pergunta "Quem é meu próximo?". Jesus respondeu contando a parábola do bom samaritano, que apresentou o samaritano como o próximo misericordioso. Jesus disse ao interlocutor para fazer o mesmo (Lc 10.37). — *Douglas K. Wilson Junior e Kimberley P. Wilson*

PRUDÊNCIA V. *sabedoria e pessoas sábias*.

PRUDENTE Nome pessoal que significa "modesto". Cristão romano que enviou saudações a Timóteo (2Tm 4.21). Esse Prudente algumas vezes é identificado com o amigo do poeta romano Marcial.

PSEUDEPÍGRAFOS Literatura intertestamentária não aceita no cânon judaico nem no cânon cristão das Escrituras, com autoria geralmente atribuída a algum antigo herói da fé. Pesquisas e descobertas recentes apresentam diferentes listas de conteúdos desses textos. Uma publicação recente listou 52 textos. Eles fornecem muitas informações sobre o desenvolvimento da religião e da cultura judaicas.

Livros pseudepigráficos A palavra "pseudepígrafo" significa "escrito atribuído falsamente". Isso porque esses livros alegam ter sido escritos por Adão, Enoque, Moisés e outras personagens famosas do AT. Alguns escritos são anônimos; por isso, certos estudiosos preferem a expressão "livros externos" para todos esses textos, enfatizando que não se tornaram parte do cânon. Alguns cristãos antigos e a Igreja católica romana usam a expressão "apócrifos", pois o que os protestantes chamam de "apócrifos" faz parte do cânon aceito por essas igrejas. V. *apócrifos, livros — Antigo Testamento*.

Primeiro Enoque foi preservado na língua etíope. É uma obra composta de cinco seções, escritas em épocas diferentes. A primeira seção (cap. 1—36) conta como Enoque foi levado aos céus e segredos celestes lhe foram revelados.

PSEUDEPÍGRAFOS

Os filhos de Deus de Gn 6 são vistos como anjos. Eles pecaram, e os filhos gerados eram gigantes perversos. A ênfase desses textos está em juízo e punição. Mesmo o reino dos mortos é dividido em lugares separados para justos e ímpios. A segunda seção (cap. 37—71) é a mais importante, por sua relação com a Bíblia. É a Parábola das Similitudes. Esses capítulos se referem ao Filho do homem. As opiniões divergem sobre até que ponto esses capítulos fazem parte do pano de fundo dos ensinos do NT sobre Jesus como Filho do homem. Não há certeza quanto à data dessa seção e de seus capítulos. O resto do livro vem de uma data entre 200 e 100 a.C., mas as Similitudes podem ter sido escritas posteriormente, pouco antes de 100 d.C. Fragmentos de todas as outras seções foram encontrados nas cavernas de Qumran, mas nenhum fragmento dessa seção em particular já foi descoberto. A terceira seção (cap. 78—82) trata dos corpos celestiais. O autor argumenta com base em um calendário baseado no movimento do Sol, diferente do calendário lunar tradicional. A quarta seção (cap. 83—90) contém duas visões em sonhos que tratam do Dilúvio e da história de Israel a partir de Adão até a revolta dos macabeus. A seção final (cap. 91—108) dá instruções religiosas a respeito do fim dos tempos. O livro inteiro é apocalíptico.

Segundo Enoque é também um apocalipse preservado primariamente na língua eslavônica. Foi escrito entre 100 a.C. e 100 d.C. Nele Enoque foi levado aos céus e ordenado a escrever 366 livros. Permitiu-se-lhe voltar à terra por 30 dias para ensinar seus filhos, após o que voltaria aos céus. Esse texto descreve os sete céus e divide o tempo em períodos de 7 mil anos.

Segundo Baruque é apocalíptico e mostra como alguns judeus reagiram à destruição de Jerusalém pelos romanos no ano 70 d.C., tendo sido escrito pouco antes de 100 d.C. Três visões buscam consolar o povo ao mostrar que, apesar da destruição, Deus preparou-lhes algo melhor. Os textos ensinam que o Messias será revelado para trazer um tempo de grande plenitude. A ênfase está posta na obediência à Lei.

Os *Oráculos sibilinos* eram textos apocalípticos muito populares no mundo antigo. Os judeus tomaram o texto original pagão e o modificaram ao inserir ideias sobre monoteísmo, exigências mosaicas e a história do seu povo. Três dos quinze livros na coleção estão desaparecidos. O Livro 3, de cerca de 200 a 100 a.C., é o mais importante e mais judaico. Traça a história judaica desde o tempo de Abraão até a construção do segundo templo. Apresenta um juízo da parte de Deus contra as nações pagãs, mas sustenta a esperança de que essas nações poderão se voltar para Deus.

O *Testamento de Moisés* (chamado algumas vezes de *Assunção de Moisés*) também é apocalíptico. Os manuscritos estão incompletos, e as porções desaparecidas podem ter contido um relato da morte de Moisés e sua ascensão aos céus. Os primeiros escritores cristãos declaram que Jd 9 foi extraído do livro *Assunção de Moisés*, que eles conheciam. Esse livro é uma reescrita de Dt 31—34. Moisés é o mediador escolhido de Deus, preparado desde o início dos tempos. O livro traça a história do povo desde seu princípio até o tempo do autor. Considerando que os cap. 6 e 7 parecem se referir a Herodes, o Grande, o livro foi escrito provavelmente pouco depois do ano 1 da era cristã. O livro enfatiza que Deus planejou todas as coisas e mantém sob seu controle.

O *Testamento dos doze patriarcas* tem um padrão que segue Gn 40, as últimas instruções de Jacó a seus filhos. Cada um dos filhos de Jacó se dirigiu aos seus descendentes, dando um resumo de sua vida, com atenção especial a algum pecado ou fracasso. Rúben, p. ex., enfatizou seu adultério com Bila (Gn 35.22), e Simeão falou a respeito da inveja que tinha de José. José, no entanto, enfatizou a manutenção de sua pureza. Usando o pecado confessado como pano de fundo, os patriarcas exortavam os filhos a viverem de maneira reta. Ênfase especial é dada ao amor ao próximo e à pureza sexual. Em muitos dos testamentos, diz-se aos filhos para honrarem Levi e Judá. O livro se refere a dois messias: um que vem de Levi, e o outro que vem de Judá. As porções mais antigas dos testamentos são de depois de 200 a.C.

O *Livro dos Jubileus* é uma reescrita de Gn e dos primeiros capítulos de Êx e data cerca de 200 a.C. Traça a história de Israel desde a criação até o tempo de Moisés, dividindo o tempo em períodos do Jubileu, i.e., 49 anos cada. O calendário é baseado no Sol, não na Lua. O autor enfatizou fortemente a oposição entre as influências gentílicas que via entrar no judaísmo e instava os judeus a se manterem separados dos gentios. No *Livro dos Jubileus*, Abraão é o ideal do homem justo. O livro mostra como um judeu conservador de origem sacerdotal vê o mundo.

Salmos de Salomão é uma coleção de 18 salmos escritos por volta do ano 50 d.C. Reflete a situação do povo em Jerusalém após sua conquista pelos romanos liderados por Pompeu em 63 a.C. *Salmos de Salomão* 17 e 18 são de importância especial por suas referências ao Messias. Conforme esses salmos, o Messias deveria ser humano, um descendente de Davi, e justo, sem pecado. Os títulos Filho de Davi e Senhor Messias são usados em referência ao Messias.

Terceiro Macabeus, escrito depois de 200 a.C., não tem nada que ver com o livro de Macabeus. Conta a tentativa de Ptolomeu IV de aniquilar os judeus do Egito. Deus lhe frustrou os esforços, resultando no fortalecimento dos judeus. Esse livro apresenta a vindicação do justo.

Quarto Macabeus é baseado em alguma medida em material encontrado em 2Mc 6—7. É um texto filosófico que enfatiza que uma razão piedosa pode controlar as paixões. A razão é derivada da obediência à Lei. O autor expande grandemente o relato dos sete filhos martirizados, mas elimina todas as referências à ressurreição. O livro é de pouco após o início da era cristã.

O livro *Vida de Adão e Eva* foi preservado em latim e em grego. As duas versões são diferentes em tamanho e conteúdo. A culpa da queda é atribuída a Eva. O pecado entrou na experiência humana por meio dela. Esse texto se refere a Satanás ser transformado no mais brilhante dos anjos (9.1; 2Co 11.4) e declara que o paraíso está no terceiro céu (cf. 2Co 12.2,3). Esse livro foi escrito depois do início da era cristã.

A *Carta de Arísteas* foi composta depois de 200 a.C. e conta como a Lei do AT foi traduzida para o grego. De fato, a *Carta* está mais preocupada com a conversação à mesa em banquetes de Alexandria que com a tradução da LXX. Busca mostrar que a Lei está em conformidade com os mais altos ideais gregos de pensamento e vida. Demonstra que é possível para o judeu e para o grego viverem juntos e em paz. A respeito do relato da tradução da Lei para o grego, esse texto contém validade histórica, pois é contemporâneo a esse acontecimento (durante o reinado de Ptolomeu Filadelfo, 285-246 a.C.), quando aquela tradução teve início. V. *apocalíptico, apocalíptica; apócrifos, livros — Antigo Testamento; textos bíblicos e versões da Bíblia.* — Clayton Harrop

PSEUDONÍMIA O texto pseudonímico é o que não conta com a autorização da pessoa indicada como autora. Obras assim eram, de forma geral, escritas depois da morte do suposto autor ou durante sua vida por alguém que não foi comissionado para fazê-lo. Textos pseudonímicos são diferentes de textos sem a indicação do autor (anônimos).

Muitos estudiosos críticos creem na existência de pseudonímia no AT (p. ex., Dn) e no NT (p. ex., as Epístolas Pastorais). Há muitos textos pseudonímicos extracanônicos (p. ex., *1Enoque, 4Ed, 3Co,* a *Epístola aos Laodicenses* e o *Evangelho de Pedro*). Não obstante, não há evidência para incluir essas obras nas Escrituras.

Para promover o conceito da existência de pseudonímia no cânon, alguns críticos apelam para fontes greco-romanas (as escolas pitagórica e cínica) e judaicas. Parece que a pseudonímia era comum naqueles contextos (cf. Jâmblico, *de Vita Pythagorica* § 198, 158). Autores sem reputação escreveriam usando pseudônimos de personagens mais antigas e respeitáveis para assegurar o público para suas obras.

Atribuições específicas de autoria são tipicamente encontradas nos antigos escritos judaicos. Não obstante, a pseudonímia era encontrada entre os judeus. O fenômeno ocorreu principalmente em textos apocalípticos posteriores a 200 a.C., talvez por causa de uma crença geral na cessação da inspiração profética (cf. Josefo, *Contra Ápion*, 1.41; *Talmude babilônico, Sanhedrin* 11a).

Em geral, a literatura judaica não é muito útil para estudar a literatura pseudepigráfica no cristianismo primitivo. Os textos do NT que eruditos críticos em geral classificam como pseudonímicos são epístolas. Logo, pode-se olhar para a literatura epistolar judaica para estabelecer um precedente. Apenas duas cartas pseudonímicas chegaram até nossos dias, provenientes de fontes judaicas: a *Carta de Arísteas* e a *Epístola de Jeremias*. Em termos estritos, a primeira obra não é uma carta propriamente, porque não foi escrita na forma epistolar. É uma narrativa apologética que apresenta o relato da tradução do AT hebraico para o grego. O último texto, um sermão de advertência aos judeus contra a idolatria pagã, autodenominado carta, identifica seus destinatários e remetentes e pretende ser a cópia de uma epístola. Portanto, não é inteiramente comparável às epístolas do NT. Há outras cartas judaicas pseudonímicas (p. ex., *1Br*, *2Br* 78-87, *1Enoque* 92-105 e algumas cartas contidas em 1 e 2Mc), mas esses textos acontecem em estruturas compósitas, apocalípticas ou narrativas. Essas cartas têm formato e função diferentes das epístolas neotestamentárias e não são importantes para o estudo do NT.

Não obstante, algumas cartas pseudonímicas podem ser encontradas em círculos cristãos, ainda que sejam poucas em número e não muito importantes (p. ex., *Cartas de Cristo e Abgaro*, *Carta de Lêntulo*, *Correspondência de Paulo e Sêneca*, *Epístola de Tito*, *Epístola aos laodicenses*, *Epístola dos apóstolos*, *3Co* e *Cartas pseudoinacianas*). Esses documentos não se parecem com qualquer epístola neotestamentária e foram escritos bem mais tarde.

O NT contém passagens que têm importância muito grande quanto à questão da pseudonímia no cristianismo primitivo. Em 2Ts 2.2, p. ex., Paulo advertiu a igreja de não aceitar ensinamentos falsos como se "o dia do Senhor já tivesse chegado". Ele afirmou a seus leitores que, não importa por meio de quem tenham recebido essa heresia — se foi "por profecia, por palavra, por carta" —, ele e seus companheiros missionários não tinham nada que ver com isso. Paulo teria objetado a uma carta pseudonímica atribuída a ele que continha ensinos errados e falsos, ou algum material que ele não escreveu. O apóstolo apresenta claramente uma moratória quanto a ela (cf. 2Ts 3.17).

As assinaturas paulinas no NT (1Co 16.21; Gl 6.11; Cl 4.18; 2Ts 3.17; Fm 19) indicam o uso feito pelo apóstolo de um secretário e da assinatura que fazia para seus leitores como sinal da autenticidade e autoridade de suas cartas. Seguramente Paulo deparou com alguém usando um fac-símile de sua assinatura em uma carta pseudonímica, que pretendia ser de sua autoria.

Em Ap 22.18,19 João advertiu que ninguém pode alterar o que foi escrito no livro, reescrevendo-o de qualquer maneira. Pode-se extrapolar a interpretação desses versículos por alguém escrever outro livro e falsamente atribuir autoria a outra pessoa por meio de pseudonímia. João teria feito objeção a uma carta pseudonímica atribuída a ele, que continha falsidades ou algum material que ele não escreveu. Escrever uma obra pseudonímica e atribuí-la a alguém é um tipo de alterar um documento já existente. Logo, ampliar um corpo de literatura já existente — p. ex., o *corpus* paulino — por adicionar-lhe obras não autênticas é alterar o *corpus* verdadeiro daquele autor.

O NT contém apelos severos para a verdade que são difíceis de reconciliar com o pensamento de um autor que usou a pseudonímia deliberadamente. Em 1Tm 4.1,2, p. ex., Paulo advertiu seus leitores de não abraçarem doutrina de "espíritos enganadores" e de "homens hipócritas e mentirosos". Em Ef 4.15 ele instruiu seus leitores a falarem "verdade em amor". Em Ef 4.25 ele exortou a igreja a "abandonar a mentira e falar a verdade". Em Cl 3.9 ele admoestou seus leitores: "Não mintam uns aos outros". Além disso, o Espírito Santo, que habita cada cristão (1Co 6.19; 12.13) e é descrito como o "Espírito da verdade" (Jo 14.17; 16.3), criou um *ethos* na comunidade cristã no qual a pseudonímia teria sido evitada e não floresceria. Um estudo cuidadoso das palavras usadas para expressar a ideia de "engano" revela que é difícil apoiar um conceito de engano legítimo no NT.

Respostas conhecidas à pseudonímia no cristianismo primitivo não apresentam essa prática como aceitável. Os comentários de Tertuliano em *De Baptismo* 17 sobre os *Atos de Paulo*; as observações de Serapião sobre o *Evangelho de Pedro* registrados na *História eclesiástica* 6.12, de Eusébio; a referência a epístolas paulinas "forjadas" no *Cânon* muratoriano etc.). A linguagem usada pelos líderes da igreja primitiva para se referir às obras pseudonímicas as descreve claramente como fraudulentas e enganosas. Os primeiros cristãos simplesmente não aceitavam obras pseudonímicas, vistas por eles de modo pejorativo. Tais escritos, se descobertos, eram firmemente rejeitados.

Nem todos os críticos concordam. Alguns estudiosos argumentam que a igreja primitiva estava preocupada de fato apenas com o conteúdo das obras, não com a pseudonímia. Entretanto, essa teoria não explica a exclusão do cânon, por parte da igreja, de diversos textos pseudonímicos de contexto ortodoxo.

Outros críticos objetam que a atitude cristã gentílica posterior em relação aos textos pseudonímicos é anacrônica e não deveria ser usada para julgar o fenômeno judaico-cristão da pseudonímia. Entretanto, o fato que os próprios judeus não terem incluído em seu cânon obras pseudonímicas como 1Enoque e 4Ed torna essa teoria insustentável. Inegavelmente, a ortodoxia cristã do séc. II reprovou a pseudonímia, e é improvável que os cristãos do séc. I tivessem tido uma opinião diferente a respeito.

Cada vez mais estudiosos observam que a rejeição da pseudonímia por parte da igreja teve lugar em uma época em que grande quantidade de literatura herética atribuída aos apóstolos estava em circulação. Portanto, o fenômeno posterior possivelmente pavimentou o caminho para que clérigos ortodoxos, preocupados com a heresia, procurassem pela pseudonímia. Entretanto, a igreja primitiva pode ter respondido de modo diferente — p. ex., ao realizar a blindagem do conteúdo do documento, não quanto à autoria. De modo notável, os primeiros cristãos não agiram assim; antes, utilizaram ambos os padrões quando reconheciam livros como inspirados por Deus e canônicos.

Certamente os livros inspirados e inerrantes da Bíblia são precisos. Pode-se confiar que foram escritos por quem eles afirmam ter sido escritos. — *Terry Wilder*

PTOLOMEUS Poderes dinásticos que surgiram no Egito como consequência das conquistas de Alexandre, o Grande.

Ptolomeu I (Sóter) (323-283 a.C.) estabeleceu a dinastia que leva seu nome e mudou a capital do Egito de Mênfis para Alexandria, cidade fundada por Alexandre. Ele e seus sucessores governaram um império que incluía a Cirenaica, a Palestina, a Fenícia, Chipre e algumas partes da Ásia Menor e da região do mar Egeu. A política ptolomaica trouxe grande riqueza ao país por meio de impostos e do comércio. Os ptolomeus não impuseram a helenização às populações nativas, mas os benefícios comerciais, culturais e sociais óbvios das políticas ptolomaicas fizeram que houvesse grande aceitação das ideias e costumes helenísticos. A terra era cultivada sob controle estatal, e as riquezas eram encaminhadas ao governo central. Mas o pagamento de pesados impostos anuais assegurava relativa autonomia local. Os ptolomeus introduziram o culto ao governante, mas permitiram que as religiões locais continuassem a ser praticadas. Ptolomeu I, o mais enérgico da dinastia, foi sucedido por Ptolomeu II (Filadelfo) (282-246 a.C.) e por Ptolomeu III (Euergetes) (246-221 a.C.).

Os ptolomeus fizeram de Alexandria um centro de erudição e comércio. Digno de menção é o apoio que deram a um grande grupo de estudiosos no famoso museu de Alexandria. Também desenvolveram o núcleo da imensa biblioteca daquela cidade. Eles fundaram ou revitalizaram várias cidades na Palestina e na Transjordânia, dando-lhes nomes e, com frequência, aspectos gregos. Exemplos são Aco, renomeada Ptolemaida, Bete-Seã, renomeada Citópolis, e a antiga Rabote-Amom, renomeada Filadélfia.

O governo ptolomaico impactou os judeus diretamente na Palestina e fora dela. Nas campanhas militares para garantir a conquista da região, Ptolomeu I levou muitos judeus de lá para Alexandria, para que se estabelecessem na metrópole. Esse foi o início de uma grande e influente colônia judaica que prosperou em razão do bom relacionamento com os ptolomeus, a quem os judeus muitas vezes serviam como mercenários e mercadores. Alexandria logo se tornou uma grande colônia judaica.

Os judeus alexandrinos absorveram o judaísmo muito mais profundamente que os da Judeia. Evidência desse fato foi a necessidade de tradução das Escrituras hebraicas para o grego. A tradução, conhecida como *LXX*, provavelmente foi iniciada no reinado de Ptolomeu II, mas só foi completada por volta do ano 100 a.C.

Os ptolomeus trataram a Judeia como um Estado religioso, dado pelo rei em confiança ao sumo sacerdote em Jerusalém. O sumo sacerdote tinha autoridade sobre questões religiosas e muitos assuntos civis, em troca do pagamento de uma taxa anual.

No reinado de Ptolomeu II irrompeu a primeira das cinco guerras com os selêucidas por conta da posse da Palestina. O Egito resistiu com sucesso ao desafio selêucida sob os três primeiros governantes ptolomaicos. No entanto, o poder ptolomaico começou a decair no reinado de Ptolomeu IV (Filopátor) (221-204 a.C.). No ano 200 a.C. Antíoco III derrotou o exército egípcio em Banyas (mais tarde denominada Cesareia de Filipe) e assumiu o controle da Palestina. Subsequentemente o reino ptolomaico declinou e pouco a pouco caiu sob a influência de Roma. Cleópatra VII foi a última governante ptolomaica antes da anexação do Egito a Roma no ano 30 a.C.. V. *Egito*; *história e literatura intertestamentárias*. — Thomas V. Brisco

O átrio de Ptolomeu IX no templo de Hórus, o deus-falcão egípcio, em Edfu, no Alto Egito.

Alto-relevo apresentando Ptolomeu I (Sóter) (apresentado duas vezes) fazendo oferendas

PUÁ 1. Nome pessoal que significa "garota". Parteira hebraica que desobedeceu às ordens do faraó de matar os bebês dos hebreus (Êx 1.15). **2**. Nome pessoal que significa "tinta vermelha". Pai do juiz Tola (Jz 10.1) e forma alternativa de 1Cr 7.1 (*ARC*).

PUBLICANO Ofício político criado pelos romanos para ajudar na coleta de impostos nas províncias. Na verdade, o título "coletor de impostos" é mais correto que o termo antigo "publicano" para se referir ao grau mais baixo da categoria. Zaqueu é chamado "chefe dos publicanos" (Lc 19.2), provavelmente indicando alguém que tinha contrato com o governo para recolher impostos e que, por sua vez, empregava outros para realizarem o serviço de forma apropriada. No tempo do NT, pessoas almejavam a função de chefe dos publicanos e cobravam a taxa mais um suborno dos cidadãos. Muitos deles eram romanos, ainda que alguns naturais da terra pudessem ocupar a função. Os publicanos eram tidos na mais baixa estima por causa dos lucros excessivos, sendo colocados na mesma categoria das prostitutas (Mt 21.32). Jesus foi acusado de comer com publicanos e ser amigo deles (Mt 9.11).

PÚBLIO Nome pessoal que significa "pertencente ao povo". O oficial mais elevado em Malta, fosse ele romano ou natural do local (At 28.7,8).

PUL 1. Forma alternativa do nome do rei assírio Tiglate-Pileser III (2Rs 15.19; 1Cr 5.26). O nome talvez seja uma contração de Pileser. V. *Assíria*. **2**. O Pul hebraico em Is 66.19 (*ARA, ARC*; v. nota explicativa da *NVI*) é provavelmente uma corrupção textual de Pute.

PULGA V. *insetos*.

PÚLPITO Plataforma elevada de madeira sobre a qual fica quem vai pronunciar um discurso (Ne 8.4, *ARA, ARC*; *NVI*, "plataforma elevada de madeira"), não um apoio para se colocar um livro atrás do qual fica quem faz a leitura.

PULSEIRA Argola ornamental de metal ou vidro usada em volta do pulso (distinta do bracelete que era usado em torno do braço). Pulseiras eram comuns no antigo Oriente Médio e usadas tanto por homens quanto por mulheres. Eram feitas na sua maioria de bronze, embora exemplares de ferro, prata, vidro e, raramente, ouro tenham sido encontrados. As pulseiras mencionadas eram geralmente de ouro (Gn 24.22,30,47; Nm 31.50; Is 3.19; Ez 16.11; 23.42). A *NVI* e *ARA* traduzem a palavra por "bracelete" em 2Sm 1.10. V. *bracelete*; *tornozeleira*.

Pulseira serpentiforme.

PUNHAL Tradução na *ARA* de uma arma curta de dois gumes pertencente ao juiz Eúde (Jz 3.16-22). Outras versões trazem "espada" (*NVI*). A arma de Eúde tinha um côvado de comprimento (c. 45 centímetros), permitindo-lhe escondê-la sob a capa.

PUNITA Clã dos descendentes de Puá (Nm 26.23). Alguns manuscritos trazem "puvanitas" ou "puvitas".

PUNOM Nome de lugar que significa "poço de minerais". Centro de mineração edomita, localizado na junção do uádi el-Gheweil e o uádi esh-Sheqer no lado leste do Arabá, a cerca de 40 quilômetros ao sul do mar Morto. A região foi ocupada por volta de 2200 a.C. A segunda ocupação começou pouco antes de os israelitas acamparem lá, por volta de 1200 a.C. (Nm 33.42,43). O lugar talvez tenha sido o lar dos descendentes de Pinom, o chefe do clã (Gn 36.41). Identifica-se o lugar com a atual Feinan. Dois antigos centros de metalurgia, Khirbet en-Nahas e Khirbet Nqeib Aseimer, estão a norte-nordeste de Punom.

PUR ou **PURIM** V. *festas*.

PURA Nome pessoal que significa "beleza" ou apelido que significa "recipiente para metal". Servo de Gideão (Jz 7.10,11).

PUREZA, CASTIDADE Estado de santidade exigido do povo de Deus com referência especial à pureza sexual das mulheres. A palavra grega *hagnos* originariamente se referia à pureza sagrada dos deuses. Paulo emprega o termo para admoestar os coríntios a permanecerem puros para que ele possa apresentá-los a Cristo nos últimos dias como noiva pura e virgem (2Co 11.2,3). Tito deveria ensinar as mulheres jovens a serem puras em sincera adoração, no comportamento moral geral e em questões sexuais (Tt 2.5; cp. 1Pe 3.2). De forma semelhante, os líderes de igreja precisam ser puros (1Tm 5.22). A pureza é um elemento essencial da ética cristã (Fp 4.8; Tg 3.17). Mesmo pregar o evangelho pode ser feito por motivações impuras (Fp 1.17). O conceito de ser puro pode aparecer também no contexto jurídico, que significa ser declarado inocente de uma acusação, como Paulo o fez em relação aos coríntios (2Co 7.11). E, por fim, Jesus é o Puro (1Jo 3.3).

PUREZA, PURIFICAÇÃO Estado de ser ou processo de se tornar livre de elementos inferiores ou de impureza ritual. Um objetivo básico da religião é alcançar pureza diante da divindade.

Estado de pureza no Antigo Testamento A palavra hebraica para puro (*tahar*) tem uma raiz que geralmente se refere ao ouro puro ou sem mistura (1Rs 10.21; Jó 28.19; Sl 12.6). A palavra *tahar* e outras palavras hebraicas para "puro" são usadas para descrever outros materiais, como sal (Êx 30.35), azeite (Êx 27.20) e incenso (Êx 37.29). Portanto, o significado básico no AT é o de algo "refinado, purificado, sem mancha, algo perfeito, puro" (cf. Lm 4.7).

Pureza ritual Ser ritualmente puro significa estar livre de alguma sujeira ou impureza que impediria alguém de ter contato com objetos ou lugares santos, e principalmente impediria o contato com a presença santa de Deus no culto. Deus é o ideal de pureza, e os que vão estar em contato com sua presença também devem estar puros. O texto de Hc 1.3 indica que os olhos de Deus são puros demais para contemplar o mal.

O altar dos sacrifícios era purificado para estar preparado para o culto (Lv 8.15; Ez 43.26). Os objetos de ouro usados no

PUREZA, PURIFICAÇÃO

tabernáculo e no templo eram também puros nesse sentido; esse é o sentido do incenso em Êx 37.29. Os levitas deveriam se purificar para o culto no tabernáculo (Nm 8.21). Quando algo sujo ou impuro tinha contato com o que era santo havia até o risco de morte. Esse é provavelmente o pano de fundo para a preparação feita para a teofania, uma manifestação da presença de Deus, em Êx 19, e para a morte de Uzá, quando ele não estava preparado (não purificado) para tocar a arca da aliança, o objeto mais santo (2Sm 6.1-11). O texto de Ml 1.1-12 contrasta as ofertas puras dadas pelo povo de Deus; tais ofertas precisavam de purificação (Ml 3.3,4).

A pureza deixava alguém qualificado para participar no culto, atividade central na vida do antigo Israel. A perda da pureza era uma questão muito séria. A impureza ritual acontecia como resultado de emissões de fluidos corporais (Lv 15), por meio de doença, fluxo menstrual ou emissão seminal. Esse capítulo mostra também que esses tipos de impurezas podiam se espalhar por meio do contato, pois qualquer coisa que tocasse em uma pessoa impura tinha que ser purificada. O texto de Lv 12 também discute a impureza associada ao trabalho de parto, provavelmente por conta da perda de sangue. O sangue está relacionado com o misterioso poder da vida, e qualquer perda de sangue exige purificação. A impureza ritual também acontece como resultado de contato com cadáveres, pois a morte é inimiga de Deus (Nm 19). A participação na guerra podia causar impureza. A impureza também era provocada por contato com deuses estrangeiros. Era esse provavelmente o pano de fundo da necessidade de purificação quando o povo voltou do exílio na Babilônia. Os sacerdotes e levitas se autopurificaram primeiro e depois purificaram o povo, as portas e os muros da cidade (Is 52.11; Ed 6.20; Ne 12.30). Isso também os preparou para o culto.

Pureza ética O pensamento e o comportamento adequados ao povo de Deus devem ser puros (Sl 14.2; 73.1; Pv 15.26; 22.11; 30.12). A pureza de pensamento deve resultar na conduta apropriada (Sl 119.9; Pv 16.2; 20.9,11; 21.8). Observe-se a oração pura de Jó 16.17.

Considerando que Sl 15 e 24 falam de qualificações para o culto em termos de pureza ética, é importante não fazer a distinção muito aguda entre pureza ética e ritual no AT. Deus espera a pureza ética, e o pecado resulta em impureza. Logo, o pecado e a impureza ritual estão lado a lado no AT como inaceitáveis pelo Senhor. Seus contrapontos — pureza ética e ritual — também estão juntos.

Rituais de purificação Considerando que o AT pressupõe que as pessoas vão pecar e ficar impuras, providencia-se uma maneira de retornar à pureza.

O ritual de purificação geralmente começava com um período de espera iniciado quando cessava a causa da impureza. Motivos menos sérios, o período de espera era de um dia. Pelo contato com um cadáver (Nm 19.11,14), nascimento de um filho (Lv 12.2), cura da lepra (Lv 14.8,9) e outras emissões corporais (Lv 15.13,19,28), o período de espera era de sete dias. A espera após o nascimento de uma filha era de 14 dias (Lv 12.5). O mesmo período era aplicado à quarentena de alguém com suspeita de lepra (Lv 13.4-6).

Exigia-se um agente para a purificação: água, sangue ou fogo (Nm 31.23). A água, o agente de purificação mais comum, simbolizava a limpeza e era usada nos rituais relacionados ao período de espera. Dever-se-ia lavar as roupas e o corpo (Lv 15.7). O sangue era usado para purificar o altar e o lugar santo (Lv 16.14-19). Misturava-se sangue com outros ingredientes para a purificação da lepra (Lv 14) e contato com mortos (Nm 19).

O último elemento no ritual de purificação era o sacrifício. A purificação de emissões corporais exigia dois pombos ou rolinhas, um como oferta pelo pecado e outro como oferta queimada (Lv 15.14,15,29,30). Um cordeiro e um pombo ou uma rolinha eram oferecidos após o parto (Lv 12.6). O sacrifício do ritual de purificação para leprosos era bastante complicado, o que apontava para a seriedade da lepra como causa de impureza (Lv 14). O sacerdote tocava as extremidades da pessoa com sangue da oferta sacrificial e com azeite, limpando e renovando os agentes renovadores da vida. Os pobres podiam apresentar sacrifícios com animais mais baratos.

Novo Testamento Muitas palavras no NT para pureza se relacionam à purificação de algum tipo. Refletem-se com frequência significados do AT. Perfeição é o significado em Mc

14.3; isso tem ligação com a pureza religiosa em Hb 10.22 e 1Jo 3.3.

A noção de pureza ética domina o NT. A pessoa relacionada de forma correta com Deus deve viver em pureza (1Tm 2.21,22; Tt 1.5 e referências a um coração puro — Mt 5.8; 1Tm 1.5; Hb 9.14; Tg 4.8; 1Pe 1.22). A pureza é alistada entre as virtudes (2Co 6.6; Fp 4.8; 1Tm 4.12; cp. Mc 7.15).

O NT também menciona a purificação por meio de sacrifício e aplica a ideia à morte de Cristo, a purificação que não precisa se repetir, e por isso está em um nível superior ao dos sacrifícios do AT (Hb 9.13,14). O sacrifício de Cristo traz purificação; Cristo realizou a purificação como parte de sua obra de sumo sacerdote, e seu sangue purifica de todo pecado (1Jo 1.7). V. *expiação, propiciação*; *ética*; *levitas*; *sacerdotes*; *sacrifício e oferta*. — W. H. Bellinger Junior

PURGAR Remover impureza, muitas vezes no sentido figurado de maldade (Dt 13.5), culpa (Dt 19.13), culto idólatra (2Cr 34.3) e pecado (Sl 51.7).

PURGATÓRIO Dogma secular da Igreja católica romana. A palavra é derivada do latim *purgare*, que significa "limpar" ou "purificar". Vários escritores cristãos primitivos (Orígenes, Cipriano, Ambrósio, Tertuliano, Jerônimo e Agostinho), em maior ou menor extensão, apoiavam a ideia de um purgatório, ou de orações pelos mortos (o que não implica necessariamente um purgatório). O Concílio de Lyon articulou a doutrina em 1274. O Concílio de Florença a definiu em 1439 como tendo natureza penal e purificadora ao mesmo tempo. Em 1563, o Concílio de Trento reconheceu a validade dos sufrágios realizados em benefício de quem está no purgatório.

De acordo com o catolicismo romano, as almas dos cristãos que morreram com o peso de pecados veniais ou pecados mortais passíveis de remissão são levadas ao purgatório, onde passam por um processo de purificação desses pecados. Não está claro se o purgatório é um lugar ou um estado. Os sofrimentos dos que lá estão variam em intensidade e duração, dependendo de quanto o cristão batizado, mas não completamente purificado, tenha pecado.

Muitos concordam que os que estão no purgatório são purificados por fogo, mas não há consenso se esse fogo é literal ou simbólico. Independentemente da intensidade ou da duração do sofrimento de alguém, o purgatório é de natureza temporária, até a ressurreição geral dos mortos, ainda que indivíduos possam ser libertados antecipadamente. Isso acontece por meio das ações dos cristãos vivos que realizam boas obras a favor dos mortos. Elas podem ser missas, orações (pelos mortos) e doação de esmolas. Os que estão em um estado de perfeita graça não precisam ir ao purgatório — vão diretamente para o céu. Outros vão direto para o inferno. Mas a maior parte dos justos vai passar algum tempo no purgatório, em purificação. Relacionados ao purgatório estão duas outras habitações para os mortos. O *Limbus infantum* é reservado para crianças que morreram sem serem batizadas. Ainda que não sofram, é negada para elas a visão beatífica. Os santos do AT estavam no *Limbus patrum* antes da obra expiatória de Cristo, mas depois disso foram trasladados para o céu.

Para apoiar seu dogma, os católicos romanos apelam para Mt 12.32; 1Pe 3.18-20 e 1Co 3.15. Apelam também para 2Mc 12.38-45, um dos apócrifos do AT. Nenhum desses textos articula explicitamente uma doutrina do purgatório; a doutrina é formulada com base em uma tradição extrabíblica. — Robert Stewart

PURO, PUREZA A ideia de pureza inclui uma diversidade surpreendentemente ampla de comportamentos humanos. No aspecto meramente físico, a pessoa é considerada pura quando sinais evidentes de sujeira ou profanação semelhante foram removidos. Uma pessoa pura é também alguém que habitualmente mantém um padrão de pureza e higiene pessoal, enquanto ao mesmo tempo toma cuidado para garantir que seu ambiente esteja em condições limpas a fim de evitar possíveis acidentes, infecções ou enfermidades.

Visto que a mente é um aspecto integrante da personalidade humana, a pureza também precisa ser aplicada às atitudes e motivações que governam formas particulares de comportamento. Pensamentos impuros como expressão da mente podem resultar em atividades vergonhosas (Mc 7.15) — a não ser que sejam

PURO, PUREZA

reprimidos firmemente — e trazer desgraça ao indivíduo referido, bem como prejuízo a outros. Uma pessoa que vive em pureza é em geral alguém que não dá evidência de ser criminoso, ou de ser vítima de vícios como o alcoolismo e dependência de drogas, ou um indivíduo que habitualmente esnoba o código moral de Deus.

Pureza, no entanto, é um termo relativo quando se leva em consideração a condição humana. A queda da humanidade da graça divina como resultado de desafiar as ordens de Deus e ceder à tentação fez do pecado uma questão genética (Gn 3.1-19). Isso significa que a tendência para pecar é inata, com o resultado inevitável de que, como dizia o antigo salmista, não há um justo sequer (Sl 14.3; Rm 3.10). Paulo formulou e afirmou a situação com ênfase igual ao proclamar que todos pecaram e estão destituídos da glória de Deus (Rm 3.23). O pecado humano coloca uma barreira entre os pecadores e o Deus justo e santo. Os pecadores são impuros aos olhos de Deus.

Os rituais religiosos de Lv tinham muito a dizer sobre a maneira em que o pecador podia ser purificado da iniquidade e reconciliado com Deus. Isso era uma questão de grande importância para os israelitas porque Deus exigia deles que fossem um reino de sacerdotes e uma nação santa (Êx 19.6). Nas religiões do antigo Oriente Médio a ideia de santidade era aplicada a uma pessoa em um estado de consagração ao serviço de uma divindade, cuja adoração cúltica podia incluir, e de fato muitas vezes incluía, atos de grosseira natureza sexual. Para os hebreus, a santidade exigia que eles refletissem na sua vida e pensamento as elevadas qualidades morais e espirituais de Deus como revelado nas suas leis.

Assim, a pureza era fundamental para o estabelecimento e preservação da santidade na comunidade israelita. Como nação distinta de todas as outras, os hebreus receberam a provisão de instruções específicas com respeito à pureza e a como recuperá-la quando tinha sido perdida por meio de desleixo ou desobediência. Os princípios de pureza estavam relacionados a todos os aspectos da vida individual e comunitária. No fim das contas, eles tinham a capacidade de uma interpretação moral, visto que na nação sagrada as questões seculares e espirituais estavam proximamente conectadas.

Deus estabeleceu para os israelitas um conjunto especial de leis que tratavam de animais puros e impuros (Lv 11.1-47; Dt 14.1-21) para prover orientação para aspectos da dieta e de outras circunstâncias. Embora as outras nações do antigo Oriente Médio seguissem uma distinção geral entre espécies puras e impuras, os princípios de diferenciação não eram em sentido algum tão explícitos quanto os fornecidos aos hebreus. Os animais puros podiam ser comidos, mas os impuros eram estritamente proibidos. Os termos "puro" e "impuro" eram definidos por ilustração, e princípios claros eram enunciados para capacitar qualquer pessoa a fazer a distinção corretamente.

De forma bem simples, qualquer animal que tivesse o casco fendido e ruminasse era puro e, portanto, apropriado para a alimentação. Qualquer animal que não satisfizesse essas especificações era impuro e em decorrência disso não deveria servir de alimento. Se um animal, o camelo, p. ex., possuísse apenas uma das exigências afirmadas, ainda assim deveria ser considerado impuro. Visto que as aves faziam parte da dieta dos israelitas, uma lista das espécies apropriadas para alimentação excluía as que podiam ter doenças transmissíveis.

Existem muitas discussões acerca do propósito dessas regras. Alguns autores alegam que elas tinham o propósito de evitar as práticas pagãs idólatras. Outros concentram a atenção em preservar a natureza distinta dos israelitas em termos de comida, bem como de considerações éticas e religiosas. Ainda outro ponto de vista destaca os aspectos de higiene das leis como um meio de impedir a difusão de enfermidades infecciosas. Mais provavelmente, todas as três preocupações estão na base dessa legislação, e por isso cada uma deve receber a consideração adequada. Animais associados a cultos pagãos eram proibidos, bem como criaturas estranhas ou repulsivas e aquelas espécies que se alimentavam de carniça. Se as regras para a alimentação fossem seguidas, os hebreus podiam contar com boa saúde física. Claramente os objetivos gerais das leis alimentares eram a prevenção da impureza e a promoção da santidade na comunidade (Lv 11.43,44).

O conceito de imundície também se aplicava a certos objetos ou situações na vida que transmitiam impurezas aos nelas envolvidos. Assim, o contato com um cadáver (Lv 5.2; 21.1), um inseto ou animal que rasteja (Lv 22.4,5), ou a carcaça de um animal (Lv 11.28; Dt 14.8) exigia a purificação ritual para remover a impureza. Depois de dar à luz, as mulheres estavam ritualmente impuras e tinham de passar por um ritual de purificação (Lv 12.4,5; Lc 2.22). A lepra era particularmente perigosa como fonte de impureza e exigia rituais especiais de purificação (Lv 14) quando o sofredor era pronunciado puro. Pessoas impuras transmitiam sua condição a tudo que tocassem assim que outros que manuseassem essas coisas também se tornavam impuros. Mesmo o santuário de Deus precisava ser purificado periodicamente (Lv 4.6; 16.15-20).

Como já observado anteriormente, a pureza tinha uma dimensão moral específica. Visto que os sacerdotes de Deus deviam ser vestidos de justiça (Sl 132.9), toda a nação estava envolvida em manifestar o sacerdócio de todos os que criam sinceramente no relacionamento de aliança com Deus que tinha sido elaborada no monte Sinai. Assim, ser puro não significava meramente os aspectos negativos de ser livre de enfermidades e violações, mas a demonstração positiva na vida diária das elevadas qualidades morais e éticas da absoluta pureza, misericórdia, justiça e graça.

A pureza era parte das estipulações morais da Lei. Assim, o assassinato era tanto uma profanação da terra quanto uma violação das ordens expressas do Decálogo. O assassínio de um inocente exigia uma resposta justa de toda a comunidade de Israel, baseada no princípio da retribuição de sangue (Nm 35.33; Dt 19.10). Ofensas morais graves que violavam a lei de Deus e profanavam a nação incluíam o adultério (Lv 18.20) — uma ofensa que exigia a pena capital (Lv 20.10) — e atividades sexuais pervertidas, entre elas a bestialidade, cuja pena prescrita era a morte (Lv 20.13).

A santidade cerimonial assim envolvia distinguir o puro do impuro. A santidade moral exigia que os israelitas se comportassem como nação separada das profanações da sociedade da época e vivessem de forma justa e reta em obediência às leis divinas (Lv 21.25,26). Para o transgressor arrependido, havia um sistema complexo de ritos de purificação que eliminavam a contaminação física e moral. Essas práticas incluíam diversos tipos de lavagem com água como processo natural de purificação (Lv 6.28; 8.6; 14.8,9; Nm 8.7; 19.9); o uso de cinzas (Nm 19.17) e hissopo (Nm 19.18) no caso de contaminação acidental; e sangue sacrificial, que fazia propiciação pelo pecado e reconciliava o adorador com Deus. A Lei estabeleceu o princípio de que o sangue fazia propiciação pela vida humana (Lv 17.11), e assim o sacrifício de sangue envolvia a mais alta forma de purificação (Lv 14.6,19,20) ou dedicação a Deus (Lv 8.23,24). Contudo, mesmo essa forma de sacrifício era ineficaz no caso de pecados cometidos deliberadamente contra a espiritualidade da aliança (Nm 15.30).

No NT, a purificação era associada somente aos costumes rituais do judaísmo da época. Assim, o menino Jesus foi apresentado no templo para a tradicional purificação ritual (Lv 12.2-8; Lc 2.22). A purificação (*katharismos*) foi uma questão de disputa entre os fariseus e os discípulos de João Batista (Jo 3.25), mas Cristo obedeceu à Lei ao enviar os leprosos curados ao sacerdote para a purificação (Lv 14.2-32; Mt 8.4). Em outras ocasiões ele afirmou sua superioridade às ordenanças que ele posteriormente ampliaria e cumpriria (Mt 12.8; Mc 2.28; Lc 6.5).

No seu ensino, Cristo tornou as regras cúlticas do AT concernentes à pureza ainda mais rigorosas ao ressaltar a motivação da pessoa em lugar da observância exterior ou mecânica de regras e regulamentos. Ele ensinou que o adultério tinha sido cometido tão plenamente pela lascívia de um homem por uma mulher (Mt 5.27,28) como se o ato físico tivesse ocorrido. Em Jo 15.3 a palavra que Cristo proclamou os purificou ao regenerar seu caráter e instilar neles santidade de vida.

Jesus não era somente um mestre moral. Ele veio à terra para dar a vida em resgate pelos pecados da humanidade (Mc 10.45). Dessa forma ele se tornou o Cordeiro de Deus, tirando o pecado do mundo (Jo 1.29). Sua morte propiciatória como nosso grande Sumo Sacerdote transcendeu, naquele único sacrifício de si mesmo por nós no Calvário, tudo o que os rituais de purificação da Lei poderiam realizar (Hb 7.27). Ali ele instituiu uma nova aliança de graça divina no seu sangue (Hb 8.6), realizando a redenção humana e tornando possível a vida eterna para o indivíduo arrependido que tem fé na sua obra propiciatória.

PÚRPURA

Uma das maiores garantias da graça dessa sua nova aliança é que o sangue de Jesus nos purifica de todo pecado (1Jo 1.7). Sacrifícios e ofertas são agora desnecessários, pois o que Jesus exige é um espírito arrependido que confessa os méritos da sua propiciação. Para o cristão as ordenanças rituais do AT estão anuladas. Todos os alimentos foram declarados puros (Mc 7.19; At 10.9-16), e os únicos sacrifícios que Deus requer são os que emergem de um coração humilde e contrito (Sl 51.17). — *R. K. Harrison*

PÚRPURA V. *azul*; *cores*.

PUTE Nome pessoal e de lugar, derivado talvez da palavra egípcia *pdty*, que significa "arqueiro estrangeiro". **1.** Filho de Cam (Gn 10.6;1Cr 1.8, ARA, ARC; NVI, "Fute"; BJ, "Fut") na "tabela das nações" e, portanto, ancestral dos habitantes de Pute. **2.** Designação de uma região na África que faz fronteira com o Egito (Jr 46.9; Ez 27.10; 30.5; 38.5; Na 3.9; Is 66.19) Pute é em geral identificado com a Líbia, talvez com a cidade de Cirene. Todas as referências aos homens de Pute envolvem soldados mercenários.

PUTEUS Família de desdendentes de Judá (1Cr 25.3, ARA, ARC; NVI, "fateus"; BJ, "futitas").

PUTIEL Nome pessoal que significa "aquele a quem Deus dá" ou "afligido por Deus". Sogro do sacerdote Eleazar (Êx 6.25, ARA, ARC, NTLH; NVI, BJ, "Futiel").

PUVA Nome pessoal grafado de diferentes maneiras no texto hebraico e em vários manuscritos e versões da Bíblia. É o nome de um filho de Issacar (Gn 46.13; Nm 26.23, ARA, ARC, NTLH; NVI, "Puá"). V. Nm 26.23

Q Abreviação da palavra alemã *Quelle*, que significa "fonte", usada para designar a fonte comum hipotética de cerca de 200 versículos encontrados em Mt e Lc, mas não em Mc. De acordo com a hipótese dos dois documentos, Mateus e Lucas inseriram ditos de Jesus, retirados de Q, na estrutura narrativa de Mc sobre a história de Jesus (cf. Lc 1.1, para a evidência de fontes prévias). Concordâncias palavra por palavra na tradição dupla (material compartilhado por Mt e Lc, mas não por Mc), sequências comuns de ditos no interior de blocos de materiais narrativos, e pares (repetições) de ditos encontrados apenas em Mc apontam para uma fonte comum. Uma versão comum da hipótese Q a considera como tendo sido escrita em grego na Palestina, talvez em Cesareia, entre os anos 50 e 60. Acredita-se que Lucas preservou melhor a sequência geral dos ditos de Q, enquanto Mateus se sentiu livre para reorganizar grande parte do material compartilhado para formar seus cinco grandes discursos. Alguns estudiosos são tão confiantes na capacidade de decifrar a fonte Q que escreveram comentários e teologias dessa suposta fonte. Outros preferem pensar em Q como uma fonte "oral". Outros ainda eliminam qualquer necessidade de uma fonte comum para a tradição dupla, ao defenderem a prioridade do evangelho de Mt. V. *harmonia dos Evangelhos*.

QOHELET V. *Coélet*

QUARESMA Palavra portuguesa de origem latina (relacionada ao número 40) que se refere ao período penitencial que precede a Páscoa. Os primeiros cristãos perceberam que a grandiosidade da celebração da Páscoa exigia uma preparação especial. Já no séc. II, muitos cristãos guardavam vários dias de jejum como parte dessa preparação. Nos séculos seguintes, talvez a lembrança do jejum de 40 dias que Jesus fez no deserto (Mt 4.1,2), o período de 40 dias foi aceito na Quaresma. A partir daí, desde os primeiros anos do cristianismo, considera-se inadequado jejuar no dia da ressurreição, e por isso os domingos não são contados nos 40 dias. Por isso, a quarta-feira 46 dias antes da Páscoa veio a ser considerada o início da Quaresma.

Nos primeiros séculos, o período antes da Páscoa também era o período de preparação intensiva para os novos cristãos. Nesse período, os catecúmenos (os que aprendiam o que significa ser cristão) avançavam até o estágio final de preparação para o batismo, que de modo geral acontecia na madrugada do Domingo de Páscoa. À medida que crescia a prática do batismo infantil, a ênfase na Quaresma como período de preparação diminuiu. V. *ano eclesiástico*. — *Fred A. Grissom*

QUARTO Nome pessoal latino que significa "quarto" no sentido de numeral ordinal (não no sentido de cômodo de uma casa). Cristão, muito provavelmente de Corinto, que enviou saudações à igreja de Roma por intermédio de Paulo (Rm 16.23). Quarto e Tércio, cujo nome significa "terceiro" (Rm 16.22), eram possivelmente o terceiro e o quarto filhos de uma família.

QUARTO, APOSENTO Sala privativa da morada que Jesus encorajou como lugar para as pessoas orarem (Mt 6.6). Ele observou que nem mesmo palavras ditas na privacidade do quarto poderiam ser mantidas em segredo (Lc 12.3), indicando que a hipocrisia dos fariseus não poderia ser ocultada. V. *arquitetura; câmara*.

QUEBAR Rio na Babilônia onde Ezequiel teve visões (Ez 1.1; 3.15; 10.15; 43.3). Provavelmente deve ser identificado com o nar Kabari, um canal do rio Eufrates a sudeste da Babilônia. Talvez seja o atual Satt-en-nil.

QUEDA Nome tradicional do primeiro pecado de Adão e Eva que trouxe o juízo sobre a natureza e a humanidade.

Em Gn as pessoas são detentoras de domínio; criadas à imagem de Deus (Gn 1.26-28). O homem e a mulher foram colocados na terra com o mandamento de obedecer (Gn 1.28). O entendimento bíblico do domínio sugere a mordomia servil, não o mero poder (Mt 20.25-28).

Pecado no jardim O livro de Gn retrata os seres humanos como criação especial de Deus (2.7) colocados no jardim especial criado por Deus (2.8-15). Três características são cruciais para a compreensão do papel humano no jardim: 1) Adão foi colocado no jardim para "cuidar dele e cultivá-lo" (2.15). Deus forneceu essa vocação para a realização do homem. 2) As primeiras pessoas receberam grande discrição e liberdade de ação no jardim. Essa liberdade permitiu que se beneficiassem da bondade da criação de Deus (2.16). 3) No entanto, sua liberdade e discrição eram limitadas. Deus proibiu que pegassem do fruto da árvore do conhecimento do bem e do mal (2.17). Os estudiosos ressaltam que essas três características pertencem singularmente aos seres humanos. Cada pessoa enfrenta a vocação, a liberdade, mas também a proibição. A completa humanidade é experimentada somente quando essas três características são mantidas.

O "conhecimento do bem e do mal" tornaria os seres humanos semelhantes a Deus de alguma forma (Gn 3.5,22). Alguns estudiosos da Bíblia entendem que a árvore possuía todo o conhecimento — i.e, a abrangência completa da experiência. Outros afirmam que a árvore provia conhecimento de natureza moral. Alguns afirmam que o conhecimento adquirido foi simplesmente a experiência sexual.

O propósito da árvore na narrativa fornece uma pista para uma explanação mais satisfatória. A árvore era o objeto e símbolo da autoridade de Deus. A árvore lembrava Adão e Eva de que sua liberdade não era absoluta, mas precisava ser exercida na dependência de Deus. Em rebelião soberba, o casal se empenhou pelo autocontrole completo — estabelecendo uma completa independência autodirecionadora. Esse domínio absoluto pertence só a Deus. A ambição deles afetou todas as dimensões da experiência humana. Por exemplo, eles reivindicaram o direito de determinar o bem e o mal.

A serpente A serpente fez uma repentina intromissão na história. Ela é identificada em Gn como somente uma criatura. A reflexão teológica a identificou como um instrumento de Satanás e, assim, legitimamente amaldiçoada e retratada como inimiga da descendência da mulher (Gn 3.14,15). Textos posteriores das Escrituras também declaram que Satanás é o tentador por excelência (1Jo 3.8; Ap 12.9). Sua presença, no entanto, não diminui a responsabilidade humana. As Escrituras estipulam que o homem não pode culpar a tentação demoníaca pelo seu pecado (Tg 1.12-15).

A serpente começou a conversa com uma pergunta que obviamente distorceu ou ao menos ampliou a ordem de Deus para não se comer da árvore (Gn 3.1). O questionador convidou a mulher a se envolver em uma conversa sobre Deus e a tratá-lo e à sua palavra como objetos a serem considerados e avaliados. Além disso, a serpente retratou Deus como alguém de forma sádica e arbitrária que colocou uma proibição diante do casal para reprimir seu prazer no desfrute do jardim.

A mulher aparentemente se sentiu inclinada a defender a instrução de Deus. Na resposta à serpente, ela incluiu uma citação da ordem de Deus. O texto não nos diz como ela ou a serpente souberam da ordem de Deus. Adão pode ter passado adiante a informação que ele recebeu inicialmente antes de a mulher ter sido criada (Gn 2.17,18). Ela pode assim representar todos os que recebem a palavra de Deus por instrumentalidade "humana", mas são mesmo assim chamados a crer (cf. Jo 20.29). Ela respondeu com uma reafirmação da permissão de Deus segundo a qual podiam comer livremente da provisão do jardim (Gn 3.2). Ela falou então da proibição de Deus referente a uma árvore no meio do jardim. Talvez a ansiedade de duvidar do caráter de Deus a levou a acrescentar palavras ao que Deus tinha dito; ela ampliou a instrução e assim incluiu o tocar a árvore, dessa maneira fazendo a própria lei. É interessante que o primeiro questionamento da palavra de Deus não incluiu anulação, mas acréscimo tanto por parte da serpente quanto da mulher. A primeira capitulação da humanidade à tentação começou com o duvidar da instrução de Deus e de seu caráter amoroso.

A propensão da mulher em julgar e seu acréscimo à instrução de Deus, embora aparentemente inofensivos, permitiram que a serpente continuasse descaradamente com seu ataque direto ao caráter de Deus. Ela declarou que o casal não morreria de fato. Em vez disso, argumentou que a motivação de Deus era prevenir que o casal se tornasse como Deus. A serpente alegou que a frase "seus olhos se abrirão, e vocês, como Deus, serão conhecedores do bem e do mal" (Gn 3.5) era a razão de Deus para emitir a proibição; na verdade, essa frase expressa a razão humana para violar a ordem. O casal, insatisfeito com sua liberdade, achava que poderia obter mais. Eles buscaram a liberdade irrestrita — não queriam prestar contas a ninguém, nem mesmo a Deus. A serpente parecia certa de que comer do fruto produziria igualdade, não morte.

A mulher estava diante da árvore. Crua e friamente, ela viu que o fruto era bom para se comer. De maneira um pouco mais refinada, ela o julgou prazeroso ao olhar. Ainda mais atraente à sua vaidade foi a recém-descoberta fé de que o fruto lhe daria conhecimento (Gn 3.6; cp. 1Jo 2.16). Ela comeu do fruto e o deu a Adão, que também comeu.

Resultados do pecado O pecado teve resultados imediatos no relacionamento do casal; a atitude do "eu-primeiro" e "eu-somente" demonstrada para com Deus afetou a maneira em que encararam um ao outro. A confiança e intimidade mútuas do vínculo de uma só carne (Gn 2.24) foram arruinadas pela desconfiança. Isso não sugere que o conhecimento do bem e do mal era a consciência sexual. A relação física foi ordem e bênção de Deus antes da Queda (Gn 1.28). Na ausência de confiança mútua, a intimidade completa significa vulnerabilidade completa (Gn 3.7).

O casal também se sentiu constrangido a se esconder de Deus quando o ouviram caminhar pelo jardim. Quando a confiança e o amor caracterizavam a atitude do casal, eles estavam visivelmente confortáveis na presença de Deus. Depois do seu pecado, a vergonha, como era de esperar, marcou seus relacionamentos — tanto humano quanto divino (Gn 3.8). Os pecadores não poderiam ficar escondidos. Deus os procurou, perguntando: "Onde está você?" (Gn 3.9). Isso pode ser uma pergunta normal, mas alguns a veem como a previsão pesarosa de Deus quanto ao que iria acontecer. Os pecadores precisam, no final das contas, falar com Deus. Adão admitiu que agora a presença de Deus causava temor, e a vergonha humana provocara a fuga para um esconderijo (Gn 3.10).

A pergunta seguinte desviou a atenção do homem da sua situação deplorável para seu pecado (Gn 3.11). O casal teve de enfrentar seu Senhor. O homem admitiu seu pecado, mas somente depois de lembrar a Deus enfaticamente que a mulher tinha sido instrumental para a participação dele. A mulher compartilhou igualmente do ato, mas foi rápida em culpar a serpente (Gn 3.12,13). Junto com a vergonha, a culpa surge naturalmente na humanidade.

Deus prosseguiu imediatamente para o castigo. A serpente não foi entrevistada porque não levava a imagem em que Deus buscasse uma representação ou um relacionamento. A posição baixa (lit.) da serpente é simbólica da humilhação que Deus infligiria aos que se lhe opusessem. A rivalidade resultante não ocorreria meramente no nível natural entre a serpente e outros animais (v. 14) ou entre a serpente e os humanos (v. 15). A "semente" (*ARA*; *NVI* traz "descendente") da mulher representa o Messias, e a "semente" da serpente representa Satanás e seus seguidores. Assim, um significado mais abrangente do versículo promete a vitória final de Cristo sobre Satanás (Gn 3.14,15).

O castigo da mulher foi associado ao seu papel distintivo no cumprimento da ordem de Deus (Gn 1.28). O privilégio de compartilhar da obra criadora de Deus foi frustrado por dor e sofrimento intensos. Apesar desse sofrimento, ela mesmo assim desejaria intimidade com seu marido, mas seu desejo seria frustrado pelo pecado. Ela desejaria controlar seu marido, embora Deus tivesse dado a ele o papel de "dominar" sobre ela (Gn 3.16).

O castigo de Adão também incluiu a frustração do seu trabalho. Ele foi culpado de seguir o conselho pecaminoso da mulher e de comer da árvore proibida (Gn 3.17). A eficácia produtiva conhecida antes da Queda estava perdida. Agora, mesmo seu labor extremo seria frustrado pela terra amaldiçoada. A terra foi amaldiçoada aparentemente porque estava dentro do domínio de Adão. Essa mentalidade corporativa é muito estranha a nós, mas os autores bíblicos reconhecem a necessidade de redenção da natureza (Is 24; Rm 8.19-23; Cl 1.15-20).

Resultados — Epílogo A prerrogativa do homem de dar nome à mulher (Gn 3.20) foi um sinal da ordem caída, mas a esperança persiste. A humanidade pode avançar porque a mulher tem a capacidade de gerar filhos. No final das contas surgiu a esperança da determinação divina de preservar sua criação. Alguns talvez esperassem que Deus se retirasse e deixasse sozinhas as pessoas pecadoras para que experimentassem a miséria que seguiria, mas Javé, doador de graça, proveu roupa para a humanidade caída (Gn 3.20,21).

Javé reconheceu a verdade parcial da alegação da serpente: a autonomia de Adão e Eva os tinha tornado semelhantes a Deus (Gn 3.5,22). Nessas circunstâncias, o acesso à árvore da vida é inadequado. Inúmeras perguntas concernentes à natureza condicional da árvore da vida continuam sem resposta (Ez 47.12; Ap 2.7; 22.2,14,19). Como juízo trágico, o casal pecador foi expulso do jardim, pretendido por Deus como lugar de moradia dele. Os querubins guardiões protegiam o jardim e a árvore (Gn 3.22-24) e, assim, graciosamente protegiam as pessoas de entrarem em um período infinito de luta. A mentira da serpente com respeito à morte (Gn 3.4) se tornou evidente. O pecado humano trouxe morte (Gn 3.19,22). Alguns leitores questionam por que a morte não veio "naquele dia" — "no dia em que" — como Deus tinha aparentemente prometido (Gn 2.17), mas a expressão hebraica pode significar simplesmente "quando" (*NIV*, em inglês). Também devemos ser lembrados da graça de Deus por permitir a continuação da vida e do entendimento hebraico segundo o qual a morte inclui separação de Deus tanto quanto morte física (Jó 7.21; Sl 88.5,10-12; Is 38.18,19).

Novo Testamento Os autores do NT tomavam por certa a condição caída dos seres humanos e da natureza. Ambos gemem pela redenção (Rm 8.19-23). Quando comparou Adão e Cristo, Paulo declarou que o pecado e a morte obtiveram entrada no mundo por meio de Adão e que o pecado e a morte são agora comuns a todas as pessoas (Rm 5.12; 6.23). Adão é retratado como o representante da humanidade, cujos integrantes compartilham, todos, o castigo dele (Rm 5.19). — *Randy Hatchett*

QUEDAR Nome pessoal que significa "poderoso" ou "escuro" ou "negro". O segundo filho de Ismael, neto de Abraão (Gn 25.13; 1Cr 1.29). O nome ocorre mais tarde na Bíblia presumivelmente como referência à tribo com o nome derivado de Quedar. No entanto, conhecem-se poucas informações concretas a respeito desse grupo. Aparentemente os descendentes de Quedar ocupavam a área ao sul da Palestina e a leste do Egito (Gn 25.18). Eles podem ser mais bem descritos como nômades vivendo em tendas (Sl 120.5; Ct 1.5), criando ovelhas, bodes (Is 60.7; Jr 49.28,29,32) e também camelos, que vendiam para um lugar tão distante como Tiro (Ez 27.21).

Príncipes lideram os quedaritas (Ez 27.21); eles eram guerreiros famosos, particularmente seus arqueiros (Is 21.17). Evidentemente tinham alguma importância no tempo de Isaías (Is 21.16). V. *Abraão*; *Ismael*. — *Hugh Tobias*

QUEDEMÁ Nome pessoal e de uma tribo que significa "rumo a leste". O último filho de Ismael (Gn 25.15; 1Cr 1.31). É provável que tenha sido o líder de uma tribo árabe com o mesmo nome e incluído entre os cadmonitas. V. *cadmoneu*.

QUEDEMOTE Nome de lugar que significa "lugares antigos" ou "lugares orientais". Uma das cidades dos levitas no território tribal de Rúben, designada à família de Merari (Js 13.18; 21.37; 1Cr 6.79). Do deserto, nas proximidades, Moisés enviou uma comitiva a Siom, rei dos amorreus, pedindo passagem por seu país (Dt 2.26). A cidade é associada a Kasr ez-Za'feran ou Khirbet er-Remeil. Essas duas cidades estão na mesma vizinhança e existiam nos dias de Abraão. V. *cidades dos levitas*.

QUEDES Nome de lugar que significa "lugar sagrado" ou "santuário". **1.** Cidade na parte sul de Judá (Js 15.23). Provavelmente Cades-Barneia. V. *Cades*, *Cades-Barneia*. **2.** Cidade cananeia no leste da Galileia, derrotada por Josué (Js 12.22). A cidade foi destinada a Naftali (Js 19.32,37) e chamada Quedes em Naftali (Jz 4.6). Foi também chamada Quedes na Galileia e dada aos levitas gersonitas como cidade pertencente a eles (Js 20.7; 21.32). Quedes em Naftali era o lar de Baraque (Jz 4.6) e o lugar onde Débora e Baraque reuniram suas forças para a batalha (Jz 4.1-10). Héber, o queneu, armou sua tenda na vizinhança, onde Sísera encontrou a morte nas mãos de Jael, esposa de Héber (Jz 4.21; 5.24-27). Quedes em Naftali foi capturada por Tiglate-Pileser III no reinado de Peca de Israel. Os habitantes foram exilados para a Assíria (2Rs 15.29). Geralmente é identificada com a moderna Khirbert Qedish, a cerca de 5 quilômetros ao sul de Tiberíades. V. *cidades dos levitas*. **3.** Cidade de Issacar destinada aos levitas gersonitas (1Cr 6.72). A cidade é também chamada Quisiom (Js 21.28; *NVI*). Tem sido sugerido que "Quedes em Issacar" pode ter surgido de uma leitura equivocada de "Quision" no lugar de "Quedes". O lugar é incerto, talvez a moderna Tell Abu Qudeis, a cerca de 5 quilômetros a sudeste de Megido. — Phil Logan

QUEDES EM NAFTALI ou **QUEDES-NAFTALI** V. *Quedes*; *Naftali*.

QUEDORLAOMER Rei de Elão que se uniu à coligação dos reis que lutaram contra os reis de Sodoma e Gomorra, batalha em que Abraão se envolveu e obteve a vitória (Gn 14.1). O nome elamita significa "filho de La'gamal" (um deus). Ele aparentemente liderava a coligação oriental. Não aparece nos registros elamitas fragmentados conhecidos hoje, de modo que nada mais se sabe a não ser o que Gn 14 registra. V. *Elão*.

QUEELATA Nome de lugar que significa "assembleia". Um dos acampamentos dos israelitas na peregrinação pelo deserto (Nm 33.22,23). Localização desconhecida.

QUEFAR-AMONAI Nome de lugar que significa "povoado aberto dos amonitas". Povoado no território da tribo de Benjamim (Js 18.24). Sua localização não é conhecida.

QUEFAR-HAAMONAI Grafia na *ARC*, incluindo o artigo definido hebraico *ha* para Quefar-Amonai. V. *Quefar-Amonai*.

QUEFIRA Nome de lugar que significa "rainha dos leões". Está localizada em Khirbet Kefire, a cerca de 7 quilômetros de Gibeom. Uma das quatro cidades que Josué libertou da coligação liderada pelo rei de Jerusalém (Js 9.17; outras versões trazem "Cefira", *ARA*, *ARC*, *NTLH*). Josué a designou à tribo de Benjamim (Js 18.26). Alguns dos seus habitantes exilados retornaram ao povoado pós-exílico com Zorobabel (Ed 2.25).

QUEFIRIM Termo hebraico para "povoados" em Ne 6.2, que poderia ser também um nome de lugar (cf. mrg. *NVI*).

QUEIJO Produto laticínio que forma a base da dieta. As três ocorrências de queijo nas versões em português refletem três expressões diferentes no hebraico. O texto de Jó 10.10 se refere a queijo; 1Sm 17.18 fala literalmente de uma "fatia de leite"; e 2Sm 17.29 usa uma expressão geralmente interpretada com o significado de "coalho do rebanho".

QUEILA Nome pessoal e de lugar que significa "fortaleza". **1.** Descendente de Calebe (1Cr 4.19). **2.** Cidade fortificada nas terras baixas (Sefelá) do território de Judá identificada com a moderna Khirbet Qila, a cerca de 12 quilômetros a noroeste de Hebrom e 29 quilômetros a sudoeste de Jerusalém. Davi resgatou a cidade de um ataque filisteu, mas depois se retirou temendo que a população o entregasse a Saul (1Sm 23.1-13). A cidade foi reconstruída pelos exilados que retornaram (Ne 3.17,18). Um dos lugares tradicionais do sepultamento de Habacuque.

QUELAÍAS Nome pessoal que talvez signifique "Javé desonrou". Um dos levitas que se divorciou de sua esposa estrangeira no tempo de Esdras. Também identificado como Quelita (Ed 10.23). V. *Quelita*.

QUELAL Nome pessoal de um homem que tinha mulher estrangeira na comunidade pós-exílica (Ed 10.30).

QUELITA Nome pessoal com o provável significado de "aleijado, anão", mas que talvez também signifique "adotado". Levita que trabalhava na interpretação da Lei quando esta foi lida à assembleia do povo no tempo de Esdras (Ne 8.7) e que participou na ratificação da aliança (Ne 10.10). Quelita talvez seja o apelido de Quelaías mencionado em Ed 10.23. Nessa passagem Quelaías (i.e., o anão) desistiu de sua esposa estrangeira de acordo com as instruções de Esdras.

QUELUBAI Variante hebraica de Calebe, o herói da narrativa dos espiões (Nm 13—14). V. *Calebe*.

QUELUBE 1. Descendente da tribo de Judá (1Cr 4.11), provavelmente identificável como Calebe, o herói da narrativa dos espiões de Nm 13—14. V. *Calebe*. **2.** Pai de Ezri, supervisor dos trabalhadores rurais de Davi (1Cr 27.26).

QUELUÍ Nome pessoal de um homem que tinha mulher estrangeira na comunidade pós-exílica (Ed 10.35).

QUEMARINS Transliteração na *ARC* de uma palavra hebraica que significa "sacerdotes de deuses falsos ou estranhos" em Sf 1.4. O termo hebraico também aparece em 2Rs 23.5 e Os 10.5. (*NVI*: "ministros idólatras"; *ARA*: "ministrantes dos ídolos"; *NTLH*: "os sacerdotes que serviam esse deus pagão").

QUEMUEL Nome pessoal de significado incerto; talvez signifique "ajudador de Deus" ou "assembleia de Deus". **1.** Pai de Arã e filho de Naor, irmão de Abrão (Gn 22.21). **2.** Filho de Siftã e representante de Efraim na divisão de Canaã entre as tribos de Israel (Nm 32.24). **3.** Pai de Hasabias, levita contemporâneo de Davi (1Cr 27.17).

QUENAANÁ 1. Nome pessoal que significa "mulher comerciante". Pai do falso profeta Zedequias (1Rs 22.11). V. *Zedequias*. **2.** Membro da tribo de Benjamim (1Cr 7.10). (As outras versões trazem "Quenaana".)

QUENANI Nome pessoal que significa "o que nasceu no mês de Kananu". Levita que conduziu Israel em uma oração de renovação e louvor (Ne 9.4).

QUENANIAS Nome pessoal que significa "Javé capacita". **1.** Chefe dos levitas, no reinado de Davi, que instruiu o povo no cântico e teve papel de liderança no transporte da arca para Jerusalém (1Cr 15.22,27). **2.** Levita da família que era responsável pelos negócios fora do templo, incluindo a função de oficiais e juízes (1Cr 26.29).

QUENATE Nome de lugar de significado incerto. Cidade a leste de Gileade, conquistada por Noba, que lhe deu seu nome (Nm 32.42). A cidade passou a ser conhecida por Quenate algum tempo depois, quando caiu nas mãos de Arã e Gesur (1Cr 2.23). A cidade é geralmente identificada com a atual Qanawat em el-Hauran. Quenate era a cidade mais oriental de Decápolis. V. *Decápolis*.

QUENAZ Nome pessoal de significado desconhecido. **1.** Filho de Elifaz e neto de Esaú, era líder do clã dos edomitas (Gn 36.11,15). **2.** Pai de Otniel, o primeiro juiz de Israel (Js 15.17; Jz 1.13) e irmão de Calebe; foi também pai de Seraías (1Cr 4.13). **3.** Neto de Calebe e filho de Elá (1Cr 4.15). Pensa-se que os quenezeus sejam o povo de Quenaz. Sua terra foi prometida à descendência de Abraão (Gn 15.19). Tratava-se de um povo nômade do sudeste que habitava Hebrom, Debir e partes do Neguebe. Estão associados de várias maneiras a Judá, Edom e com os quenitas. V. *quenezeu*.

QUENEU Nome de lugar e de uma tribo que significa "ferreiro". **1.** Clã mencionado no quarto oráculo de Balaão (Nm 24.22). O nome de Caim, filho de Adão e Eva, é pronunciado da mesma maneira em hebraico, e alguns estudiosos o consideram ancestral dos queneus. V. *quenita*. **2.** Cidade no sudoeste de Hebrom, no sul de Judá (Js 15.57, Caim; *NVI*, *ARA*: Acain; *BJ*). Identificada com Khirbet Yaquin. De acordo com a tradição árabe, Abraão observou a destruição de Sodoma e Gomorra em uma colina nas proximidades de Caim (ou Acain). Caim era uma colônia dos queneus.

QUENEZEU Nome de um clã de significado incerto. Clã cuja conquista Deus prometeu a Abraão e aos israelitas (Gn 15.19). Os quenezeus viviam no Neguebe, a região desértica no sul de Judá, antes da conquista da terra por Josué. A tribo de Judá absorveu alguns quenezeus enquanto Edom absorveu outros povos. Os quenezeus estavam provavelmente relacionados com os quenitas, com quem teriam aprendido o ofício da metalurgia (1Cr 4.13,14). Provavelmente derivaram seu nome de Quenaz — descendente de Esaú (Gn 36.11,15) — listado entre os chefes edomitas (Gn 36.42). Jefoné, o quenezeu, pode ter se casado com uma mulher da tribo de Judá. O filho deles era Calebe (Nm 32.12; Js 14.6,14; 15.13). V. *Quenaz*; *quenita*.

QUENITA Nome de uma tribo que significa "ferreiro". Grupo nômade, provavelmente de ferreiros, cuja terra, junto com a dos cadmoneus e quenezeus, Deus prometeu a Abraão (Gn 15.19). Seu lar era a colina a sudeste de Judá. Balaão pronunciou juízo e cativeiro para eles (Nm 24.21,22). Jetro, sogro de Moisés, foi chamado "sacerdote de Midiã" (Êx 3.1) e também foi descrito como quenita (Jz 1.16). Essa associação sugere o relacionamento próximo entre os quenitas e os midianitas. Alguns estudiosos disseram que Moisés aprendeu sobre o culto a Javé por intermédio de influência quenita, mas essa teoria contradiz o testemunho bíblico.

Os quenitas viveram entre os amalequitas no tempo de Saul. Os quenitas "foram bondosos" com Israel no período do êxodo (1Sm 15.6). O cronista inclui o quenita Hemate, o pai dos recabitas, como um dos ancestrais da tribo de Judá (1Cr 2.55). Não se faz menção aos quenitas na história posterior de Israel, o que sugere a muitos estudiosos que eles desapareceram ou perderam a identidade pouco depois de 1000 a.C.

A palavra "quenita" é provavelmente relacionada à palavra aramaica que significa "ferreiro". Alguns estudiosos pensam que ferreiros ambulantes da Idade Média se pareciam com os quenitas. Isso diria respeito às relações deles com diferentes povos. Em adição à sua característica nômade, a evidência bíblica também indica que os quenitas nunca foram completamente absorvidos por outros povos, mas mantiveram a existência separada no decorrer de sua história. V. *amalequita*; *Caim*; *Jetro*; *Midiã*; *midianitas*; *Moisés*.

QUERÃ Descendente de Seir (ou Edom) alistado em Gn 36.26.

QUÉREN-HAPUQUE Nome pessoal que significa "chifre pintado", i.e., "caixa de cosméticos". A filha mais nova de Jó, nascida após a restauração de sua prosperidade (Jó 42.14).

QUERETEUS (*NVI*, *ARA*) ou **QUERETITAS** (forma mais usada na *ARC*) Povo que vivia ao sul dos filisteus ou com eles (1Sm 30.14). Eles provavelmente estavam associados aos filisteus ou pagavam o serviço de soldados a eles. Creta pode ter sido sua origem. Davi usou alguns desses soldados como guarda pessoal (2Sm 8.18, em que a *ARA* traz "guarda real"). Ezequiel pronunciou juízo sobre eles (Ez 25.16), como também o fez Sofonias (Sf 2.5).

QUERIGMA Transliteração do grego *kerygma*, "o conteúdo da pregação"; "a mensagem"; proximamente ligado ao ato da pregação. A palavra ocorre oito vezes no NT (Mt 12.41; Lc 11.32; Rm 16.25; 1Co 1.21; 2.4; 15.14; 2Tm 4.17; Tt 1.3). A forma verbal é *kerysso*. Quem proclama, anuncia, prega, é o *keryx*, arauto ou pregador (1Tm 2.7; 2Tm 1.11).

O arrependimento vem, Deus salva os que creem (1Co 1.21), os crentes são fortalecidos e confirmados (Rm 16.25) por meio da mensagem pregada (Mt 12.41; Lc 11.32). Fundamental à pregação no NT é a total dependência do Espírito de Deus para alcançar seus objetivos (1Co 2.4,5).

A mensagem usada por Deus diz respeito a Jesus. A pregação em At é clara. Em Jesus a profecia e a promessa encontram cumprimento (2.25-28,30,31,34,35; 13.32,33), a era messiânica já raiou, e o Reino de Deus chegou (2.16). Como Deus declarou (2.22), Jesus foi injustamente condenado (2.23,26; 13.28); mesmo sendo o "Santo e Justo" (3.14), "autor da vida" (3.15), não merecer esse tratamento, foi pregado na cruz (5.30) e executado (10.39). Deus o ressuscitou dos mortos (3.15; 4.10; 5.30; 10.40; 17.18,31). A execução foi revertida. Deus exaltou Jesus à sua destra, o lugar de honra e autoridade (2.33). Ainda que desprezado pelos homens, ele é agora Príncipe e Salvador (5.31) e enviou o Espírito Santo (2.33; 5.32). A fé em seu nome salva (3.16; 4.10). Não há salvação em nenhum outro (4.12); somente ele pode conceder arrependimento e perdão de pecados (5.31; 10.43; 13.38,39). Todos os que ouvem "a mensagem desta Vida" (5.20), a "mensagem de salvação" (13.26), são chamados a "ouvir com atenção" (2.14), a "ouvir" (2.22), a "ficarem certos" (2.36) a respeito dessa verdade. A única opção é "arrepender-se" (2.38; 3.19), "ser batizado" (2.38), "voltar-se para Deus" (3.19). O chamado do querigma é para "ouvir" (13.16) e "cuidar" (13.40), pois rejeitar Jesus é perecer (13.41).

O querigma não se limita a uns poucos elementos comuns de passagens nas quais a palavra aparece. Nem se trata de um esboço simples seguido de um método evangelístico, mas, sim, da proclamação rica, poderosa e abrangente do que Deus fez em Cristo. V. *evangelho*. — Spencer Haygood

QUERIOTE Nome de lugar que significa "cidades". Cidade fortificada de Moabe (Jr 48.24,41; Am 2.2 [*BJ*, Cariot]). Queriote pode ser idêntica a Ar, a antiga capital de Moabe, pois Queriote foi considerada capital de Moabe por Amós (2.2). Judas, o discípulo de Jesus, pode ter sido de Queriote. Muitos estudiosos tomam a designação "Iscariotes" como derivada da palavra hebraica que significa "homem de Queriote". V. *Iscariotes*.

QUERIOTE-HEZROM Nome de lugar que representa uma ou, talvez, duas cidades. Algumas versões da Bíblia usam a palavra para se referir a duas cidades em Js 15.25 — i.e., Queriote e Hezrom. Alguns estudiosos seguem essa tendência. Caso seja referência às duas cidades, Queriote deveria ser identificada com a Queriote de Jr 48.24 e Am 2.2. Hezrom seria identificada com a cidade de Hazor mencionada em Js 15.23, cidade no sul de Judá próxima de Cades-Barneia (Js 15.3). No entanto, muitos estudiosos tomam Queriote-Hezrom como uma cidade de Judá no distrito de Berseba, no Neguebe, e a identificam com a moderna Khirbet el-Qaryatein, a cerca de 6 quilômetros ao sul de Maom. V. *Hazor*; *Queriote*.

QUERITE Nome de lugar que significa "cortante" ou "vala". Um uádi ou ribeiro a leste do rio Jordão, o atual uádi Qilt ao sul de Jericó. Elias pronunciou o juízo de Deus a Acabe, rei de Israel, na forma de uma seca de alguns anos e então encontrou a proteção de Deus no riacho de Querite, onde ele tinha água para beber (1Rs 17.3). Quando Querite por fim secou, ele encontrou refúgio com a viúva de Sarepta. V. *Elias*.

QUEROS Nome pessoal que significa "dobrado". Um dos servidores do templo cujos descendentes voltaram do exílio com Zorobabel (Ed 2.44; Ne 7.47).

QUERUBE Lugar, entre outros, na Pérsia, de onde vieram exilados com Zorobabel aproximadamente em 537 a.C. que não puderam fornecer uma lista genealógica para provar que eram israelitas (Ed 2.59).

QUERUBIM Classe de anjos alados. O termo hebraico *cherub* (pl., *cherubim*) é de derivação desconhecida. No AT, é o nome de uma classe de anjos alados que serviam principalmente como guardas (Gn 3.24) ou assistentes (Ez 10.3-22). A única referência neotestamentária aos querubins está na descrição dos utensílios e da mobília do Lugar Santíssimo (Hb 9.5).

Os textos que descrevem a aparência e as atividades dos querubins refletem dois contextos. Um está na visão da presença de Deus assistido por seres viventes (querubins e serafins, Is 6.2-6; Ez 1.4-28; 10.3-22). O outro é a adoração no templo e a representação dos querubins como parte da mobília (Êx 25.18-22; 1Rs 6.23-35; 2Cr 3.7-14).

Os querubins mais impressionantes do templo eram as esculturas (provavelmente de quadrúpedes alados) no Lugar Santíssimo. Se essas foram arranjadas como era comum no antigo Oriente Médio, os dois querubins devem ter formado juntos um trono. Suas pernas seriam os pés do trono, as costas o descanso para os braços e as asas o espaldar do trono. Em harmonia com a ideia do trono de querubins, estão os textos que fazem imaginar Deus habitando entre querubins, entronizado neles ou montado neles (1Sm 4.4; 2Sm 6.2; 22.11; 2Rs 19.15; 1Cr 13.6; 28.18; Sl 18.10; 80.1; 99.1; Is 37.16). Mesmo a visão de Ezequiel retrata a glória de Deus descendo sobre ou entre os querubins como algo parecido a um trono vivo. V. *anjo*. — Michael Martin

QUESALOM Nome de lugar que significa "sobre o quadril". Povoado na fronteira oriental do território da tribo de Judá (Js 15.10). É identificado com o monte Jearim e é a atual Kesla, aproximadamente a 16 quilômetros a oeste de Jerusalém. V. *Jearim*.

QUÉSEDE Nome pessoal que significa "um dos caldeus". Filho de Naor, o irmão de Abraão (Gn 22.22). Seu nome pode indicar que ele foi o antepassado originário dos caldeus. V. *Caldeia*.

QUESIL Nome de lugar que significa "tolo". Cidade da tribo de Judá (Js 15.30). Uma lista semelhante que dá a fronteira de Simeão em Js 19.4 chama o mesmo lugar de Betul, uma leitura que é apoiada pela *LXX* de Js 15.30, a mais antiga tradução grega. Quesil é idêntica, então, a Betul ou Betuel.

QUESITA Transliteração da palavra hebraica que significa "parte, medida, quantidade de dinheiro". Jacó pagou 100 quesitas pela terra próxima a Siquém (Gn 33.19; "peças de prata", *NVI*; "peças de dinheiro", *ARA*; "moedas de prata", *BJ*; cp. Js 24.32). Algumas traduções gregas antigas traduzem quesita por "ovelha". Depois de Deus restaurar-lhe a fortuna, Jó recebeu uma quesita de cada um dos três amigos (Jó 42.11 — v. nota explicativa na *NVI*).

QUESULOTE Nome de lugar que significa "sobre os quadris". Cidade fronteiriça da tribo de Issacar (Js 19.18), provavelmente a mesma que a cidade fronteiriça de Zebulom chamada Quislote-Tabor em Js 19.12. É a atual Iksal, a 6 quilômetros ao sul de Nazaré.

QUETURA Nome pessoal que significa "incenso" ou "perfumada". Em Gn 25.1 Quetura é chamada esposa de Abraão, mas o texto de 1Cr 1.32 a chama de concubina. Ela foi a segunda esposa de Abraão, aparentemente depois da morte de Sara.

Quetura deu seis filhos a Abraão (filhas raramente são listadas); deles, Midiã é o mais notável. A lista dos filhos de Quetura substancia o elo entre os hebreus e as tribos habitantes das áreas a leste e sudeste da Palestina. Como filhos da segunda esposa, eles eram considerados inferiores a Isaque, filho de Sara.

QUÉZIA Nome pessoal que significa "cássia" ou "canela". Segunda filha de Jó nascida após a restauração de sua prosperidade (Jó 42.14).

QUEZIBE Nome de lugar que significa "engano". Lugar de nascimento de Selá, filho de Judá e Suá, uma cananeia (Gn 38.5). Quezibe provavelmente é o mesmo lugar que Aczibe. V. *Aczibe*.

QUEZIZ, VALE DE V. *Emeque-Queziz*.

QUIBROTE-HATAAVÁ Nome de lugar que significa "túmulos do desejo, luxúria, glutonaria". A primeira parada dos israelitas depois de terem deixado o Sinai (Nm 33.16). Os israelitas desejaram carne, que o Senhor lhes deu (Nm 11.31), mas, por seu exagero, uma epidemia irrompeu, e muitos deles morreram. Os mortos foram sepultados ali, dando nome ao lugar (Nm 11.34; Dt 9.22; Sl 78.30,31).

QUIBZAIM Nome de lugar que significa "ajuntamento duplo" ou "pilha dupla". Uma das cidades dos levitas no território tribal de Efraim também designada como cidade de refúgio (Js 21.22). Em uma lista paralela das cidades em Cr, surge o nome Jocmeão (1Cr 6.68). Este não deve ser confundido com o Jocmeão de 1Rs 4.12. A razão para Jocmeão aparecer em 1Cr não é explicada. V. *cidades de refúgio*; *Jocmeão*; *cidades dos levitas*.

QUIDOM Nome pessoal que significa "espada crescente". Em 1Cr 13.9 lê-se "Quidom", equivalente a Nacom em 2Sm 6. 6. Quidom poderia ser nome de lugar no texto. V. *Nacom*.

QUILEABE Nome pessoal que significa "tudo do Pai". O segundo filho de Davi (2Sm 3.3) nascido de Abigail. O nome aparece como Daniel em 1Cr 3.1. Independentemente do nome verdadeiro, o segundo filho de Davi desapareceu da história aqui e não esteve presente nas disputas posteriores pela sucessão do rei Davi. Seu nome poderia ser associado ao nome do clã de Calebe.

QUILIOM Nome pessoal que significa "enfermo". Um dos dois filhos de Elimeleque e Noemi (Rt 1.2). Ele emigrou com seus pais para Moabe, onde casou com uma mulher moabita chamada Orfa. Depois morreu em Moabe. V. *Rute, livro de*.

QUILMADE Nome de lugar que significa "praça do mercado". Parceiro comercial de Tiro de acordo com o texto hebraico de Ez 27.23, mas muitos estudiosos da Bíblia acham que os copistas inadvertidamente alteraram o texto para "toda a Média" ou uma leitura semelhante. No mais, Quilmade é idêntica a Kulmadara, cidade no reino sírio de Unqi. Sua localização pode ser a atual Tell Jindaris.

QUIMÃ Nome pessoal que significa "rosto pálido". **1.** Aparentemente o filho de Barzilai, o benfeitor de Davi quando este fugiu de Absalão para Maanaim a leste do Jordão (2Sm 19.37). Quimã retornou com Davi para Jerusalém quando Barzilai se negou a deixar sua casa. **2.** Povoado perto de Belém. Joanã reuniu seu povo ali depois do assassinato de Gedalias. Dali eles fugiram para o Egito (Jr 41.17).

QUINÁ Nome de lugar que significa "lamentação". Cidade no sudeste de Judá, perto da fronteira com Edom (Js 15.22). Talvez uma colônia quenita. É comumente identificada com o moderno uádi el-Qeini, no sul de Hebrom.

QUINERETE Nome de lugar que significa "em forma de harpa". **1.** Mar ou lago chamado também mar da Galileia, lago de Genesaré ou mar de Tiberíades. Formava a fronteira oriental de Canaã, a terra prometida (Nm 34.11), marcando a fronteira ocidental da tribo de Gade (Js 13.27). **2.** Cidade na margem ocidental do mar de Quinerete, também chamado Quinerote (Js 11.2, *ARC*), embora essa possa ser uma referência ao mar. A cidade pertencia à tribo de Naftali (Js 19.35) e aparentemente deu seu nome ao mar e à região em volta com suas diversas baías, assim explicando a forma plural em 1Rs 15.20 (*ARC*), que relata a ocorrência em que Ben-Hadade da Síria derrotou a região em resposta ao pedido do rei Asa de Judá. Tutmósis III do Egito também afirmou ter conquistado a cidade em aproximadamente 1475 a.C. A cidade é a atual Tell al-Oreimeh.

QUINEROTE (*ARC*) Forma plural de Quinerete. V. *Quinerete*.

QUINTA-FEIRA SANTA V. *Semana Santa; ano eclesiástico*.

QUIO Ilha com cidade de mesmo nome. Paulo parou ali enquanto voltava da terceira viagem missionária (At 20.15). O poeta grego Homero era supostamente de Quio. Está situada no mar Egeu, a 8 quilômetros da costa da Ásia Menor. Hoje é chamada de Scio.

QUIR Nome de lugar que significa "muralha". **1.** Cidade moabita mencionada em conexão com Ar na profecia de Isaías contra Moabe (15.1). Muitos creem que Quir seja a mesma Quir-Haresete, que junto com Ar era uma antiga capital de Moabe. Localizada em Kerak a cerca de 27 quilômetros ao sul do rio Arnom e a 17 quilômetros a leste do mar Morto. V. *Quir-Haresete*. **2.** Quir é a tradução hebraica do nome Der, nome acádio de uma cidade que também significa "muralha". Quir era uma cidade mesopotâmica a leste do baixo rio Tigre (atualmente identificada com a moderna Badrah) na estrada principal de Elão (Pérsia) para Babilônia. No período neobabilônico (605-539 a.C.), Quir era a capital da província de Gutium. O governador dessa província se uniu a Ciro, o Persa, na derrubada do Império Babilônico em 539 a.C. V. *Babilônia*.

Quir era a cidade de onde saíram os arameus que migraram para a Síria (Is 22.6). Sua migração — como a migração dos filisteus de Caftor — é descrita em termos similares aos do êxodo de Israel do Egito (Am 9.7; cp. Am 1.5). Quando Tiglate-Pileser III conquistou a região,

QUIR DE MOABE

no reinado de Acaz (2Rs 16.9), os descendentes dos imigrantes originais para a Síria foram enviados de volta a Quir (cp. a aversão dos antigos hebreus ao reenvio ao Egito em Dt 17.16; 28.68). — *Phil Logan*

QUIR DE MOABE V. *Quir.*

QUIR-HARESETE Nome de lugar que significa "cidade da cerâmica". Conhecida por diferentes nomes, em diferentes textos, em diferentes versões do AT: Quir-Haresete (2Rs 3.25; Is 16.7), Quir-Heres (Is 16.11; Jr 48.31,36) e Quir-Hares (Is 16.11, *BJ*). Talvez seja também a mesma Quir de Moabe em Is 15.1. V. *Quir.*

No reinado de Jorão de Israel, Messa, rei de Moabe, se rebelou contra Israel (2Rs 3.4-27). Os reis de Judá (Josafá) e de Edom se uniram a Israel na guerra que se seguiu. As forças aliadas contra Messa esmagaram a rebelião, mas não conseguiram capturá-lo. Ele buscou refúgio em Quir-Haresete — cidade fortificada e inexpugnável. Despois de Messa ter tentado passar por entre os sitiantes da cidade sem sucesso, ele ofereceu o filho como sacrifício sobre as muralhas. Como resultado, "isso trouxe grande ira contra Israel" (2Rs 3.27), e as forças aliadas se retiraram, deixando Messa vivo em Quir-Haresete (2Rs 3.4-27). Aparentemente as forças de Israel e Judá temeram o poder de Camos, divindade moabita, e desistiram da vitória que estava a seu alcance. Jorão e Josafá não creram que Javé lhes daria vitória sobre o povo de Camos.

Os profetas posteriormente corrigiriam esse conceito. Isaías (15.1; 16.7,11) e Jeremias (48.31,36) profetizaram que Quir-Haresete não era páreo para o poder divino. Todos os reinos humanos estão em última instância sujeitos a Deus. Quir-Haresete foi destruída pelos babilônios, a quem os profetas descreveram como instrumento de punição da parte de Deus (Jr 4.5-31; 6.1-8,22-26; 25.1-14).

Quir-Haresete é identificada com a moderna Khirbet Karnak, a cerca de 75 quilômetros a sudeste de Jerusalém e a 17 quilômetros a leste do mar Morto. — *Phil Logan*

QUIR-HERES Acredita-se que seja uma forma alternativa de Quir-Haresete encontrada em Is 16.11 e Jr 48.31,36. A tradução grega do nome em Is 16.11 sugere que os tradutores da *LXX* tinham um texto hebraico em que se lia Quir-Hadesete, nome com o significado de "cidade nova", e entendida de forma equivocada como Quir-Haresete ou Quir-Heres. No contexto, Quir-Hares (para Quir-Haresete) é provavelmente a melhor leitura (Is 16.7). A confusão entre Quir-Hadesete e Quir-Haresete pode se dever à similaridade do "r" e do "d" em hebraico. O nome Quir-Hares pode ser explicado pela perda da última letra em hebraico, "t", de Quir-Haresete. V. *Quir-Haresete.*

QUIRIATAIM Nome de lugar que significa "cidade dupla" ou "duas cidades". **1.** Cidade dos levitas ou cidade de refúgio no território tribal de Naftali (1Cr 6.76). Na lista paralela em Js 21.32, Cartã está no lugar de Quiriataim e é provavelmente outro nome da mesma cidade. V. *cidades de refúgio*; *cidades dos levitas*; *Cartã.* **2.** Cidade tomada dos emins por Quedorlaomer (Gn 14.5; Savé-Quiriatam significa "planície de Quiriataim"). Mais tarde os israelitas a conquistaram dos amorreus e a designaram à tribo de Rúben (Nm 32.37; Js 13.19). Os moabitas controlaram a cidade durante o exílio (Jr 48.1,23; Ez 25.9). Talvez deva ser identificada com el-Qereiyat, a cerca de 8 quilômetros a noroeste de Dibom; entretanto, não se descobriu nenhum vestígio nesse sítio anterior a 100 a.C.

QUIRIATE Nome de lugar que significa "cidade" no território tribal de Benjamim (Js 18.25, *ARA*). Trata-se de Quiriate-Jearim (Js 18.28). V. *Quiriate-Jearim.*

QUIRIATE-ARBA Nome de lugar que significa "cidade de Arba" ou "cidade dos quatro". Antigo nome da cidade de Hebrom, a principal cidade da região montanhosa de Judá (Js 15.54). Era ao mesmo tempo uma cidade dos levitas (Js 21.11) e de refúgio (Js 20.7). Calebe conquistou a cidade para Israel (Js 15.13,14). Os estudiosos da Bíblia discutem sobre a origem do nome. Conforme alguns, Quiriate-Arba foi chamada originariamente Arba em homenagem a um herói homônimo dos enaquins (Js 14.15; 15.13). Outros indicam a caverna de Macpela nas proximidades, onde, segundo a tradição judaica, Adão, Abraão, Isaque e Jacó foram sepultados — daí, "cidade dos quatro". V. *cidades de refúgio*; *Hebrom*; *cidades dos levitas*.

QUIRIATE-ARIM Leitura alternativa de Quiriate-Jearim em Ed 2.25 (*NVI*, nota de rodapé). V. *Quiriate-Jearim*.

QUIRIATE-BAAL Nome de lugar que significa "cidade de Baal". Outro nome de Quiriate-Jearim em Js 15.60 e 18.14. V. *Quiriate-Jearim*.

QUIRIATE-HUZOTE Nome de lugar que significa "cidade das ruas". Cidade de Moabe aonde Balaque levou Balaão para oferecer um sacrifício (Nm 22.39). Alguns sugerem uma localização próxima ao rio Arnom (Nm 22.36), não distante de Bamote-Baal (Nm 22.41). A localização precisa é desconhecida.

QUIRIATE-JEARIM Nome de lugar que significa "cidade das florestas". Quiriate-Jearim localizava-se na moderna Abu Gosh, a 14 quilômetros ao norte de Jerusalém, na fronteira onde Dã, Benjamim e Judá se uniam, antes de Dã iniciar a migração rumo ao norte (Js 15.9,60; 18.14,15). O exército de Dã acampou ali em busca de um novo território (Jz 18.12). Depois da devolução da arca da aliança pelos filisteus, ela foi guardada durante algum tempo em Quiriate-Jearim (1Sm 6.21—7.2). Davi tentou levar a arca de lá para Jerusalém, mas, por fazê-lo de modo inadequado, Deus abateu Uzá (2Sm 6.1-8). Entre os filhos de Quiriate-Jearim estava Urias, um profeta fiel e contemporâneo de Jeremias. Ele foi executado por profetizar contra o rei (Jr 26.20-24).

Os romanos construíram um forte sobre as antigas ruínas para guardar a rota principal de Jerusalém até o mar Mediterrâneo. Uma guarnição da Décima Legião estava estacionada nesse lugar.

Quiriate-Jearim é identificada com Deir al-Azhar, perto da moderna cidade de Qaryet el-Inab ou Abu Gosh.

QUIRIATE-SANA Nome de lugar, talvez com o significado de "cidade de bronze". Outro nome da cidade de Debir, também conhecida por Quiriate-Sefer (Js 15.15,16,49). V. *Debir*.

QUIRIATE-SEFER Nome de lugar que significa "cidade do livro". Usado em Js 15.15,16 como outro nome de Debir. É a cidade chamada Quiriate-Saná (Js 15.49). V. *Debir*.

QUIRINO Nome pessoal latino que aparece em Lc 2.2. V. *Cirênio, Quirino*.

QUIS Nome pessoal de significado desconhecido. **1.** Pai de Saul (1Sm 9.1,2). Homem da tribo de Benjamim que viveu em Gibeá. Diz-se a seu respeito que era filho de Abiel (1Sm 9.1) e filho de Ner (1Cr 8.33). Alguns pensam que ele era neto de Abiel e filho de Ner. Aparentemente um homem de posses, era proprietário de mulas e servos (1Sm 9.3). A descrição de Saul como sendo da família mais humilde da tribo de Benjamim é provavelmente um bom exemplo da modéstia oriental (1Sm 9.21). Foi sepultado em Zela de Benjamim, onde Saul e Jônatas também foram sepultados (2Sm 21.14). **2.** Benjamita, o terceiro filho de Jeiel de Gibeom e Maaca (1Cr 8.29,30; 9.35,36). **3.** Segundo filho de Mali da família de Merari, o levita. Os filhos de Quis se casaram com as filhas dos seus irmãos (1Cr 23.21,22). Jerameel, filho de Quis, tornou-se o líder da família (1Cr 24.29). **4.** Filho de Abdi, também da família de levitas de Merari. Auxiliou na purificação do templo na época de Ezequias (2Cr 29.12). **5.** Ancestral benjamita de Mardoqueu (Et 2.5).

QUISI Nome pessoal com o provável significado de "dom". Levita da família de Merari (1Cr 6.44, também chamado Cuxaías (1Cr 15.17). V. *Cuxaías*.

QUISIOM Nome de lugar que significa "terra dura". Cidade em Issacar destinada aos levitas gersonitas (Js 21.28). Uma lista paralela chama a cidade de Quedes (1Cr 6.72). Sugeriu-se que "Quedes de Issacar" pode ter surgido da leitura equivocada de "Quisom" em lugar de "Quedes". A localização é incerta, talvez a moderna Tell Abu Qudeis, a cerca de 3 quilômetros a sudeste de Megido. V. *Quedes*; *cidades dos levitas*.

QUISLEU Nome do nono mês do calendário judaico depois do exílio, aparentemente tomado do nome babilônico Kisliwu (Ne 1.1; Zc 7.1). V. *calendário*.

QUISLOM Nome pessoal que significa "desajeitado". Pai de Elidade, que representava a tribo de Benjamim na comissão que distribuiu a terra para Israel (Nm 34.21).

QUISLOTE-TABOR V. *Quesulote*.

QUISOM Nome de lugar que significa "encurvado", "espiralado". Um pequeno rio que corre do leste ao oeste através do vale de Jezreel. Na primavera alcança a largura de aproximadamente 200 metros e o comprimento de 37 quilômetros. Foi no Quisom que Débora derrotou Sísera, o cananeu, quando seus carros de guerra atolaram no pântano (Jz 4.7,13; 5.21). Mais tarde o rio foi o lugar onde Elias trouxe os profetas de Baal para serem executados, depois da demonstração do poder de Deus e a vitória sobre o monte Carmelo (1Rs 18.40).

QUITIM Nome tribal da ilha de Chipre. Esse nome era derivado de Quitiom, cidade-Estado no lado sudeste da ilha. Há muito familiarizada com tradições marítimas, a ilha foi primeiramente governada pela Grécia, depois pelos assírios e finalmente por Roma. O texto de Gn 10.4 traça as raízes do povo até Jafé, filho de Noé. Jeremias e Ezequiel a mencionam em suas profecias (Jr 2.10; Ez 27.6; cp. Is 23.1,12).

Quitim aparece em textos intertestamentários referindo-se a todo o lado oeste de Chipre. O texto de 1Mc a aponta como a terra de Alexandre, o Grande (1.1; 8.5). O escritor de Dn a entendeu como parte do Império Romano (11.30, cf. nota explicativa da NVI) usada para ameaçar Antíoco Epifânio. Os rolos do mar Morto contêm várias referências a Quitim, sendo a mais notável a derrota do seu povo (i.e, os romanos) nas mãos do povo de Deus. V. *Chipre*.

QUITLIS Nome de lugar de origem estrangeira. Era uma cidade da tribo de Judá perto de Láquis (Js 15.40).

QUITROM Nome de lugar de significado incerto. Cidade no território tribal de Zebulom de onde os israelitas não conseguiram expulsar os cananeus (Jz 1.30). Essa cidade é provavelmente chamada Catate. V. *Catate*.

QUIUM Nome de um deus babilônico que significa "aquele que é constante, que não muda" (Am 5.26; Caivã na *BJ*). Como geralmente é o caso quando há referência a deuses estrangeiros, as vogais originais do nome provavelmente foram substituídas pelas vogais da palavra hebraica para "abominação". A palavra hebraica *kiyun* parece representar uma mudança intencional feita pelos escribas hebreus, inserindo as vogais de *shiqquts*, "abominação", no lugar de uma leitura originária *kaiwan*, o nome de um deus babilônico das estrelas equivalente ao deus grego Saturno. Amós condenou o povo de Israel por se orgulhar da adoração sofisticada de deuses estrangeiros. Ele os chamou de volta à adoração simples do deserto. V. *Quium*; *pagãos, deuses; Sicute*.

QUMRAN Sítio arqueológico próximo das cavernas onde os manuscritos do mar Morto foram descobertos e centro da comunidade essênia judaica.

Escavações na região onde Qumran ficava localizada, à noroeste do Mar Morto.

Localização As ruínas denominadas Khirbet Qumran estão localizadas a quase 13 quilômetros ao sul de Jericó e a 400 metros a oeste da margem noroeste do mar Morto. Após a descoberta dos manuscritos do mar Morto em 1947, Qumran se tornou o centro da investigação arqueológica, e foi extensamente escavado entre 1953 e 1956. Entre as áreas escavadas (um cemitério, um grande sistema de abastecimento de água, um refeitório, uma cozinha, salas de oração e de estudo), foi descoberto um cômodo completo com as ruínas de bancos de gesso e tinteiros do período romano, demonstrando que aquele lugar provavelmente era o "*scriptorium*" onde os rolos eram copiados.

A comunidade de Qumran A região de Qumran foi habitada desde 130 a.C. até 70 d.C.

Tanque ritual utilizado para cerimônias de purificação para os integrantes da seita, na comunidade de Qumran.

Vista de uma das cavernas nas quais os essênios esconderam, dos romanos, manuscritos sagrados.

Os penhascos de calcário da região de Qumran, mostrando as cavernas nas quais os manuscritos do mar Morto foram descobertos.

por uma seita tão parecida em natureza, teologia e prática do grupo conhecido por essênios que muitos eruditos pensam que se trata de uma variante daquele grupo. Batismo ritual, vida monástica e trabalho manual caracterizavam a vida dos essênios de Qumran. Ainda que permitissem o casamento, eles evitavam qualquer contato com o mundo exterior. Sua principal preocupação na vida era a devoção completa e absoluta a Deus. Eles a expressavam por meio de sua atividade copista, i.e., faziam cópias e o estudo das Escrituras. No ano 70 da era cristã, com o exército romano apresentando uma grande ameaça à sua existência, os essênios de Qumran fugiram às pressas, escondendo seus manuscritos nas cavernas ao redor enquanto fugiam.

Os manuscritos e sua importância Em 1947 um jovem pastor beduíno encontrou um rolo antigo em uma caverna, na face de um dos penhascos calcários na região de Qumran. Nas semanas e meses seguintes uma busca cuidadosa da região permitiu que se descobrissem 40 mil fragmentos de manuscritos antigos em 11 cavernas. Cerca de 800 manuscritos estão representados, dos quais 170 são livros do AT (incluindo manuscritos de todos os livros do AT, com exceção de Et). O manuscrito mais importante é uma cópia quase completa do texto de Is. Outros rolos incluem comentários de Hc e Mq, documentos judaicos extrabíblicos tanto do período intertestamentário quanto do tempo do NT, e textos extrabíblicos relacionados especificamente à comunidade de Qumran, como o *Gênesis Apócrifo*, o *Rolo do templo* e o *Manual de disciplina*. Foram encontrados manuscritos em hebraico, aramaico e grego, tanto em pergaminho como em papiro (também foram descobertos dois rolos de cobre). Enquanto o conteúdo de muitos dos rolos se estende a uma data muito anterior, os rolos propriamente têm sido datados de cerca de 200 a.C. até 70 d.C.

O valor dos manuscritos do mar Morto para os estudos bíblicos é duplo. Primeiro, contêm manuscritos do AT em hebraico mil anos mais antigos que qualquer outro manuscrito conhecido. Antes de 1947, os manuscritos hebraicos do AT conhecidos eram de cerca do séc. IX da era cristã. Com a descoberta dos manuscritos do mar Morto, a erudição bíblica agora tem acesso a manuscritos veterotestamentários que recuam até ao ano 200 a.C. O significado disso é que esses manuscritos são cópias, o que pressupõe a existência de originais, oferecendo dessa maneira a possibilidade de verificação de uma data mais antiga para textos do AT. Segundo, os rolos fornecem uma visão do ambiente teológico e cultural judaico do tempo de Cristo e também dão exemplos de expressões verbais contemporâneas ao tempo do NT. V. *rolos do mar Morto*; *essênios*.
— *Marsha A. Ellis Smith*

R

Estátua colossal de Ramsés, o Grande, em Karnak (Egito).

RÁ Principal deus egípcio, cultuado no templo em Tebas, tido como criador do Universo e primeiro faraó. Sua representação comum por meio de imagens é o disco solar. V. *Egito*; *pagãos, deuses*.

RÃ Animal anfíbio usado especialmente por Deus como praga contra o faraó e seu povo. Quando o Senhor enviou Moisés para libertar os israelitas, o coração do faraó estava endurecido. Moisés disse ao faraó que rãs entrariam no palácio e nas casas de seus oficiais e do povo todo. Arão estendeu o braço sobre as águas, e rãs infestaram a terra. Os magos da corte fizeram a mesma coisa, e mais rãs invadiram a terra. O faraó pediu a Moisés que orasse ao Senhor para tirar as rãs e ele deixaria o povo ir. Moisés orou, as rãs morreram, mas o faraó se negou a dar liberdade aos israelitas (Êx 8.2-15). V. *animais*.

RAABE Nome que significa "arrogante, irado, turbulento, problemático". **1.** Monstro marinho primevo que representava as forças do caos, vencidas por Deus na Criação (Jó 9.13; 26.12; Sl 89.10; Is 51.9; cp. Sl 74.12-17). **2.** Nome simbólico do Egito (Sl 87.4). O texto de Is 30.7 inclui um nome composto, Raabe-Hemshebet. As traduções variam: "Monstro inofensivo" (*NVI*); "Gabarola" (*ARA*); "Dragão Manso" (*NTLH*). **3.** A forma plural aparece em Sl 40.4 para se referir a inimigos orgulhosos e arrogantes. **4.** Nome pessoal que significa "largo". Prostituta de Jericó que escondeu dois espiões hebreus enviados por Josué para avaliar a força da cidade (Js 2.1). Quando o rei de Jericó soube da presença dos espiões, enviou homens para prendê-los. Raabe enganou o rei e escondeu os homens no terraço de sua casa e deu aos guardas que foram prendê-los uma pista falsa, na direção do rio Jordão. Como retribuição à ajuda, Josué preservou-lhe a vida e a de seu clã quando os hebreus destruíram Jericó (Js 6.17-25). Na genealogia de Cristo, Mateus apresenta Raabe como mãe de Boaz (1.5), tornando-a ancestral do Senhor. Entretanto, alguns intérpretes pensam que a Raabe de Mt era outra mulher. Em Hb 11.31 Raabe está entre os heróis da fé.

RAAMÁ Filho de Cuxe (Gn 10.7) e ancestral de Sabá e Dedã, tribos árabes que ocupavam o sudoeste e o centro-oeste da Arábia (1Cr 1.9). Raamá e Sabá eram parceiros comerciais de Tiro (Ez 27.22). Raamá é provavelmente a atual Negran, no Iêmen, ainda que a mais antiga tradução grega tenha identificado Raamá com Regmah no golfo Pérsico.

RAAMIAS Exilado que retornou à terra de Judá (Ne 7.7). Forma variante do nome Reelaías (Ed 2.2).

RAÃO Nome pessoal que significa "misericórdia, amor". Descendente de Judá (1Cr 2.44).

RABÁ Nome de lugar que significa "grandeza". **1.** Cidade próxima a Jerusalém (Js 15.60), designada à tribo de Judá, mas aparentemente localizada no território de Benjamim. Sua localização é incerta. **2.** Capital de Amom que Moisés aparentemente não conquistou (Dt 3.11; Js 13.25), localizada a cerca de 37 quilômetros a leste do rio Jordão. Habitada em tempos pré-históricos, e novamente antes de 1500 a.C., a cidade se tornou um assentamento fortificado bem cedo em sua história. Davi a sitiou (2Sm 11.1) e a capturou (12.28,29). A cidade permaneceu sob controle israelita no período da monarquia unida, mas reconquistou a independência pouco após a divisão dos reinos de Israel e Judá. Rabá foi destruída nos ataques babilônicos à região (590-580 a.C.) e permaneceu em ruínas por séculos. Os gregos mudaram seu nome para Filadélfia, e mais tarde o nome foi trocado para Amã, a atual capital da Jordânia. V. *Filadélfia*.

RABE-MAGUE Título do oficial babilônico Nergal-Sarezer (Jr 39.3,13, *ARA*, *ARC*; *NVI*, "um dos chefes dos oficiais"). O nome é derivado do acádio *rab mugi*. A primeira palavra (*rab*) significa "chefe". Infelizmente o significado da segunda palavra é desconhecido. Se for ligado à raiz da palavra "magos", o Rabe-Mague era provavelmente o oficial responsável pela adivinhação (cf. Ez 21.21).

RABE-SARIS Posição oficial na corte real assíria, com grandes poderes militares e diplomáticos. A palavra hebraica *saris* significa "eunuco", mas em algumas citações do AT é a transliteração de uma palavra acádia e não deve ser entendida literalmente. O título significa literalmente "aquele que está pelo rei". O AT registra que os rabe-saris foram enviados duas vezes para negociar com reis israelitas (2Rs 18.17; Jr 39.3, *ARA*, *ARC*; *NVI*, "oficial principal"). Os reis Ezequias e Zedequias se rebelaram contra o domínio assírio e se recusaram a pagar tributos. Os rabe-saris estavam entre os embaixadores que exigiram o pagamento dos reis. V. *eunuco*.

RABI Título que significa "meu mestre", aplicado a professores e outras pessoas de posição elevada e respeitada. No período do NT, a palavra "rabi" era aplicada de modo mais restrito a alguém conhecedor da Lei de Moisés, sem significar um ofício propriamente. A palavra é usada em três dos Evangelhos. Em Mt 23.7,8, em uma referência geral aos escribas. Em Jo 3.26 João Batista é chamado "rabi" por seus discípulos. Em todas as outras ocorrências "rabi" e a forma alternativa "raboni" são aplicadas diretamente a Jesus (Mc 9.5; 11.21; Mc 14.45; Jo 1.49; 3.2; 4.31; 6.25; 9.2; 11.8; 20.16).

Lucas nunca usou a palavra "rabi", mas a palavra *epistates*, o equivalente a "mestre-escola", termo mais comunicativo para seus leitores predominantemente gregos (Lc 17.13). Havia um relacionamento único entre Jesus e os discípulos, comparado ao do rabi típico e seus alunos. Eles eram proibidos de chamar uns aos outros de "rabi" (Mt 23.8), e, particularmente em Mt, os discípulos de Jesus chamam-no "Senhor" (*Kyrie*). Para Mateus, Jesus não era apenas um mestre para seus seguidores. Ele era seu Senhor. — *Robert Stagg*

RABITE Lugar não identificado no território de Issacar (Js 19.20). Rabite provavelmente é uma corruptela de Daberate, lugar incluído em outras listas do território de Issacar (Js 21.28; 1Cr 6.72), mas que não aparece em Js 19.

RABONI Título honorário em aramaico e pronúncia variante de "rabi", que significa "professor", usado pelo cego Bartimeu e por Maria Madalena para se dirigir a Jesus (Mc 10.51; Jo 20.16). A palavra "raboni" possivelmente tem conotação de ênfase destacada ou de grande honra que a expressão quase sinônima "rabi". "Raboni" é um termo mais pessoal, significando um relacionamento entre o professor e o interlocutor. A força da expressão é "Meu mestre", e foi usada por Maria Madalena para se dirigir a Jesus depois da ressurreição (Jo 20.16). V. *rabi*. — *Robert L. Plummer e Charles W. Draper*

RABSAQUÉ Título assírio que significa literalmente "copeiro-chefe". A posição provavelmente começou como simples mordomo, mas se desenvolveu em um posto influente na época em que foi mencionado na Bíblia. O oficial que conversou com o rei Ezequias falou pelo rei assírio como um embaixador falaria. Ele instou o povo de Jerusalém a fazer a paz com a Assíria e não crer no rei Ezequias, que dizia que Deus protegeria Judá (2Rs 18.17). — *Mike Mitchell*

RACA Palavra de reprovação que significa "vazio" ou "ignorante", usada no texto hebraico, mas com origem aramaica. Jesus utilizou essa palavra em Mt 5.22 como termo forte de zombaria, com significado aproximado a "tolo". Ele o fez no contexto de ira e condenou fortemente quem usa essa palavra para se referir a outra pessoa.

RACAL Lugar não identificado no sul de Judá (1Sm 30.29). Muitos comentaristas seguem a leitura da tradução grega antiga, "Carmelo", e consideram Racal como uma corrupção textual.

RACATE Nome de lugar que significa "cuspir", "apertado" ou "pântano". Cidade fortificada no território de Naftali (Js 19.35), na região do lago de Tiberíades ou junto a Tell Eqlatiyeh, distante cerca de 2 quilômetros a noroeste de Tiberíades. Artefatos da Idade do Bronze foram descobertos em um sítio arqueológico da região.

RACOM Nome de lugar que significa possivelmente "pântano" ou "lugar apertado". Cidade designada à tribo de Dã, localizada nas vizinhanças de Jope (Js 19.46). O lugar talvez seja Tell er-Reqqueit, a pouco mais de 3 quilômetros ao norte da boca do rio Jarcom (Nahr el-'Auja). A omissão do nome na tradução grega sugere que o nome Racom pode ser resultado de um escriba ter copiado Me-Jarcom e então ter começado no meio da palavra, escrevendo a última parte duas vezes.

RADAI Nome pessoal que significa "Javé governa". Filho de Jessé e irmão de Davi (1Cr 2.14).

RAFA Nome pessoal de raiz hebraica que significa "Ele curou" ou "curar". **1.** Quinto filho de Benjamim (1Cr 8.2). O paralelo em Gn 46.21 dá o nome "Naamã". **2.** Descendente de Saul (1Cr 8.37). Este Rafa é identificado com Refaías (1Cr 9.43).

RAFAEL Nome pessoal que significa "Deus cura". Porteiro do templo (1Cr 26.7).

RAFU Nome pessoal que significa "curado". Pai do representante da tribo de Benjamim entre os 12 espiões enviados para pesquisar a terra de Canaã (Nm 13.9).

RAGAÚ (Lc 3.35). V. *Reú*.

RAINHA Esposa ou viúva de um monarca, sendo ela mesma monarca com direitos próprios. A expressão "rainha-mãe" se refere à mãe de um monarca em exercício. Rainhas eram comuns no antigo Oriente Médio (1Rs 10.1-13, a rainha de Sabá; At 8.27, a rainha etíope Candace). No entanto, nenhuma rainha governou Israel ou Judá, a não ser Atalia, que usurpou o poder (2Rs 11.1-3). Algumas esposas de monarcas tinham mais influência que outras. Como geralmente os casamentos reais selavam alianças políticas (2Sm 3.3; 1Rs 3.1; 16.31; 2Rs 8.25-27), filhas de aliados políticos mais poderosos como o faraó do Egito ou o rei de Tiro desfrutavam de privilégios (1Rs 7.8) e de influência (1Rs 16.32,33; 18.19; 21.7-14) especiais. A mãe do herdeiro nomeado também desfrutava de posição especial. Natã contou com Bate-Seba em seu plano para confirmar Salomão como rei (1Rs 1.11-40). A rainha-mãe era uma posição oficial em Israel e em Judá. Havia grande cuidado em preservar o nome da rainha-mãe (1Rs 14.21; 15.2,13; 22.42; 2Rs 8.26). A ação do rei Asa em remover sua mãe do cargo por causa da idolatria dela (1Rs 15.13) indica esse caráter oficial. Quando seu filho morreu, Atalia assassinou os próprios netos, os herdeiros legítimos, para assegurar o poder que desfrutara como rainha-mãe (2Rs 11.1,2). A rainha-mãe provavelmente trabalhava como conselheira do filho (Pv 31.1). Como rainha-mãe, Jezabel permaneceu como força negativa depois da morte de seu marido Acabe (1Rs 22.52; 2Rs 3.2,13; 9.22).

RAINHA DE SABÁ V. *sabeu*.

RAINHA DOS CÉUS Deusa adorada pelas mulheres de Judá para garantir fertilidade e estabilidade material. O culto a essa deusa incluía o cozimento de bolos (possivelmente na forma da imagem da deusa, como se vê em moldes encontrados em Mari), oferendas de bebidas e a queima de incenso (Jr 44.25). Não há certeza sobre que deusa exatamente era adorada. As palavras podem ser traduzidas por "estrela do céu" ou "exército celestial". Entretanto, "rainha dos céus" parece a melhor tradução. A influência principal pode ter sido Ishtar, a deusa da Mesopotâmia, chamada ali de "rainha do céu", e cujo culto foi importado para Israel pelo rei Manassés, ou a deusa cananeia Astarte. Arqueólogos descobriram muitas imagens de deusas nuas em sítios arqueológicos em Israel, mostrando por que Jeremias protestou contra esse culto.

RAIVA v. *ira; ira de Deus*.

RAIZ Parte da planta que fica sob o solo e retira nutrientes da terra. Nas Escrituras a palavra "raiz" geralmente é usada em sentido figurado. A raiz indica fonte, como no caso da descrição do injusto como uma raiz que produz frutos amargos e venenosos (Dt 29.18; Hb 12.15) ou quando o amor ao dinheiro é descrito como a raiz de todos os males (1Tm 6.10). Raízes profundas simbolizam estabilidade (Sl 80.9; Pv 12.3) e prosperidade (Pv 12.12; cp. Sl 1.3). Apresenta-se o exílio como um desenraizamento (1Rs 14.15; Jr 24.6), e o novo enraizamento representa o retorno do exílio e a renovação das bênçãos de Deus (2Rs 19.30; Is 27.6; 37.31).

A semente que não cria raízes representa as pessoas cujo compromisso com Cristo não é firme o bastante para suportar crises ou perseguições (Mt 13.6,21). Estar enraizado em Cristo significa estar estabilizado na fé (Cl 2.6). A raiz de Jessé (Is 11.10; Rm 15.12) e a raiz de Davi (Ap 5.5; 22.16) são títulos do Messias. Na alegoria paulina da videira, Israel é a raiz da planta, e a Igreja são os ramos (Rm 11.16-18).

RAMÁ Nome pessoal que significa "alto", dado a várias cidades localizadas em regiões elevadas, especialmente fortalezas militares. **1.** Cidade de fronteira no território da tribo de Aser (Js 19.29). A localização exata da cidade é desconhecida, ainda que muitos estudiosos situem-na na vizinhança de Tiro. **2.** Cidade fortificada no território da tribo de Naftali (Js 19.36); esta cidade provavelmente é a atual er-Rameh. Ramá de Aser e Ramá de Naftali podem ter sido a mesma comunidade, visto que essas duas tribos faziam divisa. **3.** Ramá de Gileade, geralmente chamada Ramote-Gileade (cf. 2Rs 8.28,29; 2Cr 22.6). V. *Ramote-Gileade*. **4.** Cidade herdada por Benjamim, alistada com Gibeom, Beerote, Jerusalém e outras (Js 18.25). Deve ser identificada com a atual er-Ram, a 8 quilômetros ao norte de Jerusalém. Em tempos antigos essa localização colocou a cidade entre os reinos rivais de Israel e Judá, o que acarretou consequências difíceis (1Rs 15.16-22; 2Cr 16.1,5,6). A localização tradicional do túmulo de Jacó está ligada a Ramá (1Sm 10.2; Jr 31.15). Débora, a profetisa, viveu e julgou Israel das vizinhanças de Ramá (Jz 4.4,5). Oseias fez referência a Ramá, e Isaías profetizou que o exército assírio se aproximaria por Ramá (Is 10.29). Os babilônios aparentemente usaram Ramá como campo de prisioneiros de guerra, onde os cativos de Jerusalém eram selecionados e enviados ao exílio. Em Ramá Jeremias foi liberto dos grilhões e recebeu autorização para permanecer em Judá (Jr 40.1-6). Pessoas que voltavam do cativeiro se estabeleceram lá (Ed 2.26; Ne 7.30). **5.** Cidade do Neguebe, o árido deserto no sul de Judá, na herança tribal de Simeão (Js 19.8). Em uma ocasião Davi deu presentes à cidade, após sua batalha bem-sucedida contra os amalequitas (1Sm 30.27). **6.** Lugar de nascimento, moradia e sepultamento de Samuel (1Sm 1.19; 2.11; 7.17; 8.4; 15.34; 25.1). Em 1Sm 1.1 é usada a forma mais longa, Ramataim-Zofim. Alguns defendem que Ramataim-Zofim seja a mesma Ramá de Benjamim. Pode também ser a cidade de Arimateia, cidade de um homem chamado José, dono da tumba na qual Jesus foi sepultado (Mt 27.57-60). — *I. Randall O'Brien*

RAMATAIM ou **RAMATAIM-ZOFIM** Lugar do nascimento de Samuel (1Sm 1.1). A primeira parte do nome significa "picos gêmeos". A última parte distingue essa Ramate das outras. Zofim talvez seja uma corruptela de Zufe, o distrito de Samuel (1Sm 9.5).

RAMATE Nome de um lugar que significa "altura; lugar elevado". Um elemento de vários nomes: Ramate-Leí, "alto da mandíbula", o lugar da vitória de Sansão contra os filisteus (Jz 15.17); Ramate-Mispá (e a forma alternativa Ramate-Mispá), "lugar de observação, torre de vigia" (Js 13.26); Ramote-Neguebe, "Ramote do Sul" (Js 19.8; 1Sm 30.27). V. *Ramá*.

RAMATE DO SUL V. Ramá; Ramate

RAMATE-LEÍ V. *Ramate*

RAMATE-MISPÁ V. *Ramate*

RAMATE-MISPÉ V. *Ramate*

RAMATE-NEGUEBE V. *Ramate*

RAMATITA Residente de Ramate (1Cr 27.27).

RAMESSÉS Capital do Egito e residência real durante a 19ª e 20ª Dinastias (1320-1085 a.C.). V. *Pitom e Ramessés*.

Cabeça de uma estátua monumental de Ramsés, o Grande, construtor da cidade-celeiro de Ramessés.

RAMIAS Nome pessoal que significa "Javé é exaltado". Israelita casado com uma esposa estrangeira (Ed 10.25).

RAMO, BASTÃO A palavra "ramo" designa um galho que floresceu (Jr 1.11) ou cortado de uma árvore (Gn 30.37-41; *NVI*, "galho").

RAMOTE

A entrada da cidade de Ramessés (Tânis).

A palavra "bastão" algumas vezes é usada intercambiadamente com "vara" (Is 10.5; Ap 11.1). Em outras passagens, "vara" designa o cajado (Sl 23.4). Varas e cajados eram usados como bengalas (Gn 32.10), para defesa (Sl 23.4), como castigo (Êx 21.20; Nm 22.27; Pv 13.24; 1Co 4.21), ou como instrumento de medição (Ap 11.1). O bastão era usado como símbolo dos ofícios proféticos (Êx 4.2-4; 7.8-24; Jz 6.21), sacerdotal (Nm 17.1-10) e real (Gn 49.10; Jz 5.14; Jr 48.17; Ap 2.27).

RAMOTE V. *Remete*

RAMOTE-GILEADE Nome de lugar que significa "altos de Gileade". Uma das cidades de refúgio indicadas por Moisés para assassinos não intencionais (Dt 4.43; Js 20.8) e uma cidade levítica (Js 21.38). Estava localizada provavelmente a nordeste de Gileade, a leste do Jordão. Salomão fez de Ramote-Gileade a capital de um distrito (1Rs 4.13). Depois da divisão do reino, por volta de 922 a.C., a cidade se tornou parte da Síria (1Rs 22.3), e assim permaneceu por quase 70 anos. Acabe tentou reconquistá-la, mas foi mortalmente ferido na batalha (1Rs 22.29-40). Jorão a reconquistou (2Rs 9.14; cp. 8.28). Em Ramote-Gileade, Eliseu ungiu a Jeú como rei de Israel (2Rs 9.1-6). No ano 722 a.C. a região foi conquistada pela Assíria.
— *Mike Mitchell*

RAMOTE-NEGUEBE V. *Ramá*; *Ramate*

RAMPA Anel externo de fortificações, geralmente feito na base de terraplenagem. A palavra hebraica subjacente significa literalmente "circunscrição" e pode ser aplicada a fossos, muralhas e fortificações (2Sm 20.15; Sl 122.7; Lm 2.8). Como Jerusalém estava cercada por vales escarpados, apenas o lado norte tinha rampas extensas.

RANGER OS DENTES Expressão usada no AT para designar a ira quanto ao ímpio e aos inimigos (Jó 16.9; Sl 35.16; 37.12; Lm 2.16). No NT, ranger os dentes está associado ao lugar da punição futura (Mt 8.12; 13.42,50). Nesse caso, ranger os dentes talvez seja uma expressão da futilidade do ímpio diante do julgamento de Deus ou talvez uma demonstração de sua recusa contínua de se arrepender e reconhecer a justiça do juízo divino (cf. Ap 16.9,11). V. *inferno*; *castigo eterno*.

RÃO Nome pessoal que significa "algo, exaltado". **1.** Ancestral de Davi (Rt 4.19; 1Cr 2.9) e de Jesus (Mt 1.3,4). **2.** Filho mais velho de Jerameel (1Cr 2.25,27), sobrinho do homem homônimo citado no item 1. **3.** Líder da família à qual pertencia Eliú, amigo de Jó (Jó 32.2).

RAPOSA Animal mamífero carnívoro semelhante ao cachorro, menor que o lobo e com pernas mais curtas (Ne 4.3). Tem grandes orelhas eretas e uma cauda longa e cerrada (Jz 15.4). É mencionado como animal astuto e traiçoeiro (cf. Lc 13.32).

RAQUEL Nome pessoal que significa "ovelha". Filha caçula de Labão, a segunda esposa e prima de Jacó, e mãe de José e Benjamim. Ao fugir de seu irmão Esaú, Jacó se encontrou com Raquel quando ela trouxe as ovelhas para beberem água. Ela imediatamente se tornou o objeto da atenção dele. V. *Jacó*.

Raquel é mencionada duas vezes fora de Gn. O texto de Rt 4.11 se refere a ela como alguém que edificou a casa de Israel. O texto de Jr 31.15 se refere a ela chorando por seus filhos levados ao exílio. No NT Mateus (2.18) citou a referência ao choro encontrada em Jr em ligação com a ordem de Herodes para matar os meninos de Belém de até 2 anos de idade.

Localização tradicional do túmulo de Raquel em Belém.

RAS SHAMRA V. *Ugarite*.

RASGAR AS VESTES O ato de rasgar as vestes geralmente era sinal de lamento (Gn 37.34; Lv 10.6; 21.10; 1Sm 4.12; 2Sm 3.31), arrependimento (Gn 37.29; Js 7.6; 2Cr 34.27; Jl 2.13) ou resposta à rejeição do plano de Deus (Nm 14.6) ou (suposta) blasfêmia (Mt 26.65; Mc 14.63; At 14.14). V. *blasfêmia*; *pranto e luto*.

RATO Roedor grande com focinho comprido. Como tal, é um animal impuro (Lv 11.29), mas comido por pessoas desobedientes (Is 66.17). Os ratos eram aparentemente temidos como transmissores de pragas (1Sm 6.4). V. *roedores*.

RAVINA DOS ÁLAMOS ou **RAVINA DOS SALGUEIROS** V. *Arabim*; *córrego dos Salgueiros*.

REABIAS Nome pessoal que significa "Javé alargou". Filho de Eliézer e ancestral de um grupo de levitas (1Cr 23.17; 24.21; 26.25).

REAÍAS Nome pessoal que significa "Javé viu". **1.** Membro da tribo de Judá (1Cr 4.1,2). **2.** Membro da tribo de Rúben (1Cr 5.5). **3.** Líder de uma família de servidores do templo que retornaram do exílio (Ed 2.47; Ne 7.50).

REAL, CIDADE Expressão usada pela *ARA* em Js 10.2 para se referir a uma cidade com governo monárquico. Gibeom (Js 10.2; *NVI*, "cidade governada por um rei") foi comparada em tamanho e poderio às cidades com reis, como Ai e Jericó. Gate (1Sm 27.5) era uma das cinco cidades filisteias governadas por reis. Rabá (2Sm 12.26) era a capital do reino amonita.

REBA Nome pessoal proveniente de uma raiz que significa "deitar-se". Rei midianita derrotado por Israel no tempo de Moisés (Nm 31.8). O texto de Js 13.21 liga a derrota dos reis midianitas ao rei amorreu Seom (Nm 21.21-35).

REBANHO 1. Ovelhas e cabras sob o cuidado de um pastor (Gn 30.31,32). O povo de Deus é descrito às vezes como ovelhas sem pastor (Nm 27.17; Ez 34.5,8; Mt 9.36; Mc 6.34), i.e., em necessidade de líderes que o governem com justiça e o fortaleçam espiritualmente. O povo de Deus pode ser descrito como um rebanho pastoreado por Deus (Sl 100.3; Jr 23.3; Ez 34.31) ou por Cristo, "o grande Pastor das ovelhas" (Hb 13.20; cp. Jo 10.11; 1Pe 5.4).

A unidade de todos os cristãos é retratada pela imagem de um rebanho composto de muitos apriscos (Jo 10.16). Rebanho pode ser uma referência a uma congregação singular sob o cuidado de um pastor (1Pe 5.2,3).

O juízo é às vezes retratado como a classificação de um rebanho. Em Ez 34 as ovelhas gordas e fortes (os líderes opressores de Israel) são separadas das ovelhas fracas que eles vitimaram (34.16,17,20,21). Em Mt 25.32-46 as ovelhas são separadas dos bodes com base em atos concretos de amor demonstrado aos necessitados.

2. Animais domesticados mantidos juntos sob controle humano. A palavra é usada genericamente para se referir ao gado bovino e ao caprino (ovelhas e cabras). Os rebanhos eram fonte de carne e de derivados do leite e também usados no trabalho agrícola (1 Cr 12.40; Is 46.1) e para sacrifícios (Nm 7.3; Sl 69.31; Is 66.3). Rebanhos eram um sinal de riqueza (Gn 13.5; 32.7; 45.10). O gado bovino era geralmente mantido em espaço aberto. A carne bovina era um item de luxo (Am 6.4; Hq 3.17). V. *gado, rebanhos*.

REBECA Nome pessoal que talvez signifique "vaca". Filha de Betuel, sobrinho de Abraão (Gn 24.15); esposa de Isaque (24.67) e mãe de Jacó e Esaú (25.25,26). Rebeca era mulher de caráter complexo. É apresentada pela primeira vez como uma virgem bela (24.16), com boa vontade para ajudar (24.19) e hospitaleira para com estranhos (24.25). Em obediência à vontade de Deus, deixou seu lar em Padã-Arã para se casar com Isaque (24.58), a quem confortou depois da morte de Sara (24.67). Aflita pela dificuldade em engravidar, pediu orientação divina (25.22,23). Um aspecto menos favorável é o favoritismo de Rebeca por Jacó (25.28), evidenciado no plano que ela elaborou para permitir que Jacó roubasse a bênção de Esaú (27.5-17). Rebeca foi forçada a enviar o filho favorito para a casa de seu irmão, para salvar Jacó da vingança de Esaú (27.42-46).

REBOCO Mistura incolor, geralmente feita com água, cal e areia, que endurece quando seca e é usada para revestir paredes e tetos. A Lei mosaica incluía regulamentações para tratar de casas nas quais o mofo ou algum tipo de podridão aparecesse no reboco (Lv 14.41-48). Era fácil escrever na superfície de reboco úmido (Dt 27.2-4).

RECA Lugar não identificado em Judá (1Cr 4.12). Manuscritos gregos antigos trazem a palavra "Recabe" em lugar de "Reca".

RECABE Nome pessoal que significa "cavaleiro" ou "cocheiro". **1.** Líder, junto com seu irmão, de um grupo de aventureiros benjamitas. Ele e seu irmão assassinaram Is-Bosete, filho de Saul, pensando que assim assegurariam o favor de Davi, que respondeu executando-os (2Sm 4.1-12). **2.** Pai ou ancestral de Jeonadabe, homem que deu apoio à eliminação da família de Acabe e dos adoradores de Baal promovida por Jeú (2Rs 10.15,23). **3.** Pai ou ancestral de Malquias, que auxiliou Neemias na reconstrução dos muros de Jerusalém (Ne 3.14), possivelmente o mesmo do item 2.

RECABITAS Descendentes de Jeonadabe ben Recabe, que apoiou Jeú quando ele derrubou a casa de Acabe (2Rs 10.15-17). Por volta de 599 a.C. os recabitas se refugiaram de Nabucodonosor em Jerusalém (Jr 35). Nesse momento o Senhor ordenou a Jeremias que os levasse ao templo e lhes desse vinho a beber. Quando Jeremias o fez, eles se recusaram, dizendo que seu pai, Jonadabe (Jeonadabe), lhes ordenou não beber vinho, não viver em casas nem trabalhar com agricultura. Essas regras podem ter sido pensadas como um protesto contra a religião cananeia ou contra a vida sedentária em geral, mas é mais provável que protegessem seu estilo de vida e seus segredos profissionais como metalúrgicos ambulantes. Jeremias contrastou a fidelidade dos recabitas aos mandamentos do ancestral deles com a falta de fé no Senhor demonstrada pelo povo de Judá. — *Ricky L. Johnson*

RECÂMARAS DO SUL (ARA, ARC) Referência a algum fenômeno desconhecido no céu. Visto que as "recâmaras do sul" são citadas com outras constelações (Jó 9.9); o fenômeno é geralmente considerado algum tipo de constelação ou grupo de constelações (A *NVI* traz "constelações do sul"). Alguns entendem "recâmaras do sul" como referência à porção luminosa do céu entre Argus e Centauro. Outros interpretam o termo como referência ao zodíaco ou talvez à parte meridional do zodíaco (cf. Jó 37.9; 38.22). V. *astrólogo*.

RECIPIENTES E VASOS V. *bacia; cesta, cesto; vidro; cerâmica; recipientes e vasos*.

RECONCILIAÇÃO Ato de conseguir acordo entre duas partes incompatíveis ou em disputa. Jesus Cristo é quem reconcilia Deus e o homem, sendo a salvação o resultado dessa união. Reconciliação significa basicamente "mudança" ou "troca". A ideia é de mudança de relacionamento, de antagonismo para boa vontade, de inimizade para amizade. Atitudes são transformadas, e a hostilidade cessa.

No mundo antigo, a iniciativa de reconciliação era em geral feita em uma de duas maneiras. Uma terceira parte poderia buscar a reconciliação, ou uma parte alienada poderia dar o primeiro passo. A última possibilidade é a encontrada na Bíblia. O NT apresenta duas possibilidades de reconciliação. Em ambas as possibilidades a pessoa que provocou a quebra do relacionamento toma a iniciativa — o irmão que ofendeu o outro (Mt 5.24) e a mulher que abandonou o marido (1Co 7.11). A pessoa que busca reconciliação deve "reconciliar-se" com a outra — os efeitos da reconciliação estão sobre a parte ofendida. Nesses casos os ofensores podem apenas confessar as faltas, oferecer uma compensação e pedir perdão. A decisão final está com a parte ofendida, que pode conceder perdão ou continuar a desavença.

Na restauração do relacionamento entre Deus e a humanidade, a reconciliação ocorre com uma reviravolta inesperada. Deus, a parte ofendida, toma a iniciativa (2Co 5.19). A iniciativa, a ação reconciliadora de Deus, é contrária às expectativas. A retirada da alienação, criada pelo pecado do homem, é obra de Deus. A Bíblia nunca apresenta o homem se reconciliando com Deus ou Deus sendo influenciado pelos humanos em direção à reconciliação. Quando Paulo admoesta seus leitores em 2Co 5.20: "reconciliem-se com Deus", ele lhes diz que recebam humilde e agradecidamente a reconciliação que Deus já realizou em Cristo.

A questão discutida é se a reconciliação é dupla; i.e., de alguma maneira, os seres humanos são apenas reconciliados com Deus ou é Deus também reconciliado como os seres humanos. Os reconciliados com Deus estavam "separados de Deus, e na mente de vocês, eram inimigos por causa do mau procedimento" (Cl 1.21). Em outra passagem Paulo afirma que "a mentalidade da carne é inimiga de Deus porque não se submete à Lei de Deus" (Rm 8.7). O homem pecaminoso é oposto a Deus e a tudo o que lhe pertence. A natureza pecaminosa desobedece à lei divina e não crê no evangelho. Os seres humanos não redimidos estão em rebeldia contra Deus; são inimigos do Criador. Ainda que os seres humanos sejam hostis em relação a Deus, está Deus da mesma forma em inimizade com o homem? A Bíblia parece indicar que, de alguma maneira, Deus é inimigo dos pecadores. Paulo declara em Rm 5.10 que Cristo morreu pelos pecadores "quando eram inimigos de Deus". A palavra "inimigos" não é uma simples descrição do caráter moral. É também uma declaração de relação dos pecadores com Deus. Eles são objeto do amor e do descontentamento de Deus (Mt 5.43-48). Os pecadores atuam de modo contrário aos propósitos divinos, e Deus age de modo contrário aos propósitos deles. Ele não só estende sua graça, misericórdia e paciência aos pecadores, mas também expressa seu descontentamento por meio da ira (Rm 1.18-32). Como Paulo lembrou aos efésios, "Anteriormente todos nós também vivíamos entre eles, satisfazendo as vontades da nossa carne, seguindo os seus desejos e pensamentos. Como os outros, éramos por natureza merecedores da ira" (Ef 2.3).

Vários temas são essenciais para o entendimento bíblico da reconciliação. Primeiro, o reconhecimento da necessidade de reconciliação (Rm 5.10; Ef 2.12; Cl 1.21). O pecado criou separação e alienação do homem em relação a Deus. A reconciliação preconiza a necessidade da superação da separação para que Deus e a humanidade sejam restaurados em um relacionamento correto. Segundo, Deus é o Reconciliador; a reconciliação é obra divina. A encarnação é a declaração de Deus: a iniciativa de reconciliação existe exclusivamente nele (2Co 5.19). Terceiro, a morte de Jesus Cristo é o meio pelo qual Deus realiza a reconciliação (Rm 5.10). Quarto, a reconciliação é uma obra completa, mas ainda está sendo realizada. Ainda que o sacrifício substitutivo de Cristo já tenha assegurado a reconciliação, os seres humanos ainda recebem a obra de reconciliação divina e o dom gracioso por meio da graça mediante a fé em Jesus Cristo. Quinto, o ato divino-humano da reconciliação serve de base para a reconciliação autêntica de uma pessoa para com outra. Por fim, a obra divina de reconciliar é em grande medida o ministério da igreja. Os cristãos foram comissionados pelo Senhor para ter uma mensagem e um ministério de reconciliação. Nesse sentido, a reconciliação não é apenas uma realidade de vida para os cristãos, mas é também um propósito do seu ministério no Reino de Deus. V. *expiação, propiciação; cruz, crucificação; Jesus Cristo; salvação*. — Stan Norman

REDE 1. Cordas ou fios trançados para apanhar pássaros, peixes ou outras presas. As redes de pesca eram basicamente de dois tipos. O primeiro era uma rede em forma de cone que terminava com uma abertura para ser lançada com as mãos (Mt 4.18-21; Mc 1.16-19). O outro era uma rede do tipo arrastão, grande, com boias e também com uma chumbada. Esse tipo de rede era com frequência lançado da terra para a água (Jr 19.8; Ez 26.5,14; 32.3; 47.10; Mt 13.47). Na maioria dos casos do AT a rede é uma figura do juízo nas mãos de forças militares impiedosas. De modo geral, redes de caça tinham aberturas que se fechavam quando lançadas (Pv 1.17; Os 7.11,12). Figuras de tipo não identificado são usadas como figuras do castigo do Senhor (Jó 19.6; Sl 66.11; Lm 1.13; Ez 12.13) ou das tramas dos ímpios (Sl 9.15; 31.4; 35.7,8). **2.** Grelhas em forma de rede eram parte dos utensílios do altar de ofertas queimadas (Êx 27.4,5; 38.54) e dos capitéis das colunas do templo (1Rs 7.17-20). A grelha do altar talvez funcionasse como um respiradouro.

REDE DE PESCA Grande rede de pesca equipada com a borda inferior de pesos para tocar ("varrer") o fundo do rio ou lago e a borda superior com boias de madeira fazendo que a rede cruzasse a água (Is 19.8). Essas redes eram normalmente baixadas de um barco e então puxadas para a margem por homens posicionados na beira. No caso de uma grande pesca, a rede era arrastada para a margem por um barco (Jo 21.6-8).

O texto de Hc 1.14-17 retrata os residentes de Judá como peixes impotentes diante do exército babilônico, retratados como pescadores. Aqui as redes e os anzóis de pesca simbolizam o equipamento militar babilônico. O texto não é evidência de que antigos pescadores faziam sacrifícios às suas redes ou que os babilônios fizessem sacrifícios às suas armas de guerra. Antes, o texto aponta para a adoração do poderio militar.

Jesus comparou o Reino de Deus a uma rede, contendo tanto peixes bons quanto ruins até o tempo da separação e do juízo (Mt 13.47).

RÉDEA V. *freio, freios*.

REDEMOINHO Tradução de quatro palavras hebraicas que designam qualquer vendaval que seja destrutivo. Somente Sl 77.18 usa um termo que indica movimento circular. Verdadeiros vendavais e tornados são raros na Palestina. Acontecem em geral perto da costa, onde as brisas frescas do mar Mediterrâneo colidem com o vento quente do deserto. Veem-se menos os vendavais em que o pó em rotação é alçado aos ares. Deus usou o vento furioso para elevar Elias ao céu (2Rs 2.1,11) e para falar com Jó (38.1; 40.6). Os profetas usaram o "vento de tempestade" como uma figura para juízo (Is 5.28; Jr 4.13; Os 8.7; Am 1.14; Zc 7.14). Deus vem libertar seu povo montado sobre ventos tempestuosos (Zc 9.14).

REDENHO, LÓBULO Parte do fígado que parece sobrar ou formar um apêndice (Êx 29.13). O texto de Os 13.8 fala da "envoltura do coração" (*ARA*), que as versões recentes traduzem de forma mais livre ("eu [...] os rasgarei", *NVI*). O texto hebraico aparentemente se refere à cavidade em que está localizado o coração.

REDIMIR, REDENÇÃO, REDENTOR Pagar um preço para garantir a libertação de algo ou alguém. Tem a conotação de pagar o que foi exigido para libertar de opressão, escravização ou de qualquer outro tipo de obrigação forçada. O procedimento redentor podia ser legal, comercial ou religioso.

No AT, dois grupos de palavras veiculam a ideia de redenção. O verbo *ga'al* e seus cognatos significam "comprar de volta" ou "redimir". No livro de Rt (2.20), Boaz age como um parente-redentor que assegura a libertação de Rute da pobreza e da viuvez. Boaz adquiriu a terra de Elimeleque e, ao fazê-lo, "redimiu" Rute e a tomou por esposa (Rt 4.1-12).

Em outra narrativa, Deus ordena a Jeremias que adquira uma propriedade familiar; ele redime o espólio familiar ao pagar o preço da redenção (Jr 32.6-15). Jeremias apresenta Deus como aquele que um dia redimirá Israel da opressão dos babilônios (Jr 32.16-44).

Quando *ga'al* é usado em relação a Deus, a ideia é de redenção da escravidão ou da opressão dos inimigos de alguém. Nos relatos de Êx, Javé declara a Moisés: "Eu sou o Senhor [...]. Eu os libertarei da escravidão e os resgatarei com braço forte e com poderosos atos de juízo" (Êx 6.6). Alguns usos de *ga'al* e seus cognatos falam de redenção da opressão dos inimigos (Sl 69.18; 72.14; 106.10; 107.2; Is 48.20). *Ga'al* raramente se refere à redenção do pecado (Is 44.22) ou da morte (Sl 103.1; Os 13.14).

Padah é usado primariamente com respeito à redenção de pessoas ou de seres vivos. Como Deus poupou os primogênitos israelitas quando a última praga foi enviada ao Egito, ele exigiu que todos os primogênitos, humanos ou animais, fossem redimidos (Êx 13.13-15; Nm 18.15). Se um proprietário negligente não tomasse conta de um boi de modo adequado, e se o boi chifrasse o filho de um vizinho, o boi e seu dono seriam apedrejados. O pai da pessoa sacrificada, no entanto, poderia aceitar o preço do resgate pelo filho perdido, permitindo que o dono do boi vivesse (Êx 21.29,30). *Padah* e seus cognatos podiam se referir à libertação de alguma crise ou angústia (2Sm 4.9; 1Rs 1.29; Sl 25.22) ou à redenção do pecado (Sl 26.11; 49.7; 130.8; Is 1.27; 59.20) ou da morte (Jó 4.20; Sl 44.26; 49.15).

A noção de redenção do pecado está também revelada implicitamente no AT. O sistema sacrificial era um lembrete constante aos israelitas do pagamento de um preço para a redenção deles de seus pecados. Cada oferta sacrificial comportava a noção do preço do pecado e da necessidade do preço a ser pago. Além disso, os israelitas consideraram a libertação de circunstâncias opressoras, como o cativeiro babilônico, essencialmente como redenção do pecado, pois foi o pecado deles que resultou no cativeiro (Is 40.2).

No NT dois grupos de palavras veiculam esse conceito. O primeiro consiste em *lytron* e seus cognatos. Significam "redimir", "libertar" ou "resgatar". A ideia de resgate sugere o coração da missão de Jesus (Mc 10.45). Sua vida e seu ministério culminaram na morte como sacrifício. Sua morte serviu como resgate para libertar os pecadores da condição de escravização.

A outra família de palavras é a do grupo *agorazein*, que significa "comprar no mercado" ou "redimir". Esse grupo é usado várias vezes para expressar a atividade redentora de Deus em Cristo. O ato divino de redenção da humanidade caída, p. ex., é algo caro (1Co 6.20). Os cristãos são libertos da maldição escravizadora da Lei (Gl 3.13; 4.5). A missão redentora de Deus entre as nações é o motivo do culto escatológico (Ap 5.9; 14.3,4).

Paulo apresenta a explicação mais plena no NT, conectando a obra redentora de Cristo à declaração legal de perdão (justificação) do pecador e a pacificação da ira divina contra o pecado (propiciação, Rm 3.24; 1Co 1.30). Paulo também interpretou a atividade redentora de Cristo de duas perspectivas. Baseado no resgate pago pelo sangue derramado de Jesus, o perdão pode ser aplicado ao cristão no presente (Ef 1.7). A obra redentora de Cristo também tem um aspecto futuro. Haverá uma libertação final do corpo físico do atual estado de queda e corrupção (Rm 8.23). O ato redentor final ocorrerá na ressurreição do corpo. Entretanto, essa não é a primeira expressão da redenção dos cristãos. Antes, a primeira "redenção" ocorrida no interior do cristão culminará na redenção final do corpo do pecado e da morte (Ef 4.30). V. *Cristo, cristologia*; *Jesus Cristo*; *expiação, propiciação; reconciliação*. — *Stan Norman*

REDUÇÃO DE TAMANHO As afirmações da Bíblia a respeito da providência divina em tempos de apuros são diretamente aplicáveis às dificuldades pessoais resultantes da redução de gastos corporativos ou pessoais. O registro bíblico dá prova cabal de que ninguém está isento de dificuldades (Jó 5.7; Sl 40.12). Jó sofreu um nível maior de redução da sua economia do que talvez qualquer pessoa antes ou depois dele (Jó 1.13-19). Embora Jó aparentemente nunca tenha entendido as razões da sua desgraça (Jó 42.1-6), Deus por fim lhe devolveu a riqueza e posição (Jó 42.10-17).

O apóstolo Paulo aprendeu "o segredo de viver contente [...] tendo muito, ou passando necessidade" (Fp 4.12). Paulo entendeu que, embora as circunstâncias às vezes estejam fora do controle das pessoas, nada está além do âmbito de atuação divina, que cuida até mesmo da menor parte da sua criação (Sl 24.1; Mt 6.25-33). Por essa razão Deus responde aos que esperam nele (Sl 40.1). — *Paul W. Wright*

REELAÍAS Nome pessoal que significa "Javé fez tremer". Homem que retornou do exílio com Zorobabel (Ed 2.2); a mesma pessoa que Raamias (Ne 7.7).

REFA Nome pessoal que significa "inundação". Um efraimita (1Cr 7.25).

REFAÍAS Nome pessoal que significa "Deus curou". **1**. Descendente de Davi (1Cr 3.21). **2**. Descendente de Simeão que vivia no monte Seir (1Cr 4.42). **3**. Guerreiro da tribo de Issacar (1Cr 7.2). **4**. Descendente de Saul (1Cr 9.43). **5**. Homem que auxiliou Neemias na reconstrução dos muros e supervisionou metade do distrito administrativo ao redor de Jerusalém (Ne 3.9).

REFAINS **1**. Habitantes do *sheol*, geralmente traduzido por "mortos" (Jó 26.5; Sl 88.10; Pv 9.18; 21.16; Is 14.9; 26.14,19). **2**. Designação étnica dos habitantes pré-israelitas da Palestina, equivalentes aos enaquins, a palavra moabita *emins* (Dt 2.10,11) e a palavra amonita *zanzumins* (Dt 2.20,21). A despeito de sua reputação como povo de grande estatura e força, os refains foram derrotados por uma coligação de reis orientais (Gn 14.5) e foram mais tarde desalojados pelos israelitas (Dt 3.11,13; cp. Gn 15.20), e seus parentes distantes, os moabitas (Dt 2.10,11) e amonitas (2.20,21). A maioria das versões prefere transliterar a palavra, não optar por qualquer tradução. A distinção artificial entre os refains e os descendentes de Refa aparentemente tenta diminuir a tensão da designação do rei Ogue de Basã como o último dos refains (Dt 3.11; Js 12.4) e a menção aos seus descendentes posteriores em 2Sm 21.16,18,20,22 e 1Cr 20.6, 8. V. *gigantes*; *nefilins*.

REFEIÇÕES V. *banquete*; *comida*.

REFÉM Pessoa presa como garantia de segurança contra uma rebelião ou agressão. Quando o rei Joás de Israel derrotou o rei Amazias de Judá, ele tomou reféns (2Rs 14.14; 2Cr 25.24).

REFIDIM Lugar no deserto onde os hebreus pararam a caminho de Canaã, logo antes de alcançarem o Sinai (Êx 17.1; 19.2). Em Refidim o povo reclamou de sede, e Deus ordenou a Moisés que ferisse a rocha da qual sairia água. Enquanto os hebreus estavam acampados em Refidim, os amalequitas vieram contra eles, mas foram derrotados por Israel, sob a liderança de Josué. Jetro, o sogro de Moisés, foi a Refidim e ajudou o líder a delegar sua autoridade sobre o povo (18.13-26). A localização exata de Refidim é desconhecida.

REFINAR Reduzir a estado puro; geralmente usado no sentido figurado de purificação moral. V. *crisol*; *Eziom-Geber*; *fornalha*, *forno*; *minerais e metais*; *minas e mineração*.

REFORMA Tradução encontrada na *ARA* para a palavra grega *diorthosis* (Hb 9.10). A expressão se refere à nova ordem do relacionamento com Deus estabelecida por Cristo (como preconiza a tradução da *NVI*), ou ao processo de estabelecimento da nova ordem.

REGÉM Nome pessoal que significa "amigo". Descendente de Calebe (1Cr 2.47).

REGÉM-MELEQUE Nome pessoal que significa "amigo do rei". Delegado enviado pelo povo de Betel a Jerusalém para inquirir a respeito da continuação do jejum em lembrança da destruição do templo da cidade (Zc 7.2). O profeta Zacarias repetiu a palavra dos profetas anteriores: Deus deseja vida moral em lugar de jejuns (7.9,10).

REGENERAÇÃO Ato especial de Deus em que o recipiente é passivo. Deus apenas desperta a pessoa espiritualmente pelo poder do seu Espírito Santo. O AT e o NT mencionam a renovação do indivíduo. Em sentido técnico o ato da regeneração acontece no momento da conversão — quando o indivíduo é despertado espiritualmente.

A palavra "regeneração" é a palavra grega *palingenesia* (usada apenas em Mt 19.28, para se referir à criação, e em Tt 3.5). O texto de Tt se refere à regeneração do indivíduo. "Não por causa de atos de justiça por nós praticados, mas devido à sua misericórdia, ele nos salvou pelo lavar regenerador e renovador do Espírito Santo". A Bíblia expressa o conceito de regeneração em muitas passagens com outras expressões como nascer de novo, (ser) renovado e nascer de Deus. Em Jo 3.3-8, p. ex., Jesus diz a Nicodemos que, para entrar no Reino de Deus, ele precisaria nascer de novo. Esse pensamento encontra eco em 1Pe 1.23: "Vocês foram regenerados, não de uma semente perecível, mas imperecível, por meio da palavra de Deus, viva e permanente". A Bíblia ensina claramente que o ser humano precisa passar pela recriação espiritual para estabelecer o relacionamento com Deus ou entrar no seu Reino.

Paulo apresenta explicações adicionais em Ef 2.1: "Vocês estavam mortos em suas transgressões e pecados". Paulo claramente não se refere à morte física, mas ao estado espiritual do ser humano. O pecado deixou o homem espiritualmente morto, incapaz de responder a Deus. Entretanto, a regeneração desperta, ou ressuscita, a capacidade espiritual do homem para que ele possa se relacionar com Deus. Paulo explicou em Ef 2.4,5: "Todavia, Deus, que é rico em misericórdia, pelo grande amor com que nos amou, deu-nos vida com Cristo, quando ainda estávamos mortos em transgressões". A regeneração dá ao homem a capacidade de comungar com Deus, tornando-o, portanto, uma "nova criação" (2Co 5.17).

Essa mesma ideia é expressa no AT. Deus, p. ex., disse a Israel em Ez 36.26: "Darei a vocês um coração novo e porei um espírito novo em vocês; tirarei de vocês o coração de pedra e lhes darei um coração de carne". A necessidade do novo coração foi expressa pelo salmista: "Cria em mim um coração puro, ó Deus, e renova dentro de mim um espírito estável". O texto de Jr 31.31-34 também fala sobre o estabelecimento divino de uma nova aliança em que sua lei será escrita no coração dos homens. Esses versículos falam claramente da mudança no coração humano resultando na resposta a Deus e à sua vontade — o reflexo do conceito de regeneração do NT.

Várias tradições eclesiásticas, como a católica romana, associaram o ato da regeneração ao batismo. Entretanto, a Bíblia ensina claramente que o batismo é o testemunho da ocorrência da regeneração, não o meio para alcançá-la. A Bíblia é clara ao ensinar que a regeneração é operada apenas pelo Espírito Santo (Tt 3.5; 1Co 2.6-16).

A regeneração é o catalisador que permite ao cristão interagir com o Criador. É o passo inicial do caminho eterno com Deus. A regeneração permite ao indivíduo ter um relacionamento com Deus e, por isso, é o princípio da vida cristã. — Scott Drumm

REGIMENTO Palavra usada pela *NVI* para "coorte", a décima parte de uma legião (At 10.1; 27.1). V. *coorte, regimento*.

REGIMENTO IMPERIAL (*NVI*), **COORTE IMPERIAL** (*ARA*), **COORTE AUGUSTA** (*ARC*) Unidade do exército romano aquartelada na Síria a partir de aproximadamente 6 d.C. O lugar da coorte entre o restante do exército romano é indicado pelo fato de que era denominada segundo o imperador. Esse regimento especial ficou responsável por Paulo na sua viagem a Roma (At 27.1). Aos olhos de Lucas, isso demonstrava a importância de Paulo e, mais importante, do evangelho que Paulo pregava.

RÉGIO Nome de lugar que tanto pode ser derivado do grego *rhegnumi* (alugar, dividir) como do latim *regium* (real, no sentido de "realeza", não no sentido de "verdadeiro"). Porto localizado na margem sudoeste da bota da Itália, distante cerca de 11 quilômetros do estreito de Messina desde a Sicília. Paulo parou em Régio na viagem a Roma (At 28.13). Régio foi fundada por colonizadores gregos e manteve a língua e as instituições gregas até o séc. I da era cristã.

REGISTRO Palavra usada pela *NVI* para se referir a um levantamento genealógico (Ed 2.62; Ne 7.5,64). "Registro" muitas vezes é usado em sentido verbal, em referência a anotações formais (Nm 1.18; 11.26; 2Sm 24.2,4; Ne 12.22,23; Sl 87.6). V. *censo, recenseamento*.

REGISTROS HISTÓRICOS DOS REIS DE ISRAEL E DE JUDÁ Fontes de informação às quais o autor de 1 e 2Rs referiu a seus leitores para mais dados concernentes aos diversos reis sobre os quais ele escreveu (1Rs 14.19). Esses não são os livros bíblicos de 1 e 2Cr. Provavelmente eram registros oficiais da corte compilados para o uso de cada um dos reis. Tais registros estavam aparentemente disponíveis ao autor de Rs quando escreveu sobre a destruição de Jerusalém, mas não estão disponíveis hoje. V. *Reis*.

REGRA ÁUREA Expressão geralmente dada ao mandamento de Jesus registrado em Mt 7.12 (cp. Lc 6.31) — "Assim, em tudo, façam aos outros o que vocês querem que eles lhes façam". A expressão "regra áurea" não aparece na Bíblia, e é difícil traçar sua origem histórica. Como princípio, a regra áurea pode ser encontrada em muitas religiões, mas a maneira em que Jesus a apresentou é original e única.

RÉGUA Instrumento para medir materiais. V. *pesos e medidas*.

REÍ Nome pessoal que significa "amigável". Oficial de Davi que ficou do lado de Salomão na luta pela sucessão contra Adonias (1Rs 1.8).

REI, CRISTO COMO O ensino bíblico de que Jesus de Nazaré cumpriu as promessas do AT como rei perfeito e reina sobre seu povo e o Universo. A esperança do AT acerca do futuro incluía a visão de um novo rei como Davi, chamado "Ungido" ou "Messias" em hebraico (2Sm 7.16; 22.51). O profeta Isaías intensificou as promessas e apontou para o Messias vindouro (Is 7.13,14; cp. Sl 45; 110). O livro de Dn contém uma visão daquele a quem foi dado o domínio, a glória e um reino, a quem todos os povos, nações e línguas servirão. Seu domínio é eterno e nunca passará. Seu reino nunca será destruído (Dn 7.13,14).

Quando Jesus Cristo nasceu, seu nascimento foi anunciado com essas categorias. Seu ministério terreno, portanto, ampliou esses temas (Mt 4.17; Lc 1.32,33). De igual maneira, João Batista proclamou a presença do Reino de Deus na vinda de Jesus (Mt 3). O tema de Jesus como Rei, Governante ou Senhor domina o NT do início ao fim. Encontramos o ponto culminante desse tema com o Senhor assentado em um trono, seus inimigos se submetendo a ele e um novo nome que lhe foi dado: "Em seu manto e em sua coxa está escrito este nome: Rei dos reis e Senhor dos senhores" (Ap 19.16).

A questão que surge naturalmente é: Em que sentido o Reino de Cristo está realmente em atividade no mundo de hoje? Se ele é rei, como o mundo mudou tão pouco e seu reinado é tão pouco reconhecido? Alguns responderiam que o reinado de Jesus é completamente futuro. Tal resposta falha em tratar da declaração do próprio Cristo de que o Reino de Deus está "entre vocês" (Lc 17.21). Portanto, o reinado de Cristo é presente e ainda futuro, já está aqui e ainda virá, é espiritual e universal.

O reinado presente de Cristo é seu governo real sobre seu povo (Cl 1.13,18). É um reino espiritual estabelecido no coração e na vida dos cristãos. Ele administra seu Reino por meios espirituais — a Palavra e o Espírito. Onde quer que os cristãos sigam o senhorio de Cristo, o Salvador exerce sua função real ou seu governo. Com base nisso, entendemos que seu reinado está mais preocupado com o Reino de Jesus que com a esfera sobre a qual esse reinado acontece. Quando oramos "venha teu Reino", como fazemos na Oração do Senhor (Mt 6.10), temos em mente esse governo presente de Cristo como rei.

O reinado de Cristo está também presente hoje no mundo natural. Cristo é aquele por meio de quem todas as coisas vieram a existir (Jo 1.3) e por intermédio de quem todas as coisas subsistem (Cl 1.17). Ele está no controle do Universo natural, como demonstrou em seu ministério terreno (Mc 4.35-41).

A Bíblia reconhece o reinado presente de Cristo e o apresenta como espiritual (Jo 18.36). A multidão proclamou Jesus rei na entrada triunfal no Domingo de Ramos (Jo 12.12-19). Podemos dizer que as portas dos céus se abriram um pouco para que por um breve momento seu verdadeiro reinado se manifestasse ao povo na terra. Ele declarou que, se o povo mantivesse silêncio naquela ocasião histórica, as pedras teriam clamado para proclamá-lo rei.

Em adição ao atual governo de Cristo, seu reinado se tornará plenamente evidente no futuro. Nós veremos e entenderemos isso de forma clara quando Jesus voltar (Mt 19.28). O futuro reino será em essência o mesmo que o atual, no sentido de que homens e mulheres reconhecerão o governo de Cristo em seu coração. Todavia, será diferente no sentido de que seu governo será perfeito e visível (1Co 15.24-28). Uma vez manifesto, o Reino futuro durará para sempre. Cristo governará sobre todas as coisas no céu e na terra. Nesse tempo, Deus, o Pai, colocará Jesus, seu Filho, no lugar mais alto de autoridade e honra. Ao nome de Jesus, todo joelho se dobrará, no céu, na terra e debaixo da terra, e toda língua confessará que Jesus é Senhor para a glória de Deus Pai (Fp 2.9-11).

Jesus estabeleceu seu Reino por meio de sua morte sacrificial, tal como cada um dos Evangelhos demonstra com clareza. Pilatos reconheceu mais do que ele sabia quando criou a expressão "Rei dos judeus" como acusação contra Jesus. O Reino de Jesus encontra seu exercício maior quando concede as bênçãos asseguradas para seu povo por meio de sua obra expiatória (Rm 8.32; Ef 1.3-11,20-22). Jesus vai continuar a reinar como segunda pessoa da Trindade. Sua personalidade divino-humana não cessará. Jesus Cristo, o Rei, reinará como Deus-homem e exercerá seu poder perpetuamente para o benefício dos redimidos e a glória do seu Reino. — *David S. Dockery*

REI, REINO Monarca de uma unidade territorial maior; em especial, da hereditária e governada de modo vitalício. O reinado inclui a posição, o ofício e a dignidade de um rei. Ainda que não designado dessa maneira, o rei mais antigo de que se tem notícia na Bíblia é Ninrode (Gn 10.8-10), o construtor de cidade da Mesopotâmia que desenvolveu um império poderoso (talvez a Babilônia antiga). No período abraâmico anterior, outros dez reis são nomeados (Gn 14.2-9), sendo um deles Melquisedeque, o rei de Salém. Em Gn 17.6, Deus prometeu a Abraão que reis e nações procederiam dele. A Bíblia deixa claro o surgimento de reis entre os vários grupos de povos cananeus, egípcios e mesopotâmicos.

Havia basicamente três tipos de reis no antigo Oriente Médio: 1) Reis de grandes nações geralmente identificadas com um deus (ex., Assíria, Babilônia e Egito). 2) Reis de uma elite militar que assumiram o controle de uma população local à força (ex., os reis das cidades-Estado cananeias). 3) Reis que surgiram de grupos tribais ou clânicos cuja eleição foi determinada em parte pela vontade do povo (ex., Israel, Edom, Moabe e Amom).

Transição de Juízes a Reis Do tempo de Josué aos dias de Saul, os juízes lideraram Israel. Sua liderança era de natureza temporária e local, e sua principal função era guiar as partes de Israel ameaçadas por alguma força estrangeira, até que a ameaça tivesse passado. Nesse tempo Israel se manteve unido mais pela aliança com Deus que por seus governantes.

À medida que o povo de Israel se estabelecia em Canaã, ele começou a assimilar vários aspectos da cultura cananeia, e a confiança completa em Javé apenas para sua segurança e bem-estar começou a declinar. O declínio coincidiu com a ameaça dos filisteus para todas as tribos de Israel, o que pôs em risco a existência da própria nação. Muitos em Israel começaram a sentir a necessidade de uma liderança hereditária e totalitária como um modo de lidar com a ameaça (1Sm 8.20; 10.1; cp. Jz 22,23).

O primeiro líder nacional foi Saul. Ele foi ungido *nagid* de Israel (1Sm 11.15; 13.1; 15.1,11,35; 17.55; 18.6,22,25,27; 19.4; 24.8; 26.17; 29.3; 2Sm 5.25; 1Cr 11.2), um líder carismático mais no estilo dos juízes. Israel permanecia uma liga tribal. Saul não estabeleceu nenhum governo central nem uma burocracia, não tinha corte ou exército permanente, e sua casa em Gibeá era uma fortaleza, não um palácio.

O aspecto significativo a respeito da liderança de Saul é que, pela primeira vez desde o estabelecimento em Canaã, Israel teve um líder militar nacional permanente. Isso foi um passo muito importante na transição do sistema dos juízes para o estabelecimento da monarquia.

Davi também foi uma figura mais à semelhança dos juízes, com uma personalidade carismática. Um profeta o designou líder, da mesma maneira que os juízes e Saul tinham sido designados antes dele.

No entanto, a liderança de Davi representa o segundo estágio na transição. Diferentemente de Saul, Davi foi capaz de unir as tribos de Israel e torná-las uma nação que devia prestar lealdade à Coroa, e também estabelecer e manter uma corte e um exército permanente. O que fora uma união imprecisa de doze tribos se tornou um império complexo centralizado na pessoa de Davi. Dada a sua personalidade carismática e capacitação divina, Davi foi capaz de efetivar a união das tribos do norte e do sul (algo que Saul aparentemente não conseguiu). Davi conquistou Jerusalém e a tornou o centro religioso e político de Israel. A população cananeia da Palestina se sujeitou ao rei. Terras subjugadas pagavam tributos a Davi, não às tribos individuais.

Quando Davi passou o poder do reino a seu filho Salomão, a transição do sistema de juízes para o da monarquia se tornou completa. O entendimento tradicional do rei é daquele com a posição hereditária e que governa de modo vitalício. Essas condições foram cumpridas pela primeira vez quando Salomão herdou o trono de Davi.

Funções e poderes do rei O rei atuava como líder militar (1Rs 22.29-36) e juiz supremo (1Rs 3.16-28). Israel, diferentemente de algumas nações a seu redor, impunha limites aos poderes dos reis (1Sm 8.10-18). Era normal que os anciãos da nação firmassem uma aliança com o rei (2Sm 5.3; 2Rs 11.17), e por meio dela os direitos e deveres do rei eram registrados e depositados no santuário — possivelmente por ocasião da cerimônia de unção (1Sm 10.25). Era claramente entendido que o rei não estava isento de observar as leis civis (1Rs 21.4), nem era o senhor absoluto sobre vida e morte, poder assumido por Davi com a morte de Urias (2Sm 11; cp. o assassinato de Nabote por Acabe em 1Rs 21.14-18; tb. 2Rs 5.7; 6.26-33). A denúncia profética de certos reis demonstra a sujeição deles à lei (2Sm 12.1-15; 1Rs 21.17-24; cp. Dt 17.14-20).

A corte do rei Os oficiais da corte incluíam a guarda pessoal (2Rs 11.4), o capitão das tropas ou general do exército (1Sm 14.50; 2Sm 8.16), um escrivão (2Sm 8.16), um secretário ou escriba (2Sm 8.17; 2Rs 18.18), um administrador-chefe acima dos oficiais dos 12 distritos (1Rs 4.5; cp. v. 7-19), um mordomo da casa real (1Rs 4.6; 18.3; 2Rs 18.18; Is 22.15), um supervisor do trabalho forçado (2Sm 20.24; 1Rs 4.6; 5.13-17; 11.28), um amigo do rei (2Sm 15.37; 1Rs 4.5; 1Cr 27.33), um conselheiro (2Sm 15.12), um responsável pelo guarda-roupa (2Rs 22.14), oficiais responsáveis pelas fazendas reais (1Cr 27.25-31), sacerdotes (2Sm 8.17; 20.25; 1Rs 4.4) e profetas (1Sm 22.5; 2Sm 7.2; 12.25; 24.10-25).

A fim de levantar os recursos necessários para sustentar uma corte desse tamanho, Salomão introduziu um sistema de cobrança de impostos. A corte de Saul era simples e não exigia grande apoio financeiro, enquanto Davi dependia de espólios de guerra (1Rs 4.7-19,27,28).

Outra fonte de renda para a corte do rei incluía as propriedades reais (1Cr 27.25-31; 2Cr 26.10; 32.27-29) e trabalhos forçados (2Sm 20.24; 1Rs 4.6; 11.28). Salomão também recebia rendimentos de um pedágio das rotas comerciais através de Israel (1Rs 10.15), do comércio de cavalos e carruagens (1Rs 10.28,29), da frota mercante (1Rs 9.26-28) e, de acordo com evidências arqueológicas, possivelmente de minas de cobre.

Deus como rei A fé em Israel incluía a confissão de que Deus é, em última instância, seu Rei. Alguns estudiosos modernos veem a aliança entre Deus e Israel registrada em Js 24 como uma aliança real feita entre o Rei e o povo (Êx 19.6; Nm 23.21; Dt 33.5; Jz 8.23; 1Sm 8.7; 12.12). O fato de o reinado ter sido profetizado para Israel em Gn 17.6; 35.11; 49.10 e Nm 24.17-19 indica que Deus não considerou o reino humano inerentemente errado ou contrário à sua vontade para Israel. O que desagradou a Deus foi a maneira, a ocasião e a motivação para o pedido de Israel por um rei (cf. 1Sm 8.5-8; 12.12; Jz 8.22,23). O rei terreno derivava sua autoridade de Deus como ungido do Senhor (1Sm 16.6; 2Sm 1.14) ou o capitão do Senhor, ou príncipe (1Sm 9.16; 10.1; 13.14). Muitos salmos falam de Deus como Rei (Sl 24; 93; 95—98). V. *Reino de Deus*. — Phil Long e E. Ray Clendenen

REINO DE DEUS O conceito do governo real ou soberano de Deus, que compreende o Reino sobre o qual o governo é exercido (Mt 4.8; 24.7; Mc 6.23; Lc 4.5; Ap 16.10) e o exercício de autoridade para reinar (Lc 19.12; Ap 17.12,17,18). O Reino de Deus é importante na nação de Israel, na proclamação do evangelho e na presença da igreja. A ideia é um ponto de integração para ambos os Testamentos.

Antigo Testamento Deus governa de modo soberano sobre todas as suas obras como Rei. Ele deseja que seu governo seja reconhecido em um vínculo ou relacionamento de amor, lealdade, ânimo e confiança. Logo, não surpreende que um dos temas centrais do AT seja o Reino, por intermédio da aliança.

Esse tema é revelado na primeira página das Escrituras quando Deus cria o homem à sua imagem. Conforme a gramática do texto original, governar sobre criaturas no versículo 26b resulta da criação do homem à imagem divina. O fato de a humanidade ser constituída dos gêneros masculino e feminino nos prepara para a ordem da frutificação, e o fato de a humanidade ser a imagem divina nos prepara para a ordem de governar sobre as criaturas.

O fato de a humanidade ser constituída dos gêneros masculino e feminino em si não tem nada que ver com a imagem divina. Em vez disso, deve-se entender a imagem divina de acordo com o pano de fundo do antigo Oriente Médio. Ali erigir a estátua de um rei equivalia à proclamação do seu domínio sobre a área em que a estátua foi construída. Da mesma maneira, o homem foi colocado no centro da criação como a estátua de Deus. Ele constitui a evidência de que Deus é o Senhor da criação. O homem exerce seu domínio não por despotismo arbitrário, mas como agente responsável, como gerente divino. O domínio e o dever de governar não são autônomos; são cópias. Daí o conceito acerca do Reino de Deus ser encontrado na primeira página da Bíblia. Adão começa a governar o mundo sob a ordem de Deus ao dar nome às criaturas da terra, do mesmo modo que Deus governa nomeando as criaturas nos céus.

Deve-se dar atenção especial à linguagem das promessas feitas a Abraão em Gn 12, mais tarde incorporadas à aliança em Gn 15. A primeira promessa feita por Deus a Abrão é de que ele se tornará uma grande nação (12.2). A última promessa é que em Abrão todos os clãs ou famílias da terra serão abençoados (12.3). Deus fala de Abrão se tornando uma grande nação por meio de três considerações. 1) O termo "nação" enfatiza o povo como entidade política definida por fatores culturais, étnicos, geográficos ou sociais. 2) Em 12.3 as nações do mundo não são chamadas "nações", mas "clãs" ou "famílias". O termo "família" descreve o povo sem estrutura política verdadeira e sistema de liderança governamental ou domínio. 3) O pano de fundo de Gn 12 é o cap. 11. Neste se encontra a história de Babel, onde vemos a confiança completa e um otimismo ingênuo a respeito do esforço e da capacidade humanos. O homem está no centro do mundo e pode conquistar qualquer coisa. Essa filosofia é submetida ao julgamento divino. Em contraste, Gn 12 nos apresenta uma estrutura política trazida à existência por Deus, com Deus no centro e como o líder governamental desse sistema. Em outras palavras, o Reino de Deus foi trazido à existência pelas promessas e pela aliança feitas a Abraão e com ele (cf. Hb 11.8-10).

Quando a família de Abraão se torna uma nação, Deus inicia uma aliança com eles no Sinai, por meio da Lei de Moisés, como uma forma de o povo se relacionar corretamente com Deus, uns com os outros como verdadeira humanidade pertencente a Deus, e com a criação como seus mordomos. Logo, a aliança é o modo de Deus estabelecer seu Reino. O livro de Jz demonstra que, ainda que cada pessoa fizesse o que achava certo aos próprios olhos (17.6), o Senhor governava seu povo como Rei. Posteriormente Deus levantou um rei segundo seu coração e estabeleceu uma aliança especial com Davi. A aliança davídica compreendia o rei pertencente a Deus buscando submeter o povo de Deus e, de fato, todas as nações a esse governo tornado explícito por meio da aliança (2Sm 7.19). O rei, portanto, era o mediador da aliança e o meio para estender o governo divino.

Quando o povo falhou em obedecer à aliança, profetas e sábios foram enviados por Deus para chamar o povo de volta aos termos do governo divino. Sofonias, p. ex., baseou suas advertências na aliança como as encontradas em Dt (cp. Sf 1.2 e Dt 32.22; Sf 1.3 e Dt 28.21; Sf 1.4-6 e Dt 28.45; Sf 1.8-13; Dt 28.45; Sf 1.13 e Dt 28.30,39; Sf 1.15 e Dt 28.53, 55,57). Além disso, a estrutura literária de Sf é quiástica, com 2.11 como o centro do livro: "as nações de todo o mundo o adorarão, cada uma em sua própria terra". Logo, a teologia de Sf pode ser resumida ao tema do Reino mediado pela aliança.

Apesar de os profetas tentarem trazer o povo de volta à aliança, a aliança do Sinai (Lei de Moisés) falhou em alcançar o alvo de estabelecer o Reino de Deus por não poder garantir a obediência do povo de Deus. Assim, os profetas começaram a falar de uma nova aliança (Jr 31) na qual o governo de Deus estaria garantido para o povo obediente. Com o fracasso da linhagem dos reis davídicos se tornou evidente na História, a esperança do rei futuro se tornou mais e mais presente, junto com a promessa por meio da qual o Reino de Deus seria reconhecido no coração do povo em uma nova criação — a nova humanidade no novo céu e na nova terra.

O AT termina (no cânon hebraico) com o livro de Cr, o livro que se concentra nos bons reis como o ideal do Messias futuro em quem Javé será verdadeiramente o Senhor sobre seu povo e sua criação. Então as últimas palavras do AT falam de um construtor do templo dentre o povo para tornar essa esperança uma realidade — provavelmente o próprio Messias (2Cr 36.23).

Novo Testamento No NT a revelação mais completa do governo divino está na pessoa de Jesus Cristo. Seu nascimento foi anunciado como o nascimento de um rei (Lc 1.32,33). O ministério de João Batista preparou a vinda do Reino de Deus (Mt 3.2). A crucificação foi entendida como a morte de um rei (Mc 15.26-32).

Jesus pregou que o Reino de Deus estava próximo (Mt 11.12). Seus milagres, sua pregação, seu perdão de pecados e ressurreição são sinais do governo soberano de Deus nesta era tenebrosa e maligna.

O Reino de Deus foi manifestado na igreja. Jesus ordenou que se fizessem discípulos com base em sua autoridade real (Mt 28.18-20). O sermão de Pedro no Pentecoste ressalta que o descendente de Davi ocuparia o trono de Davi para sempre — promessa cumprida na ressurreição de Cristo (At 2.30-32). Os cristãos são transportados do domínio das trevas para o Reino do Filho de Deus (Cl 1.13).

O Reino de Deus pode ser entendido em termos de "reinado" ou "domínio". O Reino compreende o fato de Deus exercer sua autoridade sobre seus súditos e reino. O domínio sugere localização, e o domínio de Deus é universal. O Reino de Deus se estende sobre todas as coisas. Ele é universalmente soberano sobre as nações, a humanidade, os anjos, as forças das trevas e seus habitantes, e mesmo sobre o cosmos, os cristãos individualmente e a Igreja.

No AT o Reino de Deus compreende o passado, o presente e o futuro. O Reino de Deus tem implicações no estado teocrático. O Reino de Deus "já" está presente, mas "ainda não" completo é ao mesmo tempo uma realidade presente e futura. O reino foi inaugurado na encarnação, vida, ministério, morte e ressurreição de Jesus. As bênçãos do Reino de Deus são em alguma medida possuídas agora. As pessoas no tempo presente encontram o Reino de Deus e entram nele. Deus está agora manifestando seu governo detentor de autoridade na vida do seu povo. O Reino de Deus, no entanto, aguarda sua realização plena. Seu povo ainda enfrenta sofrimentos e tribulações. Quando plenamente consumado, as dificuldades vão cessar. Os cidadãos do Reino no momento convivem com habitantes do reino das trevas. Deus dissipará um dia todas as trevas. A herança final dos cidadãos do Reino de Deus será recebida. A ressurreição do corpo para a vida no Reino escatológico é uma bênção que aguarda cumprimento pleno.

O Reino de Deus é soteriológico em natureza, expresso na redenção de pessoas caídas. O Reino de Cristo instituiu a destruição de todos os poderes do mal hostis à vontade de Deus. Satanás, o "deus desta época", junto com sua horda demoníaca, busca controlar o coração dos indivíduos cativos nas trevas. Cristo derrotou Satanás e os poderes das trevas e liberta os os que nele creem. Ainda que Satanás esteja ativo nas trevas atuais, sua derrota e destruição definitivas estão asseguradas por meio da morte sacrificial de Cristo e sua ressurreição. Os pecadores entram no Reino de Cristo por meio da regeneração.

Muitas parábolas de Jesus enfatizam a natureza misteriosa do Reino de Deus. Um insignificante grão de mostarda, p. ex., cresce e se torna uma árvore, como o Reino de Deus crescerá muito além do começo (Mt 13.31,32). O Reino de Deus é como sementes espalhadas na terra. Algumas sementes caem em boa terra, enraízam-se e crescem. Outras sementes, entretanto, caem em terra dura, rochosa e não crescem. De igual maneira, o Reino criará raízes no coração de alguns, mas será rejeitado por outros e será considerado infrutífero (Mt 13.3-8). Como o joio e o trigo crescem lado a lado, indistinguíveis um do outro, assim também os filhos do Reino de Deus e os filhos do reino das trevas crescem juntos no mundo até a separação definitiva feita por Deus (Mt 13.24-30,36-43).

Ainda que intimamente relacionados, o Reino e a igreja são distintos. George Eldon Ladd identificou quatro elementos na relação do Reino de Deus com a igreja. O Reino de Deus cria a igreja. O governo redentor divino é manifestado sobre a igreja e por intermédio dela. A igreja é "guardiã" do Reino. A igreja também testemunha acerca do governo divino.

O Reino de Deus é obra de Deus, não produzida pelo esforço humano. Deus o trouxe ao mundo por intermédio de Cristo, e o Reino presentemente trabalha por meio da igreja. A igreja prega o Reino de Deus e antecipa sua consumação final. V. *Jesus Cristo*; *salvação*. — *Peter Gentry e Stan Norman*

REINO DIVIDIDO Os dois Estados políticos de Judá e Israel que passaram a existir pouco depois da morte de Salomão (1Rs 11.43) e sobreviveram ambos até a queda de Israel em 722 a.C. O Reino do Norte, conhecido como Israel, e o Reino do Sul, conhecido como Judá, operaram como países separados desde aproximadamente 924 a.C. até 722 a.C. (1Rs 12). Às vezes, os dois países guerrearam um contra o outro. Outras, cooperaram em aliança pacífica. O Reino do Norte chegou ao fim em 722 a.C. quando os assírios destruíram a capital, Samaria. O Reino do Sul caiu diante dos babilônios em 587 a.C. — *James Newell*

REIS, LIVROS DE Eles descrevem o período entre os últimos dias do rei Davi e o fim da nação de Judá; são parte vital da história de Israel. O título desses livros é indicativo do conteúdo: os reis e os reinos de Israel e Judá. Os livros de 1 e 2Rs são parte de uma seção maior do AT conhecida por 12 livros históricos (Js—Et). Na Bíblia em português 1 e 2Rs são o décimo primeiro e o décimo segundo livros do AT; entretanto, até o séc. XIV ou XV (d.C.) os manuscritos hebraicos colocavam 1 e 2Rs juntos como uma única obra. Na tradução grega do AT, a *LXX* (séc. III a.C.), 1 e 2Rs foram unidos a 1 e 2Sm para formar os quatro livros dos "reinos" ou "reinados". Logo, 1 e 2Rs ficaram conhecidos como 3 e 4 "reinados". Na tradução da Bíblia para o latim feita por Jerônimo, a *Vulgata* (c. 400 d.C.), 1 e 2Rs são equivalentes a 3 e 4Rs, preservando assim a tradição antiga de considerar os livros de Sm e Rs como inter-relacionados no que concerne à história de Israel e demonstrando certo grau de superficialidade ao separar os dois livros.

Período O ponto inicial histórico da narrativa de 1Rs encontra-se aproximadamente em 970 a.C. O acontecimento final em 2Rs 25, a libertação do rei Jeoaquim da prisão por Evil-Merodaque, ocorre por volta de 560 a.C. Logo, a narrativa de 1 e 2Rs cobre 410 anos de história. Esses 410 anos testemunham mudanças monumentais na nação de Israel, incluindo a divisão do reino em 930 a.C. em Israel — as 10 tribos do norte — e Judá — as duas tribos do sul), o apogeu da monarquia com Salomão (970-930 a.C.) e o exílio de Israel e de Judá (respectivamente 722 e 587/586 a.C.).

Autor Os livros de 1 e 2Rs são obras anônimas. Considerando que os próprios textos não apresentam evidências internas de autoria, duas opiniões básicas dominam as teorias concernentes à autoria. A primeira vem do *Talmude*, que designa Jeremias o autor. Jeremias com certeza se encontra nesse período e poderia ter escrito estes livros com uma exceção: 1Rs 25.27-30. Atribuir a autoria a Jeremias desses quatro versículos não se sustenta; entretanto, pode-se ter certeza da plausibilidade da autoria profética em razão da forte perspectiva profética encontrada nos livros.

O erudito alemão Martin Noth desenvolveu a segunda opinião acerca da autoria — a hipótese de que um único "historiador deuteronomista" escreveu o bloco de Js a 2Rs (excluindo-se Rt) depois de 560 a.C., no exílio babilônico (587-539 a.C.). Essa ideia conquistou maior número de seguidores entre os estudiosos bíblicos críticos desde a década de 1940. Noth baseou sua opinião na pressuposição de que o livro de Dt foi um tipo de documento básico no qual o historiador deuteronomista baseou a seleção de acontecimentos a serem incluídos na história de Israel contada por ele. Na Bíblia Hebraica, os livros Js—2Rs são conhecidos como Profetas Anteriores.

Teologia de 1 e 2Reis Independentemente da autoria única de um historiador deuteronomista, autor dos livros de 1 e 2Rs, eles são, não obstante, de teologia bastante "deuteronomista". O livro de Dt propõe esta verdade: a obediência às leis de Deus traz bênçãos, e a desobediência às leis divinas ocasiona maldições. Essa teologia fornece o eixo ao redor do qual a narrativa histórica dos Profetas Anteriores se desenvolve; entretanto, a maior parte do AT, além dos Profetas Anteriores, também conta com similaridades filosóficas relativas a esse ponto de vista teológico (i.e., os Profetas e a Literatura Sapiencial).

Ao interpretar a teologia deuteronomista do AT, o intérprete deve ter cautela acerca do entendimento das promessas de Dt sobre o relacionamento de aliança entre Israel e Javé. Sem entender que Dt é a Palavra de Deus para o povo escolhido (que já está em um relacionamento pactual com Javé), o intérprete poderia distorcer a verdade do texto ao afirmar que qualquer pessoa pode receber as bênçãos de

Javé ao se comportar de maneira compatível com a teologia deuteronomista. A aplicação não consegue reconhecer o relacionamento de aliança já presente entre a semente escolhida de Abraão e Javé. Em outras palavras, a teologia deuteronomista é uma verdade apenas para quem já está em um relacionamento de aliança com Javé. Tentar obedecer às leis de Deus sem o relacionamento de aliança nada mais é que uma "teologia de salvação pelas obras" ou uma "teologia da prosperidade".

Os outros conceitos deuteronomistas principais que permeiam 1 e 2Rs dizem respeito ao culto centralizado em Jerusalém (Dt 12.1-28) e à fidelidade particular de cada rei para promover a devoção total a Javé ao retirar os ídolos das terra (Dt 12.29-32; 13.12-18). Com a construção do templo no reinado de Salomão, o culto se tornou centralizado em Jerusalém, trazendo assim cumprimento a Dt 12.5: "Mas procurarão o local que o Senhor, o seu Deus, escolher dentre todas as tribos para ali pôr o seu Nome e a sua habitação. Para lá vocês deverão ir". Os reis que sucederam Salomão são julgados com base na fidelidade em promover a obediência completa a Javé mediante a eliminação dos ídolos da terra, da prostituição cultual masculina, dos postes de Aserá, e assim por diante. Em outras palavras, o autor de 1 e 2Rs julgou os reis de Judá e Israel baseando-se em seus atos de devoção, ou a falta destes, para com o primeiro e o segundo mandamentos: 1) "Não terás outros deuses diante de mim" e 2) "Não farás para ti nenhum ídolo, nenhuma imagem de qualquer coisa no céu, na terra ou nas águas debaixo da terra. Não te prostrarás diante deles nem lhes prestarás culto, porque eu, o Senhor, o teu Deus, sou Deus zeloso" (Êx 20.3-6a).

O autor de 1 e 2Rs fez uma declaração máxima de julgamento qualitativo concernente a quão bem cada rei seguiu a aliança com Deus. Essas declarações usam Davi como a base do juízo do rei subsequente de Judá. O texto em 2Rs 18.3 apresenta um exemplo dessa declaração, com respeito ao rei Ezequias: "Ele fez o que o Senhor aprova, tal como tinha feito Davi, seu predecessor". Vinte reis sucederam o rei Salomão em Judá. Desses 20 reis, apenas oito permaneceram fiéis, de alguma maneira, à aliança com Deus: Asa, Josafá, Joás/Jeoás, Amazias, Uzias (Azarias em 2Rs 15.1-7), Jotão, Ezequias e Josias. Desses oito reis de Judá, somente Ezequias e Josias receberam elogios plenos pela fidelidade à aliança. Os outros seis reis permitiram que pelo menos uma forma de idolatria continuasse.

Em uma nota menos positiva, todos os reis da nação do norte, Israel, foram ímpios. Os reis da nação do norte são julgados com base no que fizeram: o mal à vista do Senhor e por terem andado no caminho de Jeroboão (1Rs 15.34). Essas fórmulas avaliativas também parecem funcionar como marcadores organizacionais da estrutura literária dos livros.

História teológica/sagrada Com versículos do tipo "os demais acontecimentos do reinado de Salomão, tudo o que fez e a sabedoria que teve, estão todos escritos nos registros históricos de Salomão" (1Rs 11.41), o leitor entende que o autor de 1 e 2Rs não registrou cada ação ocorrida na história de Israel. Esse processo de seletividade é o incentivo dos termos "história teológica" ou "história sagrada". O autor escolheu certos acontecimentos para incluir na descrição da história de Israel. As escolhas têm por base a teologia deuteronomista, e a intenção aparente do autor é descrever de forma acurada os fatos selecionados.

A erudição crítica no início do séc. XX seguidamente questionou a confiabilidade histórica dos relatos encontrados no Pentateuco e nos livros históricos do AT ao afirmar a escassez de evidências extrabíblicas para verificar os relatos bíblicos. Conquanto a limitação de espaço não permita explorar em profundidade essas questões, o intérprete deve notar que a Estela de Merneptá (c. 1224 a.C.) e a inscrição de Tell-Dan encontradas em 1993 são dois exemplos de apoio extrabíblico para a presença de Israel na terra de Canaã e para a historicidade do reinado de Davi. A Pedra Moabita também apresenta uma base extrabíblica para a dinastia de Onri, de Israel, encontrada em 1Rs 16.21-28. Ademais, as cartas de Láquis e os anais de Senaqueribe oferecem materiais extrabíblicos adicionais concordes com certos relatos em 1 e 2Rs (embora existam diferenças entre os textos bíblicos e os extrabíblicos). Com respeito à historicidade dos acontecimentos relatados na Bíblia, o leitor faria bem em considerar as palavras de Walter Kaiser (*A History of Israel*, Broadman & Holman, 2000) quando admite que a Bíblia é "inocente até prova em contrário". Além disso, deve-se lembrar de que a falta de evidências extrabíblicas não é prova consumada que um relato bíblico não ocorreu.

Análise dos eventos Os livros de 1 e 2Rs têm três seções principais. Usando essas três seções maiores, apresenta-se a seguir uma análise dos acontecimentos registrados.

Salomão e seu reino (1Rs 1—11) A narrativa de 1Rs começa com o fim da vida de Davi. Adonias, filho de Davi, tentou fazer-se rei ao granjear seguidores e declarar a si mesmo rei, mas Natã, o profeta, e Bate-Seba intercederam, e Davi nomeou Salomão como sucessor. Uma vez declarado rei, Salomão exerceu "sabedoria" e exterminou os prováveis opositores ao seu reinado: Adonias, Joabe e Simei. Também Abiatar, o sacerdote, que se uniu à insurreição de Adonias, foi banido do sacerdócio, em cumprimento da profecia contra a casa de Eli em Siló (1Sm 2.27-36; 3.10-14). O cap. 3 de 1Rs relata a narrativa do pedido de sabedoria, feito por Salomão, o atendimento desse pedido da parte de Deus e a demonstração clássica da sabedoria de Salomão ao arbitrar a questão da maternidade entre duas prostitutas.

Com o controle do reino firmemente estabelecido, Salomão passou a se dedicar ao casamento com mulheres estrangeiras e à construção de projetos. O templo de Jerusalém é o projeto de construção mais importante de Salomão. A finalização do templo cumpriu as palavras de Dt 12.1-28 com referência ao lugar onde Javé estabeleceria seu nome. O texto bíblico revela a magnificência do edifício, o recrutamento de trabalhadores para construí-lo e a dedicação do templo. Quando o povo levou a arca da aliança ao templo, a glória de Deus voltou como uma nuvem — reminiscência do tempo do tabernáculo. Assim que Salomão proferiu o discurso de dedicação, o leitor percebe o cumprimento da promessa divina a Davi de que seu filho construiria o templo (2Sm 7.12,13). Conquanto o templo fosse de importância monumental para os hebreus, Salomão também falou da importância do templo para os estrangeiros que ali viessem e orassem a Javé (1Rs 8.41-43). A visita da rainha de Sabá e as atividades econômicas com o rei de Tiro se seguiram à dedicação do templo. Ainda que a riqueza de Salomão ultrapasse a de qualquer rei de Israel antes ou depois dele, ele teve um calcanhar de aquiles — deuses estrangeiros. As esposas estrangeiras com quem Salomão se casou apresentaram-lhe outros deuses. Elas afastaram o coração de Salomão da devoção total a Javé, e Salomão adorou os deuses estrangeiros e construiu-lhes santuários. Essa ação pecaminosa é uma mancha em seu reinado; todavia, fiel ao modelo deuteronômico, o autor de 1Rs registrou o pronunciamento do juízo divino — a divisão do reino de Salomão. Deus trouxe esse juízo após a morte de Salomão. É interessante não haver no texto nenhuma avaliação espiritual de Salomão, algo comum em 1 e 2Rs, a respeito de todos os reis que o sucederam.

O reino dividido (1Rs 12—2Rs 17) A nação de Israel, antes unificada, entrou em uma espiral descendente. Roboão, filho de Salomão, agiu de modo insensato ao declarar sua intenção de impor ao povo uma carga de trabalhos e impostos ainda mais pesada que a de seu pai. Esse ato incentivou Jeroboão, antigo inimigo de Salomão, a "romper" com a monarquia de Jerusalém. As dez tribos do norte se tornaram então a nação de Israel, e as duas tribos do sul (Judá e Benjamim) se tornaram a nação de Judá (c. 930 a.C.). Jeroboão se tornou o primeiro rei da nação do norte e erigiu santuários idólatras em Dã e Betel para tentar impedir que o povo viajasse a Jerusalém para adorar. Os altares idólatras tinham bezerros de ouro — eco da rebelião dos israelitas no monte Sinai. Nesse ponto da narrativa, a pecaminosidade absoluta de Roboão é enfatizada; por isso, ele se torna o padrão de avaliação espiritual negativa de todos os reis do norte que o sucederam. Nenhum dos 20 reis de Israel foi fiel à aliança com Javé, precipitando a destruição da nação do norte em 723/722 a.C. O cap. 17 de 2Rs registra Samaria, a capital da nação do norte, destruída pelos assírios. A destruição foi seguida da inserção em Israel de outros povos conquistados pelos assírios. O casamento entre indivíduos dos povos deportados com israelitas que permaneceram na terra deu origem aos samaritanos.

Ainda que a nação do norte apresente um "quadro sombrio", a nação do sul tem uns poucos "pontos brilhantes" em sua história. Dos 20 reis de Judá, 8 mantiveram algum grau de fidelidade à aliança com Javé. Por intermédio dessa linhagem de reis escolhidos, Deus conservou intacta sua promessa a Abraão e a linhagem por meio da qual traria seu Filho ao mundo.

A fórmula do rei tem lugar de destaque nessa seção da narrativa. A fórmula introdutória sobre os reis de Judá consiste em quatro elementos básicos: 1) a data do reinado na nação de Israel, 2) a idade do rei quando começou a reinar, 3) o nome da rainha-mãe, e 4) a avaliação espiritual do rei. Essa fórmula é uma característica organizadora óbvia da narrativa; mesmo com essa fórmula, os nomes similares de reis das duas nações e o movimento da narrativa de uma nação em relação à outra podem tornar difícil o acompanhamento da sequência temporal. A fórmula dos reis de Israel consiste no ano do reinado para o rei concomitante em Judá e a duração do reinado daquele rei.

Ainda que muitos reis de Israel contem com uma quantidade limitada de informações sobre seus feitos, os monarcas que reinaram durante os ministérios proféticos de Elias e Eliseu recebem atenção especial, como Acabe e Jeú. Elias entra na narrativa em 1Rs 17. Com a confrontação do rei Acabe (c. 874/73-853), da rainha Jezabel e dos profetas de Baal, Elias aparece como o campeão da fidelidade à aliança com Javé. Ele foi um profeta que realizou milagres e permaneceu fiel à aliança com Javé, a despeito da perseguição. Depois de fugir de Jezabel para a região do Neguebe/Sinai, Elias recebeu a palavra de Deus concernente ao conceito do remanescente (1Rs 19.18). Javé disse a Elias que 7 mil pessoas não dobraram os joelhos a Baal; por conseguinte, Deus lhes pouparia a vida. Depois dessa palavra da parte de Deus, Elias colocou o manto profético sobre Eliseu, que ministrou no séc. IX a.C. A narrativa registra a relação de Eliseu com Ben-Hadade I, rei da Assíria (c. 880-842), e com Jeú, rei de Israel (c. 841-814/13). Muitos milagres realizados por Eliseu estão registrados em 2Rs 4—8. Esse registro é conhecido como "agrupamento de milagres".

Essa seção maior de 1 e 2 Rs termina com a destruição da nação do norte. O que Salmanaser V iniciou ao sitiar Samaria, Sargom II completou ao destruí-la. Ocorrido em 723/22 a.C., esse evento cataclísmico marcou o fim da nação do norte.

Judá (2Rs 18—25) Essa seção final da narrativa de Rs se concentra na nação de Judá. Com Israel destruído, Judá permaneceu sozinho entre os anos 722 e 587/86 a.C. Nesse tempo os dois melhores reis de Judá subiram ao trono: Ezequias e Josias. Não obstante, a despeito das reformas deuteronomísticas desses dois reis, Judá continuou a se rebelar contra Javé. Logo, Deus usou os babilônios como instrumento para punir seu povo ao destruir a cidade de Jerusalém e o templo em 587/86 a.C.

Esperança para o futuro Mesmo que a história do povo de Deus em 1 e 2Rs esteja repleta de fracassos, Deus permaneceu fiel ao povo escolhido. Ainda que as duas nações tenham sido levadas para o exílio, Deus se lembrou da promessa a Abraão e preservou seu povo exilado. O último acontecimento registrado no livro de 2Rs é a bondade de Evil-Merodaque para com um dos reis ímpios de Judá, Jeoaquim (Jeconias). Por meio de Jeoaquim, Deus traria a redenção definitiva na pessoa de seu Filho, Jesus Cristo. Logo, a história deuteronomística de Israel termina com uma nota de esperança quanto à celebração da nova aliança (Jr 31.31-34). — *Pete Wilbanks*

Esboço
1 Reis

I. Deus realiza seus propósitos mesmo por intermédio da traição e vingança humanas (1.1—2.46).
II. Deus trabalha por intermédio da sabedoria concedida ao líder humilde (3.1—7.51).
  A. Deus honra o pedido humilde do líder e o capacita com sabedoria divina (3.1-28).
  B. O líder escolhido por Deus governa o povo com sabedoria (4.1-34).
  C. O líder escolhido por Deus sabiamente segue as orientações divinas para construir um local de culto (5.1—7.51).
III. Deus responde ao culto e ao pecado do povo (8.1—11.43).
  A. Deus cumpre sua promessa ao povo e aos líderes (8.1-21).
  B. O incomparável Deus dos céus ouve as orações do povo arrependido em qualquer lugar (8.22-53).
  C. O Deus fiel conduz seu povo à fidelidade e convoca as nações para reconhecerem sua singularidade (8.54-61).

D. O povo de Deus adora com alegria na casa divina (8.62-66).
   E. O favor de Deus está relacionado à obediência do povo (9.1-9).
   F. Deus abençoa os esforços do líder fiel (9.10—10.29).
   G. A infidelidade do líder traz disciplina divina sobre o povo de Deus (11.1-43).
IV. A desobediência tem consequências (12.1-16.34).
   A. Os líderes que se recusam a ser servos perdem os súditos (12.1-24).
   B. O culto falso traz juízo ao povo de Deus e seu líder (12.25—13.10).
   C. Os profetas de Deus devem obedecer à voz divina (13.11-25).
   D. A desobediência conduz a nação à ruína eterna (13.26—14.20).
   E. Deus é fiel às suas promessas mesmo quando o povo desobedece (14.21—15.8).
   F. Em meio à desobediência, Deus honra o líder fiel (15.9-24).
   G. Deus cumpre suas ameaças contra os líderes maus (15.25—16.34).
V. Deus atua na História por meio de seus mensageiros proféticos (17.1—22.53).
   A. Deus abençoa e reconhece seu profeta fiel (17.1-24).
   B. Javé prova sua afirmação de ser o único Deus de Israel por meio do seu profeta (18.1-46).
   C. Deus reanima o profeta deprimido e providencia a execução de seus propósitos (19.1-21).
   D. Deus usa um profeta para provar seu senhorio sobre a História (20.1-30a).
   E. Deus envia profetas para condenar os líderes desobedientes (20.30b-43).
   F. Deus usa seus profetas para levar os líderes culpados ao arrependimento (21.1-29).
   G. Deus fala por intermédio do profeta escolhido, não por intermédio de quem depende de indicação e recursos humanos (22.1-40).
   H. Deus abençoa os fiéis, mas se ira com os desobedientes (22.41-53).

2Reis

I. Deus guia a História e revela sua vontade por meio de seus profetas (1.1—8.29).
   A. Apenas Deus controla o destino do povo (1.1-18).
   B. Deus provê liderança espiritual para seu povo (2.1-25).
   C. A palavra profética de Deus controla a História (3.1-27).
   D. O ministro de Deus auxilia o povo fiel a Deus no tempo de necessidade (4.1-44).
   E. A misericórdia divina ultrapassa fronteiras territoriais (5.1-19a).
   F. Ministros gananciosos não podem enganar Deus (5.19b-27).
   G. Deus derrota os inimigos do povo (6.1—7.20).
   H. Deus não se esquece do povo fiel (8.1-6).
   I. Deus controla o destino de todas as nações (8.7-29).
II. A misericórdia divina tem limites (9.1—17.41).
   A. Deus cumpre as ameaças contra o falso culto, mas honra quem realiza sua vontade (9.1—10.36).
   B. Deus protege seu líder escolhido (11.1-21).
   C. O povo de Deus restaura o lugar de culto (12.1-16).
   D. As dádivas de Deus não devem ser usadas com propósitos políticos (12.17-21).
   E. A misericórdia e a fidelidade de Deus protegem mesmo o povo desobediente (13.1—14.29).
   F. Deus atua para punir o povo que permanece desobediente (15.1—16.20).
   G. Deus dá cabo da nação que se recusa a obedecer à palavra profética (17.1-41).
III. Deus honra os governantes justos, mas pune o povo pecador (18.1—25.30).
   A. Deus recompensa quem confia nele, mas pune os que dele zombam (18.1—19.37; cp. Is 36.1—37.38).
   B. Deus ouve as orações do servo fiel (20.1-11; cp. Is 38.1-22).
   C. Deus conhece o futuro do povo (20.12-21; cp. Is 39.1-8).

RELÂMPAGO

D. A rebelião contra Deus traz a rejeição divina (21.1-26).
E. O governante justo pode atrasar o juízo divino (22.1-20).
F. O governante justo não pode impedir o juízo para sempre (23.1-30).
G. O povo desobediente a Deus recebe a punição merecida (23.31—25.26).
H. Deus preserva a esperança do povo (25.27-30).

— *Phil Logan*

RELÂMPAGO Raio de luz resultante da descarga de eletricidade estática na atmosfera. No AT o relâmpago está com frequência associado a Deus. Deus é o criador do relâmpago e do trovão (Jó 28.26; Jr 10.13), que revelam o poder e a majestade divinas (Sl 77.18; 97.4). O relâmpago e o trovão com frequência acompanham a revelação de Deus (a outorga da Lei, Êx 19.16, 20;18; a primeira visão de Ezequiel, Ez 1.13,14). Na linguagem poética, a voz de Deus é identificada com o trovão (Jó 37.3-5). O relâmpago também aparece como arma de Deus em passagens que o apresentam como guerreiro (flechas: 2Sm 22.15; Sl 18.14; 77.17; 144.6; fogo: Sl 97.3; Jó 36.32). O AT e o NT apresentam sua associação com poder e majestade (4.5; 11.19) e com armas/juízo (8.5; 16.18). O relâmpago também ilustra a vinda claramente visível de Cristo (Mt 24.26,27) e a queda (repentina, catastrófica, visível) de Satanás (Lc 10.18).

RELIGIÃO Relacionamento de devoção ou temor de Deus ou deuses. **1.** Os termos cognatos traduzidos por "religiosos" e "religião" (At 17.22; 25.19) podem indicar uma referência positiva aos deuses ou ao temor negativo em relação aos deuses. A tradução "supersticiosos" (*ARC*) é infeliz. Dificilmente Paulo criticaria os atenienses no final do discurso. Antes, ele apontou para as expressões exteriores da piedade deles (At 17.22). Ainda que um monoteísta (crente na existência de apenas um Deus) não usasse a expressão "temor dos deuses" para descrever o judaísmo, a expressão é natural nos lábios de pagãos romanos (At 25.19). **2.** Os termos cognatos traduzidos por "religião" e "religioso" em At 26.5 e Tg 1.26, 27 apontam para o "temor de Deus" evidenciado na conduta religiosa, particularmente a prática ritual. Em At 26.5 Paulo se referiu ao judaísmo como "nosso" meio de demonstrar reverência a Deus. De acordo com Tg 1.26,27, quem se considera religioso, mas não controla a língua, descobrirá que sua prática religiosa é sem valor. Tiago ainda afirma que a prática religiosa com a qual Deus se importa não é uma questão cúltica, e sim ética — o cuidado para com os pobres da sociedade. **3.** Várias palavras derivadas de *sebomai* (temer) são traduzidas por "religioso" ou "religião". Em At 13.43 traduz-se por "piedosos" (*NVI*, *ARA*), "religiosos" (*ARC*), "adoradores" (*TEB*). Em 1Tm 2.10 a tradução "adorar a Deus" da *NVI* realça a ligação entre temor e reverência (*ARA* traduz por "piedosas"; *NTLH*, "dedicadas a Deus"); no original grego, a expressão significa literalmente "temente a Deus". A tradução "piedade" acentua a ligação do temor à vida obediente. A *NVI* traz a palavra "piedade" (1Tm 3.16; 2Tm 3.5) e a palavra "religião" (1Tm 5.4). Nesses casos, a ênfase mais uma vez está na conduta. **4.** O significado da palavra "religiosidade" em Cl 2.23 é incerto. A raiz grega sugere a ideia de "culto de si mesmo" (*ARA*) ou "devoção voluntária" (*ARC*). Construções semelhantes com a palavra grega *thelo* sugerem o significado de "culto suposto". **5.** Em Gl 1.13,14 aparece a palavra *ioudaismos*, traduzida por "judaísmo" (*NVI*, *ARA*, *BJ*, *TEB*; *NTLH*, "religião dos judeus"). **6.** A *NVI* com frequência insere o adjetivo "religioso" em sua paráfrase para deixar claro a natureza de algumas festas (Am 5.21; Cl 2.16) ou de um serviço (Hb 10.11) quando não há uma palavra correspondente no texto hebraico ou grego.
— *Chris Church*

RELINCHO Som alto e longo produzido pelo cavalo, utilizado como figura de uma batalha que se aproxima (Jr 8.16) ou de desejo sexual sem controle (Jr 5.8; 13.27; 50.11).

REMADOR, REMO V. *navios, marinheiros e navegação*.

REMADORES Homens que trabalhavam puxando remos na galé de um navio (Ez 27.8,26). V. *navios, marinheiros e navegação*.

REMALIAS Nome pessoal que significa "que Javé seja exaltado" ou "que Javé seja adornado".

Pai de Peca, assassino do rei Pecaías de Israel que reinou em seu lugar (2Rs 15.25; Is 21.19).

REMANESCENTE Algo preservado, poupado, especialmente os justos de Deus, preservados do juízo divino. Várias palavras hebraicas expressam a ideia de remanescente: *yeter*, "o que sobrou", *she'ar*, "o que é remanescente", *she'rit*, "resíduo", *pelitah*, "quem escapa", *sarid*, "sobrevivente", e *sherut*, "quem teve vínculos desfeitos". As palavras gregas usadas no NT equivalentes a "remanescente" são: *kataleima*, *leima* e *loipos*.

Diversas atividades da vida diária estão associadas a essas palavras. Objetos ou pessoas podem ser separados de um grupo maior por seleção, designação, consumo (alimentação) ou, no caso de pessoas, os que restaram depois de uma epidemia, fome, seca ou guerra.

Noé e sua família podem ser entendidos como sobreviventes, ou remanescentes, do juízo divino no Dilúvio (Gn 6.5-8; 7.1-23). O mesmo pode ser dito de Ló quando Sodoma foi destruída (Gn 18.17-33; 19.1-29), da família de Jacó no Egito (Gn 45.7), de Elias e os 7 mil seguidores fiéis do Senhor (1Rs 19.17,18) e dos israelitas que foram para o cativeiro (Ez 12.1-16). Eles sobreviveram porque o Senhor escolheu mostrar misericórdia aos que creram firmemente e viveram de forma justa.

Por volta de 750 a.C., Amós descobriu que muitas pessoas em Israel criam que Deus as protegeria, bem como às suas instituições. Com uma linguagem contundente, ele destruiu as ideias equivocadas desses indivíduos (3.12-15; 5.2,3,18-20; 6.1-7; 9.1-6). O juízo divino seria derramado sobre Israel. Ele corrigiu a ideia de que todos viveriam felizes e prósperos (9.10) com o anúncio de que uns poucos sobreviveriam e reconstruiriam a nação (9.8b,9,11-15). Essa nova vida poderia se concretizar se todos se arrependessem e voltassem para o Senhor, sendo salvos (5.4b-6a,14,15).

O livro de Os não utiliza a terminologia do remanescente, mas o conceito da misericórdia do Senhor estendida a todos que experimentam o juízo está presente em vários lugares (2.14-23; 3.4,5; 6.1-3; 11.8-11), incluindo chamadas ao arrependimento e descrições do que o remanescente pode desfrutar na vida.

O livro de Mq apresenta a mesma ênfase. Após anúncios de juízo, o Senhor proclamou que o povo seria reunido como ovelhas e seria liderado por ele (2.12,13) como seu rei (4.6-8). O Messias lhes daria especial atenção (5.2-5,7-9). O ápice do livro é a exaltação do Deus perdoador e que remove o pecado da vida de todos eles, depois de passado o juízo (7.7-20).

A doutrina do remanescente era tão importante para Isaías que ele deu a seu filho o nome Sear-Jasube, que significa "um remanescente voltará" (7.3). Os fiéis sobreviveriam aos ataques do exército assírio (4.2-6; 12.1-6), como foi ilustrado pela libertação notável dos poucos habitantes de Jerusalém do cerco da cidade pelos assírios (cap. 36—38).

Muitas passagens sobre o remanescente estão intimamente ligadas ao rei futuro, o Messias, que seria o líder majestoso dos que buscam sua misericórdia (9.1-7; 11.1-16; 32.1-8; 33.17-24). Essas passagens têm um forte tom escatológico, na esperança de que as gerações futuras sejam o remanescente. Outras passagens olhavam para a geração dos dias de Isaías, a fim de prover o remanescente. Numerosas declarações na última parte do livro têm uma evidente orientação futurística. No futuro haveria um novo povo, uma nova comunidade, uma nova nação e uma forte fé em Deus. O remanescente seria personificado no Servo Sofredor (cap. 53).

Logo, Amós, Oseias, Miqueias e Isaías formam um coro. Somente uns poucos sobreviveriam aos acontecimentos do juízo, basicamente por terem se arrependido e depositado seu futuro na compaixão do seu Senhor. Um segmento importante do remanescente seria formado pelos aflitos (Is 14.32). Mais tarde, Sofonias falou a respeito dos humildes e dos de baixa condição como as pessoas que encontrariam refúgio entre o remanescente (2.3; 3.12,13).

Jeremias anunciou que Judá seria destruído por se rebelar contra o Senhor da aliança. As instituições políticas, religiosas e sociais do Estado seriam eliminadas. Muitos perderiam a vida. Outros seriam levados ao exílio por 70 anos. No exílio, quem cresse no Deus verdadeiro seria reunido para o retorno à terra prometida. Deus criaria uma nova comunidade. Declarações de esperança e promessas para o remanescente estão concentradas nos cap. 30—33.

REMÉDIO

Ezequiel concordou com Jeremias no fato de o remanescente de Judá ser levado à Babilônia e constituir a fonte do povo preparado para a nova comunidade do Senhor. Esses poucos participariam do novo êxodo e se estabeleceriam na terra prometida ao redor de um novo templo (cap. 40—48).

Zacarias falou em termos vívidos sobre como o remanescente, os exilados que retornaram a Jerusalém, iriam prosperar (8.6-17; 9.9-17; 14.1-21). Esdras reconheceu o povo que voltou a Jerusalém como membros do remanescente, em perigo de praticar novamente os pecados do passado (9.7-15).

No NT Paulo citou Os e Is (Rm 9.25-33) para demonstrar que a salvação do remanescente dentre o povo judeu era parte da maneira usada pelo Senhor para redimir seu povo. Sempre haverá futuro para qualquer membro dentre o povo da aliança que verdadeiramente se voltar para o Senhor em busca da salvação (cap. 9—11). — George Herbert Livingston

REMÉDIO V. *doenças*.

REMETE Nome de lugar que significa "altura". Cidade no território de Issacar (Js 19.21), provavelmente o mesmo local que Ramote (1Cr 6.73) e Jarmute (Js 21.29).

REMISSÃO Perdão, libertação. A expressão "remissão de pecados" é usada para expressar a libertação da culpa ou da penalidade dos pecados, se bem que muitas traduções geralmente substituem a palavra "remissão" por "perdão". Com exceção de Rm 3.25, o termo grego subjacente é *aphesis*. A remissão dos pecados está em geral ligada ao arrependimento, na pregação de João Batista (Mc 1.4; Lc 3.3) e da igreja primitiva (Lc 24.47; At 2.38; 5.31). A remissão dos pecados é resultado da morte sacrificial (Mt 26.28; cp. Hb 10.17,18) e da exaltação (At 5.31) de Cristo, e está disponível a todos os crentes no nome de Jesus (At 10.43; cp. Lc 24.47; At 2.38). Pelo fato de o sacrifício de Cristo ter liberto os cristãos da culpa e da penalidade do pecado, não há mais necessidade de sacrifícios (Hb 10.18). A palavra *paresis* em Rm 3.25 se refere a Deus deixar os pecados sem punição em antecipação à obra de Cristo. V. *perdão*.

REMISSÃO, ANO DA Expressão hebraica que ocorre apenas duas vezes (Dt 15.9; 31.10, *ARA, ARC, TEB, BJ; NVI*, "ano do cancelamento das dívidas"; *NTLH*, "ano em que as dívidas são perdoadas"), e nas duas vezes se refere ao ano sabático como o ano do perdão de dívidas. Algumas traduções fizeram confusão ao usar o verbo "cancelar" em conexão com o ano sabático e o ano do Jubileu. V. *ano do Jubileu*; *sabático, ano*.

REMON Variante da *BJ* para Rimom (Js 19.7, *NVI*). A maioria das versões entende que o texto se refere a duas cidades: Aim e Rimom.

RENFÃ Palavra usada para designar uma divindade astral estrangeira (At 7.43). Em At 7 segue a tradução grega do AT na leitura de Am 5.26. O *Texto Massorético* traz "Kaiwan", o nome babilônico de Saturno.

REOBE Nome pessoal e de lugar que significa "largo" ou "espaço aberto". **1**. Pai de um rei de Zobá, uma cidade arameia no norte de Damasco (2Sm 8.3,12). **2**. Testemunha da aliança liderada por Neemias (Ne 10.11). **3**. Cidade na vizinhança de Laís na Alta Galileia (Nm 13.21) V. *Bete-Reobe*. **4**. Cidade no território de Aser (Js 19.28, 30). Aser não conseguiu expulsar os habitantes cananeus (Jz 1.31). Em outra passagem, Reobe, em Aser, é designada aos levitas (Js 21.31; 1Cr 6.75). O lugar talvez seja Tell-el-Gharbi, a cerca de 11 quilômetros a leste-sudeste de Aco.

REOBOTE Nome de lugar que significa "lugares amplos". **1**. Reobote-Ir, "lugares amplos da cidade", provavelmente denota um espaço aberto dentro de Nínive ou seus subúrbios (Gn 10.11), não uma cidade separada entre Nínive e Calá. **2**. Lugar de um poço cavado e retido pelos homens de Isaque no vale de Gerar (Gn 26.22). O nome afirma que Deus deu-lhes espaço após as confrontações que tiveram referentes aos direitos de dois poços. **3**. Cidade edomita não identificada (Gn 36.37; 1Cr 1.48). A *TEB* e *ARC* identificam essa cidade como estando próxima ao "rio". A *NVI* e *ARA* identificam a cidade como próxima ao Eufrates. Um domínio edomita que alcançava o rio Eufrates é improvável. Por isso, alguns sugerem que o ribeiro Zerede, o principal curso de água de Edom, seja a localização de Reobote.

REPARAÇÃO

REPARAÇÃO (no aspecto associado ao conceito de "redenção", ou "expiação") Doutrina bíblica segundo a qual Deus reconciliou os pecadores consigo mesmo por meio da obra sacrificial de Jesus Cristo. O conceito da reparação ou redenção abarca ambos os Testamentos, em todos os lugares apontando para a morte, o sepultamento e a ressurreição de Jesus pelos pecados do mundo.

O aspecto penal da reparação O conceito bíblico da reparação não pode ser compreendido fora do contexto da ira de Deus contra o pecado. A necessidade da reparação nasce nos estágios iniciais da narrativa bíblica, quando os recém-criados seres humanos se rebelam contra a ordem de Deus. Por sua desobediência traiçoeira contra seu Criador, Adão e Eva recebem a notícia de que terão de enfrentar a morte e que provocaram a maldição de Deus sobre si mesmos e toda a criação (Gn 3.13-19).

Como resultado desse motim primeiro, todo o sistema mundial é inimigo dos propósitos de Deus (Ef 2.2), e foi cegado pelo engano de Satanás (2Co 4.4). Os seres humanos não somente se irritaram com a ordem que Deus lhes deu no jardim, mas também se rebelaram contra a lei que ele lhes revelou no seu coração (Rm 2.14-16) e na revelação específica (Rm 3.19,20). Como tal, cada ser humano se voltou para a idolatria (Rm 1.18-32), e é culpado diante do tribunal de Deus (Rm 3.9-18).

Os profetas hebreus advertiram que o mundo estava suscitando a ira de Deus contra a injustiça. Viria, assim eles anunciaram, um grande dia de juízo cataclísmico sobre toda rebelião. Os segredos do coração humano seriam expostos, e ninguém seria capaz de suportar a fúria da justiça de Deus (Sl 1.5; Na 1.6; Ml 3.2). A ira de Deus destruiria toda e qualquer fortaleza de oposição, numa revelação furiosa da sua retribuição pelo pecado (Is 2.12; 61.2).

Os profetas do AT, no entanto, também falaram daquele que carregaria no próprio corpo a condenação de Deus contra os pecadores. Pelos seus sofrimentos sob a ira de Deus, o profeta Isaías escreveu, o Servo de Deus vindouro salvaria muitos da condenação (Is 53). Os escritos do NT identificam esses textos sobre o Servo Sofredor com a morte de Jesus na cruz fora dos portões de Jerusalém (At 8.32-35).

O próprio Jesus reconheceu o aspecto penal da reparação, falando da cruz como um "batismo" de fogo pelo qual ele teria de passar (Mc 10.38; Lc 12.49,50). Ele expressou angústia com a perspectiva da cruz (Jo 12.27) e até suplicou para ser liberto dela, se isso fosse possível (Lc 22.42). Os Evangelhos retratam vividamente o aspecto penal da reparação ao descrever a agonia de Jesus na cruz, gritando como alguém abandonado por Deus (Mt 27.46). Eles descrevem a crucificação como acompanhada de sinais de juízo escatológico — escuridão, distúrbios naturais e ressurreição dos mortos dos seus túmulos (Mt 27.45-54).

Os apóstolos e autores do NT falaram da reparação realizada por Jesus como absorvendo a ira de Deus devida aos pecadores. Eles descreveram a morte de Jesus como uma propiciação que afasta e aplaca a ira de Deus (Rm 3.25; 1Jo 4.7). O apóstolo Paulo escreveu aos coríntios que Jesus foi contado como pecador a fim de que os pecadores pudessem ser contados como justos nele (2Co 5.21). Jesus carregou a maldição da Lei a fim de levar as bênçãos da aliança abraâmica aos gentios (Gl 3.10-14). Pedro falou de maneira semelhante do fato de que Jesus levou os pecados "em seu corpo [...] no madeiro" (1Pe 2.24).

A obra de Cristo no Gólgota que levou os pecados não pode ser compreendida, no entanto, à parte da sua ressurreição. Pedro pregou aos espectadores no Pentecoste que a ressurreição de Jesus é a prova de que Deus não o abandonou no túmulo, mas o exaltou como Messias triunfante ao qual são devidas as promessas da aliança do AT (At 2.22-36). Embora Jesus tenha sido "por Deus atingido" na cruz (Is 53.4), na ressurreição ele "foi declarado Filho de Deus com poder" (Rm 1.4, *NVI*; *ARA* traz "foi designado"). Tendo levado plenamente o castigo da morte por causa do pecado, Jesus é ressuscitado agora como o justo em quem Deus se agrada. Porque Jesus pagou o castigo pelo pecado, os cristãos esperam confiantemente por aquele "que nos livra da ira que há de vir" (1Ts 1.10).

O aspecto sacrificial da reparação O NT põe a reparação no contexto do sistema sacrificial do AT. O conceito do sacrifício emerge até mesmo nos trechos mais antigos da narrativa bíblica, com o sacrifício de Abel fornecido pelo seu rebanho (Gn 4.4,5). O sacrifício teve um papel crucial na libertação dos israelitas do Egito em virtude do fato de que o cordeiro da Páscoa salvou os hebreus da visita sombria do anjo da morte (Êx 12.1-32). A aliança mosaica trouxe consigo um sistema sacrificial detalhado a ser seguido pelo povo israelita (Lv 1.1—7.38).

O NT afirma que os sacrifícios animais da antiga aliança apontavam para o sacrifício que Jesus fez de si mesmo no Gólgota. Na identificação de Jesus com o Servo Sofredor de Is, o profeta descreve o Messias como "oferta pela culpa" (Is 53.10), apontando para o código sacrificial de Moisés (Lv 5—7). João Batista ressalta a natureza sacrificial da missão de Cristo ao chamá-lo de "Cordeiro de Deus, que tira o pecado do mundo" (Jo 1.29). O próprio Jesus fala de voluntariamente dar "a sua vida pelas ovelhas" como oferta sacrificial a Deus (Jo 10.11).

Paulo falou de Cristo como "nosso Cordeiro Pascal", associando assim diretamente a obra redentora de Cristo ao sacrifício do cordeiro da Páscoa (1Co 5.7). Ele usa a linguagem sacrificial do AT para falar da reparação que Jesus realizou como um "sacrifício de aroma agradável a Deus" (Ef 5.2). Semelhantemente, Pedro usa as figuras de linguagem do cordeiro sacrificial para falar de crentes como sendo comprados "pelo precioso sangue de Cristo" (1Pe 1.18,19), que, como os animais de sacrifício no AT, é um "cordeiro sem mancha". Na sua visão na ilha de Patmos, João vê Jesus sendo adorado pelas multidões redimidas porque ele é o Cordeiro sacrificial que as comprou com seu sangue (Ap 5.1-14).

A natureza sacrificial da reparação talvez seja mais claramente explicada no livro de Hb. Para o autor de Hb, o Jesus crucificado é o sacrifício definitivo, que trata permanentemente do pecado e assim encerra o sistema sacrificial (Hb 10.11,12). O autor afirma que o sangue de animais nunca foi suficiente para tirar o pecado humano, mas meramente apontava para o sacrifício vindouro do Messias (Hb 10.4).

O livro de Hb explica, talvez a cristãos judeus considerando o retorno ao sistema sacrificial mosaico, que Jesus é o sacerdote (Hb 7.23-28) que aparece diante de Deus para oferecer o próprio sangue pelos pecados do povo como um sacrifício oferecido de uma vez por todas (Hb 9.11-28). Aludindo aos animais sacrificados "fora do acampamento" na antiga aliança, o autor aponta para o sofrimento de Jesus fora dos portões de Jerusalém (Hb 11—13). Sua ressurreição dos mortos é a prova de que Deus ouviu o clamor desse Sacerdote definitivo e aceitou seu sacrifício (Hb 5.7).

O aspecto substitutivo da reparação A linguagem penal e a sacrificial que descrevem a reparação deixam claro que a morte de Jesus foi substitutiva. Assim como os israelitas do AT deveriam oferecer animais em lugar de pecadores, assim a morte de Jesus é descrita como sendo oferecida em lugar daqueles que merecem a ira de Deus. Jesus fala da sua morte como um pastor entregando sua vida pelas suas ovelhas (Jo 10.11). Ele descreve sua missão como um oferecer-se como "resgate" pelos pecadores (Mc 10.45). Na noite antes de ser traído, Jesus disse aos seus discípulos com relação ao pão que ele partiu diante deles: "Isto é o meu corpo dado em favor de vocês" (Lc 22.19).

Depois de falar da condenação universal merecida pelos pecadores, Paulo escreve sobre o sangue de Jesus sendo dado como propiciação pelo pecado para que assim Deus permaneça justo no seu castigo do pecado enquanto justifica os que têm fé em Jesus (Rm 3.2-26). Paulo ancora a garantia do povo de Deus de que este não enfrentará a ira de Deus no fato de que Deus "não poupou seu próprio Filho, mas o entregou por todos nós" (Rm 8.31-34). O apóstolo falou da natureza substitutiva da reparação como estando no coração da proclamação do evangelho (1Co 15.3,4). O fato de Jesus sofrer o castigo pelo pecado, Paulo afirma, foi "por nós" (2Co 5.21). Ele argumenta que Jesus levou a maldição da Lei "em nosso lugar" (Gl 3.13). O apóstolo emprega a linguagem de resgate para falar da obra mediadora de Jesus (1Tm 2.5,6). Semelhantemente, Pedro fala da morte de Jesus pelos pecados como sendo a morte justa em lugar de injustos, assim realizando a reconciliação com Deus (1Pe 3.18).

A natureza substitutiva da obra redentora ressalta a importância da humanidade de Jesus. Como comentado anteriormente, a Bíblia aponta para a função de Jesus como um Mediador entre Deus e a humanidade designado por Deus (1Tm 2.5). Ao assumir a natureza humana,

Jesus se identificou com a humanidade pecaminosa no sofrimento e finalmente na morte. Como o segundo Adão, Jesus representa a humanidade ao vencer as tentações do mundo e do Diabo (Mt 4.1-11). Ele sofre na cruz não como um semideus isolado, mas como um ser humano nascido debaixo da Lei (Gl 4.4,5). Ao carregar a ira de Deus em lugar da humanidade pecaminosa, Jesus é o "que nos precedeu" (Hb 6.20) e que triunfa sobre o poder da morte sobre a raça humana (Hb 2.14). Como tal, ele é capaz de apresentar a Deus os "irmãos" redimidos por quem ele sofreu, morreu e foi ressuscitado (Hb 2.10-13).

A doutrina bíblica da reparação substitutiva leva os autores bíblicos a se maravilharem diante do amor de Deus pelo mundo (1Jo 2.2), mas também os leva a refletir sobre a natureza profundamente pessoal da redenção. A comunidade do Reino é lembrada assim de que Jesus deu sua vida porque ele ama a igreja (Ef 5.25-27). O apóstolo Paulo pode proclamar com intensidade não somente que na redenção "Deus em Cristo estava reconciliando consigo o mundo" (2Co 5.19), mas também que o Senhor Jesus "me amou e se entregou por mim" (Gl 2.20).

O aspecto cósmico da reparação Não se pode dizer que Jesus morreu pelos pecados dos animais, das pedras ou das árvores. De fato, as Escrituras observam explicitamente que Jesus não morreu nem mesmo pelos seres angelicais (Hb 2.16). Ele se colocou em lugar dos seres humanos, agentes morais que trouxeram sobre si a condenação de Deus. Isso não significa, no entanto, que a obra de reparação da morte e ressurreição de Jesus não tem implicações para toda a ordem cósmica.

Paulo lembra à igreja em Roma que por causa da maldição adâmica "toda a natureza criada geme até agora, como em dores de parto" (Rm 8.22). A maldição, trazida ao cosmo pelo pecado da humanidade, no final das contas será revertida por meio da obra reparadora do segundo Adão, que realizou a reconciliação cósmica por meio do sangue da sua cruz (Cl 1.20). Por causa da reparação, o Universo espera uma renovação cósmica e uma transformação em novos e gloriosos céus e terra nos quais toda a oposição a Deus será eliminada pelo Messias triunfante (2Pe 3.13; Ap 21.1—22.9).

A Bíblia revela que a intenção originária de Deus para a humanidade foi que as criaturas feitas à sua imagem governassem a terra (Gn 1.27,28; Sl 8.3-8). A Queda parece ter arruinado esses propósitos. Por meio da reparação realizada por Jesus, no entanto, Deus colocará todas as coisas debaixo dos pés do vitorioso Segundo Adão (1Co 15.27,28; Hb 2.5-9).

Na queda de Adão a serpente se levantou como "deus desta era" (2Co 4.4), mantendo os seres humanos cativos às próprias paixões corrompidas (2Tm 3.26). A humanidade recebeu uma antiga promessa do Criador, no entanto, da destruição iminente da serpente (Gn 3.15). Na obra reparadora de Jesus, ele triunfa sobre os poderes da escuridão (Cl 1.15), destruindo os propósitos de Satanás (1Jo 3.8).

A Bíblia também revela que o propósito inicial de Deus para sua criação incluía sua habitação em comunhão com a humanidade, uma situação interrompida pelo pecado (Gn 3.8). Na obra reparadora de Jesus, Deus reivindica um povo para si (Tt 2.14) e se compromete em estar com ele para sempre no cosmo redimido (Ap 21.3).

A reparação e a mensagem do evangelho A Bíblia deixa claro que a ênfase central da proclamação da igreja deve ser a obra redentora de Deus em Cristo (1Co 1.22-25). A Bíblia apresenta a verdade da redenção e reparação como o próprio evangelho (1Co 15.3,4), como a única mensagem que pode salvar o pecador da ira de Deus (At 2.13-21).

Na reparação e redenção Deus revelou à humanidade seu amor salvífico. Ele não quer condenar o mundo, mas salvá-lo por meio de seu Filho (Jo 3.17). O pecador precisa olhar para Jesus como o que carregou o justo castigo pelo pecado na cruz (Jo 3.14-16). O pecador precisa confiar que Deus aceitou esse sacrifício em seu lugar pelo fato de Deus ter ressuscitado Jesus (Rm 10.9).

Quando o pecador abandona toda a esperança da sua justiça diante de Deus e confia na provisão de Deus pela morte e ressurreição de Jesus, ele encontra refúgio em Cristo (Fp 3.9). O pecador está em paz com Deus agora (Rm 5.1). De fato, pelo poder do Espírito, ele é agora uma "nova criação" esperando a redenção do Universo criado (2Co 5.17). O cristão tem a segurança de que ele já não enfrentará a condenação porque ele está unido àquele que já levou sobre si e aplacou a ira de Deus (Rm 8.31-39).

A mensagem da reparação é apresentada em termos marcantemente universais. Todos são convidados a encontrar refúgio na redenção de Cristo (Lc 14.16,17). Os apóstolos apelam aos pecadores a que confiem na obra reparadora e redentora de Jesus (At 2.40; 2Co 5.20). Todos os seres humanos são não somente convidados, mas intimados a crer no evangelho (At 17.30,31). Isso não significa, no entanto, que a realização objetiva da redenção produza a salvação universal. Jesus é aquele que é a propiciação da ira de Deus contra o mundo (1Jo 2.2). Os que são redimidos são salvos do juízo de Deus porque eles estão unidos a Cristo por meio da fé (Ef 1.7). No dia do juízo final, os que não estiverem "em Cristo" pagarão o castigo eterno pelos próprios pecados (2Co 5.10) e pela terrível transgressão de terem rejeitado a provisão de Deus em Cristo (Jo 3.19; Hb 10.29).

A reparação e a vida da igreja A Bíblia fala da igreja como sendo uma manifestação visível da obra reparadora e redentora de Cristo (At 20.28). No sacrifício de Jesus na cruz, o propósito de Deus não era simplesmente salvar um número definido de almas individuais. Em vez disso, seu propósito foi produzir uma nova comunidade, a igreja (Ef 4.25-27). Os autores do NT, portanto, ancoram constantemente suas admoestações para a vida da igreja na narrativa da morte, sepultamento e ressurreição de Jesus.

Porque Jesus morreu pelo mundo, a igreja não se identificar em termos de características raciais, étnicas ou nacionais (Ef 2.11-22), mas refletir nos seus relacionamentos internos a paz de Deus em Cristo. A constituição e atividade da igreja devem refletir o resultado final harmonioso da redenção — uma grande multidão multinacional de pecadores redimidos louvando o Messias crucificado e exaltado (Ap 5;1-14). Semelhantemente, cristãos maduros devem ser cuidadosos para não ofender cristãos mais fracos "por quem Cristo morreu" (1Co 8.11). Em vez disso, os cristãos devem suportar uns aos outros, perdoando uns aos outros "assim como Deus os perdoou" (Ef 4.32).

A reparação ou redenção também serve para instruir a igreja acerca de como se relacionar com o mundo de fora. Jesus instruiu seus discípulos dizendo que a cruz significava tanto que eles enfrentariam tribulação no mundo quanto que ele venceu o mundo por meio da cruz (Jo 16.33). A crucificação de Jesus deve lembrar os cristãos de não reagirem à hostilidade do mundo (Hb 12.3), envolvendo-se em contra-ataques vingativos (1Pe 2.21-25). Antes, a cruz de Cristo lembra os crentes de que Deus é justo (Rm 3.26) e que a vingança não vem pela mão deles, mas dele (Hb 10.30,31). V. *Cristo, cristologia; Dia da Expiação; expiação, propiciação; redimir, redenção, redentor; salvação.* — Russell D. Moore

REPROVAÇÃO A ideia de reprovação indica desgraça ou desonra conducentes ao descrédito de algo ou alguém. A reprovação pode acontecer em várias circunstâncias: a condição de esterilidade de uma mulher (Gn 30.23; 1Sm 1.6-10; Lc 1.25), estupro (Gn 34.14), celibato (Is 4.1), incircuncisão (Js 5.9), mutilação física (1Sm 11.2), viuvez (Is 54.4), jejum (Sl 69.10), maus-tratos aos pais (Pv 19.26), fome (Ez 36.30), pecado (Pv 14.34), derrota militar (Sl 79.4), doença (Sl 31.11) ou a destruição de Jerusalém (Ne 2.17; Sl 89.41). Pode se referir também a um estado de vergonha, desgraça ou humilhação (Ne 1.3; Jó 19.5; 27.6; Sl 15.3), ou a uma expressão de culpa, insulto ou desaprovação (1Sm 11.2; 2Rs 19.4,16; Ne 4.4; 5.9; Jr 23.40). Expressa uma censura ou reprimenda (1Sm 17.26; Jó 19.3; Sf 2.8; Lc 11.45). Indica desprezo ou desapontamento (Rt 2.5; Ne 6.13; Jr 6.10; 29.18; 42.18; 44.8). O próprio Cristo sofreu reprovação no ministério terreno (Rm 5.13; Hb 13.13). Os cristãos são chamados a sofrer pelo nome de Deus (Sl 69.7; 89.50) ou por causa de Cristo (Lc 6.22; 2Co 12.10; Hb 10.33; 11.26; 1Pe 4.14). V. *vergonha e honra.* — William Chandler

REPROVADO Indivíduo ou objeto que falha em um teste e é por isso rejeitado como indigno ou inaceitável, à semelhança da prata impura (Jr 6.30) ou de pessoas (2Co 13.5-7; Tt 1.16). Algo depravado ou sem moral (Rm 1.28; 2Tm 3.8). A *ARA* e *ARC* usam a palavra "réprobo" para expressar a ideia de "indivíduo rejeitado por Deus" (Sl 15.4; *NVI*: "quem merece desprezo").

REPROVADO, DESQUALIFICADO Tradução do termo grego *adokimos*, referência ao teste de soldados na batalha, às qualificações para o posto, ou ao teste de metais para verificar se são genuínos. Paulo usou o próprio exemplo de disciplina pessoal para garantir que sua pregação fosse verdadeira na vida como o chamado a outros para que fizessem o mesmo (1Co 9.27). Ele não queria ser lançado de lado como metal impuro ou ser desqualificado como soldado ou candidato indigno. Paulo fez um jogo de palavras com *dokimos*, "qualificado", "aprovado", e *adokimos*, "desqualificado", "reprovado", em 2Co 13.5-7. Os coríntios exigiam um teste ou prova de que Cristo tinha falado por meio dele (v. 3). Paulo virou o argumento contra eles, dizendo que eles precisavam provar a si mesmos que não tinham falhado no teste de Cristo e sido reprovados. Ele esperava que os coríntios reconhecessem que ele não tinha falhado no teste, e, portanto, não era reprovado. E ele orou para que os coríntios não praticassem o mal não para que ele se mostrasse aprovado, mas para que os coríntios fizessem o que estava certo mesmo que Paulo se mostrasse desqualificado.

Paulo advertiu Timóteo acerca de pessoas más em épocas más, com pessoas resistindo à verdade, tendo a mente corrompida, sendo reprovadas na fé (2Tm 3.8). De forma semelhante, ele escreveu a Tito acerca de pessoas que professavam conhecer Deus, mas eram desqualificadas quanto às boas obras (Tt 1.16). Com propósito semelhante, Hb compara as pessoas ao solo que produz espinhos e ervas daninhas e, portanto, inútil, sem passar no teste (Hb 6.8).

RÉPTEIS Animais que rastejam ou que caminham com patas pequeninas. Essa categoria de animais inclui jacarés, crocodilos, lagartos, cobras e tartarugas. Em geral concorda-se que em muitas passagens bíblicas os répteis não podem ser especificamente determinados (o mesmo acontece com outras categorias de animais e aves). Muitas vezes a mesma palavra hebraica é traduzida de diferentes maneiras. O texto de Js 11.30 é um desses casos. A mesma palavra hebraica traduzida por "lagarto pintado" (*NVI*) também é vertida como "crocodilo da terra" (*ARC*). Não obstante, parece que nesse versículo há um agrupamento de répteis, ainda que os nomes específicos sejam de difícil determinação. V. *animais que rastejam pela terra*.

Áspide Cobra venenosa (Is 11.8, *ARA*, *ARC*). A *NVI* traduz simplesmente por "cobra".

Camaleão Tipo de lagarto que muda a cor de acordo com o que está a seu redor. O camaleão é caracterizado pelo formato único dos olhos, que se movimentam independentemente um do outro; por isso, pode olhar para duas direções diferentes ao mesmo tempo. Alimentando-se praticamente só de insetos, o camaleão é inofensivo. Na Palestina, vive em árvores e arbustos, e pendura-se em galhos com a longa cauda.

Naja Cobra com veneno mortal cuja pele forma um capuz na região do pescoço quando o animal está nervoso.

Basilisco Nome de uma serpente legendária e venenosa (Pv 23.32; Is 11.8; 14.29; 30.6; 59.5; Jr 8.17, *ARA*, *ARC*; *BV*, *BJ* e *TEB*, "víbora"; *NVI*, "cobra").

Crocodilo Réptil aquático grande e de couro grosso.

Lagartixa Lagarto de parede, comum na terra santa (Lv 11.29,30; Pv 30.28; *ARA*, "geco"). Dedos em forma de disco lhe permitem correr sobre paredes e tetos. É principalmente noturno e inofensivo.

Lagarto Réptil de corpo alongado que se distingue da serpente por ter dois pequenos pares de pernas. Diversos tipos de lagarto são mencionados em Lv 11.30: lagartixa, lagarto-pintado, lagarto, lagarto da areia e camaleão. Um viajante identificou pelo menos 44 espécies diferentes deles na Palestina.

Serpente Nome genérico para répteis de corpo alongado, como a víbora e a áspide. Pelo menos 33 espécies diferentes podem ser encontradas na Palestina. Os tradutores usam vários termos para traduzir as oito palavras hebraicas usadas para designar esse réptil. A serpente — a palavra genérica para cobra — é símbolo contínuo do mal e do Maligno.

Lagarto da areia Pequeno lagarto alistado entre os animais impuros (Lv 11.30).

Cobra V. *serpente*.

Lagarto grande Espécie de lagarto terrestre, citado na lista de animais impuros (Lv 11.30).

Víbora Cobra venenosa. V. *serpente*. — Shirley Stephens

RÉPTIL DE AREIA V. *répteis*; *lesma*.

REPUTAÇÃO Palavra usada para indicar "uma opinião" (*dokeo*) a respeito de algo ou alguém. Pode ser usada como expressão de grande estima ou consideração, como a atribuída a Gamaliel (At 5.34), aos apóstolos de Jerusalém (Gl 2.2) e a Epafrodito (Fp 2.29). No entanto, pode também comportar implicações negativas em relação ao caráter de um indivíduo (Ec 10.1). Em Fp 2.7 a palavra é traduzida por "esvaziar-se a si mesmo" em referência ao ato de Cristo assumir a forma humana de um servo. V. *kenosis*. — William Chandler

REQUÉM Nome pessoal e de lugar que significa "fabricante de roupas coloridas" ou "variado, multicolorido". **1.** Um dos cinco reis midianitas derrotados por Israel nos dias de Moisés (Nm 31.8; Js 13.21). Requém era aparentemente o nome antigo de Petra. V. *Reba*. **2.** Descendente de Calebe (1Cr 2.43,44). **3.** Ancestral de uma família que vivia em Gileade, neto de Manassés (1Cr 7.16). **4.** Lugar não identificado em Benjamim (Js 18.27).

RESEFE Nome pessoal que significa "chama". Um efraimita (1Cr 7.25).

RESÉM Nome de lugar que significa "cabeça da fonte". Cidade fundada por Ninrode entre Nínive e Calá (Gn 10.12). Provavelmente é a moderna Salemijen (no Iraque), a cerca de 4 quilômetros a noroeste de Ninrode.

RESERVATÓRIO Lugar para armazenamento de água para uso futuro, seja agrícola (2Cr 26.10; Ec 2.6; *NVI*, "cisternas"), seja como suprimento urbano em caso de um cerco (2Rs 20.20; Is 22.8b-11). Os reservatórios eram necessários na maior parte da Palestina, onde chuvas ocasionais eram a principal fonte de água. V. *água*.

RESGATE Pagamento, geralmente em dinheiro, exigido para libertar alguém da punição ou da escravidão.

Antigo Testamento A expressão hebraica *kofer* é usada para traduzir palavras relacionadas ao conceito de redenção, como em Êx 21.30; 30.12; Nm 35.31; Jó 33.24; Sl 49.7 e Pv 6.35 (a palavra hebraica *padah* tem o mesmo sentido, Lv 27.29; Sl 69.18). Algumas vezes a libertação tem em vista mais que o preço pago. Deus disse ter "resgatado" Israel ao libertar a nação da dominação estrangeira (Jr 31.11; Os 13.14).

Novo Testamento A palavra "resgate" é usada para traduzir várias palavras relacionadas ao verbo grego *lytroo*, que significa "resgatar, redimir". Essas palavras ocorrem cerca de 20 vezes no NT (ainda que ocorram cerca de 100 vezes na *LXX*, a tradução grega do AT). As três passagens principais nas quais a palavra "resgate" é encontrada em muitas versões da Bíblia em português são: "Pois nem mesmo o Filho do homem veio para ser servido, mas para servir e dar a sua vida em resgate por muitos" (Mc 10.45), com paralelo em Mt 20.28, e: "Pois há um só Deus e um só mediador entre Deus e os homens: o homem Cristo Jesus, o qual se entregou a si mesmo como resgate por todos. Esse foi o testemunho dado em seu próprio tempo" (1Tm 2.5,6). O objetivo dessas passagens é mostrar que a morte de Jesus na cruz foi o preço pago para garantir a libertação da culpa e da escravidão do pecado para todos que crerem. A palavra é usada em sentido metafórico, provavelmente com intenção de fazer analogia com a prática antiga de pagar pela libertação de escravos ou prisioneiros. Ainda que Hb 2.14 diga que o Diabo tem o poder da morte, a Bíblia em nenhum momento afirma que a morte de Jesus foi um resgate pago a ele. Antes, foi o preço pago para satisfazer a justiça divina (Rm 3.25,26). V. *expiação, propiciação; redimir; redenção, redentor; salvação*. — E. Ray Clendenen

RÊSH Vigésima letra do alfabeto hebraico, com a qual se iniciam todas as palavras dos versículos 153 a 160 de Sl 119.

RESINA Nm 11.7. V. *bdélio*.

RESPEITO Honra e parcialidade. Deve-se mostrar respeito ou honra aos anciãos (Lv 19.32; cp. Lm 5.12), às pessoas com cargos públicos

(Rm 13.7), aos pais (1Tm 3.4), aos mestres (1Pe 2.18) e aos líderes cristãos (1Ts 5.12). Os cristãos devem viver de maneira que suscitem o respeito do próximo, apresentando dessa maneira um testemunho eficiente (1Ts 4.12). As Escrituras repetidamente afirmam que Deus não tem preferência por nenhum tipo de pessoa, i.e., Deus não demonstra parcialidade; portanto, o povo de Deus deve evitar qualquer tipo de preconceito.

RESPIGA Processo de colher os grãos deixados em uma lavoura pelos ceifeiros ou em uma vinha ou árvores pelos apanhadores. A Lei mosaica exigia que se deixasse uma porção para que os pobres e estrangeiros pudessem ter o que comer (Lv 19.9,10; 23.22; Dt 24.19-21; cp. Rt 2). Isaías comparou as poucas uvas ou azeitonas deixadas pelos ceifeiros com o pequeno remanescente de Israel que Deus deixaria quando julgasse o povo (Is 17.5-9). Entretanto, um dia Deus ajuntará novamente seu remanescente, um a um, e o fará voltar para adorar em Jerusalém (Is 27.12).

RESPONSABILIDADE FINANCEIRA Duas máximas estão na base dos princípios bíblicos de responsabilidade financeira: a terra e seus recursos pertencem a Deus (Lv 25.23; Jó 41.11; Sl 24.1; 89.11; Ag 2.8), e foram confiados às pessoas para que os usem com sabedoria (Gn 1.29,30; 9.1-4). A mensagem geral da Bíblia com relação às finanças é a de frugalidade e economia pessoal combinadas com generosidade para com os outros. A Bíblia atribui elevado valor a economizar dinheiro para fazer provisão para si mesmo e outras pessoas em épocas de necessidade (Gn 41.1-57; Pv 6.6-8; 21.20; Ec 11.2; Lc 12.16-21; 1Co 16.2). Porque Deus abençoa os que dão aos outros (Dt 15.10; Sl 112.5; Pv 11.25; 22.9; Ml 3.10; 2Co 9.6-12), a disposição para dar com generosidade (Mt 25.31-46; 2Co 8.3) e sem esperar retorno (Dt 15.11; 23.19; Sl 15.5; Mt 5.42; Lc 6.34; Rm 11.35) é considerada uma marca da responsabilidade financeira. Os que poupam para prover somente para si mesmos, ou não conseguem poupar por causa de gastos extravagantes, são considerados tolos (Jó 20.20-22; Pv 21.20).

Outras marcas de responsabilidade financeira incluem o planejamento financeiro diligente (Pv 27.23-27), o trabalho duro (Pv 28.19; Ef 4.28; 2Ts 3.10; cp. Pv 24.33,34), a diversificação de investimentos (Ec 11.2), o pagamento das dívidas no prazo (1Tm 5.8) e deixar herança para os filhos (Nm 27.7-11; Pv 13.22; cp. Rt 4.6; Ec 5.13,14).

As parábolas de Jesus sobre a mordomia falam da responsabilidade financeira como precursora de grandes áreas de responsabilidade no Reino de Deus (Mt 25.14-30; Lc 16.1-13; 19.11-27). — *Paul H. Wright*

RESPONSABILIDADE, IDADE DA Idade a partir da qual Deus considera as crianças responsáveis por seus pecados. Quando se chega a esse ponto, elas enfrentam a inevitabilidade do juízo divino se não se arrependem e creem no evangelho.

A Bíblia fala francamente da necessidade de conversão dos seres humanos pecadores a fim de terem vida eterna, mas não trata de modo direto sobre o destino das crianças que morrem na infância. Algumas coisas, no entanto, estão claras. A Bíblia é específica acerca do fato de que todos são pecadores, mesmo as crianças. "Os ímpios erram o caminho desde o ventre; desviam-se os mentirosos desde que nascem" (Sl 58.3). "Sei que sou pecador desde que nasci, sim, desde que me concebeu minha mãe" (Sl 51.5). O salmista não afirma que só algumas pessoas são pecadoras desde o nascimento, nem diz que sua mãe pecou ao concebê-lo, mas afirma que todos são pecadores desde os primeiros dias. Jesus também deixou claro que todas as pessoas carecem de regeneração quando informou a Nicodemos: "O que nasce da carne é carne, mas o que nasce do Espírito é espírito" (Jo 3.6).

As pessoas se convertem quando, sob a convicção do Espírito, elas se arrependem do pecado e depositam fé em Deus, que as salva por meio da obra expiatória de Jesus na cruz (At 2.38; Rm 3.21-26). Para ser salva, a pessoa precisa ter a compreensão básica da fé e da relação entre seu pecado e o sacrifício de Cristo (Rm 10.9-15). Isso exige, com certeza, certa medida de conhecimento cognitivo e capacidade de raciocínio, com a obra de convencimento do Espírito. Embora não haja a indicação da "idade" específica da responsabilidade em termos técnicos (p. ex., 12 ou 13 anos), há um "tempo" na vida da pessoa em que ela se torna responsável pelo pecado.

Que esperança há então para os imaturos pequeninos de digerir todas essas questões mental ou espiritualmente? Há muita esperança, na verdade. Em primeiro lugar, está claro no relato do juízo contra Israel por não ter confiado em Deus em Cades-Barneia que Deus considerava responsáveis somente os aptos a tomar decisões — as crianças não foram consideradas responsáveis (Nm 14.29-31). Embora o juízo nesse caso tenha sido somente temporário, não eterno, ele de fato ilustra um princípio de misericórdia para com quem não está em posição de tomar decisões. Não é que as crianças sejam inocentes; antes, porque é misericordioso, e sua misericórdia é aparentemente aplicada de forma diferente às crianças e aos mais velhos — i.e., de forma universal. Em segundo lugar, quando a criança de Davi morreu, sete dias depois do nascimento, o rei informou aos seus servos: "Eu irei até ela, mas ela não voltará para mim" (2Sm 12.23). Ele estava convicto de que veria sua criança depois da própria morte. Esse mesmo rei escreveu em outro trecho que passaria a eternidade na "casa de Iahweh" (Sl 23.6, *BJ*). Ele cria que seu filho fora para essa casa.

Se quem nasceu da carne é carne, e a pessoa precisa nascer de novo para ver Deus, como é possível a salvação dos pequeninos? Repetindo, a Bíblia não apresenta nenhum mecanismo para esse procedimento, embora dê algumas indicações aqui e ali. João Batista estava cheio do Espírito Santo desde o ventre de sua mãe (Lc 1.15). Isso torna claro que o Espírito pode manter um relacionamento com quem não detém nenhuma compreensão intelectual desse vínculo. Isso não deveria surpreender os estudantes da Bíblia, pois Jesus observou que o Espírito se move onde quer (Jo 3.8).

A Palavra de Deus não apresenta a defesa inequívoca e explícita da salvação das crianças; ela é um tanto silenciosa acerca dessa questão. À medida que trata de questões relevantes, no entanto, parece dar a entender claramente que as pessoas mortas antes de atingir a idade da responsabilidade não serão condenadas por Deus, mesmo que sejam pecadoras por natureza e escolha, mas em vez disso serão recebidas para a salvação eterna. V. *família; regeneração; salvação*.
— Chad Brand

RESPONSÁVEL PELO ACAMPAMENTO Tradução da *NVI* para a palavra hebraica usada em Jr 51.59, que designa o oficial responsável por receber e distribuir rações e suplementos (*ARA* e *BJ*, "camareiro-mor"; *ARC*, "príncipe pacífico"; *NTLH*, "oficial ajudante"). A tradução da *ARC*, "príncipe pacífico", reflete uma vocalização diferente do *Texto Massorético*. A tradução da *NVI* provavelmente reflete uma ligeira mudança no texto consonantal para ler "príncipe do acampamento". V. *príncipe*.

RESSA Ancestral de Jesus (Lc 3.27).

RESSURREIÇÃO O futuro ressurgimento do corpo dentre os mortos. Os crentes em Cristo ressuscitarão para a vida e alegria eternas com Deus; os incrédulos, para o tormento eterno e a separação de Deus.

Antigo Testamento Ainda que de forma não destacada, algumas passagens do AT demonstram a crença na ressurreição corporal. Alguns profetas usaram a ideia para expressar a esperança do renascimento nacional para Israel (Ez 37; Is 26.19). O texto de Sl 16.10 considera a ressurreição em uma estrutura messiânica; Deus não abandonará seu "Santo" na sepultura. Os crentes podem enfrentar a morte com confiança, porque Deus não os deixará abandonados; ele os redimirá da sepultura e os tomará para si (Sl 49.14,15). A morte não é definitiva. Deus renovará os corpos, e os indivíduos poderão "ver a Deus" (Jó 19.26). O texto de Dn 12.2 apresenta a mais clara declaração do AT sobre a ressurreição: "Multidões que dormem no pó da terra acordarão: uns para a vida eterna, outros para a vergonha, para o desprezo eterno". Tanto os justos como os ímpios ressuscitarão. Portanto, consequências eternas estão ligadas às ações e decisões feitas e tomadas em vida.

Novo Testamento O NT apresenta um tratamento claro e extenso do tema da ressurreição. Os Evangelhos antecipam a ressurreição corporal futura. Nos Evangelhos sinópticos, Jesus duas vezes ressuscitou mortos: o filho de uma viúva (Lc 7.11-17) e a filha de Jairo (Mc 5.22-43). Mais tarde, Jesus instruiu os Doze: "ressuscitem os mortos" (Mt 10.8). Tudo isto revela que o Reino de Deus veio na pessoa e na missão de Jesus e apontava para a futura ressurreição dos seus seguidores, para nunca mais morrerem.

Jesus ensinou a ressurreição e a recompensa dos justos na parábola da ceia (Lc 14.12-14). O tema da ressurreição foi o assunto de uma discussão de Jesus com os saduceus. Em resposta à pergunta que lhe fizeram sobre a mulher que tivera sete maridos, Jesus disse que a vida da ressurreição é diferente; o casamento não será mais necessário (Mc 12.18-23). Jesus afirmou na ocasião que os patriarcas ainda viviam (Mc 12.26,27).

O tema da ressurreição é importante em Jo, que a apresenta como uma realidade espiritual presente e ao mesmo tempo um acontecimento escatológico futuro. Os mortos se levantarão para a vida eterna; a vida da ressurreição pode, em parte, também ser experimentada agora. Jesus afirmou por ocasião da morte de Lázaro: "Eu sou a ressurreição e a vida. Aquele que crê em mim, ainda que morra, viverá; e quem vive e crê em mim não morrerá eternamente" (Jo 11.25,26). A vida de ressurreição é uma realidade presente da vida no Filho (Jo 5.25,26). A ressurreição do corpo é uma promessa futura que aguarda cumprimento (Jo 6.35-40). João também faz uma ligação entre a ressurreição corporal do cristão com a realidade da ressurreição corporal de Jesus (Jo 20.17).

O conceito da ressurreição era central na igreja primitiva. A mensagem dos apóstolos estava intimamente ligada à ressurreição de Jesus (At 3.14). Por causa dela os apóstolos realizaram obras poderosas (At 4.10). O testemunho persistente da ressurreição de Jesus e a promessa da ressurreição dos cristãos produziu hostilidade, oposição e perseguição (At 4.1-21; 5.29-32; 23.6).

Para Paulo, a ressurreição foi um acontecimento histórico e um ato sobrenatural de Deus. O alvo da salvação é a posse plena da herança (o corpo ressuscitado) na ressurreição (Ef 1.14). Cristo irá descer com todos os crentes que morreram, o imaterial se unirá ao material, e as almas serão unidas aos corpos ressurretos e glorificados (1Ts 4.13-18). A ressurreição proverá um corpo adequado para a vida no Reino de Deus consumado (1Co 15.35-56). Para Paulo a ressurreição foi de tal importância que negar a ressurreição dos cristãos é negar a ressurreição de Cristo. Sem a ressurreição de Cristo os cristãos não têm esperança, e sua fé é vã (1Co 15.12-34). Negar a realidade da ressurreição (1Co 15) ou ensinar que a ressurreição já ocorreu (2Tm 1.17,18) é destrutivo para a fé.

Ensino bíblico Em primeiro lugar, a ressurreição escatológica é diferente da ressurreição temporária. A ressurreição temporária, como a de Lázaro, é a volta da alma ao corpo existente; no entanto, a morte física ocorrerá outra vez. Mas os ressuscitados no ato escatológico não vão morrer outra vez. Sua ressurreição é para a vida eterna, paz perfeita, alegria e júbilo no Reino de Deus, para sempre. Em segundo lugar, a ressurreição escatológica diz respeito ao corpo. A ressurreição corporal é essencial para receber a plena obra redentora e expiatória de Deus. A salvação não estará completa até que o corpo experimente plena redenção. Ao mesmo tempo, a danação eterna não será completa até que os incrédulos experimentem a dor e a angústia do inferno no corpo e na alma. A ressurreição do corpo reanuncia os pronunciamentos edênicos da bondade da Criação (Gn 1.31) e apresenta a importância do corpo nos propósitos de Deus. Em terceiro lugar, a natureza do novo corpo ressuscitado permanece um pouco misteriosa. Alguns aspectos, como identidade pessoal, permanecem no estado ressuscitado. Mas a vida no corpo ressuscitado será diferente da previamente conhecida (1Co 15.37-44). "Sabemos que, se for destruída a temporária habitação terrena em que vivemos, temos da parte de Deus um edifício, uma casa eterna nos céus, não construída por mãos humanas" (2Co 5.1). — *Stan Norman*

RESSURREIÇÃO DE JESUS CRISTO Acontecimento histórico em que Jesus retornou da morte física para uma novidade de vida em um corpo glorificado, para nunca mais morrer. A ressurreição corporal de Jesus é um dos dogmas centrais da fé cristã. Sua ressurreição valida a alegação de que ele é Senhor e Cristo. Serve também para substanciar a proposição de que sua vida e morte não foram apenas a vida e a morte de um homem, e sim que ele era de fato Deus encarnado e que por meio de sua morte tem-se o perdão dos pecados.

Os quatro Evangelhos são categóricos quanto aos acontecimentos relacionados à ressurreição em seus registros. Todos enfatizam o túmulo vazio, mas cada um deles narra de modo diferente as aparições após a ressurreição.

RESSURREIÇÃO DE JESUS CRISTO

Evangelho de Marcos O relato de Marcos é o mais breve, contendo apenas oito versículos, se o fim mais curto de Mc for autêntico. O foco do seu relato está na descoberta, por parte das mulheres, do túmulo vazio (Mc 16.1-4), o anúncio da ressurreição por um jovem vestido de branco, e a promessa de Jesus de se encontrar com os discípulos na Galileia (16.5-7). A resposta das mulheres foi de temor e espanto (16.8).

Evangelho de Mateus O relato de Mateus é 20 versículos mais longo. Ele enfatiza três aspectos: o túmulo vazio, sua resposta à falsa acusação de que os discípulos roubaram o corpo, e a Grande Comissão. Mateus relata apenas duas aparições do ressurreto: primeiro, às mulheres enquanto fugiam do túmulo vazio e depois aos Onze na Galileia. Seu relato ocorre em quatro cenas. A primeira tem lugar no túmulo vazio e envolve Maria Madalena, a "outra Maria", um violento terremoto, a aparição de um anjo, o medo dos guardas, que os deixou paralisados, e a ordem para que contassem aos discípulos que Jesus estava vivo (Mt 28.1-7). A segunda descreve o encontro de Jesus com as mulheres depois de sua fuga do túmulo (28.8-10). A terceira é a descrição da tentativa dos líderes religiosos de encobrir esses acontecimentos (28.11-15). A quarta tem lugar na Galileia e é concluída com Jesus proclamando a Grande Comissão (28.16-20).

Evangelho de Lucas O relato de Lucas é apresentado em 53 versículos. Seu relato consiste em uma série de aparições de Jesus ressurreto, culminando com a ascensão. Todas as aparições do ressurreto em Lc ocorrem em Jerusalém. Lucas tem pelo menos três propósitos: primeiro, apresentar os fatos históricos (cf. Lc 1.1-4), descrevendo como os discípulos incrédulos vieram a crer na ressurreição ao enfatizar a natureza física do corpo ressurreto de Jesus (24.30,37-43); segundo, mostrar que a morte e a ressurreição de Jesus cumpriram profecias do AT (24.25-27,32); e terceiro, mostrar que os discípulos devem pregar o evangelho no poder do Espírito a todas as nações (24.46-49). O material aparece em quatro vinhetas. A primeira envolve a descoberta feita pelas mulheres do túmulo vazio e a investigação do túmulo por Pedro e João (24.1-12). A segunda, a maior, é a manifestação de Jesus aos dois discípulos no caminho de Emaús. A terceira é a manifestação de Jesus aos discípulos na tarde do domingo da ressurreição. A quarta apresenta as instruções finais de Jesus a seus seguidores, no momento da ascensão (24.50-53; cp. At 1.9-11).

Evangelho de João O relato de João sobre a ressurreição é o maior, estendendo-se por dois capítulos inteiros. João registra três aparições do ressurreto em Jerusalém: a primeira a Maria Madalena no túmulo vazio (20.1-18) e as outras duas aos discípulos, uma estando Tomé ausente (Jo 20.19-25) e a outra com Tomé presente (20.26-29). As aparições de Jesus ressurreto em Jerusalém são concluídas com a grande confissão de Tomé: "Senhor meu e Deus meu" (Jo 20.28). Como Lucas, João enfatiza a corporeidade de Jesus (20.17,20,25-27). A aparição no cap. 21 acontece na Galileia. Seu propósito aparente é apresentar uma descrição do restabelecimento da liderança de Pedro (21.15-19) e acabar com o rumor de que João, "o discípulo a quem Jesus amava" (13.23), não morreria antes da volta de Jesus.

A leitura superficial dos relatos da ressurreição nos quatro Evangelhos revela uma ampla variedade de materiais. Reconhecidamente, qualquer tentativa de harmonização dos relatos é especulativa, e deve ser evitada. É impossível saber qual delas é a correta, mas cada uma mostra um arranjo possível dos acontecimentos em uma sequência crível. O problema dos relatos variados, no entanto, não está limitado aos acontecimentos ao redor da ressurreição; problemas que surgem das diferenças de detalhes de várias fontes acontecem em quase todos os acontecimentos na história. As variantes nos relatos escriturísticos sugerem testemunhos independentes, não a repetição de uma linha de um partido "oficial".

O relato de Paulo O relato mais antigo da ressurreição é encontrado em 1Co 15. Na passagem Paulo fala a respeito de várias aparições de Jesus. O apóstolo afirma que a ressurreição futura dos cristãos está baseada na historicidade da ressurreição corporal de Jesus. Entretanto, a autenticidade da ressurreição de Cristo é grandemente debatida.

Resposta dos críticos Desde o séc. XIX estudiosos têm questionado a historicidade da ressurreição de Jesus. Alguns argumentaram que as mulheres e os discípulos foram ao túmulo errado. O problema com esse argumento é que a liderança judaica teria apresentado o cadáver de Jesus em resposta à proclamação de sua ressurreição. Certamente eles sabiam a localização do túmulo. Outra proposição é que os discípulos roubaram o corpo de Jesus. É improvável que os discípulos tivessem roubado o corpo e depois inventado uma história pela qual estivessem dispostos a sofrer perseguição e martírio. Outros ainda argumentam que Jesus, na verdade, não morreu na cruz, mas que simplesmente "desmaiou" e mais tarde, em razão do frescor da tumba, se restabeleceu para fugir. Essa proposta falha em não considerar os espancamentos severos que Jesus sofreu, o processo terrível da crucificação, a declaração de um centurião que reconheceu sua morte (Mc 15.39), confirmada pela perfuração do lado do seu corpo (Jo 19.32-34). Outra sugestão dada por céticos é que Jesus continuou vivo depois da crucificação em algum sentido "espiritual", mas isso não envolveria a ressurreição corporal. Entretanto, a evidência bíblica a respeito da corporeidade da ressurreição é muito forte (Lc 24.40-43; Jo 20.27). Por fim, alguns estudiosos compararam as aparições da ressurreição a alucinações. Entretanto, o NT dá evidências de aparições de Jesus ressurreto em vários lugares a muitas pessoas, até mesmo a 500 pessoas de uma só vez (1Co 15.6). Essa proposta também falha em reconhecer que os discípulos estavam psicologicamente despreparados para a ressurreição e que, de fato, não acreditaram nos relatos ouvidos a respeito dele.

A evidência a favor da historicidade da ressurreição corporal é muito forte. O argumento do túmulo vazio é poderoso. Primeiro, a narrativa do túmulo vazio é encontrada nos quatro Evangelhos e está implícita na proclamação da ressurreição feita pela igreja primitiva. Como poderiam eles pregar a ressurreição corporal de Jesus se todos em Jerusalém sabiam que seu corpo ainda estava no túmulo? Segundo, é difícil acreditar que a igreja primitiva tenha inventado o relato da ressurreição e então usado mulheres como primeiras testemunhas do túmulo vazio, pelo fato de as mulheres não serem consideradas testemunhas confiáveis na cultura judaica (o que é ilustrado pela resposta dos discípulos a elas). Terceiro, algo inacreditável deve ter acontecido no domingo para levar judeus crentes a começar a adorar no primeiro dia da semana, não no sábado (At 20.7; 1Co 16.2; Ap 1.10). Além disso, nada menos que o milagre da ressurreição pode explicar a transformação ocorrida nos discípulos. O relato bíblico indica que, quando Jesus foi preso, eles fugiram (Mc 14.50). Quando as mulheres disseram ter visto Jesus, os homens não acreditaram (Lc 24.11), mas os mesmos homens estavam mais tarde desejosos de sofrer perseguição e martírio para pregar Jesus como o Senhor ressurreto. V. *ascensão*; *Cristo, cristologia*; *Jesus Cristo*; *ressurreição*. — Bill Cook

RESTITUIÇÃO Ato de devolver o que foi tomado de modo injusto, ou de substituir o que se perdeu ou foi danificado, e a restauração divina de todas as coisas à ordem original.

Restituição humana A Lei exigia que algumas ofertas fossem feitas por pecados contra o próximo (roubo, engano, desonestidade, extorsão, ocultação de propriedade perdida ou dano à propriedade alheia). Esses crimes envolviam infidelidade em relação a Deus e a quebra da comunhão e da paz entre o povo. Deveriam ser expiados por uma oferta de culpa apresentada a Deus e a restituição ao próximo ofendido. Expiação e perdão do pecado eram recebidos após a restituição ter sido feita à vítima. A oferta pelo pecado, apresentada a Deus, sempre se seguia ao ato da restituição. A lei do AT estabelecia um princípio de punição de acordo com o crime (vida por vida, olho por olho, dente por dente, ferimento por ferimento). A restituição era coerente com o conceito de equidade. A propriedade roubada deveria ser devolvida, ou uma compensação plena deveria ser feita. As linhas gerais para realizar a restituição completa também incluíam uma previsão para danos punitivos (no máximo, até cinco vezes o valor do que se perdeu); nesse caso, a justiça ia além do "olho por olho". Provisões eram feitas por complicações nesse processo (Êx 22.3). O ato de fazer restituição a uma vítima estava tão proximamente identificado com o sacrifício expiatório feito a Deus que essas duas expressões podiam ser vistas como o mesmo mandamento. Nenhuma das duas subsistia sozinha. Exemplos específicos dessa lei em operação não são encontrados, mas o princípio em ação sim (1Rs 20.34; 2Rs 8.6; Ne 5.10-12). Não há aplicação legal ou ritual desse mandamento no NT. Entretanto, o princípio da restituição é claramente apresentado na narrativa de Zaqueu (Lc 19.1-10). Jesus implicitamente validou a prática quando admoestou seus seguidores a "se reconciliarem" com o irmão antes de apresentar uma oferta a Deus (Mt 5.23,24).

Restituição divina A palavra grega *apokatastasis* encontra-se no NT apenas em At 3.21 e é em geral traduzida por "restauração" ou "restaurar" (*NVI, ARA, ARC, BJ*). Descreve a futura obra de Deus que irá restabelecer todas as coisas a sua ordem e propósito originais. Nesse caso, a implicação não é de restauração de pessoas, mas da ordem criada, i.e, a renovação total da terra. A restauração divina acompanhará a volta e o triunfo de Cristo (1Co 15.25-28). — *Ken Massey*

RESTOLHO Palha de grãos secada no campo ou deixada no lagar. Algumas vezes o vocábulo é traduzido por "palha". O restolho queimava com rapidez e era levado pelo vento. Em sentido figurado, é usado como símbolo do juízo divino (Jl 2.5; Is 5.24). O restolho era usado pelo povo de Deus para fazer tijolos, quando eram escravos no Egito (Êx 5.12).

RETÓRICA Arte de comunicar de modo persuasivo e memorável. Os autores das Escrituras empregaram vários recursos retóricos para se comunicar de modo efetivo. Entender esses métodos de expressão possibilita aos estudantes da Bíblia entenderem a mensagem dos seus textos de forma mais clara e compartilhá-los mais eficientemente.

Alguns recursos retóricos conectam palavras, ideias ou acontecimentos por conta de alguma similaridade. Algumas vezes a similaridade foi um conceito compartilhado. Em Hb 1.5-13 o autor usou seis passagens do AT que demonstram a supremacia do Messias, usando um método que os rabinos denominavam "fileira de pérolas". Algumas vezes palavras ou ideias eram colocadas juntas para ilustrar diferenças. O texto de Mt 7.24-27 apresenta uma ilustração do ouvinte obediente e então o contrasta com o ouvinte desobediente.

Algumas vezes a similaridade entre palavras deve-se à sonoridade ou pronúncia, nem tanto ao significado. O texto grego de Rm 1.31 é um exemplo de aliteração, com cada palavra começando com a mesma letra. As primeiras duas palavras são um exemplo de assonância. Elas rimam e se diferenciam na pronúncia por conta de apenas uma letra. De modo similar, no texto grego de Rm 1.29 as palavras "inveja" e "homicídio" diferem na pronúncia por apenas uma letra. O Sl 119 é um acróstico, no qual os versículos de cada estrofe iniciam-se com a mesma letra do alfabeto hebraico. Cada nova estrofe começa com a letra seguinte do alfabeto. Esses artifícios deixavam o texto interessante e mais fácil de ser memorizado.

Algumas vezes ideias eram unidas por conta de relacionamentos lógicos, como causa e efeito, problema e solução ou pergunta e resposta. Paulo procedeu da causa ao efeito em Rm 1.18-32 ao demonstrar como o pecado resulta em corrupção cada vez maior e, por fim, na morte. Em toda a epístola aos Rm ele introduziu perguntas retóricas, mas também apresentou respostas e evidências (Rm 2.21-24; 3.1-4; 6.1,2).

A retórica inclui recursos literários como a hipérbole, o exagero intencional usado para enfatizar um argumento (Mt 5.29,30), e o símile, a comparação que usa "como" ("o reino dos céus é como"). A retórica também envolve a organização cuidadosa da fala ou da escrita para produzir impacto maior. Algumas vezes um relato ou um argumento é organizado com o fim de preparar o ápice. Em Fp 3.2, p. ex., Paulo repete três vezes a advertência para tomar cuidado com os oponentes do evangelho da graça. A cada repetição a descrição dos seus oponentes se torna mais severa. Em um quiasma as palavras são ordenadas de modo que correspondam umas às outras na ordem A B C, seguida pela inversão — C B A (Is 6.10).

No final do séc. XX foi desenvolvida uma nova ferramenta para estudos bíblicos, chamada crítica retórica. Essa abordagem foi baseada no reconhecimento de que a compreensão do uso da retórica nas Escrituras pode prover um guia útil de interpretação. Essa abordagem envolve o estudo de antigos textos de retórica para entender os modelos que pessoas educadas, particularmente no tempo do NT, usavam para se comunicar. Depois esses modelos são comparados com seções ou livros inteiros das Escrituras. O método pode ajudar a entender a mensagem dos escritos, sua estrutura e propósito, e ainda ajudar a entender como os leitores originais podem ter respondido. — *Charles L. Quarles*

RETORNO DE CRISTO V. *escatologia; esperança futura; Milênio; parúsia; segunda vinda.*

RETRIBUIÇÃO DIVINA Retribuição sem estipulação de bem ou mal. A aplicação da palavra na teologia é, no entanto, quase sempre considerada uma resposta de um Deus justo e santo ao mal. Assim como outros termos teológicos proeminentes (i.e., Trindade etc.), a palavra não é encontrada na Bíblia, mas a ideia da retribuição de Deus por todo o mal é proeminente ao menos de três maneiras.

Em primeiro lugar, a lei da semeadura e da colheita é parte da economia de Deus (Gl 6.7,8). No AT isso assume a forma de bênçãos e maldições. Quando Israel entrou em Canaã, a metade do povo se colocou no monte Ebal e a outra metade no monte Gerizim, e eles reconheceram que certos tipos de comportamento trariam consequências ou para o bem ou para o mal (Dt 27.1-26). Na época do NT a certeza de que a pessoa colhe o que semeia é evidente (Rm 6.21,22).

Em segundo lugar, o juízo vindouro no final da História inclui a retribuição de Deus pela rebelião. No juízo do grande trono branco (Ap 20.11-15), dois critérios de julgamento parecem estar envolvidos. Diz o texto que os incrédulos serão julgados com base tanto nos livros (plural) quanto no livro (singular). Especificamente, os "livros" são examinados para mostrar que os atos do condenado demonstraram a justiça de Deus no julgamento. A busca no "livro" confirma que os enviados ao inferno não estão com o nome no Livro da Vida do Cordeiro, e assim a retribuição divina cai sobre eles porque eles deixaram de responder à oferta graciosa da salvação de Deus.

Por fim, o fato de a justiça de Deus ter condenado pecadores gera a necessidade da graça de Deus na salvação e da morte substitutiva de Jesus na cruz. No AT Isaías observa isso de forma muito clara (Is 53.6): "Todos nós, tal qual ovelhas, nos desviamos [...] e o Senhor fez cair sobre ele a iniquidade de todos nós". No NT Pedro declara que Cristo sofreu por nós, pois ele "levou em seu corpo os nossos pecados sobre o madeiro" (1Pe 2.24). Existe um princípio eterno de justiça. Deus na sua graça estende aos pecadores uma oferta de perdão em vez da retribuição que eles merecem, porque Jesus pagou o preço pelo pecado na morte vicária, tornando possível que o Pai fosse tanto "justo" quanto também "justificador" do pecador que deposita sua fé em Jesus (Rm 3.26).

A retribuição assume diversas formas na Bíblia. Às vezes, a resposta de Deus é temporal e física. A derrota para um inimigo, a seca na terra (1Rs 8.33-40) ou mesmo a enfermidade podem ser atos retributivos de Deus (1Co 11.30; 1Cr 21.2,13). Mais sério do que isso, a inevitabilidade da morte física é um efeito residual da retribuição de Deus (Gn 2.17; Rm 6.23). E mais séria ainda, na verdade irremediável, é a "morte espiritual" e com ela o afastamento de Deus da alma do pecador para sempre. Essa retribuição leva consigo o confinamento do pecador no inferno (Ap 21.8; Mt 18.19). Por essa razão o princípio da sabedoria ainda é o "temor" a Deus (Lc 12.5). V. *escatologia; vida eterna; castigo eterno; esperança.* — *Paige Patterson*

REÚ Nome pessoal que significa "amigo, companheiro". Descendente de Sem (Gn 11.18-21; 1Cr 1.25), possivelmente o ancestral de uma tribo semita com alguma ligação com Ra'ilu, uma ilha no rio Eufrates, abaixo de Anate.

REUEL Nome pessoal que significa "amigo de Deus". **1.** Filho de Esaú e ancestral de vários clãs edomitas (Gn 36.4,10,13,17; 1Cr 1.35,37). **2.** O texto de Êx 2.18 identifica Reuel como o pai de Zípora, esposa de Moisés. Em outras passagens o sogro de Moisés é chamado de Jetro. A tradição também é variada quanto à origem do sogro de Moisés, pois ele é apresentado como midianita (Êx 2.16; 3.1) ou quenita (Jz 1.16; 4.11). V. *Jetro.* **3.** Um gadita (Nm 2.14). **4.** Um benjamita (1Cr 9.8).

REUM Nome pessoal que significa "misericordioso", "compassivo". **1.** Homem que retornou do exílio com Zorobabel (Ed 2.2); no texto paralelo (Ne 7.7) lê-se "Neum". **2.** Oficial persa que supervisionava o território além do Eufrates, e que incluía Judá. Seu protesto quanto à reconstrução do templo de Jerusalém e dos muros da cidade resultou na suspensão do projeto (Ed 4.8-24).

3. Levita envolvido na restauração dos muros, liderada por Neemias (Ne 3.17). **4.** Testemunha da aliança liderada por Neemias (Ne 10.25). **5.** Sacerdote ou clã sacerdotal (Ne 12.3), talvez uma corruptela de Harim.

REUMÁ Nome pessoal que significa "coral". Concubina de Naor, ancestral de várias tribos arameias que viviam no nordeste de Damasco (Gn 22.24).

REUNIÃO SAGRADA, SANTA V. *festas*.

REVELAÇÃO DE DEUS Conteúdo e processo do ato de Deus tornar-se conhecido da humanidade. Todo conhecimento de Deus vem por meio da revelação. O conhecimento humano a respeito de Deus é revelado, pois Deus, e ele apenas, o dá. Deus preenche a distância que há entre ele e as criaturas, revelando a si mesmo e sua vontade. Deus só pode ser conhecido por meio de Deus.

O pensamento moderno muitas vezes questiona a possibilidade e/ou a realidade da revelação. A fé bíblica afirma que a revelação é real porque o Deus Criador pessoal escolheu permitir que suas criaturas humanas o conheçam. A questão permanece: "Como pode alguém conhecer Deus?". A Bíblia parece apontar para duas possibilidades de conhecer Deus, a saber, a revelação geral e a revelação especial.

A ênfase bíblica aponta para Jesus Cristo como revelação final de Deus. Ele outorgou às gerações de crentes uma fonte de conhecimento acerca de si mesmo e de seu Filho. A fonte é a Bíblia.

Definição A palavra "revelação" significa o desvelamento, a remoção de um véu, o desvendamento de algo anteriormente desconhecido. A revelação de Deus é a manifestação que ele faz de si mesmo à humanidade de tal maneira que os homens possam conhecê-lo e ter comunhão com ele. Jesus disse a Pedro: "Feliz é você, Simão, filho de Jonas! Porque isto não lhe foi revelado por carne ou sangue, mas por meu Pai que está nos céus" (Mt 16.17). O conhecimento da filiação de Jesus (i.e., Jesus como Filho de Deus) não foi obtido por uma descoberta humana, nem poderia ser; antes, veio de Deus apenas.

Todos os cristãos reconhecem que Deus atuou e falou na História, revelando a si mesmo para suas criaturas. Mas uma variedade de opiniões busca definir o que constitui a revelação.

Revelação geral Deus é distinto da criação. Mesmo assim, Deus pode se revelar por meio de suas ações no mundo. Além de dizer ou escrever, as pessoas podem revelar fatos a seu respeito de outras maneiras, como gestos físicos ou expressões faciais. Algumas vezes as ações das pessoas comunicam seu egoísmo ou generosidade, grosserias ou habilidades. Uma careta, um sorriso ou o franzir das sobrancelhas podem dizer muita coisa. Transferir essas possibilidades para o contexto teológico não é tão simples, porque Deus não é visível. Ele não tem expressões faciais ou membros corporais para gesticular. Dizer que Deus revela a si mesmo por meio da natureza equivale a afirmar que mediante os acontecimentos do mundo físico Deus nos comunica verdades a respeito de si mesmo que de outro modo não poderíamos saber.

Que tipo de coisas poderia Deus nos dizer dessa maneira? Paulo explicou: "Pois desde a criação do mundo os atributos invisíveis de Deus, seu eterno poder e sua natureza divina, têm sido vistos claramente, sendo compreendidos por meio das coisas criadas, de forma que tais homens são indesculpáveis" (Rm 1.20). O salmista (Sl 19.1) viu a glória de Deus através das lentes da revelação especial. O que o salmista observou estava objetiva e genuinamente ali. Podemos parafrasear essas afirmações ao dizer que tudo o que se pode conhecer a respeito de Deus em sentido natural foi revelado na natureza. A isso chamamos revelação natural ou geral. A revelação geral é universal no sentido de ser a revelação que Deus faz de si mesmo para todas as pessoas, de todos os tempos, em todos os lugares. A revelação geral ocorre: 1) por meio da natureza; 2) em nossa experiência e consciência e 3) na História.

Nas maravilhas dos céus e nas belezas da terra, Deus se manifesta. Jesus ensinou que Deus "faz raiar o seu sol sobre maus e bons e derrama chuva sobre justos e injustos" (Mt 5.45), revelando dessa maneira sua bondade para todos. "O Deus vivo, que fez o céu, a terra, o mar e tudo o que neles há [...] não ficou sem testemunho: mostrou sua bondade, dando-lhes chuva do céu e colheitas no tempo certo, concedendo-lhes sustento com fartura e um coração cheio de alegria" (At 14.15-17). Deus se faz conhecido no cuidado contínuo e na provisão para a humanidade. Todo o Universo serve aos propósitos do Criador como veículo da automanifestação de Deus.

Deus também se revela nos homens e mulheres, feitos à sua "imagem e semelhança" (Gn 1.26,27). Os seres humanos, como criação direta de Deus, são um espelho ou um reflexo divino. A humanidade é uma obra única de Deus, algo evidenciado pela posição de domínio sobre o restante da criação, com sua capacidade de raciocinar, sentir e imaginar, com a liberdade para agir e responder, e com o senso de certo e de errado (Gn 1.28; Rm 2.14,15). Em especial por intermédio do senso de moral, Deus se revela na consciência de homens e mulheres. O fato de a crença e a prática religiosas serem universais confirma as declarações do apóstolo em Rm 2. Mesmo as criaturas que adoram, oram, constroem templos, ídolos e santuários, buscam Deus de diversas maneiras não o glorificam como Deus, nem lhe dão graças (Rm 1.21-23). Não obstante, pelo fato de cada pessoa ter recebido a capacidade de absorver a revelação geral de Deus, todos são responsáveis por suas ações.

Deus se manifesta nas realizações da História. Toda a História, corretamente entendida, traz a marca da atividade divina, e por isso tem um caráter teológico. Deus é revelado de forma básica na História por meio da ascensão e queda de povos e nações (cf. At 17.22-31).

A revelação geral de Deus é nítida na natureza, na consciência humana ou na História. Mesmo sendo clara, é muitas vezes mal interpretada, pois os seres humanos pecadores e finitos tentam entender o Deus perfeito e infinito. O que foi visto até agora é compatível com o que se segue:

1) A crença religiosa é um fenômeno humano universal.

2) A crença religiosa foi implantada por Deus.

3) Todas as pessoas buscam conhecer Deus com base no que aprenderam observando o mundo a seu redor.

4) Todas as pessoas creem em Deus e manifestam essa crença, ainda que não o admitam.

5) Ninguém, não importa quão insignificante ou pequeno pareça, pode ser desculpado de não perceber a revelação de Deus.

A luz da natureza não é suficiente para dar o conhecimento de Deus necessário para a salvação. Pois o poder (Rm 1.20), a bondade (Mt 5.45) e a justiça (Rm 2.14,15) de Deus foram revelados, mas não sua graça salvífica. Esta é comunicada apenas por meio da revelação especial, necessária para instruir sobre a adoração a Deus do modo correto. Deus se revela por meio da revelação geral, mas, dada a nossa pecaminosidade, pervertemos a recepção dessa revelação — ainda que ela seja tão plena que nos deixa sem qualquer desculpa. É como se um advogado recebesse as informações necessárias para resolver um caso e mesmo assim preferisse ignorá-las.

Em suma, os seres humanos perdem a disposição de vir ao conhecimento puro e claro de Deus. Homens e mulheres suprimem a verdade divina por não gostarem da verdade a respeito de Deus. Eles não gostam do Deus a quem a verdade os conduz, por isso inventam deuses e religiões substitutos. A universalidade da religião no mundo é evidência das verdades discutidas anteriormente. De acordo com Paulo, o ato de suprimir a consciência acerca de Deus e de suas exigências deforma nossa razão e consciência. Por causa da rejeição de Deus, ele com justiça revela sua ira contra a humanidade. A revelação geral de Deus não produz o relacionamento salvador com ele; antes, revela Deus às criaturas, e estas são consequentemente responsáveis por sua resposta à revelação. Essa compreensão da revelação geral só pode ser aceita por meio da revelação especial.

Revelação especial Deus se revelou na natureza, na experiência humana e na História, mas a entrada do pecado no mundo mudou a revelação e a interpretação dessa revelação. Precisa-se da revelação especial para entender plenamente a automanifestação de Deus. A verdade divina existe fora da revelação especial, mas ela é consistente com a revelação geral e a complementa, não se trata de um substituto para a revelação especial.

Em contraste com a revelação geral de Deus, que está disponível a todas as pessoas, a revelação especial está disponível a pessoas específicas, em momentos específicos, em lugares específicos; atualmente está disponível apenas por meio de consulta às Escrituras Sagradas. A revelação de Deus é a revelação particular primordial.

REVELAÇÃO DE DEUS

Deus se revela a seu povo. O povo de Deus é o conjunto dos filhos de Abraão por descendência natural (Gn 12.1-3) ou espiritual (Gl 3.16, 29). Será que isso significa que Deus limita o conhecimento de si mesmo a algumas pessoas em particular? Não necessariamente, pois a revelação geral de Deus foi dada a todos, ainda que pervertida e rejeitada por causa da impiedade universal do homem. Ele agora escolhe a quem se fará conhecido e por intermédio de quem ele agirá. Deus disse a Abraão: "E por meio de você, todos os povos da terra serão abençoados" (Gn 12.3). Deus se manifesta de maneira particular a seu povo para que este seja um canal de bênçãos para todos os outros.

A revelação especial é também progressiva. A história bíblica testemunha a respeito do desvelamento contínuo da parte de Deus, a respeito de sua vontade e verdade no AT e no NT. Esse progresso não é de nenhuma maneira contraditório. É complementar e suplementar à revelação anterior. Não se deve pensar do progresso como a passagem da inverdade para a verdade, mas de uma revelação menor para a revelação plena (Hb 1.1-3). A revelação da Lei no AT não é substituída pelo Evangelho, mas cumprida nele.

A revelação especial é primariamente redentora e pessoal. No reconhecimento da difícil condição humana, Deus escolheu no princípio revelar-se de modo direto. Dentro do tempo e do espaço, Deus atuou e falou para redimir a raça humana do mal que ela própria se impôs. Mediante pessoas chamadas, milagres, o êxodo, a realização da aliança, e em último lugar por meio de Jesus Cristo, Deus se revelou na História.

O momento definitivo da revelação pessoal de Deus está em Jesus Cristo. Em Cristo, a Palavra se tornou carne (Jo 1.1,14; 14.9). A promessa de salvação do AT como dom divino à humanidade que não pode salvar a si mesma foi cumprida por meio de seu Filho. A revelação redentora de Deus é que Jesus Cristo carregou os pecados da humanidade caída, morreu em lugar dos pecadores e ressuscitou para garantir a justificação. Esse é o centro da revelação especial.

A revelação especial é também repleta de propósitos. Inclui não apenas os atos pessoais e redentores na História, mas também a interpretação profética e apostólica dos acontecimentos. A autorrevelação de Deus é proposicional no sentido de tornar conhecidas verdades a respeito dele ao povo. O conhecimento a respeito de alguém precede o conhecimento íntimo dessa pessoa. O propósito primário da revelação não é necessariamente aumentar o escopo do conhecimento. Antes, o conhecimento proposicional serve com o propósito de fornecer conhecimentos pessoais.

Pode-se, portanto, afirmar que a revelação especial tem três estágios: 1) redenção na história, centrada na obra do Senhor Jesus Cristo; 2) a Bíblia, a revelação escrita que interpreta o que ele fez para redimir homens e mulheres; 3) a obra do Espírito Santo na vida de indivíduos e na vida coletiva da igreja, aplicando a revelação de Deus à mente e ao coração dos membros do seu povo. Como resultado, homens e mulheres recebem Jesus Cristo como Senhor e Salvador e são capacitados para segui-lo com fidelidade em uma comunidade da aliança que crê até o fim da vida.

O conteúdo da revelação especial é em sentido primário o próprio Deus. Mas o mistério permanece mesmo na autorrevelação divina. Deus não se revela de forma plena a ninguém. Entretanto, Deus se revela a pessoas na medida em que elas podem compreender. A revelação especial é a declaração da verdade a respeito de Deus, seu caráter, sua ação e seu relacionamento com a criação para trazer toda a criação sob Cristo, o cabeça (Ef 1.9,10).

O lugar da revelação especial é a fé cristã. Deus se faz conhecido dos que recebem essa revelação pela fé (Hb 11.1,6). A fé é o reconhecimento alegre da verdade, a recepção da revelação de Deus sem reserva ou hesitação (Rm 10.17).

Hoje, a Bíblia é de importância crucial. Por meio da Bíblia o Espírito testemunha aos indivíduos a respeito da graça de Deus e da necessidade da resposta com fé. Na Bíblia aprende-se da redenção dos pecadores feita por Deus em Cristo Jesus. A resposta de fé à Palavra e aos atos de Deus, registrada e interpretada pelos profetas e pelos apóstolos, convoca a abraçar com humildade de disposição para aprender, sem procurar por falhas, tudo o que seja ensinado nas Santas Escrituras.

Em suma, pode-se dizer que Deus teve a iniciativa de revelar a si mesmo aos homens e mulheres. A revelação é compreensível para a

humanidade e torna possível conhecer Deus e crescer no relacionamento com ele. A automanifestação de Deus apresenta informações a respeito dele com o propósito de levar homens e mulheres até sua presença. Para os cristãos hoje a Bíblia é a fonte da revelação de Deus. Na palavra escrita identifica-se Deus, e pode-se saber e entender algo a respeito dele, de sua vontade e obra, e conduzir outras pessoas a ele. A revelação especial não é especulativa. A Bíblia fala de modo especial sobre assuntos de cosmologia e história quando essas questões tocam a natureza da fé. Deus manifestou a si mesmo na linguagem, no pensamento e na ação dos homens como foi demonstrado de modo definitivo na encarnação de Jesus Cristo.
— David Dockery

REVERÊNCIA 1. Curvar-se diante de alguém com o rosto até o chão como sinal de homenagem ou submissão. A palavra hebraica *chavah* pode dizer respeito a uma pessoa, como o rei (1Sm 24.8; 2Sm 1.2. 9.6-8; 14.4), ou a um oficial real (Gn 43.28; Et 3.2,5) — nesse caso, as versões da Bíblia costumam traduzir por "inclinar-se". Moisés inclinou-se diante do sogro (Êx 18.7). Saul inclinou-se diante do espírito de Samuel (1Sm 28.14). No entanto, a mesma palavra dirigida a Deus ou outros deuses costuma ser vertida por alguma palavra com o conceito de culto ou adoração. **2.** Respeito ou honra que se presta a alguém com dignidade. Nas Escrituras presta-se reverência: aos pais (pai e mãe, Lv 19.3; Hb 12.9); a Deus (1Rs 18.3, 12; Hb 12.28); ao santuário de Deus (Lv 19.30; 26.2); aos mandamentos de Deus (Sl 119.48). A falha em reverenciar Deus (Dt 32.51) e o ato de reverenciar outros deuses (Jz 6.10) têm consequências diretas. Expressa-se reverência a Cristo mediante a submissão mútua na comunidade cristã (Ef 5.21). A perseguição aos cristãos assume um novo significado à medida em que o sofrimento se transforma em oportunidade de reverenciar Cristo (1Pe 3.14,15). V. *temor, temível (terrível, tremendo)*; *medo, temor.*

REZEFE Nome de lugar que significa "carvão (ou brasa) incandescente". Cidade conquistada pelos assírios, muito provavelmente sob Salmaneser III (c. 838 a.C.), que eles utilizaram como advertência ao rei Ezequias de Judá em 701 a.C., para dissuadi-los de confiar que Deus poderia libertá-los (2Rs 19.12; Is 37.12). O lugar é provavelmente Rezzafeh, a cerca de 160 quilômetros a sudeste de Alepo.

REZIA V. *Rízia*

REZIM Rei da Síria por volta de 735 a.C., durante os reinados de Peca em Israel e Acaz em Judá. Quando Acaz se recusou a se unir a Rezim e a Peca para lutar contra a Assíria, Rezim o persuadiu a se aliar a ele contra o rei de Judá (2Rs 15.37; 16.5). Acaz apelou por ajuda a Tiglate-Pileser da Assíria, que veio contra Rezim e Peca, e destruiu seus reinos. Rezim morreu em 732 a.C., quando Damasco caiu diante dos assírios.

REZOM Nome pessoal que significa "príncipe". Arameu que liderou uma revolta bem-sucedida contra Salomão e estabeleceu um Estado independente com a capital em Damasco (1Rs 11.23-25). V. *Damasco.*

RIACHO DOS SALGUEIROS 1. Nome que aparece somente em Is 15.7 como uma das fronteiras de Moabe. O nome hebraico pode ser lido como forma plural do ribeiro da Arabá, mas dois cursos de água distintos estão em vista aqui. Provavelmente o mesmo que o vale de Zerede, o atual uádi el-Hesa. V. *vale de Zerede; Arabim.* **2.** V. *Arabim.*

RIBAI Nome pessoal que significa "Javé contende". Pai de Itai, um dos 30 guerreiros da tropa de elite de Davi (2Sm 23.29; 1Cr 11.31).

RIBEIRO DO EGITO A fronteira sudoeste do território cananeu dado a Israel como posse (Nm 34.5). Geralmente é identificado com o uádi el-'Arish, que flui do centro da península do Sinai para o mar Mediterrâneo. Ele desemboca no Mediterrâneo aproximadamente no meio entre Gaza e Pelúsio. V. *rios e cursos de água.*

RIBLA 1. Cidade síria localizada perto de Cades no rio Orontes, próximo da fronteira com a Babilônia. Nesse lugar o faraó Neco aprisionou o rei Jeocaz de Judá, depois de o jovem monarca ter reinado apenas três meses (2Rs 23.31-33). Mais tarde Zedequias foi levado para Ribla como prisioneiro, quando se rebelou contra

Nabucodonosor da Babilônia, e testemunhou a execução dos seus filhos (25.4-7). V. *Dibla*. **2.** Cidade na fronteira leste de Canaã (Nm 34.11), a respeito da qual nada se sabe. Algumas traduções antigas traziam "Arbela".

RIFATE Nome pessoal de origem estrangeira. Filho de Gomer, provavelmente o ancestral de uma tribo da Anatólia (Gn 10.3). O nome é provavelmente uma corruptela escribal de Difate (1Cr 1.6).

RIM Par de órgãos localizados na massa de tecido gorduroso que excreta os dejetos produzidos pelo metabolismo.

Na Bíblia o "rim" é usado em sentido literal e também figurado. Quando a palavra é usada figuradamente para se referir a pessoas, a *NVI* traduz o termo por "coração" (Jr 12.2; Ap 2.23; v. tb. Jó 19.27; Sl 7.9; 16.7; 73.21; Lm 3.13) ou "íntimo" (Sl 139.13). Em Jó 16.13, a *NVI* traz "rins".

Os rins são associados muitas vezes ao coração como constituintes do centro da personalidade humana (Sl 7.9; 26.2; Jr 11.20; 17.10; 20.12; Ap 2.23). Dada a sensibilidade da área ao redor dos rins, os hebreus acreditavam que os rins eram a sede das emoções (Jó 19.27; Sl 73.21 — a *NVI* traduz por "coração"). Os rins eram também usados de modo figurado como fonte de conhecimento e entendimento da vida moral (Sl 16.7; Jr 12.2 — a *NVI* traduz por "coração").

Quando usada no sentido literal, com referência a animais, a palavra "rim" (ou "rins") é mencionada em conexão com sacrifício (a exceção é Is 34.6). Os rins, com a gordura ao redor, eram reservados a Deus como as melhores partes do animal (Êx 29.13,22).

RIMOM Nome de lugar e nome de uma divindade que significa "romã". **1.** Principal deus da Síria, também chamado Hadade. Naamã adorava Rimom em Damasco (2Rs 5.18). **2.** Cidade designada à tribo de Judá (Js 15.32), mas depois dada a Simeão (19.7; cp. 1Cr 4.32). Traduções antigas e muitos intérpretes modernos leem el--Rimom em todas essas passagens. É a atual Khirbet er-Ramamin, cerca de 3 quilômetros ao sul de Lahav. O texto de Zc 14.10 a descreve como a fronteira sul do novo reino exaltado de Deus. V. *En-Rimom*. **3.** Cidade levítica em Zebulom (Js 19.13; 1Cr 6.77), provavelmente a leitura original para Dimna (Js 3.5). É a atual Rummaneh, distante de Nazaré cerca de 9 quilômetros. V. *Dimna*. **4.** Rocha perto de Gibeá para onde o povo de Benjamim fugiu dos israelitas que buscavam vingança (Jz 20.45-47), a atual Rammun, distante de Betel cerca de 6 quilômetros. **5.** Pai de Recabe e Baaná, que matou Is-Bosete, filho de Saul (2Sm 4.2,9).

RIMOM-METOAR A *ARC* entende Rimom--Metoar como um nome pessoal (Js 19.13). Outras traduções entendem que a palavra "Metoar" significa "fazia uma curva na direção de" (*NVI*), "se estendia até" (*ARA*), "virando para o lado de" (*NTLH*). V. *Remon*.

RIMOM-PEREZ Nome de lugar que significa "romã da passagem". Acampamento durante as peregrinações de Israel pelo deserto (Nm 33.19,20).

RIMONO Nome de lugar que significa "seu Rimom" (citado em 1Cr 6.77; cp. Js 19.13; 21.25.)

RINA Nome pessoal que significa "choro retumbante". Descendente de Judá (1Cr 4.20).

RINS A palavra "rins" na Bíblia é usada no sentido literal anatômico e no figurado de "sentimento". No sentido literal, a palavra é usada em Jó 16.13; Sl 139.13; Is 11.5; no sentido figurado é usada em Jó 19.27 (*NVI*, "coração"); Sl 7.9; 16.7; 26.2; 73.21 e Jr 11.20 — com exceção de Pv 23.16 (*BJ* traduz "rins", literalmente; *ARA* e *ARC*, "íntimo"; *TEB*, "todo o meu ser").

RIO DO EGITO V. *ribeiro do Egito*.

RIOS E CURSOS DE ÁGUA Desde os esforços mais antigos em colonizações permanentes no antigo Oriente Médio, as pessoas eram atraídas aos rios e fontes, que por fim determinariam a distribuição das populações entre montanhas, desertos e mares. As planícies inundáveis de muitos desses rios originariamente eram inóspitas, com florestas densas, animais selvagens, inundações imprevisíveis e doenças. Entretanto, dentro das áreas de planícies e terras baixas que proviam um fornecimento mais constante de alimento e facilidade para locomoção, a necessidade de abastecimento constante de água atraía colonizadores às margens dos rios. Logo, as antigas civilizações que surgiram ao longo de rios como o Nilo, o Tigre e o Eufrates tiveram início, por volta de 3000 a.C., e a civilização do rio Indo pouco depois, em resposta aos desafios e benefícios apresentados por esses importantes cursos de água. Desenvolveu-se o controle de alimentos, a organização social e econômica e a invenção da escrita. O comércio foi facilitado pela navegação. Como as estradas seguiam traçados mais fáceis, o padrão das antigas rotas comerciais se conformava, especialmente em terrenos mais acidentados, aos canais e cursos de rios e fontes, e ao longo das linhas costeiras onde se desenvolveram as primeiras aldeias de pescadores.

Rios e fontes Um estudo dos rios citados na Bíblia permite entender as culturas que se desenvolveram nas proximidades destes.

Nilo O nome "Nilo" é opção de tradução de muitas versões modernas da Bíblia para a palavra hebraica *ye'or*. O Nilo tem um papel importante nos primeiros acontecimentos da vida de Moisés no êxodo (Moisés, Êx 2.3; as dez pragas, Êx 7.15,20). O Nilo é citado apenas como "o rio" (Gn 41.1), "o rio do Egito" (Gn 15.18), "ribeiro do Egito" (Am 8.8), Sior (Js 13.3), rio de Cuxe, e outros nomes. O nome "ribeiro do Egito" muitas vezes é uma referência ao uádi el-Arish, o sistema de drenagem na região central do Sinai. Os profetas Amós (8.8; 9.5) e Jeremias (46.8) usaram o Nilo como símbolo do Egito, conceito facilmente compreensível dada a importância histórica do rio para a sobrevivência e prosperidade daquele país.

Para os egípcios, as inundações anuais previsíveis do Nilo com o depósito de solo aluvial negro fértil significava o enriquecimento das planícies cultiváveis e a diferença entre fartura e fome. Proveniente das terras altas centrais do leste da África, o Nilo, com uma bacia hidrográfica de cerca de 1 milhão e 600 mil metros quadrados, é formado pela união do Nilo Branco com o Nilo Azul, e percorre a distância de aproximadamente 5.600 quilômetros. Desde sua maré baixa no fim de maio, a cheia do rio gradualmente atinge o ponto máximo no início de setembro. Historicamente, aproximadamente 95% da população do Egito dependia da produtividade da área de 5% do país dentro da região de planície cultivável do Nilo. No delta do rio pelo menos três grandes afluentes facilitavam a irrigação na área extensa ao norte de Mênfis, a antiga capital do Baixo Egito. V. *Egito*; *Nilo, rio*.

Eufrates Mencionado primeiramente em Gn 2.14 como um dos quatro afluentes do rio que irrigava o jardim do Éden, o Eufrates percorre 2.735 quilômetros, sendo o maior rio da Ásia Ocidental. Desde a região montanhosa do nordeste da Turquia (Anatólia), o Eufrates corre em direção ao sul, até o norte da Síria, muda de direção rumo ao sudeste para se unir ao Tigre, e deságua no golfo Pérsico. Na metade desse percurso está Carquemis, originariamente o centro de uma pequena cidade-Estado, que se tornou a importante capital provincial do reino de Mitani e, mais tarde, dos Impérios Hitita e Assírio. Foi em Carquemis que no ano 605 a.C. Nabucodonosor II derrotou o faraó Neco, no momento em que ele iniciava sua bem-sucedida campanha para conquistar o antigo Império Assírio para a Babilônia (2Rs 24.7; Jr 46). Dois importantes tributários, o Belikh e o Khabur, deságuam no Eufrates no norte, antes que o rio continue rumo ao antigo centro comercial de Mari. O baixo Eufrates assinalava os limites ocidentais das cidades-Estado que formavam a civilização suméria. Desde a planície do rio até o delta, tanto o Tigre como o Eufrates regularmente tinham afluentes e mudavam de curso. Cerca de 90% de seu volume misteriosamente se perde em razão de irrigação, evaporação, poços, lagos e pântanos que se formam, não alcançando o golfo Pérsico. Também se perdem nessa região grandes quantidades de sedimento que ambos os rios trazem das regiões montanhosas. Depósitos de sedimentos ao longo dos cursos mais baixos desses rios apresentam uma média de 5 a 7 metros com depósitos de 10 metros em algumas regiões. Calculou-se que somente o rio Tigre remove 3 milhões de toneladas de material de erosão das terras altas em um único dia. No extremo sul os dois rios se unem em um rio que atualmente é conhecido como Shatt el-Arab.

A cheia dos rios mesopotâmicos em março e abril é diferente do esquema do Nilo, que nessa época está na vazante. O degelo e as chuvas nas cabeceiras criam torrentes repentinas e desastrosas, especialmente ao longo do Tigre, que precisam ser controladas por açudes nesse

RIOS E CURSOS DE ÁGUA

período, antes que possam ser utilizadas para irrigação. V. *Eufrates e Tigre, rios*.

O curso do alto Eufrates foi descrito como a fronteira norte da terra prometida (Gn 15.18; Dt 1.7; 11.24; Js 1.4). De fato, Davi estendeu sua influência militar até as margens daquele rio, no auge do seu poder (2Sm 8.3; 10.16-18; 1Rs 4.24). A expressão "o rio" em algumas passagens se refere ao Eufrates (Js 24.2,3; Ed 4.10-13; Ne 2.7-9), que historicamente tem sido uma importante fronteira natural geográfica e política.

Tigre Desde sua nascente em um pequeno lago (Hazar Golu) a cerca de 160 quilômetros a oeste do lago Van, na Armênia, o Tigre corre em direção ao sudeste por cerca de 1.850 quilômetros antes de se unir ao Eufrates e desaguar no golfo Pérsico. O período das cheias é entre março e abril e vai até meados de maio, quando acontece o degelo das montanhas. Na época das cheias o rio corre muito rapidamente na região de gargantas estreitas, mas de Mosul até Nínive, na direção sul, é navegável e foi muito utilizado na Antiguidade como meio de transporte. Uma série de afluentes vindos do leste desde os declives dos montes Zagros deságuam no Tigre, incluindo o Grande e o Pequeno Zab e o Diyala. O Diyala corre em direção ao Tigre perto de Bagdá. Na Antiguidade suas margens eram habitadas por uma grande população mantida e feita próspera por um excelente sistema de irrigação. O Eufrates, fluindo em um nível 9 metros mais alto que o Tigre, permitiu a construção de uma sequência de canais de irrigação entre os dois rios, resultando numa produtividade incomum. Ao sul de Bagdá, onde seus cursos mais uma vez se separavam, um sistema mais complicado de canais se tornou necessário.

As margens do Tigre foram marcadas por algumas das mais importantes cidades da Antiguidade: Nínive, a capital da Assíria durante o Império Assírio; Assur, a capital original da Assíria; Opis (na vizinhança de Bagdá), o importante centro comercial da Neobabilônia em tempos posteriores; Cresiphon, a capital dos partos e dos sassânidas; e Selêucia, capital dos governantes selêucidas da Mesopotâmia.

Rios da Anatólia Vários rios irrigam essa parte da atual Turquia. V. *Ásia Menor, cidades de*.

Hális Desde sua fonte nas montanhas da Armênia, o Hális inicia seu percurso de mais de mil quilômetros rumo ao sudoeste para desviar de rota apenas por um canal secundário rumo a um canal mais largo, até que sua direção seja completamente mudada, em direção nordeste, rumo às regiões montanhosas fronteiras à praia sul do mar Negro. O maior rio da Anatólia, o Hális, como outros principais rios da Turquia, é o resultado de chuvas pesadas na região do Ponto. Por causa dos ventos no interior das cadeias montanhosas costeiras, nenhum desses rios é navegável. No interior dessa região do Hális, no planalto norte da Anatólia, os hititas estabeleceram Boghazkoy, sua capital. O curso do Hális formava as fronteiras do distrito do Ponto.

Rios da costa do mar Egeu A acidentada linha costeira do mar Egeu contava com uma série de portos e abrigos que possibilitaram a colonização grega e o estabelecimento de grandes cidades portuárias dos períodos grego e romano. As bocas dos rios do Egeu, que pareciam ideais para centros marítimos durante a colonização, por fim se mostraram desastrosas. Os cursos mais baixos desses rios, relativamente pequenos e seguindo um curso tortuoso sobre suas respectivas planícies, são muito estreitas e preguiçosas durante os meses de verão. No entanto, seus cursos superiores, de formação recente, transportam enorme quantidade de aluvião das terras altas que enchiam os estuários e golfos. Era necessária uma dragagem constante para manter o acesso do porto pelo mar e evitar a formação de pântanos infestados de malária. Ali o Hermus (2.500 metros) era desviado para impedir a destruição do porto de Esmirna (Izmir). Ao sul de Éfeso, a cidade original nas terras pantanosas foi abandonada por volta do ano 400 d.C. para construção de um novo porto no rio Cayster. Durante os dias da prosperidade de Éfeso, a dragagem constante era adequadamente mantida. Entretanto, com o declínio do Império Romano depois do ano 200 d.C., o assoreamento do porto produziu o rápido declínio da cidade. Mileto, na planície aluvial do rio Meandro (3.792 metros), foi originariamente estabelecida em um profundo golfo, abrigada dos ventos fortes. A grande cidade jônica possuía quatro portos, mas o assoreamento dos portos pelos depósitos aluviais do Meandro por fim levou ao declínio e ao abandono da cidade. Ainda que esses rios do Egeu não fossem navegáveis, as planícies de aluvião que os margeava providenciava um acesso conveniente e vital e um meio de comunicação com o interior.

Rios da Sírio-Palestina Na Síria e na Palestina os rios muitas vezes separavam os povos em vez de providenciar poder econômico.

Orontes e Litani No interior do vale de Beca que forma a fenda entre os montes Líbano e Antilíbano, um curso d'água (cerca de 6 quilômetros acima do nível do mar) forma as cabeceiras dos rios Orontes e Litani. As chuvas e a neve dos cumes montanhosos nas alturas de mais de 1.700 metros descem por um curso de 900 a 1.600 metros de largura até o vale de Beca, que é parte do vale do Rift ("vale do Líbano", Js 11.17). Os cursos de água do Orontes seguem rumo ao norte e mudam de rumo para a direção oeste até desaguarem no Mediterrâneo perto de Antioquia. O Litani corre rumo ao sul e por fim deságua no mar ao norte de Tiro. Em seu curso mais baixo formou-se uma garganta profunda e estreita que não é adequada para comunicações. V. *Palestina*.

Jordão Uma série de fontes e afluentes resultantes de chuvas e neves provenientes das alturas do monte Hermom (cerca de 2700 metros acima do nível do mar) na extremidade sul dos montes Antilíbano a leste do vale do Rift (também conhecido como Grande Fenda Africana), convergem no lago Hulé para formar as cabeceiras do rio Jordão. Ao longo da margem leste do vale Hulé, o rio corre em direção sul até o lago Quinerete (o mar da Galileia). Com largura de apenas 12 quilômetros e comprimento de 22 quilômetros, as águas da Galileia e sua indústria de pesca sustentavam uma população densa durante muitos períodos históricos. Na extremidade sul da Galileia o Jordão percorre cerca de 100 quilômetros até o mar Morto (que está cerca de 400 metros abaixo do nível do mar). O Jordão percorre dois quilômetros com uma área de dragagem de cerca de 10 mil metros quadrados. O rio Jarmuque se une ao Jordão 8 quilômetros ao sul do mar da Galileia. O rio Jaboque encontra o Jordão vindo do leste, a cerca de 4 quilômetros ao norte do mar Morto.

Na extremidade do Jordão o mar Morto se estende por 7 quilômetros entre áreas e terrenos altos e escarpados de calcário e areia entre o deserto árido a oeste e o planalto da Transjordânia a leste. O mar e os terrenos inóspitos ao longo de sua linha costeira desencorajam viagens regulares e transportes.

O Jordão parece nunca ter servido de caminho para transporte ou navegação, mas como uma barreira natural e fronteira política por conta de suas margens de florestas densas que delineavam seu traçado tortuoso (a "mata do Jordão", Jr 49.19; cp. 2Rs 6.4) e que poderiam ser atravessadas sem dificuldade somente em seus vaus (Js 3). O controle dos vaus durante confrontos militares nos tempos bíblicos constituía-se em uma vantagem crítica (Jz 3.28; 12.5,6). O papel do Jordão como fronteira política parece ter sido estabelecido já em 2000 a.C., quando a fronteira leste da província egípcia de Canaã seguia o Jordão. Ainda que tribos israelitas tivessem permissão especial para se estabelecer na Transjordânia, já estava claro que, além do Jordão, eles residiam de fato fora da terra prometida (Js 22). Mesmo no período pós-bíblico, a fronteira leste da província persa e grega da Judeia seguia o Jordão. Longe desses oásis férteis que eram abundantes no vale do Jordão, a prosperidade agrícola foi garantida durante os períodos grego e romano, quando a irrigação se desenvolveu ao longo das margens dos dois lados do rio, dentro do vale do Rift.

Quisom O rio Quisom forma o sistema de dragagem da planície de Jezreel e a parte do sul da planície de Aco. Enquanto um número de pequenos afluentes tem suas fontes no sopé do monte Tabor, na parte sul da Galileia e na extensão do Carmelo na vizinhança de Taanaque e de Megido, o Quisom não passa de um ribeiro no interior de bancos estreitos, exceto durante os meses de chuva pesada no inverno. Nessa época o rio se transforma em um brejo pantanoso e instransponível. Desde Jezreel o rio passa ao longo do sopé do monte Carmelo através de uma passagem estreita formada por um espigão dos montes da Galileia até a planície de Aco, onde alguns afluentes adicionais se unem antes que o rio deságue no Mediterrâneo. Sua extensão total desde sua fonte até o mar é de apenas 3.700 metros. Na história bíblica, o Quisom é conhecido pelo papel na vitória que Baraque e Débora tiveram sob as forças cananeias de Sísera (Jz 4—5) e pela disputa de Elias contra os profetas de Baal no monte Carmelo (1Rs 18.40).

Yarkon O Yarkon é formado por corredeiras sazonais das encostas ocidentais dos montes da Samaria e da Judeia, que correm até o ribeiro de Caná, seu principal afluente, e as ricas fontes no sopé de Afeque, cerca de 1.200 metros rumo ao interior, desde o Mediterrâneo. Ainda que ancoradouros e pequenos portos, tal como Tel Qasile, uma cidade filisteia, tenham sido estabelecidos ao longo de seu curso, e árvores de cedro do Líbano flutuassem até Afeque para serem transportadas para Jerusalém para a construção do templo e do palácio de Salomão, historicamente o Yarkon formava uma grande barreira para o comércio entre o norte e o sul, por causa de seus grandes pântanos formados ao longo do seu curso. A vegetação profusa ao longo de suas margens provavelmente sugeriu o nome do rio, derivado da palavra hebraica *yaroq*, que significa "verde". Nos tempos bíblicos, o Yarkon formava a fronteira entre as tribos de Dã e Efraim, no norte de Israel. Mais adiante, o ribeiro de Caná formava a fronteira entre Efraim e Manassés (Js 16.8; 17.9).

Mares Dois grandes mares influenciaram muito a história política, econômica e cultural de Israel.

Mar Mediterrâneo O mar Mediterrâneo tem largura de 160 a 900 quilômetros e comprimento de cerca de 3.200 quilômetros desde o estreito de Gibraltar até a costa de Israel.

Formado pelos movimentos dos planaltos dos continentes europeu e do norte africano, o grande Mediterrâneo consiste em uma série de bacias e se estende ao longo de uma linha costeira que historicamente contribuiu para a vitalidade do comércio marítimo. A costa estreita ao longo da parte sul de sua linha costeira oriental e a falta de portos naturais limitaram as oportunidades dos israelitas de envolvimento com o comércio marítimo no Mediterrâneo. Havia facilidades portuárias limitadas em cidades costeiras como Jope, Dor e Aco, mas estas eram dificilmente adequadas para facilitar mais que uma frota pesqueira e um refúgio ocasional durante alguma tempestade para os grandes navios mercantes que frequentavam os grandes portos estabelecidos mais distante, ao norte, ao longo da costa fenícia. Como resultado, os tratados estabelecidos entre os reis israelitas e os fenícios providenciaram um intercâmbio de produção agrícola e de horticultura em troca de madeira e outros bens (2Cr 2.16) e uma cooperação mutuamente benéfica na manutenção de um monopólio nas rotas de comércio terrestres e marítimas (1Rs 9.26,27). O Mediterrâneo se tornou o mar "romano" quando as condições pacíficas do controle romano sobre as terras ao longo da costa mediterrânea abrigaram um dramático movimento de bens, mercadorias e pessoas para satisfazer as necessidades diversas da política romana. V. *mar Mediterrâneo*.

Mar Vermelho O mar Vermelho (heb., *yam suf*; lit., "mar dos Juncos") é um estreito que separa a península Arábica da costa nordeste da África (Egito, Sudão e Etiópia). Seu limite sul é estreito (33 quilômetros) e se abre para o oceano Índico. Com comprimento de cerca de 2.000 quilômetros e largura que varia de 200 a 358 quilômetros, a área total de sua superfície é de cerca de 286 mil quilômetros quadrados. Enquanto sua profundidade média é de 500 metros, como parte de uma grande falha que corre rumo ao norte desde o lago Vitória até o sopé das montanhas do Cáucaso no sul da Rússia o mar Vermelho atinge a profundidade de 2.360 metros nas proximidades de Porto Sudão. É o mais quente e mais salino de todos os mares abertos. Ainda que a costa do mar Vermelho historicamente tenha sido esparsamente povoada, e tenha tido poucos portos, por esse mar abriu-se caminho para portos distantes no oceano Índico e para a costa oriental da África, onde frotas mercantes fenícias a serviço de Salomão importavam bens luxuosos para as cortes do Levante (1Rs 9.26).

No norte, o golfo de Suez e o golfo de Eilate (Ácaba) formam os braços oeste e leste, delineando a linha costeira da península do Sinai. Os faraós egípcios usaram o golfo de Suez como a rota mais curta para o Mediterrâneo. Havia uma ligação com os lagos Amargos e com o Nilo por um canal que existe desde antes de 600 a.C., que foi mantido pelos persas, pelos ptolomeus e pelos romanos.

Com a expansão do reino de Davi, o golfo de Eilate (Ácaba) providenciava a rota marítima vital que os reis de Israel e Judá e seus aliados fenícios exploraram para encher os cofres de Jerusalém. Depois da queda do reino de Judá, os nabateus estabeleceram um monopólio semelhante sobre o comércio marítimo e dominaram as rotas de caravanas de Petra até Damasco e Gaza para transportar navios até o Mediterrâneo. No tempo dos gregos as rotas de comércio com o Índico foram restabelecidas e mantidas até o tempo dos romanos. V. *mar Vermelho (mar dos Juncos)*.

Conclusão À parte dos papéis importantes desempenhados pelo Nilo no Egito e pelo Tigre e Eufrates na Mesopotâmia, os rios do mundo bíblico eram pequenos e quase sempre não navegáveis. Como resultado, com exceção das planícies aluviais que margeavam seus leitos, esses rios desempenhavam um papel mais significativo como barreiras e fronteiras que como canais para transporte. Em termos da história bíblica antiga, os mares Mediterrâneo e Vermelho desempenharam papéis mais importantes no intercâmbio intercultural e comercial. Com o desenvolvimento dos Impérios Grego e Romano, os mares ocidentais — o Egeu, o Jônico, o Adriático e o Tirreno — cresceram em importância. No norte e no leste, o mar Negro, o mar Cáspio e o golfo Pérsico com as cadeias de montanhas que os ligavam formavam os limites do mundo bíblico. — *George L. Kelm*

RIQUEZA E MATERIALISMO Situação em que posses materiais que têm valor relevante, como terra, gado, dinheiro e metais preciosos, e em que a prática é valorizar essas posses de modo indevido, especialmente quando isso resulta no desalinhamento das prioridades pessoais e solapa a devoção a Deus.

Riqueza Para entender a visão bíblica de riqueza, é preciso compreender a narrativa bíblica da Criação. Nesse relato Deus criou o Universo — e tudo que ele contém — "do nada" (Gn 1.1-27). Isso significa que quando criou o Universo inteiro Deus não utilizou nenhuma matéria prévia para fazê-lo. Assim, ao contrário de pintores que usam coisas que já existem (pincéis, telas, tintas) para criar suas obras, Deus criou o Universo sem usar qualquer coisa preexistente. Aqui o salmista instrui: "Pois o Senhor é o grande Deus, o grande Rei acima de todos os deuses. Nas suas mãos estão as profundezas da terra, os cumes dos montes lhe pertencem. Dele também é o mar; pois ele o fez. As suas mãos formaram a terra seca" (Sl 95.3-5). Logo, em virtude de ser o Criador absoluto, a reivindicação de Deus sobre o Universo e tudo que nele existe é absoluta — em última análise, tudo pertence a ele somente (cf. Sl 50.10-12).

Obviamente, em sua sabedoria Deus concedeu à humanidade domínio sobre a terra (Gn 1.26-28), confiando assim sua riqueza aos humanos. Ao fazê-lo, Deus os designou como mordomos de sua criação. Entretanto, dessa verdade decorrem várias consequências. Primeiro, uma vez que tudo pertence em última análise a Deus, qualquer coisa que possuímos — e por isso somos seus proprietários — vem como um empréstimo dele. Por isso, o direito de propriedade nunca é absoluto — nossos bens sempre pertencem primordial e prioritariamente ao próprio Deus. Segundo, por ser empréstimo confiado por Deus, possuir bens traz consigo responsabilidades significativas. Deus responsabiliza, p. ex., aqueles a quem confiou riqueza para contribuírem para a obra dele (cf. Nm 18.20-32; Dt 14.28,29; Ml 3.8-10; 2Co 9.6-14; 1Tm 5.18) e para cuidarem dos pobres entre eles (cf. Pv 29.7; Am 5.11,12; Mt 19.21; 1Tm 5.3-5). É importante notar que, enquanto Deus convoca seus filhos a endossarem os ministérios da igreja pela oferta de sacrifício, a responsabilidade de administrar sabiamente o que Deus concedeu vai além. Assim, não se deve ter a ousadia de pensar que, uma vez que certa porcentagem da renda pessoal foi dada à igreja, não importa o que se faz com o restante.

Deus abençoou algumas pessoas com riqueza abundante. Abraão, Isaque, Salomão e Jó foram todos abençoados com grandes fortunas (cf. Gn 13.2; 26.12-14; 1Rs 3.13; Jó 42.12). Isso não significa, porém, que a pobreza seja um sinal do desfavor de Deus. De acordo com a Escritura, Deus se preocupa de modo especial com o pobre (Sl 72.12-15). Além disso, Jó era íntegro quando Deus permitiu que ele empobrecesse (Jó 1.1,13-19). A retidão de Jó se evidencia até mesmo quando ele reage ao infortúnio. "E disse: Saí nu do ventre de minha mãe, e nu partirei. O Senhor o deu, o Senhor o levou. Louvado seja o nome do Senhor" (Jó 1.21). Por conseguinte, seria um engano concluir que o empobrecimento de Jó assinala o desagrado de Deus com ele. No entanto, dos que abençoou abundantemente, Deus espera muito. As palavras do próprio Jesus o sublinham: "A quem muito foi dado, muito será exigido" (Lc 12.48).

Materialismo A Bíblia adverte contra valorizarmos demais nossa riqueza. As riquezas nos podem impedir de produzir frutos espirituais (cf. Lc 8.14). Talvez a consciência disso esteja subjacente à prece de Agur de que não lhe sejam dadas riquezas para que não negue a Deus (Pv 30.8,9). A verdade de que riquezas podem impedir o crescimento espiritual é expressa com eloquência por Jesus: "E lhes digo ainda: É mais fácil passar um camelo pelo fundo de uma agulha que um rico entrar no Reino de Deus" (Mt 19.24). Em outra ocasião Jesus adverte contra dividirmos nossa fidelidade: "Ninguém pode ser escravo de dois senhores, porque ou odiará um e amará o outro, ou se devotará a um e desprezará o outro. Vocês não podem ser escravos de Deus e do dinheiro" (Mt 6.24, segundo a versão inglesa HCSB). Além disso, como Paulo diz a Timóteo, o amor ao dinheiro leva a muitos males — fazendo que alguns até mesmo apostatem da fé (1Tm 6.10). Por isso, deveríamos nos contentar com nossas posses e buscar a justiça em lugar da riqueza (Mt 6.33; Lc 12.15-21; Hb 13.5).

Um espírito generoso é parte integrante da justiça. Zaqueu não somente responde a Jesus restituindo quatro vezes o que havia obtido desonestamente, como também dando espontaneamente aos pobres (Lc 19.8), e os membros da igreja em Jerusalém compartilharam mutuamente suas posses (At 2.44-45; 4.32-35). Essa generosidade caracteriza aqueles que foram libertos do amor ao dinheiro e visam a acumular para si tesouros no céu, não na terra (Mt 6.19-21). V. *criação*; *sacrifício e oferta*; *mordomia*; *dízimo*. — Douglas Blount

RISATAIM Rei mesopotâmico, Cuchã-Risataim, que conquistou e oprimiu Israel (Jz 3.8). Cuchã pode estar relacionado com Guzana ou Tell Haloafe. V. *Cuchã-Risataim*.

RISO Expressão de alegria ou de desdém com gargalhadas sonoras. O riso é o ponto central no relato do nascimento de Isaque. Abraão (Gn 17.17) e Sara (18.12) riram por desprezo e descrença em relação à promessa divina de que Sara daria à luz um filho. O nome Isaque (da palavra hebraica para riso) servia como lembrete alegre de que, por fim, rir-se-ia de quem custou a crer (Gn 21.3,6). O riso pode ser sinal de desprezo (Gn 38.23; 2Cr 30.10; Jó 22.19) ou de confiança (Jó 5.22; 39.18,22). Referências a Deus rindo dos ímpios demonstram o desprezo confiante divino (Sl 2.4; 37.13; 59.8). O riso é com frequência contrastado com sinais de lamento (Jó 8.21; Sl 126.2; Lc 6.21,25). Ainda que a sabedoria hebraica reconheça o tempo do riso como parte da ordem do tempo determinado por Deus (Ec 3.4), essa mesma sabedoria não superestimou o valor do riso, associando-o aos tolos (Pv 29.9; Ec 7.4,6), chamando-o de loucura (Ec 2.2) e considerando a tristeza como preferível (Ec 7.3).

RISPA Nome pessoal que significa "brasa incandescente" ou "pão aquecido sobre brasas ou sob cinzas". Concubina de Saul que Abner tomou como esposa, ato que equivalia a uma alegação ao trono (2Sm 3.7; cp. 1Rs 2.22). Rispa é mais conhecida por sua vigília fiel sobre os cadáveres de seus filhos executados (2Sm 21.10-14) até que Davi ordenasse o sepultamento deles.

RISSA Nome de lugar que possivelmente significa "gota de orvalho", "chuva" ou "ruínas". Acampamento usado durante as peregrinações de Israel pelo deserto (Nm 33.21,22), a atual Sharma, a leste do golfo de Ácaba.

RITMÁ Nome de lugar que significa "árvore de vassoura". Acampamento encontrado durante as peregrinações de Israel pelo deserto (Nm 33.18,19), possivelmente o vale chamado er-Retame, a leste do golfo de Ácaba.

RITUAL V. *sacrifício e oferta*; *culto*.

RIVALIDADE ENTRE IRMÃOS Tensões e conflitos entre irmãos ou irmãs, incluindo Caim e Abel (Gn 4.1-16); Sem, Cam e Jafé (Gn 9.20-27); Jacó e Esaú (Gn 25.22—28.9; 32.1—33.17; Ml 1.2,3); Lia e Raquel (Gn 29.16—30.24); José e seus irmãos (Gn 37; 39—45); Er e Onã (Gn 38.1-10); Moisés, Arão e Miriã (Nm 12.1-15); Abimeleque e Jotão (Jz 9.1-57); Davi e Eliabe (1Sm 17.28-30); Absalão e Amnom (2Sm 13.1-39); e Salomão e Adonias (1Rs 1.5-53). Em todos esses casos, um, ou de modo geral, os dois irmãos tentam ganhar maior *status* ou sobrepor-se ao outro.

Famílias são dadas por Deus (Sl 127.3) e não são, como acontece no caso de amizades, escolhidas por seus integrantes. A proximidade física e emocional dos membros da família é muito próxima. O potencial para rivalidade entre irmãos é construído na dinâmica familiar, como o escritor de Pv entendeu: "O amigo ama em todos os momentos; é um irmão na adversidade" (17.17; 18.24; Mt 10.21). O salmista exaltou a bondade e boa vontade dos irmãos capazes de viver em união (Sl 133.1-3). — *Paul H. Wright*

RÍZIA Nome pessoal que significa "prazer". Líder de uma família da tribo de Aser que era um guerreiro renomado (1Cr 7.39-40).

ROBOÃO Nome pessoal que significa "ele alarga o povo". Um dos filhos de Salomão e seu sucessor no trono da monarquia unida (1Rs 11.43). Reinou aproximadamente de 931 a 913 a.C. Quando em Siquém para a cerimônia de coroação como rei de Israel (1Rs 12), o povo pediu a Roboão para eliminar os impostos e leis trabalhistas pesados que seu pai lhes havia imposto. Em vez de ouvir o conselho dos anciãos, ele ouviu o conselho dos que queriam que o peso tributário aumentasse. As tribos do norte se revoltaram e fizeram do rebelde Jeroboão seu rei. Roboão ficou com apenas duas tribos, Judá e Benjamim. Continuou com as práticas pagãs permitidas por Salomão (14.21-24) e lutou contra Jeroboão e Sisaque do Egito. Algumas das suas fortificações podem ser Láquis e Azeca.

ROCA Parte do fuso usado para tecer lã (Pv 31.19). A obscura palavra hebraica pode ser uma referência a um pequeno disco na base do fuso usado par fazer a roda girar mais rapidamente. V. *pano, roupa; fuso.*

ROCHA O uso de lugares rochosos como locais de refúgio (Nm 24.21; Jz 15.8; 20.47) levou à frequente imagem de Deus como rocha, i.e., fonte de proteção. Há títulos de Deus como "Rocha de Israel" (Gn 49.24), "a Rocha" (Dt 32.4), "Rocha da sua salvação" (Dt 32.15, ARA; NVI, "a Rocha, que é o seu Salvador"), "a Rocha que os gerou" (Dt 32.18), "rocha mais alta do que eu" (Sl 31.2). O texto de Is 8.13,14 apresenta o Senhor dos Exércitos como "uma rocha que faz cair", para os povos ímpios de Israel e Judá. Paulo identificou Cristo como a Rocha espiritual que alimentou Israel no deserto (1Co 10.4). Outros textos aplicam a Cristo a imagem de Isaías de uma pedra de tropeço, i.e., uma pedra que faz as pessoas caírem (Rm 9.33; 1Pe 2.8). O ensino de Jesus é rocha sólida, que serve de fundamento e base para a vida (Mt 7.24,25). A identidade da rocha (ou pedra) sobre a qual Cristo prometeu edificar sua igreja (Mt 16.18) é discutida. Dentre as possibilidades, estão as seguintes: Pedro (cujo nome significa "pedra"), o grupo maior dos discípulos, o próprio Cristo e a confissão de fé de Pedro. As diferentes palavras gregas empregadas (*Petros* e *petra*) argumentam contra uma identificação rápida de Pedro como sendo o fundamento. Tanto Cristo (1Co 3.11) como o círculo maior dos apóstolos (Ef 2.20; Ap 21.14) são apresentados como bases da igreja em outros textos. Parece improvável que Mateus apresentasse Cristo como ao mesmo tempo o construtor e o fundamento da igreja. A aplicação da imagem do fundamento à obra evangelística (Rm 15.20; 1Co 3.10) sugere que a confissão de Pedro, que lhe foi dada por revelação de Deus, de Jesus como o Cristo, o Filho do Deus vivo (Mt 16.16), é o fundamento, a base da igreja que prevalece contra as portas do inferno. V. *chaves do Reino; Pedro.* — *Chris Church*

ROCHA DE SEPARAÇÃO V. *Selá-Hamalecote*

ROCHA QUE DIVIDE V. *Selá-Hamalecote.*

RODA Disco ou objeto circular capaz de girar em torno de um eixo central. Os arqueólogos e historiadores acreditam que a roda provavelmente tenha sido inventada na Mesopotâmia antes de 3000 a.C.

A Bíblia traz tanto um uso funcional como um significado simbólico da roda. A roda era indispensável para o transporte. Era usada em carroças, carros e carruagens, e a palavra "roda" podia ser sinônima de qualquer um desses veículos (Ez 23.24; 26.10; Na 3.2). No templo de Salomão havia dez armações em que estavam apoiadas dez bacias. Cada uma das armações era adornada de quatro rodas (1Rs 7.30-33). A visão de Ezequiel da grande roda no céu (Ez 1.4-28; 10) simbolizava a presença de Deus. Havia quatro querubins em redor do trono. Ao lado de cada um havia uma roda que "reluzia como berilo" (Ez 1.16). Ezequiel descreveu os aros da roda como "altos e impressionantes" e "cheios de olhos" (v. 18). Ignora-se o significado exato dessas imagens misteriosas. Talvez representem as rodas da carruagem invisível de Deus que se move pelo céu ("carruagens do sol", 2Rs 23.11) ou as rodas do trono de Deus (Dn 7.9).

Outras ocorrências simbólicas da roda são um vendaval (Sl 77.18) e o juízo de Deus que, como uma roda, passa por cima dos ímpios (Pv 20.26). Jeremias descreveu a redenção de Deus como a reconfiguração da argila amassada sobre a roda de um oleiro (Jr 18.13). — *Brad Creed*

RODANIM Habitantes de Rodes (1Cr 1.7). O paralelo em Gn 10.4 traz "Dodanim", que deve ser preferido por ser a leitura mais difícil. Não obstante, "Rodanim" se adapta melhor ao contexto geográfico geral.

RODE Nome pessoal que significa "rosa". O relacionamento de Rode com a casa de Maria, mãe de João Marcos, não está claro. Provavelmente ela era uma serva, ainda que seja possível que ela fosse um membro da família ou uma convidada para um culto de oração. Em sua grande alegria ao tomar conhecimento de que Pedro estava à porta da casa, Rode se esqueceu de deixá-lo entrar. Sua alegria em correr para contar aos discípulos e a resposta destes chamando-a de louca faz lembrar detalhes da narrativa de Lucas a respeito da ressurreição de Jesus (At 12.13; cp. Lc 24.9-11).

RODES Ilha ao largo da costa sudoeste da Ásia Menor no mar Mediterrâneo, associada a Dodanim (Gn 10.4, cf. nota explicativa da *NVI*; Ez 27.15). Rodes foi fundada como colônia comercial de Minos por volta de 1500 a.C. e estava sob o controle de um único governo até 407 a.C. Um próspero centro de navegação, Rodes desenvolveu navios que controlavam o leste do Mediterrâneo. O Colosso de Rodes, uma das "Sete Maravilhas do Mundo Antigo", era uma estátua de bronze de 32 metros de altura com um pé em cada lado da entrada do porto. Construída em 288 a.C., a estátua caiu por conta de um terremoto cerca de 64 anos mais tarde. O declínio de Rodes ocorreu em consequência de sanções econômicas impostas em razão da deslealdade da cidade para com Roma. Ainda que desfrutasse de popularidade como o centro do culto a Hélios, o deus-Sol, Rodes não tinha condições de superar a pressão

A cidade e a área do porto da ilha de Rodes.

Ruínas do templo na região de Lindos na ilha de Rodes.

econômica da parte de Roma. Quando o apóstolo Paulo parou em Rodes na viagem de Trôade a Cesareia (At 21.1), ela era apenas uma cidade provincial menor. V. *Dodanim*.

As ruas de Rodes permaneceram basicamente inalteradas durante séculos.

ROEDORES Todos os roedores pequenos são designados pela palavra hebraica *akbar*, termo genérico que inclui ratos e camundongos. A proibição mosaica de se alimentar de roedores (Lv 11.29) revela a presença desses animais na terra santa. Como uma oferta de culpa pelo roubo da arca da aliança, os filisteus foram orientados a enviar "cinco ratos de ouro" aos israelitas quando lhes devolveram a arca (1Sm 6.4). Atualmente são identificadas mais de 20 variedades de pequenos roedores na terra santa.

ROGA Nome pessoal, que significa "choro". Líder da tribo de Aser (1Cr 7.34).

ROGELIM Nome de lugar que significa "[lugar dos] pisoeiros". Cidade na região do rio Jaboque em Gileade (2Sm 17.27-29; 19.31).

ROLO Conjunto de papiro (material semelhante ao papel, feito da planta chamada papiro) ou pergaminho (couro especialmente tratado) usado como instrumento para escrita (Ed 6.2; Jr 36.2; Ez 2.9; Zc 5.1,2; Lc 4.17; Ap 5.1). Um dos mais famosos e mais bem preservados rolos da Antiguidade é o "Rolo de Isaías", uma cópia completa do livro de Is, escrito em um rolo de pergaminho, datado do séc. II a.C. Livros antigos ou "códices" não eram muito usados até o séc. III da era cristã. V. *papel, papiro*; *escrita*. — Robert L. Plummer

ROLOS DO MAR MORTO Uma grande coleção de manuscritos e fragmentos bíblicos e extrabíblicos descobertos em cavernas e construções nos arredores da costa ocidental do mar Morto. A conclusão da publicação oficial dos rolos (*Discoveries in the Judean Desert*) foi celebrada em 2001.

Descoberta e escavação A descoberta começou no inverno de 1946-1947 quando dois jovens beduínos, enquanto pastoreavam suas ovelhas e cabras, descobriram em uma caverna diversos jarros de armazenagem contendo materiais enrolados em linho. Esses materiais coletados foram depois vendidos a um negociante de antiguidades em Belém, que então buscou compradores para os rolos. Dois conjuntos de rolos foram vendidos ao arcebispo da Igreja Ortodoxa Síria de Jerusalém e a Eleazar Sukenik da Universidade Hebraica de Jerusalém. A autenticação foi feita inicialmente pelo professor Sukenik, por John Trever, diretor em exercício das American Schools of Oriental Research [Escolas Americanas de Pesquisa Oriental] em Jerusalém, e pelo famoso erudito americano William F. Albright.

Dois arqueólogos foram convocados para fazer uma exploração sistemática da região da caverna, localizada aproximadamente a 12 quilômetros ao sul de Jericó: o dr. G. L. Harding, diretor do departamento de antiguidades de Amã, e o frade Roland de Vaux da École Biblique de Jerusalém oriental. Nessa exploração não foram encontradas outras cavernas, mas eles examinaram alguns restos na superfície de ruínas conhecidas aos árabes como Khirbet Qumran, denominadas segundo o uádi Qumran ali perto. O frade De Vaux foi encarregado de realizar uma escavação sistemática das ruínas de Khirbet Qumran, enquanto os beduínos continuaram a procurar secretamente por mais rolos nas cavernas próximas.

As escavações começaram na primavera de 1952, dois meses depois de os beduínos encontrarem a caverna 2 perto da primeira, e De Vaux logo percebeu a conexão entre os rolos da caverna 1 e as ruínas em Khirbet Qumran. Na primeira temporada de escavações, muitas cavernas foram exploradas, e entre elas havia mais quatro que continham rolos, alguns encontrados pela equipe de escavações e alguns pelos beduínos locais. Na caverna 4, imediatamente adjacente ao sítio, os beduínos descobriram o mais rico esconderijo de materiais escritos, com mais de 8 mil fragmentos, representando mais de 200 documentos. Em 1955-1956 descobriram-se mais cinco cavernas que continham manuscritos e fragmentos. No lado israelense da divisa da faixa ocidental, Yigael Yadin liderou uma equipe de exploradores nos uádis e desfiladeiros próximos de En-Gedi, incluindo Mishmar, Muraba'at, Hever e Zeelim. Muitos continham rolos e papiros que remontavam à segunda revolta judaica de Bar-Kokhba (132-135 d.C.) junto com moedas de datas diversas, desde 40 a.C. até 135 d.C. Na escavação da fortaleza de Massada em 1964-1965, construída por Herodes e usada também pelos zelotes, a equipe de Yigael Yadin descobriu diversos fragmentos de manuscritos bíblicos e extrabíblicos.

As escavações de Qumran trouxeram à tona restos que datavam do final do reino de Judá, talvez representando uma das torres construídas no deserto por Uzias (2Cr 6.10). Uma grande torre com salas de armazenamento, dois fornos de cerâmica e uma edificação de dois andares no interior do sítio que foi interpretada como o *scriptorium*. As ruínas escavadas do *scriptorium* incluíam dois tinteiros e seções de mesas tipo carteira sobre as quais se imagina que os escribas de Qumran costuravam pedaços de pergaminhos de pele de ovelha e produziam cópias de diversos documentos. O sítio foi destruído de forma dramática pelo fogo e terremoto entre 40 e 31 a.C.

Conteúdo dos manuscritos Os rolos estão classificados em documentos bíblicos e documentos da seita, incluindo diversos comentários de livros bíblicos. Há muitos textos apócrifos e pseudepigráficos na coleção que também contêm numerosos textos elaborados pela comunidade que evidenciam suas doutrinas e práticas. Os manuscritos originários da caverna 1 incluíam essa mistura de documentos. O arcebispo sírio comprou **1QIs**[a], um manuscrito completo de Is, **1QpHab**, um comentário de Hc 1—2 (**p** = *pesher*, um tipo de comentário por iluminação divina), **1QGen Apoc**, versão apócrifa de Gn, e **1QS**, o *Seder* (ordem) da Comunidade, consistindo em doutrinas e regras que regiam o grupo sectário. O último documento também continha uma porção identificada como **1QSa**, às vezes citada como a "Regra messiânica". Esses quatro manuscritos a certa altura foram vendidos ao israelense Yigael Yadin por meio de um intermediário por aproximadamente 250 mil dólares. O professor Sukenik comprou três manuscritos, identificados como **1QIs**[b], contendo uma grande parte de Is; **1QM** (**M** = heb. *mil'hamah*, guerra), conhecido como *Manuscrito da guerra*; e **1QH** (**H** = heb. *hodayot*, "ações de graças"), contendo diversos salmos e cânticos compostos pelos líderes e membros da seita.

Os 39 livros da Bíblia Hebraica estão representados ao menos por fragmentos, exceto Et e possivelmente Ne. O livro de Et está representado em uma versão aramaica um tanto parafrástica (seis fragmentos). Se Ne estava combinado com Ed nessa época, como creem muitos estudiosos, então se pode dizer que está representado, pois uma porção de Ed sobreviveu nesse corpo de literatura. Alguns livros bíblicos, como os livros de Cr, estão presentes com apenas alguns versículos em um pequeno fragmento, ao passo que outros como Is estão representados inteiramente nas múltiplas cópias coletivas (21). As maiores quantidades de manuscritos bíblicos são do Pentateuco, Is e Sl (36). Alguns dos textos bíblicos foram encontrados na forma e linguagem da *LXX* grega, e um conjunto de textos principalmente do Pentateuco encontram-se na escrita paleo-hebraica usada pelos israelitas anteriormente ao cativeiro babilônico. Por análise paleográfica da formação dos caracteres hebraicos, verificou-se que alguns manuscritos bíblicos são datados do séc. III a.C., sugerindo que os primeiros fundadores da seita de Qumran trouxeram consigo cópias de livros bíblicos que já tinham perto de 100 anos de idade.

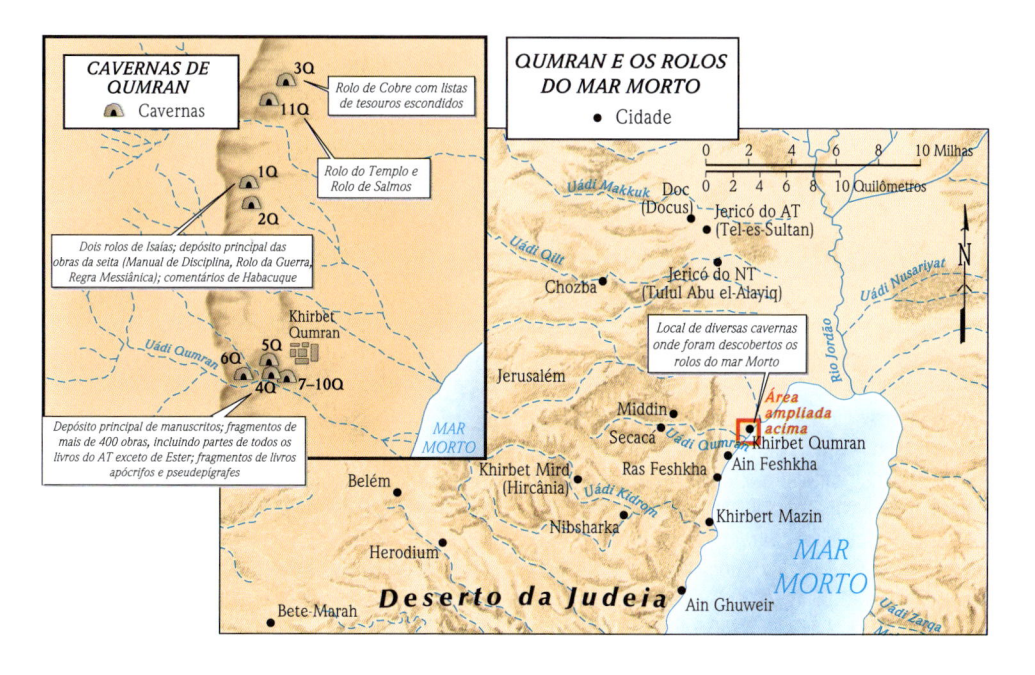

Os documentos da seita foram classificados em cinco categorias: 1) Regras e Halakah; 2) Hinos, Liturgias e Sabedoria; 3) Interpretação e Paráfrase da Bíblia; 4) Apócrifos e Pseudepígrafos; e 5) Textos Astronômicos e Calendáricos. Alguns desses eram conhecidos de fontes judaicas e cristãs anteriores, contudo muitos eram desconhecidos antes dessas descobertas. O *Documento de Damasco*, que descreve questões relativas à fundação da seita, bem como questões de doutrina e prática, foi encontrado pela primeira vez entre os manuscritos descobertos nas escavações da sinagoga caraíta no Cairo, Egito, em 1890. A popularidade de alguns dos documentos entre os sectários pode estar refletida pelo número de manuscritos encontrados. *Jubileus*, p. ex., é representado por 15 cópias encontradas nas cavernas 1, 2, 3, 4 e 11. Doze manuscritos do *Documento de Damasco* e da *Regra da comunidade* foram encontrados entre os rolos. Sete cópias de *1En* foram encontradas na caverna 4. Da mesma caverna vieram seis manuscritos da *Carta halákhica* (4QMMT), que postula algumas crenças e práticas rituais sobre as quais os sectários de Qumran contendiam com o círculo sacerdotal estabelecido em Jerusalém. Esse documento pode ter servido como tratado fundamental que conduziu à fundação do grupo pelo líder conhecido como o Mestre da Justiça. Foram encontrados nove exemplares do *Manuscrito da guerra*, que descreve o preparo para os conflitos e a sequência deles nos 50 anos de batalhas escatológicas que conduziriam ao estabelecimento do reino messiânico.

Cavernas em Qumran em que foram encontrados os rolos do mar Morto.

A hermenêutica de Qumran era regida pelo princípio do *pesher*, pelo qual se acreditava que o Mestre da Justiça era capacitado por Deus com iluminação especial para discernir os tempos e as Escrituras para compreender o que Deus estava fazendo na época atual de ira. Essa perspectiva fica evidente no *pesher* de Hc 2.1,2: "E Deus disse a Habacuque que escrevesse o que aconteceria à última geração, mas ele não lhe revelou quando o tempo chegaria ao fim [...]. Isso compete ao Mestre da Justiça, a quem Deus revelou todos os mistérios dos profetas". Assim, a escatologia de Qumran era governada pela perspectiva que tinham de si mesmos no plano de Deus à medida que este realizava a consumação das eras naqueles dias.

Identidade sectária Desde as primeiras publicações dos rolos, os estudiosos perceberam os paralelos entre o conteúdo dos rolos e o contexto da comunidade dos essênios que eram conhecidos dos escritos de Josefo, Fílon de Alexandria e Plínio, o Velho. Outras sugestões incluem grupos conhecidos como os fariseus, saduceus, zelotes e mesmo os caraítas da Idade Média. L. Schiffman continuou a advogar uma identidade protossaduceísta por causa de alguns dos severos rituais de purificação observados nos rolos de Qumran com afinidade com rituais posteriores conhecidos dos saduceus especificamente citados na *Mixná*. Outros propuseram a ideia de que os rolos foram depositados nas cavernas por líderes dos escribas de Jerusalém imediatamente antes da destruição da cidade e do templo.

Os essênios descritos na literatura do séc. I d.C. eram uma seita profundamente religiosa, pacífica, comunal e ascética, vista pela maioria dos autores contemporâneos como seres de vida piedosa, tendo maior amor uns pelos outros que qualquer outro grupo. Nos documentos de Qumran os sectários nunca se referem a si mesmos pelo nome, mas por termos descritivos, como o "Caminho da verdade", "Comunidade" (ou "Unidade"), "pobres", "homens de santidade" ou "cumpridores da aliança". Particularmente interessante é sua autoidentificação como os "filhos da luz" que nessa era estavam em uma batalha escatológica contra os "filhos das trevas" compostos pelas nações gentílicas e os ímpios da aliança (judeus infiéis). Entre os argumentos contra a hipótese dos essênios estão as diferenças entre os estágios de iniciação para entrada nas comunidades, a prática do casamento em Qumran *versus* o celibato sugerido pelos autores que tratam dos essênios e a ausência do termo "essênio" nos textos de Qumran. Ainda assim, a maior parte das evidências aponta para os essênios ou possivelmente para um subgrupo entre os diversos milhares de essênios existentes na segunda metade do séc. I a.C.

Vida comunitária e teologia No início do *Documento de Damasco* o autor descreve o contexto da fundação da comunidade em uma "era de ira" persistente desde o cativeiro babilônico. No séc. II a.C. um grupo de "homens culpados", arrependidos, que buscavam o perdão e o favor de Deus foram abençoados por ele com um Mestre da Justiça que conduziu os fiéis "no caminho do seu [de Deus] coração". Eles foram combatidos por um sacerdote infiel, chamado de "Zombador", que abandonou o verdadeiro ensino da aliança e que a certa altura os forçou a sair de Jerusalém para um local isolado de frente para o mar Morto onde pudessem se preparar para a vinda do Reino de Deus. Denominando-se "os filhos do sacerdote Zadoque", eles tomaram Is 40.3 ao pé da letra e buscaram "preparar o caminho do Senhor no deserto". A comunidade era liderada por um conselho composto de sacerdotes e leigos dedicados ao estudo e discussão da *Torá* e exemplares na fidelidade aos ensinamentos das Escrituras como interpretadas pelo Mestre da Justiça. Os membros da comunidade deveriam gastar um terço do tempo estudando as Escrituras, muitas vezes no contexto de um grupo de ao menos dez homens com a presença de um sacerdote instruído. Diversos outros membros contribuíam para o todo realizando tarefas agrícolas e cuidando dos animais domésticos, produzindo cerâmica, curtindo peles para sandálias e pergaminhos, preparando refeições e outras necessidades diárias.

A entrada para a seita era um processo de três anos nos quais a pessoa recebia ensino detalhado e profundo e se esperava que as doutrinas da seita fossem exemplificadas no seu estilo de vida. Um exame anual verificava o progresso do iniciado, e gradativamente a pessoa passava a participar das "coisas sagradas" da comunidade, como purificações rituais, refeições da comunidade e atividades festivas. Ao final do processo, os bens terrenos da pessoa, registrados no estágio inicial, eram incorporados às posses da comunidade.

A pessoa era ensinada desde o início a discernir os caminhos da humanidade, a determinar se eram do espírito da luz e da verdade ou do espírito das trevas e do engano, as duas categorias em que Deus dividiu toda a humanidade. A teologia sectária creditava Deus como o Criador de ambos os espíritos, mas que "um ele ama eternamente e tem prazer nas suas obras para sempre; mas o conselho do outro ele aborrece e para sempre odeia seus caminhos" (1QS IV.2-3). Os sectários criam na imortalidade da alma em comum com os fariseus e a descrição dos essênios em Josefo (*Guerras judaicas* II.154-55; *Antiguidades* XVIII.i.2-6; 1QS IV; 1QH 3.19-23). Contudo, no estágio final do *eschaton* (últimos dias), a *Regra da comunidade* (IV.10-11) sugere que o final dos maus e do espírito do engano é "a extinção vergonhosa no fogo das regiões de trevas. Os tempos de todas as suas gerações serão gastos em terrível lamento e em amarga miséria e em calamidades de trevas até que sejam destruídos sem remanescentes ou sobreviventes".

Fragmento de rolo do mar Morto.

Os rolos do mar Morto e o texto do Antigo Testamento Antes da descoberta desses rolos, os manuscritos completos ou quase completos mais antigos do AT hebraico eram o *Códice de Leningrado* (1009 d.C.) e o *Códice de Alepo* (930 d.C.). A descoberta dos rolos do mar Morto estendeu o conhecimento do texto hebraico em mil anos. A lição mais importante a ser aprendida disso é o cuidado com que os escribas preservaram a integridade do texto por todo esse tempo. Além disso, entre os manuscritos recuperados estava a antiga tradição textual que mais tarde se tornou o texto padrão, conhecido por *Texto Massorético* (*TM*). Essa descoberta revelou que os massoretas não criaram um texto, mas preservaram com fidelidade uma forma antiga do AT hebraico. O estado do texto hebraico de Qumran também testemunha o fato de que outras formas do texto hebraico existiam. Múltiplas tradições de escritos podem ser discernidas em alguns dos textos mais antigos nas áreas de ortografia (grafia; algumas mais influenciadas pelo aramaico que outras), paleografia (formação das letras) e variantes textuais. Os fragmentos de manuscritos hebraicos de Jr, 1Sm, Js e outros sugerem que a *LXX*, traduzida no Egito nos séc. III e II a.C., foi feita com base em um texto hebraico que diferia em alguns aspectos do texto posteriormente padronizado e preservado pelos massoretas. Além disso, outros textos hebraicos de Qumran concordavam com variantes conhecidas no *Pentateuco samaritano* (c. 150 d.C.). Os estudiosos acreditam que a forma padrão de texto hebraico foi determinada por volta de 100 d.C. Por meio da disciplina acadêmica da crítica textual (para estabelecer as palavras originárias do texto), os estudiosos estão em melhor condição que em qualquer época anterior em consequência das descobertas dos rolos do mar Morto de identificar o melhor texto hebraico. Em resumo, o campo da crítica textual do AT avançou na análise e recuperação das Escrituras hebraicas.

Os rolos do mar Morto e o cristianismo Logo após a descoberta do primeiro rolo, alguns estudiosos propuseram a ideia de que parte da ideologia do cristianismo primitivo poderia ter tido origem na teologia dos sectários de Qumran. Expressões de autoidentificação como "os chamados" (*ekklesia*), "o caminho", "os pobres", "os eleitos" e "os santos" eram comuns a ambos os grupos, bem como sua identidade geral como comunidades messiânicas. Ambos mantinham a teologia da "nova aliança" e consideravam seus fundadores e líderes o cumprimento da promessa profética do AT. Ambos os grupos acreditavam que a liderança religiosa em Jerusalém tinha se corrompido e necessitava de intervenção divina como correção. Refeições comunais e compartilhamento da propriedade na igreja primitiva eram paralelos com as experiências de Qumran, e também ambos praticavam formas do ritual do batismo. Por mais que esses aspectos pareçam paralelos em uma leitura superficial dos textos, há diferenças notáveis. No cerne dos aspectos distintivos está a identidade pessoal, o ensino e a obra de Jesus de Nazaré. Os sectários de Qumran esperavam possivelmente por dois Messias, um da linhagem de Arão (sacerdotal) e um do ramo de Davi (real), ao passo que para o cristianismo o Messias já veio e cumpriu a Lei e os Profetas e retornará aos santos no futuro escatológico.

Santuário do livro (Museu dos Rolos do Mar Morto) em Jerusalém, Israel.

Em vários casos o NT evidencia que os autores bíblicos se basearam em uma vasta gama de posições teológicas judaicas, incluindo as propostas e defendidas em Qumran, na proclamação da pessoa e obra de Jesus Cristo. M. Abegg sugeriu que Paulo pode ter se baseado em conceitos relatados em 4QMMT (*Carta halákhica*) quando se referiu às "obras da Lei" em Gl 2.16. O equivalente hebraico dessa expressão (*ma'asey hatorah*) é encontrado somente nessa obra em toda a literatura judaica existente. O uso que o apóstolo João faz do imaginário dualista ao se referir aos "filhos da luz" e ao "espírito do engano" tem paralelos mais próximos no dualismo acentuado dos rolos do mar Morto.

Diversos estudiosos examinaram os paralelos entre João Batista e a vida sectária de Qumran. Os paralelos incluem o estilo de vida em geral ascético, a escassa dieta composta de gafanhotos e mel silvestre (ambos citados entre os elementos da dieta de Qumran), o pano de fundo e a linhagem sacerdotais e ainda assim, ao mesmo tempo, fortes confrontos com a liderança religiosa em Jerusalém, a relativa proximidade da atividade batismal de João com a localização de Qumran, e por fim o papel messiânico como o cumprimento de Is 40.3. As evidências são em grande parte circunstanciais, e mesmo assim alguns pontos podem ser válidos. Se João Batista tinha algum contato com a comunidade, na época do seu ministério público ele tinha se diferenciado do ensinamento da comunidade e reconheceu novamente seu papel dado por Deus no preparo do advento do Messias Jesus. — *R. Dennis Cole e E. Ray Clendenen*

ROMÃ Árvore pequena, com fruto que tem uma casca grossa com muitas sementes e polpa vermelha. V. *plantas*. Figuras em forma de romã adornavam os pilares do templo de Salomão (2Cr 4.12,13).

A romã é uma das muitas frutas encontradas no Oriente Médio.

ROMA E O IMPÉRIO ROMANO Domínio internacional exercido pelo governo de Roma, Itália, a partir de 27 a.C., quando a República Romana acabou e o Império Romano teve início. As razões da queda da república não são mais conhecidas do que as que produziram, tempos mais tarde, a queda do império. Tais razões foram produtos de uma interação complicada de numerosos componentes que incluíam mudanças de valores, riqueza e educação das classes superiores, inovações nas finanças, agricultura e comércio, expansão do Senado, grande crescimento do número de cidadãos, inquietação entre as classes sociais, problemas de manutenção da ordem nos distritos e ao redor de Roma, e dificuldade de recrutamento para o exército.

O principal fator para a queda parece ter sido político. O Senado perdeu o controle político do Estado, e nesse vácuo Júlio César surgiu com ambições de poder que o Senado considerou intoleráveis. A declaração que ele fez a seu respeito no início do ano 44 a.C., sobre ser um ditador perpétuo, provocou seu assassinato por um grupo de senadores assassinos liderados por Brutus e Cássio. Um triunvirato governamental temporário foi formado por Antônio e Lépido, generais de César, junto com seu herdeiro Otaviano. Eles derrotaram os assassinos de César na batalha de Filipos em 42 a.C. Isso resultou na exclusão de Lépido, e divisão do império no Oeste, controlado por Otaviano, e no Leste, controlado por Antônio. Mas o fracasso militar de Antônio contra os partos o levou a ter excessiva dependência de recursos egípcios e criou como consequência uma influência excessiva de Cleópatra, rainha do Egito, sobre o líder romano. Otaviano conseguiu usar a dependência do Egito da parte de Antônio contra ele e persuadiu o Senado de que Antônio pretendia fazer de Alexandria a capital do império. Os dois exércitos guerrearam entre si em Actium, Grécia, em 31 a.C., resultando na derrota de Antônio, no seu suicídio e no de Cleópatra. Otaviano se tornou o único governante e no ano 27 a.C. assumiu o nome Augusto César. A república se tornou um império, e Otaviano se tornou o que Júlio tinha desejado — o primeiro imperador de Roma.

Augusto foi extremamente eficiente como administrador e corrigiu muitos problemas que perturbavam a Velha República. Diferentemente de Júlio, Augusto tratou o Senado com respeito e, como retribuição, ganhou o respeito dos senadores. Como filho adotivo do governante anterior, ele herdou a afeição do exército. Esse relacionamento era tão popular que, depois de Augusto, todo imperador tinha de ser filho legítimo ou adotivo ou do governante anterior, para governar com a lealdade do exército e do povo do império. Augusto reduziu o Senado gradualmente, de 1.000 para 600, e tornou a participação nele hereditária,

ROMA E O IMPÉRIO ROMANO

Reconstrução de Roma.

ROMA E O IMPÉRIO ROMANO

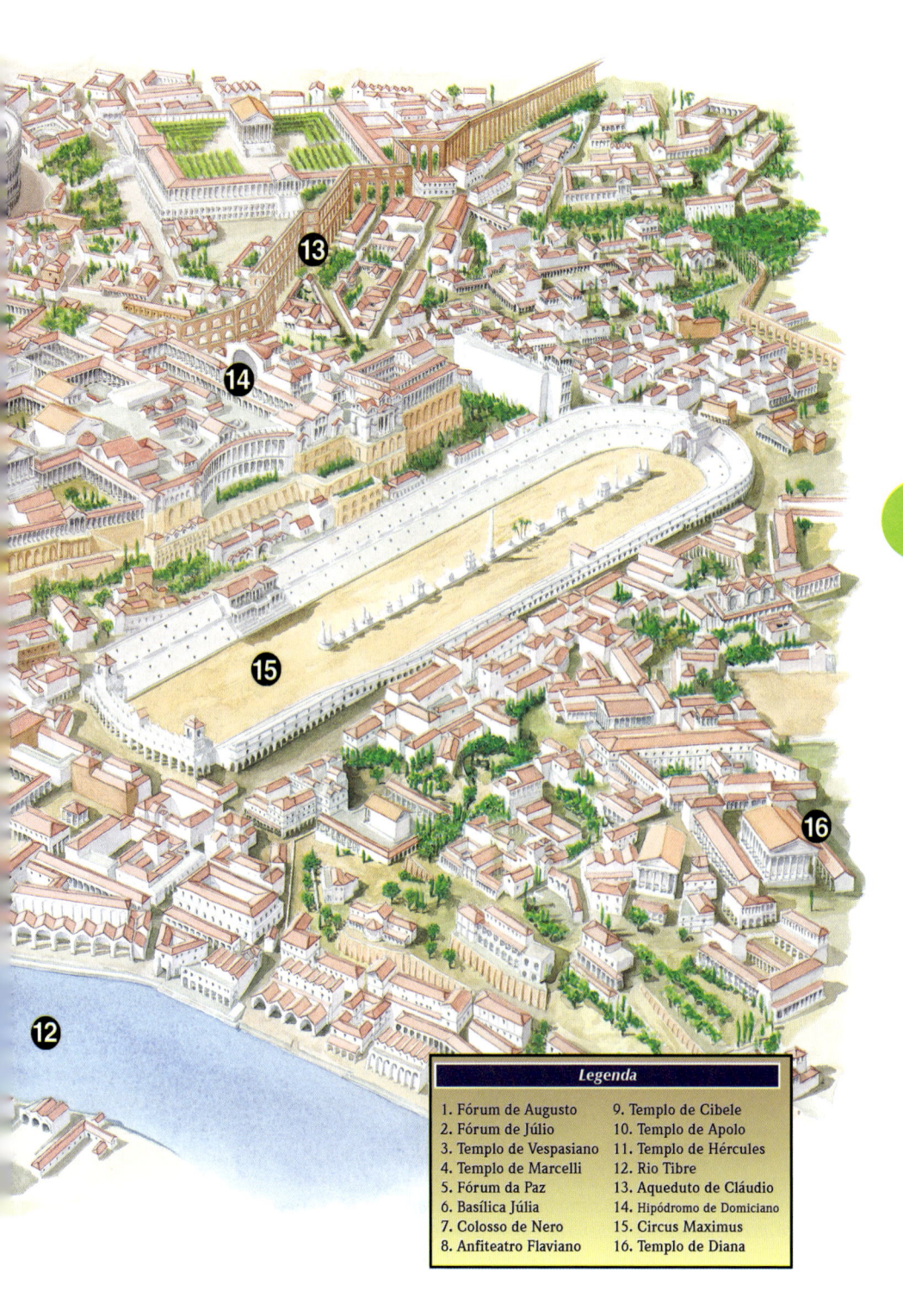

Legenda

1. Fórum de Augusto
2. Fórum de Júlio
3. Templo de Vespasiano
4. Templo de Marcelli
5. Fórum da Paz
6. Basílica Júlia
7. Colosso de Nero
8. Anfiteatro Flaviano
9. Templo de Cibele
10. Templo de Apolo
11. Templo de Hércules
12. Rio Tibre
13. Aqueduto de Cláudio
14. Hipódromo de Domiciano
15. Circus Maximus
16. Templo de Diana

ainda que se tenha reservado o direito de nomear novos senadores.

Uma grande realização foi a partilha do poder com as províncias do império. As províncias senatoriais foram criadas, sobre as quais o Senado tinha jurisdição e para as quais apontavam governadores ou procônsules. Isso no caso de províncias pacíficas, que não exigiam presença militar incomum. Gálio, irmão de Sêneca, foi feito procônsul da Acaia, província no sul da Grécia, no ano 51 da era cristã, no tempo em que Paulo estava em Corinto (At 18.12). As províncias imperiais eram controladas pelo imperador. Ele indicava procuradores sobre essas regiões potencialmente voláteis, onde as legiões ou os exércitos romanos estavam aquartelados. Pôncio Pilatos era um governador ou procurador desse tipo na Judeia (Lc 3.1).

Augusto inaugurou um programa extenso de reformas sociais, religiosas e morais. Benefícios especiais foram concedidos aos casais que concordavam em ter filhos. O adultério, até então amplamente tolerado, foi tornado crime público sujeito a penalidades severas. A religião tradicional foi enfatizada, e 82 templos pagãos foram reformados. Muitos lugares antigos de culto foram revitalizados, acentuando a opinião de que a paz e a prosperidade da república dependiam da observância adequada dos deveres religiosos. Augusto se tornou *pontifex maximus* (cargo religioso que mais tarde assumiu conotações políticas) no ano 12 a.C., estabelecendo-se dessa maneira como o líder político e religioso do Estado.

A Via Egnatia, mostrada nesta foto perto de Neápolis, era parte do extenso sistema romano de estradas.

Estabeleceu-se um extenso programa de construções. Augusto construiu outro fórum aos já existentes Fórum Romano e Fórum de (Júlio) César. O fórum servia como centro judicial, religioso e comercial da cidade e continha basílicas, templos e pórticos. Mais tarde, outros fóruns foram construídos por Vespasiano, Nerva e Trajano, todos ao norte do antigo Fórum Romano. A grande variedade de outras estruturas incluía teatros, bibliotecas, templos, casas de banho, basílicas, arcos e estabelecimentos comerciais. Para o entretenimento popular, construiu-se o primeiro anfiteatro duradouro da história de Roma. Foi construído também um grande sistema que incluía lagos artificiais, canais, aquedutos e controle de inundações. O sistema de esgotos foi renovado. Uma força policial de 3 mil homens foi criada junto com uma brigada de incêndios com efetivo de 7 mil homens.

Os primeiros imperadores governavam no tempo do início do movimento cristão no Império Romano. Jesus nasceu durante o reinado de Augusto (27 a.C.-14 d.C.) e realizou seu ministério no reinado de Tibério, sucessor de Augusto (14-37 d.C.; cp. Lc 3.1). Era a imagem de Tibério que estava estampada no denário de prata a que Jesus se referiu em uma discussão a respeito de impostos (Lc 20.20-26). Por volta do ano 18 d.C., Herodes Antipas, filho de Herodes, o Grande, construiu sua capital na margem ocidental do mar da Galileia e a denominou Tiberíades, em homenagem ao imperador. Tibério foi um comandante militar extremamente habilidoso e um bom administrador, deixando um superávit no tesouro imperial quando morreu. Ele seguiu o exemplo de Augusto ao não expandir as fronteiras do império e assim evitar a guerra. A *Pax Romana* (paz de Roma) inaugurada por Augusto foi preservada, permitindo dessa maneira viagens tranquilas e seguras por toda a extensão do império. Paulo sem dúvida se referiu a essa situação em Gl 4.4 quando escreveu: "Mas quando chegou a plenitude do tempo, Deus enviou seu Filho". Tibério nunca foi popular com o Senado e decidiu deixar Roma na primeira oportunidade, tendo escolhido governar o império em sua reclusão autoimposta na ilha de Capri no ano 26 d.C. Nesse ano Pôncio Pilatos foi nomeado governador da Judeia, posto que manteve até 36 d.C., logo antes da morte de Tibério, no ano seguinte.

Tibério foi sucedido por seu sobrinho-neto mentalmente desequilibrado, Gaio (Calígula), cuja administração foi desastrosa. Durante seu reinado (37-41 d.C.) teve lugar a maior parte do ministério do apóstolo Paulo. Depois disso, Cláudio, sucessor de Calígula, expulsou os judeus de Roma que perturbavam a ordem por causa de Cristo (cp. At 18.2). Inicialmente, seus contemporâneos viram Cláudio como inepto, mas ele provou ter consideráveis talentos administrativos ocultos e se tornou um dos mais eficientes imperadores de Roma. Foi responsável pela conquista do sul da Britânia (43-47 d.C.), ainda que fossem necessários 30 anos para que o norte da Britânia e Gales fossem subjugados. Sua quarta esposa, Agripina, é mencionada em um sarcófago recentemente descoberto no cemitério da família de Golias na extremidade oeste de Jericó. Ela o envenenou no ano 54, para acelerar a subida de Nero ao poder, filho dela de um casamento anterior.

Nero (54-68) foi em alguns aspectos pior que Calígula. Era um homem sem escrúpulos morais e interesse pela população de Roma, a não ser em explorá-la. É provável que Pedro e Paulo tenham sido martirizados no reinado de Nero, talvez em conexão com o incêndio de Roma, ordenado por ele no ano 64, um evento pelo qual culpou os cristãos. O historiador romano Tácito escreveu que, quando as fogueiras ardiam, somente 14 dos distritos de Roma permaneceram intactos. Mesmo assim Paulo escreveu: "Todos os santos lhes enviam saudações, especialmente os que estão no palácio de César" (Fp 4.22). O hedonismo de Nero e sua total irresponsabilidade inevitavelmente conduziram à sua morte. A revolta de Galba, um dos seus generais, levou ao suicídio do imperador.

Galba, Vitélio e Oto, três sucessivos generais-imperadores, morreram no ano da guerra civil (68-69) que se seguiu à morte de Nero. O sucessor de Vitélio foi Vespasiano, um dos comandantes que conquistara a Britânia para Cláudio e que sufocou a primeira revolta judaica contra Roma. Foi declarado imperador pelas legiões da Síria e do Danúbio e voltou a Roma para assumir seu posto, deixando a seu filho Tito a missão de destruir Jerusalém e seu templo santo no ano seguinte (70). Esse acontecimento foi profetizado por Jesus no fim de sua vida, quando disse: "Quando virem Jerusalém rodeada de exércitos, vocês saberão que a sua devastação está próxima" (Lc 21.20).

As aristocráticas Dinastias Juliana e Claudiana, que reinaram até a morte de Nero, foram substituídas pela Dinastia Flaviana, que emergiu da classe média rural da Itália e refletia uma abordagem mais modesta e responsável quanto ao uso do poder. O reinado de Vespasiano (69-79) foi sucedido pelo breve período de seu filho Tito (79-81), que foi sucedido por seu irmão Domiciano (81-96). Eusébio, o historiador do séc. IV,

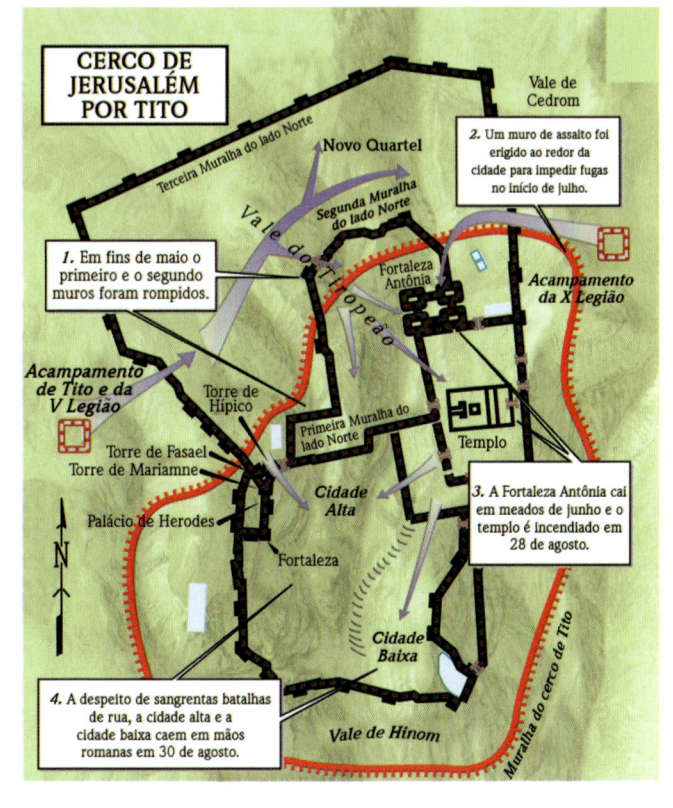

CERCO DE JERUSALÉM POR TITO

1. Em fins de maio o primeiro e o segundo muros foram rompidos.
2. Um muro de assalto foi erigido ao redor da cidade para impedir fugas no início de julho.
3. A Fortaleza Antônia cai em meados de junho e o templo é incendiado em 28 de agosto.
4. A despeito de sangrentas batalhas de rua, a cidade alta e a cidade baixa caem em mãos romanas em 30 de agosto.

Vale de Cedrom · Novo Quartel · Terceira Muralha do lado Norte · Segunda Muralha do lado Norte · Vale do Tiropeão · Fortaleza Antônia · Acampamento da X Legião · Acampamento de Tito e da V Legião · Torre de Hípico · Torre de Fasael · Torre de Mariamne · Primeira Muralha do lado Norte · Templo · Palácio de Herodes · Cidade Alta · Fortaleza · Cidade Baixa · Vale de Hinom · Muralha do cerco de Tito

ROMA E O IMPÉRIO ROMANO

reportou que João foi exilado em Patmos (cf. Ap 1.9) no reinado de Domiciano. Eusébio também afirmou que no reinado de Nerva o Senado retirou as honras de Domiciano e permitiu que os exilados retornassem, favorecendo assim o retorno de João a Éfeso.

O reinado de Nerva foi breve, durando pouco mais de um ano (96-98). Foi sucedido por Trajano (98-117), que inundou o império com o sangue dos cristãos. Sua perseguição foi mais severa que a conduzida por Domiciano. Ireneu escreveu no séc. II que João morreu em Éfeso no reinado de Trajano. A perseguição da igreja, apresentada no livro de Ap, provavelmente reflete os movimentos iniciados por Trajano e Domiciano. Trajano, filho adotivo de Nerva, foi o primeiro imperador de origem provincial. As raízes de sua família estavam na região de Sevilha, na Espanha. Marco Aurélio, outro imperador de origem espanhola (161-180) também perseguiu a igreja.

Trajano adotou Adriano, sobrinho de sua esposa, que o sucedeu (117-138) e rapidamente abandonou as tentativas parcialmente bem-sucedidas de seu antecessor para conquistar o Oriente. Mais da metade do reinado de Adriano foi gasto em viagens pelo império e ao se envolver profundamente na administração das províncias, atividade para a qual ele era especialmente talentoso. Deixou provas de seu gosto por construções por todo o mundo mediterrâneo, incluindo o arco na entrada do recinto do templo de Júpiter em Atenas, o arco Ecce Homo em Jerusalém, uma vila perto de Roma, e o magnífico panteão daquela cidade, cujas construções perfeitamente preservadas ainda hoje impressionam os visitantes. Não obstante, Adriano é lembrado pelos que se identificam com a tradição judaico-cristã pela sua tentativa de alterar o nome de Jerusalém para Aelia Capitolina, ao construir um templo para si mesmo e para Zeus no lugar do antigo templo de Salomão e proibir a circuncisão. A maneira brutal pela qual deu fim à inevitável revolta de 132-135 foi consistente com a declaração feita por Adriano de si mesmo como outro Antíoco Epifânio (o helenizador do séc. II a.C. que, quando rei da Síria, também profanou o templo judaico e precipitou a Revolta dos Macabeus). V. *história e literatura intertestamentárias*.

O sucesso do Império Romano dependia da habilidade das legiões conservarem a paz ao redor do mundo. A *Pax Romana* era a chave da prosperidade e do sucesso. O latim e o grego eram as línguas universais; não obstante, muitos países conquistados retinham as próprias línguas, como celta, germânico, semita, hamita e berbere. O mundo era capaz de se comunicar efetivamente em línguas comuns. Caso seja incluído o mar Mediterrâneo, o Império Romano era aproximadamente do tamanho do Brasil, da Britânia até a Arábia e da Alemanha ao Marrocos. Podia-se navegar de um extremo ao outro do Mediterrâneo em três semanas. Mesmo sem tanta eficiência, podia-se viajar em média 145 quilômetros por dia em uma excelente rede de estradas que interligavam o império, incluindo a Via Ápia e a Via Egnatia.

Marco romano com inscrição latina em Cesareia Marítima.

A qualidade da cultura greco-romana disseminada por Roma era mais forte nas áreas que margeavam o Mediterrâneo e mais fraca nos centros mais distantes das principais rotas de comunicação. A resistência mais efetiva à cultura era, como se podia esperar, em países do Oriente como Egito, Síria, Mesopotâmia e do Levante (Síria-Palestina), que tiveram as civilizações mais antigas da História. A Europa ocidental, com uma história comparativamente recente e incivilizada, não era oposição e foi logo imersa no fenômeno.

A educação no império era privilégio dos ricos. Os pobres não tinham tempo nem dinheiro para buscar a educação, destinada a preparar as classes médias para posições no serviço público. O alvo da educação era dominar a palavra falada. A vida cívica bem-sucedida estava ligada à proficiência no uso da linguagem. A oratória era indispensável. A gramática e a retórica eram os temas primários do estudo, com ênfase mais em estilo que em conteúdo. Entre os autores latinos, Virgílio, Terêncio, Salústio e Cícero eram os mais estudados, enquanto Homero, Tucídides, Demóstenes e os escritores áticos de tragédia eram os escritores gregos favoritos.

No início do império, a religião era variada e quase caótica. Políticos e filósofos tentaram levar para a religião a mesma ordem aplicada a outros aspectos da vida. O imperador romano era o líder da religião estatal, que incluía o culto aos deuses tradicionais e ao próprio imperador. Ele era considerado semidivino enquanto vivo e divino depois de morto. João talvez se refira ao culto ao imperador em Pérgamo, onde foi construído o primeiro templo desse tipo na Ásia, em sua menção ao lugar "onde Satanás habita" (talvez uma alusão ao altar de Zeus, Ap 2.13). As religiões de mistério, como o mitraísmo, e o culto a Cibele e Ísis encontravam-se em todos os lugares. Sistemas filosóficos, como o epicurismo e o estoicismo, serviam quase como religiões para intelectuais agnósticos. O judaísmo, com sua ênfase monoteísta, e o cristianismo, com sua origem judaica e, à semelhança de sua matriz, com um código de ética e moral elevado, eram anomalias. O inevitável conflito entre judeus-cristãos e romanos foi o conflito entre o monoteísmo e o politeísmo, entre a moralidade e a imoralidade. — *John McRay*

ROMANA, LEI O Império Romano dominou o mundo mediterrâneo no séc. I da era cristã, o que incluía a Palestina. A lei romana foi desenvolvida no período de mil anos, desde a publicação das Doze Tábuas de 451 a 450 a.C. até o Código Justiniano de 529 a 534 d.C. Os pontos de maior importância da lei romana eram a interpretação de trechos do NT centrados na jurisprudência criminal e na cidadania romanas e na adoção. As fontes da lei romana eram as leis e estatutos passados aos cidadãos de Roma em assembleias legais, resoluções tomadas pelo Senado, editos de magistrados e governadores, interpretações legais feitas por juristas, editos e decisões judiciais de imperadores, e a consulta de juristas. Leis e costumes provinciais também contribuíram para a codificação de leis no período romano. Decisões imperiais poderiam ser invalidadas (p. ex., as leis de governantes insanos como Calígula e Nero), a menos que fossem renovadas pelo sucessor do imperador. Começando no séc. II, os juristas coletaram e organizaram as leis, decisões judiciais e outros componentes do sistema legal de vários tipos que serviram como guias para a jurisprudência futura. A coleção e organização de leis atingiram o ápice nos códigos de Teodósio e Justiniano, nos séc. IV e VI respectivamente.

Em meados do séc. I da era cristã, desenvolvera-se um considerável sistema legal, conhecido como *ordo*, contemplando ofensas contra pessoas, a sociedade e o governo, e era aplicado a todos os cidadãos. A *ordo* continha uma lista de crimes e punições com penalidades máximas e mínimas que poderiam ser aplicadas a cidadãos romanos. A *ordo* se referia aos procedimentos prescritos e punições por quebra de certos estatutos e era mandatória em Roma. Crimes não contemplados na *ordo* eram deixados para ser decididos por governadores e magistrados. Leis públicas em Roma e na Itália não eram aplicadas automaticamente a cidadãos de outras províncias. Ofensas praticadas por não cidadãos romanos eram deixadas ao arbítrio do magistrado local (o chefe judicial oficial de uma cidade), com base em sua discrição para seguir a lei local ou para seguir a lei romana regular, ou para delegar o juízo a outros. O magistrado era livre para adotar as orientações da *ordo*, se considerasse apropriado, mas era também livre para ser duro e arbitrário se assim desejasse. Em muitas circunstâncias os governadores deixavam os assuntos para a lei e jurisdição locais. As exceções seriam crimes que envolvessem cidadãos romanos ou que representassem uma ameaça para Roma.

O governador não era especialista em leis; por isso, dava-se grande importância a eles. Os que argumentavam a favor de um caso eram os retóricos. Casos menores eram em geral deixados para os tribunais locais; em alguns casos os governadores se tornavam primariamente envolvidos em assuntos que afetavam a ordem pública (p. ex., At 18.12-16; 19.40; 21.31-40). Um governador romano poderia reforçar a ordem pública a seu critério sem fazer referência à legislação específica. Em diferentes níveis os governadores e magistrados tomavam qualquer decisão que julgassem justa e adequada. Ainda que os cidadãos romanos possuíssem o direito de apelar para César, os súditos provinciais quase não tinham proteção contra abusos de poder sobre vida e morte.

O processo judicial era iniciado pela exibição das acusações, penalidades e o ato formal de acusação pela parte interessada. A execução da lei dependia de iniciativa privada, pois o sistema romano não tinha promotores públicos. Os magistrados atuavam como advogados de acusação, juiz e júri. Em um julgamento conduzido por um magistrado, o caso podia ser ouvido por ele mesmo (Jo 19.13; At 18.12), talvez com auxílio de um conselho de amigos e/ou oficiais. O princípio de o acusado enfrentar os acusadores face a face (At 25.16) era uma maneira de impedir que falsas acusações fossem feitas. A lei romana determinava que quem fizesse falsas acusações deveria sofrer a penalidade enfrentada pelos acusados.

Os governadores eram "cavaleiros" romanos de classe não senatorial, investidos dos mesmos poderes dos oficiais mais graduados. Os governadores provinciais romanos tinham poder quase ilimitado de vida e morte sobre os cidadãos da província e eram limitados apenas a casos que envolviam extorsão e traição. O governador podia não delegar esse poder de vida e morte. O governador prestava contas apenas ao imperador e ao Senado. A administração da justiça era altamente pessoal, e em casos maiores o governador era ouvido no lugar onde estivesse.

O governador provincial tinha poder total de administração, jurisdição, defesa e manutenção da lei e da ordem romanas na província governada. A responsabilidade primária do governador era manter a ordem pública; em alguns casos a execução da justiça era sua responsabilidade secundária. A autoridade do governador se estendia a cidadãos romanos e a não cidadãos que viviam em uma província ocupada.

O sistema romano de justiça criminal distinguia penalidades públicas de particulares. Penalidades públicas consistiam no pagamento de dinheiro de uma pessoa à vítima de suas ações ou o açoitamento público por crimes menores. Mais tarde, o banimento para trabalhos forçados surgiu como pena para a quebra da lei, em geral associada ao confisco de propriedades. O apóstolo João foi sentenciado ao exílio na ilha de Patmos (para trabalhar em minas) por causa da fé cristã (Ap 1.9). A pena de morte raramente era aplicada aos cidadãos, a não ser que fosse provada a culpa em um crime de traição. A maneira comum de executar os cidadãos romanos era a decapitação, ainda que alguns preferissem cometer suicídio. A lei romana prescrevia maneiras mais cruéis para os que não fossem cidadãos romanos, como a fogueira, ser jogado às feras, a crucificação e o afogamento. O encarceramento por períodos longos não era comum no período romano.

O NT descreve os julgamentos de Jesus e Paulo, diante de governadores e magistrados romanos. Os procedimentos do julgamento romano aconteciam de modo geral perante um tribuno. Como foi observado anteriormente, as partes interessadas apresentavam acusações formais, que tinham de ser específicas (Mt 27.12). O Sinédrio não tinha autoridade para condenar à morte, como Jo 18.31 indica. Jesus foi acusado diante de Pilatos por um crime político (Mt 27.12); os romanos nunca executariam Jesus ou quem quer que fosse simplesmente com base em motivos religiosos. Não era incomum governadores transferirem casos às autoridades locais, como Pilatos fez ao enviar Jesus a Herodes (Lc 23.6.6,7). O julgamento de Jesus aconteceu cedo de manhã, na hora do dia em que os antigos oficiais romanos estavam extremamente ocupados (Jo 18.28). Julgamentos criminais romanos incluíam o interrogatório do acusado. Depois do ano 50 d.C. era comum que o acusado recebesse três oportunidades de responder às acusações feitas contra ele. Pilatos aparentemente agiu assim no julgamento de Jesus (Jo 18.33-37), seguindo as regras judiciárias daquele tempo. Se o acusado não respondesse às acusações, resultava em condenação por omissão. Quando Jesus permaneceu em silêncio e não se defendeu, Pilatos não teve opção, a não ser considerá-lo culpado. De acordo com Mt 27.19, Pilatos recebeu uma mensagem de sua esposa com respeito ao julgamento de Jesus. As mulheres romanas normalmente ajudavam o marido ao trabalhar como diplomatas de carreira ou conselheiras.

Os cap. 24—26 de At apresentam alguns aspectos da lei e dos julgamentos romanos. Como Paulo era um cidadão romano, os procedimentos e costumes permitiam que ele pudesse ser julgado apenas em um tribunal romano. Em At 24.1.18,19 um grupo de judeus apresentou acusações contra Paulo, mas em seguida eles desaparecem da cena do julgamento. A lei romana exigia que acusações formais fossem apresentadas, tal como Tértulo fez (At 24.5-8). Entretanto, Paulo apresentou objeção a Félix, no sentido de que seus acusadores deveriam estar presentes para apresentar suas acusações na presença do réu (At 25.16-19). O apelo de Paulo a César demonstra o direito de apelação de todo cidadão romano. O direito procedia do tempo da República Romana, quando o cidadão tinha garantia de julgamento por um júri formado por seus pares. No tempo do império o imperador substituía esse júri como corte de apelação. Entretanto, os imperadores provavelmente não ouviam os casos, mas delegavam essa responsabilidade. O final do livro de At (28.30) apresenta Paulo sob "prisão domiciliar" em Roma, e alguns especulam que houve atraso no julgamento de Paulo. Esse atraso aparente em um julgamento poderia ser explicado por muitos motivos, incluindo um grande número de casos a serem julgados, o fracasso dos acusadores para apresentar suas acusações, ou o caos político que era típico do reinado de Nero.

O livro de At identifica Paulo como cidadão romano desde o nascimento (At 16.39; 22.28), e essa cidadania apresentou-lhe benefícios nas viagens missionárias. O NT não revela como a família de Paulo adquiriu a cidadania. Entretanto, a cidadania podia ser obtida de diversas maneiras: direito de herança de filhos de pais cidadãos romanos, podia ser comprada (At 22.28), ou podia ser obtida ao se realizar alguns serviços para o império, civis ou militares, ou ainda por ser cidadão de uma cidade cativa e mais tarde declarada cidade imperial.

Não está claro como os cidadãos romanos provavam sua cidadania, mas é possível que portassem credenciais certificadoras de sua condição, feita de metal ou de dísticos de madeira, normalmente guardadas nos arquivos da família. Alegações falsas de cidadania resultavam em pena de morte. A alegação de Paulo de cidadania parece ter sido suficiente sem ter que apresentar documentos oficiais (At 22.27).

A cidadania romana garantia direitos que incluíam: direito de votar e ser votado para magistrado, direito de casamento legal, direito de propriedade e direito de apelar em uma causa, ao imperador (At 25.10-12), que se constituía uma tentativa de reverter o veredicto de oficiais de um escalão inferior. De igual modo, cidadãos não podiam ser presos ou açoitados (At 22.24-29).

A adoção era reconhecida pela lei romana e era comum naquela sociedade (cp. a lei da adoção com Rm 8.15, 23; 9.4; Gl 4.5; Ef 1.5). A adoção era mais frequente na sociedade romana que na atualidade. A pessoa adotada era tirada de sua condição anterior para uma vida nova, e todas as dívidas e relacionamentos antigos eram cancelados. Iniciava-se uma vida nova com o novo pai e a nova família, um novo nome e direito à herança. O novo pai tomava posse da propriedade do adotado e controlava suas relações pessoais. Tinha também direito de disciplina, enquanto assumia a responsabilidade quanto ao sustento do adotado e por suas ações. V. *adoção*; *cidadão, cidadania*; *família*; *governador*; *magistrado*. — Steven L. Cox

ROMANOS, EPÍSTOLA AOS A maior e mais intensamente teológica das 13 epístolas do NT escritas por Paulo. Essa carta é também a mais importante na história da Igreja. Martinho Lutero estudava Rm quando concluiu que uma pessoa se torna justa aos olhos de Deus só por meio da fé. Sua descoberta o conduziu ao grito de guerra da Reforma, *sola fide*, "só a fé".

Quem escreveu a epístola aos Romanos? Ainda que a autoria de Paulo no tocante a várias cartas tenha sido contestada, a evidência favorável à sua autoria de Rm é tão forte que somente alguns estudiosos muito radicais a

ROMANOS, EPÍSTOLA AOS

contestam. Entretanto, estudiosos contemporâneos debatem o papel de Tércio ao escrever a carta (Rm 16.22). Alguns suspeitam que Paulo comunicou apenas os temas gerais a Tércio, e que este foi o responsável pela composição da epístola. Entretanto, Rm é tão semelhante a outras epístolas escritas por Paulo sem qualquer participação de Tércio que o mais provável é que ele tenha escrito o que Paulo ditou.

Interior do Coliseu em Roma, mostrando a área debaixo da arena.

Onde e quando Paulo escreveu Romanos? O texto de Rm 15.25-29 indica que Paulo escreveu a carta pouco antes de uma viagem a Jerusalém. Ele foi até aquela cidade para entregar a oferta levantada pelas igrejas dos gentios na Macedônia e Acaia para os cristãos pobres em Jerusalém (15.26). Paulo esperava viajar de Jerusalém a Roma e dali para a Espanha a fim de evangelizar "onde Cristo ainda não era conhecido". Isso se encaixa bem com a descrição feita por Lucas das viagens de Paulo no término da terceira viagem missionária (At 19.21; 20.16). O texto de At 20.3 mostra que Paulo passou três meses na Grécia durante sua viagem da Macedônia para Jerusalém. Paulo escreveu Rm nesse tempo. Ainda que Lucas não especifique o lugar de redação da epístola, várias pistas indicam Corinto. Em primeiro lugar, 1Co 16.5,6 mostra que Paulo tinha a intenção de visitar Corinto depois de deixar Éfeso e possivelmente passar o inverno lá. Segundo, Rm 16 serve como recomendação de Febe de Cencreia, uma cidade próxima a Corinto, para a igreja de Roma. Terceiro, Paulo enviou saudações da parte de Gaio e Erasto (Rm 16.23), que provavelmente residiam em Corinto (1Co 1.14; 2Tm 4.20).

Mais importante para a datação é Paulo ter comparecido perante Gálio, o procônsul da Acaia (At 18.12-17), durante a permanência em Corinto na segunda viagem missionária. Inscrições antigas indicam que Gálio foi procônsul da Acaia de julho de 51 a julho de 52. Isso sugere que a segunda viagem missionária tenha terminado no fim do verão ou outono do ano 51. A terceira viagem missionária de Paulo incluiu uma parada de três anos em Éfeso, que provavelmente ocorreu entre meados ou o final do ano 52 até meados ou o final do ano 55. Não é possível determinar quanto tempo precisamente Paulo passou na Macedônia entre a partida de Éfeso e o início de sua permanência de três meses na Grécia (At 20.1-3). Entretanto, pode-se razoavelmente estimar que Paulo escreveu Rm estando na Grécia em 56 ou 57. O historiador Tácito descreveu tumultos em Roma por conta de tributações excessivas durante o reinado de Nero (56-58), e Rm 13.1-7 pode indicar que Paulo tinha conhecimento disso, confirmando a data proposta.

Por que Paulo escreveu Romanos? Alguns intérpretes consideram Rm um "tratado teológico". Ainda que Rm seja intensamente teológica, a epístola foi escrita para se dirigir a situações específicas de uma igreja específica. A carta não apresenta alguns aspectos importantes da teologia de Paulo, como sua doutrina da ceia do Senhor (1Co 11.17-24) ou a da segunda vinda (1Ts 4.13-5.11). Paulo dá muita atenção a assuntos como a ira de Deus (Rm 1.18-32) e a rejeição de Jesus pelos judeus (Rm 9—11), temas não discutidos com pormenores em outras cartas. Vários temas de Rm, como a discussão sobre fracos e fortes na fé (Rm 14.1-15.6) e a respeito de como os cristãos devem se relacionar com o governo, parecem refletir as lutas que essa igreja em particular enfrentava. Logo, Rm não era um livro-texto de teologia escrito para estranhos.

Paulo tinha vários motivos para escrever Rm. Primeiro, Paulo queria lembrar aqueles cristãos quanto a algumas verdades fundamentais do evangelho, cumprindo sua tarefa de proclamar esse mesmo evangelho aos gentios (Rm 15.14-16). Paulo estava consciente de muitas maneiras pelas quais sua mensagem poderia ser mal interpretada ou mal aplicada. Ele escreveu para esclarecer aspectos importantes de sua mensagem ao povo que tinha apenas ouvido falar a respeito dele. O texto de Rm 16.17-20 mostra que Paulo estava preocupado com os falsos mestres que se infiltraram na igreja. Diante do perigo, era especialmente necessária uma articulação dos elementos essenciais do evangelho de Paulo.

Segundo, Paulo queria se dirigir a vários problemas enfrentados pela igreja de Roma. Em particular, ele queria convocar a igreja à unidade. Ele estava consciente de que algumas das diferenças de perfil entre cristãos gentios e judeus produziram falta de unidade na congregação. As diferenças surgiram em argumentos a respeito de alimentos e da observância de dias santos judeus. Talvez no coração do debate estivesse uma questão mais ampla: "A inclusão dos gentios no povo de Deus significa que ele abandonou as promessas feitas a Israel?" (v. esp. Rm 9—11). Paulo enfatiza a igualdade entre cristãos judeus e gentios. Ambos estão igualmente condenados como pecadores (Rm 2.9; 3.9, 23) e são salvos pela graça por meio da fé, à parte das obras da Lei (Rm 3.22,28-30).

Terceiro, Paulo queria apresentar-se formalmente à igreja de Roma e solicitar apoio para sua missão na Espanha. Paulo tinha proclamado o evangelho por toda a metade oriental do Império Romano, "desde Jerusalém e arredores até o Ilírico". Agora ele planejava apresentar o evangelho na Espanha, na extremidade oeste do império. Depois de deixar Jerusalém, ele viajaria até a Espanha, passando por Roma. Paulo esperava receber ajuda daquela igreja para realizar sua missão na Espanha (Rm 15.21).

Qual é o conceito fundamental de Romanos? Intérpretes de Rm têm buscado o tema unificador de toda a epístola. Na Reforma a tendência era focalizar a primeira parte da carta e tomar "justificação pela fé" como tema. Mais tarde, alguns intérpretes argumentaram que Rm 6—8 era o coração da epístola e que o tema central é a união do crente com Cristo e a obra do Espírito. Outros replicaram que Rm 9—11 era o centro da carta, e que o foco real é o relacionamento de judeus e gentios no plano divino da salvação. Outros ainda insistem que a seção prática, Rm 12—15, expressa o tema central da epístola. A intenção principal de Paulo era convocar a igreja à unidade e promover a harmonia entre cristãos judeus e gentios. Cada uma das opiniões anteriores tem a tendência de enfatizar uma seção da carta e negligenciar o restante.

De mofo geral, os eruditos contemporâneos concordam que o tema capaz de encapsular toda a epístola seja a "justiça de Deus". Desafortunadamente, o significado preciso dessa expressão é motivo de debate. Primeiro, os intérpretes protestantes tradicionalmente argumentam que a expressão se refere a um dom concedido por Deus. Deus considera os pecadores justos caso eles creiam em Cristo (Rm 3.21,22; 4.1-8; 10.3). Os intérpretes católicos, ainda que reconheçam que a justiça é um dom, argumentam que a expressão se refere à justiça verdadeira que Deus produz nos crsitãos pelo seu poder transformador (Rm 6—8). Talvez a opinião mais comum atualmente seja que a "justiça de Deus" se refere a um poder que Deus exerce, o poder salvador divino. Essa interpretação enfatiza o conceito do AT de justiça divina (Sl 98.2; Is 46.13; 51.8). Por fim, outros veem a expressão como uma qualidade peculiar a Deus. Deus é justo. Essa justiça é expressa tanto na justa condenação dos pecadores como também em declará-los justos (Rm 3.3-5,25,26). O fato é que não se pode isolar qualquer uma dessas definições como se fosse o único significado da expressão. Cada definição é aplicável em diferentes contextos. A quarta e última definição, entretanto, é provavelmente a que Paulo tinha em mente em Rm 1.17.

"A justiça de Deus" é provavelmente muito estreita para servir de tema para toda a epístola. Uma abordagem melhor reconhece "o evangelho" ou "o evangelho da justiça de Deus" como seu tema. A palavra "evangelho" e termos relacionados aparecem muitas vezes na introdução e na conclusão da epístola. A palavra é também mais importante quando Paulo anuncia o tema em Rm 1.16,17.

Qual é a mensagem de Romanos? A introdução inclui um breve resumo do Evangelho que realça sua base no AT e seu foco em Cristo. A linhagem davídica de Cristo confirma seu direito de governar como o Rei-Messias. Por causa de sua ressurreição, Jesus é também "Filho de Deus em poder". Considerando que a ocorrência seguinte de "poder" em Rm se refere ao poder salvador de Deus (Rm 1.16), o título significa que Jesus possui o poder de salvar por causa de sua ressurreição (Rm 4.25; 1Co 15.14,17,20). Jesus é por fim chamado de "nosso Senhor", um título que claramente denota divindade (Rm 10.9, 13; Jl 2.32).

O texto de Rm 1.16,17 expressa o tema da epístola. Paulo não se envergonha de proclamar o evangelho porque o evangelho é o poder de Deus para salvar todos os que creem, judeus ou gentios. O evangelho revela a justiça de Deus, i.e., sua justiça e sua atividade de justificar os pecadores (Rm 3.21-26). Salvação pela fé não é uma novidade; ela integrou a mensagem dos profetas do AT (Rm 1.17; Hc 2.4).

O famoso Coliseu em Roma foi construído nos últimos anos do séc. I da era cristã.

Os gentios merecem a ira de Deus porque seus pecados não são cometidos em ignorância. Antes, envolvem a supressão das verdades a respeito de Deus que são visíveis para todo mundo. O pecado principal do homem é a falha em render a Deus a glória que lhe é devida. Deus manifestou sua ira ao deixar a humanidade entregue ao poder corruptor do pecado, de modo que o comportamento pecaminoso do homem se tornasse progressivamente mais hediondo e repulsivo, a despeito de sua compreensão clara de que o pecado resulta em morte.

Condenar os outros não impede que alguém seja julgado quanto às próprias culpas. Deus julgará cada um de modo justo e dará a punição ou a recompensa que seus atos merecem. Deus julgará judeus e gentios igual, justa e equilibradamente, porque o juízo divino não é baseado em favoritismo.

Tanto judeus como gentios merecem a ira de Deus. Ainda que preguem e ensinem a Lei, os judeus fracassaram em obedecer a ela e, por conseguinte, desonraram Deus e blasfemaram seu nome. A circuncisão não garante proteção do julgamento divino. O verdadeiro judeu a quem Deus elogia é o que teve o interior transformado. Os judeus de fato possuem algumas vantagens. Deus escolheu dar-lhes as Escrituras do AT e permanece fiel às promessas que fez a Israel. Mesmo assim, a justiça de Deus não é comprometida pela punição que ele dá aos pecados dos judeus; essa justiça estaria comprometida caso não houvesse punição desses pecados. A lei que Israel possuiu não era um meio de salvação. Antes, a Lei demonstra a pecaminosidade do homem de modo que ele se conscientize da incapacidade de se salvar pela própria justiça.

A Lei e os Profetas testificam que Deus declara pecadores os que fracassaram em guardar a lei para serem justos à vista dele se cressem em Jesus Cristo. Essa posição de justiça é garantida livremente pela graça divina e é baseada no sacrifício expiatório de Cristo. Essa declaração graciosa de justiça elimina todo orgulho humano e põe judeus e gentios em posição igual. Ser justificado pela fé, não pela obediência à Lei, não dispensa a guarda da Lei. Pelo contrário, afirma-se o que a Lei sempre afirma a respeito da salvação. A lei afirma plenamente que Abraão, o pai dos judeus, foi declarado justo diante de Deus pela fé (Gn 15.6). Essa justiça foi uma dádiva que ele recebeu. Logo, Deus concede essa justiça com base na fé somente, independentemente da circuncisão.

Essa justiça foi também creditada a Abraão antes que a Lei mosaica fosse dada, demonstrando que Deus a concede com base na fé, não na guarda da Lei. As promessas à descendência de Abraão (que incluem o recebimento de uma declaração de justificação e vida no mundo por vir) são concedidas aos cristãos judeus e gentios, cumprindo a promessa de que Abraão seria o pai de muitas nações. Abraão creu que Deus faria a vida surgir da morte e que um casal idoso, já amortecido, teria uma criança. Os cristãos de igual maneira creem que Deus ressuscitou Jesus dentre os mortos, demonstrando dessa maneira a fé de Abraão e recebendo a promessa da justiça imputada.

Por causa da justificação, os cristãos estão em paz com Deus e antecipam com alegria a transformação plena e final. Pela morte sacrificial e substitutiva de Jesus, os cristãos que antes eram inimigos de Deus e mereciam sua ira, agora estão reconciliados com ele. O impacto da desobediência de Adão sobre a raça humana oferece um paralelo negativo quanto ao impacto da obediência de Cristo para os cristãos. Em razão do pecado de Adão, todos morreram. Claramente, um único ato por uma única pessoa pode ter um impacto eterno e universal. Entretanto, a obediência de Jesus Cristo tem o poder de cancelar as consequências da desobediência de Adão. Se a desobediência de um homem causou a morte de muitos, a obediência de Cristo pode de igual maneira garantir a justificação e a vida para muitos. Como os efeitos da desobediência de Adão foram universais, os efeitos da obediência de Cristo são também universais. Não foi a Lei que introduziu a morte no mundo. A Lei ofereceu aos descendentes de Adão mandamentos específicos a serem desafiados, tal como Adão fizera. Isso fez que o pecado fosse mais atrevido e hediondo e serviu para magnificar a prodigalidade e a grandeza da graça de Deus.

Não se deve concluir daí que o pecado deve permanecer na vida do cristão. A união do cristão com Cristo em sua morte, sepultamento e ressurreição é inconsistente com um estilo de vida pecaminoso. O velho homem que o cristão era morreu em Cristo. Agora o cristão foi liberto do domínio do pecado. No fim, a união do cristão com Cristo resultará em sua ressurreição e libertação completa do pecado. Os cristãos devem viver agora à luz do fato de que o domínio do pecado foi destruído. Eles devem oferecer a si mesmos a Deus como instrumentos de justiça. O cristão tem um novo mestre espiritual, a justiça. A escravidão ao pecado não garantia benefícios ao pecador e o condenava a morrer. A escravidão à justiça produz santidade e resulta em vida eterna.

O cristão foi liberto da Lei. A morte nulifica as alianças, de modo que estas não têm mais poder. Quando um cônjuge morre, o cônjuge sobrevivente está liberado da lei do casamento e livre para se casar outra vez. A libertação da Lei, a união com Deus em Cristo e o fortalecimento pelo Espírito capacitam o cristão a viver uma vida justa, algo que a Lei não podia realizar.

A Lei agrava o pecado na vida dos não cristãos, mas isso não quer dizer que a Lei seja má. A Lei é santa, justa e boa, mas a natureza pecaminosa usou a Lei para destruir os pecadores. A Lei ainda tem uma função positiva: demonstra a corrupção total do homem e sua escravidão ao pecado. Entretanto, a Lei não o liberta dessa escravidão. Paulo ilustrou esse ponto ao descrever sua frustração ao tentar cumprir as exigências da Lei. Ele se viu preso em um cabo de guerra entre ter prazer na lei de Deus e ser dominado pelo pecado. E confessou que esse conflito só terminaria através de sua ressurreição corporal.

Nada obstante, o cristão pode desfrutar de vitória sobre o pecado. O Espírito realiza para o cristão o que a Lei não é capaz. O Espírito liberta o cristão da escravidão do pecado e o leva cumprir as exigências justas da lei natural e espontaneamente. O Espírito exercita o mesmo poder que usou para ressuscitar Jesus dentre os mortos para produzir vida nova no cristão. Os que vivem pelo Espírito de Deus são filhos de Deus e, por conseguinte, herdeiros que compartilharão da glória de Deus. Toda a criação anseia por essa glória. O cristão deseja a adoção da criação através da ressurreição do corpo.

Deus presentemente trabalha através de todas as circunstâncias para o bem espiritual do cristão. O propósito eterno de Deus não será impedido, e ele fará que todos a quem amou desde a eternidade passada se tornem como seu Filho. A conclusão da salvação do cristão através da justificação no julgamento final e sua glorificação é certa, porque está baseada no amor imorredouro de Deus.

A rejeição de Cristo por Israel, o povo escolhido por Deus, pode parecer contraditória em relação às promessas infalíveis de Deus e abalar as esperanças dos cristãos. Entretanto, essas promessas não falharam. Nem todos os descendentes físicos de Abraão são verdadeiros israelitas. As promessas de Deus se aplicam aos que ele escolheu. Essa escolha é baseada não no caráter ou no comportamento humano, mas no propósito misterioso de Deus.

Não se pode acusar Deus de injustiça. Deus é livre para demonstrar misericórdia a quem quiser, porque o Criador tem autoridade total sobre suas criaturas. Não se pode desafiar o caráter de Deus se ele se glorifica ao expressar ira contra uns e misericórdia a outros. Deus seria justo se não tivesse salvado ninguém. Ele é certamente justo se escolheu salvar uma grande porção da humanidade.

Mesmo assim, Israel é plenamente responsável por sua condição espiritual. Os gentios obtiveram justiça verdadeira pela fé. Israel buscou a justiça, mas tentou conquistá-la por seu esforço, pela obediência à Lei, não pela fé em Cristo. Israel não encontrou a justiça verdadeira, apesar de todos os seus esforços, porque a Lei é cumprida somente através da fé em Cristo. A salvação acontece apenas através da fé em Cristo, tal como demonstrado pelo AT.

Israel não falhou em confessar fé em Cristo por falta de informação. Todo o Israel ouviu a mensagem a respeito de Cristo, mas muitos rejeitaram a mensagem em desobediência teimosa. Mesmo assim, Deus não rejeitou Israel inteiramente. Deus escolheu alguns dentre Israel para salvação, por sua graça. Esse remanescente alcançará a justificação que Israel buscou. Deus endureceu o restante.

Deus usou a rejeição do evangelho por parte de Israel para seus propósitos graciosos, para trazer salvação aos gentios. Agora Deus usará a recepção do evangelho pelos gentios para provocar ciúmes nos judeus e levar alguns deles à fé em Cristo. Os gentios não devem se envaidecer por causa de Israel. A salvação deles está baseada nas promessas de Deus a Israel e sobre a fé. Deus está pronto para aceitar o restante de Israel quando eles se arrependerem da incredulidade.

Os gentios não devem pensar que têm uma situação especial diante de Deus. Depois que todos os gentios eleitos forem salvos, Deus mudará o foco de sua atenção para o Israel nacional novamente. Um número muito grande de judeus será salvo, porque os dons e a vocação de Deus são irrevogáveis. Deus apresentou sua sabedoria misteriosa ao usar gentios e judeus para que uns instigassem os outros a crer em Cristo.

Os cristãos respondem à misericórdia de Deus ao se devotarem completamente a ele e por renovarem sua mente no conhecimento da vontade divina. Essa mente renovada reconhece a interdependência dos membros da igreja e não estabelece uma hierarquia baseada em dons espirituais. A mente renovada é caracterizada pelo amor. Esse amor se expressa através de perdão, simpatia, harmonia, humildade e bondade.

Baixo-relevo com a águia imperial, símbolo do poder de Roma, encontrado em Jerusalém.

Os cristãos devem se submeter às autoridades governamentais, que foram indicadas por Deus para preservar a ordem e impedir a impiedade. Por essa razão, os cristãos pagam impostos e respeitam os líderes políticos.

Os cristãos devem cumprir a Lei ao expressar amor ao próximo e viver em retidão, atitudes especialmente importantes desde que a volta de Cristo se aproxima. Os cristãos devem aceitar uns aos outros em amor mesmo quando discordam em questões de consciência, mesmo quando seguem a própria consciência. Devem ser cuidadosos para não permitir que seu comportamento perturbe outros cristãos que têm convicções diferentes. Devem ser especialmente cuidadosos para não encorajar outros cristãos a fazer algo que não creiam ser correto. É errado comer, beber ou fazer qualquer coisa que perturbe a consciência de alguém.

Cristãos judeus e gentios, os fracos e os fortes, devem viver em unidade e tentar edificar uns aos outros. Devem aprender a glorificar a Deus com um só coração e a uma só voz. Jesus veio ao mundo como servo para os judeus, cumpriu as promessas para eles, e ainda incluiu os gentios no plano de Deus, de modo que eles possam glorificar a Deus tal como predito no AT.

V. *ética*; *justiça*; *salvação*.

Esboço

I. Introdução (1.1-15)
   A. Jesus Cristo é o centro do evangelho, e Paulo está qualificado para proclamá-lo (1.1-7).
   B. Paulo dá graças a Deus pelos cristãos de Roma, e expressa seu amor por eles (1.8-15).
II. Tema: O evangelho revela o poder de Deus para salvação e sua justiça (1.16,17).
III. A promessa oferecida pelo Evangelho: justificação pela fé (1.18—4.25).
   A. A necessidade humana de justificação (1.18—3.20).
      1. Todos os gentios são pecadores (1.18-32).
      2. Todos os judeus são pecadores (2.1—3.8).
      3. Todos os homens são pecadores (3.9-20).
   B. Justificação como dom de Deus (3.21—4.25).
      1. Deus providencia justificação através de Cristo, pela fé (3.21-26).
      2. Justificação de judeus e gentios é baseada na fé, não nas obras (3.27—4.25).
IV. Os benefícios conferidos pelo evangelho (5.1—8.39).
   A. O cristão tem paz, justiça e alegria (5.1-11).
   B. O cristão é liberto das consequências do pecado de Adão, o domínio do pecado na morte (5.12-21).
   C. O cristão é liberto da escravidão do pecado (6.1-23).
   D. O cristão é liberto da servidão da lei (7.1-25).
   E. O cristão vive uma vida justa pelo poder do Espírito (8.1-17).
   F. O cristão desfrutará de vitória completa sobre a corrupção (8.18-39).
V. Rejeição do evangelho por Israel (9.1—11.36).
   A. Israel rejeitou a Cristo (9.1-5).
   B. A rejeição temporária de Cristo por Israel é consistente com o plano eterno de Deus (9.6-29).
   C. A rejeição temporária de Cristo por Israel decorre de própria teimosia em buscar autojustificação (9.30—10.21).
   D. Deus escolheu um remanescente presente de judeus para salvação e endureceu o coração dos restantes.
   E. Deus no fim salvará a nação de Israel (11.11-32).
   F. O plano de Deus é misterioso e sábio (11.33-36).
VI. Implicações práticas do evangelho (12.1—15.13).
   A. Os cristãos devem responder à misericórdia de Deus vivendo sua vida transformada (12.1,2).
   B. A vida transformada terá impacto nos relacionamentos na igreja (12.3-21).
   C. A vida transformada irá afetar os relacionamentos com as autoridades políticas (13.1-7).
   D. A vida transformada é uma necessidade urgente por causa da proximidade da volta de Cristo.
   E. A vida transformada irá levar a uma aceitação mútua de fracos e fortes na comunidade cristã (14.115.13).
VII. Conclusão (15.14—16.27).

— *Charles L. Quarles*

ROMANTIÉZER Nome pessoal que significa "eu tenho ajuda exaltada". Músico do templo (1Cr 25.4,31). Alguns estudiosos reconhecem uma oração de louvor por trás dos nomes dos músicos do templo, de Hananias a Maaziote (25.4).

RÔS Nome pessoal que significa "cabeça" ou "chefe". Sétimo filho de Benjamim (Gn 46.21). A tradução grega entende que Rôs era filho de Belá, logo, neto de Benjamim. Esse nome encontra-se ausente das listas paralelas dos filhos de Benjamim (Nm 26.38,39; 1Cr 8.1-5).

ROSA V. *plantas*.

ROSETA V. *filigranas*.

ROSETA, PEDRA DE Monumento de pedra com um texto trilíngue entalhado (egípcio hieroglífico, demótico e grego) — em honra de Ptolomeu V (Epifânio) (196 a.C.) — e que forneceu os meios necessários à decifração de duas línguas mortas (o egípcio hieroglífico e o demótico). O nome é derivado do lugar da descoberta da pedra no delta do Nilo em 1799. V. *arqueologia e estudo bíblico*; *Egito*.

ROSTO A face de alguém como indicação de humor, emoção ou caráter (Gn 4.5,6; Pv 15.13; Ec 7.3; Mc 10.22). Ter o rosto de Deus sobre si é uma forma de dizer que se está na presença de Deus (Sl 21.6). Estar na presença de Deus pode trazer paz (Nm 6.25,26), bênção (Sl 4.6; 89.15) ou vitória (Sl 44.3). Também pode trazer destruição (Sl 80.16) ou juízo (Sl 90.8).

ROUBO Tomar o que pertence a outra pessoa sem o seu consentimento. A lei bíblica concernente ao roubo é a proibição, nos Dez Mandamentos, "Não furtarás" (Êx 20.15; Dt 5.19). Uma declaração absoluta como essa torna irrelevante a questão se o roubador tomou a propriedade alheia pela força, pelo engano ou pela opressão (Gn 31.31; Lv 19.13; Dt 24.14,15; Ml 3.5; Jo 10.1). É de admirar que haja pouco a respeito do roubo na Lei de Moisés. Diferente das leis assíria e babilônica, nenhuma penalidade específica é prescrita. Antes, a ênfase está sobre a restauração da propriedade roubada ao seu possuidor legal (Êx 22.1,4,7,9; Lv 6.1-7; Nm 5.5-8). Se um ladrão não pudesse devolver o que roubou, este deveria ser vendido como escravo até que a restituição fosse feita (Êx 22.3).

No período do NT o roubo estava sob jurisdição da lei romana. Ladrões capturados algumas vezes eram crucificados (Mt 27.38; Mc 15.27). O roubo poderia ser político. Na Palestina havia vários grupos chamados zelotes, famosos por seu zelo quanto ao judaísmo e sua oposição a Roma. Os grupos mais radicais, como os sicários, praticavam roubos e assassinatos.

Os ladrões no séc. I muitas vezes trabalhavam em bandos, atacando viajantes (Lc 10.30). A surpresa de um ataque desses é análoga ao aspecto repentino e súbito da volta de Cristo (Ap 3.3). O roubo ameaça bens materiais; logo, Jesus ordenou que se tenha fé em bens espirituais (Mt 6.19,20). V. *crimes e castigos*; *ética*; *Lei, Dez Mandamentos, Torá*. — LeBron Matthews

ROUPAS DE LINHO Um dos itens de vestuários finos associados às mulheres da alta sociedade de Jerusalém (Is 3.23; "camisas finíssimas", *ARA*; "capinhas de linho finíssimas", *ARC*). O significado da palavra hebraica traduzida dessa maneira é motivo de debate, e isso pode ser facilmente apreendido por como diferentes versões da Bíblia em português a traduziram. Em Is 8.1 a mesma palavra hebraica é traduzida por "placa".

Figura mitológica usando uma roupa de linho em estilo romano.

RUA Caminhos estabelecidos e construídos para transporte de animais e veículos. O desenho das ruas das cidades, de forma geral, era estabelecido pela forma dos muros externos da cidade. Em algumas cidades, uma rua larga a circulava, seguindo o traçado do muro exterior. Em outras cidades as ruas se irradiavam para todas as direções a partir de uma praça principal. As portas das lojas, dos depósitos e das moradias se abriam para a rua. O lixo doméstico em geral era jogado na rua. Pequenas vias e becos saiam das ruas principais, terminando em uma área central que abrigava várias casas ou lojas. As ruas eram comumente pavimentadas com pedras grandes e largas, ainda que ruas de terra batida não fossem incomuns. Cidades grandes construíam canais de drenagem abaixo das ruas da cidade, alguns para transportar lixo, e outros para drenar o excesso de chuva para fora, onde era canalizado em cisternas. No período do NT, engenheiros romanos projetavam cidades por todo o império com ruas retas, largas e bem construídas, que geralmente iam até uma praça central ou um templo. Calçadas com meio-fio ladeavam as ruas com grandes pedras poligonais. As enxurradas corriam abaixo das ruas pavimentadas transportando água do esgoto e da chuva. O tráfego constante de carroças e pedestres não raro provocava sulcos nas ruas, o que exigia consertos ou reparos. — *David Maltsberger*

A Rua dos Curetas, que vai até a Biblioteca de Celso, nas ruínas da antiga Éfeso.

RUA DIREITA Rua de Damasco onde Paulo permaneceu após ter ficado cego na experiência com o Cristo ressuscitado (At 9.10-12). Essa rua ainda existe, com o nome de Darb al-Mustaqim. V. *Damasco*.

A Rua Direita de Damasco, Síria.

RUAMÁ Nome pessoal que significa "de quem se tem compaixão". Nome usado por Oseias para simbolizar a mudança na situação de Israel diante de Deus, após o julgamento divino (2.1; cp. 1.6). O texto de 1Pe 2.10 aplica a imagem de Oseias aos cristãos que experimentaram a misericórdia de Deus em Cristo.

RÚBEN, RUBENITAS Filho mais velho de Jacó, nascido de Lia (Gn 29.32), enquanto o casal ainda vivia com o pai dela, Labão, em Padã-Arã, e o clã ou tribo descendente dele. Entre suas ações registradas na Bíblia, Rúben encontrou mandrágoras (das quais uma poção afrodisíaca provavelmente seria feita para que sua mãe usasse com Jacó, 30.14,16-17) e teve relações sexuais com uma das concubinas do seu pai (35.22), pelo que mais tarde foi castigado (49.4). Rúben se compadeceu do jovem José quando seus irmãos quiseram matar o sonhador impetuoso (37.21,22) e desejou responsabilizar-se junto ao pai pelo bem-estar de Benjamim quando José (a quem eles não reconheceram) ordenou que o irmão mais novo fosse levado ao Egito (42.37).

A tribo que recebeu seu nome tinha lugar de honra entre os demais clãs. O território herdado por Rúben estava a leste do mar Morto e foi uma das primeiras partes da terra a ser conquistada (Nm 32).

RUBI V. *joias, joalheria*; *mineiras e metais*.

RUDIMENTOS V. *elementos, princípios elementares, rudimentos*.

RUFO Nome pessoal que significa "cabelo avermelhado". **1**. Filho de Simão de Cirene e irmão de Alexandre (Mc 15.21). **2**. Destinatário de uma saudação enviada por Paulo (Rm 16.13). Se Marcos escreveu em Roma, é provável que ambas as referências sejam à mesma pessoa.

RUIVO Quem tem cabelos avermelhados (1Sm 16.12; 17.42; Ct 5.10; Lm 4.7; cp. Gn 25.25).

RUMA Nome de lugar que significa "lugar elevado". Terra da mãe do rei Jeoaquim de Judá (2Rs 23.36), possivelmente Khirbet Rumeh, perto de Rimom na Galileia, ou com Arumah.

RUTE, LIVRO DE Livro do AT cuja personagem principal é uma mulher moabita chamada Rute, ancestral de Davi e de Jesus. Dada a natureza do judaísmo posterior com sua característica de depreciar as mulheres e desprezo aos não judeus, é surpreendente que um livro bíblico tenha o nome de uma mulher moabita. Isso é ainda mais marcante, pois Rute não é tão importante quanto Boaz e Noemi, e a importância do livro está ligada diretamente a Boaz, como mostra a genealogia na conclusão da narrativa.

No cânon litúrgico do *Códice de Leningrado*, o livro de Rt é o primeiro dos cinco *Megillot* (rolos lidos em festas judaicas) e aparece imediatamente depois de Pv. Os responsáveis por esse arranjo provavelmente viram Rute como o exemplo supremo da mulher virtuosa, descrita em Pv 31, conclusão reforçada pela caracterização que Boaz faz de Rute como uma *eshet hayil* ("mulher virtuosa", Rt 3.11), o mesmo epíteto encontrado em Pv 31.10 (o cabeçalho da descrição acróstica da mulher nobre em 31.10-31).

Nas Bíblias em português, o livro está ordenado de acordo com a *LXX*. A colocação tem por base a preocupação de localizar os acontecimentos descritos no livro em seu contexto histórico e cronológico. Em outra tradição judaica, Rt precede Sl, reconhecendo sua importância como um testemunho ao papel de Davi na história israelita.

Depois de ler o livro de Jz — que apresenta um quadro sombrio e depressivo de Israel —, alivia-se o leitor pelo encontro de Rute. Aprende-se que, enquanto Israel estava em um severo estado moral e espiritual, Belém representava um oásis de lealdade pactual em um cenário estéril. Muitos reconhecem em Rt uma obra-prima literária, uma encantadora história curta com uma trama clássica que se move da crise (fome e morte ameaçam a existência de uma família), até uma complicação (a introdução de um candidato primário, mas menos desejável, para resolver a crise), a resolução (o candidato desejável resgata a linhagem familiar). Com grande habilidade o narrador conduz o leitor até à mente das personagens (sucessivamente Noemi, Rute e Boaz) e as convida a se identificar com suas ansiedades e alegrias pessoais e no fim a celebrar a dinâmica que se move do vazio e frustração à plenitude e alegria. No decorrer da narrativa, cada personagem principal demonstra ser uma pessoa de coragem extraordinária e amor pactual (*chesed*, "amor bondoso, fidelidade, lealdade", é a palavra-chave do livro: 1.8; 2.20; 3.10). Essas são pessoas cujo compromisso espiritual é demonstrado de forma clara pelo estilo de vida piedoso.

Ainda que seja uma personagem admirável e psicologicamente fascinante, o livro de Rt é em primeiro lugar um conto de personalidades humanas interessantes. No final, o livro é uma declaração gloriosa da providência divina. Ainda que o narrador atribua os acontecimentos à ação direta de Deus apenas duas vezes (1.6; 4.13), as personagens humanas repetidamente expressam sua fé em Deus por meio de suas afirmações (1.3,20,21), mas em especial por meio das bênçãos que pronunciam umas às outras e seus pedidos por ajuda divina (1.8,9; 2.4,12,19,20; 3.10; 4.11,12,14,15). A mão de Deus é evidente a todos os leitores do livro que usam os olhos da fé: 1) um acontecimento meteorológico aparentemente natural (fome, à luz das maldições da aliança de Lv 26.19,20 e Dt 28.23,24), deve ser interpretado como um ato divino. Quando há pão em Belém, as pessoas atribuem o fato a Deus; 2) em acontecimentos aparentemente aleatórios (a chegada de Rute ao campo de um homem que "casualmente" [*NVI*] era bondoso e, ao mesmo tempo, parente. A frase-chave de 2.3 é traduzida por ela ter entrado "por casualidade" [*ARA*], "sorte" [*ARC*] ou "por acaso" [*NTLH*] no campo de Boaz);

3) os delicados e ousados esquemas humanos (o plano eticamente questionável de Noemi em 3.1-7); 4) os procedimentos legais do tribunal (os dispositivos da herança de Elimeleque em 4.1-10); 5) acontecimentos biológicos naturais (uma mulher incapaz de engravidar em dez anos de casamento imediatamente engravida de Boaz, 4.13). Em cada uma dessas situações o resultado poderia ter sido diferente — sob a perspectiva humana. Mas a mão de Deus superintende tudo, e no fim as necessidades das pessoas são satisfeitas, e mais importante, seus alvos são alcançados.

Que alvos são esses? Ainda que muitos desprezem a genealogia em 4.18-22 como se fosse secundária e quase irrelevante, esses versículos são na prática a chave do livro. Da perspectiva do autor, esses acontecimentos têm importância principalmente pelo lugar crítico que ocupam na história da linhagem davídica. Uma das perguntas que o livro responde é: "Como pode Davi, o homem segundo o coração de Deus, emergir de um período sombrio e desmoralizado como o dos juízes?" (cf. 1.1). A resposta é: "Por causa da mão providente de Deus sobre essa família de Belém". Como as genealogias de Gn 5 e 11, essa genealogia consiste em dez nomes em relacionamento linear. E também à semelhança daquelas outras genealogias, um momento crítico ocorre na sétima geração (Boaz está em paralelo com Enoque [Gn 5.21-24], que andou com Deus, e com Pelegue [Gn 11.16,17], em cujo tempo a terra foi dividida [Gn 10.25]).

O livro de Rt trata Davi de forma especial. Com sua narrativa, o autor declara não apenas que Deus olhou para Davi desde o início, mas também que Davi é um candidato improvável para a posição mais importante da história de Israel, a do rei divinamente ungido. Nas suas veias corre sangue moabita (daí a importância do texto oito vezes fazer referência a Rute como moabita), povo desprezado pelos israelitas por conta de sua origem incestuosa (Gn 19.30-38), sua hostilidade para com os israelitas quando eles saíram do Egito (Nm 22—24; cp. Dt. 23.3-6) e a sedução dos israelitas, levando-os ao adultério físico e espiritual (Nm 25.1-9). Nenhum leitor atento perderá a ironia: em um tempo em que os israelitas se comportavam mais como cananeus que como o povo de Javé (o período dos juízes), uma moabita desprezada providencia o modelo de lealdade e bondade pactual (v. o testemunho de Boaz a respeito de Rute em 3.10,11).

Contudo, em última instância, o livro de Rt versa a respeito do Messias. Ainda que o autor possa não ter compreendido o significado pleno desses acontecimentos, quando Mateus inicia seu Evangelho com uma longa genealogia de Jesus, o Messias, o filho de Davi e Abraão, os nomes de Boaz e Rute aparecem (Mt 1.5). Três outras mulheres nessa genealogia (Tamar, v. 3; Raabe, v. 5; Bate-Seba, v. 6) são também problemáticas. O significado teológico dessas mulheres em uma lista de homens é óbvio: Jesus, o Messias, representa todos os povos da terra, e se Deus pode aceitar gentios como Rute, e os incorporar em seu plano de salvação, há esperança para todos (cf. Mt 28.18-20). Por meio de Boaz e Rute, não apenas uma família ameaçada foi resgatada da extinção, mas Deus preparou o caminho para Davi e, por fim, o caminho do principal filho de Davi, Jesus, o Messias.

Ainda que o livro de Rt seja geralmente classificado como uma história curta, é útil também interpretá-lo como um drama em quatro atos, cuja trama pode ser capturada por um esboço como este:

Tema: A preservação da linhagem real de Israel

Esboço
Ato I: A linhagem em crise (1.1-21)
  1. O estabelecimento da crise (1.1,2)
  2. A natureza da crise (1.3-5)
  3. Resposta para a crise (1.6-18)
  4. Interpretação da crise (1.19-21)
Ato II: Um raio de esperança para a linhagem (1.22—2.23)
  1. O novo cenário (1.22—2.1)
  2. A iniciativa de Rute (2.2,3)
  3. A bondade de Boaz (2.4-16)
  4. Os resultados (2.17-23)
Ato III: Complicação para a linhagem (3.1-18)
  1. O plano de Noemi (3.1-5)
  2. A execução do plano (3.6-15)
  3. Os resultados do plano (3.16-18)
Ato IV: O resgate da linhagem (4.1-17)
  1. A solução legal (4.1-12)
  2. A solução genealógica (4.13-17)
Epílogo: A genealogia real (4.18-22)

— *Daniel I. Block*

Menino judeu em seu bar mitzvah com o rolo da Torá aberto à sua frente.

S

SAAFE Nome de clã que significa "bálsamo". Aparentemente são duas pessoas homônimas na linhagem de Calebe, ainda que alguns intérpretes identifiquem os dois como um só (1Cr 2.47, 49).

SAALABIM Nome de lugar que significa "lugar das raposas". Cidade no território da tribo de Dã (Js 19.42); aparentemente é a mesma Saalbim.

SAALBIM Nome de lugar que significa "lugar das raposas". Esse nome tem sido grafado e interpretado de diferentes maneiras em diferentes textos e nas versões gregas antigas. Refere-se a uma fortaleza dos amorreus mais tarde controlada por Manassés e Efraim (Jz 1.35). Parte do segundo distrito de Salomão que fornecia suprimentos para a casa real (1Rs 4.9). Sua localização é provavelmente a moderna Selbit, a cerca de 11 quilômetros a sudeste de Lida e a cerca de 5 quilômetros a nordeste de Aijalom. Eliaba, herói militar do exército de Davi, era de Saalbim (2Sm 23.32). V. *Saalabim*.

SAALIM Nome de lugar que talvez signifique "cavernas, cavidades". Lugar onde Saul procurou as jumentas perdidas de seu pai (1Sm 9.4). O lugar algumas vezes é identificado com Saalbim ou com a terra de Sual.

SAAR Transliteração da palavra hebraica que significa "aurora" ou "manhã". Parte do título de Sl 22. A *NVI*, *ARA*, *NTLH* e *BJ* traduzem por "(corça da) manhã"; a *TEB* traduz por "cerva da aurora"; a *ARC* translitera (Aijelete-Hás-Saar), inclusive com o artigo definido ("Har") em hebraico. V. *Aijelete-Hás-Saar*.

SAARAIM 1. Nome de lugar que significa "portas duplas". 1) Cidade no território da tribo de Judá (Js 15.36). Lugar onde os soldados de Davi perseguiram o exército filisteu (1Sm 17.52). Alguns estudiosos identificam-no com Khirbet esh-Sharia, a cerca de 1,5 quilômetro a nordeste de Azeca. 2) Cidade onde a tribo de Simeão viveu (1Cr 4.31), mas se lê nos textos paralelos Silim (Js 15.32) e Saruém (Js 19.6). Muitos estudiosos são de opinião de que a cidade referida no livro de Cr seja Saruém. **2.** Nome pessoal que significa "manhãs". Benjamita que se divorciou de suas esposas e viveu em Moabe (1Cr 8.8).

SAASGAZ Transliteração hebraica de um nome persa de significado desconhecido. Eunuco responsável pelo harém do rei Xerxes, do qual Ester se tornou membro antes de ser escolhida rainha (Et 2.14).

SAAZIMA Nome de lugar que significa "picos duplos". Cidade ou montanha que marca a fronteira da tribo de Issacar (Js 19.22). Sua localização não é conhecida. Alguns estudiosos sugerem que a palavra seja uma combinação do nome de duas cidades, Saaz e Iamá.

SABÁ, RAINHA DE Governante dos sabeus que visitou Salomão (1Rs 10) para testar sua sabedoria, ouvir a respeito do seu Deus e estabelecer relações comerciais. V. *sabeu*.

SÁBADO Dia de descanso considerado santo por Deus por ter ele repousado no sétimo dia após a Criação, e visto como sinal da aliança entre Deus e seu povo, e do descanso eterno que ele prometeu.

Antigo Testamento A palavra "sábado" é originária da palavra hebraica *shabbat*, que significa "cessar" ou "desistir". O significado primário é o de cessação de qualquer trabalho. Alguns estudiosos traçaram a origem desse conceito ao calendário babilônico que contém certos dias, correspondentes às fases da lua, nos quais reis e sacerdotes não poderiam realizar suas atividades oficiais. Esses dias tinham uma conotação maligna, e os trabalhos realizados neles produziriam efeitos danosos. O décimo quinto dia do mês, o tempo da lua cheia no calendário lunar babilônico, era chamado *shapattu*, o "dia de pacificar o coração" (do deus) com algumas cerimônias.

Ainda que haja alguma similaridade com o conceito babilônico, o *shabbat* hebraico não segue o ciclo lunar. Antes, era celebrado a cada sete dias e se tornou central para o reconhecimento e culto ao Deus da criação e redenção. Regulamentações referentes ao sábado são características da Lei mosaica. As duas narrativas que apresentam os Dez Mandamentos declaram que o sábado pertence ao Senhor. Em seis dias os israelitas devem trabalhar, mas no sétimo, eles, bem como seus escravos, os estrangeiros, os animais de carga, devem descansar. Duas razões são dadas. A primeira é que Deus descansou no sétimo dia após a Criação, tornando, por conseguinte, aquele dia santificado (Êx 29.8-11). A segunda era uma lembrança da redenção dos israelitas da escravidão no Egito (Dt 5.12-15).

O sábado se tornou um dia de assembleia sagrada e adoração (Lv 23.1-3), uma lembrança da aliança com Deus (Êx 31.12-17; Ez 20.12-20). A penalidade da profanação do sábado era a morte (Êx 35.1-3). A observância verdadeira do preceito de não buscar os próprios interesses nesse dia levaria o fiel a estar na montanha santa de Deus e traria nutrição espiritual (Is 56.1-7; 58.13,14), mas a quebra do sábado traria destruição ao reino terreno (Ne 13.15-22; Jr 17.21-27).

Período interbíblico O sábado se tornou o coração da Lei, e as proibições foram expandidas. Foram proibidas 39 tipos de tarefas, como fazer ou desfazer um nó. Em compensação, houve escapatórias engenhosas às proibições, formuladas para atender às exigências legais, mas perderam o espírito da Lei.

Novo Testamento O hábito de Jesus era de guardar o sábado como dia de culto nas sinagogas (Lc 4.16), mas houve muitos conflitos pelo fato de ele não cumprir as restrições minuciosas da tradição (Mc 2.23-28; 3.1-6; Lc 13.10-17; Jo 5.1-18). No princípio, os cristãos também se reuniam aos sábados, junto com os judeus, nas sinagogas, para proclamar Cristo (At 13.14). O dia santo cristão, o dia pertencente especificamente ao Senhor, passou a ser o primeiro da semana, o dia da ressurreição de Jesus (Mt 28.1; At 20.7; Ap 1.10). Eles entendiam que o sábado e outros assuntos da Lei eram sombras de uma realidade revelada (Cl 2.16--23), e o sábado passou a ser o símbolo do descanso celestial por vir (Hb 4.1-11). V. *Dia do Senhor*. — *Barbara J. Bruce*

SÁBADO, JORNADA DE UM Distância que um judeu no tempo de Jesus considerava ritualmente legal e, portanto, permissível de ser caminhada no sétimo dia da semana. Essa expressão aparece na Bíblia apenas uma vez (At 1.12, *ARA*; v. nota explicativa na *NVI*), descrevendo a distância do monte das Oliveiras até Jerusalém. Alguns estudiosos creem que a expressão é originária da instrução de Deus aos filhos de Israel quando eles se preparavam para cruzar o Jordão e entrar em Canaã (Js 3.4). À medida que eles seguiam os sacerdotes que transportavam a arca da aliança, deveriam manter a distância de 2 mil côvados (*ARA*, *ARC*; *NVI*: "cerca de novecentos metros"). Antes disso, ainda no deserto, eles foram instruídos a não sair de casa no sábado (Êx 16.29). Os rabinos interpretavam esses mandamentos como um limite para não caminhar no sábado mais que 2 mil côvados. Essa distância se tornou o máximo que um judeu fiel poderia caminhar desde o local de culto no sábado. A medida do côvado era variável. Para os gregos, media 15 centímetros; para os romanos, cerca de 22 centímetros. Portanto, a distância de 2 mil côvados poderia variar entre 900 e 1.100 metros. Quem quisesse driblar a regra levava um almoço pouco antes do sábado a um lugar a cerca de meio quilômetro de sua casa. Então, ao comê-lo no sábado, poderia alegar que aquele lugar era como um lar legal e partir para outra jornada de um sábado. V. *sábado*. — *W. J. Fallis*

SÁBADO SEGUNDO-PRIMEIRO (*ACF*) Anotação cronológica em alguns manuscritos de Lc 6.1, que muitos comentaristas creem ser uma adição ao texto.

SABÃO Produto de limpeza feito de azeite de oliva e álcali proveniente da queima de certas plantas produtoras de sal. Era usado para limpeza do corpo (Jr 2.22) e para lavar roupas (Ml 3.2). Talvez as poucas referências ao sabão nas Escrituras devam-se ao fato do uso de azeite para limpar o corpo no Oriente Médio, e batia-se a roupa molhada em pedras para limpá-las.

SABAOTH Transliteração da palavra hebraica que significa "hostes, exércitos, corpos celestes". Parte de um título divino, "Senhor dos Exércitos", expressão interpretada de diferentes maneiras, como Senhor dos exércitos de Israel (cf. 1Sm 17.45); as estrelas; integrantes da corte ou conselho celestial de Javé; título abrangente para todos os seres, celestiais e terrestres; título que descreve Deus como todo-poderoso. É curioso observar que o título não aparece nos livros de Gn a Jz.

A tradução grega (*LXX*) algumas vezes usou "Sabaoth" como nome próprio, outras vezes o verteu como "Todo-poderoso". O título estava associado ao santuário de Siló e à arca da aliança (1Sm 1.3,11; 4.4; 6.2). Quando Davi trouxe a arca para Jerusalém, ele também introduziu o título "Javé Sabaoth" ao culto em Jerusalém (2Sm 6.2). Javé Sabaoth parece enfatizar o lugar de Deus como rei divino entronizado acima dos querubins tendo a arca como estrado dos seus pés ao governar Israel, a terra e o céu (Sl 24.10). Ele é o Deus sem igual (Sl 89.8) que está presente com seu povo (Sl 46.7; cp. 2Sm 5.10). V. *exército*; *Exércitos, Senhor dos*; *nomes de Deus*.

SABÁTICO, ANO O sétimo ano; nele os fazendeiros deixavam a terra descansar e não a lavravam, renovando assim a terra e o povo de Israel. A Lei mosaica orientava que a cada sétimo ano a terra não deveria ser cultivada; o que crescesse por si poderia ser recolhido (Êx 23.10,11; Lv 25.1-7). Como a Lei reservava o sétimo dia como santo para com Deus, de igual modo o sétimo ano era reservado como tempo de descanso e renovação. Isso não apenas garantia a fertilidade contínua da terra ao lhe permitir descansar, mas também protegia os direitos dos pobres. Os lavradores permitiam-se tomar alimentos da prodigalidade natural dos campos não cultivados. Pode ser que apenas uma porção da terra fosse deixada em descanso, e o restante, cultivado normalmente. Os hebreus que tivessem sido vendidos como escravos deveriam ser alforriados nesse ano (Êx 21.2). Empréstimos e dívidas também deveriam ser cancelados (Dt 15.1-3). Muitos estudiosos não acreditam que o ano sabático tenha sido celebrado no Israel antigo. Jeremias lembrou ao povo que os antepassados deles ignoraram a observância dessa lei (Jr 34.13,14; cp. Lv 26.35). Ainda que Israel renovasse sua dedicação à prática do ano sabático no tempo de Neemias, não está claro se a lei foi cumprida (Ne 10.31). No período intertestamentário uma tentativa foi feita por Israel de guardar o ano sabático, a despeito da turbulência política daquele período (1Mc 6.49). A lei do ano sabático consistentemente aponta para a ajuda que se deve dar aos pobres. — *David Maltsberger*

SABEDORIA E PESSOAS SÁBIAS Classe instruída do povo responsável por preservar e transmitir a cultura e o conhecimento da sociedade. Embora a sabedoria e as pessoas sábias que a perpetuaram estivessem presentes em quase todos os tempos em que existiram pessoas, o estudo da sabedoria no antigo Oriente Médio é um empreendimento relativamente novo. Isso se deve, em parte, à falta de definição clara do termo "sabedoria", bem como à natureza difícil da linguagem poética em que a maioria do material de sabedoria foi encontrada. Infelizmente nenhuma dessas questões está completamente solucionada hoje, ainda que muito se tenha aprendido em anos recentes.

Sabedoria real é temer a Deus Três definições básicas de sabedoria resumem muito bem o estado dessa área de estudo. Note-se que as primeiras duas definições são de cunho bastante secular, enquanto a terceira é religiosa.

Primeiro, a sabedoria é considerada por muitos simplesmente como a arte de aprender a ser bem-sucedido na vida. Ao que parece, as pessoas antigas aprendiam bem cedo que havia um ordenamento no mundo em que viviam. Igualmente aprendiam que sucesso e felicidade vinham de viver conforme esse ordenamento (Pv 22.17—24.22). Segundo, a sabedoria é considerada por alguns como um estudo filosófico da essência da vida. Com certeza boa parte dos livros de Jó e Ec parece lidar precisamente com essas questões existenciais da vida (Jó 30.29-31). Terceiro, embora as outras definições possam incluí-la, parece que a real essência da sabedoria é espiritual, porque a vida é mais que apenas viver segundo um conjunto de normas e ser recompensado de alguma maneira física. Nesse sentido a sabedoria indubitavelmente vem de Deus (Pv 2.6). Logo, embora inclua a observação e instrução, ela realmente começa com Deus e com nossa fé nele como Senhor e Salvador (Pv 1.7; Jó 28.28).

Pessoas sábias preservaram essa sabedoria Embora no princípio essa sabedoria provavelmente fosse uma responsabilidade do patriarca ou cabeça do clã, nota-se que toda cultura antiga desenvolveu uma classe distinta de pessoas, os *chakam*, ou sábios, que eram responsáveis por desenvolver e preservar sua sabedoria. Sem dúvida essas pessoas faziam parte do grupo mais instruído de suas sociedades, sabiam ler e escrever e tinham autonomia econômica para fazê-lo.

Certamente Israel não foi exceção. A primeira referência clara a pessoas sábias no texto bíblico é a de Aitofel e Husai durante o reinado de Davi (2Sm 16.15—17.23). No entanto, nos dias de Salomão, o movimento da sabedoria se revestiu de uma importância totalmente nova, porque Salomão e sua corte se tornaram mundialmente renomados por sua sabedoria (1Rs 4.29-34; 10). Seguramente seu reinado se tornou conhecido como "era de ouro" da cultura israelita (Lc 12.27).

Embora o movimento ficasse menos visível durante a parte inicial do reino dividido, ele continuava bastante ativo, porque os homens sábios de Ezequias estavam muito empenhados em preservar a tradição da sabedoria para gerações futuras (Pv 25.1). Mais tarde ainda, os inimigos de Jeremias até mesmo o confrontaram em relação à profecia dele de que a Lei pereceria por causa dos sacerdotes, dos profetas e dos sábios (Jr 18.18). Portanto, na queda de Judá ficou claro que o sábio havia assumido seu lugar como um dos líderes fundamentais na sociedade israelita.

Sem dúvida, quando o papel do profeta se tornou menos visível durante o período intertestamentário, o papel do sábio e do sacerdote ficou mais destacado (Eclo 38.24–39.11). Ao que parece, essa evolução continuou diretamente até a era do NT, quando os magos (ou sábios) anunciaram o nascimento de Cristo (Mt 2.1-12), que veio a ser o maior de todos os mestres de sabedoria (Mt 12.42; 13.54; Mc 6.2).

A maior parte da sabedoria está em forma poética A maioria do material sapiencial do antigo Oriente Médio reveste-se de algum tipo de estrutura poética. Até anos recentes essas estruturas eram um enigma porque não pareciam rimar nem na métrica nem no som, como acontece nos idiomas modernos. No entanto, em 1753 d.C. o bispo Robert Lowth destravou a chave para esses escritos poéticos ao descobrir que a poesia hebraica rimava no pensamento. Ademais, conjeturou que esses pensamentos geralmente foram expressos em paralelismos. Alguns desses padrões expressavam os mesmos pensamentos (Pv 20.1), enquanto outros expressavam pensamentos opostos (Pv 10.1) ou desenvolviam adiante certo pensamento (Pv 31.10-31). No curso do tempo esses paralelismos foram estruturados em formas específicas como o provérbio, o enigma, a alegoria, o hino, a disputa, a narrativa autobiográfica, a narrativa didática e as listas. Não paira nenhuma dúvida de que essa estrutura poética bonita e complicada era

Árabes joeirando grãos à maneira antiga com garfos de joeirar de madeira.

nitidamente uma marca do sábio e das escolas de sabedoria de seus dias e de sua era. V. *poesia*.

A sabedoria se tornou um guia para a vida diária Embora em recentes anos muitas partes da Escritura Sagrada fossem consideradas sob o guarda-chuva da sabedoria, sem dúvida a maior contribuição dos sábios de Israel foram os três livros encontrados nos "Escritos" (Jó, Pv e Ec). Entretanto, algumas partes dos demais "escritos", como Sl, Ct e Lm, contêm figuras de linguagem e formas estilizadas que refletem a tradição sapiencial. Além desses, as obras intertestamentárias de Eclo e de Sb continuaram a tradição e lançaram um excelente fundamento para a última revelação sapiencial em Cristo Jesus (Mt 11.19; Lc 11.49-51; 1Co 1.24,30; Cl 1.15-20; Ap 5.12). V. *apócrifos, livros* — Novo Testamento; *história e literatura intertestamentárias*; *pseudepígrafos*.

Com certeza a sabedoria bíblica, assim como de outras culturas, enfatiza o sucesso e bem-estar do indivíduo. Isso não apenas é visível nos tópicos que ela escolhe para tratar, mas também na maneira com que os desenvolve. Alguns de seus principais tópicos são: conhecimento, mundo, justiça, virtude, família e fé. O maior deles pode ser a fé, que exerce uma vigilância constante sobre a sabedoria e na realidade sobre a vida toda (Pv 1.7). V. *Eclesiastes, livro de*; *Jó, livro de*; *Provérbios, livro de*. — Harry Hunt

SABETAI Nome pessoal que significa "pertencente ao sábado". Levita que explicou a Lei ao povo à medida que Esdras a lia (Ne 8.7). Ele, ou alguém com o mesmo nome, opôs-se ao plano de Esdras para os israelitas se divorciarem das esposas estrangeiras (Ed 10.15). Era "encarregado do trabalho externo do templo de Deus" (Ne 11.16), quer cuidando da manutenção externa do templo quer recebendo os dízimos.

SABEU Transliteração de dois adjetivos pátrios hebraicos. **1.** Os descendentes de Sabá, filho de Cuxe (Gn 10.7a), de quem eram esperadas dádivas com o significado de lealdade em relação a Jerusalém (Sl 72.10; Is 45.14; cp. Ez 23.42). Deus usaria os sabeus para pagar um resgate pelo cativeiro de Israel (Is 43.3). Estes são, em geral, identificados com os povos de Meroé no Alto Egito, entre o Nilo Branco e o Nilo Azul, logo, a capital da Etiópia. Outros estudiosos localizam-no bem mais ao sul, no território a leste e sudeste de Cuxe, margeando o mar Vermelho. **2.** Os descendentes de Sabá, filho de Raamá (Gn 10.7b) ou de Joctã (Gn 10.28; cp. 25.3). A rica rainha de Sabá visitou Salomão (1Rs 10). Os sabeus mataram os rebanhos de Jó e seus servos (Jó 1.15). Eles eram conhecidos como "mercadores" (Jó 6.19; cp. Sl 72.10,15; Is 60.6; Jr 6.20; Ez 27.22; 38.13; Jl 3.8). Sabá é de igual modo o nome de uma cidade no sul da região da Arábia, a atual Marib no Iêmen. Alguns acreditam que essa cidade está muito ao sul e procuram a Sabá bíblica no norte da Arábia, perto de Medina, na região do uádi esh-Shaba. A palavra "sabeus" pode ter se tornado um termo genérico para designar estrangeiros ou mercadores nômades. Sabá, no sul da Arábia, obteve riquezas por meio do comércio com a África, da qual era vizinha, e com a Índia, cujos bens transportavam e vendiam a impérios no norte. Sabá produzia e comercializava incenso.

SABTA Filho de Cuxe e aparentemente o ancestral dos cidadãos de Sabota, capital de Hadramaut, a cerca de 430 quilômetros ao norte de Áden. Outros a identificam com um governante etíope de cerca de 700 a.C. Josefo a identificou com Astaboras, a atual Abare.

SABTECÁ Nome de lugar de significado incerto. Alguns estudiosos a identificam com o governante etíope Sabataka (700-689 a.C.), mas é mais provável que seja uma cidade-Estado árabe como Ashshabbak, perto de Medina, ou Sembrachate no norte do Iêmen.

SACAR Nome pessoal que significa "salário". **1.** Homem de Harar e pai de um dos heróis de Davi (1Cr 11.35), chamado Sarar em 2Sm 23.33. **2.** Porteiro do templo (1Cr 26.4).

SACERDÓCIO DE CRISTO A obra de Cristo em que ele se oferece como sacrifício supremo pelos pecados da humanidade e intercede continuamente a favor dela. V. *expiação, propiciação*; *Cristo, cristologia*; *Jesus Cristo*; *sumo sacerdote*.

SACERDÓCIO DOS CRISTÃOS Crença cristã de que todo cristão tem acesso direto a

Deus por intermédio de Jesus Cristo e que a Igreja é a comunhão dos sacerdotes que servem juntos, sob o senhorio de Cristo.

O conceito de sacerdócio ocorre nos dois Testamentos, e é cumprido em Cristo como Mediador e grande Sumo Sacerdote. A base do ministério sacerdotal é encontrada no AT, onde esse ministério foi designado à linhagem de Arão e à tribo de Levi (Êx 40.13; Nm 1.47-54). De acordo com o modelo do AT, o sacerdote cumpria uma função representativa — adentrava no Santo dos Santos no Dia da Expiação e fazia uma oferta de sacrifício a favor do povo.

Esse papel de representante foi cumprido por Cristo, cujos ofícios de profeta, sacerdote e rei descrevem sua obra realizada e em andamento. Como mediador, Cristo cumpriu o papel de represente designado pelo sacerdócio de Arão. A epístola aos Hb explica o cumprimento ao descrever Jesus Cristo como o "grande sumo sacerdote" que, tendo cumprido seu papel mediador de expiação substitutiva, agora está nos céus (Hb 4.14).

A morte de Cristo na cruz é descrita como o ato sacerdotal que pagou a penalidade dos pecados de uma vez por todas. Como sacerdote, Cristo não levou o sangue de um animal até o Santo dos Santos; antes, entrou no "maior e mais perfeito tabernáculo" e derramou o próprio sangue para obter a "eterna redenção" (Hb 9.11,12).

Agora que Cristo já cumpriu o papel de representante do sacerdócio, e por ser ele o único mediador entre Deus e homens (1Tm 2.5), não há necessidade contínua nem lugar para o sacerdócio humano. Os sacerdotes humanos não ocupam mais o lugar de representantes de outros seres humanos diante de Deus.

Na condição de povo de Deus, a igreja é agora "sacerdócio real" (1Pe 2.9), ministrando em nome de Cristo. Ainda que nós não nos representemos uns aos outros diante do Pai, os cristãos são chamados a orar uns pelos outros, a corrigir uns aos outros e a encorajar uns aos outros com boas obras, e a chamar uns aos outros à santidade.

Central para a doutrina do sacerdócio dos cristãos é o conceito da igreja reunida, ou congregacionalismo. Cada igreja é composta por crentes redimidos por Jesus Cristo, que agora servem juntos como sacerdotes. No sentido mais puro, a doutrina se refere aos cristãos reunidos sob o senhorio de Cristo, não a cristãos individuais que permanecem sozinhos. Todavia, a doutrina afirma corretamente não ser necessário um sacerdote humano postado entre o cristão individual e Deus. Como mediador, Jesus Cristo apenas cumpre esse papel.

Uma ilustração gráfica desse ponto foi providenciada quando o grande véu no templo — que separava o Santo dos Santos da parte maior do templo — foi rasgado de alto a baixo. De igual maneira, o apóstolo Paulo descreveu a expiação de Cristo como quebra das barreiras que separavam e segregavam pessoas por raça e gênero no templo (Ef 2.14-16).

Como sacerdotes, os cristãos devem oferecer "sacrifícios espirituais aceitáveis a Deus por meio de Jesus Cristo" (1Pe 2.5).Os sacrifícios espirituais substituem qualquer noção de ministrações sacramentais ou representativas. A doutrina do sacerdócio dos cristãos afirma, portanto, o direito de cada cristão de ter comunhão com Deus por intermédio de Cristo e a obrigação de cada cristão de ser membro plenamente atuante na congregação, exercendo o discipulado cristão entre a comunhão dos outros cristãos-sacerdotes. — *R. Albert Mohler Junior*

SACERDOTES Pessoas responsáveis pelos sacrifícios e ofertas, em particular no tabernáculo e no templo.

Funções O sacerdócio no AT envolvia primariamente o sacrifício no altar e o culto no santuário. Outras funções eram abençoar o povo (Nm 6.22-26), determinar a vontade divina (Êx 28.30) e instruir o povo na lei de Deus (Dt 31.9 -12). A instrução incluía a aplicação das leis de purificação (Lv 11-15). Algumas das funções, como abençoar e ensinar, não eram reservadas apenas aos sacerdotes, mas oferecer sacrifícios e usar o Urim e o Tumim era exclusivamente sacerdotal.

Se a principal característica do sacerdócio era o sacrifício, o ofício é tão antigo quanto Abel. Noé ofereceu sacrifícios, e o mesmo fizeram Abraão e os patriarcas. Pode-se afirmar que eram sacerdotes familiares. Jetro, o sacerdote de Midiã, ofereceu sacrifícios a Deus e adorou com Moisés, Arão e os anciãos de Israel (Êx 18.12). Deus prometeu a Israel, que se fosse fiel, seria "um reino de sacerdotes e uma nação santa" (Êx 19.6). Isso pode ter significado que Israel foi chamado para mediar a palavra e a obra de Deus para o mundo — ser a luz para as nações (Is 42.6).

Mais tarde, quando Deus resolveu estabelecer a nação, ele escolheu Moisés para organizar o exército, preparar um sistema de juízes, construir um local de culto e ordenar sacerdotes que lá servissem. O sacerdócio formal acontece com o culto formal de uma nação organizada de tamanho considerável. No monte Sinai Deus deu a Moisés instruções para construir o tabernáculo. No monte Deus disse a Moisés para designar Arão e seus quatro filhos como sacerdotes, i.e., servirem no altar e no santuário (Êx 28.1,41). Suas vestimentas santas são descritas em detalhes, e sua consagração ritual é apresentada nos cap. 28 e 29. Quanto à função dos sacerdotes, a maior parte de Lv e grande parte de Nm e Dt dão detalhes. Arão e seus descendentes da tribo de Levi serviram no tabernáculo e no templo como sacerdotes. Membros da tribo de Levi não relacionados a Arão auxiliavam aos sacerdotes, mas não ofereciam sacrifícios. Os sacerdotes eram sustentados por ofertas, e os levitas, por dízimos (Nm 18.20-24). V. *Arão*; *sumo sacerdote*; *levitas*; *Urim e Tumim*. — R. Laird Harris

SACO V. *bolsa*.

SACO DE VIAGEM Tradução da *NVI* para a palavra grega usada em Mt 10.9 e Mc 6.8, que pode significar cinto, espartilho ou cintura (de calça). Nos tempos bíblicos os viajantes podiam amarrar as pontas das vestes com um cinto, para permitir maior liberdade de movimentos. A parte interior dos cintos era usada com frequência para guardar dinheiro. Jesus encorajou seus discípulos a confiar em Deus e depender da generosidade de outras pessoas enquanto compartilhavam o evangelho. V. *cinto*.

SACO, PANO DE Roupa de tecido grosseiro, feita de pelo bode ou de camelo, usada como sinal de lamento ou angústia — lamento também caracterizado pelo jejum e lançamento de cinzas sobre a cabeça (Is 58.5). O texto de Jn 3.8 declara que até os animais pranteavam com pano de saco. O formato dessa roupa poderia ser um saco aberto colocado sobre os ombros ou uma espécie de tanga. A palavra "saco" é a transliteração de uma palavra hebraica, não uma tradução. V. *lamento*.

SACRAMENTO Ritual, ou cerimônia religiosa, considerado sinal exterior da graça espiritual interior. Esse ritual, ou cerimônia, foi instituído por Jesus Cristo. A palavra latina *sacramentum* significa "juramento de lealdade" e pode ter originariamente feito referência ao voto prestado pelos soldados quando se alistavam no exército romano. O uso cristão do termo aparentemente começou com Tertuliano, para quem *sacramentum* equivalia à tradução latina da palavra grega "mistério" (1Co 2.7; Ef 3.3; Cl 1.26).

O número de sacramentos é variado no cristianismo. Os primeiros cristãos usavam a palavra para designar o batismo. Mais tarde, o conceito foi ampliado para incluir a ceia do Senhor. A Igreja católica romana pratica sete sacramentos: confirmação, penitência, ordenação, casamento, unção dos enfermos, batismo e eucaristia. As igrejas protestantes reconhecem apenas dois: o batismo e a ceia do Senhor.

O significado exato do sacramento varia na história cristã. A teologia católica romana ensina que os sacramentos verdadeiramente veiculam o que representam, i.e., a graça salvadora. Na teologia luterana, a promessa da Palavra de Deus é veiculada por meio dos sacramentos. Os teólogos reformados salientam o significado do sacramento em termos de "sinais e selos" da aliança. Em todas essas tradições confessionais o ritual é conectado à verdade espiritual e a realidade veiculada por meio do ato.

Alguns rituais sacramentais são considerados ordenanças por várias denominações cristãs. As ordenanças, como os sacramentos, foram estabelecidas por Jesus Cristo, e são observadas em obediência ao seu mandamento. Mas, diferentemente dos sacramentos, as ordenanças não são entendidas como veiculadoras de qualquer tipo de graça. As ordenanças são rituais que comemoram a morte, o sepultamento e a ressurreição de Jesus. As ordenanças são realizadas como expressões de obediência amorosa a Cristo. As duas ordenanças realçam vários aspectos da vida cristã. A ordenança do batismo é profissão pública de fé pessoal e o ritual de iniciação na comunidade de fé. A ceia do Senhor é uma ordenança contínua, que denota o comprometimento pessoal permanente da vida a Cristo.

A ideia de sinais exteriores que veiculam realidades espirituais é ensinada na Bíblia. O batismo do cristão, p. ex., é uma demonstração externa e pública da união espiritual do cristão com Cristo. Os não sacramentalistas fariam bem se enfatizassem as realidades espirituais representadas no ritual, como a comemoração dos sofrimentos e da morte de Cristo. Entretanto, a noção de que os sacramentos veiculam a graça é contrária às Escrituras. Em sua totalidade a Bíblia apresenta a confiança de que a graça advém da fé, não de obras (Rm 4.3; Gl 3.6). A compreensão de que os sacramentos veiculam a graça implica que alguém pode, mediante a realização do ritual, receber a graça como recompensa pelo esforço. A perspectiva bíblica é: a fé genuína produz as obras. Os sacramentos não são transmissores automáticos ou mecânicos da graça divina. A fé genuína leva a sério as obras da fé, mas as obras não resultam em recepção da graça. — *Stan Norman*

SACRIFÍCIO E OFERTA Elementos físicos que o adorador apresenta à divindade como expressão de devoção, ação de graças ou necessidade de perdão.

Antigo Oriente Médio Israel não era a única nação do antigo Oriente Médio a usar sacrifícios e ofertas como meio de expressão religiosa. Alguns tipos de sistemas de sacrifícios caracterizavam muitas metodologias religiosas utilizadas pelas nações na tentativa de honrar seus deuses. Por conseguinte, a presença de sacrifícios e ofertas em Israel não era algo exclusivo desse povo.

Há muitas referências a oferta de sacrifícios na literatura extrabíblica. A aproximação aos deuses começava com o sistema sacrificial. Na Babilônia, parte do ritual de purificação do templo de Bel para a festa do ano-novo envolvia o sacrifício de um carneiro. O animal era decapitado, e o sacerdote usava o corpo na cerimônia de purificação. O corpo do carneiro era então jogado no rio. O ritual que acompanhava a recolocação da cabeça do tambor usado no templo exigia a seleção de um touro preto para o sacrifício. Depois de uma cerimônia elaborada que culminava com o sacrifco do touro, o couro era retirado e polido com duas misturas e depois era usado para revestir o tambor.

Apesar de os sacrifícios mencionados serem realizados em ocasiões especiais, uma grande quantidade de carneiros, touros e aves era diariamente oferecida aos ídolos como alimento. Cerveja de cevada, cerveja mista, leite e vinho também eram apresentados às divindades, bem como pães.

Os sacrifícios e as ofertas eram destinados a suprir alguma possível necessidade física dos deuses. Os sacrifícios eram a comida e a bebida dos deuses. A fidelidade na preparação e apresentação dos sacrifícios era um gesto de devoção.

Antigo Testamento O sacrifício era praticado desde os tempos mais antigos do AT. Caim e Abel trouxeram ofertas ao Senhor do produto da terra e do primogênito do rebanho (Gn 4). Depois do Dilúvio, ao sair da arca, Noé imediatamente edificou um altar e apresentou ofertas queimadas. Estas foram um aroma agradável ao Senhor (Gn 8). Outros relatos a respeito do dilúvio, procedentes do antigo Oriente Médio, têm paralelos com essa ação de Noé. As narrativas patriarcais de Gn 12—50 estão repletas de exemplos de sacrifícios a Deus. O mais famoso é o que Abraão fez de Isaque (Gn 22).

O sistema organizado de sacrifícios aparece no AT só depois que Israel sai do Egito. Nas instruções dadas para a construção do tabernáculo e o estabelecimento de uma organização sacerdotal, os sacrifícios deveriam ser realizados na consagração ou ordenação dos sacerdotes (Êx 29). Um touro era sacrificado como oferta pelo pecado. Outros sacrifícios proviam uma refeição sagrada para Arão e seus filhos. Os sacrifícios eram repetidos todos os dias da semana como parte da ordenação dos sacerdotes. O altar era consagrado por meio da oferta de dois cordeiros e de uma oferta de grãos e uma libação (palavra usada por *ARA* e *ARC*) ou "oferta de bebidas" (*NVI*) — esta palavra é equivocada, pois o vinho nunca era bebido, mas derramado. Esse sacrifício também era realizado uma vez por dia durante uma semana.

Os sacrifícios que constituíam grande parte do culto do antigo Israel naquela época eram

SACRIFÍCIO E OFERTA

queimados no altar, feito de madeira de acácia e revestido de cobre (Êx 27). Em adição aos sacrifícios oferecidos nele, queimava-se incenso em um altar menor (Êx 30). Enquanto o altar do sacrifício era colocado no pátio, bem diante da porta do tabernáculo, o altar de incenso era posicionado dentro do tabernáculo, na presença da arca da aliança. V. *altar*.

O texto de Lv 1—7 apresenta a descrição mais detalhada do sistema sacrificial de Israel, incluindo cinco tipos de sacrifícios. Os sacrifícios e ofertas trazidos pelo povo eram a expressão física de sua devoção interior.

1. Oferta queimada (*olah*) Oferecida de manhã e à noite, bem como em dias especiais como sábados, luas novas e festivais anuais (Nm 28; 29; 2Rs 16.15; 2Cr 2.4; 31.3; Ed 3.3-6). Esse tipo de oferta também era realizado depois do parto (Lv 12.6-8), de uma emissão seminal impura (Lv 15.14,15), de uma hemorragia (Lv 15.29,30), ou depois da desconsagração de alguém que estivesse cumprindo o voto de nazireado (Nm 6.10,11) — o que exigia uma oferta queimada, bem como uma oferta pelo pecado.

O animal para esse sacrifício poderia ser um novilho, um cordeiro, um bode, uma pomba ou uma rola, mas tinha de estar em perfeitas condições. O tipo de animal escolhido para esse sacrifício tinha ligação com a condição financeira de quem apresentava a oferenda. O ofertante colocava a mão sobre a cabeça do animal, indicando assim que o animal assumia o lugar da pessoa, e então o sacrificava. O sacerdote recolhia o sangue e o aspergia ao redor do altar e do santuário, e o adorador cortava o animal e o esfolava. Se uma ave fosse trazida, o sacerdote a sacrificava. Depois o sacerdote ordenava as várias partes no altar, e o animal inteiro era queimado como sacrifício. A única parte remanescente era o couro, recebido pelo sacerdote (Lv 7.8). Quem oferecia esse sacrifício, o fazia para restaurar o relacionamento com Deus e expiar os próprios pecados. Quando Araúna ofereceu sua eira, bois e madeira para o sacrifício sem qualquer custo a Davi para que este pudesse apresentá-los, este recusou. Sua explicação foi que ele não poderia apresentar ofertas queimadas que nada lhe custassem (2Sm 24.18-25).

2. Oferta de cereais (*minchah*) Oferta da colheita do campo; era o único tipo de sacrifício que não exigia derramamento de sangue. Era composto de farinha de trigo fina misturada com azeite e incenso. Algumas vezes essa oferta era cozida como um bolo antes de ser levada aos sacerdotes. Mas esses bolos eram preparados sem fermento. A oferta de cereais deveria ser temperada com sal (Lv 2.13), talvez como símbolo da aliança (Nm 18.19; 2Cr 13.5). Somente uma porção dessa oferta era queimada no altar; o restante era oferecido aos sacerdotes. Ainda que nenhuma razão para a oferta de cereais fosse apresentada, pode ter simbolizado o reconhecimento da bênção de Deus sobre as colheitas, em uma sociedade muito dependente da agricultura. O ato de trazer uma porção representativa de cereais colhidos era outra expressão exterior de devoção. Ofertas de cereais, bem como as "ofertas de bebidas", ou libações de vinho, acompanhavam todas as ofertas queimadas e ofertas de paz (Nm 15.3,4).

Altar sacrificial da Idade do Ferro localizado em um sítio da antiga Arade.

3. Oferta de paz (*zevach shelamim*) Consistia no sacrifício de um touro, uma vaca, um cordeiro ou bode que não tivesse defeito. Como no caso da oferta queimada, o ofertante colocava a mão sobre o animal e o sacrificava. O sacerdote, por sua vez, aspergia o sangue ao redor do altar. Apenas algumas partes dos órgãos internos eram queimadas. O sacerdote ficava com o peito e a coxa direita (Lv 7.28-36), mas quem apresentava o sacrifício ficava com a maior parte da carne para uma refeição de celebração (Lv 7.11-21). Como parte da refeição, vários tipos de pães eram ofertados (e por fim eram guardados pelo sacerdote). A oferta de paz era apresentada como resposta a bênção inesperada ("oferta de gratidão") ou como resposta de oração ("oferta votiva") ou por gratidão em geral ("oferta espontânea"). A oferta de paz está associada à ideia de gratidão. Geralmente acompanhava outros sacrifícios nas celebrações, como a dedicação do templo (1Rs 8.63) ou a renovação espiritual (2Cr 9.31-36). A "oferta ritualmente movida" (*tenufah*) e a "oferta dedicada" (*terumah*) estavam ligadas às ofertas de paz. Eram porções apresentadas ao Senhor, mencionadas primeiramente como parte da cerimônia de ordenação sacerdotal (Êx 29.24-27). Ainda que as ofertas ritualmente movidas fossem sempre apresentadas no santuário, as ofertas dedicadas poderiam ser apresentadas em qualquer lugar.

4. Oferta pelo pecado (*chatta't*) Designada para purificar o santuário do pecado cometido sem intenção e, assim, permitir que Deus continuasse habitando com o povo. Sua natureza variava de acordo com quem tivesse cometido o pecado. Se o sacerdote ou a congregação de Israel pecasse, exigia-se um touro. Um líder do povo teria que apresentar um bode, e qualquer outra pessoa, uma cabra ou um cordeiro. Os pobres tinham permissão de apresentar duas rolinhas ou dois pombos. Quem trouxesse a oferta, colocava uma das mãos sobre a cabeça do animal e então o sacrificava. Quando o sacerdote ou a congregação tivesse pecado, o sangue do animal era aspergido sete vezes no véu do santuário. Um pouco do sangue era colocado sobre os chifres do altar de incenso. O restante do sangue era derramado na base do altar do sacrifício. Para outros que tivessem pecado, omitia-se a aspersão do sangue sobre o véu. Os mesmos órgãos internos designados para serem queimados na oferta de paz eram de igual modo queimados no sacrifício de oferta pelo pecado. O resto do animal era levado para fora do acampamento, ao lugar onde as cinzas dos sacrifícios eram jogadas, e ali era queimado. Esses procedimentos não eram seguidos quando a oferta pelo pecado era feita a favor do não sacerdote (Lv 6.24-30). Nesse caso, o sacerdote tinha permissão de comer parte da carne.

5. Oferta pela culpa (*asham*) Essa oferta é semelhante à oferta pelo pecado (Lv 4—5). Em Lv 5.6,7 a oferta pela culpa é chamada de oferta pelo pecado. A oferta pela culpa estava relacionada basicamente à restituição. Alguém que tomasse algo ilegalmente deveria restituir o que tomou mais 20% do valor e apresentar um carneiro como oferta pela culpa. Outros exemplos da prescrição da oferta pela culpa incluíam a purificação de um leproso (Lv 14), relações sexuais com a escrava de outra pessoa (Lv 19.20-22) e a renovação de votos de nazireado que porventura tivessem sido quebrados (Nm 6.11,12).

As ofertas queimadas, de cereais, pelo pecado e pela culpa constituíam a base do sistema de sacrifícios de Israel. Elas eram comumente usadas em conjunto e realizadas individual e coletivamente. O sistema sacrificial ensinava a necessidade de lidar com o pecado e, ao mesmo tempo, demonstrava o modo providenciado por Deus para extirpar o pecado.

A atitude dos profetas em relação ao sistema sacrificial Os profetas falaram duramente a respeito do conceito popular dos sacrifícios. A tendência do povo era ignorar a fé, a confissão e a devoção, pensando que o mero ato do sacrifício assegurava o perdão. Isaías argumentou que os sacrifícios eram inúteis se não acompanhados de arrependimento e da vida obediente (Is 1.10-17). Miqueias refletiu os mesmos sentimentos quando proclamou que Deus não estava interessado no ato físico do sacrifício em si, mas na vida e no coração de quem os apresentava (Mq 6.4-6). Jeremias condenou a crendice da manutenção da proteção divina enquanto o templo estivesse em Jerusalém e o povo fosse fiel na apresentação de sacrifícios. O símbolo do sacrifício deve-se refletir na vida individual (Jr 7.1-26). Malaquias repreendeu o povo por oferecer animais doentes e aleijados a Deus em vez dos melhores, uma exigência da lei levítica. Ao proceder assim, o povo profanava o altar e desprezava Deus (Ml 1.7-14).

Os profetas não queriam abolir o sistema de sacrifícios. Eles apenas denunciaram o mau uso que o povo fez do sistema. Deus queria mais que uma apresentação física de sacrifícios sem sentido. Ele desejava que as ofertas servissem de exemplo do que havia no coração dos adoradores.

Novo Testamento No tempo do NT o povo sacrificava de acordo com as orientações do AT. Ao cumprir a lei levítica (Lv 12), Maria trouxe o bebê Jesus ao templo e ofereceu um sacrifício por sua purificação. Ela sacrificou rolinhas ou pombos, indicando o *status* financeiro baixo de sua família. Quando Jesus curou o leproso (Lc 5.12-14), ele lhe disse para ir ao sacerdote e oferecer o sacrifício (cf. Lv 14). A purificação do templo (Jo 2) aconteceu porque o povo vendia animais e pássaros para os vários sacrifícios lá realizados. As pessoas permitiram que o negócio dos sacrifícios sobrepujasse a natureza espiritual das ofertas. Jesus repreendeu os fariseus por negligenciarem responsabilidades familiares quando alegavam que algo era "corbã", ou oferecido a Deus, e dessa maneira estavam indisponíveis para cuidar dos pais (Mc 7). *Corba* é a palavra hebraica mais comum e genérica para oferta de sacrifícios (Lv 1.2). V. *corbã*.

O NT descreve a morte de Cristo em termos sacrificiais. O livro de Hb apresenta Cristo como sumo sacerdote sem pecado que ofereceu a si mesmo em sacrifício pelos pecadores (7.27). A superioridade do sacrifício de Cristo sobre o sistema sacrificial da lei levítica é visto no fato de ele se oferecer apenas uma vez. O livro termina com uma palavra de encorajamento sobre o oferecimento de sacrifícios de louvor a Deus por intermédio de Cristo. Esse pensamento é refletido em 1Pe 2, no qual os cristãos são chamados sacerdócio santo e real que oferece sacrifícios espirituais.

Paulo usou a terminologia sacrificial do AT ao ensinar a respeito da morte de Jesus. Sua morte foi uma oferta e um sacrifício a Deus, e, como tal, um aroma agradável (Ef 5.2). Ele associou Jesus ao sacrifício pascal (1Co 5.7).

A igreja do séc. I viveu em uma cultura que fazia sacrifícios a seus deuses. Paulo e Barnabé em Listra foram considerados os deuses Zeus e Hermes. O sacerdote de Zeus tentou oferecer sacrifícios a eles (At 14). A igreja de Corinto estava bastante envolvida na controvérsia da permissibilidade ou não de os cristãos comerem carne oferecida a ídolos (1Co 8—10). A pregação do evangelho que Paulo realizou em Éfeso provocou um colapso no negócio e no culto da deusa Ártemis (At 19).

Quando o templo de Jerusalém foi destruído, no ano 70 da era cristã, o sistema sacrificial judaico chegou ao fim. Entretanto, por essa época, a igreja já iniciara o distanciamento do judaísmo. A visão bíblica quanto aos sacrifícios também mudou. No AT e nos primeiros anos do NT, o sacrifício era o modo de culto aceitável. Entretanto, com a morte de Cristo, o sacrifício de animais se tornou desnecessário. Por ser templo e sacerdote de Deus, o cristão agora tem a responsabilidade de apresentar sacrifícios espirituais aceitáveis (Rm 12.1,2;

1Pe 2.5; Hb 13.15). Paulo também falou de si mesmo como uma libação oferecida (Fp 2.17; NVI, "oferta de bebida"). Ele chamou o presente dos filipenses de "oferta de aroma suave, sacrifício aceitável e agradável a Deus" (Fp 4.18; Rm 15.16). — *Scott Langston e E. Ray Clendenen*

SADOQUE Antepassado de Jesus (Mt 1.14).

SADRAQUE Nome babilônico que significa "circuito do Sol". Um dos três amigos de Daniel levados para a Babilônia durante o exílio (Dn 1.6,7). Seu nome hebraico era Hananias. Os três foram jogados em uma fornalha acesa por se recusarem a adorar a imagem erigida pelo rei Nabucodonosor. O Senhor miraculosamente os livrou, e eles receberam posições de honra no reino (Dn 3.30). V. *Abede-Nego*; *Daniel*; *Mesaque*.

SADUCEUS Grupo religioso formado no período entre os Testamentos, quando os macabeus governavam Judá. O nome do grupo, que significa "justo", derivava-se de um dos sacerdotes de Davi, Zadoque, de quem alegavam descender. V. *partidos judaicos no Novo Testamento*. — *Mike Mitchell*

SAFÃ Nome pessoal de significado desconhecido. **1**. Líder da tribo de Gade (1Cr 5.12).

Com grafia diferente em hebraico e inglês (Shaphan), mas idêntica em língua portuguesa, esse Safã também se trata de um nome pessoal, e seu significado é "coelho". **2**. Importante oficial da corte durante o reinado de Josias (2Rs 22.3; NVI, "secretário"; ARA, "escrivão"). Safã trabalhou como escriba e tesoureiro. Durante as reformas religiosas de Josias e a reforma do templo, Safã entregou o recém-encontrado Livro da Lei (provavelmente Dt) do sacerdote Hilquias ao palácio do rei. Ele também foi enviado até a profetisa Hulda para falar a respeito do livro (22.14). Safã e seus filhos ajudaram Jeremias em várias ocasiões. V. *Gedalias*; *Jazanias*.

SAFATE Nome pessoal que significa "Ele estabeleceu a justiça". **1**. Espião da tribo de Simeão (Nm 13.5). **2**. Pai de Eliseu (2Rs 6.31). **3**. Descendente de Davi e Zorobabel (1Cr 3.22). **4**. Supervisor dos rebanhos de Davi (1Cr 27.29). **5**. Membro da tribo de Gade (1Cr 5.12).

SAFE Nome pessoal cujo significado talvez seja "limiar". Um dos gigantes mortos pelos homens de Davi (2Sm 21.18). V. *gigantes*; *Rafa*; *Refains*; *Sibecai*.

SAFIR Nome de lugar que significa "cidade bonita". Cidade a respeito da qual Miqueias lamentou (Mq 1.1). Sua localização é desconhecida; sugerem-se Khirbet el-Kom ou Tell Eitun. Deve ser próxima a Láquis.

SAFIRA 1. Nome pessoal que pode significar "bonita" ou a pedra do mesmo nome. V. *Ananias*. **2.** V. *minerais e metais*.

SAGE Pai de um dos heróis militares de Davi (1Cr 11.34). O texto paralelo em 2Sm 23 tem dois nomes similares: no versículo 11, Samá, filho de Agé, e no versículo 33, Samá, da cidade de Harar. Sage pode representar uma combinação das palavras hebraicas Samá e Agé.

SAL Composto cristalino comum usado como tempero de alimentos e em sacrifícios. V. *minerais e metais*.

SAL, ALIANÇA DE V. *aliança*.

SAL, VALE DO Passagem geográfica ao sul e a leste do mar Morto, geralmente identificada com o uádi el-Milch, ao sul de Berseba, mas essa localização não é aceita pelos comentaristas modernos. Davi matou 18 mil edomitas naquele lugar (2Sm 8.13; cp. 1Cr 18.12; Sl 60). O rei Amazias (796-767 a.C.) derrotou 10 mil edomitas no mesmo lugar (2Rs 14.7).

SALÁ Nome pessoal que significa "broto". Pai de Héber (Gn 10.24; 11.12-15; 1Cr 1.18, 24).

SALA DE ENTRADA V. *arco*.

SALA DO TRONO 1. Um dos edifícios de Salomão (1Rs 7.7). **2.** Expressão usada em algumas versões da Bíblia para designar o *pretório* (Jo 18.28). V. *pretório*.

SALAI Nome pessoal, cujo significado talvez seja "o restaurado". **1.** Benjamita que viveu em Jerusalém depois do exílio (Ne 11.8). Comentaristas geralmente emendam o texto hebraico para que seja lido "e seus irmãos, homens de valor". Outros sugerem a leitura "Salu". **2.** Família sacerdotal posterior ao exílio (Ne 12.20), aparentemente a mesma pessoa chamada Salu (v. 7).

SALAMINA A cidade mais importante de Chipre, localizada na costa leste da ilha. Ela contava com mais de uma sinagoga (At 13.5). V. *Chipre*.

SALÃO DE HÓSPEDES Quarto no qual viajantes podiam se hospedar. O salão de hóspedes de Mc 14.14 e Lc 22.11 foi emprestado para a celebração da refeição pascal. A mesma palavra grega é geralmente traduzida por "hospedaria" em Lc 2.7.

SALÁRIOS O significado dos termos hebraicos e gregos abarca as condições de emprego ou compensação por serviços prestados. Seu uso no texto se refere a atividades comerciais e a serviço laboral, bem como a recompensas no juízo final pelos atos da pessoa em vida.

Na mescla de uma economia agrícola e pastoril sem circulação de moeda, os salários muitas vezes representavam pouco mais que refeições e um posto de trabalho (cf. Jó 7.2; Jo 10.12). Contudo, um pastor qualificado como Jacó podia receber em pagamento uma parte do rebanho e assim começar a própria criação (Gn 30.32,33; 31.8; e textos legais da Assíria e Babilônia). Não se estabelecia nenhum salário fixo para trabalhadores rurais. Podem ter recebido uma parte da colheita (Jo 4.36) ou, como em Mt 20.1-8, um pagamento combinado por dia. Por lei esses trabalhadores sem terra deviam ser pagos por seus esforços ao término de cada dia (Lv 19.13; Dt 24.14,15). No entanto, os textos mencionam numerosos exemplos de fraude, dando a entender que esse grupo era muitas vezes espoliado de seus salários (Jr 22.13; Ml 3.5; Tg 5.4).

Reis contratavam tropas de mercenários para lutar em suas guerras (Jz 9.4; 2Sm 10.6) e empregavam trabalhadores qualificados, junto com escravos e corveia não paga, para construir e decorar seus palácios e templos (1Rs 5.6-17; Is 46.6; 2Cr 24.11,12). Os serviços de sacerdotes (Jz 18.4; Ml 1.10) e o conselho de anciãos (Ed 4.5; 1Tm 5.17,18) eram obtidos por ouro ou prata a taxas equiparadas às suas qualificações. Também era possível comprar a autoridade de profetas. Balaão, p. ex., recebeu o pagamento de "taxas pela adivinhação" em compensação por amaldiçoar Israel (Nm 22.7), e Semaías foi contratado por Sambalate para iludir Neemias com uma profecia falsa (Ne 6.10-13).

O uso teológico desses termos ocorre na promessa de recompensa por Deus para quem for fiel (Gn 15.1) e de uma recompensa apropriada a seu povo Israel (Is 40.10; 62.11). Sua justiça também afiançava que a recompensa do ímpio seria igual a seus delitos (Sl 109.20; Rm 6.23; 2Pe 2.15). V. *comércio*; *vida econômica*; *servidão, servo, serva*. — Victor H. Mathews

SALATIEL V. *Sealtiel*.

SALCÁ Território e/ou cidade no extremo leste da fronteira de Basã, possivelmente a moderna Salkhad, o centro de defesa de Jebel el-Druze, a cerca de 100 quilômetros a leste do Jordão (Dt 3.10; Js 12.5). V. *Basã*.

SALECÁ V. *Salcá*.

SALEFE Nome tribal que talvez signifique "remover, retirar". Filho de Joctã e ancestral original de tribos iemenitas que viviam próximas de Áden (Gn 10.26).

SALÉM 1. Forma abreviada de Jerusalém (Gn 14.18; Sl 76.2; Hb 7.1,2). V. *Jerusalém*; *Melquisedeque*. **2.** Nome de lugar que significa "paz" ou "segurança" (Gn 33.18; v. nota explicativa da *NVI*).

SALEQUETE Nome de lugar de significado incerto. Sugere-se que essa palavra tenha sido escrita com base em traduções antigas resultantes da transposição feita por um escriba das duas primeiras letras; assim, o sentido original seria "câmara". Salequete é o nome de uma porta de Jerusalém mencionada apenas em 1Cr 26.16.

SALGADO, MAR V. *mar Morto*.

SALGUEIRO Árvore encontrada geralmente onde existe água em abundância, em especial ao longo do rio Jordão. Muitas vezes o salgueiro e o álamo crescem juntos. O salgueiro pode chegar à altura de 12 metros. Usavam-se ramos de salgueiro para fazer as tendas da festa das cabanas (Lv 23.40). No cativeiro babilônico os judeus penduraram suas harpas em salgueiros porque não tinham vontade de cantar em terra estranha a respeito de Jerusalém (Sl 137.1-4). A versão *NIV* em inglês muitas vezes traduz salgueiro por "álamo". V. *plantas*.

SALIM Nome de lugar que significa "paz". Cidade próxima do local onde João Batista batizava (Jo 3.23). Há um debate quanto à localização de Salim: se ao nordeste do mar Morto, perto de Betabara, ou na margem ocidental do norte do vale do Jordão, a cerca de 13 quilômetros ao sul de Citópolis, ou se em Samaria, a cerca de 6,5 quilômetros a su-sudoeste de Siquém. A terceira possibilidade parece identificar João, e também Jesus, com o ministério em Samaria. A segunda e a terceira possibilidades colocariam João no norte, permitindo que Jesus ministrasse perto de Jerusalém. V. *Enom*; *Samaria, samaritanos*.

SALISA Nome de lugar que significa "o terceiro". Território onde Saul procurou as jumentas perdidas do seu pai (1Sm 9.4); provavelmente a mesma Baal-Salisa. Sua localização recentemente tem sido motivo de discussão. V. *Baal-Salisa*.

SALMA Nome pessoal que significa "capa". **1.** Pai de Boaz e ancestral de Davi (1Cr 2.11, *ARA, ARC, NTLH, BJ, TEB* ["Salmá"]; v. nota explicativa da *NVI*); **2.** Descendente de Calebe e fundador de Belém (1Cr 2.51).

SALMÃ Nome pessoal que significa "completo", "paz". Figura misteriosa em Os 10.14, algumas vezes identificada por estudiosos como uma abreviação de Salmaneser IV da Assíria, e algumas vezes, como um governante de Moabe alistado por Tiglate-Pileser III dentre os reis que lhe pagavam tributos. Seu nome se tornou sinônimo de violência e crueldade.

SALMAI Nome pessoal que significa "casaco" ou "capa". Um servo (ou empregado) do templo (Ed 2.46; Ne 7.48).

SALMANESER Nome pessoal que significa "Salmanu (o deus) é o maior, o primeiro". **1.** Rei assírio que governou de 1274 a 1245 a.C. Os registros dos seus feitos militares estabeleceram

o modelo seguido pelos reis que o sucederam.
2. Salmaneser III, que governou a Assíria (858-
-824 a.C.). Lutou contra um grupo de pequenos
reinos, inclusive Israel, na batalha de Carcar em
853 a.C. A despeito de sua alegação de vitória,
Salmaneser não prosseguiu em seu avanço.
3. Salmaneser V, que governou a Assíria de 726
a 722 a.C. Completou o ataque a Samaria, iniciado por seu predecessor, Tiglate-Pileser III.
Em 722 a.C., Israel caiu perante o ataque de
Salmaneser (2Rs 17.6), o que significou o fim
permanente do Reino do Norte. V. *Assíria*;
Israel, terra de.

SALMISTA Escritor de salmos ou hinos. O
texto de 2Sm 23.1 chama Davi de "mavioso salmista de Israel (*ARA*; *NVI*, *BJ*, "cantor dos cânticos de Israel"). Os sobrescritos de Sl atribuem
cerca de metade deles a Davi. V. *Davi*; *Salmos,
livro de*.

SALMOM Nome pessoal que significa "capa".
1. Pai de Boaz (Rt 4.21; Mt 1.5; Lc 3.32). V.
Salma.

SALMONA Promontório na costa nordeste de
Creta; é o atual cabo Sidero. Naquele lugar
estava o templo de Atena Salmonia. Paulo passou por ali a caminho de Roma (At 27.7).

SALMOS DE SALOMÃO V. *pseudepígrafos*.

SALMOS, LIVRO DE O título hebraico do
livro é "Louvores". O título em português (Salmos) vem da *LXX*, a antiga tradução grega da
Bíblia hebraica. A palavra grega *psalmoi* significa "canções", de onde vem a ideia de "cânticos
de louvor".

Os salmos individuais do livro procedem
de vários autores. Davi, o "cantor dos cânticos de
Israel" (2Sm 23.1; *ARC*, "suave em salmos de Israel"), escreveu aproximadamente metade dos
150 salmos. Os salmos de Davi se tornaram
um padrão seguido, o que, por conseguinte
imprimiu um caráter davídico a todo o livro.
Outros autores são Asafe (12) os filhos de Corá
(*ARA*, "Coré"), Salomão (2), Moisés (1), Hemã
e Etã (1 cada). Aproximadamente 48 salmos
são anônimos.

O livro de Sl contém salmos individuais que
abrangem o período de mil anos, do tempo de
Moisés (séc. XV a.C.) até o período pós-exílico
(séc. V a.C.). Muitos foram escritos no tempo
de Davi e Salomão (1010-930). O editor final da
obra foi provavelmente Esdras (450).

Os títulos ou sobrescritos de Sl são muitos
antigos, e o autor, em muitos casos, pode tê-los
escrito. As palavras e frases obscuras dos títulos
e a ausência de títulos em alguns salmos (os
rabinos se referem a eles como "salmos órfãos")
sugerem fortemente a confiabilidade e antiguidade dos títulos. Se escribas posteriores fossem
adicionando títulos arbitrariamente, por que
não o fariam sem essas obscuridades?

Esboço Tradicionalmente o livro é dividido
em cinco seções correspondentes aos cinco
livros de Moisés, cada seção terminando com
uma doxologia (Livro 1, 1—41; Livro 2,
42—72; Livro 3, 73—89; Livro 4, 90—106;
Livro 5, 107—150). Essas divisões sugerem
que os "livros" foram independentes durante
um tempo (observe-se que Sl 14 e 53 são
muito semelhantes e aparecem em diferentes
"livros"). Alguns salmos também podem ser
agrupados de acordo com sua função: p. ex., os
cânticos de peregrinação (120—134) provavelmente eram cantados pelos israelitas na jornada durante as três festas em Jerusalém que
eles eram ordenados a participar. Outro grupo
de salmos (93; 96—99) celebram a soberania
divina sobre o Universo.

Os estudiosos têm debatido por séculos as formas e classificações dos salmos. No livro há hinos
(145—150), lamentos (38; 39), canções de ações
de graças (30—32), salmos reais (2; 110), salmos
de entronização (96; 98), salmos penitenciais
(32; 38; 51) e salmos didáticos ou de sabedoria
(19; 119).

Um *lamento* pode ser expresso pela comunidade (p. ex., 44; 74; 79) ou indivíduo (22; 38;
39; 41; 54). Esses dois tipos de lamentos são
orações ou clamores a Deus em ocasião de
amargura. As diferenças dizem respeito aos
tipos de problema e às experiências de salvação.
Para a comunidade, o problema poderia ser um
inimigo; para o indivíduo, poderia ser uma
doença. O padrão básico inclui a invocação de
Deus, a descrição da(s) queixa(s) do pedinte, a
lembrança das experiências passadas de salvação (geralmente em lamentos comunitários), a
resposta divina (ou oráculo), e votos de louvor
na conclusão.

Os *salmos de ações de graças* são também pronunciados pela comunidade (106; 124; 129) e pelo indivíduo (9; 18; 30). Estão relacionados aos lamentos enquanto são respostas à libertação experimentada após a crise. São expressões de alegria e formas mais amplas dos votos de louvor dos lamentos.

O *hino* (8; 19; 29) tem forma próxima ao canto de louvor entoado atualmente em cultos cristãos. São unicamente litúrgicos e podiam ser cantados como antífonas; alguns tinham refrão repetido (8; 136). O hino normalmente inclui uma convocação ao louvor, seguida da razão para louvar a Deus. A estrutura não é tão bem definida como as de outros tipos de salmos.

Alguns são considerados *salmos da realeza* (2; 18; 20) e estão preocupados com o rei de Israel. Mais uma vez, em geral são considerados mistos. Eram cantados para celebrar a entronização do rei. Podem ter incluído um oráculo para o rei. Em alguns casos (como Sl 72), orações eram feitas para interceder a favor do rei.

Outro tipo misto são os *salmos de entronização*, que celebram o reinado de Javé (96—99). Estão relacionados com os hinos; a diferença principal é uma celebração de Javé como rei sobre toda a criação.

Salmos penitenciais são expressões de contrição e arrependimento. O salmista pede para ser restaurado em um relacionamento adequado com Deus (38; 51).

Um último tipo é o dos *salmos de sabedoria*. Esse tipo tem forma e estilo poéticos, mas é distinto por conta do conteúdo e da tendência de ser proverbial. Contemplam questões como a teodiceia (73), celebram a Palavra de Deus (a *Torá*, Sl 119) ou lidam com dois estilos de vida diferentes — o das pessoas piedosas e o das ímpias (Sl 1).

Como os salmos mistos indicam, não é fácil categorizá-los. Entretanto, a identificação auxilia o leitor a saber que tipo de salmos está sendo lido, com o possível contexto ou localização original no culto. V. *música, instrumentos, dança*.

Contudo, essas classificações não devem ser entendidas como fixas. Não são modelos rígidos. Os sentimentos religiosos genuínos e as expressões encontradas nos salmos podem algumas vezes fazer interseção com muitas das classificações, ou até mesmo ultrapassá-las. Alguns poucos salmos (25; 34; 37; 111; 112; 119; 145) são ordenados de modo acróstico, conforme o alfabeto hebraico, provavelmente para auxiliar o salmista na memorização.

Interpretação dos salmos Os salmos representam as meditações piedosas e inspiradas do coração diante da lei de Deus e suas obras providenciais. De fato, eles representam a religião do AT internalizada no coração e na vida dos crentes. Os salmos sempre têm sido, como divinamente pretendido, o modelo e o padrão do culto e da devoção aceitáveis a Deus, tanto em termos particulares como em termos públicos. Ainda que outros salmos ou canções sejam encontrados na Bíblia (p. ex., o Cântico de Moisés em Dt 32.1-43), não havia a intenção de que fossem utilizados permanentemente no culto de Israel no templo. Por conseguinte, o livro de Sl é conhecido de forma apropriada como o hinário de Israel e, evidentemente, o hinário da igreja, por muitos séculos. Como hinário inspirado, os salmos expandem e desenvolvem o AT. A Lei é expandida por trazer a verdadeira explicação espiritual ao coração do indivíduo e, algumas vezes, por interpretar alguns dos seus acontecimentos e práticas mais significativos. De modo semelhante, os salmos algumas vezes interpretam os acontecimentos nos livros históricos, fornecendo percepções espirituais e respostas a muitas situações da vida. O livro de Sl ilumina os escritos dos profetas por mostrar os perigos de se separar o ritual externo (tal como o sacrifício) da verdadeira devoção e culto internos.

O livro de Sl cobre uma ampla gama de tópicos teológicos. O monoteísmo é claramente afirmado: os ídolos são criação do homem e não têm poder (115; 96). A existência e os atributos de Deus são afirmados com frequência (onisciência e onipotência, 139; justiça e verdade, 86; bondade, 103; santidade, 99); o ateísmo, tanto teórico quanto prático, é descrito como impiedade e falta de sabedoria (14; 53). A revelação de Deus na natureza e em sua Palavra é o tema de Sl 19 e 119. O relacionamento de aliança do Senhor com seu povo é enfatizado em Sl 89, 105 e 68. A pecaminosidade natural do homem é afirmada em Sl 51. A importância do arrependimento e da restauração é o assunto de Sl 51, 32, 6, 143 e 38. Ainda que o malfeitor possa prosperar por um tempo, o justo estará com Deus nesta vida e na próxima (37; 1). Além disso, o Senhor cumprirá suas promessas, e como o refúgio do seu povo, ele o libertará (40; 2). Talvez um dos tópicos teológicos mais controvertidos do Saltério seja a oração imprecatória (35; 69; 109; 137). Essas orações buscam a justiça divina contra os inimigos de Deus (que são na verdade também inimigos do salmista), pelos erros e crimes que eles cometeram. Essas orações não expressam um desejo pessoal de vindicação ou vingança; antes, são pedidos para que Deus execute a justiça, o que é algo semelhante a orações encontradas no NT (Mt 11.25; 2Tm 4.16; Ap 6.10).

Ainda mais importante, Sl têm como foco o Messias, a esperança e o cumprimento de toda a história e a religião israelita. Os ensinos messiânicos dos salmos estão entretecidos em todo o livro. Portanto, o Messias é encontrado com frequência quando os limites do homem são removidos ou quando o homem é apresentado em um estado ideal (2; 8). Quando o senhor aparece ou vem em relacionamento com o homem, ele o faz na pessoa do Filho (102; 97). Além disso, o Messias é muitas vezes visto tipologicamente através das experiências de Davi e Salomão (22), com a linguagem algumas vezes ultrapassando os tipos e fazendo aplicação direta ou exclusivamente ao Messias (Sl 16.120; 110). Os salmos se referem à encarnação do Messias (40; Hb 10.5), sua humilhação e exaltação (8; Hb 2.5-10), seu trono eterno (45; Hb 1.8-9), seus sofrimentos (22; Mt 27), sua ressurreição (16; At 2.24-31) e seus ofícios como profeta, sacerdote e rei (110). V. *tipologia*.

O livro de Sl tem sido uma fonte de instrução, conforto e bênção para o povo de Deus, ao ensinar seu povo a adorá-lo, servi-lo e glorificá-lo para sempre. — *David. M. Fleming e Russell Fuller*

SALOMÃO Nome pessoal que tem sido traduzido de diferentes maneiras, como "sua paz", "(Deus) é paz", "Salém (um deus) é paz", "intacto" ou "sua substituição". Décimo filho de Davi, e segundo filho de Bate-Seba, Salomão se tornou o terceiro rei de Israel, e reinou por 40 anos, por volta de 1000 a.C.

Reconstituição do templo de Salomão em Jerusalém, mostrando o Lugar Santo e o Santo dos Santos.

SALOMÃO

Antigo Testamento Salomão era filho de Davi e Bate-Seba, depois que esta ficou viúva (2Sm 12.24). Mesmo não sendo o filho mais velho de Davi, ele foi coroado rei, depois que sua mãe e o profeta Natã interferiram junto a Davi, para garantir que Salomão o sucederia no trono (1Rs 1; 2). Salomão é lembrado por sua sabedoria, pelo programa de construção e sua riqueza, derivada do comércio, e pela reorganização administrativa da nação.

Também é lembrado por ter composto 3.000 provérbios e 1.005 cânticos (1Rs 4.32). Portanto, não é surpreendente que os livros de Pv e Ct sejam atribuídos à sua autoria (Pv 1.1; Ct 1.1), bem como diversos livros apócrifos e pseudepígrafos. Sua sabedoria é também é ilustrada na Bíblia pela solução que deu ao caso das duas prostitutas, em que cada qual alegava ser a mãe de um bebê (o outro havia morrido — 1Rs 3.16) e pela visita que recebeu da rainha de Sabá (1Rs 10). V. *apócrifos, livros — Antigo Testamento*; *pseudepígrafos*.

O templo foi o mais famoso dos seus projetos de construção (1Rs 5—8), mas não foi de modo algum o único. Salomão fortificou muitas cidades que ajudaram a dar proteção a Jerusalém, construiu "cidades-armazéns" para o estoque de grãos para seu reino e estabeleceu bases militares para os contingentes de carruagens (1Rs 9.15-19). O complexo do templo de Jerusalém era composto de vários edifícios, incluindo o palácio do rei, a "casa da floresta do Líbano", a "sala (ou pórtico) dos pilares", a "sala (ou pórtico) do trono", e um palácio para uma de suas esposas, a filha do faraó do Egito (1Rs 7). V. *arqueologia e estudo bíblico*; *Gezer*; *Hazor*; *Megido*.

Salomão dividiu o país em distritos administrativos que não correspondiam ao antigo sistema de fronteiras tribais (1Rs 4.7-19). Cada distrito deveria prover alimentos para a corte. Esse sistema, combinado com o controle das rotas comerciais vitais entre o sul e o norte, e entre o mar Vermelho e a região que mais tarde se tornou conhecida como Ásia Menor, tornou possível para Salomão acumular vasta riqueza. Sua riqueza foi ampliada com o comércio de cavalos e carruagens e pelo comércio marítimo (1Rs 9.26-28; 10.26-29). V. *Elate*; *Eziom-Geber*.

A Bíblia apresenta com clareza as falhas e as grandezas do caráter de Salomão. Ele tinha "700 esposas" e 300 "concubinas", provenientes de muitos reinos com os quais tinha acordos comerciais (1Rs 11.1,3). Além disso, concedeu permissão a suas esposas para que adorassem seus

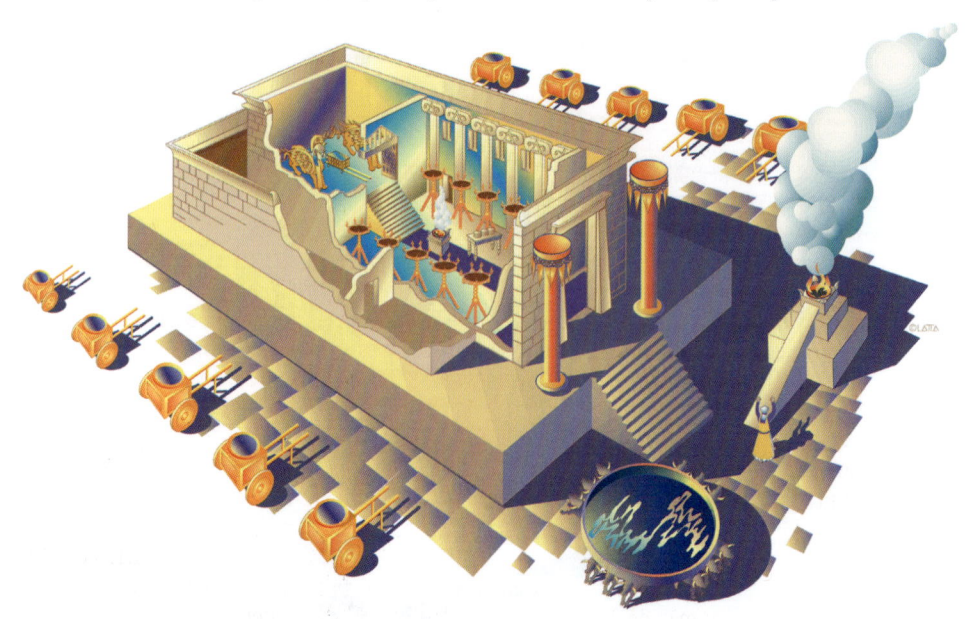

Reconstituição do templo de Salomão (957-587 a.C.) em Jerusalém. Mostra do templo (no centro), ladeado ao norte e ao sul por dez pias ou bacias (cinco de cada lado), o mar de bronze (ao centro, abaixo) e o altar das ofertas queimadas (à direita).

deuses nativos e até mesmo construiu altares para os deuses em Jerusalém (1Rs 11.7,8). Esse tipo de comprometimento indica a um historiador uma fraqueza em Salomão não encontrada em Davi. Rebeliões lideradas pelos reis de Edom, pelo rei Rezom de Damasco e por Jeroboão, um dos seus oficiais, indicam que o longo reinado de Salomão foi marcado por convulsões políticas.

Novo Testamento Salomão foi ancestral de Jesus (Mt 1.6,7) e é mencionado no ensino de Jesus a respeito da ansiedade (Mt 6.29; Lc 12.27). Jesus observou que a rainha de Sabá viajou longa distância para ver Salomão, e "que agora está o que é maior do que Salomão" (Mt 12.42; Lc 11.31). Jesus caminhou pelo "pórtico de Salomão", uma parte da área do templo (Jo 10.23; cp. At 3.11; 5.12). Estêvão observou: ainda que Davi tivesse buscado um lugar para edificar a casa de Deus, "foi Salomão quem lhe construiu a casa" (At 7.47).
— *Joe O. Lewis*

Modelo do pórtico de Salomão, na Jerusalém do séc. I (exposto no Holyland Hotel, Jerusalém).

SALOMÃO, PÓRTICO DE A parte exterior do templo de Herodes com colunas que se estendiam ao longo do caminho ao redor do pátio exterior (Jo 10.23; At 3.11). É chamado "de Salomão", pois no tempo desse rei foi construído pelo menos o pórtico mais antigo, no lado oriental. No tempo de Jesus aquela parte do templo tinha sido construída a mando de Herodes.

SALOMÉ Nome pessoal que significa "pacífica". Esposa de Zebedeu e mãe de Tiago e João (se forem combinados os textos de Mc 16.1 e Mt 27.56; cp. Jo 19.25). Tornou-se discípula de Jesus e estava entre as mulheres na crucificação que ajudaram a preparar o corpo do Senhor para o sepultamento. Alguns creem que ela seja mencionada em Jo 19.25 como irmã de Maria, sendo então tia de Jesus, sendo Tiago e João seus primos. V. *Maria*.

SALTEADORES, SICÁRIOS Grupo organizado de judeus que tentou se libertar dos romanos. O termo é derivado da palavra latina *sicarii* e significa "homens de adaga". Josefo os descreveu como os que escondiam pequenas adagas nas suas roupas, que eles usavam em situações de concentração de pessoas para matar suas vítimas. O termo *sicarii* foi usado pelos romanos para se referir àqueles judeus que se envolviam no assassínio organizado de políticos. Talvez esse grupo devesse ser associado aos zelotes do NT. Os sicários frequentemente eram chamados de ladrões, e é possível que os ladrões crucificados com Jesus fossem suspeitos de pertencer a esse grupo. Em At 21.38 Paulo foi confundido com um líder de 4 mil sicários. A *NVI* os chama de "assassinos"; na *BJ* são chamados de "bandidos". V. *zelote*.

SALTÉRIO 1. Nome alternativo para o livro de Sl. **2**. Qualquer coleção de salmos utilizada no culto.

SALU Nome pessoal, cujo significado talvez seja "o restaurado". **1**. Um benjamita (1Cr 9.7; Ne 11.7). **2**. Um líder sacerdotal após o exílio (Ne 12.7). V. *Salai*. **3**. Nome pessoal hebraico, homógrafo dos dois primeiros nomes nas versões bíblicas em português, mas de grafia hebraica diferente. Seu significado é "o restaurado". Pai de Zinri (Nm 25.14) e líder da tribo de Simeão.

SALUM Nome pessoal que significa "aquele que substitui" ou "o substituído". **1**. Rei de Israel (752 a.C.). Assassinou Zacarias, e por sua vez foi assassinado por Menaém um mês depois (2Rs 15.10-15). **2**. V. *Jeoacaz*, item 3. **3**. Marido de Hulda (2Rs 22.14). **4**. Um porteiro (1Cr 9.17,19,31; cp. Ed 2.42; Ne 7.45). Esse pode ter sido a mesma pessoa que Selemias (1Cr 26.14) e Meselemias (1Cr 9.21; 26.1-14), pois esses nomes são muito parecidos em hebraico. **5**. Um líder sacerdotal (1Cr 6.13; Ed 7.2). **6**. Um descendente de Judá (1Cr 2.40). **7**. Um tio de Jeremias (Jr 32.7). **8**. Um porteiro do templo (Jr 35.4). **9**. Um descendente de

SALVAÇÃO

Simeão (1Cr 4.25). **10**. Um descendente de Naftali (1Cr 7.13). **11**. Pai de Jeizquias (2Cr 28.12). **12**. Porteiro que concordou em se divorciar da esposa estrangeira (Ed 10.24). **13**. Israelita casado com uma esposa estrangeira (Ed 10.42). **14**. Supervisor de metade de Jerusalém, que auxiliou Neemias na reconstrução dos muros da cidade (Ne 3.12).

Com outra grafia hebraica (Shallun), mas idêntica nas versões em português, esse Salum é um nome pessoal que talvez signifique "pacífico" ou "sem preocupações". **15**. Homem que auxiliou Neemias na restauração da porta da Fonte (Ne 3.15).

SALVAÇÃO Um dos principais conceitos da revelação divina à humanidade. A ideia bíblica de salvação envolve três noções. Primeiro, o resgate do perigo, dano ou até mesmo da morte de um indivíduo, um grupo ou uma nação. De forma mais específica, a salvação é o resgate do pecado e da morte. Em segundo lugar, é a renovação do espírito. As Escrituras explicam que a humanidade caiu da condição original de pureza moral no estado de pecado. A salvação provida por Deus renova o espírito de uma pessoa para levá-la à vida moralmente agradável a ele. Terceiro, trata-se da restauração do relacionamento correto com Deus. Um dos efeitos do pecado é a separação de Deus. A Palavra escrita de Deus deixa claro que a salvação restaura o relacionamento com Deus, como está expresso em Rm 5.10: "Se quando éramos inimigos de Deus fomos reconciliados com ele mediante a morte de seu Filho". Em ambos os Testamentos a salvação outorgada por Deus inclui resgate, renovação e restauração, e é realizada mediante a pessoa e obra de seu Filho, nosso Senhor e Salvador Jesus Cristo.

Antigo Testamento O AT apresenta muitos exemplos de uma espécie de salvação física para ensinar a respeito da salvação espiritual mais importante. Esse ensinamento a respeito da salvação começa nos três primeiros capítulos de Gn. Os primeiros dois capítulos mostram como Deus criou os céus e a terra, os peixes do mar, as aves do céu, os animais da terra, o primeiro homem e a primeira mulher. Tudo que Deus criou era muito bom (Gn 1.31). O cap. 3 explica como o pecado entrou na ordem da criação de Deus, e a promessa divina de salvação, por meio da semente da mulher (Gn 3.15). Ainda que homens e mulheres tenham sido criados à imagem de Deus, essa imagem agora está manchada em toda a humanidade. Os resultados do pecado incluem a morte e a separação de Deus.

A erosão da natureza humana, que se torna ímpia, é demonstrada de forma clara na narrativa de Noé. Como Deus é santo, ele não pode habitar com o que não é santo ou ser leniente com isso. O julgamento de Deus contra o pecado e os pecadores é real e demonstrado no dilúvio mundial. Entretanto, Deus revelou sua graça e misericórdia ao prover uma arca para salvar Noé e sua família (Gn 6—9). Esse é um quadro vívido da salvação provida por Deus para os pecadores em Jesus e por intermédio dele.

O Senhor entrou em aliança com Abraão, prometendo abençoar todas as nações da terra por meio dele (Gn 12.1-3). Essa promessa é outra ilustração da intenção divina de prover a salvação. Mais tarde na história de Israel, Moisés liderou o povo da escravidão até a terra prometida. Deus mostrou-se mais forte que os falsos deuses do Egito, mais sábio que a sabedoria do faraó e mais poderoso que o exército daquele país. Deus concedeu salvação a seu povo.

Moisés mais tarde instruiu o povo de Deus quanto à necessidade de sacrifícios de sangue para expiar pecados. O livro de Lv fixa o método adequando dos sacrifícios, e o cap. 16 explica o Dia da Expiação. O sumo sacerdote entra no Santo dos Santos com o sangue de um touro para fazer expiação primeiro por si mesmo e depois pelo povo. A lição ilustra a santidade de Deus e a necessidade de um sacrifício para experimentar a salvação divina.

Enquanto a maior parte do AT lida com a salvação da nação de Israel, Sl concentra-se mais na salvação do indivíduo, e os profetas estendem o plano de salvação divino às nações (Sl 13; 18; 51; Is 2.2-4; Mq 4.1-4; Zc 8.20-23). O AT lança as bases para a compreensão bíblica da salvação. Deus é santo e não pode tolerar o pecado, e os seres humanos são criaturas caídas e pecaminosas. Deus inicia e providencia o meio de salvação, e por fim as pessoas respondem à oferta divina. Deus é sempre quem salva e redime seu povo, e a redenção em geral é realizada com um sacrifício de sangue.

Novo Testamento O tema predominante do NT é a salvação pela graça por meio da fé na pessoa e obra de Jesus Cristo. A salvação começa com a iniciativa do amor de Deus (Jo 3.16; Ef 1.3-6). O propósito eterno de Deus é salvar pecadores mediante a morte expiatória de Jesus na cruz. Logo, a cristologia é um componente vital do NT e se relaciona de forma direta com a doutrina da salvação. Os elementos principais são especificamente a natureza de Jesus como Deus-homem e sua morte substitutiva na cruz. O NT não pode ser entendido de modo correto à parte da compreensão exata da identidade e dos atos de Jesus. Como João diz: "Jesus realizou na presença dos seus discípulos muitos outros sinais milagrosos, que não estão registrados neste livro. Mas estes foram escritos para que vocês creiam que Jesus é o Cristo, o Filho de Deus e, crendo, tenham vida em seu nome" (Jo 20.30,31).

Todos os escritores do NT testemunham a respeito da importância da morte, do sepultamento e da ressurreição de Jesus para a salvação (Rm 1.6; 1Co 15.3-11; 1Pe 2.21-25). A pregação de Pedro e de Paulo no livro de At, mais tarde, atesta a centralidade da expiação e da ressurreição como a mensagem do evangelho (At 2.14-39; 3.11-26; 10.34-38; 13.26-43; 17.22-34; 24.2-21). No NT a salvação não é encontrada em nenhum outro nome, a não ser no nome de Jesus (At 4.12).

O NT identifica várias outras doutrinas importantes ou elementos como partes do entendimento completo da salvação. Um deles é a obra do Espírito Santo na convicção do pecado e produção do novo nascimento. No evangelho de Jo, Jesus explica que o ministério do Espírito Santo envolve a convicção a respeito do pecado, da justiça e do juízo (Jo 16.5-11). Antes, no evangelho de Jo, Jesus tivera uma conversa com Nicodemos em que ele instruiu o fariseu quanto à necessidade do novo nascimento (Jo 3.3-8). Paulo chama o novo nascimento de regeneração (Tt 3.5). Ele escreve a respeito da obra do Espírito Santo em convencer as pessoas de seus pecados e da necessidade do Salvador em termos de um "chamado" (Rm 11.29; 1Co 1.26).

"Conversão" é o termo usado muitas vezes para descrever quando alguém recebe de fato a salvação. Esse é objetivo de quem se arrepende e crê. Conforme o NT, fé e arrependimento são as condições da salvação (Mc 1.15). Arrependimento significa voltar a si mesmo do pecado para Deus e para a santidade; fé é crer nos fatos históricos a respeito de Jesus e confiar apenas para ter os pecados perdoados e receber a salvação eterna (Hb 11.1-6). A promessa de salvação é vida eterna com Jesus no céu (Jo 3.16; 1Jo 2.25).

O NT ensina que crer no evangelho resulta em justificação diante de Deus. A doutrina da justificação pela fé é central na teologia paulina e foi muito influente na história da Igreja. Em Rm, Gl e Fp, Paulo discute amplamente a justificação só pela fé (Rm 3.21—5.21; Gl 3.1—4.31; Fp 3.2-16). O ponto essencial em relação à salvação é que no momento da conversão o pecador é declarado inocente diante de Deus por intermédio do sangue de Jesus. Ao confiar apenas em Jesus para a salvação, a justiça de Jesus Cristo é imputada ao pecador para que Deus o trate à luz da justiça de Jesus (Rm 3.21-26).

No momento da conversão, o pecador se torna santo, não livre do pecado real nesta vida, mas livre da pena de morte do pecado. A Bíblia ensina que o Espírito Santo habita de fato no pecador no momento da conversão. Um processo permanente de crescimento à semelhança de Cristo se inicia, e é chamado "santificação". Pelo fato de a salvação ser um dom de Deus, o cristão nunca a perde. Isso é um testemunho da plenitude da graça de Deus. O futuro eterno do cristão é garantido não apenas porque Deus iniciou a obra da salvação, mas porque ele também preserva o cristão mediante a presença interior do Espírito Santo. A salvação é um dom gratuito da parte de Deus que resgata o cristão do pecado e de suas consequências, renova o cristão para a vida santa e o restaura para o relacionamento correto com Deus por toda a eternidade. V. *expiação, propiciação*; *conversão*; *eleição*; *escatologia*; *perdão*; *esperança futura*; *graça*; *justificação*; *novo nascimento, nascido de novo*; *predestinação*; *reconciliação*; *redimir, redenção, redentor*; *arrependimento*; *santificação*; *segurança do cristão*. — Douglas C. Walker

SALVAÇÃO INFANTIL V. *responsabilidade, idade da*; *salvação*.

SALVADOR Quem salva por meio de uma libertação, preservação, cura ou providência

(2Sm 22.2-7). Diferentemente de todas as outras religiões, o cristianismo é único em apresentar a salvação completamente derivada da graça de um salvador. A salvação advém exclusiva e completamente de Deus. A fonte da salvação é a graça do salvador. O meio é a fé no salvador. O Senhor Jesus Cristo é o único Salvador (Jo 4.42).

No AT Deus é apresentado como Salvador (Is 43.3; 45.15,21,22). Categoricamente, Deus é o único Salvador (Is 43.11; Os 13.4). Esse é também o ensino do NT (Jd 25; Tg 4.12; At 4.12). Jesus é o Salvador que concede vida eterna (Jo 3.16; Mt 1.21; Rm 3.21-26; 5.1-11; 1Jo 2.2; 4.14; 5.13).

Jesus é Salvador por ser Deus (Rm 10.9,10,13; cp. Jl 2.32). Deve-se invocar o nome do Senhor (*Yahweh* [Javé] no AT, *Kyrios* no NT). Observe-se também a afinidade entre a divindade de Jesus e sua posição como Salvador (Tt 2.13; 2Pe 1.1). Jesus é o Salvador também por ser Deus encarnado, plenamente humano e plenamente divino. Jesus declarou: "Se vocês não crerem que EU SOU de fato morrerão em seus pecados" (Jo 8.24). A expressão "EU SOU ELE" é "EU SOU" em grego, e é similar a "antes de Abraão nascer, EU SOU" (Jo 8.58). Essa é claramente uma manifestação da divindade fundamental de Jesus Cristo, uma apropriação do nome pessoal de Deus. V. *salvação*.

SAMA Nome pessoal que significa "ele ouviu". Herói militar do exército de Davi (1Cr 11.44).

SAMÁ Nome pessoal de significado incerto, talvez "frutífero" ou "maravilhoso" ou "ele ouviu". **1.** Tribo edomita descendente de Esaú (Gn 36.13). **2.** Irmão mais velho de Davi (1Sm 16.9; 17.13) e pai de Jonadabe (2Sm 13.3,32) e de Jônatas (2Sm 21.21) se as grafias similares hebraicas em 2Sm indicam a mesma pessoa mencionada em 1Sm. V. *Simeia*; *Simei*. **3.** Herói militar do exército de Davi (2Sm 23.11, 25), chamado Samote (1Cr 11.27). **4.** Outro herói militar de Davi (2Sm 23.33) ou, com uma pequena mudança no texto hebraico sugerido por muitos comentaristas, o pai de Jônatas, o herói militar. **5.** V. *Samute*.

Com grafia diferente em hebraico e inglês (Shamma), mas idêntica em língua portuguesa, esse Samá também se trata de um nome pessoal de significado incerto. **6.** Líder do clã de Aser (1Cr 7.37).

SAMAI Forma abreviada de nome pessoal que talvez signifique "Ele ouviu". **1.** Membro da tribo de Judá e do clã de Jerameel (1Cr 2.28,32). **2.** Descendente de Calebe (1Cr 2.44). **3.** Outro descendente de Calebe (1Cr 4.17).

SAMARIA, SAMARITANOS Nome de uma montanha, cidade e região, que significa "montanha de vigia", e, por conseguinte, o nome dos seus moradores. Cerca de 67 quilômetros ao norte de Jerusalém e cerca de 14 a nordeste de Nablus sobressai-se uma colina de um vale amplo que se estende pelas regiões altas centrais de Israel. Lá estão as ruínas da antiga Samaria, perto de uma pequena cidade chamada Sebaste. Samaria era a capital, residência e lugar de sepultamento dos reis de Israel (1Rs 16.23-28; 22.37; 2Rs 6.24-30). Depois da queda do Reino do Norte diante da Assíria (721 a.C.), os exilados de muitas nações se estabeleceram em Samaria (Ed 4.9,10). Mais tarde, os gregos conquistaram a região (331 a.C.) e helenizaram a área com habitantes e cultura gregos. Então os hasmoneus, sob a liderança de João Hircano, destruíram a cidade (119 a.C.). Depois de um longo período sem habitantes, Samaria reviveu sob Pompeu e os romanos (63 a.C.). Por fim, Herodes, o Grande, obteve o controle de Samaria em 30 a.C. e a tornou uma das principais cidades do seu território. Mais uma vez a cidade foi povoada com pessoas de lugares distantes, dessa vez mercenários vindos da Europa. Herodes mudou o nome da cidade para Sebaste, usando o termo grego para Augusto, o imperador romano. Quando os judeus se revoltaram, no ano 66 da era cristã, os romanos reconquistaram a cidade e a destruíram. Os romanos mais tarde a reconstruíram, mas a cidade nunca mais reconquistou o prestígio anterior.

Samaria era a única cidade grande de Israel, o Reino do Norte. Onri, o sexto rei de Israel (885-874 a.C.) adquiriu o monte de Samaria para ser sua residência real. Siquém tinha sido a capital do Reino do Norte até Jeroboão mudá-la para Tirza.

Quando Acabe, filho de Onri, tornou-se rei de Israel, ele construiu um palácio de mármore em Samaria. Amós o denunciou por fazer isso (Am 6.1, 4; 1Rs 22.39). Jezabel influenciou Acabe, seu marido, para fazer da cidade o centro do culto a Baal (1Rs 16.29-33). Ela também matou muitos profetas de Javé em Samaria (1Rs 18.2-4).

Longa rua cheia de colunas construída pelo imperador Severo, na Sebaste dos tempos do NT, a Samaria do AT.

Em duas ocasiões Ben-Hadade, o rei da Síria, sitiou a cidade de Samaria. Entretanto, não obteve sucesso em nenhuma das ocasiões (1Rs 20; 2Rs 6). Naamã, um leproso sírio, foi até Samaria para ser curado por Eliseu pouco antes do ataque de Ben-Hadade (2Rs 5).

Em Samaria Elias destruiu os mensageiros do rei Acazias que foram consultar Baal-Zebube. Elias profetizou a morte de Acazias (2Rs 1). Mais tarde, Jeú matou os 70 filhos de Acabe em Samaria (2Rs 10). Samaria por fim caiu diante dos assírios em 721 a.C., depois de um cerco de três anos (2Rs 17.5; 18.9-12). Essa destruição ocorreu depois de muitas profecias concernentes aos pecados da cidade, e de muitas advertências quanto ao seu juízo (Is 8.4; 9.8-14; 10.9; 28.1-13; 36.19; Jr 23.13; Ez 23.1-4; Os 7; 13.16; Am 3.12; Mq 1.6). V. *Assíria*.

Ainda que a palavra "Samaria" tenha sido inicialmente identificada com a cidade fundada por Onri, logo se tornou relacionada com toda a região ao seu redor, o território tribal de Manassés e Efraim. Finalmente, o nome "Samaria" se tornou sinônimo de todo o Reino do Norte (1Rs 13.32; Jr 31.5). Depois que os assírios a conquistaram, Samaria começou a perder tamanho. No tempo do NT Samaria era a região central da Palestina, com a Galileia ao norte e a Judeia ao sul.

O nome "samaritanos" originariamente estava ligado aos israelitas do Reino do Norte (2Rs 17.29). Quando os assírios conquistaram Israel e exilaram 27.290 israelitas, um "remanescente de Israel" permaneceu na terra. Os cativos assírios de lugares distantes também se estabeleceram lá (2Rs 17.24). Isso fez que

Samaritanos do séc. XX celebrando a Páscoa no monte Gerizim.

SAMARITANO, PENTATEUCO

houvesse alguns casamentos entre judeus e gentios e uma disseminação do culto a deuses estrangeiros. Quando os judeus voltaram a Jerusalém para reconstruir o templo e os muros da cidade, Esdras e Neemias se recusaram a permitir que os samaritanos participassem daquelas tarefas (Ed 4.1-3; Ne 4.7). O antigo antagonismo entre Israel ao norte e Judá ao sul intensificou o conflito.

Os habitantes judeus de Samaria identificaram o monte Gerizim como o lugar escolhido por Deus e o único centro de culto, designando-o "umbigo da terra", por causa de uma tradição que dizia ser esse o lugar em que Adão ofereceu sacrifícios. As Escrituras dos samaritanos estavam limitadas ao Pentateuco, os primeiros cinco livros da Bíblia. Moisés era considerado o único profeta e o intercessor no juízo final. Eles também criam que 6 mil anos após a Criação, o Restaurador se levantaria e viveria na terra por 110 anos. No dia do julgamento os justos ressuscitariam no paraíso e os ímpios queimariam no fogo eterno.

Igreja bizantina em Sebaste (Samaria), construída sobre a localização tradicional do túmulo de João Batista.

No tempo de Cristo, o relacionamento entre judeus e samaritanos era bastante hostil (Lc 9.52-54; 10.25-37; 17.11-19; Jo 8.48). A animosidade era tão grande que os judeus evitavam passar por Samaria quando viajavam entre a Galileia e a Judeia. Eles percorriam uma distância a mais através das terras secas da Pereia, no lado leste do Jordão, para evitar passar por Samaria. Mesmo assim Jesus repreendeu seus discípulos pela hostilidade deles em relação aos samaritanos (Lc 17.16), honrou um samaritano por sua civilidade (Lc 10.30-37), elogiou um samaritano por sua gratidão (Lc 17.11-18), pediu de beber a uma samaritana (Jo 4.7) e pregou a eles (Jo 4.40-42). Em At 1.8 Jesus desafiou seus discípulos a testemunhar em Samaria. Filipe, um diácono, realizou uma missão naquela região (At 8.5).

Uma pequena comunidade samaritana existe até os dias de hoje, e ela segue o culto tradicional em Siquém. V. *Israel, terra de*; *Sambalate*. — Donald R. Potts

SAMARITANO, PENTATEUCO Cânon ou Bíblia dos samaritanos, que reverenciam a *Torá* como a revelação de Deus a Moisés no monte Sinai e não consideram canônico o restante da Bíblia Hebraica. Os samaritanos se consideram os verdadeiros herdeiros da tradição mosaica (não os desdendentes de Judá). Suas Escrituras vão de Gn a Dt, com muitas leituras variantes do *Texto Massorético*, o texto hebraico geralmente usado pelos estudiosos. V. *textos bíblicos e versões da Bíblia*; *Samaria, samaritanos*.

Sacerdotes samaritanos com uma cópia de seu texto sagrado — Pentateuco Samaritano.

SAMBALATE Nome pessoal acádio que significa "Sim (o deus) curou". De acordo com os papiros de Elefantina, do reinado de Dario I, Sambalate era governador de Samaria por volta de 407 a.C. Ele teve filhos cujos nomes incluíam a palavra "Javé", que designa o Deus de Israel. Ainda que tenha tido um nome babilônico (provavelmente adquirido durante o exílio), Sambalate era judeu praticante. Sua filha se casou com o neto do sumo sacerdote de Jerusalém (Ne 13.28), o que indicava relações harmoniosas entre Judá e Samaria naquele tempo. Neemias se refere a Sambalate como o "horonita", sugerindo uma conexão com Bete-Horom (2.10). Essas cidades controlavam as principais estradas entre

Jerusalém e o mar Mediterrâneo. Se Sambalate tivesse influência sobre elas, poderia afetar grandemente a economia de Jerusalém. Se a Cidade Santa obtivesse proeminência, erodiria o poder das cidades circunvizinhas. O conflito parece ter sido mais político que racial ou religioso. Os papiros de uádi Daliyeh parecem indicar dois homens com o nome Sambalate que posteriormente serviram como governadores de Samaria.

SAMBUCA Palavra usada na *ARC* para traduzir um instrumento musical citado em Dn 3.5, traduzido na *NVI* por "harpa", na *ARA* por "cítara" e na *NTLH* por "lira". Aparentemente a sambuca era um instrumento de origem asiática, uma harpa triangular com quatro cordas ou mais. As palavras relacionadas em hebraico e em aramaico se referem a um instrumento com cordas entrelaçadas. Junto com outros instrumentos citados no versículo, a sambuca não era usada no culto, apenas em situações mais festivas, possivelmente representando uma repreensão da parte do escritor bíblico em relação à música pagã no ambiente de culto.

SAMIR Nome pessoal e de lugar que significa "espinho" ou "diamante". **1**. Levita (1Cr 24.24). **2**. Cidade na região montanhosa de Judá, designada àquela tribo (Js 15.48). Localizava-se ou na atual el-Bireh perto de Khirbet Somera, a nordeste de en-Rimmon ou em Khirbet es-Sumara, a 19 quilômetros a oés-sudoeste de Hebrom. **3**. Lar de Tola, o juiz da tribo de Issacar, no monte Efraim (Jz 10.1). Localizada possivelmente em Khirbet es-Sumara, a cerca de 11 quilômetros ao sul de Siquém. Alguns comentaristas pensam tratar-se da mesma Samaria.

SAMLÁ Nome pessoal que provavelmente significa "capa". Governador de Edom (Gn 36.36).

SAMOS Nome de lugar que significa "altura". Pequena ilha (apenas 43 quilômetros de comprimento) localizada no mar Egeu, a cerca de 1 quilômetro e meio ao largo da costa da Ásia Menor, perto da Península de Trogílio. No estreito entre Samos e o continente, os gregos derrotaram a armada persa, por volta de 479 a.C., e viraram o jogo do poder do antigo Oriente Médio. Viajando de Jerusalém a Roma, o navio de Paulo parou em Samos ou ancorou ao largo de sua costa (At 20.15).

Adições feitas no período romano ao Heraion (grande santuário de Hera) na ilha de Samos.

SAMOTE Grafia variante (1Cr 11.27) de Samá (2Sm 23.25).

SAMOTRÁCIA Nome de lugar que significa "alturas da Trácia". Ilha montanhosa ao norte do mar Egeu, a cerca de 60 quilômetros ao sul da costa da Trácia, com picos que alcançam 1.500 metros acima do nível do mar. Paulo passou uma noite ali na segunda viagem missionária, quando se dirigia a Filipos (At 16.11). Um famoso culto de mistério era praticado na Samotrácia.

SAMUA Nome pessoal que significa "alguém que ouviu". **1**. Espião representante da tribo de Rúben (Nm 13.4). **2**. Filho de Davi (2Sm 5.14; a forma "Simeia" é usada em 1Cr 3.5). **3**. Pai de um levita (Ne 11.17; a forma "Semaías" é usada em 1Cr 9.16). **4**. Sacerdote nos dias de Jeoaquim, por volta de 600 a.C. (Ne 12.18).

SAMUEL Nome pessoal que no antigo Oriente Médio significava "Sumu é Deus", mas que em Israel foi entendido como "seu nome é Deus", ou "nome de Deus". O último juiz, sacerdote e profeta que ligou o período dos juízes com a monarquia, pois foi o primeiro juiz a ungir reis (1066-1000 a.C.). Nasceu em resposta à oração em lágrimas de Ana, que era estéril (1Sm 1.10), Samuel foi dedicado ao Senhor antes do nascimento (1.28; 2.20). Eli criou Samuel no santuário em Siló (1Sm 2.11). Samuel cresceu "sendo cada vez mais estimado pelo Senhor e pelo povo" (1Sm 2.26; cp. Lc 2.52). Samuel se encontrou com Deus e recebeu a primeira missão profética quando ainda era rapazinho (1Sm 3.1,11-14). A primeira palavra de Deus a ele foi a respeito da

SAMUEL

rejeição divina da família de Eli do serviço sacerdotal, como punição pelos pecados dos filhos de Eli.

Samuel foi responsável pela revitalização do santuário de Siló (1Sm 3;21). O texto de Sl 99.6,7 relata que Deus falava com Samuel da nuvem usada anteriormente para comunicar-se com Moisés e Arão. Deus "estava com ele (i.e., Samuel) e fazia com que todas as suas palavras se cumprissem" (1Sm 3.19; 9.6). Jeremias considerou Samuel e Moisés os dois grandes intercessores de Israel (Jr 15.1).

Tel Rama (Ramá) — lugar de nascimento do profeta Samuel.

Após a morte de Eli e de seus filhos, Israel experimentou 20 anos (1Sm 7.2) de pecado nacional e opressão filisteia. Samuel surgiu no papel de juiz, convocando Israel para se arrepender, libertando o povo do domínio estrangeiro. Samuel também exerceu o papel de juiz, administrando em Betel, Gilgal, Mispá e Ramá (1Sm 7.15-17).

Samuel atuou como o protótipo dos profetas futuros em tensão com os reis de Israel e Judá. Os pecados dos filhos de Samuel e a ameaça filisteia levaram os anciãos de Israel a apelar para ele e pedir um rei "à semelhança das outras nações" (1Sm 8.3,5,20). Samuel entendeu corretamente que esse pedido era a rejeição do governo de Deus (1Sm 8.7; 10.19). Samuel advertiu Israel dos riscos da monarquia — trabalhos forçados, desapropriações, impostos (1Sm 8.10-18) — antes de ungir Saul como o primeiro rei (1Sm 10.1). A narrativa feita por Samuel dos direitos e deveres da monarquia (1Sm 10.25) estabelece o cenário para que os profetas de épocas posteriores interpelassem os monarcas em casos de desobediência aos mandamentos e desrespeito aos limites estabelecidos

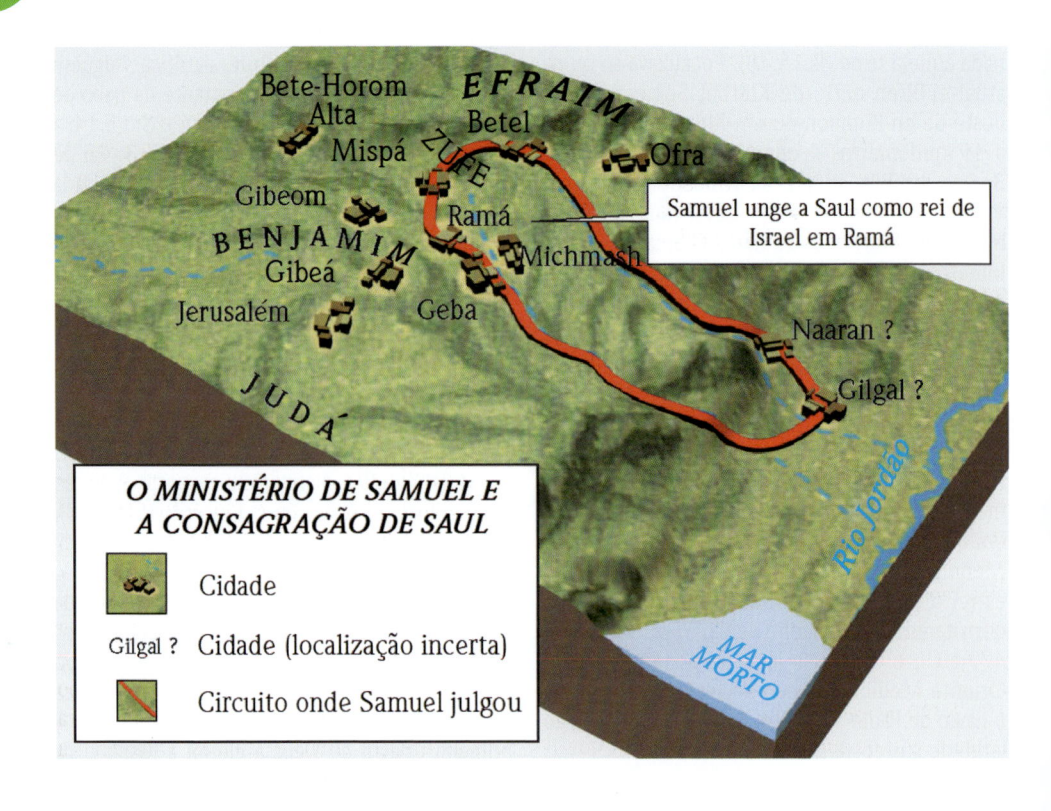

O MINISTÉRIO DE SAMUEL E A CONSAGRAÇÃO DE SAUL

- Cidade
- Gilgal ? Cidade (localização incerta)
- Circuito onde Samuel julgou

Samuel unge a Saul como rei de Israel em Ramá

por Deus para Israel. Em um sentido, Samuel antecipou Elias, quando orou pedindo chuva no tempo da colheita do trigo, que tradicionalmente é a estação seca, como vindicação de sua palavra de juízo concernente ao pedido de Israel para ter um rei (1Sm 12.17,18).

O relacionamento de Samuel com Saul ilustra a natureza condicional da monarquia em Israel. O rei de Israel era designado por Deus e servia conforme o beneplácito divino. A pretensão de Saul de oferecer sacrifícios queimados antes da batalha contra os filisteus (1Sm 13.8-15) e seu desrespeito ao mandamento divino para não deixar sobreviventes dentre os amalequitas e seus rebanhos (1Sm 15) ocasionaram a declaração de Samuel a respeito da rejeição divina do reinado de Saul. Obedecer ao chamado de Deus para ungir outro rei pareceu uma traição para Saul, e por isso Samuel ficou preocupado com sua vida. Não obstante, Samuel foi obediente ao ungir Davi como rei de Israel (1Sm 16.13). Mais tarde, quando Saul atentou contra a vida de Davi, este se refugiou em Ramá com Samuel e o grupo de profetas que o seguia (1Sm 19.18-24). Por fim, a morte de Samuel produziu um lamento nacional (1Sm 25.1; 28.3). Isso também deixou Saul sem contato com a palavra de Deus. Desesperado, Saul, reconhecendo o poder e a influência de Samuel, tentou entrar em contato com o espírito do líder falecido (1Sm 28). Assim, em sua vida e morte, Samuel projetou uma grande sombra sobre a história do culto, governo, profecia e justiça de Israel. — *Chris Church*

SAMUEL, LIVROS DE Nono e décimo livros das Bíblias em português, seguindo a ordem da *LXX* (a tradução grega do AT), mas que na Bíblia Hebraica formam um único livro, que porta o nome da personagem principal dos seus primeiros capítulos. Junto com Js, Jz e Rs, os livros de Sm formam os "Profetas Anteriores" da Bíblia Hebraica. Muitos estudiosos contemporâneos se referem a esses quatro livros como história deuteronomística, pois eles mostram como o ensino de Dt moldou a história do povo de Deus.

A Bíblia não diz quem escreveu esses livros. Muitos estudiosos, tomando como evidência 1Cr 29.29, acreditam que Samuel, Natã e Gade tenham sido os autores. Outros pensam que o livro teve uma longa história de composição desde o tempo dos acontecimentos até o tempo do exílio, quando os "Profetas Anteriores" foram reunidos em uma coleção. As narrativas individuais incluem Siló (1Sm 1—3), a arca (1Sm 4.1—7.1), o surgimento da monarquia (1Sm 9.1—11.15), as batalhas de Saul (1Sm 13—15), a história da ascensão de Davi ao poder (1Sm 16.14—2Sm 5.25), o reinado de Davi (2Sm 9—20) e a sucessão do trono de Davi (1Rs 1; 2). V. *Crônicas, livro de*.

Os livros de Sm são reflexões sobre a natureza do reinado humano à luz da tradição de Israel de que Javé é seu rei. Eles responderam às perguntas inquietantes da primeira geração: "Terá Deus abandonado Davi como abandonara Saul? Por que o jovem Salomão foi nomeado rei, não seus irmãos mais velhos? Como justificar as medidas violentas tomadas por Salomão ao chegar ao poder?". Para responder a essas perguntas, os livros contam a narrativa de três grandes personagens: Samuel, Saul e Davi. A história de cada um deles combina tragédia, desespero e direção quanto à esperança futura. Os perigos da monarquia (1Sm 8) e sua esperança (2Sm 7) formam a tensão narrativa dos livros. O último capítulo (2Sm 24) não resolve a tensão. O capítulo final aponta para a frente, para a construção do templo, no qual a presença de Deus e o culto de Israel podem estar no centro da vida, levando o rei a ser o servo humilde e perdoado por Deus. V. *Davi*; *rei, reino*; *Reino de Deus*; *Samuel*; *Saul*.

Os livros de Sm dessa maneira apontam para vários temas teológicos que podem guiar o povo de Deus através das gerações. Liderança é o tema geral. O povo de Deus pode continuar com uma organização frouxa como fora no tempo dos juízes, ou precisa de um rei para liderar "à semelhança das outras nações" (1Sm 8.5)? Samuel não responde de forma explícita. Deus não aceitou integralmente a monarquia como a única possibilidade alternativa. A monarquia significa que o povo rejeitou a Deus (1Sm 8.7; 10.19). Mais ainda, a monarquia florescerá se o povo e o rei seguirem Deus (1Sm 12.14,15,20-25). Saul demonstrou que as ameaças da parte de Deus se tornariam realidade em pouco tempo (1Sm 13.13,14). Uma nova família de uma tribo iria governar. Isso não significaria uma guerra constante entre tribos e famílias. Uma aliança

SAMUEL, LIVROS DE

ligaria as duas famílias (1Sm 20; 23.16-18). O ódio de um lado não significa haver ódio do outro, como as reações de Davi aos atos de Saul demonstram de forma contínua, como se lê em 1Sm 24.17: "Você é mais justo que eu [...] você me tratou bem, mas eu o tratei mal". Davi não planejou a morte de Saul ou de sua família, nem recompensou os que o fizeram (2Sm 4.9-12). Ele estabeleceu seu reinado e buscou construir uma casa para Deus (2Sm 7.2). No entanto, o rei se rendeu ao plano divino de estabelecer a casa de Davi e permitir que seu filho construísse a casa de Deus (2Sm 7.13). A resposta do rei demonstra a natureza da verdadeira liderança. Ela expressa louvor a Deus, não orgulho pelas realizações pessoais (2Sm 7.18-29).

Para cumprir sua promessa a Davi, Deus agiu para estabelecer o próprio reinado entre o povo. Ele trabalharia por intermédio de um rei imperfeito que cometeu um pecado grotesco com Bate-Seba (2Sm 11), porque o rei estava disposto a confessar seu pecado (2Sm 12.13). O governo do rei de Deus não é garantia de paz perfeita. Mesmo na casa de Davi surgiram revoltas contra ele. O orgulho e o ego humanos não determinam a história. A promessa de Deus a Davi não poderia ser anulada.

Outros temas estão subordinados ao da liderança com Israel. O chamado ao compromisso e obediência à aliança, o perdão e a misericórdia de Deus, a soberania de Deus na história humana, o significado da oração e do louvor, a fidelidade de Deus para cumprir as profecias, a necessidade de fidelidade aos líderes humanos, a presença santa de Deus entre seu povo, a natureza da amizade humana e a importância dos relacionamentos familiares são temas frequentes nesses livros.

1Samuel
Esboço

I. Deus dá ao povo um exemplo de liderança dedicada (1.1—7.17).
   A. O líder dedicado é a resposta às orações dos pais (1.1-28).
   B. O líder dedicado procede de pais gratos e que se sacrificam, adoradores do Deus incomparável (2.1-10).
   C. O líder dedicado é um sacerdote que serve a Deus com fidelidade e entrega a mensagem de Deus fielmente (2.11-36).
   D. O líder dedicado é um profeta chamado pela palavra de Deus e que a entrega com fidelidade (3.1—4.15).
   E. O uso supersticioso de relíquias religiosas não substitui a liderança dedicada (4.16-22).
   F. Só o sacerdote dedicado pode permanecer na presença de Deus, não deuses estrangeiros nem pessoas desobedientes (5.1—7.2).
   G. O líder político dedicado é um homem de oração (7.3-17).

II. O reinado humano representa uma contemporização divina pelo fato de o povo ter rejeitado o reinado de Deus (8.1—15.35).
   A. A monarquia hereditária é a rejeição de Deus que fere seu povo e o separa de Deus (8.1-22; cp. Jz 8.22—9.57).
   B. O rei dedicado é uma pessoa humilde, de uma família humilde, cônscio de que sua posição deve-se à escolha da parte de Deus (9.1—10.27).
   C. O rei dedicado é um libertador cheio do Espírito (11.1-15).
   D. O líder dedicado é moralmente puro e usa a história do povo de Deus para convocar seus liderados à obediência (12.1-25).
   E. A monarquia depende da obediência a Deus, não da sabedoria humana (13.1-23).
   F. O líder dedicado é usado por Deus para unificar e libertar seu povo (14.1-23).
   G. Deus liberta seu líder dedicado de pecados inadvertidos (14.24-26).
   H. O rei é responsável por derrotar os inimigos do povo de Deus (14.47-52).
   I. O rei desobediente é rejeitado por Deus (15.1-35)

III. Deus levanta uma nova liderança para seu povo (16.1—31.13).
   A. Deus dá seu Espírito à pessoa que escolheu atendendo às suas qualificações de liderança (16.1-13).
   B. Deus provê oportunidades inesperadas de serviço para o rei escolhido (16.14-23).

C. Deus usa as habilidades e a fé do líder para derrotar quem o desafia (17.1-58).
D. Deus concede sua presença e a lealdade de amigos para proteger o escolhido dos planos invejosos do líder maligno (18.1—20.42).
E. Os sacerdotes de Deus afirmam a posição especial do líder divinamente escolhido (21.1-9).
F. Deus protege seu líder benevolente e fiel da vingança de inimigos malignos (21.10—22.23).
G. Deus atende à oração do seu escolhido e o liberta de inimigos traiçoeiros (23.1-29).
H. Deus honra a justiça do seu líder escolhido (24.1-22).
I. Deus vinga seu escolhido dos insultos de inimigos tolos (25.1-39a).
J. Deus provê uma família para seu escolhido (25.39b-44).
K. Deus recompensa a justiça e a fidelidade do líder escolhido (26.1-25).
L. O líder escolhido inicia o reinado com astúcia, mesmo sob circunstâncias adversas (27.1-12).
M. Deus cumpre sua profecia e destrói os líderes desobedientes (28.1-25).
N. Deus protege o líder que escolheu de situações comprometedoras (29.1-11).
O. Deus restaura a propriedade tomada do líder que escolheu (30.1-20).
P. O líder escolhido por Deus compartilha seus bens com os companheiros e necessitados (30.21-31).
Q. Deus destrói os líderes desobedientes (31.1-7).
R. Deus honra o povo que expressa lealdade aos líderes escolhidos (31.8-13).

2Samuel
Esboço

I. Para alcançar seus propósitos, Deus honra a obediência, não a traição (1.1—6.23).
A. Quem desonra os líderes escolhidos por Deus é punido (1.1-16).
B. O líder de Deus honra a memória dos seus predecessores (1.17-27).
C. Deus conduz as pessoas para honrarem seu líder obediente (2.1-4a).
D. Deus honra pessoas leais e obedientes (2.4b-7).
E. Deus abençoa os esforços pela paz (2.8-28).
F. Deus fortalece seu líder obediente (2.29—3.19).
G. O líder de Deus se recusa a honrar traição e vingança (3.20—4.12).
H. Deus cumpre suas promessas aos seus servos pacientes (5.1-16).
I. Deus concede vitória a seu povo (5.17-25).
J. O povo de Deus deve honrar sua presença santa (6.1-23).
II. Deus estabelece seus propósitos por meio de seus servos fiéis, mas falíveis (7.1—12.31).
A. Deus promete abençoar para sempre a casa de Davi (7.1-17).
B. O servo de Deus louva o Senhor incomparável (7.18-29).
C. Deus dá vitória ao seu servo fiel (8.1-18).
D. O servo de Deus demonstra bondade em memória dos amigos falecidos (9.1-13).
E. Coligações inimigas não podem impedir Deus de executar vingança (10.1-19).
F. Desobediência ao líder de Deus desagrada ao Senhor e traz juízo, mas também misericórdia (11.1—12.14a).
G. Deus honra o seu servo arrependido (12.14b-31).
III. Falta de atenção às relações familiares leva o líder de Deus a ter problemas nacionais (13.1—20.26).
A. A falta de atenção do pai piedoso pode levar a contendas, vergonha e vingança em família (13.1-39).
B. Reconciliação, não ódio e julgamento, deve caracterizar a vida familiar dos servos de Deus (14.1-33).
C. As feridas não curadas de uma família podem levar à revolta (15.1-37).
D. Os líderes precisam de assessores que Deus pode usar para realizar seus propósitos (16.1—17.29).
E. A consternação tardia é incapaz de corrigir relacionamentos familiares (18.1-33).

F. O servo vitorioso de Deus trata com bondade seus ajudantes e oponentes (19.1-40).
G. A vitória talvez não remova rivalidades entre o povo de Deus (19.41—20.26).
IV. O povo de Deus aprende da experiência e do exemplo do líder (21.1—24.25).
  A. Deus abençoa o líder fiel às tradições do povo (21.1-22).
  B. O líder de Deus o louva por sua libertação (22.1-51; cp. Sl 18).
  C. O líder de Deus ensina o que aprendeu — suas experiências com Deus (23.1-7).
  D. O líder de Deus depende de companheiros corajosos e fiéis (236.8-39).
  E. Decisões tolas do líder trazem punição, mesmo para o líder arrependido (24.1-17).
  F. O louvor adequado traz a misericórdia de Deus para o povo (24.18-25).

SAMUTE Líder da quinta divisão do exército de Davi, que servia durante o quinto mês (1Cr 27.8). Muitos comentaristas consideram o nome como uma combinação escribal de Samá (2Sm 23.25) e Samote (1Cr 11.27).

SANDÁLIAS, SAPATOS Itens de vestuário usados para proteger os pés. Os sapatos antigos são bastante conhecidos por meio de pinturas, esculturas e relevos entalhados. O sapato era considerado o artigo mais humilde do vestuário e vendido a preços baixos. Havia dois tipos de sapatos: chinelos de couro macio e sandálias mais populares, com sola de couro duro. Tiras de couro prendiam a sandália ao redor da palmilha e dos dedos dos pés. Ainda que os sapatos pudessem ser comprados a preço baixo, as pessoas mais pobres com frequência os consertavam. Os sapatos eram deixados junto à porta de entrada das tendas ou casas, ou nos períodos de lamento. Eram também tirados como demonstração de humildade na presença de reis. Tirar as sandálias do convidado era a atividade mais humilde do servo, que também tinha de lavar os pés empoeirados e sujos do visitante. No Israel antigo contratos e juramentos eram com frequência selados com a retirada do calçado, que era entregue à outra parte (Rt 4.7). Andar descalço era sinal de pobreza e reprovação. Isaías andou descalço como símbolo da pobreza que viria sobre Israel antes do julgamento divino (Is 20.2). Nos dias do NT a prática judaica proibia usar sandálias com couro trançado e solas de couro pregadas, porque esta era a prática dos soldados romanos.

Estátua romana que mostra um pé com a sandália.

Sandálias com tiras de couro do período romano.

SANGAR Nome hurrita que significa "Shimig" (o deus) deu". Guerreiro misterioso que abateu 600 filisteus com uma aguilhada de bois (Jz 3.31).

Seu nome é hurrita, mas se ele era desse povo é incerto. No cântico de Débora (Jz 5.6,7) Sangar (o "filho de Anate") é exaltado por limpar as estradas de salteadores, permitindo que as viagens fossem mais uma vez tornadas possíveis. V. *Juízes, livro de*.

SANGAR-NEBO Nome do oficial babilônio que, conforme o texto hebraico (Jr 39.3), acompanhou Nabucodonosor na captura de Jerusalém em 587 a.C. Muitos estudiosos modernos tentam reconstruir o nome original acádio. Essas reconstruções relacionam o nome à cidade — Simagir — conhecida de outros registros babilônicos. Isso significaria que a pessoa citada antes na lista — Nergal-Sarezer — era daquela cidade. Outros eruditos consideram Sangar-Nebo um título que descrevia a posição ocupada por Nergal-Sarezer.

SANGUE Termo com significados que envolvem aspectos profundos da vida humana e o desejo de Deus de transformar a existência humana. O sangue está intimamente associado à vida física. Sangue e "vida", ou "ser vivo", estão proximamente associados. Os hebreus dos tempos do AT estavam proibidos de comer sangue. "Mas não comam o sangue, porque o sangue é a vida, e vocês não poderão comer a vida com o sangue. Vocês não comerão o sangue; derramem-no no chão como se fosse água" (Dt 12.23,24). Para povos agrícolas essa ordem ressaltava o valor da vida. Embora a morte estivesse sempre presente, a vida era sagrada. A vida não deveria ser menosprezada.

Mesmo quando o AT fala de sacrifício animal e propiciação, a sacralidade da vida é ressaltada. "Pois a vida da carne está no sangue, e eu o dei a vocês para fazerem propiciação por si mesmos no altar; é o sangue que faz propiciação pela vida" (Lv 17.11). Talvez porque uma vida animal era entregue (e animais eram parte vital da propriedade de uma pessoa), essa ação realizada diante de Deus indicava como cada pessoa está alienada de Deus. Ao dar o que era de grande valor, a pessoa que oferecia o sacrifício mostrava que a reconciliação com Deus envolvia a vida — o elemento básico da existência humana. Não está claro como a entrega de uma vida animal resultava na redenção e reconciliação.

O que está claro é que a propiciação tinha um alto preço. Somente o NT poderia mostrar como seria alto esse preço.

Carne e sangue Essa expressão designa um ser humano. Quando Pedro confessou que Jesus era o Messias, Jesus disse a Pedro: "Isto não lhe foi revelado por carne ou sangue, mas por meu Pai que está nos céus" (Mt 16.17). Nenhum agente humano informou Pedro; o próprio Pai lhe revelou essa verdade. Quando a expressão "carne e sangue" é usada por Jesus, ela designa sua pessoa inteira: "Todo aquele que come a minha carne e bebe o meu sangue permanece em mim e eu nele" (Jo 6.56). O versículo seguinte mostra que comer "carne e sangue" é linguagem metafórica de grande impacto referente ao compartilhar da vida que Jesus concede — "assim aquele que se alimenta de mim viverá por minha causa" (Jo 6.57).

Quando Paulo usou a expressão "carne e sangue" em 1Co 15.50, ele se referiu à existência humana pecaminosa: "carne e sangue não podem herdar o Reino de Deus". A pecaminosidade dos seres humanos os desqualifica como herdeiros do Reino de Deus. Em Gl 1.16 Paulo usou a expressão "carne e sangue" (*ARA*) como sinônimo de seres humanos com quem ele não se consultou depois da sua conversão. Paulo disse que seu evangelho veio diretamente de Deus.

Em Ef 6.12 Paulo retratou os cristãos em conflito — sua luta não é "contra o sangue e a carne", mas contra poderes demoníacos mais elevados, "contra os principados e potestades, contra os dominadores deste mundo tenebroso, contra as forças espirituais do mal, nas regiões celestes" (*ARA*). Não há dúvidas, os cristãos de fato encontram oposição a Cristo e ao evangelho em outras pessoas, mas por trás de toda a oposição humana está a oposição satânica. Os seres humanos escolhem se identificar com o mal moral. Estamos lutando contra os líderes demoníacos da revolta moral.

Por fim, a expressão "carne e sangue" às vezes designa a natureza humana à parte do mal moral. Jesus, assim como os outros filhos do seu povo, era participante da "carne e sangue" (Hb 2.14). Porque ele o fez, pôde nascer uma morte singular e propiciatória. Ele era plenamente humano, mas era mais que humano; ele era tanto Deus quanto homem.

SANGUE

Depois do Dilúvio Deus renovou o mandato inicial, ordenando que Noé e seus filhos fossem férteis e se multiplicassem (Gn 9.1). Eles não deveriam comer a carne com sua vida, que significa o sangue (Gn 9.4). Em seguida o assassínio é proibido (Gn 9.5,6). A razão é explicada assim: "Quem derramar sangue do homem, pelo homem seu sangue será derramado; porque à imagem de Deus foi o homem criado" (Gn 9.6). Visto que o homicida destrói alguém que foi feito à imagem de Deus, o assassínio é um ataque a Deus.

Em Dt 21.1-9 lemos de uma cerimônia elaborada conduzida pelos anciãos com relação a uma pessoa assassinada no campo perto da sua cidade. Eles deveriam orar pelo perdão do Senhor por meio da propiciação: " 'Aceita, Senhor, esta propiciação em favor de Israel, o teu povo, a quem resgataste, e não consideres o teu povo culpado do sangue de um inocente'. Assim a culpa do derramamento de sangue será propiciada" (Dt 21.8, *NVI*; cf. v. 9). Presume-se que a vítima é inocente, e a comunidade é responsabilizada. Uma pessoa que matava outra por acidente tinha seis cidades para as quais podia fugir e ali provar sua inocência (Js 20.1-9). Ela precisava fugir porque o "vingador da vítima" (*NVI*; a *ARA* traz "vingador de sangue") (o parente mais próximo da pessoa morta) era obrigado a matar quem tinha assassinado seu parente (Nm 35).

Quando Pilatos viu que a justiça estava sendo distorcida no julgamento de Jesus, ele lavou as mãos simbolicamente e declarou a própria inocência: "Estou inocente do sangue deste homem; a responsabilidade é de vocês" (Mt 27.24). O povo respondeu ingenuamente: "Que o sangue dele caia sobre nós e sobre nossos filhos!" (Mt 27.25).

Sangue de sacrifícios, Sangue da aliança
O grande evento histórico do AT foi o êxodo, a saída de Israel do Egito. A importância central nesse evento está na oferta de um cordeiro ou um cabrito dos seus rebanhos (Êx 12.5). O sangue desse cordeiro ou cabrito foi passado nas laterais e na viga de cima da porta (Êx 12.7,22,23). Quando o anjo passou, destruindo os primogênitos no Egito, ele passou ao largo das casas da parte dos israelitas no Egito que estavam marcadas dessa forma. Em termos de seus efeitos redentores, nenhum dos sacrifícios diários oferecidos em todo o AT (v. Lv) foi tão comovente e importante quanto o sacrifício da Páscoa.

Quase tão importante e emocionante foi a cerimônia de consagração do tratado de aliança no Sinai entre Javé e o povo da aliança, os israelitas (Êx 24.1-8). Moisés pegou o sangue de novilhos e o colocou em duas vasilhas. Metade ele derramou sobre o altar e metade aspergiu sobre o povo (Êx 24.6-8). Moisés declarou: "Este é o sangue da aliança que o Senhor fez [lit., 'cortou'] com vocês de acordo com todas essas palavras" (*NVI*). O povo prometeu solenemente agir em concordância com essa aliança (Êx 24.3,7).

Quando Jesus celebrou a nova aliança depois da sua última Páscoa com os discípulos, ele declarou: "Isto é o meu sangue da aliança, que é derramado em favor de muitos, para perdão de pecados" (Mt 26.28). O evangelho de Lc traz: "Este cálice é a nova aliança no meu sangue, derramado em favor de vocês" (*NVI*). Jesus, o Deus-homem, entregou sua vida e experimentou a realidade da morte para que os que se identificarem com ele possam experimentar sua vida e nunca provar a morte como ele o fez. Ele morreu como aquele que leva o pecado para que nós possamos viver para a justiça e ser curados (1Pe 2.24).

Sangue de Cristo — Significado e efeitos O termo "sangue de Cristo" designa no NT a morte propiciatória de Cristo. A propiciação se refere à base e ao processo pelo qual pessoas alienadas de Deus se reconciliam com Deus. Quando nos identificamos com Jesus, já não estamos em desacordo com Deus. O significado da morte de Cristo é um grande mistério. O NT tenta expressar esse significado de duas maneiras: com a linguagem de sacrifício e com a linguagem pertencente à esfera da lei. Essa linguagem sacrificial e a linguagem jurídica fornecem analogias muito úteis. No entanto, o significado da morte de Cristo é muito maior do que a elaboração ampliada de sacrifícios animais ou a espiritualização de transações legais. Às vezes a linguagem jurídica e a sacrificial são encontradas juntas.

Na linguagem de sacrifício, temos: "propiciação" (remoção de pecados, Rm 3.25, *NVI*); a "aspersão do seu sangue" (1Pe 1.1,2); redimidos "pelo precioso sangue de Cristo, como de um cordeiro sem mancha e sem defeito" (1Pe 1.19); "o sangue de Jesus, seu Filho, nos purifica de todo pecado" (1Jo 1.7); sangue que "purificará a nossa consciência" (Hb 9.14); e "sangue da aliança eterna" (Hb 13.20). Na linguagem jurídica temos: "justificação" (Rm 5.16,18); "redenção" (Ef 1.7); fomos comprados por Deus pelo seu sangue (Ap 5.9). Tais metáforas mostram que somente Deus poderia prover a propiciação; Jesus, o Deus-homem, foi tanto sacerdote quanto sacrifício, tanto Redentor quanto aquele que se envolveu intimamente com os redimidos. — *A. Berkeley Mickelsen*

SANGUE, CAMPO DE V. *Aceldama*.

SANGUE, CULPA DE Culpa em que se incorria geralmente por meio de derramamento de sangue. A culpa de sangue tornava a pessoa ritualmente impura (Nm 35.33,34), e uma pessoa incorria nela por matar outra que não merecia morrer (Dt 19.10; Jr 26.15; Jn 1.14). Matar em defesa própria e executar criminosos estão isentos de culpa de sangue (Êx 22.2; Lv 20.9). Incorria-se na culpa de sangue 1) por matar alguém intencionalmente (Jz 9.24; 1Sm 24.25, 33; 2Rs 9.26; Jr 26.15); 2) por matar alguém sem intenção (v. Nm 35.22-28 em que alguém que mata outra pessoa acidentalmente pode ser morto pelo vingador de sangue, implicando que o homicida acidental tinha culpa de sangue. V. *vingador*.); 3) ao ser causa indireta de uma morte (Gn 42.22; Dt 19.10b; 22.8; Js 2.19); 4) uma pessoa era culpada de sangue se aqueles pelos quais ela era responsável cometessem um assassínio (1Rs 2.5,31-33); e 5) o abate de um animal para sacrifício em um altar não autorizado imputava culpa de sangue (Lv 17.4). O vingador de sangue podia agir nas primeiras duas situações, mas não nas últimas três.

Quando o homicida era conhecido na situação 1) anteriormente mencionada, a comunidade partilhava da culpa do homicida até que a parte culpada tivesse pago com a pena de morte. Nenhum outro castigo ou sacrifício podia substituir a morte de uma parte culpada, nem havia necessidade alguma de sacrifício depois que o homicida tivesse sido morto (Nm 35.33; Dt 21.8,9). Aquele que mata outra pessoa sem intenção [2) mencionado anteriormente] podia fugir para uma cidade de refúgio e estar seguro. Se, no entanto, o homicida acidental saísse dos limites da cidade de refúgio, o vingador de sangue podia matar por vingança sem incorrer em culpa de sangue (Nm 35.31,32; Dt 19.13). A comunidade era culpada de derramamento de sangue se ela não garantisse asilo ao homicida acidental (Dt 19.10).

Nos casos em que o sangue de uma vítima inocente não era vingado, o sangue do inocente clamava a Deus (Gn 4.10; Is 26.21; Ez 24.7-9; cp. Jó 16.18), e Deus se tornava o vingador dessa pessoa (Gn 9.5; 2Sm 4.11; 2Rs 9.7; Sl 9.12; Os 1.4). Mesmo os descendentes da pessoa culpada de sangue podiam sofrer as consequências do juízo de Deus (2Sm 3.28,29; 21.1; 1Rs 21.29). A culpa de sangue de Manassés e o fato de Judá não fazer nada acerca disso foram as causas da queda de Judá mais de 50 anos depois do reinado de Manassés (2Rs 24.4).

Judas incorreu em culpa de sangue ao trair Jesus ("sangue inocente", Mt 27.4). Os que exigiram a crucificação aceitaram o peso da culpa de sangue para eles mesmos e seus filhos (Mt 27.25). Pilatos não aceitou a responsabilidade pelo derramamento de sangue inocente (Mt 27.24). — *Phil Logan*

SANGUE, VINGADOR DE V. *vingador; sangue, culpa de; cidades de refúgio*.

SANGUESSUGA Verme parasita da classe *Hirudinae*, que serve como símbolo do apetite insaciável (Pv 30.15).

SANLAI Forma escrita do nome pessoal que aparece no texto hebraico de Ed 2.46. V. *Salmai*.

SANSANA Nome de lugar cujo significado talvez seja "galho de palmeira". Cidade no território da tribo de Judá (Js 15.31), a atual Khirbet esh-Shamsaniyat, a cerca de 14 quilômetros a noroeste de Berseba. Aparentemente era a mesma localidade denominada Hazar-Susa (Js 19.5) e Hazar-Susim (1Cr 4.31), então designada à tribo de Simeão.

SANSÃO Nome pessoal que significa "do Sol". Último dos grandes juízes de Israel, por volta de 1100 a.C. (Jz 13.1—16.31). Filho de Manoá, da tribo de Dã, Sansão foi um herói legendário que lutou muitas vezes contra os filisteus, que naquele tempo "dominavam Israel" (14.4).

SANSERAI

SANSÃO E OS FILISTEUS

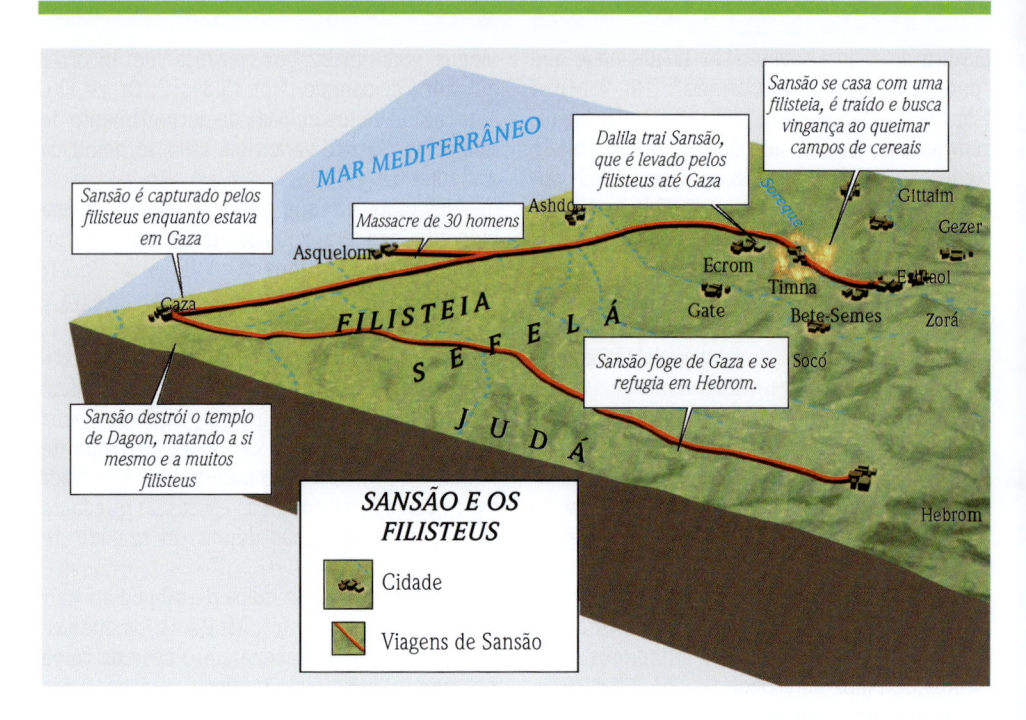

Mapa com locais: Mar Mediterrâneo, Filisteia, Sefelá, Judá, cidades (Gaza, Asquelom, Asdode, Ecrom, Gate, Timna, Bete-Semes, Ecrom, Gezer, Gitaim, Estaol, Zorá, Socó, Hebrom).

Legendas no mapa:
- Sansão é capturado pelos filisteus enquanto estava em Gaza
- Sansão destrói o templo de Dagon, matando a si mesmo e a muitos filisteus
- Massacre de 30 homens
- Dalila trai Sansão, que é levado pelos filisteus até Gaza
- Sansão se casa com uma filisteia, é traído e busca vingança ao queimar campos de cereais
- Sansão foge de Gaza e se refugia em Hebrom.

Legenda: Cidade / Viagens de Sansão

Antes de sua concepção, Sansão foi dedicado pelos pais para ser nazireu durante toda a sua vida (Jz 13.3-7), uma pessoa especialmente devotada ou consagrada ao Senhor. Parte do voto incluía deixar o cabelo crescer e se abster de vinho e de bebida forte. A força legendária de Sansão não vinha dos seus cabelos. Antes, essa força vinha do "Espírito do Senhor" que o controlava e o capacitava a realizar atos impressionantes de força física (14.6,19; 15.14; cp. 16.28,29). Mesmo sendo nazireu, Sansão não viveu um estilo de vida devoto. Muitas vezes ele foi descuidado em relação a seu voto. Ele desobedeceu em segredo a proibição de se aproximar de um cadáver (14.8,9), teve relações imorais com uma prostituta de Gaza (16.1) e com Dalila (16.4-20).

Sansão é apresentado como um jovem obstinado com pouco ou nenhum autocontrole. Nenhum de seus atos heroicos o mostra como uma pessoa dedicada à religião. De fato, as maiores crises de sua vida resultaram dos conflitos que teve com os filisteus, provocados por seus relacionamentos com mulheres filisteias. O fascínio de Sansão por Dalila veio por fim a provocar sua queda. Os governantes filisteus ofereceram a ela 1.100 peças de prata de cada deles para ela descobrir a fonte da força de Sansão. Nas primeiras três tentativas, Sansão lhe deu respostas falsas. Entretanto, parece que ele não desconfiou de traição por Dalila a cada vez que era amarrado pelos filisteus. Finalmente ela obteve a verdade dele, e Sansão foi capturado.

Por fim, Sansão demonstrou ser pouco mais que um espinho na carne dos filisteus. Ele nunca libertou Israel de fato do domínio filisteu. Em sua morte, matou mais filisteus que tinha matado em toda a vida (16.30). Ele foi alistado entre os heróis da fé em Hb 11.32 por sua força que vinha de Deus e porque, ao morrer, demonstrou sua fé. V. *juiz*; *Juízes, livro de*; *nazireu*; *Espírito*. — Darlene R. Gautsch

SANSERAI Nome pessoal de significado incerto; alguns comentaristas pensam tratar-se de uma combinação de Sisai e Simri. Benjamita que vivia em Jerusalém (1Cr 8.26).

SANTIFICAÇÃO Processo de ser feito santo, resultando em um estilo de vida transformado para o crente. A palavra portuguesa "santificação" vem do latim *sanctificatio*, que significa o ato ou processo de fazer (algo ou alguém) santo, consagrado. No grego do NT a raiz *hag* é a base de *hagiasmos*, "santidade", "consagração", "santificação"; *hagiosyne*, "santidade"; *hagiotes*, "santidade"; *hagiazo*, "santificar", "consagrar", "tratar como santo", "purificar", e *hagios*, "santo". A ideia básica da raiz grega é a de espanto ou admiração, por algo ou alguém. O uso do NT depende bastante da *LXX*, a tradução grega do AT. As palavras derivadas de *hag* no NT, de modo geral, traduziram o hebraico *qadosh*, "separar, contrastar com o profano". Nessa perspectiva, Deus é separado; objetos e pessoas dedicados ao seu uso são separados. As implicações morais dessa palavra ganham atenção com os profetas, e se tornam uma ênfase importante no NT. V. *santo*.

Antigo Testamento No pensamento do AT, o foco da santidade (*qadosh*) está sobre Deus. Ele é santo (Sl 99.9); seu nome é santo (Sl 99.3; 111.9) e não pode ser profanado (Lv 20.3). Deus existe no domínio da santidade, não do profano, e tudo que lhe pertence deve estar no mesmo domínio. Isso envolve tempo, espaço, objetos e pessoas.

Certos tempos são santificados de e separados de forma especial para o Senhor: o sábado (Gn 2.3), várias festas (Lv 23.4-44), o ano do Jubileu (Lv 25.12). Pela observação estrita das regulamentações que controlavam cada um desses tempos, Israel santificou (ou tratou como santas) essas épocas especiais do ano. Também a terra de Canaã (Êx 15.13) e a cidade de Jerusalém (Is 11.9) eram santas ao Senhor e não poderiam ser contaminadas por conduta pecaminosa (Lv 18.27,28). O tabernáculo, e depois o templo, e todos os objetos a eles relacionados eram santos (Êx 28.38; Ez 40—48). As várias ofertas trazidas ao culto eram santificadas. Estas pertenciam a três categorias: as de santidade inerente (p. ex., primogênitos de seres humanos e de animais, Êx 13.2,11-13; Lv 27.26); objetos cuja santificação era exigida (p. ex., dízimos de colheitas e animais puros, Lv 27.30-33; Dt 26.13); e ofertas cuja santificação era voluntária (v. a lista parcial em Lv 27). A dedicação desses objetos ocorria principalmente não por meio de um ritual no santuário, mas pela declaração prévia de dedicação (Jz 17.3; Lv 27.30-33).

Evidentemente os sacerdotes e levitas que trabalhavam no santuário, a começar por Arão, eram santificados ao Senhor pela unção com óleo (Êx 30.30-32; 40.12-15). Além disso, os nazireus eram consagrados (Nm 6.8), ainda que apenas por um período. A nação de Israel era santificada ao Senhor como povo santo (Êx 19.6; Dt 7.6; 14.2,21; 26.19). A santidade estava intimamente identificada com a obediência ao Código de Santidade de Lv 17—26, que inclui mandamentos rituais e éticos. Especialmente nos profetas a responsabilidade ética de ser santo na conduta ganha destaque (Is 5; Jr 5—7; Am 4; 5; Os 11).

Novo Testamento A mesma variedade de significados refletida pelo uso da *LXX* é preservada no NT, mas em alguns casos ocorre uma ampliação do sentido. Objetos podem ser santos (Mt 23.17,19; 1Tm 4.4,5) ou tratados como santos (Mt 6.9; Lc 11.2), mas em sua maior parte o grupo de palavras enfatiza a dimensão pessoal da santidade. Nesse sentido, duas correntes de significado do AT são importantes: a cúltica e a ética. A santificação está vitalmente ligada à experiência de salvação e preocupada com as obrigações morais e espirituais assumidas naquela experiência. Os cristãos foram colocados à parte por Deus na conversão, e devem viver uma dedicação a Deus em santidade.

A ligação do pensamento do NT com os antecedentes do AT no aspecto cúltico da santificação é vista com maior clareza em Hb. A crucificação de Cristo torna possível a mudança do pecador, de profano, em santo (i.e., santifica, faz santo), de modo que o cristão pode se tornar parte do templo onde Deus habita e é adorado (Hb 13.11-16; 2.9-11; 10.10,14,29). Paulo (Rm 15.16; 1Co 1.2; 6.11; Ef 5.26,27; 2Ts 2.13) e Pe (1Pe 1.2) afirmaram a obra do Espírito Santo na conversão como santificação, tornando o cristão santo, para ser aceito por Deus. Especialmente em Paulo, os conceitos de justificação e santificação estão intimamente relacionados. V. *justificação*.

O livro de Hb também enfatiza o aspecto ético da santificação. Santificação/santidade é algo a ser buscado como o aspecto essencial da vida do cristão (Hb 12.14); o sangue da santificação não pode ser corrompido pela conduta pecaminosa (10.26-31). Paulo enfatizou o compromisso do indivíduo com a vida santa (Rm 6.19-22; 1Ts 4.3-8; 2Co 7.1) e o poder de Deus que a capacita (1Ts 3.13; 4.8). A suma do imperativo ético é vista no uso feito por Pedro (1Pe 1.15,16) de Lv 11.44, 19.2 e 20.7:

SANTIFICAR

"Sejam santos, porque eu sou santo". V. *ética*; *Hebreu*; *salvação*. — Lorin L. Cranford

SANTIFICAR Tornar santo; separar para uso santo. V. *dedicar*, *dedicação*; *santo*; *santificação*.

SANTO O uso bíblico da palavra "santo" tem a ver primariamente com o fato de Deus separar do mundo o que ele escolhe para ser dedicado a ele mesmo. À medida que o plano redentor de Deus é revelado no AT, o "santo" se vincula ao caráter do povo separado de Deus de acordo com sua lei revelada. Quando chegou o tempo para se completar a obra redentora de Jesus Cristo, o povo que ele redimiu se tornou conhecido como "santo". A cruz possibilitou isso ao tornar plenos os ensinos preparatórios do AT sobre o que é ser santo, abrindo o caminho para o Espírito Santo de Deus habitar em seu povo.

A santidade única de Deus como separação Somente Deus é "majestoso em santidade" (Êx 15.11; cp. 1Sm 2.2; Ap 15.4). A unicidade de sua santidade é enfatizada na repetição do brado seráfico: "Santo, santo, santo" (Is 6.3; cp. Ap 4.8). De fato, o título de Deus mais frequente em Is é "o Santo de Israel" (ex., 12.6; 17.7; 29.19,23; 41.14,16; 47.4; 60.9). Mas a santidade perfeita de Deus — a perfeição completa de seus atributos como poder e bondade — é algo humilhante e ao mesmo tempo terrível quando revelado aos homens fracos e pecaminosos (ex., Is 6.5; Lc 5.8; Ap 1.17).

O que Deus separa para ele mesmo se torna também santo. Esses objetos de escolha do Senhor são postos à parte do mundo. O Lugar Santo no tabernáculo e no templo, p. ex., é oculto dos olhos do povo, e ao Lugar Santíssimo ("Santo dos Santos") somente o sumo sacerdote tinha acesso, apenas uma vez por ano, com o sangue da expiação e uma nuvem de incenso; caso contrário, ele morreria (Lv 16). O privilégio de ser "um povo santo para o Senhor, o seu Deus" (Dt 7.6; 14.2,21; 28.9) é por isso mesmo visto como uma responsabilidade. De modo interessante, não somente o que é santo pode ser profanado (ex., Lv 21.6,12,15), mas também o contato com o santo transfere santidade ao profano (ex., Ez 44.19; 46.20; cp. Êx 29.37; 30.29; 1Co 7.14).

O mandato ético da santidade de Deus O povo escolhido de Deus, separado do mundo, é chamado a uma vida ética de conformidade com sua palavra revelada. O mandamento para seu povo é: "sejam santos, porque eu sou santo" (Lv 11.44,45; cp. 19.2; 20.26). Essa exigência não é revogada com a vinda de Cristo; antes, encontra cumprimento na comunidade cristã (1Co 7.34; Ef 1.4; Cl 1.22; 1Pe 1.16). Os cristãos devem aperfeiçoar a "santidade no temor de Deus" (2Co 7.1). Se necessário, Deus irá disciplinar os seguidores de Cristo para o seu bem, de modo que eles possam participar da santidade dele (cf. Hb 12.10).

O cumprimento definitivo da santidade de Deus Davi, temendo que seu pecado o separasse de Deus, orou: "não [...] tires de mim teu Santo Espírito" (Sl 51.11). João Batista predisse que Jesus inauguraria uma nova era para o povo de Deus ao batizar com o (ou no) Espírito (Mt 3.11). A morte expiatória de Jesus, ao satisfazer as exigências da justiça de Deus (Rm 3.21-26), tornou possível esse relacionamento íntimo de Deus e seu povo. Jesus, o único verdadeiramente Santo, não experimentou corrupção em sua morte, tal como as Escrituras predisseram (Sl 16.10; At 13.35). Logo, sua ressurreição significa o cumprimento da salvação e a inauguração da era do Espírito Santo (Rm 1.4) na qual os seguidores de Jesus são batizados com o (ou no) Espírito Santo (At 2.4). Essa promessa duradoura para os cristãos em todas as gerações (At 2.38,39) é a capacitação para fazê-los santos: o Espírito Santo os faz assim (Rm 15.16). — Ted Cabal

SANTO DE ISRAEL Em Is 1.4, uma designação para Javé. O título enfatiza a natureza de Deus como santo e seu relacionamento único com Israel. No AT essa designação é usada especialmente no livro de Is. No NT Jesus é chamado de Santo. V. *Deus*; *santo*.

SANTO DOS SANTOS A parte mais interna do santuário do templo. Separado das outras partes do templo por uma cortina grossa, o Santo dos Santos estava ligado à presença de Javé. Nos primeiros anos da existência do templo, o Santo dos Santos continha a arca da aliança.

SANTOS Povo santo, título aplicável a todos os que pertencem ao povo de Deus, mas usado em alguns contextos a um pequeno grupo mais dedicado.

Antigo Testamento Duas palavras são usadas para designar os santos: *qaddish* e *chasid*. *Qaddish* vem de *qadosh* e significa "santo". Ser santo é separar-se do mal e se dedicar a Deus. A separação e união são vistas com referência a objetos e pessoas. Todos os itens do culto são separados para uso do Senhor: o altar (Êx 29.37), o azeite (Êx 30.25), as vestes (Êx 31.10) e até mesmo o povo devem ser santos (Êx 22.31). A separação reflete o próprio caráter de Deus, pois ele é santo (Lv 19.2). A santidade é apresentada claramente como um encontro com o Deus vivo, que resulta em santidade de estilo de vida (Is 6). Por conseguinte, a santidade é mais que uma separação única e uma atividade de união. "Sejam santos porque eu, o Senhor, o Deus de vocês, sou santo" (Lv 19.2). Santos são os que tentam viver de forma santa (Dn 7.18-28). V. *Deus*; *santo*.

Chasid significa "ser bondoso ou misericordioso". Bondade e misericórdia são dois atributos de Deus. Logo, o povo *chasid* é piedoso, por refletir o caráter divino. Os santos louvam ao Senhor por seu favor constante (Sl 30.4), alegram-se na bondade (2Cr 6.41) e sabem que Deus lhes guarda o caminho (1Sm 2.9). O encontro de Deus com seu povo mediante a aliança os capacita a andar como seus santos.

Novo Testamento O NT usa a palavra *hagios* para "santos". Essa palavra, como *qadosh*, significa literalmente "santo". Há apenas uma referência a santos nos Evangelhos (Mt 27.52). Nesse versículo, os santos falecidos são ressuscitados no momento da crucificação do Senhor. A morte do Santo concede vida aos crentes em Deus. Em At, três das quatro referências ocorrem no cap. 9 (v. 13,32,41). Inicialmente, Ananias e, depois, Pedro falam dos santos como simples crentes em Cristo. Paulo continua esse uso em suas epístolas aos Rm, Co, Ef, Fp, Cl, 1 e 2Ts e Fm. Em cada caso, os santos aparecem apenas como o povo que tem Jesus como Senhor. No entanto, no livro de Ap, no qual a palavra "santos" ocorre mais vezes que em qualquer outro livro (13 vezes), o significado é definido. Os santos não apenas têm Jesus como Senhor, mas são fiéis e verdadeiras testemunhas de Jesus.

Não causa admiração que a igreja primitiva considerasse as testemunhas martirizadas pela prática da fé como santos. De fato, logo esses santos foram destacados com honras especiais e até mesmo venerados. Infelizmente, a palavra "santos" passou a ser aplicada apenas a algumas pessoas.

Não obstante, em termos bíblicos, a palavra "santo" é corretamente aplicada a todo crente em Jesus Cristo como Senhor. Crer em Jesus exige obediência e conformidade à vontade dele. O santo testemunha fiel e verdadeiramente Cristo por meio da palavra e do estilo de vida. Ser santo é a realidade presente quando o cristão busca deixar o Espírito formar Cristo em sua vida (Rm 8.29; Gl 4.19; Ef 4.13). V. *Espírito*; *testemunha, mártir*. — William Vermillion

SANTUÁRIO 1. Pequena edificação para o culto de uma divindade particular, de modo geral com a imagem de um deus. Os santuários algumas vezes estavam localizados em templos maiores, separados por uma repartição ou nicho em uma parede. Um efraimita chamado Mica mantinha um santuário em Israel, no tempo dos juízes (Jz 17.5). Ele contratou um levita para liderar o culto naquele lugar. Mais tarde, os santuários passaram a ser vistos como pagãos (2Rs 17.29). O rei Josias mandou demoli-los durante seu reinado (2Rs 23.19). O apóstolo Paulo confrontou o ourives Demétrio com seu pecado de vender santuários da deusa Ártemis (At 19.21-27). V. *Ártemis*; *lugar alto*. **2.** Lugar colocado à parte como sagrado e santo, em especial o local de culto. Nos lugares onde os patriarcas erigiram altares, o povo de Israel mais tarde construiu santuários e templos para comemorar os encontros com Deus. De modo específico, o tabernáculo e o templo de Jerusalém eram reverenciados como santuários.

SANTUÁRIO DE SUA PRÓPRIA IMAGEM Tradução da NVI para uma expressão encontrada em Ez 8.12. V. *câmaras de imagens*.

SAQUE Coisas pilhadas e levadas por indivíduos em batalha. Inclui qualquer coisa que possa ser de valor ou uso para o captor, incluindo pessoas (Nm 31.53; Jr 15.13; Ez 25.7). O saque se distingue do despojo no sentido de que o saque era o que era tomado por soldados individuais, ao passo que o despojo era o que era levado por uma nação vitoriosa como um direito de conquista.

SAQUIAS Nome pessoal que significa "Javé cercou" ou "Javé protegeu". Líder de um clã da tribo de Benjamim (1Cr 8.10). Alguns manuscritos e versões primitivas trazem a forma "Sabias".

SARA Variante do nome Sarai. V. *Sarai*.

A construção da pirâmide de Quéops em Gizé, Egito, é anterior à visita de Abraão e Sara àquele país.

SARAFE Nome pessoal que significa "ardente". Membro da tribo de Judá que exerceu poder em Moabe (1Cr 4.22).

SARAI Nome pessoal **1.** Significa "princesa". Esposa e meia-irmã de Abraão (Gn 11.29—25.10). Sara, primeiramente chamada Sarai, tinha o mesmo pai que Abraão. Casamentos entre meios-irmãos não eram incomuns naquela época. Sara viajou com Abraão de Ur a Harã. Então, com a idade de 65 anos ela o acompanhou até Canaã, à medida que seu marido seguia a liderança de Deus para se encaminhar à terra prometida. Durante uma seca em Canaã, Abraão e Sara foram ao Egito. Essa foi a primeira tentativa de fazer Sara passar por sua irmã, não sua esposa, pelo receio do marido de ser morto quando os egípcios percebessem a beleza dela. Consequentemente, o faraó pensou que Sara fosse irmã de Abraão, e a levou para sua corte, e tratou Abraão bem. Quando o Senhor enviou doenças graves à casa do faraó, este percebeu o logro e os mandou embora. O segundo engano a respeito do relacionamento de Abraão com Sara foi na corte de Abimeleque, rei de Gerar, que também levou Sara para seu harém. Deus falou com Abimeleque em um sonho e protegeu Sara. Ele os deixou ir com o direito de morarem naquela terra e com um presente para Sara.

Em sua dor por conta de sua esterilidade, Sara permitiu que seu marido tivesse relações com Hagar, serva deles, na esperança de assim conseguir um herdeiro, mas expressou certo ressentimento quando a serva engravidou. Quando Sara estava com quase 90 anos de idade, Deus mudou seu nome e lhe prometeu um filho. Um ano mais tarde, ela deu à luz Isaque.

Com a idade de 127 anos, Sara morreu em Hebrom, onde foi sepultada na caverna do campo de Macpela, perto de Manre.

No NT, Rm 4.19 se refere à esterilidade de Sara como evidência da fé de Abraão. O texto de Rm 9.9 cita a concepção de Isaque como exemplo do poder de Deus em cumprir uma promessa. O texto de Gl 4.21-31 contrasta Sara e Hagar sem a nomear. O texto de Hb 11.11 exalta sua fé, e 1Pe 3.6 descreve seu relacionamento com Abraão. — *Judith Wooldridge*
2. Talvez signifique "ele perdeu" ou "ele redimiu". Homem casado com esposa estrangeira (Ed 10.40).

SARAR Nome pessoal, que talvez signifique "ele é saudável". V. *Sacar*.

SARÇA ou **ROSEIRA BRAVA** Tradução de diversas palavras hebraicas referentes a plantas espinhosas. Termo usado metaforicamente acerca dos inimigos de Israel (Ez 28.24) e da terra que é indigna (Is 5.6; 7.23-25; 55.13; cp. Mq 7.4).

SARÇA ARDENTE Em Êx 3.2 a atenção de Moisés foi capturada pela cena de um arbusto que queimava sem ser consumido pelo fogo. Quando ele se pôs a examinar a situação, o Senhor lhe falou do meio da sarça, instruindo-o a voltar ao Egito para libertar o povo hebreu da escravidão.

Foram feitas diversas tentativas para explicar o fenômeno alegando que a folhagem possuía uma cor brilhante e flamejante ou que suas folhas refletiam a luz solar de maneira incomum. É melhor, no entanto, considerar a sarça ardente um ato singular de Deus. Parece ter tido significado de modo principal, e talvez único, para atrair o interesse de Moisés para assim capacitá-lo a ouvir a palavra divina. V. *êxodo; Moisés*.

SARDES Cidade de uma das sete igrejas da Ásia que recebeu uma mensagem registrada em Ap 3.1-6. A igreja foi condenada por ser "morta", talvez uma referência à falta de efetividade no mundo. Entretanto, alguns de seus membros foram elogiados (v. 4). A cidade do mesmo nome era a capital da província da Lídia e estava localizada no vale do rio Hermo, a nordeste de Éfeso. Uma acrópole impressionante contempla o lugar. Uma das principais características de Sardes no tempo do NT era o templo de Ártemis, a deusa do amor e da fertilidade. V. *Ásia Menor, cidades de*.

SÁRDIO Pedra preciosa vermelha, variedade da calcedônia, algumas vezes usada para traduzir a palavra hebraica *odem*, "vermelho", e a palavra grega *sardion*. Outras possibilidades de tradução são "carnélio" ou "rubi". Foi usada para decorar o rei de Tiro (Ez 28.13, ARA, NVI) e podia ser usada para descrever quem estava sentado no trono celestial (Ap 4.3, NTLH) e fazia parte do muro da nova Jerusalém (Ap 21.20, ARA, NVI). V. *minerais e metais*.

SARDÔNIO Pedra preciosa (Ap 21.20), uma espécie de ágata. V. "ônix" em *minerais e metais*.

SAREPTA **1.** Topônimo que talvez signifique "derreter, refinar". Uma cidade na costa mediterrânea um pouco ao sul de Sidom. Seguindo ordem divina, Elias fugiu para lá depois de profetizar uma seca contra Israel (1Rs 17.2-9). Durante a permanência em Sarepta, ele foi hospedado por uma viúva com um filho. Embora a seca também afetasse a renda da viúva, seu suprimento de comida e óleo foi milagrosamente mantido (1Rs 17.12-16). Elias também restaurou a vida e a saúde do filho dela (1Rs 17.17-23). **2.** Transliteração grega da palavra hebraica Zarefate (Lc 4.26).

SAREZER Forma abreviada do nome acádio que significa "que (deus) proteja o rei". **1.** Filho de Senaqueribe que ajudou a assassinar o próprio pai (2Rs 19.37). Os registros assírios relatam que a morte ocorreu em 681 a.C. V. *Assíria*. **2.** Nome aberto a várias interpretações em Zc 7.2. O nome completo pode ser Betel-Sarezer, que significa "que o deus Betel proteja o rei". Sarezer pode ter sido um homem enviado para a casa de Deus (*bet El* em hebraico) para orar. A cidade de Betel pode ter enviado Sarezer para orar. O nome provavelmente indica alguém nascido no exílio babilônico. Ele pode ter vindo com suas perguntas da Babilônia e ido como representante do povo de Betel.

SARGOM Nome acádio real que significa "o rei é legítimo". Um antigo nome real usado primeiramente pelo rei de Acade por volta de 2100 a.C. Em 722 a.C., Sargom II da Assíria sucedeu seu irmão, Salmaneser V. Seu pai era o famoso rei Tiglate-Pileser III. Sargom concluiu a destruição de Samaria iniciada por seu irmão (Is 20.1). Ele deportou o povo de Israel para a Média e outras partes do Oriente Médio. Depois disso, lançou campanhas militares contra o rei Midas de Muski (no sudeste da Ásia Menor) e contra o reino de Urartu, e conquistou os dois reinos. Sargom foi sucedido por seu filho, Senaqueribe. V. *Assíria; Israel, terra de*.

SARIDE Nome de lugar que significa "sobrevivente". Cidade fronteiriça da tribo de Zebulom (Js 19.10). Algumas versões trazem a grafia "Sedude". Saride é provavelmente a atual Tell Shadud no limite norte do vale de Jezreel, a cerca de 9 quilômetros a nordeste de Megido, e a cerca de 8 quilômetros a sudeste de Nazaré.

SARNA Doença da pele (Lv 13.30, 37; 14.54). A palavra em hebraico significa "rasgo", "perda". A doença produzia feridas na cabeça, coceira, perda e mudança da cor do cabelo. Alguns estudiosos pensam que nesse caso a doença descrita é a tinha, e outros pensam em eczema. V. *doenças; coceira*.

SAROM, PLANÍCIE DE Nome de acidente geográfico que significa "terra plana" ou "terras úmidas". **1.** Planície costeira que vai de perto da atual Tel-Aviv até ao sul do monte

Carmelo (cerca de 80 quilômetros). Essa região tem pântanos, florestas e dunas, mas nos tempos bíblicos havia poucos lugares colonizados. Dada a sua fertilidade e baixo risco de inundação, a planície era mais usada por boiadeiros migrantes que por fazendeiros propriamente. O texto de Is 35.2 apresenta Sarom em paralelo com o Líbano, que era conhecido por suas árvores. O texto de Is 65.10 fala de uma área de pastagens excelentes para rebanhos, um símbolo da paz que Deus um dia concederá ao seu povo. V. *Palestina*. **2.** Área de localização incerta a leste do Jordão, habitada pela tribo de Gade (1Cr 5.16) e mencionada pelo rei Messa de Moabe. V. *Messa*.

SARONA Transliteração grega de Sarom (At 9.35). V. *Sarom*.

SARONITA Habitante da planície de Sarom.

SARSEQUIM Nome pessoal ou talvez título babilônico que possivelmente significa "supervisor de escravos negros" ou "supervisor de tropas mercenárias". Geralmente é visto como uma alteração, feita por um copista, do nome Nebusazbã (Jr 39.13). Líder babilônico durante a captura de Jerusalém em 587 a.C. (Jr 39.3). As versões variam: a *NVI* traz "Nergal-Sarezer de Sangar, Nebo-Sarsequim"; *ARA* e *ARC*, "Nergal-Sarezer, Sangar-Nebo, Sarsequim"; *NTLH*, "Nergal-Sarezer, Sangar-Nebo, Sarsequim e outro Nergal-Sarezer"; *BJ*, "Nergalsareser, Sambar-abu, Sar-Saquim".

SARTÃ (*ARA*, *ARC*, *NTLH*, Js 3.16) V. *Zaretã*.

SARUÉM Nome de lugar que talvez signifique "terra de pastos livres". Cidade designada à tribo de Simeão (Js 19.6), localizada no território de Judá (Js 15.32, em que é chamada de Silim; em 1Cr 4.31 tem a forma Saaraim; a forma egípcia é Suraúna). Os hicsos se retiraram de lá após terem sido derrotados pelos egípcios por volta de 1540 a.C. A localização tradicional é Tell el-Farah, mas estudos recentes favorecem Tell el-Aijul, a cerca de 6,5 quilômetros ao sul de Gaza, ainda que esta geralmente seja identificada com Bet Eglayim. Escavações arqueológicas comprovaram que tratava-se de cidade grande, próspera e bem fortificada. V. *hicsos*.

SASAI Nome pessoal de significado incerto. Israelita casado com esposa estrangeira (Ed 10.40).

SASAQUE Nome pessoal de significado incerto, talvez de origem egípcia. Líder da tribo de Benjamim que vivia em Jerusalém (1Cr 8.14,25).

SATÃ Transliteração da palavra hebraica que significa "adversário". A palavra hebraica aparece em Nm 22.22, 32; 1Sm 29.4; 2Sm 19.22; 1Rs 5.4; 11.14,23,25; Sl 109.6; as traduções em português o vertem de modo geral como adversário ou acusador. Em Jó 1—2, Zc 3.2 e 1Cr 21.1 a palavra é traduzida como nome próprio. V. *Diabo*, *Satanás*, *Maligno*, *demoníaco*.

SATANÁS, SINAGOGA DE Expressão usada em Ap (2.9; 3.9) para descrever religiosos judeus que perseguiam os cristãos.

SÁTIRO Figura demoníaca peluda, semelhante a um bode, palavra hebraica que algumas vezes é traduzida por "peludo" ou "bode". Os estudiosos da Bíblia divergem quanto à interpretação das passagens nas quais o termo aparece, se é referência a uma figura demoníaca, ou a um animal. Os israelitas aparentemente sacrificavam a demônios que habitavam o deserto, pois eles tinham uma lei que proibia fazê-lo (Lv 17.7). Houve até mesmo alguns que interpretaram os rituais do bode expiatório (Lv 16.20-22) como um ato de enviar os pecados de Israel de volta ao autor deles, um demônio do deserto com um nome diferente do traduzido por "sátiro". Jeroboão I (926-909 a.C.) indicou sacerdotes para cultuar esses demônios (2Cr 11.15). Nessa passagem a expressão "ídolos em forma de bode" pode ter paralelo com estátuas dos famosos bezerros erigidos por Jeroboão. Isaías prometeu que a Babilônia se tornaria tão desolada que os demônios do deserto habitariam em suas ruínas (Is 13.21; cp. 34.14). Alguns comentaristas consideram 2Rs 23.8 como referência a lugares de culto a esses demônios em uma porta em Jerusalém. Uma realidade semelhante é expressa por uma palavra hebraica diferente em Dt 32.17 e Sl 106.37 (cp. Mt 12.43; Mc 5.13; Lc 11.24; Ap 18.2). Lilite (Is 34.14, *BJ*) pode também ser um nome para demônios do deserto.

SATISFAÇÃO Teoria que explica a expiação realizada por Cristo como uma satisfação às exigências da lei santa de Deus, satisfazendo assim as exigências da ira divina. V. *expiação*, *propiciação*.

SÁTRAPA, SATRAPIA Oficial político no Império Persa, comparável a um governador (Ed 8.36). O território de um sátrapa era denominado satrapia. Esses oficiais auxiliaram o povo de Israel a reconstruir Jerusalém e o templo. No apogeu do Império Persa, havia pelo menos 20 satrapias.

SAUDAÇÃO 1. Palavra ou expressão dita quando pessoas se encontram; expressão de bons desejos na introdução (ou, no período helenístico, também na conclusão) de uma carta.

Entre os povos semitas a saudação tradicional era e ainda é "paz": "Longa vida para o senhor! Muita paz para o senhor e sua família. E muita prosperidade para tudo o que é seu!" (1Sm 25.5,6; cp. Lc 10.5). A saudação grega tradicional é *chairein*, traduzida por "Salve" (Lc 1.28, ARC; Mt 28.9, NVI). Um beijo frequentemente fazia parte dessa saudação (Gn 29.13; Rm 16.16; 1Co 16.20; 2Co 13.12; 1Ts 5.26; 1Pe 5.14). A ordem de não parar para dar saudações (2Rs 4.29; Lc 10:4) enfatiza a urgência de cumprir uma tarefa recebida.

A saudação de abertura das cartas antigas tinha uma forma típica: X (remetente) para Y (destinatário), saudação (At 15.23; 23.26; Tg 1.1). Uma carta a alguém em uma posição social superior tinha a seguinte forma: de Y (destinatário) para X (remetente), saudação (Ed 4.17). O livro de Tg é a única epístola neotestamentária que se inicia com a saudação tradicional grega *chairein*.

Paulo transformou a saudação tradicional *chairein* em uma oportunidade para compartilhar a fé, ao dizer "graça [*charis*] e paz da parte de Deus nosso Pai e do Senhor Jesus Cristo" (Rm 1.7; 1 Cl 1.3; 2Co 1.2; Gl 1.3; Ef 1.2; Fp 1.2; Tt 1.4). Nas saudações de abertura das epístolas de Paulo, essas expressões sempre ocorrem nessa ordem, testemunhando a respeito da verdade de que a paz não pode ser experimentada à parte de uma experiência prévia da graça de Deus.

A saudação das cartas helenísticas geralmente continha uma oração pela saúde dos destinatários. Em 3Jo 2 há o melhor exemplo do NT: "Amado, oro para que você tenha boa saúde e tudo lhe corra bem, assim como vai bem a sua alma". Paulo expandiu grandemente suas orações nas aberturas das epístolas. Muitas de suas cartas começam com uma oração de ação de graças, geralmente pelos destinatários. A epístola aos Ef inicia-se com uma bênção, não com uma oração de ação de graças (1Pe 1.3-5; Ap 1.4-6). No *corpus* paulino, apenas Gl não tem uma oração inicial.

As cartas helenísticas frequentemente incluíam saudações no seu término. Muitas dessas eram saudações na "terceira pessoa" da forma X envia (por meu intermédio) saudações a vocês (1Co 16.19,20; Cl 4.10-14) ou envie minhas saudações a Y (que não é o destinatário propriamente da epístola; Cl 4.15). Saudações no término das cartas frequentemente incluíam uma oração ou bênção. A forma mais simples é "a graça seja com vocês" (Cl 4.18; 1Tm 6.21; Tt 3.15; Hb 13.25). Em algumas passagens a bênção é ampliada (Rm 16.25-27; 1Co 16.23,24; Gl 6.16; Ef 6.23-24; Fp 4.23). Algumas das bênçãos mais comuns usadas no culto cristão vêm dessas saudações de conclusão de epístolas: "A graça do Senhor Jesus Cristo, o amor de Deus e a comunhão do Espírito Santo sejam com todos vocês" (2Co 13.14, NVI, BV; v. 13, ARA, ARC, NTLH, TEB, BJ, CNBB, v. 13); "O Deus da paz, que pelo sangue da aliança eterna trouxe de volta dentre os mortos o nosso Senhor Jesus, o grande Pastor das ovelhas, os aperfeiçoe em todo o bem para fazerem a vontade dele, e opere em nós o que lhe é agradável, mediante Jesus Cristo, a quem seja a glória para todo o sempre. Amém" (Hb 13.20,21); "Àquele que é poderoso para impedi-los de cair [...] ao único Deus, nosso Salvador" (Jd 24,25). — *Chris Church*

2. Ato de receber, abençoar ou cumprimentar por gestos ou palavras. Um conjunto específico de palavras que tem a função de cumprimentar, em especial no início e no fim de cartas.

No antigo Oriente Médio a saudação abrangia um aspecto amplo de práticas sociais: uma troca de cumprimentos ("Salve!"), uma pergunta polida a respeito do bem-estar de alguém, uma expressão de cuidado pessoal, e uma bênção de despedida ("Vá em paz"). Também estavam envolvidas ações físicas, como ajoelhar-se, beijar e abraçar. A saudação tinha a função de manter contato próximo, pessoal, e assegurar boas relações. Ainda que a prática tenha continuado no decorrer do séc. I,

Jesus e os primeiros cristãos transformaram o ato de saudar. Jesus criticou os fariseus por praticarem saudações longas, que demonstravam preferências (Mc 12.37b-40; Lc 20.45-47; cp. Mt 23.1-36) e proibiu seus discípulos de realizarem demonstrações públicas semelhantes (Lc 10.4). Em seu lugar, Jesus endossou a saudação quando esta significava a presença há muito esperada da paz messiânica (*shalom* em hebraico), que é a paz do Reino de Deus (Lc 10.5-13; 19.42; Jo 14.27; 20.21; cp. Lc 2.14,29). Paulo, como outros escritores do NT, também transformou a saudação para falar da novidade trazida pela cruz e ressurreição. A saudação típica nas cartas gregas era o infinitivo "regozijar-se" (*chairein*). Paulo nunca iniciou suas cartas com esta saudação; antes, o apóstolo uniu a palavra grega para a típica bênção hebraica, "paz" (*eirene*), com a forma substantivada da bênção grega, "graça" (*charis*), para formar a saudação distintamente cristã: "Graça e paz" (*charis kai eirene*). Com essa mudança sutil na forma de redação das cartas gregas, Paulo foi capaz de invocar o alcance das bênçãos apostólicas encontradas em Jesus: misericórdia da parte de Deus ("graça") e bem-estar eterno advindo da presença divina ("paz"). V. *cartas, forma e função*. — Carey C. Newman

SAÚDE Condição de estar saudável no corpo, na mente ou no espírito; a palavra é usada especialmente para a saúde física. Nem o hebraico nem o grego têm um equivalente direto ao conceito ocidental contemporâneo de saúde. As traduções modernas da Bíblia frequentemente usam várias palavras para expressar o conceito de saúde (Pv 3.8; 4.22; 12.18; 13.17; Is 58.8). Algumas vezes uma saudação é uma declaração ampla de bem- estar (Gn 43.28; 2Sm 20.9) ou de auxílio (Sl 42.11; 43.5) e poder salvador (Sl 67.2) como uma maneira mais específica da ajuda de Deus. A *NVI* traz "restauração e cura" em Jr 33.6 e "cura" em 8.22 e 30.17. Em At 27.34 traz "poder sobreviver" em vez de "saúde", que é a palavra usada na *ARC*.

O desejo de saúde em 3Jo 2 é típico das cartas helenísticas (cp. 2Mc 1.10; 3Mc 3.12; 7.1). O conceito grego básico de saúde é o que é equilibrado. Por isso os gregos frequentemente usavam o adjetivo "saudável" (*hugies*) para significar racional ou inteligível. Esse adjetivo é frequentemente traduzido por "são" no NT (1Tm 1.10; 6.3; 2Tm 1.13; 4.3; Tt 1.9; 2.1,8). V. *doenças*; *cura divina*.

SAUL 1. Nome pessoal que significa "solicitado". Primeiro rei de Israel e nome hebraico do apóstolo Paulo. V. *Paulo*.

Antigo Testamento O nome hebraico *Sha'ul* foi usado para designar quatro pessoas no AT: um rei de Edom (Gn 36.37,38), o último filho de Simeão (Gn 46.10), um levita dentre os coatitas (1Cr 6.24) e o Saul que veio a ser o primeiro rei do Israel unificado, homem alto e de boa aparência, filho de Quis, da tribo de Benjamim (1Sm 9.1,2,21). Escolhido por Deus (1Sm 9.15-17) e ungido em segredo por Samuel (1Sm 10.1), Saul foi depois disso escolhido publicamente por uma espécie de sorteio (1Sm 10.17-24). A despeito do ceticismo de alguns dentre o povo (10.27), Saul demonstrou ser um líder habilidoso ao libertar a cidade de Jabes-Gileade, e foi aclamado rei em Gilgal (11.1-15).

Os números de 1Sm 13.1 são incompletos no texto hebraico, mas o reinado de Saul é geralmente datado de 1020 a 1000 a.C. Ele fez sua capital em "Gibeá, cidade de Saul" (1Sm 11.4), provavelmente Tell el-Ful, a aproximadamente 5 quilômetros ao norte de Jerusalém, onde escavações descobriram as bases de um modesto palácio, do tipo de uma fortaleza. De Gibeá, Saul forçou os filisteus a se retirarem para a região montanhosa (13.19—14.23) e combateu outros inimigos de Israel (14.47,48).

Uma figura trágica, o coração de Saul foi mudado; ele chegou até a profetizar (1Sm 10.9-13). No entanto, sua oferta presunçosa (13.8-14) e a violação de uma proibição de uma guerra santa conduziram ao rompimento com Samuel e à rejeição por Deus (15.7-23). O Espírito do Senhor deixou Saul, e depois disso um espírito maligno passou a atormentá-lo. Davi é apresentado como músico que o acalmava ao tocar uma harpa (16.14-23). Depois do episódio de Golias, Saul começou a ter medo e inveja de Davi (18.6-9,12) e chegou até a realizar ameaças indiretas à sua vida (18.10,11,25; 19.1,9-11). Os acessos de fúria de Saul, sua obsessão para com Davi e o massacre dos sacerdotes de Nobe (22.17-19) dão a entender que ele sofria algum tipo de psicose. A condição infeliz, no fim dos seus dias, é demonstrada pela consulta à feiticeira em En-Dor (28.7,8, *NVI*, "mulher que invoca espíritos"). No dia seguinte, Saul e três dos seus filhos foram mortos pelos filisteus no monte Gilboa (1Sm 31). O corpo de Saul foi decapitado e pendurado nas paredes de Bete-Seã; ele foi resgatado e sepultado pelos habitantes agradecidos de Jabes-Gileade (31.8-13).

O enigma de Saul foi percebido por Davi, que se recusou a levantar um dedo contra o "ungido do Senhor" (1Sm 26.9-11, 23) e em sua morte compôs uma elegia bastante tocante (2Sm 1.17-27). V. *profetas*.

Novo Testamento Ainda que o rei Saul seja mencionado de passagem, muitas ocorrências do nome no NT são referências ao nome hebraico do apóstolo Paulo. V. *Paulo*. — *Daniel C. Browning Junior*

2. Nome pessoal que significa "a quem se perguntou". 1) Transliteração do nome hebraico do rei Saul. 2) Neto de Jacó e filho de Simeão e de uma mulher cananeia (Gn 46.10). 3) Antigo rei de Edom, natural de Reobote (Gn 36.37; 1Cr 1.48). 4) Um levita (1Cr 6.24).

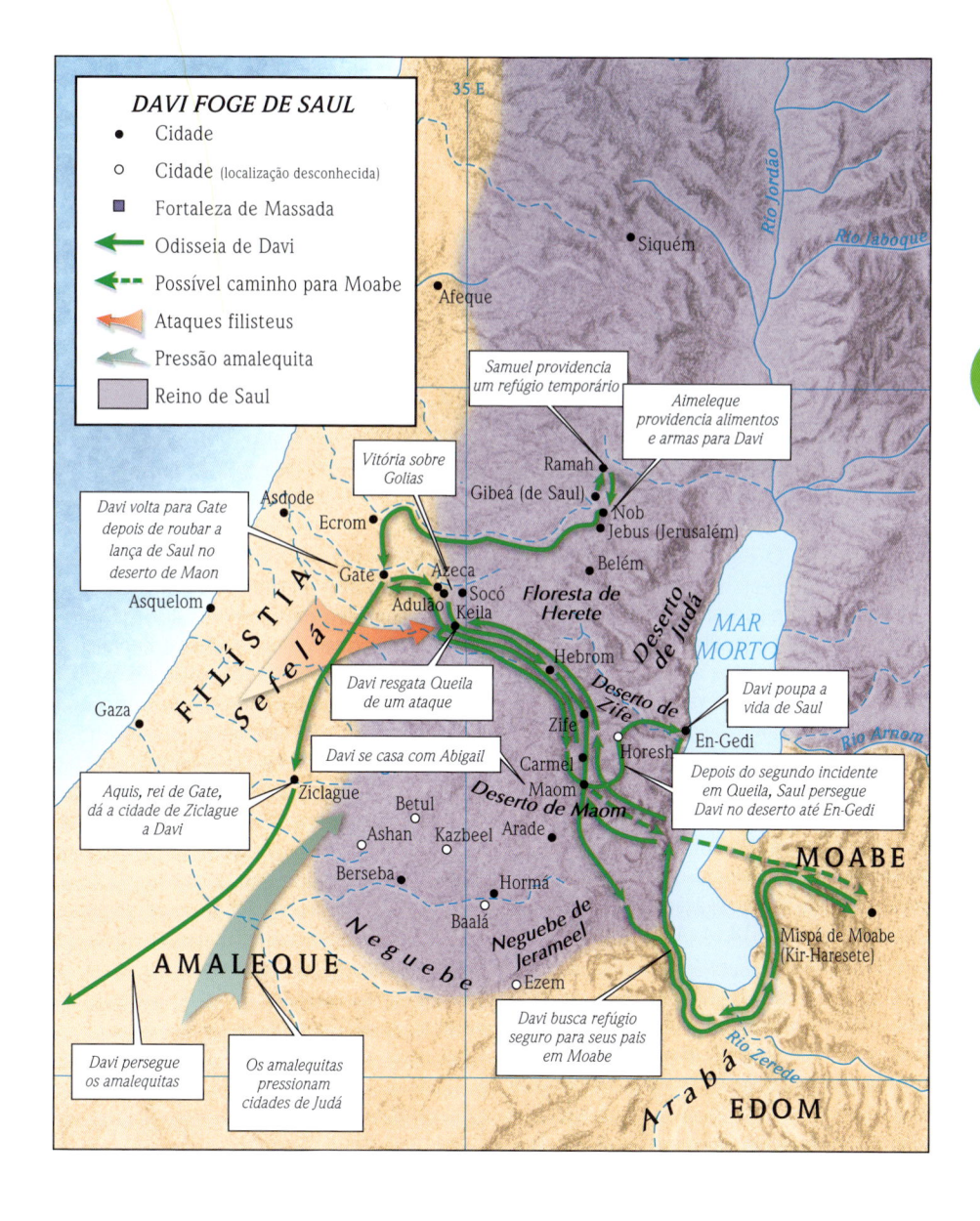

DAVI FOGE DE SAUL

- ● Cidade
- ○ Cidade (localização desconhecida)
- ■ Fortaleza de Massada
- ← Odisseia de Davi
- ←-- Possível caminho para Moabe
- ◄ Ataques filisteus
- ◄ Pressão amalequita
- ▨ Reino de Saul

Samuel providencia um refúgio temporário

Aimeleque providencia alimentos e armas para Davi

Vitória sobre Golias

Davi volta para Gate depois de roubar a lança de Saul no deserto de Maon

Davi resgata Queila de um ataque

Davi se casa com Abigail

Aquis, rei de Gate, dá a cidade de Ziclague a Davi

Davi poupa a vida de Saul

Depois do segundo incidente em Queila, Saul persegue Davi no deserto até En-Gedi

Davi busca refúgio seguro para seus pais em Moabe

Davi persegue os amalequitas

Os amalequitas pressionam cidades de Judá

Pôr do sol no lugar da antiga Azeca, perto do lugar da batalha entre Saul e os filisteus.

SAULITA Membro do clã da tribo de Simeão que descendia de Saul (Nm 26.13).

SAVÉ Nome de lugar que significa "vale", "planície" ou "governante". Lugar onde o rei de Sodoma se encontrou com Abraão quando este voltava de sua vitória sobre uma coligação de reis (Gn 14.17). O lugar é também chamado vale (ou várzea) do rei. Nesse lugar Absalão erigiu um monumento para si mesmo (2Sm 18.18). O *Gênesis apócrifo* o localiza em Bet-Hakkerem, que está a 4 quilômetros ao sul de Jerusalém, onde se encontram os vales de Cedrom e Hinom. Já foi também localizado ao norte, a leste e a oeste de Jerusalém.

SAVÉ-QUIRIATAIM Nome de lugar que significa "terra devastada de Quiriataim". Esse vale é a planície mais alta acima do rio Arnom. Lá, Quedorlaomer e sua coligação de reis derrotaram os emins (Gn 14.5). V. *Quedorlaomer*; *emins*; *Quiriataim*.

SEAL Nome pessoal que significa "pedir". Muitos comentaristas mudam ligeiramente o texto hebraico para ler "Isal" ou "Jisal", passando a significar "ele pede". Israelita casado com esposa estrangeira (Ed 10.29).

SEALTIEL Nome pessoal que significa "eu pedi a Deus". Pai de Zorobabel, o governador de Jerusalém sob o regime persa depois do exílio (Ed 3.2; Ne 12.1. Ag 1.1). Em 1Cr 3.17 é tio de Zorobabel. Isso talvez por causa do casamento de levirato (Dt 25.5-10). Incluído na genealogia de Cristo (Mt 1.12; Lc 3.27).

SEARIAS 1. Nome pessoal que significa provavelmente "Yah (= Javé) honrou" ou "Yah (= Javé) conhece". Descendente de Saul (1Cr 8.38). **2.** Nome pessoal que significa "Yah (= Javé) é a manhã". Líder da tribo de Benjamim que viveu em Jerusalém (1Cr 8.26).

SEAR-JASUBE Nome simbólico que significa "um remanescente voltará" (v. nota explicativa da *NVI* de Is 7.3). Primeiro filho do profeta Isaías, nascido provavelmente por volta de 737 a.C., próximo ao início do ministério do seu pai em Jerusalém. Isaías aparentemente o nomeou assim, bem como ao irmão, Maher-Shalal-Hash-Baz, como incorporações da profecia de que Judá iria cair, mas um remanescente sobreviveria. Em uma ocasião, Sear-Jasube acompanhou seu pai em uma viagem para garantir ao rei Acaz que a aliança da Síria e Israel não prejudicaria Israel (Is 7.3-7). V. *Isaías*.

SEBA 1. V. *sabeu*. **2.** Nome que significa "cheio", "completo". Nome de um benjamita que liderou uma revolta contra Davi (2Sm 20) e de um membro da tribo de Gade (1Cr 5.13). **3.** Nome pessoal pronunciado em hebraico com o sentido do item 1, referente ao povo dos sabeus. Nome de um filho de Joctã (Gn 10.28) e de Jocsã (Gn 25.3). **4.** Nome de lugar que significa "transbordar" ou "juramento". Nome que Isaque deu a Berseba (Gn 26.33). V. *Berseba*. **5.** Nome que significa "juramento" (Gn 26.33).

SEBÃ Nome de lugar que talvez signifique "algo" ou "frio". Cidade a leste do Jordão que as tribos de Rúben e Gade desejaram colonizar depois que Deus as conquistasse para eles (Nm 32.3). Algumas versões antigas fazem a concordância com o versículo 38 e leem o nome como "Sibma", que as tribos reconstruíram. Sua localização é incerta.

SEBANIAS Nome pessoal que aparece tanto na forma longa como na curta. Significa "Javé se aproximou". Um clã de levitas no qual o nome era usado para vários indivíduos (1Cr 15.24; Ne 9.4,5; 10.4,10,12; 12.14).

SEBARIM Nome de lugar que significa "pontos de ruptura". Lugar com nome simbólico e localização incerta, próximo da cidade de Ai (Js 7.5). A *ARA* e *NTLH* traduzem por "pedreiras".

SEBATE Décimo primeiro mês do calendário babilônico, usado para datar a visão de Zacarias (1.7). Corresponde a fevereiro-março. V. *calendários*.

SEBER Nome pessoal que talvez signifique "tolo", "leão" ou "fratura". Filho de Calebe (1Cr 2.48).

SEBNA Nome pessoal que significa "Ele se aproximou". Escriba real (2Rs 18.18,37; 19.2; Is 36.3,22; 37.2) e "administrador do palácio" (Is 22.15) no tempo do rei Ezequias, por volta de 715 a.C. V. *escriba*.

SEBUEL Nome pessoal que significa "volta, ó Deus". **1.** Neto de Moisés e líder de um clã de levitas (1Cr 23.16; 26.24; algumas vezes é identificado com Subael de 1Cr 24.20). **2.** Levita, filho de Hemã (1Cr 25.4); aparentemente a mesma pessoa que Subael (1Cr 25.20).

SECACÁ Nome de lugar que significa "coberto". Cidade no território tribal de Judá, no deserto de Judá (Js 15.61). É a atual Khirbet es-Samrah na região central de Buqeia. Alguns estudiosos pensam que é o mesmo lugar de Qumran.

SECANIAS Nome pessoal que significa "íntimo de Javé". O texto hebraico traz as formas longa e curta do nome. **1.** Líder de um clã (Ed 8.3). **2.** Líder de outro clã (Ed 8.5). **3.** Israelita casado com uma esposa estrangeira (Ed 10.2). **4.** Pai de um homem que auxiliou Neemias na reconstrução do muro de Jerusalém e guarda da porta Leste (Ne 3.29). **5.** Sogro de Tobias, o adversário de Neemias (Ne 6.18). **6.** Sacerdote que retornou a Jerusalém com Zorobabel, por volta de 537 a.C. (Ne 12.3). **7.** Descendente de Davi e de Zorobabel (1Cr 3.21). **8.** Líder de uma divisão sacerdotal no tempo de Davi (1Cr 24.11; pode ser o mesmo fundador de um clã sacerdotal em Ne 10.4; em Ne 12.14 o nome é grafado Secanias). **9.** Sacerdote no tempo de Ezequias (2Cr 31.15).

SECO Nome de lugar que provavelmente significa "vigia". Lugar desconhecido, onde Saul procurou Davi (1Sm 19.22). Muitos comentaristas seguem a *LXX* e modificam o texto hebraico para que se leia "no lugar alto".

SECRETÁRIO Oficial real responsável pelos registros reais (2Sm 8.17, *NVI*, *BJ*; *ARA*, *ARC*, *NTLH*, "escrivão").

SECUNDO Nome pessoal latino que significa "segundo". Representante da igreja de Tessalônica que acompanhou Paulo em sua viagem para levar a contribuição das igrejas da Macedônia à igreja de Jerusalém (At 20.4).

SEDA Tecido feito dos fios produzidos pelo bicho da seda chinês. Muito cedo na História, a Índia e a China comercializavam seda, e a Índia a comercializou com a Mesopotâmia. Alguns estudiosos pensam que Salomão pode ter trazido seda da Índia. Outros estudiosos são de opinião que a palavra hebraica traduzida por "seda" deveria ser vertida como "linho fino" ou "material caro" (Ez 16.10; Pv 31.22). O hebraico dá a ideia de algo branco brilhante. O texto de Ap 18.12 fala dos ricos da Babilônia que compravam seda de mercadores.

SEDEUR Grafia da pronúncia dialetal do nome que significa "Shaddai (i.e., o Todo-poderoso) é luz". Pai de um líder da tribo de Rúben (Nm 1.5; 2.10; 7.30,35; 10.18).

SEDIÇÃO Rebelião contra alguma autoridade legal. Oficiais governamentais na província da Pérsia aquartelados em Samaria acusaram os judeus em Jerusalém de uma história de rebelião como evidência contra a permissão para reconstruir Jerusalém e seu templo (Ed 4.15). Barrabás foi preso por sedição (Lc 23.19, *ARA*, *ARC*; *NVI*, "insurreição"; *NTLH*, "revolta"). Líderes judaicos tentaram convencer Félix, o governador romano, de que Paulo incitava uma sedição (At 24.5). A ideia de "sedição" está presente nas obras da carne (Gl 5.20), mas as traduções modernas em geral traduzem por "dissensão" (*NVI*). Talvez a razão seja porque o texto tem seu foco no relacionamento entre os crentes, não com o governo. V. *Barrabás*.

SEERÁ Nome pessoal que talvez signifique "parente de sangue". Mulher pertencente à tribo de Efraim que fundou as cidades de Bete--Horom Alta, Bete-Horom Baixa e Uzém-Seerá.

SEFÃ Nome de lugar de significado incerto, localizado na parte nordeste da Transjordânia, formando a fronteira nordeste da terra prometida (Nm 34.10).

SEFAR Nome de lugar que provavelmente significa "contagem do censo". Fronteira oriental dos filhos de Joctã (Gn 10.30). Tudo indica que sua localização esteja no sul da Arábia, talvez na cidade costeira de Tsafar, em Omã, ou Itsfar, ao sul de Hadramaut.

SEFARADE Nome de lugar de significado incerto, onde viveram os exilados de Jerusalém. Obadias prometeu-lhes novas posses no Neguebe (v. 20). A localização é motivo de debate: possivelmente uma região ao sul do lago Urmia, e ao norte e oeste da Média, além do Império Babilônico, mas mais provavelmente a capital da satrapia persa de Sefarade ou Sardes na Lídia, perto do mar Egeu. A versão siríaca do AT (*Peshitta*) e o *Targum* (em aramaico) sugerem a Espanha, mas isso é improvável.

SEFARVAIM Nome de um grupo étnico de origem estrangeira. Povos que os assírios conquistaram e estabeleceram em Israel para substituir os israelitas que deportaram em 722 a.C. (2Rs 17.24). O nome pode representar os dois sítios arqueológicos no rio Eufrates ou Shabarain na Síria. Pode ser a mesma cidade chamada Sibraim na Síria (Ez 47.16), que na visão de Ezequiel era uma fronteira da terra de Israel. A despeito das alegações da Assíria, os deuses de Sefarvaim não puderam se comparar a Javé, Deus de Israel (2Rs 19.12,13; cp. 17.31).

SEFARVITAS Cidadãos de Sefarvaim 2Rs 17.31).

SEFATIAS Nome pessoal que, tanto na forma longa como na abreviada, em hebraico significa "Javé fez justiça". **1**. Quinto filho de Davi (2Sm 3.4). **2**. Oficial do rei Zedequias (597--586 a.C. — Jr 38.1). **3**. Um benjamita (1Cr 9.8). **4**. Líder de uma família de exilados que retornou da Babilônia com Esdras, por volta de 458 a.C. (Ed 2.4; 8.8; Ne 7.9). **5**. Ancestral de uma família incluída entre os "servos de Salomão", i.e., oficiais reais, talvez com responsabilidades no templo (Ed 2.57; Ne 7.59). **6**. Membro da tribo de Judá (Ne 11.4). **7**. Benjamita que desertou de Saul para se unir ao exército de Davi em Ziclague (1Cr 12.5). **8**. Líder da tribo de Simeão no tempo de Davi (1Cr 27.16). **9**. Filho do rei Josafá (2Cr 21.2).

SEFELÁ Transliteração de termo geográfico hebraico que se refere aos contrafortes de colinas da Judeia entre a planície costeira dos filisteus e as terras altas de Judá, no interior. A Sefelá serviu de campo de batalha entre Israel e os filisteus no período dos juízes e no princípio da monarquia. O texto de Js 15.33-41 alista cerca de 30 cidades e vilas localizadas naquela região. V. *Palestina*.

SÉFER Nome de lugar que talvez signifique "amável" ou "livro". Lugar de parada nas peregrinações de Israel pelo deserto (Nm 33.23), em algum lugar a leste do golfo de Ácaba.

SÉFER, MONTE Nome de lugar que talvez signifique "beleza". Lugar onde os israelitas pararam em sua jornada pelo deserto, cuja localização não é conhecida (Nm 33.23).

SEFÔ Nome tribal que talvez signifique "carneiro". Tribo ou clã edomita (Gn 36.23; 1Cr 1.40).

SÉFORIS Cidade na Galileia, a capital romana da região no tempo de Jesus. Distante cerca de 6 quilômetros de Nazaré, Jesus provavelmente a conhecia bem e deve ter trabalhado lá como carpinteiro. Escavações arqueológicas demonstraram que Séforis era uma cidade romana cosmopolita, com belas edificações, templos, um anfiteatro e outras marcas de sofisticação. A característica de Séforis contradiz a imagem da Galileia como um ambiente rural, não sofisticado, e de Jesus como um homem que não ficava à vontade em ambientes urbanos como Jerusalém. — *Charles W. Draper*

SEFUFÁ Nome pessoal de significado incerto. Membro da tribo de Benjamim (1Cr 8.5).

SEGAR Colher grãos utilizando uma foice (Rt 2.3-9). A figura da sega é utilizada como símbolo de recompensa para o bem (Os 10.12; Gl 6.7-10) e para o mal (Jó 4.8; Pv 22.8; Os 8.7; 10.13), de evangelização (Mt 9.37,38; Lc 10.2; Jo 4.35-38) e do juízo final (Mt 13.30,39; Ap 14.14-16).

SEGREDO MESSIÂNICO Expressão usada por biblistas para descrever as ordens de Jesus para ordenar à audiência a não revelação de sua identidade depois da realização de maravilhas messiânicas. Em Mc, Jesus fez todas as tentativas possíveis para ocultar sua verdadeira identidade como Cristo. Ainda que o segredo messiânico pudesse ser encontrado nos evangelhos de Mt (8.3,4; 9.29-31; 12.15,16; 17.9) e Lc (4.41; 8.56; 9.21), Marcos usou a revelação do messiado de Jesus como tema unificador de seu Evangelho. Mateus tipicamente entendeu o segredo messiânico como cumprimento da profecia (Mt 12.17-21); Lucas não forneceu nenhuma explicação. Marcos, no entanto, usou o segredo messiânico para organizar sua narrativa em torno da revelação progressiva da pessoa de Cristo e da consciência messiânica dos discípulos. Os demônios demonstravam o reconhecimento imediato de Jesus: "Sei quem tu és: o Santo de Deus!" (1.24,25,34; 3.11,12; 5.6-8; 9.20); não obstante, Jesus lhes proibiu a confissão. Ele não permitiu declarações públicas por parte das pessoas que experimentaram curas miraculosas (1.43,44; 5.43; 7.36; 8.26). As parábolas de Jesus foram contadas para impedir que os "de fora" descobrissem o segredo (4.11,12). Até mesmo os discípulos, uma vez que relataram ter entendido o "mistério do Reino de Deus" (4.11), foram orientados a manter o silêncio (8.30; 9.9).

Os intérpretes bíblicos têm sugerido várias razões pelas quais Jesus escolheu ocultar sua identidade. Talvez ele tenha evitado o título à luz das expectativas messiânicas populares — eles esperavam um libertador político. Alguns creem que Jesus proibiu a proclamação messiânica para poder continuar a se mover em público com liberdade. A única parábola de Jesus que Marcos registrou com exclusividade é capaz de prover uma chave para o propósito do segredo messiânico. Jesus apresentou a parábola da semente que cresce em secreto (4.26-29) com o provérbio: "Porque não há nada oculto, senão para ser revelado, e nada escondido, senão para ser trazido à luz". Jesus queria que pessoas de fé aprendessem o segredo do seu messiado (4.11,34). Ele comparou o mistério do Reino de Deus ao homem que semeia e descobre, para sua surpresa, que o solo semeado produz plantas que crescem de forma secreta durante a noite — "embora ele não saiba como" (4.27). Tal como a semente coberta pelo solo, o segredo da identidade de Jesus seria ocultado por um tempo: descobrir o segredo messiânico também levaria certo tempo. Jesus não forçou as pessoas a aceitá-lo como Messias: "quem tem ouvidos para ouvir", precisa aprender o segredo por si. Os discípulos não apenas precisaram de tempo para reconhecer Jesus como Messias (4.41; 6.52; 8.17-21), mas também precisaram de tempo para compreender sua agenda messiânica: o sofrimento precede a glória do Messias (9.31,32). O entendimento pleno do segredo messiânico seria possível só depois da ressurreição (9.9,10). Logo, nenhuma confissão messiânica imediata abrangeria a profundidade do entendimento (em especial, a confissão feita por demônios). Jesus queria que os discípulos pensassem a respeito do segredo para poderem articulá-lo. V. *Cristo*; *cristologia*; *Jesus Cristo*; *Messias*. — Rodney Reeves

SEGUBE Nome pessoal que significa "Ele se revelou como exaltado" ou "Ele se protegeu". **1.** Segundo filho de Hiel, cuja morte acontecida durante a reconstrução de Jericó demonstrou o poder de uma profecia de Deus (1Rs 16.34; cp. Js 6.26). **2.** Homem filho de pai de Judá e mãe de Maquir ou de Manassés (1Cr 2.21,22).

SEGUNDA MORTE Separação eterna de Deus. Há referências à ideia em Ap 2.11; 20.6,14; 21.8. De acordo com Ap 20.15, a segunda morte será "lançada no lago de fogo". A primeira morte seria a morte física (v. Mt 10.28). Ainda que a expressão "primeira morte" não ocorra, a ideia está implícita em Ap 20.6, que declara que "a segunda morte não tem poder" sobre "os que participam da primeira ressurreição". Participar da primeira ressurreição seria

SEGUNDA PARTE

impossível, a não ser que estivessem previamente mortos. V. *morte*; *ressurreição*.

SEGUNDA PARTE Expressão usada na *ARC* (2Rs 22.14) traduzida da palavra hebraica que significa "repetição, cópia, segundo", referindo-se ao segundo distrito de Jerusalém (*NVI*: "bairro novo"; cf. Sf 1.10).

SEGUNDA VINDA Ensino bíblico de que Cristo voltará visível e corporalmente à terra para julgar e completar seu plano redentor.

Antigo Testamento O conceito de segunda vinda originariamente é derivado de ensinos do AT a respeito da vinda do Messias. Dessa maneira, os profetas predisseram que o Senhor enviaria aquele que viria de Israel (Nm 24.17; Jr 23.5,6), não apenas o ungido de Deus, mas de fato o próprio Deus (Is 9.6; Mq 5.2). Como várias descrições desse Messias foram desenvolvidas, surgiram duas concepções. Uma o descreve como redentor poderoso que destruiria os inimigos de Israel, trazendo salvação e restaurando a paz (Jr 33.15; Zc 9.9,10), enquanto a outra o apresentava como um servo que sofreria e seria rejeitado (Is 53; Zc 13.7). No entanto, essas descrições contrastantes do Messias não seriam delineadas em duas vindas separadas até o NT.

Novo Testamento O NT distingue com clareza as vindas de Jesus Cristo: a primeira, na encarnação, e a segunda, no fim da presente era. As instruções mais antigas quanto à segunda vinda são recontadas nos Evangelhos, onde o próprio Cristo declarou de forma inequívoca que voltaria outra vez. Ele, p. ex., instou as pessoas a se prepararem porque ele viria de modo inesperado, como um ladrão (Mt 25.1-13; Mc 13.35,36; Lc 21.34-36). Ele também prometeu voltar para buscar os que lhe pertencem e recompensá-los (Mt 25.31-46; Jo 14.1-3). Além disso, em sua ascensão os anjos declararam que ele voltaria à terra da mesma maneira que subiu (At 1.10,11).

Posteriormente outros escritores do NT explicaram com mais detalhes os ensinamentos de Cristo. Eles ensinaram que ele voltaria em glória para julgar os não cristãos, Satanás e suas hordas, e até a própria terra (2Ts 1.6-10; 2.8; 2Pe 3.10-12; Ap 19.20—20.3). De igual modo, ele voltaria nos céus para reunir todos os cristãos para si mesmo para sempre, por meio da ressurreição dos mortos, reunindo-os com os vivos para se encontrar com ele em sua segunda vinda e, então, recompensá-los por sua fidelidade (1Co 15.51-57; 2Co 5.10; 1Ts 4.1317). Pelo fato de a segunda vinda prometer vindicação e salvação, ela se tornou a motivação para a vida piedosa e a esperança bendita da igreja primitiva (Tt 2.13; 1Jo 3.2,3).

O tempo da sua vinda Ao longo da História, os cristãos têm se diferenciado em duas questões referentes à segunda vinda. A primeira se relaciona à era milenar mencionada em Ap 20.1-10. Muitos pensam que o Milênio é a atual época da Igreja ou o tempo entre o Pentecoste e a volta de Cristo. Consequentemente alguns propõem que a volta de Cristo ocorrerá no fim da era da Igreja para dar cabo da impiedade e da rebelião pecaminosa (i.e., amilenarismo) ou como o ápice do desenvolvimento gradual da justiça universal e paz na terra (i.e., pós-milenarismo). Outros não veem o Milênio como a atual era da Igreja e creem que será um período após a volta de Cristo quando ele estabelecerá um reinado literal na terra (i.e., pré-milenarismo).

A segunda questão, que é de preocupação primária entre os pré-milenaristas, diz respeito à relação sequencial entre a reunião dos cristãos (i.e., o "arrebatamento") e o tempo futuro de julgamento mundial conhecido como tribulação (Jr 30.7; Dn 9.23-27; 2Ts 2.3-7). Muitos creem que o arrebatamento ocorrerá antes da tribulação enquanto a volta de Cristo à terra ocorrerá depois (i.e., pré-tribulacionismo). Outros pensam que o arrebatamento ocorrerá no meio ou mais para o fim do período da tribulação (i.e., mesotribulacionismo). Por fim, alguns estão convencidos de que o arrebatamento e sua vinda à terra ocorrerão após a tribulação (i.e., pós-tribulacionismo). Este grupo em geral desdenha da palavra "arrebatamento", pois a "reunião" acontece no mesmo momento da segunda vinda.

Todas as interpretações mencionadas anteriormente afirmam que haverá a vinda literal e física de Jesus no fim dos tempos como prelúdio do juízo final e da redenção da criação. Ainda que os cristãos abracem diferentes opiniões quanto aos diversos detalhes, no fim a certeza da segunda vinda deve trazer esperança e conforto a todos os cristãos (1Ts 4.18; Hb 9.28; Ap 22.20). V. *Cristo, cristologia*;

esperança futura; *escatologia*; *Jesus Cristo*; *Milênio*; *arrebatamento*; *tribulação*. — Everett Berry

SEGUNDO QUADRANTE Parte norte de Jerusalém, cujas fronteiras foram estendidas durante a monarquia. Essa parte da cidade era muito aberta a ataques inimigos. V. *segunda parte*.

SEGURANÇA DO CRISTÃO Ensino que afirma a proteção divina do cristão até a concretização da salvação. O cristianismo contemporâneo precisa lidar diretamente com o problema humano universal da insegurança. A distância natural entre o Deus invisível, infinito, e a humanidade finita e falível torna a questão da segurança um tema teológico muito importante. Frases feitas do tipo "uma vez salvo, para sempre salvo" e "segurança eterna" com facilidade adquirem uma posição de respeito normalmente reservada apenas para os textos bíblicos e se tornaram símbolos da "ortodoxia evangélica". De fato, vem a ser um golpe para alguns quando descobrem que esses símbolos não são realmente expressões bíblicas.

A Bíblia ensina que a salvação não depende apenas do esforço humano. Deus é o autor da salvação (2Co 5.18,19; Jo 3.16). Deus justifica ou aceita os pecadores que recebem Cristo pela fé (Rm 3.21-26). A grande mensagem da Reforma é: Ninguém merece a garantia ou a segurança da parte de Deus. A segurança da salvação é um presente de Deus! A segurança não advém de absolvições, frequência à igreja, boas obras, recitação das Escrituras ou manifestações de arrependimento. O Deus que iniciou a obra da salvação nos cristãos também provê a segurança necessária para concluir sua obra até o dia de Cristo (Fp 1.6). Deus, em Cristo, protege e guarda os cristãos (Jo 10.27-29; 2Ts 3.3), como Jesus levou a sério a tarefa de preservar os discípulos enquanto esteve na terra (Jo 17.12-15). Os cristãos não possuem força em si para garantir a si próprios.

A ideia bíblica, no entanto, é provavelmente mais bem exemplificada na doutrina cristã da perseverança (Ef 6.18; Hb 12.1; Tg 1.25). Os cristãos devem entender que sua segurança não jaz em uma abordagem da vida do tipo de conto de fadas — uma vez que alguém se torne cristão, tudo se transforma em um mar de rosas para sempre. Um conceito assim falha por não levar a sério os traumas da vida humana. V. *perseverança*.

A visão bíblica de garantia ou segurança está enraizada na convicção de que, ao se despedir dos discípulos, o Senhor não os deixou órfãos ou sem qualquer apoio. Ele prometeu aos cristãos que viria a eles e lhes proveria o Espírito companheiro (o Confortador ou Paracleto), que não somente está ao lado, mas no interior deles, fazendo parte deles como se fosse a própria respiração (Jo 14.16-18). O Espírito seria seu senso de paz e segurança, seu testemunho a respeito de Jesus, seu advogado junto ao mundo, e seu guia ou mestre em toda a verdade (Jo 14.25-30; 15.26,27; 16.8-15). V. *advogado, defensor; Consolador*.

Junto com grandes promessas de segurança, a Bíblia contém fortes advertências que convocam os cristãos à vida coerente, mesmo quando enfrentam tentação e pecado e capitulam às forças hostis do mal (1Co 10.1-12; Hb 1.1-3; 3.12-19; 6.1-8; 10.26-31; Tg 5.19,20). Essas e muitas outras advertências não são apenas avisos assustadores sem relação com a vida cristã. Elas devem ser levadas a sério. Não são um jogo com Deus, como não o foi a morte de Cristo.

Essas advertências aparecem no NT dentro de declarações claras que lembram os cristãos de que a tentação é acompanhada pela presença de Deus. Espera-se dos cristãos que evitem as tentações e atividades ímpias (1Co 10.13,14). Padrões malignos de vida são inconsistentes com a transformação cristã. Os escritores do NT estavam convencidos de que os cristãos devem guardar essas advertências e resistir ao Diabo (Tg 4.7; 1Pe 5.8,9). Para o cristão, é quase impensável agir de outro modo. Ele está ancorado na pessoa de Deus. Deve-se lidar com o mal. O cristão encontra em Deus segurança para a alma. Esse é o sentido de Hb 6.17-20. A coerência de Deus é a base para a segurança do cristão em meio aos traumas do mundo.

A segurança do cristão não está focada apenas nesta vida na terra. Antes, ela tem um foco dinâmico na vida por vir. Os escritores do NT estão convencidos de que o cristão levará as advertências a sério nesta vida, pois a vida presente está relacionada com a vida futura com Cristo no céu. Por conseguinte, o cristão deve perseverar até o fim (1 Pe 1.5; 1Jo 5.18; Ap 3.10).

O sentido de confiança ou segurança do cristão com respeito à vida aqui e no futuro está enraizado no testemunho unificado dos escritores do NT de que a ressurreição de Jesus Cristo é o ponto central da fé cristã. Ao ressuscitar seu Filho Jesus, Deus concedeu aos cristãos o sinal do destino e da base da segurança que eles têm. Sem a ressurreição, a proclamação cristã seria vazia (1Co 15.14). Além disso, na vinda do Espírito Santo, Deus proveu a garantia do nosso relacionamento maravilhoso com ele (2Co 1.22). Em nossa identidade com Adão, a humanidade experimentou o pecado e, em consequência, a morte. Entretanto, à medida que nos identificamos com o poder definitivo de Cristo na ressurreição, nós também vamos experimentar o significado efetivo da segurança do cristão no triunfo de Deus (1Co 15.20-28). — *Gerald L. Borchert*

SEIR, MONTE Nome de lugar que significa "cabeludo" e, por extensão, "densa", ou "pequena região coberta por florestas". Região montanhosa que vai da extensão do Edom bíblico, e em alguns períodos, ao território de Edom e Seir. Algumas partes dessa região são praticamente impenetráveis. O ponto culminante está cerca de 1.700 metros acima do nível do mar. Essa região era o lar de Esaú e seus descendentes (Gn 32.3; Js 24.4). Alguns documentos encontrados no Egito parecem fazer de Seir e Edom duas tribos diferentes, e é possível que em algum momento da História a região fosse governada simultaneamente por diferentes clãs locais. Os "filhos de Seir" representavam um clã hurrita mais antigo originário daquela região. V. *Edom*; *horeus*.

SEIRÁ Nome de lugar que significa "em direção a Seir" (Jz 3.26). O nome parece indicar o monte Seir em Edom, mas o contexto parece tornar essa localização impossível. Seja como for, a localização de Seirá não é conhecida. Pode ser uma região com florestas no território tribal de Benjamim.

SEITA Grupo que estabelece identidade e ensinos próprios em oposição ao grupo majoritário ao qual pertencem, em especial os diferentes partidos que formavam o judaísmo nos tempos do NT. V. *partidos judaicos no Novo Testamento*.

SELÁ 1. Nome de lugar que significa "rocha". A principal cidade fortificada de Edom. As referências bíblicas permitem várias interpretações, porque a palavra Selá também pode ser interpretada como um substantivo como que se referindo a uma região rochosa ou desértica. O texto de Jz 1.36 se refere à fronteira dos amorreus. O rei Amazias de Judá (796-767 a.C.) capturou Selá e a renomeou Jocteel (2Rs 14.7; cp. 2Cr 25.12). O oráculo de Isaías contra Moabe convoca a uma ação desde Selá, que muitos comentaristas entendem ser o deserto rochoso ao redor de Moabe, não a cidade de Selá, mais distante (Is 16.1). Tradicionalmente, desde a *LXX*, a tradução das Escrituras para o grego, Selá tem sido identificada com Petra, capital de Edom, ou com Umm-Bayyara, cidade próxima, na região do uádi Musa. Estudos mais recentes localizam-na em es-Sela, a 4 quilômetros a noroeste de Bozra e a 8 quilômetros a noroeste de Tafileh. Algumas traduções incluem Selá em Is 42.11, o chamado de Deus à alegria pela salvação futura. **2.** Palavra de significado desconhecido que aparece em Sl e, fora do Saltério, apenas em Hc 3. Alguns estudiosos desenvolveram teorias improváveis: pausa quer para o silêncio, quer para interlúdio musical; um sinal para a congregação cantar, recitar e se prostrar ao chão, uma indicação para o toque dos címbalos, ou uma palavra a ser dita em coro pela congregação, ou um sinal para que o coral cantasse em um tom mais alto ou mais baixo. As tradições judaicas antigas pensavam que Selá significa "para sempre". **3.** Nome pessoal que significa "favor" ou "estar calmo, descansar". Filho de Judá e ancestral original de um clã na tribo do mesmo nome (Gn 10.24; 46.12; Nm 26.20; 1Cr 2.3; 4.21). Algumas vezes Selá é a transliteração do nome hebraico que em outras passagens é transliterado como Salá. V. *Salá*.

SELÁ-HALALECOTE Nome de lugar que significa "pedra de esconderijo, de retiro ou de refúgio". Lugar onde Davi se refugiou no deserto de Maom ao ser perseguido por Saul (1Sm 23.28). A nota explicativa da *NVI* apresenta a tradução "rocha da separação"; a *NTLH* usa a mesma tradução; a *ARA* traduz por "Pedra de Escape".

SELANITA Membro do clã de Selá.

SELEDE Nome pessoal que significa "pulo, salto". Membro da tribo de Judá (1Cr 2.30).

SELEMIAS Nome pessoal que aparece tanto na forma completa como na forma abreviada em hebraico. Significa "Javé restaurou, substituiu, compensou". **1**. Pai de um mensageiro do rei Zedequias, por volta de 590 a.C. (Jr 37.3). **2**. Pai do capitão da guarda que prendeu Jeremias (Jr 37.13). **3**. Ancestral de um oficial do rei Jeoaquim (Jr 36.14). **4**. Oficial da corte a quem o rei Jeoaquim (609-597 a.C.) ordenou que prendesse Jeremias e de quem Deus ocultou o profeta (Jr 36.26). **5**. Porteiro do templo (1Cr 26.14), aparentemente chamado Meselemias (1Cr 26.1,9). **6 e 7**. Dois judeus casados com esposas estrangeiras (Ed 10.39,41). **8**. Pai de um homem que auxiliou Neemias a reconstruir os muros de Jerusalém (Ne 3.30). **9**. Sacerdote a quem Neemias fez tesoureiro do templo (Ne 13.13).

SELES Nome pessoal que talvez signifique "trio". Líder de um clã na tribo de Aser (1Cr 7.35).

SELÊUCIA Cidade síria na costa do Mediterrâneo, a cerca de 8 quilômetros ao norte do rio Orontes e a 24 quilômetros de Antioquia. Paulo parou em Selêucia em sua primeira viagem missionária (At 13.4). Foi fundada por Seleuco Nicator, o primeiro rei selêucida, em 301 a.C. V. *selêucidas*.

SELÊUCIDAS Descendentes de Seleuco, um dos generais de Alexandre, o Grande. Após a morte de Alexandre em 332 a.C., seu reino foi dividido entre cinco dos comandantes principais. Seleuco escolheu para si a parte oriental do império, ao redor da cidade da Babilônia. Nos anos seguintes, muita confusão prevaleceu. Seleuco foi forçado a deixar a Babilônia e buscar refúgio com seu amigo Ptolomeu, governador do Egito. Mais tarde, com a ajuda de Ptolomeu, ele foi capaz de conquistar mais uma vez o controle da Babilônia. A data importante nesse caso é 312 a.C. O calendário sírio começa nesse ano.

A situação geral permaneceu inalterada até a batalha de Ipsus em 301 a.C. Nela, quatro generais, incluindo Seleuco, lutaram contra Antígono, que se tornara o mais poderoso dos generais e alegava ser rei sobre toda a Ásia Menor e o norte da Síria. Antígono foi morto em combate, e seu território dado a Seleuco, junto com o território da Palestina. Entretanto, Ptolomeu controlou a Palestina, e seus sucessores retiveram-na por cerca de cem anos. Esse foi um ponto de discórdia entre os dois impérios durante aquele tempo.

Seleuco foi assassinado em 281 a.C. Seu filho Antíoco I o sucedeu e estabeleceu um tratado de paz com os egípcios. Em seu reinado, ele tentou consolidar seu governo, mas aqueles foram anos de lutas intensas e guerras. Antíoco morreu em 262 ou talvez no início de 261 a.C., e seu filho Antíoco II se tornou rei (261-246 a.C.). Nos primeiros anos do reinado de Antíoco II, o conflito com o Egito continuou. Quando a paz entre as nações foi alcançada, em 253 a.C., Ptolomeu ofereceu sua filha a Antíoco como esposa, com a condição de que ele repudiasse a primeira esposa. O objetivo era que um filho nascido desse casamento se tornasse o governante do Império Selêucida e solidificasse as relações entre os dois. Entretanto, as coisas não aconteceram dessa maneira, e Antíoco morreu em 246 a.C., talvez assassinado pela primeira esposa.

O filho mais velho de Antíoco, Seleuco II, foi nomeado rei. Governou até sua morte em 226 a.C. Entretanto, alguns sírios, junto com o Egito, apoiaram o filho menor da segunda esposa de Antíoco. O exército egípcio não poderia alcançar a área rápido o bastante para defender a criança, e Seleuco foi capaz de reconquistar o controle do território governado por seu pai, pois algumas de suas partes foram perdidas quando ele morreu. Em 241 a.C., mais uma vez, houve paz entre os selêucidas e o Egito. Quando Seleuco morreu, resultado de uma queda de cavalo, seu filho Alexandre se tornou rei como Seleuco III. Ele foi assassinado em 223 a.C. e sucedido por seu filho Antíoco III, conhecido como Antíoco, o Grande (223-187 a.C.).

Com a morte de Antíoco Epifânio, a situação dos selêucidas caiu em confusão. Desse tempo em diante parece que mais de um indivíduo poderoso lutava pela coroa ao mesmo tempo. Lísias ficou com a responsabilidade de cuidar do filho pequeno de Epifânio. Ele presumiu que com a morte do rei o menino se tornaria rei. Entretanto, antes de morrer, Epifânio indicou Filipe, um amigo próximo que tivera no Oriente, para ser rei. Filipe voltou para Antioquia, capital da Síria, e isso forçou Lísias a interromper seus esforços para sufocar a rebelião judaica. Com o objetivo de trazer a paz, ele concedeu liberdade religiosa aos judeus. Lísias foi habilidoso para impedir os esforços de Filipe, e o filho, Antíoco V, reinou por um breve período (164-162 a.C.).

Demétrio, o filho jovem de Seleuco IV, foi um refém em Roma. Seu desejo de voltar para casa na ocasião da morte de seu pai foi negado. Quando Antíoco IV morreu, ele conseguiu fugir de Roma e foi para a Síria, em 162 a.C. Ele se proclamou rei e condenou Lísias e Antíoco V à morte. Permaneceu como rei até 150 a.C. Esses anos foram envolvidos em tentativas de sufocar a revolta judaica e consolidar e expandir sua posição no Oriente.

Um forte rival surgiu — Alexandre Balas. Ele alegou ser filho ilegítimo de Antíoco Epifânio. Em 153 a.C., o Senado romano o reconheceu como rei da Síria, ainda que os senadores provavelmente estivessem conscientes da falsidade dessa alegação. Os dois rivais fizeram grandes ofertas aos judeus por seu apoio. Jônatas, o líder judeu, apoiou Alexandre, que, em 150 a.C., derrotou Demétrio em uma batalha, na qual o último foi morto. Alexandre reinou até 145 a.C., apoiado no início pelo monarca do Egito, que lhe deu sua filha em casamento. Quando Ptolomeu descobriu que Alexandre planejava matá-lo, voltou-se contra ele, trouxe sua filha de volta e a ofereceu em casamento ao filho mais novo de Demétrio. Derrotado em uma batalha por Ptolomeu, Alexandre fugiu para a Arábia, onde foi assassinado. O filho mais jovem de Demétrio, Demétrio II, foi proclamado rei (reinando duas vezes, 145-139 e 129-125 a.C.).

Precisando de apoio, Demétrio garantiu liberdade política aos judeus nos primeiros anos do seu reinado. Um de seus generais, Trifão, apoiou o filho mais jovem de Alexandre Balas, que reivindicou o trono de Antíoco VI (145-142 a.C.). Trifão assassinou Antíoco e se proclamou rei (142-139 a.C.). Demétrio II foi feito prisioneiro em uma campanha militar contra os partos, e seu irmão Antíoco VII (139-128 a.C.) se tornou rei. Ele derrotou Trifão, que cometeu suicídio. Antíoco fez seu último esforço para interferir na vida dos judeus. Em 133 a.C. ele invadiu Israel e iniciou um cerco a Jerusalém que durou quase um ano. Por fim a paz foi firmada entre ele e João Hircano, o líder judeu, garantindo a independência dos judeus da interferência síria. Antíoco fez uma campanha militar contra os partos e morreu nela.

Com a morte de Antíoco VII, os selêucidas deixaram de ser um fator importante na vida política do leste do Mediterrâneo. Ainda que Demétrio tenha sido liberto pelos partos e tenha reassumido sua posição como rei, nem ele nem qualquer outra pessoa foi capaz de reconquistar o controle do império. Os anos seguintes foram cheios de conflitos internos que drenaram os recursos, e houve pelo menos dez pessoas que reivindicaram a coroa em menos de 50 anos. Em 83 a.C., o rei da Armênia tomou posse da Síria, e o governo dos selêucidas chegou ao fim. V. *história e literatura intertestamentárias*.

SELO Sinete contendo a marca distintiva que representava o indivíduo que o possuía. Os selos mais antigos já encontrados são anteriores a 3000 a.C. Os selos variavam em forma e tamanho. Alguns eram circulares e usados ao redor do pescoço. Outros tinham o formato de anéis. A marca era feita para carimbar o selo em argila suave. Muitos selos cilíndricos foram encontrados contendo cenas que comunicavam mensagens. Eles eram feitos em argila para formar a impressão. Tamar pediu o selo de Judá como garantia de pagamento (Gn 38.18). José recebeu o anel do faraó quando foi elevado à posição de governador do Egito (Gn 41.42), simbolizando o direto de José de agir com autoridade de governante. Jezabel usou o selo de Acabe para assinar cartas solicitando que Nabote fosse julgado e apedrejado até a morte (1Rs 21.8).

Selos hititas e do norte da Síria.

SELOMI Nome pessoal que significa "minha paz". Pai de um líder da tribo de Aser (Nm 34.27).

SELOMITE Forma feminina de Selomote. **1.** Líder de uma família que retornou do exílio na Babilônia com Esdras, por volta de 458 a.C. (Ed 8.10). **2.** Filho do rei Roboão (2Cr 11.20). **3.** Primo de Moisés e líder de um grupo de levitas (1Cr 23.18); aparentemente a mesma pessoa que Selomote (1Cr 24.22). **4.** Sacerdote responsável pelos tesouros reunidos por Davi e consagrados ao culto do Senhor (1Cr 26.25-28. Escribas intercambiaram Selomite e Selomote). **5.** Mulher da tribo de Dã cujo filho amaldiçoou o nome divino, sendo por isso acusado de blasfêmia. Os israelitas seguiram as ordens de Deus e o apedrejaram até a morte (Lv 24.10-23). **6.** Filha de Zorobabel (1Cr 3.19).

SELOMOTE Nome pessoal, que em hebraico é a forma feminina plural de "paz". Líder levítico no tempo de Davi (1Cr 23.9; uma nota escribal na Bíblia Hebraica aponta para a forma "Selomite"). V. *Selomite*.

SELUMIEL Nome pessoal que significa "Deus é minha inteireza" ou "minha saúde". Líder da tribo de Simeão (Nm 1.6; 2.12; 7.36,41; 10.19).

SEM Nome pessoal que significa "nome". **1.** Filho mais velho de Noé e ancestral original dos povos semitas, incluindo Israel (Gn 5.32; 6.10; 7.13; 9.18-27; 10.1,21,22,31; 11.10,11). Recebeu a bênção de Deus (9.26,27). De sua linhagem vieram Abraão e a aliança da bênção. **2.** Nome de lugar que significa "o dente". Localidade usada para identificar Ebenézer (1Sm 7.12, *NVI, ARA, ARC, NTLH; BJ*, "Sen"; *TEB*, "O Dente"). Como se pode ver pela comparação de traduções, a palavra desde as primeiras traduções tem sido ou transliterada ou traduzida. Pode se referir a uma colina destacada ou a uma montanha em forma de dente. Alguns tradutores optam por "Bete-Seã". A localização exata é incerta e motivo de debate. **3.** Descendente de Adão e antepassado de Jesus (Lc 3.36).

SEMA Nome pessoal que significa "ouvir" e nome de lugar que talvez signifique "hiena". **1.** Filho de Hebrom e neto de Calebe (1Cr 2.43). **2.** Membro e ancestral do clã da tribo de Rúben (1Cr 5.8); possivelmente a mesma pessoa que Semaías (1Cr 5.4). **3.** Líder do clã benjamita em Aijalom (1Cr 8.13); aparentemente a mesma pessoa que Simei (1Cr 8.21). **4.** Homem que auxiliou Esdras a ensinar a Lei (Ne 8.4). **5.** Cidade no território tribal de Judá (Js 15.26), aparentemente ocupada por Simeão (Js 19.2; talvez "Seba" seja uma repetição escribal da palavra anterior em vez de Sema, que tem assonância similar). Pode ser a mesma pessoa que Jesua (Ne 11.26). V. *Jesua*.

SEMAÁ Nome pessoal que talvez signifique "ouvir". Pai de líderes militares benjamitas que desertaram de Saul para se unir a Davi em Ziclague (1Cr 12.3).

SEMAÍAS Nome pessoal que significa "Javé ouviu", que em hebraico aparece tanto na forma longa como na abreviada. **1.** Profeta do tempo de Roboão cuja mensagem da parte de Deus impediu a guerra entre Israel e Judá, por volta de 930 a.C. (1Rs 12.22). Sua pregação humilhou Roboão e os líderes de Judá, levando Deus a não permitir que Sisaque do Egito destruísse Jerusalém (2Cr 12). **2.** Falso profeta entre os exilados da Babilônia que se opôs à palavra de Jeremias (Jr 29.24-32). **3.** Descendente de Davi e de Zorobabel (1Cr 3.22). **4.** Membro da tribo de Simeão (1Cr 4.37). **5.** Membro da tribo de Rúben (1Cr 5.4); talvez a mesma pessoa que Sema (1Cr 5.8). **6.** Um levita (Ne 11.15; cp. 1Cr 9.14). **7.** Um levita, talvez a mesma pessoa que Samua (Ne 11.17). **8.** Líder de uma das seis famílias levíticas no tempo de Davi (1Cr 15.8,11). **9.** Levita e escriba que registrou as divisões sacerdotais no tempo de Davi (1Cr 24.6). **10.** Líder de uma família importante de porteiros (1Cr 24.4-8). **11.** Levita no tempo de Ezequias, por volta de 715 a.C. (2Cr 29.14); possivelmente o mesmo levita de 2Cr 31.15. **12.** Líder de uma família que retornou do exílio da Babilônia com Esdras por volta de 458 a.C. (Ed 8.13). Pode ser o mesmo homem que Esdras enviou para conseguir mais ministros para o templo (Ed 8.16). **13.** Sacerdote casado com uma esposa estrangeira (Ed 10.21). **14.** Homem casado com uma esposa estrangeira (Ed 10.31). **15.** Guardador da porta Leste que auxiliou Neemias a reconstruir os muros de Jerusalém por volta de 445 a.C. (Ne 3.29). **16.** Profeta contratado por Tobias e Sambalate contra Neemias (Ne 6.10-12). **17.** Ancestral original de uma família sacerdotal (Ne 10.8; 12.6,18). **18.** Líder de Judá que participou com Neemias da dedicação dos muros reconstruídos de Jerusalém (Ne 12.34). **19.** Sacerdote que auxiliou Neemias na dedicação dos muros (Ne 12.42). **20.** Sacerdote cujo neto auxiliou Neemias a dedicar os muros (Ne 12.35). **21.** Músico levita que auxiliou Neemias a dedicar os muros (Ne 12.36). **22.** Pai do profeta Urias (Jr 26.20). **23.** Pai de um oficial da corte do rei Jeoaquim por volta de 600 a.C. (Jr 36.12). **24.** Levita no tempo do rei Josafá (873-848 a.C.) que ensinou a Lei ao povo (2Cr 17.8). **25.** Levita no tempo do rei Josias por volta de 621 a.C. (2Cr 35.9). **26.** Nome pessoal que significa "Javé apoia". Porteiro levita (1Cr 26.7), descrito como homem valente ou guerreiro, possivelmente um título de honra para um serviço público.

SEMANA Para os judeus, quaisquer sete dias sucessivos com término no sábado sagrado (Gn 2.1-3). O sábado sagrado começava na sexta-feira ao pôr do sol e durava até o pôr do sol de sábado. Os cristãos transferiram seu dia de adoração para domingo, o primeiro dia da semana. Dessa maneira chamaram atenção para a ressurreição de seu Senhor Jesus Cristo (Lc 24.1-7). A semana é de origem semítica antiga. Era compartilhada com o mundo antigo ao longo da Bíblia e na prática religiosa de judeus e cristãos. V. *calendário*; *tempo*, *significado do*.

SEMANA SANTA A semana antes do Domingo de Páscoa na qual a Igreja relembra a morte e ressurreição de Cristo. Como a observância da festa da Páscoa se desenvolveu nos primeiros séculos, a semana antes do Domingo de Páscoa começou a ter significado especial para a igreja primitiva. Nos primeiros séculos a celebração do Domingo de Páscoa incluía a lembrança da crucificação e da ressurreição. Por volta do ano 500 a Sexta-feira da Paixão passou a ser o centro da lembrança da crucificação.

Em um desenvolvimento similar os cristãos começaram a considerar a quinta-feira da Semana Santa como um tempo especial de participação na ceia do Senhor. O dia passou a ser chamado de "Dia do Lava-Pés", em referência ao "novo mandamento" dado por Cristo aos seus discípulos (Jo 13.34). Nesse dia em geral há uma cerimônia de lavar os pés, em imitação ao que Cristo fez com os discípulos (Jo 13.5-11). V. *ano eclesiástico*. — Fred A. Grissom

SEMARIAS Nome pessoal que tanto na forma curta como na forma longa em hebraico significa "Javé protegeu". **1.** Benjamita que desertou de Saul para se unir ao exército de Davi em Ziclague (1Cr 12.5). **2.** Filho do rei Roboão (2Cr 11.19). **3** Homens casados com esposas estrangeiras no tempo de Esdras (Ed 10.32,41).

SEMEADOR Pessoa com um recipiente com sementes e que as espalha com a mão direita. As sementes eram em geral lançadas em terra não cultivada. Depois, com um arado ou ancinho, a terra seria revolvida para cobrir as sementes. Parece que qualquer semente para ser semeada tinha de ser cerimonialmente pura (Lv 11.37). Sementes misturadas não poderiam ser semeadas juntas (Lv 19.19). Jesus usou a figura do semeador em uma parábola a respeito da vida e ilustrou as lutas da vida diária do semeador (Mt 13.3-9; Mc 4.3-9; Lc 8.4-8). V. *agricultura*.

Agricultor árabe, perto de Belém, semeando em seu campo.

SEMEAR Ato de espalhar sementes no solo, para plantar vegetais ou legumes comestíveis.

SEMEBER Nome real que significa "nome poderoso". Rei de Zeboim que se rebelou contra Quedorlaomer, levando Abraão a resgatar Ló, que fora sequestrado (Gn 14.2). No *Apócrifo de Gênesis* e no *Pentateuco samaritano* encontra-se, em vez de seu nome, Semiabade, "o nome está perdido". V. *Zeboim*.

SEMEDE Nome pessoal que significa "destruição". Benjamita fundador das cidades de Ono e Lode (1Cr 8;12).

SEMEDE Nome pessoal que significa "destruído" ou "ruína". Membro da tribo de Benjamim (1Cr 8.12).

SEMEI Ancestral de Jesus (Lc 3.26). Semei é a forma grega do nome pessoal hebraico Simei (Êx 6.17).

SEMELHANÇA Qualidade ou estado de ser parecido, assemelhado. No AT, as passagens estão centralizadas ao redor de duas verdades: 1) Deus é o totalmente outro e não pode ser comparado adequadamente a nada — não há o que lhe seja semelhante (Is 40.18) e 2) a humanidade foi criada à imagem e semelhança de Deus (Gn 1.26). A primeira verdade constitui a base da proibição do fabrico de qualquer imagem de escultura (Êx 20.4; Dt 4.16-18) e talvez explique a relutância de Ezequiel de falar dos elementos de sua visão em termos concretos (Ez 1.5,10,16,22,26,28). A semelhança de Deus na humanidade (Gn 1.26) tem sido interpretada de várias maneiras. A semelhança algumas vezes é diferenciada de imagem, ainda que as palavras sejam mais bem entendidas como sinônimas. Alguns intérpretes identificam a semelhança divina com a habilidade de pensar racionalmente, ou de manter relacionamentos com outras pessoas e com Deus, ou com o exercício do domínio sobre a criação (Sl 8.5-8). Pensou-se algumas vezes que a semelhança divina foi perdida com a Queda, mas a referência a Sete (Gn 5.3) contraria a forma popular desse argumento. Ainda que a semelhança de Deus não tenha sido perdida com o pecado de Adão, nem Adão nem a humanidade posterior cumpriram o propósito de Deus. Esse propósito para a humanidade foi cumprido por meio de Jesus Cristo, que é, em um sentido único, a semelhança de Deus (2Co 4.4; cp. Jo 1.14,18; 14.9; Hb 1.3). A declaração de Paulo de que Cristo veio "à semelhança de homem pecador, como oferta pelo pecado" (Rm 8.3) está em paralelo com "tornando-se semelhante aos homens" (Fp 2.7), testificando que o Cristo encarnado era verdadeiramente humano. A vida cristã é caracterizada como nova criação à semelhança de Deus (Ef 4.24; cp. 2Co 4.4). V. *ídolo imagem de Deus*.

SÊMEN V. *emissão, ejaculação*.

SÊMER Nome pessoal que significa "proteção, preservação", variante de Somer. **1**. Pai de um músico do templo nos dias de Davi (1Cr 6.46). **2**. Líder de um clã da tribo de Aser (1Cr 7.34), grafado "Somer" (1Cr 7.32). **3**. Proprietário original do monte de Samaria, de quem o nome é derivado (1Rs 16.24). V. *Samaria, samaritanos*.

SEMIDA Nome pessoal que significa "o Nome conhece" ou "o Nome se preocupa com". Líder de um clã entre os gileaditas na tribo de Manassés (Nm 26.32; cp. Js 17.2; 1Cr 7.19). Os Óstracos de Samaria alistam Semida como nome de um lugar no território de Manassés.

SEMIDAÍTA Membro do clã de Semida.

SEMINITE Termo técnico musical que significa "oitava", usado nos títulos de Sl 6; 12; e em 1Cr 15.21. Pode significar um instrumento de oito cordas, ou a oitava corda de um instrumento, ou uma oitava abaixo de *alamote* (1Cr 15.20, *ARC*; *NVI* e *ARA*, "soprano") para o oitavo e rito final da festa de outono no ano-novo, ou pode se referir ao tom do instrumento ou à escala da melodia.

SEMIRAMOTE Nome pessoal de significado incerto. **1**. Músico levita no templo nos dias de Davi (1Cr 15.18, 20; 16.5). **2**. Levita no tempo do rei Josafá (873-848 a.C.) que ensinou a Lei (2Cr 17.8).

SEMITA Quem alega descender de Sem, filho de Noé (Gn 5.32; 10.21-31), ou, mais precisamente como um termo linguístico, designação dos povos que falam uma das línguas semíticas. A lista racial de Gn e a lista dos linguistas nem sempre incluem os mesmos grupos de povos.

O texto de Gn 10.21-31 apresenta cinco filhos e 21 povos descendentes de Sem. Esses povos se espalharam da Lídia até a Síria, Assíria e Pérsia. A Armênia formava a fronteira norte, enquanto o mar Vermelho e o golfo Pérsico formavam a fronteira sul. Elamitas, assírios, lídios, arameus e numerosas tribos árabes são tidos como descendentes de Sem.

É difícil determinar o lugar de origem dos semitas. O Crescente Fértil contém evidência da influência semita desde a aurora da civilização. Uma teoria não comprovada é de que eles migraram do norte da Arábia em ondas de movimentos nômades até o Crescente Fértil.

Há três divisões principais na família linguística semita. O semita do leste inclui o acádio, usado na antiga Babilônia e Assíria; o semita do noroeste inclui o hebraico, o aramaico, o sírio, o fenício, o samaritano, o palmirense, o nabateu, o cananeu e o moabita; o semita do sul inclui o árabe, o sabeu, o mineano e o etíope. São conhecidas aproximadamente 70 formas distintas de línguas semitas. Algumas possuem grandes conjuntos literários, enquanto outras permanecem ágrafas, ou com pouco material escrito. V. *Assíria*; *Babilônia*; *Canaã*; *línguas da Bíblia*. — Steve Wyrick

SEM-TETO Em um sentido, todos os cristãos, assim como Abraão, são "sem-teto", pois são peregrinos neste mundo (Hb 11.13). No entanto, essa realidade não deve diminuir o impacto da responsabilidade dos cristãos que têm condição de ter a casa própria ou de pagar um aluguel de ajudar os que, por variadas razões, não têm condições financeiras para isso.

A palavra bíblica "peregrino" inclui uma variedade de pessoas, nativas ou não, que não tinham residência permanente na terra na qual viviam. Alguns peregrinos eram ligados de alguma maneira a uma família (1Rs 17.20; Jó 1.15), mas outros não (ex., 2Sm 4.3; 2Cr 15.9). "Como a ave que vagueia longe do ninho, assim é o homem que vagueia longe do lar" (Pv 27.8). Os direitos dessas pessoas eram vulneráveis. Por essa razão, da mesma maneira que os pobres, os órfãos e as viúvas tinham proteção especial da parte de Deus (Dt 10.17,18; Sl 146.9; cp. Rm 8.38,39), os peregrinos deviam ser tratados como iguais conforme a Lei de Moisés (Lv 24.22; Dt 24.17). Ambos os Testamentos declaram que o povo de Deus deve ser cuidadoso para com os que não têm lar ou teto (Lv 19.10; Dt 10.18,19; Jó 31.32; Is 58.7; Zc 7.9,10; Mt 25.31-46).

Outros exemplos bíblicos de sem-teto são Absalão, que durante um tempo foi um fugitivo de sua casa (2Sm 14.13,14), vários santos do AT (Hb 11.37,38), Jesus (Mt 8.20) e Paulo (1Co 4.11). O povo de Israel se considerava sem-teto quando foi tirado de sua terra e levado para o exílio (Jr 12.7; Lm 4.14,15; 5.2; Os 9.17; Am 7.17).

SENAÁ Nome pessoal de significado incerto que provavelmente significa "espinhoso" ou "odiado". Líder de um clã ou de uma cidade de um grupo que retornou do exílio da Babilônia com Zorobabel em 537 a.C. (Ed 2.35).

SENAQUERIBE Nome real assírio que significa "Sim (o deus) reconduziu meu irmão". Rei da Assíria (704-681 a.C.). V. *Assíria*; *Israel, terra de*.

Palácio de Acabe em Samaria. Senaqueribe conquistou Samaria em 722 a.C.

SENAZAR Nome pessoal babilônico que significa "(o deus) Sim protege" ou "que Sim possa proteger". Filho do rei Jeoaquim (1Cr 3.18). Ele é geralmente identificado com Sesbazar — transliteração alternativa de um nome babilônico, mas estudos recentes negaram essa possibilidade. V. *Sesbazar*.

SENÉ Nome de lugar que significa "lustroso" ou "escorregadio". Desfiladeiro entre Micmás e Geba (1Sm 14.4). V. *Bozez*.

SENHOR Tradução em português de várias palavras hebraicas e gregas. Em geral a palavra se refere a alguém que tem poder ou autoridade.

Deus como Senhor *Javé* (YHWH em hebraico, "autoexistente") é o nome de Deus usado com mais frequência na Bíblia Hebraica. É traduzido com frequência por Senhor em versões da Bíblia em português (p. ex., *NVI*, *ARA*,

Os judeus evitavam meticulosamente a palavra e a substituíram por outra, *Adonai*. Eles substituíram as vogais de *Adonai* pelas de *Javé*, produzindo assim a palavra *Jeová*.

A importância do nome não pode ser exagerada. O texto de Êx 3.14 fornece uma chave para o significado da palavra. Quando Moisés recebeu a comissão para ser o libertador de Israel, Deus, que apareceu na sarça ardente, comunicou-lhe o nome que dava as credenciais de sua missão: "Disse Deus a Moisés: 'Eu Sou o que Sou (heb., *ehyeh asher ehyeh*). É isto que você dirá aos israelitas: Eu Sou me enviou a vocês' ". Em ambos os nomes, *ehyeh* e YHWH, a ideia fundamental é de existência não criada. Quando se diz que o nome de Deus é "Eu Sou", não se afirma apenas um ser. Ele *é* em um sentido no qual nenhum outro ser é. Ele é, e a causa do seu ser está nele mesmo. Ele é porque é. A notícia em Êx 6.3, "pelo meu nome, o Senhor, não me revelei a eles", não quer dizer que os patriarcas fossem completamente ignorantes da existência ou do uso do nome. Simplesmente significa que, antes da libertação deles da escravidão no Egito, eles não tinham conhecimento experiencial da redenção. Sob Moisés eles experimentaram a libertação, e o poder redentor de Deus tornou-se real para eles, e o nome de Deus lhes foi confiado. Antes disso, como pastores na Palestina, Abraão, Isaque e Jacó conheceram Deus como El-Shaddai ("Todo-poderoso", Gn 17.1), provando seu poder, mas não nesse tipo de relacionamento redentivo. Esse nome afirma o senhorio de Deus sobre seu povo (Êx 34.23), bem como seu poder sobre toda a criação (Js 3.13). Por meio desse nome Deus declara sua superioridade sobre todos os outros deuses (Dt 10.17).

Adonai é outra designação importante para Deus como Senhor no AT. O nome é derivado da palavra hebraica *adon*, uma palavra antiga que diz respeito a propriedade e, daí, controle absoluto. *Adon* não é um título divino propriamente, pois é usado com referência a humanos em algumas passagens. É aplicado a Deus como proprietário e governador de toda a terra (Sl 114.7). É usado algumas vezes como expressão de respeito (como se usa "senhor" em português, ou a palavra "*sir*" em inglês), mas com um pronome ("meu senhor"). Ocorre com frequência no plural. *Adonai* é, na forma enfática, "o Senhor". Muitos consideram esse título como o plural de *Adon*.

"Senhor" ou "Mestre" (gr., *kyrios*, "supremo") significa aquele a quem uma pessoa ou algo pertence, o amo, o que detém autoridade sobre pessoas e coisas, como "o dono da vinha" (Mt 20.8; 21.40; Mc 12.9; Lc 20.15); o "Senhor da colheita" (Mt 9.38; Lc 10.2); o "dono da casa" (Mc 13.35); o "Senhor do sábado" (Mt 12.8; Mc 2.28; Lc 6.5), o que tem o poder para determinar o que é adequado para o sábado e para liberar a si mesmo e outros de suas obrigações. Esse título é aplicado a Deus, o governador do Universo, seja com o artigo definido *ho Kyrios* (Mt 1.22; 5.33; Mc 5.19; At 7.33; 2Tm 1.16,18), seja sem o artigo (Mt 21.19; 27.10; Mc 13.20; Lc 2.9,23,26; Hb 7.21).

Jesus como Senhor *Kyrios* é a palavra normalmente empregada no NT para falar de Jesus como Senhor. A palavra, todavia, conta com uma vasta gama de referências, sendo usada para Deus (At 2.34), para Jesus (Lc 10.1), para humanos (At 16.19) e para anjos (At 10.4). Quando personagens dos Evangelhos falam de Jesus como Senhor, eles com frequência não querem dizer mais que "senhor" (uma expressão de respeito, como usada em português ou inglês). Em outras passagens a designação *Kyrios* expressa a completa confissão de fé, como na declaração de Tomé, "Senhor meu e Deus meu!" (Jo 20.28). "Senhor" veio a ser usado como uma declaração simples, mas profunda para Cristo em Lc e At. O "Senhor Jesus" é usado com frequência em At (4.33) para falar da fé em Cristo como Senhor (16.31) e para identificar o batismo em nome do Senhor Jesus (8.16; 19.5). A frase "Jesus é Senhor" evidentemente foi a mais antiga confissão de fé cristã. Em At 2.36 Pedro declarou que Deus fez de Jesus Senhor e Cristo.

Paulo com frequência usou uma expressão mais ampla para falar do senhorio de Jesus, "o Senhor Jesus Cristo". É significativo que ele tenha usado essa frase em conjunto com a menção de Deus Pai e do Espírito Santo (1Ts 1.1; 2Co 13.14). Em outras passagens Paulo usou fórmulas mais simples: "o Senhor Jesus" (2Ts 1.7) ou "nosso Senhor Jesus" (1Ts 3.13). Em contraste com os muitos falsos deuses e senhores dos pagãos, para os cristãos há um Deus, o Pai, e um Senhor, Jesus Cristo (1Co 8.5,6). Paulo com certeza estava familiarizado com a confissão primitiva "Jesus é Senhor", porque afirmou em 1Co 12.3 que "ninguém pode dizer: 'Jesus é Senhor', a não ser pelo Espírito Santo". A palavra é usada com frequência em conexão com a esperança da segunda vinda de Cristo (Fp 3.20; 4.5; 1Co 16.22; Ap 22.20).

Em Ap o título "Senhor" tem outra conotação. Os imperadores exigiram ser chamados "senhores", e um deles, Domiciano, chegou a emitir um decreto em que dizia: "Nosso senhor e deus ordena". João declarou que tais títulos eram blasfemos e que Cristo, o Rei dos reis e Senhor dos senhores, é o único imperador reconhecido pelos cristãos (Ap 19.16).

Os textos de 2Pe 2.1 e Jd 4 falam de Jesus como *despotes*, "Soberano". Esse termo tem um sentido mais enfático quanto à soberania de Jesus como Senhor. É interessante observar que a mesma palavra é usada para se dirigir a Deus em Lc 2.29 e At 4.24. O texto de Ap 6.10 também usa essa palavra para se referir a Jesus como o vingador do sangue dos mártires.

Para o cristão antigo, acostumado a ler o AT, a palavra "Senhor", quando usada para Jesus, sugeriria sua identificação com o Deus do AT. Contra alguns eruditos que acreditam que o título foi tomado emprestado de cultos pagãos, a evidência de At, Co e Ap demonstra que a expressão pertencia ao estrato mais antigo da confissão cristã. Jesus crucificado e ressurreto é o Senhor que dará de volta ao Pai o mundo julgado e redimido (1Co 15.28) e ele é o Senhor eterno sobre toda a humanidade (Rm 14.9).

Humanos como senhor A palavra hebraica *adon* é usada mais de 300 vezes no AT para se referir a mestres humanos ou como expressão de respeito para designar alguém de posição ou *status* igual. *Adon* é usada para proprietários de escravos (Gn 24.14,27; 39.2,7, "senhor", NVI, ARA, ARC; "dono", NTLH), para reis como senhores de seus súditos (Is 26.13) e para o marido como senhor da esposa (Gn 18.12).

No NT a palavra grega *Kyrios* é usada para designar quem exerce autoridade sobre outra pessoa. Também é usada como expressão de respeito (Mt 21.29,30; At 25.26). A palavra *Kyrios* (Senhor) é também um título de honra e expressa o respeito e a reverência com os quais os servos cumprimentam seus mestres (Mt 13.27; Lc 13.8; 14.22). É empregada pelo filho para se dirigir ao pai (Mt 21.30); por cidadãos perante magistrados (27.63); por alguém desejoso de honrar um homem distinto (8.2,6,8; 15.27; Mc 7.28; Lc 5.12); pelos discípulos ao saudar Jesus, seu senhor e mestre (Mt 8.25; 16.22; Lc 9.54; Jo 11.12). V. *Cristo, cristologia; Deus; Espírito Santo; Messias; Jesus Cristo; rabi; ressurreição.* — Dale Ellenburg

SENHORA ELEITA Destinatária de 2Jo (2Jo 1) às vezes interpretada como um indivíduo, mas a expressão provavelmente é referência a uma igreja local. Os membros da igreja seriam então os "filhos" que são mencionados no mesmo versículo. A "irmã eleita" do versículo 13 seria uma outra congregação cujos membros estavam enviando saudações.

SENIR Nome de uma montanha que significa "apontado". Nome amorreu para o monte Hermom (Dt 3.9). Em Ct 4.8 parece indicar que o Senir era um pico diferente do Hermom, na cordilheira dos montes Antilíbano, ou talvez uma cordilheira completamente diferente (cf. 1Cr 5.23). V. *Hermom, monte.*

SENSUAL Atividades ou aparências caracterizadas ou motivadas por luxúria física. Deus condenou Babilônia por seus desejos sensuais e sua luxúria (Is 47.8). Faz parte do mal que há no coração humano (Mc 7.22; cp. Rm 13.13), do qual as pessoas precisam se arrepender (2Co 12.21). V. *lascívia; sexo, ensino bíblico a respeito do; devassidão.*

SENTINELA 1. Pessoa que está de guarda. Cidades antigas tinham sentinelas paradas sobre os muros. Sua responsabilidade era fazer soar um alerta quando um inimigo se aproximava (2Rs 9.17; Ez 33.2,3). Os profetas de Israel se entendiam como sentinelas que advertem a nação do juízo de Deus que virá se o povo não se arrepender. Vinhedos e plantações também tinham sentinelas, especialmente durante a colheita. Sua responsabilidade era guardar o produto contra animais e ladrões. **2.** Oficial governamental com a responsabilidade de guardar uma prisão (At 5.23; 12.6) ou possivelmente um capitão responsável por um guarda com essa responsabilidade (Jr 37.13).

SEOM Nome pessoal amorreu de significado desconhecido. Rei amorreu cuja capital era Hesbom (Dt 2.26). Ele se opôs a que Israel passasse por seu país na jornada rumo à terra prometida (Nm 21.23). Mesmo aliado de Ogue, rei de Basã, eles não puderam impedir a migração dos hebreus. As tribos de Rúben e Gade se estabeleceram na região anteriormente ocupada por Seom, a leste do rio Jordão.

SEORIM Nome pessoal que significa "cabeludo, peludo". Líder da quarta divisão de sacerdotes indicados por Davi (1Cr 24.8).

SEPARAÇÃO Termo usado para designar o período em que uma mulher está ritualmente impura durante a menstruação (Lv 12.2,5; 15.20,25,26) ou para o tempo de abstenção de algumas atividades por conta de um voto tomado (Nm 6).

SEPARAÇÃO ENTRE IGREJA E ESTADO Havia pouquíssima separação entre instituições governamentais e religiosas no Israel antigo no período do AT. Antes da monarquia israelita, Israel operava em uma teocracia; durante a monarquia, as instituições religiosas israelitas ficaram debaixo da influência de reis (p. ex., 1Rs 5—8; 2Rs 16.10-18; 22.1—23.25). Alguns profetas, no entanto, agiam fora do controle real (p. ex., 1Rs 17.1; Am 7.12-15).

No período neotestamentário, cristãos individuais estavam sujeitos à autoridade de César e seus oficiais, mas as igrejas locais, quando se mantinham silenciosas, podiam funcionar de maneira relativamente independente do controle governamental. À medida que o movimento cristão cresceu em poder e influência, os interesses do Império Romano invariavelmente entraram em contato — e conflito — com os da Igreja.

Deus concede todo o poder, civil (Jr 27.5,6; Dn 2.21; Jo 19.11; Rm 13.1) e religioso. A liberdade religiosa está fundamentada na realidade de Deus e na liberdade da consciência humana de adorá-lo como se considera adequado. No final das contas, todas as autoridades governamentais — e individuais — estão sujeitas a Deus (Rm 13.4,6), não importa se um governo particular retira o controle civil da religião ou não. A responsabilidade dos cidadãos cristãos é obedecer às suas autoridades governamentais (Rm 13.1-5; 1Tm 2.1,2; 1Pe 2.13-17) e mesmo assim promover valores bíblicos na sociedade em todas as esferas e por meio de todas as influências possíveis.

SEPTUAGINTA Palavra que significa "setenta". Tradução grega da Bíblia Hebraica (AT). Contém vários livros apócrifos. Muitas citações do AT no NT são extraídas da *LXX*. V. *apócrifos, livros — Antigo Testamento*; *textos bíblicos e versões da Bíblia*.

Interior da Igreja do Santo Sepulcro, o lugar tradicional do sepultamento de Jesus (túmulo de José de Arimateia).

SEPULCRO Tumba ou túmulo (Gn 23.6). Tradução de uma palavra hebraica que se refere a um nicho em uma rocha no qual os cadáveres eram colocados. Na Palestina antiga, os sepulcros em geral eram escavados nas paredes de cavernas. Famílias eram sepultadas juntas ou então em túmulos escavados na rocha. Depois que um cadáver tivesse se decomposto e só restassem os ossos, os restos mortais eram depositados em uma cova ainda mais funda da caverna, para que o próximo corpo pudesse ser enterrado no mesmo sepulcro. Jesus foi sepultado assim em uma caverna (Mc 15.46). V. *sepultamento*.

SEPULTAMENTO

Um adorador se ajoelha na Pedra da Unção no interior da Igreja do Santo Sepulcro em Jerusalém.

SEPULTAMENTO Em parte por causa do clima quente da Palestina e em parte porque os cadáveres eram considerados ritualmente impuros, os hebreus sepultavam os mortos o mais rapidamente possível e geralmente no máximo 24 horas após a morte (Dt 21.23). Permitir que o corpo se decompusesse ou fosse profanado sobre a terra era uma grande desonra (1Rs 14.10-14; 2Rs 9.34-37), e qualquer cadáver encontrado à beira do caminho precisava ser enterrado (2Sm 21.10-14).

Mesmo que a Bíblia em nenhum lugar descreva de forma sistemática as práticas mortuárias dos hebreus, diversas características podem ser observadas em textos individuais. José fechou as pálpebras de seu pai logo após a morte deste (Gn 46.4). O corpo de Jesus foi preparado para o sepultamento por meio da unção com óleos aromáticos e especiarias e envolto em um pano de linho (Mc 16.1; Lc 24.1; Jo 19.39). Os braços e as pernas de Lázaro foram envoltos em faixas de linho, e a face, coberta com um pano (Jo 11.44). O corpo de Tabita foi lavado em preparo para o sepultamento (At 9.37).

Os mortos eram sepultados em cavernas, túmulos cortados em rochas ou no solo. Era desejável ser enterrado no túmulo da família, assim Sara (Gn 23.19), Abraão (Gn 25.9), Isaque, Rebeca, Lia (Gn 49.31) e Jacó (Gn 50.13) foram todos sepultados na caverna de Macpela, a leste de Hebrom. Locais de sepultamento eram marcados por árvores (Gn 35.8), colunas (Gn 35.19,20) e montes de pedras (Js 7.26). O sepultamento dos abastados ou politicamente poderosos era às vezes acompanhado de uma profusão de acessórios, incluindo mantos, joias, moveis, armas e artigos de cerâmica (1Sm 28.14; Is 14.11; Ez 32.27).

Em contraste com o amplo uso entre os gregos e romanos, a cremação não é descrita como prática normal na Bíblia. Os corpos eram cremados somente em casos excepcionais como decomposição seguida de mutilação (1Sm 31.12) ou ameaça de praga. Mesmo nessas condições, a cremação era parcial para que restassem os ossos. O embalsamamento é mencionado somente nos relatos de sepultamento de Jacó e José (Gn 50.2,3,26) e nesses casos somente por causa do contexto egípcio e dos planos para no futuro transportar os corpos. Aparentemente, o embalsamamento era uma prática egípcia.

Quando os preparativos para o sepultamento eram concluídos, o corpo era geralmente colocado em um esquife e carregado para o sepultamento em uma procissão de parentes, amigos e servos (Am 6.10). A procissão realizava o ritual de lamento, que podia incluir a calvície e cortar a barba, rasgar roupas e vestir pano de saco, choro alto e agonizante, e cobrir a cabeça com pó e sentar em cinzas (2Sm 1.11,12; 13.31; 14.2; Is 3.24; 22.12; Jr 7.29; Ez 7.18; Jl 1.8). A prática cananeia de laceração e mutilação são proibidas na *Torá* (Lv 19.27,28; 21.5; Dt 14.1).

O período de lamentação variava de acordo com as circunstâncias. O luto por Jacó durou 70 dias (Gn 50.3), enquanto o lamento por Arão e Moisés durou 30 dias (Nm 20.29; Dt 34.5-8). As mulheres capturadas na guerra podiam lamentar a morte dos parentes durante um mês antes de serem obrigadas a se casar com seus captores (Dt 21.11-13).

A morte de pessoas famosas produzia lamentos poéticos. Davi lamentou a morte de Saul e Jônatas (2Sm 1.17-27), e Jeremias lamentou a morte de Josias (2Cr 35.25).

Há alusões a pranteadores profissionais em Jr 9.17,18 e Am 5.16, e em Mt 9.23 eles são chamados de "flautistas". Neste relato Jesus parece tê-los mandado embora quando curou a filha do dirigente da sinagoga. É interessante observar que a própria reação de Jesus à morte de Lázaro foi comparativamente simples; ele chorou diante do túmulo (Jo 11.35,36).

Os rituais de pranto e luto de Israel refletem em parte a convicção de que a morte é algo mau. Todo o contato com a morte — fosse pelo contato com um cadáver, os ossos de um cadáver, um túmulo ou uma casa em que estava um cadáver — tornava o israelita impuro e necessitado de purificação. Além da tristeza pessoal, os ritos de lamento refletiam ao menos em certa medida a humilhação do enlutado pelo contato necessariamente próximo com o corpo do falecido. — *Joe Haag*

Cavernas de sepultamento cavadas em rochas ao longo da encosta sul do vale de Hinom em Jerusalém.

SEQUESTRO Ato de capturar e manter presa uma pessoa usando força ilegal e engano. Atualmente pessoas são sequestradas com o objetivo de obter resgate. Nos tempos bíblicos o propósito comum para o sequestro era usar a pessoa como escrava ou vendê-la (Gn 37.28; 40.15). A *NVI* traduz o termo grego correspondente em 1Tm 1.10. Sequestrar israelitas nascidos livres, tratá-los como escravos ou vendê-los era passível de pena capital (Êx 21.16; Dt 24.7).

SERA Nome pessoal que significa "progredir, desenvolver, fluir" ou "esplendor, orgulho". Filha de Aser (Gn 46.17; Nm 26.46).

SERAFIM Literalmente "os que queimam", os serafins (palavra plural em hebraico) eram serpentes aladas cujas imagens decoravam muitos tronos de faraós egípcios. Em alguns casos, essas figuras ornamentavam as coroas dos reinos egípcios, e acreditava-se que eram guardiãs dos reis. Na visão de Isaías, os serafins são agentes de Deus que prepararam o profeta para proclamar a mensagem do Senhor a Judá (Is 6.2). V. *anjo*.

SERAÍAS Nome pessoal que significa "*Yah* [= forma abreviada de Javé] demonstrou governar". **1**. Escriba de Davi que provavelmente trabalhava como um moderno secretário de Estado (2Sm 8.17). A tradição hebraica apresenta várias pronúncias desse nome: Seva (2Sm 20.25), Sisa (1Rs 4.3), isso se o nome não for a grafia hebraica da palavra egípcia para "escriba"; Sausa (1Cr 18.16). **2**. Sacerdote levado ao exílio na Babilônia em 587 a.C. (2Rs 25.18; 1Cr 16.14; Jr 52.24). **3**. "Responsável pelo acampamento" que Zedequias (597-586 a.C.) enviou para a Babilônia com instruções dele próprio e da parte de Jeremias (Jr 51: 59-64). **4**. Sacerdote e pai de Esdras (Ed 7.1). **5**. Oficial do exército que se reportou a Gedalias quando ele foi nomeado governador após a queda de Jerusalém em 586 a.C. (2Rs 25.23; cp. Jr 40.8). Ele pode ter se envolvido na rebelião liderada por Ismael. **6**. Líder da tribo de Judá (1Cr 4.13). **7**. Integrante da tribo de Simeão (1Cr 4.35). **8**. Líder dos exilados que retornaram sob o comando de Zorobabel (Ed 2.2); aparentemente o mesmo Azarias (Ne 7.7). **9**. Família sacerdotal (Ne 10.2; 12.12).

SERÁPIS Também conhecido como Sarapis, essa divindade solar egípcia e grega foi cultuada inicialmente em Mênfis, junto com o deus-touro Ápis. O culto a Serápis foi introduzido no Egito pelos gregos. Ele era adorado como um deus do mundo inferior. Seu templo em Alexandria era o maior e mais bem conhecido entre todos os dedicados a seu culto. Serápis passou a ser reverenciado também como um deus da cura e da fertilidade, e seu culto se disseminou por todo o Império Romano por meio das rotas comerciais.

SEREBIAS Nome pessoal que talvez signifique "Yah (= Javé) deu uma nova geração", ou "Yah (= Javé) entende" ou "Yah (= Javé) esquentou". Ancestral de uma família de levitas (Ed 8.18,24; Ne 8.7; 9.4,5; 10.12; 12.8,24). Responsável pelo ouro do templo que Esdras trouxe de volta do exílio para Jerusalém e o auxiliou a ensinar a Lei ao povo.

SEREDE Nome pessoal que significa "senhor das bagagens". Líder de um clã da tribo de Zebulom (Gn 46.14; Nm 26.26).

SEREDITA Membro do clã de Serede (Nm 26.26).

SERES Nome pessoal que significa "broto" ou "astuto". Descendente de Manassés (1Cr 7.16) e também o nome de uma cidade no reino de Ugarite.

SERES VIVENTES, CRIATURAS VIVENTES Personagens na primeira visão de Ezequiel

(Ez 1.5,13-15,19,20,22; 3.13; 10.15,17,20). As criaturas são posteriormente identificadas como querubins (10.20). Havia quatro criaturas, cada uma tendo forma humana, mas com quatro faces. Talvez a melhor interpretação veja as criaturas como representação pictórica da soberania divina total. As quatro criaturas representam os quatro cantos da terra. As quatro faces representam quatro classes da criação: homem, humanidade; leão, rei das feras selvagens; boi, rei dos animais domésticos; e águia, rei das aves. Central para essa interpretação é aquele que está assentado no trono acima de todas as criaturas (1.26-28). O livro de Ap desenvolve uma imagem semelhante para representar a soberania total de Deus (Ap 4.1-8).

SÉRGIO PAULO Nome do procônsul de Chipre quando Paulo visitou a capital de Pafos em sua primeira viagem missionária (At 13.6-12). Sérgio Paulo estava sob a influência de um mago chamado Barjesus quando Paulo e Barnabé lá chegaram. Sérgio Paulo pediu para ouvir o evangelho que os dois missionários pregaram, mas o mago tentou impedir o encontro. Paulo falou diretamente com o mago, que ficou cego temporariamente, e Sérgio Paulo, vendo o que tinha acontecido, converteu-se a Cristo.

SERMÃO DO MONTE O texto de Mt 5—7 é comumente conhecido como o Sermão do Monte, o primeiro dos cinco grandes discursos de Jesus no evangelho de Mt. Uma exposição perspicaz da Lei e sobre seu relacionamento com a nova aliança em Cristo. O sermão apresenta também uma crítica aguda ao legalismo e ao senso de autojustificação frio e formal dos fariseus. Jesus enfatiza suas exigências para os discípulos e faz um apelo para a demonstração da justiça verdadeira, a justiça do coração que a Lei não consegue produzir.

Interpretações Poucas passagens das Escrituras têm interpretações tão divergentes quanto essa. O sermão contém uma ética elevada e exigências inflexíveis, e por isso os estudiosos têm diferenciado grandemente quanto ao seu objetivo e aplicação. Ninguém consegue atingir com perfeição as exigências estritas do sermão, e a disparidade entre a expectativa e o comportamento cria um problema perturbador. A seguir serão apresentadas algumas das principais abordagens à passagem.

Uma interpretação comum é a visão da "ética do ínterim", segundo a qual o motivo de Jesus ter advogado uma ética tão radical no sermão é que a consumação do Reino tivesse início imediato. O irrompimento do Reino seria tão iminente que os discípulos deveriam praticar essas exigências rígidas por um breve período. Mas, como a consumação do Reino não aconteceu, as exigências do sermão do "ínterim" deveriam ser dispensadas. Essa opinião não é amplamente aceita.

Outra abordagem é a do liberalismo teológico clássico, muito popular na virada do séc. XIX para o XX, que dispensava a necessidade de redenção pessoal por meio da obra expiatória de Cristo. Os partidários dessa opinião afirmavam que o sermão é essencialmente um roteiro para a construção de uma sociedade melhor e mais progressista. A fé otimista na bondade inerente da humanidade levou à substituição do evangelho por uma filosofia secular. Os grandes conflitos mundiais e a marcha contínua da sociedade demonstraram que essa opinião está equivocada.

Outra interpretação, com mais méritos que as duas anteriores, é a opinião da ortodoxia luterana. Essa opinião sustenta que a ética do sermão é tão elevada que se torna impossível atingi-la; além disso, ele tem por objetivo nos mostrar que não é possível atingir a justiça que Deus exige por meio do esforço próprio. O sermão é evangelístico, pois mostra a necessidade de se voltar para Deus a fim de alcançar a justiça. O ponto fraco dessa teoria é a aplicação da teologia sistemática ao sermão em vez de apenas interpretá-lo.

A abordagem "existencial" vê o sermão como o chamado à decisão pessoal, nem tanto como princípios éticos concretos. O propósito do sermão é orientar a vida sob a perspectiva celestial. A teoria existencialista não enfatiza a vinda do Reino literal. Antes, a vida presente é comparada à conduta ideal, "celestial", que deve acontecer. Essa opinião abriga uma atitude de autorreflexão e abertura para tornar o futuro melhor. A teoria "existencial" apresenta pontos fracos bem evidentes.

Outra interpretação, bastante popular nos EUA, é a abordagem dispensacionalista. Em sua forma clássica o dispensacionalismo faz uma distinção rígida entre o período da Lei e o da graça. O dispensacionalismo é o ponto culminante da visão de "descontinuidade" das Escrituras — i.e., que Deus lidou com seu povo de diferentes maneiras, em diferentes épocas. A forma extrema desse sistema crê que, a salvação acontecia de uma maneira no período do AT e de outra no período do NT. Mas é preciso observar que o dispensacionalismo mudou radicalmente nos últimos anos, passando a refletir uma teologia mais moderada. O dispensacionalismo ainda crê que quando Jesus pregou o sermão, ele ofereceu o reino milenar aos judeus. Ele estendeu o prenúncio do reino até imediatamente após sua morte se a nação o aceitasse. Os judeus não o aceitaram como Messias e Rei, e por isso a oferta foi temporariamente suspensa. Em vez de inaugurar o Reino, Jesus passou para o "plano b" e inaugurou a atual época da graça.

Sob essa perspectiva, o sermão não tem importância imediata para a "era da Igreja", mas está reservado para o futuro reino milenar quando Cristo voltar. Muitos cristãos conservadores se apegam a essa teoria, mas definitivamente ela não é a melhor linha interpretativa do sermão.

Ainda que várias das abordagens acima citadas contenham elementos verdadeiros, é melhor interpretar o sermão de maneira direta como Jesus o pregou. "Direta" não significa necessariamente "literal". Algumas passagens apresentam problemas reais se interpretadas literalmente, em vez de se reconhecer que há uso de linguagem figurada. Ler de maneira direta significa reconhecer o contexto e o propósito de Jesus. Esse discurso foi dirigido a pessoas que o seguiam, pessoas que viviam em um mundo pecaminoso e esperavam que o rei voltasse e estabelecesse o reino. O sermão é o padrão que os discípulos devem se esforçar para seguir e descreve o estilo de vida que os cristãos devem viver, porque ele é o Senhor deles, e eles devem querer ser como ele é. Ele deseja que seus seguidores vivam um novo tipo de vida, ainda que estes não sejam capazes de atingir plenamente esse padrão até que ele venha.

Conteúdo O sermão se inicia com as Bem-aventuranças (Mt 5.3-12) e depois passa a descrever como os discípulos de Cristo devem se portar no mundo (5.13-16). O relacionamento de Jesus com a Lei e sua interpretação dela é apresentado a seguir (5.17-48); depois são enumerados alguns atos específicos de justiça — incluindo a oração-modelo (6.1-18). As atitudes do coração que Jesus requer dos discípulos vêm em seguida (6.19-7.12); o sermão é encerrado com o desafio para viver como verdadeiros discípulos (7.13-27).

A introdução do sermão (5.1,2) revela que Jesus pregou para uma congregação "mista". Alguns estavam na periferia, outros se moviam em direção a Jesus, e outros se comprometeram a segui-lo. O sermão foi endereçado direta e primariamente aos discípulos, mas o resto da multidão o ouviu com muito interesse. Eles se maravilharam com seu ensino, pois, de modo diferente dos mestres da lei, ele falava com grande autoridade (Mt 7.28,29). V. *bem-aventuranças*; *ética*; *Jesus, vida e ministério*. — Dale Ellenburg

SERMÃO PROFÉTICO O principal sermão que Jesus pregou no monte das Oliveiras. Ele deu instruções concernentes ao fim dos tempos e à destruição de Jerusalém. O discurso (Mt 24; 25; Mc 13) é em parte um apocalipse por causa do uso de linguagem simbólica e visionária, o que o torna a passagem difícil de entender. Partes desse discurso aparecem esparsas em Lc 12—21.

Significado dos sinais (Mt 24.4-8) Os comentários iniciais versam sobre a crença errônea em sinais enganadores que de modo algum significam o fim do mundo. Esses sinais ocorreram no tempo de Jesus e precederam a destruição de Jerusalém, o acontecimento principal na mente dele, e para o qual ele tentou preparar os discípulos. Eles ainda estão ativos depois de 2.000 anos, indicação posterior de que não anunciam o tempo do fim.

Tempo da perseguição (Mt 24.9-14) Esses versículos sugerem um tempo muito problemático. Alguns diriam que a referência é a um período imediatamente anterior à parúsia (retorno ou segunda vinda de Cristo: 24.14). A declaração de Jesus de que o evangelho deve ser pregado em todo o mundo parece fortalecer essa opinião. "Mas aquele que perseverara até o fim será salvo" (24.13) pode se referir ao período imediatamente anterior à parúsia. A passagem também pode se relacionar com algum outro acontecimento, como a destruição de Jerusalém. A opressão aos cristãos e a perseguição familiar eram comuns. Cristãos desprezados e sujeitos a grande sofrimento é uma descrição acurada da situação na Judeia antes da Guerra Judaica, 66-70 d.C., quando Tito destruiu a cidade.

O sacrilégio terrível (Mt 24.15-22) Narrativas extrabíblicas descrevem a profanação do templo de Jerusalém em 167 a.C., por Antíoco Epifânio, que edificou ali um altar a Zeus. Esse acontecimento é considerado de forma ampla o cumprimento da profecia de Daniel (Dn 11.31). Entretanto, Jesus aplicou a profecia à futura queda de Jerusalém diante dos exércitos de Tito. O horror desse cerco foi sem precedentes. O templo e a cidade foram totalmente destruídos. V. *história e literatura intertestamentárias*.

A segunda vinda de Cristo (Mt 24.26-25.46) Jesus falou a respeito de sua vinda em linguagem velada. Ocorrências não naturais nos céus eram geralmente utilizadas em textos apocalípticos para descrever o indescritível, mas também para resguardar o mistério. Grande parte do plano de Deus é misteriosa, mas Jesus revelou o suficiente. A vinda do Filho do homem será inteiramente pública e "numa hora em que vocês menos esperam" (Mt 24.44). Ele virá nas nuvens com grande poder (At 1.9-11). O sinal de sua parúsia é de significado obscuro. O sermão é interrompido pela declaração "não passará esta geração até que todas estas coisas aconteçam" (Mt 24.34). Jesus não estava confuso ou errado com referência a esses acontecimentos. Ele se referiu à destruição de Jerusalém, ocorrida no tempo daquela geração, como antecipação da vinda final. As parábolas que concluem a passagem ensinam a necessidade de permanecer vigilante. A descrição do juízo final conclui o discurso. Sua mensagem básica é um apelo à preparação para a volta de Jesus. — *Diane Cross*

SERPENTE Tradução em português de várias palavras bíblicas usadas para se referir às cobras. Símbolo do mal e de Satanás. Deus deu a Moisés um sinal, mostrando-lhe controle das serpentes encantadas (Êx 4.3; 7.9,10; cp. Jó 26.13). Jesus acusou os fariseus de serem maus e letais como serpentes (Mt 23.33). Ele concedeu poder aos Setenta sobre as serpentes (Lc 10.19). V. *Diabo, Satanás, Maligno, demoníaco*; *répteis*.

SERPENTES, ENCANTADORES DE V. *encantamentos*.

SERPENTES ABRASADORAS (*ARA*), **ARDENTES** (*ARC*) Deus usou serpentes de aparência abrasadora ou ardente para morder e ensinar seu povo. A palavra hebraica para ardente é a mesma usada para serafins em Is 6, mas se refere a diferentes tipos de criaturas. Para castigar os israelitas por se queixarem da sua sorte no deserto, Deus enviou serpentes abrasadoras entre eles. Em consequência, muitos morreram. As serpentes eram residentes naturais do deserto (Dt 8.15). Por consequência, Deus orientou Moisés a fazer uma representação de uma serpente ardente e colocá-la em um poste. Essa serpente de bronze feita por Moisés se tornou o meio de cura para os que tinham sido picados pelas serpentes ardentes, mas não tinham morrido. Jesus usou isso para apontar para o próprio destino de ser levantado em uma cruz (Jo 3.14; cp. 12.32). V. *Moisés*.

Isaías usou o medo de serpentes para advertir os complacentes filisteus de que Deus levantaria um inimigo mais temível que poderia ser comparado somente a uma serpente (*saraf*) veloz e que daria o bote (Is 14.29; cp. 30.6).

SERRA Ferramenta para cortar madeira ou pedra. V. *ferramentas*.

SERRA DOS AMALEQUITAS Região montanhosa no território de Efraim (Jz 12.15; cp. o hebraico "em Amaleque" de 5.14). Alguns intérpretes argumentam se há ou não conexão com a tribo do deserto do mesmo nome.

SERRA DOS AMORREUS Designação da região montanhosa de Judá e Efraim (Dt 1.7,20).

SERRAR Cortar com ferramentas para cortes pesados. As referências a "lenhadores" junto com "carregadores de água" (Js 9.21,23,27; Dt 29.11) provavelmente têm a ver com cortadores de lenha. Esse serviço era desprezado e relegado a estrangeiros e escravos. Os lenhadores são citados em 2Cr 2.10 (cp. Jr 46.22) e eram madeireiros experientes. Os "cortadores de pedra" (1Rs 5.15) eram servos do rei que extraíam pedras das montanhas para a construção dos projetos reais. "Mansões de pedra" (Am 5.11) eram consideradas um artigo de luxo.

SERUGUE 1. Nome pessoal e de lugar que significa "rebento, descendente". Ancestral de Abraão

(Gn 11.20) e, portanto, de Jesus (Lc 3.35). Também é o nome de uma cidade distante cerca de 32 quilômetros de Harã, mencionada em textos assírios. **2.** Ancestral de Jesus Cristo (Lc 3.35).

SERVA Mulher solteira, geralmente das classes trabalhadoras. Há cinco palavras hebraicas e quatro palavras gregas que expressam a ideia de "serva". No AT *amah* e *shifchah* se referem a escravas. Essas palavras podem ser traduzidas por "escrava" ou "criada". Elas são usadas como expressão de profunda humildade (Rt 3.9; 1Sm 25.24-31; 28.21; 2Sm 14.6; 1Rs 1.13,17). Um caso especial envolve o uso desses termos para "serva do Senhor" (1Sm 1.11; Sl 86.16; 116.16), sempre com referência à oração pelo filho da serva. Em Êx 2.8 *almah* significa simplesmente "garota". Em Pv 30.19 tem-se em mente uma jovem casadoura. Algumas versões (*NVI*, *ARA*, *ARC*) traduzem a palavra como "virgem" em Is 7.14. A palavra *na'arah* é usada tanto para a mulher jovem (2Rs 5.2) como também especificamente para servas (Rt 2.8; Et 2.4). No NT *korasion* se refere a uma criança ou a uma jovem (Mt 9.24,25). *Paidiske* se refere a uma (jovem) empregada (Mt 26.69; Mc 14.66; Jo 18.16). Em Lc 8.51,54 *pais* significa "criança". Em outros lugares, a palavra pode significar "serva". A referência que Maria faz a si mesma como "escrava [*doule*] do Senhor" (Lc 1.38,48) reflete o uso do AT. V. *servo do Senhor*.

SERVIÇO Trabalho realizado para o próximo ou para Deus e/ou seu culto. Jacó trabalhou para Labão sete anos em troca de cada uma de suas esposas (Gn 29.15-30). O trabalho ou serviço pode ser escravo (Êx 5.11; Lv 25.39; 1Rs 12.4; Is 14.3; cp. Lm 1.3), trabalho rural (1Cr 27.26) ou trabalho diário (Sl 104.23). Podia ser serviço prestado a reis terrenos (2Cr 12.8; cp. 1Cr 26.30) ou ao lugar de culto a Deus (Êx 30.16; cp. Nm 4.47; 1Cr 23.24) ou aos ministros de Deus (Ed 8.20) e a Deus (Js 22.27). Não somente as pessoas trabalham; Deus também trabalha (Is 28.21). Até a justiça trabalha (Is 32.17).

A quintessência do serviço é o culto. Envolve o serviço dos vasos do templo (1Cr 9.28), as ações cúlticas (2Cr 35.10; cp. Êx 12.25,26), as ofertas (Js 22.27) do serviço sacerdotal (Nm 8.11). É interessante observar que o AT nunca atribui serviço a outros deuses.

De modo semelhante, o NT fala de trabalhos forçados (Mt 27.32), da vida como sacrifício (Rm 12.1; Fp 2.7, um jogo de palavras indica uma oferta), trabalho escravo feito por causa de Cristo (Ef 6.7; Cl 3.22; cp. Fp 2.30), culto (Rm 9.4; Hb 12.28), ofertas (Rm 15.31; 2Co 1.12; 2Tm 4.11). O texto de Hb 1.14 fala do ministério ou serviço dos anjos. Estar em um exército (2Tm 2.4) e alguns que perseguem os seguidores de Cristo pensam que prestam serviço a Deus (Jo 16.2).

SERVIDÃO Trabalho duro feito por servos ou trabalhadores contratados (Gn 47.21; 2Cr 10.4; Ne 5.18; Jr 28.14; Lm 1.3). A mesma palavra hebraica pode ser traduzida também por "serviço".

SERVIDORES DO TEMPLO, NETININS (*ACF*) Palavra que significa "aqueles que foram dados (aos sacerdotes e levitas)", que Esdras e Neemias aplicaram às pessoas de origem estrangeira que realizavam tarefas servis no templo. Moisés designou prisioneiros de guerra midianitas aos sacerdotes (32 servos; Nm 31.28,40) e aos levitas (320 servos; Nm 31.30,47). Josué forçou os gibeonitas a trabalharem como lenhadores e carregadores de água para o santuário (Js 9.27). Os servos dados por Davi aos levitas provavelmente também eram prisioneiros de guerra (Ed 8.20).

Representantes dos netinins retornaram do exílio com Zorobabel no ano 538 a.C. (Ed 2.43-54; Ne 7.46-56). A lista de retornados contém muitos nomes estrangeiros, o que sugere sua origem como prisioneiros de guerra. A despeito da procedência estrangeira, os netinins parecem ter sido aceitos como parte do povo de Israel. Eles foram proibidos de casamentos estrangeiros com os povos da terra (Ne 10.28-30) e compartilharam das responsabilidades de reparar os muros da cidade de Jerusalém (Ne 3.26; contraste com Ed 4.1-3). Os netinins residiam no bairro de Ofel em Jerusalém, provavelmente perto da porta das Águas (Ne 3.26), lugar adequado à sua tarefa como carregadores de água.

SERVO DO SENHOR Título extraído do AT, especialmente de Is 40—55, que Jesus aplicou a si mesmo. A expressão "servo do Senhor"

SERVO DO SENHOR

("Meu servo" ou "Seu servo", quando o pronome se refere a Deus) é aplicado a muitos líderes do povo de Deus; a Moisés, é aplicado cerca de 30 vezes, e a Davi, cerca de 70 vezes, e a Israel, diversas vezes como nação.

Em Is a ideia é introduzida quase incidentalmente. O cap. 41 apresenta uma grande crise, à medida que um exército poderoso vindo da Pérsia marcha rumo ao oeste, conquistando muitas nações e enchendo todos de terror. Em contraste, Deus diz a Israel que não precisa temer: "Você, porém, ó Israel, meu servo, Jacó, a quem escolhi, vocês, descendentes de Abraão, meu amigo [...]. Eu disse: Você é meu servo; eu o escolhi e não o rejeitei" (Is 41.8,9b). Israel seria preservado porque era instrumento de Deus para realizar uma tarefa de importância mundial.

O texto de Is 42 apresenta um quadro marcante do Servo do Senhor ideal e da grande obra que Deus deseja que ele execute. Ele irá trazer justiça às nações (v. 1) "até que se estabeleça justiça na terra" (v. 4). As tarefas das quais foi incumbido são quase impossíveis de crer. Ele levará a justiça de Deus a todas as nações (v. 1,4).

Quase mais notável que a vastidão da tarefa que o Servo deve realizar é a descrição da maneira que deve fazê-lo. Ele agirá com absoluta confiança, mas sem qualquer esforço extenuante. Terá tal compreensão de seu poder extremo que realizará sua obra de modo absolutamente gentil (v. 2-4), mesmo para com quem fracassar em seus esforços. A primeira parte do cap. 42 apresenta o Servo do Senhor ideal — o alvo para o qual Israel foi preservado.

Quando um israelita lia essa profecia, poderia pensar: "Como Israel pode considerar essa grande tarefa que o Servo de Deus deve realizar?". Logo o próprio Senhor chamou a atenção para a falta de condição do israelita comum para cumprir o quadro do Servo ideal. No versículo 19 ele diz: "Quem é cego, senão o meu servo, e surdo senão o mensageiro que enviei? Quem é cego como aquele que é consagrado a mim, cego como o servo do Senhor?" (43.10; cp. 44.1,2,21).

Israel tinha a responsabilidade de realizar a obra do Servo. Mas nem todos os membros do povo, pois alguns eram blasfemos e idólatras. Seria o Servo apenas parte do povo de Israel? Ou os textos apontariam para o que sairia de Israel — aquele que representaria Israel na realização dessa tarefa? O texto de Mt 12.17-21 cita Is 42.1-4 como profecia cumprida em Jesus Cristo.

O cap. 49 apresenta a obra do Servo com mais detalhes. O Servo diz às "ilhas" e às "nações distantes" (v. 1) que Deus o chamou antes do seu nascimento, até mencionando seu nome: Israel (Is 49.3). O versículo 4 descreve o piedoso em Israel que sabe o que Deus quer, mas reconhece a própria falta de capacidade, mas está seguro de que a obra pertence a Deus e que ele a realizará. Os versículos 5 e 6 distinguem quem cumprirá a obra do Servo da nação de Israel — a quem ele pertence e a quem ele representa. O Servo não apenas trará julgamento a todo mundo — ele vai "trazer de volta Jacó" (v. 5) e "restaurar as tribos de Jacó". Será uma "luz para os gentios" para que a salvação seja levada "até aos confins da terra" (v. 6). Em 50.4-10 fala-se a respeito dos sofrimentos aos quais ele voluntariamente se submeterá.

Tudo isso conduz ao quadro triunfante de Is 52.13—53.2, que mostra os sofrimentos do Servo (52.14; 53.2-5,7-8,10) e a natureza vicária e redentiva desses mesmos sofrimentos (52.15; 53.4-6,8,10-12; cp. 1Pe 1.1,2). O cap. 54 mostra o alcance da obra do Servo, e o cap. 55 apresenta o chamado para receber sua obra redentiva "sem dinheiro e sem custo" (v. 1).

Depois de Is 53, não há a palavra "servo" no singular; antes, ele fala das bênçãos recebidas pelos seguidores do Servo, chamando-os "servos do Senhor" (54.17), "seus servos" (56.6; 65.15; 66.14) e "meus servos" (65.8,9,13,14).

O NT apresenta Jesus como o Servo Sofredor que cumpre as descrições gloriosas de Is. Ao não permitir que os discípulos revelassem sua verdadeira identidade, Jesus agiu de acordo com o Servo, que não discute nem grita (Mt 12.14,21). Na ressurreição e na ascensão, Deus glorificou Jesus como o Servo (At 3.13; cp. v 26). Líderes gentios e judeus conspiraram para fazer Jesus (chamado de "santo servo", i.e., de Deus) no versículo 27 sofrer conforme o poder e vontade de Deus haviam decidido de antemão que acontecesse (v. 28). Isso levou a igreja primitiva a orar para que os servos de Deus pregassem com ousadia e realizassem milagres em nome de Jesus, santo Servo de Deus (At 4.29,30). Jesus viu sua missão como a do Servo (Lc 4.18,19; cp. 22.37) e a tornou um símbolo para os discípulos, chamando-os para servir uns aos outros e ao mundo (Jo 13.4-17). V. *Cristo, cristologia*; *Isaías*; *Jesus Cristo*; *Filho de Deus*. — Allan A. MacRae

SESÃ Nome pessoal de significado incerto. Membro do clã de Jerameel, da tribo de Judá (1Cr 2.31-35).

SESAI Provavelmente um nome hurrita de significado incerto. Homem ou clã que vivia perto de Hebrom, descendentes dos Anaquins (Nm 13.22) e expulsos por Calebe (Js 15.14) e pela tribo de Judá (Jz 1.10). Podem ter entrado em Israel com os povos do mar, com quem os filisteus estão relacionados.

SESAQUE Criptograma ou código de palavras que Jeremias usou para indicar a Babilônia (25.26; 51.41). O código usa a primeira letra do alfabeto para a última, a segunda para a penúltima, e assim sucessivamente. Em português, é utilizar a para z, b para y, e assim por diante.

SESBAZAR Nome babilônico que provavelmente significa "Que Shamash (o deus-Sol) proteja o pai". Líder judeu que acompanhou o primeiro grupo de exilados da Babilônia para Jerusalém em 538 a.C. (Ed 1.8). O rei Ciro da Pérsia aparentemente indicou Sesbazar como governador do reino de Judá restaurado e forneceu para seus companheiros provisões e muitos itens dos tesouros que os babilônios haviam tirado de Jerusalém. Tentou reconstruir o templo (Ed 5.16), mas não passou da fundação quando foi substituído por Zorobabel. Sua genealogia não é clara, mas alguns creem que o Sealtiel de 1Cr 3.17 possa ser Sesbazar. Se os dois são a mesma pessoa, Sesbazar era filho de Jeoaquim e tio de Zorobabel.

SETAR Nome persa de significado incerto. Conselheiro do rei Assuero da Pérsia, especialista em "questões de direito e justiça" daquela nação e possivelmente especialista também em astrologia (Et 1.13,14).

SETAR-BOZENAI Nome persa que talvez signifique "Mitra (o deus) é o libertador". Oficial provincial persa que questionou o direito de Zorobabel de iniciar a reconstrução do templo (Ed 5.3, 6), mas respondeu à pergunta do rei Dario ao pedir aos judeus que o reconstruíssem (Ed 6.13). O nome aparece nos papiros de Elefantina.

SETE 1. Nome pessoal e tribal de significado incerto. Clã moabita cuja destruição foi predita por Balaão (Nm 4.17). A grafia hebraica é a mesma de Sete, filho de Adão e Eva (Gn 4.25). Textos egípcios e babilônios falam sobre um povo seminômade do deserto da Síria e da Arábia chamado Sutu. Alguns comentaristas

Igreja de São João em Pérgamo, cidade em que uma das sete igrejas da Ásia Menor estava localizada.

pensam não em um nome pessoal, mas em uma expressão que significa "filhos do tumulto". **2.** Nome pessoal que significa "ele apontou" ou "substituição". Terceiro filho de Adão e Eva, nascido depois que Caim matou Abel (Gn 4.25; 5.3). Ancestral de Jesus (Lc 3.38).

SETE IGREJAS DA ÁSIA Destinatários originais do livro de Ap (Ap 1.4). V. *Ásia Menor, cidades de*.

SETE PALAVRAS DA CRUZ Declarações de Jesus feitas durante as seis agonizantes horas da sua crucificação. Essas palavras têm grande preso e significado por terem sido ditas durante o ato central da redenção. Nenhum dos Evangelhos contém as sete palavras, mas juntos apresentam a ordem geralmente aceita.

As primeiras três palavras de Jesus foram ditas entre as 9 da manhã e o meio-dia (Mc 15.25). Incialmente, ele pediu perdão a favor de quem o crucificou (Lc 23.34). Na cruz Jesus tornou o perdão possível não somente para os envolvidos na crucificação, mas também para todos os que depositam a confiança nele. Em segundo lugar, Jesus prometeu ao ladrão arrependido que ele encontraria o Senhor no paraíso naquele mesmo dia (Lc 23.43), concedendo assim a percepção do que acontece após a morte do cristão. Em terceiro lugar, Jesus providenciou para que João cuidasse de sua mãe (Jo 19.26,27).

As últimas quatro palavras de Jesus foram pronunciadas entre o meio-dia e 3 horas da tarde, as últimas horas antes de sua morte (Mt 27.45; Mc 15.33; Lc 23.44). Sua quarta palavra foi um brado de lamento, citando Sl 22.1 em aramaico (Mt 27.46; Mc 15.34). Essa declaração surgiu não apenas em meio à sua dor física, mas também da angústia solitária de levar sobre si os pecados do mundo. Sua agonia física é expressa na quinta palavra, quando Jesus teve sede (Jo 19.28). Depois de lhe darem vinagre, Jesus pronunciou a sexta palavra: "Está consumado" (Jo 19.30), o brado de vitória, não de derrota. Jesus não estava derrotado, mas a redenção estava completa. Em suas palavras finais, Jesus citou Sl 31.5, enquanto entregava o espírito a Deus (Lc 23.46). V. *cruz, crucificação*.
— *Steve W. Lemke*

SETE, SÉTIMO Número símbolo de completitude, perfeição. V. *números, sistemas de, e simbolismo numérico*.

SETENTA ANOS Figura profética e apocalíptica que indica o tempo do exílio de Israel na Babilônia e do fim da tribulação na visão de Daniel. Setenta anos é o número representativo do período da vida humana (Sl 90.10). O texto de Js 23.15 e a Pedra Negra Babilônica de Esar--Hadom sugerem que 70 anos era o tempo esperado de punição e desolação para uma cidade derrotada. Jeremias predisse que Judá serviria à Babilônia por 70 anos (Jr 25.11; cp. 29.10). O texto de 2Cr 36.21 entende que os 70 anos completaram-se com a vinda de Ciro (538 a.C.). Aparentemente os 70 anos são vistos como a primeira deportação de desdendentes de Judá para a Babilônia (por volta de 605 a.C.) até a vinda de Ciro. Zacarias parece ter compreendido que os 70 anos encerravam-se em seus dias, com a reconstrução do templo (Zc 1.12). Isso faria que o período de 70 anos se estendesse da destruição do templo (586 a.C.) até sua rededicação em 516 a.C. Alguns intérpretes veem na referência do cronista aos sábados uma indicação de um segundo significado para os 70 anos, i.e, 70 anos sabáticos (Lv 25.1-7; 26.34,35) ou 490 anos. De acordo com essa conta, Israel não guardou o mandamento do ano sabático desde o tempo dos juízes, de modo que Deus deu à terra 70 anos sabáticos consecutivos durante o exílio. Daniel meditou na profecia de Jeremias (Dn 9.2) e entendeu que as 70 semanas de anos foram cumpridas (v. 24). V. *sabático, ano*; *setenta semanas*.

SETENTA SEMANAS Expressão citada em Dn 9.24-27, geralmente entendida como 70 semanas de anos ou 490 anos. O texto alista as semanas em três partes: sete semanas (49 anos), 62 semanas (434 anos) e uma semana (7 anos). Os 49 anos estão ligados à reconstrução de Jerusalém em "tempos difíceis" (v. 25). Os 434 anos se relacionam ao tempo entre a morte do Ungido (v. 26). Os sete anos estão ligados ao período de uma aliança entre determinado governante e Jerusalém, que é violada na metade dos sete anos (v. 27).

O significado das 70 semanas é entendido de diferentes maneiras. Uma abordagem histórica relaciona esses anos ao período da história entre a queda de Jerusalém e a restauração do templo em 164 a.C., depois das atrocidades de Antíoco Epifânio. V. *história e literatura intertestamentárias*.

SETENTA SEMANAS

IGREJAS DA REVELAÇÃO
- Cidade
- Cidades das Sete Igrejas
- Estrada principal

João escreve o Apocalipse encorajando os cristãos a permanecerem fiéis

MAR MÁRMARA
Bósforo
Dardanelos
MÍSIA
BITÍNIA E PONTO
ÁSIA
LÍDIA
FRÍGIA
PISÍDIA
CÁRIA
PANFÍLIA
LÍCIA
MAR MEDITERRÂNEO

Imbros, Heracleia, Bizâncio (Istambul), Calcedônia, Nicomédia, Abidos, Cízico, Prusa, Niceia, Trôade, Assos, Adramítio, Dorileia, Lesbos, Mitilene, Cotiaeum, Nacoleia, Pérgamo, Tiatira, Ancira, Apia, Rio Hermus, Temenothyrae, Quio, Esmirna, Sardes, Filadélfia, Sebaste, Éfeso, Trípolis, Hierápolis, Apamea, Samos, Tralles, Laodiceia, Icaria, Magnésia, Rio Meander, Colossos, Samos, Trogílio, Alabanda, Afrodisias, Patmos, Mileto, Heracles, Cibira, Perge, Idyma, Cós, Gós, Helicarnasso, Cnido, Rodes, Rodes, Xanto, Pátara, Mira

Uma abordagem profética vê a referência ao nascimento de Cristo, sua subsequente crucificação (a morte do Ungido) e a destruição de Jerusalém pelos romanos no ano 70 da era cristã. Nessa época, cessaram os sacrifícios da antiga aliança. A mesma datação sem referência a Jesus tem sido a interpretação usual judaica desde Josefo. Nesse caso, o centro da atenção está na destruição do templo.

A abordagem dispensacionalista faz das 70 semanas uma estrutura profética para os acontecimentos do fim dos tempos, não uma profecia do que aconteceria na obra de Cristo em sua primeira vinda. A sexagésima nona semana é entendida como cumprida na morte de Cristo, enquanto a septuagésima semana ainda está por se cumprir, em um futuro período da grande tribulação. O intervalo entre as duas é visto como um parêntese no padrão profético que contém a presente era da Igreja, um período que não é revelado na profecia do AT. V. *dispensação*; *escatologia*; *Milênio*; *tribulação*. — Jerry W. Batson

SETUR Nome pessoal que significa "escondido". Espião representante da tribo de Aser, na investigação da terra prometida (Nm 13.13).

SEVA Nome pessoal que significa "similaridade". **1.** Escriba de Davi (2Sm 20.25), talvez a transliteração de um título egípcio que significa "escritor de cartas". O nome é Seraías em 2Sm 8.17, Sausa em 1Cr 18.16. V. *escriba*. **2.** Descendente de Calebe e ancestral original de um clã (1Cr 2.49).

SEXO, ENSINO BÍBLICO A RESPEITO DO

A Bíblia aborda a sexualidade humana de uma perspectiva holística quanto à intenção e ao desígnio de Deus. Em contraste com os rituais sexuais pagãos e com a moderna obsessão pelo sexo, a Bíblia apresenta o sexo no contexto total da santidade e felicidade da natureza humana.

Gênero e relação Deus criou os seres humanos macho e fêmea, ambos feitos à sua imagem (Gn 1.27). Portanto, o gênero não é mero acidente biológico ou construção social. O contraste e a complementaridade entre homem e mulher revelam que o gênero é parte da bondade da criação de Deus. Esforços modernos para redefinir ou redesenhar o gênero são diretamente contrários às afirmações bíblicas de masculinidade e feminilidade como distinções adequadas. Esse padrão de distinção é afirmado e reforçado por ordens litúrgicas e restrições quanto a vestuário, comprimento do cabelo etc. Qualquer esforço para confundir ou negar as diferenças de gênero é expressamente proibido pelas Escrituras e oposto a elas, em especial como é demonstrado pelos códigos legais do AT.

Por toda a Bíblia apresenta-se um padrão complementar de relação entre homem e mulher, particularmente na relação do casamento, como o propósito divino. Ambos são iguais em dignidade e *status*, mas o padrão de liderança masculina no lar e na igreja é reforçado por passagens descritivas e prescritivas (1Tm 2.8—3.7; 1Co 11.2-16; 14.34-38).

Sexo como dom e responsabilidade A Bíblia coloca o sexo e a atividade sexual no contexto maior da santidade e fidelidade. Quanto a isso, a Bíblia apresenta uma explicação honesta e muitas vezes detalhada do desígnio de Deus para o sexo e seu lugar na vida e na felicidade humanas.

Primeiro, os escritores bíblicos afirmam a bondade da sexualidade como dom de Deus. O livro de Ct é um grande poema de amor com linguagem e imaginário eróticos explícitos. O sexo é afirmado como fonte de prazer e intimidade compartilhados entre marido e mulher.

Segundo, o dom da atividade sexual é localizado apenas no contexto da aliança conjugal. Unidos um ao outro nessa aliança monogâmica, homem e mulher podem estar nus e não se envergonharem (Gn 2.25). O testemunho consistente dos escritores bíblicos é que as relações sexuais estão limitadas a esse relacionamento pactual. Todas as formas de atividade sexual extraconjugal são condenadas, incluindo o sexo pré-marital (fornicação) e o adultério (Êx 20.14; Dt 22.22; 1Co 6.9,10). Ao mesmo tempo, ordena-se ao marido e à esposa o cumprimento de seus deveres conjugais um para com o outro e que não restrinjam suas atividades sexuais (1Co 7.2-5).

Terceiro, ainda que o prazer seja uma das bênçãos biblicamente associadas à união sexual (Pv 5.15-19), a Bíblia associa a procriação ao ato conjugal (Sl 128.3). O prazer sexual e a procriação estão ligados em uma abordagem saudável e natural que evita a negação de um ou de outro. Tecnologias modernas de contracepção eram desconhecidas no tempo da Bíblia, e a "mentalidade contraceptiva" contemporânea, que defende o prazer sexual completamente distinto da procriação, é algo estranho à cosmovisão bíblica.

Quarto, os escritores bíblicos tratam da sexualidade humana com honestidade. Paulo reconheceu a realidade das paixões sexuais (1Co 7.9) e admoestou aos que não receberam o dom do celibato que se casem, em vez de permitirem que suas paixões os levem à luxúria pecaminosa.

A realidade da pecaminosidade sexual é também tratada nas Escrituras. A dor e a vergonha do adultério, p. ex., são demonstrados no relato do pecado de Davi com Bate-Seba. O horror de Paulo ao saber de pecado sexual entre os cristãos de Corinto permitiu que escrevesse alguns dos seus ensinos mais claros a respeito de sexualidade e santidade.

Sexo, santidade e felicidade Os escritores bíblicos afirmam a sexualidade como parte da existência corporal. Como seres humanos, somos criaturas sexuais, e como criaturas sexuais somos chamados a honrar a Deus com o corpo (1Co 6.15-20). Dentro do contexto da aliança conjugal, marido e esposa são livres para expressar amor um ao outro, experimentar prazer e se unir no ato procriativo da união sexual. Isso é agradável a Deus e não deve ser motivo de vergonha.

Os escritores bíblicos associam santidade à felicidade. A verdadeira felicidade humana vem no cumprimento da santidade sexual. Tentar desfrutar de felicidade sexual sem santidade é a raiz do desvio sexual.

Desvio sexual Como os escritores bíblicos apresentam o sexo conjugal como santo e natural, todas as outras formas de atividade sexual são condenadas e consideradas pecaminosas. Além do adultério e da fornicação, a Bíblia proíbe expressamente a homossexualidade, o bestialismo, o incesto, a prostituição, o estupro, a pederastia e todas as outras formas de desvio sexual (Êx 22.16,17,19; Lv 18.6-18, 22-23; Pv 7.1-27; Rm 1.26,27; 1Co 5.1-13).

A Bíblia apresenta o desvio sexual como rejeição intencional da autoridade de Deus como Criador e Senhor (Rm 1.18-25). Como Paulo adverte, os praticantes desses pecados não herdarão o Reino de Deus (1Co 6.9,10). Os escritores do AT e do NT advertem o povo de Deus de não praticar esses pecados. É interessante observar que as práticas sexuais de várias nações pagãs descritas no AT e os costumes sexuais do Império Romano do séc. I são notavelmente semelhantes às obsessões sexuais do tempo presente.

A sexualidade é um dos bons dons de Deus e fonte de grande parte da felicidade humana. Ao mesmo tempo, se manifestada fora do contexto da fidelidade conjugal, pode se tornar uma das forças mais destrutivas da existência humana.

O amor sexual conjugal na intimidade da união sexual e o ato da união conjugal são fonte de prazer e de procriação. Tanto as bênçãos do ato conjugal como também do relacionamento devem ser bem recebidos e aceitos com gratidão. Os escritores bíblicos instruem que a verdadeira felicidade sexual está intimamente associada à santidade sexual como crentes que vivem diante de Deus.

SHADDAI Transliteração do nome hebraico para Deus, geralmente traduzido por "Todo-poderoso", seguindo a *LXX* (a versão grega das Escrituras hebraicas). V. *Todo-poderoso*; *Deus dos pais*; *nomes de Deus*.

SHALIM V. *Saalim*.

SHEKEL (SICLO) Peso hebraico de cerca de 120 gramas. A palavra *shekel* (siclo) se tornou o nome de uma moeda de prata com aquele peso. V. *moedas*; *pesos e medidas*.

SHEKHINAH Transliteração de uma palavra hebraica não encontrada na Bíblia, mas usada em muitos textos judaicos para falar sobre a presença de Deus. A palavra significa "habitação" e está implícita na Bíblia todas as vezes que se refere à proximidade de Deus, de uma pessoa, de um objeto, ou à sua glória. Geralmente é usada em combinação com a ideia de glória para falar da presença da glória da *shekhinah* de Deus.

SHEMÁ Transliteração do imperativo hebraico que significa "Ouve" (Dt 6.4) e aplicado à passagem de Dt 6.4-9 como a declaração básica da lei judaica. O *Shemá* se tornou uma confissão de fé para o povo de Deus; por meio dela eles reconheciam o único Deus verdadeiro e seus mandamentos. Práticas cultuais posteriores combinaram Dt 6.4-9; 11.13-21 e Nm 15.37-41 em um *Shemá* ampliado como o resumo da confissão de fé judaica. Quando perguntaram a Jesus a respeito do "grande mandamento" (*NVI*, "mandamento mais importante"), ele respondeu citando o *Shemá* (Mc 12.29).

SHEMUEL (*TEB*) Nome pessoal que significa "Sumu é deus", "o nome é Deus", "Deus é exaltado" ou "Filho de Deus". **1.** Transliteração precisa do hebraico para Samuel. V. *Samuel*. **2.** Líder da tribo de Simeão (Nm 34.20, *TEB*, "Shemuel"; *NVI*, "Samuel"). **3.** Chefe de um clã da tribo de Issacar (1Cr 7.2; *NVI*, "Samuel").

SHEOL Lugar dos mortos, ou mais especificamente, o lugar para onde vão os mortos injustos, de acordo com a Bíblia Hebraica. O *sheol* é uma das muitas palavras e expressões que designam a morte, os mortos e o destino de todos os que passaram por esta vida. As Escrituras falam de Deus como aquele que faz a morte chegar aos homens (Jó 30.23). A respeito de alguns dos patriarcas, é dito que, na morte, foram se encontrar com seus antepassados (Gn 15.15), ou que descansaram (Dt 31.16) com eles. No AT recordava-se às pessoas que eram pó e que, na morte, voltariam ao pó (Gn 3.19; Ec 3.20).

As origens da palavra *she'ol* são desconhecidas, ainda que alguns tenham estabelecido uma ligação com o nome similar de uma divindade acádia do mundo inferior. Sendo esse o caso ou não, o uso bíblico não tem conexão com a mitologia acádia. Diz-se em vários textos a respeito das pessoas que descem ao *sheol* ou vão para o abismo (Sl 88.6,10; Am 9.2, *ARA*, *BP*; *NVI*, "profundezas"; *NTLH*, "mundo dos mortos"; *BJ*, "Xeol"). Essas passagens provavelmente indicam que os hebreus consideravam a localização do *sheol* abaixo de seus pés. Os mortos eram evidentemente sepultados em túmulos ou tumbas, de modo geral em ossuários familiares. Portanto, a linguagem concernente ao reino dos mortos debaixo da terra era compreendida com facilidade. Isso não é dizer que os escritores do AT simplesmente tomaram emprestada sua visão dos povos vizinhos. Ainda que muitas outras culturas do Oriente Médio professassem a crença em algum tipo de mundo inferior, o entendimento do AT é único tanto na linguagem empregada como também no conteúdo desse ensino. Não quer dizer que os hebreus acreditassem em um Universo de três andares, com os deuses acima, os demônios no subsolo e os humanos na superfície da terra. É mais provável que usassem essa linguagem em sentido metonímico, i.e., uma palavra é substituída pela realidade para a qual aponta. Não é provável que cressem na existência de algum tipo de mundo inferior profundo com cavernas habitadas pelos mortos.

A palavra *sheol* ocorre 21 vezes no tipo de literatura encontrada em Sl (Sl 6.5; 9.17; 16.10; 18.5; 30.13; 31.17; 49.14,15; 55.15; 86.13; 88.3; 89.48; 116.3; 139.8; 141.7; 1Sm 2.6; 2Sm 22.6; Is 38.10,18; Jn 2.2); 20 vezes na literatura de sabedoria (Jó 7.9; 11.8; 14.13; 17.13,16; 21.13; 24.19; 26.6; Pv 1.12; 5.5; 7.27; 9.18; 15.11,24; 23.14; 27.20; 30.16); 17 vezes na literatura profética (Is 5.14; 7.11; 14.9,11,15; 28.15,18; 57.9; Ez 31.15-17; 32.21,27; Os 13.14; Am 9.2; Hc 2.5) e 8 vezes na literatura narrativa (Gn 37.35; 42.38; 44.29,31; Nm 16.30, 33; 1Rs 2.6,9). Com base nessa lista aprece claro que a palavra era usada primariamente em contextos poéticos (seja profecia, seja salmodia, seja sabedoria) e em falas a respeito da morte. Era uma palavra que indicava o compromisso sério com a realidade da morte, da mortalidade e da maneira em que a vida tem impacto sobre o destino de alguém.

Essa palavra tem sido traduzida de várias maneiras. Traduzi-la por "inferno" não é boa opção, pois o inferno — como o "lago de fogo" — só será o destino dos mortos após o juízo final (Ap 20.14). A opção utilizada por várias versões é traduzir a palavra por "sepultura". Traduções recentes têm simplesmente transliterado a palavra hebraica. Essa é provavelmente a melhor abordagem, considerando que algumas vezes a palavra exige uma interpretação literal, e em outras, uma metafórica.

O *sheol* é um lugar apresentado como contrário à obra de Javé. Os que lá habitam estão separados de Javé espiritual e moralmente (Is 38.18; Sl 6.5,6), ainda que não fisicamente, pois não pode haver fuga verdadeira de Deus, nem no *sheol* (Sl 139.8; Am 9.2). É um lugar no qual se está preso (Sl 18.5; 116.3), onde há trevas (Sl 88.6) e silêncio (Sl 115.17). É também um lugar onde se perdem posição e prestígio. Em Is 14 o profeta fala a respeito de alguém que tendo sido rei, é lançado no *sheol*, e agora lhe é dito: "Todos responderão e lhe dirão: Você também perdeu as forças como nós, e tornou-se como um de nós. Sua soberba foi lançada na sepultura, junto com o som das suas liras. Sua cama é de larvas, sua coberta, de vermes". O *sheol* é o nivelador dos homens, principalmente dos que se exaltaram nesta vida em vez de se humilhar diante do verdadeiro Rei (v. tb. Ez 32).

O *sheol* é o destino dos que terminaram a vida na impenitência. Os ricos tolos se encontrarão lá (Sl 49.14), como os imorais (Pv 5.5) e os impiedosos (Is 5.14). Os egípcios estarão lá (Ez 31.15-17), como algumas pessoas específicas, como Corá (Nm 16.30). Alguns textos parecem indicar que mesmo os justos estarão no *sheol*. Por isso Jó lamenta que este seja seu destino (Jó 17.13-16), como Jacó (Gn 37.35) e Ezequias (Is 38.10). Mas, se os textos forem examinados com cuidado, perceber-se-á que essas pessoas estavam nas profundezas de circunstâncias tristes ou trágicas. Nesses textos o *sheol* aparece em sentido metafórico, como se alguém em nossos dias dissesse "estou no fundo do poço".

Dois textos (Sl 89.48,49 e Ec 9.7-10) parecem ensinar que todos irão para o *sheol*. Mas a primeira passagem ensina que a humanidade pecaminosa está sob julgamento e destinada ao *sheol*; a outra aparece na seção de Ec na qual Salomão lamenta o aspecto absurdo da vida, mas, logicamente, essa não é a palavra final (cf. 12.14). É simplesmente inconcebível que o *sheol* seja o destino dos mortos justos por várias razões. O fato de no *sheol* não haver louvor a Javé (Sl 6.5; 115.17) indica que ele não é o destino dos justos. É um lugar de dor e angústia (Sl 116.3), de fraqueza (Is 14.10), onde não há ajuda (Sl 88.4) nem esperança (Is 38.10), mas destruição (Is 38.17).

Os justos têm uma expectativa diferente. Ainda que o AT não fale com a clareza do NT sobre o tema da vida após a morte, esse tema é apresentado de modo complementar. Um estudioso observou que o AT é como um quarto ricamente mobiliado, mas pouco iluminado. Muitas figuras do AT apresentam a expectativa de que, após a morte, eles permaneceriam em comunhão com Deus e não seriam simplesmente designados para as trevas e o vazio. "Porque tu não me abandonarás no sepulcro [...] (pois há) eterno prazer à tua direita" (Sl 16.10,11). "Sei que a bondade e a fidelidade me acompanharão todos os dias da minha vida, e voltarei à casa do Senhor (Bete Javé) enquanto eu viver" (Sl 23.6). Com referência aos ricos tolos é dito: "Como ovelhas, estão destinados à sepultura, e a morte lhes servirá de pastor" (Sl 49.14; *BJ*, "Xeol"), mas a respeito dos justos é dito: "Mas Deus redimirá a minha vida da sepultura e me levará para si" (Sl 49.15, *BJ*, "Xeol"). Outros textos falam da expectativa da ressurreição dos justos para a vida eterna (Dt 32.39; Dn 12.2; Is 26.19).

O *sheol* no AT é em geral análogo ao *hades* no NT. Jesus falou a respeito do homem rico como estando em tormentos no *hades*, enquanto Lázaro estava "junto de Abraão" (*NVI*; *ARA*, em alegria e paz) (Lc 16.19-31). Aos discípulos Jesus disse que as portas do *hades* não prevaleceriam contra a igreja (Mt 16.18). Nestas passagens *hades* significa um domínio apresentado como sendo contrário a Deus e ao seu reino justo — o lugar dos injustos e do "rei" deles. No final está escrito que a morte e o *hades* serão lançados no lago de fogo (Ap 20.14). O destino final dos habitantes do *sheol*/*hades* é a separação eterna da justiça e do amor de Deus. Como eles buscam estar longe de Deus nesta vida, assim será na morte e na eternidade. — *Chad Brand*

SHIN Antepenúltima letra do alfabeto hebraico, usada como título da vigésima primeira seção do salmo 119 (161-168), pois cada versículo dessa seção se inicia com essa letra.

SHOFAR Palavra hebraica para o chifre de carneiro, usado como instrumento de sopro em cerimônias para convocar o povo de Israel (Êx 19.16; *NVI*, *ARA*, *NTLH*, *BJ*, "trombeta"; *ARC*, "buzina"; *TEB*, "trompa"; *BV*, "corneta"). O shofar era usado no Dia da Expiação no ano do Jubileu para sinalizar a libertação dos escravos e das dívidas. Era também usado como trombeta de guerra quando os israelitas estavam em campanha militar contra seus inimigos. V. *música, instrumentos, dança*. — *Mike Mitchell*

SIA Nome pessoal que significa "ajudador". Família de servidores do templo (Ed 2.44; Ne 7.47).

SIÃO Transliteração das palavras hebraica e grega que originariamente se referiam à colina fortificada da Jerusalém pré-israelita, entre os vales de Cedrom e Tiropeão. Os estudiosos discordam quanto ao significado da raiz do termo. Algumas autoridades sugeriram que a palavra esteja ligada ao termo hebraico que significa "lugar seco" ou "chão ressequido". Outros relacionam a palavra com um termo árabe que é interpretado como "crista de montanha" ou "cadeia montanhosa".

O nome "Sião" foi mencionado pela primeira vez na narrativa da conquista de Jerusalém por Davi (2Sm 5.6-10; 1Cr 11.4-9). A expressão "fortaleza de Sião" pode ter se referido somente à parte fortificada da cidade. Jerusalém era o nome da cidade-Estado como um todo e incluía numerosas aldeias e casas localizadas fora da área fortificada da cidade como tal. Depois que Davi capturou Sião, ele residiu ali, alterando o nome para "Cidade de Davi".

Sião foi usada por autores bíblicos de várias maneiras. Muitos salmistas usaram o termo para se referir ao templo construído por Salomão (Sl 2.6; 48.2; 84.7; 132.13). Em Is 1.27 a ideia de "Sião" incluía a nação inteira. Sião também representava a capital de Judá (Am 6.1). O emprego mais comum de Sião foi para fazer referência à cidade de Deus na nova era (Is 1.27; 28.16; 33.5).

Sião também tinha o sentido da Jerusalém celestial (Is 60.14; Hb 12.22; Ap 14.1), o lugar em que o Messias se manifestaria no fim dos tempos. A glorificação da comunidade messiânica acontecerá na montanha sagrada de "Sião". V. *Jerusalém*. — *James Newell*

de 5 quilômetros a lés-nordeste do monte Nebo e a 5 quilômetros a sudoeste de Hesbã.

Interior do túnel principal do Santuário Cumae, o principal santuário sibilino.

SIBECAI Nome pessoal de significado incerto. Membro do exército de Davi que matou um gigante ou, mais literalmente, um descendente dos refains (2Sm 21.18). O texto de 1Cr 11.29 o alista entre os heróis militares de Davi, levando muitos comentaristas a ver Sibecai como a leitura original de Mebunai em 2Sm 23.27 (v. nota explicativa na *NVI*), como resultado de uma confusão das letras hebraicas por escribas antigos. Sibecai comandava as forças de Davi durante oito meses (1Cr 27.11).

SIBILINOS, ORÁCULOS V. *pseudepígrafos*.

SIBMA Nome de lugar que significa "frio" ou "alto". Cidade tribal de Rúben reconstruída na Transjordânia (Nm 32.38). Tornou-se parte da herança daquela tribo (Js 13.19). Isaías a menciona em seu lamento quanto a Moabe (16.8,9; cp. Jr 48.32). Sebã (Nm 32.3) é muitas vezes visto como uma mudança do copista (de Sibma para Sebã). Pode ser Khirbet al-Qibsh, a cerca

SIBOLETE Transliteração de uma palavra hebraica que significa "ouvidos", "galho" ou "ribeiro". O povo de Gileade, a leste do Jordão, usou essa palavra para descobrir quem era de Efraim, do oeste do Jordão, pois o sotaque efraimita não tem o som de "sh". Por isso, os efraimitas sempre diziam "sibolete", uma palavra que só aparece em nenhum outro texto na Bíblia hebraica (Jz 12.6).

SIBRAIM Nome de lugar de significado incerto. Aparentemente é a fronteira norte entre Damasco de Hamate. Alguns estudiosos identificam Sibraim com Sefarvaim (2Rs 17.24). A localização precisa não é conhecida.

SICAR Nome de lugar que deveria significar "falsidade", ainda que originariamente seja derivado de "Siquém". Cidade de Samaria onde o poço de Jacó estava localizado (Jo 4.5,6). Jesus descansou perto do poço e ali dialogou com a mulher samaritana. Jacó comprou aquela porção de terra "dos filhos de Hamor, pai de Siquém"

(Gn 33.19). Não há certeza quanto à sua localização: sugerem-se uma localidade chamada Shechem e uma cidade ao norte chamada Askar. Escavações arqueológicas revelaram que Sicar e Siquém eram partes do mesmo povoamento na Antiguidade.

SICÁRIO V. *salteadores, sicários*.

SICÔMORO Árvore parecida com a figueira (*Ficus sycomorus*), indicando a figueira do vale do Jordão que solta folhas como a amoreira. Os frutos do sicômoro são inferiores em qualidade aos da figueira e precisam ser perfurados para serem comidos. Amós trabalhava como quem faz "colheita de figos silvestres" (7.14; *ARA* e *ARC*, "sicômoros"; cp. Sl 78.47). O sicômoro de Israel não é aparentado com o sicômoro dos EUA. O sicômoro citado na Bíblia era usado como alimentação pelos pobres e produzia frutos várias vezes por ano (1Rs 10.27; 2Cr 1.15; 9.27). De modo geral era plantado ao longo das estradas para produzir sombra (Lc 19.4). Os pobres usavam a madeira do sicômoro, não o cedro, muito mais caro (Is 9.10).

SICROM Nome de lugar que significa "meimendro" (espécie de planta). Cidade fronteiriça da tribo de Judá (Js 15.11). Pode ser Tell el-Ful, ao norte do rio Soreque, a cerca de 5,5 quilômetros a noroeste de Ecrom.

SICUTE Transliteração do nome assírio de uma divindade, aplicado ao deus Ninurta (ou Ninib), talvez o nome assírio para Saturno, ou outra divindade astral. A *ARC* traduziu como um substantivo comum, "tenda", pois o termo hebraico é parecido com a palavra "tenda" ou "santuário". Amós condenou Israel por se envolver com esse culto falso (Am 5.26). V. *Quium*; *Renfã*.

SIDIM Nome de lugar que talvez signifique "planícies" ou "campos". Nome alternativo para o mar Morto, onde uma coligação de reis enfrentou Quedorlaomer e seus aliados, o que levou Abrão a resgatar seu sobrinho Ló (Gn 14; cf. v. 8). A referência aparentemente é à terra que margeia o mar Morto. Alguns estudiosos pensam que o hebraico deveria ser lido "Shadim" e interpretado como uma referência ao vale dos Demônios.

SIDOM E TIRO Cidades fenícias localizadas na planície costeira entre as montanhas do Líbano e o mar Mediterrâneo (Gn 10.15). Sidom e Tiro eram cidades antigas, fundadas muito antes da entrada dos israelitas na terra de Canaã. Fontes extrabíblicas mencionam Sidom antes de 2000 a.C. e Tiro logo após 2000 a.C. Enquanto Sidom parece ter sido a principal das duas na maior parte do tempo de sua história, Tiro assumiu a posição em tempos posteriores. Ambas as cidades eram conhecidas por suas explorações marítimas e centros de comércio. Um dos produtos de exportação de Tiro mais procurados era a tintura de púrpura. Josué não conseguiu conquistar aquele território (Js 13.3,4).

Hipódromo de Tiro, o maior do Império Romano.

Israel tinha relacionamentos com as duas cidades, mas principalmente com Tiro. Davi contratou pedreiros e carpinteiros de Tiro e usou cedros daquela região para construir um palácio (2Sm 5.11). A construção do templo em Jerusalém durante o reinado de Salomão dependia muito do material e da mão de obra de Tiro.

O porto de Sidom, no Líbano atual.

Por volta de 870 a.C., Acabe se casou com Jezabel, a filha de um rei fenício, que levou para a corte o culto a Baal. O texto de Ez 28 caracteriza o rei de Tiro como o exemplo mais bem acabado de orgulho. No período romano as duas cidades eram importantes portos comerciais, mas não desfrutaram da importância que um dia tiveram. Jesus passou algum tempo em Tiro e Sidom e, de forma diferente da atitude dos profetas para com aquelas cidades, ele as contrastou com os judeus, como exemplos de fé (Mt 11.20-22). Paulo passou sete dias em Tiro depois da terceira viagem missionária (At 21.3,4). V. *Fenícia*. — Scott Langston

SIFI Nome pessoal que significa "meu transbordo". Homem da tribo de Simeão (1Cr 4.37).

SIFMITA (*ACF*) Nome que pode indicar tanto a cidade natal, a região ou o clã de onde veio um homem chamado Zabdi. Alguns sugerem a cidade de Sefã (Nm 34.10), mas não se sabe ao certo.

SIFMOTE Cidade no sul de Judá, que recebeu o butim de guerra de Davi, por tê-lo acolhido (1Sm 30.26,28). A localização de Sifmote é desconhecida. Um homem chamado Zabdi pode ter sido um residente da cidade (1Cr 27.27). V. *Sefã*.

SIFRÁ Nome pessoal que significa "beleza". Parteira das mulheres hebreias no Egito que desobedeceu ao faraó por ter temor de Deus (Êx 1.15-21).

SIFTÃ Nome pessoal que significa "processo de justiça". Pai de um líder da tribo de Efraim (Nm 34.24).

SIGAIOM Transliteração de termo técnico musical hebraico usado no título de poesias como Sl 7 (*ARC*) e Hc 3. Traduções sugeridas incluem "frenético" ou "emocional". Alguns estudiosos pensam que o sentido básico seja de "vaguear", por conta de um estilo "livre" de pensamento ou melodia, ou a expressões desconexas de um lamento.

SIGIONOTH Transliteração do plural em hebraico de *sigaiom*. V. *sigaiom*.

SILA Bete-Milo, onde o rei Joás foi assassinado por ser servos, está "no caminho que desce para Sila" (2Rs 12.20). Sila é um lugar desconhecido, provavelmente próximo de Jerusalém. V. *Milo*.

SILAS, SILVANO Aparentemente, as formas grega e latina do mesmo nome, talvez derivado do nome hebraico ou aramaico "Saul". Líder da igreja de Jerusalém em seus primórdios. Acompanhou Pedro e Paulo em suas viagens missionárias. Uma de suas primeiras missões foi levar notícias do Concílio de Jerusalém aos cristãos de Antioquia (At 15.22). Ele e Paulo deixaram Antioquia juntos em uma missão na Ásia Menor (At 15.40-41) e, mais tarde, na Macedônia. Em Filipos os dois foram presos (16.19-24), e mais tarde ganharam o carcereiro e sua família para o Senhor, depois de Deus tê-los liberto da prisão. Mais tarde, em seu ministério, Silas se uniu a Pedro em ações missionárias no Ponto e na Capadócia. Ele também trabalhou como escriba de Pedro, escrevendo a primeira epístola que leva o nome do apóstolo e talvez outras cartas. Muitos estudiosos creem que ele compôs e editou grande parte da epístola, considerando que provavelmente Pedro possuía pouca educação formal. V. *Paulo*; *Pedro, primeira epístola de*.

SILÉM Nome pessoal que significa "ele foi substituído" ou "ele foi compensado". Filho de Naftali e ancestral original de um clã dessa tribo (Gn 46.24). Em 1Cr 7.13 aparece a forma Salum (*ARA*, *ARC*, *NTLH*; v. nota explicativa na *NVI*).

SILEMITA Integrante do clã de Silém (Nm 26.49).

SILÊNCIO Ausência de som. A Bíblia usa o silêncio de muitas maneiras: como reverência em relação a Deus (Hc 2.20), como símbolo da morte (Sl 94.17), *sheol* (Sl 115.17) e como expressão de desespero (Lm 2.10). É uma maneira de fazer calar a oposição (Mt 22.34). É também usado como pausa dramática após a abertura do sétimo selo em Ap 8.1.

SILI Nome pessoal que significa "ele me enviou", ou "Salach (um deus do mundo inferior ou um rio) me tem" ou "meu ramo". Uma formação similar foi encontrada em Tell Arad. Avô materno do rei Josafá (1Rs 22.42).

SILÓ Nome de lugar que talvez signifique "tranquilo, seguro". Cerca de 48 quilômetros ao norte de Jerusalém estava a cidade que seria o centro religioso de Israel por cerca de um século depois da conquista de Canaã, pois lá estava o tabernáculo de todo o povo (Js 18.1). V. *tabernáculo, tenda do encontro*.

O texto de Jz 21.19 descreve a localização de Siló "ao norte de Betel, a leste da estrada que vai de Betel a Siquém, e ao sul de Lebona". Situada a 19 quilômetros ao sul de Siquém, Siló estava em uma planície fértil, a uma altitude de 600 metros. Talvez seja a atual Seilun, onde arqueólogos descobriram evidências de colonização cananeia por volta de 1700 a.C. Talvez Siló estivesse disponível para Josué utilizar como o lugar de divisão da terra entre as tribos quando Israel escolheu a localização do tabernáculo (Js 18).

As peregrinações anuais das tribos até o tabernáculo estabeleceram o cenário para outro incidente em Siló. A tribo de Benjamim enfrentava um dilema, pois nenhuma outra tribo lhes daria suas filhas para casamento (Jz 21). Em razão disso, os homens de Benjamim esperavam nas vinhas (v. 20), até que as moças de Siló saíssem para dançar, quando então foram sequestradas e tomadas como esposas.

Os primeiros anos da vida de Samuel apresentam outra conexão com Siló (1Sm 1—4). Foi no tabernáculo que Ana fez um voto ao Senhor: se ele lhe desse um filho, ela o devolveria a Deus (1Sm 1). Depois do nascimento de Samuel, Ana o trouxe a Siló, em sinal de gratidão a Deus (1Sm 1.24-28). Por isso Siló se tornou o lar de Samuel enquanto ele esteve aos cuidados de Eli, o sacerdote, e de seus dois filhos ímpios, Hofni e Fineias. Mais tarde, Samuel recebeu a mensagem do Senhor de que o sacerdócio seria retirado da família de Eli (1Sm 3). Anos mais tarde, após uma derrota em Afeque, o exército israelita mandou buscar a arca da aliança em Siló. Pensando equivocadamente que a arca lhes garantiria a vitória, os israelitas perderam a segunda batalha de Afeque para os filisteus. Como resultado, perderam a arca, Eli e seus dois filhos morreram, e a aparente conquista de Siló (1Sm 4).

Não há referência bíblica explícita a respeito do destino final de Siló. De acordo com as evidências arqueológicas, aparentemente Siló foi destruída por volta de 1050 a.C. pelos filisteus. Uma base para essa opinião é o fato de a arca da aliança, devolvida por fim pelos filisteus, ter sido guardada em Quiriate-Jearim, não em Siló (1Sm 7.1). Além disso, Jeremias advertiu

SILOÉ

Jerusalém de que ela poderia sofrer o mesmo destino de Siló (7.12).

Séculos mais tarde, Jeremias usou Siló e o tabernáculo como ilustrações para advertir Jerusalém de sua insegurança, apesar de abrigar o templo (7.12-14). Ouvindo a mesma mensagem outra vez, o povo tentou matar Jeremias (26.6-9). Jeremias mencionou alguns homens de Siló por volta de 585 a.C. (41.5), indicando haver alguma atividade ali nesse tempo. V. *Eli*; *Josué*; *Samuel*. — Larry McGraw

SILOÉ Palavra grega que indica um lugar, possivelmente derivado do hebraico "Shiloah", que significa "envio" ou "enviado". Com frequência é confundido com as águas de Siloé, mencionadas em Is 8.6, por conta de uma semelhança na grafia. Siloam (em hebraico) era o poço ou tanque formado pelo túnel que o rei Ezequias mandou construir para desviar as águas de Siloé da fonte de Siloam até um ponto menos vulnerável aos ataques dos assírios. Estava localizado na extremidade sul da antiga parte jebusita da cidade de Jerusalém. Portanto, Siloé deve ser diferenciada do poço do Rei mencionado em Ne 3.15 (v. nota

O tanque de Siloé, em Jerusalém.

Ruínas de uma antiga sinagoga no lugar da cidade de Siló.

explicativa na *NVI*). A inscrição de Ezequias, preservada na parede do túnel, descreve o encontro dos construtores, que escavaram a rocha a partir de cada uma das suas extremidades.

O texto de Jo 9.7, 11 usa o significado etimológico da palavra "Siloé" para fazer um jogo de palavras, para enfatizar o ponto que o cego foi "enviado" até aquele lugar por alguém que veio como "enviado". Para recuperar a visão, o cego foi e obedeceu a quem o enviou. Já Lc 13.4 é uma referência mais a uma torre desconhecida em Siloé que ao tanque ou poço propriamente. A torre pode ter sido um esforço abortado para proteger o suprimento de água. A questão teológica em Lc 13 não se relaciona com a questão geográfica de Siloé. O tanque, criado por Ezequias e conhecido por Jesus, é uma fonte de água até hoje. V. *Jerusalém*; *tanque do Rei*.

SILOÉ, ÁGUAS DE Nome de lugar que significa "ser enviado". Águas que supriam Jerusalém, desviadas da fonte de Giom e que representavam o suprimento de Deus — o que tornava desnecessária a dependência de reis estrangeiros (Is 8.6). Não é o mesmo túnel que Ezequias construiu (2Rs 20.20). O pano de fundo pode ser a unção de reis em Giom (1Rs 1.33-40), o que implica a rejeição do governo de Deus representado por seus reis ungidos.

SILONITA Residente em ou nativo de Siló.

SILSA Nome pessoal que talvez signifique "pequeno trio". Ancestral original de um clã da tribo de Aser (1Cr 7.37).

SILVO Som produzido por uma respiração forçada entre a língua e os dentes, que é feito como zombaria ou para expulsar demônios. No AT um exército ou uma nação fazia silvos sobre a cidade do inimigo que sofria uma derrota ou um desastre (Jr 19.8). Muito frequentemente a referência é ao espanto quanto ao destino de Israel, de Jerusalém ou do templo que permaneceu em ruínas (1Rs 9.8; Jr 18.16; 19.8; Lm 2.15,16). Outras nações e cidades também foram objeto de silvos: Edom (Jr 49.17); Babilônia (Jr 50.13); Tiro (Ez 27.36) e Nínive (Sf 2.15). Silvos ou uivos eram em geral acompanhados de um menear da cabeça, palmas e ranger de dentes (Lm 2.15,16) e um sacudir de punhos (Sf 2.15).

SIM, DESERTO DE Região estéril a oeste do platô do Sinai, na península do Sinai. O povo hebreu parou naquela região na jornada do Egito até a terra prometida (Êx 16.1). Foi no deserto de Sim que Deus pela primeira vez providenciou o maná e codornizes para alimentar o povo. O lugar algumas vezes tem sido confundido com o deserto de Zim, localizado no lado nordeste do Sinai. V. *Zim, deserto de*.

A região desolada do deserto de Sim.

SIMAGIR V. *Sangar-Nebo*

SIMÃO Nome pessoal grego que significa "nariz achatado". Usado no NT como o equivalente do nome hebraico "Simeão". **1**. Pai de Judas Iscariotes (Jo 6.71). **2**. Um dos discípulos de Jesus, filho de Jonas (Mt 16.17) e irmão de André. Depois de ter confessado Jesus como Cristo, o Senhor, o Senhor mudou seu nome para Pedro (v. 18). V. *Pedro*; *Simeão*. **3**. Fariseu que recebeu Jesus em um jantar (Lc 7.36-50). Simão aprendeu lições preciosas a respeito do amor, da cortesia e do perdão depois que uma mulher pecadora ungiu Jesus naquela ocasião. **4**. Nativo de Cirene que foi forçado a carregar a cruz de Jesus até o Gólgota (Mc 15.21). V. *Cirene*. **5**. Curtidor de peles de animais que vivia em Jope, cidade portuária. Pedro se hospedou em sua casa (At 9.43) e lá recebeu uma mensagem da parte de Deus em uma visão, declarando que todos os alimentos são apropriados para consumo (10.9-16). **6**. Discípulo de Jesus, também chamado "o Cananeu" (Mt 10.4, Edição Pastoral) ou zelote (Lc 6.15). **7**. Irmão de Jesus (Mt 13.55). **8**. Leproso que recebeu Jesus

SÍMBOLO

e viu uma mulher ungir o Senhor com um óleo muito caro (Mt 26.6-13; cp. o item 3). **9.** Mágico de Samaria que creu na pregação de Filipe, foi batizado, mas depois tentou comprar o poder de impor as mãos sobre alguém e conceder o Espírito Santo (At 8.9-24). **10.** Nome pessoal de significado incerto. Ancestral original de um clã na tribo de Judá (1Cr 4.20).

SÍMBOLO Um sinal. Ainda que a palavra "símbolo" não apareça na Bíblia, tanto o AT quanto o NT empregam simbolismos ricos e usam linguagem simbólica.

Os símbolos, sejam objetos, gestos ou rituais, veiculam significado às dimensões racional, emocional e intuitiva dos seres humanos. O símbolo universal e supremo da fé cristã é a cruz, um instrumento de execução. Para os cristãos esse objeto repugnante vem a ser um sinal do amor de Deus para com os seres humanos.

O significado dos símbolos cresce e muda com o tempo. Para o apóstolo Paulo o significado veiculado pela cruz mudou radicalmente, como mudou sua opinião a respeito de Jesus de Nazaré. Como um rabino, zeloso de guardar a Lei mosaica e levar outros a fazer o mesmo, Paulo cria que qualquer um preso a um madeiro era amaldiçoado por Deus (Dt 21.23). Por essa razão e outras, ele resistiu fortemente às alegações de que Jesus era o Messias. Somente quando o Senhor ressurreto lhe apareceu, ele compreendeu que o que parecia ser uma maldição fora transformado em uma fonte de grande bênção. A morte de Cristo vista pela ótica da ressurreição está no centro dos dois principais rituais simbólicos da fé cristã — o batismo e a ceia do Senhor ou eucaristia. V. *ordenanças*; *sacramento*.

O batismo é uma figura da morte, sepultamento e ressurreição de Cristo. Ao ser batizada, a pessoa anuncia ao mundo que o candidato batismal se identifica como o ato salvador que é representado. Isso significa que o novo crente está morrendo para o pecado e ressuscitando para andar em uma nova vida, vivendo agora para Deus e com Deus como o centro da sua vida.

A ceia do Senhor emprega os elementos comuns do pão e do vinho para apresentar o corpo partido de Cristo e seu sangue derramado pelo pecado da humanidade.

A cruz, a água, o pão e o vinho são símbolos no centro da fé e prática cristãs, mas há outros. Os símbolos do AT estão relacionados aos do NT de diversas maneiras importantes. Muitos acontecimentos do AT antecipam ocorrências do NT. O cordeiro sacrificial do AT, p. ex., aponta para a morte sacrificial de Cristo. As parábolas de Jesus são ricas em símbolos: grãos, ervas daninhas, diversos tipos de terreno, uma ovelha, uma moeda e um filho que se perdem. Jesus usou uma linguagem simbólica para falar a respeito dele mesmo e de seu relacionamento com as pessoas: pão da vida, luz do mundo, bom pastor, água da vida e porta.

Os textos apocalípticos da Bíblia (Ez, Dn e Ap) são ricos em linguagem simbólica. Exige-se de quem lê e interpreta esses livros um conhecimento das palavras usadas quase da mesma maneira que alguém que tente decifrar um código. V. *apocalíptico, apocalíptica*. — Steve Bond

Localização tradicional da casa de Simão, o curtidor, na antiga Jope (atual Haifa, próxima a Tel-Aviv).

SIMEÃO Nome pessoal que significa "ouvir" ou, possivelmente, "pequena hiena". **1.** Um dos 12 filhos de Jacó, o segundo filho de Lia (Gn 29.33). Uniu-se a Levi (seu irmão por parte de pai e mãe) para vingar o estupro de Diná (irmã deles também por parte de pai e mãe), cometido por Siquém (Gn 34.25-31). José manteve Simeão preso no Egito para garantir que os outros irmãos lhe trouxessem Benjamim (seu irmão por parte de pai e mãe). V. *Jacó*; *tribos de Israel*. **2**. Israelita casado com esposa estrangeira (Ed 10.31). **3**. Judeu piedoso que vivia em Jerusalém na época do nascimento de Jesus. Ele esperava o cumprimento da profecia messiânica quando Israel seria restaurado (Lc 2.25). Deus prometeu a Simeão que ele não morreria antes de ver o Messias. Quando José e Maria trouxeram Jesus ao templo para os rituais de purificação, Simeão anunciou-lhes o plano de Deus com referência ao menino (2.34). **4**. Ancestral de Jesus (Lc 3.30). **5**. Profeta ou mestre da igreja de Antioquia (At 13.1). **6**. Forma alternativa em grego para Simão, o nome grego original de Pedro. V. *Pedro*; *Simão*.

SIMEATE Nome pessoal que significa "ouvir". Pai de um oficial da corte que assassinou o rei Joás por volta de 796 a.C. (2Rs 12.21). O texto de 2Cr 24.26 a identifica como uma mulher amonita.

SIMEATITA Tanto pode ser um descendente de alguém chamado Simeate, ou, mais provavelmente, um nativo da cidade de Sema (Js 15.26), talvez fundada pelo clã de Sema (1Cr 2.43). V. *Sema*, itens 1 e 5.

SIMEI Nome pessoal que significa "meu (ato de) ouvir". **1**. Neto de Levi e líder de uma família levítica (Êx 6.17; Nm 3.18; cp. 1Cr 6.42). **2**. Um levita (1Cr 23.9, se o texto não apresenta uma duplicação na cópia, como alguns comentaristas sugerem; cp. v. 10). **3**. Parente do rei Saul que amaldiçoou a Davi e se opôs a ele quando fugia de Absalão (2Sm 16). Ao regressar Davi a Jerusalém, depois da morte de Absalão, Simei se encontrou com ele e pediu perdão e misericórdia, que lhe foi dada, por conta da ocasião festiva (2Sm 19). Mais tarde, porém, Salomão seguiu o conselho de Davi e ordenou a morte de Simei (1Rs 2). **4**. Homem da corte de Israel que se recusou a apoiar Adonias contra Salomão na disputa pela sucessão de Davi (1Rs 1.8). **5**. Supervisor de distrito no território de Benjamim responsável por fornecer suprimentos à corte de Salomão um mês a cada ano (1Rs 4.18); pode ser o mesmo Simei de 1Rs 1.8. **6**. Ancestral de Mardoqueu, o primo de Ester (Et 2.5). **7**. Irmão de Zorobabel (1Cr 3.19). **8**. Homem da tribo de Simeão (1Cr 4.26). **9**. Homem da tribo de Rúben (1Cr 5.4). **10**. Um levita (1Cr 6.29). **11**. Um benjamita (1Cr 8.21; aparentemente o mesmo Sema do v. 13). **12**. Músico do templo nos dias de Davi (1Cr 25.17; talvez também no v. 3, ainda que, conforme nota explicativa da *NVI*, muitos manuscritos não apresentem o nome nesse versículo). **13**. Supervisor das vinhas de Davi (1Cr 27.27). **14** Dois levitas no tempo de Ezequias (1Cr 29.14; 31.12,13). **16**. Levita casado com esposa estrangeira no tempo de Esdras (Ed 10.23). **15**. Dois judeus casados com esposas estrangeiras no tempo de Esdras (Ed 10.33, 38).

SIMEIA Nome pessoal que significa "ouvir". **1**. Filho de Davi (1Cr 3.5; 2Sm 5.14 traz a forma "Samua"). **2**. Um levita (1Cr 6.30). **3**. Levita ancestral de Asafe (1Cr 3.39). **4**. Irmão mais velho de Davi (1Cr 2.13; 20.7; 1Sm 16.9 e 17.13 trazem a forma "Samá"). V. *Samá*, item 2. **5**. V. *Simeão*.

SIMEÍTAS Membros do clã descendente de Simei (Nm 3.21; Zc 12.13).

SIMEONITA Integrante da tribo de Simeão, o segundo filho de Jacó e Lia (Gn 29.33).

SIMILITUDE "Semelhança" ou "similaridade". **1**. O uso encontrado no AT de objetos ou coisas que são ditos serem como Deus. Três palavras são traduzidas por "similitude" no AT: *demut* (2Cr 4.3; Dn 10.16), *tavnit* (Sl 106.20; 144.12) e *temunah* (Nm 12.8; Dt 4.12). **2**. No NT é usada três vezes para traduzir *homoios* e seus derivados (Rm 5.14; Hb 7.15; Tg 3.9). A ideia é de "semelhante a" ou "como".

SIMPLES, SIMPLICIDADE Virtude muito similar à sinceridade. A pessoa simples é alguém aberto, honesto e direto, sem hipocrisia. Algumas vezes pode passar a ideia de ser mal--educada, inexperiente ou sem sofisticação. A simplicidade está associada à ideia de integridade (2Sm 15.11), ausência de maldade (Rm 16.18), generosidade (Rm 12.8), devoção a Deus (2Co 1.12) e convicção de crença na verdade do evangelho (2Co 11.3). A respeito de Deus é dito que ele "protege os simples" (Sl 116.6). O livro de Pv tem muitos ditados a respeito de quem é simples: alguns são bons, outros não (1.22; 14;15, 18; 21.11). V. *sinceridade*.

SINA V. *destino*.

SINABE Nome acádio que significa "Sim (o deus) é pai". Rei de Admá que se uniu à coligação contra Quedorlaomer (Gn 14.2), o que levou mais tarde ao resgate de Ló por Abraão.

SINAGOGA Local de cultos e de assembleias do povo judeu nos períodos intertestamentário e neotestamentário.

Origem A tradição judaica afirma que a sinagoga foi iniciada por Moisés, mas o AT não dá base para essa afirmação. Locais de culto eram desencorajados na maior parte do AT porque muitas vezes estavam associados às práticas pagãs. O culto estava centralizado no templo em Jerusalém. O texto de Sl 74.8, de um período tardio do AT, pode se referir a locais de culto ("santuários"; *ARA*, *ARC* e *NTLH*, "lugares santos") destruídos junto com o templo.

A sinagoga do período do NT tinha raízes na fase posterior à destruição do templo de Salomão, e o povo de Judá foi levado para o exílio na Babilônia. Tornou-se necessário ter locais para adoração e instrução. Mesmo depois da volta dos judeus a Jerusalém e da reconstrução do templo, esses locais de culto continuaram. Por volta do séc. I da era cristã, eram chamados sinagogas.

Fatos a respeito das sinagogas Havia sinagogas onde os judeus viviam. Enquanto o templo existiu, até o ano 70 da era cristã, era o centro do culto sacrificial. Judeus fiéis continuaram a frequentar o templo para as festas sagradas. Mas também participavam das sinagogas locais. No tempo de Jesus havia uma sinagoga dentro do próprio templo. Talvez tenha sido nesse lugar que Jesus com 12 anos de idade conversou com os mestres (Lc 2.46).

Muitas cidades, grandes e pequenas, tinham pelo menos uma sinagoga; algumas tinham várias. Uma sinagoga poderia ser estabelecida em qualquer lugar, desde que pelo menos houvesse 10 judeus. Deveria ser construída em um lugar que no sábado os judeus não precisassem quebrar a distância estabelecida pelos rabinos como permitida para aquele dia. O culto típico consistia na recitação do *Shemá* ("Ouve Israel: o Senhor nosso Deus, o Senhor é Um"), orações, leitura das Escrituras (textos da Lei e dos Profetas), um sermão e uma bênção. O texto de Lc 4.16-21 é um bom exemplo de um culto em uma sinagoga do séc. I. V. *Shemá*.

Os anciãos locais supervisionavam a sinagoga. Eles apontavam um dirigente, um leigo que cuidava do prédio e selecionava os participantes dos cultos aos sábados. O líder tinha um ajudante, alguém cuja tarefa era entregar os rolos sagrados aos que iam ler as Escrituras e depois guardá-los em seus lugares especiais (Lc 4.17, 20).

Jesus e as sinagogas Jesus costumava ir aos sábados à sinagoga de Nazaré, onde vivia (Lc 4.16). Depois de ter iniciado o ministério público, Jesus ensinava e pregava com muita frequência nas sinagogas (Mt 4.23; 9.35; Mc 1.39; Lc 4.44). Bem cedo em seu ministério, Jesus curou um homem na sinagoga de Cafarnaum (Mc 1.21-28; Lc 4.31-37).

Não raro, Jesus encontrou oposição nas sinagogas. O texto de Lc 4.16-30 conta o que aconteceu na sinagoga de Nazaré (cp. Mt 13.54-58; Mc 6.1-6). A pregação e o ensino de Jesus levantaram fortes reações negativas. O texto de Lc 13.10-16 fala de Jesus curando uma mulher em uma sinagoga no sábado, o que produziu uma reação furiosa da parte do líder da sinagoga. Jesus por sua vez repreendeu o homem por sua hipocrisia.

Jesus instou contra a hipocrisia dos que demonstravam sua justiça na sinagoga. Ele censurou os atos de dar esmolas e orar com a intenção de ser visto e elogiado (Mt 6.2,5). Também repreendeu os que buscavam os lugares de destaque nas sinagogas (Mt 23.6; Mc 12.39; Lc 11.43; 20.46).

À medida que a oposição a Jesus se intensificava, ele advertiu seus discípulos acerca de um tempo futuro no qual eles seriam perseguidos em suas sinagogas (Mt 10.17; 23.34; Mc 13.9; Lc 12.11; 21.12).

Sinagogas em Atos Os primeiros capítulos do livro de At mostram como os judeus de Israel que criam em Jesus como Messias continuaram a cultuar nas sinagogas. Saulo ia às sinagogas para encontrar e prender os cristãos (At 9.2; 22.19. 26.11). Com o avanço da perseguição, os cristãos foram expulsos de algumas sinagogas. V. *Libertos, sinagoga dos*.

Depois da conversão de Saulo, ele imediatamente começou a pregar Cristo nas sinagogas de Damasco (At 9.20). O ministério de Paulo demonstra que os judeus não residentes em Israel que criam em Jesus como o Messias continuaram a se reunir nas sinagogas. Durante as viagens missionárias de Paulo, ele começava sua obra em uma nova cidade indo à sinagoga (At 13.5, 14; 14.1; 17.1,10,17; 18.4; 19.8). A exceção foi em Filipos, provavelmente porque lá não havia homens judeus o bastante para ter uma sinagoga; por isso, Paulo foi a um lugar onde judeus piedosos se reuniam para orar aos sábados (At 16.13).

Em geral, Paulo, como um bom rabino fariseu, era bem recebido e recebia a oportunidade de apresentar suas ideias. Ele encontrou receptividade especial entre os gentios que frequentavam as sinagogas, mas alguns judeus também creram (At 13.42,43). Outros se opuseram com força a ele. Com frequência ele era obrigado a abandonar a sinagoga e ir com os cristãos prestar culto em outros lugares (At 18.6-8; 19.8-10). Por fim, igreja e sinagoga se separaram de modo permanente nos primeiros 30 anos do séc. II da era cristã.

Sinagogas nas Epístolas Gerais A carta de Tg é um dos documentos mais antigos do NT, escrita provavelmente por volta do ano 50 da era cristã, para cristãos em Israel. Em Tg 2.2 o escritor previne os cristãos de não manifestarem favoritismo em relação a pessoas ricas que participam dos cultos. A palavra grega usada é *synagoge* (sinagoga). Passados cerca de 20 anos da crucificação de Jesus, os judeus em Israel que criam que Jesus era o Messias ainda cultuavam nas sinagogas.

A carta aos Hb provavelmente foi escrita a judeus em Roma que criam que Jesus era o Messias, em meados dos anos 60 do séc. I da era cristã. A situação parece ser que, sob perseguição, alguns cristãos estavam abandonando suas sinagogas messiânicas e voltando para as sinagogas nas quais Jesus não era aceito como o Messias, porque nestas não havia perseguição.

Reconstrução de uma sinagoga típica do séc. I da era cristã, mostrando o grande pátio interior onde os homens se reuniam e o pavimento acima onde as mulheres se reuniam. Esta reconstrução foi feita tendo por base a sinagoga de Cafarnaum.

SINAI, MONTE

Ruínas da sinagoga da antiga Cafarnaum.

Influência das sinagogas A sinagoga era o meio de preservar a fé e o culto judaicos. Os judeus em todo o mundo antigo conservaram sua fé. As sinagogas foram uma sementeira para a fé cristã enquanto os missionários espalhavam a mensagem do evangelho. Os que iam adorar nas sinagogas criam em um Deus, estudavam as Escrituras e esperavam a vinda do Messias. As sinagogas eram o lugar mais adequado para iniciar a empreitada evangelística da igreja primitiva.

Ruínas de uma sinagoga no sítio arqueológico da antiga Corazim, em Israel.

SINAI, MONTE Montanha na parte sul e central de uma península na extremidade oeste da Arábia. Deus fez no Sinai muitas revelações importantes de si mesmo e de seus propósitos para Israel. O sentido do nome é incerto, mas é provável que signifique "brilhante" e seja derivado da palavra *sin*, o nome de uma divindade lunar babilônica.

A península inteira tem a forma de um triângulo invertido, cuja base tem 240 quilômetros de comprimento, e é cercado a leste pela extremidade norte do mar Vermelho e a oeste pelo golfo de Ácaba. A faixa de Gaza está na parte norte. A península tem 37.500 quilômetros quadrados e uma população de aproximadamente 270 mil pessoas no início da década de 2000. As partes central e sul são extremamente montanhosas, com altitudes que variam entre 1.500 a 2.700 metros. Atualmente a terra é muito valorizada, em razão dos depósitos de petróleo e minas de manganês que lá se encontram.

A Bíblia usa a palavra "Sinai" tanto para a montanha como para toda a região desértica (Lv 7.38). Algumas vezes o Sinai é chamado de "o monte" (Êx 19.2), "o monte de Deus" (Êx 3.1), ou "o monte do Senhor" (Nm 10.33).

A palavra "Horebe" é geralmente usada para se referir ao Sinai, de tal modo que os nomes são sinônimos (Êx 3.1). Como Horebe significa

Jebel Musa, o lugar tradicional do monte Sinai, na parte sul da península do Sinai.

"vasto" ou "área desértica", talvez seja melhor pensar no Horebe como a designação geral da área, e no Sinai como o pico específico onde Deus se manifestou a Moisés.

O nome moderno para o lugar que a tradição diz ser o Sinai é Jebel Musa (o monte de Moisés). *Jebel* é a palavra árabe para "colina", algumas vezes grafada como Jabal ou Gabel (Djebel em francês).

O Jebel Musa (2.286 metros de altitude) é um dos três picos de granito próximos da extremidade sul da península. O pico mais alto, Jebel Katarin (monte Catarina, 2.637 metros de altitude), está imediatamente a sudoeste, e o Ras es-Safsafeh (1.993 metros de altitude) está a nordeste do Jebel Musa. Muitos exploradores acreditam que o Ras es-Safsafeh seja o Sinai bíblico, porque esse monte tem uma planície, *er Rahah*, em sua base noroeste, que tem 600 metros de comprimento e 200 metros de largura. Essa planície foi certamente grande o bastante para acomodar todo o acampamento dos israelitas.

Outra localização sugerida para o monte Sinai é mais ao norte e leste do Jebel Musa, perto da extremidade do golfo de Ácaba. O principal argumento para essa opinião é que os fenômenos no Sinai indicam ação vulcânica

Vista do Jebel Musa (a localização provável do monte Sinai) dos terrenos acidentados em sua vizinhança.

SINAL

— fogo, fumaça, tremor de terra (Êx 19.16-18) — e não há nenhum vulcão na península do Sinai. O vulcão mais próximo está a leste do golfo. Entretanto, os fenômenos que aconteceram no Sinai foram indubitavelmente miraculosos em sua origem, pois foram acompanhados pelo som da trombeta e da voz de Deus (Êx 19.19).

Sugeriu-se também como localização o norte do Jebel Musa, primariamente por causa das referências históricas, como a batalha contra os amalequitas (Êx 107.8-16). Os amalequitas viviam em Canaã propriamente (Nm 14.42-45), e alega-se que não teriam como se encontrar com os israelitas na península do Sinai. Entretanto, os amalequitas podem ter seguido os israelitas, que naquele momento haviam sido recentemente libertados, para o sul do seu território, com intenção de atacar os refugiados pobremente organizados (Dt 25.17-19). V. *êxodo*; *Palestina*; *deserto*. — *James L. Travis*

SINAL Símbolo, ação ou ocorrência que aponta para algo além de si mesmo. No AT os sinais às vezes se referem a fenômenos celestiais como as luzes que Deus trouxe à existência como "sinais para marcar estações, dias e anos" (Gn 1.14). Sinais assim podem apontar o conhecimento de Deus para os observadores, como os acontecimentos do êxodo (Dt 4.34). Sinais podem também reforçar a fé por meio da recordação dos atos poderosos de Deus, como as pedras memoriais retiradas do Jordão, a respeito das quais se disse: "Elas servirão de sinal para vocês" (Js 4.6). Há também sinais que apontam para a aliança de Deus com seu povo. Dentre estes se encontram o arco-íris (Gn 9.12), a circuncisão (Gn 17.11), o sábado (Êx 31.13) e o uso de filactérios no braço e na testa (Dt 6.8; 11.18).

Um dos usos de "sinais" mais importantes no AT é no caso da declaração de uma mensagem profética provir da parte de Deus. Um exemplo é o cajado de Moisés se transformar em uma serpente, e sua mão ficar leprosa e depois ficar sã outra vez (Êx 4.8,9). Em Ez 12.6 o próprio profeta é um sinal para a casa de Israel, ao transportar sua bagagem como símbolo do exílio profetizado. Mas a presença de sinais em si não é garantia de que o profeta tenha falado da parte de Deus. O texto de Dt 13.1-5 declara que, depois da realização de algum sinal, o profeta ainda poderia proferir profecias falsas. A mensagem deveria ser testada por sua veracidade.

De particular interesse é o sinal da concepção da virgem em Is 7.14. O cumprimento dessa profecia é aparentemente duplo, o primeiro ocorrendo com a concepção e nascimento do filho do rei Acaz de Judá, no tempo de Isaías, como símbolo da libertação de Judá que Deus executaria. O cumprimento último, final, acontece na vinda do Messias nascido de uma virgem, Jesus Cristo (Mt 1.20-23).

No NT, "sinal" é em geral a tradução da palavra grega *semeion*, que ocorre cerca de 70 vezes, de modo principal nos Evangelhos e em At, sendo 7 vezes nos escritos paulinos, 2 em Hb e 6 em Ap. *Semeion* pode se referir a um acontecimento natural; no entanto, refere-se muitas vezes mais a algum ato miraculoso que autentica a atividade divina ou a um sinal escatológico que aponta para a culminação da História.

Lucas registra sinais no nascimento de Jesus. O "bebê envolto em panos" (Lc 2.12) foi um sinal aos pastores que verificaram o anúncio dos anjos, e Simeão profetizou que Jesus mesmo seria um sinal, e que sofreria oposição de muitos (Lc 2.34).

Ainda que os sinais possam apontar para a obra de Deus, Jesus condenou pedidos de sinais para provar que Deus operava por seu intermédio. Quando escribas e fariseus pediram um sinal de Jesus, ele respondeu que esses sinais foram pedidos por "uma geração perversa e adúltera" (Mt 12.39). O único sinal que lhes seria dado era o de Jonas, uma referência à sua morte e ressurreição. No evangelho de Jo, Jesus diz aos que o seguem por ter ele alimentado os 5 mil: "A verdade é que vocês estão me procurando não porque viram os sinais milagrosos, mas porque comeram os pães e se fartaram" (Jo 6.26). Eles viram os sinais realizados por Jesus, mas não perceberam seu significado: ele era o Filho de Deus.

No evangelho de Jo, *semeion* é usado em referência aos milagres de Jesus como para outras manifestações que atestam sua divindade. O uso feito por João da palavra "sinal" tem foco no significado do milagre, não no ato sobrenatural em si. O significado é a identidade de Jesus e a obra de Deus por intermédio dele.

Em At, o termo "sinal" é usado em referência à atividade de Deus no AT (At 7.36) e em

Jesus (2.22; 4.30). Além disso, sinais acontecem para atestar a atividade de Deus nos apóstolos e por meio deles. Depois do Pentecoste, "muitas maravilhas e sinais eram feitos pelos apóstolos" (At 2.43; 5.12; Hb 2.4). Os ministérios de Filipe (At 8.6; 8.13) e de Paulo (14.3; 15.12) foram autenticados por sinais.

Paulo se refere à circuncisão de Abraão como sinal e selo da retidão de sua fé (Rm 4.11). Sinais também eram um indicativo da presença de Deus no ministério de Paulo (Rm 15.19; 2Co 12.12). Ele repetiu Jesus: "Os judeus pedem sinais milagrosos, e os gregos procuram sabedoria. Nós porém pregamos a Cristo crucificado" (1Co 1.22,23). O falar em línguas foi identificado como sinal para os não cristãos (1Co 14.22). Paulo declarou aos filipenses que sua firmeza na perseguição era um sinal de destruição dos perseguidores e um sinal de sua salvação (Fp 1.27,28). O apóstolo também advertiu que o "perverso" virá "segundo a ação de Satanás, com todo o poder, com sinais e maravilhas enganadoras" (2Ts 2.9; cp. Dt 13.2).

Jesus falou a respeito dos sinais produzidos por falsos profetas que antecederiam sua segunda vinda (Mt 24.24), mas também falou de sinais desta vinda e do fim dos tempos (Mt 24.30; Lc 21.11, 25). De modo semelhante, Pedro citou Jl no Pentecoste: "Mostrarei maravilhas em cima, no céu, e sinais em baixo, na terra: sangue, fogo e nuvens de fumaça" (At 2.19). O texto de Ap 12 inclui os sinais escatológicos da "mulher vestida do sol" (v. 1) e do "enorme dragão vermelho" (v. 3). Cerca de metade das referências a sinais em Ap referem-se aos que são executados pela besta que vem da terra e pelo falso profeta (13.13,14; 16.14; 19.20).

Os sinais podem ser uma verificação da presença e do poder de Deus em ação em circunstâncias ou para seu povo. Sinais podem apontar para a segunda vinda de Cristo; mas podem também ser falsificados (se realizados por enganadores). Apesar de os sinais poderem apontar para Deus e para Cristo, e de fato o fazerem, eles não são suficientes para levar alguém à fé salvadora. — *David. R. Beck*

SINCERIDADE Qualidade pessoal caracterizada por uma vida pura, sem engano. Na Bíblia, a sinceridade aparece em ligação com palavras ou conceitos como "verdade" (1Co 5.8), "santidade" (2Co 1.12); a pregação do evangelho deve ser feita em sinceridade (2Co 2.17). A sinceridade também é contrastada com palavras como hipocrisia, engano e impiedade. V. *santo; verdade*.

SINEAR, PLANÍCIE DE Nome de lugar de significado incerto, que aparece em vários documentos do Oriente Médio antigo, aparentemente com localizações diferentes. Algumas evidências indicam um distrito sírio chamado Sanhara nas cartas de Amarna. Alguns estudiosos identificam Sinear nos textos assírios com a atual Sinjar, a oeste de Mossul, no Iraque. Outros pensam tratar-se de uma tribo cassita. Qualquer que seja o significado nos textos extrabíblicos, na Bíblia Sinear é uma designação da Mesopotâmia (Gn 10.10). V. *Mesopotâmia*.

A torre de Babel foi construída em Sinear (Gn 11.2-9). O rei de Sinear se opôs a Abraão (Gn 14.1). Isaías profetizou que Deus traria um remanescente de seu povo de Sinear (11.11). Os textos de Dn 1.1,2 e provavelmente Zc 5.11 identificam a Babilônia como Sinear, dessa maneira limitando o nome à principal cidade da região do mesmo nome no tempo dos escritores.

SINÉDRIO Conselho judaico superior do séc. I. Era composto por 71 integrantes e presidido pelo sumo sacerdote. O Sinédrio contava entre seus membros com integrantes dos principais partidos judaicos. Por ser presidido pelo sumo sacerdote, o partido dos saduceus aparentemente era predominante, mas havia também alguns fariseus importantes que o integravam (At 5.34; 23.1-9).

Dada a predominância dos sacerdotes principais no Sinédrio, algumas vezes a expressão "principais sacerdotes" parece se referir às ações do conselho, ainda que a palavra em si não seja usada.

Conforme a tradição judaica, o Sinédrio teve início com os 70 anciãos indicados por Moisés em Nm 11.16 e foi reorganizado por Esdras depois do exílio. Entretanto, o AT não apresenta qualquer evidência de um conselho que funcionasse como o Sinédrio de tempos posteriores. Logo, o Sinédrio teve origem em algum momento nos séculos entre os Testamentos. V. *história e literatura intertestamentárias; partidos judaicos no Novo Testamento*.

No séc. I, o Sinédrio exerceu autoridade sob o olhar vigilante dos romanos. Em geral, o governador romano concedia ao Sinédrio autonomia e autoridade consideráveis. Entretanto, o julgamento de Jesus mostra que o Sinédrio não tinha autoridade para condenar alguém à morte (Jo 18.31). Mais tarde, Estêvão foi apedrejado depois de ser ouvido pelo Sinédrio, mas isso pode ter sido mais a ação de uma multidão que uma execução legal autorizada pelo conselho (At 6.12-15; 7.54-60).

Os Evangelhos descrevem o papel do Sinédrio na prisão, julgamentos e condenação de Jesus. Liderado por Caifás, o sumo sacerdote, o Sinédrio tramou a morte de Jesus (Jo 11.47-53). Os principais sacerdotes conspiraram com Judas para traí-lo (Mt 26.14-16). Depois da prisão, Jesus foi levado ao conselho (Lc 22.66). Falsas testemunhas foram usadas para condenar Jesus (Mt 26.59,60; Mc 14.55,56). Jesus foi enviado a Pilatos, que por sua vez foi pressionado para anunciar a sentença de morte (Mc 15.1-15).

O livro de At descreve como o Sinédrio perturbou e ameaçou os apóstolos. A cura do homem no templo e o sermão de Pedro atraíram a atenção dos principais sacerdotes. Pedro e João foram convocados a se apresentarem perante o conselho e advertidos de não mais pregarem no nome de Jesus (At 4.5-21). Quando os apóstolos continuaram a pregar, o conselho mandou prendê-los (At 5.21,27). O parecer sábio de Gamaliel fez que o conselho os libertasse, mas foram espancados e advertidos (At 5.34-42). Estêvão teve de comparecer perante o Sinédrio por causa de acusações parecidas com os achaques levantados contra Jesus (At 6.12-15).

Depois da prisão de Paulo em Jerusalém, o comandante romano pediu ao conselho que o ouvisse para decidir-se sobre seu crime (At 22.30; 23.28). Paulo identificou-se como um fariseu julgado pela esperança na ressurreição. Isso envolveu o conselho em um debate quanto à questão da ressurreição e o dividiu (At 23.1-9). Os principais sacerdotes e anciãos fizeram parte de um plano para assassinar Paulo, quando ele fosse levado para outra audiência na presença do conselho (At 23.15,20). — *Robert J. Dean*

SINETE Anel com um selo cuidadosamente incrustado, usado por uma pessoa importante ou rica, para autenticar documentos. Ele era usado como nos dias de hoje são assinados documentos. O anel dos reis simbolizava a autoridade maior de um lugar e concedia poderes aos subordinados para agir em seu nome. Exemplos de anéis assim na Bíblia são: o anel do faraó dado a José (Gn 41.42); o anel de Assuero dado a Hamã e depois a Mardoqueu, após Hamã ter sido enforcado (Et 3.10,12; 8.2); a ação do rei Dario ao selar a cova dos leões depois de Daniel ter sido nela jogado (Dn 6.17). O sinete poderia ser usado em uma corrente ao redor do pescoço. A palavra é usada de forma incomum, a respeito de Zorobabel, quando se diz que ele era "um sinete" porque o Senhor o escolhera (Ag 2.23; *BJ*; *NVI*, *ARA*, *ARC*, "anel de selar"). A Zorobabel foi concedida a autoridade de Javé, e dessa maneira a conclusão da restauração do templo estava garantida. Outro uso incomum da palavra era a gravação das pedras do colete sacerdotal do sumo sacerdote "como um lapidador grava um selo" (Êx 28.11). V. *selo*.

SINEU Povo de uma cidade-Estado controlada por Ugarite, pelos hititas e assírios, cujos habitantes são descendentes de Canaã (Gn 10.17). Sua localização é o norte da Fenícia, próximo a Arqa, talvez Siyanu, a cerca de 4 quilômetros a leste de Begala, ou Shen, ao su-sueste de Halba.

SINIM Cidade egípcia na ilha de Elefantina. Era importante em termos comerciais e militares. A sienita, uma pedra de granito de coloração rosa, era extraída nessa cidade. Siene (Assuã) é a localização da represa completada em 1902 para controlar a irrigação do Nilo. O texto de Is 49.12 cita a terra de Sinim (*ARA*, *ARC*; v. nota explicativa da *NVI*). Ali Deus prometeu reunir os exilados na Babilônia. Alguns estudiosos traduziram Sinim como "China"; a palavra tem sido traduzida ainda como "Pérsia" ou "o sul". Uma compreensão mais clara quanto ao sentido da palavra veio de alguns manuscritos de Is nos rolos do mar Morto, que trazem "Sienitas", uma referência à atual Assuã (no Egito).

SINÓPTICOS, EVANGELHOS Nome coletivo para os evangelhos de Mt, Mc e Lc. A palavra "sinóptico" significa "com o mesmo olho" ou "com a mesma perspectiva".

Em sua narrativa, Mateus, Marcos e Lucas compartilham uma organização comum do seu material, com o ministério de Jesus orientado geograficamente, começando pela Galileia, depois se movendo para um estágio de transição que inclui viagens para fora da Galileia e de volta à citada região, terminando com os eventos em Jerusalém, com sua morte e ressurreição. João, por sua vez, organizou sua narrativa de Jesus de maneira diferente, com várias viagens de Jesus entre a Galileia e a Judeia, para participar de festas judaicas. Ainda que um padrão organizacional não seja melhor que o outro, as semelhanças entre os padrões de Mt, Mc e Lc são facilmente percebidas quando esses Evangelhos são comparados. Essa abordagem comum à narrativa da história de Jesus é realçada especialmente pelo relacionamento entre Mt e Mc. Há 661 versículos em Mc (1.1—16.8). Desses, 606 estão em Mt, ou na forma exata ou em uma forma semelhante. Em outras palavras, Mateus inclui praticamente todo o evangelho de Mc em sua narrativa. O evangelho Lc, que incluiu 320 versículos que são paralelos a Mc, também está proximamente relacionado. Há 250 versículos paralelos entre Mt e Lc que não são encontrados em Mc. Em alguns desses casos, o mesmo palavreado é encontrado nos diferentes Evangelhos, não simplesmente nas palavras de Jesus, mas também na maneira pela qual as narrativas são feitas. V. *Lucas, evangelho de*; *Marcos, evangelho de*; *Mateus, evangelho de*.

Há tantas indicações de um relacionamento literário que os biblistas em geral pressupõem a existência de uma (ou mais de uma) fonte escrita em comum, que foi (ou foram) compartilhada(s) entre os três Evangelhos. Várias tentativas têm sido feitas para explicar a natureza desse relacionamento literário. Alguns biblistas pressupõem que Marcos usou Mt e Lc como fontes. Mas a maioria esmagadora dos biblistas acredita que Marcos foi o primeiro a escrever um Evangelho, e que Mateus e Lucas o usaram como fonte. A gramática de Mt e Lc em geral tem a tendência de ampliar a de Mc, não o contrário. Esse padrão indicaria que Mc seria anterior a Mt e Lc, pois seria improvável que Marcos falhasse em copiar a linguagem mais sofisticada dos outros dois. O evangelho de Mc não inclui os ensinos de Jesus encontrados em Mt e Lc, tais como o Sermão do Monte (em Mt), o da Planície (em Lc) e as parábolas de Lc 15. Seria impossível entender isso se Marcos tivesse de fato usado uma cópia dos outros dois Evangelhos. Parece que Mc foi escrito primeiro e que, algum tempo depois, Mateus e Lucas o utilizaram como auxílio para a redação dos seus textos.

Por outro lado, Mt e Lc também tiveram uma fonte comum, que pode ter sido uma forma primitiva de Mt (talvez escrita em aramaico), ou um documento (ou documentos) em separado, contendo muitos ensinos e ditos de Jesus. Essa fonte comum para Mateus e Lucas é geralmente designada como Q (*Quelle*), "fonte" em alemão. Lucas indica que conhecia a respeito de outros que intentaram fazer uma narrativa dos fatos que se haviam sucedido entre eles e que ele mesmo investigou tais fontes ao escrever o seu Evangelho (Lc 1.1-4). Portanto, o fato de que Mateus pode ter feito o mesmo e usado várias fontes não é de todo surpreendente. Considerando que Marcos não era uma testemunha ocular, ele pode também ter usado várias fontes, ressaltando-se que, conforme a igreja primitiva, a pregação de Pedro foi sua fonte primária. A redação da narrativa do Evangelho foi algo tão importante que os escritores provavelmente usaram a maior quantidade possível de fontes confiáveis.

Enquanto esses três Evangelhos têm muito em comum, até mesmo a abordagem da narrativa da história de Jesus com base no mesmo esquema organizacional geral, cada um apresenta uma visão única de Jesus e das implicações do discipulado. Cada escritor se dirigiu a diferentes grupos, localizados em diferentes lugares ou contextos históricos. Por isso, as características comuns dos Evangelhos sinópticos não devem ser tomadas como indicativo de que há nos três um único ponto de vista. Ao examinar os Sinópticos de modo paralelo, as diferenças entre os três podem realçar a riqueza das ênfases distintas de cada um. Os evangelhos de Mt, Mc e Lc complementam uns aos outros em sua comunicação da narrativa do Evangelho por meio de seus pontos em comum, mesmo quando apresentam a mensagem com uma profundidade vista apenas ao se olhar cada um separadamente. V. *apócrifos, livros — Novo Testamento*.

SINOS (*NVI*) **CAMPAINHAS** (*ARA, ARC*) Objetos dourados fixados à vestimenta do sumo sacerdote que serviam de sinal de advertência dos movimentos do sumo sacerdote (Êx 28.33-35; 39.25,26).

SINÓTICOS, EVANGELHOS V. *Sinópticos, Evangelhos*; *Evangelho*; *harmonia dos Evangelhos*.

SINRATE Nome pessoal que significa "proteção". Homem da tribo de Benjamim (1Cr 8.21).

SINRI Nome pessoal que significa "minha proteção". **1.** Homem da tribo de Simeão (1Cr 4.37). **2.** Pai de um dos heróis militares de Davi (1Cr 11.45). **3.** Porteiro levita (1Cr 26.10). **4.** Levita no tempo de Ezequias (2Cr 29.13).

SINRITE Nome pessoal que significa "proteção". Mulher moabita cujo filho assassinou o rei Joás em 796 a.C. (2Cr 24.26). Na passagem paralela de 2Rs 12.21 aparece o nome Somer, que deve ser o nome do pai do assassino do rei.

SINROM Nome pessoal e de lugar que provavelmente significa "proteção". **1.** Filho de Issacar e ancestral original de um clã daquela tribo (Gn 46.13). **2.** Cidade-Estado da região norte de Canaã que se uniu à coligação liderada pelo rei Hazor contra Josué, mas que foi derrotada (Js 11.1). Alguns comentaristas pensam que o nome original fosse Simom e o identificam com a atual Khirbet Sammuniyeh, a 8 quilômetros a oeste de Nazaré no vale do Esdrelom. Outros sugeriram Marun er-Ras, a 16 quilômetros a noroeste da atual Safed, perto do mar de Quinerete, o mesmo mar da Galileia. Foi designada à tribo de Zebulom (Js 19.15).

SINROM-MEROM Cidade que se encontra na lista de vitórias de Josué (Js 12.20). Aparentemente é a forma longa do nome Sinrom (11.1), ainda que a tradução grega e alguns comentaristas considerem-nas duas cidades distintas.

SINRONITA Membro do clã de Sinrom (Nm 26.24).

SINSAI Nome pessoal que significa "pequeno pôr do sol". Escriba que registrou a carta dos oficiais samaritanos opostos à reconstrução de Jerusalém e do templo, por volta de 537 a.C. (Ed 4.23).

SÍNTIQUE Nome pessoal que significa "conhecimento agradável" ou "boa sorte". Mulher na igreja de Filipos a quem Paulo se dirigiu com respeito a um desentendimento ocorrido com Evódia (Fp 4.2).

SIOM Nome de lugar de significado incerto, talvez "sem valor". Alguns estudiosos localizam-no na moderna Sirim, a cerca de 21 quilômetros a sudeste do monte Tabor. Era uma cidade fronteiriça de Issacar (Js 19.19).

SIOR Nome egípcio de lugar que significa "tanque de Hórus (um deus)". Assinalava a fronteira da terra prometida (Js 13.3), marcando a extensão mais larga das reivindicações territoriais de Israel (1Cr 13.5). Em Is 23.3 e Jr 2.18 a palavra aparentemente se refere a um dos afluentes do rio Nilo, no interior do Egito, mas a fronteira aponta para lugares fora daquele país, idêntica ao ribeiro do Egito, ou estende as alegações de Israel até o Nilo. Os tradutores antigos não entenderam dessa forma esta palavra em Js 13. V. *ribeiro do Egito*; *Palestina*.

SIOR-LIBNATE Nome de lugar que talvez signifique "pântano de Libnate". Fronteira do território da tribo de Aser (Js 19.26), identificada como o Hahr ez-Zerqa, na fronteira sul de Aser, ou com o território pantanoso entre os rios Nahr ed-Difleh e Nahr ez-Zerqa, ou ainda com o Tell Abu Hawam na cabeceira do Quisom.

SIPAI Leitura alternativa (1Cr 20.4) do nome "Safe" (2Sm 21.18). Filho de um gigante morto por Sibecai de Husate. V. *Safe*.

SIQUÉM Nome pessoal e de lugar que significa "ombro, costas". Distrito e cidade na região montanhosa de Efraim, parte centro-norte da Palestina. A primeira capital do Reino do Norte, Israel, foi edificada na ladeira, i.e., no "ombro" do monte Ebal. Localizada na convergência de muitas estradas importantes e antigas rotas de comércio, Siquém era uma cidade importante muito antes dos israelitas ocuparem Canaã.

A primeira referência à cidade nos relatos bíblicos aparece em conexão com a chegada de Abraão à terra (Gn 12.6,7). Quando Jacó voltou de Padã-Harã, ele se estabeleceu em Siquém e comprou um terreno dos filhos de Hamor

(Gn 33.18,19). Em Gn 33—34 Siquém é o nome da cidade e também o nome do príncipe da mesma cidade. Enquanto Jacó estava em Siquém, aconteceu o infeliz incidente com Diná. Simeão e Levi, seus irmãos por parte de pai e de mãe, destruíram a cidade (Gn 34). Mais tarde, os irmãos de José pastoreavam os rebanhos de Jacó em Siquém quando ele foi enviado para verificar a respeito do bem-estar deles. José foi sepultado na porção de terra que seu pai Jacó comprara ali (Js 24.32).

Enquanto os israelitas conquistavam Canaã, eles se voltaram inesperadamente para Siquém. Josué edificou um altar no monte Ebal e permitiu que o povo ali se reunisse, renovando seu compromisso com a Lei de Moisés (Js 8.30-35; cp. Dt 27.12,13). Siquém está no território da tribo de Efraim, perto da fronteira com Manassés (Js 17.7). Era uma cidade de refúgio (Js 20.7) e uma cidade levítica (21.21). Josué conduziu o povo a renovar sua aliança com Deus em Siquém (Js 24.1-17). Abimeleque, filho de Gideão, guerreou contra os líderes de Siquém (Jz 8.31-9.49).

Roboão, sucessor do rei Salomão, foi a Siquém para ser coroado rei de todo o Israel (1Rs 12.1). Posteriormente, quando a nação foi dividida em dois reinos, Siquém se tornou a primeira capital de Israel, o Reino do Norte (1Rs 12.25). Depois disso, Samaria veio a ser capital política permanente do Reino do Norte, mas Siquém continuou com sua importância religiosa. Aparentemente era um santuário de culto a Deus no tempo de Oseias, por volta de 750 a.C. (6.9).

O nome "Siquém" ocorre em registros históricos e outras fontes fora da Palestina. É mencionado como uma cidade capturada por Senusert III do Egito (antes de 1800 a.C.) e aparece em textos cursivos do Egito por volta desse mesmo período. Há uma referência à "montanha de Siquém" em uma carta satírica da 19ª Dinastia do Egito. Siquém também aparece nas cartas de Amarna; seu líder, Lab'ayu, e seus filhos foram acusados de agirem contra o Egito, ainda que o líder tenha protestado e declarado ser absolutamente fiel ao faraó.

Em Siquém (algumas vezes identificada com Sicar) Jesus se encontrou com a mulher samaritana no poço de Jacó (Jo 4). Os samaritanos construíram seu templo no monte Gerizim, onde praticavam sua religião. V. *cidades de refúgio*; *cidades dos levitas*. — Rich Murrell

SIQUEMITA Habitante ou natural de Siquém.

SIRÁ Nome de lugar que significa "espinho". Um poço onde Joabe e Abisai assassinaram Abner, por ter este matado Asael, irmão deles (2Sm 3.26-30). Esse poço provavelmente é Ain Sarah, localizado a cerca de 1,5 quilômietro a noroeste de Hebrom. V. *poço*.

SIRACUSA Principal cidade da ilha da Sicília. Paulo ficou por três dias no porto de Siracusa, em sua viagem a Roma (At 28.12). A cidade foi forte o bastante para derrotar um ataque de Atenas em 413 a.C., mas foi derrotada por Roma em 212 a.C. No período romano, Siracusa era a residência do governador, e a cidade desfrutou de grande prestígio durante todo o período.

SÍRIA Região ou nação localizada na parte nordeste do mar Mediterrâneo.

Nome e geografia Síria é mais apropriadamente um termo geográfico para designar a região no nordeste do Mediterrâneo situada entre Israel e a Mesopotâmia, que corresponde em geral aos atuais Estados da Síria e do Líbano e pequenas partes da Turquia e do Iraque. O nome pode ter tido origem em uma abreviação grega de Assíria, e teria sido aplicado apenas acidentalmente à região. Não há conexão geográfica entre Assíria e Síria.

A Síria tem quatro características geográficas básicas, à medida que se move do Mediterrâneo para o leste: 1) uma estreita planície costeira; 2) uma linha de montanhas; 3) um vale e 4) uma estepe fértil que se desvanece à medida que avança para o deserto. Os dois principais rios da região surgem próximos um do outro, na região do vale. O Orontes vai para o norte antes de virar abruptamente em direção ao leste, na direção do mar na planície de Antioquia, enquanto o Leontes vai para o sul e depois se vira para o oeste através de uma garganta estreita e deságua no mar. V. *Palestina*; *rios e cursos de água*.

História antiga — Antigo Testamento Na Idade do Bronze Antigo (entre 3200-2200 a.C.), a Síria foi o lar de grandes cidades-Estados, semelhantes às da Mesopotâmia. A parte mais recente desse período foi iluminada pela descoberta recente de tábuas cuneiformes no arquivo estatal de Ebla, a capital de um pequeno império no norte da Síria. Muitas dessas tábuas estão em eblaíta,

SÍRIA

uma língua antiga semelhante ao hebraico, e constituem fonte promissora para os estudos bíblicos. V. *Ebla*.

Na Idade do Bronze Médio (2200-1550 a.C.), o tempo dos patriarcas hebreus, o norte da Síria era o lar dos reinos de Yamhad, com capital em Alepo e Oatna. A área ao sul de Oatna era conhecida como Amurru (a palavra acádia para amorreu). Mais ao sul, Damasco provavelmente já existia (Gn 15.2), ainda que não seja citada em documentos daquele período. Na Idade do Bronze Recente (entre 1550-1200 a.C.) a Síria se tornou a fronteira e, algumas vezes, campo de batalha entre os impérios do novo reino egípcio ao sul e o reino de Mitani, que começava seu período de ascensão, e depois os hititas ao norte. Cidades importantes nesse período eram Qadesh e Ugarite. Esta liderou várias rebeliões contra a autoridade egípcia. Escavações em tábuas cuneiformes no alfabeto ugarítico (uma língua semelhante ao hebraico) lançaram muita luz sobre a natureza da religião cananeia. V. *arqueologia e estudo bíblico*; *Canaã*; *Ugarite*.

Reinos arameus Várias versões da Bíblia se referem ao que atualmente é a Síria com a palavra *Aram* (cf. Dt 26.5). Os arameus começaram a se estabelecer na Síria e no norte da Mesopotâmia por volta de início da Idade do Ferro (c. 1200 a.C.), estabelecendo vários Estados independentes. O AT menciona os reinos arameus de Bete-Eden no norte da Síria, Zobá, no centro-sul, e Damasco, no sul.

No início da monarquia de Israel, o reino de Zobá na Síria foi derrotado por Saul (1Sm 14.47). Davi derrotou decisivamente a coligação Aram-Zobá (2Sm 10.6-19), cujo rei, Hadadezer, solicitara ajuda dos reinos arameus que lhe eram súditos (10.16,19). Como resultado, Zobá e seus vassalos, o que aparentemente incluía Damasco, tornaram-se súditos de Davi (2Sm 8.3-8; 10.19). Hamate, um Estado neo-hitita no norte da Síria que estivera em guerra com Zobá, também estabeleceu relações cordiais com Davi (2Sm 8.9,10). Mas nesse ínterim, certo Rezom quebrou a aliança com Hadadezer de Zobá após a vitória de Davi e se tornou o líder de um bando de salteadores. Mais tarde, no reinado de Salomão, ele se estabeleceu como rei de Damasco (1Rs 11.23-25), deixando o sul da Síria fora do controle israelita. Subsequentes referências a "Aram" e "arameus" ("Síria" ou "sírios") no AT são a esse reino arameu de Damasco.

A ascensão do poder de Aram-Damasco foi facilitada pela divisão de Israel depois da morte de Salomão. Quando Baasa de Israel construiu um forte em Ramá, ameaçando Jerusalém, Asa de Judá incitou o rei de Damasco, "Ben-Hadade, filho de Tabriom" a quebrar sua aliança com a liga com Israel e vir em auxílio de Judá (1Rs 15.18,19). Ben-Hadade respondeu conquistando várias cidades e territórios no norte de Israel (v. 20). A genealogia dada nessa passagem foi confirmada por uma estela, encontrada perto de Alepo, dedicada por Ben-Hadade ao deus Melcarte. Não há menção a Rezom, mas pensa-se que este seja o mesmo Heziom. V. *Damasco*.

Cultura síria A cultura arameia era bastante parecida com a de seus vizinhos. Eram adorados típicos deuses semitas, sendo o mais importante o deus das tempestades, Hadade, quase sempre chamado pelo epíteto de Rimom (2Rs 5.18; Zc 12.11), que significa "trovão". A contribuição mais duradoura dos arameus foi sua língua, que se tornou a língua do comércio e da diplomacia no período persa. Partes de Dn e Ed foram escritas em aramaico, que é bastante semelhante ao hebraico. No tempo do NT o aramaico era a língua comum falada em Israel e provavelmente usada por Jesus. A escrita aramaica foi adotada e ligeiramente modificada para escrever o hebraico. V. *aramaico*; *Canaã*; *pagãos, deuses*.

Período intertestamentário Em 331 a.C. a Síria, junto com o restante do Império Persa, caiu perante o avanço de Alexandre, o Grande. Por ocasião de sua morte a região formava o núcleo do reino selêucida helenístico, com capital em Antioquia. É nesse período que a palavra "Síria" se torna amplamente disseminada. O reino selêucida oprimiu o judaísmo e provocou a revolta dos macabeus em 167 a.C., que resultou na independência judaica. A Síria entrou em declínio, o qual continuou até a entrada em cena dos romanos, que a transformaram em uma província no ano 64 a.C. V. *história e literatura intertestamentárias*; *selêucidas*.

Novo Testamento No tempo do NT a Judeia foi transformada em uma procuradoria, parte da província maior romana da Síria (Mt 4.24), sendo a última dirigida por um governador (Lc 2.2). A Síria desempenhou papel

importante na propagação primitiva do cristianismo. Paulo se converteu na estrada de Damasco (At 9.1-9) e posteriormente evangelizou naquela província (At 15.41; Gl 1.21). Antioquia, onde os crentes foram pela primeira vez chamados de "cristãos" (At 11.26), tornou-se base das suas viagens missionárias (At 13.1-3).
— Daniel C. Browning Junior

SÍRIO-FENÍCIA Combinação de Síria e Fenícia. A palavra reflete a união das duas regiões em um único distrito sob o período romano. Antes desse período, a Fenícia era a região costeira na parte norte do que mais tarde foi chamado Palestina, e a Síria era um país independente, no interior. Foi no distrito sírio-fenício que Jesus encontrou uma mulher cuja filha estava possuída por um demônio (Mc 7.26). O relato paralelo a chama de "mulher cananeia" (Mt 15.22), o nome antigo daquele povo. Depois que ela repetidamente pediu a Jesus que curasse sua filha, o Senhor atendeu ao seu pedido.

SIRIOM Nome dado pelos sidônios ao monte Hermom (Dt 3.9). V. *Hermom, monte*.

SIRTE Provavelmente é o atual golfo de Sidra, um lugar de águas rasas com recifes e bancos de areia ocultos, ao longo da costa africana, a oeste de Cirene. V. *banco de areia*.

SISA Nome pessoal ou, mais provavelmente, título oficial tomado como empréstimo da língua egípcia: escribas reais que escreviam cartas. Aparentemente o termo "filhos de Sisa" (1Rs 4.3) se refere aos membros de uma corporação de escribas. Seva (2Sm 20.25) e Sausa (1Cr 18.16) podem representar outras maneiras de transliterar o título egípcio em hebraico.

SISAQUE Nome real egípcio de significado desconhecido. Um faraó do Egito conhecido também por Sheshonk I. Governou por volta de 945-924 a.C., tendo sido o fundador da 22ª Dinastia. Pouco depois de Roboão iniciar o reinado em Judá, Sisaque invadiu Jerusalém e levou os tesouros do templo (1Rs 14.25,26). De acordo com inscrições nas paredes de um templo do deus Amon em Karnak, Sisaque capturou cerca de 150 cidades na Palestina, incluindo Megido, Taanash e Gibeom. Alguns estudiosos pensam tratar-se do faraó cuja filha casou-se com Salomão (1Rs 3.1) e que mais tarde incendiou Gezer e a deu à sua filha (9.16). V. *Egito*.

SÍSERA Nome pessoal que significa "mediação". **1.** Líder militar de Jabim, rei de Canaã (Jz 4.2), morto por Jael, esposa de Héber (v. 21). **2.** Descendente de um dos netinins (servidores do templo) que voltou para Israel com Zorobabel (Ed 2.53; Ne 7.55). V. *Jabim*.

SISMAI Nome pessoal de significado incerto. Filho de Eleasa e pai de Salum (1Cr 2.40).

SISTEMA BANCÁRIO O antigo Israel não dispunha de instituições de empréstimo e bancos no sentido moderno do termo. As transações comerciais e os empréstimos e o crédito estavam inteiramente nas mãos de indivíduos, proprietários de terras e comerciantes. Culturas contemporâneas da Mesopotâmia emprestavam dinheiro a juros (às vezes até 33,5% ao ano). A tentação de fazer o mesmo entre os israelitas foi suprimida por leis que proibiam a cobrança de juros sobre empréstimos (Êx 22.25; Lv 25.36,37; Ez 18.8). De acordo com essas regras, só se podia cobrar juros dos estrangeiros sobre uma dívida (Dt 23.20).

Penhores eram às vezes exigidos como garantia do empréstimo (Gn 38.17), mas itens essenciais, como a capa, não podiam ser mantidos além do anoitecer (Dt 24.13; Am 2.8). Também era obrigatório que se seguisse um protocolo severo de cobrança de dívida segundo o qual o credor estava proibido de entrar na casa do devedor para apanhar o penhor (Dt 24.10,11). Em períodos de fome ou escassez ou dívidas elevadas, um homem podia hipotecar sua casa e terras, oferecendo como garantia seu trabalho como escravo-de-dívidas ou o trabalho da família para quitar o empréstimo (Ne 5.1-5; Sl 109.11). O abuso desse sistema era tão frequente que os profetas o condenavam (Ne 5.6-13; Ez 22.12). O livro de Pv o chama de tolice (17.18; 22.26).

A introdução bastante difundida do dinheiro em moedas depois de 500 a.C. e a expansão das viagens e do comércio no Império Romano estimularam o estabelecimento de instituições bancárias no período do NT. O empréstimo de dinheiro (gr., *trapezites*, da mesa *trapeza* na qual se faziam os negócios) era uma atividade comum e acessível nas cidades. As parábolas de Jesus sobre os talentos (Mt 25.14-30) e as minas (Lc 19.11-27) deu crédito à prática de dar quantias a banqueiros para investimento ou obtenção de juros. O costume antigo de enterrar o dinheiro como garantia (Js 7.21) foi condenado como algo "mau e negligente" por Jesus (Mt 25.25-27).

Alguns que se envolviam nas finanças, no entanto, tiravam vantagem do elevado número de moedas em circulação na Palestina. Agricultores e mercadores vinham a eles para pesar o dinheiro em moedas e trocá-lo pela dracma de Tiro, que era preferida na cidade. A regulamentação quanto ao imposto do templo também era favorável aos que trabalhavam com as finanças. Os "cambistas", conhecidos como *kollubistas*, cobravam a taxa de 12 unidades de peso de prata (um *kollubos*, equivalente a 0,065 grama) e armavam suas mesas no pátio dos gentios. Eles trocavam as moedas estrangeiras pela didracma (duas dracmas) de prata exigida pela lei (Mt 17.24). A purificação do templo por Jesus pode ter sido realizada em parte como resposta às práticas injustas desses cambistas (Mt 21.12,13; Mc 11.15-17; Jo 2.14-16).

Com somas de dinheiro procedente de judeus de todo o império entrando no templo, o próprio templo se tornou um banco, emprestando dinheiro para financiar negócios, construções e outros programas. Pilatos suscitou um enorme protesto quando recorreu a um dos fundos do templo (*corbã*), que deveria ser usado exclusivamente para fins religiosos, para construir um aqueduto. Depois da destruição do templo em 70 d.C., o imperador romano Vespasiano ordenou a continuação do pagamento desse imposto e seu depósito no templo de Júpiter. — *Victor H. Matthews*

SISTEMAS DAS CORTES Os sistemas judiciais do antigo Israel não estão plenamente descritos no AT ou em qualquer outra fonte extrabíblica. As leis que regiam a conduta dos juízes e testemunhas, relatos sobre líderes que foram consultados para decisões legais e narrativas de procedimentos judiciais complementam os relatos da designação de juízes auxiliares por parte de Moisés (Êx 18) e da reforma judicial de Josafá (2Cr 19). A investigação arqueológica ainda não descobriu os documentos das cortes do antigo Israel.

As disputas legais podiam ser resolvidas no nível da sociedade em que surgiam. O cabeça da família tinha a autoridade para decidir causas da sua casa sem levar a questão a um juiz profissional (Gn 31; 38). Os códigos legais limitavam sua autoridade em alguns casos (Nm 5.11-31; Dt 21.18-21; 22.13-21). Quando havia pessoas envolvidas de mais de uma família, a causa era levada aos anciãos da aldeia ou cidade, que eram os líderes das famílias ampliadas que viviam juntas naquele lugar e representavam a comunidade como um todo. Os anciãos serviam como testemunhas da transação (Dt 25.5-10; Rt 4.1-12), decidiam culpa ou inocência (Dt 19; 22.13-21; Js 20.1-6) ou executavam o castigo devido à parte culpada (Dt 22.13-21; 25.1-3). Os anciãos ajudavam a preservar a comunidade ao garantir que as disputas fossem resolvidas de maneira tal que todos as reconhecessem como justas.

Disputas entre tribos eram de resolução mais difícil. Quando uma mulher da tribo de Judá que era a concubina de um levita vivendo no território de Efraim foi violentada e assassinada em Gibeá de Benjamim, diversas tribos foram envolvidas (Jz 19—21). O levita, por isso, apelou por justiça a todas as tribos de Israel. As tentativas iniciais de negociação foram rejeitadas quando os homens de Benjamim se negaram a entregar ao castigo as pessoas culpadas. Israel então declarou guerra a toda a tribo de Benjamim, derrotou-a e prometeu solenemente que não deixaria que os benjamitas se casassem com as outras tribos. O historiador bíblico comenta com pesar que esse tipo de coisa acontecia porque não havia rei para executar a lei (Jz 21.25).

No período da história israelita coberta pelo livro de Jz, diversos indivíduos nomeados por Deus tiveram autoridade judicial especial. Os chamados "juízes menores" (Jz 10.1-5; 12.8-15) não recebem crédito por libertar Israel da opressão por meios militares, de modo que sua função pode ter sido meramente judicial ou política. Alguns estudiosos identificam o exercício da função como "juiz de todo o Israel" na liga tribal, mas outros argumentam que sua jurisdição era sobre uma área menor. Débora e depois Samuel também decidiam causas. Suas atividades judiciais eram realizadas em uma área limitada (Jz 4.4,5; 1Sm 7.5-17). Não sabemos se eles aceitavam causas somente por demanda. A Bíblia não diz como cada um desses indivíduos passou a ter sua autoridade como juiz. Tanto Débora quanto Samuel eram profetas. Os outros juízes libertadores foram chamados por Deus e possuídos pelo Espírito de Deus. Assim, a autoridade judicial provavelmente também foi um dom divino.

Um sistema hierárquico de cortes e juízes podia existir quando a autoridade política estava centralizada. Em Êx 18.13-26 Moisés nomeou juízes auxiliares para decidir causas menores para que sua energia pudesse ser preservada para as mais difíceis. Um sistema em que as cortes locais encaminhavam causas complexas a juízes supremos é descrito em Dt 17.2-13; 19.16-19. Essa não era uma corte de apelo à qual partes insatisfeitas pudessem levar suas causas para consideração; era uma corte de especialistas que podiam julgar causas complicadas demais para serem decididas por juízes locais. O sistema judicial instituído por Josafá também seguiu esse padrão (2Cr 19.4-11). Embora apontados pelo rei, os juízes eram responsáveis diretamente diante de Deus (2Cr 19.6). Não está claro se os residentes de Jerusalém iam diretamente à corte central.

O rei possuía autoridade judicial limitada. Apesar do seu poder político supremo, ele não estava pessoalmente acima da lei. As sentenças de morte de Saul contra Jônatas (1Sm 14.39) e os sacerdotes em Nobe (1Sm 22.6-23) não foram aceitas pelo povo. Jônatas não foi punido, e os sacerdotes foram por fim mortos por um não israelita. Davi foi levado a pronunciar a sentença sobre si mesmo por seus crimes contra Urias e o tratamento injusto para com Absalão (2Sm 12.1-6; 14.1-24). Diferentemente de Saul, Davi e Salomão foram capazes de exercer autoridade para executar ou poupar pessoas que representavam uma ameaça para seus reinados (2Sm 1.1-16; 4.1-12; 19.16-23; 21.1-14; 1Rs 2.19-46). Jezabel usou a corte existente na cidade para se livrar de Nabote e confiscar sua vinha. Deus, no entanto, castigou-a, bem como a Acabe, por terem forçado a execução de Nabote em acusações forjadas, mesmo que Acabe fosse o rei (1Rs 21—22). O texto de Dt 17.18-20 coloca o rei no mesmo nível que seus súditos com respeito às exigências da lei de Deus. Em Israel o rei não tinha autoridade para decretar novas leis ou fazer regulamentações legais arbitrárias contrárias à compreensão prevalecente da justiça.

O ideal do rei justo que supervisionava a ministração da justiça a todos os seus súditos era conhecido em Israel. Nesse papel o próprio rei era o exemplo principal de um juiz justo e honesto e estava pessoalmente envolvido em ouvir causas, bem como em nomear outros juízes. Absalão tirou vantagens das falhas de Davi por não viver à altura desse ideal (2Sm 15.1-6). Salomão é o exemplo supremo do rei justo, tendo recebido discernimento e sabedoria de Deus (1Rs 3).

A relação da corte do rei com o restante do sistema judicial é desconhecida. A mulher sábia de Tecoa apelou a Davi quanto a uma decisão que tinha sido tomada na sua família ampliada (2Sm 14). A viúva sunamita foi bem-sucedida na sua apelação ao rei de Israel pela recuperação da sua casa e terra que ela havia abandonado em uma época de fome e escassez (2Rs 8.1-6). A famosa causa das duas prostitutas e seus bebês foi levada diretamente a Salomão sem julgamento prévio (1Rs 3.16-28). Em todas essas causas estamos lidando aparentemente com exceções. Poderosas terceiras partes estão envolvidas nas primeiras duas; Joabe marcou a audiência com Davi, e a sunamita teve a presença de uma testemunha na pessoa de Geazi, servo de Eliseu. As duas prostitutas não tinham família para resolver sua demanda. Não podemos ter certeza, portanto, do que esses relatos nos podem contar sobre como as causas em geral chegavam a ser ouvidas pelo rei. Não há leis veterotestamentárias que definem o processo da apelação judicial ao rei.

Os sacerdotes também possuíam autoridade judicial. Os textos sobre o tribunal superior em Jerusalém mencionam sacerdotes além do juiz secular (Dt 17.9; 19.17; 2Cr 19.8,11). Alguns estudiosos acham que essa divisão entre cortes religiosas e civis reflete o período pós-exílico, no qual a autoridade secular era a do rei persa e os sacerdotes judeus administravam a lei de Deus (Ed 7.25,26). Os sacerdotes israelitas, no entanto, tinham um conjunto de conhecimento por meio do qual julgavam questões relacionadas à adoração de Deus e à pureza da comunidade. Tanto o sistema de culto quando o judicial estavam ocupados em remover a culpa de sangue da comunidade (Dt 21.1-9). Não podemos determinar como os juízes sacerdotais estavam relacionados aos outros sistemas judiciais ou como as causas eram encaminhadas aos diferentes juízes.

Os reais procedimentos judiciais podem ser reconstituídos parcialmente como segue. Não havia promotores ou advogados de defesa; o acusador e o acusado defendiam cada um sua causa. O ônus da prova estava com o acusado. Evidências físicas eram apresentadas quando necessárias (Dt 22.13-21), mas provar sua causa dependia principalmente de testemunhas e de argumentação persuasiva. A palavra de ao mínimo duas testemunhas era necessária para convencer (Dt 19.15). O sistema dependia da honestidade das testemunhas e da integridade dos juízes (Êx 18.21; 20.16; 23.1-3,6-9; Lv 19.15-19; Dt 16.19,20; 19.16-21; 2Cr 19.6,7). Os profetas condenaram juízes corruptos (Is 1.21-26; Am 5.12,15; Mq 7.3) e os que os apoiavam (Am 5.10). Causas levadas por testemunhas mal-intencionadas dando falso testemunho eram encaminhadas à corte central (Dt 19.16-21). Em algumas circunstâncias o acusado podia recorrer a um teste ou juramento para provar sua inocência (Êx 22.6-10; Nm 5.11-31; Dt 21.1-8). Se culpado, ele seria punido diretamente por Deus. Tirar sortes para descobrir a parte culpada era outro procedimento extraordinário. Em ambos os casos registrados na Bíblia, a pessoa identificada também confessou a culpa (Js 7; 1Sm 14.24-26). Os juízes eram responsáveis por administrar o castigo, muitas vezes com a participação de toda a comunidade (Dt 21.21). Os sistemas judiciais somente podiam funcionar bem quando a comunidade concordava com suas decisões e cooperava na sua implementação. Ao julgar de forma justa, as cortes ensinavam a lei de Deus e os princípios de justiça divina. As cortes trabalhavam junto com o povo para restaurar a paz e integralidade na comunidade sob a direção de Deus sempre que reconhecia quem estava certo e impunha uma penalidade adequada ao culpado. — *Pamela J. Scalise*

Flores amarelas de uma variedade moderna da árvore de acácia (shitim em hebraico) em Israel.

SITIM Transliteração da palavra hebraica para designar a árvore de acácia. **1.** Nome de uma grande região em Moabe ao longo do Jordão, que vai de Jericó ao nordeste do mar Morto. Israel acampou nessa região por um longo período antes de prosseguir rumo à terra prometida. Em Sitim eles foram abençoados por Balaão (que Balaque contratara para amaldiçoar o povo; Nm 22—24; cp. Mq 6.5); lá também cometeram pecado com as mulheres moabitas e midianitas (Nm 25) e Josué foi anunciado como sucessor de Moisés (Dt 34.9). Josué enviou espiões de Sitim (Js 2.1; cp. 3.1). É a atual Tell el-Hammam es Samri, a cerca de 13 quilômetros a leste do Jordão. **2.** Em Jl 3.18 o significado simbólico de acácias vem na apresentação do quadro messiânico de fertilidade para o vale do Cedrom com uma fonte que flui do templo.

SITIM, ÁRVORE ou **MADEIRA DE** V. *acácia*; *plantas*.

SITNA Poço que os servos de Isaque cavaram na região de Gerar (Gn 26.21). O poço foi tomado pelos servos de Abimeleque, o que fez que lhe dessem o nome, que significa "ódio" ou "oponente". V. *poço*.

SITRAI Nome pessoal que talvez signifique "oficial menor". Oficial responsável pelo gado de Davi que pastava em Sarom (1Cr 27.29). Alguns manuscritos trazem a grafia "Sirtai".

SITRI Nome pessoal que provavelmente significa "Ele é minha proteção". Um filho de Uziel na genealogia de Levi (Êx 6.22).

SIVÃ Terceiro mês (maio-junho) do calendário hebraico, o tempo da colheita de trigo e da festa de Pentecoste. V. *calendário*.

SIZA Forma abreviada de um nome de significado incerto. Homem da tribo de Rúben no tempo de Davi (1Cr 11.42).

SOA Nome de uma nação que significa "socorro". Nação que Deus usou para punir seu povo (Ez 23.23). São em geral identificados com os *sutus*, povo nômade dos desertos da Síria e da Arábia, conhecidos por meio de documentos de Mari, Amarna e da Assíria. Alguns comentaristas entendem que há uma referência a esse povo em Is 22.5, que a *NVI* traduz por "gritar por socorro" (*ARA* e *ARC*, "clamor"; *NTLH* e *TEB*, "gritos"; *BJ*, "gritos de socorro").

SOÃO Nome pessoal que significa "gema" (no sentido de pedra preciosa). Levita no tempo de Davi (1Cr 24.27).

SOBABE Nome pessoal que significa "trazido de volta" ou "caído, rebelde". **1**. Filho de Davi (2Sm 5.14). **2**. Filho de Calebe e ancestral de um clã na tribo de Judá (1Cr 2.18).

SOBAI Nome pessoal de significado incerto. Líder de uma família de porteiros (Ed 2.42).

SOBAL Nome pessoal que provavelmente significa "leão". **1**. Filho de Seir e governante de Edom (Gn 36.20, 23, 29). **2**. Filho de Calebe e fundador de Quiriate-Jearim (1Cr 2.50), alistado entre os filhos de Judá (1Cr 4.1), possivelmente uma indicação de que a expressão "filho de" signifique pertencer a uma tribo.

SOBEQUE Nome pessoal que significa "vitorioso". Líder judeu que assinou a aliança no tempo de Neemias (Ne 10.24).

SOBERANIA DE DEUS Ensino bíblico segundo o qual Deus possui todo o poder e tem domínio sobre todas as coisas (Sl 135.6; Dn 4.34,35). Deus governa e trabalha de acordo com seu propósito eterno, ainda que haja por meio de acontecimentos que parecem contradizer ou se opor ao seu governo.

Ensino bíblico As Escrituras enfatizam o governo de Deus em três áreas: a criação, a história humana e a redenção. As Escrituras testificam de modo inequívoco a respeito do governo de Deus na criação (Gn 1; Mc 4.35-41; Rm 8.20,21), incluindo o sustento e o governo de Cristo sobre todas as coisas (Hb 1.3; Cl 1.15-17). A Bíblia afirma também que Deus governa a história humana de acordo com seu propósito, desde os acontecimentos comuns na vida de indivíduos (Jz 14.1-4; Pv 19.9,33) até a ascensão, os assuntos e a queda das nações (Sl 22.28; Hc 1.6; At 17.26). As Escrituras apresentam a redenção como obra exclusiva de Deus. Ele, de acordo com seu propósito eterno, toma a iniciativa ao providenciar e aplicar a salvação e ainda ao capacitar os homens para que possam desejá-la (Jo 17.2; Rm 8.29,30; Ef 1.3-14; 2Ts 2.13,14; 2Tm 1.9,10). Há cinco questões que parecem estar em contradição com a alegação do governo absoluto de Deus: o mal, o livre-arbítrio, a responsabilidade humana, a evangelização e a oração.

A soberania e o mal A Bíblia não explica o relacionamento entre a soberania divina e o mal. As Escrituras ensinam que Deus não faz nem aprova o mal (Hc 1.13; Tg 1.13); antes, ainda que o permita, ele também o restringe (Jó 1.2-2.7), julga (Is 66.3,4; At 12.19-23; Ap 20.11-15) e usa para o bem dos seus filhos e filhas, e para o cumprimento dos seus propósitos (Gn 50.20; Rm 8.28,29).

A soberania e o livre arbítrio Alguns veem contradição entre a soberania divina e o livre-arbítrio humano, uma expressão muitas vezes mal-entendida. A vontade humana é livre no sentido de o homem fazer escolhas livres com consequências reais. Por isso, a vontade do homem não é moralmente neutra; antes, ela está escravizada ao pecado, e sem a graça divina o homem escolhe livre e constantemente rejeitar Deus (Rm 3.10,11; Ef 2.1-3; 2Tm 2.25,26). As Escrituras afirmam a soberania divina e a atividade da escolha humana. A ascensão do faraó ao poder estava inteiramente de acordo com sua vontade, mas, ao mesmo tempo, ela ocorreu de forma integral pela mão de Deus (Êx 9.16). A crucificação de Cristo foi plenamente um ato livre de homens pecaminosos e, ao mesmo tempo, esteve em pleno acordo com o propósito de Deus (At 2.23; 4.27,28). O livro de At fala de conversões ocorrendo de acordo com essas duas perspectivas (At 13.48; 16.14).

A soberania e a responsabilidade humana Ainda que Deus seja soberano, o homem é responsável por suas ações (Rm 2.5-11; 3.19). O relacionamento entre esses dois conceitos é misterioso, mas não contraditório. Paulo levanta a questão, mas, em vez de resolver a tensão, simplesmente reafirma a existência de ambas (Rm 9.19-29).

A soberania e a evangelização Jesus afirmou a soberania absoluta de Deus e no mesmo contexto convidou os pecadores para a salvação (Mt 11.25-30). Paulo iniciou seu tratamento profundo da soberania divina ao expressar a angústia que sentia por seus compatriotas perdidos (Rm 9.1-5); neste mesmo contexto ele expressou sua oração sincera pela salvação deles (Rm 10.1) e afirmou a promessa de salvação para "todo aquele que invocar o nome do Senhor" (Rm 10.12,13). Logo, uma afirmação da soberania divina é coerente com a evangelização, com o esforço missionário (1Tm 1.12; 2.10) e com o desejo e a oração pela salvação de qualquer pessoa ou povo perdido.

A soberania e a oração A soberania de Deus significa para o cristão que "se Deus é por nós, quem será contra nós?" (Rm 8.31). As Escrituras declaram à farta a boa vontade de Deus em atender aos pedidos dos cristãos (Rm 8.32; 1Jo 5.14,15). O cristão pode orar com confiança que suas orações serão ouvidas e respondidas. V. *Deus*; *providência*. — *T. Preston Pearce*

SOBI Nome pessoal de significado incerto. Amonita que auxiliou Davi quando este fugia de Absalão ao longo do Jordão (2Sm 17.27).

SOBOQUE Nome pessoal de significado incerto. Comandante do exército sírio sob a liderança de Hadadezer, morto pelas tropas de Davi em batalha (2Sm 10.16,18). O nome aparece como Sofaque (1Cr 19.16,18).

SOBRESCRITO Geralmente os romanos identificavam o crime de uma pessoa ao escrevê-lo em uma placa de madeira e a colocavam diante da pessoa condenada e, por fim, a fixavam na cruz. Os quatro Evangelhos mencionam um sobrescrito assim (Mt 27.37; Mc 15.26; Lc 23.38; Jo 19.19) que foi pregado na cruz acima da cabeça de Jesus. Entretanto, não é dito que o sinal tenha sido colocado diante de Jesus enquanto ele caminhava até o lugar da crucificação. Sobrescritos também eram usados como títulos de alguns salmos, dando informações referentes ao escritor e ao contexto do salmo. V. *cruz, crucificação*; *Salmos, livro de*; *julgamento de Jesus*.

SOBRINHO Filho do irmão ou da irmã. (A *NVI* usa a palavra em Gn 12.5, 14.12; a *ARA*, *ARC* e *NTLH* trazem "filho do seu irmão"). A palavra hebraica pode ter o sentido de um descendente linear, especialmente um neto (Jz 12.14; Jó 18.19; Is 14.22; 1Tm 5.4).

SÓBRIO Característica de quem tem autocontrole, seriedade e julgamento moral justo (1Ts 5.6,8; 1Tm 3.2, 11; Tt 1.8; 2.2, 6; 1Pe 1.13; 5.8).

SOCÓ Nome de lugar que significa "espinhos". **1**. Cidade na região montanhosa do sul de Judá, usada como fortificação contra povos que se aproximavam vindos do sul (Js 15.35). É a atual Khirbet Abbad. Os filisteus se reuniram nesse lugar para combater Saul (1Sm 17.1). Roboão a fortificou (2Cr 11.7). **2**. Cidade na região montanhosa no sul de Judá, a cerca de 16 quilômetros a sudoeste de Hebrom (Js 15.48) em Khirbet Shuweikeh. **3**. Cidade pertencente a Ben-Hesede (1Rs 4.10), um dos 12 oficiais que proveram alimentos para Salomão e sua corte. É a atual as--Shuweikeh, a oeste de Nablus, distante cerca de 3 quilômetros ao norte de Tulkarm. **4**. Nativo de Judá, filho de Héber (1Cr 4.18). Alguns intérpretes acreditam tratar-se de um nome de lugar, não um nome pessoal. Talvez seja a mesma cidade chamada Socó de Js 15.48.

SOCORROS Tradução de *ARA* e *ARC* em 1Co 12.28 que se refere à capacidade de oferecer ajuda ou assistência (a *NVI* traduz por "dom de prestar ajuda"). Na *LXX* Deus é conhecido como o socorro dos que perderam a força e vivem na pobreza (Eclo 11.12). Tem sido sugerido que Paulo se refere ao ministério dos diáconos que cuidam dos pobres e dos doentes. Também é possível que seja uma referência geral a todos que demonstram amor no que fazem aos outros.

SODI Nome pessoal que significa "meu conselho". Pai de Gadiel de Zebulom, um dos espiões enviados por Moisés para espiar a terra de Canaã (Nm 13.10).

SODOMA E GOMORRA Nomes de lugares de significado incerto. Duas cidades na terra de Canaã no tempo de Abraão. Sodoma e Gomorra estavam entre as cinco "cidades do vale" (Gn 13.12; 19.29) daqueles dias. Sua localização exata é desconhecida, mas estavam provavelmente situadas no vale de Sidim (Gn 14.3,8, 10,11), próximo ao mar Morto, talvez a região atualmente coberta pelo pântano na extremidade sul do mar. Ló se mudou para lá e por fim se estabeleceu em Sodoma (Gn 13.10-12; 14.12; 19.1).

Sodoma e Gomorra eram conhecidas por sua impiedade (Gn 18.20). A despeito do pedido bem-sucedido de Abraão (18.22-32), nem mesmo dez homens justos foram encontrados em Sodoma, e as cidades foram julgadas pelo Senhor e destruídas com "fogo e enxofre" (19.24).

A luxúria antinatural dos homens de Sodoma (Gn 19.4-8; Jd 7) deu origem à palavra "sodomia", mas a cidade foi culpada de um amplo espectro de pecados, incluindo orgulho, opressão dos pobres, arrogância e "práticas repugnantes" (Ez 16.49,50). Juntas, Sodoma e Gomorra constituíam um ponto de comparação com a pecaminosidade de Israel e das outras nações (Dt 32.32; Is 1.10; Jr 23.14). A memória da destruição dessas cidades apresenta um quadro do juízo de Deus (Is 13.19; Jr 49.18; Mt 10.14,15; 11.23,24) e fez delas um exemplo a ser evitado (Dt 29.23-25; 2Pe 2.6). — *Daniel C. Browning Junior*

SODOMITA Originariamente, um cidadão de Sodoma, uma das cidades do vale próxima ao mar Morto (Gn 13.12). A palavra adquiriu o significado de homem que tem relação sexual com outro homem. A impiedade de Sodoma tornou-se proverbial (Gn 19.1-11). V. *homossexualidade*; *sexo, ensino bíblico a respeito do*.

SOFÃ V. *Atrote-Sofã*.

SOFERETE Nome pessoal que significa "o escriba", ou "ofício de escriba", ou ainda "aprender". O texto de Ed 2.55 indica que ou era o nome de uma família que retornou do exílio da Babilônia com Zorobabel, por volta de 537 a.C., ou uma associação de escribas. V. tb. Ne 7.57.

SOFONIAS Nome pessoal que significa "Javé abrigou ou armazenou" ou "Javé" é *zaphon* (Deus). **1.** Profeta cuja pregação produziu o 36º livro do AT. **2.** Sacerdote que o rei Zedequias enviou para pedir a Jeremias que intercedesse a Deus pela nação ameaçada por Nabucodonosor da Babilônia (Jr 21.1-7; 37.3). Ele relatou uma profecia falsa da Babilônia para Jeremias (Jr 29.24-32). Quando Jerusalém caiu, o sacerdote foi executado (Jr 52.24-27). **3.** Pai de Josias e Hem (Zc 6.10,14), possivelmente o mesmo do item 2. **4.** Um levita (1Cr 6.36), talvez o mesmo que Uriel (1Cr 6.24). — *Paul L. Redditt*

SOFONIAS, LIVRO DE Com apenas três capítulos, esse livro contempla o castigo de todas as nações pecadoras, incluindo Judá, seguido pela restauração de Judá e das nações igualmente.

O profeta Sofonias O versículo 1 informa tudo o que realmente sabemos sobre o profeta. Sua ascendência remonta a quatro gerações no passado, a um homem chamado Ezequias. Alguns estudiosos pensam que Ezequias era o rei de Judá com esse nome que governou no final do séc. VIII durante o ministério de Isaías (2Rs 18—20). Nesse caso, Sofonias teria pertencido à linhagem real. Isso talvez explique por que não condenou o rei em Sf 1.8; 3.3-5, em que ele culpa a maioria das classes altas de Judá por seus pecados. Outros estudiosos observam que o nome Ezequias era bastante comum e que o antepassado não é identificado como rei. Ademais, o pai de Sofonias se chama Cuxe, que poderia significar "cuxita" ou "etíope". Propõem que a ascendência de Sofonias foi estabelecida por quatro gerações para demonstrar que de fato ele era israelita.

A data de Sofonias De acordo com Sf 1.1, o ministério de Sofonias aconteceu durante o reinado de Josias (640-609 a.C.). A maioria dos estudiosos data o livro de 630 ou entre 630 e 621 a. C. Em 621 a.C. o rei Josias empreendeu uma ampla reforma do culto em Judá (2Rs 22.3—23.25), em que aboliu a adoração de Baal e dos astros mencionada oficialmente em Sf 1.4-6. Jeremias também condenou essas práticas (Jr 2.20-28; 8.1-3). O texto de Jr 26.1 mostra que as práticas voltaram a florescer já no começo do reinado de Jeoaquim (609 a.C.). Pode ter sido que essa adoração continuou secretamente entre 621 e 609 a.C. Se for assim, Sofonias pode ter profetizado durante esses anos. Em síntese, é uma boa suposição que ele tenha pregado entre 630 e 621 a.C., mas ele poderia ter despontado em qualquer momento durante o reinado de Josias.

Conteúdos do livro Sofonias vislumbrou uma punição futura. Em Sf 1.2-6 ele predisse castigo para o mundo inteiro, incluindo Jerusalém. Os versículos 17 e 18 descrevem a impossibilidade de que a humanidade pecadora escape do castigo de Deus. Além disso, os versículos anteriores descrevem ainda mais o castigo como dia do Senhor. Os versículos 14-16 ilustram o tempo da ira de Deus que está chegando. A punição sobrevirá aos nobres na corte do rei, aos que se beneficiaram materialmente pela violência, aos comerciantes e aos que negaram o poder de Deus para recompensar o bem ou castigar o mal.

O cap. 2 traz uma série de ameaças contra os filisteus (v. 4-7), os moabitas e amonitas (v. 8-11), os etíopes (v. 12) e os assírios (v. 13-15). Sofonias conclamou todas as nações a se arrependerem, tornando-se justas e humildes. Sofonias não considerava garantida a graça de Deus prometendo perdão, mas aconselhou que se retornasse à justiça e humildade como meio para eventualmente evitar o castigo no dia do Senhor.

O cap. 3 é marcado por uma mudança de perspectiva entre os versículos 7 e 8. Os primeiros sete versículos proferem uma catástrofe sobre Jerusalém pela opressão dentro de seus muros. Como leões, seus príncipes abateram presas dentre seu povo, os profetas cometeram traição, e os sacerdotes profanaram o templo. Deus acusou seu povo não somente pelos pecados, mas também por seu fracasso ao não ter recebido instrução de como o Senhor lidara com outras nações.

Face a esse quadro sombrio de corrupção humana como o traçado em Sf 3.1-7, os cristãos são exortados a "esperar" Deus vir como testemunha, derramar sua ira sobre todos os povos e purificar um remanescente que se refugiará nele. "Esperar" pelo Senhor significa "ter saudades" dele (Jó 3.21; Is 30.18) e depositar uma esperança confiante somente nele (Sl 33.20; Is 8.17; 64.4).

O propósito de Deus, expresso nos versículos 9-13, é purificar dentre as nações um povo unido para adorá-lo. Seu falar será purificado de orgulho pecaminoso e idolatria (Is 2.17,18; 6.5; Os 2.17). Os termos usados para o remanescente no versículo 13 são usados para o Senhor no versículo. 5. Será um tempo de justiça, verdade e segurança (cf. Jr 50.19; Ez 34.14; Mq 4.4; 7.14).

O livro encerra com um hino de louvor, uma exortação à Jerusalém restaurada para se alegrar na redenção do Senhor. Isso é uma descrição da era messiânica com o Senhor, seu Rei vitorioso em seu meio (v. 15,17), que de novo se agrada imensamente de amar seu povo (cf. Dt 30.9). Ele termina com a promessa do Senhor de congregar outra vez e glorificar Israel depois que acabar seu tempo de punição.

Estrutura
I. Identificação do mensageiro da palavra de Deus (1.1).
II. Advertência de Deus sobre o juízo universal (1.2—3.8).
  A. O dia do julgamento de Deus está chegando (1.2—2.3).
    1. Seu julgamento atingirá todo o gênero humano (1.2,3).
    2. Seu julgamento incluirá seu povo que o abandonou (1.4-6).
    3. O dia do Senhor requer silêncio respeitoso em face do juízo de Deus (1.7-11).
    4. Os céticos de Deus o verão agindo no dia dele (1.12,13).
    5. A ira de Deus será derramada contra o pecado naquele dia (1.14-17).
    6. Riqueza não serve para nada no dia dele (1.18).
    7. Deus conclama seu povo humilde para que o busque antes que seja tarde demais (2.1-3).
  B. O juízo de Deus sujeitará seus inimigos e abençoará o remanescente de seu povo (2.4-15).
  C. A justiça correta de Deus será imparcial (3.1-8).
III. Deus promete constituir um novo povo (3.9-20).
  A. As nações invocarão Deus (3.9,10).
  B. Um remanescente purificado o adorará em humildade e com alegria (3.11-13).
  C. Deus reinará como Rei para remover os temores de seu povo (3.14-17).
  D. Seu povo oprimido será exaltado (3.18-20).

— *Paul L. Redditt e E. Ray Clendenen*

SOFRIMENTO Causas do sofrimento humano As Escrituras afirmam a inevitabilidade do sofrimento inevitável no mundo decaído (Gn 3.14-19; Sl 10.1-18; 22.1-31; 38.1-22; 99.1-17; Mc 13.12,13; Jo 16.33; At 14.22). De fato, os cristãos podem sofrer mais que os não cristãos (Rm 6.1-14; 8.35-39; 1Co 12.26; 1Ts 2.14; 2Tm 3.10-12; 1Pe 4.1-14; Ap 2.10). Experiências de sofrimento se localizam em três categorias: sofrimento causado por limitações físicas (doença, dor física e psicológica, depressão e doença mental), por desastres naturais (tempestades, incêndios, inundações e terremotos) e por ações humanas (que ferem os outros, individual ou coletivamente).

Confrontados com o sofrimento, as personagens bíblicas levantavam questões importantes. Uma delas é: "Por que o único Deus verdadeiro permite o mal e o sofrimento?". A Bíblia ensina muito a respeito das causas do sofrimento e articula algumas explicações. Entretanto, alguns casos são deixados sem explicação, e as Escrituras não dizem por quê. As razões e os propósitos de Deus transcendem o conhecimento humano finito, e nós nem sempre podemos entender o sofrimento. Alguns acontecimentos permanecem um mistério. Algumas vezes os crentes são desafiados a confiar em Deus mesmo sem entender (Jó 42.2,3; Is 55.8,9; Hc 2.2-4). Não haverá respostas completas até a eternidade (Jo 14.1-3; Rm 8.18; 1Co 2.9; 15.1-58; 2Co 4.16-18; 1Ts 4.13-18; Ap 21.4,5).

Uma das causas do sofrimento é a pecaminosidade (Sl 7.12-16; Os 8.7; Rm 2.3-6; Gl 6.7,8; Tg 1.13-15). O mau uso da liberdade dada por Deus, iniciado com a queda de Adão e Eva, continua em todas as pessoas, trazendo consequências devastadoras (Gn 3.14-19; Rm 3.23; 5.12-21; 6.23). O pecado pode resultar em sofrimento (Sl 1.1-6; Jr 31.29,30; Ez 18.2-4) para indivíduos e grupos (Js 7.1-12; 2Rs 17.7-24; Am 1.3-2.16). Entretanto, a suposição de o sofrimento sempre resultar de modo direto de pecado é errada (Jó 4.1-5.27; 42.7,8; Lc 13.1-5; Jo 9.1-3). Há possibilidades de mal e sofrimento que transcendem a depravação humana, e são causadas por Satanás e por forças demoníacas (Jó 1.9-12; 2.6; Lc 9.38-42; 13.16; At 10.38; 2Co 12.7-9; Ef 6.10-13). Ainda que o sofrimento seja um intruso na boa criação de Deus, que transforma o bem em mal, nada está além do controle da soberania divina (2Sm 14.14; Am 3.6; 4.10-13; Is 45.7; Rm 8.28-39).

A segunda razão é que Deus ou ordena ou permite o sofrimento, para ensinar, disciplinar e amadurecer os crentes. O sofrimento faz lembrar a finitude humana e ensina a confiar com paciência em Deus (Jz 2.21-3.6; Jó 1.9-12; Sl 66.10; Ml 3.3; Rm 5.3-5; 8.28; 1Pe 5.10; 1Co 9.24-27; 2Co 12.7-10). Deus disciplina a quem ama. Sua disciplina é sinal de amor, não de ira (Sl 94.12; Pv 3.11,12; 1Co 11.32; Hb 12.3-13). O sofrimento não pode ser recebido com tristeza ou derrota, mas com regozijo, porque conduz à maturidade e ao caráter piedoso (Tg 1.2-12; 1Pe 1.6-9).

O sofrimento dos crentes O alvo da existência humana não é evitar o sofrimento, mas tornar-se piedoso. O sofrimento pode ser redentivo ou vicário (Os 1.1-3.5; Is 53.1-12; 2Co 1.3-12; 1Pe 3.18). José compreendeu que seu sofrimento resultou em bênção para seu povo; assim, mesmo que o sofrimento não seja bom em si, pode produzir um bem maior (Gn 50.15-21; Rm 8.28). Cristo exemplificou o sofrimento vicário em sua crucificação (Mt 16.21; Lc 24.44-48; 1Co 15.1-4; Hb 2.9,10; 9.24-28). Os cristãos podem participar em seu sofrimento (Mt 5.11,12; Mc 13.7-9; Lc 9.22-26; At 5.38-41; Rm 8.17,18; 2Co 1.5-11; 4.7-18; Fp 1.19-29; 3.8-11; 1Ts 1.4-8; 1Pe 4.12-14).

Outra questão é: "Por que Deus permite que o justo sofra?". O injusto algumas vezes prospera, e o justo sofre (Sl 73.2-12; Jr 12.1-4; Ml 3.13-15). Jó era um homem justo, mas sofreu grandes calamidades. Mesmo em todo o seu sofrimento, Jó continuou a servir a Deus (Jó 1.21). Em um nível nacional, Habacuque pergunta por que Deus permite que uma nação injusta derrote uma que seja justa (Hc 1.12,13). Quando Asafe compreendeu as consequências externas da injustiça, ele reafirmou a bondade e a justiça de Deus (Sl 73.1-28).

Os crentes não devem sofrer com resignação, mas com esperança (Sl 39.7-13; 73.15-28; 1Co 15.57,58; 2Co 4.16-18; 1Ts 4.16-18; 1Pe 5.8-11). Mediante a esperança na ressurreição, os cristãos podem resistir de forma vitoriosa, não em derrota ou desespero (Jo 16.33; Rm 5.1-6; 8.17-39). As promessas e a presença de Deus fazem o sofredor voltar sua atenção para o futuro confiantes de que o Senhor redimirá até mesmo o pior sofrimento. A solução definitiva ao sofrimento virá do céu (Ap 21.4,5). Mesmo em meio aos sofrimentos, os cristãos experimentam o cuidado de Deus. Ele ouve as orações e responde a elas para conceder força em meio ao sofrimento (Sl 23.1-6; 66.13-20; 102.1-17; Mc 11.22-24; Hb 4.14-16). Não importa quão doloroso o sofrimento seja, não passa de uma sombra comparado à glória por vir (Rm 8.17,18). — *Steve W. Lemke*

SOL Fonte de luz para a Terra. Povos antigos consideravam o Sol parte necessária do ciclo das estações. Logo, era tido de modo geral como um deus. Os egípcios antigos o adoravam como o deus Rá, e os gregos como o deus Hélios. A cidade cananeia Bete-Semes, "casa do Sol", provavelmente se referia a um templo de culto ao Sol que lá havia. A Bíblia se refere ao Sol simplesmente como "luminar maior" (Gn 1.16). Em Israel o novo dia começava com o nascer do sol. Os salmos comparam o brilho do sol à glória de Deus, que um dia o substituirá (Sl 84.11). Zacarias descreveu a vinda de Cristo como um novo nascer do sol para a humanidade (Lc 1.78). O escurecer ou eclipsar do sol era geralmente interpretado como um sinal do desfavor de Deus para com a humanidade. V. *pagãos, deuses*. — *David Maltsberger*

SOL, RELÓGIO DE aparelho, em geral um disco largo com números ao redor, usado para medir o tempo pela posição da sombra projetada pelo Sol. A raiz da palavra hebraica traduzida por "escadaria" (2Rs 20.11; Is 38.8) significa "subir" e geralmente se refere a escadas. Muitos intérpretes entendem que a escadaria de Acaz era usada para contar o tempo, à medida que a sombra avançava. O sinal envolveu a sombra retroceder dez degraus.

SOLDADO Pessoa treinada para lutar, de forma geral em trabalho militar ativo. Na antiga história israelita todos os homens eram convocados para a luta quando as tribos eram ameaçadas. Davi foi o primeiro a organizar um exército nacional constituído de soldados profissionais. Os reis geralmente tinham uma escolta de soldados para protegê-los. Os soldados mencionados no NT eram normalmente soldados romanos. João Batista indicou que em geral os soldados romanos extorquiam os civis com ameaças (Lc 3.14). No entanto, um centurião (líder de um grupo de 100 soldados) é tido em alta estima no NT (At 10). V. *exército; centurião*.

SOLENE, ASSEMBLEIA V. *festas*.

SOMBRA Imagem escura de um objeto, criada quando o objeto interrompe os raios de luz. A Bíblia usa a palavra em sentido literal e figurado.

Antigo Testamento A palavra hebraica *tsel* transmite a ideia de "sombra" como proteção e como algo transitório, passageiro e mutável. O calor intenso, particularmente no verão, faz que a sombra seja importante na terra de Israel. Viajantes buscavam descanso sob árvores (Gn 18.4; cp. Jó 40.22) ou em casas (Gn 19.8). Especialmente ao meio-dia, quando a sombra quase desaparecia, as pessoas procuravam pela sombra (Is 16.3; cp. Gn 23.15; Jn 4; Jó 7.2). À tarde a sombra diminui (Jr 6.4; cp. Ne 13.19). No frio da noite, a sombra desaparece (Ct 2.17). No deserto, o viajante encontrava pouca esperança de achar um refúgio, mas buscava a sombra das colinas (Jz 9.36), rochas grandes (Is 32.2), cavernas (Êx 33.22; 1Rs 19.9) ou de uma nuvem (Is 25.5).

Pessoas poderosas (Ct 2.3), como o rei (Lm 4.10; Ez 31.6), oferecem a sombra da proteção e segurança. Mas Israel conhecia as falsas alegações de reis sobre a proteção (Jz 9.15; cp. Is 30.2; Ez 31). Deus é, em última instância, a sombra de proteção de seu povo (Sl 36.7; 91.1; 121.5; Is 25.4; 49.2; 51.16).

A vida humana em si é somente sombra breve (Jó 8.9; 14.2; Sl 102.11; 144.4; Ec 6.12; 8.13).

Novo Testamento A palavra grega *skia* pode se referir a uma sombra literal (Mc 4.32; At 5.15). Com mais frequência ela se refere à morte ou é uma indicação de algo por vir, um vislumbre. Referências à morte vêm da profecia do AT — Mt 4.16 e Lc 1.79 citando Is 9.2. As leis dietéticas e festas religiosas eram apenas uma sombra que preparou Israel para a realidade conhecida em Cristo (Cl 2.17; Hb 8.5; 10.1). Tiago usou uma palavra grega relacionada para dizer que Deus não é uma sombra que muda (1.17). — *Trent C. Butler*

SOMBRAS V. *sheol*.

SOMER Nome pessoal que significa "protetor". **1.** Pai de um dos assassinos do rei Joás (2Rs 12.21). V. *Sinrite; Sêmer*.

SONHOS No antigo Oriente Médio os sonhos eram uma das diversas maneiras pelas quais as pessoas buscavam enxergar o futuro e tomar decisões que lhes seriam benéficas. Em algumas sociedades, as pessoas iam aos templos ou santuários para dormir a fim de ter um sonho que lhes mostrasse a melhor decisão a ser tomada.

Os sonhos de pessoas comuns eram importantes para elas, mas os sonhos de reis e homens e mulheres santos eram importantes em escala nacional ou internacional. Um dos resultados era que muitos dos povos vizinhos de Israel tinham pessoas religiosas treinadas na interpretação de sonhos. Essas pessoas podiam ser consultadas no mais alto escalão do governo para decisões importantes. Em nações como Egito e Assíria, esses intérpretes até desenvolveram "livros de sonhos" com base nos quais podiam dar interpretações de acordo com o símbolo de um sonho.

Os sonhos eram importantes também no AT. Israel estava proibido de usar muitas das práticas de adivinhação dos seus vizinhos, mas há mais de dez vezes em que Deus revelou alguma coisa por meio de sonhos. Quando reconhecemos que as visões e sonhos noturnos não eram claramente distinguidos, podemos encontrar muitas vezes mais no AT e no NT em que Deus usou esse método de comunicação. Aliás, a profecia e os sonhos deviam ser igualmente testados de acordo com Dt 13.

Quais sonhos eram interpretados? Nem todos os sonhos eram considerados provenientes de Deus. Nem todo sonho era significativo. Alguns podiam ser expressão dos desejos (Sl 12.6.1; Is 29.7,8). Em tempos de necessidade e especialmente quando a pessoa buscava a palavra divina, os sonhos podiam ser significativos.

Nem todo sonho precisava ser interpretado. Para confirmar isso podemos distinguir três tipos de sonhos. Um simples "sonho mensagem" aparentemente não precisava de interpretação. José, em Mt 1 e 2, p. ex., entendeu o sonho com respeito a Maria e Herodes mesmo sem haver interpretação. O segundo tipo, o "sonho de símbolos simples", usava símbolos, mas o simbolismo era suficientemente claro para que o sonhador e outras pessoas o entendessem. José, no AT, teve esse tipo de sonho em Gn 37. Sonhos simbólicos complexos, no entanto, precisavam da habilidade interpretativa de alguém com experiência ou habilidade extraordinária de interpretação. Os sonhos de Nabucodonosor, descritos em Dn 2 e 4, são bons exemplos desse tipo de sonho. O próprio Daniel teve sonhos nos quais o simbolismo era tão complexo que ele precisou buscar a interpretação divina (Dn 8).

Os sonhos alguma vez estiveram errados ou foram equivocadamente interpretados? Os sonhos não eram à prova de erros nem infalíveis. Jeremias e Zacarias falaram contra a confiança em sonhos para expressar a revelação divina. Podia haver sonhos que não eram a palavra de Deus (Jr 23.28). Jeremias colocou os sonhadores no mesmo grupo de adivinhos, feiticeiros e falsos profetas (Jr 27.9). Ele advertiu os exilados na Babilônia de não darem ouvidos aos sonhadores e falsos profetas que prediziam a brevidade do exílio (Jr 29.8). Zacarias direcionou as pessoas ao Senhor, aparentemente por que elas estavam confiando em sonhadores e outros para lhes dizer a verdade (Zc 10.1,2). Assim, embora Deus tenha usado com frequência os sonhos para revelar sua vontade, há também uma advertência para que não se confie nesse método de descoberta da vontade divina. V. *inspiração da Escritura; oráculos; profecia, profetas; revelação de Deus*. — *Albert F. Bean*

SONO Estado natural de descanso, para seres humanos e animais (Sl 4.8). Algumas vezes Deus provoca um "profundo sono" para revelação (Gn 2.21; 15.12; Jó 4.13), e algumas vezes, em sentido metafórico, para impedir visões proféticas (Is 29.10). O sono pode ser sinal de preguiça (Pv 19.15). É também figura ou símbolo da morte física (Jo 11.11-14; 1Co 15.51). V. *morte; vida eterna*.

SÓPATRO Nome pessoal que significa "paternidade saudável". Esse homem acompanhou Paulo em sua última viagem até Jerusalém (At 20.4). Alguns estudiosos pensam tratar-se do mesmo indivíduo designado "Sosípatro" (Rm 16.21).

SOREQUE Nome de lugar que significa "uva vermelha". Vale no lado oeste da Palestina. Segue das proximidades de Jerusalém em direção ao mar Mediterrâneo. Bete-Semes estava na extremidade leste, e os filisteus controlavam o lado oeste no tempo dos juízes. Dalila, amante de Sansão, vivia no vale de Soreque (Jz 16.4). V. *Palestina*.

SORTES Objetos de formato e material desconhecidos, usados para descobrir a vontade divina.

Com frequência os povos do antigo Oriente Médio, em especial os sacerdotes, tomavam decisões difíceis e significativas lançando sortes ao chão ou jogando-as em um recipiente. Várias vezes as Escrituras mencionam a prática. Não se sabe exatamente com o que as sortes se pareciam, nem como eram interpretadas. Sabe-se que as pessoas nos dias do AT e do NT criam que Deus (ou deuses, no caso dos não israelitas e não cristãos) influenciavam o curso ou o resultado das sortes (Pv 16.33).

Um dos melhores exemplos do uso de sortes está em At. Matias foi escolhido sucessor de Judas por sortes (At 1.26). A oração dos apóstolos imediatamente antes demonstra a crença de que Deus expressaria sua vontade por meio desse método. No AT Saul foi escolhido o primeiro rei de Israel com o uso de sortes (1Sm 10.20-24).

De modo similar Deus comunicou conhecimento desconhecido aos seres humanos por intermédio de sortes. Saul pediu que se lançassem sortes para descobrir quem pecou ao longo do dia de batalha contra os filisteus. Especificamente pediu o uso do Urim e Tumim (1Sm 14.41-42). Quando Josué convocou o povo à presença do Senhor para encontrar o culpado depois da derrota em Ai, ele deve ter usado sortes, ainda que a palavra não apareça no texto (Js 7.10-15).

As sortes ajudavam o povo de Deus a tomar uma decisão justa em situações complicadas. Deus ordenou que a terra prometida fosse repartida por sortes (Nm 26.52-56). Mais tarde, sortes estabeleceram a ordem de serviço sacerdotal no templo (1Cr 24.5-19). Essa prática continuou até o tempo de Jesus. Zacarias, o pai de João Batista, estava queimando incenso no lugar santo quando o anjo lhe falou. Zacarias estava lá porque a sorte saiu para ele (Lc 1.8,9). A descrição terrível de soldados lançando sortes para ver quem ficaria com a roupa de Jesus era um tipo "jogo justo" no uso de sortes (Mt 27.35). O livro de Pv ensina que o uso de sortes é um meio de dar fim à disputa quando as decisões são difíceis (Pv 18.18).

As sortes são lembradas na festa judaica do Purim. *Purim*, a palavra acádia para "sortes", celebra a frustração do plano de Hamã para destruir os judeus na Pérsia. Hamã usara sortes para saber qual seria o melhor dia para a destruição (Et 3.7).

Por fim, a palavra "sorte" passou a se referir à porção ou circunstância na vida de alguém. O justo pode confessar que Deus é sua sorte (Sl 16.5). A sorte dos saqueadores do povo de Deus é terror e aniquilação (Is 17.14). V. oráculos; Urim e Tumim. — *Albert R. Bean*

SOSANIM Transliteração da palavra hebraica que significa "lírios". Termo técnico musical usado como título de Sl 45, 60, 69 e 80 (ARC; NVI, "Os Lírios" ou "Lírio da Aliança"). Pode ser o título de uma melodia, ou uma flor usada em uma cerimônia buscando uma palavra da parte de Deus, ou a designação de uma canção de amor expandida em significado, ou a indicação de um instrumento de seis cordas. V. *lírio da aliança, lírio de testemunho*.

SOSANIM EDUTE Termo técnico musical que aparece no título de Sl 60 e 80. "Edute" significa "testemunho" ou "leis". O sentido desse termo nos títulos de Sl não está claro. V. *Sosanim; lírio da aliança*.

SOSÍPATRO Nome pessoal que significa "salvar o pai de alguém". É descrito como parente de Paulo que enviou saudações a Roma (Rm 16.21). "Sópatro de Bereia" (At 20.4) talvez seja o mesmo.

SÓSTENES Nome pessoal que significa "de força salva". Líder de uma sinagoga em Corinto (At 18.17). Aparentemente assumiu a posição depois que Crispo, o líder anterior, tornou-se cristão com a pregação de Paulo (18.8). Quando uma tentativa de perseguir Paulo fracassou, os cidadãos da cidade se vingaram espancando Sóstenes, que mais tarde se converteu e se tornou um dos auxiliares de Paulo (1Co 1.1). Se os dois são a mesma pessoa ou não pode ser determinado com exatidão pelas evidências existentes.

SOTAI Um dos servos de Salomão cujos descendentes retornaram a Jerusalém com Zorobabel (Ed 2.55; Ne 7.57).

SOTAQUE GALILEU Peculiaridade da fala de Pedro que revelou ser ele da Galileia. Seu "modo de falar" fez a criada suspeitar de que Pedro fosse seguidor de Jesus de Nazaré na Galileia (Mt 26.73; cp. Jz 12.5,6), em que a fala de uma pessoa traiu sua procedência.

SUÁ Nome pessoal que significa "ajuda". **1.** Sogro de Judá (Gn 38.2; 1Cr 2.3). **2.** Mulher descendente de Aser (1Cr 7.32), com ligeiras variações na grafia em hebraico.

Homógrafo nas versões bíblicas em português, mas de grafia hebraica diferente, Suá talvez signifique "afundado". **3.** Filho de Abraão (Gn 25.2), talvez o ancestral original do povo suhu mencionado em documentos assírios como vivendo no rio Eufrates, abaixo da cabeceira do Chabur. **4.** Lar de Bildade, amigo de Jó (Jó 2.11), talvez o mesmo povo citado no item anterior, ou com alguma tribo desconhecida do deserto da Síria e da Arábia, talvez descendentes do Suá citado em Gn 25.2.

Há também uma terceira versão do nome Suá nas versões bíblicas em português (mas de grafia diferente em inglês e hebraico). **5.** Trata-se de um nome pessoal de significado incerto. Irmão ou, de acordo com alguns manuscritos, filho de Calebe (1Cr 4.11). Alguns comentaristas ligam o nome a Suchati, conhecido de documentos egípcios, e pensam tratar-se do ancestral de um clã nômade que vivia no Neguebe. **6.** Nome pessoal que significa "varredura". Filho de Zofá, da tribo de Aser (1Cr 7.36).

SUÃ Nome pessoal de significado incerto. Filho de Dã (Nm 26.42).

SUAL Nome pessoal e de lugar que significa "chacal". **1.** Descendente de Aser (1Cr 7.36). **2.** Território que o escritor bíblico usou para descrever o caminho que um grupo de filisteus tomou contra Saul (1Sm 13.17). Alguns estudiosos o identificam com a terra de Saalim (1Sm 9.4). A localização é incerta.

SUAMITA Integrante do clã de Suã (Nm 26.42).

SUBAEL V. *Sebuel*.

SUBIDA, CÂNTICO DE V. *degraus, cântico dos*.

SUBMISSÃO, SUBORDINAÇÃO Colocação voluntária de alguém sob a autoridade e a liderança de outro (*hypotasso* em grego). A submissão é entendida no contexto de diferentes tipos de relacionamento. Em relacionamentos divinamente ordenados, a submissão capacita uma harmonia cristã única, baseada no bom desígnio divino.

Maridos e esposas O ensino da Bíblia a respeito da submissão das esposas ao marido tem início em Gn, que declara que Deus fez o homem à imagem dele, como homem e mulher, masculino e feminino (1.27). A igualdade de homens e mulheres é a base necessária para o início da discussão a respeito da liderança e submissão no casamento. A liderança e a autoridade de Adão no casamento foram estabelecidas antes da Queda. Em primeiro lugar, Adão foi criado (Gn 2.7; cp. 1Co 11.8; 1Tm 2.13). Em segundo lugar, a ordem de deixar o lar é endereçada ao homem, dando-lhe assim a responsabilidade de estabelecer o lar (Gn 2.24). Em terceiro lugar, a mulher foi designada auxiliadora do homem (Gn 2.18; cp. 1Co 11.9). Em quarto lugar, a autoridade de Adão é vista no fato de ele ter dado o nome a Eva (Gn 2.23). Em quinto lugar, o homem foi designado "Adão", palavra usada para descrever toda a raça humana (Gn 1.26,27; 5.2). No NT, 1Co 11.3-10 ensina a liderança do homem no casamento e baseia essa instrução no relato da Criação. O texto de Ef 5.22-33 instrui as esposas a se submeterem à autoridade do marido como ao Senhor (Cl 3.18; Tt 2.3-5; 1Pe 3.1-7), enquanto o marido deve amá-las. Pedro também exorta a esposa a ser submissa ao marido e recomenda que a autoridade do marido deve ser exercida com entendimento e honra em relação à esposa (1Pe 3.1-7). Essa estrutura, quando equilibrada com Gn 1.26,27, demonstra que homens e mulheres são igualmente essenciais diante de Deus, mas diferentes em seus papéis e funções.

Alguns estudiosos sugeriram que, de acordo com Ef 5.21, a submissão no casamento é uma ideia bilateral. Isto é, junto com a esposa se submetendo ao marido, o marido deve se submeter à esposa (1Pe 3.1-7) por meio de sua liderança amável e sacrificial. Entretanto, em Ef 5.21 é mais acertado falar de esferas de autoridade e submissão de um ao outro, não de submissão mútua.

Cristo e a Igreja O relacionamento entre Cristo e a Igreja é um paradigma para a submissão e autoridade no casamento (Ef 5.22-33). A Igreja de boa vontade se submete a Cristo, seu líder designado (Ef 5.23; Cl 1.18), enquanto Cristo, como cabeça, é claramente a autoridade sobre a Igreja (Ef 1.22,23). Cristo ama a Igreja e se entregou por ela para apresentá-la sem mancha (Ef 5.25-27).

A Trindade Um aspecto da submissão na Divindade é visto no relacionamento entre o Pai e o Filho. Ainda que plenamente igual a Deus, o Pai (Jo 5.18), o Filho livremente se submete ao Pai, na eternidade passada (1Co 8.6; 11.3), por meio de seu ministério terreno (Fp 2.6-11) e no Reino eterno (1Co 15.20-28). No interior da Divindade há uma igualdade de essência, mas diferença de papel e função, providenciando outro paradigma possível para liderança e submissão no casamento.

Outros relacionamentos Há vários outros tipos de relacionamento na Bíblia estruturados com base em autoridade e submissão. Primeiro, exige-se de todos os seres humanos submissão a Deus (Dt 6.1-9; Is 45.23; 1Jo 2.3-6). Segundo, a Bíblia ensina que a submissão a Deus indica líderes, como nos casos de Abraão e Moisés ou, no NT, o pastor e os presbíteros escolhidos de uma igreja local (Hb 13.17; 1Pe 5.1-5). Terceiro, exige-se dos seres humanos submissão às autoridades governamentais (como aos reis Saul, Davi, Salomão) ou, no NT, ao governo em geral (Rm 13.1-7). Quarto, dos filhos exige-se que se submetam e obedeçam aos pais (Dt 5.16; 21.18-21; Ef 6.1-4). V. *família*; *bodas [casamento]*. — Randy Stinson

SUBORNO Dar qualquer coisa de valor com a intenção de influenciar alguém no desempenho das suas funções. O perigo do suborno é a oportunidade que ele cria para a perversão da justiça (1Sm 8.3; Pv 17.23; Is 1.23; Mq 3.11; 7.3). Os pobres, porque não possuíam dinheiro para oferecer suborno, eram ou discriminados quando o juízo era ministrado ou tinham dificuldade até para conseguir um julgamento (v. Jó 6.22, em que um suborno é necessário para que a justiça aja). O suborno, visto que perverte a justiça, é proibido na Bíblia (Êx 23.8; Dt 16.19).

SUCATITA Povo que alegava ser ancestral dos quenitas e dos recabitas (1Cr 2.55).

SUCOTE 1. Nome de lugar que significa "tendas". Cidade a leste do Jordão tribal de Gade. Jacó habitou em Sucote em seu retorno para Canaã (Gn 33.17). Era uma cidade importante no tempo de Gideão. Seus líderes foram punidos por Gideão por não ajudarem-no em sua guerra contra os midianitas (Jz 8.5-7,13-16). Perto de Sucote, Hirã de Tiro construiu embarcações para o templo de Salomão (1Rs 7.45,46). A tradição atribui sua localização a Tell Deir Alla, mas algumas escavações arqueológicas colocaram em dúvida essa opinião. **2.** Lugar onde os israelitas acamparam após deixar o Egito (Êx 12.37; 13.20; Nm 33.5,6). Estava próxima de Pitom e é em geral identificada com Tell el-Maskhutah ou Tell er-Retabah.

SUCOTE-BENOTE Nome de uma divindade que significa "tendas das filhas". Divindade pagã trazida da Babilônia, quando os israelitas foram colocados pelos assírios para recolonizar a terra após queda de Samaria em 722 a.C. (2Rs 17.30). Não há acordo entre os intérpretes quanto à identidade dessa divindade. Alguns pensam que seja provavelmente Sarpanitu, a consorte do deus babilônio Marduque. V. *pagãos, deuses*; *Sicute*.

SUFÁ Aparentemente, nome de um lugar que talvez signifique "em direção aos juncos". O texto hebraico de Nm 21.14 não tem verbo, e tem sido traduzido e emendado de diferentes maneiras para fazer sentido. A *NVI* e *ARA* traduzem "[...] Vaebe, em Sufá", indicando dessa maneira dois lugares em Moabe (a *NTLH* tem sentido semelhante: "a cidade de Vaebe, na região de Sufa; a *BJ* de igual maneira traduz "[...] Vaeb, junto de Sufa").

SUFÃ Nome pessoal de significado incerto, reconstruído por estudiosos de acordo com o texto hebraico como filho de Benjamim com base no nome do clã sufamita (Nm 26.39). O Nome pessoal em hebraico é "Mupim" em Gn (46.21) e "Sefufã" em Nm (v. nota explicativa na *NVI*). O nome não aparece em 1Cr 7.6, mas em 7.12,15 aparece a forma "Supim".

SUFAMITA Integrante do clã sufaimita de Sufã ou Sefufã. V. *Sufã*.

SUFE Nome de lugar que significa "junco". **1.** Nome hebraico do mar Vermelho. V. *mar Vermelho*. **2.** Lugar que ajuda a localizar o local onde Moisés estava quando fez os discursos contidos no livro de Dt (Dt 1.1). Esse lugar pode ser Khirbet Safe, a sudeste de Medeba, na região montanhosa de Moabe, mas não há certeza quanto a essa opinião.

SUICÍDIO A Bíblia relata vários casos de suicídio (Abimeleque, Jz 9.54; Sansão, Jz 16.29,30; Saul, 1Sm 31.4; o escudeiro de Saul, 1Sm 31.5; Aitofel, 2Sm 17.23; Zinri, 1Rs 16.18, e Judas, Mt 27.5; cp. At 16.27). Destes, as mortes de Abimeleque e Saul poderiam ser chamadas "suicídios assistidos". Com a possível exceção de Sansão (cuja morte pode ser mais bem designada "martírio"), a Bíblia apresenta cada pessoa que cometeu suicídio como um indivíduo cujo comportamento não deve ser imitado.

Apesar de a Bíblia não proibir o suicídio explicitamente em nenhuma passagem, há uma proclamação quanto à santidade da vida (Gn 1.26,27; 2.7; Sl 8.5) e declara de modo definitivo que o povo de Deus deve escolher a vida, não a morte (Dt 30.15,19). O direito de dar e tirar a vida é sempre reservado por Deus para ele mesmo (Jó 1.21; cp. Êx 20.13). Os cristãos são chamados à perseverança em meio à crise (2Co 12.7-10; Fp 4.11-13; Tg 1.2-4), mas João viu que nos últimos dias os homens enfrentariam dificuldades tais que prefeririam a morte (Ap 9.6).

Moisés (Nm 11.14,15), Elias (1Rs 19.4), Jó (Jó 6.8-11) e Jonas (Jn 4.3) pediram a Deus que lhes tirasse a vida, mas Deus recusou-se a atender a todos esses pedidos. Simeão (Lc 2.29) e Paulo (2Co 5.2, 8; Fp 1.20-23) desejavam estar no céu a permanecer vivos, enquanto esperavam que Deus agissem no tempo dele. Tais exemplos providenciam ampla evidência bíblica de que o suicídio nunca é uma escolha apropriada.

SUÍNO Animal corpulento de focinho comprido e pele grossa, mais conhecido como "porco". O porco citado na Bíblia provavelmente é o porco selvagem, ainda encontrado no território de Israel. Enquanto os cananeus criavam rebanhos de porcos, a Lei mosaica os classificava como "impuros", e, portanto, o consumo de sua carne era proibido (Lv 11.7; Dt 14.8). Isaías condenou o consumo da carne de porcos, cães e ratos (65.4; 66.3,17). Quem criasse porcos era impedido de ir ao templo. O porco nos tempos antigos era um carniceiro, e por isso se tornou símbolo de infâmia e paganismo. Porcos tornaram-se metáforas de impureza (Pv 11.22; Mt 7.6; 2Pe 2.22). Mas é interessante observar que o nome pessoal Hezir (1Cr 24.15; Ne 10.20) é a mesma palavra traduzida por "suíno".

O fato de o filho pródigo ter trabalhado como criador de porcos aponta para a humilhação extrema da sua experiência (Lc 15.15,16). O texto de Mc 5.11-17 menciona uma grande manada de porcos na região da Decápolis, e Jesus permitiu que os demônios que atormentavam o homem a quem ele libertou entrassem neles. Muitos povos antigos se alimentavam de porcos e os usavam como sacrifícios a seus deuses.

SUÍTA Pessoa originária da terra de Suá ou moradora nela.

SUL V. *direção*; *Neguebe*.

SULAMITA Descrição da mulher citada em Ct 6.13, que, por conta de uma mudança feita por alguns copistas, pode ser o designativo de sua origem em Suném; pode ser ainda a identificação de uma mulher da terra de Sulã; talvez o nome tenha referência ao nome de Salomão, ou a um substantivo comum que significa "a substituída".

SULCO Valeta estreita cortada na terra por um arado (1Sm 14.14; Jó 31.38; 39.10; Sl 65.10; 129.3; Os 10.4; 12.11). A *ARA* traduz dois termos hebraicos por "cova", mas que na verdade são mais bem traduzidos de outra forma. Em Ez 17.7,10 as traduções optam por "auréolas" (*ARC*), "lugar" (*NVI*) ou "pomar" (*NTLH*). Em Os 10.10 as versões entendem que a referência é à "dupla transgressão" (*ARA*) ou "duplo pecado" (*NVI*) ou ainda "muitos pecados" (*NTLH*).

SUMATEU Nome de um clã descendente de Calebe (1Cr 2.53). O significado é incerto.

SUMÉRIA Uma das duas divisões políticas do que veio a ser a Babilônia. Suas principais cidades eram Nipur, Adab, Lagash, Uma, Larsa, Ereque, Ur e Eridu, a maioria delas ao longo do Eufrates ou próximas dele. A área consistia primariamente na planície fértil entre os rios Tigre e o Eufrates é a parte sul do atual Iraque.

A Suméria no AT é o território conhecido como Sinear (Gn 10.10) ou Caldeia (Jr 50.10, *ARA*, *ARC*; v. nota explicativa da *NVI*). Talvez a contribuição da Suméria mais importante para a civilização tenha sido a invenção da escrita cuneiforme, um tipo de escrita que utiliza moldes pressionados como se fosse um papiro em tábuas de cerâmica úmida, que mais tarde eram secas, assadas e guardadas em bibliotecas. Os babilônios e outros povos vizinhos adaptaram a escrita cuneiforme para suas línguas, e por séculos o estilo cuneiforme foi o modo predominante de escrita na antiga Mesopotâmia. Muitos textos sumérios contêm registros econômicos e administrativos, mas outros incluem mitologia, história, hinos, textos de sabedoria, e muito mais. De especial interesse para os estudiosos da Bíblia são: o Código de Ur-Nammu, a lista dos reis sumérios, a história do dilúvio de Zuisudra, o mito do paraíso de Enki e Ninhursag, formas antigas do épico de Gilgamesh, e a descida de Inanna ao mundo inferior.

A Suméria originariamente era um número de cidades-Estados, cada qual com deus protetor próprio. O poder político era obtido dos cidadãos livres da cidade e do governador, chamado de *ensi*. À medida que as cidades-Estados começaram a competir umas com as outras e pressões vieram da parte de invasores, surgiu a instituição da monarquia, no qual o governante de uma cidade-Estado dominava as demais.

Por volta de 2100 a.C., a Suméria foi conquistada por tribos invasoras do oeste e do norte. Um líder guerreiro poderoso chamado Sargom (mais tarde conhecido como Sargom I, Sargom, o Grande, e Sargom de Acade) conquistou a região e estendeu seu império desde o golfo Pérsico até o mar Mediterrâneo. Sargom fundou uma nova capital, Agade, que foi por mais de meio século a mais rica e poderosa capital do mundo.

A Suméria desfrutou de um rápido reflorescimento em Ur (c. 2050 a.C.) somente para cair diante da ascensão dos elamitas, um povo vindo do leste. Finalmente, em 1720 a.C., Hamurábi da Babilônia unificou a Suméria (a divisão sul da antiga Babilônia) em um império. Essa conquista marcou o fim da antiga Suméria, mas o impacto cultural e intelectual dos sumérios continuou até depois de os persas se tornarem a força dominante naquela região do mundo antigo. — *Rich Murrell*

SUMO SACERDOTE Homem responsável pelo culto no templo (ou no tabernáculo). Várias palavras ou expressões são usadas para se referir a quem exercia esse ofício: "sacerdote" (Êx 31.10); "sacerdote ungido" (Lv 4.3); "sumo sacerdote" (Lv 21.10; 2Rs 12.10; 2Cr 26.20).

Responsabilidades e privilégios O exercício do ofício de sumo sacerdote era hereditário, baseado na descendência de Arão (Êx 29.29,30; Lv 16.32). Normalmente o sumo sacerdote exercia a função por toda a vida (Nm 18.7; 25.11-13; 35.25,28; Ne 12.10,11), ainda que desde o reinado de Salomão o sumo sacerdote pudesse ser demitido por motivos políticos (1Rs 2.27).

Exigia-se do sumo sacerdote um grau especial de santidade (Lv 10.6,9; 21.10-15). Isso significava que ele tinha de evitar contaminação por contato com cadáveres, mesmo no caso de um parente, e não podia demonstrar nenhum sinal exterior de luto. Ele não podia deixar os recintos do santuário. Essa legislação identificava o sumo sacerdote como alguém totalmente dedicado ao Senhor, sempre puro ritualmente e pronto para servir ao Senhor.

Se o sumo sacerdote pecasse, atrairia culpa sobre todo o povo (Lv 4.3). A oferta pelo pecado do sumo sacerdote (Lv 4.3-12) era idêntica à exigida se todo o povo pecasse (4.13-21).

A consagração do sumo sacerdote era um ritual elaborado de sete dias de duração, que consistia em banhos especiais, no uso de roupas especiais e na unção com azeite e aspersão de sangue (Êx 29.1-37; Lv 6.19-22; 8.5-35). As vestes especiais do sumo sacerdote consistiam em uma túnica azul com uma orla ornamentada com sinos de ouro e figuras de romãs, um éfode de linho fino colorido e estolas com pedras engastadas com os nomes das 12 tribos, um peitoral com 12 pedras preciosas nas quais estavam gravados os nomes das tribos e um turbante com uma lâmina (ou placa) de ouro com a inscrição "Consagrado ao Senhor" (Êx 28.4-39; 39.1-31; Lv 8.7-9). A lâmina e as pedras gravadas com os nomes das tribos ilustram o papel do sumo sacerdote de ser o representante santo de todo o Israel na presença do Senhor (Êx 28.12, 29). No seu "peitoral de decisões", o sumo sacerdote guardava as sortes sagradas, o Urim e o Tumim, usados para perguntar algo ao Senhor (Êx 28.29,30; Nm 27.21). V. *peitoral do sumo sacerdote*; *éfode, estola sacerdotal, colete sacerdotal*; *sortes*; *Urim e Tumim*.

O sumo sacerdote realizava as tarefas gerais do sacerdócio. Mas apenas ele tinha permissão de adentrar o Santo dos Santos, e isso apenas no Dia da Expiação (Lv 16.1-25). V. *Dia da Expiação*.

A morte de um sumo sacerdote assinalava o fim de uma época. Alguém que fosse culpado de assassinato involuntário deveria permanecer em uma cidade de refúgio até a morte do sumo sacerdote (Nm 35.25,28,32; Js 20.6). A morte expiatória do sumo sacerdote removia a culpa de sangue que contaminava a terra (cf. Nm 35.33).

História do ofício Alguns estudiosos argumentam que o sacerdócio elaborado, caracterizado por três divisões (sumo sacerdote, sacerdote, levita), foi um desenvolvimento posterior, possivelmente pós-exílico, na história do culto em Israel. Outros entendem que os textos bíblicos têm valor factual e, dessa maneira, aceitam a instituição mosaica do sacerdócio elaborado.

A expressão "sumo sacerdote" ocorre apenas em uma breve passagem no Pentateuco (Nm 35.25,28,32), uma vez em Js (20.6, em que a legislação de Nm 35 é encenada) e não aparece nenhuma vez no livro de Jz. Arão, Eleazar e Fineias são chamados de sacerdotes. Mas Eli, Aimeleque, Abiatar e Zadoque não recebem esse título, ainda que fossem líderes de famílias sacerdotais e sejam mencionados ligados a questões geralmente associadas ao sumo sacerdote (a arca, o éfode, o Urim e o Tumim: 1Sm 3.3; 4.4-11; 21.6,9; 2Sm 15.24-29).

Eleazar tinha a seu encargo a supervisão dos levitas (Nm 3.32; cp. 1Cr 9:20) e o aparato do santuário (Nm 4.16). Ele aparece na narrativa de Nm 16, na qual a oferta de incenso é afirmada como prerrogativa exclusiva dos sacerdotes, e na cerimônia da novilha vermelha (Nm 19). A narrativa de Eleazar passar a usar as vestes sacerdotais de Arão (Nm 20.25-28; cp. Dt 10.6) é o melhor relato das Escrituras a respeito do processo de sucessão dos sumos sacerdotes. Como sumo sacerdote, Eleazar auxiliou Moisés com o censo (Nm 26). Eleazar também foi um conselheiro para Moisés (Nm 27.1) e Josué, consultando o Senhor por intermédio das sortes sagradas. Tal conselho formava a base para a distribuição da terra prometida entre as tribos (Nm 34.17; Js 14.1; 17.4; 19.51; 21.1). Uma indicação da importância de Eleazar é que o livro de Js se encerra com o relato da morte desse sumo sacerdote (24.33).

Fineias, filho de Eleazar, é mais conhecido por sua oposição zelosa ao casamento de israelitas com mulheres moabitas e à idolatria concomitante (Nm 25.6-13). Por seu zelo, Fineias recebeu uma aliança de sacerdócio perpétuo (Nm 25.13) e foi reconhecido como justo (Sl 106.30). Fineias acompanhou os utensílios do santuário na guerra santa (Nm 31.6). Parte do seu ministério na presença da arca era consultar o Senhor em busca de orientação para as batalhas (Jz 20.27,28). Fineias foi a principal figura na resolução do conflito a respeito do altar "comemorativo" das tribos a leste do Jordão (Js 22.13,31,32).

Arão, Eleazar e Fineias aparecem na história bíblica como personalidades distintas. Até o surgimento de Eli no fim do período dos juízes, um silêncio enigmático circunda o sacerdócio. O texto de 1Cr 6.1-15 oferece uma lista de sete sumo sacerdotes entre Fineias e Zadoque, um contemporâneo de Davi e Salomão. Nada se sabe a respeito deles, a não ser seus nomes. Eli não é incluído nessa lista, ainda que tivesse atuado como sumo sacerdote no santuário em Siló.

Eli é bastante conhecido por ter criado Samuel (1Sm 1.25-28; 3) e por sua falta de habilidade para controlar os próprios filhos (1Sm 2.12-17,22-25; 3:13), o que, por sua vez, resultou na quebra do sacerdócio após sua linhagem (1Sm 2.27-35). Após a morte de Eli, tudo indica que o sacerdócio em Siló foi transferido para Nobe. Saul suspeitou que o sacerdócio conspirava a favor de Davi e eliminou a família sacerdotal de Abimeleque (1Sm 22.9-19). Somente Abiatar escapou (22.20). Quando Davi levou a arca para Jerusalém, Abiatar e Zadoque já aparecem como as figuras dominantes em 2Sm. Salomão suspeitou que Abiatar tenha conspirado em favor de seu irmão Adonias e o exilou na região dos seus ancestrais (1Rs 2.26,27). O sumo sacerdócio permaneceu na família de Zadoque desde o início do reinado de Salomão (c. 964 a.C.) até que Menelau comprasse o direito ao sacerdócio (171 a.C.) no tempo de Antíoco Epifânio.

Em alguns momentos durante a monarquia, alguns sumo sacerdotes exerceram papéis importantes na vida de Judá. Jeoseba, esposa do sumo sacerdote Joiada (2Cr 22.11), salvou o menino Joás de uma tentativa de assassinato da parte de Atalia. Seis anos mais tarde Joiada foi o autor

SUMO SACERDOTE

intelectual do *coup d'etat* ("golpe de Estado") que levou Joás ao trono (2Rs 11.4-17). Outro sacerdote também chamado Azarias tornou-se conhecido por se opor à tentativa do rei Uzias de usurpar o direito sacerdotal de queimar incenso (2Cr 26.17,18). O sumo sacerdote Hilquias descobriu o "Livro da Lei", talvez o livro de Dt, o que forneceu incentivo para as reformas do rei Josias (2Rs 22.8). Hilquias removeu todos os vestígios do culto a Baal do templo de Jerusalém (2Rs 23.4).

No início do período pós-exílico o sumo sacerdote Josué é apresentado como equivalente ao governador Zorobabel, descendente de Davi (Ag 1.1,12,14; 2.2,4). Esses dois, o sumo sacerdote e o governador, participaram do processo de reconstrução do templo (Ed 3; 6.9-15; Ag 1—2). Ambos são reconhecidos como líderes ungidos (Zc 4.14; 6.9-15). Uma indicação posterior da importância elevada do sacerdócio no período pós-exílico é o interesse nas listas de sucessão dos sumo sacerdotes (1Cr 6.1-15,50-53; 9.11; Ed 7.1-5; Ne 12.10,11), o que representa uma característica nova na literatura bíblica.

No período anterior à revolta dos macabeus, a instituição do sumo sacerdócio tornou-se extremamente politizada. Jasão, um simpatizante da cultura helenística, apoiou Onias III, seu irmão mais conservador (2Mc 4.7-10,18-20). Jasão, por sua vez, foi apoiado por Menelau, que era ainda mais helenizado, e ofereceu aos governantes selêucidas um suborno ainda maior para garantir seu cargo (2Mc 4.23-26). Com Menelau, o sumo sacerdócio substituiu a linhagem zadoquita legítima.

Os macabeus combinaram o ofício do sumo sacerdote com o de comandante militar ou líder político. Alexandre Balas, que postulava o trono selêucida, indicou Jônatas Macabeu como "sumo sacerdote" e "amigo do rei" (1Mc 10.20). Da mesma forma, Simão Macabeu foi confirmado no ofício de sumo sacerdote e declarado "amigo" de Demétrio II, o rei selêucida (1Mc 14.38). O templo e o Estado estavam confirmados na pessoa de Simão, que era ao mesmo tempo sumo sacerdote e etnarca (1Mc 15.1,2).

Os romanos continuaram com a prática de recompensar seus parceiros políticos concedendo-lhes o sumo sacerdócio. Durante o período romano, Anás (que foi sumo sacerdote de 6-15 da era cristã) era sem sombra de dúvida a figura sacerdotal mais poderosa. Mesmo quando deposto pelos romanos, Anás conseguiu ter cinco dos seus filhos e um genro, José Caifás (que foi sumo sacerdote de 18-36/37 da era cristã), apontados como sumo sacerdotes. É difícil entender a referência do NT ao fato de Anás e Caifás terem exercido o ofício de sumo sacerdote de maneira conjunta (Lc 3.2). A passagem é talvez melhor entendida como um reconhecimento de Anás como o poder (eminência parda) por trás de seus sucessores imediatos. Outra possibilidade é que Anás continuou com o título como sinal de respeito, pelo fato de o sumo sacerdócio ser um ofício perpétuo. Ananias, um dos filhos de Anás, era o sumo sacerdote diante de quem Paulo foi levado em At 23.2; 24.1.

Sumo sacerdote e sacerdotes principais O ritual de ordenação do sumo sacerdote incluía a consagração dos seus filhos (Êx 29.8,9,20,21). Várias expressões são usadas em referência aos sacerdotes principais: sacerdote consagrado (2Mc 1.10, *TEB*); chefes dos sacerdotes (Ed 8.29; 10.5; Ne 12.7); sacerdotes principais (2Rs 19.2; Is 37.2; Jr 19.1). Títulos mais específicos são também encontrados. Sofonias é descrito como "segundo sacerdote" (2Rs 25.18; Jr 52.24). Pasur era o "mais alto oficial do templo do Senhor" (Jr 20.1).

Relação dos sumo sacerdotes

Arão (Êx 28—29)
Eleazar (Nm 3.4; Dt 10.6)
Fineias (Js 22.13-32; Jz 20.28)
Eli (1Sm 1.9; 2.11)
Aimeleque (1Sm 21.1,2; 22.11)
Abiatar (2Sm 20.25; 1Rs 2.26,27)
Zadoque (1Rs 2.35; 1Cr 29.22)
Azarias (1Rs 4.2)
Amarias (2Cr 19.11)
Joiada (2Rs 11.9,10,15; 12.7,9,10)
Azarias (2Cr 26.20)
Urias (2Rs 16.10-16)
Hilquias (2Rs 22.10,12,14; 22.4,8; 23.4)
Seraías (2Rs 25.18)
Josué (Ag 1.1,12,14; 2.2,4; Ed 3; Zc 3.6,7; 4.14; 6.9-15)
Eliasibe (Ne 3.1,20)
Simão, o Justo (Eclo 50.1-21)
Onias III (1Mc 12.7; 2Mc 3.1)
Jasão (2Mc 4.7-10,18-20; 4Mc 4.16)
Menelau (2Mc 4.23-26)
Alcimo (1Mc 7.9)
Jônatas Macabeu (1Mc 10.20; 14.30)
Simão Macabeu (1Mc 14.20,23)

João Hircano (1Mc 16.23,24)
Anás (Lc 3.2; Jo 18.13,24; At 4.6)
(José) Caifás (Mt 26.57; Jo 18.13)
Ananias (At 23.2; 24.1)

— Chris Church

SUNÉM, SUNAMITA Nome de lugar e de um clã, de significado incerto. Cidade na tribo de Issacar, localizada a sudeste do monte Carmelo. O lugar foi conquistado pelo faraó egípcio Tutmósis III, por volta de 1450 a.C., e mais tarde por Labayu de Siquém, por volta de 1350 a.C., e reconstruído por Biridya de Megido. Os israelitas o controlaram no tempo de Josué (Js 19.18). Os filisteus acamparam em Suném quando combateram Saul (1Sm 28.4,7). Por volta de 920 a.C. o faraó Sisaque conquistou a cidade. V. *Sisaque*. Quando Davi estava morrendo, Abisague, a sunamita, foi contratada para ministrar ao rei (1Rs 1.3; cp. 2.17). O profeta Eliseu com frequência se hospedava na casa de um casal sunamita. Ele profetizou que o casal teria um filho e, mais tarde, trouxe o menino de volta à vida, depois que este se acidentou no campo (2Rs 4). É a atual Solem, a cerca de 13 quilômetros ao norte de Jenin e a cerca de 5 quilômetros a leste de Affulah. V. *Abisague*.

SUNI Nome pessoal de significado incerto. Filho de Gade e líder de um clã naquela tribo (Gn 46.16).

SUNITA Integrante do clã de Suni (Nm 26.15).

SUPERSTICIOSO Tradução na *ARC* da palavra grega *deisidaimon*, citada em At 17.22, que significa a reverência ou o temor a uma divindade, a um demônio ou a qualquer deus pagão. A *NVI*, *ARA* e *NTLH* traduzem por "religiosos". A palavra tem uma conotação positiva e uma negativa. Em At 17.22 Paulo a usa para descrever os sentimentos religiosos dos filósofos de Atenas. A palavra é usada também em At 25.19 por Festo em seu diálogo com o rei Agripa para descrever as acusações religiosas contra Paulo, da parte das autoridades judaicas. — William Chandler

SUPERVISÃO V. *tutor, aio*.

SUPERVISOR Superintendente. Várias traduções usam a ideia transmitida pela palavra para uma variedade de posições seculares (administrador, Gn 39.4,5; supervisor, Gn 41.34; capatazes, 2Cr 2.18) e eclesiásticas (bispos, At 20.28; Fp 1.1; 1Tm 3.1,2; Tt 1.7).

SUPIM Nome pessoal, de significado incerto, e de forma plural em hebraico. Aparentemente, um filho de Benjamim (1Cr 7.12), mas relacionado a Maquir no versículo 15. O texto de Cr provavelmente perdeu algumas palavras durante o processo de ser copiado. V. *Sufã*.

SUPORTE (ARTIFICIAL) DE VIDA Ainda que a Bíblia não fale de maneira direta a respeito da questão do suporte da vida por meios artificiais, ela apresenta princípios relevantes quanto ao tempo da morte de alguém. Esses princípios sugerem que medidas extremas para prolongar a vida artificialmente abusam das prerrogativas de Deus de controlar vida e morte. Pela mesma razão, toda e qualquer forma de eutanásia é contrária ao ensino das Escrituras.

A Bíblia ensina que só Deus dá a vida e que somente ele a pode tirar (Êx 20.13; Jó 1.21; cp. Rm 14.7,8). A vida humana é um dom sagrado e precioso, porque cada pessoa foi criada à imagem de Deus (Gn 1.26,27; Sl 8.5). Os escritores do AT falaram em termos da forte preferência da vida sobre a morte (Dt 30.19), mesmo enfrentando forte sofrimento e derrota (Jó 2.9,10).

Não obstante, há um tempo indicado por Deus para a morte de todos (Ec 3.2; Hb 9.27). Ainda que os cristãos valorizem muito a vida, eles não devem temer a morte (1Co 15.54,55; Hb 2.14,15; cp. 2Co 5.8). O apóstolo Paulo, dividido entre a vida na terra e a vida eterna no céu, desejou seguir o caminho preferido por Deus para ele (Fp 1.19-26). — Paul H. Wright

SUQUITAS Povo mencionado apenas em 2Cr 12.3. Eles eram parte do exército de Sisaque (rei do Egito) quando este lutou contra Roboão de Judá. Podem ter sido mercenários do deserto da Líbia, conhecidos em fontes egípcias como Tjukten, do período 1300 a 1100 a.C.

SUR, DESERTO DE A palavra "Sur" significa "parede". Região na fronteira nordeste do Egito que recebeu esse nome talvez em homenagem aos muros que os egípcios edificaram para proteger suas fronteiras, no lugar em que Moisés ordenou fazerem a primeira parada depois da travessia do mar Vermelho (Êx 15.22). Antes, Hagar, serva de Sara, foi até Sur depois de ter sido expulsa do clã de Abraão (Gn 16.7). Abraão viveu nas proximidades de Sur (Gn 20.1). Saul derrotou os amalequitas naquela região (1Sm 15.7). Davi e seus homens realizaram ataques a cidades daquela região, quando fugiam do rei Saul (1Sm 27.8). Sur pode ser a atual Tell el-Fara.

O deserto de Sur.

SUR, PORTA DE Porta de Jerusalém. Alguns estudiosos pensam que pode ser a porta que vai do palácio do rei, mencionada no relato do assassinato da rainha Atalia (2Rs 11.6). No relato paralelo (2Cr 23.5) a porta é chamada de "porta do Alicerce".

SURDEZ Incapacidade de ouvir. De acordo com o AT Deus torna as pessoas surdas ou as faz ouvir (Êx 4.11). Os surdos eram protegidos pela Lei mosaica (Lv 19.14). A incapacidade de ouvir é usada como imagem da espera por Deus em vez de resistir aos agressores (Sl 38.13,14). A surdez também é símbolo da falta de atenção a Deus ou da rebelião contra ele (Is 42.18-20; 43.8). Parte da esperança futura dos profetas é que os surdos ouvirão (Is 29.18). Os inimigos de Israel experimentavam a surdez em resposta à restauração de Israel operada por Deus (Mq 7.16).

O NT interpreta o milagre em que Jesus cura surdos como evidência de seu papel messiânico (Mt 11.5; Lc 7.22). É estranho que somente Marcos tenha narrado a cura de uma pessoa surda (Mc 7.33-35; cp. 9.14-29). O texto de Mc 9.25 atribui a surdez a um espírito maligno. Os relatos paralelos (Mt 17.14-19; Lc 9.37-42) enfatizam espasmos como os de epilepsia em vez de surdez.

SUSÃ 1. Capital de inverno do antigo Império Persa (Et 1.5). Seu território localiza-se no atual Irã. O imperador Ciro fez de Susã uma das capitais do império (as outras eram Ecbatana e Babilônia). Quando Alexandre, o Grande, capturou Susã, encontrou na cidade um grande tesouro, do qual tomou posse. Arqueólogos têm escavado Susã em quatro áreas: o palácio real, a acrópole, a cidade real e o bairro dos artesãos. Alguns estudiosos creem que foi em Susã que a rainha Ester e o rei Assuero governaram. V. *Ester, livro de*; *Neemias, livro de*; *Pérsia*. **2.** Nome persa, transcrito em hebraico com uma palavra tomada como empréstimo da língua egípcia, que significa "lírio" ou "lótus". Cidade no sudoeste do Irã, foi a antiga capital da nação elamita. O lugar já era habitado pelo menos desde 3000 a.C. Localizava-se na rota das caravanas entre a Arábia e pontos ao norte e oeste, portanto se tornou uma cidade bastante próspera. Evidências arqueológicas indicam que Susã negociava muito com nações da Mesopotâmia. Em Et 1.2 a cidade é identificada como a cidade onde estava o trono de Assuero. A dinastia dos aquemênidas fez de Susã seu centro de poder político e econômico entre 500 e 300 a.C. Era a residência de inverno dos reis, que se mudavam para Ecbatana no verão. Durante os períodos dos domínios selêucida e parto, Susã caiu em declínio e finalmente foi destruída, no séc. IV da era cristã. V. *Pérsia*.

SUSÃ-EDUTE V. *lírio da aliança*.

SUSANA Nome pessoal que significa "lírio". Uma das diversas mulheres que seguiu Jesus e lhe deu apoio financeiro (Lc 8.2,3).

SUSANQUITA Cidadão ou habitante da cidade de Susã. V. *Susã*.

SUSI Nome pessoal que significa "meu cavalo". Pai de Gadi, um dos homens que Moisés enviou do deserto de Parã para espionar a terra de Canaã (Nm 13.11).

SUTELA Nome pessoal de significado incerto. Ancestral original de um clã na tribo de Efraim (Nm 26.35).

SUTELAÍTA Integrante do clã de Sutela (Nm 26.35).

O monte da Tentação, visto do topo da Jericó do AT.

T

TAÃ Nome pessoal que significa "graciosidade". **1.** Terceiro filho de Efraim (Nm 26.35). A lista paralela de 1Cr 7.20 traz Taate como o terceiro filho de Efraim. **2.** Efraimita, ancestral de Josué (1Cr 7.25).

TAANAQUE Nome de lugar de significado incerto. Um dos lugares ao longo do declive norte do monte Carmelo, que protege o acesso da planície de Esdrelom à região de Samaria. Irbid, Megido e Taanaque protegem posições estratégicas na região do Carmelo. Taanaque situava-se ao longo da encruzilhada de uma das principais vias norte-sul da Antiguidade na terra de Israel, geralmente chamada *Via Maris* ("caminho do Mar"). Situava-se também ao longo da via leste-oeste que ia do vale do Jordão até o mar Mediterrâneo, perto da atual Haifa.

Na Bíblia há apenas sete menções a Taanaque, encontradas de modo geral em listas de territórios tribais (Js 17.11; 1Cr 7.29) ou de distritos administrativos (1Rs 4.12), cidades levíticas (Js 21.25) ou cidades conquistadas (Js 12.21; Jz 1.27). A referência bíblica mais famosa é a da batalha travada "em Taanaque, junto às águas de Megido", onde as forças hebreias, sob a liderança de Débora e Baraque, derrotaram os cananeus liderados por Sísera (Jz 5.19).

A cidade tinha cerca de 5,25 hectares, aproximadamente o mesmo tamanho da mais conhecida Megido. Sua história percorre o período da Idade do Bronze e da Idade do Ferro, desde cerca de 2700 a.C. até por volta de 918 a.C., quando o faraó Sisaque a destruiu. Uma grande fortaleza foi edificada naquele lugar durante o início do período islâmico, que foi utilizada no tempo das Cruzadas.

Megido possivelmente foi um centro administrativo; é provável que Taanaque não tendo sido tão densamente povoada, servindo como lar de agricultores da área adjacente e de seus arrendatários. Escavações arqueológicas na região trouxeram à luz muitos objetos de culto, o que sugere que Taanaque talvez tenha sido também um centro religioso. — *Joel F. Drinkard Junior*

TAANAQUE-SILÓ Nome de lugar que provavelmente significa "aproximação a Siló". Cidade localizada a cerca de 11 quilômetros a sudeste de Siquém, entre Micmetá e Janoa (Js 16.6), identificado com a atual Khirbet Ta'nah el Foqa.

TAANITA Integrante do clã efraimita descendente de Taã (Nm 26.35).

TAÁS Nome pessoal que significa "toninha" ou "manatim" (espécie de mamífero marinho). Terceiro filho de Naor e Reumá (Gn 22.24) e ancestral de uma tribo árabe, talvez associada com Tahsi, ao norte de Damasco. As cartas de Tell el Amarna e os registros do faraó egípcio Tutmósis III mencionam Taás.

TAATE Nome pessoal e de lugar que significa "abaixo, baixo" ou "substituto, compensação". **1.** Um levita (1Cr 6.24, 37). **2.** Dois descendentes de Efraim (1Cr 7.20). V. *Taã*. **3.** Lugar de parada do povo durante a peregrinação pelo deserto (Nm 33.26,27).

TABAOTE Nome pessoal que significa "anel de sinete". Líder de uma família de netinins (servidores do templo) depois do exílio (Ed 2.43; Ne 7.46).

TABATE Nome de lugar que provavelmente significa "afundado". Lugar na região montanhosa de Gileade, a leste do Jordão, onde Gideão encerrou a perseguição aos midianitas (Jz 7.22). Identificada com a atual Ras Abu Bataba, a noroeste de Pakoris.

TABEEL Nome pessoal aramaico que significa "Deus é bom". **1.** Pai de um homem que o rei Rezim de Damasco e o rei Peca de Israel planejaram instalar como títere em Judá em lugar de Acaz (Is 7.6). Além disso, Tabeel designa uma região no norte da Transjordânia e lar do títere em potencial. A grafia do nome foi ligeiramente modificada em hebraico para significar "inútil". **2.** Oficial persa na Samaria que se uniu ao protesto por meio de uma carta contrária à reconstrução do templo em Jerusalém (Ed 4.7).

TABELA DAS NAÇÕES Em Gn 10 alista os descendentes dos filhos de Noé para explicar a origem das nações e povos do mundo conhecido. O relato é único por vários motivos. Primeiro, um novo capítulo na história bíblica tem início nesse momento; a humanidade tem um novo começo por meio de Noé e de seus três filhos. Segundo, o relato realça o aspecto da variedade étnica do mundo antigo, alistando cerca de 70 diferentes grupos étnicos que formavam a base do mundo conhecido. Terceiro, a despeito de nossa falta de conhecimento a respeito de muitos dos grupos citados nesse capítulo, Gn 10 sublinha o fato de que a Bíblia é baseada em acontecimentos históricos. Quarto, Gn 10 apresenta a base para o entendimento de Abraão, introduzindo seu mundo e seus relacionamentos. O relato da tabela das nações, com poucas variações, também aparece em 1Cr 1.5-23.

A tabela das nações tem três divisões básicas. O povo e as terras do mundo conhecido se encaixam em uma de três famílias, a saber, os três filhos de Noé: Sem, Cam e Jafé. Os nomes que aparecem em cada uma das famílias são provenientes de diferentes categorias: ascendência racial, localização geográfica, diferenças linguísticas ou unidades políticas.

Os descendentes de Jafé (Gn 10.2-5) habitavam a região do mar Egeu e a Anatólia, ou Ásia Menor. Os descendentes de Cam (Gn 10.6-20) estavam localizados especialmente nas regiões do norte da África e nas regiões costeiras de Canaã e da Síria. Os descendentes de Sem (Gn 10.21-31) são especialmente importantes, porque Abraão vem dessa linhagem. Logo, Abraão é semita. Por ser descendente de Héber, ele também é hebreu (Gn 11.14-32). Os descendentes de Sem estavam localizados, de modo geral, no norte da Síria, i.e., a região da parte alta do rio Eufrates e a Mesopotâmia, em especial na parte leste. V. *Assíria*; *Babilônia*; *Canaã*; *apiru*; *Israel*; *Mesopotâmia*; *semita*. — LaMoine DeVries

TABERÁ Nome de lugar que significa "ardente". Lugar não identificado na peregrinação de Israel pelo deserto. O nome lembra a "fúria ardente" de Deus que se irrompeu contra os israelitas que reclamaram de tudo o tempo todo (Nm 11.3; Dt 9.22). O nome não é citado na lista do itinerário de Nm 33.

TABERNÁCULO, TENDA DO ENCONTRO

Tenda sagrada, santuário portátil e provisório onde Deus se encontrava com seu povo (Êx 33.7-10). A tenda era o lugar de habitação dos povos nômades. Quando a tenda sagrada foi planejada, era em geral usada com um epíteto distintivo. Duas expressões compostas (*ohel mo'ed* e *ohel ha'edut*) são usadas para designar a tenda: "Tenda do Encontro" (Êx 29.42) ou simplesmente "tenda" (da aliança, Nm 17.7). Nos dois casos era o lugar onde o Deus de Israel se revelava e habitava entre seu povo. A palavra hebraica básica (*mishkan*), traduzida por "tabernáculo" (Êx 25.9) é derivada de um verbo que significa "habitar". Nesse sentido é corretamente traduzido por "habitação", "lugar de habitação" ou "casa".

O AT menciona tendas ou tabernáculos. Em primeiro lugar, após o pecado do bezerro de ouro no monte Sinai, o tabernáculo "provisório" foi estabelecido fora do acampamento e chamado "Tenda do Encontro". Segundo, o tabernáculo "sinaítico" foi edificado de acordo com as instruções dadas a Moisés por Deus (Êx 25—40). Diferente da Tenda do Encontro, este permanecia no centro do acampamento (Nm 2). Terceiro, o tabernáculo "davídico" foi erigido em Jerusalém para recepcionar a arca (2Sm 6.17).

A "Tenda do Encontro" original era uma edificação provisória na qual Deus se encontrava com seu povo (Êx 33.7-11; 34.34,35). Tudo indica que apenas Moisés adentrava a tenda para se encontrar com Deus. Josué, "servo" de Moisés (Êx 33.11), protegia o tabernáculo e cuidava dele. Depois da confecção do bezerro de ouro, Deus se recusou a reconhecer Israel como seu povo e habitar em seu meio. Por causa do pecado, surgiu um estranhamento e um distanciamento entre Deus e o povo. Em razão dessa situação, e para simbolizá-la, Moisés situou a "Tenda do Encontro" fora do acampamento (Êx 33.7). Por fim, Deus prometeu voltar para o meio de Israel (Êx 34.9).

A natureza exata dessa tenda é incerta. Talvez fosse o centro do acampamento até a edificação do tabernáculo sinaítico. Josué guardava a tenda durante a ausência de Moisés (Êx 33.11). Desde a *LXX*, alguns estudiosos são de opinião de que a tenda de Moisés (em Êx 18.7) seja a mesma Tenda do Encontro, mas as Escrituras não fazem essa conexão de modo explícito. O povo ia à Tenda do Encontro para buscar o Senhor (Êx 33.7), para buscar uma resposta da parte de Deus em um caso judicial, para apresentar uma petição, para prestar culto ou para receber uma palavra profética. Parece que Moisés atuava como o profeta que levava as questões do povo a Deus e recebia uma resposta, pois a expressão "buscar a Javé" é usada em

TABERNÁCULOS, FESTA DOS

Reconstituição do tabernáculo israelita e seu pátio, formado por cortinas ligadas a postes. Defronte à tenda estava o altar das ofertas queimadas e a bacia. O tabernáculo estava sempre de frente para o leste, por isso, essa ilustração é da perspectiva do nordeste.

contextos proféticos. Um conteúdo profético aparece com a tenda também em Nm 11.16-29. Moisés estabeleceu Josué como seu sucessor na tenda (Dt 31.14,15).

Moisés a chamou de Tenda do Encontro porque ela era um lugar de revelação. Era lá que Deus se encontrava com seu povo quando a coluna de nuvem descia até a porta da tenda (Êx 33.9). O nome pode ter sido derivado daí, ou talvez Moisés usou o nome com base nas instruções que recebeu, referentes ao tabernáculo permanente (Êx 27.21).

Parece que a tenda não se tornou um santuário nacional. Ela não continha a arca ou os utensílios necessários para o culto, nem possuía um sacerdócio. Josué cuidava da tenda (Êx 33.11), enquanto Arão era o responsável pelo tabernáculo (Lv 10.7). A nuvem descia sob a tenda quando Moisés vinha buscar Deus, mas permanecia sob o tabernáculo permanente, e, quando a glória do Senhor a encheu, Moisés não pôde entrar nela (Êx 40.34,35,38).

O centro da atenção nas narrativas do deserto é o tabernáculo, com sua decoração rica, cortinas, o pão da presença, a arca, as luzes e o altar. Era esse o santuário portátil que Israel cuidadosamente delegou para ser transportado pelos sacerdotes e levitas (Nm 3) e que estava no centro do acampamento (Nm 2). Era também a Tenda do Encontro (Êx 27.21) onde o Deus santo se encontrava com o povo pecador. Ali eram executados os sacrifícios e procedimentos para a expiação descritos no livro de Lv. "Ali [i.e., na Tenda do Encontro] eu me encontrarei com os israelitas, e o lugar será consagrado pela minha glória. E habitarei no meio dos israelitas e serei o seu Deus" (Êx 29.43,45). — *Jimmy Albright*

TABERNÁCULOS, FESTA DOS V. *festas*.

TABITA Nome pessoal aramaico que significa "gazela", o equivalente grego do nome Dorcas (At 9.36). V. *Dorcas*.

TABOR Nome de lugar de significado incerto, talvez "altura". **1.** Montanha no vale de Jezreel. A cerca de 10 quilômetros a leste de Nazaré, teve papel importante na história de Israel desde o período da conquista. Serviu como ponto de fronteira para as tribos de Naftali, Issacar e Zebulom (Js 19.12, 22), onde as tribos desde muito cedo em sua história usavam como local de culto (Dt 33.18,19). Baraque reuniu um exército em Tabor para batalhar contra Sísera (Jz 4.6). Talvez fosse um lugar de culto falso (Os 5.1). A tradição sustenta que o Tabor foi o local da transfiguração de Jesus (Mc 9.2), ainda que não haja uma evidência para validar a alegação. **2.** Cidade levítica (1Cr 6.77) que aparentemente substituiu Naalal na lista mais antiga (Js 21.35). Pode ser Khirbet Dabura. **3.** A "planície de Tabor" (1Sm 10.3), localizada aparentemente próximo a Gibeá.

TABOR, CARVALHO DE Designação de um lugar entre o túmulo de Raquel (perto de Belém) e Gibeá de Saul (1Sm 10.3). A *NTLH* traduz a expressão por "árvore sagrada que fica em Tabor".

TABRIOM Nome pessoal que significa "Rimom é deus". Pai do rei Ben-Hadade de Damasco (1Rs 15.18). Rimom era o deus acádio do trovão. V. *Hadade*; *Hadade-Rimom*; *Rimom*.

TÁBUA De modo geral é a designação de uma superfície plana usada para escrita. **1.** Tábuas da Lei. As Escrituras dão nome de tábuas da Lei aos objetos de pedra que continham os Dez Mandamentos (Êx 24.12), e ainda testemunho (Êx 31.18) e tábuas da aliança (Dt 9.9). Essas tábuas eram talvez pequenas estelas parecidas com que as outras nações vizinhas utilizavam para publicar suas leis. **2.** Tábuas de escrita. A escrita era em geral feita em tabuinhas de argila (Ez 4.1; *NVI*, *ARA*, *ARC* e *NTLH*, "tijolo") ou de madeira cobertas com cera (Lc 1.63; *NVI*; *ARA*, *ARC* e *NTLH*, "tabuinha de escrever"). O coração é diversas vezes descrito como uma tábua na qual Deus escreve sua lei (Pv 3.3; Jr 17.1; 2Co 3.3).

TAÇA Palavra usada pela *NVI* em Ct 7.2 para expressar um jarro sem asas. A mesma palavra hebraica em Êx 24.6 é traduzida por "tigela" e em Is 22.24 por "bacia".

TACMONITA Título de um dos 30 guerreiros da tropa de elite de Davi (2Sm 23.8), provavelmente

Monte Tabor, localizado a poucos quilômetros a sudeste de Nazaré.

uma alteração escribal da expressão hebraica hacmonita, que aparece na lista paralela de 1Cr 11.11.

TADEU Nome pessoal que significa "dom de Deus" em grego, mas que tem origem em uma palavra hebraica ou aramaica que significa "peito". V. *discípulo*; *Judas*; *Lebeu*.

TADMOR Nome de lugar de significado incerto. Cidade construída por Salomão na parte norte do território de Israel (2Cr 8.4), provavelmente para controlar as rotas das caravanas. Escribas hebreus antigos liam Tadmor como a cidade em lugar de Tamar no texto de 1Rs 9.18 (v. nota explicativa na *NVI*). A cidade desfrutou de prosperidade em vários momentos, em especial no reinado de Salomão, e mais tarde no séc. III da era cristã, pouco antes de ser destruída. O lugar foi identificado com Palmira, uma grande cidade árabe, localizada a cerca de 190 quilômetros a nordeste de Damasco.

TAFATE Nome pessoal que significa "gota". Filha de Salomão e esposa de Ben-Abinadabe, um oficial da corte de Salomão (1Rs 4.11).

TAFNES 1. Transliteração hebraica da palavra egípcia de um nome de lugar que significa "Fortaleza de Penhase" ou "casa dos núbios". Cidade no delta do Nilo, próxima da fronteira leste do Egito (Jr 2.16). O lugar, identificado com Dafnai (Tell Defneh), tem poucas evidências de ter tido ocupação pesada antes da Dinastia Saíta (663 a.C.), com guarnições de mercenários gregos para tentar deter os avanços do exército assírio. Em 605 a.C., o príncipe Nabucodonosor derrotou as forças egípcias em Carquemis, no lado norte do Eufrates, e as perseguiu até a fronteira do Egito. Em 601 a.C., Nabucodonosor e o faraó Neco guerrearam mais uma vez na fronteira do Egito, resultando em uma espécie de empate forçado. O texto de Jr 46.14 talvez faça referência a um desses incidentes. Após a destruição de Jerusalém e os contínuos tumultos em Judá, um grande grupo de judeus praticamente sequestrou Jeremias e seguiu para Tafnes (Jr 43.7; 44.1). Jeremias protestou contra esse ato (Jr 42.19), advertindo que Nabucodonosor alcançaria a cidade mais uma vez (Jr 46.14). **2.** Designação da consorte real egípcia; título da rainha do Egito em 1Rs 11.19,20 (*NVI*, *ARA*, *ARC* e *NTLH*, "Tafnes"). Sua irmã foi dada em casamento a Hadade, o edomita, um inimigo de Davi e, mais tarde, de Salomão.

TAGARELA (*ARA*, *NVI*), **PAROLEIRO** (*ARC*) Tradução comum de um termo pejorativo usado pelos epicureus e estoicos contra Paulo em Atenas (At 17.18). A palavra grega significa literalmente "catador de semente" e se referia a pássaros (esp. corvos) que se alimentavam bicando sementes. Era aplicada a pessoas que viviam como parasitas catando pedaços de comida dos carros dos mercadores. No campo da literatura e filosofia, o termo era aplicado aos plagiadores incapazes de entender ou usar adequadamente o que tinham pego. Os filósofos se referiam a Paulo como tagarela porque o consideravam um plagiador ignorante.

Outra palavra grega, *bebelos*, refere-se a algo fora da esfera religiosa. Ela aparece em 1Tm 4.7; 6.20; 2Tm 2.16; Hb 12.16, geralmente com relação à conversa sem importância ou sentido sobre coisas mundanas, atividade que os cristãos deveriam evitar. Em Hb refere-se a uma pessoa ímpia.

TALA Palavra usada em Ez 30.21 para designar algo que se coloca ao redor do braço como curativo ou bandagem.

TALENTO V. *pesos e medidas*.

TALITA CUMI Transliteração da expressão aramaica que significa "menina, levante-se". Jesus dirigiu essas palavras à filha de Jairo (Mc 5.41). Os parentes da garota pensaram que ela estava morta quando Jesus chegou, mas ele disse que ela apenas dormia (5.39). O aramaico reflete a tentativa de Marcos de preservar as palavras reais de Jesus, que provavelmente falava aramaico, não grego, língua da composição original do NT. V. *Jairo*.

TALMAI Nome pessoal que significa "camponês", ou talvez derivado da palavra hurrita que significa "grande". **1.** Um dos três enaquins (habitantes pré-israelitas gigantes de Canaã) residentes em Hebrom (Nm 13.22). Calebe (Js 15.14) e Judá (Jz 1.10) recebem o crédito de tê-los expulsado de Hebrom. **2.** Rei de Gesur, pai de Maaca, esposa de Davi, e avô de Absalão (2Sm 3.3; 1Cr 3.2). Depois que Absalão assassinou seu meio-irmão Amnom, ele se refugiou com seu avô (2Sm 13.37).

TALMOM Nome pessoal que significa "brilho". **1.** Levita indicado por Davi e Samuel como porteiro (1Cr 9.17), ancestral de uma família de porteiros do templo que retornou do exílio (Ed 2.42; Ne 7.45). **2.** Líder dos porteiros no período pós-exílico (Ne 11.19; 12.25).

TALMUDE Coleção de comentários judaicos. O vocábulo *talmud* significa "estudo" ou "aprendizagem" e se refere, no judaísmo rabínico, às opiniões e ensinos que os discípulos aprendem de seus predecessores, em particular com respeito ao desenvolvimento dos ensinos legais da tradição oral (*halakhah*). A palavra *Talmude* é mais comumente usada no judaísmo para se referir especificamente ao digesto ou comentário de comentários da *Mixná*. A *Mixná* (uma codificação de ensinos legais da tradição oral referentes à Lei mosaica escrita), foi escrita provavelmente em Jâmnia na Galileia por volta do ano 220 da era cristã. Entre 220 e 500 da era cristã as escolas rabínicas na Palestina e na Babilônia amplificaram e aplicaram os ensinos da *Mixná* para suas comunidades. Dois documentos incorporaram grande parte desse corpo de ensinamentos: o *Talmude de Jerusalém* e o *Talmude babilônico*.

Os estudiosos representados na *Mixná* são conhecidos como *tannaim*. Seu período se estende pelos dois primeiros séculos da era cristã. O *Talmude* apresenta as opiniões de uma nova geração de estudiosos conhecidos como *amoraim* (200-500 d.C.). Vários mestres se tornaram famosos e atraíam estudantes de vários lugares do mundo antigo. Por isso, as decisões dos rabinos que residiam na Babilônia se tornaram normativas para grande parte da vida judaica antiga. Não se sabe quão fortemente as decisões rabínicas influenciaram os judeus. Algumas passagens do *Talmude* refletem a grande preocupação de alguns rabinos sobre seus conselhos não serem seguidos pelo povo.

O *Talmude* representa uma continuação da aplicação da lei oral (*halakhah*) a cada esfera da vida judaica. Esse processo provavelmente teve início com o antigo grupo judaico conhecido como fariseus. Muitas das discussões no *Talmude* parecem não ter aplicação direta, mas são teóricas em natureza.

A passagem da tradição e a lembrança de decisões e raciocínios específicos dos mestres por seus discípulos eram enfatizadas nas escolas rabínicas. Há alguma evidência de que tanto a *Mixná* quanto o *Talmude* eram lembrados com auxílio de músicas ou melodias.

O *Talmude babilônico* se tornou o detentor de mais autoridade dos dois *Talmudes* por causa da posição política das comunidades judaicas na Palestina e na Babilônia nos primeiros quatro séculos da era cristã e em razão também do seu estilo mais sofisticado. Gerações posteriores de estudiosos judeus também reconheceram que o *Talmude babilônico* foi completado posteriormente e por isso absorveu e substituiu o *Talmude de Jerusalém*.

Tirante as passagens hagadíticas que são em geral escritas em hebraico, o *Talmude babilônico* foi escrito no aramaico do leste, a língua da Babilônia naquela época. O *Talmude babilônico* reflete um sistema altamente desenvolvido de resolver conflitos da *halakhah* (lei oral). Inclui comentários nas seis maiores divisões da *Mixná*, mas omite algumas subseções. A discussão dos segmentos da *Mixná* que lidam com o culto no templo, p. ex., são omitidas, presumivelmente porque a comunidade judaica na Babilônia não antecipou a reconstrução do templo (de modo interessante, o *Talmude de Jerusalém* não discute essas questões).

O *Talmude babilônico* também contém discussões teóricas legais, bem como informações sobre a vida diária do povo judeu nos primeiros seis séculos, história, medicina, astronomia, comércio, agricultura, demonologia, mágica, botânica, zoologia e outras ciências. Também incorpora em grande medida textos da *hagadah* (narrativas ilustrativas e poesias) em adição às discussões legais.

O *Talmude de Jerusalém* não foi compilado em Jerusalém, mas em centros em Tiberíades, Cesareia e Séforis na Palestina, desde que Jerusalém deixou de ser o ponto principal da erudição judaica depois da destruição do segundo templo, no ano 70 d.C. É escrito em aramaico do oeste, o dialeto da Palestina. É sucinto e conciso em sua apresentação dos argumentos legais e não contém o corpo considerável de material da *hagadah* incluído no *Talmude babilônico*.

A importância do *Talmude* para a vida judaica até o período moderno dificilmente pode ser exagerada. O *Talmude* e seus comentários tornaram-se um grande foco de ação religiosa no período medieval. O *Talmude* tornou-se o documento central da educação judaica durante a Idade Média.

Os estudiosos do NT são particularmente interessados no *Talmude*. Parte do material da *halakah* incorporada no *Talmude* é atribuída a rabinos antigos e pode refletir a prática judaica do tempo dos escritores do NT, ou até de Jesus. Esse material deve ser usado em reconstrução histórica, mas de forma criteriosa, por ter sido compilado cinco séculos depois dos fatos apresentados. V. *hagadah ou halakhah*; *Mixná*. — Stephenson Humphries Brooks

TAMÁ Família de servidores do templo (*netinim*) que retornaram do exílio (Ed 2.53; Ne 7.55).

TAMAR Nome pessoal que significa "palmeira". **1**. Nora de Judá, esposa de Er, seu filho mais velho (Gn 38.6). Depois que seu marido ímpio morreu sem ter tido filhos, Tamar foi dada em casamento a Onã, irmão dele, com o propósito de gerar um filho que levasse o nome do falecido. Onã se recusou a engravidar Tamar, pelo que Deus o matou. Ela então enganou seu sogro para que ele fosse o pai do filho dela (38.18). V. *lei do levirato, casamento do levirato*. **2**. Filha de Davi estuprada por Amnom, seu meio-irmão, (2Sm 13.14). O ato foi vingado por seu irmão Absalão (por parte de pai e de mãe), que assassinou Amnom (13.28,29). Esses acontecimentos eram parte da profecia de Natã de que a espada nunca se apartaria da casa de Davi (2Sm 12.10). **3**. Absalão deu o nome de Tamar à sua única filha. Em 2Sm 14.27 ela é chamada de "linda mulher". **4**. Cidade construída por Salomão "no deserto" (1Rs 9.18, v. nota explicativa da *NVI*). O texto talvez deveria ler Tadmor (2Cr 8.4), visto que o hebraico não tem a expressão qualificadora "de Judá", e a vocalização massorética aponta para um correspondente com Tadmor. V. *Tadmor*. **5**. Cidade fortificada na extremidade sul do mar Morto, marcando o limite ideal de Israel (Ez 47.19; 48.28). É idêntica à Tamar do item 4, conquanto provavelmente tenha sido um depósito das minas de Salomão na Arabá e como um posto de fronteira para proteger a fronteira com Edom.

TÂMARAS Frutas de tamareira (*Phoenix dactyliffera)*, muito apreciadas por viajantes do deserto que comem as tâmaras frescas, secas ou

Um vendedor de tâmaras árabe.

fazem delas bolos para servirem de alimento facilmente transportado e armazenado. Como parte da celebração do transporte da arca para Jerusalém, Davi deu presentes de comida a todos os israelitas reunidos em Jerusalém (2Sm 6.19; 1Cr 16;3). O significado do termo hebraico é incerto. A *NVI* traz "bolo de tâmaras" em 2Sm 6.19. Outras versões modernas entendem essa parte do alimento como um pedaço de carne. A *NVI* também emprega "bolo de tâmaras" no relato paralelo de 1Cr.

Em Ct 5.11 a *NASB* descreve o cabelo do rei como um "cacho de tâmaras", talvez uma referência ao grande volume de cabelos. A *NVI* traz "ramos de palmeira". V. *palmeiras; plantas*.

Tâmaras crescendo em uma tamareira.

TAMARGUEIRA Em Gn 21.33 é uma árvore que Abraão plantou em Berseba. É mais que provável que se trate de uma árvore de tamarisco.

TAMARISCO Árvore que produz frutas usadas para suco (*Tamarix syriaca*), bastante comum no Sinai no sul da terra de Israel, que produz flores pequenas brancas ou rosadas. Há muitas variedades dessa árvore. Abraão plantou um tamarisco em Berseba (Gn 21.33), e Saul foi sepultado debaixo dessa árvore em Jabes-Gileade (1Sm 31.13). Saul se reunia com sua corte debaixo de uma árvore desse tipo (1Sm 22.6; *NVI* e *BJ*, "tamargueira"; *ARA* e *ARC*, "arvoredo"; *NTLH*, "árvore"). Alguns estudiosos creem que a resina do tamarisco produz o que deve ter sido o maná que serviu como alimento para os hebreus durante a peregrinação pelo deserto.

TAMBORIM Instrumento musical de percussão. As Escrituras associam o tamborim a ocasiões de emoções fortes: despedidas (Gn 31.27); êxtases proféticos (1Sm 10.5); uma procissão de vitória (1Sm 18.6); a procissão da arca até Jerusalém (2Sm 6.5). A música de tamborim geralmente acompanhava ocasiões festivas e alegres, nas quais havia bebida e júbilo (Is 5.12; 24.8; 30.32; Jr 31.4). O tamborim era em geral tocado por mulheres (1Sm 18.6; 2Sm 6.5; Sl 68.25). V. *música, instrumentos, dança*.

TAMPA DA MISERICÓRDIA Placa de ouro puro que media 1,10 metro por 70 centímetros que estava acima da arca da aliança, que tinha o mesmo tamanho. Era a base para o querubim de ouro (Êx 25.17-19,21) e simbolizava o trono do qual Deus julgava Israel (Lv 16.2; Nm 7.89). No Dia da Expiação, o sumo sacerdote aspergia o sangue do cordeiro do sacrifício sobre a tampa da misericórdia como pedido de perdão pelos pecados da nação (Lv 16.15). A palavra hebraica significa literalmente "enxugar, secar" ou "cobrir". Com base nisso, algumas traduções modernas têm optado por "aspergir" (*NVI*, *ARA*), "espargir" (*ARC*), "borrifar" (*NTLH*). "Tampa da misericórdia" é baseada nas traduções antigas grega e latina. A tampa da misericórdia tornou-se o símbolo e o lugar da presença de Deus e da expiação. A cruz e a ressurreição de Cristo demonstraram a presença perfeita e a expiação que foi realizada de uma vez por todas (Hb 9).

TAMUZ Deus sumério da vegetação. O culto a Tamuz pelas mulheres de Jerusalém foi revelado a Ezequiel como uma das abominações de Jerusalém (8.14,15). De acordo com a crença suméria, Tamuz foi traído por sua amante, Ishtar, e como resultado morria a cada outono. A seca da vegetação nessa época é vista como um sinal de sua morte. Isso provocava um grande pranto no mundo antigo, e era por essa razão que as mulheres de Jerusalém choravam. V. *fertilidade, culto à; pagãos, deuses*.

TANIS V. *Zoã*.

TANQUE DO REI Provavelmente o mesmo poço de Selá, um reservatório no jardim do rei em Jerusalém (Ne 2.14), reconstruído por Salum, governante do distrito de Mispá (Ne 3.15). V. *jardim do Rei*.

TANUMETE Nome pessoal que significa "confortador". Pai de Seraías, um capitão das forças que permaneceram com Gedalias em Judá, após a deportação para a Babilônia (2Rs 25.23. Jr 40.8). Um selo de Láquis e uma inscrição de Arade trazem esse nome.

TAPUA Nome pessoal que significa "maçã" ou "marmelo". **1.** Um calebita que residia provavelmente em uma cidade próxima a Hebrom (1Cr 2.43). **2.** Cidade no distrito da Sefelá de Judá (Js 15.34), possivelmente Beit Netif, a cerca de 19 quilômetros a oeste de Belém. **3.** Cidade na fronteira norte de Efraim (Js 16.8), cujo território foi destinado a Manassés (17.7,8), provavelmente a Tapua de Js 12.17 e 2Rs 15.16. O lugar é talvez Sheikh Abu Zarod, a cerca de 13 quilômetros ao sul de Siquém. Alguns estudiosos leem "Tapua" em lugar de "Tifsa" em 2Rs 15.16. V. *Bete-Tapua*; *En-Tapua*.

TARALA Nome de lugar que significa "força". Lugar não identificado em Benjamim, provavelmente a noroeste de Jerusalém (Js 18.27).

TAREIA Nome pessoal de derivação desconhecida. Descendente de Saul (1Cr 8.35; 9.41).

TARGUM Traduções antigas da Bíblia para o aramaico, a língua nativa de Israel e da Babilônia no séc. I da era cristã. A palavra *Targum*, em sua forma verbal hebraica, significa "explicar, traduzir". A mais importante dessas traduções que ainda existe é o *Targum Onkelos*, que com muita probabilidade era lido todas as semanas nos cultos na sinagoga desde um período bastante antigo. Os *Targumim* (plural de *Targum*) não são simples traduções, mas parecem incluir grande quantidade de comentários bíblicos que talvez reflitam sermões das sinagogas de Israel. Portanto, o material é de interesse para estudiosos do NT que tentam entender o judaísmo ao qual Jesus pertencia. V. *aramaico*. — Stephenson Humphries-Brooks

TARPELITAS ou **OFICIAIS DE TARPEL** Transliteração do título aramaico que aparece em Ed 4.9 (*ARA*, *ARC*; v. nota explicativa na *NVI*). A *NVI* traduz por "oficiais de Trípoli").

TÁRSIS Nome pessoal e de lugar de derivação incerta, que pode significar "jaspe amarelo", como no hebraico de Êx 28.20 (*NVI*, "jaspe"), Ez 28.13, ou talvez uma palavra derivada da forma acádia que significa "planta perfumosa". **1.** Filho de Javã (Gn 10.4; 1Cr 1.7) e ancestral de um povo do mar Egeu. **2.** Guerreiro benjamita (1Cr 7.10). **3.** Um dos sete oficiais líderes do rei Assuero da Pérsia (Et 1.14). Esse nome possivelmente significa "ganancioso" em persa antigo. **4.** Designação geográfica, muito provável, de Taressus, na extremidade sul da Espanha, mas possivelmente de Tarso na Cilícia. Jonas velejou para Társis, o limite mais longínquo do mundo ocidental, do porto de Jope no Mediterrâneo, na tentativa inútil de fugir do chamado de Deus (Jn 1.3). Társis comercializava metais preciosos com Tiro, outro porto do Mediterrâneo (Is 23.1; Jr 10.9; Ez 27.12). **5.** Referências a Társis em 1Rs e 2Cr sugerem um significado não geográfico. As frotas de Salomão (1Rs 10.22; 2Cr 9.21) e de Josafá (1Rs 22.48; 2Cr 20.36) estavam baseadas em Eziom-Geber, no mar Vermelho. A carga de Salomão sugere parceiros comerciais no leste da África. Portanto, "navios de Társis" podem designar embarcações ou outros navios que transportavam cargas de materiais como as de Társis (cf. Is 2.16), onde "navios de Társis" (Is 2.16; *ARA*, *ARC*, *BJ*; *NVI*, "navio mercante" [v. nota explicativa]) está em paralelo com "barcos de luxo".

TARSO Lugar do nascimento de Paulo (At 9.11) e capital da província romana da Cilícia. V. *Ásia Menor, cidades de*.

O portão de Cleópatra em Tarso, comemorando o casamento de Marco Antônio com Cleópatra naquela antiga cidade.

TARTÃ Título do oficial assírio de posição mais elevada, imediatamente abaixo do rei, comandante em chefe, supremo comandante (2Rs 18.17, ARA, ARC, NVI, "general"; BJ, "comandante-chefe"; Is 20.1). A primeira menção desse oficial ocorreu no tempo de Adad-Nirari II (911-891 a.C.).

TARTAQUE Divindade cultuada pelos aveus, a quem os assírios fizeram se estabelecer em Samaria depois de 722 a.C. (2Rs 17.31). O nome não aparece em nenhum outro lugar, e é provavelmente uma corrupção deliberada de Atargatis, a principal deusa síria e esposa de Hadade.

TÁRTARO V. *inferno*.

TARTARUGA V. *répteis*.

TATENAI Contemporâneo de Zorobabel, governador da província persa "além do rio Eufrates", o que incluía o território de Israel (Ed 5.3, 6; 6.6,13)

TATIM-HODSI Lugar no norte de Israel visitado pelos censores de Davi (2Sm 24.6; v. nota explicativa na *NVI*). O nome não é atestado em outras passagens, o que produziu várias emendas: "Cades, na terra dos heteus" (*ARA, NTLH*); "terra baixa de Cades (*ARC*).

TAV Vigésima segunda e última letra do alfabeto hebraico, usada como subtítulo de Sl 119.169-176, seção em que cada versículo é iniciado com uma palavra escrita com essa letra.

TAXAS Pagamentos regulares feitos a governantes. Apenas no antigo Israel impostos eram pagos para sustentar o tabernáculo e os sacerdotes. O AT emprega palavras para se referir a impostos e taxas, como "trabalho forçado", e "tributo". Antes de Israel estabelecer um rei, as taxas cultuais eram as únicas cobradas na nação. Tributos deveriam ser pagos aos invasores, como os filisteus. No reinado de Davi, o exército era mantido com tributos pagos pelas tribos conquistadas. Os impostos cresceram no reinado de Salomão. Mercadores e súditos pagavam impostos; os fazendeiros os pagavam em produtos — azeite e vinho —, e muitos israelitas fizeram trabalhos forçados no templo. O peso da tributação contribuiu para a rebelião que se seguiu à morte de Salomão (1Rs 12). Logo, Israel se tornou um Estado vassalo, pagando tributos aos assírios e, mais tarde, aos romanos.

No período do NT, Herodes, o Grande, estabeleceu uma taxa sobre os produtos do campo e uma taxa sobre produtos comprados e vendidos. Outros pagamentos devidos a poderes estrangeiros eram o imposto sobre a terra, o imposto individual, um tipo de imposto progressivo sobre a renda (a respeito do qual os fariseus testaram Jesus, Mt 22.17) e o imposto sobre a propriedade particular. Em Jerusalém cobrava-se um tipo de imposto predial. Esses impostos eram pagos de forma direta aos oficiais romanos.

Cobravam-se taxas de importação e exportação, que eram pagas em portos e cidades estratégicas, por parte de coletores particulares que pagavam adiantado pelo direito de cobrar impostos em determinada área. Dentre os que agiam assim estavam Zaqueu (Lc 19) e Mateus (Mt 9). Tudo indica que Roma estabelecia poucos limites sobre a quantia de lucro que o coletor poderia obter. Uma convocação para uma cobrança de impostos para o imperador romano levou José e Maria a Belém, onde Jesus nasceu (Lc 2.1-7). Em adição às taxas devidas aos poderes invasores, o povo judeu também tinha de pagar impostos religiosos. A *didracma* (meio siclo) era devida ao templo por todo homem judeu ao redor do mundo (Mt 17.24). O segundo imposto era o dízimo, 10% de tudo que a terra produzia, coletado pelos levitas.

Os israelitas se ressentiam mais das taxas que tinham de pagar aos poderes invasores. Muitos judeus zelotes consideravam o pagamento de impostos a Roma uma traição a Deus. Quando questionado a respeito do pagamento da taxa individual, Jesus surpreendeu os que o interrogavam, ao dizer que a lei deve ser obedecida (Mc 12.13). — Gary K. Halbrook

TEATRO Dramatizações públicas aparentemente eram incomuns no Israel do tempo do AT, com a possível exceção de atividades cultuais. O teatro tem início em Israel com os gregos, depois de 400 a.C. A presença de teatros no território de Israel, símbolo da cultura greco-romana, era uma lembrança constante do controle grego e romano no Estado judaico. Herodes I construiu vários teatros nas cidades gregas existentes no território de Israel durante seu reinado (37-4 a.C.). A presença dos teatros, em especial os localizados nas

TEBÁ

proximidades do templo em Jerusalém era uma ofensa permanente para os judeus. Mas o teatro floresceu fora de Israel, em toda a extensão do Império Romano. Apresentações públicas tinham início com um sacrifício a uma divindade pagã, em geral o deus padroeiro da cidade. Dramas e comédias incluíam temas históricos ou políticos e, em geral eram lascivos e sugestivos. Os assentos do teatro, em forma de semicírculo, estavam dispostos em formação ascendente, por causa do aproveitamento de uma colina natural ou pela construção de arquibancadas. Uma fachada de vários andares (tão alta quanto os assentos superiores) era decorada com esculturas e ficava em frente ao palco. O público em geral ficava nos assentos superiores, mais distantes, mas os cidadãos ricos ficavam em lugares mais baixos e mais próximos do palco. Uma grande área central era reservada para o governante ou autoridade política local. Os teatros variavam em tamanho. Teatros em cidades pequenas tinham capacidade para cerca de 4 mil pessoas, enquanto os teatros maiores, como o de Éfeso, onde Paulo foi denunciado (At 19.29), tinham capacidade para 25 mil pessoas ou mais. V. *Grécia*; *Roma e o Império Romano*. — David Maltsberger

Teatro romano na antiga Aspendos, sul da Turquia.

TEBÁ 1. Nome de lugar que significa "lugar do massacre". Cidade de onde Davi recebeu despojos (ou recebia tributos) de bronze (1Cr 18.8). O lugar está provavelmente na vizinhança de Zobá, no norte de Damasco. O texto paralelo de 2Sm 8.8 traz "Betá" (*ARA*, *ARC*, *NTLH*; v. nota explicativa da *NVI*). **2.** Nome pessoal que significa "matança". Filho de Naor e ancestral de uma tribo arameia (Gn 22.24). Tebá é talvez associado a Tubihi — um lugar localizado entre Damasco e Cades.

TEBALIAS Nome pessoal que significa "Javé purificou", ou "amado por Javé", ou "bom para Javé". Porteiro e levita do período pós-exílico.

TEBAS Capital do Alto Reino do Egito na maior parte da história daquela nação (por volta de 2000-661 a.C.). A cidade não foi importante apenas no breve período da dominação dos hicsos (entre 1750 e 1550 a.C.). Tebas era o centro do culto ao deus Amom, uma das principais divindades da religião egípcia. Templos majestosos permanecem como monumentos da dedicação da cidade a Amom. V. *Egito*.

O hipostilo (corredor de colunas) no templo de Amom-Rá em Karnak, parte norte da antiga Tebas, Egito.

Pintura em uma tumba do vale dos Reis, a área mortuária ao longo do rio Nilo, que tinha início em Tebas.

Esfinges com cabeça de carneiro alinhadas na avenida processional diante do templo de Amom-Rá em Tebas.

TEBES Provavelmente a mesma localidade designada Tubas, a cerca de 21 quilômetros a nordeste de Siquém, onde as estradas que vinham de Siquém e de Dotã convergiam em direção ao vale do Jordão. No cerco a Tebes, uma mulher da cidade feriu Abimeleque de morte, quando jogou uma pedra de moinho que o acertou na cabeça (Jz 9.50-53; 2Sm 11.21).

TEBETE Décimo mês (dezembro-janeiro) no calendário hebraico (Et 2.16). A palavra é derivada do acádio que significa "afundar" e se refere ao período de chuvas naquele mês. V. *calendário*.

TECELÃO, TECELAGEM V. *pano, roupa*.

Tecelão do Oriente Médio trabalhando em seu tear.

TECOA Nome de lugar que significa "lugar para o estabelecimento de uma tenda". Cidade na região montanhosa de Judá, situada a quase 10 quilômetros de Jerusalém; lar do profeta Amós. Deus o chamou dentre os pastores daquele lugar para pregar ao Reino do Norte, Israel (Am .1). O sacerdote Amazias de Samaria tentou mandá-lo de volta para sua terra, Tecoa (7.12).

Um dos principais guerreiros de Davi era Ira, filho de Iques, de Tecoa (2Sm 23.26). Entre 922 e 915 a.C., Roboão citou Tecoa como uma das cidades nas quais as fortificações deveriam ser fortalecidas (2Cr 11.5,6). Aproximadamente 50 anos mais tarde, Josafá derrotou um ataque de invasores amonitas, meunitas e moabitas do deserto entre Tecoa e En-Gedi (2Cr 20.20-22). Depois do retorno do exílio, Tecoa permaneceu ocupada (Ne 3.5). V. *Amós*. — Kenneth Craig

TECOÍTA Residente ou natural de Tecoa (2Sm 23.26).

TEIA [tela] **1.** Tecido geralmente produzido em um tear (Jz 16.13,14). **2.** Teia de uma aranha que se parece com um fio. A teia da aranha é usada em sentido figurado para representar o que não é permanente nem digno de confiança (Jó 8.14). V. *aranha*.

TEÍNA

TEÍNA Nome pessoal que significa "súplica" ou "graciosidade". Descendente de Judá responsável pela fundação de Ir-Naás (1Cr 4.12).

TELÁ Nome pessoal que significa "ruptura" ou "fratura". Ancestral de Josué (1Cr 7.25).

TEL-ABIBE Nome de lugar que significa "colina (ou "monte") da inundação" ou "colina de grãos". Tel-Abibe no canal de Chebar, perto de Nipur, Babilônia. Era o lar de Ezequiel e de outros exilados (Ez 3.15). Os babilônios podem ter pensado que se tratava de um lugar arruinado pelo dilúvio original.

TELAIM Nome de lugar que significa "cordeirinhos manchados". Cidade no sul de Judá onde Saul reuniu suas forças para lutar contra os amalequitas (1Sm 15.4). Lugares sugeridos incluem Khirbet Umm es-Salafeh, a sudoeste de Kumub, e Khirbet Abut Tulul, a cerca de 10,5 quilômetros a sudeste de Berseba. Lê-se na tradução da *LXX* de 1Sm 27.8: "desde Telã" (*ARA*) em vez de "[desde] antigamente (*ACF*)". V. *Telém*.

TELASSAR Nome de lugar que significa "colina (ou "monte") de Assur". Cidade no norte da Mesopotâmia, conquistada pelos assírios (2Rs 19.12; Is 37.12). Sua localização não é conhecida.

TEL-AVIV V. *Tel-Abibe*.

TELÉM Nome pessoal e de lugar que significa "brilho" ou "cordeiro". **1.** Levita casado com esposa estrangeira (Ed 10.24). **2.** Cidade no sul de Judá (Js 15.24), uma forma variante de Telaim.

TELHADO V. *arquitetura*; *casa*.

TEL-HARSA Nome de lugar que significa "monte da floresta" ou "monte de mágica". Lar dos judeus babilônicos incapazes de demonstrar sua linhagem (Ed 2.59; Ne 7.61). Tel-Harsa era provavelmente localizada nas terras planas no golfo Pérsico.

TEL Palavra semita que significa "monte (artificial)", aplicada a áreas construídas por sucessivas colonizações no mesmo lugar. É um elemento constitutivo comum em nomes de lugares do Oriente Médio. V. *arqueologia e estudo bíblico*.

TEL-MELÁ Nome de lugar que significa "monte (artificial) de sal". Nome babilônico de um grupo de judeus incapazes de demonstrar sua linhagem (Ed 2.59; Ne 7.61). Tel-Melá é talvez Thelma de Ptolemaida, nas salinas baixas de golfo Pérsico.

TEMÁ Nome pessoal e de lugar que significa "país do sul". Temá, um filho de Ismael (Gn 25.15; 1Cr 1.30), é associado a um lugar com o mesmo nome (a atual Telma), um oásis estratégico localizado na península Arábica, a cerca de 400 quilômetros a sudeste de Ácaba e 320 quilômetros a nor-nordeste de Medina. Jó 6.19 faz alusão à importância de Temá como lugar de parada de caravanas. O texto de Is 21.14 provavelmente se refere à campanha militar do rei assírio Tiglate-Pileser III (738 a.C.) quando Temá escapou de ser destruída ao pagar um tributo. O texto de Jr 25.33 talvez se refira à campanha de Nabucodonosor. Tendo conquistado e reconstruído Temá, Nabonido, o último rei da Babilônia, lá permaneceu por 10 anos, deixando seu filho Belsazar como vice-regente na Babilônia (Dn 5).

TEMÃ Nome pessoal e nome de lugar que significa "lado direito", i.e., "do sul". **1.** Clã edomita descendente de Esaú (Gn 36.11,15; 1Cr 1.36). **2.** Cidade da área associada ao citado clã (Jr 49.7,20; Ez 25.13; Am 1.12; Ob 9; Hc 3.3). A cidade tem sido identificada com Tawilan, a cerca de 80 quilômetros ao sul do mar Morto, na direção de Petra, no leste, ainda que a evidência arqueológica não confirme o lugar como a principal cidade do sul de Edom. Outros estudiosos pensam que "Temã" seja uma palavra para designar o sul de Edom. Para outros estudiosos a ligação com Dedã (Jr 49.7; Ez 25.13) sugere Temá na península Arábica. V. *Temá*.

TEMANI ou **TEMANITAS** Descendentes de Temã ou residentes de Temã, na região sul de Edom. A terra dos temanitas designa a parte sul de Edom (Gn 36.34; 1Cr 1.45). Os temanitas eram famosos por sua sabedoria (Jó 2.11; cp. Jr 49.7).

TEMENI Nome pessoal com significado provável de "sob a mão direita", i.e., "para o sul". Descendente de Judá (1Cr 4.6).

TEMENTES A DEUS O livro de At é a fonte primária para entender a expressão "temente(s) a Deus". Em At 10.2 Lucas descreve Cornélio como "religioso" e "temente a Deus" (cf. 10.22). A saudação de Paulo aos que estavam na sinagoga de Antioquia da Pisídia inicia-se com "Israelitas e gentios tementes a Deus" (At 13.16; cp. 10.26). De modo semelhante, há vários exemplos em At de pessoas descritas como "devotas" ou "adoradores de Deus". Um grupo de "mulheres religiosas" em Antioquia da Pisídia foi incitado pelos judeus contra Paulo e Barnabé (13.50). Lídia, uma das primeiras convertidas em Filipos, é descrita como "temente a Deus" (16.14). Entre os convertidos de Paulo em Tessalônica estavam muitos "gregos tementes a Deus" (17.4). Em Atenas Paulo debateu na sinagoga com judeus e com "gregos tementes a Deus" (17.17). Durante a primeira visita de Paulo a Corinto, ele ficou na casa de Tício Justo, que era "temente a Deus" (18.7).

A expressão "temente(s) a Deus" é usada em At para descrever os gentios convertidos ao judaísmo, talvez por motivos éticos e morais, ou que talvez tenham sido atraídos pelo monoteísmo judaico e suas práticas cultuais. Os "tementes a Deus" tomavam parte em práticas judaicas como dízimos e orações regulares (At 10.2-4) e aparentemente eram bem recebidos para participar de alguns cultos nas sinagogas. Tem sido sugerido com plausibilidade que os "tementes a Deus" tinham os mesmos direitos dos "estrangeiros residentes" no AT. Com base nisso, presume-se que os "tementes a Deus" seguiam práticas como a guarda do sábado (Êx 20.10) e participavam das ofertas sacrificiais (Lv 17.8,9), e esperava-se que não cometessem ofensas como blasfêmia (Lv 24.16) ou idolatria (Lv 20.2). Talvez outra indicação dos padrões mantidos pelos "tementes a Deus" mencionados em At seja encontrada nos *Oráculos sibilinos* (4.24-34), em que uma bênção é pronunciada sobre os gentios que adoram o Deus único, rejeitam a idolatria e que não matam, não roubam, nem cometem pecados sexuais.

Ainda que os "tementes a Deus" se comprometessem com muitos aspectos e práticas do judaísmo, talvez não fossem convertidos plenos. Lucas, p. ex., parece fazer uma distinção entre "gentios tementes a Deus" (At 13.16) e "estrangeiros piedosos" (At 13.43). É provável, pelo menos para homens gentios, que a questão da circuncisão tenha sido uma razão pela qual os "tementes a Deus" não eram convertidos plenos ao judaísmo. Pode também ter havido outras razões, como preocupações sociais ou étnicas. Os "tementes a Deus", quaisquer que tenham sido suas ligações e afeições ao judaísmo, permaneceram plenamente gentios.

Deve-se enfatizar que "temente(s) a Deus" é uma expressão descritiva, não técnica. Isto é, essa provavelmente não era a definição "oficial" para os gentios que seguiam o judaísmo de perto. Descrições do tipo "devoto" e "adorador de Deus" podem ser aplicadas a qualquer um, judeu ou gentio, e não devem ser entendidas como sinônimas de "tementes a Deus". Além disso, deve-se ter cuidado ao fazer uma distinção rígida entre "temente a Deus" e o termo técnico "prosélito". Com tais advertências em mente, "tementes a Deus" é uma maneira válida de se referir às pessoas mencionadas nas passagens anteriormente citadas.

Em At os "tementes a Deus" são personagens-chave na revelação do plano divino da redenção. Um dos primeiros cristãos gentios era Cornélio, um homem que "temia a Deus". Além disso, quando o evangelho chegou a lugares como Antioquia da Pisídia, Filipos, Corinto, Atenas e mais além, os "tementes a Deus" estavam entre os que formaram as primeiras congregações cristãs. V. *prosélitos*. — *Brian J. Vickers*

TEMOR DE ISAQUE Nome ou título usado por Jacó em referência a Deus (Gn 31.42; cp. 31.53; 46.1). Evidentemente os patriarcas usaram diversos nomes para se referir a Deus até ele revelar seu caráter pessoal a Moisés (Êx 6.3). Alguns estudiosos traduzem a expressão hebraica por "Parente de Isaque" ou "Refúgio de Isaque". V. *Deus dos pais; patriarcas*.

TEMOR, TEMÍVEL (TERRÍVEL, TREMENDO) Ocorrem em diferentes trechos nas versões em português como tradução de diferentes palavras hebraicas. Na *NVI* somente os adjetivos "temível" e "temíveis" são usados mais de 30 vezes (além do verbo e do substantivo) e traduzem diversas palavras hebraicas e gregas. Os termos se referem a um sentimento combinado com honra, medo e respeito diante de alguém de posição superior (Gn 28.17; 1Sm 12.18; Mt 9.8; Hb 12.28). Aplicam-se mais apropriadamente a Deus. V. *medo, temor; reverência*.

TEMPERANÇA

TEMPERANÇA V. *domínio próprio*.

TEMPLO DE JERUSALÉM Lugar de culto, especialmente o templo de Salomão, construído em Jerusalém para o culto nacional a Javé. A palavra "templo" significa espaço santo ou sagrado e é muito semelhante em sentido às palavras gregas *hieron* (área do templo) e *naos* (santuário), ambas traduzidas simplesmente por "templo" na maioria absoluta das versões do NT. No AT a expressão normalmente utilizada é *bet Yahweh*, "casa de Javé", porque é dito que ele ali habitaria. A outra palavra hebraica para templo é *hekhal*, "palácio, casa grande", derivada da palavra suméria para "casa grande", não importa se de uma divindade ou de um rei. Portanto, Davi, quando fez para si mesmo um palácio de cedro, pensou que poderia de igual maneira construir um para Javé (2Sm 7.1,2). No início o profeta Natã aprovou o plano, mas o Senhor lhe disse que estava acostumado a viver em tendas desde a saída do Egito. Ele permitiria que o filho de Davi lhe edificasse uma casa (templo), mas ele edificaria para Davi uma casa (dinastia, 2Sm 7.3-16). Essa promessa de aliança se tornou extremamente importante para o cumprimento da esperança messiânica na vinda do rei ideal de linhagem davídica. V. *tabernáculo, tenda do encontro*.

O livro de Cr deixa claro que Davi planejou o templo e juntou grande riqueza e materiais para sua construção, ainda que Salomão tenha sido o construtor de fato. Pode ser que o templo de Salomão não tenha sido o primeiro templo a hospedar a arca da aliança, pois havia uma casa de Javé, também chamada de templo, em Siló (1Sm 1.7,9,24; 3.3), mas em 1Sm 2.22 o lugar é chamado "Tenda do Encontro" (*NVI*), fosse esse o tabernáculo do deserto ou não. Jeremias, em seu grande sermão do templo, advertiu todos de que fossem até à casa do Senhor em Jerusalém e que, se confiassem no templo propriamente, em vez de no Senhor, este destruiria o templo de Salomão como destruíra o antigo santuário de Siló (Jr 7.1-15; 26.1-6).

Israel conheceu outros lugares de culto mais antigos que o templo de Jerusalém. Lugares santos patriarcais antigos como Siquém ou Betel (Gn 12.6-8; 28.10-22; cp. Dt 11.29,30; 27.1-26; Js 8.30-35; 24.1-28; Jz 20.26,27) não são chamados de templo nas Escrituras, ainda que os habitantes da região possam tê-los chamado assim. Não há como determinar que tipo de santuário havia em Ofra, Gilgal, Nobe, Mispá, Ramá e outros "lugares altos" onde Javé era adorado, mas "o templo" é o local por excelência em Jerusalém, a partir dos dias de Salomão.

O templo de Salomão Houve três templos em sucessão histórica, construídos (ou reconstruídos) respectivamente por Salomão, Zorobabel e Herodes, nos períodos pré-exílico, pós-exílico e neotestamentário. O templo de Herodes foi de fato uma reconstrução gigantesca do templo de Zorobabel, e por isso no judaísmo ambos são chamados de "segundo templo". Os três estavam localizados em uma colina importante ao norte da cidade de Davi, conquistada dos jebuseus (2Sm 5.6,7). Davi adquiriu o templo de Araúna, um jebuseu, seguindo o conselho do profeta Gade, para cessar uma peste enviada pelo Senhor, ao construir um altar e oferecer sacrifícios na eira daquele homem (2Sm 24.18-25). O livro de Cr identifica essa colina com o monte Moriá, o local onde Abraão esteve a ponto de sacrificar Isaque (2Cr 3.1; Gn 22.1-14). Por isso, o monte do templo em Jerusalém é chamado na atualidade de monte Moriá, e a eira de Araúna é sem dúvida a grande pedra encapsulada no interior do Domo da Rocha, centro do enclave muçulmano chamado de Haram es-Sharif (o terceiro lugar muçulmano mais santo, depois de Meca e Medina). Esse enclave é basicamente o que sobrou da grande plataforma do templo de Herodes, cujas pedras podem ser vistas do Muro Ocidental, o lugar mais sagrado do judaísmo desde que os romanos destruíram o templo de Herodes.

Não há uma pedra sequer que os arqueólogos possam dizer com certeza absoluta que tenha pertencido ao templo de Salomão. O que se tem é o relato literário detalhado de sua construção, preservado em 1Rs (1Rs 5.1—9.10) e Cr (2Cr 2—7). A visão de Ezequiel do templo da nova Jerusalém depois do exílio (Ez 40—43) é idealizada e talvez nunca tenha se concretizado na reconstrução do templo liderada por Zorobabel, mas muitos dos seus detalhes podem ter refletido o templo de Salomão no qual Ezequiel provavelmente ministrou como sacerdote antes de ser deportado para a

TEMPLO DE JERUSALÉM

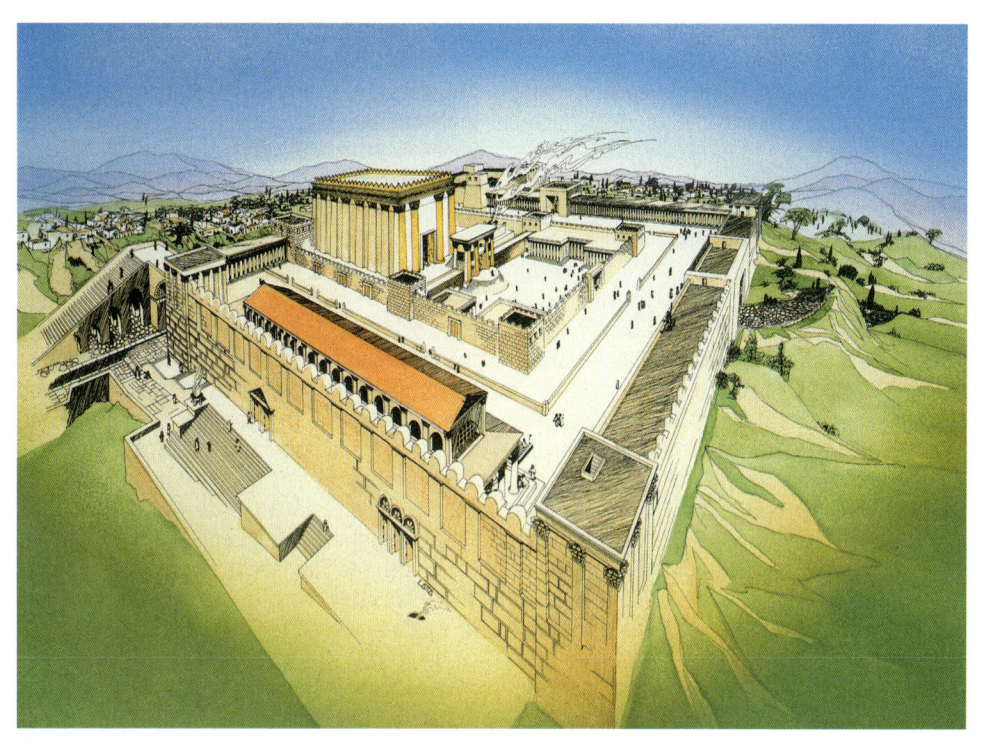

Reconstituição do templo de Herodes (20 a.C.-70 d.C.) em Jerusalém, visto do sudeste. O desenho reflete descobertas arqueológicas feitas por escavações iniciadas em 1967 junto à extremidade sul da plataforma do portão de entrada do monte do Templo.

Babilônia (em 597 a.C.). O tratado com Hirão, rei de Tiro, e o emprego do metalúrgico também chamado Hirão (ou Huram-Abi), cujo trabalho foi providenciado pelo rei, demonstra que havia considerável influência, habilidade e talento dos fenícios, além de elementos artísticos na construção do templo.

O significado primário do templo era o mesmo da arca: seu objetivo era ser um santuário — o símbolo da presença de Deus no meio do seu povo (Êx 25.21,22). Por ser a casa de Deus, os adoradores não podiam entrar no Lugar Santo, reservado apenas para os sacerdotes e outros líderes do culto, e muito menos no Lugar Santíssimo (o Santo dos Santos), que era visitado pelo sumo sacerdote apenas uma vez por ano (Lv 16). Os adoradores se reuniam para oração e podiam sacrificar no(s) pátio(s) do templo, onde cantavam salmos enquanto suas ofertas eram apresentadas no grande altar de Javé. A essência da oração e do louvor de Israel podem ser encontrados no livro de Sl e também nas experiências cúlticas como a que Isaías teve quando recebeu seu chamado profético no átrio do templo (Is 6.1-8).

O relato da experiência de Isaías deixa claro que o templo terrestre era visto como um microcosmo do templo celestial onde o Rei do Universo habita de fato. O tremor e a fumaça da presença do Senhor no Sinai foram manifestados em Sião (Is 6.4). Israel entendeu que era apenas pela graça de Deus que ele consentia habitar com seu povo. Por isso, Dt representa o santuário central como o lugar onde Javé fez seu nome habitar (Dt 12.5; cp. 1Rs 8.13). Outro texto mostra o templo cheio da glória de Deus (cf. o tabernáculo, Êx 40.34). Conforme o relato bíblico, nenhum local e nenhuma pessoa pode abrigar Deus: "Mas será possível que Deus habite na terra? Os céus, mesmo os mais altos céus, não podem conter-te. Muito menos este templo que construí!" (1Rs 8.27).

O templo de Salomão tinha o formato de uma "grande casa", com três ambientes sucessivos, do leste para o oeste, um vestíbulo de somente 4,5 metros de altura, uma nave (o

TEMPLO DE JERUSALÉM

Lugar Santo) de 18 metros, e um santuário interior (o Lugar Santíssimo) de cerca de 9 metros de largura e 13 de altura em suas medidas interiores para a "casa" propriamente, sem contar o pórtico, que era uma espécie de entrada aberta. Esse modelo é similar, ainda que não exatamente idêntico, ao de vários templos sírios e cananeus escavados nas últimas poucas décadas (em Hazor, Láquis e Tell Tainat). Há até mesmo um "templo" israelita na fronteira sudeste de Judá, na fortaleza de Arade, que é do período da Idade do Ferro, comparado por alguns estudiosos ao templo de Salomão. Nenhum era tão simétrico ou tão bem decorado, ou mesmo tão grande, como o templo de Jerusalém, ainda que o complexo do palácio de Salomão do qual o templo era apenas uma parte (1Rs 7.1-12) fosse muito maior e tenha levado bem mais tempo para ser construído (Tell Tainat, no norte da Síria, é a analogia mais próxima). Ao redor do exterior da casa propriamente foram construídos três depósitos de câmaras laterais para os depósitos do templo, acima dos quais havia janelas nas paredes do Lugar Santo (1Rs 6.4-6,8-10).

Judeus ortodoxos dos nossos dias no Muro das Lamentações, no monte do Templo em Jerusalém.

O interior da casa era forrado com madeira de cedro, com piso de cipreste, e revestido de ouro. Era decorado com ornamentação fenícia, motivos florais e querubins e palmeiras. O Lugar Santíssimo, um cubo sem janelas de cerca de 9 metros, abrigava a arca da aliança e era dominado por dois querubins guardiães de cerca de 4,5 metros de altura com asas estendidas que alcançavam a mesma medida, que tocavam o meio e cada lado da parede (1Rs 6.15-28). Um dos resultados interessantes da pesquisa arqueológica é a recuperação da forma destes querubins antigos. São como esfinges egípcias (leões alados com cabeça de homem) como apresentados nos braços do trono de um rei cananeu em um mármore de Megido. A arca, o trono de misericórdia que tinha seus querubins guardiões (Êx 25.18-20), era o "estrado" de Javé. Abaixo desses impressionantes querubins, Deus estava entronizado de modo invisível.

As portas duplas do santuário interior e a nave eram de igual maneira esculpidas e revestidas de ouro e de madeira de qualidade superior (1Rs 6.31-35). Os arranjos prescritos para a parede do átrio interior, "um pátio interno com três camadas de pedra lavrada e uma de vigas de cedro" (v. 36), foi reproduzido em construções salomônicas escavadas em Megido (1Rs 6.36; 7.12). Esse projeto é também conhecido do templo de Tell Tainat. Esse santuário requintado levou sete anos para ser construído (c. 960 a.C.; 1Rs 6.37,38). O mobiliário maravilhoso do Lugar Santo e do pátio tem sua descrição em outro capítulo (1Rs 7.9-51).

As criações mais misteriosas eram as duas grandes colunas de bronze, de cerca de 10 metros de altura, incluindo seus capitéis belamente ornamentados com formato de flor de lírio e romãs (1Rs 7.15-20). Eles tinham cerca de 1,8 metro de diâmetro, eram ocos, com cerca de 7 centímetros de bronze. As colunas eram chamadas de Jaquim ("Ele irá estabelecer") e Boaz ("na força de"), talvez para significar o simbolismo visível do templo como um testemunho da estabilidade da dinastia davídica com a qual o templo estava relacionado.

O leitor a esta altura esperaria encontrar um relato do altar de bronze, incluído em Cr (2Cr 4.1), mas apenas presumido em Rs (1Rs 8.22, 54, 64; 9.25). Era um altar grande, cerca de 11 metros quadrados e 4,5 metros de altura, presumivelmente com degraus.

Quadrante sudeste do pátio superior do monte do Templo em Jerusalém.

O mar de bronze, que pode ter tido algum simbolismo cósmico, ficava no quadrante sul-central do átrio interior, oposto ao altar de bronze. Seu formato era circular, com uma borda em forma de cálice, 4,5 metros de diâmetro, 2,3 metros de altura e circunferência de cerca de 13 metros. Era de bronze maciço, delicadamente decorado e era sustentado pelas costas de 12 bois de bronze, divididos em quatro grupos de três cada, cada qual de frente para um ponto cardeal. Como sua capacidade era de cerca de 3.785 litros, é possível que tenha servido como suprimento de água para as bacias por algum tipo de mecanismo de sifão.

A terceira grande obra de engenharia foi o esculpir de 10 bacias e seus suportes, 5 em cada lado do pátio. Estes tinham quase 2 metros quadrados e altura de 1,4 metro, cada uma continha cerca de 740 litros de água, ou seja, era pesada o bastante para ser transportada em charretes com rodas. O livro de Cr diz que eram usadas para lavar os utensílios do culto sacrificial (2Cr 4.6).

Na festa dos tabernáculos, Salomão conduziu uma elaborada festa de dedicação do templo (1Rs 8.1—9.9). A narrativa se inicia com uma procissão da arca contendo as duas tábuas do Decálogo. A glória de Deus na nuvem brilhante de sua presença encheu o santuário (1Rs 8.1-11). Então o rei abençoou a assembleia, louvou a Deus por suas misericórdias da aliança se cumprirem nas promessas de Natã a Davi, e fez uma longa e fervorosa oração a favor de sete situações diferentes nas quais as orações do povo de Deus seriam levantadas ao trono celestial do seu templo terreno, finalizando com uma bênção. Salomão providenciou uma grande quantidade de sacrifícios para os sete dias da grande festa de dedicação. Deus consagrou a casa de oração, mas ele exigiu obediência pactual de Salomão e de cada um dos seus sucessores, do contrário destruiria o santuário magnífico por conta da apostasia do povo (1Rs 9.1-9). A ênfase consistente na oração de Salomão e na resposta de Deus é sobre uma preocupação quanto ao pecado e a necessidade de arrependimento sincero para manter o templo como símbolo cerimonial de culto e devoção (2Cr 7.13,14). Os grandes profetas anunciaram que, no culto no templo, Israel não foi capaz de evitar o sincretismo com os impulsos das religiões pagãs ou a irrelevância hipócrita de uma superênfase sem sentido sobre o ritual sem obediência justa ao Senhor soberano absoluto (Is 1.10-17; Mq 6.6-8; Jr 7.1-26).

A história do templo de Salomão tem pontos altos e baixos nos quase 400 anos de existência. Seus tesouros de ouro foram algumas vezes saqueados por invasores inimigos, como o fez Sisaque do Egito (1Rs 14.25,26). Por ocasião da divisão dos reinos, Jeroboão estabeleceu santuários rivais em Betel e Dã que atraíram adoradores de Jerusalém por cerca de 200 anos. O rei Asa saqueou os tesouros do templo para comprar um aliado militar, Ben-Hadade da Síria, contra Baasa, rei de Israel, o Reino do Norte (1Rs 15.18,19), ainda que ele tenha previamente reparado o altar do templo e executado algumas reformas cultuais (2Cr 15.8-18). O rei Joás de Judá realizou reformas no templo depois do assassinato da perversa rainha Atalia, mas também teve de dilapidar o patrimônio do templo para comprar o apoio de Hazael, rei da Síria (2Rs 12). Jeoás, rei de Israel, quando desafiado à batalha por Amazias, rei de Judá, não apenas o derrotou, mas também foi a Jerusalém e saqueou o templo (2Rs 14.12-14). O rei Acaz saqueou seu templo para pagar um tributo à Assíria durante a guerra sírio-efraimita de 735 a.C., chegando a tirar parte das peças de bronze de painéis laterais do templo (2Rs 16.8,9,17). O bom rei Ezequias pagou um tributo pesado a Senaqueribe, rei da Assíria, na invasão de 701 a.C., chegando até a tirar o ouro das portas do templo (2Rs 18.13-16). Durante o longo e

TEMPLO DE JERUSALÉM

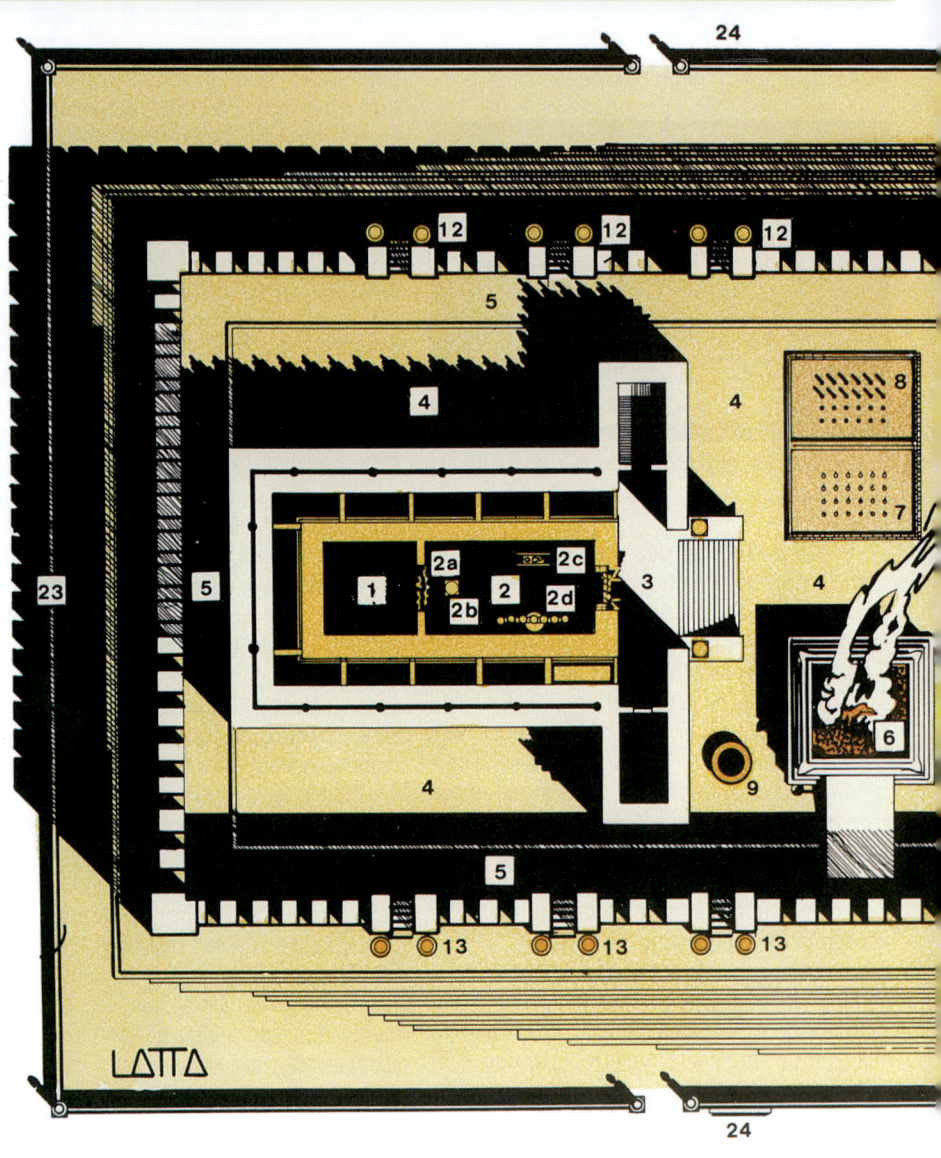

O templo de Herodes (20 a.C.- 70 d.C.) teve a construção iniciada no décimo oitavo ano do reinado de Herodes, o Grande (37-4 a.C.). De acordo com Josefo, o historiador judeu do séc. I, o templo de Herodes foi construído depois de removidas as antigas fundações. O antigo edifício, o templo de Zorobabel, era uma restauração modesta do templo de Salomão, destruído pela conquista babilônica. O edifício central foi completado em apenas dois anos — sem nenhuma interrupção dos cultos no templo. Os edifícios circundantes e átrios espaçosos foram consideravelmente ampliados, mas não ficaram prontos até 64 d.C. O templo foi destruído pelos romanos sob o comando de Tito durante a segunda revolta judaica no ano 70 da era cristã.

1. Santo dos Santos (onde ficavam a arca da aliança e os querubins gigantes).
2. Lugar Santo.
2a. Véu (na verdade, duas tapeçarias gigantes penduradas na entrada do Santo dos Santos para permitir que o sumo sacerdote passasse entre elas sem expor o santuário sagrado. Era esse véu que foi "partido ao meio" por ocasião da morte de Jesus).
2b. Altar de incenso.

TEMPLO DE JERUSALÉM

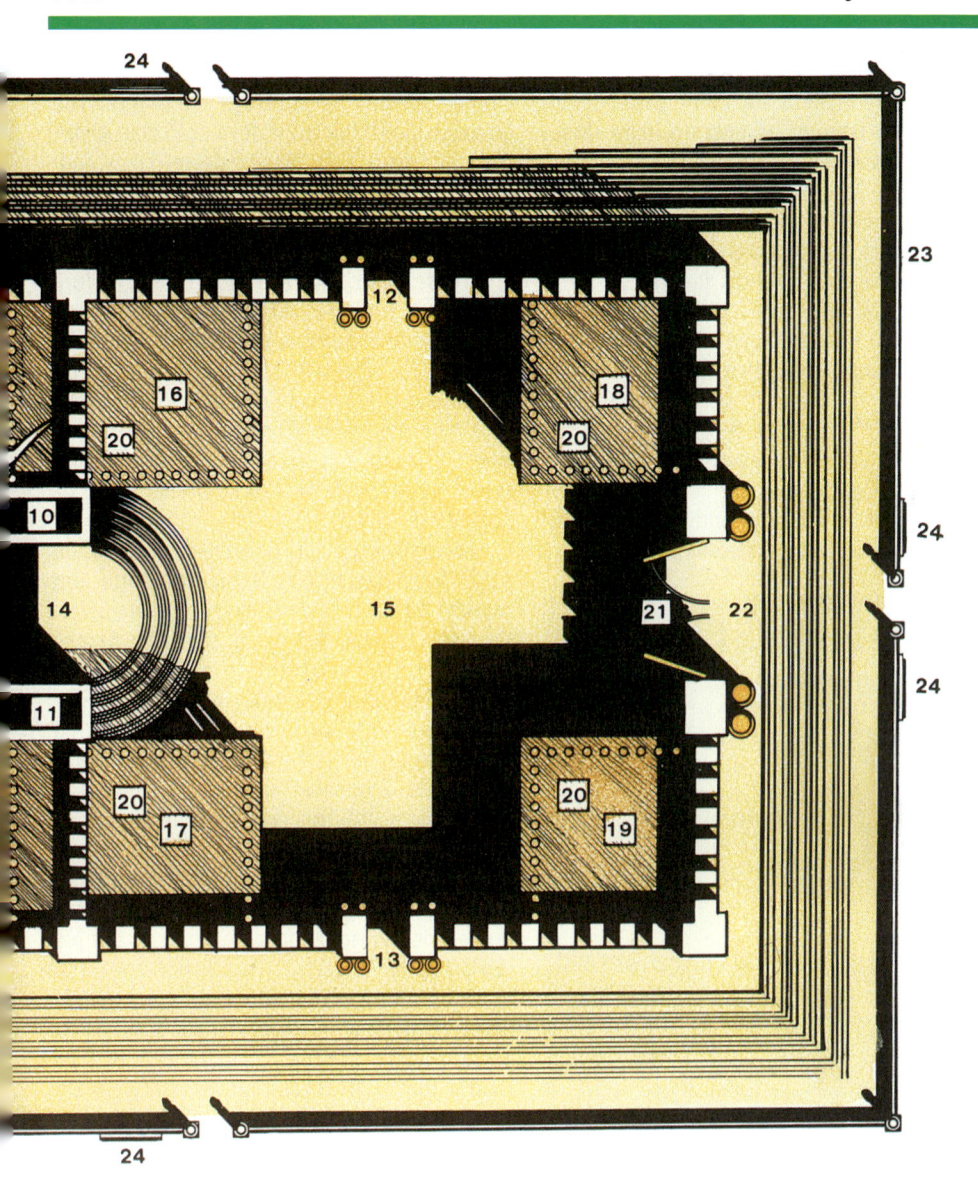

2c. Mesa dos pães da proposição (ou da presença).
2d. Candelabro de sete braços (grande menorá).
3. Pórtico do templo.
4. Pátio dos sacerdotes.
5. Pátio de Israel (homens).
6. Altar de ofertas queimadas.
7. Área de oferecimento de animais.
8. Área de sacrificar e esfolar os animais.
9. Bacia para abluções.
10. Câmara de Fineias (depósito das vestes).
11. Câmara do padeiro.
12. Portas norte dos pátios interiores.
13. Portas sul dos pátios interiores.
14. Porta Leste (Nicanor).
15. Átrio das mulheres.
16. Átrio dos nazireus.
17. Depósito de madeira.
18. Câmara dos leprosos.
19. Shemanyah (possivelmente significa "azeite de Yah [= Javé].
20. Balcões das mulheres para observar as atividades do templo.
21. Porta Formosa (?).
22. Terraço.
23. Soreg (divisão de 1,35 metro de altura).
24. Inscrições de advertência aos gentios.

TEMPLO DE JERUSALÉM

desastroso reinado de Manassés, muitos ídolos abomináveis e objetos de culto pagão foram colocados no templo; no entanto, mais tarde, foram retirados pelo bom rei Josias em sua reforma (2Rs 23.4-6,11,12). Ezequias e Josias conseguiram centralizar o culto em Jerusalém em suas reformas e até atrair alguns dos adoradores do norte para o santuário em Jerusalém. Todavia, Jeoaquim, o sucessor de Josias, reverteu todas as reformas que seu pai fizera e encheu o templo com abominações (Ez 8). A despeito das advertências de Jeremias e Ezequiel, o povo se recusou a se arrepender de sua insensatez política e religiosa, e o templo e a cidade santa foram saqueados por Nabucodonosor em 597 a.C. e depois incendiados por Nebuzaradã, seu general, em 587-586 a.C.

Papéis com pedidos de oração ainda são colocados entre as grandes pedras do Muro das Lamentações.

Para ambos os grupos de Judá, os deportados para a Babilônia, e os que permaneceram em Jerusalém, a perda do templo e da cidade foi um duro golpe (Sl 137; Lm 1—5). Mas Jeremias e Ezequiel prepararam o remanescente em suas profecias referentes ao retorno e à reconstrução do templo.

O templo de Zorobabel O decreto de Ciro de 538 a.C. permitiu aos judeus o retorno do exílio na Babilônia e a devolução dos utensílios do templo. Esse mesmo decreto os autorizou a reconstruir o templo de Jerusalém com financiamento persa e ofertas voluntárias dos judeus que permaneceram na Babilônia (Ed 1.1-4). Sesbazar, o governador, lançou os fundamentos do templo. O projeto foi interrompido quando o povo da terra desencorajou os construtores (Ed 1.8,11; 4.1-5). Então, no segundo ano do reinado de Dario (520 a.C.), a obra foi renovada por Zorobabel, o novo governador, e Josué, o sumo sacerdote, sob a inspiração da mensagem dos profetas Ageu e Zacarias (Ed 5.1,2).

Quando os oficiais persas locais tentaram parar a reconstrução, Dario descobriu um registro do decreto de Ciro que incluía diversos aspectos (Ed 6.1-6). O tamanho parece ter sido aproximadamente o mesmo do templo de Salomão. O templo da visão de Ezequiel teve influência considerável sobre o novo templo (Ez 40—42), de modo que o templo de Zorobabel talvez fosse montado sobre uma plataforma com uma medida de 30 por 30 metros, com as dimensões interiores sendo quase as mesmas do templo de Salomão. Mas é provável que sua decoração não tenha sido tão rica como a do primeiro templo (Ed 3.12,13; Ag 2.3).

As diferenças entre os dois santuários dizem respeito ao mobiliário e aos arranjos ou portas. Como Jeremias predissera, a arca da aliança nunca foi recolocada (Jr 3.16). Josefo disse que o Santo dos Santos estava vazio. A partir daí, ele estava separado do Lugar Santo por um véu, não por uma porta. Havia apenas um candelabro de sete braços, como fora no tabernáculo, provavelmente o mesmo apresentado por Tito em sua entrada triunfal em Roma, quando o templo de Herodes foi saqueado. A importância do novo templo foi que este se tornou um símbolo da santidade do Senhor e o centro religioso da vida da nova comunidade. Foi concluído em 515 a.C. e dedicado com grande alegria (Ed 6.14-16). Na comunidade pós-exílica, o sacerdócio substituiu a monarquia como fonte de autoridade.

Essa situação foi mudada pela revolta dos macabeus, e Judas Macabeu reconsagrou o templo em 164 a.C. depois que Antíoco o profanou, em dezembro de 167 a.C. Esse acontecimento jubiloso ainda hoje é lembrado na celebração judaica de Hanucá. Os sucessores de Judas se autoindicaram como sumos sacerdotes, e o templo se tornou uma instituição política. O general romano Pompeu conquistou o templo em 63 a.C., mas não o saqueou. V. *história e literatura intertestamentárias*.

O Domo da Rocha, mesquita no monte do Templo de Jerusalém, com o Muro das Lamentações em primeiro plano.

O templo de Herodes Herodes, o Grande, subiu ao poder em 37 a.C. e determinou que ele agradaria seus súditos judeus e mostraria seu estilo de reinado aos romanos ao fazer o templo de Jerusalém maior e melhor que tinha sido. Sua contribuição mais notável foi a magnífica plataforma do templo, ampliada de forma considerável. As descrições de Josefo e da *Mixná* têm sido confirmadas por descobertas arqueológicas recentes.

Herodes cercou o entorno do templo com portais magníficos, em particular uma passarela coberta ao longo do muro sul. Através das portas de Hulda, dos quais os arcos duplos e triplos podem ser ainda vistos, os adoradores passavam e iam até o pátio dos gentios. Foram encontradas inscrições em grego, separando esse pátio do pátio das mulheres e os pátios interiores de Israel (dos homens). Foi encontrada uma inscrição com os dizeres "Ao lugar da trombeta" no canto sudoeste, onde havia uma escadaria monumental, que subia até o templo desde a rua principal abaixo. Talvez esse tenha sido o "pináculo do templo" onde Satanás tentou Jesus, desafiando-o a pular.

O templo de Jerusalém foi palco de muitos acontecimentos do NT. O nascimento de João Batista foi anunciado lá (Lc 1.11-20). A oferta de José e Maria por ocasião da circuncisão de Jesus foi levada ao templo (2.22-38). Jesus foi ao templo quando tinha 12 anos (2.42-51) e, mais tarde, ensinou lá em seu ministério (Jo 7.14). Seu ato de purificar o templo foi instrumental na precipitação dos acontecimentos que culminaram em sua morte. Ele sabia que nenhum templo terreno é necessário para o culto a Deus (4.21-24). Ele predisse a destruição do templo pelos romanos, e suas advertências a seus seguidores, para que fugissem quando aquelas coisas começassem a acontecer, salvaram a vida de muitos cristãos (Mc 13.2,14-23). Os primeiros seguidores de Jesus continuaram a adorar no templo, e Paulo foi preso lá (At 3; 21.27-33).

Depois da revolta judaica no ano 66, Vespasiano e depois seu filho Tito esmagaram toda a resistência. O templo foi destruído no ano 70 da era cristã. A pregação de Estêvão tinha o propósito de libertar o pensamento cristão quanto à necessidade de um templo (At 7.46-50), e Paulo pensou nos cristãos e na igreja como o novo templo (1Co 3.16,17; 6.19,20). Para João, o ideal representado pelo templo seria em última instância realizado na "nova Jerusalém" (Ap 21.2). V. *arca da aliança*; *Herodes*; *Santo dos Santos*; *Moriá*; *Siló*; *Salomão*; *tabernáculo, tenda do encontro*; *Zorobabel*. — Pierce Matheney

TEMPLOS PAGÃOS V. *Canaã*; *Egito*; *fertilidade, culto à*; *pagãos, deuses*; *lugar alto*; *mistério, religiões de*.

Ruínas do templo romano de Apolo em Hierápolis, Turquia.

TEMPO

Templo de Apolo em Didyma, perto da antiga Mileto (atual Turquia).

O Partenon, templo dedicado à deusa Atena, domina a Acrópolis em Atenas, Grécia.

TEMPO Condições climáticas na Palestina, incluindo fatores geográficos e mudanças sazonais. Os padrões climáticos na Palestina resultam do choque entre o calor extremo do deserto árabe e os ventos mediterrâneos mais frescos do oeste. O clima é subtropical, com invernos úmidos e frios e verões quentes e secos. De outubro a abril, os dias vão de frios e ensolarados a encobertos, frios e chuvosos. As chuvas enchem os riachos e rios sazonais que fornecem a maior parte da água para o ano seguinte. A declividade da terra, caindo de 1.300 metros no

Pilar na entrada do templo de Lúxor na antiga Tebas, construído por Ramsés II do Egito.

alto da Galileia para 427 metros abaixo do nível do mar no mar Morto, oferece barreiras naturais que influenciam o tempo. A chuva geralmente diminui quando se viaja mais para o sul e o interior. Por isso a planície litorânea e a Galileia recebem mais chuvas que a terra montanhosa central e o deserto do Neguebe. Há neve cobrindo os picos mais altos do monte Hermom ao longo da maior parte do inverno, e ela cai ocasionalmente em Jerusalém e nas colinas adjacentes. O vale do Jordão, particularmente na área do mar Morto, permanece moderado no inverno, transformando-o em local tradicional para os palácios de inverno de reis e governantes. O mar Mediterrâneo fica ventoso e frio, tornando perigosas as viagens.

Em abril e maio o clima muda drasticamente. Ventos quentes do deserto sopram pela terra vindos do leste nas primeiras horas da manhã. A terra e os rios sazonais começam a secar, e a vegetação fica marrom. Perto do meio-dia de cada dia, o vento gira para oeste, trazendo consigo ar ligeiramente mais fresco do mar. A diferença, porém, é mínima, e o calor permanece intenso. A área montanhosa central é mais fresca que os contrafortes e áreas litorâneas, mas o deserto da Judeia e o Neguebe se tornam intensamente quentes. As temperaturas ao longo do mar Morto e da Arabá permanecem acima dos 37 graus Celsius durante semanas sem fim. Passando-se pelo vale do Jordão no topo do planalto da Transjordânia para o leste, a temperatura volta a ser moderada. A chuva é incomum nos meses de verão, precipitando-se normalmente em outubro, novembro, fevereiro e março.

A Bíblia aponta para a influência que o tempo impunha à vida na Palestina. Consideravam-se os ventos e a chuva como estando sob a direção pessoal de Deus. Em decorrência, o controle de Cristo sobre os elementos manifestava aos discípulos seu chamado divino. O vento oriental quente era muitas vezes visto como ira de Deus, ao trazer infertilidade e morte. A chuva significava as bênçãos continuadas de Deus; sua ausência, o juízo dele. V. *fertilidade, culto à*; *Palestina*; *chuva*; *vento*. — David Maltsberger

TEMPO, SIGNIFICADO DO Deus e o tempo Deus é o Senhor do tempo porque ele o criou e ordenou (Gn 1.4,5,14-19). O próprio Deus é atemporal e eterno, não é limitado nem pelo tempo nem pelo espaço (Êx 3.14,15; 1Cr 16.36; Sl 41.13; 90.1,2; 93.2; 146.10; Is 9.6; Jo 1.1-18; 8.58; Hb 13.8; 2Pe 3.8; Jd 25). Ele também não se ausenta do tempo. Por meio de seu cuidado providencial, e em especial na encarnação de Jesus Cristo, Deus entra no tempo sem ser limitado por ele.

Em razão do conhecimento de antemão, apenas Deus sabe e preordena os acontecimentos no tempo (Dn 2.20-22; Mc 13.31,32; At 1.7; 2.22,23). Deus vê todas as coisas no tempo sob a perspectiva da eternidade, vê o fim desde o princípio. Os seres humanos, no entanto, estão presos pelo tempo e algumas vezes não conseguem discernir seu significado (Ec 3.1-11; 9.12; Sl 90.9,10; Lc 12.54-56; Tg 4.13-16). Estar cercado pela implacável marcha do tempo é um lembrete constante da finitude e da temporalidade humanas.

Estrutura do tempo As sociedades agrícolas vizinhas do povo hebreu tinham uma visão cíclica do tempo pela ligação com o ciclo anual do Sol. A economia de Israel também era agrícola, e por isso o calendário israelita levava em consideração os ciclos da Lua e do Sol (Nm 10.10; 1Sm 20.5,18,24; 1Rs 4.23; Sl 81.2; Is 1.13,14; Cl 2.16). As Escrituras algumas vezes fazem alusão à visão cíclica da História, como acontece nos ciclos da vida descritos em Ec (1.3-12; 3.1-8) e no padrão repetido no livro de Jz (os pecados de Israel, o surgimento de uma crise, o clamor do povo por ajuda divina e a libertação divina). Entretanto, a Bíblia assevera um conceito diferente das culturas vizinhas em relação ao tempo. As Escrituras apresentam a História em uma estrutura de tempo linear, começando com a Criação, continuando com a história direcionada pela providência de Deus e culminando com o Dia do Senhor. O tempo começa em um momento decisivo pela criação de Deus (Gn 1.14-19). A História da interação de Deus com a humanidade é registrada nas Escrituras em ordem cronológica nos livros narrativos em ambos os Testamentos. Considerando que o tema dominante da Bíblia é a ação de Deus na História, os autores bíblicos foram cuidadosos em documentar a data de suas narrativas de modo muito específico. Há, p. ex., cerca de 180 referências na Bíblia que são traduzidas por "mês", de forma geral em referência a um

TEMPO, SIGNIFICADO DO

dia santo específico, a um acontecimento na vida de Israel ou à recepção da palavra do Senhor pelos profetas. Todos os autores dos Evangelhos tiveram preocupação com a cronologia, mas Lucas foi o mais cuidadoso em datar os acontecimentos bíblicos de maneira intencional, relacionando-os com acontecimentos públicos bem conhecidos (Lc 1.1-4; 2.1-3; 3.1,2). A datação específica dos acontecimentos ressalta que se tratam de acontecimentos reais no tempo e no espaço, não apenas de relatos místicos ou mitológicos.

Medição do tempo Deus ordenou o dia e a noite (Gn 1.14-19), as semanas (Gn 1.1—2.3; Êx 16.25,26; 20.9-11) como medidas de tempo. Na época em que as Escrituras foram produzidas, os judeus entendiam que o dia começava no anoitecer do dia anterior (Gn 1.5,8, 13,19,23,31; Mc 13.35). As horas do dia eram 12, e a noite começava na hora sexta (Mc 15.25; Jo 11.9). Os dias eram divididos em três ou quatro "vigílias", por conta do tempo das horas de vigia das sentinelas militares (Êx 14.34; 1Sm 11.11; Jz 7.19; Lm 2.19; Mt 14.25; Mc 6.48; Lc 12.38). O único instrumento de medição do tempo mencionado na Bíblia é o relógio de sol do rei Acaz (2Rs 20.8-11; Is 38.7,8).

O ano hebraico tem 12 meses. Esses meses eram contados no calendário lunar e tinham 30 dias cada, e por isso ajustes eram feitos periodicamente para fazer o ano contar com 365 dias e corresponder ao calendário solar. O primeiro mês era chamado de abibe (Êx 13.4; 23.15; 34.18; Dt 16.1) ou nisã (Ne 2.1; Et 3.7). O segundo mês era chamado de zive (1Rs 6.1, 37); o terceiro mês era sivã (Et 8.9); os nomes do quarto e do quinto meses não são dados nas Escrituras. O sexto mês é elul (Ne 6.15); o sétimo é etanim (1Rs 8.2); o oitavo é bul (1Rs 6.38); o nono é quisleu (Ne 1.1; Zc 7.11); o décimo é tebete (Et 2.16); o décimo primeiro é sebate (Zc 1.7) e o décimo segundo é adar (Ed 6.15; Et 3.7,13; 8.12; 9.1, 15, 17, 19, 21). O calendário anual israelita estava estruturado por uma série de dias festivos, dias santos e festas religiosas. Não havia uma datação sistemática dos anos, mas estes em geral eram declarados em referência a outros acontecimentos históricos. Nos livros de 1 e 2Rs e 1 e 2Cr, a data que um rei iniciava seu reinado era medida pela data que o rei no outro reino iniciara o seu próprio reinado (1Rs 15.1,9,15,28,33; 16.8,10,15,23, 29). A coroação dos reis e outros acontecimentos importantes se tornaram referências para datar outros acontecimentos (Is 6.1; 20.1; Am 1.1; Lc 2.1-3; 3.1,2).

Discernindo o tempo À parte da medição cronológica do tempo, as Escrituras enfatizam outro sentido do tempo, como os tempos divinamente indicados. Ainda que a distinção não seja absoluta, há duas palavras no NT que enfatizam essas duas dimensões do tempo. *Chronos* é a medida cronológica do tempo (Lc 20.9; Jo 7.33; At 14.38), enquanto *kairos*, em geral, se refere ao significado espiritual de uma era (Mc 1.15; Lc 19.44; Rm 5.6; Tt 1.3; Ap 1.3). Algumas épocas são divinamente apontadas, em especial quanto à execução da vontade de Deus para uma missão específica em um tempo específico (At 17.26; Hb 9.27), ou em acontecimentos apropriados para cada estação da vida (Dt 11.14; Sl 145.15; Ec 3.1-11; Jr 18.23). Era de importância vital que a encarnação de Jesus acontecesse em um momento *kairos*, na plenitude do tempo (Jo 7.8; Gl 4.4). Algumas vezes o espírito da época pode ser caracterizado como bom ou mal ((Is 49.8; Ef 5.15; 4.2,3). Os cristãos estão incumbidos da tarefa de olhar para além da aparência das coisas da vida para discernir o significado espiritual do próprio tempo, as questões espirituais mais profundas que lhe dão sentido (Sl 90.9,10; Lc 12.54-56). João, p. ex., apresentou os milagres de Jesus não como uma série de acontecimentos incomuns, mas como sinais que apontavam para a divindade de Cristo (Jo 2.11,23; 4.54; 6.2,14,26; 9.16; 11.47; 12.37; 20.30). Usando-se o discernimento espiritual, há mais nos acontecimentos de uma era do que os olhos podem ver. Cada momento da vida é uma arena para decisões com consequências eternas (2Co 6.2; Ef 5.15,16). Portanto, os cristãos devem ser cuidadosos para discernir o sentido e o significado do seu tempo, depreendendo deles a realidade do mal e o movimento de Deus na História.

Tempo e eternidade O cristão vive no tempo, mas olha para o dia em que os efeitos do tempo não mais existirão. No presente, os cristãos participam do Reino de Deus. Há um sentido em que os cristãos já experimentam uma antecipação da eternidade no tempo. João, em particular, enfatizou essa "escatologia realizada" em seu Evangelho — a vida eterna é um bem presente para o cristão (Jo 3.16,36; 5.24). O Reino de Deus é compreendido nos que creem na medida em que reconhecem o senhorio de Jesus em sua vida. Não obstante, os cristãos olham para a era por vir, o Dia do Senhor (Am 5.18-20; Ob 1.15; Sf 1.7-14; 2.1-12). A Bíblia apresenta uma distinção clara entre a era presente e a por vir (Mc 10.30; Rm 8.18; Ef 1.21; 2.4-7; Tt 2.12,13). A presente era é o tempo da decisão e do serviço no Reino de Deus; a era por vir é a realização plena da providência divina na vida eterna. Os cristãos, portanto, vivem na tensão entre o "já" (pois a eternidade já invadiu o tempo por intermédio de Jesus Cristo) e o "ainda não" (pois a salvação dos cristãos ainda aguarda o cumprimento nos céus). O tempo deixará de ter significado quando os cristãos entrarem na eternidade, os crentes com Deus no céu e os incrédulos com Satanás no inferno (Dn 7.18,27; Mt 25.41-46; Ap 14.11; 20.5,10-15). A finitude humana e a morte dão significado ao tempo. Na eternidade os cristãos serão redimidos. V. *história*. — *Steve W. Lemke*

TENAZES Ferramenta para pegar brasas (1Rs 7.49; 2Cr 4.21; Is 6.6).

TENDÃO Tecido que liga os músculos aos ossos no corpo. O uso literal é visto nas Escrituras (Jó 10.11; 30.17; Ez 37.6,8). Em Is 48.4 a palavra é usada em sentido figurado, com a conotação de rebelião contra Deus. Na luta de Jacó com o anjo, este tocou o nervo ou o tendão de sua coxa, e por isso os judeus desprezam os tendões e não os comem (Gn 32.24-32). V. *corpo*.

TENSÃO RACIAL Mal-estar e divisão entre o povo causada por diferentes origens sociais. A identidade pessoal no mundo antigo não se baseava primariamente em questões de raça, mas em laços familiares, tribais, urbanos, nacionais, étnicos ou religiosos.

Pastores (que eram tipicamente semitas) eram uma abominação aos (não semitas) egípcios (Gn 46.34). Quando os judeus viveram fora da Palestina, as diferenças raciais se tornaram mais importantes (Et 3.1-6; cp. Lc 4.25-28). Paulo se reporta a uma máxima grega aceita que estigmatizava os cretenses como "sempre mentirosos, feras malignas, glutões preguiçosos" (Tt 1.12,13). Pelo fato de não haver distinção racial em Cristo (Gl 3.28,29; Ef 2.19), a igreja foi capaz de se espalhar rapidamente pelo mundo gentio e alcançar pessoas de todas as raças. Divisões e preconceitos baseados em raça não são aceitos pelos cristãos. — *Paul H. Wright*

TENTAÇÃO Em geral, a definição de tentação é instigar para o mal. Satanás é o tentador (Mt 4.3; 1Ts 3.5). Começando com Eva, Satanás com sucesso tentou Adão, Caim, Abraão e Davi ao pecado. Ele foi menos bem-sucedido com Jó, e Jesus "passou por todo tipo de tentação, porém sem pecado" (Hb 4.15). Tiago explica que Deus não pode ser tentado pelo mal e que ele não tenta ninguém (Tg 1.13). A tentação pode ter o propósito de destruir uma pessoa por meio do pecado, levando-a à morte e ao inferno. Esse é o propósito de Satanás. Deus pode permitir que alguém seja testado com o propósito de ter a fé e a paciência fortalecidas, o que em última instância lhe dá honra, como ocorreu na experiência de Jó. Tiago mais tarde afirmou que uma bênção aguarda quem persevera na tentação (Tg 1.17, *ARC*; *NVI* e *ARA*, "provação").

O mecanismo da provação foi descrito por Tiago da seguinte maneira: "Cada um porém é tentado pelo próprio mau desejo, sendo por este arrastado e seduzido" (Tg 1.14). A origem da tentação é atribuída à natureza humana caída (Rm 6.6; Ef 4.22; Cl 3.9; 2Co 5.17). Por outro lado, Deus não deseja que seus filhos sejam vencidos pelo mal, mas que vençam o mal com o bem (Rm 12.21).

Tiago também usa uma metáfora, a da parturiente, para apresentar um quadro terrível. Uma vez que a pessoa tenha sido capturada pelo próprio desejo, é como se o desejo engravidasse e gerasse o pecado. A tentação em si mesma não é pecado; dar lugar à tentação, sim. Jesus disse que pensar em adultério é o mesmo que cometer adultério (Mt 5.28).

Quando o ciclo se completa, o pecado produz a morte. Para o não cristão, a morte espiritual é estar separado de Deus para sempre no lago de fogo (Ap 20.10,15). Para o cristão, o "pecado que leva à morte" pode significar uma disciplina que leva a uma morte prematura (At 5.1-5; 1Jo 5.16; Gl 6.8).

Paulo declarou: "Não sobreveio a vocês tentação que não fosse comum aos homens. E Deus é fiel; ele não permitirá que vocês sejam tentados além do que podem suportar. Mas, quando forem tentados, ele mesmo lhes providenciará um escape, para que o possam suportar" (1Co 10.13). Ele deseja que seus filhos e filhas resistam à tentação e o glorifiquem com seu corpo, que foi comprado por seu sangue (1Co 6.20). V. *Diabo, Satanás, Maligno, demoníaco; tentação de Jesus*. — David Lanier

TENTAÇÃO DE JESUS Jesus foi tentado pelo Diabo no deserto depois de ter sido batizado por João. Esses são os dois únicos acontecimentos descritos pelos evangelistas sinópticos que aconteceram entre a infância de Jesus e o início do seu ministério público. Ainda que não seja apresentada nenhuma razão para a tentação, os Sinópticos associam as tentações de Jesus ao batismo. A referência à filiação: "Tu és o meu Filho amado; de ti me agrado" (Mc 1.11); Mt 3.17; Lc 3.22), e a palavra de desafio: "Se és o Filho de Deus" (Mt 4.3, 6; Lc 4.3, 9), sugerem que um aspecto do propósito da tentação foi determinar que tipo de Messias Jesus seria.

A brevidade do relato de Marcos (1.13,14) é surpreendente. O evangelista diz apenas que o Espírito conduziu Jesus ao deserto, onde permaneceu por 40 dias, animais selvagens estavam presentes e anjos lhe serviam. O aspecto diferenciado do relato de Marcos, exclusivo do seu Evangelho, é a referência à presença de animais selvagens.

Mateus e Lucas descrevem em alguns detalhes como se deram três encontros entre Jesus e Satanás. A principal diferença entre os relatos é a inversão da ordem das duas últimas tentações. Mateus liga as duas primeiras com uma conjunção aditiva que pode ter implicações cronológicas. O interesse de Lucas em Jerusalém e no templo (1.9; 2.22,25,37,41-50) faz que seja mais provável que ele tenha usado a terceira tentação como ápice do relato.

Os 40 dias no deserto são uma reminiscência dos jejuns de Moisés (Êx 34.28; Dt 9.9) e de Elias (1Rs 9.8) e dos 40 anos que os israelitas passaram no deserto (Nm 14.33; 32.13). Entretanto, o único paralelo desenvolvido é o das peregrinações de Israel pelo deserto. Deus testou Israel no deserto, e o povo falhou. Deus permitiu que Jesus fosse tentado pelo Diabo, e ele foi bem-sucedido em sua resistência.

A primeira tentação (Mt 4.3,4) foi a tentativa de levar Jesus a duvidar do cuidado providencial de Deus. Se Jesus tivesse transformado as pedras em pães, ele teria agido de modo independente de seu Pai celestial. O Diabo não tentou Jesus a duvidar de sua filiação, que tinha sido anunciada dos céus por ocasião do seu batismo (Mt 3.17). Em vez disso, o Diabo argumentou que, como Jesus é o Filho de Deus, deveria usar seus poderes para satisfazer as próprias necessidades. A resposta de Jesus (Dt 8.3) ensina que a nutrição espiritual é mais importante que a física.

Na segunda tentação (Mt 4.5-7) Satanás aplica as Escrituras de modo distorcido (Sl 91.11,12) para tentar fazer Jesus pular do pináculo do templo, a fim de testar a promessa de Deus de protegê-lo de danos físicos. A citação de Dt 6.16 feita por Jesus alude à rebelião de Israel em Massá (Êx 17.1-7). Jesus se recusou a testar a fidelidade e a proteção de Deus. Ele confiava no Pai e não carecia de nenhum teste.

A terceira tentação foi no sentido de apresentar a Jesus uma oportunidade de tomar um reino e evitar a cruz. Primeiro Satanás apresentou a Jesus a "isca" ("todos os reinos do mundo e o seu esplendor", Mt 4.8) antes de apresentar a exigência comprometedora ("Tudo isto te darei se te prostrares e me adorares", v. 9). A resposta de Jesus ao Diabo (Dt 6.13) deu ênfase ao relacionamento íntimo entre culto e serviço. Enquanto Israel tinha a tendência de seguir falsos deuses (Dt 6.10-15), Jesus manteve a fidelidade total a Deus. Após a tentação, anjos ministraram a Jesus (Mc 1.13).

O fato de Lucas apresentar a genealogia de Jesus (3.23-38) entre os relatos do batismo (3.21,22) e a tentação (4.1-13) pode sugerir que Jesus, o "Filho amado" (3.22), está começando a inverter o que Adão, "filho de Deus" (3.38), fez na Queda. Considerando que o primeiro Adão caiu no lugar idílico do Éden, o segundo Adão resistiu ao inimigo no deserto estéril. Outro aspecto específico de Lc é o papel do Espírito. Lucas comenta (4.1) que o Espírito levou Jesus ao deserto. Depois da tentação Jesus "voltou para a Galileia no poder do Espírito" (4.14). Lucas é o único evangelista a observar que a saída de Satanás não foi o fim do conflito

(4.13), mas a intensidade do conflito não se repetiu até o Getsêmani (22.40,46,53) e o Gólgota (23.35,36,39).

Vários aspectos importantes se destacam quando se estuda a tentação de Jesus no deserto. Seu encontro com o Diabo no deserto é uma fonte de encorajamento e instrução para os cristãos, no enfrentamento das próprias tentações (Hb 2.18; 4.15). Seu comprometimento com a vontade do Pai, o uso das Escrituras e a determinação de resistir ao Diabo (Tg 4.7) são exemplos úteis no enfrentamento de tentações. V. *Diabo, Satanás, Maligno, demoníaco*; *Jesus, vida e ministério*. — Bill Cook

Mosteiro cristão no monte da Tentação, o lugar tradicional da tentação de Jesus.

TEOCRACIA Forma de governo em que Deus governa diretamente. Como Rei soberano, Deus pode governar diretamente ou pode escolher usar vários mediadores para manifestar seu domínio. Em todos os casos, o próprio Deus é o Governante soberano.

O governo de Deus é revelado progressivamente nas Escrituras. Um exemplo das formas mais antigas do governo de Deus está nos seus encontros diretos com Adão no jardim do Éden. No entanto, o plano divino de estabelecer uma teocracia nacional sobre a terra só foi revelado por ocasião do chamado de Abraão em Ur dos caldeus (Gn 12).

A outorga da Lei mosaica por Deus aos israelitas deu ao povo uma estrutura teocrática única. As leis civis e morais providenciavam a orientação para o governo e das relações pessoais na teocracia. Essas leis estabeleceriam as estruturas sociais básicas do Estado teocrático: tomada de decisões judiciais, orientações conjugais, responsabilidades dos pais, cuidado para com a vida humana, direito de propriedade e questões semelhantes. A lei cerimonial se dirigia às questões de observância e prática religiosas.

O próximo passo no desenvolvimento do Estado teocrático foi a conquista da terra prometida e o período dos juízes (conflito). Sob a liderança competente de Josué, os israelitas foram capazes de entrar em Canaã e conquistá-la, de acordo com as promessas de Deus. Nesse ato, o povo de Deus recebeu a terra para o estabelecimento de um Estado teocrático.

Logo o povo pediu um rei. A existência do rei humano, no entanto, pelo menos em tese, não entra em conflito com a teocracia. O rei, como alguém escolhido por Deus, não seria um ditador déspota e egoísta; antes, um homem que andaria na luz do Senhor e buscaria a orientação de Deus em todos os assuntos do governo. Logo, o governo do monarca humano glorificaria a Deus e manifestaria o ideal teocrático.

A experiência teocrática ideal declinou entre os israelitas após a divisão do reino e os períodos exílico e pós-exílico. No entanto, há um sentido em que o ideal da teocracia é resumido no NT. Cristo, o Messias e Rei davídico, é a pessoa em quem o Reino de Deus existe. Com sua pregação e ministério terreno, ele deu evidência de que o "Reino de Deus está próximo". Além disso, após sua ressurreição, ele declarou a seus seguidores: "Foi-me dada toda autoridade nos céus e na terra. Portanto, vão e façam discípulos de todas as nações" (Mt 28.18-20). Com essa declaração o Rei ressuscitado comissionou seus seguidores a irem e proclamar a existência de seu Reino. À medida que os cristãos, individual e coletivamente, submetem-se ao senhorio de Cristo e o propagam, em um sentido eles experimentam e expressam o ideal teocrático do governo direto

TEOFANIA

de Deus. Logo, a igreja neotestamentária deve empreender esforços para compreender e se submeter ao governo direto do Rei soberano em todas as áreas. — *Stan Norman*

TEOFANIA Aparição física ou manifestação de uma divindade a um indivíduo.

Necessidade da teofania O postulado básico é que contemplar Deus pode ser fatal. "E acrescentou: Você não poderá ver a minha face, porque ninguém poderá ver a minha face e continuar vivo" (Êx 33.20; cp. Gn 16.13; Êx 3.2-6; 19.20,21; Jz 6.22,23; 13.20-22). Não obstante, há relatos inequívocos de pessoas que viram Deus, como Moisés e os anciãos de Israel no monte Sinai (Êx 24.9,10), a repreensão dada a Arão e a Miriã (Nm 12.4-8) e a visão majestosa de Isaías (Is 6.1,5). Em geral Deus não se revela à visão humana, mas algumas vezes escolhe se revelar por meio de teofanias.

Tipos de teofanias Há pelo menos cinco formas de teofanias.

Forma humana Sem dúvida a teofania de Êx 24.10 envolveu a aparência de um ser humano, pois o texto declara de modo inequívoco que o pavimento de safira apareceu "sob (seus) pés". Em Peniel, Jacó testificou ter visto Deus face a face (Gn 32.30). No monte Horebe, "o Senhor falava com Moisés face a face, como quem fala com seu amigo" (Êx 33.11). Na mesma passagem, quando Moisés pediu a Deus para lhe mostrar sua glória (v. 18), o Senhor graciosamente concedeu a Moisés uma visão de si mesmo, dizendo: "Então tirarei a minha mão e você verá as minhas costas; mas a minha face ninguém poderá ver" (v. 23). Caso alguém proteste que o assunto está envolto em mistério, deve se lembrar de que teologia sem mistério é algo totalmente sem sentido. Deus em sua sabedoria não se limita a um único método de autor-revelação. Observe-se a declaração de Deus em Nm 12.6-8, que é totalmente diferente da encontrada em Dt 4.12-15, em que apenas se ouviu uma voz.

Por meio de visões Deus permitiu que até mesmo Balaão tivesse uma visão do Senhor (Nm 23.3,4). Isaías, Ezequiel e Daniel, gigantes entre os profetas, tiveram visões de Deus (Is 6; Ez 1; Dn 7.9). Jacó, enviado por Isaque à terra de Padã-Arã, teve um sonho no qual viu o Senhor (Gn 28.12,13).

Por meio do "Anjo do Senhor" Essa é a teofania mais comum, o "Anjo do Senhor" ou "Anjo de Deus". Observe-se que não se trata de um "anjo de Deus", que poderia incluir qualquer grupo de seres angelicais criados por Deus. O "Anjo do Senhor" é identificado nas narrativas em que aparece o próprio Javé. Ele se manifesta em forma humana apenas umas poucas vezes. O encontro do Anjo do Senhor com Hagar é importante nesse sentido (Gn 16.7-13). V. *anjo*.

Manifestações em forma não humana Em alguns casos a teofania aconteceu de outras formas, como na sarça ardente (Êx 3.2—4.17) e nas colunas de fogo e de nuvem por meio das quais Deus guiou o povo através do deserto (13.21; cp. At 7.30). A glória do Senhor foi manifestada ao povo em diversas passagens. A presença de Deus em uma nuvem (Êx 16.10; 33.9,10; Ez 10.4). Deus também se manifestou na natureza e na História (Is 6.3; Ez 1.28; 43.2). V. *glória*.

Como o nome do Senhor O nome sagrado de Deus representava sua presença (Dt 12.5; Is 30.27; 59.19).

Contraste com a Encarnação O Cristo encarnado não era, e de fato não é, uma teofania. Os fenômenos teofânicos foram temporários, pois a ocasião os exigia, e depois eles não mais aconteciam. Já no Cristo encarnado, sua divindade e humanidade estão unidas não por uma única vez, mas pela eternidade. V. *encarnação*; *Jesus Cristo*.

O fator tempo Somente na economia do AT havia a necessidade da ocorrência de teofanias para auxiliar o povo de Deus; desde a Encarnação essa necessidade não existe mais. A doutrina de Deus no NT é final e completa. Deus está sempre presente no Cristo ressurreto e no Espírito Santo. Não obstante, algumas vezes, o povo de Deus está mais consciente da presença de Deus que em outras. — *Charles Lee Feinberg*

TEÓFILO Nome pessoal que significa "amigo de Deus". Pessoa a quem os livros de Lc e At foram dedicados (Lc 1.3; At 1.1). Entretanto, sua identidade exata é desconhecida. Especula-se que a expressão genérica "amigo de Deus" se dirija a todos os cristãos de determinada classe, talvez as classes sociais de posição política e social superior. Se essa hipótese estiver correta, o nome era um pseudônimo para proteger os cristãos de perseguições. Outra conjectura é que Teófilo era um indivíduo não cristão e que Lucas lhe escreveu com a intenção de persuadi-lo à fé em Cristo.

TEQUEL V. *mene, mene, tequel, parsim*.

TERÁ Nome pessoal que significa "íbex" (uma espécie de antílope). **1.** Pai de Abrão (posteriormente designado "Abraão"), Naor e Harã (Gn 11.26). Junto com uma migração proveniente de Ur dos caldeus, Terá se mudou com sua família, seguindo o curso do rio Eufrates, até Harã (11.31). Sua intenção era prosseguir até alcançar Canaã, mas ele morreu na Mesopotâmia com a idade de 205 anos (11.32). Discute-se acerca da prática religiosa de Terá, visto que Js 24.2 parece apontar para sua família, ao dizer que aquele patriarca adorava outros deuses, não Javé. **2.** Forma encontrada na *NVI* do nome de um acampamento no deserto, durante a peregrinação dos filhos de Israel, após a saída do Egito (Nm 33.27,28; *ARA, ARC*, "Tera"; *BJ*, "Taré").

TERAFIM Transliteração de uma palavra hebraica plural para ídolos do lar, de tamanho e forma indeterminados. Usa-se algumas vezes a palavra "deuses" para se referir aos terafins (cf. Gn 31.19,30-35; 1Sm 19.13). Alguns estudiosos pensam que a posse dessas estatuetas no antigo Oriente Médio assegurava o direito a herança, como foi demonstrado por meio de documentos referentes a herança encontrados em Nuzi. Entretanto, a evidência é ambígua para determinar a motivação de Raquel ao roubar os ídolos de seu pai e o significado desse ato. Jacó (Gn 35.2) se desfez dos artefatos religiosos antes de voltar a Betel. Esses ídolos algumas vezes eram usados para adivinhação (Jz 17.5; 18.14-20; 1Sm 15.23; 2Rs 23.24; Os 3.4; Ez 21.21; Zc 10.2). Todavia, a Bíblia condena essas práticas idolátricas. Na maioria das vezes a *NVI* traduz a palavra hebraica por "ídolos" (a *ARC* em geral translitera: "terafins"). V. *adivinhação e mágica*. — David M. Fleming

TÉRCIO Nome pessoal latino que significa "terceiro" (filho). Amanuense (secretário) de Paulo, que redigiu a epístola aos Rm que traz sua saudação (Rm 16.22). Alguns estudiosos sugerem que o "Quarto" citado em Rm 16.23 fosse o irmão mais novo de Tércio.

TEREBINTO Tradução da palavra hebraica *'elah*. O hebraico indica uma árvore grande e espalhada. A palavra aparece em 2Sm 18.9 (*NVI*, "grande árvore"; *ARA, ARC, NTLH*, "carvalho") e Is 1.30; 6.13. Essa árvore estava ligada a rituais religiosos, como o lugar sob o qual deuses pagãos eram adorados (Os 4.13; Ez 6.13), que algumas vezes eram incorporados à religião em Israel (Gn 35.4; Js 24.26; Jz 6.11; 1Rs 13.14). V. *carvalho dos Adivinhadores*; *plantas*.

TERES Nome pessoal que significa "firme, sólido", ou talvez um nome derivado do persa antigo que significa "desejo". Um dos dois eunucos reais que conspiraram sem sucesso para assassinar Assuero, o rei da Pérsia. Após o plano ter sido exposto por Mardoqueu, os dois foram enforcados (Et 2.21-23).

TERRA DO ESQUECIMENTO Descrição do *sheol* (Sl 88.112). V. *sheol*.

TERRA SALGADA Tradução da *NVI, ARA* e *BJ* para expressão que aparece em Jr 17.6. Outras edições da Bíblia traduziram por "deserto" (*ARC, TEB*), "terra seca" (*NTLH*).

Terra salgada e a região do uádi Arabá, sul do mar Morto

TERRA, SOLO Diversos termos são traduzidos por "terra" ou "solo" no AT. O termo básico *erets* com frequência é distinguido de outro termo importante, *adamah*, por denotar um território geográfico ou político (Gn 11.28: "sua terra natal"; Gn 13.10: "a terra do Egito"; Gn 36.43: "terra que ocuparam"), enquanto ambos os termos podem denotar a superfície do chão, o solo que suporta a vegetação e toda a vida (Gn 1.11,12, *erets*; Dt 26.2, *adamah*;

Gn 2.5,6, ambos). Quando não é claramente especificado por um modificador, com frequência é difícil decidir se *erets* se refere a toda a terra ou somente a parte dela. No entanto, *adamah* geralmente não se refere a toda a terra (mas v., p. ex., Gn 12.3 e 28.14: "Todos os povos da terra [*adamah*]"). Outros termos relacionados incluem *yabbashah* (Gn 1.10: "À parte seca [*yabbashah*] Deus chamou terra [*erets*]", *sadeh* ("campo", Gn 2.5) e *migrash* ("pastagens", Lv 25.34). Na *LXX* e no NT, *ge* é o equivalente comum a *erets*, com *oikoumene* às vezes traduzido por "terra habitada". Dentre os diversos sentidos associados com terra ou solo, a terra e o solo de Israel ocupam um lugar proeminente na teologia bíblica.

A terra está intimamente associada a Deus e à humanidade. A expressão "céus e terra" se referem à totalidade da ordem criada (Gn 1.1; 2.4). Como Criador, Javé é o Deus universal, Soberano e Dono dos céus e da terra (Gn 14.19; 24.3; Êx 9.14-16,29; 19.5; Dt 4.39; Js 3.11; Sl 24.1; Is 48.13). Ele também é o Juiz de toda a terra (Gn 18.25; 1Sm 2.10; Is 24) e seu Sustentador (Sl 104.10-21,27-30). Ao mesmo tempo, Deus transcende sua criação (Is 40.12,22; 66.1,2; cp. 1Rs 8.27; 2Cr 2.6).

A terra é a habitação da humanidade dada por Deus (Gn 1.28,29; 9.1-3; Sl 115.16). O homem (*adam*) foi formado do pó do solo (*adamah*; Gn 2.7) para servir (*'bd*) e cuidar (*shmr*) dela (Gn 2.15), e assim o destino da humanidade e o da terra estão associados. O solo (*adamah*) foi amaldiçoado pela rebelião de Adão e Eva (Gn 3.17-19). Quando a terra se tornou corrompida aos olhos de Deus por causa da maldade da humanidade, Deus enviou o Dilúvio para destruí-la (Gn 6; 9.11; cp. Is 24.5,6). Na revelação dos filhos de Deus (a redenção do nosso corpo na ressurreição final), a criação também será liberta da escravidão da corrupção (Rm 8.19-23), e haverá "novos céus e nova terra" (Is 65.17; 2Pe 3.13; Ap 21.1).

Com a aliança abraâmica, Deus diminuiu o foco da sua missão redentora (a aliança com Noé confirmou uma criação quase nova — Gn 8.17; 8.7 —, mas não encerrou a rebelião humana, sintetizada em Babel). Não obstante, a promessa de uma terra específica — Canaã, a Abraão e seus descendentes (Gn 12.7; 13.15,17; 15.7; 17.8; 26.3,4; 35.12; 48.4; 50.24) — está acompanhada da promessa de bênção a "todas as famílias da terra" (Gn 12.3; 28.14; "todas as nações da terra" em 22.18 e 26.4, *ARA*). Israel deveria obedecer a Javé na sua terra da maneira em que a humanidade deveria fazê-lo na terra, mas falhou. A boa terra foi dada a Israel como possessão (Dt 9.6), provendo abundância ("onde manam leite e mel", p. ex., Êx 3.8; Nm 13.27; cp. Dt 8.7-9; 11.10-12) e descanso da peregrinação (Js 1.13; cp. Dt 12.9).

Na história de Israel, bênçãos e maldições sobre a terra refletiam a obediência ou rebelião de Israel para com Javé na terra. Os profetas empregaram imagens da terra em lamento em consequência da maldade do povo (Os 4.1-3; Jr 12.4; 23.10; Am 1.2). Israel foi advertido de que a terra vomitaria o povo da mesma maneira que tinha vomitado os cananeus se Israel os imitasse na sua maldade (Lv 18.25-28). As maldições da aliança, que culminaram na expulsão da terra e dispersão entre as nações por sua desobediência (Lv 26.32-39; Dt 28.63-65), caíram primeiramente sobre o Reino do Norte (2Rs 17.6-23; Am 7.11) e depois sobre o Reino do Sul, de Judá (2Rs 23.26,27; Jr 7.15). Mesmo assim, Javé prometeu a restauração e volta à terra (p. ex., Is 14.1; 27.12,13; Jr 16.15; 23.8; Ez 28.25; Am 9.15; Sf 3.10), que ocorreu parcialmente sob Zorobabel, Esdras e Neemias.

No NT, a proclamação está concentrada no Reino de Deus e Jesus Cristo como sua encarnação (referências à terra prometida são raras: p. ex., At 7.3-7; 13.17-19; Hb 11.9). Alguns estudiosos argumentam que a terra não é uma questão de interesse do NT. Mais provavelmente, o símbolo da terra é universalizado à luz de Cristo. Abraão e seus descendentes herdarão o mundo (Rm 4.13; cp. Mt 5.5, em que "a terra" é aparentemente paralelo a "Reino dos céus", Mt 5.3,10 e 25.34,36, em que o reino herdado é o contexto para a entrada na vida eterna). Usando o padrão de um êxodo seguido da posse da terra, o Pai "que nos tornou dignos de participar da herança dos santos no reino da luz [...] nos resgatou do domínio das trevas e nos transportou para o Reino do seu Filho amado" (Cl 1.12,13; cp. 1Pe 1.3-5). Abraão e outros fiéis do AT estavam buscando e ansiando por uma pátria melhor, uma pátria celestial (Hb 11.13-16). A redenção do povo de Deus vai incluir a redenção de toda a criação como sua herança (Rm 8.14-25). Entrementes, o povo de Deus deve responder com obediência atenta à graça de Deus, a fim de entrar no descanso de Deus (Hb 4.1-11).

Experimentarão os judeus uma restauração e a volta à sua terra, talvez em um futuro milênio? A resposta depende em parte da interpretação que se faz da profecia do AT e da postura escatológica do intérprete (p. ex., se Ap 20 é uma referência a um milênio futuro literal e se as profecias do AT serão cumpridas de maneira mais literal para os judeus então). A ênfase do NT, no entanto, está na inauguração do Reino de Deus na primeira vinda de Cristo e na consumação quando Cristo voltar. Nos novos céus e nova terra, em que Deus habita em harmonia com seu povo, a criação de Deus e a redenção da humanidade e a Terra e sua promessa de terra e a entrada do seu povo na bênção, descanso e vida eterna alcançarão seu alvo final (Ap 21—22). — *Randall K. J. Tan*

TERRAS BAIXAS V. *Sefelá*.

TERREMOTO Tremor de terra devido à atividade vulcânica ou, com maior frequência, à movimentação da crosta terrestre. Terremotos severos produzem efeitos colaterais como sons estrondosos (Ez 3.12,13, *RSV*), rombos na superfície da terra (Nm 16.32) e fogo (Ap 8.5). A Palestina tem dois a três tremores grandes por século e dois a seis tremores menores por ano. Os epicentros dos tremores mais intensos na Palestina estão no norte da Galileia, perto da cidade bíblica de Siquém (Nablus) e perto de Lida, na borda ocidental da região montanhosa da Judeia. Epicentros secundários estão localizados no vale do Jordão em Jericó e em Tiberíades.

A Bíblia menciona um terremoto no reinado de Uzias (Am 1.1; Zc 14.5). Os oráculos de Amós são datados de dois anos antes desse terremoto. O ano exato desse terremoto não foi estabelecido para a satisfação de todos. A maioria considera o período entre 767 e 742 como a época provável do terremoto.

Muitas vezes o juízo ou visitação de Deus são descritos mediante o uso da imagem de um terremoto (Sl 18.7; Is 29.6; Na 1.5; Ap 6.12; 8.5; 11.13; 16.18), que com frequência é visto como um sinal do fim dos tempos (Mt 24.7,29). Muitas vezes um terremoto é um sinal da presença de Deus ou é uma autorrevelação de Deus (1Rs 19.11,12; Sl 29.8; Ez 38.19,20; Jl 2.10; 3.16; At 4.31; Ap 11.19). Às vezes todo o Universo é descrito sendo sacudido por Deus (Is 13.13; 24.17-20; Jl 3.16; Ag 2.6,7; Mt 24.29; Hb 12.26,27; Ap 6.12; 8.5).

Mesmo que os terremotos geralmente fossem vistos como coisas de que se deveria escapar (Is 2.19,20), podiam ser usados por Deus para propósitos bons (At 16.26). A terra tremeu como reação à morte de Jesus (Mt 27.51-54), e a terra tremeu também para mover a pedra do túmulo de Jesus (Mt 28.2). Os que amam a Deus e são fiéis a ele não têm motivos para temer o tremor da terra (Sl 46.2,3). — *Phil Logan*

TERRITÓRIO ORIENTAL (A LESTE DO JORDÃO) Designação da terra situada em direção ao sol nascente. Em Gn 25.6, a referência ("terra do oriente") é a terras desérticas mais do que a uma direção. Em 1Rs 4.30, a sabedoria do Leste, ou da Mesopotâmia, ou dos árabes habitantes do deserto, em conjunto com a sabedoria do Egito, significa toda a sabedoria. A "região situada a leste" em Ez 47.8 está localizada em direção ao mar Morto. Os "países do oriente e do ocidente" de Zc 8.7 são uma referência a todo o mundo.

TERROR V. *medo, temor; Temor de Isaque*.

TÉRTULO Diminutivo do nome pessoal Tércio, que significa "terceiro" (At 24.1-8). Tértulo foi o promotor que se opôs a Paulo diante de Félix, o governador romano da Judeia. Tértulo acusou Paulo de ser um agitador político que tentara profanar o templo. De acordo com a forma maior do Texto Ocidental (24.7), Tértulo era judeu. A forma mais curta do texto indica que ele era romano. Independentemente de sua origem étnica, ele era habilidoso em oratória judicial e estava acostumado com as convenções legais romanas.

TESBITA Residente de uma aldeia não identificada, Tisbe. A palavra é usada para identificar Elias (1Rs 17.1; 21.17,28; 2Rs 1.3,8; 9.36). Tesbita é possivelmente uma corrupção de jabesita ou uma designação de uma classe social (cf. a palavra hebraica *toshav,* que em Lv 25.6 designa um estrangeiro residente). V. *Elias*.

TESOURO

TESOURO Tudo que alguém possui de valor, seja de ouro, seja de prata, ou algo intangível, ou ainda o lugar onde se guarda o que é de valor. Nos dias do AT o tesouro podia ser guardado no palácio do rei (2Rs 20.13) ou no templo (1Rs 7.51). No tempo de Jesus a palavra era aplicada ao gazofilácio com 13 aberturas no pátio das mulheres no templo, onde Jesus observava as pessoas fazerem suas ofertas (Mc 12.41). A palavra "tesouro" é também usada em sentido figurado. Israel é o tesouro pessoal de Deus (Êx 19.5). Isso se reflete no conceito dos cristãos como o próprio povo de Deus (1Pe 2.9). A memória de uma pessoa é um tesouro (Pv 2.1; 7.1). O temor do Senhor é o tesouro de Israel (Is 33.6).

Jesus usou essa expressão com frequência. Ele contrastou tesouros terrenos com os do céu (Mt 6.19,20). O que uma pessoa considera valioso determina sua lealdade e suas prioridades (Mt 6.21). Paulo se maravilhou de que o tesouro da revelação de Deus em Cristo tenha sido depositado em vasos terrenos como o próprio Paulo (2Co 4.7). — *Elmer Gray*

TESSALÔNICA Nome da atual Thessaloniki, dado à cidade por volta de 315 a.C. por Cassandro, general de Alexandre, o Grande. Ele fundou a cidade naquele ano, em homenagem à sua esposa, que era filha de Felipe II e meia-irmã de Alexandre. Localizada no golfo Termaico (golfo de Salônica), com um porto de excelente qualidade, e sendo o fim de uma grande rota comercial que vinha do Danúbio, Tessalônica tornou-se, junto com Corinto, uma dos dois principais centros comerciais da Grécia. No período romano a cidade manteve sua orientação cultural grega e foi a capital da Macedônia até depois de 146 a.C. V. *Macedônia*.

Quando o apóstolo Paulo visitou a cidade, esta era maior que Filipos e refletia uma cultura predominantemente romana. Tessalônica era uma cidade livre, não possuindo uma guarnição romana, e tinha o privilégio de cunhar as próprias moedas. À semelhança de Corinto, tinha uma população cosmopolita, em razão do poderio comercial. A descoberta recente de uma inscrição em mármore feita parcialmente em grego e na forma samaritana do hebraico testifica a favor da presença de samaritanos em Tessalônica. O livro de At fala a respeito de uma sinagoga naquela cidade (At 17.1).

Arco do Triunfo do imperador Galério, construído na Via Inácia em Tessalônica.

Como a maior parte da cidade antiga está sob a atual Thessaloniki, é impossível escavá-la. Entretanto, no centro da cidade, uma grande área aberta foi escavada revelando um fórum romano (mercado) de cerca de 64 por 100 metros, datando do período entre os anos 100 e 300 da era cristã. Uma inscrição encontrada na área geral, com data de 60 a.C., menciona uma *ágora* (palavra grega para o "fórum" romano) e abre a possibilidade de que um mercado helenístico fosse localizado ali antes da construção do mercado romano. No período grego havia um estádio, um ginásio e um templo de Serápis. Um *odeum* (pequeno teatro) do séc. III está preservado no lado leste do fórum.

A autenticidade de At tem sido questionada por causa da menção feita por Lucas de oficiais romanos em Tessalônica, chamados de politarcas (*NVI*, "oficiais da cidade"), que não são citados em nenhum outro texto da literatura grega. Entretanto, um arco romano no lado ocidental da antiga Rua Vardas contém uma inscrição anterior ao ano 100 da era cristã que se inicia com "no tempo dos politarcas". Várias outras inscrições de Tessalônica, uma delas do tempo do reinado de Augusto César, mencionam os politarcas. V. *Tessalonicenses, primeira epístola aos*; *Tessalonicenses, segunda epístola aos*. — John McRay

TESSALONICENSES, PRIMEIRA EPÍSTOLA AOS

Tessalônica era a maior cidade na Macedônia do séc. I e a capital de uma província. Era uma cidade livre. Paulo, Silas e Timóteo evangelizaram a cidade contra a forte oposição dos judeus; mas, ainda que a permanência deles na cidade tenha sido curta, foram bem-sucedidos no estabelecimento de uma igreja (At 17.4). Não havia tempo de dar muita instrução aos novos convertidos; portanto, não é surpreendente que questões tenham surgido em relação ao significado de alguns aspectos da fé cristã e da conduta exigida dos cristãos. V. *Macedônia*.

Para ajudar a nova igreja, Paulo escreveu 1Ts não muito tempo depois da chegada de Timóteo (1Ts 3.6). Isso provavelmente significa não muito tempo depois de Timóteo dirigir-se a Corinto (At 18.5), tampouco que ele tenha estado com Paulo em Atenas (1Ts 3.1,2), pois o período mais curto dificilmente permitiria haver tempo suficiente para o surgimento dos problemas com os quais o apóstolo lida na carta. Uma inscrição com referência a Gálio (At 18.12) permite datar o tempo do procônsul em Corinto no ano 50 da era cristã. Alguns estudiosos com base nisso argumentam que Paulo provavelmente escreveu 1Ts no início do ano 50 (ainda que, em vista da incerteza, essa data deva ser considerada uma estimativa). Mas com certeza essa é uma das primeiras cartas de Paulo e um dos mais antigos documentos cristãos que chegaram aos nossos dias.

A autenticidade de 1Ts é quase universalmente aceita. É de estilo paulino e foi mencionada em antigos textos cristãos como as listas de livros do NT feitas por Marcião na primeira metade do séc. II e pelo *Cânon muratoriano* pouco tempo depois. Alguns dos problemas tratados na carta devem ter surgido muito cedo na vida da igreja (p. ex., o que acontece aos cristãos que morreram antes da vinda de Cristo?).

Entre os problemas enfrentados pela igreja de Tessalônica estava a perseguição por parte dos pagãos (2.14) e a tentação para os cristãos aceitarem os padrões sexuais pagãos (4.4-8). Parece que alguns cristãos haviam desistido de trabalhar e passaram a depender de outros para o suprimento de suas necessidades (4.11,12). Havia incerteza quanto ao destino dos cristãos mortos, e alguns tessalonicenses parecem ter pensado que Cristo voltaria logo e os levaria com ele. O que aconteceria com os que morressem antes desse grande acontecimento (4.13-18)? A resposta de Paulo fornece informações a respeito da volta de Cristo que não são encontradas em nenhum outro lugar. Mais uma vez, alguns cristãos parecem ter se preocupado quanto ao tempo da volta de Jesus (5.1-11). Por isso, Paulo escreveu essa epístola para tratar das necessidades dos cristãos com pouco tempo de caminhada na fé e para trazê-los para mais perto de Cristo. V. *Paulo*.

Esboço

I. A igreja foi fundada em fidelidade no passado (1.1-10).
   A. Assinatura, endereço e saudações (1.1).
   B. Fé passada, amor e esperança inspiram as ações de graças (1.2,3).
   C. A eleição, o poder, a convicção e o Espírito trouxeram o evangelho (1.4,5).
   D. A vida cristã modelar resulta do evangelho (1.6,7).

E. O testemunho cristão zeloso e de alcance amplo dissemina o evangelho (1.8,9).
F. A esperança sincera na ressurreição marcava a vida da igreja (1.10).
II. Oposição e perseguição não podem impedir o evangelho (2.1-20).
A. Sofrimentos e insultos não detêm o testemunho cristão (2.1,2).
B. Sinceridade de método e propósito estão por trás do testemunho do evangelho (1.8,9).
C. Amor, não cobiça pessoal, motiva o testemunho (2.6b-12).
D. Perseverança e resistência marcam os convertidos cristãos (2.13-16).
E. O evangelho cria a comunhão e o amor que perduram (2.17,18).
F. Uma nova igreja se torna a recompensa do testemunho cristão (2.19,20).
III. Preocupação a respeito da igreja domina o coração do ministério (3.1—4.12).
A. Amor sacrificial leva o ministro a demonstrar preocupação mesmo sob perseguição pessoal (3.1-5).
B. A fidelidade da igreja dá ao ministro encorajamento e alegria (3.6-10).
C. O ministro comprometido ora pelo futuro da igreja (3.11-13).
D. O ministro comprometido ensina a igreja a viver de modo justo (4.1-8).
E. O ministro comprometido lidera a igreja no crescimento em amor fraternal (4.9-12).
IV. Problemas relacionados ao retorno do Senhor (4.13—5.11).
A. Os cristãos, vivos e mortos, têm a mesma esperança (4.13-18).
B. O tempo é incerto (5.1-3).
C. A igreja precisa estar alerta (5.4-8).
D. Os cristãos têm segurança (5.9-11).
V. Exortações na conclusão (5.12-28).
A. Respeito aos líderes cristãos (5.12,13).
B. Cuidado para com os companheiros cristãos (5.14,15).
C. Gratidão constante (5.16-18).
D. Testar as afirmações proféticas da parte de Deus (5.19-22).
E. Comprometimento com o Deus que é fiel (5.23,24).
F. Pedidos finais e bênção (5.25-28).

— Leon Morris

TESSALONICENSES, SEGUNDA EPÍSTOLA AOS Essa carta alega ter sido escrita por Paulo (1.1), e o estilo, a linguagem e a teologia se encaixam nessa alegação. Escritores antigos como Policarpo e Inácio reconheceram esse fato, e a epístola foi incluída nas listas dos livros do NT tanto por Marcião quanto pelo *Cânon muratoriano*. A carta alega ter a assinatura de Paulo (3.17). Muitos estudiosos concordam que se trata de uma epístola genuinamente paulina, escrita à igreja de Tessalônica não muito tempo depois da primeira carta. A situação pressuposta no texto é tão parecida que não deve ter transcorrido muito tempo entre as duas epístolas, talvez apenas umas poucas semanas.

Recentemente alguns argumentam que 2Ts não é uma epístola paulina genuína. O argumento é que em 1Ts a segunda vinda de Cristo é vista como muito próxima, enquanto em 2Ts a segunda vinda será precedida pela manifestação do homem da iniquidade e de outros sinais. Essa não é uma objeção séria, pois os cristãos têm com frequência sustentado esses dois pontos de vista; não há razão pela qual Paulo não possa ter feito o mesmo. Que o ensino a respeito do homem da iniquidade é diferente de qualquer outra informação concedida por Paulo não conflita com a argumentação de que "o Dia do Senhor já tivesse chegado" (2Ts 2.2).

A data exata da presença de Paulo em Tessalônica não é conhecida, e o mesmo pode ser dito quanto às cartas enviadas às igrejas organizadas pouco tempo atrás. Muitos estudiosos concordam que 2Ts deve ter sido escrita não mais que um ano ou dois depois que Paulo e Silas deixaram a cidade. A igreja estava aparentemente entusiasmada, mas está claro nos textos que os cristãos não tinham amadurecido na fé. Paulo escreveu a cristãos comprometidos, mas que não tinham progredido muito na vida cristã.

Os gregos do séc. I não eram impassíveis. O entusiasmo deles é visto nos tumultos ocorridos quando os primeiros pregadores cristãos os visitaram. Um tumulto dessa natureza aconteceu em Tessalônica (At 17.5-8,13). Os que se tornaram cristãos nesse tempo o fizeram com convicção e entusiasmo. Entretanto, eles ainda não tiveram tempo de compreender de forma mais profunda o significado de ser cristão.

A saudação, na abertura da carta, fala de graça e paz como provenientes de Deus, o Pai do Senhor Jesus Cristo (2Ts 1.2). Por toda a carta Cristo é visto em um relacionamento íntimo com o Pai. Isso é indicado pelo fato de nem sempre ser possível distinguir se o título "Senhor" se refere ao Pai ou ao Filho, como na expressão "o Senhor da paz" (3.16). A grandeza de Cristo é vista na descrição de sua volta gloriosa com os anjos, quando ele regressará para o julgamento (1.7-10). Não se fala muito na carta a respeito da salvação em Cristo, ainda que haja referências ao evangelho (1.8; 2.14), à salvação propriamente (2.13) e ao "testemunho" dos pregadores (1.10). Está suficientemente claro que Paulo pregara as boas-novas da salvação trazidas por Cristo por meio de sua morte pelos pecadores e que os tessalonicenses estavam tão esclarecidos a esse respeito que Paulo não precisou voltar mais uma vez ao assunto.

Eles não tiveram chance de estudar o significado de sua nova fé em paz e tranquilidade (1.4). Enquanto exultavam com o significado desse novo relacionamento com Deus, parece que não levaram suficientemente a sério as exigências do ensino cristão, em particular em duas áreas: a segunda vinda do Senhor e a vida diária. Alguns deles criam que o "Dia do nosso Senhor" estava muito próximo ou talvez até já tivesse acontecido (2.2). Alguns deles desistiram de trabalhar para conseguir o próprio sustento (3.6-13), talvez por crerem que a vinda do Senhor estava tão próxima que não precisariam mais realizar esse tipo de serviço. Paulo escreveu para orientá-los e ao mesmo tempo para não lhes diminuir o entusiasmo.

A carta não é grande e não apresenta um esboço definitivo de toda a fé cristã. Paulo escreveu para atender a uma necessidade específica, e o arranjo de sua carta se concentra nas circunstâncias locais.

Talvez seja possível afirmar a existência de quatro grandes ensinamentos na carta:
1) a grandeza de Deus;
2) a maravilha da salvação em Cristo;
3) a segunda vinda; e
4) a importância da vida e do trabalho a cada dia.

Deus ama pessoas como os tessalonicenses e os trouxe para a igreja (1.4). Ele os elegeu (2.13), chamou (1.11; 2.14) e salvou. Seu propósito permanecerá até o fim, quando eles serão levados ao ponto culminante com a volta de Cristo e o julgamento de todos. É interessante observar as grandes doutrinas da eleição e da vocação divinas, que significam muito para Paulo, expressas de modo tão claro em um documento tão antigo. Pode-se perceber também sua doutrina da justificação por trás das referências a Deus contando os cristãos como dignos (1.5,11) e, evidentemente, do ensino sobre a fé (1.3; 4.11; 2.13; 3.2).

A salvação em Cristo é proclamada no evangelho e será consumada quando Cristo voltar para derrotar todo o mal e trazer descanso e glória para os seus. Esse grande Deus ama seu povo e lhes deu consolo e esperança, duas qualidades importantes para quem sofre perseguição (2.16). O apóstolo orou para que o coração de cada um de seus convertidos fosse conduzido ao "amor de Deus" (3.5), o que pode significar o amor de Deus para com eles ou o inverso, o amor deles para com Deus. Provavelmente o amor de Deus para com eles seja o pensamento primário, mas Paulo também observa que o amor dos novos cristãos é uma resposta da parte deles ao amor de Deus. Há repetidas referências à revelação (1.7; 2.6,8). Ainda que a palavra não seja usada da mesma maneira em outras passagens, ela remete os leitores ao fato de que Deus não permite que os cristãos fiquem entregues aos próprios recursos. Ele revelou o que é necessário e possui revelações posteriores, para os últimos dias.

A segunda vinda é vista em termos de derrota de todo o mal, em especial da derrota do homem da iniquidade. Paulo deixa claro que a vinda de Cristo acontecerá em majestade e que esse acontecimento trará punição aos que se recusam a conhecer Deus e rejeitam o evangelho e trará descanso e glória aos que creem (1.7-10). No fim, o bem e Deus serão triunfantes, não o mal.

Tendo em vista o amor de Deus na eleição e vocação (chamado), é interessante observar a ênfase de Paulo no juízo. Ele falou a respeito do justo juízo de Deus (1.5) e que Deus em tempo oportuno irá punir os que perseguem os cristãos, e a estes dará descanso (1.6,7). Os outros irão sofrer no julgamento. Os que se recusam a conhecer Deus e os que rejeitam o evangelho receberão as consequências de suas ações (1.8,9). Há questões eternas envolvidas na pregação do evangelho, e Paulo não permite que os tessalonicenses não deem a devida atenção a esse ponto.

Alguns dos convertidos criam que a segunda vinda de Cristo era iminente (2.2). Eles entenderam de maneira equivocada um "espírito" (i.e., uma profecia ou uma revelação) ou uma "mensagem" (comunicação oral) ou uma "carta" (que pode ter sido uma carta genuinamente paulina ou uma carta que alegava ser de Paulo, mas na verdade não era). De fato, eles pensavam que Cristo já tinha voltado. A manifestação gloriosa de Cristo evidentemente ainda não acontecera, mas o "Dia do Senhor" seria um acontecimento complexo, com diversos aspectos. Eles perceberam que "o dia" já havia amanhecido, os acontecimentos começado a se revelar, e tudo que estivesse envolvido na vinda de Cristo logo encontraria cumprimento.

Paulo, porém, deixou claro que não seria assim. Havia muitas outras coisas que tinham de acontecer primeiro; p. ex., a "apostasia" e a revelação do "homem da iniquidade" (ou "do pecado", 2.3 — v. nota explicativa da *NVI*). Ele não explicou nada. É provável que o apóstolo tenha se referido ao que dissera aos tessalonicenses quando esteve com eles. Infelizmente não se sabe o que ele lhes disse, e por isso há apenas hipóteses. A rebelião contra a fé precederia o retorno do Senhor — sem dúvida um elemento muito conhecido do ensino cristão (Mt 24.10-14; 1Tm 4.1-3; 2Tm 3.1-9; 4.3,4). Alguns manuscritos trazem "homem do pecado" (em vez de "da iniquidade", mas na prática não há diferença, visto que o pecado "é a transgressão da lei" (1Jo 3.4). A Bíblia não usa a expressão "homem da iniquidade" em outras passagens, mas não há dúvida de que este seja o mesmo chamado de "anticristo" (1Jo 2.18). Paulo afirma que no futuro aparecerá alguém que vai fazer a obra de Satanás de maneira especial. Este se oporá ao Deus verdadeiro e vai reivindicar honras divinas para si (2.4). A identidade "do que o está detendo" também não está claro. Há um particípio neutro no versículo 6 e um masculino no versículo 7. Uma interpretação antiga, ainda adotada por alguns estudiosos, é que "o que o detém" no versículo 6 seja o Império Romano, e "aquele que agora o detém" no versículo 7 seja o imperador. Uma interpretação mais recente defende que o versículo 6 se refere à pregação do evangelho, e o versículo 7 ou ao apóstolo Paulo ou a um anjo. Outra interpretação totalmente diferente é que o versículo 6 se refere ao princípio (ou mistério) da rebelião, e o versículo 7 a Satanás ou ao imperador romano. Nesse caso, o verbo é entendido não como significando "deter", mas "governar" ou "prevalecer". Talvez a interpretação mais popular é a que entende que quem detém é o Espírito Santo. Uma interpretação dispensacionalista muito comum é que quem o detém será removido quando a Igreja for levada por Deus por ocasião do arrebatamento (1Ts 4.17).

Entretanto, o ponto mais importante de Paulo é que os cristãos não devem se preocupar com expectativas prematuras. No tempo certo essas coisas acontecerão, e Deus derrotará todas as forças do mal (2.8-10).

Paulo tinha muito a dizer a respeito das pessoas citadas em 3.6-12, descritas como vivendo de forma ociosa. Pode ser que eles pensassem que a vinda do Senhor seria tão iminente que não havia mais necessidade de trabalhar, ou então que eles fossem tão "espirituais" que só se preocupavam com assuntos superiores, deixando que outras pessoas trabalhassem para providenciar aquilo que precisassem. Paulo aconselhou todos a trabalharem para prover o próprio sustento (3.12). Nenhuma ênfase doutrinária, nem mesmo a ênfase na segunda vinda de Cristo, deve levar os cristãos a se afastarem do trabalho. Pessoas em condição de trabalhar devem fazê-lo para conseguir o pão de cada dia. Os cristãos devem trabalhar para se manter e não podem ser omissos na prática do bem.

Timóteo acabara de chegar a Tessalônica com notícias recentes (1Ts 3.2). Paulo percebeu que os problemas que havia tratado na primeira epístola ainda estavam presentes. Por isso, escreveu uma vez mais para repreender os preguiçosos (2Ts 3.10) e encorajar os desanimados. Havia um novo erro referente à segunda vinda, com alguns dizendo que o Dia do Senhor já chegara. Paulo corrige essas pessoas ao ensinar que o mal irá florescer quando o homem da iniquidade aparecer, mas que os cristãos devem olhar para o além, com a certeza de que no tempo certo Cristo voltará e derrotará todas as forças do mal. Daí em diante os cristãos têm sido fortalecidos por esse ensino.

Esboço

I. Saudação (1.1,2).
II. Os líderes da igreja oram por ela (1.3-12).
   A. Crescimento na fé, no amor e na perseverança cristã inspiram ação de graças (1.3,4).
   B. Deus é justo e ajudará seu povo que sofre injustiça (1.5-7a).
   C. A volta de Cristo proverá a justiça definitiva (1.7b-10).
   D. A oração ajuda o povo de Deus a cumprir seus propósitos e a glorificar a Cristo (1.11,12).
III. A volta de Cristo derrotará as forças satânicas (2.1-12).
   A. A despeito das notícias enganadoras, Cristo ainda não voltou (2.1,2).
   B. O homem da iniquidade deve aparecer antes que Cristo volte (2.3-8).
   C. Os seguidores enganados da iniquidade perecerão (2.9-12).
IV. A eleição conduz à gratidão (2.13-17).
   A. Deus nos escolhe para compartilhar a glória de Cristo (2.13,14).
   B. Deus chama para um compromisso firme com seus ensinamentos (2.15).
   C. O encorajamento e a esperança vêm da graça de Deus (2.16,17).
V. Deus é fiel (3.1-5).
   A. Os evangelistas de Deus precisam das orações da igreja (3.1,2).
   B. Deus é fiel para proteger seu povo (3.3).
   C. O povo de Deus é fiel para seguir a vontade divina (3.4,5).
VI. Deus disciplina seu povo (3.6-15).
   A. O povo de Deus não pode ser preguiçoso (3.6-13).
   B. Pessoas desobedientes devem receber disciplina fraternal (3.14,15).
VII. Saudações finais (3.16-18).

— *Leon Morris*

TESTA, FRONTE Parte do rosto acima dos olhos. Por ser tão proeminente, a aparência da testa muitas vezes determina nossa opinião sobre a pessoa.

Um diadema com a inscrição "Consagrado ao Senhor" era colocado na testa de Arão (Êx 28.38). Isso simbolizava a aceitação diante do Senhor. Uma marca foi colocada na testa daqueles em Jerusalém que lamentaram a maldade de Jerusalém. Eles foram poupados em uma época de juízo terrível (Ez 9.4).

A Bíblia mostra que o caráter de uma pessoa pode ser determinado por se observar sua testa. Uma testa rígida indica oposição, provocação e rebeldia (Jr 3.3). Dureza de testa indica determinação para perseverar (Is 48.4; Ez 3.8,9). Tem sido usada como uma representação de Satanás (Ap 13.16,17). A testa é usada como palavra muito ofensiva quando associada à testa de uma prostituta (Jr 3.3), mostrando vergonha extrema. Ao mesmo tempo, representa coragem, como no caso em que Deus disse a Ezequiel que ele tinha tornado a testa do profeta mais dura do que pederneira contra a testa do povo (Ez 3.9).

Na literatura apocalíptica do NT a testa dos justos é marcada (Ap 7.3; 9.4; 14.1; 22.4). A mulher do Ap vestida de púrpura e escarlata tem o nome escrito na testa (Ap 17.5). V. *rosto*.

— *Gary Bonner*

TESTAMENTO V. *aliança*.

Testeiras e coberturas para a cabeça ainda são usados por homens e mulheres do Oriente Médio.

TESTEIRA, ENFEITE DE CABEÇA Testeira se refere a um ornamento para a cabeça, e enfeite de cabeça, como a própria expressão indica, refere-se a um ornamento para a cabeça.

"Testeira" é citado em Is 3.18, e "enfeite de cabeça", em Is 3.20 ("turbante", *ARA*; "diadema", *ARC*; "chapéu", *NTLH*). Tal ornamento era usado ao redor da cabeça como um turbante (Ez 24.17). A mesma palavra hebraica é empregada para se referir a um adorno de cabeça empregada pelo noivo (Is 61.10) e para o turbante dos sacerdotes (Ez 44.18). V. *moda, roupa*.

TESTEMUNHA, MÁRTIR

Em geral refere-se a algo ou alguém que atesta coisas vistas, ouvidas, intermediadas ou experimentadas. O exercício do testemunho pode ser passivo (quando a pessoa está presente como espectador ou transeunte — Gn 21.30; Rt 4.7; Hb 12.1) ou ativo (quando a pessoa fornece evidências como testemunha). O significado e uso convencional pertencem à esfera jurídica, mas também podem se referir à esfera moral. Dar testemunho também pode explicitar o conteúdo e/ou importância do testemunho. Além disso, um testemunho pode estar relacionado a fatos de que uma pessoa está firmemente convicta por fé e pelos quais essa pessoa morreria de boa vontade. Nesse último sentido, uma pessoa dessas seria chamada de mártir. A distinção entre testemunha (*martyrion*, *martyria*) e mártir (*martys*) só reside no grau de seu testemunho, já que ambas as palavras são correlatas do mesmo verbo grego que significa "eu testifico/dou testemunho" (*martyreo*).

Antigo Testamento As palavras traduzidas por "testemunha" e "testemunho" derivam de três palavras hebraicas: '*ed*, um testemunho legal, e *mo'ed* ou às vezes '*edah*, com o significado de acordo ou compromisso.

Legal O uso primordial de testemunho situa-se na esfera legal, referindo-se a fatos ou experiências pessoais (Lv 5.1; Nm 23.18; Is 8.2). Também designa a prova ou evidência apresentada em um caso no tribunal, predominantemente pela acusação (Nm 5.13; 35.30; Dt 17.6,7; 19.15). Testemunhos falsos, injustos e precipitados são desprezados e sujeitos a represálias (Dt 19.16-21; Êx 23.1; Sl 26.12; 34.11; Pv 6.19; 12.17; 19.5; 21.28). Há exemplos de testemunhos para um acordo em Rt 4.9,10 e Jr 39.10,25,44. Deus pode ser invocado como testemunha da integridade da pessoa (Jó 16.19). Em sentido de acusação, os israelitas ficam em posição de autoacusação se retornarem à idolatria (Js 24.22). Israel também é testemunha da singularidade, realidade e divindade de Deus com base em sua experiência de eleição por Deus (Is 43—44).

Memorial Objetos inanimados que às vezes serviram de testemunho de promessas, pactos e alianças. Altares (Js 22), pilhas de pedras (Gn 31.44; Js 24.27) e a própria Lei (Êx 25.22) constituem exemplos. *Mo'ed* é usado mais de cem vezes para "testemunho" na locução "Tenda do Testemunho" (*mo'ed de ohel*), referindo-se ao lugar designado em que Deus se encontrou com Moisés (Êx 25.22).

Moral Essa conotação ideológica de testemunho inclui a proclamação de certas verdades, visões e convicções interiores que a pessoa defende por fé e pelas quais morreria de bom grado. Essa acepção não é tão destacada no AT como passou a ser mais tarde no NT e na igreja primitiva. Não se pode afirmar plenamente qualquer tipo de teologia de martírio no AT.

Novo Testamento *Legal* No sentido jurídico, "testemunha" se refere à pessoa que atesta e/ou ao conteúdo dessa atestação (Jo 1.7; 3.28; 1Pe 5.12; Mt 18.16; cf. Dt 19.15), independentemente de ser verdadeira ou falsa (Mt 26.60-68). Jesus diz aos escribas e fariseus que eles são testemunhas que se autoacusam (Mt 23.31).

Pessoal Testemunho é usado no sentido de "reputação" (Lc 4.22; At 6.3; 1Tm 3.7; Ap 3.1) e também pode se referir à nossa vida ou à nossa pessoa (como João Batista; Jo 1.6,7). Ao longo de Jo, Jesus foi testemunha do amor de Deus e da dádiva de vida eterna para os que creem, bem como testemunha de acusação aos incrédulos (Jo 20.30,31; 21.24).

Evangelístico Especialmente no material de Lc, usa-se testemunha em um sentido evangelístico ativo. Os cristãos anunciam o evangelho (*kerygma*) de maneira ativa, insistente, encorajando os ouvintes a receber sua mensagem e corresponder a ela (At 2.40; 18.5; 1Ts 2.11,12).

Mortal A palavra *martys* se refere a um mártir, a alguém que é privado da vida em consequência de seu testemunho a favor de Jesus Cristo. Esse termo ocorre apenas três vezes no NT (At 22.20; Ap 2.13; 17.6). V. *mártir*. — *Stefana Dan Laing*

TÉT Nona letra do alfabeto hebraico. Em Sl 119.65-72 todos os versículos no original hebraico começam com essa letra.

TETRARCA Posição política no antigo Império Romano. Designava o tamanho do território governado (lit., a "quarta parte") e a extensão de dependência da autoridade romana. O texto de Lc 3.1 nomeia os tetrarcas da época do início do ministério de Jesus. Com o passar do tempo, a posição se tornou menos poderosa, e os limites da autoridade do tetrarca diminuíram. Quando Herodes, o Grande, morreu, seu reino foi dividido entre seus três filhos, um dos quais recebeu o título de "etnarca", enquanto os outros dois foram chamados tetrarcas. V. *romana, lei*.

TETRATEUCO V. *Pentateuco*.

TEUDAS Nome pessoal que significa "dom de Deus". Em At 5.36 se refere a Teudas, executado após liderar uma rebelião fracassada de 400 homens antes do censo (ano 6 da era cristã). Josefo tinha conhecimento de um Teudas que liderou uma rebelião fracassada durante o consulado de Cuspius Fadus (c. 44 da era cristã). Ou os dois rebeldes estavam envolvidos, ou um dos historiadores incorporou uma fonte inexata à sua narrativa.

TEXTOS BÍBLICOS E VERSÕES DA BÍBLIA O texto da Bíblia é o mais bem atestado entre quaisquer escritos antigos, e podemos estar seguros de que temos as palavras originárias das Escrituras. Cópias antigas da Bíblia chegam às dezenas de milhares; outras obras antigas são conhecidas com base em um único manuscrito, outras em apenas alguns, e em raros casos chegam a algumas centenas. Embora nenhum documento original tenha sobrevivido, a grande quantidade de manuscritos confirma a acurácia do texto. Em torno de 5.700 manuscritos do NT grego (tão antigos quanto o séc. II d.C.) sobreviveram e milhares de manuscritos do AT hebraico (tão antigos quanto os séc. II e III a.C.), alguns copiados em menos de 200 anos após a edição final do texto. Manuscritos de outras obras antigas estão separados dos seus originais por períodos muitos mais longos.

Textos do Antigo Testamento Nenhum documento foi copiado com mais cuidado do que o AT antes do surgimento da imprensa. Os manuscritos eram escritos sobre diversos materiais. O papiro, feito de um junco abundante no Egito, era usado desde os tempos mais antigos. O pergaminho era feito de pele de ovelhas, cabras e outros animais. O papel, uma invenção chinesa (105 d.C.), começou a ser usado no Egito em torno de 700 d.C. e na Europa em torno de 1000 d.C. Os manuscritos do AT eram copiados em rolos até 600 d.C.; o códice, a forma de livro, só se tornou popular depois disso.

A testemunha mais importantes do texto do AT é chamado de Texto Massorético. Escribas, chamados massoretas, foram ativos entre 500 e 1000 d.C. Eles não foram inovadores, mas preservadores cuidadosos do texto consonantal, das vogais e dos acentos do texto hebraico. A família mais famosa foi a família Ben Asher, especialmente Moisés e seu filho Arão, os massoretas mais importantes.

Códice de Leningrado Datado de 1008 d.C., o *Códice de Leningrado* é uma cópia direta do texto de Arão ben Asher e a base da atual Bíblia Hebraica e da maioria das traduções do AT.

Códice de Alepo O *Códice de Alepo* (925 d.C.) talvez seja o melhor manuscrito do AT, mas falta nele a maior parte do Pentateuco por causa de um incêndio durante o final da década de 1940. Salomão ben Buya copiou o texto (consonantal), e Arão ben Asher inseriu as vogais. Esse códice é a base de um novo AT hebraico crítico que está sendo produzido pela Universidade Hebraica de Jerusalém.

Códice cairense O *Códice cairense* (896 d.C.), copiado por Moisés ben Asher, contém os Profetas Anteriores e os Profetas Posteriores. Tomado dos judeus caraítas de Jerusalém pelos cruzados, foi posteriormente devolvido aos caraítas no Cairo, Egito.

Manuscritos do mar Morto Descobertos em 1947-1961 em cavernas próximas do mar Morto, os rolos do mar Morto (c. 250 a.C.-70 d.C.) somam em torno de 40 mil fragmentos provenientes de 600 a 1.000 rolos (200 são do AT). Eles são anteriores em 800 a 1.000 anos aos mais antigos manuscritos disponíveis. A maioria se aproxima muito do Texto Massorético, mas alguns seguem a *LXX* ou o *Pentateuco samaritano*. Os manuscritos do mar Morto testificam da transmissão cuidadosa do texto do AT e da confiabilidade do Texto Massorético.

Pentateuco samaritano O *Pentateuco samaritano* se originou aproximadamente no séc. V a.C. e foi transmitido independentemente do Texto Massorético, com diferenças em cerca de seis mil lugares. Ele fornece alguns detalhes adicionais, harmonizações e elementos de teologia sectária. Os manuscritos mais antigos que restaram datam do séc. XI.

Textos do Novo Testamento Há mais de 6 mil manuscritos de todo ou parte do NT grego escritos em papiro, pergaminho e papel. As categorias dos manuscritos são os papiros, os unciais (escrita semelhante às letras maiúsculas), os minúsculos (escrita cursiva em letras minúsculas) e os lecionários (textos em escrita cursiva preparados para a leitura nos cultos). O texto foi transmitido em diversos tipos. A maioria dos estudiosos acredita que o Texto Alexandrino é o mais antigo e próximo do original, seguido pelo Texto Ocidental, o Cesareense e o da forma mais recente, o Bizantino ou coinê.

Papiros Somente quatro papiros (de 115) são oriundos de rolos; o restante vem de códices. Nenhum deles inclui todo o NT. Os papiros preservam um texto bem antigo e acurado, pois muitos são datados nos séc. II e III. Entre os importantes manuscritos papiros estão:

P52: Sendo o fragmento mais antigo do NT grego (110-125 d.C.), o P52 contém Jo 18.31-33,37,38). Visto que João escreveu seu Evangelho em 90-95 d.C., o P52 pode refletir o texto original de Jo.

P45, P46, P47: São os Papiros Chester Beatty (adquiridos em 1930-1931). Tendo 30 folhas (início do séc. II), o P45 contém seções dos Evangelhos e de At. O P46, c. 200 d.C., com 86 folhas, contém as Epístolas Paulinas e Hb (localizado depois de Rm). O P47 (meados do séc. III) tem dez folhas, contendo Ap 9.10—17.2.

P66, P72, P74, P75: São os Papiros M. Martin Bodmer, publicados em 1956-1962. O P66, c. 200 d.C., contém a maior parte de Jo. O P72, c. 250 d.C., contém 1+2Pe e Jd. O P74, c. 750 d.C., contém porções de At, Tg, 1+2Pe, 1+2+3Jo e Jd. Datando de cerca de 200 d.C., o P75 contém extensas porções de Jo 1—15 e Lc 3—24. Essa é a cópia mais antiga de Lc e uma das mais antigas de Jo.

Unciais Somente em torno de 1/5 dos 309 unciais contêm seções extensas do NT. Os unciais só perdem em importância para os papiros. Entre os unciais mais importantes estão:

Sinaítico (a, 01): Descoberto em 1859 no mosteiro de Santa Catarina no monte Sinai por Constantin von Tischendorf, o Sinaítico (do séc. IV) é o único uncial contendo todo o NT grego. O texto é Alexandrino antigo e em alguns lugares Ocidental.

Vaticano (B, 03): O Vaticano (séc. IV) contém a maior parte do NT, exceto 1+2Tm, Tt, Fm, Hb 9.14—13.25 e Ap, e é uma das testemunhas mais importantes do texto do NT, refletindo um texto muito próximo do P75.

Alexandrino (A, 02): O Alexandrino (séc. V) contém a maior parte do NT, exceto Mt 1—24, porções de Jo 6—8 e 2Co 4—12. O Uncial Alexandrino é uma importante testemunha do Texto Alexandrino fora dos Evangelhos, é Bizantino nos Evangelhos e um dos melhores textos de Ap.

Minúsculos Escritos com letras minúsculas em escrita cursiva (séc. IX-XVII), os minúsculos refletem o Texto Bizantino, mas preservam algumas leituras antigas. Mais de 2.800 minúsculos estão catalogados.

Família 1: Consistindo em quatro manuscritos dos séc. XII-XIV (1, 118, 131, 209), a Família 1 representa o Texto Cesareense dos séc. III-IV.

Família 13: Constituída de cerca de 12 manuscritos dos séc. XI-XV, a Família 13 tem afinidades com o tipo de texto Cesareense.

Ms 33: O MS 33 (séc. IX) contém todo o NT, exceto Ap. Em geral Alexandrino, ele mostra a influência do Bizantino em At e nas Epístolas Paulinas.

Ms 81: O MS 81 (1044 d.C.) contém At e as Epístolas, e em At muitas vezes concorda com o Texto Alexandrino.

Ms 1739: O MS 1739 (séc. X), contendo At e as Epístolas, aparentemente seguia um manuscrito do séc. IV, exceto em At, que o escriba atribui a Orígenes (c. 250 d.C.). O MS 1739 preserva um texto alexandrino relativamente puro.

Lecionários Os lecionários eram manuscritos minúsculos que ordenam o texto do NT em leituras para cada domingo do ano litúrgico. Mais de 2.400 lecionários estão catalogados. Embora a maioria seja tardia, os estudiosos estão descobrindo que os lecionários podem preservar um texto de um tempo muito anterior à data em que o manuscrito foi copiado.

Versões do Antigo e do Novo Testamentos Em virtude de sua antiguidade, muitas versões antigas (traduções) são importantes na determinação do texto original da Bíblia. Entre as versões importantes estão:

Septuaginta (LXX) A primeira tradução, do hebraico para o grego (c. 280-100 a.C.), a *LXX* é a testemunha não hebraica mais importante do AT. Alguns livros como Gn e Sl são traduções literais; outros como Is são traduções mais livres. A *LXX* representa em geral o Texto Massorético, mas há diferenças, às vezes significativas (em Jr e Ez). Alguns livros preservam um texto mais acurado do que o Massorético, especialmente Sm e Rs.

Targumin Os Targumins, versões aramaicas do AT, de acordo com a tradição começaram com Esdras (Ne 8.8), e porções de Jó e Lv estão entre os rolos do mar Morto. Os Targumins são importantes por fornecerem interpretação tradicional da sinagoga, bem como por serem testemunhas do texto hebraico. Uns são muito literais, outros mais perifrásticos.

Peshita Tradução siríaca (um dialeto do aramaico) do AT e do NT (séc. V e VI d.C.), a *Peshita* geralmente segue o Texto Massorético no AT. No NT a *Peshita* segue diversos tipos textuais. O NT contém somente 22 livros, excluindo 2Pe, 2+3Jo, Jd e Ap.

Vulgata A *Vulgata* (383-405 d.C.) foi obra de Jerônimo, o primeiro linguista da igreja na sua era. Foi a Bíblia da igreja ocidental durante mais de mil anos. Jerônimo traduziu o AT massorético para o latim, e ainda existem mais de 8 mil manuscritos em latim. Ele usou manuscritos em latim e diversos manuscritos gregos. Seus manuscritos gregos parecem ter sido uma mistura de tipos textuais. V. *crítica textual do Antigo Testamento; Textus Receptus*. — Russell Fuller e Charles W. Draper

TEXTUS RECEPTUS Expressão empregada de modo geral para designar certas edições impressas do NT em grego, mas algumas vezes estendida para se referir também à edição de Ben Chayim do AT em hebraico.

O primeiro NT grego a ser impresso (1514) passou por um processo de preparação de 12 anos de duração, e foi editado por Santiago Lopes de Stunica, em um projeto patrocinado pelo cardeal Ximenes, da Espanha, como parte da grande *Bíblia Poliglota Complutense* (uma versão poliglota, como o próprio nome sugere, contém várias versões ou edições da Bíblia). A *Complutense* continha versões em latim, aramaico, hebraico e grego. A aprovação formal papal para a distribuição dessa versão só foi dada em 1521, e a distribuição propriamente foi iniciada no ano seguinte. Um volume alentado, a *Complutense* não foi muito reproduzida nos anos posteriores. Em 1515 Desidério Erasmo, o humanista católico holandês e especialista em NT, foi contratado por Johann Froben, um editor de Basileia, Suíça, para produzir uma edição do NT em grego. Desejoso de publicar sua edição antes que Ximenes o fizesse, Froben deu a Erasmo menos de seis meses para completar sua obra como um texto crítico (um texto crítico é baseado na comparação de um ou mais manuscritos). A obra se estendeu por 10 meses, e a obra de Erasmo, um NT diglota (com o texto em grego e em latim nas duas páginas) foi lançado em 1516.

De acordo com Erasmo, ele teve acesso a apenas seis manuscritos, nenhum destes completo. Seu melhor e mais antigo manuscrito (Códice 1) era do séc. X, mas não o usou muito, pois por alguma razão não demonstrou muita confiança nesse documento. Os Evangelhos estavam em quatro dos manuscritos, sendo o mais antigo do séc. XV. Desses, At e as Epístolas Gerais estavam em três, o mais velho do séc. XIII. As Epístolas Paulinas estavam em quatro desses manuscritos mais antigos. Para o Ap Erasmo dispunha de apenas um manuscrito (datado do séc. XII), o qual não tinha a última página, e por esse motivo Erasmo teve que verter os seis últimos versículos do Ap da *Vulgata* para o grego. Nos pontos onde seus manuscritos não eram claros ou problemáticos, Erasmo consultava a *Vulgata*, o que resultou em pelo menos uma dúzia de casos onde sua leitura não tem base em nenhum manuscrito grego. Dadas as dificuldades de impressão, a primeira edição continha vários erros. O próprio Erasmo declarou que sua obra foi mais "precipitada que editada". A segunda edição (1522) continha cerca de 400 correções ou mudanças. Lutero traduziu o NT do grego para o alemão da segunda edição de Erasmo. A terceira edição também foi

TEXTUS RECEPTUS

modificada de alguma maneira, mas não o suficiente para corrigir as grandes deficiências. Essa terceira edição foi a base para o *Textus Receptus*, e nos quatro séculos que se seguiram foi publicado por várias pessoas, com poucas modificações. Admitindo a superioridade do texto de Ximenes, Erasmo o tomou como base para fazer centenas de modificações na quarta (1527) e na quinta (1535) edições do seu texto, mas essas modificações não foram reproduzidas. Logo a obra de Erasmo se tornou texto padrão por centenas de anos — de forma principal por ter sido distribuído sem custos e por ser de tamanho menor.

A obra de Erasmo foi reproduzida essencialmente em quatro edições pelo editor francês Robert Estienne (a forma latinizada do seu nome é Stephanus) e em nove edições (1565-1604) pelo reformador erudito Teodoro de Beza. A quarta edição de Stephanus (1551) e o texto de Beza diferiam do de Erasmo, e essas edições são comumente designadas *Textus Receptus* (ainda que o termo só tenha sido utilizado pela primeira vez em 1633). A quarta edição de Stephanus (1551) incluiu algumas leituras extraídas da *Poliglota Complutense* e do *Códice de Beza* (do séc. V). Beza, ainda que tenha seguido de perto os textos de Erasmo e de Stephanus, utilizou em algumas partes do seu texto o *Códice claromontano*, do séc. VI. Esses manuscritos antigos não eram usados com muita frequência porque diferiam muito do texto de Erasmo. Os textos de Erasmo e de Stephanus são a base do NT da *King James Version*, em inglês, de 1611.

Um grupo de editores holandeses, os Elzivires (dois irmãos, Boaventura e Mateus, e o filho deste, Abraão), produziu a partir de 1624 sete edições do NT em grego, tomando por base principalmente a edição de Beza de 1565. A primeira edição de Elzivir foi pesadamente criticada por conter diversos erros. Após a correção cuidadosa do texto, a segunda edição de Elzivir (1633) traz no prefácio a seguinte inscrição em latim: "Textum ergo habes, nunc ab omnibus receptum: in quo nihil immutatum aut corruptum damus" ("Tu tens agora o texto recebido por todos: em nada o entregamos alterado ou corrompido"). Duas palavras foram extraídas dessa frase, *Receptum* (Recebido) e *Textum* (Texto), e colocadas em suas formas nominativas, *Textus Receptus* (Texto Recebido), e a expressão se tornou a maneira comum de se referir a essa e a outras edições do NT grego, mesmo que algumas edições tenham se originado décadas antes de o termo surgir. Por isso, com base no que Bruce Metzger (falecido erudito de NT do Seminário Teológico Princeton nos Estados Unidos) chamou de uma "frase mais ou menos casual que faz propaganda da edição", J. K. Elliott (professor de crítica textual do NT na Universidade de Leeds, Inglaterra) denominou "propaganda sem sentido" e Eldon Epp (professor aposentado de literatura bíblica na Case Western Reserve University em Ohio, EUA) descreveu como "generalização arrogante", surgiu um termo de importância monumental. A declaração do prefácio era o equivalente moderno de uma nota editorial com o propósito de vender o livro publicado. Nenhuma autoridade de qualquer tipo além do próprio editor "batizou" o seu texto como superior aos demais, muito menos como "original". O *Textus Receptus* é propriamente um texto crítico, mas diferentemente das atuais edições críticas baseadas em pelo menos algumas centenas de manuscritos, ele foi baseado em no máximo 10.

Algumas vezes o *Textus Receptus* é confundido com o *Texto Majoritário*, uma edição crítica recente do NT grego, baseada no estudo de centenas de manuscritos bizantinos. Não são os mesmos, pois o *Texto Majoritário* difere do *Textus Receptus* em 1.800 lugares, incluindo algumas vezes nas quais a leitura do *Textus Receptus* não é a leitura majoritária. V. *crítica textual do Novo Testamento*.

Ainda que as tradições textuais que subjazem ao AT hebraico sejam evidentemente diferentes, os argumentos a favor da prioridade do texto de Ben Chayim da Bíblia Hebraica em relação ao Texto Massorético da família Ben Asher são de igual modo fracos, e permitem chegar ao mesmo tipo de conclusão. O Texto Massorético é mais antigo e mais confiável. V. *crítica textual do Antigo Testamento*.

Erasmo seria o primeiro a aplaudir o estudo da maior quantidade possível de manuscritos e ficaria horrorizado ao saber que sua obra recebeu uma posição tão reverenciada. Até o fim de sua vida, ele continuou a melhorar sua edição do NT grego, à medida que manuscritos e edições melhores lhe eram disponíveis. — Charles W. Draper

TEXUGO (*ARC*) Mamífero que vive em tocas; maior da família das doninhas. É um animal carnívoro com unhas nos dedos dos pés e considerado impuro pelos israelitas. A *ARC* usa "peles de texugo" em Êx 26.14 e 36.19 e outros textos, mas outras versões discordam. A *NVI* traz simplesmente "couro". Esse animal também tem sido identificado com um tipo de lebre. V. *peles de texugo; lebre.*

TIAGO Forma aportuguesada do nome Jacó; nome dado a três homens no NT. V. *Jacó.*
1. Tiago, filho de Zebedeu e irmão de João (Mt 4.21; 10.2; Mc 1.19; 3.17; Lc 5.10). Um dos 12 discípulos (At 1.13), ele, Pedro e João, formavam o círculo mais íntimo de Jesus. Os três estavam presentes quando Jesus ressuscitou a filha de Jairo (Mc 5.37; Lc 8.51); eles testemunharam a transfiguração (Mt 17.1; Mc 9.2; Lc 9.28) e foram convocados por Cristo para vigiar com ele em sua agonia no Getsêmani (Mt 26.36-37; Mc 14.32-34).

Talvez pelo fanatismo furioso de Tiago e João, evidenciado pelo desejo de invocar fogo do céu sobre a aldeia samaritana que se recusou a receber Jesus e os discípulos (Lc 9.52-54), Jesus chamou os irmãos de "Boanerges" ou "filhos do trovão" (Mc 3.17). O zelo de Tiago foi revelado de forma mais egoísta quando ele e João (com o auxílio da mãe deles, Mt 20.20,21) pediram posições especiais de honra para o tempo da glória de Cristo (Mc 10.35-40). Eles, no entanto, receberam a promessa apenas de desfrutar de parte do sofrimento de Cristo. Tiago foi o primeiro dos Doze a ser martirizado (At 12.2). Sua execução (c. 44 d.C.), por ordem do rei Herodes Agripa I da Judeia, foi parte da perseguição maior na qual Pedro foi preso (At 12.1-3).

2. Tiago, filho de Alfeu, um dos 12 discípulos (Mt 10.3; Mc 3.18; Lc 6.15; At 1.13). Ele não se destaca em nenhum relato nos Evangelhos ou em At. Ele pode ser "Tiago, o Jovem", cuja mãe, Maria, estava entre as mulheres na crucificação de Jesus e no sepulcro (Mt 27.56; Mc 15.40; 16.1; Lc 24.10). Em Jo 19.25, essa Maria é chamada "mulher de Clopas", talvez para ser identificada com Alfeu. V. *Clopas; Maria.*

3. Tiago, irmão de Jesus. Estudiosos da Bíblia debatem o significado preciso de "o irmão do Senhor" (Gl 1.19). As possibilidades são: irmão literal, irmão adotivo, primo, amigo ou amigo íntimo. Deve-se preferir o significado literal. Durante o ministério do Senhor, os irmãos de Jesus (Mt 13.55; Mc 6.3; 1Co 9.5) não eram crentes (Jo 7.3-5; cp. Mt 12.46-50; Mc 3.31-35; Lc 8.19-21. Paulo mencionou especificamente uma aparição de Jesus ressuscitado a Tiago (1Co 15.7). Depois da ressurreição e da ascensão, afirma-se que aos irmãos dele estavam com os Doze e com os outros crentes em Jerusalém (At 1.14).

Paulo, procurando por Pedro em Jerusalém depois de sua conversão, declarou: "Não vi nenhum dos outros apóstolos a não ser Tiago, irmão do Senhor" (Gl 1.19). Com o tempo, Tiago assumiu a liderança da igreja de Jerusalém, posição originariamente ocupada por Pedro. É evidente que isso não aconteceu por um conflito por poder, mas pela constância de Tiago junto à igreja, ao passo que Pedro e os demais apóstolos viajavam. Em uma conferência em Jerusalém, convocada por causa da missão de Paulo aos gentios, Tiago presidiu como o porta-voz da igreja de Jerusalém (At 15). V. *Concílio apostólico.* Tiago percebeu que seu chamado era para os "circuncisos", i.e., os judeus (Gl 2.9), e ele foi descrito como alguém leal à tradição judaica. Todavia, ele não estava disposto a fazer da Lei algo normativo para todos os que respondessem à nova ação de Deus em Cristo. A morte de Tiago, ocorrida sabidamente por ordem do sumo sacerdote Ananias, deu-se ou por apedrejamento (de acordo com Flávio Josefo, o historiador judeu do séc. I) ou por ter sido atirado do alto da torre do templo (conforme Hegésipo, escritor cristão primitivo, citado por Eusébio, historiador cristão do séc. III). Esses relatos da morte de Tiago (c. 66 d.C.) não são confirmados pelo NT. —*Joseph E. Glaze*

TIAGO, EPÍSTOLA DE A epístola de Tg pertence à seção do NT comumente descrita como "Epístolas Gerais". A carta é uma exortação ao cristianismo prático. O autor declara princípios de conduta e, a seguir, apresenta de forma contínua ilustrações pungentes. As preocupações do autor são muito mais práticas e menos abstratas que as de qualquer outro escritor do NT. Nenhum outro livro do NT recebeu tantas críticas como as encontradas nessa epístola.

Autor O versículo 1 da epístola identifica Tiago como "servo de Deus" (*NVI, ARA, BJ*) e como seu autor. Várias possibilidades para a

TIAGO, EPÍSTOLA DE

identificação correta desse "Tiago" incluem Tiago, irmão de João e filho de Zebedeu; Tiago, o filho de Alfeu, um dos 12 apóstolos, ou Tiago, o meio-irmão de Jesus, filho mais novo de Maria e José. Dos três, Tiago, o irmão do Senhor, é a escolha mais provável. A tradição dos pais da igreja primitiva universalmente atribui a carta a Tiago, o pastor da igreja em Jerusalém. V. *Tiago*.

O conteúdo geral da carta é um chamado à santidade de vida. Isso está bem de acordo com o que se sabe da vida de Tiago. A tradição da Igreja observou sua piedade notável, destacando que os joelhos de Tiago eram como os de um camelo, em razão da quantidade incomum de tempo que ele passava ajoelhado diante de Deus. O autor da epístola estava também impregnado da perspectiva do AT em geral e do judaísmo em particular. Por outro lado, Tiago, irmão de João, filho de Zebedeu, não pode ser o autor, pois, considerando que cedo ele se tornou mártir (At 12.1,2), sua morte quase certamente é anterior à elaboração dessa epístola. Pouco se sabe a respeito de Tiago, filho de Alfeu — muito pouco para conjecturar se ele se envolveu na redação da epístola.

Destinatários Ainda que algumas passagens pareçam se destinar a não cristãos (Tg 5.16), a carta é endereçada "às doze tribos dispersas entre as nações" (1.1). Referência às "doze tribos" sugere que os destinatários eram judeus. Especificamente, a referência é aos judeus da Dispersão. Essa frase relembra a dispersão da nação judaica em 722 a.C., quando o Reino do Norte, Israel, caiu perante o Império Assírio, e finalmente em 586 a.C., quando o Reino do Sul, Judá, caiu perante os invasores babilônios, sob a liderança de Nabucodonosor. Entretanto, o foco de Tiago era perceptivelmente mais definido. Ao que parece, Tiago tinha em mente os judeus "cristãos" da dispersão. Isso pode ser conjecturado da identificação do próprio Tiago (1.1) como "servo de Jesus Cristo", assim como de referências do tipo "ser crentes em nosso glorioso Senhor Jesus Cristo" (2.1).

Data Supostamente a data mais antiga de redação pode indicar a peculiaridade do destinatário. O martírio de Tiago por volta de 66 d.C. fornece a data mais recente possível de redação. Evidências da data mais antiga, como a menção dos provenientes da "assembleia" (gr., *synagoge*), apontam para um período bastante antigo na história cristã, talvez antes do Concílio de Jerusalém em 49-50 d.C. Ainda que alguns estudiosos da Bíblia datem Tiago depois de 60 d.C., muitos acadêmicos estão convencidos de que Tiago foi o primeiro livro do NT a ser escrito; alguns até o datam do ano 48 d.C. Dessa maneira, a carta providencia ao leitor uma visão impressionante das preocupações existentes na igreja na era mais antiga.

Ocasião A carta reproduz evidentemente as preocupações da liderança pastoral sobre os padrões éticos dos primeiros cristãos. Portanto, o conteúdo inclui uma análise no cap. 1 acerca da resposta à tentação e provação (1.1-18). O foco de Tg 1.19-27 é a necessidade de "praticar", a palavra, bem como ouvi-la. O tratamento dos pobres e a administração correta da riqueza são assuntos tratados em Tg 2.1-13 e 5.1-6. A impertinência da língua e a necessidade de dominá-la são discutidas no cap. 3. Conflitos e atitudes em relação a outros cristãos são os temas do cap. 4. Respostas apropriadas às demandas e pressões da vida são sugeridas no cap. 5.

Contribuições de Tiago Alguns eruditos compararam Tg a Pv no AT. Em muitos aspectos os dois livros são completamente diferentes. Entretanto, a comparação é válida da perspectiva da instrução ética. O tema do livro é que a religião prática deve se manifestar em obras superiores às do mundo. Sua essência abrange as áreas da santidade pessoal e o serviço aos outros, bem como cuidar de "órfãos e viúvas" e "não se deixar corromper pelo mundo" (1.27). Essas "obras" exigem ainda a resistência ao Diabo (4.7), a submissão a Deus (4.7) e o arrependimento sincero dos pecados (4.9).

A paciência no decorrer de tentações e privações é o tema da introdução e da conclusão da epístola. Os leitores devem considerar "motivo de grande alegria" o acontecimento de provações (1.2) e esperar recompensa pela perseverança ao passar por elas (1.12). Em Tg 5.7-11 o autor retorna ao assunto, citando Jó e os profetas como exemplos adequados de paciência na tribulação.

Questões e desafios de Tiago Duas passagens difíceis e amplamente debatidas em Tg desafiam os estudantes da Bíblia. Em 2.14-26 Tiago argumenta que a "fé, por si só, se não for acompanhada de obras, está morta" (2.17).

Essa aparente contradição com o ensino do apóstolo Paulo tem provocado muita consternação em alguns teólogos. Martinho Lutero, p. ex., referiu-se ao livro como "epístola de palha", se comparada aos escritos de Paulo.

A exegese mais cuidadosa mostra que a contradição é mais aparente que real. Tiago argumenta que a fé apenas "confessante", como a dos demônios (2.19), não é salvadora. Os demônios creem em Deus no sentido de "assentirem de forma intelectual", mas são vazios de crença como "compromisso". A ortodoxia doutrinária improdutiva do estilo de vida santificado é, em última análise, sem valor.

Em 5.13-16 Tiago menciona a cura e seus meios. De fato, essa passagem trata incidentalmente do assunto da cura. Seu propósito real é enfatizar a efetividade da oração fervorosa do justo (v. 15,16). Isso é ilustrado pela referência a Elias, cujas orações foram suficientes para fechar os céus e abri-los (v. 17,18).

Independentemente de outras pretensões, está claro que a oração da fé "curará o doente". O óleo da unção, seja medicinal, como argumentam alguns, seja simbólico, como outros, não é o agente da cura. Deus cura quando escolhe curar (5.14), como resposta às orações fervorosas do justo.

O livro de Tg continua contando com valor e importância permanentes para o cristão confrontado pelo mundo cada vez mais secularizado. Cristo deve fazer diferença na vida das pessoas. Este é o tema e a ordem de Tg.

Esboço

I. Saudação (1.1).
II. A verdadeira religião é desenvolvida por meio de provações e testes (1.2-15).
   A. A alegria é a resposta correta a tempos de teste (1.2).
   B. O teste da fé pode resultar em perseverança que, quando tem ação completa, capacita-nos a sermos maduros e íntegros, sem qualquer deficiência (1.3,4).
   C. A verdadeira sabedoria vem de Deus e está disponível a quem pede com fé, sem duvidar (1.5-8).
   D. A riqueza pode ser um teste de fé, não uma prova de fé (1.9-11).
   E. A perseverança sob provas conduz à bênção (1.12).
   F. A tentação vem de dentro, não de Deus, e deve ser resistida (1.13-15).
II. A verdadeira religião começa pela fé (1.16-2.27).
   A. A salvação pela fé é dom de Deus, como todas as boas dádivas (1.16,17).
   B. A salvação como expressão da vontade divina está relacionada à Palavra de Deus (1.18-27).
      1. Devemos receber a Palavra de Deus (12.18-21).
      2. Devemos praticar a Palavra de Deus, não apenas ouvi-la (1.22-25).
      3. Devemos controlar a língua praticar a verdadeira religião (1.26,27).
   C. A fé salvadora não demonstra favoritismo, mas expressa amor a todos (2.1-13).
   D. A fé salvadora se expressa por meio de atitudes e ações piedosas (2.14-26).
IV. A verdadeira religião é guiada pela sabedoria (3.1-18).
   A. A pessoa sábia controla a língua (3.1-12).
   B. A sabedoria terrena é caracterizada por atitudes e ações más (3.13-16).
   C. A vida da pessoa sábia é caracterizada pelo comportamento moral (3.17,18).
V. A verdadeira religião é demonstrada por obras (4.1—5.12).
   A. Evitemos agir egoisticamente em vez de buscar Deus (4.1-3).
   B. A sabedoria terrena é caracterizada por atitudes e ações malignas (3.13-16).
   C. Possuamos a atitude adequada em relação a nós mesmos — sendo humildes, não orgulhosos ou arrogantes (4.6-10).
   D. Evitemos falar contra ou julgar outros cristãos (4.11,12).
   E. Evitemos a pretensão acerca do tempo de Deus (4.13-16).
   F. Não falhemos em fazer o que sabemos ser correto (4.17).
   G. Evitemos depender da riqueza (5.1-3).
   H. Evitemos tratar as pessoas de modo injusto (5.4-6).
   I. Não sejamos impacientes, pois o Senhor está voltando (5.7-11).
   J. Não façamos juramentos (5.12).
VI. A verdadeira religião é expressa em oração (5.13-20).

A. A oração, que inclui intercessão, é um aspecto significativo da verdadeira religião (5.13-16a).
1. A oração é uma resposta adequada ao sofrimento e à doença (5.13,14).
2. A oração deve ser oferecida em fé, com motivações certas (5.15).
3. A oração inclui confissão de pecados (5.16a).
B. A justiça de quem ora está relacionada à efetividade da oração (5.16b).
C. Todos podem orar e ser ouvidos (5.17,18).
D. A intercessão pelos pecadores é uma importante responsabilidade cristã.

— Paige Patterson

TIAMATE Deusa sumério-acádia considerada pelos babilônios uma das principais de seu panteão. Ela controlava as águas dos mares e era vista como uma deusa excêntrica, em razão do poder benéfico, mas destrutivo, de rios e mares. No *Enuma Elish*, um épico da criação, Tiamate e seu consorte, Apsu, deram à luz Anshar e a Kishar, os universos superior e inferior. De acordo com o épico, a criação da Terra foi o resultado da derrota de Tiamate pelo deus Marduque, que a dividiu em duas partes para formar o céu e a terra, uma representação do recuo do mar primevo para dar lugar à terra.

TIARA Tradução na *ARA* e *ARC* de duas palavras. Um gorro (*NVI*) em forma cônica colocado sobre a cabeça do sacerdote na hora do emposse. Feito de linho fino branco (Êx 28.40; 29.9; 39.28; Lv 8.13). V. *pano, roupa*.

TIATIRA Cidade no vale do rio Lico. Ainda que nunca tenha sido uma cidade magnífica, Tiatira era o centro de grande quantidade de grupos (uma espécie de sindicato) de comerciantes que utilizavam os recursos naturais da região para transformá-la em um lugar lucrativo. Titatira tinha um contingente judaico na população do qual surgiu uma igreja. Um dos primeiros convertidos de Paulo no continente europeu, Lídia, era natural de Tiatira (At 16.14). Ela provavelmente era membro de uma das organizações de comerciantes que negociava com corante de púrpura. A igreja de Tiatira foi elogiada por suas obras de caridade, serviço e fé (Ap 2.19), mas criticada por permitir que os seguidores de Jezabel prosperassem em seu meio (2.20). V. *Ásia Menor, cidades de*; *Apocalipse, livro de*.

Ruínas de Tiatira na antiga Ásia Menor (atual Turquia).

TIBERÍADES Mencionada apenas em Jo 6.23 (cp. 6.1; 21.1), Tiberíades é uma cidade localizada na margem do mar da Galileia, compreendendo na atualidade o que antigamente eram duas cidades, Tiberíades e Hamate, cada qual cercada pelo próprio muro. Cerca de 1.600 metros adiante (*Talmude, Megillhah* 2.2) elas se uniram para formar uma única cidade, aparentemente no séc. I d.C. (Tosefta, *'Eruvin* 7.2,146). Nessa época, por volta do ano 18 d.C., Herodes Antipas (Lc 3.1) construiu a cidade maior ao longo de uma rota comercial mais ampla que ligava o Egito à Síria, para substituir Séforis como capital da Galileia (Josefo, *Antiguidades* 18.36). Essa cidade permaneceu como capital até o ano 61, quando foi dada de presente por Nero a Agripa II (*Antiguidades* 20.159). Tiberíades foi paganizada pelo imperador Adriano depois da segunda revolta judaica em 132-135, mas se tornou um centro de estudos judaicos depois do ano 200. A *Mixná*, compilada em Séforis por Yehudah Hanassi, assumiu sua forma final em Tiberíades como o *Talmude* e o Texto Massorético da Bíblia Hebraica.

Escavações arqueológicas empreendidas por Nahum Slouschz em 1921 e Moshe Dothan em 1961 em Hamate-Tiberíades, próximas às águas termais, revelaram várias sinagogas datando de 300 a 800, algumas com pisos ricamente decorados com mosaicos. Em 1973 e 1974, Gideon Foerster, escavando ao sul da região, encontrou a porta sul da cidade, com duas torres circulares, datando da fundação da cidade, antes do ano 100 da era cristã.

A atual Tiberíades, construída no lugar da antiga cidade também chamada Tiberíades, com vista para o mar da Galileia.

TIBÉRIO CÉSAR Líder político romano que teve a não invejável tarefa de substituir Augusto como imperador de Roma. Governou o império de 14 a 37 da era cristã. Tibério era especialmente capacitado para substituir Augusto. Um homem sensato e taciturno, não tinha a habilidade para as relações públicas como Augusto.

Tibério contava 54 anos quando chegou ao poder. Era republicano de coração, portanto não deve ter se sentido muito à vontade com o sistema de governo que Augusto lhe deixou. Sentia respeito profundo pelo Senado, e sofreu muito para preservar a dignidade da casa. Mesmo assim, Tibério demorou a compreender que era tarde demais para fazer do Senado um parceiro no governo.

No reinado de Tibério, Jesus iniciou seu ministério e foi crucificado. Esse acontecimento aparentemente não foi notado pela corte do imperador. Tibério morreu no ano 37, com 79 anos. V. *Roma e o Império Romano*. — Gary Poulton

TIBNI Nome pessoal que significa "inteligente" ou "palha". Provavelmente um oficial do exército que disputou com Onri a sucessão ao trono de Israel depois do suicídio de Zinri (1Rs 16.21,22).

TICVÁ Nome pessoal que significa "esperança, expectativa". **1**. Sogro de Hulda, a profetisa (2Rs 22.14; 2Cr 34.22). **2**. Pai de Jaseías, que se opôs ao chamado de Esdras para os israelitas se divorciarem de suas esposas estrangeiras (Ed 10.15).

TIDAL Um dos reis que se aliou contra outros cinco reis em Gn 14.1,9. O nome é semelhante a Tud'alia, nome de vários reis hititas, o que sugere a origem deste na Ásia Menor. O rei talvez seja Tudhalia I (entre 1700 e 1650 a.C.).

TIFSA Nome de lugar que significa "passagem, vau". **1**. Cidade na margem oeste do Eufrates, localizada a cerca de 120 quilômetros de Carquemis, representando o limite nordeste do reino de Salomão (1Rs 4.24). **2**. Lugar próximo a Tirza em Samaria (2Rs 15.16), possivelmente uma corrupção de Tapua, a leitura seguida pela *NTLH*.

TIGLATE-PILESER Nome pessoal que significa "Minha confiança está no filho de Esarra (o templo de Ashur)". Rei da Assíria de 745 a 727 a.C. (2Rs 16.7), também conhecido como Pul (2Rs 15.19; 1Cr 5.26). V. *Assíria*.

TIGRE, RIO V. *Eufrates e Tigre, rios; rios e cursos de água*.

O rio Tigre percorre o Iraque (antiga Mesopotâmia).

Tijolos de barro nas ruínas da cidade de Ur.

TIJOLOS Material de construção de barro, moldado em blocos em forma retangular enquanto ainda úmidos e endurecidos ao sol ou fogo, usados na construção de muros, paredes ou pavimentos.

A tarefa de fabricar tijolos era trabalho pesado. Envolvia cavar e transportar barro pesado. O barro requeria ser amolecido com água, o que era feito ao se pisar o barro. Depois de moldar os tijolos em blocos de aproximadamente 5 x 10 x 20 centímetros, eles eram secados ao sol ou em fornos para tijolos. A torre de Babel (Gn 11.3), feita de tijolos, tinha uma argamassa que era um tipo de piche. Mais tarde, por causa da fome, José levou sua família de mudança para o Egito (Gn 46.6). As 12 famílias se multiplicaram grandemente em 430 anos. Um novo faraó "que nada sabia sobre José" (Êx 1.6-8) escravizou os israelitas. Eles construíram cidades-armazéns de tijolos em Pitom e Ramessés. Os tijolos egípcios às vezes eram misturados com palha. Quando Moisés confrontou o faraó com o pedido de libertação dos israelitas, um faraó irado aumentou as exigências dos escravos. Eles foram obrigados a produzir a mesma quantidade de tijolos e ainda recolher a própria palha. Tanto tijolos feitos com palha quanto tijolos de barro puro foram encontrados em Pitom e Ramessés. Quando Davi subjugou os amonitas, exigiu deles que fizessem tijolos (2Sm 12.31). Isaías (65.3) condenou Israel por sua prática pagã de oferecer incenso sobre altares de tijolos. — *Lawson G. Hatfield*

TIL Tradução em algumas versões de um termo grego "chifre pequeno" (Mt 5.18; cp. Lc 16.7) traduzido de diversas formas nas versões em português (p. ex., "menor traço", *NVI*; "qualquer acento", *NTLH*). O til ou traço é geralmente considerado a marca que distingue letras de forma semelhante, ou o ponto suspenso que distingue a letra *sin* da letra *shin* ou os ganchos que distinguem outras (p. ex., *bet* e *kaf*). Outros sugerem que o que se tem em mente aqui é a letra *waw*. Iota, traduzido por "i" ou "menor letra", é a menor vogal grega e geralmente considerada a que representa a menor letra hebraica, *yod*. Jesus, portanto, ressaltava ser mais fácil céus e terra passarem que o menor descarte de um pormenor da Lei. A qualificação de Mateus "até que tudo se cumpra" talvez seja referência à obra salvífica de Cristo como cumprimento de toda a Escritura.

TILOM Nome pessoal de significado incerto. Descendente de Judá (1Cr 4.20).

TIMEU Nome pessoal que significa "altamente honrado" (Mc 10.46). Bartimeu em aramaico significa "filho de Timeu".

TIMNA Nome pessoal que significa "ela protege". **1**. Irmã de Lotã, líder de um clã horita (Gn 36.22; 1Cr 1.39), concubina de Elifaz, filho de Esaú, e mãe de Amaleque (Gn 36.12). **2**. Filho de Elifaz (1Cr 1.36; Gn 36.16, Temã) e chefe de um clã edomita (Gn 36.40; 1Cr 1.51). O nome Timna está associado a Timna no sul da Arábia ou, de acordo com Gn 36.16, a Temã, no sul de Edom. **3**. Nome atual de uma antiga mineração de cobre situada a cerca de 22 quilômetros ao norte de Eilate.

O nome Timna se refere na atualidade a uma grande área de mineração de cobre ao norte do golfo de Ácaba.

Nome de lugar que significa "porção designada". **4.** Cidade designada a Dã (Js 19.43), localizada na fronteira sul com Judá (Js 15.10). O lugar é provavelmente Tell el-Batashi, a cerca de 6,5 quilômetros a noroeste de Bete-Semes em Judá. Os filisteus ocuparam o lugar no tempo de Sansão (Jz 14.1-5). Uzias provavelmente tomou o lugar como parte da conquista de cidades filisteias (2Cr 26.6). Seu neto Acaz perdeu a cidade mais uma vez para os filisteus (2Cr 28.18). A cidade caiu diante do ataque do rei assírio Senaqueribe em 701 a.C. **5.** Aldeia na região montanhosa de Judá (Js 15.57). Essa Timna foi provavelmente o cenário do encontro de Judá com Tamar (Gn 38.12-14). O lugar provável está ao sul de Hebrom, a cerca de 6,5 quilômetros a leste de Beit Nettif.

Vista de Tel Batash (lugar da antiga cidade de Timna).

TIMNATE-HERES ou **TIMNATE-SERA** Lugar da herança de Josué e do seu sepultamento (Jz 2.9; Js 19.50; 24.30). Timnate-Heres significa "porção do Sol", sugerindo um lugar dedicado ao culto ao Sol (Jz 2.9). Timnate-Sera significa "porção restante", indicando a terra dada a Josué após a distribuição dos lotes às tribos (Js 19.50; 24.30). O lugar é identificado com Khirbet Tibneh, a cerca de 28 quilômetros a sudoeste de Siquém.

TIMNITA Residente de Timna (Jz 15.6).

TIMOM Nome pessoal que significa "honorável". Um dos sete homens escolhidos para supervisionar a distribuição de alimentos às viúvas de língua grega na igreja em Jerusalém (At 6.5, *NVI*, *NTLH*; *ARA* e *ARC*, "Timão").

TIMÓTEO Nome pessoal que significa "honrar a Deus". Amigo e colaborador confiável de Paulo. Quando Timóteo era criança, sua mãe, Eunice, e sua avó, Loide, ensinaram-lhe as Escrituras (2Tm 1.5; 3.15). Natural de Listra, ele pode ter sido convertido durante a primeira viagem missionária de Paulo (At 14.6-23). Paulo se referiu a ele como seu filho na fé (1Co 4.17; 1Tm 1.2; 2Tm 1.2). Isso provavelmente significa que Paulo foi o instrumento na conversão de Timóteo. Quando Paulo foi a Listra na segunda viagem missionária, Timóteo era um discípulo que desfrutava do respeito dos cristãos (At 16.12). Paulo pediu a Timóteo que o acompanhasse. Filho de pai grego, Timóteo não foi circuncidado. Pelo fato de que estariam ministrando a muitos judeus, e sendo a mãe de Timóteo judia, Paulo fez que Timóteo fosse circuncidado (At 16.3).

Timóteo não apenas acompanhou Paulo, mas também foi enviado por ele em muitas missões importantes (At 17.14,15; 18.5; 19.22; 20.4; Rm 16.21; 1Co 16.10; 2Co 1.19; 1Ts 3.2,6). Quando Paulo não estava em condição de ir a Corinto, p. ex., ele enviou Timóteo para representar sua pessoa e seus ensinos (1Co 4.17). Mais tarde, quando Paulo estava preso, ele enviou Timóteo a Filipos (Fp 2.19). Paulo percebeu que ninguém tinha mais compaixão e comprometimento que Timóteo (Fp 2.20-22).

Paulo e Timóteo eram tão próximos que ambos os nomes são listados como autores de seis das cartas de Paulo (2Co 1.1; Fp 1.1; Cl 1.1; 1Ts 1.1; 2Ts 1.1; Fm 1). Além disso, Paulo escreveu a ele duas cartas (1Tm 1.2; 2Tm 1.2).

À medida que o ministério de Paulo se aproximava do fim, ele desafiou Timóteo a permanecer fiel a seu chamado (1Tm 1.18). Quando Paulo estava para enfrentar a morte, ele pediu a Timóteo que fosse ao encontro dele (2Tm 4.9). Em algum momento de sua vida, Timóteo foi preso, mas logo liberto (Hb 13.23). V. *Paulo; Timóteo, primeira epístola a*; *Timóteo, segunda epístola a*. — Robert J. Dean

TIMÓTEO, PRIMEIRA EPÍSTOLA A Primeira de duas cartas escritas por Paulo a Timóteo. Foi composta por volta do ano 63 d.C., após a primeira prisão de Paulo em Roma. É provável que Paulo tenha deixado Roma e ido a Éfeso. Debate-se a respeito do lugar onde foi escrita. Roma e Macedônia foram sugeridas como possibilidades. Talvez, à luz de 1Tm 1.3, a Macedônia seja a melhor opção. A carta foi endereçada a Timóteo em Éfeso. Paulo instou a Timóteo que permanecesse em Éfeso e liderasse aquela importante igreja como seu pastor (1.3).

Propósito Paulo tinha a esperança de visitar Timóteo em Éfeso, mas temia um atraso. Se ele se atrasasse, desejava que Timóteo soubesse "como as pessoas devem comportar-se na casa de Deus" (3.14,15). A epístola contém instruções concernentes à ordem e estrutura na igreja e conselhos práticos para o jovem pastor. Um tema importante nessa e nas outras duas epístolas pastorais (2Tm e Tt) é o ensino saudável. Paulo instou a Timóteo e Tito para que confrontassem os ensinos falsos com um ensino saudável. Essa expressão ocorre oito vezes nas três cartas (1Tm 1.10; 6.3; 2Tm 1.13; 4.3; Tt 1.9,13; 2.1,2). V. *cartas, forma e função*; *Paulo*; *Timóteo*.

Visão geral

Capítulo 1 Paulo escreveu como apóstolo de Jesus Cristo. Ou seja, ele escrevia com a autoridade do próprio Jesus. O erro descrito nos versículos 3 e 4 era de natureza judaica. Alguns estavam ensinando falsamente um tratamento mitológico das genealogias do AT. Esse ensino era ao mesmo tempo sem sentido e controvertido. Timóteo foi instruído a ensinar a "sã doutrina" em lugar deles (1.10,11). Dois líderes que divulgavam os falsos ensinamentos são citados, Himeneu e Alexandre; Paulo disse que os entregou a Satanás para que não mais blasfemassem (1.20; cp. 1Co 5.5). O propósito dessa e de toda a disciplina cristã é promover a restauração do ofensor.

Capítulo 2 Nos cultos na igreja dá-se prioridade à oração. Sete diferentes palavras gregas aparecem no NT para se referir à oração, e quatro destas aparecem no versículo 1. Uma das declarações mais importantes de todo o NT é encontrada no versículo 5. Paulo afirma: "Há um só Deus e um só mediador entre Deus e os homens: o homem Cristo Jesus". O monoteísmo é ensinado de forma nítida como o oposto ao politeísmo do mundo das religiões do séc. I. O termo "mediador" significa o que "está entre". Jesus "está entre" a humanidade e Deus. Ele é também chamado nosso "resgate" no versículo 6. O resgate era pago ao proprietário de um escravo para lhe comprar a liberdade. Jesus pagou por nossa redenção com sua morte na cruz.

Capítulo 3 As qualificações para a liderança da igreja são discutidas nesse capítulo. Quinze exigências morais e éticas são mencionadas nos versículos 2-7. V. *ofícios no Novo Testamento*.

Capítulo 4 Paulo afirma que "tudo o que Deus criou é bom" (4.4). Alguns falsos mestres defendiam que o casamento e alguns tipos de alimentos deveriam ser proibidos. Paulo se baseou na mensagem do Gn na qual Deus afirma que tudo que ele criou é bom! A humanidade se apropria da boa criação de Deus e a corrompe. O apóstolo lembrou a Timóteo que este deveria ser um "bom ministro de Cristo Jesus" (4.6) e "um exemplo para os fiéis na palavra, no procedimento, no amor, na fé e na pureza" (4.12).

Capítulo 5 Paulo deu instruções práticas concernentes ao ministério da igreja a vários grupos que compreendem o grupo local de irmãos.

Capítulo 6 Os mestres das falsas doutrinas eram motivados pelo "lucro" (6.5). Paulo os advertiu à luz desse fato e de outros: "o amor ao dinheiro é a raiz de todos os males" (6.10).

Esboço

I. Saudações (1.1,2).
II. Observações introdutórias (1.3-20).
   A. Falsas doutrinas e um uso equivocado da Lei (1.3-11).
   B. O testemunho de Paulo (1.12-17).
   C. Engajamento na batalha (1.18-20).
III. O culto da igreja (2.1-15).

A. Instruções a respeito da oração (2.1-7).
B. Instruções para homens e mulheres (2.8-15).
IV. Qualificações dos líderes da igreja (3.1-13).
V. O mistério da piedade (3.14-16).
VI. O ministério da igreja (4.1-6.10).
A. Influência demoníaca (4.1-5).
B. Um bom servo de Jesus Cristo (4.6-10).
C. Instruções quanto ao ministério (4.11—5.2).
D. Apoio às viúvas (5.3-16).
E. Honra aos anciãos (5.17-25).
F. Honra aos mestres (6.1,2a).
G. Falsas doutrinas e a cobiça humana (6.2b-10).
VII. Observações finais (6.11-21).
A. Batalhar pela fé (6.11-16).
B. Instruções aos ricos (6.17-19).
C. Guardar a herança (6.20,21).

— *Mark E. Matheson*

TIMÓTEO, SEGUNDA EPÍSTOLA A Segunda das cartas escritas por Paulo a Timóteo, pastor da igreja de Éfeso. Foi a última carta de Paulo. Ele a escreveu de sua cela de prisão no segundo período em que estava preso em Roma. Ele aguardava o julgamento por causa da sua fé. Está claro que ele não tinha a esperança de ser liberto (4.6). Se Nero executou Paulo, e se Nero foi morto em 68 d.C., então Paulo necessariamente teria sido executado algum tempo antes disso. A carta pode ser datada entre 63 e 67 d.C. Timóteo era o destinatário. Durante algum tempo ele era o representante do apóstolo na cidade de Éfeso.

Propósito A carta contém palavras inspiradoras de Paulo, de encorajamento e de instrução ao jovem discípulo. Paulo desejava ver Timóteo (1.4) e pediu-lhe que viesse a Roma visitá-lo. Acredita-se que Timóteo tenha ido. Paulo lhe pediu que viesse antes do inverno (4.21) e trouxesse a capa (de inverno) que ele havia deixado em Trôade (4.13). Timóteo também recebeu a solicitação de trazer os livros e os pergaminhos de Paulo para que este pudesse ler e estudar (4.13). V. *cartas, forma e função*; *Paulo*; *Timóteo*.

Visão geral

Capítulo 1 Paulo lembrou que a fé de Timóteo foi vivida de acordo com o que este aprendera com sua avó, Loide, e sua mãe, Eunice (1.5). Paulo na verdade havia se tornado o pai de Timóteo (1.2). Timóteo parece ter sido uma pessoa tímida. Por isso, Paulo lhe disse para ministrar com espírito de poder (1.7). O Espírito Santo capacita os cristãos, mas estes devem ser cuidadosos para exercer esse poder em "amor e equilíbrio" (1.7). Dois homens, Fígelo e Hermógenes, abandonaram Paulo (1.15). Onesíforo era um bom amigo e não se envergonhou do fato de Paulo estar preso (1.16).

Capítulo 2 Paulo instou a Timóteo que ficasse firme na fé em Jesus Cristo. Paulo usou as metáforas do soldado, do atleta e do lavrador ao descrever o chamado do cristão. O propósito desse chamado é que os "eleitos [...] alcancem a salvação que está em Cristo Jesus" (2.10). Timóteo deveria manejar "corretamente a palavra da verdade" (2.15) diante dos que a utilizavam de modo incorreto. Himeneu (1Tm 1.20) e Fileto são destacados (2.17). Eles ensinavam que a ressurreição já havia ocorrido e com isso estavam destruindo a fé de alguns (2.18).

Capítulo 3 "Os últimos dias" são uma referência à segunda vinda de Jesus. Os dias que precedem seu retorno serão "difíceis". Algumas das características desses últimos dias já apareceram em muitos momentos, mas o tempo antes da vinda de Jesus será muito mais intenso. Paulo alistou 18 características dos homens maus nos versículos 2-5. Ele os comparou a Janes e Jambres, que se opuseram a Moisés (3.8). Ainda que esses dois indivíduos não sejam mencionados no AT, a tradição judaica os apresenta como os magos egípcios que se opuseram a Moisés e a Arão. O ensino mau e falso deve ser vencido pelas Santas Escrituras (3.16,17).

Capítulo 4 Paulo posteriormente instruiu Timóteo a preparar-se para "pregar a palavra" (v. 2) em todo tempo. Essa é uma necessidade suprema, pois as pessoas não vão mais "suportar a sã doutrina" (v. 3). Paulo, com base no imaginário de Nm 28.24, comparou sua vida a uma "oferta derramada" (*NVI*; *ARA*, *ARC* e *BJ*, "libação"; *NTLH*, "oferta de vinho"). Esse tipo de oferta era derramado em um sacrifício antes do oferecimento deste. Ele estava pronto para partir desta vida e estar com o Senhor. Ele esperava a "coroa da justiça" (4.8). A carta é encerrada com instruções práticas e observações pastorais a Timóteo.

TINTA

Esboço
I. Saudação (1.1,2).
II. Ação de graças (1.3-7).
III. Não se envergonhar do evangelho (1.8-12).
IV. Ser leal à fé (1.13-18).
V. Fortalecer-se na graça (2.1-13).
VI. Um obreiro aprovado (2.14-26).
VII. Tempos difíceis à frente (3.1-9).
VIII. As Escrituras Sagradas (3.10-17).
IX. Cumpra o seu ministério (4.1-8).
X. Instruções finais (4.9-18).
XI. Bênção (4.19-22).

— *Mark. E. Matheson*

TINTA Fluido para escrever. A tinta para escrever em papiro (produto vegetal) era feita de fuligem ou pretume de lamparina misturado com goma arábica (Jr 36.18; 2Co 3.3; 2Jo 12; 3Jo 13). A tinta vermelha era feita pela substituição do pretume com óxido de ferro vermelho. Pelo fato de essa tinta não aderir bem ao pergaminho (um produto de couro), outra tinta era feita de resina misturada com sulfato de ferro.

Estojos de caneta do antigo Egito com recipientes no alto para tinta.

TINTURA Processo de tingir materiais. O processo de tingimento não é mencionado nas Escrituras, embora o material de tingimento o seja. Fios azuis, roxos e vermelhos eram usados na fabricação das cortinas do tabernáculo (Êx 25.4; 36.8,35,37). Material tingido era parte importante dos despojos de guerra (Jz 5.30). O trabalho de uma classe de trabalhadores com linho (1Cr 4.21) pode ter incluído o tingimento de fios. Salomão pediu ao rei Hirão que lhe enviasse alguém capacitado em tingir roxo, vermelho e azul para as cortinas do templo (2Cr 2.7; 3.14). O texto de Jó 38.14, emendado por alguns tradutores modernos (*NRSV*), fala da aurora "tingindo" o céu (a maioria se refere ao "barro"). No NT, Lídia era vendedora de tecido tingido de púrpura (At 16.14).

O processo de tingimento incluía embeber o material em tanques de tinta e depois secá-lo. Esse processo era repetido até o material tingido estar da cor desejada. O processo era concluído ao embeber o material em um agente de fixação para manter a cor do tecido. O azul era obtido da casca de romãs, o vermelho das larvas de vermes que se alimentavam de carvalhos e o roxo da casca de moluscos murex. Como esse molusco era encontrado somente nas regiões de Acre, na costa fenícia, e só uma pequena quantidade de material de tingimento podia ser extraída de cada concha, essa tintura era especialmente valorizada. Evidências arqueológicas sugerem que na Palestina dos tempos bíblicos os fios eram tingidos, não o pano todo. V. *pano, roupas*.

TIPOLOGIA Método de interpretação que toma algumas partes da Escritura por ver um padrão de alguma declaração anterior mediante o qual uma passagem posterior é explicada. A palavra grega que auxilia a entender a tipologia vem de uma raiz verbal que significa "bater, golpear". No processo de construção, o que é "batido" se torna um padrão. Este verbete examinará o uso de várias palavras e como a tipologia funciona na interpretação do AT.

Palavras básicas e seu significado Todas as palavras a seguir transmitem a ideia de uma impressão.

1. Soprar, golpear, marcar O significado literal de *typos* é encontrado na narrativa a respeito do ceticismo de Tomé: "Se eu não vir as marcas dos pregos nas suas mãos, não colocar o meu dedo onde estavam os pregos e não puser a minha mão no seu lado, não crerei" (Jo 20.25). Jesus convidou Tomé a examinar suas mãos e o seu lado. Depois, ele disse: "Pare de duvidar e creia" (Jo 20.27). Tomé demonstrou que assim o fez quando exclamou: "Senhor meu e Deus meu!" (Jo 20.28).

2. Modelo ou padrão técnico Tanto Hb 8.5 quanto At 7.44 usam a palavra *typos* para se referir a Êx 25.40, em que Senhor ordenou a Moisés que preparasse o mobiliário e os utensílios do tabernáculo "segundo o modelo que lhe foi mostrado no monte". A palavra hebraica para modelo é *tavnit*, de uma raiz que significa "construir". O substantivo significa "construção, padrão ou figura". O escritor de Hb enfatizou que Cristo não podia ser um sacerdote terreno, pois tais sacerdotes serviam como cópia e sombra de coisas celestiais. Moisés viu uma cópia terrestre da realidade celestial. Jesus se tornou sumo sacerdote e ministro do lugar santo e do verdadeiro tabernáculo que o Senhor erigiu (Hb 8.2). Mesmo a linguagem humana mostra a superioridade do sacerdócio celestial de Cristo em relação aos sacerdotes terrenos.

Em At 7.44 Estêvão disse que o tabernáculo "fora feito segundo a ordem de Deus a Moisés". A palavra *typos* significa um modelo ou padrão.

3. Imagem ou status Em At 7 Estêvão disse que os filhos de Israel "levantaram o santuário de Moloque e a estrela do seu deus Renfã, ídolos que fizeram para adorar". Nessa passagem o que foi estampado é um ídolo. A impressão se tornou um objeto de adoração.

4. Padrão como molde ou norma Estêvão apontou para um padrão negativo, no caso da idolatria, mas Paulo enfatizou um padrão positivo em Rm 6.17. Paulo deu graças a Deus porque, ainda que os romanos tenham sido escravos do pecado, eles se tornaram submissos ao evangelho. Ele descreveu o evangelho como a "forma de ensino que lhes foi transmitida". O evangelho é uma norma ou padrão que mostra como os cristãos devem viver (cf. Rm 1.16,17)

5. Pessoas como exemplo ou padrão Quando as pessoas internalizavam o evangelho, a vida delas entrava num processo de transformação. Paulo falou dele mesmo e de seus cooperadores como exemplos ou padrões. Ele instou aos filipenses que se tornassem seus imitadores: "Irmãos, sigam unidos o meu exemplo e observem os que vivem de acordo com o padrão que lhes apresentamos" (Fp 3.17). Aos tessalonicenses ele disse: "[...] para que nos tornássemos um modelo para ser imitado por vocês" (2Ts 3.9). Paulo recebeu misericórdia e Deus demonstrou toda a grandeza da sua paciência usando-o "como um exemplo para aqueles que nele haveriam de crer" (1Tm 1.16).

Os tessalonicenses, por sua fé durante a tribulação, tornaram-se modelo ou padrão para os cristãos na Macedônia e na Acaia, e "por toda parte tornou-se conhecida a fé que [eles tinham] em Deus" (1Ts 1.7,8). Paulo ordenou a Timóteo a ser um padrão ou modelo para os cristãos "na palavra, no procedimento, no amor, na fé e na pureza" (1Tm 4.12). Ao mesmo tempo, Timóteo tinha o padrão de Paulo para guiá-lo: "o modelo da sã doutrina que você ouviu de mim" (2Tm 1.13). Tito, de igual maneira, deveria ser um modelo ou padrão de boas obras, de integridade no ensino, de sobriedade, de modo que não fosse repreendido (Tt 2.7,8). Pedro orientou os presbíteros a que se tornassem exemplos ou padrões do rebanho e que não agissem como dominadores dos cristãos (1Pe 5.3). Os cristãos, especialmente os líderes, são observados e com frequência, imitados. O padrão ou modelo que exibem é crucial.

Tipologia como método de interpretação do Antigo Testamento Algumas vezes o NT se refere de modo explícito ao seu modo de interpretar o AT na perspectiva do "tipo". Na maioria das vezes o NT usa a tipologia como um método de interpretação do AT sem dizê-lo de forma inequívoca. A tipologia envolve a correspondência, em geral, de um ponto particular entre uma pessoa, acontecimento ou objeto no AT com uma pessoa, acontecimento ou objeto no NT. Todos os outros elementos podem ser completamente diferentes, com exceção daquele selecionado para comparação, que deve ter uma semelhança genuína nos dois contextos históricos diferentes.

1. Advertências do Antigo Testamento Paulo usou essa possibilidade de tipologia em 1Co 10.1-11. Ele recontou a experiência do povo de Israel no êxodo e nos 40 anos de peregrinação pelo deserto, a destruição do exército do faraó no mar (Êx 14-15), o maná (Êx 16), como se comportaram quando estavam com sede — Refidim — ferindo a rocha (Êx 17), Cades — falando à rocha (Nm 20), o pecado do bezerro de ouro (Êx 32), a fornicação com as filhas de Moabe em Baal-Peor (Nm 25), a murmuração enquanto iam do monte Hor ao redor da terra de Edom (Nm 21). Paulo enfatizou um ponto de correspondência entre os acontecimentos do AT e a mensagem do NT. Todo o povo participou das experiências, mas Deus não se agradou da maioria deles; quase todos morreram no deserto e não puderam entrar na terra prometida (1Co 10.5). Paulo apontou para essa conduta da maioria que provocou a ira de Deus como sendo tipos ou padrões de advertência, modelos, exemplos para os cristãos (1Co 10.6). Os cristãos não devem desejar coisas más, como no incidente do bezerro de ouro ou no caso de Baal-Peor (1Co 10.7,8). Também não devem reclamar ou murmurar como os israelitas fizeram quando foram picados pelas serpentes abrasadoras (Nm 21.6, *ARA*; *NVI*, "serpentes venenosas") ou como por ocasião do julgamento dos filhos de Corá (1Co 10.9,10; cp. Nm 16; 21). Paulo concluiu: "Essas coisas aconteceram a eles como exemplos e foram escritas como advertências para nós, sobre quem tem chegado o fim dos tempos" (1Co 10.11).

2. Adão como tipo de Cristo Paulo comparou Adão e Cristo em Rm 5.12-21. Ele argumentou que o ato de Cristo é muito mais poderoso que a transgressão de Adão. Paulo disse especificamente que Adão era "um tipo daquele que haveria de vir" (v. 14). Com certeza diferenças imensas separam Adão de Cristo. O ponto de correspondência na passagem é o efeito da influência sobre a humanidade. Adão afetou a humanidade de modo negativo; Cristo afeta a mesma humanidade para o bem. A transgressão de Adão trouxe um veredicto de condenação para todas as pessoas; o ato justo de Cristo trouxe o benefício gracioso para todas as pessoas pela justificação que concede à vida (v. 16,18). Onde o pecado foi abundante, transbordou a graça (v. 20). Para fazer o ato de Cristo efetivo, as pessoas devem receber a prodigalidade da graça de Deus e a dádiva da justiça (v. 17).

3. O batismo como cumprimento Pedro, depois de discutir a obra de Cristo na pregação no mundo espiritual aos espíritos em prisão, mencionou a arca de Noé e o Dilúvio: "nela (na arca) apenas algumas pessoas, a saber, oito, foram salvas por meio da água, e isso é representado pelo batismo que agora também salva a vocês — não a remoção da sujeira do corpo, mas o compromisso de uma boa consciência diante de Deus — por meio da ressurreição de Jesus Cristo" (1Pe 3.20,21). O batismo é uma representação da fé. No versículo 21 o batismo é chamado de "compromisso" — um ato de boa consciência. Os cristãos são salvos pela fé expressa na água do batismo. Qual é o ponto de correspondência com o Dilúvio? O Dilúvio foi um tipo do batismo porque as pessoas de fé (que receberam o favor da parte de Deus) experimentaram libertação. Noé e sua família foram libertos pela arca e a água. Os cristãos que expressam no batismo uma fé genuína são libertos da escravidão do pecado.

Um ponto de correspondência entre um acontecimento no AT e um acontecimento no NT mostra o mesmo Deus em ação nas duas alianças. A tipologia, uma comparação que enfatiza um ponto de similaridade, ajuda a ver a pessoa, o acontecimento ou a instituição do NT que é o cumprimento do que fora apenas sugerido no AT. — *Berkeley Mickelson*

TÍQUICO Nome pessoal que significa "afortunado". Um dos colaboradores do ministério de Paulo. Natural da Ásia Menor (At 20.4), viajou com o apóstolo na terceira jornada missionária. Tíquico e Onésimo levaram a epístola que Paulo escreveu aos colossenses (Cl 4.7-9) e foram relatar à igreja a condição de Paulo. Paulo em uma ocasião também enviou Tíquico a Éfeso (2Tm 4.12) e possivelmente a Creta em outra (Tt 3.12). A tradição diz que ele morreu como mártir.

TIRACA Faraó egípcio da 25ª Dinastia (689-664 a.C.) que apoiou a revolta de Ezequias contra o rei assírio Senaqueribe (2Rs 19.8,9; Is 37.9).

TIRANÁ Nome pessoal de significado incerto. Filho de Calebe e de Maaca (1Cr 2.48).

TIRANO Forma latina da palavra grega *tyrannos*, governante com autoridade absoluta. Depois de Paulo se retirar da sinagoga de Éfeso, ele pregou por dois anos na escola de Tirano (At 19.9). Tirano era o proprietário do local, ou talvez um filósofo importante associado à escola. De acordo com os textos ocidentais, Paulo pregava das 11 às 16 horas, o período de descanso da tarde. Se esses textos estão corretos, essa tradição explica a disponibilidade da escola (as escolas em geral funcionam na parte da manhã) e a liberdade de "todos [...] da província da Ásia" (v. 10) ouvirem Paulo na hora da sesta.

TIRÁS Divisão de um grupo de descendentes de Jafé formado por povos do mar (Gn 10.2; 1Cr 1.5). Tradicionalmente esse grupo é relacionado com o povo turscha, integrante dos povos do mar que Ramsés II combateu (1198-1166 a.C.) Alguns estudiosos os identificaram com os etruscos da Itália.

TIRATITAS Família de escribas queneus (1Cr 2.55).

TIRIA Nome pessoal que significa "medo". Descendente e família de Judá (1Cr 4.16).

TÍRIO Cidadão ou natural de Tiro.

TIRO V. *Sidom e Tiro*.

Vista do lado ocidental do monte do Templo, com o vale de Tiropeão no primeiro plano.

TIROPEÃO, VALE DE Depressão estreita entre o Ofel de Jerusalém (monte de Davi) e a colina ocidental ou superior da cidade. Era bem mais profunda na Antiguidade, mas foi preenchida com entulhos ao longo dos séculos, em especial desde a destruição da cidade pelos romanos no ano 70 d.C. Quando Davi capturou a cidade, o vale serviu como barreira defensiva natural.

No período helenístico, o vale foi cercado pelo muro da cidade. No período das construções de Herodes, foram erigidas pontes para ligar a área do palácio ao complexo do templo.

TIRSATA Título de honra que designa respeito por um oficial, equivalente a "Sua Excelência" (Ed 2.63, *ARC*; *NVI*, *ARA* e *NTLH*, "governador"; Ne 7.65,70; 8.9; 10.1).

TIRZA Nome pessoal que significa "ela é amigável". **1.** Filha de Zelofeade que herdou parte dos bens tribais de Manassés, pois seu pai não teve filhos. **2.** Originariamente, uma cidade cananeia notada por sua beleza (Ct 6.4), mas capturada na conquista da terra prometida (Js 12.24). Tornou-se uma das primeiras capitais de Israel quando Jeroboão I lá estabeleceu sua residência (1Rs 14.17) e continuou como capital até Onri construir Samaria (1Rs 16.23,24). Descobertas arqueológicas, junto com referências bíblicas, sugerem que Tirza deve ser identificada com a atual Tell el-Fara, um monte de tamanho extraordinário, localizado a cerca de 11 quilômetros a nordeste de Siquém. A região foi ocupada primeiramente por volta de 3000 a.C. e floresceu como cidade cananeia até ser capturada por Josué entre 1550 e 1200 a.C. Tirza permaneceu como cidade cananeia até a conquista assíria em 722 a.C. Por volta de 600 a.C., Tirza estava completamente abandonada.

TÍSICA (*ARA*, *ARC*) Doença degenerativa ou definhante que cairia sobre os desobedientes à Lei (Lv 26.16; Dt 28.22). A doença tem sido identificada com a tuberculose pulmonar (*phthisis*) ou com os efeitos colaterais de degeneração e definhamento de surtos longos de febre resultante da malária. Alguns têm até sugerido câncer. Em Is 10.22 e 28.22, essa palavra é traduzida por "destruição" na maioria das versões.

TITO Companheiro de Paulo (Gl 2.3), de origem gentílica, e destinatário da carta do NT que traz seu nome. Tito pode ter sido convertido por Paulo, que o chama de "meu verdadeiro filho, em nossa fé comum" (1.4). Como um dos primeiros colaboradores de Paulo, Tito acompanhou o apóstolo e também Barnabé até Jerusalém (Gl 2.1), provavelmente na visita com donativos para

TITO JUSTO

auxiliar os que estavam sofrendo pela seca que se abateu sobre a Judeia (At 11.28-30).

Ainda que At não mencione Tito, ele se envolveu nas atividades missionárias de Paulo, como o demonstram as cartas paulinas. Ele era conhecido dos gálatas (Gl 2.1,3), possivelmente desde a primeira viagem missionária àquela região. Tudo indica que Tito era uma pessoa muito capacitada, chamada por Paulo de "meu companheiro e cooperador" (2Co 8.23). Ele recebeu a tarefa delicada de entregar a carta severa de Paulo à igreja de Corinto (2Co 2.1-4) e de corrigir problemas dessa igreja (2Co 7.13-15). A preocupação sincera de Tito para com essa questão e o trato imparcial que dispensou aos coríntios (2Co 8.16,17; 12.18) sem dúvida contribuíram para seu sucesso, que ele reportou pessoalmente a Paulo, o qual esperava com ansiedade por notícias na Macedônia (2Co 2.13; 7.5,6,13-15). Paulo respondeu escrevendo 2Co, que provavelmente foi entregue por Tito (2Co 8.6,16-18,23).

Paulo aparentemente foi liberto depois do primeiro encarceramento em Roma e fez outras viagens missionárias, não registradas em At. Em uma delas, Paulo e Tito foram a Creta, onde Tito ficou para supervisionar e administrar a igreja (Tt 1.5). Paulo enviou sua carta a Creta, pedindo a Tito que se encontrasse com ele em Nicópolis, na costa oeste da Grécia (Tt 3.12). Depois da outra prisão de Paulo, Tito foi enviado à Dalmácia (2Tm 4.10). De acordo com a tradição da Igreja, Tito foi o primeiro bispo de Creta. V. *Creta*. — Daniel C. Browning Junior

TITO JUSTO V. *Justo*.

TITO, CÉSAR Imperador romano de 79 a 81 d.C., o filho mais velho de Vespasiano. Tito, como seu pai, foi um soldado. Serviu na Germânia (atual Alemanha) e na Britânia (atual Inglaterra) e mais tarde no Oriente Médio. Quando Vespasiano deixou o comando no Oriente Médio para se tornar imperador, no ano 69 da era cristã, deixou Tito responsável por esmagar a revolta judaica. No ano 70 suas tropas capturaram o templo em Jerusalém. Eles tomaram a última fortaleza judaica, Massada, no ano 73. Sua vitória sobre os judeus foi apresentada de modo vívido no arco do triunfo erigido em Roma, que se encontra até hoje nessa cidade.

Tito era profundamente admirado por seus soldados; quando se tornou imperador, foi amado pelo povo. Considerado um governante honesto e um administrador competente, foi seguidor da filosofia estoica. Ele acreditava que o imperador romano era um servo do povo. Tito e seu pai antes dele (os chamados Imperadores Flavianos) lutaram para reestabelecer a estabilidade no império e no governo depois dos excessos de Nero. Eles conseguiram fazer com que o império reconquistasse a estabilidade financeira.

Tito teve muitos problemas pelas atitudes de Domiciano, seu irmão mais novo. Ainda que ele não acreditasse que Domiciano fosse digno de ser seu sucessor, não o eliminou. V. *Jerusalém; Roma e o Império Romano*. — Gary Poulton

O Arco de Tito, imperador romano, filho de Vespasiano, na cidade de Roma, Itália.

TITO, EPÍSTOLA A O apóstolo Paulo escreveu a Tito, um gentio que era seu colaborador e em quem confiava. Quando Paulo e Barnabé foram a Jerusalém discutir o evangelho com os apóstolos, levaram Tito com eles como exemplo de um gentio cristão que não fora circuncidado

(Gl 2.1-3). O apóstolo também usou Tito para que este entregasse uma carta contundente à igreja de Corinto (2Co 2.3,4,13; 7.6-16) e para fazer a coleta de oferta da igreja para os santos pobres de Jerusalém (8.16-24).

As circunstâncias da redação de Tt são similares às da redação da primeira epístola a Timóteo. Depois da primeira prisão em Roma (60-62 d.C.), Paulo retornou ao trabalho missionário no Oriente. Tudo indica que Paulo e Tito evangelizaram Creta, e Tito ficou lá para organizar as igrejas e escolher presbíteros em cada cidade (Tt 1.5). Paulo provavelmente escreveu essa carta quando ia de Creta até Nicópolis, entre os anos 63 e 65. Como em 1Tm, Paulo fez advertências contra os falsos mestres e transmitiu instruções para vários grupos concernentes ao comportamento cristão adequado. Além disso, ele orientou a Tito que o encontrasse em Nicópolis sempre que fosse necessário (3.12).

Paulo descreveu o evangelho como um sistema fixo de crenças, denominando-o "piedade" (1.1), "verdade" (1.1), "sã doutrina" (1.9; 2.1, 8) e "fé" (1.13). A descrição do evangelho nesses termos não deve levar à suspeita de que Paulo não escreveu Tt. Diferentemente de suas cartas às igrejas, dessa feita Paulo escreveu a uma pessoa, e esperava-se que ele descrevesse o evangelho nesses termos. Em outras cartas Paulo se referiu ao evangelho com expressões semelhantes, dando ênfase ao apego que se deve ter a ele, enfatizando de modo firme a tradição (1Co 11.2), citando declarações de fé que refletem o conteúdo do evangelho (15.3-5), além de designá-lo como "a fé" (Gl 1.23).

Tal como nas demais epístolas pastorais, heresias eram um problema, feitas de mitos (Tt 1.14) e genealogias (3.9), como de outros elementos judaicos (1.10,14). Os falsos mestres tinham prazer em controvérsias e debates (1.10; 3.9,10), eram enganadores (1.10), detestáveis, desobedientes e sem valor (1.15,16). Tinham a esperança de obter lucros com seus ensinos (1.11). Esse ensinamento falso pode ter sido semelhante à heresia dos colossenses.

Paulo mencionou dois ofícios na liderança da igreja: presbítero (*presbyteros*, Tt 1.5) e bispo/supervisor (*episkopos*, 1.7). Parece que esses ofícios são citados de modo intercambiável em At 20.17,28. "Bispo" é mais descritivo da função, enquanto "presbítero" pode se referir à idade e/ou à experiência. Eles tinham a supervisão espiritual da congregação. Esses textos não refletem necessariamente uma estrutura eclesiástica monárquica, que surgiu após o tempo de Paulo. O apóstolo não discute de modo detalhado as tarefas de bispos e presbíteros, mas os presbíteros/supervisores precisam ser pessoas de caráter moral impecável (Tt 1.5-9) e devem conduzir bem sua família (1.6).

Pelo fato de a palavra "presbítero" aparecer na forma plural (Tt 1.5), muitos pensam que cada igreja deve ter um grupo de presbíteros. Entretanto, isso não pode ser provado. O uso do plural é natural quando se indica mais de uma pessoa. O plural podia facilmente ser explicado pelo fato de haver muitas igrejas; logo, havia também muitos presbíteros. Ainda que um grupo de presbíteros possa ter liderado cada igreja, parece mais provável que presbíteros individuais liderassem as igrejas domésticas, i.e., que se reuniam nas casas.

Paulo considerara que a humanidade tinha um problema com o pecado (Tt 3.3), mas a salvação foi provida de maneira graciosa por Deus, com base apenas em sua bondade imerecida e misericórdia, não por obras (3.4-7). Paulo também explicou que os salvos por Cristo devem se dedicar à prática de boas obras (2.11-14; 3.3-8). V. *Apolo*; *circuncisão*; *Espírito Santo*; *Paulo*; *salvação*.

Esboço
I. Saudação (1.1-4).
II. O ministério de Tito em Creta (1.5-16).
III. Um ensino saudável (2.1-15).
IV. A importância das boas obras (3.1-11).
V. Instruções finais e conclusão (3.12-15).

— *Terry Wilder*

TIZITA Título dado a Joá, um dos guerreiros da tropa de elite de Davi (1Cr 11.45, ARA, ARC; NVI, "de Tiz"), designativo de sua cidade natal ou região (atualmente desconhecida).

TOÁ Nome pessoal que talvez signifique "humildade". Um levita da família de Coate (1Cr 6.34). A lista paralela traz o nome Naate (1Cr 6.26) e Toú (1Sm 1.1).

TOBE Nome de lugar que significa "bom". Cidade síria no sul de Haurã, para onde Jefté fugiu de seus irmãos (Jz 11.3-5). Tobe contribuiu com tropas para uma aliança fracassada contra Davi (2Sm 10.6-13). Talvez seja a mesma cidade chamada Tabeel (Is 7.6). O lugar provavelmente é et-Taiyibeh, a cerca de 19 quilômetros a leste de Ramote-Gileade, perto da fonte do rio Jarmuque.

TOBE-ADONIAS Nome pessoal que significa "Yah (= Javé) é bom". Levita que Josafá enviou para ensinar o povo de Judá (2Cr 17.8). O nome talvez seja a combinação de dois nomes precedentes na lista (Adonias, "meu Senhor", e Tobias, "O Senhor é bom").

TOBIAS Nome pessoal que significa "Yah (= Javé) é bom". **1.** Um dos principais adversários de Neemias em seus esforços para reconstruir Jerusalém. Tobias era um judeu praticante que vivia em uma câmara (um quarto) do templo. É chamado de "amonita" (Ne 2.10,19) provavelmente pelo fato de sua família ter fugido para o território de Amom quando da destruição de Jerusalém. Ele desfrutava de favor aristocrático e tinha o título de "servo", que lhe foi concedido pelo governador persa. Sua oposição à reconstrução de Jerusalém se explica pelo possível enfraquecimento de sua autoridade política na região. **2.** Ancestral de um clã que voltou do exílio e que não conseguiu provar sua origem israelita (Ed 2.60). **3.** Levita que Josafá enviou para ensinar o povo (2Cr 17.8). **4.** Homem que retornou do exílio e ao que parece trouxe consigo um presente de ouro da Babilônia para a comunidade de Jerusalém. Zacarias o usou como testemunha da coroação de Josué, o sumo sacerdote, e para preservar as coroas do templo (Zc 6.9-14).

TOCATE Forma usada pela *NVI* para Ticvá em 2Cr 34.22.

TOCHA Poste longo com panos embebidos em óleo amarrados em uma de suas extremidades e usados para iluminação. A palavra grega *lampas* é em geral traduzida por "tocha" (Jo 18.3; Ap 4.5; 8.10), a menos que o contexto sugira a tradução "candeia" (At 20.8). As lâmpadas das virgens prudentes e insensatas (Mt 25.1-8) talvez fossem tochas.

TODO-PODEROSO Título de Deus, tradução do hebraico *El-Shaddai*. A tradução grega antiga introduziu "Todo-poderoso" como uma de diversas traduções. Estudos recentes tendem a considerar "Aquele da Montanha" como o significado originário mais provável. O nome foi associado particularmente a Abraão e aos patriarcas (Gn 17.1; 28.3; 35.11; 49.25). Jó é o único livro que usa *El-Shaddai* extensivamente, 31 vezes ao todo. Paulo usou "Todo-poderoso" uma vez ao final de uma série de citações do AT para imitar o estilo veterotestamentário e destacar o poder de Deus ao cumprir sua palavra. O livro de Ap se refere nove vezes a Deus como o "Todo-poderoso", também dando uma sensação de poder à visão de Ap.

TOFEL Lugar próximo de onde Moisés pronunciou seu discurso de despedida de Israel (Dt 1.1), identificado com et-Tafileh, a cerca de 24 quilômetros a sudeste do mar Morto, entre Kerak e Petra. Pode representar o nome de um território, não de uma cidade.

TOFETE Nome de um lugar no vale de Hinom, fora de Jerusalém, derivado do aramaico ou do hebraico, que significa "lareira", mas que foi modificado por escribas hebreus para significar "coisa vergonhosa", por conta do culto ilícito que nesse local se praticava (Jr 7.31,32). Praticava-se sacrifício de crianças em Tofete, o que levou o profeta a declarar um massacre do povo naquele lugar quando Deus se manifestasse em vingança (Jr 19.6-11). V. *Hinom, vale de*.

TOGARMA Filho de Gômer e nome de uma região da Ásia Menor (Gn 10.3; 1Cr 1.6; cp. Bete-Togarma, Ez 38.6) habitada pelos seus descendentes. Togarma era famosa por seus cavalos (Ez 27.14). O lugar talvez seja a atual Gurun, a cerca de 112 quilômetros a oeste de Malatya, ou algum lugar na Armênia.

TOI Nome pessoal que significa "erro". Rei de Hamate no Orontes que enviou tributo a Davi depois da derrota do inimigo comum que tinham, Hadadezer de Zobá (2 Sm 8:9-10; em 1Cr 18:9-10 é chamado de Toú).

TOLÁ Nome pessoal que significa "verme carmesim". **1.** Primogênito de Issacar (Gn 46.13; Nm 26.23; 1Cr 7.1,2). **2.** Juiz que governou Israel durante 23 anos e residia em Samir, provavelmente em ou próximo a Samaria (Jz 10.1).

TOLADE Forma alternativa do nome Eltolade (1Cr 4.29).

TOLAÍTA Divisão de Issacar descendente de Tolá (Nm 26.23-25).

TOLDO O uso em Ez 27.7 sugere uma cobertura para proteger do sol os passageiros de um navio. Pode ser semelhante à cobertura da arca de Noé (Gn 8.13) e do tabernáculo (Êx 26.14).

TOLO, TOLICE, INSENSATEZ Tradução de diversas palavras não lisonjeiras que ocorrem aproximadamente 360 vezes em todo o AT e NT para descrever pessoas não sábias e não piedosas. As palavras são especialmente predominantes na literatura sapiencial do AT. Pessoas sem sabedoria são chamadas "tolas"; seu comportamento é descrito como "insensatez". O retrato emergente do material bíblico é bem simples: a insensatez é o oposto da sabedoria, e o tolo é o oposto da pessoa sábia. A sabedoria e a insensatez são retratadas como filosofias ou perspectivas de vida. A pessoa religiosa escolhe a sabedoria, ao passo que a não religiosa opta pela insensatez. A sabedoria conduz à vitória; a insensatez, à derrota. A sabedoria pertence aos tementes a Deus, e o "temor" do Senhor é o princípio da sabedoria (Pv 1.7). A sabedoria é a essência da vida. A pessoa tola é alguém imprudente, autocentrada e obviamente indiferente a Deus.

Emprego no Antigo Testamento Sete palavras hebraicas distintas são geralmente usadas para designar "insensatez" (ou "tolice") em português. Algumas das nuanças sugeridas pelas diversas palavras incluem: a) pecaminosidade propositada; b) estupidez; c) estupidez maldosa; e d) atividade brutal ou sub-humana.

O tolo pode ser o indiferente. "O tolo cruza os braços" (Ec 4.5a). Essa indiferença é também descrita em termos do agricultor que "vai atrás de fantasias" em vez de cuidar da lavoura (Pv 12.11).

Em outros textos o tolo é descrito como quem nega a existência de Deus: "Diz o tolo em seu coração: 'Deus não existe' " (Sl 14.1). O comportamento tolo é caracterizado também pela incapacidade de reconhecer o verdadeiro caráter de Deus. Jó censurou sua esposa por se comportar como os tolos quando ela negou o amor leal de Deus (Jó 2.10).

O insensato inexperiente é encorajado a mudar em Pv 9.4-6. Mas o tolo pode ser alguém intencionalmente perverso. Nabal e Saul representam esse tipo de insensatez intencional e maldosa para com Davi (1Sm 25.25; 26.21).

Emprego no Novo Testamento Os elementos contrastantes da sabedoria e insensatez evidentes no AT estavam claramente na mente de Paulo quando ele perguntou: "Acaso não tornou Deus louca a sabedoria deste mundo?" (1Co 1.20b). No entanto, no NT essa polaridade entre a sabedoria e a insensatez não é sempre ressaltada. Aliás, é possível que certo tipo de sabedoria seja na verdade insensatez. Em Mt 7.26; 25.2,3; Rm 2.20, "insensatez" é usada como sinônimo de "sabedoria experimental". A sabedoria baseada somente no intelecto e experiência humanos sem levar Deus em consideração é insensatez.

Em Mt 23.17 a insensatez é equiparada à cegueira. As características da insensatez incluem estupidez, a busca desenfreada de aspirações e um estilo de vida caracterizado por inveja, avareza e orgulho.

A insensatez é descrita também em termos paradoxais no NT. Em 1Co 1—3 a encarnação é retratada como "loucura", mas ainda melhor que a sabedoria do mundo. Nossa compreensão dessa relação paradoxal afeta a maneira da proclamação de Cristo (1Co 1.18—2.5). Precisamos depender do dom e poder de Deus para não proclamar poderes e sabedoria humanos. Mateus registra a afirmação de Jesus: "Qualquer que disser a seu irmão: 'Racá' [tolo], será levado ao tribunal. E qualquer que disser: 'Louco!', corre o risco de ir para o fogo do inferno" (5.22b). V. *sabedoria e pessoas sábias*. — *Kenneth Craig*

TOMÉ Nome pessoal que em hebraico significa "gêmeo". Um dos primeiros 12 discípulos de Jesus (Mc 3.18). O livro apócrifo *Atos de Tomé* usa o significado literal do seu nome ("gêmeo") ao apresentá-lo como irmão gêmeo de Jesus! Sua personalidade era complexa, revelando um ceticismo mesclado com lealdade e fé (Jo 11.16). Tomé procurava uma evidência da ressurreição de Jesus (Jo 20.25), mas, quando convencido do milagre, fez uma confissão histórica de fé (20.28). V. *apócrifos, livros — Novo Testamento*; *Dídimo*; *discípulo*.

TOMÉ, EVANGELHO DE V. *apócrifos, livros — Novo Testamento*; *gnosticismo*.

TONINHA Qualquer integrante de várias espécies de pequenas baleias dentadas. A *ARA* traz "animais marinhos" para se referir à cobertura do tabernáculo, feita de peles (Êx 25.5; Nm 4.6; v. nota da *NVI*, que traz simplesmente "couro", sem especificar o tipo); Ez 16.10 menciona sandálias de "peles de animais marinhos" (*ARA*; *NVI*, "couro"; *BJ*, "couro fino").

TOPÁZIO V. *minerais e metais*.

TOQUÉM Nome de lugar que significa "medida". Cidade não identificada em Simeão (1Cr 4.32). As listas paralelas em Js 15.42 e 19.7 trazem "Eter".

TORÁ Palavra hebraica normalmente traduzida por "Lei", que mais tarde se tornou o título do Pentateuco, os cinco primeiros livros do AT.

Antigo Testamento Ainda que universalmente traduzido por "lei", a palavra *torá* tem o sentido de "ensino" ou "instrução", como verte a *NVI* em Jó 22.22; Sl 78.1; Pv 1.8; 4.2; 13.14; Is 30.9. Mas o significado de lei certamente está presente no AT. Utiliza-se *torá*, p. ex., em ligação com termos para exigências, mandamentos ou decretos (Gn 26.5; Êx 18.16). A *Torá* foi dada a Moisés (Êx 24.12) com ordem para ser obedecida (Êx 16.28; Dt 17.19; Ez 44.24).

No livro de Dt, *Torá* é usada para representar o corpo do Código Deuteronomista (Dt 4.8; 30.10; 32.46), i.e., a essência das responsabilidades de Israel na aliança. Subsequentemente, textos do AT continuam a falar a respeito da *Torá* como "A Lei" (Is 5.24; Jr 32.23; 44.10; Dn 9.11), muitas vezes como "o Livro da Lei", a "Lei de Moisés" ou uma combinação (Js 1.8; 8.31,32, 34; 2Rs 14.6). O "Livro da Lei" encontrado no templo, que incentivou as reformas de Josias (2Rs 22.8-13), é com frequência entendido como equivalente ao Dt. No tempo de Esdras e Neemias o "livro da lei de Moisés" incluía mais material que o Código Deuteronomista. Esdras citou "o livro da lei de Moisés que o Senhor dera a Israel" (Ne 8.1), com respeito à festa dos tabernáculos, prescrita em Lv (22.33-43; *NVI*, "festa das cabanas"). Com o tempo a palavra *Torá* passou a ser aplicada a todo o Pentateuco, os cinco livros tradicionalmente atribuídos a Moisés: Gn, Êx, Lv, Nm e Dt. No judaísmo rabínico o escopo da *Torá* é algumas vezes ampliado para incluir o todo das Escrituras ou até mesmo a totalidade da revelação de Deus.

Novo Testamento No período do NT os limites do cânon do AT estavam sendo finalizados. Os judeus começaram a pensar a respeito das suas Escrituras como consistindo em três seções: A *Torá* (Lei), os Profetas e os Escritos (cf. Lc 24.44). Os livros de Moisés foram considerados como "lei" a despeito do fato de que considerável parte do seu material não tenha natureza de lei propriamente.

A *Torá* era considerada sem dúvida a divisão mais importante das Escrituras. Os saduceus de fato só aceitavam a *Torá* como Escritura inspirada. O mesmo era verdade com respeito aos samaritanos, que se consideravam o verdadeiro povo escolhido de Deus.

No período do NT a *Torá* era mais que apenas uma seção das Escrituras; antes, tornou-se central para o judaísmo. A vontade de Deus era vista como incorporada na observância da lei. Por conseguinte, os judeus piedosos necessitavam de uma elaboração a respeito dos mandamentos contidos na *Torá* para determinar suas obrigações de modo mais preciso, e a interpretação de várias passagens se tornou objeto de muito debate. As tradições dos fariseus iam bem além dos limites da lei como se encontrava na *Torá*. Essas tradições se tornaram para eles a *Torá* oral, que passou a ser considerada como se tivesse sido dada a Moisés no monte Sinai para acompanhar a lei escrita. Jesus denunciou os fariseus de modo severo pelo fato de colocarem sua tradição acima do propósito da Lei (Mc 7.8-13). Jesus nunca negou a autoridade da *Torá*, mas denunciou a elevação de preocupações rituais acima "dos preceitos mais importantes da Lei: a justiça, a misericórdia e a fidelidade" (Mt 23.23). De acordo com Jesus, alguns dos preceitos da Lei foram providenciados em virtude da natureza da humanidade, e esses preceitos não estão à altura da vontade perfeita de Deus (Mt 5.33-37; 19.8,9). Dos cristãos verdadeiros Jesus exigiu um compromisso que vai além da justiça supostamente obtida pela guarda da Lei (Lc 18.18-23).

O apóstolo Paulo pregou a justificação pela fé, não pela obediência à Lei. Logo, ele tinha muito a dizer a respeito da *Torá*. De acordo com Paulo, a *Torá* levaria à vida se fosse praticada de verdade (Rm 10.5), mas essa prática é impossível (Rm 3.20). O efeito da Lei é manifestar o conhecimento a respeito do pecado e de suas consequências (Rm 3.20; 5.20; 7.5,7-11; 1Co 15.56). Por conseguinte, a humanidade estava destinada ao pecado e à ira de Deus daí resultante (Rm 4.14; Gl 3.22-25). Para Paulo, a *Torá* é um exemplo perfeito da antiga aliança, com a lei escrita na pedra (2Co 3.7). Na nova aliança, que é superior à antiga, a lei está no Espírito (2Co 3.7) e está escrita no coração do cristão (cp. Jr 31.33). Os cristãos não estão sujeitos à *Torá* (Gl 5.18), mas a andar "segundo o Espírito" (Rm 8.4; Gl 5.16). Eles produzem frutos que transcendem (Gl 5.22-25) e cumprem a essência da Lei (Rm 13.8-10; Gl 5.14; cp. Mt 22.37-40). V. *Lei, Dez Mandamentos, Torá*; *Pentateuco*. — Daniel C. Browning Junior

Rabinos conversando diante de um rolo da Torá bastante decorado.

TORDO Ave parecida com a andorinha, mas com a qual não tem parentesco. Jeremias o menciona (8.7). Alguns estudiosos pensam tratar-se do rouxinol ou de uma ave chamada "torcicolo" (nome dado em razão do hábito dessa ave de torcer a cabeça e o pescoço). Talvez "rouxinol" (*Pycnonotus reichenovi*) seja a melhor opção linguística.

TORNOZELEIRA Argola ornamental usada acima do tornozelo; às vezes chamada "bracelete de tornozelo". A *ARA* traz "anéis dos tornozelos" (Is 3.18), a *ARC*, "enfeites das ligas" e a *NVI*, simplesmente "pulseiras" (cf. Is 3.16). Tornozeleiras eram artigos de luxo usados pelas mulheres de Jerusalém nos dias de Isaías. Os arqueólogos recuperaram tornozeleiras que datam do período bíblico. Eram feitas de bronze, medindo entre 6,5 e 11,5 centímetros de diâmetro e entre 0,5 e 1,0 centímetro de grossura. V. *joias*, joalheria.

TORRE Edifício alto erigido para que vigias pudessem guardar pastos, vinhas e cidades. As torres variavam de estruturas pequenas até fortalezas inteiras. Vestígios arqueológicos confirmam o amplo uso de torres desde épocas muito antigas. Muitas eram feitas de pedra, ainda que também que tenham sido descobertas algumas torres de madeira. A palavra é usada em sentido figurado para simbolizar a salvação que vem de Deus em 2Sm 22.51, indicando o poder da ação do Senhor. V. *acrisolador*, *examinador*.

Ruínas da antiga cidade de Perge, mostrando os vestígios de uma torre de defesa.

TORRE DE VIGIA Torre em lugar elevado ou construída com altura suficiente para que se pudesse enxergar a certa distância. A pessoa que exercia a vigilância podia ser um soldado ou um servo (2Rs 9.17; Is 5.2; Mc 12.1). V. *torre*.

TOSQUEADOR 1658

Uma torre de vigia antiga permanece relativamente inalterada em campo aberto em Israel.

TOSQUEADOR Pessoa que corta ou tira a lã das ovelhas. Evidentemente não são profissionais, mas os donos das ovelhas (Gn 31.19) ou pessoas que trabalhavam para os donos (Gn 38.12). A época da tosquia era um tempo de festejar e convidar amigos (1Sm 25; 2Sm 13). A mesma palavra é usada em referência à ação de corte de cabelo humano (Jr 7.29; Mq 1.16).

TOSSEFTÁ A palavra hebraica *tosafah*, e seu correspondente aramaico *tosefta'*, denota uma coleção de comentários rabínicos ordenados de acordo com a *Mixná* de Yehudah HaNassi. Pode ser considerada um apêndice à *Mixná*. Em sua forma atual, a *Tossefta* foi editada provavelmente por volta do fim do séc. IV da era cristã. Foi compilada na Palestina, aproximadamente na mesma época que o *Talmude de Jerusalém*. O propósito do editor parecer ter sido "atualizar" ou adicionar complementos à *Mixná* com referência à nova lei casuística que se desenvolveu nos dois séculos que separaram as duas obras. Sua existência mostra o desenvolvimento do sistema legal dos rabinos na Palestina à medida que estes tentavam adaptar a lei oral às novas condições religiosas e sociais. V. *Mixná*; *Talmude*. — Stephenson Humprey-Brooks

TOÚ Nome pessoal que significa "erro". **1.** Ancestral de Samuel (1Sm 1.1). As listas paralelas trazem "Naate" (1Cr 6.26) e "Toá" (6.34) na posição correspondente. **2.** Nome pessoal que significa "erro". Rei de Hamate, junto ao rio Orontes, que enviou tributos a Davi depois da derrota do inimigo de ambos, Hadadezer de Zobá (2Sm 8.9,10; também Toí em 1Cr 18.9,10).

TOUCA Cobertura que as mulheres usavam na cabeça e ao redor do pescoço (Is 3.22). Outras traduções usam "capa" [*NVI*], "manto" [*ARA*, *ARC*] ou "cachecol" [*TEB*]. V. *pano, roupa*.

TOUPEIRA Roedor grande de coloração acinzentada. Em Lv 11.30 a palavra hebraica é traduzida em algumas versões por "camaleão" (*NVI*, *NTLH*, *ARA*, *BJ*, *TEB*, *CNBB*, *BP*). A *ARC* traz "toupeira" em Lv 11.30. Em Is 2.20, a *ARA*, *ARC* e *TEB* traduziram por "toupeira"; a *NVI*, *NTLH*, *BJ* e *BP* traduziram por "ratos". V. *roedores*.

TOURO, NOVILHO O termo é a tradução de diversas palavras hebraicas: *avvir*, *par* e *shor*. A diferença entre *avvir* e *par* não é óbvia, mas pode ter alguma importância. *Avvir* é usado como adjetivo, mas muitas vezes significa poderoso ou valoroso, seja homem, seja anjo, seja animal. *Par* aparentemente é usado em referências ao macho da espécie bovina.

O touro era o símbolo de grande produtividade no mundo antigo e sinal de muita força. Moisés retratou a força futura de José com o termo *shor* (Dt 33.17). O rei da Assíria se orgulhou da sua grande força mediante o emprego da palavra *avvir* (Is 10.13). O emprego mais frequente do touro no AT foi como um animal de sacrifício. O livro de Lv especifica que o animal castrado não podia ser usado e que o animal precisava ter no mínimo oito dias (22.17-28). O novilho é especificado como o animal para o sacrifício de comunhão (Êx 24.5), como holocausto (Jz 6.26) e como oferta pelo pecado (Ez 43.19). O animal sacrificial não é tão restrito em outros textos (Lv 22.23; Nm 23.14). O novilho foi usado muitas vezes em associação com a inauguração do sistema sacrificial ou com sacrifícios em dias especiais: na consagração de sacerdotes (Êx 29.1-37), na dedicação do altar do tabernáculo (Nm 7), na purificação dos levitas (Nm 8.5-22), no início do mês, lua nova (Nm 28.11-15), na festa das semanas (Nm 28.26-31). A festa das cabanas era distinta por exigir o maior número de novilhos (71, Nm 29.12-40). O touro talvez tenha sido introduzido no sistema cúltico de Israel com base na prática dos seus vizinhos. Era algo muito difundido na região em que Israel residia. Na religião cananeia, o chefe da assembleia era chamado "pai touro El". O touro era associado intimamente a Baal e pode ter influenciado Jeroboão a instituir os bezerros de ouro em Betel e Dã (1Rs 12.28). O tanque de bronze no pátio do templo em Jerusalém repousava sobre os 12 touros de bronze. — *Bryce Sandlin*

TRABALHO, TEOLOGIA DO Refere-se à importância do trabalho à luz da natureza de Deus. Deus é um ser pessoal, cujas múltiplas atividades e obras não apenas conferem bênçãos a suas criaturas, mas até mesmo preenchem o ato do trabalho de sentido e significação divina, impondo aos humanos a obrigação de se engajarem no trabalho até mesmo quando Deus trabalha.

Deus se apresenta como exemplo de equilíbrio entre trabalhar e abster-se do trabalho, ao descansar e fruir os frutos de seu trabalho. A importância do trabalho é sublinhada pelo fato de Deus designar seis dentre sete dias para o trabalho e apenas um para o repouso (Êx 20.8-11). A Bíblia determina claramente que os humanos tanto trabalhem quanto descansem por imitação a Deus (Êx 20.11). Mais tarde (Dt 5.12-15) o sábado não é apenas um dia de descanso físico e restauração para todos os trabalhadores (empregados, animais etc.), mas também serve como memorial da redenção de Israel da escravidão egípcia. V. *sábado*.

Um Deus que trabalha O livro de Gn abre com a imagem de um Criador trabalhador e cooperador, cuja obra originária constitui um investimento de sua criatividade, inteligência, palavras, respiração e "mãos" (a figura do Filho e do Espírito como as duas "mãos de Deus" é um desenvolvimento teológico posterior, do séc. II).

Uma criatura que trabalha O propósito de Deus para os humanos que são o ápice de sua criação foi que trabalhassem, especificamente no Éden, cultivando a terra (Gn 2.15) e gerenciando o jardim como bons mordomos. Contudo, em paralelo à ordem direta de Deus para cultivarem e administrar o jardim, parece que trabalhar ativamente constitui parte integrante da natureza de Deus, e todas as suas criaturas refletem sua natureza quando trabalham ativa e diligentemente (Pv 6.6-11). Apesar da perfeição da criação de Deus, a desobediência dos seres humanos danificou neles a imagem de Deus, o que resultou em uma maldição do solo (Gn 3.17-19). Desde então a relação de cooperação entre os humanos e o restante da criação transformou o trabalho de tarefa agradável em labuta e sofrimento. Essa condição há de continuar até aquele tempo escatológico quando a maldição será suspensa e toda a criação resgatada (Rm 8.19-23). Nesse ínterim tanto o AT quanto o NT ensinam que o trabalho (já não restrito à agricultura, mas ampliado para atividades empresariais, obrigações domésticas e qualquer emprego exercido pelas pessoas) propicia aos humanos um sentido de alegria, satisfação, dignidade e respeito (Ec 3; 4). O povo de Deus não apenas deve empenhar seus melhores esforços para realizar suas tarefas; também é chamado a manter os mais elevados parâmetros morais e éticos. Realizar negócios com integridade, trabalhar com toda a diligência e tratar bem os empregados são atitudes admiradas e elogiadas (Boaz em Rt 2.4), enquanto desonestidade, preguiça e indolência são abominadas (Pv 6).

Talvez a literatura sapiencial pareça retratar o trabalho da criatura sob uma luz sombria, recuando à maldição de Gn (Ec 2.11,18-23), em que os humanos têm de se esforçar para obter sua subsistência da terra, como recordação diária de que um dia retornarão a ela (Gn 2.17-19,23). No entanto, a mensagem da literatura sapiencial acerca do trabalho não é que este é uma maldição pelo pecado, mas, pelo contrário, que os humanos somente sobreviverão por meio de um constante e laborioso esforço físico porque o solo já não renderá frutos facilmente. Está claro que a tarefa definida para os humanos permanece a mesma tanto fora do paraíso como dentro dele: cultivar o chão (Gn 3.23). Para o Mestre (Pregador; Coélet) a luz positiva era a bênção de Deus, sob a qual os humanos têm permissão de fruir os frutos de sua labuta (Ec 3.13) e também encontrar sentido na vida (à parte de sua labuta) na sabedoria e no temor a Deus (Ec 2.24-26; 12.13).

No NT o trabalho da criatura é santificado de certo modo, porque o Filho de Deus também trabalhou. Jesus e seus discípulos foram exemplo de uma vida de trabalho em várias ocupações (pescaria, carpintaria), e por meio de várias de suas parábolas Jesus ensinou princípios do Reino usando ilustrações que dizem respeito ao trabalho (justiça e generosidade no trato com empregados: Mt 18.23-35; 20.1-16; desembaraço em investimentos: Mt 25.14-30; astúcia e prudência: Lc 16.1-13). Em geral, os Evangelhos e a literatura paulina apresentam o trabalho de maneira positiva e exortam o povo de Deus a trabalhar fiel, honesta e proficuamente, e com o foco em agradar mais a Deus que a patrões terrenos. A diligência é elogiada enquanto a indolência é censurada (Ef 6.5-9; 1Ts 2.9; 4.11,12; 2Ts 3.6-12).

Uso especial do trabalho no Novo Testamento Iniciando nos Evangelhos, "trabalho" (*kopos*: labuta, labor, dureza; ou *ergon*: trabalho, ato, ação) e "trabalhador" (*ergates*) frequentemente descrevem o serviço do evangelho. Jesus se refere desse modo a si próprio (Jo 4.34, trabalho de Deus; Jo 5.17, trabalho de curar; Jo 17.4, trabalho da redenção) e aos Doze que são enviados (Mt 10.10: *ergates*, pregador do evangelho). Paulo usa esse significado em inúmeras ocasiões, em frases como "trabalharam duro (*ekopiasen*) no Senhor", referindo-se a Maria, Trifena, Trifosa e Pérside (Rm 16); "viver do evangelho" (1Co 9.14), "trabalho (*ergou*) de fé" (1Ts 1.3), e um "trabalhador" (*ergates*) com referência a Timóteo, cujo "trabalho" consiste em "manejar corretamente a palavra da verdade" (2Tm 2.15). Independente de nossa vocação terrena, humana, todo cristão tem também uma atividade divina, que consiste em realizar a obra de Deus na proporção em que for capacitado e dotado pelo Espírito Santo. — *Stefana Dan Laing*

TRAÇA Literalmente, "consumidor" ou "gastador"; inseto cujo poder destrutivo é usado para ilustrar o resultado do pecado (Sl 39.11) e o juízo divino (Os 5.12). A fraqueza da traça é usada para falar da fragilidade do homem (Jó 4.19). Jesus instou a seus seguidores que evitassem a tentação de acumular riquezas na terra, onde a traça pode destruir; em vez disso, edificar um tesouro indestrutível no céu (Mt 6.19,20). V. *insetos*.

TRAÇO V. *til*.

TRACONITES Nome de lugar que significa "pilha de pedras". Distrito político e geográfico no norte da terra de Israel, na margem leste do rio Jordão (Lc 3.1). Seu terreno é acidentado, apropriado para a criação de ovelhas e cabras. Essa região é praticamente desprovida de árvores. Durante o ministério de João Batista, Traconites foi governada por Felipe, irmão de Herodes Antipas. Conhecida como Basã no tempo do AT (Am 4.1), localizava-se ao sul de Damasco. V. *Basã*; *Herodes*.

TRADIÇÃO Ensino ou ritual passado adiante. A palavra "tradição" tem vários usos. Em geral é utilizada para descrever denominações ou pontos de vista teológicos distintos, como a tradição batista ou a tradição reformada. A palavra também é usada para se referir à consistência litúrgica ou à prática histórica, como uma tradição da igreja. Usa-se a palavra ainda para se referir ao material legendário, como a tradição que diz ter Pedro pedido para ser crucificado de cabeça para baixo. Do ponto de vista técnico, a palavra é usada para descrever dois grupos distintos de material teológico: o material bíblico anterior à sua fixação por escrito e os textos que não são parte do cânon da Bíblia, não obstante sejam estimados pela igreja.

Tradição escritural Estudiosos usam a palavra "tradição" para descrever a existência de material bíblico antes de sua fixação por escrito. É necessário falar da tradição em razão do intervalo existente entre a ocorrência dos acontecimentos bíblicos e o próprio registro dos acontecimentos. A palavra "tradição" descreve o conhecimento da ocorrência e seu registro nas Escrituras. Certas partes da Bíblia, como Ap, não existiam antes de serem escritas, ainda que grande parte do material bíblico existisse de alguma maneira. Quando Paulo ministrou às igrejas na Ásia, p. ex., ele ensinou muitas coisas a respeito de Jesus, sobre a vida cristã e o ministério da igreja. Muitos dos mesmos ensinos foram reiterados em suas epístolas. Logo, elementos do ensino de Paulo existiam antes de seu registro por escrito nas epístolas, mesmo que eles não estivessem escritos em lugar nenhum.

O material tradicional pode ter tomado diferentes formas, incluindo a forma escrita. Lucas sugere ter usado material de fontes escritas que o auxiliaram a escrever seu Evangelho (Lc 1.14). O escritor de 1Rs, ao escrever sua obra, também menciona a utilização de documentos escritos (1Rs 14.19; 15.7; 16.5; 22.39).

Além disso, a tradição por ter sido transmitida de forma oral. Em culturas antigas os registros eram, em geral, repetidos ritualmente ao redor de uma fogueira ou como parte de uma celebração religiosa. Dessa maneira, todos na comunidade se tornavam depositários da tradição. De modo independente da forma que tomasse, a existência da tradição é verdadeira para ambos os Testamentos.

O AT descreve acontecimentos que ocorreram em um período de milhares de anos. Logo, quando Moisés escreveu o livro de Gn, registrou alguns acontecimentos ocorridos cerca de 2.500 anos antes do seu nascimento. Não obstante, Moisés foi capaz de escrever Gn sob a inspiração do Espírito Santo, em parte, porque o ensino de como Deus criou o mundo, salvou Noé e estabeleceu a aliança com Abraão foi transmitido a Moisés por meio da tradição. O texto de Dt 6 ensina claramente que as gerações posteriores devem ser ensinadas a respeito das obras de Deus. Logo, a própria Bíblia contém um mandamento para passar adiante a tradição (cf. Sl 78.3-6). Além disso, muito do material profético foi originariamente entregue em forma de sermões. Os profetas literalmente pregavam para o povo. Esses sermões existiam como tradição até serem por fim escritos. De fato, a Bíblia descreve o esforço de Jeremias para que Baruque o auxiliasse a registrar seus sermões (Jr 36). Por isso, o AT é o resultado da tradição, preservando a memória dos atos de Deus na consciência do homem.

O mesmo processo aconteceu na formação do NT. Os Evangelhos, que descrevem a vida e obra de Jesus Cristo, não foram escritos de imediato após sua ressurreição, mas alguns anos depois. No entanto, isto não significa que a igreja não tivesse conhecimento do que Jesus fez e ensinou. Os atos e ensinos de Jesus foram transmitidos de forma oral aos novos convertidos. O texto de At 2.42 registra que a igreja se dedicava "ao ensino dos apóstolos". Elementos desse ensino indubitavelmente incluíam informações a respeito dos atos de Jesus e dos ensinamentos que ele deu aos apóstolos. O próprio Pedro, quando confrontado pelos líderes religiosos judeus, proclamou: "Pois não podemos deixar de falar do que vimos e ouvimos" (At 20). Esse testemunho oral de Cristo constituía a tradição. Paulo fez alusão a esse processo em 1Co 15.3 quando disse:

"Pois o que primeiramente lhes transmiti foi o que recebi" (cf. 1Co 11.2). De fato, a forma plural da tradição é mostrada em 2Ts 2.15, em que Paulo afirmou: "Portanto, irmãos, permaneçam firmes e apeguem-se às tradições que lhes foram ensinadas, quer de viva voz, quer por carta nossa". Paulo reconheceu a existência da tradição e entendeu que ela pode ter sido preservada em diferentes formas.

Estudiosos da Bíblia têm trabalhado com a tradição de diferentes maneiras em diferentes épocas. No passado, estudiosos do AT trabalhavam para separar os textos bíblicos das tradições que estão por trás desses mesmos textos. O mais famoso desses esforços é a hipótese documentária, popularizada por Julius Wellhausen, que divide o Pentateuco em quatro tradições distintas (javista, eloísta, sacerdotal e deuteronomista). A tendência é que o resultado dessa abordagem seja a fragmentação do texto e de sua mensagem. A pesquisa atual sobre o AT tem a tendência de preservar a integridade literária do texto bíblico, enquanto reconhece a existência da tradição que está por trás do texto.

Estudiosos do NT também têm interesse em identificar as tradições que estão por trás do texto, em especial no que diz respeito aos Evangelhos. As similaridades e diferenças entre os Evangelhos sinópticos (Mt, Mc e Lc) deram início a um esforço para descobrir as tradições subjacentes aos três. De fato, a pesquisa no NT gastou cerca de 200 anos tentando explicar a relação dos Evangelhos sinópticos e o uso que estes fizeram da tradição. Em estudos recentes do NT nos Estados Unidos, um grupo não conservador iniciou uma tentativa de reconstruir a tradição que está por trás dos Evangelhos. Esse grupo, conhecido como *Jesus Seminar*, chegou a ponto de editar o ensino de Jesus e remover os elementos que ele crê ser composto por adições à tradição original. Entretanto, os estudiosos conservadores têm rejeitado a metodologia, as pressuposições e conclusões desse grupo.

Tradições extrabíblicas Essa expressão se refere a textos que não foram incluídos no cânon do NT, mas que são apreciados pela igreja. Há dois fatores primários que contribuíram para o uso contínuo da tradição na igreja. O primeiro fator se relaciona com a prática da igreja primitiva de usar material não canônico. Inicialmente, antes de o cânon ser definido, as igrejas usavam muitos documentos que mais tarde não foram aceitos como parte como parte do NT. A definição do cânon foi um processo gradual, que ocorreu ao longo de décadas, durante as quais os documentos não canônicos continuaram a ser usados. Mesmo depois da definição do cânon a igreja continuou a usar alguns desses documentos, reconhecidos como tradição, significando, nesse caso, algo além da literatura canônica.

O segundo fator diz respeito à resposta da igreja a grupos heréticos que com frequência surgiam nas comunidades cristãs, reinterpretando as Escrituras para apoiar seus pontos de vista particulares. Antes de se dirigir às metodologias hermenêuticas desses grupos heréticos, a igreja argumentou que as novas interpretações que eles faziam não guardavam a tradição, como expressa nos textos não canônicos. Por isso a igreja começou a dar maior importância ao material da tradição, que dava apoio à sua interpretação bíblica, e se levantava como um testemunho contra os hereges. Essa prática mais tarde se desenvolveu até que a igreja chamou de regra de fé, i.e., o lugar da fé no que a igreja sempre creu, como expresso em vários textos da tradição.

A tradição, seja dos antecedentes canônicos, seja de textos não canônicos, pode ser muito útil para os estudiosos modernos. A tradição mostra o desenvolvimento e a evolução da teologia e da estrutura da igreja. É também extremamente útil para explicar o desenvolvimento da Igreja católica romana. V. *Bíblia, formação e cânon*; *inspiração da Escritura*. — Scott Drumm

TRADUZIR Verter um texto de uma língua para outra, conservando o significado original ou colocando as palavras em termos simples.

TRAJE V. *moda, roupa*.

TRANCA Ferrolho usado para prender a porta. No período do AT as portas eram fechadas com trancas de ferrolhos nos quais pequenos pinos de ferro ou madeira eram colocados para segurar a tranca (Ne 3.3,6,13,15; Ct 5.5; cp. Jz 3.23,24). A tranca tinha de modo geral de 17 a 22 centímetros de comprimento para a porta interior e, no caso da porta exterior, de 35 a 60 centímetros. A chave tinha linguetas de ferro correspondentes à posição dos pinos na tranca e trabalhavam ao forçar esses pinos para cima (Jz 3.25).

TRANÇA Tufo de cabelo. Como sinal de dedicação a Deus, os nazireus não tinham permissão de cortar as tranças (Nm 6.5; Jz 16.19). Os sacerdotes de igual maneira eram também proibidos de rapar a cabeça, ainda que pudessem cortar o cabelo (Ez 44.20). A palavra hebraica que aparece em Ct 4.1,3; 6.7 e Is 47.2 é traduzida por "véu" em algumas versões modernas (*NVI*). V. *cabelo*.

TRANSE Tradução da palavra grega que significa literalmente mudança de lugar. A palavra passou a significar o estado mental de uma pessoa que experimentou uma reação emocional intensa a estímulos que foram percebidos como tendo se originado fora dessa mesma pessoa. Como resultado, há sensações visuais ou auditivas, ou outras impressões sensitivas.

O transe é descritivo de uma experiência na qual a pessoa recebeu uma revelação por meios sobrenaturais (At 10.10; 11.5; 22.17, *NVI*, "êxtase"). Em tais casos, o autor de At, em referência às experiências de Pedro e Paulo, pareceu estar interessado em mostrar que o transe foi somente o veículo para a revelação da parte de Deus. Lucas ilustrou que os transes experimentados por Pedro e Paulo "aconteceu" com eles e que não foi autoinduzido. As distinções entre "transe", "sonho" e "visão" nem sempre são claras. V. *profecia*; *profetas*. — James Newell

TRANSFIGURAÇÃO A transformação de Jesus em sua aparição com Moisés e Elias diante de Pedro, Tiago e João (Mt 17.1-13; Mc 9.1-13; Lc 9.28-36; cp. 2Pe 1.16-18). Esse acontecimento se deu pouco após a confissão de Pedro de que Jesus é o Messias, em Cesareia de Felipe, a primeira predição da paixão e do discurso de Jesus sobre o preço do discipulado. Jesus levou Pedro, Tiago e João a uma montanha, e lá o fato aconteceu. A aparência de Jesus e de suas vestes foi alterada. Moisés e Elias apareceram e conversavam com Jesus. Pedro disse que era bom ficar ali e sugeriu a construção de três tendas. Uma nuvem os encobriu, e Deus lhes falou daquela nuvem, identificando Jesus como seu Filho (cf. a voz que se ouviu por ocasião do batismo de Jesus,

Mt 3.17; Mc 1.11; Lc 3.22) e ordenou aos discípulos que o ouvissem. Quando a nuvem se dissipou, Jesus estava sozinho com os discípulos, que estavam amedrontados. Jesus lhes disse que não falassem nada a ninguém.

À parte de pequenas diferenças no vocabulário, Marcos é o único a declarar que as vestes de Jesus se tornaram tão brancas "como nenhum lavandeiro do mundo seria capaz de branqueá-las" (9.3) e que Pedro não sabia o que dizer. Marcos também é o único a fazer referência à mudança no rosto de Jesus. Mateus é o único que indica que Deus expressou seu contentamento com Jesus, que os discípulos se prostraram e que Jesus os tocou para que se levantassem. Em vez dos "seis dias" de Mt e de Mc, Lc tem "aproximadamente oito dias". Ele foi o único a indicar que Jesus e os discípulos estavam orando, que Moisés e Elias conversavam com Jesus a respeito de sua morte vindoura, que os discípulos estavam sonolentos e que eles viram a glória de Jesus. O evangelho de Lc também é o único a trazer a expressão "Escolhido" em vez de "filho amado". Em Mt, Pedro se dirige a Jesus chamando-o "Senhor" (17.4), em Mc "rabi" (Mc 9.5; v. nota explicativa da *NVI*) e em Lc "mestre" (Lc 9.33).

A natureza do acontecimento Alega-se com frequência que o relato da transfiguração é uma narrativa da ressurreição fora do lugar; mas são Moisés e Elias que aparecem, não Jesus, e não há referência a eles ou à voz do céu em nenhum dos relatos da ressurreição. Outros alegam que a transfiguração não foi uma experiência objetiva, mas visionária. Isso é possível, mas não há um elemento mais miraculoso no fato de três diferentes discípulos terem visões semelhantes do que em um acontecimento histórico, pois foi com certeza o que os escritores descreveram.

Lugar O lugar que a tradição diz que a transfiguração ocorreu é o monte Tabor, na Baixa Galileia, mas esse não é um monte alto (cerca de apenas 560 metros) e que provavelmente estava cercado e inacessível no tempo de Jesus. É bem mais provável que o lugar tenha sido o monte Hermom (2.773 metros) ao norte de Cesareia de Felipe. V. *Hermom, monte*.

Significado Na Bíblia, a montanha muitas vezes é o lugar de revelação. Moisés e Elias representavam respectivamente a Lei e os Profetas, que testificam a respeito, mas devem dar lugar a Jesus (essa é a razão pela qual a sugestão de Pedro era inadequada). Moisés e Elias foram arautos do Messias (Dt 18.5; Ml 4.5,6). As três tendas sugerem a festa dos tabernáculos, que simboliza uma nova situação, uma nova era. As nuvens representam a presença divina. A conexão íntima da transfiguração com a confissão e a predição da paixão é significativa. O Messias deve sofrer, mas seu destino final é a glorificação e entronização, não o sofrimento. Sua glorificação envolve a ressurreição, a ascensão e a volta em glória. Os discípulos precisavam de uma confirmação da transfiguração enquanto contemplavam a morte de Jesus e os futuros sofrimentos que eles mesmos teriam de enfrentar. V. *Jesus, vida e ministério*. — *James Brooks*

TRANSGRESSÃO Imagem do pecado como a ultrapassagem dos limites da lei de Deus. V. *mal*; *perdão*; *salvação*; *pecado*.

TRANSJORDÂNIA Área imediatamente a leste do rio Jordão, colonizada pelas tribos de Rúben, Gade, metade da tribo de Manassés, e também habitada por Edom, Moabe e Amom. O acidente geográfico mais importante da terra de Israel é o vale do rio Jordão, chamado "Arabá" no AT e *Ghor* atualmente em árabe. Esse vale representa uma imensa linha de uma falha geológica importante também no Líbano, onde cria o vale de Beqa, continua rumo ao sul por Israel até chegar ao mar Vermelho, e se estende até Moçambique, no leste da África. Um cenário importante na narrativa bíblica é a região montanhosa a oeste do Jordão onde muitas tribos israelitas se estabeleceram e onde estavam localizadas as famosas cidades de Samaria, Siquém, Jerusalém e Hebrom. V. *Jordão, rio*; *Palestina*.

A região montanhosa a leste do Jordão também desempenhou um papel importante, em especial nos tempos do AT. A Transjordânia inclui o ribeirão do Jaboque, cenário da narrativa da luta de Jacó após voltar de Harã (Gn 32.22-32); as planícies de Moabe, onde os israelitas acamparam após sua saída do Egito e onde Balaão profetizou; e o monte Nebo, de onde Moisés avistou a terra prometida (Nm 22.1—24.25; Dt 34). Três reinos transjordanianos (Amom, Moabe e Edom) foram contemporâneos dos reinos hebreus (Israel e Judá), algumas vezes como aliados, outras como inimigos (1Sm 11; 14.47; 2Sm 8.12; 10; 2Rs 3; Am 1.11-2.3). O profeta Elias era de Tisbe, uma cidade no território transjordaniano de Gileade (1Rs 17.1). Outros profetas e poetas israelitas com frequência se referiam aos territórios e povos da Transjordânia. Veja, p. ex., as alusões em Am 4.1 e Sl 22.12 às vacas e touros de Basã.

O vasto deserto da Arábia se estende ao sudeste desde a linha da falha geológica acima descrita. A Transjordânia, citada em narrativas bíblicas, não é o todo do deserto, antes a faixa norte-sul da região montanhosa localizada entre o vale do Jordão e o deserto. Essa faixa de serras recebe chuvas abundantes por conta dos ventos do Mediterrâneo durante os meses de inverno, o que permite a agricultura e a criação de gado. No entanto, rapidamente, à medida que se vai para o leste, a precipitação pluviométrica diminui, de modo que as terras em geral acidentadas e cultiváveis dão lugar a um deserto rochoso, aproximadamente 48 a 56 quilômetros a leste do Jordão.

Quatro grandes rios, junto com numerosos outros cursos de água menores e intermitentemente ativos, irrigam as terras altas transjordanianas até o vale do Jordão. 1) O rio Jarmuque, não mencionado na Bíblia, irriga a região conhecida no tempo do AT como Basã. Essa era uma região propícia para a criação de gado, como demonstram os textos bíblicos anteriormente citados, e situava-se a leste do mar da Galileia. As principais cidades bíblicas na região de Basã são Astarote e Carnaim (Js 9.10; 12.4; Am 6.13). 2) Nahr ez-Zeraq, o rio Jaboque do tempo do AT, irriga a região então conhecida como Gileade. Esta, localizada a leste da parte do Jordão que liga o mar da Galileia ao mar Morto, produz uvas, azeitonas, legumes, cereais e também é mencionada na Bíblia como fonte de um bálsamo (Gn 37.25; Jr 8.22). Entre as cidades gileaditas citadas nas narrativas bíblicas estão Mispá, Jabes e Ramote (Jz 10.17; 1Sm 11.1; 31.12; 1Rs 22.3; 2Rs 8.28). 3) Uádi el-Mujib, o rio Arnom dos tempos antigos, dividia em duas a antiga terra de Moabe e avançava para o mar Morto, aproximadamente a meio caminho ao longo de sua costa leste. 4) Uádi Hesa — provavelmente o antigo Zerede, mas quanto a isso não há certeza — teria separado Moabe de Edom e avança para a Arabá, na extremidade sul do mar Morto.

Uma importante rota comercial passava pela Transjordânia durante os tempos bíblicos, ligando Damasco e Bosra, na Síria, com o golfo de Ácaba e o oeste da Arábia. Alguns estudiosos preferem traduzir a expressão *derekh hamelekh* (Nm 20.17; 21.22) como um substantivo próprio ("estrada do Rei") e a identificam com essa antiga rota. Outros traduzem a expressão como um substantivo apelativo comum ("estrada real"; *NVI*, "estrada do rei") e não creem que se refira à rota específica no mesmo sentido de termos atuais como "rodovia" ou "rodovia estadual", antes a tipos de estradas, não rotas específicas. Qualquer que seja o caso, sabe-se que a antiga rota comercial que atravessava a Transjordânia desempenhou um papel importante na economia de toda a região, e foi restaurada pelos romanos, que a denominaram *Via Nova Traiana*.

As tribos israelitas de Rúben e Gade, junto com alguns clãs de Manassés, estabeleceram-se na Transjordânia — tudo indica que em especial em Gileade, ainda que alguns desses grupos de israelitas tenham também se estabelecido em Basã e no território moabita imediatamente ao norte do rio Arnom (Nm 32). Mais tarde, após o estabelecimento da monarquia israelita, vários reis de Israel e de Judá tentaram, alguns com mais sucesso que outros, governar essa região da Transjordânia. Os mais bem-sucedidos nessa tentativa foram Davi, Onri, Acabe e Jeroboão II. Reis mais fracos, como Roboão e Jeoás de Judá, p. ex., tiveram pouca ou nenhuma influência na Transjordânia. O texto bíblico também cita campanhas militares ocasionais de moabitas e edomitas que chegaram a ameaçar até Jerusalém (2Cr 20).

Com a ascensão da Assíria, em especial durante e depois do reinado de Tiglate-Pileser III (744-727 a.C.), várias regiões da Sírio-Palestina caíram sob o domínio desse império. A Transjordânia não foi exceção. Vários reis de Amom, Moabe e Edom são mencionados em documentos assírios — de modo geral alistados entre os pagantes de tributos ou fornecedores de outras formas de apoio involuntário ao monarca assírio. Quando o Império Assírio entrou em colapso e foi sucedido pelo Império Babilônico, os babilônicos presumivelmente também controlavam a Transjordânia.

No tempo do NT um grupo de cidades greco-romanas com população basicamente gentia (as cidades que formavam a chamada "Decápolis") surgiram no norte da Transjordânia (as antigas Basã, Gileade e Amom). O sul da Transjordânia (os antigos Moabe e Edom) foi dominado pelos nabateus, um povo de origem árabe que estabeleceu um império comercial ao longo da margem do deserto com a capital em Petra. Pouco a pouco, toda a Transjordânia foi incorporada ao Império Romano. O imperador Domiciano anexou o norte da Transjordânia no ano 90 da era cristã, formando a província administrativa da Arábia. Trajano adicionou o território nabateu no ano 106 da era cristã e renomeou a região como a província Arábia Pétrea. V. *Amom*; *Arnom*; *Basã*; *Decápolis*; *Edom*; *Gileade*; *Jaboque*; *Moabe e a pedra moabita*; *tribos de Israel*. — J. Maxwell Miller

TRANSPORTES E VIAGENS Meios e caminhos de movimentação comercial e particular entre cidades e nações no período bíblico. Viagens, tanto no mundo antigo como no atual, são o resultado de fatores econômicos, políticos, sociais e religiosos. Na maior parte dos casos, as viagens e os transportes no mundo bíblico eram feitos a pé (Jz 16.3; Js 9.3-5; 1Rs 18.46). Em princípio isso significava os caminhos que animais faziam através das colinas e vales da terra de Israel. Entretanto, à medida que as exigências econômicas e políticas da região cresciam, de igual maneira desenvolvia-se o intercâmbio comercial. Eram necessárias estradas mais bem sinalizadas e menos acidentadas para o transporte de maiores quantidades de bens de um lugar para outro. Diferentes tipos de animais de carga eram domesticados para serem utilizados em viagens (Êx 23.5).

À medida que o comércio começou a se expandir além de áreas locais, desenvolveram-se estradas internacionais e rotas de comércio como a *Via Maris*, a rota costeira e a estrada real transjordaniana. Rotas bastante utilizadas como essas foram um fator para explicar a fundação de várias cidades. Também funcionavam como a principal ligação entre estradas menos trafegadas que ligavam cidades e vilas em Israel ao restante do Oriente Médio (Pv 8.2,3). Essas estradas promoveram a movimentação de negociantes, peregrinos religiosos, oficiais do governo e exércitos entre regiões do país e nações estrangeiras. A mescla resultante de culturas e economias criou a sociedade descrita em textos bíblicos e extrabíblicos.

Fatores geográficos nas viagens Talvez o maior obstáculo que viajantes e construtores de estradas tiveram de enfrentar era o aspecto acidentado da geografia da terra de Israel. As regiões desérticas do Neguebe e as serras da Judeia, ao sul, exigiam a identificação de poços e pastos para criação de gado. O espigão de serras da região central (mais tarde seria chamada Palestina) forçava os viajantes a ziguezaguear ao redor de elevações (como a existente entre Jericó e Jerusalém) ou seguir as serras pelos cumes dos morros (a rota de Bete-Horom a noroeste de Jerusalém) ou seguir ao longo de cursos de água (o caminho de Belém a Mispá). Numerosas fontes, como o rio Jordão, tinham que ser atravessados pelos viajantes (2Sm 19.18), algumas vezes à custa da bagagem e dos animais.

Nos locais de travessia de vales, como o de Jezreel, as estradas em geral seguiam o terreno mais alto ao longo da base das colinas para evitar áreas pantanosas e manter distância de torrentes que algumas vezes podiam inundar riachos de forma súbita na estação chuvosa. Vales estreitos, como no deserto da Judeia, proviam, de modo geral, refúgios perfeitos para emboscadas de ladrões. Ao longo da planície costeira, dunas de areia exigiam um desvio para o interior, até o sopé do platô da Sefelá.

A linha costeira acidentada da terra de Israel não permitia a construção de um bom porto, com águas profundas, para navegação. Como resultado, era necessário fazer uma viagem adicional por terra para transportar produtos agrícolas e outras mercadorias até o porto de Eziom-Geber (1Rs 9.26-28) no mar Vermelho, ou para os portos fenícios de Tiro e Sidom para as cidades de Israel. Salomão tinha uma frota que operava no mar Vermelho, para comercializar produtos africanos. Outra parte da frota de Salomão ("navios de Társis" em hebraico) se uniu à frota do rei Hirão de Tiro no Mediterrâneo (1Rs 10.22). A despeito dessa atividade, os reis de Israel em geral tinham pouca experiência com o mar. Isso algumas vezes os fez relutantes quanto a confiar na navegação. O rei Josafá de Judá, p. ex., rejeitou tentativas posteriores de buscar ouro em Ofir depois que sua primeira frota naufragou em

Eziom-Geber (1Rs 22.48-49). V. *navios, marinheiros e navegação*.

A despeito das dificuldades, o desejo de viajar e as necessidades comerciais das nações motivaram a identificação de rotas que fossem relativamente seguras de ataques de bandidos e que permitissem a livre circulação de mercadorias por meio de animais de carga e carroças em toda a região. As estradas que permitiam o comércio variavam de tamanho, desde estradas com duas vias de 3 metros de largura até trilhas simples, tão estreitas que permitiam passar apenas um homem e um jumento em uma fila. O fator determinante em cada caso era o uso que se fazia das vias. As estradas que permitiam o tráfego de carroças de duas ou de quatro rodas e de carros de bois necessitavam de mais espaço (Is 62.10) que uma trilha simples que cruzava uma vinha.

Reis do antigo Oriente Médio (Shulgi de Ur, Mesopotâmia, e Messa, rei de Moabe) com frequência se vangloriavam em inscrições oficiais de suas atividades como construtores de estradas. As estradas, tão importantes para a manutenção do controle político e econômico da nação, eram provavelmente conservadas pelos trabalhadores da corveia (serviço gratuito que se prestava ao soberano; 2Sm 20.24; *NVI*, "trabalho forçado"; 1Rs 9.15) ou pelo Exército. Como as pontes não eram conhecidas no período bíblico, identificavam-se os vaus (Jz 12.5, *BJ*; *NVI*, "passagem do Jordão"; *ARA* e *ARC*, "vaus"; *NTLH*, "lugares onde o rio Jordão podia ser atravessado") para uso geral. No período romano essas estradas foram melhoradas pela colocação de pedras achatadas em seu leito. Onde não era possível atravessar o rio, balsas eram amarradas para formar uma travessia.

Fatores políticos e militares nos transportes Os terrenos eram um fator importante na construção de estradas, mas outro fator importante era a situação política da região. No antigo Israel as estradas não apenas ligavam centros comerciais e religiosos, mas também protegiam centros populacionais e facilitavam o deslocamento de tropas para guerras. A vasta rede de estradas na área difícil da região montanhosa da Judeia destaca com eloquência a importância de Jerusalém, o centro das atividades da região. Jerusalém funcionava como o centro político da monarquia davídica e também era o centro religioso da nação, com muitos peregrinos fazendo sua subida até Sião (Sl 122.1). Um sistema mais elaborado de estradas foi construído pelas legiões romanas para ajudá-las a dominar o país e prevenir rebeliões organizadas depois das revoltas de 69-70 e 135 da era cristã.

Durante todo o período da monarquia, campanhas militares exigiam estradas bem protegidas para facilitar a movimentação de tropas por todo o país. Para proteger os vales e estradas que levavam até Jerusalém, construiu-se uma série de fortalezas, incluindo Gezer, Bete-Horom, Baalate e Tamar (Tadmor) — v. 1Rs 9.17-19). Comissões reais também viajavam por estradas protegidas em tempos de paz para executar assuntos governamentais (1Rs 12.1; 18.16).

Para auxiliar o fluxo constante de viajantes governamentais, foram construídos vários postos administrativos (um a cada 16 ou 24 quilômetros no tempo do Império Persa). Em um tempo em que não havia hospedarias, os postos administrativos forneciam suprimentos aos funcionários governamentais e montarias novas para os mensageiros. Os que viajavam sozinhos tinham de depender da hospitalidade das cidades ou de amigos que encontrassem pelo caminho (Jz 19.10-15; 2Rs 4.8).

O sistema de estradas e portos dos reis de Israel e de Judá se expandiu em tempos de prosperidade e foram contestados em tempos de guerra (2Rs 16.6). Megido, que controlava a entrada oeste para o vale de Jezreel, controlava o tráfego ao longo da Via Maris na rota para o interior e depois ao norte, até Damasco. Salomão demonstrou sua preocupação quanto à importância estratégica da região ao fortificá-la, junto com Hazor e Gezer, para proteger as fronteiras de Israel (1Rs 9.15). Líderes estrangeiros também lutaram pela posse da cidade (que foi destruída cerca de 12 vezes durante seu período de ocupação), e o rei Josias de Judá morreu ali ao defender a passagem contra o exército do faraó Neco II em 609 a.C. (2Rs 23.29).

Fatores religiosos nas viagens Uma das principais razões para as viagens, nos textos bíblicos, era a visita a um santuário religioso a fim de oferecer sacrifícios. Por muito tempo, no decorrer da história de Israel, descrevem-se pessoas indo a lugares como Siquém (Js 24), Siló (1Sm 1.3), Ofra (Jz 8.27), Dã (Jz 18.30) e Betel (1Rs 12.26-33). Em lugares como os citados eles poderiam fazer suas devoções diante de uma imagem sagrada ou da arca da aliança. Lugares altos (*bamot*) eram também populares entre os peregrinos religiosos. No período anterior a Jerusalém como o centro religioso da nação, profetas como Samuel visitavam os santuários locais muitas vezes para oficiar os sacrifícios (1Sm 9.12). Ritos religiosos locais na celebração anual algumas vezes incluíam uma reunião familiar (1Sm 20.6).

Animais usados em viagens A maior parte do que se sabe a respeito dos animais usados para o transporte de pessoas e cargas no mundo antigo tem base em evidência textual e na arte. A Bíblia menciona vários tipos de animais de carga: jumentos, mulas, camelos e bois. Entre esses, parece que os jumentos eram o meio de transporte mais popular no Oriente Médio. São descritos em textos assírios antigos (c. 2100 a.C.) transportando lingotes de cobre da Capadócia, na Turquia. Pinturas da tumba de Beni-Hasan no Egito, datadas de 1900 a.C. graficamente apresentam caravaneiros semitas com seus jumentos transportando bagagens e mercadorias.

Nas narrativas bíblicas o jumento foi o principal meio de transporte particular e comercial durante toda a história da nação de Israel. Os filhos de Jacó transportaram os grãos comprados no Egito em jumentos (Gn 42.26); Jessé enviou Davi com um jumento carregado de provisões para a corte de Saul (1Sm 16.20); e Neemias ficou irado quando viu os judeus transportando grãos em jumentos durante o sábado (Ne 13.15).

As mulas são mencionadas com menos frequência. Talvez em razão da falta de cavalos para o acasalamento ou por algum costume que restringia o uso de mulas para as classes superiores (2Sm 13.29). Absalão (2Sm 18;9) e Salomão (1Rs 1.33), filhos de Davi, p. ex., são descritos cavalgando mulas. Uma passagem (Is 66.20) apresenta uma caravana de exilados que retorna cavalgando cavalos, mulas e camelos, bem como carroças e liteiras. Entretanto, cada um desses meios de transporte se encaixa na visão do profeta de uma procissão gloriosa que vai até Jerusalém, não um grupo normal de viajantes em uma rota internacional.

Os camelos aparecem diversas vezes nos textos bíblicos carregando cargas grandes (cinco vezes a carga de um jumento). Um exemplo claro é encontrado em 2Rs 8.9. Ben-Hadade, rei da Síria, enviou 40 camelos carregados de bens para Eliseu na tentativa de descobrir se iria se recuperar de uma doença. Em outra passagem Isaías denunciou os líderes de Judá por enviarem camelos carregados de presentes para o Egito a fim de lhe comprar a ajuda contra a Assíria (30.6). Por conta dos cascos largos, mas macios, o camelo é adaptado para viagens no deserto, mas é de pouca utilidade em uma região montanhosa. Camelos eram utilizados apenas em estradas maiores, como a *Via Maris*, ao longo da costa, ou nas estradas melhores nos vales da Sefelá e do Neguebe.

Os bois eram usados para puxar carros e serão descritos mais adiante neste verbete. Quanto aos cavalos, os israelitas só os utilaram a partir de 1000 a.C., quando Davi começou a incorporá-los às suas forças (2Sm 8.3,4). Cavalos são mencionados de modo especial em contextos militares: em batalhas (Jó 39.18-25) ou puxando carruagens (1Rs 12.18). Mensageiros governamentais também utilizavam cavalos (2Rs 9.18,19), bem como batedores do exército (2Rs 7.13-15).

Veículos com rodas O veículo com rodas mais mencionado nas narrativas bíblicas é carro de guerra. Foi utilizado de forma inicial pelos inimigos de Israel (Jz 1.19; 4.3). Não obstante, não podia ser usado de maneira eficiente na região montanhosa onde as tribos se estabeleceram em primeiro lugar (Js 17.16). Quando a monarquia já estava estabelecida, os carros de guerra se tornaram parte das estratégias de batalha dos reis (1Rs 10.26; 22.31-34). Os chamados carros eram o meio de transporte padrão para as viagens dos reis (2Rs 9.16) e nobres (2Rs 5.9). O texto de Is 22.18 menciona carros de propriedade particular. Nessa passagem o profeta condena Sebna, o mordomo real, por sua extravagância e orgulho. Seus carros, bem como seu túmulo escavado na rocha eram símbolo de *status* para integrantes do mais alto escalão da burocracia real no tempo do rei Ezequias de Judá (cf. At 8.26-38).

Não se descobriram até o momento resquícios de carruagens na terra de Israel, ainda que um exemplar magnífico de um carro real egípcio tenha sido descoberto na tumba do faraó Tutancâmon (c. 1300 a.C.). Um carro de guerra judeu de três homens é apresentado no relevo assírio (c. 701 a.C.) que apresenta o cerco de Senaqueribe a Láquis. Esse carro tem uma canga para quatro cavalos. Estimativas quanto ao tamanho dos carros nesse período são baseadas na largura dos sulcos nas estradas na Mesopotâmia e nas cidades romanas. Se estas foram utilizadas, a largura padrão dos carros era 1,23 metro entre as rodas e 1,53 metro de comprimento.

O uso de veículos de roda maiores aparentemente tem origem na Suméria, onde foram encontrados modelos datando de 2500 a.C. de carroças grandes puxadas por bois. Esses carros grandes, que transportavam cargas pesadas, precisavam de estradas largas e bem cuidadas. Estradas negligenciadas podiam ficar cheias de obstáculos (Pv 18.19) ou de pedras da erosão das colinas ao redor. Logo, para a manutenção do tráfego, equipes de trabalhadores devem ter viajado por essas estradas fazendo os reparos necessários. As portas das cidades também eram abertas para permitir a entrada de veículos com rodas. Em Israel foram escavadas algumas com largura de 2,5 até 4,5 metros. Algumas, como as de Gezer e Megido, tinham um leito de pedra no interior do complexo bastante trafegado.

Carros grandes de duas e de quatro rodas também eram muito utilizados nos tempos bíblicos para transportar cargas pesadas e pessoas. No período patriarcal, José enviou carruagens até Canaã para buscar seu pai e as famílias dos seus irmãos e levá-los até Gósen (Gn 45.19-27). Depois da construção do tabernáculo no deserto, seis carroças cobertas, cada uma delas puxados por dois bois, foram doados pelos líderes das tribos aos levitas para transportar os objetos sagrados durante a caminhada (Nm 7.1-8).

Uma vez que o povo já estava estabelecido em Canaã, as carroças se tornaram um auxílio diário para fazendeiros que tinham de transportar cargas de grãos até o moinho (Am 2.13). Uma carroça de duas rodas foi usada por Davi para transportar a arca da aliança de Quiriate-Jearim (também chamada de Baale de Judá) até a nova capital, Jerusalém (2Sm 6.2-17; *NVI*, "carroção"). O aspecto desajeitado dessas carroças pode ser percebido quando a carroça citada quase caiu ao chegar à eira de Nacom (v. 6). Vários homens caminhavam ao lado da carroça para guiar os bois e impedir que a carga caísse.

No período da conquista assíria utilizaram-se estradas mais largas e veículos grandes com rodas para transportar o povo para o exílio. O relevo de pedra de Senaqueribe que apresenta o cerco a Láquis inclui uma cena de judeus sendo levados em carros de duas rodas puxados por bois. Os exilados estavam assentados sobre fardos com seus pertences enquanto um homem caminhava ao lado do boi do lado esquerdo, guiando-o com uma aguilhada. A visão de Isaías a respeito do retorno dos exilados (66.20) pode ter sido comovente para os exilados que viram seus antepassados representados no relevo assírio. V. *vida econômica*.
— *Victor H. Matthews*

Um viajante — na estrada que vai de Jericó até Jerusalém — cavalga um jumento, enquanto o outro animal lidera a marcha.

TRATADO V. *aliança*.

TRAVESSEIRO Suporte para a cabeça. A pedra usada por Jacó para descansar a cabeça é descrita como um travesseiro (Gn 28.11,18). A palavra hebraica usada em 1Sm 19.13,16 é de sentido incerto. Traduções possíveis são: "almofada" (*NVI*, *NTLH*) ou "cabeceira" (*ARC*). A *LXX* usa a palavra grega para "travesseiro" em Ez 13.18,20. As traduções modernas traduzem a palavra hebraica por "berloque"

(*NVI*), "articulações das mãos" (*ARA*), "pulseiras" (*NTLH*). Jesus demonstrou confiança absoluta em Deus quando dormiu em meio a uma tempestade, com a cabeça sobre um travesseiro (Mc 4.38; *ARC* e *NTLH*, "almofada"). V. *berloques de feitiço*.

TRÊS VENDAS Lugar de descanso na Via Ápia, localizado a cerca de 53 quilômetros a sudeste de Roma e 16 quilômetros a noroeste do fórum de Ápio, onde os cristãos romanos se encontraram com Paulo quando este viajava para Roma (At 28.15).

TRIBOS DE ISRAEL Unidades sociais e políticas em Israel que alegavam descender dos 12 filhos de Jacó.

Unidade tribal A unidade tribal desempenhava um papel importante na história da formação da nação de Israel. Nos tempos antigos uma nação era um povo ('*am* em hebraico) — p. ex., o "povo de Israel". A nação por sua vez era formada por "tribos". Uma tribo (*shevet* ou *matteh* em hebraico) era a unidade social maior que compreendia a estrutura da nação. A tribo era constituída de "clãs". O "clã" (*mishpachah* em hebraico) era uma família de famílias, um ajuntamento de famílias estendidas com um ancestral comum. O clã, portanto, era composto pelas casas individuais ou famílias, chamadas de "casa do pai" (*bet av* em hebraico). De fato, a família nos tempos antigos era formada por várias famílias que viviam juntas e formavam uma casa (Nm 3.24). V. *família*.

Origens tribais O pano de fundo ancestral das "tribos de Israel" remonta ao patriarca Jacó, cujo nome foi trocado para "Israel". A nação de Israel era identificada como "os filhos de Israel". De acordo com o relato bíblico, a família de Jacó, da qual as tribos vieram, originou-se no norte da Síria durante a permanência de Jacó em Harã, com seu tio Labão. Onze dos 12 filhos nasceram em Harã, enquanto o caçula, Benjamim, nasceu depois que Jacó voltou para Canaã. As mães deles eram as irmãs Lia e Raquel, e as servas delas, Zilpa e Bila. Os filhos de Lia eram Rúben, Simeão, Levi e Judá (Gn 29.31-35), Issacar e Zebulom, bem como uma filha chamada Diná (Gn 30.19-21). Os filhos de Raquel eram José (Gn 30.22-24), que se tornou o pai de Efraim e Manassés (Gn 41.50-52), e Benjamim (Gn 35.16-18). Zilpa, a serva de Lia, era a mãe de Gade e Aser (Gn 30.9-13), e Bila, a serva de Raquel, era a mãe de Dã e Naftali (Gn 30.1-8).

Essa família de famílias, ou família de tribos, ocupou o lugar central na história do desenvolvimento de Israel como nação. Conquanto haja detalhes da história que não são claramente entendidos, e outros grupos, identificados como "grande multidão de estrangeiros" (Êx 12.38), que talvez tenham se incorporado à nação, o foco central está sempre nas "tribos de Israel", os descendentes de Jacó. Por essa razão a lista dos 12 filhos de Jacó ou das tribos aparecem em vários lugares do AT, ainda que as listas tenham algumas variações. As principais listas são: as bênçãos que Jacó deu aos 12 (Gn 49), a revisão das famílias quando se iniciou o tempo de opressão no Egito (Êx 1.1-10), a bênção de Moisés às tribos (Dt 33) e o cântico de Débora (Jz 5).

Tribos de Israel Cada tribo tem sua história na porção do território que lhe foi designado. Sabem-se poucos detalhes a respeito das tribos individuais.

1. Rúben, o primogênito de Jacó com Lia deveria assumir a liderança da família, mas perdeu esse direito por ter tido um relacionamento ilícito com Bila, concubina de seu pai (Gn 35.22). O impacto desse fato se refletiu na bênção de Jacó, na qual se diz a respeito de Rúben: "Turbulento como as águas, já não será superior, porque você subiu à cama de seu pai, ao meu leito, e o desonrou" (Gn 49.4). Por ocasião da migração da família de Jacó ao Egito, Rúben tinha quatro filhos (Gn 46.8,9).

Em algumas das listas das tribos de Israel, Rúben é mencionado em primeiro lugar (Êx 1.1-4; Nm 1.5-15), enquanto em outras não (Nm 2.1-11). Durante a jornada pelo deserto, as tribos de Rúben, Simeão e Gade formavam a segunda unidade da procissão, e a tribo de Rúben ocupava a posição de liderança (Nm 10.17-20). Esse grupo de tribos, liderado por Rúben, ficava próximo ao tabernáculo (Nm 10.17,18). À medida que as tribos se aproximavam da terra de Canaã e partes da terra foram destinadas a cada uma delas, as tribos de Rúben, Gade e a meia tribo de Manassés ocuparam a Transjordânia, a região de plató elevado a leste do rio Jordão (Js 13.8-31; cp. Nm 32.1-5, 33-42). A tribo de Rúben ocupava a região ao sul, que se estendia desde o rio Arnom até

Hesbom (Js 13.15-23). Antes disso esse território era o centro do reino de Seom. Pouco se sabe a respeito da tribo de Rúben no período do estabelecimento do povo em Canaã, mas o cântico de Débora sugere que a tribo foi criticada por alguns membros das outras tribos por ter tido uma participação mais efetiva na conquista (Jz 5.15,16). V. *Transjordânia*.

2. Simeão, o segundo filho de Jacó com Lia, teve um papel-chave no encontro de Diná com Siquém. Simeão e Levi eram irmãos de Diná por parte de pai e de mãe, e por isso tentaram vingá-la (Gn 34.25,26) por conta do que Siquém havia feito (34.1-4). A resposta radical dos dois irmãos foi que eles "pegaram suas espadas e atacaram a cidade desprevenida, matando todos os homens" (Gn 34.25). O reflexo dessa ação se faz sentir na bênção de Jacó quanto aos dois: "suas espadas são armas de violência [...] maldita seja a sua ira, tão tremenda, e a sua fúria, tão cruel! Eu os dividirei pelas terras de Jacó e os dispersarei em Israel" (Gn 49.5-7). Durante os anos de fome, enquanto os filhos de Jacó iam e voltavam de Canaã até o Egito, Simeão em uma ocasião foi preso por José e ficou como refém (42.24).

Na lista das tribos, Simeão é descrito em segundo lugar, imediatamente após Rúben (Êx 1.2; 6.14,15; Nm 1.5,6,22,23; 13.5; 26.12-14). Em geral, a tribo de Simeão é caracterizada pela fraqueza. O já citado versículo de Gn 49.7 fala a respeito da dispersão da tribo. Talvez por conta do *status* de fraqueza, aparentemente a tribo de Simeão não recebeu uma herança separada na terra (Js 19.1-9). Antes, sua herança "ficava dentro do território de Judá" (Js 19.1), na parte sul do Neguebe.

3. Levi era o terceiro filho de Jacó e Lia (v. *Simeão* antes). Na jornada do Egito até Canaã, os filhos de Levi mataram 3 mil hebreus rebeldes (Êx 32.25-29). Eles se tornaram a tribo sacerdotal que não era possuidora de terras. V. *levitas*; *cidades dos levitas*; *sacerdotes*.

4. Judá, o quarto filho de Jacó e Lia (Gn 29.35), aparece como líder e porta-voz de seus irmãos (Gn 37.26; 43.3; 44.16; cp. 46.28). Na bênção de Jacó é prometida proeminência a Judá (Gn 49.8-12).

Na jornada do Egito a Canaã, Judá tinha a posição de liderança (Nm 2.9). Quando as tribos entraram na terra, descobriu-se que Acã, da tribo de Judá, era culpado de roubar parte do butim proibido de Jericó (Js 7). A tribo de Judá ocupava a parte sul do que é atualmente Israel, o território entre o mar Morto, a leste, e o Mediterrâneo, a oeste (Js 15). Judá fazia divisa ao norte com os territórios de Benjamim e Dã. Jerusalém pode ter formado uma barreira entre Judá e as tribos do norte, porque a cidade só foi conquistada na época de Davi (2Sm 5.6-10). A conquista de Jerusalém por Davi pavimentou o caminho para as tribos desfrutarem uma espécie de unidade que não haviam até então experimentado. O território da tribo de Judá constituía a maior parte do Reino do Sul, a ponto de dar-lhe o nome — reino de Judá, com capital em Jerusalém.

5. Issacar era o nono filho de Jacó, o quinto de Lia (Gn 30.18). Pouco de sabe a seu respeito ou a respeito da tribo que leva seu nome. Durante a jornada do monte Sinai até Canaã, a tribo de Issacar seguia a tribo de Judá; isso significa que era parte do primeiro grupo de tribos que se situava no lado leste do tabernáculo (Nm 2.5). É difícil descrever com precisão o local ocupado pela tribo de Issacar (Js 19.17-23). Eles estavam a oeste do Jordão, na região ao sul do mar da Galileia, que se estendia até o vale de Jezreel. Pelo fato de a bênção de Moisés dizer que Zebulom e Issacar "convocarão povos para o monte e ali oferecerão sacrifícios de justiça" (Dt 33.19), alguns estudiosos especularam que as duas tribos talvez dirigissem um centro de adoração no monte Tabor, localizada na fronteira entre as duas tribos. A bênção de Jacó fala de Issacar como "um jumento forte deitado entre suas cargas" e de "trabalhos forçados" (Gn 49.14,15), a tribo de Issacar pode ter enfrentando uma variedade de dificuldades. Pode ter tido um tempo, p. ex., no qual o povo de Issacar trabalhou como escravo em projetos de seus vizinhos, os cananeus.

6. Zebulom era o décimo filho de Jacó e o sexto e último de Lia (Gn 30.19,20). Pouco se sabe a respeito de sua vida. O território destinado a Zebulom estava no norte, na parte meridional da Galileia, fazendo fronteira com Issacar a su-sueste, Naftali a leste e Aser a oeste (Js 19.10-16). A bênção de Jacó fala do território de Zebulom "à beira-mar", presumivelmente o Mediterrâneo, e que "suas fronteiras se estenderão até Sidom" (Gn 49.13), uma cidade na costa norte do monte Carmelo. Conquanto esse território fosse tradicionalmente ocupado pela tribo de Aser, é inteiramente possível que em algum momento Zebulom ocupasse uma parte dessa região e, por conseguinte, tivesse acesso ao mar. Mais tarde a bênção de Moisés afirmaria que Zebulom e Issacar se beneficiariam da "riqueza dos mares, com os tesouros ocultos das praias" (Dt 33.19). No período do estabelecimento das tribos em Canaã, aparentemente Zebulom foi além da tarefa de providenciar apoio. É a única tribo que o cântico de Débora menciona duas vezes (Jz 5.14,18).

7. *José* era o primeiro filho de Jacó com Raquel, sua esposa favorita (Gn 30.22-24). Duas das tribos de Israel vieram de José, a saber, Efraim e Manassés.

A história de José é a mais memorável dos filhos de Jacó. José teve dois filhos, Manassés e Efraim (Gn 41.50-52), nascidos no Egito. Jacó adotou Efraim e Manassés, e por isso cada um deles se tornou pai de uma tribo em Israel (Gn 48.8-20). Ainda que Manassés fosse o mais velho, Jacó deu preferência a Efraim (v. 14; cp. Dt 33.17). A bênção de Jacó (Gn 49.22-26) menciona apenas José; a bênção de Moisés (Dt 33.13-17) inicia-se com José e menciona Efraim e Manassés; o cântico de Débora (Jz 51.14), fala de Efraim e Maquir. V. *José*; *Maquir*.

Efraim, junto com Manassés, no período tribal ocupava a principal parte da região montanhosa central. Seu território era a região ao norte de Dã e Benjamim e se estendia desde o rio Jordão, a leste, até o mar Mediterrâneo, a oeste. Efraim desempenhou um papel de liderança entre as tribos, e esse fato se reflete na história tribal. Josué, um dos 12 espiões, era efraimita e se tornou o sucessor de Moisés (Nm 13.8,16; Js 1.1-11). Efraim almejava uma posição de liderança no período dos juízes (Jz 3.27; 4.5; 7.24; 8.1; 10.1; 12.1-6; 17.1; 18.2,13; 19.1). Siló, localizada no território da tribo de Efraim, tornou-se o maior centro de culto no período tribal (Js 18.1; 1Sm 1.1-18). Samuel, que por ocasião do fim daquele período e do início da monarquia, tornou-se um líder de todas as tribos (1Sm 7.15-17), também era de Efraim (1Sm 1.1-20).

A influência de Efraim é vista não apenas no período tribal, mas também na história posterior de Israel. Quando a nação se dividiu em dois reinos após a morte de Salomão em 922 a.C., p. ex., foi um efraimita por nome Jeroboão que liderou as tribos do norte em seu pedido a Roboão, filho de Salomão, que diminuísse a carga tributária que seu pai havia imposto (1Rs 12.1-5). Quando Roboão rejeitou o pedido, as tribos do norte romperam seus laços com as do sul e formaram um reino separado (1Rs 12.16-19), escolhendo Jeroboão como seu rei (1Rs 12.20). A influência de Efraim é vista também no tempo dos profetas. Oseias, p. ex., refere-se a Israel diversas vezes usando Efraim para se referir ao povo (ex., 4.17; 5.3,5,9,11-14; 6.10; 9.8).

Manassés era o filho mais velho de José e de Azenate. A tribo de Manassés ocupou territórios nas duas margens do rio Jordão. O território de Manassés a leste do Jordão incluía as regiões de Gileade e Basã e muito provavelmente se estendia do rio Jaboque até as proximidades do monte Hermom. Seu território a oeste do rio estava localizado ao norte de Efraim. Tudo indica que essa tribo desempenhou um papel importante na conquista de Canaã. Os filhos de Maquir, filho de Manassés, p. ex., tomaram a terra de Gileade e expulsaram os amorreus que antes a ocupavam (Nm 32.39; cp. Jz 5.14) enquanto outros descendentes de Manassés se envolveram em atividades da conquista em outras regiões (Nm 32.41,42). Talvez Gideão seja o mais conhecido dos descendentes de Manassés (Jz 6.12-15). Gideão derrotou os midianitas com um pequeno grupo de guerreiros (Jz 6—7).

8. *Benjamim* era o filho mais novo de Jacó, e sua mãe era Raquel; foi o único a nascer depois que seu pai voltou de Harã a Canaã (Gn 35.16-20). Era o único irmão de José por parte de pai e de mãe. Por isso, as tribos de Benjamim, Efraim e Manassés formavam um grupo especial. O território tribal de Benjamim era uma pequena região a oeste do Jordão, entre Efraim ao norte e Judá ao sul (Js 18.11-28). Os benjamitas eram famosos como guerreiros. A bênção de Jacó se refere a Benjamim como "lobo predador" que "devora a presa" (Gn 49.27). O livro de Jz faz menção às atividades dos benjamitas guerreiros no período tribal (Jz 5.14; 20.12-16). A história do levita e sua concubina apresenta atos desumanos cometidos pelos benjamitas (Jz 19). O segundo juiz, Eúde (Jz 3.12-30), e o primeiro rei, Saul

(1Sm 9.15-17; 10.1), eram procedentes da tribo de Benjamim.

9. Dã era o quinto filho de Jacó e o primeiro dos dois filhos de Bila, serva de Raquel (Gn 30.5-8). Logo, Dã e Naftali eram irmãos por parte de pai e de mãe e sempre são mencionados juntos (Gn 46.23,24; Êx 1.4). A tribo de Dã originariamente ocupava o território a oeste de Benjamim, com Efraim ao norte e Judá e os filisteus ao sul (Js 19.40-48). Parece que pouco depois de se estabelecerem na região, os amorreus e os filisteus tentaram expulsá-los (Jz 1.34-36). A pressão e a aflição que o povo de Dã sofreu da parte dos filisteus se manifesta nas narrativas de Sansão, o danita, em seus encontros com aquele povo (Jz 13—16). A pressão dos filisteus resultou na migração da tribo para uma região ao norte do lago Hulá, para a cidade de Laís e seu território (Jz 18.14-27). O povo de Dã conquistou a cidade e a renomeou em homenagem ao seu ancestral (Jz 18.29). V. *Dã*.

10. Naftali era o sexto filho de Jacó e o irmão por parte de pai e de mãe mais novo de Dã (Gn 30.6-8). O nome "Naftali" tem a ideia de "luta" e foi escolhido por conta dos conflitos entre Raquel e Lia (Gn 30.7,8). A Bíblia apresenta poucas informações a respeito de Naftali, tanto a pessoa quanto a tribo. No período tribal Naftali ocupou a larga faixa de terra a oeste do Jordão na região lago Hulá e do mar de Quinerete (o mesmo mar da Galileia). Essa terra ia desde Issacar e Zebulom, ao sul até perto de Dã, ao norte (Js 19.32-39). A tribo de Naftali colaborou com tropas durante a conquista da terra (Jz 5.18) e durante a ameaça midianita (Jz 6.35; 7.23).

11. Gade era o sétimo filho de Jacó e o primeiro dos dois filhos de Zilpa, serva de Lia (Gn 30.9-11). Lia viu o nascimento de Gade como sinal de "boa sorte", pelo fato de que ela havia parado de ter filhos, e por isso deu ao filho um nome que significa "sorte" (Gn 30.11). Sabe-se muito pouco a respeito do patriarca Gade além dos breves detalhes sobre seu nascimento. O território da tribo era no lado leste do rio Jordão e do mar Morto, incluindo uma parte da região chamada Gileade (Nm 32.34-36; Js 13.24-28), estendendo-se da região do rio Jaboque, ao norte, até a região do rio Arnom, ao sul. De acordo com a bênção de Jacó, a tribo de Gade sofreria muitos ataques (Gn 49.19), em especial de grupos como os amonitas, como se lê na narrativa de Jefté (Jz 11). Talvez tais ataques aconteceram pelo fato de Gade ter ocupado parte da melhor terra da Transjordânia (Dt 33.20,21). Os homens de Gade adquiriram reputação de serem experientes como guerreiros (1Cr 12.8).

12. Aser era o oitavo filho de Jacó, o segundo de Zilpa, e irmão mais novo de Gade por parte de pai e de mãe (Gn 30.9-13). Como Gade, praticamente nada se sabe a respeito do patriarca Aser. A tribo do mesmo nome ocupava a região a oeste de Zebulom e Naftali, i.e., a região costeira norte do atual Estado de Israel. O território se estendia desde as proximidades do monte Carmelo, ao sul, até perto de Tiro, ao norte (Js 19.24-31). Aser é a única tribo da qual não houve um juiz no período tribal. Conquanto ocupasse um território escolhido (Gn 49.20), parece que Aser foi repreendida e talvez tenha fracassado em desfrutar o respeito de algumas das outras tribos (Jz 5.17b).

Conclusão Ainda que a discussão e a pesquisa a respeito da história das tribos e do território que ocuparam continue, o período tribal será sempre reconhecido como importante, ainda que enigmático, no desenvolvimento da história de Israel. Com o surgimento da monarquia, o período tribal chegou ao fim. Entretanto, laços e tradições tribais podem ter continuado de maneira muito forte. Muitos estudiosos sugerem que invejas e tradições tribais desempenharam um papel importante que culminou na divisão do reino e posterior formação de dois outros reinos, o Reino do Norte e o Reino do Sul em 922 a.C. — *LaMoine DeVries*

TRIBULAÇÃO Geralmente se refere ao sofrimento e angústia do povo de Deus. De acordo com o NT, as tribulações são uma realidade esperada entre os seguidores de Cristo.

A palavra hebraica geralmente traduzida por tribulação é *tsarah*, que significa literalmente "apertado" (Nm 22.26; Jó 41.15). O sentido figurado transmite a ideia de "aflição, crise, ou tribulação" (Dt 4.30; Jó 15.24; Sl 32.7; Is 63.9; Jn 2.2). A palavra grega *thlipsis* transmite a ideia de "restrição severa", "aperto", "pressão" (Mt 7.14; Mc 3.9). As mesmas noções subjazem à palavra latina *tribulum* (um martelo para amassar grãos), de onde vem a palavra "tribulação" em português.

A Bíblia ensina muitas verdades importantes a respeito das tribulações dos que creem. Em primeiro lugar, as tribulações de Cristo são o padrão do sofrimento dos cristãos. Como as tribulações eram inevitáveis e esperadas no ministério messiânico de Jesus, da mesma forma, elas estarão presentes entre seus seguidores (Mt 13.21; Jo 16.33; At 14.22; Rm 8.35; 12.12; 1Ts 3.3; 2Ts 1.4; Ap 1.9). Segundo, em certo sentido as tribulações dos cristãos são uma participação nos sofrimentos de Cristo (Cl 1.24; 2Co 1.5; 4.10; Fp 3.10; 1Pe 4.13). Terceiro, as tribulações dos cristãos promovem transformação à semelhança de Cristo (Rm 5.3; 2Co 3;18; 4.8-12,16). A tribulação ensina os seguidores de Cristo a confortar e encorajar uns aos outros em situações semelhantes, capacitando os que sofrem a perseverar e a persistir (2Co 1.4; 4.10; Cl 1.24; 1Ts 1.6).

A Bíblia também entende a tribulação de maneira escatológica. A expressão "grande tribulação" se refere ao tempo de crise que acontecerá por ocasião da segunda vinda de Cristo (Mt 24.21; Ap 2.22; 7.14). Jesus advertiu que a grande tribulação seria tão intensa que suas calamidades quase iriam acabar com toda a vida (Mt 24.15-22). As palavras de Jesus em Mt 24.29 podem se referir a Dn 12.1, "um tempo de angústia como nunca houve desde o início das nações até então". Essa alusão sugere uma visão escatológica da grande tribulação.

A visão que se tem do Milênio determina a interpretação do tempo e da natureza desse período de intensa tribulação. Os pós-milenaristas e os amilenaristas consideram a grande tribulação um período breve, indefinido, no fim desta era, e em geral o identificam com a revolta de Gogue e Magogue citada em Ap 20.8,9. Os pré-milenaristas dispensacionalistas identificam a tribulação com a septuagésima semana da profecia de Daniel (Dn 9.27), um período de sete anos cuja segunda metade é a grande tribulação. O arrebatamento da Igreja precede uma tribulação literal de sete anos, que é seguida pela segunda vinda de Cristo. Os pré-milenaristas históricos (pós-tribulacionistas) entendem que a tribulação é um período terrível de crise imediatamente anterior ao Milênio e com frequência ensinam que cristãos e não cristãos enfrentarão essa situação.

Ainda que o acontecimento possa ser considerado de forma correta como uma ocorrência futura, tentativas de conectar o tempo da tribulação com acontecimentos ou pessoas específicos têm se mostrado inúteis. Os cristãos são exortados a esperar por Cristo e a fixar sua esperança nele, não em acontecimentos periféricos à sua volta (1Jo 3.3). — *Stan Norman*

TRIBUNO Comandante de uma antiga coorte romana, uma unidade militar composta por mil homens. A palavra "tribuno" aparece em algumas versões da Bíblia em português (*ARA, ARC, BJ*) como tradução da palavra grega *chiliarchos*, que também pode significar "comandante" (p. ex., At 23.19, *NVI*). A palavra grega para "coorte" é *speires* (cf. At 21.31-33; 22.24-29; 23.10-22; 24.22; 25.23). De acordo com Josefo, os romanos estacionaram uma coorte em Jerusalém, na fortaleza Antônia, para sufocar rebeliões na cidade. — *E. Ray Clendenen*

TRIBUTO 1. Qualquer pagamento recebido por um poder superior, geralmente o Estado, de alguém inferior. O Estado mais fraco, chamado vassalo, normalmente contribuía com uma quantia específica de ouro, prata ou qualquer outro bem, uma vez por ano. A imposição do tributo demonstrava a condição subserviente do Estado vassalo, o que limitava sua autonomia política e em geral provocava a fraqueza econômica. Nações poderosas recebiam tributos de Estados, tanto hostis quanto aliados. A recusa do pagamento de tributos seria considerada rebelião e normalmente resultava em represálias militares.

A imposição de tributos era bastante praticada e pode ser traçada até antes de 2000 a.C. As cartas de Amarna, dos reis cananeus depois de 1400 a.C., revelam com clareza sua condição de vassalos do Egito. Durante alguns breves períodos de poder, Israel cobrou tributos de povos vizinhos. Davi e Salomão receberam tributos de vários Estados menores (2Sm 8.14; 1Rs 4.21). Mais tarde, Moabe pagou um tributo de 100 mil cordeiros e lã de 100 mil carneiros a Acabe de Israel (2Rs 3.4).

Depois da divisão do reino de Salomão (em 922 a.C.), os relativamente fracos Estados de Judá e Israel foram muitas vezes forçados a pagar tributos a poderes maiores que começaram a dominar o Oriente Médio. Isso foi especialmente verdadeiro com relação ao período assírio (850-600 a.C.), fato evidenciado pelos relatos bíblicos e por evidências arqueológicas. O Obelisco Negro de Salmaneser III (c. 841 a.C.) mostra Jeú de Israel pagando tributo prostrado diante do rei assírio. Menaém de Israel (2Rs 15.19) e Acaz de Judá (2Rs 16.7-9) pagaram tributos a Tiglate-Pileser III (Pul) por diferentes razões. O pesado tributo pago por Ezequias a Senaqueribe, por volta de 701 a.C., foi registrado tanto em textos bíblicos como em textos assírios (2Rs 18.13-16).

Os judeus mais tarde pagaram tributos à Babilônia, à Pérsia, aos ptolomeus, aos selêucidas e a Roma. O *tributum* romano era uma espécie de imposto. De fato, a famosa pergunta feita a Jesus pelos fariseus a respeito dos impostos (Mt 22.15-22) foi a respeito do tributo. V. *Assíria*; *Babilônia*; *Egito*; *Roma e o Império Romano*. —Thomas V. Brisco

2. Impor ou coletar por meio de autoridade (Nm 31.28). Os sacerdotes e levitas eram sustentados em parte por tributos de ganhos de guerras.

TRIBUTOS E IMPOSTOS Taxa cobrada de alguém, geralmente como pré-requisito para votar (Mt 17.25; 22.17; Mc 12.14). Todavia, deve-se lembrar que o Império Romano não era uma democracia na qual o povo judeu participava por meio do voto.

TRIFENA E TRIFOSA Nomes pessoais que significam "graciosa" e "delicada". Duas mulheres a quem Paulo saudou como "mulheres que trabalham arduamente no Senhor" (Rm 16.12). Talvez elas fossem diaconisas que serviam na igreja de Roma (cp. Febe em Rm 16.1) ou talvez evangelistas no "mercado", como Priscila (At 18.26; Rm 16.3). A similaridade de seus nomes sugere que talvez fossem irmãs (gêmeas).

TRIGO Cereal predominante no antigo Oriente Médio (Nm 18.12). O trigo foi cultivado nessa região pelo menos desde os tempos neolíticos (8300-4500 a.C.). Há muitas variedades, e não é possível determinar espécies exatas com base nos termos bíblicos. Ele passou a ser a principal cultura depois que os nômades começaram a se tornar sociedades agrícolas. É usado como analogia para falar do juízo de Deus (Mt 3.12) e de seu cuidado (Sl 81.16). O trigo era usado para fazer pão e também para ser tostado (Lv 23.14). A versão inglesa *King James* traduziu frequentemente "trigo" por "milho" (Mc 4.28). A colheita do trigo representava uma antiga referência de tempo (Êx 34.22) e era célebre por causa da festa das semanas. Afirma-se que o trigo é colhido (1Sm 6.13), debulhado (Jz 6.11) e joeirado (Mt 3.12). V. *agricultura*; *pão*; *colheita*; *plantas*.

TRINDADE Termo teológico usado para definir Deus como uma unidade indivisível expressa na natureza tríplice de Deus: o Pai, o Filho e o Espírito Santo. Uma doutrina distintivamente cristã, a Trindade é considerada um mistério além da compreensão humana, e deve-se refletir a respeito dela apenas por meio da revelação das Escrituras. A Trindade é um conceito bíblico que expressa o caráter dinâmico de Deus, não uma ideia grega introduzida nas Escrituras com base em especulação filosófica ou religiosa. Conquanto o termo "trindade" não apareça nas Escrituras, uma estrutura trinitária aparece por todo o NT para afirmar que Deus se manifesta mediante Jesus Cristo por meio do Espírito.

Uma visão bíblica adequada da Trindade equilibra os conceitos de unidade e distinção. Dois erros que aparecem na história da formulação da doutrina são o triteísmo e o unicismo. O erro do triteísmo é dar ênfase à distinção da divindade a ponto de a Trindade ser vista como três deuses distintos, ou um politeísmo cristão. Por outro lado, o unicismo exclui o conceito do caráter distintivo ao focalizar apenas o aspecto de Deus, o Pai. Desse modo, Cristo e o Espírito Santo são colocados em categorias inferiores e entendidos como menos que divinos. Ambos os erros comprometem a efetividade e a contribuição da atividade de Deus na história redentora.

O conceito bíblico de Trindade se desenvolveu durante a revelação progressiva. O AT de modo consistente afirma a unidade de Deus em declarações do tipo "Ouve ó Israel: o Senhor, o nosso Deus, é o único Senhor" (Dt 6.4). A unicidade de Deus é enfatizada para prevenir os israelitas quanto ao politeísmo e o ateísmo prático dos seus vizinhos pagãos. V. *Apocalipse, livro de*; *Shemá*.

Não obstante, o AT apresenta implicações da ideia trinitária. Isso não quer dizer que a Trindade fosse plenamente conhecida no tempo do AT, mas que se estabeleceu um vocabulário através dos acontecimentos da proximidade e criatividade de Deus; ambos os conceitos receberam um desenvolvimento do NT. A palavra de Deus é reconhecida, p. ex., como agente da criação (Sl 33.6,9; cp. Pv 3.19; 8.27), revelação e salvação (Sl 107.20). Esse mesmo vocabulário recebe personalidade distinta no prólogo do evangelho de Jo (Jo 1.1-4) na pessoa de Jesus Cristo. Outras categorias de vocabulário incluem a sabedoria de Deus (Pv 8) e o Espírito de Deus (Gn 1.2; Sl 104.30; Zc 4.6).

A doutrina da Trindade é característica do NT. É interessante observar que os escritores do NT apresentam a ideia de maneira tal que não viola o conceito do AT a respeito da unidade de Deus. De fato, eles afirmam de modo unânime a fé hebraica monoteísta, mas ampliam-na para incluir a vinda de Jesus e o derramamento do Espírito Santo. A igreja primitiva experimentou o Deus de Abraão de maneira nova e dramática, sem abandonar a unicidade de Deus que permeia o AT. Como uma expressão nova de Deus, o conceito de Trindade — enraizado no Deus do passado e coerente com ele — absorve a ideia do Deus do passado, mas vai além, em um encontro pessoal.

O NT não conta com uma apresentação sistemática da Trindade. Os segmentos esparsos de vários escritores, que aparecem por todo o NT, refletem uma compreensão aparentemente aceita, que subsiste sem uma discussão aprofundada. A ideia da Trindade está imiscuída na estrutura da experiência cristã e é simplesmente assumida como verdadeira. Os escritores do NT focalizam declarações extraídas da existência óbvia da experiência trinitária em lugar da exposição detalhada.

A evidência neotestamentária da Trindade pode ser agrupada em quatro tipos de passagens. O primeiro é a fórmula trinitária de Mt 28.19, 2Co 13.13,14 e Ap 1.4-6. Em cada passagem uma fórmula trinitária, repetida na forma de um resumo, registra uma contribuição distintiva de cada pessoa da Divindade. O texto de Mt 28.19, p. ex., segue a fórmula tríplice do Pai, Filho e Espírito Santo que distingue o batismo cristão. O Senhor ressurreto comissionou os discípulos a batizarem os convertidos com uma ênfase trinitária que veicula o caráter distinto de cada pessoa da Divindade enquanto associa o relacionamento interno de cada uma das pessoas. Essa passagem é a referência bíblica mais clara para uma apresentação sistemática da doutrina da Trindade.

Paulo, em 2Co 13.13,14, finalizou seus pensamentos para a igreja dos coríntios com um apelo pastoral baseado na "graça do Senhor Jesus Cristo, o amor de Deus e a comunhão do Espírito Santo". Essa formulação foi elaborada para ter o impacto prático de reunificar a igreja dividida através da experiência pessoal dos cristãos com a Trindade em sua vida diária. É interessante observar que nessa ordem trinitária Cristo é mencionado em primeiro lugar. É um reflexo real da salvação cristã, pois Cristo é a chave que abre a obra da Divindade. Paulo chamou a atenção para a consciência trinitária não na obra inicial de salvação que já tinha sido realizada em Corinto, mas na obra sustentadora que capacita os cristãos divididos a buscarem a unidade.

Em 1Pe 1.2, a fórmula trinitária é seguida com referência a cada pessoa da Divindade. Os cristãos dispersos são lembrados pela referência à Trindade que sua eleição (pré-conhecimento da parte do Pai) e redenção (a obra santificadora do Espírito) devem conduzir a uma vida santa em obediência ao Filho.

João se dirigiu aos leitores do livro de Ap com uma fórmula trinitária ampliada, que inclui referências às pessoas da Divindade (Ap 1.4-6). O foco no triunfo do cristianismo cristaliza a saudação trinitária em uma doxologia que reconhece a obra realizada e o futuro retorno de Cristo. Essa apresentação estendida serve como encorajamento para as igrejas que enfrentavam perseguição.

Um segundo grupo de passagens neotestamentárias é o das passagens com estrutura triádica. Dois exemplos são Ef 4.4-6 e 1Co 12.3-6. Ambas as passagens se referem às três pessoas da Trindade, mas não como a fórmula definitiva da passagem anterior. Cada texto escriturístico equilibra a unidade da igreja. A ênfase é dada na administração dos dons pela Divindade.

Um terceiro grupo de passagens menciona as três pessoas da Divindade, mas sem uma estrutura triádica clara. No relato do batismo de Jesus (Mt 3.13-17; Mc 1.9-11; Lc 3.21,22) os três escritores sinóticos registraram a presença da Trindade quando o Filho foi batizado, o Espírito desceu e o Pai falou uma palavra de aprovação. Paulo, em Gl 4.4-6, esboçou a obra da Trindade no aspecto do Pai que envia. Outras passagens representativas dessa categoria (2Ts 2.13-15; Tt 3.4-6; Jd 20,21) apresentam cada membro da Trindade em relação com uma função redentora em particular.

A quarta categoria de passagens trinitárias inclui as apresentadas no discurso de despedida de Jesus aos discípulos (Jo 14.16; 15.26; 16.13-15). No contexto dessas passagens, Jesus expôs a obra e o ministério da terceira pessoa da Divindade como o Agente de Deus no ministério contínuo do Filho. O Espírito é o Mestre que facilita a compreensão da parte dos discípulos, e, ao ser enviado da parte do Pai e do Filho, é um em natureza com as outras pessoas da Trindade. Jesus disse que "o Espírito receberá do que é meu e o tornará conhecido a vocês" (Jo 16.15). O discurso enfatiza o inter-relacionamento da Trindade em igualdade e importância operacional, ou seja, a obra de cada uma das pessoas é igualmente importante.

Todas essas passagens são esforços embrionários da parte da igreja primitiva para expressar sua preocupação com a Trindade. O NT é cristológico em sua abordagem, mas envolve a plenitude do ser de Deus tornado disponível ao cristão individual mediante Jesus e pelo Espírito. A consistente expressão trinitária não é a formulação da doutrina como tal, mas revela uma experiência da autorrevelação persistente de Deus.

No período pós-bíblico a igreja cristã tentou expressar a doutrina em termos filosoficamente aceitáveis e logicamente coerentes. Categorias gregas de entendimento começaram a aparecer em tentativas de explicação. A discussão mudou da ênfase do NT sobre a função da Trindade na história redentiva para uma análise da unidade da essência da Divindade.

Uma grande questão durante os primeiros séculos teve foco na unicidade de Deus. Os sabelianos descreviam a Divindade em termos de modos que existiam, cada um a seu tempo. Essa teoria enfatiza a unidade de Deus, mas exclui sua distintividade permanente. Os docetas entenderam Cristo como uma semelhança de Deus em forma humana, enquanto os ebionitas descreveram Jesus como um homem comum que recebeu o poder de Deus por ocasião do batismo. Ário foi um teólogo influente que entendeu Jesus como sendo subordinado a Deus. Para Ário, Jesus foi um ser criado por Deus, superior ao homem, mas inferior a Deus.

Essa ideia, bem como as outras citadas, foi desafiada por Atanásio em Niceia (325 d.C.), e o concílio decidiu pela posição de Jesus como sendo "da mesma substância do Pai".

Provavelmente o pensador mais importante dos primeiros séculos da era cristã tenha sido Agostinho de Hipona (354-430). Ele começou com a ideia de Deus como uma substância e tentou explicar a Divindade por uma analogia psicológica: uma pessoa existe como um ser com três dimensões: memória, entendimento e vontade; então, da mesma forma, a Divindade existe como uma unidade, Pai, Filho e Espírito Santo. Conquanto essa explicação seja útil e contenha o conceito de três pessoas em uma, não resolve a complexidade da natureza de Deus.

Talvez quatro declarações possam resumir e clarificar esse estudo.

1. Deus é um. O Deus do AT é o mesmo Deus do NT. Sua oferta de salvação no AT recebe revelação plena no NT, de modo que não é diferente, mas é mais completo. A doutrina da Trindade não abandona a fé monoteísta de Israel.

2. Deus tem três modos distintos de ser no evento redentivo, ainda que permaneça uma unidade indivisa. O fato de Deus Pai compartilhar de si mesmo com a humanidade através do Filho e do Espírito, sem deixar de ser ele mesmo, é o cerne da fé cristã. Uma concessão, seja na unicidade absoluta da Divindade, seja na verdadeira diversidade da Trindade, reduz a realidade da salvação.

3. O modo básico de apreender o conceito de Trindade é através da participação tríplice na salvação. A abordagem do NT não é discutir a essência da Divindade, mas os aspectos particulares do acontecimento revelatório que inclui a presença definitiva do Pai na pessoa de Jesus Cristo através do Espírito Santo.

4. A doutrina da Trindade é um mistério absoluto. A Trindade é conhecida primariamente não por especulação, mas pela experiência do ato da graça através de fé pessoal. V. *Deus*; *Espírito Santo*; *Jesus Cristo*. — Jerry M. Henry

TRÍPOLI (Ed 4.9). V. *tarpelitas, oficiais de Tarpil*.

TRISTEZA Dor ou esgotamento emocional, mental ou físico. Não há em hebraico uma palavra específica para tristeza. Em geral são utilizadas 15

palavras para expressar as diferentes dimensões da tristeza. Fala-se, p. ex., em dor emocional (Sl 13.2). Problemas e tristezas não eram entendidos como partes da experiência humana. O pecado da humanidade produziu a tristeza (Gn 3.16-19). Algumas vezes Deus castigou seu povo por conta do pecado (Am 4.6-12). Para remover a tristeza, os profetas instavam o povo ao arrependimento de demonstração de uma atitude de obediência (Jl 2.12,13; Os 6.6).

A palavra grega em geral traduzida por tristeza é *lype*. Significa "dor (da mente ou do espírito), aflição". Paulo distingue a tristeza piedosa de sua versão mundana (2Co 7.8-11). A tristeza pode levar alguém à fé mais profunda em Deus, ou pode levar uma pessoa a viver com amargura, centrada na experiência causadora da tristeza. Jesus concedeu palavras de esperança aos cristãos para vencer as crises e tristezas: "Eu lhes disse essas coisas para que em mim vocês tenham paz. Neste mundo vocês terão aflições; contudo, tenham ânimo! Eu venci o mundo" (Jo 16.33).

TRIUNFAL, ENTRADA Expressão usada para designar a entrada de Jesus na cidade de Jerusalém no domingo imediatamente anterior à sua crucificação. Pelo fato de folhas de palmeiras terem sido colocadas diante dele, esse dia é conhecido como "Domingo de Ramos". O acontecimento está registrado em Mt 21.1-9, Mc 11.1-10, Lc 19.28-38 e Jo 12.12-15. Todos os relatos concordam em substância, e cada um deles adiciona alguns detalhes. Seja por algum arranjo prévio, seja por pré-conhecimento divino, os discípulos encontraram um jumentinho em Betfagé, como Jesus descrevera (Mateus estabelece uma ligação desse relato com a profecia de Zacarias [9.9], mencionando o jumentinho e a mãe do animal). É possível que Jesus tenha cavalgado a jumenta durante a maior parte da jornada, tendo passado para o jumentinho após a entrada propriamente em Jerusalém. Lá, uma grande multidão o aplaudiu, espalhando suas roupas e folhas na estrada. Eles o receberam como o filho de Davi.

A entrada triunfal é de importância vital na compreensão da missão messiânica de Jesus. Antes desse momento, Jesus se recusara a permitir qualquer reconhecimento público de ser o Messias. Ao conduzir seu ministério fora de Jerusalém, ele evitou a intensificação do conflito com os líderes religiosos judeus. Mas agora o tempo estava próximo. Seus opositores entenderam a forte implicação messiânica da forma de sua entrada em Jerusalém. Estar montado no jumentinho, as roupas e folhas de palmeira na estrada e a aclamação da multidão — tudo isso apontava para Jesus como o Messias. Quando ele foi instado a acalmar o povo, replicou: "Se eles se calarem, as pedras clamarão" (Lc 19.40).

Ironicamente, ainda que a entrada triunfal tenha sido uma aceitação pública de Jesus como o Messias e tenha apresentado um desafio direto aos seus inimigos, tudo aquilo deve ter sido uma decepção para muitos dos seus seguidores. Jesus não entrou em Jerusalém em um cavalo de guerra para conquistar, mas em um jumentinho, símbolo de humildade. Como resultado, os líderes religiosos exigiram sua crucificação, enquanto as multidões por fim viraram as costas em indiferença. V. *Jesus, vida e ministério*; *Messias*. — Steve Echols

TRÔADE Cidade no noroeste da Ásia Menor, visitada por Paulo durante sua segunda e terceira viagens missionárias (At 16.8,11; 20.5,6; 2Co 2.12; 2Tm 4.13). Trôade foi fundada antes de 300 a.C. por Antígono, um dos sucessores de Alexandre, o Grande, e estava localizada a cerca de 16 quilômetros ao sul da cidade de Troia. O imperador Augusto (31 a.C.-14 d.C.) a transformou em colônia romana. A cidade serviu como um porto importante no Império Romano para os que viajavam entre a Ásia Menor e a Macedônia. Ainda hoje há ruínas do muro da cidade (c. 9.500 metros de circunferência), de um teatro e de um aqueduto. V. *Ásia Menor, cidades de*. — Scott Langston

Parte das ruínas do teatro de Trôade.

TRÔADE 1678

Para Emaús
Para Samaria
Gólgota
Porta da Torre
Porta de Damasco
Tumba
Portão Genate
Palácio de Herodes
Teatro
Casa de Caifás
Cidade Alta
Quarto Superior
Cidade Baixa
Aqueduto
©LATTA
VALE DE HINOM

TRÔADE

Fortaleza Antônia
Jerusalém
Templo
Porta Oriental
Para a Galileia
Jardim do Getsêmani
Monte das Oliveiras
VALE DO CEDROM
Ribeiro do Cedrom
Fonte de Gion
Betfagé
Betânia
Para Belém
N

O caminho de Jesus desde Betânia até a porta Oriental de Jerusalém

TROCA V. *comércio*.

TRÓFIMO Nome pessoal que significa "nutritivo". Cristão gentio de Éfeso que acompanhou Paulo a Jerusalém para entregar a oferta destinada aos cristãos da Judeia (At 20.4; 21.29). A associação livre de Paulo com Trófimo levou à falsa acusação de que Paulo havia profanado o templo ao levar um gentio ao interior do pátio de Israel (At 21.19). O Trófimo a quem Paulo deixou em Mileto (2Tm 4.20) ou é outra pessoa do mesmo nome ou talvez seja evidência de uma segunda prisão do apóstolo em Roma. Conforme At, Paulo não passou por Mileto em sua viagem a Roma.

TROGÍLIO Promontório na costa oeste da Ásia Menor, localizado a menos de 1.600 metros do estreito de Samos, um lugar onde Paulo parou em sua viagem de volta a Jerusalém, conforme o Texto Ocidental de At 20.15 (v. *ARC*; a *BJ*, *NVI*, *ARA* e *NTLH* não trazem o nome desse lugar).

TROMBETA V. *música, instrumentos, dança*; *shofar*.

TRONCO Instrumento que prende os pés (e, algumas vezes, o pescoço e as mãos) de prisioneiros (Jó 13.27; Jr 29.26; At 16.24). Elas eram feitas, de forma geral, de madeira com orifícios para prender os membros inferiores. Podiam também ser instrumentos de tortura, ao distanciar as pernas dos prisioneiros e fazê-los assentar em uma posição desconfortável. Era comum os romanos colocarem correntes nos troncos.

TUBAL Filho de Jafé (Gn 10.2; 1Cr 1.5) e ancestral de um povo, provavelmente da Capadócia ou Cilícia na Ásia Menor (Is 66.19; Ez 27.13; 32.26; 38.2,3; 39.1).

TUBALCAIM Filho de Lameque, associado à origem da metalurgia (Gn 4.22). As versões da Bíblia em português grafam seu nome de maneira que o leitor pode pensar que se trata de uma única palavra, mas no original é um nome composto (Tubal-Caim — a grafia é diferente do nome "Caim", filho de Adão e Eva). Esses dois elementos significam "produtor" e "ferreiro".

TUMBA DE JESUS De acordo com os relatos do NT, a tumba de Jesus estava localizada no jardim do local em que ele foi crucificado (Jo 19.41), fora dos muros da cidade de Jerusalém (19.20).

O jardim da tumba é um dos lugares sugeridos pela tradição como tendo sido o local do sepultamento do corpo de Jesus.

Era um "sepulcro novo" que fora "cavado na rocha" por José de Arimateia (Mt 27.60; cp. Lc 23.50-56), que aparentemente o preparou para o uso da própria família. Não era incomum pessoas abastadas prepararem sepulcros assim, dada a dificuldade de cavar túmulos no solo rochoso ao redor de Jerusalém. O sepulcro era grande o bastante para alguém entrar nele (Mc 16.5; cp. Jo 20.11,12), e era necessário parar, olhar dentro primeiro, para depois entrar (Jo 20.5,6,11; cp. Lc 24.12). Uma grande pedra, que podia ser rolada, selava sua entrada (Mt 27.60; Mc 15.46; 16.3).

Essa descrição sugere uma típica tumba judaica do período herodiano, que consistia em 1) uma antessala; 2) uma pequena entrada que podia ser selada com uma pedra (em muitos casos, uma rocha arredondada que era colocada sobre uma canaleta ou trilho, de modo que a tumba pudesse ser aberta e fechada sempre que necessário; 3) uma passagem que levava à câmara tumular, com a forma de retângulo. Nessa câmara o corpo (que tinha sido envolvido em um lençol de linho) era colocado em sentido longitudinal sobre uma superfície que poderia ser retangular, horizontal ou em forma de forno, que ficava sobre a face vertical da rocha, que media 2 metros por 65 centímetros por 50 centímetros ou depositado em uma prateleira de pedra cortada lateralmente na rocha, tendo sobre si um arco abobadado. A sequência de acontecimentos narrados nos relatos dos Evangelhos (principalmente Jo 20.5,6) parece indicar que a tumba de Jesus tinha esse arco abobadado.

O lugar apontado pela tradição como o do sepulcro de Jesus encontra-se hoje onde está a Igreja do Santo Sepulcro, construída sobre uma pedreira do séc. I, e que no tempo de Jesus ficava fora dos muros de Jerusalém, onde também outras típicas tumbas do séc. I foram encontradas. A localização alternativa é o lugar conhecido como "jardim da Tumba" (adjacente à "Caveira de Gordon"), identificado em 1883.
— *Hulitt Gloer*

TUMIM V. *Urim e Tumim*

TÚMULO Buraco ou caverna onde se sepultava(m) cadáver(es). A variedade de lugares usados como túmulos pelos hebreus era determinada por vários fatores: as circunstâncias da morte, o terreno circundante e o tempo disponível para preparação para o sepultamento. O túmulo mais comum era cavado no chão. Conquanto o uso de covas como locais de enterro coletivo não seja mencionado na Bíblia, vários desse tipo foram escavados na terra de Israel. Cavernas geralmente eram escolhidas como alternativas convenientes em razão do custo e do tempo necessário para escavar um túmulo na rocha. As colinas de Israel ofereciam tanto uma abundância de cavernas como uma localização ideal para túmulos cavados, por isso eram uma escolha comum para túmulos.

Túmulo romano em Pompeia. Essas tumbas continham nichos com jarros que guardavam as cinzas dos cadáveres cremados.

Túmulos escavados na rocha eram algumas vezes projetados para servir como sepulturas múltiplas com muitas câmaras. Saliências eram escavadas para acomodar cadáveres de membros individuais da família; quando o túmulo estava cheio, os ossos de sepultamentos anteriores eram colocados à parte para criar mais espaço. Os ossos eram colocados em jarros ou caixas de pedra chamados "ossuários", parecidos com os que os romanos usavam para guardar cinzas após a cremação. Os ossuários algumas vezes guardavam os ossos de mais de uma pessoa e eram frequentemente marcados com motivos decorativos ou identificadores. As entradas para os túmulos eram guardadas por portas com dobradiças ou por grandes pedras achatadas que eram roladas para serem removidas.

Os melhores túmulos eram os familiares, aos quais amplas referências são feitas nas narrativas patriarcais de Gn. Os hebreus provavelmente acreditavam em uma existência no pós-morte como "sombras" e preferiam a proximidade com os ancestrais, não a solidão, no que diz respeito a guardar os restos mortais de seus antepassados.

Enquanto muitos túmulos não tinham identificação, alguns eram identificados com árvores (Gn 35.8) ou por pilares de pedra. O texto de 2Sm 18.18 antecipa o uso de pilares, mas essa prática nunca foi muito difundida nos tempos bíblicos. Os túmulos de mortos infames eram marcados por pilares de pedra (Acã, Js 7.26; Absalão, 2Sm 18.17; o rei de Ai e os cinco reis cananeus, Js 8.29; 10.27). Nos tempos do NT os túmulos eram caiados toda primavera, de modo que as pessoas pudessem vê-los com facilidade e evitar tocá-los, para impedir impureza ritual durante as peregrinações da Páscoa e do Pentecoste (Mt 23.27; cp. Lc 11.44).

Caixões em geral não eram usados no Israel antigo. O corpo era colocado em uma armação simples com rodas e transportado até o local do túmulo. Enquanto os cananeus geralmente colocavam recipientes com alimento e água em seus túmulos, os israelitas evitavam esse costume.

No pensamento hebraico, os túmulos não eram apenas simples locais onde depositar restos humanos. Antes, eram extensões do *sheol*, o lugar dos mortos. Como o reino do *sheol* era ameaçador e como cada túmulo era uma expressão individual desse reino, os israelitas evitavam, na medida do possível, lugares com túmulos e tratavam tais lugares com respeito. Eles realizavam rituais de purificação quando o contato era inevitável. V. *morte*; *vida eterna*; *sheol*. — Joe Haag

TUMULTOS Tradução da *ARC-1969* do termo hebraico que significa "lugares barulhentos" em Pv 1.21 referindo-se a um lugar de reunião e encontro da comunidade.

TÚNICA Peça de vestuário longa, usada junto à pele (Mt 10.10; Mc 6.9). V. *pano, roupa*.

Alto-relevo de dois romanos usando túnicas, parcialmente visíveis por baixo das togas.

TÚNICA EXTERNA (gr., *chiton*) V. *moda, roupa*.

TURBANTE 1. Cobertura para a cabeça formada por longas faixas de tecido enroladas ao redor da cabeça. Era uma peça distintiva das vestes do sumo sacerdote (Êx 28.4,37,39; 29.6; 39.28,31; Lv 8.9; 16.4). Retirar o turbante era um sinal de luto ou vergonha (Is 3.18-23; Ez 24.17,23). V. *pano, roupa*; *testeira, enfeite de cabeça*. **2.** V. Ez 24.17, 23.

TURQUESA V. *minerais e metais*; *antimônio*.

TUTMÓSIS Nome real egípcio que significa "Tut (a deusa-Lua) nasceu". Nome de quatro faraós da 18ª Dinastia (1550-1310 a.C.). O esforço combinado deles, em especial os de Tutmósis I e III, fez muito para expandir a riqueza e a influência egípcias.

Tutmósis I subiu ao poder por suas habilidades como general e por ter se casado com a filha de seu antecessor, Amenófis I. Seus feitos militares expandiram do domínio egípcio sobre a Núbia, ao sul, e a Síria, ao norte, até o rio Eufrates.

Os tributos pagos pelos povos conquistados permitiram a Eneni, seu arquiteto, restaurar e ampliar os templos de Tebas. Eneni foi também orientado a iniciar a construção em Biban el-Moluk (portas dos reis), conhecido atualmente como vale dos Reis. Tutmósis I morreu sem deixar herdeiros.

Tutmósis II obteve êxito ao conquistar o trono por se casar com sua ambiciosa meia-irmã Hatshepsut. Seu reinado durou poucos anos e foi obscurecido pela sombra dessa rainha.

Tutmósis III seguiu os passos do avô. Tutmósis I tinha apenas 20 anos quando foi "corregente" com Hatshepsut. O ódio que sentia por ela foi paulatinamente aumentando durante os anos, pois ele removeu muitas evidências do reinado dela após sua morte. Tutmósis III liderou 14 campanhas militares em 17 anos e continuou seu reinado por outros 15 anos. O templo tebano de Karnak contém apresentações de suas conquistas. Ele gostava especialmente de caçadas e era devoto do deus Amon. Alguns estudiosos acreditam que ele foi o faraó da opressão israelita. Amenófis II se tornou corregente com seu pai por cerca de três anos, no término do seu reinado.

Tutmósis IV, como Tutmósis II, obteve sua posição mediante um casamento. Ele parecia satisfeito em manter o *status quo* e limpou a areia da Esfinge no lugar onde, de acordo com uma estela, uma lápide de pedra com uma inscrição, ele sonhara em se tornar faraó. O fato de ele não ser o primogênito do faraó anterior é considerado por alguns estudiosos evidência de que Amenófis II era o faraó do tempo do êxodo. V. *Egito*; *Tebas*. — Gary C. Huckabay

TUTOR (*NVI*) **AIO** (*ARA*, *ARC*) **1.** Famílias gregas e romanas abastadas muitas vezes tinham um escravo que cuidava dos meninos com idade até mais ou menos 16 anos. As responsabilidades principais de um tutor eram acompanhar os meninos no seu caminho para a escola e na volta dela e cuidar do seu comportamento. O pedagogo ou tutor tinha a responsabilidade de disciplinar ou castigar o menino. Quando os meninos atingiam a maioridade, já não precisavam dos serviços do tutor. Em muitos casos o jovem recompensava o tutor dando-lhe a liberdade. Paulo falou da Lei como tutor do povo de Deus até a vinda de Cristo (Gl 3.23-26). A Lei não podia salvar; mas ela pôde nos levar até o ponto em que pudemos ter fé em Cristo ao nos mostrar a nossa impiedade (Gl 3.19; cp. Rm 7.7-12). É evidente que a Lei não foi anulada pela morte de Cristo ou por nos tornarmos cristãos. Ainda se espera de nós que vivamos de acordo com os princípios morais encontrados na Lei (Rm 7.12,16; cp. Mt 5.17-48). V. *guardião*. **2.** O papel da Lei até a vinda de Cristo (Gl 3.24,25). A *ARA* e *ARC* trazem "aio", *NTLH*, "tomar conta", *BJ*, "pedagogo", *BV*, "mestre e guia". V. *guardião*.

UV

A Via Dolorosa na cidade antiga de Jerusalém. Segundo a tradição, foi esse o caminho feito por Jesus até o Calvário.

UÁDI

O uádi que cruza os rochedos de pedra calcária de Qumran perto do Mar Morto.

UÁDI Curso d'água rochoso que permanece seco, exceto em estações chuvosas. Esses leitos de riachos podem se tornar torrentes violentas quando da precipitação de chuvas particularmente intensas. Os uádis são numerosos no Oriente Médio.

UÁDI DOS SALGUEIROS V. *Arabim*.

UCAL Nome pessoal que significa "Sou forte" ou "Estou consumido". Discípulo de Agur, o mestre de sabedoria autor de Pv 30 (v. 1). A *ARA* seguiu a tradução grega mais antiga ao verter os nomes próprios Itiel e Ucal para "Fatiguei-me, ó Deus, fatiguei-me e estou exausto" (cf. *HCSB, NRSV* [*NTLH*]).

UEL Nome pessoal que significa "vontade de Deus", ou uma contração de Abiel que significa "Deus é pai". Contemporâneo de Esdras, com esposa estrangeira (Ed 10.34).

UFAZ Origem não identificada de ouro bom (Jr 10.9; Dn 10.5), ou então um termo para ouro bom. Um termo hebraico correlato é traduzido por "ouro puro" (1Rs 10.18; Is 13.12). Possivelmente "Ufaz" seja a alteração de um copista do termo "Ofir" em Jr 10.9, como indicam versões antigas.

UGARITE Cidade importante na Síria, cuja escavação trouxe à luz tabuinhas que fornecem a evidência primária mais próxima disponível para reconstruir a religião cananeia com que Israel se deparou.

Localização As ruínas da cidade antiga de Ugarite estão situadas na costa mediterrânea a cerca de 15 quilômetros ao norte de Lataquia. O nome contemporâneo é Ras Shamra, "cabeça [terra] de funcho". Localizada na junção de importantes rotas comerciais da Anatólia, do noroeste da Mesopotâmia e do Egito, e possuindo um porto

Vista panorâmica das ruínas de Ugarite em Ras Shamra na costa síria perto do rio Orontes.

(a moderna Minet el-Beida) que recebia embarcações de Chipre, do mar Egeu e do Egito, Ugarite foi um centro comercial importante na maior parte do tempo até que os povos do mar a destruíram em 1180 a.C. Sua cultura era cosmopolita, a ponto de ser difícil identificar os elementos exclusivamente ugaríticos. Embora fosse capital de uma cidade-Estado, ficava muitas vezes sob o poder ou a influência dominante de Estados maiores.

As escavações Embora a existência de Ugarite tenha sido conhecida por meio de documentos mesopotâmicos e egípcios, seu local era incerto. Em 1928 a descoberta de um agricultor, do que veio a ser um extenso cemitério um pouco ao norte de Minet el-Beida, levou, em 1929, a escavações no cemitério e na colina próxima (Ras Shamra). Nessa primeira etapa de escavações foram descobertos textos importantes escritos em um manuscrito cuneiforme até então desconhecido, um dos quais mencionava que o documento foi escrito durante o tempo de Niqmadu, rei de Ugarite. Esse representa o primeiro indício de que o local realmente era a Ugarite antiga.

De 1929 a 1939 foram efetuadas escavações a cada ano sob a direção de C. F. A. Schaeffer. Depois do hiato causado pela Segunda Guerra Mundial, as escavações foram retomadas e continuaram de modo regular até 1976. Além disso, locais adjacentes foram ou investigados ou escavados. Agora a história da cidade pode ser delineada desde os primórdios mais antigos no período neolítico pré-cerâmico (por volta de 6500 a.C.), passando pelos períodos calcolítico, inicial e intermediário da Idade do Bronze, até sua destruição completa e derradeira pelos povos do mar no final do período do bronze pouco depois de 1200 a.C. Não temos nenhuma evidência de que a localidade de Ugarite foi ocupada de novo, embora tenham sido encontrados artefatos tão tardios quanto a época dos romanos.

A cidade de Ugarite, da Idade do Bronze Tardio, cobrindo cerca de 28,3 hectares, apresenta remanescentes de palácios, templos, habitações privadas, oficinas, depósitos e fortificações. Foram encontrados templos dedicados a *Baal* e *El*; entre esses edifícios ficava a casa do sumo sacerdote e o escritório. Os palácios estavam situados na parte noroeste da colina. A cultura material do final da Idade do Bronze em Ugarite era das mais elevadas, evidenciando influências culturais de todas as áreas circunvizinhas.

As descobertas mais relevantes em Ugarite para o estudo da história e da religião são as descobertas dos materiais epigráficos. Vieram a lume tabuinhas de barro e outras inscrições representativas de oito idiomas. A maioria desses documentos consiste em textos econômicos e administrativos, correspondência privada e textos litúrgico-religiosos versando sobre os principais temas mitológicos.

Da primeira etapa de escavações surgiu um número grande de tabuinhas de barro escritas em uma grafia desconhecida. A escrita nova, usada para inscrever textos no idioma ugarítico, era cuneiforme, com um alfabeto de 31 sinais, 28 dos quais consoantes, e três indicavam a letra *aleph* usada com três vogais diferentes. Para o estudioso da Bíblia, os textos religiosos e mitológicos apresentam um quadro bastante completo da prática e crença religiosas cananeias conhecidas da Bíblia. O estudo e a avaliação de todos os remanescentes materiais de Ugarite e locais adjacentes prosseguirão até que a história arqueológica possa ser elucidada, até ser escrita a história social e política mais completa possível e até que se possa obter o produto pleno de informação dos textos ugaríticos. V. *Canaã*.

As áreas escavadas de Ugarite renderam muito material sobre Canaã e a religião cananeia.

Os textos religiosos Os textos mitológicos poéticos e as lendas poéticas despertaram o maior interesse por causa da informação que propiciam acerca da religião cananeia. Destaca-se o ciclo de *Baal-Anate*, que sobreviveu em várias tábuas grandes e em fragmentos menores.

UGARITE

É difícil determinar a sequência histórica exata porque não há muito consenso sobre a ordem das tábuas. A figura central era *Baal*, o deus da nuvem de tempestade e da chuva ou o doador de vida e fertilidade que lutou contra seus inimigos para conquistar uma posição predominante no panteão. Cabeça do panteão era *El*, que aparece na epopeia como bem distante, quase um deus emérito, embora nada pudesse ser realizado sem a aprovação dele. *Aserá* [Astarote, Rainha dos Céus] e *Anate* eram as esposas de *El* e *Baal*, respectivamente. Os antagonistas de *Baal* eram o príncipe do mar (*Yam*) e *Mot* (o deus da estação seca e do mundo subterrâneo). Tendo recebido permissão para construir uma casa (templo), o príncipe do mar infligiu medo ao coração dos deuses exigindo que *Baal* lhe fosse entregue. Contudo, *Baal* derrotou o príncipe do mar em um episódio que evoca a derrota que *Marduque* impôs ao monstro do mar *Tiamat*, no *Enuma Elish*. Então *Baal* teve permissão para construir um palácio (templo) como símbolo de sua nova condição entre os deuses. No entanto *Mot*, o inimigo mais poderoso de *Baal*, derrotou-o esmagando sua garganta como se fosse uma criança e o levando até o inferno. O mundo se desfez em prantos. *El* se lastimou penosamente diante da notícia, lancinando as costas, o tórax e os braços, enquanto *Anate*, tendo achado o cadáver de *Baal*, vestiu pano de saco e lamentou a morte do senhor da vida. *Mot* ostentou sua vitória a *Anate*, ao que ela matou *Mot*, moeu-o em pedaços, espalhando seus restos pelos campos. Ouviu-se então o alegre grito de que *Baal* estava vivo; vieram as chuvas, e o mundo retornou à vida. V. *Babilônia*.

O mito estava estreitamente ligado ao ciclo do ano e descrevia as lutas contínuas entre a vida e a morte. Enquanto *Baal* governava por meio ano, fornecendo chuva e colheitas, *Mot* mantinha o domínio sobre a outra metade — a estação seca. A religião da fertilidade consistia em parte em várias práticas mágicas e rituais projetados para trazer *Baal* de volta à vida. Indícios dessas práticas são dados no ciclo de *Baal-Anate*. Ao ouvir que *Baal* estava morto, *El* lancinou seu corpo: "Ele gradeia o rolo de seu braço, ara o tórax como um jardim, gradeia as costas como uma planície". À semelhança dos profetas de *Baal* no monte Carmelo (1Rs 18), ele estava praticando magia imitativa como se preparasse os campos para receber a chuva. Por sua vez, *Anate* chorou por *Baal*, pretendendo que o cair das lágrimas encorajasse a precipitação da chuva. Adicionalmente os cananeus, mediante uma prática concreta, usavam da prostituição cultual, bem como de outras práticas imitativas, para restabelecer a fertilidade no mundo. V. *fertilidade, culto à*.

As lendas do rei *Keret* e de *Aqhat* também se relacionam de algum modo com o ciclo de fertilidade. O rei *Keret*, tendo perdido as sete esposas em várias tragédias antes que elas pudessem lhe dar um herdeiro, lamentou sua sina. Em um sonho, *El* lhe disse que atacasse outro reino para conseguir outra esposa que lhe pudesse gerar um herdeiro. *Keret* teve sucesso nisso, e lhe nasceram oito filhos e oito filhas. No entanto, aparentemente por causa de um voto não cumprido, Keret adoeceu; sua morte iminente parecia afetar a fertilidade da terra. *El* interveio, a morte foi barrada, e *Keret* voltou à vida normal. É difícil estabelecer o significado pleno da lenda de *Keret*, se representa um mito cultual ou um mito social com fundo histórico, mas parece afirmar o papel central do rei na fertilidade da terra e das pessoas.

A lenda de *Acate* também trata dos elementos típicos do nascimento de um filho há muito esperado, da tragédia da morte e da possibilidade da imortalidade. Ao filho de *Danel*, *Acate*, foi presenteado um arco composto cobiçado pela deusa *Anate*. *Anate* prometeu imortalidade se *Acate* lhe desse o arco, mas *Acate* se recusou, e foi morto. Então as chuvas falharam por sete anos. A irmã de *Acate* foi enviada para vingar a morte dele, mas o texto está fragmentado antes que a história estivesse finalizada, deixando sem resposta a pergunta se *Acate* foi restaurado à vida e se a seca acabou. Embora esteja suficientemente clara a ligação da lenda com a fertilidade, não há consenso nítido em como interpretar a lenda.

Esses mitos e lendas, somados a outros como *Sacar e Salim* e *Nical e o Catirate*, podem ter sido usados como partes recitadas de rituais anuais ou periódicos. Em todo caso, esses textos, junto com outros artefatos, fornecem o quadro mais completo da prática religiosa cananeia que representou tamanha tentação para os israelitas (cf. o livro de Jz) e contra a qual os profetas protestaram.

Relevância para o estudo do Antigo Testamento Os textos ugaríticos e os remanescentes materiais propiciam aos estudiosos do AT fontes primárias para grande parte de seu estudo.

1. Lexicografia Os textos ugaríticos constituíram uma fonte bem-vinda para clarificar os significados e as nuanças de palavras e frases desconhecidas e obscuras no AT. Embora tenhamos de usar da devida cautela por causa dos fatores cronológicos, geográficos e culturais que separam os textos ugaríticos dos textos do AT, nenhum estudioso atual negligenciaria os dados linguísticos fornecidos por Ugarite. Releituras de textos bíblicos à luz da gramática, da sintaxe e do léxico ugaríticos abrem inumeráveis possibilidades para interpretações e traduções novas ou revisadas. Agora tradutores não se apressam tanto para emendar o texto hebraico com base em traduções antigas. Olham primeiro para a evidência ugarítica.

2. Estudos poéticos O paralelismo poético, a principal característica da poesia hebraica, é também característico da poesia ugarítica. Realmente o estudo de textos poéticos ugaríticos nos torna mais sensíveis para as sofisticadas técnicas dos salmistas e de outros poetas. Casos ugaríticos evidentes de construção quiásmica, nomes divinos compostos separados dentro de um verso, substantivos e verbos servindo em uma função de dupla finalidade, pares de termos característicos e a análise métrica pela contagem de sílabas são úteis na análise de poesia hebraica, especialmente em Sl.

3. Religião Embora aproximadamente 250 nomes de divindades ocorram nos textos ugaríticos, um número muito menor na verdade forma o panteão. Muitos desses nomes são conhecidos no AT; p. ex.: *El*, *Baal*, *Aserá*, *Anate*, *Yari* (lua), *Sacar*, *Salim*, *Mot*, *Dagom*. A existência da assembleia divina (Sl 82; Jó 1—2) é atestada em Ugarite, especialmente no ciclo de *Baal-Anate*. A prática da magia imitativa para manipular uma divindade e a ordem da natureza é mencionada com frequência (cf. 1Rs 18.28; Jr 41.5). O mesmo acontece com a prostituição cultual (cf. Dt 23.18; Os 4.14). Em seu todo, os textos ugaríticos fornecem um quadro bastante completo do tipo de religião de fertilidade, característica de um povo agrícola e que muitos israelitas adotaram na maioria dos períodos da história israelita. Um estudo comparativo de textos hebraicos e ugaríticos nos permite ver as propriedades culturais e religiosas comuns, bem como as características distintivas de cada povo. *Thomas Smothers*

ULA Nome pessoal que significa "fardo" ou "jugo". Descendente de Aser (1Cr 7.39). Estudiosos sugerem uma série de complementações.

ULAI Canal que conecta os rios Kerkha e Abdizful um pouco ao norte de Susã (Dn 8.2,16).

ULÃO Nome pessoal que significa "primeiro" ou "líder". **1.** Descendente de Manassés (1Cr 7.16,17). **2.** Líder de uma família de arqueiros benjamita (1Cr 8.39,40).

ÚLCERA Termo geral usado na Bíblia para descrever inchaços inflamados da pele. Úlceras são mencionadas em conexão com tumores (*ARA*) na sexta praga no Egito (Êx 9.9,10). Visto que essa praga afetava tanto animais como os humanos, muitos têm sugerido a pústula maligna do antraz cutâneo como a úlcera ou tumor citado. A úlcera de Ezequias (2Rs 20.7; Is 38.21) é considerada por alguns um furúnculo — inchaço e inflamação localizados da pele causados pela infecção do folículo de um pelo que produz pus e tem um cerne central de tecido morto. As feridas sofridas por Jó (Jó 2.7) têm sido identificadas como varíola ou como treponemíase (infecção parasítica).

ÚLTIMA CEIA A última refeição que Jesus compartilhou com seus discípulos antes da crucificação. O ponto culminante da Bíblia e o acontecimento central de todos os tempos é a paixão (traição, crucificação, morte sepultamento, ressurreição e ascensão) de Jesus Cristo. Tudo o que vem antes na Bíblia antecipa sua vinda. Tudo o que vem depois apresenta o significado pleno da pessoa e obra de Cristo.

A última ceia é relatada nos quatro Evangelhos (Mt 26.20-35; Mc 14.12-31; Lc 22.14-38; Jo 13.1—17.26), mas a descrição mais antiga e detalhada está em 1Co 11.17-34, provavelmente escrita antes de os Evangelhos serem publicados. Ainda mais antigo é Is 52.13—53.112, que narra como uma testemunha ocular. Estas duas passagens são usadas mais que os Evangelhos para explicar o significado da paixão.

À medida que se desenrolavam os acontecimentos da última semana, Jesus estabeleceu uma nova celebração. A nova refeição comunal constitui o coração do culto cristão e será celebrada até a segunda vinda de Cristo, quando o simbolismo dará lugar à realidade plena antecipada pela ceia. O partir e a distribuição do pão e o beber do cálice foram revestidos de novo significado que demonstra a continuidade entre a antiga e a nova alianças. O corpo e o sangue de Cristo foram dados como sacrifício para assegurar a salvação eterna de todos os que confiam nele como Senhor e Salvador. Naquela noite Jesus também demonstrou o princípio da liderança servidora. Judas Iscariotes, um dos Doze, ainda que o tivesse honrado publicamente naquela noite, entregou Cristo nas mãos dos que o crucificaram.

Alguns comentaristas gostam de explorar aparentes contradições nos detalhes e na sequência de eventos da última ceia em relação à observância da Páscoa. Os Sinópticos a relacionam diretamente com a refeição da Páscoa, e João (se estiver falando do mesmo evento), a apresenta como se tivesse acontecido um dia antes. A conclusão da existência de um conflito pode não estar correta. João em seu Evangelho com frequência relatou eventos não registrados nos outros Evangelhos. Como suas narrativas são diferentes em outros aspectos, João pode estar descrevendo outra refeição íntima com os discípulos, acontecida mais cedo na última semana da vida de Jesus. V. *ordenanças*. — Charles W. Draper

ÚLTIMO DIA, ÚLTIMO TEMPO V. *escatologia*; *dia do juízo*.

ÚLTIMOS DIAS V. *escatologia*; *dia do juízo*.

UMÁ Topônimo que significa "família". Cidade em Aser (Js 19.30). Talvez o nome seja a alteração de Aco por um copista, conforme pode ser indicado com base em evidência de manuscritos gregos.

UMBIGO 1. Depressão no centro do abdômen que marca o lugar onde o cordão umbilical estava ligado. O texto de Ez 16.4 apresenta de forma vívida o estado de desesperança de Jerusalém diante da adoção de Deus na imagem de uma criança cujo cordão umbilical não foi cortado. A mesma palavra hebraica pode ser traduzida por ventre ou corpo ou umbigo propriamente (Jó 40.16; Pv 3.8; Ct 7.2). V. *parteira*. **2.** Expressão hebraica para "parte central do território" ou "centro da terra" em Jz 9.37 e Ez 38.12. Os vizinhos de Israel usavam o termo para designar o lugar, geralmente um local de culto ou cidade sagrada, que ligava céu e terra. Alguns estudiosos usam referências judaicas posteriores a Jerusalém como o "umbigo da terra" cúltico para interpretar Gerizim e Jerusalém como lugares celebrados como os pontos de ligação da terra. Entretanto, as duas passagens bíblicas parecem ter apenas significados geográficos.

UNGIR, UNÇÃO Procedimento de esfregar (geralmente) óleo numa pessoa ou coisa com o propósito de curar, separar ou embalsamar. Uma pessoa pode ungir a si mesma, ser ungida ou ungir outra pessoa ou coisa. Enquanto o azeite de oliva é o elemento mais comumente mencionado para a unção, óleos produzidos de louro, amêndoas, mirra, cipreste, cedro, nozes e peixe eram também usados. Em Et 2.12, p. ex., o óleo de mirra é usado como cosmético.

O verbo hebraico *mashach* (substantivo *meshiach*) e o verbo grego *chrio* (substantivo *christos*) são traduzidos por "ungir". Desde os tempos antigos sacerdotes e reis eram cerimonialmente ungidos como sinal da sua indicação oficial para o posto e como símbolo do poder divino sobre eles. O ato vinha imbuído de um elemento de temor e reverência. Davi não ousou pôr as mãos no rei Saul por causa da unção recebida pelo rei (1Sm 24.6). Da mesma forma, os israelitas (Sl 89.38) e mesmo Ciro (Is 45.1) são chamados ungidos de Deus por causa da atuação de Deus por meio deles. Israel passou a entender cada rei sucessor como ungido de Deus, o *meshiach* que os libertaria dos seus inimigos e estabeleceria a nação como a presença de Deus na terra.

No NT "ungir" é usado como referência à arrumação diária do cabelo (Mt 6.17), ao tratamento de feridas ou enfermidades (Lc 10.34) e ao preparo do corpo para o sepultamento (Mc 16.1).

Os cristãos consideram Cristo o Ungido de Deus, o Salvador (At 10.38). O mesmo simbolismo do AT é empregado neste uso: a presença e o poder de Deus habitam na unção. Da mesma forma, o cristão é ungido por Deus

(2Co 1.21; 1Jo 2.27) para a tarefa do ministério.
— Mike Mitchell

UNGUENTO Unguentos ou pomadas aromáticos de vários tipos eram usados como cosméticos, remédios ou em cerimônias religiosas. Ao que parece, o uso de unguentos e perfumes era uma prática comum no antigo Oriente Médio, incluindo-se os hebreus.

Terminologia O AT usa várias palavras para descrever os unguentos. A mais comum, *shemen*, significa simplesmente "óleo" (Gn 28.18; Os 2.8). O AT não faz distinção entre óleo e unguento. No NT, *myron*, "unguento" (Mt 26.7; Mc 14.3,4; Lc 7.37-38) era o unguento perfumado.

Preparo A base do unguento era o azeite de oliveira. As azeitonas eram comuns na Palestina; entretanto, pomadas perfumadas eram muito caras. Uma grande demanda de unguentos aconteceu quando as pessoas tentaram se proteger dos ventos quentes do deserto e das condições áridas da terra.

O preparo dos unguentos era o trabalho de pessoas habilidosas e treinadas na arte de fazer perfumes. Bezalel e Aoliabe foram indicados por Deus para preparar o unguento sagrado e o incenso usados no culto (Êx 31.1-11). Enquanto a mistura de perfumes e unguentos para uso secular era provavelmente preparada por mulheres (1Sm 8.13), as famílias dos sacerdotes eram responsáveis pela produção de grande quantidade dos unguentos necessários para o templo (1Cr 9.30). No período pós-exílico, um grupo de profissionais em Jerusalém era competente na preparação de unguentos aromatizados (Ne 3.8). Estas pessoas eram chamadas "perfumistas" (*NVI*, *ARA*, *NTLH*, *BJ*) ou "boticários" (*ARC*; v. Êx 30.25,35; 37.29; Ec 10.1). Sua função era reunir gomas, resinas, raízes e cascas de árvores e combiná-las com óleo para produzir os vários unguentos necessários. Em muitos casos, a fórmula dos unguentos e perfumes era segredo profissional, passada de geração em geração. Fontes egípcias e ugaríticas demonstram que água misturada com óleo era aquecida em grandes recipientes (Jó 41.31). Enquanto a água fervia, as especiarias eram adicionadas. Depois da mistura dos ingredientes, eles eram transferidos para recipientes adequados. Para preservar os aromas especiais do unguento, jarros de alabastro com bicos longos eram selados no momento da preparação do unguento e só eram quebrados quando iam ser usados (Mc 14.3). Perfumes secos eram guardados em sacos (Ct 1.13) em caixas de perfumes (Is 3.20, *ARA*, *ARC*, *BJ*, "caixinhas de perfumes"; *NTLH*, "frascos de perfume"). V. *recipientes e vasos*.

Ingredientes Várias especiarias eram utilizadas na manufatura de unguentos e perfumes: aloés (Sl 45.8; Jo 19.39); bálsamo (Ct 5.1,13, *BJ*), gálbano (Êx 30.34), mirra, ou mais literalmente, mástique ou láudano (Gn 37.25; 43.11); mirra (Et 2.12; Mt 2.11), nardo (Ct 4.13,14; Mc 14.3), incenso (Is 60.6; Mt 2.11); bálsamo (Gn 37.25; Jr 8.22); cássia (Êx 30.24; Ez 27.19), cálamo aromático (Êx 30.23, *ARA*, *ARC*; *NVI* e *NTLH*, "mirra líquida"; Ct 4.14), canela (Êx 30.23; Ap 18.13), estoraque (Êx 30.34, *ARA*, *ARC*, *BJ*; *NVI*, "bálsamo", ônica). A ônica, ingrediente derivado de moluscos encontrados no mar Vermelho, era usado na mistura para ser queimado no altar de incenso. Estas especiarias eram usadas como fragrâncias de incenso no culto. Eram misturadas ao óleo para produzir o óleo santo da unção e para produzir cosméticos e medicamentos.

Valor Muitas destas especiarias eram importadas pelos povos que viviam na Palestina. A grande variedade de especiarias usadas na manufatura de unguentos permitiu o surgimento de mercadores que comercializavam perfumes e especiarias caras (Gn 37.28; Ez 27.17-22). Nos tempos bíblicos, a Arábia era uma das principais fontes do comércio de especiarias aromáticas. As especiarias também eram importadas da África, da Índia e da Pérsia. Unguentos perfumados eram altamente valorizados. Salomão recebia um pagamento anual de perfume como tributo de seus súditos (1Rs 10.25; *NVI*, "especiarias"); a rainha de Sabá trouxe muitas especiarias para presentear Salomão (1Rs 10.2). Ezequias, rei de Judá, incluiu unguentos aromatizados valiosos e especiarias como parte de seu tesouro (2Rs 20.13; Is 39.2). Quando Maria ungiu Jesus com grande quantidade de um unguento caro, Judas Iscariotes repreendeu Jesus porque o unguento era o equivalente ao salário de um ano (Jo 12.3-8; v. nota explicativa na *NVI*).

Uso Muitos objetos pessoais eram perfumados com unguento aromatizado. O hálito era aromatizado (Ct 7.8), provavelmente com vinho aromatizado (Ct 8.2). As vestes do rei eram perfumadas com mirra, aloés e cássia (Sl 45.8), ou com mirra e incenso, e com "todas as especiarias dos mercadores" (Ct 3.6). A cama da prostituta era perfumada com mirra, aloés e canela (Pv 7.17).

Contudo, um dos mais importantes usos do unguento no AT era em cerimônias religiosas. A manufatura do óleo da unção consistia na mistura de azeite com mirra, canela, cálamo e cássia (Êx 30.22-25; *NVI*, "cana aromática"). Esse unguento era considerado santo; qualquer um que manufaturasse o óleo sagrado para uso fora do local de culto deveria ser eliminado do povo (Êx 30.33). Muitos indivíduos eram ungidos com o óleo sagrado. A unção de uma pessoa era vista como um ato da sua designação para servir a Deus. O escudo de um soldado era ungido com óleo (2Sm 1.21, *ARA*, ARC, *BJ*; *NVI*, "polido"), como símbolo de dedicação a Deus. Jacó ungiu o pilar em Betel, e o lugar onde Deus lhe apareceu se tornou um lugar santo (Gn 28.18; 35.14). Unções também eram usadas em rituais de sepultamento.

Muitos povos no antigo Oriente Médio criam com convicção nos poderes medicinais do óleo. Por essa razão eles usavam unções como medicação no tratamento de algumas doenças (Jr 8.22. Mc 6.13; Tg 5.14) e como unguentos para feridas (Is 1.6; Lc 10.34). A Lei de Moisés ordenava que a pessoa curada de lepra deveria ser ungida com óleo (Lv 14.15-18,26-29).

Unguentos eram usados como cosméticos para proteger a pele. Perfumes eram usados para suavizar o odor do corpo. De forma geral, o corpo todo era ungido com perfume depois do banho (Rt 3.3; 2Sm 12.20; Ez 16.9). Perfumes eram usados nas roupas (Ct 1.13) e por mulheres que desejavam ser atraentes para os homens (Et 2.12). V. *ungir, unção; sepultamento; doenças; óleo.* — Claude F. Mariottini

UNHA Cobertura queratinosa que cobre as extremidades dos dedos das mãos e dos pés. Se um israelita desejava se casar com uma prisioneira de guerra, esta deveria cortar suas unhas como sinal de lamento pelos seus pais como parte de sua purificação se tornar integrante da comunidade de Israel (Dt 21.12).

UNI ou **UNO** Nome pessoal que talvez signifique "aflígido" ou "respondido". **1.** Harpista levita na época de Davi (1Cr 15.18,20). **2.** Levita que retorna do exílio com Zorobabel (Ne 12.9). O texto massorético hebraico traz *Uno*; as notas marginais do escrevente (*qere*) trazem *Uni*.

UNICÓRNIO Termo da *ARC* para vários termos hebraicos correlatos que as traduções modernas usam para "boi selvagem" (Nm 23.22; 24.8; Dt 33.17 [*TEB*: "búfalo"]).

UNIDADE Estado de não divisão; ser uno; uma condição para a harmonia.

Antigo Testamento A confissão da unicidade de Deus é central à fé de Israel: "Ouça, ó Israel: O Senhor, o nosso Deus, é o único Senhor" (Dt 6.4). Por Deus ser um, cumpre aplicar um só conjunto de leis a israelitas e estrangeiros (Nm 15.16). A história humana é a história de como pelo pecado se rompeu a unidade ordenada por Deus. O ideal de Deus para o matrimônio é que marido e esposa experimentem unidade de vida, "uma só carne" (Gn 2.24). O pecado no jardim gerou desconfiança e acusação (3.12). Teimosia no querer ("dureza" de coração, Mc 10.5) continua rompendo a unidade matrimonial desejada por Deus. O ideal de Deus para a família humana mais extensa também é a unidade. A unidade primeva da humanidade ("o mesmo idioma", Gn 11.1) foi rompida igualmente em decorrência do orgulho pecaminoso (11.4-8). A visão profética do futuro de Deus antecipa o dia em que Deus reunirá os reinos divididos de Israel e Judá, trazendo de volta todos os exilados dispersos (Ez 37.15-23). De fato, a esperança profética contém a reunificação de todos os povos do mundo sob a soberania do Deus único (Zc 14.9).

Novo Testamento Jesus suplicou que seus discípulos experimentassem a unidade moldada segundo a unidade que Jesus vivenciava com o Pai (Jo 17.11,21-23). Tal unidade atesta a missão de Jesus por incumbência divina e o amor do Pai pelo mundo. A oração de Jesus por unidade foi concretizada na vida da igreja antiga. Os primeiros fiéis estavam reunidos em um mesmo lugar; compartilhavam seus bens e eram de uma só mente e um só coração (At 2.1,43; 4.32). Como no AT, o pecado pôs em risco a unidade ordenada por Deus. O egoísmo de Ananias e Safira (At 5.1-11), o preconceito dos que negligenciavam as viúvas de fala grega (6.1), a rigidez dos que exigiam que os gentios se tornassem judeus antes de se tornar discípulos (15.1) — tudo ameaçava a unidade da igreja. Em todas as circunstâncias, porém, o Espírito Santo conduziu a igreja para desenvolver soluções criativas que a desafiaram a superar a dissensão em prol do ministério (At 6.2-7; 15.6-35). Paulo falou reiteradas vezes dos fiéis como "um corpo em Cristo", que transcende a variedade de dons (Rm 12.5-8; 1Co 12.13,27-30) e os rótulos humanos (Gl 3.28; Ef 2.14,15; 3.6). Para Paulo a unidade da igreja reflete a unidade da divindade: um só Deus (1Co 12.6), um só Senhor (Rm 10.12; 1Co 12.5; Ef 4.5) e um só Espírito (1Co 12.4,11; At 11.17). A unidade cristã possui diversos aspectos: a experiência partilhada de Cristo como Senhor e a confissão de Cristo no batismo (Ef 4.5,13); o senso compartilhado de missão ("o mesmo modo de pensar", Fp 2.2); a preocupação compartilhada de um para com o outro (1Co 12.25); "o mesmo amor" (Fp 2.2; 1Pe 3.8); e a experiência compartilhada de sofrer por amor a Jesus (2Co 1.6; Fp 1.29s; 1Ts 2.14; 1Pe 5.9). — Chris Church

UNIGÊNITO Palavra utilizada por *NVI*, *ARA* e *ARC* para traduzir o adjetivo grego *monogenes* (Jo 1.14,18; 3.16,18; Hb 11.17; 1Jo 4.9). Algumas vezes o mesmo adjetivo é traduzido por "único" (um filho em Lc 7.12; 9.38; uma filha em 8.42). A *NVI*, *ARA* e *ARC* traduzem *monogenes* por "unigênito" para se referir a Jesus, mas algumas outras versões (como *BJ*) traduzem por "único".

O termo *monogenes* provém das palavras gregas *monos*, "somente", e *genes*, "geração, raça, espécie", o que sugere algo como "único da sua espécie, único". A *LXX* (a tradução grega da Bíblia Hebraica) usa *monogenes* quatro vezes para traduzir o hebraico *yachid*, que significa "somente" (Jz 11.34, "filha única"; Sl 22.20 ("a minha vida" — o termo é em geral omitido nas traduções em português; o mesmo ocorre em Sl 25.16 e 35.17). Em Gn 22, para se referir a Isaque como "filho único" de Abraão (v. 2,12,16) e em alguns outros poucos lugares a *LXX* traduziu *yachid* por *agapetos*, que significa "amado".

Ainda que *unicus* (único) tenha sido utilizado na *Vetus latina* (a versão latina antiga) para traduzir *monogenes*, Jerônimo (340?-420 d.C.) substituiu aquele termo por *unigenitus*, literalmente "único gerado", na *Vulgata*, de qual vem a tradução comum "unigênito" em português. A preocupação de Jerônimo era refutar a doutrina ariana que alegava a não geração do Filho, e sim sua criação. Isso levou Jerônimo a impor a terminologia do *Credo niceno* (325 d.C.) ao NT.

Monogenes é usado para se referir a um filho único (Lc 7.12; 8.42; 9.38), mas o escritor de Hb usou a palavra para se referir a Isaque sabendo que ele não era o único filho de Abraão (Hb 11.17,18). Nesse texto *monogenes* designa Isaque como filho de Abraão em um sentido único, o filho especial da promessa, por intermédio de quem os descendentes de Abraão seriam nomeados.

Os cristãos são chamados acertadamente de *hyioi*, "filhos" de Deus pela adoção em Cristo (Mt 5.9; Lc 20.36; Rm 8.14,19; 9.26; Gl 3.26; 4.6,7; Ap 21.7), mas João usa *monogenes* para designar a relação única de filiação eterna de Jesus com Deus. Sendo plenamente Deus e da mesma natureza que Deus, o Pai, Jesus, o Filho, somente pode tornar conhecida a glória divina (Jo 1.14,18; cp. Hb 1.1-3). Como "Filho Único", Jesus é o dom único de Deus, a dádiva do próprio ser de Deus para a salvação (Jo 3.16; 1Jo 4.9). Sendo Jesus o único representante de Deus, rejeitá-lo significa rejeitar Deus, o que resulta em condenação imediata (Jo 3.18).

UPARSIM V. *Mene, Mene, Tequel, Parsim*.

UR Topônimo que significa "forno de fogo". Uma cidade antiga na baixa Mesopotâmia que é mencionada como local de nascimento de Abraão. Ur, Kish e Uruk eram três importantes centros populacionais nas civilizações suméria e babilônica. Há referências à casa da família de Abraão em Gn 12.1 e At 7.2. O local associado a Ur está situado no atual Iraque, na parte oriental mais baixa do Crescente Fértil. É identificado com Tell el-Muqayyar, a cerca de 350 quilômetros a sudeste de Bagdá. O local tinha um formato oval com instalações portuárias no rio Eufrates, até que seu curso mudou para 19 quilômetros a leste do limite ocidental da cidade. Com a mudança do rio, a cidade perdeu tanto a população quanto a importância. Foram sugeridos outros locais para a Ur bíblica, como

URBANO

Escavações de Ur que mostram em primeiro plano as fundações do palácio e ao longe o zigurate.

Urartu (na Turquia) ou Urfa (a noroeste de Arã). O povoamento de Tell el-Muqayyar começou por volta de 4000 a.C. e foi importante nas culturas suméria, babilônica e neobabilônica. A 3ª Dinastia de Ur representou sua época mais próspera e altamente desenvolvida. Remanescentes importantes descobertos foram um zigurate (uma pirâmide de três estágios) e tumbas reais. Esse local sumério deve ser identificado, com a maior probabilidade, como a cidade originária de Abraão. Entretanto, como ocorre com a maioria das identificações, isso pode ser questionado. V. *Abraão*; *Babilônia*; *Mesopotâmia*; *Suméria*. — David M. Fleming

URBANO Nome pessoal que significa "da cidade", ou seja, "elegante, refinado". Cristão romano que Paulo saudou como seu "cooperador em Cristo" (Rm 16.9).

URI Nome pessoal que significa "ígneo". **1.** Pai do artesão do tabernáculo Bezalel (Êx 31.2; 35.30). **2.** Pai de Geber, um dos oficiais de Salomão encarregado de providenciar o alimento da casa real por um mês (1Rs 4.19). **3.** Cantor levítico pós-exílico, com esposa estrangeira (Ed 10.24).

Parede externa do zigurate, ou torre do templo, em Ur, na Mesopotâmia antiga (o atual Iraque).

URIAS Nome pessoal que significa "fogo de Yah". **1.** Mercenário ou nativo hitita, talvez um israelita nobre de ascendência hitita, no exército de Davi (2Sm 11), integrante dos guerreiros de elite de Davi (23.39). Era marido de Bate-Seba, a mulher com quem Davi cometeu adultério. O pecado conduziu ao episódio do assassinato de Urias quando o rei não conseguiu mais encobrir o caso. Os manuscritos do mar Morto e Josefo informam que Urias era o carregador de armas de Joabe. Urias demonstrou mais caráter e moralidade que o rei. V. *Bate-Seba*; *Davi*. **2.** Sumo sacerdote no templo de Jerusalém sob o rei Acaz que obedeceu às instruções do rei instalando um altar no templo de acordo com um modelo sírio (2Rs 16.10-16). Acaz deve ter esperado que a incorporação de elementos estrangeiros no culto de Israel impressionaria o rei assírio Tiglate-Pileser com sua lealdade. Pelo que parece, serviu de testemunha para Isaías (Is 8.2). **3.** Sacerdote no tempo de Esdras e Neemias (Ed 8.33; Ne 3.4,21). **4.** Pessoa que ajudou Esdras a instruir o povo na palavra de Deus (Ne 8.4). **5.** Profeta que se uniu a Jeremias na pregação contra Jerusalém. Quando o rei Jeoaquim ordenou a execução dele, Urias fugiu para o Egito. Foi, porém, capturado, trazido de volta a Jerusalém e executado (Jr 26.20-23).

URIEL Nome pessoal que significa "Deus é luz" ou "labareda de Deus". **1.** Chefe dos levitas que ajudaram no traslado da arca para Jerusalém por Davi (1Cr 6.24; 15.5,11). **2.** Avô do rei Abias de Judá (2Cr 13.2).

URIM E TUMIM Objetos usados por Israel e especialmente pelo sumo sacerdote para determinar a vontade de Deus. Pouco se sabe sobre o Urim e o Tumim. São mencionados primeiramente em Êx como conservados pelo sumo sacerdote em um "peitoral de decisões" (Êx 28.15-30 [*ARA*, "peitoral do juízo"; *TEB*, "peitoral para o julgamento"]). Mais tarde, Moisés deu à tribo de Levi uma responsabilidade especial pelo cuidado deles (Dt 33.8). Depois da morte de Arão e Moisés, coube a Eleazar levar e usar os objetos de sorte para consultar Deus (Nm 27.18-23). Ao que parece, eram dois objetos que serviam para sorteio sacro. Ou seja, eram usados para determinar a vontade de Deus ou receber uma resposta divina a uma pergunta. Saul, p. ex., solicitou o uso deles para determinar quem tinha quebrado a promessa de Saul em uma batalha contra os filisteus (1Sm 14.41-45). Esse texto também indica como os objetos eram usados. Eles eram "dados", talvez tirados ou sacudidos de uma bolsa. Um objeto dava uma resposta. O outro dava outra resposta. Provavelmente o objeto que saía primeiro significava a resposta de Deus. O Urim e o Tumim, porém, não eram algo automático ou mecânico. Deus podia se recusar a responder. Saul consultou o espírito de Samuel por meio de uma médium porque Deus não respondia a Saul pelo Urim nem por sonhos ou por profetas (1Sm 28.6-25).

Ignora-se qual foi o destino do Urim e do Tumim. No tempo de Neemias persistiu a expectativa de que um dia surgiria um sacerdote com o Urim e o Tumim (Ed 2.63; Ne 7.65). Entretanto, isso provavelmente se refere à capacidade de receber uma resposta de Deus, não ao retorno dos objetos de sorteio dados a Arão. V. *sumo sacerdote*; *consulta a Deus*; *oráculos*. — Albert F. Bean

URSA Constelação criada por Deus (Jó 9.9; 38.32) cuja identificação exata não estava clara aos primeiros tradutores da Bíblia e que continua sendo debatida. Os tradutores modernos geralmente usam "Ursa" (*ARA*, *NVI*). Alguns estudiosos preferem "o leão". Seja qual for a identificação, a estrela aponta para a grandeza de Deus além da compreensão humana.

URSO Mamífero grande e pesado com pelo longo, grosso e felpudo. Alimenta-se de insetos, frutas e carne. O urso da Bíblia tem sido identificado com elevado grau de certeza com o urso sírio. Chega a medir 1,8 metro e a pesar 250 quilos. Nos tempos bíblicos o urso era uma ameaça às vinhas e aos rebanhos de ovelhas e cabras (1Sm 17.34,35). Os dois maiores e mais fortes animais de rapina — o urso e o leão — muitas vezes são alistados juntos (1Sm 17.37). A narrativa sobre Eliseu retrata a ferocidade do urso (2Rs 2.23,24). No último século, o urso sírio desapareceu da terra santa: o último urso foi morto na Galileia pouco antes da Segunda Guerra Mundial. Ele ainda sobrevive na Síria, Irã e Turquia. Acerca da constelação, v. *Ursa*.

URTIGA Duas palavras hebraicas diferentes são algumas vezes traduzidas por "urtiga" ou "espinheiro". A urtiga é uma erva daninha com caule espinhoso, pertencente à família *Urtica* (Jó 30.7; *NVI*, "vegetação"; *ARA*, *NTLH* e *CNBB*, "espinheiros"; *ARC* e *BJ*, "urtigas"; v. tb. Pv 24.31; Is 34.13; Os 9.6; Sf 2.9). A *NVI* verte o vocábulo algumas vezes por "ervas daninhas" ou "espinheiros". A palavra hebraica usada em Jó 30.7 e Sf 2.9 talvez se refira à mostarda selvagem. A urtiga ou espinheiro é muitas vezes um símbolo de desolação e julgamento.

URUBU Tradução da *NVI* e da *NTLH* para uma ave impura (Lv 11.13; Dt 14.12). Outras versões identificam essa ave com o quebrantosso (*ARA*, *ARC*) e com o abutre (*BJ*).

URUBUS Tanto os urubus de carniça quanto os abutres são arrolados nas listas de aves impuras (Lv 11.13-19; Dt 14.12-18). A palavra "urubu" é usada para traduzir vários termos hebraicos. A Bíblia não permite uma identificação positiva dos tipos de urubus conhecidos nos tempos bíblicos. Em contraposição a águias e falcões que normalmente matam presa viva, os urubus se alimentam de animais mortos.

O termo hebraico *nesher*, às vezes traduzido por "águia", é traduzido por "urubu" na advertência de Oseias a Israel (Os 8.1). Não receber um sepultamento apropriado era visto como um grande horror nos tempos bíblicos. Era crença comum que, enquanto um corpo permanecia insepulto, a pessoa não podia ser reunida aos pais e experimentar repouso no *Sheol*. Golias e Davi ameaçaram um ao outro com essa sina (1Sm 17.44,46). As maldições em Dt advertiam o desobediente dessa terrível consequência (Dt 28.26). No final o autor de Ap usou a imagem das aves predatórias para ilustrar a derrota do mal antes do reinado de Cristo (Ap 19.17-21; cf. Ez 29.5; 32.4; 39.4,17-20). — *Janice K. Meier*

USURA Soma de dinheiro cobrada por um empréstimo. As leis do AT proibiam um judeu de cobrar usura de outro judeu, mas o permitiam quando o dinheiro era emprestado a um gentio (Dt 23.19,20). Embora hoje a palavra tenha conotações negativas, não era assim nos tempos bíblicos, quando usura significava simplesmente o juro cobrado por um empréstimo. A usura excessiva era condenada.

Viticultor árabe examina as uvas de seu parreiral.

UTAI Nome pessoal que significa "Javé é ajuda" ou "Ele se revelou como supremo". **1.** Descendente pós-exílico de Judá (1Cr 9.4). **2.** Cabeça de uma família dos que voltaram do exílio (Ed 8.14).

UVA V. *plantas*.

UVAS-PASSAS As uvas eram secas em cachos resultando em alimento facilmente estocado e transportado (1Sm 25.18; 30.12; 2Sm 16.1; 1Cr 12.40). Proibia-se aos nazireus comer uvas-passas (Nm 6.3).

UZ Nome pessoal e topônimo que significa talvez "substituição". **1.** Território não especificado, provavelmente em Hauran, ao sul de Damasco (Jr 25.20), ou então entre Edom e o norte da Arábia (Jó 1.1; Lm 4.21). **2.** Descendente do filho de Sem, Arã (Gn 10.23; 1Cr 1.17), e progenitor de uma tribo arameia. **3.** Descendente do irmão de Abraão, Naor (Gn 22.21). **4.** Descendente de Esaú (Gn 36.28) e membro do ramo horeu dos edomitas.

UZÁ Nome pessoal que significa "força" ou "ele é forte". **1.** Um dos condutores da carroça que levou a arca da aliança quando Davi começou a trasladá-la da casa de Abinadabe em Gibeá até Jerusalém (2Sm 6.3). Quando a arca ameaçou deslizar da carroça, Uzá esticou a mão para firmá-la, e Deus o golpeou de morte por tocar o objeto sagrado (6.6,7). **2.** Descendente de Benjamim (1Cr 8.7). **3.** Descendente de Levi (1Cr 6.29). **4.** Cabeça de uma família de servidores pós-exílicos do templo ou *netinins* (Ed 2.49). **5.** Dono do jardim em que foram sepultados Manassés e Amom (2Rs 21.18,26). Isso os distingue de outros reis que "dormiram com seus pais", ou seja, foram sepultados na tumba real. Uzá pode ter sido um nobre, proprietário do cemitério-parque, ou talvez se trate de uma variante na grafia do deus cananeu *Atar-Meleque*.

UZAI Nome pessoal que significa "esperado" ou "ele ouviu". Pai de um ajudante da restauração do muro por Neemias (Ne 3.25).

UZAL Filho de Joctã e antepassado de uma tribo árabe (Gn 10.27; 1Cr 1.21). Estudiosos associaram a tribo com Izalla, no nordeste da Síria, e com Azalla, perto de Medina. O texto de Ez 27.19 a inclui entre os parceiros comerciais de Tiro.

UZÉM-SEERÁ Topônimo que significa "orelha de Seerá". Aldeia fundada pela filha de Efraim, Seerá (1Cr 7.24). O local talvez seja *Beit Sira*, a 5 quilômetros ao sul da baixa Bete-Horom.

UZI Nome pessoal; uma forma abreviada de "Javé é minha força". **1.** Sacerdote descendente de Arão (1Cr 6.5,6,51; Ed 7.4). **2.** Família da tribo de Issacar (1Cr 7.2,3). **3.** Descendente de Benjamim (1Cr 7.7; 9.8). **4.** Supervisor dos levitas em Jerusalém depois do exílio (Ne 11.22). **5.** Sacerdote pós-exílico (Ne 12.19). **6.** Músico envolvido na consagração dos muros de Jerusalém por Neemias (Ne 12.42).

UZIA Nome pessoal que significa "Javé é forte". Um dos 16 que o cronista acrescentou à lista dos 30 guerreiros de elite de Davi (1Cr 11.44).

UZIAS Nome pessoal que significa "Javé é [minha] força". **1.** Descendente de Levi (1Cr 6.24). **2.** Pai de um dos tesoureiros de Davi (1Cr 27.25). **3.** Também conhecido como Azarias (2Rs 15.1,6-8,17,23,27); filho e sucessor do rei Amazias de Judá. "Todo o povo de Judá" proclamou Uzias rei quando ele tinha 16 anos (2Rs 14.21; 2Cr 26.1). Alguns conjeturam que o povo de Judá, para não ter um rei títere instalado por Joás de Israel, proclamou Uzias rei depois da derrota de Amazias e sua subsequente prisão por Joás (2Cr 25.21-24). De acordo com essa reconstrução, Uzias começou o reinado por volta de 792 a.C. e continuou como regente em conjunto depois da soltura de seu pai com a morte de Joás (2Cr 25.25). O reinado de Uzias foi um período de grande prosperidade material em Judá. Uzias montou uma expedição bem-sucedida contra os filisteus, destruindo as muralhas de algumas de suas principais cidades, Gate, Jabne e Asdode. Para dar segurança à rota de caravanas ao longo da costa mediterrânea (*Via Maris*), Uzias construiu cidades, talvez postos militares avançados nos arredores de Asdode e em outros locais da planície filisteia (2Cr 26.6). Para tornar segura a rota oriental de caravanas (a *Via do Rei*), Uzias reconstruiu Elate (Elote), porto estratégico no golfo de Ácaba (26.2), e conduziu uma campanha contra os árabes de Gur-Baal (possivelmente a Gur a leste de Berseba), os meunitas (um ramo dos edomitas) e os amonitas (2Cr 26.7,8). Uzias reforçou os muros de Jerusalém com torres (2Cr 26.9; cf. 25.23). Suas construções de numerosas cisternas e postos militares avançados no deserto (o *Arad Negev*) tornaram possível uma ampla colonização. Evidências arqueológicas confirmam que as construções no Negueb floresceram durante o reinado de Uzias. Uzias era amante da terra e promoveu a agricultura (2Cr 26.10). Ao contrário dos antecessores que apostaram nas tropas para providenciarem as próprias armas, Uzias armou suas tropas com as armas mais avançadas (2Cr 26.11-15). Uzias não é tão lembrado como líder que conduziu Judá a uma era de ouro que rivaliza com os impérios de Davi e Salomão, mas sim como o "o rei da lepra". O breve relato do reinado de Uzias em 2Rs 15.1-7 retrata o rei como alguém que fez o que "era reto aos olhos do Senhor" (15.3, *ARC*). Os livros de Rs não trazem nenhuma explicação para a enfermidade que afligiu o rei além de "o Senhor feriu o rei com lepra" (2Rs 15.5). O cronista relacionou a lepra de Uzias com sua tentativa soberba de usurpar a prerrogativa sacerdotal de oferecer incenso no templo (2Cr 26.16-20; cf. Nm 16.1-40; 1Sm 13.8-15). Depois disso seu filho Jotão reinou em seu lugar, embora Uzias provavelmente permanecesse no poder por trás do trono (2Cr 26.21). Como leproso, foi negado a Uzias o sepultamento nas tumbas reais de Jerusalém. Ao contrário, ele foi sepultado em um campo (26.23). **4.** Sacerdote pós-exílico, com esposa estrangeira (Ed 10.21). **5.** Descendente de Judá e pai de um residente pós-exílico de Jerusalém (Ne 11.4). — Chris Church

UZIEL Nome pessoal que significa "Deus é força". **1.** Descendente de Levi (Êx 6.18; Nm 3.19; 1Cr 6.2,18) e antepassado de um ramo dos levitas, os uzielitas (Nm 3.27; 1Cr 15.10; 26.23). **2.** Um capitão do ataque bem-sucedido dos simeonitas aos amalequitas no monte Seir (1Cr 4.42). **3.** Descendente de Benjamim (1Cr 7.7). **4.** Músico levítico (1Cr 25.4). **5.** Levita envolvido na reforma de Ezequias (2Cr 29.14). **6.** Ourives que ajudou nos reparos dos muros de Jerusalém por Neemias (Ne 3.8).

UZIELITA Membro de clã levítico de Uziel.

VACA Designa animais bovinos domésticos, especialmente a fêmea. As vacas são mencionadas em relação a dar à luz e alimentar bezerros (Lv 22.27,29; 1Sm 6.7). Estavam entre os presentes de gado que Jacó ofereceu a Esaú (Gn 32.15). Amós chamou as mulheres opulentas e egoístas de Samaria de "vacas de Basã" (Am 4.1), referindo-se à região que era conhecida pela criação de vacas (Dt 32.14). V. *gado, rebanhos.*

VAGEM Cobertura seca na casca de feijões e leguminosas semelhantes. As vagens de Lc 15.16 (*ARA*, "alfarrobas"; *ARC*, *TEB* e *BJ*, "bolotas") eram provavelmente os frutos da alfarrobeira, que era utilizada como alimento para animais de criação. Estas vagens de gosto adocicado podem alcançar 30 centímetros de largura.

VAIDADE [VÃO] Presunção. Usado em geral para traduzir várias palavras que significam "nulidade" ou "não confiabilidade". Em relação a Deus, tentar contrariar sua vontade é vaidade (Sl 2.1; At 4.25). É vão tentar fazer algo sem a ajuda de Deus (Sl 127.1). Nos Dez Mandamentos (Êx 20.7; Dt 5.11) somos exortados a não tomar o nome de Deus em vão (como se ele não fosse nada). Marcos admoestou os cristãos a não prestarem a Deus um culto vão de lábios, e sim obediência de coração (Mc 7.6,7; Is 1.13; 29.13; Tg 1.26).

VAISATA ou **VAIZATA** [*TEB*] Nome pessoal persa que talvez signifique "filho da atmosfera". Um dos dez filhos de Hamã que os judeus mataram depois que Ester obteve permissão para retaliar o plano mortífero de Hamã (Et 9.9).

VALE Depressão entre montanhas, planície ampla ou planalto, desfiladeiro estreito ou terreno baixo. "Vales" de várias formas e tamanhos caracterizam a paisagem da Palestina.

Cinco termos hebraicos designam "vale" no AT. *Biqe'ah* é uma planície vasta (Gn 11.2; Is 41.18). *Gaye'* é um desfiladeiro profundo, uma garganta ou vale (Is 40.4; Zc 14.4). *Nachal* é um uádi, que significa o leito de um córrego frequentemente seco (Nm 34.5; Ez 48.28). *Emeq* é uma extensão longa e ampla entre montanhas paralelas (Nm 14.25; Js 8.13; Jr

Extremidade ocidental do vale do rio Jordão visto do alto da Jericó do AT.

21.13). *Shephelah* é a terra baixa, a planície, ou o declive que se estende suavemente montanha abaixo (Dt 10.1; Js 9.1; Jr 17.26). Para cada um desses termos, usa-se no NT o mesmo termo grego, *pharanx*.

Muitas vezes "vale" é usado simbolicamente para fazer referência às dificuldades da vida. O exemplo clássico é Sl 23.4. Todas as pessoas passam por essas tribulações, mas Deus está presente ao lado de seu povo, protegendo-o durante esses períodos. V. *Palestina*. — Bradley S. Butler

VALE DA ARABÁ (*NVI*) ou **RIBEIRO DA ARABÁ** (*ARA*) Literalmente, "ribeiro do deserto". Um vale de riacho que, seco na maior parte do ano, marcava a fronteira meridional de Israel, Reino do Norte (Am 6.14; 2Rs 14.25: "mar da Arabá" [*NVI*] ou "mar da planície" [*ARA*]). Localizado no vale de Zerede que desemboca no mar Morto na sua extremidade meridional vindo do leste. Mais provavelmente, é ou o uádi el-Quelt, que flui de Jericó para o oeste, ou o uádi el-Kefrem da extremidade setentrional do mar Morto que flui para o leste.

VALE DE ARTESÃOS V. *Ge-Harashim*.

VALE DE ZEREDE Também chamado "ribeiro de Zerede" (*ARA, ARC*). Os israelitas cruzaram esse vale marcando o fim da peregrinação no deserto e a entrada na terra prometida (Nm 21.12; Dt 2.13,14). Geralmente é identificado com o atual uádi el-Hesa que desemboca na extremidade sul do mar Morto pelo leste. O uádi tem em torno de 56 quilômetros de extensão e forma a fronteira entre Moabe e Edom. O vale de Zerede provavelmente é o mesmo que o riacho dos Salgueiros (Is 15.7), o vale seco de 2Rs 3.16 (v. 3.22) e talvez o mesmo que o vale da Arabá (Am 6.14). V. *vale da Arabá, ribeiro da Arabá; Arabim*.

VALE DO REI V. *Savé*.

VANIAS Nome pessoal que significa possivelmente "merecedor de amor". Homem que se casou com uma estrangeira (Ed 10.36).

VARA DE ARÃO Arão usou uma vara para demonstrar ao faraó que o Deus dos hebreus era Senhor. Ela se tornou uma serpente quando jogada no chão (Êx 7.8-13) e causou as primeiras três pragas (Êx 7.19,20; 8.5-7,16-19). Ela foi a mesma vara usada para bater na rocha em

Horebe e Cades para fazer brotar água (Êx 17.1-7; Nm 20.7-11).

A rebelião de Corá (Nm 16.1-50) tornou necessário determinar quem estaria qualificado para comparecer diante de Deus no tabernáculo como sacerdote. O líder de cada tribo, para representá-la, deveria inscrever o nome numa vara de amendoeira, e todas as varas foram colocadas no tabernáculo. Na manhã seguinte, a vara de Arão floresceu e deu amêndoas maduras. Isso foi tomado como sinal divino de que a casa de Arão tinha o direito de servir no tabernáculo. A vara foi depositada no tabernáculo (Nm 17.1-11). De acordo com Hb 9.4, a vara foi guardada e mantida na arca da aliança. V. *Corá*.

VARA DE MEDIR A vara ou caniço de medir citada na visão de Ezequiel era um bastão de cerca de 3 metros de comprimento, usada como instrumento de medição (Ez 40.3,5-8; cp. Ap 21.15,16). V. *pesos e medidas*.

VASILHA Tradução escolhida pela *NVI* para se referir ao recipiente no qual o incenso era queimado no tabernáculo e no templo (Nm 7.14). A *ARA* traduz por "recipiente" e *ARC* por "taça". Havia 12 vasilhas feitas de 10 siclos de ouro (v. 84-86). V. *incenso*; *recipientes e vasos*.

VASILHAS E UTENSÍLIOS Instrumentos ou recipientes comumente usados, p. ex., no serviço do templo ou em atividades domésticas. Recipientes são utensílios projetados para conter produtos secos ou líquidos. Na Bíblia são mencionados vários recipientes e outros utensílios.

Materiais das vasilhas Nos tempos bíblicos as vasilhas eram feitas de uma variedade de materiais. Já em 3000 a.C. taças e jarras de metais preciosos eram confeccionadas por artesãos de prata e ourives em todo o Oriente Médio. Eram utilizadas no culto (Nm 7.13,19; 1Cr 28.17; 2Cr 4.8; Ed 1.9,10; 8.27) ou por pessoas de grande riqueza ou autoridade (Gn 44.2). Vasilhas de cobre e de bronze também eram conhecidas (Êx 27.3; Lv 6.28).

Foram encontrados numerosos artefatos de metal em terras bíblicas. Embora palácios e templos muitas vezes tivessem recipientes feitos de ouro ou prata, sem dúvida o material mais comum para artefatos metálicos era uma liga de cobre e zinco chamada bronze. O cobre puro era usado raramente.

Muitas vasilhas, grandes e pequenas, eram feitas de pedra. O alabastro era fácil de esculpir e polir. Era preferido especialmente para armazenar perfumes (Mt 26.7; Mc 14.3,4; Lc 7.37). De acordo com escritos rabínicos, as vasilhas de pedra não eram suscetíveis à impureza ritual. Assim, havia em Jerusalém nos tempos do NT uma considerável indústria para fabricar uma variedade de recipientes de pedra. As escavações encontraram ali exemplos de todos os tamanhos e tipos, desde grandes cântaros de pedra (Jo 2.6) torneados em um torno mecânico até copos esculpidos à mão. Na época do NT começou a ser amplamente usado o vidro para jarras e garrafas.

Cestas, feitas de juncos, eram recipientes baratos que podiam ser usados para transporte e às vezes para armazenamento. Muitas vezes se faziam garrafas de água ou vinho de peles de animal (Js 9.4,13; Jz 4.19; 1Sm 1.24; 10.3; 2Sm 16.1; Ne 5.18; Jó 32.19; Sl 119.83; Mt 9.17; Mc 2.22; Lc 5.37). Essas vasilhas de couro eram populares entre povos nômades em razão de sua durabilidade.

A madeira era usada para produzir caixas de armazenamento e bacias. As caixas eram confeccionadas pregando-se tábuas, ao passo que as gamelas normalmente eram escavadas de uma única peça de madeira. Encontraram-se mais recipientes de madeira no Egito, em parte porque o clima é mais propício à sua preservação que em outras regiões do Oriente Médio.

Sem dúvida o material mais amplamente usado para vasilhas foi a argila, que era barata e facilmente disponível. De fato, a cerâmica ou "vasilhas de barro" (Nm 5.17; Jr 32.14) se arrolam entre os objetos mais comuns feitos na Antiguidade. A cerâmica mais antiga, que começa antes de 5000 a.C., era feita à mão e um pouco rústica. Embora persistisse a cerâmica feita à mão, predominava nos tempos de Israel a cerâmica moldada sobre roda giratória.

A ocorrência abundante da cerâmica e a ampla familiaridade com o processo de seu fabrico propiciaram lições concretas para compreender verdades espirituais. Isaías recorreu várias vezes aos oleiros e seus produtos. Comparou a fúria dos instrumentos escolhidos de Deus com um oleiro que amassa o barro

(Is 41.25). Israel é comparado à vasilha de um oleiro que, quando quebrada, não renderá um único pedaço útil (Is 30.14). Para Isaías, o trabalho do oleiro demonstrava a soberania do Criador (Is 45.9). Paulo recorreu à mesma analogia para fazer um destaque acerca da eleição (Rm 9.20,21). O oleiro pode fazer qualquer tipo de recipiente que escolher. Jeremias também relacionou alegoricamente o oleiro e seu trabalho com Deus, que moldou seu povo Israel (o barro) e que pode refazer um produto estragado (Jr 18.1-6). Uma vasilha de barro pronta foi usada pelo profeta para anunciar o destino de Jerusalém, que, como a vasilha, seria irreparavelmente destroçada (Jr 19.1,2,10,11).

Os pedaços ou cacos de um recipiente de cerâmica quebrado são extremamente duros (cf. Jó 41.30) e permanecem assim para sempre. Podem ser encontrados em grandes quantidades em toda colina ou monte arqueológico do Oriente Médio e eram bastante conhecidos das pessoas da Bíblia. Jó, p. ex., usou um caco de cerâmica apropriado para raspar suas chagas (Jó 2.8). Os fragmentos onipresentes serviam de símbolos de aridez (Sl 22.15) e remanescentes inúteis (Is 30.14). V. *vidro*; *cerâmica*; *caco*.

Tipos de vasilhas Às vezes o AT se refere à cerâmica com um termo genérico traduzido por "vasilha de barro" (Lv 6.28; 11.33; 14.5,50; Nm 5.17; Jr 32.14; *NIV*, "jarro de barro"). Somente dois tipos de recipientes são designados especificamente como cerâmica, os "vasos de argila" (Lm 4.2, *TEB*) e a "botija" (Jr 19.1, *ARA;* "bilha", *TEB*). Entretanto, é presumível que tenham sido feitos de barro também outros recipientes comuns mencionados na Bíblia. Os termos, especialmente para o AT, não são totalmente claros e são vertidos de várias maneiras até mesmo no âmbito da mesma tradução da Bíblia.

Uma das formas mais comuns e básicas de cerâmica era a tigela. No período israelita as tigelas grandes ou bacias para misturar e servir (Êx 24.6, "tigelas"; *ARA*: "bacias", Ct 7.2; "taças", Is 22.24), chamadas de "crateras" pelos arqueólogos, geralmente tinham alças. Uma palavra hebraica semelhante identifica tigelas diferentes, talvez menores, para servir (Jz 5.25; 6.38). Tigelas para aspergir (Nm 7.84,85, "bacias") geralmente eram de metal. Uma palavra genérica para tigela designa os recipientes prateados usados na dedicação do altar (Nm 7.84; "pratos", "bacias"). O "prato" principal (2Rs 21.13; Pv 19.24; 26.15, *NRSV*; Mt 26.23) nas refeições era de fato uma bacia sem alças de tamanho médio. Evidentemente tinha tamanho suficiente para cozinhar (2Cr 35.13; "potes, caldeirões e panelas"). Versões menores eram usadas para outros propósitos (2Rs 2.20). Pratos individuais não se tornaram comuns até a época do NT. Copos no sentido moderno também eram praticamente desconhecidos nos tempos do AT. Três palavras hebraicas assim traduzidas (Gn 40.11, *ARA*; Is 51.17,22 ["cálice"]; Jr 35.5; Zc 12.2 ["taça"]) se referem a tigelas pequenas. A "taça" de prata de José (Gn 44.2,12,16,17) foi provavelmente uma jarra ou um cálice. No NT os copos (Lc 11.39) continuavam com formato de concha e tinham diversos tamanhos.

Uma gamela especial semelhante a uma tigela era usada para amassar a massa de pão (Êx 8.3; 12.34; Dt 28.5,17). Outros potes especiais serviam como panelas de fogo para conter o carvão (Zc 12.6). No AT as lamparinas eram essencialmente tigelas para óleo cuja beira era amassada para dentro a fim de segurar um pavio. Na época do NT as lâmpadas (Mt 25.1; Mc 4.21) eram moldadas em duas partes formando uma tigela coberta com abertura central à qual se afixava um bico feito à mão. V. *lâmpada, iluminação, candelabro*.

No AT "panela" (Êx 16.3; Nm 11.8, *ARA*; "caldeirão", 2Rs 4.38-41; Jó 41.31) geralmente traduz várias palavras hebraicas que designam vasilhas da culinária. Em tempos pré-israelitas elas eram semelhantes a tigelas fundas sem alças. Panelas israelitas de cozinha do período da monarquia normalmente tinham duas alças e eram mais fechadas. Também se desenvolveu uma forma mais globular com um pescoço curto e boca menor. As panelas de cozinha do NT eram semelhantes, mas menores e mais delicadas, com alças finas em forma de tiras. Panelas para cozinhar requeriam argila temperada com vários materiais arenosos para resistir à expansão extrema por aquecimento e esfriamento. Eram produzidas em vários tamanhos, bem à semelhança de suas correspondentes modernas.

Outro tipo de recipiente básico na Antiguidade era a jarro de armazenagem, um jarro oval alto ou em forma de pera, tendo normalmente duas ou quatro alças. A boca era fechada com um caco de cerâmica de forma adequada ou com uma rolha de barro. Os jarros eram usados para armazenar farinha ou comida (1Rs 17.14) ou para transportar e armazenar porções líquidas como a água (Mc 14.13: "pote de água"; Jo 4.28: "cântaro"). Um jarro menor era usado para armazenar óleo (2Rs 4.2; "botija", *ARC*, *ARA;* "jarro pequeno", *NTLH*). Muitas vezes foram projetados jarros para conter medidas padronizadas, sendo um tamanho comum no período do AT o de dois *batos*, com uma média de 65 centímetros de altura e 40 centímetros de diâmetro. Jarros típicos tinham bases redondas um pouco apontadas e eram fixadas em estandes, nos furos de pranchas de madeira, ou pressionadas no chão macio. Um tipo especial era formatado como um cilindro sem alças e com pescoço sanfonado.

Jarras ou garrafas (1Rs 14.3; "vasos", Jr 19.1,10; "vasilhas", 35.5; "taças", *ARA*) eram menores que cântaros e geralmente tinham uma única alça presa ao ombro e pescoço. Havia variedades de pescoços, grande e estreito, e no primeiro era provável haver uma aba amassada para formar uma leve bica. Uma variante de jarro era o frasco de peregrino, uma garrafa aplainada com alças gêmeas ao redor de um pescoço fino e que funcionava como um cantil. Saulo pode ter usado um desses (1Sm 26.11,12), mas a mesma palavra hebraica (1Rs 17.14) pode se referir à botija menor. Botijas com corpo bojudo ou oblongo, uma única asa e pescoço e boca pequenos são bem conhecidas de arqueólogos que atuam na terra santa. Eram usadas para tirar líquidos de jarros grandes e para guardar azeite (1Sm 10.1, "jarro"; *NTLH*: "frasco"; 2Rs 9.3, "frasco"; *ARA:* "vaso"; *ARC*: "almotolia"). No NT os exemplares (traduzidos de várias maneiras) são mencionados como recipientes para óleo (Mt 25.4) e, em alabastro, para perfume (Mt 26.7).

Por volta de 63 a.C., quando Roma conquistou a Palestina, surgiu um novo tipo de jarra cilíndrica com ombros de forma angular a arredondada. Tinha um anel como base e uma boca formatada para receber uma tampa. Esse tipo de vasilha representava um excelente jarro de armazenagem para sólidos, especialmente rolos de livros. Os famosos rolos do mar Morto foram conservados nesses recipientes finamente manufaturados por quase dois mil anos.

Utensílios Um termo genérico para utensílios ("peças", *NTLH*) é frequentemente usado no AT como termo coletivo para os artigos de ouro e bronze usados no culto do tabernáculo (Êx 25.39; 27.3,19; 30.27,28). Entre eles estavam campânulas de pavio, bandejas, pás, panelas, bacias, garfos, panelas de fogo, ganchos e coisas semelhantes. A mesma palavra é usada para utensílios usados no serviço do templo (1Cr 9.28,29; 2Cr 24.14-19; Jr 27.18-21; *NTLH* :"objetos", "tesouros") e para artigos domésticos (1Rs 10.21; 2Cr 9.20; *ARC*, *NTLH*: "objetos").

Entre os utensílios domésticos comuns, havia as peças de cozinha. Na época do AT o cereal era moído à mão (Êx 11.5; Is 47.2), usando-se normalmente mós feitas de basalto, uma pedra vulcânica dura com muitos sulcos que apresentavam extremidades cortantes naturais. No mundo romano do NT era comum encontrar numerosos exemplos de mós. As pedras superiores pesadas (Mt 18.6; Mc 9.42; Lc 17.2; Ap 18.21) requeriam animais ou duas pessoas (Mt 24.41) para operá-las. Tarefas de moagem menores eram realizadas por meio de um pilão e mão de almofariz (Nm 11.8; Pv 27.22).

Talheres em geral não se encontram nas escavações e provavelmente eram feitos de madeira. Facas (Gn 22.6; Jz 19.29; Pv 30.14) para várias finalidades eram feitas de pederneira (Js 5.2,3), cobre, bronze ou ferro. V. *arqueologia e estudo bíblico; ferramentas.* — *Daniel C. Browning Jr.* e *Mike Mitchell*

VASNI Nome pessoal que talvez signifique "fraco". Filho de Samuel de acordo com o texto hebraico de 1Cr 6.28 (*ARC*) que traz literalmente "E os filhos de Samuel, seu primogênito Vasni e Abias". Traduções e comentaristas modernos seguem 1Sm 8.2 e manuscritos de traduções antigas, entendendo Vasni como alteração, por um copista, da palavra hebraica semelhante a "o segundo" e inserindo "Joel".

VASO V. *bacia*.

VASSOURA Vassoura feita com ramos de árvores (Is 14.23).

VASTI Nome pessoal que significa "que foi desejado, amado". Esposa do rei Assuero e rainha da Pérsia e Média (Et 1.9). O rei solicitou que ela exibisse sua beleza a um grupo que ele estava entretendo, mas ela se recusou. Vasti foi deposta como rainha (Et 1.19), e promoveu-se um concurso de beleza para escolher uma nova rainha. Ester foi eleita como essa nova rainha (Et 2.16). Ainda não se encontrou nenhum registro do nome Vasti como rainha de algum rei do Império Medo-Persa, o que levou alguns a questionar se ela existiu como uma pessoa histórica. A única mulher que também foi rainha ao lado de Assuero (também chamado Xerxes) chamava-se Amestris. V. *Assuero*; *Ester*; *Pérsia*; *Xerxes*.

VAU Lugar raso em um riacho ou rio que permite a passagem a pé. Os romanos foram os primeiros a construir pontes na Palestina. Antes deles, cruzar rios era geralmente limitado a vaus. Os vaus são mencionados em conexão com três rios na Palestina: Arnom (lit., "águas impetuosas", Is 16.2), Jaboque (Gn 32.22) e Jordão. Esses três rios têm corredeiras e oferecem poucas passagens a vau. Os vaus eram pontos estratégicos. Defendê-los significava êxito na batalha (Jz 3.28; 12.5,6); sua perda significa a derrota (Jr 51.32).

VAV Sexta letra no alfabeto hebraico. Cabeçalho de Sl 119.41-48.

VELA DA PROA Vela principal de uma embarcação (At 27.40, *NVI*, *BJ*, *ARA*). A *NTLH* traduz o termo por "vela maior". Algumas traduções trazem a ideia dessa vela como uma vela menor, auxiliar, utilizada quando sopravam ventos fortes, em momentos que a plena força providenciada pela vela de proa não seria necessária ou até mesmo perigosa. O navio em que Paulo viajava provavelmente tinha um grande mastro central com uma longa verga à qual se prendia a vela mestra grande e quadrada, e um mastro de proa menor, que se inclinava à frente como um arco, ao qual se afixava a vela de proa.

VENENO Agente químico que prejudica a saúde ou causa a morte caso entre em contato com o organismo ou seja ingerido. O veneno é imagem frequente para retratar a impiedade, em especial a língua mentirosa (Dt 32.32,33; Jó 20.16; Sl 58.4; 140.3). Ervas venenosas ilustram processos que surgem de juramentos ou acordos quebrados (Os 10.4). Em Am 6.12 o veneno é imagem da injustiça. Água envenenada representa o juízo divino sobre o pecado (Jr 8.14).

VENTO Força natural que, em sentido amplo, significa a respiração vital nos seres humanos e o poder criador e inspirador de Deus e de seu Espírito.

Conceitos antigos Dois termos na Bíblia — o *ruah* hebraico e o *pneuma* grego — possuem o significado básico de vento, mas são traduzidos muitas vezes por espírito. Um pouco de compreensão do desenvolvimento da segunda palavra elucida essa transferência de significado e enriquece o conceito.

Pneuma representava originariamente um vento ou fôlego elementar, vital e dinâmico. Era um poder efetivo, mas estava inteiramente circunscrito ao âmbito da natureza. Essa força descrevia qualquer tipo de vento e variava de brisa leve a tempestade furiosa ou exalação fatal. Era o vento em pessoas e animais na forma da respiração que inalavam e exalavam. Era a vida, porque a respiração era o sinal da vida. Era a alma, porque a força animadora desaparecia quando cessava a respiração.

Em termos metafóricos, *pneuma* podia ser ampliado para significar um tipo de respiração que soprava de âmbitos invisíveis; logo, podia designar espírito, um sinal da influência dos deuses em pessoas, e a fonte do relacionamento entre os humanos e o divino. Na mitologia primitiva esse vento cósmico possuía um poder criador da vida, e uma divindade podia gerar um filho por meio de sua respiração. A respiração divina também inspirava os poetas e concedia o falar extático aos profetas.

Em todas essas reflexões o vento continuou sendo uma força impessoal, natural. Entretanto, quando chegamos ao entendimento judaico-cristão, o conceito e os termos preservam suas características dinâmicas, mas se elevam do poder cósmico à existência pessoal.

Antigo Testamento No AT o significado primário do termo *ruah* é vento. Há a brisa leve (Sl 78.39), a ventania da tempestade (Is 32.2), o ciclone (2Rs 2.11) e o vento ressecante (Sl 11.6). Os ventos das montanhas e do mar ao norte e oeste traziam chuva e tempestade (1Rs 18.43-45; Êx 10.19; Ez 1.4); o vento dos desertos do sul e do leste podia às vezes ser ameno, mas mais frequentemente estorricar a terra e secar a vegetação (Gn 41.6; Jó 37.1,2). Por vir de diversas direções, o vento era identificado com essas direções, relacionando-se com quatro cantos ou quadrantes da terra ou do céu (Jr 49.36; Ez 37.9).

Teofanias, ou manifestações de Deus, foram com frequência associadas com o vento. Deus respondeu a Jó de dentro do vendaval (Jó 38.1), e as quatro criaturas vivas apareceram a Ezequiel em um intenso vento norte (Ez 1.4).

O vento era símbolo de transição (Sl 78.39), de esforço infrutífero (Ec 1.14) e desesperança (Jó 6.26). Primordialmente era uma força poderosa que podia ser comandada somente por Deus (Jr 10.13). O vento executa as instruções de Deus (Sl 104.4). O vento está tão intimamente ligado à vontade de Deus que é chamado de seu sopro, emitido por ele sobre o mar para cobrir os carros do faraó (Êx 15.10), ou por meio do qual ele congelou rios (Jó 37.10) e fez a grama murchar (Is 40.7).

O vento também é respiração em humanos como respiração da vida (Gn 6.17). A penetração da respiração concede vida (Ez 37.5-7); e, quando é tirada, a pessoa morre (Sl 104.29). A respiração que traz morte quando tirada, é identificada como o hálito de Deus (Jó 34.14,15). Esse mesmo sopro do Todo-poderoso é o espírito de sabedoria e entendimento em um ser humano (Jó 32.8). Quando *ruah* é usado para vontade, intelecto e emoções, ou relacionado com Deus, o significado se expande frequentemente de vento para espírito (Is 40.13). Assim, Sl 51 usa *ruah* três vezes quando se refere ao espírito firme, disposto e quebrantado do salmista, e uma vez ao falar do Espírito Santo de Deus (v. 10-12,17). Às vezes as opiniões divergem se o significado é mais bem atendido ao se traduzir a palavra por "vento" (respiração) ou por "espírito" no caso de ser especificamente designativo da *ruah* de Deus. Assim, a *TEB* traduz Gn 1.2 por "um sopro de Deus", significando que um vento estava se movendo sobre as águas primevas; outras traduções falam do Espírito de Deus que pairava ali.

Novo Testamento Deus transforma seus anjos em ventos (Hb 1.7), e "com o sopro de sua boca" o Senhor Jesus destruirá os ímpios (2Ts 2.8).

Depois da experiência de Pentecoste passou a prevalecer o significado ampliado, e *pneuma* normalmente se refere à existência interior de uma pessoa (distinta do corpo), com a qual o Espírito pessoal de Deus se comunica e se mistura à medida que gera e santifica os cristãos e os molda em corpo de Cristo (Jo 3.5-8; Rm 8.14-16; 1Co 12.7-13; Gl 5.16-23). Em cada um desses significados ampliados, ainda podemos detectar em sua base a imagem do vento (*pneuma*) que sopra onde quer (Jo 3.8). V. *espírito*.

VENTO ORIENTAL V. *vento*.

VERDADE Os antigos biblistas não raro exageravam a diferença entre os conceitos grego e hebraico de verdade, alegando que a tradição filosófica grega entendia a verdade como algo estático, atemporal e teórico, em contraste com a visão hebraica, que entende a verdade como uma coisa prática e experimental. Eles eram de opinião que, ainda que a compreensão hebraica seja predominante na Bíblia, a visão contrastante grega está representada no NT, em especial na literatura joanina.

A tendência mudou quanto a essa ideia (v. A. Thiselton, "Verdade", em *The New International Dictionary of New Testament Theology*). Cada vez mais biblistas passam a reconhecer que as principais palavras bíblicas traduzidas por "verdade" (*emet* em hebraico e *aletheia* em grego) têm vasta gama de significados, como verdade proposicional, pessoal, moral e histórica. A palavra *emet* com frequência significa "fidelidade". Os escritores do AT usam-na para descrever a palavra e os atos de Deus. Sua palavra é confiável porque ele é fiel e verdadeiro. O brilhantismo do ensino bíblico está no fato de que toda verdade está unificada e baseada no Deus fiel e verdadeiro.

Falar a verdade O significado mais comum das palavras bíblicas se refere a declarações que refletem fatos de forma acurada, como um testemunho confiável (Pv 12.17; cp. 1Jo 2.21). A mentira é o oposto da verdade (Jr 9.3; cp. Gn 42.16). Os integrantes do povo de Deus devem falar a verdade uns aos outros (Zc 8.16; Ef 4.25). Jesus enfatizou a autoridade e a certeza de sua mensagem, ao dizer "Em verdade vos digo" (Lc 9.27, *ARC*; *NVI*, "Garanto-lhes"; cp. Lc 4.24; Jo 16.7). João ressalta o fato de dizer a verdade a respeito de Jesus (Jo 19.35), e Paulo enfatiza que não está mentindo (Rm 9.1; cp. 2Co 7.14; 1Tm 2.7; At 26.25).

Para Moisés o Deus da aliança é o Deus da verdade (Êx 34.6). Sua verdade é eterna (Sl 117.2). O testemunho humano não pode atestar a verdade jurando por nada maior que Deus (1Rs 22.16; Is 65.16). Como Deus é verdadeiro, de igual maneira o é sua palavra (Sl 119.160; cp. Jo 17.17; 2Sm 7.28; Sl 43.3; 119.142,151). As Escrituras são a própria palavra da verdade, e por isso devem ser tratadas de forma cuidadosa (2Tm 2.15). O evangelho é igualado à verdade (Gl 2.5,14; Ef 1.13) e a verdade é igualada ao evangelho (Gl 5.7).

Outros usos de "verdade" Pelo fato de a palavra de Deus ser a verdade, ela é real em sentido último, não efêmera, como oposta a tudo mais, e liberta os homens (Jo 8.32). Satanás e os homens mentem (Jo 8.44; Rm 1.25) e escravizam. Jesus é o Salvador por constituir-se a Verdade encarnada (Jo 14.6; cp. 1.14,17; Ef 4.21). O Espírito Santo habita nos cristãos, e os guia a toda a verdade (Jo 14.17; 15.26; 16.13; cp. 1Jo 5.6).

Contudo, as pessoas resistem à verdade. Jesus fez referência a este fato: "Se estou falando a verdade, por que vocês não creem em mim?" (Jo 14.46). A Bíblia ensina que crer na verdade não é uma função psicológica mecânica, mas algo relacionado à vontade humana. As pessoas escolhem a mentira em lugar da verdade de Deus (Rm 1.25; 2Tm 3.8; Tt 1.14).

Mais da metade dos usos de *aletheia* e seus cognatos ocorrem nos textos joaninos (Jo 16.7; 1Jo 2.4,21,27). João usa essa palavra para se referir à realidade em contraste com a falsidade ou aparência de verdade, mas não rejeita o ensino do AT sobre a verdade. O apóstolo não trabalha com a mentalidade grega. De fato, Jo 1.14 descreve Jesus em sua encarnação como "cheio de graça e de verdade", referência ao conceito do AT de fidelidade/lealdade (*chesed*) da aliança, que pode ser vista no Logos encarnado (o próprio Jesus) como a genuína realidade de Deus. Em Jo 14.6 Jesus descreve a si mesmo como "o caminho, a verdade e a vida", combinando dessa maneira diversos conceitos. Jesus é o verdadeiro caminho que conduz à vida, e os homens devem ir a ele não buscando a verdade, mas porque ele é o fim da busca, aquele que revela a realidade de Deus. — *Ted Cabal*

VERDE Geralmente se refere à grama, ou a árvores e plantas. A palavra "verde" (*chloros* em grego) aparece em Ap 6.8, sendo traduzida por "amarelo" pela *NVI*, *ARA*, *ARC* e *NTLH* e por "esverdeado" pela *BJ* e *TEB*, para se referir ao cavaleiro chamado Morte. V. *cores*.

VERGONHA E HONRA Honra e vergonha eram valores que moldavam a vida diária nos tempos bíblicos. Honra, a primeira medida de *status* social, baseava-se na honra atribuída e na honra adquirida. A honra herdada ou atribuída era a posição social devida à integração a determinada classe social, especialmente a família. Os que nasceram para ser governantes ou líderes eram tidos em alta estima em razão da honra da família. A preocupação judaica com as genealogias garantia a manutenção da honra herdada. Os evangelhos de Mt (1.1-17) e Lc (3.23-38) apresentaram genealogias de Jesus, que realçam o *status* elevado alegado por ele. Em Mt, a origem de Jesus se relaciona com o aspecto judeu dele (que o liga diretamente a Abraão) e seu direito de ser o rei dos judeus (descendente de Davi). Lucas traça a linhagem de Jesus até Adão, e ao próprio Deus, declarando o direito de Jesus de ser o Salvador de toda a raça humana.

A honra adquirida era obtida por meio de atos meritórios ou de alguma atuação pública. A posição social familiar provia a base de honra mediante a qual homens se lançavam com esperança de aumentar o prestígio familiar e pessoal. O fórum público oferecia desafios para ganhar ou perder a honra. Um desafio poderia mostrar a superioridade de uma pessoa ou grupo sobre outros. Ele poderia ser ignorado se não fosse digno de resposta dada a distância social entre as partes, mas o verdadeiro desafio de honra exigia resposta. A parte reconhecida como vencedora adquiria honra, e a outra a perdia, como acontecia também com a posição social. Quando os fariseus e herodianos observaram Jesus para ver se ele curaria o homem com a mão atrofiada (Mc 3.1-6), p. ex., um desafio de honra teve lugar. Se Jesus violasse a lei do sábado, ele perderia honra. Se não curasse o homem, também perderia honra. A armadilha parecia perfeita. Em resposta a esse desafio antiético, Jesus deixou claro que o propósito do sábado era para que ele pudesse curar o homem segundo a Lei. Quando a armadilha falhou, eles decidiram colaborar entre si para destruir Jesus e sua crescente posição social (que veio à custa deles).

Uma constante competição em público por honra contaminou até a religião. Em ambos os Testamentos é denunciada a tendência de usar a religião para obtenção de honra pessoal baseada na piedade aparente. Em Mt 6.1-18 Jesus deplorou o mau uso de atos religiosos (doação de esmolas, oração e jejum) para obtenção de honra pessoal.

A vergonha não é simplesmente o contrário da honra, pois há uma vergonha positiva e uma negativa. A vergonha podia ser trabalhada positivamente ao se saber como manter as questões fora do conhecimento público. Uma mulher, p. ex., poderia evitar a vergonha ao se manter coberta (com um véu) em público e evitar ambientes dominados por homens. Mas a vergonha podia também designar a desonra ou perda da honra. Haveria, p. ex., vergonha se alguém exigisse um lugar de honra ao qual não tinha direito (Lc 14.7-11).

Talvez o texto mais claro a respeito de honra/vergonha seja Fp 2.5-11. Jesus tinha uma honra inquestionavelmente herdada; mesmo assim, ele abriu mão dessa honra, e assumiu a posição mais humilde — a de um escravo — e morreu a mais vergonhosa de todas as mortes, a saber, a crucificação. Entretanto, Deus deu a ele a mais alta de todas as posições de honra, e um nome acima de todos os nomes na escala da honra, fazendo que todos se curvem diante dele. O código de honra é, portanto, definido por Deus, não pelos homens.

Particularmente eram as mulheres que carregam a vergonha, e por isso esperava-se que agissem de forma conveniente. Elas também eram vistas como ameaças à honra. A mulher imoral manchava a honra de toda a família, e por isso as mulheres geralmente eram mantidas à distância de assuntos com alguma tendência a algum comportamento desonroso. O véu das mulheres relacionava-se a essa preocupação.

"Falta de vergonha" é a atitude que descrevia alguém que se recusava a agir de acordo com códigos de honra e de vergonha. Tais pessoas não respeitavam normas sociais nem se preocupavam com a opinião pública ou sua posição social. Em Lc 18.1-8 o juiz injusto é um exemplo clássico de pessoa que não tem vergonha, alguém que "não temia a Deus nem se importava com os homens". No AT o "tolo" é alguém que não tem vergonha, porque de igual maneira não teme a Deus nem respeita a sabedoria e as normas sociais. — *Bill Warren*

VERME Animal pequeno, delgado, de corpo macio, sem coluna vertebral, pernas ou olhos. Muitas vezes melhora o solo por inserir na terra matéria em decomposição, arejando-a por meio de seus movimentos. Há muitos exemplos na Bíblia em que larvas de insetos são chamadas de vermes. A minhoca é a mais representativa dos vermes da Palestina. Também consta na Bíblia como figura de inferioridade ou fraqueza (Sl 22.6; Jó 17.14; Is 41.14). Tanto o AT quanto o NT afirmam que o lugar do ímpio e descrente é onde o verme sempre está vivo e ativo (Is 66.24; Mc 9.44,48). V. *insetos*.

VESPA V. *insetos*.

VESPASIANO Imperador de Roma em 69-79 d.C. Nasceu em família rica e se tornou herói militar como chefe de uma legião sob o imperador Cláudio. Depois de passar a comandar três legiões, recebeu a ordem de sufocar a revolta judaica na Palestina no ano 66 d.C. Após três anos na guerra, respondeu ao chamado do exército para se tornar imperador. Vespasiano deixou para o filho Tito o comando de suas tropas e foi para Roma. Tentou estabelecer uma dinastia, mas ela durou somente o tempo de vida de seus dois filhos, Tito e Domiciano. V. *César*; *Roma e o Império Romano*; *imperador Tito*.

VESTE Peça de vestuário. Três palavras hebraicas são traduzidas por veste. **1**. A palavra *kanaf* se refere às quatro pontas ou quinas de um tecido. Davi cortou uma destas pontas do manto de Saul, para deixar claro que não tinha intenção de fazer qualquer mal ao rei (1Sm 24.4,11). **2**. A palavra *peh* significa "boca", e é traduzida por "veste" em Sl 133.2. **3**. A palavra *shul* se refere à parte da roupa que está mais perto do chão. Em algumas passagens se refere às peças de roupas soltas das mulheres. Várias referências a Jerusalém usam essa palavra em sentido figurado para mostrar seu pecado (Jr 13.22, 26; Lm 1.9; Na 3.5). O levantar das vestes provocava vergonha, pois permitia olhar a nudez de uma pessoa (Is 47.1-3; Na 3.5). V. *pano, roupa*.

VESTES FESTIVAIS (*ARA***), MUDAS DE ROUPA (***NVI***)** Termos usados por traduções modernas para duas expressões hebraicas.

As expressões hebraicas por trás de "vestes festivais" significam a troca de roupa (Gn 45.22; Jz 14.12,13,19; 2Rs 5.5,22,23); o termo por trás de "vestes festivais" significa roupa limpa, pura ou branca (Is 3.22; Zc 3.4). As versões modernas não são coerentes na tradução da expressão, traduzindo conforme o contexto. No antigo Oriente Médio a posse de algumas mudas de roupas era considerada sinal de riqueza. Pessoas comuns possuíam poucas roupas. Assim, a troca de roupas poderia sugerir roupas reservadas para uma ocasião especial como se mostra em algumas traduções (Jz 14.12,13,19; 2Rs 5.5,22,23, *NTLH*). Em Is 3.22 temos uma menção a "roupas caras" ("vestidos de festa", *ARA*). A referência em Zc 3.4 ("vestes nobres") é ou aos trajes do sacerdote (talvez as vestes especiais reservadas para o Dia da Expiação, Zc 3.9), que representam a restauração do sacerdócio, ou uma simples referência a roupas limpas como símbolo da inocência de Josué de qualquer acusação (simbolizada pelas "roupas impuras").

VESTÍBULO V. *arco*.

VESTIMENTA V. *pano, roupas*.

VÉU Cobertura de pano. **1.** *Véu de mulheres.* Rebeca se cobriu antes de conhecer Isaque (Gn 24.65). Seu véu talvez fosse sinal de que ela era uma moça apta para casar. Tamar usou o véu para esconder sua identidade perante Judá (Gn 38.14,19). Outro termo hebraico é traduzido por "xale" em Is 3.23. Aqui os xales são apenas parte dos artigos de vestuário elegante que as mulheres da elite de Jerusalém perderão no cerco iminente. Em Ct 5.7 o mesmo termo hebraico é vertido por "manto" e "capa" (*NTLH, TEB*). Ali a remoção do manto fazia parte de uma agressão humilhante à amada do rei. Em Is 47.2, por seu turno, a retirada do véu da pessoa é sinal de falta de vergonha. Paulo considerou necessário o uso do véu para mulheres que oram ou pregam ("profetizam") em público (1Co 11.4-16). **2.** *Véu de Moisés.* Moisés falou com Deus com o rosto descoberto e em seguida anunciou a mensagem de Deus ao povo com a face ainda descoberta. Depois Moisés ocultou a face (Êx 34.33-35). Para Paulo, a ação de Moisés ilustra a superioridade da nova aliança: Os cristãos veem o esplendor permanente da era do Espírito e da justiça propiciada por Deus; Israel viu o esplendor minguante da era da morte refletido no rosto de Moisés (2Co 3.7-11). Além disso, o véu de Moisés ilustra a barreira mental que impede Israel de reconhecer Cristo no AT (2Co 3.12-15). Pela fé em Cristo o véu é afastado, e os cristãos desfrutam livre acesso a Deus, que transforma a vida (2Co 3.15-18). **3.** *Imaginário.* O "véu que está posto sobre todas as nações" (Is 25.7, *ARA*) constitui provavelmente uma imagem da morte que também é tragada (Is 25.8). É possível que o véu inclua igualmente uma repreensão. **4.** *Véu do templo.* Essa cortina separava o Santo dos Santos do Lugar Santo (2Cr 3.14). Apenas o sumo sacerdote tinha permissão de atravessar o véu, e isso somente no Dia da Expiação (Lv 16.2). Na morte de Jesus o véu do templo se rasgou de alto a baixo, o que significa que em Cristo Deus acabou com a barreira que separava a humanidade de sua presença (Mt 27.51; Mc 15.38; cf. Lc 23.45). Em Hb 10.20 o véu do tabernáculo não é imagem de barreira, mas de acesso. Obtemos acesso a Deus pela carne do Jesus histórico (cf. Jo 10.7). — Chris Church

5. Tradução da palavra que aparece em Is 3.19 (*NVI, ARA, ARC, BJ, TEB*). Era um item do vestuário elegante das mulheres de alta classe de Jerusalém. A *CNBB* traduz como "grinalda". **6.** Tradução moderna da palavra hebraica usada em Ez 13.18,20,21. Ezequiel compara os véus ou turbantes usados pelas mulheres que profetizavam "pela sua própria imaginação" (v. 17) com redes usadas para capturar pássaros. De acordo com essa comparação, os véus eram como redes para apanhar a alma das pessoas. Deus declarou por intermédio de Ezequiel que libertaria seu povo das ciladas que estas mulheres lhe preparavam.

VIA DOLOROSA Literalmente "Caminho do Sofrimento". Peregrinos cristãos da época das Cruzadas refizeram o suposto caminho de Jesus da fortaleza Antônia até a cruz. Esse trajeto presume que o julgamento aconteceu na fortaleza Antônia, o que é questionável. Ainda que a fortaleza tenha sido o local do julgamento de Jesus perante Pilatos, os séculos de escombros aterraram e modificaram as ruas da época de Jesus. Por isso as 14 "estações" da cruz são fruto de tradição, não autênticas. Monges franciscanos

VÍBORA

seguem o "Caminho do Sofrimento" em uma procissão organizada nas tardes de sexta-feira, parando em cada uma das 14 estações. Várias estações são baseadas em "lenda" e não possuem nenhum amparo nos relatos bíblicos. As cinco estações finais da Via Dolorosa se situam dentro da Igreja do Santo Sepulcro.

As 14 estações são: 1) Jesus é condenado à morte, 2) Jesus recebe a cruz, 3) Jesus cai pela primeira vez, 4) Ele encontra sua mãe, Maria, 5) Simão é convocado para levar a cruz, 6) O rosto de Jesus é limpo por Verônica, 7) Jesus cai pela segunda vez, 8) Jesus fala às mulheres de Jerusalém, 9) Ele cai pela terceira vez, 10) Ele é despido, 11) Jesus é pregado na cruz, 12) Jesus morre na cruz, (13) Ele é retirado da cruz, 14) Jesus é colocado na tumba de José de Arimateia. — Bill Cook

Um das estações da Via Dolorosa ("Caminho do Sofrimento", ou "Caminho da Cruz") em Jerusalém.

VÍBORA 1. (*ARA, ARC*; a *NVI* usa "víbora" em alguns trechos e "cobra" em outros). Cobra venenosa (Dt 32.33; Jó 20.14,16; Is 11.8; Rm 3.13). Outras traduções usam "cobra", "serpente" ou "áspide" em algumas ou todas essas ocorrências. O termo hebraico *peten* também ocorre em Sl 58.4. Alguns autores apontam para a cobra *naja chaje*, mas essa identificação é incerta. Independentemente das identificações específicas, elas servem como símbolos de veneno perigoso (Dt 32.33). Elas podem ser descritas como surdas (Sl 58.4) tanto como característica natural quanto como num caso incomum. A surdez as torna imunes ao encantador de serpentes e assim ainda mais perigosas com seu veneno. Riquezas que se tornam o centro da vida resultam tão venenosas quanto o veneno das cobras (Jó 20.14,16). A visão profética é a restauração que Deus fará da ordem mundial de tal forma que crianças pequenas poderão brincar perto de esconderijos de cobras sem medo (Is 11.8). Até aquele dia o pecado continua dominando a humanidade, tornando a fala em mentiras venenosas (Rm 3.13). V. *répteis*. **2.** Cobra venenosa. Diversas espécies de cobras são chamadas de víboras, e os diferentes termos usados para elas na Bíblia provavelmente não designam espécies específicas. Há estudiosos que entendem as referências do AT como designativas da *Echis colorata*. Jesus falou dos líderes religiosos perversos como víboras (Mt 3.7) por causa dos ataques venenosos deles contra ele e de seu mau caráter ao levarem as pessoas ao caminho errado. Paulo foi picado por uma víbora (At 28.3), mas isso não lhe causou nenhuma enfermidade.

Uma víbora parcialmente escondida na grama e nas flores silvestres adjacentes.

VIDA Princípio ou força considerado a sustentação da qualidade distintiva dos seres animados. O que é vivo tem movimento; na morte, o movimento cessa. "Vida" é usada na Bíblia para descrever a força animadora dos animais e dos seres humanos (Gn 1.20). Organismos vivos crescem e se reproduzem conforme suas espécies. A Bíblia descreve a vida humana como existência corporal, o seu valor e a sua natureza transitória (Sl 17.14; Tg 4.14). A existência física, corporal, está sujeita ao sofrimento, à doença, a trabalho árduo, morte, tentações e pecado (Sl 89.47; 103.14-16; 104.23; Rm 5.12-21; 6.21-23; 8.18). No entanto, o termo "vida" é usado na Bíblia com aplicações muito mais amplas que apenas a existência física, corporal.

A vida única de Deus Apenas Deus tem vida em sentido absoluto. Ele é o Deus vivo (Js 3.10; Mt 16.16). Todas as outras formas de vida dependem de Deus para serem criadas e subsistir (At 17.25; Rm 4.17). Diz-se a respeito de Deus que ele é o Deus da vida ou o doador da vida (Dt 32.40; Jr 5.2). Em contraste absoluto com Deus, os ídolos estão mortos (Is 44.9-20; Jr 10.8-10,14), como estão os que dependem deles para viver (Sl 115.8; 135.18).

Deus cria ao dar seu fôlego ou espírito às criaturas vivas, e não há nenhuma possibilidade de vida quando Deus retira seu fôlego ou espírito (Jó 34.14,15). Logo, Deus é Senhor da vida e da morte (2Co 1.9; Tg 4.15). A vida é algo que somente Deus pode dar (Sl 139.13,14) e que só ele pode sustentar (Sl 119.116).

Assim, toda a vida pertence unicamente a Deus. Ninguém tem o direto de acabar com ela (Êx 20.13; Dt 5.17; cp. Gn 4.10,19-24). Considerando a vida pertencente a Deus, deve-se abster do consumo de sangue — o veículo da vida (Gn 9.4; Lv 3.17; 17.10-14; Dt 12.23-25). Logo, até a vida animal é valorizada por Deus como aponta a evidência pelo fato de o sangue dos animais ser sagrado para o Senhor.

Existência física, vida física A Bíblia apresenta o resumo da vida de muitas pessoas. De modo geral o relato bíblico inclui uma declaração acerca da duração da vida, do tipo: "Abraão viveu cento e setenta e cinco anos" (Gn 25.7). O AT enfatiza a qualidade de vida. Feliz é quem encontra a sabedoria: "A sabedoria é árvore que dá vida a quem a abraça; quem a ela se apega será abençoado" (Pv 3.18). A sabedoria afeta o modo pelo qual as pessoas vivem. O texto de Sl 143 testifica sobre os momentos sombrios da vida. Então o salmista pede que Deus intervenha: "Preserva-me a vida, Senhor, por causa do teu nome; por tua justiça, tira-me desta angústia" (143.11).

Jesus em sua tentação citou Dt 8.3: "Nem só de pão viverá o homem" (Mt 4.4; Lc 4.4). Antes, cada pessoa deve viver "de toda palavra que procede da boca de Deus" (Mt 4.4). A vida terrena inclui Deus.

Jesus advertiu: "A vida de um homem não consiste na quantidade dos seus bens" (Lc 12.15). Mesmo assim muitas pessoas consideram as posses alheias como critério de sucesso. Jesus curou pessoas e ressuscitou alguns dentre os mortos para aliviar a dureza da vida (cf. Mc 5.23-45). Jesus trouxe integridade à vida física do homem.

Vida como comunhão com Deus O AT usa metáforas ousadas para a comunhão com Deus: "Pois em ti está a fonte da vida; graças à tua luz, vemos a luz" (Sl 36.9). Vamos a Deus para receber vida. Caminhamos em comunhão com ele, e à sua luz vemos a vida. De outra maneira, somos destituídos de vida e não podemos ver. Mesmo quando vamos para Deus, podemos nos separar dele. Outro salmista pede que a mão de Deus esteja sobre ele: "Então não nos desviaremos de ti; vivifica-nos, e invocaremos o teu nome" (Sl 80.18).

A resposta adequada à vida como dom de Deus é viver a serviço de Deus (Is 38.10-20), pela obediência à Lei (Lv 18.5), para realizar a vontade dele (Mt 6.10; 7.21) e ser alimentado da Palavra de Deus (Dt 6.1-9; 8.3; 32.46,47; Mt 4.4). Somente a vida vivida em obediência a Deus merece ser chamada vida no sentido verdadeiro da palavra (Dt 30.15-20; Ez 3.16-21; 18.1-32).

O NT aprofunda essa ênfase. Paulo indica que os cristãos diferem em termos da comida ingerida e dos dias de festas (Rm 14.1-6); estas coisas são parte de costumes e tradições. Todos os cristãos devem fazer do Senhor Jesus o centro da vida e viver de modo que ele seja seu propósito. "Pois nenhum de nós vive apenas para si, e nenhum de nós morre somente para si. Se vivemos, vivemos para o Senhor, e se morremos, morremos para o Senhor. Assim, quer vivamos, quer morramos, pertencemos ao Senhor. Por essa razão Cristo morreu e voltou a viver, para ser Senhor de vivos e mortos" (Rm 14.7-9). Essa vida requer comunhão com o Senhor — o propósito da vida.

VIDA COMUM

Paulo escreveu que morremos com Cristo e fomos ressuscitados junto com ele (Cl 3.1-3) e que a vida dos cristãos (individualmente) foi oculta com Cristo em Deus. Quando Cristo (a vida dos cristãos) voltar, seremos manifestados com ele em glória (Cl 3.4). Essa é a vida transformada e nova.

Paulo descreve os servos de Deus como um aroma para Deus entre o povo ao qual eles testemunham (2Co 2.15). Aos que perecem, os cristãos são fragrância de morte para a morte. Aos que são salvos, eles são a fragrância de vida para a vida (2Co 2.16). Quem rejeita a mensagem continua morto. Quem a aceita se move de um nível de vida para outro. A vida iniciada por Cristo cresce. Paulo exclamou: "Mas quem está capacitado para tanto?" (2Co 2.16).

Paulo apresenta sua visão da vida: o processo de viver, para mim é Cristo; o ato da morte, é lucro (Fp 1.21). Quando Cristo é o ponto central, a vida não tem fronteiras.

Cristo como vida, o que concede vida
Os crentes do AT identificavam a vida com Deus (Sl 42.8; 27.1; 66.9). Os usos de "Eu sou" do evangelho de Jo identificam a vida com Jesus. "Eu sou o pão da vida" (Jo 6.35,48). "Eu vim para que tenham vida (Jo 10.10). "Eu sou a ressurreição e a vida" (Jo 11.25). "Eu sou o caminho, a verdade e a vida" Jo 147.6). João declara o propósito do seu Evangelho: "Mas estes foram escritos para que vocês creiam que Jesus é o Cristo, o Filho de Deus, e, crendo, tenham vida em seu nome" (Jo 20.31). Como Jesus era Deus encarnado, ele fez da vida genuína uma realidade — não uma perspectiva distante.

Vida por vir, vida além desta vida A vida genuína que vem de Jesus para quem obedece a Deus é vida verdadeira ou eterna. Como a vida física é um dom de Deus, da mesma forma o é a vida eterna (Jo 6.63; Rm 6.23; 1Co 15.45; Ef 2.8-10). A vida eterna, ou vida verdadeira, refere-se à qualidade de vida de alguém e à sua quantidade. De acordo com a Bíblia, todas as pessoas terão uma vida de duração sem fim, seja na bênção da presença de Deus, seja na danação da ausência dele (Dn 12.2; Mt 25.31-46; Jo 5.28,29). O fator que distingue a vida destes dois grupos de pessoas não é a duração, mas a qualidade. A vida eterna tem qualidade, como a vida de Deus. Esse tipo de vida é uma bênção verdadeira (Lc 18.29,30; 1Jo 5.12). A qualidade desta vida é marcada pela liberdade do poder do pecado para destruir, por santidade, e pela relação positiva com Deus (Rm 6.20-23). A vida verdadeira não é algo para ser esperado no futuro; é realidade presente. Os cristãos compartilham a vida de Deus nesta existência (Lc 11.20; Rm 6.4,11; 8.6; 1Jo 3.14), mas não experimentam a vida verdadeira até a ressurreição, quando obterão a coroa da vida (Tg 1.12; Ap 2.10).

A vida verdadeira é oferecida a todos, mas recebida apenas por quem compreende que sua origem se encontra no que Deus realizou por meio de Jesus Cristo — algo que não procede do interior da pessoa (Ef 2.8-10). Quem tem a vida verdadeira como dom deve se conformar ao modo de vida de Jesus (Jo 5.39,40). Os cristãos devem morrer para si mesmos (2Co 5.15) e servir a Deus em amor (Mt 25.31-46; Gl 2.19). Como a comida mantém a vida física, o serviço a Deus mantém a vida verdadeira (Jo 6.27,32-58; At 7.38).

A vida eterna é indestrutível (1Co 15.42-57; 1Pe 1.23), ainda que ameaçada pelo Diabo, pela Lei e pela morte. O Diabo tenta destruir essa vida (Lc 12.4,5; 1Pe 5.8), mas não consegue destruí-la, pois Deus protege o cristão (Rm 8.7-39; Ef 6.10-18). A Lei ameaça essa vida por levar as pessoas a crer que podem obter a vida pelos próprios esforços (Rm 7.10,13; 2Co 3.4-6). A morte também é inimiga da vida verdadeira, mas não tem poder para destruir a vida concedida por Deus (Rm 5.12-21; 6.9,10; 7.24—8.11,35-39).

A vida além desta vida não é em "espírito", mas da ressurreição do corpo. Paulo realçou a existência terrena e a vida por vir: "O exercício físico é de pouco proveito; a piedade, porém, para tudo é proveitosa, porque tem promessa da vida presente e da futura" (1Tm 4.8). Essa vida "presente" é uma vida de provação. Tiago diz que quem passa pelo teste receberá "a coroa da vida, que Deus prometeu aos que o amam" (1.12). A vida futura é de comunhão aberta com Deus (Cl 3.4). V. *escatologia*; *vida eterna*; *ressurreição*. — *A. Berkeley Mikelson e Phil Logan*

VIDA COMUM V. *comunidade de bens.*

VIDA ECONÔMICA No Israel antigo a vida econômica incluía o desejo simples de melhorar as condições de vida e expandir o contato com outras pessoas. O êxito das pessoas nesse esforço era determinado em grande medida pelas condições do ambiente em que viviam. Precipitações de chuva adequadas ou recursos de água suficientes, terras aráveis e de pastagem e a disponibilidade de recursos naturais eram os fatores ecológicos mais importantes. Depois que a nação foi formada e a monarquia estabelecida, a demanda dos mercados local e internacional, a estabilidade do governo e os efeitos da política internacional também passaram a fazer parte da dinâmica. Em toda a sua história, no entanto, a vida econômica do povo de Israel foi governada, ao menos em parte, pelas leis de Deus concernentes ao tratamento que os israelitas davam aos seus concidadãos em questões de negócios e caridade.

Como a maior parte do restante do Oriente Médio, a economia da antiga Palestina era principalmente agrária. No entanto, diferentemente das grandes civilizações da Mesopotâmia e do Egito, a economia de Israel não era tão completamente dominada pelas preocupações com o palácio e o templo como o era em outras nações. Não havia, p. ex., monopólio do Estado com respeito à propriedade de terras aráveis. A propriedade privada e os empreendimentos privados foram a regra na história inicial das tribos de Israel. Isso mudou um pouco depois do estabelecimento da monarquia, quando foram formadas as grandes propriedades rurais (2Sm 9.10) para apoiar os reis e a nobreza. Também foram feitas tentativas pela burocracia real para controlar o máximo possível das terras e da atividade econômica do país (1Rs 4.1-9).

Outras mudanças ocorreram depois da conquista da nação pela Assíria e Babilônia. A partir daquele ponto, os esforços econômicos (produção agrícola, indústria e comércio) da nação foram controlados em grande medida pelas demandas de impostos dos impérios dominantes (2Rs 18.14-16) e a manutenção das rotas comerciais internacionais. Esse padrão continuou até o período do NT, quando estradas romanas agilizaram o comércio, mas também mantiveram a população submissa. A economia, embora relativamente estável, era sobrecarregada com pesados impostos (Mt 22.17-21) para apoiar o exército e o governo de ocupação.

Condições ambientais Muitos aspectos da vida econômica do povo eram determinados pelas condições ambientais em que viviam. A Palestina tem um padrão geográfico marcantemente diversificado e enormes mudanças climáticas. No seu território há estepes e desertos ao sul e leste no Neguebe e nas áreas correspondentes da Transjordânia. Nessas áreas somente a agricultura seca ou de irrigação é possível, e grande parte da região é entregue aos pastores que ali conduzem suas manadas e rebanhos. Uma região desértica e erma fica perto do mar Morto, enquanto terras aráveis bem irrigadas podem ser encontradas no platô da Sefelá (entre a planície costeira e a região montanhosa) e na região da Galileia no norte da Palestina. Uma região ondulante de montanhas predomina no centro do país, onde a agricultura precisa ser exercida em encostas de montanhas marcadas por platôs e curvas de nível e onde a conservação da água e a irrigação são necessárias para as culturas agrícolas locais.

O clima semitropical da Palestina inclui verão e outono quentes e secos — sem chuvas por seis meses. A seca é interrompida em setembro ou outubro, e as chuvas continuam por todo o inverno até março e abril. Precipitações pluviométricas anuais, que podem vir todas em torrentes em poucos dias, atingem a média de 1.000 milímetros ao ano na região norte e oeste da região montanhosa e na Sefelá. Sob a influência dos ventos do deserto e da barreira da região montanhosa, essa quantidade diminuiu no sul e nordeste, com menos de 200 milímetros ao ano no deserto da Judeia e no Neguebe. A média de temperaturas também varia muito, repetindo temperaturas mais frescas nas colinas e na planície costeira ao norte enquanto as regiões desérticas e mais baixas experimentam temperaturas muito acima de 30°C.

Condições climáticas incertas muitas vezes definiam a atividade econômica de povoados locais, da região e do país inteiro. O fato de a primeira experiência de Abraão na Palestina ter sido a fome (Gn 12.10) não surpreende. A seca, que destruía colheitas (1Rs 17.1; Jr 14.1-6), tinha um efeito cascata sobre o restante da economia. Algumas pessoas deixavam a região em busca de climas mais previsíveis no Egito (Gn 46.1-7) ou iam às regiões da Transjordânia

VIDA ECONÔMICA

não afetadas pela fome (Rt 1.1). Crises econômicas produzidas por dificuldades climáticas também prejudicavam os negócios dos oleiros, curtidores, ferreiros e tecelões locais.

Economia do povoado local A agricultura na antiga Palestina tinha três formas básicas: produção de grãos (cevada e trigo), cultivo de videiras e outras árvores frutíferas e o cultivo de plantas oleaginosas (oliveiras, tâmaras e girassol) das quais era extraído o óleo para o cozimento, a iluminação e o uso nos cuidados pessoais. A maior parte da energia da população do povoado era gasta para arar os campos (1Rs 19.19) e construir e manter os terraços nas encostas das montanhas onde eram plantadas vinhas (Is 5.1-6; Mc 12.1) e cereais. Na região montanhosa as fontes de água geralmente estavam nos vales; portanto, era trabalho demais carregar água a esses terraços. Por consequência, cavavam-se canais de irrigação para garantir a irrigação adequada dos terraços pela chuva e orvalho. Bacias para captar água da chuva e cisternas rebocadas eram construídas para aumentar os depósitos de água dos poços e nascentes do povoado nos meses secos do verão.

A situação ideal para o israelita rural era gastar seus dias "debaixo da sua videira e da sua figueira" (1Rs 4.25). Para garantir essa possibilidade a seus filhos, a posse da terra de um homem era considerada parte de uma obrigação da família que passava de uma geração a outra. Cada pedaço de terra era uma concessão dada por Javé à família e como tal precisava ser cuidado para continuar frutífero. A abundância resultava de trabalho duro (Pv 24.30-34) e deveria ser partilhada com os pobres (Dt 24.19-21). A concessão da terra por Javé era retribuída (Nm 18.21-32) pelo pagamento de dízimos aos levitas e sacrifícios.

As propriedades familiares eram devidamente demarcadas. Era violação grave da lei mudar de lugar os marcos de divisa (Dt 19.14; Pv 22.28). As leis de herança eram claramente definidas com a provisão de quaisquer eventualidades em seus estatutos. Normalmente o filho mais velho herdava a porção maior das terras de seu pai (Dt 21.17; Lc 15.31). Às vezes isso era tudo que um homem tinha para passar a seus filhos. Assim, tornou-se tradição que a terra não fosse vendida permanentemente a alguém fora da família ou do clã (Lv 25.8-17). A tradição se tornou tão forte que Nabote pôde negar o pedido de compra da sua vinha por parte do rei Acabe, dizendo que não podia lhe dar "a herança dos meus pais" (1Rs 21.3). Em épocas posteriores, no entanto, os profetas falavam de homens ricos "que adquirem casas e mais casas" (Is 5.8), tirando vantagem do lavrador pobre cuja terra tinha sido devastada por exércitos invasores (Mq 2.2) ou pela seca.

Se um homem morresse sem herdeiros do sexo masculino, sua filha receberia o controle da terra (Nm 27.7,8), mas se exigia dela o casamento com alguém da tribo para garantir a permanência da terra como parte do legado da tribo (Nm 36.6-9). A propriedade de um homem sem filhos passava ao parente do sexo masculino mais próximo (Nm 27.9-11). A tragédia da falta de filhos era resolvida às vezes por meio da obrigação do levirato. Nesses casos, o parente do sexo masculino mais próximo se casava com a viúva do falecido para prover um herdeiro para o finado (Gn 38). A tarefa do resgatador, ou *go'el*, como se chamava o parente, também incluía a compra das terras abandonadas da família (Jr 32.6-9).

Como a vida era muito incerta e as doenças e guerras com frequência abatiam muitos habitantes dos povoados, foram criadas leis para garantir que as viúvas, os órfãos e os estrangeiros não passassem fome. Cada proprietário de terras era obrigado a deixar parte dos grãos sem colher no campo e algumas uvas nas videiras (Lv 19.9,10). Isso pertencia aos pobres e necessitados, que tinham o direito de respigar nesses campos (Rt 2.2-9). A terra também era protegida pela lei do ano sabático, que exigia que ela ficasse sem cultivo cada sétimo ano (Lv 25.3-7).

Apesar do trabalho extenuante de fazer as colheitas dos campos com foices de pederneira (Jl 3.13), os cereais e frutas eram a sobrevivência do povoado e razão de celebração (Jz 21.19). Depois da colheita, a eira se tornava o centro da atividade econômica do povoado e do campo (Jl 2.24). Os feixes de cereais dos campos do distrito eram levados aí (Am 2.13) para serem pisados pelos bois (Dt 25.4) e batidos por malhos de debulhar (2Sm 24.22; Is 41.15). Os grãos eram depois separados da palha com garfos de joeiramento (Rt 3.2; Is 41.16; Jr 15.7) e por fim com peneiras (Am 9.9; Lc 22.31). Uma vez concluído esse processo, o grão era guardado (Rt 3.2-7) até que pudesse ser distribuído ao povo. O povoado talvez tivesse um celeiro comum, mas a maioria guardava seu grão em buracos de armazenagem ou celeiros privados (Mt 3.12).

Por causa da importância dessa distribuição para o bem-estar da população, a eira gradativamente passou a ser associada com a administração da justiça para a comunidade. Isso pode ser visto na epopeia ugarítica de Aqhat (datada em torno de 1400 a.C.) em que se diz do pai do herói Daniel que ele julgava as causas das viúvas e dos órfãos na eira. Semelhantemente, a ida de Rute a Boaz quando ele estava deitado na eira depois de joeirar (Rt 3.8-14) pode ter sido uma tentativa de obter justiça com respeito à posse da propriedade de seu falecido marido. Em outra ocasião no período da monarquia, pode-se ver como a eira se desenvolveu em um lugar simbólico de julgamento usado pelos reis para aumentar sua autoridade. Em 1Rs 22.10 vemos os reis Acabe e Josafá sentados em seus tronos diante da porta de Samaria em uma eira enquanto julgavam as afirmações do profeta Micaías.

A economia dos povoados também incluía a manutenção de pequenos rebanhos de ovelhas e cabras. A atividade pastoril, como a descrita nas narrativas dos patriarcas, não fazia parte da vida do povoado. Os rebanhos eram levados a novas pastagens na região montanhosa na chegada do verão seco, mas isso exigia apenas alguns poucos pastores (1Sm 16.11). Somente a tosquia das ovelhas exigia grande quantidade de pessoas da comunidade (2Sm 13.23,24).

A reduzida atividade industrial existente nos povoados era projetada para complementar a produção agrícola e lhes suprir as necessidades e alguns bens de troca comercial. Essa atividade incluía a fabricação de tijolos e o preparo de madeira para a construção de casas, bem como a tecedura de tecidos para roupas. Alguns possuíam a habilidade para produzir utensílios de cozinha e ferramentas com argila, pedra e metal. Poucos, no entanto, eram capazes de forjar armas próprias, dependendo em muitos casos de clavas e aguilhada de bois (Jz 3.31) para sua proteção.

Em casos excepcionais os artesãos dos povoados podem ter montado suas tendas ou seu negócio onde forneciam alguns itens mais especializados, especialmente cerâmica mais fina, armas de bronze e joias de ouro e prata. Qualquer coisa adicional era dispensável ou podia ser obtida por meio de troca com outros povoados ou nações que possuíssem algum artesão especializado (1Sm 13.20). Também é possível que em uma visita anual à cidade (Lc 2.41) para participar de festas religiosas o aldeão visitasse as tendas dos mercadores de todo o Oriente Médio e comprasse suas mercadorias.

Vida econômica urbana O comércio local se expandia além da venda dos bens e produtos excedentes dos artesãos à medida que os povoados e vilas se tornavam maiores. O crescimento da população, estimulado pelo estabelecimento da monarquia e pela estabilidade social, também fez aumentar as necessidades e apetites por metais (ouro, latão, cobre, ferro), itens de luxo e bens manufaturados. Uma malha de estradas se desenvolveu gradualmente para acomodar essa atividade econômica e ligar os povoados e cidades em todo o país. A construção de estradas mais sofisticadas, projetadas para permitir o tráfego de veículos mais pesados, foi introduzida pelos reis, que recrutaram grandes quantidades de trabalhadores forçados para construir obras públicas (1Rs 9.15-22). Eziom-Geber, um porto no mar Vermelho, foi comprado dos edomitas para atender e a receber uma frota de navios que traziam ouro de Ofir, madeira rara e outros itens de luxo para a corte real (1Rs 9.26; 10.11,12). Outra frota se juntou à de Hirão de Tiro no mar Mediterrâneo (1Rs 10.22).

Dentro das vilas e cidades muradas, a maior parte da atividade comercial ocorria no complexo da entrada, junto à porta da cidade, ou nas suas proximidades. Esse era o lugar de maior tráfego em qualquer cidade e o lugar mais provável, além das casas privadas (Jr 18.2,3), para tendas e oficinas estabelecidas para os negócios. Visto que questões legais eram também tratadas ali (Dt 21.18,19), os contratos de negócios podiam ser testemunhados por outros (Gn 23.15,16), e as disputas eram resolvidas (Rt 4.1-6). As oficinas e lojas podem ter sido estabelecidas também nos muros das cidades construídos em forma de casamata.

Como essa era uma economia sem moeda cunhada até 550 a.C., o escambo e pesos específicos (siclos, minas, talentos) de metais preciosos eram usados como medidas de troca. Os preços, como sempre, eram determinados pela lei da procura e da oferta (2Rs 6.25; Ap 6.6), com um acréscimo para cobrir o custo do transporte e, onde aplicável, da manufatura. Itens de luxo como perfumes e especiarias da Arábia, marfim e animais raros, p. ex., eram comercializados por preços elevados. Eles eram suficientemente portáteis para tornar rentável o empreendimento.

Pesos e medidas também eram usados nas vendas de produtos do mercado da cidade. Esses pesos variavam de um distrito e período para o seguinte (2Sm 14.26; Ez 45.10). No entanto, a Lei exigia que os israelitas fornecessem uma medida justa aos seus fregueses (Lv 19.35,36). O fato de a Lei não impedir a fraude em todos os casos pode ser visto no clamor dos profetas contra pesos enganosos (Mq 6.11) e balanças desonestas (Am 8.5). As evidências arqueológicas mostram algumas tentativas por parte da administração real de padronizar os pesos dos siclos. Símbolos hieráticos nesses marcadores mostram a confiança no sistema egípcio de pesos e medidas.

O trabalho escravo também foi consequência da urbanização de Israel e das constantes campanhas militares dos reis. O grande número de prisioneiros de guerra foi acrescentado aos grupos de trabalhadores forçados (1Rs 5.13; 9.20-22) que construíam estradas e reparavam os muros das fortalezas que guardavam o reino. Propriedades estatais eram gerenciadas por administradores (1Cr 27.25-31), e grandes turmas de escravos pertencentes ao Estado trabalhavam nelas, bem como muitos homens livres (1Sm 8.12).

É improvável que indivíduos possuíssem tantos escravos quanto a monarquia ou a elite social. Visto que as leis respeitantes à posse de escravos eram bem rigorosas (Êx 21.1-11,20,26; Lv 25.39-46), é mais provável que trabalhadores diaristas fossem contratados pela maioria dos proprietários de terras (Mt 20.1-5). O arrendamento de terras a lavradores arrendatários era outra solução para o problema do trabalho, mas isso não foi prática comum em Israel antes do período do NT (Mt 21.33-41; Mc 12.9).

Os israelitas podiam vender sua família ou a si mesmos como escravos para quitar dívidas (Êx 21.7-11; Lv 25.39; Mt 18.25). Isso era regulamentado por lei, de modo que o período normal de escravidão não passava de seis anos. Depois disso, o escravo devia ser posto em liberdade e tinha o direito a receber parte do rebanho e da colheita com os quais pudesse fazer um novo começo (Dt 15.12-14). A escravidão perpétua só podia ocorrer se o próprio israelita escolhesse continuar escravo. Essa escolha podia ser feita porque ele não queria ser separado de esposa e filhos acrescentados no período de escravidão (Êx 21.1-6) ou porque ele não achava que teria vida melhor por conta própria (Dt 15.16).

A urbanização e as exigências impostas por conquistadores estrangeiros resultaram em maior complexidade da vida econômica para o povo da Palestina. Aumentaram as viagens e o comércio, e a diversidade de bens e serviços foi ampliada por crescentes demandas de consumidores e a entrada de novas ideias e tecnologias vindas do exterior. A agricultura permanecia a base da economia, mas foi ampliada pelos projetos de obras públicas dos reis e governantes estrangeiros. O aumento do tráfego comercial e particular foi facilitado por melhores estradas e meios de transporte. O trabalho escravo também se tornou melhor, mas a maioria dos escravos veio de um grupo de prisioneiros militares dominados nas guerras que solidificaram e protegeram as fronteiras do país. V. *agricultura; comércio; transporte e viagens; pesos e medidas*. — Victor Matthews

VIDA ETERNA Vida no que ela tem de melhor, de duração eterna, caracterizada pela comunhão permanente com Deus. Essa expressão importante do NT é ressaltada no evangelho de Jo, mas também aparece nos outros Evangelhos e nos escritos de Paulo. A vida eterna no NT elimina a linha divisória da morte. A morte ainda é um inimigo, mas a pessoa que tem vida eterna já experimenta o tipo de existência que nunca termina.

Contudo, nessa expressão a ênfase está na qualidade de vida, não na duração interminável. Provavelmente alguns aspectos da qualidade e da duração aparecem em todos os contextos, mas alguns se referem principalmente à qualidade de vida, e outros apontam para a vida sem fim ou a vida em que se entra no futuro.

Em termos de qualidade, a vida é: 1) concedida por Deus; 2) transformação e renovação; 3) completamente aberta para Deus e centrada nele; 4) a vitória constante sobre o pecado e mal moral; 5) a completa remoção do mal moral da pessoa e do ambiente da pessoa.

A vida eterna como experimentada no presente Esse termo em Jo tem implicações importantes. Quem crê no Filho tem a vida eterna; quem desobedece ao Filho permanece com a ira de Deus sobre ele (Jo 3.36). Crer e obedecer estão juntos; não deixam lugar para a neutralidade. Quem ouve a mensagem de Cristo e crê ou confia no Pai que o enviou tem vida eterna. Essa pessoa não recebe condenação; já passou da morte para a vida (Jo 5.24). O tempo verbal perfeito — alguém que passou e tem permanecido no estado de ter passado da morte para a vida — ressalta a vida eterna como realidade permanente e presente. Mas nenhuma soberba é tolerada aqui. A vida eterna é a realidade presente para quem ouve e crê (Jo 5.24).

As metáforas fortes sobre comer e beber apontam para o envolvimento ativo com Cristo. "Todo aquele que come a minha carne e bebe o meu sangue tem a vida eterna" (Jo 6.54a). O versículo 57 explica que "aquele que se alimenta de mim viverá por minha causa". Como Cristo é nossa vida, precisamos fazer dessa vida parte de nós ao "compartilharmos de Cristo", ao ir a ele de forma intencional e ao receber dele força doadora de vida.

A vida eterna é definida na oração sacerdotal de Jesus: "Esta é a vida eterna: que te conheçam, o único Deus verdadeiro, e a Jesus Cristo, a quem enviaste" (Jo 17.3). O tempo presente do verbo "conhecer" indica que esse conhecimento advém da experiência — não por fatos intelectuais. O conhecimento genuíno de Deus pela experiência traz vida eterna. Tal experiência transforma a vida.

A vida eterna experimentada no presente e no futuro João comparou o erguimento da serpente no deserto ao levantar do Filho do homem na cruz e sua exaltação ao céu. Pessoas que respondem a Cristo com fé constante têm vida eterna (Jo 3.15). Elas recebem a cura de algo mais mortal que a picada da serpente — os efeitos destrutivos do pecado. Aqui a vida eterna envolve a cura presente, a realidade presente. Mas Jo 3.16 se refere ao presente e ao futuro.

Cristo definiu suas verdadeiras ovelhas como os ouvintes e seguidores de sua voz (Jo 10.27). A tais discípulos ele dá vida eterna, e eles jamais perecerão (Jo 10.28). Repetindo, nenhuma soberba é tolerada. Estão seguros os que com persistência ouvem, obedecem e seguem. Para tais pessoas a vida eterna é a realidade presente e futura.

A vida eterna como uma experiência futura "Que farei para herdar a vida eterna?", perguntou o jovem rico (Mc 10.17; cp. Mt 19.16; Lc 18.18). Ele viu a vida eterna como herança final. Sua sinceridade comoveu Jesus, e Jesus amou esse jovem (Mc 10.21). Mas ele precisou tomar uma decisão: Seguiria a Jesus sem suas posses? (Mc 10.22). Sua ação disse: "Não". Ele não conseguiu se desfazer das posses para então seguir a Jesus.

Em Mt 19.27 Pedro perguntou a Jesus: "Que será de nós?". Os discípulos tinham deixado seus amados e posses para seguir a Jesus. Jesus lhes prometeu amados e posses com perseguições. Então ele acrescentou: "e, na era futura, a vida eterna" (Mc 10.30). A vida eterna aqui é referência à realidade futura interminável.

Em Jo 12.20-26 fala-se de alguns gregos que queriam ver Jesus. Não sabemos como Jesus interagiu com eles. Sabemos, sim, que ele falou sobre sua morte e o que significava ser discípulo: "Aquele que ama a sua vida, a perderá; ao passo que aquele que odeia a sua vida neste mundo, a conservará para a vida eterna" (Jo 12.25). Jesus aqui contrastou a vida eterna com a presente. Os cristãos devem guardar sua pessoa ou alma ao servir a Cristo e o seguirem (Jo 12.26). Esses servos estarão onde Cristo está, e o Pai os honrará (Jo 12.26). Estar onde Cristo está significa entrar na vida eterna — a vida liberta do pecado e do mal moral.

Paulo declarou: "quem semeia para o Espírito, do Espírito colherá a vida eterna" (Gl 6.8). A vida eterna é dada por Jesus e pelo Espírito Santo. Essa realidade futura, já experimentada em certa medida no presente, envolve o Pai, o Filho e o Espírito. Comunhão na vida eterna significa comunhão com o Deus trino. — *A. Berkeley Mickelsen e Chris Church*

VIDA, LIVRO DA Documento celestial mencionado em Sl 139.16 e posteriormente definido no NT (Lc 10.20; Ap 13.8). Nele são registrados por Deus os nomes e as ações das pessoas justas.

VIDA, ORIGEM DA A Bíblia ensina que toda a matéria (Jo 1.3), incluindo a matéria viva, foi

VIDEIRA

criada por Deus *ex nihilo* (do nada, Hb 11.3) por meio de uma série de atos especiais, decisivos, apresentados em Gn 1 pela expressão "disse Deus" (Gn 1.3,6,9,14,20,24,26; cp. Sl 148.5; Ap 4.11). As plantas e os animais foram criados em "espécies" autorreprodutoras (Gn 1.11,12,21,24). Tudo na criação foi direcionado por Deus e tem um propósito (Is 43.7; 45.18; Cl 1.16).

A Bíblia ensina a respeito da criação especial dos homens (Gn 1.26-28; 2.7; Mt 19.4). Deus criou os seres humanos para que estes o glorifiquem (Is 43.7; cp. Cl 1.16) e fez a terra para ser o lar especialmente preparado para eles (Is 45.18). O salmista se maravilhou diante dos intrincados desígnios do corpo humano e viu neles um testemunho do poder criativo de Deus (Sl 139.13-15).

Cada uma das declarações da Bíblia acerca da criação é incompatível com as várias teorias da evolução. V. *Criação e ciência*.

VIDEIRA Planta com caule flexível sustentada por se apoiar em uma superfície ou escalar um suporte natural ou artificial. Embora no antigo Israel se cultivassem diversos tipos de plantas que produzem hastes trepadeiras, como pepinos e melões (Nm 11.5; Is 1.8), a palavra "videira" quase sempre se refere à vinífera ou ao vinhedo. O clima da Palestina era bastante apropriado para o cultivo de vinhedos. Ao lado das oliveiras e figueiras, a videira é usada em todo o AT para simbolizar a fertilidade da terra (Dt 6.11; Js 24.13; 1Sm 8.14; 2Rs 5.26; Jr 5.17; 40.10; Os 2.12).

A origem da viticultura na Antiguidade se situa em passado ignorado. A Bíblia remete a origem do cultivo de vinhas ao tempo de Noé (Gn 9.20,21). Essa parece ter sido uma atividade nativa conhecida em muitas regiões do mundo antigo. Referências a vinhedos ocorrem no tempo de Gudea (um governante na antiga Suméria antes de 2100 a.C.). Uma pintura encontrada na parede de uma tumba em Tebas, no Egito, datada de antes de 1400 a.C., descreve todo o processo de fabrico do vinho, desde a colheita e o esmagamento das uvas até a armazenagem do vinho em jarros.

A plantação e o cultivo de um vinhedo demandavam cuidado constante e intensivo. A descrição mais detalhada do trabalho envolvido encontra-se em Is 5.1-6. Frequentemente são mencionadas encostas como os locais preferíveis para as videiras, em especial por serem menos satisfatórios para outras formas de

Uvas crescendo na videira.

agricultura (cf. Sl 80.8-10; Jr 31.5; Am 9.13). No entanto, vinhedos também eram cultivados em planícies e vales; a região de Hebrom era particularmente famosa por suas uvas (Nm 13.22-24).

Era comum construir muros de pedra ou sebes ao redor do vinhedo para proteger as uvas contra animais sedentos e ladrões (Ct 2.15; Jr 49.9). Também eram construídas torres de sentinela para proporcionar proteção adicional. A escavação de um tanque ou confecção de um barril de prensar completava a instalação do vinhedo (Is 5.2). Na época da colheita, o dono do vinhedo podia morar em uma barraca para ficar perto de sua preciosa colheita (Is 1.8).

Depois que as videiras deitavam ramos, eram podadas (Lv 25.4; Is 18.5; Jo 15.1,2). Esse processo gerava ramos mais fortes e produtividade maior. Os ramos podados eram inúteis, exceto para ser usados como combustível (Ez 15.2-8). Deixavam-se predominantemente as videiras correrem pelo chão, embora ocasionalmente pudessem escalar uma árvore próxima (cf. Sl 80.8-10; Ez 15.2; 19.11). Talvez fosse essa última situação que tornava possível que uma pessoa se assentasse "debaixo de sua videira" (1Rs 4.25). Somente no período romano foram introduzidas treliças artificiais.

A safra das uvas acontecia em agosto ou setembro. Não se sabe quantas uvas um vinhedo comum produzia (cf. Is 5.10), mas um vinhedo era considerado tão importante que um homem que tivesse plantado um estava livre do serviço militar (Dt 20.6). Algumas das uvas colhidas eram comidas frescas (Jr 31.29) e outras secavam como passas (1Sm 25.18). A maioria era esmagada para produzir vinho do suco.

Várias leis regulamentaram o uso de vinhedos na época do AT. As uvas dos vinhedos não podiam ser todas colhidas; o proprietário tinha de deixar sobras para que fossem respigadas pelos pobres e estrangeiros (Lv 19.10), bem como pelos órfãos e viúvas (Dt 24.21). A terra dos vinhedos deveria descansar a cada sete anos (Êx 23.10,11; Lv 25.3-5), e outras plantas não podiam ser semeadas nela (Dt 22.9). Pelo que parece, essa última regra não era obedecida na época do NT (cf. Lc 13.6). Vinhedos eram cultivados por seu dono ou por trabalhadores contratados (Mt 20.1-16), ou ainda arrendados para terceiros (Ct 8.11; Mt 21.33-43). V. *respiga*.

A Bíblia frequentemente usa a videira ou o vinhedo como símbolo. A videira é empregada muitas vezes ao se falar de Israel. Afirma-se, p. ex., que o povo de Israel foi tirado do Egito e plantado como uma videira na terra, mas foi devastado (Sl 80.8-13; cf. Is 5.1-7). Israel foi plantado como "videira seleta", mas se tornou "videira selvagem" (Jr 2.21; cf. Os 10.1). Assim como o ramo morto de uma videira não serve para nada além de combustível, assim serão consumidos os habitantes de Jerusalém (Ez 15.1-8; 19.10-14).

Em contraposição, a abundância de videiras e vinhedos era vista como expressão do favor de Deus. O fruto da videira alegra o coração dos humanos (Sl 104.15; Ec 10.19) e apaga a dor e a miséria (Pv 31.6,7). Israel era "como uvas no deserto" quando Deus o encontrou (Os 9.10), e o remanescente que sobrevive ao exílio é comparado a um cacho de uvas (Is 65.8). Enfim, a abundância da videira simboliza a era gloriosa por vir, quando a pessoa que pisa o lagar ultrapassará a que semeia a semente (Am 9.13-15; cf. Gn 49.10-12).

No NT Jesus usou com frequência o vinhedo como analogia para o Reino de Deus (Mt 20.1-16). Os que esperam entrar no Reino devem ser como o filho que no princípio se recusou a trabalhar no vinhedo do pai, mas depois se arrependeu e foi (Mt 21.28-32 e paralelos). Por fim, o próprio Jesus é descrito como a "videira verdadeira" e seus discípulos (os cristãos) como os ramos (Jo 15.1-11). V. *agricultura*; *escatologia*; *Israel*; *vinho*; *lagar*. — John C. H. Laughlin

VIDENTE V. *adivinhação e mágica*; *profecia, profetas*.

VIDRO Substância amorfa, geralmente transparente e translúcida, formada pela fusão de silicatos (alguns óxidos de boro ou de fósforo) com um dissolvente e um estabilizador, que é transformada em uma massa que esfria e assume uma forma rígida sem cristalização.

O vidro tem uma longa história no Oriente Médio. A obsidiana (vidro vulcânico) foi levada da Anatólia para o atual território de Israel já em 5000 a.C. O vidro passou a ser manufaturado depois de 2500 a.C., mas vasos de vidro só aparecem cerca de mil anos mais tarde. A indústria do vidro alcançou seu zênite no Egito, entre

1400 e 1300 a.C. Um dos poucos artefatos nao egípcios é um recipiente cônico da Mesopotâmia, encontrado em Megido.

No Egito e na Fenícia o vidro era opaco e usado principalmente para fabricar objetos ornamentais — especialmente contas, joias e pequenas garrafas. Artesãos muito habilidosos criavam peças que imitavam pedras preciosas como lápis-lazúli e turquesa.

O valor do vidro na Antiguidade é indicado em Jó, em que o vidro é igualado ao ouro e é usado em paralelo com joias (Jó 28.17, *NTLH*; "cristal", *NVI*, *ARA* e *ARC*). Egípcios e fenícios faziam pequenos vasilhames para perfume ao soldar palitos de vidro ao redor de um núcleo de areia e argila construído ao redor de uma barra de metal. O núcleo e a barra eram removidos depois que o vidro esfriava.

Copos de vidro se tornaram comuns em Canaã por volta de 2000 a.C. Muito do que foi encontrado em Canaã se originou na Fenícia. O método até então utilizado era moldar o vidro sobre um objeto. Por volta de 50 a.C. surge o processo revolucionário de soprar o vidro para fabricá-lo. Esse método era mais rápido e menos caro que criar moldes para cada objeto desejado. Desenvolvido provavelmente na Fenícia, o vidro soprado se tornou o modelo mais usado em Israel durante o período romano. Artesãos de Israel tornaram-se famosos pela produção do vidro marrom. Muitos começaram até a assinar suas criações — os primeiros produtos de *designer* conhecidos na História.

O vidro transparente era um artigo de luxo, e só foi produzido no período do NT. Durante esse período, Alexandria, no Egito, tornou-se famosa mundialmente como centro de produção de artigos de vidro. Itens como vasilhas, garrafas, frascos, cântaros eram feitos de vidro transparente. Corinto se tornou conhecida pela produção de vidro depois do tempo de Paulo.

É provável que João tenha tido em mente o vidro transparente quando escreveu Ap. Ele descreveu os muros e as ruas da nova Jerusalém como feitos de ouro puro, tão puro que foi descrito como "semelhante a vidro puro" (Ap 21.18,21; "vidro límpido", *ARA* e *BJ*; "transparente como vidro", *BV*). João também descreveu o mar como de vidro (Ap 4.6; 15.2). Nesse texto a referência provavelmente não é tanto à transparência, mas à calma e serenidade. Tem sido frequentemente declarado que os israelitas tinham medo do mar, que parece sempre estar em estado de caos e tumulto. O mar que João viu ao redor do trono de Deus não estava em agitação constante; esse mar era suave como vidro.

Vaso de vidro em forma de peixe, encontrado em Tel el-Amarna no Egito.

A palavra "espelho" é usada cinco vezes na Bíblia (Jó 37.18; Is 3.23; 1Co 13.12; 2Co 3.18; Tg 1.23). O espelho dos tempos bíblicos era provavelmente feito de metal polido, pois não se utilizava o vidro para fazer espelhos naquele tempo. — *Phil Logan e Mike Mitchell*

VIGÍLIA Divisão de tempo em que soldados ou outros tinham o dever de vigiar algo. São listadas como "tarde", "meia-noite", "cantar do galo" e "amanhecer" (Mc 13.35). Neemias colocou vigias que podem significar pessoas armadas ou apenas cidadãos em guarda (Ne 4.9; 7.3). O AT parece ter tido três vigílias, em vez de quatro. Havia o "começo das vigílias noturnas" (Lm 2.19), a "vigília da meia-noite" (Jz 7.19) e a "vigília da manhã" (Êx 14.24).

VIGÍLIA DA NOITE Antiga divisão de tempo (Sl 90.4; 119.148; Lm 2.19; Mt 14.25, *ARA*, *ARC*). Na *NVI* lê-se "horas da noite". Conforme o sistema judaico posterior, a noite era dividida em três vigílias (noite, meia-noite e manhã). O sistema greco-romano adicionou uma quarta vigília (o canto do galo, entre a meia-noite e a manhã, Mc 13.35). A quarta vigília (Mt 14.25; Mc 6.48) designa o período imediatamente anterior à aurora.

VINAGRE Literalmente "aquilo que azedou", relacionado ao termo hebraico para "aquilo que fermentou" e referindo-se a uma bebida que azedou, seja vinho, seja cevada (Nm 6.3). Nos tempos bíblicos o vinagre geralmente era produzido vertendo-se água sobre as cascas e os talos de uvas depois que o suco havia sido prensado, depois do que se deixava fermentar tudo. Entretanto, qualquer fruta podia ser usada para fazer vinho ou vinagre. Dois tipos de vinagre eram proibidos aos nazireus por causa da associação com bebida forte (Nm 6.3). Ele irrita os dentes (Pv 10.26) e neutraliza a soda (Pv 25.20, *TEB*; "salitre", *ARC*). Era uma bebida desagradável (Sl 69.21), embora alguns embebessem pão nela (Rt 2.14); alguns acham que isso era a pasta de grão-de-bico comum no Oriente Médio chamada *chimmuts*. No NT o vinagre é mencionado somente no contexto da crucificação. A primeira ocorrência, quando Jesus o recusou, refere-se a uma mistura que amortecia os sentidos da vítima e anulava a dor. Possivelmente o vinagre mencionado na segunda ocorrência, quando Cristo o aceitou, era a bebida habitual de um camponês ou soldado chamada *posca*, uma mistura de vinagre, água e ovos.

O vinagre era popularmente usado como tempero na comida ou como condimento no pão (Rt 2.14). Em termos figurados, Salomão usou o vinagre para descrever a irritação causada pela atitude de uma pessoa preguiçosa. V. *vinho*. — C. Dale Hill

VINGADOR Pessoa com responsabilidade legal de proteger os direitos de um parente ameaçado. A palavra "vingador" traduz o hebraico *go'el*, que na sua forma verbal significa resgatar. O resgate se aplica a recuperar coisas que foram consagradas a Deus (Lv 27.13-31) ou às ações de Deus a favor do seu povo (Êx 6.6; Jó 19.25; Sl 103.4; Is 43.1). No final das contas, o grande *go'el* é Deus (Is 41.14).

O vingador humano está associado proximamente à instituição das cidades de refúgio, propriedade de terras e casamento por levirato. As cidades de refúgio ofereciam às pessoas que tinham matado alguém sem intenção ou ódio um lugar de fuga diante do vingador de sangue (Êx 21.12-14; Nm 35.6-34; Dt 4.41-43; 19.1-13; Js 20.1-9). O *go'el* humano podia ser um irmão, tio, primo ou outro parente de sangue da família (Lv 25.48,49). Uma ordem estabelecida entre esses determinava quem era legalmente responsável para atuar como *go'el* (Rt 3.12,13). O vingador ou *go'el* era responsável para tirar a vida de quem matara um membro da família (Nm 35.12), receber a restituição por crimes cometidos contra um parente falecido (Nm 5.7,8), comprar de volta propriedades que a família tinha perdido (Lv 25.25), resgatar um parente que se havia vendido como escravo (Lv 25.48,49) ou casar com a viúva de um parente sem filhos para perpetuar a família (Dt 25.5-10). Vingar a morte de um parente era estabelecido sob limites precisos. O assassino precisava ter intencionalmente esperado para matar o parente (Êx 21.13) ou intencionalmente atacado o parente (Êx 21.14). A vingança podia ser executada somente enquanto a vítima não alcançasse a cidade de refúgio ou depois que a corte tivesse julgado a causa ou na cidade de refúgio ou no local do crime (Nm 35.12). O vingador estava livre para agir se um objeto de ferro tivesse sido usado para cometer o assassínio (Nm 35.16) ou se um objeto de pedra ou madeira tivesse sido usado (Nm 35.17,18). Empurrar uma pessoa para a morte por ódio tornava alguém sujeito ao vingador (Nm 35.20,21). Atos cometidos sem intenção não podiam ser castigados (Nm 35.22-24).

O matador julgado como quem cometeu o crime sem ódio ou planejamento intencional era enviado à cidade de refúgio até a morte do sumo sacerdote da época. O vingador não podia tocar o matador na cidade de refúgio, mas, se o matador saísse da cidade por qualquer razão, o vingador podia se vingar do matador não intencional (Nm 35.22-28). Isso mostra que mesmo o assassínio sem intenção envolvia o pecado pelo qual uma pena precisava ser paga. Dessa forma a lei do vingador prevenia que sangue inocente fosse derramado, enquanto também expiava a culpa do assassínio de alguém inocente (Dt 19.11-13). A lei mantinha a reverência pela vida humana criada à imagem de Deus (Gn 9.5-7).

O NT estabelece o governo para vingar os crimes (Rm 13.4), ao mesmo tempo que também reforça o papel de Deus em vingar o mal cometido por um irmão (1Ts 4.6).

VINGANÇA Palavra usada para traduzir vários termos hebraicos no AT derivados da

VINHO

raiz *nqm*, da qual a forma mais recorrente, *naqam*, significa "vingar", "fazer vingança", "ser vingado", ou "ser punido". A palavra "vingança" também traduz a palavra grega *ekdikeo* e suas formas correlatas. Esse termo grego foi usado para traduzir as palavras hebraicas para "vingança" na *LXX*, a versão grega mais antiga do AT hebraico. A Lei (Pentateuco) foi traduzida ao redor de 250 a.C. Mais tarde foram traduzidas as demais partes do AT.

Antigo Testamento Subjacente ao uso hebraico de *naqam*, estava a consciência de que o senso de solidariedade e integridade comunitária de Israel havia sido deturpado pelos inimigos da nação. A restauração da integridade comunitária parece ter exigido ato(s) de vingança ou castigo por parte de Deus. O leque de significados nesse motivo comunitário ultrapassa a "vingança" como punição. Inclui igualmente o lado positivo, "vingança" como "libertação" para o povo de Deus.

A vingança humana contra os inimigos é expressa em uma série de situações no AT (Gn 4.23,24; Jr 20.10). Assim, a reação de Sansão contra os inimigos foi descrita como "vingança" em Jz 15.7. Uma "vingança" dessa foi o justo castigo de um adúltero (Pv 6.32-34). Também podia ser dirigida contra um grupo étnico inteiro, como os filisteus (1Sm 18.25). Às vezes, essa "vingança" humana é pretendida contra Israel por seus inimigos (Ez 25.12,15,17).

No contexto do amor ao próximo, era estritamente proibida a vingança humana contra um compatriota hebreu (Lv 19.17,18; Dt 32.35). Vez ou outra, porém, o termo *naqam* foi usado para o castigo legítimo administrado por humanos em humanos por injustiças que cometeram (Êx 21.20,23-25; Lv 24.19; Dt 19.21). No caso de ato de Deus em favor de seu povo, o termo é mais bem entendido como justa retribuição (Jz 11.36), não como vingança movida pela emoção.

Corroborando esse uso, Davi foi frequentemente alvo de um favor desse (2Sm 4.8; 22.48; Sl 18.47). A vingança é usada nesse mesmo sentido nas orações de Jeremias (Jr 11.20; 15.15; 20.12) e do salmista (Sl 58.10; 79.10; 94.1). Em várias dessas passagens, a intenção evidente é a libertação, uma motivação positiva da vingança. Em última análise, a libertação buscada possui uma dimensão escatológica. Deus está preservando Israel em função de uma razão eterna, a libertação escatológica a ser disponibilizada para todas as pessoas. A equiparação do "dia da vingança" com o "ano de sua retribuição" em Is 34.8 parece sustentar essa conclusão.

Novo Testamento A principal palavra grega traduzida por "vingança" no NT é *ekdikeo*, um verbo (usado cinco vezes em formas correlatas). Sua forma substantivada, *ekdikesis*, ocorre nove vezes, e *ekdikos*, forma adjetiva/pronominal, que significa "alguém que é vingativo", duas vezes. O motivo da "vingança" não é muito frequente no NT, sendo relativizado por uma ênfase forte na "compaixão" e no "perdão".

É interessante que Lucas tenha sido o único autor de um Evangelho que usou tanto a forma verbal quanto a substantivada. Empregou-as na parábola de Jesus acerca do juiz injusto e da viúva persistente. A vingança contra os inimigos dela foi concedida com relutância (Lc 18.1-8). Outro uso dessa palavra em Lc ocorre em 21.22, um reflexo de Is 63.4, em que o foco é a dimensão escatológica. Lucas por fim usou o termo para a vingança de Deus no discurso de Estêvão em At 7.34.

Paulo proibiu a "vingança" humana, em clara consonância com Dt 32.35 (cf. Lv 19.18), ao declarar que é Deus quem vinga a injustiça (Rm 12.19; 1Ts 4.6,7). Empregou tanto o substantivo quanto o verbo na correspondência com Corinto para falar de um "castigo" com o propósito de provocar arrependimento (2Co 7.10,11; 10.5,6). Igualmente escreveu sobre a ira escatológica (vingança, julgamento) de Deus (2Ts 1.7,8; cf. Is 66.15; Sl 79.6). V. *vingador*; *ira*; *ira de Deus*. — Don Stewart

VINHO Bebida fermentada, feita de uvas. Uvas cresciam em toda a Palestina antiga. Até mesmo em áreas com chuva limitada caía suficiente orvalho à noite para sustentar vinhedos vicejantes. O vinho era produzido espremendo-se o suco das uvas em grandes recipientes de pedra com um pequeno dreno na extremidade. O suco era coletado em cochos, derramado em jarros grandes e fermentava permanecendo armazenado em frias cisternas de pedra. Nos tempos do NT o vinho era guardado em bolsas de couro e frequentemente diluído com água. Também era usado como medicamento e desinfetante. A Escritura condena a embriaguez e o consumo exagerado, mas descreveu o vinho como parte integrante da refeição típica da Antiguidade. V. *bebida*; *videira*. — David Maltsberger

Antiga loja de vinho em Pompeia em que se servia o vinho de recipientes de cerâmica rebaixados no balcão do bar.

VIOLÊNCIA Um de numerosos termos usados no AT para pecado. A palavra hebraica traduzida frequentemente por "violência" (*chamas*) consta 60 vezes no AT. Toda essa "violência" dirige-se em última análise contra Deus (Ez 22.26; Sf 3.4). Contudo, normalmente também envolve aquilo que foi descrito como "fria e inescrupulosa infração dos direitos pessoais de terceiros, motivada por ganância e ódio e fazendo muitas vezes uso de força física e brutalidade". Às vezes ela inclui a acusação falsa (Sl 27.12) e em geral descreve os que são fortes e prejudicam ou ferem o fraco (Sl 72.14; Is 53.9; Jr 22.3; Mq 6.12). Por isso pode ser igualada frequentemente à opressão e não precisa envolver necessariamente a ação física.

O termo também é um entre muitos usados no AT para descrever a maldade humana em sentido mais geral e constitui o pecado de que o gênero humano corrupto é acusado antes do Dilúvio (Gn 6.11,13). Ali e em quase todas as ocorrências a tradução grega do AT verteu *chamas* para termos que significam "injustiça", "ilegalidade" ou "impiedade". *Chamas* é a acusação levantada contra os edomitas, os arquivilões de Israel e de Deus (Jl 3.19; Ob 10), contra o povo de Nínive (Jn 3.8) e até mesmo contra Israel quando estava maduro para o julgamento (Hc 1.3,9). Como tal, é um termo situado perto de palavras como pecado, iniquidade, orgulho, malícia, maldade e particularmente opressão (Sl 12.5; 55.11; 73.8; Is 59.6,7; 60.18; Jr 6.6,7; 20.8; Ez 45.9; Am 3.9,10; Hc 2.17). "Homens violentos" também são descritos como "ímpios" (Sl 140.4, TEB; Pv 3.33), "maus" (Sl 140.1), "sem caráter" (Pv 16.27) e "perversos" (16.28).

O oposto de cometer "violência" seria propiciar "bênçãos", "bem", "salvação", "elogio", "direito", e particularmente "paz" e "justiça" (Pv 10.6; 13.2; Is 59.6,8; 60.18; Am 3.10; Hc 1.2,3). Em Ml 2.16 a palavra provavelmente deva ser traduzida por "iniquidade" ou "injustiça." Em Sl 73.6 se diz dos arrogantes e maus que eles se vestem de violência como de uma peça de vestuário, o que significa que constitui uma característica de sua vida e que eles o praticam descaradamente (v. tb. Jr 2.34).

O termo "violência" é menos frequente no âmbito do NT. O texto de Mt 11.12 ("Desde os dias de João Batista até agora, o Reino dos céus é tomado à força [pela violência], e os que usam de força se apoderam dele") é difícil de traduzir. Parece falar da oposição do mundo a Jesus e ao Reino de Deus (v. tb. Lc 16.16). Em contraposição, os que são cidadãos do Reino recebem o mandamento de evitar conflito desnecessário (1Tm 3.3; 2Tm 2.24; Tt 3.2; Tg 4.1). — *E. Ray Clendenen*

VIOLETA V. *azul*; *cores*.

VIRGEM, NASCIMENTO VIRGINAL Evento que deu início à encarnação de Cristo, no qual ele foi concebido de modo sobrenatural no útero de uma virgem sem a participação de um genitor humano.

Antigo Testamento Entre as poucas profecias do AT que aludem ao nascimento de Cristo (p. ex., Mq 5.2), a única que o NT interpreta como uma referência a uma concepção virginal está em Is (Is 7.14; Mt 1.23). Durante o reinado de Acaz no Reino do Sul, Judá, Isaías predisse que uma virgem conceberia e daria à luz um filho cujo nome seria Emanuel (Is 7.14). Há questionamentos quanto à maneira em que essa profecia foi cumprida inicialmente nos dias de Acaz, bem como discussões acerca do significado da palavra hebraica traduzida por "virgem". O termo usado em Is 7.14 é uma de duas palavras no AT que se referem a mulheres jovens. A mais genérica, *betulah* (aproximadamente 60 vezes), foi usada para se referir a virgens (Gn 24.16; Dt 22.16,17), a moças que podem não ter sido virgens (Et 2.17-19) e simbolicamente a Israel (Jr 14.17). A menos comum, *almah* (aproximadamente nove vezes), usada em Is 7.14, igualmente se referia a virgens (Gn 24.43), mas alguns tradutores argumentam que também foi usada para designar moças que não eram necessariamente virgens (Pv 30.19). Entretanto, a versatilidade semântica de *almah* não elimina conclusivamente a possibilidade de que em Is 7.14 esteja sendo comunicada a ideia de uma concepção virginal, embora a referência à esposa de Isaías obviamente exclua a ideia de tratar-se de uma virgem. Com certeza *almah* pode ser traduzido por "virgem"; e, no uso que Mateus faz do texto, "virgem" seria a tradução apropriada.

Novo Testamento Os textos do NT que tratam do nascimento virginal são Mt 1.18-25 e Lc 1.26-35. Mateus detalha que, depois de descobrir que Maria estava grávida, José considerou se deveria dissolver o noivado. Enquanto lutava com essa decisão, um anjo informou a José que Maria continuava virgem e que a criança que ela concebera era o Messias. Em seguida Mateus fornece um resumo parentético desse evento explicando que nesse fato se havia cumprido Is 7.14 (Mt 1.23). Essa interpretação de Is suscitou sérios questionamentos, um dos quais é que Mateus cita da *LXX* em lugar do texto hebraico original, traduzindo, pois, o original *almah* pelo termo grego *parthenos*. Na *LXX*, *parthenos* é usado às vezes para descrever mulheres que não eram virgens (Gn 34.4), mas no NT é usado unicamente em referência a virgens ou à pureza espiritual (aproximadamente 15 vezes). Por conseguinte, a escolha do termo por Mateus evidencia sua convicção de que a profecia de Is continua uma promessa de que uma virgem conceberia de forma sobrenatural. Ademais, Is 7.14 deve ser lido levando-se em conta todo o contexto de Is 7.1—9.7. Isso impõe a interpretação de que as palavras de Isaías não chegam ao cumprimento primário no nascimento de seu próprio filho, mas no nascimento do "Filho" messiânico, que será chamado "Maravilhoso Conselheiro, Deus Poderoso, Pai Eterno, Príncipe de Paz" (Is 9.6).

No evangelho de Lc a história é contada com ênfase em Maria. Ele começa dizendo que Maria era uma virgem (*parthenos*, Lc 1.27), e, para clarificar o significado do termo, o diálogo subsequente é explicitamente claro. Depois do anúncio do anjo Gabriel de que Maria ficaria grávida, ela pergunta como isso seria possível, "visto que não tenho relações conjugais?" (*TEB*); ou, como vertem diversas traduções, "se sou virgem?" (*NVI, NTLH*). Obviamente Maria não tinha certeza sobre a possibilidade de conceber porque nunca havia experimentado uma união sexual. Gabriel então responde que o Espírito Santo provocaria a concepção de modo sobrenatural (Lc 1.35). Logo é inquestionável no relato de Lucas que Maria era de fato virgem antes de conceber.

Existem outras referências que implicitamente corroboram a concepção virginal em ocasiões quando a relação materna é destacada quase à exclusão da paterna. Nas genealogias de Cristo, p. ex., afirma-se que Jesus nasceu de Maria, não de Maria e José (Mt 1.16), e que "se pensava" que Jesus fosse filho de José (Lc 3.23; *NTLH, NVI*). Ao longo de toda a sua vida, Jesus também foi identificado socialmente com sua mãe e seus irmãos, não com seu "pai" (Mc 6.3). Havia até mesmo uma conotação escandalosa durante seu ministério em razão de acusações de que nascera de maneira ilegítima (Jo 8.41).

Relevância teológica A concepção virginal afeta duas áreas principais da teologia. Primeiro, tem a ver com a veracidade da Bíblia. O NT afirma claramente que Jesus nasceu de uma virgem, e negar isso significa questionar a veracidade e autenticidade do texto. Segundo, a concepção virginal está vinculada à divindade de Cristo, visto que por meio desse evento ele simultaneamente conservou sua natureza divina e assumiu uma natureza humana sem pecado. Ademais, a Escritura o revela como um aspecto crítico da encarnação. — *Everett Berry*

VISÃO Experiência na vida de uma pessoa por meio da qual foi recebida uma revelação especial de Deus. A revelação de Deus servia a dois propósitos. Primeiro, uma visão era dada para orientação imediata, como nos casos de Abrão, em Gn 12.1-3; Ló, em Gn 19.15; Balaão, em Nm 22.22-40; e Pedro, em At 12.7. Segundo, uma visão era dada para promover o Reino de Deus ao revelar as deficiências morais e espirituais do povo de Deus, levando em conta as demandas de Deus de manter um relacionamento adequado com ele. As visões de profetas como Isaías, Amós, Oseias, Miqueias, Ezequiel, Daniel e João são representativas desse aspecto da revelação.

Vários termos gregos e hebraicos são traduzidos pela palavra "visão". Em algumas referências o sentido literal de percepção com os órgãos físicos da visão constitui o significado pretendido da palavra (Jó 27.11,12; Pv 22.29). Em 2Sm 7.17; Is 22.1,5; Jl 3.1 e Zc 13.4, a palavra hebraica se refere à função profética de receber e entregar a palavra de Deus por parte do profeta.

"Visão" ocorre em diversas formas cerca de 30 vezes no livro de Dn. O termo designa a revelação misteriosa do que o profeta descreve como conhecimento do futuro. Em Ez as palavras são usadas em sentido literal e metafórico.

Entre os profetas clássicos (Amós, Oseias, Isaías, Miqueias, Obadias etc.), a visão era o meio de comunicação primário entre Deus e o profeta. Por essa via os profetas interpretavam o significado de eventos imediatos na história de Israel. "Visão" e "palavra de Javé" se tornaram sinônimos nesses escritos proféticos (Ob 1.1). V. *profecia*, *profetas*; *revelação de Deus*. — James Newell

VIÚVA A atenção especial às viúvas é mencionada pela primeira vez em Êx 22.22 (órfãos também são mencionados no v. 22, e no v. 21 são citados os estrangeiros; v. Sl 94.6). Já que Deus tem compaixão das viúvas (Sl 68.5; 146.9; Pv 15.25), deveríamos fazer o mesmo (Is 1.17; 1Tm 5.3; Tg 1.27). Quando uma nação e seus líderes agem assim, recebem promessas de bênção (Dt 14.29; Jr 7.5-7); a pessoa ou nação que não têm consideração por elas são amaldiçoadas (Dt 27.19; Jó 22.9-11; Jr 22.3-5; Ez 22.7,15,16; Ml 3.5; Mc 12.40). Joabe apelou à compaixão de Davi para com viúvas sem filhos quando enviou a mulher de Tecoa para contar uma história a fim de conseguir que Davi restabelecesse Absalão (2Sm 14.1-21).

As viúvas e os órfãos careciam da proteção econômica, legal e física que um homem propiciava naquela sociedade.

Ser viúva e não ter filhos é um sofrimento duplo. Uma mulher dessas não tem marido para ser seu provedor e protetor, tampouco um filho, ou mesmo perspectiva de ter um filho, para dar continuação a seu sobrenome e sustentá-la na velhice (Rt 4.10; 2Sm 14.7; 1Rs 17.8-24; 1Tm 5.4). Por isso, Deus às vezes é duplamente gracioso com essa pessoa (Rt 4.13-17; Lc 7.11-15). Nas narrativas bíblicas a viúva desamparada recebia um filho ou pela restauração milagrosa (a viúva de Sarepta, a viúva de Naim) ou pelo casamento (Noemi). V. *lei do levirato*, *casamento do levirato*.

Um sumo sacerdote não tinha permissão de se casar com uma viúva ou mulher divorciada (Lv 21.14).

Às vezes nações eram ameaçadas ou amaldiçoadas pelo anúncio de que as mulheres se tornariam viúvas (Êx 22.24; Sl 109.9). Essa é uma maneira diferente de dizer que os homens seriam mortos (Ez 22.25; Jr 15.8; 18.21). Em uma analogia semelhante, uma cidade ou país podem ser chamados de "viúva" em sentido figurado (Is 47.5-9; Lm 1.1; Ap 18.7), a saber, de que cairiam na miséria e ficariam sem nenhuma proteção. A Babilônia é descrita como uma viúva renegada (Is 47.5-9; Ap 18.7). Deus pode restaurar uma cidade "viúva" (Is 54.4). A Lei previa um dízimo especial em favor das viúvas (Dt 14.28s; 26.12,23) e uma política de deixar sobras durante a colheita (Dt 24.19-21). A igreja antiga também tinha uma política de apoio a suas viúvas (At 6.1). Paulo instruiu Timóteo a reter esse apoio das viúvas que tinham outra família para sustentá-las, das que tinham um estilo de vida descrente e das que eram suficientemente jovens para se sustentar ou casar de novo (1Tm 5.3-16). V. *pobre*, *órfão*, *viúva*; *mulher*. — Davi K. Stabnow

VOCAÇÃO V. *chamado*, *chamamento*.

VOFSI Nome pessoal de significado incerto. Pai de Nabi, da tribo de Naftali (Nm 13.14). Nabi era um dos espiões que Moisés enviou a Canaã.

VOLUNTÁRIOS Pessoas que pedem a Deus que as use para realizar sua obra. O espírito voluntário, incitado pela devoção a Deus, surgiu em épocas cruciais da história bíblica, capacitando para que tarefas intimidadoras fossem realizadas. Moisés recebeu dos israelitas contribuições voluntárias de bens preciosos suficientes para construir o tabernáculo (Êx 25.1-9). Os israelitas contribuíram voluntariamente com sua riqueza para que Salomão pudesse construir o templo (1Cr 29.6-9). Sob Josias os líderes de Israel novamente fizeram uma contribuição voluntária para que o povo de Israel e os sacerdotes pudessem ter cordeiros para a Páscoa judaica (2Cr 35.7-9). Quando Sesbazar conduziu os que retornavam do exílio na Babilônia para Jerusalém, eles levaram grande fortuna ofertada voluntariamente por "todos aqueles cujo coração Deus despertou" (Ed 1.5,6), inclusive pelo rei persa (Ed 7.14,15).

Na oferta financeira, a iniciativa no voluntariado era tomada geralmente por pessoas que tinham os meios para doar. No entanto, até mesmo a viúva sem recursos ofertou de boa vontade (Lc 21.1-4), vindo a estabelecer um exemplo de doação desinteressada praticada pela igreja primitiva (2Co 8.1-4; 9.7).

Outros ofertavam seu tempo e suas habilidades. Débora liderou chefes militares voluntários (Jz 5.9) e guerreiros (Jz 5.2) e submeteu

Jabim, o rei de Canaã, a Israel (Jz 4.23,24). Os voluntários que se ofereceram para mudar para Jerusalém nos dias de Neemias foram abençoados por fazê-lo (Ne 11.1,2). Amasias serviu como voluntário no templo durante o reinado de Josafá (2Cr 17.16). — *Paul H. Wright*

VONTADE DE DEUS O plano e propósito de Deus para sua criação e para cada pessoa. Deus faz tudo o que lhe agrada (Sl 135.6) e deseja que todas as pessoas cumpram sua vontade. Somente pessoas cabalmente amadurecidas em Cristo conseguem cumprir a vontade de Deus de modo constante (Cl 4.12; cf. Sl 40.8). A vontade de Deus sempre é boa, agradável e perfeita (Rm 12.2). Cumprir a vontade de Deus era sustento de vida para Jesus (Jo 4.34). Às vezes, porém, a vontade de Deus leva ao sofrimento (Rm 8.28; Tg 1.2-4; 1Pe 3.17), como foi o caso de Jesus (Is 53.10; Mt 26.39,42).

Os cristãos devem se esforçar para descobrir a vontade de Deus para sua vida (Sl 143.10; Ef 5.17; Cl 1.9; cf. Rm 1.10). Cabe-lhes discernir a vontade de Deus pela oração (Cl 1.9) e também orar para que se faça a vontade de Deus em relação ao mundo (Mt 6.10). Jesus qualificou os que cumprem a vontade de Deus como membros de sua própria família (Mt 12.50). Como Jesus, viverão para sempre (1Jo 2.17).

VONTADE PRÓPRIA Fazer algo de forma arbitrária, sem permissão divina; agir por decisão própria sem considerar as necessidades dos outros ou o propósito de Deus. Jacó repreendeu seus filhos Simeão e Levi pelas ações descontroladas e indisciplinadas (Gn 49.6). O texto de Tt 1.7 ensina que o bispo não pode ser alguém que age por vontade própria, i.e., teimoso e arrogante. Tais comportamentos são presunçosos e caracterizam a pessoa carnal (2Pe 2.10).

VOTOS Expressões voluntárias de devoção, geralmente cumpridos depois que certa condição se realizou. No AT os votos normalmente eram condicionais. Uma fórmula comum para votos era uma frase com "se... então" (Gn 28.20; Nm 21.2; Jz 11.30). Quem fazia o voto religioso propunha que, se Deus fizesse algo (como dar proteção ou vitória), então ele em troca realizaria um ato de devoção. No entanto, nem todos os votos eram condicionais. Alguns, como os votos dos nazireus (Nm 6), eram feitos por devoção a Deus sem nenhum pedido imposto a Deus. Condicional ou não, na Bíblia a ênfase está em cumprir o voto. Um voto não cumprido é pior que um voto jamais feito. Embora votos não sejam frequentes no âmbito do NT, Paulo fez um que envolvia raspar a cabeça (At 18.18). — *Scott Langston*

VOYEURISMO Busca de excitação sexual por meios visuais. Na cultura da Bíblia, ter a nudez exposta e vista publicamente era algo praticado geralmente para indicar vergonha por um pecado anterior, não para estímulo sexual (p. ex., Gn 9.20-23; Is 3.17; 20.2-4; 47.2,3; Jr 13.22,26; Lm 1.8; Os 1.10; Ap 3.17,18). Antes da Queda, por não haver nem vergonha nem voyeurismo, a nudez e a sexualidade eram imaculadas (Gn 2.25).

O voyeurismo constituiu o prelúdio para o pecado sexual subsequente de Davi (2Sm 11.2) e evidentemente exerceu um papel nos sentimentos de cobiça do faraó para com Sara (Gn 12.14,15) e da esposa de Potifar para com José (Gn 39.6,7). O concurso de beleza patrocinado por Assuero tinha conotações voyeurísticas (Et 2.2-4).

Jó reconheceu que o voyeurismo, um ato do coração, infringe as leis de Deus (Jó 31.1-4). Isso foi confirmado por Jesus, que equiparou o voyeurismo ao adultério (Mt 5.28). As diretrizes de Paulo para evitar os desejos da juventude (2Tm 2.22; cf. 1Ts 5.22) em favor de pensamentos puros (Fp 4.8) depõe contra o voyeurismo. — *Paul H. Wright*

VULGATA Tradução latina da Bíblia realizada por Jerônimo por volta de 400 d.C. V. *textos bíblicos e versões da Bíblia*.

Mosaico na capela do quarto de Jerônimo, o tradicional local no qual ele traduziu a Vulgata latina, situado debaixo da Igreja da Natividade, em Belém.

XYZ

Um sicômoro em Jericó semelhante ao que foi escalado por Zaqueu para ver Jesus.

XALE Palavra usada pela *NVI* para descrever um item do vestuário fino das mulheres da elite de Jerusalém (Is 3.22). Trata-se de um lenço usado como cobertura de cabeça, finamente trabalhado, comum no Oriente Médio.

Um muro com entalhes minuciosos do palácio de Xerxes da Pérsia em Persépolis (atual Irã).

XERXES Rei persa que reinou entre 486 e 464 a.C., conhecido no livro de Et como Assuero. Era filho de Dario, o Grande, e neto de Ciro, o Grande. Realizou uma expedição militar contra os gregos, para vingar a perda de Maratona em 490. No entanto, sua armada sofreu uma derrota avassaladora na baía de Salamina em 480, e ele se desinteressou rapidamente em tentar derrotar os gregos. V. *Ester, livro de; Pérsia*.

YAH Forma abreviada de Javé, o nome hebraico para o Deus da aliança, Javé em Sl 68.4 e em muitos nomes pessoais. V. *Deus*; *Eu Sou*; *Jeová*; *Senhor*; *YHWH*.

YHWH Conhecido pelo termo técnico *tetragrammaton* (grego, significando "quatro letras"), são as quatro consoantes que compõem o nome divino (Êx 3.15; ocorrendo mais de 6.000 vezes no AT). O idioma hebraico escrito não traz vogais; usavam-se apenas as consoantes. Assim, os leitores incluíam as vogais à medida que liam (o mesmo ocorre também hoje em jornais hebraicos). O respeito ao nome divino gerou a prática de evitar seu uso para não contrariar ordens como Êx 20.7 ou Lv 24.16. Com o tempo se passou a pensar que o nome divino era santo demais para de fato ser pronunciado. Assim, surgiu o costume de usar a palavra *Adonai*: "Senhor". Muitas traduções da Bíblia seguiram essa prática. Em algumas traduções YHWH pode ser reconhecido onde a palavra Senhor aparece assim, em versalete.

Estrutura do portão de Xerxes em Persípdis que levava até um enorme terraço construído por Dario, o Grande.

Túmulo de Xerxes localizado no atual Irã.

No decorrer dos séculos perdeu-se a real pronúncia de YHWH. Pela Idade Média os estudiosos judeus desenvolveram um sistema de símbolos colocados debaixo e ao lado das consoantes para indicar as vogais. YHWH apareceu com as vogais de "*Adonai*" como um dispositivo para lembrá-los de dizer "*Adonai*" ao lerem o texto. Uma forma latinizada disso era pronunciada "Jeová", mas a rigor não se tratava de nenhuma palavra real. Com base no estudo da estrutura do idioma hebraico, a maioria dos estudiosos acredita hoje que YHWH provavelmente era pronunciado Javé (Yah´ wéh). V. *Deus*; *Eu Sou*; *Jeová*; *Senhor*; *nomes de Deus*.
— Mark Fountain

YÔNAT ÊLEM REHOQIM, AL Transliteração das palavras que aparecem no título de Sl 56 (*TEB*). A *NIV* traduz como: "de acordo com a melodia *Uma pomba em carvalhos distantes*". Provavelmente era o nome da melodia do cântico do salmo. V. *pomba em carvalhos distantes, uma*.

ZAANÃ Nome de lugar que possivelmente signifique "terra de ovelhas" ou "confins". Cidade não identificada no extremo sul de Judá (Mq 1.11), provavelmente a mesma que Zenã (Js 15.37).

ZAANAIM [*TEB*] Grafia diferente de Zaanim (Jz 4.11) seguindo o texto hebraico, não a anotação de um copista nem Js 19.33.

ZAANIM Nome de lugar de significado incerto. Cidade no extremo nordeste da área tribal sorteada para Naftali perto de Cades (Js 19.33; Jz 4.11). A "planície de Zaanim" (Jz 4.11, versão inglesa *King James*) é, pela tradução literal, "grande árvore em Zaanim" ou "carvalho em Zaanim" (*NVI, TEB*). Isso provavelmente assinala uma "árvore sagrada" associada a um centro de culto. V. *Elom*; *terebinto*.

ZAÃO Nome pessoal que significa "gordura" ou "repugnância". Filho do rei Roboão através de Abiail (2Cr 11.18,19).

ZAAR Região produtora de lã que comercializava com Tiro (Ez 27.18; "Sahar", *TEB*; "Saar", *NTLH*). A *ARC* e a versão espanhola *Reina-Valera* traduzem o hebraico por "lã branca". Se o hebraico se refere a um lugar, a associação com Damasco e Helbom sugere um local sírio, talvez a moderna as-Sahra, a noroeste de Damasco.

ZAAVÃ Nome pessoal que significa "tremor ou terremoto". Filho de Ézer (Gn 36.27).

ZABADE Nome pessoal que significa "Ele deu" ou "presente". **1.** Membro da tribo de Judá (1Cr 2.36,37). **2.** Um efraimita (1Cr 7.21). **3.** Um dos 30 guerreiros de elite de Davi (1Cr 11.41); o primeiro de 21 nomes que o cronista acrescentou a uma lista que constitui um paralelo de 2Sm 23.24-39. **4.** Assassino do rei Joás (2Cr 24.26), chamado de Jozabade em 2Rs 12.21. **5.** Três leigos pós-exílicos que receberam ordens para se divorciarem das esposas estrangeiras (Ed 10.27,33,43).

ZABAI Nome pessoal abreviado que talvez signifique "puro". **1.** Filho de Bebai que prometeu a Esdras que largaria sua esposa estrangeira (Ed 10.28). **2.** Pai de Baruque que trabalhou na muralha de Jerusalém com Neemias (Ne 3.20). Alguns dizem que as personagens nos itens 1 e 2 podem ser a mesma pessoa. A antiga anotação de um copista (*qere*) em Ne escreve o nome como Zacai.

ZABDI Nome pessoal que significa "meu presente" ou uma forma abreviada de "Yah dá". **1.** Filho de Zerá, da tribo de Judá (Js 7.1). **2.** Homem da tribo de Benjamim (1Cr 8.19). **3.** Homem encarregado das adegas de vinho de Davi (1Cr 27.27). **4.** Filho de Asafe que liderava nas ações de graças e orações (Ne 11.17).

ZABDIEL Nome pessoal que significa "Deus dá presentes" ou "meu presente é Deus". **1.** Descendente de Davi (1Cr 27.2). **2.** Inspetor em Jerusalém durante o tempo de Neemias (Ne 11.14). **3.** Filho de Natã, sacerdote e o amigo de Salomão (1Rs 4.5).

ZABUDE Nome pessoal que significa "presente". **1.** Descendente de Bigvai que retornou a Jerusalém com Esdras depois do exílio (Ed 8.14) de acordo com o texto hebraico escrito. A anotação do copista (*qere*) traz Zaccur. **2.** Filho de Natã, um sacerdote e amigo de Salomão (1Rs 4.5).

ZACAI Nome pessoal que significa "puro" ou "inocente". Pessoa cujos descendentes retornaram a Jerusalém com Zorobabel (Ed 2.9; Ne 7.14).

ZACARIAS Nome pessoal que significa "Yah (em forma longa Javé) se lembrou". **1.** Filho de Jeroboão II que reinou sobre Israel durante seis meses por volta do ano 746 a.C. até que fosse assassinado por Salum (2Rs 15.8-12). V. *Israel*. **2.** O profeta Zacarias que se sobressaiu logo após o exílio em 520-518 a.C., instando o povo de Judá a reconstruir o templo. **3.** Avô de Ezequias (2Rs 18.2). **4.** Sacerdote e profeta a quem o povo apedrejou e Joás, o rei, matou (2Cr 24.20-22). **5.** Porteiro do templo pós-exílico (1Cr 9.21). **6.** Membro da família que viveu em Gibeom (1Cr 9.37). **7.** Músico do templo (1Cr 15.20). **8.** Líder comunitário que o rei Josafá enviou para ensinar nas cidades de Judá (2Cr 17.7). **9.** Um dos inspetores de Josias na reforma do templo (2Cr 34.12). **10.** Dois diferentes homens que acompanharam Esdras no retorno da Babilônia (Ed 8.3,11). **11.** Homem que Esdras enviou para conseguir que os levitas retornassem da Babilônia (Ed 8.16). **12.** Israelita com esposa estrangeira (Ed 10.26). **13.** Homem que ajudou Esdras quando ensinou a Lei (Ne 8.4). **14.** Antepassado de residente pós-exílico de Jerusalém (Ne 11.4). **15.** Antepassado de residente pós-exílico de Jerusalém (Ne 11.5). **16.** Antepassado de sacerdote na época de Neemias (Ne 11.12). **17.** Sacerdote líder no tempo do sumo sacerdócio de Joiaquim; possivelmente trata-se da mesma pessoa do profeta (Ne 12.16). **18.** Dois músicos religiosos que ajudaram Neemias a celebrar (Ne 12.35,41). **19.** Oficial de alto nível usado por Isaías como testemunha, talvez o mesmo do item 3 (Is 8.2). **20.** Filho do rei Josafá a quem o irmão Jeorão matou para se tornar rei (2Cr 21.2-4). **21.** Conselheiro religioso do rei Uzias (2Cr 26.5). **22.** Descendente da tribo de Rúben (1Cr 5.7). **23.** Pai de líder da metade oriental da tribo de Manassés (1Cr 27.21). **24.** Diversos levitas (1Cr 15.18,24; 24.25; 26.2,11,14; 2Cr 20.14; 29.13; 35.8). **25.** Sacerdote em Jerusalém e pai de João Batista (Lc 1.5-64). Quando queimava incenso no templo como parte de suas atribuições, o anjo Gabriel apareceu a Zacarias e lhe anunciou que ele e sua esposa anciã, Isabel, teriam um filho. Como ambos tinham passado da idade de procriar, Zacarias pediu um sinal de que o nascimento aconteceria. Por causa de sua falta de fé, o anjo o deixou mudo.

Tumba em Jerusalém que segundo a tradição local é considerada a tumba de Zacarias.

Quando João nasceu, o povo pensou que seu nome seria conforme o do pai, apesar das objeções de Isabel de que o menino seria chamado "João". Quando Zacarias confirmou o nome escrevendo-o em uma tabuinha, recobrou a fala.
— Paul L. Redditt

ZACARIAS, LIVRO DE Um dos profetas menores pós-exílicos. Como Jeremias e Ezequiel, Zacarias era sacerdote e ao mesmo tempo profeta. Isso é condizente, porque o livro trata em grande parte do templo, do sacerdócio e da purificação do povo. Ido, avô de Zacarias, foi um sacerdote que retornou com Zorobabel (Ne 12.4), pelo que é provável que Zacarias seja o colega mais jovem de Ageu. Enquanto o foco de Ageu era a reconstrução do templo e a restauração do sistema de sacrifícios, o de Zacarias incide na transformação espiritual do povo.

Muitos estudiosos estão convictos de que os cap. 9—14 foram escritos muito mais tarde que os cap. 1—8 e por um autor diferente. No entanto, a evidência não exige essa conclusão, e a unidade temática do livro depõe contra ela. A situação histórica é a mesma que a do livro de Ag.

Mensagem e propósito *Denúncia* Zacarias explicou que o desfavor do Senhor pairava sobre seu povo porque ele o abandonou no passado. Igualmente estavam desanimados por causa das vozes contrárias e da aparente insignificância do projeto de construção. Depois da época de Zorobabel, Judá teria novamente maus líderes que enganariam o povo. Isso o levaria a mais uma vez rejeitar o Senhor.

Instrução O Senhor conclamou Judá a "retornar" para ele e assim remover seu desfavor. Ele exortou o sumo sacerdote Josué e o remanescente à obediência fiel, a fim de conservarem as bênçãos dele. Está implícita uma exortação para concluírem o templo. O Senhor também lembrou Judá de que ele demandava de seu povo a justiça e a misericórdia.

Juízo O juízo do Senhor sobre a geração passada visava a ensinar Israel a se arrepender e manter a fidelidade para com ele. Sua rejeição futura a ele resultaria outra vez em hostilidade estrangeira e na dispersão de Israel.

Esperança O Senhor prometeu "retornar" a Israel com bênçãos quando o povo se voltar para ele em obediência fiel. Igualmente capacitará Zorobabel e Josué por seu Espírito a concluir o templo que prefiguraria o reino messiânico vindouro.

Além disso, assegurou-lhes que julgaria as nações que os oprimiam, mas que até mesmo um remanescente das nações se tornaria adorador dele. Assim como havia preservado e purificado um remanescente de Israel, assim o Senhor enviaria o Messias para propiciar, mediante sua morte, perdão e paz permanentes e a cabal erradicação do mal. Também enviaria seu Espírito para suscitar o arrependimento nacional.

Estrutura O livro de Zc é composto de duas partes maiores que cercam uma porção central menor e por isso sumamente destacada. As duas seções maiores, cada qual introduzida por uma fórmula cronológica, são Zc 1.1—6.8 e 7.1—14.21. A seção central em Zc 6.9-15 é uma narrativa que descreve a condecoração do sumo sacerdote Josué com uma coroa. Cada uma das seções maiores contém sete partes menores, mais uma seção introdutória. Em cada caso as sete subseções são organizadas em uma estrutura repetitiva que cerca uma subseção central e por isso altamente ressaltada. A subseção central em Zc 3.1-10 descreve a condecoração do sumo sacerdote Josué com um turbante, e a subseção central em Zc 11.1-17 é uma narrativa que relata a condecoração de Zacarias com duas varas.

As visões noturnas de Zacarias (Zc 1.1––6.8) Os temas principais das visões noturnas são: 1) o juízo de Deus sobre as nações, 2) sua eleição e bênção futura de Jerusalém, 3) a purificação da terra, 4) reconstrução do templo, e 5) a liderança de Zorobabel e Josué. As primeiras três visões (os cavalos entre as murtas, Zc 1.7-17; os chifres e os artesãos, Zc 1.18-21; a corda de medir, Zc 2.1-13) certificam o povo da vinda do Senhor para julgar as nações que dispersaram Israel, de seu amor renovado e de sua promessa de bênção para Jerusalém, bem como de seu sucesso na reconstrução do templo.

A quarta visão, central, em Zc 3.1-10, descreve o aparecimento do sumo sacerdote Josué perante o anjo do Senhor, que também é o próprio Senhor (v. 1,2; cf. Gn 16.7-13; 21.17; 22.11,12,15,16; 31.11-13). Essa visão fala de um futuro perdão permanente que o Messias concretizará quando vier resgatar a nação e estabelecer paz, prosperidade e segurança na terra (v. 8-10; cf. 1Rs 4.25; Mq 4.1-8).

A quinta visão, do candelabro e das oliveiras (Zc 4.1-14), encoraja Zorobabel e Josué, representados pelas duas oliveiras, a não se fiarem em recursos financeiros ou militares, mas no poder do Espírito de Deus que opera por meio deles, representado pelo óleo (cf. Is 61.1-3). O candelabro provavelmente representa o templo que glorificará Deus na terra.

A sexta visão (Zc 5.1-11), do pergaminho voador e do cesto de medição, é uma combinação como a segunda visão. Fala de Deus que purifica seu povo. A visão final das carruagens (Zc 6.1-8) reflete a primeira. Descreve o juízo divino enviado por toda a terra (cf. Jr 49.36; Ap 6.1-8; 7.1). Por causa do programa divino de juízo e redenção esboçado nas sete visões, o repouso e paz superficiais e falsos estabelecidos pelas nações na primeira visão (Zc 1.11) são transformados em repouso divino genuíno na última visão (Zc 6.8).

O coroamento do sumo sacerdote Josué (Zc 6.9–15) Nessa seção central e mais salientada do livro, o oráculo forma uma dobradiça entre as duas seções maiores. Como Zc 3.1-10, ela descreve um protótipo messiânico recebendo as insígnias de sua função. Zacarias recebe a instrução de fazer coroas reais (em hebraico a palavra está no plural) e coroar Josué. Em seguida as coroas deverão ser colocadas no templo como lembrete do que Deus fará.

Antes, porém, Josué recebe uma mensagem divina de que "o Renovo" (como a mensagem era para Josué, "o Renovo" designa outra pessoa) construirá o templo, será glorificado e governará (cf. 1Cr 29.25). Ora, a construção do templo pós-exílico já foi entregue a Zorobabel (Zc 4.9), que como descendente de Davi prefigura o Messias (Ag 2.23). Contudo, o Messias construirá o templo em combinação com seu reino terreno de justiça (Zc 6.12,13), um templo futuro prefigurado por Zorobabel (Zc 4.8-10). Por essa razão esse oráculo abarca o cumprimento contemporâneo e futuro dos propósitos de Deus. A ambiguidade da passagem relativa ao número de coroas e ao de tronos (v. 13) se deve à necessidade de Zorobabel e Josué serem antecipações do Messias que será tanto rei quanto sacerdote. Por fim, embora o reino futuro fosse assegurado pela graça e pelo poder de Deus, o "sinal" contemporâneo dependia da diligente obediência de Zorobabel, Josué e o remanescente (v. 15).

Uma pergunta relativa ao jejum (Zc 7.1—8.23) Esses dois capítulos servem para introduzir os dois oráculos nos cap. 9—14, do mesmo modo que Zc 1.1-6 introduz as visões de Zc 1.7—6.8. Os temas dos dias festivos, a santidade da habitação de Deus, a adoração universal do Senhor, a reunião dos exilados e o repovoamento de Jerusalém, p. ex., são introduzidos nos cap. 7—8 e retornam nos cap. 9—14.

Oráculos relativos ao reino vindouro (Zc 9.1—11.17; 12.1—14.21) O restante do livro, provavelmente escrito depois que o templo estava concluído, contém dois oráculos ou mensagens divinas nos cap. 9—11 e 12—14. Ambas as mensagens tratam de Deus estabelecendo seu Reino na terra. Ambas descrevem eventos futuros, alguns dos quais se cumpriram antes da encarnação de Jesus, alguns durante o ministério terreno de Jesus, e alguns se cumprirão quando da sua segunda vinda. Cada oráculo contém três seções maiores, mas o primeiro oráculo conclui com uma quarta seção (Zc 11.1-17) que funciona como dobradiça entre os dois oráculos. É a terceira das cerimônias de condecoração em Zc (cf. 3.1-10; 6.9-15).

De acordo com Zc 9.9,10, "uma das passagens messianicamente mais significativas de toda a Bíblia" (Merrill), o Reino de Deus será estabelecido por meio de um governante humano (v. tb. Is 9.6,7; Sl 2; 45; 72, especialmente o v. 8 citado no final de Zc 9.10). Embora os reis às vezes montassem em jumentos (cf. 1Rs 1.33), o contraste com o uso de um cavalo de guerra (cf. Ap 19.11-16) parece sugerir humildade e paz (a palavra traduzida por "pobre" [ARC] é mais bem vertida para "humilde"). O cumprimento do versículo 9 por Jesus em sua "entrada triunfal" em Jerusalém é evidente em Mt 21 e Jo 12. À luz da crucificação de Jesus alguns dias depois, a resultante paz duradoura e o domínio universal divino descritos no versículo 10 sugerem ou uma fissura não revelada entre os dois versículos ou que o cumprimento por Jesus equivale a um "protótipo" de outro evento histórico ainda vindouro. Poucas passagens proféticas que descrevem a glória messiânica explicam que ela seria precedida de sofrimento e humilhação (sendo Is 52.13—53.12 a exceção mais significativa).

A última cerimônia de condecoração em Zc 11.4-17 contrasta com as anteriores, na qual Zacarias não é mero observador, mas exerce a função do sacerdote-rei messiânico. Ao que parece, em uma visão ele é comissionado como o bom pastor (Zc 9.16; 10.3) com duas varas. Mas o Senhor anuncia que entregará o rebanho a opressores estrangeiros (v. 6) por causa do modo com que o trata (v. 7-14). Renunciou à sua missão como pastor dele, quebrando suas varas. Por seus serviços recebeu o pagamento ofensivo de 30 peças de prata, o preço de um escravo, valor que Zacarias é instruído a arremessar ao oleiro na casa do Senhor. O significado dessa cena somente se torna explícita quando observamos seu cumprimento nos Evangelhos (cf. Mt 26.15; 27.3-10). Então, no final da visão, Zacarias tem de fazer o papel do falso pastor que o Senhor enviou para castigar o rebanho durante um tempo antes de ser julgado pelo próprio Senhor (Zc 11.15-17). A mensagem é que a libertação e glória de Israel seriam precedidas por sua opressão e sofrimento, não apenas por parte de estrangeiros, mas também pelos próprios líderes judeus, porque eles rejeitariam o Senhor como seu Bom Pastor (cf. Zc 13.7,8). O segundo oráculo (Zc 12.1—14.21) foca a libertação de Jerusalém por Deus, de seus inimigos, especialmente na primeira (Zc 12.1-9) e última (Zc 14.1-21) seções. Embora Deus venha a entregar seu povo aos seus inimigos para puni-lo, não o abandonará (cf. Jr 30.11).

A segunda seção (Zc 12.10—13.9) promete um futuro arrependimento nacional produzido pelo Espírito de Deus (cf. Ez 36.24-32; Jl 2.28-32). Israel sentirá contrição severa e sincera pelo modo com que tratou o Senhor, ou seja, seu Messias (cf. Zc 11.8; 13.7,8; Is 53.1-9; Jo 19.37). O caráter do Messias como Deus e como homem é indicado pela referência a ele no versículo 10 tanto como "eu" (quer dizer, Deus) e "ele" (cf. Is 9.6,7; um fenômeno semelhante acontece em passagens nas quais o anjo do Senhor é citado tanto como o Senhor quanto como alguém distinto do Senhor; cf. Gn 16.7-13; Êx 3.2-4; Jz 6.11-27; Zc 3.1-6). Chocante é a ordem do Senhor em Zc 13.7, de que a espada deve "ferir" (significando "matar") seu pastor, "o homem que está perto de mim" (quer dizer, "o vizinho", "parceiro" ou "amigo" de Deus), uma aparente referência ao Messias (cf. Is 53.4). O propósito da ordem do Senhor é que primeiro seu rebanho seja espalhado e punido, e que muitos pereçam (cf. Mt 26.31). Então, depois que seu povo foi purgado e refinado, ele será revitalizado como o povo da aliança do Senhor, purificado pelo sangue daquele que eles haviam assassinado. Assim, o Senhor cumprirá o evangelho que ele proclamou em Gn 3.15.

A seção final (Zc 14.1-21), que desenvolve adiante a primeira, descreve a libertação de Jerusalém por Deus nos últimos dias e sua coroação como Rei de toda a terra. A derrota inicial de Jerusalém será transformada em vitória quando o Senhor aparecer (Zc 14.1-7; sobre a divisão do monte das Oliveiras, v. Zc 6.1). O local da agonia mais profunda do Senhor testemunhará sua maior glória. A culminância da obra de Deus será a santidade perfeita de seu povo no meio do qual ele habitará, o que é expresso figuradamente pelo fato de se estender até mesmo aos artigos mais comuns na terra de Deus (v. 20,21; cf. Êx 19.6; Jr 2.3).

Estrutura

I. As visões noturnas de Zacarias (1.1—6.8)
  A. Introdução (1.1-6)
  B. Primeira Visão: Cavalos nas murtas (1.7-17)
  C. Segunda Visão: Chifres e artesãos (1.18-21)
  D. Terceira Visão: Corda de medir (2.1-13)
  E. Quarta Visão: Josué e o anjo do Senhor (3.1-10)
  F. Quinta Visão: Candelabro e oliveiras (4.1-14)
  G. Sexta Visão: Pergaminho voador e cesto de medição (5.1-11)
  H. Sétima Visão: Carruagens (6.1-8)
II. O coroamento do sumo sacerdote Josué (6.9-15)
III. Dois oráculos sobre o reino vindouro (7.1—14.21)
  A. Introdução: Uma pergunta sobre o jejum (7.1—8.23)
  B. Primeiro oráculo: Libertação do exílio (9.1—11.17)
    1. Vitória futura (9.1-17)
    2. Denúncia de falsos pastores (10.1-3a)
    3. A libertação de Judá pelo bom pastor (10.3b—11.3)
    4. Conclusão: Comissionamento de Zacarias como o bom pastor (11.4-17)
  C. Segundo oráculo: A libertação de Jerusalém por Deus (12.1—14.21)
    1. Os inimigos de Jerusalém destruídos (12.1-9)
    2. Arrependimento nacional (12.10—13.9)
    3. O aparecimento de Javé como Libertador e Rei (14.1-21)
          — E. Ray Clendenen

ZACUR Nome pessoal que significa "bem lembrado". **1.** Pai de Samua, da tribo de Rúben (Nm 13.4). **2.** Descendente de Misma, da tribo de Simeão (1Cr 4.26). **3.** Descendente de Merari, entre os levitas (1Cr 24.27). **4.** Filho de Asafe (1Cr 25.2; Ne 12.35). **5.** Filho de Imri, que ajudou Neemias a reconstruir os muros de Jerusalém (Ne 3.2). **6.** Pessoa que assinou o pacto da reforma na época de Esdras e Neemias (Ne 10.12). **7.** Pai de Hanã, um dos tesoureiros designados por Neemias (Ne 13.13).

ZADOQUE, ZADOQUITA Nome pessoal que significa "justo", uma forma abreviada de Zedequias, "o Senhor é justo". V. *Zedequias*.

1. Filho de Aitube e pai de Aimaás, descendente de Arão através de Eleazar, foi sacerdote na época de Davi (2Sm 8.17; 1Cr 6.3-8). É citado em companhia de Abiatar, que descende de Arão por meio de Itamar (1Cr 24.3). Zadoque foi leal a Davi quando Adonias se rebelou contra o pai por estar velho (1Rs 1). Como consequência, continuou como sacerdote até os dias de Salomão. Abiatar foi logo afastado em conformidade com a profecia dada a Eli (1Sm 2.31-33; 1Rs 2.26,27). A genealogia de Zadoque é trazida em 1Cr 6.3-15, desde Arão através de Eleazar até Jeozadaque na época pós-exílica (cf. Zc 6.11). A genealogia menciona um segundo Zadoque depois de sete gerações, do qual sabemos pouco, mas o nome dele enfatiza o fato de que nomes padrão retornam em listas genealógicas.

Em uma cena comovente Zadoque e Abiatar levaram a arca para acompanhar Davi em sua fuga diante de Absalão (2Sm 15.24). Davi os mandou de volta para continuarem o culto em Jerusalém e ser seus espiões. O filho de Zadoque, Aimaás, era o informante e também foi o primeiro a trazer a notícia da derrota de Absalão a Davi (2Sm 18.27). Então Davi apelou a Zadoque e Abiatar para organizarem uma acolhida em seu retorno a Jerusalém. Como recompensa pela lealdade de Zadoque a Salomão e como castigo pelos pecados dos filhos de Eli, os descendentes de Zadoque (a linhagem de Eleazar) substituíram os descendentes de Itamar como os sacerdotes principais. O crescente papel de Jerusalém como centro exclusivo da adoração de Israel solidificou a posição dos zadoquitas.

Em época posterior Ezequiel declarou que os sacerdotes descendentes de Zadoque foram os únicos fiéis na hora do exílio e que somente eles teriam permissão de servir no futuro templo ideal. Essa afirmação concorda com as genealogias de Cr, que arrolam somente duas famílias até o cativeiro — Davi de Judá e Zadoque, o descendente de Arão através de Eleazar. Os sacerdotes que voltaram do exílio, inclusive Josué, filho de Jeozadaque (1Cr 6.15), e Esdras (Ed 7.1-7), eram da linhagem de Zadoque, que prevaleceu por muito tempo até a época intertestamentária. A linhagem de Itamar, depois de removida a família de Eli, teve importância menor. Até certo ponto os zadoquitas fizeram jus ao nome deles como sacerdotes justos do Senhor. V. *Abiatar*.

2. Avô de Jotão, rei de Judá (2Rs 15.33). **3.** e **4.** Homens que ajudaram Neemias a reconstruir a muralha de Jerusalém (Ne 3.4,29). **5.** Líder que assinou o pacto de Neemias (Ne 10.21). **6.** Um escriba fiel que Neemias designou como tesoureiro (Ne 13.13). V. *sumo sacerdote*; *levitas*; *sacerdotes*. — R. Laird Harris

ZAFENATE-PANEIA Nome pessoal que significa "deus disse que ele viverá". Nome dado pelo faraó a José quando o tornou subordinado apenas a ele próprio no Egito (Gn 41.45). V. *Josefo, Flávio*.

ZAFOM Nome de lugar que significa "norte". **1.** Cidade a leste do rio Jordão no território de Gade (Js 13.27). Provavelmente foi um centro de culto ao deus Baal-Zafom na época da supremacia cananeia antes da entrada dos gaditas. É identificado com Tell el-Qos, Tell es-Said-iye ou Tell el-Mazar. Sofã (Nm 32.35) pode ser outra grafia da mesma cidade. **2.** Montanha tida como morada dos deuses no pensamento cananeu, talvez mencionada em Sl 48.2, Is 14.13 e Jó 26.7, o que demonstra que Javé controla o que Canaã presumia como possessão dos seus deuses.

ZAIN Sétima letra do alfabeto hebraico. Cabeçalho de Sl 119.49-56.

ZAIR Nome de lugar que significa "pequeno". Lugar em que Jeorão, rei de Judá (853-841 a.C.), lutou contra os edomitas (2Rs 8.20,21). A localização de Zair ainda é discutida. Alguns a posicionam ao sul do mar Morto, perto de Edom. Outros a identificam com Zoar (Gn 13.10) ou Zior (Js 15.54; cf. 2Cr 21.9).

ZALAFE Nome pessoal que significa "alcaparreira" [*Capparis spinosa*]. Pai de Hanum, que ajudou Neemias a consertar os muros de Jerusalém (Ne 3.30).

ZALMOM Nome de lugar e nome pessoal que significa "pequeno escuro" ou "pequena imagem". **1.** Monte perto de Siquém onde Abimeleque e seus homens cortaram galhos com os quais queimaram a torre de Siquém (Jz 9.48,49). **2.** Um dos 30 homens valentes de Davi (2Sm 23.28). Também é conhecido como Ilai (1Cr 11.29). **3.** Em Sl 68.14 menciona-se uma "colina de Basã" chamada Zalmom. Isso se pode referir às colinas de Golã.

ZALMONA Nome de lugar que significa "escuro" ou "sombreado". Primeira parada de Israel depois de deixar o monte Hor (Nm 33.41,42). A localização não pode ser definida.

ZALMUNA Nome pessoal que significa "proteção foi retirada" ou "Zelem (deus) governa". O rei de Midiã capturado e morto por Gideão (Jz 8.1-21; Sl 83.11).

ZAMZUMINS ou **ZAMZUMITAS** (*TEB*) Nome que as amonitas deram aos refains. Viviam a leste do rio Jordão até que os amonitas os expulsaram (Dt 2.20).

ZANOA Nome de lugar que significa "distrito quebrado" ou "fétido". **1.** Aldeia em Judá identificada com Quirbet Zanu, a cerca de 5 quilômetros a sul-sudeste de Beth-Shemesh (Js 15.34). **2.** Cidade nos altiplanos de Judá (Js 15.56), cuja identificação com Quirbet Zanuta, a 16 quilômetros a sudoeste de Hebrom ou Quirbet Beit Amra, é controversa.

ZAQUEU Forma grega de nome hebraico que significa "inocente". Coletor de impostos corrupto na Jericó do séc. I (Lc 19.2-9). Por curiosidade foi ouvir Jesus. Em razão de sua baixa estatura, teve de escalar uma árvore para conseguir olhar o Senhor de passagem. Para sua surpresa, Jesus o chamou pelo nome para descer, indo à casa de Zaqueu. Ali o coletor abraçou a fé e se converteu. Como resultado de sua fé recém-encontrada, devolveu com juros o dinheiro que tinha cobrado ilegalmente.

ZARETÃ Nome de lugar que talvez signifique "esfriamento". Perto dali o rio Jordão foi represado, e Israel o cruzou até Canaã em chão seco (Js 3.16). Ficava próximo a Bete-Seã (1Rs 4.12). Hurão de Tiro produziu ali uma parte dos recipientes de bronze para o templo (1Rs 7.46; o texto paralelo em 2Cr 4.17 traz Zeredá). Zaretã é identificado frequentemente com as duas colinas de Tell es-Saidiyah no lado oriental do rio Jordão, a cerca de 38 quilômetros ao norte de Adã (Tell ed-Damiyeh). Arqueólogos descobriram numerosos artefatos de bronze das imediações de Sucote e Zaretã, o que confirma uma atividade como a atribuída a Hurão. Entre os locais alternativos estão Tell Umm Hamad, Sleihat e Tell el-Merkbere.

ZATU Chefe de família que retornou a Jerusalém depois do exílio (Ed 2.8; Ne 7.13). Alguns dos filhos de Zatu dispensaram as esposas estrangeiras (Ed 10.27). Parece ser o mesmo "Zatu" que assinou o pacto no tempo de Neemias (Ne 10.14).

ZAZA Filho de Jônatas e descendente de Jerameel (1Cr 2.33).

ZEBA Nome pessoal que significa "massacre" ou "imolação". Ele e Zalmuna eram reis midianitas que Gideão capturou e matou porque haviam assassinado os irmãos de Gideão (Jz 8.4-21; Sl 83.11; Is 9.4; 10.26). Essa narrativa explicita o ato de vingança sanguinária que prevalecia com frequência naqueles dias, marcando uma guinada nas lutas de Israel contra Midiã.

ZEBADIAS Nome pessoal que significa "Javé concedeu". **1.** Filho de Berias (1Cr 8.15). **2.** Filho de Elpaal (1Cr 8.17). **3.** Filho de Jeroão, de Gedor (1Cr 12.7). **4.** Um porteiro (1Cr 26.2). **5.** Quarto capitão no exército de Davi (1Cr 27.7). **6.** Um de nove levitas enviados por Josafá para ensinar a Lei nas cidades de Judá (2Cr 17.8). **7.** Filho de Ismael que julgou causas civis em um sistema de tribunais estabelecido por Josafá (2Cr 19.11). **8.** Filho de Sefatias que retornou da Babilônia para Jerusalém (Ed 8.8). **9.** Sacerdote que dispensou a esposa estrangeira no tempo de Esdras (Ed 10.20).

ZEBAIM Cidade natal dos filhos de Poquerete (Ed 2.57) que retornaram do cativeiro babilônico para Jerusalém. V. *Poquerete-Hazebaim*.

ZEBEDEU Forma grega de nome pessoal hebraico que significa "dádiva". Pescador no mar da Galileia e pai de Tiago e João, dois dos primeiros discípulos de Jesus (Mc 1.19,20). Baseado em Cafarnaum, no litoral norte do mar, Zebedeu geria um considerável negócio de pesca que tinha diversos empregados contratados, Simão Pedro e André (Lc 5.10). Sua esposa também seguiu Jesus e lhe serviu (Mt 27.56). A Bíblia não diz se Zebedeu algum dia se tornou cristão, mas não se opôs a que os filhos ou a esposa se tornassem seguidores de Jesus.

ZEBIDA Nome pessoal que significa "dádiva". Filha de Pedaías, de Ruma, e mãe do rei Jeoaquim (2Rs 23.36).

ZEBINA Nome pessoal que significa "comprado". Pessoa que tinha esposa estrangeira no tempo de Esdras (Ed 10.43).

ZEBOIM Nome de lugar que significa "hienas" ou "lugar selvagem". **1.** Uma das cidades no vale do Sidim (Gn 14.2,3), no extremo sul do mar Morto. É provável que o local esteja agora debaixo de água. Zeboim era governada pelo rei Semeber, mas estava sob o domínio de Quedorlaomer, rei de Elão. Quando Semeber se rebelou, Quedorlaomer veio sufocar a revolta. Embora o texto não esteja claro, parece que a cidade foi liberta quando Abraão derrotou Quedorlaomer (Gn 14.16,17). Zeboim foi destruída quando Deus enviou fogo e enxofre sobre Sodoma e Gomorra (Dt 29.23; cf. Os 11.8). Recente tentativa de identificar Zeboim nas tabuinhas de Ebla foi alvo de calorosos debates. **2.** Uma das cidades benjamitas ocupadas no retorno do exílio à Palestina (Ne 11.34). Não deve ser confundida com a do item anterior. Talvez seja Quirbet Sabije. **3.** Vale em Benjamim entre Micmás e o deserto defronte o rio Jordão (1Sm 13.17,18). Talvez seja o uádi el-Oelt ou o uádi Fara.

ZEBUL Nome pessoal que significa "príncipe" ou "capitão". Residente de Siquém que foi seguidor de Abimeleque, filho de Gideão. Quando Gaal conspirou contra Abimeleque em Siquém, Zebul informou Abimeleque, que veio a Siquém e derrotou Gaal (Jz 9.30-41).

ZEBULOM Nome pessoal e tribal que provavelmente significa "habitação elevada". Décimo filho de Jacó e sexto de Lia (Gn 30.20). A tribo nomeada segundo ele se instalou na área entre o mar da Galileia e o monte Carmelo (Js 19.10-16). A tribo era anfitriã das demais tribos, com festas religiosas no monte Tabor (Dt 33.18,19). No cardápio delas havia delícias da pesca no mar da Galileia. Em termos militares, a tribo se distinguiu nas batalhas pela posse da terra, lutando fielmente nos exércitos de Débora e Baraque e de Gideão (Jz 4.6; 6.35). V. *Israel, terra de*; *Palestina*; *tribos de Israel*.

ZEDADE Nome de lugar que significa "um lugar em declive" ou "montanhoso". Trata-se de Sadade, a 100 quilômetros ao norte de Damasco, a fronteira setentrional de Canaã (Nm 34.8; Ez 47.15).

ZEDEQUIAS Nome pessoal que significa "Javé é minha justiça" ou "Javé é minha salvação". **1.** Falso profeta que aconselhou o rei Acabe a lutar contra Ramote-Gileade, assegurando o rei da vitória (1Rs 22). Sua profecia conflitava com a de Micaías, que predisse a derrota. Quando Micaías declarou que Deus tinha posto um espírito mentiroso na boca de Zedequias e em seu bando de profetas, Zedequias golpeou Micaías na bochecha. Micaías prenunciou que Zedequias sentiria o ímpeto do Espírito de Deus, mas o texto não conta o que foi feito do falso profeta. V. *Micaías*; *profecia*, *profetas*. **2.** Último rei de Judá (596-586 a.C.). Zedequias foi coroado rei em Jerusalém por Nabucodonosor da Babilônia (2Rs 24.17). Quando ele se rebelou, o exército babilônico sitiou Jerusalém e a destruiu. Zedequias foi levado a Ribla com sua família. Em Ribla ele testemunhou as execuções dos filhos antes que os próprios olhos fossem cegados (2Rs 25.7). Então Zedequias foi levado para a Babilônia. Aparentemente morreu no cativeiro. V. *Israel, terra de*. **3.** Filho ou de Jeoaquim ou de Jeconias (1Cr 3.16), porque o texto hebraico é obscuro nesse ponto. **4.** Signatário do pacto de Neemias (Ne 10.1). **5.** Profeta que prometeu esperança fácil aos exilados na Babilônia (Jr 29.21). Jeremias proferiu o juízo de Deus sobre ele. **6.** Funcionário real na época de Jeremias (Jr 36.12).

ZEEBE V. *Orebe e Zeebe*.

ZEFÃO Nome pessoal que talvez signifique "norte". Filho primogênito de Gade e antepassado dos zefonitas (Nm 26.15). O *Pentateuco samaritano* e a tradução grega mais antiga respaldam a identificação com Zefom (Gn 46.16).

ZEFATÁ Nome de lugar que significa "torre de vigia". Asa conheceu Zerá, o rei etíope, na batalha "no vale de Zefatá, perto de Maressa" (2Cr 14.10). A tradução grega mais antiga traduziu por Zafom "norte" em vez de Zefatá. Se Zefatá for o mesmo que Safiyah, a cerca de 3 quilômetros a nordeste de Beit Jibrim, o "vale de Zefatá" é o uádi Safiyah. V. *Maressa*.

ZEFATE Nome de lugar que significa "torre de vigia". Cidade no sudoeste de Judá, nas cercanias de Arvade. Após destruírem a cidade, as tribos de Judá e Simeão mudaram o nome do local para Hormá (Jz 1.17). O local é identificado como Quirbet Masas, na estrada principal de Berseba rumo ao vale de Arabá.

ZEFI ou **ZEFÔ** Forma abreviada de nome pessoal que significa "pureza" ou "boa fortuna". O descendente de Esaú (1Cr 1.36) é chamado Zefô na passagem paralela (Gn 36.11,15).

ZEFONITA Membro do clã de Zefão.

ZELA Nome de lugar que significa "costela, ladeira, declive". Cidade dada a Benjamim (Js 18.28) em que foram enterrados os ossos de Saul e Jônatas (2Sm 21.14). O local provável é Quirbet Salah, entre Jerusalém e Gibeom, ou então outro local nas montanhas ao norte e a oeste de Jerusalém.

ZELEQUE Nome pessoal que significa "quebra, fissura". Um dos 30 guerreiros de elite de Davi (2Sm 23.37; 1Cr 11.39).

ZELOFEADE Nome pessoal que significa "proteção do terror" ou "o conterrâneo é meu protetor". Um hebreu que andou pelo deserto com Moisés. Ele não tinha nenhum filho para receber sua propriedade e dar continuidade ao nome dele, por isso suas filhas pleitearam a Moisés uma parte da herança depois da morte do pai (Nm 26.33; 27.1-4). Apesar dos costumes de herança que permitiam somente aos homens possuir propriedade, Deus fez que Moisés reconhecesse o direito das filhas (Nm 27.6,7). A única cláusula era que as mulheres tinham de se casar dentro da própria tribo (Nm 36.5-9).

ZELOTE Pessoa que tinha um "zelo" por causa específica. O termo passou a designar um segmento judaico que visava à derrubada do controle estrangeiro sobre a Palestina, em particular o domínio romano. Esses zelotes muitas vezes recorriam a medidas extremas para alcançar seu propósito. Simão, um dos discípulos de Jesus, é descrito como "zelote" (Mt 10.4), embora a versão inglesa *KJV* traduza incorretamente por "cananeu". V. *partidos judaicos no NT — Thomas Strong*

ZELZA Local não identificado, perto da tumba de Raquel, no território de Benjamim, lugar dos três primeiros sinais que Samuel prometeu a Saul como confirmação de sua realeza (1Sm 10.1,2). Muitos comentaristas usam a evidência de manuscritos gregos para emendar o texto hebraico para algo diferente de um nome de lugar.

ZEMARAIM Nome de lugar que significa "cumes gêmeos". **1.** Cidade repartida à tribo de Benjamim (Js 18.22), provavelmente Ras ex-Zeimara, a cerca de 8 quilômetros a nordeste de Betel. **2.** Montanha no território de Efraim em que Abias criticou Jeroboão (2Cr 13.4). O texto paralelo em 1Rs 15.7 menciona hostilidades entre Abias e Jeroboão, mas não o discurso em Zemaraim. A cidade e a montanha podem estar situadas no mesmo lugar. Alguns colocam a cidade em Quirbet es-Samra, a 7 quilômetros ao norte de Jericó.

ZEMAREUS Cananeus que vivam na região ao norte do Líbano entre Arvade e Trípoli (Gn 10.18; 1Cr 1.16). Os zemareus possivelmente deram seu nome à cidade de Sumra nessa região. A cidade consta nas cartas de Tell el-Amarna e em registros assírios. A versão inglesa *NRSV* emendou o texto de Ez 27.8 para ler "os homens de Zemer".

ZEMER Nome de lugar que significa "lã". V. *zemareus*.

ZEMIRA Nome pessoal que significa "cântico". Descendente de Benjamim (1Cr 7.8).

ZENÃ Nome de lugar que significa "rebanhos". Aldeia no distrito desértico de Judá (Js 15.37), provavelmente a mesma que Araq el-Kharba. Talvez Zenã seja o mesmo que Zaanã (Mq 1.11).

ZENAS Forma abreviada do nome pessoal Zenodoros, que significa "presente de Zeus". Jurista cristão em favor de quem, junto com Apolo, Paulo pediu a Tito que providenciasse tudo para a viagem, não lhe deixando faltar nada (Tt 3.13). Sem dúvida Paulo tinha em mente providências materiais para o trabalho de evangelista itinerante. Zenas e Apolo talvez tenham feito a entrega da carta de Paulo a Tito.

ZEQUER 1. (1Cr 8.31) V. *Zacarias*. **2.** Forma variante de Zacarias (1Cr 9.37) usada em 1Cr 8.31. V. *Zacarias*.

ZER Nome de lugar que significa "estreito" ou "inimigo". Cidade fortificada no território de Naftali (Js 19.35), possivelmente identificada com Madom, que está notadamente ausente dessa lista. Muitas vezes comentaristas entendem "Zer" como modificação por um copista, ao repetir o hebraico para "cidades fortificadas". V. *Zidim*.

ZERA (*ARA*, Mt 1.3) V. *Zerá*.

ZERÁ Nome pessoal que significa "nascer do sol". **1.** Um dos gêmeos nascidos a Tamar e seu sogro, Judá (Gn 38.30). Um de seus descendentes foi Acã, executado por se apoderar de saque proibido (Js 7.1,25). Zerá foi incluído por Mateus na genealogia de Cristo, embora Perez seja o antepassado direto (Mt 1.3). **2.** Descendente de Esaú e, por conseguinte, líder do clã dos edomitas (Gn 36.13,17). **3.** Antepassado de governante edomita (Gn 36.33). **4.** Líder de um clã da tribo de Simeão (Nm 26.13), aparentemente o mesmo que Zoar (Gn 46.10). **5.** Levita (1Cr 6.21,41). **6.** General cuxita que Deus derrotou em resposta à oração de Asa por volta de 900 a.C. (2Cr 14:8-13). V. *Cuxe*; *Etiópia*.

ZERAÍAS Nome pessoal que significa "Javé raiou". **1.** Sacerdote descendente de Fineias (1Cr 6.6,51; Ed 7.4). **2.** Descendente de Paate-Moabe ("governador de Moabe") e pai de Elioenai (Ed 8.4).

ZERAÍTA Nome de duas famílias, uma da tribo de Simeão (Nm 26.13) e outra da tribo de Judá (Nm 26.20; Js 7.17), descendentes de um homem chamado Zerá. Dois dos 30 guerreiros de elite de Davi, Sibecai e Maarai, eram zeraítas (1Cr 27.11,13).

ZÉRED (*TEB*, Nm 21.12). V. *Zerede*.

ZEREDÁ Nome de lugar de significado incerto. **1.** Local, em Efraim, na terra natal de Jeroboão (1Rs 11.26), provavelmente o mesmo que Ain Seridah, no uádi Deir Ballut, na Samaria ocidental. **2.** Cidade no vale do Jordão (2Cr 4.17). O texto paralelo em 1Rs 7.46 traz Zeretã.

ZEREDATÃ (2Cr 4.17) V. *Zeredá*.

ZEREDE Nome de rio que talvez signifique "espinho branco". Curso d'água que desemboca na extremidade sul do mar Morto. Seu comprimento total é apenas de aproximadamente 61 quilômetros, mas se abastece de uma área grande de terra. Israel cruzou o Zerede depois de vagar pelo deserto durante trinta e oito anos (Dt 2.13,14). V. *Arabim*; *Palestina*; *rios e cursos de água*.

ZERERÁ Localidade na rota pela qual os midianitas derrotados fugiram de Gideão (Jz 7.22); possivelmente uma grafia variante de Zaretã (Js 3.16; 1Rs 4.12; 7.46) ou Zeredá (2Cr 4.17). V. *Zaretã*.

ZERES Nome pessoal que significa "descabelado, desordenado". Esposa e conselheira de Hamã (Et 5.10,14; 6.13).

ZERETE Nome pessoal que talvez signifique "esplendor". Descendente de Judá (1Cr 4.7).

ZERETE-SAAR Nome de lugar que significa "esplendor do amanhecer". Cidade localizada "na encosta do vale [do mar Morto]", designada a Rúben (Js 13.19). Talvez o local seja a atual Zarate, perto de Maqueronte, na costa oriental do mar Morto. Outros sugerem Quirbet el-Libb, a 11 quilômetros ao sul de Medeba, ou Quirbet Qurn el-Kibsh, a 10 quilômetros a noroeste de Medeba.

ZERI Nome pessoal que significa "bálsamo". Harpista levítico (1Cr 25.3). Possivelmente Zeri seja uma variante de cópia de Izri (1Cr 25.11).

ZEROR Nome pessoal que significa "maço, pochete" ou "lasca de pedra". Antepassado de Saul (1Sm 9.1).

ZERUA Nome pessoal que significa "afligido" ou "leproso". Mãe do rei Jeroboão (1Rs 11.26).

ZERUIA Nome pessoal que significa "perfumada com mástique" ou "sangrar". Mãe de três generais de Davi: Joabe, Abisai e Asael (2Sm 2.18). De acordo com 1Cr 2.16, Zeruia era (meia-)irmã de Davi. De acordo com 2Sm 17.25, sua irmã, Abigail, era filha (neta) de Naás, não de Jessé, pai de Davi. O parentesco com Davi explica as posições de confiança desfrutadas pelos filhos de Zeruia.

ZETÃ 1. Nome pessoal que significa "oliveira" ou comerciante de olivas". Levita que serviu como tesoureiro do templo (1Cr 23.8; 26.22). **2.** Membro da tribo de Benjamim (1Cr 7.10).

ZETAR Nome pessoal que significa "assassino", "reino" ou talvez "vitorioso". Um de sete eunucos que serviram ao rei Assuero, da Pérsia (Et 1.10).

ZEUS Deus grego do céu e chefe do panteão; governante sobre todos os deuses. Seus devotos acreditavam que todos os elementos do clima estavam sob controle dele. O culto a Zeus era bem predominante em todo o Império Romano durante o séc. I. Barnabé foi considerado erroneamente como Zeus (equivalente ao deus romano Júpiter) pelo povo de Listra depois que Paulo curou um aleijado (At 14.8-12). V. pagãos, deuses; Grécia.

ZIA 1. Nome pessoal que significa "tremular". Chefe de uma família da tribo de Gade (1Cr 5.13). **2.** Nome pessoal egípcio que significa "a face de Hórus (deus) falou". **a.** Família de servidores de templo (*nethinim*) (Ed 2.43; Ne 7.46). **b.** Inspetor de servidores do templo no pós-exílio (Ne 11.21).

ZIBA Nome pessoal, talvez o termo aramaico para "galho". Servo de Saul. Quando Davi desejou ser bondoso com membros sobreviventes da família de Jônatas, Ziba conduziu Davi a Mefibosete (2Sm 9.1-8). Davi encarregou Ziba da propriedade restaurada de Mefibosete (2Sm 9.9-13). Durante a rebelião de Absalão, Ziba ajudou Davi com materiais e acusou (falsamente) Mefibosete de traição (2Sm 16.1-4). Davi recompensou Ziba com a propriedade de Mefibosete. Mefibosete encontrou Davi em sua retomada do poder em Jerusalém e acusou Ziba de fraudulento (2Sm 19.24-29). Ou por estar incerto sobre em quem acreditar ou por desejar impedir que houvesse rivais fortes, Davi dividiu a propriedade de Saul entre Ziba e Mefibosete.

ZIBEÃO Nome pessoal que significa "pequena hiena". Comandante dos horeus (Gn 36.29) e antepassado de uma das esposas de Esaú (Gn 36.2). Zibeão estabeleceu parentesco entre horeus e edomitas (Gn 36.20,24,29; 1Cr 1.38,40).

ZÍBIA Nome pessoal que significa "gazela". Chefe de uma família de benjamitas (1Cr 8.9).

ZIBIÁ Nome pessoal que significa "gazela fêmea". Mãe do rei Joás de Judá (2Rs 12.1; 2Cr 24.1).

ZICLAGUE Aldeia na planície sul da Judeia, com várias identificações, ou como Tell el-Khuweilifeh, a 16 quilômetros a norte-nordeste de Berseba, Tell esh-Shariah, a 14 quilômetros a norte-noroeste de Berseba, ou Quirbet el-Mashash. Cidade da herança tribal de Judá dada a Simeão (Js 15.31; 19.5).

Ziclague parece ter pertencido aos filisteus, e foi tomada por Israel na época dos juízes de Israel (1Sm 27.6). A cidade foi dada a Davi por Aquis, rei de Gate, durante o período em que Davi foi um "fora da lei". O presente pode ter sido um meio de reduzir as fronteiras demasiado estendidas da Filístia. Ziclague parece nunca ter sido parte integrante da própria Filístia.

Davi transformou a cidade em quartel-general quando juntou seu exército particular e promoveu expedições contra os amalequitas. Ao retornar à sua base depois da recusa da Filístia em lhe permitir lutar com eles contra Saul, Davi encontrou a cidade invadida e queimada pelos amalequitas e sua família levada refém. Uma ousada invasão noturna na base do inimigo resultou no salvamento do pessoal dele e em seu retorno a Ziclague (1Sm 30). Judeus que retornaram do exílio babilônico passaram a viver em Ziclague (Ne 11.28).

ZICRI Nome pessoal que significa "lembrança, atento". **1.** Levita no tempo de Moisés (Êx 6.21). **2.** Chefes de três famílias benjamitas (1Cr 8.19,23,27). **3.** Levita (1Cr 9.15), talvez idêntico a Zacur (1Cr 25.2,10; Ne 12.35) e Zabdi (Ne 11.17). **4.** Descendente de Moisés que ajudou como tesoureiro de Davi (1Cr 26.25). **5.** Rubenita (1Cr 27.16). **6.** Pai de um dos comandantes do exército de Josafá (2Cr 17.16). **7.** Pai de um dos generais de Joiada (2Cr 23.1). **8.** Guerreiro efraimita que ajudou Peca na eliminação da família de Acaz e seus conselheiros (2Cr 28.7). **9.** Pai do líder benjamita na Jerusalém do pós-exílio (Ne 11.9). **10.** Sacerdote pós-exílico (Ne 12.17).

ZIDIM Nome de lugar que significa "lados". Cidade fortificada em Naftali (Js 19.35), talvez a mesma que Hattin el-Qadim, localizada a cerca de 13 quilômetros a oeste-noroeste de Tiberíades. Alguns comentaristas consideram-na como repetição de "cidade cercada" por um copista. V. *Zer*.

ZIFA Nome de clã que talvez signifique "fluindo". Família da tribo de Judá (1Cr 4.16).

ZIFE Nome pessoal e nome de lugar, significando talvez "fluindo". **1.** Filho de Maressa e neto de Calebe (1Cr 2.42). Talvez o texto queira dizer que Maressa foi o fundador de Zife, perto de Hebrom. **2.** Família da tribo de Judá (1Cr 4.16). **3.** Cidade na região montanhosa da Judeia (Js 15.24), provavelmente Tell Zif, a cerca de 5 quilômetros a sudeste de Hebrom. Provavelmente Maressa fundou a cidade (1Cr 2.42). Davi se escondeu de Saul no deserto adjacente (1Sm 23.14,15; 26.2). Os zifitas, moradores de Zife, revelaram duas vezes a Saul os esconderijos de Davi (1Sm 23.19; 26.1). Roboão fortificou o local (2Cr 11.8). **4.** Cidade no Neguebe (Js 15.24), possivelmente Quirbet ez-Zeifeh, a sudoeste de Kurnub.

ZIFIÃO V. *Zefão*.

ZIFITAS V. *Zife*.

ZIFROM Nome de lugar que talvez signifique "fragrância". Localidade na fronteira setentrional de Canaã, perto de Hazar-Enan (Nm 34.9). Pode ser a atual Zaferani, a sudeste de Restam, entre Hamath e Homs.

Um zigurate, ou torre de templo, situado em Ur, na antiga Mesopotâmia (o atual Iraque).

ZIGURATE Construção em degraus, normalmente com um santuário no topo. A arquitetura foi popularizada pelos babilônios. O formato consistia em camadas menores de tijolos colocadas em cima de camadas maiores. Os

Um zigurate que data do período babilônico (605-550 a. C.).

ZILÁ

zigurates escavados até o presente revelam avançadas técnicas de construção usadas por civilizações antigas. A maioria dos biblistas acredita que a torre de Babel foi um zigurate (Gn 11.3-9).

ZILÁ Nome pessoal que significa "sombra". Segunda esposa de Lameque e mãe de Tubal-Caim e Naamá (Gn 4.19,22,23).

ZILETAI Nome pessoal; forma abreviada de "Javé é uma sombra", ou seja, um protetor. **1.** Família de benjamitas (1Cr 8.20). **2.** Apoiador manassita de Davi em Ziclague (1Cr 12.20).

ZILPA Nome pessoal que talvez signifique "nariz curto". Empregada de Lia (Gn 29.24; 46.18), dada a Jacó como concubina (Gn 30.9; 37.2); mãe de Gade e Aser, que foram considerados filhos de Lia (Gn 30.10,12; 35.26).

ZIM, DESERTO DE Área de deserto rochoso pela qual Israel passou na rota do Egito para Canaã (Nm 20.1; 27.14; 33.36). O deserto de Zim, estendendo-se de Cades-Barneia até o mar Morto, fazia parte da fronteira sul de Canaã e do posterior Judá (Nm 34.3,4; Js 15.1,3). "Desde o deserto de Zim até Reobe", na Galileia, abarca quase toda a terra prometida (Nm 13.21). O deserto de Zim deve ser diferenciado do deserto do pecado, que abrange o planalto ocidental do Sinai. V. *Neguebe*; *Palestina*; *deserto*.

ZIMA Nome pessoal; talvez uma abreviação de "Javé considerou ou solucionou". Um levita (1Cr 6.20,42; 2Cr 29.12).

ZINRÃ Nome pessoal que significa "celebrado em canção, famoso" ou "cabrito montês". Filho de Abraão e Quetura e ancestral de uma tribo árabe (Gn 25.2; 1Cr 1.32), possivelmente identificado com Zabrã, localizado a oeste de Meca, em algum lugar no mar Vermelho, e com Zinri (Jr 25.25).

ZINRI Forma abreviada de nome pessoal que significa "auxiliado por Javé", "Javé é minha proteção" ou "Javé é meu louvor". **1.** Filho de Zerá e neto de Judá (1Cr 2.6). **2.** Comandante de carruagens em Israel que usurpou o trono matando Elá (1Rs 16.9,10). Seu reinado foi o mais curto de todos os reis de Israel: sete dias (1Rs 16.15). Zinri se suicidou queimando seu palácio em seu redor depois de Onri sitiar Tirza. Seu nome se tornou proverbial para assassinos de reis (2Rs 9.31). **3.** Líder da tribo de Simeão assassinado por Fineias porque trouxe sua mulher midianita ao acampamento no deserto (Nm 25). **4.** Descendente de Saul (1Cr 8.36). **5.** Nome difícil de uma nação julgada por Deus (Jr 25.25), frequentemente entendida como alteração de cópia do hebraico para cimérios ou uma designação codificada para Elão explicitada pela menção imediata de Elão. Nada se sabe sobre uma nação chamada Zinri.

ZIOR Nome de lugar que significa "pequenez". Aldeia dada a Judá, situada na região montanhosa perto de Hebrom (Js 15.54). A pesquisa arqueológica indica que o local Si'ir, muitas vezes sugerido, situado a cerca de 8 quilômetros ao norte-nordeste de Hebrom, estava despovoado antes de 400 d.C.

ZIPOR Nome pessoal que significa "(pequeno) pássaro". Pai do rei Balaque de Moabe (Nm 22.2,4,10).

ZÍPORA Nome pessoal que significa "pequeno pássaro" ou "pardal". Primeira esposa de Moisés (alguns pensam que a mulher citada em Nm 12.1 também pode ser uma referência a Zípora) e mãe de seus filhos, Gérson e Eliézer (Êx 2.21s; 18.4). Era uma das filhas de Reuel, sacerdote de Midiã. Ela salvou a vida de Moisés quando o Senhor quis matá-lo porque circuncidou Gérson (Êx 4.24,25). Parece que Zípora permaneceu com o pai até que Moisés tivesse conduzido o povo para fora do Egito (Êx 18.2-6).

ZIVE Segundo mês do calendário (1Rs 6.1). V. *calendário*.

ZIZ Nome de lugar que significa "florescer". Localidade envolvida nos planos de batalha de Judá com Amom e Moabe (2Cr 20.16). Passagem por um lugar íngreme onde as pessoas de Amom, Moabe e monte Seir estavam prestes a penetrar em Judá para atacar o rei Josafá. Muitas vezes é identificado com o uádi Hasasa, a sudeste de Tecoa, perto do mar

Morto. O Senhor venceu essa batalha em prol de seu povo sem que precisasse lutar (v. 22-30), levando as nações circunvizinhas a temer a Deus.

ZIZA ou **ZIZÁ** Nome pessoal que significa "brilhando" ou "esplendor". **1.** Filho de Sifi, que constituía uma parte da expansão da tribo de Simeão em Gedor (1Cr 4.37,39). **2.** Filho de Simei, um levita de Gérson, seguindo-se certa evidência de traduções do manuscrito antigo (1Cr 23.10). "Zina" é a grafia das versões inglesas *KJV, NASB, REB* e da espanhola *Reina-Valera* segundo o texto hebraico. **3.** Um dos filhos de Roboão com Maaca (2Cr 11.20).

ZOÃ Nome hebraico da cidade egípcia de Tânis, localizada em San el-Hagar, no braço do delta do Nilo do mesmo nome. Zoã se tornou a capital do Egito por volta de 1070 a.C. sob Smerdis I e permaneceu assim até 655 a.C. O texto de Nm 13.22 observa que Hebrom era sete anos mais velha que Zoã, mas não se sabe a data exata da construção de nenhuma delas. Os profetas usaram Zoã para se referir ao governo egípcio e a suas atividades (Is 19.11,13; 30.4; Ez 30.14). O salmista louva a Deus pelos milagres do êxodo ocorridos perto de lá (Sl 78.12,43).

ZOAR 1. Nome de lugar que significa "pequeno". Uma das cidades no vale de Sidim, também conhecida como Belá (Gn 14.2). Foi atacada por Quedorlaomer, mas ao que parece foi liberta por Abraão (Gn 14.17). Ló fugiu para Zoar com a família pouco antes de Deus destruir Sodoma e Gomorra (Gn 19.23,24). Ele tinha medo de permanecer lá com as duas filhas, motivo pelo qual subiu a uma montanha acima da cidade (Gn 19.30). Isaías profetizou que os cidadãos de Moabe fugiriam para Zoar quando a destruição sobreviesse à sua nação (Is 15.5; cf. Jr 48.34). Parece ter sido uma cidade dos moabitas, talvez Safi, no rio Zerede. **2.** Nome pessoal que talvez signifique "testemunha". 1) Hitita (Gn 23.8; 25.9). 2) Filho de Simeão (Gn 46.10; Êx 6.15), também chamado Zerá (Nm 26.13; 1Cr 4.24). 3) Descendente de Judá de acordo com a correção marginal tradicional (*qere*) em 1Cr 4.7. O texto hebraico lê Izar. **3.** Nome pessoal que talvez signifique "ele era colorido". Membro da tribo de Judá (1Cr 4.7). O nome no texto hebraico é Jezoar ou Zoar, como lido por traduções modernas. Antigos escribas hebreus liam como "e Zoar".

ZOBÁ Nome de cidade-Estado que talvez signifique "batalha". Primeiro Saul (1Sm 14.47) e depois Davi (2Sm 8.3) lutaram contra os reis de Zobá (cf. o título do Sl 60). Zobá parece estar situada aproximadamente onde mais tarde a Síria se constituiu em nação, a nordeste de Damasco. Foi a principal força síria antes da ascensão de Damasco. Uma vez os amonitas contrataram mercenários de Zobá (2Sm 10.6) para que os ajudassem a combater Davi. Os amonitas vinham do sul, enquanto os zobaítas vinham do norte, obrigando Davi a lutar em duas frentes. Davi venceu, e o povo de Zobá passou a servi-lo (v. 13-19). V. *Davi*; *Síria*.

ZOBEBA Nome pessoal de significado incerto. Descendente de Judá, filho de Cós e neto de Helá (1Cr 4.8).

ZOELETE Nome de lugar que significa "arrastando", "escorregando" ou "pedra de serpente". Pedra de sacrifício em que Adonias ofereceu sacrifícios à luz de sua coroação próxima como rei (1Rs 1.9). Esse lugar ficava perto de En-Rogel, uma fonte ou poço bem próximo de Jerusalém onde convergem os vales de Cedrom e Hinom. A aposta de Adonias no trono teve vida curta. Davi nomeou Salomão como seu sucessor no trono (v. 29,30)

ZOETE Nome pessoal de significado incerto. Filho de Isi (1Cr 4.20) e chefe de uma das famílias em Judá.

ZOFA Nome pessoal que talvez signifique "jarro". Família da tribo de Aser (1Cr 7.35,36).

ZOFAI Nome pessoal que talvez signifique "favo de mel". Filho de Elcana (1Cr 6.26). V. *Zufe*.

ZOFAR Nome pessoal de significado incerto. Um dos três amigos de Jó que vieram sentar-se com ele em sua miséria (Jó 2.11). Provavelmente Zofar era o mais jovem dos três porque é mencionado por último. Ele era o crítico mais afiado dos três homens e mais filosófico na crítica a Jó. Suas palavras eram mais rudes, e seu dogmatismo, mais enfático. Embora houvesse um lugar em Judá chamado Naamá (Js 15.41), pairam dúvidas de que tenha sido o lar de Zofar. A localização exata é desconhecida.

ZOFIM Nome de lugar que significa "vigias" ou substantivo comum que significa "campo de vigias" ou "torre de vigia". Era um lugar alto "no topo de Pisga" próximo à extremidade nordeste do mar Morto. Balaque levou Balaão até lá para amaldiçoar os israelitas (Nm 23.14).

ZOMBAR Rir de alguém, escarnecer, brincar com e, pelo menos em um texto, viver em devassidão. As versões da Bíblia não são unânimes a respeito de como traduzir essa palavra. O texto de Is 57.4, p. ex., traz "de quem vocês estão zombando?". A respeito de Sansão é dito que foi colocado para divertir os filisteus (Jz 16.25). O texto de 2Pe 2.13 fala dos injustos que têm prazer em se entregar à devassidão.

ZORA (*NTLH*, Ne 11.29). V. *Zorá*.

ZORÁ Nome de lugar que significa "vespas" ou "marimbondos". Cidade de Dã (Js 19.41), a cerca de 20 quilômetros a oeste de Jerusalém, na fronteira com Judá (Js 15.33). Era a pátria de Manoá, pai de Sansão (Jz 13.2). Roboão, rei de Judá, reforçou Zorá para o caso de guerra (2Cr 11.5-12). É a atual Sarah.

ZORATEUS (*ARC*, 1Cr 2.53). V. *zoratitas*.

ZORATITAS Descendentes de Sobal que viviam em Zorá (1Cr 2.52,53). V. *Zorá*.

ZOREUS Pessoas de Zorá (1Cr 2.54; *ARC, ARA, NTLH*). V. *Zorá*.

ZOROASTRO Antigo profeta persa segundo o qual foi denominada a religião do zoroastrismo. V. *Pérsia*.

ZOROBABEL Nome pessoal que significa "descendente de Babel". Neto do rei Jeoaquim (levado para a Babilônia no primeiro exílio em 597 a.C. por Nabucodonosor; 2Rs 24.10-17) e filho de Sealtiel (Ed 3.2), segundo filho de Jeoaquim (1Cr 3.17-19). É citado em Ed 2.2 entre os líderes dos que retornaram do exílio. A lista de Ed 2.1-67 (cf. Ne 7.6-73a) provavelmente arrola as pessoas que voltaram em 539, o primeiro ano do reinado de Ciro, o Grande, governante do Império Persa (Ed 1.1), ou entre 539 e 529 a.C., apesar da objeção de muitos pesquisadores norte-americanos de que a lista pertence a um segundo retorno não mencionado, liderado por Zorobabel em 521/520.

De acordo com Ed 3, Zorobabel e Jesua (ou Josua, o sumo sacerdote) reconstruíram o altar e no segundo ano (538?) lançaram o fundamento do templo, mas seu trabalho foi interrompido por oposição de pessoas que haviam permanecido na Palestina durante o exílio (Ed 4.1-6,24). Dario (imperador persa, 522-486 a. C.) deu permissão aos judeus para continuarem a reconstruir o templo (Ed 6.1-12). Sob a insistência de Ageu (Ag 1.1,12-15; 2.1,20) e Zacarias (Zc 4.6-10a), Zorobabel, agora governador (Ag 1.1) em lugar de Sesbazar (Ed 5.14), retomou a tarefa (Ed 5.1,2), concluída em 515 a.C.

O próprio Zorobabel, porém, desapareceu de cena. Ele era um príncipe davídico, por isso é possível que os judeus tentassem coroá-lo rei durante a guerra civil por ocasião da ascensão de Dario como imperador (522/521). O texto de Zc 6.9-14 talvez espelhe o desejo de coroar Zorobabel, contudo seu destino permanece ignorado. V. *Babilônia*; *Israel, terra de*; *Zacarias, livro de*. — Paul L. Redditt

ZUAR Nome pessoal que significa "jovem" ou "pequeno". Membro da tribo de Issacar (Nm 1.8; 2.5; 7.18,23; 10.15).

ZUFE Nome pessoal e de lugar que significa "favo de mel". **1.** Antepassado levítico de Elcana e Samuel (1Sm 1.1; 1Cr 6.16,26,35) de Efraim. **2.** "Distrito de Zufe" onde Saul procurou algumas jumentas (1Sm 9.5). A localização exata não é conhecida.

ZUFITA Termo que designa um residente ou descendente de Zufe (1Sm 1.1).

ZUR Nome pessoal que significa "rocha". **1.** Chefe tribal midianita (Nm 25.15) cuja filha,

Cosbi, foi morta junto com um homem israelita por Fineias. Zur foi morto depois em uma batalha conduzida por Moisés (Nm 31.7s). **2.** Tio do rei Saul (1Cr 8.30; 9.36).

ZURIEL Nome pessoal que pode significar "Deus é uma pedra". Filho de Abiail e chefe do clã merarita da tribo levita (Nm 3.35).

ZURISADAI Nome pessoal que significa "Shadai é uma pedra". Pai de Selumiel, um líder da tribo de Simeão nas andanças pelo deserto (Nm 1.6).

ZUZIM Nome de nação de significado incerto. Povo que vivia em Hã e foi derrotado por Quedorlaomer (Gn 14.5). Aparentemente são chamados de zanzumins em Dt 2.20.

Créditos de imagem

A Holman Bible Publishers expressa profunda gratidão às seguintes pessoas e instituições pelo uso de imagens neste livro.

FOTOGRAFIAS
Abreviações de Museus

MAO = Museu Ashmolean, Oxford, Inglaterra

MAS = Museu Augusta, Augst, Suíça

MBI = Museu de Berseba, Berseba, Israel

MEC = Museu Egípcio do Cairo, Egito

MAG = Museu Arqueológico de Genebra, Genebra, Suíça

GMD = Gliptoteca de Copenhague, Dinamarca

GMA = Gliptoteca de Munique, Alemanha

HHJ = Hotel Holyland de Jerusalém, Israel

MIJ = Museu de Israel, Jerusalém, Israel

JAC = Museu Arqueológico Joseph A. Calloway, Seminário Batista do Sul, Louisville, Kentucky

MAO = Museu do Antigo Oriente, IsMAAbul, Turquia

CAME = Coleção Arqueológica Marian Eakins, Seminário Teológico Batista Golden Gate, Mill Valley, Califórnia

MGV = Museu de Giula Villa, Roma, Itália

MMM = Museu de Megido, Megido, Israel

MNY = Museu Metropolitano de Nova York, Nova York

MAN = Museu Arqueológico de Nimes, Nimes, França

MNN = Museu de Nápoles, Nápoles, Itália

MRA = Museu Romano de Ausburgo, Alemanha

MRM = Museu Romano de Malta

MAA = Museu Arqueológico de Ankara, Turquia

MLP = Museu do Louvre, Paris, França

MVR = Museu do Vaticano, Roma, Itália

MVW = Museu de Vindonissa, Windish, Suíça

Fotógrafos

Arnold, Nancy. Fotógrafa freelance, Nashville, Tennessee: nas páginas 269, acima à esquerda; 317, à direita; 318, abaixo à esquerda; 564; 729; 771, à direita; 887; 1053; 1054; 1132; 1207, abaixo à direita; 1288; 1323; 1460; 1462; 1472; 1542; 1633, acima; 1708, à esquerda; 1725.

Biblical Illustrator **(James McLemore, fotógrafo), Nashville, Tennessee:** nas páginas 145; 224, acima; 232; 266; 319; 431; 495; 619; 762 (CAME); 869; 983; 988, acima à esquerda.

Biblical Illustrator **(David Rogers, fotógrafo), Nashville, Tennessee:** nas páginas 11; 14; 18; 60; 62, acima à direita; 73; 91, à esquerda; 91, acima à direita; 91, abaixo à direita; 121, à direita; 128, à direita; 140; 154; 168, à esquerda; 190 (MLP); 195 (MAO); 250; 285, abaixo; 290; 316; 320; 335; 338, acima à direita; 338, abaixo à direita; 509, acima à esquerda; 509, acima à direita; 512, à esquerda; 652; 670, direita; 726, à esquerda; 759, acima; 771; 781; 788, acima; 788, abaixo; 788, abaixo; 801, acima; 802, abaixo (MAO); 802, acima; 818 (MLP); 897, acima; 942 (MAA); 943, direita (MAA); 943, esquerda (MAA); 944 (MAA); 949; 988, abaixo; 989, abaixo; 990, acima à esquerda; 991; 1030, acima; 1048; 1051, acima; 1058; 1059; 1129 (MAA); 1130 (MAA); 1160, abaixo;

1161; 1166; 1215; 1256; 1275; 1312, abaixo; 1328; 1331; 1337, direita; 1344; 1385; 1479, abaixo; 1505; 1560, abaixo; 1562; 1578; 1604; 1613; 1617, abaixo; 1657, à direita.

Biblical Illustrator (Bob Schatz, fotógrafo), Nashville, Tennessee: nas páginas 36; 41; 48; 50, abaixo; 90; 124; 137; 168, à direita; 173; 189; 216; 237; 261; 279; 600; 666, à direita; 673; 676; 733; 737; 750; 817; 820; 964; 974; 995; 1033; 1050; 1137; 1138; 1153; 1169, abaixo; 1281; 1365; 1479, acima.

Biblical Illustrator (Ken Touchton, fotógrafo), Nashville, Tennessee: nas páginas 20; 61; 62; 92 (HHJ); 122; 142; 146; 216, acima à esquerda; 216, acima à direita; 263, abaixo; 263 (MIJ); 275; 277, à direita; 278; 292; 308; 339, acima; 437; 447; 449; 455; 461; 462; 463; 533; 543; 639; 640; 654, à direita; 691; 718, abaixo; 726, à direita; 759, abaixo; 783, acima; 783, abaixo; 790; 891; 892; acima à esquerda; 892, à direita; 892, abaixo à esquerda; 893; 894, abaixo à esquerda; 918; 941; 948, abaixo; 1160, acima; 1171; 1199; 1214; 1221; 1224; 1239; 1259, abaixo; 1278; 1289; 1325, à esquerda; 1341 (MIJ); 1347, acima à direita; 1347, abaixo à esquerda; 1402; 1403, acima à direita; 1468; 1476 (MIJ); 1474; 1483; 1501 (HHJ); 1526; 1536; 1543; 1595; 1612; 1616; 1623; 1628; 1657, à esquerda; 1668; 1685; 1699.

Brisco, Thomas V. Professor de Antigo Testamento e de Arqueologia, Baylor University, Waco, Texas: nas páginas 170; 217; 225; 274; 315; 339, abaixo; 578; 582; 627, abaixo; 633; 645; 787; 975; 990, abaixo à esquerda; 1075, abaixo à esquerda; 1075, abaixo à direita; 1492; 1520; 1541; 1566, abaixo; 1566, acima; 1567, abaixo; 1606, acima à direita; 1607; 1617, acima; 1618, abaixo; 1645, à direita; 1680.

Imagens do Corel: p. 916.

Couch, Ernie. Consultor de Imagens, Nashville, Tennessee: p. 1260.

Ellis, C. Randolph, Dr., Clínica geral, Cirurgia e Anestesiologia, Malvern, Arkansas: nas páginas 512, abaixo à direita; 512, centro à direita; 704, abaixo; 718, acima; 900-901; 903, acima; 951; 1180; 1273; 1326; 1347, abaixo à direita; 1456.

Langston, Scott, Diretor-Associado e Professor de Estudos Bíblicos, Universidade Batista do Sudoeste, Bolivar, Missouri: nas páginas 32; 118; 121, abaixo à esquerda; 213; 224, abaixo; 225; 268; 269, acima à direita; 285; 317, abaixo à esquerda; 320; 380; 382; 433, à esquerda; 433, à direita; 456; 509, abaixo; 711; 784, abaixo; 897, abaixo à esquerda; 950; 1051, abaixo; 1103, acima; 1104, acima; 1220; 1312, centro à direita; 1312, acima à direita; 1327, acima; 1327, abaixo; 1466; 1607, à esquerda; 1607, abaixo à direita; 1618, acima à esquerda; 1645, acima; 1658.

Aeronáutica Nacional e Administração Espacial: p. 399.

Coleção Scofield, Biblioteca de Pesquisa E. C. Dargan, LifeWay Christian Resources, Nashville, Tennessee: nas páginas xxxii-1; 39; 128, à esquerda; 129; 215; 226; 309; 314; 327, abaixo; 394; 395; 396; 397; 432, à esquerda; 434; 435, acima; 441; 442; 489; 490; 501, abaixo; 528, acima; 549; 580; 590; 591; 627, acima; 634; 647; 661, acima; 661, abaixo; 662; 684; 686, abaixo; 699; 704, acima; 711; 719; 789; 849; 871; 874; 879; 994; 1030, abaixo; 1040; 1132, 1144; abaixo; 1207, acima à direita; 1207, à esquerda; 1259, acima à esquerda; 1295; 1345; 1384, acima; 1409; 1457, abaixo; 1457, acima; 1461; 1487; 1505, abaixo; 1506, à direita; 1508, acima; 1558; 1594; 1602; 1603; 1607, abaixo; 1643, à direita; 1686, acima; 1694, abaixo; 1696; 1708, à direita; 1718; 1726, acima; 1726, abaixo; 1727; 1729.

Smith, Marsha A. Ellis, Seminário Teológico Batista do Sul, Louisville, Kentucky: nas páginas 209; 223 (MBI); 233; 269, abaixo; 318, acima à esquerda; 318, acima à direita; 433, à esquerda.

Seminário Teológico Batista do Sudoeste, Biblioteca A. Webb Roberts Library, Fort Worth, Texas: nas páginas 2; 517, à esquerda; 1403, abaixo.

Museu Estatal de Berlim, Alemanha: p. 166.

Stephens, Bill, Coordenador Sênior de Currículos, LifeWay Christian Resources, Nashville, Tennessee: nas páginas 17; 89; 134; 149; 150; 169; 181; 201; 234; 242, acima (MNN, Coleção Farnese); 264; 267; 275, acima (GMD); 277, à esquerda; 311; 338, à esquerda; 342 (MRM); 345; 428; 449; 452 (AMS); 465; 515; 528, abaixo; 545; 566 (GMA); 568; 595; 599; 620; 654, à esquerda; 659; 666, à esquerda; 670; 674; 682, à direita; 686, acima (MNN); 688 (MNY); 712; 713; 727; 761; 769, à esquerda (VMR); 780 (MAO); 801, abaixo; 805 (MGV); 877; 878; 940, abaixo; 940, acima; 952; 972; 988, acima à direita; 989, acima à esquerda; 990, à direita; 992; 993; 995; 1060 (MNN); 1102, centro à direita (MMM); 1120; 1131; 1170; 1173 (MGV); 1191 (GMA); 1192; 1213 (MGV); 1224, acima; 1241, acima à direita; 1255; 1325, à direita (MNN); 1337, à esquerda; 1362; 1384, abaixo; 1478 (MNN); 1507; 1512, abaixo (GMA) à direita; 1512, acima (MNN, Coleção Farnese); 1534; 1549; 1556; 1560, acima; 1625; 1648; 1651; 1652; 1677; 1681; 1682 (MRA); 1721; 1724.

Tolar, William B., Consultor Especial do Presidente e Distinto Professor de Panorama Bíblico, Seminário Teológico Batista do Sudoeste, Fort Worth, Texas: nas páginas 193; 196, abaixo; 197; 218; 327, acima; 328; 350, acima; 350, abaixo; 381; 435, abaixo; 436; 501, acima; 516; 517, à direita (MEC e GMA); 519; 520; 523; 577; 660; 682, à esquerda; 683; 689, à esquerda; 689, à direita; 700; 705; 706; 710; 730, abaixo; 767; 772; 784, acima; 903, acima; 948, acima; 1075, acima; 1097; 1169, acima; 1182; 1241, à esquerda; 1302; 1405; 1411; 1506, à esquerda; 1567, acima; 1571, acima à direita; 1599; 1642; 1643; 1644, à esquerda; 1686, abaixo; 1687; 1694, acima; 1739, acima.

Ilustrações e Reconstruções

Biblical Illustrator, **Linden Artist, Londres, Inglaterra:** nas páginas 50, acima à esquerda; 196, acima; 1464-1465.

Latta, Bill, Serviços Artísticos Latta, Mt. Juliet, Tennessee: nas páginas 127; 132, acima; 132, abaixo; 138; 174-175; 232, à esquerda; 300; 301; 384-385; 444-445; 510-511; 512, acima; 1103, abaixo; 1173; 1280, abaixo; 1500; 1565; 1598; 1611; 1614-1615; 1678-1679; 1739, abaixo.

Anotações

Anotações

Anotações

Anotações

Anotações

Anotações

Anotações

Anotações

Anotações

Anotações